U0689785

〔清〕張廷玉等　撰

明史

中華書局

二十四史

明史

清 張廷玉等撰

第一册

卷一至卷一四（紀）

中華書局

出版說明

明史三百三十二卷，清張廷玉等撰。

明朝是在元末農民大起義以後，一三六八年（洪武元年）建立的封建政權。一六四四年（明崇禎十七年，清順治元年），李自成領導的農民起義軍攻佔北京，推翻了明朝的中央政權。同年，清軍入關，分兵向農民起義軍和明朝南方勢力進攻。一六六一年（順治十八年），明朝南方勢力被消滅。明史記載了明朝自建國到滅亡將近三百年的歷史。

清朝在一六四五年（順治二年）設立明史館，一六七九年（康熙十八年）開始修史。一七三五年（雍正十三年）明史定稿，一七三九年（乾隆四年）刊行。

明史先後由張玉書、王鴻緒、張廷玉等任總裁，最後由張廷玉等定稿。先後參加具體編撰工作的人數不少，其中以萬斯同用力最多，但是他沒有擔任明史館的職名。王鴻緒就萬斯同已成的明史稿加以修訂，張廷玉等又在王鴻緒稿本的基礎上改編成爲明史。

有關明代的各種史料的編排處理，明史用大量篇幅記載了封建國家的各項制度，但很少涉及地主的莊田、佃户、田租，雇工，以及地主對雇工、莊僕、佃户的奴役。卷一六五丁瑄

傳所載福建佃户送租上門及額外餽送，卷二九〇姬文胤傳所載江西新城地主用大斛徵租，這類材料爲全書所僅見。食貨志田制下附有「莊田」一節，所記限於皇莊及諸王、勳戚、中官莊田，不只是內容簡略，而且所記皇莊偏於京畿一帶，所記勳戚又偏於戚臣。諸王傳中有一兩個傳裏提到莊田、莊租及管莊旗校，也零碎而不具體。本書有關經濟方面的記載，總的說來和前代史書一樣，根本不曾觸及階級剥削的本質。

明史爲了頌揚統治階級的「武功」，就不能不記述農民起義和各地人民的反抗鬥争。如卷三〇九及卷二五二、卷二六〇關於明末農民大起義的記載，卷一六五、卷一七二和卷一七八關於葉宗留、鄧茂七起義的記載，卷一九五關於江西及其附近地區反抗鬥争的記載，卷二五七和卷二九〇關於山東白蓮教起義的記載，以至土司傳各卷中所提到的少數民族的反抗鬥争，雖然編者作了這樣那樣的歪曲，還是保留了一些可供我們分析參考的資料。

地理志比較系統地記載了當時的行政區劃。天文志、曆志和河渠志包含了不少科學技術方面的資料，並反映了一些明代新的成就。但天文志和曆志，仍不能完全擺脱封建史書中傳統的神秘色彩。

明史新創了閹黨傳和土司傳。土司傳、外國傳、西域傳，有些地方混淆了國內國外

中華書局

的區別，這是很錯誤的。但也保存了一部份有用的資料。

有些記載未必是編者有意保存下來的，在今天看來，却有一定的參考價值。如卷八一說永樂初年全國軍户不下二百萬家，卷一五七說宣德初年軍匠户二萬六千家，屬二百四十衛所，卷二八一說山東武定州户口，半是軍户；又如卷八九記洪武間京衛卒二十萬七千八百多人，卷二三二透露，在畿輔一帶軍屯土地被侵佔的達九千六百餘頃。這些都是關於當時兵制的重要記載。卷一五七記景泰年間張鳳上疏說「國初天下田八百四十九萬餘頃，今數既減半」，這是重要的政治經濟史料，可補食貨志之不足。以上僅僅是幾個例子，如果進一步剔求，或可有更多的發現。

明史雖以明史稿爲藍本，但在編排上要整齊一些。從史料來說，兩書互有詳略。明實錄是一部原始史料，内容當然比明史詳得多，但明史的個別記載也有不見於明實錄的。儘管除明實錄、明史稿以外，有關明代的史料數量還很多，而明史究竟是一部經過整理的書，比較便於檢閱。只要我們用馬克思主義的觀點進行具體分析，它還可以有助於我們對明代歷史的瞭解。

現用一七三九年（乾隆四年）武英殿原刊本進行標點、分段。校勘工作，主要採用了明實錄和明史稿，同時也參考了明會典、寰宇通志、明一統志、明經世文编、國榷、綏

寇紀略、懷陵流寇始終錄等書。

本書的點校，由鄭天挺同志及南開大學明清史研究室完成點校初稿，白壽彝、王毓銓、周振甫同志復閱定稿，魏連科同志擔任編輯整理工作。點校中的錯誤和缺點，希望讀者指正。

中華書局編輯部

明史目錄〔一〕

中華書局

中華書局

卷一百十七 列傳第五

諸王二

卷一百十八 列傳第六

諸王三

卷一百十九 列傳第七

諸王四

卷一百二十 列傳第八

諸王五

卷一百三十一 列傳第十九

卷一百三十二 列傳第二十

卷一百三十三 列傳第二十一

卷一百三十四 列傳第二十二

卷一百三十五 列傳第二十三

卷一百三十六 列傳第二十四

卷一百三十七 列傳第二十五

中華書局

卷一百三十八　列傳第二十六

卷一百三十九　列傳第二十七

卷一百四十　列傳第二十八

卷一百四十一　列傳第二十九

卷一百四十二　列傳第三十

卷一百四十三　列傳第三十一

中華書局

卷一百四十四　列傳第三十二

卷一百四十五　列傳第三十三

卷一百四十六　列傳第三十四

卷一百四十七　列傳第三十五

卷一百四十八　列傳第三十六

卷一百四十九　列傳第三十七

卷一百五十　列傳第三十八

卷一百五十一　列傳第三十九

卷一百五十二　列傳第四十

中華書局

中華書局

中華書局

中華書局

中華書局

中華書局

中華書局

中華書局

中華書局

卷二百八十八　列傳第一百七十六

文苑四

卷二百八十九　列傳第一百七十七

忠義一

卷二百九十　列傳第一百七十八

忠義二

卷二百九十四 列傳第一百八十二

忠義六

卷二百九十五 列傳第一百八十三

忠義七

卷二百九十六 列傳第一百八十四

孝義一

中華書局

卷二百九十七 列傳第一百八十五

孝義二

卷二百九十八 列傳第一百八十六

隱逸

卷二百九十九 列傳第一百八十七

方伎

卷三百 列傳第一百八十八

外戚

卷三百一　列傳第一百八十九

列女一

卷三百二　列傳第一百九十

列女二

卷三百三　列傳第一百九十一

列女三

中華書局

卷三百四　列傳第一百九十二

宦官一

卷三百五　列傳第一百九十三

宦官二

卷三百六　列傳第一百九十四

閹黨

卷三百七　列傳第一百九十五

佞倖

卷三百八　列傳第一百九十六

姦臣

卷三百九　列傳第一百九十七

流賊

卷三百十　列傳第一百九十八

土司

湖廣土司

校勘記

〔一〕本書目錄原分四卷，從卷一到卷一百十二爲明史目錄卷一，從卷一百十三到卷一百八十九爲明史目錄卷二，從卷一百九十到卷二百八十爲明史目錄卷三，從卷二百八十一到卷三百三十二爲明史目錄卷四。今不分卷。又本書「明史目錄卷一」後列有「本紀二十四卷」「志七十五卷」「表一十三卷」「列傳二百二十卷　凡三百三十二卷」四行，今刪。

〔二〕本書總目原作「惠帝」，傳目作「恭閔帝」，不一致，今改從傳目。

〔三〕胡克儉　本書總目與傳目都作「扶克儉」，今據本傳改歸一律。

明史卷一

本紀第一

太祖一

太祖開天行道肇紀立極大聖至神仁文義武俊德成功高皇帝，諱元璋，字國瑞，姓朱氏。先世家沛，徙句容，再徙泗州。父世珍，始徙濠州之鍾離。生四子，太祖其季也。母陳氏。方娠，夢神授藥一丸，置掌中有光，呑之寤，口餘香氣。及產，紅光滿室。自是，夜數有光起。鄰里望見，驚以为火，輒奔救，至則無有。比長，姿貌雄傑，奇骨貫頂。志意廓然，人莫能測。

至正四年，旱蝗，大饑疫。太祖時年十七，父母兄相繼歿，貧不克葬。里人劉繼祖與之地，乃克葬，卽鳳陽陵也。太祖孤無所依，乃入皇覺寺爲僧。逾月，遊食合肥。道病，二紫衣人與俱，護視甚至。病已，失所在。凡歷光、固、汝、潁諸州三年，復還寺。當是時，元政

不綱，盜賊四起。劉福通奉韓山童假宋後起潁，徐壽輝僭帝號起蘄，李二、彭大、趙均用起徐，衆各數萬，並置將帥，殺吏，侵略郡縣，而方國珍已先起海上。他盜擁兵據地，寇掠甚衆。天下大亂。

十二年春二月，定遠人郭子興與其黨孫德崖等起兵濠州。元將徹里不花憚不敢攻，而日俘良民以邀賞。太祖時年二十五，〔一〕謀避兵，卜於神，去留皆不吉。乃曰：「得毋當舉大事乎？」卜之吉，大喜，遂以閏三月甲戌朔入濠見子興。子興奇其狀貌，留爲親兵。戰輒勝。遂妻以所撫馬公女，卽高皇后也。子興與德崖齟齬，太祖屢調護之。

秋九月，元兵復徐州，李二走死，彭大、趙均用奔濠，德崖等納之。子興禮大而易均用，均用怨之。德崖遂與謀，伺子興出，執而械諸孫氏，將殺之。太祖方在淮北，聞難馳至，訴於彭大。大怒，呼兵以行，太祖亦甲而擁盾，發屋出子興，破械，使人負以歸，遂免。

是冬，元將賈魯圍濠。太祖與子興力拒之。

十三年春，賈魯死，圍解。太祖收里中兵得七百人。子興喜，署爲鎭撫。時彭、趙所部暴橫，子興弱，太祖度無足與共事，乃以兵屬他將，獨與徐達、湯和、費聚等南略定遠。計降驢牌寨民兵三千，與俱東。夜襲元將張知院於橫澗山，收其卒二萬。道遇定遠人李善長，與語大悅，遂與俱攻滁州，下之。

是年，張士誠據高郵，自稱誠王。

十四年冬十月，元丞相脫脫大敗士誠於高郵，分兵圍六合。太祖曰：「六合破，滁且不免。」與耿再成軍瓦梁壘，救之。力戰，衞老弱還滁。元兵尋大至，攻滁，太祖設伏誘敗之。然度元兵勢盛且再至，乃還所獲馬，遣父老具牛酒謝元將曰：「守城備他盜耳，奈何舍巨寇戮良民。」元兵引去，城賴以完。脫脫既破士誠，軍聲大振，會中讒，遽解兵柄，江、淮亂益熾。

十五年春正月，子興用太祖計，遣張天祐等拔和州，檄太祖總其軍。太祖慮諸將不相下，秘其檄，期旦日會廳事。時席尙右，諸將先入，皆踞右，太祖故後至就左。比視事，剖決如流，衆瞠目不能發一語，始稍稍屈。議分工甓城，期三日。太祖工竣，諸將皆後。於是始出檄，南面坐曰：「奉命總諸公兵，今甓城皆後期，如軍法何。」諸將皆惶恐謝。乃搜軍中所掠婦女縱還家，民大悅。元兵十萬攻和，拒守三月，食且盡，而太子禿堅、樞密副使絆住馬、

民兵元帥陳埜先分屯新塘、高望、雞籠山以絕餉道。太祖率衆破之，元兵皆走渡江。三月，郭子興卒。時劉福通迎立韓山童子林兒於亳，國號宋，建元龍鳳。檄子興子天敍爲都元帥，張天祐、太祖爲左右副元帥。太祖慨然曰：「大丈夫寧能受制於人耶。」遂不受。然念林兒勢盛可倚藉，乃用其年號以令軍中。

夏四月，常遇春來歸。五月，太祖謀渡江，無舟。會巢湖帥廖永安、俞通海以水軍千艘來附，太祖大喜，往撫其衆。而元中丞蠻子海牙扼銅城閘、馬場河諸隘，巢湖舟師不得出。忽大雨，太祖喜曰：「天助我也。」遂乘水漲從小港縱舟還，因擊海牙於峪溪口，大敗之，遂定計渡江。諸將請直趨集慶。太祖曰：「取集慶必自采石始。采石重鎭，守必固，牛渚前臨大江，彼難爲備，可必克也。」六月乙卯，乘風引帆，直達牛渚。常遇春先登，拔之。采石兵亦潰。緣江諸壘悉附。

諸將以和州饑，爭取資糧謀歸。太祖謂徐達曰：「渡江幸捷，若舍而歸，江東非吾有也。」乃悉斷舟纜，放急流中，謂諸將曰：「太平甚近，當與公等取之。」遂乘勝拔太平，執萬戶納哈出。總管靳義赴水死，太祖曰，「義士也」，禮葬之。揭榜禁剽掠。有卒違令，斬以徇，軍中肅然。改路曰府。置太平興國翼元帥府，自領元帥事，召陶安參幕府事，李習爲知府。時太平四面皆元兵。右丞阿魯灰、中丞蠻子海牙等嚴師截姑孰口，陳埜先水軍帥康茂才以數

中華書局

萬衆攻城。太祖遣徐達、鄧愈、湯和逆戰，別將潛出其後，夾擊之，擒埜先幷降其衆，阿魯灰等引去。

秋九月，郭天敍、張天祐攻集慶，埜先叛，二人皆戰死，於是子興部將盡歸太祖矣。埜先尋爲民兵所殺，從子兆先收其衆，屯方山，與海牙掎角以窺太平。

冬十二月壬子，釋納哈出北歸。

十六年春二月丙子，大破海牙於采石。三月癸未，進攻集慶，擒兆先，降其衆三萬六千人，皆疑懼不自保。太祖擇驍健者五百人入衞，解甲酣寢達旦，衆心始安。庚寅，再敗元兵於蔣山。元御史大夫福壽力戰死之，蠻子海牙遁歸張士誠，康茂才降。太祖入城，悉召官吏父老諭之曰：「元政瀆擾，干戈蜂起，我來爲民除亂耳，其各安堵如故。賢士吾禮用之，舊政不便者除之，吏毋貪暴殃吾民。」民乃大喜過望。改集慶路爲應天府，辟夏煜、孫炎、楊憲等十餘人，葬御史大夫福壽以旌其忠。

當是時，元將定定扼鎭江，別不華、楊仲英屯寧國，青衣軍張明鑑據揚州，八思爾不花駐徽州，石抹宜孫守處州，其弟厚孫守婺州，宋伯顏不花守衢州，而池州已爲徐壽輝將所據，張士誠自淮東陷平江，轉掠浙西。太祖既定集慶，慮士誠、壽輝強，江左、浙右諸郡爲所

幷，於是遣徐達攻鎭江，拔之，定定戰死。

夏六月，鄧愈克廣德。

秋七月己卯，諸將奉太祖爲吳國公。置江南行中書省，自總省事，置僚佐。貽書張士誠，士誠不報，引兵攻鎭江。徐達敗之，進圍常州，不下。九月戊寅，如鎭江，謁孔子廟。遣儒士告諭父老，勸農桑，尋還應天。

十七年春二月，耿炳文克長興。三月，徐達克常州。

夏四月丁卯，自將攻寧國，取之，別不華降。五月，上元、寧國、句容獻瑞麥。六月，趙繼祖克江陰。

秋七月，徐達克常熟。胡大海克徽州，八思爾不花遁。

冬十月，常遇春克池州，繆大亨克揚州，張明鑑降。十二月己丑，釋囚。

是年，徐壽輝將明玉珍據重慶路。

十八年春二月乙亥，以康茂才爲營田使。三月己酉，錄囚。鄧愈克建德路。

夏四月，徐壽輝將陳友諒遣趙普勝陷池州。是月，友諒據龍興路。五月，劉福通破汴

梁，迎韓林兒都之。初，福通遣將分道四出，破山東，寇秦、晉，掠幽、薊，中原大亂，太祖故得次第略定江表。所過不殺，收召才雋，由是人心日附。

冬十二月，胡大海攻婺州，久不下，太祖自將往擊之。石抹宜孫遣將率車師由松溪來援，太祖曰：「道陿，車戰適取敗耳。」命胡德濟迎戰於梅花門，大破之，婺州降，執厚孫。先一日，城中人望見城西五色雲如車蓋，以爲異，及是乃知爲太祖駐兵地。入城，發粟振貧民，改州爲寧越府。辟范祖幹、葉儀、許元等十三人，分直講經史。〔二〕戊子，遣使招諭方國珍。

十九年春正月乙巳，太祖謀取浙東未下諸路。戒諸將曰：「克城以武，戡亂以仁。吾比入集慶，秋毫無犯，故一舉而定。每聞諸將得一城不妄殺，輒喜不自勝。夫師行如火，不戢將燎原。爲將能以不殺爲武，豈惟國家之利，子孫實受其福。」庚申，胡大海克諸暨。是月，命寧越知府王宗顯立郡學。三月甲午，赦大逆以下。丁巳，方國珍以溫、台、慶元來獻，遣其子關爲質，不受。

夏四月，俞通海等復池州。時耿炳文守長興，吳良守江陰，湯和守常州，皆數敗士誠兵。太祖以故久留寧越，徇浙東。六月壬戌，還應天。

秋八月，元察罕帖木兒復汴梁，福通以林兒退保安豐。九月，常遇春克衢州，擒宋伯顏不花。

冬十月，遣夏煜授方國珍行省平章，國珍以疾辭。十一月壬寅，胡大海克處州，石抹宜孫遁。時元守兵單弱，且聞中原亂，人心離散，以故江左、浙右諸郡，兵至皆下，遂西與友諒鄰。

二十年春二月，元福建行省參政袁天祿以福寧降。三月戊子，徵劉基、宋濂、章溢、葉琛至。

夏五月，徐達、常遇春敗陳友諒於池州。閏月丙辰，友諒陷太平，守將朱文遜，院判花雲、王鼎，知府許瑗死之。未幾，友諒弒其主徐壽輝，自稱皇帝，國號漢，盡有江西、湖廣地。約士誠合攻應天，應天大震。諸將議先復太平以牽之，太祖曰：「不可。彼居上游，舟師十倍於我，猝難復也。」或請自將迎擊，太祖曰：「不可。彼以偏師綴我，而全軍趨金陵，順流半日可達，吾步騎急難引還，百里趨戰，兵法所忌，非策也。」乃馳諭胡大海擣信州牽其後，而令康茂才以書紿友諒，令速來。友諒果引兵東。於是常遇春伏石灰山，徐達陣南門外，楊璟屯大勝港，張德勝等以舟師出龍江關，太祖親督軍盧龍山。乙丑，友諒至龍灣，衆欲戰，

太祖曰：「天且雨，趣食，乘雨擊之。」須臾，果大雨，士卒競奮，雨止合戰，水陸夾擊，大破之。友諒乘別舸走。遂復太平，下安慶，而大海亦克信州。

初，太祖令茂才紿友諒，李善長以爲疑。太祖曰：「二寇合，吾首尾受敵，惟速其來而先破之，則士誠膽落矣。」已而士誠兵竟不出。丁卯，置儒學提舉司，以宋濂爲提舉，遣子標受經學。六月，耿再成敗石抹宜孫於慶元，宜孫戰死，遣使祭之。

秋九月，徐壽輝舊將歐普祥以袁州降。

冬十二月，復遣夏煜以書諭國珍。

二十一年春二月甲申，立鹽茶課。己亥，置寶源局。〔三〕三月丁丑，改樞密院爲大都督府。元將薛顯以泗州降。戊寅，國珍遣使來謝，飾金玉馬鞍以獻。卻之曰：「今有事四方，所需者人材，所用者粟帛，寶玩非所好也。」

秋七月，友諒將張定邊陷安慶。八月，遣使於元平章察罕帖木兒。時察罕平山東，降田豐，軍聲大振，故太祖與通好。會察罕方攻益都未下，太祖乃自將舟師征陳友諒。戊戌，克安慶，友諒將丁普郎、傅友德迎降。壬寅，次湖口，追敗友諒於江州，克其城，友諒奔武昌。分徇南康、建昌、饒、蘄、黃、廣濟皆下。

冬十一月己未，克撫州。

二十二年春正月，友諒江西行省丞相胡廷瑞以龍興降。乙卯，如龍興，改爲洪都府。謁孔子廟。告諭父老，除陳氏苛政，罷諸軍需，存恤貧無告者，民大悅。袁、瑞、臨江、吉安相繼下。二月，還應天。鄧愈留守洪都。癸未，降人蔣英殺金華守將胡大海，〔四〕郎中王愷死之，英叛降張士誠。處州降人李祐之聞變，亦殺行樞密院判耿再成反，都事孫炎、知府王道同、元帥朱文剛死之。三月癸亥，降人祝宗、康泰反，陷洪都，鄧愈走應天，知府葉琛、都事萬思誠死之。是月，明玉珍稱帝於重慶，國號夏。

夏四月己卯，邵榮復處州。甲午，徐達復洪都。五月丙午，朱文正、趙德勝、鄧愈鎮洪都。六月戊寅，察罕以書來報，留我使人不遣。察罕尋爲田豐所殺。

秋七月丙辰，平章邵榮、參政趙繼祖謀逆，伏誅。

冬十二月，元遣尚書張昶航海至慶元，授太祖江西行省平章政事，不受。察罕子擴廓帖木兒致書歸使者。

二十三年春正月丙寅，遣汪河報之。二月壬申，命將士屯田積穀。是月，友諒將張定邊陷饒州。士誠將呂珍破安豐，殺劉福通。三月辛丑，太祖自將救安豐，珍敗走，以韓林兒歸滁州，乃還應天。

夏四月壬戌，友諒大舉兵圍洪都。乙丑，諸全守將謝再興叛，附於士誠。五月，築禮賢館。友諒分兵陷吉安，參政劉齊、〔五〕知府朱叔華死之。陷臨江，同知趙天麟死之。陷無爲州，知州董曾死之。

秋七月癸酉，太祖自將救洪都。癸未，次湖口，先伏兵涇江口及南湖觜，遏友諒歸路，檄信州兵守武陽渡。友諒聞太祖至，解圍，逆戰於鄱陽湖。友諒兵號六十萬，聯巨舟爲陣，樓櫓高十餘丈，綿亙數十里，旌旗戈盾，望之如山。丁亥，遇於康郎山，太祖分軍十一隊以禦之。戊子，合戰，徐達擊其前鋒，俞通海以火礮焚其舟數十，殺傷略相當。友諒驍將張定邊直犯太祖舟，舟膠於沙，不得退，危甚。常遇春從旁射中定邊，通海復來援，舟驟進水湧，太祖舟乃得脫。己丑，友諒悉巨艦出戰，諸將舟小，仰攻不利，有怖色。太祖親麾之，不前，斬退縮者十餘人，人皆殊死戰。會日晡，大風起東北，乃命敢死士操七舟，實火藥蘆葦中，縱火焚友諒舟。風烈火熾，烟焰漲天，湖水盡赤。友諒兵大亂，諸將鼓噪乘之，斬首二千餘級，焚溺死者無算，友諒氣奪。辛卯，復戰，友諒復大敗。於是斂舟自守，不敢更戰。壬辰，太祖移軍扼左蠡，友諒亦退保渚磯。相持三日，其左、右二金吾將軍皆降。友諒勢益蹙，忿甚，盡殺所獲將士。而太祖則悉還所俘，傷者傅以善藥，且祭其親戚諸將陣亡者。八月壬戌，友諒食盡，趨南湖觜，爲南湖軍所遏，遂突湖口。太祖邀之，順流搏戰，及於涇江。涇江軍復遮擊之，友諒中流矢死。張定邊以其子理奔武昌。

九月，還應天，論功行賞。先是，太祖救安豐，劉基諫不聽。至是謂基曰：「我不當有安豐之行，使友諒乘虛直擣應天，大事去矣。乃頓兵南昌，不亡何待。友諒亡，天下不難定也。」壬午，自將征陳理。是月，張士誠自稱吳王。

冬十月壬寅，圍武昌，分徇湖北諸路，皆下。十二月丙申，還應天，常遇春留督諸軍。

二十四年春正月丙寅朔，李善長等率羣臣勸進，不允。固請，乃卽吳王位。建百官。以善長爲右相國，徐達爲左相國，常遇春、俞通海爲平章政事，諭之曰：「立國之初，當先正紀綱。元氏闇弱，威福下移，馴至於亂，今宜鑒之。」立子標爲世子。二月乙未，復自將征武昌，陳理降，漢、沔、荆、岳皆下。三月乙丑，還應天。丁卯，置起居注。庚午，罷諸翼元帥府，置十七衞親軍指揮使司，命中書省辟文武人材。

夏四月，建祠，祀死事丁普郎等於康郎山，趙德勝等於南昌。

秋七月丁丑，徐達克廬州。戊寅，常遇春徇江西。八月戊戌，復吉安，遂圍贛州。達徇荆、湘諸路。九月甲申，下江陵，夷陵、潭、歸皆降。

冬十二月庚寅，達克辰州，遣別將下衡州。

二十五年春正月己巳，徐達下寶慶，湖湘平。常遇春克贛州，熊天瑞降。遂趨南安，招諭嶺南諸路，下韶州、南雄。甲申，如南昌，執大都督朱文正以歸，數其罪，安置桐城。二月己丑，福建行省平章陳友定侵處州，參軍胡深擊敗之，遂下浦城。丙午，士誠將李伯昇攻諸全之新城，李文忠大敗之。

夏四月庚寅，常遇春徇襄、漢諸路。五月乙亥，克安陸。己卯，下襄陽。〔六〕六月壬子，朱亮祖、胡深攻建寧，戰於城下，深被執，死之。

秋七月，令從渡江士卒被創廢疾者養之，死者贍其妻子。九月丙辰，建國子學。

冬十月戊戌，下令討張士誠。是時，士誠所據，南至紹興，北有通、泰、高郵、淮安、濠、泗，又北至於濟寧。乃命徐達、常遇春等先規取淮東。閏月，圍泰州，克之。十一月，張士誠寇宜興，徐達擊敗之，遂自宜興還攻高郵。

二十六年春正月癸未，士誠窺江陰，太祖自將救之，士誠遁，康茂才追敗之於浮子門。

太祖還應天。二月，明玉珍死，子昇自立。三月丙申，令中書嚴選舉。徐達克高郵。

夏四月乙卯，襲破士誠將徐義水軍於淮安，義遁，梅思祖以城降。濠、徐、宿三州相繼下，淮東平。甲子，如濠州省墓，置守塚二十家，賜故人汪文、劉英粟帛。置酒召父老飲極歡，曰：「吾去鄉十有餘年，艱難百戰，乃得歸省墳墓，與父老子弟復相見。今苦不得久留歡聚為樂。父老幸教子弟孝弟力田，毋遠賈，濱淮郡縣尚苦寇掠，父老善自愛。」令有司除租賦，皆頓首謝。辛未，徐達克安豐，分兵敗擴廓於徐州。夏五月壬午，至自濠。庚寅，求遺書。

秋八月庚戌，改築應天城，作新宮鍾山之陽。辛亥，命徐達為大將軍，常遇春為副將軍，帥師二十萬討張士誠。御戟門誓師曰：「城下之日，毋殺掠，毋毀廬舍，毋發丘壠。士誠母葬平江城外，毋侵毀。」既而召問達、遇春，用兵當何先。遇春欲直擣平江。太祖曰：「湖州張天騏、杭州潘原明為士誠臂指，平江窮蹙，兩人悉力赴援，難以取勝。不若先攻湖州，使疲於奔命，羽翼既披，平江勢孤，立破矣。」甲戌，敗張天騏於湖州，士誠親率兵來援，復敗之於皁林。九月乙未，李文忠攻杭州。

冬十月壬子，遇春敗士誠兵於烏鎮。十一月甲申，張天騏降。辛卯，李文忠下餘杭，潘原明降，旁郡悉下。癸卯，圍平江。十二月，韓林兒卒。以明年為吳元年，建廟社宮室，祭告山川。所司進宮殿圖，命去雕琢奇麗者。

是歲，元擴廓帖木兒與李思齊、張良弼搆怨，屢相攻擊，朝命不行，中原民益困。

二十七年春正月戊戌，諭中書省曰：「東南久罹兵革，民生凋敝，吾甚憫之。且太平、應天諸郡，吾渡江開創地，供億煩勞久矣。今比戶空虛，有司急催科，重困吾民，將何以堪。其賜太平田租二年，應天、鎮江、寧國、廣德各一年。」二月丁未，傅友德敗擴廓將李二於徐州，執之。三月丁丑，始設文武科取士。

夏四月，方國珍陰遣人通擴廓及陳友定，移書責之。五月己亥，初置翰林院。是月，以旱減膳素食，復徐、宿、濠、泗、壽、邳、東海、安東、襄陽、安陸及新附地田租三年。六月戊辰，大雨，羣臣請復膳。太祖曰：「雖雨，傷禾已多，其賜民今年田租。」癸酉，命朝賀罷女樂。

秋七月丙子，給府州縣官之任費，賜綺帛及其父母妻長子有差，著為令。己丑，雷震宮門獸吻，赦罪囚。庚寅，遣使責方國珍貢糧。八月癸丑，圜丘、方丘、社稷壇成。九月甲戌，太廟成。朱亮祖帥師討國珍。戊寅，詔曰：「先王之政，罪不及孥。自今除大逆不道，毋連坐。」辛巳，徐達克平江，執士誠，吳地平。戊戌，遣使致書於元主，送其宗室神保大王等北還。辛丑，論平吳功，封李善長宣國公，徐達信國公，常遇春鄂國公，將士賜賚有差。朱亮

祖克台州。癸卯，新宮成。

冬十月甲辰，遣起居注吳琳、魏觀以幣求遺賢於四方。丙午，令百官禮儀尚左。改李善長左相國，徐達右相國。辛亥，祀元臣余闕於安慶，李黼於江州。壬子，置御史臺。癸丑，湯和為征南將軍，吳禎副之，討國珍。甲寅，定律令。戊午，正郊社、太廟雅樂。

庚申，召諸將議北征。太祖曰：「山東則王宣反側，河南則擴廓跋扈，關、隴則李思齊、張思道梟張猜忌，元祚將亡，中原塗炭。今將北伐，拯生民於水火，何以決勝？」遇春對曰：「以我百戰之師，敵彼久逸之卒，直擣元都，破竹之勢也。」太祖曰：「元建國百年，守備必固，懸軍深入，餽餉不前，援兵四集，危道也。吾欲先取山東，撤彼屏蔽，移兵兩河，破其藩籬，拔潼關而守之，扼其戶檻。天下形勝入我掌握，然後進兵，元都勢孤援絕，不戰自克。鼓行而西，雲中、九原、關、隴可席卷也。」諸將皆曰「善」。

甲子，徐達為征虜大將軍，常遇春為副將軍，帥師二十五萬，由淮入河，北取中原。胡廷瑞為征南將軍，〔七〕何文輝為副將軍，取福建。湖廣行省平章楊璟、左丞周德興、參政張彬取廣西。己巳，朱亮祖克溫州。十一月辛巳，湯和克慶元，方國珍遁入海。壬午，徐達克沂州，斬王宣。己丑，廖永忠為征南副將軍，自海道會和討國珍。乙未，頒大統曆。辛丑，徐達克益都。十二月甲辰，頒律令。丁未，方國珍降，浙東平。張興祖下東平，兗東州縣相

中華書局

繼降。己酉，徐達下濟南。胡廷瑞下邵武。癸丑，李善長帥百官勸進，表三上，乃許。甲子，告於上帝。庚午，湯和、廖永忠由海道克福州。

校勘記

〔一〕太祖時年二十五　二十五，原作「二十四」。按太祖實錄卷一，朱元璋生於元天曆元年，與本紀所稱至正四年太祖時年十七相合，至正十二年應年二十五，非二十四，今改正。

〔二〕辟范祖幹葉儀許元等十三人分直講經史　按太祖實錄卷六及國榷卷一頁二八二，至正十八年十二月，朱元璋辟范祖幹、葉儀爲諮議。旋又詔許元等十三人分直講經史，其姓名俱載實錄中，無范祖幹、葉儀。紀文將二事混而爲一，誤。

〔三〕己亥置寶源局　己亥，原作「乙亥」。按是年二月癸未朔，不得有乙亥日，據太祖實錄卷九改。

〔四〕癸未降人蔣英殺金華守將胡大海　癸未，原作「辛未」。按是年二月丁丑朔，不得有辛未日，據太祖實錄卷一〇改。

〔五〕參政劉齊　參政，原作「參將」，據本書卷一三三趙得勝傳、又卷二八九花雲傳，明史稿紀一太祖紀，太祖實錄卷一一壬寅年十二月丁亥條、又卷一二癸卯年五月己巳條改。

〔六〕己卯下襄陽　己卯，原作「乙卯」。按是年五月戊午朔，不得有乙卯日，據太祖實錄卷一五改。

〔七〕胡廷瑞爲征南將軍　本書卷一二四陳友定傳、太祖實錄卷二五洪武元年正月壬午條及壬辰條作「胡廷美」，後一條稱：「廷美卽廷瑞，避御字，改今名。」按胡廷美後又去「廷」字，單名「美」。本書卷一二九胡美傳稱「初名廷瑞，避太祖字，易名美」。

明史卷二

本紀第二

太祖二

洪武元年春正月乙亥，祀天地於南郊，卽皇帝位。定有天下之號曰明，建元洪武。追尊高祖考曰玄皇帝，廟號德祖；曾祖考曰恒皇帝，廟號懿祖；祖考曰裕皇帝，廟號熙祖；皇考曰淳皇帝，廟號仁祖；妣皆皇后。立妃馬氏爲皇后，世子標爲皇太子。以李善長、徐達爲左、右丞相，諸功臣進爵有差。丙子，頒卽位詔於天下。追封皇伯考以下皆爲王。辛巳，李善長、徐達等兼東宮官。甲申，遣使覈浙西田賦。壬辰，胡廷瑞克建寧。庚子，鄧愈爲征戍將軍，略南陽以北州郡。湯和克延平，執元平章陳友定，福建平。是月，天下府州縣官來朝。諭曰：「天下始定，民財力俱困，要在休養安息，惟廉者能約己而利人，勉之。」二月壬寅，定郊社宗廟禮，歲必親祀以爲常。癸卯，湯和提督海運。廖永忠爲征南將軍，朱亮祖副之，由

海道取廣東。丁未，以太牢祀先師孔子於國學。戊申，祀社稷。壬子，詔衣冠如唐制。癸丑，常遇春克東昌，山東平。甲寅，楊璟克寶慶。三月辛未，詔儒臣修女誡，戒后妃毋預政。壬申，周德興克全州。丁酉，鄧愈克南陽。己亥，徐達徇汴梁，左君弼降。

夏四月辛丑，蘄州進竹簟，却之，命四方毋妄獻。廖永忠師至廣州，元守臣何眞降，廣東平。丁未，祫享太廟。戊申，徐達、常遇春大破元兵於洛水北，遂圍河南。梁王阿魯溫降，河南平。丁巳，楊璟克永州。甲子，幸汴梁。丙寅，馮勝克潼關，李思齊、張思道遁。五月己卯，廖永忠下梧州，潯、貴、容、鬱林諸州皆降。辛卯，改汴梁路爲開封府。六月庚子，徐達朝行在。甲辰，海南、海北諸道降。壬戌，楊璟、朱亮祖克靖江。

秋七月戊子，廖永忠下象州，廣西平。庚寅，振恤中原貧民。辛卯，將還應天，諭達等曰：「中原之民，久爲羣雄所苦，流離相望，故命將北征，拯民水火。元祖宗功德在人，其子孫罔恤民隱，天厭棄之。君則有罪，民復何辜。前代革命之際，肆行屠戮，違天虐民，朕實不忍。諸將克城，毋肆焚掠妄殺人，元之宗戚，咸俾保全。庶幾上答天心，下慰人望，以副朕伐罪安民之意。不恭命者罰無赦。」丙申，命馮勝留守開封。閏月丁未，至自開封。己酉，徐達會諸將兵於臨淸。壬子，常遇春克德州。丙寅，克通州，元帝趨上都。是月，徵天下賢才爲守令。免吳江、廣德、太平、寧國、滁、和被災田租。

中華書局

八月己巳，以應天爲南京，開封爲北京。庚午，徐達入元都，封府庫圖籍，守宮門，禁士卒侵暴，遣將巡古北口諸隘。壬申，以京師火，四方水旱，詔中書省集議便民事。丁丑，定六部官制。御史中丞劉基致仕。己卯，赦殊死以下。將士從征者恤其家，逋逃許自首。新克州郡毋妄殺。輸賦道遠者，官爲轉運，災荒以實聞。免鎭江租稅。避亂民復業者，聽墾荒地，復三年。衍聖公襲封及授曲阜知縣，並如前代制。有司以禮聘致賢士，學校毋事虛文。平刑，毋非時決囚。除書籍田器稅，民間逋負免徵。蒙古、色目人有才能者，許擢用。鰥寡孤獨廢疾者，存恤之。民年七十以上，一子復。他利害當興革不在詔內者，有司具以聞。壬午，幸北京。改大都路曰北平府。徵元故臣。癸未，詔徐達、常遇春取山西。甲午，放元宮人。九月癸亥，詔曰：「天下之治，天下之賢共理之。今賢士多隱巖穴，豈有司失於敦勸歟，朝廷疏於禮待歟，抑朕寡昧不足致賢，將在位者壅蔽使不上達歟。不然，賢士大夫，幼學壯行，豈甘沒世而已哉。天下甫定，朕願與諸儒講明治道。有能輔朕濟民者，有司禮遣。」乙丑，常遇春下保定，遂下眞定。

冬十月庚午，馮勝、湯和下懷慶，澤、潞相繼下。丁丑，至自北京。戊寅，以元都平，詔天下。十一月己亥，遣使分行天下，訪求賢才。庚子，始祀上帝於圜丘。癸亥，詔劉基還。十二月丁卯，徐達克太原，擴廓帖木兒走甘肅，山西平。己巳，置登聞鼓。壬辰，以書諭明昇。

二年春正月乙巳，立功臣廟於雞籠山。丁未，享太廟。庚戌，詔曰：「朕淮右布衣，因天下亂，率衆渡江，保民圖治，今十有五年。荷天眷祐，悉皆戡定。用是命將北征，齊、魯之民餽糧給軍，不憚千里。朕軫厥勞，已免元年田租。遭旱民未蘇，其更賜一年。頃者，大軍平燕都，下晉、冀，民被兵燹，困征斂，北平、燕南、河東、山西今年田租亦與蠲免。河南諸郡歸附，久欲惠之，西北未平，師過其地，是以未遑。今晉、冀平矣，西抵潼關，北界大河，南至唐、鄧、光、息，今年稅糧悉除之。」又詔曰：「應天、太平、鎭江、宣城、廣德供億浩穰。去歲蠲租，遇旱惠不及下。其再免諸郡及無爲州今年租稅。」庚申，常遇春取大同。是月，倭寇山東濱海郡縣。二月丙寅朔，詔修元史。壬午，耕耤田。三月庚子，徐達至奉元，張思道遁。振陝西饑，戶米三石。丙午，常遇春至鳳翔，李思齊奔臨洮。

夏四月丙寅，遇春還師北平。己巳，諸王子受經於博士孔克仁。令功臣子弟入學。乙亥，編祖訓錄，定封建諸王之制。徐達下鞏昌。丙子，賜秦、隴新附州縣稅糧。丁丑，馮勝至臨洮，李思齊降。乙酉，徐達襲破元豫王於西安。〔一〕五月甲午朔，日有食之。丁酉，徐達下平涼、延安。張良臣以慶陽降，尋叛。癸卯，始祀地於方丘。六月己卯，常遇春克開平，元帝北走。壬午，封陳日煃爲安南國王。

秋七月己亥，鄂國公常遇春卒於軍，詔李文忠領其衆。辛亥，擴廓帖木兒遣將破原州、涇州。辛酉，馮勝擊走之。丙辰，明昇遣使來。八月丙寅，元兵攻大同，李文忠擊敗之。己巳，定內侍官制。諭吏部曰：「內臣但備使令，毋多人。古來若輩擅權，可爲鑒戒。馭之之道，當使之畏法，勿令有功，有功則驕恣矣。」癸酉，元史成。丙子，封王顓爲高麗國王。癸未，徐達克慶陽，斬張良臣，陝西平。是月，命儒臣纂禮書。九月辛丑，召徐達、湯和還，馮勝留總軍事。癸卯，以臨濠爲中都。戊午，征南師還。

冬十月壬戌，遣楊璟諭明昇。甲戌，甘露降於鍾山，羣臣請告廟，不許。辛卯，詔天下郡縣立學。是月，遣使貽元帝書。十一月乙巳，祀上帝於圜丘，以仁祖配。十二月甲戌，封阿答阿者爲占城國王。甲申，振西安諸府饑，戶米二石。己丑，大賚平定中原及征南將士。庚寅，擴廓帖木兒攻蘭州，指揮于光死之。

是年，占城、安南、高麗入貢。

三年春正月癸巳，徐達爲征虜大將軍，李文忠、馮勝、鄧愈、湯和副之，分道北征。二月癸未，追封郭子興滁陽王。戊子，詔求賢才可任六部者。是月，李文忠下興和，進兵察罕腦兒，執元平章竹貞。三月庚寅，免南畿、河南、山東、北平、浙東、江西廣信、饒州今年田租。

夏四月乙丑，封皇子樉爲秦王，棡晉王，棣燕王，橚吳王，楨楚王，榑齊王，梓潭王，杞趙王，檀魯王，從孫守謙靖江王。徐達大破擴廓帖木兒於沈兒峪，盡降其衆，擴廓走和林。丙戌，元帝崩於應昌，子愛猷識理達臘嗣。是月，慈利土官覃垕作亂。五月己丑，徐達取興元。分遣鄧愈招諭吐蕃。丁酉，詔守令舉學識篤行之士。己亥，設科取士。甲辰，李文忠克應昌。元嗣君北走，獲其子買的里八剌，降五萬餘人，窮追至北慶州，不及而還。丁未，詔行大射禮。戊申，祀地於方丘，以仁祖配。辛亥，徐達下興元。鄧愈克河州。丁巳，詔開國時將帥無嗣者祿其家。是月旱，齋戒，后妃親執爨，皇太子諸王餽於齋所。六月戊午朔，素服草屨，步禱山川壇，露宿凡三日，還齋於西廡。辛酉，賚將士，省獄囚，命有司訪求通經術明治道者。壬戌，大雨。壬申，李文忠捷奏至，命仕元者勿賀。諡元主曰順帝。癸酉，買的里八剌至京師，羣臣請獻俘。帝曰：「武王伐殷用之乎？」省臣以唐太宗嘗行之對。帝曰：「太宗是待王世充耳。若遇隋之子孫，恐不爾也。」遂不許。又以捷奏多侈辭，謂宰相曰：「元主中國百年，朕與卿等父母皆賴其生養，奈何爲此浮薄之言，亟改之。」乙亥，封買的里八剌爲崇禮侯。丙子，告捷於南郊。丁丑，告太廟，詔示天下。辛巳，徙蘇州、松江、嘉興、湖州、杭州民無業者田臨濠，給資糧牛種，復三年。是月，倭寇山東、浙江、福建濱海州縣。

秋七月丙辰，明昇將吳友仁寇漢中，參政傅友德擊却之。中書左丞楊憲有罪誅。八月乙酉，遣使瘞中原遺骸。

冬十月丙辰，詔儒士更直午門，爲武臣講經史。癸亥，周德興爲征南將軍，討覃垕，垕遁。辛巳，貽元嗣君書。十一月壬辰，北征師還。甲午，告武成於郊廟。丙申，大封功臣。進李善長韓國公，徐達魏國公，封李文忠曹國公，馮勝宋國公，鄧愈衞國公，常遇春子茂鄭國公，湯和等侯者二十八人。己亥，設壇親祭戰沒將士。庚戌，有事於圜丘。辛亥，詔戶部置戶籍、戶帖，歲計登耗以聞，著爲令。乙卯，封中書右丞汪廣洋忠勤伯，御史中丞劉基誠意伯。十二月癸亥，復貽元嗣君書，並諭和林諸部。甲子，建奉先殿。庚午，遣使祭歷代帝王陵寢，並加修葺。己卯，賜勳臣田。壬午，以正月至是月，日中屢有黑子，詔廷臣言得失。

是年，占城、爪哇、〔二〕西洋入貢。

四年春正月丙戌，李善長罷，汪廣洋爲右丞相。丁亥，中山侯湯和爲征西將軍，江夏侯周德興、德慶侯廖永忠副之，率舟師由瞿塘，潁川侯傅友德爲征虜前將軍，濟寧侯顧時副之，率步騎由秦、隴伐蜀。魏國公徐達練兵北平。戊子，衞國公鄧愈督餉給征蜀軍。庚寅，建郊廟於中都。丁未，詔設科取士連舉三年，嗣後三年一舉。戊申，免山西旱災田租。二月甲戌，幸中都。壬午，至自中都。元平章劉益以遼東降。是月，蠲太平、鎭江、寧國田租。三

月乙酉朔，始策試天下貢士，賜吳伯宗等進士及第、出身有差。乙巳，徙山後民萬七千戶屯北平。丁未，誠意伯劉基致仕。

夏四月丙戌，傅友德克階州，文、隆、綿三州相繼下。五月，免江西、浙江秋糧。六月壬午，傅友德克漢州。辛卯，廖永忠克夔州。戊戌，明昇將丁世貞破文州，守將朱顯忠死之。癸卯，湯和至重慶，明昇降。戊申，倭寇膠州。是月，徙山後民三萬五千戶於內地，又徙沙漠遺民三萬二千戶屯田北平。

秋七月辛亥，徐達練兵山西。辛酉，傅友德下成都，四川平。乙丑，明昇至京師，封歸義侯。八月甲午，免中都、淮、揚及泰、滁、無爲田租。己酉，振陝西饑。是月，高州海寇亂，通判王名善死之。九月庚戌朔，日有食之。

冬十月丙申，征蜀師還。十一月丙辰，有事於圜丘。庚申，命官吏犯贓者罪勿貸。是月，免陝西、河南被災田租。十二月，徐達還。

是年，安南、浡泥、高麗、三佛齊、暹羅、日本、眞臘入貢。

五年春正月癸丑，待制王禕使雲南，詔諭元梁王把匝剌瓦爾密。禕至，不屈死。乙丑，徙陳理、明昇於高麗。甲戌，魏國公徐達爲征虜大將軍，出雁門，趨和林，曹國公李文忠爲左

副將軍，出應昌，宋國公馮勝爲征西將軍，取甘肅，征擴廓帖木兒。靖海侯吳禎督海運，餉遼東。衞國公鄧愈爲征南將軍，江夏侯周德興、江陰侯吳良副之，分道討湖南、廣西洞蠻。二月丙戌，安南陳叔明弒其主日熞自立，遣使入貢，却之。三月丁卯，都督僉事藍玉敗擴廓於土剌河。

夏四月己卯，振濟南、萊州饑。戊戌，始行鄉飲酒禮。庚子，鄧愈平散毛諸洞蠻。五月壬子，徐達及元兵戰於嶺北，敗績。是月，詔曰：「天下大定，禮儀風俗不可不正。諸遭亂爲人奴隸者復爲民。凍餒者里中富室假貸之，孤寡殘疾者官養之，毋失所。鄉黨論齒，相見揖拜，毋違禮。婚姻毋論財。喪事稱家有無，毋惑陰陽拘忌，停柩暴露。流民復業者各就丁力耕種，毋以舊田爲限。僧道齋醮雜男女，恣飲食，有司嚴治之。閩、粵豪家毋閹人子爲火者，犯者抵罪。」六月丙子，定宮官女職之制。戊寅，馮勝克甘肅，追敗元兵於瓜、沙州。癸巳，定六部職掌及歲終考績法。壬寅，吳良平靖州蠻。甲辰，李文忠敗元兵於阿魯渾河，宣寧侯曹良臣戰沒。乙巳，作鐵榜誡功臣。是月，振山東饑，免被災郡縣田租。

秋七月丙辰，湯和及元兵戰於斷頭山，敗績。八月丙申，吳良平五開、古州諸蠻。甲辰，元兵犯雲內，同知黃里死之。〔三〕九月戊午，周德興平婁鳳、安田諸蠻。

冬十月丁酉，馮勝師還。是月，免應天、太平、鎭江、寧國、廣德田租。十一月辛酉，有事於圜丘。甲子，征南師還。壬申，納哈出犯遼東。是月，召徐達、李文忠還。十二月甲戌，詔以農桑學校課有司。辛巳，命百官奏事啓皇太子。庚子，鄧愈爲征西將軍，征吐番。壬寅，貽元嗣君書。

是年，瑣里、占城、高麗、琉球、烏斯藏入貢。高麗貢使再至，諭自後三年一貢。

六年春正月甲寅，謫汪廣洋爲廣東參政。二月乙未，諭暫罷科舉，察舉賢才。壬寅，命御史及按察使考察有司。三月癸卯朔，日有食之。頒昭鑒錄，訓誡諸王。戊申，大閱。壬子，徐達爲征虜大將軍，李文忠、馮勝、鄧愈、湯和副之，備邊山西、北平。甲子，指揮使於顯爲總兵官，備倭。

夏四月己丑，令有司上山川險易圖。六月壬午，盱眙獻瑞麥，薦宗廟。壬辰，擴廓帖木兒遣兵攻雁門，指揮吳均擊却之。

秋七月壬寅，命戶部稽渡江以來各省水旱災傷分數，優恤之。壬子，胡惟庸爲右丞相。八月乙亥，詔祀三皇及歷代帝王。

冬十月辛巳，召徐達、馮勝還。十一月壬子，擴廓帖木兒犯大同，徐達遣將擊敗之，達

中華書局

仍留鎮。甲子，遣兵部尚書劉仁振眞定饑。丙寅，冬至，帝不豫，改卜郊。閏月乙亥，錄故功臣子孫未嗣者二百九人。壬午，有事於圜丘。庚寅，頒定大明律。

是年，暹羅、高麗、占城、眞臘、三佛齊入貢。命安南陳叔明權知國事。

七年春正月甲戌，都督僉事王簡、王誠，平章李伯昇，屯田河南、山東、北平。靖海侯吳禎爲總兵官，都督於顯副之，〔四〕巡海捕倭。二月丁酉朔，日有食之。戊午，修曲阜孔子廟，設孔、顏、孟三氏學。是月，平陽、太原、汾州、歷城、汲縣旱蝗，並免租稅。

夏四月己亥，都督藍玉敗元兵於白酒泉，遂拔興和。壬寅，金吾指揮陸齡討永、道諸州蠻，〔五〕平之。五月丙子，免眞定等四十二府州縣被災田租。辛巳，振蘇州饑民三十萬戶。癸巳，減蘇、松、嘉、湖極重田租之半。六月，陝西平涼、延安、靖寧、鄜州雨雹，山西、山東、北平、河南蝗，並蠲田租。

秋七月甲子，李文忠破元兵於大寧、高州。壬申，倭寇登、萊。八月甲午朔，祀歷代帝王廟。辛丑，詔軍士陣歿，父母妻子不能自存者，官爲存養。百姓避兵離散或客死，遺老幼，並資遣還。遠宦卒官，妻子不能歸者，有司給舟車資送。庚申，振河間、廣平、順德、眞定饑，蠲租稅。九月丁丑，遣崇禮侯買的里八剌歸，遺元嗣君書。

冬十一月壬戌，納哈出犯遼陽，千戶吳壽擊走之。辛未，有事於圜丘。十二月戊戌，召鄧愈、湯和還。

是年，阿難功德國、暹羅、琉球、三佛齊、烏斯藏、撒里、畏兀兒入貢。

八年春正月辛未，增祀雞籠山功臣廟一百八人。癸酉，命有司察窮民無告者，給屋舍衣食。辛巳，鄧愈、湯和等十三人屯戍北平、陝西、河南。丁亥，詔天下立社學。是月，河決開封，發民夫塞之。二月甲午，宥雜犯死罪以下及官犯私罪者，謫鳳陽輸作屯種贖罪。癸丑，耕耤田。召徐達、李文忠、馮勝還，傅友德等留鎮北平。三月辛酉，立鈔法。辛巳，罷寶源局鑄錢。

夏四月辛卯，幸中都。丁巳，至自中都。免彰德、大名、臨洮、平涼、河州被災田租。罷營中都。致仕誠意伯劉基卒。五月己巳，永嘉侯朱亮祖偕傅友德鎮北平。六月壬寅，指揮同知胡汝平貴州蠻。

秋七月己未朔，日有食之。辛酉，改作太廟。壬戌，召傅友德、朱亮祖還，李文忠、顧時鎮山西、北平。戊辰，詔百官奔父母喪不俟報。京師地震。丁丑，免應天、太平、寧國、鎮江及蘄、黃諸府被災田租。八月己酉，元擴廓帖木兒卒。

冬十月丁亥，詔舉富民素行端潔達時務者。壬子，命皇太子諸王講武中都。十一月丁丑，有事於圜丘。十二月戊子，京師地震。甲寅，遣使振蘇州、湖州、嘉興、松江、常州、太平、寧國、杭州水災。是月，納哈出犯遼東，指揮馬雲、葉旺大敗之。

是年，撒里、高麗、占城、暹羅、日本、爪哇、三佛齊入貢。

九年春正月，中山侯湯和，潁川侯傅友德，都督僉事藍玉、王弼，中書右丞丁玉，備邊延安。三月己卯，詔曰：「比年西征燉煌，北伐沙漠，軍需甲仗，皆資山、陝，又以秦、晉二府宮殿之役，重困吾民。平定以來，閭閻未息。國都始建，土木屢興。畿輔既極煩勞，外郡疲於轉運。今蓄儲有餘，其淮、揚、安、徽、池五府及山西、陝西、河南、福建、江西、浙江、北平、湖廣今年租賦，悉免之。」

夏四月庚戌，京師自去年八月不雨，是日始雨。五月癸酉，自庚戌雨，至是日始霽。六月甲午，改行中書省爲承宣布政使司。辛丑，李文忠還。

秋七月癸丑朔，日有食之。是月，蠲蘇、松、嘉、湖水災田租，振永平旱災。元將伯顏帖木兒犯延安，傅友德敗降之。八月己酉，遣官省歷代帝王陵寢，禁芻牧，置守陵戶。忠臣烈士祠，有司以時葺治。分遣國子生修嶽鎮海瀆祠。西番朶兒只巴寇罕東，河州指揮甯正擊走

之。閏九月庚寅，以災異詔求直言。

冬十月己未，太廟成，自是行合享禮。丙子，命秦、晉、燕、吳、楚、齊諸王治兵鳳陽。十一月壬午，有事於圜丘。戊子，徙山西及眞定民無產者田鳳陽。十二月甲寅，振畿內、浙江、湖北水災。己卯，遣都督同知沐英乘傳詣陝西問民疾苦。

是年，覽邦、琉球、安南、日本、烏斯藏、高麗入貢。

十年春正月辛卯，以羽林等衞軍益秦、晉、燕三府護衞。是春，振蘇、松、嘉、湖水災。

夏四月己酉，鄧愈爲征西將軍，沐英爲副將軍，率師討吐番，大破之。是月，振太平、寧國及宜興、錢塘諸縣水災。五月庚子，韓國公李善長、曹國公李文忠總中書省、大都督府、御史臺，議軍國重事。癸卯，振湖廣水災。丙午，戶部主事趙乾振荊、蘄遲緩，伏誅。六月丁巳，詔臣民言事者，實封達御前。丙寅，命政事啓皇太子裁決奏聞。

秋七月甲申，置通政司。是月，始遣御史巡按州縣。八月庚戌，改建大祀殿於南郊。癸丑，選武臣子弟讀書國子監。九月丙申，振紹興、金華、衢州水災。辛丑，胡惟庸爲左丞相，汪廣洋爲右丞相。

冬十月戊午，封沐英西平侯。辛酉，賜百官公田。十一月癸未，衞國公鄧愈卒。丁亥，

中華書局

合祀天地於奉天殿。是月，免河南、陝西、廣東、湖廣田租。威茂蠻叛，御史大夫丁玉爲平羌將軍，討平之。十二月乙巳朔，日有食之。丁未，錄故功臣子孫五百餘人，授官有差。

是年，占城、三佛齊、暹羅、爪哇、眞臘入貢。高麗使五至，以嗣王未立，却之。

十一年春正月甲戌，封皇子椿爲蜀王，柏湘王，桂豫王，楧漢王，植衞王。改封吳王橚爲周王。己卯，進封湯和信國公。是月，徵天下布政使及知府來朝。二月，指揮胡淵平茂州蠻。三月壬午，命奏事毋關白中書省。是月，第來朝官爲三等。

夏四月，元嗣君愛猷識理達臘殂，子脫古思帖木兒嗣。五月丁酉，存問蘇、松、嘉、湖被水災民，戶賜米一石，蠲逋賦六十五萬有奇。六月壬子，遣使祭故元嗣君。己巳，五開蠻叛，殺靖州指揮過興，以辰州指揮楊仲名爲總兵官，討之。

秋七月丁丑，振平陽饑。是月，蘇、松、揚、台海溢，遣官存恤。八月，免應天、太平、鎭江、寧國、廣德諸府州秋糧。九月丙申，追封劉繼祖爲義惠侯。

冬十月甲子，大祀殿成。十一月庚午，征西將軍西平侯沐英率都督藍玉、王弼討西番。是月，五開蠻平。

是年，暹羅、闍婆、高麗、琉球、占城、三佛齊、朶甘、烏斯藏、彭亨、百花入貢。

十二年春正月己卯，始合祀天地於南郊。甲申，洮州十八族番叛，命沐英移兵討之。丙申，丁玉平松州蠻。二月戊戌，李文忠督理河、岷、臨、鞏軍事。乙巳，詔曰：「今春雨雪經旬，天下貧民困於饑寒者多有，其令有司給以鈔。」丙寅，信國公湯和率列侯練兵臨清。

夏五月癸未，蠲北平田租。六月丁卯，都督馬雲征大寧。

秋七月丙辰，丁玉回師討眉縣賊，平之。己未，李文忠還掌大都督府事。八月辛巳，詔凡致仕官復其家，終身無所與。九月己亥，沐英大破西番，擒其部長三副使。

冬十一月甲午，〔六〕沐英班師，封仇成、藍玉等十二人爲侯。庚申，大寧平。十二月，汪廣洋貶廣南，〔七〕賜死。徵天下博學老成之士至京師。

是年，占城、爪哇、暹羅、日本、安南、高麗入貢。高麗貢黃金百斤、白金萬兩，以不如約，却之。

十三年春正月戊戌，左丞相胡惟庸謀反，及其黨御史大夫陳寧、中丞涂節等伏誅。癸卯，大祀天地於南郊。罷中書省，廢丞相等官，更定六部官秩，改大都督府爲中、左、右、前、後五軍都督府。二月壬戌朔，詔舉聰明正直、孝弟力田、賢良方正、文學術數之士。發丹符，驗天下金穀之數。戊辰，文武官年六十以上者聽致仕，給以誥敕。三月壬辰，減蘇、松、嘉、湖重賦十之二。壬寅，燕王棣之國北平。壬子，沐英襲元將脫火赤於亦集乃，擒之，盡降其衆。

夏四月己丑，命羣臣各舉所知。五月甲午，雷震謹身殿。乙未，大赦。丙申，釋在京及臨濠屯田輸作者。己亥，免天下田租。吏以過誤罷者還其職。壬寅，都督濮英進兵赤斤站，獲故元豳王亦憐眞及其部曲而還。是月，罷御史臺。命從征士卒老疾者許以子代，老而無子及寡婦，有司資遣還。六月丙寅，雷震奉天門，避正殿省愆。丁卯，罷王府工役。丁丑，置諫院官。

秋八月，命天下學校師生，日給廩膳。九月辛卯，景川侯曹震、營陽侯楊璟、〔八〕永城侯薛顯屯田北平。乙巳，天壽節，始受羣臣朝賀，賜宴於謹身殿，後以爲常。丙午，置四輔官，告於太廟。以儒士王本、杜佑、龔斆、杜斆、趙民望、吳源爲春、夏官。是月，詔陝西衞軍以三分之二屯田。安置翰林學士承旨宋濂於茂州，道卒。

冬十一月乙未，徐達還。丙午，元平章完者不花、乃兒不花犯永平，指揮劉廣戰沒，千戶王輅擊敗之，擒完者不花。十二月，天下府州縣所舉士至者八百六十餘人，授官有差。南雄侯趙庸鎭廣東，討陽春蠻。

是年，琉球、日本、安南、占城、眞臘、爪哇入貢，日本以無表却之。

十四年春正月戊子，徐達爲征虜大將軍，湯和、傅友德爲左、右副將軍，帥師討乃兒不花。命新授官者各舉所知。乙未，大祀天地於南郊。壬子，罷天下歲造兵器。癸丑，命公侯子弟入國學。丙辰，詔求隱逸。二月庚辰，覈天下官田。三月丙戌，大赦。辛丑，頒五經、四書於北方學校。

夏四月庚午，徐達率諸將出塞，至北黃河，擊破元兵，獲全寧四部以歸。五月，五溪蠻叛，江夏侯周德興討平之。

秋八月丙子，詔求明經老成之士，有司禮送京師。庚辰，河決原武、祥符、中牟。辛巳，徐達還。九月壬午朔，傅友德爲征南將軍，藍玉、沐英爲左、右副將軍，帥師征雲南。徐達鎭北平。丙午，周德興移師討施州蠻，平之。

冬十月壬子朔，日有食之。癸丑，命法司錄囚，會翰林院給事中及春坊官會議平允以聞。甲寅，免應天、太平、廣德、鎭江、寧國田租。癸亥，分遣御史錄囚。己卯，延安侯唐勝宗帥師討浙東山寇，平之。十一月壬午，吉安侯陸仲亨鎭成都。庚戌，趙庸討廣州海寇，大破之。十二月丁巳，命翰林春坊官考駁諸司章奏。戊辰，傅友德大敗元兵於白石江，遂下曲靖。壬申，元梁王把匝剌瓦爾密走普寧自殺。

冬十月戊申，封朱壽爲舳艫侯，張赫爲航海侯。是月，馮勝罷歸鳳陽，奉朝請。十一月壬午，普定侯陳桓、靖寧侯葉昇屯田定邊、姚安、畢節諸衞。己丑，湯和還，凡築寧海、臨山等五十九城。十二月，振登、萊饑。

是年，琉球、安南、高麗、占城、眞臘、朶甘、烏斯藏入貢。

二十一年春正月辛巳，麓川蠻思倫發入寇馬龍他郎甸，都督甯正擊敗之。辛卯，大祀天地於南郊。甲午，振青州饑，逮治有司匿不以聞者。三月乙亥，賜任亨泰等進士及第、出身有差。丙戌，振東昌饑。甲辰，沐英討思倫發敗之。

夏四月丙辰，藍玉襲破元嗣君於捕魚兒海，獲其次子地保奴及妃主王公以下數萬人而還。五月甲戌朔，日有食之。六月甲辰，信國公湯和歸鳳陽。甲子，傅友德爲征南將軍，沐英、陳桓爲左、右副將軍，帥師討東川叛蠻。

秋七月戊寅，安置地保奴於琉球。八月癸丑，徙澤、潞民無業者墾河南、北田，賜鈔備農具，復三年。丁卯，藍玉師還，大賚北征將士。戊辰，封孫恪爲全寧侯。是月，御製八諭飭武臣。九月丙戌，秦、晉、燕、周、楚、齊、湘、魯、潭九王來朝。癸巳，越州蠻阿資叛，沐英會傅友德討之。

冬十月丁未，東川蠻平。十二月壬戌，進封藍玉涼國公。

是年，高麗、占城、琉球、暹羅、眞臘、撒馬兒罕、安南入貢。詔安南三歲一朝，象犀之屬毋獻。安南黎季犛弒其主煒。

二十二年春正月丙戌，改大宗正院曰宗人府，以秦王樉爲宗人令，晉王棡、燕王棣爲左、右宗正，周王橚、楚王楨爲左、右宗人。丁亥，大祀天地於南郊。乙未，傅友德破阿資於普安。二月己未，藍玉練兵四川。壬戌，禁武臣預民事。癸亥，湖廣千戶夏得忠結九溪蠻作亂，靖寧侯葉昇討平之，得忠伏誅。是月，阿資降。三月庚午，傅友德帥諸將分屯四川、湖廣，防西南蠻。

夏四月己亥，徙江南民田淮南，賜鈔備農具，復三年。癸丑，魏國公徐允恭、開國公常昇等練兵湖廣。甲寅，徙元降王於耽羅。是月，遣御史按山東官匿災不奏者。五月辛卯，置泰寧、朶顏、福餘三衞於兀良哈。

秋七月，傅友德等還。八月乙卯，詔天下舉高年有德識時務者。是月，更定大明律。九月丙寅朔，日有食之。

冬十一月丙寅，宣德侯金鎭等練兵湖廣。己卯，思倫發入貢謝罪，麓川平。十二月甲辰，周王橚有罪，遷雲南，尋罷徙，留居京師。定遠侯王弼等練兵山西、河南、陝西。

是年，高麗、安南、占城、暹羅、眞臘入貢。元也速迭兒弒其主脫古思帖木兒而立坤帖木兒。高麗廢其主禑，又廢其主昌。安南黎季犛復弒其主日焜。[三]

二十三年春正月丁卯，晉王棡、燕王棣帥師征元丞相咬住、太尉乃兒不花，征虜前將軍潁國公傅友德等皆聽節制。己卯，大祀天地於南郊。庚辰，貴州蠻叛，延安侯唐勝宗討平之。乙酉，齊王榑帥師從燕王棣北征。贛州賊爲亂，東川侯胡海充總兵官，普定侯陳桓、靖寧侯葉昇爲副將，討平之。唐勝宗督貴州各衞屯田。二月戊申，藍玉討平西番叛蠻。丙辰，耕耤田。癸亥，河決歸德，發諸軍民塞之。三月癸巳，燕王棣師次迤都，咬住等降。

夏四月，吉安侯陸仲亨等坐胡惟庸黨下獄。丙申，潭王梓自焚死。閏月丙子，藍玉平施南、忠建叛蠻。五月甲午，遣諸公侯還里，賜金幣有差。乙卯，賜太師韓國公李善長死，陸仲亨等皆坐誅。作昭示姦黨錄，布告天下。六月乙丑，藍玉遣鳳翔侯張龍平都勻、散毛諸蠻。庚寅，授耆民有才德知典故者官。

秋七月壬辰，河決開封，振之。癸巳，崇明、海門風雨海溢，遣官振之，發民二十五萬築隄。八月壬申，詔毋以吏卒充選舉。藍玉還。是月，振河南、北平、山東水災。九月庚寅朔，日有食之。

冬十月己卯，振湖廣饑。十一月癸丑，免山東被災田租。十二月癸亥，令殊死以下囚輸粟北邊自贖。壬申，罷天下歲織文綺。

是年，墨刺、哈梅里、高麗、占城、眞臘、琉球、暹羅入貢。

二十四年春正月癸卯，大祀天地於南郊。戊申，潁國公傅友德爲征虜將軍，定遠侯王弼、武定侯郭英副之，備北平邊。丁巳，免山東田租。二月壬申，耕耤田。三月戊子朔，日有食之。魏國公徐輝祖、曹國公李景隆、涼國公藍玉等備邊陝西。乙未，靖寧侯葉昇練兵甘肅。丁酉，賜許觀等進士及第、出身有差。

夏四月辛未，封皇子㰘爲慶王，權寧王，楩岷王，橞谷王，松韓王，模瀋王，楹安王，桱唐王，棟郢王，㰘伊王。癸未，燕王棣督傅友德諸將出塞，敗敵而還。五月戊戌，漢、衞、谷、慶、寧、岷六王練兵臨清。六月己未，詔廷臣參考歷代禮制，更定冠服、居室、器用制度。甲子，久旱錄囚。

秋七月庚子，徙富民實京師。辛丑，免畿內官田租之半。八月乙卯，秦王樉有罪，召還京師。乙丑，皇太子巡撫陝西。乙亥，都督僉事劉眞、宋晟討哈梅里，敗之。九月乙酉，遣使諭西域。是月，倭寇雷州，百戶李玉、鎮撫陶鼎戰死。

冬十月丁巳，免北平、河間被水田租。十一月甲午，五開蠻叛，都督僉事茅鼎討平之。庚戌，皇太子還京師，晉王棡來朝。辛亥，振河南水災。十二月庚午，周王橚復國。辛巳，阿資復叛，都督僉事何福討降之。

是年，天下郡縣賦役黃册成，計戶千六十八萬四千四百三十五，口五千六百七十七萬四千五百六十一。琉球、暹羅、別失八里、撒馬兒罕入貢。以占城有簒逆事，却之。

二十五年春正月戊子，周王橚來朝。庚寅，河決陽武，發軍民塞之，免被水田租。乙未，大祀天地於南郊。何福討都勻、畢節諸蠻，平之。辛丑，令死囚輸粟塞下。壬寅，晉王棡、燕王棣、楚王楨、湘王柏來朝。二月戊午，召曹國公李景隆等還京師。靖寧侯葉昇等練兵於河南及臨、鞏、甘、涼、延慶。都督茅鼎等平五開蠻。丙寅，耕耤田。庚辰，詔天下衞所軍以十之七屯田。三月癸未，馮勝等十四人分理陝西、山西、河南諸衞軍務。庚寅，改封豫王桂爲代王，漢王楧爲肅王，衞王植爲遼王。

夏四月壬子，涼國公藍玉征罕東。癸丑，建昌衞指揮月魯帖木兒叛，指揮魯毅敗之。丙子，皇太子標薨。戊寅，都督聶緯、徐司馬、瞿能討月魯帖木兒，俟藍玉還，並聽節

制。五月辛巳，藍玉至罕東，寇遁，遂趨建昌。己丑，振陳州原武水災。六月丁卯，西平侯沐英卒於雲南。

秋七月庚辰，秦王樉復國。癸未，指揮瞿能敗月魯帖木兒於雙狼寨。八月己未，江夏侯周德興坐事誅。丁卯，馮勝、傅友德帥開國公常昇等分行山西，籍民為軍，屯田於大同、東勝，立十六衞。甲戌，給公侯歲祿，歸賜田於官。丙子，靖寧侯葉昇坐胡惟庸黨誅。九月庚寅，立皇孫允炆爲皇太孫。高麗李成桂幽其主瑤而自立，以國人表來請命，詔聽之，更其國號曰朝鮮。

冬十月乙亥，沐春襲封西平侯，鎮雲南。十一月甲午，藍玉擒月魯帖木兒，誅之，召玉還。十二月甲戌，宋國公馮勝、潁國公傅友德等兼東宮師保官。閏月戊戌，馮勝爲總兵官，傅友德副之，練兵山西、河南，兼領屯衞。

是年，琉球中山、山南、高麗、哈梅里入貢。

二十六年春正月戊申，免天下耆民來朝。辛酉，大祀天地於南郊。二月丁丑，晉王棡統山西、河南軍出塞，召馮勝、傅友德、常昇、王弼等還。乙酉，蜀王椿來朝。涼國公藍玉以謀反，并鶴慶侯張翼、普定侯陳桓、景川侯曹震、舳艫侯朱壽、東莞伯何榮、吏部尚書詹徽等皆坐誅。己丑，頒逆臣錄於天下。庚寅，耕耤田。三月辛亥，代王桂率護衞兵出塞，聽晉王節制。長興侯耿炳文練兵陝西。丙辰，馮勝、傅友德備邊山西、北平，其屬衞將校悉聽晉王、燕王節制。庚申，詔二王軍務大者始以聞。壬戌，會寧侯張溫坐藍玉黨誅。

夏四月乙亥，孝感饑，遣使乘傳發倉貸之。詔自今遇歲饑，先貸後聞，著爲令。戊子，周王橚來朝。庚寅，旱，詔羣臣直言得失，省獄囚。丙申，以安南擅廢立，絕其朝貢。

秋七月甲辰朔，日有食之。戊申，選秀才張宗濬等隨詹事府官分直文華殿，侍皇太孫。八月，秦、晉、燕、周、齊五王來朝。九月癸丑，代、肅、遼、慶、寧五王來朝。赦胡惟庸、藍玉餘黨。

冬十月丙申，擢國子監生六十四人爲布政使等官。十二月，頒永鑑錄於諸王。

是年，琉球、爪哇、暹羅入貢。

二十七年春正月乙卯，大祀天地於南郊。辛酉，李景隆爲平羌將軍，鎮甘肅。發天下倉穀貸貧民。三月庚子，賜張信等進士及第、出身有差。辛丑，魏國公徐輝祖、安陸侯吳傑備倭浙江。庚戌，課民樹桑棗木棉。甲子，以四方底平，收藏甲兵，示不復用。

秋八月甲戌，吳傑及永定侯張銓率致仕武臣，備倭廣東。乙亥，遣國子監生分行天下，

督吏民修水利。丙戌，階、文軍亂，都督甯正爲平羌將軍討之。九月，徐輝祖節制陝西沿邊諸軍。

冬十一月乙丑，潁國公傅友德坐事誅。阿資復叛，西平侯沐春擊敗之。十二月乙亥，定遠侯王弼坐事誅。

是年，烏斯藏、琉球、緬、朶甘、爪哇、撒馬兒罕、朝鮮入貢。安南來貢，却之。

二十八年春正月丙午，階、文寇平，甯正以兵從秦王樉征洮州叛番。丁未，大祀天地於南郊。甲子，西平侯沐春擒斬阿資，越州平。是月，周王橚、晉王棡率河南、山西諸衞軍出塞，築城屯田。燕王棣帥總兵官周興出遼東塞。二月丁卯，宋國公馮勝坐事誅。己丑，諭戶部編民百戶爲里。婚姻死喪疾病患難，里中富者助財，貧者助力。春秋耕穫，通力合作，以敎民睦。

夏六月壬申，詔諸土司皆立儒學。辛巳，周興等自開原追敵至甫答迷城，不及而還。己丑，御奉天門，諭羣臣曰：「朕起兵至今四十餘年，灼見情僞，懲創奸頑，或法外用刑，本非常典。後嗣止循律與大誥，不許用黥刺、剕、劓、閹割之刑。臣下敢以請者，置重典。」又曰：「朕罷丞相，設府、部、都察院分理庶政，事權歸於朝廷。嗣君不許復立丞相。臣下敢以請者置

重典。皇親惟謀逆不赦。餘罪，宗親會議取上裁。法司祇許舉奏，毋得擅逮。勒諸典章，永爲遵守。」

秋八月丁卯，都督楊文爲征南將軍，指揮韓觀、都督僉事宋晟副之，討龍州土官趙宗壽。戊辰，信國公湯和卒。辛巳，趙宗壽伏罪來朝，楊文移兵討奉議、南丹叛蠻。九月丁酉，免畿內、山東秋糧。庚戌，頒皇明祖訓條章於中外，「後世有言更祖制者，以奸臣論」。十一月乙亥，奉議、南丹蠻悉平。十二月壬辰，詔河南、山東桑棗及二十七年後新墾田，毋徵稅。

是年，朝鮮、琉球、暹羅入貢。

二十九年春正月壬申，大祀天地於南郊。二月癸卯，征虜前將軍胡冕討郴、桂蠻，平之。辛亥，燕王棣帥師巡大寧，周世子有燉帥師巡北平關隘。三月辛酉，楚王楨、湘王柏來朝。甲子，燕王敗敵於徹徹兒山，又追敗之於兀良哈禿城而還。

秋八月丁未，免應天、太平五府田租。九月乙亥，召致仕武臣二千五百餘人入朝，大賚之，各進秩一級。

是年，琉球、安南、朝鮮、烏斯藏入貢。

三十年春正月丙辰，〔三〕耿炳文爲征西將軍，郭英副之，巡西北邊。丙寅，大祀天地於南郊。丁卯，置行太僕寺於山西、北平、陝西、甘肅、遼東，掌馬政。己巳，左都督楊文屯田遼東。是月，沔縣盜起，詔耿炳文討之。二月庚寅，水西蠻叛，都督僉事顧成爲征南將軍，討平之。三月癸丑，賜陳䢿等進士及第、出身有差。庚辰，古州蠻叛，龍里千戶吳得、鎮撫井孚戰死。

夏四月己亥，都指揮齊讓爲平羌將軍，討之。壬寅，水西蠻平。五月壬子朔，日有食之。乙卯，楚王楨、湘王柏帥師討古州蠻。六月辛巳，賜禮部覆試貢士韓克忠等進士及第、出身有差。己酉，駙馬都尉歐陽倫有罪賜死。

秋八月丁亥，河決開封。甲午，李景隆爲征虜大將軍，練兵河南。九月庚戌，漢、沔寇平。戊辰，麓川平緬土酋刀幹孟逐其宣慰使思倫發以叛。乙亥，都督楊文爲征虜將軍，代齊讓。

冬十月戊子，停遼東海運。辛卯，耿炳文練兵陝西。乙未，重建國子監先師廟成。十一月癸酉，沐春爲征虜前將軍，都督何福等副之，討刀幹孟。

是年，琉球、占城、朝鮮、暹羅、烏斯藏、泥八剌入貢。

三十一年春正月壬戌，大祀天地於南郊。乙丑，遣使之山東、河南課耕。二月乙酉，倭寇寧海，指揮陶鐸擊敗之。辛丑，古州蠻平，召楊文還。甲辰，都督僉事徐凱討平麼些蠻。

夏四月庚辰，廷臣以朝鮮屢生釁隙請討，不許。五月丁未，沐春擊刀幹孟，大敗之。甲寅，帝不豫。戊午，都督楊文從燕王棣，武定侯郭英從遼王植，備禦開平，俱聽燕王節制。

閏月癸未，帝疾大漸。乙酉，崩於西宮，年七十有一。遺詔曰：「朕膺天命三十有一年，憂危積心，日勤不怠，務有益於民。奈起自寒微，無古人之博知，好善惡惡，不及遠矣。今得萬物自然之理，其奚哀念之有。皇太孫允炆仁明孝友，天下歸心，宜登大位。內外文武臣僚同心輔政，以安吾民。喪祭儀物，毋用金玉。孝陵山川因其故，毋改作。天下臣民，哭臨三日，皆釋服，毋妨嫁娶。諸王臨國中，毋至京師。諸不在令中者，推此令從事。」辛卯，葬孝陵。謚曰高皇帝，廟號太祖。永樂元年，謚聖神文武欽明啓運俊德成功統天大孝高皇帝。嘉靖十七年，增謚開天行道肇紀立極大聖至神仁文義武俊德成功高皇帝。

帝天授智勇，統一方夏，緯武經文，爲漢、唐、宋諸君所未及。當其肇造之初，能沉幾觀變，次第經略，綽有成算。嘗與諸臣論取天下之略，曰：「朕遭時喪亂，初起鄉土，本圖自全。及渡江以來，觀羣雄所爲，徒爲生民之患，而張士誠、陳友諒尤爲巨蠹。士誠恃富，友諒恃

強，朕獨無所恃。惟不嗜殺人，布信義，行節儉，與卿等同心共濟。初與二寇相持，士誠尤逼近，或謂宜先擊之。朕以友諒志驕，士誠器小，志驕則好生事，器小則無遠圖，故先攻友諒。鄱陽之役，士誠卒不能出姑蘇一步以爲之援。向使先攻士誠，浙西負固堅守，友諒必空國而來，吾腹背受敵矣。二寇既除，北定中原，所以先山東、次河洛，止潼關之兵不遽取秦、隴者，蓋擴廓帖木兒、李思齊、張思道皆百戰之餘，未肯遽下，急之則併力一隅，猝未易定，故出其不意，反旆而北。燕都既舉，然後西征。張、李望絕勢窮，不戰而克，然擴廓猶力抗不屈。向令未下燕都，驟與角力，勝負未可知也。」帝之雄才大略，料敵制勝，率類此。故能戡定禍亂，以有天下。語云「天道後起者勝」，豈偶然哉。

贊曰：太祖以聰明神武之資，抱濟世安民之志，乘時應運，豪傑景從，戡亂摧強，十五載而成帝業。崛起布衣，奄奠海宇，西漢以後所未有也。懲元政廢弛，治尚嚴峻。而能禮致耆儒，考禮定樂，昭揭經義，尊崇正學，加恩勝國，澄清吏治，修人紀，崇風教，正後宮名義，內治肅清，禁宦豎不得干政，五府六部官職相維，置衞屯田，兵食俱足。武定禍亂，文致太平，太祖實身兼之。至於雅尚志節，聽蔡子英北歸。晚歲憂民益切，嘗以一歲開支河暨塘堰數萬以利農桑、備旱潦。用此子孫承業二百餘年，士重名義，閭閻充實。至今苗裔蒙澤，

中華書局

倘如東樓、白馬，世承先祀，有以哉。

校勘記

〔一〕以邵質吳伯宗宋訥吳沉爲之　邵質，一作「劉仲質」，參見本書卷七二職官志校記〔三〕。

〔二〕秋七月甲戌　甲戌，原作「甲辰」。按是月辛酉朔，不得有甲辰日，據太祖實錄卷一七四改。

〔三〕安南黎季犛復弒其主日焜　此句衍。本書卷三二一安南傳把這事繫在建文元年，國榷卷一一頁八一三把這事繫在建文元年十二月，是。

〔四〕三十年春正月丙辰　丙辰，原作「甲戌」。按是年正月甲寅朔，丙辰是初三日，甲戌是二十日。紀文於「甲戌」日下，連書丙寅（十三日）、丁卯（十四日）、己巳（十六日）等日，足證作「甲戌」誤。據明史稿紀三太祖紀、太祖實錄卷二四九改。

明史卷四

本紀第四

恭閔帝

恭閔惠皇帝諱允炆，太祖孫，懿文太子第二子也。母妃呂氏。帝生穎慧好學，性至孝。年十四，侍懿文太子疾，晝夜不暫離。更二年，太子薨，居喪毀瘠。太祖撫之曰：「而誠純孝，顧不念我乎。」洪武二十五年九月，立爲皇太孫。二十九年，重定諸王見東宮儀制，朝見後於內殿行家人禮，以諸王皆尊屬也。初，太祖命太子省決章奏，太子性仁厚，於刑獄多所減省。至是以命太孫，太孫亦復佐以寬大。嘗請於太祖，遍考禮經，參之歷朝刑法，改定洪武律畸重者七十三條，天下莫不頌德焉。

三十一年閏五月，太祖崩。辛卯，卽皇帝位。大赦天下，以明年爲建文元年。是日，葬高皇帝於孝陵。詔行三年喪。羣臣請以日易月。帝曰：「朕非效古人亮陰不言也。朝則麻

冕裳，退則齊衰杖絰，食則饘粥，郊社宗廟如常禮。」遂命定儀以進。丙申，詔文臣五品以上及州縣官各舉所知，非其人者坐之。六月，省并州縣，革冗員。兵部侍郎齊泰爲本部尚書，〔一〕翰林院修撰黃子澄爲太常卿，同參軍國事。

秋七月，召漢中府教授方孝孺爲翰林院侍講。〔二〕詔行寬政，赦有罪，蠲逋賦。八月，周王橚有罪，廢爲庶人，徙雲南。詔興州、營州、開平諸衞軍全家在伍者，免一人。天下衞所軍單丁者，放爲民。九月，雲南總兵官西平侯沐春卒於軍，左副將何福代領其衆。

冬十一月，工部侍郎張昺爲北平布政使，謝貴、張信掌北平都指揮使司，察燕陰事。詔求直言，舉山林才德之士。十二月癸卯，何福破斬刀幹孟，麓川平。是月，賜天下明年田租之半，釋黥軍及囚徒還鄉里。

是年，暹羅、占城入貢。

建文元年春正月癸酉，受朝，不舉樂。庚辰，大祀天地於南郊，奉太祖配。修太祖實錄。二月，追尊皇考曰孝康皇帝，廟號興宗，妣常氏曰孝康皇后。尊母妃呂氏曰皇太后，册妃馬氏爲皇后。封弟允熥爲吳王，允熞衡王，允熙徐王。立皇長子文奎爲皇太子。詔告天下，舉遺賢。賜民高年米肉絮帛，鰥寡孤獨廢疾者官爲牧養。重農桑，興學校，考察官吏，

振罷災貧民，旌節孝，瘞暴骨，蠲荒田租。衞所軍戶絕者除勿勾。詔諸王毋得節制文武吏士，更定內外大小官制。三月，釋奠於先師孔子。罷天下諸司不急務。都督宋忠、徐凱、耿瓛帥兵屯開平、臨清、山海關。調北平、永淸二衞軍於彰德、順德。侍郎暴昭、夏原吉等二十四人充採訪使，〔三〕分巡天下。甲午，京師地震，求直言。

夏四月，湘王柏自焚死。齊王榑、代王桂有罪，廢爲庶人。遣燕王世子高熾及其弟高煦、高燧還北平。六月，岷王楩有罪，廢爲庶人，徙漳州。己酉，燕山護衞百戶倪諒上變，燕旗校於諒等伏誅。詔讓燕王棣，逮王府官僚。北平都指揮張信叛附於燕。

秋七月癸酉，燕王棣舉兵反，殺布政使張昺、都司謝貴。長史葛誠、指揮盧振、教授余逢辰死之。參政郭資、副使墨麟、僉事呂震等降於燕。指揮馬宣走薊州，俞瑱走居庸。宋忠趨北平，聞變退保懷來。通州、遵化、密雲相繼降燕。丙子，燕兵陷薊州，馬宣戰死。己卯，燕兵陷居庸關。甲申，陷懷來，宋忠、俞瑱被執死，都指揮彭聚、孫泰力戰死，永平指揮郭亮等叛降燕。壬辰，谷王橞自宣府奔京師。長興侯耿炳文爲征虜大將軍，駙馬都尉李堅、都督甯忠爲左、右副將軍，帥師討燕。祭告天地宗廟社稷，削燕屬籍。詔曰：「邦家不造，骨肉周親屢謀僭逆。去年，周庶人橚僭爲不軌，辭連燕、齊、湘三王。朕以親親故，止正橚罪。今年齊王榑謀逆，又與棣、柏同謀，柏伏罪自焚死，榑已廢爲庶人。朕以棣於親最

近，未忍窮治其事。今乃稱兵搆亂，圖危宗社，獲罪天地祖宗，義不容赦。是用簡發大兵，往致厥罰。咨爾中外臣民軍士，各懷忠守義，與國同心，掃茲逆氛，永安至治。」尋命安陸侯吳傑、江陰侯吳高、都督耿瓛、都指揮盛庸、潘忠、楊松、顧成、徐凱、李友、陳暉、平安，分道並進。置平燕布政使司於眞定，尚書暴昭掌司事。

八月己酉，耿炳文兵次眞定，徐凱屯河間，潘忠、楊松屯鄚州。壬子，燕兵陷雄縣，潘忠、楊松戰於月漾橋，被執。鄚州陷。壬戌，耿炳文及燕兵戰於滹沱河北，敗績，李堅、甯忠、顧成被執，炳文退保眞定。燕兵攻之不克，引去。召遼王植、寧王權歸京師，權不至，詔削護衞。丁卯，曹國公李景隆爲征虜大將軍，代耿炳文。九月戊辰，〔四〕吳高、耿瓛、楊文帥遼東兵，圍永平。戊寅，景隆兵次河間，燕兵援永平，吳高退保山海關。

冬十月，燕兵自劉家口間道襲陷大寧，守將朱鑑死之。總兵官劉眞、都督陳亨援大寧，亨叛降燕。燕以寧王權及朵顏三衞卒歸北平。辛亥，李景隆圍北平，燕兵還救。十一月辛未，李景隆及燕兵戰於鄭村壩，敗績，奔德州，諸軍盡潰。燕王棣再上書於朝。帝爲罷齊泰、黃子澄官，仍留京師。

二年春正月丙寅朔，詔天下來朝官勿賀。丁卯，釋奠於先師孔子。二月，燕兵陷蔚州，

進攻大同。李景隆自德州赴援，燕兵還北平。保定知府雒僉叛降燕。甲子，復以都察院爲御史府。均江、浙田賦。詔曰：「國家有惟正之供，江、浙賦獨重，而蘇、松官田悉準私稅，用懲一時，豈可爲定則。今悉與減免，畝毋踰一斗。蘇、松人仍得官戶部。」三月丙寅朔，日有食之。賜胡廣等進士及第、出身有差。

夏四月己未，李景隆及燕兵戰於白溝河，敗之。明日復戰，敗績，都督瞿能、越巂侯俞淵、指揮滕聚等皆戰死，景隆奔德州。五月辛未，奔濟南。燕兵陷德州，遂攻濟南。庚辰，景隆敗績於城下，南走。參政鐵鉉、都督盛庸悉力禦之。六月己酉，遣尚寶丞李得成諭燕罷兵。

秋八月癸巳，承天門災，詔求直言。戊申，盛庸、鐵鉉擊敗燕兵，濟南圍解，復德州。九月，詔錄洪武中功臣罪廢者後。辛未，封盛庸歷城侯，擢鐵鉉山東布政使，參贊軍務，尋進兵部尚書。以庸爲平燕將軍，都督陳暉、平安副之。庸屯德州，平安及吳傑屯定州，徐凱屯滄州。

冬十月，召李景隆還，赦不誅。庚申，燕兵襲滄州，徐凱被執。十二月甲午，燕兵犯濟寧，薄東昌。乙卯，盛庸擊敗之，斬其將張玉。丙辰，復戰，又敗之，燕兵走館陶。庸軍勢大振，檄諸屯軍合擊燕，絕其歸路。

三年春正月辛酉朔，凝命神寶成，告天地宗廟，御奉天殿受朝賀。乙丑，吳傑、平安邀擊燕兵於深州，不利。辛未，大祀天地於南郊。丁丑，享太廟，告東昌捷。復齊泰、黃子澄官。三月辛巳，盛庸敗燕兵於夾河，斬其將譚淵。再戰不利，都指揮莊得、楚智等力戰死。壬午，復戰，敗績，庸走德州。丁亥，都督何福援德州。癸巳，貶齊泰、黃子澄，諭燕罷兵。〔五〕閏月己亥，吳傑、平安及燕戰於藁城，敗績，還保眞定。燕兵掠眞定、順德、廣平、大名。棣上書請召還諸將息兵，遣大理少卿薛嵓報之。是月，禮制成，頒行天下。

夏五月甲寅，盛庸以兵扼燕餉道，不克。棣復遣使上書，下其使於獄。六月壬申，燕將李遠寇沛縣，焚糧艘。壬午，都督袁宇邀擊之，敗績。

秋七月己丑，燕兵掠彰德。丁酉，平安自眞定攻北平。壬寅，大同守將房昭帥兵由紫荆關趨保定，駐易州西水寨。九月甲辰，平安及燕將劉江戰於北平，敗績，還保眞定。

冬十月丁巳，眞定諸將遣兵援房昭，及燕王戰於齊眉山，敗績。十一月壬辰，遼東總兵官楊文攻永平，及劉江戰於昌黎，敗績。己亥，平安敗燕將李彬於楊村。十二月癸亥，燕兵焚眞定軍儲。詔中官奉使侵暴吏民者，所在有司繫治。是月，駙馬都尉梅殷鎭淮安。太祖實錄成。

中華書局

四年春正月甲申，召故周王橚於蒙化，居之京師。燕兵連陷東阿、東平、汶上、兗州、濟陽，東平吏目鄭華，濟陽教諭王省皆死之。甲申，魏國公徐輝祖帥師援山東。〔六〕燕兵陷沛縣，知縣顏伯瑋、主簿唐子清、典史黃謙死之。癸丑，薄徐州。二月甲寅，都督何福及陳暉、平安軍濟寧，盛庸軍淮上。己卯，更定品官勳階。三月，燕兵攻宿州，平安追及於淝河，〔七〕斬其將王眞，遇伏敗績，宿州陷。

夏四月丁卯，何福、平安敗燕兵於小河，斬其將陳文。甲戌，徐輝祖等敗燕兵於齊眉山，斬其將李斌，燕兵懼，謀北歸。會帝聞訛言，謂燕兵已北，召輝祖還，何福軍亦孤。庚辰，諸將及燕兵大戰於靈璧，敗績，陳暉、平安、禮部侍郎陳性善、大理寺卿彭與明皆被執。五月癸未，楊文帥遼東兵赴濟南，潰於直沽。己丑，盛庸軍潰於淮上，燕兵渡淮，趨揚州。指揮王禮等叛降燕，御史王彬、指揮崇剛死之。辛丑，燕兵至六合，諸軍迎戰，敗績。壬寅，詔天下勤王，遣御史大夫練子寧、侍郎黃觀、修撰王叔英分道徵兵。召齊泰、黃子澄還。蘇州知府姚善、寧波知府王璡、徽州知府陳彥回、樂平知縣張彥方各起兵入衛。甲辰，遣慶成郡主如燕師，議割地罷兵。

六月癸丑，盛庸帥舟師敗燕兵於浦子口，復戰不利。都督僉事陳瑄以舟師叛附於燕。

乙卯，燕兵渡江，盛庸戰於高資港，敗績。戊午，鎭江守將童俊叛降燕。庚申，燕兵至龍潭。辛酉，命諸王分守都城，遣李景隆及兵部尚書茹瑺、都督王佐如燕軍，申前約。壬戌，復遣谷王橞、安王楹往。皆不聽。甲子，遣使齎蠟書四出，促勤王兵。乙丑，燕兵犯金川門，左都督徐增壽謀內應，伏誅。谷王橞及李景隆叛，納燕兵，都城陷。宮中火起，帝不知所終。燕王遣中使出帝后屍於火中，越八日壬申葬之。

或云帝由地道出亡。正統五年，有僧自雲南至廣西，詭稱建文皇帝。思恩知府岑瑛聞於朝。按問，乃鈞州人楊行祥，年已九十餘，下獄，閱四月死。同謀僧十二人，皆戍遼東。自後滇、黔、巴、蜀間，相傳有帝爲僧時往來跡。正德、萬曆、崇禎間，諸臣請續封帝後，及加廟謚，皆下部議，不果行。大淸乾隆元年，詔廷臣集議，追謚曰恭閔惠皇帝。

贊曰：惠帝天資仁厚。踐阼之初，親賢好學，召用方孝孺等。典章制度，銳意復古。嘗因病晏朝，尹昌隆進諫，卽深自引咎，宣其疏於中外。又除軍衞單丁，減蘇、松重賦，皆惠民之大者。乃革命而後，紀年復稱洪武，嗣是子孫臣庶以紀載爲嫌，草野傳疑，不無訛謬。更越聖朝，得經論定，尊名壹惠，君德用彰，懿哉。

校勘記

〔一〕六月至兵部侍郎齊泰爲本部尚書　據本書卷一一一七卿年表，齊泰任兵部尚書在五月，國榷卷一一頁七八八繫於閏五月甲午，均不作六月。

〔二〕秋七月召漢中府教授方孝孺爲翰林院侍講　明史稿紀四建文帝紀、國榷卷一一頁七八九、明史本紀原本補本異同錄都繫此事於六月。

〔三〕侍郎暴昭夏原吉等二十四人充採訪使　據本書卷一一一七卿年表、明史本紀原本補本異同錄，時暴昭爲刑部尚書。

〔四〕九月戊辰　戊辰，原作「壬辰」。按是年九月戊辰朔，壬辰是二十五日，不得在十一日戊寅前，據明史稿紀四建文帝紀、太宗實錄卷三改。

〔五〕癸巳貶齊泰黃子澄諭燕罷兵　按是年三月庚申朔，不得有癸巳日，癸巳日在閏三月。下文「閏月」二字應提在「癸巳」日之上。國榷卷一一頁八二四繫「諭燕罷兵」事於建文三年閏三月，是。

〔六〕甲申魏國公徐輝祖帥師援山東　按上文本月已有甲申，不應重出。明史稿紀四建文帝紀繫此事於「辛丑」。

〔七〕燕兵攻宿州平安追及於淝河　淝河，原作「肥河」，據本書卷五成祖紀、明史稿紀四建文帝紀、太宗實錄卷八改。按肥河在蒙城縣，淝河在宿州，作淝河是。

二十四史
中華書局

校勘記

〔一〕冬十月壬寅以計入其城　原脫「冬十月」。按上文九月已有戊辰，壬寅與戊辰相去三十四天，不能同在九月，必有一誤。是年九月戊辰朔，戊辰是九月初一日；十月丁酉朔，壬寅是十月初六日。明史稿紀五成祖紀、太宗實錄卷三均繫於十月下，今據補。

〔二〕敗之峨眉山下　峨眉山，本書卷四恭閔帝紀作「齊眉山」。按峨眉山一名齊眉山，在易州（今河北省易縣）西南，見讀史方輿紀要卷一二。另有一齊眉山，在鳳陽府靈壁縣（今安徽省靈璧縣）西南，見讀史方輿紀要卷二一。下文建文四年四月甲戌燕王軍與平安軍大戰齊眉山下，卽後者。

〔三〕壬申徙封谷王橞於長沙　此壬申記事原爲「冬十月」之首條，在「丁巳」前。按建文四年冬十月辛亥朔，壬申是二十二日，丁巳是初七日，己未是初九日，丙寅是十六日，甲戌是二十四日。壬申應在丙寅日之後，甲戌之前。據太宗實錄卷一三移後。

明史卷六

本紀第六

成祖二

永樂元年春正月己卯朔，御奉天殿受朝賀，宴羣臣及屬國使。乙酉，享太廟。辛卯，大祀天地於南郊。復周王橚、齊王榑、代王桂、岷王楩舊封。以北平爲北京。癸巳，保定侯孟善鎭遼東。丁酉，宋晟爲平羌將軍，鎭甘肅。二月庚戌，設北京留守行後軍都督府、行部、國子監，改北平曰順天府。乙卯，遣御史分巡天下，爲定制。己未，徙封寧王權於南昌。貽書鬼力赤可汗，許其遣使通好。癸亥，耕耤田。乙丑，遣使徵尙師哈立麻於烏斯藏。己巳，振北京六府饑。辛未，命法司五日一引奏罪囚。壬申，瘞戰地暴骨。甲戌，高陽王高煦備邊開平。三月庚辰，江陰侯吳高鎭大同。壬午，改北平行都司爲大寧都司，徙保定，始以大寧地畀兀良哈。戊子，平江伯陳瑄、都督僉事宣信充總兵官，督海運，餉遼東、北京，歲以爲常。甲午，振直隸、北京、山東、河南饑。

夏四月丁未朔，安南胡奃乞襲陳氏封爵，遣使察實以聞。己酉，戶部尙書夏原吉治蘇、松、嘉、湖水患。辛未，岷王楩有罪，降其官屬。甲戌，襄城伯李濬鎭江西。五月丁丑，除天下荒田未墾者額稅。癸未，宥死罪以下，遞減一等。庚寅，捕山東蝗。丁酉，河南蝗，免今年夏稅。是月，再論靖難功，封駙馬都尉袁容等三人爲侯，陳亨子懋等六人爲伯。六月壬子，代王桂有罪，削其護衞。癸丑，遣給事中、御史分行天下，撫安軍民，有司奸貪者逮治。丁巳，改上高皇帝、高皇后尊謚。戊辰，武安侯鄭亨鎭宣府。

秋七月庚寅，復貽書鬼力赤。八月己巳，發流罪以下墾北京田。甲戌，徙直隸蘇州等十郡、浙江等九省富民實北京。九月癸未，命寶源局鑄農器，給山東被兵窮民。庚寅，初遣中官馬彬使爪哇諸國。乙未，奪歷城侯盛庸爵，尋自殺。庚子，岷王楩有罪，削其護衞。

冬十一月乙亥朔，頒曆於朝鮮諸國，著爲令。壬辰，罷遣浚河民夫。甲午，北京地震。乙未，命六科辦事官言事。丙申，韓觀討柳州山賊，平之。閏月丁卯，封胡奃爲安南國王。

是年，始命內臣出鎭及監京營軍。朝鮮入貢者六，自是歲時貢賀爲常。琉球中山、山北、山南，暹羅，占城，爪哇西王，日本，剌泥，安南入貢。

中華書局

二年春正月乙卯，大祀天地於南郊。己巳，召世子高熾及高陽王高煦還京師。三月乙巳，賜曾棨等進士及第、出身有差。己酉，始選進士爲翰林院庶吉士。庚戌，吏部請罪千戶違制薦士者，帝曰：「馬周不因常何進乎？果才，授之官，否則罷之可耳。」戊辰，改封敷惠王允熞甌寧王，奉懿文太子祀。

夏四月辛未朔，置東宮官屬。壬申，僧道衍爲太子少師，復其姓姚，賜名廣孝。甲戌，立子高熾爲皇太子，封高煦漢王，高燧趙王。壬午，封汪應祖爲琉球國山南王。〔一〕五月壬寅，豐城侯李彬鎮廣東，淸遠伯王友充總兵官，率舟師巡海。六月丁亥，汰冗官。辛卯，振松江、嘉興、蘇州、湖州饑。甲午，封哈密安克帖木兒爲忠順王。

秋七月壬戌，鄱陽民進書毀先賢，杖之，毀其書。丙寅，振江西、湖廣水災。八月丁酉，故安南國王陳日煃弟天平來奔。九月丙午，周王橚來朝，獻騶虞，百官請賀。帝曰：「瑞應依德而至，騶虞若果爲祥，在朕更當修省。」丁卯，徙山西民萬戶實北京。命自今御史巡行察吏毋得摭拾人言，賢否皆具實蹟以聞。

冬十月丁丑，河決開封。乙酉，蒲城、河津黃河淸。是月，籍長興侯耿炳文家，炳文自殺。十一月甲辰，御奉天門錄囚。癸丑，京師及濟南、開封地震，敕羣臣修省。戊午，蠲蘇、松、嘉、湖、杭水災田租。十二月壬辰，同州、韓城黃河淸。是月，下李景隆於獄。

是年，占城，別失八里，琉球山北、山南，爪哇，眞臘入貢。暹羅，日本，琉球中山入貢者再。

三年春正月庚戌，大祀天地於南郊。甲寅，遣使責諭安南。庚申，復免順天、永平、保定田租二年。二月己巳，行部尙書雒僉以言事涉怨誹誅。癸未，趙王高燧居守北京。三月甲寅，免湖廣被水田租。

夏六月己卯，中官鄭和帥舟師使西洋諸國。庚辰，中官山壽等帥兵出雲州覘敵。甲申，夏原吉等振蘇、松、嘉、湖饑。免天下農民戶口食鹽鈔。庚寅，胡奃謝罪，請迎陳天平歸國。

秋九月丁酉，蠲蘇、松、嘉、湖水災田租，凡三百三十八萬石。丁巳，徙山西民萬戶實北京。

冬十月，盜殺駙馬都尉梅殷。丁卯，齊王榑有罪，三賜書戒之。戊子，頒祖訓於諸王。十二月戊辰，沐晟討八百，降之。庚辰，都督僉事黃中、呂毅以兵納陳天平於安南。

是年，蘇門答剌、滿剌加、古里、浡泥來貢，封其長爲王。日本貢馬，幷俘獲倭寇爲邊患者。爪哇東、西，占城，碟里，日羅夏治，合貓里，火州回回入貢。暹羅，琉球山南、山北入貢者再，琉球中山入貢者三。

四年春正月丁未，大祀天地於南郊。丙辰，初御午朝，令羣臣奏事得從容陳論。三月辛卯朔，釋奠於先師孔子。甲午，設遼東開原、廣寧馬市。乙巳，賜林環等進士及第、出身有差。丙午，胡奃襲殺陳天平於芹站，前大理卿薛嵓死之，黃中等引兵還。

夏四月己卯，遣使購遺書。五月丁酉，振常州、廬州、安慶饑。庚戌，齊王榑有罪，削官屬護衞，留之京師。六月己未朔，日當食，陰雲不見，禮官請表賀，不許。丙寅，南陽獻瑞麥，諭禮部曰：「比郡縣屢奏祥瑞，獨此爲豐年之兆。」命薦之宗廟。

秋七月辛卯，朱能爲征夷將軍，沐晟、張輔副之，帥師分道討安南，兵部尙書劉儁參贊軍務，行部尙書黃福、大理卿陳洽督餉。詔曰：「安南皆朕赤子，惟黎季犛父子首惡必誅，他脅從者釋之。罪人旣得，立陳氏子孫賢者。毋養亂，毋玩寇，毋毀廬墓，毋害禾稼，毋攘財貨，掠子女，毋殺降。有一於此，雖功不宥。」乙巳，申誹謗之禁。閏月壬戌，詔以明年五月建北京宮殿，分遣大臣採木於四川、湖廣、江西、浙江、山西。八月丁酉，詔通政司，凡上書奏民事者，雖小必以聞。癸丑，齊王榑廢爲庶人。九月戊辰，振蘇、松、常、杭、嘉、湖流民復業者十二萬餘戶。

冬十月戊子，成國公朱能卒於軍，張輔代領其衆。乙未，克隘留關。庚子，沐晟率師會

於白鶴。十一月己巳，甘露降孝陵松柏，醴泉出神樂觀，薦之太廟，賜百官。十二月辛卯，赦天下殊死以下。張輔大破安南兵於嘉林江。丙申，拔多邦城。丁酉，克其東都。癸卯，克西都，賊遁入海。辛亥，甌寧王允熞邸第火，王薨。

是年，暹羅，占城，于闐，浡泥，日本，琉球中山、山南，婆羅入貢。爪哇東、西，眞臘入貢者再。別失八里入貢者三。琉球進閹人，還之。回回結牙曲進玉椀，却之。

五年春正月丁卯，大祀天地於南郊。己巳，張輔大敗安南兵於木丸江。二月庚寅，出翰林學士解縉爲廣西參議。三月丁巳，封尙師哈立麻爲大寶法王。辛巳，張輔大破安南兵於富良江。

夏四月己酉，振順天、河間、保定饑。五月甲子，張輔擒黎季犛、黎蒼獻京師，安南平。河南饑，逮治匿災有司。敕都察院，凡災傷不以實聞者罪之。六月癸未，以安南平，詔天下。置交阯布政司。己丑，山陽民丁珏訐其鄉人誹謗，擢爲刑科給事中。甲午，詔自永樂二年六月後犯罪去官者，悉宥之。乙未，張輔移師會韓觀討潯、柳叛蠻。癸卯，命張輔訪交阯人才，禮遣赴京師。

秋七月乙卯，皇后崩。丁卯，河溢河南。八月乙酉，左都督何福鎮甘肅。庚子，錄囚，

中華書局

明史卷七

本紀第七

成祖三

十二年春正月庚寅，思州苗平。辛丑，發山東、山西、河南及鳳陽、淮安、徐、邳民十五萬，運糧赴宣府。二月己酉，大閱。庚戌，親征瓦剌，安遠侯柳升領大營，武安侯鄭亨領中軍，寧陽侯陳懋、豐城侯李彬領左、右哨，成山侯王通、都督譚青領左、右掖，都督劉江、朱榮爲前鋒。庚申，振鳳翔、隴州饑，按長吏不言者罪。三月癸未，張輔俘陳季擴于老撾以獻，交阯平。庚寅，發北京，皇太孫從。

夏四月甲辰朔，次興和，大閱。己酉，頒軍中賞罰號令。庚戌，設傳令紀功官。丁卯，次屯雲谷，孛羅不花等來降。五月丁丑，命尙書、光祿卿、給事中爲督陣官，察將士用命不用命者。六月甲辰，劉江遇瓦剌兵，戰於康哈里孩，敗之。戊申，次忽蘭忽失溫，馬哈木帥

衆來犯，大敗之，追至土剌河，馬哈木宵遁。庚戌，班師，宣捷於阿魯台。戊午，次三峯山，阿魯台遣使來朝。己巳，以敗瓦剌詔天下。

秋七月戊子，次紅橋。詔六師入關有踐田禾取民畜產者，以軍法論。己亥，次沙河，皇太子遣使來迎。八月辛丑朔，至北京，御奉天殿受朝賀。丙午，蠲北京州縣租二年。戊午，賞從征將士。九月癸未，郭亮、徐亨備開平。丙戌，靖州苗平。甲午，費瓛鎭甘肅，劉江鎭遼東。閏月甲辰，以太子遣使迎駕緩，徵侍讀黃淮，侍講楊士奇，正字金問及洗馬楊溥、芮善下獄，未幾釋士奇復職。甲子，召吳高還。丁卯，都督朱榮鎭大同。

冬十一月甲辰，錄囚。庚戌，廢晉王濟熺爲庶人。庚申，蠲蘇、松、杭、嘉、湖水災田租四十七萬九千餘石。

是年，泥八剌國沙的新葛來朝，封爲王。彭亨、烏斯藏入貢。眞臘進金縷衣。琉球中山王貢馬。榜葛剌貢麒麟。

十三年春正月丙午，塞居庸以北隘口。丁未，馬哈木謝罪請朝貢，許之。壬子，北京午門災。戊午，敕內外諸司蠲諸宿逋，將士軍官犯罪者悉宥之。二月癸酉，遣指揮劉斌、給事中張磐等十二人巡視山西、山東、大同、陝西、甘肅、遼東軍操練、屯政，覈實以聞。甲戌，命行在禮部會試天下貢士。癸未，張輔等師還。戊子，論平交阯功，賞賚有差。三月己亥，策士於北京，賜陳循等進士及第、出身有差。丙午，廣西蠻叛，指揮同知葛森討平之。

夏四月戊辰，張輔鎭交阯。五月丁酉朔，日有食之。乙丑，鑿清江浦，通北京漕運。六月，振北京、河南、山東水災。

秋七月癸卯，鄭和還。乙巳，四川戎縣山都掌蠻平。八月庚辰，振山東、河南、北京順天州縣饑。九月壬戌，北京地震。

冬十月甲申，獵於近郊。壬辰，法司奏侵冒官糧者，帝怒，命戮之。及覆奏，帝曰：「朕過矣，仍論如律，自今死罪者皆五覆奏，著爲令。」十二月，蠲順天、蘇州、鳳陽、浙江、湖廣、河南、山東州縣水旱田租。

是年，琉球山南、山北，爪哇西王，占城，古里，柯枝，南渤利，甘巴里，滿剌加，忽魯謨斯，哈密，哈烈，撒馬兒罕，火州，土魯番，蘇門答剌，俺都淮，失剌思入貢。麻林及諸番進麒麟、天馬、神鹿。琉球中山入貢者再。

十四年春正月己酉，北京、河南、山東饑，免永樂十二年逋租，發粟一百三十七萬石有奇振之。辛酉，都督金玉討山西廣靈山寇，平之。三月癸巳，都督梁福鎭湖廣、貴州。壬寅，

阿魯台敗瓦剌，來獻捷。

夏四月壬申，禮部尙書呂震請封禪。〔一〕帝曰：「今天下雖無事，四方多水旱疾疫，安敢自謂太平。且六經無封禪之文，事不師古，甚無謂也。」不聽。乙亥，胡廣爲文淵閣大學士。六月丁卯，都督同知蔡福等備倭山東。

秋七月丁酉，遣使捕北京、河南、山東州縣蝗。壬寅，河決開封。乙巳，錦衣衛指揮使紀綱有罪伏誅。〔二〕八月癸酉旦，壽星見，禮臣請上表賀，不許。丁亥，作北京西宮。九月癸卯，京師地震。戊申，發北京。

冬十月丁丑，次鳳陽，祀皇陵。癸未，至自北京，謁孝陵。十一月壬寅，詔文武羣臣集議營建北京。丙午，召張輔還。戊申，漢王高煦有罪，削二護衛。徙山東、山西、湖廣流民於保安州，賜復三年。十二月丁卯，鄭和復使西洋。

是年，占城、古里、爪哇、滿剌加、蘇門答剌、南巫里、浡泥、彭亨、錫蘭山、溜山、南渤利、阿丹、麻林、忽魯謨斯、柯枝入貢。琉球中山入貢者再。

十五年春正月丁酉，大祀天地於南郊。壬子，平江伯陳瑄督漕，運木赴北京。二月癸亥，谷王橞有罪，廢爲庶人。丁卯，豐城侯李彬鎭交阯。壬申，泰寧侯陳珪董建北京，柳升、

中華書局

王通副之。三月丁亥，交阯始貢士至京師。丙申，雜犯死罪以下囚，輸作北京贖罪。丙午，漢王高煦有罪，徙封樂安州。壬子，北巡，發京師，皇太子監國。

夏四月己巳，次郛城。申禁軍士毋踐民田稼，有傷者除今年租。或先被水旱逋租，亦除之。癸未，西宮成。五月丙戌，至北京。六月丁酉，李彬討交阯賊黎核，斬之。己亥，中官張謙使西洋還。敗倭寇於金鄉衞。

秋八月甲午，甌寧人進金丹。帝曰：「此妖人也。令自餌之，毀其方書。」九月丁卯，曲阜孔子廟成，帝親製文勒石。

冬十月，李彬敗交阯賊楊進江，斬之。十一月癸酉，禮部尚書趙羾爲兵部尚書，巡視塞北屯戍軍民利弊。

是年，西洋蘇祿東西峒王來朝。琉球中山、別失八里、琉球山南、眞臘、浡泥、占城、暹羅、哈烈、撒馬兒罕入貢。

十六年春正月甲寅，交阯黎利反，都督朱廣擊敗之。甲戌，倭陷松門衞，按察司僉事石魯坐誅。興安伯徐亨、都督夏貴備開平。二月辛丑，交阯四忙縣賊殺知縣歐陽智以叛，李彬遣將擊走之。三月甲寅，賜李騏等進士及第、出身有差。都督僉事劉鑑備邊大同。

夏五月庚戌，重修太祖實錄成。丁巳，胡廣卒。

秋七月己巳，敕責陝西諸司：「比聞所屬歲屢不登，致民流莩，有司坐視不恤，又不以聞，其咎安在。其速發倉儲振之。」贊善梁潛、司諫周冕以輔導皇太子有闕，皆下獄死。

冬十二月戊子，諭法司：「朕屢敕中外官潔己愛民，而不肖官吏恣肆自若，百姓苦之。夫良農必去稂莠者，爲害苗也。繼今，犯贓必論如法。」辛丑，成山侯王通馳傳振陝西饑。

是年，暹羅、占城、爪哇、蘇門答剌、泥八剌、滿剌加、南渤利、哈烈、沙哈魯、千里達、撒馬兒罕入貢。琉球中山入貢者再。

十七年春二月乙酉，興安伯徐亨備興和、開平、大同。

夏五月丙午，都督方政敗黎利於可藍柵。六月壬午，免順天府去年水災田租。戊子，劉江殲倭寇於望海堝，封江廣寧伯。

秋七月庚申，鄭和還。八月，中官馬騏激交阯乂安土知府潘僚反。九月丙辰，慶雲見，禮臣請表賀，不許。

冬十二月庚辰，諭法司曰：「刑者，聖人所愼。匹夫匹婦不得其死，足傷天地之和，召水旱之災，甚非朕寬恤之意。自今，在外諸司死罪，咸送京師審錄，三覆奏然後行刑。」乙未，工部侍郎劉仲廉覈實交阯戶口田賦，察軍民利病。

是年，哈密、土魯番、失剌思、亦思弗罕、眞臘、占城、哈烈、阿魯、南渤利、蘇門答剌、八答黑商、滿剌加入貢。琉球中山入貢者四。

十八年春正月癸卯，李彬及都指揮孫霖、徐謜敗黎利於磊江。閏月丙子，翰林院學士楊榮、金幼孜爲文淵閣大學士。庚辰，擢人材，布衣馬麟等十三人爲布政使、參政、參議。二月己酉，蒲臺妖婦唐賽兒作亂，安遠侯柳升帥師討之。三月辛巳，敗賊於卸石栅寨，都指揮劉忠戰沒，賽兒逸去。甲申，山東都指揮僉事衞青敗賊於安丘，指揮王眞敗賊於諸城，獻俘京師。戊子，山東布政使儲埏、張海，按察使劉本等坐縱盜誅。戊戌，以逗留徵柳升下吏，尋釋之。

夏五月壬午，左都督朱榮鎭遼東。庚寅，交阯參政侯保、馮貴禦賊，戰死。六月丙午，北京地震。

秋七月丁亥，徐亨備開平。八月丁酉朔，日有食之。九月己巳，召皇太子。丁亥，詔自明年改京師爲南京，北京爲京師。

冬十月庚申，李彬遣指揮使方政敗黎利於老撾。十一月戊辰，以遷都北京詔天下。是

月，振青、萊饑。十二月己未，皇太子及皇太孫至北京。癸亥，北京郊廟宮殿成。

是年，始設東廠，命中官刺事。古麻剌朗王來朝。暹羅、占城、爪哇、滿剌加、蘇門答剌、蘇祿西王入貢。

十九年春正月甲子朔，奉安五廟神主於太廟。御奉天殿受朝賀，大宴。甲戌，大祀天地於南郊。戊寅，大赦天下。癸巳，鄭和復使西洋。二月辛丑，都督僉事胡原帥師巡海捕倭。三月辛巳，賜曾鶴齡等進士及第、出身有差。

夏四月庚子，奉天、華蓋、謹身三殿災，詔羣臣直陳闕失。乙巳，詔罷不便於民及不急諸務，蠲十七年以前逋賦，免去年被災田糧。己酉，萬壽節，以三殿災止賀。癸丑，蹇義等二十六人巡行天下，安撫軍民。五月乙丑，出建言給事中柯暹，御史何忠、鄭維桓、羅通等爲知州。庚寅，令交阯屯田。

秋七月己巳，帝將北征，敕都督朱榮領前鋒，安遠侯柳升領中軍，寧陽侯陳懋領御前精騎，永順伯薛斌、恭順伯吳克忠領馬隊，武安侯鄭亨、陽武侯薛祿領左右哨，英國公張輔、成山侯王通領左右掖。八月辛卯朔，日有食之。

冬十一月辛酉，分遣中官楊實、御史戴誠等覈天下庫藏出納之數。丙子，議北征軍餉，

中華書局

下戶部尚書夏原吉、刑部尚書吳中於獄，兵部尚書方賓自殺。辛巳，下侍讀李時勉於獄。甲申，發直隸、山西、河南、山東及南畿應天等五府，滁、和、徐三州丁壯運糧，期明年二月至宣府。

是年，瓦剌賢義王太平、安樂王把禿孛羅來朝。忽魯謨斯、阿丹、祖法兒、剌撒、不剌哇、木骨都束、古里、柯枝、加異勒、錫蘭山、溜山、南渤利、蘇門答剌、阿魯、滿剌加、甘巴里、蘇祿、榜葛剌、浡泥、古麻剌朗王入貢。暹羅入貢者再。

二十年春正月己未朔，日有食之，免朝賀，詔羣臣修省。辛未，大祀天地於南郊。壬申，豐城侯李彬卒於交阯。二月乙巳，隆平侯張信、兵部尚書李慶分督北征軍餉，役民夫二十三萬五千有奇，運糧三十七萬石。三月丙寅，詔有司遇災先振後聞。乙亥，阿魯台犯興和，都指揮王喚戰死。丁丑，親征阿魯台，皇太子監國。戊寅，發京師。辛巳，次雞鳴山，阿魯台遁。

夏四月乙卯，次雲州，大閱。五月乙丑，獵於偏嶺。丁卯，大閱。辛未，次西涼亭。壬申，大閱。乙酉，次開平。六月壬辰，令軍行出應昌，結方陣以進。癸巳，諜報阿魯台兵攻萬全，諸將請分兵還擊，帝曰：「詐也。彼慮大軍搗其巢穴，欲以牽制我師，敢攻城哉。」甲

午，次陽和谷，寇攻萬全者果遁去。

秋七月己未，阿魯台棄輜重於闊欒海側北遁，發兵焚之，收其牲畜，遂旋師。謂諸將曰：「阿魯台敢悖逆，恃兀良哈爲羽翼也。當還師翦之。」簡步騎二萬，分五道並進。庚午，遇於屈裂兒河，帝親擊敗之，追奔三十里，斬部長數十人。辛未，徇河西，捕斬甚衆。甲戌，兀良哈餘黨詣軍門降。是月，皇太子免南、北直隸、山東、河南郡縣水災糧芻共六十一萬有奇。八月戊戌，諸將分道者俱獻捷。辛丑，以班師詔天下。壬寅，鄭亨、薛祿守開平。鄭和還。九月壬戌，至京師。癸亥，下左春坊大學士楊士奇於獄。丙寅，下吏部尚書蹇義、禮部尚書呂震於獄，尋俱釋之。辛未，錄從征功，封左都督朱榮武進伯，都督僉事薛貴安順伯。

冬十月癸巳，分遣中官及朝臣八十人覈天下倉糧出納之數。十二月辛卯，朱榮鎮遼東。閏月戊寅，乾清宮災。

是年，暹羅、蘇門答剌、阿丹等國遣使隨貢方物。占城、琉球中山、卜花兒、哈密、瓦剌、土魯番、爪哇入貢。

二十一年春正月乙未，大祀天地於南郊。癸卯，交阯參將榮昌伯陳智追敗黎利於車來。二月己巳，都指揮使鹿榮討柳州叛蠻，平之。三月庚子，御史王愈等會決重囚，誤殺無罪四

人，坐棄市。

夏五月癸未，免開封、南陽、衞輝、鳳陽等府去年水災田租。己丑，常山護衞指揮孟賢等謀逆，伏誅。六月庚戌朔，日有食之。

秋七月戊戌，復親征阿魯台，安遠侯柳升、遂安伯陳英領中軍，武安侯鄭亨、保定侯孟瑛領左哨，陽武侯薛祿、新寧伯譚忠領右哨，英國公張輔、安平伯李安領左掖，〔三〕成山侯王通、興安伯徐亨領右掖，寧陽侯陳懋領前鋒。庚子，釋李時勉，復其官。辛丑，皇太子監國。壬寅，發京師。戊申，次宣府，敕居庸關守將止諸司進奉。八月己酉，大閱。庚申，塞黑峪、長安嶺諸邊險要。丁丑，皇太子免兩京、山東郡縣水災田租。九月戊子，次西陽河。癸巳，聞阿魯台爲瓦剌所敗，部落潰散，遂駐師不進。

冬十月甲寅，次上莊堡，迤北王子也先土干帥所部來降，封忠勇王，賜姓名金忠。庚午，班師。十一月甲申，至京師。

是年，錫蘭山王來朝，又遣使入貢。占城、古里、忽魯謨斯、阿丹、祖法兒、剌撒、不剌哇、木骨都束、柯枝、加異勒、溜山、南渤利、蘇門答剌、阿魯、滿剌加、失剌思、榜葛剌、琉球中山入貢。

二十二年春正月甲申，阿魯台犯大同、開平，詔羣臣議北征，敕邊將整兵俟命。丙戌，徵山西、山東、河南、陝西、遼東五都司及西寧、鞏昌、洮、岷各衞兵，期三月會北京及宣府。戊子，大祀天地於南郊。癸巳，鄭和復使西洋。三月戊寅，大閱，諭諸將親征。命柳升、陳英領中軍，張輔、朱勇領左掖，王通、徐亨領右掖，鄭亨、孟瑛領左哨，薛祿、譚忠領右哨，陳懋、金忠領前鋒。己卯，賜邢寬等進士及第、出身有差。

夏四月戊申，皇太子監國。己酉，發京師。庚午，次隰寧，諜報阿魯台走答蘭納木兒河，遂趨進師。五月己卯，次開平，使使招諭阿魯台諸部。乙酉，瘞道中遺骸。丁酉，宴羣臣於應昌，命中官歌太祖御製詞五章，曰：「此先帝所以戒後嗣也，雖在軍旅何敢忘。」己亥，次威遠州。復宴羣臣，自製詞五章，命中官歌之。皇太子令免廣平、順德、揚州及湖廣、河南郡縣水災田租。六月庚申，前鋒至答蘭納木兒河，不見敵，命張輔等窮搜山谷三百里無所得，進駐河上。癸亥，陳懋等引兵抵白邙山，以糧盡還。甲子，班師，命鄭亨等以步卒西會於開平。壬申夜，南京地震。

秋七月庚辰，勒石於淸水源之崖。戊子，遣呂震以旋師諭太子，詔告天下。己丑，次蒼崖戍，不豫。庚寅，至榆木川，大漸。遺詔傳位皇太子，喪禮一如高皇帝遺制。辛卯，崩，年六十有五。太監馬雲密與大學士楊榮、金幼孜謀，以六軍在外，秘不發喪，鎔錫爲椑以斂，

中華書局

載以龍轝，所至朝夕上膳如常儀。壬辰，楊榮偕御馬監少監海壽馳訃皇太子。壬寅，次武平鎮，鄭亨步軍來會。八月甲辰，楊榮等至京師，皇太子卽日遣太孫奉迎於開平。己酉，次鵰鶚谷，皇太孫至軍中發喪。壬子，及郊，皇太子迎入仁智殿，加殮納梓宮。九月壬午，上尊諡曰體天弘道高明廣運聖武神功純仁至孝文皇帝，廟號太宗，葬長陵。嘉靖十七年九月，改上尊諡曰啓天弘道高明肇運聖武神功純仁至孝文皇帝，廟號成祖。

贊曰：文皇少長習兵，據幽燕形勝之地，乘建文孱弱，長驅內向，奄有四海。卽位以後，躬行節儉，水旱朝告夕振，無有壅蔽。知人善任，表裏洞達，雄武之略，同符高祖。六師屢出，漠北塵清。至其季年，威德遐被，四方賓服，受朝命而入貢者殆三十國。幅隕之廣，遠邁漢、唐。成功駿烈，卓乎盛矣。然而革除之際，倒行逆施，慙德亦曷可掩哉。

校勘記

〔一〕夏四月壬申禮部尚書呂震請封禪　此壬申記事原繫于三月，而置「夏四月」于壬申記事之后。按是年三月癸巳朔，不得有壬申日，壬申是四月初十日。據明史稿紀五成祖紀、太宗實錄卷一〇〇改。

〔二〕錦衣衞指揮使紀綱有罪伏誅　錦衣衞指揮使，太宗實錄卷一〇二改作「掌錦衣衞事都指揮僉事」。

〔三〕安平伯李安領左掖　安平伯，原作「安平侯」。按李安父李遠，在成祖卽位後封安平侯，永樂七年北征戰殁，李安襲伯爵，見本書卷一〇六功臣世表及卷一四五丘福傳附李遠傳。此作「安平侯」誤，據太宗實錄卷一二六改。

明史卷八

本紀第八

仁宗

仁宗敬天體道純誠至德弘文欽武章聖達孝昭皇帝，諱高熾，成祖長子也。母仁孝文皇后，夢冠冕執圭者上謁，寤而生帝。幼端重沉靜，言動有經。稍長習射，發無不中。好學問，從儒臣講論不輟。

洪武二十八年，册爲燕世子。嘗命與秦、晉、周三世子分閱衞士，還獨後。問之。對曰：「旦寒甚，俟朝食而後閱，故後。」又命分閱章奏，獨取切軍民利病者白之。或文字謬誤，不以聞。太祖指示之曰：「兒忽之耶？」對曰：「不敢忽，顧小過不足瀆天聽。」又嘗問：「堯、湯時水旱，百姓奚恃？」對曰：「恃聖人有恤民之政。」太祖喜曰：「孫有君人之識矣。」

成祖舉兵，世子守北平，善拊士卒，以萬人拒李景隆五十萬衆，城賴以全。先是，郡王

高煦、高燧俱以慧黠有寵於成祖。而高煦從軍有功，宦寺黃儼等復黨高燧，陰謀奪嫡，譖世子。會朝廷賜世子書，爲離間。世子不啓緘，馳上之。而儼先潛報成祖曰：「世子與朝廷通，使者至矣。」無何，世子所遣使亦至。成祖發書視之，乃歎曰：「幾殺吾子。」成祖踐阼，以北平爲北京，仍命居守。

永樂二年二月，始召至京，立爲皇太子。成祖數北征，命之監國，裁決庶政。四方水旱饑饉，輒遣振恤，仁聞大著。而高煦、高燧與其黨日伺隙讒構。或問太子：「亦知有讒人乎？」曰：「不知也，吾知盡子職而已。」

十年，北征還，以太子遣使後期，且書奏失辭，悉徵宮僚黃淮等下獄。十五年，高煦以罪徙樂安。明年，黃儼等復譖太子擅赦罪人，宮僚多坐死者。侍郎胡濙奉命察之，密疏太子誠敬孝謹七事以聞，成祖意乃釋。其後黃儼等謀立高燧，事覺伏誅，高燧以太子力解得免，自是太子始安。

二十二年七月，成祖崩於榆木川。八月甲辰，遺詔至，遣皇太孫迎喪開平。丁未，出夏原吉等於獄。丁巳，卽皇帝位。大赦天下，以明年爲洪熙元年。罷西洋寶船、迤西市馬及雲南、交阯採辦。戊午，復夏原吉、吳中官。己未，武安侯鄭亨鎭大同，保定侯孟瑛鎭交阯，襄

中華書局

城伯李隆鎭山海，武進伯朱榮鎭遼東。復設三公、三孤官，以公、侯、伯、尚書兼之。進楊榮太常寺卿，金幼孜戶部侍郎，兼大學士如故，楊士奇爲禮部左侍郎兼華蓋殿大學士，黃淮通政使兼武英殿大學士，俱掌內制；楊溥爲翰林學士。辛酉，鎭遠侯顧興祖充總兵官，討廣西叛蠻。甲子，汰冗官。乙丑，召漢王高煦赴京。戊辰，官吏謫隸軍籍者放還鄉。己巳，詔文臣年七十致仕。九月癸酉，交阯都指揮方政與黎利戰於茶籠州，敗績，指揮同知伍雲力戰死。丙子，召尚書黃福於交阯。庚辰，河溢開封，免稅糧，遣右都御史王彰撫恤之。壬午，敕自今官司所用物料於所產地計直市之，科派病民者罪不宥。癸未，禮部尚書呂震請除服，不許。乙酉，增諸王歲祿。丙戌，以風憲官備外任，命給事中蕭奇等三十五人爲州縣官。丁亥，黎利寇清化，都指揮同知陳忠戰死。〔一〕戊子，始設南京守備，以襄城伯李隆爲之。乙未，散畿內民所養官馬於諸衞所。戊戌，賜吏部尚書蹇義及楊士奇、楊榮、金幼孜銀章各一，曰「繩愆糾繆」，諭以協心贊務，凡有闕失當言者，用印密封以聞。

冬十月壬寅，罷市民間金銀，革兩京戶部行用庫。癸卯，詔天下都司衞所修治城池。戊申，通政使請以四方雨澤章奏送給事中收貯。帝曰：「祖宗令天下奏雨澤，欲知水旱，以施恤民之政。積之通政司，既失之矣，今又令收貯，是欲上之人終不知也。自今奏至卽以聞。」己酉，册妃張氏爲皇后。壬子，立長子瞻基爲皇太子。封子瞻埈爲鄭王，瞻墉越王，瞻墡襄

王，瞻堈荆王，瞻墺淮王，瞻塏滕王，瞻垍梁王，瞻埏衞王。乙卯，詔中外官舉賢才，嚴舉主連坐法。丁巳，令三法司會大學士、府、部、通政、六科於承天門錄囚，著爲令。庚申，增京官及軍士月廩。〔二〕丁卯，擢監生徐永潛等二十人爲給事中。十一月壬申朔，詔禮部：「建文諸臣家屬在敎坊司、錦衣衞、浣衣局及習匠、功臣家爲奴者，悉宥爲民，還其田土。言事謫戍者亦如之。」癸酉，詔有司：「條政令之不便民者以聞，凡被災不卽請振者，罪之。」阿魯台來貢馬。甲戌，詔羣臣言時政闕失。乙亥，赦兀良哈罪。始命近畿諸衞官軍更番詣京師操練。丙子，遣御史巡察邊衞。癸未，遣御史分巡天下，考察官吏。丙戌，賜戶部尚書夏原吉「繩愆糾繆」銀章。己丑，禮部奏冬至節請受賀，不許。庚寅，敕諸將嚴邊備。辛卯，禁所司擅役屯田軍士。壬辰，都督方政同榮昌伯陳智鎭交阯。是月，諭蹇義、楊士奇、夏原吉、楊榮、金幼孜曰：「前世人主，或自尊大，惡聞直言，臣下相與阿附，以至於敗。朕與卿等當用爲戒。」又諭士奇曰：「頃羣臣頗懷忠愛，朕有過方自悔，而進言者已至，良愜朕心。」十二月癸卯，宥建文諸臣外親全家戍邊者，〔三〕留一人，餘悉放還。辛亥，揭天下三司官姓名於奉天門西序。癸丑，免被災稅糧。庚申，葬文皇帝於長陵。丙寅，鎭遠侯顧興祖破平樂、潯州蠻。

是年，于闐、琉球、占城、哈密、古麻剌朗、滿剌加、蘇祿、瓦剌入貢。

洪熙元年春正月壬申朔，御奉天門受朝，不舉樂。乙亥，敕內外羣臣修舉職業。己卯，享太廟。建弘文閣，命儒臣入直，楊溥掌閣事。癸未，以時雪不降，敕羣臣修省。丙戌，大祀天地於南郊，奉太祖、太宗配。壬辰，朝臣予告歸省者賜鈔有差，著爲令。己亥，布政使周幹、按察使胡槪、參政葉春巡視南畿、浙江。二月辛丑，頒將軍印於諸邊將。戊申，祭社稷。命太監鄭和守備南京。丙辰，耕耤田。丙寅，太宗神主祔太廟。是月，南京地屢震。三月壬申，前光祿署丞權謹以孝行擢文華殿大學士。丁丑，求直言。戊子，隆平饑，戶部請以官麥貸之。帝曰：「卽振之，何貸爲。」己丑，詔曰：「刑者所以禁暴止邪，導民於善，非務誅殺也。吏或深文傅會，以致冤濫，朕深憫之。自今其悉依律擬罪。或朕過於嫉惡，法外用刑，法司執奏。五奏不允，同三公、大臣執奏，必允乃已。諸司不得鞭囚背及加人宮刑。有自宮者以不孝論。非謀反，勿連坐親屬。古之盛世，採聽民言，用資戒儆。今奸人往往摭拾，誣爲誹謗，法吏刻深，鍛鍊成獄。刑之不中，民則無措，其除誹謗禁，有告者一切勿治。」庚寅，陽武侯薛祿爲鎭朔大將軍，率師巡開平、大同邊。辛卯，參將安平伯李安與榮昌伯陳智同鎭交阯。戊戌，將還都南京，詔北京諸司悉稱行在，復北京行部及行後軍都督府。是月，南京地屢震。

夏四月壬寅，帝聞山東及淮、徐民乏食，有司徵夏稅方急，乃御西角門詔大學士楊士奇草詔，免今年夏稅及秋糧之半。士奇言：「上恩至矣，但須戶、工二部預聞。」帝曰：「救民之窮當如救焚拯溺，不可遲疑。有司慮國用不足，必持不決之意。」趣命中官具楮筆，令士奇就門樓書詔。帝覽畢，卽用璽付外行之。顧士奇曰：「今可語部臣矣。」設北京行都察院。壬子，命皇太子謁孝陵，遂居守南京。戊午，如天壽山，謁長陵。己未，還宮。是月，振河南及大名饑。南京地屢震。五月己卯，侍讀李時勉、侍講羅汝敬以言事改御史，尋下獄。庚辰，帝不豫，遣使召皇太子於南京。辛巳，大漸，遺詔傳位皇太子。是日，崩於欽安殿，年四十有八。

秋七月己巳，上尊謚，廟號仁宗，葬獻陵。

贊曰：當靖難師起，仁宗以世子居守，全城濟師。其後成祖乘輿，歲出北征，東宮監國，朝無廢事。然中遘媒孽，瀕於危疑者屢矣，而終以誠敬獲全。善乎其告人曰「吾知盡子職而已，不知有讒人也」，是可爲萬世子臣之法矣。在位一載，用人行政，善不勝書。使天假之年，涵濡休養，德化之盛，豈不與文、景比隆哉。

中華書局

校勘記

〔一〕都指揮同知陳忠戰死　原脫「都」字，據本書卷一五四、明史稿傳三一陳洽傳附陳忠傳、仁宗實錄卷二下、國榷卷一八頁一二二三補。

〔二〕庚申增京官及軍士月廩　庚申，原作「丁巳」。按上文本月已有丁巳，不應重出，據明史稿紀六仁宗紀、仁宗實錄卷三下、明史本紀原本補本異同錄改。

〔三〕宥建文諸臣外親全家戍邊者　外親，原作「外戚」。按寬宥的是齊泰、黃子澄等的外親，不是皇室的「外戚」，據仁宗實錄卷五上永樂二十二年十二月癸卯條改。

明史卷九

本紀第九

宣宗

宣宗憲天崇道英明神聖欽文昭武寬仁純孝章皇帝，諱瞻基，仁宗長子也。母誠孝昭皇后。生之前夕，成祖夢太祖授以大圭曰：「傳之子孫，永世其昌。」既彌月，成祖見之曰：「兒英氣溢面，符吾夢矣。」比長，嗜書，智識傑出。

永樂七年，從幸北京，令觀農具及田家衣食，作務本訓授之。八年，成祖征沙漠，命留守北京。九年十一月，立爲皇太孫，始冠。自是，巡幸征討皆從。嘗命學士胡廣等卽軍中爲太孫講論經史。每語仁宗曰：「此他日太平天子也。」仁宗卽位，立爲皇太子。

夏四月，以南京地屢震，命往居守。五月庚辰，仁宗不豫，璽書召還。六月辛丑，還至良鄉，受遺詔，入宮發喪。庚戌，卽皇帝位。大赦天下，以明年爲宣德元年。辛亥，諭邊將

嚴守備。甲寅，趣中官在外採辦者還，罷所市物。

秋七月乙亥，尊皇后爲皇太后，立妃胡氏爲皇后。辛卯，鎭遠侯顧興祖討大藤峽蠻，平之。乙未，諭法司愼刑獄。閏月戊申，安順伯薛貴、清平伯吳成、〔一〕都督馬英、都指揮梁成帥師巡邊。乙丑，楊溥入直文淵閣。八月戊辰，都指揮李英討安定曲先叛番，大敗之，安定王桑兒加失夾詣闕謝罪。壬申，詔內外羣臣舉廉潔公正堪牧民者。癸未，大理卿胡槪、參政葉春巡撫南畿、浙江。設巡撫自此始。九月壬寅，葬昭皇帝於獻陵。

冬十月戊寅，南京地震。戊子，敕公、侯、伯、五府、六部、大學士、給事中審覆重囚。十一月戊戌，顧興祖討平思恩蠻。辛酉，薛祿爲鎭朔大將軍巡邊。十二月甲申，顧興祖討平宜山蠻。

是年，哈密回回、滿剌撒丁、占城、琉球中山、爪哇、烏斯藏、瓦剌、浡泥入貢。

宣德元年春正月癸卯，享太廟。丁未，大祀天地於南郊。癸丑，赦死罪以下運糧宣府自贖。己未，遣侍郞黃宗載十五人淸理天下軍伍。後遣使，著爲令。二月戊辰，祭社稷。丁丑，耕耤田。丙戌，謁長陵、獻陵。丁亥，還宮。三月己亥，榮昌伯陳智、都督方政討黎利，敗績於茶籠州，乂安知府琴彭死之。癸丑，行在禮部侍郞張瑛兼華蓋殿大學士，直文淵閣。

夏四月乙丑，成山侯王通爲征夷將軍充總兵官，討黎利，尚書陳洽參贊軍務，陳智、方政奪官從立功。五月甲午朔，錄囚。丙申，詔赦交阯，許黎利自新。丙午，敕郡縣瘞遺骸。庚申，召薛祿還。

秋七月癸巳，京師地震。乙未，免山東夏稅。己亥，諭六科，凡中官傳旨，必覆奏始行。壬子，罷湖廣採木。八月壬戌，漢王高煦反。丙寅，宥武臣殊死以下罪，復其官。己巳，親征高煦，命鄭王瞻埈、襄王瞻墡居守，陽武侯薛祿、清平伯吳成將前鋒，大賚五軍將士。辛未，發京師。辛巳，至樂安，帝兩遣書諭降，又以敕繫矢射城中諭禍福。壬午，高煦出降。癸未，改樂安曰武定州。乙酉，班師。九月丙申，至自武定州，錮高煦於西內。戊戌，法司鞫高煦同謀者，詞連晉王、趙王，詔勿問。

冬十月戊寅，釋李時勉，復爲侍讀。十一月乙未，成山侯王通擊黎利於應平，敗績，尚書陳洽死之。十二月辛酉，免六師所過秋糧。辛未，錄囚，宥免三千餘人。乙酉，征南將軍總兵官黔國公沐晟帥興安伯徐亨、新寧伯譚忠，〔三〕征虜副將軍安遠侯柳升帥保定伯梁銘、都督崔聚，由雲南、廣西分道討黎利，兵部尚書李慶參贊軍務。

是年，爪哇、暹羅、琉球、蘇門答剌、滿剌加、白葛達、撒馬兒罕、土魯番、哈密、烏斯藏入貢。

二年春正月庚子，大祀天地於南郊。丁未，有司奏歲問囚數。帝謂百姓輕犯法，由於教化未行，命申教化。二月癸亥，行在戶部侍郎陳山爲本部尚書兼謹身殿大學士，直文淵閣。乙丑，黎利攻交阯城，王通擊敗之。三月辛卯，賜馬愉等進士及第、出身有差。

夏四月庚申，黎利陷昌江，都指揮李任，指揮顧福、劉順，知府劉子輔，中官馮智死之。甲子，晉王濟熿有罪，廢爲庶人。己巳，王通許黎利和。五月癸巳，薛祿督餉開平。己亥，仁宗神主祔太廟。丙午，錄囚。六月戊寅，錄囚。

秋七月己亥，黎利陷隘留關，鎮遠侯顧興祖擁兵不救，逮治之。庚子，錄囚。辛丑，命都督同知陳懷充總兵官，帥師討松潘蠻。丁未，薛祿敗敵於開平。八月甲子，黃淮致仕。免兩京、山西、河南州縣被災稅糧。九月壬辰，錄囚。乙未，柳升師次倒馬坡，遇伏戰死。是日，保定伯梁銘病卒。丙申，尚書李慶病卒。師大潰，參將崔聚，郎中史安，主事陳鏞、李宗昉死之。

冬十月戊寅，王通棄交阯，與黎利盟。十一月乙酉，赦黎利，遣侍郎李琦、羅汝敬立陳暠爲安南國王，悉召文武吏士還。己亥，以皇長子生大赦天下，免明年稅糧三之一。十二月丁丑，振陝西饑，并給絹布十五萬疋。

是年，爪哇、占城、暹羅、琉球、瓦剌、哈密、亦力把里、撒馬兒罕入貢。

三年春正月甲午，大祀天地於南郊。丙申，陳懷平松潘蠻。二月戊午，立皇長子祁鎮爲皇太子。是月，作帝訓成。三月癸未，廢皇后胡氏，立貴妃孫氏爲皇后。壬辰，錄囚。

夏四月癸亥，敕凡官民建言章疏，尚書、都御史、給事中會議以聞，勿諱。閏月壬寅，錄囚。免山西旱災稅糧。甲辰，命有司振卹。庚戌，論棄交阯罪，王通等及布政使弋謙、中官山壽、馬騏下獄論死，籍其家，鎮遠侯顧興祖幷下獄。五月壬子，李琦、羅汝敬還。黎利表陳暠卒，子孫幷絕，乞守國俟命。辛酉，錄囚。己巳，復遣羅汝敬等諭黎利立陳氏後。辛未，贈交阯死事諸臣。壬申，免北京被災夏稅。六月丙戌，免陝西被災夏稅。丁未，都御史劉觀巡視河道。

秋七月戊辰，錄囚。八月辛卯，罷北京行部及行後軍都督府。丁未，帝自將巡邊。九月辛亥，次石門驛。兀良哈寇會州，帝帥精卒三千人往擊之。乙卯，出喜峰口，擊寇於寬河。帝親射其前鋒，殪三人，兩翼軍並發，大破之。寇望見黃龍旂，下馬羅拜請降，皆生縛之，斬渠酋。甲子，班師。癸酉，至自喜峰口。

冬十一月癸酉，錦衣指揮鍾法保請採珠東莞，帝曰：「是欲擾民以求利也」，下之獄。十

二月庚子，廣西總兵官山雲討擒忻城蠻。

是年，占城、暹羅、爪哇、琉球、瓦剌、哈密、安南、曲先、土魯番、亦力把里、撒馬兒罕入貢。

四年春正月，兩京地震。己未，大祀天地於南郊。二月己丑，南京獻騶虞二，禮部請表賀，不許。三月甲戌，遣李琦再諭黎利訪立陳氏後。

夏四月辛巳，山雲討平柳、潯蠻。戊子，工部尚書黃福、平江伯陳瑄經略漕運。五月壬子，錄囚。六月甲午，罷文吏犯贓贖罪例。己亥，寇犯開平，鎮撫張信等戰死。庚子，薛祿督餉開平。

秋七月己未，幸文淵閣。八月己卯，起復楊溥。九月癸亥，釋顧興祖於獄。

冬十月庚辰，幸文淵閣。癸未，以天寒諭法司錄囚。丙戌，製猗蘭操賜廷臣，諭以薦賢爲國之道。庚寅，張瑛、陳山罷。甲午，閱武於近郊。乙未，獵於峪口。戊戌，還宮。十一月癸卯，薛祿及恭順侯吳克忠帥師巡宣府。十二月乙亥，京師地震。壬辰，罷中官松花江造船。

是年，爪哇、占城、琉球、榜葛剌、哈密、土魯番、亦力把里、撒馬兒罕入貢。

五年春正月癸丑，大祀天地於南郊。戊辰，尙書夏原吉卒。二月壬辰，罷工部採木。癸巳，頒寬卹之令：省災傷，寬馬政，免逋欠薪芻，招流民賜復一年，罷採買，減官田舊科十之三，卹工匠，禁司倉官包納，戒法司愼刑獄。乙未，奉皇太后謁陵。三月戊申，道見耕者，下馬問農事，取耒三推，顧侍臣曰：「朕三推已不勝勞，況吾民終歲勤動乎。」命賜所過農民鈔。己酉，還宮。辛亥，李琦還，黎利稱陳氏無後，上表請封。丙辰，免山西去歲被災田租。丁巳，賜林震等進士及第、出身有差。

夏四月戊寅，薛祿帥師築赤城、鵰鶚、雲州、獨石、團山城堡。五月癸卯，追奪贓吏誥敕，著爲令。丙辰，修預備倉，出官錢收糴備荒。癸亥，擢郞中況鍾、御史何文淵九人爲知府，〔三〕賜敕遣之。六月己卯，遣官捕近畿蝗，諭戶部曰：「往年捕蝗之使害民不減於蝗，宜知此弊。」因作捕蝗詩示之。

秋七月癸亥，甄別守令。八月己巳朔，日食，陰雨不見，禮官請表賀，不許。九月丙午，擢御史于謙、長史周忱六人爲侍郎，巡撫兩京、山東、山西、河南、江西、浙江、湖廣。乙卯，巡近郊。己未，還宮。

冬十月乙亥，阿魯台犯遼東，遼海衞指揮同知皇甫斌力戰死。丙子，巡近郊。己卯，獵

於坌道。丙戌，至洗馬林，遍閱城堡兵備。壬辰，還宮。十二月癸巳，曲先叛番平。閏月己未，敕內外諸司，久淹獄囚者罪之。

是年，占城、琉球、爪哇、瓦剌、哈密、罕東、土魯番、撒馬兒罕、亦力把里入貢。

六年春正月丁丑，大祀天地於南郊。庚辰，大雨雷電。二月丁酉，侍郞羅汝敬督陝西屯田。己亥，濬金龍口，引河達徐州以便漕。三月乙亥，命吏部考察外官自布政、按察二司始，著爲令。

夏四月己酉，侍郞柴車經理山西屯田。六月己亥，遣使詔黎利權署安南國事。

秋七月己巳，錄囚。壬午，許朶顏三衞市易。

冬十月甲辰，陳懷平松潘蠻。十一月丙子，始命官軍兌運民糧。乙酉，分遣御史往逮貪暴中官袁琦等。十二月乙未，袁琦等十一人棄市，榜其罪示天下。丁未，金幼孜卒。庚戌，遣御史巡視寧夏甘州屯田水利。

是年，占城、琉球、瓦剌、哈密、蘇門答剌、亦力把里入貢。

七年春正月辛酉朔，日有食之，免朝賀。癸酉，大祀天地於南郊。二月甲午，以春和諭法司錄囚。三月庚申，下詔行寬卹之政。辛酉，諭禮部曰：「朕以官田賦重，十減其三。乃聞異時蠲租詔下，戶部皆不行，甚者戒約有司，不得以詔書爲辭。是廢格詔令，使澤不下究也。自今令在必行，毋有所遏。」

夏四月辛丑，免山西逋賦。壬寅，募商中鹽輸粟入邊。六月癸卯，錄囚。癸丑，罷中官入番市馬。是月，作官箴成，凡三十五篇，示百官。

秋八月乙未，敕京官三品以上舉才行文學之士，吏部、都察院黜方面有司不職者。九月庚午，諸將巡邊。是秋，免兩畿及嘉興、湖州水災稅糧。

冬十一月辛酉，召督漕平江伯陳瑄、侍郞趙新等歲終至京議糧賦利弊。

是年，占城、琉球、哈密、哈烈、瓦剌、亦力把里入貢。

八年春正月丁卯，大祀天地於南郊。二月壬子，錄囚，宥免五千餘人。三月丙辰，賜曹鼐等進士及第、出身有差。庚辰，諭內外優卹軍士，違者風憲官察奏罪之。是春，以兩京、河南、山東、山西久旱，遣使振卹。

夏四月戊戌，詔蠲京省被災逋租、雜課，免今年夏稅，賜復一年。理冤獄，減殊死以下，赦軍匠在逃者罪。有司各舉賢良方正一人。巡按御史、按察使糾貪酷吏及使臣生事者。五

月丁巳，總兵官都督蕭授討平貴州烏羅蠻。丁卯，山雲討平宜山蠻。六月乙酉，禱雨不應，作閔旱詩示羣臣。辛丑，詔中外疏決罪囚。是夏，復振兩京、河南、山東、山西、湖廣饑，免稅糧。

秋七月壬申，免江西水災稅糧。八月癸巳，汰京師冗官。閏月辛亥，西域貢麒麟。戊午，景星見。禮官請表賀，皆不許。九月乙酉，遣官錄天下重囚。己亥，阿魯台部箚卜寇涼州，總兵官劉廣擊斬之。

冬十二月乙亥，諭法司宥京官過犯。

是年，暹羅、占城、琉球、安南、滿剌加、天方、蘇門答剌、古里、柯枝、阿丹、錫蘭山、佐法兒、甘巴里、加異勒、忽魯謨斯、哈密、瓦剌、撒馬兒罕、亦力把里入貢。

九年春正月辛卯，大祀天地於南郊。二月庚戌，振鳳陽、淮安、揚州、徐州饑。乙卯，申兩京、山東、山西、河南寬卹之令。三月戊寅，山雲討平思恩叛蠻。

夏四月己未，黎利死，子麟來告喪，命麟權署安南國事。戊辰，錄囚。五月壬午，瘞暴骸。

秋七月甲申，遣給事中、御史、錦衣衞官督捕兩畿、山東、山西、河南蝗。八月庚戌，振

中華書局

湖廣饑。甲子，敕兩京、湖廣、江西、河南巡撫、巡按御史、三司官行視災傷，蠲秋糧十之四。乙丑，罷工部採辦。己巳，瓦剌脫歡攻殺阿魯台，來告捷。九月癸未，自將巡邊。乙酉，度居庸關。丙戌，獵於岔道。乙未，阿魯台子阿卜只俺來歸。丁酉，至洗馬林，閱城堡兵備。己亥，大獵。

冬十月丙午，還宮。丙辰，都督方政討平松潘叛蠻。甲子，罷陝西市馬。丁卯，兩畿、浙江、湖廣、江西饑，以應運南京及臨淸倉粟振濟。十一月戊戌，停刑。庚子，免四川被災稅糧。十二月甲子，帝不豫，衞王瞻埏攝享太廟。

是年，暹羅、占城、琉球、蘇門答剌、哈密、瓦剌入貢。

十年春正月癸酉朔，不視朝，命羣臣謁皇太子於文華殿。甲戌，大漸。罷採買、營造諸使。乙亥，崩於乾淸宮，年三十有八。遺詔國家重務白皇太后。丁酉，上尊謚，廟號宣宗，葬景陵。

贊曰：仁宗爲太子，失愛於成祖。其危而復安，太孫蓋有力焉。卽位以後，吏稱其職，政得其平，綱紀修明，倉庾充羨，閭閻樂業，歲不能災。蓋明興至是歷年六十，民氣漸舒，蒸

然有治平之象矣。若乃强藩猝起，旋卽削平，掃蕩邊塵，狡寇震懾，帝之英姿睿略，庶幾克繩祖武者歟。

校勘記

〔一〕清平伯吳成　吳成，原作「吳誠」，據本書卷一〇七功臣世表、又卷一五六吳成傳、宣宗實錄卷五洪熙元年閏七月戊申條改，下同。

〔二〕新寧伯譚忠　原作「新安伯覃忠」，據本書卷一〇六功臣世表、又卷一四五譚淵傳附譚忠傳、卷三二一安南傳、宣宗實錄卷二三、明史本紀原本補本異同錄改。

〔三〕擢郎中況鍾御史何文淵九人爲知府　原脫「御史」二字。按本書卷一六一況鍾傳、宣宗實錄卷六六及明史本紀原本補本異同錄，何文淵由御史擢，據補。

明史卷十

本紀第十

英宗前紀

英宗法天立道仁明誠敬昭文憲武至德廣孝睿皇帝，諱祁鎭，宣宗長子也。母貴妃孫氏。生四月，立爲皇太子，遂册貴妃爲皇后。

宣德十年春正月，宣宗崩，壬午，卽皇帝位。遵遺詔大事白皇太后行。大赦天下，以明年爲正統元年。始罷午朝。丁亥，尙書蹇義卒。辛丑，戶部尙書黃福參贊南京守備機務。二月戊申，尊皇太后爲太皇太后。庚戌，尊皇后爲皇太后。辛亥，封弟祁鈺爲郕王。甲寅，罷諸司冗費。三月戊寅，放教坊司樂工三千八百餘人。辛巳，罷山陵夫役萬七千人。丙申，諭三法司，死罪臨決，三覆奏然後加刑。

夏四月壬戌，以元學士吳澄從祀孔子廟庭。丁卯，以久旱考察布、按二司及府州縣官。

戊辰，遣給事中、御史捕畿南、山東、河南、淮安蝗。五月壬午，戶部言浙江、蘇、松荒田稅糧減除二百七十七萬餘石，請加覆覈。帝以覈實必增額爲民患，不許。六月丁未，令天下瘞暴骸。辛酉，葬章皇帝於景陵。

秋七月丙子，免山西夏稅之半。八月丙午，減光祿寺膳夫四千七百餘人。九月壬辰，詔督漕總兵及諸巡撫官，歲以八月至京會廷臣議事。是月，王振掌司禮監。

冬十月壬寅，遣使諭阿台朶兒只伯。辛亥，詔天下衞所皆立學。十一月戊辰朔，日有食之。十二月壬子，阿台朶兒只伯犯涼州鎭番，總兵官陳懋敗之於黑山。

是年，琉球中山、暹羅、日本、占城、安南、滿剌加、哈密、瓦剌入貢。

正統元年春正月丙戌，罷銅仁金場。庚寅，發禁軍三萬人屯田畿輔。三月己巳，賜周旋等進士及第、出身有差。乙亥，御經筵。

夏四月丁酉朔，享太廟。五月丁卯，阿台朶兒只伯寇肅州。壬辰，設提督學校官。

秋八月甲戌，右都督蔣貴充總兵官，都督同知趙安副之，帥師討阿台朶兒只伯。九月癸卯，遣侍郎何文淵、王佐，副都御史朱與言督兩淮、長蘆、浙江鹽課。欽差巡鹽自此始。庚申，封黎利子麟爲安南國王。

冬十一月乙卯，詔京官三品以上舉堪任御史者，四品及侍從言官舉堪任知縣者，各一人。免湖廣被災稅糧。十二月丁丑，以邊議稽緩，下兵部尚書王驥、侍郎鄺埜於獄，尋釋之。乙酉，湖廣、貴州總兵官蕭授討廣西蒙顧十六洞賊，平之。

是年，琉球中山、爪哇、安南、烏斯藏、占城、瓦剌入貢。遣宣德時來貢古里、蘇門答剌十一國使臣還國。

二年春正月甲午，宣宗神主祔太廟。己亥，大同總兵官方政、都指揮楊洪會寧夏、甘肅兵出塞討阿台朶兒只伯。三月甲午，錄囚。戊午，御史金敬撫輯大名及河南、陝西逃民。

夏四月，免河南被災田糧。五月庚寅，兵部尚書王驥經理甘肅邊務。壬寅，刑部尚書魏源經理大同邊務。丁未，免陝西平涼六府旱災夏稅。六月乙亥，以宋胡安國、蔡沈、眞德秀從祀孔子廟庭。庚辰，副都御史賈諒、侍郎鄭辰振河南、江北饑。

冬十月甲子，鎭守甘肅左副總兵任禮充總兵官，都督蔣貴、都督同知趙安爲左、右副總兵，兵部侍郎柴車，僉都御史曹翼、羅亨信參贊軍務，討阿台朶兒只伯。兵部尚書王驥、太監王貴監督之。十一月乙巳，振河南饑，免稅糧。

是年，琉球中山、撒馬兒罕、暹羅、土魯番、瓦剌、哈密入貢。

三年春三月己亥，京師地震。辛丑，振陝西饑。

夏四月乙卯，王驥、任禮、蔣貴、趙安襲擊阿台朶兒只伯，大破之，追至黑泉還。癸未，立大同馬市。六月癸酉，以旱讞中外疑獄。乙亥，都督方政、僉事張榮同征南將軍黔國公沐晟、右都督沐昂，討麓川叛蠻思任發。

秋七月癸未，下禮部尚書胡濙於獄。辛卯，下戶部尚書劉中敷於獄。尋俱釋之。八月乙亥，以陝西饑，令雜犯死囚以下輸銀贖罪，送邊吏易米。九月癸巳，蠲兩畿、湖廣逋賦。

冬十月癸丑，再振陝西饑。十二月丙辰，下刑部尚書魏源、右都御史陳智等於獄。

是年，榜葛剌貢麒麟，中外表賀。琉球中山、暹羅、占城、瓦剌入貢。

四年春正月壬午，方政破麓川蠻於大寨，追至空泥，敗沒。二月丁巳，總兵官蕭授平貴州計砂叛苗。閏月辛丑，釋魏源、陳智等，復其官，并宥棄交阯王通、馬騏罪。三月己酉，詔赦天下。壬子，賜施槃等進士及第、出身有差。庚申，廢遼王貴烚爲庶人。丁卯，黔國公沐晟卒於軍。癸酉，增南京及在外文武官軍俸廩。

夏五月庚戌，右都督沐昂爲征南將軍，充總兵官，討思任發。丁卯，錄中外囚。六月乙未，京師地震。丁酉，以京畿水災祭告天地，諭羣臣修省。戊戌，下詔寬卹，求直言。

秋七月庚戌，免兩畿、山東、江西、河南被災稅糧。壬申，汰冗官。八月戊戌，增設沿海備倭官。己亥，京師地震。

冬十二月丁丑，都督同知李安充總兵官，僉都御史王翺參贊軍務，討松潘祈命簇叛番。

是年，琉球、占城、安南、瓦剌、榜葛剌、滿剌加、哈密入貢。

五年春正月己未，大祀天地於南郊。二月乙亥，侍講學士馬愉、侍講曹鼐入閣預機務。甲申，僉都御史張純、大理少卿李畛振撫畿內流民。三月戊申，建北京宮殿。

夏四月壬申，免山西逋賦。丙戌，祈命簇番降。五月，征麓川，參將張榮敗績於芒市。六月丁丑，免兩畿被災田糧。戊寅，錄囚。

秋七月辛丑，遣刑部侍郎何文淵等分行天下，修備荒之政。壬寅，楊榮卒。八月乙未，令各邊修舉荒政。九月壬寅，蠲雲南逋賦。

冬十一月壬寅，振浙江饑。壬子，免蘇、松、常、鎭、嘉、湖水災稅糧。丁巳，廣西僧楊行祥僞稱建文帝，械送京師，錮錦衣衞獄死。乙丑，沐昂討平師宗叛蠻。十二月壬午，免南畿、浙江、山東、河南被災稅糧。

是年，占城、琉球中山、哈密、烏斯藏入貢。

六年春正月己亥朔，日當食，不見，禮官請表賀，不許。庚戌，大祀天地於南郊。乙卯，以莊浪地屢震，躬祀郊廟，遣使祭西方嶽鎭。大舉征麓川，定西伯蔣貴爲平蠻將軍，都督同知李安、僉事劉聚副之，兵部尚書王驥總督軍務。三月庚子，下兵部侍郎于謙於獄。

夏四月甲午，以災異遣使省天下疑獄。五月甲寅，刑部侍郎何文淵、大理卿王文錄在京刑獄，巡撫侍郎周忱、刑科給事中郭瑾錄南京刑獄。釋于謙爲大理少卿。

秋七月丁未，振浙江、湖廣饑。

冬十月丁丑，戶部尚書劉中敷，侍郎吳璽、陳瑺荷校於長安門，旬餘釋還職。庚寅，免畿內被災稅糧。十一月甲午朔，乾清、坤寧二宮，奉天、華蓋、謹身三殿成，大赦。定都北京，文武諸司不稱行在。癸卯，王驥拔麓川上江寨。癸丑，免河南、山東及鳳陽等府被災稅糧。閏月甲戌，復下劉中敷、吳璽、陳瑺於獄。踰年，釋中敷爲民，璽、瑺戍邊。十二月，王驥克麓川，思任發走孟養。丁未，班師。左副總兵李安攻餘賊於高黎貢山，敗績。

是年，占城、瓦剌、哈密入貢。

七年春正月甲戌，大祀天地於南郊。二月庚申，如天壽山。三月甲子，還宮。乙亥，免陝西屯糧十之五。戊寅，賜劉儼等進士及第、出身有差。

夏四月甲午，振陝西饑。是月，免山西、河南、山東被災稅糧。五月壬申，論平麓川功，進封蔣貴爲侯，王驥靖遠伯。戊寅，立皇后錢氏。丁亥，倭陷大嵩所。六月壬子，戶部侍郎焦宏備倭浙江。

秋七月丙寅，振陝西饑民，贖民所鬻子女。八月壬寅，復命王驥總督雲南軍務。九月甲戌，陝西進嘉禾，禮臣請表賀，不許。

冬十月壬辰，兀良哈犯廣寧。乙巳，太皇太后崩。十二月，葬誠孝昭皇后於獻陵。

是年，占城、瓦剌、哈密、琉球中山、安南、爪哇、土魯番、烏斯藏入貢。

八年春正月丁卯，大祀天地於南郊。二月己丑，汰南京冗官。戊戌，淮王瞻墺來朝。丙午，荆王瞻堈來朝。

夏五月己巳，復命平蠻將軍蔣貴、王驥帥師征麓川思任發子思機發。戊寅，雷震奉天殿鴟吻，敕修省。壬午，大赦。六月丁亥，侍講劉球陳十事，下錦衣衛獄，太監王振使指揮馬順殺之。甲辰，下大理少卿薛瑄於獄。

秋七月戊午，祭酒李時勉荷校於國子監門三日。九月甲子，思機發請降。

冬十一月，宣宗廢后胡氏卒。十二月癸未，免山東復業民稅糧二年。丙戌，駙馬都尉焦敬荷校於長安右門。

是年，占城、安南、瓦剌、哈密、爪哇入貢。

九年春正月甲寅，右都御史王文巡延安、寧夏邊。辛酉，大祀天地於南郊。辛未，成國公朱勇，興安伯徐亨，都督馬亮、陳懷，同太監僧保、曹吉祥、劉永誠，但住分道討兀良哈。二月丙午，王驥擊走思機發，俘其孥以獻。召驥還。三月辛亥朔，新建太學成，釋奠於先師孔子。甲子，朱勇等師還。楊士奇卒。乙丑，敍征兀良哈功，封陳懷平鄉伯，馬亮招遠伯，成國公朱勇等進秩有差。

夏四月丙戌，翰林學士陳循直文淵閣，預機務。丁亥，振沙州及赤斤蒙古饑。五月己未，命法司錄在京刑獄，刑部侍郎馬昂錄南京刑獄。六月壬午，振湖廣、貴州蠻饑。

秋七月己酉，下駙馬都尉石璟於獄。處州賊葉宗留盜福安銀礦，殺福建參議竺淵。癸丑，免河南被災稅糧。閏月戊寅，復開福建、浙江銀場。甲申，瘞暴骸。壬寅，雷震奉先殿鴟吻。八月庚戌，免陝西被災稅糧，贖民所鬻子女。甲戌，敕邊將備瓦剌也先。九月丁亥，靖遠伯王驥、右都御史陳鎰經理西北邊備。

冬十月丙午朔，日有食之。庚午，兀良哈貢馬謝罪。

是年，兩畿、山東、河南、浙江、湖廣大水，江河皆溢。暹羅、琉球中山、瓦剌、安南、烏斯藏、滿剌加入貢。

十年春正月丙戌，大祀天地於南郊。戊子，詔舉智勇之士。二月丁巳，京師地震。己未，免陝西逋賦。丙寅，兀良哈貢馬，請貸犯邊者罪，不許。壬申，如天壽山。三月丙子，還宮。庚辰，思機發入貢謝罪。庚寅，賜商輅等進士及第、出身有差。

夏四月甲辰朔，日有食之。庚申，詔所在有司飼逃民復業及流移就食者。六月乙丑，振陝西饑，免田租三之二。

秋七月乙未，減糶河南、懷慶倉粟，濟山、陝饑。八月癸丑，免湖廣旱災秋糧。丙辰，免蘇、松、嘉、湖十四府州水災秋糧。

冬十月戊辰，侍讀學士苗衷爲兵部侍郎，侍講學士高穀爲工部侍郎，並入閣預機務。十二月丙辰，緬甸獲思任發，斬其首送京師。壬戌，輸河南粟振陝西饑。〔二〕廣西總兵官安遠侯柳溥討平慶遠叛蠻。

是年，琉球中山、哈密、亦力把里、安南、占城、滿剌加、錫蘭山、撒馬兒罕、烏斯藏入貢。

十一年春正月己卯，大祀天地於南郊。庚辰，予太監王振等弟姪世襲錦衣衛官。二月辛酉，異氣見華蓋、奉天殿，遣官祭告天地。癸亥，詔卹刑獄。三月戊辰，下戶部尚書王佐、刑部尚書金濂、右都御史陳鎰等於錦衣衛獄，尋釋之。壬申，御史柳華督福建、浙江、江西兵討礦賊。癸酉，如天壽山。庚辰，還宮。

夏六月丙辰，京師地震。

秋七月癸酉，增市廛稅鈔。庚辰，楊溥卒。八月戊戌，免湖廣被災秋糧。庚申，下吏部尚書王直等於獄，尋釋之。九月辛巳，廣西瑤叛，執化州知州茅自得，殺千戶汪義。

冬十月甲寅，遣給事中、御史分賚諸邊軍士。十一月壬申，減殊死以下罪。

是年，琉球中山、暹羅、安南、爪哇、回回哈密、占城、亦力把里、撒馬兒罕、烏斯藏入貢。

十二年春正月癸酉，大祀天地於南郊。三月癸亥，如天壽山。庚午，還宮。丙子，免杭、嘉、湖被災秋糧。

夏四月丁巳，免蘇、松、常、鎮被災秋糧。五月己亥，大理少卿張驥振濟寧及淮、揚饑。

秋七月甲辰，敕各邊練軍備瓦剌。八月庚申朔，日有食之。九月乙未，馬愉卒。

是年，琉球中山、安南、占城、瓦剌、爪哇、哈密、暹羅入貢。

十三年春正月丁酉，大祀天地於南郊。三月戊子，詔責孟養宣慰司獻思機發。壬寅，賜彭時等進士及第、出身有差。王驥仍總督軍務，都督同知宮聚爲平蠻將軍，充總兵官，帥師討思機發。

夏四月，免浙江、江西、湖廣被災秋糧。五月丙戌，遣使捕山東蝗。甲辰，刑部侍郎丁鉉撫輯河南、山東災民。

秋七月乙酉，河決大名，沒三百餘里，遣使蠲振。己酉，河決河南，沒曹、濮、東昌，潰壽張沙灣，壞運道，工部侍郎王永和治之。八月乙卯，福建賊鄧茂七作亂。甲戌，命御史丁瑄捕之。

冬十一月丙戌，寧陽侯陳懋充總兵官，保定伯梁瑤、平江伯陳豫副之，太監曹吉祥、王瑾提督火器，刑部尚書金濂參贊軍務，討鄧茂七。甲辰，處州賊流劫金華諸縣。庚戌，永康侯徐安備倭山東。十二月庚午，廣東瑤賊作亂。

是年，琉球中山、安南、占城入貢。瓦剌貢使三千人，賞不如例，遂構釁。

十四年春正月甲午，大祀天地於南郊。乙巳，免浙江、福建銀課。二月丁巳，御史丁瑄、指揮劉福擊斬鄧茂七於延平。己巳，王驥破思機發於金沙江，又破之鬼哭山，班師。辛未，指揮僉事徐恭充總兵官，討處州賊葉宗留，工部尚書石璞參贊軍務。三月戊子，如天壽山。癸巳，還宮。

夏四月庚戌，處州賊犯崇安，殺都指揮吳剛。壬戌，湖廣、貴州苗賊大起，命王驥討之。乙丑，遣御史十三人同中官督福建、浙江銀課。五月丙戌，陳懋擊破沙縣賊。壬辰，旱，太監金英同法司錄囚。己亥，侍讀學士張益直文淵閣，預機務。庚子，巡按福建御史汪澄棄市，并殺前巡按御史柴文顯。六月庚戌，靖州苗犯辰溪，都指揮高亮戰死。丙辰，南京謹身諸殿災。甲子，修省。詔河南、山西班軍番休者盡赴大同、宣府。乙丑，西寧侯宋瑛總督大同兵馬。己巳，赦天下。戊寅，平鄉伯陳懷，駙馬都尉井源，都督王貴、吳克勤，太監林壽，分練京軍於大同、宣府，備瓦剌。

秋七月己丑，瓦剌也先寇大同，參將吳浩戰死，下詔親征。吏部尚書王直帥羣臣諫，不聽。癸巳，命郕王居守。是日，西寧侯宋瑛、武進伯朱冕與瓦剌戰於陽和，敗沒。甲午，發京師。乙未，次龍虎臺，軍中夜驚。丁酉，次居庸關。辛丑，次宣府。羣臣屢請駐蹕，不許。丙午，次陽和。八月戊申，次大同。鎮守太監郭敬諫，議旋師。己酉，廣寧伯劉安爲總兵官，鎮大同。庚戌，師還。丁巳，次宣府。庚申，瓦剌兵大至，恭順侯吳克忠、都督吳克勤戰沒，成國公朱勇、永順伯薛綬救之，至鷂兒嶺遇伏，全軍盡覆。辛酉，次土木，被圍。壬戌，師潰，死者數十萬。英國公張輔，泰寧侯陳瀛，駙馬都尉井源，平鄉伯陳懷，襄城伯李珍，遂安伯陳埙，修武伯沈榮，都督梁成、王貴，尚書王佐、鄺埜，學士曹鼐、張益，侍郎丁鉉、王永和，〔二〕副都御史鄧棨等，皆死，帝北狩。甲子，京師聞敗，羣臣聚哭於朝，侍講徐珵請南遷，兵部侍郎于謙不可。乙丑，皇太后命郕王監國。戊辰，帝至大同。己巳，皇太后命立皇子見深爲皇太子。辛未，帝至威寧海子。甲戌，至黑河。九月癸未，郕王即位，遙尊帝爲太上皇帝。

校勘記

〔一〕壬戌輸河南粟振陝西饑　壬戌，原作「壬辰」。按正統十年十二月庚子朔，不得有壬辰日。據英宗實錄卷一三六改。

〔二〕侍郎丁鉉王永和　丁鉉，原作「丁鉉」。本書卷三二八瓦剌傳、英宗實錄卷一八一都作「丁鉉」。按本書卷一六七王佐傳附有丁鉉傳，事跡與紀合，據改。

明史卷十一

本紀第十一

景帝

恭仁康定景皇帝，諱祁鈺，宣宗次子也。母賢妃吳氏。英宗即位，封郕王。

正統十四年秋八月，英宗北狩，皇太后命王監國。丙寅，移通州糧入京師。徵兩畿、山東、河南備倭運糧諸軍入衞，召寧陽侯陳懋帥師還。戊辰，兵部侍郎于謙爲本部尚書。令羣臣直言時事，舉人材。己巳，皇太后詔立皇子見深爲皇太子。䘏陣亡將士。庚午，籍王振家。辛未，右都御史陳鎰撫安畿內軍民。壬申，都督石亨總京營兵。乙亥，諭邊將，瓦剌奉駕至，不得輕出。輸南京軍器於京師。修撰商輅、彭時入閣預機務。是月，廣東賊黃蕭養作亂。九月癸未，王即皇帝位，遙尊皇帝爲太上皇帝，以明年爲景泰元年，大赦天下，免景泰二年田租十之三。甲申，夷王振族。庚寅，處州賊平。癸巳，指揮僉事季鐸奉皇太后

命，達於上皇。甲午，祭宣府、土木陣亡將士，瘞遺骸。乙未，總兵官安鄉伯張安討廣州賊，敗死。指揮僉事王清被執，死之。辛丑，給事中孫祥、郎中羅通爲右副都御史，守紫荆、居庸關。甲辰，遣御史十五人募兵畿內、山東、山西、河南。都督同知陳友帥師討湖廣、貴州叛苗。乙巳，遣使奉書上皇。丙午，苗圍平越衞，調雲南、四川兵會王驥討之。參議楊信民爲右僉都御史，討廣東賊。

冬十月戊申，也先擁上皇至大同。壬子，詔諸王勤王。乙卯，于謙提督諸營，石亨及諸將分守九門。丙辰，也先陷紫荆關，孫祥死之，京師戒嚴。丁巳，詔宣府、遼東總兵官，山東、河南、山西、陝西巡撫及募兵御史將兵入援。戊午，也先薄都城，都督高禮、毛福壽敗之於彰義門。己未，右通政王復、太常少卿趙榮使也先營，〔一〕朝上皇於土城。庚申，徵兵於朝鮮，調河州諸衞土軍入援。于謙、石亨等連敗也先衆於城下。壬戌，寇退。甲子，出紫荆關。丁卯，詔止諸王兵。瓦剌可汗脫脫不花使來。辛未，昌平伯楊洪充總兵官，都督孫鏜、范廣副之，剿畿內餘寇。十一月癸未，修沿邊關隘。辛卯，毛福壽爲副總兵，討辰州叛苗。壬辰，上皇至瓦剌。乙未，侍郎耿九疇撫安南畿流民，賜復三年。十二月庚戌，尊皇太后爲上聖皇太后。辛亥，王驥爲平蠻將軍，充總兵官，討貴州叛苗。都督同知董興爲左副總兵，討廣東賊，戶部侍郎孟鑑參贊軍務。癸丑，尊母賢妃爲皇太后。甲寅，立妃汪氏爲皇后。丙辰，

大赦。己未，石亨、楊洪、柳溥分練京營兵。戊辰，祭陣亡官軍於西直門外。

是年，琉球中山、占城、烏斯藏、撒馬兒罕入貢。

景泰元年春正月丁丑朔，罷朝賀。辛巳，城昌平。壬午，享太廟。丙戌，大祀天地於南郊。閏月甲寅，瓦剌寇寧夏。癸亥，詔會試取士毋拘額。庚午，大同總兵官郭登敗瓦剌於沙窩，又追敗之於栲栳山，封登定襄伯。是月，免大名、眞定、開封、衞輝被災稅糧。二月戊寅，耕耤田。癸未，懸賞格招陷敵軍民。丙戌，石亨爲鎭朔大將軍，帥師巡大同。都指揮同知楊能充遊擊將軍，巡宣府。壬辰，太監喜寧伏誅。三月己酉，瓦剌寇朔州。辛亥，錄土木死事諸臣後。癸丑，瓦剌寇寧夏、慶陽。乙卯，寇朔州。癸亥，免畿內逋賦及夏稅。

夏四月丙子，廣東都指揮李昇、何貴帥兵捕海賊，戰死。辛巳，瓦剌寇大同，官軍擊却之。丁亥，保定伯梁珤代王驥討貴州叛苗。戊子，大理寺丞李茂錄囚南京，考黜百司，訪軍民利病。丙申，瓦剌寇雁門。己亥，都督同知劉安充總兵官，練兵於保定、眞定及涿、易、通三州，僉都御史曹泰參贊軍務。庚子，振山東饑。辛丑，振畿內被寇州縣。癸卯，瓦剌寇大同，郭登擊却之。五月乙巳，免山西被災稅糧。瓦剌掠河曲、代州，遂南犯，詔劉安督涿、易諸軍禦之。戊申，瓦剌寇雁門，益黃花鎭戍兵衞陵寢。癸丑，董興擊破廣東賊，黃蕭養伏誅。

壬戌，振大同被寇軍民。丙寅，侍郎侯璡、副總兵田禮大破貴州苗。辛未，瓦剌遣使請和。六月壬午，瓦剌寇大同，郭登擊却之。丙戌，也先復擁上皇至大同。丁亥，左都御史陳鎰、王文以鞫太監金英家人不實下獄，尋釋之。戊子，瓦剌寇宣府，都督朱謙、參將紀廣禦却之。戊戌，免山東被災州縣稅糧。己亥，給事中李實、大理寺丞羅綺使瓦剌。

秋七月庚戌，尚書侯璡、參將方瑛破貴州苗，擒其酋獻京師。庚申，右都御史楊善、工部侍郎趙榮使瓦剌。停山西民運糧大同。癸亥，李實、羅綺還。己巳，楊善至瓦剌，也先許上皇歸。八月癸酉，上皇發瓦剌。戊寅，祀社稷。甲申，遣侍讀商輅迎上皇於居庸關。丙戌，上皇還京師，帝迎於東安門，入居南宮，帝帥百官朝謁。庚寅，赦天下。辛卯，刑部右侍郎江淵兼翰林學士，直文淵閣，預機務。九月癸丑，巡撫河南副都御史王來總督湖廣、貴州軍務，討叛苗。

冬十月辛卯，錄囚。癸巳，免畿內逋賦。十一月辛亥，禮部尚書胡濙請令百官賀上皇萬壽節。十二月丙申，復請明年正旦百官朝上皇於延安門。皆不許。

是年，朝鮮貢馬者三。

二年春正月庚戌，大祀天地於南郊。壬子，詔天下朝覲官當黜者運糧口外。二月辛未，

中華書局

釋奠於先師孔子。辛卯，以星變修省，詔廷臣條議寬卹諸政。癸巳，詔畿內及山東巡撫官舉廉能吏專司勸農，授民荒田，貸牛種。三月壬寅，賜柯潛等進士及第、出身有差。

夏四月乙酉，梁珤、王來等破平越苗，獻俘京師。甲午，瓦剌寇宣府馬營，敕遊擊將軍石彪等巡邊。乙未，命石亨選京營兵操練，尚書石璞總督軍務。五月乙巳，城固原。六月戊辰朔，日當食不見。己卯，詔貴州各衞修舉屯田。

秋七月戊申，晉定、永寧、畢節諸苗復叛，梁珤等留軍討之。八月壬申，南京地震。辛巳，復午朝。九月乙卯，禁諸司起復。

冬十月己丑，免山西被災稅糧。十二月庚寅，禮部左侍郎王一寧、祭酒蕭鎡兼翰林學士，直文淵閣，預機務。是月，也先弒其主脫脫不花。

是年，安南、琉球中山、瓦剌、哈密入貢。

三年春正月丙午，大祀天地於南郊。二月乙酉，副都御史劉廣衡錄南京囚。戊子，戶部尚書金濂以違詔下獄，尋釋之。三月戊午，毛福壽討湖廣巴馬苗，克之。

夏五月甲午，廢皇太子見深爲沂王，立皇子見濟爲皇太子。廢皇后汪氏，立太子母杭氏爲皇后。封上皇子見清榮王，見淳許王。大赦天下。丙申，築沙灣堤成。辛丑，河南流

民復業者，計口給食五年。乙巳，官顏、孟二氏子孫各一人。六月乙亥，罷各省巡撫官入京議事。是月，大雨，河決沙灣。

秋七月乙未，左都御史王翺總督兩廣軍務。壬寅，王一寧卒。八月乙丑，振徐、兗水災。戊辰，都御史洪英，尚書孫原貞、薛希璉等分行天下，考察官吏。丁丑，振兩畿水災州縣，免稅糧。乙酉，振南畿、河南、山東流民。九月庚寅，江淵起復。〔二〕辛卯，以南京地震，兩淮大水，河決，命都御史王文巡視安輯。乙未，振兩畿、山東、山西、福建、廣西、江西、遼東被災州縣。閏月癸未，開處州銀場。是月，福建盜起。

冬十月戊戌，左都御史王文兼翰林學士，直文淵閣，預機務。丙辰，都督孫鏜、僉事石彪協守大同，都督同知衞潁，僉事楊能、張欽協守宣府，備也先。十一月己未朔，日有食之。戊辰，都督方瑛平白石崖諸苗。甲戌，安輯畿內、山東、山西逃民，復賦役五年。是月，免山東及淮、徐水災稅糧。十二月癸巳，始立團營，太監阮讓、都督楊俊等分統之，聽于謙、石亨、太監劉永誠、曹吉祥節制。是月，免河南及永平被災秋糧。

是年，瓦剌、琉球中山、爪哇、暹羅、安南、哈密、烏斯藏入貢。

四年春正月辛未，大祀天地於南郊。二月戊子，五開、清浪諸苗復叛，梁珤、王來討之。

庚戌，免江西去年被災秋糧。三月戊寅，開建寧銀場。

夏四月戊子，築沙灣決口。運南京倉粟振徐州。五月丁巳，發徐、淮倉振饑民。己巳，王文起復。〔三〕甲戌，徐州復大水，民益饑。發支運及鹽課糧振之。丁丑，發淮安倉振鳳陽。乙酉，沙灣河復決。六月壬辰，吏部尚書何文淵以給事中林聰言下獄，尋令致仕。辛亥，瘞土木、大同、紫荊關暴骸。

秋七月庚辰，停諸不急工役。八月己丑，振河南饑。甲午，也先自立爲可汗。

冬十月庚寅，詔天下鎭守、巡撫官督課農桑。甲午，諭德徐有貞爲左僉都御史，〔四〕治沙灣決河。戊戌，也先遣使來。十一月辛未，皇太子見濟薨。十二月乙未，免山東被災稅糧。乙巳，賚邊軍。

是年，琉球中山、安南、爪哇、日本、占城、哈密、瓦剌入貢。

五年春正月戊午，黃河清，自龍門至於芮城。甲子，大祀天地於南郊。壬申，罷福州、建寧銀場。甲戌，平江侯陳豫、學士江淵撫輯山東、河南被災軍民。二月乙巳，以雨暘弗時，詔修省，求直言。三月壬子，賜孫賢等進士及第、出身有差。辛酉，學士江淵振淮北饑民。王文撫卹南畿。甲子，總督兩廣副都御史馬昂破瀧水猺。庚辰，緬甸執獻思機發。

夏四月壬午朔，日有食之。辛卯，方瑛破草塘苗，封瑛南和伯。五月甲子，禮部郎中章綸、御史鍾同以請復沂王爲皇太子下錦衣衞獄。六月戊子，錄囚。

秋七月癸酉，振南畿水災。八月丁酉，復命天下巡撫官赴京師議事。九月壬戌，免蘇、松、常、揚、杭、嘉、湖漕糧二百餘萬石。

冬十月庚辰，副都御史劉廣衡巡撫浙江、福建，專司討賊。十一月戊午，罷蘇、松、常、鎭織造採辦。十二月，免南畿、浙江被災稅糧。

是年，安南、琉球中山、爪哇入貢。也先爲知院阿剌所殺。

六年春正月戊午，大祀天地於南郊。二月壬午，太監王誠同法司、刑科錄囚。大理少卿李茂等錄南京、浙江囚。

夏四月丙子朔，日有食之。辛巳，敕戶、兵二部及兩畿、山東、河南、浙江、湖廣撫、按、三司官條寬卹事，罷不急諸務。五月己巳，禱雨於南郊。六月乙亥，宋儒朱熹裔孫梃爲翰林院世襲五經博士。癸未，河決開封。

秋七月乙亥，沙灣決口隄成。庚寅，以南京災異屢見，敕羣臣修省。八月庚申，南京大理少卿廖莊以請復沂王爲皇太子，杖於闕下，并杖章綸、鍾同於獄，同卒。九月乙亥，振蘇、

松饑民米麥一百餘萬石。

冬十月戊午，免陝西被災稅糧。十一月乙亥，南和伯方瑛爲平蠻將軍充總兵官，討湖廣苗。十二月己巳，免南畿被災秋糧。

是年，琉球中山、暹羅、哈密、滿剌加入貢。

七年春正月己卯，尚書石璞撫安湖廣軍民。壬午，大祀天地於南郊。二月庚申，皇后崩。甲子，營壽陵。三月戊寅，免雲南被災稅糧。

夏五月戊寅，以水旱災異，敕內外諸臣修省。辛卯，宋儒周敦頤裔孫冕爲翰林院世襲五經博士。六月庚申，葬肅孝皇后。

冬十月癸卯，振江西饑。十二月己亥，方瑛大破湖廣苗。戊午，振畿內、山東、河南水災。癸亥，帝不豫，罷明年元旦朝賀。是冬，免畿內、山東被災稅糧，並蠲逋賦。

是年，琉球中山、撒馬兒罕、烏斯藏入貢。

八年春正月戊辰，免江西被災稅糧。丁丑，帝輿疾宿南郊齋宮。己卯，羣臣請建太子，不聽。壬午，武清侯石亨、副都御史徐有貞等迎上皇復位。二月乙未，廢帝爲郕王，遷西內，

皇太后吳氏以下悉仍舊號。癸丑，王薨於西宮，年三十。謚曰戾。毀所營壽陵，以親王禮葬西山，給武成中衛軍二百戶守護。

成化十一年十二月戊子，制曰：「朕叔郕王踐阼，戡難保邦，奠安宗社，殆將八載。彌留之際，奸臣貪功，妄興讒構，請削帝號。先帝旋知其枉，每用悔恨，以次抵諸奸於法，不幸上賓，未及舉正。朕敦念親親，用成先志，可仍皇帝之號，其議謚以聞。」遂上尊謚。敕有司繕陵寢，祭饗視諸陵。

贊曰：景帝當倥偬之時，奉命居攝，旋正大位以繫人心，事之權而得其正者也。篤任賢能，勵精政治，强寇深入而宗社乂安，再造之績良云偉矣。而乃汲汲易儲，南內深錮，朝謁不許，恩誼恝然。終於輿疾齋宮，小人乘間竊發，事起倉猝，不克以令名終。惜夫！

校勘記

〔一〕右通政王復太常少卿趙榮使也先營　趙榮，原作「王榮」。明史稿紀九景帝紀、英宗實錄卷一八四同。按本書卷一七〇于謙傳、又卷一七七王復傳，國榷卷二八頁一八〇四都作「趙榮」。本書卷一七一楊善傳附有趙榮傳，事跡與紀合。明史稿、英宗實錄顯蒙上文「王復」的「王」字而誤，今改正。

〔二〕九月庚寅江淵起復　按本書卷一〇九宰輔年表、英宗實錄卷二二〇都作「九月奔喪」，宰輔年表作四年「四月還任」，是起復在下一年四月，紀文疑有誤。

〔三〕己巳王文起復　按本書卷一〇九宰輔年表記王文事，作「五月丁憂，九月起復」。英宗實錄卷二二九繫王文丁母憂奔喪於五月己巳，繫王文起復於九月甲寅。此記起復於五月己巳，合二事爲一，顯有脫訛。

〔四〕諭德徐有貞爲左僉都御史　左僉都御史，本書卷一七一徐有貞傳、國榷卷三一頁一九六六同。明史稿紀九景帝紀及英宗實錄卷二三四均作「右僉都御史」。按本書敍及官銜，「左」「右」往往相混，以後此類不再出校記。

中華書局

明史卷十二

本紀第十二

英宗後紀

天順元年春正月壬午，昧爽，武清侯石亨，都督張輗、張軏，左都御史楊善，副都御史徐有貞，太監曹吉祥以兵迎帝於南宮，御奉天門，朝百官。徐有貞以原官兼翰林學士，入閣預機務。日中，御奉天殿卽位。下兵部尚書于謙、大學士王文錦衣衛獄。太常寺卿許彬、大理寺卿薛瑄爲禮部侍郎兼翰林學士，入閣預機務。丙戌，詔赦天下，改景泰八年爲天順元年。論奪門迎復功，封石亨忠國公，張軏太平侯，張輗文安伯，楊善興濟伯，曹吉祥嗣子欽都督同知。丁亥，殺于謙、王文，籍其家。陳循、江淵、俞士悅謫戍，蕭鎡、商輅除名。己丑，復論奪門功，封孫鏜懷寧伯，董興海寧伯，欽天監正湯序禮部右侍郎，官舍旂軍晉級者凡三千餘人。辛卯，罷巡撫提督官。壬辰，榜于謙黨人示天下。甲午，殺昌平侯楊俊。二

月乙未朔，廢景泰帝爲郕王。庚子，高穀致仕。湯序請除景泰年號，不許。癸卯，吏部侍郎李賢兼翰林學士，入閣預機務。殺都督范廣。戊申，柳溥破廣西蠻。癸丑，郕王薨。戊午，方瑛、石璞大破湖廣苗。召璞還。壬戌，免南畿被災秋糧。三月己巳，復立長子見深爲皇太子，封皇子見潾爲德王，見澍秀王，見澤崇王，見浚吉王。癸酉，封徐有貞武功伯。乙亥，大賚文武軍民。庚辰，賜黎淳等進士及第、出身有差。石亨爲征虜副將軍，剿寇延綏。丁亥，振山東饑。

夏四月甲午朔，以災異數見求直言。乙未，免浙江被災稅糧。丁酉，方瑛攻銅鼓藕洞苗，悉平之。丁未，錄囚。癸丑，罷團營。乙卯，孛來寇寧夏，參將种興戰死。五月辛未，安遠侯柳溥備宣、大邊。是月，以石亨言下御史楊瑄、張鵬獄。六月甲午，下右都御史耿九疇、副都御史羅綺錦衣衛獄。己亥，下徐有貞、李賢錦衣衛獄。是日，大風雨雹，壞奉天門鴟吻，敕修省。庚子，徐有貞、李賢、羅綺、耿九疇謫外任，楊瑄、張鵬戍邊。通政司參議兼侍講呂原入閣預機務。壬寅，薛瑄致仕。癸卯，修撰岳正入閣預機務。甲辰，復李賢爲吏部侍郎。乙巳，巡撫貴州副都御史蔣琳坐于謙黨棄市。

秋七月乙丑，復下徐有貞於獄。丙寅，承天門災。丁卯，躬禱於南郊。戊辰，敕修省。庚午，李賢復入閣。改許彬南京禮部侍郎。辛未，出岳正爲欽州同知，尋下獄，謫戍。癸酉，大赦。癸未，放徐有貞於金齒。辛卯，大賚諸邊軍士。八月甲午，以彗星屢見，躬禱於上帝。九月甲子，太常少卿彭時兼翰林學士，入閣預機務。

冬十月丁酉，賜王振祭葬，立祠曰「旌忠」。壬寅，徵江西處士吳與弼。丙辰，釋建文帝幼子文圭及其家屬，安置鳳陽。十一月甲戌，廣西總兵官朱瑛討田州叛蠻。己丑，免山東被災夏稅。十二月壬辰，封曹欽昭武伯。辛丑，安遠侯柳溥充總兵官，禦孛來於甘、涼。

是年，琉球中山、安南、暹羅、占城、哈密、烏斯藏入貢。

二年春正月辛酉，兵部尚書陳汝言有罪下獄。乙丑，享太廟。甲戌，大祀天地於南郊。己卯，上皇太后尊號。二月戊申，開雲南、福建、浙江銀場。中官市雲南珍寶。閏月己卯，瘞土木暴骸。

夏四月，復設巡撫官。五月壬寅，授處士吳與弼左諭德，辭不拜，尋送還鄉。

秋七月癸卯，定遠伯石彪爲平夷將軍，充總兵官，禦寇寧夏。八月戊辰，孛來寇鎮番。

冬十月甲子，獵南海子。壬午，武平伯陳友爲征夷將軍，充總兵官，剿寇寧夏。十一月甲寅，免山東秋糧。

是年，安南、烏斯藏、占城、哈密入貢。

三年春正月乙未，大祀天地於南郊。甲辰，定遠伯石彪、彰武伯楊信敗孛來於安邊營，都督僉事周賢、都指揮李鑑戰死。進彪爲侯。〔一〕二月丁卯，遣御史及中官採珠廣東。

夏四月壬子，巡撫兩廣僉都御史葉盛破瀧水瑤。己巳，南和侯方瑛克貴州苗。六月辛酉，復命巡撫官以八月集京師議事。

秋八月庚戌，石彪有罪，下錦衣衛獄。己未，禁文武大臣、給事中、御史、錦衣衛官往來交通，違者依鐵榜例論罪。乙亥，免湖廣被災秋糧。

冬十月己未，幸南海子。庚午，石亨以罪罷。諸奪門冒功者許自首改正。是月，命法司會廷臣，每歲霜降錄囚，後以爲常。十一月癸巳，振湖廣饑。

是年，哈密、琉球中山、錫蘭山、滿剌加入貢。

四年春正月丁亥，大祀天地於南郊。癸卯，石亨有罪下獄，尋死。二月壬子，僮陷梧州。丁卯，石彪棄市。三月庚辰，賜王一夔等進士及第、出身有差。戊戌，免南畿被災秋糧。

夏四月己酉，分遣內臣督浙江、雲南、福建、四川銀課。壬子，襄王瞻墡來朝。五月壬

中華書局

午，免畿內、浙江被災秋糧。己亥，罷中官督蘇、杭織造。六月癸亥，免湖廣被災稅糧。

秋七月乙亥朔，日有食之。辛卯，自五月雨至是月，淮水決，沒軍民田廬，遣使振卹。八月甲子，孛來三道入寇，大同總兵官李文、宣府總兵官楊能禦之。癸酉，孛來入鴈門，掠忻、代、朔諸州。九月庚辰，孛來圍大同右衞。庚寅，撫寧伯朱永，都督白玉、鮑政備宣府邊。甲午，免江西被災秋糧。

冬十月甲子，閱京營將領騎射於西苑。戊辰，幸南海子。十一月丁酉，閱隨操武臣騎射於西苑。閏月己未，幸鄭村壩，閱甲仗軍馬。

是年，琉球中山、安南、占城、爪哇、哈密、烏斯藏入貢。

五年春正月庚戌，大祀天地於南郊。二月己卯，免山東被災稅糧。丙申，都督僉事顏彪爲征夷將軍，充總兵官，討兩廣瑤賊。三月壬子，免蘇、松、常、鎭被災稅糧。甲寅，湖廣、貴州總兵官李震會廣西軍剿瑤、僮，悉破之。

夏四月癸巳，兵部侍郎白圭督陝西諸邊，討孛來。五月丁未，免河南被災秋糧。六月丙子，孛來寇河西，官軍敗績。壬午，兵部尚書馬昂總督軍務，懷寧伯孫鏜充總兵官，帥京營軍禦之。

秋七月庚子，總督京營太監曹吉祥及昭武伯曹欽反，左都御史寇深、恭順侯吳瑾被殺，懷寧伯孫鏜帥兵討平之。癸卯，磔吉祥於市，夷其族，其黨湯序等悉伏誅。丁未，免南畿被災稅糧。庚戌，大赦，求直言。丁巳，河決開封，侍郎薛遠往治之。戊午，都督馮宗充總兵官，禦寇於河西，兵部侍郎白圭、副都御史王竑參贊軍務。辛酉，孛來上書乞和。九月壬戌，京師地震有聲。

冬十月壬申，以西邊用兵，令河南、山西、陝西士民納馬者予冠帶。十一月丁酉朔，日有食之。壬戌，幸南海子。

是年，安南、琉球中山、哈密、亦力把里入貢。

六年春正月丁未，大祀天地於南郊。戊申，孛來遣使入貢。二月癸酉，諭孛來。三月癸丑，召馮宗等還。

夏四月壬申，免河南被災秋糧。五月庚子，顏彪討平兩廣諸瑤。己未，免陝西被災秋糧。六月戊辰，淮王祁銓來朝。

秋七月，淮安海溢。九月乙未，皇太后崩。

冬十一月甲午，葬孝恭章皇后。

是年，琉球中山、哈密、烏斯藏、暹羅入貢。

七年春正月丙午，大祀天地於南郊。二月壬戌，詹事陳文爲禮部侍郎兼翰林學士，入閣預機務。三月壬寅，旱，詔行寬卹之政，停各處銀場。

夏四月壬午，逮宣、大巡按御史李蕃，荷校於長安門，尋死。丙戌，復遣中官督蘇、杭織造。五月己丑朔，日有食之。甲寅，遼東巡按御史楊璡以擅撻軍職逮治。六月丁卯，逮山西巡按御史韓祺，荷校於長安門，數日死。

秋七月庚戌，免陝西被災稅糧。閏月甲戌，上宣宗廢后胡氏尊謚。戊寅，命湖廣、貴州會師討洪江叛苗。九月甲戌，敕廣東總兵官歐信會廣西兵討瑤賊。

冬十月丁酉，振西安諸府饑。丁未，巡撫廣西僉都御史吳楨節制兩廣諸軍，討瑤賊。十一月癸酉，賊陷梧州，致仕布政使宋欽死之。〔二〕壬午，下右都御史李賓、副都御史林聰於錦衣衞獄。十二月辛卯，下刑部尚書陸瑜，侍郎周瑄、程信於錦衣衞獄，尋釋之。

是年，琉球中山、哈密、安南、烏斯藏入貢。

八年春正月乙卯，帝不豫。己未，皇太子攝事於文華殿。己巳，大漸，遺詔罷宮妃殉葬。

葬。庚午，崩，年三十有八。二月乙未，上尊謚，〔三〕廟號英宗，葬裕陵。

贊曰：英宗承仁、宣之業，海內富庶，朝野淸晏。大臣如三楊、胡濙、張輔，皆累朝勳舊，受遺輔政，綱紀未弛。獨以王振擅權開釁，遂至乘輿播遷。乃復辟而後，猶追念不已，抑其惑溺之深也。前後在位二十四年，無甚稗政。至於上恭讓后謚，釋建庶人之繫，罷宮妃殉葬，則盛德之事可法後世者矣。

校勘記

〔一〕進彪爲侯　此繫於正月，本書卷一〇七功臣世表、英宗實錄卷三〇二繫於四月己巳。

〔二〕致仕布政使宋欽死之　宋欽，原作「宗欽」，據本書卷三一七潯州傳、明史稿紀一〇英宗後紀、英宗實錄卷三五九改。

〔三〕二月乙未上尊謚　二月，原作「三月」，據英宗實錄卷三六一、憲宗實錄卷二改。

中華書局

明史卷十三

本紀第十三

憲宗一

憲宗繼天凝道誠明仁敬崇文肅武宏德聖孝純皇帝，諱見深，英宗長子也。母貴妃周氏。初名見濬。英宗留瓦剌，皇太后命立爲皇太子。景泰三年，廢爲沂王。天順元年，復立爲皇太子，改名見深。

天順八年正月，英宗崩。乙亥，卽皇帝位。以明年爲成化元年，大赦天下。免明年田租三之一。浙江、江西、福建、陝西、臨淸鎭守內外官，諸邊鎭守內官，正統間所無者悉罷之。下番使者、緝事官校皆召還。二月庚子，始以內批授官。三月甲寅朔，尊皇后爲慈懿皇太后，貴妃周氏爲皇太后。戊午，放宮人。丙寅，毀錦衣衞新獄。庚午，賜彭敎等進士及第、出身有差。癸酉，詔內閣九卿考覈天下方面官。戊寅，復立團營。

夏四月癸未朔，日當食，不見。五月丁巳，大風雨雹，敕羣臣修省。庚申，葬睿皇帝於裕陵。

秋七月壬申，立吳氏爲皇后。八月癸未，御經筵。甲申，命儒臣日講。癸卯，廢皇后吳氏。下太監牛玉於獄。

冬十月壬辰，立王氏爲皇后。甲辰，立武舉法。十二月甲辰，免京官雜犯罪。

是年，兩畿、川、廣、荆、襄盜賊大起，道路不通。安南、烏斯藏入貢。

成化元年春正月乙卯，享太廟。己未，大祀天地於南郊。甲子，都督同知趙輔爲征夷將軍，充總兵官，僉都御史韓雍贊理軍務，討廣西叛猺。二月戊子，祭社稷。甲午，耕耤田。三月庚戌，四川山都掌蠻亂。丁巳，釋奠於先師孔子。

夏五月辛酉，大雨雹。壬戌，避正殿減饍，敕羣臣修省。

秋七月己酉，免天下軍衞屯糧十之三。甲子，振兩畿、浙江、河南饑。八月丁丑，工部侍郎沈義、僉都御史吳琛振撫兩畿饑民。辛巳，瘞暴骸。庚寅，毛里孩犯延綏，總兵官房能敗之。

冬十二月癸卯，撫寧伯朱永爲靖虜將軍，充總兵官，太監唐愼監軍，工部尙書白圭提督軍務，討荆、襄賊。是月，韓雍大破大藤峽猺，改名峽曰「斷藤」。

是年，琉球、哈密、爪哇、烏斯藏入貢。

二年春正月戊申，罷團營。乙卯，大祀天地於南郊。辛酉，英宗神主祔太廟。二月癸未，禮部侍郎鄒幹巡視畿內饑民。三月甲辰，賜羅倫等進士及第、出身有差。己酉，李賢父卒，乞終制，不許。乙卯，朱永大破荆、襄賊劉通於南漳。閏月癸酉，振南畿饑。乙未，朱永擊擒劉通，其黨石龍遁，轉掠四川。

夏五月癸酉，修撰羅倫以論李賢起復謫福建市舶司提舉。己卯，禁侵損古帝王、忠臣、烈士、名賢陵墓。六月甲辰，趙輔師還。乙巳，免今年天下屯糧十之三。壬子，楊信爲平虜將軍，充總兵官，太監裴當監督軍務，禦寇延綏。

秋七月辛巳，封弟見治爲忻王，見沛徽王。戊戌，毛里孩犯固原。八月丁巳，犯寧夏，都指揮焦政戰死。丁卯，諭祭于謙，復其子冕官。

冬十月丁未，朱永擊擒石龍，賊平，進永爵爲侯。〔一〕十二月甲寅，李賢卒。丙辰，太常寺少卿兼翰林院侍讀學士劉定之入閣預機務。是月，斷藤峽賊復起。

是年，哈密、琉球、安南、烏斯藏、瓦剌入貢。

三年春正月己卯，大祀天地於南郊。丙申，撫寧侯朱永爲平胡將軍，充總兵官，會楊信討毛里孩。二月丁酉朔，日有食之。丁巳，湖廣總兵官李震討破靖州苗。三月戊辰，召商輅爲兵部侍郎，復入閣。己巳，毛里孩犯大同。辛巳，復開浙江、福建、四川、雲南銀場，以內臣領之。

夏四月，四川地屢震，自去年六月至於是月。乙巳，錄囚。癸丑，復立團營。六月戊申，雷震南京午門，敕羣臣修省。辛酉，襄城伯李瑾爲征夷將軍，充總兵官，兵部尙書程信提督軍務，太監劉恒監軍，討山都掌蠻。

秋七月乙酉，停河南採辦。九月辛未，振湖廣、江西饑。

冬十二月庚子，左庶子黎淳追論景泰廢立事，帝曰：「景泰事已往，朕不介意，且非臣下所當言。」切責之。辛丑，杖編修章懋、黃仲昭，檢討莊㫤，謫官有差。是月，程信破山都掌蠻，平之。

是年，琉球、哈密、占城、烏斯藏入貢。朝鮮獻海青、白鵲，諭毋獻。

四年春正月甲戌，大祀天地於南郊。三月甲子，免湖廣被災秋糧。甲申，詔中外勢家

二十四史

中華書局

毋得擅請田土。

夏四月丁巳，錄囚。陳文卒。五月癸未，遣使錄天下囚。六月丙午，免江西被災秋糧。辛亥，開城賊滿俊反，陝西總兵官寧遠伯任壽、巡撫都御史陳价討之。甲寅，慈懿皇太后崩。

秋七月癸酉，都督同知劉玉爲平虜副將軍，充總兵官，太監劉祥監軍，副都御史項忠總督軍務，討滿俊。八月癸巳，京師地震。乙卯，朱永代劉玉爲總兵官。是月，任壽、陳价、寧夏總兵官廣義伯吳琮及滿俊戰，敗績，都指揮蔣泰、申澄被殺。九月庚申，葬孝莊睿皇后於裕陵。辛酉，振陝西饑。壬申，以地震、星變下詔自責，敕羣臣修省。甲申，給事中董旻、御史胡深等九人請罷商輅及禮部尚書姚夔，下獄，杖之。

冬十月乙未，項忠敗賊於石城，伏羌伯毛忠戰死。十一月，項忠擊擒滿俊，送京師，伏誅。壬戌，毛里孩犯遼東，指揮胡珍戰沒。十二月己酉，遼東總兵官趙勝奏：「十一月初六日，虜賊千餘攻指揮傅斌營，指揮胡珍率軍來援，被賊射死。」毛里孩犯延綏，都指揮僉事許寧擊敗之。

是年，琉球、烏斯藏、哈密、日本、滿剌加入貢。

五年春正月乙丑，大祀天地於南郊。三月辛丑，賜張昇等進士及第、出身有差。

夏五月辛丑，禮部侍郎萬安兼翰林院學士，入閣預機務。六月癸丑朔，日有食之。辛酉，錄囚。

秋八月辛酉，劉定之卒。

冬十一月乙未，毛里孩犯延綏。

是年冬，阿羅出入居河套。琉球、哈密、烏斯藏、滿剌加、安南、土魯番入貢。

六年春正月己丑，大祀天地於南郊。己亥，大同總兵官楊信敗毛里孩於胡柴溝。二月辛未，大理寺少卿宋旻，侍郎曾翬、原傑、黃琛，副都御史滕昭巡視畿南、浙江、河南、四川、福建，考察官吏，訪軍民疾苦。其餘直省有巡撫等官者，命亦如之。丁丑，禱雨於郊壇。戊寅，振廣西饑。三月甲申，免湖廣、山東被災稅糧。壬寅，詔延綏屯田。朱永爲平虜將軍，充總兵官，太監傅恭、顧恒監軍，王越參贊軍務，備阿羅出於延綏。

夏五月丙申，振畿內、山東、河南饑。丁酉，王越敗阿羅出於延綏東路。六月戊申朔，日有食之。

秋七月壬午，朱永敗阿羅出於雙山堡。丙戌，都御史項忠、侍郎葉盛振畿輔饑民。都督李杲撫治屯營。甲辰，總兵官房能敗阿羅出於開荒川。是月，免南畿、四川被災稅糧。八月辛亥，振山西饑。癸丑，以水旱相仍，下詔寬卹。

冬十月，免畿內、河南、山東被災稅糧。十一月癸未，荆、襄流民作亂，項忠總督河南、湖廣、荆、襄軍務討之。是月，孛羅忽渡河與阿羅出合。十二月庚戌，遣使十四人分振畿輔。

是年，琉球、哈密、烏斯藏入貢。

七年春正月辛巳，命京官五品以上及給事中、御史各舉堪州縣者一人。丙戌，大祀天地於南郊。

夏四月己巳，錄囚。五月辛巳，瘞京師暴骸。

秋八月甲辰，振山東、浙江水災。閏九月己未，浙江潮溢，漂民居、鹽場，遣工部侍郎李顒往祭海神，修築堤岸。

冬十月乙亥，王恕爲刑部侍郎，總理河道。十一月甲寅，立皇子祐極爲皇太子，大赦。己未，荆、襄賊平，流民復業者一百四十餘萬人。十二月甲戌，彗星見，下詔自責，敕羣臣修省，條時政得失。壬午，彗星入紫微垣，避正殿，撤樂，御奉天門聽政。癸未，召朱永還，王

越總督延綏軍務。辛卯，減死罪以下。

是年，乩加思蘭入居河套，與阿羅出合。安南黎灝攻占城，破之。琉球、安南入貢。

八年春正月庚戌，大祀天地於南郊。癸亥，皇太子薨。是月，延綏參將錢亮禦毛里孩於安邊營，敗績，都指揮柏隆、陳英戰死。乩加思蘭犯固原、平涼。三月癸丑，賜吳寬等進士及第、出身有差。

夏四月，京師久旱，運河水涸。癸酉，遣使禱於郊社、山川、淮瀆、東海之神。乙酉，錄囚。丁亥，遣使錄天下囚。五月癸丑，武靖侯趙輔爲平虜將軍，充總兵官，節制各邊軍馬，同王越禦乩加思蘭。

秋九月丙午，諭安南黎灝還占城侵地。

冬十一月己酉，寧晉伯劉聚代趙輔爲將軍，屯延綏。十二月癸酉，振京師饑民。

是年，孛羅忽、乩加思蘭屢入安邊營、花馬池，犯固原、寧夏、平涼、臨鞏、環慶，南至通渭。琉球、哈密、安南入貢。

九年春正月丁未，大祀天地於南郊。壬子，劉聚、王越敗乩加思蘭於漫天嶺。是月，土

魯番速檀阿力破哈密，據之。

夏四月辛酉朔，日有食之。甲子，福餘三衞寇遼東，總兵官歐信擊敗之。戊辰，盡免山東稅糧。瘞京畿暴骸。壬午，閱武臣騎射於西苑。

秋七月壬辰，巡撫延綏都御史余子俊敗乜加思蘭於榆林澗。九月辛卯，鎮守浙江中官李義杖殺寧波衞指揮馬璋，詔勿問。庚子，王越襲滿都魯、孛羅忽、乜加思蘭於紅鹽池，大破之。諸部漸出河套。

冬十一月丁酉，復閱騎射於西苑。

是年，免湖廣、畿內、山西、南畿、陝西被災稅糧。振畿內、陝西饑，振山西者再，山東者三。哈密、琉球、暹羅入貢。

十年春正月丁亥朔，振京師貧民。丁酉，大祀天地於南郊。癸卯，王越總制延綏、甘肅、寧夏三邊，駐固原。丙午，召劉聚還。三月，免南畿、湖廣被災秋糧。

夏五月戊申，申藏妖書之禁。是月，免山西、陝西被災秋糧。閏六月乙巳，築邊牆自紫城砦至花馬池。[二]

秋七月甲寅，免江西被災秋糧。八月辛卯，都督同知趙勝爲平虜將軍，充總兵官，太監

劉恒、覃平監軍，討乜加思蘭。九月癸丑朔，日有食之。乙卯，免南畿水災秋糧。

冬十一月丙子，免河南被災稅糧。十二月己丑，罷寶慶諸府採金。甲午，錄妖書名示天下。

是年，琉球、烏斯藏、土魯番入貢。

十一年春正月癸亥，大祀天地於南郊。二月甲申，禁酷刑。三月壬子，賜謝遷等進士及第、出身有差。辛未，彭時卒。

夏四月乙酉，吏部侍郎劉珝、禮部侍郎劉吉並兼翰林學士，入閣預機務。壬辰，乾清門災。己亥，錄囚。五月癸酉，免湖廣被災秋糧。

秋八月辛巳，浚通惠河。丁亥，滿都魯、乜加思蘭遣使來朝。九月丁未朔，日有食之。

冬十一月癸丑，立皇子祐樘爲皇太子，大赦。十二月戊子，復郕王帝號。丁酉，申自宮之禁。

是年，土魯番、琉球、暹羅、滿剌加、安南入貢。命琉球貢使二年一至。

校勘記

[一] 進永爵爲侯　此繫於成化二年十月丁未，本書卷一七三朱謙傳附朱永傳繫於成化元年秋，又卷一〇七功臣世表繫於成化三年正月壬申，憲宗實錄卷三八同。似以作三年正月較可信。

[二] 築邊牆自紫城砦至花馬池　紫城砦，憲宗實錄卷一三〇作「紫垣砦」，國榷卷三七頁二三四三作「紫金砦」。

二十四史
中華書局

明史卷十四

本紀第十四

憲宗二

十二年春正月辛亥，南京地震有聲。戊午，大祀天地於南郊。二月乙亥朔，日有食之。甲午，敕羣臣修省。三月壬子，減內府供用物。壬戌，李震大破靖州苗。

夏五月丁卯，副都御史原傑撫治荆、襄流民。庚申，錄囚。

秋七月庚戌，黑眚見。乙丑，躬禱天地於禁中，以用度不節、工役勞民、忠言不聞、仁政不施四事自責。戊辰，遣使錄天下囚。

冬十月辛巳，京師地震。十一月，巡撫四川都御史張瓚討灣溪苗，破之。十二月己丑，置鄖陽府，設行都司衞所，處流民。

是年，土魯番、撒馬兒罕、琉球、烏斯藏入貢。

十三年春正月庚戌，大祀天地於南郊。己巳，置西廠，太監汪直提督官校刺事。

夏四月，汪直執郎中武清、樂章，太醫院判蔣宗武，行人張廷綱，浙江布政使劉福下西廠獄。五月甲戌，執左通政方賢下西廠獄。丙子，大學士商輅、尚書項忠請罷西廠，從之。六月甲辰，罷項忠爲民。庚戌，復設西廠。丁巳，商輅致仕。

秋八月壬戌，錦衣衞官校執工部尚書張文質繫獄，帝知而釋之。

冬十月戊申，復立哈密衞於苦峪谷，給土田牛種。十一月，張瓚破松潘疊溪苗。

是年，免浙江、山東、河南、江西、福建被災稅糧。振山東、南畿州縣饑。安南、琉球、烏斯藏、暹羅、日本入貢。滿都魯、乩加思蘭各遣使貢馬。

十四年春正月甲戌，大祀天地於南郊。三月戊辰，免浙江被災秋糧。己卯，賜曾彥等進士及第、出身有差。辛巳，罷烏撒衞銀場。丙戌，復開遼東馬市。丁亥，以浙江饑罷採花木。

夏四月丁酉，免南畿、山東被災秋糧。六月癸卯，太監汪直行遼東邊。

秋七月丁丑，遣使振畿南、山東饑。八月癸巳，以直隸、山東災傷，詔六部條䘏民事宜。南京刑部侍郎金紳巡視江西水災。庚戌，免湖廣被災秋糧。甲寅，下巡撫蘇、松副都御史牟俸於錦衣衞獄，謫戍。十二月甲午，免畿內被災秋糧。

是年，占城、烏斯藏、撒馬兒罕入貢。

十五年春正月丁卯，大祀天地於南郊。辛巳，振山東饑，免秋糧。二月，免湖廣被災秋糧。甲寅，詔修開國勳臣墓，無後者置守冢一人。

夏四月丙午，免南畿被災稅糧。壬子，下駙馬都尉馬誠於錦衣衞獄。五月壬戌，汪直劾侍郎馬文升，下文升獄，謫戍。癸酉，以馬文升、牟俸事，杖給事中李俊、御史王濬五十六人於闕下。己卯，免湖廣、河南被災稅糧。

秋七月癸酉，汪直行大同、宣府邊。

冬十月丁亥，撫寧侯朱永爲靖虜將軍，充總兵官，汪直監軍，禦伏當加。十二月辛未，論功封朱永保國公，加汪直歲祿，陞賞者二千六百餘人。是月，免四川、江西被災稅糧。

是年，琉球、安南、烏斯藏入貢。

十六年春正月甲午，大祀天地於南郊。丁酉，保國公朱永爲平虜將軍，充總兵官，王越

提督軍務，汪直監軍，禦亦思馬因於延綏。二月癸酉，免湖廣被災稅糧。戊寅，王越襲亦思馬因於威寧海子，破之。三月戊子，以歲歉減光祿寺供用物。

夏六月癸丑，禁勢家侵占民田。

秋八月辛酉，申存䘏孤老之令。

冬十二月庚申，亦思馬因犯大同。丙寅，朱永、汪直、王越帥京軍禦之。是月，總督兩廣軍務都御史朱英、總兵官平鄉伯陳政討廣西猺，破之。

是年，免兩畿、湖廣、河南、山東、雲南被災稅糧。琉球、暹羅、蘇門答剌、土魯番、撒馬兒罕入貢。

十七年春正月丙戌，大祀天地於南郊。二月壬戌，覈天下庫藏出納之數。是月，免浙江、山西被災稅糧。三月辛卯，賜王華等進士及第、出身有差。

夏四月庚申，以久旱風霾敕羣臣修省。戊辰，諭法司愼刑獄。太監懷恩同法司錄囚，自是每五歲遣內臣審錄以爲常。癸酉，亦思馬因犯宣府。五月己亥，汪直監督軍務，王越爲平胡將軍，充總兵官，禦之。

秋七月甲戌，免南畿被災秋糧。甲午，命所在鎭守總兵、巡撫聽汪直、王越節制。

中華書局

冬十月壬戌，振河南饑。十一月戊子，取太倉銀三分之一入內庫。

是年，安南、占城、滿剌加、烏斯藏入貢。安南黎灝侵老撾宣慰司，賜敕諭之。

十八年春正月壬午，大祀天地於南郊。庚寅，劉吉起復。〔一〕三月己巳朔，振南畿饑。壬申，罷西廠。

夏四月癸丑，罕慎復哈密城。甲子，免山西被災夏稅。五月，免山東、南畿被災稅糧。六月壬寅，亦思馬因犯延綏，汪直、王越調兵禦敗之。

秋八月癸丑，遣使振畿內、山東饑。辛酉，免河南被災稅糧。閏月壬申，倉副使應時用請罷饒州燒造御器內臣，下獄，贖還職。

冬十一月，免畿內、陝西、遼東被災秋糧。十二月庚午，御製文華大訓成。

是年，琉球、哈密、暹羅、土魯番、烏斯藏入貢。

十九年春正月丙午，大祀天地於南郊。三月丙辰，免湖廣被災稅糧。

夏四月丁丑，免河南被災稅糧。六月乙亥，汪直有罪，調南京御馬監。丁丑，陳政破廣西瑤。

秋七月辛丑，迤北小王子犯大同。癸卯，總兵官許寧禦之，敗績。己未，朱永爲鎮朔大將軍，充總兵官，帥京軍禦之。八月甲子，犯宣府，巡撫都御史秦紘、總兵官周玉禦却之。乙丑，戶部侍郎李衍、刑部侍郎何喬新巡視邊關。壬申，謫汪直爲奉御，其黨王越、戴縉等貶黜有差。是月，朱永敗寇於大同、宣府。

冬十月壬申，召朱永還。

是年，撒馬兒罕貢獅子。

二十年春正月庚寅，京師地震。壬辰，敕羣臣修省。詔減貢獻，飭備邊，罷營造，理冤獄，寬銀課、工役、馬價，卹大同陣亡士卒。丁酉，大祀天地於南郊。三月庚寅，賜李旻等進士及第、出身有差。己酉，太監張善監督軍務，定西侯蔣琬充總兵官，同總督尙書余子俊備大同、宣府。

夏四月戊午，錄囚。五月甲午，再錄囚，減死罪以下。六月，免南畿、陝西被災稅糧。

秋九月乙酉朔，日有食之。是月，寇復入居河套。是秋，陝西、山西大旱饑，人相食。停歲辦物料，免稅糧，發帑轉粟，開納米事例振之。

冬十月丁巳，杖刑部員外郎林俊、都督府經歷張黻，並謫官。癸酉，罷雲南元江諸府銀坑。十二月，免山西、河南被災夏稅。

是年，安南、日本、琉球、哈密、土魯番入貢。

二十一年春正月甲申朔，星變。丙戌，詔羣臣極言時政。庚寅，赦天下。乙未，大祀天地於南郊。乙巳，遣侍郎李賓、何喬新、賈俊振陝西、山西、河南饑。二月己未，放免傳奉文武官五百六十餘人。丁丑，免陝西被災稅糧。

夏四月戊午，以泰山屢震遣使祭告。壬戌，轉漕四十萬石，振陝西饑。是月，免南畿、山東被災稅糧。五月壬戌，京師地震。丙子，振京師饑民。六月辛巳，令武臣納粟襲職。癸未，詔盛暑祁寒廷臣所奏毋得過五事。

秋八月己卯朔，日有食之。九月甲子，劉珝致仕。

冬十月，免山東、山西、河南、陝西、四川被災稅糧。十一月丙寅，京師地震。十二月甲申，詹事彭華爲吏部左侍郎兼翰林學士，入閣預機務。甲午，振南畿饑。是冬，小王子犯蘭州、莊浪、鎮番、涼州。

是年，哈密、烏斯藏入貢。

二十二年春正月己未，大祀天地於南郊。乙丑，免河南被災秋糧。二月庚辰，免畿南及湖廣被災秋糧。

夏四月乙未，清畿內勳戚莊田。六月，免南畿、陝西被災稅糧。乙亥，敕羣臣修舉職業。甲午，諭法司愼刑。

秋七月，小王子犯甘州，指揮姚英等戰死。九月，免河南、廣東被災稅糧。丁卯，兵部左侍郎尹直爲戶部侍郎兼翰林學士，入閣預機務。

冬十一月癸丑，占城爲安南所侵，王子古來來奔。十二月，免江西、廣西被災稅糧。

是年，哈密、琉球入貢。

二十三年春正月，免陝西、湖廣被災稅糧。庚戌，大祀天地於南郊。二月乙酉，副都御史邊鏞、通政司參議田景賢巡視大同諸邊。三月丁未，彭華致仕。丁巳，賜費宏等進士及第、出身有差。癸亥，免山東被災稅糧。

夏四月乙亥，免浙江被災秋糧。五月乙卯，旱，遣使分禱天下山川。丙辰，敕羣臣修省。是月，朶顏三衞避那孩入遼東，令駐牧近邊，給米布。〔二〕六月，免陝西、南畿被災秋糧。

秋七月戊申，封皇子祐杬爲興王，祐棆岐王，祐檳益王，祐楎衡王，祐橒雍王。八月庚

中華書局

辰，帝不豫。甲申，皇太子攝事於文華殿。己丑，崩，年四十有一。九月乙卯，上尊謚，廟號憲宗，葬茂陵。

贊曰：憲宗早正儲位，中更多故，而踐阼之後，上景帝尊號，卹于謙之冤，抑黎淳而召商輅，恢恢有人君之度矣。時際休明，朝多耆彥，帝能篤於任人，謹於天戒，蠲賦省刑，閭里日益充足，仁、宣之治於斯復見。顧以任用汪直，西廠橫恣，盜竊威柄，稔惡弄兵。夫明斷如帝而爲所蔽惑，久而後覺，婦寺之禍固可畏哉。

校勘記

〔一〕庚寅劉吉起復　按本書卷一〇九宰輔年表作「正月丁憂，七月起復」，憲宗實錄卷二二三正月庚寅條作「令吉奔喪，安葬畢日起復」，此記正月庚寅起復，是合「丁憂」「起復」爲一事，顯有脫訛。

〔二〕是月至給米布　是月，卽五月，明史稿紀一一憲宗紀、憲宗實錄卷二九一均繫於六月己巳。

明史

清　張廷玉等撰

第二册

卷一五至卷三〇（紀　志）

中華書局

中華書局

明史卷十五

本紀第十五

孝宗

孝宗建天明道誠純中正聖文神武至仁大德敬皇帝，〔一〕諱祐樘，憲宗第三子也。母淑妃紀氏，成化六年七月生帝於西宮。時萬貴妃專寵，宮中莫敢言。悼恭太子薨後，憲宗始知之，育周太后宮中。十一年，敕禮部命名，大學士商輅等因以建儲請。是年六月，淑妃暴薨，帝年六歲，哀慕如成人。十一月，立爲皇太子。

二十三年八月，憲宗崩。九月壬寅，卽皇帝位。大赦天下，以明年爲弘治元年。丁未，斥諸佞倖侍郎李孜省、太監梁芳、外戚萬喜及其黨，謫戍有差。

冬十月丁卯，汰傳奉官，罷右通政任傑、侍郞蒯鋼等千餘人，論罪戍斥。革法王、佛子、國師、眞人封號。乙亥，尊皇太后周氏爲太皇太后，皇后王氏爲皇太后。丙子，立妃張氏爲

皇后。丁亥，萬安罷。壬辰，追謚母淑妃爲孝穆皇太后。癸巳，吏部左侍郎兼翰林學士徐溥入閣預機務。十一月癸丑，尹直罷。乙卯，詹事劉健爲禮部侍郎兼翰林學士，入閣預機務。戊午，下梁芳、李孜省於獄。十二月壬午，葬純皇帝於茂陵。是月，免江西、湖廣被災稅糧。

是年，安南、暹羅、哈密、土魯番、烏斯藏、琉球入貢。封占城王子古來爲王，諭安南黎灝還占城侵地。

弘治元年春正月己亥，享太廟。丙午，大祀天地於南郊。己未，始考察鎮守武臣。二月戊戌，祭社稷。丁未，耕耤田。封哈密衞左都督罕愼爲忠順王。丙辰，禁廷臣請託公事。三月乙丑，疏文武大臣及中外四品以上官姓名，揭文華殿壁。癸酉，釋奠於先師孔子。乙亥，小王子寇蘭州，都指揮廖斌擊敗之。丙子，御經筵。丁丑，命儒臣日講。

夏四月甲寅，以天暑錄囚。嗣後歲以爲常。六月癸巳朔，日有食之。

秋七月戊辰，減浙江銀課，汰管理銀場官。八月乙巳，小王子犯山丹、永昌。辛亥，犯獨石、馬營。

冬十月乙卯，振湖廣、四川饑。十一月甲申，妖僧繼曉伏誅。乙酉，免河南被災秋糧。

是年，土魯番殺忠順王罕愼，復據哈密。琉球、占城、撒馬兒罕、烏斯藏入貢。

二年春正月丁卯，收已故內臣賜田，給百姓。辛未，大祀天地於南郊。二月癸巳，振四川饑。三月己未，免陝西被災秋糧三分之二。戊寅，閉會川衞銀礦。

夏五月庚申，河決開封，入沁河，役五萬人治之。

秋七月癸亥，以京師霪雨、南京大風雷修省，求直言。戊寅，振畿內水災，免稅糧，給貧民麥種。八月丁酉，復四川流民復業者雜役三年。己酉，憲宗神主祔太廟。十一月戊午，順天饑，發粟平糶。十二月甲申朔，日有食之。辛卯，賜于謙謚，立祠曰「旌功」。

是年，土魯番入貢。撒馬兒罕貢獅子、鸚鵡，却之。

三年春正月甲子，大祀天地於南郊。二月壬辰，免河南被災秋糧。甲午，戶部請免南畿、湖廣稅糧。上曰：「凶歲義當損上益下。必欲取盈，如病民何。」悉從之。三月丙辰，命天下預備倉積粟，以里數多寡爲差，不及額者罪之。庚午，賜錢福等進士及第、出身有差。甲戌，侍郎張海、通政使元守直閱邊。

秋九月庚戌，禁內府加派供御物料。閏月癸巳，禁宗室、勳戚奏請田土及受人投獻。

冬十一月甲辰，停工役，罷內官燒造瓷器。十二月辛亥，以彗星見，敕羣臣修省，陳軍民利病。己未，京師地震。壬戌，減供御品物，罷明年上元燈火。

是年，琉球、安南、哈密、撒馬兒罕、天方、土魯番入貢。

四年春正月癸未，以修省罷上元節假。己丑，大祀天地於南郊，停慶成宴。二月己巳，敕法司曰：「曩因天道示異，敕天下諸司審錄重囚，發遣數十百人。朕以爲與其寬之於終，孰若謹之於始。嗣後兩京三法司及天下問刑官，務存心仁恕，持法公平，詳審其情罪所當，庶不背於古聖人欽恤之訓。」六月辛亥，京師地震。

秋八月庚戌，蘇、松、浙江水，停本年織造。乙卯，南京地震。己未，封皇弟祐檳爲壽王，祐梈汝王，祐橓涇王，祐樞榮王，祐楷申王。

冬十月丙辰，以皇長子生，詔天下。戊午，河溢，振河南被災者。乙丑，禮部尚書丘濬兼文淵閣大學士預機務。十一月庚辰，振南畿災。十二月甲子，土魯番以哈密地及金印來歸。

是年，暹羅入貢。

中華書局

五年春正月壬午，大祀天地於南郊。二月丙寅，命陝巴襲封忠順王。庚午，減陝西織造絨毼之半。三月戊寅，立皇子厚照爲皇太子，大赦。錄太祖廟配享功臣絕封者後。辛卯，廣西副總兵馬俊、參議馬鉉、千戶王珊等討古田叛僮，遇伏死。

夏六月丁未，免南畿去年被災稅糧。

秋七月甲午，振南京、浙江、山東饑。八月癸卯，劉吉致仕。乙丑，停蘇、松、浙江額外織造，召督造官還。

冬十月壬戌，湖廣總兵官鎮遠侯顧溥、貴州巡撫都御史鄧廷瓚、太監江悳會師討貴州黑苗。十一月丙申，閉溫、處銀坑。十二月丁巳，荊王見潚有罪，廢爲庶人。

是年，琉球、烏斯藏、土魯番入貢。火剌札國貢方物，不受，給廩食遣還。

六年春正月己卯，大祀天地於南郊。二月甲寅，錄常遇春、李文忠、鄧愈、湯和後裔，世襲指揮使。丁巳，擢布政使劉大夏右副都御史，治張秋決河。三月癸未，賜毛澄等進士及第、出身有差。

夏四月己亥，土魯番速檀阿黑麻襲執陝巴，據哈密。己酉，侍郎張海、都督同知緱謙經略哈密。辛酉，久旱，敕修省，求直言。五月丙寅，小王子犯寧夏，殺指揮趙璽。閏月乙未，

免南京被災秋糧。六月庚午，捕蝗。壬申，都御史閻珪擊破古田叛僮。

秋八月甲戌，免順天被災夏稅。九月丁酉，免陝西被災夏稅。

冬十月丙寅，以災傷罷明年上元燈火。庚辰，停甘肅織造絨毼。十一月庚申，振京師流民。十二月己卯，敕天下鎮巡官修省。

是年，安南、烏斯藏、土魯番、暹羅入貢。

七年春正月丁酉，大祀天地於南郊。二月甲子，以去年冬孝陵風雷之變，遣使祭告，修省，求直言，命內外愼刑獄，決輕繫。三月癸巳，貴州黑苗平。戊申，兩畿捕蝗。

夏五月甲辰，太監李興、平江伯陳銳同劉大夏治張秋決河。

秋七月乙巳，京師地震。丙午，工部侍郎徐貫、巡撫副都御史何鑑經理南畿水利。九月丁亥，以水災停蘇、松諸府所辦物料，留關鈔、戶鹽備振。

冬十一月壬子，京師地震。十二月甲戌，張秋河工成。己卯，振甘、涼被兵軍民，給牛種。

是年，免北京、河南、湖廣、陝西、山西被災稅糧。琉球入貢。以土魯番據哈密，却其貢使。

八年春正月乙未，大祀天地於南郊，以太皇太后不豫，免慶成宴。壬子，甘肅總兵官劉寧敗小王子於涼州。二月乙卯朔，日有食之。戊午，丘濬卒。乙丑，禮部侍郎李東陽、少詹事謝遷入閣預機務。己卯，黃陵岡河口工成。三月壬辰，免湖廣被災稅糧。己亥，寧夏地震。

夏四月甲寅，蘇、松各府治水工成。壬戌，諭吏部、都察院，人材進退，考察務得實跡，不可偏聽枉人。五月己丑，免南畿被災秋糧。

秋七月丁亥，封宋儒楊時將樂伯，從祀孔子廟庭。戊子，廣西副總兵歐磐擊破平樂叛瑤。八月癸亥，以四方災異數見，敕羣臣修省。

冬十一月己酉，免直隸被災秋糧。十二月辛酉，巡撫甘肅僉都御史許進、總兵官劉寧入哈密，土魯番遁，遂班師。

是年，爪哇、占城、烏斯藏入貢。乜克力諸部欵肅州塞求入貢，却之。

九年春正月壬辰，大祀天地於南郊。二月庚午，免河南被災稅糧。辛未，右通政張璞、大理少卿馬中錫閱邊。三月丙申，賜朱希周等進士及第、出身有差。

夏四月戊子，以岷王膺鈃奏，逮武岡知州劉遜。給事中、御史龐泮、劉紳等諫，下錦衣衛獄，尋釋之。六月庚子，免江西被災稅糧。

秋八月壬寅，免湖廣被災秋糧。九月己酉，禁勢家侵奪民利。[三]

是年，日本、琉球、烏斯藏入貢。

十年春正月庚戌，大祀天地於南郊。三月辛亥，以旱霾修省，求直言。甲子，召大學士劉健、李東陽、謝遷於文華殿議庶政，後以爲常。

夏五月戊辰，小王子犯潮河川。己巳，犯大同。六月己卯，侍郎劉大夏、李介理宣府、大同軍餉。

秋七月癸丑，都督楊玉帥京營軍，備永平。

冬十一月庚子，土魯番歸陝巴，乞通貢。

是年，免南畿、山西、陝西被災稅糧，振山東、四川水災。安南、暹羅、烏斯藏入貢。

十一年春正月丁未，大祀天地於南郊。二月己巳，小王子遣使求貢。

夏五月戊申，甘肅參將楊翥敗小王子於黑山。

秋七月己酉，總制三邊都御史王越襲小王子於賀蘭山後，敗之。癸亥，徐溥致仕。八月癸未，振祥符民被河患者。

冬十月丙寅，命工作不得役團營軍士。甲戌，清寧宮災。丁亥，敕羣臣修省，求直言，罷明年上元燈火。十一月壬子，免陝西織造羊絨。閏月壬戌朔，日有食之。乙酉，罷福建織造綵布。十二月庚子，禁中外奢靡踰制。壬子，以清寧宮災詔赦天下。

是年，免山西、陝西、兩畿、廣西、廣東被災稅糧。土魯番、烏斯藏入貢。

十二年春正月辛未，大祀天地於南郊，免慶成宴。二月壬辰，免山東被災夏稅。戊申，嚴左道惑衆之禁。三月丁丑，賜倫文敘等進士及第、出身有差。

夏四月癸巳，敕宣、大、延綏備邊。是月，免湖廣、江西被災稅糧。五月戊寅，免南畿被災秋糧。六月甲辰，闕里先師廟災，遣使慰祭。

秋八月，免河南、南畿被災夏稅。九月壬午，普安賊婦米魯作亂。〔三〕甲申，重建清寧宮成。

是年，占城、烏斯藏、土魯番、爪哇、撒馬兒罕入貢。

十三年春正月乙丑，大祀天地於南郊。二月戊子，免山西被災稅糧。庚寅，定問刑條例。乙未，嚴旌舉連坐之法。

夏四月，火篩寇大同，遊擊將軍王杲敗績於威遠衞。乙巳，平江伯陳銳爲靖虜將軍，充總兵官，太監金輔監軍，戶部左侍郎許進提督軍務，禦之。五月甲寅朔，日有食之。丙辰，召大學士劉健、李東陽、謝遷於平臺，議京營將領。癸亥，火篩大舉入寇大同左衞，遊擊將軍張俊禦却之。〔四〕六月甲申，免江西被災秋糧，停山、陝採辦物料。庚子，召陳銳、金輔還，保國公朱暉、太監扶安往代，益兵禦寇。

秋七月己巳，京師地震。八月辛卯，振江西水災。

冬十月戊申，兩京地震。是月，小王子諸部寇大同。十二月辛丑，火篩寇大同，南掠百餘里。

是年，小王子部入居河套，犯延綏神木堡。琉球、土魯番、烏斯藏入貢。

十四年春正月庚戌朔，陝西地大震。己未，大祀天地於南郊。二月己亥，罷陝西織造中官。

夏四月庚辰，工部侍郎李鐩總督延綏邊餉。戊子，保國公朱暉、提督軍務都御史史琳、

監軍太監苗逵分道進師延綏。戊戌，免陝西、山西物料。是月，火篩諸部寇固原。五月庚戌，振大同被兵軍民，免稅糧。辛酉，免陝西被災稅糧。戊辰，修闕里先師廟。命各布政使司上地里圖。

秋七月丁未，泰寧衞賊犯遼東，掠長勝諸屯堡。癸亥，南京戶部尚書王軾兼左副都御史提督軍務，討貴州賊婦米魯。丁卯，朱暉、史琳襲小王子於河套。庚午，分遣給事中、御史清理屯田。閏月乙酉，都指揮王泰禦小王子於鹽池，戰死。戊戌，振兩畿、江西、山東、河南水災。八月己酉，免河南被災稅糧。是月，火篩諸部犯固原，大掠韋州、環縣、萌城、靈州。己巳，減光祿寺供應，如元年制。火篩諸部犯寧夏東路。九月丙子朔，日有食之。丁亥，遣使募兵於延綏、寧夏、甘、涼。甲辰，召史琳還，起秦紘爲戶部尚書兼副都御史，〔五〕代之。

冬十一月癸巳，分遣侍郎何鑑、大理寺丞吳一貫振卹兩畿、山東、河南饑民。十二月戊辰，遼東大饑，振之。是月，寇出河套。

是年，免湖廣、江西、山西、山東、陝西、河南、畿內被災稅糧。安南、琉球入貢。

十五年春正月丙子，朱暉帥師還。丙戌，大祀天地於南郊。二月癸丑，免河南被災稅糧。三月癸未，罷饒州督造瓷器中官。庚寅，賜康海等進士及第、出身有差。

夏四月壬寅，振京師貧民。五月庚子，免湖廣被災秋糧。

秋七月己卯，錄劉基後裔世襲指揮使。己丑，王軾破斬米魯，貴州賊平。辛卯，命各邊衞設養濟院、漏澤園。八月庚戌，以南京、鳳陽雷雨大風，江溢爲災，遣使祭告，敕兩京羣臣修省。九月庚午朔，日有食之。戊子，放減內府所畜鳥獸。

冬十月癸卯，罷明年上元煙火。十一月壬申，瓊州黎賊作亂。甲午，罷廣東採珠。十二月己酉，大明會典成。辛亥，以疾不視朝。是月，免南畿被災秋糧。

是年，琉球、安南入貢。

十六年春正月癸酉，遣官代享太廟。二月辛丑，視朝。戊申，大祀天地於南郊。三月癸巳，免山西被災稅糧。

夏四月辛亥，敕宣、大嚴邊備。五月戊子，以雲南災變敕羣臣修省。刑部侍郎樊瑩巡視雲、貴，察官吏，問民疾苦。

秋七月，廣東官軍討黎賊，敗之。九月丁丑，振南畿、浙江、山東、河南、湖廣被災軍民。

冬十一月甲戌，罷營造器物及明年上元烟火。是月，免南畿被災秋糧。十二月丙午，免淮、揚、浙江物料。

是年，安南、暹羅、哈密、土魯番、撒馬兒罕入貢。

十七年春正月辛未，南京工部侍郎高銓振應天饑。甲戌，大祀天地於南郊。壬午，嚴誣告之禁。二月甲寅，減供用物料。己未，嚴讖緯妖書之禁。庚申，免浙江被災稅糧。三月壬戌，太皇太后崩。癸未，定太廟各室一帝一后之制。

夏四月己酉，葬孝肅皇太后。閏月辛酉，闕里先師廟成，遣大學士李東陽祭告。庚午，免山東被災稅糧。乙亥，以四方災荒敕羣臣修省。庚辰，命諸司詳議害民弊政。五月壬辰，罷南京、蘇、杭織造中官。六月乙亥，始命兩京五品以下官六年一考察。辛巳，召劉健、李東陽於暖閣，議邊務。癸未，火篩入大同，指揮鄭瑀力戰死。

秋七月癸巳，工部侍郎李鐩、大理少卿吳一貫、通政司參議叢蘭分道經略邊塞。甲午，左副都御史閻仲宇、通政司參議熊偉分理邊餉。八月戊辰，命天下撫、按、三司官奏軍民利病，士民建言可採者，所司以聞。甲申，免南畿被災夏稅。丁亥，召馬文升、戴珊於暖閣，諭以明年考察，務訪實蹟，以求至當。九月庚寅，諭法司不得任情偏執，致淹獄囚。甲寅，太常少卿孫交經略宣、大邊務。丁巳，御暖閣，諭劉健、李東陽、謝遷：「諸邊首功，巡按御史察勘動淹歲年，非所以示勸。自今奏報，以遠近立限。違者詰治。」諭講官進講直言毋諱。

冬十一月戊子，罷雲南銀場。十二月庚午，申閉糴之禁。甲申，免湖廣被災秋糧。

是年，琉球、撒馬兒罕、哈密、烏斯藏入貢。

十八年春正月己丑，小王子諸部圍靈州，入花馬池，遂掠韋州、環縣。戶部侍郎顧佐理陝西軍餉。乙未，大祀天地於南郊。甲辰，小王子陷寧夏清水營。二月戊辰，御奉天門，諭戶、兵、工三部曰：「方今生齒漸繁，而戶口、軍伍日就耗損，此皆官司撫卹無方，因仍苟且所致。其悉議弊政以聞。」三月癸卯，賜顧鼎臣等進士及第、出身有差。

夏四月戊寅，刑部侍郎何鑑撫輯荊、襄流民。甲申，帝不豫。五月庚寅，大漸，召大學士劉健、李東陽、謝遷受顧命。辛卯，崩於乾清宮，年三十有六。六月庚申，上尊謚，廟號孝宗，葬泰陵。

贊曰：明有天下，傳世十六，太祖、成祖而外，可稱者仁宗、宣宗、孝宗而已。仁、宣之際，國勢初張，綱紀修立，淳樸未漓。至成化以來，號爲太平無事，而晏安則易耽怠玩，富盛則漸啓驕奢。孝宗獨能恭儉有制，勤政愛民，兢兢於保泰持盈之道，用使朝序清寧，民物康阜。易曰：「无平不陂，无往不復，艱貞无咎。」知此道者，其惟孝宗乎。

校勘記

〔一〕孝宗建天明道誠純中正聖文神武至仁大德敬皇帝　建天，原作「達天」，誠純，原作「純誠」，據孝宗實錄改。

〔二〕九月己酉禁勢家侵奪民利　原脫「九月」。「己酉」承上文「八月」，卽成爲八月己酉。按是年八月乙亥朔，不得有己酉日。孝宗實錄卷一一七繫「己酉」於九月，據補。

〔三〕九月壬午普安賊婦米魯作亂　孝宗實錄卷一五一、國榷卷四四頁二七三七均繫於六月癸卯。此「九月壬午」係兵部議奏征討之日，非始事之日，參見孝宗實錄卷一五四。

〔四〕遊擊將軍張俊禦却之　張俊，原作「張浚」，據本書卷一七五張俊傳、孝宗實錄卷一六二改。

〔五〕起秦紘爲戶部尚書兼副都御史　秦紘，原作「秦紘」。本書卷一六武宗紀、孝宗實錄卷一七九都作「秦紘」。按本書卷一七八有秦紘傳，事跡與紀合，據改。

中華書局

明史卷十六

本紀第十六

武宗

武宗承天達道英肅睿哲昭德顯功弘文思孝毅皇帝，諱厚照，孝宗長子也。母孝康敬皇后。弘治五年，立爲皇太子。性聰穎，好騎射。

十八年五月，孝宗崩。壬寅，卽皇帝位。以明年爲正德元年，大赦天下，除弘治十六年以前逋賦。戊申，小王子犯宣府，總兵官張俊敗績。庚戌，太監苗逵監督軍務，保國公朱暉爲征虜將軍，充總兵官，右都御史史琳提督軍務，禦之。

秋八月甲寅，尊皇太后爲太皇太后，皇后爲皇太后。丙子，召朱暉等還。九月甲午，南京地震。丁酉，振陝西饑。

冬十月丙辰，小王子犯甘肅。庚午，葬敬皇帝於泰陵。十一月甲申，御文華殿日講。

是年，占城、安南入貢。

正德元年春正月乙酉，享太廟。己丑，大祀天地於南郊。二月壬子，御經筵。乙丑，耕耤田。三月甲申，釋奠於先師孔子。

夏五月丙申，減蘇、杭織造歲幣。六月辛酉，禁吏民奢靡。免陝西被災稅糧。是日，大風雨壞郊壇獸瓦。庚午，諭羣臣修省。

秋八月乙卯，復遣內官南京織造。戊午，立皇后夏氏。

冬十月丁巳，戶部尚書韓文帥廷臣請誅亂政內臣馬永成等八人，大學士劉健、李東陽、謝遷主之。戊午，韓文等再請，不聽。以劉瑾掌司禮監，丘聚、谷大用提督東、西廠，張永督十二團營兼神機營，魏彬督三千營，各據要地。劉健、李東陽、謝遷乞去，健、遷是日致仕。己未，東陽復乞去，不允。壬戌，吏部尚書焦芳兼文淵閣大學士，吏部侍郎王鏊兼翰林學士，入閣預機務。戊辰，停日講。十一月甲辰，罷韓文。十二月丁巳，命錦衣衞官點閱給事中。癸酉，除曲阜孔氏田賦。

是年，哈密、烏斯藏入貢。

二年春正月乙亥朔，日有食之。乙酉，大祀天地於南郊。閏月庚戌，杖給事中艾洪、呂翀、劉蒨及南京給事中戴銑、御史薄彥徽等二十一人於闕下。二月戊戌，杖御史王良臣於午門，御史王時中荷校於都察院。三月辛未，以大學士劉健、謝遷，尚書韓文、楊守隨、張敷華、林瀚五十三人黨比，宣戒羣臣。是月，敕各鎮守太監預刑名政事。

夏五月戊午，度僧道四萬人。己巳，復寧王宸濠護衞。六月甲戌，孝宗神主祔太廟。戊寅，罷修邊垣，輸其費於京師。

秋八月丙戌，作豹房。

冬十月甲申，逮各邊巡撫都御史及管糧郎中下獄。丙戌，南京戶部尚書楊廷和爲文淵閣大學士，預機務。十二月壬辰，開浙江、福建、四川銀礦。

是年，琉球入貢。

三年春正月丁未，大祀天地於南郊。辛亥，大計外吏，中旨罷翰林學士吳儼、御史楊南金。二月己巳，令京官告假違限及病滿一年者皆致仕。三月乙卯，賜呂柟等進士及第、出身有差。

夏四月乙亥，軍民納銀，得授都指揮僉事以下官。六月壬辰，得匿名文書於御道，跪羣

臣奉天門外詰之。〔一〕下三百餘人於錦衣衞獄，尋釋之。

秋七月壬子，命天下選樂工送京師。八月辛巳，立內廠，劉瑾領之。庚寅，下韓文錦衣衞獄，罰輸米千石於大同。是月，山東盜起。九月癸卯，削致仕尚書雍泰、馬文升、許進、劉大夏籍。辛酉，逮劉大夏下獄，戍肅州。癸亥，振南京饑。

冬十月辛未，南京工部侍郎畢亨振湖廣、河南饑。十一月乙未，振鳳陽諸府饑。

是年，安南、哈密、撒馬兒罕、烏斯藏入貢。

四年春正月丙午，大祀天地於南郊。二月丙戌，削劉健、謝遷籍。三月甲辰，振浙江饑。己酉，吏部侍郎張綵請不時考察京官，從之。

夏四月乙亥，王鏊致仕。六月戊子，吏部尚書劉宇兼文淵閣大學士，預機務。

秋八月辛酉，遣使覈各邊屯田。是月，義州軍變。閏九月，小王子犯延綏，圍總兵官吳江於隴州城。

冬十一月甲子，犯花馬池，總制尚書才寬戰死。十二月庚戌，奪劉健、謝遷等六百七十五人誥敕。

是年，兩廣、江西、湖廣、陝西、四川並盜起。琉球、安南、哈密、土魯番、撒馬兒罕入貢。

中華書局

五年春正月丁卯，大祀天地於南郊。庚辰，籍故尚書秦紘家。二月癸巳，兵部尚書曹元爲吏部尚書兼文淵閣大學士，預機務。三月辛未，禱雨，釋獄囚，免正德三年逋賦。乙酉，江西賊熾，右都御史王哲巡視南、贛，刑部尚書洪鍾總制川、陝、河南、鄖陽軍務兼振卹湖廣。〔二〕

夏四月庚寅，安化王寘鐇反，殺巡撫都御史安惟學、總兵官姜漢。丙午，起右都御史楊一清總制寧夏、延綏、甘、涼軍務，涇陽伯神英充總兵官，討寘鐇。辛亥，詔赦天下。太監張永總督寧夏軍務。是日，遊擊將軍仇鉞襲執寘鐇，寧夏平。五月癸未，焦芳致仕。六月庚子，帝自號大慶法王，所司鑄印以進。丙午，劉宇罷。

秋七月壬申，洪鍾討沔陽賊，平之。八月甲午，劉瑾以謀反下獄。詔自正德二年後所更政令悉如舊。戊戌，治劉瑾黨，吏部尚書張綵下獄。己亥，曹元罷。丁未，革寧王護衞。戊申，劉瑾伏誅。己酉，釋謫戍諸臣。九月丙辰，論平寘鐇功，封仇鉞咸寧伯。戊午，吏部尚書劉忠、梁儲並兼文淵閣大學士，預機務。己未，以平寘鐇、劉瑾功，封太監張永兄富、弟容皆爲伯。癸酉，封義子指揮同知朱德、太監谷大用兄大寬、馬永成兄山、魏彬弟英皆爲伯。

冬十月己亥，戮張綵尸於市。十二月己丑，賊陷江津，僉事吳景死之。

是年，日本、占城、哈密、撒馬兒罕、土魯番、烏斯藏入貢。

六年春正月甲子，大祀天地於南郊。癸酉，賊陷營山，殺僉事王源。二月丙申，寘鐇伏誅。己酉，起左都御史陳金總制江西軍務討賊。三月戊辰，賜楊愼等進士及第、出身有差。庚午，惠安伯張偉充總兵官，右都御史馬中錫提督軍務，討直隸、河南、山東賊。丙子，免被寇州縣稅糧一年。是月，小王子入河套，犯沿邊諸堡。

夏四月癸未，劉忠乞省墓歸。是月，淮安盜起。六月，山西盜起。

秋七月壬申，賊犯文安，京師戒嚴。癸酉，調宣府、延綏兵入援。八月己卯，兵部侍郎陸完將邊軍討賊。四川巡撫都御史林俊擒斬賊首藍廷瑞、鄢本恕。甲申，賊劉六犯固安。丙戌，召張偉、馬中錫還。九月丙寅，再調宣府及遼東兵益陸完軍。

冬十月癸未，賊陷長山，典史李暹戰死。甲申，賊焚糧艘於濟寧州。丁酉，甘州副總兵白琮敗小王子於柴溝。〔三〕十一月庚戌，太監谷大用、張忠，伏羌伯毛銳帥京軍會陸完討賊。丙辰，戶部侍郎叢蘭、王瓊振兩畿、河南、山東。戊午，京師地震。辛酉，敕修省。乙亥，瘞暴骨。十二月癸巳，禮部尚書費宏兼文淵閣大學士，預機務。甲午，淸河口至柳舖，黃河淸三日。辛丑，賊掠蒼溪，兵備副使馮傑敗死。

是年，自畿輔迄江、淮、楚、蜀盜賊殺官吏，山東尤甚，至破九十餘城，道路梗絕。琉球、哈密入貢。

七年春正月甲寅，賊犯霸州，京師戒嚴。丁巳，陷大城，知縣張汝舟、主簿李銓戰死。己未，大祀天地於南郊。二月丁丑，副都御史彭澤、咸寧伯仇鉞提督軍務，太監陸闇監軍，討河南賊。己卯，賊犯萊州，指揮僉事蔡顯等力戰死。三月辛未，副總兵時源敗績於河南，都督僉事馮禎力戰死。

夏五月丙午，陸完敗賊於萊州，山東賊平。甲寅，左都御史陳金討平撫州賊。丙寅，賊殺副都御史馬炳然於武昌江中。閏月壬辰，仇鉞敗賊於光山，河南賊平。

秋七月癸巳，江西賊殺副使周憲於華林。丁酉，振四川饑。八月癸亥，陸完追殲劉七等賊於狼山。九月乙酉，陳金討平華林賊。戊子，召洪鍾還。都御史彭澤總制四川軍務。丙申，賜義子一百二十七人國姓。

冬十月，免河南、江西、浙江被災寇者稅糧。十一月壬申，時源爲平賊將軍，會彭澤討四川賊。丁亥，留大同、宣府、遼東兵於京營，李東陽諫，不聽。十二月丁卯，李東陽致仕。是月，免兩畿、山東、山西、陝西被災寇者稅糧。

是年，安南、日本、哈密入貢。

八年春正月癸酉，右副都御史俞諫代陳金討江西賊。壬午，大祀天地於南郊。乙酉，以邊將江彬、許泰分領京營，賜國姓。尋設兩官廳軍，命彬、泰分領之。癸巳，戶部侍郎叢蘭、僉都御史陳玉巡邊。二月丙午，以平賊功，封太監谷大用弟大亮、陸闇姪永皆爲伯。三月戊子，置鎭國府處宣府官軍。甲午，以旱敕羣臣修省。

夏四月乙丑，彭澤破賊於劍州。五月辛巳，仇鉞充總兵官，帥京營兵禦敵於大同。六月戊戌，河決黃陵岡。乙卯，俞諫破賊於貴溪。

秋八月，免南畿水災稅糧。土魯番襲據哈密。

冬十月丁未，俞諫連破賊於東鄉，江西賊平。十二月，南京刑部侍郎鄧璋振江西饑。

是年，哈密入貢。

九年春正月丁丑，大祀天地於南郊。庚辰，乾淸宮災。二月庚子，帝始微行。丙午，禮部尚書靳貴兼文淵閣大學士，預機務。癸丑，彭澤、時源討平四川賊。三月辛巳，賜唐皐等進士及第、出身有差。

中華書局

夏四月丁酉，復寧王護衞，予屯田。五月乙丑，費宏致仕。己丑，彭澤總督甘肅軍務，經理哈密。六月乙卯，開雲南銀礦。

秋七月乙丑，小王子犯宣府、大同。太監張永提督軍務，都督白玉充總兵官，帥京營兵禦之。八月辛卯朔，日有食之。辛丑，小王子犯白羊口。乙巳，京師地震。己未，小王子入寧武關，掠忻州、定襄、寧化。九月壬戌，犯宣府、蔚州。庚午，帝狎虎被傷，不視朝，編修王思以諫謫饒平驛丞。

冬十月己酉，遣使採木於川、湖。十一月辛酉，廢歸善王當沍爲庶人，自殺。十二月甲寅，建乾清宮，加天下賦一百萬。

是年，安南、哈密、烏斯藏入貢。

十年春正月癸亥，薄暮，享太廟。戊辰，薄暮，祀天地於南郊。三月壬申，楊廷和以憂去。

夏閏四月辛酉，吏部尚書楊一清兼武英殿大學士，預機務。戊寅，召彭澤還。

秋八月丙寅，小王子犯固原。

冬十二月癸丑朔，日有食之。己卯，免南畿旱災秋糧。

是年，琉球、安南、哈密、撒馬兒罕入貢。

十一年春正月乙未，大祀天地於南郊。

夏四月，振河南饑。五月庚寅，土魯番以哈密來歸。甲辰，錄自宮男子三千四百餘人充海戶。是月，振陝西饑。

秋七月乙未，小王子犯薊州白羊口，太監張忠監督軍務，左都督劉暉充總兵官，帥東西官廳軍禦之。丙午，工部侍郎趙璜、俞琳飭畿內武備。八月丁巳，左都御史彭澤、成國公朱輔帥京營兵防邊。庚申，賜宛平縣被寇者人米二石。甲子，楊一清致仕。丁丑，禮部尚書蔣冕兼文淵閣大學士，預機務。九月，土魯番復據哈密，〔四〕侵肅州，殺遊擊芮寧。

冬十月己酉朔，享太廟，遣使代行禮。十一月甲申，免湖廣被災稅糧。

是年，琉球、天方入貢。

十二年春正月己丑，大祀天地於南郊，遂獵於南海子，夜中還，御奉天殿受朝賀。三月癸巳，賜舒芬等進士及第、出身有差。戊戌，以兩淮、浙江、四川、河東鹽課充陝西織造。

夏四月壬子，靳貴致仕。丙辰，副總兵鄭廉敗土魯番於瓜州。五月丙子，禮部尚書毛紀兼東閣大學士，預機務。六月乙巳朔，日有食之。

秋八月甲辰，微服如昌平。乙巳，梁儲、蔣冕、毛紀追及於沙河，請回蹕，不聽。己酉，至居庸關，巡關御史張欽閉關拒命，乃還。丙辰，至自昌平。戊午，夜視朝。癸亥，副都御史吳廷舉振湖廣饑。丙寅，夜微服出德勝門，如居庸關。辛未，出關，幸宣府，命谷大用守關，毋出京朝官。九月辛卯，河決城武。壬辰，如陽和，自稱總督軍務威武大將軍總兵官。庚子，輸帑銀一百萬兩於宣府。

冬十月癸卯，駐蹕順聖川。甲辰，小王子犯陽和，掠應州。丁未，親督諸軍禦之，戰五日。辛亥，寇引去，駐蹕大同。十一月丁亥，召楊廷和復入閣。戊子，還至宣府。十二月癸亥，羣臣赴行在請還宮，不得出關而還。閏月丁亥，迎春於宣府。

是年，琉球、烏斯藏入貢。

十三年春正月辛丑朔，帝在宣府。丙午，至自宣府，命羣臣具綵帳、羊酒郊迎，御帳殿受賀。丁未，祀南郊致齋。庚戌，大祀天地於南郊，遂獵於南海子。辛亥，還宮。辛酉，復如宣府。是月，振兩畿、山東水災。給京師流民米，人三斗。瘞死者。二月己卯，太皇太后崩。壬午，至自宣府。三月戊辰，如昌平。

夏四月己巳朔，謁六陵，遂幸密雲。五月己亥朔，日有食之。駐蹕喜峯口。戊申，至自喜峯口。六月庚辰，太皇太后梓宮發京師，帝戎服從。甲申，葬孝貞純皇后。乙酉，至自昌平。

秋七月己亥，錄應州功，敍廕陞賞者五萬餘人。丙午，復如宣府。八月乙酉，如大同。九月庚子，次偏頭關。癸丑，敕曰：「總督軍務威武大將軍總兵官朱壽親統六師，肅清邊境，特加封鎮國公，歲支祿米五千石。吏部如敕奉行。」甲寅，封朱彬爲平虜伯，朱泰爲安邊伯。

冬十月戊辰，渡河。己卯，次榆林。十一月庚子，調西官廳及四衞營兵赴宣、大。壬子，次綏德，幸總兵官戴欽第。十二月戊寅，渡河，幸石州。戊子，次太原。

是年，琉球、天方、瓦剌入貢。

十四年春正月丙申朔，帝在太原。甲辰，改卜郊。壬子，還宣府。二月壬申，至自宣府。丁丑，大祀天地於南郊，遂獵於南海子。是日，京師地震。己丑，帝自加太師，諭禮部曰：「總督軍務威武大將軍總兵官太師鎮國公朱壽將巡兩畿、山東，祀神祈福，其具儀以聞。」三月癸丑，以諫巡幸，下兵部郎中黃鞏六人於錦衣衞獄，跪修撰舒芬百有七人於午門五日。金吾衞都指揮僉事張英自刃以諫，衞士奪刃，得不死，鞫治，杖殺之。乙卯，下寺正

中華書局

周敍、行人司副余廷瓚、主事林大輅三十三人於錦衣衛獄。戊午，杖舒芬等百有七人於闕下。是日，風霾晝晦。

夏四月甲子，免南畿被災稅糧。戊寅，杖黃鞏等三十九人於闕下，先後死者十一人。五月己亥，詔山東、山西、陝西、河南、湖廣流民歸業者，官給廩食、廬舍、牛種，復五年。六月丙子，寧王宸濠反，巡撫江西右副都御史孫燧、南昌兵備副使許逵死之。戊寅，陷南康。己卯，陷九江。

秋七月甲辰，帝自將討宸濠，安邊伯朱泰爲威武副將軍，帥師爲先鋒。丙午，宸濠犯安慶，都指揮楊鋭、知府張文錦禦却之。辛亥，提督南贛汀漳軍務副都御史王守仁帥兵復南昌。丁巳，守仁敗宸濠於樵舍，擒之。八月癸未，車駕發京師。丁亥，次涿州，王守仁捷奏至，祕不發。

冬十一月乙巳，漁於清江浦。壬子，冬至，受賀於太監張陽第。十二月辛酉，次揚州。乙酉，渡江。丙戌，至南京。

是歲，淮、揚饑，人相食。撒馬兒罕入貢。

十五年春正月庚寅朔，帝在南京。癸巳，改卜郊。

夏四月己未，振淮、揚諸府饑。六月丁巳，次牛首山，諸軍夜驚。秋七月，小王子犯大同、宣府。八月癸未，免江西稅糧。閏月癸巳，受江西俘。丁酉，發南京。癸卯，次鎮江，幸大學士楊一清第，臨故大學士靳貴喪。九月己巳，漁於積水池，舟覆，救免，遂不豫。

冬十月庚戌，次通州。十一月庚申，治交通宸濠者罪，執吏部尚書陸完赴行在。十二月己丑，宸濠伏誅。甲午，還京師，告捷於郊廟社稷。丁酉，大祀天地於南郊，初獻疾作，不克成禮。

是年，琉球、占城、佛郎機、土魯番入貢。

十六年春正月癸亥，改卜郊。二月己亥，巡撫雲南副都御史何孟春討平彌勒州苗。三月癸丑朔，日有食之。庚申，改西官廳爲威武團營。乙丑，大漸，諭司禮監曰：「朕疾不可爲矣。其以朕意達皇太后，天下事重，與閣臣審處之。前事皆由朕誤，非汝曹所能預也。」丙寅，崩於豹房，年三十有一。遺詔召興獻王長子嗣位。罷威武團營，遣還各邊軍，革京城內外皇店，放豹房番僧及教坊司樂人。戊辰，頒遺詔於天下，釋繫囚，還四方所獻婦女，停不急工役，收宣府行宮金寶還內庫。庚午，執江彬等下獄。世宗入立。五月己未，上尊謚，廟號武宗，葬康陵。

贊曰：明自正統以來，國勢浸弱。毅皇手除逆瑾，躬禦邊寇，奮然欲以武功自雄。然耽樂嬉遊，暱近羣小，至自署官號，冠履之分蕩然矣。猶幸用人之柄躬自操持，而秉鈞諸臣補苴匡救，是以朝綱紊亂，而不底於危亡。假使承孝宗之遺澤，制節謹度，有中主之操，則國泰而名完，豈至重後人之訾議哉。

校勘記

〔一〕跪羣臣奉天門外詰之　奉天門，原作「承天門」。本書卷一八一李東陽傳、卷三〇四劉瑾傳、國榷卷四七頁二九二二都作「奉天門」。按承天門是端門外的皇城門。奉天門在午門內奉天殿前，是明朝皇帝受諸司臣工朝見的地方，作「奉天門」是，據改。

〔二〕刑部尚書洪鍾至振卹湖廣　洪鍾，原作「洪鐘」，據本書卷一一一七卿年表、又卷一八七何鑑傳和洪鍾傳、卷一九八彭澤傳，明史稿紀一三武宗紀、傳六六洪鍾傳，武宗實錄卷七九，國榷卷四八頁二九六七改。下同。

〔三〕甘州副總兵白琮敗小王子於柴溝　柴溝，武宗實錄卷八〇作「黑柴溝」。

〔四〕九月土魯番復據哈密　此繫於正德十一年，疑誤。按本書卷三二九哈密衛傳繫於正德十二年，明史稿紀一三武宗紀、武宗實錄卷一四五均繫於正德十二年正月壬寅。

明史卷十七

本紀第十七

世宗一

世宗欽天履道英毅聖神宣文廣武洪仁大孝肅皇帝，〔一〕諱厚熜，憲宗孫也。父興獻王祐杬，國安陸，正德十四年薨，帝年十有三，以世子理國事。

十六年三月辛酉，未除服，特命襲封。丙寅，武宗崩，無嗣，慈壽皇太后與大學士楊廷和定策，遣太監谷大用、韋彬、張錦，〔二〕大學士梁儲，定國公徐光祚，駙馬都尉崔元，禮部尚書毛澄，以遺詔迎王於興邸。

夏四月癸未，發安陸。癸卯，至京師，止於郊外。禮官具儀，請如皇太子卽位禮。王顧長史袁宗皐曰：「遺詔以我嗣皇帝位，非皇子也。」大學士楊廷和等請如禮臣所具儀，由東安門入居文華殿，擇日登極。不允。會皇太后趣羣臣上箋勸進，乃卽郊外受箋。是日，日中，入

自大明門，遣官告宗廟社稷，謁大行皇帝几筵，朝皇太后，出御奉天殿，卽皇帝位。以明年爲嘉靖元年，大赦天下。卹錄正德中言事罪廢諸臣，賜天下明年田租之半，自正德十五年以前逋賦盡免之。丙午，遣使奉迎母妃蔣氏。召費宏復入閣。戊申，命禮臣集議興獻王封號。五月乙卯，罷大理銀礦。丙辰，梁儲致仕。壬戌，吏部侍郎袁宗皐爲禮部尚書兼文淵閣大學士，預機務。壬申，錢寧伏誅。六月戊子，江彬伏誅。〔三〕乙未，縱內苑禽獸，令天下毋得進獻。丁酉，革錦衣衞冒濫軍校三萬餘人。戊戌，振江西災。壬寅，革傳陞官。癸卯，振遼東饑。

秋七月壬子，進士張璁言，繼統不繼嗣，請尊崇所生，立興獻王廟於京師。初，禮臣議考孝宗，改稱興獻王皇叔父，援宋程頤議濮王禮以進，不允。至是，下璁奏，命廷臣集議。楊廷和等抗疏力爭，皆不聽。癸丑，命自今親喪不得奪情，著爲令。丁巳，小王子犯莊浪，指揮劉爵禦却之。丙子，革錦衣衞所及監局寺廠司庫、旗校、軍士、匠役投充新設者，凡十四萬八千餘人。丁丑，寧津盜起，德平知縣龔諒死之。九月乙卯，袁宗皐卒。庚午，葬毅皇帝於康陵。

冬十月己卯朔，追尊父興獻王爲興獻帝，祖母憲宗貴妃邵氏爲皇太后，母妃爲興獻后。壬午，興獻后至自安陸。十一月庚戌，振江西災。丁巳，錄平宸濠功，封王守仁新建伯。甲戌，乾清宮成。罷廣西貢香。諭各鎮巡守備官，凡額外之征悉罷之。

嘉靖元年春正月癸丑，享太廟。己未，大祀天地於南郊。清寧宮後殿災。命稱孝宗皇考，慈壽皇太后聖母，興獻帝后爲本生父母。己巳，甘州兵亂，殺巡撫都御史許銘。二月己卯，耕耤田。三月辛亥，弗提衞獻生豹，却之。甲寅，釋奠於先師孔子。丁巳，上慈壽皇太后尊號曰昭聖慈壽皇太后，武宗皇后曰莊肅皇后。戊午，上皇太后尊號曰壽安皇太后，興獻后曰興國太后。

夏四月壬辰，命各邊巡按御史三年一閱軍馬器械。

秋七月己酉，以南畿、浙江、江西、湖廣、四川旱，詔撫按官講求荒政。九月辛未，立皇后陳氏。

冬十月辛卯，振南畿、湖廣、江西、廣西災，免稅糧有差。壬辰，以災傷敕羣臣修省。十一月庚申，壽安皇太后崩。十二月戊寅，振陝西被寇及山東礦賊流刦者。

是年，琉球入貢。

二年春正月乙卯，大祀天地於南郊。丁卯，小王子犯沙河堡，總兵官杭雄戰却之。二月

癸未，振遼東饑。壬辰，總督軍務右都御史俞諫、總兵官魯綱討平河南、山東賊。三月乙巳，俺答寇大同。甲寅，武宗神主祔太廟。戊午，賜姚淶等進士及第、出身有差。

夏四月壬申，以災異敕羣臣修省。癸未，以宋朱熹裔孫墅爲五經博士。癸巳，命兩京三品以上及撫、按官舉堪任守令者。五月庚午，小王子犯密雲石塘嶺，殺指揮使殷隆。六月癸丑，以災傷免嘉靖元年天下稅糧之半。

秋八月辛酉，小王子犯丁字堡，都指揮王綱戰死。

冬十一月丁卯，免南畿被災稅糧。己丑，振河南饑。

是年，撒馬兒罕、土魯番、天方入貢。

三年春正月丙寅朔，兩畿、河南、山東、陝西同時地震。丁丑，大祀天地於南郊。丙戌，南京刑部主事桂萼請改稱孝宗皇伯考，下廷臣議。是月，朶顏入寇。二月丙午，楊廷和致仕。庚戌，南京地震。三月壬申，振淮、揚饑。辛巳，振河南饑。

夏四月己酉，上昭聖皇太后尊號曰昭聖康惠慈壽皇太后。庚戌，上興國太后尊號曰本生聖母章聖皇太后。癸丑，追尊興獻帝爲本生皇考恭穆獻皇帝，大赦。辛酉，編修鄒守益請罷興獻帝稱考立廟，下錦衣衞獄。五月乙丑，蔣冕致仕。修撰呂柟言大禮未正，下錦衣衞

獄。丁丑，遣使迎獻皇帝神主於安陸。己卯，吏部尚書石珤兼文淵閣大學士，預機務。六月，御史段續、陳相請正席書、桂萼罪，吏部員外郎薛蕙上爲人後解，鴻臚少卿胡侍言張璁等議禮之失，俱下獄。

秋七月乙亥，更定章聖皇太后尊號，去本生之稱。戊寅，廷臣伏闕固爭，下員外郎馬理等一百三十四人錦衣衞獄。癸未，杖馬理等於廷，死者十有六人。甲申，奉安獻皇帝神主於觀德殿。己丑，毛紀致仕。辛卯，杖修撰楊愼，檢討王元正，給事中劉濟、安磐、張漢卿、張原，御史王時柯於廷。原死，愼等戍謫有差。是月，免南畿、河南被災稅糧。八月癸巳，大同兵變，殺巡撫都御史張文錦。乙卯，吏部侍郎賈詠爲禮部尚書兼文淵閣大學士，預機務。九月丙寅，定稱孝宗爲皇伯考，昭聖皇太后爲皇伯母，獻皇帝爲皇考，章聖皇太后爲聖母。丙子，詔天下。丙戌，土魯番入寇，圍肅州。兵部尚書金獻民總制軍務，署都督僉事杭雄充總兵官，太監張忠提督軍務，禦之。

冬十一月己卯，戶部侍郎胡瓚提督宣、大軍務，(三)都督魯綱充總兵官，討大同叛卒。十二月壬子，甘、涼寇退，召金獻民還。戊午，起致仕大學士楊一清爲兵部尚書，總制陝西三邊軍務。

是年，琉球入貢，魯迷國貢獅子、犀牛。

四年春正月丙寅，西海卜兒孩犯甘肅，總兵官姜奭擊敗之。辛未，大祀天地於南郊。二月乙卯，禁淹獄囚。三月壬午，仁壽宮災。

夏五月甲戌，賜廬州知府龍誥官秩，詔天下倣誥備荒振濟法。庚辰，作世廟祀獻皇帝。八月戊子，作仁壽宮。

冬十月丁亥，作玉德殿，景福、安喜二宮。十二月辛丑，大禮集議成，頒示天下。閏月乙卯朔，日有食之。乙亥，振遼東災。

是年，天方入貢。

五年春正月乙未，大祀天地於南郊。二月甲寅，命道士邵元節爲眞人。庚辰，免山西被災稅糧。壬午，振京師饑。三月辛丑，賜龔用卿等進士及第、出身有差。丁未，定有司久任法。

夏五月庚子，楊一清復入閣。

秋七月庚寅，免四川被災稅糧。八月丙寅，振湖廣饑。九月己亥，章聖皇太后有事於世廟。

冬十月辛亥朔，親享如太廟禮。壬子，振南畿、浙江災，免稅糧物料。庚午，頒御製敬一箴於學宮。

是年，暹羅入貢。

六年春正月癸未，命羣臣陳民間利病。己丑，大祀天地於南郊。二月辛亥，小王子犯宣府，參將王經戰死。癸亥，費宏、石珤致仕。庚午，召謝遷復入閣。三月庚辰，寇復犯宣府，參將關山戰死。甲午，禮部侍郎翟鑾爲吏部侍郎兼翰林學士，入閣預機務。

夏四月己巳，免廣西被災稅糧。五月丁丑朔，日有食之。丁亥，前南京兵部尚書王守仁兼左都御史，總制兩廣、江西、湖廣軍務，討田州叛蠻。

秋八月庚戌，以議李福達獄，下刑部尚書顏頤壽、左都御史聶賢、大理寺卿湯沐等於錦衣衞獄，(四)侍郎桂萼、張璁，少詹事方獻夫署三法司，雜治之。總制尚書王憲擊敗小王子於石臼墩。(五)癸亥，賈詠致仕。庚午，振湖廣水災。九月己卯，免江西、河南、山西被災秋糧。壬午，頒欽明大獄錄於天下。

冬十月戊申，兵部侍郎張璁爲禮部尚書兼文淵閣大學士，預機務。

是年，魯迷入貢。

七年春正月癸未，考覈天下巡撫官。丙戌，大祀天地於南郊。三月戊寅，謝遷致仕。癸巳，右都御史伍文定爲兵部尚書提督軍務，侍郎梁材督理糧儲，討雲南叛蠻。

夏四月甲寅，甘露降，告於郊廟。六月辛丑，明倫大典成，頒示天下。癸卯，定議禮諸臣罪，追削楊廷和等籍。丁卯，雲南蠻平。

秋七月己卯，追尊孝惠皇太后爲太皇太后，恭穆獻皇帝爲恭睿淵仁寬穆純聖獻皇帝。辛巳，尊章聖皇太后爲章聖慈仁皇太后。戊子，詔天下。八月壬子，免河南被災稅糧。九月甲戌，王守仁討廣西蠻，悉平之。壬午，振嘉興、湖州災。

冬十月丁未，皇后崩。十一月丙寅，立順妃張氏爲皇后。十二月丙子，小王子犯大同，指揮趙源戰死。

是年，琉球入貢。

八年春正月己亥，振山西災。二月癸酉，吏部尚書桂萼兼武英殿大學士，預機務。丁丑，振襄陽饑。甲申，旱，躬禱於南郊。乙酉，禱於社稷。三月丙申，葬悼靈皇后。戊戌，振河南饑。甲寅，賜羅洪先等進士及第、出身有差。

中華書局

秋七月甲午，以議獄不當，下郎中魏應召等於獄，右都御史熊浹削籍。八月丙子，張璁、桂萼罷。壬午，始親祭山川，著爲令。九月癸巳，召張璁復入閣。癸丑，楊一清罷。是月，免兩畿、河南被災稅糧，振江西、湖廣饑。

冬十月癸亥朔，日有食之。己巳，除外戚世封，著爲令。十一月庚子，召桂萼復入閣。甲辰，振浙江災。戊申，禱雪。己酉，雪。丁巳，親詣郊壇告謝。百官表賀。

是年，天方、撒馬兒罕、土魯番入貢。

九年春正月丁酉，大祀天地於南郊。丙午，作先蠶壇於北郊。丁巳，振山西饑。二月戊辰，耕耤田。乙亥，振京師饑。丁丑，禁官民服舍器用踰制。三月丁巳，皇后親蠶於北郊。

夏四月丙戌，振延綏饑。五月己亥，更建四郊。六月癸亥，立曲阜孔、顏、孟三氏學。

秋八月壬午，免江西被災稅糧。九月壬辰，罷雲南鎭守中官。乙未，免南畿被災秋糧。

冬十一月辛丑，更正孔廟祀典，定孔子謚號曰至聖先師孔子。己酉，祀昊天上帝於南郊，禮成，大赦。

是年，琉球入貢。

十年春正月辛卯，祈穀於大祀殿，奉太祖、太宗配。甲午，更定廟祀，奉德祖於祧廟。乙巳，桂萼致仕。二月甲戌，免廬、鳳、淮、揚被災秋糧。壬申，賜張璁名孚敬。三月戊申，罷四川分守中官。

夏四月丁巳，皇后親蠶於西苑。甲子，禘於太廟。五月壬子，祀皇地祇於方澤。閏六月己丑，罷浙江、湖廣、福建、兩廣及獨石、萬全、永寧鎭守中官。

秋七月癸丑，侍郎葉相振陝西饑。戊午，張孚敬罷。辛巳，鄭王厚烷獻白雀，薦之宗廟。八月辛丑，改安陸州曰承天府。九月乙丑，西苑宮殿成，設成祖位致祭，宴羣臣。丙寅，禮部尙書李時兼文淵閣大學士，預機務。壬申，幸西苑，御無逸殿，命李時、翟鑾進講，宴儒臣於豳風亭。

冬十一月甲寅，祀天於南郊。戊辰，免陝西被災秋糧。丁丑，召張孚敬復入閣。十二月戊子，御史喻希禮、石金因修醮請宥議禮諸臣罪，下錦衣衞獄。

十一年春正月辛未，祈穀於圜丘，始命武定侯郭勛攝事。二月戊戌，免湖廣被災稅糧。三月戊辰，賜林大欽等進士及第、出身有差。

夏四月辛卯，續封常遇春、李文忠、鄧愈、湯和後爲侯。五月丙子，前吏部尙書方獻夫兼武英殿大學士，預機務。六月壬午，免畿內被災秋糧。甲申，續封劉基後誠意伯。

秋七月戊辰，免南畿被災夏稅。八月戊子，以星變敕羣臣修省。辛丑，張孚敬罷。九月丁巳，振陝西饑。

冬十月甲申，編修楊名以災異陳言，下獄謫戍。是月，免山東被災稅糧，振山西饑。十一月甲寅，四川巡撫都御史宋滄獻白兔，羣臣表賀。庚申，祀天於南郊。十二月己亥，免畿內被災稅糧。

是年，琉球、哈密、土魯番、天方、撒馬兒罕入貢。

十二年春正月丙午，河南巡撫都御史吳山獻白鹿，羣臣表賀。自後，諸瑞異表賀以爲常。丙辰，召張孚敬復入閣。是月，免浙江、河南被災稅糧。二月乙酉，振雲南饑。三月丙辰，釋奠於先師孔子。

秋八月乙未，以皇子生，詔赦天下。九月庚戌，廣東巢賊亂，提督侍郎陶諧討平之。

冬十月乙亥，大同兵亂，殺總兵官李瑾，代王奔宣府。丙子，下建昌侯張延齡於獄。十一月己亥，振遼東災。癸丑，翟鑾以憂去。十二月己卯，吉囊犯寧夏，總兵官王效、副總兵梁震擊敗之。

是年，土魯番、天方入貢。

十三年春正月癸卯，廢皇后張氏。壬子，立德妃方氏爲皇后。二月己丑，總督宣大侍郎張瓚撫定大同亂卒。辛卯，代王返國。三月壬申，振大同被兵者。乙酉，吉囊犯響水堡，參將任傑擊敗之。

夏四月己酉，方獻夫致仕。六月甲子，南京太廟災。

秋八月壬子，寇犯花馬池，梁震禦却之。

冬十一月庚午，祀天於南郊。

是年，琉球入貢。

十四年春正月壬申，罷督理倉場中官。丙戌，莊肅皇后崩。二月己亥，作九廟。丁未，禁冠服非制。三月戊子，葬孝靜皇后於康陵。己丑，遼東軍亂，執都御史呂經。

夏四月甲午，張孚敬致仕，召費宏復入閣。〔七〕丙申，賜韓應龍等進士及第、出身有差。丙午，廣寧兵亂。六月，吉囊犯大同，總兵官魯綱禦却之。

秋七月甲申，廣寧亂卒平。八月乙巳，詔九卿會推巡撫官，著爲令。

中華書局

冬十月戊申，費宏卒。十一月乙亥，祀天於南郊。

是年，烏斯藏入貢。

十五年春二月癸巳，振湖廣災。三月丙子，奉章聖皇太后如天壽山謁陵，免昌平今年稅糧三之二，賜高年粟帛。癸未，謁恭讓章皇后、景皇帝陵。是日還宮。

夏四月癸巳，詔建山陵。癸卯，詣七陵祭告。癸丑，還宮。是月，吉囊犯甘、涼，總兵官姜奭擊敗之。

秋九月庚午，如天壽山。丁丑，還宮。是秋，吉囊犯延綏，官軍四戰皆敗之。

冬十月己亥，更定世廟爲獻皇帝廟。戊申，如天壽山。壬子，還宮。十一月戊午，以皇長子生，詔赦天下。辛巳，祀天於南郊。十二月辛卯，九廟成。閏月癸亥，以定廟制，加上兩宮皇太后徽號，詔赦天下。乙丑，禮部尚書夏言兼武英殿大學士，預機務。丙寅，享九廟。

是年，免山西、山東被災稅糧。琉球、烏斯藏入貢。

十六年春二月壬子，安南黎寧遣使告莫登庸之難。癸酉，如天壽山。三月甲申，還宮。丙午，幸大峪山視壽陵。

夏四月癸丑，還宮。六月癸酉，吉囊寇宣府，指揮趙鏜戰死。

秋八月，復寇宣府，殺參將張國輔。

冬十一月，故昌國公張鶴齡下獄，瘐死。

是年，土魯番、天方、撒馬兒罕入貢。

十七年春二月戊辰，如天壽山。壬申，還宮。三月壬辰，賜茅瓚等進士及第、出身有差。辛丑，咸寧侯仇鸞爲征夷副將軍，充總兵官，兵部尚書毛伯溫參贊軍務，討安南莫登庸。

夏四月庚戌，如天壽山。甲寅，還宮。戊午，罷安南師。甲子，禱雨於郊壇。戊辰，雨。六月，寇犯宣府，都指揮周冕戰死。丙辰，定明堂大饗禮。下戶部侍郎唐冑於獄。

秋七月辛卯，開河南、雲南銀礦。癸巳，慈寧宮成。八月甲辰，吉囊犯河西，總督都御史劉天和禦却之。丙辰，禮部尚書掌詹事府事顧鼎臣兼文淵閣大學士，預機務。九月戊寅，免畿內被災稅糧。辛巳，上太宗廟號成祖，獻皇帝廟號睿宗。遂奉睿宗神主祔太廟，躋武宗上。辛卯，大享上帝於玄極寶殿，奉睿宗配。乙未，如天壽山。丁酉，還宮。

冬十一月辛未朔，詣南郊，上皇天上帝號。還詣太廟，上太祖高皇帝、高皇后尊號。辛卯，祀天於南郊。詔赦天下。乙未，免江西被災稅糧。十二月癸卯，章聖皇太后崩。壬子，如大峪山相視山陵。甲寅，還宮。乙卯，李時卒。戊午，振寧夏災。

是年，琉球、土魯番入貢。

十八年春二月庚子朔，立皇子載壡爲皇太子，封載垕爲裕王，載圳景王。辛丑，詔赦天下。起黃綰爲禮部尚書，宣諭安南。壬寅，起翟鑾爲兵部尚書兼右都御史，充行邊使。丁未，祈穀於玄極寶殿。先賢曾子裔孫質粹爲翰林院世襲五經博士。壬子，振遼東饑。癸丑，安南莫方瀛請降。乙卯，幸承天，太子監國。辛酉，次眞定，望於北嶽。丁卯，次衞輝，行宮火。三月己巳，渡河，祭大河之神。辛未，次鈞州，望於中嶽。甲戌，免畿內被災稅糧。庚辰，至承天。辛巳，謁顯陵。甲申，享上帝於龍飛殿，奉睿宗配。秩於國社、國稷，徧羣祀。戊子，御龍飛殿受賀，詔赦天下。給復承天三年，免湖廣明年田賦五之二，畿內、河南三之一。

夏四月壬子，至自承天。壬戌，免湖廣被災稅糧。甲子，幸大峪山。丙寅，還宮。

秋閏七月庚申，葬獻皇后於顯陵。辛酉，復命仇鸞、毛伯溫征安南。九月辛酉，如天壽山。侍郎王杲振河南饑。

冬十月丙寅，還宮。十一月丙申，祀天於南郊。

是年，日本、哈密入貢。

十九年春正月丙午，召翟鑾復入閣。辛亥，吉囊寇大同，殺指揮周岐。三月戊戌，詔修仁壽宮。

夏六月辛巳，瓦剌部長款塞。

秋七月癸卯，吉囊入萬全右衞，總兵官白爵逆戰於宣平，敗之。壬子，又敗之於桑乾河。戊午，振江西災。八月丁丑，太僕卿楊最諫服丹藥，予杖死。九月，吉囊犯固原，周尚文敗之於黑水苑。延綏總兵官任傑追擊於鐵柱泉，又敗之。己酉，召仇鸞還。

冬十月庚申，罷礦場。甲子，顧鼎臣卒。十一月丙辰，慈慶宮成。

是年，琉球、日本入貢。

二十年春正月，免南畿被災稅糧。二月乙丑，顯陵成，給復承天三年。丙寅，御史楊爵言時政，下錦衣衞獄。三月乙巳，賜沈坤等進士及第、出身有差。是春，吉囊寇蘭州，參將鄭東戰死。

夏四月己未，莫登庸納款，改安南國爲安南都統使司，以登庸爲都統使。辛酉，九廟災，燬成祖、仁宗主。丙子，詔行寬恤之政。五月戊子，採木於湖廣、四川。甲寅，振遼東饑。六月，振畿內、山西饑。

秋七月丁酉，俺答、阿不孩遣使款塞求貢，詔却之。是月，免河南、陝西、山東被災稅糧。八月辛酉，昭聖皇太后崩。庚辰，夏言罷。是月，俺答、阿不孩、吉囊分道入寇，總兵官趙卿帥京營兵，都御史翟鵬理軍務，禦之。九月乙未，翊國公郭勛有罪，下獄死。辛亥，俺答犯山西，入石州。

冬十月癸丑，振山西被寇者，復徭役二年。丁卯，召夏言復入閣。十一月辛卯，葬敬皇后於泰陵。丙申，免四川被災稅糧。

是年，琉球入貢。

二十一年夏四月庚申，大高玄殿成。閏五月戊辰，俺答、阿不孩遣使款大同塞，巡撫都御史龍大有誘殺之。六月辛卯，俺答寇朔州。壬寅，入雁門關。丁未，犯太原。

秋七月己酉朔，日有食之。夏言罷。己未，俺答寇潞安，掠沁、汾、襄垣、長子，參將張世忠戰死。八月辛巳，募兵於直隸、山東、河南。壬午，振山西被兵州縣，免田租。癸巳，禮部尚書嚴嵩兼武英殿大學士，預機務。九月癸亥，員外郎劉魁諫營雷殿，予杖下獄。

冬十月丁酉，宮人謀逆伏誅，磔端妃曹氏、寧嬪王氏於市。

是年，免畿內、陝西、河南、福建被災稅糧。安南入貢。

校勘記

〔一〕世宗欽天履道英毅聖神宣文廣武洪仁大孝肅皇帝　聖神，原作「神聖」，據世宗實錄改。

〔二〕太監谷大用韋彬張錦　韋彬，本書卷一九一毛澄傳、明史稿紀一四世宗紀、世宗實錄卷一都作「韋霦」。

〔三〕六月戊子江彬伏誅　原脫「六月」，繫於五月下。按是年五月壬子朔，不得有戊子日；下文「乙未」、「丁酉」、「戊戌」、「壬寅」、「癸卯」等日也都不在五月，在六月。據明史稿紀一四世宗紀、世宗實錄卷三補。

〔四〕冬十一月己卯戶部侍郎胡瓚提督宣大軍務　十一月，原作「十月」。按是年十月壬辰朔，不得有己卯日，而十一月辛酉朔，己卯是本月十九日。據明史稿紀一四世宗紀、世宗實錄卷四五改。

〔五〕下刑部尚書顏頤壽至大理寺卿湯沐等於錦衣衞獄　湯沐，原作「潘沐」。明史稿紀一四世宗紀、世宗實錄卷八〇都作「湯沐」。本書卷二〇六馬錄傳附有湯沐傳，事跡與紀合，據改。

〔六〕總制尚書王憲擊敗小王子於石臼墩　石臼墩，原作「石舊墩」，世宗實錄卷七九同。據本書卷一九九、明史稿傳七九王憲傳改。按皇明九邊考卷一〇稱：「嘉靖六年六月二十六日套虜」「到花馬池西北石臼兒墩拆開邊牆口一十九處入境。」提督王憲敗之，「餘賊由原路石臼兒墩牆口遁出」。又讀史方輿紀要卷六〇，寧夏後衞楊柳堡下稱：「有石臼墩，俱寇徑也。嘉靖初，寇從此入，官軍敗之，寇退走。」所述都與紀、傳合。石臼兒墩卽石臼墩。

〔七〕召費宏復入閣　此繫於四月，本書卷一一〇宰輔年表作「七月召」，世宗實錄卷一七八、國榷卷五六頁三五一九都繫於七月戊子。

中華書局

明史卷十八

本紀第十八

世宗二

二十二年春正月丙午朔，日有食之。三月庚戌，復遣使採木湖廣。是春，俺答屢入塞。

秋八月，犯延綏，總兵官吳瑛等擊敗之。

冬十月，朶顏入寇，殺守備陳舜。十二月乙酉，免南畿被災稅糧。

是年，占城、土魯番、撒馬兒罕、天方、烏斯藏入貢。

二十三年春正月丙寅，俺答犯黃崖口。二月戊寅，犯大水谷。三月癸丑，犯龍門所。丁巳，賜秦鳴雷等進士及第、出身有差。

秋七月，俺答犯大同，總兵官周尚文戰於黑山，敗之。八月甲午，翟鑾罷。九月癸卯，

免浙江被災稅糧。丁未，吏部尚書許讚兼文淵閣大學士，禮部尚書張璧兼東閣大學士，預機務。壬子，振湖廣災。

冬十月戊辰，免河南被災稅糧。甲戌，小王子入萬全右衞。戊寅，掠蔚州，至於完縣。京師戒嚴。乙酉，逮總督宣大兵部尚書翟鵬、巡撫薊鎮僉都御史朱方下獄，鵬論戍，方杖死。十一月庚子，京師解嚴。加方士陶仲文少師。十二月丙子，振江西災。

是年，安南入貢，日本以無表却之。

二十四年春二月戊申，詔流民復業，予牛種，開墾閒田者給復十年。三月壬午，逮總督宣大兵部侍郎張漢下獄，謫戍。

夏五月壬戌朔，日有食之。六月壬辰，太廟成。是夏，免畿輔、山西、陝西被災稅糧。

秋七月壬戌，有事於太廟，赦徒罪以下。八月丙午，瘞暴骸。己酉，張璧卒。庚戌，俺答犯松子嶺，殺守備張文瀚。是月，犯大同，參將張鳳、指揮劉欽等戰死。九月丁丑，召夏言入閣。

冬十一月辛巳，許讚罷。

是年，安南、琉球、烏斯藏入貢。

二十五年春三月戊辰，四川白草番亂。

夏五月戊辰，俺答款大同塞，邊將殺其使。六月甲辰，犯宣府，千戶汪洪戰死。

秋七月癸酉，以醴泉出承華殿，廷臣表賀，停諸司封事二十日。嗣後，慶賀齋祀悉停封奏。是月，俺答犯延安、慶陽。八月壬子，免山東被災稅糧。九月，俺答犯寧夏。

冬十月丁亥，犯清平堡，遊擊高極戰死。癸巳，代府奉國將軍充灼謀反，伏誅。甲午，殺故建昌侯張延齡。十二月丁未，免河南被災稅糧。

是年，土魯番入貢。

二十六年春三月庚午，賜李春芳等進士及第、出身有差。

夏四月乙巳，巡撫四川都御史張時徹、副總兵何卿討平白草叛番。己酉，俺答求貢，拒之。

秋七月丙辰，河決曹縣。八月丙戌，免陝西被災稅糧。九月戊辰，戶部尚書王杲以科臣劾其通賄下獄，遣戍。閏月丙午，振成都饑。

冬十一月壬午，大內火，釋楊爵於獄。乙未，皇后崩。十二月辛酉，逮甘肅總兵官仇

鸞。乙亥，海寇犯寧波、台州。

是年，琉球入貢。

二十七年春正月，把都兒寇廣寧，參將閻振戰死。癸未，以議復河套，逮總督陝西三邊侍郎曾銑，杖給事中御史於廷，罷夏言。三月癸巳，殺曾銑，逮夏言。癸卯，出仇鸞於獄。

夏五月丙戌，葬孝烈皇后。

秋七月戊寅，京師地震。庚子，西苑進嘉穀，薦於太廟。八月丁巳，俺答犯大同，指揮顧相等戰死，周尚文追敗之於次野口。九月壬午，犯宣府，深入永寧、懷來、隆慶，守備魯承恩等戰死。乙未，免陝西被災稅糧。

冬十月癸卯，殺夏言。十一月乙未，詔撫按官採生沙金。

是年，日本入貢。

二十八年春二月乙巳，振陝西饑。辛亥，南京吏部尚書張治爲禮部尚書兼文淵閣大學士，祭酒李本爲少詹事兼翰林學士，入閣預機務。壬子，俺答犯宣府，指揮董暘等敗沒，遂東犯永寧，關南大震。乙卯，周尚文敗俺答於曹家莊。丙辰，宣府總兵官趙國忠又敗之於

大滹沱。三月辛未朔，日有食之。丁亥，皇太子薨。

秋七月，浙江海賊起。九月，朶顏三衞犯遼東。

冬十月辛丑，免畿內被災稅糧。

是年，日本、琉球入貢。

二十九年春三月壬午，賜唐汝楫等進士及第、出身有差。是月，瓊州黎賊平。

夏六月丁巳，俺答犯大同，總兵官張達、副總兵林椿戰死。是夏，免陝西、河南、江北被災夏稅。

秋八月丙寅，封方士陶仲文爲恭誠伯。丁丑，俺答大舉入寇，攻古北口，薊鎮兵潰。戊寅，掠通州，駐白河，分掠畿甸州縣，京師戒嚴。召大同總兵官仇鸞及河南、山東兵入援。壬午，薄都城。仇鸞爲平虜大將軍，節制諸路兵馬，巡撫保定都御史楊守謙提督軍務，左諭德趙貞吉宣諭諸軍。癸未，始御奉天殿，戒敕羣臣。甲申，寇退。逮守通州都御史王儀。丙戌，京師解嚴。杖趙貞吉，謫外任。丁亥，仇鸞敗績於白羊口。兵部尚書丁汝夔、巡撫侍郎楊守謙有罪，棄市。杖左都御史屠僑、刑部侍郎彭黯。九月辛卯，振畿內被寇者。乙未，罷團營，復三大營舊制，設戎政府，以仇鸞總督之。丁酉，罷領營中官。戊申，免畿內被災稅

糧。壬子，廢鄭王厚烷爲庶人。

冬十月甲戌，張治卒。十一月癸巳，分遣御史還邊軍入衞。壬寅，祧仁宗，祔孝烈皇后於太廟。

是年，琉球入貢。

三十年春三月壬辰，開馬市於宣府、大同，兵部侍郎史道經理之。

夏四月壬午，下經略京城副都御史商大節於獄。

秋九月乙未，京師地震，詔修省。

冬十一月，俺答犯大同。

是年，免兩畿、河南、江西、遼東、貴州、山東、山西被災稅糧。

三十一年春正月壬辰，俺答犯大同。甲午，入弘賜堡。二月癸丑，振宣、大饑。辛酉，俺答犯懷仁川，指揮僉事王恭戰死。己巳，建內府營，操練內侍。三月戊子，大將軍仇鸞帥師赴大同。辛卯，禮部尚書徐階兼東閣大學士，預機務。

夏四月丙寅，把都兒、辛愛犯新興堡，指揮王相等戰死。丙子，倭寇浙江。五月甲申，召仇鸞還。戊申，倭陷黃巖。

秋七月丙申，免陝西被災夏稅。壬寅，以倭警命山東巡撫都御史王忬巡視浙江。八月己未，收仇鸞大將軍印，尋病死。乙亥，戮仇鸞屍，傳首九邊。己卯，俺答犯大同，分掠朔、應、山陰、馬邑。九月乙酉，犯山西三關。壬辰，犯寧夏。丁酉，河決徐州。庚子，兵部侍郎蔣應奎、左通政唐國卿以冒邊功杖於廷。癸卯，罷各邊馬市。

冬十月己未，兵部尚書趙錦坐仇鸞黨戍邊。壬戌，免江西被災稅糧。十二月丁巳，光祿少卿馬從謙坐誹謗杖死。

三十二年春正月戊寅朔，日食，陰雲不見。己卯，侍郎吳鵬振淮、徐水災。二月甲子，倭犯溫州。壬申，俺答犯宣府，參將史略戰死。三月丁丑，振陝西饑。辛巳，吉能犯延綏，殺副總兵李梅。壬午，兵部侍郎楊博巡邊。甲申，振山東饑。甲午，賜陳謹等進士及第、出身有差。甲辰，俺答犯宣府，副總兵郭都戰死。閏三月，海賊汪直糾倭寇瀕海諸郡，至六月始去。

秋七月戊午，俺答大舉入寇，犯靈丘、廣昌。乙丑，河套諸部犯延綏。己巳，俺答犯浮圖峪，遊擊陳鳳、朱玉禦之。庚午，河南賊師尚詔陷歸德及柘城、鹿邑。八月丙子，小王子

犯赤城。丙申，師尚詔攻太康，官軍與戰於鄢陵，敗績。戊戌，振山東災，免稅糧。九月丙午，俺答犯廣武，巡撫都御史趙時春敗績，總兵官李淶、參將馮恩等力戰死。辛酉，以敵退告謝郊廟。

冬十月甲戌，振河南、山東饑。庚子，師尚詔伏誅，賊平。辛丑，京師外城成。

是年，琉球入貢。

三十三年春正月壬寅朔，以賀疏違制，杖六科給事中於廷。戊辰，官軍圍倭於南沙，五閱月不克，倭潰圍出，轉掠蘇、松。二月庚辰，官軍敗績於松江。三月乙丑，倭犯通、泰，餘衆入青、徐界。〔一〕

夏四月甲戌，振畿內饑。乙亥，倭犯嘉興，都司周應楨等戰死。乙酉，陷崇明，知縣唐一岑死之。五月壬寅，倭掠蘇州。丁巳，南京兵部尚書張經總督軍務，討倭。六月癸酉，俺答犯大同，總兵官岳懋戰死。己丑，侍郎陳儒振大同軍士。

秋八月癸未，倭犯嘉定，官軍敗之。庚寅，復戰，敗績。九月丁卯，俺答犯古北口，總督楊博禦却之。

是年，暹羅、土魯番、天方、撒馬兒罕、烏斯藏入貢。

中華書局

三十四年春正月丁酉朔，倭陷崇德，攻德清。二月丙戌，工部侍郎趙文華祭海，兼區處防倭。是月，俺答犯薊鎮，參將趙傾葵等戰死。三月甲寅，蘇松兵備副使任環敗倭於南沙。

夏四月戊子，俺答犯宣府，參將李光啓被執，不屈死。五月甲午，總督侍郎張經、副總兵俞大猷擊倭於王江涇，大破之。乙巳，倭分道掠蘇州屬縣。己酉，逮張經下獄。六月壬午，兵部侍郎楊宜總督軍務，討倭。

秋七月乙巳，倭陷南陵，流劫蕪湖、太平。丙辰，犯南京。八月壬辰，蘇松巡撫都御史曹邦輔敗倭於滸墅。九月乙未，趙文華及巡按御史胡宗憲擊倭於陶宅，敗績。丙午，俺答犯大同、宣府。戊午，犯懷來，京師戒嚴。辛酉，參將馬芳敗寇於保安。是秋，免江北、山東被災秋糧。

冬十月庚寅，殺張經及巡撫浙江副都御史李天寵、兵部員外郎楊繼盛。辛卯，倭掠寧波、台州，犯會稽。十一月壬辰朔，日有食之。庚申，倭犯興化、泉州。閏月丁丑，免畿內水災稅糧。十二月甲午，開山東、四川銀礦。壬寅，山西、陝西、河南地大震，河、渭溢，死者八十三萬有奇。

是年，琉球入貢。

三十五年春正月壬午，官軍擊倭於松江，敗績。二月甲午，振平陽、延安災。己亥，楊宜罷。戊午，吏部尚書李默坐誹謗下錦衣衞獄，論死。巡撫侍郎胡宗憲總督軍務，討倭。三月丁丑，賜諸大綬等進士及第、出身有差。

夏四月丙申，振陝西災。甲辰，倭寇無爲州，同知齊恩戰死。辛亥，遊擊宗禮擊倭於崇德，敗沒。五月乙丑，趙文華提督江南、浙江軍務。丁亥，左通政王槐採礦銀於玉旺峪。六月丙申，總兵官俞大猷敗倭於黃浦。辛丑，俺答犯宣府，殺遊擊張紘。

秋七月辛巳，胡宗憲破倭於乍浦。八月壬寅，詔採芝。辛亥，胡宗憲襲破海賊徐海於梁莊。九月乙丑，徽王載埨有罪，廢爲庶人。免南畿被災稅糧。壬午，以平浙江倭，祭告郊廟社稷。

冬十月丙戌朔，日有食之。十一月戊午，打來孫犯廣寧，總兵官殷尚質等戰死。十二月丁未，犯環慶。

三十六年春二月，俺答犯大同。三月壬午，把都兒寇遷安，[二]副總兵蔣承勛力戰死。是月，吉能寇延綏，殺副總兵陳鳳。

夏四月丙申，奉天、華蓋、謹身三殿災。壬寅，下詔引咎修齋五日，止諸司封事，停刑。五月癸丑，倭犯揚、徐，入山東界。癸亥，採木於四川、湖廣。辛未，倭犯天長、盱眙，遂攻泗州。丙子，犯淮安。六月乙酉，兵備副使于德昌、參將劉顯敗倭於安東。甲午，罷陝西礦。

秋七月庚午，詔廣東採珠。九月，俺答子辛愛寇應、朔，毀七十餘堡。

冬十一月丁丑，辛愛圍右衞城。是冬，免山東、浙江被災稅糧。

是年，琉球入貢。

三十七年春正月癸亥，罷河南礦。三月辛未，始免三大營聽征官軍營造工役。

夏四月癸未，振遼東饑。辛巳，倭分犯浙江、福建。[三]

秋八月己未，吉能犯永昌、涼州，圍甘州。

冬十月癸丑，禮部進瑞芝一千八百六十本，詔廣求徑尺以上者。十一月丁亥，諭法司恤刑。[四]

是年，琉球、暹羅入貢。

三十八年春二月庚午，把都兒犯潘家口，渡灤河，逼三屯營。三月己卯，掠遷安、薊州、玉田。庚寅，賜丁士美等進士及第、出身有差。癸巳，倭犯浙東，海道副使譚綸敗之。甲午，逮浙江總兵官俞大猷。

夏四月丁未，倭犯通州。甲寅，倭攻福州。庚申，倭攻淮安，巡撫鳳陽都御史李遂敗之於姚家蕩，倭退據廟灣。丙寅，副使劉景韶大破倭於印莊。五月辛巳，逮總督薊遼右都御史王忬下獄。甲午，劉景韶破倭於廟灣，江北倭平。六月乙巳，辛愛犯大同。

秋八月己未，李遂、胡宗憲破倭於劉家莊。甲子，振遼東饑，給牛種。是月，俺答犯土木，遊擊董國忠等戰死。[五]九月，犯宣府。

是年，土魯番、天方、撒馬兒罕、魯迷、哈密、暹羅入貢。

三十九年春正月丙戌，俺答犯宣府。二月丁巳，南京振武營兵變，殺總督糧儲侍郎黃懋官。戊午，振順天、永平饑。倭犯潮州。三月癸未，大同總兵官劉漢襲敗兀慎於灰河。丁亥，打來孫犯廣寧，陷中前所，殺守備武守爵、黃廷勛。

夏五月壬午，振山西三關饑。壬辰，盜入廣東博羅縣，殺知縣舒顒。

秋七月乙丑朔，把都兒犯薊西，遊擊胡鎮禦卻之。庚午，劉漢襲俺答於豐州，破之。九月己巳，俺答犯朔州、廣武。

中華書局

冬十二月，土蠻犯海州東勝堡。是月，閩、廣賊犯江西。

是年，免畿內、山西、山東、湖廣、陝西被災稅糧。暹羅入貢。

四十年春二月辛卯朔，日當食，不見。振山東饑。丁未，景王之國。三月壬戌，振京師饑。

夏四月丁未，振山西饑。五月乙亥，李本以憂去。閏月丙辰，賊犯泰和，殺副使汪一中、指揮王應鵬。

秋七月己丑朔，日有食之。庚戌，俺答犯宣府，副總兵馬芳禦却之。九月庚子，犯居庸關，參將胡鎭禦却之。辛丑，振南畿災。

冬十一月甲午，禮部尚書袁煒爲戶部尚書兼武英殿大學士，預機務。庚戌，吉能犯寧夏，進逼固原。辛亥，萬壽宮災。〔六〕十二月丙寅，把都兒犯遼東蓋州。

是年，烏斯藏入貢。

四十一年春三月辛卯，白兔生子，禮部請告廟，許之，羣臣表賀。壬寅，賜申時行等進士及第、出身有差。己酉，重作萬壽宮成。

夏五月壬寅，嚴嵩罷。壬子，土蠻攻湯站堡，副總兵黑春力戰死。

秋九月壬午，三殿成，改奉天曰皇極，華蓋曰中極，謹身曰建極。

冬十月，免南畿、江西被災稅糧。十一月乙酉，分遣御史訪求方士、法書。丁亥，逮胡宗憲，尋釋之。辛丑，吉能犯寧夏，副總兵王勳戰死。己酉，倭陷興化。是月，延綏總兵官趙岢分部出塞襲寇，敗之。免陝西、湖廣被災及福建被寇者稅糧。

是年，琉球入貢。

四十二年春正月戊申，俺答犯宣府，南掠隆慶。

夏四月庚申，倭犯福清，總兵官劉顯、俞大猷合兵殲之。丁卯，副總兵戚繼光破倭於平海衞。

秋八月乙亥，總兵官楊照襲寇於廣寧塞外，力戰死。

冬十月丁卯，辛愛、把都兒破牆子嶺入寇，京師戒嚴，詔諸鎭兵入援。戊辰，掠順義、三河，總兵官孫臏敗死。乙亥，大同總兵官姜應熊禦寇密雲，敗之。十一月丁丑，京師解嚴。

是年，琉球入貢。

四十三年春正月壬辰，土蠻黑石炭寇薊鎭，總兵官胡鎭、參將白文智禦却之。二月己酉，伊王典楧有罪，廢爲庶人。戊午，倭犯仙遊，總兵官戚繼光大敗之，福建倭平。閏月丙申，盜據漳平，知縣魏文瑞死之。三月己未，官軍擊潮州倭，破之。

夏四月乙亥，免畿內被災稅糧。五月壬寅朔，日有食之。乙卯，獲桃於御幄，羣臣表賀。六月辛卯，倭犯海豐，俞大猷破之。

冬十二月，南韶賊起，守備賀鐸、指揮蔡胤元被執死之。俺答犯山西，遊擊梁平、守備祁謀戰死。

是年，西番、哈密、安南入貢，魯迷國貢獅子。

四十四年春三月丁巳，賜范應期等進士及第、出身有差。己未，袁煒致仕。辛酉，嚴世蕃伏誅。是月，土蠻犯遼東，都指揮線補袞、楊維藩戰死。

夏四月庚辰，吏部尚書嚴訥、禮部尚書李春芳並兼武英殿大學士，預機務。壬午，俺答犯肅州，總兵官劉承業禦却之。六月甲戌，芝生睿宗原廟柱，告廟受賀，遂建玉芝宮。

秋八月壬午，獲仙藥於御座，告廟。

冬十一月癸卯，嚴訥致仕。戊申，奉安獻皇帝、后神主於玉芝宮。

是年，琉球入貢。

四十五年春二月癸亥，戶部主事海瑞上疏，下錦衣衞獄。是月，俞大猷討廣東山賊，大破之。浙江、江西礦賊陷婺源。三月己未，吏部尚書郭朴兼武英殿大學士，禮部尚書高拱兼文淵閣大學士，預機務。

夏四月壬戌朔，日有食之。丙戌，俺答犯遼東。六月丙子，旱，親禱雨於凝道雷軒，越三日雨，羣臣表賀。

秋七月乙未，俺答犯萬全右衞。

冬十月丁卯，犯固原，總兵官郭江敗死。癸酉，犯偏頭關。閏月甲辰，犯大同，參將崔世榮力戰死。十一月己未，帝不豫。十二月庚子，大漸，自西苑還乾清宮。是日崩，年六十。遺詔裕王嗣位。隆慶元年正月，上尊謚，廟號世宗，葬永陵。

贊曰：世宗御極之初，力除一切弊政，天下翕然稱治。顧迭議大禮，輿論沸騰，倖臣假托，尋興大獄。夫天性至情，君親大義，追尊立廟，禮亦宜之；然升祔太廟，而躋於武宗之上，不已過乎。若其時紛紜多故，將疲於邊，賊訌於內，而崇尚道教，享祀弗經，營建繁興，府藏告匱，百餘年富庶治平之業，因以漸替。雖剪剔權奸，威柄在御，要亦中材之主也矣。

校勘記

〔一〕三月乙丑倭犯通泰餘衆入青徐界　原脫「三月」，繫乙丑于二月下。按是年二月壬申朔，不得有乙丑日。三月辛丑朔，乙丑爲二十五日。據世宗實錄卷四〇八補。

〔二〕三月壬午把都兒寇遷安　壬午，原作「癸丑」。按是年三月甲寅朔，不得有癸丑日。世宗實錄卷四四六作「三月二十九日」，二十九日爲壬午，據改。

〔三〕夏四月癸未振遼東饑辛巳倭分犯浙江福建　按是年夏四月戊寅朔，癸未是初六日，辛巳是初四日，辛巳應在癸未前。世宗實錄卷四五八、國榷卷六二頁三九〇七正如此。

〔四〕十一月丁亥論法司恤刑　丁亥，原作「辛亥」。按是年十一月甲戌朔，不得有辛亥日。據世宗實錄卷四六六改。

〔五〕遊擊董國忠等戰死　董國忠，世宗實錄卷四七七作「陳國忠」。

〔六〕辛亥萬壽宮災　本書卷二一三徐階傳作「永壽宮災」。按其時尚無萬壽宮，永壽宮焚毀後重建，世宗始命名萬壽宮。事見徐階傳。永壽宮，永樂十五年建，見本書卷六八與服志。此時應作「永壽宮」。

明史卷十九

本紀第十九

穆宗

穆宗契天隆道淵懿寬仁顯文光武純德弘孝莊皇帝，諱載坖，世宗第三子也。母杜康妃。

嘉靖十八年二月封裕王，與莊敬太子、景恭王同日受册。已而莊敬薨，世宗以王長且賢，繼序已定，而中外危疑，屢有言者，乃令景王之國。

四十五年十二月庚子，世宗崩。壬子，卽皇帝位。以明年爲隆慶元年，大赦天下。先朝政令不便者，皆以遺詔改之。召用建言得罪諸臣，死者卹錄。方士悉付法司治罪，罷一切齋醮工作及例外採買。免明年天下田賦之半，及嘉靖四十三年以前逋賦。釋戶部主事海瑞於獄。是年，土魯番入貢。

隆慶元年春正月丙寅，罷睿宗明堂配享。戊辰，復鄭王厚烷爵。丁丑，追尊母康妃爲孝恪皇太后。二月戊子，祭大社大稷。乙未，册妃陳氏爲皇后。吏部侍郎陳以勤爲禮部尚書兼文淵閣大學士，禮部侍郎張居正爲吏部左侍郎兼東閣大學士，預機務。三月壬申，葬肅皇帝於永陵。乙酉，土蠻犯遼陽，指揮王承德戰歿。

夏四月丙戌朔，享太廟。丙午，禁屬國毋獻珍禽異獸。丁未，御經筵。五月己未，黃河決口工成。辛酉，祀地於北郊。丁丑，高拱罷。六月戊戌，以霪雨修省，素服避殿，御皇極門視事。是月，新河復決。

秋七月辛巳，招撫山東、河南被災流民，復五年。八月癸未朔，釋奠於先師孔子。九月乙卯，俺答寇大同，詔嚴戰守。癸亥，俺答陷石州，殺知州王亮采，掠交城、文水。壬申，土蠻犯薊鎭，掠昌黎、盧龍，至於灤河。詔宣大總督侍郎王之誥還駐懷來，巡撫都御史曹亨駐兵通州。甲戌，郭朴致仕。免襄陽、鄖陽被災秋糧。乙亥，總兵官李世忠援永平，與敵戰於撫寧，京師戒嚴。

冬十月丙戌，寇退，京師解嚴。甲辰，諭羣臣議邊防事宜。寧夏總兵官雷龍出塞邀擊河套部，敗之。十一月癸亥，祀天於南郊。

中華書局

是年，廣東賊大起。琉球入貢。

二年春正月己卯，給事中石星疏陳六事，杖闕下，斥爲民。二月丁酉，寇犯柴溝堡，守備韓尙忠戰死。己亥，耕耤田。丁未，如天壽山，謁長陵、永陵。庚戌，還宮，免所過田租有差。三月辛酉，立皇子翊鈞爲皇太子，詔赦天下。乙丑，廣西總兵官俞大猷討廣東賊。戊辰，賜羅萬化等進士及第、出身有差。丙子，幸南海子。戊寅，京師地震，命百官修省。

夏六月庚辰，遣使兩畿錄囚。己丑，廣東賊曾一本寇廣州，殺知縣劉師顏。

秋七月己酉，賊入廉州。丙寅，徐階致仕。

冬十月戊寅，免南畿被災秋糧，振淮、徐饑。己亥，廢遼王憲㸅爲庶人。甲辰，免畿內、河南被災秋糧。十一月壬子，宣府總兵官馬芳襲俺答於長水海子，又敗之鞍子山。辛酉，免江西被災稅糧。戊辰，祀天於南郊。己巳，命廣東、福建督撫將領會剿曾一本。十二月庚寅，世宗神主祔太廟。丁酉，限勳戚莊田。

是年，琉球入貢。

三年春正月壬子，大同總兵官趙岢敗俺答於弘賜堡。二月庚辰，免陝西被災秋糧。三

月戊辰，曾一本陷碣石衞，裨將周雲翔殺參將耿宗元叛，[一]附於賊。

夏四月己丑，總兵官雷龍出塞襲河套部，敗之。五月庚戌，總兵官郭成等破賊於平山，周雲翔伏誅。甲寅，御史詹仰庇請罷靡費，斥爲民。

秋七月壬午，河決沛縣。乙酉，詔天下有司實修積穀備荒之政。壬辰，遣使振沿河被災州縣。八月癸丑，廣東賊平，曾一本伏誅。壬戌，禮部尙書趙貞吉兼文淵閣大學士，預機務。丁卯，振南畿、浙江、山東水災。九月丙子，俺答犯大同，掠山陰、應州、懷仁、渾源。辛卯，大閱。

冬十一月甲戌，祀天於南郊。庚辰，京師地震有聲，敕修省。十二月己亥，命廠衞密訪部院政事。庚申，召高拱復入閣。乙丑，尙寶寺丞鄭履淳以言事廷杖下獄。是冬，免兩畿、山東、浙江、河南、湖廣稅糧。

是年，陝西賊起。琉球、土魯番入貢。

四年春正月己巳朔，日有食之，[二]免朝賀。辛未，避殿修省。是月，倭入廣海衞城。二月乙丑，分設三大營文武提督六人。

夏四月戊戌，京師地震。丙午，俺答寇大同、宣府，官兵拒却之。是月，陝西賊寇四川。

五月癸酉，給事中李己諫買金寶，廷杖下獄。

秋七月己巳，禁章奏浮冗。命撫、按官嚴禁有司酷刑。戊子，陳以勤致仕。乙未，免四川被災稅糧。八月庚戌，宣、大告警，敕邊備。九月癸酉，陝西水災，蠲振有差。甲戌，河決邳州。壬午，免北畿、湖廣被災稅糧。癸未，寇犯大同，副總兵錢棟戰死。戊子，犯錦州，總兵官王治道等戰死。甲午，罷京營文武提督，置總督協理大臣。

冬十月癸卯，俺答孫把漢那吉來降。丁未，以把漢那吉爲指揮使。壬戌，考察給事中、御史。十一月丁丑，俺答乞封。己卯，祀天於南郊。乙酉，趙貞吉罷。己丑，禮部尙書殷士儋兼文淵閣大學士，預機務。十二月丁酉，俺答執叛人趙全等九人來獻，詔遣把漢那吉歸，厚賜之。乙卯，受俘，磔趙全等於市。

五年春二月甲午，廷臣及朝覲官謁皇太子於文華左門。己未，封皇子翊鏐爲潞王。三月己卯，賜張元忭等進士及第、出身有差。己丑，封俺答爲順義王。

夏四月甲午，河復決邳州。五月壬戌，古田僮賊平。戊寅，李春芳致仕。六月辛卯，京師地震者三，敕修省。甲辰，授河套部長吉能爲都督同知。甲寅，順義王俺答貢馬，告廟受賀。丙辰，俺答執趙全餘黨十三人來獻。

秋八月癸卯，許河套部互市。九月癸未，三鎭貢市成。

冬十月己亥，河南、山東大水，申飭河防。十一月己巳，殷士儋致仕。

是年，琉球、土魯番入貢。

六年春正月辛未，築徐州至宿遷隄三百七十里。二月丙申，倭寇廣東，陷神電衞，大掠。山寇復起。閏月丁卯，御皇極殿門，疾作，遽還宮。乙亥，倭寇高、雷，官軍擊敗之。

夏四月戊辰，禮部尙書高儀兼文淵閣大學士，預機務。五月壬辰，免廣東用兵諸郡逋賦。己酉，大漸，召大學士高拱、張居正、高儀受顧命。庚戌，崩於乾淸宮，年三十有六。七月丙戌，上尊謚，廟號穆宗，葬昭陵。

贊曰：穆宗在位六載，端拱寡營，躬行儉約，尙食歲省巨萬。許俺答封貢，減賦息民，邊陲寧謐。繼體守文，可稱令主矣。第柄臣相軋，門戶漸開，而帝未能振肅乾綱，矯除積習。蓋亦寬恕有餘，而剛明不足者歟。

校勘記

中華書局

〔一〕裨將周雲翔殺參將耿宗元叛　耿宗元，原作「耿宗先」，據本書卷二一二劉顯傳、穆宗實錄卷三〇、國榷卷六六頁四一〇六改。

〔二〕四年春正月己巳朔日有食之　己巳，原作「乙巳」。按上文三年十二月已有乙丑日，乙丑去乙巳爲四十天，不應至此始見朔。據明史稿紀一五穆宗紀、穆宗實錄卷四一改。

明史卷二十

本紀第二十

神宗一

神宗範天合道哲肅敦簡光文章武安仁止孝顯皇帝，諱翊鈞，穆宗第三子也。母貴妃李氏。

隆慶二年，立爲皇太子，時方六歲。性岐嶷。穆宗嘗馳馬宮中，諫曰：「陛下天下主，獨騎而騁，寧無銜橛憂。」穆宗喜，下馬勞之。陳皇后病居別宮，每晨隨貴妃候起居。后聞履聲輒喜，爲強起。取經書問之，無不響答，貴妃亦喜。由是兩宮益和。

六年五月，穆宗崩。六月乙卯朔，日有食之。甲子，卽皇帝位。以明年爲萬曆元年，詔赦天下。祀建文朝盡節諸臣於鄉，有苗裔者卹錄。庚午，罷高拱。丁丑，高儀卒。壬午，禮部尚書呂調陽兼文淵閣大學士，預機務。

秋七月丁亥，初通漕運於密雲。庚寅，察京官。己亥，戒諭廷臣，詔曰：「近歲以來，士習澆漓，官方刓缺，詆老成爲無用，矜便佞爲有才。遂使朝廷威福之柄，徒爲人臣報復之資。用是薄示懲戒，餘皆曲貸。諸臣宜祓除前愆，共維新政。若溺於故習，背公徇私，獲罪祖宗，朕不敢赦。」庚子，尊皇后曰仁聖皇太后，貴妃曰慈聖皇太后。八月戊午，祀大社大稷。九月甲午，葬莊皇帝於昭陵。

冬十月己未，侍郎王遴、吳百朋、汪道昆分閱邊防。辛酉，停刑。十一月乙未，河工成。十二月辛酉，振榆林、延綏饑。甲戌，以大行未期，罷明年元夕燈火及宮中宴。

萬曆元年春二月癸丑，御經筵。三月丙申，詔內外官舉將材。夏四月乙丑，潮、惠賊平。庚午，旱，諭百官修省。五月甲申，詔內外官愼刑獄。六月壬申，振淮安水災。

秋七月，河決徐州。九月癸未，振荊州、承天及濟南災。丙戌，四川都掌蠻平。癸卯，停刑。

冬十一月庚辰，命諸司立程限文簿，以防稽緩。十二月己未，振遼東饑。是年，暹羅、琉球入貢。

中華書局

二年春正月甲午，召見朝覲廉能官於皇極門。二月甲寅，振四川被寇諸縣。三月癸巳，賜孫繼皋等進士及第、出身有差。

夏四月丙寅，詔內外官行久任之法。五月辛丑，穆宗神主祔太廟。八月己巳，振山西災。庚午，振淮、揚、徐水災。

冬十月甲寅，決囚。丁卯，親朝閱銓選。閏十二月庚寅，詔罷明年元夕燈火。

是年，琉球入貢。

三年春正月丁未，享太廟。二月戊寅，祀大社大稷。辛巳，詔南京職務清簡，官不必備。丙申，始命日講官分直記注起居，纂緝章奏，臨朝侍班。

夏四月己巳朔，日有食之，既。壬申，書謹天戒、任賢能、親賢臣、遠嬖佞、明賞罰、謹出入、愼起居、節飲食、收放心、存敬畏、納忠言、節財用十二事於座右，以自警。五月庚子，淮、揚大水，詔察二府有司，貪酷老疾者罷之。六月戊辰，浙江海溢。戊寅，命撫、按官，有司賢否一體薦劾，不得偏重甲科。是夏，蘇、松、常、鎭大水。

秋八月丙子，禮部侍郎張四維爲禮部尚書兼東閣大學士，預機務。丁丑，河決高郵、碭

山。戊子，免淮、揚、鳳、徐被水田租。九月戊午，京師地震。

冬十月丁卯，地再震，敕羣臣修省。戊辰，停刑。十一月乙巳，祀天於南郊。十二月辛未，詔罷明年元夕燈火。

是年，安南、琉球、暹羅、土魯番入貢。

四年春正月丁巳，遼東巡按御史劉臺以論張居正逮下獄，削籍。

夏五月戊申，祀地於北郊。六月庚辰，復遣內臣督蘇、杭織造。

秋七月丁酉，諭吏、戶二部清吏治，蠲逋賦有差，明年漕糧折收十之三。壬寅，遣御史督修江、浙水利。甲辰，修泗州祖陵。辛亥，草灣河工成。八月壬戌，釋奠於先師孔子。是秋，河決崔鎭。

冬十月乙亥，振徐州及豐、沛、睢寧、金鄉、魚臺、單、曹七縣水災，蠲租有差。

是年，安南、琉球、烏斯藏、土魯番、天方、撒馬兒罕、魯迷、哈密入貢。

五年春正月己酉，詔鳳陽、淮安力舉營田。二月乙丑，振廣西饑。三月乙巳，賜沈懋學等進士及第、出身有差。

夏五月癸巳，廣東羅旁瑤平。

秋八月癸亥，河復決崔鎭。閏月乙酉朔，日食，陰雲不見。九月己卯，起復張居正。

冬十月乙巳，以論張居正奪情，杖編修吳中行、檢討趙用賢、員外郎艾穆、主事沈思孝，罷黜謫戍有差。丁未，杖進士鄒元標，戍邊。十一月癸丑，以星變考察百官。

是年，琉球入貢。

六年春正月，築決河堤。二月戊戌，免兗、靑、登、萊所屬逋賦。庚子，立皇后王氏。三月甲寅，禮部尚書馬自強兼文淵閣大學士，吏部侍郎申時行兼東閣大學士，預機務。甲子，張居正葬父歸。

夏四月乙未，免湖廣、四川逋賦。丙午，詔戶部歲增金花銀二十萬兩。六月乙未，張居正還京師。

秋七月乙卯，呂調陽致仕。丙子，詔江北諸府民，年十五以上無田者，官給牛一頭、田五十畝開墾，三年後起科。九月庚午，詔蘇州諸府開墾荒田，六年後起科。辛未，停刑。

冬十月辛卯，馬自強卒。十一月辛酉，祀天於南郊。

是年，烏斯藏入貢。

七年春正月戊辰，詔毀天下書院。二月己丑，遣使分閱邊防。三月甲子，免淮、揚逋賦。

夏五月癸亥，祀地於北郊。六月辛卯，覈兩畿、山東、陝西勳戚田賦。

秋七月壬子，振蘇、松水災，蠲稅糧。戊午，京師地震。

是年，烏斯藏入貢。

八年春二月辛未朔，日有食之。戊子，耕耤田。戊戌，河工成。三月辛亥，奉兩宮皇太后如天壽山謁陵，免所過田租。甲寅，還宮。丁卯，賜張懋修等進士及第、出身有差。

夏閏四月庚申，廣西八寨賊平。

冬十月辛丑，汰內外冗官。乙巳，振蘇、松、常、鎭饑。十一月丙子，詔度民田。

是年，琉球入貢。

九年春正月庚午，敕邊臣備警。辛未，裁諸司冗官。癸酉，土蠻犯錦州，遊擊周之望敗沒。己卯，命翰林官日四人入直。辛巳，裁南京冗官。甲申，遼東總兵官李成梁襲敗土蠻

中華書局

於禖郎兎。三月丙寅，大閱。是月，土蠻犯遼陽，〔二〕副總兵曹簠禦之，敗績。

夏四月丁酉，振山西被災州縣。乙卯，振蘇、松、淮、鳳、徐、宿災。戶部進萬曆會計錄。

秋八月丁未，揚州大水。九月丁亥，停刑。

冬十月己亥，土蠻犯廣寧、義州，李成梁禦却之。十一月丙戌，振眞定、順德、廣平災，免稅糧。

是年，裁各省冗官，覈徭賦，汰諸司冒濫冗費。琉球、安南、土魯番、天方、撒馬兒罕、魯迷、哈密、烏斯藏入貢。

十年春二月癸巳，順義王俺答卒。丁酉，免天下積年逋賦。三月庚申，杭州兵變，執巡撫吳善言。丁卯，兵部侍郎張佳胤巡撫浙江討定之。丙子，泰寧衞部長速把亥犯義州，李成梁擊斬之。己卯，倭寇溫州。

夏四月戊子朔，諭禮部，令民及時農桑，勿事游惰。甲午，寧夏土軍馬景殺參將許汝繼，巡撫都御史晉應槐討誅之。庚子，以久旱敕修省。五月庚申，免先師孔子及宋儒朱熹、李侗、羅從彥、蔡沈、胡安國、游酢、眞德秀、劉子翬，故大學士楊榮後裔賦役有差。庚辰，振畿內饑。六月丁亥朔，日有食之。壬寅，振太原、平陽、潞安饑。乙巳，前禮部尚書潘晟兼

武英殿大學士，吏部侍郎余有丁爲禮部尚書兼文淵閣大學士，預機務。晟尋罷。丙午，張居正卒。

秋七月庚午，振平、慶、延、臨、鞏饑。九月丙辰，以皇長子生，詔赦天下。甲子，上兩宮皇太后徽號。

冬十月丙申，蘇、松大水，蠲振有差。十二月壬辰，太監馮保謫奉御，籍其家。壬寅，復建言諸臣職。

是年，免畿內、山西被災稅糧。哈密、烏斯藏入貢。

十一年春正月壬戌，敕嚴邊備。閏二月甲子，俺答子乞慶哈襲封順義王。緬甸寇永昌。乙丑，如天壽山謁九陵，免所過田租。庚午，如西山謁恭讓章皇后、景皇帝陵。辛未，還宮。乙酉，振臨、鞏、平、延、慶五府旱災，免田租。三月甲申，追奪張居正官階。庚子，賜朱國祚等進士及第、出身有差。

夏四月丁巳，張四維以憂去。己未，吏部侍郎許國爲禮部尚書兼東閣大學士，預機務。甲戌，承天大雨，江溢。是月，廣東羅定兵變。五月，我大清太祖高皇帝起兵征尼堪外蘭，克圖倫城。六月乙丑，振承天、漢陽、鄖陽、襄陽災。

秋八月丙辰，免山西被災稅糧。九月甲申，如天壽山謁陵。己丑，還宮。

冬十月癸亥，停刑。辛未，河南水災，蠲振有差。十一月己卯朔，日有食之。十二月庚午，慈寧宮災，敕修省。

是年，琉球入貢。

十二年春二月丁卯，京師地震。己巳，釋建文諸臣外親謫戍者後裔。三月己亥，減江西燒造瓷器。

夏四月乙卯，籍張居正家。丁巳，遊擊將軍劉綎討平隴川賊。五月甲午，京師地震。六月辛亥，以雲南用兵，免稅糧及逋賦。

秋八月丙辰，榜張居正罪於天下，家屬戍邊。九月丙戌，奉兩宮皇太后如天壽山謁陵。己丑，作壽宮。辛卯，還宮。

冬十月丁巳，停刑。丙寅，免湖廣、山東被災稅糧。十一月己丑，余有丁卒。十二月甲辰，前禮部侍郎王錫爵爲禮部尚書兼文淵閣大學士，吏部侍郎王家屛兼東閣大學士，預機務。癸亥，罷開銀礦。

是年，安南、烏斯藏入貢。

十三年春正月辛卯，四川建武所兵變，擊傷總兵沈思學。二月丁未，南京地震。京師自去年八月不雨，至於是月。庚午，大雩。三月甲申，大雩。己丑，李成梁出塞襲把兎兒炒花，大破之。壬辰，減杭州織造及尚衣監料銀。尙寶司少卿徐貞明督治京畿水田。

夏四月丙午，大雩。戊申，以旱詔中外理冤抑，釋鳳陽輕犯及禁錮年久罪宗。戊午，步禱於南郊，面諭大學士等曰：「天旱，雖由朕不德，亦天下有司貪婪，剝害小民，以致上干天和，今後宜愼選有司。」蠲天下被災田租一年。五月丙戌，雨。六月辛丑，慈寧宮成。壬寅，建武所亂卒伏誅。是月，四川松、茂番作亂。

秋八月己酉，京師地震。閏九月戊戌，振淮、鳳災。癸卯，如天壽山閱壽宮。戊申，還宮。庚申，停刑。

冬十二月丁卯，汰惜薪司內官冗員。是月，順義王乞慶哈卒。

是年，土魯番、烏斯藏入貢。

十四年春二月癸未，嚴外官餽遺。三月戊戌，以旱霾，諭廷臣陳時政。癸卯，禁部曹言事，罷治京畿水田。癸丑，賜唐文獻等進士及第、出身有差。戊午，久旱，敕修省。

夏四月癸酉，京師地震。六月癸未，松茂番平。是夏，振直隸、河南、陝西及廣西潯、柳、平樂，廣東瓊山等十二縣饑。山西盜起。

秋七月癸卯，振江西災。戊申，敕戶、兵二部撫安災民，嚴保甲。是月，淇縣賊王安聚衆流劫，尋剿平之。九月壬辰，王家屏以憂去。乙卯，停刑。己未，發帑遣使振河南、山東、直隸、陝西、遼東、淮、鳳災。

冬十月丙寅，禮部主事盧洪春以疏請謹疾，杖闕下，〔三〕削籍。十一月癸卯，祀天於南郊。

是年，土魯番入貢。

十五年春正月壬辰，發帑振山西、陝西、河南、山東諸宗室。三月乙卯，乞慶哈子撦力克襲封順義王。

夏四月，京師旱，大疫。六月戊辰，禁廷臣奢僭。是月，京師大雨。振䘏貧民。

秋七月，江北蝗，江南大水，山西、陝西、河南、山東旱，河決開封，蠲振有差。八月庚申，以災沴頻仍，敕撫、按官懲貪吏，理冤獄，蠲租、振䘏。九月丁亥朔，日當食，陰雲不見。己丑，停刑。

冬十月庚申，大學士申時行請發留中章奏。十一月戊子，郿陽兵譟，巡撫都御史李材罷。

是年，哈密、琉球、烏斯藏入貢。

十六年春三月壬辰，詔改景皇帝實錄，去郕戾王號，不果行。山西、陝西、河南及南畿、浙江並大饑疫。

夏四月，振江北、大名、開封諸府饑。五月，四川建昌番作亂，討平之。乙巳，以軍儲倉火及各省災傷，敕內外官修省。六月庚申，京師地震。甲子，以災傷停減蘇、杭織造。

秋七月乙卯，免山東被災夏稅。庚午，定邊臣考績法。八月乙未，詔取太倉銀二十萬充閱陵賞費。九月己未，停刑。庚申，如天壽山閱壽宮。甲子，次石景山觀渾河。乙丑，還宮。庚午，甘肅兵變，巡撫都御史曹子登罷。是月，青海部長他不囊犯西寧，殺副將李魁。〔三〕

冬十一月辛酉，禁章奏浮冗。

是年，烏斯藏入貢。

十七年春正月己酉朔，日有食之。丁巳，太湖、宿、松賊劉汝國等作亂，安慶指揮陳越討之，敗死。二月丙申，吳淞指揮陳懋功討平之。三月丙辰，免陛授官面謝。自是臨御遂簡。癸亥，雲南永昌兵變。乙丑，賜焦竑等進士及第、出身有差。

夏四月己亥，王家屏復入閣。始興妖僧李圓朗作亂，犯南雄，有司討誅之。六月甲申，浙江大風，海溢。己丑，永昌亂卒平。乙巳，南畿、浙江大旱，太湖水涸，發帑金四十萬振之。〔四〕

秋八月壬寅，嚴匿名揭之禁。

冬十月癸未，停刑。癸卯，黃河決口工成。十二月己丑，諭諸臣遇事勿得忿爭求勝。

是年，安南、烏斯藏入貢。

十八年春正月甲辰朔，召見大學士申時行等於毓德宮，出皇長子見之。

夏四月甲申，振湖廣饑。六月己卯，免畿內被災夏稅。甲申，青海部長火落赤犯舊洮州，副總兵李聯芳敗沒。乙酉，更定宗藩事例，始聽無爵者得自便。

秋七月庚子朔，日有食之。乙丑，召見閣臣議邊事，命廷臣舉將材。己巳，兵部尚書鄭雒經略陝西四鎮及山西、宣、大邊務。是月，火落赤再犯河州、臨洮，總兵官劉承嗣敗績。八月癸酉，停撦力克市賞。

冬十月戊寅，振臨洮被兵軍民。十二月甲申，遣廷臣九人閱邊。

是年，安南入貢。

十九年春正月，緬甸寇永昌、騰越。二月乙酉，總兵官尤繼先敗火落赤餘衆於莽剌川。閏三月丁丑，以彗星見，敕修省。己卯，責給事中、御史風聞訕上，各奪俸一年。

夏四月丙申，享太廟。是後廟祀皆遣代。五月壬午，四川四哨番作亂，巡撫都御史李尚思討平之。六月壬子，王錫爵歸省。

秋七月癸未，諭廷臣，國是紛紜，致大臣爭欲乞身，此後有肆行誣衊者重治。八月丁酉，免河南被災田賦。九月壬申，許國致仕。甲戌，申時行致仕。丁丑，吏部侍郎趙志皐爲禮部尚書，前禮部侍郎張位爲吏部侍郎，並兼東閣大學士，預機務。

冬十月癸巳，京營軍官譁於長安門。十二月甲午，詔定戚臣莊田。癸丑，河套部敵犯榆林、延綏，總兵官杜桐敗之。

是年，畿內蝗，南畿、浙江大水，蠲振有差。琉球入貢。

二十年春正月丙戌，給事中孟養浩以言建儲杖闕下，削籍。三月戊辰，寧夏致仕副總

中華書局

兵哱拜殺巡撫都御史黨馨、副使石繼芳，據城反。辛未，王家屏致仕。壬申，總督軍務兵部尚書魏學曾討寧夏賊。戊寅，賜翁正春等進士及第、出身有差。

夏四月甲辰，總兵官李如松提督陝西討賊軍務。甲寅，甘肅巡撫都御史葉夢熊帥師會魏學曾討賊。搶力克擒賊，叩關獻俘，復還二年市賞。五月，倭犯朝鮮，陷王京，朝鮮王李昖奔義州求救。六月丁未，諸軍進次寧夏，賊誘河套部入犯，官軍擊却之。

秋七月癸酉，免陝西逋賦。甲戌，副總兵祖承訓帥師援朝鮮，與倭戰於平壤，敗績。甲申，罷三邊總督魏學曾，以葉夢熊代之，尋逮學曾下獄。八月乙巳，兵部右侍郎宋應昌經略備倭軍務。己酉，詔天下督撫舉將材。九月壬申，寧夏賊平。

冬十月壬寅，李如松提督薊、遼、保定、山東軍務，充防海禦倭總兵官，救朝鮮。是月，振畿內、浙江、河南被災諸府，蠲租有差。十一月戊辰，御午門，受寧夏俘。十二月甲午，以寧夏賊平，告天下。

是年，暹羅、土魯番入貢。

二十一年春正月甲戌，李如松攻倭於平壤，克之。辛未，王錫爵還朝。辛巳，詔並封三皇子爲王，廷臣力爭，尋報罷。壬午，李如松進攻王京，遇倭於碧蹄館，敗績。二月甲寅，敕

勞東征將士。

夏四月癸卯，倭棄王京遁。六月丁酉，詔天下每歲夏月錄囚，減釋輕繫，如兩京例。癸卯，倭使小西飛請款。

秋七月癸丑，召援朝鮮諸邊鎭兵還。乙卯，彗星見，敕修省。八月丙戌，以災異敕戒內外諸臣修舉實政。

冬十月丙申，停刑。十二月丙辰，薊遼總督顧養謙兼理朝鮮事，召宋應昌、李如松還。

是年，振江北、湖廣、河南、浙江、山東饑。河南礦賊大起。烏斯藏入貢。

二十二年春正月己亥，詔以各省災傷，山東、河南、徐、淮尤甚，盜賊四起，有司玩愒，朝廷詔令不行。自今以安民弭盜爲撫按有司黜陟。二月癸丑，皇長子常洛出閣講學。甲子，遣使振河南，免田租。三月癸卯，詔修國史。

夏四月己酉朔，日有食之。五月辛卯，禮部尚書陳于陛、南京禮部尚書沈一貫並兼東閣大學士，預機務。庚子，王錫爵致仕。六月己酉，雷雨，西華門災，敕修省。

秋七月丙申，河套部長卜失兔犯延綏。是月，延綏總兵官麻貴敗河套部敵於下馬關。

冬十月己未，南京兵部右侍郎邢玠總督川、貴軍務，討播州宣慰使楊應龍。丁卯，詔倭使入朝。是月，炒花犯遼東，總兵官董一元敗之。

是年，琉球、烏斯藏入貢。

二十三年春正月癸卯，遣都督僉事李宗城、指揮楊方亨封平秀吉爲日本國王。三月乙未，賜朱之蕃等進士及第、出身有差。

夏五月丁酉，京師地震，敕修省。

秋九月戊寅，青海部長永邵卜犯甘肅，參將達雲敗之。乙酉，詔復建文年號。

冬十一月辛未，湖廣災，蠲振有差。十二月辛丑，大學士趙志皋等請發留中章奏，不報。

是年，江北大水，淮溢，浸泗州祖陵。

二十四年春二月戊申，麻貴襲河套部，敗之。三月乙亥，乾清、坤寧兩宮災，敕修省。壬辰，下詔自責。是月，火落赤犯洮河，總兵官劉綎破走之。

夏四月己亥，李宗城自倭營奔還王京。五月戊辰，河套部敵犯甘肅，總兵官楊濬擊破之。庚午，復議封倭，命都督僉事楊方亨、遊擊沈惟敬往。六月，振福建饑。

秋七月丁卯，吏部尚書孫丕揚請發推補官員章疏，不報。戊寅，仁聖皇太后崩。乙酉，

始遣中官開礦於畿內。未幾，河南、山東、山西、浙江、陝西悉令開採，以中官領之。羣臣屢諫不聽。閏八月乙丑朔，日有食之。丁卯，大學士趙志皋請視朝，發章奏，罷採礦，不報。九月乙未，楊方亨至日本，平秀吉不受封，復侵朝鮮。乙卯，葬孝安莊皇后。是月，河套部犯寧夏。總兵官李如柏擊敗之。是秋，河決黃堌口。

冬十月丙子，停刑。乙酉，始命中官榷稅通州。是後，各省皆設稅使。羣臣屢諫不聽。十二月乙亥，陳于陛卒。

校勘記

〔一〕是月土蠻犯遼陽　是月，指三月。按此即神宗實錄卷一一一所載克石炭、以兒鄧、小歹靑（均土蠻部落）等入遼陽事。實錄繫於四月乙巳，與此互異。

〔二〕禮部主事盧洪春以疏請謹疾杖闕下　盧洪春，原作「盧弘春」，據本書卷二三四盧洪春傳、明史稿紀一六神宗紀、神宗實錄卷一七九改。

〔三〕殺副將李魁　李魁，本書卷三三〇西番諸衞傳、明史稿紀一六神宗紀都作「李奎」。

〔四〕發帑金四十萬振之　四十萬，原作「八十萬」，據明史稿紀一六神宗紀改。神宗實錄卷二一二說發「太僕寺銀二十萬、南京戶部銀二十萬」，共四十萬。作「四十萬」是。

中華書局

明史卷二十一

本紀第二十一

神宗二

二十五年春正月丙辰，朝鮮使來請援。二月丙寅，復議征倭。丙子，前都督同知麻貴爲備倭總兵官，統南北諸軍。三月乙巳，山東右參政楊鎬爲僉都御史，經略朝鮮軍務。己未，兵部侍郎邢玠爲尚書，總督薊、遼、保定軍務，經略禦倭。

夏六月戊寅，皇極、中極、建極三殿災。癸未，罷修國史。

秋七月癸巳，誡諭羣臣。丁酉，詔赦天下。是月，楊應龍叛，掠合江、綦江。八月丁丑，倭破朝鮮閑山，遂薄南原，副總兵楊元棄城走，倭逼王京。甲申，京師地震。九月壬辰，逮前兵部尚書石星下獄，論死。

冬十月甲戌，安南黎惟潭篡立，欵關請罪，詔授安南都統使。

是年，琉球入貢。

二十六年春正月，官軍攻倭於蔚山，不克，楊鎬、麻貴奔王京。三月癸卯，賜趙秉忠等進士及第、出身有差。壬子，羣臣詣文華門疏請皇長子冠婚，不允。

夏四月丁卯，遼東總兵官李如松出塞，遇伏戰死。壬申，京師旱，敕修省。六月丁巳，楊鎬罷。戊午，中官李敬採珠廣東。丙寅，張位罷。丙子，巡撫天津僉都御史萬世德經略朝鮮。

秋七月丙戌，中官魯保鬻兩淮餘鹽。八月丁丑，京師地震。九月壬辰，免浙江被災田租。

冬十月乙卯，總兵官劉綎、麻貴分道擊倭，敗之。董一元攻倭新寨，敗績。十一月戊戌，倭棄蔚山遁，官軍分道進擊。十二月，總兵官陳璘破倭於乙山，朝鮮平。

是年，烏斯藏入貢。

二十七年春二月壬子，分遣中官領浙江、福建、廣東市舶司。是月，貴州巡撫江東之遣兵討楊應龍，敗績。三月己亥，前兵部侍郎李化龍總督川、湖、貴州軍務，討楊應龍。

夏四月甲戌，御午門，受倭俘。是月，臨清民變，焚稅使馬堂署，殺其參隨三十四人。閏月丙戌，以倭平，詔天下，除東征加派田賦。己丑，久旱，敕修省。丙申，以諸皇子婚，詔取太倉銀二千四百萬兩。戶部告匱，命嚴覈天下積儲。六月己亥，楊應龍陷綦江，參將房嘉寵、遊擊張良賢戰死。

秋八月甲午，陝西狄道縣山崩。九月，土蠻犯錦州。

冬十月壬午，振京城饑民。丙戌，以播州用兵，加四川、湖廣田賦。戊子，貴州宣慰使安疆臣有罪，詔討賊自贖。十一月己酉，免河南被災田租。癸酉，振畿輔及鳳陽等處饑。十二月丁丑，武昌、漢陽民變，擊傷稅使陳奉。〔一〕戊子，振京師就食流民。

是年，琉球入貢。

二十八年春二月戊寅，京師地震。丙戌，李化龍帥師分八路進討播州。

夏六月丁丑，克海龍囤，楊應龍自縊死，播州平。

秋七月辛亥，旱，敕修省。八月辛未，慈慶宮成。丙子，罷朝鮮戍兵。九月甲寅，停刑。

是秋，炒花犯遼東，副總兵解生等敗沒。

冬十月辛未，貴州皮林苗叛，總兵官陳璘討之。丙子，雲南稅監楊榮開採阿瓦、孟密寶井。十二月乙未，御午門，受播州俘。

是年，兩畿各省災傷，民饑盜起，內外羣臣交章請罷礦稅諸監，皆不聽。大西洋利瑪竇進方物。

二十九年春正月壬子，以播州平，詔天下，蠲四川、貴州、湖廣、雲南加派田租逋賦，除官民詿誤罪。是月，皮林苗賊平。二月甲戌，振大同、宣府饑。三月乙卯，賜張以誠等進士及第、出身有差。是月，武昌民變，殺稅監陳奉參隨六人，焚巡撫公署。

夏四月乙酉，徵陳奉還，以守備承天中官杜茂代之。五月，蘇州民變，〔二〕殺織造中官孫隆參隨數人。六月，京師自去年六月不雨，至是月乙亥始雨。山東、山西、河南皆大旱。丁亥，法司請熱審，不報。是夏，振畿內饑。

秋九月壬寅，河決開封、歸德。丁未，趙志皐卒。癸丑，振貴州饑。戊午，前禮部尚書沈鯉、朱賡並兼東閣大學士，預機務。

冬十月己卯，立皇長子常洛爲皇太子，封諸子常洵福王，常浩瑞王，常潤惠王，常瀛桂王。詔赦天下。壬辰，加上慈聖皇太后尊號。十二月辛未，詔復朶顏馬市。

是年，琉球入貢。

三十年春正月己未，以四方災異，敕修省。二月己卯，不豫，召大學士沈一貫於啓祥宮，命罷礦稅，停織造，釋逮繫，復建言諸臣職。翼日，疾瘳，寢前詔。甲申，重建乾清、坤寧宮。閏月丙申，復河套諸部貢市。戊午，河州黃河竭。三月甲申，騰越民變，殺稅監委官。

夏四月辛丑，振順天、永平饑。五月乙亥，法司請熱審，不報。

秋七月辛巳，邊餉缺，命嚴催積逋。是月，緬賊陷蠻莫宣撫司，宣撫思正奔騰越，賊追至，有司殺正以謝賊，始解。

冬十月戊戌，振江北災。丙辰，停刑。

是年，琉球、哈密入貢。

三十一年春三月戊午，吏部奏天下郡守闕員，不報。是月，播州餘賊吳洪等作亂，有司討平之。

夏四月丁亥朔，日有食之。五月丙辰，閣臣請熱審，不報。戊寅，京師地震。鳳陽大雨雹，毀皇陵殿脊。是夏，河決蘇家莊，北浸豐、沛、魚臺、單縣。

秋九月甲子，江北盜起。

冬十月甲申，停刑。丙申，睢州賊楊恩敬作亂，有司討擒之。十一月甲子，獲妖書，言帝欲易太子，詔五城大索。十二月丙戌，召見皇太子於啓祥宮，賜手敕慰諭。

三十二年春二月壬寅，閣臣請補司道郡守及遣巡方御史，不報。三月甲子，乾清宮成。乙丑，賜楊守勤等進士及第、出身有差。

夏四月辛巳朔，日有食之。是月，濬泇河工成。五月癸酉，雷火焚長陵明樓。六月丙戌，以陵災，命補闕官恤刑獄。丁酉，昌平大水，壞長、泰、康、昭四陵石梁。

秋七月庚戌，京師大雨，壞城垣。辛酉，振被水居民。八月辛丑，羣臣伏文華門，疏請修舉實政，降旨切責。丙午，分水河工成。九月戊申，振畿南六府饑。閏月辛丑，武昌宗人蘊鈐等作亂，殺巡撫都御史趙可懷。

冬十月甲寅，始敍平播州功。

是年，琉球、烏斯藏入貢。

三十三年春正月，重修京師外城。庚辰，銀定、歹成犯鎮番，總兵官達雲擊敗之。

夏四月辛亥，蘊鈐等伏誅。五月丙申，鳳陽大風雨，毀陵殿神座。庚子，雷擊圜丘望燈高杆。六月乙巳，以雷警，敕修省。

秋八月己巳，停刑。九月甲午，昭和殿災。丙申，京師地震。

冬十一月辛巳，免淮陽被災田租。十二月壬寅，詔罷天下開礦。以稅務歸有司，歲輸所入之半於內府，半戶、工二部。丙午，免河南被災田租。乙卯，以皇長孫生，詔赦天下。開宗室科舉入仕例。罷採廣東珠池、雲南寶井。

三十四年春二月庚戌，加上皇太后徽號。辛亥，大學士沈鯉、朱賡請補六部大僚，不報。三月己卯，雲南人殺稅監楊榮，焚其屍。丁酉，眞定、順德、廣平、大名災，蠲振有差。

夏四月癸亥，濬朱旺口河工成。五月癸酉，河套部犯延綏，官軍擊走之。六月癸卯，緬甸陷木邦。是月，畿內大蝗。

秋七月癸未，沈一貫、沈鯉致仕。九月甲午，詔陝西嚴敕邊備。

冬十月丙申，停刑。十一月己巳，朶顏入犯，總兵官姜顯謨禦却之。十二月壬子，南京妖賊劉天緒謀反，事覺伏誅。

是年，安南、琉球入貢。蒙古喀爾喀諸部悉歸我大清。

三十五年春正月辛未，給事中翁憲祥言，撫、按官解任候命，不宜聽其自去，不報。二月戊戌，安南賊武德成犯雲南，總兵官沐叡禦却之。三月辛巳，賜黃士俊等進士及第、出身有差。

夏四月戊戌，銀定、歹成犯涼州，副總兵柴國柱擊走之。壬子，順義王撦力克卒。五月戊子，前禮部尚書于愼行及禮部侍郎李廷機、南京吏部侍郎葉向高並禮部尚書兼東閣大學士，預機務。六月，湖廣及徽、寧、太平、嚴州大水。閏月辛巳，復河套諸部貢市。

秋七月庚子，京師久雨。刑部請發熱審疏，不報。八月丙寅，振畿內饑。九月甲午，停刑。

冬十月癸酉，山東旱饑，蠲振有差。十一月壬子，于愼行卒。十二月，金沙江蠻阿克叛，陷武定，攻圍雲南，別陷嵩明、祿豐。安南賊犯欽州。

是年，琉球入貢。

三十六年春正月，河南、江北饑。二月戊辰，京師地震。

夏六月己卯，南畿大水。[一]

秋七月丁酉，京師地震。郴州礦賊起。八月癸亥，治雲南失事諸臣罪，巡撫都御史陳

中華書局

用賓，總兵官沐叡下獄，論死。庚辰，振南畿及嘉興、湖州饑。九月甲午，四川巡撫都御史喬璧星奏擒阿克於東川，賊平。

冬十一月壬子，朱賡卒。十二月戊午，再振南畿，免稅糧。

是年，琉球入貢。

三十七年春三月辛卯，拱兔陷大勝堡，遊擊于守志戰於小凌河，敗績。己酉，大學士葉向高請發羣臣相攻諸疏，公論是非，以肅人心，不報。

夏四月，倭寇溫州。

秋九月癸卯，左都御史詹沂封印自去。丁未，停刑。是秋，福建、浙江、江西大水。湖廣、四川、河南、陝西、山西旱。畿內、山東、徐州蝗。

冬十二月己巳，留畿內、山東諸省稅銀三分之一振饑民。徐州賊殺如皋知縣張藩。

是年，日本入琉球，執其國王尚寧。哈密入貢。

三十八年春三月癸巳，賜韓敬等進士及第、出身有差。

夏四月丁丑，正陽門樓災。辛卯，以旱災異常，諭羣臣各修職業，勿彼此攻訐。辛丑，

振畿內、山東、山西、河南、陝西、福建、四川饑。五月，河南賊陳自管等作亂，有司討擒之。

冬十月辛丑，停刑。十一月壬寅朔，日有食之。丁卯，以軍乏餉，諭廷臣陳足國長策，不得請發內帑。

是年，烏斯藏入貢。

三十九年春二月庚子，河套部敵犯甘州之紅崖、青湖，官軍禦却之。

夏四月，京師旱。戊子，怡神殿災。丙申，設邊鎮常平倉。五月壬寅，御史徐兆魁疏劾東林講學諸人陰持計典，自是諸臣益相攻擊。廣西、廣東大水。六月，自徐州北至京師大水。是夏，停熱審。

冬十月丁卯，戶部尚書趙世卿拜疏自去。甲申，停刑。閣臣請釋輕犯，不報。

是年，暹羅入貢。

四十年春二月癸未，吏部尚書孫丕揚拜疏自去。三月丙午，振京師流民。

夏四月丙寅，南京各道御史言：「臺省空虛，諸務廢墮，上深居二十餘年，未嘗一接見大臣，天下將有陸沈之憂。」不報。五月甲午朔，日有食之。

秋八月，河決徐州。九月庚戌，李廷機拜疏自去。

冬十月甲申，停刑。

是年，琉球中山王尚寧遣使報歸國。

四十一年春正月庚申，諭朝鮮練兵防倭。三月癸酉，賜周延儒等進士及第、出身有差。

夏五月己巳，諭吏部都察院：「年來議論混淆，朝廷優容不問，遂益妄言排陷，致大臣疑畏，皆欲求去，甚傷國體。自今仍有結黨亂政者，罪不宥。」六月乙未，卜失兔襲封順義王。

秋七月甲子，兵部尚書掌都察院事孫瑋拜疏自去。九月壬申，吏部左侍郎方從哲、前吏部左侍郎吳道南並禮部尚書兼東閣大學士，預機務。庚辰，吏部尚書趙煥拜疏自去。

是年，兩畿、山東、江西、河南、廣西、湖廣、遼東大水。烏斯藏入貢。

四十二年春正月乙丑，總兵官劉綎討建昌叛蠻，平之。二月辛卯，慈聖皇太后崩。己酉，振畿內饑。三月丙子，福王之國。

夏四月丙戌，以皇太后遺命赦天下。六月甲午，葬孝定皇后。

秋八月甲午，禮部右侍郎孫慎行拜疏自去。癸卯，葉向高致仕。

是年，安南、土魯番入貢。

四十三年春正月乙丑，徐州決河工成。三月丁未朔，日有食之。

夏五月己酉，薊州男子張差持梃入慈慶宮，擊傷守門內侍，下獄。丁巳，刑部提牢主事王之寀揭言張差獄情，梃擊之案自是起。己巳，嚴皇城門禁。癸酉，召見廷臣於慈寧宮。御史劉光復下獄。甲戌，張差伏誅。六月戊寅，久旱，敕修省。

秋七月己酉，振畿內饑。甲戌，停刑。閏八月庚戌，重建三殿。丁巳，山東大旱，詔留稅銀振之。丁卯，河套諸部犯延綏，官軍禦之，敗績，副將孫弘謨被執。

冬十月辛酉，京師地震。十一月戊寅，振京師饑民。

四十四年春三月辛未朔，日有食之。乙酉，賜錢士升等進士及第、出身有差。是春，畿內、山東、河南、淮、徐大饑，蠲振有差。

夏四月戊午，河南盜起，諭有司撫剿。六月壬寅，河套諸部犯延綏，總兵官杜文煥禦却之。丁卯，河決祥符朱家口，浸陳、杞、睢、柘諸州縣。

秋七月乙未，河套部長吉能犯高家堡，參將王國興敗沒。是月，陝西旱，江西、廣東水，

中華書局

河南、淮、揚、常、鎮蝗，山東盜賊大起。

冬十月丁未，停刑。十一月己巳，隆德殿災。

四十五年春二月戊午，以去冬無雪，入春不雨，敕修省。三月辛未，鎮撫司缺官，獄囚久繫多死，大學士方從哲等以請，不報。乙亥，振江西饑。[四]

夏五月丙子，久旱，再諭修省。六月丙申，畿南大饑，有司請振，不報。是月，閣臣法司請熱審，不報。

秋七月癸亥朔，日有食之。丁卯，吳道南以憂去。

是年，兩畿、河南、山東、山西、陝西、江西、湖廣、福建、廣東災。暹羅、烏斯藏入貢。

四十六年春二月乙巳，振廣東饑。

夏四月甲辰，大清兵克撫順城，千總王命印死之。庚戌，總兵官張承胤帥師援撫順，敗沒。閏月庚申，楊鎬爲兵部左侍郎兼右僉都御史，經略遼東。六月壬午，京師地震。是夏，有司請熱審，不報。

秋七月丙午，大清兵克清河堡，守將鄒儲賢、張旆死之。八月壬申，海運餉遼東。庚辰，

乃蠻等七部欵塞。辛巳，停刑。九月壬辰，遼師乏餉，有司請發各省稅銀，不報。辛亥，加天下田賦。[五]乙卯，京師地震。

冬十一月甲午，以災異敕修省。十二月丁巳，河套部長猛克什力來降。

是年，土魯番、天方、撒馬兒罕、魯迷、哈密、烏斯藏入貢。

四十七年春二月乙丑，經略楊鎬誓師於遼陽，總兵官李如柏、杜松、劉綎、馬林分道出塞。三月甲申，杜松遇大清兵於吉林崖，戰死。乙酉，馬林兵敗於飛芬山，[六]兵備僉事潘宗顏戰死。庚寅，劉綎兵深入阿布達里岡，戰死。辛丑，賜莊際昌等進士及第、出身有差。

夏四月癸酉，盔甲廠災。六月丁卯，大清兵克開原，馬林敗沒。癸酉，大理寺丞熊廷弼爲兵部右侍郎兼右僉都御史，經略遼東。甲戌，廷臣伏文華門，請發章奏及增兵發餉，不報。

秋八月乙卯，山東蝗。癸亥，逮楊鎬。九月庚辰，停刑。戊子，百官伏闕，請視朝行政，不報。

冬十月丁巳，振京師饑民。十二月，再加天下田賦。辛未，鎮江、寬奠、靉陽新募援兵潰。

是年，暹羅入貢。

四十八年春正月庚子，朝鮮乞援。三月庚寅，復加天下田賦。

夏四月癸丑，皇后王氏崩。戊午，帝不豫，召見方從哲於弘德殿。

秋七月壬辰，大漸，召英國公張惟賢，大學士方從哲，尚書周嘉謨、李汝華、黃嘉善、張問達、黃克纘，侍郎孫如游於弘德殿，勉諸臣勤職。丙申，崩，年五十有八。遺詔罷一切榷稅併新增織造諸項。九月甲申，上尊諡，廟號神宗，葬定陵。

光宗

光宗崇天契道英睿恭純憲文景武淵仁懿孝貞皇帝，諱常洛，神宗長子也。母恭妃王氏。萬曆十年八月生。神宗御殿受賀，告祭郊廟社稷，頒詔天下，上兩宮徽號。未幾，鄭貴妃生子常洵，有寵。儲位久不定，廷臣交章固請，皆不聽。二十九年十月，乃立爲皇太子。

三十一年，獲妖書，言神宗欲易太子，指斥鄭貴妃。神宗怒。捕逮株連者甚衆，最後得皦生光者，磔之，獄乃解。四十一年六月，姦人王曰乾上變，[七]告孔學等爲巫蠱，將謀不利

於東宮，語連鄭貴妃、福王，事具葉向高傳。四十三年夏五月己酉，薊州男子張差持梃入慈慶宮，事復連貴妃內璫。太子請以屬吏。獄具，戮差於市，斃內璫二人於禁中。自是遂有「梃擊」之案。

四十八年七月，神宗崩。丁酉，太子遵遺詔發帑金百萬犒邊，盡罷天下礦稅，起建言得罪諸臣。己亥，再發帑金百萬充邊賞。八月丙午朔，卽皇帝位。大赦天下，以明年爲泰昌元年。錮直省被災租賦。己酉，吏部侍郎史繼偕、南京禮部侍郎沈㴶爲禮部尚書兼東閣大學士，預機務。遼東大旱。庚申，蘭州黃河清，凡三日。甲子，禮部侍郎何宗彥、劉一燝、韓爌爲禮部尚書兼東閣大學士，預機務。乙丑，南京禮部尚書朱國祚爲禮部尚書兼東閣大學士，預機務。召葉向高。遣使恤刑。丙寅，帝不豫。戊辰，召對英國公張惟賢、大學士方從哲等十有三人於乾清宮，命皇長子出見。甲戌，大漸，復召從哲等受顧命。是日，鴻臚寺官李可灼進紅丸。

九月乙亥朔，崩於乾清宮，在位一月，年三十有九。熹宗卽位，從廷臣議，改萬曆四十八年八月後爲泰昌元年。冬十月，上尊諡，廟號光宗，葬慶陵。

贊曰：神宗冲齡踐阼，江陵秉政，綜核名實，國勢幾於富强。繼乃因循牽制，晏處深宮，

綱紀廢弛，君臣否隔。於是小人好權趨利者馳騖追逐，與名節之士爲仇讎，門戶紛然角立。馴至𢡟、愍，邪黨滋蔓。在廷正類無深識遠慮以折其機牙，而不勝忿激，交相攻訐。以致人主蓄疑，賢姦雜用，潰敗決裂，不可振救。故論者謂明之亡，實亡於神宗，豈不諒歟。光宗潛德久彰，海內屬望，而嗣服一月，天不假年，措施未展，三案搆爭，黨禍益熾，可哀也夫。

校勘記

〔一〕十二月丁丑武昌漢陽民變擊傷稅使陳奉　十二月，指二十七年十二月。本書卷三〇五陳增傳附陳奉傳、又卷二三七馮應京傳都繫此事於二十八年，國榷卷七八頁四八六六繫於萬曆二十八年十二月辛卯。

〔二〕五月蘇州民變　明史稿紀一六神宗紀、神宗實錄卷三六〇都繫此事於六月壬申。

〔三〕夏六月己卯南畿大水　己卯，原作「乙卯」。按是年六月丙辰朔，不得有乙卯日，據神宗實錄卷四四七改。

〔四〕三月辛未鎮撫司缺官獄囚久繫多死大學士方從哲等以請不報乙亥振江西饑　辛未，原繫於二月下，而置「三月」于「乙亥」之上。按是年二月丙申朔，不得有辛未日。神宗實錄卷五五五繫方從哲之請於三月辛未，繫振江西饑于三月乙亥，據改。

〔五〕九月壬辰遼師乏餉至辛亥加天下田賦　壬辰，原繫於八月，而置「九月」于「辛亥」之上。按是年八月丁巳朔，不得有壬辰日。神宗實錄卷五七四繫有司請發各省稅銀事於九月壬辰，繫加田賦事於九月辛亥，據改。

〔六〕乙酉馬林兵敗於飛芬山　飛芬山，明史稿紀一六神宗紀及神宗實錄卷五八〇都作「稗子谷」。本書有關明、清戰爭等記事，都根據清代實錄。而明、清兩代實錄所本不同，故所記月日、地名、人名及情節往往互異。以後此類不再出校記。

〔七〕姦人王曰乾上變　王曰乾，原作「王日乾」，據本書卷二三五何士晉傳、又卷二四〇葉向高傳，明史稿紀一六神宗紀，神宗實錄卷五〇九改。

明史卷二十二

本紀第二十二

熹宗

熹宗達天闡道敦孝篤友章文襄武靖穆莊勤悊皇帝，諱由校，光宗長子也。母選侍王氏。萬曆三十三年十一月，神宗以元孫生，詔告天下。

四十八年，神宗遺詔皇長孫及時册立，未及行。九月乙亥，光宗崩，遺詔皇長子嗣皇帝位。羣臣哭臨畢，請見皇長子於寢門，奉至文華殿行禮，還居慈慶宮。丙子，頒遺詔。時選侍李氏居乾清宮，吏部尚書周嘉謨等及御史左光斗疏請選侍移宮，御史王安舜疏論李可灼進藥之誤，「紅丸」、「移宮」二案自是起。己卯，選侍移仁壽殿。庚辰，卽皇帝位。詔赦天下，以明年爲天啓元年。己丑，以是年八月以後稱泰昌元年。辛卯，逮遼東總兵官李如柏。甲午，廕太監魏進忠兄錦衣衞千戶。封乳保客氏爲奉聖夫人，官其子。

冬十月丙午，葬顯皇帝、孝端顯皇后於定陵。戊申，遼東巡撫都御史袁應泰爲兵部侍郎，經略遼東，代熊廷弼。辛酉，御經筵。壬戌，禮部尚書孫如游兼東閣大學士，預機務。丁卯，𡃁鸞宮災。十一月丙子，追謚皇妣孝元貞皇后，生母孝和皇太后。十二月辛酉，方從哲致仕。

天啓元年春正月庚辰，享太廟。壬辰，追謚伍文定等七十三人。壬寅，御史王心一請罷客氏香火土田，魏進忠陵工敍錄，不報。二月甲辰，言官請復當朝口奏及召對之典，從之。己未，御經筵。閏月乙酉，以風霾諭羣臣修省。丁亥，孫如游致仕。丙申，除齊泰、黃子澄戚屬戍籍。戊戌，昭和殿災。三月乙卯，大清兵取瀋陽，總兵官尤世功、賀世賢戰死。總兵官陳策、童仲揆、戚金、張名世帥諸將援遼，戰於渾河，皆敗沒。壬戌，大清兵取遼陽，經略袁應泰等死之。巡按御史張銓被執，不屈死。丙寅，諭兵部：「國家文武並用，頃承平日久，視武弁不啻奴隸，致令豪傑解體。今邊疆多故，大風猛士深軫朕懷，其令有司於山林草澤間愼選將材。」丁卯，京師戒嚴。

夏四月壬申朔，日有食之。甲戌，禁抄發軍機。丙子，遼東巡撫僉都御史薛國用爲兵部侍郎，經略遼東。參議王化貞爲右僉都御史，巡撫廣寧。戊寅，募兵於通州、天津、宣府、大同。甲午，募兵於陝西、河南、山西、浙江。戊戌，冊皇后張氏。五月丁未，貴州紅苗平。甲寅，禁訛言。辛酉，陝西都指揮陳愚直以固原兵入援，潰於臨洺。未幾，寧夏援遼兵潰於三河。六月癸酉，何宗彥入閣。丙子，朱國祚入閣。熊廷弼爲兵部尚書兼右副都御史，經略遼東。辛巳，兵部尚書王象乾總督薊、遼軍務。

秋七月乙巳，沈漼入閣。八月丙子，擢參將毛文龍爲副總兵，駐師鎮江城。戊子，杭州大火，詔停織造。癸巳，停刑。九月壬寅，葬貞皇帝於慶陵。乙卯，永寧宣撫使奢崇明反，殺巡撫徐可求，據重慶，分兵陷合江、納溪、瀘州。丁卯，陷興文，知縣張振德死之。

冬十月戊辰，御史周宗建請出客氏於外，不聽。給事中倪思輝、朱欽相等相繼言，皆謫外任。丙子，史繼偕入閣。乙酉，奢崇明圍成都，布政使朱燮元固守。尋擢燮元僉都御史，巡撫四川。石砫宣撫使女土官秦良玉起兵討賊。壬辰，葉向高入閣。十二月丁丑，巡撫河南都御史張我續爲兵部侍郎，提督川、貴軍務。陝西巡撫移駐漢中，鄖陽巡撫移駐夷陵。湖廣官軍由巫峽趨忠、涪討賊。庚辰，援遼浙兵譁於玉田。辛卯，以熊廷弼、王化貞屢議戰守不合，遣使宣諭。

是年，安南、土魯番、烏斯藏入貢。

二年春正月丁未，延綏總兵官杜文煥、四川總兵官楊愈懋討永寧賊。丁巳，大清兵取西平堡，副將羅一貴死之。〔一〕鎮武營總兵官劉渠、祁秉忠逆戰於平陽橋，敗沒。王化貞走閭陽，與熊廷弼等俱入關。參政高邦佐留松山，死之。壬戌，振山東流徙遼民。癸亥，兵部尚書張鶴鳴視師遼東。乙丑，京師戒嚴。河套部犯延綏。永寧賊將羅乾象約降，與官軍共擊賊，成都圍解。二月癸酉，水西土同知安邦彥反，陷畢節、安順、平壩、霑益、龍里，遂圍貴陽，巡撫都御史李橒、巡按御史史永安固守。戊寅，免天下帶徵錢糧二年及北畿加派。禮部右侍郎孫承宗爲兵部尚書兼東閣大學士，預機務。己丑，孫承宗兼理兵部事。三月丁酉朔，劉一燝致仕。甲辰，陽武侯薛濂營理募兵。兵部侍郎王在晉爲尚書兼右副都御史，經略遼、薊、天津、登、萊軍務。甲寅，賜文震孟等進士及第、出身有差。丁巳，敕湖廣、雲南、廣西官軍援貴州。是春，舉內操。

夏四月甲申，京師旱。五月戊戌，復張居正原官。己亥，錄方孝孺遺嗣，尋予祭葬及謚。丙午，山東白蓮賊徐鴻儒反，陷鄆城。癸亥，秦良玉、杜文煥破賊於佛圖關，官軍合圍重慶，復之。六月戊辰，徐鴻儒陷鄒縣、滕縣，滕縣知縣姬文胤死之。加毛文龍爲總兵官。貴州總兵官張彥芳爲平蠻總兵官，從巡撫都御史王三善討水西賊。己巳，前總兵官楊肇基、遊擊陳九德帥兵討山東賊。

秋七月甲辰，松潘副使李忠臣約總兵官楊愈懋謀復永寧，不克，皆死之。賊攻大壩，遊擊龔萬祿戰死，遂陷遵義。癸丑，沈漼致仕。乙卯，神宗神主祔太廟。庚申，援黔兵潰於新添。癸亥，武邑賊于弘志作亂，尋伏誅。八月庚辰，孫承宗以原官督理山海關及薊、遼、天津、登、萊軍務。九月甲午朔，光宗神主祔太廟。壬寅，御史馮英請設州縣兵，按畝供餉，從之。乙卯，封皇弟由檢爲信王。停刑。

冬十月辛未，水西賊犯雲南，官軍擊敗之。辛巳，官軍復鄒縣，擒徐鴻儒等，山東賊平。壬午，總兵官魯欽代杜文煥爲總理，援貴州。十一月癸丑，朱燮元總督四川軍務。十二月己巳，王三善、副總兵劉超敗賊於龍里，貴陽圍解。

是年，暹羅入貢。

三年春正月己酉，禮部侍郎朱國禎，尚書顧秉謙，侍郎朱延禧、魏廣微，俱禮部尚書東閣大學士，預機務。乙卯，紅夷據澎湖。貴州官軍三路進討水西，副總兵劉超敗績於陸廣河。二月乙酉，贈卹鄒縣死難博士孟承光及母孔氏，子弘略。是月，停南京進鮮。三月癸卯，朝鮮廢其主李琿。是春，振山東被兵州縣。

夏四月庚申朔，京師地震。己巳，朱國祚致仕。五月辛丑，四川官軍敗賊於永寧，奢崇

明走紅崖。

秋七月辛卯，南京大內災。壬辰，奢崇明走龍場，與安邦彥合。丁酉，安南寇廣西，巡撫都御史何士晉禦却之。己亥，史繼偕致仕。九月癸巳，給事中陳良訓疏陳防微四事，下鎮撫司獄。

冬十月乙亥，京師地震。丁丑，停刑。閏月壬寅，以皇子生，詔赦天下。是月，王三善剿水西，屢破賊，至大方。十一月丁巳朔，祀天於南郊。十二月癸巳，封李倧爲朝鮮國王。戊戌，京師地震。庚戌，魏忠賢總督東廠。

是年，暹羅、琉球入貢。

四年春正月丙辰朔，長興民吳野樵殺知縣石有恆、主簿徐可行，尋伏誅。乙丑，王三善自大方旋師遇伏，被執死之，諸官將皆死。庚午，何宗彥卒。二月丁酉，薊州、永平、山海關地震，壞城郭廬舍。甲寅，京師地震，宮殿動搖有聲。帝不豫。三月丁巳，疾愈。庚申，杭州兵變。是月，京師屢地震。

夏五月甲寅朔，福寧兵變，有司撫定之。六月癸未，左副都御史楊漣劾魏忠賢二十四大罪，南北諸臣論忠賢者相繼，皆不納。丙申，大雨雹。杖殺工部郎中萬燝，逮杖御史林

中華書局

汝舊。

秋七月辛酉，葉向高致仕。癸亥，河決徐州。振山東饑。

冬十月，削吏部侍郎陳于廷、副都御史楊漣、僉都御史左光斗籍。十一月己巳，韓爌致仕。是月，貴州官兵敗賊於普定，進至織金，破之。十二月辛巳，逮內閣中書汪文言下鎮撫司獄。丙申，朱國禎致仕。癸卯，南京地震如雷。是月，兩當民變，殺知縣牛得用。

五年春正月癸亥，大清兵取旅順。戊寅，以慶陵工成，予魏忠賢等廕賚。是月，總理魯欽、劉超等自織金旋師，爲賊所襲，諸營兵潰。三月甲寅，釋奠於先師孔子。丙寅，賜余煌等進士及第、出身有差。甲戌，朱燮元總督雲、貴、川、湖、廣西軍務，討安邦彥。丁丑，讞汪文言獄，逮楊漣、左光斗、袁化中、魏大中、周朝瑞、顧大章，削尚書趙南星等籍。未幾，漣等逮至，下鎮撫司獄，相繼死獄中。

夏四月己亥，削大學士劉一燝籍。五月癸亥，給事中楊所修請以「梃擊」、「紅丸」、「移宮」三案編次成書，從之。乙丑，祀地於北郊。庚午，行宗室限祿法。六月丙戌，朱延禧致仕。

秋七月壬戌，毀首善書院。壬申，韓爌削籍。甲戌，追論萬曆辛亥、丁巳、癸亥三京察，

尚書李三才、顧憲成等削籍。八月壬午，毀天下東林講學書院。削尚書孫慎行等籍。戊子，禮部尚書周如磐兼東閣大學士，侍郎丁紹軾、黃立極爲禮部尚書，少詹事馮銓爲禮部右侍郎，並兼東閣大學士，預機務。己亥，魏廣微罷。壬寅，熊廷弼棄市，傳首九邊。九月壬子，遼東副總兵魯之甲敗沒於柳河。

冬十月己卯，兵部尚書高第經略遼、薊、登、萊、天津軍務。丙戌，停刑。庚寅，孫承宗致仕。丙申，逮中書舍人吳懷賢下鎮撫司獄，杖殺之。庚子，以皇子生，詔赦天下。十一月壬子，周如磐致仕。十二月乙酉，榜東林黨人姓名，頒示天下。戊子，戍前尚書趙南星。

是年，琉球、烏斯藏入貢。

六年春正月戊午，修三朝要典。丁卯，大清兵圍寧遠，總兵官滿桂、寧前道參政袁崇煥固守。己巳，圍解。二月乙亥，袁崇煥爲僉都御史，專理軍務，仍駐寧遠。戊戌，以蘇杭織造太監李實奏，逮前應天巡撫周起元，吏部主事周順昌，左都御史高攀龍，諭德繆昌期，御史李應昇、周宗建、黃尊素。攀龍赴水死，起元等下鎮撫司獄，相繼死獄中。己亥，祭日於東郊。三月丁未，設各邊鎮監軍內臣。太監劉應坤鎮守山海關，大學士丁紹軾、兵部尚書王永光等屢諫不聽。論寧遠解圍功，封魏忠賢從子良卿肅寧伯。庚戌，安邦彥犯貴州，官軍敗績，總理魯欽死之。壬子，袁崇煥巡撫遼東、山海。

夏四月丁丑，命南京守備內臣搜括應天各府貯庫銀，充殿工、兵餉。戊戌，丁紹軾卒。五月戊申，王恭廠災，死者甚衆。己酉，以旱災敕羣臣修省。癸亥，朝天宮災。六月丙子，京師地震，靈丘地震經月。壬午，河決廣武。辛卯，三朝要典成，刊布中外。閏月辛丑，巡撫浙江僉都御史潘汝楨請建魏忠賢生祠，許之。嗣是建祠幾遍天下。壬寅，馮銓罷。壬子，朱燮元以憂去，偏沅巡撫都御史閔夢得代之。[三]是夏，京師大水，江北、山東旱蝗。

秋七月辛未朔，日當食，陰雲不見。辛巳，下前揚州知府劉鐸詔獄，殺之。丙戌，禮部侍郎施鳳來、張瑞圖，詹事李國榗，俱禮部尚書東閣大學士，預機務。八月，陝西流賊起，由保寧犯廣元。九月庚寅，顧秉謙致仕。壬辰，皇極殿成，停刑。己亥，魏良卿進封肅寧侯。是月，參將楊明輝齎敕招諭水西賊，被殺。是秋，江北大水，河南蝗。

冬十月戊申，進魏忠賢爵上公，魏良卿寧國公，予誥券，加賜莊田一千頃。己酉，以皇極殿成詔天下，官匠雜流陞授者九百六十五人。癸丑，改修光宗實錄。十一月庚寅，予魏良卿鐵券。十二月戊申，南京地震。甲子，潯州賊殺守備蔡人龍。

是年，安南、烏斯藏、琉球入貢。

七年春正月辛未，振鳳陽饑。乙亥，太監涂文輔總督太倉銀庫、節慎庫。崔文昇、李明道提督漕運河道，嚴京師、通州諸倉。辛卯，免榷潼關、咸陽商稅。二月壬戌，修隆德殿。三月癸酉，豐城侯李承祚請開採珠池、銅礦，不許。戊子，澄城民變，殺知縣張斗耀。是春，大清兵征朝鮮。

夏四月丁酉，下前侍郎王之宷鎮撫司獄，死獄中。五月己巳，監生陸萬齡請建魏忠賢生祠於太學旁，歲祀如孔子，許之。丙子，大清兵圍錦州。癸巳，攻寧遠。六月庚子，錦州圍解。

秋七月乙丑朔，帝不豫。丙寅，罷袁崇煥。己卯，封魏忠賢孫鵬翼爲安平伯。壬午，戍孫慎行。丁亥，海賊寇廣東。是月，浙江大水。八月丙申，加魏良卿太師，魏鵬翼少師。戊戌，中極、建極二殿成。乙巳，召見閣部、科道諸臣於乾清宮，諭以魏忠賢、王體乾忠貞可計大事。封忠賢姪良棟爲東安侯。甲寅，大漸。乙卯，崩於乾清宮，年二十三。遺詔以皇第五弟信王由檢嗣皇帝位。

冬十月庚子，上尊謚，廟號熹宗，葬德陵。

贊曰：明自世宗而後，綱紀日以陵夷，神宗末年，廢壞極矣。雖有剛明英武之君，已難

復振。而重以帝之庸懦，婦寺竊柄，濫賞淫刑，忠良慘禍，億兆離心，雖欲不亡，何可得哉。

校勘記

〔一〕副將羅一貴死之　羅一貴，熹宗實錄卷一三、國榷卷八五頁五二〇〇同。本書卷二七一、明史稿傳一二九都有羅一貫傳，疑作「羅一貫」是。

〔二〕偏沅巡撫都御史閔夢得代之　閔夢得，原作「葉夢得」。本書卷二四九朱燮元傳及熹宗實錄卷六八都作「閔夢得」。按本書卷一八三閔珪傳載閔珪曾孫閔學文「從弟夢得，兵部戎政尙書」，卽其人，據改。

明史卷二十三

本紀第二十三

莊烈帝一

莊烈愍皇帝，諱由檢，光宗第五子也，萬曆三十八年十二月生。母賢妃劉氏，早薨。天啓二年，封信王。六年十一月，出居信邸。

明年八月，熹宗疾大漸，召王入，受遺命。丁巳，卽皇帝位。大赦天下，以明年爲崇禎元年。九月甲申，追謚生母賢妃曰孝純皇后。丁亥，停刑。庚寅，册妃周氏爲皇后。

冬十月甲午朔，享太廟。癸丑，南京地震。十一月甲子，安置魏忠賢於鳳陽。戊辰，撤各邊鎭守內臣。己巳，魏忠賢縊死。癸酉，免天啓時逮死諸臣贓，釋其家屬。癸巳，黃立極致仕。十二月，前南京吏部侍郎錢龍錫、禮部侍郎李標、禮部尙書來宗道、吏部侍郎楊景辰、禮部侍郎周道登、少詹事劉鴻訓俱禮部尙書兼東閣大學士，預機務。〔一〕魏良卿、客氏子侯國興俱伏誅。

崇禎元年春正月辛巳，詔內臣非奉命不得出禁門。壬午，尊熹宗后爲懿安皇后。丙戌，戮魏忠賢及其黨崔呈秀尸。二月乙未，禁章奏冗蔓。癸丑，御經筵。丁巳，戒廷臣交結內侍。三月己巳，葬悊皇帝於德陵。癸未，施鳳來、張瑞圖致仕。乙酉，賜卹冤陷諸臣。

夏四月癸巳，賜劉若宰等進士及第、出身有差。甲午，袁崇煥爲兵部尙書，督師薊、遼。庚戌，指揮卓銘請開礦，不許。五月己巳，李國槽致仕。庚午，燬三朝要典。甲戌，裁各部添注官。辛巳，禱雨。乙酉，復外吏久任及舉保連坐之法，禁有司私派。六月，削魏忠賢黨馮銓、魏廣微籍。壬寅，許顯純伏誅。壬子，來宗道、楊景辰致仕。

秋七月癸酉，召對廷臣及袁崇煥於平臺。壬午，浙江風雨，海溢，漂沒數萬人。癸未，海寇鄭芝龍降。甲申，寧遠兵變，巡撫都御史畢自肅自殺。八月乙未，詔非盛暑祁寒，日御文華殿與輔臣議政。九月丁卯，京師地震。

冬十月戊戌，劉鴻訓罷，尋遣戍。十一月癸未，祀天於南郊。十二月丙申，韓爌復入閣。

是年，革廣寧及薊鎭塞外諸部賞。諸部饑，告糴，不許。陝西饑民苦加派，流賊大起，分掠鄜州、延安。

中華書局

二年春正月丙子，釋奠於先師孔子。丁丑，定逆案，自崔呈秀以下凡六等。二月戊子，祀社稷。庚寅，皇長子慈烺生，赦天下。三月戊寅，薊州兵變，有司撫定之。

夏四月甲午，裁驛站。〔二〕閏月癸亥，流賊犯三水，遊擊高從龍戰歿。〔三〕癸未，祀地於北郊。五月乙酉朔，日有食之。庚子，議改曆法。六月戊午，袁崇煥殺毛文龍於雙島。癸亥，以久旱，齋居文華殿，敕羣臣修省。

秋八月甲子，總兵官侯良柱、兵備副使劉可訓擊斬奢崇明、安邦彥於紅土川，水西賊平。甲戌，熹宗神主祔太廟。九月丁未，楊鎬棄市。

冬十月戊寅，大清兵入大安口。十一月壬午朔，京師戒嚴。乙酉，山海關總兵官趙率教戰沒於遵化。甲申，大清兵入遵化，巡撫都御史王元雅、推官何天球等死之。丁亥，總兵官滿桂入援。己丑，吏部侍郎成基命爲禮部尚書兼東閣大學士，預機務。召前大學士孫承宗爲兵部尚書中極殿大學士，視師通州。辛卯，袁崇煥入援，次薊州。戊子，宣、大、保定兵相繼入援。徵天下鎮巡官勤王。辛丑，大清兵薄德勝門。甲辰，召袁崇煥等於平臺，崇煥請入城休兵，不許。下兵部尚書王洽於獄。十二月辛亥朔，再召袁崇煥於平臺，下錦衣衞獄。甲寅，總兵官祖大壽兵潰，東出關。乙卯，孫承宗移駐山海關。庚申，諭廷臣進馬。丁卯，

遣中官趨滿桂出戰，桂及前總兵官孫祖壽俱戰歿。總兵官馬世龍總理援軍。壬申，錢龍錫罷。癸酉，山西援兵潰於良鄉。丁丑，禮部侍郎周延儒、尚書何如寵、侍郎錢象坤俱禮部尚書兼東閣大學士，預機務。

三年春正月甲申，大清兵克永平，副使鄭國昌、知府張鳳奇等死之。丙戌，瘞城外戰士骸。戊子，大清兵克灤州。庚寅，逮總督薊遼都御史劉策下獄，論死。乙未，禁抄傳邊報。韓爌致仕。壬寅，兵部右侍郎劉之綸敗沒於遵化。是月，陝西諸路總兵官吳自勉等帥師入衞，延綏、甘肅兵潰西去，與羣寇合。二月庚申，立皇長子慈烺爲皇太子，大赦。三月壬午，李標致仕。戊申，流賊犯山西。

夏四月乙卯，以久旱，齋居文華殿，諭百官修省。丁丑，流賊陷蒲縣。五月辛卯，馬世龍、祖大壽諸軍入灤州。壬辰，大清兵東歸，永平、遷安、遵化相繼復。六月癸丑，流賊王嘉胤陷府谷，米脂賊張獻忠聚衆應之。己未，授宋儒邵雍後裔五經博士。辛酉，禮部尚書溫體仁、吳宗達並兼東閣大學士，預機務。

秋八月癸亥，殺袁崇煥。九月己卯，逮錢龍錫下獄。

冬十月癸亥，停刑。丙寅，巡撫延綏副都御史洪承疇、總兵官杜文煥敗賊張獻忠於清

澗。十一月壬辰，破賊於懷寧。甲午，山西總兵官王國樑追賊於河曲，敗績。十二月乙巳朔，增田賦充餉。戊午，流賊陷寧塞。

是年，烏斯藏入貢。

四年春正月己卯，流賊陷保安。丁酉，御史吳甡振延綏饑民。己亥，召對內閣、九卿、科道及入覲兩司官於文華殿。命都察院嚴覈巡按御史。二月壬子，流賊圍慶陽，分兵陷合水。三月丁丑，副將張應昌等擊敗之，慶陽圍解。癸未，總督陝西三邊軍務侍郎楊鶴招撫流賊於寧州，羣賊僞降，尋復叛。己丑，賜陳于泰等進士及第、出身有差。

夏四月庚戌，禱雨。辛酉，詔廷臣條時政。是月，延綏副將曹文詔擊賊於河曲，王嘉胤敗死。〔四〕五月甲戌朔，步禱於南郊。庚辰，戍錢龍錫。六月丁未，錢象坤致仕。

秋七月甲戌，總兵官王承恩敗賊於鄜州，降賊首上天龍。八月癸卯，總兵官賀虎臣擊斬賊劉六於慶陽。丁未，大清兵圍祖大壽於大凌城。丙辰，何如寵致仕。九月庚辰，內臣王應朝、鄧希詔等監視關、寧、薊鎮兵糧及各邊撫賞。〔五〕甲午，逮楊鶴下獄，論戍。〔六〕洪承疇總督三邊軍務。丁酉，太監張彝憲總理戶、工二部錢糧，給事中宋可久等相繼諫，不聽。戊戌，山海總兵官宋偉等援大凌，敗於長山，監軍太僕少卿張春被執。

冬十月辛丑朔，日有食之。戊辰，祖大壽殺副將何可綱。己巳，大壽自大凌脫歸，入錦州。十一月丙戌，太監李奇茂監視陝西茶馬，吳直監視登島兵糧、海禁。〔七〕羣臣合疏諫，不聽。壬辰，孫承宗致仕。癸巳，召對廷臣於文華殿，歷詢軍國諸務，語及內臣，帝曰：「諸臣若實心任事，朕亦何需此輩。」己亥，流賊羅汝才犯山西。閏月乙丑，陝西降賊復叛，陷甘泉，殺參政張允登。丁卯，登州遊擊孔有德率師援遼，次吳橋反，陷陵縣，連陷臨邑、商河、齊東，屠新城。十二月丙子，濟南官軍禦賊於阮城店，敗績。丁丑，以大凌築城招釁，奪孫承宗官。是冬，延安、慶陽大雪，民饑，盜賊益熾。

五年春正月辛丑，孔有德陷登州，遊擊陳良謨戰死，總兵官張可大死之。巡撫都御史孫元化、副使宋光蘭等被執，尋縱還。辛亥，孔有德陷黃縣。丙寅，總兵官楊御蕃、王洪率師討孔有德，敗績於新城鎮。二月己巳朔，孔有德圍萊州，巡撫都御史徐從治固守。辛巳，孔有德陷平度。三月壬寅，兵部侍郎劉宇烈督理山東軍務，討孔有德。

夏四月甲戌，劉宇烈敗績於沙河。癸未，徐從治中傷卒。是月，總兵官曹文詔、楊嘉謨連破賊於隴安、靜寧，賊奔水落城，平涼、莊浪饑民附之，勢復熾。五月丙午，參政朱大典爲僉都御史，巡撫山東。辛亥，禮部尚書鄭以偉、徐光啓並兼東閣大學士，預機務。六月，京

中華書局

師大雨水。壬申，河決孟津。

秋七月辛丑，太監曹化淳提督京營戎政。癸卯，孔有德僞降，誘執登萊巡撫都御史謝璉，萊州知府朱萬年死之。己未，孫元化棄市。逮劉宇烈下獄，論戍。〔八〕八月甲戌，洪承疇敗賊於甘泉，賊首白廣恩降。甲申，朱大典督軍救萊州，前鋒參將祖寬敗賊於沙河。乙酉，萊州圍解。癸巳，官軍大敗孔有德於黃縣，進圍登州。九月丁酉，海賊劉香寇福建。是秋，陝西賊入山西，連陷大寧、澤州、壽陽，分部走河北，犯懷慶，陷修武。

冬十一月戊戌，劉香寇浙江。

六年春正月癸卯，曹文詔節制山、陝諸將討賊。丁未，副將左良玉破賊於涉縣，賊走林縣山中，饑民爭附之。庚申，遣使分督直省逋賦。是月，曹文詔擊山西賊，屢敗之。二月壬申，削左副都御史王志道籍。癸酉，流賊犯畿南。戊子，總兵官陳洪範等克登州水城。辛卯，孔有德遁入海，山東平。三月癸巳，敕曹文詔諸將限三月平賊。

夏四月己巳，免延安、慶陽、平涼新舊遼餉。壬申，總兵官鄧玘、左良玉剿河南賊。五月乙巳，太監陳大金等分監曹文詔、張應昌、左良玉、鄧玘軍。壬子，孔有德及其黨耿仲明等航海降於我大清。癸丑，河套部犯寧夏，總兵官賀虎臣戰沒。六月辛酉朔，太監高起潛

監視寧、錦兵餉。乙丑，鄭以偉卒。庚辰，周延儒致仕。甲申，延綏副將李卑援剿河南。庚寅，太監張彝憲請催逋賦一千七百餘萬，給事中范淑泰諫，不聽。

秋七月甲辰，大清兵取旅順，總兵官黃龍死之。癸丑，改曹文詔鎮大同，山西巡撫都御史許鼎臣請留文詔剿賊，不許。八月己巳，曹文詔敗賊於濟源，又敗之於懷慶。九月庚戌，南京禮部侍郎錢士升爲禮部尚書兼東閣大學士，預機務。

冬十月戊辰，徐光啓卒。十一月癸巳，禮部侍郎王應熊、何吾騶俱禮部尚書兼東閣大學士，預機務。辛亥，詔保定、河南、山西會兵剿賊。壬子，賊渡河。乙卯，陷澠池。十二月，連陷伊陽、盧氏，分犯南陽、汝寧，遂逼湖廣。

是年，安南入貢。

七年春正月己丑，廣鹿島副將尙可喜降於我大清。設河南、山、陝、川、湖五省總督，以延綏巡撫陳奇瑜兼兵部侍郎爲之。庚寅，總兵官張應昌渡河，敗賊於靈寶。壬辰，賊自鄖陽渡漢。癸巳，犯襄陽，連陷紫陽、平利、白河，南入四川。二月戊寅，陷夔州，大寧諸縣皆失守。甲申，耕耤田。乙酉，張獻忠突商、雒，凡十三營流入漢南。是月，振登、萊饑，蠲逋賦。三月丁亥朔，日有食之。甲辰，賜劉理順等進士及第、出身有差。乙巳，張應昌擊賊於

五嶺山，〔九〕敗績。庚戌，賊自四川走湖廣，副將楊世恩追敗之於石河口。山西自去年不雨至於是月，民大饑。

夏四月，賊自湖廣走盧氏、靈寶。癸酉，發帑振陝西、山西饑。五月丙申，副將賀人龍等敗賊於藍田。六月辛未，總督侍郎陳奇瑜、鄖陽撫治都御史盧象昇會師於上津，剿湖廣賊。甲戌，河決沛縣。是夏，官軍圍高迎祥、李自成諸賊於興安之車箱峽兩月。賊食盡，僞降。陳奇瑜受之，縱出險。復叛，陷所過州縣。張應昌自清水追賊，敗績。

秋七月壬辰，大清兵入上方堡，至宣府。乙未，詔總兵官陳洪範守居庸，巡撫保定都御史丁魁楚等守紫荆、雁門。辛丑，京師戒嚴。庚戌，大清兵克保安，沿邊諸城堡多不守。八月，分遣總兵官尤世威等援邊。戊辰，宣大總督侍郎張宗衡節制各鎮援兵。閏月甲申，賊陷隆德、固原，參議陸夢龍赴援，敗沒。丁亥，大清兵克萬全左衞。庚寅，旋師出塞。壬寅，李自成圍賀人龍於隴州。九月庚申，盔甲廠災。〔一〇〕庚辰，洪承疇解隴州圍。甲戌，以賊聚陝西，詔河南兵入潼、華，湖廣兵入商、雒，四川兵由興、漢，山西兵出蒲州、韓城，合剿。

冬十月庚戌，湖廣兵援漢中，副將楊正芳戰死。十一月庚辰，逮陳奇瑜下獄，論戍。乙酉，洪承疇兼攝五省軍務。是冬，陝西賊分犯湖廣、河南，李自成陷陝州。

是年，暹羅入貢。

八年春正月乙卯，賊陷上蔡，連陷汜水、滎陽、固始。己未，洪承疇出關討賊。辛酉，張獻忠陷潁州。丙寅，陷鳳陽，焚皇陵樓殿，留守朱國相等戰死。壬申，徐州援兵至鳳陽。張獻忠犯廬州，尋陷廬江、無爲。李自成走歸德，與羅汝才復入陝西。二月，張獻忠陷潛山、羅田、太湖、新蔡，應天巡撫都御史張國維禦却之。甲午，以皇陵失守，逮總督漕運尙書楊一鵬下獄，尋棄市。丁酉，總兵官鄧玘敗賊於羅山。是月，曹文詔敗賊於隨州。〔一一〕

夏四月，張獻忠復走漢中，犯平涼、鳳翔。丁亥，鄭芝龍擊敗海賊劉香，香自殺，衆悉降。辛卯，洪承疇會師於汝州，分部諸將防豫、楚要害。乙巳，川兵變於樊城，〔一二〕鄧玘自殺。丙午，洪承疇西還，駐師靈寶。五月乙亥，吳宗達致仕。六月己丑，官軍遇賊於亂馬川，敗績。壬辰，副將艾萬年、柳國鎮擊李自成於寧州之襄樂，〔一三〕戰沒。丙午，曹文詔追賊至眞寧之湫頭鎭，遇伏，力戰死之。

秋七月甲戌，少詹事文震孟、刑部侍郎張至發俱禮部侍郎兼東閣大學士，預機務。是月，張獻忠突朱陽關，總兵官尤世威敗績，賊復走河南。八月，李自成陷咸陽，賊將高傑降。壬辰，詔撤監視總理內臣，〔一四〕惟京營及關、寧如故。辛丑，盧象昇總理直隸、河南、山東、湖廣、四川軍務。九月辛亥，洪承疇督副將曹變蛟等敗賊於關山鎭。李自成東走，與張獻忠

合。壬戌，官軍敗績於沈丘之瓦店，總兵官張全昌被執。壬申，王應熊致仕。

冬十月庚辰，下詔罪己，辟居武英殿，減膳撤樂，示與將士同甘苦。丙戌，戶部尚書侯恂請嚴徵新舊逋賦，從之。辛卯，李自成陷陝州。十一月庚戌，何吾騶、文震孟罷。庚申，祀天於南郊。總兵官祖寬破賊於汝州。十二月戊寅，城鳳陽。乙酉，盧象昇、祖寬敗李自成於確山。戊子，左良玉敗賊於閿鄉。癸巳，賊犯江北，圍滁州。乙巳，老回回諸賊自河南犯陝西，洪承疇敗之於臨潼。

是年，安南、暹羅、琉球入貢。

九年春正月甲寅，總理侍郎盧象昇、祖寬援滁，大敗賊於朱龍橋。丁卯，前禮部侍郎林釬以原官兼東閣大學士，預機務。二月，前副將湯九州及賊戰嵩縣，敗沒。〔一五〕山西大饑，人相食。乙酉，寧夏饑，兵變，殺巡撫都御史王楫，兵備副使丁啓睿撫定之。辛卯，以武舉陳起新爲給事中。〔一六〕三月，盧象昇、祖大樂剿河南賊。高迎祥、李自成分部入陝西，餘賊自光化走湖廣。振南陽饑，蠲山西被災州縣新舊二餉。

夏四月戊子，錢士升致仕。五月壬子，詔赦脅從諸賊。願歸者，護還鄉，有司安置，願隨軍自効者，有功一體敍錄。丙辰，延綏總兵官俞冲霄擊李自成於安定，敗績，死之。李自

成犯榆林，賀人龍擊敗之。癸酉，免畿內五年以前逋賦。六月乙亥，林釬卒。甲申，吏部侍郎孔貞運、禮部尚書賀逢聖、黃士俊，俱禮部尚書兼東閣大學士，預機務。己亥，總兵官解進忠撫賊於淅川，被殺。

秋七月甲辰，內臣李國輔等分守紫荊、倒馬諸關。庚戌，成國公朱純臣巡視邊關。癸丑，詔諸鎮星馳入援。己未，大清兵入昌平，巡關御史王肇坤等死之。壬戌，巡撫陝西都御史孫傳庭擊擒賊首高迎祥於盩厔，送京師伏誅。癸亥，諭廷臣助餉。甲子，兵部尚書張鳳翼督援軍，高起潛爲總監。是月，大清兵入寶坻，連下近畿州縣。八月癸酉，括勳戚文武諸臣馬。乙未，盧象昇入援，次眞定。丙申，唐王聿鍵起兵勤王，勒還國，尋廢爲庶人。是月，大清兵出塞。九月辛酉，改盧象昇總督宣大、山西軍務。

冬十月乙亥，工部侍郎劉宗周以論內臣及大學士溫體仁削籍。甲申，張獻忠犯襄陽。丙申，命開銀鐵銅鉛諸礦。十一月丁未，蠲山東五年以前逋賦。十二月，大清兵征朝鮮。

是年，洪承疇敗賊於隴州，賊走慶陽、鳳翔。暹羅入貢。

十年春正月辛丑朔，日有食之。丙午，老回回諸賊趨江北，張獻忠、羅汝才自襄陽犯安慶，南京大震。二月甲戌，遣使督直省逋賦。丁酉，賊犯潛山，總兵官左良玉、副使史可法

敗之於楓香驛。是月，朝鮮降於我大清。三月辛亥，振陝西災。丁巳，賜劉同升等進士及第、出身有差。

夏四月戊寅，大清兵克皮島，副總兵金日觀力戰死之，總兵官沈冬魁走石城島。癸巳，旱，清刑獄。是月，洪承疇剿賊於漢南。閏月壬寅，敕羣臣潔己愛民，以回天意。江北賊分犯河南，總督兩廣都御史熊文燦爲兵部尚書，總理南京、河南、山、陝、川、湖軍務，駐鄖陽討賊。五月戊寅，李自成自秦州犯四川。六月戊申，溫體仁致仕。是夏，兩畿、山西大旱。

秋七月，山東、河南蝗，民大饑。八月己酉，吏部侍郎劉宇亮、禮部侍郎傅冠俱禮部尚書，僉都御史薛國觀爲禮部侍郎，並兼東閣大學士，預機務。庚申，閿城。九月丙子，左良玉敗賊於虹縣。辛卯，洪承疇敗賊於漢中。癸巳，李自成陷寧羌。

冬十月丙申，自成自七盤關入西川。壬寅，陷昭化、劍州、梓潼，分兵趨潼川、江油、綿州，總兵官侯良柱戰死，遂陷彰明、鹽亭諸縣。庚戌，逼成都。十一月庚辰，以星變修省，求直言。十二月癸卯，黃士俊致仕。〔一七〕癸亥，洪承疇、曹變蛟援四川，次廣元。

是年，安南、琉球入貢。

校勘記

〔一〕禮部侍郎周道登少詹事劉鴻訓俱禮部尚書兼東閣大學士預機務　周道登，原作「黃道登」，據本書卷一一〇宰輔年表、又卷二五一錢龍錫傳、同卷李標傳附周道登傳，明史稿紀一八莊烈帝紀，熹宗實錄天啓七年十一月甲戌條改。

〔二〕夏四月甲午裁驛站　明史稿紀一八莊烈帝紀、懷宗實錄卷二、國榷卷九〇頁五四六九都繫此事於二月。

〔三〕閏月癸亥流賊犯三水遊擊高從龍戰歿　閏月，指閏四月。明史稿紀一八莊烈帝紀、懷宗實錄卷二、國榷卷九〇頁五四七八都繫此事於四月丙戌。

〔四〕是月延綏副將曹文詔擊賊於河曲王嘉胤敗死　是月，指四月。明史稿紀一八莊烈帝紀、懷宗實錄卷四都繫此事於六月癸卯。按懷宗實錄卷四崇禎四年四月辛酉，「曹文詔、馬科、曹變蛟、王世虎等克河曲」，不言王嘉胤敗死。同卷六月癸卯朔，「曹文詔擊斬王嘉胤於陽城」。是「是月」當作「六月」，「河曲」當作「陽城」。

〔五〕九月庚辰內臣王應朝至及各邊撫賞　明史稿紀一八莊烈帝紀、國榷卷九一頁五五七三都繫此事於十月丁未，懷宗實錄卷四繫於十月辛丑朔。

〔六〕甲午逮楊鶴下獄論戍　甲午，指九月甲午。明史稿紀一八莊烈帝紀繫此事於七月癸未。懷宗

實錄卷四、國榷卷九一頁五五六八都言七月癸未楊鶴被逮，「明年戍袁州衛」。

〔七〕吳直監視登島兵糧海禁　吳直，原作「呂直」，據本書卷二五八魏呈潤傳附李日輔傳、明史稿紀一八莊烈帝紀、懷宗實錄卷四改。

〔八〕己未逮劉宇烈下獄論戍　己未，指七月己未。按明史稿紀一八莊烈帝紀、懷宗實錄卷五、國榷卷九二頁五五九六都繫此事於八月庚辰。

〔九〕乙巳張應昌擊賊於五嶺山　乙巳，指三月乙巳。按明史稿紀一八莊烈帝紀、懷宗實錄卷七都繫此事於四月甲戌。

〔一〇〕盔甲廠災　盔甲廠，明史稿紀一八莊烈帝紀、懷宗實錄卷七都作「王恭廠」。

〔一一〕是月曹文詔敗賊於隨州　是月，卽二月，本書卷二六八曹文詔傳、懷宗實錄卷八、懷陵流寇始終錄卷八都繫於三月。

〔一二〕乙巳川兵變於樊城　乙巳，指四月乙巳。明史稿紀一八莊烈帝紀繫此事於三月丙子，懷宗實錄卷八繫於三月乙亥。

〔一三〕柳國鎮擊李自成於寧州之襄樂　柳國鎮，原作「柳鎮國」，據本書卷二六八曹文詔傳、明史稿紀一八莊烈帝紀改。

〔一四〕壬辰詔撤監視總理內臣　壬辰，指八月壬辰。明史稿紀一八莊烈帝紀繫此事於八年七月乙亥，

懷宗實錄卷七、國榷卷九三頁五六五五至五六五六都繫於七年八月辛未。

〔一五〕二月前副將湯九州及賊戰嵩縣敗沒　明史稿紀一八莊烈帝紀、崇禎實錄卷九都繫此事於五月，「副將」作「副總兵」。

〔一六〕以武舉陳起新爲給事中　陳起新，懷宗實錄卷九、國榷卷九五頁五七二七都作「陳啓新」。

〔一七〕十二月癸卯黃士俊致仕　本書卷一一〇宰輔年表繫此事於十一年正月，明史稿紀一九莊烈帝紀、懷宗實錄卷一一都繫於十一年正月丙寅。

明史卷二十四

本紀第二十四

莊烈帝二

十一年春正月丁丑，洪承疇敗賊於梓潼，〔一〕賊還走陝西。丁亥，裁南京冗官。二月甲辰，改河南巡按御史張任學爲總兵官。三月戊寅，賀逢聖致仕。是月，李自成自洮州出番地，總兵官曹變蛟追破之，復入塞，走西和、禮縣。

夏四月辛丑，張獻忠僞降於穀城，熊文燦受之。戊申，張至發致仕。己酉，熒惑逆行，諭廷臣修省。五月癸亥朔，策試考選官於中左門。六月癸巳，安民廠災，壞城垣，傷萬餘人。壬寅，孔貞運致仕。乙卯，兵部尚書楊嗣昌、戶部尚書程國祥、禮部侍郎方逢年、工部侍郎蔡國用俱禮部尚書，大理少卿范復粹爲禮部侍郎，並兼東閣大學士，預機務。嗣昌仍掌兵部。是月，兩畿、山東、河南大旱蝗。

秋七月乙丑，少詹事黃道周以論楊嗣昌奪情，謫按察司照磨。八月戊戌，以災異屢見，齋居永壽宮，諭廷臣修省。癸丑，傅冠致仕。戊午，停刑。流賊羅汝才等自陝州犯襄陽。九月，陝西、山西旱饑。辛巳，大清兵入牆子嶺，總督薊遼兵部侍郎吳阿衡死之。癸未，京師戒嚴。

冬十月癸巳，盧象昇入援，召對於武英殿。甲午，括馬。盧象昇、高起潛分督援軍。是月，洪承疇、曹變蛟大破賊於潼關南原，李自成以數騎遁。十一月戊辰，大清兵克高陽，致仕大學士孫承宗死之。戊子，罷盧象昇，戴罪立功。〔二〕劉宇亮自請視師，許之。是月，羅汝才降。十二月庚子，方逢年罷。盧象昇兵敗於鉅鹿，死之。戊申，孫傳庭爲兵部侍郎督援軍，徵洪承疇入衞。

是年，土魯番、琉球入貢。

十二年春正月己未朔，以時事多艱，却廷臣賀。庚申，大清兵入濟南，德王由樞被執，布政使張秉文等死之。戊辰，劉宇亮、孫傳庭會師十八萬於晉州，不敢進。丁丑，改洪承疇總督薊、遼，孫傳庭總督保定、山東、河北。二月乙未，劉宇亮罷。大清兵北歸。三月丙寅，出靑山口。凡深入二千里，閱五月，下畿內、山東七十餘城。丙子，加上孝純皇太后謚，詔

天下。

夏四月戊申，程國祥致仕。是月，左良玉擊降賊首李萬慶。五月甲子，禮部侍郎姚明恭、張四知，兵部侍郎魏照乘，俱禮部尚書兼東閣大學士，預機務。乙丑，張獻忠叛於穀城，羅汝才等起應之，陷房縣。乙亥，削孫傳庭籍，尋逮下獄。六月，畿內、山東、河南、山西旱蝗。己酉，抽練各鎮精兵，復加徵練餉。

秋七月壬申，左良玉討張獻忠，敗績於羅猴山，〔三〕總兵官羅岱被執死之。熊文燦削籍，尋逮下獄。八月癸巳，詔誅封疆失事巡撫都御史顏繼祖，總兵官倪寵、祖寬，內臣鄧希詔、孫茂霖等三十三人，俱棄市。己亥，免唐縣等四十州縣去年田租之半。壬子，大學士楊嗣昌督師討賊，〔四〕總督以下並聽節制。

冬十月甲申朔，楊嗣昌誓師襄陽。甲午，左良玉爲平賊將軍。〔五〕丙申，欽定保民四事全書成，頒布天下。十一月辛巳，祀天於南郊。十二月，羅汝才犯四川。丙午，下兵部尚書傅宗龍於獄。

是年，琉球入貢。

十三年春閏正月乙酉，振眞定饑。戊子，振京師饑民。癸卯，振山東饑。二月壬子朔，

祀日於東郊。戊午，總督陝西三邊侍郎鄭崇儉，大破張獻忠於太平縣之瑪瑙山，〔六〕獻忠走歸州。戊寅，以久旱求直言。三月甲申，禱雨。丙戌，大風霾，詔清刑獄。戊子，罷各鎮內臣。丙申，賜魏藻德等進士及第、出身有差。戊戌，振畿內饑。丁未，免河北三府逋賦。

夏四月戊午，逮江西巡撫僉都御史解學龍及所舉黃道周。己卯，吏部尚書謝陞爲禮部尚書，禮部侍郎陳演以原官，並兼東閣大學士，預機務。五月，羅汝才犯夔州，石砫女官秦良玉連戰却之。甲申，祀地於北郊。庚戌，姚明恭致仕。六月辛亥朔，總兵官賀人龍等分道逐賊，敗之，羅汝才走大寧。庚午，蔡國用卒。辛未，薛國觀罷。

秋七月庚辰朔，畿內捕蝗。己丑，發帑振被蝗州縣。辛卯，左良玉及京營總兵官孫應元等大破羅汝才於興山。〔七〕汝才走巫山，與張獻忠合。八月甲戌，振江北饑。九月，陝西官軍圍李自成於巴西魚腹山中，自成走免。癸巳，張獻忠陷大昌，總兵官張令戰死。尋陷劍州、綿州。

冬十月癸丑，熊文燦棄市。十一月，楊嗣昌進軍重慶。丁亥，祀天於南郊。戊子，南京地震。十二月丁未朔，嚴軍機抄傳之禁。辛亥，張獻忠陷瀘州。乙卯，逮薛國觀。是月，李自成自湖廣走河南，饑民附之，連陷宜陽、永寧，殺萬安王采𨰉，陷偃師，勢大熾。

是年，兩畿、山東、河南、山、陝旱蝗，人相食。

十四年春正月辛巳，祈穀於南郊。己丑，總兵官猛如虎追張獻忠及於開縣之黃陵城，敗績，參將劉士傑等戰死，賊遂東下。丙申，李自成陷河南，福王常洵遇害，前兵部尚書呂維祺等死之。二月己酉，詔以時事多艱，災異疊見，痛自刻責，停今歲行刑，諸犯俱減等論。庚戌，張獻忠陷襄陽，襄王翊銘、貴陽王常法並遇害，副使張克儉等死之。戊午，李自成攻開封，周王恭枵、巡按御史高名衡拒却之。乙丑，張獻忠陷光州。己巳，召閣臣、九卿、科道於乾清宮左室。命駙馬都尉冉興讓等齎帑金振恤河南被難宗室。三月丙子朔，楊嗣昌自四川還，至荆州卒。乙酉，禱雨。丙申，洪承疇會八鎮兵於寧遠。丁酉，逮鄭崇儉下獄，尋棄市。

夏四月壬子，大清兵攻錦州，祖大壽拒守。己未，總督三邊侍郎丁啓睿爲兵部尚書，督師討賊。五月庚辰，范復粹致仕。釋傅宗龍於獄，命爲兵部侍郎，總督陝西三邊軍務，討李自成。戊子，祀地於北郊。六月，兩畿、山東、河南、浙江、湖廣旱蝗，山東寇起。

秋七月己卯，李自成攻鄧州，楊文岳、總兵官虎大威擊敗之。壬寅，洪承疇援錦州，駐師松山。是月，臨清運河涸。京師大疫。八月乙巳，援兵戰於松山，陽和總兵官楊國柱敗沒。辛亥，賜薛國觀死。辛酉，重建太學成，釋奠於先師孔子。甲子，總兵官吳三桂、王樸

自松山遁，諸軍夜潰。是月，左良玉大敗張獻忠於信陽。九月丁丑，傅宗龍師次新蔡，與總督保定侍郎楊文岳軍會。己卯，遇賊，賀人龍師潰，宗龍被圍，文岳走陳州。甲申，周延儒、賀逢聖復入閣。辛卯，封皇子慈炯爲定王。壬辰，傅宗龍潰圍出，趨項城，被執死之。賊屠項城及商水、扶溝。戊戌，李自成、羅汝才陷葉縣，守將劉國能死之。是月，官軍破張獻忠於英山之望雲寨。

冬十月癸卯朔，日有食之。十一月丙子，李自成陷南陽，唐王聿鏌遇害，總兵官猛如虎等死之。十二月，李自成連陷洧川、許州、長葛、鄢陵。甲子，成解學龍、黃道周。李自成、羅汝才合攻開封，周王恭枵、巡撫都御史高名衡拒守。

十五年春正月癸未，孫傳庭爲兵部侍郎，督京軍救開封。乙酉，楊文岳援開封，賊解去，南陷西華。戊子，免天下十二年以前逋賦。是月，山東賊陷張秋、東平，劫漕艘。太監王裕民、劉元斌帥禁兵會兗東官軍討平之。二月戊申，振山東就撫亂民。癸丑，總督陝西都御史汪喬年次襄城，遇賊，賀人龍等奔入關，喬年被圍。丁巳，城陷，被執死之。戊午，大清兵克松山，洪承疇降，巡撫都御史丘民仰，總兵官曹變蛟、王廷臣，副總兵江翥、饒勳等死之。是月，孫傳庭總督三邊軍務。三月，李自成陷陳州。丁丑，魏照乘致仕。己卯，祖大壽

以錦州降於大清。辛卯，李自成陷睢州、太康、寧陵、考城。壬辰，封皇子慈炤爲永王。丙申，李自成陷歸德。是春，江北賊陷含山、和州，南京戒嚴。

夏四月癸亥，李自成復圍開封。乙丑，削謝陞籍。五月己巳，孫傳庭入關，誅賀人龍。甲戌，張獻忠陷廬州。丁亥，王樸棄市。六月戊申，賀逢聖致仕。癸丑，張四知致仕。甲寅，詔天下停刑三年。己未，詹事蔣德璟、黃景昉，戎政侍郎吳甡，俱禮部尚書兼東閣大學士，預機務。庚申，詔孫傳庭出關。兵部侍郎侯恂督左良玉軍援開封。壬戌，以會推閣臣下吏部尚書李日宣六人於獄，謫戍有差。甲子，祀地於北郊。是月，築壇親祭死事文武大臣。山西總兵官許定國援開封，潰於沁水，寧武兵潰於覃懷。

秋七月己巳，左良玉、虎大威、楊德政、方國安四鎮兵潰於朱仙鎮。八月庚戌，安慶兵變，殺都指揮徐良憲，官軍討定之。乙丑，釋黃道周於戍所，復其官。丁卯，兵部尚書陳新甲下獄，尋棄市。九月壬午，賊決河灌開封。癸未，城圮，士民溺死者數十萬人。己丑，孫傳庭師赴河南。辛卯，鳳陽總兵官黃得功、劉良佐大敗張獻忠於潛山。

冬十月辛酉，孫傳庭敗績於郟縣，走入關。十一月丁卯，援汴總兵官劉超據永城反。庚午，發帑振開封被難宗室兵民。壬申，大清兵分道入塞，京師戒嚴。命勳臣分守九門，太監王承恩督察城守。詔舉堪督師大將者。戊寅，徵諸鎮入援。庚辰，大清兵克薊州。丁亥，

薊鎮總督趙光抃提調援兵。戊子，張獻忠陷無爲。己丑，遼東督師侍郎范志完入援。閏月癸卯，下詔罪己，求直言。壬寅，大清兵南下，畿南郡邑多不守。丁巳，起廢將。是月，李自成陷汝寧，前總督侍郎楊文岳、僉事王世琮不屈死。十二月，大清兵趨曹、濮，山東州縣相繼下，魯王以派自殺。己巳，李自成陷襄陽，據之。左良玉奔承天，尋走武昌。賊分兵下德安、彝陵，荊門，遂陷荊州。癸巳，焚獻陵。

十六年春正月丁酉，李自成陷承天，巡撫都御史宋一鶴、留守沈壽崇等死之。庚申，張獻忠陷蘄州。二月乙丑朔，日有食之。己巳，范志完、趙光抃會師於平原。三月庚子，李自成殺羅汝才，併其衆。壬寅，命大學士吳甡督師討賊。丁未，賊陷武岡，殺岷王企鏗。張獻忠陷黃州。

夏四月丁卯，周延儒自請督師，許之。辛卯，大清兵北歸，戰於螺山，總兵官張登科、和應薦敗沒，八鎮兵皆潰。是月，劉超平。五月癸巳朔，張獻忠陷漢陽。壬寅，周延儒還京師。丙午，修撰魏藻德爲少詹事兼東閣大學士，預機務。戊申，吳甡罷。丁巳，周延儒罷。壬戌，張獻忠陷武昌，沈楚王華奎於江，在籍大學士賀逢聖等死之。六月癸亥，詔免直省殘破州縣三餉及一切常賦二年。己卯，逮范志完下獄。丙戌，雷震奉先殿獸吻，敕修省。

秋七月丁酉，親鞫范志完於中左門。乙卯，親鞫前文選郎中吳昌時於中左門，徵周延儒聽勘。己未，戒廷臣私謁閣臣。京師自二月至於是月大疫，詔釋輕犯，發帑療治，瘞五城暴骸。八月壬戌朔，左良玉復武昌、漢陽。丙寅，張獻忠陷岳州。丙戌，陷長沙。庚寅，陷衡州。九月丙申，張獻忠陷寶慶。己亥，黃景昉致仕。辛丑，孫傳庭復寶豐，進次郟縣，李自成迎戰，擊敗之。庚戌，張獻忠陷永州，巡按御史劉熙祚死之。辛亥，賜楊廷鑑等進士及第、出身有差。壬子，孫傳庭兵以乏食引退，賊追及之，還戰大敗，傳庭以餘衆退保潼關。是月，鳳陽地屢震。

冬十月辛酉朔，享太廟。丙寅，李自成陷潼關，督師尚書孫傳庭死之。賊連陷華州、渭南、臨潼。命有司以贖鍰充餉。戊辰，李自成屠商州。庚午，張獻忠陷常德。壬申，李自成陷西安，秦王存樞降，巡撫都御史馮師孔、按察使黃絅等死之。〔八〕丁丑，張獻忠陷吉安。十一月甲午，李自成陷延安，尋屠鳳翔。壬寅，祀天於南郊。辛亥，吏部侍郎李建泰、副都御史方岳貢並兼東閣大學士，預機務。癸丑，范志完、趙光抃棄市，戍吳甡於金齒。丁巳，李自成陷榆林，兵備副使都任、在籍總兵官尤世威等死之。寧夏、慶陽相繼陷，韓王亶塉被執。十二月壬戌，張獻忠陷建昌。乙丑，周延儒有罪賜死。丁卯，張獻忠陷撫州。辛巳，賊渡河，陷平陽，山西州縣相繼潰降。甲申，賊陷甘州，巡撫都御史林日瑞、總兵官馬爌等死之。

丙戌，左良玉復長沙。

是年，暹羅、琉球、哈密入貢。

十七年春正月庚寅朔，大風霾，鳳陽地震。庚子，李建泰自請措餉治兵討賊，許之。乙卯，幸正陽門樓，餞李建泰出師。南京地震。丙辰，工部尚書范景文、禮部侍郎丘瑜並兼東閣大學士，預機務。是月，張獻忠入四川。二月辛酉，李自成陷汾州，別賊陷懷慶。丙寅，陷太原，執晉王求桂，巡撫都御史蔡懋德等死之。壬申，下詔罪己。癸酉，潞安陷。乙亥，議京師城守。李自成攻代州，總兵官周遇吉力戰，食盡，退守寧武關。丁丑，賊別將陷固關，犯畿南。己卯，遣內臣高起潛、杜勳等十人監視諸邊及近畿要害。壬午，眞定知府丘茂華殺總督侍郎徐標，檄所屬降賊。甲申，賊至彰德，趙王常㴹降。〔九〕丁亥，詔天下勤王。戊子，陳演致仕。李自成陷寧武，周遇吉力戰死之。三月庚寅，〔一〇〕賊至大同，總兵官姜瓖降賊，代王傳𤊨遇害，巡撫都御史衞景瑗被執，自縊死。辛卯，李建泰疏請南遷。壬辰，召廷臣於平臺，示建泰疏，曰：「國君死社稷，朕將焉往？」李邦華等復請太子撫軍南京，不聽。蔣德璟致仕。癸巳，封總兵官吳三桂、左良玉、唐通、黃得功俱爲伯。甲午，徵諸鎮兵入援。乙

中華書局

未，總兵官唐通入衛，命偕內臣杜之秩守居庸關。戊戌，太監王承恩提督城守。己亥，李自成至宣府，監視太監杜勳降，巡撫都御史朱之馮等死之。癸卯，唐通、杜之秩降於自成，賊遂入關。甲辰，陷昌平。乙巳，賊犯京師，京營兵潰。丙午，日晡，外城陷。是夕，皇后周氏崩。丁未，昧爽，內城陷。帝崩於萬歲山，王承恩從死。御書衣襟曰：「朕涼德藐躬，上干天咎，然皆諸臣誤朕。朕死無面目見祖宗，自去冠冕，以髮覆面。任賊分裂，無傷百姓一人。」自大學士范景文而下死者數十人。丙辰，賊遷帝、后梓宮於昌平。昌平人啓田貴妃墓以葬。明亡。

是年夏四月，我大清兵破賊於山海關。五月，入京師，以帝禮改葬，令臣民爲服喪三日，謚曰莊烈愍皇帝，陵曰思陵。

贊曰：帝承神、熹之後，慨然有爲。卽位之初，沈機獨斷，刈除奸逆，天下想望治平。惜乎大勢已傾，積習難挽。在廷則門戶糾紛，疆埸則將驕卒惰。兵荒四告，流寇蔓延。遂至潰爛而莫可救，可謂不幸也已。然在位十有七年，不邇聲色，憂勤惕勵，殫心治理。臨朝浩歎，慨然思得非常之材，而用匪其人，益以僨事。乃復信任宦官，布列要地，舉措失當，制置乖方。祚訖運移，身罹禍變，豈非氣數使然哉。迨至大命有歸，妖氛盡掃，而帝得加謚建陵，

典禮優厚。是則聖朝盛德度越千古，亦可以知帝之蒙難而不辱其身，爲亡國之義烈矣。

校勘記

〔一〕十一年春正月丁丑洪承疇敗賊於梓潼　明史稿紀一九莊烈帝紀、國榷卷九六頁五七九九都繫此事於「二月乙未」。

〔二〕戊子罷盧象昇戴罪立功　戊子，指十一月戊子。明史稿紀一九莊烈帝紀、懷宗實錄卷一一、國榷卷九六頁五八二五都繫此事於十二月辛卯。

〔三〕敗績於羅猴山　羅猴山，本書卷二五二楊嗣昌傳、卷二六〇熊文燦傳、卷三〇九張獻忠傳都作「羅猴山」。懷陵流寇始終錄卷一二、綏寇紀略卷六同。明史紀事本末卷七七作「羅睺山」。

〔四〕壬子大學士楊嗣昌督師討賊　壬子，指八月壬子。本書卷一一〇宰輔年表、卷一一二七卿年表均繫此事於九月，懷宗實錄卷一二繫於九月壬戌，明史稿紀一九莊烈帝紀繫於七月壬子。

〔五〕甲午左良玉爲平賊將軍　甲午，指十月甲午。本書卷二五二楊嗣昌傳繫此事於十二月十一日，卷二七二左良玉傳繫於十三年春，明史稿紀一九莊烈帝紀繫於十二年十二月丙午。

〔六〕戊午總督陝西三邊侍郎鄭崇儉大破張獻忠於太平縣之瑪瑙山　戊午，原作「丙辰」，在二月。本書卷二五二楊嗣昌傳及綏寇紀畧卷七作二月七日。明史稿紀一九莊烈帝紀、國榷卷九七頁五八五六及懷陵流寇始終錄作二月戊午。按二月壬子朔，七日卽戊午日。除紀文外，各書所記瑪瑙山戰役的日子都一致。明通鑑卷八六莊烈皇帝紀也繫於戊午，其考異云：「明史本紀繫之丙辰，蓋會秦師也。」「會秦師」卽指左良玉軍與鄭崇儉軍會合之事。其說是，據改。

〔七〕左良玉及京營總兵官孫應元等大破羅汝才於興山　孫應元，原作「柳應元」，據本書卷二六八周遇吉傳、又卷二六九孫應元傳及懷陵流寇始終錄卷一三改。

〔八〕按察使黃絅等死之　黃絅，原作「黃炯」，據本書卷二六三馮師孔傳附黃絅傳、明史稿紀一九莊烈帝紀、懷宗實錄卷一六改。

〔九〕趙王常澳降　常澳，原作「常溲」，據本書卷一〇三諸王世表、又卷一一八諸王傳，明史稿紀一九莊烈帝紀，神宗實錄卷一八五萬曆十五年四月辛巳條改。

〔一〇〕三月庚寅　原作「三月庚寅朔」。懷宗實錄卷一七、國榷卷一〇〇頁六〇三三都作「三月己丑朔」，二十史朔閏表同。按本書卷二七天文志星流星隕崇禎十五年條稱「後二年三月己丑朔」。「後二年三月」卽崇禎十七年三月。紀文衍「朔」字，今刪。

中華書局

明史卷二十五

志第一

天文一

自司馬遷述天官，而歷代作史者皆志天文。惟遼史獨否，謂天象昭垂，千古如一，日食、天變既著本紀，則天文志近於衍。其說頗當。夫周髀、宣夜之書，安天、窮天、昕天之論，以及星官占驗之說，晉史已詳，又見隋志，謂非衍可乎。論者謂天文志首推晉、隋，尚有此病，其他可知矣。然因此遂廢天文不志，亦非也。天象雖無古今之異，而談天之家，測天之器，往往後勝於前。無以志之，使一代制作之義泯焉無傳，是亦史法之缺漏也。至於彗孛飛流，暈適背抱，天之所以示儆戒者，本紀中不可盡載，安得不別志之。明神宗時，西洋人利瑪竇等入中國，精於天文、曆算之學，發微闡奧，運算制器，前此未嘗有也。茲掇其要，論著於篇。而實錄所載天象星變殆不勝書，擇其尤異者存之。日食備載本紀，故不復書。

兩儀　七政　恆星　黃赤宿度　黃赤宮界　儀象　極度晷影　東西偏度　中星　分野

兩儀

楚詞言「圜則九重，孰營度之」，渾天家言「天包地如卵裹黃」，則天有九重，地爲渾圓，古人已言之矣。西洋之說，既不背於古，而有驗於天，故表出之。

其言九重天也，曰最上爲宗動天，無星辰，每日帶各重天，自東而西左旋一周，次曰列宿天，次曰塡星天，次曰歲星天，次曰熒惑天，次曰太陽天，次曰金星天，次曰水星天，最下曰太陰天。自恆星天以下八重天，皆隨宗動天左旋。然各天皆有右旋之度，自西而東，與蟻行磨上之喻相符。其右旋之度，雖與古有增減，然無大異。惟恆星之行，卽古歲差之度。古謂恆星千古不移，而黃道之節氣每歲西退。彼則謂黃道終古不動，而恆星每歲東行。由今考之，恆星實有動移，其說不謬。至於分周天爲三百六十度，命日爲九十六刻，使每時得八刻無奇零，以之布算製器，甚便也。

其言地圓也，曰地居天中，其體渾圓，與天度相應。中國當赤道之北，故北極常現，南極常隱。南行二百五十里則北極低一度，北行二百五十里則北極高一度。東西亦然。亦二百五十里差一度也。以周天度計之，知地之全周爲九萬里也。以周徑密率求之，得地之全徑爲二萬八千六百四十七里又九分里之八也。又以南北緯度定天下之縱。凡北極出地之度同，則四時寒暑靡不同。若南極出地之度與北極出地之度同，則其晝夜永短靡不同。惟時令相反，此之春，彼爲秋，此之夏，彼爲冬耳。以東西經度定天下之衡，兩地經度相去三十度，則時刻差一辰。若相距一百八十度，則晝夜相反焉。其說與元史札馬魯丁地圓之旨略同。

七政

日月五星各有一重天，其天皆不與地同心，故其距地有高卑之不同。其最高最卑之數，皆以地半徑準之。太陰最高五十八，最卑五十二。太陽最高距地爲地半徑者一千一百八十二，最卑一千一百零二。塡星最高一萬二千九百三十二，最卑九千一百七十五。歲星最高六千一百九十，最卑五千九百一十九。熒惑最高二千九百九十八，最卑二百二十二。太白最高一千九百八十五，最卑三百。辰星最高一千六百五十九，最卑六百二十五。若欲得七政去地之里數，則以地半徑一萬二千三百二十四里通之。

又謂塡星形如瓜，兩側有兩小星如耳。歲星四周有四小星，遶行甚疾。太白光有盈缺，如月之弦望。用窺遠鏡視之，皆可悉睹也。餘詳曆志。

恆星

崇禎初，禮部尚書徐光啓督修曆法，上見界總星圖。以爲回回立成所載，有黃道經緯度者止二百七十八星，其繪圖者止十七座九十四星，並無赤道經緯。今皆崇禎元年所測，黃赤二道經緯畢具。後又上赤道兩總星圖。其說謂常現常隱之界，隨北極高下而殊，圖不能限。且天度近極則漸狹，而見界圖從赤道以南，其度反寬，所繪星座不合仰觀。因從赤道中剖渾天爲二，一以北極爲心，一以南極爲心。從心至周，皆九十度，合之得一百八十度者，赤道緯度也。周分三百六十度者，赤道經度也。乃依各星之經緯點之，遠近位置形勢皆合天象。

至於恆星循黃道右旋，惟黃道緯度無古今之異，而赤道經緯則歲歲不同。然亦有黃赤俱差，甚至前後易次者。如觜宿距星，唐測在參前三度，元測在參前五分，今測已侵入參宿。故舊法先觜後參，今不得不先參後觜，不可強也。

又有古多今少，古有今無者。如紫微垣中六甲六星今止有一，華蓋十六星今止有四，傳舍九星今五，天廚六星今五，天牢六星今二。又如天理、四勢、五帝內座、天柱、天牀、大贊府、大理、女御、內廚，皆全無也。天市垣之市樓六星今二。太微垣之常陳七星今三，郎位十五星今十。長垣四星今二。五諸侯五星全無也。角宿中之庫樓十星今八。亢宿中之折威七星今無。氐宿中之亢池六星今四，帝席三星今無。尾宿中天龜五星今四。斗宿中之鼈十四星今十三，天籥、農丈人俱無。牛宿中之羅堰三星今二，天田九星俱無。女宿中之趙、周、秦、代各二星今各一，扶匡七星今四，離珠五星今無。虛宿中之司危、司祿各二星今各一，敗臼四星今二，離瑜三星今二，天壘城十三星今五。危宿中之人五星今三，杵三星今一，臼四星今三，車府七星今五，天鉤九星今六，天錢十星今四，蓋屋二星今一。室宿中之羽林軍四十五星今二十六，螣蛇二十二星今十五，八魁九星今無。壁宿中之天廐十星今三。奎宿中之天溷七星今四。畢宿中之天節八星今七，咸池三星今無。觜宿中之座旗九星今五。井宿中之軍井十三星今五。鬼宿中之外廚六星今五。張宿中之天廟十四星今無。翼宿中之東甌五星今無。軫宿中之青丘七星今三，其軍門、土司空、器府俱無也。

又有古無今有者。策星旁有客星，萬曆元年新出，先大今小。南極諸星，古所未有，近年浮海之人至赤道以南，往往見之，因測其經緯度。其餘增入之星甚多，並詳恒星表。

其論雲漢，起尾宿，分兩派。一經天江、南海、市樓，過宗人、宗星，涉天津至螣蛇。一由箕、斗、天弁、河鼓、左右旗，涉天津至車府而會於螣蛇，過造父，直趨附路、閣道、大陵、天船，漸下而南行，歷五車、天關、司怪、水府，傍東井，入四瀆，過闕丘、弧矢、天狗之墟，抵天社、海石之南，踰南船，帶海山，貫十字架、蜜蜂，傍馬腹，經南門，絡三角、龜、杵，而屬於尾宿，是爲帶天一周。以理推之，隱界自應有雲漢，其所見當不誣。又謂雲漢爲無數小星，大陵鬼宿中積尸亦然。考天官書言星漢皆金之散氣，則星漢本同類，得此可以相證。又言昴宿有三十六星，皆得之於窺遠鏡者。

凡測而入表之星共一千三百四十七，微細無名者不與。其大小分爲六等：內一等十六星，二等六十七星，三等二百零七星，四等五百零三星，五等三百三十八星，六等二百一十六星。悉具黃赤二道經緯度。列表二卷，入光啓所修崇禎曆書中。

茲取二十八宿距星及一二等大星存之，其小而有名者，間取一二，備列左方。

十二宮	星名	黃道經度	黃道緯度	赤道經度從春分起算	赤道緯度
降婁	壁宿一	四度强	北一十二度半强	三百五十八度半强	北一十二度太强
	壁宿二	九度少弱	北二十五度太弱	三百六十五度少强	北二十六度太
	奎宿一	一十七度少强	北一十五度少强	九度强	北二十五度少弱

	奎宿二	一十五度半强	北一十七度太强	七度弱	北二十二度少弱
	奎宿九	二十五度少弱	北二十六度弱	一十二度少弱	北三十三度太弱
	婁宿一	二十八度太强	北八度半弱	二十三度半强	北一十八度太强
大梁	天大將軍一	九度强	北二十七度太强	二十五度半	北四十三度少
	天囷一	九度少弱	南一十二度半强	四十一度弱	北二度少强
	胃宿一	一十一度太强	北一十一度少	三十五度半强	北二十六度强
	昴宿一	二十四度太强	北四度	五十一度少强	北二十三度弱
	天船三	二十六度太弱	北三十度强	四十四度半弱	北四十八度半弱
	卷舌五	二十八度弱	北一十二度弱	五十二度半强	北三十一度半弱
實沈	畢宿一	三度少	南三度	六十一度太	北一十八度少强
	畢宿五	四度半强	南五度太强	六十三度太弱	北一十五度太弱
	參宿一	一十七度少	南二十三度太弱	七十八度少强	南初度太弱

	參宿二	一十八度少强	南二十四度半强	七十九度少强	南一度半
	參宿三	一十九度半	南二十五度少强	八十度半	南二度少弱
	參宿四	二十三度半强	南一十六度太强	八十三度太强	北七度少强
	參宿五	一十五度太	南一十七度弱	七十六度少强	北六度弱
	參宿七	一十一度太弱	南三十一度太弱	七十三度少弱	南八度太
	觜宿一	一十八度半强	南一十三度半弱	七十八度太	北九度太弱
	天皇大帝	一十五度半	北六十八度弱	三百三十七度半强	北八十四度少弱
	五車二	一十六度太弱	北二十二度太强	七十二度少弱	北四十五度少强
	丈人一	一十七度少强	南五十七度太弱	八十一度太强	南三十四度半
	五車五	一十七度半弱	北五度少强	七十五度太弱	北二十八度少
	子二	二十度少强	南五十九度太弱	八十四度弱	南三十六度少强
	勾陳大星	二十三度半弱	北六十六度	六度半	北八十七度少弱

中·華書局

	五車三	二十六度少	北二十一度半弱	八十三度少弱	北四十四度太强
鶉首	井宿一	初度少弱	南一度弱	九十度强	北二十二度太弱
	井宿三	四度弱	南六度太强	九十四度强	北一十六度太弱
	軍市一	二度强	南四十一度少强	九十一度太强	南一十七度太强
	天樞 即北極星	八度弱	北六十七度少强	一百九十九度少强	北八十六度太弱
	老人	八度半	南七十五度	九十四度半弱	南五十一度半强
	狼星	九度	南三十九度少强	九十七度少强	南一十六度少弱
	北河二	一十五度强	北一十度强	一百零七度少	北三十二度太弱
	北河三	一十八度强	北六度太弱	一百一十度太弱	北二十九度弱
	南河三	二十度太弱	南一十六度弱	一百一十度弱	北六度强
	上台一	二十六度少强	北二十九度少	一百二十五度强	北四十九度太弱
	上台二	二十七度半强	北二十八度太弱	一百二十七度半弱	北四十八度太弱

	文昌一	二十八度半弱	北四十六度少强	一百四十度少弱	北六十五度强
鶉火	鬼宿一	初度半强	南初度太强	一百二十三度弱	北一十九度少强
	柳宿一	五度少弱	南一十二度半弱	一百二十四度半强	北七度弱
	弧矢一	六度半	南五十四度半	一百一十五度弱	南三十四度少弱
	帝星	七度太弱	北七十二度太强	二百二十三度	北七十五度太强
	弧矢南一	八度太强	南五十一度少	一百一十七度半	南三十一度半弱
	天樞	一十度弱	北四十九度太弱	一百六十度强	北六十三度太
	弧矢南五	一十二度半	南五十八度少强	一百一十七度强	南三十八度太
	天璇	一十四度强	北四十五度强	一百五十九度太弱	北五十八度半弱
	中台一	一十四度少强	北二十九度太强	一百四十八度强	北四十五度弱
	太子	一十五度强	北七十五度半弱	二百三十一度半强	北七十三度太弱
	中台二	一十五度半弱	北二十八度太	一百四十八度太	北四十三度半

	天社一	二十一度少强	南六十四度弱	一百二十度弱	南四十五度半强
	星宿一	二十二度少弱	南二十二度半弱	一百三十七度少强	南七度弱
	軒轅十二	二十四度少强	北八度太强	一百四十九度太强	北二十一度太弱
	軒轅十四	二十四度太弱	北初度半弱	一百四十七度少弱	北一十三度太强
	天璣	二十五度少弱	北四十七度强	一百七十三度半弱	北五十五度太强
	天權	二十五度太强	北五十一度半强	一百七十九度少弱	北五十九度强
鶉尾	張宿一	初度半强	南二十六度少弱	一百四十三度少弱	南一十二度半
	下台一	一度少强	北二十六度少	一百六十四度半强	北三十五度少弱
	下台二	二度	北二十五度弱	一百六十四度少	北三十三度太强
	右樞	二度半强	北六十六度半强	二百零九度少弱	北六十六度少强
	玉衡	三度半强	北五十四度少强	一百八十九度强	北五十八度少弱
	西上相	六度强	北一十四度少强	一百六十三度半强	北二十二度半强

	天記	六度半弱	南五十五度半	一百三十九度半强	南三十三度半
	開陽	一十度少强	北五十六度少强	一百九十七度少弱	北五十七度少弱
	五帝座	一十六度半弱	北一十二度少强	一百七十二度半	北二十六度太弱
	常陳一	一十八度强	北四十度强	一百八十八度半	北四十度太强
	翼宿一	一十八度半强	南二十二度太弱	一百六十度半弱	南一十六度少强
	搖光	二十一度半强	北五十四度半弱	二百零三度少弱	北五十一度半
壽星	軫宿一	五度半强	南一十四度半弱	一百八十一度弱	南十五度半弱
	長沙	八度半强	南一十八度少	一百八十度少强	南二十度强
	角宿一	一十八度太弱	南二度	一百九十六度半弱	南九度少弱
	大角	一十九度强	北三十一度强	二百零九度半强	北二十一度少弱
	馬尾一	二十四度	南四十六度少弱	一百七十七度太强	南五十度强
	亢宿一	二十九度少	北三度弱	二百零八度少弱	南八度半弱

中華書局

大火	十字二	一度少强	南五十一度强	一百七十九度半弱	南五十七度半弱
	貫索一	七度强	北四十四度半弱	二百二十九度太	北二十八度
	馬復一	七度太弱	南四十三度	一百九十三度半弱	南五十三度半
	氐宿一	一十度弱	北半度弱	二百一十七度半	南一十四度半弱
	氐宿四	一十四度少弱	北八度半强	二百二十四度少强	南八度弱
	蜀	一十七度弱	北二十五度半强	二百三十一度半强	北七度太弱
	騎官七	二十二度少弱	南二十九度	二百一十九度少强	南四十六度强
	房宿一	二十七度太强	南五度半弱	二百三十四度少弱	南二十五度弱
	房宿三	二十八度	北一度强	二百三十六度	南一十八度太弱
	南門二	二十九度太弱	南四十一度少弱	二百二十一度少	南五十九度太弱
析木	心宿一	二度半强	南四度弱	二百三十九度太弱	南二十四度半强
	心宿二	四度半强	南四度半弱	二百四十一度太弱	南二十五度半

	三角形一	六度少强	南四十七度太强	二百二十四度半强	南六十七度太强
	尾宿一	一十度强	南一十五度	二百四十五度太强	南三十六度太强
	帝座	一十二度弱	北三十七度半弱	二百五十四度半弱	北一十五度弱
	箕宿一	二十五度太弱	南六度半	二百六十五度强	南三十度弱
星紀	斗宿一	五度强	南三度太强	二百七十五度太弱	南二十七度少
	天淵二	八度少强	南一十八度	二百八十度强	南四十一度少
	天淵一	九度	南二十三度	二百八十一度太	南四十六度少弱
	織女一	九度太弱	北六十一度太强	二百七十四度半强	北三十八度半弱
	河鼓二	二十六度半强	北二十九度少强	二百九十三度少弱	北八度弱
	牛宿一	二十九度弱	北四度太弱	三百度强	南十六度弱
玄枵	鳥喙一	四度太强	南四十五度	三百一十七度半强	南六十一度太强
	女宿一	六度半强	北八度少弱	三百零七度弱	南一十度太强

	鶴一	一十一度弱	南三十二度半	三百二十五度太强	南四十八度半弱
	虛宿一	一十八度少	北八度太弱	三百一十八度	南七度少弱
	危宿一	二十八度少弱	北一十度太弱	三百二十六度太弱	南二度强
	北落師門	二十八度半强	南三十一度	三百三十九度强	南三十一度半强
娵訾	天津四	初度少强	北六十度弱	三百零七少	北四十四度
	蛇首一	六度半弱	南六十四度半弱	二十六度太	南六十三度太强
	水委一	八度少弱	南五十九度	一十九度强	南五十九度太弱
	室宿一	一十八度少强	北一十九度半弱	三百四十一度半强	北一十三度少
	室宿二	二十四度少弱	北三十一度少弱	三百四十一度半	北二十六度强
	土司空七	二十七度少强	南二十度太强	六度少弱	南二十度强

黃赤宿度

崇禎元年所測二十八宿黃赤度分，皆不合於古。夫星既依黃道行，而赤道與黃道斜

交，其度不能無增減者，勢也。而黃道度亦有增減者，或推測有得失，抑恒星之行亦或各有遲速歟。謹列其數，以備參考。

赤道宿度周天三百六十度，每度六十分。黃道同。	黃道宿度
角，一十一度四十四分。	一十度三十五分。
亢，九度一十九分。	一十度四十分。
氐，一十六度四十一分。	一十七度五十四分。
房，五度二十八分。	四度四十六分。
心，六度零九分。	七度三十三分。
尾，二十一度零六分。	一十五度三十六分。
箕，八度四十六分。	九度二十分。
斗，二十四度二十四分。	二十三度五十一分。
牛，六度五十分。	七度四十一分。
女，一十一度零七分。	一十一度三十九分。
虛，八度四十一分。	九度五十九分。
危，一十四度五十三分。	二十度零七分。

中華書局

室，一十七度。	一十五度四十一分。
壁，一十度二十八分。	一十三度一十六分。
奎，一十四度三十分。	一十一度二十九分。
婁，一十二度零四分。	一十三度。
胃，一十五度四十五分。	一十三度零一分。
昴，一十度二十四分。	八度二十九分。
畢，一十六度三十四分。	一十三度五十八分。
參，二十四分。	一度二十一分。
觜，一十一度二十四分。	一十一度三十三分。
井，三十二度四十九分。	三十度二十五分。
鬼，二度二十一分。	五度三十分。
柳，一十二度零四分。	一十六度零六分。
星，五度四十八分。	八度二十三分。
張，一十七度一十九分。	一十八度零四分。
翼，二十度二十八分。	一十七度。

軫，一十五度三十分。	一十三度零三分。

黃赤宮界

十二宮之名見於爾雅，大抵皆依星宿而定。如婁、奎爲降婁，心爲大火，朱鳥七宿爲鶉首、鶉尾之類。故宮有一定之宿，宿有常居之宮，由來尚矣。唐以後始用歲差，然亦天自爲天，歲自爲歲，宮與星仍舊不易。西洋之法，以中氣過宮，如日躔冬至，卽爲星紀宮之類。而恒星既有歲進之差，於是宮無定宿，而宿可以遞居各宮，此變古法之大端也。茲以崇禎元年各宿交宮之黃赤度，分列於左方，以志權輿云。

赤道交宮宿度	黃道交宮宿度
箕，三度零七分，入星紀。	箕，四度一十七分，入星紀。
斗，二十四度二十一分，入玄枵。	牛，一度零六分，入玄枵。
危，三度一十九分，入娵訾。	危，一度四十七分，入娵訾。
壁，一度二十六分，入降婁。	室，一十一度四十分，入降婁。
婁，六度二十八分，入大梁。	婁，一度一十四分，入大梁。
昴，八度三十九分，入實沈。	昴，五度一十三分，入實沈。

觜，一十一度一十七分，入鶉首。	觜，一十一度二十五分，入鶉首。
井，二十九度五十三分，入鶉火。	井，二十九度五十二分，入鶉火。
張，六度五十一分，入鶉尾。	星，七度五十一分，入鶉尾。
翼，一十九度三十二分，入壽星。	翼，一十一度二十四分，入壽星。
亢，一度五十分，入大火。	亢，初度四十六分，入大火。
心，初度二十二分，入析木。	房，二度一十二分，入析木。

儀象

璿璣玉衡爲儀象之權輿，然不見用於三代。周禮有圭表、壺漏，而無璣衡，其制遂不可考。漢人創造渾天儀，謂卽璣衡遺制，其或然歟。厥後代有製作。大抵以六合、三辰、四游、重環湊合者，謂之渾天儀；以實體圓球，繪黃赤經緯度，或綴以星宿者，謂之渾天象。其制雖有詳略，要亦青藍之別也。外此，則圭表、壺漏而已。迨元作簡儀、仰儀、闚几、景符之屬，制器始精詳矣。

明太祖平元，司天監進水晶刻漏，中設二木偶人，能按時自擊鉦鼓。太祖以其無益而碎之。洪武十七年造觀星盤。十八年，設觀象臺於雞鳴山。二十四年鑄渾天儀。正統二

年，行在欽天監正皇甫仲和奏言：「南京觀象臺設渾天儀、簡儀、圭表以窺測七政行度，而北京乃止於齊化門城上觀測，未有儀象。乞令本監官往南京，用木做造，挈赴北京，以較驗北極出地高下，然後用銅別鑄，庶幾占測有憑。」從之。明年冬，乃鑄銅渾天儀、簡儀於北京。御製觀天器銘。其詞曰：「粵古大聖，體天施治，敬天以心，觀天以器。厥器伊何？璿璣玉衡。璣象天體，衡審天行。歷世代更，垂四千祀，沿制有作，其制寖備。卽器而觀，六合外儀，陽經陰緯，方位可稽。中儀三辰，黃赤二道，日月暨星，運行可考。內儀四遊，橫簫中貫，南北東西，低昂旋轉。簡儀之作，爰代璣衡，制約用密，疏朗而精。外有渾象，反而觀諸，上規下矩，度數方隅。別有直表，其崇八尺，分至氣序，考景咸得。縣象在天，制器在人，測驗推步，靡忒毫分。昔作今述，爲制彌工，既明且悉，用將無窮。惟天勤民，事天首務，民不失寧，天其予顧。政純於仁，天道以正，勒銘斯器，以勵予敬。」十一年，監臣言：「（二）簡儀未刻度數，且地基卑下，窺測日星，爲四面臺宇所蔽。圭表置露臺，光皆四散，影無定則。壺漏屋低，夜天池促，難以注水調品時刻。請更如法修造。」報可。明年冬，監正彭德清又言：「北京北極出地度、太陽出入時刻與南京不同，冬夏晝長夜短亦異。今宮禁及官府漏箭皆南京舊式，不可用。」有旨，令內官監改造。景泰六年又造內觀象臺簡儀及銅壺。成化中，尚書周洪謨復請造璿璣玉衡，憲宗令自製以進。十四年，監臣請修晷影堂，從之。

中華書局

弘治二年，監正吳昊言：「考驗四正日度，黃赤二道應交於壁軫。觀象臺舊制渾儀，黃赤二道交於奎軫，不合天象，其南北兩軸不合兩極出入之度，窺管又不與太陽出沒相當，故雖設而不用。所用簡儀則郭守敬遺制，而北極雲柱差短，以測經星去極，亦不能無爽。請修改或別造，以成一代之制。」事下禮部，覆議令監副張紳造木樣，以待試驗，黃道度許修改焉。正德十六年，漏刻博士朱裕復言：「晷表尺寸不一，難以準測，而推算曆數用南京日出分秒，似相矛盾。請敕大臣一員總理其事，鑄立銅表，考四時日中之影。仍於河南陽城察舊立土圭，以合今日之晷，及分立圭表於山東、湖廣、陝西、大名等處，以測四方之影。然後將內外晷影新舊曆書錯綜參驗，撰成定法，庶幾天行合而交食不謬。」疏入不報。嘉靖二年修相風杆及簡、渾二儀。七年始立四丈木表以測晷影，定氣朔。由是欽天監之立運儀、正方案、懸晷、偏晷、盤晷諸式具備於觀象臺，一以元法爲斷。

萬曆中，西洋人利瑪竇制渾儀、天球、地球等器。仁和李之藻撰渾天儀說，發明製造施用之法，文多不載。其製不外於六合、三辰、四游之法。但古法北極出地，鑄爲定度，此則子午提規，可以隨地度高下，於用爲便耳。

崇禎二年，禮部侍郎徐光啓兼理曆法，請造象限大儀六，紀限大儀三，平懸渾儀三，交食儀一，列宿經緯天球一，萬國經緯地球一，平面日晷三，轉盤星晷三，候時鐘三，望遠鏡

三。報允。已，又言：

定時之法，當議者五事：一曰壺漏，二曰指南鍼，三曰表臬，四曰儀，五曰晷。

漏壺，水有新舊滑濇則遲疾異，漏管有時塞時磷則緩急異。正漏之初，必於正午初刻。此刻一誤，靡所不誤。故壺漏特以濟晨昏陰晦儀晷表臬所不及，而非定時之本。

指南鍼，術人用以定南北，辨方正位咸取則焉。然鍼非指正子午，曩云多偏丙午之間。以法考之，各地不同。在京師則偏東五度四十分。若憑以造晷，冬至午正先天一刻四十四分有奇，夏至午正先天五十一分有奇。

若表臬者，卽考工匠人置槷之法，識日出入之影，參諸日中之影，以正方位。今法置小表於地平，午正前後累測日影，以求相等之兩長影爲東西，因得中間最短之影爲正子午，其術簡甚。

儀者，本臺故有立運儀，測驗七政高度。臣用以較定子午，於午前屢測太陽高度，因最高之度，卽得最短之影，是爲南北正線。

既定子午卯酉之正線，因以法分布時刻，加入節氣諸線，卽成平面日晷。又今所用員石欹晷是爲赤道晷，亦用所得正子午線較定。此二晷皆可得天之正時刻，所爲晝

測日也。若測星之晷，實周禮夜考極星之法。然古時北極星正當不動之處，今時久漸移，已去不動處三度有奇，舊法不可復用。故用重盤星晷，上書時刻，下書節氣，仰測近極二星卽得時刻，所謂夜測星也。

七年，督修曆法右參政李天經言：

輔臣光啓言定時之法，古有壺漏，近有輪鐘，二者皆由人力遷就，不如求端於日星，以天合天，乃爲本法，特請製日晷、星晷、望遠鏡三器。臣奉命接管，敢先言其略。

日晷者，礱石爲平面，界節氣十三線，內冬夏二至各一線，其餘日行相等之節氣，皆兩節氣同一線也。平面之周列時刻線，以各節氣太陽出入爲限。又依京師北極出地度，範爲三角銅表置其中。表體之全影指時刻，表中之銳影指節氣。此日晷之大略也。

星晷者，治銅爲柱，上安重盤。內盤鐫周天度數，列十二宮以分節氣，外盤鐫列時刻，中橫刻一縫，用以窺星。法將外盤子正初刻移對內盤節氣，乃轉移銅盤北望帝星與句陳大星，使兩星同見縫中，卽視盤面銳表所指，爲正時刻。此星晷之大略也。

若夫望遠鏡，亦名窺筩，其制虛管層疊相套，使可伸縮，兩端俱用玻璃，隨所視物之遠近以爲長短。不但可以窺天象，且能攝數里外物如在目前，可以望敵施砲，有大

用焉。

至於日晷、星晷皆用措置得宜，必須築臺，以便安放。

帝命太監盧維寧、魏國徵至局驗試用法。

明年，天經又請造沙漏。明初，詹希元以水漏至嚴寒水凍輒不能行，故以沙代水。然沙行太疾，未協天運，乃以斗輪之外復加四輪，輪皆三十六齒。厥後周述學病其竅太小，而沙易堙，乃更制爲六輪，其五輪悉三十齒，而微裕其竅，運行始與晷協。天經所請，殆其遺意歟。

夫制器尙象，乃天文家之首務。然精其術者可以因心而作。故西洋人測天之器，其名未易悉數，內渾蓋、簡平二儀其最精者也。其說具見全書，茲不載。

極度晷影

宣城梅文鼎曰：

極度晷影常相因。知北極出地之高，卽可知各節氣午正之影。測得各節氣午正之影，亦可知北極之高。然其術非易易也。圭表之法，表短則分秒難明，表長則影虛而淡。郭守敬所以立四丈之表，用影符以取之也。日體甚大，豎表所測者日體上邊之

中華書局

影，橫表所測者日體下邊之影，皆非中心之數，郭守敬所以於表端架橫梁以測之也，其術可謂善矣。但其影符之制，用銅片鑽鍼芥之孔，雖前低後仰以向太陽，但太陽之高低每日不同，銅片之欹側安能俱合。不合，則光不透，臨時遷就而日已西移矣。須易銅片以圓木，左右用兩板架之，如車軸然，則轉動甚易。更易圓孔以直縫，而用始便也。然影符止可去虛淡之弊，而非其本。必須正其表焉，平其圭焉，均其度焉，三者缺一不可以得影。三者得矣，而人心有粗細，目力有利鈍，任事有誠僞，不可不擇也。知乎此，庶幾晷影可得矣。

西洋之法又有進焉。謂地半徑居日天半徑千餘分之一，則地面所測太陽之高，必少於地心之實高，於是有地半徑差之加。近地有清蒙氣，能升卑爲高，則晷影所推太陽之高，或多於天上之實高，於是又有清蒙差之減。是二差者，皆近地多而漸高漸減，以至於無，地半徑差至天頂而無，清蒙差至四十五度而無也。

崇禎初，西洋人測得京省北極出地度分：北京四十度，周天三百六十度，度六十分立算，下同。南京三十二度半，山東三十七度，山西三十八度，陝西三十六度，河南三十五度，浙江三十度，江西二十九度，湖廣三十一度，四川二十九度，廣東二十三度，福建二十六度，廣西二十五度，雲南二十二度，貴州二十四度。以上極度，惟兩京、江西、廣東四處皆係實測，其餘則據地圖約計之。又以十二度度六十分之表測京師各節氣午正日影：夏至三度三十三分，芒種、小暑三度四十二分，小滿、大暑四度十五分，立夏、立秋五度六分，穀雨、處暑六度二十三分，清明、白露八度六分，春、秋分十度四分，驚蟄、寒露十二度二十六分，雨水、霜降十五度五分，立春、立冬十七度四十七分，大寒、小雪二十度四十七分，小寒、大雪二十三度三十分，冬至二十四度四分。

東西偏度

以京師子午線爲中，而較各地所偏之度。凡節氣之早晚，月食之先後，胥視此。蓋人各以見日出入爲東西爲卯酉，以日中爲南爲午。而東方見日早，西方見日遲。東西相距三十度則差一時。東方之午乃西方之巳，西方之午乃東方之未也。相距九十度則差三時。東方之午乃西方之卯，西方之午乃東方之酉也。相距一百八十度則晝夜時刻俱反對矣。東方之午乃西方之子。西洋人湯若望曰：「天啓三年九月十五夜，戌初初刻望，月食，京師初虧在酉初一刻十二分，而西洋意大里雅諸國望在晝，不見。推其初虧在巳正三刻四分，相差三時二刻八分，以里差計之，殆距京師之西九十九度半也。故欲定東西偏度，必須兩地同測一月食，較其時刻。若早六十分時之二則爲偏西一度，遲六十分時之二則爲偏東一度。節氣之遲早亦同。今各省差數未得測驗，據廣輿圖計里之方約略條列，或不致甚舛也。南京應天府、福建福州府並偏東一度，山東濟南府偏東一度十五分，山西太原府偏西六度，湖廣武昌府、河南開封府偏西三度四十五分，陝西西安府、廣西桂林府偏西八度半，浙江杭州府偏東三度，江西南昌府偏西二度半，廣東廣州府偏西五度，四川成都府偏西十三度，貴州貴陽府偏西九度半，雲南雲南府偏西十七度。」

右偏度，載崇禎曆書交食曆指。其時開局修曆，未暇分測，度數實多未確，存之以備考訂云。

中星

古今中星不同，由於歲差。而歲差之說，中西復異。中法謂節氣差而西，西法謂恒星差而東，然其歸一也。今將李天經、湯若望等所推崇禎元年京師昏旦時刻中星列於後。

春分，戌初二刻五分昏，北河三中；寅正一刻一十分旦，尾中。清明，戌初三刻十三分昏，七星偏東四度；昏旦時或無正中之星，則取中前、中後之大星用之。距中三度以內者，爲時不及一刻，可勿論。四度以上，去中稍遠，故紀其偏度焉。寅正初刻二分旦，帝座中。穀雨，戌正一刻七分昏，翼偏東七度；寅初二刻八分旦，箕偏東四度。立夏，戌正三刻二分昏，軫偏東五度；寅初初刻十三分旦，箕偏西四度。小滿，亥初初刻十二分昏，角中；丑正三刻三分旦，箕中。芒種，亥初一刻十二分昏，大角偏西六度；丑正二刻三分旦，河鼓二中。

夏至，亥初二刻五分昏，房中；丑正一刻一十分旦，須女中。小暑，亥初一刻十二分昏，尾中；丑正二刻三分旦，危中。大暑，亥初初刻十二分昏，箕偏東七度；丑正三刻三分旦，營室中。立秋，戌正三刻二分昏，箕中；寅初三刻十三分旦，婁偏東六度。處暑，戌正一刻七分昏，織女一中；寅初二刻八分旦，婁中。白露，戌初三刻十三分昏，河鼓二偏東四度；寅正初刻二分旦，昴偏東四度。

秋分，戌初二刻五分昏，河鼓二中；寅正一刻十一分旦，畢偏西五度。寒露，戌初初刻十四分昏，牽牛中；寅正三刻一分旦參四中。霜降，酉正三刻十一分昏，須女偏西五度；卯初初刻四分旦，南河三偏東六度。立冬，酉正二刻一十分昏，危偏東四度；卯初一刻五分旦，輿鬼中。小雪，酉正一刻十二分昏，營室偏東七度；卯初二刻二分旦，張中。大雪，酉正一刻五分昏，營室偏西八度；卯初二刻一十分旦，翼中。

冬至，酉正一刻二分昏，土司空中；卯初二刻十三分旦，五帝座中。小寒，酉正一刻五分昏，婁中；卯初一刻一十分旦，角偏東五度。大寒，酉正一刻十三分昏，天囷一中；卯初二刻二分旦，亢中。立春，酉正二刻一十分昏，昴偏西六度；卯初一刻五分旦，氐中。雨水，酉正三刻十一分昏，參七中，卯初初刻四分旦，貫索一中。驚蟄，戌初初刻十四分昏，天狼中；寅正三刻一分旦，心中。

分野

周禮保章氏以星土辨九州之地，所封之域皆有分星，以觀妖祥。唐貞觀中，李淳風撰法象志，因漢書十二次度數以唐州縣配，而一行則以爲天下山河之象，存乎南北兩界，其說詳矣。洪武十七年，大明清類天文分野書成，頒賜秦、晉二王。其書大略謂「晉天文志分野始角、亢者，以東方蒼龍爲首也。唐始女、虛、危者，以十二支子爲首也。今始斗、牛者，以星紀爲首也。古言天者皆由斗、牛以紀星，故曰星紀，是之取耳。」茲取其所配直隸十三布政司府州縣衛及遼東都司分星錄之。

斗三度至女一度，星紀之次也。直隸所屬之應天、太平、寧國、鎮江、池州、徽州、常州、蘇州、松江九府，暨廣德州，屬斗分。鳳陽府壽、滁、六安三州，泗州之盱眙、天長二縣，揚州府高郵、通、泰三州，廬州府無爲州，安慶府和州，皆斗分。淮安府，斗、牛分。浙江布政司所屬之杭州、湖州、嘉興、嚴州、紹興、金華、衢州、處州、寧波九府皆牛、女分。台州、溫州二府，斗、牛、須、女分。江西布政司所屬皆斗分。福建布政司所屬皆牛、女分。廣東布政司

所屬之廣州府亦牛、女分。惠州，女分。肇慶、南雄二府，德慶州，皆牛、女分。潮州府，牛分。雷州、瓊州二府，崖、儋、萬三州，高州府化州，廣西布政司所屬梧州府之蒼梧、藤、岑溪、容四縣，皆牛、女分。

女二度至危十二度，玄枵之次也。山東布政司所屬之濟南府樂安、德、濱三州，皆危分。泰安州、青州府，皆虛、危分。萊州府膠州、登州府寧海州、東昌府高塘州，皆危分。東平州之陽穀、東阿、平陰三縣，北平布政司所屬之滄州，皆須、女、虛、危分。

危十三度至奎一度，娵訾之次也。河南布政司所屬之衞輝、彰德、懷慶三府，北平之大名府開州，山東東昌之濮州，館陶、冠、臨清三縣，東平州之汶上、壽張二縣，皆室、壁分。

奎二度至胃三度，降婁之次也。山東濟寧府之兗州滕、嶧二縣，青州府之莒州、安丘、諸城、蒙陰三縣，濟南府之沂州，直隸鳳陽府之泗、邳二州，五河、虹、懷遠三縣，淮安府之海州，桃源、清河、沭陽三縣，皆奎、婁分。

胃四度至畢六度，大梁之次也。北平之眞定府，昴、畢分。定、冀二州，皆昴分。晉、深、趙三州，皆畢分。廣平、順德二府，皆昴分。祁州，昴、畢分。河南彰德府之磁州，山東高唐州之恩縣，山西布政司所屬之大同府應、朔、渾源、蔚四州，皆昴、畢分。

畢七度至井八度，實沈之次也。山西之太原府石、忻、代、平定、保德、岢嵐六州，平陽府，皆參分。絳、蒲、吉、隰、解、霍六州皆觜、參分。澤、汾二州，皆參分。潞、沁、遼三州，皆參、井分。

井九度至柳三度，鶉首之次也。陝西布政司所屬之西安府同、華、乾、耀、邠五州，鳳翔府隴州，延安府鄜、綏德、葭三州，漢中府金州，臨洮、平涼二府，靜寧州，皆井、鬼分。涇州，鬼分。慶陽府寧州，鞏昌府階、徽、秦三州，皆井、鬼分。四川布政司所屬惟綿州觜分，合州參、井分，餘皆井、鬼分。雲南布政司所屬皆井、鬼分。

柳四度至張十五度，鶉火之次也。河南之河南府陝州，皆柳分。南陽府鄧、汝、裕三州，汝寧府之信陽、羅山二縣，開封府之均、許二州，陝西西安府之商縣，華州之洛南縣，湖廣布政司所屬德安府之隨州，襄陽府之均州、光化縣，皆張分。

張十六度至軫九度，鶉尾之次也。湖廣之武昌府興國州，荆州府歸、夷陵、荆門三州，黃州府蘄州，襄陽、德安二府，安陸、沔陽二州，皆翼、軫分。長沙府軫旁小星曰長沙，應其地。衡州府桂陽州，永州府全、道二州，岳州、常德二府，澧州，辰州府沅州，漢陽府靖、郴二州，寶慶府武岡、鎮遠二州，皆翼、軫分。廣西所屬除梧州府之蒼梧、藤、容、岑溪四縣屬牛、女分，餘皆翼、軫分。廣東之連州、廉州府欽州、韶州府，皆翼、軫分。

軫十度至氐一度，壽星之次也。河南之開封府，角、亢分。鄭州，氐分。陳州，亢分。

汝寧府光州，懷慶府之孟、濟源、溫三縣，直隸壽州之霍丘縣，皆角、亢、氐分。

氐二度至尾二度，大火之次也。河南開封府之杞、太康、儀封、蘭陽四縣，歸德、睢二州，山東之濟寧府，皆房、心分。直隸鳳陽府之潁州，房分。徐、宿二州，壽州之蒙城縣，潁州之亳縣，皆房、心分。

尾三度至斗二度，析木之次也。北平之北平府，尾、箕分。涿、通、薊三州，皆尾分。霸州、保定府，皆尾、箕分。易、安二州，皆尾分。河間府、景州，皆尾、箕分。永平府，尾分。灤州，尾、箕分。遼東都指揮司，尾、箕分。朝鮮，箕分。

校勘記

〔一〕十一年監臣言　監臣，原作「監宦」，據明史稿志一天文志改。英宗實錄卷一四一正統十一年五月丁丑條作「欽天監」。欽天監設監正、監副，不用宦官。

二十四史

中華書局

明史卷二十六

志第二

天文二

月掩犯五緯　五緯掩犯　五緯合聚　五緯掩犯恒星

月掩犯五緯

洪武元年五月甲申，犯填星。十二年三月戊辰朔，犯辰星。十四年十一月甲午，犯填星。十九年五月己未，犯歲星。二十三年四月丁酉，掩太白。十一月癸卯及永樂四年正月戊午，五年六月丙午，七年十二月壬子，俱犯熒惑。八年十二月壬子，九年四月庚子，十六年七月戊辰，俱犯歲星。十八年十一月辛卯，掩太白。二十年三月辛未，掩填星。二十二年八月乙丑，犯熒惑。

洪熙元年二月己未，掩填星。

宣德元年十二月丙子，掩熒惑。二年正月癸卯，犯熒惑。四月甲申，犯太白。六年十月丙申，掩太白。七年二月甲寅，犯填星。八年二月癸巳，掩歲星。四月戊子，犯歲星。

正統二年正月辛亥，掩歲星。四月癸酉、五月庚子，俱犯歲星。七月戊申，犯熒惑。四年正月乙酉，掩填星。八年三月庚申，犯填星。十一月丙寅，掩歲星。十年十一月辛卯，犯熒惑。十一年十二月甲寅，犯歲星。十二年正月辛巳，閏四月庚午，俱犯歲星。十四年四月壬子，犯太白。五月癸未，掩太白。

景泰二年四月戊子，犯歲星。九月甲辰，犯歲星於斗。五年二月丁亥，犯太白。六年正月甲寅，犯歲星。七年四月癸丑，犯填星。乙丑，犯太白。

天順五年十一月己亥，犯太白於斗。

成化五年二月丙申、癸亥，俱犯歲星。六年三月癸未，八年正月癸亥，俱犯太白。十二年十一月戊申，犯歲星於室。十三年十月乙卯，犯填星。十二月丁酉，犯太白。十四年三月戊辰，十八年二月戊午，俱犯填星。八月己酉，二十三年四月乙亥，俱掩熒惑。五月戊午，六月乙酉，俱犯歲星。十月甲戌，掩歲星。

弘治四年二月壬子，犯歲星。七年十一月戊申，犯熒惑。八年正月癸卯，犯歲星。十二月丙辰，掩填星。十一年四月甲申、九月庚子，俱犯歲星。十二年八月壬寅，犯熒惑。十四年七月丁卯，九月己丑，俱犯歲星。丙辰，掩歲星。十二月癸丑，犯熒惑。十七年十一月甲辰，犯歲星。十八年二月丙寅，掩歲星。九月乙巳，掩填星。

正德元年十一月己卯，犯太白。四年閏九月癸亥，犯歲星。八年正月己丑，犯填星。十六年二月丙戌，掩太白。

嘉靖二年五月戊子，掩歲星。十一月壬申，犯歲星。十七年十二月己未，犯填星。十八年十月丙戌，犯熒惑。二十年五月辛卯，犯歲星。二十一年四月甲寅，二十七年七月丁丑，俱犯太白。九月庚子，犯太白於角。三十一年五月辛丑，犯填星。九月庚寅，掩填星。十二月丁卯，犯歲星。四十二年五月庚辰，掩歲星。四十四年七月丁巳，犯熒惑。

萬曆二年九月己卯，犯熒惑於箕。十年八月戊申，犯熒惑於井。十四年八月己丑，犯太白於角。十五年六月乙丑，十九年九月辛未，俱犯熒惑。十二月甲辰，犯填星於井。二十四年正月甲申，犯填星於張。二十七年九月辛亥，犯太白。三十一年五月癸未，犯太白。三十五年六月乙未，犯填星於斗。三十七年八月辛酉，犯填星。四十一年九月癸未，犯歲星。

崇禎三年八月辛亥，掩太白。十一年四月己酉，掩熒惑於尾。

五緯掩犯

洪武六年三月戊申，熒惑犯填星。六月壬辰，太白犯歲星。八年三月癸亥，熒惑犯填星。二十二年六月丙辰，辰星犯太白。二十七年三月乙丑，熒惑犯歲星於奎。

永樂三年三月戊戌，太白犯歲星。十一月癸巳朔，太白犯辰星於箕。四年正月癸卯，太白犯歲星。五年七月甲子，熒惑犯填星。十二年十一月丁卯，太白犯歲星。十四年七月乙巳，太白犯填星。二十年九月乙亥，太白犯歲星。十月己酉，太白犯填星。

洪熙元年十一月丙午，太白犯填星。

宣德元年十一月戊戌，辰星犯填星。七年六月己酉，太白犯歲星。七月辛巳，太白犯熒惑。九年十一月己亥，太白犯填星。十年十月庚子，熒惑犯填星。

正統元年五月戊寅，太白犯熒惑於井。二年五月辛丑，熒惑犯填星。三年十二月戊寅，太白犯歲星。五年五月丙午，太白犯填星。七年九月戊午，太白犯熒惑於氐。十一年九月丁亥，太白犯歲星。十二年七月戊午，熒惑犯填星。十四年二月己卯，太白犯熒惑。七月丙午，熒惑犯填星。

景泰元年閏正月丁卯，熒惑犯歲星。

天順七年十一月乙卯朔，熒惑犯填星。

成化六年九月乙亥，太白犯歲星。十一年七月戊辰，太白犯塡星。十三年九月丙寅，熒惑犯塡星。十六年六月壬申，太白犯歲星。

弘治二年正月戊辰，太白犯歲星。十一月壬午，太白犯塡星。三年正月庚申，太白犯塡星。五年八月丁未，熒惑犯歲星。六年十一月己未，太白犯塡星。七年九月甲寅及十年正月丙辰，熒惑犯歲星。十二月庚辰，辰星犯歲星。十七年閏四月癸酉，歲星犯塡星。

正德二年十月癸未，熒惑犯塡星。八年正月壬午及十六年十二月丙午，俱太白犯歲星。

嘉靖元年正月己未，太白犯歲星。十二月甲戌，太白犯塡星。三年正月癸酉，太白犯歲星。二十九年六月庚辰，熒惑犯歲星守井。

萬曆五年十二月辛丑，太白犯塡星於斗。九年十二月癸巳，太白犯塡星入危。十一年六月丁丑，太白犯熒惑。十五年五月己亥，太白犯塡星。二十四年四月己酉，太白犯歲星。二十五年七月甲辰，熒惑犯歲星。二十七年閏四月庚寅，辰星犯太白於井。三十四年十一月庚辰，熒惑掩歲星於危；甲辰，熒惑犯歲星。三十八年十一月辛亥，太白犯塡星於虛。四十七年三月壬子，太白犯歲星於壁。

天啓元年八月丙申，熒惑與太白同度者兩日。

崇禎九年六月己亥，太白犯歲星於張。

五緯合聚

洪武十四年六月癸未，辰星、熒惑、太白聚於井。十七年六月丙戌，歲星、塡星、太白聚於參。十八年二月乙巳，五星並見。三月戊子，塡星、歲星、太白聚於井。二十年二月壬午朔，五星俱見。二十四年七月戊子，太白、熒惑、塡星聚於翼。十一月乙未，辰星、歲星合於斗。十二月甲子，熒惑、辰星合於箕。二十五年正月辛丑，熒惑、歲星合於牛。二十六年十月壬辰，太白、塡星同度。

永樂元年五月甲辰，五星俱見東方。二年四月戊子，太白、熒惑合於井。

正統十四年九月壬寅，太白、塡星、熒惑聚於翼。十二月辛未，太白、歲星合於尾。

景泰元年十月壬申，太白、歲星合於箕。十二月己丑，辰星、歲星同度。二年九月庚申，太白、熒惑、塡星聚於軫。四年三月乙丑，太白、歲星合於壁。五年正月戊辰，太白、歲星合於奎。六月己酉，熒惑、歲星合於胃。十一月己未，太白、塡星合於氐。七年三月戊戌，太白、熒惑合於奎。十月戊申，歲星、熒惑合於鬼。

天順元年五月乙丑，太白、歲星合於井。十二月丙辰，太白、塡星合於心。二年九月甲寅，太白、塡星合於斗。三年九月乙巳，太白、歲星合於角。四年十月壬申，歲星、熒惑、辰星、太白聚於氐。五年十一月己亥，塡星、熒惑合於牛。甲子，太白、熒惑合於虛。六年九月甲午，太白、熒惑合於張。七年十月庚寅，歲星、熒惑合於女。庚戌，太白、歲星合於女。八年二月丙午，塡星、歲星、太白聚於危。

成化四年四月癸巳，歲星、熒惑合於井。壬子及七年七月庚子，太白、歲星合於井。十一年八月甲午，熒惑、塡星同度。

弘治十三年四月癸丑，熒惑、太白、辰星聚於井。十六年八月庚申，熒惑、歲星、塡星聚於井。十八年五月丙申，太白、歲星合於星。九月乙未，太白、歲星同度。

正德二年九月戊辰，辰星、歲星、太白聚於亢。

嘉靖三年正月壬午，五星聚於營室。十九年九月乙卯，太白、辰星、塡星聚於角。二十三年正月癸卯，熒惑、歲星、塡星聚於房。四十二年七月戊戌，太白、歲星、塡星聚於井。四十三年四月庚子，歲星、塡星、熒惑、太白聚於柳。

萬曆十七年十二月辛卯，太白、熒惑同度。二十年六月壬子，太白、辰星、塡星聚於井。三十二年九月辛酉，歲星、塡星、熒惑聚於危。

天啓四年七月丙寅，五星聚於張。

崇禎七年閏八月丙午至九月壬申，塡星、熒惑、太白聚於尾。十年十一月己卯，歲星、熒惑合於亢。甲午，塡星、辰星同度。

五緯掩犯恒星

歲星

洪武六年九月庚申，犯鬼。十一月壬子，退行犯鬼。七年八月乙巳，犯軒轅大星。九年二月乙丑，退入太微，犯左執法。十年六月戊寅及戊戌，犯亢。十一月甲辰，犯房。十一年四月戊申，犯鍵閉。七月甲申，犯牛。八月丙午，犯房。十四年四月壬戌，犯壘壁。十七年閏十月癸卯，犯井。十九年四月丙申，入鬼。八月壬辰，犯軒轅。二十一年四月丁未，留太微垣。十一月甲戌，入亢。二十二年三月辛卯，退入亢。九月丁卯，犯氐。十一月甲午，入房。十二月壬戌，犯東咸。二十三年五月己未，守房。八月乙丑，犯東咸。二十六年二月丙子朔，犯壘壁。二十九年六月庚子，犯井鉞。七月丙辰朔，入井。十月癸卯，退入井。三十年八月庚辰朔，入鬼。

建文四年七月乙未，退犯東咸。十月丙辰，犯天江。

永樂元年正月丁未，犯建。十二月己丑，犯羅堰。六年三月己巳，犯諸王西第二星。

四月甲午，犯東第一星。六月丙申，犯井。八年九月乙亥，犯靈臺。十八年七月己丑，犯天罇西北星。八月庚子，犯東北星。二十一年正月庚戌，犯上將。二十二年十一月戊寅，入氐。

宣德三年閏四月己酉，犯壘壁西第六星。十一月丙寅，又犯。七年七月丙寅，犯天罇。九年五月庚子，犯軒轅大星。

正統五年六月甲寅，犯壘壁。十一年十月戊戌，犯右執法。十四年正月丙申，犯房北第一星。二月丙子，退犯房。九月己卯，犯進賢。丙戌，犯房。

景泰元年閏正月庚午，與熒惑遞入斗杓。八月戊子，犯秦。二年二月庚午朔，犯牛。三年十月辛丑，犯亢。六年六月庚子，犯諸王。八月庚申，犯井鉞。七年九月癸未，入鬼。

天順元年九月癸亥，犯軒轅大星。二年八月癸未，犯右執法。十月己丑，三年正月辛卯，俱犯左執法。六月辛未，犯右執法。十二月癸亥，犯亢。四年閏十一月丙寅，犯房北第一星。庚午，犯鉤鈐。五年三月丁卯，退犯房上星。八月癸酉，犯鉤鈐。七年二月庚申朔，犯牛。八年二月丙午，犯壘壁。三月辛巳，又犯。

成化二年六月丁未，守昴。五年七月己酉，犯軒轅大星。六年三月癸卯，留守軒轅。七年三月丁丑，〔一〕退入太微垣，犯執法。四月乙卯，入太微垣，留守端門。六月甲寅，犯右

執法。十一月己亥，犯亢。八年十一月辛亥，犯房北第一星。癸丑，犯鉤鈐。九年三月丙辰，犯東咸。五月己酉，犯鉤鈐。六月乙丑，犯房第一星。十二年三月丁巳，犯壘壁。十三年閏二月己未，犯外屏。十五年三月甲子，犯天街。九月乙卯，犯井。辛巳，守井。十七年正月己卯，犯鬼。三月甲午，入鬼。庚子，犯積尸。十八年五月庚戌，犯靈臺。閏八月壬辰，犯左執法。二十年五月乙巳，守亢。八月癸酉，犯氐。

弘治四年七月癸巳，犯井。十一月壬辰，又犯。六年八月庚寅，犯靈臺。七年正月癸卯，犯壘壁。五月甲辰，犯靈臺。八年二月丁巳，犯進賢。七月辛丑，又犯。十月丁卯，犯亢。十一月己酉，犯氐。九年二月至三月庚寅，守氐。十二年五月己亥，犯壘壁。十三年八月戊申，又犯。十五年七月丙子，犯諸王。十六年七月己巳，犯井。八月壬子，犯天罇。十八年九月丁未，犯太微垣上相。

正德元年二月壬子，退犯右執法及上將。三月壬午，犯靈臺。十一月戊辰，犯牛。六年四月丁未，十二月壬午，俱犯壘壁。九年八月丙辰，犯諸王。十四年十月癸未，犯氐。

嘉靖元年四月戊寅，犯牛。十一月丙寅，犯羅堰。二年十一月壬辰，犯壘壁。二十年十一月庚寅，二十一年正月丁未，俱犯左執法。二十二年十二月丁亥，犯房北第一星。二十三年四月戊寅，又犯。三十五年五月壬戌，退行又犯。四十五年五月辛卯，退留守左執法。

隆慶元年二月戊午，退守亢。

萬曆三十九年十月己巳，天啓三年九月甲辰，俱犯軒轅。四年正月丙寅，犯軒轅大星。五年正月庚戌朔，退行犯左執法。七年三月乙酉，退行犯房北第一星。

崇禎七年閏八月丁未，犯積尸。九年冬，犯右執法。

熒惑

洪武元年八月甲午，犯太微西垣上將。九月戊申，犯右執法。二年正月乙卯，犯房。六月壬辰，犯東咸。三年九月丙申，入太微垣。乙卯，留太微垣。四年九月乙卯，犯壘壁。五年十一月庚午，犯鉤鈐。九年三月辛酉，犯井。四月戊申，犯鬼。十年八月丙寅，犯天罇。十月乙卯，犯鬼。十一年二月壬戌，犯五諸侯。三月甲午，犯積尸。六月壬戌，犯右執法。十二年八月乙亥，犯鬼。戊寅，犯積尸。十二月庚寅，犯軒轅大星。十四年十月丙子，犯太微垣。十五年三月乙亥，犯右執法。九月乙丑，犯南斗。十六年八月辛卯，行軒轅中。九月辛酉，犯太微西垣上將。十七年正月乙卯，入氐。三月戊午，犯氐。十八年正月戊辰，犯外屏。十月丁酉，犯進賢。十九年正月壬戌，犯罰。二月丁未，犯箕。四月己亥，留斗。七月辛巳，犯斗。八月丁亥，犯斗。十月辛亥，十一月己巳，犯壘壁。二十一年正月丙申，

入斗。四月丁未，七月庚辰，俱犯壘壁。十一月癸巳，犯外屏。二十二年正月丙戌，犯天陰。二月癸卯，行昴中。十月庚申，入氐。十一月甲午，犯東咸。十二月癸丑，犯天江。二十三年正月甲戌，入斗。三月辛卯，犯壘壁。五月戊戌，犯外屏。二十四年十二月甲子，與辰星同犯箕。二十五年二月己卯，犯壘壁。九月己卯朔，入井。二十六年三月庚戌，犯積薪。五月丙辰，犯軒轅。六月己丑，犯右執法。二十七年六月辛未，犯天街。八月癸巳，犯積薪。九月乙巳，犯鬼。二十八年二月壬午，又犯。四月戊子，入軒轅。五月戊午，犯靈臺。閏九月乙丑，犯東咸。二十九年五月丙寅，犯諸王。六月甲午，犯司怪。十月辛亥，犯上將。十二月癸卯，守太微垣。三十年三月壬午，入太微垣。五月戊午，犯右執法。八月丁亥，入氐。丁未，入房。十月癸未，犯斗杓。三十一年十月，守心。

建文四年八月戊辰，犯上將。甲戌，入太微垣右掖門。九月辛巳朔，犯右執法。壬辰，犯左執法。十月甲寅，犯進賢。甲子，入角。十一月壬午，入亢。己亥，入氐。

永樂元年五月癸未，犯壘壁西第四星。十月甲戌，犯東第五星。二年四月乙酉，犯天罇。九月乙卯，犯角。十一月壬子，犯鉤鈐。三年三月癸丑，犯壘壁。四年正月甲午，犯天陰。戊午，犯月星。五年七月癸酉，犯諸王。八月己酉，犯司怪南第二星。六年二月庚辰朔，犯北第二星。四月辛卯，犯鬼。七月辛亥，入太微垣右掖門。丙辰及八年六月丙午，十

二十四史

年五月壬辰，俱犯右執法。十一年十月戊午，犯上將。十二年二月癸酉，退入太微垣，犯上相。十三年九月丁酉，犯靈臺上星。癸卯，犯上將。十月庚午，犯左執法。十二月甲午朔，犯進賢。十五年九月庚申，犯左執法。十二月甲午，入房北第一星。十六年九月壬申，犯壘壁。十七年十二月庚辰，犯鉤鈐。二十年十月壬子，退犯天街上星。二十一年三月庚戌，犯積薪。二十二年十一月辛卯，退犯五諸侯。

洪熙元年正月庚辰，留井。四月癸卯，入鬼。

宣德元年十二月戊寅，犯軒轅。三年六月甲戌，犯積尸。十月戊子，犯太微西垣上將。四年三月癸亥，犯靈臺。戊辰，犯上將。四月丙申、戊戌，俱犯右執法。九月丙辰，犯天江。五年九月乙丑，犯靈臺。十月癸酉，犯上將。十一月己亥，犯左執法。丙午，犯進賢。六年三月乙卯，犯亢。六月甲寅、乙卯，俱犯氐。七月甲戌，犯房。九月癸亥，犯斗杓。七年九月辛酉，犯上將。十月己酉，犯進賢。八年正月丁卯，犯房。庚辰，犯東咸。八月丙午，犯斗魁。十月甲戌，犯壘壁。九年十一月己卯，犯氐。十二月己酉，犯鉤鈐。十年三月丁亥，犯壘壁。

正統元年二月乙丑，犯天街。十二月甲子，犯天江。二年四月乙亥，犯壘壁。三年三月甲辰，犯井。五月庚寅，犯積尸。四年閏二月己卯朔，犯壘壁。五年二月庚辰，三月辛

未，俱犯井。七年五月己丑，犯右執法。八年八月辛丑，犯積尸。九年五月癸酉，犯左執法。十年十月辛丑，犯上將。十一年二月乙卯，三月丁酉，俱犯平道。七月丁亥，犯氐。九月辛未，犯天江。十三年正月丙午，犯房北第一星。二月戊午，犯罰。九月甲午，犯狗。十四年七月己卯朔，留守斗。九月壬寅，犯左執法。十月乙丑，犯進賢。十一月乙未，犯亢。十二月丁未朔，犯氐。丙子，犯房。

景泰元年九月丁未，犯壘壁西第三星。辛亥，犯第四星。庚申，犯第六星。十月辛未朔又犯。十二月己丑，犯第五星。二年十一月丙申，犯氐。癸亥，犯鉤鈐。三年四月甲申，與歲星同犯危。四年正月庚午，犯昴。五年六月戊戌，犯諸王。六年三月丙辰，犯井。五月乙巳朔，犯積尸。七年七月丁酉，入井。十月壬寅，犯鬼。

天順元年二月癸未，又犯。二年八月戊辰，入鬼。三年正月辛卯，犯軒轅。四月乙卯，犯靈臺。五月癸卯，犯右執法。四年七月戊子，犯天罇。八月丙辰，入鬼。十月庚午，犯上將。閏十一月庚申，犯上相。五年正月戊午，退入太微垣。三月癸亥，犯右執法。六年七月丙午，入鬼。九月乙卯，犯上將。十一月丙午，犯進賢。七年正月辛亥，入氐。四月辛酉，退犯氐西南星。七月壬辰，犯東南星。甲寅，犯房北第一星。八月己巳，犯斗杓。

成化元年正月丁巳，犯東咸。二月癸卯，犯天籥。五月戊午，留守斗。己巳，退犯魁第

四星。七月癸酉，又犯。二年二月癸巳，犯天陰。三年八月乙未，犯壘壁。四年二月己亥，犯月星。己酉，犯天街。五月庚辰，犯鬼。癸未，犯積尸。十一年七月甲戌，犯積薪。八月癸未，入鬼。甲申，犯積尸。十月乙未，犯靈臺。十二年四月壬辰，犯上將及建。十三年九月癸未，犯上將。十一月庚辰，犯進賢。十四年正月乙丑，犯亢。二月甲辰，又犯。十五年九月乙丑，犯靈臺。閏十月庚申，犯進賢。十六年正月壬午朔，犯房。三月乙酉，犯天江。十月戊辰，犯壘壁。十七年三月庚辰，犯昴。十八年五月甲戌，八月丙辰，十月戊辰，俱犯壘壁。十九年十月庚辰，犯氐。十一月己酉，犯鉤鈐。壬子，犯東咸。二十一年正月戊子，犯天陰。十一月壬戌，犯天江。二十三年二月丁酉，犯井。

弘治元年六月庚戌，犯諸王。八月庚申，犯積薪。九月癸酉，犯鬼。甲戌，犯積尸。三年三月辛酉，犯鬼。四年六月戊子，犯諸王。五年六月己亥，犯積尸。七月癸酉，入井。十月乙巳，犯靈臺。十一月丙申，犯上相。六年二月庚子，犯平道。三月甲戌，犯上相。四月丙申，犯左執法。七年十二月癸亥，犯亢。八年二月戊寅，犯房。四月癸酉、六月癸亥，俱犯氐。十二月癸丑，犯壘壁。九年十二月己丑，犯鉤鈐。十一年十一月乙未，犯亢。十三年正月壬戌，犯天陰。十四年四月庚子，犯壘壁。十月乙卯，犯天街。十五年二月戊辰，犯井。十六年七月丁丑，犯諸王。十七年四月癸卯，十八年九月癸未，正德二年七月戊辰，俱

犯積尸。十月癸未，犯上將。三年四月乙丑，犯右執法。四年十一月己未，犯進賢。五年三月癸亥，犯亢。六月丁卯，犯房北第二星。七月丙子，犯天關。八月乙未，犯天江。十六年二月庚子，犯鬼。六月壬午，犯右執法。

嘉靖元年八月乙未，犯積尸。二年正月庚戌，入太微垣，犯內屏。閏四月丙寅，犯右執法。三年十月癸巳，犯上將。十一月甲子，犯左執法。十二月癸丑，犯進賢。四年二月戊午，犯平道。五年九月癸未，犯上將。十八年十一月辛未，犯上相。十九年九月乙卯，二十一年八月戊戌，俱犯斗。二十三年正月壬寅，犯房北第一星。三月丁巳，入斗。六月乙亥，入箕退行二舍。二十四年十月丁巳，犯氐。二十七年十一月甲申，自畢退行至胃。二十九年十二月甲戌，退守井。三十一年九月辛卯，犯鬼。三十五年九月丁丑，犯上將。三十六年二月壬辰，自角退入軫。四月戊子，自軫退行二舍餘。三十九年十二月甲寅，犯鉤鈐。四十二年十月辛亥，自胃退行抵婁。四十四年十二月壬申，自井退二舍。

隆慶二年六月乙未，犯右執法。三年八月丁未，犯鬼。四年五月己卯，犯右執法。

萬曆二年二月癸亥，犯房。五月己卯，犯氐。五年十月辛丑，又犯。九年二月辛酉，犯井。十二年十二月辛亥，退行張次。十三年正月庚辰，退入軒轅。二月戊申，犯張，又自張歷柳。十五年正月丁酉，退入軫。二月丁卯，退行翼次。四月，犯翼。十七年二月己丑，犯

中華書局

氐。四月丁亥，自氐退入角。七月辛酉，犯房第二星。九月辛亥，犯斗杓。十九年四月乙巳，六月壬子，俱犯箕。七月丁亥，犯斗。二十年十一月戊辰，犯氐。二十一年七月辛巳，九月甲戌，俱犯室。二十二年五月，犯角。二十七年八月甲辰，犯奎。二十八年二月庚寅，犯鬼。三十年正月丁巳，退入太微垣。三十二年二月丁酉，退入角。三十四年四月己巳，犯心。五月戊寅，犯房。癸未，自心退入氐。三十七年十一月丙戌，犯氐。三十八年八月辛卯，退行婁次。四十二年十月，犯柳。四十四年十二月，犯翼。四十五年二月庚子，退行星度。四十七年正月，犯軫。二月丁巳，退入軫。辛未，退入翼。

泰昌元年八月辛亥，犯太微右將。

天啓元年閏二月癸巳，退入氐。三年正月甲午，犯房北第一星。四月，守斗百日。八月甲子，犯狗國。十月甲申，犯壘壁。四年二月，守斗。五年九月乙卯，自壁退入室。

崇禎三年三月己酉，入井，退舍復贏。居數月，又入鬼，犯積尸。四月己卯，復犯積尸。八月辛亥，犯斗魁。八年九月丁丑，犯太微垣。十一年，自春至夏守尾百餘日。四月己酉，退行尾八度，掩於月。五月丁卯，退尾入心。十五年五月，守心。

填星

洪武十五年六月丁亥，九月乙未，俱犯畢。十六年八月己卯，犯天關。十七年閏十月

丙辰，犯井。十八年七月己巳，十九年三月甲戌，俱犯天罇。九月甲寅，入鬼。十月甲午，留鬼。二十二年二月癸卯，退行軒轅。二十三年正月戊子，五月壬子，俱犯靈臺。二十四年十月己未，犯太微東垣上相。二十五年二月辛酉，退犯上相。己卯，退入太微左掖。二十八年正月癸丑，守氐。四月乙丑，退入氐。二十九年十一月甲子，犯罰。三十年正月丙辰，犯東咸。五月壬子朔，又犯罰。

永樂元年九月丁丑，躔女留代。十二年七月戊子，犯井。十四年七月辛亥，犯鬼。十七年九月丙子，犯上將。

洪熙元年十一月辛酉，宣德元年三月庚戌，九月壬辰，俱犯鍵閉。

正統元年八月丁亥，退犯壘壁。三年十一月乙酉，犯外屏。八年十一月庚午，十二月壬子，俱犯井。十年三月丁丑，犯天罇。十三年九月丁亥，犯靈臺。

景泰元年閏正月己酉，入太微垣。九月庚戌，二年二月戊子，俱犯上相。庚寅，退入太微左掖。三年十月辛丑，犯亢。四年三月己未，退犯亢。七年七月己丑，犯罰。

天順三年正月辛卯，犯建。四月癸酉，守犯建。七年閏七月戊午朔，退犯壘壁。十月癸丑，又犯。

成化四年七月甲子，犯天囷。七年閏九月戊午，犯斗魁。辛酉，犯天高。十二年十月辛卯，守軒轅大星。十五年四月己丑，犯上將。十七年二月己未，犯進賢。二十一年正月庚戌，犯罰。

弘治六年三月壬申，八年十二月戊午，十年九月乙丑，俱犯壘壁。十四年十一月辛卯，犯諸王。十五年六月壬子，十二月辛丑，十六年正月己卯，俱犯井。七月辛卯，犯天罇。十七年七月辛亥，犯積尸。九月甲午，犯鬼。

正德二年八月癸巳，犯靈臺。十月甲戌，犯上將。三年五月甲子，犯靈臺。五年二月戊申，六月壬辰，俱犯上相。七年四月甲申，犯亢。十五年二月丁卯，犯羅堰。十六年七月乙卯，退犯代。

嘉靖元年八月庚辰，退犯壘壁。二十二年五月甲子，退守氐三十七日。

隆慶三年三月庚午，退犯上相。

萬曆三十五年正月至六月，退留斗。四十八年八月癸丑，犯井。

天啓元年正月丙戌，退入井。二年八月壬辰，犯守鬼。五年十月丙戌，犯上將。

太白

洪武元年七月己巳朔，犯井。三年十一月甲寅，犯壘壁。九年六月丁亥，犯畢。庚戌，犯井。八月，犯上將。九月己未，犯右執法。十年十月壬子，犯進賢。十一年九月丁丑，犯

氐。十二月辛丑，犯壘壁。十二年三月壬子，犯昴。六月丁亥，犯井。七月乙巳，犯鬼。十三年八月丙戌，犯心。十六年十一月乙卯，犯壘壁。十七年七月癸卯，犯天罇。十二月丙申，犯壘壁。十八年十月壬子，犯亢。十九年正月庚午，犯牛。二月己丑，犯壘壁。七月己卯，二十年八月己巳，俱入太微垣。二十一年六月壬戌，犯左執法。二十二年正月己卯，犯建。五月癸巳，犯諸王。十一月辛未，入斗。十二月丁巳，犯壘壁。二十三年四月壬戌，犯五諸侯。六月丁丑，留井。十月庚午，入亢。二十四年七月庚戌，入太微垣右掖。辛卯，犯右執法。十月丙辰，入斗。二十五年閏十一月乙酉，入壘壁。二十六年二月癸卯，犯天街。三月丙子朔，犯諸王。二十八年六月癸酉，犯畢。七月丙午，犯井。己酉，出井，犯東第三星。閏九月壬申，入角。十月戊申，犯東咸。二十九年七月戊辰，入角。八月癸丑，犯心中星。三十年正月壬戌，犯建。十二月戊戌，入壘壁。三十一年正月乙亥，犯外屏。五月丁未朔，犯五諸侯。

建文四年六月庚子，入太微右掖。八月甲子，入角。九月癸未，入氐。丙申，入房。十月癸亥，入斗杓。

永樂元年六月丙辰，犯畢。七月甲申，入井。八月己酉，犯鬼。九月丙子朔，犯軒轅左角。十月辛未，入氐。十一月丙戌，犯鍵閉。二年五月辛丑朔，犯鬼。七月己酉，入角。八

月丁亥，入房南第二星。十一月丁巳，犯東咸。三年三月丙申朔，犯壘壁東第五星。十二月己巳，犯西第三星。四年二月癸未，犯天陰。五月庚寅朔，犯五諸侯。七月庚戌，犯井。八月丙申，犯御女。九月戊寅，犯進賢。十月乙卯，犯房北第一星。五年七月癸丑，犯右執法。八月己亥，犯氐。九月癸丑，犯東咸。十月癸未，犯斗魁。十一月辛未朔，犯秦。六年六月甲申，犯諸王。丙申，與歲星同犯井。七月戊申，犯天罇。七年二月丙戌，犯外屏。十一月丁亥，犯罰。八年九月壬辰，犯天江。十二年五月癸酉朔，〔三〕犯五諸侯。閏九月己酉，犯左執法。十三年八月庚寅，犯房北第二星。十月乙丑朔，犯斗魁。十四年六月丁卯，犯諸王。十六年十一月甲子，犯壘壁。十七年七月戊午，犯天罇。八月癸巳，犯軒轅大星。十八年八月乙丑，犯心後星。十九年十月癸卯，犯天江。十二月丁酉，犯壘壁。

洪熙元年三月乙酉，犯昴。四月丙辰，犯井。十月辛未，犯平道。辛巳，犯亢。

宣德元年十月戊辰，犯斗杓。十一月己巳，犯壘壁。丙辰，又犯。二年正月丙申，犯外屏。七月癸巳，犯東井。八月丙辰朔，犯鬼。丁巳，又犯。乙亥，犯軒轅大星。九月丁巳，犯右執法。三年十一月甲子，犯罰。五年二月丁酉，犯昴。九月丁未，犯軒轅左角。十一月壬戌，犯鍵閉。六年九月丙戌，犯斗。七年七月乙酉，犯軒轅。八年十月癸亥，犯亢。十一月辛卯，犯罰。九年十一月壬辰，犯壘壁。十年正月甲戌，犯外屏。六月庚申，犯天關。

八月丙辰，犯軒轅。九月壬申，犯上將。

正統三年九月己丑，十一年九月辛未，俱犯軒轅左角。己丑，犯右執法。十月乙未朔，犯左執法。丙午，犯進賢。十二年六月乙亥，犯上將。七月癸丑，犯亢。十四年正月丁亥，犯壘壁。四月庚申，犯井。五月丁亥，犯鬼。七月癸卯，犯亢。九月庚辰，犯天江。十一月丁亥，犯亢。

景泰元年正月丁亥，犯亢。閏正月庚申，入壘壁。八月甲申，犯亢。九月乙巳，犯鉤鈐。壬戌，犯天江。十一月辛酉，犯壘壁。二年六月戊辰朔，犯畢。八月壬寅，入太微右掖。三年四月丁卯，犯諸王。戊子，犯井。五月壬子，犯鬼。六月乙酉，犯靈臺。戊子，犯上將。庚寅，入太微右掖。七月壬寅，犯左執法。五年九月癸丑，掩犯軒轅左角。甲戌，犯左執法。六年六月辛巳，犯井。己丑，與熒惑同入太微右掖。八月戊午，犯房北第二星。九月甲午，犯斗魁。七年七月辛未，犯鬼。

天順元年十二月甲午，犯鍵閉。丁酉，犯罰。二年正月丁卯，犯建。七月丙申，行太微垣中。九月甲寅，犯斗杓。三年五月庚戌，犯畢。十月甲寅，犯亢。四年七月丁丑，犯右執法。甲申，犯左執法。六年九月乙未，犯軒轅左角。己未，犯左執法。十月己巳，犯進賢。七年九月丁丑，犯斗魁。乙酉，犯狗。八年二月丙午，與歲星同犯壘壁。

成化元年十二月丙午，犯鍵閉。二年正月乙卯，犯斗。三年二月丁未，犯婁。三月戊子，犯外屏。五月壬辰，犯畢。六月壬戌，犯井。七月甲申，入鬼，犯積尸。八月癸卯，入軒轅。四年六月戊申，犯靈臺。五年二月癸巳，犯牛。六年九月丙子朔，〔四〕犯軒轅左角。甲午、庚子，俱犯左執法。七年九月壬午，犯房北第二星。閏九月戊午，犯斗魁。十二月乙未，犯牛及羅堰。八年二月甲申，犯壘壁。六月庚午，入井。十二月丙戌，犯壘壁。九年四月己卯，犯五諸侯。十月甲子，犯左執法。十一年三月甲戌，犯外屏。七月庚戌，犯天罇。八月丁酉，犯靈臺。庚子，犯上將。九月癸丑，犯左執法。十二年三月庚午，犯月星。四月甲午，犯井。十三年十二月甲午朔，犯壘壁。十五年九月庚辰，犯天江。十月庚子，犯斗魁。辛亥，犯狗。十七年二月丁卯，犯天陰。五月丁酉，犯軒轅。十九年八月丙寅，又犯。九月甲午，犯左執法。十月庚辰，犯房。二十年六月壬午，犯左執法。十二月庚辰，犯壘壁。二十二年六月庚子，犯井。八月甲午，犯軒轅。十一月乙亥，犯進賢。十二月庚戌，犯房。二十三年八月甲申，犯亢。

弘治元年二月癸丑，犯壘壁。六月庚戌，犯鬼。七月丙子，犯軒轅大星。癸未，犯左角。戊子，犯靈臺。二年正月庚辰，犯外屏。二月丁未，犯壘壁。十月己丑，犯左執法。三年正月壬申，犯羅堰。十一月戊戌，犯壘壁。四年六月癸丑，犯天關。六年二月庚子，犯羅

堰。甲子，犯壘壁西第六星。三月甲申，犯東第四星。七年二月辛未，犯昴。七月壬子，犯鬼。八月辛巳，犯軒轅左角。九月丁亥，犯靈臺。壬寅，犯亢。十一月壬辰，犯房。乙未，犯罰。丙午，犯天江。九年二月戊午，犯羅堰。七月己未，犯軒轅大星。十年十月辛未，犯左執法。十一年十月辛未，犯天江。十二年七月辛未，犯鬼。九月戊午朔，犯左執法。十二月戊辰朔，犯東咸。十三年十一月乙未，犯罰。十四年正月辛酉，犯建。二月壬午，犯羅堰。十一月己亥，犯壘壁。十五年二月甲寅，犯昴。五月己丑，犯天高。十一月癸酉，犯牛。十六年三月辛卯，犯諸王。九月甲申，犯天江。十月丁未，犯斗魁。丁丑，犯狗。十一月辛巳，犯羅堰。十七年五月己亥，犯諸王。七月丙辰，犯上將。十八年九月丙午，犯右執法。

正德元年春，守軒轅。十二月癸丑，犯壘壁。二年三月壬申，犯外屏。五月己巳，犯天高。九月辛丑朔，犯進賢。三年十月丙戌，犯亢。四年正月己酉，犯建。五年八月己亥，犯軒轅大星。十月丙申，犯亢。六年七月辛酉，犯左執法。十月丁亥，犯斗。十一月癸亥，犯羅堰。七年閏五月丁酉，犯鉞。六月甲子，犯積尸。八年正月丙戌，犯外屏。七月丁亥，犯酒旗。八月戊申，犯軒轅右角。十年八月丁卯，犯上將。丁丑，犯左執法。十三年七月戊戌，犯井。己未，犯鬼。十四年十月戊辰，犯斗。癸未，犯狗。十六年四月癸卯，犯鬼。八

月己丑，犯軒轅右角。九月乙亥，犯左執法。十月戊子，犯進賢。十一月丁卯，犯鍵閉。十二月庚子，犯建。

嘉靖元年正月丙辰，犯牛。十月戊子，犯斗杓。二年六月癸丑，犯井。七月丙子，犯鬼。八月辛酉，犯左執法。四年正月丁卯，犯建。五年六月庚辰，犯井。六年六月丁卯，犯靈臺。八年二月庚寅，犯天街。

隆慶元年十月甲申，入斗。

萬曆二十四年四月戊午，犯井。三十四年二月甲子，犯昴。四十六年四月乙卯，犯御女。

泰昌元年八月丙午朔，犯太微垣勾己。

天啓三年九月，犯心中星。五年九月壬申，犯左執法。甲申，犯御女。

辰星

洪武十一年十二月庚戌，犯斗。十五年四月丁亥，犯東井。十八年八月丁酉，入太微垣。二十一年十月壬子，入氐。二十二年十月癸卯，犯氐。二十五年八月庚午，犯上將。二十七年七月辛丑，犯鬼。十一月庚子，犯鍵閉。二十八年正月丁酉，犯壘壁。五月甲辰，犯天罇。三十年十二月甲辰，犯建。

建文四年六月庚午，犯積薪。

永樂二年四月丁酉，犯畢。癸卯，犯諸王。五月丁卯，犯軒轅大星。十月己丑，犯斗杓。三年六月己卯，犯軒轅大星。六年正月庚戌朔，犯壘壁。二月癸巳，又犯。十六年六月戊子，犯軒轅大星。

宣德元年五月丁未，犯鬼。二年十一月丙戌，犯氐。五年閏十二月丁酉，犯建。戊戌，又犯。七年五月辛巳，犯積尸。

正統十三年十月丙辰，犯亢。

景泰四年五月己未，犯積薪。

成化十二年三月壬戌，犯昴。

弘治五年十一月庚辰，犯罰。十二年六月壬子，犯鬼。十月壬子，犯房北第一星。十七年七月丙辰，犯靈臺。十八年五月庚子，犯鬼。十一月戊子，犯鍵閉。

正德七年六月丙寅，犯鬼。

嘉靖元年正月戊午，犯羅堰。二年八月壬寅，犯上將。

天啓七年三月辛未，退犯房。

按兩星經緯同度曰掩，光相接曰犯，亦曰淩。緯星出入黃道之內外，凡恒星之近黃道者，皆其必由之道，淩犯皆由於此。而行遲則淩犯少，行速則多，數可預定，非如彗孛飛流之無常。然則天象之示炯戒者，應在彼而不在此。歷代史志淩犯多繫以事應，非附會卽偶中爾。茲取緯星之掩犯恒星者次列之。比事以觀，其有驗者，十無一二，後之人可以觀矣。至於月道與緯星相似，而行甚速，其出入黃道也，二十七日而周，計其掩犯恒星殆無虛日，豈皆有休咎可占。今見於實錄者不及百分之一，然已不可勝書，故不書。

校勘記

〔一〕七年三月丁丑　丁丑，原作「丁卯」，據明史稿志二天文志、憲宗實錄卷八九改。是年三月甲戌朔，不得有丁卯日。

〔二〕十二年五月癸酉朔　十二年五月，原作「十一年五月」，據太宗實錄卷九二改。十一年五月是己卯朔，十二年五月才是癸酉朔。

〔三〕六年九月丙子朔　原脫「六年」，據憲宗實錄卷八三補。五年九月是辛巳朔，六年九月才是丙子朔。

中華書局

明史卷二十七

志第三

天文三

星晝見　客星　彗孛　天變　日變月變　暈適

星變　流隕　雲氣

星晝見

恒星　洪武十九年七月癸亥，二十年五月丁丑，七月壬寅，二十一年十二月丁卯，俱三辰晝見。弘治十八年九月甲午申刻，河鼓、北斗見。庚子，星晝見。正德元年二月癸酉，星斗晝見。天啓二年五月壬寅，有星隨日晝見。崇禎十六年十二月辛酉朔，星晝見。

歲星　景泰二年九月甲辰，晝見。三年六月壬戌，四年五月丁丑，六月甲辰，五年七月庚戌、壬子、癸亥，六年七月丁酉，天順元年五月丙子，五年七月乙卯，六年八月庚午，七年

三月乙巳，成化十四年六月庚子，八月丁酉，十六年七月丙申，十八年九月癸亥，二十年八月壬申，弘治元年六月甲寅，二年五月癸亥，六月甲午，五年十月己酉，六年九月癸卯，七年十一月癸卯，九年二月辛亥至甲寅，四月壬午，十年正月甲寅至丙辰，十一年八月甲申，十三年四月庚子至乙巳，十四年六月壬辰至乙未，並如之。十五年六月，連日晝見。十六年七月辛卯，十七年七月壬子，十八年五月乙未，八月辛巳至九月癸未，正德元年十一月乙酉，二年十一月辛酉至丁卯，六年三月壬寅至四月壬申，九年八月乙巳至甲寅，十二年十月甲子至乙巳，並如之。嘉靖二年三月辛未，二十九年八月戊寅，晝見守井。崇禎十一年四月壬子，晝見。

熒惑　景泰三年八月甲子，晝見於未位。

太白　洪武四年二月戊午，〔一〕晝見。四月戊申，六月壬午朔，五年六月甲申至丁亥，十二月甲申，八年八月丁巳，九年二月乙巳至己酉，〔二〕三月壬申，十二年閏五月戊戌，十三年七月甲午，十五年四月丁亥，七月戊申、辛酉，九月丁未朔，十六年十月壬辰至乙未，十八年四月己亥至辛丑，六月丙申至辛丑、辛亥，並如之。九月戊寅，經天與熒惑同度。乙酉，晝見。丁亥，又見，犯熒惑。十月癸巳至丙申，晝見。戊戌至辛丑，十九年十月甲申朔至庚寅，並如之。二十年六月戊戌，經天。七月壬寅至甲辰，晝見。二十一年四月己巳，七月丙申，二十三年三月丁亥，二十四年八月辛巳，二十五年二月辛酉，二十六年四月甲辰，並如之。八月庚子，與太陰同晝見。建文四年七月庚子，經天。永樂元年五月癸未、癸卯，俱與太陰同晝見。六月壬申，與太陰晝見。四年七月壬寅，晝見。五年八月丙申，六年二月甲辰，八年十月庚戌，十二年九月癸未，十五年七月己酉，八月庚戌，洪熙元年六月戊戌，七月乙巳，八月癸巳，宣德六年十月乙巳，八年九月戊戌至甲寅，九年十二月甲子，十年七月丁亥，正統四年七月壬子，十月丙申，六年五月庚戌，並如之。十一年七月甲申，經天。十三年二月辛酉，晝見。十四年正月辛亥，八月丙子，景泰元年十月乙酉，二年五月庚子、辛亥，並如之。壬子，經天。三年五月丁巳，晝見。十一月壬戌，五年正月甲戌，二月丙戌，六月癸卯，七年正月戊戌，天順元年四月甲午，八月壬子，二年十月己未，三年四月癸亥、癸酉，四年十一月庚寅，十二月丙戌，五年正月丁未，十二月癸巳，六年六月己丑，八月庚午，七年閏七月辛酉、癸未，八年正月庚申，成化元年二月癸未，三年四月癸丑，四年六月丙申，六年六月丙戌，七年八月癸卯，並如之。八年正月乙卯，經天，與日爭明。十一年五月己未，晝見。十二年十月丙戌，十三年十二月甲午，並如之。十四年六月庚子，與歲星俱晝見。八月甲午，晝見。十五年十二月丙子，十七年三月癸未，八月癸亥，十八年九月庚戌，十九年四月癸亥朔，並如之。二十年八月壬申，與歲星俱晝見。二十一年十一月丙辰，晝見。二

十二年六月己丑，二十三年九月丙午，弘治元年五月庚午，二年正月壬戌，三月庚申，五月丙戌，八月癸巳、庚子，四年四月辛未，五年五月乙亥，十月辛酉，六年十二月乙丑，七年五月庚戌，八年七月戊子，九年二月己酉朔，十年正月甲子至丁卯，並如之。六月丙子未刻，經天。八月癸未及十一年十月辛巳，晝見。十二年三月戊辰至壬申，八月庚寅，並如之。十三年四月庚子至乙巳，與歲星同晝見。十月丁未、己酉，十四年十二月庚戌，十五年五月庚寅至癸巳，十六年七月壬辰，十七年二月戊戌及六月癸亥，十八年二月壬戌，並晝見。五月辛亥，經天。八月癸亥至戊辰，晝見。正德元年十月己未，如之。二年正月庚辰，經天。三月戊辰，晝見。三年五月乙巳至丁未，十月己卯、庚辰，四年十月戊戌至乙巳，五年五月丙子，六年七月壬申至八月癸未，八年正月丙戌至己丑，四月壬戌、癸亥，八月庚戌至乙卯，九年十一月甲申至十二月壬辰，十一年六月甲寅至己未，十四年八月丙寅至庚辰，十五年正月己未至二月辛酉，十六年八月丁亥，嘉靖元年九月辛未，並如之。二年三月辛未，與歲星俱晝見。三年四月庚戌，晝見。五年五月庚子，十一年四月癸巳，十月辛巳、戊子，十一月甲寅，十三年閏二月庚申，並如之。五月癸巳，與月同晝見。十七年九月辛卯，晝見。十八年四月癸亥，十一月壬寅，二十年十一月乙巳至丁未，二十二年七月丙午，二十三年二月辛巳，二十四年閏正月戊寅，二十五年十月辛卯，二十六年四月丙申，二十七年四月丁巳，十

中華書局

一月丙戌至乙未，二十八年十一月乙酉至己丑，二十九年六月戊申、甲寅，三十年六月丙子至辛巳，三十一年正月丙戌至丙申，三十二年二月辛未至甲戌，七月戊辰至辛未，三十五年五月壬午，十月癸卯至丙午，三十六年十二月庚辰朔，三十八年七月癸酉，三十九年正月庚寅至壬辰，並如之。四十年三月丙子，晝見，歷二十四日。八月辛未，晝見。四十一年九月乙未，四十二年四月己巳至壬申，四十三年五月甲寅，並如之。十月戊子，晝見，歷二十二日。四十五年正月己亥，晝見。隆慶元年七月辛酉，二年正月甲寅，並如之。三年三月甲子，晝見，歷二十二日。四年十一月乙丑至丁卯，晝見。萬曆十一年七月辛丑，十二年七月癸巳，十六年九月丁丑，二十一年八月甲午，二十四年十月丙寅，並如之。二十七年九月辛卯，經天。三十七年三月辛丑，晝見。三十八年十月辛巳，四十年五月壬寅，天啓二年二月丙戌，三年三月丁巳，十二月乙丑，五年四月癸未，並如之。七月癸酉，經天。崇禎元年七月壬戌，晝見。三年四月己卯，十二月丙辰，並如之。

客星

史記天官書有客星之名，而不詳其形狀。敍國皇、昭明諸異星甚悉，而無瑞星、妖星之名。然則客星者，言其非常有之星，殆諸異星之總名，而非有專屬也。李淳風志晉、隋天

文，始分景星、含譽之屬爲瑞星，彗、孛、國皇之類爲妖星，又以周伯老子等爲客星，自謂本之漢末劉叡荊州占。夫含譽，所謂瑞星也，而光芒則似彗；國皇，所謂妖星也，而形色又類南極老人。瑞與妖果有定哉？且周伯一星也，旣屬之瑞星，而云其國大昌。又屬之客星，而云其國兵起有喪。其說如此，果可爲法乎？馬遷不復區別，良有以也。今按實錄，彗、孛變見特甚，皆別書。老人星則江以南常見，而燕京必無見理，故不書。餘悉屬客星而編次之。

洪武三年七月，太史奏文星見。九年六月戊子，有星大如彈丸，白色。止天倉，經外屏、卷舌，入紫微垣，掃文昌，指內廚，入於張。七月乙亥滅。十一年九月甲戌，有星見於五車東北，發芒丈餘。掃內堦，入紫微宮，掃北極五星，犯東垣少宰，入天市垣，犯天市。至十月己未，陰雲不見。十八年九月戊寅，有星見太微垣，犯右執法，出端門。乙酉，入翼，彗長丈餘。至十月庚寅，犯軍門，彗掃天廟。二十一年二月丙寅，有星出東壁，占曰「文士効用」。帝大喜，以爲將策進士兆也。

永樂二年十月庚辰，輦道東南有星如盞，黃色，光潤而不行。二十二年九月戊戌，有星見斗宿，大如盌，色黃白，光燭地，有聲，如撒沙石。

宣德五年八月庚寅，有星見南河旁，如彈丸大，色青黑，凡二十六日滅。十月丙申，蓬

星見外屏南，東南行，經天倉、天庾，八日而滅。十二月丁亥，有星如彈丸，見九斿旁，黃白光潤，旬有五日而隱。六年三月壬午，又見。八年閏八月戊午，景星三，見西北方天門，青赤黃各一，大如盌，明朗淸潤，良久聚半月形。丁丑，有黃赤色見東南方，如星非星，如雲非雲，蓋歸邪星也。

景泰三年十一月癸未，有星見鬼宿積尸氣旁，徐徐西行。

天順二年十一月癸卯，有星見於星宿，色白，西行，至丙午，其體微，狀如粉絮，在軒轅旁。庚戌，生芒五寸，犯爟位西北星，至十二月壬戌，沒於東井。五年六月壬辰，天市垣宗正旁，有星粉白，至乙未，化爲白氣而消。六年六月丙寅，有星見策星旁，色蒼白，入紫微垣，犯天牢，至癸未，居中台下，形漸微。

弘治三年十二月丁巳，有星見天市垣，東南行。戊辰，見天倉下，漸向壁。七年十二月丙寅，有星見天江旁，徐行近斗，至八年正月庚戌，入危。十二年七月戊辰，有星見天市垣宗星旁，入紫微垣東藩，經少宰、尙書，抵太子后宮，出西藩少輔旁，至八月己丑滅。十五年十月戊辰，有星見天廟旁，自張抵翼，復退至張，戊寅滅。

正德十六年正月甲寅朔，東南有星如火，變白，長可六七尺，横亙東西，復變勾屈狀，良久乃散。

嘉靖八年正月立春日，長星亙天。七月又如之。十一年二月壬午，有星見東南，色蒼白，有芒，積十九日滅。十三年五月丁卯朔，有星見螣蛇，歷天廐入閣道，二十四日滅。十五年三月戊午，有星見天棓旁，東行歷天廚，西入天漢，至四月壬辰沒。二十四年十一月壬午，有星出天棓，入箕，轉東北行，踰月沒。

萬曆六年正月戊辰，有大星如日，出自西方，衆星皆西環。十二年六月己酉，有星出房。三十二年九月乙丑，尾分有星如彈丸，色赤黃，見西南方，至十月而隱。十二月辛酉，轉出東南方，仍尾分。明年二月漸暗，八月丁卯始滅。三十七年，有大星見西南，芒刺四射。四十六年九月乙卯，東南有白氣一道，濶尺餘，長二丈餘，東至軫，西入翼，十九日而滅。十一月丙寅，旦有花白星見東方。

天啓元年四月癸酉，赤星見於東方。

崇禎九年冬，天狗見豫分。

彗孛

彗之光芒傅日而生，故夕見者必東指，晨見者必西指。孛亦彗類，其芒氣四出，天文家言其災更甚於彗。

洪武元年正月庚寅，彗星見於昴、畢。三月辛卯，彗星出昴北大陵、天船間，長八尺餘，指文昌，近五車，四月己酉，沒於五車北。六年四月，彗星三入紫微垣。二十四年四月丙子，彗星二，一入紫微垣閶闔門，犯天牀；一犯六甲，掃五帝內座。

永樂五年十一月丙寅，彗星見。

宣德六年四月戊戌，有星孛於東井，長五尺餘。七年正月壬戌，彗星出東方，長丈餘，尾掃天津，東南行，十月始滅。是月戊子，又出西方，十有七日而滅。八年閏八月壬子，彗星出天倉旁，長丈許。己巳，入貫索，掃七公。己卯，復入天市垣，掃晉星，二十有四日而滅。

正統四年閏二月己丑，彗星見張宿旁，大如彈。丁酉，長五丈餘，西行，掃酒旗，迤北，犯鬼宿。六月戊寅，彗星見畢宿旁，長丈餘，指西南，計五十有五日乃滅。九年七月庚午，彗星見太微東垣，長丈許，累日漸長，至閏七月己卯，入角沒。十四年十二月壬子，彗星見天市垣市樓旁，歷尾度，長二尺餘，至乙亥沒。

景泰元年正月壬午，彗星出天市垣外，掃天紀星。三年三月甲午朔，有星孛於畢。七年四月壬戌，彗星東北見於胃，長二尺，指西南。五月癸酉，漸長丈餘。戊子，西北見於柳，長九尺餘，掃犯軒轅星。甲午，見於張，長七尺餘，掃太微北，西南行。六月壬寅，入太微

垣，長尺餘。十二月甲寅，彗星復見於畢，長五寸，東南行，漸長，至癸亥而沒。

天順元年五月丙戌，彗星見於危，若動搖者，東行一度，芒長五寸，指西南。六月癸巳朔，見室，長丈餘，由尾至東壁，犯天大將軍、卷舌第三星，井宿水位南第二星。十月己亥，彗星見於角，長五寸餘，指北，犯角北星及平道東星。五年六月戊戌，彗見東方，指西南，入井度。七月丙寅始滅。

成化元年二月，彗星見。三月，又見西北，長三丈餘，三閱月而沒。四年九月己未，有星見星五度，東北行，越五日，芒長三丈餘，尾指西南，變爲彗星。其後晨見東方，昏見室，南犯三公、北斗、瑤光、七公，轉入天市垣。出垣漸小，犯天屏西第一星。十一月庚辰，始滅。七年十二月甲戌，彗星見天田，西指，尋北行，犯右攝提，掃太微垣上將及幸臣、太子、從官，尾指正西，橫掃太微垣郎位。己卯，光芒長大，東西竟天。北行二十八度餘，犯天槍，掃北斗、三公、太陽，入紫微垣內，正晝猶見。自帝星、北斗、魁、庶子、后宮、勾陳、天樞、三師、天牢、中台、天皇大帝、上衞、閣道、文昌、上台，無所不犯。乙酉，南行犯婁、天河、天陰、外屏、天囷。八年正月丙午，行奎宿外屏，漸微，久之始滅。

弘治三年十一月戊戌，彗星見天津南，尾指東北。犯人星，歷杵臼。十二月戊申朔，入營室。庚申，犯天倉。十三年四月甲午，彗星見壘壁陣上，入室壁間，漸長三尺餘。指離

宮，掃造父，過太微垣，漸微。入紫微垣，近女史，犯尚書，六月丁酉沒。

正德元年七月己丑，有星見紫微西藩外，如彈丸，色蒼白。越數日，有微芒見參、井間，漸長二尺，如帚，西北至文昌。庚子，彗星見，有光，流東南，長三尺。越三日，長五尺許，掃下台上星，入太微垣。十五年正月，彗星見。

嘉靖二年六月，有星孛於天市。十年閏六月乙巳，彗星見於東井，長尺餘，掃軒轅第一星。芒漸長，至翼，長七尺餘。東北掃天罇，入太微垣，掃郎位，行角度，東南掃亢北第二星，漸斂，積三十四日而沒。十一年八月己卯，彗星見東井，長尺許。後東北行，歷天津，漸至丈餘。掃太微垣諸星及角宿、天門，至十二月甲戌，凡一百十五日而滅。十二年六月辛巳，彗星見於五車，長五尺餘，掃大陵及天大將軍。漸長丈餘，掃閣道，犯螣蛇，至八月戊戌而滅。十八年四月庚戌，彗星見，長三尺許，光指東南。掃軒轅北第八星，〔三〕旬日始滅。三十三年五月癸亥，彗星見天權旁，犯文昌，行入近濁，積二十七日而沒。三十五年正月庚辰，彗星見進賢旁，長尺許，西南指，漸至三尺餘。掃太微垣，次相東北，入紫微垣，犯天牀，四月二日滅。三十六年九月戊辰，彗星見天市垣列肆旁，東北指，至十月二十三日滅。

隆慶三年十月辛丑朔，彗星見天市垣，東北指，至庚申滅。

萬曆五年十月戊子，彗星見西南，蒼白色，長數丈，氣成白虹。由尾、箕越斗、牛逼女，

經月而滅。八年八月庚申，彗星見東南方，每夜漸長，縱橫河漢凡七十日有奇。十年四月丙辰，彗星見西北，形如匹練，尾指五車，歷二十餘日滅。十三年九月戊子，彗星出羽林旁，長尺許。每夕東行，漸小，至十月癸酉滅。十九年三月丙辰，西北有星如彗，長尺餘。歷胃、室、壁，長二尺。閏三月丙寅朔，入婁。二十一年七月乙卯，彗星見東井。乙亥，逆行入紫微垣，犯華蓋。二十四年七月丁丑，彗星見西北，如彈丸。入翼，長尺餘，西北行。三十五年八月辛酉朔，彗星見東井，指西南，漸往西北。壬午，自房歷心滅。四十六年十月乙丑，彗星出於氐，長丈餘，指東南，漸指西北。掃犯太陽守星，入亢度，西北掃北斗、璿璣、文昌、五車，逼紫微垣右，至十一月甲辰滅。四十七年正月杪，彗見東南，長數百尺，光芒下射，末曲而銳，未幾見於東北，又未幾見於西。

崇禎十二年秋，彗星見參分。十三年十月丙戌，彗星見。

天變

洪武二十一年八月壬戌至甲子，天鼓鳴，晝夜不止。二十八年三月戊午，昏刻天鳴，如風水相搏，至一鼓止。九月戊戌，初鼓，天鳴如瀉水，自東北而南，至二鼓止。宣德元年八月戊辰，昏刻天鳴，如雨陣迭至，自東南而西南，良久乃息。辛未，東南天鳴，聲如萬鼓。正

中華書局

統十年三月庚寅，西北天鳴，如鳥羣飛。正德元年二月壬子，夜東北天鳴，如風水相搏者五七次。隆慶二年八月甲辰，絳州西北天裂，自丑至寅乃合。萬曆十六年九月乙丑，甘肅石灰溝天鳴，雲中如犬狀亂吠，有聲。崇禎元年三月辛巳，昧爽，天赤如血，射牎牖皆紅。十年九月，每晨夕天色赤黃。

日變月變

洪武二年十二月甲子，日中有黑子。三年九月戊戌，十月丁巳，十一月甲辰，四年三月戊戌，五月壬子至辛巳，九月戊寅，五年正月庚戌，二月丁未，五月甲子，七月辛未，六年十一月戊戌朔，七年二月庚戌至甲寅，八年二月辛亥，九月癸未，十二月癸丑，十四年二月壬午至乙酉，十五年閏二月丙戌，十二月辛巳，並如之。

正統元年八月癸酉至己卯，月出入時皆有游氣，色赤無光。十四年八月辛未，月晝見，與日爭明。十月壬申，日上黑氣如煙，尋發紅光，散焰如火。

景泰二年四月己卯，月色如赭。七年九月丙子，日色變赤。

天順二年閏二月己巳，日無光，旋赤如赭。三年八月丁卯，日色如赭。六年十月丙子，日赤如血。七年四月癸未，如之。乙酉，日色變白。八年二月己亥，日無光。

成化五年閏二月己卯，日色變白。十一年二月己亥，日色如赭。四月辛卯，如之。十三年三月壬申，日白無光。十月辛卯，十四年三月庚午，十六年三月丙戌，並如之。十七年三月丁酉，日赤如赭。十八年四月壬寅，日赤無光。十二月癸酉，日赤如赭。二十年二月癸酉，如之。

弘治元年十一月己卯，月生芒如齒，長三尺餘，色蒼白。十八年八月癸酉至九月甲午，日無光。

嘉靖元年正月丁卯，日慘白，變青，無光。二十八年三月丙申至庚子，日色慘白。三十四年十二月庚申，晦，日忽暗，有青黑紫日影如盤數十相摩，久之千百，飛蕩滿天，向西北而散。

萬曆二十五年三月癸丑，黑日二三十餘，廻繞日旁，移時雲隱不見。五月辛卯朔，日光轉蕩，旋爲黑餅。三十年三月甲申，日光照地黃赤。三十五年十一月丙午，日赤無光，燭地如血。四十二年三月庚辰，日赤黃如赭如血者累日。四十四年八月戊辰，日中有黑光。四十六年閏六月丙戌至戊子，黑氣出入日中摩蕩。〔四〕

天啓四年正月癸未，日赤無光，有黑子二三蕩於旁，漸至百許，凡四日。二月壬子，日淡黃無光。癸丑，黑日摩蕩日旁。四月癸酉，〔五〕日中黑氣摩蕩。十二月辛巳，午刻，非煙非霧，覆壓日上，摩蕩如蓋如否，通天皆赤。〔六〕

崇禎四年正月戊戌，日色如血，照人物皆赤。二月乙巳朔，日赤如血，無光。十月丙午，月晝見。十一年十一月癸亥，日中有黑子及黑青白氣。日入時，日光摩蕩如兩日。十二年正月己未朔，日白無光。辛酉，日光摩蕩竟日，有氣從日中出，如鏡黛噴花。二月庚子，日旁有紅白丸，又白芒黑氣交掩，日光摩蕩。十三年九月己巳，兩日並出，〔七〕辰刻乃合爲一，入時又分爲二。十四年正月壬寅，日青無光。後三年正月癸丑，有星入月。三月壬寅，日色無光者兩旬。

暈適

洪武六年三月戊辰，日交暈。十年正月己巳，白虹貫日。十二月甲子，白虹貫月。十二年四月庚申，日交暈。十四年正月壬子，日有珥，白虹貫之。九月甲辰，白虹貫日。十五年正月丁未，十九年三月己巳，二十一年十二月戊午，並如之。二十三年正月壬辰，日暈，白虹貫珥。二十八年十一月乙亥，日上赤氣長五丈餘，須臾又生直氣、背氣，皆青赤色。又生半暈，兩白虹貫珥，已而彌天貫日。三十年二月辛亥，白虹亙天貫日。

永樂十八年閏正月癸未，日生重半暈，上有青赤背氣，左右有珥，白虹貫之，隨生黃氣、

璚氣。

洪熙元年正月乙未，日生兩珥，白虹貫之。四月丁未，如之，復生交暈。

宣德元年正月庚戌，日生青赤璚氣，隨生交暈，色黃赤。二月己卯，日兩珥，又生交暈，左右有珥，上重半暈及背氣。昏刻，月生兩珥，白虹貫之。二年十二月甲戌，月生交暈，左右珥，白虹貫之。三年三月庚寅，日生交暈，色黃赤，兩珥及背氣、戟氣各一，色皆青赤。丁酉，日暈，又交暈及戟氣二道。十二月己卯，日生交暈。五年正月癸亥，日暈，隨生交暈。二月甲午，日交暈，隨生戟氣。四月庚辰，日生兩珥，白虹貫之。六年二月甲寅，日暈，隨生交暈及重半暈璚氣。八年九月戊戌，辰刻，日暈，兩珥背氣，申刻諸氣復生。十年十二月辛亥，日暈，白虹貫兩珥，有璚氣，隨生重半暈及背氣。

正統元年二月己酉，白虹貫月。九月丁未，如之。十二月丙戌，月生背氣，左右珥，白虹貫之。三年四月庚辰，日生兩珥，白虹貫之，隨暈。十二月癸酉，月生兩珥，白虹貫之，隨生背氣。七年十二月辛丑，月暈，白虹貫之。十一年正月乙未，日生背氣，白虹彌天。十四年八月戊申，日暈，旁有戟氣，隨生左右珥及戴氣，東北虹霓如杵。

景泰元年二月壬午，酉刻，日上黑氣四道，約長三丈，離地丈許，兩頭銳而貫日，其狀如魚。十二月甲午，日交暈，上下背氣各一道，兩旁戟氣各一道。二年正月癸卯，日生左右

珥，白虹貫之，隨生背氣。二月丙戌，日交暈。三年正月丙辰，日生左右珥及背氣、白虹。五年十一月壬戌，月暈，左右珥及背氣，又生白虹，貫右珥。七年六月丁丑，日暈，隨生重半暈及左右珥。

天順元年二月庚戌，辰刻，日交暈，左右珥，旋生抱氣及左右戟氣，白虹貫日。未刻，諸氣復生。辛亥，日交暈，左右珥及戟氣，白虹貫日，彌天者竟日。二年二月乙卯，日交暈，上有背氣，白虹貫日。七年正月戊戌，月生連環暈。

成化二年四月壬寅，日交暈，右有珥。十一年六月己酉，日重暈，左右珥及背氣。十二年正月甲子，日交暈。二十年二月己未，日生白虹，東北亙天。二十一年十月癸巳，巳刻，日暈，左右珥。未刻，復生，又生抱氣背氣。二十三年十二月癸巳，日暈，左右珥，又生背氣及半暈。

弘治二年正月甲戌，午刻，日暈，白虹彌天。丙戌，日交暈，左右珥，白虹彌天。二月壬寅，日生左右珥及背氣，又生交暈、半暈及抱、格二氣。十一月戊辰，月暈連環，貫左右珥。四年二月庚戌，午刻，日交暈，左右珥，下生戟氣，白虹彌天。六年十一月乙巳，月暈，左右珥，連環貫之。十八年二月己巳，月暈，左右珥，白虹彌天。

正德元年正月乙酉，日暈，上有背氣，左右有珥，白虹彌天。十二月辛酉，月暈，白虹彌

天，甲子，如之。

嘉靖元年四月癸未，月生連環暈。二年正月己酉，月暈，連環左右珥。七年正月乙亥，日重暈，兩珥及戟氣，白虹彌天。十三年二月壬辰，白虹亙天，日暈，左右珥及戟氣。十八年十二月壬午，立春，日暈右珥，白虹亙天。二十一年十一月甲子，月暈連環。四十一年十一月辛丑，日暈，左右珥，上抱下戟，白虹彌天。

隆慶五年三月辛巳，日暈，有珥，白虹亙天。

萬曆三十五年正月庚午，日暈，黑氣蔽天。四十八年二月癸丑，日連環暈，下有背氣，左右戟氣，白虹彌天。

天啓元年二月甲午，日交暈，左右有珥，白虹彌天。三年十月辛巳，日生重半暈，左右珥。

崇禎八年二月丙午，白虹貫日。

星變

洪武二十八年閏九月辛巳，壘壁陣疏拆復聚。二十九年八月戊子，欽天監言，井宿東北第二星，近歲漸暗小，促聚不端列。三十一年五月癸亥，壘壁陣疏者就聚。正統元年九月丁巳，犯星動搖。十四年十月辛亥，如之。成化六年丁巳，熒惑無光。十三年九月乙丑朔，歲星光芒炫燿，而有玉色。正德元年八月，大角及心中星動搖，北斗中璿、璣、權三星不明。萬曆四十四年，權星暗小，輔星沉沒。四十六年九月，太白光芒四映如月影。天啓五年七月壬申，熒惑色赤，體大，有芒。崇禎九年十二月，熒惑如炬，在太微垣東南。十二年十月甲午，塡星昏暈。十三年六月，泰堦拆。九月，五車中三柱隱。十月，參足突出玉井。後四年二月，熒惑怒角。三月壬辰，欽天監正戈承科奏，帝星下移。已，又軒轅星絕續不常，大小失次。文昌星拆，天津拆，瑤光拆，芒角黑靑。

星流星隕

靈臺候簿飛流之記，無夜無有，其小而尋常者無關休咎，擇其異常者書之。

洪武三年十月庚辰，有赤星如桃，起天棓至壘壁陣，抵羽林軍，爆散有聲。五小星隨之，至土司空旁，發光燭天，忽大如盌，曳赤尾至天倉沒，須臾東南有聲。二十一年八月乙巳，赤星如杯，自北斗杓東南行三丈餘，分爲二，又五丈餘，分爲三，經昴宿復爲二，經天廩合爲一，沒於天苑。

永樂元年閏十一月丁卯，有星色蒼，大如斗，光燭地，出中天雲中。西南行，隆隆有聲，

入雲中。二年五月丙午，有赤星大如斗，光燭地，出中天，西北行入雲中。十六年，有星大如斗，色青赤，光燭地，自柳東行至近濁。二十二年五月己亥，有星如盞，色青白，光燭地，起東南雲中。西北行，入雲中，有聲如砲。七月庚寅，有星如盌，色赤有光，自奎入參炸散，衆星搖動。

宣德元年十二月己巳，有星大如盌，光赤，出卷舌，東行過東井墜地，有聲如雷。

正統元年八月乙酉，昏刻至曉，大小流星百餘。四年八月癸卯，大小流星數百。十四年十月癸丑，有星大如杯，赤光燭地，自三師西北抵少弼，尾跡化蒼白氣，長五尺餘，曲曲西行。十二月戊申，有星大如杯，色青白，有聲，光燭地。自太乙旁東南行丈餘，發光大如斗，至天市西垣沒，四小星隨之。

景泰二年六月丙申，大小流星八十餘。八月壬午，有赤星二：一如桃，一如斗，光燭地。一出紫微西藩北行，至陰德，三小星隨之；一出天津，東南行至河南，十餘小星隨之。尾跡炸散，聲如雷。

天順三年四月癸丑，有星大如盌，赤光燭地，自左旗東南行抵女宿，尾跡炸散。八年二月壬子，有星如盌，光燭地，自天市至天津，尾化蒼白氣，如蛇形，長丈餘，良久散。

成化十二年十一月乙丑，延綏波羅堡有星二，形如轆軸，一墜樊家溝，一墜本堡，紅光

燭天。二十年五月丙申，有大星，墜番禺縣東南，聲如雷，散爲小星十餘。既而天地皆晦，良久乃復。二十一年正月甲申朔，申刻，有火光自中天少西下墜，化白氣，復曲折上騰有聲。踰時，西方有赤星大如盌，自中天西行近濁，尾跡化白氣，曲曲如蛇行良久，正西轟轟如雷震。

弘治元年八月戊申，巳刻，南方流星如盞，自南行丈餘，大如盌，西南至近濁，尾化白雲，屈曲蛇行而散。四年十月丁巳，有星赤，光如電，自西南往東北，聲如鼓，隕光山縣，化爲石如斗。光州商城亦見大星飛空，如光山所見。十一月甲戌，星隕眞定西北，紅光燭天。西南天鳴如鼓，又若奔車。七年五月，宣府、山西、河南有星晝隕。八年四月辛未，有星如輪，流至西北，隕於鉛山縣，其聲如雷。九年閏三月戊午，平涼東南有流星如月，紅光燭地，至西北止，既而天鼓鳴。十年正月壬子，有星大如斗，色黃白，光長三十餘丈，一小星隨之，隕於寧夏西北隅。天鳴如雷者數聲。九月乙巳，有星如斗，光掩月，流自西北，隕於永平有聲。十一年正月癸亥，有流星隕於肅州，大如房，響如雷，良久滅。十月壬申，曉，東方赤星如盌，行丈餘，光燭地，東南行，小星數十隨之。十四年閏七月辛巳，山東有星大如車輪，赤光燭天，自東南往西北，隕於壽光。天鼓鳴。十六年正月己酉，南京有星晝流。

正德元年十二月庚午，有星如盌，隕寧夏中衞，空中有紅光大二畝。二年八月己亥，寧

夏有大星，自正南流西南而墜，後有赤光一道，濶三尺，長五丈。五年四月丁亥，雷州有大星如月，自東南流西北，分爲二，尾如彗，隨沒，聲如雷。六年八月癸卯，有流星如箕，尾長四五丈，紅光燭天。自西北轉東南，三首一尾，墜四川崇慶衞。色化爲白，復起綠焰，高二丈餘，聲如雷震。十五年正月丁未，酉刻，有星隕於山西龍舟谷巡檢司廳事。四月丙戌，陝西鞏昌府有星如日，色赤，自東方流西南而隕。天鼓鳴。

嘉靖十二年九月丙子，流星如盞，光照地，自中台東北行近濁，尾跡化爲白氣。四更至五更，四方大小流星，縱橫交行，不計其數，至明乃息。十四年九月戊子，開封白晝天鼓鳴。有星如盌，東南流，衆小星從之如珠。十九年五月辛丑，星隕棗強，爲石四。

萬曆三年五月癸亥，晝，景州天鼓鳴。隕星二，化爲黑石。四年十一月甲午，有四星隕費縣，火光照地。質明，落赤點於城西北，色如硃砂，長二里，濶一二尺。是月，臨漳有星長尺許，白晝北飛。十三年七月辛巳，有星如盌，隕於沈丘蓮花集。天鼓鳴。十五年六月丙寅，平陽晝隕星。丁卯，辰刻，有星如斗，隕於平陰，震響如雷。十七年正月庚申，有星隕西寧衞，大如月。天鼓鳴。二十年二月丙辰，有三星隕閿縣東南。二十二年正月戊戌，保定青山口有大飛星，餘光若彗，長二十餘丈。二十七年三月庚子，蓋州衞天鼓鳴，連隕大星三。三十年九月己未朔，有大星見東南，赤如血，大如盌，忽化爲五，中星更明，久之會爲

一，大如箎。辛巳，有大小星數百交錯行。十月壬辰，五更，流星起中天，光散七道，有聲如雷。三十三年九月戊子，有星如盌，墜於南京龍江後營，光如火，至地遊走如螢，移時滅。明日，復有星如月，從西北流至閱兵臺，分爲三，墜地有聲。十一月，有星隕南京教場，入地無跡。三十五年十一月癸巳，有星隕於涇陽、淳化諸縣，大如車輪，赤色，尾長丈餘，聲如轟雷。三十八年二月癸酉，有星大如斗，墜陽曲西北，碎星不絕。天鼓齊鳴。四十一年正月庚子，眞定天鼓鳴。流星晝隕有光。四十三年三月戊申，晝，星墜清豐東流邨，聲如雷。四十六年十月，辛酉，有星如斗，隕於南京安德門外，聲如霹靂，化爲石，重二十一觔。

天啓三年九月甲寅，固原州星隕如雨。

崇禎十五年夏，星流如織。後二年三月己丑朔，有星隕於御河。

雲氣

洪武四年四月辛丑，五色雲見。戊申、乙酉，十一月壬戌，五年正月庚午、丙子，六月辛巳，七月己酉、壬子，八月己亥，六年六月丁丑，七月癸卯，七年四月丙午，五月丙戌、癸巳、甲午，六月乙未、乙卯，七月己卯，八月辛酉，八年正月壬申，四月丁未，五月庚午、癸未，六月壬辰、己亥，十月庚戌，九年八月癸巳，十四年九月甲申，十五年正月甲申，五月庚申，九

月乙卯、丙寅，十一月辛酉，十八年四月癸巳、乙未，五月辛未、甲申，六月癸丑，十九年九月壬午，二十年十一月丁亥，五月乙酉，二十七年六月乙卯，並如之。

永樂元年六月甲寅，日下五色雲見。八月壬申，日珥隨五色雲見。八年二月庚戌，車駕次永安甸，日下五色雲見。十一年六月戊申朔，武當山頂五色雲見。十七年九月丙辰、十二月癸未，慶雲見。二十二年十一月丙戌，月下五色雲見。

洪熙元年二月癸酉、庚辰，三月乙未，俱五色雲見。

宣德元年八月庚辰，白雲起東南，狀如羣羊驚走。十一月丙辰，北方有蒼白雲，東西竟天。二年十一月乙未，日下五色雲見。四年六月戊子，夜五色雲見。六年二月壬子，昏，西方有蒼白雲，南北竟天。十年三月丁亥，月生五色雲。

正統二年七月庚子，月生五色雲。十月己丑，日生五色雲。十二月癸亥，如之。三年七月己亥，夜，中天有蒼白雲，南北竟天，貫南北斗。八年十一月戊辰，夜，東南方有蒼白雲，東西亙天。九年十一月甲午，月生五色雲。十年九月丁酉，日生五色雲。十一月甲午，月生五色雲。十四年十月庚申，晝生蒼白雲，復化爲三，東西南北竟天。

景泰元年六月乙酉，赤雲四道，兩頭銳如耕壠狀，徐徐東北行而散。八月甲戌，黑雲如山，化作龍虎麋鹿狀。九月丙寅，有蒼白雲氣，南北亙天。二年六月戊寅，日上五色雲。九

月辛酉，夜蒼白雲三，東西竟天。三年正月癸亥，東南有黑雲，如人戴笠而揖。四年十一月丁卯，月生五色雲。天順二年十月壬申，四年十月戊午，亦如之。

成化二年三月辛未，白雲起南方，東西竟天。十一年正月丙寅，月生五色雲。十八年十月庚午，五色雲見於泰陵。二十一年閏四月壬辰，開、濮二州，清豐，金鄉，未、申時黑雲起西北，化爲五色，須臾晦如夜。

弘治二年正月辛巳，日生五色雲。十四年三月己酉朔，嘉靖十七年九月戊子，並如之。十八年二月庚子朔，當午，日下有五色雲見，長徑二寸餘，形如龍鳳。

萬曆五年六月庚辰，祥雲繞月。

天啓四年六月癸巳，午刻，南方五色雲見。

校勘記

〔一〕洪武四年二月戊午　戊午，原作「戊戌」，據太祖實錄卷六一改。是年二月乙卯朔，不得有戊戌日。

〔二〕九年二月乙巳至己酉　乙巳，原作「丁巳」。太祖實錄卷一〇四，「己酉太白晝見，自乙巳至於是日」。據改。是年二月乙酉朔，不得有丁巳日。

〔三〕掃軒轅北第八星　北，原作「八」，據明史稿志三天文志改。

〔四〕四十六年閏六月丙戌至戊子黑氣出入日中摩蕩　閏六月，本書卷二四二董應舉傳作「閏四月」。二十史朔閏表是年閏四月，並謂「天文志閏六月不合」。

〔五〕四月癸酉　按天啓四年四月甲申朔，不得有癸酉日，此作「癸酉」誤。

〔六〕十二月辛巳至通天皆赤　十二月，指天啓四年十二月。按本書卷二四四周朝瑞傳、熹宗實錄卷一二都繫此事於天啓元年十二月辛巳。此應補「元年」二字，移此條記事於上文「天啓」之下，「四年」之前。

〔七〕十三年九月己巳兩日並出　按崇禎十三年九月己卯朔，不得有己巳日，此作「己巳」誤。又「出」字，原作「日」，據明史稿志一天文志改。

明史卷二十八

志第四

五行一 水

史志五行，始自漢書，詳錄五行傳說及其占應。後代作史者因之。粵稽洪範，首敍五行，以其爲天地萬物之所莫能外。而合諸人道，則有五事，稽諸天道，則有庶徵。天人相感，以類而應者，固不得謂理之所無。而傳說則條分縷析，以某異爲某事之應，更旁引曲證，以伸其說。故雖父子師弟，不能無所抵牾，則果有當於敍疇之意歟。夫苟知天人之應捷於影響，庶幾一言一動皆有所警惕。以此垂戒，意非不善。然天道遠，人道邇，逐事而比之，必有驗有不驗。至有不驗，則見以爲無徵而怠焉。前賢之論此，悉矣。孔子作春秋，紀異而說不書。彼劉、董諸儒之學，頗近於術數禨祥，本無足述。班氏創立此志，不得不詳其學之本原。而歷代之史，往往取前人數見之說，備列簡端。揆之義法，未知所處。故考次

洪武以來，略依舊史五行之例，著其祥異，而事應暨舊說之前見者，並削而不載云。

洪範曰「水曰潤下」。水不潤下，則失其性矣。前史多以恒寒、恒陰、雪霜、冰雹、雷震、魚孽、蝗蝻、豕禍、龍蛇之孽、馬異、人痾、疾疫、鼓妖、隕石、水潦、水變、黑眚黑祥皆屬之水。今從之。

恒寒

景泰四年冬十一月戊辰至明年孟春，山東、河南、浙江、直隸淮、徐大雪數尺，淮東之海冰四十餘里，人畜凍死萬計。五年正月，江南諸府大雪連四旬，蘇、常凍餓死者無算。是春，羅山大寒，竹樹魚蚌皆死。衡州雨雪連綿，傷人甚多，牛畜凍死三萬六千蹄。成化十三年四月壬戌，開原大雨雪，畜多凍死。十六年七八月，越巂雨雪交作，寒氣若冬。弘治六年十一月，鄖陽大雪，至十二月壬戌夜，雷電大作，明日復震，後五日雪止，平地三尺餘，人畜多凍死。正德元年四月，雲南武定隕霜殺麥，寒如冬。萬曆五年六月，蘇、松連雨，寒如冬，傷稼。四十六年四月辛亥，陝西大雨雪，橐駝凍死二千蹄。

中華書局

恒陰

洪武十八年二月，久陰。正統五年七月戊午、己未及癸亥，曉刻陰沉，四方濃霧不辨人。八年，邳、海二州陰霧彌月，夏麥多損。景泰六年正月癸酉，陰霧四塞，旣而成霜附木，凡五日。八年正月甲子，陰晦大霧，〔一〕咫尺不辨人物。成化四年三月，昏霧蔽天，不見星日者累晝夜。九年三月甲午，四月丁卯，山東黑暗如夜。二十年五月丙申，番禺天晦，良久乃復。二十三年十二月辛卯，大霧不辨人。弘治十五年十一月，景東晝晦者七日。十六年四月辛亥，甘肅昏霧障天，咫尺不辨人物。十八年秋，廣昌大雨霧凡兩月，民病且死者相繼。正德十年四月，鉅野陰霧六日，殺穀。十四年三月戊午，陰晦。嘉靖元年正月丁卯，日午，昏霧四塞。三年，江北昏霧，其氣如藥。天啓六年六月丙戌，霧重如雨。閏六月己未，如之。〔二〕

雨雪隕霜

洪武十四年五月丁未，建德雪。六月己卯，杭州晴日飛雪。二十六年四月丙申，榆社隕霜損麥。景泰四年，鳳陽八衞二三月雨雪不止，傷麥。天順四年三月乙酉，大雪，越月乃止。成化二年四月乙巳，宣府隕霜殺青苗。十九年三月辛酉，陝西隕霜。弘治六年十月，

南京雨雪連旬。八年四月庚申，榆社、陵川、襄垣、長子、沁源隕霜殺麥豆桑。辛酉，慶陽諸府縣衞所三十五，隕霜殺麥豆禾苗。九年四月辛巳，榆次隕霜殺禾。是月，武鄉亦隕霜。十七年二月壬寅，鄖陽、均州雨雪雹，雪片大者六寸。六月癸亥，雨雪。正德八年四月乙巳，文登、萊陽隕霜殺稼。丙辰，殺穀。十三年三月壬戌，遼東隕霜，禾苗皆死。嘉靖二年三月甲子，鄒城隕霜殺麥。辛未，殺禾。二十二年四月己亥，固原隕霜殺麥。隆慶六年三月丁亥，南宮隕霜殺麥。萬曆二十四年四月己亥，林縣雪。二十六年十一月辛亥，彰德隕霜，不殺草。三十八年四月壬寅，貴州暴雪，形如土磚，民居片瓦無存者。四十四年正月，雨紅黃黑三色雪，屋上多巨人跡。崇禎六年正月辛亥，大雪，深二丈餘。十一年五月戊寅，喜峰口雪三尺。十三年四月，會寧隕霜殺稼。十六年四月，鄢陵隕霜殺麥。

冰雹

洪武二年六月庚寅，慶陽大雨雹，傷禾苗。三年五月丙辰，蔚州大雨雹，傷田苗。五年五月癸丑夜，中都皇城萬歲山雨冰雹，大如彈丸。七年八月甲午，平涼，延安綏德、米脂雨雹。九月甲子，鞏昌雨雹。八年四月，臨洮、平涼、河州雹傷麥。十四年七月己酉，臨洮大雨雹，傷稼。十八年二月，雨雹。

永樂七年秋，保定、浙東雨雹。十二年四月，河南一州八縣雨雹，殺麥。正統三年，西、延、平、慶、臨、鞏六府及秦、河、岷、金四州，自夏逮秋，大雨雹。四年五月壬戌，京師大雨雹。五年四月丁酉，平涼諸府大雨雹，傷人畜田禾。六月壬申至丙子，山西行都司及蔚州連日雨雹，其深尺餘，傷稼。八月庚辰，保定大雨雹，深尺餘，傷稼。景泰五年六月庚寅，易州大方等社雨雹甚大，傷稼百二十五里，人馬多擊死。六年閏六月乙巳，束鹿雨雹如雞子，擊死鳥雀狐兔無算。

天順元年六月己亥，雨雹大如雞卵，至地經時不化，奉天門東吻牌摧毀。八年五月丁巳，雨雹。

成化元年四月庚寅，雨雹大如卵，損禾稼。五月辛酉，又大雨雹。五年閏二月癸未，瓊山雨雹大如斗。八年七月丙午，灉州雨雹大如鵝卵，或如雞子，中有如牛者五，長七八寸，厚三四寸，六日乃消。九年五月丁巳，雨雹如拳。十三年春，湖廣大雨冰雹，牛死無算。十九年六月乙亥，潞州雨雹，大者如盌。二十年二月丙子，清遠雨雹，大如拳。丙戌，大雷電，復雨雹。二十一年三月己丑夜，番禺、南海風雷大作，飛雹交下，壞民居萬餘，死者千餘人。二十二年三月甲寅，南陽雨雹，大如鵝卵。

弘治元年三月壬申夜，融縣雨雹，壞城樓垣及軍民屋舍，死者四人。二年三月戊寅，賓

州雨雹如雞子，擊殺牧豎三人，壞廬舍禾稼。庚辰，貴州安莊衞大雷，雨雪雹，壞麥苗。四月辛卯，洮州衞雨冰雹，水湧三丈。四年三月癸卯，裕、汝二州雨雹，大者如牆杵，積厚二三尺，壞屋宇禾稼。四月己酉，洮州衞雨雹及冰塊。水高三四丈，漫城郭，漂房舍，田苗人畜多淹死。五年四月乙丑，莒、沂二州，安丘、郯城二縣，雨雹大如酒盃，傷人畜禾稼。六年八月己巳，長子雨雹，大者如拳，傷禾稼，人有擊死者。辛未，雨雹，大如彈丸，平地壅積。八年二月壬申，永嘉暴風雨，雨雹，大如雞卵，小如彈丸，積地尺餘，白霧四起，毀屋殺黍，禽鳥多死。三月己亥，桐城雨雹，深五尺，殺二麥。己酉，淮、鳳州縣暴風雨雹，殺麥。四月乙亥，常州、泗、邳雨雹，深五寸，殺麥及菜。丙子，沂州雨雹，大者如盤，小者如盌，人畜多擊死。六月乙卯，雨雹。七月乙酉，洮州衞雨冰雹，殺禾。暴水至，人畜多溺死者。丙戌，甘肅西寧大雨雹，殺禾及畜。九年五月丙辰，雨雹。十年二月己卯，江西新城雨冰雹，民有凍死者。三月丁卯，北通州雨冰，深一尺。十三年八月戊子，雨雹。丙午，又雨雹。九月壬戌，又雨雹。十四年四月丁酉，徐州、清河、桃源、宿遷雨冰雹，平地五寸，夏麥盡爛。五月乙亥，登、萊二府雨雹殺禾。七月辛卯，雨雹。

正德元年六月戊辰，宣府馬營堡大雨雹，深二尺，禾稼盡傷。三年四月辛未，涇州雨雹，大如雞卵，壞廬舍菽麥。四年五月甲午，費縣大雨雹，深一尺，壞麥穀。八年十月戊戌，

平陽、太原、沁、汾諸屬邑，大雨雹，平地水深丈餘，衝毀人畜廬舍。十一年六月甲戌，宣府大雨雹，禾稼盡死。九月丙申，貴州大雨雹。十二年五月己亥，安肅大雨雹，平地水深三尺，傷禾，民有擊死者。十三年四月壬午，衡州疾風迅雷，雨雹，大如鵝子，稜利如刀，碎屋，斷樹木如剪。

嘉靖元年四月甲申，雲南左衞各屬雨雹，大如雞子，禾苗房屋被傷者無算。五月己未，蓬溪雨雹，大如鵝子，傷亦如之。二年五月丁丑，大同前衞雨雹。四年四月丁未，大同衞雨雹。五月戊子，固安雨雹。五年五月甲辰，滿城雨雹。六月丁巳，大同縣雨冰雹，俱大如雞子。丁卯，萬全都司及宣府皆雨雹，大者如甌，深尺餘。七月癸未，南豐雨雹，大如盌，形如人面。遂昌雨雹，頃刻二尺，大殺蔴豆。六年六月癸丑，鎮番衞大雨雹，殺傷三十餘人。十四年三月辛巳，漢中雨雹隕霜殺麥。四月庚子，開封、彰德雨雹殺麥。十八年五月壬辰，慶都、安肅、河間雨冰雹，大如拳，平地五寸，人有死傷者。二十八年三月庚寅，臨清大冰雹，損房舍禾苗。六月丁卯，延川雨雹如斗，壞廬舍，傷人畜。三十四年五月庚子，鳳陽大冰雹，壞民田舍。三十六年三月癸未，沂州雨雹，大如盂，小如雞卵，平地尺餘，徑八十里，人畜傷損無算。四十三年閏二月甲申，雨雹。四月庚寅，又雨雹。

隆慶元年七月辛巳，紫荊關雨雹，殺稼七十里。三年三月辛未，平溪衞雨雹。平地水

湧三尺，漂沒廬舍。四月己丑，郿陽縣雨雹。平地水深二尺。五月癸丑，延綏口北馬營堡雨雹，殺稼七十里。四年四月辛酉，宣府、大同雨雹，厚三尺餘，大如卵，禾苗盡傷。五年四月戊午，大雨雹。六年八月乙丑，祁、定二州大雨雹，傷損禾菽，擊斃三人。

萬曆元年五月辛巳，雨雹。四年四月丙午，博興大雨雹，如拳如卵，明日又如之，擊死男婦五十餘人，牛馬無算，禾麥毀盡。兗州相繼損禾。五月乙巳，定襄雨雹，大者如卵，禾苗盡損。九年八月庚子，遼東等衞雨雹，如雞卵，禾盡傷。十一年閏二月丁卯，泰州、寶應雨雹如雞子，殺飛鳥無算。五月庚子，大雨雹。十三年五月乙酉，宛平大雨雹，傷人畜千計。十五年五月癸巳，喜峰口大雨雹，如棗栗，積尺餘，田禾瓜果盡傷。十九年四月壬子，雨雹。二十一年二月庚寅，貴陽府大雨雹。十月丙戌，武進、江陰大冰雹，傷五穀。二十三年五月乙酉，臨邑雨雹，盡作男女鳥獸形。二十五年八月壬戌，風雹。二十八年六月，山東大風雹，擊死人畜，傷禾苗。河南亦雨冰雹，傷禾麥。三十年四月己未，大雨雹。三十一年五月戊寅，鳳陽皇陵雨雹。七月丁丑，大雨雹。三十四年七月丙戌，又大雨雹。平地水深三尺。三十六年五月戊子，雨雹。四十一年七月丁卯，宣府大雨雹，殺禾稼。四十六年三月庚辰，長泰、同安大雨雹，如斗如拳，擊傷城郭廬舍，壓死者二百二十餘人。十月壬午，雲南雨雹。

天啓二年四月壬辰，大雨雹。

崇禎三年九月辛丑，大雨雹。四年五月，襄垣雨雹，大如伏牛盈丈，小如拳，斃人畜甚衆。六月丙申，大雨雹。七年四月壬戌，常州、鎮江雨雹，傷麥。八年七月己酉，臨縣大冰雹三日，積二尺餘，大如鵝卵，傷稼。十年四月乙亥，大雨雹。閏四月癸丑，武鄉、沁源大雨雹，最大者如象，次如牛。十一年六月甲寅，宣府乾石河山場雨雹，擊殺馬贏四十八匹。九月，順天雨雹。十二年八月，白水、同官、雒南、隴西諸邑，千里雨雹，半日乃止，損傷田禾。十六年六月丁丑，乾州雨雹，大如牛，小如斗，毀傷牆屋，擊斃人畜。

雷震

洪武六年十一月戊申，雷電交作。十三年五月甲午，雷震謹身殿。六月丙寅，雷震奉天門。十月甲戌，雷電。十二月己巳，廣州大風雨雷電。十八年二月甲午，雷電雨雪。二十一年五月辛丑，雷震玄武門獸吻。六月癸卯，暴風，雷震洪武門獸吻。

宣德九年六月甲子，雷震大祀壇外西門獸吻。

正統八年五月戊寅，雷震奉天殿鴟吻。七月辛未，雷震南京西角門樓獸吻。是日，大同巡警軍至沙溝，風雷驟至，裂膺斷指者二百餘人。九年正月辛亥朔，雷電大雨。閏七月

壬寅，雷震奉先殿鴟吻。十一年十二月壬寅，大雨雷電，翼日乃止。十四年六月丙辰，南京風雨雷電，謹身殿災。

景泰三年六月庚寅，雷擊宮庭中門，傷人。

天順二年六月己卯，雷震大祀殿鴟吻。四年六月癸丑，雷毀薊州倉廒四。

成化三年六月戊申，雷震南京午門正樓。五年二月乙卯，又震山川壇具服殿之獸吻。八年四月辛未，始雷。十二年十一月癸亥，南京大雷雨。十三年二月甲戌，安慶大雪，既而雷電交作。十一月辛未冬至，杭州大雷雨。戊寅，荆門州大雷電雨雪。十七年七月己亥，雷震郊壇承天門脊獸。十一月丁酉，江南大雷雨雪。

弘治元年五月丙子，辰刻，南京震雷壞洪武門獸吻。巳刻，壞孝陵御道樹。六月己酉，又壞鷹揚衞倉樓，聚寶門旗杆。二年四月庚子，又毀神樂觀祖師殿。三年七月壬子，又壞午門西城牆。六年閏五月丁未，薊州大風雷，拔木偃禾，牛馬有震死者。十二月壬戌，南京雷雨，拔孝陵樹。七年六月癸酉，如之。七月丙辰，福州雷燬城樓。八年十二月丙子，長沙大雷電雨雪。丁丑，南昌、彭水俱大雷電，雨雪雹，大木折。十年四月，雷震宣府西橫嶺之南山，傾三十餘丈。七月乙卯，雷擊吉王府端禮門獸吻。十二年四月丙午，雷震楚府承運殿。十四年閏七月庚辰，福州大風雷，擊壞教場旗杆、城樓、大樹。

中華書局

正德元年五月壬辰，雷震青州衣甲庫獸吻，有火起庫中。六月辛酉，雷擊西中門柱脊，暴風折郊壇松柏，大祀殿及齋宮獸瓦多墮落者。丙子，南京暴風雨，雷震孝陵白土岡樹。十二月己巳朔，南通州雷再震。四年十二月壬寅，杭州大雨雷電，越二日復作。五年六月丙申，雷震萬全衞柴溝堡，〔三〕斃墩軍四人。七年五月戊辰，雷震餘干萬春寨旗杆，狀如刀劈。閏五月丁亥，雷震成都衞門及教場旗杆。十年閏四月甲申，薊州賺狗崖、東墩及新開嶺關雷火，震傷三十餘人。十二年八月癸亥，南京祭歷代帝王，雷雨大作，震死齋房吏。十二月庚辰，瑞州大雷電。十六年八月，雷擊奉天門。

嘉靖二年五月丁丑，雷擊觀象臺。四年七月己丑，雷擊南京長安左門獸吻。五年四月戊寅，雷擊阜城門城樓南角獸吻及北九鋪旗杆。十年六月丁巳，雷擊德勝門，破民屋柱，斃者四人。癸亥，雷擊午門角樓及西華門城樓柱。十五年六月甲申，雷擊南京西上門獸吻，震死男婦十餘人。十六年五月戊戌，雷震謹身殿鴟吻。二十八年六月丁酉朔，雷震奉先殿左吻及東室門槅。三十三年四月乙亥，始雷。三十八年六月丙寅，雷擊奉先殿門外南西二牆。

隆慶元年八月，大暑雷震。次日，大寒，如嚴冬。是夕，雷震達旦。四年六月辛酉，雷擊圜丘廣利門鴟吻。

萬曆三年六月己卯，雷擊建極殿鴟吻。壬辰，雷擊端門鴟尾。六年七月壬子，雷擊南京承天門左簷。十三年七月戊子，雷震郊壇廣利門，震傷榜題「利」字及齋宮北門獸吻。十六年八月壬午，雷震南京舊西安門鐘鼓樓獸頭。十九年五月甲戌，太平路、喜峰路並雷擊，墩臺折，傷官軍。二十一年四月戊戌，雷震孝陵大木。二十二年六月己酉，雷雨，西華門災。七月壬辰，雷擊祈穀壇東天門左吻。二十四年二月己酉夜，鄢縣大雷雨，火光遍十餘里。二十五年七月庚寅朔，雷燬黃花鎭臺垣及火器。三十二年五月癸酉，雷燬長陵樓，又燬薊鎭松棚路墩臺。三十三年五月庚子，大雷電，擊燬南郊望燈高杆。三十七年八月甲寅，雷劈西城上旗杆。

泰昌元年十月己未，雷燬淮安城樓。

崇禎六年十二月丁亥，大風雪，雷電。九年正月甲戌，雷燬孝陵樹。十年四月乙亥，薊州雷火焚東山二十餘里。十二年七月，雷擊破密雲城鋪樓，所貯砲木皆碎。十月乙未立冬，雷電大作。十四年四月癸丑，雷火起薊州西北，焚及趙家谷，延二十餘里。六月丙午，雷震宣府西門城樓。十五年四月癸卯，雷震南京孝陵樹，火從樹出。十六年五月癸巳朔，雷震通夕不止。次日，見太廟神主橫倒，諸銅器爲火所鑠，鎔而成灰。六月丙戌，雷震奉先殿鴟吻，槅扇皆裂，銅鐶盡燬。

魚孽

嘉靖四十一年二月乙亥，德州九龍廟雨魚，大者數寸。崇禎十年三月，錢塘江木柹化爲魚，有首尾未變者。

蝗蝻

洪武五年六月，濟南屬縣及青、萊二府蝗。七月，徐州、大同蝗。六年七月，北平、河南、山西、山東蝗。七年二月，平陽、太原、汾州、歷城、汲縣蝗。六月，懷慶、眞定、保定、河間、順德、山東、山西蝗。八年夏，北平、眞定、大名、彰德諸府屬縣蝗。建文四年夏，京師飛蝗蔽天，旬餘不息。永樂元年夏，山東、山西、河南蝗。三年五月，延安、濟南蝗。十四年七月，畿內、河南、山東蝗。宣德四年六月，順天州縣蝗。九年七月，兩畿、山西、山東、河南蝗蝻覆地尺許，傷稼。十年四月，兩京、山東、河南蝗蝻傷稼。正統二年四月，北畿、山東、河南蝗。五年夏，順天、河間、眞定、順德、廣平、應天、鳳陽、淮安、開封、彰德、兗州蝗。六年夏，順天、保定、眞定、河間、順德、廣平、大名、淮安、鳳陽蝗。秋，彰德、衞輝、開封、南陽、懷慶、太原、濟南、東昌、青、萊、兗、登諸府及遼東廣寧前、中屯二衞蝗。七年五月，順天、廣平、大名、河間、鳳陽、開封、懷慶、河南蝗。八年夏，兩畿蝗。十二年夏，保定、淮安、濟南、開封、河南、彰德蝗。秋，永平、鳳陽蝗。十三年七月，飛蝗蔽天。十四年夏，順天、永平、濟南、青州蝗。景泰五年六月，寧國、安慶、池州蝗。七年五月，畿內蝗蝻延蔓。六月，淮安、揚州、鳳陽大旱蝗。九月，應天及太平七府蝗。天順元年七月，濟南、杭州、嘉興蝗。二年四月，濟南、兗州、青州蝗。成化三年七月，開封、彰德、衞輝蝗。九年六月，河間蝗。七月，眞定蝗。八月，山東旱蝗。十九年五月，河南蝗。二十二年三月，平陽蝗。四月，河南蝗。七月，順天蝗。弘治三年，北畿蝗。四年夏，淮安、揚州蝗。六年六月，飛蝗自東南向西北，日爲掩者三日。七年三月，兩畿蝗。嘉靖三年六月，順天、保定、河間、徐州蝗。隆慶三年閏六月，山東旱蝗。萬曆十五年七月，江北蝗。十九年夏，順德、廣平、大名蝗。三十七年九月，北畿、徐州、山東蝗。四十三年七月，山東旱蝗。四十四年四月，復蝗。七月，常州、鎭江、淮安、揚州、河南蝗。九月，江寧、廣德蝗蝻大起，禾黍竹樹俱盡。四十五年，北畿旱蝗。四十六年，畿南四府又蝗。四十七年八月，濟南、東昌、登州蝗。天啓元年七月，順天蝗。五年六月，濟南飛蝗蔽天，田禾俱盡。六年十月，開封旱蝗。崇禎八年七月，河南蝗。十年六月，山東、河南蝗。十一年六月，兩京、山東、河南大旱蝗。十三年五月，兩京、山東、河南、山西、陝西大旱蝗。十四年六月，兩京、山東、河南、浙江大旱蝗。

豕禍

嘉靖七年，杭州民家有豕，肉膜間生字。萬曆二十三年春，三河民家生八豕，一類人形，手足俱備，額上一目。三十八年四月，燕河路營生豕，一身二頭，六蹄二尾。六月，大同後衞生豕，兩頭四眼四耳。四十七年六月，黃縣生豕，雙頭四耳，一身八足。七月，寧遠生豕，身白無毛，長鼻象嘴。天啓三年七月，辰州潮平溪生豕，猪身人足，一目。四年三月，神木生豕，額多一鼻逆生，目深藏皮肉，合則不見。四月，榆林生豕，一首二身，二尾八足。六月，霍州生豕，二身二眼，象鼻，四耳四乳。崇禎元年三月，石泉生豕類象，鼻下一目甚大，身無毛，皮肉皆白。六年二月，建昌生豕，二身一首，八蹄二尾。十五年七月，聊城生豕，一首二尾七蹄。

龍蛇之孽

成化五年六月，河決杏花營，有卵浮於河，大如人首，下銳上圓，質青白，蓋龍卵也。弘治九年六月庚辰，宣府鎮南口墩驟雨火發，龍起刀鞘內。十八年五月辛卯，日午，旋風大起，雲翳三殿，若有人騎龍入雲者。正德七年六月丁卯夜，招遠有赤龍懸空，光如火，盤旋

而上，天鼓隨鳴。十二年六月癸亥，山陽見黑龍，一龍吸水，聲聞數里，攝舟及舟女至空而墜。十三年五月癸丑，常熟俞野村迅雷震電，有白龍一、黑龍二乘雲並下，口中吐火，目睛若炬，撤去民居三百餘家，吸二十餘舟於空中。舟人墜地，多怖死者。是夜紅雨如注，五日乃息。十四年四月，鄱陽湖蛟龍鬭。嘉靖四十年五月癸酉，靑浦佘山九蛟並起，湧水成河。萬曆十四年七月戊申，舒城大雷雨，起蛟百五十八，跡如斧劈，山崩田陷，民溺死無算。是歲，建昌民樵於山，逢巨蛇，一角，六足如雞距，不噬不驚，或言此肥𧈢也。十八年七月，猗氏大水，二龍鬭於村，得遺卵，尋失。十九年六月己未，公安大水，有巨蛇如牛，首赤身黑，修二丈餘，所至隄潰。三十一年五月戊戌，歷城大雨，二龍鬭水中，山石皆飛，平地水高十丈。四十五年八月，安丘青河村青白二龍鬭。

馬異

永樂十八年九月，諸城進龍馬。民有牝馬牧於海濱，一日雲霧晦冥，有物蜿蜒與馬接。產駒，具龍文，其色青蒼，謂之龍馬云。宣德七年五月，忻州民武煥家馬生一駒，鹿耳牛尾，玉面瓊蹄，肉文被體如鱗。七月，滄州畜官馬，一產二駒，州以爲祥，獻於朝。宣宗曰：「物理之常，何足異也。」

成化十七年六月，興濟馬生二駒。弘治元年二月，景寧屏風山有異物成羣，大如羊，狀如白馬，數以萬計。首尾相啣，迤邐騰空而去。嘉靖四十二年四月，海鹽有海馬萬數，岸行二十餘里。其一最巨，高如樓。

人痾

前史多志一產三男事，然近歲多有，不可勝詳也，其稍異者志之。洪武二十四年八月，河南龍門婦司牡丹死三年，借袁馬頭之屍復生。宣德元年十一月，行在錦衣衞校尉綦榮妻皮氏一產四子。天順四年四月，揚州民婦一產五男。成化十三年二月，南京鷹揚衞軍陳僧兒妻朱氏一產三男、一女。十七年六月，宿州民張珍妻王氏臍下右側裂，生一子。二十年十二月，徐州婦人肋下生瘤，久之漸大，兒從瘤出。二十一年，嘉善民鄒亮妻初乳生三子，再乳生四子，三乳生六子。弘治十一年六月，騰驤左衞百戶黃盛妻宜氏一產三男一女。十六年五月，應山民張本華妻崔氏生鬚長三寸。是時，鄖陽商婦生鬚三繚，約百餘莖。嘉靖二年六月，曲靖衞舍人胡晟妻生一男，兩頭四手三足。四年，橫涇農孔方脅下產肉塊，剖視之，一兒宛然。五年，江南民婦生妖，六目四面，有角，手足各一節，獨爪，鬼聲。十一年，當塗民婦一產三男一女。十二年，貴州安衞軍李華妻生男，〔四〕兩頭四手四足。二十七年七

月，大同右衞參將馬繼舍人馬錄女，年十七化爲男子。隆慶二年十二月，靜樂男子李良雨化爲婦人。五年二月，唐山民婦生兒從左脅出。萬曆十年，淅川人化爲狼。十八年，南宿州民婦一產七子，膚髮紅白黑青各色。三十七年六月，繁峙民李宜妻牛氏一產二女，頭面相連，手足各分。四十六年，廣寧衞民婦產一猴，二角四齒。是時，大同民婦一產四男。崇禎八年夏，鎭江民婦產一子，頂戴兩首，臂贅一首，與母俱斃。十五年十一月，曹縣民婦產兒，兩頭，頂上有眼，手過膝。

疾疫

永樂六年正月，江西建昌、撫州，福建建寧、邵武自去年至是月，疫死者七萬八千四百餘人。八年，登州寧海諸州縣自正月至六月，疫死者六千餘人。邵武比歲大疫，至是年冬，死絕者萬二千戶。九年七月，河南、陝西疫。十一年六月，湖州三縣疫。七月，寧波五縣疫。正統九年冬，紹興、寧波、台州瘟疫大作，及明年死者三萬餘人。景泰四年冬，建昌、武昌、漢陽疫。六年四月，西安、平涼疫。七年五月，桂林疫死者二萬餘人。天順五年四月，陝西疫。成化十一年八月，福建大疫，延及江西，死者無算。正德元年六月，湖廣平溪、清浪、鎭遠、偏橋四衞大疫，死者甚衆。靖州諸處自七月至十二月大疫，建寧、邵武自八月始

中華書局

亦大疫。十二年十月，泉州大疫。嘉靖元年二月，陝西大疫。二年七月，南京大疫，軍民死者甚衆。四年九月，山東疫死者四千一百二十八人。三十三年四月，都城內外大疫。四十四年正月，京師饑且疫。萬曆十年四月，京師疫。十五年五月，又疫。十六年五月，山東、陝西、山西、浙江俱大旱疫。崇禎十六年，京師大疫，自二月至九月止。明年春，北畿、山東疫。

鼓妖

洪武五年八月己酉，徐溝西北空中有聲如雷。十一年，瑞昌有大聲如鐘，自天而下，無形。天順六年九月乙巳夜，天無雲，西北方有聲如雷。七年二月晦夜，空中有聲。大學士李賢奏，無形有聲謂之鼓妖，上不恤民則有此異。成化十三年正月甲子，代州無雲而雷。十四年八月戊戌，早朝，東班官若聞有甲兵聲者，辟易不成列，久之始定。弘治六年六月丁卯，石州吳城驛無雲而震者再。十七年六月甲申，江西廬山鳴如雷。嘉靖二十九年二月甲子，隆慶州張山營堡山鳴。萬曆十二年十二月己未，蕭縣山鳴如驚濤澎湃，竟夜不止。二十八年八月戊戌，西北方有聲如雷。天啓七年八月丁巳，莊烈即位，朝時，空中有聲如天鼓，發於殿西。崇禎十二年十二月乙未，蕭縣山鳴。是月，西山大鳴如雷，如風濤。十三年

二月壬子，浙江省城門夜鳴。十六年冬，建極殿鴟吻中有聲似鵓鴣，曰「苦苦」，其聲漸大，復作犬吠聲，三日夜不止。明年三月辛丑，孝陵夜有哭聲，亦鼓妖也。

隕石

成化六年六月壬申，陽信雷聲如嘯，隕石一，碎爲三，外黑內青。十四年六月辛亥，臨晉天鳴，隕石縣東南三十里，入地三尺，大如升，色黑。二十三年五月壬寅，東鹿空中響如雷，青氣墜地。掘之得黑石二，一如盌，一如雞卵。弘治三年三月，慶陽雨石無數，大小不一，大者如鵝卵，小者如芡實。四年十月丁巳，光山有紅光如電，自西南往東北，聲如鼓，久之入地，化爲石，大如斗。十年二月丙申，修武黑氣入地，化爲石，狀如羊首。十二年五月戊寅，朔州有聲，如迅雷，白氣騰上，隕大石三。正德元年八月壬戌，夜有火光落卽墨，化爲綠石，圓高尺餘。九年五月己卯，濱州有聲隕石。十三年正月己未，鄰水隕石一。嘉靖十二年五月丁未，祁縣有聲如鼓，火流墜地爲石。四十二年三月癸卯，懷慶隕石。隆慶二年三月己未，保定新城隕黑石二。萬曆三年五月癸亥，有二流星晝隕景州城北，化爲黑石。十七年九月戊午，萬載黑烟騰起，隕石演武廳畔。十九年四月辛酉，遵化隕石二。四十四年正月丁丑，易州及紫荆關有光化石崩裂。崇禎九年九月丁未，太康隕石。

水潦

洪武元年六月戊辰，江西永新州大風雨，蛟出，江水入城，高八尺，人多溺死。事聞，使賑之。三年六月，溧水縣江溢，漂民居。四年七月，南寧府江溢，壞城垣。衢州府龍游縣大雨，水漂民廬，男女溺死。五年八月，嵊縣、義烏、餘杭山谷水湧，人民溺死者衆。六年二月，崇明縣爲潮所沒。七月，嘉定府龍游縣洋、雅二江漲，翼日南溪縣江漲，俱漂公廨民居。七年八月，高密縣膠河溢，傷禾。八年七月，淮安、北平、河南、山東大水。十二月，直隸蘇州、湖州、嘉興、松江、常州、太平、寧國、浙江杭州俱水。九年，江南、湖北大水。七月，湖廣、山東大水。十年六月，永平灤、漆二水沒民廬舍。七月，北平八府大水，壞城垣。十一年七月，蘇、松、揚、台四府海溢，人多溺死。十月丙辰，河決蘭陽。十二年五月，青田山水沒縣治。十三年十一月，崇明潮決沙岸，人畜多溺死。十四年八月庚辰，河決原武。十五年二月壬子，河南河決。三月庚午，河決朝邑。七月，河溢滎澤、陽武。是歲，北平大水。十七年八月丙寅，河決開封，橫流數十里。是歲，河南、北平俱水。十八年八月，河南又水。是年，江浦、大名水。二十三年正月庚寅，河決歸德。七月癸巳，河決開封，漂沒民居。又海門縣風潮壞官民廬舍，漂溺者衆。是歲，襄陽、沔陽、安陽水。二十四年十月，北平、河間

二府水。二十五年正月，河決陽武，開封州縣十一俱水。二十六年十一月，青、兗、濟寧三府水。二十七年三月，寧陽汶河決。二十八年八月，德州大水，壞城垣。三十年八月丁亥，河決開封，三面皆水，犯倉庫。

永樂元年五月，章丘漯河決岸，傷稼。南海、番禺潮溢。八月，安丘縣紅河決。二年六月，蘇、松、嘉、湖四府俱水。七月，湖廣、江西水。九月，河決開封，〔五〕壞城。三年三月，溫縣水決隄四十餘丈。濟、澇二水溢。八月，杭州屬縣多水，淹男婦四百餘人。七年五月，安陸州江溢，決湞馬灘圩岸千六百餘丈。六月，壽州水決城。是歲，泰興江岸淪於江者三千九百餘丈。渾河決固安。八年五月，平度州濰水及浮糠河決，浸百十三所。七月，平陽縣潮溢，漂廬舍。八月庚申，河溢開封。十二月戊戌，河決汴梁，壞城。九年正月，高郵甓社等九湖及天長諸水暴漲。六月，揚州屬州縣五江潮漲四日，漂人畜甚衆。七月，海寧潮溢，漂溺甚衆。八月，漳、衞二水決隄淹田。九月，雷州颶風暴雨，淹遂溪、海康，壞田禾八百餘頃，溺死千六百餘人。是歲，湖廣、河南水。十年七月，盧溝水漲，壞橋及隄岸，溺死人畜。保定縣決河岸五十四處。十一月，吳橋、東光、興濟、交河、天津決隄傷稼。十二月，安州水決直亭等河口八十九處。十二年十月，臨晉涑河逆流，決姚暹渠堰，流入硝池，淹沒民田，將及鹽池。崇明潮暴至，漂廬舍五千八百餘家。十三年六月，北畿、河南、山東水溢，壞廬

中華書局

舍，沒田禾，臨清尤甚。滏、漳二水漂磁州民舍。十四年夏，南昌諸府江漲，壞民廬舍。七月，開封州縣十四河決隄岸。永平灤、漆二河溢，壞民田禾。福寧、延平、邵武、廣信、饒州、衢州、金華七府，俱溪水暴漲，壞城垣房舍，溺死人畜甚衆。遼東遼河、代子河水溢，浸沒城垣屯堡。十八年夏秋，仁和、海寧潮湧，堤淪入海者千五百餘丈。二十年五月，廣東諸府潮溢，漂廬舍，壞倉糧，溺死三百六十餘人。夏秋，湖廣沔陽江漲，河南北及鳳陽河溢。二十一年五月，峨眉溪水漲，溺死百三十人。八月，瓊州府潮溢，漂溺甚衆。二十二年七月，黃巖潮溢，溺死八百人。九月庚辰，河溢開封。

洪熙元年六月，驟雨，白河溢，衝決河西務、白浮、宋家等口堤岸。臨漳漳、滏二河決堤岸二十四。眞定滹沱河大溢，沒三州五縣田。七月，容城白溝河漲，傷禾稼。渾河決盧溝橋東狠窩口，順天、河間、保定、灤州俱水。

宣德元年六七月，江水大漲，襄陽、穀城、均州、鄖縣，緣江民居漂沒者半。黃、汝二水溢，淹開封十州縣及南陽汝州、河南嵩縣。三年五月，邵陽、武岡、湘鄉暴風雨七晝夜，山水驟長，平地高六尺。永寧衞大水，壞城四百丈。六月，渾河水溢，決盧溝河堤百餘丈。七月，北畿七府俱水。五年七月，南陽山水泛漲，衝決堤岸，漂流人畜廬舍。六年六月，渾河溢，決徐家等口，順天、保定、眞定、河間州縣二十九俱水。河決開封，沒八縣。七年六月，

太原河、汾並溢，傷稼。八年六月，江西瀕江八府江漲，漂沒民田，溺死男婦無算。九年正月，沁鄉沁水漲，決馬曲灣，經獲嘉、新鄉，平地成河。五月，寧海縣潮決，徙地百七十餘頃。六月，渾河決東岸，自狠河口至小屯廠，順天、順德、河間俱水。七月，遼東大水。

正統元年閏六月，順天、眞定、保定、濟南、開封、彰德六府俱大水。二年，鳳陽、淮安、揚州諸府，徐、和、滁諸州，河南開封，四五月河、淮泛漲，漂居民禾稼。九月，河決陽武、原武、滎澤。湖廣沿江六縣大水決江堤。三年，陽武河決，武陟沁決，廣平、順德漳決，通州白河溢。四年五月，京師大水，壞官舍民居三千三百九十區。順天、眞定、保定三府州縣及開封、衞輝、彰德三府俱大水。七月，滹沱、沁、漳三水俱決，壞饒陽、獻縣、衞輝、彰德堤岸。八月，白溝、渾河二水溢，決保定安州堤。蘇、常、鎭三府及江寧五縣俱水，溺死男婦甚衆。九月，滹沱復決深州，淹百餘里。五年五月至七月，江西江溢，河南河溢。八月，潮決蕭山海塘。六年五月，泗州水溢丈餘，漂廬舍。七月，白河決武清、漷縣堤二十二處。八月，寧夏久雨，水泛，壞屯堡墩臺甚衆。八年六月，渾河決固安。八月，台州、松門、海門海潮泛溢，壞城郭、官亭、民舍、軍器。九年七月，揚子江沙洲潮水溢漲，高丈五六尺，溺男女千餘人。閏七月，北畿七府及應天、濟南、岳州、嘉興、湖州、台州俱大水。河南山水灌衞河，沒衞輝、開封、懷慶、彰德民舍，壞衞所城。十年三月，洪洞汾水堤決，移置普潤驛以遠其害。

夏，福建大水，壞延平府衞城，沒三縣田禾民舍，人畜漂流無算。河南州縣多大水。七月，延安衞大水，壞護城河堤。九月，廣東衞所多大水。十月，河決山東金龍口陽穀堤。十一年六月，渾河溢固安。兩畿、浙江、河南俱連月大雨水。是歲，太原、兗州、武昌亦俱大水。十二年春，贛州、臨江大水。五月，吉安江漲淹田。十三年六月，大名河決，淹三百餘里，壞廬舍二萬區，死者千餘人。河南、濟南、青、兗、東昌亦俱河決。七月，寧夏大水。河決漢、唐二壩。河南八樹口決，漫曹、濮二州，抵東昌，壞沙灣等堤。十四年四月，吉安、南昌臨江俱水，壞壇廟廨舍。

景泰元年七月，應天大水，沒民廬。三年六月，河決沙灣白馬頭七十餘丈。八月，徐州、濟寧間，平地水高一丈，民居盡圮。南畿、河南、山東、陝西、吉安、袁州俱大水。四年春夏，河連決沙灣。五年六月，揚州潮決高郵、寶應堤岸。七月，蘇、松、淮、揚、廬、鳳六府大水。八月，東、兗、濟三府大水，河漲淹田。六年六月，開封、保定俱大水。閏六月，順天大水，灤河泛溢，壞城垣民舍，河間、永平水患尤甚。武昌諸府江溢傷稼。七年六月，河決開封，河南、彰德田廬淹沒。是歲，畿內、山東俱水。

天順元年夏，淮安、徐州、懷慶、衞輝俱大水，河決。三年六月，穀城、景陵，襄水湧泛傷稼。四年夏，湖北江漲，淹沒麥禾。北畿及開封、汝寧大水。七月，淮水決，沒軍民田廬。

五年七月，河決開封土城，築磚城禦之。越三日，磚城亦潰，水深丈餘。周王後宮及官民乘筏以避，城中死者無算。襄城水決城門，溺死甚衆。崇明、嘉定、崑山、上海海潮衝決，溺死萬二千五百餘人。浙江亦大水。六年七月，淮安大水，潮溢，溺死鹽丁千三百餘人。七年七月，密雲山水驟漲，軍器、文卷、房屋俱沒。

成化三年六月，江夏水決江口堤岸，迄漢陽，長八百五十丈有奇。五年，湖廣大水。山西汾水傷稼。六年六月，北畿大水。七年閏九月，〔六〕山東及浙江杭、嘉、湖、紹四府俱海溢，淹田宅人畜無算。九年六月，畿南五府及懷慶俱大水。八月，山東大水。十一年五月，湖廣水。十二年八月，浙江風潮大水。淮、鳳、揚、徐亦俱大水。十三年二月甲戌，安慶大雪，次日大雨，江水暴漲。閏二月，河南大水。九月，淮水溢，壞淮安州縣官舍民屋，淹沒人畜甚衆。十四年四月，襄陽江溢，壞城郭。五月，陝州大水，人多淹死。七月，北畿、山東水。九月，河決開封護城堤五十丈。十八年七月，昌平大水，決居庸關水門四十九，城垣、鋪樓、墩臺一百二。八月，衞、漳、滹沱並溢，自清平抵天津。

弘治二年五月，河決開封黃沙岡抵紅船灣，凡六處，入沁河。所經州縣多災，省城尤甚。七月，順、永、河、保四府州縣大水。八月，盧溝河堤壞。四年八月，蘇、松、浙江水。五年夏秋，南畿、浙江、山東水。七年七月，蘇、常、鎭三府潮溢，平地水五尺，沿江者一丈，民

中華書局

多溺死。九年六月，山陰、蕭山山崩水湧，溺死三百餘人。十四年五月，貴池水漲，蛟出，淹死二百六十餘人，旁邑十二皆大水。七月，廉州及靈山海漲，淹死百五十餘人。閏七月，瓊山颶風潮溢，平地水高七尺。八月，安、寧、池、太四府大水，蛟出，漂流房屋。十五年七月，南京江水泛溢，湖水入城五尺餘。十七年六月，廬山平地水丈餘，溺死星子、德安民，及漂沒廬舍甚衆。

正德元年六月，陝西徽州河溢，漂沒居民孳畜。二年六月，固原河漲，平地水高四尺，人畜溺死。三年九月，延綏、慶陽大水。五年九月，安、寧、太三府大水，溺死二萬三千餘人。十一月，蘇、松、常三府水。六年六月，氾水暴漲，溺死百七十六人，毀城垣百七十餘堵。十二年，順天、河間、保定、眞定大水。鳳陽、淮安、蘇、松、常、鎭、嘉、湖諸府皆大水。荊、襄江水大漲。十五年五月，江西大水。十六年七月，遼陽湯站堡大水決城。

嘉靖元年七月，南京暴風雨，江水湧溢，郊社、陵寢、宮闕、城垣吻脊欄楯皆壞。拔樹萬餘株，江船漂沒甚衆。廬、鳳、淮、揚四府同日大風雨雹，河水泛漲，溺死人畜無算。二年七月，揚、徐復大水。夏、秋間，山東州縣俱大水。八月，蘇、松、常、鎭四府大水，開封亦如之。五年六月，陝西五郎壩大水三丈餘，衝決官舍。徐、沛河溢，壞豐縣城。六年秋，湖廣水。十六年秋，兩畿、山東、河南、陝西、浙江各被水災，湖廣尤甚。二十六年七月丙辰，曹縣河

決，城池漂沒，溺死者甚衆。二十七年正月，汧陽大水沒城。

隆慶元年夏，京師大水。六月，新河鮎魚口沉運船數百艘。是歲，襄陽、鄖陽水。二年七月，台州颶風，海潮大漲，挾天台山諸水入城，三日溺死三萬餘人，沒田十五萬畝，壞廬舍五萬區。三年閏六月，眞定、保定、淮安、濟南、浙江、江南俱大水。七月壬午，河決沛縣，自考城、虞城、曹、單、豐、沛至徐州，壞田廬無算。九月，淮水溢，自清河至通濟閘及淮安城西，淤三十里，決二壩入海。莒、沂、郯城之水又溢出邳州，溺人民甚衆。四年七月，沙、薛、汶、泗諸水驟溢，決仲家淺等漕堤。八月，陝西大水，河決邳州。五年四月，又決邳州，自曲頭集至王家口新堤多壞。是歲，山東、河南大水。

萬曆元年七月，荊州、承天大水。二年六月，福建永定大水，溺七百餘人。是歲，海鹽海大溢，死者數千人。八月庚午，淮安、揚州、徐州河溢傷稼。三年四月，淮、徐大水。五月，淮水大決。六月，杭、嘉、寧、紹四府海湧數丈，沒戰船、廬舍、人畜不計其數。八月，淮、揚、鳳、徐四府州大水，河決高郵、碭山及邵家口、曹家莊。九月，蘇、松、常、鎭四府俱水。四年正月，高郵清水堤決。九月，河決豐、沛、曹、單。十一月，淮、黃交溢。五年閏八月，徐州河淤，淮河南徙，決高郵、寶應諸湖堤。六年六月，清河水溢。七年五月，蘇、松、鳳陽、徐州大水。八月，又水。是歲，浙江大水。九年五月，從化、增城、龍門溪壑泛漲，田禾盡

沒，淹死男婦無算。七月，福安洪水踰城，漂沒廬舍殆盡。八月，泰興、海門、如皐大水，塘圩坡埂盡決，溺死者甚衆。十年正月，淮、揚海漲，浸豐利等鹽場三十，淹死二千六百餘人。七月，蘇、松六州縣潮溢，壞田禾十萬頃，溺死者二萬人。十一年四月，承天江水暴漲，漂沒民廬人畜無算。金州河溢沒城。十四年夏，江南、浙江、江西、湖廣、廣東、福建、雲南、遼東大水。十五年五月，浙江大水。七月，開封及陝州、靈寶河決。是歲，杭、嘉、湖、應天、太平五府江湖泛溢，平地水深丈餘。七月終，颶風大作，環數百里，一望成湖。十六年八月，河決東光魏家口。十七年六月，浙江海沸，杭、嘉、寧、紹、台屬縣廨宇多圮，碎官民船及戰舸，壓溺者二百餘人。十九年六月，蘇、松大水，溺人數萬。七月，寧、紹、蘇、松、常五府濱海潮溢，傷稼淹人。九月，泗州大水，州治浸三尺。淮水高於城，祖陵被浸。十月，揚州湖淮漲溢，決邵伯堤五十餘丈，高郵南北閘俱衝。二十年夏秋，眞、順、廣、大四府水。二十一年五月，邳州、高郵、寶應大水決湖堤。二十二年七月，鳳陽、廬州大水。二十三年四月，泗水浸祖陵。二十四年秋，杭、嘉、湖三府大水。二十九年八月，洵陽大水入城。三十年六月，京師大水。三十一年五月，成安、永年、肥鄉、安州、深澤、漳、滏、沙、燕河並溢，決堤橫流。祁州、靜海圮城垣、廬舍殆盡。六月，泰安大水，淹八百餘人。八月，泉州諸府海水暴漲，溺死萬餘人。三十二年六月，昌平大水，壞各陵橋道。七月，永平、眞、保三府俱水，淹男婦無

算。八月，河決蘇家莊，淹豐、沛，黃水逆流灌濟寧、魚臺、單縣。三十五年六月，黃州蛟起。武昌、承天、鄖陽、岳州、常德大水，漂沒廬舍。徽州、寧國、太平、嚴州四府山水大湧，漂人口甚衆。閏六月，京師大水，長安街水深五尺。三十七年九月，福建、江西大水。四十一年六月，通惠河決。七月，京師大水。南畿、江西、河南俱大水。八月，山東、廣西、湖廣俱大水。九月，遼東大水。四十二年，浙江、江西、兩廣俱水。四十四年七月，江西、廣東水。四十六年八月，潮州六縣海颶大作，溺萬二千五百餘人，壞民居三萬間。

天啓三年，睢寧河決。六年秋，河決匙頭灣，倒入駱馬湖，自新安鎭抵邳、宿，民居盡沒。是歲，順天、永平二府大水，邊垣多圮。

崇禎元年七月壬午，杭、嘉、紹三府海嘯，壞民居數萬間，溺數萬人，海寧、蕭山尤甚。三年，山東大水。四年六月，又大水。五年六月壬申，河決孟津口，橫浸數百里。七年五月，邛、眉諸州縣大水，壞城垣、田舍、人畜無算。十年八月，敍州大水，民登州堂及高阜者得免，餘盡沒。十三年五月，浙江大水。十四年七月，福州風潮泛溢，漂溺甚衆。十五年六月，汴水決。九月壬午，河決開封朱家寨。癸未，城圮，溺死士民數十萬。

水變

洪武五年，河南黃河竭，行人可涉。天順二年十二月癸未，武強苦井變爲甘。弘治十四年八月丙辰，融縣河水紅濁如黃河。十月丙辰，馬湖底渦江水白可鑑，翌日濁如泔漿，凝兩岸沙石上者如土粉，十七日乃澄。丁巳，敍州東南二河白如雪、濃如漿者三日。十五年九月丙戌，濮州井溢，沙土隨水而出。正德十年七月，文安水忽僵立，是日大寒，結爲冰柱，高圍俱五丈，中空旁穴。數日而賊至，民避穴中，生全者甚衆。隆慶六年五月，南畿龍目井化爲酒。萬曆二十二年四月，南京正陽門水赤三日。二十五年八月甲申，蒲州池塘，無風湧波，溢三四尺。臨淄濠水忽漲，南北相向而鬭。又夏莊大灣潮忽起，聚散不恒，聚則丈餘，開則見底。樂安小清河逆流。臨清磚板二閘，無風大浪。三十年閏二月戊午，河州蓮花寨黃河涸。四十六年四月，宣武、正陽門外水赤三里，如血，一月乃止。四十七年四月，宣武門響閘至東御河，水復赤。崇禎十年，寧遠衞井鳴沸，三日乃止。河南汝水變色，深黑而味惡，飲者多病。十三年，華陰渭水赤。十四年，山西潞水北流七晝夜，勢如潮湧。十五年，達州井鳴，濠水變血。十六年，松江自五月至七月不雨，河水盡涸，而泖水忽增數尺。

黑眚黑祥

洪武十年正月丁酉，金華、處州雨水如墨汁。十四年正月，黑氣亙天。十一月壬午，黑

氣亙天者再。二十一年二月乙卯，黑氣亙天。宣德元年二月戊子，北方黑氣東西亙天。八月辛巳，樂安城中有黑氣如死灰。正統元年九月辛亥，未刻，黑氣亙天，自西南屬東北。二年八月甲申，北方黑氣東西亙天。十四年十一月己丑，晡時，西方有黑氣從地而生。景泰元年二月壬寅，黑氣南北亙天。十月辛未，西南黑氣如烟火，南北亙天。二年四月庚辰，有黑氣如烟，摩地而上。天順五年七月己亥朔，東方有黑氣，須臾蔽天。成化七年四月丙辰，雨黑沙如漆。八年三月庚子，黑氣起西北，臨清、德州晝晦。十二年七月庚戌，京師黑眚見。民間男女露宿，有物金睛修尾，狀如犬貍，負黑氣入牖，直抵密室，至則人昏迷。徧城驚擾，操刃張燈，鳴金鼓逐之，不可得。帝常朝，奉天門侍衞見之而譁。帝欲起，懷恩持帝衣，頃之乃定。弘治五年二月己巳，北方黑氣東西亙天。六年八月壬申，南京有黑氣，東西百餘丈。十四年四月辛未，應州黑風大作。十六年二月庚子，宜良黑氣迷空，咫尺莫辨人形。正德七年六月壬戌，黑眚見順德、河間及涿，大者如犬，小者如貓，夜出傷人，有至死者。尋見於京師，形赤黑，風行有聲，居民夜持刁斗相警達旦，逾月乃息。後又見於封丘。十二年閏十二月丁丑夜，瑞州有紅氣變白，形如曲尺，中外二黑氣，相鬬者久之。八年十月癸巳，杭州雨黑水。三十七年三月，衡州黑眚見。隆慶二年四月，天雨黑豆。六年四月，杭州黑霧，有物蜿蜒如車輪，目光如電，冰雹隨之。萬曆二十四年十二月辛卯，同安生黑毛。二十五年二月癸亥，湖州黑雨雜以黃沙。崇禎十年，山東雨黑水，新鄉亦如之。十一年，京師有黑眚，狀如貍，入民家爲祟，半歲乃止。十三年正月丁卯，黑氣瀰空者三日。

校勘記

〔一〕八年正月甲子陰晦大霧　是年正月丙寅朔，不得有甲子日。本書天文志、五行志中干支日有錯誤，現不能確定其正確干支的，以後不再出校記。

〔二〕天啓六年六月丙戌霧重如雨閏六月己未如之　六月，原作「閏五月」，閏六月，原作「六月」，據明史稿志四天文志改。按是年無閏五月，五月壬寅朔，不得有丙戌日。六月壬申朔，有丙戌日，無己未日。是年閏六月，是辛丑朔，有己未日。

〔三〕五年六月丙申雷震萬全衞柴溝堡　柴溝堡，原作「紫溝堡」，據明史稿志四五行志、本書卷四〇地理志京師萬全右衞注改。

〔四〕貴州安衞軍李華妻生男　按貴州無「安衞」，有「安莊衞」、「安南衞」。「安衞」應是其一之譌。

〔五〕九月河決開封　九月，本書卷六成祖紀作「十月」。

〔六〕七年閏九月　閏九月，明史稿志四五行志、國榷卷三六頁二三〇三作「九月」。

明史卷二十九

志第五

五行二 火 木

洪範曰「火曰炎上」，火不炎上，則失其性矣。前史多以恒燠、草異、羽蟲之孽、羊禍、火災、火異、赤眚赤祥皆屬之火，今從之。

恒燠

洪熙元年正月癸未，以京師一冬不雪，詔諭修省。正統九年冬，畿內外無雪。十二年冬，陝西無雪。景泰六年冬，無雪。天順元年冬，宮中祈雪。是年，直隸、山西、河南、山東皆無雪。二年冬，命百官祈雪。六年冬，直隸、山東、河南皆無雪。成化元年冬，無雪。五年冬，燠如夏。六年二月壬申，以自冬徂春，雨雪不降，敕諭羣臣親詣山川壇請禱。十年二

月，南京、山東奏，冬春恒燠，無冰雪。十一年冬，以無雪祈禱。十五年冬，直隸、山東、河南、山西無雪。十九年冬，京師、直隸無雪。弘治九年冬，無雪。十五年冬，無雪。十八年冬，溫如春，無雪。正德元年冬，無雪。永嘉自冬至春，麥穗桃李實。三年冬，無雪。六年至九年，連歲無雪。十一年冬，無雪。嘉靖十四年，冬深無雪，遣官徧祭諸神。十九年冬，無雪。二十年十二月癸卯，禱雪於神祇壇。二十四年十二月甲午，命諸臣分告宮廟祈雪。三十二年冬，無雪。三十三年十二月壬申，以災異屢見，卽禱雪日爲始，百官青衣辦事。三十六年冬，無雪。三十九年冬，無雪。明年，又無雪。帝將躬禱，會大風，命亟禱雪兼禳風變。四十一年至四十五年冬，祈雪無虛歲。隆慶元年冬，無雪。四年冬，無雪。萬曆四年十二月己丑，命禮部祈雪。十六年、十七年、二十九年、三十七年、四十七年，亦如之。崇禎五年十二月癸酉，命順天府祈雪。六年、七年冬，無雪。

草異

永樂十六年正月乙丑，同州、澄城、郃陽、朝邑雨穀及蕎麥。正統八年十一月，殿上生荆棘，高二尺。十四年，廣州獄竹牀，踰年忽青生葉。成化六年二月戊寅，湖廣應山雨粟。弘治八年二月，枯竹開花，實如麥米。苦蕒開蓮花。六月甲子，黟縣雨豆，味不可食。九

年，黃州民家瓜大如斗，瓤皆赤血。萬曆四十三年四月戊寅，石首雨豆，大小不一，色雜紅黑。崇禎四年、五年，河南草生人馬形，如被甲持矛馳驅戰鬬者然。十三年，徐州田中白豆，多作人面，眉目宛然。

羽蟲之孽

萬曆二十五年二月壬午，岳州民家有鴨，含絮裹火，飛上屋，入竹椽茅茨中。火四起，延燒數百家。四十三年四月壬午，雙鶴啣火，飛集掖縣海神廟殿。明日，廟火。崇禎六年，汝寧有鳥，鳩身猴足。鳳陽惡鳥數萬，兔頭、雞身、鼠足，供饌甚肥，犯其骨立死。

羊禍

萬曆三十八年四月，崞縣民家羊產羔，一首、二眼、四耳、二尾、八足。三十九年四月，降夷部產羊羔，人面羊身。

火災

洪武元年七月丁酉，〔一〕京師火，延燒永濟倉。三年二月己巳，大河衞火，燔及廣積庫。

七月乙未，寶源局火。甲子，鳳臺門軍營火，延燒武德衞軍器局。四年十一月癸亥，京師大軍倉災。五年二月癸未，臨濠府火。壬辰至甲午，京師火，燬龍驤等六衞軍民廬舍。七月丁卯，永清衞軍器庫火。十二月丙戌，京師定遠等衞火，焚及軍器局兵仗。十七年十二月己未，潮州火，官廨民居及倉廩、兵仗、圖籍焚蕩無遺。二十一年二月戊辰，歷代帝王廟火，上元縣治亦災。甲戌，天界、能仁二寺災。二十九年二月辛丑，通州火，燔屋千九百餘。三十年四月甲午，廣南衞火，延燒城樓及衞治倉庫。

建文二年八月癸巳，承天門災。

永樂四年十二月辛亥，甌寧王邸第火，王薨。十三年正月壬子，北京午門災。十九年四月庚子，奉天、謹身、華蓋三殿災。二十年閏十二月戊寅，乾清宮災。

宣德三年三月己亥，東嶽泰山廟火。六年八月，武昌火，延燒楚王宮，譜系敕符俱燼。甲辰，天津右衞北城外火，飛焰入城，燒倉廒。九年二月庚午，京城東南樓火。

正統二年二月，西鎭吳山廟火。三年八月辛酉，順天貢院火，席舍多焚，改期再試。十二月乙亥，韓府承運殿災。四年三月戊午，代府寢殿火。七年正月，廣昌木廠火，焚松木八千八百餘株。戊午，南京內府火，燔廊房六十餘間，圖籍、器用、守衞衣甲皆空。三月辛未，趙城媧皇寢廟火。十年正月庚寅，忠義前後二衞災。是時太倉屢火，遣官禱祭火龍及太歲

中華書局

二十四史

以禳之。五月甲申，忠義後衞倉復火。癸巳，通州右衞倉火。十一月丁酉，御花房火。十一年秋，武昌火，死者數百人。十二月乙未，周府災。十二年六月，南京山川壇災。十三年二月癸酉，忠義前衞倉火。十四年六月丙辰夜，南京謹身、奉天、華蓋三殿災。

景泰二年六月丙子，青州廢齊府火。三年八月戊寅，秦府火。五年春，南京火，延燒數數千家。七年九月壬申，寧府火，延燒八百餘家。

天順元年七月丙寅夜，承天門災。二年五月戊子，器皿廠火。三年九月庚寅，肅州城中火，延燒五千四百餘家，死者六十餘人。四年八月己巳，光祿寺大烹內門火。是歲，楚府頻火，宮殿家廟悉燬。五年三月丁卯，南京朝天宮災。六年六月癸未，楚府火。七年正月丁酉，南京西安門木廠火，延燒皇牆。二月戊辰，會試天下舉人，火作於貢院，御史焦顯扃其門，燒殺舉子九十餘人。

成化二年九月癸未，南京御用監火。六年十一月己亥，江浦火，延燒二百六十餘家。九年七月庚戌，東直門災。十一年四月壬辰夜，乾清宮門災。十三年十一月壬辰，太倉米麥，歲久蒸浥，自焚百餘石。十八年八月丙午，合州火，延燒千五百餘家。乙卯，楚府火凡三發。十一月戊午，南京國子監火。十二月乙卯，器皿廠火。壬辰，寧河王府火。先有妖夜見，或爲神，或爲王侯，時舉火作欲焚狀，是夜燔府第無遺，冠服器用皆燼。二十年正月

戊戌，欽天監火。二十二年六月，臨海縣災，延燒千七百餘家。

弘治元年三月庚寅，南京內花園火。十一月丁丑夜，南京甲字庫災。二年四月乙未，南京神樂觀火。四年二月戊午，禮部官舍火。六年四月甲寅，刑部官舍火。辛酉夜，南京舊內災。八年三月戊子，鎮東等堡躍火星如斗，燬公館倉厫，人馬多斃。十一年，自春徂夏，貴州大火，燬官民房舍千八百餘所，死傷者六千餘人。十月甲戌夜，清寧宮災。十二年六月甲辰夜，闕里聖廟災。十二月，建陽縣書坊火，古今書板皆燼。十三年二月乙酉，禮部官舍火。七月甲寅，南城縣空中有火，乍分乍合，流光下墜十餘丈，隱隱有聲，燬軍民廬舍。庚申，〔一〕永寧衞雁尾山至居庸關之石縱山，東西四十餘里，南北七十餘里，延燒七晝夜。閏七月辛巳，福州城樓燬。八月己未，瀋府火。十一月庚辰，寧河府火。十六年三月庚午，遼東鐵嶺衞墜火如斗。丙子，火起，燒房屋二千五百餘間，死者百餘人。四月戊午，寬河衞倉災，燬米豆四萬餘石。九月戊寅，廣寧衞城火，燔三百餘家。十七年四月丁巳，淮安火焚五百餘家。五月癸巳，正陽門內西廊火，燔武功坊。

正德元年二月庚寅，郿陽火，燬譙樓官舍，延百餘家。是歲，寧夏左屯衞紅氣亙天，既而火作，城樓臺堡俱燼。六月庚寅，大同平虜城災，燔藁百萬餘。十一月己亥，臨海縣治火，延燒數千家。七年三月己未，嶧縣有火如斗，自空而隕，大風隨之，燬官民房千餘間。

火逸城外，延及丘木。庚申，咸山衞秦皇廟火，屋宇悉燬，像設如故。是月，文登大桑樹火，樹燔而枝葉無損。五月癸酉至閏五月丙子，遼東懿路城火三作，焚官民廬舍之半。九月壬午，玉山火，燔學舍及民居三百餘家。八年六月辛酉，豐城縣西南連隕火星，如盆如斗。既而火作，至七月初始熄，燔二萬餘家。七月戊子，火隕龍泉縣，焚四千餘家。十月壬寅，饒州及永豐、浮梁火，各燔五百餘家。浮梁學舍災。庚申，臨江火，燔官舍，延八百餘家。九年正月庚辰，乾清宮火。十一年八月丁丑，黔陽火，燬城樓官廨，延七百餘家。十二年正月甲辰，清寧宮小房火。四月，裕陵神宮監火。八月丁卯，南昌火，燔三百家。九月壬午，建安火，燔二百五十餘家。十三年二月己卯，夷陵火，燔七百餘家。八月庚辰，獻陵明樓災。十四年四月乙巳，淮安新城火。七月丙辰，泰寧火，燔五千餘家。十五年五月辛卯，靜樂火，燔八百餘家。

嘉靖元年正月己未，清寧宮後三小宮災，楊廷和言廢禮之應，不報。二月己丑，南京針線廠火。己亥，通州城樓火。二年五月丙子，榮府火。九月戊辰，秦府宮殿火。四年三月壬午夜，仁壽宮災，玉德、安喜、景福諸殿俱燼。五年三月乙酉，趙府家廟火。六年三月丁亥，西庫火。八年十月癸未，大內所房災。十年正月辛亥，大內東偏火。四月庚辰，兵、工二部公廨災，燬文籍。十三年六月甲子，南京太廟火，燬前後殿、東西廡、神厨庫。十五年

四月癸卯，山西平虜衞火，盡燬神機官庫軍器。十八年二月乙丑，趙州及臨洺鎮行宮俱火。丁卯，駕幸衞輝，〔二〕行宮四更火，陸炳負帝出，後宮及內侍有殞於火者。六月丁酉，皇城北鼓樓災。二十年四月辛酉夜，宗廟災，燬成、仁二廟主。二十五年五月壬申，盔甲廠火。二十六年十一月壬午，宮中火，釋楊爵於獄。三十一年八月乙丑，南京試院火。三十五年九月戊辰，杭州大火，延燒數千家。三十六年四月丙申，奉天、華蓋、謹身三殿，文武二樓，午門、奉天門俱災。三十七年正月，光祿寺災。三十八年正月癸未，前軍都督府火。四十年十一月辛亥夜，萬壽宮災。四十四年三月己亥夜，〔三〕大明門內西千步廊火。

隆慶二年正月，浙江省城外災，燬室廬舟艦以千計。三月乙亥，乾清、坤寧兩宮，一時俱燼。五年二月壬子，南京廣、惠二倉火。

萬曆元年十一月己亥，慈寧宮後舍火。三年四月甲戌，工部後廠火。五年十月丙申，禁中火。十一月癸未，宗人府災。十一年十二月庚午夜，慈寧宮災。十二年二月己酉，無逸殿災。十二月癸卯朔，又災。十五年五月甲子，司設監火。十八年三月辛酉，遼東寨山兒堡火，燬城堡器械，傷九十餘人。十九年十二月甲辰，萬法寶殿災。二十一年六月望，太倉公署後樓有礮聲，火藥器械俱燼。二十二年五月壬寅，天火燔鐵嶺衞千餘家。二十四年二月甲寅，潞府門火。三月乙亥，火發坤寧宮，延及乾清宮，俱燼。二十五年二月壬午，杭

中華書局

州火，燒官民房千三百餘間。丙戌，馬湖屏山災，延燔八百餘家，斃二十四人。三月癸卯，泗州大火，燒民房四千餘。盱眙火，燔民房百六十餘間。撥漕糧二萬石以振。六月戊寅，三殿災，火起歸極門，延皇極等殿，文昭、武成二閣，周遭廊房，一時俱燼。十二月甲寅，吏部文選司署火。二十七年十一月壬申，內府火，延燒尙寶司印綬監、工部廊，至銀作局山牆而止。二十八年三月，南陽火，延燒唐府。二十九年正月己巳，鐵嶺衞火，車輛火藥俱燼。八月己卯，大光明東配殿災。三十年二月乙酉，魏國公賜第火。十月丙申，孝陵災。十二月庚子，南海普陀山寺災。三十一年九月戊寅，通州漕艘火。三十三年二月乙丑，御馬監火。五月辛巳，洗白廠火。九月甲午，昭和殿火。丙申，官軍於盔甲廠支火藥，藥年久凝如石，用斧劈之，火突發，聲若震霆，刀鎗火箭迸射百步外，軍民死者無數。十一月丁卯，刑部提牢廳火。三十五年二月乙卯，易州神器庫火。四月丁酉，通州西倉火。十月己卯，南京行人司署燬。三十七年正月庚子，慶府火，燔寢宮及帑藏。三月丙戌，武昌火，越二日又火，共燔二百六十餘家。六月，慶府災。十月戊午，朝日壇火。三十八年四月丁丑夜，正陽門箭樓火。三十九年四月戊子，怡神殿災。四十一年五月壬戌，蜀府災，門殿爲燼。四十三年四月壬午，黃花鎭柳溝火，延燒數十里。甲午，蜀府殿庭災。遼東長寧堡自二月至五月，火凡五發，燬房屋人畜無算。閏八月辛亥，通州糧艘火。九月丁丑，湖口稅廨燬。四十

四年十一月己巳，隆德殿災。丁亥，南城延喜宮災。四十五年正月壬午，東朝房火，延燬公生門。十一月丙戌，宣禧宮災。四十六年閏四月丁丑夜，開原殷家莊堡臺杆八同時燼。甲申，煖閣廠膳房火。九月壬子，茂陵火。四十七年四月癸酉，盔甲廠火。

泰昌元年十月丁卯，噦鸞宮災。

天啓元年閏二月丙戌，〔四〕昭和殿災。三月甲辰，杭州火，延燒六千餘家。八月戊子，〔五〕復災，城內外延燬萬餘家。二年五月丙申，旗纛廟正殿災，火藥盡焚，匠役多死者。三年七月辛卯，南京大內左傍宮災。六年五月戊申，王恭廠災，地中霹靂聲不絕，火藥自焚，煙塵障空，白晝晦冥，凡四五里。五月癸亥，朝天宮災。七月庚寅，登州城樓火。七年十月庚子，寧遠前屯火，傷男婦二百餘人。

崇禎元年四月乙卯，左軍都督府災。五月乙亥，鷹坊司火。丁亥，丁字庫火。七月己卯，公安縣火，燬文廟，延五千餘家。二年十一月庚子，火藥局災。三年三月戊戌，又災。八月癸酉，頭道關災，火器轟擊無餘。六年正月癸丑，濟南舜廟災。七年九月庚申，盔甲廠災。十一年四月戊戌，新火藥局災，傷人甚衆。六月癸巳，安民廠災，震毀城垣廨舍，居民死傷無算。八月丁酉，火藥局又災。

火異

成化二十一年正月甲申朔，有火光自中天而少西，墜於下，化爲白氣，復曲折上騰，聲如雷。

弘治三年三月庚午，儀隴空中有紅白火焰，長三丈餘，自縣治東北流，至正東六十餘里而墜，聲震如雷。八年三月辛卯，廣寧右衞臺杆火，高五寸，杆如故。十年四月辛丑，阜平有火光，長八九尺，大如𨎮軸，有聲，自東南至西南而墜。

正德元年三月戊申夜，太原有火如斗大，墜寧化王殿前。廣寧墩臺火發旗杆，凡六。七月壬戌夜，火光墜卽墨民家，化爲綠石，圓高尺餘。七年三月丁卯夜，大風雷電，餘干仙居寨有光如箭，墜旗竿上，俄如燭龍，光照四野。士卒撼其旗，飛上竿首，既而其火四散，鎗首皆有光如星。十二年五月己亥夜，火隕都察院獄，旋轉久之始滅。十五年六月癸未夜，台州火隕三，大如盤，觸草木皆焦。

嘉靖五年七月甲申，有火毬三，大五六尺，從北墜於東，其光燭天。二十年七月丙戌，火毬如斗，隕左軍都督府中門東，良久乃滅。

隆慶二年三月戊午，延綏保寧堡城角旗杆出火，灼灼有聲。

萬曆十四年，保定府民間牆壁內出火，三日夜乃熄。十五年二月，綏靖邊城各堡，脊獸

旗杆俱出火。軍士以杖撲之，杖亦生火，三更乃熄。二十年三月，陝西空中有火，大如盆，後生三尾，隕於西北。二十一年二月庚辰夜分，大毛山樓上各獸吻俱有火，如雞卵，赤色。卽時雨雪，火上嗟嗟有聲。二十三年九月癸巳夜，永寧有火光，形如屋大，隕於西北。永昌、鎭番、寧遠所見同。二十四年二月戊申夜，鄠縣雷雨，徧地火光，十有餘里。二十五年二月癸亥，平涼瓦獸口出火，水灌不滅。八月甲申，肅、涼二州火光在天，形如車輪，尾分三股，約長三丈。

天啓六年五月壬寅朔，厚載門火神廟紅毬滾出。前門城樓角有數千螢火，幷合如車輪。

崇禎元年，西安有火如碾如斗者數十，色青，焰高尺許，嘗入民居，留數日乃去。用羊豕禳之，不爲害，自五月至七月而止。十三年六月壬申，鎭安火光如斛，自西墜地，土木皆焦。

赤眚赤祥

成化十三年二月甲午，浙江山陰湧泉如血。

正德元年正月乙酉夜，崇明空中有紅光，曳尾如虹，起東北至西南沒，聲如雷。辛丑，

鳳陽紅光發，與日同色，聲如雷。二年八月己亥，赤光見寧夏，長五丈。八年七月甲申，龍泉有赤彈二，自空隕於縣治，形如鵝卵，躍入民居，相鬬久之。

嘉靖三十三年四月戊子，慈谿民家湧血高尺餘。三十七年五月戊辰，東陽民張思齊家地裂五六處，出血如線，高尺許。血凝，犬就食之，掘地無所見。三十九年二月己未，竹溪民家出血。

隆慶六年閏二月癸酉，遼東赤風揚塵蔽天。

萬曆六年七月丁丑，松門衞金鏜家湧血三尺，有聲。十三年四月乙丑，虹民王祿投宿姚壘家，見血出於地，驚走至市，市亦流血。鄉人擊器物譟之，乃止。十九年六月庚戌，慈谿茅家浦湧血八處，大如盆，高尺許。血濺船，船即出血，濺人足，足亦出血，數刻乃絕。二十六年九月甲辰，蕭山賈九經家出血，高尺許。

天啓元年六月庚寅，肇慶民王體積中庭噴血，如跑突泉。

崇禎七年二月戊午，海豐雨血。八年八月戊寅，宣城池中出血。

洪範曰「木曰曲直」。木不曲直，則失其性矣。前史多以恒雨、狂人、服妖、雞禍、鼠孽、

木冰、木妖、青眚青祥皆屬之木，今從之。

恒雨

洪武十三年七月，海康大雨，壞縣治。二十三年十一月，山東二十九州縣久雨，傷麥禾。

建文元年三月乙卯夜，燕王營於蘇家橋。大雨，平地水三尺，及王臥榻。

永樂元年三月，京師淫雨，壞城西南隅五十餘丈。七月，建寧衞霪雨壞城。二年七月，新安衞霪雨壞城。八月，霪雨壞北京城五千餘丈。六年七月，思明霪雨壞城。七年九月，浙江衞所五，颶風驟雨，壞城漂流房舍。八年七月，金鄉衞颶風驟雨，壞城垣公廨。十二年九月，密雲後衞霪雨壞城。二十年正月，信豐雨水壞城，瞿城衞如之。二十一年二月，六安衞霪雨壞城。是歲，建昌守禦所，淮安、懷來等衞，皆霪雨壞城。二十二年二月，壽州衞雨水壞城。三月，贛州、振武二衞雨水壞城。四月，霪雨壞密雲及薊州城。是歲，南、北畿、山東州縣，霪雨傷麥禾甚衆。

洪熙元年夏，蘇、松、嘉、湖積雨傷稼。閏七月，京師大雨，壞正陽、齊化、順成等門城垣。九月，久雨壞密雲中衞城。

宣德元年五月，永嘉、樂清颶風急雨，壞公私廨宇及壇廟。

正統元年七月，順天、山東、河南、廣東霪雨傷稼。四年夏，居庸關及定州衞霪雨壞城。五年二月，南京大風雨，壞北上門脊，覆官民舟。七年，濟南、青、萊、淮、鳳、徐州，五月至六月霪雨傷稼。九年閏七月，野狐嶺等處霪雨壞城及濠塹墩臺。十一年春，江西七府十六縣霪雨，田禾淹沒。十二年六月，瑞金霪雨，市水丈餘，漂倉庫，溺死二百餘人。十三年四月，雨水壞順天古北口邊倉。五月至六月，鳳陽、徽州久雨傷稼。九月，寧都大雨壞城郭廬舍，溺死甚衆。

景泰三年，永平、兗州久雨傷禾。大嵩等二十衞所久雨壞城。四年，南畿、河南、山東府十州一，自五月至於八月霪雨傷稼。五年，杭、嘉、湖大雨傷苗，六旬不止。七月，京師久雨，九門城垣多壞。六年，北畿府五、河南府二久雨傷稼，雲南大理諸府如之。七年，兩畿、江西、河南、浙江、山東、山西、湖廣共府三十，恒雨淹田。

天順元年，濟、兗、青三府大雨閱月，禾盡沒。四年，安慶、南陽雨，自五月至七月，淹禾苗。七年五月，淮、鳳、揚、徐大雨，腐二麥。武昌、漢陽、荆州廬舍漂沒，民皆依山露宿。

成化元年六月，畿東大雨，水壞山海關、永平、薊州、遵化城堡。八月，通州大雨，壞城及運倉。二年，定州積雨，壞城垣及墩臺垜口百七十三。八年七月，南京大風雨，壞天、地

壇、孝陵廟宇。鳳陽大雨，壞皇陵牆垣。九年三月，南京大風雨，拔太廟、社稷壇樹。十三年七月，京城大雨。十四年八月，鳳陽大雨，沒城內民居以千計。十七年七月乙酉，南京大風雨，社稷壇及太廟殿宇皆摧。十八年，河南、懷慶諸府，夏秋霪雨三月，塌城垣千一百八十餘丈，漂公署、壇廟、民居三十一萬四千間有奇，淹死一萬一千八百餘人。

弘治二年七月，京師霪雨，求直言。三年七月，南京驟雨，壞午門西城垣。七年七月庚寅，南京大風雨，壞殿宇、城樓獸吻，拔太廟、天、地、社稷壇及孝陵樹。自五月至八月，義州等衞連雨害稼。八年五月，南京陰雨踰月，壞朝陽門北城堵。九月，潮州諸府，颶風暴雨壞城垣廬舍。十年七月，安陸霪雨，壞城郭廬舍殆盡。十一年七月，長安嶺暴風雨，壞城及廬舍。十四年六月，義、錦、廣寧霪雨，壞城垣、墩堡、倉庫、橋梁，民多壓死者。十五年六七月，南京大風雨，孝陵神宮監及懿文陵樹木、橋梁、牆垣多摧拔者。十六年五月，榆林大風雨，毀子城垣，移垣洞於其南五十步。十八年三月，雙山堡大雷雨壞城。六月至八月，京畿連雨。

正德元年七月，鳳陽諸府大雨，平地水深丈五尺，沒居民五百餘家。二年七月，武平大風雨，毀城樓。長泰、南靖大風雨三日夜，平地水深二丈，漂民居八百餘家。十二年，蘇、松、常、鎭、嘉、湖大雨，殺麥禾。十三年，應天、蘇、松、常、鎭、揚大雨彌月，漂室廬人畜無

算。十六年，京師久雨傷稼。

嘉靖四年六月，登州大雨壞城。十六年，京師雨，自夏及秋不絕，房屋傾倒，軍民多壓死。二十五年八月，京師大雨，壞九門城垣。三十三年六月，京師大雨，平地水數尺。四十五年九月，鄖陽大霪雨，平地水丈餘。壞城垣廬舍，人民溺死無算。

隆慶元年六月，京師霪雨，遼東自五月至七月雨不止，壞垣牆禾黍。

萬曆元年七月，霪雨。十一年四月，承天大雨水。十二年正月，喜峰口大風雨，壞各墩臺。十五年五月至七月，蘇、松諸府霪雨，禾麥俱傷。六月，京師大雨。二十四年，杭、嘉、湖霪雨傷苗。二十八年七月，興化、莆田、連江、福安大雨數日夜，城垣、橋梁、隄岸俱圮。二十九年春夏，蘇、松、嘉、湖霪雨傷麥。三十二年七月，京師霪雨，城崩。三十三年五月丙申，鳳陽大風雨，損皇陵正殿御座。三十九年春，河南大雨。夏，京師、廣東大雨。廣西積雨五閱月。四十二年，浙江霪雨爲災。

天啓六年閏六月，大雨連旬，壞天壽山神路，都城橋梁。是歲，遼東霪雨，壞山海關內外城垣，軍民傷者甚衆。七年，山東州縣二十有八積雨傷禾。

崇禎五年六月，大雨。八月，又雨，衝損慶陵。九月，順天二十七縣霪雨害稼。十一年夏，雨浹旬，圮南山邊垣。十二年十二月，浙江霪雨，阡陌成巨浸。十三年四月至七月，寧、

池諸郡霪雨，田半爲壑。十五年十月，黄、蘄、德安諸郡縣霪雨。十六年二月戊辰，親祀社稷，大風雨，僅成禮而還。

狂人

景泰三年五月癸巳朔，以明日立太子，具香亭於奉天門。有一人自外竟入，執紅棍擊香亭曰：「先打東方甲乙木。」嘉靖十八年，駕將南幸。有軍人孫堂從御路中橋至奉天門下，登金臺，坐久，守門官役無知者。升堂大呼，覺而捕之，乃病狂者。

服妖

正德元年，婦女多用珠結蓋頭，謂之瓔珞。十三年正月，車駕還京，令朝臣用曳撒大帽鸞帶。給事中朱鳴陽言，曳撒大帽，行役所用，非見君服。皆近服妖也。十五年十二月，帝平宸濠還京，俘從逆者及懸諸逆首於竿，皆標以白幟，數里皆白。時帝已不豫，見者識其不祥。崇禎時，朝臣好以紗縠、竹籜爲帶，取其便易。論者謂金銀重而貴，紗籜賤而輕，殆賤將乘貴也。時北方小民製幘，低側其簷，自掩眉目，名曰「不認親」。其後寇亂民散，途遇親戚，有飲泣不敢言，或掉臂去之者。

雞禍

弘治十四年，華容民劉福家，雞雛三足。十七年六月，崇明民顧孟文家，雞生雛，猴頭而人形，身長四寸，有尾，活動無聲。嘉靖四年，長垣民王憲家，雞抱卵，內成人形，耳目口鼻四肢皆具。萬曆二十二年六月，靖邊營軍家雌雞化爲雄。崇禎九年，淮安民家牝雞啼躍，化爲雄。十年，宣武門外民家白雞，喙距純赤，重四十斤。或曰此鷙也，所見之處國亡。十四年，太倉衞指揮姜周輔家，雞伏子，兩頭四翼八足。

鼠妖

萬曆四十四年七月，常、鎮、淮、揚諸郡，土鼠千萬成羣，夜啣尾渡江，絡繹不絕，幾一月方止。四十五年五月，南京有鼠萬餘，啣尾渡江，食禾稼。崇禎七年，寧夏鼠十餘萬，啣尾食苗。十二年，黄州鼠食禾，渡江五六日不絕。時內殿奏章房多鼠盜食，與人相觸而不畏，亦鼠妖也。至甲申元旦後，鼠始屏跡。又秦州關山中鼠化鵪鶉者以數千計。十五年二月，羣鼠渡江，晝夜不絕。十月，楡林、定邊諸堡鼠生蝦蟆腹中，一生數十，食苗如割。

木冰

洪武四年正月戊申，木冰。六年十二月乙丑，雨木冰。十一年正月丁亥，雨木冰。二十二年正月甲戌，雨木冰。正統三年十月丁丑曉，木介。天順七年十月甲辰，雨木冰。八年正月乙丑，雨木冰。成化十六年正月辛卯曉，雨木冰。二十三年十二月戊辰曉，木介。隆慶三年十一月癸巳，木冰。萬曆十四年冬，蘇、松木冰。崇禎元年十一月，陝西木冰，樹枝盡折。其後大河以北，歲有此異。

木妖

弘治八年，長沙楓生李實，黄蓮生黄瓜。〔六〕九年三月，長寧楠生蓮花，李生豆莢。嘉靖三十七年十月戊辰，泗水沙中湧出大杉木，圍丈五尺，長六丈餘。隆慶五年四月，杭州栗生桃。萬曆十八年五月丁卯，祖陵大松樹孔中吐火，竟日方滅。二十三年十二月癸亥，皇陵樹顛火出，延燒草木。天啓六年四月癸巳，白露著樹如垂綿，日中不散。十月辛酉，南京西華門內有烟無火。禮臣往視，乃舊宮材木，瘞土中久，烟自生，土石皆焦。以水沃之，三日始滅。崇禎六年五月癸巳，霍山縣有木飯飛墮，不知所自來。七年二月丁巳，太康門牡自開者三，知縣集邑紳議其事，梁墮而死。

青眚青祥

宣德元年八月辛巳，東南天有青氣，狀如人叉手揖拜。

校勘記

〔一〕洪武元年七月丁酉　七月，原作「閏七月」，據明史稿志五五行志、太祖實錄卷二八改。是年閏七月己亥朔，不得有丁酉日。

〔二〕丁卯駕幸衞輝　衞輝，原作「磁州」，據本書卷一七世宗紀、世宗實錄卷二二一改。

〔三〕四十四年三月己亥夜　原脫「三月」，據世宗實錄卷五四四補。

〔四〕天啓元年閏二月丙戌　丙戌，本書卷二二熹宗紀作「戊戌」。

〔五〕八月戊子　八月，原作「七月」，據本書卷二二熹宗紀、熹宗實錄卷八改。是年七月庚子朔，不得有戊子日。

〔六〕黃蓮生黃瓜　黃蓮，明史稿志五五行志作「黃連」。

明史卷三十

志第六

五行三　金　土

洪範曰「金曰從革」。金不從革，則失其性矣。前史多以恒暘、詩妖、毛蟲之孽、犬禍、金石之妖、白眚白祥皆屬之金，今從之。

恒暘

洪武三年，夏旱。六月戊午朔，步禱郊壇。四年，陝西、河南、山西及直隸常州、臨濠、北平、河間、永平旱。五年夏，山東旱。七年夏，北平旱。二十三年，山東旱。二十六年，大旱，詔求直言。

永樂十三年，鳳陽、蘇州、浙江、湖廣旱。十六年，陝西旱。

宣德元年夏，江西旱。湖廣夏秋旱。二年，南畿、湖廣、山東、山西、陝西、河南旱。七年，河南及大名夏秋旱。八年，南、北畿、河南、山東、山西自春徂夏不雨。九年，南畿、湖廣、江西、浙江及眞定、濟南、東昌、兗州、平陽、重慶等府旱。十年，畿輔旱。

正統二年，河南春旱。順德、兗州春夏旱。平涼等六府秋旱。三年，南畿、浙江、湖廣、江西九府旱。四年，直隸、陝西、河南及太原、平陽春夏旱。五年，江西夏秋旱。南畿、湖廣、四川府五，州衞各一，自六月不雨至於八月。六年，陝西旱。南畿、浙江、湖廣、江西府州縣十五，春夏並旱。七年，南畿、浙江、湖廣、江西府州縣衞二十餘，大旱。十年夏，湖廣旱。十一年，湖廣及重慶等府夏秋旱。十二年，南畿及山西、湖廣等府七，夏旱。十三年，直隸、陝西、湖廣府州七，夏秋旱。十四年六月，順天、保定、河間、眞定旱。

景泰元年畿輔、山東、河南旱。二年，陝西府四、衞九，旱。三年，江西旱。四年，南北畿、河南及湖廣府三，數月不雨。五年，山東、河南旱。六年，南畿及山東、山西、河南、陝西、江西、湖廣府三十三，州衞十五，皆旱。七年，湖廣、浙江及南畿、江西、山西府十七，旱。

天順元年夏，南京不雨，杭州、寧波、金華、均州亦旱。三年，南北畿、浙江、湖廣、江西、四川、廣西、貴州旱。四年，濟南、青州、登州、肇慶、桂林、甘肅諸府衞，夏旱。五年，南畿府

中華書局

四,州一,及錦衣等衞連月旱,傷稼。七年,北畿旱。濟南、青州、東昌、衞輝,自正月不雨至於四月。

成化三年,湖廣、江西及南京十一衞旱。四年,兩京春夏不雨。湖廣、江西旱。六年,直隸、山東、河南、陝西、四川府縣衞多旱。八年,京畿連月不雨,運河水涸,順德、眞定、武昌俱旱。九年,彰德、衞輝、平陽旱。十三年四月,京師旱。是歲,眞定、河間、長沙皆旱。十五年,京畿大旱,順德、鳳陽、徐州、濟南、河南、湖廣皆旱。十八年,兩京、湖廣、河南、陝西府十五、州二,旱。山西大旱。十九年,復旱。二十年,京畿、山東、湖廣、陝西、河南、山西俱大旱。二十二年六月,陝西旱,蝗鼠食苗稼,凡九十五州縣。八月,北畿及江西三府旱。九月,溫、台大旱,長沙諸府亦旱。

弘治元年,南畿、河南、四川及武昌諸府旱。三年,兩京、陝西、山東、山西、湖廣、貴州及開封旱。四年,浙江府二,廣西府八,及陝西洮州衞旱。六年,北直、山東、河南、山西及襄陽、徐州旱。七年,福建、四川、山西、陝西、遼東旱。八年,京畿、陝西、山西、湖廣、江西大旱。十年,順天、淮安、太原、平陽、西安、延安、慶陽旱。十一年,河南、山東、廣西、江西、山西府十八旱。十二年夏,河南四府旱。秋,山東旱。十三年,慶陽、太原、平陽、汾、潞旱。十四年,遼東鎮春至秋不雨,河溝盡涸。十六年夏,京師大旱,蘇、松、常、鎮夏秋旱。十八

年,北京及應天四十二衞旱。

正德元年,陝西三府旱。二年,貴州、山西旱。三年,江南、北旱。四年,旱,自三月至七月,陝西亦旱。七年,鳳陽、蘇、松、常、鎮、平陽、太原、臨、鞏旱。八年,畿輔及開封、大同、浙江六縣旱。九年,順天、河間、保定、廬、鳳、淮、揚旱。十一年,北畿及兗州、西安、大同旱。十五年,淮、揚、鳳陽州縣三十六及臨、鞏、甘州旱。十六年,兩京、山東、河南、山西、陝西自正月不雨至於六月。

嘉靖元年,南畿、江西、浙江、湖廣、四川、遼東旱。二年,兩京、山東、河南、湖廣、江西及嘉興、大同、成都俱旱,赤地千里,殍殣載道。三年,山東旱。五年,江左大旱。六年,北畿四府,河南、山西及鳳陽、淮安俱旱。七年,北畿、湖廣、河南、山東、山西、陝西大旱。八年,山西及臨洮、鞏昌旱。九年,應天、蘇、松旱。十年,陝西、山西大旱。十一年,湖廣、陝西大旱。十七年夏,兩京、山東、陝西、福建、湖廣大旱。十九年,畿內旱。二十年三月,久旱,親禱。二十三年,湖廣、江西旱。二十四年,南、北畿、山東、山西、陝西、浙江、江西、湖廣、河南俱旱。二十五年,南畿、江西旱。二十九年,北畿、山西、陝西旱。三十三年,兗州、東昌、淮安、揚州、徐州、武昌旱。三十四年,陝西五府及太原旱。三十五年夏,山東旱。三十七年,大旱,禾盡槁。三十九年,太原、延安、慶陽、西安旱。四十年,保定等六府旱。四十一年,西安等六府旱。

隆慶二年,浙江、福建、四川、陝西及淮安、鳳陽大旱。四年夏,旱,詔諸司停刑。六年夏,不雨。

萬曆十一年八月庚戌朔,河東鹽臣言:「解池旱涸,鹽花不生。」十三年四月戊午,因久旱,步禱郊壇。京師自去秋至此不雨,河井並涸。十四年三月乙巳,以久旱,命順天府祈禱。十七年,蘇、松連歲大旱,震澤爲平陸。浙江、湖廣、江西大旱。十八年四月,旱。二十四年,杭、嘉、湖三府旱。二十六年四月,旱。二十七年夏,旱。二十九年,畿輔、山東、山西、河南及貴州黔東諸府衞旱。三十年夏,旱。三十四年夏,亢旱。三十七年,楚、蜀、河南、山東、山西、陝西皆旱。三十八年夏,久旱,濟、青、登、萊四府大旱。三十九年夏,京師大旱。四十二年夏,不雨。四十三年三月,不雨,至於六月。山東春夏大旱,千里如焚。四十四年,陝西旱。秋冬,廣東大旱。四十五年夏,畿南亢旱。四十七年,廣西梧州旱,赤地如焚。

泰昌元年,遼東旱。

天啓元年,久旱。五年,眞、順、保、河四府,三伏不雨,秋復旱。七年,四川大旱。

崇禎元年夏,畿輔旱,赤地千里。三年三月,旱,擇日親禱。五年,杭、嘉、湖三府,自八

月至十月,七旬不雨。六年,京師及江西旱。十年夏,京師及河東不雨,江西大旱。十一年,兩京及山東、山西、陝西旱。十二年,畿南、山東、河南、山西、浙江旱。十三年,兩京及登、青、萊三府旱。十四年,兩京、山東、河南、湖廣及宣、大邊地旱。十六年五月辛丑,祈禱雨澤,命臣工痛加修省。

詩妖

太祖吳元年,張士誠弟僞丞相士信及黃敬夫、葉德新、蔡彥文用事。時有十七字謠曰:「丞相做事業,專靠黃、蔡、葉。一朝西風起,乾鼈。」未幾,蘇州平,士信及三人者皆被誅,此其應也。建文初年,有道士歌於途曰:「莫逐燕,逐燕日高飛,高飛上帝畿。」已忽不見,是靖難之讖也。

正統二年,京師旱,街巷小兒爲土龍禱雨,拜而歌曰:「雨帝雨帝,城隍土地。雨若再來,還我土地。」說者謂「雨帝」者,與弟也,帝弟同音。「城隍」者,郕王。「再來」、「還土地」者,復辟也。

萬曆末年,有道士歌於市曰:「委鬼當頭坐,茄花遍地生。」北人讀客爲楷,茄又轉音,爲魏忠賢、客氏之兆。又成都東門外鎮江橋迴瀾塔,萬曆中布政余一龍所修也。張獻忠破蜀

中華書局

毀之，穿地取磚，得古碑。上有篆書云：「修塔余一詭，拆塔張獻忠。歲逢甲乙丙，此地血流紅。妖運終川北，毒氣播川東。吹簫不用竹，一箭貫當胸。漢元興元年，丞相諸葛孔明記。」本朝大兵西征，獻忠被射而死，時肅王為將。又有謠曰：「鄴臺復鄴臺，曹操再出來。」賊羅汝才自號曹操，此其兆也。

毛蟲之孽

弘治九年八月，有黑熊自都城蓮池緣城上西直門，官軍逐之下，不能獲。噬死一人，傷一人。十一年六月，有熊自西直門入城，郎中何孟春曰：「當備盜，亦宜慎火。」宋紹興間熊抵永嘉城，州守高世則以熊字能火，戒郡中慎火，果延燒廬舍，此其兆也。」是年，城內多火災。嘉靖五年七月，南城縣有虎，具人手足。四十五年六月，太醫院吏目李乾獻兔，體備五色，以為瑞兔。

犬禍

嘉靖二十年，民家生一犬，八足四耳四目。萬曆四十七年七月，懷寧民家產一犬，長五寸，高四寸，一頭二身八脚，狀如人。

金異

洪武十一年正月元旦甲戌，早朝，殿上金鐘始叩，忽斷為二。六月丁卯夜，寧夏衞風雨，兜鍪旗槊皆有火光。十二年十二月甲子，徐州衞譙樓銅壺自鳴。乙丑，復鳴。是歲，胡惟庸井中生石筍，去之，筍復旁出者三。次年，惟庸伏誅。建文二年四月乙卯，燕王營於蘇家橋，兵端火光如毬，上下相擊，金鐵錚錚，弓絃自鳴。成化十三年六月壬子，雨錢於京師。正德四年三月甲寅，蓋州衞城樓鐘自鳴者三。七年，文登秦始皇廟鐘鼓自鳴。成山衞如之。嘉靖六年五月甲午，京師雨錢。隆慶六年七月七日，有物轟轟，飛至直隸華亭海濱墜於地，乃鐘也。鑄時年月具在，識者謂其來自閩云。萬曆二十一年十月甲申，山東督撫令旗及刀鎗頭皆火出，且有聲。二十六年五月庚寅，古浪城樓大鐘自鳴者三。天啓六年五月丁未，京城石獅擲出城外。銀、錢、器皿飄至昌平閱武場中。崇禎六年五月癸巳，有鐵斧飛落霍山縣。八年十二月辛巳，夜四鼓，山東鎮南城樓大礮鳴如鐘，至黎明，大吼一聲乃止。十三年三月丙申，蘄州城隍廟古鐘自鳴。

白眚白祥

洪熙元年六月庚戌，中天有白氣，東西竟天。宣德元年六月癸未夜，有蒼白氣，東西竟天。八月庚辰，東南有白氣，狀如羣羊驚走。既滅，有黑氣如死蛇，頃之分為二。弘治五年十二月辛亥夜，東方有白氣，南北亙天，去地五丈。正德元年三月戊申夜，太原空中見紅光，如彎弓，長六七尺。旋變黃，又變白，漸長至二十餘丈，光芒亙天。嘉靖七年十二月望，白氣亙天津。

洪範曰「土爰稼穡」。稼穡不成，則土失其性矣。前史多以恒風、風霾、晦冥、花妖、蟲孽、牛禍、地震、山頹、雨毛、地生毛、年饑、黃眚黃祥皆屬之土，今從之。

恒風

宣德六年六月，溫州颶風大作，壞公廨、祠廟、倉庫、城垣。正統四年七月，蘇、松、常、鎮四府大風，〔一〕拔木殺稼。天順二年二月，暴風拔孝陵松樹，懿文陵殿獸脊、梁柱多摧。三年四月，順天、河間、真定、保定、廣平、濟南連日烈風，麥苗盡敗。成化十四年八月丁未，南京大風，拔太廟樹。十

五年八月辛卯，大風拔孝陵木。二十一年五月，南京大風拔太廟樹，摧大祀殿及皇城各門獸吻。弘治三年六月壬午朔，陝西靖虜衞大風，天地昏晴，變為紅光如火，久之乃息。七年三月己亥，廣寧諸衞狂風，瀋陽、錦州城仆百餘丈。正德元年六月辛酉，暴風折郊壇松柏，壞大祀殿、齋宮獸瓦。二年閏正月癸亥，盧龍、遷安大風拔樹毀屋。乙丑，大風壞奉天門右吻。三年二月己丑，大同暴風，屋瓦飛動，三日而止。九年二月丁巳，長樂大雨雹，狂風震電，屋瓦皆飛。五月戊辰，曲阜暴風毀宣聖廟獸吻。十二年四月丙辰，來賓大風雨雹，毀官民廬舍，屋瓦皆飛。十一月癸巳，南京大風雪，仆孝陵殿前樹及園牆內外松柏。十二月己酉，大理衞大風，壞城樓。十三年三月甲寅，慶符大風雹，壞學宮。十六年十二月辛卯，甘肅行都司狂風，壞官民廬舍樹木無算。嘉靖元年七月己巳，南京暴風雨，郊社、陵寢、宮闕、城垣獸吻、脊欄皆壞，拔樹萬餘株。五年，陝西屢發大風，捲掣廟宇、民居百數十家，了無蹤跡。萬曆十八年三月甲辰，大名狂風，天色乍黑乍赤。二十六年十月癸亥，喜峰路臺西北樓內，旋風大作，黑氣沖天，樓內有火光。三十四年七月丙戌，大風拔朝日壇樹。四十一年八月乙未，青州大風拔樹，傾城屋。天啓元年三月辛亥，大風揚塵四塞。四年五月癸亥，乾清宮東丹墀旋風驟作，內官監鐵片大如屋頂者，盤旋空中，隕於西墀，鏗訇若雷。八月戊戌，薊州寒風殺人。崇禎十四年五月，南陽大風拔屋。七月乙亥，福州大風，壞官署、民舍。

中華書局

十五年五月，保定廣平諸縣怪風，麥禾俱傷。十六年正月丁酉，大風，五鳳樓前門閂風斷三截，建極殿榱桷俱折。

風霾晦冥

建文元年七月癸酉，燕王起兵，風雲四起，咫尺不辨人。少焉東方露青天尺許，有光燭地，洞徹上下。天順八年二月壬子，風霾晝晦。成化六年二月丁丑，開封晝晦如夜，黃霾蔽天。三月辛巳，雨霾晝晦。九年三月癸未，濟南諸府，狂風晝晦，咫尺莫辨。二十一年三月戊子，大名風霾，自辰迄申，紅黃滿空，俄黑如夜。已而雨沙，數日乃止。京師自正月至三月，風霾不雨。弘治二年二月辛亥，開封晝晦如夜。三月，黃塵四塞，風霾蔽天者累日。四年八月乙卯，南京晦冥。七年三月己亥，廣寧諸衞晝晦。正德五年三月甲子，大風霾，天色晦冥者數日。十六年十一月辛酉，甘肅行都司黑風晝晦，翌日方散。嘉靖元年九月己巳，大風霾，晝晦。八年正月戊戌朔，風霾，晦如夕。二十六年七月乙丑，甘州五衞風霾晝晦，色赤復黃。二十八年三月丙申，風霾四塞，日色慘白，凡五日。三十年正月辛卯，大風揚塵蔽天，晝晦。四十年二月己酉，亦如之。四月癸巳，大風雨，黃土晝晦。四十三年三月望，異風作，赤黃霾，至二十一日乃止。隆慶二年正月元旦，大風揚沙走石，白晝晦冥，自北畿

抵江、浙皆同。萬曆十七年正月乙丑，蓋州衞風霾晝晦，壞廨宇、廬舍。二十五年二月戊寅，京師風霾。二十九年四月，連日風霾。三十八年四月戊戌，崇陽風霾晝晦，至夜轉烈，損官民屋木無算。四十八年八月以前，雲南諸府時晝晦。天啓元年四月乙亥午，寧夏洪廣堡風霾大作，墜灰片如瓜子，紛紛不絕，踰時而止。日將沈，作紅黃色，外如炊烟，圍罩畝許，日光所射如火焰，夜分乃沒。四年二月辛丑，風霾晝晦，塵沙蔽天，連日不止。崇禎元年正月癸亥，永年縣晝晦，咫尺不辨人物。七年三月戊子，黃州晝晦如夜。十三年閏正月丙申，南京日色晦曚，風霾大作，細灰從空下，五步外不見一物。後四年三月丙申，風霾晝晦。

花孽

弘治十六年九月，安陸桃李華。正德元年九月，宛平棗林莊李花盛開。其冬，永嘉花盡放。六年八月，霸州桃李華。

蟲孽

景泰五年三月，畿南五府有蟲食桑，春蠶不育。弘治六年八月己巳，臨晉雨蟲如雪。七年三月，廣寧諸衞有黑蟲墮地，大如蠅，久之入於土。

牛禍

正德十二年，徐州牛產犢，一頭二舌，兩尾八足。嘉靖五年七月，南陽牛產犢，一首兩身。六年十一月，漳浦有牛產犢，三目三角。十一年二月，銅仁黃牸產犢，滿身有紋，即死。十二年，山東平山衞牛犢有紋，前兩足及尾，悉具鱗甲，中皆毳毛。萬曆十三年九月，光山牛產一物，火光滿地，鱗甲森然，一夕斃。三十七年五月，歷城、高苑二縣牛各產犢，雙頭三眼，兩鼻二口。三十八年三月，獲嘉牛產犢，一身兩頭，四眼四耳，兩口兩足，一尾。三十九年二月，汲縣牛產犢，一膊兩頭，兩口四眼，兩耳七蹄。四月降夷部牛產犢，人頭羊耳。四十五年八月，開州牛產犢，兩口三眼。天啓元年十月，會寧牛產異獸，徧體鱗甲，有火光。三年十月，沅陵牸生犢，一身兩頭三尾。七年三月，莒州牛產犢如麟。崇禎十三年，襄陽牛產犢，兩頭二目。

地震

洪武四年正月己丑，鞏昌、臨洮、慶陽地震。五年四月戊戌，梧州府蒼梧、賀州、恭城、立山等處地震。六月癸卯，太原府陽曲縣地震。七月辛亥，又震。壬戌，京師風雨地震。八

月癸未，太原府徐溝縣西北空中有聲如雷，地震凡三日。戊戌，陽曲縣地又震。九月壬戌，又震者再。十月戊寅、辛卯，復震。是年，陽曲地凡七震。自六年至十四年，復八震。八年七月戊辰，京師地震。十二月戊子，又震。十一年四月乙巳，寧夏地震，壞城垣。十三年十二月甲戌，福州府、廣州府、河州地震。十九年六月辛丑，雲南地震。十一月己卯，復震，有聲。二十三年正月庚辰，山東地震。

建文元年三月甲午，京師地震，求直言。

永樂元年十一月甲午，北京地震。山西、寧夏亦震。二年十一月癸丑，京師、濟南、開封並震，有聲。六年五月壬戌、十一年八月甲子，京師復震。十三年九月壬戌、十四年九月癸卯，京師地震。十八年六月丙午，北京地震。〔三〕二十二年六月壬申，南京地震。

洪熙元年二月戊午，六安衞地震，凡七日。是歲，南京地震，凡四十有二。

宣德元年七月癸巳，京師地震，有聲，自東南迄西北。是歲，南京地震者九。二年春，復震者十。三年，復屢震。四年，兩京地震。五年正月壬子，南京地震。辛酉，又震。

正統三年三月己亥，京師地震。庚子，又震。甲辰，又震者再。四年六月乙未，復震。八月己亥，又震。五年十月庚午朔，蘭州、莊浪地震十日。十月、十一月屢震，壞城堡廬舍，壓死人畜。十年二月丁巳，京師地震。

景泰二年七月癸丑，京師地震。三年七月，永新珠坑村地陷十七所。是年，南京地震。五年十月庚子，京師地震，有聲，起西北迄東南。六年二月甲午，安福大雷雨。白泉陂羊塘地陷二，一深三丈，廣十餘丈，一深六尺，廣一丈有奇。

天順元年十月乙巳，南京地震。

成化元年四月甲申，鈞州地震二十三日乃止。三年，四川地震，凡三百七十五。五月壬申，宣府、大同地震，有聲，威遠、朔州亦震，壞墩臺牆垣，壓傷人。四年八月癸巳，京師地震，有聲。十二月戊戌，湖廣地震。五年十二月丙辰，汝寧、武昌、漢陽、岳州同日地震。六年正月丁亥，河南地震。是年，湖廣亦震。十年四月壬午，鶴慶地震。九月己巳，自寅至申，復十五震，壞廨舍民居，傷人畜。十月丁酉，靈州大沙井驛地震，有聲如雷。自後晝夜屢震，至十一月甲寅，一日十一震，城堞房屋多圮。十二年正月辛亥，南京地震。十月辛巳，京師地震。十三年正月己巳，鳳陽、臨淮地震，有聲。閏二月癸卯，臨洮、鞏昌地震，城有頹者。四月戊戌，甘肅地裂，又震，有聲。榆林、涼州亦震。寧夏大震，聲如雷。城垣崩壞者八十三處。甘州、鞏昌、榆林、涼州及沂州、郯城、滕、費、嶧等縣，同日俱震。九月甲戌，京師地三震。十四年六月，廣西太平府地震，至八月乙巳，凡七震。七月，四川鹽井衛地連震，廨宇傾覆，人畜多死。十六年八月丁巳，四川越巂衛一日七震，越數日連震。十七

年二月甲寅，南京、鳳陽、廬州、淮安、揚州、和州、兗州及河南州縣，同日地震。五月戊戌，直隸薊州遵化縣地震。六月甲辰，又震，日三次。永平府及遼東寧遠衞亦三震。二十年正月庚寅，京師及永平、宣府、遼東皆震。宣府地裂，湧沙出水。天壽山、密雲、古北口、居庸關城垣墩堡多摧，人有壓死者。五月甲寅，代州地七震。九月辛巳，費縣地陷，深二尺，縱橫三丈許。二十一年二月壬申，泰安地震。三月壬午朔，復震，聲如雷，泰山動搖。後四日復微震，癸巳、乙未、庚子連震。閏四月癸未，鞏昌府、固原衞及蘭、河、洮、岷四州，地俱震，有聲。癸巳，薊州遵化縣地震，有聲，越數日復連震，城垣民居有頹仆者。五月壬戌，京師地再震。九月丙辰，廉州、梧州地震，有聲，連震者十六日。十一月丙寅，京師地震。二十二年六月壬辰，漢中府及寧羌衞地裂，或十餘丈，或六七丈。寶雞縣裂三里，濶丈餘。九月辛亥，成都地日七八震，俱有聲。次日，復震。

弘治元年八月壬寅，漢、茂二州地震，仆黃頭等寨碉房三十七戶，人口有壓死者。戊申，宣府葛峪堡地陷深三尺，長百五十步，濶一丈。沙河中湧噒，高一尺，長七十步。十二月辛卯，四川地震，連三日。二年五月庚申，成都地震，連三日，有聲。三年十二月己未，京師地再震。四年六月辛亥，復三震。八月乙卯，南京地震，屋宇皆搖。淮、揚二府同日震。六年三月，寧夏地震，連三年，共二十震。四月甲辰，開封、衞輝、東昌、兗州同日地震，有

聲。七年二月丁丑，曲靖地震，壞房屋，壓死軍民。是歲，兩京並六震。八年三月己亥，寧夏地震十二次，聲如雷，傾倒邊牆、墩臺、房屋，壓傷人。九月甲午至辛丑，安南衞地十二震。十月壬戌至甲子，海州九震。是歲，南京地再震。九年，兩京地震者各二次。十年正月戊午，京師、山西地震。六月乙亥，海豐地震，聲如雷，數日乃止。是歲，眞定、寧夏、榆林、鎭番、靈州、太原皆震。屯留尤甚，如舟將覆，屋瓦皆落。十一年六月丙子，桂林地有聲若雷，旋陷九處，大者圍十七丈，小者七丈或三丈。十三年七月己巳，京師地震。十月戊申，兩京、鳳陽同時地震。十四年正月庚戌朔，延安、慶陽二府，同、華諸州，咸陽、長安諸縣，潼關諸衞，連日地震，有聲如雷。朝邑尤甚，頻震十七日，城垣、民舍多摧，壓死人畜甚衆。縣東地拆，水溢成河。自夏至冬，復七震。是日，陝州、永寧、盧氏二縣，平陽府安邑、滎河二縣，俱震，有聲。蒲州自是日至戊午連震。丁丑，福、興、泉、漳四府地俱震。二月乙未，蒲州地又震，至三月癸亥，凡二十九震。八月癸丑，四川可渡河巡檢司地裂而陷，湧泉數十派，衝壞橋梁、莊舍，壓死人畜甚衆。癸酉，貴州地三震。十月辛酉，南京地震。十五年九月丙戌，南京、徐州、大名、順德、濟南、東昌、兗州同日地震，壞城垣、民舍。濮州尤甚，地裂湧水，壓死百餘人。是日，開封、彰德、平陽、澤、潞亦震。十月甲子，山西應、朔、代三州，山陰、馬邑、陽曲等縣，地俱震，聲如雷。丁卯，南京地震。十六年二月庚申，南京地震。十八

年六月癸亥，寧夏地震，聲如雷，城傾圮。九月癸巳，杭、嘉、紹、寧四府地震，有聲。甲午，南京及蘇、松、常、鎭、淮、揚、寧七府，通、和二州，同日地震。辛丑，蒲、解二州，絳、夏、平陸、滎河、聞喜、芮城、猗氏七縣地俱震，有聲。而安邑、萬全尤甚，民有壓死者。

正德元年二月癸酉至乙亥，郃陽地震者十餘，有聲如雷。四月癸丑，雲南府連日再震。木密關地震如雷凡五，壞城垣、屋舍，壓傷人。八月丁巳，萊州府鰲山衞地震，聲如雷，城垛壞，以後屢震。萊州自九月至十二月，地震四十五，俱有聲如雷。二年九月庚午，雲南府安州、新興州三日連震，搖撼民居，人有死者。四年三月甲寅，廣寧大興堡地陷，長四尺，寬三尺，深四丈餘。五月己亥夜，武昌見碧光如電者六，有聲如雷，已而地震。六年四月乙未，楚雄地三日五震，至明年五月又連震十三日。十月甲辰，大理府鄧川州、劍川州、洱海衞地震。鶴慶、劍川尤甚，壞城垣、房廨，人有壓死者。十一月戊午，京師地震。保定、河間二府及八縣三衞，山東武定州，同日皆震。霸州連三日十九震。七年五月壬子，楚雄府自是日至甲子，地連震，聲如雷。八月己巳，騰衝衞地震兩日，壞城樓、官民廨宇。赤水湧出，田禾盡沒，死傷甚衆。八年十二月戊戌，成都、重慶二府，潼川、邛二州，地俱震。九年六月甲辰，鳳陽府地震有聲。八月乙巳，京師大震。十月壬辰，敘州府，太原府代、平、榆次等十州縣，大同府應州山陰、馬邑二縣，俱地震，有聲。十年五月壬辰，雲南趙州永寧衞地震，

踰月不止，有一日二三十震者。黑氣如霧，地裂水湧，壞城垣、官廨、民居不可勝計，死者數千人，傷倍之。八月丁丑，大理府地震，至九月乙未，復大震四日。十一年八月戊辰，南京地震，武昌府亦震。十二月己未，楚雄、大理二府，蒙化、景東二衞俱震。十二年四月甲子，撫州府及餘干、豐城二縣，泉州府，俱地震。浙江金鄉衞自是日至七月己丑，凡十有五震。六月戊辰，雲南新興州及通海、河西、嶍峩諸縣地震，壞城樓、房屋，民有壓死者。九月己卯，濟、青、登、萊四府地震。是歲，泉州二月至六月，金華二月至七月，皆數震。十三年六月己巳，大理府及趙、鄧川二州，浪穹縣地震。〔三〕是日，蒙化府亦震。十月甲午、十一月癸卯，又震。十四年二月丁丑，京師地震。九月丙午，昌平州、宣府、開平等衞亦震。丙辰，福、興、泉三府地震。十五年三月丙申，安寧、姚安、賓州、蒙化、鶴慶俱地震。蒙化震二日，仆城垣、廬舍，民有壓死者。八月辛酉，景東衞地震，聲如雷。搖仆城牆、廨宇，地多拆裂。乙丑，濟南、東昌、開封地震。

嘉靖二年正月，南京、鳳陽、山東、河南、陝西地震。七月壬申，浙江定海諸衞地震，城堞盡毀。三年正月丙寅朔，兩畿、河南、山東、陝西同時地震。二月辛亥，蘇、常、鎮三府地震。〔四〕是年，南京震者再。四年八月癸卯，徐州、鳳陽一衞三州縣及懷慶、開封二府俱地震，聲如雷。九月壬申，鳳陽、徐州及開封二縣復震。五年四月癸亥，永昌、騰衝、騰越同日

地震。貴州安南衞地震，聲如雷，壞城垣。壬申，復震。六年十月戊辰，京師地震。十二年八月丁酉，京師地震。十五年十月庚寅，京師地震。順天、永平、保定、萬全都司各衞所，俱震，聲如雷。十六年九月癸酉，雲南地震。十八年七月庚寅，楚雄、臨安、廣西地震。十九年四月庚午，洮州、甘肅俱震。二十一年九月甲戌，平陽、固原、寧夏、洮州同日地震，有聲。十一月丁巳，鞏昌、固原、西安、鳳翔地震。二十二年三月乙巳，太原地震，有聲，凡十日。明年三月，復如之。四月庚辰，福、興、泉、漳四府地震。二十三年三月朔，太原地震有聲者十日。二十七年七月戊寅，京師地震，順天、保定二府俱震。八月癸丑，京師復震，登州府及廣寧衞亦震。三十年九月乙未，京師地震，有聲。三十一年二月癸亥，鳳陽府地震，有聲。三月丙戌，山西地震，有聲。三十四年十二月壬寅，山西、陝西、河南同時地震，聲如雷。渭南、華州、朝邑、三原、蒲州等處尤甚。或地裂泉湧，中有魚物，或城郭房屋，陷入地中，或平地突成山阜，或一日數震，或累日震不止。河、渭大泛，華嶽、終南山鳴，河清數日。官吏、軍民壓死八十三萬有奇。三十七年正月庚申，陝西地震。三月丁丑，昌平州地震。五月丁卯，蒲州地連震三日，聲如雷。六月甲申，又震。十月丙午，華州地震，聲如雷。至壬子又震，戊午復大震，傾陷廬舍甚多。三十八年七月辛巳，南京地震，有聲。三十九年四月，嘉興、湖州地震，屋廬搖動如帆。河水撞激，魚皆躍起。四十年二月戊戌，甘肅山丹衞

地震，有聲，壞城堡廬舍。六月壬申，太原、大同、榆林地震，〔五〕寧夏、固原尤甚。城垣、墩臺、府屋皆摧，地湧黑黃沙水，壓死軍民無算，壞廣武、紅寺等城。四十一年正月丙申，京師地震。是歲，寧夏地震，圮邊牆。四十五年正月癸巳，福建福、興、泉三府同日地震。

隆慶二年三月甲寅，陝西慶陽、西安、漢中、寧夏，山西蒲州、安邑，湖廣鄖陽及河南十五州縣，同日地震。戊寅，京師地震。是日，山東登州、四川順義等縣同日震。樂亭地裂三丈餘者二，黑沙水湧出。寧遠城崩。四月癸未，懷慶、南陽、汝寧、寧夏同日地震。乙酉，鳳翔、平涼、西安、慶陽地震，壞城傷人。七月辛酉，陵川地裂三十餘步。三年十一月庚辰，京師地震。四年四月戊戌，京師地震。五年二月丙午，廣西靖江王府及宗室所居、布政司官署，俱地陷。六月辛卯朔，京師地震者三。

萬曆元年八月戊申，荊州地震，至丙寅方止。二年二月癸亥，長汀地震，裂成坑，陷沒民居。三年二月甲戌，湖廣、江西地震。〔六〕五月戊戌朔，襄陽、鄖陽及南陽府屬地震三日。己亥，信陽亦震。六月戊子，福、汀、漳等府及廣東之海陽縣俱地震。九月戊午，京師地震。十月丁卯，又震。己卯，岷州衞地震。己丑至壬午，連百餘震。四年二月庚辰，薊、遼地震。辛巳，又震。五年二月辛巳，騰越地二十餘震，次日復震。山崩水湧，壞廟廡、倉舍千餘間，民居圮者十之七，壓死軍民甚衆。六年二月辛卯，臨桂村田中青烟直上，隨裂地丈餘，鼓聲

轟轟，民居及大樹石皆陷。七年七月戊午，京師地震。八年五月壬午，遵化數震，七日乃止。七月甲午，井坪路地大震，摧城垣數百丈。九年四月己酉，蔚州地震，聲如雷。房屋震裂。大同鎮堡各州縣，同時地震，有聲。十一年二月戊子，承天府地震。十二年二月丁卯，京師地震。五月甲午，又震。十三年二月丁未，淮安、揚州、廬州及上元、江寧、江浦、六合俱地震。江濤沸騰。三月戊寅，山西山陰縣地震，旬有五日乃止。八月己酉，京師地震。十四年四月癸酉，又震。十五年三月壬辰，開封府屬地震者三，彰德、衞輝、懷慶同日震。五月，山西地震。十六年六月庚申，京師地再震。十七年七月己未，杭州、溫州、紹興地震。十八年六月丙子，甘肅臨洮地震，壞城郭、廬舍，壓死人畜無算。八月，福建地屢震。十九年閏三月己巳，昌平州地震。十月戊戌，山丹衞地震，壞城垣。二十三年五月丁酉，京師地震。十二月癸亥，陝西地震，聲若雷。二十四年十一月，福建地震。二十五年正月壬辰朔，四川地震三日。八月己卯，遼陽、廣寧諸衞地震，湧水三日。甲申，京師地震，宣府、薊鎮等處俱震。十二月乙酉，京師地震。二十六年正月丁亥朔，寧夏地震。次日，長樂地陷五丈。八月丁丑，京師地震，有聲。二十七年七月辛未，承天、沔陽、岳州地震。二十八年二月戊寅，京師地震，自艮方西南行，如是者再。三十一年四月丙午，承天府鍾祥縣地震，房屋摧裂。五月戊寅，京師地震。三十二年閏九月庚辰，鞏昌及醴泉地一日十餘震，城郭民居並

中華書局

摧。白陽、吳泉界地裂三丈，溢出黑水，搏激丈餘。三十三年五月辛丑，陸川地震，有聲，壞城垣、府屋，壓死男婦無算。六月庚午，靈川社壇有聲，陷地十餘丈，深丈餘。九月丙申，京師地震者再，自東北向西南行。三十四年六月丙辰，陝西地震。三十五年七月乙卯，松潘、茂州、汶川地震數日。三十六年二月戊辰，京師地震。七月丁酉，又震。三十七年六月辛酉，甘肅地震，紅崖、清水諸堡壓死軍民八百四十餘人，圮邊墩八百七十里，裂東關地。四十年二月乙亥，雲南大理、武定、曲靖地大震，次日又震。緬甸亦震。五月戊戌，雲南大理、曲靖復大震，壞房屋。四十二年九月庚午，山西、河南地震。四十三年二月己卯，揚州地震。狼山寺殿壞塔傾。八月乙亥，楚雄地震如雷，人民驚殞。十月辛酉，京師地震。四十五年五月甲戌，鳳陽府地震。乙亥，復震。八月，濟南地裂者二。四十六年六月壬午，京師地震。九月乙卯，京師地再震，畿輔、山西州縣一十有七及紫荊關，馬水、沿河二口，偏頭、神池同日皆震。四十八年二月庚戌，雲南及肇慶、惠州、荊州、襄陽、承天、沔陽、京山皆地震。

天啟元年四月癸丑，延綏孤山城陷三十五丈，入地二丈七尺。二年二月癸酉，濟南、東昌、河南、海寧地震。三月癸卯，濟南、東昌屬縣八，連震三日，壞民居無數。九月甲寅，平涼、隆德諸縣，鎮戎、平虜諸所，馬剛、雙峰諸堡，地震如翻，壞城垣七千九百餘丈，屋宇萬一

千八百餘區，壓死男婦萬二千餘口。十一月癸卯，陝西地震。三年四月庚申朔，京師地震。十月乙亥，復震。閏十月乙卯，雲南地震。十二月丁未，南畿六府二州俱地震，揚州府尤甚。是月戊戌，京師地又震。四年二月丁酉，薊州、永平、山海地屢震，壞城郭廬舍。甲寅，樂亭地裂，湧黑水，高尺餘。京師地震，宮殿動搖有聲，銅缸之水，騰波震盪。三月丙辰、戊午，又震。庚申，又震者三。六月丁亥，保定地震，壞城郭，傷人畜。八月己酉，陝西地震。十二月癸卯，南京地震。六年六月丙子，京師地震。濟南、東昌及河南一州六縣同日震。天津三衞、宣府、大同俱數十震，死傷慘甚。山西靈丘晝夜數震，月餘方止。城郭、廬舍並摧，壓死人民無算。七月辛未，河南地震。九月甲戌，福建地震。十二月戊辰，寧夏石空寺堡地大震。礌山石殿傾倒，壓死僧人。是年，南京地亦震。七年，寧夏各衞營屯堡，自正月己巳至二月己亥，凡百餘震，大如雷，小如鼓如風，城垣、房屋、邊牆、墩臺悉圮。十月癸丑，南京地震，自西北迄東南，隆隆有聲。

崇禎元年九月丁卯，京師地震。三年九月戊戌，南京地震。四年六月乙丑，臨洮、鞏昌地震，壞廬舍，損民畜。五年四月丁酉，南京、四川地震。十月丁卯，山西地震。十一月甲寅，雲南地震。六年正月丁巳，鎮江地裂數丈。七月戊戌，陝西地震。八年冬，山西地震。九年三月戊辰，福建地震。七月丁未，清江城陷。十年正月丙午，南京地震。七月壬午，雲南地震。十月乙卯，四川地震。十二月，陝西西安及海剌同時地震，數月不止。十一年九月壬戌，遼東地震。十二年二月癸巳，京師地震。十三年十一月戊子，南京地震。十四年三月戊寅，福建地震。四月丙寅，湖廣地震。五月戊子，甘肅地震。六月丙午，福建地震。九月甲午，四川地震。十五年五月丙戌，兩廣地震。七月甲申，山西地震。十六年九月，鳳陽地屢震。十一月丙申，山東地震。明年正月庚寅朔，鳳陽地震。乙卯，南京地震。三月辛卯，廣東地震。

山頹

洪武六年正月壬戌夜，伏羌高山崩。正統八年十一月，浙江紹興山移於平田。是歲，陝西二處山崩。十三年，陝西夏秋霪雨，通渭、平涼、華亭三縣山傾，軍民壓死者八十餘口。天順四年十月，星子山裂。成化八年七月，隴州北山吼三日，裂成溝，長半里，尋復合。十六年四月壬子，巨津州金沙江北岸白石雪山斷裂里許，兩岸山合，山上草木如故。下塞江流，禾黍盡沒。久之其下漸開，水始泄。六月，長樂平地出小阜，人畜踐之輒陷。明年，復湧一高山。十七年十二月辛丑，壽陽縣城南山崩，聲如牛吼。弘治三年六月乙巳，河州山崩地陷。九年六月庚寅，山陰、蕭山二縣同日大雨山崩。十四年閏七月，烏撒軍民府大雨

山崩。十五年八月戊申，宣府合河口石山崩。十八年六月丙子，河州沙子溝夜大雷雨，石岸山崩，〔七〕移七八里，崩處裂爲溝，田廬民畜俱陷。正德元年十二月癸亥，卽墨三表山石崩。四年三月甲寅，遼東東山大家峪山崩二處，約丈餘。五年六月癸巳，秦州山崩，〔八〕傷室廬、禾稼甚衆。龍王溝口山亦崩。六年七月丙寅，夔州獐子溪驟雨，山崩。十三年五月癸亥，雲南黑鹽井山崩，井塞。十五年八月丁丑，雲南趙州大雨，山崩。嘉靖四年七月乙酉，清源賈家山崩。五年四月壬申，貴州歹蘇屯山崩。十九年十二月己巳，峨眉宋皇觀山鳴，震裂，湧泉水八日。二十一年六月乙酉，歸州沙子嶺大雷雨，崖石崩裂，塞江流二里許。二十六年七月癸酉，澄城麻陂山界頭嶺，晝夜吼數日。山忽中斷，移走，東西三里，南北五里。隆慶二年五月庚戌，永寧州山崩。是歲，樂亭地裂三處，俱湧黑沙水。四年八月，湖州山崩，成湖。萬曆二十五年六月，泰山崩。二十七年八月甲午，狄道城東山崩，其下衝成一溝。山南耕地湧出大小山五，高二十餘丈。三十三年八月丙午，鎮江西南華山裂二三尺。三十七年六月辛酉，甘肅南山崩。天啓三年閏十月乙卯，仁壽長山聲震如雷，裂七里，寬三尺，深不可測。崇禎九年十二月，鎮江金雞嶺土山崩。後八年，秦州有二山，相距甚遠，民居其間者數百萬家。一日地震，兩山合，居民並入其中。

雨毛、地生毛

洪武十九年九月丙子，天雨絮。宣德元年七月甲午，地生毛，長尺餘。正統八年，浙江地生白毛。成化十三年四月，甘肅地裂，生白毛。十五年五月，常州地生白毛。十七年四月，南京地生白毛。弘治元年五月丙寅，瀘州長寧縣雨毛。正德十二年四月，金華地生黑白毛，長尺餘。

年饑

洪武二年，湖廣、陝西饑。四年，陝西洊饑。五年，濟南、東昌、萊州大饑，草實樹皮，食爲之盡。六年，蘇州、揚州、眞定、延安饑。七年，北平所屬州縣三十三饑。十五年，河南饑。十九年春，河南饑。夏，青州饑。二十年，山東三府饑。二十三年，湖廣三府、二州饑。二十四年，山東及太原饑，徐、沛民食草實。二十五年，山東洊饑。

永樂元年，北畿、山東、河南及鳳陽、淮安、徐州、上海饑。二年，蘇、松、嘉、湖四府饑。四年，南畿、浙江、陝西、湖廣府州縣衞十四饑。五年，順天、保定、河間饑。十年，山東饑。十二年，直省州縣二十四饑。十三年，順天、青州、開封三府饑。十四年，平陽、大同二府饑。十八年，青、萊二府大饑。時皇太子赴北京，過鄒縣，命亟發官粟以賑。

洪熙元年，北畿饑。山東、河南、湖廣及南畿州縣三十四饑。

宣德元年，直省州縣二十九饑。二年，直省縣十四饑。三年，直省州縣十五饑。六年，直省縣十饑。八年，以水旱告饑者，府州縣七十有六。九年，南畿、山東、浙江、陝西、山西、江西、四川多告饑，湖廣尤甚。十年，揚、徐、滁、南昌大饑。

正統三年春，平涼、鳳翔、西安、鞏昌、漢中、慶陽、兗州七府及南畿三州、二縣，江西、浙江六縣饑。四年，直省州縣衞十八及山西澤州、大同、宣府、偏頭諸關饑。五年，直省十府、一州、二縣饑。陝西大饑。六年，直省州縣二十六饑。八年夏，湖南饑。秋，應天、鎭江、常州三府饑。九年春，蘇州府饑。是歲，雲南、陝西乏食。十年，陝西、山西饑。十二年夏，淮安、岳州、襄陽、荆州、郴州俱洊饑。十三年，寧、紹二府及州縣七饑。

景泰元年，大名、順德、廣平、保定、處州、太原、大同七府饑。二年，大名、廣平又饑。順天、保定、西安、臨洮、太原、大同、解州饑。三年，淮、徐大饑，死者相枕藉。四年，徐州洊饑。河南、山東及鳳陽饑。五年，兩畿十府饑。六年春，兩畿、山東、山西、浙江、江西、湖廣、雲南、貴州饑，蘇、松尤甚。七年，北畿、山東、江西、雲南又饑。河南亦饑。

天順元年，北畿、山東並饑，發瘞胔，斫道樹殆盡。父子或相食。二年，長沙、辰州、永州、常德、岳州五府及銅鼓、五開諸衞饑。四年，湖廣及鎭遠府，都勻、平越諸衞饑。六年，陝西饑。

成化元年，兩畿、浙江、河南饑。二年，南畿饑。四年，兩畿、湖廣、山東、河南無麥。鳳陽及陝西寧夏、甘、涼饑。五年，陝西洊饑。六年，順天、河間、眞定、保定四府饑，食草木殆盡。山西、兩廣、雲南並饑。八年，山東饑。九年，山東又大饑，骼無餘胔。十三年，南畿、山東饑。十四年，北畿、湖廣、河南、山東、陝西、山西饑。十五年，江西饑。十六年，北畿、山東、雲南饑。十八年，南畿、遼東饑。十九年，鳳陽、淮安、揚州三府饑。二十年，陝西饑，道殣相望。畿南及山西平陽饑。二十一年，北畿、山東、河南饑。二十三年，陝西大饑。武功民有殺食宿客者。淮北、山東亦饑。

弘治元年，應天及浙江饑。六年，山東饑。七年，保定、眞定、河間三府饑。八年，蘇、松、廬、湖四府饑。十四年，順天、永平、河間、河南四府饑。遼東大饑。十五年，遼東洊饑。兗州饑。十六年，浙江、山東及南畿四府、三州饑。十七年，淮、揚、廬、鳳洊饑，人相食，且發瘞胔以繼之。十八年，延安諸府饑。

正德三年，廬、鳳、淮、揚四府饑。四年，蘇、松、常、鎭四府饑。五年，山東饑。七年，嘉興、金華、溫、台、寧、紹六府乏食。八年，河間、保定饑。九年春，永平諸府饑，民食草樹殆盡，有闔室死者。秋，關、陝亦饑。十一年，順天、河間饑。河南大饑。十二年春，順天、保

定、永平饑。十三年，蘇、松、廬、鳳、淮、揚六府饑。十四年冬，遼東饑，南畿、淮、揚諸府尤甚。十六年，遼東饑。

嘉靖二年，應天及滁州大饑。三年，湖廣、河南、大名、臨清饑。南畿諸郡大饑，父子相食，道殣相望，臭彌千里。四年，河間、瀋陽、大同三衞饑。五年，順天、保定、河間三府大饑。六年，遼東大饑。八年，眞定、廬、鳳、淮、揚五府，徐、滁、和三州及山東、河南、湖廣、山西、陝西、四川饑，襄陽尤甚。九年，畿內、河南、湖廣、山東、山西大饑。十二年，北畿、山東饑。十五年，湖廣大饑。十七年，北畿饑。河南、鄖陽、襄陽三府饑。二十年，保定、遼東饑。二十一年，順天、永平饑。二十四年，又饑。南畿亦饑。二十五年，順天饑，江西亦饑。二十七年，鞏昌、漢中大饑。三十一年，宣、大二鎭大饑，人相食。三十二年，南畿、廬、鳳、淮、揚、山東、河南、陝西並饑。三十三年，順天及楡林饑。三十六年，遼東大饑，人相食。三十九年，順天、永平饑。四十年，兩畿、山西饑。四十三年，北畿、山東大饑。四十四年，順天饑。四十五年，淮、徐饑。

隆慶元年，蘇、松二府大饑。二年，湖廣饑。

萬曆元年，淮、鳳二府饑，民多爲盜。十年，延安、慶陽、平涼、臨洮、鞏昌大饑。十三年，湖廣饑。十五年七月，黃河以北，民食草木。富平、蒲城、同官諸縣，有以石爲糧者。十

六年，河南饑，民相食。蘇、松、湖三府饑。二十二年，河南大饑，給事中楊明繪饑民圖以進，巡按陳登雲進饑民所食雁糞，帝覽之動容。二十八年，山東及河間饑。二十九年，兩畿饑。阜平縣饑，有食其稚子者。蘇州饑，民毆殺稅使七人。三十七年，山西饑。四十年，南畿洊饑，鳳陽尤甚。四十三年，浙江饑。四十四年，山東饑甚，人相食。河南及淮、徐亦饑。四十五年，北畿民食草木，逃就食者，相望於道。山東屬邑多饑。四十六年，陝西饑。四十八年，湖廣大饑。

崇禎元年，陝西饑，延、鞏民相聚爲盜。二年，山西、陝西饑。五年，淮、揚諸府饑，流殍載道。六年，陝西、山西大饑。淮、揚洊饑，有夫妻雉經於樹及投河者。鹽城教官王明佐至自縊於官署。七年，京師饑，御史龔廷獻繪饑民圖以進。太原大饑，人相食。九年，南陽大饑，有母烹其女者。江西亦饑。十年浙江大饑，父子、兄弟、夫妻相食。十二年，兩畿、山東、山西、陝西、江西饑。河南大饑，人相食，盧氏、嵩、伊陽三縣尤甚。十三年，北畿、山東、河南、陝西、山西、浙江、三吳皆饑。自淮而北至畿南，樹皮食盡，發瘞胔以食。十四年，南畿饑。金壇民於延慶寺近山見人云，此地深入尺餘，其土可食。如言取之，淘磨爲粉粥而食，取者日衆。又長山十里亦出土，堪食，其色青白類茯苓。又石子澗土黃赤，狀如豬肝，俗呼「觀音粉」，食之多腹痛隕墜，卒枕藉以死。是歲，畿南、山東洊饑。德州斗米千錢，父子相食，行人斷絕，大盜滋矣。

黃眚黃祥

正統十一年二月辛酉，有異氣現華蓋殿金頂及奉天殿鴟吻之上。成化九年四月乙亥，兩京雨土。十三年四月戊戌，陝西、甘肅冰厚五尺，間以雜沙，有青紅黃黑四色。弘治十年三月己酉，雨土。十一年四月辛巳，雨土。十七年二月甲辰，鄖陽、均州雨沙。嘉靖元年正月丁卯，雨黃沙。十三年二月己未，雨微土。二十一年，象山雨黃霧，行人口耳皆塞。隆慶元年三月甲寅，南鄭雨土。萬曆二十五年二月癸亥，湖州雨黃沙。四十六年三月庚午，暮刻，雨土，濛濛如霧如霰，入夜不止。四十七年二月甲戌，從未至酉，塵沙漲天，其色赤黃。四十八年，山東省城及泰安、肥城皆雨土。崇禎十二年二月壬申，濬縣有黑黃雲起，旋分爲二，頃之四塞。狂風大作，黃埃漲天，間以青白氣。五步之外，不辨人踪，至昏始定。十四年正月壬寅，黃埃漲天。

校勘記

〔一〕正統四年七月蘇松常鎭四府大風　常，原作「長」，據明史稿志六五行志改。

〔二〕十四年九月癸卯京師地震十八年六月丙午北京地震　原脫「京師地震」。按永樂十四年京師在南京，十八年九月丁亥才下詔於明年改北京爲京師。太宗實錄卷一〇二、國榷卷一六頁一一三四都作十四年九月癸卯「京師地震」，據補。

〔三〕浪穹縣地震　浪穹，原作「浪窮」，據本書卷四六地理志、武宗實錄卷一六三改。

〔四〕二月辛亥蘇常鎭三府地震　原脫「二月」。辛亥，原作「辛巳」，繫於正月下。按正月是丙寅朔，不得有辛亥日。據世宗實錄卷三六及國榷卷五三頁三三二九六補改。

〔五〕六月壬申太原大同楡林地震　壬申，原作「壬午」，據世宗實錄卷四九八、國榷卷六三頁三九六二改。

〔六〕三年二月甲戌湖廣江西地震　二月，原作「正月」，據明史稿志六五行志、神宗實錄卷三五改。是年正月辛丑朔，不得有甲戌日。

〔七〕十八年六月丙子河州沙子溝夜大雷雨石岸山崩　石岸山，明史稿志六五行志、武宗實錄卷二作「石崖山」。

〔八〕五年六月癸巳秦州山崩　癸巳，明史稿志六五行志、武宗實錄卷六四作「乙未」。

二十四史

明史

清 張廷玉等撰

第三册

卷三一至卷三九（志）

中華書局

明史卷三十一

志第七

曆一

後世法勝於古，而屢改益密者，惟曆爲最著。唐志謂天爲動物，久則差忒，不得不屢變其法以求之。此說似矣，而不然也。易曰：「天地之道，貞觀者也。」蓋天行至健，確然有常，本無古今之異。其歲差盈縮遲疾諸行，古無而今有者，因其數甚微，積久始著。古人不覺，而後人知之，而非天行之忒也。使天果久動而差忒，則必差參凌替而無典要，安從修改而使之益密哉？觀傳志所書，歲失其次、日度失行之事，不見於近代，亦可見矣。夫天之行度多端，而人之智力有限，持尋尺之儀表，仰測穹蒼，安能洞悉無遺。惟合古今人之心思，踵事增修，庶幾符合。故不能爲一成不易之法也。

黃帝迄秦，曆凡六改。漢凡四改。魏迄隋，十五改。唐迄五代，十五改。宋十七改。金

迄元，五改。惟明之大統曆，實即元之授時，承用二百七十餘年，未嘗改憲。成化以後，交食往往不驗，議改曆者紛紛。如俞正己、冷守中不知妄作者無論已，而華湘、周濂、李之藻、邢雲路之倫頗有所見。鄭世子載堉撰律曆融通，進聖壽萬年曆，其說本之南都御史何瑭，深得授時之意，而能補其不逮。臺官泥於舊聞，當事憚於改作，並格而不行。崇禎中，議用西洋新法，命閣臣徐光啓、光祿卿李天經先後董其事，成曆書一百三十餘卷，多發古人所未發。時布衣魏文魁上疏排之，詔立兩局推驗。累年校測，新法獨密，然亦未及頒行。由是觀之，曆固未有行之久而不差者，烏可不隨時修改，以求合天哉。

今采各家論說，有裨於曆法者，著於篇端。而大統曆則述立法之原，以補元志之未備。回回曆始終隸於欽天監，與大統參用，亦附錄焉。

曆法沿革

吳元年十一月乙未冬至，太史院使劉基率其屬高翼上戊申大統曆。太祖諭曰：「古者季冬頒曆，太遲。今於冬至，亦未善。宜以十月朔，著爲令。」洪武元年改院爲司天監，又置回回司天監。詔徵元太史院使張佑、回回司天太監黑的兒等共十四人，尋召回回司天臺官鄭阿里等十一人至京，議曆法。三年改監爲欽天，設四科：曰天文，曰漏刻，曰大統曆，曰回

回曆。以監令、少監統之。歲造大統民曆、御覽月令曆、七政躔度曆、六壬遁甲曆、四季天象占驗曆、御覽天象錄，各以時上。其日月交食分秒時刻、起復方位，先期以聞。十年三月，帝與羣臣論天與七政之行，皆以蔡氏左旋之說對。帝曰：「朕自起兵以來，仰觀乾象，天左旋，七政右旋，曆家之論，確然不易。爾等猶守蔡氏之說，豈所謂格物致知之學乎？」十五年九月，詔翰林李翀、吳伯宗譯回回曆書。

十七年閏十月，漏刻博士元統言：「曆以大統爲名，而積分猶踵授時之數，非所以重始敬正也。況授時以至元辛巳爲曆元，至洪武甲子積一百四年，年遠數盈，漸差天度，合修改。七政運行不齊，其理深奧。聞有郭伯玉者，精明九數之理，宜徵令推算，以成一代之制。」報可。擢統爲監令。統乃取授時曆，去其歲實消長之說，析其條例，得四卷，以洪武十七年甲子爲曆元，命曰大統曆法通軌。二十二年改監令、丞爲監正、副。二十六年，監副李德芳言：「監正統改作洪武甲子曆元，不用消長之法，以考魯獻公十五年戊寅歲天正冬至，比辛巳爲元，差四日半強。今當復用辛巳爲元及消長之法。」疏入，元統奏辨。太祖曰：「二說皆難憑，但驗七政交會行度無差者爲是。」自是大統曆元以洪武甲子，而推算仍依授時法。三十一年罷回回欽天監，其回回曆科仍舊。

永樂遷都順天，仍用應天冬夏晝夜時刻，至正統十四年始改用順天之數。其冬，景帝

卽位，天文生馬軾奏，晝夜時刻不宜改。下廷臣集議。監正許惇等言：「前監正彭德清測驗得北京北極出地四十度，比南京高七度有奇，冬至晝三十八刻，夏至晝六十二刻。奏準改入大統曆，永爲定式。軾言誕妄，不足聽。」帝曰：「太陽出入度數，當用四方之中。今京師在堯幽都之地，寧可爲準。此後造曆，仍用洪、永舊制。」

景泰元年正月辛卯，卯正三刻月食。監官誤推辰初初刻，致失救護。下法司，論徒。詔宥之。成化十年，以監官多不職，擢雲南提學童軒爲太常寺少卿，掌監事。十五年十一月戊戌望，月食，監推又誤，帝以天象微渺，不之罪也。十七年，眞定教諭俞正己上改曆議，詔禮部及軒參考。尚書周洪謨等言：「正己止據皇極經世書及歷代天文、曆志推算氣朔，又以己意創爲八十七年約法，每月大小相間。輕率狂妄，宜正其罪。」遂下正己詔獄。十九年，天文生張陞上言改曆。欽天監謂祖制不可變，陞說遂寢。弘治中，月食屢不應，日食亦舛。

正德十二、三年，連推日食起復，皆弗合。於是漏刻博士朱裕上言：「至元辛巳距今二百三十七年，歲久不能無差，若不量加損益，恐愈久愈舛。乞簡大臣總理其事，令本監官生半推古法，半推新法，兩相交驗，回回科推驗西域九執曆法。仍遣官至各省，候土圭以測節氣早晚。往復參較，則交食可正，而七政可齊。」部覆言：「裕及監官曆學未必皆精，今十月望月食，中官正周濂等所推算，與古法及裕所奏不同，請至期考驗。」既而濂等言：「日躔歲退之差一分五十秒。今正德乙亥，距至元辛巳二百三十五年，赤道歲差，當退天三度五十二分五十秒。不經改正，推步豈能有合。臣參詳較驗，得正德丙子歲前天正冬至氣應二十七日四百七十五分，命得辛卯日丑初初刻，日躔赤道箕宿六度四十七分五十秒，黃道箕宿五度九十六分四十三秒爲曆元。其氣閏轉交四應，倂周天黃赤道，諸類立成，悉從歲差，隨時改正。望敕禮臣倂監正董其事。」部奏：「古法未可輕變，請仍舊法。別選精通曆學者，同濂等以新法參驗，更爲奏請。」從之。

十五年，禮部員外郎鄭善夫言：「日月交食，日食最爲難測。蓋月食分數，但論距交遠近，別無四時加減，且月小闇虛大，八方所見皆同。若日爲月所掩，則日大而月小，日上而月下，日遠而月近。日行有四時之異，月行有九道之分。故南北殊觀，時刻亦異。必須據地定表，因時求合。如正德九年八月辛卯日食，曆官報食八分六十七秒，而閩、廣之地，遂至食既。時刻分秒，安得而同？今宜按交食以更曆元，時刻分秒，必使奇零剖析詳盡。不然，積以歲月，躔離朓朒，又不合矣。」不報。十六年以南京戶科給事中樂護、工部主事華湘通曆法，俱擢光祿少卿，管監事。

嘉靖二年，湘言：「古今善治曆者三家，漢太初以鍾律，唐大衍以蓍策，元授時以晷景爲近。欲正曆而不登臺測景，皆空言臆見也。望許臣暫罷朝參，督中官正周濂等，及冬至前

詣觀象臺，晝夜推測，日記月書，至來年冬至，以驗二十四氣、分至合朔、日躔月離、黃赤二道、昏旦中星、七政四餘之度，視元辛巳所測，離合何如，差次錄聞。更敕禮部延訪精通理數者徵赴京師，令詳定歲差，以成一代之制。」下禮部集議，而護謂曆不可改，與湘頗異。禮部言：「湘欲自行測候，不爲無識。請二臣各盡所見，窮極異同，以協天道。」從之。

七年，欽天監奏：「閏十月朔，回回曆推日食二分四十七秒，大統曆推不食。」已而不食。十九年三月癸巳朔，臺官言日當食，已而不食。帝喜，以爲天眷，然實由推步之疏也。隆慶三年，掌監事順天府丞周相刊大統曆法，其曆原歷敍古今諸曆異同。萬曆十二年十一月癸酉朔，大統曆推日食九十二秒，回回曆推不食，已而回回曆驗。禮科給事中侯先春因言：「邇年月食在酉而曰戌，月食將既而曰未九分，差舛甚矣。回回曆科推算日月交食，五星凌犯，最爲精密，何妨纂入大統曆中，以備考驗。」詔可。二十年五月甲戌夜月食，監官推算差一日。

二十三年，鄭世子載堉進聖壽萬年曆、律曆融通二書。疏略曰：「高皇帝革命時，元曆未久，氣朔未差，故不改作，但討論潤色而已。積年既久，氣朔漸差。後漢志言『三百年斗曆改憲』。今以萬曆爲元，而九年辛巳歲適當『斗曆改憲』之期，又協『乾元用九』之義，曆元正在是矣。臣嘗取大統與授時二曆較之，考古則氣差三日，推今則時差九刻。夫差雖九刻，

中華書局

處夜半之際，所差便隔一日。節氣差天一日，則置閏差一月。閏差一月，則時差一季。時差一季，則歲差一年。其失豈小小哉？蓋因授時減分太峻，失之先天；大統不減，失之後天。因和會兩家，酌取中數，立爲新率，編撰成書，大旨出於許衡，而與衡曆不同。黃鍾乃律曆本原，而舊曆罕言之。新法則以步律呂爻象爲首。堯時冬至日躔宿次，何承天推在須、女十度左右，一行推在女、虛間，元人曆議亦云在女、虛之交。而授時曆考之，乃在牛宿二度。大統曆考之，乃在危宿一度。相差二十六度，皆不與堯典合。新法上考堯元年甲辰歲，夏至午中，日在柳宿十二度左右，冬至午中，日在女宿十度左右，心昴昏中，各去午正不逾半次，與承天、一行二家之說合。此皆與舊曆不同之大者，其餘詳見曆議。望敕大臣名儒參訂採用。」

其法首曰步發斂。取嘉靖甲寅歲爲曆元，元紀四千五百六十，期實千四百六十一，節氣歲差一秒七十五忽，歲周氣策無定率，各隨歲差求而用之。律應卽氣應五十五日六十刻八十九分，律總旬周六十日。次曰步朔閏。朔望弦策與授時同，閏應十九日三十六刻十九分。次曰步日躔。日平行一度，躔周卽天周三百六十五度二十五分，躔中半之，象策又半之，辰策十二分躔周之一。黃、赤道歲差，盈初縮末限，縮初盈末限，俱與授時同，周應二百三十八度二十二分三十九秒。按授時求日度法，以周應加積度，命起虛七，其周應爲自虛七度至箕十度之數。

萬年曆法以周應減積度，命起角初，其周應爲箕十度至角初度之數，當爲二百八十六度四十五分。今數不合，似誤。次曰步晷漏。北極出地度分，冬、夏至中晷恒數，併二至晝夜長短刻數，俱以京師爲準。參以岳臺，以見隨處里差之數。次曰步月離。月平行、轉周、轉中，與授時同。離周卽遲疾限三百三十六限十六分六十秒，離中半之，離象又半之。轉差一日九十七刻六十分。轉應七日五十刻三十四分。次曰步交道。正交、中交與授時同。距交十四度六十六分六十六秒。交周、交中、交差，與授時同。交應二十日四十七刻三十四分。次曰步交食。日食交外限六度，定法六十一，交內限八度，定法八十一。月食限定法與授時同。次曰步五緯。合應：土星二百六十二日三千二十六分，木星三百一十日一千八百三十七分，火星三百四十三日五千一百七十六分，金星二百三日八千三百四十七分，水星九十一日七千六百二十八分。曆應：土星八千六百四日五千三百三十八分，木星四千一十八日六千七十三分，火星三百一十四日四十九分，金星六十日一千九百七十五分，水星二百五十三日七千四百九十七分。〔一〕周率、度率及晨夕伏見度，俱與授時同。

其議歲餘也，曰：「陰陽消長之理，以漸而積，未有不從秒起。授時考古，於百年之際頓加一分，於理未安。假如魯隱公三年辛酉歲，下距至元辛巳二千年，以授時本法算之，於歲實當加二十分，得庚午日六刻，爲其年天正冬至。次年壬戌歲，下距至元辛巳一千九百九十九年，本法當加十九分，得乙亥日五十刻四十四分，爲其年天正冬至。兩冬至相減，得相距三百六十五日四十四刻四十四分，則是歲餘九分日之四，非四分日之一也。曆法之謬，莫甚於此。新法酌量，設若每年增損二秒，推而上之，則失昭公己丑，增損一秒至一秒半，則失僖公辛亥。今約取中數，其法置定距自相乘，七因八歸，所得百，約之爲分，得一秒七十五忽，則辛亥、己丑皆得矣。」

其議日躔也，曰：「古曆見於六經，灼然可考者莫如日躔及中星。而推步家鮮有達者，蓋由不知夏時、周正之異也。大抵夏曆以節氣爲主，周曆以中氣爲主。何承天以正月甲子夜半合朔雨水爲上元，進乖夏朔，退非周正。故近代推月令、小正者，皆不與古合。嘗以新法歲差，上考堯典中星，則所謂四仲月，蓋自節氣之始至於中氣之終，三十日內之中星耳。後世執著於二分二至，是亦誤矣。」

其議候極也，曰：「自漢至齊、梁，皆謂紐星卽不動處。惟祖暅之測知紐星去極一度有餘。自唐至宋，又測紐星去極三度有餘。元志從三度，蓋未有定說也。新法不測紐星，以日景驗之，於正方案上，周天度內權指一度爲北極，自此度右旋，數至六十七度四十一分，以爲夏至日躔所在。復至一百一十五度二十一分，爲冬至日躔所在。左旋，數亦如之。四處幷中心共五處，各識一鍼。於二至日午中，將案直立向南取景，使三鍼景合，然後縣繩界取

中線，又取方十字界之，視橫界上距極度分，卽極出地度分也。」

其議晷景也，曰：「何承天立表測景，始知自漢以來，冬至皆後天三日。然則推步晷景，乃治曆之要也。授時曆亦憑晷景爲本，而曆經不載推步晷景之術，是爲缺略。今用北極出地度數，兼弧矢二術以求之，庶盡其原。又隨地形高下，立差以盡變，前此所未有也。」又曰：「授時曆議據前漢志魯獻公十五年戊寅歲正月甲寅朔旦冬至，引用爲首。夫獻公十五年下距隱公元年己未，歲百六十一年，其非春秋時明矣。而元志乃云『自春秋獻公以來』，又云『昭公冬至，乃日度失行之驗』，誤矣。夫獻公甲寅冬至，別無所據，惟劉歆三統曆言之。豈左傳不足信，而歆乃可信乎？太初元年冬至在辛酉，歆乃以爲甲子，差天三日，尙不能知，而能逆知上下數百年乎？故凡春秋前後千載之間，氣朔交食，長曆、大衍所推近是，劉歆、班固所說全非也。」又曰：「大衍曆議謂宋元嘉十三年十一月甲戌，景長爲日度變行，授時曆議亦云，竊以爲過矣。苟日度失行，當如歲差，漸漸而移。今歲既不合，來歲豈能復合耶？蓋前人所測，或未密耳。夫冬至之景一丈有餘，表高晷長，則景虛而淡，或設望筩、副表、景符之類以求實景。然望筩或一低昂，副表、景符或一前却，所據之表或稍有傾欹，圭面或稍有斜側，二至前後數日之景，進退只在毫釐之間，要亦難辨。況委託之人，未知當否。九服之遠，既非目擊，所報晷景，寧足信乎？」

中華書局

其議漏刻也，曰：「日月帶食出入，五星晨昏伏見，曆家設法悉因晷漏爲準。而晷漏則隨地勢南北，辰極高下爲異焉。元人都燕，其授時曆七曜出沒之早晏，四時晝夜之永短，皆準大都晷漏。國初都金陵，大統曆晷漏改從南京，冬夏至相差三刻有奇。今推交食分秒，南北東西等差及五星定伏定見，皆因元人舊法，而獨改其漏刻，是以互相舛誤也。故新法晷漏，照依元舊。」

其議日食也，曰：「日道與月道相交處有二，若正會於交，則食既，若但在交前後相近者，則食而不既。此天之交限也。又有人之交限，假令中國食既，戴日之下，所虧纔半，化外之地，則交而不食。易地反觀，亦如之。何則？日如大赤丸，月如小黑丸，共縣一線，日上而月下，卽其下正望之，黑丸必掩赤丸，似食之既；及旁觀有遠近之差，則食數有多寡矣。春分已後，日行赤道北畔，交外偏多，交內偏少。秋分已後，日行赤道南畔，交外偏少，交內偏多。是故有南北差。冬至已後，日行黃道東畔，午前偏多，午後偏少。夏至已後，日行黃道西畔，午前偏少，午後偏多。是故有東西差。日中仰視則高，旦暮平視則低。是故有距午差。食於中前見早，食於中後見遲。是故有時差。凡此諸差，唯日有之，月則無也。故推交食，惟日頗難。欲推九服之變，必各據其處，考晷景之短長，揆辰極之高下，庶幾得之。曆經推定之數，徒以燕都所見者言之耳。舊云：『月行內道，食多有驗。月行外道，食多不驗。』

又云：『天之交限，雖係內道，若在人之交限之外，類同外道，日亦不食。』此說似矣，而未盡也。假若夏至前後，日食於寅卯酉戌之間，人向東北、西北觀之，則外道食分反多於內道矣。日體大於月，月不能盡掩之，或遇食既，〔三〕而日光四溢，形如金環，故日無食十分之理。雖既，亦止九分八十秒。授時曆日食，陽曆限六度，定法六十，陰曆限八度，定法八十。各置其限度，如其定法而一，皆得十分。今於其定法下，各加一數以除限度，則得九分八十餘秒也。」

其議月食也，曰：「暗虛者，景也。景之蔽月，無早晚高卑之異，四時九服之殊。譬如懸一黑丸於暗室，其左燃燭，其右懸一白丸，若燭光爲黑丸所蔽，則白丸不受其光矣。人在四旁觀之，所見無不同也。故月食無時差之說。自紀元曆妄立時差，授時因之，誤矣。」

其議五緯也，曰：「古法推步五緯，不知變數之加減。北齊張子信仰觀歲久，知五緯有盈縮之變，當加減以求逐日之躔。蓋五緯出入黃道內外，各自有其道，視日遠近爲遲疾，其變數之加減，如里路之徑直斜曲也。宋人有言曰：『五星行度，惟留退之際最多差。自內而進者，其退必向外，自外而進者，其退必由內。其迹如循柳葉，兩末銳於中間，往還之道相去甚遠。故星行兩末度稍遲，以其斜行故也。中間行度稍速，以其徑捷故也。』前代修曆，止增損舊法而已，未嘗實考天度。其法須測驗每夜昏曉夜半，月及五星所在度秒，置簿錄之。滿五年，其間去陰雲晝見日數外，可得三年實行，然後可以算術綴之也。」

書上，禮部尚書范謙奏：「歲差之法，自虞喜以來，代有差法之議，竟無畫一之規。所以求之者，大約有三：考月令之中星，測二至之日景，驗交食之分秒。考以衡管，測以臬表，驗以漏刻，斯亦俛得之矣。曆家以周天三百六十五度四分度之一，紀七政之行，又析度爲百分，分爲百秒，可謂密矣。然渾象之體，徑僅數尺，布周天度，每度不及指許，安所置分秒哉？至於臬表之樹不過數尺，刻漏之籌不越數寸。以天之高且廣也，而以尺寸之物求之，欲其纖微不爽，不亦難乎？故方其差在分秒之間，無可驗者，至踰一度，乃可以管窺耳。此所以窮古今之智巧，不能盡其變歟？卽如世子言，以大統、授時二曆相較，考古則氣差三日，推今則時差九刻。夫時差九刻，在亥子之間則移一日，在晦朔之交則移一月，此可驗之於近也。設移而前，則生明在二日之昏，設移而後，則生明在四日之夕矣。今似未至此也。其書應發欽天監參訂測驗。世子留心曆學，博通今古，宜賜敕獎諭。」從之。

河南僉事邢雲路上書言：「治曆之要，無踰觀象、測景、候時、籌策四事。今丙申年日至，臣測得乙未日未正一刻，而大統推在申正二刻，相差九刻。且今年立春、夏至、立冬皆適直子半之交。臣推立春乙亥，而大統推丙子；夏至壬辰，而大統推癸巳；立冬己酉，而大統推庚戌。相隔皆一日。若或直元日於子半，則當退履端於月窮，而朝賀大禮在月正二日

矣。豈細故耶？閏八月朔，日食，大統推初虧巳正二刻，食幾既，而臣候初虧巳正一刻，食止七分餘。大統實後天幾二刻，則閏應及轉應、交應，各宜增損之矣。」欽天監見雲路疏，甚惡之。監正張應候奏詆，謂其僭妄惑世。禮部尚書范謙乃言：「曆爲國家大事，士夫所當講求，非曆士之所得私。律例所禁，乃妄言妖祥者耳。監官拘守成法，不能修改合天。幸有其人，所當和衷共事，不宜妬忌。乞以雲路提督欽天監事，督率官屬，精心測候，以成鉅典。」議上，不報。

三十八年，監推十一月壬寅朔日食分秒及虧圓之候，職方郎范守己疏駁其誤。禮官因請博求知曆學者，令與監官晝夜推測，庶幾曆法靡差。於是五官正周子愚言：「大西洋歸化遠臣龐迪峩、熊三拔等，攜有彼國曆法，多中國典籍所未備者。乞視洪武中譯西域曆法例，取知曆儒臣率同監官，將諸書盡譯，以補典籍之缺。」先是，大西洋人利瑪竇進貢土物，而迪峩、三拔及龍華民、鄧玉函、湯若望等先後至，俱精究天文曆法。禮部因奏：「精通曆法，如雲路、守己爲時所推，請改授京卿，共理曆事。翰林院檢討徐光啓、南京工部員外郎李之藻亦皆精心曆理，可與迪峩、三拔等同譯西洋法，俾雲路等參訂修改。然曆法疏密，莫顯於交食，欲議修曆，必重測驗。乞敕所司修治儀器，以便從事。」疏入，留中。未幾雲路、之藻皆召至京，參預曆事。雲路據其所學，之藻則以西法爲宗。

二十四史 中華書局

四十一年，之藻已改銜南京太僕少卿，奏上西洋曆法，略言臺監推算日月交食時刻虧分之謬。而力薦迪峩、三拔及華民、陽瑪諾等，言：「其所論天文曆數，有中國昔賢所未及者，不徒論其度數，又能明其所以然之理。其所製窺天、窺日之器，種種精絕。今迪峩等年齡向衰，乞敕禮部開局，取其曆法，譯出成書。」禮科姚永濟亦以爲言。時庶務因循，未暇開局也。

四十四年，雲路獻七政眞數，言：「步曆之法，必以兩交相對。兩交正，而中間時刻分秒之度數，一一可按。日月之交食，五星之淩犯，皆日月五星之相交也。兩交相對，互相發明，七政之能事畢矣。」天啓元年春，雲路復詳述古今日月交食數事，以明授時之疏，證新法之密。章下禮部。四月壬申朔日食，雲路所推食分時刻，與欽天監所推互異。自言新法至密，至期考驗，皆與天不合。雲路又嘗論大統宮度交界，當以歲差考定，不當仍用授時三百年前所測之數。又月建非關斗杓所指，斗杓有歲差，而月建無改移。皆篤論也。

崇禎二年五月乙酉朔日食，禮部侍郎徐光啓依西法預推，順天府見食二分有奇，瓊州食既，大寧以北不食。大統、回回所推，順天食分時刻，與光啓互異。已而光啓法驗，餘皆疏。帝切責監官。時五官正戈豐年等言：「大統乃國初所定，實卽郭守敬授時曆也，二百六十年毫未增損。自至元十八年造曆，越十八年爲大德三年八月，已當食不食，六年六月又

食而失推。是時守敬方知院事，亦付之無可奈何，況斤斤守法者哉？今若循舊，向後不能無差。」於是禮部奏開局修改。乃以光啓督修曆法。光啓言：「近世言曆諸家，大都宗郭守敬法，至若歲差環轉，歲實參差，天有緯度，地有經度，列宿有本行，月五星有本輪，日月有眞會、視會，皆古所未聞，惟西曆有之。而舍此數法，則交食淩犯，終無密合之理。宜取其法參互考訂，使與大統法會同歸一。」

已而光啓上曆法修正十事：其一，議歲差，每歲東行漸長漸短之數，以正古來百年、五十年、六十年多寡互異之說。其二，議歲實小餘，昔多今少，漸次改易，及日景長短歲歲不同之因，以定冬至，以正氣朔。其三，每日測驗日行經度，以定盈縮加減眞率，東西南北高下之差，以步日躔。其四，夜測月行經緯度數，以定交轉遲疾眞率，東西南北高下之差，以步月離。其五，密測列宿經緯行度，以定七政盈縮、遲疾、順逆、違離、遠近之數。其六，密測五星經緯行度，以定小輪行度遲疾、留逆、伏見之數，東西南北高下之差，以推步淩犯。其七，推變黃道、赤道廣狹度數，密測二道距度，及月五星各道與黃道相距之度，以定交轉。其八，議日月去交遠近及眞會、視會之因，以定距午時差之眞率，以正交食。其九，測日行，考知二極出入地度數，以定周天緯度，以齊七政。因月食考知東西相距地輪經度，以定交食時刻。其十，依唐、元法，隨地測驗二極出入地度數，地輪經緯，以求晝夜晨昏永短，以正

交食有無、先後、多寡之數。因舉南京太僕少卿李之藻、西洋人龍華民、鄧玉函。報可。九月癸卯開曆局。三年，玉函卒，又徵西洋人湯若望、羅雅谷譯書演算。光啓進本部尙書，仍督修曆法。

時巡按四川御史馬如蛟薦資縣諸生冷守中精曆學，以所呈曆書送局。光啓力駁其謬，幷預推次年四月四川月食時刻，令其臨時比測。四年正月，光啓進曆書二十四卷。夏四月戊午，夜望月食，光啓預推分秒時刻方位。奏言：「日食隨地不同，則用地緯度算其食分多少，用地經度算其加時早晏。月食分秒，海內並同，止用地經度推求先後時刻。臣從輿地圖約略推步，開載各布政司月食初虧度分，蓋食分多少既天下皆同，則餘率可以類推，不若日食之經緯各殊，必須詳備也。又月體一十五分，則盡入闇虛亦十五分止耳。今推二十六分六十秒者，蓋闇虛體大於月，若食時去交稍遠，卽月體不能全入闇虛，止從月體論其分數。是夕之食，極近於交，故月入闇虛十五分方爲食既，更進一十一分有奇，乃得生光，故爲二十六分有奇。如回回曆推十八分四十七秒，略同此法也。」已而四川報冷守中所推月食實差二時，而新法密合。

光啓又進曆書二十一卷。冬十月辛丑朔日食，新法預推順天見食二分一十二秒，應天以南不食，大漠以北食既，例以京師見食不及三分，不救護。光啓言：

月食在夜，加時早晚，苦無定據。惟日食按晷定時，無可遷就。故曆法疏密，此爲的證。臣等纂輯新法，漸次就緒，而向後交食爲期尙遠，此時不與監臣共見，至成曆後，將何徵信？且是食之必當測候，更有說焉。

舊法食在正中，則無時差。今此食既在日中，而新法仍有時差者，蓋以七政運行皆依黃道，不由赤道。舊法所謂中乃赤道之午中，非黃道之正中也。黃赤二道之中，獨冬夏至加時正午，乃得同度。今十月朔去冬至度數尙遠，兩中之差，二十三度有奇，豈可因加時近午，不加不減乎？適際此日，又值此時，足可驗時差之正術，一也。

本方之地經度，未得眞率，則加時難定，其法必從交食時測驗數次，乃可較勘畫一。今此食依新術測候，其加時刻分，或前後未合，當取從前所記地經度分，斟酌改定，此可以求里差之眞率，二也。

時差一法，但知中無加減，而不知中分黃赤，今一經目見，人人知加時之因黃道，因此推彼，他術皆然，足以知學習之甚易，三也。

卽分數甚少，亦宜詳加測候，以求顯驗。

帝是其言。至期，光啓率監臣預點日晷，調壺漏，用測高儀器測食甚日晷高度。又於密室中斜開一隙，置窺筩、遠鏡以測虧圓，畫日體分數圖板以定食分，其時刻、高度悉合，惟食甚

分數未及二分。於是光啓言：「今食甚之度分密合，則經度里差已無煩更定矣。獨食分未合，原推者蓋因太陽光大，能減月魄，必食及四五分以上，乃得與原推相合。然此測，用密室窺筩，故能得此分數，倘止憑目力，或水盆照映，則眩耀不定，恐少尙不止此也。」

時有滿城布衣魏文魁，著曆元、曆測二書，令其子象乾進曆元於朝，通政司送局考驗。光啓摘當極論者七事：其一，歲實自漢以來，代有減差，至授時減爲二十四分二十五秒。依郭法百年消一，今當爲二十一秒有奇。而曆元用趙知微三十六秒，翻覆驟加。其一，弧背求弦矢，宜用密率。今曆測中猶用徑一圍三之法，不合弧矢眞數。其一，盈縮之限，不在冬夏至，宜在冬夏至後六度。今考日躔，春分迄夏至，夏至迄秋分，此兩限中，日時刻分不等。又立春迄立夏，立秋迄立冬，此兩限中，日時刻分亦不等。測量可見。其一，言太陰最高得疾，最低得遲，且以圭表測而得之，非也。太陰遲疾是入轉內事，表測高下是入交內事，豈容混推。而月行轉周之上，又復左旋，所以最高向西行極遲，最低向東行乃極疾，舊法正相反。其一，言日食正午無時差，非也。時差言距，非距赤道之午中，乃距黃道限東西各九十度之中也。黃道限之中，有距午前後二十餘度者，但依午正加減，焉能必合。其一，言交食定限，陰曆八度、陽曆六度，非也。日食，陰曆當十七度，陽曆當八度。月食則陰陽曆俱十二度。其一，曆測云：「宋文帝元嘉六年十一月己丑朔，日食不盡如鉤，晝星

見。今以授時推之，止食六分九十六秒，郭曆舛矣。」夫月食天下皆同，日食九服各異。南宋都於金陵，郭曆造於燕地，北極出地差八度，時在十一月則食差當得二分弱，其云「不盡如鉤」，當在九分左右。郭曆推得七分弱，乃密合，非舛也。本局今定日食分數，首言交，次言地，次言時，一不可闕。已而文魁反覆論難，光啓更申前說，著爲學曆小辨。

其論歲實小餘及日食變差尤明晰。曰：「歲實小餘，自漢迄元漸次消減。今新法定用歲實，更減於元。不知者必謂不惟先天，更先大統。乃以推壬申冬至，大統得己亥寅正一刻，而新法得辰初一刻十八分。何也？蓋正歲年與步月離相似，冬至無定率，與定朔、定望無定率一也。朔望無定率，宜以平朔望加減之，冬至無定率，宜以平年加減之。故新法之平冬至，雖在大統前，而定冬至恒在大統後也。」又曰：「宋仁宗天聖二年甲子歲，五月丁亥朔，曆官推當食不食，諸曆推算皆云當食。夫於法則實當食，而於時則實不食。今當何以解之？蓋日食有變差一法，月在陰曆，距交十度强，於法當食。而獨此日此地之南北差，變爲東西差，故論天行，則地心與日月相參直，實不失食。而從人目所見，則日月相距近變爲遠，實不得食。顧獨汴京爲然，若從汴以東數千里，則漸見食，至東北萬餘里外，則全見食也。夫變差時時不同，或多變爲少，或少變爲多，或有變爲無，或無變爲有。推曆之難，全在此等。」未幾，光啓入內閣。

五年九月十五日，月食，監推初虧在卯初一刻，光啓等推在卯初三刻，回回科推在辰初初刻。三法異同，致奉詰問。至期測候，陰雲不見，無可徵驗。光啓具陳三法不同之故，言：

時刻之加減，由於盈縮、遲疾兩差。而盈縮差，舊法起冬夏至，新法起最高，最高有行分，惟宋紹興間與夏至同度。郭守敬後此百年，去離一度有奇，故未覺。今最高在夏至後六度。此兩法之盈縮差所以不同也。遲疾差，舊法只用一轉周，新法謂之自行輪。自行之外，又有兩次輪。此兩法之遲疾差所以不同也。至於回回曆又異者，或由於四應，或由於里差，臣實未曉其故。總之，三家俱依本法推步，不能變法遷就也。

將來有宜講求者二端：一曰食分多寡。日食時，陽晶晃耀，每先食而後見。月食時，游氣紛侵，每先見而後食。其差至一分以上。今欲灼見實分，有近造窺筩，日食時，於密室中取其光景，映照尺素之上，初虧至復圓，分數眞確，畫然不爽。月食用以仰觀二體離合之際，鄞鄂著明。與目測迥異。此定分法也。一曰加時早晚。定時之術，壺漏爲古法，輪鍾爲新法，然不若求端於日星，晝則用日，夜則任用一星。皆以儀器測取經緯度數，推算得之。此定時法也。二法既立，則諸術之疏密，毫末莫遁矣。

古今月食，諸史不載。日食，自漢至隋，凡二百九十三，而食於晦者七十七，晦前一日者三，初二日者三，其疏如此。唐至五代凡一百一十，而食於晦者一，初二日者一，初三日者一，稍密矣。宋凡一百四十八，無晦食者，更密矣，猶有推食而不食者十三。元凡四十五，亦無晦食，猶有推食而不食者一，食而失推者一，夜食而書晝者一。至加時差至四五刻者，當其時已然。可知高遠無窮之事，必積時累世，乃稍見其端倪。故漢至今千七百歲，立法者十有三家，而守敬爲最優，尙不能無數刻之差，而況於沿習舊法者，何能責其精密哉？

是年，光啓又進曆書三十卷。明年冬十月，光啓以病辭曆務，以山東參政李天經代之。逾月而光啓卒。[三] 七年，魏文魁上言，曆官所推交食節氣皆非是。於是命文魁入京測驗。是時言曆者四家，大統、回回外，別立西洋爲西局，文魁爲東局。言人人殊，紛若聚訟焉。天經繕進曆書凡二十九卷，幷星屏一具，俱故輔光啓督率西人所造也。天經預推五星凌犯會合行度，言：「閏八月二十四，木犯積尸氣。九月初四昏初，火土同度。初七卯正，金土同度。十一昏初，金火同度。舊法推火土同度，在初七，是後天三日。金火同度在初三，是先天八日。」而文魁則言，天經所報，木星犯積尸不合。天經又言：「臣於閏八月二十五日夜及九月初一日夜，同禮臣陳六韐等，用窺管測，見積尸爲數十小星團聚，木與積尸，共納

二十四史

中華書局

管中。蓋窺管圓徑寸許，兩星相距三十分內者，方得同見。如觜宿三星相距三十七分，則不能同見。而文魁但據臆算，未經實測。據云初二日木星已在柳前，則前此豈能越鬼宿而飛渡乎？」天經又推木星退行、順行，兩經鬼宿，其度分晷刻，已而皆驗，於是文魁說絀。

天經又進曆書三十二卷，幷日晷、星晷、窺筩諸儀器。八年四月，又上乙亥丙子七政行度曆及參訂曆法條議二十六則。

其七政公說之議七：一曰諸曜之應宜改。蓋日月五星平行起算之根則爲應，乃某曜某日某時躔某宮次之數。今新法改定諸應，悉從崇禎元年戊辰前，冬至後，己卯日子正爲始。二曰測諸曜行度，應用黃道儀。蓋太陽由黃道行，月星各有本道，出入黃道內外，不行赤道。若用赤道儀測之，所得經緯度分，須通以黃、赤通率表，不如用黃道儀，卽得七政之本度爲便也。三曰諸方七政行度，隨地不等。蓋日月東西見食，其時各有先後，旣無庸疑矣。則太陽之躔二十四節氣，與月五星之掩食淩犯，安得不與交食同一理乎？故新法立成諸表，雖以順天府爲主，而推算諸方行度，亦皆各有本法。四曰諸曜加減分，用平、立、定三差法，尙不足。蓋加減平行以求自行，乃曆家要務。第天實圓體，與平行異類，舊所用三差法，俱從句股平行定者，於天體未合。卽各盈縮損益之數，未得其眞。今新法加減諸表，乃以圓齊圓，始可合天。五曰隨時隨地可求諸曜之經度。舊法欲得某日某曜經度，必先推各曜冬

至日所行宮度宿次，後乃以各段日度比算始得。今法不拘時日方所，只簡本表推步卽是。六曰徑一圍三，非弧矢眞法。蓋古曆家以直線測圓形，名曰弧矢法，而算用徑一圍三，謬也。今立割圓八線表，其用簡而大。弧矢等線，但乘除一次，便能得之。七曰球上三角三弧形，非句股可盡。蓋古法測天以句股爲本，然句股能御直角，不能御斜角。且天爲圓球，其面上與諸道相割生多三弧形，句股不足以盡之。

恆星之議四：一曰恆星本行，卽所謂歲差，從黃道極起算。蓋各星距赤極度分，古今不同。其距赤道內外也，亦古今不同。而距黃極或距黃道內外，則皆終古如一，所以知日月五星俱依黃道行。其恆星本行，應從黃極起算，以爲歲差之率。二曰古今各宿度不同。蓋恆星以黃道極爲極，故各宿距星行度，與赤道極時近時遠。行漸近極，卽赤道所出過距星線漸密，其本宿赤道弧則較小。漸遠極，卽過距星線漸疏，其本宿赤道弧則較大。此緣二道二極不同，非距星有異行，亦非距星有易位也。如觜宿距星，漢測距參二度，唐測一度，宋崇寧測半度，元郭守敬測五分。今測之，不啻無分，且侵入參宿二十四分，非一證乎？三曰夜中測星定時。蓋太陽依赤道左行，每十五度爲一小時。今任測一星距子午圈前後度分，又以本星經行與太陽經行相加減，得太陽距子午圈度分，因以變爲眞時刻。四曰宋時所定十二宮次，在某宿度，今不能定於某宿度。蓋因恆星有本行，宿度已右移故也。

太陽之議四：一曰太陽盈縮之限，非冬、夏二至，所謂最高及最高衝也。此限年年右行，今已過二至後六度有奇。二曰以圭表測冬夏二至，非法之善。蓋二至前後，太陽南北之行度甚微，計一丈之表，其一日之影差不過一分三十秒，則一秒得六刻有奇。若測差二三秒，卽差幾二十刻，安所得準乎？今法獨用春、秋二分，蓋以此時太陽一日南北行二十四分，一日之景差一寸二分，卽測差一二秒，算不滿一刻，較二至爲最密。三曰日出入分，應從順天府起算。蓋諸方北極出地不同，晨昏時刻亦因以異。今依順天府改定。四曰平節氣，非上天眞節氣。蓋舊法氣策，乃歲周二十四分之一。然太陽之行，有盈有縮，不得平分。如以平分，則春分後天二日，秋分先天二日矣。今悉改定。

太陰之議四：一曰朔望之外，別有損益分，一加減不足以盡之。蓋舊定太陰平行，算朔望加減，大率五度有奇，然兩弦時多寡不一，卽授時亦言朔望外，平行數不定，明其理未著其法。今於加減外，再用一加減，名爲二三均數。二曰緯度不能定於五度，時多時寡。古今曆家以交食分數及交泛等，測定黃白二道相距約五度。然朔望外兩道距度，有損有益，大距計五度三分度之一。若一月有兩食，其弦時用儀求距黃道度五度，未能合天。三曰交行有損益分。蓋羅睺、計都卽正交、中交行度，古今爲平行。今細測之，月有時在交上，以

平求之，必不合算。因設一加減，爲交行均數。四曰天行無紫氣。舊謂生於閏餘，又爲木之餘氣。今細考諸曜，無象可明，知爲妄增。

交食之議四：一曰日月景徑分恆不一。蓋日月有時行最高，有時行最卑，因相距有遠近，見有大小。又因遠近得太陰過景，時有厚薄，所以徑分不能爲一。二曰日食午正非中限，乃以黃道九十度限爲中限。蓋南北東西差俱依黃道，則時差安得不從黃道論其初末以求中限乎？且黃道出地平上，兩象限自有其高，亦自有其中。此理未明，或宜加反減，宜減反加，凡加時不合者由此也。三曰日食初虧復圓，時刻多寡恆不等，非二時折半之說。蓋視差能變實行爲視行，則以視差較食甚前後，鮮有不參差者。夫視差旣食甚前後不一，又安能令視行前後一乎？今以視行推變時刻，則初虧復圓，其不能相等也明矣。四曰諸方各依地經推算時刻及日食分。蓋地面上東西見日月出沒，各有前後不同，卽所得時刻亦不同。故見食雖一而時刻異，此日月食皆一理。若日食則因視差隨地不一，卽太陰視距不一，所見食分亦異焉。

五緯之議三：一曰五星應用太陽視行，不得以段目定之。蓋五星皆以太陽爲主，與太陽合則疾行，衝則退行。且太陽之行有遲疾，則五星合伏日數，時寡時多，自不可以段目定其度分。二曰五星應加緯行。蓋五星出入黃道，各有定距度。又木、土、火三星衝太陽緯

大，合太陽緯小。金、水二星順伏緯小，逆伏緯大。三曰測五星，當用恒星爲準則。蓋測星用黃道儀外，宜用弧矢等儀。以所測緯星視距二恒星若干度分，依法布算，方得本星眞經緯度分。或繪圖亦可免算。

是時新法書器俱完，屢測交食凌犯俱密合，但魏文魁等多方阻撓，內官實左右之。以故帝意不能決，諭天經同監局虛心詳究，務祈畫一。是年，天經推水星伏見及木星所在之度，皆與大統各殊，而新法爲合。又推八月二十七日寅正二刻，木、火、月三曜同在張六度，而大統推木在張四度，火、月張三度。至期，果同在張六度。九年正月十五日辛酉，曉望月食。天經及大統、回回、東局，各預推虧圓食甚分秒時刻。天經恐至期雲掩難見，乃按里差，推河南、山西所見時刻，奏遣官分行測驗。其日，天經與羅雅谷、湯若望、大理評事王應遴、禮臣李焻及監局守登、文魁等赴臺測驗，惟天經所推獨合。已而，河南所報盡合原推，山西則食時雲掩無從考驗。

帝以測驗月食，新法爲近，但十五日雨水，而天經以十三日爲雨水，令再奏明。天經覆言：

論節氣有二法：一爲平節氣，一爲定節氣。平節氣者，以一歲之實，二十四平分之，每得一十五日有奇，爲一節氣。故從歲前冬至起算，必越六十日八十七刻有奇爲

雨水。舊法所推十五日子正二刻者此也。定節氣者，以三百六十爲周天度，而亦以二十四平分之，每得一十五度爲一節氣。從歲前冬至起算，歷五十九日二刻有奇，而太陽行滿六十度爲雨水。新法所推十三日卯初二刻八分者此也。太陽之行有盈有縮，非用法加減之，必不合天，安得平分歲實爲節氣乎？以春分證之，其理更明。分者，黃赤相交之點，太陽行至此，乃晝夜平分。舊法於二月十四日下，註晝五十刻、夜五十刻是也。夫十四日晝夜已平分，則新法推十四日春分者爲合天，而舊法推十六日者，後天二日矣。知春分，則秋分及各節氣可知，而無疑於雨水矣。

已而天經於春分屆期，每午赴臺測午正太陽高度。二月十四日高五十度八分，十五日高五十度三十三分。天經乃言：

京師北極出地三十九度五十五分，則赤道應高五十度五分，春分日太陽正當赤道上，其午正高度與赤道高度等，過此則太陽高度必漸多。今置十四日所測高度，加以地半徑差二分，較赤道已多五分。蓋原推春分在卯正二刻五分弱，是時每日緯行二十四分弱，時差二十一刻五分，則緯行應加五分强。至十五日，并地半徑較赤道高度已多至三十分，況十六日乎？是春分當在十四，不當在十六也。秋分亦然。

又出節氣圖曰：

內規分三百六十五度四分度之一者，日度也。外規分三百六十度者，天度也。自冬至起算，越九十一日三十一刻六分，而始歷春分者，日爲之限也，乃在天則已踰二度餘矣。又越二百七十三日九十三刻，一十九分，而卽交秋分者，亦日爲之限也，乃在天不及二度餘。豈非舊法春分每後天二日，秋分先天二日耶？

十年正月辛丑朔，日食，天經等預推京師見食一分一十秒，應天及各省分秒各殊，惟雲南、太原則不見食。其初虧、食甚、復圓時刻亦各異。大統推食一分六十三秒，回回推食三分七十秒，東局所推止游氣侵光三十餘秒。而食時推驗，惟天經爲密。時將廢大統，用新法，於是管理另局曆務代州知州郭正中言：「中曆必不可盡廢，西曆必不可專行。四曆各有短長，當參合諸家，兼收西法。」十一年正月，乃詔仍行大統曆，如交食經緯，晦朔弦望，因年遠有差者，旁求參考新法與回回科並存。是年，進天經光祿寺卿，仍管曆務。十四年十二月，天經言：「大統置閏，但論月無中氣，新法尤視合朔後先。今所進十五年新曆，其十月、十二月中氣，適交次月合朔時刻之前，所以月內雖無中氣，而實非閏月。蓋氣在朔前，則此氣尚屬前月之晦也。至十六年第二月止有驚蟄一節，而春分中氣，交第三月合朔之後，則第二月爲閏正月，第三月爲二月無疑。」時帝已深知西法之密。迨十六年三月乙丑朔日食，測又獨驗。八月，詔西法果密，卽改爲大統曆法，通行天下。未幾國變，竟未施行。本朝用爲時憲曆。

按明制，曆官皆世業，成、弘間尚能建修改之議，萬曆以後則皆專己守殘而已。其非曆官而知曆者，鄭世子而外，唐順之、周述學、陳壤、袁黃、雷宗皆有著述。唐順之未有成書，其議論散見周述學之曆宗通議、曆宗中經。袁黃著曆法新書，其天地人三元，則本之陳壤。而雷宗亦著合璧連珠曆法，皆會通回回曆以入授時，雖不能如鄭世子之精微，其於中西曆理，亦有所發明。邢雲路古今律曆考，或言本出魏文魁手，文魁學本膚淺，無怪其所疏授時，皆不得其旨也。

西洋人之來中土者，皆自稱甌羅巴人，其曆法與回回同，而加精密。嘗考前代，遠國之人言曆法者多在西域，而東南北無聞。唐之九執曆，元之萬年曆，及洪武間所譯回回曆，皆西域也。蓋堯命羲、和仲叔分宅四方，羲仲、羲叔、和叔則以嵎夷、南交、朔方爲限，獨和仲但曰「宅西」，而不限以地，豈非當時聲教之西被者遠哉。至於周末，疇人子弟分散。西域、天方諸國，接壤西陲，非若東南有大海之阻，又無極北嚴寒之畏，則抱書器而西征，勢固便也。甌羅巴在回回西，其風俗相類，而好奇喜新競勝之習過之。故其曆法與回回同源，而世世增修，遂非回回所及，亦其好勝之俗爲之也。羲、和既失其守，古籍之可見者，僅有周髀。而西人渾蓋通憲之器，寒熱五帶之說，地圓之理，正方之法，皆不能出周髀範圍，亦可知其源流之所自矣。

夫旁搜博採以續千百年之墜緒，亦禮失求野之意也，故備論之。

校勘記

〔一〕水星二百五十三日七千四百九十七分　原脫「星」字，據明史稿卷七曆志補。按上文亦作「水星」。

〔二〕或遇食既　食既，原作「日既」，據明史稿志七曆志改。與下文說「日食雖既」相應。

〔三〕明年冬十月光啓以病辭曆務至逾月而光啓卒　冬十月，當作「九月」。志文謂光啓「十月」辭，「逾月」卒，則其卒月爲十一月，與本書卷二五一徐光啓傳及懷宗實錄卷六謂其卒於十月不合。按徐驥文定公行實稱光啓九月二十九日最後疏亂，十月初七日卒。

明史卷三十二

志第八

曆二

大統曆法一上 法原

造曆者各有本原，史宜備錄，使後世有以考。如太初之起數鍾律，大衍之造端蓍策，皆詳本志。授時曆以測驗算術爲宗，惟求合天，不牽合律呂、卦爻。然其法之所以立，數之所從出，以及晷影、星度，皆有全書。郭守敬、齊履謙傳中，有書名可考。元史漫無采摭，僅存李謙之議錄，曆經之初稿。其後改三應率及立成之數，與夫割圓弧矢之法，平立定三差之原，盡削不載。使作者精意湮沒，識者憾焉。今據大統曆通軌及曆草諸書，稍爲編次，首法原，次立成，次推步。而法原之目七：曰句股測望，曰弧矢割圓，曰黃赤道差，曰黃赤道內外度，曰白道交周，曰日月五星平立定三差，曰里差刻漏。

句股測望

北京立四丈表，冬至日午正，測得景長七丈九尺八寸五分。隨以簡儀測到太陽南至地平二十六度四十六分半，爲半弧背。求得矢度，五度九十一分半。置周天半徑，截矢餘五十四度九十六分爲股，乃本地去戴日下之度。以弦股別句術，求得句二十六度一十七分六十六秒，爲日出地半弧弦。

北京立四丈表，夏至日午正，測得景長一丈一尺七寸一分。隨以簡儀測到太陽南至地平七十四度二十六分半，爲半弧背。求得矢度，四十三度七十四分少。置周天半徑，截矢餘一十七度一十三分二十五秒爲句，乃本地去戴日下之度。以句弦別股術，求得股五十八度四十五分半，爲日出地半弧弦。

以二至日度相併，得一百度七十三分，折半得五十度三十六分半，爲北京赤道出地度。以赤道出地度轉減周天四之一，餘四十度九十四分九十三秒七十五微，爲北京北極出地度。

弧矢割圓

中華書局

周天徑一百二十一度七十五分少。少不用。　半徑六十〇度八十七分半。又爲黃赤道大弦。　二至黃赤道內外半弧背二十四度。所測就整。　二至黃赤道弧矢四度八十四分八十二秒。　黃赤道大句二十三度八十分七十秒。　黃赤道大股五十六度〇二分六十八秒。半徑內減去矢度之數。

割圓求矢術　置半弧背度自之，爲半弧背冪，周天徑自之，爲上廉。　上廉乘半弧背冪，爲正實。　上廉乘徑，爲益從方。　半弧背倍之，乘徑，爲下廉。　以初商乘上廉，得數以減益從方，餘爲從方。　置初商自之以減下廉，餘以初商乘之，爲從廉。　從方、從廉相並，爲下法。　下法乘初商，以減正實，實不足減，改初商。　實有不盡，次第商除之。　倍初商數，與次商相並以乘上廉，得數以減益從方，餘爲從方。　并初商次商而自之，又以初商自之，並二數以減下廉，餘以初商倍數並次商乘之，爲從廉。　從方、從廉相並，爲下法。　下法乘次商，以減餘實，而定次商。　有不盡者，如法商之，皆以商得數爲矢度之數。黃赤道同用。

如以半弧背一度求矢度。　術曰：置半弧背一度自之，得一度，爲半弧背冪。　置周天徑一百二十一度太自之，得一萬四千八百二十三度〇六分二十五秒，爲上廉。　上廉乘半弧背冪，得一萬四千八百二十三度〇六分二十五，爲正實。　上廉又乘徑，得一百八十〇萬四千七百〇七度八十五分九十三秒七五，爲益從方。　半弧背一度倍之，得二度，以乘徑得二

百四十三度五十分，爲下廉。　初商八十秒。　置初商八十秒乘上廉一萬四千八百二十三度〇六二五，得一百一十八度五八四五，以減益從方一百八十〇萬四千七百〇七度八五九三七五，餘一百八十〇萬四千五百八十九度二七四八七五，爲從方。　又置初商八十秒自之，得六十四微，以減下廉，餘二百四十三度四九九九三六。　仍以八十秒乘之，得一度九四七九九九四八八，爲從廉。　以從廉、從方並之，共得一百八十〇萬四千五百九十一度二二二八七四四八八，爲下法。　下法乘初商，得一萬四千四百三十六度七十二分九七八二九九五九〇四，以減正實，餘實三百八十六度三十三分二七一七〇〇四〇九六。　次商二秒。　置初商八十秒倍之，得一分六十秒。　加次商二秒，得一分六十二秒，乘上廉一萬四千八百二十三度〇六二五，得二百四十〇度一三三六一二五，以減益從方，餘一百八十〇萬四千四百六十七度七二五七六二五，爲從方。　又置初次商八十二秒自之，得六十七微。　加初商八十秒自之之數，得一秒三十一微，以減下廉，餘二百四十三度四九九八六九。　以前所得一分六十二秒乘之，得三度九十四分四六九七八七七八，爲從廉。　以從廉、從方並，得一百八十〇萬四千四百七十一度六十七分〇四六〇三七七八，爲下法。　下法乘次商，得三百六十〇度八九四三三四〇九二〇七五五六，以減餘實，仍餘二十五度四三八三八二九一一二〇二〇四四。不足一秒棄不用，下同。

凡求得矢度八十二秒，餘度各如上法，求到矢度，以爲黃赤相求及其內外度之根。數詳後。

黃赤道差

求黃道各度下赤道積度術。　置周天半徑內減去黃道矢度，餘爲黃赤道小弦。　置黃赤道小弦，以黃赤道大股乘之大股見割圓爲實。　黃赤道大弦半徑爲法。　實如法而一，爲黃赤道小股。　置黃道矢自乘爲實，以周天全徑爲法，實如法而一，爲黃道半背弦差。　以差去減黃道積度，即黃道半弧背。　餘爲黃道半弧弦。　置黃道半弧弦自之爲股冪，黃赤道小股自之爲句冪，二冪並之，以開平方法除之，爲赤道小弦。　置黃道半弧弦，以周天半徑亦爲赤道大弦乘之爲實，以赤道小弦爲法而一，爲赤道半弧弦。　置黃赤道小股，亦爲赤道橫小句。　以赤道大弦即半徑乘之爲實，以赤道小弦爲法而一，爲赤道橫大句，以減半徑，餘爲赤道橫弧矢。　橫弧矢自之爲實，以全徑爲法而一，爲赤道半背弦差。　以差加赤道半弧弦，爲赤道積度。

如黃道半弧背一度，求赤道積度。　術曰：置半徑六十〇度八十七分五十秒，即黃赤道大弦。　內減黃道矢八十二秒餘六十〇度八六六八，爲黃赤道小弦。　置黃赤道小弦，以黃赤道大股五十六度〇二六八乘之，得三千四百一十〇度一七二〇三〇二四爲實，以黃赤道大弦

六十〇度八七五爲法，實如法而一，得五十六度〇一分九十二秒，爲黃赤道小股。又爲赤道小句。　置矢度八十二秒自之，得六十七微，以全徑一百二十一度七五爲法，除之得五十五纖，爲黃道半背弦差。　置黃道半弧背一度，內減黃道半背弦差，餘爲半弧弦，因差在微以下不減，即用一度爲半弧弦。　置黃道半弧弦一度自之，得一度爲股冪。　黃赤道小股五十六度〇一九二自之，得三千一百三十八度一五〇七六八六四爲句冪。　二冪並得三千一百三十九度一五〇七六八六四爲弦實，平方開之，得五十六度〇二八一，爲赤道小弦。　置黃道半弧弦一度，以半徑即赤道大弦乘之，得六十〇度八七五爲實，以赤道小弦五十六度〇二八一爲法除之，得一度〇八分六十五秒，爲赤道半弧弦。　置黃赤道小股五十六度〇一九二，又爲赤道小句。　以赤道大弦半徑六十〇度八七五乘之，得三千四百一十〇度一六八八爲實，以赤道小弦爲法除之，得六十〇度八十六分五十三秒，爲赤道橫大句。　置半徑六十〇度八十七分五十秒，內減赤道大句六十〇度八十六分五十三秒，餘九十七秒，爲赤道橫弧矢。　置赤道橫弧矢九十七秒自之，得九十四微〇九，以全徑爲法除之，得七十七纖，爲赤道背弦差。　置赤道半弧弦一度〇八分六十五秒，加赤道背弦差，爲赤道積度，今差在微已下不加，即用半弧弦爲積度。

凡求得赤道積度一度〇八分六十五秒。　餘度各如上法，求到各黃道度下赤道積度，兩

數相減，卽得黃赤道差，乃至後之率。其分後，以赤道度求黃道，反此求之，其數並同。

黃赤道相求弧矢諸率立成上

至後黃分後赤道積度	黃道矢度	黃道矢差	黃道半弧弦，又爲赤道小股	黃赤道小股，又爲赤道小句	赤道小弦
十度十分	十度十分十秒	十度十分十秒	十度十分十秒	十度十分十秒	十度十分十秒
初					
一	八二	○二四六	一○○○○	五六○一九二	五六○二八一
二	○三二八	○四一一	二○○○○	五五九九六六	○三二三
三	○七三九	○五七六	二九九九九	九五八八	○三九一
四	一三一五	○七四一	三九九九九	九○五八	○四八七
五	二○五六	○九○七	四九九九七	八三七六	○六一○
六	二九六三	一○七三	五九九九三	七五四一	○七五九
七	四○三六	一二四○	六九九八七	六五五三	○九三六

十度十分	十度十分十秒	十度十分十秒	十度十分十秒	十度十分十秒	十度十分十秒
八	五二七六	一四○八	七九九七七	五四一二	一一四○
九	六六八四	一五七六	八九九六三	四一一六	一三七一
一○	八二六○	一七四五	九九九四四	二六六六	一六三○
一	一○○○五	一九一六	一○九九一八	一○六○	一九一五
二	一九二一	二○八七	一一九八八三	五四九二九六	二二二六
三	四○○八	二二五八	一二九八三九	七三七五	二五六五
四	六二六六	二四三○	一三九七八三	五二九七	二九二八
五	八六九六	二六○五	一四九七一三	三○六一	三三二○
六	二一三○一	二七七九	一五九六二八	○六六三	三七三五
七	四○八○	二九五五	一六九五二四	五三八一○六	四一七八
八	七○三五	三一三○	一七九四○○	五三八九	四六四四

九	三○一六五	三三○七	一八九二五三	二五○五	五一三五
二○	三四七二	三四八五	一九九○八○	五二九四六二	五六五二
一	六九五七	三六六三	二○八八七八	六二五四	六一九二
二	四○六二○	三八四二	二一八六四五	二八八二	六七五六
三	四四六二	四○二○	二二八三七六	五一九二四七	七三四二
四	八四八二	四二○○	二三八○七○	五六四七	七九五二
五	五二六八二	四三七九	二四七七二一	一七八一	八五八二
六	七○六一	四五五九	二五七三二六	五○七七五一	九二三四
七	六一六二○	四七三八	二六六八八一	三五五五	九九○六
八	六三五八	四九一七	二七六三八二	四九九二九九	五七○五九九
九	七一二七五	五○九五	二八五八二八	四六六九	一三一○
三○	六三七○	五二七三	二九五二一○	四八九九八○	二○三九

十度十分	十度十分十秒	十度十分十秒	十度十分十秒	十度十分十秒	十度十分十秒
三一	八一六四三	五四五○	三○四五三五	五一二七	二七八六
二	七○九三	五六二六	三一三七六○	○一一一	三五四九
三	九二七一九	五八○一	三二二九三九	四七四五三三	四三二六
四	八五二○	五九七四	三三二○二八	四六九五九四	五一一八
五	一○四四九四	六一四五	三四一○三二	四○九六	五九二三
六	一一○六三九	六三一四	九九四六	四五八四四○	六七四○
七	六九五三	六四八一	三五八七六六	二六二九	七五六九
八	一二三四三四	六六四七	三六七四八六	四四六六六四	八四○七
九	一三○八一	六八○八	三七六一○二	○五四七	九二五二
四○	六八八九	六九六七	三八四六○九	四三四二八二	五八○一○七
一	一四三八五六	七一二四	三九三○○三	四二七八六九	○九六七

二十四史

二	一五〇九八〇	七二七六	四〇一二六七	一三一二	一八三一
三	八二五六	七四二六	九四二九	四一四六一六	二六九九
四	一六五六八二	七五七一	四一七四五四	四〇七七八二	三五六九
五	一七三二五三	七七一二	四二五三四六	〇八二二	四四四〇
六	一八〇九六五	七八五〇	四三三一〇二	三九三七一五	五三一一
七	一八八一五	七九八四	四四〇七一八	三八六四九〇	六一八〇
八	一九六七九九	八一一二	八一八九	三七九一四三	七〇四五
九	二〇四九一一	八二三七	四五五一三	三七一六七六	七九〇七
五〇	二一三一四八	八三五七	四六二六八四	三六四〇九五	八七六三
一	二二一五〇五	八四七二	九七〇一	三五六四〇四	九六一二
二	九九七七	八五八三	四七六五五九	三四八六〇七	五九〇四五三
三	二三八五六〇	八六八八	四八三二五六	〇七〇七	一二八五

十度十分	十度十分十秒	十度十分十秒	十度十分十秒	十度十分十秒	十度十分十秒
五四	二四七二四八	八七八九	九七八九	三三二七一一	二一〇六
五	二五六〇三七	八八八五	四九六一五六	三二四六二二	二九一七
六	二六四九二二	八九七七	五〇二三五四	三一六四四五	三七一四
七	二七三八九九	九〇六三	八三八二	三〇八一八三	四四九九
八	八二九六二	九一四四	五一四二三六	二九九八四一	五二六七
九	二九二一〇六	九二二二	九九一七	一四二六	六〇二二
六〇	三〇一三二八	九二九四	五二五四二二	二八二九三八	六七六〇
一	三一〇六二二	九三六一	五三〇七五一	二七四三八四	七四八一
二	九九八三	九四二六	五九〇二	二六五七六九	八一八四
三	三二九四〇九	九四八五	五四〇八七五	二五七〇九四	八八六八
四	三三八八九四	九五三八	五六六八	二四八三六四	九五三二

五	三四八四三二	九五九〇	五五〇二八四	二三九五八六	六〇〇一七八
六	三五八〇二二	九六三八	四七一九	〇七五九	〇八〇二
七	三六七六六〇	九六八一	八九七四	二二一八八九	一四〇四
八	三七七三四一	九七一九	五六三〇五〇	二一二九七九	一九八四
九	三八七〇六〇	九七五六	六九四八	二〇四〇三四	二五四四
七〇	三九六八一六	九七八九	五七〇六六七	一九五〇五五	三〇八一
一	四〇六六〇五	九八一八	四二〇七	一八六〇四六	三五九五
二	四一六四二三	九八四五	七五七〇	一七七〇二〇	四〇八六
三	四二六二六八	九八六八	五八〇七五六	一六七九四九	四五五三
四	四三六一三六	九八九一	三七六六	一五八八七六	四九九七
五	四四六〇二七	九九一〇	六六〇〇	一四九七六三	五四一六
六	四五五九三七	九九二五	九二五八	〇六四三	五八一〇

十度十分	十度十分十秒	十度十分十秒	十度十分十秒	十度十分十秒	十度十分十秒
七七	四六五八六二	九九四〇	五九一七四四	一三一五〇八	六一八一
八	四七五八〇二	九九五二	四〇五六	一二二三五九	六五二六
九	四八五七五四	九九六二	六一九六	一一三二〇〇	六八四七
八〇	四九五七一六	九九七二	八一六五	一〇四〇三二	七一四四
一	五〇五六八八	九九七九	九九六三	〇九四八五四	七四一五
二	五一五六六七	九九八四	六〇一五九二	〇八五六七〇	七六六一
三	五二五六五一	九九八九	三〇五二	〇七六四八一	七八八二
四	五三五六四〇	九九九三	四三四五	〇六七二八七	八〇七九
五	五四五六三三	九九九六	五四七〇	〇五八〇九〇	八二五〇
六	五五五六二九	九九九七	六四一八	〇四八八九〇	六〇八三九五
七	五六五六二六	九九九九	七二二二	〇三九六一九	八五一八

中華書局

八	五七五六二五	一〇〇〇〇	七八四九	〇三〇四八七	八六一三
九	五八五六二五	〇〇〇〇	八三一一	〇二一二八三	八六八三
九〇	五九五六二五	〇〇〇〇	八六〇九	〇一二〇七九	八七二九
一	六〇五六二五	〇三一二五	八七四二	〇〇二八七六	八七四九
一三一	八七五〇	〇〇〇〇	八七五〇	〇〇〇〇	八七五〇

黃赤相求弧矢諸率立成下

至後黃分後赤道積度	赤道半弧弦	赤道矢度	至後赤分後黃道積度	度率	黃赤道差
十度十分	十度十分十秒	十度十分十秒	十度十分十秒	十度十分十秒	十度十分十秒
初				一〇八六五	
一	一〇八六五	九七	一〇八六五	〇八六一	〇八六五
二	二一七二八	〇三八八	二一七二八	〇八六〇	一七二八

十度十分	十度十分十秒	十度十分十秒	十度十分十秒	十度十分十秒	十度十分十秒
三	三二五八七	〇八七五	三二五八八	〇八五七	二五八八
四	四三四四三	一五五三	四三四四五	〇八四九	三四四五
五	五四二九〇	二四二五	五四二九四	〇八四三	四二九四
六	六五一二七	三四九四	六五一三七	〇八三三	五一三七
七	七五九五二	四七五七	七五九七〇	〇八二三	五九七〇
八	八六七六二	六二一四	八六七九三	〇八一二	六七九三
九	九七五五五	七八一四	九七六〇五	〇八〇一	七六〇五
一〇	一〇八三二九	九七一六	一〇八四〇六	〇七八六	八四〇六
一	一一九〇六九	一一七六〇	一一九一一二	〇七七二	九一九二
二	一二九八〇三	四〇〇〇	一二九九六四	〇七五五	九九六四
三	一四〇四九八	六四三五	一四〇七一九	〇七四〇	一〇七一九

四	一五一一六一	九〇六七	一五一四五九	〇七二〇	一四五九
五	一六一七九六	二一八九三	一六二一七九	〇七〇四	二一七九
六	一七二三七四	四九一五	一七二八八三	〇六八四	二八八三
七	一八二九一七	八一三二	一八三五六七	〇六六三	三五六七
八	一九三四一三	三一五四四	一九四二三〇	〇六四二	四二三〇
九	二〇三八五八	五一五〇	二〇四八七二	〇六二二	四八七二
二〇	二一四二四八	八九四八	二一五四九四	〇五九九	五四九一
一	二二四五七八	四二九四八	二二六〇九三	〇五七五	六〇九三
二	二三四八四五	七一二四	二三六六六八	〇五五四	六六六八
三	二四五〇四四	五一四九八	二四七二二二	〇五三〇	七二二二
四	二五五一七一	六〇六一	二五七七五二	〇五〇六	七七五二
五	二六五二二一	六〇八一四	二六八二五八	〇四八二	八二五八

十度十分	十度十分十秒	十度十分十秒	十度十分十秒	十度十分十秒	十度十分十秒
二六	二七五一八九	五七五一	二七八七四〇	〇四五六	八七四〇
七	二八五〇七一	七〇八七四	二八九一九六	一〇四三二	一九一九六
八	二九四八六二	六一七八	二九九六二八	〇四〇八	九六二八
九	三〇四五五九	八一六六四	三一〇〇三六	〇三八二	二〇〇三六
三〇	三一四一五五	七三二六	三二〇四一八	〇三五五	〇四一八
一	三二三六四五	九三二六三	三三七七三	〇三三二	〇七七三
二	三三三〇二七	九一七三	三四一一〇五	〇三〇六	一一〇五
三	三四二二九五	一〇五三五一	三五一四一一	〇二八〇	一四一一
四	三五一四四四	一一六九五	三六一六九六	〇二五四	一六九一
五	三六〇四七〇	八二〇二	三七一九四五	〇二二九	一九四五
六	九三六八	一二四八六六	三八二一七四	〇二〇三	二一七四

中華書局

七	三七八一三四	一三一六八六	三九二三七七	〇一七七	二三七七
八	三八六七六四	八六五四	四〇二五五四	〇一五二	二五五四
九	三九五二五四	一四五七七〇	四一二七〇六	〇一二六	二七〇六
四〇	四〇三五九九	一五三〇二七	四二二八三二	〇一〇二	二八三二
一	四一一七九七	一六〇四二〇	四三二九三〇	〇〇七五	二九三〇
二	九八四二	七九四六	四四三〇〇九	〇〇四九	三〇〇九
三	四二七七三三	一七五五九八	四五三〇五八	〇〇二七	三〇五八
四	四三五四六七	一八三三七三	四六三〇八五	〇一〇〇〇〇	三〇八五
五	四四三〇五八	一九一二六五	四七三〇八五	九九七四	三〇八五
六	四五〇四四五	九二六五	四八三〇五九	九九五一	三〇五九
七	七六八七	二〇七三七九	四九三〇一〇	九九二五	三〇一〇
八	四六四七六〇	二一五五九〇	五〇二九三五	九九〇一	二九三五

十度十分	十度十分十秒	十度十分十秒	十度十分十秒	十度十分十秒	十度十分十秒
四九	四七一六六二	二二三八九七	五一二八三六	九八九六	二八三六
五〇	八三九一	二三二二九五	五二二七一二	九八五一	二七一二
一	四八四九四六	二四〇七七八	五三二五六三	九八二七	二五六三
二	四九一三二六	九三四一	五四二三九〇	九八〇三	二三九〇
三	七五三〇	二五七九八〇	五五二一九三	九七八〇	二一九三
四	五〇三五五六	二六六六八七	五六一九七三	九七五五	一九七三
五	九四〇五	二七五四六〇	五七一七二八	九七三一	一七二八
六	五一五〇七六	二八四二九一	五八一四五九	九七〇八	一四五九
七	五二〇五六八	二九三一八〇	五九一一六七	九六八五	一一六七
八	五八八三	三〇二一一八	六〇〇八五二	九六六一	〇八五二
九	五三一〇一九	三一一一〇二	六一〇五一三	九六三九	〇五一三

六〇	五九七八	三二〇一二八	六二〇一五二	九六一六	〇一五二
一	五四〇七六一	九一九一	九七六八	九五九四	一九七六八
二	五三六八	三三八二八七	六三九三六二	九五七二	九三六二
三	九八〇〇	三四七四一四	六四八九三四	九五五一	八九三四
四	五五四〇五七	三五六五六八	六五八四八五	九五二九	八四八五
五	八一四三	三六五七四二	六六八〇一四	九五〇九	八〇一四
六	五六二〇五七	三七四九三九	六七七五二三	九四八七	一七五二三
七	五八〇一	三八四一五一	六八七〇一〇	九四七〇	七〇一〇
八	九三七九	三九三三七八	六九六四八〇	九四五〇	六四八〇
九	五七二七九〇	四〇二六一五	七〇五九三〇	九四二七	五九三〇
七〇	六〇三一	四一一八六二	七一五三五七	九四一二	五三五七
一	九一一一	四二一一一六	七二四七六九	九三九二	四七六九

十度十分	十度十分十秒	十度十分十秒	十度十分十秒	十度十分十秒	十度十分十秒
七二	五八二〇二九	四三〇三七四	七三四一六一	九三八五	四一六一
三	四七八七	九六三六	七四三五四六	九三五三	三五四六
四	七三八七	四四八八九九	七五二八九九	九三四三	二八九九
五	九八三〇	四五八一六三	七六二二四二	九三二九	二二四二
六	五九二一一七	四六七四二五	七七一五七一	九三一五	一五七一
七	四二五一	四七六六八五	七八〇八八六	九三〇四	〇八八六
八	六二三四	四八五九四四	七九〇一九〇	九二八六	〇一九〇
九	八〇六五	四九五一九五	九四七六	九二七五	〇九四七六
八〇	九七四七	五〇四四四三	八〇八七五一	九二六五	八七五一
一	六〇一二八一	五一三六八八	八一八〇一六	九二五五	八〇一六
二	二六七四	五二二九二七	八二七二七一	九二四四	七二七一

三	三九一三	五三二一五九	八三六五一五	九二三八	六五一五
四	五〇一二	五四一三八九	八四五七五三	九二二八	五七五三
五	五九六七	五五〇六一三	八五四九八一	九二二二	四九八一
六	六七八一	九八三二	八六四二〇三	九二一五	四二〇三
七	七四五三	五六九〇四六	八七三四一八	九二一二	三四一八
八	七九八五	五七八二五七	八八二六三〇	九二一〇	二六三〇
九	八三七一	五八七四六五	八九一八四〇	九二〇四	一八四〇
九〇	八六三〇	五九六六七一	九〇一〇四四	九二〇四	一〇四四
一	八七四三	六〇五六七四	九一〇二四八	二八七七	〇二四八
一三一	八七五〇	八七五〇	三一二五	〇〇〇〇	〇〇〇〇

按郭守敬創法五端，內一曰黃赤道差，此其根率也。舊法以一百一度相減相乘。授時立術，以句股、弧矢、方圓、斜直所容，求其差數，合於渾象之理，視古爲密。顧至元曆經所載甚略，又覼以黃道矢度爲積差，黃道矢差爲差率，今正之。

割圓弧矢圖

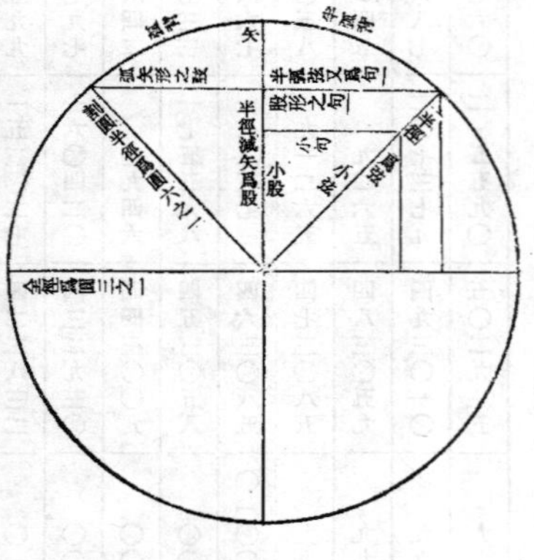

凡渾圓中剖，則成平圓。任割平圓之一分，成弧矢形，皆有弧背，有弧弦，有矢。剖弧矢形而半之，則有半弧背，有半弧弦，有矢。因弦矢生句股形，以半弧弦爲句，矢減半徑之餘爲股，半徑爲弦。句股內成小句股，則有小句、小股、小弦，而大小可互求，平側可互用，渾圓之理，斯爲密近。

側立之圖

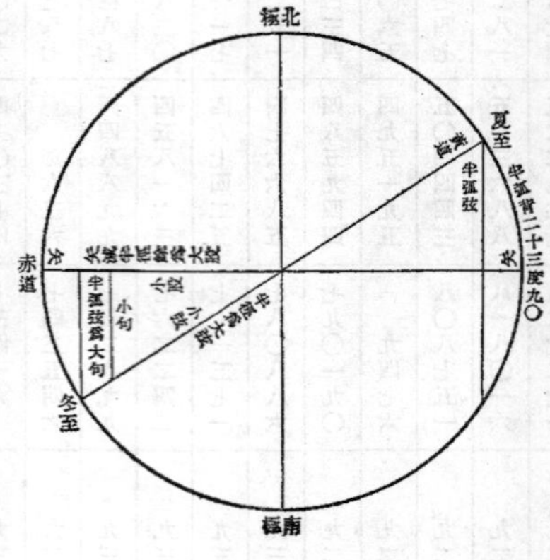

平者爲赤道，斜者爲黃道。因二至黃赤之距，生大句股。因各度黃赤之距，生小句股。

平視之圖

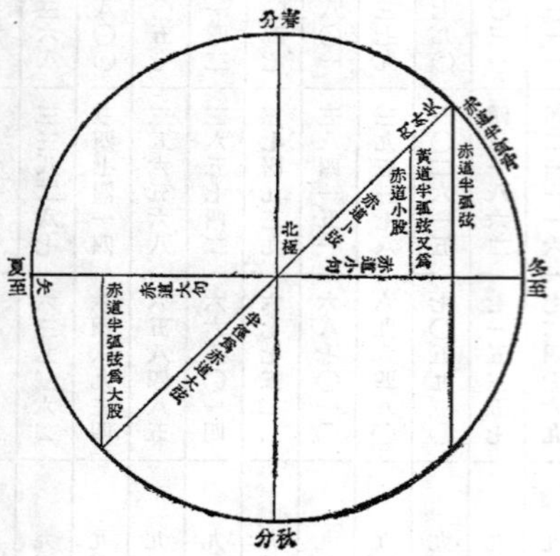

外大圓爲赤道。從北極平視，則黃道在赤道內，有赤道各度，卽各有其半弧弦，以生大句股。又各有其相當之黃道半弧弦，以生小句股。此二者皆可互求。

按舊史無圖，然表亦圖之屬也。今句股割圜弧矢之法，實爲曆家測算之本。非圖不明，因存其要者數端。

黃赤道內外度

推黃道各度，距赤道內外及去極遠近術。置半徑內減去赤道小弦，餘爲赤道二弦差。又爲黃赤道小弧矢，又爲內外矢，又爲股弦差。置半徑內減去黃道矢度，餘爲黃赤道小弦，以二至黃赤道內外半弧弦乘之爲實，以黃赤道大弦爲法，卽半徑。除之爲黃赤道小弧弦。卽黃赤道內外半弧弦，又爲黃赤道小句。置黃赤道小弧矢自之，卽赤道二弦差。以全徑除之，爲半背弦差。以差加黃赤道小弧弦爲黃赤道小弧半背，卽黃赤道內外度。置黃赤道內外度，視在盈初縮末限以加，在縮初盈末限以減，皆加減象限度，卽各得太陽去北極度分。

如冬至後四十四度，求太陽去赤道內外及去極度。術曰：置半徑六十〇度八十七分半，內減黃道四十四度下赤道小弦五十八度三十五分六十九秒，餘二度五十一分八十一秒，爲黃赤道小弧矢。卽內外矢。置半徑六十〇度八七五，內減黃道四十四度，矢一十六度五十六分八十二秒，餘四十四度三十〇分六十八秒，爲黃赤道小弦。置黃赤道小弦，以二至黃赤道內外半弧弦二十三度七十一分乘之，得一千〇五十〇度五十一分四二三八爲

實，以黃赤道大弦六十〇度八七五爲法除之，得一十七度二十五分六十九秒爲黃赤道小弧弦。卽內外半弧弦。置黃赤道小弧矢二度五十一分八十一秒自之爲實，以全徑一百二十一度七十五分除之，得五分二十一秒爲背弦差，以差加黃赤道小弧弦一十七度二十五分六十九秒，得一十七度三十〇分八十九秒，爲二至前後四十四度，太陽去赤道內外度。置象限九十一度三十一分四十三秒七五，以內外度一十七度三〇八九加之，得一百〇八度六十二分三十二秒七五，爲冬至後四十四度太陽去北極度。

黃道每度去赤道內外及去北極立成

黃道積度	黃赤內外矢，又爲赤道二弦差	內外半弧弦，又爲黃赤小弧弦	內外度，又爲黃赤道小弧半背	冬至前後去極度	夏至前後去極度
十度分	十度十分十秒	十度十分十秒	十度十分十秒	十度十分十秒	十度十分十秒
初	〇四八四八二	二三七一〇〇	二三九〇三〇	一一五二一七三	六七四一一三
一	八四六九	七〇七八	八九九七	二一四〇	四一四六
二	八四二七	六九七二	八八九八	二〇四一	四二四五
三	八三五九	六八一二	八七三二	一八七五	四四一一
四	八二六三	六五八八	八五四一	一六四四	四六四二
五	八一四〇	六二九九	八二〇二	一三四五	四九四一
六	七九九一	五九四六	七八三八	〇九八〇	五三〇六
七	七八一四	五五二八	七四〇五	〇五四八	五七三八
八	七六一〇	五〇四五	六九〇七	〇〇五〇	六二三六
九	七四九九	四四九六	六三四二	一一四九四八五	六八〇一
一〇	七一二〇	三八八三	五七〇六	八八四九	七四三七
一	六八三五	三二〇三	五〇〇四	八一四七	八一三九
二	六五二四	二四五七	四二三五	七三七八	八九〇八
三	六一八七	一六四四	三三九六	六五三九	九七四七
四	五八二二	〇七六四	二四八八	五六三一	六八〇六五五
五	五四三〇	二二九八一八	一五一三	四六五六	一六三〇

十度分	十度十分十秒	十度十分十秒	十度十分十秒	十度十分十秒	十度十分十秒
一六	五〇一五	八八〇二	〇四六六	三六〇九	二六七七
七	四五七二	七七二一	二二九三五二	二四九五	三七九一
八	四二〇六	六五七〇	八一六七	一三一〇	四九七六
九	三六一五	五三五一	六九一三	〇〇五六	六二三〇
二〇	三〇九八	四〇六三	五五八八	一一三八七三一	七五五五
一	二五五八	二七〇六	四一九三	七三三六	八九五〇
二	一九九四	一二七九	二七二七	五八七〇	六九〇四一六
三	一四〇八	二一九七八二	一一九〇	四三三三	一九五三
四	〇七九八	八二一七	二一九五八四	二七二七	三五五九
五	〇一六八	六五八一	七九〇六	一〇四九	五二三七
六	三九五一六	四八七五	六一五九	一一二九三〇二	六九八四

中華書局

七	八八四四	三一〇〇	四三三九	七四八二	八八〇四
八	八一五一	一二五四	二四四九	五五九二	七〇〇六九四
九	七四四〇	二〇九三三九	〇四八九	三六三二	二六五四
三〇	六七一一	七三五五	二〇八四六二	一六〇五	四六八一
一	五九六四	五三〇一	六三六三	一一一九五〇六	六九八〇
二	五二〇一	二二七八	四一九五	七三三八	八九四八
三	四四二四	〇九八七	一九六〇	五一〇三	七一一八三
四	三六三二	一九八七二八	一九九六五七	二八〇〇	三四八六
五	二八二七	六四〇一	七二八六	〇四二九	五八五七
六	二〇一〇	四〇〇八	四八四九	一一〇七九九二	八二九四
七	三一一八一	一九一五四八	一九二三四六	一一〇五四八九	七二〇七九七
八	〇三四三	一八九〇二四	一八九七八〇	二九二三	三三六三

十度分	十度十分十秒	十度十分十秒	十度十分十秒	十度十分十秒	十度十分十秒
三九	二九四九七	六四三五	七一四九	〇二九二	五九九四
四〇	八六四三	三七八三	四四五六	一〇九七五九九	八六八七
一	七七八三	一〇七〇	一七〇四	四八四七	七三一四三九
二	六九一九	一七八二九五	一七八八九〇	三〇三三	四二五三
三	六〇五一	五四六一	六〇一八	一〇八九一六一	七一二五
四	五一八一	二五六九	三〇八九	六二三二	七四〇〇五四
五	四三一〇	一六九六二〇	〇一〇五	三二四八	三〇三八
六	三四三九	六六一六	一六七〇六七	〇二一〇	六〇七六
七	二五七〇	三五五九	三九七七	一〇七七一二〇	九一六六
八	一七〇五	〇四四九	〇八三六	三九九九	七五二三〇七
九	〇八四三	一五七二八九	一五七六四五	〇七八八	五四九八

五〇	一九九八七	四〇八一	四四〇九	一〇六七五五二	八七三四
一	九一三八	〇八二三	一一二四	四二六七	七六二〇一九
二	八二九七	一四七五二三	一四七七九八	〇九四一	五三四五
三	七四六五	四一八四	四四三四	一〇五七七七	八七〇九
四	六六四四	〇八〇〇	一〇二七	四一七〇	七七二一一六
五	五八三三	一三七三七七	一三七五八二	〇七二五	五五六一
六	五〇三六	三九一六	四一〇一	一〇四七二四四	九〇四二
七	四二五一	〇四二〇	〇五八六	三七二九	七八二五五七
八	三四八三	一二六八九〇	一二七〇三九	〇一八二	六一〇四
九	二七二八	三三二八	三四六一	一〇三六〇四	九六八二
六〇	一九九〇	一一九七三六	一一九八五四	二九九七	七九三二八九
一	一二六九	六一一七	六二二一	一〇二九三六四	六九二三

十度分	十度十分十秒	十度十分十秒	十度十分十秒	十度十分十秒	十度十分十秒
六二	〇五六六	二四七一	二五六二	五七〇五	八〇〇五八一
三	〇九八八二	一〇八七九九	一〇八八七九	二〇二二	四二六四
四	九二一八	五一〇五	五一七四	一〇一八三一七	七九六九
五	八五七二	一三九〇	一四五〇	四五九三	八一一六九三
六	七九四八	〇九七六五五	〇九七七〇六	〇八四九	五四三七
七	七三四六	三九〇一	三九四五	一〇〇七〇八八	九一九八
八	六七六六	〇一三二	〇一六九	三三一二	八二二九七四
九	六二〇六	〇八六三四七	〇八六三七八	〇九九九五二一	六七六五
七〇	五六六九	二五四五	二五七一	五七一四	八三〇五七二
一	五一五五	〇七八七三三	〇七八七五四	一八九七	四三八九
二	四六六四	四九〇九	四九二六	〇九八八〇六九	八二一七

三	四一九七	一〇四七	一〇八八	四二三一	八四二〇五五
四	三七五三	〇六七二三〇	〇六七二四一	〇三八四	五九〇二
五	三三三四	三三七八	三三八七	〇九七六五三〇	九七五六
六	〇二九四〇	〇五九五一八	〇五九五二五	〇九七二六六八	八五三六一八
七	二五六九	五六五三	五六五八	〇九六八八〇一	七四八五
八	二二二四	一七八一	一七八五	四九二八	八六一三五八
九	一九〇三	〇四七九〇五	〇四七九〇八	一〇五一	五二三五
八〇	一六〇六	四〇二五	四〇二七	〇九五七一七〇	九一一六
一	一三三五	〇一四一	〇一四二	三二八五	八七三〇〇一
二	一〇八九	〇三六二五四	〇三六二五四	〇九四九三九七	六八八九
三	〇八六八	二三六五	二三六五	五五〇八	八八〇七七八
四	〇六七一	〇二八四七五	〇二八四七五	一六一八	四六六八

十度分	十度十分十秒	十度十分十秒	十度十分十秒	十度十分十秒	十度十分十秒
八五	〇五〇〇	四五八三	四五八三	〇九三七七二六	八五六〇
六	〇三五五	〇六九〇	〇六九〇	三八三三	八九二四五三
七	〇二三二	〇一六七九六	〇一六七九六	〇九二九九三九	六三四七
八	〇一三七	二九〇二	二九〇二	六〇四五	九〇〇二四一
九	〇〇六七	〇〇九〇〇七	〇〇九〇〇七	二一五〇	四一三六
九〇	〇〇二一	五一一二	五一一二	〇九一八二五五	八〇三一
一	〇〇〇一	一二一七	一二一七	四三六〇	九一一九二六
一三二	〇〇〇〇	〇〇〇〇	〇〇〇〇	三一四三	三一四三

白道交周

推白赤道正交，距黃赤道正交極數。術曰：置實測白道出入黃道內外六度爲半弧弦，又爲大圓弧矢，又爲股弦差。置半徑六十〇度八七五自之，得三千七百〇五度七六五六二

五，以矢六度而一，得六百一十七度六十三分爲股弦和，加矢六度，共六百二十三度六十三分爲大圓徑。依法求得容闊五度七十分，又爲小句。又以二至出入半弧弦二十三度七十一分爲大句。以大句爲法，除大股五十六度〇六分五十秒，得二度三十七分就整爲度差。以度差乘小句，得小股一十三度四十七分八十二秒，爲容半長。置半徑六十〇度八七五爲大弦，以乘小句五度七十分爲實，以大句二十三度七十一分爲法除之，得一十四度六十三分爲小弦，又爲白赤道正交，距黃赤道正交半弧弦。依法求得半弧背一十四度六十六分，爲白赤道正交距黃赤道正交極數。

月道距差圖

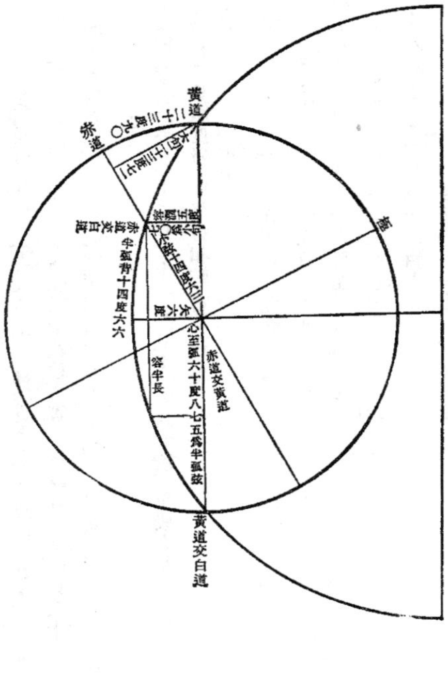

二十四史

中華書局

明史卷三十三

志第九

曆三

大統曆法一下 法原

日月五星平立定三差[一]

太陽盈縮平立定三差之原

冬至前後盈初縮末限，八十八日九十一刻，就整。離爲六段，每段各得一十四日八十二刻。就整。各段實測日躔度數，與平行相較，以爲積差。

	積日	積差
第一段	一十四日八二	七千○五十八分○二五
第二段	二十九日六四	一萬二千九百七十六三九二
第三段	四十四日四六	一萬七千六百九十三七四六二
第四段	五十九日二八	二萬一千一百四十八七三二八
第五段	七十四日一○	二萬三千二百七十九九九七
第六段	八十八日九二	二萬四千○二十六一八四四

各置其段積差，以其段積日除之，爲各段日平差。置各段日平差，與後段日平差相減，爲一差。置一差，與後段一差相減，爲二差。

	日平差	一差	二差
第一段	四百七十六分二五	三十八分四五	一分三八
第二段	四百三十七分八○	三十九分八三	一分三八
第三段	三百九十七分九七	四十一分二一	一分三八
第四段	三百五十六分七六	四十二分五九	一分三八
第五段	三百一十四分一七	四十三分九七	
第六段	二百七十○分二○		

置第一段日平差，四百七十六分二十五秒，爲汎平積。以第二段二差一分三十八秒，去減第一段一差三十八分四十五秒，餘三十七分○七秒，爲汎平積差。另置第一段二差一分三十八秒，折半得六十九秒，爲汎立積差。以汎平積差三十七分○七秒，加入汎平積四百七十六分二十五秒，共得五百一十三分三十二秒，爲定差。以汎立積差六十九秒，去減汎平積差三十七分○七秒，餘三十六分三十八秒爲實，以段日一十四日八十二刻爲法除之，得二分四十六秒爲平差。置汎立積差六十九秒爲實，以段日爲法除二次，得三十一微，爲立差。

夏至前後縮初盈末限，九十三日七十一刻，就整。離爲六段，每段各得一十五日六十二刻。就整。各段實測日躔度數，與平行相較，以爲積差。

	積日	積差
第一段	一十五日六二	七千○五十八分九九○四
第二段	三十一日二四	一萬二千九百七十八六五八
第三段	四十六日八六	一萬七千六百九十六六七九
第四段	六十二日四八	二萬一千一百五十○七二九六
第五段	七十八日一○	二萬三千二百七十八四八六
第六段	九十三日七二	二萬四千○百一十七六二四四

推日平差、一差、二差術，與盈初縮末同。

	日平差	一差	二差
第一段	四百五十一分九二	三十六分四七	一分三三
第二段	四百一十五分四五	三十七分八○	一分三三
第三段	三百七十七分六五	三十九分一二	一分三三
第四段	三百三十八分五二	四十○分四六	一分三三
第五段	二百九十八分○六	四十一分七九	
第六段	二百五十六分二七		

置第一段日平差，四百五十一分九十二秒，爲汎平積。以第一段二差一分三十三秒，去減第一段一差三十六分四十七秒，餘三十五分一十四秒，爲汎平積差。另置第一段二差一分三十三秒折半，得六十六秒五十微，爲汎立積差。以汎平積差三十五分一十四秒，加入汎平積四百五十一分九十二秒，共四百八十七分○六秒，爲定差。以汎立積差六十六秒五十微，去減汎平差三十五分一十四秒，餘三十四分四十七秒五十微爲實，以段日一十五日六二爲法除之，得二分二十一秒，爲平差。置汎立積差六十六秒五十微爲實，以段日爲法，除二次，得二十七微，爲立差。

凡求盈縮，以入曆初末日乘立差，得數以加平差，再以初末日乘之，得數以減定差，餘

中華書局

數以初末日乘之，爲盈縮積。

凡盈曆以八十八日九〇九二二五爲限，縮曆以九十三日七一二〇二五爲限。在其限已下爲初，以上轉減半歲周餘爲末。盈初是從冬至後順推，縮末是從冬至前逆溯，其距冬至同，故其盈積同。縮初是從夏至後順推，盈末是從夏至前逆溯，其距夏至同，故其縮積同。

盈縮招差圖

定差實	一限	二限	三限	四限	五限	六限	七限	八限	九限定差
平差	一	一	一	一	一	一	一	一	一
立差	一	二	三	四	五	六	七	八	九
平差		二	二	二	二	二	二	二	二
立差		四	六	八	十一	二十	四十	六十	八十
平差			三	三	三	三	三	三	三
立差			九	二十	五十	八十	一廿	四廿	七廿
平差				四	四	四	四	四	四
立差				六十	十二	四廿	八廿	二十三	六十三
平差					五	五	五	五	五
立差					五廿	十三	五十三	十四	五十四
平差						六	六	六	六
立差						六十三	二十四	八十四	四十五
平差							七	七	七
立差							九十四	六十五	三十六
平差								八	八
立差								四十六	二十七
平差									九
立差									一十八
法	一限	二限	三限	四限	五限	六限	七限	八限	九限定差

盈縮招差圖說

盈縮招差，本爲一象限之法。如盈曆則以八十八日九十一刻爲象限，縮曆則以九十三日七十一刻爲象限。今止作九限者，舉此爲例也。其空格九行定差本數，爲實也。其斜線以上平差立差之數，爲法也。斜線以下空格之定差，乃餘實也。假如定差爲一萬，平差爲一百，立差爲單一。今求九限法，以九限乘定差得九萬爲實。另置平差，以九限乘二次，得八千一百。置立差，以九限乘三次，得七百二十九。并兩數得八千八百二十九爲法。以法減實，餘八萬一千一百七十一，爲九限積。又法，以九限乘平差得九百，又以九限乘立差二次得八十一，并兩數得九百八十一爲法，定差一萬爲實，以法減實，餘九千零一十九，卽九限末位所書之定差也。於是再以九限乘餘實，得八萬一千一百七十一，爲九限積，與前所得同。蓋前法是先乘後減，又法是先減後乘，其理一也。

按授時曆於七政盈縮，並以垜積招差立算，其法巧合天行，與西人用小輪推步之法，殊途同歸。然世所傳九章諸書，不載其術，曆草載其術，而不言其故。宣城梅文鼎爲之圖解，於平差、立差之理，垜積之法，皆有以發明其所以然。有專書行於世，不能備錄，謹錄招差圖說，以明立法之大意云。

凡布立成

盈初縮末　置立差三十一微，以六因之，得一秒八十六微，爲加分立差。置平差二分四十六秒，倍之，得四分九十二秒，加入加分立差，得四分九十三秒八十六微，爲平立合差。置定差五百一十三分三十二秒，內減平差二分四十六秒，再減立差三十一微，餘五百一十〇分八十五秒六十九微，爲加分。

縮初盈末　置立差二十七微，以六因之，得一秒六十二微，爲加分立差。置平差二分二十一秒，倍之，得四分四十二秒，加入加分立差，得四分四十三秒六十二微，爲平立合差。置定差四百八十七分〇六秒，內減平差二分二十一秒，再減立差二十七微，餘四百八十四分八十四秒七十三微，爲加分。

已上所推，皆初日之數。其推次日，皆以加分立差，累加平立合差，爲次日平立合差。以平立合差減其日加分，爲次日加分。盈縮並同。其加分累積之，卽盈縮積，其數並見立成。

太陰遲疾平立定三差之原

太陰轉周二十七日五十五刻四六，測分四象，象各七段，四象二十八段，每段十二限，每象八十四限，凡三百三十六限，而四象一周。以四象爲法，除轉周日，得每象六日八八八六五，分爲七段，每段下實測月行遲疾之數，與平行相較，以求積差。

二十四史

中華書局

	積限	積差
第一段	一十二	一度二十八分七一二
第二段	二十四	二度四十五分九六一六
第三段	三十六	三度四十八分三七九二
第四段	四十八	四度三十二分五九五二
第五段	六十	四度九十五分二四
第六段	七十二	五度三十二分九四四
第七段	八十四	五度四十二分三三七六

各置其段積差，以其段積限爲法除之，爲各段限平差。置各段限平差，與後段相減爲一差。置一差，與後段一差相減爲二差。

	限平差	一差	二差
第一段	一十〇分七二六〇	四十七秒七六	九秒三六
第二段	一十〇分二四八四	五十七秒一二	九秒三六
第三段	九分六七七二	六十六秒四八	九秒三六
第四段	九分〇一二四	七十五秒八四	九秒三六

	限平差	一差	二差
第五段	八分二五四〇	八十五秒二〇	九秒三六
第六段	七分四〇二〇	九十四秒五六	
第七段	六分四五六四		

置第一段限平差一十〇分七二六爲汎平積。置第一段一差四十七秒七六，以第一段二差九秒三六減之，餘三十八秒四十微，爲汎平積差。另置第一段二差九秒三十六微折半，得四秒六十八微，爲汎立積差。以汎平積差三十八秒四十微，加汎平積一十〇分七二六，得一十一分一十一秒，爲定差。置汎平積差三十八秒四十微，以汎立積差四秒六十八微減之，餘三十三秒七十二微爲實，以十二限爲法除之，得二秒八十一微，爲平差。置汎立積差四秒六十八微爲實，十二限爲法，除二次，得三微二十五纖，爲立差。

凡求遲疾，皆以入曆日乘十二限二十分，以在八十四限已下爲初，已上轉減一百六十八限餘爲末。各以初末限乘立差，得數以加平差，再以初末限乘之，得數以減定差，餘以初末限乘之，爲遲疾積。其初限是從最遲最疾處順推至後，末限是從最遲最疾處逆溯至前，其距最遲疾處同，故其積度同。太陰與太陽立法同，但太陽以定氣立限，故盈縮異數。太陰以平行立限，故遲疾同原。

布立成法　置立差三微二十五纖，以六因之，得一十九微五十纖，爲損益立差。置平差二秒八十一微，倍之，得五秒六十二微，再加損益立差一十九微五十纖，共得五秒八十一微，爲初限平立合差。自此以損益立差，累加之，卽每限平立合差。至八十限下，積至二十一秒四一五，爲平立合差之極。八十一限下差一秒七八〇九，八十二限下一秒七八〇八，至八十三限下，平立合差，與益分中分，爲益分之終。八十四限下差，亦與損分中分，爲損分之始。至八十六限下差，亦二十一秒四一五，自此以損益立差累減之，卽每限平立合差，至末限與初限同。置定差一十一分一十一秒，內減平差二秒八十一微，再減立差三微二十五纖，餘一十一分〇八秒一十五微七十五纖，爲加分定差，卽初限損益分。置損益分，以其限平立合差益減損加之，卽爲次限損益分。以益分積之，損分減之，便爲其下遲疾度。以八百二十分爲一限日率，累加八百二十分爲每限日率。以上俱詳立成。

五星平立定三差之原

凡五星各以實測，分其行度爲八段，以求積差，略如日月法。

木星　立差加，平差減。

	積日	積差
第一段	一十一日五十刻	一度二一五二九七一一五
第二段	二十三日	二度三四〇五二一四

	積日	積差
第三段	三十四日五十刻	三度三五四一三七二六五
第四段	四十六日	四度二三四六〇九一二
第五段	五十七日五十刻	四度九六〇四〇一三七五
第六段	六十九日	五度五〇九九七八四四
第七段	八十〇日五十刻	五度八六一八〇四七二五
第八段	九十二日	五度九九四三四四六四

	汎平差	汎平較	汎立較
第一段	一十分五六七八〇一	三十九秒一六二一	六秒二四二二
第二段	一十分一七六一八	四十五秒四〇四三	六秒二四二二
第三段	九分七二二一三七	五十一秒六四六五	六秒二四二二
第四段	九分二〇五六七二	五十七秒八八八七	六秒二四二二
第五段	八分六二六七八五	六十四秒一三〇九	六秒二四二二
第六段	七分九八五四七六	七十〇秒三七二一	六秒二四二二
第七段	七分二八一七四五	七十六秒六一五三	
第八段	六分五一五五九二		

各置其段所測積差度分爲實，以段日爲法除之，爲汎平差。各以汎平差與次段汎平差相較，爲汎平較。又以汎平較與次段汎平較相較，爲汎立較。置第一段汎平較三十九秒一六二一，減其下汎立較六秒二四二二，餘三十二秒九一九九，爲初段平立較。加初段汎平差一十分五六七八〇一，共得一十〇分八十九秒七十〇微，爲定差。秒置萬位。置初段平立較差三十二秒九一九九，內減汎立較之半，三秒一二一一，餘二十九秒七九八八，以段日一十一日五十刻除之，得二秒五十九微一十二纖，爲平差。置汎立差之半，三秒一二一一，以段日爲法除二次，得二微三十六纖，爲立差。

已上爲木星平立定三差之原。

火星盈初縮末。立差減，平差減。

積日

第一段	七日六十二刻五十分
第二段	一十五日二十五刻
第三段	二十二日八十七刻五十分
第四段	三十〇日五十〇刻
第五段	三十八日一十二刻五十分
第六段	四十五日七十五刻
第七段	五十三日三十七刻五十分
第八段	六十一日

積差

第一段	六度二六八二五一二二八一八五五九三七五
第二段	一十一度六〇〇一七五七四三五九三七五
第三段	一十六度〇二五九六三七九二五一九五三一二五
第四段	一十九度六六九〇一三六二一二五
第五段	二十二度二七九八九一四七六〇七四二一八七五
第六段	二十四度一六八二二八六〇三二八一二五
第七段	二十五度三三一五五六二四九二六〇一五六二五
第八段	二十五度六一九五一五六六

汎平差

第一段	八十二分〇六五七三四八四三七五
第二段	七十六分〇六六七二六一六七五
第三段	七十〇分〇五八八五八一〇九三七五
第四段	六十四分一八二九六九二五
第五段	五十八分四三九〇五九六〇九三七五
第六段	五十二分八二七一二九一八七五
第七段	四十七分三四七一七七九八四三七五
第八段	四十一分九九九二〇六

汎平較

第一段	六分一三九八四七二九六八七五
第二段	六分〇〇七八六八〇七八一二五
第三段	五分八七五八八八五九三七五
第四段	五分七四三九〇九六四〇六二五
第五段	五分六一一九三〇四二一八七五
第六段	五分四七九九五一二〇三一二五
第七段	五分三四七九七一九八四三七五

汎立較

第一段	一十三秒一九七九二一八七五
第二段	一十三秒一九七九二一八七五
第三段	一十三秒一九七九二一八七五
第四段	一十三秒一九七九二一八七五
第五段	一十三秒一九七九二一八七五
第六段	一十三秒一九七九二一八七五

汎平較前多後少，應加汎立較。置初段下汎平較六分一三九八四七二九六八七五，加汎立較一十三秒一九七九二一八七五，得六分二七一八二六五一五六二五，爲初日下平立較。置初段汎平差八十二分二十〇秒六五七三四八四三七五，加初日下平立較六分二七一八二六五一五六二五，得八十八分四十七秒八十四微，爲定差。置初日下平立較六分二七一八二六五一五六二五，加汎立較之半，六秒五九八九六〇九三七五，得六分三三七八一六一二五爲實，以段日而一，得八十三秒一十一微八十九纖，爲平差。置汎立較之半，六秒五九八九六〇九三七五，以段日七日六十二刻五十分爲法除二次，得一十一微三十五纖爲立差。

火星縮初盈末 平差負減，立差減。

中華書局

	積日
第一段	一十五日二十五刻
第二段	三十〇日五十刻
第三段	四十五日七十五刻
第四段	六十一日
第五段	七十六日二十五刻
第六段	九十一日五十刻
第七段	一百〇六日七十五刻
第八段	一百二十二日

	積差
第一段	四度五三一二五一八五七九六八七五
第二段	九度一〇二九六一四五一二五
第三段	一十三度五三一六七〇九〇一七七三七五
第四段	一十七度四七八九七九〇四
第五段	二十〇度八四三六六三〇六六四〇六二五

	積差
第六段	二十三度四三一三三六二四一二五
第七段	二十五度〇九二四三二八三四六八七五
第八段	二十五度六一八三七四七二

	汎平差
第一段	二十九分七一三一二六九三七五
第二段	二十九分八四五七七五二五
第三段	二十九分五七八三五五〇六二五
第四段	二十八分六五四〇六四
第五段	二十七分三三九五一五六二五
第六段	二十五分六一八〇一七五
第七段	二十三分五〇六二六二五六二五
第八段	二十〇分九九八六八六

	汎平較	汎立較
第一段	一十三秒二六四八三一二五	一十三秒五七六九七七五
第二段	二十六秒八四一八〇八七五	六十五秒五八七二九七五
第三段	九十二秒四二九一〇六二五	三十九秒五八二一三七五
第四段	一分三二〇一一二四三七五	三十九秒五八二一三七五
第五段	一分七一五九三三八一二五	三十九秒五八二一三七五
第六段	二分一一七五五一八七五	三十九秒五八二一三七五
第七段	二分五〇七五七六五六二五	

取汎立較均停者，三十九秒五八二一三七五，以較一段下汎平較一十三秒二六四八三一二五，餘二十六秒三一七三〇六二五爲較較，以加一段下汎平差二十九分七一三一二六九三七五，得二十九分九十七秒六十三微，爲定差。置較較二十六秒三一七三〇六二五，以段日一十五日二十五刻而一，得一秒七二五七二二五。再置汎立較之半一十九秒七九一〇六八七五，以段日而一，得一秒二九七七七五。兩數並得三秒〇二微三十五纖，爲平差。置汎立較之半一十九秒七九一〇六八七五，以段日一十五日二五爲法除二次，得八微五十一纖，爲立差。

已上爲火星平立定三差之原。

土星盈曆 立差加，平差減。

	積日	積差
第一段	一十一日五十刻	一度六八三二四五八二八七五
第二段	二十三日	三度二三二一六四〇一
第三段	三十四日五十刻	四度六二〇九三〇〇八六二五

	積日	積差
第四段	四十六日	五度八二三七一九六
第五段	五十七日五十刻	六度八一四七〇八六六八七五
第六段	六十九日	七度五六八〇七一一
第七段	八十〇日五十刻	八度〇五七九八四一九一二五
第八段	九十二日	八度二五八六二二八八

	汎平差	汎平較	汎立較
第一段	一十四分六三六九二〇二五	五十八秒四〇三三二五	七秒四八五三五
第二段	一十四分〇五二八八七	六十五秒八八八六七五	七秒四八五三五
第三段	一十三分三九四〇〇〇二五	七十三秒三七四〇二五	七秒四八五三五
第四段	一十二分六六〇二六	八十〇秒八五九三七五	七秒四八五三五
第五段	一十一分八五一六六六二五	八十八秒三四四七二五	七秒四八五三五
第六段	一十一分九六八二一九	九十五秒八三〇〇七五	七秒四八五三五

中華書局

第七段	一十〇分〇〇九九一八二五	一分〇三秒三一五四二五
第八段	八分九七六七六四	

置第一段下汎平較，內減其下汎立較，餘五十〇秒九一七九七五，爲平立較。以平立較，加本段汎平差，得一十五分一十四秒六十一微，爲定差。置平立較，內減汎立較之半，三秒七四二六七五，餘四十七秒一七五三，以段日十一日五十刻而一，得四秒一十〇微二十二纖，爲平差。置汎立較之半，以段日除二次，得二微八十三纖，爲立差。

土星縮曆 立差加，平差減。

	積日	積差
第一段	一十一日五十刻	一度二四一九七四二六八七五
第二段	二十三日	二度四一三七三五六九
第三段	三十四日五十刻	三度四八五〇七九六八六二五
第四段	四十六日	四度四二五八〇一六八
第五段	五十七日五十刻	五度二〇五六九七〇九三七五
第六段	六十九日	五度七九四五六一三五
第七段	八十〇日五十刻	六度一六二四一一〇〇四七五

第八段	九十二日	六度二七八三七八〇八

	汎平差	汎平較	汎立較
第一段	一十分七九九七七六二五	三十〇秒五二七三二五	八秒七五四九五
第二段	一十分四九四五〇三	三十九秒二八二二七五	八秒七五四九五
第三段	一十分一〇一六八〇二五	四十八秒〇三七二二五	八秒七五四九五
第四段	九分六二一三〇八	五十六秒七九二一七五	八秒七五四九五
第五段	九分〇五三三八六二五	六十五秒五四七一二五	八秒七五四九五
第六段	八分三九七九一五	七十四秒三〇三〇七五	八秒七五四九五
第七段	七分六五四八九四二五	八十三秒〇五七〇七五	
第八段	六分八二四三二四		

置一段汎平較，內減其下汎立較，餘二十一秒七七二三七五，爲平立較。以平立較加入本段汎平差，得一十一分〇一秒七十五微，爲定差。置平立較，內減汎立較之半，四秒三七七四七五，餘一十七秒三九四九，以段日一十一日五十刻爲法除之，得一秒五十一微二十六纖，爲平差。置汎立較之半，以段日爲法除二次，得三微三十一纖，爲立差。

已上爲土星平立定三差之原。

金星 立差加，平差減。

	積日	積差
第一段	一十一日五十刻	空度四〇二一三四〇九八七五
第二段	二十三日	空度七九一三九三六六
第三段	三十四日五十刻	一度一五四九一二〇八一二五
第四段	四十六日	一度七四九八二二七六
第五段	五十七日五十刻	一度七五三二五九〇九三七五
第六段	六十九日	一度九六二三五四四八
第七段	八十〇日五十刻	二度〇九四二四二三一六二五
第八段	九十二日	二度一三六〇五六

	汎平差	汎平較	汎立較
第一段	三分四九六八一八二五	五秒五九七六二五	三秒七二九四五
第二段	三分四四〇八四二〇〇	九秒三二七〇七五	三秒七二九四五
第三段	三分三四七五七一二五	一十三秒〇六五五二五	三秒七二九四五
第四段	三分二一七〇〇六	一十六秒七八五九七五	三秒七二九四五

第五段	三分〇四九一四六二五	二十〇秒五一五四二五	三秒七二九四五
第六段	二分八四三九九二	二十四秒二四四八七五	三秒七二九四五
第七段	二分六〇一五四三二五	二十七秒九七四三二五	
第八段	二分三二一八		

置一段下汎平較，與其汎立較相減，餘一秒八六八一七五爲平立較，以加汎平差，得三分五十一秒五十五微，爲定差。置平立較，與汎立較之半，一秒八六四七二五相減，餘三十四纖，以段日一十一日五十刻爲法除之，得三纖，爲平差。置汎立較之半，以段日爲法除二次，得一微四十一纖，爲立差。

已上爲金星平立定三差之原。

水星 立差加，平差減。

	積日	積差
第一段	一十一日五十刻	空度四四〇八四七三五三七五
第二段	二十三日	空度八六三一〇一六八
第三段	三十四日五十刻	一度二五三八九六三七六二五
第四段	四十六日	一度六〇〇三六四八四

中華書局

第五段	五十七日五十刻	一度八八九六三一〇四三七五
第六段	六十九日	二度一〇八八五六六六
第七段	八十〇日五十刻	二度二四五二九二一一三七五
第八段	九十二日	二度二八五六四四三二

	汎平差	汎平較	汎立較
第一段	三分八三三四五五二五	八秒〇八三九二五	三秒七二九四五
第二段	三分七五二六一六	一十一秒八一三三七五	三秒七二九四五
第三段	三分六三四四八二二五	一十五秒五四二八二五	三秒七二九四五
第四段	三分四七九〇五四	一十九秒二七二二七五	三秒七二九四五
第五段	三分二八六三三一二五	二十三秒〇〇一七二五	三秒七二九四五
第六段	三分〇五六三一四	二十六秒七三一一七五	三秒七二九四五
第七段	二分七八九〇〇二二五	三十〇秒四六〇六二五	
第八段	二分四八四三九六		

術同金星，求得定差三分八十七秒九十微，平差二十一微六十五纖，立差一微四十一纖。

已上爲水星平立定三差之原。

右五星，皆以立差爲秒，平差爲本，定差爲總。五星各以段次因秒，木土金水四星併本，惟火星較本，各以積日而積，五星皆較總，又各以積日乘之，得各實測之度分。五星積日，皆以度率，除周日得三百六十五度二十五分太。各以四分之一爲象限，惟火星用象限三之一，減象限爲盈初縮末限，加象限爲縮初盈末限。其命度爲日者，爲各取盈縮曆乘除之便，其實積日之數，卽積度也。

里差刻漏

求二至差股及出入差。術曰：置所測北極出地四十度九十五分爲半弧背，以前割圓弧矢法，推得出地半弧弦三十九度二十六分，爲大三斜中股。置測到二至黃赤道內外度二十三度九十分爲半弧背，以前法推得內外半弧弦二十三度七十一分。又爲黃赤道大句，又爲小三斜弦。置內外半弧弦自之爲句冪，半徑自之爲弦冪，二冪相減，開方得股，以股轉減半徑，餘四度八十一分爲二至出入矢，卽黃赤道內外矢。夏至日，南至地平七十四度二十六分半爲半弧背，求得日下至地半弧弦五十八度四十五分。半徑六十〇度八十七分半，爲大三斜中弦。置大三斜中股三十九度二十六分，以二至內外半弧弦二十三度七十一分乘之爲實，以半徑六十〇度八十七分半爲法除之，得一十五度二十九分，爲小三斜中股。又爲小股。置小三斜中股一十五度二十九分，去減日下至地半弧弦五十八度四十五分，餘四十三度一十六分，爲大股。以出入矢四度八十一分，去減半徑六十〇度八十七分半，餘五十六度〇六分半，爲大股弦。置大股弦，以小股一十五度二九乘之爲實，大股四十三度一六爲法除之，得一十九度八十七分爲小弦，卽爲二至出入差半弧弦，依法求到二至出入差半弧背一十九度九十六分一十四秒。置二至出入差半弧背一十九度九六一四，以二至黃赤道內外半弧弦二十三度七十一分除之，得八十四分一十九秒，爲度差分。

求黃道每度晝夜刻。術曰：置所求每度黃赤道內外半弧弦，以二至出入差半弧背乘之爲實，二至黃赤道內外半弧弦爲法除之，爲每度出入差半弧背。又術：置黃赤道內外半弧弦，以度差八十四分一十九秒乘之，亦得出入差半弧背。置半徑內減黃赤道內外矢，卽赤道二弦差，見前條立成。餘數倍之，又三因之，得數加一度，爲日行百刻度。又術：以黃赤道內外矢倍之，以減全徑餘數，三因加一度，爲日行百刻度，亦同。置每度出入半弧背，以百刻乘之爲實，日行百刻度爲法除之，得數爲出入差刻。置二十五刻，以出入差刻視黃道，在赤道內加之，在赤道外減之，得數爲半晝刻，倍之爲晝刻，以減百刻，爲夜刻。

如求冬至後四十四度晝夜刻。術曰：置冬至後四十四度黃赤道內外半弧弦一十七度二十五分六十九秒，又爲黃赤道小弧弦，前立成中取之。以二至出入差半弧背一十九度九十六分一十四秒乘之爲實，以二至黃赤道內外半弧弦二十三度七十一分爲法除之，得一十四度五十二分八十五秒，爲出入半弧背。又法：置黃赤道內外半弧弦一十七度二五六九，以度差〇度八四一九乘之，亦得一十四度五二八五，爲出入半弧背。置半徑六十〇度八七五，以四十四度黃赤道內外矢二度五十一分八十一秒又爲赤道二弦差，前立成中取之。減之，餘五十八度三十五分六十九秒，卽赤道小弦。倍之，得一百一十六度七十一分三十八秒，三因之，加一度，得三百五十一度一十四分一十四秒，爲日行百刻度。又術：倍黃赤道內外矢得五度〇三分六十二秒，以減全徑一百二十一度七十五分，亦得一百一十六度七十一分三十八秒，三因加一度，爲日行百刻度，亦同。置出入半弧背一十四度五十二分八十五秒，以百刻乘之爲實，以日行百刻度三百五十一度一十四分一十四秒爲法除之，得四刻一十三分七十五秒，爲出入差刻。置二十五刻，以出入差刻四刻一十三分七十五秒減之，因冬至後四十四度，黃道在赤道外，故減。餘二十〇刻八十六分二十五秒，爲半晝刻。倍之得四十一刻七十二分半，爲晝刻。以晝刻減百刻，餘五十八刻二十七分半，爲夜刻。又術：置出入差刻四刻一十三分七十五秒，倍之，得八刻二十七分半，以減春秋分晝夜五十刻，得四十一刻七十二分半，爲晝刻。以倍刻加五十刻，得五十八刻二十七分半，爲夜刻。晝減故夜加，餘倣此。

中華書局

黃道每度晝夜刻立成

黃道積度	出入半弧背	日行百刻度	出入差刻分	冬至前後晝 夏至前後夜	冬至前後夜 夏至前後晝
十度十分	十度十分十秒	百十度十分十秒	刻十分十秒	十刻十分十秒	十刻十分十秒
初	一九九六一四	三三七一六〇八	五九二〇四	三八一五九二	六一八四〇八
一	九五八七	一六八六	九一九五	一六一〇	八三九〇
二	九五〇六	一九三八	九一六六	一六六八	八三三二
三	九三七二	二三四六	九一一九	一七六二	八二三八
四	九一八三	二九二二	九〇五三	一八九四	八一〇六
五	八九四〇	三六六〇	八九六八	二〇六四	七九三六
六	八六四二	四五五四	八八六四	二二七二	七七二八
七	八二九一	五六一六	八七四二	二五一六	七四八四
八	七八八四	六八四〇	八六〇〇	二八〇〇	七二〇〇

十度十分	十度十分十秒	百十度十分十秒	刻十分十秒	十刻十分十秒	十刻十分十秒
九	七四二二	八二二六	八四三九	三一二二	六八七八
一〇	六九〇六	九七八〇	八二六〇	三四八〇	六五二〇
一一	六三三三	三三八一四九〇	八〇六一	三八七八	六一二二
一二	五七〇五	三三五六	七八四三	四三一四	五六八六
一三	五〇二一	五三七八	七六〇六	四七八八	五二一二
一四	四二八〇	七五六八	七三五〇	五三〇〇	四七〇〇
一五	三四八三	九九二〇	七〇七六	五八四八	四一五二
一六	二六二八	三三九二四〇〇	六七八二	六四三六	三五六四
一七	一七一八	五〇六八	六四六八	七〇六四	二九三六
一八	〇七四九	七八六四	六一三八	七七二四	二二七六
一九	一八九七二三	三四〇〇八一〇	五七八七	八四二六	一五七四

十度十分	十度十分十秒	百十度十分十秒	刻十分十秒	十刻十分十秒	十刻十分十秒
二〇	八六三八	三九一二	五四一八	九一六四	〇八三六
二一	七四九六	七一五二	五〇三〇	九九四〇	〇〇六〇
二二	六二九四	三四一〇五三六	四六二三	三九〇七五四	六〇九二四六
二三	五〇三四	四〇五二	四一九七	一六〇六	八三九四
二四	三七一六	七七一二	三七五四	二四九二	七五〇八
二五	二三三九	三四二一四九二	三二九二	三四一六	六五八四
二六	〇九〇三	五四〇四	二八一二	四三七六	五六二四
二七	一七九四〇八	九四三六	二三一四	五三七二	四六二八
二八	七八五四	三四三三五九四	一七九八	六四〇四	三五九六
二九	六二四二	七九八〇	一二六三	七四七四	二五二六
三〇	四五七二	三四四二三三四	〇七一四	八五七二	一四二八
三一	二八四二	六七一六	〇一七四	九七〇六	〇二九四

十度十分	十度十分十秒	百十度十分十秒	刻十分十秒	十刻十分十秒	十刻十分十秒
三二	一〇五五	三四五一二九四	四九五六二	四〇〇八七六	五九九一二四
三三	一六九二一〇	五九五六	八九六一	二〇七八	七九二二
三四	七三〇九	三四六〇七〇八	八三四五	三三一〇	六六九〇
三五	五三五〇	五五三八	七七一二	四五七六	五四二四
三六	三三三五	三四七〇四四〇	七〇六四	五八七二	四一二八
三七	二二六四	五四一四	六四〇一	七一九八	二八〇二
三八	一五九一三九	三四八〇四四二	五七二三	八五五四	一四四六
三九	六九五九	五五一八	五〇三一	九九三八	〇〇六二
四〇	四七二六	三四九〇六四二	四三二六	四一一三四八	五八八六五二
四一	二四四二	五八〇二	三六〇七	二七八六	七二一四
四二	〇一〇七	三五〇〇九八六	二八七五	四二五〇	五七五〇

十度十分	十度十分十秒	百十度十分十秒	刻十分十秒	十刻十分十秒	十刻十分十秒
四三	一四七七二〇	六一九四	二一三一	五七三八	四二六二
四四	五二八五	三五一一四一四	一三七五	七二五〇	二七五〇
四五	二八〇三	六六四〇	〇六〇七	八七八六	一二一四
四六	〇二七四	三五二一八六六	三九八二九	四二〇三四二	五七九六五八
四七	一三七七〇〇	七〇八〇	九〇四〇	一九二〇	八〇八〇
四八	五〇八二	三五三二二七〇	八二四〇	三五一六	六四八四
四九	二四二一	七四四二	七四三四	五一三二	四八六八
五〇	一二九七二〇	三五四二五七八	六六一七	六七六六	三二三四
五一	六九七七	七六七二	五七九一	八四一八	一五八二
五二	四一九九	三五五二七一八	四九五九	四三〇〇八二	五六九九一八
五三	一三八八	七七一〇	四一一九	一七六二	八二三八
五四	一一八五三九	三五六二六三六	三二七三	三四五四	六五四六

十度十分	十度十分十秒	百十度十分十秒	刻十分十秒	十刻十分十秒	十刻十分十秒
五五	五六五七	七五〇二	二四一九	五一六二	四八三八
五六	二七四三	三五七二二八四	一五六〇	六八八〇	三一二〇
五七	一〇九八〇〇	六九九四	〇六九六	八六〇八	一三九二
五八	六八二八	三五八一六〇二	二九八二七	四四〇三四六	五五九六五四
五九	三八二九	六一三二	八九五二	二〇九六	七九〇四
六〇	〇八〇五	三五九〇五六〇	八〇七四	三八五二	六一四八
六一	九七七五八	四八八六	七一九三	五六一四	四三八六
六二	四六八九	九一〇四	六三〇九	七三八二	二六一八
六三	一五九七	三六〇三二〇八	五四二〇	九一六〇	〇八四〇
六四	八八四八七	七一九二	四五三〇	四五〇九四〇	五四九〇六〇
六五	五三六〇	三六一一〇〇八	三六三八	二七二四	七二七六

十度十分	十度十分十秒	百十度十分十秒	刻十分十秒	十刻十分十秒	十刻十分十秒
六六	二二一五	四八一二	二七四四	四五一二	五四八八
六七	七九〇五四	八四二四	一八四七	六三〇六	三六九四
六八	五八八二	三六二一九〇四	〇九五〇	八一〇〇	一九〇〇
六九	二六九五	五二六四	〇〇五二	九八九六	〇一〇四
七〇	六九四九四	八四八六	一九一五一	四六一六九六	五三八三〇四
七一	六二八五	三六三一五七〇	八二五二	三四九六	六五〇四
七二	三〇六五	四五一六	七三五一	五二九八	四七〇二
七三	五九八三七	七三一八	六四五〇	七一〇〇	二九〇〇
七四	六六〇〇	九九八二	五五四九	八九〇二	一〇九八
七五	三三五七	三六四二四九六	四六四八	四七〇七〇四	五二九二九六
七六	〇一〇八	四八七〇	三七四七	二五〇六	七四九四
七七	四六八五四	七〇八六	二八四六	四三〇八	五六九二

十度十分	十度十分十秒	百十度十分十秒	刻十分十秒	十刻十分十秒	十刻十分十秒
七八	三五九四	九一五六	一九四六	六一〇八	三八九二
七九	〇三三一	三六五一〇八二	一〇四六	七九〇八	二〇九二
八〇	三七〇六四	二八六四	〇一四六	九七〇八	〇二九二
八一	三七九四	四四九〇	〇九二四六	四八一五〇八	五一八四九二
八二	〇五七八	五九六六	八三四六	三三〇八	六六九二
八三	二七二四九	七二九二	七四四九	五一〇二	四八九八
八四	三九七三	八四七四	六五五二	六八九六	三一〇四
八五	〇六九六	九五〇〇	五六五五	八六九〇	一三一〇
八六	一七六一八	三六六〇三七〇	四七五八	四九〇四八四	五〇九五一六
八七	四一四〇	一一〇八	三八六二	二二七六	七七二四
八八	〇八六二	一六七八	二九六六	四〇六八	五九三二

八九	○七五八二	二○九八	二○七○	五八六○	四一四○
九○	四三○三	二三七四	一一七四	七六五二	二三四八
九一	一○二四	二四九四	○二七九	九四四二	○五五八
九一三一	○○○○	三六六二五○○	○○○○	五○○○○○	五○○○○○

右曆草所載晝夜刻分，乃大都即燕京晷漏也。夏晝、冬夜極長，六十一刻八十四分，冬晝、夏夜極短，三十八刻一十六分。明既遷都於燕，不知遵用。惟正統己巳奏准頒曆用六十一刻，而羣然非之。景泰初仍復用南京晷刻，終明之世未能改正也。

二至出入差圖

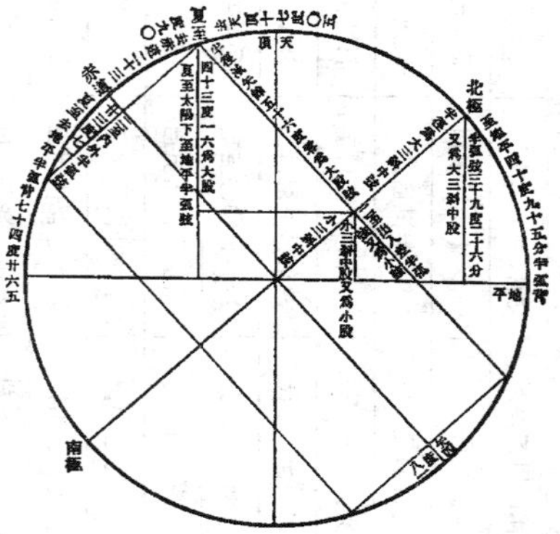

校勘記

〔一〕日月五星平立定三差　此標題原脫，據本書卷三十二第一段「法原之日七」所列第六日補。

明史卷三十四

志第十

曆四

大統曆法二 立成

立成者，以日月五星盈縮遲疾之數，預爲排定，以便推步取用也。元志、曆經步七政盈縮遲疾，皆有二術。其一術以三差立算者，卽布立成法也。其又術云，以其下盈縮分，乘入限分萬約之，以加其下盈縮積者，用立成法也。而遺立成未載，無從入算。今依大統曆通軌具錄之。其目四：曰太陽盈縮，曰晨昏分，曰太陰遲疾，曰五星盈縮。餘詳法原及推步卷中。按元史，至正十七年授時曆成。十九年王恂卒，時曆雖頒，然立成之數尙皆未有定藁。郭守敬比類編次，整齊分秒，裁爲二卷。而今欽天監本，載嘉議大夫太史令臣王恂奉敕撰。意者王先有藁，而郭卒成之歟？

太陽盈初縮末限立成 冬至前後二象限同用

積日	平立合差	盈加分	盈積度	盈行度
十日	分十秒十微	百十分十秒十微	萬千百十分十秒十微	度千百十分十秒
初	四九三八六	五一○八五六九		一○五一○八五
一	四九五七二	五○五九一八三	五一○八五六九	一○五○五九一
二	四九七五八	五○○九六一一	一○一六七七五二	一○五○○九六
三	四九九四四	四九五九八五三	一五一七七三六三	一○四九五九八
四	五○一三○	四九○九九○九	二○一三七二一六	一○四九○九九
五	五○三一六	四八五九七七九	二五○四七一二五	一○四八五九七
六	五○五○二	四八○九四六三	二九九○六九○四	一○四八○九四
七	五○六八八	四七五八九六一	三四七一六三六七	一○四七五八九
八	五○八七四	四七○八二七三	三九四七五三二八	一○四七○八二

九	五一〇六〇	四六五七三九九	四四一八三六〇一	一〇四六五七三
一〇	五一二四六	四六〇六三三九	四八八四一〇〇〇	一〇四六〇六三
一一	五一四三二	四五五五〇九三	五三四四七三三九	一〇四五五五〇
一二	五一六一八	四五〇三六六一	五八〇〇二四三二	一〇四五〇三六
一三	五一八〇四	四四五二〇四三	六二五〇六〇九三	一〇四四五二〇
一四	五一九九〇	四四〇〇二三九	六六九五八一三六	一〇四四〇〇二
一五	五二一七六	四三四八二四九	七一三五八三七五	一〇四三四八二
一六	五二三六二	四二九六〇七三	七五七〇六六二四	一〇四二九六〇
一七	五二五四八	四二四三七一一	八〇〇〇二六九七	一〇四二四三七
一八	五二七三四	四一九一一六三	八四二四六四〇八	一〇四一九一一
一九	五二九二〇	四一三八四二九	八八四三七五七一	一〇四一三八四
二〇	五三一〇六	四〇八五五〇九	九二五七六〇〇〇	一〇四〇八五五

十日	分十秒十微	百十分十秒十微	萬千百十分十秒十微	度千百十分十秒
二一	五三二九二	四〇三二四〇三	九六六六一五〇九	一〇四〇三二四
二二	五三四七八	三九七九一一一	一〇〇六九三九一二	一〇三九七九一
二三	五三六六四	三九二五六三三	一〇四六七三〇二三	一〇三九二五六
二四	五三八五〇	三八七一九六九	一〇八五九八六五六	一〇三八七一九
二五	五四〇三六	三八一八一一九	一一二四七〇六二五	一〇三八一八一
二六	五四二二二	三七六四〇八三	一一六二八八七四四	一〇三七六四〇
二七	五四四〇八	三七〇九八六一	一二〇〇五二八二七	一〇三七〇九八
二八	五四五九四	三六五五四五三	一二三七六二六八八	一〇三六五五四
二九	五四七八〇	三六〇〇八五九	一二七四一八一四一	一〇三六〇〇八
三〇	五四九六六	三五四六〇七九	一三一〇一九〇〇〇	一〇三五四六〇
三一	五五一五二	三四九一一一三	一三四五六五〇七九	一〇三四九一一

三二	五五三三八	三四三五九六一	一三八〇五六一九二	一〇三四三五九
三三	五五五二四	三三八〇六二三	一四一四九二一五三	一〇三三八〇六
三四	五五七一〇	三三二五〇九九	一四四八七二七七六	一〇三三二五〇
三五	五五八九六	三二六九三八九	一四八一九七八七五	一〇三二六九三
三六	五六〇八二	三二一三四九三	一五一四六七二六四	一〇三二一三四
三七	五六二六八	三一五七四一一	一五四六八〇七五七	一〇三一五七四
三八	五六四五四	三一〇一一四三	一五七八三八一六八	一〇三一〇一一
三九	五六六四〇	三〇四四六八九	一六〇九三九三一一	一〇三〇四四六
四〇	五六八二六	二九八八〇四九	一六三九八四〇〇〇	一〇二九八八〇
四一	五七〇一二	二九三一二二三	一六六九七二〇四九	一〇二九三一二
四二	五七一九八	二八七四二一一	一六九九〇三二七二	一〇二八七四二
四三	五七三八四	二八一七〇一三	一七二七七七四八三	一〇二八一七〇

十日	分十秒十微	百十分十秒十微	萬千百十分十秒十微	度千百十分十秒
四四	五七五七〇	二七五九六二九	一七五五九四四九六	一〇二七五九六
四五	五七七五六	二七〇二〇五九	一七八三五四一二五	一〇二七〇二〇
四六	五七九四二	二六四四三〇三	一八一〇五六一八四	一〇二六四四三
四七	五八一二八	二五八六三六一	一八三七〇〇四八七	一〇二五八六三
四八	五八三一四	二五二八二三三	一八六二八六八四八	一〇二五二八二
四九	五八五〇〇	二四六九九一九	一八八八一五〇八一	一〇二四六九九
五〇	五八六八六	二四一一四一九	一九一二八五〇〇〇	一〇二四一一四
五一	五八八七二	二三五二七三三	一九三六九六四一九	一〇二三五二七
五二	五九〇五八	二二九三八六一	一九六〇四九一五二	一〇二二九三八
五三	五九二四四	二二三四八〇三	一九八三四三〇一三	一〇二二三四八
五四	五九四三〇	二一七五五五九	二〇〇五七七八一六	一〇二一七五五

二十四史

五五	五九六一六	二一一六一二九	二〇二七五三三七五	一〇二一一六一
五六	五九八〇二	二〇五六五一三	二〇四八六九五〇四	一〇二〇五六五
五七	五九九八八	一九九六七一一	二〇六九二六〇一七	一〇一九九六七
五八	六〇一七四	一九三六七二三	二〇八九二二七二八	一〇一九三六七
五九	六〇三六〇	一八七六五四九	二一〇八五九四五一	一〇一八七六五
六〇	六〇五四六	一八一六一八九	二一二七三六〇〇〇	一〇一八一六一
六一	六〇七三二	一七五五六四三	二一四五五二一八九	一〇一七五五六
六二	六〇九一八	一六九四九一一	二一六三〇七八三二	一〇一六九四九
六三	六一一〇四	一六三三九九三	二一八〇〇二七四三	一〇一六三三九
六四	六一二九〇	一五七二八八九	二一九六三六七三六	一〇一五七二八
六五	六一四七六	一五一一五九九	二二一二〇九六二五	一〇一五一一五
六六	六一六六二	一四五〇一二三	二二二七二一二二四	一〇一四五〇一

十日	分十秒十微	百十分十秒十微	萬千百十分十秒十微	度千百十分十秒
六七	六一八四八	一三八八四六一	二二四一七一三四七	一〇一三八八四
六八	六二〇三四	一三二六六一三	二二五五五九八〇八	一〇一三二六六
六九	六二二二〇	一二六四五七九	二二六八八六四二一	一〇一二六四五
七〇	六二四〇六	一二〇二三五九	二二八一五一〇〇〇	一〇一二〇二三
七一	六二五九二	一一三九九五三	二二九三五三三五九	一〇一一三九九
七二	六二七七八	一〇七七三六一	二三〇四九三三一二	一〇一〇七七三
七三	六二九六四	一〇一四五八三	二三一五七〇六七三	一〇一〇一四五
七四	六三一五〇	〇九五一六一九	二三二五八五二五六	一〇〇九五一六
七五	六三三三六	八八八四六九	二三三五三六八七五	一〇〇八八八四
七六	六三五二二	八二五一三三	二三四四二五三四四	一〇〇八二五一
七七	六三七〇八	七六一六一一	二三五二五〇四七七	一〇〇七六一六

七八	六三八九四	六九七九〇三	二三六〇一二〇八八	一〇〇六九七九
七九	六四〇八〇	六三四〇〇九	二三六七〇九九九一	一〇〇六三四〇
八〇	六四二六六	五六九九二九	二三七三四四〇〇〇	一〇〇五六九九
八一	六四四五二	五〇五六六三	二三七九一三九二九	一〇〇五〇五六
八二	六四六三八	四四一二一一	二三八四一九五九二	一〇〇四四一二
八三	六四八二四	三七六五七三	二三八八六〇八〇三	一〇〇三七六五
八四	六五〇一〇	三一一七四九	二三九二三七三七六	一〇〇三一一七
八五	六五一九六	二四六七三九	二三九五四九一二五	一〇〇二四六七
八六	六五三八二	一八一五四三	二三九七九五八六四	一〇〇一八一五
八七	六五五六八	一一六一六一	二三九九七七四〇七	一〇〇一一六一
八八	六五七五四	五〇五九三	二四〇〇九三五六八	一〇〇〇五〇五
八九	〇〇〇〇〇	〇〇〇〇〇	二四〇一四四一六一	一〇〇〇〇〇〇

太陽縮初盈末限立成 夏至前後二象限同用

積日	平立合差	縮加分	縮積度	縮行度
十日	分十秒十微	百十分十秒十微	萬千百十分十秒十微	度千百十分十秒
初	四四三六二	四八四八四七三		九五一五一六
一	四四五二四	四八〇四一一一	四八四八四七三	九五一九五九
二	四四六八六	四七五九五八七	九六五二五八四	九五二四〇五
三	四四八四八	四七一四九〇一	一四四一二一七一	九五二八五一
四	四五〇一〇	四六七〇〇五三	一九一二七〇七二	九五三三〇〇
五	四五一七二	四六二五〇四三	二三七九七一二五	九五三七五〇
六	四五三三四	四五七九八七一	二八四二二一六八	九五四二〇二
七	四五四九六	四五三四五三七	三三〇〇二〇三九	九五四六五五
八	四五六五八	四四八九〇四一	三七五三六五七六	九五五一一〇

中華書局

十日	分十秒十微	百十分十秒十微	萬千百十分十秒十微	度千百十分十秒
九	四五八二〇	四四四三三八三	四二〇二五六一七	九五五五六七
一〇	四五九八二	四三九七五六三	四六四六九〇〇〇	九五六〇二五
一一	四六一四四	四三五一五八一	五〇八六六五六三	九五六四八五
一二	四六三〇六	四三〇五四三七	五五二一八一四四	九五六九四六
一三	四六四六八	四二五九一三一	五九五二三五八一	九五七四〇九
一四	四大六三〇	四二一二六六三	六三七八二七一二	九五七八七四
一五	四六七九二	四一六六〇三三	六七九九五三七五	九五八三四〇
一六	四六九五四	四一一九二四一	七二一六一四〇八	九五八八〇八
一七	四七一一六	四〇七二二八七	七六二八〇六四九	九五九二七八
一八	四七二七八	四〇二五一七一	八〇三五二九三六	九五九七四九
一九	四七四四〇	三九七七八九三	八四三七八一〇七	九六〇二二一
二〇	四七六〇二	三九三〇四五三	八八三五六〇〇〇	九六〇六九六

十日	分十秒十微	百十分十秒十微	萬千百十分十秒十微	度千百十分十秒
二一	四七七六四	三八八二八五一	九二二八六四五三	九六一一七二
二二	四七九二六	三八三五〇八七	九六一六九三〇四	九六一六五〇
二三	四八〇八八	三七八七一六一	一〇〇〇〇四三九一	九六二一二九
二四	四八二五〇	三七三九〇七三	一〇三七九一五五二	九六二六一〇
二五	四八四一二	三六九〇八二三	一〇七五三〇六二五	九六三〇九二
二六	四八五七四	三六四二四一一	一一一二二一四四八	九六三五七六
二七	四八七三六	三五九三八三七	一一四八六三八五九	九六四〇六二
二八	四八八九八	三五四五一〇一	一一八四五七六九六	九六四五四九
二九	四九〇六〇	三四九六二〇三	一二二〇〇二七九七	九六五〇三八
三〇	四九二二二	三四四七一四三	一二五四九九〇〇〇	九六五五二九
三一	四九三八四	三三九七九二一	一二八九四六一四三	九六六〇二一

十日	分十秒十微	百十分十秒十微	萬千百十分十秒十微	度千百十分十秒
三二	四九五四六	三三四八五三七	一三二三四四〇六四	九六六五一五
三三	四九七〇八	三二九八九九一	一三五六九二六〇一	九六七〇一一
三四	四九八七〇	三二四九二八三	一三八九九一五九二	九六七五〇八
三五	五〇〇三二	三一九九四一三	一四二二四〇八七五	九六八〇〇六
三六	五〇一九四	三一四九三八一	一四五四四〇二八八	九六八五〇七
三七	五〇三五六	三〇九九一八七	一四八五八九六六九	九六九〇〇九
三八	五〇五一八	三〇四八八三一	一五一六八八八五六	九六九五一二
三九	五〇六八〇	二九九八三一三	一五四七三七六八七	九七〇〇一七
四〇	五〇八四二	二九四七六三三	一五七七三六〇〇〇	九七〇五二四
四一	五一〇〇四	二八九六七九一	一六〇六八三六三三	九七一〇三三
四二	五一一六六	二八四五七八七	一六三五八〇四二四	九七一五四三
四三	五一三二八	二七九四六二一	一六六四二六二一一	九七二〇五四

十日	分十秒十微	百十分十秒十微	萬千百十分十秒十微	度千百十分十秒
四四	五一四九〇	二七四三二九三	一六九二二〇八三二	九七二五六八
四五	五一六五二	二六九一八〇三	一七一九六四一二五	九七三〇八二
四六	五一八一四	二六四〇一五一	一七四六五五九二八	九七三五九九
四七	五一九七六	二五八八三三七	一七七二九六〇七九	九七四一一七
四八	五二一三八	二五三六三六一	一七九八八四四一六	九七四六三七
四九	五二三〇〇	二四八四二二三	一八二四二〇七七七	九七五一五八
五〇	五二四六二	二四三一九二三	一八四九〇五〇〇〇	九七五六八一
五一	五二六二四	二三七九四六一	一八七三三六九二三	九七六二〇六
五二	五二七八六	二三二六八三七	一八九七一六三八四	九七六七三二
五三	五二九四八	二二七四〇五一	一九二〇四三二二一	九七七二六〇
五四	五三一一〇	二二二一一〇三	一九四三一七二七二	九七七七八九

五五	五三二七二	二一六七九九三	一九六五三八三七五	九七八三二一
五六	五三四三四	二一一四七二一	一九八七〇六三六八	九七八八五三
五七	五三五九六	二〇六一二八七	二〇〇八二一〇八九	九七九三八八
五八	五三七五八	二〇〇七六九一	二〇二八八二三七六	九七九九二四
五九	五三九二〇	一九五三九三三	二〇四八九〇〇六七	九八〇四六一
六〇	五四〇八二	一九〇〇〇一三	二〇六八四四〇〇〇	九八一〇〇〇
六一	五四二四四	一八四五九三一	二〇八七四四〇一三	九八一五四一
六二	五四四〇六	一七九一六八七	二一〇五八九九四四	九八二〇八四
六三	五四五六八	一七三七二八一	二一二三八一六三一	九八二六二八
六四	五四七三〇	一六八二七一三	二一四一一八九一二	九八三一七三
六五	五四八九二	一六二七九八三	二一五八〇一六二五	九八三七二一
六六	五五〇五四	一五七三〇九一	二一七四二九六〇八	九八四二七〇

十日	分十秒十微	百十分十秒十微	萬千百十分十秒十微	度千百十分十秒
六七	五五二一六	一五一八〇三七	二一九〇〇二六九九	九八四八二〇
六八	五五三七八	一四六二八二一	二二〇五二〇七三六	九八五三七二
六九	五五五四〇	一四〇七四四三	二二一九八三五五七	九八五九二六
七〇	五五七〇二	一三五一九〇三	二二三三九一〇〇〇	九八六四八一
七一	五五八六四	一二九六二〇一	二二四七四二九〇三	九八七〇三八
七二	五六〇二六	一二四〇三三七	二二六〇三九一〇四	九八七五九七
七三	五六一八八	一一八四三一一	二二七二七九四四一	九八八一五七
七四	五六三五〇	一一二八一二三	二二八四六三七五二	九八八七一九
七五	五六五一二	一〇七一七七三	二二九五九一八七五	九八九二八三
七六	五六六七四	一〇一五二六一	二三〇六六三六四八	九八九八四八
七七	五六八三六	〇九五八五八七	二三一六七八九〇九	九九〇四一五

七八	五六九九八	九〇一七五一	二三二六三七四九六	九九〇九八三
七九	五七一六〇	八四四七五三	二三三五三九二四七	九九一五五三
八〇	五七三二二	七八七五九三	二三四三八四〇〇〇	九九二一二五
八一	五七四八四	七三〇二七一	二三五一七一五九三	九九二六九八
八二	五七六四六	六七二七八七	二三五九〇一八六四	九九三二七三
八三	五七八〇八	六一五一四一	二三六五七四六五一	九九三八四九
八四	五七九七〇	五五七三三三	二三七一八九七九二	九九四四二七
八五	五八一三二	四九九三六三	二三七七四七一二五	九九五〇〇七
八六	五八二九四	四四一二三一	二三八二四六四八八	九九五五八八
八七	五八四五六	三八二九三七	二三八六八七七一九	九九六一七一
八八	五八六一八	三二四四八一	二三九〇七〇六五六	九九六七五六
八九	五八七八〇	二六五八六三	二三九三九五一三七	九九七三四二

十日	分十秒十微	百十分十秒十微	萬千百十分十秒十微	度千百十分十秒
九〇	五八九四二	二〇七〇八三	二三九六六一〇〇〇	九九七九三〇
九一	五九一〇四	一四八一四一	二三九八六八〇八三	九九八五一九
九二	五九二六六	八九〇三七	二四〇〇一六二二四	九九九一一〇
九三	五九四二八	二九七七一	二四〇一〇五二六一	九九九七〇三
九四	〇〇〇〇〇	〇〇〇〇〇	二四〇一三五〇三二	一〇〇〇〇〇〇

冬夏二至後晨昏分立成 此通軌所載南京應天府晷刻也

積日	冬至後晨分	冬至後昏分		夏至後晨分	夏至後昏分
百十日	千百十分十秒	千百十分十秒		千百十分十秒	千百十分十秒
初	二六八一七〇	七三一八三〇		一八一八三〇	八一八一七〇

二十四史

一	八一六二	一八三八		一八三六	八一六四
二	八一三九	一八六一		一八五六	八一四四
三	八一〇一	一八九九		一八八七	八一一三
四	八〇四八	一九五二		一九三〇	八〇七〇
五	七九七九	二〇二一		一九八七	八〇一三
六	七八九六	二一〇四		二〇五六	七九四四
七	七七九七	二二〇三		二一三七	七八六三
八	七六八三	二三一七		二二三一	七七六九
九	七五五五	二四四五		二三三八	七六六二
一〇	七四一一	二五八九		二四五八	七五四二
一一	七二五二	二七四八		二五九〇	七四一〇
一二	七〇七八	二九二二		二七三四	七二六六

百十日	千百十分十秒	千百十分十秒		千百十分十秒	千百十分十秒
一三	六八八九	三一一一		二八九二	七一〇八
一四	六六八五	三三一五		三〇六二	六九三八
一五	六四六六	三五三四		三二四六	六七五四
一六	六二三二	三七六八		三四四一	六五五九
一七	五九八三	四〇一七		三六五〇	六三五〇
一八	五七一九	四二八一		三八七一	六一二九
一九	五四四一	四五五九		四一〇六	五八九四
二〇	五一四七	四八五三		四三五三	五六四七
二一	四八三九	五一六一		四六一二	五三八八
二二	四五一七	五四八三		四八八五	五一一五
二三	四一八一	五八一九		五一七一	四八二九

二四	三八二九	六一七一		五四六九	四五三一
二五	三四六四	六五三六		五七七九	四二二一
二六	三〇八五	六九一五		六一〇三	三八九七
二七	二六九二	七三〇八		六四三九	三五六一
二八	二二八四	七七一六		六七八七	三二一三
二九	一八六六	八一三四		七一四七	二八五三
三〇	一四三三	八五六七		七五二一	二四七九
三一	〇九八八	九〇一二		七九〇五	二〇九五
三二	〇五三一	九四六九		八三〇一	一六九九
三三	〇〇六一	九九三九		八七〇八	一二九二
三四	二五九五七九	七四〇四二一		九一二八	〇八七二
三五	九〇八五	〇九一五		九五五八	〇四四二

百十日	千百十分十秒	千百十分十秒		千百十分十秒	千百十分十秒
三六	八五八〇	一四二〇		一九〇〇〇〇	八一〇〇〇〇
三七	八〇六五	一九三五		〇四五二	八〇九五四八
三八	七五三九	二四六一		〇九一五	九〇八五
三九	七〇〇二	二九九八		一三八九	八六一一
四〇	六四五六	三五四四		一八七三	八一二七
四一	五九〇〇	四一〇〇		二三六六	七六三四
四二	五三三六	四六六四		二八六九	七一三一
四三	四七六三	五二三七		三三八二	六六一八
四四	四一八一	五八一九		三九〇三	六〇九七
四五	三五九二	六四〇八		四四三三	五五六七
四六	二九九六	七〇〇四		四九七一	五〇二九

中華書局

二十四史

四七	二三九二	七六〇八		五五一九	四四八一
四八	一七八二	八二一八		六〇七三	三九二七
四九	一一六七	八八三三		六六三五	三三六五
五〇	〇五四四	九四五六		七二〇三	二七九七
五一	二四九九一八	七五〇〇八二		七七七九	二二二一
五二	九二八六	〇七一四		八三六一	一六三九
五三	八六五〇	一三五〇		八九四九	一〇五一
五四	八〇一〇	一九九〇		九五四三	〇四五七
五五	七三六六	二六三四		二〇〇一四二	七九九八五八
五六	六七一八	三二八二		〇七四七	九二五三
五七	六〇六七	三九三三		一三五五	四六四五
五八	五四一四	四五八六		一九六九	八〇三一

百十日	千百十分十秒	千百十分十秒		千百十分十秒	千百十分十秒
五九	四七五九	五二四一		二五八六	七四一四
六〇	四一〇二	五八九八		三二〇七	六七九三
六一	三四四二	六五五八		三八三三	六一六七
六二	二七八一	七二一九		四四六一	五五三九
六三	二一一九	七八八一		五〇九一	四九〇九
六四	一四五六	八五四四		五七二四	四二七六
六五	〇七九三	九二〇七		六三六一	三六三九
六六	〇一二八	九八七二		六九九九	三〇〇一
六七	二三九四六三	七六〇五三七		七六四〇	二三六〇
六八	八七九八	一二〇二		八二八二	一七一八
六九	八一三三	一八六七		八九二六	一〇七四

七〇	七四六八	二五三二		九五六九	〇四三一
七一	六八〇三	三一九七		二一〇二一六	七八九七八四
七二	六一三八	三八六二		〇八六四	九一三六
七三	五四七四	四五二六		一五一二	八四八八
七四	四八一〇	五一九〇		二一六一	七八三九
七五	四一四七	五八五三		二八一〇	七一九〇
七六	二三三四八五	七六六五一五		二一三四六〇	七八六五四〇
七七	二八二三	七一七七		四一一〇	五八九〇
七八	二一六二	七八三八		四七六一	五二三九
七九	一五〇三	八四九七		五四一二	四五八八
八〇	〇八四三	九二五七		六〇六四	三九三六
八一	〇一八四	九八一六		六七一五	三二八五

百十日	千百十分十秒	千百十分十秒		千百十分十秒	千百十分十秒
八二	二二九五二六	七七〇四七四		六三六六	二六三四
八三	八八六九	一一三一		八〇一八	一九八二
八四	八二一三	一七八七		八六六八	一三三二
八五	七五五八	二四四二		九〇二〇	〇九八〇
八六	六九〇四	三〇九六		九九七二	〇〇二八
八七	六二四九	三七五一		二二〇六二四	七七九三七六
八八	五五九六	四四〇四		一二七五	八七二五
八九	四九三九	五〇六一		一九二六	八〇七四
九〇	四二八六	五七一四		二五七八	七四二二
九一	三六三四	六三六六		三二二九	六七七一
九二	二九八二	七〇一八		三八八一	六一一九

中華書局

百十日	千百十分十秒	千百十分十秒		千百十分十秒	千百十分十秒
九三	二三三一	七六六九		四五三四	五四六六
九四	一六八〇	八三二〇		五一九一	四八〇九
九五	一〇二九	八九七一		五八四五	四一五五
九六	〇三七八	九六二二		六四九九	三五〇一
九七	二一九七二六	七八〇二七四		七一五三	二八四七
九八	九〇七五	〇九二五		七八〇八	二一九二
九九	八四二三	一五七七		八四六四	一五三六
一〇〇	七七七三	二二二七		九一二一	〇八七九
一〇一	七一二二	二八七八		九七七八	〇二二二
一〇二	六四七一	三五二九		二三〇四三七	七六九五六三
一〇三	五八二〇	四一八〇		一〇九七	八九〇三
一〇四	五一六九	四八三一		一七五六	八二四四
一〇五	四五一八	五四八二		二四一六	七五八四
一〇六	三八六七	六一三三		三〇七八	六九二二
一〇七	三二一七	六七八三		三七四〇	六二六〇
一〇八	二五六八	七四三二		四四〇三	五五九七
一〇九	一九一九	八〇八一		五〇六七	四九三三
一一〇	一二七一	八七二九		五七三一	四二六九
一一一	〇六二三	九三七七		六三九五	三六〇五
一一二	二〇九九七六	七九〇〇二四		七〇六〇	二九四〇
一一三	九三二九	〇六七一		七七二六	二二七四
一一四	八六八七	一三一三		八三九一	一六〇九
一一五	八〇四四	一九五六		二三九〇五六	七六〇九四四

百十日	千百十分十秒	千百十分十秒		千百十分十秒	千百十分十秒
一一六	七四〇三	二五九七		九七二二	〇二七八
一一七	六七六三	三二三七		二四〇三八七	七五九六一三
一一八	六一二六	三八七四		一〇五一	八九四九
一一九	五四九一	四五〇九		一七一五	八二八五
一二〇	四八五九	五一四一		二三七八	七六二二
一二一	四二二九	五七七一		三〇四〇	六九六〇
一二二	三六〇二	六三九八		三七〇〇	六三〇〇
一二三	二九七九	七〇二一		四三六〇	五六四〇
一二四	二三五九	七六四一		五〇一六	四九八四
一二五	一七四四	八二五六		五六七〇	四三三〇
一二六	一一三二	八八六八		六三二三	三六七七
一二七	〇五二五	九四七五		六九七三	三〇二七
一二八	一九九九二三	八〇〇〇七七		七六一九	二三八一
一二九	九三二六	〇六七四		八二六二	一七三八
一三〇	八七三四	一二六六		八九〇〇	一一〇〇
一三一	八一四九	一八五一		九五三五	〇四六五
一三二	七五六九	二四三一		二五〇一六五	七四九八三五
一三三	六九九六	三〇〇四		〇七九一	九二〇九
一三四	六四三〇	三五七〇		一四一〇	八五九〇
一三五	五八七一	四一二九		二〇二四	七九七六
一三六	五三一九	四六八一		二六三二	七三六八
一三七	四七七五	五二二五		三二三三	六七六七
一三八	四二三九	五七六一		三八二六	六一七四

一三九	三七一三	六二八七		四四一三	五五八七
一四〇	三一九四	六八〇六		四九九二	五〇〇八
一四一	二六八五	七三一五		五五六二	四四三八
一四二	二一八六	七八一四		六一二三	三八七七
一四三	一六九六	八三〇四		六六六五	三三三五
一四四	一二一六	八七八四		七二一八	二七八二
一四五	〇七四六	九二五四		七七五一	二二四九
一四六	一九〇二八八	八〇九七一二		二五八二七三	七四一七二七
一四七	一八九八三九	八一〇一六一		八七八四	一二一六
一四八	九四〇二	〇五九八		九二八五	〇七一五
一四九	八九七六	一〇二四		九七七四	〇二二六
一五〇	八五六一	一四三九		二六〇二五二	七三九七四八

百十日	千百十分十秒	千百十分十秒		千百十分十秒	千百十分十秒
一五一	八一五七	一八四三		〇七一七	九二八三
一五二	七七六七	二二三三		一一六九	八八三一
一五三	七三八六	二六一四		一六〇九	八三九一
一五四	七〇一七	二九八三		二〇三六	七九六四
一五五	六六六二	三三三八		二四五〇	七五五〇
一五六	六三一八	三六八二		二八五二	七一四八
一五七	五九八七	四〇一三		三二三九	六七六一
一五八	五六六九	四三三一		三六一二	六三八八
一五九	五三六三	四六三七		三九七二	六〇二八
一六〇	五〇六九	四九三一		四三一七	五六八三
一六一	四七八八	五二一二		四六四八	五三五二

一六二	四五二〇	五四八〇		四九六四	五〇三六
一六三	四二六四	五七三六		五二六七	四七三三
一六四	四〇二一	五九七九		五五五四	四四四六
一六五	三七九一	六二〇九		五八二七	四一七三
一六六	三五七四	六四二六		六〇八五	三九一五
一六七	三三七〇	六六三〇		六三二八	三六七二
一六八	三一七八	六八二二		六五五七	三四四三
一六九	二九九九	七〇〇一		六七六九	三二三一
一七〇	二八三三	七一六七		六九六八	三〇三二
一七一	二六八一	七三一九		七一五二	二八四八
一七二	二五四一	七四五九		七三一九	二六八一
一七三	二四一四	七五八六		七四七二	二五二八

百十日	千百十分十秒	千百十分十秒		千百十分十秒	千百十分十秒
一七四	二二九九	七七〇一		七六一一	二三八九
一七五	二一九七	七八〇三		七七三三	二二六七
一七六	二一〇七	七八九三		七八四一	二一五九
一七七	二〇三一	七九六九		七九三二	二〇六八
一七八	一九六六	八〇三四		八〇一〇	一九九〇
一七九	一九一四	八〇八六		八〇七一	一九二九
一八〇	一八七五	八一二五		八一一八	一八八二
一八一	一八四九	八一五一		八一四九	一八五一
一八二	一八三四	八一六六		八一六六	一八三四

晨分加二百五十分，爲日出分。日周一萬分，內減晨分爲昏分。昏分減二百五十分，爲日入分，又減五千分，爲半晝分。故立成只列晨昏分，則出入及半晝分皆具，不必盡列也。

太陰遲疾立成 遲疾同用

限數	日率	益分	遲疾積度	疾曆限行度	遲曆限行度
百十限	十日千百十分	十分十秒十微十纖	度十分十秒十微十纖	度十分十秒	度十分十秒
初		一一〇八一五七五		一二〇七一	九八五五
一	八二〇	一一〇二三四二五	一一〇八一五七五	一二〇六五	九八六一
二	一六四〇	一〇九六三三二五	二二一〇五〇〇〇	一二〇五九	九八六七
三	二四六〇	一〇九〇一二七五	三三〇六八三二五	一二〇五三	九八七三
四	三二八〇	一〇八三七二七五	四三九六九六〇〇	一二〇四七	九八七九
五	四一〇〇	一〇七七一三二五	五四八〇六八七五	一二〇四〇	九八八六
六	四九二〇	一〇七〇三四二五	六五五七八二〇〇	一二〇三三	九八九三
七	五七四〇	一〇六三三五七五	七六二八一六二五	一二〇二六	九九〇〇
八	六五六〇	一〇五六一七七五	八六九一五二〇〇	一二〇一九	九九〇七
九	七三八〇	一〇四八八〇二五	九七四七六九七五	一二〇一二	九九一四
一〇	八二〇〇	一〇四一二三二五	一〇七九六五〇〇〇	一二〇〇四	九九二二
一一	九〇二〇	一〇三三四六七五	一一八三七七三二五	一一九九六	九九二九
一二	九八四〇	一〇二五五〇七五	一二八七一二〇〇〇	一一九八八	九九三七
一三	一〇六六一	一〇一七三五二五	一三八九六七〇七五	一一九八〇	九九四六
一四	一一四八一	一〇〇九〇〇二五	一四九一四〇六〇〇	一一九七二	九九五四
一五	一二三〇一	一〇〇〇四五七五	一五九二三〇六二五	一一九六三	九九六二
一六	一三一二一	九九一七一七五	一六九二三五二〇〇	一一九五五	九九七一
一七	一三九四一	九八二七八二五	一七九一五二三七五	一一九四六	九九八〇
一八	一四七六一	九七三六五二五	一八八九八〇二〇〇	一一九三七	九九八九
一九	一五五八一	九六四三二七五	一九八七一六七二五	一一九二七	九九九九
二〇	一六四〇一	九五四八〇七五	二〇八三六〇〇〇〇	一一九一八	一〇〇〇八
二一	一七二二一	九四五〇九二五	二一七九〇八〇七五	一一九〇八	一〇〇一八
二二	一八〇四一	九三五一八二五	二二七三五九〇〇〇	一一八九八	一〇〇二八
二三	一八八六一	九二五〇七七五	二三六七一〇八二五	一一八八八	一〇〇三八
二四	一九六八一	九一四七七七五	二四五九六一六〇〇	一一八七八	一〇〇四八
二五	二〇五〇二	九〇四二八二五	二五五一〇九三七五	一一八六七	一〇〇五九
二六	二一三二二	八九三五九二五	二六四一五二二〇〇	一一八五六	一〇〇六九
二七	二二一四二	八八二七〇七五	二七三〇八八一五二	一一八四六	一〇〇八〇
二八	二二九六二	八七一六二七五	二八一九一五二〇〇	一一八三五	一〇〇九一
二九	二三七八二	八六〇三五二五	二九〇六三一四七五	一一八二三	一〇一〇三
三〇	二四六〇二	八四八八八二五	二九九二三五〇〇〇	一一八一二	一〇一一四
三一	二五四二二	八三七二一七五	三〇七七二三八二五	一一八〇〇	一〇一二六
三二	二六二四二	八二五三五七五	三一六〇九六〇〇〇	一一七八八	一〇一三八
三三	二七〇六二	八一三三〇二五	三二四三四九五七五	一一七七六	一〇一五〇
三四	二七八八二	八〇一〇五二五	三三二四八二六〇〇	一一七六四	一〇一六二
三五	二八七〇二	七八八六〇七五	三四〇四九三一二五	一一七五一	一〇一七四
三六	二九五二二	七七五九六七五	三四八三七九二〇〇	一一七三九	一〇一八七
三七	三〇三四三	七六三一三二五	三五六一三八八七五	一一七二六	一〇二〇〇
三八	三一一六三	七五〇一〇二五	三六三七七〇二〇〇	一一七一三	一〇二一三
三九	三一九八三	七三六八七七五	三七一二七一二二五	一一七〇〇	一〇二二六
四〇	三二八〇三	七二三四五七五	三七八六四〇〇〇〇	一一六八六	一〇二三九
四一	三三六二三	七〇九八四二五	三八五八七四五七五	一一六七三	一〇二五三

中華書局

百十限	十日千百十分	十分十秒十微十纖	度十分十秒十微十纖	度十分十秒	度十分十秒
四二	三四四四三	六九六〇三二五	三九二九七三〇〇〇	一一六五九	一〇二六七
四三	三五二六三	六八二〇二七五	三九九九三三三二五	一一六四五	一〇二八一
四四	三六〇八三	六六七八二七五	四〇六七五三六〇〇	一一六三一	一〇二九五
四五	三六九〇三	六五三四三二五	四一三四三一八七五	一一六一六	一〇三〇九
四六	三七七二三	六三八八四二五	四一九九六六二〇〇	一一六〇二	一〇三二四
四七	三八五四三	六二四〇五七五	四二六三五四六二五	一一五八七	一〇三三九
四八	三九三六三	六〇九〇七七五	四三二五九五二〇〇	一一五七二	一〇三五四
四九	四〇一八三	五九三九〇二五	四三八六八五九七五	一一五五七	一〇三六九
五〇	四一〇〇四	五七八五三二五	四四四六二五〇〇〇	一一五四一	一〇三八四
五一	四一八二四	五六二九六七五	四五〇四一〇三二五	一一五二六	一〇四〇〇
五二	四二六四四	五四七二〇七五	四五六〇四〇〇〇〇	一一五一〇	一〇四一六
五三	四三四六四	五三一二五二五	四六一五一二〇七五	一一四九四	一〇四三二

百十限	十日千百十分	十分十秒十微十纖	度十分十秒十微十纖	度十分十秒	度十分十秒
五四	四四二八四	五一五一〇二五	四六六八二四六〇〇	一一四七八	一〇四四八
五五	四五一〇四	四九八七五七五	四七一九七五六二五	一一四六二	一〇四六四
五六	四五九二四	四八二二一七五	四七六九六三二〇〇	一一四四五	一〇四八一
五七	四六七四四	四六五四八二五	四八一七八五三七五	一一四二八	一〇四九七
五八	四七五六四	四四八五五二五	四八六四四〇二〇〇	一一四一一	一〇五一四
五九	四八三八四	四三一四二七五	四九〇九二五七二五	一一三九四	一〇五三一
六〇	四九二〇四	四一四一〇七五	四九五二四〇〇〇〇	一一三七七	一〇五四九
六一	五〇〇二四	三九六五九二五	四九九三八一〇七五	一一三五九	一〇五六六
六二	五〇八四五	三七八八八二五	五〇三三四七〇〇〇	一一三四二	一〇五八四
六三	五一六六五	三六〇九七七五	五〇七一三五八二五	一一三二四	一〇六〇二
六四	五二四八五	三四二八七七五	五一〇七四五六〇〇	一一三〇六	一〇六二〇

六五	五三三〇五	三二四五八二五	五一四一七四三七五	一一二八七	一〇六三八
六六	五四一二五	三〇六〇九二五	五一七四二〇二〇〇	一一二六九	一〇六五七
六七	五四九四五	二八七四〇七五	五二〇四八一一二五	一一二五〇	一〇六七六
六八	五五七六五	二六八五二七五	五二三三五五二〇〇	一一二三一	一〇六九四
六九	五六五八五	二四九四五二五	五二六〇四〇四七五	一一二一二	一〇七一三
七〇	五七四〇五	二三〇一八二五	五二八五三五〇〇〇	一一一九三	一〇七三三
七一	五八二二五	二一〇七一七五	五三〇八三六八二五	一一一七四	一〇七五二
七二	五九〇四五	一九一〇五七五	五三二九四四〇〇〇	一一一五四	一〇七七二
七三	五九八六五	一七一二〇二五	五三四八五四五七五	一一一三四	一〇七九二
七四	六〇六八五	一五一一五二五	五三六五六六六〇〇	一一一一四	一〇八一二
七五	六一五〇六	一三〇九〇七五	五三八〇七八一二五	一一〇九四	一〇八三二
七六	六二三二六	一一〇四六七五	五三九三八七二〇〇	一一〇七三	一〇八五二

百十限	十日千百十分	十分十秒十微十纖	度十分十秒十微十纖	度十分十秒	度十分十秒
七七	六三一四六	〇八九八三二五	五四〇四九一八七五	一一〇五三	一〇八七三
七八	六三九六六	六九〇〇二五	五四一三九〇二〇〇	一一〇三二	一〇八九四
七九	六四七八六	四七九七七五	五四二〇八〇二二五	一一〇一一	一〇九一五
八〇	六五六〇六	二六七五七五	五四二五六〇〇〇〇	一〇九九〇	一〇九三六
八一	六六四二六	〇五三四二五	五四二八二七五七五	一〇九六八	一〇九五八
八二	六七二四六	三五六一六	五四二八八一〇〇〇	一〇九六六	一〇九五九
八三	六八〇六六	一七八〇八	五四二九一六六一六	一〇九六五	一〇九六一
		損分			
八四	六八八八六	一七八〇八	五四二九三四四二四	一〇九六一	一〇九六五
八五	六九七〇六	三五六一六	五四二九一六六一六	一〇九五九	一〇九六六
八六	七〇五二六	五三四二五	五四二八八一〇〇〇	一〇九五八	一〇九六八

八七	七一三四六	二六七五七五	五四二八二七五七五	一〇九三六	一〇九九〇
八八	七二一六七	四七九七七五	五四二五六〇〇〇〇	一〇九一五	一一〇一一
八九	七二九八七	六九〇〇二五	五四二〇八〇二二五	一〇八九四	一一〇三二
九〇	七三八〇七	八九八三二五	五四一三九〇二〇〇	一〇八七三	一一〇五三
九一	七四六二七	一一〇四六七五	五四〇四九一八七五	一〇八五二	一一〇七三
九二	七五四四七	一三〇九〇七五	五三九三八七二〇〇	一〇八三二	一一〇九四
九三	七六二六七	一五一一五二五	五三八〇七八一二五	一〇八一二	一一一一四
九四	七七〇八七	一七一二〇二五	五三六五六六六〇〇	一〇七九二	一一一三四
九五	七七九〇七	一九一〇五七五	五三四八五四五七五	一〇七七二	一一一五四
九六	七八七二七	二一〇七一七五	五三二九四四〇〇〇	一〇七五二	一一一七四
九七	七九五四七	二三〇一八二五	五三〇八三六八二五	一〇七三三	一一一九三
九八	八〇三六七	二四九四五二五	五二八五三五〇〇〇	一〇七一三	一一二一二

百十限	十日千百十分	十分十秒十微十纖	度十分十秒十微十纖	度十分十秒	度十分十秒
九九	八一一八七	二六八五二七五	五二六〇四〇四七五	一〇六九四	一一二三一
一〇〇	八二〇〇八	二八七四〇七五	五二三三五五二〇〇	一〇六七六	一一二五〇
一〇一	八二八二八	三〇六〇九二五	五二〇四八一一二五	一〇六五七	一一二六九
一〇二	八三六四八	三二四五八二五	五一七四二〇二〇〇	一〇六三八	一一二八七
一〇三	八四四六八	三四二八七七五	五一四一七四三七五	一〇六二〇	一一三〇六
一〇四	八五二八八	三六〇九七七五	五一〇七四五六〇〇	一〇六〇二	一一三二四
一〇五	八六一〇八	三七八八八二五	五〇七一三五八二五	一〇五八四	一一三四二
一〇六	八六九二八	三九六五九二五	五〇三三四七〇〇〇	一〇五六六	一一三五九
一〇七	八七七四八	四一四一〇七五	四九九三八一〇七五	一〇五四九	一一三七七
一〇八	八八五六八	四三一四二七五	四九五二四〇〇〇〇	一〇五三一	一一三九四
一〇九	八九三八八	四四八五五二五	四九〇九二五七二五	一〇五一四	一一四一一

一一〇	九〇二〇八	四六五四八二五	四八六四四〇二〇〇	一〇四九七	一一四二八
一一一	九一〇二八	四八二二一七五	四八一七八五三七五	一〇四八一	一一四四五
一一二	九一八四八	四九八七五七五	四七六九六三二〇〇	一〇四六四	一一四六二
一一三	九二六六九	五一五一〇二五	四七一九七五六二五	一〇四四八	一一四七八
一一四	九三四八九	五三一二五二五	四六六八二四六〇〇	一〇四三二	一一四九四
一一五	九四三〇九	五四七二〇七五	四六一五一二〇七五	一〇四一六	一一五一〇
一一六	九五一二九	五六二九六七五	四五六〇四〇〇〇〇	一〇四〇〇	一一五二六
一一七	九五九四九	五七八五三二五	四五〇四一〇三二五	一〇三八四	一一五四一
一一八	九六七六九	五九三九〇二五	四四四六二五〇〇〇	一〇三六九	一一五五七
一一九	九七五八九	六〇九〇七七五	四三八六八五九七五	一〇三五四	一一五七二
一二〇	九八四〇九	六二四〇五七五	四三二五九五二〇〇	一〇三三九	一一五八七
一二一	九九二二九	六三八八四二五	四二六三五四六二五	一〇三二四	一一六〇二

百十限	十日千百十分	十分十秒十微十纖	度十分十秒十微十纖	度十分十秒	度十分十秒
一二二	一〇〇〇四九	六五三四三二五	四一九九六六二〇〇	一〇三〇九	一一六一六
一二三	一〇〇八六九	六六七八二七五	四一三四三一八七五	一〇二九五	一一六三一
一二四	一〇一六八九	六八二〇二七五	四〇六七五三六〇〇	一〇二八一	一一六四五
一二五	一〇二五一〇	六九六〇三二五	三九九九三三三二五	一〇二六七	一一六五九
一二六	一〇三三三〇	七〇九八四二五	三九二九七三〇〇〇	一〇二五三	一一六七三
一二七	一〇四一五〇	七二三四五七五	三八五八七四五七五	一〇二三九	一一六八六
一二八	一〇四九七〇	七三六八七七五	三七八六四〇〇〇〇	一〇二二六	一一七〇〇
一二九	一〇五七九〇	七五〇一〇二五	三七一二七一二二五	一〇二一三	一一七一三
一三〇	一〇六六一〇	七六三一三二五	三六三七七〇二〇〇	一〇二〇〇	一一七二六
一三一	一〇七四三〇	七七五九六七五	三五六一三八八七五	一〇一八七	一一七三九
一三二	一〇八二五〇	七八八六〇七五	三四八三七九二〇〇	一〇一七四	一一七五二

中華書局

一三三	一〇九〇七〇	八〇一〇五二五	三四〇四九三一二五	一〇一六二	一一七六四
一三四	一〇九八九〇	八一三三〇二五	三三二四八二六〇〇	一〇一五〇	一一七七六
一三五	一一〇七一〇	八二五三五七五	三二四三四九五七五	一〇一三八	一一七八八
一三六	一一一五三〇	八三七二一七五	三一六〇九六〇〇〇	一〇一二六	一一八〇〇
一三七	一一二三五〇	八四八八八二五	三〇七七二三八二五	一〇一一四	一一八一二
一三八	一一三一七一	八六〇三五二五	二九九二三五〇〇〇	一〇一〇三	一一八二三
一三九	一一三九九一	八七一六二七五	二九〇六三一四七五	一〇〇九一	一一八三五
一四〇	一一四八一一	八八二七〇七五	二八一九一五二〇〇	一〇〇八〇	一一八四六
一四一	一一五六三一	八九三五九二五	二七三〇八八一二五	一〇〇六九	一一八五六
一四二	一一六四五一	九〇四二八二五	二六四一五二二〇〇	一〇〇五九	一一八六七
一四三	一一七二七一	九一四七七七五	二五五一〇九三七五	一〇〇四八	一一八七八
一四四	一一八〇九一	九二五〇七七五	二四五九六一六〇〇	一〇〇三八	一一八八八

百十限	十日千百十分	十分十秒十微十纖	度十分十秒十微十纖	度十分十秒	度十分十秒
一四五	一一八九一一	九三五一八二五	二三六七一〇八二五	一〇〇二八	一一八九八
一四六	一一九七三一	九四五〇九二五	二二七三五九〇〇〇	一〇〇一八	一一九〇八
一四七	一二〇五五一	九五四八〇七五	二一七九〇八〇七五	一〇〇〇八	一一九一八
一四八	一二一三七一	九六四三二七五	二〇八三六〇〇〇〇	〇九九九九	一一九二七
一四九	一二二一九一	九七三六五二五	一九八七一六七二五	九九八五	一一九三七
一五〇	一二三〇一二	九八二七八二五	一八八九八〇二〇〇	九九八〇	一一九四六
一五一	一二三八三二	九九一七一七五	一七九一五二三七五	九九七一	一一九五五
一五二	一二四六五二	一〇〇〇四五七五	一六九二三五二〇〇	九九六二	一一九六三
一五三	一二五四七二	一〇〇九〇〇二五	一五九二三〇六二五	九九五四	一一九七二
一五四	一二六二九二	一〇一七三五二五	一四九一四〇六〇〇	九九四六	一一九八〇
一五五	一二七一一二	一〇二五五〇七五	一三八九六七〇七五	九九三七	一一九八八

一五六	一二七九三二	一〇三三四六七五	一二八七一二〇〇〇	九九二九	一一九九六
一五七	一二八七五二	一〇四一二二二五	一一八三七七三二五	九九二二	一二〇〇四
一五八	一二九五七二	一〇四八八〇二五	一〇七九六五〇〇〇	九九一四	一二〇一二
一五九	一三〇三九二	一〇五六一七七五	〇九七四七六九七五	九九〇七	一二〇一九
一六〇	一三一二一二	一〇六三三五七五	八六九一五二〇〇	九九〇〇	一二〇二六
一六一	一三二〇三二	一〇七〇三四二五	七六二八一六二五	九八九三	一二〇三三
一六二	一三二八五三	一〇七七一三二五	六五五七八二〇〇	九八八六	一二〇四〇
一六三	一三三六七三	一〇八三七二七五	五四八〇六八七五	九八七九	一二〇四七
一六四	一三四四九三	一〇九〇一二七五	四三九六九六〇〇	九八七三	一二〇五三
一六五	一三五三一三	一〇九六三三二五	三三〇六八三二五	九八六七	一二〇五九
一六六	一三六一三三	一一〇二三四二五	二二一〇五〇〇〇	九八六一	一二〇六五
一六七	一三六九五三	一一〇八一五七五	〇一一〇八一五七五	九八五五	一二〇七一

一六八	一三七七七三

五星盈縮入曆度率立成　五星盈縮同用

入曆策	度率	入曆策	度率	入曆策	度率
	百十度十分十秒十微十纖		百十度十分十秒十微十纖		百十度十分十秒十微十纖
一	一五二一九〇六二五〇	二	三〇四三八一二五〇〇	三	四五六五七一八七五〇
四	六〇八七六二五〇〇〇	五	七六〇九五三一二五〇	六	九一三一四三七五〇〇
七	一〇六五三三四三七五〇	八	一二一七五二五〇〇〇〇	九	一三六九七一五六二五〇
十	一五二一九〇六二五〇〇	一一	一六七四〇九六八七五〇		

木星盈縮立成

入曆策	損益率	盈縮積	行定度	行積度
	度十分十秒十微十纖	度十分十秒十微十纖	十度十分十秒十微十纖	百十度十分十秒十微十纖

策				
初	益一五九〇〇八四八一	盈〇〇〇〇〇〇〇〇〇	一六八〇九一四七三一	一六八〇九一四七三一
一	一四二〇一三五六一	一五九〇〇八四八一	六三九一九八一一	三三四四八三四五四二
二	一二〇〇二七一八八	三〇一〇二二〇四二	四一九三三四三八	四九八六七六七九八〇
三	〇九三〇四九三六二	四二一〇四九二三〇	一四九五五六一二	六六〇一七二三五九〇
四	〇六一〇八〇〇八三	五一四〇九八五九二	一五八二九八六三三	八一八四七〇九九二五
五	〇二四一一九三五二	五七五一七八六七六	四六〇二五六〇二	九七三〇七三五五二七
六	損〇二四一一九三五二	五九九二九八〇二八	一四九七八六八九八	一一二八五二二四二五
七	〇六一〇八〇〇八三	五七五一七八六七六	一四六〇八二六一六七	一二六八九三四八五九二
八	〇九三〇四九三六二	五一四〇九八五九二	二八八五六八八八	一四一一八二〇五四八〇
九	一二〇〇二七一八八	四二一〇四九二三〇	〇一八七九〇六二	一五五二〇〇八四五四二
十	一四二〇一三五六一	三〇一〇二二〇四二	一三七九八九二六八九	一六八九九七七二三一
十一	一五九〇〇八四八一	一五九〇〇八四八一	六二八九七七六九	一八二六二八七五〇〇

策	度十分十秒十微十纖	度十分十秒十微十纖	十度十分十秒十微十纖	百十度十分十秒十微十纖
初	益一五九〇〇八四八一	縮〇〇〇〇〇〇〇〇〇	一三六二八九七七六九	一九六二五七七二七六九
一	一四二〇一三五六一	一五九〇〇八四八一	七九八九二六八九	二一〇〇五六六五四五八
二	一二〇〇二七一八八	三〇一〇二二〇四二	一四〇一八七九〇六二	二二四〇七五四四五二〇
三	〇九三〇四九三六二	四二一〇四九二三〇	二八八五六八八八	二三八三六四〇一四〇八
四	〇六一〇八〇〇八三	五一四〇九八五九二	六〇八二六一六七	二五二九七二二七五七五
五	〇二四一一九三五二	五七五一七八六七六	九七七八六八九八	二六七九五〇一四四七三
六	損〇二四一一九三五二	五九九二九八〇二八	一五四六〇二五六〇二	二八三四一〇四〇〇七五
七	〇六一〇八〇〇八三	五七五一七八六七六	八二九八六三三三	二九九二四〇二六四〇八
八	〇九三〇四九三六二	五一四〇九八五九二	一六一四九五五六一二	三一五三八九八二〇二〇
九	一二〇〇二七一八八	四二一〇四九二三〇	四一九三三四三八	三三一八〇九一五四五八
十	一四二〇一三五六一	三〇一〇二二〇四二	六三九一九八一一	三四八四四八三五二六九
十一	一五九〇〇八四八一	一五九〇〇八四八一	八〇九一四七三一	三六五二五七五〇〇〇〇

火星盈縮立成

入曆	損益率	盈縮積	行定度	行積度
策	度十分十秒十微十纖	十度十分十秒十微十纖	十度十分十秒十微十纖	百十度十分十秒十微十纖
初	益一五八〇三九三三四	盈〇〇〇〇〇〇〇〇〇	二六七九九四五五八四	二六七九九四五五八四
一	七九七〇〇五〇七二	一一五八〇三九三三四	二三一八九一一三二二	四九九八八五六九〇六
二	四五九九七六三一三	一九五五〇四四四〇六	一九八一八八二五六三	六九八〇九三九四六九
三	一四六九五七二五二	二四一五〇二〇七一九	一六六八八六三五〇二	八六四九六〇二九七一
四	損〇五四二八五〇六四	二五六一九七七七一	一四六七六二一一八六	一〇一一七二二四一五七
五	一六六二七五〇八五	二五〇七六九二九〇七	一三五五六三一一六五	一一四七二八五五三二二
六	二六〇二六二〇七二	二三四一四一七八二二	一二六一六四四一七八	一二七三四四九九五〇〇

策	度十分十秒十微十纖	十度十分十秒十微十纖	十度十分十秒十微十纖	百十度十分十秒十微十纖
七	三三六二五〇二一七	二〇八一一五五七五〇	一一八五六五六〇三三	一三九二〇一五五五三三
八	三九四二三九五二四	一七四四九〇五五三三	二七六六六七二六	一五〇四七八二二二五九
九	四四二二五七二九六	一三五〇六六六〇〇九	一〇七九六四八九五四	一六一二七四七一二一三
十	四五六二〇〇七五〇	九〇八四〇八七一三	六五七〇五五〇〇	一七一九三一七六七一三
十一	四五二二〇七九六三	四五二二〇七九六三	六九六九八二八七	一八二六二八七五〇〇
初	益四五二二〇七九六三	縮〇〇〇〇〇〇〇〇〇	一〇六九六九八二八七	一九三三二五七三二八七
一	四五六二〇〇七五〇	四五二二〇七九六三	六五七〇五五〇〇	二〇三九八二七八七八七
二	四四二二五七二九六	九〇八四〇八七一三	七九六四八九五四	二一四七七九二七七四一
三	三九四二三九五二四	一三五〇六六六〇〇九	一一二七六六六七二六	二二六〇五五九四四六七
四	三三六二五〇二一七	一七四四九〇五五三三	一一八五六五六〇三三	二三七九一二五〇五〇〇
五	二六〇二六二〇七二	二〇八一一五五七五〇	一二六一六四四一七八	二五〇五二八九四六七八

六	一六六二七五〇八五	二三四一四一七八二二	一三五五六三一一六五	二六四〇八五二五八四三
七	〇五四二八五〇六四	二五〇七六九二九〇七	一四六七六二一一八六	二七八七六一四七〇二九
八	損一四六九五七二五二	二五六一九七七九七一	一六六八八六三五〇二	二九五四五〇一〇五三一
九	四五九九七六三一三	二四一五〇二〇七一九	一九八一八八二五六三	三一五二六八九三〇九四
十	七九七〇〇五〇七二	一九五五〇四四四〇六	二三一八九一一三二二	三三八四五八〇四四一六
十一	一一五八〇三九三三四	一一五八〇三九三三四	二六七九九四五五八四	三六五二五七五〇〇〇

土星盈縮立成

入曆	損益率	盈縮積	行定度	行積度
策	度十分十秒十微十纖	度十分十秒十微十纖	十度十分十秒十微十纖	百十度十分十秒十微十纖
初	益二二〇〇一〇三四六	盈〇〇〇〇〇〇〇〇〇	一七四一九一六五九六	一七四一九一六五九六
一	一九五〇二一八一四	二二〇〇一〇三四六	一六九二八〇六四	三四五八八四四六六〇

入曆	損益率	盈縮積	行定度	行積度
策	度十分十秒十微十纖	度十分十秒十微十纖	十度十分十秒十微十纖	百十度十分十秒十微十纖
二	一六四〇四七七六五	四一五〇三二一六〇	一六八五九五四〇一五	五一四四七九八六七五
三	一二七〇八八二一一	五七九〇七九九二五	四八九九四四六一	六七九三七九三一三六
四	〇八四一四三一三五	七〇六一六八一三六	〇六〇四九三八五	八三九九八四二五二一
五	〇三五二一二五五〇	七九〇三一一二七一	一五五七一一八八〇〇	九九五六九六一三二一
六	損〇三五二一二五五〇	八二五五二三八二一	一四八六六九三七〇〇	一一四四三六五五〇二一
七	〇八四一四三一三五	七九〇三一一二七一	三七七六三一一五	一二八八一四一八一三六
八	一二七〇八八二一一	七〇六一六八一三六	一三九四八一八〇三九	一四二七六二三六一七五
九	一六四〇四七七六五	五七九〇七九九二五	五七八五八四八五	一五六三四〇九四六六〇
十	一九五〇二一八一四	四一五〇三二一六〇	一三二六八八四四三六	一六九六〇九七九〇九六
十一	二二〇〇一〇三四六	二二〇〇一〇三四六	〇一八九五九〇四	一八二六二八七五〇〇〇
初	益一六三〇〇五七五一	縮〇〇〇〇〇〇〇〇〇	一三五八九〇〇四九九	一九六二一七七五四九九

一	一四八九九八〇六四	一六三〇〇五七五一	七二九〇八一八六	二〇九九四六八三六八五
二	一二七九八九六五二	三一二〇〇三八一五	九三九一六五九八	二二三八八六〇〇二八三
三	〇九九九八〇五一六	四三九九三四六七	一四二一九二五七三四	二三八一〇五二六〇一七
四	〇六四九七〇六五八	五三九九七三九八三	五六九三五五九二	二五二六七四六一六〇九
五	〇二二九六〇〇七三	六〇四九四四六四一	九八九四六一七七	二六七六六四〇七七八六
六	損〇二二九六〇〇七三	六二七九〇四七一四	一五四四八六六三二三	二八三一一二七四一〇九
七	〇六四九七〇六五八	六〇四九四四六四一	八六八七六九〇八	二九八九八一五一〇一七
八	〇九九九八〇五一六	五三九九七三九八三	一六二一八八六七六六	三一五二〇〇三七七八三
九	一二七九八九六五二	四三九九三四六七	四九八九五九〇二	三三一六九九三三六八五
十	一四八九九八〇六四	三一二〇〇三八一五	七〇九〇四三一四	三四八五〇八三七九九九
十一	一六三〇〇五七五一	一六三〇〇五七五一	八四九一二〇〇一	三六五二五七五〇〇〇〇

金星盈縮立成

入曆	損益率	盈縮積	行定度	行積度
策	度十分十秒十微十纖	度十分十秒十微十纖	十度十分十秒十微十纖	百十度十分十秒十微十纖
初	益〇五三〇〇四八八九	盈〇〇〇〇〇〇〇〇〇	一五七四九一一一三九	一五七四九一一一三五
一	五〇〇二一三一八	〇五三〇〇四八八九	七一九二七五六八	三一四六八三八七〇七
二	四四〇五五五六五	一〇三〇二六二〇七	六五九六一八一五	四七一二八〇〇五二二
三	三五一〇七六三一	一四七〇八一七七二	五七〇一三八八一	六二六九八一四四〇三
四	二三一七七五一六	一八二一八九四〇三	四五〇八三七六六	七八一四八九八一六九
五	〇八二六五二一九	二〇五三六六九一九	三〇一七一四六九	九三四五〇六九六三八
六	損〇〇八二六五二一九	二一三六三二一三八	一五一三六四一〇三一	一〇八五八七一〇六六九
七	二三一七七五一六	二〇五三六六九一九	一四九八七二八七三四	一二三五七四三九四〇三
八	三五一〇七六三一	一八二一八九四〇三	八六七九八六一九	一三八四四二三八〇二二
九	四四〇五五五六五	一四七〇八一七七二	七七八五〇六八五	一五三二二〇八八七〇七

中華書局

十	五〇〇二一三一八	一〇三〇二六二〇七	七一八八四九三二	一六七九三九七三六三九
十一	五三〇〇四八八九	〇五三〇〇四八八九	六八九〇一三六一	一八二六二八七五〇〇
初	益〇五三〇〇四八八九	縮〇〇〇〇〇〇〇〇	一四六八九〇一三六一	一九七三一七七六三六一
一	五〇〇二一三一八	〇五三〇〇四八八九	七一八八四九三二	二一二〇三六六一二九三
二	四四〇五五五六五	一〇三〇二六二〇七	七七八五〇六八五	二二六八一五一九七八
三	三五一〇七六三一	一四七〇八一七七二	八六七九八六一九	二四一六八三一〇五九七
四	二三一七七五一七	一八二一八九四〇三	九八七二八七三四	二五六六七〇三九三一
五	〇八二六五二一九	二〇五三六六九一九	一五一三六四一〇三一	二七一八〇六八〇三六二
六	損〇〇八二六五二一九	二一三六三二一三八	一五三〇一七一四六九	二八七一〇八五一八三一
七	二三一七七五一六	〇五三六六九一九	四五〇八三七六六	三〇二五五九三五五九七
八	三五一〇七六三一	一八二一八九四〇三	五七〇一三八八一	三一八一二九四九四七八
九	四四〇五五五六五	四七〇八一七七二	六五九六一八一五	三三三七八九一一二九三

策	度十分十秒十微十纖	度十分十秒十微十纖	十度十分十秒十微十纖	百十度十分十秒十微十纖
十	五〇〇二一三一八	〇三〇二六二〇七	七一九二七五六八	三四九五〇八三八八六一
十一	五三〇〇四八八九	〇五三〇〇四八八九	七四九一一三九	三六五二五七五〇〇〇〇

水星盈縮立成

入曆	損益率	盈縮積	行定度	行積度
策	度十分十秒十微十纖	度十分十秒十微十纖	十度十分十秒十微十纖	百十度十分十秒十微十纖
初	益〇五八〇〇五八一八	盈〇〇〇〇〇〇〇〇	一五七九九一二〇六八	一五七九九一二〇六八
一	五四〇二〇七二二	五八〇〇五八一八	七五九二六九七二	三一五五八三九〇四〇
二	四七〇五三四四六	一一二〇二六五四〇	六八九五九六九六	四七二四七九八七三六
三	三七一〇三九八七	五九〇七九九八六	五九〇一〇二三七	六二八三八〇八九七三
四	二四一七二三四八	九六一八三九七三	四六〇七八五九八	七八二九八八七五七一

五	〇八二五八五二六	二二〇三五六三二一	三〇一六四七七六	九三六〇〇五二三四七
六	損〇〇八二五八五二六	二二八六一四八四七	一五一三六四七七二四	一〇八七三七〇〇〇七一
七	二四一七二三四八	二〇三五六三二一	一四九七七三三九〇二	一二三七一四三三九七三
八	三七一〇三九八七	一九六一八三九七三	八四八〇二二六三	一三八五六二三六二三六
九	四七〇五三四四六	五九〇七九九八六	七四八五二八〇四	一五三三一〇八九〇四〇
十	五四〇二〇七二二	一一二〇二六五四〇	六七八八五五二八	一六七九八七四五六八
十一	五八〇〇五八一八	五八〇〇五八一八	六三九〇〇四三二	一八二六二八七五〇〇
初	益〇五八〇〇五八一八	縮〇〇〇〇〇〇〇〇	一四六三九〇〇四三二	一九七二六七七五四三二
一	五四〇二〇七二二	五八〇〇五八一八	六七八八五五二八	二一一九四六六〇九六〇
二	四七〇五三四四六	一一二〇二六五四〇	七四八五二八〇四	二二六六九五一三七六四
三	三七一〇三九八七	五九〇七九九八六	八四八〇二二六三	二四一五四三一六〇二七
四	二四一七二三四八	九六一八三九七三	九七七三三九〇二	二五六五二〇四九九二九

策	度十分十秒十微十纖	度十分十秒十微十纖	十度十分十秒十微十纖	百十度十分十秒十微十纖
五	〇八二五八五二六	二二〇三五六三二一	一五一三六四七七二四	二七一六五六九七六五三
六	損〇〇八二五八五二六	二二八六一四八四七	一五三〇一六四七七六	二八六九五八六二四二九
七	二四一七二三四八	二〇三五六三二一	四六〇七八五九八	三〇二四一九四一〇二七
八	三七一〇三九八七	一九六一八三九七三	五九〇一〇二三七	三一八〇〇九五一二六四
九	四七〇五三四四六	五九〇七九九八六	六八九五九六九六	三三三六九九一〇九六〇
十	五四〇二〇七二二	一一二〇二六五四〇	一五七五九二六九七二	三四九四五八三七九三二
十一	五八〇〇五八一八	〇五八〇〇五八一八	一五七九九一二〇六八	三六五二五七五〇〇〇〇

明史卷三十五

志第十一

曆五

大統曆法三上 推步

大統推步，悉本授時，惟去消長而已。然通軌諸捷法，實爲布算所須，其間次序，亦有與曆經微別者。如氣朔發斂，授時原分二章，今合爲一。授時盈縮差在日躔，遲疾差在月離，定朔、經朔離爲二處。今則經朔後，即求定朔，於用殊便。其目七：曰氣朔，曰日躔，曰月離，曰中星，曰交食，曰五星，曰四餘。

步氣朔 發斂附

洪武十七年甲子歲爲元。上距至元辛巳一百〇四算。

歲周三百六十五萬二千四百二十五分，實測無消長。半之爲歲周，四分之爲氣象限，二十四分之爲氣策。

日周一萬。卽一百刻，刻有百分，分有百秒，以下微纖，皆以百遞析。

氣應五十五萬〇三百七十五分。

置距算一百〇四，求得中積三億七千六百一十九萬九千七百七十五分，加辛巳氣應五十五萬〇六百分，得通積三億七千六百七十五萬〇三百七十五分，滿紀法六十去之，餘爲大統氣應。

閏應一十八萬二千〇百七十〇分一十八秒。

置中積，加辛巳閏應二十〇萬二千〇五十分，得閏積三億七千六百四十〇萬一千八百二十五分，滿朔實去之，餘爲大統閏應。

轉應二十〇萬九千六百九十〇分。

置中積，加辛巳轉應一十三萬〇二百〇五分，共得三億七千六百三十二萬九千九百八十分，滿轉終去之，餘爲大統轉應。

交應一十一萬五千一百〇五分〇八秒。

置中積加辛巳交應二十六萬〇三百八十八分，共得三億七千六百四十六萬〇一百六十三分，滿交終去之，餘爲大統交應。

按授時曆既成之後，閏轉交三應數，旋有改定，故元志、曆經閏應二十〇萬一千八百五十分，而通軌載閏應二十〇萬二千〇五十分，實加二百分，是當時經朔改早二刻也。曆經轉應一十三萬一千九百〇四分，通軌載轉應一十三萬〇二百〇五分，實減一千六百九十九分，是入轉改遲一十七刻弱也。曆經交應二十六萬〇一百八十七分八十六秒，通軌交應二十六萬〇三百八十八分，實加二百分一十四秒，是正交改早二刻强也。或以通軌辛巳三應，與元志互異，目爲元統所定，非也。夫改憲必由測驗，卽當具詳始末，何反追改授時曆，自沒其勤乎？是故通軌所述者，乃授時續定之數，而曆經所存，則其未定之初藁也。

通餘五萬二千四百二十五分。

朔策二十九萬五千三百〇五分九十三秒，一名朔實。半之爲望策，一名交望。又半之爲弦策。

通閏一十〇萬八千七百五十三分八十四秒。

月閏九千〇百六十二分八十二秒。

閏限一十八萬六千五百五十二分〇九秒。一名閏準。

盈初縮末限八十八萬九千〇百九十二分二十五秒。

縮初盈末限九十三萬七千一百二十〇分二十五秒。

轉終二十七萬五千五百四十六分，半之爲轉中。

朔轉差一萬九千七百五十九分九十三秒。

日轉限一十二限二十。

轉中限一百六十八限〇八三〇六〇。以日轉限乘轉中。一名限總。

朔轉限二十四限一〇七一一四六。以日轉限乘朔轉差。

弦轉限九十〇限〇六八三〇八六五。以日轉限乘弦策。一名限策。

交終二十七萬二千一百二十二分二十四秒。

朔交差二萬三千一百八十三分六十九秒。

氣盈二千一百八十四分三十七秒五十微。

朔虛四千六百九十四分〇七秒。

沒限七千八百一十五分六十二秒五十微。

盈策九萬六千六百九十五分二十八秒。

虛策二萬九千一百〇四分二十二秒。

土王策三萬〇四百三十六分八十七秒五十微。

宿策一萬五千三百〇五分九十三秒。

紀法六十萬。卽旬周六十日。

推天正冬至　置距洪武甲子積年減一，以歲周乘之爲中積，加氣應爲通積，滿紀法去之，至不滿之數，爲天正冬至。以萬爲日，命甲子算外，爲冬至日辰。累加通餘，卽得次年天正冬至。

推天正閏餘　置中積，加閏應，滿朔策去之，至不滿之數，爲天正閏餘。累加通閏，卽得次年天正閏餘。

推天正經朔　置冬至，減閏餘，遇不及減，加紀法減之，爲天正經朔。無閏，加五十四萬三六七一一六。十二朔策去紀法。有閏，加二十三萬八九七七〇九。十三朔實去紀法。滿紀法仍去之，卽得次年天正經朔。視天正閏餘在閏限已上，其年有閏月。

推天正盈縮　置半歲周，內減其年閏餘全分，餘爲所求天正縮曆。如逕求次年者，於天正縮曆內減通閏，卽得。減後，視在一百五十三日〇九已下者，復加朔實，爲次年天正縮曆。

推天正遲疾　置中積，加轉應，減去其年閏餘全分，餘滿轉終去之，卽天正入轉。視在

轉中已下爲疾曆，已上去之爲遲曆。如逕求次年者，加二十三萬七一一九一六，十二轉差之積。經閏再加轉差，皆滿轉終去之，遲疾各仍其舊。若滿轉中去之，爲遲疾相代。

推天正入交　置中積，減閏餘，加交應，滿交終去之，卽天正入交汎日。如逕求次年者，加六千〇八十二分〇四秒，十二交差內去交終。經閏加二萬九千二百六十五分七十三秒，十三交差內去交終。皆滿交終仍去之，卽得。

推各月經朔及弦望　置天正經朔，加二朔策，滿紀法去之，卽得正月經朔。以弦策累加之，去紀法，卽得弦望及次朔。

推各恒氣　置天正冬至，加三氣策，滿紀法去之，卽得立春恒日。以氣策累加之，去紀法，卽得二十四氣恒日。

推閏在何月　置朔策，以有閏之年閏餘減之，餘爲實，以月閏爲法而一，得數命起天正次月算外，卽得所閏之月。閏有進退，仍以定朔無中氣爲定。如減餘不及月閏，或僅及一月閏者，爲閏在年前。

推各月盈縮曆　置天正縮曆，加二朔策，去半歲周，卽得正月經朔下盈曆。累加弦策，各得弦望及次朔，如滿半歲周去之交縮，滿半歲周又去之卽復交盈。

推初末限　視盈曆在盈初縮末限已下，縮曆在縮初盈末限已下，各爲初。已上用減半歲周爲末。

推盈縮差　置初末曆小餘，以立成內所有盈縮加分乘之爲實，日周一萬爲法除之，得數以加其下盈縮積，卽盈縮差。

推各月遲疾曆　置天正經朔遲疾曆，加二轉差，得正月經朔下遲疾曆。累加弦策，得弦望及次朔，皆滿轉中去之，爲遲疾相代。

推遲疾限　各置遲疾曆，以日轉限乘之，卽得限數。以弦轉限累加之，滿轉中限去之，卽各弦望及次朔限。如逕求次月，以朔轉限加之，亦滿轉中去之，卽得。又法：視立成中日率，有與遲疾曆較小而相近者以減之，餘在八百二十已下，卽所用限。

求遲疾差　置遲疾曆，以立成日率減之，如不及減，則退一位。餘以其下損益分乘之爲實，八百二十分爲法除之，得數以加其下遲疾積，卽遲疾差。

推加減差　視經朔弦望下所得盈縮差、遲疾差，以盈遇遲、縮遇疾爲同相併，盈遇疾、縮遇遲爲異相較，各以八百二十分乘之爲實，再以遲疾限行度內減去八百二十分，爲定限度爲法，法除實爲加減差。盈遲爲加，縮疾爲減，異名相較者，盈多於疾爲加，疾多於盈爲減，縮多於遲減，遲多於縮加。

推定朔弦望　各置經朔弦望，以加減差加減之，卽爲定日。視定朔干名，與後朔同者月

大，不同者月小，內無中氣者爲閏月。其弦望在立成相同日日出分已下者，則退一日命之。

推各月入交　置天正經朔入交汎日加二交差，得正月經朔下入交汎日。累加交望，滿交終去之，卽得各月下入交汎日。逕求次月，加交差卽得。

推土王用事　置穀雨、大暑、霜降、大寒恒氣日，減土王策，如不及減，加紀法減之，卽各得土王用事日。

推發斂加時　各置所推定朔弦望及恒氣之小餘，以十二乘之，滿萬爲時，命起子正。滿五千，又進一時，命起子初。算外得時不滿者，以一千二百除之爲刻，命起初刻。初正時之刻，皆以初一二三四爲序，於算外命之。其第四刻爲畸零，得刻法三之一，凡三時成一刻，以足十二時百刻之數。

按古曆及授時，皆以發斂爲一章。發斂云者，日道發南斂北之細數也，而加時附焉，則又所以紀發斂之辰刻，故曰發斂加時也。大統取其便算，故合發斂與氣朔共爲一章，或以乘除疏發斂，非其實矣。

推盈日　視恒氣小餘，在沒限已上，爲有盈之氣。置策餘一萬〇一四五六二五，以十五日除氣策。以有盈之氣小餘減之，餘以六十八分六六以氣盈除十五日。乘之，得數以加恒氣大

餘，滿紀法去之，命甲子算外，得盈日。　求次盈。　置盈日及分秒，以盈策加之，又去紀法，卽得。

推虛日　視經朔小餘在朔虛已下，爲有虛之朔。　置有虛之朔小餘，以六十三分九一以朔虛除三十日。乘之，得數以加經朔大餘，滿紀法去之，命甲子算外爲虛日。　求次虛。　置虛日及分秒，以虛策加之，又去紀法，卽得。

推直宿　置通積，以氣應加中積。減閏應，以宿會二十八萬累去之，餘命起翼宿算外，得天正經朔直宿。置天正經宿直宿，加兩宿策，爲正月經朔直宿。　以宿策累加，得各月經朔直宿。再以各月朔下加減差加減之，爲定朔直宿。

步日躔

周天三百六十五度二十五分七十五秒，半之爲半周天，又半之爲象限。

歲差一分五十秒。

周應三百一十五度一十分七十五秒。

按此係至元辛巳之周應，乃自虛七度至箕十度之數也。洪武甲子相距一百四年，歲差已退天一度五十四分五十秒，而周應仍用舊數，殆傳習之誤耳。

推天正冬至日躔赤道宿次　置中積，加周應，應減距曆元甲子以來歲差。滿周天去之，不盡，起虛七度，依各宿次去之，卽冬至加時赤道日度。　如求次年，累減歲差，卽得。

赤道度

虛八九五七五	危十五四〇	室十七一〇	壁八六〇	奎十六六〇	婁十一八〇	胃十五六〇
昴十一三〇	畢十七四〇	觜初〇五	參十一一〇	井三十三三〇	鬼二二〇	柳十三三〇
星六三〇	張十七二五	翼十八七五	軫十七三〇	角十二一〇	亢九二〇	氐十六三〇
房五六〇	心六五〇	尾十九一〇	箕十四〇	斗二十五二〇	牛七二〇	女十一三五

推天正冬至日躔黃道宿次　置冬至加時赤道日度，以至後赤道積度減之，餘以黃道率乘之。　如赤道率而一，得數以加黃道積度，卽冬至加時黃道日度。黃赤道積度及度率，俱見法原。

黃道度

箕九五九	斗二十三四七	牛六九〇	女十一一二	虛九〇〇七五	危十五九五	室十八三二
壁九三四	奎十七八七	婁十二三六	胃十五八一	昴十一〇八	畢十六五〇	觜初〇五
參十二八	井三十一〇三	鬼二一一	柳十三	星六三一	張十七七九	翼二十〇九
軫十八七五	角十二八七	亢九五六	氐十六四〇	房五四八	心六二七	尾十七九五

推定象限度　以冬至加時赤道日度，與冬至加時黃道日度相減，爲黃赤道差。　以本年黃赤道差，與次年黃赤道差相減，餘以四而一，加入氣象限內，爲定象限度。

推四正定氣日　置所推冬至分，卽爲冬正定氣，加盈初縮末限，滿紀法去之，餘爲春正定氣。　加縮初盈末限，去紀法，餘爲夏正定氣。　加縮初盈末限，去紀法，餘爲秋正定氣。　加盈初縮末限，去紀法，餘爲次年冬正定氣。

推四正相距日　以前正定氣大餘，減次正定氣大餘，加六十日，得相距日。如次正氣不及減者，加六十日減之，再加六十日，爲相距日。

推四正加時黃道積度　置冬至加時黃道日度，累加定象限度，各得四正加時黃道積度。

推四正加時減分　置四正定氣小餘，以其初日行度乘之，如日周而一，爲各正加時減分。

冬正行一度〇五一〇八五。　春正距夏正九十三日者，行〇度九九九七〇三，距九十四日者行一度。　夏正行〇度九五一五一六。　秋正距冬正八十八日者，行一度〇〇〇五

〇五，距八十九日者行一度。

推四正夜半積度　置四正加時黃道積度，減去其加時減分，卽得。

推四正夜半黃道宿次　置四正夜半黃道積度，滿黃道宿度去之，卽得。

推四正夜半相距度　置次正夜半黃道積度，以前正夜半黃道積度減之，餘爲兩正相距度，過不及減者，加周天減之。

推四正行度加減日差　以相距度與相距日下行積度相減，餘如相距日而一，爲日差。從相距度內減去行積度者爲加，從行積度內減去相距度者爲減。

秋正距冬至，冬至距春正八十八日，行積度九十度四〇〇九，八十九日行積度九十一度四〇一四。　春正距夏至，夏至距秋正九十三日，行積度九十度五九九〇，九十四日行積度九十一度五九八七。

推每日夜半日度　置四正後每日行度，在立成。以日差加減之，爲每日行定度。　置四正夜半日度，以行定度每日加之，滿黃道宿度去之，卽每日夜半日度。

黃道十二次宿度

危十二度六四九一，入娵訾，辰在亥。

奎一度七三六二，入降婁，辰在戌。

中華書局

胃三度七四五六，入大梁，辰在酉。
畢六度八八〇五，入實沈，辰在申。
井八度三四九四，入鶉首，辰在未。
柳三度八六八〇，入鶉火，辰在午。
張十五度二六〇六，入鶉尾，辰在巳。
軫十度〇七九七，入壽星，辰在辰。
氐一度一四五二，入大火，辰在卯。
尾三度〇一一五，入析木，辰在寅。
斗三度七六八五，入星紀，辰在丑。
女二度〇六三八，入玄枵，辰在子。

推日躔黃道入十二次時刻　置入次宿度，以入次日夜半日度減之，餘以日周乘之，一分作百分。爲實。以入次日夜半日度，與明日夜半日度相減，餘爲法。實如法而一，得數，以發斂加時求之，即入次時刻。

步月離

月平行度一十三度三十六分八十七秒半。

周限三百三十六，半之爲中限，又半之爲初限。

限平行度一度〇九分六十二秒。

太陽限行八分二十秒。

上弦九十一度三十一分四十三秒太。

望一百八十二度六十二分八十七秒半。

下弦二百七十三度九十四分三十一秒少。

交終度三百六十三度七十九分三十四秒一九六。

朔平行度三百九十四度七八七一一五一六八七五。

推朔後平交日　置交終分，見氣朔曆。減天正經朔交汎分，爲朔後平交日。如推次月，累減交差二日三一八三六九，得次月朔後平交日。不及減交差者，加交終減之，其交又在本月，爲重交月朔後平交日。每歲必有重交之月。

推平交入轉遲疾曆　置經朔遲疾曆，加入朔後平交日爲平交入轉。在轉中已下，其遲疾與經朔同，已上減去轉中疾交遲，遲交疾。如推次月，累減交轉差三千四百二十三分七六，交差內減轉差數。即得。如不及減，加轉中減之，亦遲疾相代。

推平交入限遲疾差　置平交入轉遲疾曆，依步氣朔內，推遲疾限及遲疾差，即得。

推平交加減定差　置平交入限遲疾差，以日率八百二十分乘之，以所入遲疾限下行度而一，即得。在遲爲加，在疾爲減。

推經朔加時中積　置經朔盈縮曆，見步氣朔內。在盈曆即爲加時中積，在縮曆加半歲周。如推次月，累加朔策，滿歲周去之，即各朔加時中積，命日爲度。若月內有二交，後交即注前交經朔加時中積。

推正交距冬至加時黃道積度及宿次　置朔後平交日，以月平行乘之爲距後度，以加經朔加時中積，爲各月正交距冬至加時黃道積度。加冬至加時黃道日度，見日躔。以黃道積度鈐減之，至不滿宿次，即正交月離。如推次月，累減月平交朔差一度四六三一〇二。以交終度減天周，其數宜爲一度四六四〇八〇。遇重交月，同次朔。後倣此。

黃道積度鈐

箕九度五九	斗三十三度〇六	牛三十九度九六	女五十一度〇八
虛六十度〇八七五	危七十六度〇三七五	室九十四度三五七五	壁一百三度六九七五
奎二百二十一度五六七五	婁一百三十三度九二七五	胃一百四十九度七三七五	昴一百六十度八一七五
畢一百七十七度三一七五	觜一百七十七度三六七五	參一百八十七度六四七五	井二百一十八度六七七五
鬼二百二十度七八七五	柳二百三十三度七八七五	星二百四十度〇九七五	張二百五十七度八八七五
翼二百七十七度九七七五	軫二百九十六度七二七五	角三百〇九度五九七五	亢三百一十九度二五七五
氐三百三十五度五五七五	房三百四十一度〇三七五	心三百四十七度三〇七五	尾三百六十五度二五七五

推正交日辰時刻　置朔後平交日，加經朔，去紀法，以平交定差加減之，其日命甲子算外，小餘依發斂加時求之，即得正交日辰時刻。如推次月，累加交終，滿紀法去之。如遇重交，再加交終。

推四正赤道宿次　置冬至赤道日度，以氣象限累加之，滿赤道積度去之，爲四正加時赤道日度。

赤道積度鈐

箕十度四	斗三十五度六	牛四十二度八	女五十四度一五
虛六十三度一〇七五	危七十八度五〇七五	室九十五度六〇七五	壁一百四度二〇七五
奎一百二十度八〇七五	婁一百三十二度六〇七五	胃一百四十八度二〇七五	昴一百五十九度五〇七五

中華書局

畢二百七十六度九〇七五	觜二百七十六度九五七五	參二百八十八度〇五七五	井三百二十一度三五七五
鬼三百二十三度五五七五	柳三百三十六度八五七五	星三百四十三度一五七五	張二百六十度四〇七五
翼三百七十九度一五七五	軫三百九十六度四五七五	角三百〇八度五五七五	亢四百一十七度七五七五
氐四百三十四度〇五七五	房四百三十九度六五七五	心四百四十六度一五七五	尾四百六十五度二五七五

推正交黃道在二至後初末限　置正交距冬至加時黃道積度，在半歲周已下爲冬至後，已上減去半歲周，餘爲夏至後。又視二至後度分，在氣象限已下爲初限，已上用減半歲周，餘爲末限。推次月者，若本月初限，則累減月平交朔差，餘爲次月初限。不及減者，反減月平交朔差，餘爲次月末限。若本月末限，則累加月平交朔差，爲次月末限，至滿氣象限，以減半歲周，餘爲次月初限。

推定差度　置初末限，以象極總差一分六〇五五〇八乘之，卽爲定差度。象極總差，是以象限除極差，其數宜爲一十六分〇五四四二。如推次月初限則累減，末限則累加，俱以極平差二十三分四九〇二加減之。極平差，是以月平交朔差，乘象極總差，其數宜爲二十三分五〇四九。

推距差度　置極差十四度六六，減去定差度，卽得。求次月，以極平差加減之。初限加，末限減。

推定限度　置定差度，以定極總差一分六三七一〇七乘之，定極總差，是以極差除二十四度，共數宜爲一度六三七一〇七。所得視正交在冬至後爲減，夏至後爲加，皆置九十八度加減之，卽得。

推月道與赤道正交宿度　正交在冬至後，置春正赤道積度，以距差度初限加末限減之。在夏至後，置秋正赤道積度，以距差初限減末限加之。得數，滿赤道積度鈐去之，卽得。

推月道與赤道正交後積度幷入初末限　視月道與赤道正交所入某宿次，卽置本宿赤道全度，減去月道與赤道正交宿度，餘爲正交後積度。以赤道各宿全度累加之，滿氣象限去之，爲半交後。又滿去之，爲中交後。再滿去之，爲半交後。視各交積度，在半象限以下爲初限，以上覆減象限，餘爲末限。

推定差　置每交定限度，與初末限相減相乘，得數，千約之爲度，卽得。正交、中交後爲加，半交後爲減。

推月道定積度及宿次　置月道與赤道各交後每宿積度，以定差加減之，爲各交月道積度。加月道與赤道正交定宿度，共爲正交後宿度。以前宿定積度減之，卽得各交月道宿次。

活象限例

置正交後宿次，加前交後半交末宿定積度，爲活象限。如正交後宿次度少，加前交不及數，却置正交後宿次，以前交前半交末宿定積度加之，爲換交活象限。假如前交正交是軫，後交正交是角，其前交欠一軫。求活象限者，置正交後宿次，不從翼下取定積度加之，仍於軫下取定積度也。又如前交、正交是軫，後交、正交是翼，其前交多一翼。求活象限者，置正交後宿次，不從翼下取定積度加之，仍於張下取定積度也。

推相距日　置定上弦大餘，減去定朔大餘，卽得。上弦至望，望至下弦，下弦至朔倣此。不及減者，加紀法減之。

推定朔弦望入盈縮曆及盈縮定差　置各月朔弦望入盈縮曆，以朔弦望加減差加減之，並在步氣朔內。爲定盈縮曆。視盈曆在盈初限已下爲盈初限，已上用減半歲周，餘爲盈末限。縮曆在縮初限已下爲縮初限，已上用減半歲周，餘爲縮末限。依步氣朔內求盈縮差，爲盈縮定差。

推定朔弦望加時中積　置定盈縮曆，如是盈曆在朔，便爲加時中積，在上弦加氣象限，在望加半歲周，在下弦加三象限。如是縮曆在朔，加半歲周，在上弦加三象限，在望便爲加時中積，在下弦加氣象限，加後滿周天去之。

推黃道加時定積度　置定朔弦望加時中積，以其下盈縮定差盈加縮減之，卽得。

推赤道加時定積度及宿次　置黃道加時定積度，在周天象限已下爲至後，已上去之爲分後，滿兩象限去之爲至後，滿三象限去之爲分後。置分至後黃道積度，以立成內分至後積度減之，餘以其下赤道度率乘之，如黃道度率而一，得數加入分至後積度，次以所去象限合之，爲赤道加時定積度。置赤道加時定積度，加入天正冬至加時赤道日度，滿赤道積度鈐去之，得定朔弦望赤道加時宿次。

推正半中交後積度　置定朔弦望加時赤道宿次，視朔弦望在何交後，正半，中半。卽以交後積度，在朔望加時赤道宿前一宿者加之，卽爲正半中交後積度，滿氣象限去之，爲正半中換交。

推初末限　視正半中交後積度，在半象限已下爲初限，已上覆減氣象限，餘爲末限。

推月道與赤道定差　置其交定限度，與初末限相減相乘，所得，千約之爲度，卽定差。在正交、中交爲加，在半交爲減。

推正半中交加時月道定積度　置正半中交後積度，以定差加減之，爲朔弦望加時月道定積度。

推定朔弦望加時月道宿次　置定朔弦望加時月道定積度，取交後月道定積度，在所置宿前一宿者減之，卽得。遇轉交則前積度多，所置積度少爲不及減。從半轉正，加其交活

中華書局

象限減之。從正轉半，從半轉中，從中轉半，皆加氣象限減之。

推夜半入轉日　置經朔弦望遲疾曆，以定朔弦望加減差加減之。在疾曆，便爲定朔弦望加時入轉日。在遲曆，用加轉中置定朔弦望加時入轉日，以定朔弦望小餘減之，爲夜半入轉日。遇入轉日少不及減者，加轉終減之。

推加時入轉度　置定朔弦望小餘，去秒，取夜半入轉日下轉定度乘之，萬約之爲分，即得。

遲疾轉定度鈐

初日十四度六七六四	七日十三度二三五三	十四日十二度〇八五二	二十一日十三度五七一二
一日十四度五五七三	八日十二度九四七五	十五日十二度二一二二	二十二日十三度八五一一
二日十四度四〇二九	九日十二度六九四八	十六日十二度三七五二	二十三日十四度〇九五五
三日十四度二一三〇	十日十二度四七七七	十七日十二度五七三〇	二十四日十四度三〇四六
四日十三度九八七七	十一日十二度二九六〇	十八日十二度八〇六三	二十五日十四度四七八二
五日十三度七二七一	十二日十二度一四九六	十九日十三度〇七五三	二十六日十四度六一六三
六日十三度四四四六	十三日十二度〇四六二	二十日十三度三三七七	二十七日十四度七一五四

推定朔弦望夜半入轉積度及宿次　置定朔弦望加時月道定積度，減去加時入轉度，爲夜半積度。如朔弦望加時定積度初換交，則不及減，半正相接，用活象限，正半、中半相接，用氣象限加之，然後減加時入轉度，則正者爲後半，後半爲中，中爲前半，前半爲正。置朔弦望夜半月道定積度，依推定朔弦望加時月道宿次法減之，爲夜半宿次。

推晨昏入轉日及轉度　置夜半入轉日，以定盈縮曆檢立成日下晨分加之，爲晨入轉日。滿轉終去之。置其日晨分，取夜半入轉日下轉定度乘之，萬約爲分，爲晨轉度。如求昏轉日轉度，依法檢日下昏分，即得。

推晨昏轉積度及宿次　置朔弦望夜半月道定積度，加晨轉度，爲晨轉積度。如求昏轉積度，則加昏轉度，滿氣象限去之，則換交。若推夜半積度之時，因朔弦望加時定積不及減轉度，以半正相接，而加活象限減之者，今復換正交，則以活象限減之。置晨轉積度，依前法減之，爲晨分宿次。置昏轉積度，依法減之，爲昏分宿次。

推相距度　朔與上弦相距，上弦與望相距，用昏轉積度。望與下弦相距，下弦與朔相距，用晨轉積度。置後段晨昏轉積度，視與前段同交者，竟以前段晨昏轉積度減之，餘爲相距度。若後段與前段接兩交者，從正入半，從半入中，從中入半，加氣象限。從半入正，加活象限。然後以前段晨昏轉積度減之。若後段與前段接三交者，其內無從半入正，則加二氣象限，其內有從半入正，則加一活象限，一氣象限，以前段晨昏轉積度減之。

推轉定積度　置晨昏入轉日，朔至弦，弦至望，用昏。望至弦，弦至朔，用晨。以前段減後段，不及減者，加二十八日減之，爲晨昏相距日。從前段下，於鈐內驗晨昏相距日同者，取其轉定積度。若朔弦望相距日少晨昏相距日一日者，則於晨昏相距日同者，取其轉積度，減去轉定極差一十四度七一五四，餘爲前段至後段轉定積度。

轉定積度鈐

晨昏日	距後六日	距後七日	距後八日
初日	八十五度五六四四	九十九度〇〇九〇	一百十二度二四四三
一日	八十四度三三二六	九十七度五六七九	一百一十度五一五四
二日	八十三度〇一〇六	九十五度九五八一	一百〇八度六五二九
三日	八十一度五五五二	九十四度二五〇〇	一百〇六度七二七七
四日	八十〇度〇三七〇	九十二度五一四七	一百〇四度八一〇七
五日	七十八度五二七〇	九十〇度八二三〇	一百〇二度九七二六
六日	七十七度〇九五九	八十九度二四五五	一百〇一度二九一七
七日	七十五度八〇〇九	八十七度八四七一	九十九度九三二三
八日	七十四度六一一八	八十六度六九七〇	九十八度九〇九二
九日	七十三度七四九五	八十五度九六一七	九十八度三三六九
十日	七十三度二六六九	八十五度六四二一	九十八度二一五一
十一日	七十三度一六四四	八十五度七三七四	九十八度五四三七
十二日	七十三度四四一四	八十六度二四七七	九十九度三二三〇
十三日	七十四度〇九八一	八十七度一七三四	一百〇〇度五一一一
十四日	七十五度一二七二	八十八度四六四九	一百〇二度〇三六一
十五日	七十六度三九九七	八十九度九五〇九	一百〇三度八〇二〇

中華書局

十六日	七十七度七三八七	九十一度五八九八	一百〇五度六八五三
十七日	七十九度二一四六	九十三度三一〇一	一百〇七度六一〇七
十八日	八十〇度七三七一	九十五度〇四一七	一百〇九度五一九九
十九日	八十二度二三五四	九十六度七一三六	一百十一度三二九九
二十日	八十三度六三八三	九十八度二五四六	一百十二度九七〇〇
二十一日	八十四度九一六八	九十九度六三二三	一百十四度三〇七八
二十二日	八十六度〇六一一	一百〇度七三七五	一百十五度二九四八
二十三日	八十六度八八六四	一百一度四四三七	一百十五度八四六六
二十四日	八十七度三四八二	一百一度七五一一	一百十五度九六四一
二十五日	八十七度四四六五	一百一度六五九五	一百十五度六四七二
二十六日	八十七度一八一三	一百一度一六九〇	一百十四度八九六一
二十七日	八十六度五五二七	一百〇度二七九八	一百十三度七二四四

推加減差　以相距度與轉定積度相減爲實，以其朔弦望相距日爲法除之，所得視相距度多爲加差，少爲減差。

推每日太陰行定度　置朔弦望晨昏入轉日，視遲疾轉定度鈐日下轉定度，累日以加減差加減之，至所距日而止，卽得。

推每日月離晨昏宿次　置朔弦望晨昏宿次，以每日太陰行度加之，滿月道宿次減之，卽得。

赤道十二宮界宿次

亥危十二度二六一五	戌奎一度五九九六	酉胃三度六三七八
申畢七度一五七九	未井九度〇六四〇	午柳四度〇〇二一
巳張十四度八四〇三	辰軫九度二七八四	卯氐一度一一六五
寅尾三度一五四六	丑斗四度〇五二八	子女二度一三〇九

推月與赤道正交後宮界積度　視月道與赤道正交後，各宿積度宮界，某宿次在後，卽以加之，便爲某宮下正交後宮界積度。求次宮者，累加宮率三十度四三八一，滿氣象限去之，各得某宮下半交、中交後宮界積度。

推宮界定積度　視宮界積度在半象限已下爲初限，已上覆減氣象限，餘爲末限。置其交定限度，與初末限相減、相乘，所得，千約之爲度，在正交、中交爲加差，在半交爲減差。置宮界正半中交後積度，以定差加減之，爲宮界定積度。

推宮界宿次　置宮界定積度，於月道內取其在所置前一宿者減之，不及減者，加氣象限減之。

推每月每日下交宮時刻　置每月宮界宿次，減入交宮日下月離晨昏宿次。如不及減者，加宮界宿次前宿度減之，餘以日周乘之，以其日太陰行定度而一，得數，又視定盈縮曆取立成日下晨昏分加之。晨加晨分，昏加昏分。如滿日周交宮在次日，不滿在本日，依發斂推之，卽交宮時刻。

步中星

推每日夜半赤道　置推到每日夜半黃道，見日躔。依法以黃道積度減之，餘如黃道率而一，以加赤道積度。又以天正冬至赤道加之，如在春正後，再加一象限，夏至後加半周天，秋正後加三象限，爲每日夜半赤道積度。

推夜半赤道宿度　置夜半赤道積度，以赤道宿度挨次減之，爲本日夜半赤道宿度。

推晨距度及更差度　置立成內每日晨分，以三百六十六度二十五分七十五秒乘之爲實，如日周而一，爲晨距度。倍晨距度，以五除之，爲更差度。

推每日夜半中星　置推到每日夜半赤道宿度，加半周天，卽夜半中星積度。以赤道宿度挨次減之，爲夜半中星宿度。

推昏旦中星　置夜半中星積度，減晨距度，爲昏中星積度。以更差度累加之，爲逐更及旦中星積度。俱滿赤道宿度去之，卽得。以晨分五之一，加倍爲更率。更率五而一爲點率。凡昏分，卽一更一點，累加更率爲各更。凡交更卽爲一點，累加點率爲各點。

明史卷三十六

志第十二

曆六

大統曆法三下 推步

步交食

交周日二十七日二十一刻二二二四。半之爲交中日。

交終度三百六十三度七九三四一九六。半之爲交中度。

正交度三百五十七度六四。

中交度一百八十八度〇五。

前準一百六十六度三九六八。

後準一十五度五。

交差二日三一八三六九。

交望一十四日七六五二九六五。

日食陽曆限六度。　定法六十。

日食陰曆限八度。　定法八十。

月食限十三度五分。　定法八十七。

陽食限 視定朔入交。

〇日六〇已下　一十三日一〇已上　在一十四日，不問小餘，皆入食限。

一十五日二〇已下　二十五日六〇已上　在二十六日、二十七日，不問小餘，皆入食限。

陰食限 視定望入交。

一日二〇已下　一十二日四〇已上　在〇日一十三日，不問小餘，皆入食限。

一十四日八〇已下　二十六日〇五已上　在二十七日，不問小餘，皆入食限。又視定朔小餘在日出前、日入後二十分已上者，日食在夜。定望小餘在日入前、日出後八刻二十分已上者，月食在晝。皆不必布算。

推日食用數

經朔　盈縮曆　盈縮差　遲疾曆　遲疾差　加減差　定朔　入交汎分 以上皆全錄之。　定入遲疾曆 以加減差，加減遲疾即是。　遲疾定限 置定入遲疾曆，以日轉限一十二限二十分乘之，小餘不用。　定限行度 以定限，取立成內行度，遲用遲，疾用疾，內減日行分八分二十秒，得之。　日出分 以盈縮曆，從立成內取之，下同。　日入分　半晝分 取立成內昏分，減去五千二百五十分，得之。　歲前冬至加時黃道宿次

推交常度　置有食之朔入交汎分，以月平行度乘之，卽得。

推交定度　置交常度，以朔下盈縮差盈加縮減之，卽得。

推日食正交中交限度　視交定度在七度已下，三百四十二度已上者，食在正交。在一百七十五度已上，二百〇二度已下者，食在中交。不在限內不食。

推中前中後分　視定朔小餘，在半日周已下，用減半日周，餘爲中前分。在半日周已上，減去半日周，餘爲中後分。

推時差　置半日周，以中前、中後分減之，餘以中前中後分乘之，所得以九千六百而一爲時差。在中前爲減，中後爲加。

推食甚定分　置定朔小餘，以時差加減之，卽得。

推距午定分　置中前、中後分，加時差卽得。但加不減。

推食甚入盈縮曆　置原得盈縮曆，加入定朔大餘及食甚定分，卽得。

推食甚盈縮差　依步氣朔求之。

推食甚入盈縮曆行定度　置食甚入盈縮曆，以盈縮差，盈加縮減之，卽得。

推南北汎差　視食甚入盈縮曆行定度，在周天象限已下爲初限，已上與半歲周相減爲末限。以初末限自之，如一千八百七十度而一，得數，置四度四十六分減之，餘爲南北汎差。

推南北定差　置南北汎差，以距午定分乘之，如半晝分而一，以減汎差，餘爲南北定差。若汎差數少，卽反減之。盈初縮末食在正交爲減，中交爲加。縮初盈末，食在正交爲加，中交爲減。如係汎差反減而得者，則其加減反是。

推東西汎差　置半歲周，減去食甚入盈縮曆行定度，餘以食甚入盈縮曆行定度乘之，以一千八百七十除之爲度，卽東西汎差。

推東西定差　置東西汎差，以距午定分乘之，如二千五百度而一，視得數在東西汎差以下，卽爲東西定差。若在汎差已上，倍汎差減之，餘爲定差。盈曆中前，縮曆中後者，正交減，中交加。盈曆中後，縮曆中前者，正交加，中交減。

推正交中交定限度　視日食在正交者置正交度，在中交者置中交度，以南北東西二定

中華書局

差加減之，即得。

推日食入陰陽曆去交前交後度　視交定度在正交定限度已下，減去交定度，餘為陰曆交前度。已上，減去正交定限度，餘為陽曆交後度。在中交定限度已下，減去交定度，餘為陽曆交前度。已上，減去中交定限度，餘為陰曆交後度。若交定度在七度已下者加交終度，減去正交定限度，餘為陽曆交後度。

推日食分秒　在陽曆者，置陽食限六度，減去陽曆交前、交後度，不及減者，不食。陰曆同。餘以定法六十而一。在陰曆者，置陰食限八度，減去陰曆交前、交後度，餘以定法八十而一，即得。

推定用分　置日食分秒與二十分相減相乘，為開方積。以平方法開之，為開方數。用五千七百四十分七因八百二十分也。乘之，如定限行度而一，即得。

推初虧復圓時刻　置食甚定分，以定用分減為初虧，加為復圓。各依發斂加時，即得時刻。

推日食起復方位　陽曆初虧西南，甚於正南，復於東南。陰曆初虧西北，甚於正北，復於東北。若食在八分以上，不分陰陽曆皆虧正西，復正東。據午地而論。

推食甚日躔黃道宿次　置食甚入盈縮曆行定度，在盈就為定積度，在縮加半歲周為定

積度。置定積度，以歲前冬至加時黃道日度加之，滿黃道積度鈐去之，至不滿宿次，即食甚日躔。

推日帶食　視初虧食甚分，有在日出分已下，為晨刻帶食。食甚復圓分，有在日入分已上，為昏刻帶食。在晨置日出分，在昏置日入分，皆以食甚分與之相減，餘為帶食差。置帶食差，以日食分秒乘之，以定用分而一，所得以減日食分秒，餘為所見帶食分秒。

推月食用數

經望　盈縮曆　盈縮差　遲疾曆

遲疾差　加減差　定望　入交汎分

定入遲疾曆　定限　定限行度　晨分

日出分　昏分　日入分　限數

歲前冬至加時黃道宿次

推交常度　置望下入交汎分，乘月平行，如日食法。

推交定度　置交常度，以望下盈縮差盈加縮減之即得。不及減者，加交終度減之。

推食甚定分　不用時差，即以定望分為食甚分。

推食甚入盈縮曆行定度　法同推日食。

推月食入陰陽曆　視交定度在交中度已下為陽曆，已上減去交中度，餘為陰曆。

推交前交後度　視所得入陰陽曆，在後準已下為交後，在前準已上置交中度減之，餘為交前。

推月食分秒　置月食限一十三度〇五，減去交前交後度，不及減者不食。餘以定法八十七分而一，即得。

推月食定用分　置三十分，與月食分秒相減相乘，為開方積。依平方法開之，為開方數。又以四千九百二十乃六因八百二十分數。分乘之，如定限行度而一，即得。

推月食三限初虧、食甚、復圓。時刻　置食甚定分，以定用分減為初虧，加為復圓。依發斂得時刻如日食。

推月食五限時刻　月食十分已上者，用五限推之，初虧、食既、食甚、生光、復圓也。置月食分秒，減去十分，餘與十分相減相乘，為開方積。平方開之，為開方數。又以四千九百二十分乘之，如定限行度而一為既內分。與定用分相減，餘為既外分。置食甚定分，減既內分為食既分，又減既外分為初虧分。再置食甚定分，加既內分為生光分，又加既外分為復圓分。各依發斂得時刻。

推更點　置晨分倍之，五分之為更法，又五分之為點法。

推月食入更點　各置三限或五限，在昏分已上減去昏分，在晨分已下加入晨分，不滿更法為初更，不滿點法為一點，以次求之，各得更點之數。

推月食起復方位　陽曆初虧東北，甚於正北，復於西北。陰曆初虧東南，甚於正南，復於西南。若食在八分已上者，皆初虧正東，復於正西。

推食甚月離黃道宿次　置食甚入盈縮曆定度，在盈加半周天，在縮減去七十五秒為定積度。置定積度，加歲前冬至加時黃道日度，以黃道積度鈐去之，即得。

推月帶食　視初虧、食甚、復圓等分，在日入分以下，為昏刻帶食。在日出分已上，為晨刻帶食。推法同日食。

步五星

曆度三百六十五度二五七五，半之為曆中，又半之為曆策。

木星

合應二百四十三萬二三〇一。置中積三億七千六百一十九萬九七七五，加辛巳合應一百一十七萬九七二六，得三億七千七百三十七萬九五〇一，滿木星周率去之，餘為大統合應。

曆應五百三十八萬二五七二二一五。置中積，加辛巳曆應一千八百九十九萬九四八一，得三億九千

五百一十九萬九二五六，滿木星曆率去之，餘爲大統曆應。

周率三百九十八萬八八。

曆率四千三百三十一萬二九六四八六五。

度率一十一萬八五八二。

伏見一十三度。

段目	段日	平度	限度	初行率
合伏	一十六日八六	三度八六	二度九三	二十三分
晨疾初	二十八日	六度一一	四度六四	二十二分
晨疾末	二十八日	五度五一	四度一九	二十一分
晨遲初	二十八日	四度三一	三度二八	一十八分
晨遲末	二十八日	一度九一	一度四五	一十二分
晨留	二十四日			
晨退	四十六日五八	四度八八一二五	〇度三二八七五	
夕退	四十六日五八	四度八八一二五	〇度三二八七五	一十六分
夕留	二十四日			

夕遲初	二十八日	一度九一	一度四五	
夕遲末	二十八日	四度三一	三度二八	一十二分
夕疾初	二十八日	五度五一	四度一九	一十八分
夕疾末	二十八日	六度一一	四度六四	二十一分
夕伏	一十六日八六	三度八六	二度九三	二十二分

火星

合應二百四十〇萬一四。置中積，加辛巳合應五十六萬七五四五，得三億七千六百七十六萬七三二，滿火星周率去之，爲大統合應。中積見木星，五星並同。

曆應三百八十四萬五七八九三五。置中積，加辛巳曆應五百四十七萬二九三八，得三億八千一百六十七萬二七一三，滿火星曆率去之。

周率七百七十九萬九二九。

曆率六百八十六萬九五八〇四三。

度率一萬八八〇七五。

伏見一十九度。

段目	段日	平度	限度	初行率
合伏	六十九日	五十度	四十六度五〇	七十三分
晨疾初	五十九日	四十一度八〇	三十八度八七	七十二分
晨疾末	五十七日	三十九度〇八	三十六度三四	七十分
晨次疾初	五十三日	三十四度一六	三十一度七七	六十七分
晨次疾末	四十七日	二十七度〇四	二十五度一五	六十二分
晨遲初	三十九日	一十七度七二	一十六度四八	五十三分
晨遲末	二十九日	六度二〇	五度七七	三十八分
晨留	八日			
晨退	二十八日九六四五	八度六五六七五	六度四六三二五	
夕退	二十八日九六四五	八度六五六七五	六度四六三二五	四十四分
夕留	八日			
夕遲初	二十九日	六度二〇	五度七七	
夕遲末	三十九日	一十七度七二	一十六度四八	三十八分
夕次疾初	四十七日	二十七度〇四	二十五度一五	五十三分
夕次疾末	五十三日	三十四度一六	三十一度七七	六十二分

夕疾初	五十七日	三十九度〇八	三十六度三四	六十七分
夕疾末	五十九日	四十一度八〇	三十八度八七	七十分
夕伏	六十九日	五十度	四十六度五〇	七十二分

土星

合應二百〇六萬四七三四。置中積，加辛巳合應一十七萬五六四三，得三億七千六百三十七萬五四一八，滿土星周率去之。

曆應一億〇六百〇〇萬三七九九〇二。置中積，加辛巳曆應五千二百二十四萬〇五六一，得四億二千八百四十四萬〇三三六，滿土星曆率去之。

周率三百七十八萬〇九一六。

曆率一億〇七百四十七萬八八四五六六。

度率二十九萬四二五五。

伏見一十八度。

段目	段日	平度	限度	初行率
合伏	二十日四〇	二度四〇	一度四九	一十二分
晨疾	三十一日	三度四〇	二度一一	一十一分

二十四史　中華書局

晨次疾	二十九日	二度七五	一度七一	一十分
晨遲	二十六日	一度五〇	〇度八三	八分
晨留	三十日			
晨退	五十二日六四五八	三度六二五四五	〇度二八四五五	
夕退	五十二日六四五八	三度六二五四五	〇度二八四五五	一十分
夕留	三十日			
夕遲	二十六日	一度五〇	〇度八三	
夕次疾	二十九日	二度七五	一度七一	八分
夕疾	三十一日	三度四〇	二度一一	一十分
夕伏	二十日四〇	二度四〇	一度四九	一十一分

金星

合應二百三十七萬九四一五。置中積，加辛巳合應五百七十一萬六三三〇，得三億八千一百九十一萬六一〇五，滿金星周率去之。

曆應一十〇萬四一八九。置中積，加辛巳曆應一十一萬九六三九，得三億七千六百三十一萬九四一四，滿金星曆率去之。

周率五百八十三萬九〇二六。

曆率三百六十五萬二五七五。

度率一萬。

伏見一十度半

段目	段日	平度	限度	初行率
合伏	三十九日	四十九度五〇	四十七度六四	一度二七五
夕疾初	五十二日	六十五度五〇	六十三度〇四	一度二六五
夕疾末	四十九日	六十一度	五十八度七一	一度二五五
夕次疾初	四十二日	五十度二五	四十八度三六	一度二三五
夕次疾末	三十九日	四十二度五〇	四十度九〇	一度一六
夕遲初	三十三日	二十七度	二十五度九九	一度〇二
夕遲末	一十六日	四度二五	四度〇九	六十二分
夕留	五日			
夕退	一十日九五三一	三度六九八七	一度五九一三	
夕退伏	六日	四度三五	一度六三	六十一分
合退伏	六日	四度三五	一度六三	八十二分
晨退	一十日九五三一	三度六九八七	一度五九一三	六十一分
晨留	五日			
晨遲初	一十六日	四度二五	四度〇九	
晨遲末	三十三日	二十七度	二十五度九九	六十二分
晨次疾初	三十九日	四十二度五〇	四十度九〇	一度〇二
晨次疾末	四十二日	五十度二五	四十八度三六	一度一六
晨疾初	四十九日	六十一度	五十八度七一	一度二三五
晨疾末	五十二日	六十五度五〇	六十三度〇四	一度二五五
晨伏	三十九日	四十九度五〇	四十七度六四	一度二六五

水星

合應三十〇萬三二一二。置中積，加辛巳合應七十〇萬〇四三七，得三億七千六百九十〇萬〇二一二，滿水星周率去之。

曆應二百〇三萬九七一一。置中積，加辛巳曆應二百〇五萬五一六一，得三億七千八百二十五萬四九三六，滿水星曆率去之。

周率一百一十五萬八七六。

曆率三百六十五萬二五七五。

度率一萬。

晨伏夕見一十六度半。

夕伏晨見一十九度。

段目	段日	平度	限度	初行率
合伏	一十七日七五	三十四度二五	二十九度〇八	二度一五五八
夕疾	一十五日	二十一度三八	一十八度一六	一度七〇三四
夕遲	一十二日	一十度一二	八度五九	一度一四七二
夕留	二日			
夕退伏	一十一日一八八	七度八一二	二度一〇八	
合退伏	一十一日一八八	七度八一二	二度一〇八	一度〇三四六
晨留	二日			
晨遲	一十二日	一十度一二	八度五九	
晨疾	一十五日	二十一度三八	一十八度一六	一度一四七二

晨伏　一十七日七五　三十四度二五　二十九度〇八　一度七〇三四

推五星前後合　置中積，加合應，滿周率去之，餘爲前合。再置周率，以前合減之，餘爲後合。如滿歲周去之，卽其年無後合分。

推五星中積日中星度　置各星後合，卽爲合伏下中積中星。命爲日，曰中積。命爲度，曰中星。累加段日，爲各段中積。皆滿歲周去之。以各段下平度，累加各段下平度，滿歲周去。退則減之，不及減，加歲周減之。次復累加之，爲各段中星。

推五星盈縮曆　置中積，加曆應及後合，滿曆率去之，餘以度率而一爲度。在曆中已下爲盈，已上減去曆中爲縮。置各星合伏下盈縮曆，以段下限度累加之，滿曆中去之，盈交縮，縮交盈，卽各段盈縮曆。

推五星盈縮差　置各段盈縮曆，以曆策除之爲策數，不盡，爲策餘。以其下損益分見立成乘之，以曆策而一，所得益加損減其盈縮積分，卽盈縮差。金星倍之，水星三之。

推定積日　置各段中積，以其段盈縮差盈加縮減之，卽得。滿歲周去之，如中積不及減者，加歲周減之。本段原無差者，借前段差加減之，則金水二星，亦只用所得盈縮差，不用三之倍之。

推加時定日　置定積日，以歲前天正冬至分加之，滿紀法去之，餘命甲子算外，卽爲定日。視定積日曾滿歲周去者，用本年冬至，曾加歲周減者，用歲前冬至。

推所入月日　置合伏下定積，以加天正閏餘滿朔策除之，爲月數。起歲前十一月，其不滿朔策者，卽入月已來日分也。視其月定朔甲子，與加時定日甲子相去，卽合伏日，累加相距日，滿各月大小去之，卽各段所入月日。

推定星　置各段中星，依推定積日法，以盈縮差加減之。

推加時定星　置定星，以歲前冬至加時黃道日度加之，滿周天去之。若定積日曾加歲周者，用歲前黃道日度。遇減歲周者，用本年黃道日度。如原無中星度，段下亦無定星及加時定星度分。

推加減定分　置定日小餘，以其段初行率乘之，滿萬爲分，所得諸段爲減分，退段爲加分。

推夜半定星及宿次　置加時定星，以加減定分加減之，爲夜半定星。以黃道積度鈐減之，爲夜半宿次。其留段卽用加時定星，爲夜半定星。

推日率度率　置各段定日，與次段定日相減爲日率。次段不及減，加紀法減之。置各段夜半定星，與次段夜半定星相減爲度率。次段不及減，加周天減之。凡近留之段，皆用留段加時定星與本段夜半定星相減。如星度逆者，以後段減前段，卽各得度率。

推平行分　置度率，以日率除之，卽得。

推汎差及增減總差日差　以本段前後之平行分相減，爲本段汎差。凡五星之伏段及近留之遲段及退段，皆無汎差。倍汎差，退一位爲增減差。倍增減差爲總差。置總差，以日率減一日除之爲日差。初日行分多，爲減差。末日行分多，爲加差。

推初日行分末日行分　以增減差加減其段平行分，爲初末日行分。視本段平行分與次段平行分相較，前多後少者，加爲初，減爲末。前少後多者，減爲初，加爲末。

推無汎差諸段爲增減差總差日差　合伏者，置次段初日行分，加其日差之半，亦次段日差。爲末日行分。晨伏、夕伏者，置前段本段之前末日行分，加其日差之半，亦前段日差。爲二伏初日行分。置伏段所得初末日行分，皆與本段平行分相減，餘爲增減差。又以增減差加減平行分，爲初末日行分。視合伏末日行分較平行分，少則加，多則減，爲初日行分。晨伏、夕伏初日行分較平行分，亦少加多減，爲末日行分。木、火之晨遲末，土之晨遲，金之夕遲末，水之夕遲，皆置其前段末日行分，倍其日差減之，卽前段日差。餘爲初日行分。木、火之夕遲初，土之夕遲，金之晨遲初，水之晨遲，皆置其後段初日行分，倍其日差減之，後段日差。餘爲末日行分。木、火、土之夕伏，金、水之晨伏，皆置其前段末日行分，內加其前段日差之半，爲伏段初日行分，皆與平行分相減，餘爲增減差。木、火之晨退、夕退，置其平行

分，退一位，六因之，爲增減差。晨退減爲初，加爲末。夕退加爲初，減爲末。晨加夕減，二段自相比較。金之夕退伏合退伏，置其平行分，退一位，三因之折半。水之夕退伏合退伏，以平行分折半，各爲增減差。金之夕退，置其後段初日行分，減日差，後段日差。爲末日行分。金之晨退，置其前段末日行分，減日差，前段日差。爲初日行分。皆與平行分相減，餘爲增減差。凡增減差，倍之爲總差，以相距日率減一除之，爲日差。其初末日行分有其一者，以增減差加減，更求其一，如伏段法，餘依前後平行分相較增減之。金、火之夕遲末，晨遲初，置其段平行分，〔一〕以相距日率下不倫分乘之，不倫分之秒，與平行之分對。卽爲增減差。置平行分，夕者以增減差，加爲初日行分，減爲末日行分。晨者反是。

不倫分　金、火星之夕遲末，與晨遲初，其增減差，多於平行分者，爲不倫分也。

十七日　八十八秒八八五　十六日　八十八秒二三一

十五日　八十七秒四九六　十四日　八十六秒七六一

推五星每日細行　置各段夜半宿次，以初日行分順加退減之，爲次日宿次。又以日差加減其初日行分，爲每日行分，亦順加退減於次日宿次，滿黃道宿次去之，至次段宿次而止，爲每日夜半宿次。

推五星順逆交宮時刻　視逐日五星細行，與黃道十二宮界宿次同名，其度分又相近者

以相減。視其餘分，在本日行分以下者，爲交宮在本日也。順行者，以本日夜半星行宿次度分減宮界度分。退行者，以宮界度分減本日夜半星行宿次度分。各以日周乘之爲實，以本日行分爲法，法除實，得數，依發斂加時法，得交宮時刻。

推五星伏見　凡取伏見，伏者要在巳下，見者要在巳上。晨見晨伏者，置其日太陽行度，內減各星行度。夕見夕伏者，置其日各星行度，內減太陽行度。即爲其日晨昏伏見度。置本日伏見度，與次日伏見度相減，餘四而一，即得晨昏伏見分。視本日伏見度較次日伏見度爲多者減，少者加。晨者，置本日伏見度，以伏見分加減之，爲晨伏見度。夕者，三因伏見分，置伏見度加減之，爲夕伏見度。視在各星伏見度上下取之。

步四餘

紫氣周日一萬〇二百二十七日一七九二。

紫氣度率二十八日，　日行三分五七一四二九。

紫氣至後策八千一百九十四萬九六二三。

月孛周日三千二百三十一日九六八四。

月孛度率八日八四四九二，　日行十一分三〇一三六一。

月孛至後策一千二百二十萬四六五九。

羅計周日六千七百九十三日四四三二。

羅計度率一十八日五九九一〇七七六，　日行五分三七六六〇二。

羅喉至後策五千三百三十三萬六二一七。

計都至後策一千九百三十六萬九〇〇一。

推四餘至後策　置中積，加各餘至後策，滿周日去之，即得。

推四餘周後策　以至後策，減立成內各宿初末度積日，即得。

推四餘入各宿次初末度積日　置各餘周後策，加入其年冬至分，滿紀法去之，即各餘初末度積日。紫氣、月孛爲各宿初，羅喉、計都爲各宿末。氣孛順行，羅計逆行。

推四餘初末度積日所入月日　置各餘周後策，加入天正閏餘滿朔策減之，起十一月至不滿朔策，即所入月也。其初末度積日，即滿紀法去者。命甲子算外，爲日辰小餘，以發斂求之爲時刻。視定朔某甲子，即知入月巳來日也。

推四餘每日行度　置各餘初末度積日，氣孛以度率日累加之，至末度加其宿零日及分，即次宿之初度。羅計先加其宿零日及分，後以度率日累加之，即次宿之末度。各以其大餘，命甲子算外爲日辰。其交次宿，以小餘發斂爲時刻。

推四餘交宮　以至後策減各宿交宮積日，餘爲入某宮積日。加天正閏餘，滿朔策去之，起十一月至不滿朔策，即所入月。又置入宮積日，加冬至分，滿紀法去之，爲日辰，小餘發斂爲時刻。視定朔甲子，即知交宮及時刻。

紫氣宿次日分立成　入箕初度。

黃道宿整度	日分	宿零分日分	全日分	各宿入初度積日分
箕九度	二百五十二日	五十九分	十六日五十二分	二百六十八日五十二分	空分
斗二十三度	六百四十四日	四十七分	十三日一十六分	六百五十七日一十六分	九百二十五日六八
牛六度	一百六十八日	九十〇分	二十五日二十分	一百九十三日二十〇分	一千一百一十八日八八
女十一度	三百〇八日	一十二分	三日三十六分	三百一十一日三十六分	一千四百三十日二四
虛九度	二百五十二日	六十四秒	初日一十七分九二	二百五十二日一十七分九二	一千六百八十二日四一九二
危十五度	四百二十日	九十五分	二十六日六十分	四百四十六日六十〇分	二千一百二十九日〇一九二
室十八度	五百〇四日	三十二分	八日九十六分	五百一十二日九十六分	二千六百四十一日九七九二
壁九度	二百五十二日	三十四分	九日五十二分	二百六十一日五十二分	二千九百〇三日四九九二
奎十七度	四百七十六日	八十七分	二十四日三十六分	五百〇十〇日三十六分	三千四百〇三日八五九二

黃道宿整度	日分	宿零分日分	全日分	各宿入初度積日分
婁十二度	三百三十六日	三十六分	一十日〇八分	三百四十六日〇八分	三千七百四十九日九三九二
胃十五度	四百二十日	八十一分	二十二日六十八分	四百四十二日六十八分	四千一百九十二日六一九二
昴十一度	三百〇八日	八分	二日二十四分	三百一十〇日二十四分	四千五百〇二日八五九二
畢十六度	四百四十八日	五十〇分	一十四日	四百六十二日	四千九百六十四日八五九二
觜初度		五分	一日四十分	一日四十〇分	四千九百六十六日二五九二
參十度	二百八十日	二十八分	七日八十四分	二百八十七日八十四分	五千二百五十四日〇九九二
井三十一度	八百六十八日	三分	初日八十四分	八百六十八日八十四分	六千一百二十二日九三九二
鬼二度	五十六日	一十一分	三日〇八分	五十九日〇八分	六千一百八十二日〇一九二
柳十三度	三百六十四日			三百六十四日	六千五百四十六日〇一九二
星六度	一百六十八日	三十一分	八日六十八分	一百七十六日六十八分	六千七百二十二日六九九二
張十七度	四百七十六日	七十九分	二十二日一十二分	四百九十八日一十二分	七千二百二十日八一九二
翼二十度	五百六十日	九分	二日五十二分	五百六十二日五十二分	七千七百八十三日三三九二
軫十八度	五百〇四日	七十五分	二十一日	五百二十五日	八千三百〇八日三三九二
角十二度	三百三十六日	八十七分	二十四日三十六分	三百六十〇日三十六分	八千六百六十八日六九九二

亢九度	二百五十二日	五十六分	十五日六十八分	二百六十七日六十八分	八千九百三十六日三七九二
氐十六度	四百四十八日	四十○分	十一日二十分	四百五十九日二十○分	九千三百九十五日五七九二
房五度	一百四十日	四十八分	十三日四十八分	一百五十三日四十四分	九千五百四十九日○一九二
心六度	一百六十八日	二十七分	七日五十六分	一百七十五日五十六分	九千七百二十四日五七九二
尾十七度	四百七十六日	九十五分	二十六日六十○分	五百○二日六十○分	一萬○二百二十七日一七九二

紫氣交宮積日鈐

斗○千三百七十四日一五○一	三度入丑	女一千一百七十六日六八三二	二度入子
危二千○三十六日五○七二	十二度入亥	奎二千九百五十二日○四五六	一度入戌
胃三千八百五十四日八一八八	三度入酉	畢四千六百九十五日四○四○	六度入申
井五千四百八十七日七三九六	八度入未	柳六千二百九十○日二七二八	三度入午
張七千一百五十日○九六八	十五度入巳	軫八千○六十五日六三五二	十度入辰
氐八千九百六十八日四○八○	一度入卯	尾九千八百○八日九九六三	三度入寅
斗一萬○六百○一日三二九二	三度入丑		

至後策少者用前斗下積日，多者用後斗下積日。

月孛宿次日分立成 入箕初度。

黃道宿整度	日分	宿零分日分		全日分	各宿入初度積日分
箕九度	七十九日六三六四	五十九分	五日二二○六	八十四日八五七○	空
斗二十三度	二百○三日五一五四	四十七分	四日一五八八	二百○七日六七四二	二百九十二日五三一二
牛六度	五十三日○九一○	九十○分	七日九六三六	六十一日○五四六	三百五十三日五八五八
女十一度	九十七日三三三四	二十二分	一日○六一八	九十八日三九五二	四百五十一日九八一○
虛九度	七十九日六三六四	六十四分	初日○五六七	七十九日六九三一	五百三十一日六七四一
危十五度	一百三十二日七二七四	九十五分	八日四○六○	一百四十一日一三三四	六百七十二日八○七五
室十八度	一百五十九日二七二九	三十二分	二日八三一五	一百六十二日一○四四	八百三十四日九一一九
壁九度	七十九日六三六四	三十四分	三日○○八五	八十二日六四四九	九百一十七日五五六八
奎十七度	一百五十日四二四四	八十七分	七日六九八一	一百五十八日一二二五	一千○七十五日六七九三
婁十二度	一百○六日一八一九	三十六分	三日一八五五	一百○九日三六七四	一千一百八十五日○四六七
胃十五度	一百三十二日七二七四	八十一分	七日一六七三	一百三十九日八九四七	一千三百二十四日九四一四
昴十一度	九十七日三三三四	八分	初日七○七九	九十八日○四一三	一千四百二十二日九八二七

畢十六度	一百四十一日五七五九	五十○分	四日四二四二	一百四十六日○○○一	一千五百六十八日九八二八
觜初度		五分	初日四四二四	初日四四二四	一千五百六十九日四二五二
參十度	八十八日四八四九	二十八分	二日四七七六	九十○日九六二五	一千六百六十○日三八七七
井三十一度	二百七十四日三○三三	三分	初日二六五四	二百七十四日五六八七	一千九百三十四日九五六四
鬼二度	一十七日六九六○	一十一分	初日九七三三	一十八日六七○三	一千九百五十三日六二六七
柳十三度	一百一十五日○三○四			一百一十五日○三○四	二千○百六十八日六五七一
星六度	五十三日○九一○	三十一分	二日七四三○	五十五日八三四○	二千一百二十四日四九一一
張十七度	一百五十○日四二四四	七十九分	六日九九○三	一百五十七日四一四七	二千二百八十一日九○五八
翼二十度	一百七十六日九六九八	九分	初日七九六四	一百七十七日七六六二	二千四百五十九日六七二○
軫十八度	一百五十九日二七二九	七十五分	六日六三六三	一百六十五日九○九二	二千六百二十五日五八一二
角十二度	一百○六日一八一九	八十七分	七日六九八二	一百一十三日八八○一	二千七百三十九日四六一三
亢九度	七十九日六三六四	五十六分	四日九五五二	八十四日九五一六	二千八百二十四日○五二九
氐十六度	一百四十一日五七五九	四十○分	三日五三九四	一百四十五日一一五三	二千九百六十九日一六八二
房五度	四十四日二四二五	四十八分	四日二四七二	四十八日四八九七	三千○百一十七日六五七九

心六度	五十三日○九一○	二十七分	二日三八九二	五十五日四八○一	三千○百七十三日一三八○
尾十七度	一百五十○日四二四四	九十五分	八日四○六○	一百五十八日八三○四	三千二百三十一日九六八四

月孛交宮積日鈐

斗一百一十八日二三八○	三度入丑	女三百七十一日八五二六	二度入子
危六百四十三日五七二一	十二度入亥	奎九百三十二日八九八三	一度入戌
胃一千二百一十○日一九○五	三度入酉	畢一千四百八十三日八三○二	六度入申
井一千七百三十四日二二二二	八度入未	柳一千九百八十七日八三六八	三度入午
張二千二百五十九日五五六三	十五度入巳	軫二千五百四十八日八八二五	十度入辰
氐二千八百三十四日一七四七	一度入卯	尾三千○九十九日八一四四	三度入寅
斗三千三百五十○日二○六四	三度入丑		

至後策少者用前斗下積日，多者用後斗下積日。

羅計宿次日分立成 入尾末度。

黃道宿整度	日分	宿零分日分	全日分	各宿入初度積日分

中華書局

二十四史

尾十七度	三百一十六日一八四八	九十五分	十七日六六九一	三百三十三日八五三九	空
心六度	一百一十一日五九四七	二十七分	五日〇二一七	一百一十六日六一六四	四百五十〇日四七〇三
房五度	九十二日九九五五	四十八分	八日九二七六	一百〇一日九二三一	五百五十二日三九三五
氐十六度	二百九十七日五八五七	四十分	七日四三九五	三百〇五日〇二五三	八百五十七日四一八八
亢九度	一百六十七日三九二〇	五十六分	十日四一五五	一百七十七日八〇七五	一千〇百三十五日二二六三
角十二度	二百二十三日一八九三	八十七分	十六日一八一二	二百三十九日三七〇五	一千二百七十四日五九六八
軫十八度	三百三十四日七八四〇	七十五分	十三日九四九三	三百四十八日七三三三	一千六百二十三日三三〇一
翼二十度	三百七十一日九八二二	九分	一日六七三九	三百七十三日六五六一	一千九百九十六日九八六二
張十七度	三百一十六日一八四九	七十九分	十四日六九三二	三百三十〇日八七八一	二千三百二十七日八六四三
星六度	一百一十一日五九四七	三十一分	五日七六五七	一百一十七日三六〇四	二千四百四十五日二二四七
柳十三度	二百四十一日七八八四			二百四十一日七八八四	二千六百八十七日〇一三一
鬼二度	三十七日一九八二	一十一分	二日〇四五九	三十九日二四四一	二千七百二十六日二五七二
井三十一度	五百七十六日五七二四	三分	初日五五八〇	五百七十七日一三〇四	二千三百〇三日三八七六
參一十度	一百八十五日九九一一	二十八分	五日二〇七七	一百九十一日一九八八	三千四百九十四日五八六四

觜初度		五分	初日九十三分	九十三分	三千四百九十五日五一六四
畢十六度	二百九十七日五八五七	五十〇分	九日二九九五	三百〇六日八八五二	三千八百〇二日四〇一六
昴十一度	二百〇四日五九〇二	八分	一日四八七九	二百〇六日〇七八一	四千〇百〇八日四七九七
胃十五度	二百七十八日九八六七	八十一分	十五日〇六五二	二百九十四日〇五一九	四千三百〇二日五三一六
婁十二度	二百二十三日一八九三	三十六分	六日六九五七	二百二十九日八八五〇	四千五百三十二日四一六六
奎十七度	三百一十六日一八四九	八十七分	十六日一八一一	三百三十二日三六六〇	四千八百六十四日七八二六
壁九度	一百六十七日三九二〇	三十四分	六日三二三七	一百七十三日七一五七	五千〇百三十八日四九八三
室十八度	三百三十四日七八四〇	三十二分	五日九五一六	三百四十〇日七三五六	五千三百七十九日二三三九
危十五度	二百七十八日九八六七	九十五分	十七日六六九一	二百九十六日六五五八	五千六百七十五日八八九七
虛九度	一百六十七日三九二〇	六十四秒	初日一一九〇	一百六十七日五一一〇	五千八百四十三日四〇〇七
女十一度	二百〇四日五九〇二	一十二分	二日二三一九	二百〇六日八二二一	六千〇百五十〇日二二二八
牛六度	一百一十一日五九四七	九十〇分	十六日七三九二	一百二十八日三三三九	六千一百七十八日五五六七
斗二十三度	四百二十七日七七九五	四十七分	八日七四一五	四百三十六日五二一〇	六千六百一十五日〇七七七
箕九度	一百六十七日三九二〇	五十九分	十日九七三五	一百七十八日三六五五	六千七百九十三日四四三二

羅計交宮積日鈐

氐〇千二百七十七日七八一四	一度退入卯	軫〇千八百三十六日一四三三	十度退入辰
張一千四百三十五日八一三九	十五度退入巳	柳二千〇百四十三日九六三八	三度退入午
井二千六百一十五日一〇五二	八度退入未	畢三千一百四十八日一九一〇	六度退入申
胃三千六百七十四日五〇三〇	三度退入酉	奎四千二百三十二日八六四九	一度退入戌
危四千八百三十二日五三五五	十二度退入亥	女五千四百四十〇日六八五四	二度退入子
斗六千〇百一十一日八二六八	三度退入丑	尾六千五百四十四日九一二六	三度退入寅
氐七千〇百七十一日二二四六	一度退入卯		

至後策少者用前氐下積日，多者用後氐下積日。

校勘記

〔一〕置其段平行分　平行分，原作「平分行」，據本卷上下文及明史稿志一四曆志改。

中華書局

明史卷三十七

志第十三

曆七

回回曆法一

回回曆法，西域默狄納國王馬哈麻所作。其地北極高二十四度半，經度偏西一百〇七度，約在雲南之西八千餘里。其曆元用隋開皇己未，卽其建國之年也。洪武初，得其書於元都。十五年秋，太祖謂西域推測天象最精，其五星緯度又中國所無。命翰林李翀、吳伯宗同回回大師馬沙亦黑等譯其書。其法不用閏月，以三百六十五日爲一歲。歲十二宮，宮有閏日，凡百二十八年而宮閏三十一日。以三百五十四日爲一周，周十二月，月有閏日。凡三十年月閏十一日，歷千九百四十一年，宮月日辰再會。此其立法之大概也。

按西域曆術見於史者，在唐有九執曆，元有札馬魯丁之萬年曆。九執曆最疏，萬年曆

行之未久。唯回回曆設科，隸欽天監，與大統參用二百七十餘年。雖於交食之有無深淺，時有出入，然勝於九執、萬年遠矣。但其書多脫誤。蓋其人之隸籍臺官者，類以土盤布算，仍用其本國之書。而明之習其術者，如唐順之、陳壤、袁黃輩之所論著，又自成一家言。以故翻譯之本不行於世，其殘缺宜也。今爲博訪專門之裔，考究其原書，以補其脫落，正其訛舛，爲回回曆法，著於篇。

積年　起西域阿喇必年，隋開皇己未。下至洪武甲子，七百八十六年。

用數　天周度三百六十。每度六十分，每分六十秒，微纖以下俱準此。宮十二。每宮三十度。日周分一千四百四十，時二十四，每時六十分。刻九十六。每刻十五分。宮度起白羊，節氣首春分，命時起午正。午初四刻屬前日。

七曜數　日一，月二，火三，水四，木五，金六，土七。以七曜紀日不用甲子。

宮數　白羊初，金牛一，陰陽二，巨蟹三，獅子四，雙女五，天秤六，天蠍七，人馬八，磨羯九，寶瓶十，雙魚十一。

宮日　白羊戌宮三十一日。金牛酉宮三十一日。陰陽申宮三十一日。巨蟹未宮三十二日。獅子午宮三十一日。雙女巳宮三十一日。天秤辰宮三十日。天蠍卯宮三十日。人馬寅宮二十九日。磨羯丑宮二十九日。寶瓶子宮三十日。雙魚亥宮三十日。已上十二宮，所謂不動之月，凡三百六十五日，乃歲周之日也。若遇宮分有閏之年，於雙魚宮加一日，凡三百六十六日。

月分大小　單月大，雙月小。凡十二月，所謂動之月也。月大三十日，月小二十九日，凡三百五十四日，乃十二月之日也。遇月分有閏之年，於第十二月內增一日，凡三百五十五日。

太陽五星最高行度隋己未測定。　太陽二宮二十九度二十一分。土星八宮十四度四十八分。木星六宮初度八分。火星四宮十五度四分。金星二宮十七度六分。水星七宮六度十七分。

求宮分閏日　置西域歲前積年，減一，以一百五十九乘之，一百二十八年內，閏三十一日，故以總數乘。內加一十五，閏應。以一百二十八屢減之，餘不滿之數，若在九十七已上，閏限。其年宮分有閏日，已下無閏日。於除得之數內加五，宮分立成起火三，故須加五。滿七去之，餘卽所求年白羊宮一日七曜。有閏加一日，後同。

求月分閏日　朔之餘日。　置西域歲前積年，減一，以一百三十一乘之，總數乘。內加一百九十四，閏應。以三十爲法屢減之，餘在十九已上，閏限。其年月分有閏日，已下則無。於除得之數，滿七去之，餘卽所求年第一月一日七曜。

加次法　置積日，全積并宮閏所得數。減月閏，內加三百三十一日，己未春正前日。以三百五

十四一年數除之，餘數內減去所加三百三十一，又減二十三，足成一年日數。又減二十四，洪武甲子加次。又減一，改應所損之一日。爲實距年己未至今得數。又法：以氣積宮閏併通閏爲氣積內減月閏，置十一，以距年乘之，外加十四，以三十除之，得月閏數。以三百五十四除之，餘減洪武加次二十四，又減補日二十三，又減改應損日一，得數如前。求通閏，置十一日，以距年乘之。求宮閏前見。

太陽行度

求最高總度　置西域歲前積年，入總年零年月分日期立成內，各取前年前月前日最高行度併之。如求十年，則取九年之類。蓋立成中行度，俱本年本月日足數也。如十年竟求十年，則逾數矣。月日義同。後倣此。

求最高行度　置求到最高總度，加測定太陽最高行度，二宮二十九度二十一分。卽所求年白羊宮最高行度。如求次宮，累加五秒〇六微。求次月，加四秒五十六微。

求中心行度日平行度。　置積年入總年零年月日立成內，各取日中心行度併之，取法同前。內減一分四秒，卽所求白羊宮第一日中心行度。求各宮月日，按每日行度五十九分八秒累加之。內減一分四秒，或云西域距中國里差，非是，蓋係已未年之宮分末日度應也。

求自行度　置其日中心行度，減其宮最高行度，卽得。卽入盈縮曆度也。

求加減差即盈縮差。　以自行宮度爲引數，入太陽加減立成內，照引數宮度取加減差。是名未定差。其度下小餘，用比例法，以本度加減差，與後度加減差相減，餘數通爲秒，如一分通爲六十秒。與引數小餘亦通秒相乘，得數爲纖，秒乘秒，得纖。以六十收之，爲微、爲秒、爲分。如數多，先以六十收之爲微，又以六十收之爲秒，又以六十收之爲分。視前所得未定加減差數較，少於後數者後度加減差加之，多於後數者減之，是爲加減定差分。如無小餘，竟用未定差爲定差。後準此。

求經度黃道度。　置其日中心行度，以加減定差分加減之，視定差引數自行宮度，在初宮至五宮爲減差，六宮至十一宮爲加差。即得。

求七曜　置積年入立成內，取總年零年月日下七曜數併之，累去七數，餘卽所求白羊宮一日七曜。如求次宮者，內加各宮七曜數。如求逐日，累加一數，滿七去之。求太陰、五星、羅計七曜並準此。

太陰行度

求中心行度　置積年入立成內，取總零年月日下中心行度併之，得數，內減一十四分，已未應轉。卽所求年白羊宮一日中心行度。如求逐日，累加日行度。十三度一〇三五。

求加倍相離度月體在小輪行度，合朔後，與日相離。　置積年入立成內，取總年零年月日下加

倍相離度併之，內減二十六分，卽所求白羊宮一日度也。如求逐日，累加倍離日行度。二十四度二二五三二二，半之，卽小輪心離太陽數。

求本輪行度卽月轉度。　置積年入立成內，取總零年月日下本輪行度併之，內減一十四分，卽所求白羊宮一日度也。如求各日，累加本輪日行度。十三度三分五四。

求第一加減差又名倍離差。　以加倍相離宮度爲引數，入太陰第一加減立成內，取加減差。未定差。又與下差相減，餘乘引數小餘，得數爲秒，分乘分。以六十收之爲分，用加減未定差，後差多加少減，同太陽。得第一差分。

求本輪行定度　置其日本輪行度，以第一差分加減之。視倍離度，前六宮加，後六宮減。

求第二加減差　以本輪行定度爲引數，入太陰第二加減立成內，取未定差，依比例法，同前。求得零數加減之爲第二加減差分。視引數，六宮已前爲減差，後爲加差。

求比敷分　以倍離宮度，入第一加減立成內，取比敷分。如倍離零分在三十分已上者，取下度比敷分。

求遠近度　以本輪行定宮度爲引數，入太陰第二加減立成內，取遠近度分。其引數零分，亦依比例法取之。

求汎差定差　置比敷分，以遠近度通分乘之，以六十約之爲分，卽汎差。以汎差加入第二加減差，卽爲定差。

求經度　置其日太陰中心行度，以定差加減之，卽太陰經度。視本輪行定度，六宮以前減，以後加。

太陰緯度

求計都與月相離度入交定度。　置其日太陰經度，內減其日計都行度，卽羅計中心度。卽計都與月相離度分。

求緯　以計都與月相離宮度爲引數，入太陰緯度立成，上宮用右行順度，下宮用左行逆度。取其度分，依比例法求得零分加減之，上六宮加，下六宮減。得緯度分。引數在六宮已前爲黃道北，六宮後爲黃道南。

求計羅行度　置積年入總年零年月日立成內，取羅計中心行度併之，爲其年白羊宮一日行度。求各宮一日，以各宮日行度加之，與十二宮相減，餘卽所求宮一日計都行度。如求計都逐日細行，以前後二段行度相減，餘以相距日數除之，爲日差。又置前段計都行度，以日差累減之。如求羅睺行度，置其日計都行度內加六宮。

五星經度

求最高總度　數同太陽，依前太陽術求之。

求最高行度　置所求本星最高總度，加測定本星最高行度，見前。爲其年白羊宮最高行度。求各宮各日，加各宮日行度。

求日中心行度　依太陽術求之。

求自行度　置積年入立成總零年月日下，各取自行度併之，得其年白羊宮一日自行度。土、木、金三星減一分，水星減三分，火星不減。如求各宮各日，照本星自行度累加之。水星如自行度過三宮初度，作五日一段算，至九宮初度，作十日一段算。緯度亦然。

求中心行度小輪心度卽入曆度五星本輪。　土、木、火三星，置太陽中心行度，減其星自行度，爲三星中心行度。內又減最高行度，爲三星小輪心度。金、水二星，其中心行度卽太陽中心行度，內減其星最高行度，餘爲其星小輪心度。

求第一加減差盈縮差。　以其星小輪心宮度爲引數，入本星第一加減立成，不及減，加十二宮減之。依比例法求之。法同太陽、太陰。

求自行定度及小輪心定度　視第一加減差引數，在初宮至五宮，用加減差，加自行度，減小輪心度，各爲定度。在六宮至十一宮，用加減差，減自行度，加小輪心度，各爲定度。

中華書局

求第二加減差　以其星自行定度，入本星第二加減立成內，取其度分，用比例法加減之。同前。

求比敷分　如土、木、金、水星，以本星小輪心定宮度，入第一加減立成內，取比敷分，如引數小餘在三十分已上，取後行比敷分。如火星，則必用比例法求之。

求遠近度　以自行定宮度，入第二加減立成內，取遠近度，依比例法求之。

求汎差定差　法同太陰。

求經度　置小輪心定度，以定差加減之，視引數自行定度，在六宮已前加，已後減。內加其星最高行度。

求留段　以其留段小輪心，定宮度爲引數，卽立成內各星入曆定限。入五星順退留立成內，於同宮近度，取本星度分，與前後行相減。若取得在初宮至六宮，本行與後行相減。六宮至初宮，本行與前行相減。又以引數宮度，減立成內同宮近度，兩減，餘通分相乘，用六度除之，立成內每隔六度。六十分收之，順加逆減於前取度分，得數與其日自行定度同者，卽本日留。如自行定度多者已過留日，少者未到留日。欲得細率，以所得數與其日自行定度相減，餘以各星一日自行度約之，如土星一日自行五十七分有奇之類。卽得留日在本日前後數也。土星留七日，其留日前三日，後三日，皆與留日數同。木星留五日，其留日前二日，後二日，與留日數同。火、金、水三星不留，退而卽行，行而卽退，但

於行分極少處爲留耳。

求細行分　土、木、金、火四星，以前後兩段經度相減，以相距日除之爲日行分。水星以白羊宮初日經度，又與前一日經度相減，餘爲初日行分。又置前後二段經度相減，餘以相距日除之，爲平行分。與初日行分加減，倍之，以前段前一日與後段相距日數除之，爲日差。以加減初日行分，初日行分少於平行分加，多減。爲日行分。五星各置前段經度，以逐日行分順加退減之，爲各星逐日經度。

求伏見　視各星自行定度，在伏見立成內限度已上者，卽五星晨夕伏見也。

五星緯度求最高總行度、中心行度、自行度、小輪心度，並依五星經度術求之。

求自行定度　置自行宮度分，其宮以一十乘之爲度。如一宮，以十乘之得十度，此用約法折算，以造緯度立成。其度以二十乘之爲分，滿六十約之爲度。其分亦以二十乘之爲秒，滿六十約之爲分。併之卽得。

求小輪心定度　置小輪心宮度分，其宮以五乘之爲度。如一宮以五乘之，得五度。其度以一十乘之爲分，滿六十約之爲度。其分亦以一十乘之爲秒，滿六十約之爲分。併之卽得。

求緯度　以小輪心定度及自行定度，入本星緯度立成內兩取，一縱一橫。得數與後行相

減。若遇交黃道者，與後行相併。又以小輪心定度，與立成上小輪心定度相減，上橫行。兩減餘相乘，以立成上小輪心度累加數除之。如土星上橫行小輪心度每隔三度，火星每隔二度之類。滿六十收之爲分，用加減兩取數，多於後行減，少加。若遇交黃道者，卽後行數多亦減。寄左。復以自行定度與立成上自行定度相減，首直行。又以兩取數，與下行相減，若遇交黃道者，與下行併。兩減餘相乘，以立成上自行度累加數除之，如土星直行，自行度每隔十度，火星每隔四度之類。收之爲分。與前寄左數相加減，如兩取數多於下行者減，少加。若遇交黃道者，所得分多於寄左數，置所得分內，減寄左數，餘爲交過黃道南北分也。卽得黃道南北緯定分。

求緯度細行分　置其星前段緯度，與後段緯度相減，餘以相距日除之，爲日差。置前段緯度，以日差順加退減，卽逐日緯度分。按緯度前段少於後段者，以日差順加退減。若前段多於後段者，宜以日差順減退加。非可一例也。若前後段南北不同者，置其星前後段緯度併之，以相距日除之，爲日差。置前段緯度，以日差累減之，至不及減者，於日差內減之，餘以日差累加之，卽得逐日緯度。

推日食法日食諸數，如午前合朔，用前一日數推，午後合朔，用次日數推。

辨日食限　視合朔太陰緯度，在黃道南四十五分已下，黃道北九十分已下，爲有食。若

合朔爲晝，則全見食。若合朔在日未出三時及日已入十五分，一時四分之一。皆有帶食。若合朔在夜刻者不算。

求食甚汎時卽合朔。　置午正太陰行過太陽度，求法見後月食太陰逐時行過太陽分。通秒，以二十四乘之爲實，置太陰日行度，減太陽日行度，通秒爲法，除之爲時。時下零數以六十通之爲分，分下零數以六十通之爲秒，三十秒已上收爲一分，六十分收爲一時，共爲食甚汎時。

求合朔太陽經度　以食甚汎時通分，以太陽日行度通秒乘之，以二十四除之爲微，滿六十約之爲秒爲分，用加減午正太陽度，午前合朔減之，午後加之。得合朔時太陽經度。卽食甚日躔黃道度。

求加減分　視合朔時太陽宮度，入晝夜加減立成內，取加減分，依比例法求之。

求子正至合朔時分秒　置食甚汎時，以加減分加減之，午前合朔減，午後加。用加減十二時，午前合朔用減十二時，午後用加十二時。卽子正至合朔時分秒。按命時起子正，乃變其術以合大統，非其本法也。

求第一東西差經差。　視合朔時，太陽宮在立成經緯時加減立成右七宮取上行時，順行。在左七宮取下行時，逆行。以子正至合朔時，取經差，依比例法求之。止用時下小餘求之。下同。爲第一東西差。

中華書局

求第二東西差　視合朔時，太陽宮在立成內，同上。取次宮子正至合朔時經差，依比例法求之，爲第二東西差。

求第一南北差緯差。　以合朔時，太陽宮及子正，至合朔時入立成內，同上。取緯差，依比例法求之，爲第一南北差。

求第二南北差　以合朔太陽宮，取次宮子正至合朔時緯差，依比例法求之，爲第二南北差。

求第一時差　以合朔太陽宮及子正至合朔時，入立成取時差，依比例法求之。

求第二時差　以合朔太陽宮，取次宮子正至合朔時時差，依比例法求之。

求合朔時東西差　以第一東西差與第二東西差相減，餘通秒，以乘合朔時太陽度分，亦通秒。以三十度除之爲纖，以六十收之爲微、爲秒、爲分，以加減第一東西差，視第一東西差數少於第二差者加之，多者減之，下同。爲合朔時東西差。

求合朔時南北差　以第一南北差與第二南北差相減，餘通秒，以乘太陽度分，以三十除之爲纖，依率收之爲微、秒、分，以加減第一南北差，爲合朔時南北差。

求合朔時差　以第一第二兩時差相減，乘太陽度分，以三十除之，依率收之，用加減第一時差，爲合朔時差。

求合朔時本輪行度　以本輪日行度一十三度四分通分，以乘食甚汎時，亦通分。以二十四除之爲秒，依率收之爲分、爲度，以加減午正本輪行度，午前減，午後加。爲合朔時行度。

求比敷分　以本輪行度入立成，太陽、太陰晝夜時行影徑分立成。取同宮近度太陰比敷分，依比例法求之。

求東西定差　置合朔時東西差通秒，以比敷分通秒乘之爲纖，以六十收之爲微、爲秒、爲分，以加合朔東西差，有加，無減。爲定差。

求南北定差　法同東西定差。

求食甚定時卽食甚定分。　視其日合朔時，太陽度在立成經緯時加減立成左七宮，其時差，黑字減，白字加，在右七宮，白字減，黑字加，皆加減於子正至合朔時，得數命起子正減之，得某時初正。餘通爲秒，以一千乘之，以一百四十四除之，六十分爲一時，每日一千四百四十分，故以千乘之，又以一四四除之。以六十約之，滿百爲刻，卽食甚定時。

求食甚太陰經度　於合朔太陽經度內，加減東西定差，卽得食甚太陰經度。其加減視食甚定時時差加減。

求合朔計都度　置食甚汎時通分，以計都日行度三分一十一秒通秒乘之，以二十四除之爲微，滿六十收之爲秒、爲分，以加減其日午時計都行度，羅計逆行，午前合朔加，午後減。爲合朔時計都度。

求合朔太陰緯度　食甚時，太陰經度內加減合朔時計都度，餘爲計都與月相離度，入太陰緯度立成取之。

求食甚太陰緯度　南北定差內，加減合朔時太陰緯度，在黃道南加，北減。得食甚緯度。

求合朔時太陽自行度　用太陽日行度五十九分八秒通秒，以乘食甚汎時，亦通分。用二十四除之，得數爲微，滿六十收之爲秒、爲分，以加減其日午正自行度，午前合朔減，午後加。得合朔自行度。

求太陽徑分　以合朔太陽自行度爲引數，入立成影徑分立成內同宮近度，取太陽徑分，依比例法求之。

求太陰徑分　以合朔時本輪行度爲引數，入立成同上內取同宮近度太陰徑分，依比例法求之。

求二半徑分　併太陽、太陰兩徑分，半之。

求太陽食限分　置二半徑分，內減食甚太陰緯度，餘爲太陽食限。如不及減者不食。如太陰無緯度者，食既。如太陰無緯度而日徑大於月徑者，食有金環。

求太陽食甚定分　以太陽食限分通秒，以一千乘之爲實，以太陽徑分通秒爲法除之，以百約之爲分，爲太陽食甚定分。

求時差卽定用分。　食甚太陰緯度通秒自乘，二半徑分亦通秒自乘，兩自乘數相減，餘以平方開之，以二十四乘之爲實，以其日太陰日行度內減太陽日行度通分爲法。實如法而一，得數爲分，滿六十分爲一時，爲時差。

求初虧　置食甚定時，內減時差，餘時命起子正減之，得初正時。餘分通秒，以一千乘之，以一百四十四除之，以六十約之，滿百爲刻，爲初虧時刻。

求復圓　置食甚定時，內加時差，命起子正，如初虧法，得復圓時刻。

求初虧食甚復圓方位　與大統法同。

推月食法月食諸數，午前望，用前一日推，午後望，用次一日推。

辨月食限　視望日太陰經度與羅睺或計都度相離一十三度之內，太陰緯度在一度八分之下，爲有食。又視合望在太陰未出二時，未入二時，其限有帶食。其在二時已上者不算。

求食甚汎時卽經望。　置其日太陰經度內減六宮，如不及減，加十二宮減。以減其日午正太陽度爲午前望。如太陽度不及減，加入六宮減之，爲午後望。置相減餘數通秒，以二十四乘之爲實，

二十四史

中華書局

置其日太陰經度，內減前一日太陰經度，若在午後望者，減後一日太陰經度。餘爲太陰日行度。又置其日午正太陽度，內減前一日午正太陽度，若在午後望者，減後一日太陽度。餘爲太陽日行度。兩日行度相減，餘通秒爲法，除實得數爲時。其時下餘數，以六十通之爲分、秒，卽所求食甚汎時。

求食甚月離黃道宮度　置食甚汎時，與太陽日行度俱通秒相乘，以二十四除之，得數爲纖，滿六十收之爲微、爲秒、爲分，以加減其日午正太陽度，午前望減，午後望加。爲望時太陽度，加六宮，卽得所求。

求晝夜加減差　以望時太陽宮度爲引數，入晝夜加減立成內，取加減分，依比例法求之。

求食甚定時　置食甚汎時，以晝夜加減差加減之。午前望減，午後加。得數，用加減一十二時，如午後望加十二時，午前望與十二時相減。命起子正，得初正時。其小餘，如法收爲刻，法詳日食。得定時。

求望時計都度　置食甚汎時，通秒爲實，以計都日行度三分一十一秒通秒乘之，以二十四除之，得數爲纖，以六十收之爲微、爲秒、爲分，用加減其日午正計都行度，羅計逆行，午前望加，午後望減。卽得。

求望時太陰緯度　置食甚月離黃道度，內減望時計都度，如不及減，加十二宮減。餘爲計都與月相離度，入太陰緯度立成取之。

求望時本輪行度卽入遲疾曆。　置太陰本輪日行度，十三度四分。通分，以食甚汎時通秒乘之，以二十四除之爲微，以六十收之爲秒、爲分、爲度，用加減其日午正本輪行度，午前望減，午後加。卽得。

求太陰徑分　以望時本輪行宮度，入影徑分立成求之。法詳日食。

求太陰影徑分　以望時本輪行宮度，入影徑分立成，取之。

求望時太陽自行度　以太陽日行度五十九分八秒與食甚汎時俱通秒相乘，以二十四除之，得數爲纖，滿六十收之爲微、爲秒、爲分，以加減其日午正太陽自行度。法同日食求太陽經度。

求影徑減差　以其日太陽自行宮度爲引數，入影徑立成內，於同宮近度取太陰影徑差分，依比例法求之。法詳前。

求影徑定分　置太陰影徑分，內減影徑減差分。

求二半徑分　置太陰徑分，加影徑定分，半之。

求太陰食限　置二半徑分，內減望時太陰緯度。如不及減，不食。

求食甚定分　置食限分，通秒，以一千乘之爲實，以太陰徑分通秒爲法，除之，以百約之爲分，爲食甚定分。

求太陰逐時行過太陽分　置太陰望時經度，減前一日太陰經度，又置望時太陽自行度，減前一日太陽自行度，以兩餘數相減，爲太陰晝夜行過太陽度。通秒以二十四除之，滿六十收之，得逐時行過太陽分。

求時差　以太陰緯度分，通秒自乘，又以二半徑分通秒自乘，兩數相減，餘開平方爲實，以太陰行過太陽度通秒爲法除之，得數卽時差。卽初虧至食甚定用分。

求初虧復圓時刻　以時差減食甚定時，得初虧時刻。加食甚定時，得復圓時刻。其命時收刻之法，並同日食。

求食既至食甚時差　置二半徑分，減太陰徑分，通秒自乘，又置太陰緯度亦通秒自乘，相減，平方開之爲實。以太陰逐時行過太陽度通秒爲法除之，得數卽時差。

求食既生光時刻　以食既至食甚時差，減食甚定時，爲食既時刻。加食甚定時，爲生光時刻。

求初虧食甚復圓方位　與大統法同。

求日出入時　以午正太陽經度爲引數，入西域晝夜時立成，取其度分，依比例法求之，

爲未定分。又於引數相對宮度內，取其度分，如初宮三度，向六宮三度取之。亦依比例法求之，爲後未定分。兩未定分相減，不及減，加三百六十度減。餘通秒，用十五除之，六十收之爲分、爲時，得其日晝時分秒。半之爲其日半晝時分秒。以半晝時分秒減十二時，餘爲日出時分秒，加十二時爲日入時分秒。

求日月出入帶食分秒　視其日日出時分秒，并日入時分秒，較多於初虧時分秒，少於食甚定時及復圓時分秒者，卽有帶食。置其日日出時或日入時，與食甚定時分秒相減，餘爲帶食差。置日月食甚定分，以帶食差通秒乘之，以時差通秒除之，得數爲帶食分。於食甚定分內減帶食分，餘爲日月帶食所見之分。

求月食更點　置二十四時，內減晝時，又減晨昏時，七十二分，卽中曆之五刻弱也。餘爲夜時，通秒五約之爲更法。五分更法爲點法。如食在子正以前者，置初虧食甚復圓等時，內減日入時，又減半晨昏時，三十六分。餘通秒，以更法減之爲更數。不滿更法者，以點法減之爲點數。食在子正已後者，置夜時半之，加初虧食甚復圓等時，以更法減之爲更數。不滿更法者，以點法減之爲點數。皆命起初更、初點。更法減之，減一次爲一更，其減餘不滿法者，亦虛命爲一更。點法倣此。

中華書局

太陰五星淩犯

求太陰晝夜行度　以本日經度與次日經度相減，餘卽本日晝夜行度。

求太陰晨昏刻度　置其日午正太陰經度，內加立成太陰出入晨昏加減立成其日昏刻加差，卽爲其日太陰昏刻經度。置其次日午正太陰經度，減立成其日晨刻減差，卽爲其日太陰晨刻經度。

求月出入度　置其日午正太陰經度，加立成內卽前立成其日月入加差，卽爲其日月入時太陰經度。加立成內其日月出加差，卽其日月出時太陰經度。

求太陰所犯星座　朔後視昏刻度至月入度，望後視月出度至晨刻度，入黃道南北各像星立成內，經緯度相近在一度已下者，取之。

求時刻　置其日午正太陰經度，與取到各像星經度相減，通分，以二十四乘之，以太陰晝夜行度亦通分除之，得初正時。其小餘，以六十通之爲分，以一千乘之，一百四十四除之，以百約之爲刻，卽得所求時刻。

求上下相離分　置太陰緯度與所犯星緯度相減，餘爲上下相離分。若月星同在南，月多爲下離，月少爲上離。同在北，月多爲上離，少爲下離。若南北不同，月在北爲上離，南爲下離。

求五星淩犯各星相離分　置其日五星經緯度，入黃道立成內，視各像內外星經緯度，在一度已下者取之。其五星緯度與各星緯度相減，餘卽上下相離分。

求月犯五星，五星相犯　視太陰經緯度，五星經緯度相近在一度已下者，取之。

明史卷三十八

志第十四

曆八

回回曆法二

日五星中心行度立成造法原本總年零年月分日期，及十二宮初日，凡五立成。每立成內，首列本立成年月日宮各紀數，次列七曜，次列日中心行度，及土、木、火、金、水各自行度日五星最高行度，文多不錄。錄其造立成之法於左。

日中心行度日期立成　一日行五十九分八秒，按日累加之，小月二十九日，得二十八度三十五分二秒，大月三十日，得二十九度三十四分一十秒。

月分立成。單月大，雙月小，末置一閏日。大月，二十九度三十四分十秒。小月二十八度三十五分二秒。按月累加之，十二月計十一宮十八度五十五分九秒，閏日加五十九分八秒。

宮分初日立成。於白羊宮初日起算，至金牛宮初日，凡三十一日，得一宮一度三十三分十八秒。五十九分八秒之積。視宮分日數多少，日數見前。累加積之，至雙魚宮初日，得十一宮一度十一分三十一秒。自白羊至此凡三百三十五日之積。

零年立成。每年十一宮十八度五十五分九秒，三十年閏十一日，故二年、五年、七年、十年、十三年、十六年、十八年、二十一年、二十四年、二十六年、二十九年，皆加閏日。約法，每一年減十一度四分五十一秒，閏年減十度五分四十三秒，三十年爲一宮八度二十五分三十一秒。每年三百五十四日，計一萬六百二十日，加閏十一日，共一萬六百三十一日。

總年立成。第一年爲三宮二十六度五分八秒，此隋己未測定根數，一云卽洪武甲子年數，已算加次在內。六百年五宮十四度二十五分十九秒。每三十年加一宮八度二十五分三十一秒，至一千四百四十年，得五宮十五分三十三秒。

五星自行度立成造法

土星日期立成　一日五十七分，按日遞加。小月二十七度三十七分，大月二十八度三十四分。其五日、十二日、二十日、二十八日增一分者，乃秒數所積也。

月分立成。大月加二十八度三十四分，小月加二十七度三十七分。按月累加，十二月計十一宮七度四分，閏日加五十七分。

宮分初日立成。金牛宮初日爲二十九度三十一分，自行分三十一日之積。餘四星準此。視宮分日數累加之，至雙魚宮初日爲十宮十八度五十八分。

零年立成。每年十一宮七度四分，其閏日有無，視日中行度，零年有加本星一日行分，下四星準此。至三十年，共一宮十二度一十六分。

總年立成。第一年十一宮二十九度十八分，此隋己未測定根數，一云即洪武甲子年數，加次在內。下四星準此。六百年四宮四度四十四分。每三十年加一宮十二度二十七分，至一千四百四十年，計七宮十八度二十分。

木星日期立成　一日五十四分，按日遞加。小月二十六度十分，大月二十七度五分。其四日、十一日、十七日、二十四日、三十日增一分者，秒數所積也。

月分立成。按大、小月累加，十二月計十宮十九度二十九分，閏日加五十四分。

宮分初日立成。金牛宮初日二十七度五十九分，至雙魚宮初日爲十宮二十九度二十六分。

零年立成。每年十宮十九度二十九分，至三十年，計七宮二十四度三十九分。

總年立成。第一年四宮二十五度十九分，六百年五宮八度二十七分。每三十年加七宮二四三九，至千四百四十年，計八宮八度五十分。

火星日期立成　一日二十八分，按日遞加。小月十三度二十三分，大月十三度五十一分。共二日、五日、九日、十二日、十五日、十八日、二十二日、二十五日、二十八日各減一分。

月分立成。按大小月累加，十二月計五宮十三度二十四分，閏日加二十八分。

宮分初日立成。金牛宮初日十四度十九分，至雙魚宮初日五宮十八度二十九分。

零年立成。每年五宮十三度二十四分，至三十年，計七宮十七度一分。

總年立成。第一年八宮二十四度六分，六百年四宮四度三十三分。每三十年加七宮十七度一分，至一千四百四十年，計一度一十一分。

金星日期立成　一日三十七分，按日遞加。小月十七度五十三分，大月十八度三十分。

月分立成。按大小月累加，十二月計七宮八度十五分，閏日加三十七分。

宮分初日立成。金牛宮初日十九度七分，至雙魚宮初日七宮十五度二分。

零年立成。每年七宮八度十五分，至三十年，計二宮十四度十五分。

總年立成。第一年一宮十五度二十九分，六百年三宮〇三十四分。每三十年加二宮十四度十五分，至一千四百四十年，計九度五十一分。

水星日期立成　一日三度六分，按日遞加。小月三宮初度六分，大月三宮三度十二分。共二日、四日、七日、九日、十二日、十四日、十七日、十九日、二十二日、二十四日、二十七日、二十九日各增一分。

月分立成。按大小月累加，十二月計初宮十九度四十七分，閏月加三度六分。

宮分初日立成。金牛宮初日三宮六度十九分，至雙魚宮初日十宮二十度四十五分。

零年立成。每年初宮十九度四十七分，至三十年，計八宮二十七度四十四分。

總年立成。第一年二宮二十五度三十四分，六百年一宮十度九分。每三十年加八宮二十七度四十四分，至一千四百四十年，計十一宮六度三十五分。

日五星最高行度立成造法日五星同用。

最高行日分立成。一日一十微，按日遞加。其四日、十一日、十八日、二十五日，各減一微，大月四秒五十六微，小月四秒四十六微。

月分立成。按大小月累加，十二月計五十八秒一十微，有閏日加十微。

宮分初日立成。金牛宮初日五秒六微，至雙魚宮初日五十五秒五微。

零年立成。每年五十八秒，去二十微。按年遞加，三年積六十微加一秒，三十年計二十九分十秒。[一]

總年立成。一年初宮十度四十分二十八秒，洪武甲子加次。六百年五十八分十三秒。每三十年加二十九分七秒，一千四百四十年，計十二度三十六分五十五秒。

太陰經度立成造法

日期立成。　中心行度，一日十三度十一分，按日累加。大月一宮五度十七分，小月初宮二十二度七分。內二日、四日、六日、九日、十一、十四、十六、十八、二十一、二十三、二十六、二十八、三十日，各減一分，共減十三分。　加倍相離度，一日二十四度二十三分，按日遞加。大月初宮十一度二十七分，小月十一宮十七度四分。內五日、十四日、二十三日，各減一分。　本輪行度，一日十三度四分，按日遞加。大月一宮一度五十七分，小月十八度五十三分。其中逢五，皆減一分。　羅計中心行度，一日三分，按日遞加。大月一度三十五分，小月一度三十二分。內三日、九日、十五、二十、二十六日，各增一分。

月分立成。　中心行度，大月一宮五度十七分，小月二十二度七分，按月加之，十二月計十一宮十四度二十七分。內三月、七月、十一月，各增一分。有閏日，加十三度十一分。　加倍相離度，大月十一度二十七分，小月十一宮十七度四分，十二月計十一宮二十一度三分。

內二、六、十月，各減一分。有閏日，加二十四度二十三分。本輪行度，大月一宮一度五十七分，小月十八度五十三分，十二月計十宮五度○分。有閏日，加十三度四分。羅計行度，大月一度三十五分，小月一度三十二分，十二月十八度四十五分。內三、七、十一月，各增一分。有閏日，加三分。

零年立成。中心行度，每年十一宮十四度二十七分，三十年一宮八度十五分。三十年閏十一日，與太陽零年同。下準此。倍離度，每年十一宮二十一度三分，三十年十一宮二十九度四十分。閏日，加二十四度二十三分。本輪行度，每年十宮五度，三十年九宮二十三度四十七分。閏日，加十三度四分。羅計行度，每年十八度四十五分，三十年六宮二十二度五十八分。閏日，加三分。

總年立成。中心行度，第一年四宮二十八度四十九分，六百年六宮八度四十二分。每三十年加一宮八度十五分，一千四百四十年，五宮二十九度四十七分。倍離度，第一年，一宮二十五度二十八分，六百年一宮十八度三十三分。每三十年加十一宮二十九度四十分，一千四百四十年，一宮九度二十一分。本輪行度，第一年，四宮十二度二分，六百年八宮八度八分。每三十年加九宮二十三度四十七分，一千四百四十年，六宮十四度九分。羅計行度，第一年七宮二十三度六分，六百年十一宮二度三十四分。每三十年加六宮二十二度五十八分，一千四百四十年，八宮十五度五十分。

總零年宮月日七曜立成造法

總年立成，第一年起金六，六百年起日一，每三十年加五數。零年立成，起水四。宮分立成，金牛宮起火三。月分立成，起月二。日期立成，起日一。求法：有閏日，滿歲用歲七曜。不滿歲，用月七曜。併之，得逐月末日七曜。

太陽加減立成自行宮度爲引數。原本宮縱列首行，度橫列上行，每三宮順布三十度，內列加減差，又列加減分。其加減分，乃本度加減差與次度加減差之較也。今去之，止列加減差數，將引數宮列上橫行，度列首直行，用順逆查之，得數無異，而簡捷過之。月、五星加減立成，準此。

引數	初宮	
	加減差	
順	分	秒
○	○○	○○
一	二	○二
二	四	○四
三	六	○六
四	○八	○八
五	一○	一○
六	二	一二
七	四	一三
八	六	一五
九	一八	一六
一○	二○	一七
一	二	一七
二	四	一六
三	六	一六
四	二八	一五
五	三○	一五
六	二	一三
七	四	一○
八	六	○七
九	八	○三
二○	三九	五九
一	四一	五四
二	三	四八
三	五	四二
四	七	三五
五	四九	二七
六	五一	一八
七	三	○八
八	四	五八
九	六	四七
三○	八	三五
	十一宮	

一宮			二宮			三	
加減差			加減差			加減	
度	分	秒	度	分	秒	度	分
	五八	三五	一	四二	四五	二	○○
一	○○	二二		三	四九		
	二	○八		四	五二		
	三	五三		五	五三		
	五	三七		六	五二		
	七	二○		七	四九		
	○九	○一		八	四四		
	一○	四一		四九	三七		
	二	二○		五○	二八	二	○○
	三	五八		一	一七	一	五九
	五	三五		二	○四		五九
	七	一○		二	五○		九
	一八	四四		三	三四		八
	二○	一七		四	一六		八
	一	四九		四	五六		八
	三	一九		五	三四		七
	四	四七		六	○九		七
	六	一四		六	四二		六
	七	四○		七	一三		六
	二九	○四		七	四二		五
	三○	二七		八	○九		四
	一	四八		八	三四		四
	三	○八		八	五七		三
	四	二六		九	一八		二
	五	四二		九	三七		一
	六	五七	一	五九	五四		一
	三八	一○	二	○○	○八		五○
	三九	二一			二○		四九
	四○	三一			三○		四八
	四一	三九			三八		四七
一	四二	四五		○○	四三	一	四六
十宮			九宮			宮	

宮	四宮			五宮			引數
差	加減差			加減差			
秒	度	分	秒	度	分	秒	逆
四三	一	四六	二五	一	○二	一六	三○
四六		五	二三	一	○○	二四	九
四七		四	一九	○	五八	三一	八
四六		三	一三		六	三六	七
四三		二	○五		四	四○	六
三八		四○	五五		二	四三	五
三○		三九	四三		五○	四五	四
二○		八	二九		四八	四六	三
○八		七	一三		六	四六	二
五三		五	五六		四	四五	一
三六		四	三八		二	四三	二○
一七		三	一六		四○	四○	九
五六		一	五三		三八	三六	八
三三		三○	二八		六	三二	七
○八		二九	○一		四	二七	六
四一		七	三三		二	二一	五
一一		六	○三		三○	一五	四
三九		四	三一		二八	○八	三
○五		二	五七		六	○一	二
二八		二一	二二		三	五三	一
四九		一九	四五		二一	四四	一○
○八		八	○七		一九	三五	九
二五		六	二七		七	二五	八
四○		四	四五		五	一五	七
五三		三	○二		三	○五	六
○四		一一	一八		一○	五五	五
一三		○九	三三		○八	四四	四
一九		七	四六		六	三三	三
二三		五	五七		四	二二	二
二五		四	○七		二	一一	一
二五	一	○二	一六		○○	○○	○
八	七宮			六宮			

二十四史

中華書局

太陰經度第一加減比敷立成以加倍相離宮度爲引數。

引數	初宮 加減差		初宮 比敷	一宮 加減差		一宮 比敷
順	度	分	分	度	分	分
○	○	○○		四	五一	三
一		九○			四二	四
二		七一			二三	四
三		六二			○四	四
四		四三			九四	四
五		三四		四	七五	五
六	○	一五		五	五○	五
七	一	○○			四一	五
八		八○			二二	五
九		七一			○三	六
○一		五二			九三	六
一		四三			七四	六
二		三四	一	五	五五	七
三	一	一五	一	六	三○	七
四	二	○○	一		一一	七
五		八○	一		九一	八
六		七一	一		八二	八
七		五二	一		六三	八
八		四三	一		四四	八
九		二四	一		二五	九
○二		一五	二	六	○○	九
一	二	九五	二	七	八○	九○
二	三	八○	二		六一	○一
三		七一	二		四二	○一
四		五二	二		一三	一一
五		三三	二		九三	一一
六		一四	三		七四	一一
七		○五	三	七	五五	二一
八	三	八五	三	八	三○	二一
九	四	六○	三		○一	三一
○三	四	五一	三		八一	三一
	十一宮			十宮		

志第十四　曆八

二宮 加減差		二宮 比敷	三宮 加減差		三宮 比敷	四宮 加減差	
度	分	分	度	分	分	度	分
八○	八一	三一	一一	○三	七二	二一	五二
	五二	三		四三	七		二二
	三三	四		八三	八		九一
	○四	四		二四	八		五一
	七四	五		六四	九		二一
八	五五	五		○五	九二		八○
九	二○	六		四五	○三		五○
	九○	六	一	八五	一	二	一○
	六一	六	二	二○	一	一	七五
	三二	七		六○	二		三五
	○三	七		○一	二		八四
	七三	八		三一	三		三四
	四四	八		六一	四		七三
	○五	九		八一	五		○三
九○	七五	九一		○二	五		三二
○一	四○	○二		二二	六		六一
	○一	○		四二	六		九○
	七一	一		六二	七	一	一○
	三二	一		八二	七	○	三五
	○三	二		九二	七		五四
	六三	二		○三	八		七三
	二四	三		一三	八		七二
	七四	三		一三	九		七一
	二五	四		一三	九	○一	七○
○	八五	四		一三	○三	九○	六五
一	三○	四		一三	○四		五四
	九○	五		○三	一		四三
	四一	五		○三	一		二二
	九一	六		九二	二	九	○一
	五二	六		七二	二	八	七五
一一	○三	七二	二一	五二	二	八○	四四
九宮			八宮			宮	

明史卷三十八

四宮 比敷	五宮 加減差		五宮 比敷	引數
分	度	分	分	逆
三四	八○	四四	五五	○三
三		一三	五	九
四		七一	五	八
四	八	三○	六	七
五	七	九四	六	六
五		四三	六	五
六		九一	七	四
六	七	四○	七	三
七	六	八四	七	二
七		二三	八	一
七	六	五一	八	○二
八	五	八五	八	九
八		一四	八	八
八		四二	八	七
九	五	六○	九	六
九	四	八四	九	五
九四		○三	九	四
○五	四	二一	九	三
○	三	四五	九	二
一		五三	九	一
一	三	六一	九	○一
二	二	七五	九五	九
二		七三	○○	八
二	二	七一	○	七
三	一	八五	○	六
三		八三	○	五
三	一	八一	○	四
四	○	九五	○	三
四		九三	○	二
四		○二	○	一
五五	○○	○○	○	○
七	六宮			

太陰第二加減遠近立成以本輪行定宮度爲引數。

引數	初宮 加減差		初宮 遠近		一宮 加減差		一宮 遠近		二宮 加
順	度	分	度	分	度	分	度	分	度
○		○○		○○	二	五一		三○	四
一		五○		二		九一		五○	
二		九○		四		三二		六○	
三		四一		六		七二		八○	
四		九一		八○		一三		○一	
五		四二		○一		五三		二一	
六		九二		三一		九三		四一	
七		三三		五一		三四		六一	
八		八三		七一		七四		八一	
九		二四		九一		一五		○二	
○一		七四		一二		五五		二二	
一		二五		三二	二	九五		三二	
二		七五		六二	三	二○		五二	
三	一	一○		八二		六○		七二	
四		五○		○三		九○		九二	
五		○一		二三		三一		一三	
六		四一		四三		六一		三三	
七		九一		六三		○二		五三	
八		三二		八三		三二		六三	
九		八二		一四		七二		八三	
○二		二三		三四		○三		○四	
一		六三		五四		四三		一四	
二		○四		七四		七三		三四	
三		四四		九四		○四		五四	
四		九四		一五		三四		七四	
五		四五		三五		六四		八四	
六	一	八五		五五		九四		○五	
七	二	二○		七五		二五		一五	
八		六○	○	九五		五五		三五	
九		○一	一	一○	三	八五		四五	
○三	二	五一	一	三○	四	一○	一	六五	四
	宮	十一			宮	十			宮

志第十四　曆八

明史卷三十八

二十四史

四	宮		三		宮		
加	近遠		差減加		近遠		差減
度	分	度	分	度	分	度	分
四	七二	二	九四	四	六五	一	一〇
	七二		〇五		八五	一	三〇
	八二		〇五		九五	一	六〇
	八二		〇五		〇〇	二	八〇
	八二		〇五		二〇		〇一
	九二		〇五		三〇		三一
	九二		九四		四〇		五一
	九二		九四		六〇		七一
四	九二		九四		七〇		九一
三	〇三		八四		八〇		一二
	〇三		八四		九〇		三二
	〇三		七四		〇一		五二
	〇三		七四		二一		七二
	〇三		六四		三一		九二
	〇三		五四		四一		一三
	〇三		四四		五一		三三
	九二		三四		六一		五三
	九二		二四		七一		六三
	九二		一四		八一		八三
	九二		〇四		九一		九三
	八二		九三		〇二		〇四
	八二		七三		一二		一四
三	八二		六三		二二		二四
二	七二		四三		三二		三四
	七二		三三		四二		四四
	六二		一三		四二		五四
	六二		九二		五二		六四
	五二		七二		五二		七四
	四二		五二		六二		八四
	三二		二二		六二		九四
二	二二	二	〇二		七二	二	九四
宮	八		宮		九		

引數	宮		五		宮		
	近遠		差減加		近遠		差減
逆	分	度	分	度	分	度	分
〇三	〇三	一	五三	二	二二	二	〇二
九	七二		一三		一二		八一
八	四二		六二		〇二		六一
七	一二		二二		八一		三一
六	九一		七一		七一		一一
五	六一		二一		六一		八〇
四	三一		七〇		四一		五〇
三	〇一		二〇	二	三一		三〇
二	八〇		七五		二一		〇〇
一	五〇		二五		〇一		七五
〇二	二〇	一	七四		九〇		四五
九	九五	〇	二四		八〇		〇五
八	六五		七三		六〇		七四
七	三五		二三		五〇		三四
六	一五		七二		三〇		〇四
五	七四		一二		一〇	二	七三
四	四四		五一		九五	一	四三
三	一四		〇一		七五		〇三
二	八三		五〇		六五		六二
一	五三		〇〇	一	四五		二二
〇一	二三		五五	〇	二五		八一
九	九二		九四		〇五		四一
八	六二		三四		八四		〇一
七	二二		八三		六四		六〇
六	九一		三三		三四		二〇
五	六一		七二		一四		八五
四	三一		二二		九三		四五
三	〇一		七一		七三		九四
二	六〇		一一		五三		四四
一	三〇		五〇		三三		〇四
〇	〇〇	〇	〇〇	〇	〇三	一	五三
	六		宮		七		

土星第一加減比敷立成小輪心宮度爲引數。

宮	一		宮	初		引
敷比	差減加		敷比	差減加		數
分	分	度	分	分	度	順
四〇	〇〇	三	〇	〇〇	〇	〇
四	六〇			六〇		一
四	一一			二一		二
四	六一			九一		三
五	一二			五二		四
五	六二			一三		五
五	二三			七三		六
五	七三			三四		七
六	二四			〇五		八
六	七四			六五		九
六	二五		一	二〇	一	〇一
六	七五	三		九〇		一
七	二〇	四		五一		二
七	七〇			一二		三
七	一一			七二		四
七	六一			三三		五
八	一二			九三		六
八	五二			五四		七
八	〇三		一	一五		八
九	五三		二	七五	一	九
九〇	九三			三〇	二	〇二
九一	三四			九〇		一
〇	七四			五一		二
〇	一五			一二		三
〇	四五			七二		四
一	八五	四	二	三三		五
一	二〇	五	三	九三		六
二	六〇			四四		七
二	〇一			〇五		八
二	三一			五五	二	九
三一	七一	五	三	〇〇	三	〇三
十	宮		十一宮			

四		宮		三	宮		二
差減加		敷比	差減加		敷比	差減加	
分	度	分	分	度	分	分	度
六三	五	七二	七一	六	三一	七一	五
三三		八二	八一		三	〇二	
〇三		九二	九一		三	三二	
七二		〇三	九一		四	六二	
四二		一	九一		四	九二	
〇二		一	九一		五	三二	
六一		二	八一		五	六三	
二一		二	八一		五	九三	
八〇		二	七一		六	二四	
四〇		三	六一		六	五四	
〇〇	五	三	五一		七	七四	
六五	四	四	四一		七	〇五	
一五		四	二一		八	二五	
七四		五	一一		八	四五	
二四		五	〇一		九	六五	
八三		六	八〇		九一	八五	五
三三		六	七〇		〇二	〇〇	六
八二		七	五〇		〇	二〇	
三二		七	四〇		一	四〇	
八一		八	三〇		一	六〇	
三一		八	一〇	六	二	八〇	
八〇		八	九五	五	二	九〇	
二〇	四	九	七五		三	〇一	
六五	三	九三	五五		三	一一	
一五		〇四	二五		四	二一	
五四		〇	〇五		五	三一	
〇四		一	八四		五	四一	
四三		一	五四		六	五一	
九二		二	二四		六	六一	
三二		二	九三		七	六一	
七一	三	二四	六三	五	七二	七一	六
宮		八		宮	九		宮

中華書局

引數 逆	五宮 比敷 分	五宮 加減差 分	五宮 加減差 度	宮 比敷 分
○三	五五	七一	三	二四
九	五	一一		三
八	五	五○	三	三
七	六	九五	二	四
六	六	三五		四
五	六	七四		五
四	七	一四		五
三	七	五三		五
二	七	九二		六
一	七	三二		六
○二	八	七一		七
九	八	○一		七
八	八	三○	二	八
七	八	七五	一	八
六	八	○五		八
五	九	三四		九
四	九	六三		九四
三	九	○三		○五
二	九	三二		○
一	九五	六一		一
○一	○○	九○		一
九		二○	一	一
八		五五	○	二
七		九四		二
六		二四		三
五		五三		三
四		八二		三
三		一二		四
二		四一		四
一		七○		四
○	○○	○○	○	五五
	六宮			七

土星第二加減遠近立成自行定宮度爲引數。

初宮 加 度	引數 順
○	○
	一
	二
	三
	四
	五
	六
	七
	八
	九
○	○一
一	一
	二
	三
	四
	五
	六
	七
	八
	九
	○二
	一
一	二
二	三
	四
	五
	六
	七
	八
	九
二	○三
宮	

二宮 遠近 分	二宮 加減差 分	二宮 加減差 度	一宮 遠近 分	一宮 加減差 分	一宮 加減差 度	宮 遠近 分	宮 加減差 分
一三	八三	四	七一	七三	二	○	○○
二	二四		八	二四		一	五○
二	六四		九	六四		一	一一
三	○五		九一	○五		二	六一
三	四五		○二	五五	三	三	一二
三	八五	四	○	○○	三	三	七二
四	一○	五	一	四○		四	二三
四	五○		二	九○		五	八三
五	八○		三	四一		五	三四
五	一一		三	八一		六	八四
六	四一		四	三二		六	四五
六	六一		四	七二		七	○○
六	七一		五	一三		七	五○
七	八一		五	五三		八	○一
七	○二		六	九三		八	六一
七	一二		六	三四		九○	一二
七	三二		六	八四		九○	六二
七	四二		六	二五		○一	一三
七	六二		七	六五	三	○一	七三
八	七二		七	○○	四	一	二四
八	九二		七	四○		一	七四
八	○三		七	八○		二	二五
八	一三		八	一一		三	七五
八	二三		八	五一		三	二○
九	三三		九	八一		四	七○
九	四三		九二	一二		四	二一
九三	五三		○三	五二		五	七一
○四	六三		○	八二		六	二二
○	七三		○	二三		六	七二
○	八三		一	五三		七	二三
一四	九三	五	一三	八三	四	七	七三
九宮			十宮			十一	

五 加減差 分	五 加減差 度	四宮 遠近 分	四宮 加減差 分	四宮 加減差 度	三宮 遠近 分	三宮 加減差 分	三宮 加減差 度
六○	三	九三	七○	五	一四	九三	五
○○	三	九	四○		一	九	
四五	二	九	一○	五	一	九三	
八四		八	八五	四	一	○四	
二四		八	五五		一	○	
六三		八	二五		一	○	
一三		七	九四		一	○	
六二		七	六四		一	○	
○二		七	三四		一	○	
四一		六	○四		一	○	
八○		六	七三		一	○四	
二○	二	六	三三		二	九三	
六五	一	五	九二		二	九	
九四		五	五二		二	八	
三四		四	一二		二	八	
七三		四	六一		二	八	
一三		三	二一		二	七	
四二		三	八○		二	七	
八一		二	四○		二	七	
二一		一	○○	四	二	六	
五○	一	○	六五	三	一	五	
九五	○	○三	一五		一	三	
二五		九二	六四		一	○三	
六四		九	一四		○	七二	
九三		八	六三		○	四二	
三三		七	一三		○	一二	
六二		七	六二		○四	八一	
○二		六	一二		九三	五一	
四一		五	六一		九	二一	
七○		四	一一		九	○一	
○○	○	四二	六○	三	九三	七○	五
宮		七宮			八宮		

一 加 度	初宮 比敷 分	初宮 加減差 分	初宮 加減差 度	引數 順
二		○○	○	○
		五○		一
		○一		二
		五一		三
		○二		四
		五二		五
		○三		六
二		六三		七
三		一四		八
		六四		九
		一五		○一
	○	六五	○	一
	一	一○	一	二
	一	六○		三
	一	一一		四
	一	六一		五
	一	○二		六
	一	五二		七
	二	○三		八
	二	五三		九
	二	○四		○二
	二	五四		一
	二	○五		二
三	二	四五		三
四	三	九五	一	四
	三	四○	二	五
	三	八○		六
	三	三一		七
	四	八一		八
	四	二二		九
四	四	七二	二	○三
宮	十一宮			

木星第一加減比敷立成小輪心宮度爲引數。

引數 逆	宮 遠近 分
○三	四二
九	三
八	三
七	二
六	二
五	一
四	一
三	一二
二	九一
一	八
○二	七
九	六
八	五
七	五
六	四
五	三
四	二
三	二
二	一
一	○一
○一	九○
九	八
八	七
七	六
六	五
五	四
四	三
三	二
二	一
一	○
○	○○
	六

中華書局

宮三			宮二			宮	
數比	差減加		數比	差減加		數比	差減
分	分	度	分	分	度	分	分
九二	五〇	五	五一	九一	四	四	七二
〇三	五		五	一二		四	一三
〇	五		五	三二		四	六三
一	四		六	六二		五	〇四
一	四		六	八二		五	四四
二	四		七	〇三		五	八四
二	四		七	三三		五	三五
三	四		八	五三		六	七五
三	三		八	八三		六	一〇
四	三		九	〇四		六	五〇
五	三		九一	二四		七	〇一
五	二		〇二	四四		七	四一
六	一		〇	六四		七	七一
六	〇〇	五	一	七四		八	一二
七	九五	四	一	九四		八	五二
七	八		二	〇五		八	九二
八	六		二	二五		九	三二
八	五		三	三五		九	六三
九	四		三	五五		〇一	〇四
九三	二		四	七五		〇	三四
〇四	一五		四	八五		一	七四
〇	九四		五	九五	四	一	〇五
一	七四		五	〇〇	五	二	三五
一	五四		六	〇〇		二	六五
二	三四		六	一〇		二	〇〇
二	一四		七	二〇		三	三〇
三	九三		七	二〇		三	六〇
三	七三		八	三〇		三	九〇
四	五三		八	四〇		四	三一
四	三三		九	四〇		四	六一
五四	〇三	四	九二	五〇	五	五一	九一
八宮			九宮			十	

引數	宮五			宮四		
	數比	差減加		數比	差減加	
逆	分	分	度	分	分	度
〇三	六五	九三	二	五	〇三	四
九	六	四三		五	七二	
八	六	九二		五	四二	
七	七	四二		六	一二	
六	七	九一		六	八一	
五	七	四一		七	六一	
四	七	九〇		七	三一	
三	八	四〇	二	八	〇一	
二	八	九五	一	八	七〇	
一	八	四五		八	四〇	
〇二	八	九四		九	一〇	四
九	八	四四		九四	七五	三
八	九	八三		〇五	三五	
七	九	三三		〇	九四	
六	九	八二		一	六四	
五	九	二二		一	二四	
四	九五	七一		一	八三	
三	〇	二一		二	四三	
二		六〇		二	一三	
一		一〇	一	二	七二	
〇一		五五	〇	三	三二	
九		九四		三	九一	
八		四四		四	四一	
七		九三		四	〇一	
六		三三		四	五〇	
五		七二		五	一〇	三
四		一二		五	七五	二
三		六一		五	二五	
二		一一		五	八四	
一		六〇		六	三四	
〇	〇	〇〇	〇	六五	九三	二
	六宮			七宮		

木星第二加減遠近立成 自行定宮度爲引數。

二	宮一			宮初			引數
加	近遠	差減加		近遠	差減加		
度	分	分	度	分	分	度	順
八	一二	七二	四	〇〇	〇〇	〇	〇
	二	六三		一	九〇		一
	二	四四		一	八一		二
	三	二五	四	二	七二		三
	四	一〇	五	三	七三		四
	四	九〇		四	六四		五
	六	七一		四	五五	〇	六
	七	五二		五	四〇	一	七
	七	三三		六	三一		八
八	八	一四		六	二二		九
九	八	九四		七	一三		〇一
	九二	七五	五	八	〇四		一
	〇三	五〇	六	九	九四		二
	〇	三一		九〇	八五	一	三
	一	一二		〇一	七〇	二	四
	二	八二		一	六一		五
	二	五三		一	五二		六
	三	二四		二	四三		七
	四	九四		三	三四		八
	五	六五	六	三	二五	二	九
	五	三〇	七	四	一〇	三	〇二
	六	〇一		五	〇一		一
	六	七一		六	九一		二
	七	四二		六	八二		三
九〇	八	一三		七	七三		四
〇一	八	八三		八	六四		五
	九	五四		八	五五	三	六
	九三	一五		九一	三〇	四	七
	〇四	七五	七	〇二	一一		八
	〇	三〇	八	〇	九一		九
〇一	一四	九〇	八	一二	七二	四	〇三
宮	十宮			十一宮			

宮四			宮三			宮	
近遠	差減加		近遠	差減加		近遠	差減
分	分	度	分	分	度	分	分
〇六	四四	九	六五	三一	〇一	一四	九〇
九五	〇四		六	五一		一	五一
九	六三		六	七一		二	一二
九	一三		七	九一		二	七三
九	六二		七	〇二		三	三三
八	一二		七	一二		四	九三
八	六一		七	二二		四	四四
七	一一		八	二二		五	九四
七	五〇	九	八	三二		五	四五
七	九五	八	八	三二		六	九五
六	三五		九	三二		七	四〇
六	六四		九	三二		七	九〇
五	九三		九	三二		八	三一
五	二三		九	二二		八	七一
四	五二		九	二二		九	一二
四	八一		九五	一二		九四	五二
三	一一		〇六	〇二		〇五	九二
二	三〇	八		九一		〇	三三
二	五五	七		八一		一	八三
一	七四			六一		一	二四
〇	九三			四一		二	六四
〇五	〇三			二一		二	〇五
九四	一二			〇一		三	三五
八	二一			七〇		三	六五
七	三〇	七		四〇		三	九五
六	四五	六		一〇	〇一	四	二〇
五	五四			八五	九〇	四	五〇
四	六三			五五		五	七〇
三	六二			二五		五	九〇
二	六一			八四		五	一一
一四	六〇	六	〇六	四四	九〇	六五	三一
七宮			八宮			九	

引數	五	宮	
	加減差		遠近
逆	度	分	分
〇三	六	六〇	一四
九	五	六五	〇四
八		五四	九三
七		四三	八
六		三二	七
五		二一	六
四	五	一〇	四
三	四	〇五	三
二		九三	二
一		七二	〇三
〇二		五一	九二
九	四	三〇	八
八	三	一五	七
七		九三	五
六		七二	四
五		五一	二
四	三	三〇	一
三	二	〇五	〇二
二		七三	八一
一		四二	七
〇一	二	一一	五
九	一	八五	四
八		五四	三
七		二三	一一
六		九一	九
五	一	六〇	八
四	〇	三五	六
三		〇四	五
二		七二	三
一		四一	二
〇	〇	〇〇	〇〇
	宮	六	

火星第一加減比敷立成小輪心宮度爲引數。

引數	初	
	加減差	
順	度	分
〇		〇〇
一		一一
二		二二
三		三三
四		四四
五	〇	五五
六	一	五〇
七		六一
八		七二
九		八三
〇一	一	九四
一	二	〇〇
二		〇一
三		一二
四		二三
五		二四
六	二	三五
七	三	三〇
八		三一
九		四二
〇三		五三
一		六四
二	三	六五
三	四	六〇
四		六一
五		六二
六		六三
七		六四
八	四	六五
九	五	六〇
〇三	五	六一
	宮	一

宮		一		宮		二	
比敷分		加減差		比敷分		加減差	
分	秒	度	分	分	秒	度	分
	〇〇	五	六一	三	一四	九	四二
	二〇		六二	三	五五		〇三
	四〇		五三	四	九〇		六三
	六〇		五四	四	四二		二四
	八〇	五	五五	四	九三		八四
	〇一	六	四〇	四	七五	九〇	四五
	二一		三一	五	四一	〇一	〇〇
	五一		二二	五	一三		五〇
	八一		一三	五	九四		〇一
	一二		〇四	六	八〇		五一
	五二		九四	六	五二		九一
	〇三	六	八五	六	二四		四二
	五三	七	七〇	七	〇〇		九二
	一四		六一	七	八一		三三
	四四		四二	七	七三		七三
	八四		二三	七	七五		一四
〇	三五		一四	八	八一		五四
一	五〇		九四	八	〇四		九四
一	五一	七	七五	九	三〇		三五
一	六二	八	五〇	九	七二	〇一	六五
一	八三		三一	九〇	一五	一一	〇〇
一	〇五		〇二	〇一	五一		三〇
二	二〇		八二	〇	九三		六〇
二	四一		五三	一	三〇		九〇
二	六二		二四	一	七二		三一
二	八三		〇五	一	一五		四一
二	〇五	八	七五	二	五一		六一
三	二〇	九	四〇	二	九三		九一
三	五一		一一	三	三〇		一二
三	八二		八一	三	七二		二二
三	一四	九	四二	三一	二五	一一	三二
十		宮		十		宮	

宮		三		宮		四	
比敷分		加減差		比敷分		加減差	
分	秒	度	分	分	秒	度	分
三一	二五	一一	三二	八二	〇二	〇一	二二
四	七一		三二	八	二五		七一
四	二四		四二	九	四二		二一
五	八〇		四二	九二	六五		六〇
五	四三		五二	〇三	八二	〇一	〇〇
六	〇〇		五二	一	〇〇	九〇	四五
六	七二		四二	一	二三		八四
六	四五		四二	二	四〇		一四
七	二二		三二	二	六三		四三
七	〇五		二二	三	七〇		七二
八	九一		一二	三	八三		〇二
八	七四		〇二	四	九〇		三一
九	五一		九一	四	〇四	九	五〇
九一	三四		七一	五	一一	八	七五
〇二	一一		五一	五	二四		九四
〇	〇四		三一	六	三一		一四
一	九〇		一一	六	四四		二三
一	八三		九〇	七	五一		三二
二	七〇		六〇	七	六四		四一
二	六三		三〇	八	六一	八	五〇
三	六〇	一一	〇〇	八	六四	七	六五
三	七三	〇一	七五	九	六一		七四
四	七〇		三五	九三	六四		七三
四	八三		九四	〇四	六一		七二
五	九〇		五四	〇	六四		七一
五	〇四		一四	一	六一	七	七〇
六	二一		七三	一	五四	六	七五
六	四四		三三	二	四一		七四
七	六一		九二	二	三四		六三
七	八四		六二	三	〇一		六二
八二	〇二	〇一	二二	三四	九三	六〇	六一
九		宮		八		宮	

宮		五		宮		引數
比敷分		加減差		比敷分		
分	秒	度	分	分	秒	逆
三四	九三	六	六一	五五	八二	〇三
四	七〇		五〇	五	四四	九
四	五三	五	四五	六	〇〇	八
五	三〇		三四		五一	七
五	〇三		二三		〇三	六
五	四五		一二	六	五四	五
六	四二	五	九〇	七	〇〇	四
六	一五	四	七五		五一	三
七	八一		五四		九二	二
七	五四		二三		三四	一
八	一一		〇二	七	七五	〇二
八	六三	四	八〇	八	〇一	九
九	一〇	三	五五		二二	八
九	六二		三四		三三	七
九四	〇五		一三		三四	六
〇五	四一		八一	八	三五	五
〇	八三	三	五〇	九	〇〇	四
一	二〇	二	二五		七〇	三
一	六二		九三		三一	二
一	〇五		六二		九一	一
二	三一	二	三一		四二	〇一
二	六三	一	九五		九二	九
二	九五		六四		四三	八
三	一二		三三		九三	七
三	三四		〇二		三四	六
四	四〇	一	七〇		七四	五
四	四二	〇	四五		一五	四
四	三四		〇四		四五	三
五	〇〇		七三		七五	二
五	六一		四二	九五	九五	一
五五	八二	〇	〇〇	〇〇	〇〇	〇
七		宮		六		

火星第二加減遠近立成自行定宮度爲引數。

遠	加減差		近	遠	加減差		引數
一宮			初宮				
度	分	度	分	度	分	度	順
一	九〇	一一	〇〇	〇〇	〇〇	〇〇	〇
	一三		二		三二		一
	三五	一	五		六四	〇	二
	五一	二	八〇		九〇	一	三
	七三	二	一一		一三		四
	九五	二	三一		四五	一	五
	〇二	三	六一		六一	二	六
	一四	三	九一		九三	二	七
	三〇	四	三二		一〇	三	八
	五二		六二		三二		九
一	七四	四	九二		五四	三	〇一
二	八〇	五	一三		八〇	四	一
	九二		四三		一三		二
	〇五	五	七三		三五	四	三
	二一	六	〇四		五一	五	四
	三三		三四		七三		五
	四五	六	六四		九五	五	六
	六一	七	九四		二二	六	七
	七三		二五		四四	六	八
	八五	七	五五		六〇	七	九
	九一	八	八五		九二		〇二
	〇四	八	二〇		一五	七	一
	〇〇	九	五〇		四一	八	二
	一二		八〇		六三		三
	二四	九一	一一		八五	八	四
	二〇	〇二	四一		〇二	九	五
	二二		六一		二四	九〇	六
二	三四	〇	九一		四〇	〇一	七
三	四〇	一	二二		六二		八
	五二		五二		八四	〇	九
三	六四	一二	八二	一〇	九〇	一一	〇三
宮			十一宮				

遠	加減差		近	遠	加減差		近
三			宮二				宮
度	分	度	分	度	分	度	分
五	四五	〇三	七〇	三	六四	一二	八二
	九〇	一	〇一		六〇	二	一三
	四二		四一		六二		四三
	〇四		八一		六四	二	七三
	五五	一	二二		六〇	三	〇四
	九〇	二	六二		六二		三四
	四二		〇三		五四	三	六四
	八三		三三		五〇	四	〇五
五	二五	二	七三		四二		三五
六	七〇	三	二四		四四	四	六五
	一二		六四		三〇	五	九五
	四三		〇五		二二		三〇
	七四		五五		〇四		六〇
	九五	三	九五	三	九五	五	九〇
	一一	四	四〇	四	七一	六	二一
	三二		八〇		六三		五一
	五三		二一		四五	六	八一
六	六四		六一		三一	七	二二
七	六五	四	〇二		一三		五二
	七〇	五	五二		八四	七	九二
	七一		〇三		六〇	八	三三
	六二		四三		四二		六三
	五三		八三		一四		〇四
	三四		三四		九五	八	三四
	二五	五	七四		六一	九	六四
	〇〇	六	二五		二三		〇五
七	八〇		六五	四	九四	九二	三五
八	五一		〇〇	五	五〇	〇三	七五
	一二		五〇		一二		一〇
	六二		九〇		八三		四〇
八	〇三	六三	三一	五	四五	〇三	七〇
宮			九宮				十

遠	加減差		近	遠	加減差		近
五			宮四				宮
度	分	度	分	度	分	度	分
三一	一五	一三	九二	八〇	〇三	六三	三一
	一二	一	七三		四三		〇二
	〇五	〇	六四		七三		六二
	五一	〇三	四五	八	〇四		一三
	七三	九二	二〇	九	二		八三
	七五	八	〇一		四		三四
	五一	八	九一		五		八四
	〇三	七	八二		五		四五
	四四	六	六三		四		九五
	六五	五	五四		二四		四〇
	六〇	五	五五	九〇	九三		九〇
	三一	四	四〇	〇一	七三		五一
	七一	三	二一		四三		一二
三	八一	二	一二		〇三		七二
二	五一	一	〇三		五二		三三
二	〇一	〇二	〇四		八一		〇四
二	三〇	九一	〇五	〇	〇一		七四
一	四五	七	〇〇	一	〇〇	六	三五
一	二四	六	〇一		九四	五	〇〇
〇	八二	五	一二		七三		七〇
〇一	二一	四	一三		四二		三一
九〇	三五	二	一四		〇一	五	〇二
八	三三	一	〇五	一	五五	四	七二
七	一一	〇一	〇〇	二	八三		四三
六	八四	八〇	一一		九一	四	一四
五	三二	七	〇二		八五	三	八四
四	七五	五	一三		六三		六五
三	〇三	四	〇四		二一	三	四〇
二	一〇	三	八四		七四	二	二一
一	一三	一	六五		〇二	二	〇二
〇〇	〇〇	〇〇	五〇	三一	一五	一三	九二
宮			七宮				八

引數	近
	宮
逆	分
〇三	五〇
九	三一
八	九一
七	四二
六	九二
五	三三
四	六三
三	八三
二	八三
一	七三
〇二	三三
九	六二
八	六一
七	五〇
六	四五
五	七三
四	七一
三	二五
二	三二
一	九四
〇一	一一
九	九二
八	二四
七	〇五
六	三五
五	一五
四	四四
三	六三
二	六二
一	四一
〇	〇〇
	六

金星第一加減比敷立成小輪心宮度爲引數。

加	比敷	加減差		引數
一	初宮			
度	分	分	度	順
〇		〇〇		〇
一		二		一
		四		二
		六		三
		八〇		四
		〇一		五
		二一		六
	〇	四一		七
	一	六一		八
	一	八一		九
	一	〇二		〇一
	一	二二		一
	一	四二		二
	一	六二		三
	一	八二		四
	一	〇三		五
	一	二三		六
	二	四三		七
	二	六三		八
	二	八三		九
	二	〇四		〇二
	二	二四		一
	二	四四		二
	二	六四		三
	三	八四		四
	三	九四		五
	三	一五		六
	三	三五		七
	三	五五		八
	三	七五		九
一	四	八五		〇三
宮	十一宮			

中華書局

宮	三		宮	二		宮	
敷比	差減加		敷比	差減加		敷比	差減
分	分	度	分	分	度	分	分
九二	一〇	二	四一	三四	一	四	八五
〇三	一		五	四		四	〇〇
〇	一		五	五		四	二〇
一	一		五	六		四	四〇
一	一		六	七		五	六〇
二	〇		六	八		五	七〇
二	〇		七	九四		五	九〇
三	〇		七	〇五		六	一一
三	〇		八	〇		六	二一
四	〇		八	一		六	四一
四	〇〇	二	九	二		六	六一
五	九五	一	九一	三		七	七一
五	九		〇二	四		七	九一
六	九		〇	四		七	〇二
六	八		一	五		八	二二
七	八		一	六		八	三二
七	七		二	六		八	五二
八	七		二	七		九	六二
八	六		三	八		九	八二
九	五		三	八		九〇	九二
九三	五		四	九		〇一	〇三
〇四	四		四	九		〇	二三
〇	三		五	九		一	三三
一	三		五	九五	一	一	四三
一	二		六	〇〇	二	一	六三
二	一		六	〇		二	七三
二	一五		七	〇		二	八三
三	九四		七	〇		三	九三
三	八		八	〇		三	一四
四	七		九	一〇		四	二四
四四	六四	一	九二	一〇	二	四一	三四
八	宮		九	宮		十	

金星第二加減遠近立成自行定宮度爲引數。

引數	宮	五		宮	四	
	敷比	差減加		敷比	差減加	
逆	分	分	度	分	分	度
〇三	六五	二〇	一	四四	六四	一
九	六	〇〇	一	五	五	
八	六	八五	〇	五	四	
七	六	七五		五	三	
六	七	五五		六	二	
五	七	三五		六	一	
四	七	一五		七	〇四	
三	七	九四		七	九三	
二	七	七四		八	七	
一	八	五四		八	六	
〇二	八	三四		九	五	
九	八	一四		九	三	
八	八	九三		九四	二	
七	八	七三		〇五	〇三	
六	八	四三		〇	九二	
五	九	二三		一	八	
四	九	〇三		一	六	
三	九	八二		一	五	
二	九	六二		二	三	
一	九	四二		二	一	
〇一	九	二二		二	〇二	
九	〇五	〇二		三	八一	
八	〇	七一		三	六	
七		五一		四	五	
六		三一		四	三	
五		一一		四	一	
四		九〇		五	〇一	
三		七〇		五	八〇	
二		四〇		五	六	
一		二〇		五	四	
〇	〇	〇〇	〇	六五	二〇	一
	六	宮		七	宮	

二	宮	一		宮	初		引數
加	近遠	差減加		近遠	差減加		
度	分	分	度	分	分	度	順
四二	六一	二二	二一	〇〇	〇〇	〇〇	〇
四	六	七四	二	一	六二		一
五	七	二一	三	一	一五	〇	二
五	八	六三	三	二	五一	一	三
五	八	〇〇	四	二	〇四	一	四
六	九	五二	四	三	五〇	二	五
六	九一	九四	四	三	〇三		六
七	〇二	三一	五	四	四五	二	七
七	〇	七三	五	四	九一	三	八
七	一	一〇	六	五	四四	三	九
八	一	六二	六	五	九〇	四	〇一
八	二	〇五	六	六	四三		一
八	三	四一	七	六	八五	四	二
九	三	八三	七	六	三二	五	三
九	四	二〇	八	七	八四	五	四
九二	四	六二	八	七	三一	六	五
〇三	五	〇五	八	八	七三	六	六
〇	六	四一	九	八	二〇	七	七
一	六	八三	九一	九	七二		八
一	七	一〇	〇二	九〇	二五	七	九
一	八	五二	〇	〇一	六一	八	〇二
二	八	九四	〇	〇	一四	八	一
二	九	三一	一	一	六〇	九	二
二	九二	六三	一	一	〇三		三
三	〇三	〇〇	二	二	五五	九〇	四
三	一	四二	二	二	〇二	〇一	五
三	一	七四	二	三	四四	〇	六
四	二	一一	三	四	九〇	一	七
四	二	五三	三	四	四三	一	八
四	三	八五	三	五	八五	一	九
五三	三三	二二	四二	六一	二二	二一	〇三
宮	十	宮		十一宮			

四		宮		三		宮	
差減加		近遠		差減加		近遠	差減
分	度	分	度	分	度	分	分
六二	三四	七五		六一	五三	三二	二二
七三		八		六三		四	五四
八四		九五	〇	五五	五	五	七〇
八五	三	〇〇	一	五一	六	五	〇三
七〇	四	一		四三		六	三五
五一		二		三五	六	七	五一
二二		三		二一	七	八	八三
八二		四		一三		八	一〇
三三		五		九四	七	九三	三二
八三		六		八〇	八	〇四	六四
三四		七		六二		一	九〇
八四		八		三四	八	二	一三
二五		九〇		〇〇	九	二	三五
七五		〇一		八一		三	五一
七五		二		五三		四	七三
八五		五		二五	九三	五	九五
七五		六		九〇	〇四	六	〇二
五五		八		五二		六	二四
二五		九一		二四		七	四〇
八四		一二		八五		八	五二
三四		二		四一	一	九	七四
七三		三		九二		九四	九〇
九二		四		三四		〇五	〇三
九一		五		七五	一	一	一五
八〇	四	七		一一	二	二	三一
五五	三	八		四二		三	四三
〇四		九二		七三		四	五五
三二		一三		〇五	二	五	六一
四〇	三	二		二〇	三	五	六三
二四	二	三		四一		六	六五
〇二	二四	四三	一	六二	三四	七五	六一
宮		八		宮		九	

中華書局

水星第一加減比敷立成 小輪心宮度爲引數。

引數	五宮 遠近		五宮 加減差		宮 遠近	
逆	分	度	分	度	分	度
○三	二四	二	○二	二四	四三	一
九	五		五五	一	五	
八	七四		七二	一	七	
七	○五		六五	○	八三	
六	二		二二	○四	○四	
五	四		四四	九三	二	
四	七		四○	九	四	
三	九五	二	一二	八	六	
二	一○	三	三三	七	八四	
一	三		一四	六	一五	
○二	四		五四	五	三	
九	四		五四	四	六	
八	五		○四	三	八五	一
七	六		一三	二	○○	二
六	六		八一	一三	三	
五	五		九五	九二	五	
四	三		五三	八	七○	
三	○○	三	四○	七	○一	
二	五五	二	七二	五	二	
一	八四		六四	三	四	
○一	八三		○○	二	七	
九	五二		八○	○二	九一	
八	九○	二	九○	八一	二二	
七	二五	一	五○	六	四	
六	五三		七五	三	七	
五	八一		五四	一一	九二	
四	二○	一	○三	九○	二三	
三	六四	○	二一	七	四	
二	○三		一五	四	七	
一	五一		六二	二	九三	
○	○○	○	○○	○○	二四	二
	六宮				七	

加減差	一宮 比敷	一宮 加減差		初宮 比敷	初宮 加減差		引數
度	分	分	度	分	分	度	順
二	七○	七二	一		○○		○
	八	○三			三○		一
	八	二三			七○		二
	九	四三			○一		三
	九○	七三			三一		四
	○一	九三			六一		五
	○	一四			九一		六
	一	四四		○	二二		七
	一	六四		一	五二		八
	二	八四		一	八二		九
	二	一五		一	一三		○一
	三	三五		一	四三		一
	三	五五		一	七三		二
	四	七五		二	○四		三
	五	九五	一	二	三四		四
	五	一○	二	二	六四		五
	六	三○		二	九四		六
	七	五○		二	二五		七
	七	七○		三	五五		八
	八	九○		三	八五	○	九
	八	○一		三	一○	一	○二
	九一	二一		四	四○		一
	○二	三一		四	七○		二
	○	五一		四	○一		三
	一	六一		五	二一		四
	二	八一		五	五一		五
	二	九一		五	七一		六
	三	一二		六	○二		七
	四	二二		六	三二		八
	四	四二		七	五二		九
二	五二	五二	二	七	七二	一	○三
宮	十宮			十一宮			

四宮 比敷	四宮 加減差		三宮 比敷	三宮 加減差		宮 比敷	加減差
分	分	度	分	分	度	分	分
○○	五二	二	○五	三四	二	五二	五二
	三二		○	二		六	七
	二二		一	二		八	九二
	一二		二	二		八	○三
	九一		二	二		八	一
	八一		三	二		九二	一
	六一		四	一		○三	二
○○	五一		四	一		一	三
九五	四一		五	一		二	四
九	二一		五	一		三	五
九	○一		六	○		四	五
九	八○		六	○		五	六
九	六○		七	○四		六	七
九	五○		七	九三		六	七
八	三○		七	九		七	八
八	一○	二	八	八		八	九
八	九五	一	八	八		九三	九三
八	七五		八	七		○四	○四
八	五五		八	六		一	○
八	三五		九	六		二	一
八	一五		九	五		二	一
七	九四		九	五		三	二
七	七四		九五	四		四	二
七	五四		○○	三		五	二
六	三四			二		六	三
六	一四			一		七	三
六	八三			○三		八	三
五	五三			八二		八	三
五	三三			七		九	三
五	一三			六		九四	三
五五	八二	一	○○	五二	二	○五	三四
七宮			八宮			九	

引數	五宮 比敷	五宮 加減差	
逆	分	分	度
○三	五五	八二	一
九	四	六	
八	四	三	
七	四	○二	
六	四	七一	
五	三	四一	
四	三	一一	
三	三	九○	
二	三	六○	
一	二	四○	
○二	二	一○	一
九	二	八五	○
八	二	五五	
七	一	二五	
六	一	九四	
五	一	六四	
四	一	三四	
三	一	○四	
二	一	七三	
一	一	四三	
○一	一	一三	
九	○	八二	
八	○	五二	
七		二二	
六		九一	
五		六一	
四		三一	
三		九○	
二		六○	
一		三○	
○	○五	○○	○
	六宮		

水星第二加減遠近立成 自行定宮度爲引數。

初宮 加減差		引數
分	度	順
○○		○
五一		一
一三		二
六四	○	三
一○	一	四
六一		五
二三		六
七四	一	七
二○	二	八
七一		九
二三		○一
七四	二	一
二○	三	二
七一		三
三三		四
八四	三	五
三○	四	六
八一		七
三三		八
八四	四	九
三○	五	○二
八一		一
三三		二
八四	五	三
三○	六	四
七一		五
二三		六
七四	六	七
一○	七	八
六一		九
○三	七	○三
宮		

中華書局

二十四史

二		宮		一		宮	
差減加		近	遠	差減加		近	遠
分	度	分	度	分	度	分	度
〇一	四一	〇〇	一	〇三	七	〇	
二二		二		四四		二	
四三		五		九五	七	四	
五四		七		三一	八	六	
六五	四	九〇		七二		八〇	
七〇	五	〇一		一四		〇一	
八一		二		五五	八	二	
九二		四		九〇	九	四	
〇四		六		三二		六	
〇五	五	八一		七三		八一	
〇〇	六	〇二		一五	九〇	〇二	
〇一		二		五〇	〇一	二	
〇二		四		八一		四	
〇三		六		二三		六	
九三		八二		六四		七	
九四		一三		九五	〇	九二	
八五	六	三		三一	一	一三	
八〇	七	五		六二		二	
七一		七		九三		五	
六二		九三		二五	一	七	
五三		一四		五〇	二	九三	
四四		三		八一		一四	
二五	七	五		一三		三	
〇〇	八	七		四四		五	
八〇		九四		六五	二	七	
六一		一五		九〇	三	九四	
三二		三		一二		一五	
〇三		五		四三		三	
六三		七		六四		五	
三四		九五	一	八五	三	七五	
九四	八一	一〇	二	〇一	四一	〇〇	一
宮		十		宮		十一	

四		宮		三		宮	
差減加		近	遠	差減加		近	遠
分	度	分	度	分	度	分	度
五三	九一	六〇	三	九四	八一	一〇	二
一三		八〇		五五	八	三	
六二		〇一		一〇	九	六	
〇二		二一		六〇		八〇	
四一		四一		一一		〇一	
八〇		六一		六一		二一	
一〇	九	八一		一二		五一	
四五	八	一二		五二		七一	
六四		三二		〇三		九一	
八三		五二		四三		一二	
九二		七二		八三		三二	
〇二		九二		二四		五二	
〇一	八	一三		六四		七二	
九五	七	三三		九四		〇三	
八四		五三		二五		二三	
七三		七三		四五		四三	
五二		九三		五五		七三	
二一	七	一四		六五		九三	
九五	六	三四		六五		一四	
五四		四四		六五		三四	
一三		六四		五五		五四	
六一		七四		五五		七四	
一〇	六	九四		四五		九四	
五四	五	〇五		四五		一五	
八二		二五		三五		四五	
一一	五	三五		二五		八五	
三五	四	四五		〇五		八五	二
五三		六五		七四		〇〇	三
六一	四	七五		三四		二〇	
六五	三	八五		九三		四〇	
六三	三一	九五	三	五三	九一	六〇	三
宮		八		宮		九	

引數	宮		五		宮	
	近	遠	差減加		近	遠
逆	分	度	分	度	分	度
〇三	五三	三	六三	三一	九五	三
九	一三		五一	三	〇〇	四
八	七二		四五	二	一	
七	二二		二三	二	二	
六	八一		〇一	二	三	
五	三一		七四	一	四	
四	八〇		四二	一	四	
三	二〇	三	九五	〇	五	
二	七五	二	五三	〇	五	
一	一五		〇一	〇一	六	
〇二	五四		四四	九〇	六	
九	九三		八一	九	六	
八	二三		一五	八	六	
七	五二		四二	八	五	
六	八一		七五	七	五	
五	一一		九二	七	四	
四	三〇	二	一〇	七	四	
三	五五	一	三三	六	三	
二	七四		四〇	六	二	
一	九三		五三	五	一	
〇一	一三		五〇	五	〇〇	四
九	二二		五三	四	九五	三
八	三一		五〇	四	七	
七	四〇	一	五三	三	五	
六	六五	〇	五〇	三	三	
五	七四		四三	二	一五	
四	七三		四〇	二	八四	
三	八二		三三	一	五	
二	九一		二〇	一	二四	
一	〇一		一三	〇	九三	
〇	〇〇	〇	〇〇	〇〇	九三	三
	六		宮		七	

校勘記

〔一〕三十年計二十九分十秒　十秒，疑當作「七秒」。明史稿志一六曆志、七政推步都作「二十九分七秒」。本志下段總年立成有「每三十年加二十九分七秒」。

中華書局

明史卷三十九

志第十五

曆九

回回曆法三

土星黃道南北緯度立成 上橫行，以小輪心定度爲引數，起五十度，累加三度。首直行以自行定度爲引數，累加十度。求法，簡兩引數近度，縱橫相遇度分，次各用比例法，得細率。

度	自行定度
度	初
分	
度	○一
分	
度	○二
分	
度	○三
分	
度	○四
分	
度	○五
分	
度	○六
分	
度	○七
分	
度	○八
分	
度	○九
分	
度	○○百
分	
度	十一百
分	
度	十二百
分	

道黃　　　　北〔二〕

度　定　心　輪　小

一一	八○	五○	二○	九五	六五	三五	○五
			○○		一		二○
九四	四一	一二	四五	三二	五四	○○	四○
			○		一		二
一五	五一	一二	五五	五二	八四	三○	七○
			○		一		二
四五	六一	二二	八五	九二	二五	八○	二一
		○	一	一			二
八五	七一	四二	二○	五三	一○	七一	二二
一		○	一	一			二
二○	八一	六二	七○	三四	○一	八二	二三
一		○	一	一			二
六○	九一	七二	一一	九四	九一	八三	二四
一		○	一	一			二
八○	○二	八二	二一	一五	二二	一四	七四
一		○	一	一			二
五○	九一	七二	一一	九四	一二	○四	五四
一		○	一	一			二
一○	八一	五二	七○	三四	二一	三○	六三
		○	一	一			二
六五	七一	四二	二○	五三	二○	九一	五二
			○		一		二
二五	六一	二二	八五	九二	四五	○一	五一
			○		一		二
○五	五一	一二	五五	五二	○五	五○	九○
			○		一		二
九四	四一	一二	四五	三二	五四	○○	四○

道黃

黃　　　　南

五三	二三	九二	六二	三二	○二	七一	四一
	○		一		二		一
六○	八四	五二	○五	四○	○○	四四	九一
	○		一		二		一
六○	九四	七二	三五	九○	五○	八四	三二
	○		一		二		一
七○	一五	一三	八五	四一	二一	四五	七二
	○	一				二	一
七○	五五	八三	七○	四二	三二	三○	四三
	○	一				二	
七○	九五	五四	七一	五三	四三	三一	一四
○		一				二	
八○	三○	二五	五二	五四	四四	一二	八四
○		一				二	
八○	四○	四五	八二	七四	七四	四二	○五
○		一				二	
八○	三○	二五	四二	三四	一四	九一	六四
	○	一				二	
八○	九五	五四	五一	一三	○三	九○	九三
	○	一			二		一
七○	五五	八三	五○	二二	八一	九五	二三
	○		一		二		一
七○	一五	一三	七五	二一	九○	一五	五二
	○		一		二		一
六○	九四	七二	三五	七○	三○	六四	一二
	○		一		二		一
六○	八四	五二	○五	四○	○○	四四	九一

黃

北　　　　道

○五	七四	四四	一四	八三
二			一	
二○	六五	八二	九○	三三
二			一	
五○	九五	○四	一一	五三
	二		一	
一一	四○	五四	四一	八三
	二		一	
○二	三一	二五	九一	三四
		二	一	
二三	四二	二○	六二	九四
		二	一	
三四	五三	○一	二三	五五
		二	一	
九四	一四	五一	六三	八五
		二	一	
六四	八三	三一	四三	七五
		二	一	
六三	八二	五○	八二	一五
	二		一	
五二	八一	六五	二二	五四
	二		一	
四一	七○	七四	六一	九三
	二		一	
七○	一○	二四	二一	六三
			一	
二○	六五	八三	九○	三三

道

木星緯度立成同土星，其小輪心定度起初度。

度	自行定度
度	初
分	
度	○一
分	
度	○二
分	
度	○三
分	
度	○四
分	
度	○五
分	
度	○六
分	
度	○七
分	
度	○八
分	
度	○九
分	
度	○○百
分	
度	十一百
分	
度	十二百
分	

二十四史
中華書局

黃　　　　南

五四	二四	九三	六三	三三	○三	七二	四二
				○	一		
五○	三一	二三	六四	六五	○○	六五	六四
				○	一		
五○	三一	三三	七四	八五	二○	八五	八四
			○			一	
六○	四一	五三	一五	二○	六○	三○	一五
			○			一	
六○	六一	九三	七五	九○	五一	一一	八五
		○					一
七○	八一	五四	四○	八一	五二	○二	六○
		○	一		○		一
八○	○二	○五	一一	八二	四三	九二	三一
		○	一		○		一
八○	一二	二五	五一	二三	九三	二三	五一
		○	一		○		一
八○	一二	一五	三一	九二	四三	七二	二一
		○	一		○		一
七○	九一	六四	六○	○二	五二	八一	四○
			○			一	
六○	七一	一四	八五	一一	五一	九○	七五
			○			一	
六○	五一	六三	一五	三○	六○	二○	一五
				○	一		
五○	三一	三三	八四	八五	二○	八五	七四
				○	一		
五○	三一	二三	六四	六五	○○	六五	六四

黃

道黃　　　　北

		小輪心定度					
一二	八一	五一	二一	九	六	三	○○
						○	一
二三	三一	五○	三二	九二	一五	八五	一○
					○		一
三三	三一	五○	二四	○四	二五	○○	三○
					○		一
六三	五一	六○	六二	三四	六五	四○	七○
				○			一
一四	七一	六○	○三	八四	三○	一一	五一
				○			一
六四	九一	七○	三三	四五	一一	○二	四二
			○				一
一五	一二	八○	六三	○○	八一	八二	三三
			○	一		○	一
三五	一二	八○	六三	一○	○二	三一	六三
				○			一
○五	○二	八○	五三	八五	七一	八二	三三
				○	一	○	一
五四	八一	七○	一三	三五	九○	○二	四二
				○	一	○	一
九三	六一	六○	八二	七四	二○	一一	五一
					○		一
五三	四一	六○	五二	二四	六五	四○	七○
					○		一
三三	三一	五○	四二	○四	三五	○○	三○
						○	一
二三	三一	五○	三二	九三	一五	八五	一○

道黃

黃　　　　北

小輪心定度							
五一	三一	一一	九	七	五	三	一
							○
五○	三一	○二	七二	一三	五三	八三	九三
							○
五○	四一	二二	九二	三三	七三	○四	一四
							○
六○	五一	三二	一三	五三	○四	三四	四四
							○
六○	六一	六二	三三	八三	三四	六四	七四
							○
七○	八一	九二	八三	四四	八四	一五	三五
							○
八○	二二	三三	三四	九四	五五	八五	九五
				○			一
九○	五二	九三	○五	七五	四○	八○	九○
			○				一
一一	八二	四四	七五	六○	三一	九一	○二
		○					一
三一	五二	四五	九○	九一	六二	八二	九二
	○						一
五一	一四	三○	二二	四三	四四	○五	二五
	○			一			二
七一	七四	四一	五三	○五	一○	九○	○一
	○		一				二
○二	四五	三二	七四	四○	九一	八二	○三
○		一					二
三二	二○	七三	五○	五二	○四	○五	一五
○		一		二			三
六二	一一	○五	二二	四四	二○	五一	八一
○	一		二				三
九二	八一	三○	九三	五○	六二	一四	五四
○		一	二			二	四
七二	三一	六五	四三	三○	八二	二五	三○

黃

北　　　　道

○六	七五	四五	一五	八四
一		○		
一○	八五	一五	九三	三二
一		○		
三○	九五	二五	○四	四二
	一	○		
七○	三○	五五	二四	五二
		一		
五一	○一	二○	七四	八二
		一		
四二	九一	九○	三五	二三
一		○		
三三	七二	七一	七五	五三
		一	一	
六三	○三	九一	一○	六三
一	○	一		
三三	九二	八一	九五	六三
一	○	一		
四二	一二	一一	四五	三三
		一		
二一	二一	三○	八四	九二
	一	○		
七○	五○	六五	二四	六二
	一	○		
三○	○○	二五	○四	四二
一		○		
一○	八五	一五	九三	三二

道

火星緯度立成　引數上橫行，小輪心定度，累加二度。首直行，自行定度，累加四度。

度	自行定度
度 / 分	初
度 / 分	四○
度 / 分	八○
度 / 分	二一
度 / 分	六一
度 / 分	○二
度 / 分	四二
度 / 分	八二
度 / 分	二三
度 / 分	六三
度 / 分	○四
度 / 分	四四
度 / 分	八四
度 / 分	二五
度 / 分	六五
度 / 分	○六

二十四史

南　道

一三	九二	七二	五二	三二	一二	九一	七一
			○				
四三	五三	三三	○三	四二	八一	○一	三○
			○				
五三	六三	四三	一三	五二	九一	一一	三○
			○				
六三	八三	七三	三三	七二	○二	二一	三○
			○				
○四	二四	一四	七三	一三	三二	三一	四○
			○				
六四	八四	七四	二四	五三	六二	五一	四○
			○				
一五	四五	三五	九四	一四	一三	八一	五○
		一	○				
二○	五○	五○	九五	九四	七三	一二	六○
			一				
四一	七一	六一	○一	八五	三四	五二	七○
			一	一			
七二	一三	九二	二二	七○	一五	九二	九○
			一		一		
一四	九四	八四	一四	三二	二○	六三	一一
			二		一		
五○	四一	四一	六○	五四	八一	五四	三一
			二	二	一		
六二	八四	八四	七三	二二	八三	七五	七一
			三		二	一	
七一	九二	八二	五一	三二	四○	二一	一二
			四	三	二	一	
九○	八二	九一	五一	五三	三四	四三	八二
			五	四	三	一	
七二	一五	八四	三二	六二	八一	三五	三三
		六	五	四	二	一	
三二	一四	○一	○二	九○	八五	九三	九二

道

道黃

七四	五四	三四	一四	九三	七三	五三	三三
八一	○一	二○	五○	三一	○二	七二	二三
八一	○一	二○	五○	三一	○二	七二	二三
九一	一一	二○	五○	三一	一二	八二	三三
○二	二一	二○	六○	四一	三二	○三	六三
二二	二一	三○	六○	五一	五二	四三	○四
四二	三一	三○	七○	八一	九二	七三	六四
							○
七二	五一	三○	八○	○二	二三	四四	四五
						○	
一三	七一	三○	○一	四二	○四	四五	五○
					○		
六二	○二	四○	二一	九二	七四	三○	六一
					○		
一四	三二	五○	三一	四三	五五	六一	八二
				○			一
一五	八二	六○	六一	○四	六○	○三	○五
				○		一	
九五	三三	七○	○二	○五	二二	二五	七一
			○		一		三
九○	八三	八○	五二	二○	三四	○二	二五
一			○	一		三	三
八一	三四	九○	一三	八一	七○	三五	四三
一			○	一	二	三	四
○三	○五	○一	○四	○四	五四	七四	三四
一			○	二	三	四	五
三四	七五	一一	二五	○一	三三	九四	○五

道黃

火星緯度立成

北

一六	九五	七五	五三	三五	一五	九四
○						
九三	○四	九三	七三	五三	二三	五二
○						
一四	一四	○四	七三	四三	一三	五二
○						
四四	四四	三四	○四	七三	一三	六二
○						
七四	八四	六四	三四	九三	四三	八二
○						
五五	二五	○五	七四	二四	六三	○三
○						
九五	九五	七五	二五	七四	○四	三三
一			一			
九○	八○	五○	○○	五五	六四	七三
一				一		
○二	八一	六一	○一	三○	二五	四四
一					一	
九二	九二	七二	○二	一一	二○	一五
一					一	
一五	○五	四四	五三	三二	一一	六五
二		二				一
○一	八○	三○	四五	二四	八二	二一
二			二			一
○二	八○	四二	三一	九五	三四	三二
二				二		
一五	九四	三四	一二	五一	八五	六三
三		三			二	
八一	七一	九○	五五	六三	五一	九四
三			三			二
六四	四四	四三	九一	八五	四二	五○
四	四				三	二
三○	七○	九五	四四	一二	七三	二二

北

度定心輪小							自行定度
一一	九○	七○	五○	三○	一○	度	
一	二			三一	四	度	○六
六五	四三	三○	八二	二五	三○	分	
一		二			三	度	四六
一四	四一	○四	五○	七二	九三	分	
	一		二		三	度	八六
八二	七五	一二	三四	四○	四一	分	
	一				二	度	二七
七一	二四	二○	○二	七三	六四	分	
一	○	一			二	度	六七
七○	九二	七四	三○	九一	八二	分	
○			一		二	度	○八
七五	六一	二三	六四	○○	七○	分	
					一	度	四八
六四	一○	五一	八二	二四	八四	分	
	○				一	度	八八
一四	四五	四○	五一	四二	八二	分	
		○			一	度	二九
五三	七四	七五	五○	三一	八一	分	
			○		一	度	六九
○三	○四	八四	五五	三○	七○	分	
					○	度	○○百
七二	五三	二四	九四	五五	八五	分	
					○	度	四○百
四二	二三	八三	三四	八四	一五	分	
					○	度	八○百
二二	九二	五三	○四	五四	七四	分	
					○	度	二一百
一二	七二	三三	七三	二四	三四	分	
					○	度	六一百
○二	六二	一三	六三	九一	○四	分	
					○	度	○二百
○二	七二	一三	五三	八三	九三	分	

中華書局

道黃

七二	五二	三二	一二	九一	七一	五一	三一
六	五	四	二	一		〇	
〇一	〇二	九〇	八五	九三	九二	七二	三一
	四	三	二	一		〇	
八五	二一	三一	六一	六一	二二	三二	四〇
	三	二	一				〇
七四	二一	九二	七四	九五	七一	〇二	五五
三	一	二	一				〇
一〇	六三	〇〇	五二	八四	四一	八一	八四
	二		一				〇
四二	四〇	六三	九〇	八三	一一	四一	二四
		一					
六五	九三	八一	五五	一三	九〇	三一	六三
		一	〇				
三三	二二	四〇	六四	六二	七〇	一一	九二
一	一						
一二	〇一	五五	九三	二二	六〇	九〇	六二
一							
八〇	九五	六四	三三	八一	五〇	八〇	二二
七五	九四	九三	七二	五一	四〇	七〇	九一
八四	二四	三三	四二	四一	四〇	六〇	七一
三四	七三	九二	一二	二一	三〇	六〇	五一
七三	三三	七二	九一	一一	三〇	五〇	四一
五三	一三	五二	八一	〇一	三〇	五〇	三一
三三	〇三	四二	七一	〇一	三〇	五〇	三一
三三	〇三	四二	八一	〇一	三〇	五〇	三一

道黃

南　道黃

三四	一四	九三	七三	五三	三三	一三	九二
	〇	二	三	四	五		六
一一	二五	〇一	三三	九四	〇五	三三	一四
〇	一	二	三	四			五
二一	〇〇	六二	七四	一五	〇三	五四	三三
	〇	二		三			四
一一	二五	〇〇	四〇	〇五	五一	二四	三一
	〇	一		二			三
〇一	八三	一三	九一	六五	七一	六二	〇二
	〇		一				二
八〇	〇三	二一	二五	二二	八三	八四	九三
		〇		一			二
七〇	四二	八五	九二	三五	七〇	二一	七〇
		〇					一
六〇	九一	六四	一一	一三	三四	七四	三四
			〇				一
五〇	六一	七三	七五	四一	五二	九八	八二
			〇				一
四〇	三一	二三	〇五	三〇	二一	六一	五一
				〇			一
四〇	一一	七二	二四	四五	〇〇	三〇	三〇
							〇
三〇	九〇	三二	五三	四四	〇五	三五	三五
							〇
三〇	八〇	九一	〇三	七三	四四	七四	七四
							〇
三〇	七〇	七一	六二	四三	九三	〇四	一四
							〇
二〇	六〇	五一	三二	〇三	五三	七三	八八
							〇
二〇	六〇	四一	一二	八二	二三	五三	六三
							〇
二〇	五〇	三一	〇二	七二	一三	四三	五三

道黃

北

九五	七五	五五	三五	一五	九四	七四	五四
四	三	〇		三	二	一	
七〇	九五	四四	一二	七三	二二	三四	七五
				三	二		一
〇五	〇五	一四	五三	三〇	二三	一五	二〇
			三		二	一	
一二	二二	六一	二〇	三四	六一	一四	六五
					二	一	
四五	六五	三五	九三	四二	六〇	九二	九四
				二		一	
三三	三三	九二	八一	四〇	三四	六一	二四
			二			一	
二一	四一	一一	二〇	九四	一三	七〇	七三
					一		
三五	四五	二五	五四	二〇	八一	八五	二三
					一		
一三	二三	二三	八二	九一	七〇	九四	八二
				一			
一二	二二	八一	三一	六〇	五五	〇四	二二
			一				
〇一	一一	九〇	四〇	八五	八四	六三	〇二
一							
〇〇	九五	九五	四五	九四	一四	一三	七一
三五	三五	二五	八四	三四	六三	七二	五一
八四	八四	七四	二四	八三	二三	三二	三一
五四	四四	三四	九三	七三	九二	二二	三一
二四	一四	〇四	七三	四三	七三	〇二	一一
〇四	九三	七三	五三	二三	五二	八一	〇一

一六
三〇
九三
四一
六四
八二
七〇
八四
八二
八一
七〇 〇
八五
一五
七四
三四
〇四
九三

金星緯度立成

引數自行定度，累加三度。小輪心定度，累加二度。

北

度定心輪小					
六〇	四〇	二〇	〇〇	度	自行定度
			〇	度	初
九四	一四	八二	三一	分	
			〇	度	三〇
八五	八四	八三	四二	分	
一			〇	度	六〇
〇六	八五	〇五	六三	分	
	一		〇	度	九〇
三一	七〇	八五	七四	分	
		一	〇	度	二一
八一	四一	九〇	八五	分	
			一	度	五一
三二	三二	八一	九〇	分	
			一	度	八一
七二	六二	七二	九一	分	
			一	度	一二
九二	三三	四三	九二	分	
			一	度	四二
一三	九三	二四	九三	分	
			一	度	七二
八三	二四	八四	八四	分	
			一	度	〇三
四三	七四	六五	八五	分	
	一		二	度	三三
二三	八四	四〇	六〇	分	
	一		二	度	六三
八二	九四	六〇	五一	分	
	一		二	度	九三
二二	五四	八二	二二	分	
	一		二	度	二四
八〇	八三	五〇	五二	分	

北

二二	○二	八一	六一	四一	二一	○一	八○
						一	
二○	八○	二一	二一	一一	○一	三○	八五
○							一
四五	二○	九○	一一	二一	三一	○一	六○
	○						
六四	四五	四○	九○	一一	四一	五一	二一
		○					
六三	六四	八五	四○	九○	四一	七一	七一
			○				
四二	六三	八四	七五	一○	四一	八一	○二
				○			
六○	七二	一四	一五	七五	一一	八一	一二
八○	二一	九二	○四	七四	八○	五一	二二
					○		
二二	二○	七二	九二	九三	九五	二一	二二
					○		
一三	六一	三○	八一	一三	五五	九○	九一
					○		
四四	九二	八○	七○	一二	五四	四○	七一
					○		
八五	三四	一二	○一	一一	一四	一○	九○
	一						○
七一	一○	九三	一二	七○	五三	一五	九五
	一						○
七二	二二	九五	一四	五二	九一	九三	八四
			一				○
八五	五五	二二	四○	八四	七一	四二	七二
	二			一			○
三二	三一	○五	二三	七一	五四	三○	七一

南 道黃 北

南 南 道黃 北

八三	六三	四三	二三	○三	八二	六二	四二
	○						○
八四	二三	七一	○○	三一	八二	三四	四五
	○						
六五	二四	八二	三一	二○	七一	二三	四四
一	○						
二○	一五	八三	四二	○一	五○	八一	二三
一	○						
六○	七五	六四	三三	一二	七○	八○	二二
	一						
八○	一○	四五	三四	二三	九一	四○	○一
	一	一					
○一	六○	○○	二五	三四	一三	六一	一○
	一						
九○	九○	五○	○○	三五	四四	九一	七一
	○						
八○	一一	○一	八○	三○	六五	二四	一三
	一				一		
七○	四一	六一	六一	三一	八○	六五	六四
	一					一	
四○	三一	九二	二二	二二	八一	九○	九五
	一						一
二○	五一	三二	○三	二三	○三	四二	三一
○	一						
五五	一一	四二	五三	○四	二四	九三	○三
○	一						
五四	七○	三二	○四	九四	五五	五五	八四
	○						
三三	九五	○二	二四	六五	六○	一一	七○
	○			一			
五一	六四	二一	九三	九五	五一	八二	八二

黃 南 南

四五	二五	○五	八四	六四	四四	二四	○四
		○					一
四三	八四	九五	六○	一一	二一	八○	○○
		○	一				
四二	○四	六五	三○	○一	二一	一一	四○
			○				
二一	一三	四四	一五	六○	一一	三一	九○
			○				
一○	九一	五五	○五	一一	八○	二一	○一
				○			
一一	八○	四二	一四	四五	三○	八○	○一
					○		
三二	三○	四一	二三	六四	七五	五○	九○
七三	八一	一○	九一	四三	八四	九五	六○
						○	一
一五	三三	四一	六○	三二	九三	二五	二○
六○	七四	九二	七○	三一	○三	五四	八五
	一						○
九一	一○	三四	○二	一○	九一	七三	一五
	一						○
三三	六一	七五	三三	二一	九○	八二	六四
		一					
○五	四三	七一	一五	九二	七○	六一	七三
二			一				
八○	四五	七三	三一	八四	五三	一○	四二
	二			一			
七二	五一	九五	四三	一一	六四	○二	八○
			二		一		
六四	八三	五二	一○	○四	四一	六四	五一

北 道

北 道黃 南

○六	八五	六五
三一	二○	九一
四二	○一	八○
六三	二二	五○
七四	四三	六一
八五	六四	八二
一		
九○	七五	○四
		○
九一	○一	五五
		一
九二	二二	八○
九三	四三	一二
八四	四四	二三
八五	七五	六四
		二
六○	七○	一○
五一	○二	五一
二二	二三	○三
五二	一四	五四

北

金星緯度立成

北

二○	○○	度	定自 度行
	二	度	二四
五○	五二	分	
	二	度	五四
○○	八二	分	
一	二	度	八四
八四	五二	分	
一	二	度	一五
四二	七一	分	
○	一	度	四五
○五	七五	分	
○	一	度	七五
七○	五一	分	
一	○	度	一六
九一	三一	分	
二	○	度	三六
七○	九四	分	
二	一	度	六六
一三	一三	分	
二	一	度	九六
七三	一五	分	
二	一	度	二七
一三	九五	分	
	二	度	五七
五二	二○	分	
二	一	度	八七
五一	九五	分	
二	一	度	一八
六○	六五	分	
	一	度	四八
四五	九四	分	

南

南 道黃 北

				小輪心定度			
八一	六一	四一	二一	○一	八○	六○	四○
		一			○		一
○五	二三	七一	五四	三○	七二	八○	八三
	二		一			○	一
四二	六○	六五	○二	四二	○○	五四	五二
三			二	一		○	一
七○	一五	六四	七○	四○	八三	四二	四○
四			三		一		○
八二	八四	二五	二一	八五	三三	○三	○三
		五	四	三	二	一	○
八○	○○	九○	○三	一四	○二	一三	八一
		六	五	四	三	二	一
六一	七一	○三	七四	五三	○四	五一	八二
		七		六	五	四	二
三○	五一	一一	○五	一○	○○	七○	三四
				六	五	四	三
七一	九三	五一	九○	五○	三二	一二	七一
四	六			五		四	三
三五	二二	三○	八○	三二	七五	九二	三二
三	四	三			四		三
四三	四○	四五	七○	三三	九一	三四	二一
		二				三	二
八二	七五	七五	四一	三四	八三	四一	六五
一			二	三			二
九三	六○	四一	三三	三○	四五	○五	○四
			一				二
三○	九二	○四	九五	九二	五三	八二	三二
	○		一				二
三三	七五	○一	一三	○○	二○	八○	八○
		○					一
二○	四三	八四	九○	七三	七四	○五	三五

黃南 南

四三	二三	○三	八二	六二	四二	二二	○二
		一					二
二一	九三	九五	五一	八二	八二	三二	三一
○	一						
九五	五三	二○	六二	四四	二五	三五	九五
○		一	二				
九三	三二	九五	二三	三○	六二	八三	三二
○		一	二		三		
七○	三○	一五	四三	八一	七五	二二	二一
	○	一	二	三			四
二四	九二	一三	○三	二三	九一	一五	四三
一		○	二	三	四	五	
九四	六二	九四	三○	五二	四三	七二	○○
三	一	○	一	二	四	五	六
九○	八三	三一	三一	八四	八○	四二	九二
三	二	一	○	一	二		四
七四	九二	五一	七○	七二	二四	六二	二五
三	二	一		○	一		三
四五	六五	七五	八四	○二	五二	二○	八二
	三	二	一		○	一	二
四四	二○	七一	九二	九二	○四	八四	二四
三		二		一		○	一
三二	八五	五二	九四	一○	六○	二五	九三
三			二	一			○
六○	五二	八二	一○	一二	八三	二一	三五
			二	一			○
○五	一四	五二	五○	一三	八五	五一	九○
			二		一		
三三	二三	二二	八○	○四	七一	四四	七○
			二		一		
八一	一二	五一	五○	四四	三二	二五	四二

北道

北 道黃 南

○五	八四	六四	四四	二四	○四	八三	六三
	二		一		○		○
五二	一○	○四	四一	六四	五一	五一	六四
二	○	二		一	○		
七五	五三	四一	六四	八五	四四	一一	六二
	三			二	一		
四三	四一	七五	三三	二○	五二	一五	三○
	四			三	二	一	
二二	九○	四五	三三	一○	一二	七三	四四
		五		四	三	二	一
四一	○一	三○	六四	六一	四三	五四	三四
五			六	五	四	四	三
九五	二一	五一	六○	一四	八五	○○	六○
	六		七		六	五	四
一二	○五	九○	三一	八五	一二	○三	六二
五					六	五	四
八○	○○	九二	六四	三四	一二	五四	二五
三	四				五	五	四
九四	一三	○一	四三	一四	五三	四一	一四
二		三			四		四
一三	六一	二五	○二	六三	○四	二三	五一
一		二			三		
○三	一一	六四	五一	六三	七四	八四	四四
○		一		二	三		
七四	二二	五五	五二	六四	四○	三一	六一
	○		一		二		
五一	八四	八一	七四	一一	一三	三四	二五
		○		一	二		
一一	○二	八四	五一	○四	一○	七一	○三
			○	一	○	一	
七二	一○	五二	○五	五一	六三	四五	○一

南 道黃 北

北

○六	八五	六五	四五	二五
五二	一四	五四	六四	八三
	三			三
八二	一五	二○	八○	六○
	二			
五二	七五	七一	二三	八三
二			三	
七一	三○	四三	八五	八一
一	二			四
七五	○五	四四	七二	八五
一	二	三	四	
五一	四三	八三	九三	三○
○	一	三	四	五
三一	四四	五○	四二	三三
	○	一	三	四
九四	二三	○五	八○	三二
一		○	一	二
○三	四五	○四	九四	六五
	一		○	一
一五	○○	八○	八四	五四
	一			○
九五	二二	一四	四○	○五
二		一		
二○	四三	三○	六二	二一
		一		
九五	九一	六一	七四	四一
			一	
七五	二四	三二	○○	六三
			一	
九四	九三	六二	九○	七四

南

金星緯度立成

	自行定度
度	
度	一八
分	
度	四八
分	
度	七八
分	
度	○九
分	
度	三九
分	
度	六九
分	
度	九九
分	
度	二○百
分	
度	五○百
分	
度	八○百
分	
度	一一百
分	
度	四一百
分	
度	七一百
分	
度	○二百
分	

黃

二十四史
中華書局

南

小輪心定度

四一	二一	〇一	八〇	六〇	四〇	二〇	〇〇
	一		二			二	一
〇一	一三	〇〇	二〇	八〇	八〇	六〇	六五
〇			一				一
八四	九〇	七三	七四	〇五	三五	四五	九四
	〇		一				一
九二	八四	五一	七二	二三	九三	一四	〇四
		〇	一				一
二一	一三	五五	八〇	六一	四二	〇三	二三
			〇				一
一〇	七一	〇四	三五	二〇	〇一	八一	二二
			〇	〇			一
三一	四〇	六二	八三	八四	〇〇	八〇	三一
			〇			〇	一
三二	九〇	四二	五二	六三	五四	六五	三〇
			〇				〇
六四	一二	一〇	一一	三二	三三	四四	三五
			〇				〇
六四	二三	五一	四〇	〇九	八一	一三	二四
			〇				〇
三五	二四	八二	八一	四〇	六〇	九一	二三
一			〇				〇
一〇	二五	九三	九二	六一	六〇	七〇	一二
一			〇				〇
六〇	八五	九四	一四	九二	八一	四〇	一一
	一		〇				〇
九〇	五〇	七五	九四	九三	九二	六一	二〇
			〇				
一一	〇一	三〇	八五	九四	一四	八一	三一

北 道

北 道黃 南

〇三	八二	六二	四二	二二	〇二	八一	六一
	二		一				〇
二二	八〇	〇四	七一	四四	七〇	三三	七五
	二		一				
五一	五〇	四四	三二	二五	四二	二〇	四三
一	二			一			
六〇	一〇	六四	九二	二〇	八三	七〇	四二
				一			
八五	七五	六四	三三	一一	八四	四二	三〇
				一			
八四	八四	一四	〇三	二一	二五	一三	四一
					一		
九三	一四	七三	二三	六一	四〇	〇四	五二
					一		
九二	三三	二三	九二	七一	八〇	七四	四三
					一		
九一	五二	八二	六二	八一	九〇	五五	四四
						一	
九〇	七一	三二	六二	一二	三一	三〇	四五
							一
八五	九〇	六一	一二	八一	五一	八〇	一〇
〇							
七四	〇〇	九〇	五一	七一	七一	一一	七〇
六二	〇五	二〇	九〇	三一	六一	三一	〇一
四二	九三	二五	二〇	八〇	三一	三一	二一
			〇	一			
三一	八二	三四	四五	二〇	八〇	二一	二一

黃 北

六四	四四	二四	〇四	八三	六三	四三	二三
〇	一	一					
八四	五一	〇四	一〇	七一	〇三	三三	二三
	〇			一			
五二	〇五	五一	六三	四五	〇一	八一	一二
	〇	〇					
七〇	〇三	三五	六一	四三	二五	二〇	八〇
	〇		〇				
一一	一一	三三	六五	五一	五三	七四	六五
	〇		〇				
一二	二〇	五一	一四	〇〇	九一	二三	四四
	〇			〇			
一三	三一	六〇	九二	七四	六〇	一二	五三
	〇				〇		
九三	四二	六〇	三一	二三	三五	八〇	二二
	〇					〇	
七四	四三	九一	一〇	八一	九三	〇五	〇一
	〇						〇
七五	六四	二三	六〇	四〇	四二	一四	八五
一	〇						〇
三〇	五五	二四	六二	九〇	一一	八二	五四
	一						
八〇	二〇	一五	七三	一二	一〇	五一	三三
	一	〇					
〇一	六〇	八五	五四	一三	三一	四〇	二二
	一	一	〇				
二一	〇一	四〇	三五	一四	四二	八〇	〇一
	一		一				
一一	二一	八〇	〇〇	八四	二三	七一	〇〇

南 道

南 南 道黃 北

〇六	八五	六五	四五	二五	〇五	八四
			一			
六五	二四	三二	〇〇	六三	一一	〇二
			一			
九四	九三	六二	九〇	七四	七二	一〇
			一			
〇四	四三	五二	三一	七五	九三	六一
				一		
二三	〇三	五二	七一	四〇	一五	一三
				一		
二二	二二	〇二	五一	六〇	五五	八三
				一		
三一	六一	〇二	三一	八〇	九五	六四
					一	
三〇	八〇	一一	一一	九〇	三〇	二五
〇					一	
三五	〇〇	五〇	九〇	九〇	五〇	八五
	〇					一
三四	二五	一〇	七〇	〇一	九〇	五〇
		〇				
二三	三四	三〇	二〇	八〇	〇一	八〇
			〇			
一二	三三	六四	七五	六〇	九〇	一一
			〇			
〇一	四二	七三	〇五	一〇	八〇	二一
				〇		
〇〇	二一	七二	一四	五五	三〇	〇一
					〇	
三一	二〇	九一	四三	八四	九五	六〇

北 道黃 南

水星緯度立成引數，法同金星。

南

度定心輪小							自行定度
○一	八	六	四	二	○	度	
				一	○	度	初
八三	五三	七二	六一	二○	五四	分	
				一	○	度	三
六四	四四	九三	○三	六一	九五	分	
					一	度	六
三五	四五	○五	二四	一三	五一	分	
一		二			一	度	九
八五	一○	○○	六五	四四	九二	分	
			二		一	度	二一
○○	六○	九○	六○	八五	五四	分	
一				二	一	度	五一
九五	八○	四一	五一	○一	八五	分	
					二	度	八一
○○	一一	一二	四二	○二	○一	分	
一					二	度	一二
三五	九○	一二	八二	九二	二二	分	
	一				二	度	四二
七四	四○	一二	○三	四三	一三	分	
	一				二	度	七二
七三	七五	○二	三三	二四	二四	分	
	一				二	度	○三
八二	一五	七一	六三	七四	一五	分	
	一				二	度	三三
一一	八三	○一	三三	七四	七五	分	
○		一			二	度	六三
二五	三二	九五	五二	七四	九五	分	
○		一		二	三	度	九三
一三	五○	五四	六一	三四	○○	分	
	○	一			二	度	二四
五○	三四	七二	二○	五三	六五	分	

黃　南　　　南

六二	四二	二二	○二	八一	六一	四一	二一
							一
三二	一二	一四	五四	六四	五四	四四	四四
							一
六○	一二	一三	六三	二四	四四	六四	八四
○							一
九四	五○	七一	五二	五三	二四	七四	二五
	○					一	○
二三	八四	三○	四一	九二	九三	六四	四五
			○				一
○一	九二	五四	八五	六一	○三	○四	三五
			○				一
七○	一一	八二	二四	四○	○二	四三	八四
				○			一
五二	八○	一一	六二	一五	九○	七二	五四
					○		一
五四	九二	一一	七○	二三	四五	四一	五三
一						○	一
一○	八四	○三	二一	五一	八三	九五	三二
	一					○	一
一二	九○	二五	四三	六○	○二	四四	○一
		一					○
八三	○三	三一	六五	七二	○○	七二	七五
			一				○
五五	○五	六三	○二	○五	二二	五○	八三
	二			一			○
八○	八○	七五	三四	五一	七四	八一	五一
			二		一		○
○二	五二	九一	七○	一四	四一	五四	七○
				二		一	○
○三	○四	九三	二三	八○	二四	二一	六三

北　道

北　　道黃　　南

二四	○四	八三	六三	四三	二三	○三	八二
	一					○	
六三	一二	九五	五三	五○	一二	五四	七○
		一					○
○四	七二	八○	五四	七一	八○	一三	○五
		一					
二四	二三	六一	六五	○三	七○	五一	二三
			一				
三四	六三	三二	六○	三四	○二	一○	三一
			一				
九三	六三	七二	三一	三五	四三	五一	八○
				一			
四三	四三	八二	八一	二○	五四	八二	四二
				一			
八二	二三	九二	二二	○一	六五	○四	一四
					一		
六一	五二	五二	一二	三一	四○	二五	九四
五○	六一	九一	八一	六一	八○	一○	四一
○							
九四	五○	一一	六一	七一	六一	二一	○三
	○						
四三	二五	三○	一一	八一	○二	一二	五四
		○					
五一	五三	九四	一○	四一	一二	六二	八五
			○			一	
八○	五一	二三	九四	七○	八一	九二	四○
				○		一	
五三	八○	三一	四三	五五	三一	○三	三一
一				○		一	
二○	七三	一一	四一	一四	五○	六二	六一

南　　道黃　　北

道黃　　北

八五	六五	四五	二五	○五	八四	六四	四四
			○		一		
四二	四○	○三	五五	八一	二三	一四	四四
			○		一		
一四	二一	四一	四四	八○	六二	九三	五四
一				○	一		
○○	○三	一○	九二	七五	七一	三三	三四
一				○	一		
八一	八四	○二	五一	五四	九○	九二	一四
	一				○		
九三	九○	○四	四○	八二	五五	八一	四三
	一				○		
六五	六二	七五	一二	二一	一四	七○	六二
二		一			○	○	
二一	四四	六一	九三	五○	六二	五五	七一
	二		一		○	○	
○三	四○	七三	○○	四四	七○	八三	三○
	二			一	○		○
四四	○二	四五	九一	六○	一一	一二	八四
三		二		一	○		
○○	九三	五一	○四	八二	二三	二○	○三
三			二	一	○		
四一	七五	六三	一○	八二	四五	九一	三一
	三			二	一		
六二	二一	四五	四二	二五	八一	二四	○一
		三		二	一	一	
三三	四二	二一	四四	五一	一四	六○	五三
			三		二		一
九三	五三	七二	三○	八三	七○	三三	一○
				三	二	二	
二四	四四	○四	二二	一○	四三	一○	○三

二十四史

中華書局

水星緯度立成

南

小輪心定度					自行定度	南
六〇	四〇	二〇	〇〇	度		〇六
一			二	度	二四	
七二	二〇	五三	六五	分		五四
	一		二	度	五四	一
四〇	五五	〇二	七四	分		三〇
〇	一		二	度	八四	
四三	八一	一〇	三三	分		一三
	〇	一	二	度	一五	
二〇	八四	八三	三一	分		九三
	〇		一	度	四五	
三三	六一	八〇	八四	分		九五
一		〇	一	度	七五	二
八〇	九一	四三	七一	分		四一
一			〇	度	〇六	
八三	二五	一〇	五四	分		九二
二	一		〇	度	三六	
三〇	〇二	一三	三一	分		四四
二	一		〇	度	六六	
一二	二四	八五	八一	分		五五
二		一	〇	度	九六	
一三	七五	八一	三四	分		八〇
	二		一	度	二七	
一三	五〇	二三	三〇	分		九一
	二		一	度	五七	
七二	八〇	一四	七一	分		七二
	二		一	度	八七	
八一	五〇	五四	六二	分		九二
二			一	度	一八	
五〇	七五	一四	〇三	分		〇三
			一	度	四八	
〇五	六四	八三	九二	分		六二

北　　　　南

北　　道黃　　南

二二	〇二	八一	六一	四一	二一	〇一	八〇
		三	一	一			〇
九二	二三	八〇	二四	二一	六三	〇五	三四
			三		一		〇
七五	五五	三六	三一	四四	八〇	五二	六一
		三	二	三	一		
〇一	四一	二〇	三四	六一	一四	七五	七一
			三		二	一	
六一	八二	四二	一一	七四	五一	一三	〇五
			三	三		三	一
〇二	一四	五四	八三	八一	九四	八〇	七二
			三		三	二	
二一	二四	四五	五五	二四	六一	〇四	九五
二		三	四			三	二
三五	〇三	四五	〇四	七五	八三	五〇	八二
二		三	四			三	
六三	〇一	三四	〇〇	九五	七四	一二	八四
一	二		三			三	
〇五	九三	九一	三四	一五	四四	六二	九五
一		二	三				三
三一	四〇	〇五	一二	三三	三三	三二	一〇
〇	一		二			三	
四三	五二	四一	八四	五〇	二一	〇一	四五
	〇	一	二				
二〇	九四	一四	七一	九三	〇五	三五	二四
	〇		一				
四三	六一	八〇	六四	九〇	二五	三三	七二
一		〇	一		一		
〇〇	四一	七三	六一	一四	七五	〇一	八〇
一			〇				
三二	八三	〇一	八四	三一	二三	八四	九四

南　　道黃　　北

黃　北

八三	六三	四三	二三	〇三	八二	六二	四二
		〇		一			
一一	四一	一四	五〇	六二	六一	〇三	〇四
			〇	一			
九三	一一	一二	九四	七一	二一	三四	二五
一			〇	一			二
二一	一四	五〇	〇三	三〇	二〇	〇三	八五
	一			〇	一		二
五四	五一	五三	三〇	三四	六四	二二	七五
二		一		〇	一		二
二二	〇五	八〇	七二	八一	七一	七〇	一五
	二		一		〇		二
四五	四二	三四	〇〇	三一	〇五	二四	五三
三		二	一		〇	一	
〇二	三五	五一	三三	五四	二一	〇一	七〇
	三		二	一	〇		一
〇四	六一	二四	五〇	七一	七二	三三	五三
		三	二		一		〇
八四	二三	三〇	一三	八四	八〇	八〇	六五
		三		二	一		〇
七四	八三	八一	一五	三一	二四	五四	六一
			三		三	一	
七三	五三	五二	四〇	三三	二一	一二	三二
			三		二	一	
四二	九四	四二	二一	八四	七三	一五	五五
			三			二	一
八〇	七一	〇二	四一	六五	五五	五一	五二
二					三	二	
六四	二〇	三一	二一	〇〇	六〇	一三	七四
	二		三	二	三		二
五二	六四	一〇	六〇	九五	一一	二四	四〇

南　道

四五	二五	〇五	八四	六四	四四	二四	〇四
	三	三		二		一	
〇四	二二	一〇	四三	一〇	〇三	二〇	七三
	三		三		二		一
九四	八三	三二	〇〇	〇三	一〇	四三	五〇
	三		三		二		
三五	九四	九二	二二	七五	三三	八〇	八三
	三				三	一	二二
九四	四五	二五	一四	一二	四〇	〇四	二一
	三	四				三	
〇四	五五	二〇	八五	六四	二三	四一	九四
	三			四			三
四二	三四	〇〇	三〇	〇〇	三五	九三	九一
二	三		三		四		
一五	二二	六四	八五	三〇	三〇	七五	一四
	二			三		四	
六一	四五	三二	三四	六五	六五	四〇	四五
一	二	二					
六三	七一	〇五	六一	五三	五三	七五	六五
	一		二				
八五	八三	四二	四四	〇一	一三	三四	九四
〇	一	一		二			
〇二	〇〇	六三	五〇	四三	三〇	九一	一三
	〇	〇	一			二	
二一	四二	八五	一三	三〇	五三	五五	三一
	〇		〇	一			二
〇四	六〇	五二	八五	〇三	二〇	七二	〇五
一	〇		〇		一		
二〇	一三	三〇	八二	〇〇	二三	〇〇	五二
	〇			〇		一	
七一	〇五	八二	二〇	二三	〇四	三三	一〇

北　道黃　南

二十四史

南

○六	八五	六五
六二	二四	四四
五一	七三	七四
二		
七五	五二	二四
二		
三三	七○	三三
	二	
二○	二四	六一
一		二
五二	八○	○五
○	一	
五四	一三	七一
	○	一
五○	一五	九三
		○
二三	一一	九五
一	○	
三○	四二	一二
一		
七二	三五	三一
	一	
五四	七一	二四
		一
六五	三三	五○
○○	四四	一二
一		
九五	八四	一三

北

水星緯度立成

北

			自行定度
二○	○○	度	
	一	度	一八
一四	○三	分	
	一	度	四八
八三	九二	分	
	一	度	七八
二三	七二	分	
	一	度	○九
八二	一二	分	
	一	度	三九
○一	二一	分	
○	一	度	六九
五五	一○	分	
	○	度	九九
三四	二五	分	
	○	度	二○百
八二	○四	分	
	○	度	五○百
四一	八二	分	
	○	度	八○百
○○	五一	分	
	○	度	一一百
八一	一○	分	
	○	度	四一百
一三	五一	分	
一	○	度	七一百
八四	一三	分	
一	○	度	○二百
二○	五四	分	

南

北

小輪心定度

八一	六一	四一	二一	○一	八○	六○	四○
○			一			二	
七三	六一	一四	七五	○一	八○	五○	七五
	○						
○一	八四	三一	二三	八四	九四	○五	六四
		○					
四一	二二	七四	八○	五二	九二	五三	四三
			○				
六三	一○	四二	五四	四○	○一	八一	一二
						○	
三五	三二	一○	一二	一四	八四	九五	四○
一							
九○	○四	八一	一○	一二	九二	一四	八四
一							
二二	七五	六三	九一	○○	九○	七二	三三
	一						
四三	二一	四五	七三	九一	○一	五○	七一
		一					
○四	二二	七○	二五	六三	六二	一一	一○
			一				
六四	一三	八一	五○	○五	一四	七二	五一
○五	九三	八二	九一	六○	八五	五四	三三
						一	
二五	四四	六三	九二	九一	二一	○○	八四
○五	六四	一四	七三	○三	二五	四一	三○
六四	六四	四四	四四	八三	五三	七二	六一

南　道黄

四三	二三	○三	八二	六二	四二	二二	○二
			三	二		一	○
二一	二一	○○	六○	一三	七四	○○	四一
	三	二	三		二	一	○
一○	六○	九五	一一	二四	四○	三二	八三
		二	三		二		一
八四	八五	七五	五一	二五	九一	二四	○○
		二	三		二		一
三三	八四	一五	三一	五五	九二	三五	七一
		二	三	一		二	一
七一	五三	二四	七○	三五	二三	三○	一三
						二	一
○○	○二	一三	八五	○五	四三	一○	一四
一						二	一
四四	八○	二二	一五	六四	五三	五一	二五
	一					二	一
七二	三五	○一	○四	一四	五三	九一	九五
		一					二
三一	八三	八五	七二	一三	八二	七一	二○
○		一					二
六五	四二	五四	五一	一二	二二	五一	三○
			一				二
九三	六○	九二	七五	七○	二一	○一	三○
	○			一			二
四二	一五	五一	一四	三五	一○	二○	○○
		○					一
九○	六三	九五	四二	八三	八四	二五	二五
		○					一
五○	一二	五四	七○	三二	六三	一四	五四

道黄　南

黄　南　南

○五	八四	六四	四四	二四	○四	八三	六三
	○		一			二	
三○	八二	○○	二三	○○	五二	六四	二○
		○		一			二
八二	二○	二三	○四	三三	一○	五二	六四
			○		一		
八四	二二	六○	八三	八○	八三	四○	八二
				○		一	
五○	二四	六一	五一	三四	四一	三四	九○
一					○		一
七一	八五	五三	七○	○二	二五	二二	○五
	一				○	一	
六二	一一	○五	六二	○○	二三	二○	一三
		一				○	
五三	三二	五○	三四	八一	一一	二四	三一
			一				○
一四	三三	九一	○○	七三	七○	四二	五五
			一				○
二四	七三	七二	二一	九四	三二	八○	○四
				一			
二四	○四	五三	○二	二○	八三	八○	二二
一		一		一	○		
○四	三四	○四	一三	五一	三五	五二	五○
					一		
五三	二四	三四	八三	五二	三○	七三	九○
					一		
七二	七三	二四	二四	一三	二一	九四	三二
					一		
八一	二三	一四	四四	六三	一二	九五	五三

北

中華書局

北			北	道
○六	八五	六五	四五	二五
二		一	一	
○○	四四	一二	二○	一三
		一	一	
九五	八四	一三	七一	○五
		一		一
七五	○五	九三	○三	九○
		一		
九四	九四	二四	七三	○二
		一		
八三	一四	○四	九三	八二
		一		
五二	二三	六三	九三	三三
		一		
四一	四二	一三	九三	七三
○		一		
九五	三一	五二	六三	九三
	○	一		
四四	九五	五一	八二	六三
	○	一		
九二	六四	四○	○二	二三
		○		
九○	八二	○五	○一	七二
		○	○	
九○	八一	六三	八五	八一
		○	○	
七二	七○	九一	三四	七○
		○		○
五四	四二	四○	○三	五五
南	道黃		北	

太陰黃道南北緯度立成

月離計都宮度爲引數。原本引數宮縱列首行，度橫列上行，分加減，作兩立成。內有加減分，即相挨兩度之較。今省去，合作一立成。

月離計都度	初宮北 六宮南 加 度	分	秒	一宮北 七宮南 加 度	分	秒	二宮 八宮 加 度	分
○	○○	○○	○○	二○	一三	六○	四○	一二
一		五○	六一		五三	九三		四二
二		○一	二三		○四	九○		七二
三		五一	八四		四四	五三		九二
四		一二	三○		八四	九五		一三
五		六二	八一		三五	○二		四三
六		一三	三三	二	七五	七三		六三
七		六三	七四	三	一○	二五		八三
八		二四	一○		六○	四○		○四
九		七四	五一		○一	二一		二四
○一		二五	八二		四一	八一		四四
一	○	七五	九三		八一	九一		五四
二	一	二○	九四		二二	六一		七四
三		七○	七五		六二	九○		九四
四		三一	四○		九二	九五		○五
五		八一	○一		三三	五四		二五
六		三二	五一		七三	七二		三五
七		八二	八一		一四	五○		四五
八		三三	○二		四四	九三		五五
九		八三	一二		八四	○一		六五
○二		三四	一二		一五	六三		七五
一		八四	七一	三	四五	七五		八五
二		三五	一一	四	八五	四一	四	九五
三		八五	三○		一○	六二	五	○○
四	二	二○	三五		四○	四二		○○
五		七○	一四		七○	八三		一○
六		二一	六二		○一	七三		一○
七		七一	○一		三一	三三		二○
八		一二	一五		六一	四二		二○
九		六二	○三		九一	一一		二○
○三	二○	一三	六○	四○	一二	三五	五○	二○
右順	五宮北 十一宮南 減			四宮北 十宮南 減			三宮 九宮 減	

北南 秒	月離計都度 度
三五	○三
○三	九
一○	八
七二	七
九四	六
六○	五
七一	四
四二	三
五二	二
二二	一
三一	○二
九五	九
○四	八
五一	七
五四	六
○一	五
九二	四
四四	三
二五	二
六五	一
四五	○一
六四	九
三三	八
四一	七
○五	六
一二	五
六四	四
五○	三
九一	二
七二	一
○三	○
北南	左逆

太陰出入晨昏加減立成

日數	昏刻加差	月入加差	日數	晨刻減差	月出加差
一			十六	三度	三度
二	三度	三度	十七	三	四
三	三	四	十八	三	四半
四	三	四半	十九	三	五
五	三	五	二十	三	六
六	三	六	二一	三	六
七	三	六	二二	三	七
八	三	七	二三	三	七
九	三	八	二四	三	七
十	三	八	二五	三	八
十一	三	九	二六	三	八
十二	三	九	二七	三	九
十三	三	九	二八	三	九
十四	三	十	二九	三	十
十五	三	十	三十	三	

五星伏見立成

自行定度		宮	度
土星	晨見	○○	二○
	夕伏	一一	一○
木星	晨見	○○	一四
	夕伏	一一	一六
火星	晨見	○○	二八
	夕伏	一一	○二
金星	晨見	○六	○三
	晨伏	一一	○六
	夕見	○○	二四
	夕伏	○五	二七
水星	晨見	○六	二五
	晨伏	一○	○九
	夕見	○一	二一
	夕伏	○五	○五

五星順留立成

小輪心定度	宮	○				
	度	○	六	一二	一八	二四
	宮	○				
	度	○	二四	一八	一二	○六
土星	宮	○三				
	度	二三				
	分	○八		○九	一一	一四
木星	宮	○四				
	度	○四				
	分	二三	二四	二五	二七	三○
火星	宮	○五				
	度	○七				
	分	二八	二九	三四	四一	五○
金星	宮	○五				
	度	一五				一六
	分	五五	五五	五六	五八	○○
水星	宮	○四				
	度	二七				
	分	三六	三五	三一	二三	一二

一	〇	一一	〇			一七			三四		〇八	〇二			〇二		二六	五八
	六		二四			二一			三九			一八			〇六			四三
	一二		一八			二六			四四			三五			一二			二八
	一八		一二			三一			五〇			五六			一七			一八
	二四		〇六			三八			五七		〇九	一七			二一		二五	五七
二	〇	一〇	〇〇			四五		〇五	〇四			四二			二八			四一
	六		二四			五二			一二		一〇	一〇			三三			二五
	一二		一八		二四	〇〇			二一			三九			二八			〇九
	一八		一二			〇七			三一		一一	一〇			四五			五四
	二四		〇六			一六			四〇			四四			五〇			三九
三	〇	九	〇〇			二四			五〇		一二	一八			五五			二五
	六		二四			三三			五九			五四		一七	〇四			一三

	一二		一八			四一		〇六	〇九		一三	三一			一二			〇九
	一八		一二			五〇			一八		一四	〇九			一九			五八
	二四		〇六			五八			二八			四七			二五			五五
四	〇	八	〇〇		二五	〇六			三七		一五	二五			三一			五四
	六		二四			一四			四六		一六	〇三			三六			五四
	一二		一八			二一			五四			三六			四二		二三	五六
	一八		一二			二八		〇七	〇二		一七	一〇			四六			五九
	二四		〇六			三四			〇九			三九			五一		二四	〇三
五	〇	七	〇〇			三九			一五		一八	〇三			五五			〇八
	六		二四			四四			二〇			二八			五八			一三
	一二		一八			四八			〇四			四六		一八	〇〇			一九
	一八		一二			五〇			二六			五九			二〇			二〇

	二四		〇六			五二			二八		一九	〇八			〇三			二二
六	〇	六	〇〇	〇三	二五	五二	〇四		三〇	〇五		〇九	〇五		〇四	〇四		二二

五星退留立成

小輪心定度				土星			木星			火星			金星			水星		
宮	度	宮	度	宮	度	分	宮	度	分	宮	度	分	宮	度	分	宮	度	分
〇	〇〇	〇	〇〇	〇八	〇六	五二	〇七	二五	三七	〇六	二二	三二	〇六	一四	〇五	〇七	〇二	二四
	六		一四			五二			三六			三一			〇五			二五
	一二		一八			五一			三五			二六			〇四			二九
	一八		一二			四九			三三			一九			〇二			三七
	二四		〇六			四六			三〇			一〇		一三	〇〇			四八
一	〇〇	一一	〇〇			四三			二六		二一	五八			五八		〇三	〇二

	〇六		二四			三九			二一			四二			五四			一七
	一二		一八			三四			一六			二五			四八			三二
	一八		一二			二九			一〇			〇四			四二			四七
	二四		〇六			二二			〇三		二〇	四三			二九		〇四	〇三
二	〇〇	一〇	〇〇			一五		二四	五六			一八			三二			一九
	〇六		二四			〇八			四八		一九	五〇			二七			三五
	一二		一八			〇〇			三九			二一			二二			五一
	一八		一二		〇五	五三			二九		一八	五〇			一五		〇五	〇六
	二四		〇六			四四			二〇			一六			一〇			二一
三	〇〇	九	〇〇			三六			一〇		一七	四三		一二	〇五			三五
	〇六		二四			一七			〇一			〇六			五六			四七
	一二		一八			一九		二三	五一		一六	二九			四八			五一

		四					五					六
一八	二四	〇〇	〇六	一二	一八	二四	〇〇	〇六	一二	一八	二四	〇〇
		八					七					六
一二	〇六	〇〇	二四	一八	一二	〇六	〇〇	二四	一八	一二	〇六	〇〇
		〇八										
	〇四	〇四										
一〇	〇二	五四	四六	三九	三二	二六	二一	一六	一二	一〇	〇八	〇八
		〇七										
		二三			二二							
四二	三二	二三	一四	〇六	五八	五一	四五	四〇	三六	三四	三二	三〇
		〇六										
一五		一四	一三		一二		一一				一〇	
五二	一三	三五	五七	二四	五〇	二一	五七	三二	一四	〇一	五二	五一
		〇六										
		一二								一一		
四一	三五	二九	二四	一八	一四	〇九	〇五	〇二	〇〇	五八	五七	五六
		〇七										
〇六		〇六				〇五						
〇三	〇五	〇六	〇六	〇四	〇一	五七	五二	四七	四一	四〇	三八	三八

西域晝夜時立成以午正太陽經度爲引數。

引數	初宮 度	初宮 分	一宮 度	一宮 分	二宮 度
一	〇〇	四〇	二一	一八	四五
二	〇一	三〇	二二	〇二	四六
三	〇二	〇〇	二二	四六	四七
四	〇二	四〇	二三	三〇	四八
五	〇三	二〇	二四	一四	四九
六	〇四	〇〇	二四	五九	四九
七	〇四	四一	二五	四四	五〇
八	〇五	二一	二六	二〇	五一
九	〇六	〇一	二七	一五	五二
一〇	〇六	四二	二八	〇〇	五三
一	〇七	二二	二八	四七	五四
二	〇八	〇三	二九	三四	五五
三	〇八	四三	三〇	二〇	五六
四	〇九	二四	三一	〇七	五七
五	一〇	〇五	三一	五五	五八
六	一〇	四六	三三	四三	五九
七	一一	二七	三三	三一	六〇
八	一二	〇八	三四	一九	六一
九	一二	四九	三五	〇八	六二
二〇	一三	三一	三六	一七	六三
一	一四	一二	三六	四六	六四
二	一四	五四	三七	三七	六五
三	一五	三六	三八	二七	六六
四	一六	一八	三九	一七	六七
五	一七	〇〇	四〇	〇八	六八
六	一七	四三	四一	〇〇	六九
七	一八	二六	四一	五二	七〇
八	一九	〇八	四三	四四	七二
九	一九	五一	四三	三六	七三
三〇	二〇	三四	四四	二九	七四

二宮 分	三宮 度	三宮 分	四宮 度	四宮 分	五宮 度	五宮 分	六宮 度
二三	七五	一八	一一〇	〇一	一四五	五九	一八一
一七	七六	二五	一一	一七	四七	一〇	八二
一一	七七	三一	一二	二九	四八	二一	八三
〇五	七八	三七	一三	四一	四九	二二	八四
〇〇	七九	四四	一四	五三	五〇	四三	八五
五七	八〇	五二	一六	〇五	五一	五七	八七
五二	八一	五九	一七	一七	五三	〇四	八八
四八	八三	〇七	一八	二九	五四	一五	八九
四五	八四	一五	一九	四一	五五	二六	九〇
四一	八五	二三	二〇	五三	五六	三六	九一
四〇	八六	三二	二二	〇五	五七	四七	九二
三八	八七	四一	二三	一八	五八	五七	九四
三六	八八	四九	二四	三〇	六〇	〇八	九五
三五	九〇	〇〇	二五	四一	六一	一八	九六
三四	九一	〇九	二六	五三	六二	二九	九七
三四	九二	一九	二八	〇五	六三	三九	九八
三四	九三	三〇	二九	一七	六四	四九	一九九
三五	九四	四〇	三〇	二九	六五	五八	二〇一
三六	九五	五〇	三一	四一	六七	一〇	〇二
三七	九七	〇〇	三二	五二	六八	二〇	〇三
三九	九八	一一	三四	〇四	六九	三〇	〇四
四一	九九	二二	三五	一六	七〇	四〇	〇五
四四	一〇〇	三三	三六	二八	七一	五〇	〇六
四七	〇一	四四	三七	三六	七三	〇〇	〇八
四九	〇二	五五	三八	五一	七四	一〇	〇九
五四	〇四	〇七	四〇	〇二	七五	二〇	一〇
五八	〇五	一九	四一	一四	七六	三〇	一二
四〇	〇六	三〇	四二	二五	七七	四〇	一三
〇八	〇七	四二	四三	三六	七八	五〇	一四
一二	一〇八	五三	一四四	四七	一八〇	〇〇	二一五

六宮 分	七宮 度	七宮 分	八宮 度	八宮 分	九宮 度	九宮 分	十宮 度
一〇	二一六	二四	二五二	一八	二八六	五二	三一六
二〇	一七	二五	五三	三〇	八七	五六	一七
三〇	一八	四六	五四	四一	八九	〇二	一八
四〇	一九	五八	五五	五三	九〇	〇六	一九
五〇	二一	〇九	五七	〇五	九一	一一	一九
〇〇	二二	二一	五八	一六	九二	一三	二〇
一〇	二三	二二	五九	二七	九三	一六	二一
二〇	二四	四四	六〇	三八	九四	一九	二二
三〇	二五	五六	六一	四九	九五	二一	二三
四〇	二七	〇八	六三	〇〇	九六	二四	二四
五〇	二八	一九	六四	一〇	九七	二四	二四
〇一	二九	三一	六五	二〇	九八	二五	二五
一一	三〇	四三	六六	三〇	九九	二六	二六
二一	三一	五五	六七	四一	三〇〇	二六	二七
三一	三三	〇七	六八	五一	三〇一	二六	二八
四二	三四	一九	七〇	〇〇	〇二	二六	二八
五二	三五	三〇	七一	〇九	〇三	二四	二九
〇三	三六	四二	七二	一九	〇四	二四	三〇
一三	三七	五五	七三	二八	〇五	二〇	三一
二四	三九	〇七	七四	三七	〇六	一九	三二
三四	四〇	一九	七五	四五	〇七	一五	三二
四五	四一	三一	七六	五三	〇八	一二	三三
五六	四二	四三	七八	〇一	〇九	〇八	三四
〇六	四三	五五	七九	〇八	一〇	〇四	三五
一七	四五	〇七	八〇	一六	一一	〇〇	三五
二八	四六	一九	八一	二三	一一	五五	三六
三九	四七	三一	八二	二九	一二	四九	三七
五〇	四八	四三	八三	三五	一三	四三	三七
〇一	四九	五五	八四	四二	一四	三四	三八
一二	二五一	〇七	二八五	四八	三一五	三一	三二九

中華書局

宮 分	十一宮 度	十一宮 分
四二	三〇四	九〇
六一	〇四	二五
八〇	一四	四三
〇〇	二四	七一
二五	三四	〇〇
三四	三四	二四
三三	四四	四二
三二	五四	六〇
三一	五四	八四
三〇	六四	九二
二五	七四	一一
一四	七四	二五
九二	八四	三三
七一	九四	七一
五〇	九四	五五
二五	〇五	六三
〇四	一五	七一
六二	一五	七五
三一	二五	八二
〇〇	三五	八一
五四	三五	九五
〇三	四五	九二
五一	五五	九一
〇〇	六五	〇〇
六四	六五	〇四
〇三	七五	〇二
四一	八五	〇〇
八五	八五	〇四
二四	九五	〇二
五二	三〇六	〇〇

晝夜加減差立成太陽宮度爲引數。

引數	初宮 分	初宮 秒	一宮 分
一	七〇	一五	七一
二	八	一一	
三		一三	七
四	八	一五	八
五	九	一一	
六		三三	
七	九〇	三五	
八	〇一	三一	八
九		三三	九
〇一	〇	四五	
一	一	四一	
二		四三	
三	一	五五	
四	二	五一	九一
五		五三	〇二
六	二	五五	
七	三	四一	
八		四三	
九	三	三五	
〇二	四	二一	
一		一三	
二	四	〇五	
三	五	八〇	
四		六二	
五	五	三四	
六	六	一〇	
七		七一	
八		四三	
九	六	〇五	
〇三	七一	六〇	〇二

一宮 秒	二宮 分	二宮 秒	三宮 分	三宮 秒	四宮 分	四宮 秒	五宮 分
一二	〇二	一四	五一	四五	一一	七〇	四一
六三		八三		〇四		四	
〇五		四三		七二		三	四
五〇		〇三		四一		二	五
八一		五二	五	一〇		一	
一三		〇二	四	七四		一	五
三四		四一		四三		二	六
二五		八〇		二二		四	
六〇	〇二	一〇	四	九〇		六	
七一	九一	三五	三	五五		八〇	六
七二		六四		五四		二一	七
七三		七三		三三		四一	
五四		八二		一一		一二	七
四五		九一	三	〇一		七二	八
二〇	九	九〇	二	九五		三三	
九〇	八	九五		八四		七四	八
六一		八四		八三		九四	九
一二		七三		八二	一	四五	
七二		六二		九一	二	五〇	九一
二三		五一		〇一		三一	〇二
六三	八	三〇	二	一〇		二二	
九三	七	五五	一	四五		一三	〇
一四		八三		六四		一四	一
四四		六二		〇四	二	二五	
五四		三一		三三	三	四〇	一
六四	七	〇〇		七二		六一	二
六四	六	七四		二二		五二	
六四		四三		八一		三四	二
五四		〇二		三一	三	七五	三
三四	六一	七〇	一一	〇一	四一	一一	三二

五宮 秒	六宮 分	六宮 秒	七宮 分	七宮 秒	八宮 分	八宮 秒	九宮 分
六二	三二	六五	一三	八一	八二	二四	五一
〇四	四	六一		四二		六二	五
七五		六三		〇三	八	八〇	四
三一	四	六五		四三	七	八四	四
九二	五	五一		八三		九二	三
六四		四三		二四	七	八〇	三
四〇	五	七五		四	六	七四	二
二二	六	二一		六		五二	二
九三		〇三		七	六	三〇	一
七五	六	八四		七	五	七三	一
六一	七	五〇		七	五	六一	〇
五三		四二		五	四	一五	
四五		〇四		三	四	七二	〇一
三一	七	六五		〇四	三	七五	九〇
三三	八	一一		六三		五三	九
二五		八二		二三	三	四〇	八
二一		三四		六二	二	五三	八
三三	八	八五		〇二	二	六〇	七
二五	九	一一		三一	一	〇四	七
二一		五二	一	五〇	一	三一	六
三三		九三	〇	六五	〇	七四	
三五	九二	六五		六四	〇二	〇二	六
四一	〇三	四〇		六三	九一	五三	五
四三		五一		五二	九	三二	
五五		六二		三一	八	四五	五
五一		六三	〇三	〇〇	八	四二	四
六三		六四	九二	六五	七	四五	四
六五	〇	五五		二三	七	四二	三
六一	一	三〇		六一	六	四五	
六三	一三	一一	九二	〇〇	六	四二	三〇

九宮 秒	十宮 分	十宮 秒	十一宮 分	十一宮 秒
五五	三〇	三〇	〇〇	〇三
三二	二	七四		七三
三五		一三		四四
三二		六一	〇	二五
三五	二	一〇	一	一〇
三二	一	八四		一一
四五		五三		二二
四二		二二		二三
五五		一一		四四
六二	一	一〇	一	六五
八五	〇	一五	二	九〇
九二		二四		二二
〇〇		四三		五三
三五		七二	二	〇五
五〇		一二	三	五〇
九三		六一		〇二
二一		一一		六三
六四		七〇	三	一五
一二		四	四	八〇
六五		一		五二
二二		〇	四	二四
八〇		〇	五	〇〇
五四		一		七一
二二		二		六三
〇〇		六	五	五五
九三		九〇	六	三一
九一		三一		二三
九五		五一	六	一五
〇四		八一	七	一一
二三	〇〇	四一	七〇	一三

太陽太陰晝夜時行影徑分立成太陽太陰自行宮度爲引數。

引數		
	宮 度	初 〇〇
	宮 度	初 〇〇
太陽日行分	分 秒	五七〇八
太陽時行分	分 秒	〇二二三
太陽徑分	分 秒	三二二六
太陽影差	分 秒	〇〇〇〇
太陽比數分	分 秒	〇〇
太陰日行分	分 秒	一二一二
太陰時行分	分 秒	三〇三〇
太陰徑分	分 秒	三〇五〇
太陰影徑分	分 秒	七九四九
太陰比數分	分 秒	〇〇〇〇

二十四史

中華書局

	○六	二四	五七○九					一四	三四	五一	五三	○一
	一二	一八	一一		二七	○一		一五	三八	五三	八○○三	○四
	一八	一二	一四		二八	○二	○一	一六	四○	五七	一六	一六
	二四	○六	一八		三○	○四	○二	一八	四四	三一○一	三五	三二
一	○○	一○○	五七二二	○二二三	三二三四	○○○七	○四	一二二一	三○五三	三一○七	八○五九	○○五五
	○六	二四	三○	二四	三八	一一	○六	二五	三一○二	一四	八一二六	○一○五
	一二	一八	三七		四一	一四	○八	二八	一○	二二	五八	三○
	一八	一二	四五		四六	一八	一○	三二	二一	三二	八二三六	○二○○
	二四	○六	五五	二五	五一	二三	一二	一三三七	三三	四二	八三一七	三○
二	○○	十○○	五八○五	○二二五	三二五五	○○二九	一五	一二四二	三一四五	三一五五	八四○一	○三○○
	○六	二四	一六	二六	三三○二	三四	一八	四八	五九	三二○八	四八	三○
	二	一八	二七	二七	一○	三九	二一	五四	三二一四	二一	八五三九	○四○○
	一八	一二	四○		一六	四七	二四	一三○○	二九	三四	八六三三	三五
	二四	○六	五○	二八	二四	五二	二八	六○	四五	四七	八七三一	○五一○

三	○○	九○○	五九○五	○二二八	三三三二	○○五九	三一	一三一三	三三○二	三三○五	八八三一	○五五○
	○六	二四	一八	二九	四一	○一○六	二四	一九	一九	二一	八九四四	○六三○
	一二	一八	三一		四八	一一	三七	二六	三六	三九	九○三九	○七○五
	一八	一二	四四	三○	五六	一八	四○	三三	五三	五七	九一三六	四○
	二四	○六	五七	三一	三四○三	二五	四三	四○	三四一○	三四一四	九二三二	○八一○
四	○○	八○○	五九五九	○一三一	三四一○	○一三三	四六	一三四七	三四二七	三四三一	九三二七	○八四○
	○六	二四	六○二一	○二三一	一六	三九	四八	五三	四二	四八	九四二一	○九一○
	一二	一八	三二	三二	二一	四三	五○	五九	五七	三五○五	九五一三	四○
	一八	一二	四二		二七	四八	五二	一四○四	三五一○	二一	九六○四	一○一○
	二四	○六	五一	二二	三二	五二	五四	一○	二四	三七	五三	三五
五	○○	七○○	六○五九	○二三二	三四三七	○一五六	五六	一四一三	三五三二	三五五二	九七五八	一○五五
	○六	二四	六一○六	三三	四一	○二○○	五七	一五	三九	三六○三	九八一四	一一○八
	一二	一八	一一		四四	○二	五八	一八	四五	一一	三七	二四
	一八	一二	一五		四六	○四	五九	一九	四九	一四	四○	三六

	二四	○六	一七		四七	○五	六○	二○	五○	一七	四五	三九
六	○○	六○○	一八		四八	○六		一九	四八	一八	四七	四○

經緯加減差立成經緯時三差，本合一立成，今因太密，將時差分另列一立成。

		時數	四	五	六
九宮	緯	分			○二
		秒			○○
	經	分			○四
		秒			○○
八宮	緯	分			四一
		秒			○○
	經	分			六四
		秒			○○
七宮	緯	分			七○
		秒			一五
	經	分			八四
		秒			七四
六宮	緯	分		五○	五○
		秒		○○	三五
	經	分		八四	八四
		秒		○○	七四
五宮	緯	分		○一	九○
		秒		○四	七二
	經	分		八四	八四
		秒		三一	三五
四宮	緯	分	七一	六一	七一
		秒	○○	六四	一一
	經	分	五四	五四	六四
		秒	○○	四三	四三
三宮	緯	分	六二	七二	七二
		秒	○四	五一	五五
	經	分	九三	○四	一四
		秒	三一	○二	七二
右		時數	二十	一九	一八

七	八	九	十	一一	一二	一三	一四
五二	七二	○三	五三	○四	二四	○四	五三
七四	七四	一四	八二	七二	五二	六二	八二
一四	二四	九三	一三	七一	○○	七一	一三
一二	七一	○三	八五	六○	○○	六○	八五
四一	六一	○二	六二	二三	八三	一四	一四
九三	八四	一五	○四	六三	五二	四二	九二
六四	六四	六四	○四	○三	三一	三○	九一
七三	二四	○三	七三	三四	○一	五三	四九
八○	九○	一一	六一	一二	九二	六三	九三
八四	七五	三五	四四	四四	九二	○三	四三
九四	九四	七四	三四	五三	一二	一○	二一
五四	四四	○五	一○	二○	五一	七二	九二
五○	六○	七○	九○	三一	一二	八二	五三
七五	四五	五五	三五	六五	一四	六三	五二
九四	九四	七四	一四	二三	五一	○○	三一
七四	七四	一五	七五	七○	二三	六三	三一
八○	八○	六○	七○	八○	三一	一二	七二
二五	八四	六五	二五	六四	五五	○四	六三
九四	九四	五四	七三	六二	○一	七○	九一
七五	六四	九四	五○	一一	三二	三一	一一
六一	三一	○一	七○	六○	九○	○一	八一
一○	七四	八四	二五	七五	○五	八一	四五
七四	六四	三四	四三	八一	三○	三一	七二
七二	七二	二二	八三	○二	○二	九二	二二
六二	一二	七一	三一	八○	六○	八○	三一
二四	八四	五四	五四	二五	六五	二五	五四
二四	三四	九三	一三	八一	○○	八一	一三
九三	五二	九二	七三	八三	○○	一二	七三
一七	一六	一五	一四	一三	一二	一一	十

二十四史

中華書局

宮		時數十五	時數十六	時數十七	時數十八	時數十九	時數二十
九宮	緯	○三	七二	五二	○二		
		一四	七四	七四	○○		
	經	九三	二四	一四	○四		
		○三	七一	○二	○○		
十宮	緯	○四	六三	五三	四三		
		六二	八三	三三	○四		
	經	○三	三三	五三	○○		
		八○	七二	七○	○○		
十一宮	緯	一四	○四	九三	八三		
		九二	九三	七三	六二		
	經	三二	九二	○三	○三		
		二二	六一	四一	三一		
初宮	緯	八三	○四	一四	一四	○四	
		一三	○三	八二	七二	○○	
	經	一二	八二	○三	○三	九二	
		一一	四○	五○	三○	○○	
一宮	緯	三三	八三	○四	一四	九三	
		○三	一二	八二	六二	七四	
	經	七二	一三	○三	八二	七二	
		七○	九○	五一	六二	三三	
二宮	緯	五二	○三	四三	六三	五三	五三
		九三	○三	一三	三三	七○	七一
	經	四三	四三	一三	九二	八二	七二
		二一	六三	四五	二五	三五	一四
三宮	緯	七一	一二	六二	七二	七二	六二
		五四	八四	二四	五五	五一	○四
	經	九三	三四	二四	一四	○四	九三
		九二	五三	九二	七二	○二	三一
左	時數	九	八	七	六	五	四

時差加減立成

		時數四	時數五	時數六	時數七	時數八
九宮	時分			一 七○	一 九○	一九
八宮	時分			一 八一	一 ○○	一 一○
七宮	時分			一 四○	一 六○	一 六○
六宮	時分			一 五○	一 七○	一 七○
五宮	時分		一 三○	一 五○	一 七○	一 七○
四宮	時分	六九	八九	一 ○○	一 二○	一 ○○
三宮	時分	一 四○	一 七○	一 九○	一九	二九
右	時數	二十	十九	十八	十七	十六

	時數九	時數十	時數十一	時數十二	時數十三	時數十四	時數十五	時數十六
時分	五八	九六	六三	○○	六三	九六	五八	一九
時分	一 ○○	一 五○	五六	八二	八○	二四	四六	五七
時分	一 三○	二九	五七	六四	三○	九二	○五	二六
時分	一 三○	○九	九六	三三	一○	八二	七四	○六
時分	八九	○八	七五	二二	五一	一四	八五	七六
時分	三九	四七	九三	七○	九二	九五	四七	四七
時分	五八	八六	○四	○○	○四	八六	五八	二九
時數	十五	十四	十三	十二	十一	十	九	八

		時數十七	時數十八	時數十九	時數二十
九宮	時分	一 九○			
十宮	時分	五七			
十一宮	時分	四六			
初宮	時分	四六			
一宮	時分	六六	一六	九五	
二宮	時分	八六	四六	二六	九五
三宮	時分	一九	一 九○	一 七○	一 四○
左	時數	七	六	五	四

太陰淩犯時刻立成

午時
辰初
卯正
卯初
寅正

二十四史

中華書局

分度	分度	分度	分度	分度	分度	後午		前
十 〇四	三十 十三	十 〇三	三十 十二	十 〇二	三十 十一	分刻	時	分刻
五 五二	四 九二	四 二二	三 六二	三 〇二	二 四二	〇初	酉初	〇初
五 九二	五 三二	四 六二	四 〇二	三 四二	二 七二	五 二初		五 二三
〇 四三	五 七二	五 一二	四 四二	三 七二	三 一二	〇一		〇三
〇 八三	〇 一三	五 五二	四 八二	四 一二	三 五二	五 一一		五 二二
一 二三	〇 六三	五 九二	五 二二	四 五二	三 八二	〇二		〇二
一 七三	一 〇三	〇 三三	五 六二	四 九二	四 二二	五 二二		五 二一
二 一三	一 四三	〇 七三	五 九二	五 二二	四 五二	〇三		〇一
二 六三	一 八三	一 一三	〇 三三	五 六二	四 九二	五 二三		五 二初
三 〇三	三 二三	一 五三	〇 七三	〇 〇三	五 二二	〇初	酉正	〇初
三 四三	二 七三	一 九三	一 一三	〇 四三	五 六二	五 二初		五 二三
三 九三	三 一三	二 三三	一 五三	〇 七三	〇 〇三	〇一		〇三
四 三三	三 五三	二 七三	一 九三	一 一三	〇 三三	五 二一		五 二二
四 七三	三 九三	三 一三	二 三三	一 五三	〇 七三	〇二		〇二
五 二三	四 四三	三 五三	二 七三	一 九三	一 〇三	五 二二		五 二一
五 六三	四 八三	三 九三	三 一三	二 二三	一 四三	〇三		〇一
〇 一四	五 二三	四 三三	三 五三	二 六三	一 八三	五 二三		五 二初
〇 五四	五 六三	四 七三	三 九三	三 〇三	二 一三	〇初	戌初	〇初
〇 九四	〇 〇四	五 二三	四 三三	三 四三	二 五三	五 二初		五 二三
一 四四	〇 五四	五 六三	四 七三	三 七三	二 八三	〇一		〇三
一 八四	〇 九四	〇 〇四	五 〇三	四 一三	三 二三	五 二一		五 二二

分度	分度	分度	後午		前午		分度	分度
三十 十二	十 〇二	三十 十一	分刻	時	分刻	時	十 〇五	三十 十四
五 四三	四 五三	三 六三	〇二	戌初	〇二		〇 七三	〇 一三
五 八三	四 九三	三 九三	五 二二		五 二一		一 二三	〇 六三
〇 二四	五 二三	四 三三	〇三		〇一		一 七三	一 〇三
〇 六四	五 六三	四 七三	五 二三		五 二初		二 二三	一 五三
一 〇四	〇 〇四	五 〇三	〇初	戌正	〇初	寅正	二 六三	一 九三
一 四四	〇 四四	五 四三	五 二初		五 二三		三 一三	二 四三
一 八四	〇 七四	五 七三	〇一		〇三		三 六三	二 八三
二 二四	一 一四	〇 一四	五 二一		五 二二		四 〇三	三 三三
二 六四	一 五四	〇 四四	〇二		〇二		四 五三	三 七三
二 九四	一 九四	〇 八四	五 二二		五 二一		五 〇三	四 二三
三 三四	二 二四	一 二四	〇三		〇一		五 四三	四 七三
三 七四	二 六四	一 五四	五 二三		五 二初		五 九三	五 一三
四 一四	三 〇四	一 九四	〇 〇初	亥初	〇初	寅初	〇 四四	五 六三
四 五四	三 四四	二 二四	五 二初		五 二三		〇 八四	〇 〇四
四 九四	三 七四	二 六四	〇 〇一		〇三		一 三四	〇 五四
五 三四	四 一四	二 九四	五 二一		五 二二		一 八四	〇 九四
五 七四	四 五四	三 三四	〇二		〇二		二 二四	一 四四
〇 一五	四 九四	三 七四	五 二二		五 二一		二 七四	一 八四
〇 五五	五 二四	四 〇四	〇三		〇一		三 二四	二 三四
〇 九五	五 六四	四 四四	五 二三		五 二初	丑正	三 七四	二 七四

後午		前午		分度	分度	分度	分度	分度
分刻	時	分刻	時	十 〇五	三十 十四	十 〇四	三十 十三	十 〇三
〇初	亥正	〇初	丑正	四 一四	三 二四	二 二四	一 三四	〇 四四
五 二初		五 二三		四 六四	三 六四	二 七四	一 七四	〇 八四
〇一		〇三		五 一四	四 一四	三 一四	二 二四	一 二四
五 二一		五 二二		五 五四	四 五四	三 六四	三 六四	一 六四
〇二		〇二		〇 〇五	五 一四	四 〇四	三 〇四	二 〇四
五 二二		五 二一		〇 五五	五 五四	四 四四	三 四四	二 四四
〇三		〇一		〇 九五	五 九四	四 九四	三 八四	二 八四
五 二三		五 二初		一 四五	〇 四五	五 三四	四 三四	三 二四
〇初	子初	〇初	丑初	一 九五	〇 八五	五 七四	四 七四	三 六四
五 二初		五 二三		二 三五	一 三五	〇 二五	五 一四	四 〇四
〇一		〇三		二 八五	一 七五	〇 六五	五 五四	四 四四
五 二一		五 二二		三 三五	二 二五	一 一五	〇 〇五	四 八四
〇二		〇二		三 七五	二 六五	一 五五	〇 四五	五 二四
五 二二		五 二一		四 二五	三 一五	一 九五	〇 八五	五 七四
〇三		〇一		四 七五	三 五五	二 四五	一 二五	〇 一五
五 二三		五 二初		五 二五	四 〇五	二 八五	一 六五	〇 五五
〇初	子正	〇初	子正	五 六五	四 四五	三 二五	二 一五	〇 九五
				〇 一六	四 九五	三 七五	二 五五	一 二五
				〇 六六	五 三五	四 一五	二 九五	一 七五
				一 〇六	五 八五	四 六五	三 三五	二 一五

分度	分度	分度	分度	分度	分度	分度	分度
十 〇五	三十 十四	十 〇四	三十 十三	十 〇三	三十 十二	十 〇二	三十 十一
一 五六	〇 二六	五 〇五	三 七五	二 五五	一 二五	〇 〇五	四 七四
二 〇六	〇 七六	五 四五	四 二五	二 九五	一 六五	〇 四五	五 一四
二 四六	一 二六	五 九五	四 六五	三 三五	二 〇五	〇 七五	五 五四
二 九六	一 六六	〇 三六	五 〇五	三 七五	二 四五	一 一五	五 八四
三 四六	二 一六	〇 七六	五 四五	四 一五	二 八五	一 五五	〇 二五
三 八六	二 五六	一 二六	五 九五	四 五五	三 二五	一 九五	〇 五五
四 三六	三 〇六	一 六六	〇 三六	四 九五	三 六五	二 二五	〇 九五
四 八六	三 四六	二 一六	〇 七六	五 三五	四 〇五	二 六五	一 三五
五 一六	三 九六	二 五六	一 一六	五 七五	四 四五	三 〇五	一 六五
五 七六	四 三六	二 九六	一 五六	〇 二六	四 八五	三 四五	二 〇五
〇 二七	四 八六	三 四六	二 〇六	〇 六六	五 二五	三 七五	二 三五
〇 七七	五 二六	三 八六	二 四六	一 〇六	五 五五	四 一五	二 七五
一 一七	五 七六	四 二六	二 八六	一 四六	五 九五	四 五五	三 一五
一 六七	〇 一七	四 七六	三 二六	一 八六	〇 三六	四 九五	三 四五
二 一七	〇 六七	五 一六	三 七六	二 二六	〇 七六	五 二五	三 八五
二 五七	一 〇七	五 六六	四 一六	二 六六	一 一六	五 六五	四 一五
三 〇七	一 五七	〇 〇七	四 五六	三 〇六	一 五六	〇 〇六	四 五五

校勘記

〔一〕北　北，原脫，據明史稿志一七曆志補。

中華書局

明史

清　張廷玉等撰

第四册

卷四〇至卷四六（志）

中華書局

中華書局

明史卷四十

志第十六

地理一

自黃帝畫野置監，唐、虞分州建牧，沿及三代，下逮宋、元，廢興因革，前史備矣。明太祖奮起淮右，首定金陵，西克湖、湘，東兼吳、會。然後遣將北伐，幷山東，收河南，進取幽、燕，分軍四出，芟除秦、晉，訖於嶺表。最後削平巴、蜀，收復滇南。禹跡所奄，盡入版圖，近古以來，所未有也。

洪武初，建都江表，革元中書省，以京畿應天諸府直隸京師。後乃盡革行中書省，置十三布政使司，分領天下府州縣及羈縻諸司。又置十五都指揮使司以領衞所番漢諸軍，其邊境海疆則增置行都指揮使司，而於京師建五軍都督府，俾外都指揮使司各以其方附焉。成祖定都北京，北倚羣山，東臨滄海，南面而臨天下，乃以北平爲直隸，又增設貴州、交阯二布

政使司。仁、宣之際，南交屢叛，旋復棄之外徼。

終明之世，爲直隸者二：曰京師，曰南京。爲布政使司者十三：曰山東，曰山西，曰河南，曰陝西，曰四川，曰湖廣，曰浙江，曰江西，曰福建，曰廣東，曰廣西，曰雲南，曰貴州。其分統之府百有四十，州百九十有三，縣千一百三十有八。羈縻之府十有九，州四十有七，縣六。編里六萬九千五百五十有六。而兩京都督府分統都指揮使司十有六，行都指揮使司五，曰北平、曰山西、曰陝西、曰四川、曰福建，留守司二。所屬衞四百九十有三，所二千五百九十有三，守禦千戶所三百一十有五。又土官宣慰司十有一，宣撫司十，安撫司二十有二，招討司一，長官司一百六十有九，蠻夷長官司五。其邊陲要地稱重鎭者凡九：曰遼東，曰薊州，曰宣府，曰大同，曰楡林，曰寧夏，曰甘肅，曰太原，曰固原。皆分統衞所關堡，環列兵戎。綱維布置，可謂深且固矣。

計明初封略，東起朝鮮，西據吐番，南包安南，北距大磧，東西一萬一千七百五十里，南北一萬零九百四里。自成祖棄大寧，徙東勝，宣宗遷開平於獨石，世宗時復棄哈密、河套，則東起遼海，西至嘉峪，南至瓊、崖，北抵雲、朔，東西萬餘里，南北萬里。其聲敎所訖，歲時納贄，而非命吏置籍，侯尉羈屬者，不在此數。嗚呼盛矣！

論者謂交阯之棄，未爲失圖，而開平近遷，則守衞益薄，雖置萬全都指揮使司，不足以

鎮伏山後諸部，故再傳而有土木之變。然睿皇自以失律蒙塵，非由經制未備。景帝任賢才，修守禦，國步未移，乘輿旋復。由是觀之，三衞者，一隅之隘，而無關大計也審矣。至其季世，流寇首禍於西陲，浸尋蔓延，中原爲之糜爛。金湯之固不足以制土崩，畛宇之廣不足以成掎角。疆圉不蹙於曩時，形勝無虧於初盛，而強弱懸殊，興亡異數者，天降喪亂，昏椓內訌，人事之乖，而非地利之失也。語曰「在德不在險」，詎不信夫。

今考其升降之差，沿革之故，具著於篇。作地理志。

京師　南京

京師　禹貢冀、兗、豫三州之域。元直隸中書省。洪武元年四月分屬河南、山東兩行中書省。二年三月置北平等處行中書省，治北平府。先屬山東、河南者皆復其舊。領府八，州三十七，縣一百三十六。八月置燕山都衞。與行中書省同治。八年十月改都衞爲北平都指揮使司。九年六月改行中書省爲承宣布政使司。永樂元年正月建北京於順天府，稱爲「行在」。二月罷北平布政使司，以所領直隸北京行部；罷北平都指揮使司，以所領直隸北京留守行後軍都督府。十九年正月改北京爲京師。罷北京留守行後軍都督府，直隸後軍都督

府。衞所有實土者附見，無實土者不載。罷北京行部，直隸六部。洪熙初，仍稱行在。正統六年十一月罷稱行在，〔一〕定爲京師。府八，直隸州二，屬州十七，縣一百一十六。爲里三千二百三十有奇。府州縣建置沿革，俱自元始。其沿革年月已見元史志者，不載。其未見元史志及明改元舊，幷新增、新廢者，悉書。北至宣府，外爲邊地。東至遼海，與山東界。南至東明，與山東、河南界。西至阜平，與山西界。洪武二十六年編戶三十三萬四千七百九十二，口一百九十二萬六千五百九十五。

順天府元大都路，直隸中書省。洪武元年八月改爲北平府。十月屬山東行省。二年三月改屬北平。三年四月建燕王府。永樂元年正月升爲北京，改府爲順天府。永樂四年閏七月詔建北京宮殿，〔二〕修城垣。十九年正月告成。宮城周六里一十六步，亦曰紫禁城。門八：正南第一重曰承天，第二重曰端門，第三重曰午門，東曰東華，西曰西華，北曰玄武。宮城之外爲皇城，周一十八里有奇。門六：正南曰大明，東曰東安，西曰西安，北曰北安，大明門東轉曰長安左，西轉曰長安右。皇城之外曰京城，周四十五里。門九：正南曰麗正，正統初改曰正陽；南之左曰文明，後曰崇文；南之右曰順城，〔三〕後曰宣武；東之南曰齊化，後曰朝陽；東之北曰東直；西之南曰平則，後曰阜成；西之北曰彰儀，〔四〕後曰西直；北之東曰安定；北之西曰德勝。嘉靖三十二年築重城，〔五〕包京城之南，轉抱東西角樓，長二十八里。門七：正南曰永定，南之左爲左安，南之右爲右安，東曰廣渠，東之北曰東便，西曰廣寧，西之北曰西便。領州五，縣二十二。弘治四年編戶一十萬五百一十八，口六十六萬九千三百三十三。萬曆六年，戶一十萬一千一百三十四，口七十萬六千八百六十一。

大興倚。東南有大通河，亦曰通惠河，水自玉河出，繞都城東南，下流至高麗莊，入白河，即元運河也。又有玉河，源自玉泉山，流經大內，出都城東南，注大通河。

宛平倚。西山在西。〔六〕有桑乾河出山西馬邑縣，流千里入京師宛平縣境。出盧溝橋下，又東南分爲二：一至通州，入白河；一至武清小直沽，合衞河，入於海。又有沙河、高梁河、清河，皆在西北。西又有沿河口守禦千戶所，有盧溝、王平口、石港口、齊家莊四巡檢司。

良鄉府西南。有琉璃河，即古聖水，下流入淀。北有天津關。

固安府西南。元固安州。洪武元年十二月降爲縣。西南有拒馬河，即淶水。源自代郡，下流合易水爲白溝，入三角淀。

永清府南。南有拒馬河。

東安府東南。元東安州，治在西。洪武元年十二月降爲縣。三年徙今治。南有鳳河，即桑乾分流，南入三角淀。

香河府東南。元屬漷州。洪武十年二月省入州。十三年二月復置，改屬府。西有板罾口河，源出通州東之孤山，經縣界，入於白河。

通州　洪武初，以州治潞縣省入。西有通惠河，西南有渾河，即桑乾，至州東張家灣，俱合於白河。有張家灣巡檢司。西南有弘仁橋巡檢司。西距府四十里。領縣四。

三河州東。北有泃河。又西有洳河，西南有鮑丘河，一名矣榆河，即東潞水，俱流入於泃河。西有泥窪鋪巡檢司，後移於夏店鋪。

武清州南。元屬漷州。洪武十二年來屬。有三角淀，在縣南，即古之雍奴，周二百餘里，諸水所聚。有直沽，在縣東南，衞河、白河、丁字沽合流於此入海。有巡檢司。又東北有河西務、東南有楊村二巡檢司。

漷縣州南。元漷州。洪武十四年二月降爲縣來屬。有漷河，一名新河，東入於白河，即盧溝之下流。

寶坻州東南。元直隸大都路。洪武十年二月來屬。東有潮河。南有泃河。又縣東南有梁城守禦千戶所，建文二年，燕王置。有蘆臺巡檢司。

霸州　洪武初，以州治益津縣省入。拒馬河舊在北，後徙治南。又南有沙河。東有苑家口巡檢司。北距府二百十里。領縣三。

文安州南，少東。西有易水。東北有得勝、火燒等淀。

大城州東南。東北有黃汊河，源自交河，分流至縣境，入三角淀。

保定州南，少西。洪武七年九月省入霸州。十三年十一月復置。玉帶河在北，東流入會通河。西南有磁河，東南與玉帶河合。

涿州　洪武初，以州治范陽縣省入。西有獨鹿山。北有涿水，西北有挾河，合焉。南有范水。東北距府百四十里。領縣一。

中華書局

房山州北，少西。西有大房山。北有大安山。西南有青龍潭，其下流爲挾河，一名韓村河，至涿州與胡良河合。北有磁家務巡檢司。

昌平州元昌平縣，直隸大都路。正德元年七月升爲州，旋罷。八年復升爲州。舊治白浮圖城，景泰元年築永安城於東，三年遷縣治焉。北有天壽山，成祖以下陵寢咸在。東南有白浮山。西南有駐蹕山。又南有榆河，一名溫餘河，下流爲沙河，入於白河。又東南有鞏華城，嘉靖十九年築。東北有黃花鎮。弘治中，置渤海守禦千戶所於此，萬曆元年移於慕田峪，四年復故。西有鎮邊城，又有常峪城，俱正德十年五月築，各置守禦千戶所。又有白陽守禦千戶所，亦正德中置。西北有居庸關。南距府九十里。領縣三。

順義州東，少南。元順州。洪武元年十二月改爲順義縣，屬府。正德元年七月來屬。東有白河，西南有榆河，又有潮河，俱流入焉。

懷柔州東北。洪武元年十一月省入檀州。十二月復分密雲、昌平二縣地置，屬府。正德元年七月來屬。東有黍谷山。西有白河。

密雲州東北。元檀州，後置縣，爲州治。洪武元年十一月省縣入州。十二月復置縣，省州入焉，屬府。正德元年七月來屬。南有白檀山。西有白河。東有潮河。北有古北口，洪武十二年九月置守禦千戶所於此。三十年改爲密雲後衞。又有石塘嶺、牆子嶺等關。

薊州洪武初，以州治漁陽縣省入。西北有盤山。東北有崆峒山。又泃水在北，沽河在南。州北有黃崖

峪、寬佃峪等關。東又有石門鎮。西距府二百里。領縣四。

玉田州東南。東北有無終山，又有徐無山。又東有梨河。北有沙水。東南有興州左屯衞，永樂元年自故開平境移置於此。

豐潤州東南。南有沙河。西南有沙水。

遵化州東。東北有五峯山。南有靈靈山及龍門峽。又東有灤河。西南有梨河。北有喜峯口、馬蘭峪、松亭等關。

平谷州西北。洪武十年二月省入三河縣。十三年十一月復置。東南有泃河，又有洳河。西北有營州中屯衞，永樂元年自故龍山縣移置於此。又東有黃松峪關，與密雲縣將軍石關相接。

保定府元保定路，直隸中書省。洪武元年九月爲府。十月屬河南分省。二年三月來屬。領州三，縣十七。東北距京師三百五十里。弘治四年編戶五萬六百三十九，口五十八萬二千四百八十二。萬曆六年，戶四萬五千七百一十三，口五十二萬五千八十三。

清苑倚。北有徐河，一名大册水，自滿城經縣北至安州，東入淀。又西有清苑河。又南有張登巡檢司，嘉靖十三年自滿城縣方順橋移置於此。

滿城府西，少北。洪武十年五月省入慶都縣。十三年十一月復置。北有徐河。南有方順河。

安肅府北，少東。元安肅州。洪武二年七月降爲縣。易水在北。曹河在南。徐河在西。西南又有鮑河。又西有

遂州，元屬保定路。洪武初降爲縣。八年二月省。

定興府北，少東。元屬易州。洪武六年五月改屬府。西有拒馬河，即淶水也。又易水自西來，合焉，謂之白溝河。南有河陽巡檢司，後移於清苑縣界之固城鎮。

新城府東北。元屬雄州。洪武初屬北平府。六年五月改屬府。南有白溝河。西南有巨河鎮巡檢司。

雄府東北。元雄州。洪武二年七月省州治歸信縣入焉。七年四月降爲縣。北有白溝河。南有瓦濟河。

容城府東北。元屬雄州。洪武七年四月省入州。十三年十一月復置，來屬。舊治在拒馬河南，景泰二年遷於河北。西有易水，又有濡水。

唐府西，少南。西北有大茂山，即恒岳也，東麓有岳嶺口巡檢司。又唐河在西，源出恒山，流經定州曰滱水，下流合於南易水。又西北有倒馬關，有巡檢司，後移於縣西之橫河口。又有周家鋪、軍城鎮二巡檢司。

慶都府西南，南有唐河。北有郝水。

博野府南。舊治在今蠡縣界，直隸保定路。洪武元年徙今治，改屬祁州。六年五月還屬府。西北有博水。南有唐河，亦曰滱水。又有永安鎮巡檢司，有鐵燈盞巡檢司。

蠡府南，少東。元蠡州，屬真定路。洪武二年七月來屬。八年正月降爲縣。楊村河在南，滋、沙、唐三河之下流也，俗亦謂之唐河。

完府西。元完州。洪武二年七月降爲縣。西有伊祁山，祁水出焉，其下流爲方順河。

祁州洪武二年七月以州治蒲陰縣省入。北有唐河，西南有滋河，至州東南合沙河，流入易水。北距府百二十里。領縣二。

深澤州南，少西。西有滋河。

東鹿州東南。北有故城。今治，天啓二年所徙。滹沱河在南。又南有百天口巡檢司。

安州洪武二年七月以州治葛城縣省入。七年降爲縣。十三年十一月復升爲州。北有易水，府境九河之水所滙也，下流至雄縣南，爲瓦濟河。西距府七十里。領縣二。

高陽州南。元屬安州，洪武六年五月改屬府。尋屬蠡州。八年正月省入蠡縣。十三年十一月復置，還屬。故城在東，洪武三年圮於水，遷於今治。東有馬家河，其上流爲蠡縣之楊村河。

新安州東，少北。元直隸保定路。洪武七年七月省入安州。十三年十一月復置，來屬。西有長流河，一名長溝河，其上源爲鮑河。南有曹河，又有徐河，經縣南，合流爲溫義河，又南與長流河合，又東南入於瓦濟河。

易州洪武初，以州治易縣省入。西南有五迴山，雷溪出焉，徐河之上源也。西北有窮獨山，濡水所出。又南有易水，出州境之西山，與濡水並東流，而爲白溝河，所謂北易水也。又有雹水，一名鮑河，出縣西南，東南流爲長流河，所謂南易水也。西有紫荊關，洪武中置守禦千戶所於此。又有官座嶺、五迴嶺、金陂鎮、奇峯口、塔崖口五巡檢司。南距府百二十里。領縣一。

淶水州東北。東有淶水，亦曰拒馬河，源出山西代郡，下流合易水。北有乾河口、西北有黃兒莊二巡檢司。

河間府元河間路,直隸中書省。洪武元年十月爲府,屬河南分省。二年三月來屬。領州二,縣十六。北距京師四百十里。弘治四年編戶四萬二千五百四十八,口三十七萬八千六百五十八。萬曆六年,戶四萬五千二十四,口四十一萬九千一百五十二。

河間倚。西南有滹沱河。西有滱水。西南有景和鎭巡檢司。

獻府南。元獻州。洪武初,省州治樂壽縣入焉。八年四月降爲縣。有滹沱河自代郡流入境,經縣南,至靑縣合衞河達於海。有單家橋巡檢司。

阜城府南。元屬景州。洪武七年改屬府。西北有胡盧河,卽禹貢衡漳水。

肅寧府西。中堡河在縣東。

任丘府北,少西。元屬莫州。洪武七年改屬府。西北有瓦濟河,下流爲五官淀,注於滹沱河。北有莫州,元治莫亭縣,屬河間路。洪武七年七月,州縣俱省。

交河府東南。元屬獻州。洪武八年四月改屬府。十年五月省入獻縣。十三年十一月復置。東有衞河,源自衞輝,流入故城境,經縣東,過滄州,又東北至直沽入海,一名御河。又西北有高河,經縣南,合滹沱,謂之交河,下流入衞縣,以此名。又南有洚河。又東有泊頭鎭巡檢司。

靑府東北。元淸州。〔七〕洪武初,以州治會川縣省入。八年四月降爲縣,尋改淸爲靑。滹沱河自縣南流入衞,謂之

岔河口。其支流經縣之北者,曰獨流河。

興濟元屬淸州。洪武初省。十三年復置,屬府。衞河在城西。

靜海府東北。元曰靖海,屬淸州。洪武初,更名。八年四月改屬北平府。十年五月來屬。縣北有小直沽,衞河自西來,與白河合,入於海。又有丁字沽、鹹水沽。又北有天津衞,永樂二年十一月置。

寧津府東南。南有土河,自山東德州流入,又東入山東樂陵縣界。

景州 洪武初,以州治蓨縣省入。東有衞河。東北有胡盧河。又東有安陵、西北有宋門二巡檢司。又東北有李晏鎭。西北距府百八十五里。領縣三。

吳橋州東,少南。西有衞河。

東光州東北。洪武七年七月省入阜城縣。十三年十一月復置。南有衞河,又有胡盧河。

故城州南,少西。有衞河,自山東武城縣流入境。又西南有索盧枯河。

滄州 洪武初,以州治淸池縣省入。〔八〕舊治在東南。洪武二年五月徙於長蘆,卽今治也。東濱海。西有衞河。南有浮河。北有長蘆巡檢司。西距府百五十里。領縣三。

南皮州西南。衞河在縣西。

鹽山州東南。東濱海,產鹽。東南有鹽山。

慶雲州東南。洪武六年六月析山東樂安州北地置,來屬。

眞定府元眞定路,直隸中書省。洪武元年十月爲府,屬河南分省。二年正月屬山東。三月來屬。領州五,縣二十七。東北距京師六百三十里。弘治四年編戶五萬九千四百三十九,口五十九萬七千六百七十三。萬曆六年,戶七萬四千七百三十八,口一百九十萬三千五百三十一。〔九〕

眞定倚。滹沱河在城南。又北有滋河,自山西靈丘縣流入,經行唐縣之張茂村伏流不見,至府北南孟社復出,下流合於南易水。

井陘府西南。元屬廣平路威州。洪武二年來屬。東南有城山,又有甘淘河,亦名冶河,南與綿蔓水合。又故關在其西。

獲鹿府西南。西有抱犢山,有西屛山。又有蓮花山,白鹿泉出焉,東流爲西河,卽洨水上源也。又有土門關在西,亦曰井陘關。

元氏府西南。西北有封龍山,泜水所出,下流入胡盧河。西南有槐水,下流曰野河。

靈壽府西北。東北有衞水,〔一〇〕源出恒山,禹貢「恒、衞旣從」卽此。俗名雷溝河,東北入於滹沱。北有叉頭鎭巡檢司,後遷於慈峪鎭。

藁城府東南。北有滹沱河,又有滋河。

欒城府南。縣北有故城,今治洪武初所徙。西有洨河。

無極府東,少北。元屬中山府。洪武初廢。四年七月復置,屬定州。七年四月改屬府。南有滋河。

平山府西,少北。北有滹沱河,東北有冶河入焉。西北有号山。西有十八盤、下口村巡檢司。

阜平府西北。東北有大茂山。北有派河。西有龍泉關。

行唐府北。元屬保定路。洪武二年屬定州,正統十三年十月直隸眞定府。西有滋河。西北有兩嶺口巡檢司。

定州元中山府。洪武二年正月改曰定州。三年以州治安喜縣省入。滱水在北。沙河在南,下流合於滱水。西北有倒馬關守禦千戶所。景泰二年置關,與紫荆、居庸爲內三關。北有淸風店巡檢司。西南距府百三十里。領縣二。

新樂州西南。西南有沙河。

曲陽州西北。元屬保定路。洪武二年來屬。恆山在西北,恆水出焉。又沙河在南,自山西繁峙縣流入。

冀州 洪武二年以州治信都縣省入。西北有漳水。北有滹沱河。成化十八年,滹沱挾漳南注爲州患。正德十二年,二水自寧晉縣南北流,患始息。又北有滏水,一名枯滏,下流合於漳。西北距府二百八十里。領縣四。

南宮州南,少西。故城在縣西北,成化十六年遷於今治。漳水在北。滏水在南。東南有董家廟堡巡檢司。

新河州西,少南。有淸水河,成化後堙。

棗强州東，少北。西北有索盧水，乃衛河之支流也，亦曰黃盧河。

武邑州東北。西有滏水。西北有漳水。

晉州洪武二年以州治鼓城縣省入。南有滹沱河。西距府九十里。領縣三。

安平州東北。滹沱河舊在縣南，萬曆二十三年自束鹿縣南行，始不經縣境。

饒陽州東北。北有滹沱河。西南有饒河，即滹沱河支流也。

武强州東。滹河在縣東。又南有滹沱河，舊合於滹，萬曆二十六年北出饒陽縣境，而縣之滹沱河始涸。

趙州洪武元年以州治平棘縣省入。南有洨河，下流入於胡盧河。北距府百二十里。領縣六。

柏鄉州南。東北有野河，即槐水也，下流入於胡盧河。

隆平州東南。洪武六年九月省入柏鄉縣。十三年十一月復置。東有灃水，東北與沙河合，下流入於胡盧河。沙河，亦槐水之別名也。又東北有大陸澤，亦曰廣阿，漳水所滙。

高邑州西南。北有㶟水，〔一〕即槐水也，流合縣南之泲水。

臨城州西南。南有敦輿山。西南有鐵山。西北有泜水，東經釣盤山下，與泲水合。

贊皇州西南。西南有贊皇山，泲水出焉，亦曰沙水。又城北有槐水。西北有黃沙嶺巡檢司。

寧晉州東，少南。東南有胡盧河，其上流即漳水也，深、冀羣川悉滙於此。東北有百尺口巡檢司。

深州洪武二年以州治靜安縣省入。南有故城，今治本吳家莊，永樂十年遷於此。滹沱河在東北。胡盧河在東南。有傅家池巡檢司，後廢。西距府二百五十里。領縣一。

衡水州南，少東。故城在縣西南，永樂十三年遷於今治。西有滹水。南有滏水。又北有滹沱河，舊與滹合，成化八年北徙，不經縣界。西南有鹽池。

順德府元順德路，直隸中書省。洪武元年爲府。十月屬河南分省。二年三月來屬。領縣九。距京師一千里。弘治四年編戶二萬一千六百一十四，口一十八萬一千八百二十五。萬曆六年，戶二萬七千六百三十三，口二十八萬一千九百五十七。

邢臺倚。西北有夷儀山，又有封山，一曰西山。又有黃榆嶺，上有黃榆關。又滹水在東南，自河南臨漳縣流入，下流爲胡盧河，至交河縣合滹沱河，此爲滹水經流也。又東南有百泉水，其下流爲灃河，一名濄水，又名鴛鴦水。西有西王社巡檢司。

沙河府南。弘治四年以沙壅遷縣於西山小屯。十八年六月復還舊治。西南有磨口山，產鐵。南有沙河，亦名渦水。

南和府東，少南。南有滹河，合縣西之灃河，又縣西北有泜水，蓋伏流而旁出者。

任府東北。東北有泜水。東有灃水。

內丘府北。東南有泜水。

唐山府東北。西北有堯山。西有泜水。

平鄉府東，少南。西南有滹河，西有沙河，又有洺河。東有滏陽河。萬曆三十年，滹挾滏陽河北出，會於沙、洺諸河，而滹水之舊流盆亂。

鉅鹿府東北。滹水舊在縣東，有大小二河，亦謂之新舊二河，其後北徙，不復至縣境，而二河遂成平陸。北有鉅鹿澤，即隆平縣之大陸澤也，澤畔舊有鹽泉。

廣宗府東，少北。洪武十年六月省入平鄉、鉅鹿二縣。十三年十一月復置。滹水舊在西。又東有枯洚河。

廣平府元廣平路，直隸中書省。洪武元年爲府。十月屬河南分省。二年三月來屬。領縣九。東北距京師千里。弘治四年編戶二萬七千七百六十四，口二十一萬二千八百四十六。萬曆六年，戶三萬一千四百二十，口二十六萬四千八百九十八。

永年倚。北有沙河。又有洺水，自河南武安縣流入。西南又有滏水，自河南臨漳縣流入，亦曰滏陽河。西有臨洺鎮巡檢司。西南又有黃龍鎮。

曲周府東北。西南有漳水。東有滏陽河。

肥鄉府東南。漳河在縣西北。

雞澤府東北。漳河在縣東。又西有洺河，又有沙河自南來合焉。

廣平府東南。北有漳河。

成安府南。元屬磁州。洪武初廢。四年六月復置，來屬。西南有洹水，〔二〕自河南臨漳縣流入，其下流合於衞河。又南有漳水，亦自河南臨漳縣流入。

威府東北。元威州。至正間，省州治洺水縣入州。洪武二年四月降爲縣。漳水舊在南，洺水自西流入焉。

邯鄲府西南。元屬磁州。洪武元年來屬。西北有洺河。東有滏陽河。

清河府東北。元屬大名路。洪武六年九月來屬。東有衞河。

大名府元大名路，直隸中書省。洪武元年爲府。十月屬河南分省。二年三月來屬。領州一，縣十。東北距京師千一百六十里。弘治四年編戶六萬六千二百七，口五十七萬四千九百七十二。萬曆六年，戶七萬一千一百八十，口六十九萬二千五十八。

元城倚。故城在東，洪武三十一年圮於衞河，徙此。東有沙麓山。西有漳河。北有衞河，即永濟渠也，自河南汲縣流入，下流合漳河。東北有小灘鎮巡檢司。

大名府南，少東。元與元城縣同爲大名府治。洪武十年五月省入魏縣。十五年二月復置。永樂九年移於今治。北有㶊山，東南有衞河。

魏府西，少北。舊治在縣西。洪武三年遷於此。南有魏河，又有新舊二漳河，下流俱合於衞河。

中華書局

南樂府東。南有繁水，北入於衞河。

清豐府東南。元屬開州。洪武七年三月改屬府。西南有澶水，伏流至古繁水城西南，謂之繁水。

內黃府西南。元屬滑州。洪武七年三月改屬府。北有衞河。東有繁水。西有洹水。西北有回隆鎮，有回龍廟巡檢司。嘉靖三十六年，漳河決於此，入衞。

濬府西南。元濬州治在浮丘山之西。洪武二年四月降爲縣，徙治於山東北之平坡。嘉靖二十九年復徙城於山巔，即今治也。東有大伾山，一名黎陽山，又名青壇山。西有衞河。北有淇水，自河南淇縣流入，經縣南，東入於衞，謂之黎水，亦謂之濬水。又西有長豐泊。西南有新鎮巡檢司。

滑府西南。元滑州。洪武二年四月省州治白馬縣入焉。七年三月降爲縣。西北有衞河。東南有老岸鎮巡檢司。

開州　洪武二年四月以州治濮陽縣省入。大河故道在城南，正統十三年，河決入焉。景泰五年塞。北距府百六十里，領縣二。

長垣州南。舊治在縣東北，洪武二年以河患遷於古蒲城。南有黃河故道。東南有朱家口，正統十三年，河決於此。又南有大社口，萬曆十五年，河復決焉。又東南有大岡巡檢司，本治永豐里，尋徙竹林，後徙大岡。

東明州北。洪武十年五月省入州及長垣縣。弘治三年九月復置，屬府。萬曆中，仍屬州，其舊治在今縣南。洪武初，徙今縣西。弘治三年始徙於今治。南有黃河，有杜勝集巡檢司。

永平府元永平路，直隸中書省。洪武二年改爲平灤府。四年三月爲永平府。領州一，縣五。西距京師五百五十里。弘治四年編戶二萬三千五百三十九，口二十二萬八千九百四十四。萬曆六年，戶二萬五千九十四，口二十五萬五千六百四十六。

盧龍倚。東南有陽山。西有灤河，自開平流經縣境，有漆河自北來入焉。東有肥如河，經城西入於漆。北有桃林口關。

遷安府西北。北有都山。東有灤河。又北有劉家口、冷口、靑山口等關。

撫寧府東，少南。舊治在陽河西，洪武六年十二月所徙。十三年又遷於兎耳山東。東南濱海。又東有榆河，又有陽河，一名洋河，俱自塞外流入，俱東南注於海。東有山海關。洪武十四年九月置山海衞於此。〔一三〕北有撫寧衞，永樂元年二月置。又有董家口、義院口等關。東有一片石口，一名九門水口。

昌黎府東南。西北有碣石山。東南有溟海，亦曰七里海。有黑陽河，自天津達縣之海道也。又有蒲泊，舊產鹽，置惠民鹽場於此。北有界嶺口、箭捍嶺等關。

灤州　洪武二年九月以州治義豐縣省入。南濱海。東有灤河。又南有開平中屯衞，永樂元年二月自沙峪移置於此。東北距府四十里。領縣一。

樂亭州東南。南濱海。西有灤河，經縣北岳婆港分爲二，東曰胡盧河，西曰定流河，各入於海。景泰中，胡盧河塞，定流河獨自入海，其水淸碧，亦謂之綠洋溝。又西南有新橋海口巡檢司。萬曆四十三年移於灤州西之榛子鎮。

延慶州元龍慶州，屬大都路。洪武初，屬永平府。三年三月屬北平府，尋廢。永樂十二年三月置隆慶州，屬北京行部。十八年十一月直隸京師。隆慶元年改曰延慶州。西有阪泉山。南有八達嶺。東北有嬀川，俗名清水河，下流注於桑乾河。又西南有沽河。東南有岔道口，與居庸關相接。關口有居庸關守禦千戶所，洪武三年置。建文四年，燕王改爲隆慶衞，隆慶元年曰延慶衞。東南又有柳溝營，隆慶初，置城於此，爲防禦處。領縣一。東南距京師百八十里。弘治四年編戶一千七百八十七，口二千五百四十四。萬曆六年，戶二千七百五十五，口一萬九千二百六十七。

永寧本永寧衞，洪武十二年九月置。永樂十二年三月置縣於衞城。嬀川在西。東有四海冶堡，天順八年置。西北有靖胡堡，東南有黑漢嶺堡，北有周四溝堡，俱嘉靖中置。又有劉斌堡，萬曆三十二年所置也。

保安州元屬上都路之順寧府。洪武初，廢。永樂二年閏九月置保安衞。十三年正月復置州於衞城，屬北京行部。十八年十一月直隸京師。舊州城在西南山下，景泰二年移於雷家站，〔一四〕即今治也。西南又有涿鹿山，涿水出焉。西北有磨笄山，亦曰雞鳴山，又有鷂兒嶺。又桑乾河在西南，自山西蔚州流入，東有嬀川來入焉，謂之合和口。西有甯川，亦入於桑乾。東有東八里堡、良田屯堡、麻谷口堡，俱洪武二十五年置。南有美峪守禦千戶所，本在州西之美峪嶺，永樂十二年置。十六年二月徙於董家莊。景泰二年又移於此，與山西蔚州界。

東南距京師三百里。弘治四年編戶四百四十五，口一千五百六十。萬曆六年，戶七百七十二，口六千四百四十五。

萬全都指揮使司元順寧府，屬上都路。洪武四年三月，府廢。宣德五年六月置司於此。領衞十五，蔚州、延慶左、永寧、保安四衞俱設於本州縣，〔一五〕守禦千戶所三，廣昌、美峪二所，亦設於本處，堡五。東南距京師三百五十里。

宣府左衞元宣德縣，爲順寧府治。洪武四年，縣廢。二十六年二月置衞，屬山西行都司。二十八年四月改爲宣府護衞，屬谷王府。三十五年十一月罷宣府護衞，復置，徙治保定。永樂元年二月直隸後軍都督府。宣德五年六月還故治，改屬。洪武二十四年四月建谷王府，永樂元年遷於湖廣長沙。西有灤河，源自炭山，下流入開平界。南有桑乾河，洋河東流入之。又有順聖川，延袤二百餘里，下流亦合於桑乾河。北有東西二城，其東城爲順聖縣，元屬順寧府，西城爲弘州，元屬大同路，洪武中俱廢。天順四年修築二城。又東北有大白陽、小白陽及龍門關等堡。東南有雞鳴驛堡。北有葛峪堡。西北有長峪口、靑邊口、羊房等堡。

宣府右衞　洪武二十六年二月置，與左衞同城，屬山西行都司。二十八年四月改爲宣府護衞，屬谷王府。三十五年十一月罷宣府護衞，復置，徙治定州。永樂元年二月直隸後軍都督府。宣德五年六月還故治，改屬。

宣府前衞　洪武二十六年置，治宣府城，屬山西行都司。永樂元年二月直，隸後軍都督府。宣德五年六月改屬。

萬全左衞元宣平縣，屬順寧府。洪武四年，縣廢。二十六年二月置衞，屬山西行都司。三十五年徙治山西蔚州。永樂元年二月徙治通州，直隸後軍都督府，尋還故治。宣德五年改屬。北有洋河，西海子自西來，流入之。又西北有沙城堡。西有會河堡。東有寧遠站堡。東距都司六十里。

萬全右衞　洪武二十六年二月置，與左衞同城，屬山西行都司。三十五年徙治山西蔚州。永樂元年二月徙治通州，直隸後軍都督府。二年徙治德勝堡。宣德五年改屬。北有翠屏山，又有野狐嶺。西北有西陽河，〔一六〕下流入灤河。東有張家口堡。西有新河口堡。北有膳房堡、上莊堡。西北有新開口、柴溝、洗馬林等堡。西南有渡口堡，又有西陽河堡。東距都司八十里。

懷安衞元懷安縣，屬興和路。洪武三年屬興和府，改屬山西大同府，尋廢。二十六年二月置衞，屬山西行都司。永樂元年二月直隸後軍都督府。宣德五年六月改屬。西北有花山。北有毒麤嶺。南有水溝口河，東入於洋河。東北有威寧縣，元屬興和路，洪武中廢。又西有李信屯堡，嘉靖十六年置。東距都司百二十里。

保安右衞　永樂十五年置於順聖川，直隸後軍都督府。十七年移治西沙城。二十年徙懷安城內。宣德五年六月改屬。

懷來衞元懷來縣，屬龍慶州。洪武二年屬永平府。三年三月屬北平府，尋廢。三十年正月置懷來守禦千戶所。永樂十五年改爲懷來左衞，明年曰懷來衞，直隸後軍都督府。宣德五年六月改屬。北有螺山，或云即潦山也。東南有媯川。西有沽河。又西南有土木堡。東南有榆林堡，又有殷繁水。西北距都司百五十里。

延慶右衞　本隆慶右衞，永樂二年置於居庸關北口，直隸後軍都督府。宣德五年六月來屬，徙治懷來城。隆慶元年更名。

開平衞　本獨石堡，宣德五年築。六月自開平故城移衞，置於此。東有東山，韭菜川出焉，經城南，與氈帽山水合。又南有獨石水，下流合於龍門川。南有半壁店、猫兒峪等堡。東北有清泉堡。西南距都司三百里。

龍門衞　宣德六年七月置於故龍門縣。東有紅石山，紅石水出焉，下流合於龍門川。西有大松山。北有洗馬嶺。西北有金家莊堡。東有三岔口堡。西距都司百二十里。

興和守禦千戶所　永樂二十年自興和舊城徙宣府城內。宣德五年六月改屬。

龍門守禦千戶所　宣德六年七月置於李家莊。西有西高山。東有白河。北有牧馬堡。東有寧遠堡。東北有長伸地、〔一七〕滴水崖等堡。東南有樣田堡。西南距都司二百四十里。

長安嶺堡永樂九年置。弘治二年置守禦千戶所於此。有長安嶺，名槍桿嶺。西北有鷹窩山泉。西南距都司一百四十里。

鵰鶚堡宣德五年六月置。北有浩門嶺。南有南河，下流入於白河。西南距都司二百里。

赤城堡宣德五年六月置。東有赤城山。又有東河，即通州白河之上源也，又有西河，合焉。西北有鎭寧堡，弘治十一年置。西南距都司一百七十里。

雲州堡元雲州，屬上都路。洪武三年七月屬北平府。五年七月廢。宣德五年六月置堡。景泰五年置新軍千戶所於此。東北有龍門山，亦曰龍門峽，下爲龍門川。又北有灤河。東北有金蓮川。西北有鴛鴦泊。又金蓮川東有鎭安堡，成化八年置。西南距都司二百十里。

馬營堡宣德七年置。西北有冠帽山。南有灤河。又西北有君子堡。西有松樹堡。東南有倉上堡。西南距都司二百里。

北平行都指揮使司　本大寧都指揮使司，洪武二十年九月置。治大寧衞。二十一年七月更名。領衞十。永樂元年三月復故名，僑治保定府，而其地遂虛。景泰四年，泰寧等三衞乞居大寧廢城，不許，令去塞二百里外居住。天順後，遂入於三衞。西南距北平布政司八百里。

大寧衞元大寧路，治大定縣，屬遼陽行省。洪武十三年爲府，屬北平布政司，尋廢。二十年八月置衞。九月分置左、右、中三衞，尋又置前、後二衞。二十八年四月改左、右、後三衞爲營州左、右、中三護衞。永樂元年二月省，又徙中、前二衞於京師，直隸後軍都督府。洪武二十四年四月，寧王府建於此，永樂元年遷於江西南昌。南有土河。東南有大巙場。東北有惠和縣，又有武平縣。東有和衆縣。元俱屬大寧路，洪武中俱廢。

新城衞　洪武二十年九月置。永樂元年廢。　距行都司六十里。

富峪衞　本富峪守禦千戶所。洪武二十二年二月置。二十四年五月改爲衞。永樂元年二月徙置京師，直隸後軍都督府。　距行都司一百二十里。

會州衞　洪武二十年九月置。永樂元年廢。南有冷嶺。西北有馬孟山，廣袤千里，土河之源出焉，下流合於潢河，又南入於遼水。　距行都司　里。

榆木衞　洪武二十年九月置。永樂元年廢。　距行都司　里。

全寧衞元全寧路，直隸中書省。洪武中廢。二十二年四月置衞。永樂元年廢。有潢河，又有黑龍江。　西南距行都司二百　里。

營州左屯衞　洪武二十六年二月置。永樂元年三月徙治順義縣，屬大寧都司。南有塔山。

中華書局

距行都司　　里。

營州右屯衛元建州，屬大寧路。洪武中，州廢。二十六年二月置此衛。永樂元年三月徙治薊州，屬大寧都司。西北距行都司四百里。

營州中屯衛元龍山縣，屬大寧路。洪武中，縣廢。二十六年二月置此衛。永樂元年三月徙治平谷縣西，屬大寧都司。南有榆河。距行都司　　里。

營州前屯衛元興州，屬上都路。洪武三年七月屬北平府。五年七月廢。二十六年置此衛。永樂元年三月徙治香河縣，屬大寧都司。西有新開嶺。南有老河，源出馬孟山，流經此，又經行都司城南，東北入於潢河。西南有興安縣，元屬興州，順帝後至元五年四月廢。距行都司　　里。

營州後屯衛洪武二十五年八月置。永樂元年三月徙治三河縣，屬大寧都司。距行都司　　里。

興州左屯衛洪武中置。永樂元年二月徙治玉田縣，直隸後軍都督府。距行都司　　里。

興州右屯衛洪武中置。永樂元年二月徙治遷安縣，直隸後軍都督府。距行都司　　里。

興州中屯衛洪武中置。永樂元年二月徙治良鄉縣，直隸後軍都督府。距行都司　　里。

興州前屯衛洪武中置。永樂元年二月徙治豐潤縣，直隸後軍都督府。距行都司　　里。

興州後屯衛洪武中置。永樂元年二月徙治三河縣，直隸後軍都督府。距行都司　　里。

開平衛元上都路，直隸中書省。洪武二年爲府，屬北平行省，尋廢府置衛，屬北平都司。永樂元年二月徙衛治京師，直隸後軍都督府。四年二月還舊治。宣德五年遷治獨石堡，改屬萬全都司，而令兵分班哨備於此，後廢。西北有臥龍山。南有南屏山，又有灤河。東北有香河，又有簸箕河、閩河，西南有兎兒河，下流俱合於灤河。又東有涼亭、沈阿、賽峯、黃崖四驛，路接大寧、古北口；西有桓州、威虜、明安、隰寧四驛，路接獨石。俱洪武中置，宣德後廢。又西北有寧昌路，東北有應昌路，北有泰寧路，又有德寧路，元俱直隸中書省。西有桓州，元屬上都路。洪武中皆廢。距北平都司　　里。

開平左屯衛洪武二十九年八月置於七合營。永樂元年廢。距都司　　里。

開平右屯衛洪武二十九年置於軍臺。永樂元年廢。距北平都司　　里。

開平中屯衛洪武二十九年置於沙峪。永樂元年二月徙治眞定府，直隸後軍都督府。尋徙治灤州西石城廢縣。距都司　　里。

開平前屯衛洪武二十九年八月置於偏嶺。永樂元年廢。距北平都司　　里。

開平後屯衛洪武二十九年八月置於石塔。永樂元年廢。距北平都司　　里。

興和守禦千戶所元隆興路，直隸中書省。皇慶元年十月改爲興和路。洪武三年爲府，屬北平布政司。四年後，府廢。三十年正月置所。永樂元年二月直隸後軍都督府。二十年爲阿魯台所攻，徙治宣府衛城，而所地遂虛。東北有凌霄峯。南有威遠川。西有魚兒濼。又西有集寧路，元直隸中書省。西北有寶昌州，元屬興和路。又有高原縣，元爲興和路治。洪武中俱廢。距北平都司　　里。

寬河守禦千戶所洪武二十二年二月置。永樂元年二月徙治遵化縣，仍屬大寧都司。又僑置寬河衛於京師，直隸後軍都督府。東南有寬河，一名豹河，下流經遷安縣西北，又東合於灤河。距北平都司　　里。

宜興守禦千戶所元宜興縣，屬興州。致和元年八月升爲宜興州。洪武二年兼置衛，屬永平府。三年三月屬北平府。六月改衛爲守禦千戶所。五年七月，州廢，存所。永樂元年，所廢。距北平都司　　里。

南京　禹貢揚、徐、豫三州之域。元以江北地屬河南江北等處行中書省，又分置淮東道宣慰使司治揚州路屬焉；江南地屬江浙等處行中書省。明太祖丙申年七月置江南行中書省。治應天府。洪武元年八月建南京，罷行中書省，以應天等府直隸中書省，衛所直隸大都督府。十一年正月改南京爲京師。十三年正月己亥罷中書省，以所領直隸六部。癸卯改大都督府爲五軍都督府，以所領直隸中軍都督府。永樂元年正月仍稱南京。統府十四，直隸州四，屬州十七，縣九十有七。爲里萬三千七百四十有奇。北至豐、沛，與山東、河南界。西至英山，與河南、湖廣界。南至婺源，與浙江、江西界。東至海。距北京三千四百四十五里。

應天府元集慶路，屬江浙行省。太祖丙申年三月曰應天府。洪武元年八月建都，曰南京。十一年曰京師。永樂元年仍曰南京。洪武二年九月始建新城，六年八月成。內爲宮城，亦曰紫禁城，門六：正南曰午門，左曰左掖，右曰右掖，東曰東安，西曰西安，北曰北安。宮城之外門六：正南曰洪武，東曰長安左，西曰長安右，東之北曰東華，西之北曰西華，北曰玄武。皇城之外曰京城，周九十六里，門十三：南曰正陽，南之西曰通濟，又西曰聚寶，西南曰三山，曰石城，北曰太平，北之西曰神策，曰金川，曰鍾阜，東曰朝陽，西曰清涼，西之北曰定淮，曰儀鳳。後塞鍾阜、儀鳳二門，存十一門。其外郭，洪武二十三年四月建，周一百八十里，門十有六：東曰姚坊、仙鶴、麒麟、滄波、高橋、雙橋，南曰上方、夾岡、鳳臺、大馴象、大安德、小安德，西曰江東，北曰佛寧、上元、觀音。領縣八。洪

中華書局

武二十六年編戶一十六萬三千九百一十五，口一百十九萬三千六百二十。弘治四年，戶一十四萬四千三百六十八，口七十一萬一千三。萬曆六年，戶一十四萬三千五百九十七，口七十九萬五百一十三。

上元倚。太祖丙申年遷縣治淳化鎮，明年復還舊治。東北有鍾山，山南有孝陵衞，洪武三十一年置。北有覆舟山。西北有雞鳴山、幕府山。又東北有攝山。東南有方山。北濱大江。東南有秦淮水，北流入城，又西出，入大江。又北有玄武湖。東有青溪，又有淳化鎮巡檢司。

江寧倚。南有聚寶山、牛首山。西南有三山、烈山、慈姥山。西濱大江。東北有靖安河。西南有大勝關、江寧鎮。東南有秣陵關。西有江東四巡檢司。北有龍江關，置戶分司於此。

句容府東。南有茅山。北有華山，秦淮水源於此。北濱大江。西北有龍潭巡檢司。

溧陽府東南。元溧陽州。洪武二年降爲縣。東南有鐵山、銅山。西南有鐵冶山。北有長蕩湖，一名洮湖，與宜興、金壇二縣分界。西北有溧水，一名瀨水，上承丹陽湖，東流爲宜興縣荆溪，入太湖，舊名永陽江，又曰中江也。西北有上興埠巡檢司，後廢。

溧水府東。元溧水州。洪武二年降爲縣。東南有東廬山，秦淮水別源出焉。南有石臼湖，西連丹陽湖，注大江。

高淳府南。弘治四年以溧水縣高淳鎮置。西南有固城、丹陽、石臼諸湖。東南有廣通鎮，俗曰東壩，有廣通鎮巡檢司。

江浦府西。本六合縣浦子口巡檢司，洪武九年六月改爲縣，析和、滁二州及江寧縣地益之。二十五年七月移於江北新開路口，仍置巡檢司於舊治。東南濱大江，有江淮衞，洪武二十八年正月置。又有西江口巡檢司。

六合府西北。元屬眞州。洪武三年直隸揚州府。二十二年二月來屬。東有瓜步山，濱大江，滁河水自西來，入焉。有瓜埠巡檢司。

鳳陽府元濠州，屬安豐路。太祖吳元年升爲臨濠府。洪武二年九月建中都，置留守司於此。六年九月曰中立府。七年八月曰鳳陽府。洪武二年九月建中都城於舊城西，三年十二月始成。周五十里四百四十三步。立門九：正南曰洪武，南之左曰南左甲第，右曰前右甲第，北之東曰北左甲第，西曰後右甲第，正東曰獨山，東之左曰長春，右曰朝陽，正西曰塗山。中爲皇城，周九里三十步，正南門曰午門，北曰玄城，東曰東華，西曰西華。領州五，縣十三。距南京三百三十里。洪武二十六年編戶七萬九千一百七，口四十二萬七千三百三。弘治四年，戶九萬五千一十，口九十三萬一千一百八。萬曆六年，戶一十一萬一千七十，口一百二十萬二千三百四十九。

鳳陽倚。洪武七年八月析臨淮縣地置，爲府治。十一年又割虹縣地益之。北濱淮，南有鍾離山，西濠水出焉。又西南有皇陵城，洪武二年置衞。西北有長淮關，洪武六年置長淮衞於此。東北有洪塘湖屯田守禦千戶所，洪武十一年置。

臨淮府東北。元曰鍾離，爲濠州治。洪武二年九月改曰中立。三年十一月改曰臨淮。七年爲府屬。北濱淮。有二濠水，東源出濠塘山，西源出鍾離山，至城西南合流，東入淮。

懷遠府西北。荆山在縣西南。塗山在縣東南。淮水經兩山峽間，有北肥水入焉。又北有渦水亦入淮，謂之渦口。又西南有洛水，與壽州分界，逕縣南新城村入淮。有洛河鎮巡檢司。

定遠府南。南有池河。西有洛河。又有英武衞在北，飛熊衞在東北，俱洪武十一年置。

五河府東北。元屬泗州。洪武四年二月來屬。舊治在縣南，永樂元年圮於水，徙治西北界。嘉靖二十五年遷於澮河北，卽今治也。東濱淮。東南有漴河，西北有澮河、沱河，東北有潼河，並流合淮，謂之五河口。又西有上店巡檢司，後廢。

虹府東北。元屬泗州。洪武七年七月來屬。南有汴河。東南有潼河。西有沱河。

壽州元安豐路，屬河南江北行省。太祖丙午年曰壽春府。吳元年曰壽州，屬臨濠府。洪武二年九月直隸中書省。四年二月還屬，後以州治壽春縣省入。北濱淮。淮水逕山硤中，謂之硤石山，有西肥水來合焉。東北有八公山，東肥水逕其下，西入淮，謂之肥口。又西北有潁水，亦入淮。又南有芍陂水，西有淠水，俱入淮。又北有下蔡縣，南有安豐縣，俱洪武中省，有下蔡鎮巡檢司。又東有北爐鎮、西有正陽鎮二巡檢司。東距府一百八十里，領縣二。

霍丘州西南。西南有大別山。北濱淮，史河、灃河俱流入焉。南有開順鎮、丁塔店，西有高唐店三巡檢司。

蒙城州北。北有渦水，又有北肥水。

泗州元屬淮安路。太祖吳元年屬臨濠府。洪武二年九月直隸中書省。四年二月還屬府，後以州治臨淮縣省入。南濱淮，有汴水自城北南流入焉。西距府二百十里，領縣二。

盱眙州南。東南有都梁山。東北有龜山。西有浮山。北濱淮，有池河自西來入焉。又東北有洪澤湖，淮水之所匯也。又西有舊縣巡檢司。

天長州東南。冶山在縣南。西北有石梁河，下流爲五湖，接高郵州界。東北有城門鄉巡檢司。

宿州元屬歸德府。洪武四年二月來屬。龍山在西南，北肥水出焉。又北有睢河，自河南永城縣流入，下流至宿遷縣合淮，亦曰小河也。南有汴河，亦自永城縣流入，又有澮河與渙水合。又東南有沱水。東南距府二百三十三里。領縣一。

靈璧州東。西南有齊眉山。北有磬石山。黃河在東北。南有汴河。北有睢河。又南有固鎮巡檢司。

潁州元屬汝寧府。洪武四年二月來屬。淮河在南，自河南固始縣流入，下流合大河入海。又南有汝水，自河南息縣流入，逕朱皐鎮入淮。又北有潁河，自河南沈丘縣流入。洪武二十四年，黃河決於河南，由陳州合潁，逕太和縣，又逕州城北，又逕潁上縣，至壽州同入於淮。永樂九年，河復故道。宣德、正統、成化、正德間，河、潁時通時塞，俗亦稱潁爲小黃河。西北又有沈丘鎮巡檢司。東距府四百四十里。領縣二。

潁上州東南。東有潁河。南有淮河。東北有西肥水。

中華書局

太和州西北。南有潁水，亦名沙河。北有西肥水。又有洪山、北原和二巡檢司。

亳州元屬歸德府。洪武初，以州治譙縣省入，尋降爲縣，屬歸德州。六年屬潁州。弘治九年十月復升爲州。西有渦河，自河南鹿邑縣流入，北有馬尙河，流合焉。南有西肥水，卽夏肥水也。又東南有城父縣，洪武中廢。又有義門巡檢司。東南距府四百五十里。

淮安府元淮安路，屬淮東道宣慰司。太祖丙午年四月爲府。領州二，縣九。西南距南京五百里。洪武二十六年編戶八萬六百八十九，口六十三萬二千五百四十一。弘治四年，戶二萬七千九百七十八，口二十三萬七千五百二十七。萬曆六年，戶一十萬九千二百五，口九十萬六千三十三。

山陽倚。北濱淮。高家堰在其西南。南有運河，永樂中濬。西南有永濟河，萬曆九年開，長六十五里，亦謂之新運河。東南有射陽湖。東北有馬邏鄉、廟灣鎭、羊寨鄉三巡檢司。

清河府西。縣治濱黃河，崇禎末，遷治縣東南之甘羅城。南有淮河，東北與黃河合，謂之淸口，舊謂之泗口。自徐州至此，皆泗水故道，爲黃河所奪者也。南有洪澤湖，有洪澤巡檢司。又東有馬頭鎭巡檢司。

鹽城府東南。東濱海，有鹽場。北有射陽湖。西有淸溝、西北有喻口鎭二巡檢司。

安東府東北。元安東州。洪武二年正月降爲縣。東北胊山在南。東北有鬱洲山，在海中，洪武初，置東海巡檢

司於此，後移於州南之新壩。西南有漣河，又有桑墟湖，濱海。南有淮水，東北過雲梯關，折旋入於海。自淸口至此，皆淮水故道，爲黃河所奪者也。又漣水自西北來，東南流入淮。又西北有碩項湖。東北有五港口、長樂鎭，東南有壩上三巡檢司。

桃源府西北。元曰桃園。洪武初，更名。北有大河，卽泗水故道。西北有古城巡檢司。東有三義鎭巡檢司，崇禎末，移於縣西之白洋河鎭。

沭陽府北。元屬海寧州。洪武初改屬。東南有沭水，自山東郯城縣流入，其下流爲漣水。又北有桑墟湖。

海州元曰海寧州。洪武初，復曰海州，以州治胊山縣省入。北有于公、白溝等浦，皆產鹽。南有惠澤、西北有高橋二巡檢司。南距府二百七十里。領縣一。

贛榆州北。西北有羽山。東濱海。東北有荻水鎭、南有臨洪鎭二巡檢司。

邳州元屬歸德府。洪武初，以州治下邳縣省入。四年二月改屬中都。十五年來屬。北有艾山，接山東沂水縣界。西有沂水，自沂州西流，至下邳入泗。又西北有泇河。萬曆三十五年開泇以通運，自沛縣夏鎭迄直河口，長二百六十餘里，避黃河險者三百餘里。有直河口巡檢司。又西有新安巡檢司。東南距府四百五十里。領縣二。

宿遷州東南。北有峒峿山。南有大河，卽泗水故道。又東南有睢水，入大河，曰睢口，亦曰小河口。又東南有白洋河，西北有駱馬湖，皆入大河。東北有劉家莊巡檢司。

睢寧州南。北濱大河。有睢水自西來，經縣界，至睢口入河。

揚州府元揚州路，屬淮東道宣慰司。太祖丁酉年十月曰淮海府。辛丑年十二月曰維揚府。丙午年正月曰揚州府。領州三，縣七。西距南京二百二十里。洪武二十六年編戶一十二萬三千九十七，口七十三萬六千一百六十五。弘治四年，戶一十萬四千一百四，口六十五萬六千五百四十七。萬曆六年，戶一十四萬七千二百一十六，口八十一萬七千八百五十六。

江都倚。元末廢。太祖辛丑年復置。西有蜀岡。東有官河，卽古邗溝，今運河也。南濱大江。東北有艾陵湖。北有邵伯湖，有邵伯鎭巡檢司。又東有萬壽鎭、西北有上官橋、南有瓜洲鎭三巡檢司。又東有歸仁鎭巡檢司，後遷便益河口。

儀眞府西。元眞州，治揚子縣。洪武二年，州廢，改縣曰儀眞。西北有大、小銅山。南濱江。南有運河。東南有舊江口巡檢司，尋移於縣南汊河口。

泰興府南。南濱江。西北有口岸鎭、東有黃橋鎭、南有印莊三巡檢司。

高郵州元高郵府，屬淮東道宣慰司。洪武元年閏七月降爲州，以州治高郵縣省入。西有運河。西北有樊梁、甓社、新開等湖。西南有白馬塘。北有張家溝、東北有時堡二巡檢司。又西有北阿鎭。東有三垛鎭。西南距府百二十里。領縣二。

寶應州北。西有運河，又有氾光、白馬、射陽等湖。南有槐樓鎭、西南有衡陽二巡檢司。

興化州東。南有運河。東有得勝湖。東北有安豐巡檢司。又東北有鹽場。

泰州　洪武初，以州治海陵縣省入。東濱海。南濱江。西有運河。東北有西溪鎭、北有寧鄉鎭、東南有海安鎭三巡檢司。西距府百二十里。領縣一。

如皋州東南。大江在縣南。運河在縣北。東有掘港、南有石莊、北有西場三巡檢司。又東南有白浦鎭。

通州　洪武初，以州治靜海縣省入。南有狼山，臨大江，有狼山巡檢司。東南濱海，舊有海門島及布州夾。西有運鹽河。又東北有石港巡檢司。城南有利豐監，宋置。西距府四百里。領縣一。

海門州東。舊治禮安鄉圮於海，正德七年徙治餘中場。嘉靖二十四年八月遷於金沙場以避水患。海在東，大江於此入海。又西有張港、東有吳陵、又有安東壩上、又有白塔河四巡檢司。東南有料角嘴。

蘇州府元平江路，屬江浙行省。太祖吳元年九月曰蘇州府。領州一，縣七。西距南京五百八十八里。洪武二十六年編戶四十九萬一千五百一十四，口二百三十五萬五千三十。弘治四年，戶五十三萬五千四百九，口二百四萬八千九十七。萬曆六年，戶六十萬七百五十五，口二百一萬一千九百八十五。

吳倚。西有姑蘇山。西南有橫山，又有穹窿、光福等山。又有太湖。湖縱廣三百八十三里，周三萬六千頃，跨蘇、

中華書局

常、嘉、湖四府之境，亦曰具區，亦曰五湖，中有包山、莫釐山。又南有吳淞江，亦曰松江，亦曰松陵江，亦曰笠澤，自太湖分流，東入海。又西有運河。西南有木瀆、東山、甪頭三巡檢司。又有橫金巡檢司，後廢。

長洲倚。西北有虎丘山，又有陽山，又有長蕩、陽城等湖。東有婁江，源出太湖。東南有運河。又北有吳塔、東南有陳墓二巡檢司。又東有唐湖巡檢司，後廢。

吳江府東南。元吳江州。洪武二年降爲縣。西濱太湖。東有吳淞江，又有運河。又東南有白蜆江。又東有同里，南有平望，西南有震澤，東南有簡村、汾湖五巡檢司。又東有長橋、西南有瀾溪、東南有因瀆三巡檢司，後廢。

崑山府東。元崑山州。洪武二年降爲縣。南有吳淞江。西有女婁江。東南有澱山湖。又南有千墩浦，東有夏駕浦，皆注於婁江。東南有石浦巡檢司，後移於千墩浦口。西北有巴城巡檢司，後移於縣西之眞義鎭。

常熟府北。元常熟州。洪武二年降爲縣。萬曆末避諱曰嘗熟。西北有虞山。北有福山，下臨大江。有福山浦，又東有白茆浦，東北有許浦，西北有奚浦、黃泗浦，爲五大浦。皆分太湖西北之水，注於大江。南有運河。有許浦、白茅、黃泗、福山四巡檢司。

嘉定府東。元嘉定州。洪武二年降爲縣。東濱海。南有運河。又南有吳淞江，西南有白鶴江，西南有青龍江，南有蟠龍江，皆滙吳淞江入海。又劉河在縣北，即婁江也。又東南有吳淞江守禦千戶所，洪武十九年置。又有寶山守禦千戶所，本協守吳淞中千戶所，嘉靖三十六年置，萬曆五年更名。又東有顧逕、東南有江灣二巡檢司。

又西南有吳塘、南有南翔二巡檢司，後廢。

太倉州　本太倉衞，太祖吳元年四月置。弘治十年正月置州於衞城，析崑山、常熟、嘉定三縣地益之。東濱海。海口有鎭海衞，洪武十二年十月置，後移於太倉衞城。南有劉河，其入海處曰劉河口，有劉家港巡檢司。北有七鴉浦，亦東入海。又東北有甘草巡檢司。又有唐茜涇口巡檢司，後移於東花浦口，尋廢。又有茜涇巡檢司，亦廢。西距府一百零五里。領縣一。

崇明州東。元崇明州，屬揚州路。洪武二年降爲縣。八年改屬蘇州府。弘治十年正月來屬。舊治在縣東北曰東沙，爲海所圮。永樂十九年、嘉靖八年、三十三年三遷，亦俱圮於水。萬曆十三年遷於平洋沙巡檢司，即今治也。四面環海。西有西沙、北有三沙二巡檢司。

松江府元直隸江浙行省。太祖吳元年正月因之。領縣三。西北距南京七百七十里。洪武二十六年編戶二十四萬九千九百五十，口一百二十一萬九千九百三十七。弘治四年，戶二十萬五百二十，口六十二萬七千三百一十三。萬曆六年，戶二十一萬八千三百五十九，口四十八萬四千四百一十四。

華亭倚。崑山在縣西北。東南濱海，有鹽場。又西北有澱山湖，西有泖湖。〔一八〕東南有黃浦，西北有趙屯、大盈、顧會、松子、盤龍等五浦，俱會吳淞江入海。東南有金山衞，又東有青村守禦千戶所，俱洪武二十年二月置。西北有小貞村、西南有泖橋二巡檢司。南有金山巡檢司，本治張堰，後徙胡家巷。東南有南橋巡檢司，本戚瞳，後徙治更名。又有陶宅巡檢司，後廢。又東南有柘林鎭，嘉靖間築城戍守。

上海府東北。東濱海，有鹽場。北有吳淞江，有巡檢司。東有黃浦，有巡檢司。東南有南滙嘴守禦中、後千戶所，洪武二十年二月置。又有三林莊巡檢司。又有南蹌巡檢司，後廢。嘉靖三十六年築城曰川沙堡，置兵戍守焉。

青浦府西北。嘉靖二十一年四月以今縣東北之新涇巡檢司置，析華亭、上海二縣地益之。三十二年廢爲青龍鎭，仍置新涇巡檢司。萬曆元年復於唐行鎭置縣，即今治也。北有吳淞江。東有顧會等浦。西南有澱山湖。又西有安莊鎭，殿山巡檢司置於此。

常州府元常州路，屬江浙行省。太祖丁酉年三月丁亥曰長春府，己丑曰常州府。萬曆末，避諱曰嘗州府。領縣五。西北距南京三百六十里。洪武二十六年編戶一十五萬二千一百六十四，口七十七萬五千五百一十三。弘治四年，戶五萬一百三十一，口二十二萬八千三百六十三。萬曆六年，戶二十五萬四千四百六十，口一百萬二千七百七十九。

武進倚。東爲晉陵縣，元時同治郭內。太祖丁酉年三月改武進縣曰永定，晉陵縣曰京臨。尋以京臨省入永定。壬寅年八月仍改永定曰武進。東南有馬跡山，濱太湖。北有大江。西有孟瀆，又有得勝新河，俱北入江。南有運河。西南有滆湖，與宜興界。東有陽湖，與無錫界。西有魏村閘守禦百戶所，洪武三年置。又有奔牛巡檢司。西北有小河巡檢司，舊在鄭港，後移小河寨，尋復遷孟河城。北有澡江巡檢司，舊在江北沙新河，後遷縣北於壙村。

無錫府東。元無錫州。洪武二年四月降爲縣。西有慧山，梁溪出焉，西南入太湖，其別阜曰錫山。西南有太湖。東南有運河。又西北有高橋、東南有望亭二巡檢司。

宜興府南。元宜興州。太祖戊戌年十月曰建寧州，尋復曰宜興州。洪武二年降爲縣。西南有荊南山，又有國山，又有龍池山。又東南有香蘭山，臨太湖。又有唐貢山，產茶。西北有氿山，有長蕩湖。北有運河。南有荊溪。西南有百瀆，疏荊溪之下流，注於太湖，後多堙廢。東北有下邾、北有鍾溪、東南有湖㳇、西南有張渚四巡檢司。

江陰府西北。元江陰州，直隸江浙行省。太祖甲辰年曰連洋州，尋復曰江陰州。吳元年四月降爲縣，來屬。北有君山，濱大江。西南又有秦望山。東有香山。南有運河。又申浦在西，又有黃田等港，俱注大江。東有石頭港巡檢司。西有利港巡檢司，後移於夏港。又東有范港巡檢司，後廢。又有楊舍鎭，嘉靖三十七年築城。

靖江府東北。成化七年閏九月以江陰縣馬馱沙置。〔一九〕大江舊分二派，繞縣南北。天啓後，潮沙壅積，縣北大江漸爲平陸。西南有新港巡檢司。

鎭江府元鎭江路，屬江浙行省。太祖丙申年三月曰江淮府，十二月曰鎭江府。領縣三。西距南京城二百里。洪武二十六年編戶八萬七千三百六十四，口五十二萬二千三百八十三。弘治四年，戶六萬八千三百四十四，口一十七萬一千五百八。萬曆六年，戶六萬九千三十九，口一十六萬五千五百八十九。

丹徒倚。北有北固山，濱大江。江中西北有金山，東北有焦山。又城西江口有蒜山。又京峴山在東，圌山在北，〔二〇〕濱江爲險。又南有運河。西有高資鎮、東北有安港、東有丹徒鎮、北有姜家觜四巡檢司。

丹陽府東南。北濱大江，又有練湖。南有運河。又東有呂城鎮巡檢司，尋移鎮東。又有包港巡檢司，尋移顧巷。

金壇府東南。西有茅山。〔二一〕東南有長蕩湖，一名洮湖，有湖溪巡檢司。北有白鶴溪。

廬州府元廬州路，屬河南江北行省。太祖甲辰年七月爲府，置江淮中書行省於此，尋罷。領州二，縣六。距南京五百十里。洪武二十六年編戶四萬八千七百二十，口三十六萬七千二百。弘治四年，戶三萬六千五百四十八，口四十八萬六千五百四十九。萬曆六年，戶四萬七千三百七十三，口六十二萬二千六百九十八。

合肥倚。西有雞鳴山，肥水所出，東南流入巢湖。西南有紫蓬山。東有浮槎山、横山。〔二二〕又東南有四頂山，俯瞰巢湖，湖周四百餘里，中有姥山、孤山。又東北有滁水，源出龍潭，下流至六合縣入江。又東有店阜河，南有三汊河，皆入巢湖。東北有梁縣，洪武初省。西南有廬鎮關巡檢司，後徙於縣東之石梁鎮。

舒城府西南。西南有龍眠山，與桐城縣界。西有三角山。又巢湖在東。又南有北峽關，亦與桐城界。

廬江府南。元屬無爲州。洪武初，改屬府。東北有冶父山。東有巢湖。東南有黃陂湖。西有冷水關，有巡檢司。

無爲州洪武中，以州治無爲縣省入。大江在東南。東有濡須水，一名天河，自巢湖分流，東北入江。又東有奥龍河鎮，東南有泥汊河鎮、土橋河鎮，北有黃落河鎮四巡檢司。西北距府二百八十里。領縣一。

巢州北。東南有七寶山，與含山縣濡須山相對峙，有西關在其上。巢湖在西，西北有柘皋河流入焉。南有石梁河，即濡須上流也，東南有清溪入焉。西南有焦湖巡檢司。

六安州洪武四年二月屬中都臨濠府，以州治六安縣省入。十五年改屬。〔二三〕西有淠水，亦曰泄水，下流至壽州入淮。西南有麻埠巡檢司，後廢。又西北有和尚灘巡檢司，弘治間屬霍山縣，後移於新店，仍來屬。東距府百八十里。領縣二。

英山州西南。縣治本直河鄉，崇禎十二年徙於西北之章山，十六年又遷於北境之添樓鄉。多雲山在西北，接湖廣羅田縣界。西有英山河，湖廣浠水之上源也。

霍山州西南。本六安州故埠鎮巡檢司，弘治二年改爲縣。南有霍山，亦曰天柱山，亦曰衡山，又謂之南岳也。東南有鐵鑪山，多鐵冶。又西南有四十八盤山，又淠河在東，源出霍山，下流至壽州入淮。西北有千羅畈、西南有上土市二巡檢司。

安慶府元安慶路，屬河南江北行省。太祖辛丑年八月曰寧江府，壬寅年四月曰安慶府。領縣六。東北距南京六百五十里。洪武二十六年編戶五萬五千五百七十三，口四十二萬二千八百四。弘治四年，戶四萬六千五十，口六十一萬六千八十九。萬曆六年，戶四萬六千六百九，口五十四萬三千四百七十六。

懷寧倚。南濱大江，西有皖水流入焉，曰皖口。西北有觀音港巡檢司。東有長風沙鎮巡檢司。

桐城府東北。東有浮山，一名浮度山。西北有龍眠山。北有北峽山，與舒城界，有北峽關巡檢司。又北有西峽山，亦謂之南峽石，對壽州峽石則此爲南也。東南濱江，有樅陽河，自西北流入焉。又東有六百丈，東南有馬踏石、源子港三巡檢司。

潛山府西北。元末廢。洪武初復置。西北有灊山，亦曰天柱山，亦曰皖公山，即霍山也，皖水出焉，別流曰灊水，合流注大江。又有天堂山，後部河所出，有天堂寨巡檢司。

太湖府西北。西北有司空山。城西有馬路河，即後部河之下流也，東合於灊水。又西北有南陽、白沙，東北有小池，北有後部四巡檢司。

宿松府西南。東有馬頭山。又小姑山在縣南大江中，與江西彭澤縣界，有小姑山巡檢司。又西南有歸林灘、南有涇江口二巡檢司。

望江府西南。南濱江。東有雷池，南入江，曰雷江口，亦曰雷港，有巡檢司。西有泊湖，北有慈湖，東北有漳湖，下流俱入江。又西南有楊灣鎮巡檢司。

太平府元太平路，屬江浙行省江東道。太祖乙未年六月爲府。領縣三。東距南京百三十五里。洪武二十六年編戶三萬九千二百九十，口二十五萬九千九百三十七。弘治四年，戶二萬九千四百六十六，口一十七萬三千六百九十九。萬曆六年，戶三萬三千二百六十二，口一十七萬六千八十五。

當塗倚。城北有采石山，一名牛渚山，臨大江。西南有博望山，與和州梁山夾江相對，亦曰東梁山。又丹陽湖在東南，周三百餘里，分流蕪湖，西入江。南有姑熟溪，又有黃池河，西南有大信河，北有慈湖，皆入大江。有采石、大信二巡檢司。

蕪湖府西南。西南有戰鳥山，在大江中。西北有七磯。南有魯明江，一名魯港，又有石硊河，俱注大江。西有河口鎮巡檢司，後移於魯港鎮。

繁昌府西南。西北有磕山，在江中。又三山磯在東北，濱江。又西有荻港，入大江。有三山、荻港二巡檢司。

池州府元池州路，屬江浙行省江東道。太祖辛丑年八月曰九華府，尋曰池州府。領縣六。東北距南京五百五十里。洪武二十六年編戶三萬五千八百二十六，口一十九萬八千五百七十四。弘治四年，戶一萬四千九十一，口六萬九千四百七十八。萬曆六年，戶一萬八千三百七十七，口八萬四千八百五十一。

貴池倚。南有齊山。北濱江。東有梅根港。西有池口河，卽貴池也，又西有李陽河，俱流入大江。有池口鎭、李陽河二巡檢司。

青陽府東。西南有九華山。北有靑山。西有五溪水，出九華山，又南有臨城河，俱會流大通河入江。

銅陵府東北。南有銅官山。東有城山。西濱大江。又南有大通河，北有荻港河，俱入大江，有大通巡檢司。

石埭府東南。北有陵陽山。西有櫟山，宮溪出焉，卽池口河之源也。又舒溪在南，下流合蕪湖縣之魯港入江。

建德府西南。南有龍口河，東南入饒州府之獨山湖。又有堯城溪，下流爲東流縣之江口河，入江。又西南有永豐鎭巡檢司。

東流府西。西南有馬當山，枕大江，與江西彭澤縣界。南有香口河，流入江，有香口鎭巡檢司，後移於吉陽鎭。

寧國府元寧國路，屬江浙行省。太祖丁酉年四月曰寧國府。辛丑年四月曰宣城府。丙午年正月曰宣州府。吳元年四月仍曰寧國府。領縣六。北距南京三百十里。洪武二十六年編戶九萬九千七百三十二，口五十三萬二千二百五十九。弘治四年，戶六萬三百六十四，口三十七萬一千五百四十三。萬曆六年，戶五萬二千一百四十八，口三十八萬七千一十九。

宣城倚。北有敬亭山。西有淸弋江，西北至蕪湖縣入江。又東有宛溪，與東北之句溪合，北流入大江。又南湖

亦在東北，流注於句溪。北有黃池鎭、東北有水陽鎭二巡檢司。

南陵府西。西有工山。南有呂山，淮水出焉。東有青弋江。又西南有漳水，與淮水合，入於青弋江。又南有峨嶺巡檢司。

涇府西。南有承流山。西有賞溪，亦曰涇溪，其上流卽舒溪也。又東南有藤溪來合焉，下流入青弋江。東南有茹蘆嶺巡檢司。

寧國府東南。西有柴山。西北有文脊山。東南有千秋嶺，有關。東有東溪，出浙江於潛縣天目山。西有西溪，出績溪縣龍叢山，卽句溪上源也。東南有嶽山巡檢司，舊置嶽山下，洪武中遷於紐口，復移於石口鎭。又西南有胡樂巡檢司。

旌德府南。北有石壁山。西有正山。西南有箬嶺，與太平、歙二縣界。東有徽水，自績溪縣流入，卽藤溪上流也。東北有烏嶺巡檢司，廢。又北有三溪巡檢司。

太平府西南。南有黃山，與歙縣分界。西有龍門山，有巡檢司。南有麻川，與舒溪合流入涇縣，爲賞溪。西南有宏潭巡檢司，後移於郭巖前。

徽州府元徽州路，屬江浙行省。太祖丁酉年七月曰興安府。吳元年曰徽州府。領縣六。北距南京六百八十里。洪武二十六年編戶一十二萬五千五百四十八，口五十九萬二千三百六十四。弘治四年，戶七千二百五十一，口六萬五千八百六十一。萬曆六年，戶一十一萬八千九百四十三，口五十六萬六千九百四十八。

歙倚。西北有黃山，亦曰黟山，新安江出焉，東南流爲歙浦。又東曰新安江，至浙江建德縣，與東陽江合爲浙江上源。又揚之水在西，亦曰徽溪，合於歙浦。東南有街口鎭、王干寨二巡檢司。西北有黃山巡檢司。

休寧府西。東北有松蘿山。西有白嶽山。東南有率山，率水出焉，新安江別源也。西南有浙溪，東流與率水合。又西有吉陽水，亦曰白鶴溪，下流合於浙溪。西南有黃竹嶺巡檢司，尋廢。東南有岦厦巡檢司，後移於屯溪。

婺源府西南。元婺源州。洪武二年正月降爲縣。北有浙嶺，浙溪水出焉，一名漸溪，新安江別源也。西北有大廣山，婺水所出，南流達於鄱陽湖。又西南有太白、東有大鏞嶺二巡檢司。又西有項村巡檢司，舊治澆嶺，後移縣西北之嚴田。萬曆九年復故。

祁門府西。東北有祁山。西有新安山，又有武陵嶺。北有大共山，大共水出焉，南流入江西浮梁縣界。有大共嶺巡檢司。又西南有良禾嶺巡檢司，後移於苦竹港。

黟府西。西南有林歷山。又有武亭山，橫江水出焉。又東北有吉陽山，吉陽水所出。南有魚亭山，魚亭水出焉。俱流合橫江。

績溪府東北。西北有徽嶺山。東有大鄣山，浙水出焉，亦新安江別源也。又龍叢山在東北，揚之水出焉，流合大鄣山水。有叢山關，與寧國縣界。東有西坑寨巡檢司，尋廢。西北有濠寨巡檢司。

徐州元屬歸德府。洪武四年二月屬中都臨濠府。十四年十一月直隸京師。東南有雲龍山。天啓四年遷州治於雲龍山。東北有盤馬山，產鐵。又有銅山。東南有呂梁山，泗水所經。大河自蕭縣流入，經州城北，遂奪泗水之道，東經百步洪、呂梁洪而入邳州界。有呂梁洪巡檢司。又睢水在南。領縣四。南距南京一千里。洪武二十六年編戶二萬二千六百八十三，口一十八萬八百二十一。弘治四年，戶三萬四千八百八十六，口三十五萬四千三百一十一。萬曆六年，戶三萬七千八百四十一，口三十四萬五千七百六十六。

蕭州西南。舊治在縣西北，今治，萬曆五年徙。南有永固山。北有大河，舊汴河所經道也。南有睢水。又西北有趙家圈巡檢司。嘉靖四十四年，大河決於此。

沛州西北。元屬濟寧路。太祖吳元年來屬。南有大河。東有泗河，自山東魚臺縣流入境。又泡河在西，薛河在東，又北有南沙河、北沙河，皆會於泗。又昭陽湖在縣東。又東北有夏鎭。

豐州西北。元屬濟寧路。太祖吳元年來屬。大河在南。北有豐水，卽泡河也。

碭山州西。元屬濟寧路。太祖吳元年來屬。東南有碭山。其北有芒山。大河自河南虞城縣流入，舊經縣南，嘉靖三十七年徙在北。又南有睢水。

滁州元屬揚州路。洪武初，以州治清流縣省入。七年屬鳳陽府。二十二年二月直隸京師。南有琅邪山。西南有清流山，清流關在其南，清流水出焉，合於滁水。又滁水自全椒縣流入，下流至六合縣入江。西有大鎗嶺巡檢司。領縣二。東距南京一百四十五里。洪武二十六年編戶三千九百四十四，口二萬四千七百九十七。弘治四年，戶四千八百四十，口四萬九千七百一十二。萬曆六年，戶六千七百一十七，口六萬七千二百七十七。

全椒州南。洪武初省，十三年十一月復置。東南有九鬭山。西北有桑根山。又滁水在南，自合肥縣流入，有襄水自北流合焉。

來安州北。洪武初省，十三年十一月復置。東北有五湖山，下有五湖。北有石固山。又來安水在東，東南合清流河。又東南有湯河，南入滁河。東北有白塔鎮巡檢司。

和州元治歷陽縣，屬廬州路。洪武初，省州入縣。二年九月復改縣爲州，仍屬廬州府。七年屬鳳陽府，尋直隸京師。梁山在南，與當塗縣博望山夾江相對，謂之天門山，亦曰西梁山。又東南有橫江，南對當塗縣之采石磯。西南有柵江，即濡須水，入江之口也。南有白石水，又有裕溪河，源出巢湖，皆南流注於江。西有麻湖，亦曰歷湖，永樂中堙。東北有烏江縣，洪武初省。東有浮沙口、南有裕溪鎮二巡檢司。又南有牛屯河巡檢司，後移於烏江鎮，即故烏江縣也。領縣一。東南距南京百三十里。洪武二十六年編戶九千五百三十

一，口六萬六千七百一十一。弘治四年，戶七千四百五十，口六萬七千一十六。萬曆六年，戶八千八百，口一十萬四千九百六十。

含山州西。洪武初省，十三年十一月復置。南有白石山，白石水出焉。西南有濡須山，與無爲州界。西對巢縣之七寶山，濡須水出其間，即東關口也。又南有三义河，東合裕溪入江。

廣德州元廣德路，屬江浙行省。太祖丙申年六月曰廣興府。洪武四年九月曰廣德州。十三年四月以州治廣德縣省入，直隸京師。西有橫山。南有靈山。西北有桐川，匯丹陽湖入江，亦名白石水。南有廣安、西南有陳陽、北有杭村三巡檢司。又東南有苦嶺關，路通浙江安吉州。又有四安鎮。領縣一。北距南京五百里。洪武二十六年編戶四萬四千二百六十七，口二十四萬七千九百七十九。弘治四年，戶四萬五千四十三，口一十二萬七千七百九十五。萬曆六年，戶四萬五千二百九十六，口二十二萬一千五十三。

建平州西北。西南有桐川，又有南碕湖，亦謂之南湖，與宣城縣界，流入丹陽湖。北有梅渚、南有陳村二巡檢司。

校勘記

〔一〕洪熙初仍稱行在正統六年十一月罷稱行在　十一月，原作「八月」，據英宗實錄卷八五正統六年十一月甲午條改。原脫「洪熙初仍稱行在」，據明史稿志一八地理志補。按永樂十九年改北京爲京師，即去行在之稱，見太宗實錄卷二一七永樂十八年九月丁亥條、國榷卷一七頁一一七三。洪熙元年三月戊戌要「復都南京」，改北京爲行在，見仁宗實錄卷八下。正統六年，仍以北京爲京師，罷稱行在。本志記永樂十九年改北京爲京師，而脫去洪熙元年這一過程的記載，則「正統六年十月罷稱行在」即不可解。

〔二〕永樂四年閏七月詔建北京宮殿　原脫「詔」字。按本書卷六成祖紀，四年閏七月壬戌下詔，「以明年五月建北京宮殿」，太宗實錄卷四四同。是四年閏七月下詔，實際修建在五年五月。據補。

〔三〕南之右曰順城　順城，寰宇通志卷一、元史卷五八地理志作「順承」，明史稿志一八地理志、明會典卷一八七、讀史方輿紀要卷一一作「順成」，當是因「承」「城」「成」音同而產生的不同寫法。

〔四〕西之北曰彰儀　彰儀，本書卷一一景帝紀、明史稿志一八地理志、讀史方輿紀要卷一一都作「彰義」。「彰義」是金時舊名，見金史卷二四地理志。

〔五〕嘉靖三十二年築重城　三十二年，原作「二十三年」，據本書卷一八世宗紀、明史稿志一八地理志、世宗實錄卷三九六和四〇三改。按世宗實錄卷三九五嘉靖三十一年三月丙午條議准築外城，又卷三九六嘉靖三十二年閏三月乙丑條「建京師外城興工」，又卷四〇三嘉靖三十二年十月辛丑條「新築京師外城成」。

〔六〕西山在西　原作「北西山在西」，衍「北」字，據明史稿志一八地理志、明一統志卷一、讀史方輿紀要卷一一刪。

〔七〕元清州　清州，原作「青州」，據明史稿志一八地理志、寰宇通志卷二、元史卷五八地理志、讀史方輿紀要卷一三改。按本志下文稱洪武八年，「改清爲青」。

〔八〕以州治清池縣省入　原脫「治」字，據明史稿志一八地理志補。

〔九〕口一百九萬三千五百三十一　一百九萬，原作「一十九萬」，據明史稿志一八地理志、明會典卷一九改。

〔一〇〕東北有衞水　原脫「東北」兩字，據明史稿志一八地理志、明一統志卷三、讀史方輿紀要卷一四補。

〔一一〕北有黑水　原脫「北」字，據明史稿志一八地理志、讀史方輿紀要卷一四補。

〔一二〕西南有洹水　洹水，原作「恆水」，據明史稿志一八地理志、讀史方輿紀要卷一五改。本志卷四二彰德府臨漳縣下有「洹水」，和本條下的「自臨漳縣流入」相應。

〔一三〕洪武十四年九月置山海衞於此　原脫「十」字，據明史稿志一八地理志、太祖實錄卷一三九洪武十四年九月甲申條補。

〔一四〕景泰二年移於雷家站　站，原作「跕」，據明史稿志一八地理志、明一統志卷五改。

〔一五〕領衞十五蔚州延慶左永寧保安四衞俱設於本州縣　四衞，原作「五衞」。按以上所列蔚州、延慶左、永寧、保安共四衞，非五衞。將此四衞加以下文所列萬全都司所屬十一衞，共得十五衞，與「領衞十五」之語正合。本書卷九〇兵志、明會典卷一二四所載萬全都司屬衞亦正十五。「五」字乃「四」字之譌，今改正。

〔一六〕西北有西陽河　西陽河，原作「白陽河」，據本志下文「西陽河堡」及明史稿志一八地理志、讀史方輿紀要卷一八改。

〔一七〕東北有長伸地　長伸地，原作「長仲地」，據明史稿志一八地理志、讀史方輿紀要卷一八改。

〔一八〕西有泖湖　泖湖，原作「茆湖」，據明史稿志一八地理志、讀史方輿紀要卷二四改。下文「茆橋」據同上改作「泖橋」。

〔一九〕成化七年閏九月以江陰縣馬馱沙置　成化七年閏九月，原作「成化八年九月」。明史稿志一八地理志、明一統志卷一〇都作「七年」。憲宗實録卷九六繫於七年閏九月辛亥。據改。

〔二〇〕京峴山在東圌山在北　原作「京峴山在東東圌山在北」，下一「東」字緣上一「東」字而衍，據明史稿志一八地理志、明一統志卷一一、讀史方輿紀要卷二五删。

〔二一〕西有茅山　茅山，原作「芽山」，據明史稿志一八地理志、明一統志卷一一改。

〔二二〕東有浮槎山橫山　橫山，明史稿志一八地理志、寰宇通志卷一七、明一統志卷一四作「黃山」。

〔二三〕十五年改屬　十五年，原作「六十年」。洪武無六十年，據明一統志卷一四、讀史方輿紀要卷二六改。

明史卷四十一

志第十七

地理二

山東　山西

山東　禹貢青、兗二州地。元直隸中書省，又分置山東東西道宣慰司治益都路屬焉。洪武元年四月置山東等處行中書省。治濟南府。三年十二月置青州都衞。治青州府。八年十月改都衞爲山東都指揮使司。九年六月改行中書省爲承宣布政使司。領府六，屬州十五，縣八十九。爲里六千四百有奇。南至郯城，與南直界。北至無棣，與北直界。西至定陶，與北直、河南界。東至海。距南京一千八百五十里，京師九百里。洪武二十六年編戶七十五萬三千八百九十四，口五百二十五萬五千八百七十六。弘治四年，戶七十七萬五百五十五，口六百七十五萬九千六百七十五。萬曆六年，戶一百三十七萬二千二百六，口五百六十六萬四千九十九。

濟南府元濟南路，屬山東東西道宣慰司。〔一〕太祖吳元年爲府。領州四，縣二十六。

歷城倚。天順元年建德王府。南有歷山。東有華不注山。有大清河在西北，即濟水故道，自壽張縣流經縣界，東北至利津入海。又小清河，即濟之南源，一名濼水，出城西趵突泉，經城北，下流至樂安縣入海。又大明湖在城內。又東北有堰頭鎮巡檢司。

章丘府東。東有長白山，又有夔山。南有東陵山，又有長城嶺。又小清河在北。又東有淯河，一名繡江，合諸泉西北匯爲白雲湖，下流入小清河。

鄒平府東北。西南有長白山，接章丘、長山二縣界。北有小清河。

淄川府東。元般陽路治此，屬山東東西道宣慰司。太祖吳元年改路爲淄川州，縣仍爲附郭。二年七月，州廢，來屬。西南有夾谷山。南有原山，與萊蕪縣界，其山陰淄水出焉。又西有孝婦河，自益都縣流入，合瀧、萌、般諸水，下流入小清河。

長山府東北。元屬般陽路。洪武二年七月來屬。西南有長白山。西北有小清河。南有孝婦河。

新城府東北。元屬般陽路。洪武二年七月來屬。七年十二月省入長山、高苑二縣，後復置。北有小清河。西北有孝婦河。東有烏河，其上流即時水，下流至高苑縣入小清河。

齊河府西。元屬德州。洪武二年七月改屬府。有大清河。

中華書局

二十四史

齊東府東。元屬河間路。洪武初來屬。北有大清河。東有滅水河，成化元年開濬，洩小清河漲溢入大清河。

濟陽府北。南有大清河。

禹城府西北。元屬曹州。洪武二十年來屬。西有漯水枯河，俗名土河。

臨邑府北。元屬河間路。洪武初來屬。西北有盤河。

長清府西南。元屬泰安州。洪武二年七月改屬府。東南有青崖山、隔馬山、方山。西南有大清河。又有沙河，自縣南流入焉，亦曰沙溝河。又東南有石都寨巡檢司。

肥城府西南。元屬濟寧路。洪武二年七月來屬。西北有巫山，一名孝堂山，肥水出焉，西流入大清河。

青城府東北。元屬河間路。洪武二年省入鄒平、齊東二縣。十三年十一月復置，來屬。北有大清河。北有大石閘，舊置巡檢司，後廢。

陵府西北。元德州，治安德縣，直隸中書省。洪武元年省安德縣入州。七年七月移州於故陵縣。十三年十一月置陵縣於此。東有德河，下流西入衞河。

泰安州元直隸中書省。洪武初來屬，以州治奉符縣省入。北有泰山，卽岱宗也，亦曰東岳，汶水出焉，下流至汶上縣合大清河。又東南有徂徠山。南有梁父山。又城西有泰安巡檢司。北距府百八十里。領縣二。

新泰州東南。西北有宮山，本名新甫。西南有龜山。東北有小汶河，西流合汶水。又西有上四莊巡檢司。

萊蕪州東。洪武初，改屬濟南府。二年仍來屬。東北有原山，其山陽汶水別源出焉。又西南有冠山。西北有韶山。諸山多產銅鐵錫。

德州元陵州，屬河間路。〔二〕洪武元年降爲陵縣，屬濟寧府。二年七月改屬德州。七年七月省陵縣，移德州治焉。西有衞河。東南有故篤馬河，俗名土河。東南距府二百八十里。領縣二。

德平州東。東北有般河，亦曰盤河，〔三〕或以爲古鈎盤也。

平原州東南。

武定州元棣州，治厭次縣，屬濟南路。洪武初，州縣俱廢。六年六月復置州，改名樂安。宣德元年八月改爲武定州。永樂十五年，漢王府遷於此。宣德元年除。南有大清河，又有土河，又有商河。東南有清河巡檢司。西南距府二百四十里。領縣四。

陽信州北。元屬棣州。東有商河。

海豐州東北。洪武六年六月析樂安州南地置，屬濱州，後來屬。東北濱海。又北有鬲津河，又有無棣縣，元屬棣州，洪武初省。東北有大沽河口巡檢司。

樂陵州西北。舊治在縣之咸平鎮，屬滄州，洪武元年改屬濟寧府，二年移治富平鎮，七月來屬。南有般河及鬲津河，又有土河。西南又有商河。西北有舊縣鎮巡檢司。

商河州西南。南有商河。

濱州洪武初，以州治渤海縣省入。東北濱海，產鹽。南有大清河。北有士傷河，卽鬲津別名也。西南距府三百五十里。領縣三。

利津州東。東北濱海，有永阜等鹽場。東有大清河，流入海。又東北有豐國鎮巡檢司。

霑化州西北。東北濱海，有富國等鹽場。又有久山鎮巡檢司。

蒲臺州南。元屬般陽路。洪武二年七月來屬。東濱海。北有大清河。

兗州府元兗州，屬濟寧路。洪武十八年升爲兗州府。領州四，縣二十三。東北距布政司三百五十里。

滋陽倚。洪武三年四月建魯王府。元曰嵫陽。洪武初，省入州。十八年復置。成化間，改爲滋陽。泗水在東，又有沂水，自曲阜縣西流來合焉。

曲阜府東。東南有尼山，沂水所出。又東有防山。北有泗水。又有洙水，西南流入於沂水。又北有孔林。

寧陽府北。西北有汶水，支流爲洸水。洸水者，洙水也，洸、洙相入受，通稱也，俱西南入運河。又東北有堽城堰，卽汶、洸分流處也。

鄒府東南。元屬滕州。洪武二年七月改屬。東南有嶧山，亦曰邾嶧，又曰鄒嶧。東北有昌平山。西南有鳧山。又有泗河。

泗水府東。東有陪尾山，泗水出焉，經縣北，下流至南直清河縣入淮。

滕府東南。元滕州，治滕縣，屬益都路。洪武二年七月，州廢，縣屬濟寧府。十八年來屬。東南有桃山。東北有蓮青山。又西南有新運河，北自南陽，南至境山，長一百九十四里，嘉靖四十四年所開。又薛水，源自縣東高、薛二山間，西南流，合漷水，一名南沙河，至沛縣入運。又有北沙河在縣北，西流經魚臺入招湖。又南有沙溝集巡檢司。

嶧府東南。元嶧州，屬益都路。洪武二年降爲縣，屬濟寧府，後來屬。東南有柱子山，舊名葛嶧山，承水流其下。又北有君山，一名抱犢山，西泇水所出，東南流至三合村，有東泇河自沂水來會焉。又南合武河、彭、承諸水注於泗，謂之泇口。萬曆中，改爲運道，自夏鎮至直河口，凡二百六十餘里，避黃河之險者三百三十里。又西北有鄒塢鎮巡檢司，嘉靖中，移於縣西抱梨溝。又東南有臺莊巡檢司，萬曆三十四年置。

金鄉府西南。元屬濟寧路。洪武十八年來屬。金鄉嶺在東。大河在西南。

魚臺府西南。元屬濟州。洪武元年屬徐州。二年七月屬濟寧府。十八年來屬。泗河在東，卽運道也。北有菏水，一名五丈溝，東入泗。又東有穀亭鎮，嘉靖九年，黃河決於此。又南有塌場口，洪武、永樂間，爲運道所經。

單府西南。元單州，屬濟寧路。洪武元年省州治單父縣入州。二年七月乃降州爲縣，屬濟寧府。十八年來屬。舊城在南，正德十四年五月因河決改遷。南濱大河。

城武府西南。元屬曹州。洪武四年屬濟寧府。十八年來屬。縣城，正德十四年五月因河決改遷。南有故黃河，卽洪武間之運道也，弘治後堙。

中華書局

濟寧州元任城縣，爲濟州治。至正八年罷濟州，徙濟寧路治此。太祖吳元年爲濟寧府。十八年降爲州，以州治任城縣省入。南臨會通河。西有馬腸湖。又東南有魯橋鎮巡檢司。東距府六十里。領縣三。

嘉祥州東。元屬單州。洪武二年來屬。南有塔山。東有會通河。北有故黃河，一名塔章河，卽塌場口之上流也。

鉅野州西北。元爲濟寧路治，至正八年徙路治任城縣，以縣屬焉。南有高平山。東有鉅野澤，元末爲黃河所決，遂涸。東南有會通河。西南有故黃河，弘治後堙。西有安興集巡檢司。

鄆城州西北。西有灉水，又有故黃河，又有故濟水在西南。

東平州元東平路，直隸中書省。太祖吳元年爲府。七年十一月降爲州，屬濟寧府，以州治須城縣省入。十八年改屬。北有瓠山。東北有危山。西南有安山，亦曰安民山。下有積水湖，一名安山湖。山南有安山鎮，會通河所經也。汶水在南，西流入安山湖。又西北有金線閘巡檢司。東南距府百五十里。領縣五。

汶上州東南。西南有蜀山，其下爲蜀山湖。又西爲南旺湖，其西北則馬踏河，運道經其中而北出，卽會通河也。又汶水在東北，舊時西流入大清河。永樂中，開會通河，堰汶水西南流，悉入南旺湖。

東阿州西北。故城在縣西南。今治，本故穀城縣也，洪武八年徙於此。南有碻磝山。西有魚山。會通河自西南而北經此，始與大清河分流。又西有馬頰河，俗名小鹽河，東流入大清河。又張秋鎮在西南，弘治二年，河決於此。七年十二月塞，賜名安平鎮。

平陰州東北。南有汶河。西南有大清河，又有滑口鎮巡檢司，後廢。

陽穀州西北。東有會通河。又東有阿膠井。

壽張州西。洪武三年省入須城、陽穀二縣。十三年十一月復置，屬濟寧府，後來屬。東南有故城，元時縣治在焉。今治，本王陵店，洪武十三年徙置。南有梁山濼，卽故大野澤下流。〔四〕東北有會通河，又有沙灣，弘治前黃河經此，後堙。西南有梁山集巡檢司。

曹州正統十年十二月以曹縣之黃河北舊土城置。東有舊黃河，洪武初，引河入泗以通運處也。永樂中，亦嘗條濬。南有灉河。東南有菏澤，流爲菏水。東北距府三百里。領縣二。

曹州東南。元曹州，治濟陰縣，直隸中書省。洪武元年省濟陰縣入州。二年，州治自北徙於盤石鎮。四年降爲縣，屬濟寧府。正統十年十二月置州，以縣屬焉。西南有黃陵岡，與河南儀封縣界。弘治五年，黃河決於此，河遂在縣南，東入單縣界，至南直徐州，合泗入淮。又西有賈魯河，嘉靖前猶爲運道，後廢。東南有楚丘縣，元屬曹州，洪武初省。又西北有安陵鎮巡檢司。

定陶州東南。元屬曹州。洪武元年屬濟寧府。十年五月省入城武縣。十三年十一月復置，仍屬濟寧府。正統十年十二月來屬。西有黃河故道。弘治前，河經此，至張秋之沙灣入會通河。

沂州元屬益都路，後省州治臨沂縣入州。洪武元年屬濟寧府。五年屬濟南府。七年十二月屬青州府。十八年來屬。弘治四年八月建涇王府，嘉靖十六年除。西有艾山。東有沂水，源自青州沂水縣，南流至州境，與祊水合，下流入泗。又有沭水，流經南直安東縣爲漣水，入淮。又西南有洳水，亦曰東洳水，下流合嶧縣之西洳水入運。西南有羅藤鎮巡檢司。西距府五百六十里。領縣二。

郯城州東南。洪武初置。東有馬陵山，又有羽山，與南直贛榆縣界。又沭水在東。沂水在西。西有磨山鎮巡檢司，後廢。

費州西北。西北有蒙山。西南有大沫泗，又有祊水，東北有蒙陽水，下流俱入於沂河。西南有關陽鎮、西北有毛陽鎮二巡檢司。

東昌府元東昌路，直隸中書省。洪武初，爲府。領州三，縣十五。東距布政司二百九十里。

聊城倚。城東有會通河。西南有武水枯河，卽漯河也，爲會通河所截，中堙。

堂邑府西。東北有會通河。西有舊黃河。

博平府東北。洪武三年三月省，尋復置。西南有會通河。東北有故黃河。

茌平府東北。西有故黃河。又西北有故馬頰河。

莘府西南。北有弇山，舊有泉湧出，曰弇山泉。

清平府北。元屬德州。洪武元年屬恩州。二年七月屬高唐州。三年三月省，尋復置，改屬。西有會通河。西南有魏家灣巡檢司。

冠府西南。元冠州，直隸中書省。洪武三年降爲縣，來屬。西北有衛河。又東有賈鎮堡，東北有清水鎮堡，俱嘉靖二十二年築。

臨清州元臨清縣，屬濮州。洪武二年七月改屬。弘治二年升爲州。舊治在南，洪武二年徙治臨清閘。景泰元年又於閘東北三里築城，徙治焉。會通河在城南，有衛河自西來會，至天津直沽入海，爲北運河。東南距府百二十里。領縣二。

丘州西。元直隸東昌路。弘治二年改屬州。東南有衛河，又有漳河。

館陶州西南。元屬濮州。洪武二年七月屬東昌府，三年三月省，尋復置，仍屬東昌府。弘治二年改屬州。西有衛河，自元城縣流入。又西南有漳河。又西南有南館陶鎮巡檢司。

高唐州元直隸中書省。洪武初，以州治高唐縣省入，來屬。西有漯河，溢涸無常。又有馬頰河，一名舊黃河。西南距府百二十里。領縣三。

恩州北。元恩州，直隸中書省。洪武二年降爲縣，來屬。西有故城。今治本許官店，洪武七年七月徙於此。西北有衛河。東南有馬頰枯河。又高雞泊亦在縣西北。

夏津州西。洪武三年三月省，尋復置。西南有衛河。又東有馬頰故河。又西有裴家圈巡檢司。

武城州西北。西有衛河。東南有沙河。東北有甲馬營巡檢司。

濮州元直隸中書省。洪武二年以州治鄄城縣省入，來屬。故城在東，景泰三年以河患遷於王村，卽今治也。東南有故黃河，永樂中，河流由此入會通河，後堙。又西南有濮水，一名洪河。東北距府二百里。領縣三。

范州東北。洪武三年三月省，尋復置。東南有故城，洪武二十五年圮於河，始遷今治。又東南有水保寨巡檢司。

觀城州西北。洪武三年三月省，尋復置。又東有馬頰河，有黑羊山水自西北流入焉。

朝城州北。洪武三年三月省，尋復置。西南有故漯河。

青州府元益都路，屬山東東西道宣慰司。太祖吳元年爲青州府。領州一，縣十三。西距布政司三百二十里。

益都倚。洪武三年四月建齊王府，永樂四年廢。十三年建漢王府，十五年遷於樂安。成化二十三年建衡王府。南有雲門山，與劈山連。西北有堯山。又西有九迴山，北陽水出焉，亦曰澠水，經治嶺山麓，曰五龍口，下流經樂安縣，入巨淀。又有南陽水，源出縣西南石膏山，流經城北，又東北合北陽水。又西有淄水，下流至壽光入海。又西南有顏神鎮，孝婦河出焉，入淄川縣界。有顏神鎮巡檢司，嘉靖三十七年築城。鎮西南有青石關。

臨淄府西北。南有牛山。又有鼎足山，女水出焉，下流合北陽水。又有猫山。又有南郊山，其下爲天齊淵。城東有淄水，又西有澠水，又有系水，下流俱入時水。其時水自西南而東北，亦曰𨙻水，又有灃水流入焉，下流俱至樂安縣入海。南有淄河店巡檢司，後廢。

博興府西北。元博興州。洪武二年降爲縣。南有小清河，有時水。

高苑府西北。東南有商山。西南有小清河。西北有田鎮巡檢司，後廢。

樂安府北。東北濱海，有鹽場。北有小清河。東有時水。又東南有淄水，又有北陽水，又有巨洋水，俱匯流於縣東北之高家港入海。港卽古之馬車瀆也。有高家港巡檢司。又西北有樂安鎮巡檢司。又東北有塘頭寨，有百戶所駐焉。

壽光府東北。北濱海，有鹽場。西有淄水，又有北陽水。又東有巨洋水。又西北有清水泊，卽古之鉅定湖也，其北接樂安縣之高家港。又東北有廣陵鎮巡檢司。

昌樂府東。元屬濰州，尋省，後復置，仍屬濰州。洪武初，改屬。西北有故城。洪武中，徙於今治。東南有方山，東丹水所出，北逕昌樂故城，西丹水流合焉，下流至壽光縣入於海。又南有白狼水，至濰縣入海。

臨朐府東。南有朐山，又有大峴山，上有穆陵關巡檢司。又東有沂山，一名東泰山，沭水、瀰水俱發源於此。瀰水，一名巨洋水，西合石溝水，〔三〕至壽光入海。又東北有丹山，一名丸山，西丹河及白狼水出焉。

安丘府東南。元屬密州。洪武二年七月，州廢，屬府。西南有牟山，又有峿山。又東北有峿山。東有濰水，下流經濰縣入海。又北有汶水，源亦出沂山，下流合濰水。

諸城府東南。元爲密州治，屬益都路。洪武二年七月，州廢，屬府。東南有琅邪山。西南有常山，又有馬耳山。北有濰水，東北有盧水，流合焉。南有信陽鎮巡檢司。又南有南龍灣海口巡檢司。

蒙陰府西南。元屬莒州。洪武二年七月改屬府。南有蒙陰山。東有長山，有蒙水，北流入沂水。東南有柴荆關巡檢司，萬曆間廢。

莒州元屬益都路。洪武初，以州治莒縣省入。西有浮來山。又西北有箕屋山，濰水出焉。又西南有沭水，流入沂州界。南有十字路、西南有葛溝店二巡檢司。北距府二百里。領縣二。

沂水州西北。西北有大弁山，與雕厓山連，沂水出焉，南流經沂州界入泗。東北有沭水。

日照州東北。東濱海，有鹽場。東南有夾倉鎮巡檢司。

萊州府元萊州，屬般陽路。洪武元年升爲府。六年降爲州。九年五月復升爲府。領州二，縣五。西距布政司六百四十里。

掖倚。北濱海，有鹽場。又有三山島，在海南岸。東北有萬里沙。西南有掖水，北入海。東南有小沽河。又東北有王徐砦守禦千戶所，嘉靖中置。又西有海倉、北有柴葫寨二巡檢司。

平度州元膠水縣。洪武二十二年正月改置。北有萊山。西有膠水，下流至昌邑北入海。東有大沽河，源自黃縣蹲犬山，流經州，與小沽河合，通名爲沽河，至卽墨縣入海。小沽，卽尤水也。又西南有亭口鎮巡檢司。北距府百里。領縣二。

濰州西。元濰州，屬益都路。洪武元年以州治北海縣省入。九年屬萊州府。十年五月降爲縣。二十二年正月改

屬州。南有濰水，東北入海。又東北有固堤店巡檢司。

昌邑州西北。元屬濰州。洪武十年五月省入濰縣。二十二年正月復置，來屬。東有濰水。東北有膠河。北有魚兒鎮巡檢司。

膠州元屬益都路。洪武初，以州治膠西縣省入。九年來屬。西南有鐵橛山，膠水所出，亦曰膠山。東北有沽河，南流入海。又東南海口有靈山衞，又有安東衞，俱洪武三十一年五月置。又有夏河寨千戶所，在靈山衞西南。石臼島寨千戶所，在安東衞南。俱弘治後置。又西南有古鎮巡檢司。北有逄猛鎮巡檢司。北距府二百二十里。領縣二。

高密州西北。元屬膠州。洪武元年屬青州府。九年五月屬萊州府，尋復屬州。東有膠水。西有濰水。又西南有密水，一名百尺溝，北會於濰水。

卽墨州東。元屬膠州。洪武初，屬青州府。九年五月屬萊州府。十年五月仍屬州。東南有勞山，在海濱。又有田横島，在東北海中。東有鼇山衞，洪武二十一年五月置。又東北有雄崖守禦千戶所，南有浮山守禦千戶所，俱洪武中置。又東北有栲栳島巡檢司。又卽墨營舊在縣南，宣德八年移置縣北，有城。

登州府元登州，屬般陽路。洪武元年屬萊州府。六年直隸山東行省。九年五月升爲府。領州一，縣七。西距布政司一千零五十里。

蓬萊倚。洪武初廢。九年五月復置。北有丹崖山，臨大海。南有密神山，密水所出。西南有黑石山，黑水所出，經城南合流，北入於海。西有龍山，產鐵。東有高山巡檢司，本置於海中沙門島，後遷朱高山下。又東南有楊家店巡檢司。

黃府西南。東南有萊山。西南有蹲犬山，大沽水出焉。又東有黃水，東南有洚水，合流入海。又西有馬停鎮巡檢司。

福山府東南。東北有之罘山，三面臨海。西南有義井河，北入海。又奇山守禦千戶所在東北，洪武三十一年置。又北有孫夼鎮巡檢司。

棲霞府東南。東有峘嵎山，舊產金，亦名金山。又有百澗山，西北有北曲山，二山舊皆產鐵。又南有翠屏山，大河出焉，即義井河之上源也。

招遠府西南。元屬萊州。洪武九年五月來屬。東北有原疃河，北入海。西有東良海口巡檢司。

萊陽府南。元屬萊州。洪武九年五月來屬。東南有昌水，源發文登縣之昌山，一名昌陽水，南入海。東有豯養澤。又東南有大嵩衞，洪武三十一年五月置。衞西有大山千戶所，成化中置。又南有行村寨巡檢司。

寧海州元直隸山東東西道宣慰司。洪武初，以州治牟平縣省入，屬萊州府。九年改屬。東有金水河，一名沁水，西南有五丈河，俱北入海。又西南有乳山寨巡檢司。西距府二百二十里。領縣一。

文登州東南。元屬寧海州。洪武初，改屬萊州府。九年五月屬登州府，後仍屬州。東南有斥山。南有成山，又

有鐵槎山。又西有鐵官山。東南濱海。南有靖海衞，東有成山衞，北有威海衞，皆洪武三十一年五月置。又寧津守禦千戶所在東南，亦洪武三十一年置。又東有海陽守禦千戶所，在靖海衞南。金山守禦千戶所，在威海衞西。百尺崖守禦千戶所，在威海衞北。尋山守禦千戶所，在成山衞東南。俱成化中置。又北有辛汪寨、東北有溫泉鎮、東有赤山鎮三巡檢司。

遼東都指揮使司元置遼陽等處行中書省，治遼陽路。洪武四年七月置定遼都衞。六年六月置遼陽府、縣。八年十月改都衞爲遼東都指揮使司。治定遼中衞，領衞二十五，州二。十年，府縣俱罷。東至鴨綠江，西至山海關，南至旅順海口，北至開原。由海道至山東布政司，二千一百五十里。距南京一千四百里，京師一千七百里。

定遼中衞元遼陽路，治遼陽縣。洪武四年罷。六年復置。十年復罷。十七年置衞。西南有首山。南有千山。又東南有安平山，山有鐵場。又西有遼河，自塞外流入，至海州衞入海。又西北有渾河，一名小遼水，東北有太子河，一名大梁水，又名東梁水，下流俱入於遼水。又東有鴨綠江，東南入海。又東有鳳凰城，在鳳凰山東南，成化十七年築，爲朝鮮入貢之道。又南有鎮江堡城。又連山關亦在東南。

定遼左衞

定遼右衞　俱洪武六年十一月置。

定遼前衞　洪武八年二月置。

定遼後衞　本遼東衞，洪武四年二月置。八年二月改。九年十月徙治遼陽城北，尋復。

東寧衞　本東寧、南京、海洋、草河、女直五千戶所，洪武十三年置。十九年七月改置。

自在州　永樂七年置於三萬衞城，尋徙。

以上五衞一州，同治都司城內。

海州衞　本海州，洪武初，置於舊澄州城。九年置衞。二十八年四月，州廢。西南濱海，有鹽場。西有遼河，匯渾河、太子河入海，謂之三岔河。又西有南、北通江，亦合於遼河。東有大片嶺關，有鹽場。東北距都司百二十里。

蓋州衞元蓋州，屬遼陽路。洪武四年廢。五年六月復置。九年十月置衞。二十八年四月，州復廢。東北有石城山。又北有平山，其下有鹽場。又東有駐蹕山，西濱海，有連雲島，上有關。又東有泥河，南有清河，東南有畢里河，下流皆入於海。又南有永寧監城，永樂七年置。又西北有梁房口關，海運之舟由此入遼河，旁有鹽場。又東有石門關。西有鹽場。北有鐵場。北距都司二百四十里。

復州衞　本復州，洪武五年六月置於舊復州城。十四年九月置衞。二十八年四月，州廢。西濱海。西南有長生島。又南有沙河，合麻河，西注於海。東有得利嬴城，元季土人築，洪武四年二月置遼東衞於此，尋徙。又南有欒古關。西有鹽場。北有鐵場。北距都司四百二十里。

金州衞　本金州，洪武五年六月置於舊金州。八年四月置衞。二十八年四月，州廢。東有大黑山，小沙河出焉。又有小黑山，駱馬河、澄沙河俱出焉。衞東西南三面皆濱海。南有南關島。東有蓮花島。東南有金線島。又東有皮島，又有長行島。南有雙島及三山島。〔六〕西南有鐵山島。東北有蘇家島，有關。又旅順口關在南，海運之舟由此登岸，有南、北二城，其北城有中左千戶所，洪武二十年置。又東南有望海堝石城，永樂七年置。又衞東有鐵場。東北有鹽場。北距都司六百里。

廣寧衞元廣寧府路。洪武初廢。二十三年五月置衞。洪武二十五年三月建遼王府。建文中，改封湖廣荊州府。西有醫無閭山。南濱海。東有路河，東北有珠子河，下流皆注於遼河。又板橋河在西，南流入海。北有白土廠關，又有分水嶺關。西北有魏家嶺關。又北有懿州，元屬遼陽路。洪武二十六年正月置廣寧後屯衞於此。永樂八年，州廢，徙衞於義州衞城。又西南有閭陽關，東北有望平縣，元俱屬廣寧路。又西北有川州，元屬大寧路。又東北有順州，西北有成州，元俱屬東寧路。又西南有鍾秀城，元置千戶所於此。俱洪武中廢。東距都司四百二十里。

廣寧中衞

廣寧左衞　俱洪武二十六年正月置。二十八年四月廢。三十五年十一月復置。

廣寧右衞　本治大凌河堡，洪武二十六年正月置。二十八年四月廢。三十五年十一月復置。〔七〕

以上三衞，俱在廣寧衞城。

廣寧前衞

廣寧後衞　俱洪武二十六年正月置。後俱廢。

義州衞元義州，屬大寧路。洪武初，州廢。二十年八月置衞。西北有大淩河，下流入海。東北有清河，下流合大淩河。東南距都司五百四十里。

廣寧後屯衞　洪武二十六年正月置於舊懿州。永樂八年徙治義州衞城。

廣寧中屯衞元錦州，屬大寧路。洪武初，州廢。二十四年九月置衞。東有木葉山。西有東、西紅螺山。西南有杏山。東南有乳峯山。又東有大淩河、小淩河。又西有女兒河，與小淩河合。又南有松山堡，在松山西，宣德五年正月置中左千戶所於此，轄杏山驛至小淩河驛。東有大淩河堡，洪武二十六年正月置廣寧右衞，二十八年四月廢。宣德五年正月置中右千戶所於此，轄淩河驛至十三山驛。又城南有鹽場二，鐵場一。又西有鐵場。東南距都司六百里。

廣寧左屯衞　洪武二十四年九月置於遼河西，後徙廣寧中屯衞城。

廣寧右屯衞元廣寧府地。洪武二十六年正月置於十三山堡。二十七年遷於舊閭陽縣之臨海鄉。北有十三山。山西有十三山堡。西有大淩河。又西南有望梅嶺。又南有鹽場。東有鐵場。東南距都司五百四十里。

廣寧前屯衞元瑞州，屬大寧路。洪武初，屬永平府。七年七月，州廢。二十六年正月置衞。西北

有萬松山。北有十八盤山。西有蔴子峪，有鐵場。東南爲山口峪，有鹽場。東北有六州河，下流至蛇山務入海。西有山海關，與北直撫寧縣界。又有急水河堡，宣德五年正月置中前千戶所於此，轄山海東關至高嶺驛。又東有杏林堡，宣德五年正月置中後千戶所於此，轄沙河驛至東關驛。東距都司九百六十里。

寧遠衞　宣德五年正月分廣寧前屯、中屯二衞地置，治湯池。西北有大團山。東北有長嶺山。南濱海。東有桃花島。東南有覺華島城。西有寧遠河，卽女兒河也，又名三女河。又東有塔山，有中左千戶所，轄連山驛至杏山驛，西有小沙河中右千戶所，〔八〕轄東關驛至曹莊驛，俱宣德五年正月置。又南有鹽、鐵二場。東距都司七百七十里。

瀋陽中衞元瀋陽路。洪武初廢。三十一年閏五月置衞。洪武二十四年建瀋王府。永樂六年遷於山西潞州。東有東牟山。南有渾河，又東有瀋水入焉。又西有遼河。又東北有撫順千戶所，洪武二十一年置。所東有撫順關。又北有蒲河千戶所，亦洪武二十一年置。南距都司百二十里。

瀋陽左衞

瀋陽右衞　俱洪武中置。建文初廢。洪武三十五年七月復置，〔九〕後仍廢。

瀋陽中屯衞　洪武三十一年閏五月置。建文中廢。洪武三十五年十一月復置，屬北平都司，後屬後軍都督府，寄治北直河間縣。

鐵嶺衞　洪武二十一年三月以古鐵嶺城置。二十六年四月遷於古嚚州之地，卽今治也。西有遼河，南有汎河，又南有小清河，俱流入於遼河。又南有懿路城，洪武二十九年置懿路千戶所於此。又范河城在衞南，亦曰汎河城，正統四年置汎河千戶所於此。東南有奉集縣，卽古鐵嶺城也，接高麗界，洪武初置縣，尋廢。又有咸平府，元直隸遼東行省。至正二年正月降爲縣。洪武初廢。南距都司二百四十里。

三萬衞元開元路。洪武初廢。二十年十二月置三萬衞於故城西，兼置兀者野人乞例迷女直軍民府。二十一年，府罷，徙衞於開元城。洪武二十四年建韓王府。永樂二十二年遷於陝西平涼。西北有金山。東有分水東嶺。北有分水西嶺。西有大清河，東有小清河，流合焉，下流入於遼河。又北有上河，東北有艾河，流合焉，謂之遼海，卽遼河上源也。又北有金水河，北流入塞外之松花江。又鎭北關在東北。廣順關在東。又西有新安關。西南有清河關。南有山頭關。又北有北城，卽牛家莊也，洪武二十三年三月置遼海衞於此。二十六年，衞徙。又南有中固城，永樂五年置。南距都司三百三十里。

遼海衞　洪武二十三年三月置於牛家莊。二十六年徙三萬衞城。

安樂州　永樂七年置，在三萬衞城。

山西　禹貢冀州之域。元置河東山西道宣慰使司，治大同路。直隸中書省。洪武二年四月置山西等處行中書省。治太原路。三年十二月置太原都衞。與行中書省同治。八年十月改都衞

爲山西都指揮使司。九年六月改行中書省爲承宣布政使司。領府五，直隸州三，屬州十六，縣七十九。爲里四千四百有奇。東至眞定，與北直界。北至大同，外爲邊地。西南皆至河，與陝西、河南界。距南京二千四百里，京師千二百里。洪武二十六年編戶五十九萬五千四百四十四，口四百七萬二千一百二十七。弘治四年，戶五十七萬五千二百四十九，口四百三十六萬四百七十六。萬曆六年，戶五十九萬六千九十七，口五百三十一萬九千三百五十九。

太原府元冀寧路，屬河東山西道宣慰司。洪武元年十二月改爲太原府，領州五，縣二十。

陽曲倚。洪武三年四月建晉王府於城外東北維。西有汾水，自靜樂縣流經此，下流至棃河縣合大河。西北有天門關巡檢司。東北有石嶺關巡檢司。

太原府西南。元曰平晉，治在今東北。洪武四年移於汾水西，故晉陽城之南關。八年更名太原。西有懸甕山，一名龍山，又名結絀山，晉水所出，下流入於汾。西北有蒙山。東有汾水。東南有洞渦水，源自樂平，下流入汾。

榆次府東南。東南有涂水，〔一〇〕合小涂水西北流，入洞渦水。

太谷府東南。東南有馬嶺，〔一一〕路出北直邢臺縣，上有馬嶺關，有巡檢司。西有太谷，一名咸陽谷。東北有象谷水，流入汾。

祁府南，少西。東南有胡甲山，隆舟水出焉，下流至平遙入汾。南有隆舟峪巡檢司。又東有團柏鎭。

中華書局

徐溝府南。北有洞渦水，至此合汾。

清源府西南。北有清源水，東流，南入汾。

交城府西南。東北有羊腸山。東南有汾水。又西有文水。

文水府西南。西南有隱泉山。〔一三〕東有文水，南入汾。又東北有猷水，或以爲卽鄔澤也。

壽陽府東。西有殺熊嶺。南有洞渦水，黑水流合焉。

盂府東北。元盂州。洪武二年降爲縣。東北有白馬山。北有滹沱河，東入北直平山縣界。東北有伏馬關，一名白馬關。又東有榆棗關。

靜樂府西北。元管州。洪武二年改爲靜樂縣。東北有管涔山，汾水所出。又東北有燕京山，上有天池。又北有寧化守禦千戶所，洪武二年置。又東南有兩嶺關，置故鎭巡檢司於此，後移於稍東順水村。又南有樓煩鎭巡檢司。又東北有沙婆嶺巡檢司，後移於陽曲縣天門關。

河曲府西北。元省。洪武十三年十一月復置。西有火山，臨大河。河濱有娘娘灘、太子灘，皆套中渡河險要處也。北有關河，以經偏頭關而名，西北流入大河。成化十一年十二月置偏頭關守禦千戶所，與寧武、雁門爲三關。

平定州東有綿山，澤發水出焉，卽治河上源，合沾水，東流至平山縣入滹沱。西南有洞渦水，合浮化水，西流入汾。東南有新固關守禦千戶所。又東有故關，卽井陘關也，洪武三年置故關巡檢司於此。又有葦澤、盤石二關在縣東

北，俱接井陘縣界。西北距府一百八十里。領縣一。

樂平州東南。東有皐落山，一名靈山。西南有少山，一名沾嶺，爲沾水、淸漳二水之發源。沾東流入澤發水，漳北流，折而西南，入和順縣之梁榆水。又西有陡泉嶺，洞渦水所出。又靜陽鎭在縣東南。

忻州洪武初，以州治秀容縣省入。北有滹沱河，又有忻水，一名肆盧川，自北流入焉。西南有牛尾莊巡檢司，後移於州北十里。又西有寨西巡檢司，西北有沙溝巡檢司，後俱廢。又忻口寨亦在州北。又東南有赤塘關。南距府百六十里。領縣一。

定襄州東，少北。北有滹沱河。又南有叢象山，有三會水流合焉。東北有胡谷砦巡檢司，後廢。

代州洪武二年降爲縣。八年二月復升爲州。句注山在西，亦名西陘，亦曰雁門山，其北爲雁門關，有雁門守禦千戶所，洪武十二年十月置。又於關北置廣武營城。又東有夏屋山，一名下壺。又南有滹沱河，源自繁峙入州界，西南流經崞、忻、定襄，又東經五臺、盂，入眞定界。又北有太和嶺、水勸口二巡檢司，後俱廢。西南距府三百五十里。領縣三。

五臺州東南。元臺州。洪武二年改爲五臺縣。八年二月來屬。東北有五臺山，有淸水河，東北流，合虒陽河，南入於滹沱。又東南有高洪口巡檢司。又東北有大谷口、飯仙山二巡檢司，後俱廢。

繁峙州東。元堅州。洪武二年改爲繁峙縣。八年二月來屬。舊治在縣南，成化三年二月移治東義村。萬曆十四年十二月徙於河北之石龍岡。東北有泰戲山，滹沱河所出也，迴環千三百七十里，至北直靜海縣入海。又北有茹越口、東北有北樓口、東有平刑嶺三巡檢司，後俱廢。又東有郎嶺關城，洪武十七年築。

崞州西南。元崞州。洪武二年降爲縣。八年二月來屬。西南有崞山。東南有石鼓山，又有滹沱河。又西北有寧武關，有寧武守禦千戶所，景泰元年置。又有八角守禦千戶所，嘉靖三年八月置。又西南有蘆板寨巡檢司。又西北有楊武峪、弔橋嶺、胡峪北口三巡檢司。

岢嵐州本岢嵐縣，洪武七年十月置。八年十一月升爲州。北有岢嵐山，其東爲雪山。西南有嵐漪河，北有蔚汾水，下流俱入大河。又西北有岢嵐鎭巡檢司，後廢。又北有天澗堡隘，路通朔州。西北有于坑堡隘，又有洪谷堡隘，俱通保德州。東南距府二百八十里。領縣二。

嵐州南，少東。元嵐州。洪武初，降爲縣。西南有黃尖山，蔚汾水所出。又北有二郎關、鹿徑嶺二巡檢司。

興州西南。元興州。洪武二年降爲縣。八年十一月來屬。東北有石樓山。西濱大河，南有蔚汾水流入焉。又東有界河口、西南有孟家峪二巡檢司。

保德州洪武七年降爲縣。八年十一月屬岢嵐州。九年正月復升爲州。西濱大河。東北有得馬水巡檢司，後廢。東南距府五百里。

平陽府元晉寧路，屬河東山西道宣慰司。洪武元年改爲平陽府。領州六，縣二十八。東北距布政司五百九十里。

臨汾倚。西有姑射山。西南有平山，晉水、平水皆出於此，東流入於汾。

襄陵府西南。西南有三隥山。東有汾水。南有太平關，有巡檢司。

洪洞府北，少東。東有九箕山。西有汾水。

浮山府東，少南。西有浮山。北有澇水，東南有潏水，下流俱入汾。

趙城府北。元屬霍州。洪武三年改屬。西有羅雲山，又有汾水、霍水，自東南流入焉。

太平府西南。元屬絳州。洪武二年改屬。東有汾水。

岳陽府東北。東有沁水，流入澤州界。北有澗水。又南有赤壁水，西北流，會澗水入汾河。

曲沃府南。元屬絳州。洪武二年改屬。南有紫金山，產銅。北有喬山。西有汾水。西南有澮水，下流入汾。

翼城府東南。元屬絳州。洪武二年改屬。東南有澮高山，產銅，下有澮泉。又東有烏嶺山，澮水出焉。

汾西府北，少西。西有青山，產鐵。東有汾水。

蒲府西北。元屬隰州。洪武二年改屬。西有第一河，西流入大河。東有張村岔巡檢司。

靈石府北。元屬霍州。萬曆二十三年五月改屬汾州府。四十三年還屬府。東有綿山，卽介山也。城北有汾水，又東有谷水流入焉。又北有靈石口巡檢司。西南有陰地關，又有汾水關。

蒲州元河中府。洪武二年改爲蒲州，以州治河東縣省入。中條山在東南，卽雷首山也，又名首陽山，跨臨晉、閔喜、垣曲、平陸、芮城、安邑、夏縣、解州之境。又南有歷山。又大河自榆林折而南，經州城西，又經中條山

襲，又折而東，謂之河曲。臨河有風陵關巡檢司。又東南有涑水，卽絳水下流，又南有嬀汭水，俱注於大河。東北距府四百五十里。領縣五。

臨晉州東北。東南有王官谷。西有大河。南有涑水。又西有吳王寨巡檢司。

滎河州北，少東。大河在城西，汾水至此入河。

猗氏州東北。南有涑水。東南有鹽池。

萬泉州東北。南有介山。

河津州東北。西北有龍門山，夾河對峙，下有禹門渡巡檢司。汾水舊由滎河縣北脽丘入河，隆慶四年東徙，經縣西南葫蘆灘入河。

解州　洪武初，以州治解縣省入。南有檀道山，又有石錐山。東南有白徑嶺。南濱大河。東有鹽池。西北又有女鹽池。東北有長樂鎭巡檢司。東南有鹽池巡檢司。東北距府三百四十里。領縣五。

安邑州東北。西有司鹽城。北有鳴條岡。又有涑水。西南有鹽池。南有聖惠鎭巡檢司。西南有西姚巡檢司。

夏州東北。北有涑水。

聞喜州東北。東南有湯山，產銅。南有涑水。又東北有乾河，又有董澤。

平陸州東南。東北有虞山，一名吳山。又東有傅巖。南濱大河，中有底柱山。東有大陽津，上有關，亦曰茅津。有沙澗茅津渡巡檢司。又有白浪渡巡檢司。

芮城州西南。大河南經縣，西折而東。東南有陌底渡巡檢司。西北有萬壽堡。東有襄邑堡。

絳州　洪武初，以州治正平縣省入。西北有九原山。〔一三〕南有汾水，澮水自東南流入焉。西有武平關。東北距府百五十里。領縣三。

稷山州西。南有稷神山，又有汾水。

絳州東南。東有太行山。東南有太陰山，又有陳村峪，涑水出焉，經聞喜、夏、安邑等縣，至蒲州入黃河。又西北有絳山，絳水出焉，西流入涑。又東南有教山，教水出焉，卽乾河之源也。絳山產鐵。

垣曲州東南。西北有折腰山，山有銅冶。又東北有王屋山。南濱河，西有清水流入焉。又北有乾河。西北有橫嶺背巡檢司。西南有留莊隘。

霍州　洪武初，以州治霍邑縣省入。東南有霍山，亦曰霍太山。西有汾水，又有霍水、彘水，俱出霍山，下流俱入汾。南距府百四十五里。

吉州西有孟門山，大河所經。西南有壺口山。又烏仁關在西，平渡關在西北，俱有巡檢司。東距府二百七十里。領縣一。

鄉寧州東南。西南有兩乳山。西有黃河。西北有龍尾磧巡檢司。

隰州　洪武初，以州治隰川縣省入。西有蒲水，南入大河。東北有廣武莊巡檢司。東南距府二百八十里。領縣二。

大寧州西南。西濱大河。又東南有昕川，西注於河。西有馬鬬關，大河經其下，有巡檢司。

永和州西。西濱大河。西北有永和關，有巡檢司。又有興德關。西南有鐵羅關。三關俱與陝西濱河爲界。

汾州府元汾州，屬冀寧路。洪武九年直隸布政司。萬曆二十三年五月升爲府。領州一，縣七。東北距布政司二百里。

汾陽倚。元曰西河。洪武初，省入州。萬曆二十三年五月復置，更名。東有汾水。又東北有文水，一名萬谷河，自文水縣東南流入焉。西有金鎖關、黃蘆嶺二巡檢司。

孝義府南，少東。西北有狐岐山，勝水出焉，東流入汾。又縣南有雀鼠谷，與介休縣界，汾水自東北來經此。又西有溫泉鎭巡檢司。

平遙府東。南有麓臺山，一名蒙山，又名謁戾山。西有汾河。東有中都水，又有原祠水，合流注於汾河。又南有普同關巡檢司，後移於縣東北之洪善鎭。

介休府東南。有介山，亦曰綿山。西有汾水，東有石洞水，西流入焉。東北有鄔城泊，與平遙、文水二縣界，卽昭餘祁藪之餘浸也，或亦謂之嵩澤。東南有關子嶺鎭巡檢司。

石樓府西，少南。元屬晉寧路之隰州。萬曆四十年改屬。東南有石樓山。西有黃河，又有土軍川流入焉。又西北有上平關，西有永和關、東北有窟龍關三巡檢司。

臨府西北。元臨州，屬冀寧路。洪武二年降爲縣。萬曆二十三年五月來屬。北濱黃河，東北有楡林河流入焉。西北有剋狐寨巡檢司。

永寧州元石州，屬冀寧路。洪武初，以州治離石縣省入。隆慶元年更名。萬曆二十三年五月來屬。大河在西。東有穀積山，下有石窟村，東川河出焉。北有赤堅嶺，一名離石山，離石水出焉，亦曰北川河，合流注於大河。又西有青龍渡、北有赤堅嶺二巡檢司。又西有孟門關。東南距府百六十里。領縣一。

寧鄉州南。東南有樓子臺山。西有黃河。

潞安府元潞州，屬晉寧路。洪武二年直隸行中書省。九年直隸布政司。嘉靖八年二月升爲潞安府。領縣八。西北距布政司四百五十里。

長治倚。永樂六年，瀋王府自瀋陽遷此。元上黨縣。洪武二年省入州。嘉靖八年二月復置，更名。東南有壺關山，舊置壺口關於山下。〔一四〕西南有潞水，卽濁漳水，自長子縣流入，下流至河南臨漳縣，合淸漳水。又西有藍水，東流與濁漳水合。

長子府西，少南。東南有羊頭山。西南有發鳩山，一名鹿谷山，濁漳水發源於此。西北有藍水，南有梁水，皆流入漳水。

屯留府西北。西北有三嵕山。又西南有盤秀山，藍水出乎其陽，絳水出乎其陰，下流俱合濁漳水。

中華書局

襄垣府北，少西。南有濁漳水。西北有小漳水，又有涅水，自武鄉縣流入界，合小漳水，下流入濁漳水。西有五峻山巡檢司。

潞城府東北。西有三垂山。北有濁漳水，又有絳水，流合焉，謂之交漳。

壺關府東南。南有趙屋嶺，西南有大峪嶺，俱產鐵。東南有羊腸坂。西北有壺水，西入濁漳。

黎城府東北。西北有濁漳水，東南入河南林縣界。東北又有清漳水，流入河南涉縣界。又東北有吾兒峪巡檢司。

平順嘉靖八年二月以潞城縣青羊里置，析黎城、壺關、潞城三縣地益之。東北有濁漳水。東南有虹梯關、玉峽關二巡檢司。

大同府元大同路，屬河東山西道宣慰司。洪武二年爲府。領州四，縣七。南距布政司六百七十里。

大同倚。洪武二十五年三月建代王府。北有方山。西北有雷公山。東有紇真山。又東北有白登山。又西有大河。又南有桑乾河，自馬邑縣流經此，其下流至蔚州入北直境，爲盧溝河。又西北有金河，又有紫河，皆流入大河。又西有武州山，武州川水出焉。又東有御河，一名如渾水，〔一三〕南有十里河流合焉，卽武州川也，俗曰合河，南入於桑乾。北有威寧海子。又有孤店、開山、虎峪、白陽等口，俱在東北。又北有貓兒莊。

懷仁府西南。西有清涼山，西南有錦屏山，舊皆有鐵冶。南有桑乾河。西南有偏嶺等口。

渾源州南有恒山，卽北嶽也，與北直曲陽縣界。東有五峰山。又南有翠屏山，滱水出焉，與嘔夷水合，下流爲唐河。

又北有桑乾河。西南有渾源川，下流入桑乾河。又東有亂嶺關、南有瓷窰口、東南有大寨頭三巡檢司。西北距府百三十里。

應州洪武初，以州治金城縣省入。北有桑乾河。西有小石口巡檢司。東南有胡峪口巡檢司。南有茹越口巡檢司。又有北婁、大石等口，路通繁峙縣。北距府百二十里。領縣一。

山陰州西南。北有桑乾水。

朔州洪武初，以州治鄯陽縣省入。西南有翠峰山。西北有黃河。又南有灰河，下流入桑乾河。又西有武州，元屬大同路，洪武初省。北有沙淨口、西南有神池口二巡檢司。東北距府二百八十里。領縣一。

馬邑州東，少北。西北有洪濤山，㶟水出焉，俗名洪濤泉，卽桑乾河上源也，至北直武清縣入海。東南有雁門關。又北有白陽。

蔚州元屬上都路之順寧府。至大元年十一月升爲蔚昌府，直隸上都路。洪武二年仍爲州。四年來屬，以州治靈仙縣省入。東有九宮山，又有霤山。又東南爲小五臺山。北有桑乾水，東入北直保安州界。又北有壺流水，一名胡盧水，西南有滋水流入焉，下流入北直眞定府界。東北有定安縣，元屬州，洪武初廢。西南有石門口，東南有神通溝鎮，東北有鴛鴦口、長寧鎮四巡檢司。又東有九宮口巡檢司，後移於州南黑石嶺。又東北有美峪口巡檢司，尋徙於蓋家莊。又有興寧口巡檢司，後移於北口關。西北距府三百五十里。領縣三。

廣靈州西，少北。北有九層山。東南有豐水，卽葫蘆河上源也。又西南有滋水。北有平嶺關巡檢司，後徙於縣西南之林關口。

廣昌州東南。元曰飛狐。洪武初，更名。東南有白石山。東有雕窠崖，舊有洞產銀。〔一六〕又桑乾河在北。唐河在南，卽滱水也。又淶水在東，源出北崖古塔，與縣南之拒馬河合，東入北直淶水縣界。又紫荊關在東北，接北直易州界。倒馬關在南，接北直定州界。又飛狐關在北，今爲黑石嶺堡，與蔚州界。

靈丘州西南。東南有隘門山，西北有槍峯嶺，卽高是山也，嘔夷水出焉。又有枚回嶺，滋水出焉。

澤州元澤州，屬晉寧路。洪武初，以州治晉城縣省入。二年直隸行中書省。九年直隸布政司。東南有馬牢山。南有太行山，山頂有天井關，關南卽羊腸坂。又東北有丹水，南有白水流入焉，下流注於沁河。東南有柳樹店、南有橫望嶺二巡檢司。領縣四。西北距布政司六百二十里。

高平州北，少東。西北有仙公山，丹水出焉。又西南有空倉堡巡檢司。西北有長平關，又有磨磐寨。

陽城州西。西南有析城山，南有王屋山，與垣曲縣及河南濟源縣界。東有沁河，又西北有濩澤水入焉。

陵川州東北。西北有蒲水，西流入於丹水。南有永和隘巡檢司，後廢。

沁水州西北。東有沁河。又西有蘆河，下流入於沁水。西北有東烏嶺巡檢司。

沁州元屬晉寧路。洪武初，以州治銅鞮縣省入。二年直隸行中書省。九年直隸布政司。萬曆

二十三年五月改屬汾州府，三十二年仍直隸布政司。西南有護甲山，涅水出焉。南有銅鞮山。正西有銅鞮水，有二流，一名小漳河，一名西漳河，下流入襄垣縣，合濁漳水。領縣二。西北距布政司三百十里。

沁源州西，少南。北有綿山，沁水出焉，經縣東，下流至河南修武縣入大河，行九百七十餘里。又北有綿上巡檢司。

武鄉州東北。西有涅水，又西有武鄉水入焉。

遼州元屬晉寧路。洪武初，以州治遼山縣省入。二年直隸行中書省。九年直隸布政司。東南有太行山，洺水所出，上有黃澤嶺，嶺有十八盤巡檢司。又東有清漳水，分二流，至東南交漳村而合，南入黎城縣界。又西北有遼陽水，流合清漳水。領縣二。西北距布政司三百四十里。

榆社州西。西有榆水。西南有武鄉水。又西北有黃花嶺、馬陵關二巡檢司。

和順州北。東有黃榆嶺，北有松子嶺，西有八賦嶺，俱有巡檢司。又清漳水在西北，松嶺水及八賦水、梁榆水俱流入焉。

山西行都指揮使司　本大同都衞，洪武四年正月置。治白羊城。八年十月更名。二十五年八月徙治大同府。二十六年二月領衞二十六，宣府左、右，萬全左、右，懷安五衞，改屬萬全都司。後

領衛十四。薊州衛治州城，安東中屯衛寄治應州城。

大同前衛　洪武七年二月置，與行都司同城。

大同後衛　洪武二十五年八月置，與行都司同城，尋罷。二十六年二月復置，治行都司東，後仍徙行都司城。東有聚落城，天順三年築。嘉靖二年九月置聚落守禦千戶所於此，來屬。

大同中衛　洪武二十五年八月置，與行都司同城，後罷。

大同左衛　洪武二十五年八月置，與行都司同城。三十五年罷。永樂元年九月復置。七年徙治鎮朔衛城。

大同右衛　洪武二十五年八月置，與行都司同城。三十五年罷。永樂元年九月復置。七年徙治定邊衛城。

鎮朔衛　洪武二十六年二月置，屬行都司。永樂元年二月徙治北直薊州，直隸後軍都督府，而衛城遂虛。七年徙大同左衛來治。正統十四年又徙雲川衛來同治。東有雕嶺山。北有兔毛川，卽武州川也。又西北有御河，自塞外流入，下流入於桑乾河。又北有鹽池。東北距行都司一百二十里。

定邊衛　洪武二十六年二月置，屬行都司。永樂元年二月徙治北直通州，直隸後軍都督府，而衛城遂虛。七年徙大同右衛來治。正統十四年又徙玉林衛來同治。西有大青山。東北

有海子窪，兔毛川出焉，分爲二，其一東南流入左衛界，其一西北流自殺虎口出塞。又有南大河，經衛東南，合於兔毛川。東南距行都司一百九十里。

陽和衛元白登縣，屬大同路。洪武初，縣廢。二十六年二月置衛。宣德元年徙高山衛來同治。北有雁門山，雁門水出焉。南有桑乾河。西南距行都司一百二十里。

天成衛元天成縣，屬興和路。洪武四年五月改屬大同府，縣尋廢。二十六年二月置衛，後徙鎮虜衛來同治。桑乾河在南。南洋河在北，卽雁門水也，東入宣府西陽和堡界。西南距行都司一百二十里。

威遠衛　正統三年三月以淨水坪置。南有大南山。西有小南山。又南有南大河，下流入於兔毛川。東距行都司一百八十里。

平虜衛　成化十七年置，與行都司同城。嘉靖中徙今治。西有小青山，又有黃河自東勝衛流入。北有南大河。西北有雲內縣，本元雲內州，屬大同路，洪武五年廢。宣德中復置縣，屬豐州，正統十四年復廢。西北有平地縣，元屬大同路，亦洪武中廢。東北距行都司二百四十里。領千戶所一。

井坪守禦千戶所成化二十年七月置。

雲川衛　洪武二十六年二月置，屬行都司。永樂元年二月徙治北直畿內，直隸後軍都督府。宣德元年還舊治，仍屬行都司。正統十四年徙治舊鎮朔衛城，與大同左衛同治，而衛城遂虛。東距行都司二百十里。

玉林衛　洪武二十六年二月置，屬行都司。永樂元年二月徙治北直畿內，直隸後軍都督府。宣德元年還舊治，仍屬行都司。正統十四年徙治舊定邊衛城，與大同右衛同治，而衛城遂虛。東有玉林山，玉林川出焉。東距行都司二百四十里。

鎮虜衛　洪武二十六年二月置，屬行都司。永樂元年二月徙治北直畿內，直隸後軍都督府。宣德元年還舊治，仍屬行都司。正統十四年徙治天成衛城，與天成衛同治，而衛城遂虛。東距行都司　百　十里。

高山衛　洪武二十六年二月置，屬行都司。永樂元年二月徙治北直畿內，直隸後軍都督府。宣德元年徙陽和衛城，與陽和衛同治，仍屬行都司，而衛城遂虛。嘉靖二年九月置高山守禦千戶所於此，屬大同前衛。東有高山。西有兔毛川。東距行都司三十里。

宣德衛元宣寧縣，屬大同路。洪武中，縣廢。二十六年二月置宣德衛，後廢。東南距行都司八十里。

東勝衛元東勝州，屬大同路。洪武四年正月，州廢，置衛。二十五年八月分置東勝左、右、中、前、後五衛，屬行都司。二十六年二月罷中、前、後三衛。永樂元年二月徙左衛於北直盧龍縣，右衛於北直遵化縣，直隸後軍都督府。三月置東勝中、前、後三千戶所於懷仁等處守禦，而衛城遂虛。正統三年九月復置，後仍廢。北有赤兒山。西有黃河。西北有黑河，源出舊豐州之

官山，西流入雲內州界，又東經此，入於黃河。又有兔毛川，亦入於黃河。又有紫河，源出舊豐州西北之黑峪口，下流至雲內州界，入於黑河。又西有金河泊，上承紫河，下流亦入於黃河。西北有豐州，元屬大同路，洪武中廢，宣德元年復置，正統中內徙，復廢。又有淨州路，元直隸中書省，亦洪武中廢。西距行都司五百里。領千戶所五。

失寶赤千戶所

五花城千戶所

幹魯忽奴千戶所

燕只千戶所

甕吉剌千戶所

俱洪武四年正月置。

校勘記

〔一〕元濟南路屬山東東西道宣慰司　原脫「道」字，據本志淄川下注及元史卷五八地理志補。

〔二〕元陵州屬河間路　原作「元屬河間陵州路」。按元無「陵州路」，據元史卷五八地理志乙正。

〔三〕東北有般河亦曰盤河　原脫「亦」字，據明史稿志一九地理志補。

〔四〕南有梁山濼卽故大野澤下流　原闕「卽」字，據明史稿志一九地理志補。

中華書局

〔五〕巨洋水西合石溝水　石溝水，原作「石構水」，據明史稿志一九地理志、寰宇通志卷七五、明一統志卷二四改。

〔六〕南有雙島及三山島　三山島，原作「三十島」，據明史稿志一九地理志、讀史方輿紀要卷三七改。

〔七〕三十五年十一月復置　三十五年，原作「二十五年」。明史稿志一九地理志作「永樂初」，太宗實錄卷一四作洪武三十五年十一月乙未，據改。

〔八〕西有小沙河中右千戶所　原脫「小」字，據明史稿志一九地理志、寰宇通志卷七七、遼東志卷一補。

〔九〕建文初廢洪武三十五年七月復置　三十五年，原作「二十五年」，據太宗實錄卷一〇下洪武三十五年七月戊戌條改。又按太宗實錄稱：「初，建文中，改瀋陽左衞爲衡山護衞，右衞爲臨安護衞」。是「建文初廢」，當作「建文中更名」。下一條，瀋陽中屯衞，「建文中廢。洪武三十五年十一月復置」，「三十五年」也誤作「二十五年」，據太宗實錄卷一四洪武三十五年十一月己亥條改。

〔一〇〕府東南東南有涂水　「東南有涂水」的「東南」兩字，原沿上文「府東南」的「東南」兩字而脫，據明史稿志一九地理志、明一統志卷一九、讀史方輿紀要卷四〇補。

〔一一〕府東南東南有馬嶺　第二個「東南」兩字，原沿上文「東南」兩字而脫，據明史稿志一九地理志、明一統志卷一九、讀史方輿紀要卷四〇補。

〔一二〕府西南西南有隱泉山　「西南有隱泉山」的「西南」兩字，原沿上文「西南」兩字而脫，據明一統志卷一九、讀史方輿紀要卷四〇補。

〔一三〕西北有九原山　九原山，原作「九泉山」，據明史稿志一九地理志、寰宇通志卷七九、明一統志卷二〇改。

〔一四〕舊置壺口關於山下　壺口關，原作「壺關口」，據明史稿志一九地理志、讀史方輿紀要卷四二改。

〔一五〕又東有御河一名如渾水　御河，原作「街河」，誤，據讀史方輿紀要卷四十四改。

〔一六〕舊有洞産銀　銀，明史稿志一九地理志作「銅」，讀史方輿紀要卷四四作「舊設銅山冶」。

明史卷四十二

志第十八

地理三

河南　陝西

河南　禹貢豫、冀、揚、兗四州之域。元以河北地直隸中書省，河南地置河南江北行中書省。治汴梁路。洪武元年五月置中書分省。治開封府。二年四月改分省爲河南等處行中書省。三年十二月置河南都衞。八年十月改都衞爲都指揮使司。九年六月改行中書省爲承宣布政使司。府八，直隸州一，屬州十一，縣九十六。爲里三千八百八十有奇。北至武安，與北直、山西界。南至信陽，與江南、湖廣界。東至永城，與山東、江南界。西至陝州，與山西、陝西界。距南京一千一百七十五里，京師一千五百八十里。洪武二十六年編戶三十一萬五千六百一十七，口一百九十一萬二千五百四十二。弘治四年，戶五十七萬五千二百四十九，口四百三十六萬四百七十六。萬曆六年，戶六十三萬三千六十七，口五百一十九萬三千六百二。

開封府元汴梁路，屬河南江北行省。洪武元年五月曰開封府。八月建北京。十一年，京罷。領州四，縣三十。

祥符倚。洪武十一年正月建周王府。大河舊在城北。正統十三年，河決滎陽，東過城西南，而城遂在河北。東爲開封縣，元時同治郭內，洪武中省。南有朱仙鎮。東北有陳橋鎮。

陳留府東，少南。北有大河。東北有睢水，下流至南直宿遷縣合泗水。〔一〕

杞府東南。北有睢水，又有舊黄河，洪武二十五年河決之故道也。嘉靖三十六年，全河合淮入海，而縣遂無河患。

通許府東南。西南有故黄河，弘治後北徙，不經縣界。

太康府東南。北有渦水，自通許縣流入，下流至南直懷遠縣入淮。東有馬廠集，正統十三年河決，自杞縣經此。

尉氏府南，少西。西南有大溝，東北合康溝，入於黄河。

洧川府西南。南有故城，洪武二年以河患遷今治。又南有洧水，下流至西華縣合潁水。東南有南席店，弘治九年，河入栗家口，南行經此。

鄢陵府南，少西。北有洧水。

扶溝府南，少東。東有沙河，一名惠民河，又名小黄河，卽宋蔡河故道也。成化中濬，下流達南直太和縣界。又北有洧水，自西流入焉。又東北有黃河故道，弘治二年淤。

中牟府西。東有故城，天順中，徙今治。大河在縣北。又有汴河，舊自滎陽而東，下流經祥符縣南，又東南至南直泗州入於淮。正統六年改從此入河，後淤。西北有圃田澤。

陽武府西北。北濱大河，自此至南直徐州，大河所行，皆唐、宋汴河故道。

原武府西北。北有黑陽山，下臨大河。洪武二十四年，河決於此。正統十二年復決焉。東南有安城縣，洪武初置，正統中廢。

封丘府北。南有大河。西南有荆隆口，一名金龍口。弘治二年、五年，萬曆十五年，崇禎四年、五年，河屢決於此。又西北有沁河，弘治六年淤。西南有中欒鎮巡檢司。

延津府西北。大河舊經縣北。成化十四年，河決，徙流縣南，而縣北之流遂絕。西北有沙門鎮，弘治十一年移項城縣西之香臺巡檢司於此。

蘭陽府東，少北。北濱大河，有李景高口。萬曆十七年，河決於此。

儀封府東，少北。元屬睢州。洪武十年五月改屬南陽府，後來屬。故城在縣北，洪武二十二年二月圮於河，徙白樓村，即今治也。東北有黃陵岡，大河舊經其下，入曹縣界。弘治五年，河決於此，尋塞之，改從岡南入睢州界。又賈魯故河亦在縣北，正德四年，河決入焉。

新鄭府西南。元屬均州。隆慶五年七月改屬。西南有大隗山，一名具茨山，溱水出焉，一名魯固河，下流入潁。

又南有陘山。北有大河。又有溱水，一曰滄水，流合縣南之洧水。

陳州　洪武初，以州治宛丘縣省入。南有潁水。又西有沙水，亦曰小黃河，至潁岐口，與潁水合，下流分為二。崇禎間，屢決於西南之苑家埠口。又南有故黃河，嘉靖時，黃河南出之道也。西北距府二百六十五里。領縣四。

商水州西南。洪武初廢。四年七月復置。北有潁水，又有灃水，亦曰大灃水。

西華州西，少北。北有潁水，又有沙水，即小黃河也。西南有灃水，又有常社鎮巡檢司。

項城州南。東北有故城。今治本南頓縣之殄寇鎮也，宣德三年遷。東有潁水，西有澺水流入焉。洪武二十四年，大河自陳州經縣界合潁，下入於淮。永樂九年，河始復故道。又東北有沙水。

沈丘州東南。元屬潁州。洪武初廢。弘治十年改乳香臺巡檢司置，來屬。東北有潁水，東入南直潁州界。又北有沙河，東入南直太和縣界。又東有界首巡檢司。又北有南頓縣，洪武初廢。景泰初，置南頓巡檢司於此。

許州　洪武初，以州治長社縣省入。西有潁水。北有潩水。又東有東湖，一名秋湖。又西北有石固鎮，與長葛縣界。東北距府二百二十里。領縣四。

臨潁州東南。西有潁水，潩水自縣北流入焉。又西南有小灃水。

襄城州西南。南有首山。東北有潁水。南有汝河。

郾城州東南。南有沙水，亦曰大㶏水，上流即故汝水也，又東南有澧水來入焉。〔二〕

長葛州西北。北有洧水。西有潩水。

禹州元曰鈞州。〔三〕洪武初，以州治陽翟縣省入。萬曆三年四月避諱改曰禹州。成化二年七月建徽王府。嘉靖三十五年除。北有禹山，又西北有鑛山，有鐵母山，舊俱產鐵。又北有潁水，下經襄城，一名渚水，至臨潁合沙河。東北距府三百二十里。領縣一。

密州西北。南有洧水，又有溱水。

鄭州　洪武初，以州治管城縣省入。西南有梅山，鄭水出焉，下流舊入汴水，後堙。又西有須水，源出滎陽縣，舊亦入於汴水。正統八年嘗濬以分決河之流，後亦堙。東北距府百四十里。領縣四。

滎陽州西。南有大周山，汴水出焉。又東南有嵩渚山，京水出焉。又有索水，源出小陘山，北流與京水合，下流入於鄭水。又大河在北。東有須水鎮，崇禎十年築城。

滎澤州北，少西。元直隸汴梁路。洪武中，改屬州。北有故城。洪武八年因河患徙於南。成化十五年正月又徙北，濱大河。東南有孫家渡，正統十三年，大河決於此。

河陰州西北。舊治在大峪口，洪武三年為水所圮，徙於此。東北有廣武山，與三皇山連。西有敖倉，北濱大河。

汜水州西。故城在縣東，洪武十一年七月徙於成皋。崇禎十六年又遷西北。北濱河，洛水自西，東至滿家溝合汜水入焉。又西有虎牢關，洪武四年九月改曰古崤關，有巡檢司。

河南府元河南府路，屬河南江北行中書省。洪武元年為府。領州一，縣十三。東距布政司三百八十里。

洛陽倚。洪武二十四年建伊王府。嘉靖四十三年廢。萬曆二十九年十月建福王府。北有北邙山。西南有闕塞山，亦曰闕口山，亦曰伊闕山，俗曰龍門山。又西北有穀城山，亦曰聲亭山，瀍水所出。又東南有大谷，谷口有關。又大河在北。又有洛水，源自洛南冢嶺山，東經盧氏、永寧諸縣，至洛陽、偃師、鞏縣入於河。又東有伊水，自盧氏縣東北流至偃師縣而入洛。又北有瀍水，西有澗水，俱流會於洛。又西南有孝水。

偃師府東，少北。南有緱氏山。又有洛水，西有伊水流合焉。

鞏府東北。西南有轘轅山，上有關。北濱河。西北有洛水，舊經縣北入河，謂之洛汭，亦曰洛口。嘉靖後，東過汜水縣入河。又南有鄩水，會洛入河，亦曰鄩口也。又東南有石子河，西南有長羅川，皆流入洛水。又西南有黑石渡巡檢司。

孟津府東北。舊治在縣東，今治本聖賢莊，嘉靖十四年七月遷於此。西北有大河。又西有硤石津，又西有委粟津，又有高渚、馬渚、陶渚，皆大河津濟處。東北有孟津巡檢司。

宜陽府西南。西有女几山。東南有鹿蹄山，一名非山，甘水出焉。又北有洛水。西有宜水，又有昌谷水，與甘水俱流注於洛。又西南有趙保鎮、木册鎮二巡檢司。

永寧府西南。北有崤山，崤水出焉，北注於河。〔四〕其東曰穀陽谷，穀水所出焉。又南有洛水。東北有刀轘川，下流爲昌谷水。又有大宋川，下流爲宜水。又西有崇陽鎮、又有高門關、東有峭底關三巡檢司。

新安府西。西有缺門山。北有大河。又南有澗水，穀水自北流入焉。東有慈澗水，亦流入穀水。又有函谷新關。

澠池府西。元屬陝州。洪武中改屬。東北有廣陽山，亦曰澠池山，北溪水出焉。又有白石山，澗水所出。西北濱河。南有穀水。又西北有南村巡檢司。

登封府東南。北有嵩山，卽中岳也，亦曰太室山。又西有少室山，潁水中源出焉；又有右源，出於山之南溪，又有左源，出於西南之陽乾山，合流至南直壽州入淮。又北有陽城山，洧水所出，下流至扶溝縣入沙河。又東南有崿嶺，卽箕山也，上有崿坂關。又東南有五渡水，流入潁，亦曰三交水。又西南有少陽河，亦流入潁。

嵩府西南。元嵩州，屬南陽府。洪武二年四月降爲縣，來屬。三塗山在西南。陸渾山在東北。又東有篩山，〔五〕北有露寶山，西有大礦山，皆產錫。西南有伏牛山，卽天息山也，山有分水嶺，汝水出焉，下流至南直潁州入淮，行千三百五十餘里。又南有伊水，西北有高都川流入焉。又西南有舊縣鎮巡檢司。西有沒大嶺巡檢司。

盧氏府西南。元屬嵩州。洪武元年四月屬南陽府。三年三月屬陝州。萬曆初，改屬府。西南有熊耳山，洛水自陝西商州流入境，經此。東南有巒山，一名悶頓嶺，伊水所出。北有鐵嶺，東澗水出焉，東南入洛。又東北有馬回川，亦入於洛。又東南有欒州鎮、西南有朱陽鎮、〔六〕北有杜管鎮三巡檢司。又西有白華關。

陝州元屬河南府路。洪武元年四月改屬南陽府，以州治陝縣省入。東有底柱山，在大河中。山有三門，中曰神門，南曰鬼門，北曰人門，惟人門修廣可行舟，鬼門最險。又南有橐水，一名永定澗，亦曰漫澗，西北入

河。又東南有硤石關，有巡檢司。又有雁翎關。〔七〕東距府三百里。領縣二。

靈寶州西，少南。北濱河。又西有弘農澗。南有虢略鎮巡檢司。又有函谷故關。西南又有洪關。

閿鄉州西南。東南有夸父山，一名秦山，中有大谷關。北濱河，自山西芮城縣流入，東南至永城縣，入南直碭山縣界。西有湖水，又有盤澗水北流入焉。又西有潼關，與陝西華陰縣分界。

歸德府元直隸河南江北行省。洪武元年五月降爲州，屬開封府。嘉靖二十四年六月升爲府。領州一，縣八。西距布政司三百五十里。

商丘倚。元曰睢陽。洪武初省。嘉靖二十四年六月復置，更名。舊治在南，弘治十五年圮於河，十六年九月遷於今治。北濱河。正統後，河決而南。城舊在河北，正德後，仍在河南。北有丁家道口巡檢司。東南有武津關巡檢司。

寧陵府西。南有睢水。北有桃源集巡檢司。

鹿邑府南。元屬亳州。洪武中改屬。南有潁水，又蔡河自西流入，謂之蔡河口，卽沈丘縣之沙河也。又北有渦水，東流入南直亳州境。

夏邑府東。元曰下邑。洪武初，更名。北濱大河。又東南有睢水。

永城府東南。洪武元年五月屬開封府。十一月來屬。北有碭山，又有芒山，皆與南直碭山縣界。又睢水、澮水皆在縣南。又南有泡水，弘治間淤塞。

虞城府東北。元屬濟寧路。洪武二年正月來屬。南有故城。嘉靖九年遷於今治。北有黃河。

睢州元屬汴梁路。洪武初，屬開封府，以州治襄邑縣省入。十年五月降爲縣。十三年十一月復升爲州。嘉靖二十四年六月來屬。北濱河。又有睢水亦在州東北。東距府百七十里。領縣二。

考城州北。元末省。洪武四年八月復置，屬開封府。十年五月復省。十三年十一月復置，屬州。舊治在縣東南。正統十三年徙。北濱大河。

柘城州東南。元末省。洪武四年八月復置，屬開封府。十年五月省入寧陵縣。十三年十一月復置，屬州。北有睢水。南有渦水。

汝寧府元直隸河南江北行省。〔八〕洪武初，因之。領州二，縣十二。距布政司四百六十里。

汝陽倚。天順元年三月建秀王府，成化八年除。十年建崇王府。洪武初，縣廢，四年七月復置。北有汝水，源出天息山，東流入境，過新蔡東南入淮。又南有澧水，又有汝水，又有溱水，又西北有溵水，俗名泥河，下流俱入於汝。又城南有柴潭。東有陽埠巡檢司。

眞陽府東。元屬息州。洪武四年省入汝陽縣。景泰四年置眞陽鎮巡檢司於此。弘治十八年十二月仍置縣，而

徙巡檢司於縣南銅鐘店，仍故名，尋廢。南有淮水。又汝水在縣東，北有濆水流入焉。

上蔡府北。洪武初廢，四年五月復置。西有汝水，西南有沙水流合焉。

新蔡府東，少南。元屬息州，後廢。洪武四年五月復置，改屬。南有汝水，又澺水自城北流合焉。又東北有瓦店巡檢司。

西平府西北。北有汝水，源出縣西南雲莊、諸石二山。自元末堨斷故汝，而此水遂爲汝源。嘉靖九年復塞，改爲洪河之上流。

確山府西南。洪武十年五月省入汝陽縣，十三年十一月復置。成化十一年九月改屬信陽州。弘治二年八月仍屬府。西北有朗山，〔九〕亦曰樂山。北有黃酉河，下流爲練河，流入汝。又西有竹溝巡檢司。南有明港巡檢司。

遂平府西，少北。西南有查牙山，其東南相接者曰馬鞍山。又西有洪山，瀧陂之源出焉，自西平縣雲莊諸山之水既塞，遂以此爲汝源。南有濯水，又有沙河，又北有石洋河，其下流皆入於汝。

信陽州元爲信陽縣，屬信陽州，後廢。洪武元年十月置信陽州於此，屬河南分省。四年二月屬中都臨濠府。七年八月改屬。十年五月降爲縣。成化十一年九月復升爲州。西南有賢首山。南有士雅山，又有峴山。東南有石城山，亦曰冥山。北有淮水，又南有溮水流入焉。東北距府二百七十里。領縣一。

羅山州東。元信陽州治，後州縣俱廢。洪武元年十月置州於舊信陽縣，復置羅山縣屬焉。十年五月直隸汝寧府。

中華書局

成化十一年九月還屬州。北有淮水，又南有小黄河入焉。東南有大勝關巡檢司，與湖廣黄陂界。西南有九里關，卽黄峴關，義陽三關之一，有巡檢司，與湖廣應山縣界。

光州 洪武初，以州治定城縣省入。四年二月改屬中都臨濠府。十三年仍來屬。北有淮水。又南有潢水，北流入淮水。西南有陰山關。西北距府三百里。領縣四。

光山州西南。南有石盤山。北濱淮。南有潢水，亦曰官渡河。又南有木陵關。西南又有白沙、〔一〇〕土門、斗木嶺、黄土嶺、修善衝等五關，與湖廣麻城縣界。東南有牛山鎮巡檢司，後移於長潭。又有沙窩鎮巡檢司，後廢。

固始州東北。南有白鹿崖。北濱淮。東有史河，西有淠河，俱入南直霍丘縣界，下流入淮。又東北有朱皐鎮，與南直潁州界，有巡檢司。

息州西北。元息州，洪武四年二月屬中都臨濠府。尋降爲縣，屬潁州。七年仍來屬。南濱淮。東北有汝水。北有楊莊店巡檢司，後移於縣東北之固城倉。

商城州東南。成化十一年四月析固始縣地置。南有金剛臺山。又東南有竹根山。東有大蘇山，灌水出焉，流入南直霍丘縣。又東有牛山河，卽史河上源也。西南有五水關河。又南有五河，下流俱入於史河。又南有金剛臺巡檢司，本置金剛臺山下，嘉靖二十七年移於縣東南之水東案。又南有長嶺關，東南有松子關，俱接湖廣羅田縣界。

南陽府元直隸河南江北行省。洪武初，因之。領州二，縣十一。距布政司六百八十里。

南陽倚。洪武二十四年建唐王府。城南有精山。北有百重山、雉衡山。又有分水嶺，其水北流入於汝水，南流入於淯水。西南有臥龍岡。東有淯水，一名白河，下流至湖廣襄陽縣界入漢水。西南有湍水，西北有洱水，皆流入淯水。

鎮平府西。洪武十年五月省入南陽縣。十三年十一月復置。西北有五朶山，產銅。東有潦河，流入淯河。

唐府東南。洪武三年以故比陽縣地置。南有唐子山。東北有大狐山，〔一一〕亦曰壺山，泚水所出。又西有黄淳水，又有泌水，下流皆入淯水。又東北有石夾口關。

泌陽府東。元爲唐州治。洪武二年二月省入州。十三年十一月，州廢，復置縣。東有銅山，泌水出焉。又北有瀙水，東北有㶏水，下流俱入汝水。又象河關在縣東北，有巡檢司。

桐柏府東南。本唐縣之桐柏鎮巡檢司。成化十二年十二月改置縣，而移巡檢司於毛家集。東有桐柏山，淮水所經，下流至南直安東縣入海，行二千三百餘里。又東有大復山。西北有胎簪山，淮水所出。又西有澧水，亦曰醴水，下流入泌水。

南召府北。成化十二年十二月以南陽縣南召堡置。北有丹霞山，一名留山。北有魯陽關，卽三鵶路口也，與魯山縣界。有鵶路鎮巡檢司，成化十二年十二月移於崔石口。

鄧州元治穰縣。洪武二年二月，縣廢。十三年十一月復置縣。十四年五月復省入州。南有析隈山。西北有白崖山。北有湍水，又東有涅水，亦名趙河，自北來入焉。東北距府百二十里。領縣三。

內鄉州北，少西。東有熊耳山，湍水所出。西南有淅水，又有丹水。又北有菊潭。東北有金斗山巡檢司，後廢。又西北有西硤口關巡檢司。又西南有黨子口關。又西有武關，路出陝西商州。

新野州東南。西有淯水，又有湍水，又北有泚水，東有棘水，皆流入於淯水。

淅川州西。成化六年析內鄉縣地置。東南有太白山。又有丹崖山。東有均水，又西南有淅水，北有丹水俱流入焉，南入於漢水。西北有花園頭巡檢司，又有荊子口關。又西有峽口鎮，南接湖廣均州界。

裕州 洪武初，以州治方城縣省入。東北有方城山，潕水出焉，下流入泚水。西南距府百二十里。領縣二。

舞陽州東北。汝水在縣北，舊入西平縣界，元末於濄河堨斷其流，使東歸潁，而西平之水始別爲汝源。南有潕水，亦曰舞水，又有瀙水，下流俱入於汝寧府之汝水。西南有沙水，卽溹水也。又北有澧水，下流歸故汝水。

葉州北，少東。北有黄城山，一名長城山，有汝水。又北有滍水，流入汝。東北有沙水，一名溹水，又名泜水，又北有昆水入焉，下流入於汝。又北有昆陽關。

懷慶府元懷慶路，直隸中書省。洪武元年十月爲府，屬河南分省。領縣六。東南距布政司三百里。

河內倚。永樂二十二年建衞王府。正統三年除。八年，鄭王府自陝西鳳翔府遷此。北有太行山，又有碗子城山，上有關。又有沁河，源出山西沁源縣，流入府境，下流至武陟入大河。又有丹河，自澤州流入，注於沁河。又西有柏鄉城，崇禎四年築。

濟源府西。元屬孟州。洪武十年五月改屬府。南濱大河。西有王屋山，接山西垣曲縣界，濟水出焉。西北有㴬山，溴水出焉。又東北有沁水，經兩山之間，一名枋口水。又西北有軹關。〔一二〕西有邵原鎮巡檢司。

修武府東，少北。西有沁水。

武陟府東。大河在縣南。東有沁河，至南賈口入焉。又東北有蓮花池，萬曆十五年，沁河決此。又西北有寧郭城，景泰中築。

孟府南，少西。元孟州。洪武初，以州治河陽縣省入。十年五月降爲縣。西南濱大河。

溫府東南。元屬孟州。洪武十年五月改屬府。南濱大河，溴水自西北流入焉。又西南有濟水，舊自濟源縣流經沇河鎮，南注於河，後其道盡入河中。

衞輝府元衞輝路，直隸中書省。洪武元年八月爲府。十月屬河南分省。領縣六。東南距布政司一百六十里。

汲倚。弘治四年八月建汝王府。嘉靖二十年除。隆慶五年二月建潞王府。北有衞河，源出輝縣，下流至北直靜海縣入海，行二千餘里。又東北有淇門鎮。

胙城府東，少南。洪武十年五月省入汲縣。十三年十一月復置。

新鄉府西南。北有衞河。西北有清水。又西南有大河故道，正統十三年河決縣之八柳樹由此，尋塞。西有古沁河，永樂十三年後，時決時涸。

獲嘉府西，少南。洪武十年五月省入新鄉縣，十三年十一月復置。大河舊在縣南。天順六年中，河自武陟徙入原武，而縣界之流絕。北有淸水，又有小丹河合焉。

淇府北。元淇州，後廢。洪武元年九月復置。十二月降爲縣。西北有淇水，又淸水自東北流入焉，下流入於衞河。

輝府西北。元輝州，後廢。洪武元年九月復置。十二月降爲縣。西有太行山。西北有白鹿山。又有蘇門山，一名百門山，山有百門泉，泉通百道，其下流爲衞水，故又名衞源。又西南有淸水。又西北有侯趙川、西有鴨子口二巡檢司。

彰德府元彰德路，直隸中書省。洪武元年閏七月爲府。十月屬河南分省。領州一，縣六。南距布政司三百六十里。

安陽倚。永樂二年四月建趙王府。元末，縣廢。洪武元年九月復置。東北有韓陵山。西北有銅山，舊產銅。北有安陽河，本名洹水，〔一三〕自林縣流入，至北直內黃縣入衞河。又北有濁漳水。

臨漳府東北。元末廢。洪武元年九月復置。西有淸、濁二漳水，合流於此，曰交漳口，入北直界。又有滏水，下

流入於漳河。西南又有洹水。

湯陰府南。元末廢。洪武元年九月復置。西有蕩水，經縣治北，下流入衞水。

林府西，少南。元林州，後廢。洪武元年九月復置。二年四月降爲縣。西北有隆慮山，亦曰林慮，洹水出焉。又西南有天平山。西有太行山。又北有濁漳水，自山西平順縣流入。

磁州元治滏陽縣，屬廣平路，後州縣俱廢。洪武元年十一月復置州，屬廣平府。二年四月來屬。西北有神麕山，滏水出焉。又南有淸漳水。北有車騎關巡檢司。南距府七十里。領縣二。

武安州西北。元末廢。洪武元年十一月復置。東南有滏山，滏水出焉。西南有磁山，產磁石。東北有洺河，流入北直邯鄲縣界。又西有固鎭巡檢司。

涉州西，少北。元屬眞定路，後廢。洪武元年十一月復置，屬眞定府。二年四月來屬。南有涉水，卽淸漳水也，自山西黎城縣流入。又東北有偏店巡檢司，後移於縣西南之吾而峪口。

汝州元屬南陽府。洪武初，以州治梁縣省入。成化十二年九月直隸布政司。東南有霍山。又有魚齒山，涉水出於此，入葉縣界。又西南有鳴臯山。又有空峒山。南有汝水。西有廣成澤。〔一四〕領縣四。東北距布政司四百九十里。

魯山州西南。東有魯山。西有堯山，滍水所出，西南有波水流入焉。又西北有歇馬嶺關巡檢司。

郟州東，少南。東南有汝水，西有扈澗水流入焉。

寶豐州東南。成化十一年四月析汝州地置。南有汝水，又有滍水。

伊陽州西，少南。成化十二年十二月以汝州之伊闕故縣置，析嵩及魯山二縣地益之。西有伊陽山。又有堯山，卽天息山也，上有分水嶺，滍水出焉，俗又名沙水。又南有汝水。西有伊水。西南有上店鎭巡檢司，成化十二年十二月移於常界嶺。又有普救關巡檢司，廢。

陝西　禹貢雍、梁二州之域。元置陝西等處行中書省，治奉元路。又置甘肅等處行中書省。治甘州路。洪武二年四月置陝西等處行中書省。治西安府。三年十二月置西安都衞。與行中書省同治。八年十月改都衞爲陝西都指揮使司。九年六月改行中書省爲承宣布政使司。領府八，屬州二十一，縣九十有五。爲里三千五百九十七。東至華陰，與河南、山西界。南至紫陽，與湖廣、四川界。北至河套，西至肅州。外爲邊地。距南京二千四百三十里，京師二千六百五十里。洪武二十六年編戶二十九萬四千五百二十六，〔一五〕口二百三十一萬六千五百六十九。弘治四年，戶三十萬六千六百四十四，口三百九十一萬二千三百七十。萬曆六年，戶三十九萬四千四百二十三，口四百五十萬二千六十七。

西安府元奉元路，屬陝西行省。洪武二年三月改爲西安府。領州六，縣三十一。

長安倚。治西偏。洪武三年四月建秦王府。北有龍首山。南有終南山。西南有太一山，又有子午谷，谷中有關。北有渭水，源出鳥鼠山，流經縣界，至華陰入黃河。又西有灃水。又西北有鎬水，合滮水，〔一六〕又南有潏水，亦曰泬水，合滂水，俱北流入渭。

咸寧倚。治東偏。渭水在南。東有滻水，合霸水流入渭。

咸陽府西北。舊治在渭河北，洪武二年徙於渭南。東北有涇水，東入渭。東南有灃水，北入渭。

涇陽府北。西北有甘泉山。南有涇水，源自岍頭山，流經縣界，至高陵縣入渭。又北有冶谷水，合淸谷水，下流入渭。

興平府西，少北。南有渭水。

臨潼府東，少北。東南有驪山，有溫泉。北有渭水。西有潼水，又東有戲水，俱北入渭。又東有泠水，一曰零水，至零口鎭亦入渭。又南有黃疊驛，舊產鹽。

渭南府東。元屬華州。嘉靖三十八年十一月改屬府。北有渭水。

藍田府東南。南有七盤山，旁有繂坡，謂之七盤十二繂，藍關之險道。又有嶢山。東南有藍田山，有關。西有灞水，西北有長水，亦曰荊溪，又南有輞谷水，亦曰輞川，俱注於灞水。

鄠府西南。南有牛首山，澇水出焉。北有渭水。西南有甘泉，西有渼陂，俱流合澇水，注於渭。又灃水在南，合高觀谷、太平谷諸水，入長安縣界。

盩厔府西南。西南有駱谷，谷長四百二十里，谷口有關。谷中有十八盤、又有柴家關二巡檢司。北有渭水。南有龍水，西南有黑水流入焉。又東有駱谷水，東南有芒水，並北入渭。

高陵府東北。西南有渭水，涇水自西北流合焉。

富平府東北。元屬耀州。萬曆三十六年改屬府。西南有荆山。西北有漆沮水，舊經白水縣南入洛，自鄭渠堰廢，不復東入洛矣。東北有美原巡檢司，尋廢。

三原府北，少東。元屬耀州。弘治三年十一月改屬府。西北有堯門山。東北有漆沮水。西有清水，下流注於渭。

醴泉府西北。元屬乾州。嘉靖三十八年十一月改屬府。西北有九嵕山，又有武將山。東有涇水，又有甘谷水，流合焉。

華州南有少華山。北有渭水，與同州界。西有赤水，分大小二流，又有石橋水，俱北注渭。西距府二百里。領縣二。

華陰州東。南有華山，亦曰太華，即西嶽也。東有牛心谷。西南有車箱谷。東北有大河，自朝邑縣流入，至渭口，與渭水合，所謂渭汭也。南有敷水，北入渭。東北有潼水，入於大河。東有潼關。洪武七年置潼關守禦千戶所。九年十一月升爲衞，屬河南都司。永樂六年直隸中軍都督府。

蒲城州西北。東有洛水。又西有西鹵池，南有東鹵池，舊產鹽。

商州洪武七年五月降爲縣。成化十三年三月仍爲州。東南有商洛山。西有熊耳山，伊水所出。南有丹崖山，舊產銅。又有冢嶺山，洛水所出，下流至河南汜水縣入大河。又南有丹水，流入河南內鄉縣界。東有武關、西有秦嶺二巡檢司。又東有龍駒寨。西北距府二百二十里。領縣四。

商南州東，少南。成化十三年三月以商縣之層峯驛置，尋徙治於沭河西。西南有兩河，即丹水也，東有沭河，南有挾川，俱入焉。東有富水堡巡檢司。

雒南州北，少東。元曰洛南，屬商州。洪武七年五月改屬華州。成化十三年三月復來屬。天啟初，改洛爲雒。東北有魚難山，魚難水出焉，西北有玄扈山，玄扈水出焉，俱北入於洛。東南有三要、東北有石家坡二巡檢司。

山陽州南，少東。本商縣之豐陽巡檢司，成化十二年十二月改爲縣，而移巡檢司於縣東南之漫川里，仍故名。東南有天柱山。西南有甲河，流入湖廣上津縣界，注於漢水。又東有竹林關巡檢司。

鎮安州西南。景泰三年以咸寧縣野豬坪置，屬府。天順七年二月遷治謝家灣。成化十三年三月改屬州。西有乍水，合縣南洵水入洵陽縣界，注於漢江。北有舊縣、西有五郎壩二巡檢司。

同州北有商原。南有渭水。西南有沮水，一名洛水。西南距府二百六十里。領縣五。

朝邑州東。東有大河。南有渭水。又有洛水，舊自縣南經華陰縣西北葫蘆灘入渭；成化中，自縣南趙渡鎮徑入於河，不復入渭。東北有臨晉關，一名大慶關，即蒲津關也，舊屬蒲州，洪武九年八月來屬。有蒲津關巡檢司。

郃陽州東北。東有黃河。

韓城州東北。西有梁山，一名呂梁山，濱大河。東北有龍門山，夾河對峙。

澄城州北。西有洛水。

白水州西北。南有故城。洪武初，徙於今治。西有洛水，白水流入焉。西北有馬蓮灘巡檢司。

耀州東有沮水，西有漆水流入焉。又有清水，流入三原縣界。南距府百八十里。領縣一。

同官州東北。北有神水峽，峽內有金鎖關巡檢司。又西北有北高山，漆水出焉，東南流與同官川水合。又東有沮水，南有安公谷水，其下流合於沮水。

乾州西北有梁山，接岐山縣界。其南有漠谷，漠谷水經其下，流爲武水。又東北有甘谷水。又西有武亭水。東南距府百六十里。領縣二。

武功州西南。西南有太白山，又有武功山。東南有惇物山。南有渭水。又西有漠谷水，又有武亭水，自縣東北流合焉。俱匯於湋水。

永壽州北。東有涇水。西南有錦川河，下流爲漠谷水。有土副巡檢司。又有穆陵關。

邠州元直隸陝西行省。洪武中來屬，以州治新平縣省入。北有涇水。西南有白土川，〔一七〕亦名漆水，東南注於涇水，與入洛之漆異。東南距府三百五十里。領縣三。

淳化州東。南有黃嶔山。西有涇水。東有清水，南流入耀州界。

三水州東北。成化十三年九月析淳化縣地置。東南有石門山。東有三水河，一名汃水，西南流入涇水。東南有石門巡檢司。

長武州西北。萬曆十一年三月以邠州宜祿鎮置。北有涇水，自涇州流入。南有汭水，一名宜祿水，亦自涇州流入，逕縣東停口鎮，與黑水河合，入於涇水。西有窰店巡檢司，本名宜祿，治宜祿鎮。弘治十七年遷於正東之冉杏，仍故名。萬曆十一年又遷，更名。

鳳翔府元屬陝西行省。洪武二年三月因之。領州一，縣七。東距布政司三百四十里。

鳳翔倚。永樂二十二年建鄭王府。正統八年遷於河南懷慶府。東北有杜陽山，杜水所出。西北有雍山，雍水出焉，下流合漆水入渭。又東南有橫水，亦曰橫渠，東入渭。

岐山府東。東北有岐山。又有梁山。又北有武將山。南有渭水，西北有岐水，又東有湋水，俱流入扶風縣界。又南有斜谷水，北入渭。

寶雞府西南。東南有陳倉山。西南有大散嶺，大散關在焉。又有和尚原，接鳳縣界。南有渭河，東有汧河流入焉。又東南有箕谷水，有洛谷水，俱北入渭。西南有益門鎮二里散關、東南有虢川二巡檢司。〔一八〕又東南有金牙關。

扶風府東。西南有渭河。東有漆河，又有雍水自東南流入焉，又南有湋河，俱流入武功縣界。

中華書局

郿府東南。元屬奉元路。洪武二年來屬。西有衙嶺山，褒水出其南，流入沔，斜水出其北，流入渭。西有五丈原。又西南有斜谷，南入漢中，有斜谷關。北有渭水。

麟遊府東北。西有漆水，南有麟遊水，下流俱入於渭。西南又有杜水，亦曰杜陽川，東入漆。西北有石窯關巡檢司。

汧陽府西，少北。元屬隴州。嘉靖三十八年十一月改屬府。舊治在縣西，嘉靖二十七年徙於今治。南有汧河。

隴州元屬鞏昌總帥府。延祐四年十一月省州治汧源縣入州。洪武二年來屬。西北有隴山，上有關曰隴關，亦曰大震關，一名故關，有故關大寨巡檢司。又有安夷關，亦曰新關。又西有小隴山，一名關山。又西南有岍山，汧水出焉。南有吳山，卽吳嶽，古文以爲岍山。西南有白環谷，白環水出焉。西有弦蒲藪，汭水出焉，下流合於涇水。南有渭水。西南有方山原。又南有隴安、西南有香泉二巡檢司。東南距府百八十里。

漢中府元興元路，屬陝西行省。洪武三年五月爲府。六月改名漢中府。領州一，縣八。〔一九〕東北距布政司九百六十里。

南鄭倚。萬曆二十九年十月建瑞王府。西南有巴嶺山，南連孤雲、兩角、米倉諸山，達四川之巴州。南濱漢水，又曰沔水，源自嶓冢，經縣界，下流至湖廣漢陽府入大江。又有沮水，漢水別源也，又西北有褒水，俱流入漢水。南有靑石關巡檢司。

褒城府西北。洪武十年六月省入南鄭縣，後復置。東北有褒谷，自此出連雲棧，北抵斜谷之道也。南有沔水，卽漢水也。又有廉水，又城東有褒水，西南有讓水，一名遜水，下流俱入沔水。北有雞頭關巡檢司。又有虎頭關。西北有漢陽關。

城固府東，少北。南有漢水。東北有壻水，又名智水，下流入漢水。又西北有黑水，或云卽褒水之上源。

洋府東南。元洋州。洪武三年降爲縣。十年六月省入西鄉，後復置。北有興勢山。東有黃金谷。南有漢水。西北有壻水，西有灙水，亦曰駱谷水，又東有酉水，俱南入漢。

西鄉府東南。東有饒風嶺，有關。北有漢水。東有洋水，卽淸涼川也，〔二〇〕西北合木馬河入漢。東南有鹽場關、西南有大巴山、東北有子午鎭三巡檢司。

鳳府西北。元鳳州。洪武七年七月降爲縣。南有武都山。北有嘉陵江，源出縣之嘉陵谷，下流至四川巴縣入於大江。又東有大散水，亦注於嘉陵江。東北有淸風閣巡檢司。南有留壩巡檢司，後遷廢丘關，又遷柴關，仍故名。南有仙人關。西有馬嶺關。

沔府西。元沔州，屬四川廣元路。洪武三年改屬漢中府，省州治鐸水縣入州。七年七月降爲縣。十年六月省入略陽，後復置。成化二十一年六月屬寧羌州。嘉靖三十八年十一月仍屬府。北有鐵山。東南有定軍山。南有漢水。西有沮水，又有大安水，南入於漢。西南有大安縣，洪武初廢。又西有石頂關。

寧羌州本寧羌衞。洪武三十年九月以沔縣之大安地置。成化二十一年六月置州，屬府。東北有五丁山，亦曰金牛峽。北有嶓冢山，漢水出焉，亦曰漾水，下流至湖廣漢陽縣合大江。又東有嘉陵江，西有西漢水合焉。西南有白水，自洮州衞流經此，亦曰葭萌水，有白水關，其下流至四川昭化縣合於嘉陵江。又東北有潘水，流入漾水，謂之潘口。又東有沮水。北有陽平關巡檢司。東北距府三百里。領縣一。

略陽州北。元屬沔州。洪武三年屬府。成化二十一年六月改來屬。西有盤龍山。東南有飛仙嶺，棧道所經也。東有沮水，爲漢水之別源。南有嘉陵江，西北有犀牛江，卽西漢水也。又西有白水江。東北有九股樹、西有宜口二巡檢司。又西北有白水鎭巡檢司，後廢。

延安府元延安路，屬陝西行省。洪武二年五月爲府。領州三，縣十六。南距布政司七百四十里。

膚施倚。東有延水，又有淸化水流入焉。

安塞府西北。西有洛水。北有延水，出縣西北之盧關嶺，又東南有西川水，北有金明川，俱流入焉。又北有塞門守禦千戶所，洪武十二年置。西南有敷政巡檢司。

甘泉府西南。北有野豬峽。西有洛河，南有伏陸水流入焉。又東北有庫利川。

安定府東北。北有高柏山，懷寧河出焉，東流入於無定河。西北有白洛城，洪武三年築。

保安府西北。西南有洛河，有喫莫河流入焉。北有大鹽池。又西有靖邊守禦千戶所，隆慶元年二月置。北有順寧巡檢司。

宜川府東。南有孟門山，在大河中流。又西南有銀川水，北有汾川水，西南有丹陽諸川，俱流入大河。

延川府東，少北。東濱大河。北有吐延川，合淸澗水，流注於大河。又東北有永寧關，臨河。

延長府東。東濱河。南有延水，流入大河。

靑澗府東北。元屬綏德州。嘉靖四十一年改屬府。東有黃河，東北有無定河流入焉。又西有靑澗河。

鄜州東有洛水，南與畢池水合，又名三川水。西有直羅巡檢司。北距府百八十里。領縣三。

洛川州東南。西南有洛水。東南有鄜城巡檢司。

中部州南。北有橋山，亦曰子午嶺，沮水出焉。西北有谷河及子午水，俱入於沮水。又東北有洛水。

宜君州南。西南有玉華山，又有鳳凰谷。東有洛水。東北有沮水。

綏德州洪武十年五月省入府，後復置。南有魏平關。東有黃河。城東有無定河，一名奢延水，亦曰圁水，西北有大理水流入焉。東北有官菜園渡口巡檢司。西南距府三百六十里。領縣一。

米脂州北。西有無定河。有大理水，又有小理水，西北有明堂川，俱流入無定河。北有碎金鎭、西南有克戎寨二巡檢司。又西有銀州關，成化七年修築。

葭州洪武七年十一月降爲縣，屬綏德州。十三年十一月復升爲州，屬府。東濱大河，西有葭蘆河，城東有眞鄉川流合焉。西南距府五百八十里。領縣三。

吳堡州南。元屬州。洪武七年十一月改屬綏德。尋省。十三年十一月復置，還屬。東濱河。

神木州北。洪武初省。十三年十一月復置。西北有楊家城，正統五年移縣治焉。成化中，復還故治。南有大河。北有濁輪川。西南有屈野川。

府谷州東北。洪武初省。十三年十一月復置。東濱大河，北有清水川入焉。

慶陽府元屬鞏昌總帥府。洪武二年五月直隸行省。領州一，縣四。東南距布政司五百七十里。

安化倚。洪武二十四年四月建慶王府。二十六年遷於寧夏衞。元省。洪武中復置。東北有白於山，洛水所出。又城東有東河，西有西河，流合焉，下流爲馬蓮河。又西有黑水河，源出縣北之太白山，下流至長武縣合於涇河。東北有槐安、北有定邊二巡檢司。又西南有驛馬關、又有靈州、又有大蘆池三巡檢司，廢。

合水府東南。東有建水，西有北岔河，流合焉，謂之合水，西南入馬蓮河。又東北有華池水，有平戎川流合焉，東入鄜州之洛河。有華池巡檢司。

環府西北。元環州，屬鞏昌總帥府。洪武初，降爲縣，來屬。西有環河，出縣北青岡峽，下流爲府城之西河。又南有黑水河，又有鹹河，西南有甘河，俱注於環河。又西有葫蘆泉。西北有清平關。西北有安邊守禦千戶所，弘治中置。

眞寧府東南。元屬寧州。萬曆二十九年改屬府。西有馬蓮河。南有大陵、小陵諸水，卽九陵川之上源也。東有雕山嶺巡檢司。

寧州元屬鞏昌總帥府。洪武中來屬。東有橫嶺，又有九龍川，亦曰寧江，亦曰九陵川，西南流，會上流馬川，而南注於涇河。東北有襄樂巡檢司。北距府百五十里。

平涼府元屬鞏昌總帥府。洪武三年五月直隸行省。領州三，縣七。東南距布政司六百五十里。

平涼倚。洪武二十四年建安王府。永樂十五年除。二十二年，韓王府自遼東開原遷此。西南有可藍山。西有崆峒山。又有笄頭山，涇水出焉，下流至高陵縣入渭。又西有橫河，東有湫峪河，俱流入涇河。又西有羣牧監。洪武三十年置陝西行太僕寺。永樂四年置陝西苑馬寺，領長樂等六監，開成等二十四苑，俱在本府及慶陽、鞏昌境內。正統三年又併甘肅苑馬寺入焉。又東有通楷關。

崇信府東南。北有汭水。西南有赤城川，南有白石川流合焉，下流合於涇水。

華亭府南。西有小隴山。西北有瓦亭山，有瓦亭關巡檢司，所謂東瓦亭也。東北有涇河。東南有汭水。又東南有三鄉鎮，北有馬舖嶺二巡檢司。

鎭原府東北。元鎭原州，屬鞏昌總帥府。洪武初，降爲縣，來屬。西北有胡盧河，分二流，一北注於黃河，其支流東南注於涇河。南有高平川，流入胡盧河。西有安平寨巡檢司。西北有蕭關。西南有木峽關。又西有石峽關。南有驛藏、木靖二關。

隆德府西南。元屬靖寧州。嘉靖三十八年十一月改屬府。東有好水，西流與苦水合。西北有武延川，流入好水。東南有撩龍川，流入苦水。

涇州元直隸陝西行省。洪武三年以州治涇川縣省入，來屬。舊治在涇水北。今治本皇甫店，洪武三年徙於此。北有涇河，有汭水。東有金家凹巡檢司。西北距府百五十里。領縣一。

靈臺州東南。西北有白石原。東北有三香水，一名三交川，下流至邠州合涇水。又西南有細川水，東北流合於三交川。

靜寧州元屬鞏昌總帥府。洪武中來屬。南有隴山。北有橫山，卽隴山支阜。南有水洛川，一名石門水，下流至秦州入略陽川。又西有苦水河，卽高平川之上源。東距府二百三十里。領縣一。

莊浪州東南。元莊浪州，直隸陝西行省。洪武三年屬鳳翔府。八年三月降爲縣，來屬。西有苦水川。

固原州　本固原守禦千戶所，景泰三年以故原州城置。成化四年升爲衞。弘治十五年置州，屬府。西南有六盤山，上有六盤關，東北有清水河出焉，下流合鎭原縣之胡盧河。又北有黑水，北流入於大河。又東西有二朝那湫，其下流注於高平川。南有開成州，元直隸陝西行省，治開成縣。洪武二年省州，以縣屬平涼府。成化三年廢縣。又東南有廣安州，元屬開成州，洪武二年省。又西有甘州羣牧所，永樂中置。又西北有西安守禦千戶所，成化五年以舊西安州置。北有鎭戎守禦千戶所，成化十二年以葫蘆峽城置。東北有平虜守禦千戶所，弘治十四年以舊豫望城置。又北有下馬關，嘉靖五年置。東南距府百七十里。

鞏昌府元屬鞏昌總帥府。洪武二年四月直隸行省。領州三，縣十四。東距布政司千六十里。

隴西倚。西有首陽山，上有關。北濱渭水，東有赤亭水，西流入焉。

安定府北。元定西州，屬鞏昌總帥府。至正十二年三月改名安定州。洪武十年降爲縣，屬府。北有車道峴。西有西河，東有東河，流合焉。北有崾口巡檢司。

會寧府東北。元會州，屬鞏昌總帥府。至正十二年三月改爲會寧州。洪武十年降爲縣，屬府。東有響水，北流入大河。東有青家巡檢司。

通渭府東北。北濱渭，西有華川，東流入焉。

漳府南。西南有故城。今治，正統中所徙。西北有西傾山。南有漳水，北流入渭。東南有鹽井。

寧遠府東。南有太陽山，舊產鐵。北有桃花峽，兩山夾峙，渭水經其中。西有廣吳水，又有山丹水，俱源出岷州，並流北注渭。

伏羌府東。西南有朱圉山，俗名白崖山。北有渭水，西南有永寧河，西有洛門川，俱東北注於渭。

西和府東南。元西和州，屬鞏昌總帥府。洪武十年降爲縣，屬府。舊治在西南白石鎭，洪武中，移於今治。北有祁山。南有黑谷山，上有關。西北有西漢水，亦曰鹽官水。西南有濁水，卽白水江也。東北有鹽井。

成府東南。元成州，屬鞏昌總帥府。洪武十年降爲縣，屬府。西北有仇池山。東南有西漢水。西南有濁水，又西有踨安水，又有洛谷川，俱流入西漢水。又東有泥陽水，下流至徽州界入嘉陵江。又北有黃渚關巡檢司。

秦州元屬鞏昌總帥府。洪武二年屬府，省州治成紀縣入州。西南有嶓冢山，西漢水出焉，下流至寧羌州合嘉陵江。東北有渭水，有秦水東流入渭。又西有西谷水，下流入西漢水。又南有籍水，西南有段谷水流入焉。又東有長離水，即瓦亭川下流也，俱流入於渭。南有高橋巡檢司。又有石榴關。又有現子關。西距府三百里。領縣三。

秦安州北。東有大隴山。又東北有瓦亭山，所謂西瓦亭也。城南有渭水。又西有瀧水，瓦亭川自東北流合焉。又東有松多川，下流入於秦水。又東有隴城關巡檢司。

清水州東。東有隴山，有盤嶺巡檢司。西南又有小隴山。西有渭水。東有秦水，南有濟水流入焉。

禮州西南。元禮店文州軍民元帥府，屬吐蕃宣慰司。洪武四年十一月置禮店千戶所。十一年屬岷州衞。十五年改屬秦州衞。成化九年十二月置禮縣於所城，屬州。故城在東。洪武四年移於今治。東南有西漢水。西南有岷峨山，岷江出焉，東南流入階州界合於西漢水。又西有漩水鎮、南有板橋山二巡檢司。

階州元屬鞏昌總帥府。洪武四年降爲縣，屬府。十年六月復爲州。舊城在東南坻龍岡上。今城，洪武五年所置。北有白水江。東北有犀牛江，即西漢水也。又西北有羌水，下流合白水江。又東有七防關巡檢司。西北距府八百里。領縣一。

文州東南。元文州。至元九年十月置，屬吐蕃宣慰司。洪武四年降爲縣，屬府。十年六月改屬州。二十三年三月省。成化九年十二月復置，仍屬州。東南有青唐嶺，路入四川龍安府。東有白水，西有黑水，流合焉。又北

有羌水，一名太白水。東有文縣守禦千戶所，本文州番漢千戶所，洪武四年四月置。二十三年改文縣守禦軍民千戶所。成化九年更今名。又東有玉壘關。西北有臨江關。

徽州元屬鞏昌總帥府。洪武十年六月降爲縣，屬府，後復升爲州。東南有鐵山。南有嘉陵江，又有河池水流入焉。又南有虞關巡檢司。西南有小河關。西北距府四百八十里。領縣一。

兩當州東。洪武十年六月省入徽縣，後復置，屬州。南有嘉陵江。

臨洮府元臨洮府，屬鞏昌總帥府。泰定元年九月改爲臨洮路。洪武二年九月仍爲府。領州二，縣三。南距布政司千二百六十里。

狄道倚。西南有常家山，與西傾山相接。北有馬寒山，浩尾河出於其北，阿干河出於其南，俱東流入大河。又西南有洮河，自洮州衞流入。又東有東峪河，南有邦金川，皆流會洮河。北有摩雲嶺巡檢司。又北有打壁峪關，有結河關。南有南關，有下襯關，有八角關、十八盤關。西有三岔關，有分水嶺關。

渭源府東，少南。西有南谷山，渭水所出。又有鳥鼠山，渭水所經，東至華陰縣入大河。又西有分水嶺，東流者入渭，西流者入洮，上有分水嶺關巡檢司。又西南有五竹山，清源河出焉，逕縣東南入渭。

蘭州元屬鞏昌總帥府。洪武二年九月降爲縣，來屬。成化十三年九月復爲州。建文元年，肅王府自甘州衞遷此。南有皐蘭山。北濱大河，所謂金城河也，湟水自西，洮水、阿干河俱自南，先後流入焉。又西南有灘水，合於洮水。北有金城關，下有鎮遠浮橋，有河橋巡檢司。西北有京玉關，南有阿干鎮關。西南有鳳林關。南距府二百十里。領縣一。

金州東，少南。元金州，屬鞏昌總帥府。洪武二年九月降爲縣，屬府。成化十三年改屬州。舊城在南，洪武中，移於今治。北有大河，東北流亂山中，入靖虜衞界。又南有浩尾河，一名閃門河，入於大河。東北有一條城，萬曆二十五年置。

河州元河州路，屬吐蕃宣慰司。洪武四年正月置河州衞，屬西安都衞。六年正月置河州府，屬陝西行中書省。七年七月置西安行都衞於此，領河州、朶甘、烏斯藏三衞。八年十月改行都衞爲陝西行都指揮使司。九年十二月，行都指揮使司廢，衞屬陝西都指揮使司。十年分衞爲左右。十二年七月，府廢，改左衞於洮州，升右衞爲軍民指揮使司。成化九年十二月置州，屬府，改軍民指揮使司爲衞。西南有雪山，與洮州界。西北有小積石山，上有關。大河自塞外大積石山東北流，逕此，又逕榆林衞北，折而南，與山西中流分界，至潼關衞北，折而東，入河南界，回環陝西境四千餘里。南有大夏河，即灕水也，亦曰白石川。又西北有積石州，元屬吐蕃宣慰司，洪武四年正月改置積石州千戶所。西南有貴德州，元屬吐蕃宣慰司，洪武八年正月改置歸德守禦千戶所。又南有寧河縣，東北有安鄉縣，元俱屬河州路，洪武三年廢，六年復置。十二年復廢。又東南有定羌巡檢司。東北距府百八十里。

靈州元屬寧夏府路。洪武三年罷。弘治十三年九月復置，直隸布政司。大河在城北，洛浦河自南流入焉。南有小鹽池。距布政司九百九十三里。

興安州元金州，屬興元路。萬曆十一年八月更名。二十三年直隸布政司。舊治漢水北，後遷水南。萬曆十一年又遷故城南三里許。北有漢水。又西有衡河，亦曰恒河，下流入漢江。東北有乾祐關巡檢司，廢。領縣六。西北距布政司六百四十里。

平利州南，少東。元末省。洪武三年置，屬四川大寧州。五年二月來屬。十年六月復省，後復置。東有女媧山，灌溪水出焉，西北與黃洋河合，入於漢。南有鎭坪巡檢司。

石泉州西。元末省。洪武三年置，屬四川大寧州。五年二月來屬。嘉靖三十八年十一月改屬漢中府。萬曆十一年還屬州。南有十八盤山，有漢江。西有饒風河，東有遲河，〔三〕俱入漢。又西有饒風嶺巡檢司，本治縣東遲河口，後遷下饒風鋪，更名。

洵陽州東。元末省。洪武三年復置。五年二月來屬。東北有水銀山，產水銀、硃砂。南有漢江，東有旬水流入焉。又有乾祐河，自西北流入旬水。東有閭關、西北有三岔二巡檢司。

漢陰州西，少北。元末省。洪武三年復置。十年六月省入石泉縣，後復置，屬州。嘉靖三十八年十一月改屬漢中府。萬曆十一年還屬州。南有漢水。東北有直水，又有恒河，俱流入漢水。又西有方山關。

白河州東南。成化十二年十二月以洵陽縣白河堡置，屬湖廣鄖陽府。十三年九月來屬。北有漢江，東入湖廣鄖西縣界。南有白石河，分二流，俱北注於漢。

紫陽州西南。正德七年十一月以金州紫陽堡置。初治紫陽灘之左，嘉靖三十五年遷於灘右。西有漢江。

洮州衞元洮州，屬吐蕃宣慰司。洪武四年正月置洮州軍民千戶所，屬河州衞。十二年二月升爲洮州衞軍民指揮使司，屬陝西都司。西南有西傾山，桓水出焉，下流爲白水江，又強川亦出焉，一名洮水。又北有石嶺山，上有石嶺關。東有黑松嶺，上有松嶺關。又東有黑石關、三岔關、高樓關。北有羊撒關。西南有新橋關、洮州關。東南有舊橋關。南距布政司千六百七十里。

岷州衞元岷州，以舊祐川縣地置，屬吐蕃宣慰司。洪武四年正月置岷州千戶所，屬河州衞。十一年七月升爲衞，屬陝西都司。十五年四月升軍民指揮使司。嘉靖二十四年又置州，改軍民指揮使司爲衞。四十年閏五月，州廢，仍置軍民指揮使司。洪武二十四年建岷王府。二十六年遷雲南。北有岷山，洮河經其下。南有白水，一名臨江。又東有石關。東北有鐵州，元屬吐蕃宣慰司。洪武四年正月置鐵城千戶所，屬河州衞，後廢。領所一。南距布政司千五百五十里。

西固城守禦軍民千戶所衞南。本西固城千戶所，洪武七年三月置，屬鞏昌府。十五年四月改置，來屬。南有白水。北有化石關。西北有平定關。

榆林衞　成化六年三月以榆林川置。其城，正統二年所築也。西有奢延水，西北有黑水，經衞南，爲三岔川流入焉。又北有大河，自寧夏衞東北流經此，西經舊豐州西，折而東，經三受降城南，折而南，經舊東勝衞，又東入山西平虜衞界，地可二千里。大河三面環之，所謂河套也。洪武中，爲內地。天順後，元裔阿羅出、毛里孩、孛羅出相繼居之。西南有鹽池，舊屬寧夏衞，嘉靖九年來屬。又衞東有長鹽池、紅鹽池。西有西紅鹽池、鍋底池。又東有長樂堡，分轄雙山等十二營堡，爲中路。又有神木堡，分轄鎮羌等九營堡，爲東路。西有安邊營，分轄永濟等十二營堡，爲西路。俱成化後置。又北有邊牆，成化九年築，長一千七百七十餘里，東起清水營，接山西偏頭關界，西抵定邊營，接寧夏花馬池界。南距布政司千一百二十里。

寧夏衞元寧夏府路，屬甘肅行省。洪武三年爲府。五年，府廢。二十六年七月置衞。二十八年四月罷。永樂元年正月復置。洪武二十六年，慶王府自慶陽府遷此。西有賀蘭山。又西南有峽口山，黃河流其中，一名青銅硤。黃河出硤東流，亦曰三岔河。又東有黑水河，南有清水河，卽葫蘆河下流也，俱注於黃河。有寧夏羣牧千戶所，洪武二十七年十二月置。領千戶所四。東南距布政司千四百里。

靈州守禦千戶所衞東南。洪武十六年十月置，治在河口。宣德三年二月徙於城東。弘治十三年九月復置靈州於所城。

興武守禦千戶所衞東南。正德元年以興武營置。

韋州守禦千戶所衞東南。弘治十年以故韋州置。西有大蠡山。南有小蠡山。東有東湖。

平虜千戶所衞北，少東。嘉靖三十年以平虜城置。東北有老虎山，濱大河。北有鎮遠關。

寧夏前衞　在寧夏城內，洪武十七年置。

寧夏左屯衞

寧夏右屯衞　亦俱在寧夏城內，洪武二十五年二月置，後廢。三十五年十二月復置。

寧夏後衞　本花馬池守禦千戶所，成化十五年置。正德元年改衞。其城，正統九年所築也。東北有方山。西有花馬池。西北有大鹽池。又西有小鹽池。東有長城關，正德初置。東南距布政司千一百二十里。

寧夏中衞元應理州，屬寧夏府路。洪武三年，州廢。永樂元年正月置衞。西有沙山，一名萬斛堆。大河在南。又西南有溫圍水，流入大河。又有裴家川。又東南有鳴沙州，元屬寧夏府路。洪武初廢。南距布政司千一百十里。

靖虜衞　正統二年以故會州地置，屬陝西都司。南有烏蘭山，上有烏蘭關。北有大河。西南有祖厲河，東北有亥刺河，皆注於大河。西南有會寧關。南距布政司千二百二十里。

陝西行都指揮使司元甘肅等處行中書省，治甘州路。洪武五年十一月置甘肅衞。二十五年罷。二十六年，陝西行都指揮使司自莊浪徙置於此。領衞十二，守禦千戶所四。距布政司二千六百四十五里。

甘州左衞倚。元甘州路。洪武初廢。二十三年十二月置甘州左衞。二十七年十一月罷。二十八年六月復置。洪武二十五年三月建肅王府。建文元年遷於蘭縣。西南有祁連山。西北有合黎山。東北有人祖山，山口有關，曰山南，嘉靖二十七年置。又東北有居延海。西有弱水，出西南山谷中，下流入焉。又有張掖河，流合弱水，其支流曰黑水河，仍合於張掖河。又東南有盧水，亦曰沮渠川。

甘州右衞

甘州中衞　俱洪武二十五年三月置。

甘州前衞

甘州後衞　俱洪武二十九年置。四衞俱與甘州左衞同城。

肅州衞元肅州路，屬甘肅行省。洪武二十七年十一月置衞。西有嘉峪山，其西麓卽嘉峪關也。弘治七年正月扁關曰鎮西。西南有小崑崙山，亦曰雪山，與甘州山相接。北有討來河，東會於張掖河。西南有白水，又西北有黑水，東南有紅水，俱流入白水，下流入西寧衞之西海。又東北有威虜衞，洪武中置，永樂三年三月省。東距行都司五百十里。

山丹衞元山丹州，直隸甘肅行省。洪武初廢。二十三年九月置衞，屬陝西都司，後來屬。東南有焉支山。西有刪丹河，卽弱水也。北有紅鹽池。西距行都司百八十里。

中華書局

永昌衛元永昌路，屬甘肅行省，至正三年七月改永昌等處宣慰司。洪武初廢。十五年三月置衛，屬陝西都司，後來屬。北有金山，麗水出焉。西南有白嶺山，亦曰雪山。西有水磨川，上有冰磨關。又東南有塞占河。西北距行都司三百十里。

涼州衛元西涼州，屬永昌路。洪武九年十月置衛，屬陝西都司，後來屬。南有天梯山，三岔河出焉。東南有洪池嶺。又東北有白亭海，有瀦野澤。又西有土彌干川，即五澗水也，亦出天梯山，下流合於三岔河。又東有雜木口關。又有涼州土衛，洪武七年十月置。西北距行都司五百里。

鎮番衛本臨河衛，洪武中，以小河灘城置。三十年正月更名。建文中罷。永樂元年六月復置。西有黑河，即張掖河下流也。又東有三岔河。南有小河。西有鹽池。西南有黑山關。西距行都司五百五十里。

莊浪衛洪武五年十一月以永昌地置。十二年正月置陝西行都指揮使司於衛城。二十六年，行都司徙於甘州。建文中，改衛爲守禦千戶所。洪武三十五年十月復改所爲衛，屬陝西都司，後來屬。東有大松山。其北有小松山。西有分水嶺，南出者爲莊浪河，北出者爲古浪河。又南有大通河，與莊浪河合，北流經衛西，入於沙漠。北距行都司九百四十里。

西寧衛元西寧州，直隸甘肅行省。洪武初廢。六年正月置衛。宣德七年十一月升軍民指揮使司，屬陝西都司，後來屬。西南有小積石山，與河州接界。東南有峽口山，亦曰湟峽。南有大河，自西域流入，迴環

於陝西、山西、河南、山東四布政司，及南直隸之地，幾至萬里，至淮安府清河縣，南合長淮，又東至安東縣南入於海。又北有湟水，即蘇木蓮河也，東入大河。又西南有賜支河，又城北有西寧河，皆流入大河。又西北有浩亹水，西南有宗哥川，俱流合於湟水。又西有西海，亦名卑禾羌海，俗呼青海。西北有赤海。又有烏海鹽池。東南有綏遠關。西北距行都司千三百五十里。

碾伯守禦千戶所本碾北地。洪武十一年三月置莊浪分衛。七月改置碾北衛，後廢，而徙西寧衛右千戶所於此。成化中更名。南有碾伯河。西北距行都司千二百三十里。

沙州衛元沙州路，屬甘肅行省。洪武初廢。永樂元年置衛。正統間廢。南有鳴沙山。東南有三危山。又東有龍勒山，又有渥洼水。西有瓜州，元屬沙州路，洪武初廢。東距行都司千三百六十里。

鎮夷守禦千戶所洪武三十年以甘州衛地置。建文二年罷。永樂元年復置所，舊在西北，天順八年移於今治。南有黑河，即張掖河也。西南有鹽池。北有兔兒關。東南距行都司三百里。

古浪守禦千戶所正統三年六月以莊浪衛地置。古浪河在東。又南有古浪關。東有石峽關。東南距行都司六百四十里。

高臺守禦千戶所景泰七年以甘州衛之高臺站置。弱水在北。又西有合黎山。西南有白城山。東南距行都司一百六十里。

校勘記

〔一〕下流至南直宿遷縣合泗水　合泗水，原作「合大河」，據明史稿志一九地理志、明一統志卷一三、讀史方輿紀要卷四七改。

〔二〕東南有澧水來入焉　澧水，原作「濃水」，據明史稿志一九地理志改。讀史方輿紀要卷四七作「澧河」，嘉慶重修一統志卷二一八作「澧水」，並引水經注「醴水東逕酈城縣故城南」。

〔三〕元曰鈞州　鈞州，原作「均州」，據明史稿志一九地理志、寰宇通志卷八三、明一統志卷二六改。均州在湖廣，不在河南。

〔四〕峭水出焉北注於河　河，原作「洛」，據明史稿志一九地理志、水經注卷四、讀史方輿紀要卷四八改。洛水在永寧南，峭水在永寧北。峭水北注，是入河，不是入洛。

〔五〕東有篩山　原脫「有」字，據明史稿志一九地理志補。

〔六〕西南有朱陽鎮　朱陽鎮，原作「南朱陽鎮」，據明史稿志一九地理志、明會典卷一三九刪。讀史方輿紀要卷四八作「朱陽關」，無「南」字。

〔七〕又有雁翎關　翎，原作「領」，據明史稿志一九地理志、寰宇通志卷八五改。

〔八〕元直隸河南江北行省　在「河南江北行省」下原衍「汝寧府」三字，今刪。

〔九〕西北有朗山　朗山，原作「郎山」，據明史稿志一九地理志、明一統志卷三一改。讀史方輿紀要卷五〇確山縣，稱「開皇八年改曰朗山縣」，即因朗山得名。

〔一〇〕西南又有白沙　白沙，原作「北沙」，據明史稿志一九地理志、明一統志卷三一改。讀史方輿紀要卷五〇稱後魏元英破梁將吳子陽於白沙，即此。

〔一一〕東北有大狐山　大狐山，原作「大孤山」，據明史稿志一九地理志改。讀史方輿紀要卷五一認爲大狐山即張衡南都賦的「天封大狐」。

〔一二〕又西北有軹關　軹關，原作「枳關」，據明史稿志一九地理志、寰宇通志卷八九、明一統志卷二八改。讀史方輿紀要卷四九謂軹關在軹道，因稱。

〔一三〕本名洹水　洹水，原作「垣水」，據明史稿志一九地理志、寰宇通志卷九一改。

〔一四〕西有廣成澤　成，原作「城」，據明史稿志一九地理志、讀史方輿紀要卷五一改。

〔一五〕洪武二十六年編戶二十九萬四千五百二十六　二十六年，原作「二十五年」，據明史稿志二〇地理志改。本志各承宣布政使司所列戶口都作「洪武二十六年」，是年有戶口統計。

〔一六〕合滮水　滮水，原作「彪水」，據明史稿志二〇地理志、寰宇通志卷九二、明一統志卷三二改。滮水亦稱「滮池」，水經注卷一九「滮池出鄗池，西入於鄗」。

〔一七〕西南有白土川　川，原作「州」，據明史稿志二〇地理志、讀史方輿紀要卷五四改。

〔一八〕東南有虢川二巡檢司　虢川，原作「虎川」，據明會典卷一三九改。

〔一九〕領州一縣八　原作「領州二，縣十四」，是沿用明會典卷一六、明一統志卷三四舊文，和下文州縣數不合。漢中府原包括興安州所屬六縣，故作「領州二，縣十四」。萬曆二十三年把興安州和領縣六從漢中府劃出，直隸布政使司，所以只餘州一縣八，據改。

〔二〇〕東有洋水卽清涼川也　明史稿志二〇地理志、明一統志卷三四、讀史方輿紀要卷五六都以洋水和清涼川爲二水。

〔二一〕東有遲河　遲河，原作「池河」，據明史稿志二〇地理志、明一統志卷三四改。讀史方輿紀要卷五六稱「河名遲者，以此河易漲而難消也」。又稱「舊設遲河巡司於此」，字亦作「遲」。

明史卷四十三

志第十九

地理四

四川　江西

四川　禹貢梁、荊二州之域。元置四川等處行中書省。〔一〕治成都路。又置羅羅蒙慶等處宣慰司，治建昌路。屬雲南行中書省。洪武四年六月平明昇。七月置四川等處行中書省。九月置成都都衞。與行中書省同治。八年十月改都衞爲四川都指揮使司。九年六月改行中書省爲承宣布政使司。領府十三，直隸州六，宣撫司一，安撫司一，屬州十五，縣百十一，長官司十六。爲里千一百五十有奇。北至廣元，與陝西界。東至巫山，與湖廣界。南至烏撒、東川，與貴州、雲南界。西至威茂，與西番界。距南京七千二百六十里，京師一萬七百一十里。洪武二十六年編戶二十一萬五千七百一十九，領招討司一，宣慰司二，安撫司五，長官司二十二及諸衞所。

口一百四十六萬六千七百七十八。弘治四年，戶二十五萬三千八百三，口二百五十九萬八千四百六十。萬曆六年，戶二十六萬二千六百九十四，口三百一十萬二千七十三。

成都府元成都路。洪武四年爲府。領州六，縣二十五。

成都倚。洪武十一年建蜀王府。

華陽倚。北有武擔山。又有外江，自灌縣分流經城北，遶城而南，一名滴遠江。又有內江，亦自灌縣分流經城南，遶城而東，亦名石犀渠。合流南注於大江。此府城之內、外江也。東有寧州衞，洪武十一年四月置。東南有馬軍寨巡檢司。

雙流府西南。洪武十年五月省入華陽縣。十三年十一月復置。東南有牧馬川，卽府城內、外江下流也。

郫府西。有內江，一名郫江，卽府城內江之上流也。

溫江府西，少南。西南有皁江，亦曰內江。

新繁府西北。洪武十年五月省入成都縣。十三年十一月復置。西北有沱江。又西有湔澳口。

新都府北。東有雒水，自什邡縣流經此，下流至瀘州入大江，亦曰中水。北有湔水，卽大江別流，自灌縣東北出，流經此，至漢州入雒水。東北有綿水，自漢州流至此入雒江。三水同流，亦曰郫江也。

彭府北。元彭州。洪武十年五月降爲縣。北有九隴山，有葛璝山，又有大隋山、中隋山。南有沱江，又北有濛水流合焉。又東有濛陽縣，元屬彭州。洪武十年五月省。又北有白石溝巡檢司。

崇寧府西北。元屬彭州。洪武四年屬府。十年五月省入灌縣。十三年十一月復置。南有沱江。

灌府西，少北。元灌州。洪武中，降爲縣。西北有灌口山。又有玉壘山，下有玉壘關，一名七盤關。又西南有青城山。又西有湔江，亦曰都江，亦曰湔堋江，古離堆也。岷江經此，正流引而南，支流分三道，繞成都境。有石渠水口。又有白沙水，下流入都江。又南有沱江，即郫江上源也。又西有蠶崖關巡檢司。西南有獠澤關。

金堂府東。洪武十年五月省入新都縣。十三年十一月復置。東北有三學山。南有雲頂山。有金堂峽，雒水經此，曰金堂河。東南又有懷口巡檢司。

仁壽府南，少東。東有麗甘山，下有鹽井。東有三峨山，又有蟠溪，下流入資江。又南有陵井，產鹽，亦曰仙井。

井研府南，少東。洪武六年十二月置。十年五月省入仁壽縣。十三年十一月復置。東北有鐵山，舊產鐵。南有鹽井。

資府東。明玉珍置資州。洪武初，降爲縣。南有珠江，即雒江也，東流爲資江。東有銀山鎭巡檢司。

內江府東南。洪武中置。西有中江，即雒之異名。南有椑木鎭巡檢司。

安府北，少東。元安州，治在西北。洪武中，降爲縣，移於今治。南有浮山，黑水出焉，南流入羅江縣界。北有曲山關。東有小東壩關。又東南有睢水關，關西有綿堰堡，綿水發源處也。

簡州洪武六年降爲縣。正德八年又升爲州。舊治在絳河北。正德八年徙治河南。東北有石鼓山。

西有分棟山。東有雁水，即雒水也，絳水自北來合焉，一名赤水，亦曰牛鞞水。又城內有牛皮井，產鹽。西有龍泉鎭巡檢司。西南有陽安關。西北距府百五十里。領縣一。

資陽州東。洪武六年十二月置，屬府。十年五月省入簡縣。成化元年七月復置，仍屬府。正德中，改屬州。西有資溪，流入雁水。東有資陽鎭巡檢司，後移治濛溪河。

崇慶州元治晉原縣。洪武中省縣入州。西有鶴鳴山。西北有鄢江，東流入新津界。又北有味江，東北有白馬江，皆岷江南出之別名也。西北有永康縣。東南有江源縣，明玉珍復置，洪武初省。西有清溪口巡檢司。東北距府百十里。領縣一。

新津州東。南有天社山。〔三〕南枕大江，一名皁江。東有北江，亦曰新穿水，自府城南流經此合大江。

漢州明玉珍復置雒縣，爲州治。洪武四年省縣入州。東有雒水，有綿水。又西南有湔水，流入雒。又北有雁水，亦流入雒，故雒水亦兼雁水之名。又東北有石亭水，流合綿水。東南有三水關巡檢司。西南距府百十里。領縣三。

什邡州西。洪武十年五月省入綿竹縣。十三年十一月復置。西北有章山，雒水出此，亦名雒通山。南有高鏡關，雒水經其南。又西有大蓬山。

綿竹州西北。西北有紫巖山，綿水出焉。又有紫溪河，一名射水河。又北有睢水關。

德陽州東北。洪武十年五月省入漢州。十三年十一月復置。北有鹿頭山，上有鹿頭關。東有綿水。西南有石亭水。南有白馬關巡檢司。

綿州元屬潼川府。洪武三年來屬。十年五月降爲縣。十三年十一月復爲州。東有富樂山。西有涪水，源出松潘衞，流經此，亦曰綿江，下流至合州，合於嘉陵江。又西北有安昌水，一名龍安水，東南流合涪水。又東有潺水，亦合於涪水。東有魏城巡檢司。西南距府三百六十里。領縣二。

羅江州南。洪武六年十二月省入綿州。十三年十一月復置。東北有羅江，涪水與安昌水會流處也。又西有黑水，自安縣流入界。又西南有白馬關巡檢司，關與德陽縣鹿頭關相對。

彰明州北。洪武十年五月省入綿縣。十三年十一月復置。東北有太華山。西有涪江，北有廉水，西有讓水，俱流入焉。

茂州元治汶山縣，屬陝西行省吐番宣慰司。洪武中省縣入州。十六年復置縣，後復省。南有岷山，即隴山之南首也。汶江自松潘衞流入，經山下，又東經州城西，東南流，迴環於四川、湖廣、江西三布政司及南直隸之地，入於海，幾七千餘里。南有雞宗關、東有積水關、北有魏磨關三巡檢司。又南有七星關，又有雁門關。東有桃坪關。北有實大關。西北有黃崖關，有汶山長官司，又南有靜川長官司，東南有隴木頭長官司，西南有岳希蓬長官司，俱洪武七年五月置，屬重慶衞。又北有長寧堡，本長寧安撫司，宣德中，平曆日諸蠻置，屬松潘衞。正統元年二月改屬疊溪所。八年六月改屬茂州衞。後廢爲堡。東南距府五百五十里。領縣一。

汶川州西南。北有七盤山。西有玉輪江，即汶江也，有汶川長官司，洪武七年五月置。西有寒水關巡檢司。又

南有徹底關。

威州元以州治保寧縣省入。明玉珍復置縣。洪武二十年五月復省縣入州。舊治在西北鳳坪里，宣德三年六月遷於保子岡河西。十年六月又遷於保子岡河東千戶所城內。東南有定廉山，鹽溪出焉。又西南有雪山，亦曰西山。北有汶江，西北有赤水，北有平谷水，俱流入焉。東有通化縣，洪武三年省。西北有保子關、徹底關。西南有鎭夷關。東南距府四百五十里。領縣一。

保州西北。洪武六年分保寧縣地置。東有汶江。西北有鎭安關。

保寧府元屬廣元路。洪武四年直隸行省。領州二，縣八。西南距布政司七百里。

閬中倚。成化二十三年建雍王府。弘治三年遷於湖廣衡州府。四年八月建壽王府。正德元年遷於湖廣德安府。舊治在縣東，明玉珍徙於此。東有蟠龍山，其北有錦山關。〔三〕又有靈山，其麓爲梁山關。南有嘉陵江，即西漢水，自陝西寧羌州流入，至巴縣合大江，亦曰閬水，又曰巴水，其下流曰渝水。有南津關在城南，臨嘉陵江。又有滴水關，在城北玉臺山下。又東南有和溪關。

蒼溪府西北。洪武十年五月省入閬中縣。十三年十一月復置。大獲山在東，宋江環其下。東南有雲臺山。西南有嘉陵江，宋江自西流入焉。北有八字堡巡檢司。

南部府南，少東。洪武十年五月省入閬中縣。十三年十一月復置。南有南山，一名跨鰲山。東南有離堆山。東

北有嘉陵江。

廣元府北，少西。元廣元路，治綿谷縣。洪武四年改爲府。九年四月降爲州，來屬，以綿谷縣省入。十三年十一月復置綿谷縣。二十二年六月降州爲縣，復省綿谷縣入焉。北有潭毒山，上有潭毒關，下臨大江。又有朝天嶺，上有朝天關。又有七盤嶺，上有七盤關，爲陝西、四川分界處。又東北有大漫天嶺，其北有小漫天嶺。西有嘉陵江。北有渡口，在大、小二漫間。東有百丈關，北有望雲關，有龍門閣，北達陝西寧羌州。

昭化府西北。元屬廣元路。洪武十年五月省入廣元州。十三年十一月復置，屬府。西南有長寧山，有白衞嶺。又西有九曲山。東有嘉陵江，其津口曰桔柏津，渡口關在焉。北有白水，自陝西文縣流入，亦曰葭萌水，合於嘉陵江。又北有馬鳴閣，又有石櫃閣。

劍州元屬廣元路。洪武六年以州治普安縣省入，來屬。九年省。十三年十一月復置。北有大劍山，亦曰梁山，西北接小劍山，飛閣通衢，謂之劍閣，有大、小劍門關在其上。又有漢陽山。東有嘉陵江。西南有涪江。北有大劍溪、小劍溪，又有泥溪。東南距府三百二十里。領縣一。

梓潼州西南。西有梓潼水，亦曰潼江水，下流入於涪江。又北有揚帆水，流合潼江水。又東有小潼水，下流入嘉陵江。

巴州元屬廣元路。洪武九年四月以州治化城縣省入，又改州爲縣，來屬。正德九年復爲州。東北有小巴山，與漢中大巴山接，巴江水出焉，經州東南，分爲三，下流至合州入嘉陵江。南有清水江，流合巴江。

東有曾口縣，元屬州，後廢。又北有米倉關巡檢司，本治小巴山之巔，尋徙大巴山下，後廢。東北距府三百五十里。領縣二。

通江州東，少北。元至正四年置，屬府。正德九年改屬州。舊治在趙口坪，洪武中，徙於今治。東有得漢山。南有巴江。又有宕水，在縣西壁山下，亦曰諾水，流入巴江。東北有濛壩、北有羊圈山二巡檢司。又東北有桐柏關，相對楞林關。

南江州北。正德十一年置。北有兩角山。南有難江，源出南鄭縣米倉山，下流入巴江。西北有大壩巡檢司。

順慶府元順慶路。洪武中，爲府。領州二，縣八。西南距布政司六百里。

南充倚。北有北津渡，縣舊治也。洪武中，徙今治。南有清居山。西有大、小方山。東有嘉陵江。西有曲水，又有流溪水，東有清水溪，又有大斗溪，俱流注於嘉陵江。又西有昆井，產鹽。府境州縣多鹽井。北有北津渡巡檢司。

西充府西北。洪武十年五月省入南充縣。十三年十一月復置。南有南岷山，上有九井、十三峯。西有西溪，即流溪也。

蓬州元屬順慶路。洪武中，以州治相如縣省入。東南有雲山。西有嘉陵江。東北有巴江。西南距府百四十里。領縣二。

營山州東，少北。洪武十年五月省入蓬州。十三年十一月復置。東北有大、小蓬山。東有巴江。

儀隴州北，少東。洪武十年五月省入蓬州。十三年十一月復置。西有伏虞山。北有金城山，一名金粟山。東有巴江。北有鼈水，流入嘉陵江。

廣安州元廣安府，屬順慶路。洪武四年降爲州，來屬。十年五月以州治渠江縣省入。東北有渠江，即巴江，合渠江之下流也。江中有三十六灘，亦名洄水。又北有濃水，南流合於環水，至州南合洄水，幷注合州之嘉陵江。西北距府二百十里。領縣四。

岳池州西北。東有岳池水。

渠州東北。元渠州，屬順慶路。至元二十六年五月省州治流江縣入焉。洪武九年四月降爲縣。東北有八濛山。東有宕渠山，有渠江，下流合巴江。又北有衞渠關，正德中置。

鄰水州東，少南。成化元年七月置。東南有鄰山，產鐵。有鄰水，下流入大江，縣以此名。

大竹州東，少北。元屬渠州。洪武九年來屬。西有九盤山。東有東流溪，下流合於渠江。

夔州府元夔州路，屬四川南道宣慰司。洪武四年爲府。九年四月降爲州，屬重慶府。十年五月直隸布政司。十三年十一月復爲府。領州一，縣十二。西距布政司千九百里。

奉節倚。洪武九年四月省。十三年十一月復置。東北有赤甲山。東有白帝山，又有白鹽山。南濱江。東出爲瞿

唐峽，峽口曰灩澦堆。又西有南鄉峽、虎鬚灘，東有龍脊灘，皆江流至險處。又東有大瀼水、東瀼水，俱流入江。南有尖山、又有金子山二巡檢司。又東有瞿唐關。東南有江關。南有八陣磧，磧旁有鹽泉。

巫山府東。東有巫山，亦曰巫峽，大江經其中，東入湖廣巴東縣界。東有大寧河，又有萬流溪，皆流入大江。

大昌府東。洪武十三年十一月置。西有千頃池。又有當陽鎭巡檢司。

大寧府東北。元大寧州。洪武九年降爲縣。北有寶源山，有石穴，鹽泉出焉。又有馬連溪，亦曰昌溪。東北有袁溪巡檢司。北有寄崖關。

雲陽府西。元雲陽州。洪武六年十二月降爲縣。南濱江。東有湯溪，源自湖廣竹山，流經此，至奉節湯口入江。西有檀溪，上承巴渠水，入於湯水。北有鹽井。又西北有五溪、北有鐵檠二巡檢司。

萬府西，少南。元萬州。洪武六年十二月降爲縣。南濱江。西有岑溪。東有彭溪。又西有武寧縣，洪武四年省，有武寧巡檢司。又西南有銅鑼關巡檢司。又西北有西柳關。

開府西，少北。元開州。洪武六年八月置，九月降爲縣。南有開江，彭溪之上流，有清江自縣東流合焉，亦曰疊江。又南有墊江，一名濁水，亦合流於開江。

梁山府西。元梁山州，治梁山縣。洪武六年十二月省州，存縣。十年五月改屬忠州，後來屬。北有高梁山，又有高都山。西南有桂溪，南有蟠龍溪，下流俱入於江。

新寧元屬達州。洪武三年改屬重慶府。十年五月省入梁山縣。十三年十一月復置，來屬。東有霧山，開江出焉。

中華書局

又東有豆山關。

建始府東南。元屬施州。洪武中來屬。西有石乳山，產麩金，上有石乳關，與湖廣施州衞界。南有清江，自施州衞流入，又東入湖廣巴東縣界。

達州元治通川縣。洪武九年四月降爲縣，省通川縣入焉。正德九年復升爲州。西有石城山。東有渠江，通川江之下流，西南入渠縣界，合於巴江，中有南昌灘，有土副巡檢司。又西有鐵山關。東北有深溪關。東南距府八百里。領縣二。

東鄉州東，少北。成化元年七月置。通川江在城東。

太平州東北。正德十年析東鄉縣地置。東北有萬頃池，渠江、通川江出焉，下流爲渠江。北有北江，又北入陝西紫陽縣界，名任河，入於漢江，東北有明通巡檢司。

重慶府元重慶路，屬四川南道宣慰司。洪武中，爲府。領州三，縣十七。西北距布政司五百五十里。

巴倚。東有塗山。大江經城南，又東經明月峽，至城東，與涪江合。西北有魚鹿峽，涪江所經。東南有丹溪，東北有交龍溪，俱流入大江。東有大紅江巡檢司。西有佛圖關。西南有二郎關。東有銅鑼關。又南有南坪關。

江津府西南。北濱大江。東南有僰溪口，僰溪入江處，有清平巡檢司。

壁山成化十九年三月析巴縣地置。大江在南。涪江在北。又北有壁山巡檢司。

永川府西，少南。洪武六年十二月置。

榮昌府西，少南。洪武六年十二月置。西有雒江，卽中水。西北有昌寧縣，明玉珍置，洪武七年省。

大足明玉珍置，屬合州。洪武四年改屬府。東有米糧關。北有化龍關。

安居成化十七年九月析銅梁、遂寧二縣地置。東有安居溪，一名瓊江，下流入涪江。

綦江府南，少東。元綦江長官司，屬播州。明玉珍改爲縣。洪武中來屬。南有綦江，卽僰溪之上流，一名東溪，有東溪巡檢司，後徙縣南之趕水鎭。又南有三溪渡，有綦市關。

南川府東南。洪武十年五月省入綦江縣。十三年十一月復置。南有南江，北流爲綦江，中有龍脉灘，在縣北。又東有四十八渡水，流入南江。又南有馬顋關、雀子崗關。北有冷水關。

長壽府東，少北。洪武六年九月置，屬涪州，尋改屬府。北濱大江。南有樂溫山，下有樂溫灘，大江所經。又東有桃花溪。

黔江府東。元屬紹慶府。洪武五年十二月省入彭水縣。十一年九月置黔江守禦千戶所。十四年九月復置縣，來屬。南有黔江，源出貴州思州府界，正流自涪江合大江，支流經此，下流爲湖廣施州衞之清江。又東有石勝關，又有石牙關。西有白巖關。東南有老鷹關，與湖廣施州界。

合州府北。元治石照縣。明玉珍省縣入焉。東有釣魚山，嘉陵江經其北，涪江經其南。又東北有嘉渠口，嘉陵江與渠江合流處，經城東南，涪江自西流合焉，亦曰三江口，幷流而南，入於大江。南距府百五十里。領縣二。

銅梁州南。北有涪江。

定遠州北。有舊城。今城本廟兒壩，嘉靖三十年徙此。東有武勝山。西南有濟江。東有嘉陵江。

忠州府東。元治臨江縣。洪武中，以縣省入。南濱大江，江中有倒鬚灘，西北有鳴玉溪流入江。西有臨江巡檢司。西距府八百里。領縣二。

酆都州西南。元曰豐都。洪武十年五月省入涪州。十三年十一月復置，曰酆都。南濱大江，有葫蘆溪自西南流入焉。東南有南賓縣，洪武中省。又有沙子關巡檢司。

墊江州西，少北。明玉珍置，屬州。南有高灘溪，西南入長壽界，爲桃花溪。

涪州大江自長壽縣流入，東逕黃草峽，又東逕鐵櫃山，又東逕州城北，遶城而東，又南有涪陵江流合焉，江口有銅柱灘。又東南有清溪關。西南有白雲關。又西有陽關。西距府四百三十里。領縣二。

武隆州南。元曰武龍。洪武十年五月省入彭水縣。十三年十一月復置，曰武隆。西南有涪陵江，亦曰黔江，亦曰巴江。

彭水州南。元紹慶府治此，屬四川南道宣慰司。洪武四年，府廢，改屬重慶府。洪武十年五月來屬。東有伏牛山，山左右有鹽井。城西有涪陵江。又東南有水德江，源自貴州思南流入涪陵江。東南有天池關。東北有𡺸子關。

遵義軍民府元播州宣慰司，屬湖廣行省。洪武五年正月改屬四川。十五年二月改屬貴州都司。二十七年四月改屬四川布政司。萬曆二十九年四月改置遵義軍民府。領州一，縣四。西北距布政司千七百里。

遵義倚。元播州總管。洪武五年正月改爲播州長官司。萬曆二十九年四月改縣，與府同徙治白田壩，在故司城之西。北有龍岩山。其東爲定軍山，又有大樓山，上有太平關，亦曰樓山關。又東有烏江，源自貴州水西，卽涪陵江上源，中有九接灘，其南有烏江關。又東南有仁江，東有湘江、洪江，皆流合於烏江。又西南有落閩水，東有樂安水，亦俱流入焉。又東南有河度關。西南有老君關。又東有三度關。西有落濛關。西北有崖門關、黑水關。北有海龍囤，有白石口隘。

桐梓府東。萬曆二十九年四月以舊夜郎縣望草壩置。北有僰溪，源出山箐，綦江之上流。

眞安州元珍州思寧長官司。明玉珍改眞州。洪武十七年置眞州長官司。萬曆二十九年四月改置。南有芙蓉江，自烏江分流，東北入於黔江。又有三江，東南流合於虎溪，亦注於黔江。西南距府二百里。領縣二。

綏陽府東北。萬曆二十九年四月以舊綏陽縣地置。東有水德江，亦曰涪江，亦曰小烏江，流入彭水縣界。

仁懷州西。萬曆二十九年四月以舊懷陽縣地置。東南有芙蓉江，西南有仁水，共下流俱注於烏江。

敍州府元敍州路，屬敍南等處蠻夷宣撫司。至元二十三年正月降爲縣。洪武六年六月置府。領州一，縣九。北距布政司千二百里。

宜賓倚。弘治四年八月建申王府，未之國，除。西有朱提山，舊產銀。西南有石城山。又西北有朝陽崖，大江經其下，又東經城東南，馬湖江來合焉。又西南有石門江，俗呼橫江，北入馬湖江。又東南有黑水，一名南廣溪，北入江。又西北有宣化縣，洪武中省，有宣化巡檢司。又西南有橫江鎮巡檢司。又南有撲索關。

南溪府東。東濱大江，中有石筍灘，在縣西。又有銅鼓灘，在縣東。又南有青衣水，流入大江。

慶符府南。洪武十年五月省入宜賓縣。十三年十一月復置。南有石門山，石門江經其下。又西北有馬鳴溪，流入馬湖江。

富順府東北。元富順州。洪武中，降爲縣。西南有虎頭山。東有金川，亦曰中水，即雒江也。又西有榮溪，東有瀧溪，俱流合焉。又西有鹽井。東有趙化鎮巡檢司。

長寧府東南。元長寧軍，屬馬湖路。泰定二年十月改爲州。洪武五年降爲縣。治東西有二溪，並冷水溪，三溪合流入大江，曰三江口。又東出虞公峽，曰淯溪，亦曰武寧溪，其下流入於大江。又治北有淯井，產鹽。東有梅洞堡巡檢司。

興文府東南。元戎州，屬馬湖路。洪武四年降爲縣，來屬。萬曆二年二月改曰興文。南有南壽山，又有思早江，

又東有水車河，俱流入淯溪。西有武寧城，萬曆二年二月築，置建武守禦千戶所於此。所南有九絲城，所東南有李子關。縣東北有板橋巡檢司，後遷兩河口，仍故名。

隆昌府東北。本富順縣隆橋馬驛。隆慶元年置縣，析榮昌、富順二縣及瀘州地屬之。西南有雒江。

高州元屬敍南宣撫司。洪武五年降爲縣，屬府。正德十三年四月復爲州。舊治懷遠寨。正德十三年遷治中壩。東有復寧溪，即黑水之上流。南有江口巡檢司。北距府百五十里。領縣二。

筠連州西。元筠連州，治騰川縣，屬永寧路，尋廢縣存州。洪武四年降州爲縣，屬敍州府。六年十二月改屬綿州，尋仍屬敍州府。十年五月省入高縣。十三年十一月復置，仍屬敍州府。正德十三年四月來屬。西有定川溪，下流與清溪合。東南有三岔巡檢司。

珙州東。元下羅計長官司，屬敍南宣撫司。明玉珍改爲珙州。洪武四年降爲縣。十年五月省入高縣。十三年十一月復置，屬府。正德十三年四月來屬。西南有珙溪，下流入清溪。南有鹽水壩巡檢司，後遷歇馬堡，仍故名。

龍安府元龍州，屬廣元路。明玉珍置龍州宣慰司。洪武六年十二月復置龍州。十四年正月改松潘等處安撫司。二十年正月仍改爲龍州。二十二年九月改龍州軍民千戶所。二十八年十月升龍州軍民指揮使司，後復曰龍州。宣德七年改龍州宣撫司，直隸布政司。嘉靖四十五年十二月改曰龍安府。領縣三。南距布政司四百八十里。

平武倚。本名寧武，萬曆十八年四月置，後更名。州舊治在江油縣界之雍村。洪武六年徙於青州所。二十二年又徙於盤龍壩箭樓山之麓，即今治也。東南有馬盤山，又有石門山。東有涪江，有青川溪，下流合白水，入嘉陵江。西北有胡空關，〔四〕又有黃陽關。東有鐵蛇關，西有大魚關，羊昌關、和平關，俱永樂中置。又東有棧閣，道出陝西文縣。又西有永濟橋，鐵索爲之，達松潘衞。又東有青川守禦千戶所，洪武四年十月以舊青川縣置，屬四川都司。嘉靖四十五年十二月來屬。所東有白水江。東北有明月關巡檢司。南有杲陽關。北有北雄關，接陝西文縣界。又有控夷關，萬曆中置。

江油府東南。元省。明玉珍復置。洪武十年五月省入梓潼縣。十三年十一月復置，屬劍州。嘉靖四十五年十二月來屬。西有大匡山，與彰明縣界。東北有竇圌山。北有涪水，水上有涪水關。

石泉府西南。元屬安州。洪武中，州廢，改屬成都府。嘉靖四十五年十二月來屬。北有三面山，龍安水出焉。又東有湔水，東至江陽入江，有馬坪口巡檢司。北有松嶺關。西有石板關。東有奠邊關。東北有大方關。西北有上雄關。

馬湖府元馬湖路，屬敍南宣撫司。洪武四年十二月爲府。領縣一，長官司四。東北距布政司千一百里。

屏山倚。本泥溪長官司，洪武四年十二月置。萬曆十七年三月改縣。西有雷番山。南有馬湖江，其上源自黎州

西徼外流入界，至此合金沙江，經府城東入宜賓縣界。中有結鬉灘、鐵鎖灘、雞肝石灘，俱在府西。又有馬湖，湖在山頂，亦曰龍湖。東有悔泥溪巡檢司。又東有龍關。西有鳳關。又北有新鄉鎮，萬曆十七年三月建城，置戍焉。

平夷長官司府西。洪武四年十二月置。舊治在司東。萬曆中，移於今治。南有馬湖江，又南有大汶溪，東有小汶溪，俱流合焉。

蠻夷長官司府西，少南。洪武四年十二月置。南濱馬湖江，西有什葛溪，東有大鹿溪，俱流合焉。南有戎寧巡檢司。

沐川長官司府西，少北。元置。洪武四年十二月改爲州，尋復。北有沐川，下流入大江。東有芭蕉溪，下流入馬湖江。

雷坡長官司府西南。洪武四年十二月置。二十六年省。

鎮雄府元芒部路，屬雲南行省。洪武十五年正月爲府。十六年正月改屬四川布政司。十七年五月升爲軍民府。嘉靖五年四月改府名。萬曆三十七年五月罷稱軍民府。北有樂安山，與敍州府界。又西有白水，亦曰八匡河，源出烏撒界，流經此，境內諸川俱流入焉，下流至敍州府入大江。又南有苴斗河，下流入烏撒之七星關河。又北有鹹泉二，俱產鹽。有益良州、強州，元俱屬芒部路，洪武十七年後廢。又有阿頭、易

中華書局

溪、昜娘三甕部，元屬烏撒路，洪武十五年三月屬芒部府。十七年又改阿晒部爲阿都府，屬四川布政司。後俱廢。南有阿赫閣，與烏撒界。領長官司五。北距布政司千五百八十里。

白水江𥥞酬長官司正德十六年十一月置。

懷德長官司府西。本却佐寨。

威信長官司府南。本母響寨。

歸化長官司府西南。本夷良寨。

安靜長官司府西北。本落角寨。四司，俱嘉靖五年四月改置。

烏蒙軍民府元烏蒙路，後至元元年九月屬四川行省。洪武十五年正月爲府，屬雲南布政司。十六年正月改屬四川布政司。十七年五月升爲軍民府。西有凉山。北有界堆山，與敍州府界。西南有金沙江，下流合於馬湖江。南有索橋，金沙江渡處。北有羅佐關。〔五〕有歸化州，洪武十五年三月置，屬府，尋廢。東北距布政司千三百里。

烏撒軍民府元烏撒路，〔六〕後至元元年九月屬四川行省。洪武十五年正月爲府，屬雲南布政司。十六年正月改屬四川布政司。十七年五月升爲軍民府。西有盤江，出府西亂山中，經府南爲可渡河，入

貴州畢節衞界。有可渡河巡檢司。又西有逍班巡檢司。又有阿赫關、郎撒二巡檢司。東南有七星關。東有老鴉關，又有善欲關，皆與貴州畢節衞界。又南有倘唐驛，路出雲南霑益州。東北距布政司千八百五十里。

東川軍民府元東川路，屬雲南行省。洪武十五年正月爲府。十七年五月升爲軍民府，改屬四川布政司。二十一年六月廢。二十六年五月復置。西南有馬鞍山，府舊治在焉。尋移治萬額山之南。又西南有絳雲弄山，接雲南祿勸州界，下臨金沙江。又東南有牛欄江，自雲南尋甸府流入，至府北合金沙江。有藤索橋，在東北牛欄江上。東北距布政司千四百里。

潼川州元潼川府，直隸四川行省。洪武九年四月降爲州，以州治郪縣省入，〔七〕直隸布政司。北有涪江，南有中江流合焉。又西南有郪江，有鹽井。西南距布政司三百里。領縣七。

射洪州南。洪武十年五月省入鹽亭縣。十三年十一月復置。東有涪江。又東南有射江，亦曰𣸣江，亦曰梓潼水，自鹽亭縣流入，經縣東南之獨坐山，合於涪江。又東南有沈水，亦入涪江。有鹽井。

中江州西。洪武十年五月省入州。十三年十一月復置。西南有可蒙山、銅官山，南有賴𪫺山、私鎔山，俱產銅。東南有中江，南有郪江，有鹽井。

鹽亭州東，少北。北有紫金山。南有梓潼水。東有鹽亭水，自劍州南境流入，亦謂之瀰江。城東有鹽井。

遂寧州東南。元遂寧州。明玉珍省州治小溪縣入焉。洪武九年四月降州爲縣。東有銅盤山，又有涪江，北有郪江流入焉，謂之郪口。西有倒流溪，有鹽井。

蓬溪州東南。元屬遂寧州。洪武十年五月省入遂寧縣。十三年十一月復置，徙治故城之西南。西有明月山，下爲明月池。又有伏龍山，下有火井。北有蓬溪，下流合於涪江，有鹽井。

安岳州南。洪武四年於縣置普州。九年，州廢。西有岳陽溪，下流合於涪江，有鹽井。

樂至州南，少西。成化元年七月置，屬州。正德九年改屬簡州。嘉靖元年四月還屬。有鹽井。

眉州元屬嘉定府路。洪武九年四月降爲縣，仍屬嘉定州。十三年十一月復爲州，直隸布政司。東有蟇頤山，西面臨江，下爲蟇頤津。南有峨眉山。東有玻瓈江，即大江也。南有思濛江，西南有金流江，一名雒江，下流俱入大江。東南有魚耶鎮巡檢司。北距布政司百八十里。領縣三。

彭山州北。洪武十年五月省入眉縣。十三年十一月復置。東有彭亡山，亦曰平無山，俗呼爲平模山。北有天社山。南有打鼻山。東北濱大江，內江自雙流縣流入焉，即牧馬川也，合流而南，亦曰武陽江，江中有鼓樓灘。又有赤水，亦自東北流入大江。

丹稜州西。洪武六年十二月置，屬嘉定府。十年五月省入眉縣。十三年十一月復置，來屬。東南有青衣水，源出盧山縣，流經此，下流至嘉定州入大江。

青神州南。洪武十年五月省入嘉定州。十三年十一月復還屬。西有熊耳山，青衣水經其下。又東有大江。東南有松柏灘。東有犂頭灣巡檢司。

邛州元屬嘉定府路。洪武九年四月降爲縣，仍屬嘉定州。成化十九年二月復爲州，直隸布政司。西有古城山，產鐵。又東南有銅官山，產銅。西有相臺山，下有火井，又有鹽井。南有邛水，自雅州流入，至新津縣入大江。南有夾門關巡檢司。西有火井壩巡檢司，後移於州南二十五里。東北距布政司三百里。領縣二。

大邑州北，少東。洪武十年五月省入邛縣。十三年十一月復置，屬嘉定州。成化十九年二月還屬。西北有鶴鳴山，與崇慶州界。東有牙江，下流入邛水。

蒲江州東南。元省入州。洪武六年十二月復置，屬嘉定府。成化十九年二月還屬。南有蒲水，源出名山縣，流經此，東入邛州界。西有雙路巡檢司。

嘉定州元嘉定府路。洪武四年爲府。九年四月降爲州，以州治龍遊縣省入，直隸布政司。東有三龜山。又有九頂山。大江在城東，亦曰通江。又西有陽江，即大渡河，自峨眉縣流入，經城東烏尤山下，合於大江。又西南有青衣水，至城西雙𣸣，與陽江合。東南有金石井巡檢司，後廢。北距布政司二百六十里。領縣六。

中華書局

峨眉州西。西南有峨眉山，有大峨、中峨、小峨，羅目江出焉。陽江在縣南，自黎州所夷界流入，與羅目江合。又西南有中鎮巡檢司，後徙治大圍山。又有土地關，接蠻界。

夾江州西北。西有青衣水，又有洪雅川，合焉。

洪雅州西北。元省入夾江。成化十八年五月復置。西北有青衣水。西有洪雅川。又有竹箐山巡檢司。

犍爲州東南。舊治玉津鎮。今治懲非鎮，洪武中徙此。東有大江。東北有四望溪流入焉。有四望溪口巡檢司。又北有石馬關巡檢司。

榮州東。本榮州。洪武六年十二月置。九年四月降爲縣。東有榮川水，有甕溪關、飛水關，俱洪武間置。又有大坪隘口，成化十二年八月置。

威遠州東。洪武六年十二月置，屬嘉定府。十年五月省入榮縣。十三年十一月復置。

瀘州元屬重慶路。洪武六年直隸四川行省。九年直隸布政司。舊治在州東茜草壩。洪武中，徙此。城西有寶山。西南有方山。大江在東，一名瀘江，又名汶江，資水自州北來合焉，亦曰中江。又有瀘州衞，洪武二十一年十月置於州城，成化四年四月徙於州西南之渡船舖。南有石棚鎮、北有李市鎮二巡檢司。又有江門、水流崖、洞搽等關堡，俱成化四年四月置。又南有龍透關，崇禎間修築。西北距布政司千五百五十里。領縣三。

納溪州西南。北濱大江，城西有納溪水，自蕃部西南流合焉。有納溪口巡檢司。南有倒馬關、石虎關，俱通雲南、

交阯路。

江安州西，少南。北濱大江，有綿水西南流入之，謂之綿水口。又南有清溪，又有涇灘，俱流合於綿水。有板橋巡檢司。

合江州東，少北。舊治在神臂山南。洪武初徙安樂山之麓，即今治也。又南有榕山，俗名容子山。北濱大江，西有之溪、北溪入焉，因謂之合江。又南有安樂溪，西北流入江安縣。

雅州元屬陝西行省吐蕃宣慰司。洪武四年以州治嚴道縣省入，直隸布政司。東有蔡山，一名周公山，其下有經水，一名周公水。又東南有榮水，一名長濆河，又有小溪，一名百丈河，至州界，俱合流於青衣江。北有金雞關。東北有金沙關。東北距布政司四百五十里。領縣三。

名山州東北。洪武十年省入州。十三年十一月復置。東北有百丈山，旁有百丈縣，元屬州，洪武中省。西有蒙山。南有青衣江。

榮經州西南。明玉珍省入嚴道縣。洪武中復置。東北有銅山。東有邛崍山，與黎州所界，上有九折坂。西有大關山，邛崍關在焉。北有長濆河，南有周公水，並流入州界。西北有紫眼關，地接西番。又有碉門砦，亦曰和川鎮，元置碉門安撫司。洪武五年設碉門百戶所於此，其地與天全界。

蘆山州西北。元曰瀘山，後省。洪武六年十二月復置，改爲蘆山。東有盧山，青衣水出焉。南有三江渡，其水經多功峽，下流入平羌江。西北有臨關，舊曰靈關，正統初更名。有臨關巡檢司。又南有飛仙關。

永寧宣撫司元永寧路。洪武七年爲永寧長官司。八年正月升宣撫司。天啓三年廢，地屬敍州府。故城在西。洪武十五年遷於今治。東南有獅子山。西北有青山。南有永寧河，東北流經瀘州境，入於大江。又東南有赤水河。東有魚浮關，洪武四年置。領長官司一。距布政司千八百里。

九姓長官司司城西南。元九姓羅氏黨蠻夷長官千戶。洪武六年十二月改置。天啓六年改屬瀘州。南有通江溪，東北會於納溪之江門峽。西南有金鵝池。

太平長官司元大壩軍民府，洪武中廢。成化四年四月改置。

天全六番招討司元六番招討司。洪武六年十二月改置，直隸四川布政司。二十一年二月改隸都司。東有多功山。南有和水，一名始陽河，亦名多功河，流入雅州青衣江。又西番境內有可跋海，其下流合雲南𧾷羕備水，流入交阯。又禁門關、紫石關亦俱在司西。又東有善所、張所、泥山、天全、思經、樂藹、始陽、樂屋、在城、靈關凡十百戶所。東距布政司五百五十里。

松潘衞元松州，屬雲南行省。洪武初，因之。十二年四月兼置松州衞。十三年八月罷衞。未幾，復置衞。二十年正月罷州，改衞爲松潘等處軍民指揮使司，屬四川都司。嘉靖四十二年罷軍民司，止爲衞。東有雪欄山，上有關。南有紅花山。西北有甘松嶺。又北有大、小分水嶺。西有岷江，自陝

西洮州衞流經此，亦曰潘州河。又東有涪江，出小分水嶺，東南流，入小河所界。北有潘州衞，洪武中，以故潘州置。二十年省入。又西有鎮夷關，永樂四年七月置。又西北有流沙關。又東有望山、雪欄、風洞、黑松林、三舍、小關子關。南有西寧、歸化、安化、新塘、北定、浦江六關。又有平夷關，萬曆十四年置。又南爲鎮平關。又西北有漳臘堡，洪武十一年置。領千戶所一，長官司十六，安撫司五。東南距布政司七百六十里。

小河守禦千戶所宣德四年正月置。北有師家山，一名文山，山麓有文山關。南有小河，即涪水也，東流入龍安府界，有鐵索橋跨其上。

占藏先結簇長官司

蠟匝簇長官司

白馬路簇長官司

山洞簇長官司

阿昔洞簇長官司

北定簇長官司

麥匝簇長官司

者多簇長官司

崞力結簇長官司

班班簇長官司

祈命簇長官司

勒都簇長官司

包藏先結簇長官司 以上十三司，俱洪武十四年正月置。

阿用簇長官司 宣德十年五月置。

潘斡寨長官司 正統五年七月置。

別思寨長官司 宣德十年五月置。

八郎安撫司 永樂十五年二月置。

麻兒匝安撫司 宣德二年三月，以阿樂地置。

阿角寨安撫司

芒兒者安撫司 二司，俱正統五年七月置。

思曩日安撫司 正統十一年七月置。

疊溪守禦軍民千戶所　本疊溪右千戶所，洪武十一年以古翼州置，屬茂州衞。二十五年改置，直隸都司。南有排柵山。西有汶江，南有黑水流合焉，謂之翼水。又南有南橋、中橋、徹底三關，北有永鎭橋關、鎭平關，西有疊溪橋關，東有小關，俱洪武十一年置。領長官司二。東南距布政司五百八十里。

疊溪長官司 所城北。

鬱卽長官司 所城西。俱永樂元年正月置。

黎州守禦軍民千戶所　本黎州長官司，洪武九年七月置。十一年六月升安撫司，直隸布政司。萬曆二十四年降爲千戶所，直隸都司。東北有聖鍾山，下有黎州，元屬陝西行省吐蕃宣慰司。洪武五年省州治漢源縣入州。永樂後廢。西北有飛越山，兩面皆接生羌界。西南有大田山，東麓爲大田壩，萬曆二十四年立黎州土千戶所於此。又東有冲天山。南有避瘴山。西北又有箄篢山。南有大渡河，卽古若水。洪武十五年六月置大渡河守禦千戶所，後徙司城西北隅。又西南有漢水，源出飛越山之仙人洞，亦曰流沙河，下流至試劍山，入大渡河。河南卽淸溪關，與建昌行都司界。西有黑崖關，洪武十六年置。又有椒子關，路通長河西等處。東北距布政司六百九十里。

平茶洞長官司 元溶江芝子平茶等處長官司。洪武八年正月置，屬酉陽宣撫司。十七年直隸布政司。西有百歲山。晴溪出於其東，滿溪出於其西，合流入買賽河。北距布政司千六百七十里。

溶溪芝麻子坪長官司 元溶江芝子平茶等處長官司。洪武八年改置，屬湖廣思南宣慰司。十七年五月直隸四川布政司。

安寧宣撫司　成化十三年二月置，領長官司二。

懷遠長官司

宣化長官司

俱成化十三年二月，與宣撫司同置。

酉陽宣慰司 元酉陽州，屬懷德府。明玉珍改沿邊溪洞軍民宣慰司。洪武五年四月仍置酉陽州，兼置酉陽宣慰司，州尋廢。八年正月改宣慰司爲宣撫司，屬四川都司。永樂十六年改屬重慶衞。天啓元年升爲宣慰司。東南有酉水，流合平茶水，至湖廣辰州府合流於江，有寧倰江巡檢司。西北距重慶府四百九十里。領長官司三。

石耶洞長官司 司東南。元石耶軍民府。洪武八年正月改爲長官司。

邑梅洞長官司 司南。元佛鄉洞長官司。明玉珍改邑梅沿邊溪洞軍民府。洪武八年正月改置。北有凱歌河，一名買賽河，自貴州平頭著可司流入，東入酉陽司界。

麻兔洞長官司 洪武八年正月置。

石砫宣慰司〔八〕 元石砫軍民宣撫司。明玉珍改安撫司。洪武八年正月爲宣撫司，屬重慶衞。嘉靖四十二年改屬夔州衞。天啓元年升爲宣慰司。東有石砫山。又有三江溪，卽葫蘆溪之上流也。西南距夔州府七百五十里。

四川行都指揮使司 元羅羅蒙慶等處宣慰司，治建昌路，屬雲南行省。洪武十五年罷宣慰司。二十七年九月置四川行都指揮使司。治建昌衞。領衞五，所八，長官司四。東北距布政司千四百八十里。

建昌衞軍民指揮使司 元建昌路，屬羅羅蒙慶宣慰司。洪武十五年正月爲府，屬雲南布政司，兼置衞，屬雲南都司。十月，衞府俱改屬四川。二十五年六月，府廢，升衞爲軍民指揮使司。二十七年九月來屬。領守禦千戶所四，長官司三。南有瀘水，流入金沙江。又北有長河，南有懷遠河，西南有寧遠河，下流俱合於瀘水。又東有建安州、永寧州，又東有里州，東南有闊州，西南有瀘州、隆州，元俱屬建昌路，洪武十五年三月俱屬建昌府。東有北社縣，元屬永寧州，洪武十五年三月因之，尋改爲碧舍縣。又西有德州，元屬德昌路，洪武十五年三月屬德昌府。二十七年後，府州縣俱廢。又有建昌前衞指揮使司，洪武二十七年六月置，與建昌軍民衞同城，九月屬四川行都司，萬曆三年省。又東有建昌土衞，洪武十五年置，萬曆後廢。北有瀘沽巡檢司，卽故瀘沽縣也。又南有麻剌巡檢司。又西南有打沖河、東南有白水、東有龍溪三巡檢司，後廢。又東北有老君關，有太平關。東南有甸沙關。又有金川堡。

守禦禮州後千戶所

守禦禮州中中千戶所 衞北。元禮州，屬建昌路。洪武十五年三月屬建昌府，兼置二守禦所，屬衞。二十七年後，州廢。北有瀘沽縣，元屬禮州，洪武十五年三月因之，亦二十七年後廢。

守禦打沖河中前千戶所 衞西。洪武二十七年二月置。西有打沖河，蠻名黑惠江，一名納夷江，源出吐蕃，下流入金沙江。東北有水砦關。南有天星砦。

守禦德昌千戶所衞南。洪武十五年置。南有德昌路，元屬羅羅蒙慶宣慰司，洪武十五年三月爲府，屬雲南布政司，十月改屬四川布政司，二十七年後廢。

昌州長官司衞南。元屬德昌路。洪武十五年三月屬德昌府。永樂二年七月改置。

威龍長官司衞東南。元威龍州，屬德昌路。洪武十五年三月以「龍」爲「隆」，屬德昌府。永樂二年七月改置。

普濟長官司衞西南。元普濟州，屬德昌路。洪武十五年三月屬德昌府。永樂二年七月改置。

寧番衞軍民指揮使司元蘇州，屬建昌路。洪武十五年三月屬建昌府。二十一年十月兼置蘇州衞，屬四川都司。二十五年六月，州廢，升衞爲軍民指揮使司。二十六年三月更名，屬四川都司。二十七年九月來屬。南有南山，產銅。東有長河，亦名白沙江，南流會於瀘水。又有中縣，元屬建昌路。洪武十五年三月改屬永寧州。十七年改屬蘇州，後廢。又有沙陀關、羅羅關、九盤關。南有烏角關。北有北山關。又西有定番堡，萬曆十五年置。南距行都司百九十里。領千戶所一。

守禦冕山橋後千戶所衞東。正統七年以冕山堡置。東有東河，與瀘沽河合，下流入金沙江。北有冕山關。

越巂衞軍民指揮使司洪武二十五年七月置，屬四川都司。二十七年九月來屬。西有阿露山，亦曰大雪山。北有大渡河，與黎州界。又有魚洞河，南有羅羅河，合流入大渡河。又北有青岡關，有海棠關，有曬經關。南有小相公嶺關。西北有剌伯關。南距行都司百九十里。領千戶所一，長官司一。

鎮西後千戶所衞北。弘治中置。

邛部長官司衞東。元邛部州，屬建昌路。洪武十五年三月屬建昌府，二十七年四月升軍民府，後仍爲州，屬越巂衞。永樂元年五月改爲長官司。東有平夷、歸化二堡，萬曆十五年開邛部夷地增置。

鹽井衞軍民指揮使司元柏興府，治閏鹽縣，屬羅羅蒙慶宣慰司。洪武十五年三月屬雲南布政司。二十四年二月降爲州，省閏鹽縣入焉。二十六年六月，州廢，置衞，屬四川都司。二十七年九月來屬。南有柏林山。西有斛槃和山，產金。又西有鐵石山，出砮石。東北有打冲河，上有索橋。西有雙橋河，東有越溪河，俱流入打冲河。又治東有鹽井。北有金縣，元屬柏興府，洪武十五年三月因之，十七年後廢。又東有雙橋關。西有古德關。東南距行都司三百里。領千戶所一，長官司一。

打冲河守禦中左千戶所衞東北。洪武二十五年置。

馬剌長官司衞南。永樂初置。

會川衞軍民指揮使司　本會川守禦千戶所，洪武十五年置，屬建昌衞。二十五年六月升軍民千戶所。十一月升會川衞軍民指揮使司，屬四川都司。二十七年九月來屬。東南有土田山，產石碌，有葛砧山，產石青。東有密勒山，產銀礦。西南有金沙江，自雲南武定府流入界。又西有瀘水，南入焉。南有瀘沽河，亦流入焉。又南有搭甲渡巡檢司。東南有瀘津關。南有迷郎關，又有松坪關。西有永昌關，有大龍關。北有甸沙關，接建昌衞界。有會川路，元屬羅羅蒙慶宣慰司。洪武十五年三月爲府，屬雲南布政司。十月改屬四川布政司。二十六年四月，府廢。墮其城。二十七年四月復置府，後復廢。又西有永昌州，南有武安州，又有黎溪州，元俱屬會川路，洪武十五年三月俱屬會川府，十月俱改爲縣，二十四年二月復俱爲州。東南有姜州，元屬建昌路，又有會理州，元屬會川路，洪武十五年三月俱改屬東川府。北有麻龍州，元屬會川路，洪武十五年三月改屬東川府。又有麻龍縣，洪武十七年改屬麻龍州。二十七年後，府州縣俱廢。西北距行都司五百里。領千戶所一。

守禦迷易千戶所〔九〕衞西北。洪武二十五年閏十二月置。

江西　禹貢揚州之域。元置江西等處行中書省。治龍興路。太祖壬寅年正月因之。正月治吉安府。二月還治洪都。洪武三年十二月置江西都衞。與行中書省同治。八年十月改都衞爲都指揮使司。九年六月改行中書省爲承宣布政使司。領府十三，州一，縣七十七。爲里九千九百五十六有奇。北至九江，與江南、湖廣界。東至玉山，與浙江界。南至安遠，與福建、廣東界。西至永寧，與湖廣界。距南京一千五百二十里，京師四千一百七十五里。洪武二十六年編戶一百五十五萬三千九百二十三，口八百九十八萬二千四百八十二。弘治四年，戶一百三十六萬三千六百二十九，口六百五十四萬九千八百。萬曆六年，戶一百三十四萬一千五，口五百八十五萬九千二十六。

南昌府元龍興路，屬江西行省。太祖壬寅年正月爲洪都府。癸卯年八月改南昌府。領州一，縣七。

南昌倚。洪武十一年建豫王府。二十五年改爲代王，遷山西大同。永樂初，寧王府自大寧衞遷此，正德十四年除。故城在東。今城，明太祖壬寅年改築。東湖在城東南隅。西有贛江，自豐城縣流入，東北入鄱陽湖，出湖口縣，入大江，亦曰章江。又東南有武陽水，上源自南豐縣盱江，北流經此，又東北入宮亭湖。南有市汊巡檢司。

新建倚。西有西山，跨南昌、新建、奉新、建昌四縣之境。北有吳城山，臨贛江。東有鄱陽湖，即彭蠡也，俗謂之東鄱湖；其西與宮亭湖相接，謂之西鄱湖。西南有筠水，一名蜀江，自高安縣流入，合於章江。東北有趙家圍、西有烏山、北有吳城、西北有昌邑四巡檢司。

豐城府南，少西。元富州。洪武九年十二月改爲豐城縣。南有羅山，富水所出。又有杯山，豐水所出。西南有章江，豐水自南，富水自東南，俱流入焉。又東有雲韶水，自撫州流入，亦入於章江。南有沛源、西南有江滸口二巡檢司。又有河湖巡檢司，廢。又北有港口巡檢司，治大江口，後遷縣東北小江口，廢。

進賢府東南。西南有金山，產金。北有三揚水，又有軍山湖，又北有日月湖，下流俱入於鄱陽湖。東有潤陂、東北有鄔子寨、北有龍山、東南有花園四巡檢司。

奉新府西。西有百丈山，馮水所出，下流入於章江。又西有華林山，華林水出焉。又西北有藥王山，龍溪水出焉。二水合流，注於馮水。西有羅坊巡檢司。又有白沙巡檢司，廢。

中華書局

靖安府西北。西有毛竹山，接寧州界，雙溪水出焉，下流入於馮水。北有桃源山，桃源水所出，流與雙溪水合。又西北有長溪，源出名山，下流入於修水。

武寧府西北。西有太平山。西北有九宮山。南有修水。

寧州府西。元分寧縣，爲寧州治。洪武初，改縣爲寧縣，省州入焉。弘治十六年，升縣爲州。西有幕阜山，修水發源於此，下流入鄱陽湖。又東有鶴源水，源發九宮山，下流合修水。西有杉市巡檢司，後遷於崇鄉北村。南有定江、又有八疊嶺二巡檢司，廢。東南距府三百六十里。

瑞州府元瑞州路，屬江西行省。洪武二年爲府。領縣三。東北距布政司二百里。

高安倚。北有米山。西北有華林山。又北有蜀江，自上高縣流入，東流滙於南昌之象牙潭而入章江，一名錦水。此別一蜀江，非出岷山之大江也。又南有曲水，亦東入章江。南有陰岡嶺、又有洪城二巡檢司，廢。

上高府西南。南有蒙山，舊產銀鉛。西有天嶺。又西有蜀江，自萬載縣流入，至縣西北凌江口合新昌縣之鹽溪水。又有斜口水，源出蒙山，至縣西亦流入焉。西有離婁橋、又有麻塘二巡檢司。

新昌府西。元新昌州。洪武初，降爲縣。西有鹽溪水，一名若耶溪，南流至上高縣入於蜀江。又北有藤江，下流與鹽溪水合。西有黃岡洞、北有大姑嶺二巡檢司。

九江府元江州路，屬江西行省。太祖辛丑年爲九江府。領縣五。南距布政司三百里。

德化倚。南有廬山，亦曰匡廬。東南有鄱陽湖，湖中有大孤山。縣北濱大江，亦曰潯陽江，北岸爲湖廣黃梅縣，南岸經湖口、彭澤二縣，而入南直東流縣境。江中有桑落洲，與南直宿松縣界。又西有湓浦，自瑞昌縣流入，經城西，注於大江，所謂湓口也。又東南有女兒浦，源出廬山，東北入鄱陽湖。西有城子鎮巡檢司。又東有南湖觜、西有龍開河二巡檢司，後廢。

德安府西南。南有博陽山，古文以爲敷淺原，博陽川出焉，〔一〇〕東南流入於鄱陽湖。東北有谷簾水，源出廬山，下流亦入鄱陽湖。

瑞昌府西。西有淸湓山，湓水出焉。北有大江，北岸與湖廣廣濟縣分界。

湖口府東。北濱大江。南有上石鐘山。北有下石鐘山。又南有靑山，在鄱陽湖中。西南卽鄱陽湖，滙章、貢羣川之水，由此入江。南有湖口鎮巡檢司，後遷上石鐘山。西北有茭石磯鎮巡檢司，後遷於黃茅潭。

彭澤府東，少北。濱大江。北有小孤山在江中，江濱有彭浪磯，與小孤對。東北有馬當山，橫枕大江。有馬當鎮巡檢司。西南有峯山、磯鎮二巡檢司。

南康府元南康路，屬江西行省。太祖辛丑年八月爲西寧府。壬寅年四月改曰南康府。領縣四。南距布政司三百里。

星子倚。西北有廬山。北有鞋山，在鄱陽湖中。湖東爲宮亭湖，西北爲落星湖。又西有谷簾水，下流入鄱陽湖。東有長嶺巡檢司，後遷縣南諸溪鎮，又遷縣東北靑山鎮，仍故名。

都昌府東。西南有石壁山，臨章江。東南爲鄱陽湖，北有後港河，合諸水入焉。西北有左蠡巡檢司，濱湖。東南有柴棚巡檢司，在湖中。

建昌府西南。元建昌州。洪武初，降爲縣。西南有長山，南有修水，自寧州流入，亦謂之西河。東有蘆潭巡檢司。

安義府西南。正德十三年二月析建昌縣安義等五鄉置。東有東陽新遷水，南有龍江水，俱流合於修水。

饒州府元饒州路，屬江浙行省。太祖辛丑年八月爲鄱陽府，隸江南行省。尋曰饒州府，來隸。領縣七。西南距布政司二百四十里。

鄱陽倚。正統元年，淮王府自廣東韶州府遷此。西北有鄱陽山，在鄱陽湖中。湖長三百里，闊四十里，亙南康、饒州、南昌、九江四府之境。南有鄱江，源出南直婺源縣及祁門縣，下流會於城東。又南則廣信上饒江來合焉，環城西北出，復分爲二，俱入鄱陽湖，亦名雙港水。又東有東湖，一名督軍湖，流入鄱江。西北有棠陰巡檢司，遷於雙港口。北有石門鎮巡檢司。又東北有大陽埠。西有八字腦。

餘干府南。元饒干州。洪武初，降爲縣。西北有康郎山，濱鄱陽湖南涯，因名其水曰康郎湖。又西有族亭湖。又南有餘水，亦曰三餘水。又南有龍窟河，合於餘水，下入鄱江。有康山巡檢司，舊在康郎山上，後遷黃埠。西有

瑞虹鎮，在鄱陽湖濱。

樂平府東。元樂平州。洪武初，降爲縣。東北有鳳遊山。南有樂安江，卽鄱江之上流也。北有八澗鎮巡檢司。南有仙鶴鎮巡檢司，後遷萬年縣之荷溪鎮。

浮梁府東。元浮梁州。洪武初，降爲縣。南有昌江，南直祁門縣之水俱流滙焉，鄱江之別源也。西北有桃樹鎮巡檢司，後遷縣東北勸上市。西南有景德鎮，宣德初，置御器廠於此。

德興府東。東有銀山，舊產銀。北有銅山，山麓有膽泉，浸鐵可以成銅。西南有建節水，自弋陽縣流入。北有大溪，自南直婺源縣流入。下流俱合於樂安江。東有白沙巡檢司。西南有永泰巡檢司，廢。

安仁府南，少東。南有錦江，亦名安仁港，自貴溪縣流入，西北入餘干境，爲龍窟河。又東有白塔河，流合於錦江。南有白塔、東有田南二巡檢司，後廢。

萬年府東南。正德七年以餘干縣之萬春鄉置，析鄱陽、樂平及貴溪三縣地益之。北有萬年山。東有桃源洞，桃源水出焉，經縣西南，下流爲餘水。東北有荷溪鎮、北有石頭街二巡檢司，後俱廢。

廣信府元信州路，屬江浙行省。太祖庚子年五月爲廣信府。領縣七。西北距布政司六百三十里。

上饒倚。西北有靈山，舊產水晶。南有丁溪山，產鐵。又南有銅山。北有上饒江，自玉山縣流入，經城北，下流至鄱陽縣合於鄱江。又西有靈溪，源出靈山，亦曰靈溪，流入上饒江。南有八坊場、東北有鄭家坊二巡檢司。

玉山府東。有三清山。又有懷玉山，玉溪出焉，分二流，東入浙，西爲上饒江。東南有柳都寨巡檢司。

弋陽府西。南有軍陽山，舊產銀。東有弋陽江，卽上饒江下流也，又有弋溪流合焉。又有葛溪，源出上饒縣靈山，下流入鄱江。又有信義港，自福建邵武流入，合於葛溪。

貴溪府西。西南有象山，又有龍虎山，上淸宮在焉。其南爲仙巖。又南有薌溪，亦名貴溪，上流卽上饒江也。又有須溪，自福建光澤縣流入，來合焉。南有管界寨巡檢司。西有神前街巡檢司，本神峯寨，在縣北，後遷潭溪，更名。

鉛山府南。元鉛山州，直隸江浙行省，治在八樹嶺之南。洪武初，降爲縣，遷於今治。西南有銅寶山，湧泉浸鐵，可以爲銅。又有鉛山，產鉛銅及青綠。北有鵝湖山。南有分水嶺，與福建崇安縣界，上有分水關巡檢司。又有紫溪嶺，紫溪水出焉。北有上饒江，至汭口，與紫溪、桐木、黃蘗諸水合流，入弋陽縣界，謂之鉛山河口。又東北有石溪，亦流合上饒江。西南有石佛寨巡檢司，後遷善政鄉湖坊街。又西有駐泊巡檢司，治汭口鎭，廢。

永豐府南。東南有平洋山，舊產銀礦。南有永豐溪，源出福建浦城縣界，下流至上饒縣界合玉溪。又東有永平溪，西會杉溪及諸溪谷之水，注於永豐溪。東有柘陽寨巡檢司。又有杉溪寨巡檢司，廢。

興安府西。嘉靖三十九年八月以弋陽縣之橫峯寨置，析上饒、貴溪二縣地益之。縣南有宋溪，源幷出靈山，下流入上饒江。東有丫巖寨巡檢司，後廢。

建昌府元建昌路，屬江西行省。太祖壬寅年正月爲肇慶府，尋曰建昌府。領縣五。西北距布政司四百里。

南城倚。永樂二十二年建荆王府。正統十年遷於湖廣蘄州。成化二十三年建益王府。西南有麻姑山。東有盱江，一名建昌江，自南豐縣流入，下流入金谿縣。東有藍田、北有伏牛二巡檢司。又南有曾潭、北有岳口二巡檢司，廢。又東南有杉關，接福建光澤縣界。

南豐府南，少西。元南豐州，直隸江西行省。洪武初，降爲縣。南有軍山。又東南有百丈嶺，與福建建寧縣分界。又有盱水。東南有龍池巡檢司，本黃沙源坪，在縣西南，後遷縣南雙港口，又遷縣東南百丈嶺，又遷刋都，尋又遷於此，更名。又南有太平、北有仙君二巡檢司，廢。

新城府東南。西有福山，黎水出焉，經縣西，下流會於盱江。又東有飛猿嶺，飛猿水出焉，下流至南城縣入於盱江。又有五福港，源出杉關，流與飛猿水合。東南有極高巡檢司，遷水口村，後遷縣南德勝關，又遷縣東洵口，仍故名。西南有同安巡檢司，後遷縣西樟村，尋復。

廣昌府西南。西北有金嶂山。西南有梅嶺。又南有血木嶺，盱水出焉，經城南，流入南豐縣。西南有秀嶺、南有泉鎭二巡檢司。

瀘溪府東南。本南城縣瀘溪巡檢司，萬曆六年十二月改爲縣。東有瀘溪，源出福建崇安縣之五鳳山，流至縣，又北入於安仁港。

撫州府元撫州路，屬江西行省。太祖壬寅年正月爲臨川府，尋曰撫州府。領縣六。北距布政司二百四十里。

臨川倚。南有靈谷山。西有銅山，舊產銅。城東有汝水，上源接盱江，自金谿縣流入，東合於章江。又西有臨水，源出崇仁縣，流合汝水。北有溫家圳、南有青泥、西有淸遠三巡檢司。又有白竿巡檢司，後廢。

崇仁府西。南有巴山，一名臨川山，臨水出焉，亦曰巴水。又南有華蓋山，西寧水出焉，下流俱合於汝水。又西南有寶唐山，寶唐水出其下，北合縣境諸溪，入於臨水。東有周坊巡檢司。又西北有丁坊、南有河亭二巡檢司，廢。

金谿府東南。東有金窟山，舊產金。又有雲林山，跨撫、信、建昌三府境。又有崖山，接貴溪縣界。南有福水，卽盱水下流也，自南城縣流入，北合清江水，又北合石門港水。又北流爲苦竹水，又西流爲臨川縣之汝水。

宜黃府西南。東有宜黃水，下流入汝。南有止馬寺巡檢司。又有上勝巡檢司，廢。

樂安府西南。西北有大盤山，與新淦、永豐二縣界，寶唐水出焉，下流合於臨水。東有芙蓉山，鰲溪水出焉，下流合於贛水。北有龍義、又有望仙二巡檢司。又西北有南平巡檢司，後廢。

東鄉府東。正德七年八月以臨川縣之孝岡置，析金谿、進賢、餘干、安仁四縣地益之。西南有汝水。東北有槓山、西北有古爈二巡檢司，後廢。

吉安府元吉安路，屬江西行省。太祖壬寅年爲府。領縣九。東北距布政司五百九十里。

廬陵倚。北有螺山，南有神岡山，兩山相望，贛江經其下。又北經城東，又北經虎口石，流入峽江縣，爲淸江。南有富田、西有井岡、西南有敖城三巡檢司。

泰和府南，少西。元太和州。洪武二年正月改爲泰和縣。東有王山，亦名匡山。贛江在城南，自萬安縣流入，經縣西之牛吼石，而東北入廬陵縣界。又南有雲亭江，一名繒水，源出興國縣，北流至珠林口注於贛江。西有早禾市、東北有花石潭、東南有三顧山三巡檢司。

吉水府東北。元吉水州。洪武二年正月降爲縣。東有東山。北有王嶺。又東北有吉文水，贛水之支流。北有白沙巡檢司，遷縣西北三曲灘上，仍故名。

永豐府東。東有郭山。南有石空嶺，又有恩江，下流入於贛江。東南有層山、南有沙溪、又有表湖三巡檢司。又東北有視田巡檢司，後廢。

安福府西，少北。元安福州。洪武二年正月降爲縣。西有廬蕭山，廬水出焉，經城北，東流與王江合，又東合禾水，至廬陵縣神岡山下入於贛江。南有黃茆巡檢司，治黃陂寨，後遷縣西時礱鎭。西有羅塘巡檢司，治洋澤，後遷江背，俱仍故名。

龍泉府西南。東南有錢塘山。西有石含山。南有遂水，東流入於贛江。西北有北鄉巡檢司。西南有禾源巡檢

中華書局

司，後遷縣西左安司，仍故名。西有秀洲巡檢司，本金田，在縣北，後遷治，更名。

萬安府南。東有蕉源山，產鐵。城西有贛江，江之灘三百里，在縣境者十八灘，皇恐爲最險。又南有皁口江，自贛縣北注於贛江。有造口巡檢司，在縣西南。又東北有灘頭巡檢司。又東南有西平山巡檢司，廢。

永新府西南。元永新州。洪武二年正月降爲縣。東南有義山。西有秋山，一名禾山，禾水出焉，一名永新江，下流至泰和縣入於贛江。東南有上坪寨、西北有栗傳寨、又有禾山寨、又有新安寨四巡檢司。

永寧府西南。北有七溪嶺。西有漿山水，源自湖廣茶陵州界，流經縣南，合於永新縣之禾江。西有升鄉寨巡檢司。西南有磐頭寨巡檢司，尋廢。

臨江府元臨江路，屬江西行省。太祖癸卯年爲府。領縣四。東北距布政司二百七十里。

清江倚。東有閤皁山，亙二百餘里。南有贛江，一名清江，有清江鎭巡檢司。又有袁江，自新喻縣流入，至縣南合焉。西有蕭水，南有淦水，至縣東清江鎭，亦俱合於贛江。西南有太平市巡檢司，廢。

新淦府南。元新淦州。洪武初，降爲縣。西北有離嶺，淦水出焉。又西有清江，又南有象江，有泥江，俱流入於清江。東有枉山巡檢司，後遷藍橋，尋復。

新喻府西。元新喻州，洪武初，降爲縣。西有銅山，舊產銅。北有蒙山。南有渝水，卽袁江，瀕江水北流入焉。北有水北墟巡檢司。

峽江府南。本新淦縣之峽江巡檢司，嘉靖五年四月改爲縣，析新淦縣六鄉地益之。南有玉笥山，又有贛江，亦名峽江，有黃金水流合焉。

袁州府元袁州路，屬江西行省。太祖庚子年爲府。領縣四。東北距布政司三百九十里。

宜春倚。南有蟠龍山，又有仰山。又秀江在城北，源出萍鄉縣，流經府西，亦曰稠江，卽袁江之上源也。西有黃圃、南有潤富嶺二巡檢司。

分宜府東。東有鍾山峽。西有昌山峽。秀江經兩峽中，入新喻縣境，爲渝水。〔二〕

萍鄉府西。元萍鄉州。洪武初，降爲縣。東有羅霄山，羅霄水出焉，分二派。東流者爲盧溪水，下流爲秀江，入宜春縣界。西流者入湖廣醴陵縣界，合淥水。〔三〕又西有萍川水，亦曰楊岐水，〔三〕西流經縣南，下流合淥水。北有安樂鎭、東南有大安里二巡檢司。又西有草市巡檢司，後遷於插嶺關，仍故名。又西有湘東市。東有盧溪鎭。

萬載府北。北有龍江，下流卽瑞州府之蜀江。東北有康樂水入焉。西有鐵山界巡檢司。又有高村鎭巡檢司，尋廢。

贛州府元贛州路，屬江西行省。太祖乙巳年爲府。領縣十二。西北距布政司一千一百八十里。

贛倚。南有崆峒山，章、貢二水夾山左右，經城之東西。貢水一名東江，自福建長汀縣流入府界。章水一名西江，自湖廣宜章縣流入府界。至城北，合流爲贛江。北有桂源巡檢司，後遷攸鎭。東北有磨刀寨巡檢司，後遷石院舖。南有長洛巡檢司，後遷縣西黃金鎭。俱仍故名。

雩都府東。東北有高沙寶山。又北有雩山，雩水出焉，合寧都、會昌諸水，繞城而西，至贛縣，合於貢水。東北有平頭寨巡檢司。又有印山、又有靑塘二巡檢司，後廢。

信豐府東南。東有桃江，自龍南縣流入，經縣北，爲信豐江，下流入於貢水。東南有新田巡檢司。西有桃枝墟，又有黃田、覃塘，又東有新設四巡檢司，後廢。

興國府東北。北有覆笥山。東北有瀲江，西南流，合雩水入貢江。東有衣錦鄉、東北有迴龍寨二巡檢司。

會昌府東，少南。元會昌州。洪武初，降爲縣。南有四望山，下有羊角水隘。北有湘洪水，卽貢水，西北流，會雩水。南有湘鄉寨、北有承鄉鎭二巡檢司。又西有河口巡檢司，後廢。

安遠府南。元屬寧都州。洪武初，改屬府。西有安遠水，亦曰廉水，流入會昌縣之貢水。又南有三百坑水，下流入廣東龍川縣。西北有板口巡檢司。

寧都府東北。元寧都州。洪武初，降爲縣。西北有金精山。北有梅嶺。南有寧都水，與散水、貢蕃、曲陽、黃沙、長樂五水合，又東北有虔化水，下流俱入於雩水。又有梅川水，出梅嶺，下流亦經雩都縣入貢水。東南有下河寨巡檢司。

瑞金府東。元屬會昌州。洪武初，改屬府。東北有陳石山，綿江出焉，流至縣南入貢水，又西入會昌縣，爲湘洪水。西北有瑞林、東北有湖陂二巡檢司。東南有古城鎭，路出福建長汀縣。

龍南府南。元屬寧都州。洪武初，改屬府。西南有冬桃山，桃水出焉，東北流會諸水，至縣北宮山下，與渥、濂二水合爲三江口，又北流爲信豐縣之桃江。有冬桃隘，崇禎初，移定南縣下歷巡檢司駐焉。

石城府東北。元元貞元年十一月屬寧都州。洪武初，改屬府。北有牙梳山。東有霸水，西南合虔化水，入貢江。北有捉殺寨巡檢司，後遷縣西赤江市，仍故名。

定南府東南。隆慶三年三月以龍南縣之蓮蓆鎭置，析安遠、信豐二縣地益之。西北有程嶺，又南有神仙嶺。東有指揮峯。東北有九洲河，下流會於信豐縣之桃江。東北有下歷巡檢司，後遷高砂蓮塘，又遷龍南縣冬桃隘。

長寧府東南。萬曆四年三月以安遠縣之馬蹄岡置，析會昌縣地益之。東南有項山，又南有大帽山，俱接閩、廣境。又東有尋鄔水，流入廣東龍川縣界。西北有黃鄉巡檢司。南有新坪巡檢司，本大墩，後更名。北有雙橋、南有丹竹樓二巡檢司，後廢。

南安府元南安路，屬江西行省。太祖乙巳年爲府。領縣四。東北距布政司一千五百二十里。

大庾倚。西南有大庾嶺，〔四〕五嶺之一，亦名梅嶺，上有關曰梅關。又有章江，亦曰南江，亦曰橫江，下流與貢水合。西有鬱林鎭巡檢司，治晶都村，後遷浮江隘，又遷黃泥港。東北有赤石嶺巡檢司，治峯山里，後遷小溪城，又遷峯山新城，後遷峯山水西村，俱仍故名。又縣南有水南城，與府城隔江對峙，嘉靖四十年築。西北有新田城。又北有鳳凰城，又西有楊梅城，俱嘉靖四十四年築。又東有九所城，亦嘉靖四十四年築。

南康府東北。西北有禽山，禽水出焉，東流至南壄口入於章江。北有羊嶺山。南有芙蓉江，卽章江。東北有潭口鎭、北有相安鎭二巡檢司。

上猶府東北。元永淸縣。洪武初，更名。西有書山，一名太傅山。東有大猶山，猶水出焉，下流至南康縣，入於章江。西有浮龍巡檢司，後遷太傅村，仍故名。

崇義府北。正德十四年三月以上猶縣之崇義里置，析大庾、南康二縣地益之。西南有聶都山。西有桶岡。又有章江，自湖廣宜章縣流入，又有橫水，經縣南，又西南有左溪，下流俱合章江。西北有上保巡檢司，本過步，後遷治，更名。西南有鉛廠巡檢司，本在鉛山，後遷聶都，東南有長龍巡檢司，本治隆平里，後遷縣東北尙德里江頭，俱仍故名。

校勘記

〔一〕元置四川等處行中書省　原脫「行」字，據元史卷六〇地理志補。

〔二〕南有天社山　天社山，原作「天柱山」，據本志眉州彭山縣下、明史稿志二〇地理志、寰宇通志卷六一、明一統志卷六七改。

〔三〕其北有鋸山關　鋸山關，原作「鉅山關」，據明史稿志二〇地理志、寰宇通志卷六三、明一統志

卷六八改。

〔四〕西北有胡空關　胡空關，原作「湖空關」，據明史稿志二〇地理志、寰宇通志卷七〇、明一統志卷七〇改。

〔五〕北有羅佐關　羅佐關，原作「羅左關」，據明史稿志二〇地理志、寰宇通志卷六九、明一統志卷七二改。

〔六〕烏撒路　原作「烏蒙路」，據明史稿志二〇地理志、寰宇通志卷六九、明一統志卷七二改。

〔七〕以州治郪縣省入　郪縣，原作「棲縣」，據明史稿志二〇地理志、寰宇通志卷六六、明一統志卷七一改。按下文兩見「郪江」，又有「郪口」，都作「郪」不作「棲」。

〔八〕石硅宣慰司　石硅，原作「石柱」，據本書卷二七〇秦良玉傳、又卷三一二石硅宣慰司傳，明史稿志二〇地理志改。本志下注亦作「石硅」。

〔九〕守禦迷易千戶所　迷易，原作「逑易」，據本書卷三一一建昌衞傳附會川衞傳、明史稿志二〇地理志、太祖實錄卷二二三洪武二十五年閏十二月乙未條改。

〔一〇〕南有博陽山古文以爲敷淺原博陽川出焉　博陽山、博陽川，原作「博易山」「博易水」，據明史稿志二一地理志、寰宇通志卷四〇、讀史方輿紀要卷八五改。按書禹貢「過九江至於敷淺原」，僞孔安國傳：「博陽山，古文以爲敷淺原。」又按「易」當爲「昜」字之誤。「昜」，古「陽」字。

〔一一〕爲瀹水　瀹水，原作「喩水」，據明史稿志二一地理志、明一統志卷五五、讀史方輿紀要卷八七改。

〔一二〕合淥水　淥水，原作「潒水」，據本書卷四四地理志、明史稿志二一地理志、寰宇通志卷五五、明一統志卷六三改。

〔一三〕亦曰楊岐水　楊岐水，原作「陽岐水」，據明史稿志二一地理志、寰宇通志卷三九、明一統志卷五七改。寰宇通志稱：「源發萍鄉縣楊岐山，因名。」

〔一四〕西南有大庾嶺　原脫「大」字，據明史稿志二一地理志、寰宇通志卷四四、明一統志卷五八補。

明史卷四十四

志第二十

地理五

湖廣　浙江

湖廣　禹貢荆、揚、梁、豫四州之域。元置湖廣等處行中書省，治武昌路，又分置湖南道宣慰司治天臨路屬焉。又以襄陽等三路屬河南江北等處行中書省，又分置荆湖北道宣慰司治中興路并屬焉。太祖甲辰年二月平陳理，置湖廣等處行中書省。洪武三年十二月置武昌都衞。與行中書省同治。八年十月改都衞爲湖廣都指揮使司。九年六月改行中書省爲承宣布政使司。領府十五，直隸州二，屬州十七，縣一百有八，宣慰司二，宣撫司四，安撫司五，長官司二十一，蠻夷長官司五。爲里三千四百八十有奇。北至均州，與河南、陝西界。南至九疑，與廣東、廣西界。東至蘄州，與江南、江西界。西至施州，與四川、貴州界。距南京一千七百一十五里，京師五

千一百七十里。洪武二十六年編戶七十七萬五千八百五十一，口四百七十萬二千六百六十。弘治四年，戶五十萬四千八百七十，口三百七十八萬一千七百一十四。萬曆六年，戶五十四萬一千三百一十，口四百三十九萬八千七百八十五。

武昌府元武昌路，屬湖廣行省。太祖甲辰年二月爲府。領州一，縣九。

江夏倚。洪武三年四月建楚王府於城內黃龍山。東有黃鵠山，下爲黃鵠磯，臨大江。又南有金水，一名塗水，西流至金口入江，有金口鎭巡檢司。又北有滸黃洲、西南有鮎魚口鎭二巡檢司。

武昌府東。西有樊山，一名西山，產銀銅鐵及紫石英。南有神人山，其下爲白鹿磯。西有西塞山，與大冶縣界。北濱江，中有蘆洲，亦曰羅洲。又西南有樊港，一名樊溪，又名袁溪，匯縣南湖澤凡九十九，北入大江，曰樊口。又東有南湖，一名五丈湖，通大江。東有金子磯鎭、又有赤土磯鎭、西南有白湖鎭三巡檢司。南有金牛鎭、西有三江口鎭二巡檢司，後廢。

嘉魚府西南。西有赤壁山，與江夏縣界。北岸對烏林。西北濱大江，有陸水流入焉，曰陸口，亦曰蒲圻口。〔一〕東北有簰洲鎭、西南有石頭口鎭二巡檢司。

蒲圻府西南。西有蒲首山。南有蒲圻河，卽陸水也。又西有蒲圻湖。西南有新店等湖，下流至嘉魚縣之石頭口，注於大江。西南有羊樓巡檢司。

咸寧府東南。陳友諒時徙治河北。洪武中復還故城，卽今治也。西有淦水，卽金水之別名。

崇陽府南。西有砦頭山。西南有龍泉山。東北有壺頭山，下有壺頭港，亦曰崇陽港，匯雋川西合陸水，又名雋水。

通城府西南。南有錫山，舊產銀錫。北有陸水，自巴陵縣流入。

興國州元興國路，屬湖廣行省。太祖甲辰年二月爲府。洪武九年四月降爲州，以州治永興縣省入，來屬。北有銀山，西有黃姑山，舊俱產銀。南有太平山，與九宮山接。東有大坡山，產茶。東北有大江。東有富池湖，〔二〕亦曰富水，北流注於江，有富池鎭巡檢司。又東北有黃顙口鎭巡檢司。西北距府三百八十里。領縣二。

大冶州西北。北有鐵山，又有白雉山，出銅礦。又東有圍爐山，出鐵。又西南有銅綠山，舊產銅。大江在北。有道士洑巡檢司。

通山州西，少南。東南有九宮山，寶石河出焉，下流合於富水。東有黃泥壠巡檢司。

漢陽府元屬湖廣行省。洪武九年四月降爲州，屬武昌府。十三年五月復爲府，屬湖廣布政司，尋屬河南。二十四年六月還湖廣。領縣二。西北距布政司，隔江僅七里。

漢陽倚。洪武九年四月省。十三年五月復置。大別山在城東北，一名翼際山，又名魯山。漢水自漢川縣流入，舊逕山南襄河口入江。成化初，於縣西郭師口之上決，而東從山北注於大江，卽今之漢口也，有漢口巡檢司。大

江自巴陵縣西北接洞庭之水，流入府境，至此與漢水會。又西南有沔水，卽漢水支流也，仍合漢入江。又有沌水，大江支流也，自沔陽州流入，仍入大江，謂之沌口，有沌口巡檢司。又有彝水，在大江南岸，至彝口入江。又北有灄水，亦漢水支流也，有淪水流合焉，下流注於大江。又西有太白湖，江北諸水多匯焉。西有蔡店鎭、西南有新灘鎭二巡檢司。又西南有百人磯鎭巡檢司，後遷於東江腦。

漢川府西，少北。元屬漢陽路。洪武九年四月改屬武昌府。十三年五月還屬。南有小別山，一名甑山，又有陽臺山。西南有漢水。東有溳水，自雲夢縣來，南入漢，謂之溳口。北有劉家塥巡檢司。

黃州府元黃州路，屬河南江北行省。太祖甲辰年爲府，屬湖廣行省。九年屬湖廣布政司，尋改屬河南。二十四年六月還屬湖廣。領州一，縣八。西南距布政司百八十里。

黃岡倚。南有故城。洪武初，徙於今治。南濱大江，西北岸有赤鼻磯，非嘉魚之赤壁。西有三江口，其上流水分三派，至此合流。中有新生洲，又有崢嶸洲。東有巴河，西有舉水，俱入於江。江濱西有陽邏鎭、北有團風鎭、又西北有中和鎭三巡檢司。又有鹿城關，有大活關。又東北有陰山關。

麻城府北。東有龜峰山，舉水出焉，流入黃岡縣。東南有長河，又南有縣前河流入焉，下流注於江西。有雙城鎭、鵝籠鎭，東北有虎頭關三巡檢司。又西北有木陵關，在木陵山上。東北有陰山關，在陰山上。又北有黃土關，與木陵、虎頭、白沙、大城爲五關。又西有岐亭鎭，嘉靖五年築城。

中華書局

黃陂府西。東南濱大江，有武湖自西來，入於江，曰武口，又曰沙武口，亦曰沙洑口。又西有灄水，自漢陽流入江，曰灄口。北有大城潭鎭巡檢司。又北有白沙關，卽麻城五關之一也。

黃安府西北。嘉靖四十二年以麻城縣之姜家畈置，析黃岡、黃陂二縣地益之。東有三角山，接蘄水、羅田、蘄州界。又有東流河，下流出團風口入江。西有西河，又有雙河，合流出灄口，入漢。又北有雙山關巡檢司。西北有金局關，亦曰金山關，與河南羅山縣界。

蘄水府東，少南。元屬蘄州路。洪武九年四月屬蘄州。十一年十月改屬府。西南濱大江。南有浠水，源出英山縣，流經縣境西南入江。又東有蘭溪，東南流入浠水。又北有巴水，源出縣之板石山，流入黃岡縣界。有蘭溪鎭、巴河鎭二巡檢司。

羅田府東北。元屬蘄州路。洪武九年四月屬蘄州。十一年十月改屬府。東南有浠水。西北有平湖水。南有官渡河，亦名縣前河，平湖水流入焉，下流合黃岡縣之巴河，入大江。東北有多雲鎭巡檢司，又有栗子關，又有上岐嶺、中岐嶺、下岐嶺等關。西北又有平湖關。

蘄州元蘄州路，屬河南江北行省。太祖甲辰年爲府。九年四月降爲州，以州治蘄春縣省入，來屬。正統十年，荊王府自江西建昌遷此。東北有百家冶山，產蘄竹。南濱江。東北有蘄水，出大浮山，經州北，匯爲赤東湖，西南流，接蘄水縣界，注於大江。西有茅山鎭、北有大同鎭二巡檢司。西距府二百十里。領縣二。

廣濟州東北。南濱江，江中有中洲。崇禎末，遷治於此，尋復故。又有武山湖、馬口湖皆流通大江。南有武家穴鎭、西南有馬口鎭二巡檢司。

黃梅州東北。東南有礦山，舊產鐵。大江在南，江濱有太子洑。又南有縣前河，由小池口入江。西南有新開口鎭巡檢司，屢圮於江，內徙。又南有靖江嵩鎭巡檢司。

承天府元安陸府，屬荊湖北道宣慰司。太祖乙巳年屬湖廣行省。洪武九年四月降爲州，直隸湖廣布政司。二十四年六月改屬河南，未幾還屬。弘治四年，興王府自德安府遷此。嘉靖十年升州爲承天府。十八年建興都留守司於此。領州二，縣五。東南距布政司五百七十里。

鍾祥倚。洪武二十四年建郢王府，永樂十二年除。二十二年建梁王府，正統六年除。元曰長壽縣，元末廢。洪武三年復置。九年四月省入州。嘉靖十年八月復置，更名。東有楠木山，一名靑泥山。北有松林山，興獻王陵寢在焉，嘉靖十年賜名純德山，置顯陵縣於此。明末，縣廢。西濱漢水。北有直河，自隨州流入，有激水流合焉。又有豐樂水，又東有臼水，俱注於漢水。

京山府東。南有縣河，下流至景陵縣，入漢江。又東北有撞河，自隨州流入，至漢川縣入漢江，或謂之富水。

潛江府東南。元屬中興路。洪武十年八月來屬。北有漢水。西北有潛水，卽漢水分流，經縣東南入於漢。又東南有深江，又南有恩江，皆漢水支分也。西南有沱水，爲江水之分流，經縣南，有重湖環繞，又東匯於漢水。

荊門州元治長林縣，屬荊湖北道宣慰司。洪武九年四月改爲縣，省長林縣入焉，屬荊州府。十三年五月復爲州，仍屬荊州府。嘉靖十年八月來屬。東南有章山，卽內方山也。漢水逕其東，亦曰沔水。又西有權水，東南有直江，一名直河，又有陽水，一名建水，皆流入焉。南有荊門守禦千戶所。東南有建陽鎭、新城鎭，西北有仙居口，北有樂仙橋四巡檢司。東北距府九十里。領縣一。

當陽州西。元屬荊門州。洪武九年改屬荊州府。十年五月省入荊門縣。十三年五月復置，仍屬州。東南有方城，洪武初移治於此。十三年復故。南有玉泉山，玉泉水出焉。北有沮水，源出房縣，〔三〕逕縣東南，合㳘渡，與漳水會，下流至枝江縣，入於大江。北有漳河口巡檢司。

沔陽州元沔陽府，屬荊湖北道宣慰司。洪武九年四月降爲州，以州治玉沙縣省入，直隸湖廣布政司，尋直隸河南。二十四年六月還直隸湖廣。嘉靖十年十二月來屬。東南有黃蓬山，其下爲黃蓬湖。南有大江。北有漢水。東有太白湖，州西十四湖之水悉匯焉，由漢陽縣之沌口入於大江。又南有長夏河，江水支流也，亦曰夏水。西北有襄水，漢水支流也，至州東北瀦口合流，東入於沔水。東有沙鎭、西南有茅鎭二巡檢司。西北距府三百二十五里。領縣一。

景陵州西北。南有沔水。西南有楊水，北注沔，謂之楊口，亦曰中夏口，又曰楊林口。又有中水，流合楊水，曰中口。東有乾鎭巡檢司。

德安府元屬荊湖北道宣慰司。洪武元年十月屬湖廣行省。九年四月降爲州，屬黃州府。十一月屬武昌府。十三年五月復爲府，屬湖廣布政司。二十四年六月改屬河南，未幾還屬。領州一，縣五。東南距布政司四百里。

安陸倚。成化二十三年建興王府。弘治四年遷於安陸州。八年建岐王府，十四年除。正德元年，壽王府自四川保寧府遷此，嘉靖二十四年除。四十年建景王府，四十四年除。洪武初，縣省。十三年五月復置。東有章山，卽豫章山。涓水在城西，俗稱府河，亦曰石瀧河，又西有漳水入焉，謂之漳口。南有高暇鎭巡檢司，後移於隨州之合河店。

雲夢府東南。西南有涓水。東有興安鎭巡檢司，後廢。

應城府西南。洪武九年四月屬黃州府。十年五月省入雲夢縣。十三年五月復置。西北有西河，下流入漢水。又峙山鎭巡檢司亦在西北。

孝感府東南。洪武九年四月屬黃州府。十年五月省入德安州。十三年五月復置。北有澴水，下流入於漢水。南有淪河，自涓河分流至漢陽，合灄水入江。北有小河溪、東南有馬溪河二巡檢司。

隨州　洪武二年正月以州治隨縣省入。九年四月降爲縣，屬黃州府。十年五月省入應山縣。十三年五月復升爲州。西有大洪山，涓水出焉，下流至漢川縣入漢水。又西有大洪山，漳水所出。西北有溠水，源出栲栳山，又有㵐水流入焉。又南有溳水，源出大猿山，下流俱注於涓水。又西北有合河店、東北有出山鎮二巡檢司。東南距府百八十里。領縣一。

應山州東。洪武初省。十三年五月復置。西有雞頭山，澴水出焉。西南有涓水。東有白泉河，與澴水合，入孝感縣界。西北有杏遮關巡檢司，卽平靖關，義陽三關之一。又西南有平里市巡檢司。又東北有武陽關，一名武勝關，又名禮山關，亦義陽三關之一。

岳州府元岳州路，屬湖廣行省。太祖甲辰年爲府。洪武九年四月降爲州，直隸布政司。十四年正月復爲府。領州一，縣七。東北距布政司五百里。

巴陵倚。洪武九年四月省，十四年復置。西南有巴丘山。又有君山，在洞庭湖中。大江在西北。洞庭湖上納湘、澧二水，自西南來合，謂之三江口。湖之南有青草湖，又西曰赤沙湖，謂之三湖。沅、漸、元、辰、敍、酉、澧、資、湘九水，皆匯於此，故亦名九江。東南有滬湖，亦名翁湖。南有鹿角巡檢司。

臨湘府東北。東南有龍窖山，跨臨湘、通城、當陽、蒲圻四縣界。西南有城陵磯，又有道人磯，皆濱大江，有城陵磯巡檢司。又南有土門鎮、東北有鴨欄磯二巡檢司。

華容府西北。東有東山，又有石門山。大江在北。又有華容河，自大江分流，南達洞庭湖。南有澧水，東流入洞庭湖。西南有赤沙湖，與洞庭湖接。南有明山古樓巡檢司。又東北有黃家穴巡檢司，後移於塔市。北有北河渡巡檢司，後廢。

平江府東南。元平江州。洪武三年降爲縣。北有永寧山。東北有幕阜山。東有汨水，西南流，昌水北流入焉。東北有長壽巡檢司。

澧州元澧州路，屬湖廣行省。太祖甲辰年爲府。九年四月降爲州，以州治澧陽縣省入，屬常德府。三十年三月來屬。元元貞末徙治新城。洪武五年復舊治。東有關山。西南有大浮山，跨石門、武陵、桃源三縣界。南有澧水，一名蘭江，亦曰繡水。其東有澹水，北有涔水，俱流入焉。東有嘉山鎮巡檢司。東距府二百七十里。領縣三。

安鄉州東南。西有澧水，一名長河。北有涔水。

石門州西。南有澧水。西北有溇水，亦名添平河，自添平所南流入焉。

慈利州西，少南。元慈利州。洪武二年降爲縣。西南有天門山，有檳榔洞，與瑶分界。又西有崇山。又有歷山，澧水出焉，下流至華容縣入於洞庭湖。又西有漊水，源出四川巫山縣，東流合諸溪澗之水，至縣西匯於澧水，亦曰後江。西南有永定衛，洪武中置，二十三年八月徙於永順宣慰司之芋岸坪。西北有龍伏關，東南有後平關、黑崇關，謂之永定三關。所屬曰大庸守禦千户所，本大庸衛，在衛西，洪武九年四月置，三十一年改爲所。曰茅岡長官司，在衛東北，正統中永定衛置。北有九溪衛，洪武二十三年六月置，有九澗、野牛、三江口、鬧口四關。所屬曰守禦添平千户所，在衛北，洪武二年置。曰守禦安福千户所，在衛西北，洪武二十三年九月置。曰守禦麻寮千户所，在衛北，洪武四年置。曰桑植安撫司，本桑植、荒溪等處宣撫司，在衛西北，太祖丙午年二月置，後廢，

永樂四年十一月改置。

荆州府元中興路，屬荆湖北道。太祖甲辰年九月改爲荆州府，屬湖廣行省。吳元年十月置湖廣分省於此，尋罷。九年屬湖廣布政司，尋改屬河南。二十四年還屬。領州二，縣十一。東距布政司千二百一十里。

江陵倚。洪武十一年正月建湘王府，建文元年四月除。永樂元年，遼王府自遼東廣寧遷於此，隆慶二年十月除。萬曆二十九年十月建惠王府。南濱江。東南有夏水，至沔陽州合於沔水，故沔水亦兼夏水之名。又有陽水，東北至景陵縣，入沔水。又東北有三海，沮、漳水匯流處。北有柞溪。又東有靈溪，亦曰零水，南入江，謂之零口。東北有龍灣市、東南有沙頭市、南有郝穴口、西南有虎渡口四巡檢司。

公安府東南。東北有舊城。今治，崇禎元年所遷。北濱江，西北有油河流入焉，謂之油口，有油口巡檢司。東北有夏水。

石首府東南。元末，治楚望山北。洪武中，徙繡林山左，本宋時舊治也。北濱江，江中有石首山。又東有焦山，下有港，通洞庭湖。有調弦口巡檢司。

監利府東，少南。南濱江。東南有魯洑江，亦曰夏水，自大江分流，下至沔陽州入沔。又西有涌水，南入江，謂之涌口。又東有瓦子灣、西有窰所、南有白螺磯、北有毛家口、又有分鹽所五巡檢司。

松滋府西南。西南有巴山。北濱大江。南有紅崖子巡檢司。又有西坪寨巡檢司，後廢。

枝江府西。洪武十年五月省入松滋縣。十三年五月復置。北濱大江，江中有百里洲，江水經此而分，故曰枝江。北有沮水，南入江，謂之沮口。

夷陵州元峽州路，屬荆湖北道宣慰司。太祖甲辰年爲府。九月降爲州，直隸湖廣行省。九年四月改州名夷陵，以州治夷陵縣省入，來屬。大江在南。西北有關曰下牢關，夾江爲險。又有西陵、明月、黃牛三峽，峽中有使君、虎頭、狼尾、鹿角等灘，皆江流至險處也。西北有赤谿，東合大江。南有南津口巡檢司。又東有金竹坪巡檢司，後廢。又西有西津關。東北有白虎關。東距府三百四十里。領縣三。

長陽州西南。東南有清江。西有舊關堡、西南有鼇家園、南有漁洋關三巡檢司。南有古捍關。西有梅子八關。

宜都州東南。西北有荆門山，下臨大江，其對岸卽虎牙山也。又西有清江，東流合大江，有清江口巡檢司。又西北有古江關、東北有普通鎮二巡檢司。

遠安州東北。舊治亭子山下。成化四年遷於東莊坪。崇禎十三年又遷鳳凰山麓，卽今治也。東北有沮水。

歸州元治秭歸縣，直隸湖廣行省。洪武九年四月廢州入秭歸縣，屬夷陵州。十年二月改縣名長寧。十三年五月復改縣爲歸州。舊治江北，後治白沙南浦。洪武初，徙治丹陽。四年徙長寧，在江南楚王臺下。嘉靖四十年復還江北舊治。東有馬肝、白狗、空舲等峽。大江在州北，經峽中，入夷陵界。其西有叱灘、達花灘、新灘，皆濱江。西北有牛口巡檢司，後遷於巴東縣利洲。東南有南邏口巡檢司，後遷於新灘。東距府

五百二十里。領縣二。

興山州西北。洪武九年改屬夷陵州，後還屬。正統九年三月省入州。弘治三年五月復置。南有香溪，亦曰縣前河，南流入江。東北有高雞寨巡檢司。〔四〕又東有桑林坪巡檢司，後廢。又北有猫兒關，達鄖、襄。

巴東州西。元屬歸州。洪武九年改屬夷陵州。隆慶四年還屬。北濱大江，自四川巫山縣流入，東經門扇、東奔、破石，謂之巴東三峽，下流至黄梅縣入南直宿松縣界。又南有淸江，一名夷水，自四川建始縣流入，下流入於大江。又北有鹽井。西南有連天關巡檢司。南有野山關巡檢司，本治石柱，隆慶四年更名。

襄陽府元襄陽路，屬河南江北行省。太祖甲辰年爲府，屬湖廣行省。九年屬湖廣布政司。二十四年六月改屬河南，未幾，還屬湖廣。領州一，縣六。東南距布政司六百八十里。

襄陽倚。正統元年，襄王府自長沙遷此。南有虎頭山，又有峴山。東南有鹿門山。又西有隆中山。漢水在城北，亦曰襄江。白河在城東北，與唐河合，南入漢，謂之白河口，亦曰三州口。又西北有靑泥河，南有浮河，西南有檀溪，下流皆入於漢。北有樊城，有樊城關巡檢司，後移於縣東北之柳樹頭。又東北有雙溝口巡檢司。又西有油坊灘巡檢司，嘉靖十九年移於縣西北之北泰山廟鎭。

宜城府東南。東有漢水。西有蠻水，亦曰夷水，源出房縣，流至縣界，入漢水，其支流曰長渠。又有涑水，自漢中流入，合於蠻水，謂之涑口。又有疎水，在縣東北，自南漳縣流入，注漢，謂之疎口。

南漳府西南。西北有荆山。南有蠻水，又有沮水，又有漳河，流入當陽縣，合於沮水。東有方家堰、西南有金厢坪二巡檢司。又西有七里頭巡檢司，後移於保康縣之常平堡。

棗陽府東北。洪武十年五月省入宜城縣，後復置。東南有白水，南有瀛水流合焉，西注於淯水，此縣內之白水也。又西南有滾河，流入襄陽之白河。東北有鹿頭店巡檢司。

穀城府西，少北。東北有漢水，又有均水流入焉，謂之均口。又有筑水，經縣治東南，注於漢水，曰筑口。西有石花街巡檢司。

光化府西北。洪武十年省入穀城縣。十三年五月復置。舊治在西。隆慶末，改建於阜城衛，卽今治也。東有馬窟山。北有漢水。東有白河，卽淸水，自河南新野縣流入，有泌河流合焉。西北有左旗營巡檢司，萬曆中，徙於縣舊城。

均州　洪武二年七月以州治武當縣省入。南有武當山，永樂中，尊爲太嶽太和山。山有二十七峯、三十六巖、二十四澗。北有漢江，一名滄浪水。東北有均水，自河南淅川縣流入。又東南有黑虎廟巡檢司。東南距府三百九十里。

鄖陽府　成化十二年十二月置。領縣七。又置湖廣行都指揮使司於此。衞所俱無實土。東南距布政司千二百里。

鄖倚。元屬均州。成化十二年置鄖陽府，治此。漢水在南。東南有龍門山，龍門河出焉，下流入於漢水。西北有靑桐關。東北有雷峰、埡鎭二巡檢司。

房府南，少西。元房州，屬襄陽路。洪武十年五月以州治房陵縣省入，又降州爲縣，仍屬襄陽府。成化十二年十二月來屬。西南有景山，一名雁山，沮水出焉，流入遠安縣界。又南有粉水，亦曰彭水，又有筑水，俱流入穀城縣，注漢。西南有板橋山巡檢司，後移於縣東南之博磨坪。

竹山府西南。元屬房州。洪武十年五月省入房縣。十三年五月復置，屬襄陽府。成化十二年十二月來屬。東有方城山。西有筑山，筑水出焉，流入房縣界。又有上庸山，上庸水所出，南合孔陽水，下流入漢。又南有堵水，源出陝西平利縣界，東流入漢。西北有黄茅關、吉陽關二巡檢司。

竹谿府西南。本竹山縣之尹店巡檢司，成化十二年十二月改置縣，而移巡檢司於縣東之縣河鎭，尋又還巡檢司於白土關。南有竹谿河。

上津府西北。洪武初置，屬襄陽府。十年五月省入鄖陽。十三年五月復置，仍屬襄陽府。成化十二年十二月來屬。西有十八盤山，又有吉水，西南流入漢，俗謂之夾河。南有江口鎭巡檢司。

鄖西府西北。成化十二年十二月以鄖縣之南門保置。南有漢江，自陝西白河縣流入，下流至漢陽縣入於江。

保康府東南。弘治十年十一月以房縣之潭頭坪置。北有粉水。東南有常平堡，嘉靖十九年移南漳縣之七里頭巡檢司於此。

長沙府元天臨路，屬湖南道宣慰司。太祖甲辰年爲潭州府。洪武五年六月更名長沙。領州一，縣十一。東北距布政司八百八十里。

長沙倚。治西北。洪武三年四月建潭王府，二十三年除。永樂元年，谷王府自北直宣府遷於此，十五年除。二十二年建襄王府，正統元年遷於襄陽。天順元年三月建吉王府。縣舊治城外，洪武初，徙城中。十八年復徙北門外。萬曆二十四年徙朝宗門內。西有湘水，源出廣西興安縣，流入境，合瀟水、烝水北流，環府城，東北出至湘陰縣，達靑草湖，注洞庭湖，行二千五百餘里。北有瀏陽水，西流入湘，謂之瀏口。又有麻溪，流入湘水，曰麻溪口。又西北有喬口巡檢司，喬江與濱江合流處。

善化倚。治東南。舊治在城外，洪武四年徙於城中。十年五月省入長沙縣。十三年五月復置，治在南門外。成化十八年仍徙城中。西南有嶽麓山，湘江繞其東麓。又有靳江，流入湘江。西有橘洲，在湘江中。南有暮雲市巡檢司。

湘陰府北。元湘陰州。洪武初，降爲縣。北有黄陵山。西有湘水，北達靑草湖，謂之湘口。湖在縣北，與洞庭連，亦曰重湖。南有喪江。又北有汨羅江，汨水自平江縣流入，分流爲羅水，會於屈潭，西流注湘，謂之汨羅口。西北有營田巡檢司。

湘潭府西南。元湘潭州。洪武三年三月降爲縣。東有昭山，下有昭潭。西有湘水，西南有涓水流入焉。南有下灄市巡檢司。

中華書局

劉陽府東。元劉陽州。洪武二年降爲縣。北有道吾山。東北有大光山。又有大圍山，瀏水出焉，經縣南，入長沙縣界，曰瀏陽水。東南有渠城界、梅子園二巡檢司。又有翟家寨巡檢司，後廢。

醴陵府東南。元醴陵州。洪武二年降爲縣。南有淥水，亦曰漉水，西北注於湘水，有淥口巡檢司。

寧鄉府西。西有大潙山。北有濱江，源出綏寧縣，經此入沅江縣界，注洞庭。

益陽府西北。元益陽州。洪武初，降爲縣。西南有濱江，亦曰益水。東有喬江，濱江之分流也，下流復合於濱江。

湘鄉府西南。元湘鄉州。太祖甲辰年降爲縣。西有龍山，漣水出焉，經縣東南，下流入於湘水。又西有涓水，南有豐溪水，俱入於漣水。西南有武障市巡檢司。又有永豐市、虞塘市二巡檢司，後廢。

攸府南，少東。元攸州。洪武三年三月降爲縣。南有司空山。東有攸水，自江西安福縣流入，東南有洣水流合焉，下流至衡山縣，入於湘水。南有鳳嶺巡檢司，後廢。

安化府西。東有浮泥山，有大峰山。西北有辰山。西有濱江。又南有善溪，自武陵縣流注於濱江。

茶陵州元直隸湖南道。太祖甲辰年降爲縣。成化十八年十月復爲州。西有雲陽山。西北有洣水，自酃縣流入。又東南有茶水，源出江西永新縣之景陽山，西流來合焉，北入攸縣之攸水。東有視渡口巡檢司。北距府四百五十里。

常德府元常德路，屬湖廣行省。太祖甲辰年爲府。領縣四。東北距布政司一千零五十里。

武陵倚。弘治四年八月建榮王府。東南有善德山。南有沅水，又有朗水流入焉，謂之朗口。又東北有漸水，即鼎水也，自九溪衛流入。

桃源府西。元桃源州。洪武二年降爲縣。西有壺頭山，接武陵、沅陵界。南有沅水，東有朗溪，西南有泥溪，俱流入焉。又西南有高都巡檢司。又南有白馬巡檢司，本名蘇溪，治縣東後春村，尋徙，更名，後廢。

龍陽府東，少南。元龍陽州。洪武三年三月降爲縣。舊治在東，今治景泰元年十二月所徙。東有軍山。北有沅水，東北有鼎水流入焉，謂之鼎口，有鼎港口巡檢司。又東南有赤沙湖，一名鑑湖。又西北有小江口巡檢司。

沅江府東南。元屬龍陽州。洪武三年，州廢，來屬。十年五月省入龍陽縣。十三年五月復置。西南有沅水。又有濱水、澧水，並流入縣境，至縣東北，入洞庭湖。

衡州府元衡州路，屬湖南道宣慰司。太祖甲辰年爲府。領州一，縣九。東北距布政司一千三百里。

衡陽倚。弘治十二年，雍王府自四川保寧府遷此，正德二年除。萬曆二十九年十月建桂王府。南有回雁峰，北有岣嶁峰。衡山之峰七十二，在縣者凡七，而二峰最著。東有湘水，又有烝水自西南流入焉，謂之烝口。又東北有耒水，注湘，謂之耒口。又東有酃湖。又東有新城縣，元末置。洪武十年五月省爲新城市，江東巡檢司治此。西南有松柏市巡檢司。

衡山府東北。元屬天臨路。洪武間改屬。西有衡山，有七十二峰、十洞、十五巖、三十八泉、二十五溪、九池、九潭、九井，而峰之最大者曰祝融、紫蓋、雲密、石廩、天柱，惟祝融爲最高。東有湘江。東南有茶陵江，即洣水也，自攸縣合攸水流入境，注於湘，曰茶陵口。東有草市、東南有雷家埠二巡檢司。

耒陽府東南。元耒陽州，直隸湖南道。洪武三年三月降爲縣。耒水在北。東有侯計山，肥水出焉，西南入耒水。又西南有羅渡巡檢司。

常寧府南。元常寧州，直隸湖南道。洪武三年三月降爲縣。西北有湘水，東有舂陵水合焉。

安仁府東，少北。西有楊梅峰。南有小江水，自郴州流入，西北流至衡山縣，合於洣水。南有安平、北有潭湖二巡檢司。

酃府東。洣水在縣東，源出洣泉，西有雲秋水流合焉。

桂陽州元桂陽路，治平陽縣，屬湖南道宣慰司。洪武元年爲府。九年四月降爲縣，省平陽縣入焉。十三年五月升爲州。西有大湊山。南有晉嶺山。北有潭流嶺。舊皆產銀鉛砂礦。西有藍山。西北有舂陵水，又西有歸水流合焉。北有泗州寨、南有牛橋鎮二巡檢司。西北距府三百里。領縣三。

臨武州南。西北有舜峰山。西有西山，武水出焉，經宜章縣合於章水。〔六〕東北有兩路口巡檢司。又東有赤土巡檢司，後廢。

藍山州西南。舊治在縣北，洪武元年徙於此，屬郴州。二年來屬。南有黃檗山。東南有華陰山。西南有九疑山，

山有祀林峰，歸水出焉，亦名舜水，北流合舂陵水。又西有守禦寧溪千戶所，洪武二十九年三月置。東有毛俊鎮、北有乾溪鎮、西南有大橋鎮三巡檢司。又西有小山堡、張家陂二巡檢司，後廢。

嘉禾州西南。崇禎十二年以桂陽州之倉禾堡置，析臨武縣地益之。東南有歸水，自藍山縣流入，北經石門山，又東北入州界。

永州府元永州路，屬湖南道宣慰司。洪武元年爲府。領州一，縣七。東北距布政司千八百二十里。

零陵倚。北有湘水，經城西，瀟水自南來合焉，謂之湘口，有湘口關。又南有永水，源出縣西南之永山，北流入於湘水。北有黃楊堡巡檢司，本高溪市，隆慶元年徙治，更名。

祁陽府東北。舊治在縣西，景泰元年十二月徙於今治。北有祁山，上有黃羆嶺。〔七〕西北有四望山。西有湘水。又城北有祁水，源出邵陽縣，東北流入焉。南有浯溪，下流亦入湘水。又東有歸陽市、東南有白水市、西北有水隆太平市三巡檢司。又東北有湘江市巡檢司，後移於縣東北之排山。

東安府西北。八十四渡山在縣東。又東南有湘水，自廣西全州流入。又有盧洪江，源出縣北九龍巖，經城東，下流入湘水。有盧洪市巡檢司。又有結陂市巡檢司，後廢。

道州元道州路，屬湖南宣慰司。洪武元年爲府。九年四月復降爲州，以州治營道縣省入，來屬。西有營山，營水出焉，至泥江，與江華縣之沲水合。東有瀟江，至青口，合於沲水。又西有濂溪，源出州西安定山

中華書局

下，東北合宜水，謂之龍灘，下流俱入湘水。北距府百五十里。領縣四。

寧遠州東，少北。南有九疑山，介衡、永、郴、道之間。山有朱明峰，瀟水出焉。又南有舜源水，北流與江華縣沲、瀟二水合爲三江口。南有九疑、魯觀巡檢司，在九疑、魯觀二峒口。

江華州南。東南有故城。今治本寧遠衞右千戶所，洪武二十八年置。天順六年徙縣來同治。西有白芒嶺，即萌渚嶺，五嶺之第四嶺也。東有沲水，源出九疑山之石城、娥皇二峰，下流合於瀟水。又東南有砵水，源出九疑山之女英峰，流合沲水。又東有守禦錦田千戶所，洪武二十九年置。又有錦田巡檢司。又西南有錦岡巡檢司，又有濤墟市巡檢司，後移於寧遠縣之九疑、魯觀。

永明州西，少南。北有永明嶺，即都龐嶺，五嶺之第三嶺也。南有遨水，自廣西富川縣流入，下流注於瀟水。東南有枇杷守禦千戶所，西南有桃川守禦千戶所，俱洪武二十九年置。又有桃川市巡檢司。又西南有白面墟巡檢司。

新田州東北。崇禎十二年以寧遠縣之新田堡置。西北有舂陵山，與寧遠縣界，舂陵水出焉，下流至常寧縣，合於湘水。東南有白面寨巡檢司。

寶慶府元寶慶路，屬湖南道宣慰司。洪武元年爲府。領州一，縣四。東北距布政司千二百五十里。

邵陽倚。南有高霞山。東有烝水。又北有資水，邵水自東流合焉，有五十三灘，又有四十八灘，皆資水所經。西北有龍回巡檢司。又北有巨口關。東北有白馬關。

新化府北。南有上梅山，其下梅山在安化縣境。東南有資水。西南有長鄄巡檢司，尋廢。又北有蘇溪巡檢司。

城步府西南。本武岡州之城步巡檢司。弘治十七年改置縣，析綏寧縣地益之，而遷巡檢司於縣東北之茅坪舖，尋又遷山口，後廢。東南有羅漢山，又有巫水，下流入於資水。

武岡州元武岡路，屬湖南道宣慰司。洪武元年爲府。九年四月降爲州，以州治武岡縣省入，來屬。永樂二十二年，岷王府自雲南遷於此。北有武岡山。南有雲山。又有資水，西南有都梁水，東北流入焉。北有蓼溪隘、峽口鎮，南有石門隘，東有紫陽關四巡檢司。東有石羊關。東距府二百八十里。領縣一。

新寧州東南。舊治在縣東。景泰二年移於沙洲原。南有夫夷水，北流合都梁水。東南有靖位、西有新寨二巡檢司。

辰州府元辰州路，屬湖廣行省。太祖甲辰年爲府。領州一，縣六。東北距布政司千七百里。

沅陵倚。西北有大酉山、小酉山。東有壺頭山。西南有沅水，辰水自東北流入焉。又東有百曳、高通、九磯、清浪等灘。又酉水在西北，東南入沅水。東有大剌、西北有明溪、又有會溪、東北有池蓬四巡檢司。又有高砦巡檢司，後廢。

盧溪府西，少南。南有沅水。西有武溪，即潕溪也，下流合於沅水。又西有鎮溪軍民千戶所，洪武三十年二月置。又南有溪洞巡檢司。又西有河溪、西南有院場坪二巡檢司，後廢。

辰溪府西南。東南有五城山。西北有沅水。西有辰水。又東有渡口鎮、南有晉市鎮二巡檢司，後廢。

漵浦府東南。東有紅旗洞。西有漵水，下流入沅水。南有龍潭、東北有鎮寧二巡檢司。

沅州元沅州路，直隸湖廣行省。太祖甲辰年爲府。九年四月降爲州，以州治盧陽縣省入，來屬。北有明山。南有沅江，其源出四川遵義縣，下流至沅江縣，入洞庭湖。西有舞水，即无水也，流入於沅水。西有晃州巡檢司。又西南有西關渡口巡檢司，後廢。東北距府二百七十里。領縣二。

黔陽州東南。東南有羅公山。南有雙石崖，一名屏風崖。景泰中，築寨置戍於此，名安江雙崖城。北有沅水。又東有洪江，西有郎江，南有黔江，俱流入焉。東有安江巡檢司。又西有托口寨。東有洪江寨。

麻陽州北，少西。東有包茅山。西有蠟爾山，與保靖司及四川、貴州界，諸苗蠻在山下者凡七十四寨。南有辰水，自貴州銅仁府流入。西有錦水，下流入於辰州。東北有巖門巡檢司。

郴州元郴州路，屬湖南道宣慰司。洪武元年爲府。九年四月降爲州，以州治郴陽縣省入，直隸布政司。南有黃岑山，與宜章縣界，亦曰騎田嶺，五嶺之第二嶺也，其支嶺曰摺嶺。又東北有雲秋山，與酃縣界，雲秋水出焉。東有郴水，發源黃岑山，流合桂陽縣之耒水，下流入於湘水。又西南有桂水，下流合於耒水。西南有石陂巡檢司。領縣五。北距布政司千八百八十里。

永興州北，少西。東南有土富山，舊有銀井。西有高亭山。東有郴水，又有白豹水，自西南流入焉，謂之森口。西有高亭、北有安福二巡檢司。

宜章州南。西南有莽山。東有瀧天山。北有章水，支流曰小章水，源俱出黃岑山，有武水自西來合焉，下流入江西崇義縣界。東有赤石、南有白沙二巡檢司。

興寧州東北。南有耒水，東南有資興水流合焉。東有州門巡檢司。東南有滁口巡檢司，後移於西南之黃家涵。

桂陽州西南。南有耒山，耒水所出，西北會於郴水。又東有孤山水，流入江西崇義縣，達於贛水。東有守禦廣安千戶所，洪武二十九年三月置，後廢。宣德八年六月復置。東有益將、西有鎮安、南有長樂山口、北有濠村四巡檢司。

桂東州東。西北有小桂山，桂水所出，南有漚江來合焉。又南有高分嶺巡檢司。

靖州元靖州路，直隸湖廣行省。太祖乙巳年七月爲靖州軍民安撫司。元年降爲州。三年升爲府。九年四月復降爲州，以州治永平縣省入，〔七〕直隸布政司。南有侍郎山，與廣西融縣分界。東有渠水，下流合會同縣之郎江而入沅水。西有零溪巡檢司。領縣四。東北距布政司千八百五十里。

會同州東北。西有沅水，又西南有郎水，自貴州黎平府流入，又東有雄溪，一名洪江，下流俱入於沅水。南有若水

中華書局

巡檢司。

通道州南。洪武十年五月省入州。十三年五月復置。北有羅澗山。西有渠水，西北有播揚河，自貴州黎平府流合焉。有播揚巡檢司。又西南有收溪寨巡檢司。

綏寧州東。元屬武岡路。洪武元年屬武岡府。三年來屬。東有雙溪，卽城步縣巫水之下流也。東北有靑坡巡檢司，後移於武陽。西南有臨口巡檢司。

天柱州西北。本天柱守禦千戶所，洪武二十五年五月置。萬曆二十五年改爲縣，析綏寧、會同二縣地益之。崇禎十年東遷龍塘，名龍塘縣。後東遷雷寨。後還舊治，復故名。東有沅水。西北有屯鎭汶溪後千戶所，洪武二十三年置。東有鎭遠巡檢司，後移上新市，又有江東巡檢司。

施州衞軍民指揮使司元施州，屬四川行省夔州路。洪武初省。十四年五月復置，屬夔州府。六月兼置施州衞軍民指揮使司，屬四川都司。十二月屬湖廣都司。後州廢，存衞。北有都亭山。東有連珠山，五峰關在山下。又東南有東門山。東北有淸江，自四川黔江縣流入，一名夷水，亦曰黔江，衞境諸水皆入焉，下流至宜都縣入於大江。領所一，宣撫司四，安撫司九，長官司十三，蠻夷官司五。東北距布政司千七百里。

大田軍民千戶所洪武二十三年閏四月以散毛宣撫司之大水田置。東有小關山。西南有萬頃

湖，與酉陽界。又南有深溪關。北有硝場，產硝。東北距衞二百二十里。

施南宣撫司元施南道宣慰司。洪武四年十二月因之，後廢。十六年十一月復置，〔八〕屬施州衞。二十七年後，復廢。永樂二年五月改置長官司，屬大田軍民千戶所。四年三月升宣撫司，仍屬衞。東有舊治。後遷夾壁龍孔，卽今治也。西有蒲江，發源七藥山，西南流與後江合，入四川彭水縣界。北距衞一百里。領安撫司五。

東鄉五路安撫司元東鄉五路軍民府。洪武四年十二月改置長官司，後升安撫司。領長官司三，蠻夷官司二。

搖把峒長官司元又把峒安撫司，後廢。宣德三年五月改置。

上愛茶峒長官司

下愛茶峒長官司二長官司俱元容美洞地。至大二年置懷德府，屬四川南道宣慰司。至順二年正月升宣撫司。至正中，升軍民宣慰司。太祖甲辰年六月改軍民宣撫司，後廢。宣德三年五月改置。

鎭遠蠻夷官司宣德三年五月置。

隆奉蠻夷官司元隆奉宣撫司。洪武四年十二月改長官司，後廢。宣德三年五月改置官司。

忠路安撫司明玉珍忠路宣撫司。洪武四年改安撫司，二十三年廢。永樂五年復置，領長官司一。

劍南長官司宣德三年五月置。

忠孝安撫司元置。洪武四年十二月改置長官司，尋復故。二十三年廢。永樂五年復置。

金峒安撫司元置。洪武四年十二月改長官司。永樂五年復故。宣德三年五月領蠻夷官司一。隆慶五年正月降爲峒長。

西坪蠻夷官司〔九〕宣德三年五月置。

中峒安撫司嘉靖初置。

散毛宣撫司元至元三十年四月置散毛洞蠻夷官。三十一年五月升爲府，屬四川行省。至正六年七月改散毛誓厓等處軍民宣慰司。明玉珍改散毛宣慰使司都元帥。洪武七年五月改散毛沿邊宣慰司，屬四川重慶衞。二十三年廢。永樂二年五月置散毛長官司，屬大田軍民千戶所。四年三月升宣撫司，屬施州衞。南有白水河，一名酉溪，自忠建宣撫司流入，又東南入永順司界。東北距衞二百五十里。領安撫司二。

龍潭安撫司元龍潭宣撫司。明玉珍改長官司。洪武八年十二月改龍潭安撫司，屬四川重慶衞。二十三年廢。永樂四年三月復置，來屬。南有淸江。

大旺安撫司明玉珍大旺宣撫司。洪武八年十二月因之，屬四川。永樂五年改置，領蠻夷官司二。

東流蠻夷官司洪武八年十二月置東流安撫司，屬四川，後廢。宣德三年五月改置，來屬。

臘壁峒蠻夷官司宣德三年五月置。

忠建宣撫司元忠建軍民都元帥府。明玉珍因之。洪武五年正月改長官司。六年升宣撫司。二十

七年四月改安撫司，尋廢。永樂四年復置宣撫司，屬施州衞。南有白水河，源出將軍山，西南流，東河自容美司來合焉。北距衞二百五十里。領安撫司二。

忠峒安撫司元湖南鎭邊宣慰司。明玉珍改沿邊溪洞宣撫司。洪武五年正月改沿邊溪洞長官司，後廢。永樂四年改置。西南有酉溪。

高羅安撫司元高羅宣撫司。明玉珍改安撫司。洪武六年廢。永樂四年三月復置。領長官司一。

思南長官司成化後置。

容美宣撫司元容美等處宣撫司，屬四川行省。太祖丙午年二月因之。吳元年正月改黃沙靖安庥寮等處軍民宣撫司。洪武五年二月改置長官司。七年十一月升宣慰司，後廢。永樂四年復置宣撫司，屬施州衞。〔一〇〕西南有山河，卽漊水之上源，東入九溪衞界。西北距衞二百十里。領長官司五。

盤順長官司元元統二年正月置盤順府。至正十五年四月升軍民安撫司。洪武五年三月改爲長官司。

椒山瑪瑙長官司

五峰石寶長官司

石梁下峒長官司

水盡源通塔平長官司四長官司，俱洪武七年十一月置，十四年廢。永樂五年復置。

中華書局

木册長官司元木册安撫司。明玉珍改長官司。洪武四年廢。永樂四年三月復置，屬高羅安撫司。宣德九年六月直隸施州衞。

鎮南長官司元宣化鎮南五路軍民府，尋改湖南鎮邊毛嶺峒宣慰司。明玉珍改鎮南宣撫司。太祖丙午年二月因之，尋廢。洪武八年二月復置，屬施州衞。二十三年復廢。永樂五年改置，直隸施州衞。有西溪。

唐崖長官司元唐崖軍民千戶所。明玉珍改安撫司。洪武七年四月改長官司，後廢。永樂四年三月復置，直隸施州衞。南有黔水，卽清江之上源。

永順軍民宣慰使司元至元中，置永順路，後改永順保靖南渭安撫司。至大三年四月改永順等處軍民安撫司。至正十一年四月升宣撫司，屬四川行省。洪武二年爲州。十二月置永順軍民安撫司。六年十二月升軍民宣慰使司，屬湖廣行省，尋改屬都司。西南有水溪，卽酉水也，下流入沅陵縣界。領州三，長官司六。東北距布政司二千里。

南渭州司西。元屬新添葛蠻安撫司，後廢。洪武二年復置，改屬。

施溶州司東南。元會溪施溶等處長官司，屬思州軍民安撫司，後廢。洪武二年改置，來屬。

上溪州司西。洪武二年置。

臘惹洞長官司

麥著黃洞長官司

驢遲洞長官司

施溶溪長官司四長官司，元俱屬思州軍民安撫司。洪武三年改屬。

白崖洞長官司元屬新添葛蠻安撫司。洪武三年改屬。

田家洞長官司洪武三年置。

保靖州軍民宣慰使司元保靖州，屬新添葛蠻安撫司。太祖丙午年二月置保靖州軍民安撫司。洪武元年九月改宣慰司。六年十二月升軍民宣慰使司，直隸湖廣行省，尋改屬都司。北有北河，自酉陽司流入，東入永順司界。又有峒河，下流與盧溪縣之武溪合。領長官司二。東北距布政司千九百七十里。

五寨長官司司南。元置。洪武七年六月因之。

筸子坪長官司司南。太祖甲辰年六月置筸子坪洞元帥府，後廢。永樂三年七月改置。

浙江　禹貢揚州之域。元置江浙等處行中書省，治杭州路，又分置浙東道宣慰使司，治慶元路，屬焉。太祖戊戌年十二月置中書分省。治寧越府。癸卯年二月移治嚴州府。丙午年十二月罷分省，置浙江等處行中書省。治杭州府。洪武三年十二月置杭州都衞。與行中書省同治。八年十月改都衞爲浙江都指揮使司。九年六月改行中書省爲承宣布政使司。領府十一，屬州一，縣七十五。爲里一萬零八百九十九。西至開化，與江南界。南至平陽，與福建界。北至太湖，與江南界。東至海。距南京九百里，京師三千二百里。〔二〕洪武二十六年編戶二百一十三萬八千二百二十五，〔三〕口一千四十八萬七千五百六十七。弘治四年，戶一百五十萬三千一百二十四，口五百三十萬五千八百四十三。萬曆六年，戶一百五十四萬二千四百八，口五百一十五萬三千五。

杭州府元杭州路，屬江浙行省。太祖丙午年十一月爲府。領縣九。

錢塘倚。洪武三年四月建吳王府。十一年正月改封周王，遷河南開封府。南有鳳凰山，有秦望山。西南有靈隱山。南有錢塘江，亦曰浙江，有三源：曰新安江，出南直歙縣；曰信安江，出開化縣；曰東陽江，出東陽縣。匯而東爲錢塘江，至會稽縣三江海口入海。西有西湖，源出武林泉。又北有運河，至秀水縣北，而接南直運河。又有安溪，卽苕溪也，自餘杭縣流入，下流至烏程縣東北，注於太湖。

仁和倚。東北有臯亭山，有臨平山，下有臨平湖，後塞。北有北新關，成化中設戶部分司於此。又有塘棲鎮。

海寧府東，少北。元海寧州。洪武二年降爲縣。南濱海，有捍海塘。西南有赭山，與蕭山縣龕山相對，浙江經其中，東接大海，謂之海門。東南有石墩鎮巡檢司，本置縣東北硤石鎮，後遷於此，更名。西南有赭山鎮巡檢司，本置縣西陳橋北，尋遷赭山，更名，又遷文堂山上，仍故名。又西北有長安鎮。

富陽府西。東有觀山。西南有湖洑山。東南臨富春江，卽錢塘江也。西南有東梓巡檢司，後廢。

餘杭府西北。西南有大滌山。西北有徑山。南有苕溪，源出於潛縣天目山。東北有石瀨巡檢司，後廢。

臨安府西。舊治在縣西西墅鎮。洪武初徙於今所，本吳越衣錦軍也。西有天目山，亦曰東天目，其在於潛境者爲西天目。西北有南溪，卽東苕溪也，源出天目山，經縣南，亦曰新溪。

於潛府西。北有天目山，浮溪出焉。縣南爲紫溪，下流至桐廬縣入浙江。

新城府西南。西有葛溪，又東北有松溪合焉，至峴口入於浙江。

昌化府西。東南有柳相山。南有銅坑山。西北有千頃山。西有昱嶺，上有關。又西北有黃花嶺，上亦有關。東南有柳溪，東流合於於潛之紫溪。又有雙溪，自縣治南流入柳溪。西有手寧嶺巡檢司，遷縣西南株柳村，又遷縣西濫村，又遷楊家塘，仍故名。

嚴州府元建德路，屬江浙行省。太祖戊戌年三月爲建安府，尋曰建德府。壬寅年二月改曰嚴州府。

領縣六。東北距布政司二百七十里。

建德倚。北有烏龍山。西有銅官山。又新安江自淳安縣流入，經城南，東陽江自西南來合焉。又東北有胥溪，來入江，謂之胥口，亦曰建德江。東有管界巡檢司。

桐廬府東北。西有富春山，一名嚴陵山。桐江在南，卽浙江也，亦曰睦江。自建德縣流入，經富春山之釣臺下，曰七里瀨，又東經桐君山下，曰桐江。有桐溪自縣東北流入焉，謂之桐江口，其上源卽分水縣之天目溪也。有桐江巡檢司，後遷桐君山，又遷窄溪埠。

淳安府西。南有雲濛山。西有都督山，又有威平洞，亦曰青溪洞，又名幫源洞。南有新安江，自南直歙縣流入，亦曰青溪。西有街口、又有永平、南有港口三巡檢司，後廢。東有錦溪關，嘉靖中置。

遂安府西，少南。西有武強溪，有雙溪流合焉，曰三渡口，經城南，東北注於淳安之青溪。南有鳳林巡檢司，後廢。

壽昌府西南。東南有巖峒山。西有壽昌溪，東北流至建德縣，入新安江。南有常樂溪，東南流至蘭溪縣，入東陽江。西有社田、西南有上梅二巡檢司。

分水府東北。東有天目溪，上源卽於潛縣之紫溪及昌化縣柳溪也，下流爲桐廬縣之桐溪。又東南有前溪，自淳安縣流入，東注於天目溪。東有吳村巡檢司，後廢。

嘉興府元嘉興路，屬江浙行省。太祖丙午年十一月爲府，直隸京師。十四年十一月改隸浙江。領

縣七。西南距布政司百九十五里。

嘉興倚。南有南湖，亦曰鴛鴦湖，流合運河。又有長水塘，西南接海寧，東北接海鹽縣界。又東有雙溪，東出爲華亭塘，南直松江府之漕舟，由此入運河。

秀水倚。宣德五年三月析嘉興縣地置。西有運河，北經聞家湖，達南直吳江縣之運河。東北有杉青閘、又有王江涇二巡檢司。

嘉善府東。本嘉興縣魏塘鎭巡檢司，宣德五年三月改爲縣。南有華亭塘河，東有魏塘河，東北有清風涇，皆流合焉。西北有分湖，與南直吳江縣分界。又北有章練塘水，亦流合華亭塘河，達華亭縣之泖湖。東北有風涇、西北有陶莊二巡檢司，廢。

崇德府西南。元崇德州。洪武二年降爲縣。西北有運河，自德清縣流入。東南有語溪，一名語兒中涇，又名沙渚塘。又東北有石門塘水，東南接運河，北達歸安之烏鎭。

桐鄉府西，少南。宣德五年三月以崇德縣之鳳鳴鄉置。北有運河，與崇德縣接界。又有爛溪，北達吳江縣之鶯脰湖，西達湖州府潯溪。北有皁林鎭巡檢司。

平湖府東。宣德五年三月以海鹽縣之當湖鎭置。東南有故邑山。南有雅山，俗曰瓦山。又當湖在縣治東，下流出海鹽澉浦口入海。其西爲市西河，自嘉興縣流入，入於當湖。其分流南出者，則由縣東南乍浦入海；北出者，則由縣東北蘆瀝浦入海。浦傍有蘆瀝鹽場。又北有東泖，卽華亭三泖之上流。東有白沙灣巡檢司，治廣陳墅，後遷縣東南獨山。又東南有乍浦鎭巡檢司，後遷梁莊，仍故名。

海鹽府東南。元海鹽州。洪武二年降爲縣。南有秦駐山，又有長牆山。西南有鳳凰山。東北有湯山，又有獨山，舊置鹽場於此。東臨海，有防海塘，[一三]洪武初，以石爲之，南北計四千八百丈。又有東、西、南三海口，而西海口在縣東北，尤衝要。東北有呂港，港口有鹽場。西南有鮑郎市，有鹽課司。東北有守禦乍浦千戶所，東南有澉浦守禦千戶所，俱洪武十九年十月置。城東有海口巡檢司，後徙砂腰村，南有澉浦巡檢司，後遷秦駐山，俱仍故名。

湖州府元湖州路，屬江浙行省。太祖丙午年十一月爲府，直隸京師。十四年十一月改隸浙江。領州一，縣六。南距布政司百九十里。

烏程倚。北有卞山，亦曰弁山。西南有石城山。南有峴山，本名顯山。西南有銅山，一名銅峴山。北有太湖，接南直蘇、常二府界。東北有大錢湖、小梅湖二口，府境羣水皆於此入太湖。又西有苕溪，源自孝豐天目之陰，流經毘山下，[一四]出大錢湖口。又南有餘不溪，卽杭州境內之苕溪，自德清縣流經府南，匯爲玉湖，[一五]復東北出而匯於苕水，亦曰霅溪。東有後潘村巡檢司，後遷南潯鎭，仍故名。東北有大錢湖口巡檢司。

歸安倚。南有金蓋山，亦名何山。又有衡山。東有昇山，亦曰烏山，一名歐餘山。又運河在城東，源自苕溪、餘不溪二水，分流爲運河，東北經南潯鎭，入吳江縣界，合嘉興之運河。又南有荻塘，亦曰荻港，東北接運河。其

枝流東南出烏鎭，合桐鄉之爛溪。[一六]又東有潯溪，卽餘不溪支流也，流經南潯。東南有璉市巡檢司。又西南有上沃埠巡檢司，後廢。

長興府西北。元長興州。太祖丁酉年三月改名長安州，壬寅年復曰長興。洪武二年降爲縣。西北有顧渚山，產茶，一名西顧山，一名吳望山。東北有太湖，與南直宜興縣分中流爲界。西有箬溪，下流入太湖。西南有荊溪，東南入於苕溪。東北有皋塘、西南有四安二巡檢司。又西有合溪、南有和平二巡檢司，廢。

德清府南，少東。東北有敢山。東南有運河，有餘不溪，亦曰霅溪，卽苕溪別名。東北有新市鎭巡檢司。又東有下塘巡檢司，後遷五柳港口。又東有荷葉浦巡檢司，廢。

武康府西南。東有封山，一名防風山。又有禺山。西南有覆舟山。南有前溪，東北有後溪流入焉，下流入德清餘不溪。

安吉州元安吉縣。正德元年十一月升爲州。西南有故城。洪武徙於今治。[一七]東南有白陽山，舊產錫。西有苕溪。又有龍溪，卽苕溪支流。東南有獨松關巡檢司，又有遞鋪巡檢司，廢。東北距府二十里。領縣一。

孝豐州西南。成化二十三年析安吉縣地置，屬府。正德二年改屬州。南有天目山，有天目山巡檢司。又西南爲金石山，卽天目最高處。又南有苕溪，出天目山，此爲苕溪之別源。又西有松坑巡檢司。

中華書局

紹興府元紹興路，屬浙東道宣慰司。太祖丙午年十二月爲府。領縣八。西北距布政司百三十八里。

山陰倚。南有會稽山，其支山爲雲門山，又有法華山。西南爲蘭亭山。西北有塗山。北濱海，有三江口。三江者，一曰浙江；一曰錢清江，卽浦陽江下流，其上源自浦江縣流入，至縣西錢淸鎭，曰錢淸江；一曰曹娥江，卽剡溪下流，其上源自嵊縣流入，東折而北，經府東曹娥廟，爲曹娥江，又西折而北，會錢淸江、浙江而入海。又西有運河，自蕭山縣流入，又東南逕會稽縣，又東入上虞縣界。又南有鑑湖，長十四五里，俗曰白塔洋，有若耶溪合焉。又北有白水湖，旁通運河。北有三江守禦千戶所，在浮山之陽，洪武二十年二月置。又有三江巡檢司，在浮山桃松莊。又西北有白洋巡檢司。

會稽倚。東南爲會稽山，其東接宛委、秦望、天柱諸山。又東有銀山、錫山，舊產銀砂及錫。東南有若耶山。東有曹娥江。東南有平水溪，南合剡溪。東北有瀝海守禦千戶所，洪武二十年二月置。又有黃家堰巡檢司，尋遷瀝海所西，後遷上虞縣界纂風鎭，仍故名。

蕭山府西北。西南有虎爪山，東南有龕山，俱下臨浙江。龕山傍有小山曰鼈子山，浙江自縣西東北流，出其中，東接大海，亦曰海門。東南有峽山，錢淸江經其中，復北折而東，入山陰縣界。城西有運河，東接錢淸江。又有湘湖。西南有漁浦巡檢司。又西有西興，亦曰西陵，往錢塘者由此渡江。

諸暨府西南。元諸暨州。太祖己亥年正月改諸全州。丙午年十二月降爲諸暨縣。西南有新城，在五指山下，太祖癸卯年，李文忠所築。西有長山，又有五泄山。南有句乘山。又有浣江，卽浦陽江，亦曰靑弋江。又西南有

長清關、西有陽塘關二巡檢司，廢。

餘姚府東北。元餘姚州。洪武初，降爲縣。南有新城，與縣城隔江對峙，姚江經其中。南有四明山，北瀕海。姚江源自縣西南太平山，一名舜江，西北流至上虞縣，乃東北出，經縣南。又東爲慈溪之前江。東北有燭溪湖，引流爲東橫河。西有牟山湖，引流爲西橫河，俱注於姚江。又西北有臨山衞，洪武二十年二月置。東北有三山守禦千戶所，一名滸山，亦洪武二十年二月置。又東北有三山巡檢司，治金家山上，尋遷破山。北有眉山巡檢司，治眉山寨，尋遷縣西北湖海頭。又有廟山巡檢司，治廟山寨，尋遷上虞縣界中源堰，仍故名。

上虞府東。西北有夏蓋山，北枕海，南臨夏蓋湖。西南有東山。東有覆巵山，接嵊縣界。又東有通明江，卽姚江上流。又有運河，在縣治前。又西北有白馬湖，北接夏蓋湖，其相連者有上妃湖，亦曰上陂湖，引流爲五夫湖，〔一七〕東北達於餘姚之西橫河。又西有梁湖巡檢司，本治梁湖，尋遷百官市，仍故名。

嵊府東南。東有丹池山。東北有嵊山。北有嶀山，又有淸風嶺。西有太白山。南有剡溪，源出天台諸山，下流爲曹娥江。西有長樂鎭，西北有管解寨二巡檢司，廢。

新昌府東南。東有沃州山。東南有天姥山。又東有東溪，源出天台山，西北流入嵊縣界。南有彩霞鎭、又有豐樂、又有善政三巡檢司，後廢。

寧波府元慶元路，屬浙東道宣慰司。太祖吳元年十二月爲明州府。洪武十四年二月改寧波。領縣五。西北距布政司三百六十里。

鄞倚。東有鄮山。西南有四明山，周八百餘里。東有灌頂山，舊產鐵。東南有阿育王山，有太白、天童諸山。東北濱海。有鄞江，一名甬江。東南有奉化江，西北有慈溪，皆流合焉。西南有小江湖，又西有廣德湖，東有東錢湖，皆引流入鄞江。北有龍山守禦千戶所，洪武十九年十一月置。東有甬東巡檢司，治甬東隅，後遷定海縣東南竹山海口，仍故名。又有岱山、又有螺峰二巡檢司，後廢。

慈谿府西北。元曰慈溪。永樂十六年改「溪」爲「谿」。西南有車廄山。東北濱海。南有慈谿，一曰前江，卽姚江下流也，藍溪、文溪諸水皆流合焉。西北有鳴鶴鹽課司。又觀海衞亦在西北，洪武十九年十一月置。又有松浦巡檢司，治浦東，尋遷浦西。又有向頭巡檢司，治向頭寨，尋遷洋浦，廢，後復。

奉化府南。元奉化州。洪武二年降爲縣。南有蓬島山，又有天門山。西北有雪竇山。北有奉化江，亦曰北渡江，又謂之剡溪。東有市河，東北有趙河，皆南流入焉。東有塔山、東南有鮚埼二巡檢司。又有公棠、連山、柵墟、東宿四巡檢司，廢。

定海府東北。東有候濤山，一名招寶山，上有威遠城，山麓有靖海城，俱嘉靖三十九年置。東北皆濱海。海中有舟山，有金塘山，有蛟門山，又有普陀落伽山，有大謝、小謝山。南有大浹江，其上流卽鄞江，分流爲小浹江，並入海。南有清泉等鹽場。又東北有定海衞，本定海守禦千戶所，洪武十四年四月置，二十年二月升爲衞。東南有穿山後千戶所，洪武二十七年九月置。又有霩衢守禦千戶所，大嵩守禦千戶所，俱洪武十九年十一月置。又有

舟山中中千戶所，舟山中左千戶所，本元昌國州，洪武二年降爲縣，二十年六月，縣廢，改置。南有上岸太平嶴、西有管界寨二巡檢司。又西北有施公山、南有長山二巡檢司，後廢。又南有霞嶼巡檢司，本名崎頭，正統間更名，後廢。又舟山東南有寶陀、西北有岑港，又舟山東有岱山、西南有螺峰四巡檢司，後廢。

象山府東南。南有石壇山，亦曰壇頭山。東南北三面皆濱海。其南有三嶴山，一名三仙島，俱在海中。南有玉泉鹽場。又西南有昌國衞，本昌國守禦千戶所，洪武十二年十月置於舟山，十七年九月改爲衞。二十年來徙縣南天門山，二十七年遷縣西南後門山。又山西南有石浦守禦前、後二千戶所，俱洪武二十年置。西北有錢倉守禦千戶所，洪武十九年十一月置。西有爵溪守禦千戶所，洪武三十年十二月置。北有陳山巡檢司，治陳山，尋遷縣東南。西有爵溪巡檢司，遷治姜嶼渡。南有石浦巡檢司，遷治青山頭。又東有趙嶴巡檢司，自寧海縣遷此。俱仍故名。

台州府元台州路，屬浙東道宣慰司。洪武初，爲府。領縣六。西北距布政司四百四十里。

臨海倚。西南有括蒼山，一名眞隱山。又東南有海門山，有金鰲山，皆濱海。南有澄江，一名靈江，流合天台、仙居諸山之水，至黃巖縣入海。又大海在東，中有芙蓉山、高麗頭山。又有杜瀆鹽場。又海門衞亦在縣東，洪武二十年二月置。其北爲前千戶所，洪武二十八年置。東北有桃渚前千戶所，洪武二十年九月置。東有鮫湖巡檢司，遷治海口陶嶼。又有連盤巡檢司，遷治海口長沙。俱仍故名。

二十四史

中華書局

黃巖府東南。元黃巖州。洪武三年三月降爲縣。南有委羽山。東有大海。西北有永寧江，即澄江下流。東南有鹽場，又有長浦巡檢司。

天台府西南。西有天台山。北有赤城山，又有石橋山，皆天台支阜也，其絕頂曰華頂峯。又西南有始豐溪，即澄江上源。又東有楢溪，產鐵。其東爲甬溪。又西有胡寶巡檢司，廢。

仙居府西南。西北有蒼嶺，即括蒼山。又有永安溪，下流亦會於澄江。又西南有曹溪，東有彭溪，俱流合於永安溪。西有田寺巡檢司，後廢。

寧海府東北。北有天門山。西北有龍鬚山，舊產銅鐵。東濱海。東北有鄞江，與象山縣界。南有海游溪，有寧和溪，又有東溪，東有鐵砂，冶之成鐵，俱導流入海。又有梅㟁鎮，舊有鐵場。又南有健跳千戶所，洪武二十年九月置。東有越溪、又有長亭、北有鐵場、南有曼㟁、東南有竇㟁五巡檢司。

太平府東南。成化五年十二月以黃巖縣之太平鄉置，析樂淸地益之。南有大雷山。西北有王城山。〔一八〕西南有靈山，與玉環山接。東南濱海，曰大閭洋，中有松門、石塘、大陳等山。又東有遷江，一名新建河，至縣北曰官塘河，北抵黃巖縣，東入海。東有松門衞，本松門千戶所，洪武十九年十二月置，二十年六月升爲衞。東北有新河千戶所，洪武十九年十二月置。南有隘頑千戶所，西南有楚門千戶所，俱洪武二十年二月置。又東有盤馬、西有二山、又有蒲岐三巡檢司。南有沙角巡檢司，本治岐頭山下，後遷今治。西南有小鹿巡檢司，遷治楚門所之橫山後。西有溫嶺巡檢司，廢。

金華府元婺州路，屬浙東宣慰司。太祖戊戌年十二月爲寧越府。庚子年正月曰金華府。領縣八。東北距布政司四百五十里。

金華倚。北有金華山。南有銅山，舊產銅。城南有東陽江，亦曰婺港，自東陽縣流經此。又有南溪，自縉雲縣來合焉，謂之雙溪，亦曰縠溪，合流至蘭谿而會於信安江。

蘭谿府西。元蘭谿州。洪武三年三月降爲縣。東有銅山，舊產銅。西南有蘭溪，即縠溪也，亦曰大溪，一自衢州之衢港，一自金華之婺港，會於西南蘭陰山下，北入嚴州界。西北有平渡巡檢司。北有靈泉鄉、龍巖鄉二巡檢司，廢。

東陽府東。東南有大盆山，東陽江出焉，經縣北，謂之北溪，亦曰東溪，西南有畫溪，下流至義烏縣入焉。東有永寧巡檢司。又東南有瑞山、玉山。南有興賢、仁壽二巡檢司，廢。

義烏府東，少北。南有烏傷溪，即東陽江。西有智者同義鄉、南有雙林明義鄉、北有龍祈鎮三巡檢司，廢。

永康府東南。東南有銅山，舊產銅。南有南溪，亦曰永康溪。又東有孝義寨、南有義豐鄉、東南有合德鄉三巡檢司，後廢。

武義府南，少東。東北有永康溪，又有褻道市。西有苦竹市。又北有白溪口市。

浦江府東北。西有深裊山，浦陽江出焉，東流入諸暨縣界。東有楊家埠巡檢司，後廢。

湯溪府西南。成化七年正月析蘭谿、金華、龍游、遂昌四縣地置。南有銀嶺。西北有穀江，〔一九〕即信安江。

衢州府元衢州路，屬浙東道宣慰司。太祖己亥年九月爲龍游府。丙午年爲衢州府。領縣五。東北距布政司五百六十里。

西安倚。永樂二十二年建越王府，宣德二年除。西有巖山。南有爛柯山，又有爵豆山，舊出銀。又西北有銅山，舊出銅、錫、鉛。城西南有衢江，其上源曰大溪，自江山縣流入。又有西溪，亦曰信安溪，自開化縣發源，流至此與大溪合焉，曰雙港口。又東有定陽溪，一名東溪，自遂昌縣流入，合於衢江。西南有嚴劍、東南有板固二巡檢司。

龍游府東。東有龍丘山。北有梅嶺。又有穀溪，即衢江也，一名盈川溪。又南有靈溪，自遂昌縣流經縣南靈山下，又東北入焉。東有湖頭鎮巡檢司。又北有水北、南有靈山二巡檢司，廢。

常山府西。有三衢山。東有常山，即信安嶺也。北有金川，一名馬金溪，自開化縣流入。東有文溪，自江山縣流入，合於金川，爲信安溪上源。北有下坑、東南有鎮平二巡檢司，廢。

江山府西。東南有江郎山，有仙霞嶺，仙霞關在其上。城東有大溪，仙霞嶺水所匯也。又西有文溪。南有東山巡檢司，本治仙霞嶺下，後遷嶺上。又有小竿嶺巡檢司，廢。

開化府西北。金溪在城東，其源一出馬金嶺，一出百際嶺，至城北合流而南，即金川上源也。北有金竹嶺巡檢司。又西有雲臺、北有低坂、又有馬金、南有華埠四巡檢司，廢。

處州府元處州路，屬浙東道宣慰司。太祖己亥年十一月爲安南府，尋曰處州府。領縣十。北距布政司七百三十里。

麗水倚。大溪在城南，一名洄溪，自龍泉縣流經此，下流至永嘉縣，入於海。又東有好溪，本名惡溪，東南達於大溪。

青田府東南。西有大、小違雲山。南有南田山。又有南溪，即大溪也，亦曰青溪，自麗水縣流入。西南有小溪流合焉。南有淡洋巡檢司。又北有黃壇巡檢司，廢。

縉雲府北。東有仙都山，亦名縉雲山。又有管溪官山。西南有馮公嶺，一名木合嶺，一名桃花隘。又東有好溪，源出縣東北之大盆山，有管溪自東流合焉。又北有南源溪，亦曰南溪，下流爲永康溪，入於東陽江。

松陽府西。北有竹峪嶺。〔二〇〕西有松溪，南有竹溪流入焉，下流至麗水縣，入於大溪。又西南有淨居巡檢司，廢。

遂昌府西。南有雙溪，有二源，至縣南合流。又東經西明山南，分爲二，其一入龍泉縣之大溪，其一爲東溪，入松陽縣，爲松溪。北有馬步巡檢司。

龍泉府西南。南有匡山，建溪之水出焉。南有大溪，源出臺湖山，又有靈溪，自縣北流合焉，東入雲和縣界。南有慶元巡檢司，治查田市。

慶元府西南。洪武三年三月省。十三年十一月復置。西南有松源水，南流入福建，爲松溪縣之松溪。

雲和府西南。景泰二年析麗水縣地置。南有大溪，西有黃溪流入焉，東入麗水縣界。又西有七赤渡。東有石塘隘。

宣平府北。本麗水縣之鮑村巡檢司。景泰三年改爲縣，而徙巡檢司於縣之後陶，仍故名，尋廢。西北有礱坑山，舊産銀。南有玉岩山，又有會高山，産礦。又南有虎蹄溪，會流於麗水縣之大溪。

景寧府南。景泰五年析青田縣置。南有敕木山。東有礦坑嶺。西有彪溪，東北有大匯灘，下流皆注於青田縣之大溪。北有沐溪巡檢司，遷縣南大漈，仍故名。又西有盧山巡檢司，後廢。東有龍首關，又有龍匯關、白鹿關，俱嘉靖中置。

溫州府元溫州路，屬浙東道宣慰司。洪武初，爲府。領縣五。西北距布政司八百九十里。

永嘉倚。西有岷岡山，又有鐵場嶺。南有大羅山。東濱海。又永寧江在城北，一名甌江，一名永嘉江，自蒼括諸溪匯流入府界，又東注於海。江中有孤嶼山，與北岸羅浮相望。又西北有安溪，東北有楠溪，俱注於甌江。城西南又有會昌湖，東有寧村守禦千戶所，洪武二十年二月置。東南有中界山巡檢司，後遷縣東永昌堡。

瑞安府南。元瑞安州。洪武二年降爲縣。正德六年五月徙縣城於故城西，去海三丈五尺，以避潮患。西有陶山。北有帆游山。城南有安陽江，源出福建政和縣及青田縣界，合流至此，曰瑞安江，亦曰飛雲江，渡處有飛雲關，

東接海口。又縣東海岸中有鳳凰諸山。又縣東北有海安守禦千戶所，縣東南有沙園守禦千戶所，俱洪武二十年二月置。東有東山巡檢司，本名梅頭，治梅頭寨，後遷，更名。

樂清府東北。東有北雁蕩山。南濱海，有玉環山，在海中。又西北有荊溪。又縣治傍有東、西二溪。西南有館頭江。西有象浦河，東北有石馬港，下流皆達海。有長林鹽場。又西有盤石衛，洪武二十年二月置。東有盤石守禦後千戶所，成化五年置。東北有蒲岐守禦千戶所，亦洪武二十年二月置。西有館頭巡檢司，遷治縣西南岐頭寨，後復。東南有北監巡檢司，治玉環山下，尋遷縣東北蔡嶴，又遷縣東白沙嶺，又遷鸎頭，又遷窑嶴山下，仍故名。

平陽府西南。元平陽州。洪武三年降爲縣。西南有南雁蕩山，有玉蒼山。又東南海中有大嶼頭山，有南麂山。又西有前倉江，亦曰橫陽江，東南經江口關注於海。南有天富南鹽場。又南有金鄉衞，有蒲門守禦千戶所，東北有壯士守禦千戶所，皆洪武二十年二月置。東南有舥艚、又有斗門二巡檢司。南有江口巡檢司，治下埠，後遷渡頭。又東有仙口巡檢司，遷縣南麥城山，仍故名。又東南有龜峰巡檢司，廢。

泰順府西南。景泰三年以瑞安縣羅洋鎮置，析平陽縣地益之。南有分水山，上有關，爲浙、閩分界處。又西有白溪，下流至福建寧德縣入海。又東有仙居溪，流入瑞安境入海。北有池村巡檢司。南有三冠巡檢司，本洋望，後更名。東南有鵝陽巡檢司，後廢。又羅陽第一關在縣東。

校勘記

〔一〕日陸口亦曰蒲圻口　原作「日陸，日蒲圻口」，脫「口」、「亦」兩字，據明史稿志二一地理志、寰宇通志卷五〇、明一統志卷五九補「口」字，又據本志文例補「亦」字。本志下文有「蒲圻河即陸水也」，可證此處是一地二名。

〔二〕東有富池湖　原脫「富池」兩字，據寰宇通志卷五〇、明一統志卷五九、讀史方輿紀要卷七六補。

〔三〕源出房縣　房縣，原作「房陵縣」，據本志鄖陽府房縣條、明史稿志二一地理志、寰宇通志卷五二、明一統志卷六〇改。

〔四〕東北有高雞寨巡檢司　原脫「有」字，據本志行文例補。

〔五〕經宜章縣合於章水　原脫「宜」字，據寰宇通志卷五六、明一統志卷六四補。按下文彬州有宜章縣。

〔六〕北有祁山上有黃羆鎮　黃羆鎮，明史稿志二一地理志作「黃羆嶺」。寰宇通志卷五八、明一統志卷六五、清一統志卷二八二都把祁山和黃羆嶺分作兩座山。黃羆嶺在縣北三十里，祁山在縣北十五里。

〔七〕九年四月復降爲州以州治永平縣省入　原脫「九年」兩字及「治」字。「九年」，據明史稿志二一

地理志、太祖實録卷一〇五洪武九年四月甲午條、寰宇通志卷六〇、明一統志卷六六補。「治」字，據明史稿和本志文例補。

〔八〕十六年十二月復置　十二月，太祖實録卷一五八繫此事於洪武十六年十一月乙卯。

〔九〕西坪蠻夷官司　西坪，本書卷三一〇施州傳、明史稿傳一八四施州傳、宣宗實録卷四三宣德三年五月戊寅條、明一統志卷六六都作「西泙」。

〔一〇〕屬施州衞　原闕「屬」字，空一格，據本志文例補。

〔一一〕距南京九百里京師三千二百里　三千，寰宇通志卷三三、明一統志卷三八作「四千」。

〔一二〕洪武二十六年編户二百一十三萬八千二百二十五　二百一十三萬，原作「一百一十三萬」，據明史稿志二一地理志、諸司職掌户部改。

〔一三〕有防海塘　防海塘，原作「防備塘」，據明史稿志二一地理志、明一統志卷三九改。

〔一四〕流經昆山下　昆山，原作「昆山」，據明史稿志二一地理志、明一統志卷四〇改。讀史方輿紀要卷九一昆山下說：「昆，近也，以近府城而名。」

〔一五〕匯爲玉湖　玉湖，原作「王湖」，據明史稿志二一地理志、明一統志卷四〇、讀史方輿紀要卷九一改。

〔一六〕合桐鄉之爛溪　爛溪，原作「瀾溪」，據本志上文桐鄉下、明史稿志二一地理志桐鄉下、清一統

志卷二二〇改。

〔一七〕引流爲五夫湖　五夫湖，明史稿志二一地理志作「五夫河」。

〔一八〕西北有王城山　王城山，原作「玉成山」，據明一統志卷四七、清一統志卷二二九改。讀史方輿紀要卷九二王城山下注：「相傳越王失國嘗保此。」

〔一九〕西北有瀔江　瀔江，明史稿志二一地理志、寰宇通志卷二八、明一統志卷四二作「瀫江」。

〔二〇〕北有竹峪嶺　竹峪嶺，原作「竹喀嶺」，據明史稿志二一地理志、明一統志卷四四、讀史方輿紀要卷九四改。嘉慶重修一統志卷三〇五竹峪嶺下有竹峪橋，字亦作「峪」。

明史卷四十五

志第二十一

地理六

福建　廣東　廣西

福建　禹貢揚州之域。元置福建道宣慰使司，治福州路。屬江浙行中書省。至正十六年正月改宣慰司爲行中書省。太祖吳元年十二月平陳友定。洪武二年五月仍置福建等處行中書省。與行中書省同治。八年十月改福州都衞爲福建都指揮使司。九年六月改行中書省爲承宣布政使司。領府八，直隸州一，屬縣五十七。爲里三千七百九十七。北至嶺，與浙江界。西至汀州，與江西界。南至詔安，與廣東界。東至海。距南京二千八百七十二里，京師六千一百三十三里。洪武二十六年編戶八十一萬五千五百二十七，口三百九十一萬六千八百六。弘治四年，戶五十萬六千三十九，口二百一十萬六千六十。萬曆六年，戶五十一萬五千三百七，口一百七十三萬八千七百九十三。

福州府元福州路，屬福建道。太祖吳元年爲府。領縣九。

閩倚。南有釣臺山，亦曰南臺山。東南有鼓山。南有方山，一名甘果山，下有官母嶼，有巡檢司。東南濱海。南有閩江，亦曰建江，自南平縣流入府界。東南納羣川之水，至府西曰洪塘江，分二流，南出曰陶江，東出曰南臺江，至鼓山下復合爲一。又東南有馬頭江，自永福縣流入，曰西峽江，又東有東峽江流合焉，又東南至五虎門，入於海。東有閩安鎮巡檢司。

侯官倚。西有旂山，有雪峯山，有建江，又有西禪浦。西南有陽崎、吳山、鳳岡、澤苗、延澤、仙坂等六浦，皆建江支分，仍合正流入海。西北有懷安縣，洪武十二年移入郭內，與閩、侯官同治，萬曆八年九月省。西北有竹崎、又有五縣寨二巡檢司。

長樂府東，少南。東濱海，有海堤。北有馬頭江。又東有守禦梅花千戶所，洪武二十一年二月置。東北有石梁蕉山、東南有松下鎮二巡檢司。又東有小祉山巡檢司，後移治大祉澳。

福清府南，少東。元福清州。洪武二年二月降爲縣。東南際海，有鹽場，海中有海壇山，又有小練山。南有龍江，又有迓江。東南有海口，江皆匯流入海。又東有鎮東衞，東南有守禦萬安千戶所，俱洪武二十一年二月置。又有澤朗山、有牛頭門、又南有壁頭山三巡檢司。又東有海口鎮巡檢司，洪武二十年移於長樂縣之松下鎮。

中華書局

連江府東北。東北濱海，海中有北茭鎮巡檢司。南有連江，東入海。東北有守禦定海千戶所，洪武二十一年二月置。

羅源府東北。東濱海。西有羅川，南流分三派入海。南有應德鎮。

古田府西北。建江在縣南，自南平縣流入，經城南，有大溪流合焉，謂之水口。又東南逕模天嶺下，江流至此始出險就平，東入閩清縣界。東有杉洋鎮，出銀坑，有巡檢司，後廢。又西南有谷口鎮、西北有西溪鎮二巡檢司，尋廢。

閩清府西北。西南有大帽山。北有建江，西南有梅溪流合焉。東有青窰鎮巡檢司，廢。

永福府西南。西南有高蓋山，又南有陳山。東有東溪，匯諸山溪之水，下流會於福清之龍江而入海。又有漈門巡檢司，後移於嵩口埕，尋復故。

興化府元興化路，屬福建道宣慰司。洪武元年爲府。領縣二。北距布政司二百八十里。

莆田倚。東南濱海，海中有湄洲嶼，又有南日山，俱東與琉球國相望。又南有木蘭溪，北有延壽溪，東北有荻蘆溪，又有通應港，俱會流入海。又西北有興化縣，正統十三年四月省。東有平海衞，東南有守禦莆禧千戶所，俱洪武二十一年二月置。東有嵌頭、西北有大洋寨、東南有吉了三巡檢司。東有沖沁巡檢司，本治尋陽，後徙興福。又有青山巡檢司，本治武盛里南哨，後徙奉國里。東南有南日山巡檢司，後徙新安。東北有迎仙寨巡檢司，

後移鼓樓山。東有峙頭、東南有小峙二巡檢司，後廢。

仙游府西。北有二飛山。東北有何嶺。南臨九鯉湖，湖在萬山中，下流入莆田縣界，合於延壽溪。西有三會溪，即木蘭溪上源。西有白嶺巡檢司，後遷於文殊寨。南有楓亭市、西有潭邊市二巡檢司，後廢。

建寧府元建寧路，屬福建道宣慰司。洪武元年爲府。領縣八。四年正月置建寧都衞於此。八年十月改爲福建行都指揮使司。東南距布政司五百二十五里。

建安倚。東北有鳳凰山，產茶。東有東溪，即建江，自浙江慶元縣流經此，又西合於西溪。又東南有壽嶺巡檢司。

甌寧倚。西有西溪，源出崇安縣，東會諸溪之水，流入縣境，又東合於東溪，南入延平府界。西北有營頭街巡檢司。

建陽府西北。西北有西山。東南有錦江，亦曰交溪，有二源，合流於縣東東山下，南流達於建溪。

崇安府西北。南有武夷山，中有清溪，九曲流入崇溪。西北有分水嶺，上有分水關巡檢司。其水西流者入江西境，東流者入縣境，即崇溪源。俗謂之大溪，經城西而南出，亦謂之西溪。其別源出縣東北之岑陽山，亦曰東溪，西南流合於西溪，又南合武夷水而入建陽縣界，即錦江之上源也。又西北有溫林、岑陽、桐木、焦嶺、谷口、寮竹、觀音等關，與分水關爲崇安八關。

浦城府東北。北有漁梁山，建溪之源出焉。又有蓋仙山，有黎嶺，又有楓嶺，一名大竿嶺，皆浙、閩通途。又東北有柘嶺，與浙江麗水縣分界，柘水出焉，流合大溪。又南有南浦溪，亦曰大溪，即建溪也，下合建陽之交溪。東有高泉、東北有溪源、西北有盆亭三巡檢司。

松溪府東。東有萬山。東北有鷲峯山，接浦城及浙江之龍泉界。南有松溪，源出浙江慶元縣，亦謂之松源水，又西有杉溪，下流俱入於建溪。北有二十四都巡檢司。南有東關巡檢司，後遷於烏鞍嶺，又遷於鐵嶺，又遷於峽橋。

政和府東。南有七星溪，源出縣東之銅盤山，下流合於松溪。又東有丹溪，流經福安縣入海。又東南有赤巖巡檢司。

壽寧府東。景泰六年八月以政和縣楊海村置，析福安縣地益之。東有蟾溪，即福寧州長溪上源也。東有漁溪巡檢司，後遷縣北之官臺山，又遷斜灘鎮。

延平府元延平路，屬福建道宣慰司。洪武元年爲府。領縣七。東南距布政司四百五里。

南平倚。南有九峯山。東北有衍仙山。城東南有劍溪，即建江也，亦曰東溪，自建寧府流入，南經黯淡灘，又西逕劍津，與西溪合。西溪出汀、邵二府之境，至縣西，合於沙縣之沙溪，爲沙溪口；又東至劍津，合於東溪；又南至尤溪口，合於大溪，亦名南溪；又東至福州府，入於海；俗亦謂之三溪。東南有蒼峽、西北有大曆二巡檢司。

將樂府西。南有天階山。西北有百丈山。南有將溪，亦曰大溪，〔一〕即西溪之上源也。又西北有梅溪，自邵武界流入，合於大溪。又北有萬安寨巡檢司。

沙府西南。西北有幼山。縣治南有沙溪，亦名太史溪，自永安縣流入，經縣東，有霹靂等灘，下流合於西溪。北有北鄉寨巡檢司。

尤溪府南。北有丹溪嶺，一名桃木嶺，下有丹溪。東有尤溪，其上源一出龍巖縣，一出德化縣，合流於縣西南，又北流會湯泉等二十溪，北出尤口，入建溪，亦曰湖頭溪。西有英果砦、又有高才坂二巡檢司。

順昌府西，少北。南有徘徊嶺。西北有順陽溪，源出建陽縣，又東經縣南，與將溪合，又東經沙口，合邵武縣之沙溪，又東經縣西，與西溪合，西溪即邵武縣之紫雲溪也，又東入南平縣界，爲南平之西溪。又西北有仁壽鎮巡檢司。

永安府西南。本沙縣之浮流巡檢司，正統十四年置永安千戶所於此。景泰三年改置縣，析尤溪縣地益之。東北有貢川山。東南有石羅山。西有燕溪，四源合流，經城東北，下流爲沙縣之沙溪。又西有安砂鎮、西南有湖口寨二巡檢司。又西北有黃楊巡檢司，廢。

大田府西南。嘉靖十五年二月以尤溪縣之大田置，析永安、漳平、德化三縣地益之。北有五臺山。南有大仙山。東有銀瓶山，產銀鐵。又南有尤溪，自龍岩縣流入，又東入尤溪縣境。又東南有花橋巡檢司。又西南有桃源店巡檢司，本屬漳平縣，後來屬。北有芙蓉、西南有安仁隘二巡檢司，後廢。

汀州府元汀州路，屬福建道宣慰司。洪武元年爲府。領縣八。東距布政司九百七十五里。

長汀倚。北有臥龍山。又北有新樂山，貢水出焉，流入江西界。西有新路嶺。東有鄞江，即東溪，亦曰左溪，自

中華書局

寧化縣流入，下流經廣東大埔縣入海，中有五百灘，亦謂之汀水。又東南有正溪，西有西溪，北有北溪，南有南溪，俱合於東溪。又西有古城寨巡檢司。

寧化 府東北。南有潭飛漈。又有大溪，源出縣北萬斛泉，分流爲清流縣之清溪，其正流入長汀縣，爲鄞江上流。北有安遠寨巡檢司。

上杭 府南。西有金山，上有膽泉，浸鐵能成銅。西南有羊厨山，產礦。南有大溪。

武平 府西南。北有黃公嶺。南有化龍溪，下流入廣東程鄉縣。西南有武平城，洪武二十四年正月置武平千戶所於此。東南有象洞巡檢司，後移於縣西南之懸繩隘。北有永平寨巡檢司，後移縣西北之貝寨。

清流 府東北。南有疊山，東南有鐵石山，南臨九龍溪，有鐵石磯頭巡檢司。西南有清溪，自寧化縣流入，東北合牛溪，又東南經九龍灘而入永安縣界，亦曰龍溪，卽燕溪之上源。

連城 府東南。本曰蓮城，洪武十七年後改「蓮」曰「連」。〔二〕東有蓮峯山。南有文溪，下流達於清流縣之清溪。西南有北團寨巡檢司，後遷於縣南之朗村隘，後又遷於縣西南之新泉隘。

歸化 府東北。成化七年正月以清流縣之明溪鎭置，析將樂、沙縣、寧化三縣地益之。北有鐵嶺。南有歸化溪，下流合將樂縣之將溪。東有夏陽巡檢司。

永定 府南。成化十四年以上杭縣溪南里之田心地置，析勝運等四里益之。西有大溪，卽汀水，自上杭縣流經此，又東入廣東大埔縣界。東南有三層嶺巡檢司。東北有太平巡檢司，後徙高坡。西南有興化巡檢司，治溪南里

古鎭，尋廢，復置，後遷於上杭縣之峯頭。

邵武府 元邵武路，屬福建道宣慰司。太祖吳元年爲府。領縣四。東南距布政司六百七十里。

邵武 倚。東有三臺山。東南有七臺山，又有道人峯。又有樵溪，源自樵嵐山，經城內，出北門，合紫雲溪，流至順昌縣爲順陽溪。又東南有水口巡檢司。又東有拏口、南有同巡、東北有楊坊三巡檢司，廢。

光澤 府西北。北有雲際嶺。西北有杉嶺，杉關在其上，與江西南城縣接界。杭川出焉，亦名大溪，下流入紫雲溪。又有大寺寨巡檢司，在杉關東。又西北有黃土關。

泰寧 府西南。西有金鐃山。西北有大杉嶺。西有二十四溪，南有灘江流合焉，〔三〕下流會於樵溪。

建寧 府西南。北有百丈嶺，藍溪出焉。南有綏江，源出金鐃山，一名濉江，亦名寧溪，至綏城口，合藍溪流入泰寧縣界。西有西安巡檢司，本治里心保，後遷丘坊隘，尋廢，後復置，後又遷新安保之黃泥鋪。

泉州府 元泉州路，屬福建道宣慰司。洪武元年爲府。領縣七。東距布政司四百十里。

晉江 倚。東北有泉山，一名清源。東南有寶蓋山。南有靈源山。東南濱海，有鹽場。海中有彭湖嶼。南有晉江，自南安縣流入，經城西石塔山下，又東南至岱嶼入海。東北有洛陽江，南流入海。又東南有永寧衞，南有守禦福泉千戶所，俱洪武二十一年二月置。東南有祥芝、又有烏潯、南有深滬、又有圍頭四巡檢司。西南有安平城，嘉靖中築。東南有石湖城，萬曆中築。

南安 府西，少北。東南濱海。南有黃龍溪，卽晉江之上流，西有桃林溪流入焉。南有石井巡檢司。又西北有澳頭、西南有達河二巡檢司，後廢。

同安 府西南。西有文圃山。南濱海，有鹽場。西北有西溪，流合縣東之東溪，縣西之苧溪，又東南注於海。西南有守禦金門千戶所，西有守禦高浦千戶所，俱洪武二十一年二月置。又西南有永寧中左千戶所，在嘉禾嶼，卽廈門也，洪武二十七年二月置。西有苧溪、南有塔頭山、東南有田浦、又有陳坑四巡檢司。又西南有白礁巡檢司，後移於縣西之灌口寨。東南有烈嶼巡檢司，後移於石潯港口。又有官澳巡檢司，後移於踏石寨。又有峯上巡檢司，後移於縣西之下店港口。

惠安 府東北。東南濱海，有鹽場。西有洛陽江。又東南有守禦崇武千戶所，洪武二十一年二月置，嘉靖中移於縣東北。城東有黃崎、南有獺窟、東南有小岞、東北有峯尾四巡檢司。又東北有塗嶺、又有沙格、東南有小兜三巡檢司，洪武二十年廢。

安溪 府西。西北有佛耳山。南有藍溪。又西北有湖口渡巡檢司，後遷白華堡，尋復。

永春 府西北。西北有雪山，桃林溪出焉，東逕南安縣，北合藍溪，爲雙溪口，又東逕南安縣，南合於黃龍溪。西有陳岩寨巡檢司，洪武中廢。

德化 府西北。西北有戴雲山。西有太湖山。南有丁溪，又有滻溪，合而北流，入興化仙遊境。又西北有高嶺巡

檢司，本東西團，後徙治，更名。東南有虎豹關。

漳州府 元漳州路，屬福建道宣慰司。洪武元年爲府。領縣十。東北距布政司七百里。

龍溪 倚。東有岐山。西有天寶山。北有華封嶺，一名龍頭嶺。東南濱海，海中有丹霞等嶼。又東北有九龍江，亦名北溪，其上源出長汀及沙縣，流入縣界，歷龍頭嶺下，謂之峽中，至縣東出峽，爲柳營江，又南有南溪流入焉。又東南爲濮門港，入於海。有柳營江巡檢司。又南有九龍嶺巡檢司。

漳浦 府南。南有梁山，又東南有良山，與梁山相峙。東北有大武山。縣東南兩面皆濱海。南有漳江，亦曰雲霄溪，合李澳溪入於海。又有石㮾溪。東北又有鎭海衞，東有守禦六鼇千戶所。澳東南有古雷、又有後葛、東有井尾澳、西南有盤陀嶺四巡檢司。又東南有靑山巡檢司，後徙治月嶼，又西南有雲霄鎭，俱洪武二十一年二月內置。

龍巖 府西。東有龍巖山，又有東寶山，舊產銀鉛。西有紫金山。北有九侯山。又南有龍川，下流入漳平界，爲九龍江上源。東北有雁石巡檢司，後移於皞林口。

長泰 府東。南有長泰溪，下流入九龍江。東南有朝天嶺巡檢司，後移於溪口。

南靖 府西。舊治在西南，雙溪之北。嘉靖四十五年北徙大帽山麓。萬曆二十三年復還舊治。北有歐寮山。南有雙溪，入龍溪縣界，爲南溪。北有永豐、西北有和溪二巡檢司。又有小溪、寨溪二巡檢司，後廢。

漳平　府西北。成化六年以龍巖縣九龍鄉置，析居仁等五里地益之。東南有象湖山。南有百家畬洞，踞龍巖、安溪、龍溪、南靖、漳平五縣之交。又有九龍溪，自龍巖縣流經此，下流入龍溪縣。南有歸化巡檢司，後移於縣東之析溪口。又東北有溪南巡檢司，後廢。

平和　府西南。正德十四年六月以南靖縣之河頭大洋陂置，析漳浦縣地益之。東南有三平山。東有大峯山，河頭溪所出，〔四〕分數泷達海，又西有蘆溪流合焉。有蘆溪巡檢司，後遷枋頭板，改名漳汀巡檢司。

詔安　府南。本南詔守禦千戶所，弘治十八年置。嘉靖九年十二月改爲縣。南臨海，海濱有川陵山，海中有南澳山。又東有東溪，爲河頭溪分流，東南流入海。又南有守禦玄鍾千戶所，東有守禦銅山千戶所，俱洪武二十一年二月置。東有金石、洪淡二巡檢司。西南有分水關，漳、潮分界，巡檢司治焉。

海澄　府東南。嘉靖四十五年十二月以龍溪縣之靖海館置，析漳浦縣地益之。東北濱海。西有南溪，自龍溪縣流入，與柳營江合流入海。東有海門巡檢司，後遷於青浦社。東北有濠門巡檢司，本治海滄洋，後遷縣東北之嵩嶼。東有島尾巡檢司。又西北有石馬鎮。

寧洋　府西北。本龍巖縣之東西洋巡檢司，正統十一年置。嘉靖四十五年十二月改置縣，又析大田、永安二縣地益之。南有香寮山。東南有東洋，溪流所匯也。

福寧州　元屬福州路。洪武二年八月降爲縣，屬福州府。成化九年三月升爲州，直隸布政司。北有龍首山。東有松山，山下有烽火門水寨，正統九年自海中三沙堡移此。東北有大姥山。東南濱海，海中有嵛山、臺山、官澳山、屏風嶼。東有白水江。西有長溪，源出壽寧縣界，至縣西南古鎮門入海。東有福寧衞，南有守禦大金千戶所，俱洪武二十一年二月置。西北有柘洋巡檢司，又有蘆門巡檢司，後移桐山堡。又東北有大筼簹巡檢司，後移秦嶼堡。又東有清灣巡檢司，後徙牙裏堡。南有高羅巡檢司，後移閩峽堡。又有延亭巡檢司，後移下滸堡。又東北有蔣洋，又有小瀾，西北有小澳、庫溪，西南有藍田，南有西臼六巡檢司，後廢。領縣二。西南距布政司五百四十五里。

寧德　州西南。洪武二年屬福州府。成化九年來屬。北有霍童山，有龜嶼。東南濱海，中有官扈山，下有官井洋。又東有瑞峯，亦在海中。西有穹窿溪，西南有赤鑑湖，北有外渺溪，下流俱達於海。北有東洋麻嶺巡檢司，後徙涵村，又徙縣東北之雲淡門，又徙縣東之黃灣，後還故治。南有南靖關。東有長崎鎮。

福安　州西北。洪武二年屬福州府。成化九年來屬。西南有城山。海在南。西北有長溪，東南入福寧州境。西北有白石巡檢司，後徙於縣東南之黃崎鎮。

廣東　禹貢揚州之域及揚州徼外。元置廣東道宣慰使司，治廣州路。屬江西行中書省。又置海北海南道宣慰使司，治雷州路。屬湖廣行中書省。洪武二年三月以海北海南道屬廣西行中書省。四月改廣東道爲廣東等處行中書省。六月以海南海北道所領并屬焉。四年十一月置廣東都衞。與行中書省同治。八年十月改都衞爲廣東都指揮使司。九年六月改行中書省爲承宣布政使司。領府十，直隸州一，屬州七，縣七十五。爲里四千二十八。北至五嶺，與江西界。東至潮州，與福建界。西至欽州，與廣西界。南至瓊海。距南京四千三百里，京師七千八百三十五里。洪武二十六年編戶六十七萬五千五百九十九，口三百萬七千九百三十二。弘治四年，戶四十六萬七千三百九十，口一百八十一萬七千三百八十四。萬曆六年，戶五十三萬七百一十二，口五百四萬六百五十五。

廣州府　元廣州路，屬廣東道宣慰司。洪武元年爲府。領州一，縣十五。

南海　倚。西北有石門山、雙女山。南濱海。又南有三江口。三江者，一曰西江，上流合黔、鬱、桂三水，自廣西梧州府流入；一曰北江，卽湞水；一曰東江，卽龍川水。俱與西江會，經番禺縣南，入於南海。西北有三江巡檢司，本治側水村，後遷村堡。又有金利、西南有神安、又有黃鼎、又有江浦四巡檢司。又南有五斗口巡檢司，後遷磨刀口，又遷佛山鎮。

番禺　倚。在城有番、禺二山，縣是以名。東有鹿步、南有沙灣、北有慕德、東南有茭塘、又有獅嶺五巡檢司。

順德　府西南。景泰三年，以南海縣大良堡置，析新會縣地益之。西北有西江。南有馬寧、北有紫泥二巡檢司。西

有江村巡檢司，後遷縣西北査浦。北有寧都巡檢司，後遷都粘堡。又東南有馬岡巡檢司，後廢。

東莞　府東南。南濱海，海中有三洲，有南頭、屯門、雞栖、佛堂門、十字門、冷水角、老萬山、零丁洋等澳。北有東江。西有中堂、西南有白沙、又有缺口鎮三巡檢司。東北有京山巡檢司，本治茶園，後遷京口村，更名。又西南有虎頭山關，洪武二十七年置。

新安　府東南。本東莞守禦千戶所，洪武十四年八月置。萬曆元年改爲縣。南濱海。有大鵬守禦千戶所，亦洪武十四年八月置。東南有官富、西北有福永二巡檢司。

三水　府北。嘉靖五年五月以南海縣之龍鳳岡置，析高安縣地益之。西江在南，北江在西。又西南有三江、北有胥江、東有西南鎮三巡檢司。又南有横石巡檢司。

增城　府東。東有增江。南有東江。西南有烏石、西北有茅田二巡檢司。

龍門　府東。弘治六年以增城縣七星岡置，析博羅縣地益之。南有龍門水，亦曰九淋水，流入東江。東有上龍門巡檢司。

香山　府南。南濱海。東有零丁洋。北有黃圃巡檢司。西北有大攬巡檢司，本名香山，後更名。

新會　府西南。南濱海，中有崖山。東北有西江。西南有恩平江，一名峴岡水。東南有潮連、西有牛肚灣二巡檢司。又西北有樂逕巡檢司，後遷縣北之石螺岡。又東北有大瓦巡檢司，本治中樂都，後遷鶩臺村。又南有沙村巡檢司，本治大神岡，後遷仙洞村，又遷長沙村，後復故治。

新寧 府西南。弘治十一年以新會縣德行都之上坑莇置，析文章等五都地益之。南濱海。北有恩平江，一名長沙河。又南有廣海衞，洪武二十七年九月置。西有望高巡檢司。西南有城岡巡檢司，後廢。

從化 府東北。弘治二年以番禺縣橫潭村置，析增城縣地益之。九年遷於流溪馬場由。東北有流溪巡檢司，本治縣北石潭村，後遷神岡村。

清遠 府北。東有中宿峽。西有大羅山。又湞水在縣東北，東南有滘水來合焉，謂之滘江口，有滘江巡檢司。又西南有迴岐、西北有濱江二巡檢司。東北有橫石磯巡檢司，後廢。

連州 元桂陽州，直隸廣東道。洪武二年三月省入連州。四月，連州廢，地屬連山。三年九月，連山廢，地屬陽山。十四年置連州於此，屬府。東北有桂水。西有湟水，亦曰洭水，自湖廣寧遠縣流入，東南合湞水。西北有朱岡巡檢司。又有西岸巡檢司，治仁內鄉，後徙陽山縣境。東南距府五百六十里。領縣二。

陽山 州東北。元屬桂陽州。洪武二年三月，桂陽州廢，屬連州。四月，連州廢，屬韶州府。十四年四月改爲連州，徙州於桂陽州舊治，復置縣，屬焉。南有陽谿，卽洭水。西北有星子巡檢司。東有西岸巡檢司，自連州移此，治青逵水口。又北有湟谿、陽山二關。

連山 州西。元連州治此，直隸廣東道。洪武二年四月，州廢，屬韶州府。三年九月省入陽山。十三年十一月復置。十四年四月屬州。舊治在縣西北鍾山。永樂元年徙縣西程山下。天順六年又徙小坪。南有黃連山。北有高

良水，又名大獠水，東至州界入湟水。西有宜善巡檢司，卽程山下舊縣治。

肇慶府 元肇慶路，屬廣東道。洪武元年爲府。領州一，縣十一。南距布政司二百三十里。

高要 倚。北有石室山。南有銅鼓山。東有高峽山、爛柯山。城南有西江，又南有新江，東南有蒼梧水，俱流入焉。東南有古耶巡檢司，治龍池都之濶村，後遷縣東之橫槎下都。東有祿步巡檢司，初在下村，後遷上村水口。東有橫槎巡檢司，初治上半都，後遷水口，尋廢。

高明 府東南。本高要縣高明鎭巡檢司，成化十一年十二月改爲縣，析清泰等都益之。南有倉步水，一名滄江，下流入於西江。東北有太平巡檢司，治太平都，後遷縣東都含海口。又遷縣西南山臺寺，又遷縣東清溪中石奇海濱。

四會 府北。南有北江。東有南津巡檢司，治黃岡村，尋遷縣東南南津水口。

新興 府南。元新州治，直隸廣東道。洪武二年四月，州廢，來屬。東有新江。西南有立將巡檢司。又南有祿緣巡檢司，後廢。

開平 府南。本恩平縣之開平屯。明末改爲縣，析新興、新會二縣地益之。南有恩平江，源出舊恩平縣西北平城山，東流合烏石水，下流入廣州新會縣界。東南有沙岡巡檢司，本治沙岡村，後遷平康都之長沙村。又南有松柏、北有四合二巡檢司。

陽春 府南。元屬南恩州。洪武元年屬新州。二年四月，新州廢，屬府。西有漠陽江。北有古良巡檢司，尋廢，後復置於縣西，又遷南鄉都小水口。又北有恩良巡檢司，後廢。

陽江 府南。元南恩州治此，直隸廣東道。洪武元年，南恩州廢，改屬新州。二年四月，新州廢，屬府。南濱海。中有海陵山，山西北爲鶴州山，海陵巡檢司在焉。西有漠陽江，源出古銅陵縣北雲浮山下，南流過陽春縣，會諸水，經南恩舊城，直通北津港門，入於海。東南有海朗守禦千戶所，西南有雙魚守禦千戶所，俱洪武二十七年置。又東北有遶塘堡，西有太平堡，俱嘉靖間築。

恩平 府南。本陽江縣之恩平巡檢司，初治縣東北之恩平故縣，後遷恩平堡。成化十四年六月改堡爲縣，析新興、新會二縣地益之，而遷巡檢司於縣東南之城村，仍故名，後又遷白蒙屯。縣南有恩平江。

廣寧 府西北。嘉靖三十八年十月以四會縣地置。初治縣東南澴圓山下，後遷大圓村福星山下，卽今治也。北有綏江，又有龍口屯田千戶所，亦嘉靖三十八年置。西北有金溪巡檢司。南有扶溪巡檢司，初治東鄉水口，後遷扶溪口，又遷官埠。

德慶州 元德慶路，屬廣東道。洪武元年爲府。九年四月降爲州，以府治端溪縣省入，來屬。西有小湘峽，西江經其中，端溪自東北流入焉。東有悅城鄉巡檢司，治悅城故縣，後遷靈溪水口。東距府二百十里。領縣二。

封川 州西。元封州治此，直隸廣東道。洪武二年三月，州廢，改屬。南有西江，西有賀江，西北有東安江，俱流入

焉。北有文德巡檢司，初治縣西北大洲口，後遷縣西賀江口，後又遷於此。

開建 州西北。元屬封州。洪武二年三月改屬。西有開江，一名封溪，卽賀江之下流。北有古令巡檢司，治古令村，後遷縣東北之褥村。

韶州府 元韶州路，屬廣東道宣慰司。洪武元年爲府。領縣六。西距布政司八百里。

曲江 倚。永樂二十二年建淮王府，正統元年遷於江西饒州府。南有蓮花山。東北有韶石山。西有桂山。湞水在東，東南有曹溪水，西有武水，俱流入焉，抱城回曲，故謂之曲江，下流卽始興江。東北有平圃、南有濛瀼二巡檢司。

樂昌 府西北。南有昌山。東北有靈君山。西有三瀧水，卽武水。北有九峯、西北有黃圃、又有羅家灣三巡檢司。東有高勝巡檢司，後廢。

英德 府西南。元英德州，直隸廣東道。洪武二年三月降爲縣，來屬。南有皐石山，一名湞陽峽。又湞水在縣東，一名溱水，洭水在縣西，一名洸水，至縣西南合流，謂之洸口，有洸口巡檢司。又南有瀧頭水，與湞水合。又東有象岡、北有清溪、西有含洸三巡檢司。又南有南崖巡檢司，廢。

仁化 府東北。治水西村，後遷城口村。西北有吳竹嶺，吳溪水出焉，下流爲澁溪，入湞。東北有扶溪巡檢司。又北有恩村巡檢司。

中華書局

乳源府西。本治虞塘，洪武元年遷於洲頭津。西有臘嶺，五嶺之一。西北有武水，自湖廣宜章縣流入，有武陽巡檢司。

翁源府東南。元屬英德州。洪武二年三月改屬。故城在西北，今治本長安鄉也，洪武初，遷於此。北有寶山。東有靈池山，滃溪出焉，卽瀧頭水。東有桂丫山巡檢司，初治茶園舖，後遷南浦。

南雄府元南雄路，屬廣東道。洪武元年爲府。領縣二。西距布政司千九十里。

保昌倚。大庾嶺在北，亦曰梅嶺，上有梅關，湞水所出。西北有凌江水，流合焉，南至番禺入海，謂之北江。又縣東有小庾嶺。西北有百順、東南有平田二巡檢司。又東北有紅梅巡檢司，舊治梅關下，後遷於此。

始興府西。西有始興江，卽湞水。南有清化徑巡檢司。又東北有黃塘巡檢司，本治瓔珞舖，後遷黃塘江口，又遷黃田舖。

惠州府元惠州路，屬廣東道宣慰司。洪武元年爲府。領州一，縣十。西北距布政司三百六十里。

歸善倚。南濱海。西江在西南。東有東江，自江西安遠縣流入府境，亦曰龍川江，西南至番禺縣，會西江入海。東南有平海守禦千戶所，洪武二十七年九月置。又有內外管理、又有碧甲二巡檢司。

博羅府西北。西北有羅浮山。南有東江。西有石灣、又西北有善政里二巡檢司。

長寧府西。隆慶三年正月以歸善縣鴻雁洲置，析韶州府英德、翁源二縣地益之。萬曆元年徙治君子嶂下。南有新豐江，下流入龍江。西有𡊨坪巡檢司。又北有黃峒巡檢司，後廢。

永安府東北。隆慶三年正月以歸善縣安民鎭置，析長樂縣地益之。西有東江。西南有寬仁里巡檢司，治苦竹派，後遷桃子園。又有馴雉里巡檢司，治鳳凰岡，後遷縣東烏石屯。尋俱還故治。

海豐府東。北有五坡嶺。南濱海，一名長沙海。又東南有碣石衞，東有甲子門守禦千戶所，俱洪武二十七年十月置。南有捷勝守禦千戶所，洪武二十八年二月置，初名捷徑，三月更名。有甲子門巡檢司。又西有鵝埠嶺巡檢司。又西南有長沙港巡檢司，後遷謝道。

龍川府東北。元循州治此，直隸廣東道。洪武二年四月，州廢，來屬。東有霍山。南有龍江，卽東江上流，自江西安遠縣流入。東有通衢巡檢司，後遷老龍埠，尋還故治。東北有十二都巡檢司。

長樂府東北。元屬循州。洪武四年四月來屬。舊治在紫金山北。洪武初，徙於今治。東南有興寧江。南有十二都巡檢司。又西有清溪巡檢司，後廢。

興寧府東北。元屬循州。洪武二年四月來屬。南有興寧江，東入潮州府程鄉縣界。東南有水口巡檢司，治水口隘，後廢，復置於下岸，尋遷於上岸水東。又北有十三都巡檢司，後遷白水砦，尋復故。

連平州本連平縣。崇禎六年以和平縣惠化都置，析長寧、河源二縣及韶州府翁源縣地益之。尋升爲州。西有銀梅水，源出楊梅坪，卽湞水上源。南有長吉里、東南有忠信里二巡檢司。東北距府百八十里。領縣二。

河源州北。舊屬府，崇禎六年改屬州。故城在西南。洪武二年徙於壽春市。萬曆十年遷於今治。南有槎江，卽龍川江，下流爲東江。又北有新豐江入焉。又東北有藍口巡檢司。

和平州少北。正德十三年八月以龍川縣之和平司置，析河源縣地益之，屬府。崇禎六年改屬州。北有九連山。西北有浰頭山，三浰水出焉，亦名和平水，有浰頭巡檢司。

潮州府元潮州路，屬廣東道宣慰司。洪武二年爲府。領縣十一。西距布政司千一百九十里。

海陽倚。南濱海，有急水門。東有鱷溪，一名惡溪，亦名韓江，又名意溪，東入於海。西北有潘田巡檢司。又有楓洋巡檢司，尋遷縣南園頭村。

潮陽府南。東南濱海。西南有練江。南有海門守禦千戶所，洪武二十七年置。東有招寧、西北有門闢、北有桑田三巡檢司。又有吉安巡檢司，治泧水都南山下，後遷貴嶼村。

揭陽府西。西北有揭嶺。南有古溪。東南濱海。西有南寨巡檢司，本名湖口，治湖口村，後遷棉湖寨，更名。東有北寨巡檢司，本治縣西北岡頭山，後遷縣東北烏石山南，尋還舊治，後又遷縣東桃山舖前。

程鄉府西北。元梅州治此，直隸廣東道。洪武二年四月，州廢，來屬。南有梅溪，卽興寧江之下流，一名惡溪，西北有程江合焉。西有太平鄉巡檢司，治梅塘堡，後遷縣西北石鎭村旁。東南有豐順鄉巡檢司，本在縣西北平遠縣界，後遷松口市。

饒平府東北。成化十二年十月以海陽縣三饒地置，治下饒。東南濱海，海中有南澳山，有大成守禦千戶所，洪武二十七年置。南有黃岡、西有鳳凰山二巡檢司。又東南有柘林寨。

惠來府西南。嘉靖三年十月以潮陽縣惠來都置，析惠州府海豐縣地益之。南濱海。西有三河，以大河、小河、清遠河三水交會而名，卽韓江之上源。東南有靖海守禦千戶所，洪武二十七年置。南有神泉巡檢司，本名北山，治縣西北山村，後遷神泉村，更名。

鎭平府北。本平遠縣石窟巡檢司，崇禎六年改爲縣，析程鄉縣地益之。西有石窟溪，下流入於程江。東有藍坊巡檢司，自石窟司遷治，更名。

大埔府東。嘉靖五年以饒平縣大埔村置，析戀洲，清遠二都地益之。南有神泉河，卽福建汀州府之鄞江。又西有惡溪。東北有虎頭沙、西有三河鎭二巡檢司。又南有大產巡檢司，後遷黃沙。西南有烏槎巡檢司，後遷高陂。

平遠府西北。嘉靖四十一年五月以程鄉縣豪居都之林子營置，析福建之武平、上杭，江西之安遠，惠州府之興寧四縣地益之，屬江西贛州府。四十二年正月還三縣割地，止以興寧程鄉地置縣，來屬。

普寧府西南。嘉靖四十二年正月以潮陽縣泧水都置，析洋烏、黃坑二都地益之，寄治貴山都之貴嶼。萬曆十年移治黃坑，以洋烏、泧水二都還潮陽。西有冬瓜山，冬瓜水出焉，下流爲揭陽縣之古溪，與南、北二溪合，下流至澄海縣入於海。西南有雲落徑巡檢司。

二十四史
中華書局

澄海府東南。本海陽縣之闢望巡檢司。嘉靖四十二年正月改爲縣，析揭陽、饒平二縣地益之，而徙闢望巡檢司於縣北之南洋府，仍故名。南濱海，亦曰鳴洋海。西南有蓬州守禦千戶所，洪武二十六年四月置。又有駝浦巡檢司。

高州府元高州路，屬海北海南道，治電白。洪武元年爲府。七年十一月降爲州。九年四月復爲府。後徙治茂名。領州一，縣五。東南距布政司一千里。

茂名倚。洪武七年十一月省，十四年五月復置。南濱海。城西有竇江，源出信宜縣，東北流，鑑江入焉，西南流入化州界。南有赤水巡檢司。東南有平山巡檢司，治紅花堡，後遷縣東北之電白故縣。又西南有博茂巡檢司，後廢。

電白府東。舊治在西北。今治本神電衞，洪武二十七年十月置。成化三年九月遷於此。東濱海。西北有立石巡檢司，後廢。

信宜府北。南有竇江。東北有中道巡檢司，治在懷德鄉黃僚寨之左，廢，後復置於羅馬村，尋又遷於三橋。

化州元化州路，屬海北海南道。洪武元年爲府。七年十一月降爲州，以州治石龍縣省入。九年四月又降爲縣，來屬。十四年五月復爲州。北有石城山，又有來安山。東北有茂名水，竇江之下流。又有陵水、羅水，俱自廣西北流縣流入，與茂名水合，至吳川縣爲吳川水，南入於海。北有梁家沙巡檢司。東

南距府九十里。領縣二。

吳川州南。元屬化州路。洪武九年四月屬高州府。十四年五月改屬州。南濱海，中有碙洲。有碙洲巡檢司，在洲南濱海，後遷洲上。東南有寧川守禦千戶所，洪武二十七年四月置。又北有寧村巡檢司，治川漈，後遷縣西北之地聚村，又遷於芷芋口。

石城州西。元屬化州路。洪武九年四月屬高州府。十四年五月改屬州。南濱海。西有零綠巡檢司。

雷州府元雷州路，屬海北海南道宣慰司。洪武元年爲府。領縣三。東距布政司千四百五十里。

海康倚。東濱海。南有擎雷水，自擎雷山南流，東入於海。西有海康守禦千戶所，洪武二十七年十月置。西南有清道、東南有黑石二巡檢司。

遂溪府北。東西濱海。西南有樂民守禦千戶所，洪武二十七年十月置。西北有湛川巡檢司，治故湛川縣，後遷縣東南故鐵杷縣。又西南有涠洲巡檢司，治海島中博里村，後遷蠶村。

徐聞府南。東西南三面濱海。西有海安守禦千戶所，東有錦囊守禦千戶所，俱洪武二十七年十月置。西南有東場、東有寧海二巡檢司。又西北有遇賢巡檢司，廢。

廉州府元廉州路，屬海北海南道宣慰司。洪武元年爲府。七年十一月降爲州。九年四月屬雷州府。十四年五月復爲府。領州一，縣二。東距布政司千二百十里。

合浦倚。洪武七年十一月省，十四年五月復置。東有大廉山，州以此名。東南濱海，亦曰珠母海，以海中有珠池也。又城北有廉江，亦曰合浦江，自廣西容縣流入，逕州，江口分爲五，西南注於海。又北有石康縣，成化八年省。東有永安守禦千戶所，洪武二十七年置。東南有珠場、東北有永平二巡檢司。又北有高仰巡檢司，治馬欄墟，後遷於縣西南。

欽州元欽州路，屬海北海南道。洪武二年爲府。七年十一月降爲州，以州治安遠縣省入。九年四月降爲縣，來屬。十四年五月復爲州。西南濱海，中有烏雷山，入安南之要道也。又有分茅嶺，亦與安南分界。龍門江在城東，又東有欽江，俱入於海。南有淞海、西南有長墩、西北有管界三巡檢司。又西有如昔、又有佛淘二巡檢司，與交阯接界，宣德二年入於安南，嘉靖二十一年復。又西南有千金鎮。東距府百四十里。領縣一。

靈山州北。元屬欽州。洪武九年四月屬廉州。十四年五月仍屬欽州。北有洪崖山，洪崖江出焉，〔五〕經縣東，與羅陽山水合，爲南岸江，南流爲欽江。又南有林墟、西有西鄉二巡檢司。

瓊州府元乾寧軍民安撫司。元統二年十月改爲乾寧安撫司，屬海北海南道宣慰司。洪武元年十月改爲瓊州府。二年降爲州。三年仍升爲府。領州三，縣十。東北距布政司千七百五十里。

瓊山倚。南有瓊山。北濱海，有神應港，亦曰海口渡，有海口守禦千戶所，洪武二十年十月置。又西南有水蕉村，萬曆二十八年置水會守禦千戶所於此。南有石山。又有清瀾巡檢司，廢。

澄邁府西。北濱海。南有黎母江。東有澄江。西北有澄邁巡檢司，治石䂮都。南有兕嶺巡檢司，治曾家東都，後遷南黎都，廢。西南有銅鼓巡檢司，治新安都，後遷西黎都，廢。又有那拖巡檢司，治那拖市，後遷縣西森山市，廢。

臨高府西。北濱海。南有黎母江。南有田牌巡檢司，後遷壇橫岡。又東有定南、北有博鋪二巡檢司，廢。

定安府南。元至元二十九年六月置。天曆二年十月升爲南建州。洪武元年十月復爲縣。南有五指山，亦曰黎母山，黎人環居山下，外爲熟黎，內爲生黎。北有建江，繞郡境西北流，入南渡江。東有潭覽屯田千戶所，元置，洪武中因之，永樂四年廢。西有青寧巡檢司。又東有寧村巡檢司，治潭覽村，後遷縣東南南資都，仍故名。

文昌府東。西北有七星山。南有紫貝山。東北濱海。東南有文昌江，入於海。又東北有清瀾守禦千戶所，洪武二十七年八月置，萬曆九年遷縣東南南砥都陳家村。西北有鋪前巡檢司。東北有青藍頭巡檢司，後遷縣東抱凌港。

會同府東南。元至元二十九年六月置。東濱海。西有黎盆溪。東有調囂巡檢司，治端趙都，尋遷縣東南南滄村。

樂會府東南。西有白石山。東濱海。西北有萬泉河，有黎盆水流入焉。

儋州元南寧軍，屬海北海南道宣慰司。洪武元年十月改爲儋州，屬府。正統四年六月以州治宜

中華書局

倫縣省入。西北有龍門嶺。西濱海。北有倫江。西南有鎮南、又有安海二巡檢司。又東有歸姜巡檢司，廢。東北距府三百七十里。領縣一。

昌化州南。舊城在東南，今城本昌化守禦千戶所，洪武二十五年置。正統六年五月徙縣治焉。西濱海。南有昌江。

萬州元萬安軍，屬海北海南道。洪武元年十月改爲萬州，屬府。正統四年六月以州治萬安縣省入。北有六連山，龍滾河出焉。東南海中有獨洲山。東有蓮塘巡檢司，後廢。西北距府四百七十里。領縣一。

陵水州南。東北有舊縣城，今治本南山守禦千戶所，洪武二十七年置。正統間，遷縣於此。西有小五指山。東濱海，海中有雙女嶼。東北有牛嶺巡檢司。

崖州元吉陽軍，屬海北海南道宣慰司。洪武元年十月改爲崖州，屬府。正統四年六月以州治寧遠縣省入。南有南山。北有大河，自五指山分流，南入海。東有藤橋、西有抱歲、又西北有通遠三巡檢司。北距府千四百一十里。領縣一。

感恩州西北。舊屬儋州。正統五年來屬。西濱海。南有南湘江，源自黎母山，西南入於海。東南有延德巡檢司。

羅定州元瀧水縣，屬德慶路。洪武元年屬德慶州。萬曆五年五月升爲羅定州，直隸布政司。〔六〕

西南有瀧水，源出瑤境。又有瀧水、新寧、從化三千戶所，俱萬曆七年置。又有函江守禦千戶所，萬曆五年五月置於西寧縣境，十六年遷於州界之兩滿驛。南有開陽鄉、西北有晉康鄉二巡檢司。又東有建水巡檢司，治建水鄉，後遷縣東南古模村，又遷高要縣白坭村，尋復還白模。領縣二。東距布政司五百三十里。

東安州東。萬曆五年十一月以瀧水縣東山黃姜峒置，析德慶州及高要、新興二縣地益之。北有西江，西有瀧水流入焉。東北有南鄉守禦千戶所，西南有富霖守禦千戶所，俱萬曆五年五月置。東南有羅苛巡檢司。

西寧州西。萬曆五年十一月以瀧水縣西山大峒置，析德慶州及封川縣地益之。東北有西江，與德慶州分界。東南有瀧水。西南有封門守禦千戶所，萬曆五年五月置。北有都城鄉巡檢司。又西南有懷鄉巡檢司，後廢。

廣西　禹貢荊州之域及荊、揚二州之徼外。元置廣西兩江道宣慰使司，治靜江路。屬湖廣行中書省。至正末，改宣慰使司爲廣西等處行中書省。洪武二年三月因之。六年四月置廣西都衞。與行中書省同治。八年十月改都衞爲都指揮使司。九年六月改行中書省爲承宣布政使司。領府十一，州四十有八，縣五十，長官司四。爲里一千一百八十三。北至懷遠，與湖廣、貴州界。東至梧州，與廣東界。西至太平，與貴州、雲南界。南至博白，與廣東界。距南京四千二百九十五里，京師七千四百六十二里。洪武二十六年編戶二十一萬一千二百六十三，口一百四十八萬二千六百七十一。弘治四年，戶四十五萬九千六百四十，口一百六十七萬六千二百七十四。萬曆六年，戶二十一萬八千七百一十二，口一百一十八萬六千一百七十九。

桂林府元靜江路。洪武元年爲府。五年六月改爲桂林府。領州二，縣七。

臨桂倚。洪武三年七月建靖江王府於獨秀峯前。東有桂山。東北有堯山。又有桂江，亦曰灕江，南有陽江來合焉，至蒼梧縣合於左、右江。東有蘆田市、西有兩江口二巡檢司。南有湘山渡巡檢司，後廢。

興安府北。南有海陽山，湘水出其北，流入湖廣永州府界，灕水出其南，南入梧州府界。北有越城嶺，亦曰始安嶠，五嶺之最西嶺，下有始安水流入灕水。西南有融江六峒、西有鹽砂寨、北有唐家舖三巡檢司。又西南有岩關。

靈川府北。北有百丈山。東北有融江，源出融山二洞中，一名銀江，流經縣境，又南入靈川縣界，合於灕江。南有白石潭、東北有千秋峽二巡檢司。

陽朔府南。北有陽朔山。東有灕江。東南有伏荔市、南有都樂墟二巡檢司。西有白竹寨巡檢司，廢。

全州元全州路，屬湖廣道。洪武元年爲府。九年四月降爲州，省州治清湘縣入焉，屬湖廣永州府。二十七年八月來屬。西有湘山。南有湘水，又北有洮水流合焉。又西有西延、西南有建安、東北有柳浦三巡檢司。又東北有平塘巡檢司，廢。南距府二百五十里。領縣一。

灌陽州南，少東。南有灌水，經州界，合於湘水。西南有吉寧鄉、崇順里巡檢司。

永寧州元古縣。洪武十四年改爲古田縣。隆慶五年三月升爲永寧州。縣舊治在今州南三十里。洪武初，移於今州南八里。成化十八年又移今治。又有黃源水，下流入灕江。南有桐木鎮、又有常安鎮、西南有富祿鎮三土巡檢司。東距府百五十里。領縣二。

永福州東南。舊屬府，隆慶五年三月改屬州。西南有太和山，太和江環其下，東入柳州府，爲雒清江。又西南有理定縣，元屬靜江舊路，正統五年九月省。又有蘭麻鎮、東北有銅鼓市二巡檢司，廢。

義寧州東北。舊屬府，隆慶五年三月改屬州。北有丁嶺，義江出焉，下流分爲二，東流者爲臨桂縣之相思水，入於灕江，南流者爲永福縣之白石水，卽太和江也。西北有桑江口巡檢司。

平樂府元大德五年十一月置。洪武元年因之。領州一，縣七。北距布政司百九十里。

平樂倚。東南有魯溪山。西北有灕江，又北有樂川水，東經昭潭流合焉。又東有榕津寨巡檢司，又有水滘營土巡檢司。又東有龍平寨巡檢司、昭平堡土巡檢司，廢。又東有圈山堡，東南有廣運堡、足灘堡，又南有甑灘堡，俱弘治後置。

恭城府東北。南有樂川水，又東有勢江，南有南平江，北有平川江，西南有西水江，俱流合焉。東北有鎭峽寨、東有勢江源二巡檢司。又有白面寨、西嶺寨二土巡檢司。

富川府東，少北。元屬賀州。洪武十年五月改屬潯州府，後來屬。西南有鍾山縣，舊治於此，洪武二十九年十一

二十四史

中華書局

月移治靈石山下，而置逸蓬寨巡檢司於舊治。北有秦山，接湖廣道州界。東北有甿渚嶺，即臨賀嶺，與湖廣江華縣分界。又東有富江，南合賀水。西南有白霞寨、西北有寨下市二巡檢司。

賀 府東南。元賀州，直隸廣西兩江道。洪武初，以州治臨賀縣省入，屬潯州府。十年五月降爲縣，後來屬。東北有臨賀嶺，亦曰桂嶺，下有桂嶺縣，元末廢。東有賀江，至廣東封川縣合於西江。南有信都鄉巡檢司。北有沙田寨巡檢司，後遷縣西點燈寨，尋廢。又東北有大寧寨、樊字寨、白花洞三土巡檢司，後廢。

荔浦 府西，少南。舊屬桂林府，弘治四年來屬。舊治在今縣西。景泰七年移於後山，即今治。東有銅鼓嶺，一名火焰山。又荔江在南，下流入灕江。東南有峯門寨巡檢司，後遷中崗。西北有南源寨巡檢司，後遷縣東南下崗，又遷縣東延濱江。又西南有華蓋城，萬曆中築。

修仁 府西，少南。舊屬桂林府，弘治四年來屬。舊治在今縣西馬浪坪。景泰初，遷今縣南霸寨村。成化十五年遷於五福嶺，即今治。東北有荔江，有麗壁市土巡檢司。西南有石墻堡，萬曆間築。

昭平 府南，少東。萬曆四年四月析平樂、富川二縣地置。五年又析賀縣地益之。東有五指山。又有灕江。又有思勤江，下流入於灕江。東南有龍平縣，元屬府，洪武十八年廢。

永安州 元立山縣，屬府。洪武十八年廢爲立山鄉，屬荔浦縣。成化十三年二月置州，曰永安，屬桂林府。弘治三年九月改爲長官司。五年復爲州，來屬。東有蒙山，下有蒙水。南有古眉寨土巡檢司。北有峯峯寨土巡檢司，後遷州西北杜莫寨，又遷州北貓兒堡。東南有仙廻營，萬曆中置。東北距府

百二十里。

梧州府 元梧州路。洪武元年爲府。領州一，縣九。北距布政司五百八十里。

蒼梧 倚。城西南有大江，江即黔、鬱二水，合流於潯州府城東，爲潯江；入府界，東經立山下，又東經此，與桂江合，謂之三江口，下流爲廣東之西江。東有長行、西有安平、北有東安、西南有羅粒四巡檢司。

藤 府西。元藤州，直隸廣西兩江道。洪武二年九月省州治鐔津縣入焉。十月來屬。十年五月降爲縣。北有藤江，亦曰鐔江，即潯江也。東南有繡江，西有幕僚江，俱流入焉。又西北有五屯守禦千戶所，嘉靖初置。西有白石寨、南有竇家寨、東北有赤水鎮三巡檢司。又東有湯州、南有周村、西南有驛面、又南有思羅四巡檢司，廢。

容 府西南。元容州，直隸廣西兩江道。洪武二年十月來屬。十年五月降爲縣，省州治普寧縣入焉。西北有容山。南有容江，亦名繡江。又東有波羅里大洞、西南有粉壁寨二巡檢司。

岑溪 府南，少西。元屬藤州。洪武十年五月改屬府。東北有烏峽山。西有繡江。東南有上里平河村、西南有南渡二巡檢司。又東南有連城鄉義平巡檢司，廢。

懷集 府東北。元屬賀州。洪武初，屬平樂府。十年五月來屬。西南有懷溪水。東有武城鄉、西有慈樂寨、西北有蘭峒寨三巡檢司。

鬱林州 元直隸廣西兩江道。洪武二年九月以州治南流縣省入。十月來屬。南有南流江，至廣東合浦縣入海。有横嶺、文俊二巡檢司，廢。東北距府三百三十里。領縣四。

博白 州西南。西有雙角山，綠珠江出其下，流合縣南飲馬水，下流入南流江。南有周羅、西南有沙河二巡檢司。又有安定、舂臺、平山、兆常四土巡檢司，尋廢。又東南有海門鎮，舊爲入安南之道。

北流 州北。元屬容州。洪武十年五月來屬。東北有勾漏山。東有銅石山，產水銀、硃砂。又南有扶來山，陵水出焉，西南有巖石山，羅水出焉，俱流入廣東化州界。又北有綠藍山，綠藍水出焉，分爲二。東流者經城東登龍橋，與廣東高州府流入之繡江合，又東經容縣，爲容江。西流者入鬱林州，爲南流江。南有雙威寨巡檢司。西有都龍、又有中山、又有清灣三巡檢司，廢。又西有天門關，本名鬼門關，洪武初，改爲桂門關；宣德中，更今名。

陸川 州南，少東。元屬容州。洪武十年五月來屬。舊爲入安南之道。東有龍化江，下流合容江。南有溫水寨巡檢司。

興業 州西，少北。南有鐵城山。北有翻車嶺，龍母江出焉，下流入南流江。南有趙家寨、西有長寧寨、北有平安寨、又有棠木寨四巡檢司，後俱廢。

潯州府 元潯州路。洪武元年爲府。領縣三。東北距布政司九百八十里。

桂平 倚。南有白石山。西北有大藤峽。北有黔江，一名北江，亦曰右江，南有鬱江，一名南江，亦曰左江，至城東滙爲潯江。東北有武靖州，成化三年置，萬曆末廢。又東有大黃江口、北有靖寧鄉、東北有大宣鄉、又有思隆鄉、

又有木盤浦、西南有常林鄉六巡檢司。又南有羅秀土巡檢司，又北有碧灘堡、鎮峽堡，俱成化中置。東有牛屎灣堡，西有淹冲堡、秀江堡，俱嘉靖中置。

平南 府東。東南有龔江，即潯江也，東有白馬江流入焉。又有奉議衞，洪武二十八年八月置於奉議州，正統六年五月遷於此。東北有大同、西北有秦川、西南有武林三巡檢司。又南有尚心、東南有三堆、東北有大峽、西北有平嶺四土巡檢司。

貴 府西。元貴州，直隸廣西兩江道。洪武二年十月降爲縣，來屬。南山在南。又有東、西、北三山。南有鬱江，亦曰南江，羣川悉流入焉。有向武軍民千戶所，本向武守禦千戶所，洪武十八年十月置於向武州，三十年三月升軍民所，正統六年五月來遷縣北門外，萬曆二十三年又遷縣西北謝村鎮。東南有新安寨、北有北山寨二巡檢司。又南有橋頭墟、西有瓦塘渡、又有五州寨、又有東壘渡、又有郭東里五巡檢司，廢。又東南有三江城，萬曆中築。

柳州府 元柳州路。洪武元年爲府。領州二，縣十。東北距布政司四百里。

馬平 倚。元爲府屬，洪武元年徙府治於此。南有柳江，亦曰潯水，亦曰黔江，上流自貴州黎平府流入府境，下流至桂平縣合於鬱江，亦曰右江。南有新興鎮、都博鎮二巡檢司。又有歸化鎮巡檢司，廢。

洛容 府東北。舊治白龍岩，天順中，徙於朱峒。正德時，爲猺、獞所據，嘉靖三年十一月復。萬曆四年正月遷於靈塘，以朱峒舊治爲平樂鎮，留兵百名守之。城南有洛清江，至馬平縣入於柳江。西南有江口鎮、又有運江二

巡檢司。東有平樂鎮巡檢司，治石榴江，後遷縣東北中渡。又西南有章洛鎮巡檢司，廢。

柳城府西北。舊治龍江南，元爲府治。洪武元年遷治龍江東，而府徙治馬平縣。龍江自天河縣流入，合於融江，即柳江上流。東有東泉鎮巡檢司。北有古砦鎮巡檢司，初治融江東岸，後遷馬頭驛。又東北有古清鎮、西有洛好鎮、又有廖洞鎮三巡檢司。

羅城府西北。洪武二年十月以羅城鄉置，屬融州。十年五月來屬。北有武陽江，下流合於融江。北有武陽鎮、又有莫離鎮、又有通道鎮三巡檢司。又舊有安湘鎮、樂善鎮、中峒鎮三巡檢司，廢。

懷遠府北。元屬融州。洪武十年廢，置三江鎮巡檢司。十三年十一月復置縣，來屬，治大融江、潯江之匯。萬曆十九年移治丹陽鎮。西北有九曲山，山南爲石門山，兩山夾峙。福祿江自貴州永從縣流逕其中，至融縣爲融江，至柳城縣爲柳江。又東北有潯江，自湖廣靖州流合焉，有潯江鎮巡檢司。又西北有萬石鎮，又有宜良鎮、丹陽鎮三巡檢司。

融府西北。元融州，直隸廣西兩江道。洪武二年十月以州治融水縣省入，來屬。十年五月降爲縣。東南有靈岩山。北有雲際山。其西曰上石門，以兩山夾峙，融江中流也。又東有寶積山，產鐵。東北有思管鎮、東南有清流鎮、西南有鵝頭隘三巡檢司。又北有長安鎮巡檢司，本在融江東岸，後遷西岸。又有大約鎮土巡檢司。又有保江鎮、理源鎮、西峒鎮三巡檢司，廢。

來賓府南。元屬象州。洪武十年五月來屬。西南有白牛洞。北有白雲洞。南有大江，亦曰都泥江。西有界牌鎮

巡檢司，後遷縣南之南岡。

象州元直隸廣西兩江道。洪武二年十月來屬，以州治陽壽縣省入。〔七〕西有象山。東有雷山。南有象江，即柳江。東北有龍門寨巡檢司。又有鵝頸鎮、尖山鎮二巡檢司，廢。西北距府百十三里，領縣一。

武宣州南。元曰武仙。宣德六年更名。舊治陰江。宣德六年三月徙於高立。東南有大藤峽，後名永通峽。西有柳江，又有都泥江，亦謂之橫水江，來入焉，下流爲潯州府之右江，亦入於柳江。西北有安永鎮、西南有縣郭鎮二巡檢司。又東有東鄉、又有周沖、又有閑得三巡檢司，廢。

賓州元直隸廣西兩江道。洪武二年九月以州治領方縣省入。〔八〕十月來屬。東南有鎮龍山。西南有燈盞山。西有古漏山，下有古漏關，古漏水出焉，入於賓水。賓水在南，即都泥江也。東有安城鎮巡檢司。又東有梁村巡檢司，後廢。北距府三百里。領縣二。

遷江州北。西有古黨山，有峒。東北有大江，即都泥江。東有遷江屯田千戶所，洪武二十五年九月置。東南有清水鎮巡檢司，又有羅目鎮、李廣鎮二巡檢司，廢。又東有石寨堡，北有都歷堡，俱正德中築。

上林州西，少北。西有大明山，澄江出焉，亦名南江，東合北江，又東入遷江縣之大江。西北有三里營，南丹衞在焉。衞舊在南丹州，洪武二十八年八月置，二十九年正月升軍民指揮使司，尋罷軍民，止爲衞。永樂二年十二月徙上林縣東，正統六年五月徙賓州城，與賓州千戶所同治，萬曆八年徙於此。西南有周安堡，在八寨中，舊爲猺、獞所據，嘉靖三年討平之，萬曆七年改屬南丹衞。西北有三畔鎮巡檢司。又東北有琴水橋、東南有思

龍鎮、又有三門灘鎮三巡檢司。

慶遠府元慶遠路。洪武元年爲府。二年正月改慶遠南丹軍民安撫司。三年六月復曰慶遠府。領州四，縣五，長官司三。東北距布政司五百七十里。

宜山倚。北有龍江，東流入融縣，合於融江。西有河池守禦千戶所，洪武二十八年十月置於河池縣，永樂六年徙於此。東有大曹鎮、西有懷遠鎮、又有德勝鎮、又有東江鎮四巡檢司。

天河府北，少東。舊縣在高寨。洪武二年遷於關石。正統七年又遷甘場。嘉靖十三年又遷福祿鎮。萬曆十九年始移今治。西南有龍江，自貴州獨山州流入。北有東禪鎮巡檢司，又有思擬鎮、歸仁鎮二土巡檢司。

忻城府南，少東。西有烏泥江，即都泥江。北有三寨堡土巡檢司。

河池州元河池縣。弘治十七年五月升爲州。縣舊治在州北懷德故城。天順六年遷屏風山。成化十三年還治懷德。嘉靖四年又遷鳳儀山南。西有智州山。東有金城江，下流合於都泥江。江北有金城鎮巡檢司。又東有都銘鎮、土堡鎮二巡檢司，後廢。東距府二百五十里。領縣二。

思恩州東北。舊屬府，正德元年二月改屬州。舊治在環江洲。永樂末，遷於清潭村。宣德三年十一月遷於白山寨。成化八年遷於歐家山。南有環江，北有帶溪，皆合流於龍江。有安化鎮、歸思鎮二巡檢司。又有普義鎮、吉安鎮、北蘭鎮三巡檢司，廢。

荔波州西北。洪武十七年九月析思恩縣地置，屬府。正統十二年改屬南丹州。成化十一年九月又屬府。正德元年來屬。州東南有勞村江，源出貴州陳蒙爛土長官司，流入州界，爲金城江。又東有窮來、南有蒙石、又有方村三土巡檢司，後廢。

南丹州洪武七年七月置。二十八年廢，尋復置。西有孟英山，舊產銀。南有都泥江，自貴州定番州流入。東距府二百四十里。

東蘭州洪武十二年置。以西蘭州省入，又省安習、忠、文三州入焉。〔九〕東南有隘洞江，一名都泥江，又名紅水河，又名烏泥江。東北距府四百二十里。

那地州元地州。洪武元年改置。北有都泥江，有布柳水流合焉。南有那州，洪武元年省。東北距府二百四十里。

永順長官司府西南。

永定長官司府南。二司皆弘治五年析宜山縣地置。

永安長官司弘治九年九月析天河縣十八里地置。

南寧府元南寧路。洪武元年爲府。領州七，縣三。東北距布政司千二百里。

宣化倚。東有崑崙山，上有崑崙關。又有橫山，又有思玉山。北有馬退山。東南有望仙坡，與青、羅二山相對。

城西南有大江，卽鬱江，一曰夜郎豚水。其上流有二：一爲南盤江，經府城南，曰右江；一爲麗江，經府城西南，曰左江。合流處謂之合江鎭，下流爲潯州府之左江。東有金城寨、西有那南寨、又有那龍寨、又有邏隆寨、南有八尺寨五巡檢司。

隆安府西北。嘉靖十二年四月析宣化縣那久地置。東有火焰山。城北有盤江，亦曰右江。西南有那樓寨、西北有馱演寨二巡檢司。

橫州元直隸廣西兩江道。洪武二年九月以州治寧浦縣省入，屬潯州府。十年五月降爲縣，來屬。十三年十一月復爲州，仍置寧浦縣爲州治，縣尋廢。東有烏蠻山。南有鬱江，又東南有武流江，源自廣東靈山縣，流入境合焉。東有古江口、西有南鄉二巡檢司。又南有太平關，成化四年置。西北距府二百四十里。領縣一。

永淳州西。元屬橫州。洪武十年五月省入橫縣。十三年十一月復置，屬州。西臨鬱江。南有南里鄉、北有武羅鄉二巡檢司。又東北有修德鄉巡檢司，景泰間遷於縣西，後廢。

新寧州　隆慶六年二月以宣化縣定祿洞地置。北有三峯山。城西有麗江，一名定祿江，又名文字水。東南有渠樂寨巡檢司。東距府二百里。

上思州元屬思明路。洪武初廢。二十一年正月復置，屬思明府。弘治十八年來屬。南有十萬山，上思江出焉，東流合西小江，西卽交阯所出之左江也。又有明江，亦出十萬山，西流入思明府界。又西有邏隆

峒土巡檢司。東南距府三百里。

歸德州元屬田州路。洪武二年屬田州府。弘治十八年來屬。鬱江在西南。〔一〇〕東南距府三百五十里。

果化州元屬田州路。洪武二年屬田州府。嘉靖九年十二月來屬。南盤江在西。東南距府三百二十里。

忠州元屬思明路。洪武初廢。二十一年正月復置，屬思明府。萬曆三年九月來屬。東北距府四百餘里。

下雷州元下雷峒。洪武初，屬鎭安府。嘉靖四十三年來屬。萬曆十八年升爲州。南有邏水，自鎭安府流入，南寧府左江之別源也。東距府五百八十里。

思恩軍民府元思恩州，屬田州路。洪武二年屬田州府，後屬雲南廣西府。永樂二年八月直隸廣西布政司。正統四年十月升爲府。六年十一月升軍民府。舊治在府西北。正統七年遷府東北之喬利。嘉靖七年七月又遷武緣縣止戈里之荒田驛，因割止戈二里屬之。西北有都陽山。東南有靖遠峯。北有紅水江，又有馱蒙江，一名淸水江，流合焉。又有大欖江，出城東北大名山，下流俱入於鬱江。東有鳳化縣，正德六年七月置，嘉靖八年十月廢。東有古零，西有定羅、那馬、下旺，北有興隆，東北有白山、安定，西北有舊城、都陽九土巡檢司。領州二，縣二。東北距布政司千二百里。

奉議州元直隸廣西兩江道。洪武五年省入來安府。七年二月復置，直隸行省。二十八年復廢，尋復置，直隸布政司。嘉靖六年二月來屬。東有舊城。今治本砦林村也，洪武初，遷於此。北濱南盤江，有州門渡。距府　百　十里。

上映州元屬鎭安路。洪武五年廢爲洞。萬曆三十二年復置，來屬。東北距府四百七十里。

上林府西南。元屬田州路。洪武二年屬田州府。嘉靖七年七月來屬。北有南盤江，南有大羅溪，東流合焉，卽枯榕江之下流也。

武緣府南。元屬南寧路。萬曆五年十月來屬。西有西江，卽大欖江也，東南有南流江合焉。東有鎭鄣寨、又有博涇寨、西有高井寨、西北有西舍寨四巡檢司。又南有橫山寨巡檢司，廢。

太平府元太平路，至元二十九年閏六月置。洪武二年七月爲府。領州十七，縣三。東北距布政司二千五十里。

崇善倚。府治馱盧村，洪武二年徙治麗江。舊縣治在府西北，嘉靖十九年遷入郭內。北有靑連山。〔一一〕東有將軍山，下有威震關，一名伏波關。南有府前江，卽麗江，又西有邏水流入焉。北有壺關，正德三年置。又東北有保障關。

陀陵府東北。東有滌空山，滌空江出焉，亦名綠甕江。又南有麗江。

羅陽府東北。南有麗江。西有馱排江，源出永康縣，下流入於麗江。以上三縣，元俱屬太平路。

左州東有舊治。成化十三年遷於思崖村。正德十五年遷於今治，本古攬村也。西北有金山。南有麗江。西南距府百里。

養利州有舊州三，一在州北，一在西北，一在東北。又西北有養水。北有通利江，至崇善縣注於麗江。以上二州，元屬太平路。南距府百五十里。

永康州元永康縣，屬太平路。萬曆二十八年六月升爲州。北有故城。〔一二〕萬曆中，遷於今治。西有綠甕江，下流亦合麗江焉。西南有思同州，舊屬府。萬曆二十八年六月省。西南距府二百里。

上石西州元屬思明路。洪武末省。永樂二年復置。萬曆三十八年來屬。東有明江，西北流入麗江。東北距府三百三十里。

太平州自此以下十一州，元屬太平路。邏水在西，下流入麗江。東南距府八十里。

思城州南有教水，下流合於隴水。東南距府五百里。

安平州南有隴水，下流合於邏水。東南距府百十里。

萬承州西南有綠降水，亦名玉帶水。西南距府五十里。

全茗州西有通利江，一名大利江。南距府百六十里。

中華書局

鎮遠州北有楊山。南有岩磨水。西南距府二百八十里。

茗盈州南有觀音岩，澗水出焉，下流入於麗江。西南距府六十里。

龍英州南有通利江，〔一三〕有三源，下流入於麗江。南距府二百十里。

結安州西有堰水，下流入麗江。西南距府二百二十里。

結倫州南有啼畢水，即堰水之上流。西南距府三百三十里。

都結州南有啼畢水。西南距府三百三十里。

上下凍州元屬龍州萬戶府。洪武初來屬。西有八峯山，太源水出焉。〔一四〕又北有青蓮山。南有拱天嶺。東距府二百二十里。

思明州元屬思明路。洪武二年屬思明府。萬曆十六年三月來屬。東有逐象山。東北有明江，自思明府流入。東北距府二百十里。

思明府元思明路。洪武二年七月爲府，直隸行省。九年直隸布政司。南有明江，有永平寨巡檢司。領州三。北距布政司二千二百里。

下石西州元屬思明路。洪武二年屬府。舊治在東南。萬曆間，始遷今治。西距府百四十里。

西平州元屬思明路。洪武三年省。永樂二年復置。宣德元年與安南。

祿州元屬思明府。洪武三年省。二十一年正月復置，尋沒於交阯。永樂三年收復。宣德元年與安南。

鎮安府元鎮安路。洪武二年爲府。西有鎮安舊城。洪武二年徙於廢凍州，即今治也。南有駄命江，下流合鬱江。又有邏水，發源府北土山峽中，下流至胡潤寨，與歸順州之邏水合，有湖潤寨巡檢司。距布政司二千二百里。

田州元田州路。洪武二年七月爲府。嘉靖七年六月降爲州，徙治八甲，而置田寧府於府城。八年十月，府廢，州復還故治，直隸布政司。東南有南盤江。西有來安路，元屬廣西兩江道，洪武二年七月爲府，領歸仁州、羅博州、田州，十七年復廢。北有上隆州，元屬田州路，洪武二年屬府，成化三年徙治溽州府東北，更名武靖州。又有恩城州，元屬路，洪武初屬府，弘治五年廢。東有床甲、拱甲、婪風，西有武隆、累彩，北有邕馬甲、篆甲，東北有下隆，東南有砦桑，西北有淩時，西南有萬岡陽院，又有大甲、子甲，又有縣甲、怕河、怕牙、恩郎、恩幼、候周十九土巡檢司。距布政司千六百里。

歸順州元屬鎮安路。洪武初，廢爲洞。弘治九年八月復置，屬鎮安府。嘉靖初，直隸布政司。東北有龍潭水，南入交阯高平府界。又南有邏水，發源西北鵝槽隘界。距布政司二千三百二十里。

泗城州元屬田州路。洪武七年直隸行中書省。九年直隸布政司。舊州在西南，洪武六年移於古勘洞。西有南盤江，自貴州慕役長官司流入，下流爲南寧府之右江。又北有紅水江。東北有程縣，洪武二十一年以泗城州之程丑莊置，屬州，尋屬慶遠府，宣德初，還屬州，嘉靖元年廢。西南有利州，元屬田州路，洪武七年十一月直隸布政司，正統六年五月徙治泗城州古那甲，嘉靖二年廢。又西有上林長官司，永樂七年以州之上林洞置，直隸布政司，萬曆中，省入州，崇禎六年分司西地入雲南廣南府。有羅博關巡檢司。北距布政司一千八百一十五里。

向武州元屬田州路。洪武二年七月屬田州府。二十八年廢。建文二年復置，直隸布政司。舊州在東。萬曆四十五年遷於乃甲。南有枯榕江，下流入於右江。北有富勞縣，元屬田州路，洪武二年屬田州府，尋爲夷僚所據，建文四年復置，後廢。東有武林縣，元亦屬田州路，洪武二年屬田州府，永樂初省入富勞縣。距布政司二千四百里。

都康州元屬田州路。洪武二年屬田州府，後爲夷僚所據。建文元年復置，直隸布政司。西有邕爐江，下流合於通利江。距布政司二千五百四十里。

龍州元龍州萬戶府。洪武二年七月仍爲州，屬太平府。九年六月直隸布政司。南有龍江，自交阯廣源州流入，即麗江也，有明江流入焉，下流爲南寧府之左江。距布政司二千三百里。

江州元屬思明路。洪武二十年直隸布政司。東有歸安水，西有綠眉水，下流俱合於麗江。領縣一。距布政司二千一百十里。

羅白州東北。洪武三年置，屬思明府，後來屬。南有隴冬水，下流入於麗江。

思陵州元屬思明路。洪武三年省入思明府。二十一年正月復置，直隸布政司。南有角硬山，角硬水出焉，又有淰剻水合之，下流入思明府界。距布政司二千一百二十里。

憑祥州　本憑祥縣。永樂二年五月以思明府之憑祥鎮置，屬思明府。成化十八年升爲州，直隸布政司。西北有麗江，自交阯廣源州流入。又南有鎮南關，一名大南關，即界首關也。距布政司二千四十里。

中華書局

安隆長官司元致和元年三月置安隆州，屬雲南行省。後廢爲寨，屬泗城州。洪武三十五年十二月置安隆長官司，仍屬泗城州，後直隸布政司。西有𡹾達山，渾水河經其下，卽紅水江也，東入泗城州界。又西南有同舍河。距布政司里。

校勘記

〔一〕南有將溪亦曰大溪　亦曰，疑誤。讀史方輿紀要卷九七及清一統志卷三三〇均稱將溪在縣西南，東北流入大溪。據此，將溪和大溪是兩條溪，不應稱「亦曰」。

〔二〕本曰蓮城洪武十七年後改蓮曰連　洪武十七年後，疑誤。明史稿志二一地理志、明一統志卷七七、讀史方輿紀要卷九八都稱元改「蓮」曰「連」，寰宇通志卷四七稱元至正中改「蓮」爲「連」。

〔三〕南有灘江流合焉　灘江，明史稿志二一地理志作「濰江」，疑是。

〔四〕河頭溪所出　河頭溪，原作「和頭溪」，據明史稿志二一地理志、讀史方輿紀要卷九九改。下同。

〔五〕北有洪崖山洪崖江出焉　洪崖山、洪崖江，原作「洪牙山、洪牙江」，據明史稿志二二地理志、寰宇通志卷一〇五、讀史方輿紀要卷一〇四改。

〔六〕萬曆五年五月升爲羅定州直隸布政司　原脫「直隸布政司」五字。本志廣東下稱「領直隸州一」，卽指羅定州。清一統志卷三五一稱「萬曆四年改縣置羅定州」，直隸廣東布政使司」。據補。

〔七〕以州治陽壽縣省入　陽壽縣，原作「陽奉縣」，據明史稿志二二地理志、明一統志卷八三、讀史方輿紀要卷一〇九改。陽壽縣是隋置，見隋書卷三一地理志。

〔八〕以州治領方縣省入　領方縣，原作「嶺方縣」，據明史稿志二二地理志、明一統志卷八三、讀史方輿紀要卷一〇九改。領方縣見漢書卷二八下地理志。元、明均無「陽奉縣」。

〔九〕又省安習忠文三州入焉　原闕「三」字，空一格，據寰宇通志卷一〇八、明一統志卷八四、讀史方輿紀要卷一〇九補。

〔一〇〕鬱江在西南　鬱江，原作「盤江」，據明史稿志二二地理志改。寰宇通志卷一一〇、明一統志卷八五、讀史方輿紀要卷一一〇都作「大江」。讀史方輿紀要宣化縣下說：「大江卽鬱江也。」

〔一一〕北有青連山　青連山，原作「青蓮山」，據明史稿志二二地理志、寰宇通志卷一一〇、明一統志卷八五改。清一統志卷三六五青連山下稱「山色青碧」，「綿亙二三百里」。下文上下凍州的「青蓮山」同。

〔一二〕北有故城　故城，原作「固城」。嘉慶重修一統志卷四七二有永康故縣在永康州北，稱「改州時移治」。故城卽永康故縣，據改。

〔一三〕南有通利江　通利江，原作「通麗江」，據本志上文全茗州和下文都康州下注、明史稿志二二地理志、明一統志卷八五改。

〔一四〕太源水出焉　太源水，明史稿志二二地理志作「大源水」。

中華書局

明史卷四十六

志第二十二

地理七

雲南　貴州

雲南　禹貢梁州徼外。元置雲南等處行中書省。治中慶路。洪武十五年二月癸丑平雲南，置雲南都指揮使司。乙卯置雲南等處承宣布政使司。同治雲南府。領府五十八，州七十五，縣五十五，蠻部六。後領府十九，禦夷府二，州四十，禦夷州三，縣三十，宣慰司八，宣撫司四，安撫司五，長官司三十三，禦夷長官司二。北至永寧，與四川界。東至富州，與廣西界。西至干崖，與西番界。南至木邦，與交阯界。距南京七千二百里，京師一萬六百四十五里。洪武二十六年編戶五萬九千五百七十六，口二十五萬九千二百七十。弘治四年，戶一萬五千九百五十，口一十二萬五千九百五十五。萬曆六年，戶一十三萬五千五百六十，口一百四十七萬

六千六百九十二。

雲南府元中慶路。洪武十五年正月改爲雲南府。領州四，縣九。

昆明倚。洪武二十六年，岷王府自陝西岷州遷於此。永樂二十二年遷岷王府於湖廣武岡州，建滕王府於此，宣德元年除。東有金馬山，與西南碧雞山相對，俱有關，山下卽滇池。池在城南，周五百里，其西南爲海口，至武定府北，注於金沙江。又東有盤龍江，西注滇池。東有赤水鵬、淸水江二巡檢司。

富民府西北。東有螳螂川，源自滇池，下流入金沙江。東南有安寧河。

宜良府東，少南。東有大池江，一名大河，亦曰巴盤江。西有湯池巡檢司。

羅次府西北。舊屬安寧州，弘治十三年八月改屬府。西有星宿河，自武定府流入。又有沙摩溪，卽安寧河。南有鍊象關巡檢司。

晉寧州西有大堡河，下流入滇池。北距府百里。領縣二。

歸化東北有交七浦，滇池下流。

呈貢州北。西有滇池，北有落龍河，南流入焉。

安寧州西有呀峻山，有煎鹽水，設鹽課提舉司，轄鹽井四。天啓三年改設於琅井，此司遂廢。又南有螳螂川。西有安寧河。又有祿脿、貼琉二巡檢司。東距府八十里。領縣一。

祿豐州西。西有南平山，上有關。東有大溪，卽安寧河。西有星宿河，河東有老鴉關巡檢司。又西有閣斜關。

昆陽州東南有梁盜川，東北入於滇池。北距府百五十里。領縣二。

三泊州西北。西有三泊溪，流入滇池。

易門州西。南有易門守禦千戶所，洪武二十四年置，舊縣治在焉。萬曆三年復還縣治於此。又南有黎崖山，產異馬，一名馬頭山。西有九渡河，卽祿豐縣大溪，下流入元江府界。

嵩明州　洪武十五年三月改曰嵩盟。成化十八年復故。東北有羅錦山。東有秀嵩山。〔一〕西北有東葛勒山。東南有烏納山，牧漾水出焉，西南入滇池。又東南有嘉利澤，亦曰楊林澤。又西有邵甸河，匯九十九泉，至昆明爲盤龍江。西有邵甸縣，洪武十五年三月屬州，尋廢。東南有楊林縣，成化十七年十月廢。又東有楊林守禦千戶所，洪武二十五年置。又西有兔兒關巡檢司。西南距府百二十里。

曲靖府元曲靖路。洪武十五年三月爲府。二十七年四月升爲軍民府。領州四，縣二。西距布政司二百九十里。

南寧倚。東南有石堡山，山西有元越州治，洪武二十八年正月廢。北有白石江，流合城南之瀟湘江，又東南合左小江，亦謂之南盤江，下流環雲南、澂江、廣西三府之境，至羅平州入貴州界。東北有白水關巡檢司。

亦佐府東。元屬羅雄州。永樂初，改屬府。西南有塊澤江。

霑益州東南有堆洒山。北有北盤江，其上流卽貴州畢節衞之可渡河，流入州境，又東南入貴州安南衞。其西南又有南盤江，卽南寧縣之東山河。南有交水縣，東南有羅山縣，東北有石梁縣，元皆屬州，洪武十五年皆廢。南有平夷衞，本平夷千戶所，洪武二十一年十一月置，二十三年四月改爲衞，後廢，永樂元年復置衞。衞當貴州西入之衝，東有鬱岡，西有定南嶺，北有豫順關、宣威關。州東南又有越州衞，洪武二十三年七月置，二十四年十二月徙於陸涼州，二十八年與州同廢，永樂元年九月復置。又州南有松韶鋪、阿幢橋二巡檢司。又南有炎方城，西南有松林城，俱天啓五年築。西南距府二百十三里。

陸涼州東有丘雄山，下有中涎澤，卽南盤江所匯也。西北有木容山，有關。又西有部封山。又西有芳華縣，南有河納縣，元皆屬州，永樂初皆廢。西南有陸涼衞，洪武二十三年三月以古魯昌地置。〔二〕西南有喬甸，〔三〕萬曆二年立營置戍於此。四十八年復設法古甸、龍尙等營，協守其地。北距府百二十里。

馬龍州東南有木容箐山，洪武二十四年十二月置寧越堡於此。山下有木容溪，下流卽瀟湘江。又西有楊磨山，一名關索嶺，上有關。西南有通泉縣，元屬州，永樂初廢。北有馬隆守禦千戶所，本馬隆衞，洪武二十三年七月置，二十八年十月改爲所。南有魯婆伽嶺巡檢司。又有馬龍縣，元屬州，洪武十五年廢。西南有分水嶺關。東有三叉口關。東距府七十里。

羅平州元羅雄州。萬曆十五年四月更名。北有祿布山。東南有盤江，下流入貴州慕役長官司界。南有定雄守禦千戶所，萬曆十四年九月置。西北距府二百七十里。

中華書局

尋甸府元仁德府。洪武十六年十月辛未升爲仁德軍民府。丁丑改尋甸軍民府。成化十二年改爲尋甸府。舊治在東。今治在鳳梧山下，嘉靖七年十月徙。西南有落龍雄山，又有畦山。〔四〕西有果馬山，其泉流爲龍巨江，下流入滇池。又西南有三稜山，上有九十九泉，卽盤龍江之上源。又東有阿交合溪。又北有爲美縣，西有歸厚縣，元屬府，洪武十五年三月因之，尋廢。東南有木密關，一名易龍堡，洪武二十三年四月置木密關守禦千戶所於此。西南距布政司二百六十里。

臨安府元臨安路。洪武十五年正月爲府。領州六，縣五，〔五〕長官司九。北距布政司四百二十里。

建水州倚。元時，府在州北。洪武中，移府治此。西南有寶山。西北右有火燄山。〔六〕東有石巖山，瀘江水自石屏州流經此，伏流入巖洞中，東出爲樂蒙河。又東北有曲江，東入於盤江，有曲江巡檢司。又西有禮社江，源出趙州，流經此。又有寧遠州，萬曆十四年析建水州置，四十八年廢。東南有納更山土巡檢司。

石屏州元日石坪。洪武十五年三月改曰石平，後改今名。南有鍾秀山。東有寀玉山，〔七〕產石似玉。有曲江。又有異龍湖，周百五十里，中有大、小、中三島，其大島、中島上皆有城，其水引流爲瀘江。西有寶秀關巡檢司。東距府七十里。

阿迷州元阿甯萬戶。洪武十五年三月置州。東南有買吾山，萬曆初，改名雷公山。又南有盤江，東有樂蒙河流入焉。又東有火井，有東山口土巡檢司。又有部舊村巡檢司，後廢。又有阿迷守禦城，萬曆二年築。西距府百二十里。

寧州東南有登樓山。東有水角甸山，產盧甘石。又東有婆兮江，源出澂江府撫仙湖，下流入盤江，又西南有浣江，〔八〕流合焉。又東有西沙縣，元屬州，後省，洪武十五年三月復置，仍屬州，尋復省。西北有甸直巡檢司。西南距府百八十里。

通海府西北。元屬寧州，洪武十五年三月改屬府。南有秀山。北有通海湖。東有守禦通海前前、右右二千戶所，本元臨安路治。洪武初，徙府治建水州。十五年置守禦千戶所於此。

河西府西北。東有曲江。又西有𧮪阜江，自新興州流入，合於曲江。又東北有綠溪河，〔九〕其下流卽通海湖。又北有曲陀關巡檢司，後廢。

嶍峨府西北。元屬寧州。洪武十五年二月改屬府。東有曲江，自新興州流入，又南有合流江，西北有丁癸江，俱流合焉。又西南有伽羅關、西有興衣鄉二巡檢司。

蒙自府東南。西有目則山。東有雲龍山，又有羨裒山。又東南有黎花江，卽禮社江也，東南注於交阯清水江。有黎花舊市橋，宣德五年五月置臨安衛右千戶所於此。又西南有西溪二，出銀礦。又南有蓮花灘，卽瀾滄江下流，交阯洮江上流。西南有箐口關巡檢司，又有大窩關、楊柳河關。東南有廢果寨，又有賀雄寨，俱道通交阯。

新平府西北。萬曆十九年置。東南有魯奎山。東有平甸河。〔一〇〕南有南𡶶巡檢司。

新化州　本馬龍他郎甸長官司。洪武十七年四月置，直隸布政司。弘治八年改爲新化州。萬曆十九年來屬。北有徹崇山。西有馬籠山，蠻酋結寨處，元置馬籠部千戶於此，屬元江路，洪武十五年廢。又北有法龍山，亦蠻酋結寨處。又東南有馬籠江，卽禮社江，亦曰摩沙勒江，有摩沙勒巡檢司。東北有阿怒甸。東南距府五百三十里。

寧遠州元至治三年二月置，直隸雲南行省。洪武十五年來屬。宣德元年與安南。

納樓茶甸長官司府西南。本納樓千戶所，洪武十五年置，屬和泥府。十七年四月改置。北有羚羊洞，產銀礦。又有祿豐江，卽禮社江下流。又東有倘甸。

教化三部長官司府東南。元強現三部，洪武中改置。西南有魯部河，源出禮社江，下流合蒙自縣棃花江。

王弄山長官司府東南。元王弄山大小二部，洪武中改置。

虧容甸長官司府西南。元鐵容甸，屬元江路。洪武中改置，來屬。西有虧容江，源出沅江府，東經車人寨，出寧遠州境。

溪處甸長官司府西南。元溪處甸軍民副萬戶，屬元江路。洪武中改置，來屬。

思佗甸長官司府西南。元和泥路。洪武十五年三月爲府，領納樓千戶所伴溪、七溪、阿撒三蠻部，十七年廢，後改置。

左能寨長官司府西南。本思佗甸寨，洪武中改置。

落恐甸長官司府西南。元伴溪落恐部軍民萬戶。洪武中改置。

安南長官司府東南。元捨資千戶，後改安南道防送軍千戶。洪武十五年三月仍曰捨資千戶所，尋改置長官司。正德六年省入蒙自縣。天啓二年復置。

澂江府元澂江路。洪武十五年三月爲府。領州二，縣三。西北距布政司八十里。

河陽倚。舊治在西。洪武中，遷轆毬山上。弘治中，又遷縣東金蓮山。正德十三年又遷縣東暘溥山麓。嘉靖二十年又還金蓮山南。隆慶四年又遷舞鳳山下，卽今治。北有羅藏山。南有撫仙湖，一名羅伽湖，下流東會於盤江。又東有鐵池河，源出陸涼州，流至此，會撫仙湖，復引流爲鐵赤河，入於盤江。

江川府西南。南有故城，崇禎七年圮於水，遷於舊江川驛，卽今治。又南有星雲湖，東南入撫仙湖。北有關索嶺巡檢司。

陽宗府東北。北有明湖，一名陽宗湖，源出羅廢山，流入於盤江。

新興州東北有羅麼山，一名石崖山。西北有大棋山。又有蒙習山，山與晉寧州交界。又有大溪，下流至嶍峨縣，入於曲江。有羅麼溪，源出羅麼山，入於大溪。又北有普舍縣，南有硏和縣，元俱屬州，洪武十五年三月因之，尋廢。又北有鐵爐關巡檢司。東距府二百里。

路南州西南有竹子山。東有㴖龍山，石可煉銅。西有巴盤江，源自霑涼州。又有鐵赤河合焉。東南有邑市縣，元屬州，弘治三年九月廢。東北有革泥巡檢司。西距府百三十里。

廣西府元廣西路。洪武十五年三月爲府。西有阿盧山。西北有巴盤江。又西有南盤江。又南有矣邦池，一名龍甸海，跨彌勒州界，南入盤江。領州三。西北距布政司三百十里。

師宗州西有龜山，萬曆四十八年築督捕城於此。東有英武山。西有盤江，又西北有巴盤江合焉，東北入羅平州界。西南距府八十里。

彌勒州南有卜龍山。西有阿欲山。東南有盤江山，南盤江經其下。又東有八甸溪，南合南盤江。又西有十八寨山，嘉靖元年二月置十八寨守禦千戶所於此，直隸雲南都司。又南有捏招巡檢司。東北距府九十里。

維摩州元大德四年二月置。東北有小維摩山。東南有大維摩山，又有阿母山。又東北有寶寧溪，下流經廣南府界，合西洋江。西有三鄉城，萬曆二十二年築。西北距府二百二十里。

廣南府元廣南西路宣撫司。洪武十五年十一月改置廣南府。西北有牌頭山，土人築砦其上。南有西洋江，東南至廣西田州府，入於左江。領州一。西北距布政司七百九十里。

富州元至元十三年置，屬廣南西路。洪武十五年改屬府。東南有者鷂山。東北有西寧山。又東有楠木溪，

至州南與南汪溪合，伏流十五里，東出於西洋江。西南有安寧州，東北有羅佐州，俱元至元十三年置，屬廣南西路。洪武十五年因之，後俱廢。西距府二百里。

元江軍民府元元江路。洪武十五年三月爲府。永樂初，升軍民府。領州二。東北距布政司七百九十里。

奉化州倚。本因遠羅必甸長官司，洪武十八年四月置。嘉靖中，改州。東有羅槃山，亦名玉臺山。又有路通山。東南有元江，亦曰禮社江，東南入納樓茶甸長官司界。西南有瀾滄江，與車里宣慰司分界。又西有步日部，洪武中廢。又東有禾摩村巡檢司。

恭順州本他郎寨長官司。嘉靖中，改州。

楚雄府元威楚開南路。洪武十五年三月改爲楚雄府。領州二，縣五。東距布政司六百里。

楚雄倚。元曰威楚。洪武十五年二月更名。西有薇溪山，又有龍川江，經城北青峰下，曰峩𡶴江，下流入武定府，合金沙江。西有波羅澗，其麓有滷水，元設鹽課司於此，明廢。西北有呂合巡檢司。

廣通府東。元屬南安州。洪武十五年因之，後改屬府。東北有盤龍山，亦曰九盤山。西有羅苴甸山。東有鹽倉山，舊產鹽。又有臥象山，東南有臥獅山，俱產銀礦。又東北有阿陋雄山，有阿陋井、猴井，俱產鹽。又東有捨資河，自武定府流入，下流入於元江。又北有大河，西北入定遠縣之龍川江。東有捨資巡檢司，東北有沙矣舊、西有回蹬關二土巡檢司。

定遠府西北。西有赤石山。東有龍川江。又有黑鹽井，設提舉司於此。又有琅井提舉司，本置於安寧州，天啟三年移此，有黑井、琅井二巡檢司。又西南有羅平關、南有會基關二巡檢司。

定邊府西。元至元十二年置，屬鎭南州。洪武中，改屬。北有螺盤山，〔一〕上有自普關。又有無量山。南有定邊河，又有陽江，自蒙化府流合焉。

碍嘉府南。元置。西有黑初山。東北有卜門河，在卜門山下，又東北合馬龍江，流入新化州。又西有上江河，接南安州界。

南安州東有健林蒼山。又西南有表羅山，產銀。北有捨資河。西北距府五十里。

鎭南州東北有石吠山。東有五樓山。西南有馬龍江，其上流爲定邊河，又東南入碍嘉縣界。又西有平夷川，龍川江之上流。又有沙橋巡檢司。又有鎭南關、英武關、阿雄關三土巡檢司。東南距府五十里。

姚安軍民府元姚安路。洪武十五年三月爲府。二十七年四月升軍民府。領州一，縣一。東南距布政司七百里。

姚州倚。元屬大理路。洪武十五年三月來屬。東有東山，一名飽烟蘿山。東北有金沙江。南有青蛉河，源出三窠

山，〔二〕下流合大姚河。北有守禦姚安千戶所，洪武二十八年置。東有箭場、西有普昌、南有三窠、西南有普淜四巡檢司。

大姚府北。元屬姚州。洪武十五年三月因之，後改屬府。西北有赤石崖。北有大姚河，源出書案山。西北有龍蛟江，源出鐵索箐，一名苴泡江，產金。俱東北流入金沙江。南有白鹽井提舉司，轄鹽井九。又有白鹽井巡檢司。東有姚安中屯千戶所，洪武二十八年置。

武定府元武定路。洪武十五年三月爲府，尋升軍民府。隆慶三年閏六月徙治獅子山。萬曆中，罷稱軍民。領州二，縣一。東南距布政司百五十里。

和曲州倚。舊城在南，元州治於此。隆慶三年十二月徙州爲府附郭，令吏目領兵守焉。西北有三臺山。北有金沙江，源出吐蕃共龍川犂牛石，下流經麗江、鶴慶，〔三〕遶本府北界，東流入黎溪州，又東入四川會川衛界。有金沙江土巡檢司。又有烏龍河，流入金沙江。又西北有西溪河，即楚雄府龍川江下流。又有只舊、草起二鹽井。東有南甸縣，元路治，洪武十五年三月改屬州，成化二十年仍屬府，正德元年七月省。西北有乾海子、又有羅摩淇、又南有小甸關三巡檢司。西北有龍街關土巡檢司。

元謀府西北。西北有住雄山，又有竹沙雄山。北有金沙江，西有西溪河流入焉。

祿勸州北有法塊山，又有哇匿歪山。東北有幸丘山，又有烏蒙山，一名絳雲露山。北有金沙江，與四川東川府界。

中華書局

又東有普渡河，卽螳螂川，下流會掌鳩河水，入於金沙江。北有易籠縣，元屬州，洪武十七年省。東有石舊縣，元屬州，天啓元年七月省。又北有普渡河巡檢司。南有撒墨巡檢司，後廢。西距府二十里。

景東府元至順二年二月置。洪武十五年閏二月因之。三月降爲州，屬楚雄府。十七年正月仍升爲府。西有景董山，洪武中築景東衞城於其上，又築小城於山顚，謂之月城。北有蒙落山，一名無量山。西南有瀾滄江，源出金齒，流經府西南二百餘里，南注車里，爲九龍江，下流入交阯。東南有大河，卽定邊河之下流，又東入鎭南州，爲馬龍江。又南有土井，產鹽。北有開南州，元屬威楚開南路。洪武十五年三月屬楚雄府，尋省。又東有三汊河、西北有保甸二土巡檢司。又北有安定關。南有母瓜關。〔一三〕東南有景蘭關。西南有蘭津橋，鐵索爲之。東北距布政司千一百八十里。

鎭沅府本鎭沅州。洪武三十五年十二月置。永樂四年四月升爲府。西有波弄山，山上下有鹽井六。南有杉木江，源出者樂甸，下流合威遠州之谷實江。領長官司一。北距布政司千五十里。

祿谷寨長官司府東北。永樂十年四月以祿平寨置。北有馬容山。南有南浪江，西南流合杉木江。

大理府元大理路。洪武十五年三月爲府。領州四，縣三，長官司一。東南距布政司八百九

十里。

太和倚。西有點蒼山。東有西洱河，一名洱海，自浪穹縣流入，經天橋下，又東合點蒼山之十八川匯於此，中有三島、四洲、九曲。西有樣備江，一曰漾鼻水，自劍川州流入，經點蒼山後，合於西洱河，又西南流入瀾滄江。南有太和土巡檢司。又北有龍首關，亦曰上關。南有龍尾關，亦曰下關。

趙州　洪武十五年三月改名趙喜州，尋復。南有九龍頂山。又有定西嶺，大江之源出焉，一名波羅江，西北入西洱河。又西南有樣備江，南入蒙化府界。東南有白厓瞼江，源出定西嶺，下流爲禮社江。有舊白厓城，嘉靖四十三年修築，更名彩雲城。又東有乾海子、南有迷度市二巡檢司。又有定西嶺上巡檢司。西北距府三十里。領縣一。

雲南州東。元雲南州。洪武十五年三月改爲縣，屬府。十七年改屬州。西北有寶泉山，有一泡江。東北有周官麥海子。〔一四〕西有品甸，洪武十九年四月置洱海衞於此。又東北有你場、又有楚甸、南有安南坡三巡檢司。

鄧川州北有鍾山，又有普陀江，一名蒲萄江，又名彌苴佉江，南入西洱河。又東有豪豬洞，一名銀坑。又有青索鼻土巡檢司。南距府七十里。領縣一。

浪穹州東。東北有佛光山，山半有洞，可容萬人，山後險仄，名一女關。又有蓮花山，有蒙次和山，皆險峻。西南有鳳羽山。北有罷谷山，洱水所出。西有樣備江。西北有寧湖，亦曰明河，卽普陀江上源。又有五鹽井提舉司，洪武十六年置，萬曆四十二年廢。西南有鳳羽縣，洪武十五年三月置，屬鄧川州，尋省。有鳳羽鄉巡檢司。

又東南有晉陀崆巡檢司，後廢。西有上江嘴、西南有下江嘴二土巡檢司。

賓川州　弘治六年四月析趙州及太和、雲南二縣地置。西有雞足山，一名九曲巖。東北有金沙江，東入姚安府界。西有金龍湫，流入西洱河。又東有大羅衞，在鍾英山下，弘治六年四月與州同置。又東北有赤石崖、西南有賓居二巡檢司。西有神摩洞。又南有臺神寨、北有白羊市二巡檢司，後廢。又北有金沙江土巡檢司。西距府百里。

雲龍州元雲龍甸軍民府，至元末置。洪武十七年改爲州，來屬。正統間屬蒙化府，後仍來屬。西有三峰山。東有瀾滄江。又西北有諾鄧等鹽井，東南有大井等鹽井，舊俱轄於五井提舉司，後改屬州。東有雲龍甸巡檢司，後廢。東北有順盪井、又有上五井、東有師井、北有箭捍場四巡檢司，又東有十二關土巡檢司，舊俱屬浪穹縣，後改屬。東南距府六十里。

十二關長官司府東。元十二關防送千戶所。洪武中改置。嘉靖元年五月徙於一泡江之西。

鶴慶軍民府元鶴慶路。洪武十五年三月爲府。三十年十一月升軍民府。南有方丈山，又有牟子山，產礦。東有金沙江。東南有漾共江，卽鶴川，共下流入金沙江。有木按州，又有副州，元俱屬府，洪武十五年俱廢。東北有宣化關、西南有觀音山、又有淸水江三巡檢司。領州二。東南距布政司千一百六十里。

劍川州元劍川縣。洪武十五年三月因之。十七年正月升爲州。西南有石寶山。南有劍川湖，俗呼海

子，樣備江之下流。又西南有彌沙井鹽課司。又有彌沙井巡檢司。東距府九十里。

順州元屬麗江路。洪武十五年三月屬北勝府，尋來屬。西有金沙江。東有浴海浦，與北勝州分界。西距府百二十里。

麗江軍民府元麗江路宣撫司。洪武十五年三月爲府。三十年十一月升軍民府。領州四。東南距布政司千二百四十里。

通安州倚。西北有玉龍山，一名雪嶺。又有金沙江，古名麗水，源出吐蕃界犂牛石下，名犂水，「犂」訛「麗」，流經巨津、寶山二州，至武定府，北流入四川大江。西有石門關巡檢司。

寶山州西南有阿那山。南有金沙江。西距府二百四十里。

蘭州元屬麗江路。洪武十五年三月屬麗江府，尋屬鶴慶府，後仍來屬。北有羅源山。西北有瀾滄江，源出吐蕃嵯和歌甸，流入境，南入雲龍州界。東北距府三百六十里。

巨津州南有華馬山。北有金沙江，流入州界，有鐵橋跨其上。西北有臨西縣，〔一五〕元屬州，洪武十五年三月因之，弘治後廢。又東北有雪山關。東南距府三百里。

永寧府元永寧州，屬麗江路。〔一六〕洪武十五年三月屬北勝府。十七年屬鶴慶府。二十九年改屬

中華書局

瀾滄衞。永樂四年四月升爲府。金沙江在西。又東有瀘沽湖，周三百里，中有三島。又東南有魯窟海子，在千木山下，下流入四川鹽井衞之打沖河。又北有勒汲河，自吐蕃流入，亦東流入打沖河。又南有羅易江，自蒗蕖州流入，注於瀘沽湖。領長官司四。東南距布政司千四百五十里。

刺次和長官司府東北。

革甸長官司府西北。

香羅甸長官司府西。

瓦魯之長官司府北。四司，俱永樂四年四月置。

北勝州元北勝府，屬麗江路。洪武十五年三月屬布政司，尋降爲州，屬鶴慶府。二十九年改屬瀾滄衞。正統七年九月直隸布政司。弘治九年徙治瀾滄衞城。瀾滄衞舊在州南，本瀾滄衞軍民指揮使司，洪武二十八年九月置，屬都司。弘治九年徙州來同治。尋罷軍民司，止爲衞。西南有瀾滄山。南有九龍山。西有金沙江，環繞州治，亦曰麗江。又南有陳海，又有呈湖，東南有浪裒海，下流俱入金沙江。東有羅易江，下流入永寧府界。北有蒗蕖州，元屬麗江路，洪武十五年三月屬北勝府，尋屬鶴慶軍民府，二十九年改屬瀾滄衞，天啓中廢。東有寧番土巡檢司。南距布政司千二百二十五里。

永昌軍民府元永昌府，屬大理路。洪武十五年三月屬布政司。十八年二月兼置金齒衞，屬都司。二十三年十二月省府，升衞爲金齒軍民指揮使司。嘉靖元年十月罷軍民司，止爲衞，復置永昌軍民府。領州一，縣二，安撫司四，長官司三。東距布政司千二百里。

保山倚。本金齒千戶所，洪武中置。永樂元年九月又置永昌府守禦千戶所，俱屬金齒軍民司。嘉靖三年三月改二所爲保山縣。東有哀牢山，本名安樂，夷語哀牢。西有九隆山。又東北有羅岷山，瀾滄江經其麓。又南有潞江，舊名怒江，一名喳里江，自潞江司流入。又北有清水河，經縣東南峽口山下，伏流東出，入瀾滄江。又有潞江州，宣德八年六月置，直隸布政司，正統二年五月廢。又東北有沙木和、西北有清水關二巡檢司。又北有甸頭、南有水眼二土巡檢司。

永平府東北。元屬永昌府。洪武二十三年屬金齒軍民司。嘉靖元年仍屬府。西南有博南山，一名金浪巔山，俗訛爲丁當丁山，上有關。又有花橋山，產鐵礦。又東北有橫嶺山，驛道所經。東有銀龍江，下流入瀾滄江。又東北有勝備江，下流入蒙化府樣備江。又西南有花橋河，源出博南山，流入銀龍江，上有花橋關，亦曰玉龍關。又東北有上甸定夷關巡檢司。東有打牛坪土巡檢司。

騰越州元騰衝府，屬大理路。洪武十五年三月屬布政司，尋廢。永樂元年九月置騰衝守禦千戶所，屬金齒軍民司。宣德六年八月直隸都司。正統十年三月升所爲騰衝軍民指揮使司。嘉靖三年十月置騰越州，屬府。十年十二月罷司爲騰衝衞。東有球牢山。東南有羅生山。南有羅佐衝山，上有鎮夷關，有巡檢司。又東北有高黎共山，一名崑崙岡。西北有明光山，有銀礦銅礦。西有大盈江，亦曰大車江，[一七]自徼外流入，下流至比蘇蠻界，注於金沙江。又東北有龍川江，源出徼外峨昌蠻地之七藏甸，下流合於大盈江，有藤橋在其上。有龍川江關巡檢司。又西南有疊水河，[一八]即大盈江之支流。又有騰衝土州，宣德五年六月置，屬金齒軍民司，後直隸布政司，正統三年五月仍屬金齒軍民司，尋廢。又西有古勇關。東北距府二百七十五里。

潞江安撫司元柔遠路。洪武十五年三月爲府，後廢，屬麓川平緬司。永樂元年正月析置潞江長官司，直隸都司。十六年六月升安撫司。宣德元年六月改隸布政司。正統三年六月屬金齒軍民司。嘉靖元年十月屬府。北有潞江，一名怒江，源出吐蕃雍望甸，南流經此，折而東南入府界。東岸有潞江關，北岸有細甸。又西有鎮姚守禦千戶所，萬曆十三年置，治老姚關鳳山之阿。又西有全勝關。東北距府三百五十里。

鎮道安撫司

楊塘安撫司二司地舊屬西番，與麗江府接界。俱永樂四年正月置，屬金齒軍民司。嘉靖元年屬府。

瓦甸安撫司　本瓦甸長官司。宣德二年置，屬金齒軍民司。九年二月直隸都司。正統三年五月仍屬金齒軍民司。五年十一月升爲安撫司。嘉靖元年屬府。

鳳溪長官司府東。洪武二十三年十一月置，屬金齒軍民司。嘉靖元年改屬府。

施甸長官司府南。元石甸長官司。洪武十七年五月更名，屬府。二十三年屬金齒軍民司。嘉靖元年仍屬府。西有坪市河，下流入於怒江。東南有猛淋寨，萬曆十三年置鎮安守禦千戶所於此。南有金齒巡檢司，治蒲關。[一九]又南有石甸巡檢司。

茶山長官司永樂五年析孟養地置，屬金齒軍民司。嘉靖元年屬府。東有高黎共山。

蒙化府元蒙化州，屬大理路。洪武十五年三月因之。正統十三年六月升爲府。北有龍宇圖山、又有甸頭山，一名天耳山。南有甸尾山。西有陽江，源出甸頭澗，下流至定邊縣，入定邊河。又西有樣備江，一名神莊江，與永平縣分界，南入順寧府境，爲黑惠江。西南有瀾滄江。有甸頭、甸尾、樣備、瀾滄江四巡檢司。又西南有備溪江土巡檢司。又東有迷渡市，嘉靖初築。東距布政司八百六十里。

順寧府元泰定四年十一月置。洪武十五年三月庚戌因之。己未降爲州，屬大理府。十七年正月仍升爲府。西北有樂平山。南有把邊山，中有把邊關。東北有瀾滄江，又有黑惠江，即樣備江也，又名墨會江，南流至府東泮山下，合於瀾滄江。又城東有順寧河，源出甸頭村山箐，流入雲州之孟祐河。南有寶通州，又有慶甸縣，元俱與府同置，洪武十五年省。又西南有矣堵寨，萬曆三十年置右甸守禦土千戶所於此。北有錫鉛寨、又有牛街、又

中華書局

有猛庲、又有錫蠟寨、董甕寨、嶍水寨、赤壁嶺七巡檢司。領州一。東距布政司千五百五十里。

雲州　本大侯長官司。永樂元年正月析麓川平緬地置，直隸都司。宣德三年五月升爲大侯禦夷州，直隸布政司。萬曆二十五年更名，來屬。舊治在南。萬曆三十年移於今治。南有瀾滄江，東有孟祐河流入焉。有騰丁鄉巡檢司，後廢。西距府百五十里。領長官司一。

孟緬長官司州西南。宣德五年六月以景東府之孟緬、孟梳地置，屬景東府，後直隸布政司。萬曆二十五年來屬。有大猛庲、又有猛撒二土巡檢司，與猛緬稱爲「三猛」。

車里軍民宣慰使司元車里路，泰定二年七月置，卽大徹里。洪武十五年閏二月爲軍民府。十九年十一月改軍民宣慰使司。永樂中廢。宣德六年復置。東北有瀾滄江，與九龍江會，達於交阯，爲富良江，而入於海。又有沙木江。東有小徹里部，永樂十九年正月置車里靖安宣慰使司，宣德九年十月省入車里。又有元耿凍路，至正七年正月置，又有耿當、孟弄二州，亦元末置，洪武十五年俱省入車里。西北距布政司三十四程。

緬甸軍民宣慰使司　本緬中宣慰司。洪武二十七年六月置，尋廢。永樂元年十月復置，更名。北有大金沙江，其上流卽大盈江也，源出靑石山，自孟養境內流經司北江頭城下，下流注於南海。東有阿瓦河，自孟養流入境，下流入大金沙江。又北有江頭城、太公城、馬來城、安正國城、蒲甘緬王城，謂之「緬中五城」。元後至元四年十二月置邦牙宣慰司於蒲甘緬王城，至正二年六月廢。至元二十六年置太公路於太公城，洪武十五年三月爲府，後廢。領長官司一。東北距布政司三十八程。

東倘長官司宣德八年九月置。

木邦軍民宣慰使司元木邦路，至順元年三月置。洪武十五年三月爲府，後廢。三十五年十二月復置。永樂二年六月改軍民宣慰使司。北有嘉義山。西有喳里江，卽潞江，自芒市流入境，又西南入緬甸界。又北有蒙憐路、蒙來路，俱元置，洪武十五年三月俱爲府，後俱廢。又西北有孟炎甸，有天馬關。東北距布政司三十五程。

八百大甸軍民宣慰使司元八百等處宣慰使司。洪武二十四年六月改置。東北有南格剌山，下有河，與車里分界。有八百者乃軍民宣慰使司，永樂二年四月分八百大甸地置，後廢。又有蒙慶宣慰司，元泰定四年閏月置，至正二年四月罷，洪武十五年三月復置府，後廢。又有孟絹路，元元統元年置，屬八百宣慰司，洪武十五年三月爲府，後廢。又有木按、孟傑二路，俱元置，洪武十五年三月俱爲府，後俱廢。北距布政司三十八程。

孟養軍民宣慰使司元雲遠路。洪武十五年三月爲府。十七年改爲孟養府，後廢。三十五年十二月復置。永樂二年六月改軍民宣慰使司。正統十三年廢。萬曆十三年改置長官司。東有鬼窟山，又有茫崖山。又有大金沙江，其上流卽大盈江，南流入於緬甸。又南有密堵城，有速送城。又南有戞撒寨。西有猛倫，西南有孟拱、戞里、猛別、盞西諸部。東北距布政司三十七程。

老撾軍民宣慰使司　永樂二年四月置。東南有三關，與安南界。西北距布政司六十八程。

南甸宣撫司元至元二十六年置南甸路。洪武十五年三月爲府，後廢，屬騰衝守禦千戶所。永樂十二年正月置州，直隸布政司。正統三年五月改屬金齒軍民指揮使司。九年六月升宣撫司，仍直隸布政司。東有丙弄山，又有蠻干山。南有沙木籠山，上有沙木籠關。西有大盈江。東北有小梁河，西南經南牙山下，曰南牙江，入干崖境內。又東南有孟乃河，卽騰越州之龍川江。又南有黃連坡關。東北有小隴川關。東北距布政司二十二程。

干崖宣撫司元鎭西路。洪武十五年三月爲府，後廢，屬麓川平緬司。永樂元年正月析置干崖長官司，直隸都司，後屬金齒軍民指揮使司。宣德五年六月復屬都司。正統三年五月復屬金齒軍民指揮使司。九年六月升宣撫司，直隸布政司。東有雲籠山。西有大盈江，又南有檳榔江，自吐蕃界流合焉。東有安樂河，卽小梁河，下流經雲籠山下，曰雲籠江，經司治北，折而西，合於檳榔江。又西北有南賧，元置，洪武中廢。又西有雷弄、盞達等部。東北距布政司二十三程。

隴川宣撫司　本麓川平緬軍民宣慰使司。正統六年廢，九年九月改置，治隴把。元平緬路，在隴把東北。洪武十五年閏三月置平緬宣慰使司。三月又改路爲府，未幾府廢。十七年八月丙子升司爲平緬軍民宣慰使司。甲午改麓川平緬軍民宣慰使司，省麓川路入焉。元麓川路在隴把南，洪武十五年三月爲府，未幾府廢。十七年八月爲麓川平緬軍民宣慰司治所，正統中，司廢，曰平麓城，亦曰孟卯城，萬曆十二年置宣撫同知於此。又西南有遮西軍民總管府，元至元二十六年置，洪武十五年三月爲府，後廢。又東南有遮放城，萬曆十二年置宣撫副使於此。北有馬鞍山。西北有大金沙江。又有麓川江，卽龍川江，自南甸流入，與芒市分界，西南入於大金沙江。東北距布政司六十六程。

孟定禦夷府元孟定路，至元三十一年四月置。洪武十五年三月爲府。東北有無量山，又有喳哩江，與麓川江合。東南有謀粘路，元泰定三年七月置。有木連路，元至正二十六年置。洪武十五年三月俱因之，後俱廢。領安撫司一。東北距布政司十八程。

耿馬安撫司　萬曆十三年析孟定地置。西有三尖山。南有喳哩江，與孟定分界。北距府百里。

孟艮禦夷府　永樂三年七月置，直隸都司，後直隸布政司。東有木朶路，又有孟隆路，俱元泰定三年九月置。東北有孟愛等甸軍民府，元至元二十六年置。洪武十五年三月俱爲府，後俱廢。北距布政司三十八程。

威遠禦夷州元威遠州，屬威楚路，後改威遠蠻柵府。洪武十五年三月仍爲威遠州，屬楚雄府。十七年升爲府，後廢。三十五年十二月復置州，直隸布政司。北有蒙樂山，接景東府界。西北有威遠江，一名谷寶江，下流合瀾滄江。東北距布政司十九程。

灣甸禦夷州　本灣甸長官司。永樂元年正月析麓川平緬地置，直隸都司。三年四月升爲州，直隸布政司。西北有高黎共山。北有姚關，與順寧府界。東北距布政司二十程。

鎮康禦夷州元鎮康路。洪武十五年三月爲府。十七年降爲州，後廢，以其地屬灣甸州。永樂七年七月復置，直隸布政司。西有喳哩江，接潞江安撫司界。南有昔剌寨。西南有控尾寨。東北距布政司二十三程。

孟密宣撫司　本孟密安撫司。成化二十年六月析木邦地置。萬曆十三年升爲宣撫司。東北有南牙山，與南甸分界。西南有摩勒江，有大金沙江，俱與緬甸分界。又有寶井。北有猛乃、猛哈，東北有孟廣等部。東北距布政司三十三程。

蠻莫安撫司　萬曆十三年析孟密地置。東北有等練山。西南有那莫江，下流入大金沙江。又西有孟木寨。東北距布政司三十一程。

者樂甸長官司　永樂元年正月析麓川平緬地置，直隸都司，後改隸布政司。南有瀾滄江。又東有景來河，自景東府流入，下流入馬龍江。東北距布政司千一百七十里。

鈕兀禦夷長官司　宣德八年十月以和泥之鈕兀、五隆二寨置，北距布政司十六程。

芒市禦夷長官司元芒施路。洪武十五年三月爲府，後廢。正統八年四月改置，屬金齒軍民指

揮司，後直隸布政司。西南有永昌幹山，又有孟契山。又有大盈江，西南經青石山下，又西有麓川江來合焉。東北距布政司二十三程。

孟璉長官司舊爲麓川平緬司地，後爲孟定府。永樂四年四月置，直隸都司。東南有木來府，元置，洪武十五年三月因之，後廢。東北距布政司二十三程。

大古剌軍民宣慰使司在孟養西南。亦曰擺古，濱南海，與暹羅鄰。

底馬撒軍民宣慰使司在大古剌東南。

小古剌長官司

茶山長官司

底板長官司

孟倫長官司

八家塔長官司皆在西南極邊。俱永樂四年六月置。

剌和莊長官司　永樂四年十月置，直隸都司。

促瓦長官司

散金長官司舊俱爲麓川平緬司地。永樂六年四月置。

里麻長官司〔二〇〕　永樂六年七月析孟養地置，直隸都司。

八寨長官司　永樂十二年九月置，直隸都司。

底兀剌宣慰使司　永樂二十二年三月置。地舊爲大古剌所據，上諭還之，故置司。

廣邑州　本金齒軍民司之廣邑寨。宣德五年五月升爲州。八年十一月直隸布政司。正統元年三月徙於順寧府之右甸。

貴州　禹貢荆、梁二州徼外。元爲湖廣、四川、雲南三行中書省地。洪武十五年正月置貴州都指揮使司，治貴州宣慰司。其民職有司則仍屬湖廣、四川、雲南三布政司。永樂十一年置貴州等處承宣布政使司。與都指揮司同治。領府八，州一，縣一，宣慰司一，長官司三十九。後領府十，州九，縣十四，宣慰司一，長官司七十六。北至銅仁，與湖廣、四川界。南至鎮寧，與廣西、雲南界。東至黎平，與湖廣、廣西界。西至普安，與雲南、四川界。距南京四千二百五十里，

京師七千六百七十里。弘治四年，編戶四萬三千三百六十七，口二十五萬八千六百九十三。萬曆六年，戶四萬三千四百五，口二十九萬九百七十二。

貴陽軍民府　本程番府。成化十二年七月分貴州宣慰司地置，治程番長官司。隆慶二年六月移入布政司城，與宣慰司同治。三年三月改府名貴陽。萬曆二十九年四月升爲軍民府。領州三，縣二，長官司十六。

新貴倚。本貴竹長官司，洪武五年正月置，屬宣慰司。萬曆十四年二月改置縣，來屬。西有獅子山。西北有木閣箐山，在水西境內。北有貴人峰。又西有白龍洞。北有烏江，源出水西，與四川遵義府分界，北流至四川彭水縣，入涪陵江。西北有陸廣河，下流入於烏江，有陸廣河巡檢司。又西有宅溪。又西北有蔡家關，一名響水關，又有闇水關。

貴定倚。萬曆三十六年析新貴縣及定番州地置。東有銅鼓山，有石門山。南有高速山，有南門河。又東有龍洞河，下流俱入陸廣河。

開州　崇禎四年十一月以副宣慰洪邊舊地置。西南距府一百二十里。

廣順州　本金筑長官司。洪武五年三月置，屬四川行省。十年正月改安撫司。十九年十二月屬廣西。二十七年仍屬四川。二十九年屬貴州衞。正統三年八月直隸貴州布

政司。成化十二年七月屬程番府。隆慶二年六月屬貴陽府。萬曆四十年置州。東南有天臺山。北有天生橋。南距府一百一十里。

定番州元程番武勝軍安撫司。洪武五年罷。成化十二年七月置程番府，領金筑安撫司，上馬橋、大龍番、小龍番、程番、方番、韋番、卧龍番、洪番、小程番、盧番、羅番、金石番、盧山、木瓜、大華、麻响十六長官司。隆慶二年六月移府入布政司城。萬曆十四年三月置州。距府八十五里，領長官司十六。

程番長官司倚。洪武五年三月置，屬貴州衞。正統三年八月屬貴州宣慰司。成化十二年七月屬程番府。萬曆十四年三月屬州。北有青巖。南有都泥江，源出州西北亂山中，曰濛潭，經司南，州境之水皆流合焉，入廣西南丹州界。下十二司所屬倣此。

小程番長官司州西北。元小程番安撫司。洪武六年正月改置。

上馬橋長官司州西北。洪武十五年六月置。

盧番長官司州北。元盧番靜海軍安撫司。洪武六年正月改置，省元盧番蠻夷軍民長官司入焉。

韋番長官司州南。元韋番蠻夷長官司。洪武十五年六月改置。

方番長官司州南。元方番河中府安撫司。洪武五年改置。

洪番長官司州西。元洪番永盛軍安撫司。洪武六年正月改置。

卧龍番長官司州南。元卧龍番南寧州安撫司。洪武五年改置。

小龍番長官司州東南。元小龍番靜蠻軍安撫司。洪武六年正月改置。

大龍番長官司州東南。元大龍番應天府安撫司。洪武五年改置。

金石番長官司州東。元金石番太平軍安撫司。洪武五年改置。

羅番長官司州南。元羅番大龍遏蠻軍安撫司。洪武五年改置。

盧山長官司州南。元盧山等處蠻夷軍安撫司。洪武六年正月改置。

木瓜長官司元木瓜等處蠻夷軍民長官司。洪武五年改置，屬貴州衞。正統三年八月屬金筑安撫司。成化十二年七月，屬程番府。萬曆十四年三月屬州。下二司倣此。

麻响長官司洪武七年六月置。

大華長官司洪武七年六月置。

貴州宣慰使司元改順元路軍民安撫司置，屬湖廣行省。洪武五年正月屬四川行省。九年六月屬四川布政司。永樂十一年二月來屬。有沙溪、的澄河二巡檢司。又有黄沙渡、龍谷二土巡檢司。領長官司七。

水東長官司宣慰司北。元水東寨長官司。洪武五年改置，後廢。永樂元年六月置，屬都司，後來屬。

中曹蠻夷長官司宣慰司東南。元中曹白納等處長官司，〔三一〕屬管番民總管。洪武五年改置，來屬。

龍里長官司宣慰司東。元龍里等寨長官司，屬管番民總管。洪武五年改置，來屬。

白納長官司宣慰司東南。元茶山白納等處長官司。洪武五年并入中曹司。永樂四年五月置，來屬。

底寨長官司宣慰司北。元底寨等處長官司。洪武五年改置。

乖西蠻夷長官司宣慰司東北。元乖西軍民府，屬管番民總管。洪武五年改置，後廢。永樂元年六月復置，屬都司，後來屬。

養龍坑長官司宣慰司北。元養龍坑宿徵等處長官司。洪武五年改置。

安順軍民府元安順州，屬普定路。洪武十五年三月屬普定府。十八年直隸雲南布政司。二十五年八月屬四川普定衞。正統三年八月直隸貴州布政司。成化中，徙州治普定衞城。萬曆三十年九月升安順軍民府。普定衞舊在州西北，洪武十五年正月置，屬四川都司。三月升軍民指揮使司。正統三年改屬貴州都司。成化中，州自衞東南來同治。西北有舊坡山，兩峰相對，中有石關。東有巖孔山。北有猷喜嶺，又有思臘河，接水西界。西南有北盤江，自雲南霑益州流入。東南有九溪河。又東有元普定路，屬雲南行省，洪武十五年三月爲府，屬雲南布政司，尋并軍民府，改屬四川布政司，十八年七月廢。領州三，長官司六。東距布政司百五十里。

寧谷寨長官司府西南。洪武十九年置，屬安順州。二十五年八月屬普定衞。正統三年八月仍來屬。下倣此。東南有乾海子。

西堡長官司府西北。建置所屬同上。北有浪伏山，元置習安州於山下，屬普定路，洪武十五年三月屬普定府，後廢。又北有白石巖。東南有楚油洞山。北有谷龍河，下流合烏江。

鎭寧州元至正十一年四月以火烘夷地置，屬普定路。洪武十五年三月屬普定府。二十五年八月屬普定衞，後僑治衞城。正統三年八月直隸貴州布政司。嘉靖十一年六月徙州治安莊衞城。萬曆三十年九月屬府。安莊衞，舊在州西，洪武二十三年五月置，屬貴州都司。萬曆三十五年九月，州自衞東來同治。南有白水河，又有烏泥江，卽都泥江，源出山箐中，東南流，入金筑安撫司境。東距府五十五里。領長官司二。

十二營長官司州北。洪武十九年置，屬安順州。二十五年八月屬普定衞。正統三年八月來屬。下倣此。東北有天生橋，又有公具河。北有阿破河。

康佐長官司州東。建置所屬同上。

永寧州元以打罕夷地置，屬普定路。洪武十五年三月屬普定府。二十五年八月屬普定衞，後僑治衞城。正統三年八月直隸貴州布政司。嘉靖十一年三月徙州治關索嶺守禦千戶所城。萬曆三十年九月屬府。關索所舊在州西南，洪武二十五年置，屬安莊衞。萬曆三十年九月，州自所東北來同治。西北有紅崖山。西有北盤江，自普安州流入，有盤江河巡檢司。東北距府一百二十里。領長官司二。

慕役長官司州西。洪武十九年置，屬安順州。二十五年八月屬普定衞。正統三年八月來屬。下倣此。北有安籠箐山。〔三〕西北有象鼻嶺。東有北盤江，與永寧州分界，東南流，南盤江自雲南羅平州來合焉，又南入廣西泗城州界。

頂營長官司州北。洪武四年置，所屬同上。東有關索嶺。西有盤江。

普安州　本貢寧安撫司。建文中置，屬普安軍民府。永樂元年正月改普安安撫司，屬四川布政司。十三年十二月改爲州，直隸貴州布政司。萬曆十四年二月徙治普安衞城。三十年九月屬府。普安衞舊在州南，洪武十五年正月置，屬雲南都司，後改屬貴州都司。二十二年三月升軍民指揮使司。萬曆十四年二月，州自衞北來同治。東有八部山，元普安路治山下，屬雲南行省，洪武十五年三月爲府，屬雲南布政司，尋升軍民府，二十七年四月改屬四川，永樂後廢。東北有格孤山。又西北有番納牟山，一名雲南坡。又東南有得都山，一名白崖，產雄黃水銀。又東有盤江。東南有者卜河，下流入於盤江。東有芭蕉關。西有分水嶺關。東南有安籠箐關。又西南有樂民守禦千戶所，西有平夷守禦千戶所，俱洪武二十二年置，又東南有安南守禦千戶所，又有安籠守禦千戶所，俱洪武二十三年置，皆屬普安衞。正統十年四月徙安南所於羅渭江。

東北距府三百三十五里。

都勻府　本都勻安撫司。洪武十九年十二月置。二十三年十月改都勻衞，屬貴州都司。二十九年四月升軍民指揮使司，屬四川布政司。永樂十七年仍屬貴州都司。弘治七年五月置都勻府於衞城。西有龍山。南有獨山鎮巡檢司。北有平定關，西有威鎮關，俱洪武二十四年置。領州二，縣一，長官司八。西北距布政司二百六十里。

都勻長官司府南。元上都勻等處軍民長官司。洪武十六年更名。南有都勻河，亦名馬尾河。

邦水長官司府西。元中都雲板水等處軍民長官司，屬管番民總管。洪武十六年更名。邦水河在東南，本名扳河，卽都勻河上源。

平浪長官司府西。洪武十六年置。西南有凱陽山，上有滅苗鎮，卽故凱口囤。東南有麥沖河。

平洲六洞長官司府西南。洪武十六年置。西南有六洞山。南有平洲河，中有沙洲。

麻哈州　本麻哈長官司。洪武十六年置，屬平越衞。弘治七年五月升爲州，來屬。南有麻哈江，卽邦水河之上源。南距府六十里。領長官司二。

樂平長官司州西北。洪武二十四年五月置，屬雲南，後屬平越衞。弘治七年五月來屬。東北有馬場山。南有樂平溪。

平定長官司州西北。洪武二十二年置，屬平越衞。三十年屬清平衞。弘治七年五月來屬。東有山江河。

獨山州　本九名九姓獨山州長官司。洪武十六年置，屬都勻衞。弘治七年五月升爲獨山州，屬府。南有獨山，有獨山江，卽都勻河下流，南入廣西天河縣界，爲龍江。北距府百五十里。領縣一，長官司二。

清平府北。本清平長官司，洪武二十二年置，屬平越衞。三十年屬清平衞。弘治七年五月改爲縣，屬麻哈州，後來屬。東有香爐山，嘉靖十二年四月徙清平衞中左所於此。北有雲溪洞。南有木級坡。又東有山江河，源出香爐山，有舟溪江流合焉，亦都勻河上源。又南有雞場關，北有羅沖關，俱洪武二十五年置。又東北有黎樹等寨。

合江洲陳蒙爛土長官司州東。洪武十六年置，屬都勻衞。弘治七年五月屬州。東南有梅花洞。

豐寧長官司州西南。洪武二十三年置，屬都勻衞。弘治七年五月屬州。西南有行郎山。

平越軍民府元平月長官司。洪武十四年置平越守禦千戶所。十五年閏二月改爲平越衞。十七年二月升軍民指揮使司。領長官司五，屬四川布政司，尋屬貴州都司。萬曆二十九年四月置平越軍民府於衞城，以播州地益之，屬貴州布政司。東有巖黎山，又有七盤坡。東南有麻哈江，其上源卽黃平州之兩岔江。南有馬場江，又有羊場河，俱東入於麻哈江。南有武勝關。西南有通津關。東南有羊場關。領衞二，州一，縣三，長官司二。西距布政司百八十里。

清平衞　洪武二十三年六月置，屬貴州都司。萬曆二十九年來屬。衞治在清平縣北一里。西

南距府六十里。

興隆衞　洪武二十二年六月置，屬貴州都司。萬曆二十九年來屬。北有龍岩山，亦名龍洞山。又有截洞，甚深險。東有飛雲岩。西南距府百二十里。

黃平州　本黃平安撫司。洪武七年十一月置，屬播州宣慰司。萬曆二十九年四月改爲州，來屬。東有七里谷。西南有兩岔江，以兩源合流而名。又東有冷水河。西北有黃平守禦千戶所，洪武十一年正月置，十五年正月改爲衞，閏二月仍爲千戶所。南距府三十里。

餘慶州西。本餘慶長官司，洪武十七年置，屬播州宣慰司。萬曆二十九年六月改爲縣，〔三〕來屬。東有白泥長官司，亦洪武十七年置，屬播州宣慰司，萬曆二十九年四月省入餘慶縣。南有小烏江，下流入於烏江。東南有白泥河，下流合於思南河。又有走馬坪寨，嘉靖三十四年置。

甕安州西北。本甕水安撫司，洪武初置。萬曆二十九年四月改爲縣，來屬。東有草塘安撫司，洪武十七年六月置，又有重安長官司，永樂四年九月置，俱屬播州宣慰司，萬曆二十九年四月俱省入甕安縣。東南有萬丈山。西有烏江，縣境諸山溪之水皆流合焉。又有黃灘關。東北有飛練堡，有天邦囤，西有西坪等寨。

湄潭州北。萬曆二十九年四月以播州湄潭地置。西有容山長官司，洪武中置，屬播州宣慰司。萬曆二十九年省入湄潭縣。南有湄潭水，又西有三江水，下流俱入於烏江。

凱里長官司府東北。本凱里安撫司，嘉靖八年二月分播州宣慰司地置，屬清平衞。萬曆二十九年來屬。三十

中華書局

五年六月改爲長官司。

楊義長官司府東南。洪武初置，屬平越衞。萬曆二十九年屬府。西有杉木箐山。又有清水江，上流自新添衞流入，經城西，又名皮隴江，北經乖西、巴香諸苗界，而入烏江。

黎平府 本思州宣慰司地。洪武十八年正月置五開衞，屬湖廣都司，後廢。三十五年十一月復置。永樂十一年二月置黎平府於衞城，屬貴州布政司。弘治十年徙府治衞南。萬曆二十九年十一月改府屬湖廣。三十一年四月還屬貴州。南有寶帶山。東有摩天嶺。東北有銅鼓廠。西有新化江。又有福祿江，共上源爲古州江，下流入廣西懷遠縣境。西南有黎平守禦千戶所，洪武二十一年九月置，屬五開衞。領縣一，長官司十三。西距布政司六百三十里。

永從府南。本元福祿永從軍民長官司。洪武中改置福祿永從蠻夷長官司，後廢。永樂元年正月復置，屬貴州衞。十二年三月來屬。正統六年九月改爲縣。南有福祿江，有彩江流合焉。又有永從溪。

潭溪蠻夷長官司府東南。元潭溪長官司。洪武三年正月改置，屬湖廣辰州衞。三月改屬湖廣靖州衞，後廢。永樂元年正月復置，屬貴州衞。十二年三月來屬。西南有銅關鐵寨山。南有潭溪。

八舟蠻夷長官司府北。元八舟軍民長官司。洪武五年改置，後廢。永樂元年正月復置，屬貴州衞。十二年三月來屬。西南有八舟江，源自府城，西爲三十里江，北流經此，又東北爲新化江。

洪舟泊里蠻夷長官司府東南。元洪舟泊里軍民長官司。洪武初改置，後廢。永樂元年正月復置，屬貴州衞。十三年三月來屬。北有洪舟江，〔二四〕下流合於湖廣靖州之渠河。西南有中潮守禦千戶所，洪武二十一年九月置，屬五開衞。

曹滴洞蠻夷長官司府西北。元曹滴等洞軍民長官司。洪武初改置，後廢。永樂元年正月復置，屬貴州衞。十二年三月來屬。西南有容江，源出苗地，北流入福祿江。

古州蠻夷長官司府西北。元古州八萬洞軍民長官司。洪武三年正月改置，屬湖廣辰州衞。三月改屬湖廣靖州衞，後廢。永樂元年正月復置，屬貴州衞。十二年三月來屬。有古州衞，洪武二十六年置，尋廢。東北有古州江。

西山陽洞蠻夷長官司府西南。洪武初置，後廢。永樂元年正月復置，屬貴州衞。十二年三月來屬。西北有大巖山，大巖江出焉，東南入於福祿江。

新化蠻夷長官司府東北。元新化長官司。洪武三年正月改置，屬湖廣辰州衞，三月改屬湖廣靖州衞，後廢。永樂元年正月復置，屬貴州衞。十一年二月置新化府於此，領湖耳、亮寨、歐陽、新化、中林驗洞、龍里六蠻夷長官司，赤溪湳洞長官司。宣德九年十一月，府廢，以所領俱屬黎平府。西有六叠山。東南有新化江，又西北合於清水江。又東有新化亮寨守禦千戶所，洪武二十一年九月置，西南有新化屯千戶所，洪武二十五年置，俱屬五開衞。

湖耳蠻夷長官司府東北。元湖耳洞長官司。洪武三年正月改置，屬湖廣辰州衞。三月改屬湖廣靖州衞，後廢。永樂元年正月復置，屬貴州衞。十二年三月屬新化府，府廢，來屬。西有銅鼓衞，本銅鼓守禦千戶所，洪武二十一年九月置，屬五開衞，三十年改所爲衞，屬湖廣都司，後二年廢，三十五年十一月復置，屬湖廣都司。

亮寨蠻夷長官司府東北。本八萬亮寨蠻夷長官司。洪武三年正月置，屬湖廣辰州衞。三月屬湖廣靖州衞，後廢。永樂元年正月復置，改名，屬貴州衞。十二年三月屬新化府，府廢，來屬。

歐陽蠻夷長官司府東北。元歐陽寨長官司。洪武三年正月改置，屬湖廣辰州衞。三月改屬湖廣靖州衞，後廢。永樂元年正月復置，屬貴州衞。十二年三月屬新化府，府廢，來屬。

中林驗洞蠻夷長官司府北。洪武初置，後廢。永樂元年正月復置。十二年三月屬新化府，府廢，來屬。下二司倣此。

赤溪湳洞蠻夷長官司府東北。

龍里蠻夷長官司府北。南有龍里守禦千戶所，洪武二十五年置，屬五開衞。

思南府元思南宣慰司，屬湖廣行省。洪武四年改屬四川。六年十二月陞爲思南道宣慰使司，仍屬湖廣。永樂十一年二月改爲府，屬貴州布政司。隆慶四年三月徙治平溪衞。尋復故。有都儒五堡二坑等處巡檢司。又有覃韓偏力水土巡檢司。又有板橋巡檢司，舊屬石阡府，後來屬。領縣三，長官司三。西南距布政司六百二十里。

安化倚。本水特姜長官司，元屬思州安撫司。洪武初，改曰水德江，屬思南宣慰司。永樂十二年三月屬府。萬曆三十三年改置安化縣。西南有崖門山。南有萬勝山。又有烏江，自石阡府流入，經城西鮎魚峽北，入四川彭水縣界，合涪陵江。東南有水德江，即烏江之分流，又有思印江流合焉，下流亦入於涪陵江。舊有洪安、化濟二長官司，屬思南宣慰司，洪武二十六年五月省。東有水勝關。南有武勝關。北有太平關。

蠻夷長官司倚。洪武十年十月置，屬思南宣慰司。永樂十二年三月屬府。

婺川府北。元屬思州安撫司。洪武五年屬鎮遠州。十七年後仍屬思州。永樂十二年三月來屬。東有河只水，又有羅多水，下流俱注於水德江。

印江府東。本思印江長官司，元屬思南宣慰司。永樂十二年三月屬府。弘治七年六月改爲印江縣。

沿河祐溪長官司府東北。洪武七年十月置，屬思南宣慰司。永樂十二年三月屬府。

朗溪蠻夷長官司府東。洪武七年十月置，屬思南宣慰司。永樂十二年三月屬烏羅府。正統三年五月，府廢，來屬。有厥溪蠻夷長官司，亦洪武七年十月置，尋廢。

思州府元思州宣慰司。永樂十一年二月改爲府，屬貴州布政司。領長官司四。西距布政司七百五十里。

都坪峩異溪蠻夷長官司倚。洪武六年置，二十五年省。永樂十二年三月復置。南有褒山。西北有江頭山。東有異溪。東北有平溪，上有關，洪武二十二年三月置平溪衞於此，屬湖廣都司，萬曆二十九年十一月改屬貴州，三十一年四月還屬湖廣。又有鮎魚關。南有黃土關。又東北有晃州驛，路出湖廣沅州。

都素蠻夷長官司府西。永樂十二年三月置，屬府。

施溪長官司府北。元施溪樣頭長官司。洪武五年改名，屬湖廣沅州衞。永樂十二年三月來屬。東有施溪。

黃道溪長官司府東北。元屬思州宣慰司。永樂十二年三月屬府。西南有黃道溪。

鎭遠府元鎭遠府，屬思州安撫司。洪武四年降爲鎭遠州，屬思南宣慰司。五年六月直隸湖廣。永樂十一年二月置鎭遠府於州治，屬貴州布政司。正統三年五月省州入焉。領縣二，長官司三。西距布政司五百三十里。

鎭遠倚。本鎭遠溪洞金容金達蠻夷長官司，洪武二年二月置，屬思南宣慰司。永樂十二年三月屬州。正統三年五月改屬府。弘治七年十月改爲鎭遠縣。北有石崖山。東有中河山，以兩水夾流而名。東北有鐵山。又東有觀音山，有馬場坡。東南有巴邦山。西有平冒山。南有鎭陽江，一名鎭南江，亦曰潕水，上受興隆、黃平諸水，東流三百里，入於沅江。又東北有鐵溪，出鐵山，下流入鎭陽江。又西有油榨關。有焦溪關、梅溪關。又有清浪關，清浪衞治於此，又西有偏橋，偏橋衞在焉，俱洪武二十三年四月置。西南有鎭遠衞，洪武二十二年七月

置。俱屬湖廣都司，萬曆二十九年十一月俱改屬貴州，三十一年四月還屬湖廣。

施秉府西南。本施溪蠻夷長官司，洪武五年置，屬思南宣慰司。永樂十二年三月屬州。正統九年七月改爲縣。天啓元年四月省。崇禎四年十一月復置。南有洪江，卽鎭陽江。

偏橋長官司府西。元偏橋中寨蠻夷軍民長官司。洪武五年改置，屬思南宣慰司。永樂十二年三月來屬。

邛水十五洞蠻夷長官司府東。元邛水縣。洪武五年改置圖羅、得民、曉隆、陂帶、邛水五長官司，屬思州宣慰司。二十九年以四司幷入邛水司，屬思南宣慰司。永樂十二年三月屬府。

臻剖六洞橫坡等處長官司府西。本臻剖、六洞、橫坡三長官司，洪武二十二年置，屬鎭遠衞，後幷爲一司。

銅仁府　本思州宣慰司地。永樂十一年二月置銅仁府。領縣一，長官司五。西南距布政司七百七十里。

銅仁倚。元銅人大小江等處蠻夷軍民長官司，屬思州安撫司。〔三五〕洪武初，改置銅仁長官司，屬思南宣慰司。永樂十二年三月置府治於此。萬曆二十六年四月改爲縣。南有銅崖山。又有新坑山，產硃砂水銀。西南有銅仁大江，西北有小江流合焉，下流入沅州界，注於沅江。

省溪長官司府西。元省溪壩場等處蠻夷長官司，屬思州安撫司。洪武初，改名，屬思南宣慰司。永樂十二年三月來屬。西有迪邏江，卽省溪，產金。

提溪長官司府西。元提溪等處軍民長官司，屬思州安撫司。洪武初，改名，屬思南宣慰司。永樂十二年三月來屬。東有印江。西有提溪，產砂金。

大萬山長官司府南。元大萬山蘇葛辦等處軍民長官司，屬思州安撫司。洪武初，改名，屬思南宣慰司。永樂十二年三月來屬。

烏羅長官司府西。元烏羅龍干等處長官司，屬思州安撫司。洪武初，更名，屬思南宣慰司。永樂十一年二月置烏羅府，領朗溪蠻夷長官司，烏羅、答意、治古、平頭著可四長官司治於此。正統三年五月，府廢，來屬。西有九龍山，銅仁大江源於此。又西南有觀音團，亦曰烏羅洞。南有九江。又有木耳溪，亦曰九十九溪，下流亦入沅江。

平頭著可長官司府西北。元平頭著可通達等處長官司，屬思州安撫司。洪武七年十月改置，屬思南宣慰司。永樂十二年三月屬烏羅府，府廢，來屬。又有答意長官司，治古寨長官司，俱永樂三年七月置，屬貴州宣慰司，十二年三月改屬烏羅府，正統三年五月俱與府同廢。

石阡府　本思州宣慰司地。永樂十一年二月置石阡府。領縣一，長官司三。西南距布政司六百三十里。

石阡長官司倚。元石阡等處軍民長官司，屬思州安撫司。洪武初改置，屬思州宣慰司。永樂十二年三月爲石

阡府治。西有崖門山。南有秋滿洞。西有烏江，自四川遵義府流入，東北入思南府界。有石阡江，下流入於烏江。

龍泉府西。本龍泉坪長官司，元爲思州安撫司治。洪武七年七月復置，屬思州宣慰司。永樂十二年三月來屬。萬曆二十九年四月改爲縣。北有騰雲洞。南有鄧坎等寨。

苗民長官司府西南。洪武七年十月置，屬思州宣慰司。永樂十二年三月來屬。

葛彰葛商長官司府南。元屬思州安撫司。洪武中屬思州宣慰司。永樂十二年三月來屬。

龍里衞軍民指揮使司　洪武二十三年四月置衞。二十九年四月升軍民指揮使司。西有蓮花涇，又有加牙河，下流入甕首河。東南有平伐長官司，本元平伐等處長官司，洪武十五年改置，屬貴州衞，二十八年屬龍里衞，萬曆十四年二月省入新貴縣。又西有長衝關。東有龍聳關。領長官司一。西距布政司五十里。

大平伐長官司衞南。洪武十九年置，屬貴州衞。二十八年來屬。東北有谷峽山。東南有甕首河，下流合清水江。

新添衞軍民指揮使司元新添葛蠻安撫司，後廢。洪武二十二年置新添千戶所，屬貴州衞。二十三年二月改爲新添衞，屬貴州都司。二十九年四月升軍民指揮使司。領長官司五。西距布政司百十里。

新添長官司衛。洪武四年置。東有憑虛洞，一名豬母洞。西北有清水江。西南有夔城河，有夔城河土巡檢司。又東有谷忙關。

小平伐長官司衛西南。洪武十五年六月置，屬貴州衛，尋屬龍里衛。二十九年來屬。

把平寨長官司衛南。洪武十五年六月置，屬貴州衛，尋屬龍里衛。二十九年來屬。

丹平長官司衛西南。洪武三十年置，尋省。永樂二年復置。

丹行長官司衛西南。洪武三十年置，尋省。永樂二年復置。

安南衛　洪武十五年正月置尾灑衛於此，尋廢。二十三年十二月復置，更名，屬貴州都司。南有尾灑山。東有盤江山，有清源洞。又有北盤江，自雲南霑益州流入，又南入安順府界。東南有者卜河，自普安州流入，注於盤江。西有江西陂，初置柵屯守於此，尋徙於尾灑，築城爲衛。南有烏鳴關，亦洪武中置。東北距布政司三百四十里。

威清衛　洪武二十三年六月置，屬貴州都司。北有羊耳山。西有的澄河，卽陸廣河上流。西北有鴨池河，卽烏江。西距布政司六十里。

平壩衛　洪武二十三年閏四月置，屬貴州都司。東南有南仙洞，有馬頭山。東有東溪。西南距布政司八十里。

畢節衛　洪武十七年二月置，屬貴州都司。東有木稀山，有關。又有響水河。南有善欲關，西有老鴉關，俱洪武中置。東北有層臺衛，洪武二十一年九月置，二十七年六月廢。領守禦所一。東南距布政司四百五十里。

守禦七星關後千戶所衛西。洪武二十一年置，屬烏撒衛。永樂中來屬。有七星關河，亦曰可渡河，源出四川烏撒府，卽北盤江上流，七星關在其上，下流入雲南霑益州界。

赤水衛　洪武二十一年十月置，北有雪山，〔三六〕上有關。東有赤水河，有赤水關。領所四。距布政司六百二十里。

摩尼千戶所衛北。

白撒千戶所〔三七〕衛東南。二所俱洪武二十二年九月置。

阿落密千戶所衛南。

前千戶所衛南。二所俱洪武二十七年置。

普市守禦千戶所　洪武二十三年三月析永寧宣撫司地置，直隸貴州都司。東有木案山。西南有水腦洞。又東南有龍泉洞。距布政司七百二十里。

敷勇衛　本劄佐長官司。洪武五年改元落邦札佐等處長官司置，屬貴州宣慰司。崇禎三年改置，屬貴州都司。東有陽明洞。西有三湘水。北有烏江，有陸廣河。領所四。南距布政司五十里。

於襄守禦千戶所衛西。本青山長官司，洪武五年改元青山遠地等處長官司置，屬貴州宣慰司。崇禎三年改置。

息烽守禦千戶所衛東北。崇禎三年以貴州前衛故絕六屯幷割底寨司地置。西有西望山。南有石天洞。北有烏江。

濯靈守禦千戶所衛北。西有陸廣河，北流合烏江。

修文守禦千戶所衛東北。二所俱宣慰司水西地，崇禎三年同置。

鎮西衛　崇禎三年以宣慰司水西地置。北有天柱洞，又有鴨池河，卽烏江異名。領所四。西南距布政司六十里。

威武守禦千戶所衛東。

赫聲守禦千戶所衛北。有鴨池河。

柔遠守禦千戶所衛□。

定遠守禦千戶所衛□。以上俱水西地，崇禎三年與衛同置。

校勘記

〔一〕東有秀嵩山　秀嵩山，原作「禿高山」，據寰宇通志卷一一一、明一統志卷八六改。寰宇通志稱：

「聳秀插霄漢，環州諸山，惟此爲最。」

〔二〕洪武二十三年三月以古魯昌地置　三月，太祖實錄卷二〇〇將此事繫於洪武二十三年二月癸亥。

〔三〕西南有喬甸　喬甸，明史稿志二二地理志、讀史方輿紀要卷一一四、嘉慶重修一統志卷四八四作「蕎甸」。

〔四〕又有哇山　哇山，原作「畦山」，據明史稿志二二地理志、讀史方輿紀要卷一一四改。

〔五〕領州六縣五　縣五，原作「縣四」。按下文記臨安府的領縣是五不是四，據改。

〔六〕西北右有火燄山　按「右」字非衍卽爲「又」字之譌。

〔七〕東有菜玉山　菜玉山，原作「采玉山」，據明史稿志二二地理志、明一統志卷八六改。清一統志卷三七一菜玉山下稱：「產石碧潤如玉，謂之菜玉。」

〔八〕西南有浣江　浣江，原作「沅江」，據明史稿志二二地理志、讀史方輿紀要卷一一五改。

〔九〕又東北有綠溪河　綠溪河，明史稿志二二地理志作「碌溪河」，讀史方輿紀要卷一一五作「碌碟河」，並稱「在碌碟山下」。

〔一〇〕東有平甸河　平甸河，原作「平甸河司」，衍「司」字。據明史稿志二二地理志、讀史方輿紀要卷一一五刪。

〔一一〕北有螺盤山　螺盤山，原作「累盤山」，據明史稿志二二地理志、明一統志卷八六改。讀史方輿紀要卷一一六稱：「螺盤山，山頂盤旋，形如螺髻，故名。」

〔一二〕源出三窠山　三窠山，原作「三菓山」，據下文及明史稿志二二地理志、明一統志卷八七改。讀史方輿紀要卷一一六有三窠關，稱「在三窠山上」。

〔一三〕又東有三汊河至南有母瓜關　原脱「東」字，據讀史方輿紀要卷一一六補。母瓜關，原作「毋瓜關」，據明史稿志二二地理志、讀史方輿紀要卷一一六改。

〔一四〕東北有周官步海子　周官步海子，原作「周官步子海」，據明史稿志二二地理志、寰宇通志卷一一一、讀史方輿紀要卷一一七改。按本志劍川州下，「南有劍川湖，俗呼海子」，又永寧府下，「東南有魯窟海子」，作「海子」是。

〔一五〕西北有臨西縣　臨西縣，原作「臨江縣」，據明史稿志二二地理志、寰宇通志卷一一三、明一統志卷八七改。元史卷六一地理志：「臨西縣，以西臨吐蕃境故也。」

〔一六〕元永寧州屬麗江路　原作「元屬麗江永寧州路」，據元史卷六一地理志、讀史方輿紀要卷一一七改。

〔一七〕亦日大車江　大車江，原作「大車湖」，據明史稿志二二地理志、寰宇通志卷一一三、明一統志卷八七改。讀史方輿紀要卷一一八，大車江在州西，大車湖在州南。

〔一八〕又西南有疊水河　疊水河，原作「壘水河」，據明史稿志二二地理志、讀史方輿紀要卷一一八改

〔一九〕治浦關　浦關，明史稿志二二地理志、明一統志卷八七、讀史方輿紀要卷一一八都作「蒲關」

〔二〇〕里麻長官司　里麻，原作「麻里」，據本書卷三一五里麻傳，太宗實録卷五七永樂六年七月丙辰條、又卷六九永樂八年四月庚申條改。

〔二一〕元中曹百納等處長官司　百納，下文作「白納」，同名異譯。

〔二二〕北有安籠箐山　安籠箐山，原作「安寵箐山」，據明史稿志二二地理志、寰宇通志卷一一四、讀史方輿紀要卷一二一改。本志下文普安州注有安籠守禦千户所。

〔二三〕萬曆二十九年六月改爲縣　神宗實録卷三五八繫改縣於萬曆二十九年四月丙申。

〔二四〕洪州泊里蠻夷長官司至北有洪州江　「洪州泊里」及「洪州江」之「州」字原都作「舟」，據明史稿志二二地理志、寰宇通志卷一一四、明一統志卷八八改。

〔二五〕元銅人大小江等處蠻夷軍民長官司屬思州安撫司　大小江，原脱「江」字，長官司，原脱「司」字，「司」下原脱「屬」字，據明史稿志二二地理志、寰宇通志卷一一四、元史卷六三地理志補。

〔二六〕北有雪山　雪山，原作「雲山」，據明史稿志二二地理志、讀史方輿紀要卷一二三改。嘉慶重修一統志卷五〇九雪山下稱「方冬積雪，春盡始消」。

〔二七〕白撒千户所　白撒，原作「日撒」，據明史稿志二二地理志、讀史方輿紀要卷一二三改。

中華書局

清　張廷玉等撰

明史

第五冊

卷四七至卷六二（志）

中華書局

中華書局

明史卷四十七

志第二十三

禮一 吉禮一

周官、儀禮尚已，然書缺簡脫，因革莫詳。自漢史作禮志，後皆因之，一代之制始的然可考。歐陽氏云：「三代以下，治出於二，而禮樂爲虛名。」要其用之郊廟朝廷，下至閭里州黨者，未嘗無可觀也。惟能修明講貫，以實意行乎其閒，則格上下、感鬼神，敎化之成即在是矣。安見後世之禮，必不可上追三代哉。

明太祖初定天下，他務未遑，首開禮、樂二局，廣徵耆儒，分曹究討。洪武元年命中書省暨翰林院、太常司，定擬祀典。乃歷敍沿革之由，酌定郊社宗廟議以進。禮官及諸儒臣又編集郊廟山川等儀，及古帝王祭祀感格可垂鑒戒者，名曰存心錄。二年詔諸儒臣修禮書。明年告成，賜名大明集禮。其書準五禮而益以冠服、車輅、儀仗、鹵簿、字學、音樂，凡升降儀

節，制度名數，纖悉畢具。又屢敕議禮臣李善長、傅瓛、宋濂、詹同、陶安、劉基、魏觀、崔亮、牛諒、陶凱、朱升、樂韶鳳、李原名等，編輯成集。且詔郡縣舉高潔博雅之士徐一夔、梁寅、周子諒、胡行簡、劉宗弼、董彝、蔡深、滕公琰至京，同修禮書。在位三十餘年，所著書可考見者，曰孝慈錄，曰洪武禮制，曰禮儀定式，曰諸司職掌，曰稽古定制，曰國朝制作，曰大禮要議，曰皇朝禮制，曰大明禮制，曰洪武禮法，曰禮制集要，曰禮制節文，曰太常集禮，曰禮書。若夫釐正祀典，凡天皇、太乙、六天、五帝之類，皆爲革除，而諸神封號，悉改從本稱，一洗矯誣陋習，其度越漢、唐遠矣。又詔定國恤，父母並斬衰，長子降爲期年，正服旁服以遞而殺，斟酌古今，蓋得其中。

永樂中，頒文公家禮於天下，又定巡狩、監國及經筵日講之制。後宮罷殉，始於英宗。陵廟嫡庶之分，正於孝宗。暨乎世宗，以制禮作樂自任。其更定之大者，如分祀天地，復朝日夕月於東西郊，罷二祖並配，以及祈穀大雩，享先蠶，祭聖師，易至聖先師號，皆能折衷於古。獨其排衆議，祔睿宗太廟躋武宗上，徇本生而違大統，以明察始而以豐昵終矣。當時將順之臣，各爲之說。今其存者，若明倫大典，則御製序文以行之；祀儀成典，〔一〕則李時等奉敕而修；郊祀考議，則張孚敬所進者也。至大明會典，自孝宗朝集纂，其於禮制尤詳。世宗、神宗時，數有增益，一代成憲略具是焉。

今以五禮之序，條爲品式，而隨時損益者，則依類編入，以識沿革云。

壇壝之制　神位祭器玉帛牲牢祝册之數　籩豆之實

祭祀雜議諸儀　祭祀日期　習儀　齋戒　遣官祭祀

分獻陪祀

五禮，一曰吉禮。凡祀事皆領於太常寺而屬於禮部。明初以圜丘、方澤、宗廟、社稷、朝日、夕月、先農爲大祀，太歲、星辰、風雲雷雨、嶽鎮、海瀆、山川、歷代帝王、先師、旗纛、司中、司命、司民、司祿、壽星爲中祀，諸神爲小祀。後改先農、朝日、夕月爲中祀。凡天子所親祀者，天地、宗廟、社稷、山川。若國有大事，則命官祭告。其中祀小祀，皆遣官致祭，而帝王陵廟及孔子廟，則傳制特遣焉。每歲所常行者，大祀十有三：正月上辛祈穀、孟夏大雩、季秋大享、冬至圜丘皆祭昊天上帝，夏至方丘祭皇地祇，春分朝日於東郊，秋分夕月於西郊，四孟季冬享太廟，仲春仲秋上戊祭太社太稷。中祀二十有五：仲春仲秋上戊之明日祭帝社帝稷，仲秋祭太歲、風雲雷雨、四季月將及嶽鎮、海瀆、山川、城隍，霜降日祭旗纛於教場，仲秋祭城南旗纛廟，仲春祭先農，仲秋祭天神地祇於山川壇，仲春仲秋祭歷代帝王廟，春秋仲月上丁祭先師孔子。小祀八：孟春祭司戶，孟夏祭司竈，季夏祭中霤，孟秋祭司門，孟冬祭

司井，仲春祭司馬之神，清明、十月朔祭泰厲，又於每月朔望祭火雷之神。至京師十廟，南京十五廟，各以歲時遣官致祭。其非常祀而間行之者，若新天子耕耤而享先農，視學而行釋奠之類。嘉靖時，皇后享先蠶，祀高禖，皆因時特舉者也。

其王國所祀，則太廟、社稷、風雲雷雨、封內山川、城隍、旗纛、五祀、厲壇。府州縣所祀，則社稷、風雲雷雨、山川、厲壇、先師廟及所在帝王陵廟。各衞亦祭先師。至於庶人，亦得祭里社、穀神及祖父母、父母幷祀竈，載在祀典。雖時稍有更易，其大要莫能踰也。

至若壇壝之制，神位、祭器、玉帛、牲牢、祝册之數，籩豆之實，酒齊之名，析其彼此之異同，訂其初終之損益，臚於首簡，略於本條，庶無缺遺，亦免繁複云爾。

壇壝之制〔二〕

明初，建圜丘於正陽門外，鍾山之陽，方丘於太平門外，鍾山之陰。圜丘壇二成。上成廣七丈，高八尺一寸，四出陛，各九級，正南廣九尺五寸，東、西、北八尺一寸。下成周圍壇面，縱橫皆廣五丈，高視上成，陛皆九級，正南廣一丈二尺五寸，東、西、北殺五寸五分。甃磚闌楯，皆以琉璃爲之。壝去壇十五丈，高八尺一寸，四面靈星門，南三門，東、西、北各一。外垣去壝十五丈，門制同。天下神祇壇在東門外。神庫五楹，在外垣北，南向。廚房五楹，在外壇東北，西向。庫房五楹，南向。宰牲房三楹，天池一，又在外庫房之北。執事齋舍，在壇外垣之東南。坊二，在外門外橫甬道之東西。燎壇在內壝外東南丙地，高九尺，廣七尺，開上南出戶。方丘壇二成。上成，廣六丈，高六尺，四出陛，南一丈，東、西、北八尺，皆八級。下成，四面各廣二丈四尺，高六尺，四出陛，南丈二尺，東、西、北一丈，皆八級。壝去壇十五丈，高六尺。外垣四面各六十四丈，餘制同。南郊有浴室，瘞坎在內壝外壬地。

洪武四年改築圜丘。上成廣四丈五尺，高五尺二寸。〔三〕下成每面廣一丈六尺五寸，高四尺九寸。二成通徑七丈八尺。壇至內壝牆，四面各九丈八尺五寸。內壝牆至外壝牆，南十三丈九尺四寸，北十一丈，東、西各十一丈七尺。方丘，上成廣三丈九尺四寸，〔四〕高三尺九寸。下成每面廣丈五尺五寸，高三尺八寸，通徑七丈四寸。壇至內壝牆，四面皆八丈九尺五寸。內壝牆至外壝牆，四面各八丈二尺。

十年改定合祀之典。卽圜丘舊制，而以屋覆之，名曰大祀殿，凡十二楹。中石臺設上帝、皇地祇座。東、西廣三十二楹。正南大祀門六楹，接以步廊，與殿廡通。殿後天庫六楹。瓦皆黃琉璃。廚庫在殿東北，宰牲亭井在廚東北，皆以步廊通殿兩廡，後繚以圍牆。南爲石門三洞以達大祀門，謂之內壇。外周垣九里三十步，石門三洞南爲甬道三，中神道，左御道，右王道。道兩旁稍低，爲從官之地。齋宮在外垣內西南，東向。其後殿瓦易青琉璃。二十

一年增修壇壝，壇後樹松柏，外壝東南鑿池二十區，冬月伐冰藏凌陰，以供夏秋祭祀之用。成祖遷都北京，如其制。

嘉靖九年復改分祀。建圜丘壇於正陽門外五里許，大祀殿之南，方澤壇於安定門外之東。圜丘二成，壇面及欄俱青琉璃，邊角用白玉石，高廣尺寸皆遵祖制，而神路轉遠。內門四。南門外燎爐毛血池，西南望燎臺。外門亦四。南門外左具服臺，東門外神庫、神廚、祭器庫、宰牲亭，北門外正北泰神殿。正殿以藏上帝、太祖之主，配殿以藏從祀諸神之主。外建四天門。東曰泰元，南曰昭亨，西曰廣利。又西鑾駕庫，又西犧牲所，其北神樂觀。北曰成貞。北門外西北爲齋宮，迤西爲壇門。壇北，舊天地壇，卽大祀殿也。十七年撤之，又改泰神殿曰皇穹宇。二十四年又卽故大祀殿之址，建大享殿。方澤亦二成，壇面黃琉璃，陛增爲九級，用白石圍以方坎。內，北門外西瘞位，東燈臺，南門外皇祇室。外，西門外迤西神庫、神廚、宰牲亭、祭器庫，北門外西北齋宮。又外建四天門，西門外北爲鑾駕庫、遣官房、內陪祀官房。又外爲壇門，門外爲泰折街牌坊，護壇地千四百餘畝。

太社稷壇，在宮城西南，東西峙，明初建。廣五丈，高五尺，四出陛，皆五級。壇土五色隨其方，黃土覆之。壇相去五丈，壇南皆樹松。二壇同一壝，方廣三十丈，高五尺，甃磚，四門飾色隨其方。周垣四門，南靈星門三，北戟門五，東西戟門三。戟門各列戟二十四。洪武

中華書局

十年改壇午門右，社稷共一壇，爲二成。上成廣五丈，下成廣五丈三尺，崇五尺。外壝崇五尺，四面各十九丈有奇。外垣東西六十六丈有奇，南北八十六丈有奇。垣北三門，門外爲祭殿，其北爲拜殿。外復爲三門，垣東、西、南門各一。永樂中，建壇北京，如其制。帝社稷壇在西苑，壇址高六寸，方廣二丈五尺，甃細磚，實以淨土。壇北樹二坊，曰社街。王國社稷壇，高廣殺太社稷十之三。府、州、縣社稷壇，廣殺十之五，高殺十之四，陛三級。後皆定同壇合祭，如京師。

朝日、夕月壇，洪武三年建。朝日壇高八尺，夕月壇高六尺，俱方廣四丈。兩壝，壝各二十五步。二十一年罷。嘉靖九年復建，壇各一成。朝日壇紅琉璃，夕月壇用白。朝日壇陛九級，夕月壇六級，俱白石。各建天門二。

先農壇，高五尺，廣五丈，四出陛。御耕耤位，高三尺，廣二丈五尺，四出陛。

山川壇，洪武九年建。正殿、拜殿各八楹，東西廡二十四楹。西南先農壇，東南具服殿，殿南耤田壇，東旗纛廟，後爲神倉。周垣七百餘丈，垣內地歲種穀蔬，供祀事。嘉靖十年，改名天神地祇壇，分列左右。

太歲壇與嶽瀆同。嶽鎮海瀆山川城隍壇，據高阜，南向，高二尺五寸，方廣十倍，四出陛，南向五級，東西北三級。王國山川壇，高四尺，四出陛，方三丈五尺。天下山川所在壇，

高三尺，四出陛，三級，方二丈五尺。

神位祭器玉帛牲牢祝册之數

神位

圜丘。洪武元年冬至，正壇第一成，昊天上帝南向。第二成，東大明，星辰次之，西夜明，太歲次之。二年奉仁祖配，位第一成，西向。三年，壇下壝內，增祭風雲雷雨。七年更定，內壝之內，東西各三壇。星辰二壇，分設於東西。其次，東則太歲、五嶽，西則風雲雷雨、五鎮。內壝之外，東西各二壇。東四海，西四瀆。次天下神祇壇，東西分設。

方丘。洪武二年夏至，正壇第一成，皇地祇，南向。第二成，東五嶽，次四海，西五鎮，次四瀆。三年奉仁祖配，位第一成，西向。壇下壝內，增祭天下山川。七年更定，內壝之內，東西各二壇。東四海，西四瀆。次二壇，天下山川。內壝之外，東西各設天下神祇壇一。

十二年正月合祀大祀殿。正殿三壇，上帝、皇地祇並南向。仁祖配位在東，西向。從祀十四壇。丹陛東一壇曰大明，西一壇曰夜明。兩廡壇各六：星辰二壇；次東，太歲、五嶽、四海，次西，風雲雷雨、五鎮、四瀆二壇；又次天下山川神祇二壇。俱東西向。二十一年增修丹墀內石臺四，大明、夜明各一，星辰二。內壝外石臺二十：東十壇，北嶽、北鎮、東嶽、東鎮、東海、太歲、帝王、山川、神祇、四瀆；西十壇，北海、西嶽、西鎮、西海、中嶽、中鎮、風雲雷雨、南嶽、南鎮、南海。俱東西向。臺高三尺有奇，〔己〕周以石欄，陟降爲磴道。臺上琢石鑿龕，以置神位。建文時，撤仁祖，改奉太祖配，位第一成，西向。洪熙元年增文皇帝於太祖下。

嘉靖九年復分祀之典。圜丘則東大明，西夜明。次東，二十八宿、五星、周天星辰。次西，風雲雷雨。共四壇。方丘則東五嶽，基運、翊聖、神烈三山，西五鎮，天壽、純德二山。次東四海，次西四瀆。南北郊皆獨奉太祖配。太社稷配位別見。先農正位南向，后稷配位西向。

凡神位，天地、祖宗曰「神版」，餘曰「神牌」。圜丘神版長二尺五寸，廣五寸，厚一寸，趺高五寸，以栗木爲之。正位題曰昊天上帝，配位題曰某祖某皇帝，並黃質金字。從祀風雲雷雨位版，赤質金字。神席，上帝用龍椅龍案，上施錦褥，配位同。從祀，位置於案，不設席。方丘正位曰皇地祇，配位及從祀，制並同圜丘。奉先殿帝后神主高尺二寸，廣四寸，趺高二寸，用木，飾以金，鏤以青字。龕高二尺，廣二尺，趺高四寸，朱漆鏤金龍鳳花版，開二牕，施紅紗，側用金銅環，內織金文綺爲藉。社稷，社主用石，高五尺，廣五尺，上微銳。立於壇上，半在土中，近南北向；稷不用主。洪武十年皆設木主，丹漆之。祭畢，貯於庫，仍用石主

埋壇中，微露其末。後奉祖配，其位製塗金牌座，如先聖匱用架罩。嘉靖中，藏於寢廟。帝社稷神位以木，高一尺八寸，廣三寸，朱漆質金書。壇南置石龕，以藏神位。王府州縣社主皆用石，長二尺五寸，廣尺五寸。日月壇神位，以松柏爲之，長二尺五寸，廣五寸，趺高五寸。朱漆金字，餘倣此。

祭器

南郊。洪武元年定，正位，登一，籩豆各十二，簠簋各二，爵三；壇上，太尊二，著尊、犧尊、山罍各一；壇下，太尊一，山罍二。從祀位，登一，籩豆各十，簠簋各二，東西各設著尊二，犧尊二。北郊同。七年增圜丘從祀，共設酒尊六於壇西，大明、夜明位各三。天下神祇，鉶三，籩豆各八，簠簋各二，壝內外東西各設酒尊三，每位爵三。方丘、嶽鎮，各設酒尊三，壝內東西各設酒尊三，壝外東西各設酒尊三，每位爵三。神祇與圜丘同。八年，圜丘從祀，更設登一、鉶二。每位增酒斝，星辰、天下神祇各三十，太歲、風雲雷雨、嶽鎮、海瀆各十五。方丘，從祀同。十年定合祀之典，各壇陳設如舊，惟太歲、風雲雷雨酒盞各十，東西廡俱共設酒尊三、爵十八於壇南。

二十一年更定，正殿上三壇，每壇，登一，籩豆各十二，簠簋各二，共設酒尊六、爵九於殿東南，西向。丹墀內四壇，大明、夜明各登一，籩豆十，簠簋二，酒尊三，爵三。星辰二壇，

中華書局

各登一，鉶二，酒盞三十，餘與大明同。壝外二十壇，各登一，鉶二，籩豆各十，簠簋各二，酒盞十，酒尊三，爵三。神祇壇，鉶三，籩豆各八。帝王、山川、四瀆、中嶽、風雲雷雨神祇壇，酒盞各三十，餘並同嶽鎮。

太廟時享。洪武元年定，每廟登一，鉶三，籩豆各十二，簠簋各二，共酒尊三、金爵八、瓷爵十六於殿東西向。二十一年更定，每廟登二，鉶二。弘治時，九廟通設酒尊九，祫祭加一，金爵十七，祫祭加二，瓷爵三十四，祫祭加四。親王配享，洪武三年定，登鉶各三，籩豆各十二，簠簋各二，酒尊三，酒注二。二十一年更定，登鉶各一，爵各三，籩豆各十，簠簋各二，共用酒尊三於殿東。功臣配享，洪武二年定，每位籩豆各二，簠簋各二。三年增定，共用酒尊二，酒注二。二十一年更定，十壇，每壇鉶一，籩豆各二，簠簋各一，爵三，共用酒尊三於殿西。

太社稷。洪武元年定，鉶三，籩豆各十，簠簋各二，配位同。正配位皆設酒尊三於壇東。十一年更定，每位登一，鉶二，籩豆十二，正配位共設酒尊三，爵九。後太祖、成祖並配時，增酒尊一，爵三。府、州、縣社稷，鉶一，籩豆四，簠簋二。

朝日、夕月。洪武三年定，太尊、著尊、山罍各二，在壇上東南隅，北面。象尊、壺尊、山罍各二，在壇下。籩豆各十，簠簋各二，登鉶各三。

先農，與社稷同，加登一，籩豆減二。

神祇。洪武二年定，每壇籩豆各四，簠簋登爵各一。九年更定，正殿共設酒尊三，爵七，兩廡各設酒尊三，爵三，餘如舊。二十一年更定，每壇登一，鉶二，籩豆各十，簠簋各二，酒盞三十。星辰，正殿中登一，鉶二。餘九壇，鉶二。每壇籩豆十，簠簋各一，酒盞三十，爵一，共設酒尊三。太歲諸神，籩豆各八，簠簋各二，酒尊三。嶽瀆山川同。

歷代帝王。洪武四年定，登一，鉶二，籩豆各八，簠簋各一，俎一，爵三，尊三。七年更定，登、鉶、簠簋各一，籩豆各十，爵各三，共設酒尊五於殿西階，酒尊三於殿東階。二十一年增定，每位鉶二，簠簋各二，五室共設酒尊三，爵四十八。配位每壇籩豆各二，簠簋各一，饋盤一，每位鉶一，酒盞三。三皇，籩豆各八，簠簋各二，登、鉶各二，爵三，犧尊、象尊、山罍各一。配位，籩豆各四，簠簋各二，鉶一，爵三，犧尊、象尊各一。

至聖先師。洪武元年定，籩豆各六，簠簋各二，登一，鉶二，犧尊、象尊、山罍各一。四配位，籩豆各四，簠簋各一，登一。十哲，兩廡，籩豆二。四年更定，正位，籩豆各十，酒尊三，爵三，餘如舊。四配，每位酒尊一，餘同正位。十哲，東西各爵一，每位籩豆各四，簠簋各一，鉶一，酒盞一。兩廡，東西各十三壇，東西各爵一，每壇籩豆各四，簠簋各一，酒盞四。十五年更定，正位，酒尊一，爵三，登一，鉶二，籩豆各八，簠簋各二。四配位，共酒尊一，各爵三，登一，鉶二，籩豆各六，簠簋各一。十哲，共酒尊一，東西各爵五，鉶一，籩豆各四，簠簋各一。東西廡，每四位爵四，籩豆各二，簠簋各一。景泰六年增兩廡籩豆各二，簠簋各一。成化十二年，增正位籩豆爲十二。嘉靖九年仍減爲十。

旗纛，與先農同。馬神，籩豆各四，簠簋、登、象尊、壺尊各一。

玉帛牲牢

玉三等：上帝，蒼璧；皇地祇，黃琮；太社、太稷，兩圭有邸；朝日、夕月，圭璧五寸。帛五等：曰郊祀制帛，郊祀正配位用之。上帝，蒼；地祇，黃；配位，白。曰禮神制帛，社稷以下用之。社稷，黑；大明，赤；夜明、星辰、太歲、風雲雷雨、天下神祇俱白；五星，五色；嶽鎮、四海、陵山隨方色；四瀆，黑；先農，正配皆青；羣神，白；帝王先師皆白。旗纛，洪武元年用黑，七年改赤，九年定黑二、白五。曰奉先制帛，太廟用之，每廟二。曰展親制帛，親王配享用之。曰報功制帛，功臣配享用之。皆白。每位各一。惟圜丘，嘉靖九年用十二，而周天星辰則共用十，孔廟十哲、兩廡東西各一云。又洪武十一年，上以小祀有用楮錢者爲不經。禮臣議定，在京，大祀、中祀用制帛，有篚。在外，王國府州縣亦如之。小祀惟用牲醴。

牲牢三等：曰犢，曰羊，曰豕。色尚騂，或黝。大祀，入滌九旬；中祀，三旬；小祀，一旬。大祀前一月之朔，躬詣犧牲所視牲，每日大臣一人往視。洪武二年，帝以祭祀省牲，去神壇

甚邇，於人心未安，乃定省牲之儀，去神壇二百步。七年定制，大祀，皇帝躬省牲；中祀、小祀，遣官。嘉靖十一年更定，冬、夏至，祈穀，俱祭前五日親視，後俱遣大臣。圜丘，蒼犢；方丘，黃犢；配位，各純犢。洪武七年增設圜丘配位。星辰，牛一，羊豕三。太歲，牛羊豕一。風雲雷雨、天下神祇，羊豕各五。方丘配位，天下山川，牛一，羊豕各三。太廟禘，正配皆太牢，祫皆太牢。時享每廟犢羊豕各一。親王配位，洪武三年定，共牛羊豕一。二十一年更定，每壇犢羊豕各一。功臣配位，洪武二年定，每位羊豕體各一。二十一年更定，每壇羊豕一。太社稷，犢羊豕各一，配位同。府州縣社稷，正配位，共羊一、豕一。洪武七年增設，各羊一、豕一。朝日、夕月，犢羊豕各一。先農與太社稷同。神祇，洪武二年定，羊六、豕六。二十一年更定，每壇犢羊豕各一。嘉靖十年，天神左，地祇右，各牲五。星辰，每壇羊豕一。靈星諸神，每神羊豕各一，共牛一。太歲諸神，皆太牢。嶽鎮海瀆諸神，犢一、羊一、豕一。帝王，每室犢羊豕各一。配位，每壇羊豕各一。先師如帝王，四配如配位，十哲東西各豕一分五，兩廡東西各豕一，後增爲三。府州縣學先師，羊一、豕一。四配，共羊一、豕一，解爲四體。十哲東西各豕一，解爲五體。兩廡豕一，解爲百八分。旗纛，洪武九年定犢羊豕，永樂後，去犢。王國及衞所同。五祀馬神俱用羊豕。

祝册

中華書局

南北郊祝板長一尺一分，廣八寸，厚二分，用楸梓木。宗廟，長一尺二寸，廣九寸，厚一分，用梓木，以楮紙冒之。羣神帝王先師，俱有祝，文多不載。祝案設於西。

籩豆之實〔二〕

凡籩豆之實，用十二者，籩實以形鹽、薧魚、棗、栗、榛、菱、芡、鹿脯、白餅、黑餅、糗餌、粉餈。豆實以韭菹、醓醢、菁菹、鹿醢、芹菹、兎醢、笋菹、魚醢、脾析、豚胉、飽食、糝食。用十者，籩則減糗餌、粉餈，豆則減飽食、糝食。用八者，籩又減白、黑餅，豆又減脾析、豚胉。用四者，籩則止實以形鹽、薧魚、棗、栗，豆則止實以芹菹、兎醢、菁菹、鹿醢。各二者，籩實栗、鹿脯，豆實菁菹、鹿醢。簠簋各二者，實以黍稷、稻粱。各一者，實以稷粱。登實以太羹，鉶實以和羹。

洪武三年，禮部言：「禮記郊特牲曰，『郊之祭也』，『器用陶匏』，尚質也。周禮籩人，『凡祭祀供簠簋之實』，疏曰，『外祀用瓦簠』。〔三〕今祭祀用瓷，合古意。惟盤盂之屬，與古簠簋登鉶異制。今擬凡祭器皆用瓷，其式皆倣古簠簋登豆，惟籩以竹。」詔從之。

酒齊倣周制，用新舊醅，以備五齊三酒。其實於尊之名數，各不同。

祭祀雜議諸儀

其祭祀雜議諸儀，凡版位，皇帝位，方一尺二寸，厚三寸，紅質金字。皇太子位，方九寸，厚二寸，紅質青字。陪祀官位，並白質黑字。

初用緋。洪武三年定制，郊丘席爲表，蒲爲裏。宗廟、社稷、先農、山川，紅文綺爲表，紅木棉布爲裏。

贊唱。凡皇帝躬祀，入就位時，太常寺奏中嚴，奏外辦。盥洗、升壇、飲福、受胙，各致贊辭。又凡祀，各設爵洗位，滌爵拭爵。初升壇，唱再拜，及祭酒，唱賜福胙。洪武七年，禮部奏其煩瀆，悉删去。

上香禮。明初祭祀皆行。洪武七年以翰林詹同言罷。嘉靖九年復行。

拜禮。初，每節皆再拜。洪武九年，禮臣奏：「禮記一獻三獻五獻七獻之文，皆不載拜禮。唐、宋郊祀，每節行禮皆再拜。然亞獻終獻，天子不行禮，而使臣下行之。今議大祀中祀，自迎神至飲福送神，宜各行再拜禮。」帝命節爲十二拜，迎神、飲福受胙、送神各四拜云。

登壇脫舄。初未行。洪武八年詔翰林院臣考定大祀登壇脫舄之禮。學士樂韶鳳雜考漢、魏以來朝祭儀，議於郊祀廟享前期一日，有司以席藉地，設御幕於壇東南門外，設執事官脫履之次於壇門外西階側。祭日，大駕入幕次，脫舄升壇。其升壇執事、導駕、贊禮、讀祝并分獻陪祀官，皆脫舄於外，以次升壇供事。協律郎、樂舞生依前跣襪就位。祭畢，降壇納舄。從之。嘉靖十七年罷其禮。

祭祀日期

欽天監選擇，太常寺預於十二月朔至奉天殿具奏。蓋古卜法不存，而擇干支之吉以代卜也。洪武七年命太常卿議祭祀日期，書之於版，依時以祭，著爲式。其祭日，遣官監祭，不敬失儀者罪之。

習儀

凡祭祀，先期三日及二日，百官習儀於朝天宮。嘉靖九年更定，郊祀冬至，習儀於先期之七日及六日。

齋戒

洪武二年，學士朱升等奉敕撰齋戒文曰：「戒者，禁止其外。齋者，整齊其內。沐浴更衣，出宿外舍，不飲酒，不茹葷，不問疾，不弔喪，不聽樂，不理刑名，此則戒也。專一其心，

嚴畏謹愼，苟有所思，卽思所祭之神，如在其上，如在其左右，精白一誠，無須臾間，此則齋也。大祀七日，前四日戒，後三日齋。」太祖曰：「凡祭祀天地、社稷、宗廟、山川等神，爲天下祈福，宜下令百官齋戒。若自有所禱於天地百神，不關民事者，不下令。」又曰：「致齋以五日七日，爲期太久，人心易怠。止臨祭，齋戒三日，務致精專，庶可格神明。」遂著爲令。是年從禮部尙書崔亮奏，大祀前七日，陪祀官詣中書省受誓戒。各揚其職，不共其事，國有常刑。宗廟社稷，致齋三日，不誓戒。三年諭禮部尙書陶凱曰：「人心操舍無常，必有所警，而後無所放。」乃命禮部鑄銅人一，高尺有五寸，手執牙簡，大祀則書致齋三日，中祀則書致齋二日於簡上，太常司進置齋所。四年定天子親祀齋五日，遣官代祀齋三日，降香齋一日。五年命諸司各置木牌，以警褻慢，刻文其上曰：「國有常憲，神有鑒焉。」凡祭祀，則設之。又從陶凱奏，凡親祀，皇太子宮中居守，親王戎服侍從。皇太子親王雖不陪祀，一體齋戒。

六年建陪祀官齋房於北郊齋宮之西南，復定齋戒禮儀。凡祭天地，正祭前五日午後，沐浴更衣，處外室。次早，百官於奉天門觀誓戒牌。次日，告仁祖廟，退處齋宮，致齋三日。享宗廟，正祭前四日午後，沐浴更衣，處外室。次日爲始，致齋三日。祭社稷、朝日、夕月、周天星辰、太歲、風雲雷雨、嶽鎭海瀆、山川等神，致齋二日，如前儀。凡傳制降香，遣官代祀，先一日沐浴更衣，處外室。次日遣官。七年定制，凡大祀前期四日，太常卿至天下神祇

二十四史

壇奠告，中書丞相詣京師城隍廟發咨。次日，皇帝詣仁祖廟請配享。二十一年定制，齋戒前二日，太常司官宿於本司。次日，奏請致齋。又次日，進銅人，傳制諭文武百官齋戒。是日，禮部太常司官檄城隍神，徧請天下當祀神祇，仍於各廟焚香三日。

二十六年定傳制誓戒儀。凡大祀前三日，百官詣闕，如大朝儀，傳制官宣制云：「某年月日，祀於某所，爾文武百官，自某日爲始，致齋三日，當敬慎之。」傳制訖，四拜，奏禮畢。宣德七年大祀南郊，帝御齋宮。命內官內使飲酒食葷入壇唾地者，皆罪之，司禮監縱容者同罪。齋之日，御史檢視各官於齋次。仍行南京，一體齋戒。弘治五年，鴻臚少卿李燧言：「分獻陪祭等官，借居道士房榻，貴賤雜處，且宜召不便。乞於壇所隙地，倣天壽山朝房體制，建齋房。」從之。嘉靖九年定前期三日，帝御奉天殿，百官朝服聽誓戒。萬曆四年十一月，禮部以二十三日冬至祀天，十八日當奏祭，十九日百官受誓戒。是日，皇太后聖旦，百官宜吉服賀。一日兩遇禮文，服色不同，請更奏祭、誓戒皆先一日。帝命奏祭、誓戒如舊，而以十八日行慶賀禮。

遣官祭祀

洪武二十六年定傳制特遣儀。是日，皇帝陞座如常儀，百官一拜。禮畢，獻官詣拜位

四拜，傳制官由御前出宣制。如祭孔子，則曰：「某年月日，祭先師孔子大成至聖文宣王，命卿行禮。」祭歷代帝王，則曰：「某年月日，祭先聖歷代帝王，命卿行禮。」俯伏，興，四拜，禮畢出。其降香遣官儀。前祀一日淸晨，皇帝皮弁服，陞奉天殿。捧香者以香授獻官。獻官捧由中陛降中道出，至午門外，置龍亭內。儀仗鼓吹，導引至祭所。後定祭之日，降香如常儀，中嚴以待。獻官祭畢復命，解嚴還宮。嘉靖九年定大祀遣官，不行飲福禮。

分獻陪祀

凡分獻官，太常寺豫請旨。洪武七年，太祖謂學士詹同曰：「大祀，終獻方行分獻禮，未當。」同乃與學士宋濂議以上，初獻奠玉帛將畢，分獻官卽行初獻禮。亞獻、終獻皆如之。嘉靖九年，四郊工成，帝諭太常寺曰：「大祀，分獻官豫定，方可習儀。」乃用大學士張璁等於大明、夜明、星辰、風雲雷雨四壇。舊制，分獻用文武大臣及近侍官共二十四人，今定四人，法司官仍舊例不與。

凡陪祀，洪武四年，太常寺引周禮及唐制，擬用武官四品、文官五品以上，其老疾瘡疥刑餘喪過體氣者不與。從之。後定郊祀，六科都給事中皆與陪祀，餘祭不與。又定凡南北郊，先期賜陪祀執事官明衣布，樂舞生各給新衣。制陪祀官入壇牙牌，凡天子親祀，則佩以入。其制有二，圓者與祭官佩之，方者執事人佩之。俱藏內府。遇祭則給，無者不得入壇。洪武二十九年初祀山川諸神，流官祭服，未入流官公服。洪武二十九年從禮臣言，未入流官，凡祭皆用祭服，與九品同。

校勘記

〔一〕祀儀成典　原作「禮儀成典」，據本書卷九七藝文志、世宗實錄卷一一八嘉靖九年十月辛未條改。

〔二〕壇壝之制　本志各卷文內標題，原皆爲各段本文首句，爲便於檢閱，參考卷目分出，作爲標題其不宜分出的，則據卷目另加標題。

〔三〕改築圜丘上成廣四丈五尺高五尺二寸　五尺二寸，原作「二尺五寸」，據太祖實錄卷六二洪武四年三月丙戌條改。

〔四〕方丘上成廣三丈九尺四寸　三丈，原作「二丈」，據太祖實錄卷六二洪武四年三月丙戌條改。

〔五〕臺高三尺有奇　三尺，明史稿志二九禮志、太祖實錄卷一八九洪武二十一年三月乙酉條作「三丈」。

〔六〕籩豆之實　此標題及下一標題「祭祀雜議諸儀」，均點校時據卷目所增。

〔七〕周禮籩人凡祭祀供簠簋之實疏曰外祀用瓦簋　周禮籩人無此句。按周禮舍人：「凡祭祀共簠簋，實之陳之。」疏曰：「外神用瓦簋。」此處「籩人」應是「舍人」之誤，「之實」應是「實之」之倒，「外祀」當作「外神」，「瓦簋」當作「瓦簋」。

中華書局

明史卷四十八

志第二十四

禮二 吉禮二

郊祀　郊祀配位　郊祀儀注　祈穀　大雩　大饗　令節拜天

郊祀之制

洪武元年，中書省臣李善長等奉敕撰進郊祀議，略言：

王者事天明，事地察，故冬至報天，夏至報地，所以順陰陽之義也。祭天於南郊之圜丘，祭地於北郊之方澤，所以順陰陽之位也。周禮大司樂，「冬日至，禮天神，夏日至，禮地祇」。禮曰，「享帝於郊，祀社於國」。又曰，「郊所以明天道，社所以明地道」。書曰，「敢昭告於皇天后土」。按古者或曰地祇，或曰后土，或曰社，皆祭地，則皆對天而言也。此三代之正禮，而釋經之正說。

自秦立四時，以祀白、青、黃、赤四帝。漢高祖復增北時，兼祀黑帝。至武帝有雍五時，及渭陽五帝、甘泉太乙之祠，而昊天上帝之祭則未嘗舉行。魏、晉以後，宗鄭玄者，以爲天有六名，歲凡九祭。宗王肅者，以爲天體惟一，安得有六？一歲二祭，安得有九？雖因革不同，大抵多參二家之說。自漢武用祠官寬舒議，立后土祠於汾陰脽上，禮如祀天。而後世因於北郊之外，仍祠后土。又鄭玄惑於緯書，謂夏至於方丘之上祭崑崙之祇，七月於泰折之壇祭神州之祇，析而爲二。後世又因之一歲二祭。元始間，王莽奏罷甘泉泰時，復長安南北郊。以正月上辛若丁，天子親合祀天地於南郊。由漢歷唐，千餘年間，皆因之合祭。其親祀北郊者，惟魏文帝、周武帝、隋高祖、唐玄宗四帝而已。宋元豐中，議罷合祭。紹聖、政和間，或分或合。高宗南渡以後，惟用合祭之禮。元成宗始合祭天地五方帝，已而立南郊，專祀天。泰定中，又合祭。文宗至順以後，惟祀昊天上帝。

今當遵古制，分祭天地於南北郊。冬至則祀昊天上帝於圜丘，以大明、夜明、星辰、太歲從祀。夏至則祀皇地祇於方丘，以五嶽、五鎮、四海、四瀆從祀。[一]

太祖如其議行之。建圜丘於鍾山之陽，方丘於鍾山之陰。三年增祀風雲雷雨於圜丘，天下山川之神於方丘。七年增設天下神祇壇於南北郊。九年定郊社之禮，雖有三年喪，不廢。十年秋，太祖感齋居陰雨，覽京房災異之說，謂分祭天地，情有未安，命作大祀殿於南郊。是歲冬至，以殿工未成，乃合祀於奉天殿，而親製祝文，意謂人君事天地猶父母，不宜異處。遂定每歲合祀於孟春，爲永制。十二年正月始合祀於大祀殿，太祖親作大祀文并歌九章。永樂十八年，京都大祀殿成，規制如南京。南京舊郊壇，國有大事，則遣官告祭。

嘉靖九年，世宗既定明倫大典，益覃思制作之事，郊廟百神，咸欲斟酌古法，釐正舊章。乃問大學士張璁：「書稱燔柴祭天，又曰『類於上帝』，孝經曰『郊祀后稷以配天，宗祀文王於明堂以配上帝』，以形體主宰之異言也。朱子謂，祭之於壇謂之天，祭之屋下謂之帝。今大祀有殿，是屋下之祭帝耳，未見有祭天之禮也。況上帝皇地祇合祭一處，亦非專祭上帝。」璁言：「國初遵古禮，分祭天地，後又合祀。說者謂，大祀殿下壇上屋，屋即明堂，壇即圜丘，列聖相承，亦孔子從周之意。」帝復諭璁：「二至分祀，萬代不易之禮。今大祀殿擬周明堂或近矣，以爲即圜丘，實無謂也。」璁乃備述周禮及宋陳襄、蘇軾、劉安世、程頤所議分合異同以對。且言祖制已定，無敢輕議。帝銳欲定郊制，卜之奉先殿太祖前，不吉。乃問大學士翟鑾，鑾具述因革以對。復問禮部尚書李時，時請少需日月，博選儒臣，議復古制。帝復卜之太祖，不吉，議且寢。

會給事中夏言請舉親蠶禮。帝以古者天子親耕南郊，皇后親蠶北郊，適與所議郊祀相

表裏，因令璁諭言陳郊議。言乃上疏言：「國家合祀天地，及太祖、太宗之並配，諸壇之從祀，舉行不於長至而於孟春，俱不應古典。宜令羣臣博考詩、書、禮經所載郊祀之文，及漢、宋諸儒匡衡、劉安世、朱熹等之定論，以及太祖國初分祀之舊制，陛下稱制而裁定之。此中興大業也。」禮科給事中王汝梅等詆言說非是，帝切責之。乃敕禮部令羣臣各陳所見。且言：「汝梅等舉召誥中郊用二牛，謂明言合祭天地。夫用二牛者，一帝一配位，非天地各一牛也。又或謂天地合祀，乃人子事父母之道，擬之夫婦同牢。此等言論，褻慢已甚。又或謂郊爲祀天，社稷爲祭地。古無北郊，夫社乃祭五土之祇，猶言五方帝耳，非皇地祇也。社之名不同，自天子以下，皆得隨所在而祭之。故禮有『親地』之說，非謂祭社即方澤祭地也。」璁因錄上郊祀考議一册。

時詹事霍韜深非郊議，且言分祀之說，惟見周禮，莽賊僞書，不足引據。於是言復上疏言：

周禮一書，於祭祀爲詳。大宗伯以祀天神，則有禋祀、實柴、槱燎之禮，以祀地祇，則有血祭、薶沈、疈辜之禮。大司樂冬至日，地上圜丘之制，則曰禮天神，夏至日，澤中方丘之制，則曰禮地祇。天地分祀，從來久矣。故宋儒葉時之言曰：「郊丘分合之說，當以周禮爲定。」今議者旣以大社爲祭地，則南郊自不當祭皇地祇，何又以分祭爲不可

也？合祭之說，實自莽始，漢之前皆主分祭，而漢之後亦間有之。宋元豐一議，元祐再議，紹聖三議，皆主合祭，而卒不可移者，以郊賚之費，每傾府藏，故省約安簡便耳，亦未嘗以分祭爲非禮也。

今之議者，往往以太祖之制爲嫌爲懼。然知合祭乃太祖之定制，爲不可改，而不知分祭固太祖之初制，爲可復。知大祀文乃太祖之明訓，〔二〕爲不可背，而不知存心錄固太祖之著典，爲可遵。且皆太祖之制也，從其禮之是者而已。敬天法祖，無二道也。周禮一書，朱子以爲周公輔導成王，垂法後世，用意最深切，何可誣以莽之僞爲耶？且合祭以后配地，實自莽始。莽既僞爲是書，何不削去圜丘、方丘之制，天神地祇之祭，而自爲一說耶？

於是禮部集上羣臣所議郊禮，奏曰：「主分祭者，都御史汪鋐等八十二人，主分祭而以慎重成憲及時未可爲言者，大學士張璁等八十四人，主分祭而以山川壇爲方丘者，尚書李瓚等二十六人，主合祭而不以分祭爲非者，尚書方獻夫等二百六人，無可否者，英國公張崙等一百九十八人。臣等祇奉敕諭，折衷衆論。分祀之義，合於古禮，但壇壝一建，工役浩繁。禮，屋祭曰帝，夫既稱昊天上帝，則當屋祭。宜仍於大祀殿專祀上帝，改山川壇爲地壇，以專祀皇地祇。既無創建之勞，行禮亦便。」帝復諭當遵皇祖舊制，露祭於壇，分南北郊，以二至日

行事。言乃奏曰：「南郊合祀，循襲已久，朱子所謂千五六百年無人整理。而陛下獨破千古之謬，一旦舉行，誠可謂建諸天地而不悖者也。」

已而命戶、禮、工三部偕言等詣南郊相擇。南天門外有自然之丘，咸謂舊丘地位偏東，不宜襲用。禮臣欲於具服殿少南爲圜丘。言復奏曰：「圜丘祀天，宜卽高敞，以展對越之敬。大祀殿享帝，宜卽清閟，以盡昭事之誠。二祭時義不同，則壇殿相去，亦宜有所區別。乞於具服殿稍南爲大祀殿，而圜丘更移於前，體勢峻極，可與大祀殿等。」制曰「可」。於是作圜丘，是年十月工成。明年夏，北郊及東、西郊，亦以次告成，而分祀之制遂定。

萬曆三年，大學士張居正等輯郊祀新舊圖考進呈。舊禮者，太祖所定。新禮者，世宗所定也。

郊祀配位

洪武元年，始有事於南郊。有司議配祀。太祖謙讓不許，親爲文告太廟曰：「歷代有天下者，皆以祖配天。臣獨不敢者，以臣功業有未就，政治有闕失。去年上天垂戒，有聲東南，雷火焚舟擊殿吻，早暮兢惕，恐無以承上帝好生之德，故不敢輒奉以配。惟祖神與天通，上帝有問，願以臣所行奏帝前，善惡無隱。候南郊竣事，臣率百司恭詣廟廷，告成大禮，以

共享上帝之錫福。」明年夏至將祀方丘，羣臣復請。太祖執不允。固請。乃曰：「俟慶陽平，議之。」八月，慶陽平。十一月冬至，羣臣復固請。乃奉皇考仁祖淳皇帝配天於圜丘。明年祀方丘，亦如之。建文元年改奉太祖配。洪熙改元，敕曰：「太祖受命上天，肇興皇業。太宗中興宗社，再奠寰區。聖德神功，咸配天地。易曰，『殷薦上帝，以配祖考』。朕崇敬祖考，永惟一心。正月十五日大祀天地神祇，奉皇祖、皇考以配。」遂於郊祀前告太廟及几筵，請太祖、太宗並配。

嘉靖九年，給事中夏言上疏言：「太祖、太宗並配，父子同列，稽之經旨，未能無疑。臣謂周人郊祀后稷以配天，太祖足當之。宗祀文王於明堂以配上帝，太宗足當之。」禮臣集議，以爲二祖配享，百有餘年，不宜一旦輕改。帝降敕諭，欲於二至日奉太祖配南、北郊，歲首奉太宗配上帝於大祀殿。於是大學士張璁、翟鑾等言，二祖分配，於義未協，且錄仁宗所撰敕諭並告廟文以進。帝復命集議於東閣，皆以爲：「太廟之祀，列聖昭穆相向，無嫌並列。況太祖、太宗，功德並隆，圜丘、大祀殿所祀，均之爲天，則配天之祖，不宜闕一。臣等竊議南、北郊及大祀殿，每祭皆宜二祖並配。」帝終以並配非禮，諭閣臣講求。璁等言：「禮曰：『有其舉之，莫敢廢也。』凡祭盡然，況祖宗配享大典？且古者郊與明堂異地，故可分配。今圜丘、大祀殿同兆南郊，冬至禮行於報而太宗不與，孟春禮行於祈而太祖不與，心實有所不安。」

帝復報曰：「萬物本乎天，人本乎祖。天惟一天，祖亦惟一祖。故大報天之祀，止當以高皇帝配。文皇帝功德，豈不可配天？但開天立極，本高皇帝肇之耳。如周之王業，武王實成之，而配天止以后稷，配上帝止以文王，當時未聞爭辨功德也。」因命寢其議。

已而夏言復疏言：「虞、夏、殷、周之郊，惟配一祖。後儒穿鑿，分郊丘爲二，及誤解大易配考、孝經嚴父之義。以致唐、宋變古，乃有二祖並侑，三帝並配之事。望斷自宸衷，依前敕旨。」帝報曰：「禮臣前引太廟不嫌一堂。夫祀帝與享先不同，此說無當。」仍命申議。於是禮臣復上議：「南北郊雖曰祖制，實今日新創。請如聖諭，俱奉太祖獨配。至大祀殿則太祖所創，今乃不得侑享於中，恐太宗未安，宜仍奉二祖並配。」遂依擬行之。

郊祀儀注

洪武元年冬至，祀昊天上帝於圜丘。先期，皇帝散齋四日，致齋三日。前祀二日，皇帝服通天冠、絳紗袍省牲器。次日，有司陳設。祭之日，清晨車駕至大次，太常卿奏中嚴，皇帝服袞冕。奏外辦，皇帝入就位。贊禮唱迎神，協律郎舉麾奏中和之曲。贊禮唱燔柴，郊社令升煙，燔全犢於燎壇。贊禮唱請行禮，太常卿奏有司謹具，請行事。皇帝再拜，皇太子及在位官皆再拜。贊禮唱奠玉帛，皇帝詣盥洗位。太常卿贊曰：「前期齋戒，今辰奉祭，加

中華書局

其清潔，以對神明。」皇帝搢圭，盥手，帨手。出圭，升壇。太常卿贊曰：「神明在上，整肅威儀。」升自午陛，協律郎舉麾奏肅和之曲。皇帝詣昊天上帝神位前跪，搢圭，三上香，奠玉帛，出圭，再拜復位。贊禮唱進俎，協律郎舉麾奏凝和之曲。皇帝詣神位前，搢圭，奠俎，出圭，復位。贊禮唱行初獻禮。皇帝詣爵洗位，搢圭，滌爵，拭爵，以爵授執事者，出圭。詣酒尊所，搢圭，執爵，受泛齊，以爵授執事者，出圭。協律郎舉麾奏壽和之曲、武功之舞。皇帝詣神位前跪，搢圭，上香，祭酒，奠爵，出圭。讀祝官捧祝跪讀訖，皇帝俯伏，興，再拜，復位。亞獻，酌醴齊，樂奏豫和之曲、文德之舞。終獻，酌盎齊，樂奏熙和之曲、文德之舞。儀並同初獻，但不用祝。贊禮唱飲福受胙，皇帝升壇，至飲福位，再拜，跪，搢圭。奉爵官酌福酒跪進，太常卿贊曰：「惟此酒殽，神之所與，賜以福慶，億兆同霑。」皇帝受爵，祭酒，飲福酒，以爵置於坫。奉胙官奉胙跪進，皇帝受胙，以授執事者，出圭，俯伏，興，再拜，復位。皇太子以下在位官，皆再拜。贊禮唱徹豆，協律郎舉麾奏雍和之曲，掌祭官徹豆。贊禮唱送神，協律郎舉麾奏安和之曲。皇帝再拜，皇太子以下在位官皆再拜。贊禮唱讀祝官奉祝，奉幣官奉幣，掌祭官取饌及爵酒，各詣燎所。唱望燎，皇帝至望燎位。半燎，太常卿奏禮畢，皇帝還大次，解嚴。

二年夏至，祀皇地祇於方丘，其儀並同。惟迎神後瘞毛血，祭畢，奉牲帛祝饌而埋之，

與郊天異。其冬，奉仁祖配天於南郊，儀同元年。其奠玉帛、進俎、三獻，皆先詣上帝前，次詣仁祖神位前，行禮亦如之，惟不用玉。四年定，先祭六日，百官沐浴宿官署。翼日，朝服詣奉天殿丹墀，受誓戒。丞相以祀期徧告百神，復詣各祠廟行香三日。次日，駕詣仁祖廟，告請配享。禮畢，還齋宮。七年去中嚴、外辦及贊唱上香之縟節，定十二拜禮。十年改合祀之制，奠玉帛、進俎、三獻，俱先詣上帝神位前，次皇地祇，次仁祖，餘悉仍舊儀。

嘉靖八年罷各廟焚香禮。九年復分祀之制，禮部上大祀圜丘儀注。

前期十日，太常寺題請視牲。次請命大臣三員看牲，四員分獻。前期五日，錦衣衞備隨朝駕，帝詣犧牲所視牲。其前一日，常服告於廟。前期四日，御奉天殿，太常寺進銅人如常儀。太常博士請太祖祝版於文華殿，候帝親塡御名捧出。前期三日，帝具祭服，以脯醢酒果詣太廟，請太祖配。帝還易服，御奉天殿，百官朝服受誓戒。前期二日，太常光祿卿奏省牲，帝至奉天殿親塡祝版。前期一日免朝，錦衣衞備法駕，設版輿於奉天門。常服告廟，乘輿詣南郊，由西天門入，至昭亭門外降輿。禮部太常官導由左門入，至內壝。太常卿導至圜丘，恭視壇位，次至神庫視籩豆，至神廚視牲畢，仍由左門出，升輿至齋宮。分獻陪祀官叩首。禮部太常官詣皇穹宇，請皇天上帝神版、太祖神主、從祀神牌，奉安壇座。

祭之日，三鼓，帝自齋宮乘輿至外壝神路之西，降輿至神路東大次。禮部、太常寺捧神

位官復命訖，退。百官分列神路東西以候。帝具祭服出，導引官導由左靈星門入內。贊對引官導行至內壝，典儀唱樂舞生就位，執事官各司其事。帝至御拜位，自燔柴、迎神至禮畢，其儀悉如舊。至大次易服，禮部太常官奉神位安於皇穹宇。還齋宮，少憩。駕還，詣廟參拜畢，回宮。

詔如擬。

明年，定方澤儀。先期一日，太常卿請太祖配位，〔三〕奉安皇祇室。至期，禮部太常官同請皇地祇神版、太祖神主、從祀神牌，奉安壇座。祀畢，太常奉神版、神牌安皇祇室，奉神主還廟寢。餘皆如圜丘儀。

是年十月，帝將郊祀，諭禮部尚書夏言欲親行奉安禮。言乃擬儀注以聞。

先期擇捧主執事官十一員，分獻配殿大臣二員，撰祝文，備脯醢、酒果、制帛、香燭。前一日行告廟禮，設神輿香案於奉天殿，神案二於泰神殿，神案二於東西配殿，香案一於丹墀正中，設大次於圜丘左門外。

是日質明，帝常服詣奉天殿，行一拜三叩頭禮。執事官先後捧昊天上帝、太祖高皇帝及從祀神主，各奉安輿中，至圜丘泰神殿門外。帝乘輅至昭亨門，禮官導至泰神殿丹墀。執事官就神輿捧神主升石座，奉安於龕中。帝乃詣香案前，行三獻禮如儀。禮畢，出至大次

升座，百官行一拜三叩頭禮畢，還宮。

帝從之，而命行禮用祭服，導引用太常寺官一員，合禮部堂上官四員。十一年冬至，尚書言，前此有事南郊，風寒莫備。乃采禮書天子祀天張大次、小次之說，請「作黃氈御幄爲小次。每大祭，所司以隨。値風雪，則設於圜丘下，帝就幄中對越，而陟降奠獻以太常執事官代之」。命著爲令。

祈穀

明初未嘗行。世宗時，更定二祖分配禮。因諸臣固請，乃許於大祀殿祈穀，奉二祖配。嘉靖十年始以孟春上辛日，行祈穀禮於大祀殿。禮畢，帝心終以爲未當，諭張璁曰：「自古惟以祖配天，今二祖並配，決不可法後世。嗣後大報與祈穀，但奉太祖配。」尋親製祝文，更定儀注，改用驚蟄節，禮視大祀少殺，帛減十一，不設從壇，不燔柴，著爲定式。十一年驚蟄節，帝疾，不能親，乃命武定侯郭勛代。給事中葉洪言：「祈穀、大報，祀名不同，郊天一也。祖宗無不親郊。成化、弘治間，或有故，寧展至三月。蓋以郊祀禮重，不宜攝以人臣，請俟聖躬痊，改卜吉日行禮。」不從。十八年改行於大內之玄極寶殿，不奉配，遂爲定制。隆慶元年，禮臣言：「先農親祭，遂耕耤田，卽祈穀遺意。今二祀並行於春，未免煩數。且玄極寶

殿在禁地，百官陪祀，出入非便。宜罷祈穀，止先農壇行事。」從之。

大雩

明初，凡水旱災傷及非常變異，或躬禱，或露告於宮中，或於奉天殿陛，或遣官祭告郊廟、陵寢及社稷、山川，無常儀。嘉靖八年春祈雨，冬祈雪，皆御製祝文，躬祀南郊及山川壇。次日，祀社稷壇。冠服淺色，鹵簿不陳，馳道不除，皆不設配，不奏樂。九年，帝欲於奉天殿丹陛上行大雩禮。夏言言：「按左傳『龍見而雩』。蓋巳月萬物始盛，待雨而大，故祭天爲百穀祈膏雨也。月令：『雩帝用盛樂，乃命百縣雩祀，祀百辟卿士有益於民者，以祈穀實。』通典曰：『巳月雩五方上帝，其壇名雩，禜於南郊之傍。』先臣丘濬亦謂：『天子於郊天之外，別爲壇以祈雨者也。後世此禮不傳，遇有旱暵，輒假異端之人爲祈禱之事，不務以誠意感格，而以法術劫制，誣亦甚矣。』濬意欲於郊傍擇地爲雩壇，孟夏後行禮。臣以爲孟春既祈穀矣，苟自二月至四月，雨暘時若，則大雩之祭，可遣官攝行。如雨澤愆期，則陛下躬行禱祝。」乃建崇雩壇於圜丘壇外泰元門之東，爲制一成，歲旱則禱，奉太祖配。

十二年，夏言等言：「古者大雩之祀，命樂正習盛樂、舞皇舞。蓋假聲容之和，以宣陰陽之氣。請於三獻禮成之後，九奏樂止之時，樂奏雲門之舞。仍命儒臣括雲漢詩詞，制雲門

一曲，使文武舞士並舞而合歌之。蓋雲門者，帝堯之樂，周官以祀天神，取雲出天氣，雨出地氣也。且請增鼓吹數番，教舞童百人，青衣執羽，〔四〕繞壇歌雲門之曲而舞，曲凡九成。」因上其儀，視祈穀禮。又言：「大雩乃祀天禱雨之祭，凡遇亢旱，則禮部於春末請行之。」帝從其議。十七年躬禱於壇，青服，用一牛，熟薦。

大饗禮

明初無明堂之制。嘉靖十七年六月，致仕揚州府同知豐坊上疏言：「孝莫大於嚴父，嚴父莫大於配天。請復古禮，建明堂。加尊皇考獻皇帝廟號稱宗，以配上帝。」下禮部會議。尚書嚴嵩等言：

昔羲、農肇祀上帝，或爲明堂。嗣是夏后氏世室，殷人重屋，周人作明堂之制，視夏、殷加詳焉。蓋聖王事天，如子事父，體尊而情親。〔五〕故制爲一歲享祀之禮，冬至圜丘，孟春祈穀，孟夏雩壇，季秋明堂，皆所以尊之也。明堂帝而享之，又以親之也。今日創制，古法難尋，要在師先王之意。明堂圜丘，皆所以事天，今大祀殿在圜丘之北，禁城東南，正應古之方位。明堂秋享，即以大祀殿行之爲當。

至配侑之禮，昔周公宗祀文王於明堂，〔六〕詩傳以爲物成形於帝，猶人成形於父。

故季秋祀帝明堂，而以父配之，取其成物之時也。漢孝武明堂之享，以景帝配，孝章以光武配，唐中宗以高宗配，明皇以睿宗配，代宗以肅宗配，宋眞宗以太宗配，仁宗以眞宗配，英宗以仁宗配，皆世以遞配，〔七〕此主於親親也。宋錢公輔曰：「郊之祭，以始封之祖，有聖人之功者配焉。明堂之祭，以繼體之君，有聖人之德者配焉。」當時司馬光、孫抃諸臣執辯於朝，〔八〕程、朱大賢倡議於下，此主於祖宗之功德也。今復古明堂大享之制，其所當配之帝，亦惟二說而已。若以功德論，則太宗再造家邦，功符太祖，當配以太宗。若以親親論，則獻皇帝，陛下之所自出，陛下之功德，即皇考之功德，當配以獻皇帝。至稱宗之說，則臣等不敢妄議。

帝降旨：「明堂秋報大禮，於奉天殿行，其配帝務求畫一之說。皇考稱宗，何爲不可？再會議以聞。」

於是戶部左侍郎唐胄抗疏言：

三代之禮，莫備於周。孝經曰：「郊祀后稷以配天，宗祀文王於明堂以配上帝。」又曰：「嚴父莫大於配天，則周公其人也。」說者謂周公有聖人之德，制作禮樂，而文王適其父，故引以證聖人之孝，答曾子問而已。非謂有天下者，皆必以父配天，然後爲孝。不然，周公輔成王踐阼，其禮蓋爲成王而制，於周公爲嚴父，於成王則爲嚴祖矣。然周

公歸政之後，未聞成王以嚴父之故，廢文王配天之祭，而移於武王也。後世祀明堂者，皆配以父，此乃誤孝經之義，而違先王之禮。昔有問於朱熹曰：「周公之後，當以文王配耶，當以時王之父配耶？」熹曰：「只當以文王爲配。」又曰：「繼周者如何？」熹曰：「只以有功之祖配，後來第爲嚴父說所惑亂耳。」由此觀之，明堂之配，不專於父明矣。

今禮臣不能辨嚴父之非，不舉文、武、成、康之盛，而乃濫引漢、唐、宋不足法之事爲言，謂之何哉！雖然，豐坊明堂之議，雖未可從，而明堂之禮，則不可廢。今南、北兩郊皆主尊尊，必季秋一大享帝，而親親之義始備。自三代以來，郊與明堂各立所配之帝。太祖、太宗功德並盛，比之於周，太祖則后稷也，太宗則文王也。今兩郊及祈穀，皆奉配太祖，而太宗獨未有配，甚爲缺典。故今奉天殿大享之祭，必奉配太宗，而後我朝之典禮始備。

帝怒，下胄詔獄。嵩乃再會廷臣，先議配帝之禮，言：「考季秋成物之指，嚴父配天之文，宜奉獻皇帝配帝侑食。」因請奉文皇帝配祀於孟春祈穀。帝從獻皇配帝之請，而却文皇議不行。

已復以稱宗之禮，集文武大臣於東閣議，言：「禮稱：『祖有功，宗有德。』釋者曰：『祖，始也。宗，尊也。』漢書注曰：『祖之稱始，始受命也。宗之稱尊，有德可尊也。』孝經曰：『宗祀

文王於明堂，以配上帝。』王肅注曰：『周公於文王，尊而祀之也。』此宗尊之說也。古者，天子七廟。劉歆曰：『七者正法，苟有功德則宗之，不可預爲設數。宗不在數中，宗變也。』朱熹亦以歆之說爲然。陳氏禮書曰：『父昭子穆，而有常數者，禮也。祖功宗德，而無定法者，義也。』此宗無數之說，禮以義起者。今援據古義，推緣人情，皇考至德昭聞，密佑穹旻，宗以其德可。聖子神孫，傳授無疆，皆皇考一人所衍布，宗以其世亦可。宜加宗皇考，配帝明堂，永爲有德不遷之廟。」

帝以疏不言祔廟，留中不下。乃設爲臣下奏對之詞，作明堂或問，以示輔臣。大略言：「文皇遠祖，不應嚴父之義，宜以父配。稱宗雖無定說，尊親崇上，義所當行。既稱宗，則當祔廟，豈有太廟中四親不具之禮？」帝既排正議，崇私親，心念太宗永無配享，無以謝廷臣，乃定獻皇配帝稱宗，而改稱太宗號曰成祖。時未建明堂，迫季秋，遂大享上帝於玄極寶殿，奉睿宗獻皇帝配。殿在宮右乾隅，舊名欽安殿。禮成，禮部請帝陞殿，百官表賀，如郊祀慶成儀。帝以大享初舉，命賜宴羣臣於謹身殿。已而以足疾不御殿，命羣臣勿行賀禮。禮官以表聞，並罷宴，令光祿寺分給。

二十一年敕諭禮部：「季秋大享明堂，成周禮典，與郊祀並行。曩以享地未定，特祭於玄極寶殿，朕誠未盡。南郊舊殿，原爲大祀所，昨歲已令有司撤之。朕自作制象，立爲殿，

恭薦名曰泰享，用昭寅奉上帝之意。」乃定歲以秋季大享上帝，奉皇考睿宗配享。行禮如南郊，陳設如祈穀。明年，禮部尚書費寀以大享殿工將竣，請帝定殿門名，門曰大享，殿曰皇乾。及殿成，而大享仍於玄極寶殿，遣官行禮以爲常。

隆慶元年，禮臣言：「我朝大享之禮，自皇考舉行，追崇睿宗，以昭嚴父配天之孝。自皇上視之，則睿宗爲皇祖，非周人宗祀文王於明堂之義。」於是帝從其請，罷大享禮，命玄極寶殿仍改欽安殿。

令節拜天

嘉靖初，沿先朝舊儀，每日宮中行拜天禮。後以爲瀆，罷之。遇正旦、冬至、聖誕節，於奉天殿丹陛上行禮。既定郊祀，遂罷冬至之禮。惟正旦、聖誕節行禮於玄極寶殿。隆慶元年正旦，命宮中拜天，不用在外執事，祭品亦不取供於太常。

校勘記

〔一〕以五嶽五鎮四海四瀆從祀　原脫「四海」兩字，據明史稿志三〇禮志、太祖實錄卷二六洪武元年二月壬寅條補。

〔二〕知大祀文乃太祖之明訓　大祀，原作「大祝」，據上文及明經世文編卷二〇二頁二一一九夏言申議郊祀辨霍韜分祭疏改。上文言「太祖親作大祀文」，故此言「乃太祖之明訓」。

〔三〕先期一日太常卿請太祖配位　一日，原作「二日」，據世宗實錄卷一二五嘉靖十年五月丁亥條、明會典卷八三改。

〔四〕青衣執羽　羽，原作「扇」，據世宗實錄卷一五〇嘉靖十二年五月丙辰條改。嵇璜續文獻通考卷七〇：「『羽』，志作『扇』，訛。」

〔五〕體尊而情親　體，明經世文編卷二一九頁二二八四嚴嵩明堂秋享大禮議作「義」。

〔六〕昔周公宗祀文王於明堂　宗，原作「崇」，據明經世文編卷二一九頁二二八五嚴嵩明堂秋享大禮議改。按「宗祀」句見孝經，字作「宗」，下文引孝經也作「宗」。

〔七〕皆世以遞配　世以，明經世文編卷二一九頁二二八五嚴嵩明堂秋享大禮議作「世世」。

〔八〕當時司馬光孫抃諸臣執辯於朝　抃，原作「忭」，據明經世文編卷二一九頁二二八五嚴嵩明堂秋享大禮議改。孫抃，宋史卷二九二有傳。

中華書局

明史卷四十九

志第二十五

禮三 吉禮三

社稷　朝日夕月　先農　先蠶　高禖　祭告　祈報　神祇　星辰
靈星壽星司中司命司民司祿　太歲月將風雲雷雨　嶽鎮海瀆山川　城隍

社稷[一]

社稷之祀，自京師以及王國府州縣皆有之。其壇在宮城西南者，曰太社稷。明初建太社在東，太稷在西，壇皆北向。洪武元年，中書省臣定議：「周制，小宗伯掌建國之神位，右社稷，左宗廟。社稷之祀，壇而不屋。其制在中門之外，外門之內。尊而親之，與先祖等。然天子有三社。爲羣姓立者曰太社。其自爲立者曰王社。又勝國之社屋之，國雖亡而存之，以重神也。後世天子惟立太社、太稷。漢高祖立官太社、太稷，一歲各再祀。光武立

太社稷於洛陽宗廟之右，春秋二仲月及臘，一歲三祀。唐因隋制，並建社稷於含光門右，仲春、秋戊日祭之。玄宗升社稷爲大祀，仍令四時致祭。宋制如東漢時。元世祖營社稷於和義門內，以春秋二仲上戊日祭。今宜祀以春秋二仲月上戊日。」是年二月，太祖親祀太社、太稷。社配以后土，西向。稷配以后稷，東向。帝服皮弁服，省牲；通天冠、絳紗袍，行三獻禮。[二]初，帝命中書省翰林院議創屋，備風雨。學士陶安言：「天子太社必受風雨霜露。亡國之社則屋之，不受天陽也。建屋非宜。若遇風雨，則請於齋宮望祭。」從之。三年，於壇北建祭殿五間，又北建拜殿五間，以備風雨。

十年，太祖以社稷分祭，配祀未當，下禮官議。尚書張籌言：

按通典，顓頊祀共工氏子句龍爲后土。后土，社也。烈山氏子柱爲稷。稷，田正也。唐、虞、夏因之。此社稷所由始也。商湯因旱遷社，以后稷代柱。欲遷句龍，無可繼者，故止。然王肅謂社祭句龍，稷祭后稷，皆人鬼，非地祇。而陳氏禮書又謂社祭五土之祇，稷祭五穀之神。鄭康成亦謂社爲五土總神，稷爲原隰之神。句龍有平水土功，故配社，后稷有播種功，故配稷。二說不同。漢元始中，以夏禹配官社，后稷配官稷。唐、宋及元又以句龍配社，周棄配稷。此配祀之制，初無定論也。

至社稷分合之義，書召誥言「社於新邑」，孔註曰：「社稷共牢。」周禮「封人掌設王之社壝」，註云：「不言稷者，舉社則稷從之。」陳氏禮書曰：「稷非土無以生，土非稷無以見生生之效，故祭社必及稷。」山堂考索曰：「社爲九土之尊，稷爲五穀之長，稷生於土，則社與稷固不可分。」其宜合祭，古有明證。請社稷共爲一壇。

至句龍，共工氏之子也，祀之無義。商湯欲遷未果。漢嘗易以夏禹，而夏禹今已列祀帝王之次。棄稷亦配先農。請罷句龍、棄配位，謹奉仁祖淳皇帝配享，以成一代盛典。

遂改作於午門之右，社稷共爲一壇。

初，社稷列中祀，及以仁祖配，乃升爲上祀。具冕服以祭，行奉安禮。十一年春，祭社稷行新定儀。迎神、飲福、送神凡十二拜，餘如舊。建文時，更奉太祖配。永樂中，北京社稷壇成，制如南京。洪熙後，奉太祖、太宗同配。舊制，上丁釋奠孔子，次日上戊祀社稷。弘治十七年八月，上丁在初十日，上戊在朔日，禮官請以十一日祀社稷。御史金洪劾之，言如此則中戊，非上戊矣。禮部覆奏言：「洪武二十年嘗以十一日爲上戊，失不始今日。」命遵舊制，仍用上戊。

嘉靖九年諭禮部：「天地至尊，次則宗廟，又次則社稷。今奉祖配天，又奉祖配社，此禮官之失也。宜改從皇祖舊制，太社以句龍配，太稷以后稷配。」乃以更正社稷壇配位禮，

告太廟及社稷，遂藏二配位於寢廟，更定行八拜禮。其壇在西苑豳風亭之西者，曰帝社稷。東帝社，西帝稷，皆北向。始名西苑土穀壇。嘉靖十年，帝謂土穀壇亦社稷耳，何以別於太社稷？張璁等言：「古者天子稱王，今若稱王社、王稷，與王府社稷名同。前定神牌曰五土穀之神，名義至當。」帝采帝耤之義，改爲帝社、帝稷，以上戊明日祭。後改次戊，次戊在望後，則仍用上巳。春告秋報爲定制。隆慶元年，禮部言：「帝社稷之名，自古所無，嫌於煩數，宜罷。」從之。

中都亦有太社壇，洪武四年建。取五方土以築。直隸、河南進黃土，浙江、福建、廣東、廣西進赤土，江西、湖廣、陝西進白土，山東進青土，北平進黑土。天下府縣千三百餘城，各土百觔，取於名山高爽之地。

王國社稷，洪武四年定。十一年，禮臣言：「太社稷既同壇合祭，王國各府州縣亦宜同壇，稱國社國稷之神，不設配位。」詔可。十三年九月復定制兩壇一壝如初式。十八年定王國祭社稷山川等儀，行十二拜禮。

府州縣社稷，洪武元年頒壇制於天下郡邑，俱設於本城西北，右社左稷。十一年，定同壇合祭如京師。獻官以守禦武臣爲初獻，文官爲亞獻、終獻。十三年，溧水縣祭社稷，以牛醢代鹿醢。禮部言：「定制，祭物缺者許以他物代。」帝曰：「所謂缺者，以非土地所產。溧

二十四史
中華書局

水固有鹿，是有司故爲苟簡也。百司所以能理其職而盡民事者，以其常存敬懼之心耳。神猶忽之，於人事又何懼焉。」命論如律。乃敕禮部下天下郡邑，凡祭祀必備物，苟非地產、無從市鬻者，聽其缺。十四年令三獻皆以文職長官，武官不與。

里社，每里一百戶立壇一所，祀五土五穀之神。

朝日夕月

洪武三年，禮部言：

古者祀日月之禮有六。郊特牲曰，「郊之祭，大報天而主日，配以月」，〔三〕一也。玉藻曰，「朝日於東門之外」，祭義曰，「祭日於東郊，祭月於西郊」，〔四〕二也。小宗伯，「肆類於四郊，兆日於東郊，兆月於西郊」，〔五〕三也。月令孟冬「祈來年於天宗」，天宗，日月之類，四也。覲禮，「拜日於東門之外，反祀方明，〔六〕禮日於南門之外，禮月於北門之外」，五也。「霜雪風雨之不時，則禜日月」，六也。說者謂因郊祀而祀之，非正祀也。類禜而祀之，與覲諸侯而禮之，非常祀也。惟春分朝之於東門外，秋分夕之於西門外者，祀之正與常也。蓋天地至尊，故用其始而祭以二至。日月次天地，春分陽氣方永，秋分陰氣向長，故祭以二分，〔七〕爲得陰陽之義。

自秦祭八神，六曰月主，七曰日主，雍又有日月廟。漢郊太乙，朝日夕月改周法。常以郊泰畤，質明出行宮，東向揖日，西向揖月，又於殿下東西拜日月。宣帝於神山祠日，萊山祠月。魏明帝始朝日東郊，夕月西郊。唐以二分日，朝日夕月於國城東西。宋人因之，升爲大祀。元郊壇以日月從祀，其二分朝日夕月，皇慶中議建立而未行。

今當稽古正祭之禮，各設壇專祀。朝日壇宜築於城東門外，夕月壇宜築於城西門外。朝日以春分，夕月以秋分。星辰則祔祭於月壇。

從之。其祀儀與社稷同。二十一年，帝以大明、夜明已從祀，罷朝日夕月之祭。

嘉靖九年，帝謂「大報天而主日，配以月。大明壇當與夜明壇異。且日月照臨，其功甚大。太歲等神，歲有二祭，而日月星辰止一從祭，義所不安」。大學士張璁亦以爲缺典。遂定春秋分之祭如舊儀，而建朝日壇於朝陽門外，西向；夕月壇於阜城門外，東向。壇制有隆殺以示別。朝日，護壇地一百畝；夕月，護壇地三十六畝。朝日無從祀，夕月以五星、二十八宿、周天星辰共一壇，南向祔焉。春祭，時以寅，迎日出也。秋祭，時以亥，迎月出也。十年，禮部上朝日、夕月儀：朝日迎神四拜，飲福受胙兩拜，送神四拜；夕月迎神飲福受胙送神皆再拜。餘並如舊儀。隆慶元年，禮部議定，東郊以甲、丙、戊、庚、壬年，西郊以丑、辰、未、戌年，車駕親祭。餘歲遣文大臣攝祭朝日壇，武大臣攝祭夕月壇。三年，禮部上朝日儀，

言：「正祭遇風雨，則設小次於壇前，駕就小次行禮。其升降奠獻，俱以太常寺執事官代。」制曰「可」。

先農

洪武元年諭廷臣以來春舉行耤田禮。於是禮官錢用壬等言：「漢鄭玄謂王社在耤田之中。唐祝欽明云：『先農卽社。』宋陳祥道謂：『社自社，先農自先農。耤田所祭乃先農，非社也。』至享先農與躬耕同日，禮無明文。惟周語曰：『農正陳耤禮。』而韋昭注云：『祭其神爲農祈也。』至漢以耤田之日祀先農，而其禮始著。由晉至唐、宋相沿不廢。政和間，命有司享先農，止行親耕之禮。南渡後，復親祀。元雖議耕耤，竟不親行。其祀先農，命有司攝事。今議耕耤之日，皇帝躬祀先農。禮畢，躬耕耤田。以仲春擇日行事。」從之。

二年二月，帝建先農壇於南郊，在耤田北。親祭，以后稷配。器物祀儀與社稷同。祀畢，行耕耤禮。御耒耜二具，韜以青絹，御耕牛四，被以青衣。禮畢，還大次。應天府尹及上元、江寧兩縣令率庶人終畝。是日宴勞百官耆老於壇所。十年二月遣官享先農，命應天府官率農民耆老陪祀。二十一年更定祭先農儀，不設配位。

永樂中建壇京師，如南京制，在太歲壇西南。石階九級。西瘞位，東齋宮、鑾駕庫，東

北神倉，東南具服殿，殿前爲觀耕之所。護壇地六百畝，供黍稷及薦新品物地九十餘畝。每歲仲春上戊，順天府尹致祭。後凡遇登極之初，行耕耤禮，則親祭。

弘治元年定耕耤儀。前期百官致齋。順天府官以耒耜及穜稑種進呈，內官仍捧出授之，由午門左出，置綵輿，鼓樂，送至耤田所。至期，帝翼善冠黃袍，詣壇所具服殿，服衮冕，祭先農。畢，還，更翼善冠黃袍。太常卿導引至耕耤位，南向立。三公以下各就位，戶部尚書北向跪進耒耜，順天府官北向跪進鞭。帝秉耒，三推三反訖。戶部尚書跪受耒耜，順天府官跪受鞭，太常卿奏請復位。府尹挾青箱以種子播而覆之。帝御外門，南向坐，觀三公五推，尚書九卿九推。太常卿奏耕畢，帝還具服殿，陞座。府尹率兩縣令耆老人行禮畢，引上中下農夫各十人，執農器朝見，令其終畝。百官行慶賀禮，賜酒饌。三品以上丹陛上東西坐，四品以下臺下坐，並宴勞耆老於壇旁。宴畢，駕還宮。大樂鼓吹振作，農夫人賜布一疋。

嘉靖十年，帝以其禮過煩，命禮官更定。迎神送神止行二拜。先二日，順天府尹以耒耜穜稑種置綵輿，至耕耤所，並罷百官慶賀。後又議造耕根車載耒耜，府尹於祭日進呈畢，以耒耜載車內前玉輅行。其御門觀耕，地位卑下，議建觀耕臺一。詔皆可。後又命墾西苑隙地爲田。建殿曰無逸，〔八〕亭曰豳風，又曰省耕，曰省斂，倉曰恒裕。禮部上郊廟粢盛支給之數，因言：「南郊耤田，皇上三推，公卿各宜其力，較西苑爲重。西苑雖農官督理，皇

上時省耕斂，較耤田爲勤。請以耤田所出，藏南郊圜廩神倉，以供圜丘、祈穀、先農、神祇壇，長陵等陵，歷代帝王及百神之祀。西苑所出，藏恒裕倉，以供方澤、朝日、夕月、太廟、世廟、太社稷、帝社稷、禘祫、先蠶及先師孔子之祀。」從之。十六年諭凡遇親耕，則戶部尚書先祭先農。皇帝至，止行三推禮。三十八年罷親耕，惟遣官祭先農。四十一年並令所司勿復奏。隆慶元年罷西苑耕種諸祀，皆取之耤田。

先蠶

明初未列祀典。嘉靖時，都給事中夏言請改各宮莊田爲親蠶廠公桑園。〔九〕令有司種桑柘，以備宮中蠶事。九年復疏言，耕蠶之禮，不宜偏廢。帝乃敕禮部：「古者天子親耕，皇后親蠶，以勸天下。自今歲始，朕親祀先農，皇后親蠶，其考古制，具儀以聞。」大學士張璁等請於安定門外建先蠶壇。詹事霍韜以道遠爭之。戶部亦言：「安定門外近西之地，水源不通，無浴蠶所。皇城內西苑中有太液、瓊島之水。考唐制在苑中，宋亦在宮中，宜倣行之。」帝謂唐人因陋就安，不可法。於是禮部尚書李時等言：「大明門至安定門道路遙遠，請鳳輦出東華、玄武二門。」因條上四事：一、治繭之禮，二、壇壝之向，三、採桑之器，四、掌壇之官。帝從其言，命自玄武門出。內使陳儀衛，軍一萬人，五千圍壇所，五千護於道，餘

如議。

二月，工部上先蠶壇圖式，〔一〇〕帝親定其制。壇方二丈六尺，疊二級，高二尺六寸，四出陛。東西北俱樹桑柘，內設蠶宮令署。採桑臺高一尺四寸，方十倍，三出陛。鑾駕庫五間。後蓋織堂。壇圍方八十丈。禮部上皇后親蠶儀。

蠶將生，欽天監擇吉巳日以聞。順天府具蠶母名數送北郊，工部以鉤箔筐架諸器物給蠶母。順天府以蠶種及鉤筐一進呈，內官捧出，還授之。出玄武右門，置綵輿中，鼓樂送至蠶室。蠶母受蠶種，浴飼以待。命婦文四品、武三品以上俱陪祀，攜一侍女執鉤筐。皇后齋三日，內執事並司贊、六尚等女官及應入壇者，齋一日。先一日，太常寺具祝版、祭物，羊、豕、籩豆各六、〔一一〕黑帛，送蠶宮令。是日，分授執事女官。日未明，宿衞陳兵備，女樂司設監備儀仗及重翟車，俱候玄武門外。將明，內侍詣坤寧宮奏請。皇后服常服，導引女官導出宮門，乘肩輿，至玄武門。內侍奏請降輿，升重翟車。兵衞儀仗及女樂前導，出北安門，障以行帷，至壇內壝東門。內侍奏請降車，乘肩輿，兵衞、儀仗停東門外。皇后入具服殿，易禮服，出，至壇。司贊奏就位。公主、內外命婦各就拜位。祭先蠶，行三獻禮，女官執事如儀。迎神四拜，賜福胙二拜，送神四拜。凡拜跪興，公主、內外命婦皆同。禮畢，皇后還具服殿，更常服。

司賓引外命婦先詣採桑壇東陛下，南北向。尚儀奏請，皇后詣採桑位，東向。公主以下位皇后位東，亦南北向，以西爲上。執鉤者跪進鉤，執筐者跪奉筐受桑。皇后採桑三條，還至壇南儀門坐，觀命婦採桑。三公命婦採五條，列侯、九卿命婦採九條。訖，各授女侍。司賓引內命婦一人，詣桑室，尚功率執鉤筐者從。尚功以桑授蠶母。蠶母受桑，縷切之，以授內命婦。內命婦食蠶，灑一箔訖，還。尚儀奏禮畢，皇后還坐具服殿。司賓率蠶母等叩頭訖，司贊唱班齊。外命婦序立定，尚儀致詞云：「親蠶既成，禮當慶賀。」四拜畢，賜宴命婦，並賜蠶母酒食。公主及內命婦於殿內，外命婦文武二品以上於臺上，三品以下於丹墀，尚食進膳。教坊司女樂奏樂。宴畢，公主以下各就班四拜。禮畢，皇后還宮，導從如前。

詔如擬。

四月，蠶事告成，行治繭禮。選蠶婦善繅絲及織者各十人。〔一二〕卜日，皇后出宮，導從如常儀，至織堂。內命婦一人行三盆手禮，布於織婦，以終其事。蠶宮令送尚衣織染監局造祭服。其祀先蠶，止用樂，不用舞，樂女生冠服俱用黑。

十年二月，禮臣言：「去歲皇后躬行採桑，已足風勵天下。今先蠶壇殿工未畢，宜且遣官行禮。」帝初不可，令如舊行。已而以皇后出入不便，命改築先蠶壇於西苑。壇之東爲採

桑臺，臺東爲具服殿，北爲蠶室，左右爲廨房，其後爲從室，以居蠶婦。設蠶宮署於宮左，令一員，丞二員，擇內臣謹恪者爲之。四月，皇后行親蠶禮於內苑。帝謂親耕無賀，此安得賀，第行叩頭禮，女樂第供宴，勿前導。三十八年罷親蠶禮。四十一年並罷所司奏請。

高禖

嘉靖九年，靑州儒生李時颺請祠高禖，以祈聖嗣。禮官覆以聞。帝曰：「高禖雖古禮，今實難行。」遂寢其議。已而定祀高禖禮。設木臺於皇城東，永安門北，震方。臺上，皇天上帝南向，騂犢，蒼璧。獻皇帝配，西向，牛羊豕各一。高禖在壇下西向，牲數如之，禮三獻。皇帝位壇下北向，后妃位南數十丈外北向，用帷。壇下陳弓矢、弓韣如后妃嬪之數。祭畢，女官導后妃嬪至高禖前，跪取弓矢授后妃嬪，后妃嬪受而納於弓韣。

祭告

明制，凡登極、巡幸及上謚、葬陵、冊立、冊封、冠婚等事，皆祭告天地、宗廟、社稷。凡營造宮室，及命將出師，歲時旱潦，祭告天地、山川、太廟、社稷、后土。凡卽位之初，並祭告闕里孔廟及歷代帝王陵寢。

中華書局

洪武二年從禮部尚書崔亮奏，圜丘、方丘、大祀，前期親告太廟，仍遣使告百神於天下神祇壇。六年，禮部尚書牛諒奏，太歲諸神，凡祈報，則設一十五壇。有事祭告，則設神位二十八壇。中，太歲、風雲雷雨、五嶽、五鎭、四海，凡五壇。東，四瀆、京畿、湖廣、山東、河南、北平、廣西、四川、甘肅山川，夏冬二季月將，京都城隍，凡十二壇。西，鍾山、江西、浙江、福建、山西、陝西、廣東、遼東山川，春秋二季月將，旗纛、戰船等神，凡十一壇。若親祀，皇帝皮弁服行一獻禮，每三壇行一次禮。八年，帝駐蹕中都，祭告天地於中都之圜丘。九年，以諸王將之藩，分日告祭太廟、社稷、嶽、鎭、海、瀆，及天下名山大川，復告祀天地於圜丘。

初，諸王來朝還藩，祭眞武等神於端門，用豕九、羊九、制帛等物。祭護衞旗纛於承天門，亦如之。二十六年，帝以其禮太繁，定制豕一、羊一，不用帛。尋又罷端門祭，惟用葷素二壇祭於承天門外。

永樂七年巡狩北京，祭告天地、宗廟、社稷。嘉靖八年秋，以躬祭山川諸神，命先期不必遣官告太廟。凡出入，必親告祖考於內殿。聖誕前一日，以酒果告列聖帝后於奉先殿。至日，以酒脯告皇天上帝於玄極寶殿，遣官以牲醴祭神烈、天壽、純德諸陵山，及東嶽、都城隍，以素羞祭眞武及靈濟宮，又告修齋於道極七寶帝尊。隆慶三年，以親祭朝日壇，預告奉

先、弘孝、神霄殿。

祈報

洪武二年，太祖以春久不雨，祈告諸神祇。中設風雲雷雨、嶽、鎭、海、瀆，凡五壇。東設鍾山、兩淮、江西、兩廣、海南北、山東、燕南燕薊山川、旗纛諸神，凡七壇。西設江東、兩浙、福建、湖廣荊襄、河南北、河東、華州山川、京都城隍，凡六壇。中五壇奠帛。初獻，帝親行禮，兩廡命官分獻。三年夏，旱。六月朔，帝素服草履，步禱於山川壇。藁席露坐，晝曝於日，夜臥於地，凡三日。六年，從禮部尚書牛諒言，太歲諸神，春祈秋報，凡十五壇。中，太歲、風雲雷雨、五嶽、五鎭、四海。東，四瀆、京畿山川，春秋二季月將，京都各府城隍。西，鍾山、甘肅山川，夏冬二季月將，旗纛戰船等神。各五壇。時甘肅新附，故附其山川之祭於京師。其親祀之儀與祭告同。正統九年三月，雨雪愆期，遣官祭天、地、社稷、太歲、風雲雷雨、嶽、鎭、海、瀆。弘治十七年，畿內、山東久旱，命官祭告天壽山，分命各巡撫祭告北嶽、北鎭、東嶽、東鎭、東海。

嘉靖八年春，帝諭禮部：「去冬少雪，今當東作，雨澤不降，當親祭南郊社稷、山川。」尚書方獻夫等言：「周禮大宗伯：『以荒禮哀凶札。』釋者謂：『君膳不舉，馳道不除，祭事不縣，皆所以示貶損之意。』又曰：『國有大故，則旅上帝及四望。』釋者曰：『故謂凶災。旅，陳也。陳其祭祀以禱焉，禮不若祀之備也。』今陛下閔勞萬姓，親出祈禱。禮儀務簡約，以答天戒。常朝官並從，同致省愆祈籲之誠。」隨具上儀注。二月親禱南郊，山川同日，社稷用次日，不除道。冠服淺色，羣臣同。文五品、武四品以上於大祀門外，餘官於南天門外，就班陪祀。是秋，帝欲親祀山川諸神。禮部尚書李時言：「舊例山川等祭，中夜行禮，先一日出郊齋宿。祭畢，清晨回鑾。兩日畢事，禮太重。宜比先農壇例，昧爽行禮。」因具儀以進。制可。祭服用皮弁，迎神、送神各兩拜。

十一年，大學士李時等以聖嗣未降，請廷臣詣嶽鎭名山祝禱。帝欲分遣道士，齎香帛行，令所在守臣行禮，在廷大臣分詣地祇壇祈告。於是禮部尚書夏言言：「我朝建地祇壇，自嶽、鎭、海、瀆以及遠近名山大川莫不懷柔，卽此而禱，正合古人『望衍』之義。但輔臣所請，止於嶽鎭。竊以山川海瀆，發祥效靈，與嶽鎭同功，況基運、翊聖、神烈、天壽、純德諸山，又祖宗妥靈之地，祈禱之禮皆不可缺。」遂命大臣詣壇分祀。

神祇壇

洪武二年從禮部尚書崔亮言，建天下神祇壇於圜丘壝外之東，及方丘壝外之西。郊祀

前期，帝躬詣壇，設神位，西向，以酒脯祭告。郊之日，俟分獻從祀將畢，就壇以祭。後定遣官預告。又建山川壇於正陽門外天地壇西，合祀諸神。凡設壇十有九，太歲、春夏秋冬四季月將爲第一，次風雲雷雨，次五嶽，次五鎭，次四海，次四瀆，次京都鍾山，次江東，次江西，次湖廣，次淮東、淮西，次浙東、浙西、福建，次廣東、廣西、海南、海北，次山東、山西、河南、河北，次北平、陝西，次左江、右江，次安南、高麗、占城諸國山川，次京都城隍，次六纛大神、旗纛大將、五方旗神、戰船、金鼓、銃礮、弓弩、飛鎗、飛石、陣前陣後諸神，皆躬自行禮。先祭，禮官奏：「祝文，太歲以下至四海，凡五壇，稱臣者親署御名。其鍾山諸神，稱余者請令禮官代署。」帝曰：「朋友書牘，尚親題姓名，況神明乎？」遂加親署。後又定驚蟄、秋分後三日，遣官祭山川壇諸神。七年令春、秋仲月上旬，擇日以祭。九年復定山川壇制，凡十三壇。正殿，太歲、風雲雷雨、五嶽、五鎭、四海、四瀆、鍾山七壇。東西廡各三壇，東，京畿山川，夏冬二季月將。西，春秋二季月將，京都城隍。十年定正殿七壇，帝親行禮，東西廡遣功臣分獻。二十一年增修大祀殿諸神壇壝。乃勅十三壇諸神並停春祭，每歲八月中旬，擇日祭之。命禮部更定祭山川壇儀，與社稷同。永樂中，京師建山川壇並同南京制，惟正殿鍾山之右，益以天壽山之神。

嘉靖十一年改山川壇名爲天神地祇壇，改序雲師、雨師、風伯、雷師。天神壇在左，南

中華書局

向，雲、雨、風、雷，凡四壇。地祇壇在右，北向，五嶽、五鎮、基運翊聖神烈天壽純德五陵山、四海、四瀆，凡五壇。從祀，京畿山川，西向，天下山川，東向。以辰、戌、丑、未年仲秋，皇帝親祭，餘年遣大臣攝祭。其太歲、月將、旗纛、城隍，別祀之。十七年加上皇天上帝尊稱，預告於神祇，遂設壇於圜丘外壝東南，親定神祇壇位，陳設儀式。禮部言：「皇上親獻大明壇，則四壇分獻諸臣，不敢並列。請先上香畢，命官代獻。」帝裁定，上香、奠帛、獻爵復位後，分獻官方行禮。亞、終二獻，執事官代，餘壇俱獻官三行。隆慶元年，禮臣言：「天神地祇已從祀南北郊，其仲秋神祇之祭不宜復舉。」令罷之。

星辰壇

洪武三年，帝謂中書省臣：「日月皆專壇祭，而星辰乃祔祭於月壇，非禮也。」禮部擬於城南諸神享祭壇正南向，增九間，朝日夕月祭周天星辰，俱於是行禮。朝日夕月仍以春秋分祭，星辰則於天壽節前三日。從之。四年九月，帝躬祀周天星辰。正殿共十壇，中設周天星辰位，儀如朝日。二十一年以星辰既從祀南郊，罷祭星之祭。

靈星諸神

洪武元年，太常司奏：「周禮以槱燎祀司中、司命、風師、雨師。天府『若祭天則祀司民、司祿，而獻民數、穀數，受而藏之』。漢高帝命郡國立靈星祠。唐制，立秋後辰日祀靈星，立冬後亥日遣官祀司中、司命、司民、司祿，以少牢。宋祀如唐，而於秋分日祀壽星。今擬如唐制，分日而祀，為壇於城南。」從之。二年從禮部尚書崔亮奏，每歲聖壽日祭壽星，同日祭司中、司命、司民、司祿，示與民同受其福也。八月望日祀靈星。皆遣官行禮。三年罷壽星等祀。

太歲月將風雲雷雨之祀

古無太歲、月將壇宇之制，明始重其祭。增雲師於風師之次，亦自明始。太祖既以太歲諸神從祀圜丘，又合祭羣祀壇。已而命禮官議專祀壇壝。禮臣言：「太歲者，十二辰之神。按說文，歲字從步從戌。木星一歲行一次，歷十二辰而周天，若步然也。陰陽家說，又有十二月將，十日十二時所直之神，若天乙、天罡、太乙、功曹、太衝之類。雖不經見，歷代因之。元每有大興作，祭太歲、月將、日直、時直於太史院。若風師、雨師之祀，見於周官，後世皆有祭。唐天寶中，增雷師於雨師之次。宋、元因之。然唐制各以時別祭，失享祀本意。宜以太歲、風雲雷雨諸天神合為一壇，諸地祇為一壇，春秋專祀。」乃定驚蟄、秋分日祀太歲諸神於城南。三年復以諸神陰陽一氣，流行無間，乃合二壇為一，而增四季月將。又改祭期，與地祇俱用驚蟄、秋分後三日。

嘉靖十年命禮部考太歲壇制。禮官言：「太歲之神，唐、宋祀典不載，元雖有祭，亦無常典。壇宇之制，於古無稽。太歲天神，宜設壇露祭，準社稷壇制而差小。」從之。遂建太歲壇於正陽門外之西，與天壇對。中，太歲殿。東廡，春、秋月將二壇。西廡，夏、冬月將二壇。帝親祭於拜殿中。每歲孟春享廟，歲暮祫祭之日，遣官致祭。王國府州縣亦祀風雲雷雨師，仍築壇城西南。祭用驚蟄、秋分日。

嶽鎮海瀆山川之祀

洪武二年，太祖以嶽瀆諸神合祭城南，未有專祀。又享祀之所，屋而不壇，非尊神之道。禮官言：「虞舜祭四嶽，王制始有五嶽之稱。周官『兆四望於四郊』，鄭注，以四望為五嶽四鎮四瀆。詩序巡狩而祀四嶽河海，則又有四海之祭。蓋天子方望之事，無所不通。而嶽鎮海瀆，在諸侯封內，則各祀之。秦罷封建，嶽瀆皆領於祠官。漢復建諸侯，則侯國各祀其封內山川，天子無與。武帝時，諸侯或分或廢，五嶽皆在天子之邦。宣帝時，始有使者持節祠嶽瀆之禮。由魏及隋，嶽鎮海瀆，卽其地立祠，有司致祭。唐、宋之制，有命本界刺史、

縣令之祀，有因郊祀而望祭之祀，又有遣使之祀。元遣使祀嶽鎮海瀆，分東西南北中為五道。今宜以嶽鎮海瀆及天下山川城隍諸地祇合為一壇，與天神埒，春秋專祀。」遂定祭日以清明、霜降。前期一日，皇帝躬省牲。至日，服通天冠絳紗袍，詣嶽鎮海瀆前，行三獻禮。山川城隍，分獻官行禮。是年命官十八人，祭天下嶽鎮海瀆之神。帝皮弁御奉天殿，躬署御名，以香祝授使者。百官公服，送至中書省，使者奉以行。黃金合貯香，黃綺幡二，白金二十五兩市祭物。

三年詔定嶽鎮海瀆神號。略曰：「為治之道，必本於禮。嶽鎮海瀆之封，起自唐、宋。夫英靈之氣，萃而為神，必受命於上帝，豈國家封號所可加？瀆禮不經，莫此為甚。今依古定制，並去前代所封名號。五嶽稱東嶽泰山之神，南嶽衡山之神，中嶽嵩山之神，西嶽華山之神，北嶽恒山之神。五鎮稱東鎮沂山之神，南鎮會稽山之神，中鎮霍山之神，西鎮吳山之神，北鎮醫無閭山之神。四海稱東海之神，南海之神，西海之神，北海之神。四瀆稱東瀆大淮之神，南瀆大江之神，西瀆大河之神，北瀆大濟之神。」帝躬署名於祝文，遣官以更定神號告祭。六年，禮臣言：「四川未平，望祭江瀆於峽州。今蜀既下，當遣人於南瀆致祭。」從之。十年命官十八人分祀嶽鎮海瀆，賜之制。

萬曆十四年，巡撫胡來貢請改祀北嶽於渾源州。禮臣言：「大明集禮載，漢、唐、宋北嶽

中華書局

之祭，皆在定州曲陽縣，與史俱合。渾源之稱北嶽，止見州誌碑文，經傳無可考，仍祀曲陽是。」

其他山川之祀。洪武元年躬祀汴梁諸神，仍遣官祭境內山川。二年，以天下山川祔祭嶽瀆壇。帝又以安南、高麗皆臣附，其國內山川，宜與中國同祭。諭中書及禮官考之。安南之山二十一，其江六，其水六。高麗之山三，其水四。命著祀典，設位以祭。三年遣使往安南、高麗、占城，祀其國山川。帝齋戒，親爲祝文。仍遣官頒革正山川神號詔於安南、占城、高麗。六年，琉球諸國已朝貢，祀其國山川。八年，禮部尚書牛諒言：「京都既罷祭天下山川，其外國山川，亦非天子所當親祀。」中書及禮臣請附祭各省，從之。廣西附祭安南、占城、眞臘、暹羅、鎖里，廣東附祭三佛齊、爪哇，福建附祭日本、琉球、渤泥，遼東附祭高麗，陝西附祭甘肅、朶甘、烏斯藏，京城不復祭。又從禮官言，各省山川居中南向，外國山川東西向，同壇共祀。其王國山川之祀，洪武十三年定制。十八年定王國祭山川，儀同社稷，但無瘞埋之文。凡嶽鎭海瀆及他山川所在，令有司歲二祭以淸明、霜降。

城隍

洪武二年，禮官言：「城隍之祀，莫詳其始。先儒謂旣有社，不應復有城隍。故唐李陽

冰縉雲城隍記謂『祀典無之，惟吳、越有之』。然成都城隍祠，李德裕所建，張說有祭城隍之文，杜牧有祭黃州城隍文，則不獨吳、越爲然。又蕪湖城隍廟建於吳赤烏二年，高齊慕容儼、〔一三〕梁武陵王祀城隍，皆書於史，又不獨唐而已。宋以來其祠徧天下，或錫廟額，或頒封爵，至或遷就傳會，各指一人以爲神之姓名。按張九齡祭洪州城隍文曰：『城隍是保，甿庶是依。』〔一四〕則前代崇祀之意有在也。今宜附祭於嶽瀆諸神之壇。」乃命加以封爵。京都爲承天鑒國司民昇福明靈王，開封、臨濠、太平、和州、滁州皆封爲王。其餘府爲鑒察司民城隍威靈公，秩正二品。州爲鑒察司民城隍靈佑侯，秩三品。縣爲鑒察司民城隍顯佑伯，秩四品。袞章冕旒俱有差。命詞臣撰制文以頒之。

三年詔去封號，止稱某府州縣城隍之神。又令各廟屛去他神。定廟制，高廣視官署廳堂。造木爲主，毀塑像舁置水中，取其泥塗壁，繪以雲山。六年製中都城隍神主成，遣官賚香幣奉安。京師城隍旣附饗山川壇，又於二十一年改建廟。〔一五〕尋以從祀大祀殿，罷山川壇春祭。永樂中，建廟都城之西，曰大威靈祠。嘉靖九年罷山川壇從祀，歲以仲秋祭旗纛日，幷祭都城隍之神。凡聖誕節及五月十一日神誕，皆遣太常寺堂上官行禮。國有大災則告廟。在王國者王親祭之，在各府州縣者守令主之。

校勘記

〔一〕社稷　原無此標題，據卷目增。

〔二〕帝服皮弁服省牲通天冠絳紗袍行三獻禮　通天冠、絳紗袍，太祖實錄卷二六洪武元年二月戊中條作「服通天冠、絳紗袍」，上有「服」字。

〔三〕郊特牲曰郊之祭大報天而主日配以月　郊特牲，當作「祭義」。禮記郊特牲：「郊之祭也，至大報天而主日也。」沒有「配以月」句。禮記祭義：「郊之祭，大報天而主日，配以月。」與上引文合。

〔四〕祭義曰祭日於東郊祭月於西郊　禮記祭義裏沒有兩「郊」字。

〔五〕小宗伯肆類於四郊兆日於東郊兆月於西郊　小，原作「大」，據周禮及鄭玄注改。肆，應作「四」。周禮小宗伯：「兆五帝於四郊，四望四類亦如之。」鄭注：「四類，日月星辰。至兆日於東郊，兆月與風師於西郊。」

〔六〕拜日於東門之外反祀方明　反，原作「及」，據儀禮覲禮改。

〔七〕春分陽氣方永秋分陰氣向長故祭以二分　向長，原作「方長」，祭以，原作「祭於」，據太祖實錄卷四八洪武三年正月甲午條改。

〔八〕建殿曰無逸　無逸，原作「天遁」。「無」亦作「无」，「无逸」與「天遁」當因形近而誤。據世宗實錄

卷一二九嘉靖十年八月丁未條、卷一三〇嘉靖十年九月壬申條、明會典卷五一改。

〔九〕請改各宮莊田爲親蠶廠公桑園　宮，原作「官」，據世宗實錄卷一〇九嘉靖九年正月乙巳條改。續文獻通考卷七八注：「志作『官莊』，誤。」

〔一〇〕二月工部上先蠶壇圖式　二月，原作「三月」，據明史稿志三一禮志、世宗實錄卷一一〇嘉靖九年二月壬戌條改。

〔一一〕羊豕籩豆各六　世宗實錄卷一一〇嘉靖九年二月庚午條載皇后親蠶儀作「羊豕少牢、籩豆各六」。明會典卷九二先蠶作「羊二、豕一」、「籩豆各六」、「帛一」，所陳祭品都有數字，本志於「羊豕」下不列數字，於籩豆下作「各六」，易誤會爲羊豕各六。

〔一二〕選蠶婦善繰絲及織者各十人　十，原作「一」，據世宗實錄卷一一二嘉靖九年四月丁亥條改。按耤田用三十人耕所耤的田，親蠶用二十人繰織，略相當。

〔一三〕高齊慕容儼　儼，原作「儷」，據太祖實錄卷三六洪武二年正月戊申條改。北齊書卷二〇和北史卷五三慕容儼傳，有祀城隍事。

〔一四〕按張九齡祭洪州城隍文曰城隍是保甿庶是依　原作「張說祭荆州城隍文曰：『城隍是保，甿庶是依。』」按太祖實錄卷三六洪武二年正月戊申條：「張說祭荆州城隍文曰：『致和產物，助天育人』。張九齡祭洪州城隍文曰：『城隍是保，甿庶是依。』」此所引爲張九齡的祭洪州城隍文，非

張說的祭荊州城隍文。今改。

〔一五〕又於二十一年改建廟　二十一年，明會典卷九三作「二十年」。

明史卷五十

志第二十六

禮四　吉禮四

歷代帝王陵廟　三皇　聖師　先師孔子　旗纛　五祀　馬神　南京神廟　功臣廟　京師九廟　諸神祠　厲壇

歷代帝王陵廟

洪武三年遣使訪先代陵寢，仍命各行省具圖以進，凡七十有九。禮官考其功德昭著者，曰伏羲，神農，黃帝，少昊，顓頊，唐堯，虞舜，夏禹，商湯、中宗、高宗，周文王、武王、成王、康王，漢高祖、文帝、景帝、武帝、宣帝、光武、明帝、章帝，後魏文帝，隋高祖，唐高祖、太宗、憲宗、宣宗，周世宗，宋太祖、太宗、眞宗、仁宗、孝宗、理宗，凡三十有六。各製袞冕，函香幣。遣秘書監丞陶誼等往修祀禮，親製祝文遣之。每陵以白金二十五兩具祭物。陵寢發者

掩之，壞者完之。廟敝者葺之。無廟者設壇以祭。仍令有司禁樵採。歲時祭祀，牲用太牢。

四年，禮部定議，合祀帝王三十五。在河南者十：陳祀伏羲、商高宗，孟津祀漢光武，洛陽祀漢明帝、章帝，鄭祀周世宗，鞏祀宋太祖、太宗、眞宗、仁宗。在山西者一：滎河祀商湯。在山東者二：東平祀唐堯，曲阜祀少昊。在北平者三：內黃祀商中宗，滑祀顓頊、高辛。在湖廣者二：酃祀神農，寧遠祀虞舜。在浙江者二：會稽祀夏禹、宋孝宗。在陝西者十五：中部祀黃帝，咸陽祀周文王、武王、成王、康王，漢高帝、景帝，咸寧祀漢文帝，興平祀漢武帝，長安祀漢宣帝，三原祀唐高祖，醴泉祀唐太宗，蒲城祀唐憲宗，涇陽祀唐宣宗。歲祭用仲春、仲秋朔。於是遣使詣各陵致祭。陵置一碑，刊祭期及牲帛之數，俾所在有司守之。

已而命有司歲時修葺，設陵戶二人守視。又每三年，出祝文、香帛，傳制遣太常寺樂舞生齋往所在，命有司致祭。其所祀者，視前去周宣王，漢明帝、章帝，而增祀媧皇於趙城，後魏文帝於富平，元世祖於順天，及宋理宗於會稽，凡三十六帝。後又增祀隋高祖於扶風，而理宗仍罷祀。又命帝王陵廟所在官司，以春秋仲月上旬，擇日致祭。

六年，帝以五帝、三王及漢、唐、宋創業之君，俱宜於京師立廟致祭，遂建歷代帝王廟於欽天山之陽。倣太廟同堂異室之制，爲正殿五室：中一室三皇，東一室五帝，西一室夏禹、商湯、周文王，又東一室周武王、漢光武、唐太宗，又西一室漢高祖、唐高祖、宋太祖、元世

二十四史

祖。每歲春秋仲月上旬甲日致祭。已而以周文王終守臣服，唐高祖由太宗得天下，遂寢其祀，增祀隋高祖。七年令帝王廟皆塑衮冕坐像，惟伏羲、神農未有衣裳之制，不必加冕服。八月，帝躬祀於新廟。已而罷隋高祖之祀。

二十一年令每歲郊祀，附祭歷代帝王於大祀殿。仍以歲八月中旬，擇日遣官祭於本廟，其春祭停之。又定每三年遣祭各陵之歲，則停廟祭。是年詔以歷代名臣從祀，禮官李原名奏擬三十六人以進。帝以宋趙普負太祖不忠，不可從祀。元臣四傑，木華黎爲首，不可祀孫而去其祖，可祀木華黎而罷安童。既祀伯顏，則阿朮不必祀。漢陳平、馮異，宋潘美，皆善始終，可祀。於是定風后、力牧、臯陶、夔、龍、伯夷、伯益、伊尹、傅說、周公旦、召公奭、太公望、召虎、方叔、張良、蕭何、曹參、陳平、周勃、鄧禹、馮異、諸葛亮、房玄齡、杜如晦、李靖、郭子儀、李晟、曹彬、潘美、韓世忠、岳飛、張浚、木華黎、博爾忽、博爾朮、赤老溫、伯顏，凡三十七人，從祀於東西廡，爲壇四。初，太公望有武成王廟，嘗遣官致祭如釋奠儀。至是，罷廟祭，去王號。

永樂遷都，帝王廟，遣南京太常寺官行禮。嘉靖九年罷歷代帝王南郊從祀。令建歷代帝王廟於都城西，歲以仲春秋致祭。後幷罷南京廟祭。十年春二月，廟未成，躬祭歷代帝王於文華殿，凡五壇，丹陛東西名臣四壇。禮部尚書李時言：「舊儀有賜福胙之文。賜者自

上而下之義，惟郊廟社稷宜用。歷代帝王，止宜云答。」詔可。十一年夏，廟成，名曰景德崇聖之殿。殿五室，東西兩廡，殿後祭器庫，前爲景德門。門外神庫、神廚、宰牲亭、鐘樓。街東西二坊，曰景德街。八月壬辰親祭。帝由中門入，迎神、受福胙、送神各兩拜。嗣後歲遣大臣一員行禮，四員分獻。凡子、午、卯、酉祭於陵寢之歲，則停秋祭。二十四年，以禮科陳棐言，罷元世祖陵廟之祀，及從祀木華黎等，復還唐太宗與宋太祖同室。凡十五帝，從祀名臣三十二人。

三皇

明初仍元制，以三月三日、九月九日通祀三皇。洪武元年令以太牢祀。二年命以句芒、祝融、風后、力牧左右配，俞跗、桐君、僦貸季、少師、雷公、鬼臾區、伯高、岐伯、少俞、高陽十大名醫從祀。儀同釋奠。四年，帝以天下郡邑通祀三皇爲瀆。禮臣議：「唐玄宗嘗立三皇五帝廟於京師。至元成宗時，乃立三皇廟於府州縣。春秋通祀，而以醫藥主之，甚非禮也。」帝曰：「三皇繼天立極，開萬世教化之原，汨於藥師可乎？」命天下郡縣毋得褻祀。

正德十一年立伏羲氏廟於秦州。秦州，古成紀地，從巡按御史馮時雄奏也。嘉靖間，建三皇廟於太醫院北，名景惠殿。中奉三皇及四配。其從祀，東廡則僦貸季、岐伯、伯高、鬼臾區、俞跗、少俞、少師、桐君、雷公、馬師皇、伊尹、扁鵲、淳于意、張機十四人，〔二〕西廡則華陀、王叔和、皇甫謐、葛洪、巢元方、孫思邈、韋慈藏、王冰、錢乙、朱肱、李杲、劉完素、張元素、朱彥修十四人。歲仲春、秋上甲日，禮部堂上官行禮，太醫院堂上官二員分獻，用少牢。復建聖濟殿於內，祀先醫，以太醫官主之。二十一年，帝以規制湫隘，命拓其廟。

聖師〔三〕

聖師之祭，始於世宗。奉皇師伏羲氏、神農氏、軒轅氏，帝師陶唐氏、有虞氏，王師夏禹王、商湯王、周文王武王，九聖南向。左先聖周公，右先師孔子，東西向。每歲春秋開講前一日，皇帝服皮弁，拜跪，行釋奠禮。用羹酒果脯帛祭於文華殿東室。

初，東室有釋像，帝以其不經，撤之，乃祀先聖先師。自爲祭文，行奉安神位禮。輔臣禮卿及講官俟行禮訖，入拜。先是洪武初，司業宋濂建議欲如建安熊氏之說，以伏羲爲道統之宗，神農、黃帝、堯、舜、禹、湯、文、武，以次列焉。秩祀天子之學，則道統益尊。太祖不從。至是，世宗倣其意行之。十六年移祀於永明殿後，行禮如初。其後常遣官代祭。隆慶初，仍於文華殿東室行禮。

至聖先師孔子廟祀

漢晉及隋或稱先師，或稱先聖、宣尼、宣父。唐謚文宣王，宋加至聖號，元復加號大成。明太祖入江淮府，首謁孔子廟。洪武元年二月詔以太牢祀孔子於國學，仍遣使詣曲阜致祭。臨行諭曰：「仲尼之道，廣大悠久，與天地並。有天下者莫不虔修祀事。朕爲天下主，期大明教化，以行先聖之道。今既釋奠成均，仍遣爾修祀事於闕里，爾其敬之。」又定制，每歲仲春、秋上丁，皇帝降香，遣官祀於國學。以丞相初獻，翰林學士亞獻，國子祭酒終獻。先期，皇帝齋戒。獻官、陪祀、執事官皆散齋二日，致齋一日。前祀一日，皇帝服皮弁服，御奉天殿降香。至日，獻官行禮。三年詔革諸神封號，惟孔子封爵仍舊。且命曲阜廟庭，歲官給牲幣，俾衍聖公供祀事。四年，禮部奏定儀物。改初制籩豆之八爲十，籩用竹。其簠簋登鉶及豆初用木者，悉易以瓷。牲易以熟。樂生六十人，舞生四十八人，引舞二人，凡一百一十人。禮部請選京民之秀者充樂舞生。太祖曰：「樂舞乃學者事，況釋奠所以崇師。宜擇國子生及公卿子弟在學者，豫教肄之。」五年罷孟子配享。踰年，帝曰：「孟子辨異端，闢邪說，發明孔子之道，配享如故。」七年二月，上丁日食，改用仲丁。

十五年，新建太學成。廟在學東，中大成殿，左右兩廡，前大成門，門左右列戟二十四。門外東爲犧牲廚，西爲祭器庫，又前爲靈星門。自經始以來，駕數臨視。至是落成，遣官致

中華書局

祭。帝既親詣釋奠，又詔天下通祀孔子，幷頒釋奠儀注。凡府州縣學，籩豆以八，器物牲牢，皆殺于國學。三獻禮同，十哲兩廡一獻。其祭，各以正官行之，有布政司則以布政司官，分獻則以本學儒職及老成儒士充之。每歲春、秋仲月上丁日行事。初，國學主祭遣祭酒，後遣翰林院官，然祭酒初到官，必遣一祭。十七年敕每月朔望，祭酒以下行釋菜禮，郡縣長以下詣學行香。二十六年頒大成樂於天下。二十八年以行人司副楊砥言，罷漢揚雄從祀，益以董仲舒。三十年以國學孔子廟隘，命工部改作，其制皆帝所規畫。大成殿門各六楹，靈星門三，東西廡七十六楹，神廚庫皆八楹，宰牲所六楹。永樂初，建廟於太學之東。

宣德三年，以萬縣訓導李譯言，命禮部考正從祀先賢名位，頒示天下。十年，慈利教諭蔣明請祀元儒吳澄。大學士楊士奇等言當從祀，從之。〔三〕正統二年，以宋儒胡安國、蔡沈、眞德秀從祀。三年禁天下祀孔子於釋、老宮。孔、顏、孟三氏子孫教授裴侃言：「天下文廟惟論傳道，以列位次。闕里家廟，宜正父子，以敍彝倫。顏子、曾子、子思，子也，配享殿廷。無繇、子晳、伯魚，父也，從祀廊廡。非惟名分不正，抑恐神不自安。況叔梁紇元已追封啓聖王，創殿於大成殿西崇祀，而顏、孟之父俱封公，惟伯魚、子晳仍侯，乞追封公爵，偕顏、孟父俱配啓聖王殿。」帝命禮部行之，仍議加伯魚、子晳封號。成化二年，追封董仲舒廣川伯，胡安國建寧伯，蔡沈崇安伯，眞德秀浦城伯。十二年從祭酒周洪謨言，增樂舞爲八佾，籩

豆各十二。弘治八年追封楊時將樂伯，從祀，位司馬光之次。九年增樂舞爲七十二人，如天子之制。十二年，闕里孔廟燬，敕有司重建。十七年，廟成，遣大學士李東陽祭告，幷立御製碑文。正德十六年詔有司改建孔氏家廟之在衢州者，官給錢，董其役。令博士孔承義奉祀。

嘉靖九年，大學士張璁言：「先師祀典，有當更正者。叔梁紇乃孔子之父，顏路、曾晳、孔鯉乃顏、曾、子思之父，三子配享廟庭，紇及諸父從祀兩廡，原聖賢之心豈安？請於大成殿後，別立室祀叔梁紇，而以顏路、曾晳、孔鯉配之。」帝以爲然。因言：「聖人尊天與尊親同。今籩豆十二，牲用犢，全用祀天儀，亦非正禮。其諡號、章服悉宜改正。」璁緣帝意，言：「孔子宜稱先聖先師，不稱王。祀宇宜稱廟，不稱殿。祀宜用木主，其塑像宜毀。籩豆用十，樂用六佾。配位公侯伯之號宜削，止稱先賢先儒。其從祀申黨、公伯寮、秦冉等十二人宜罷，林放、蘧瑗等六人宜各祀於其鄉，后蒼、王通、歐陽修、胡瑗、蔡元定宜從祀。」

帝命禮部會翰林諸臣議。編修徐階疏陳易號毀像之不可。帝怒，謫階官，乃御製正孔子祀典說，大略謂孔子以魯僭王爲非，寧肯自僭天子之禮。復爲正孔子祀典申記，俱付史館。璁因作正孔子廟祀典或問奏之。帝以爲議論詳正，幷令禮部集議。於是御史黎貫等言：「聖祖初正祀典，天下嶽瀆諸神皆去其號，惟先師孔子如故，良有深意。陛下疑孔子之祀，上擬祀天之禮。夫子之不可及也，猶天之不可階而升，雖擬諸天，亦不爲過。自唐尊孔子爲文宣王，已用天子禮樂。宋眞宗嘗欲封孔子爲帝，或謂周止稱王，不當加帝號。而羅從彥之論，則謂加帝號亦可。至周敦頤則以爲萬世無窮，王祀孔子，邵雍則以爲仲尼以萬世爲王。其辨孔子不當稱王者，止吳澄一人而已。伏望博考羣言，務求至當。」時貫疏中言：「莫尊於天地，亦莫尊於父師。陛下敬天尊親，不應獨疑孔子王號爲僭。」帝因大怒，疑貫借此以斥其追尊皇考之非，詆爲奸惡，下法司會訊，褫其職。給事中王汝梅等亦極言不宜去王號，帝皆斥爲謬論。

於是禮部會諸臣議：「人以聖人爲至，聖人以孔子爲至。宋眞宗稱孔子爲至聖，其意已備。今宜於孔子神位題至聖先師孔子，去其王號及大成、文宣之稱。改大成殿爲先師廟，大成門爲廟門。其四配稱復聖顏子、宗聖曾子、述聖子思子、亞聖孟子。十哲以下凡及門弟子，皆稱先賢某子。左丘明以下，皆稱先儒某子。不復稱公侯伯。遵聖祖首定南京國子監規制，製木爲神主。仍擬大小尺寸，著爲定式。其塑像，卽令屏撤。春秋祭祀，遵國初舊制，十籩十豆。天下各學，八籩八豆。樂舞止六佾。凡學別立一祠，中叔梁紇題啓聖公孔氏神位，以顏無繇、曾點、孔鯉、孟孫氏配，俱稱先賢某氏。至從祀之賢，不可不考其得失。申黨卽申棖，釐去其一。公伯寮、秦冉、顏何、荀況、戴聖、劉向、賈逵、馬融、何休、王肅、王

弼、杜預、吳澄罷祀。林放、蘧瑗、盧植、鄭衆、鄭玄、服虔、范寧各祀於其鄉。后蒼、王通、歐陽修、胡瑗宜增入。」命悉如議行。又以行人薛侃議，進陸九淵從祀。

初，洪武時，司業宋濂請去像設主，禮儀樂章多所更定，太祖不允。成、弘間，少詹程敏政嘗謂馬融等八人當斥。給事中張九功推言之，幷請罷荀況、公伯寮、蘧瑗等，而進后蒼、王通、胡瑗。爲禮官周洪謨所却而止。至是以璁力主，衆不敢違。毀像蓋用濂說，先賢去留，略如九功言。其進歐陽修，則以濮議故也。

明年，國子監建啓聖公祠成。從尚書李時言，春秋祭祀，與文廟同日。籩豆牲帛視四配，東西配位視十哲，從祀先儒程珦、朱松、蔡元定視兩廡。輔臣代祭文廟，則祭酒祭啓聖祠。南京，祭酒於文廟，司業於啓聖祠。遂定制，殿中先師南向，四配東西向。稍後十哲：閔子損、冉子雍、端木子賜、仲子由、卜子商、冉子耕、宰子予、冉子求、言子偃、顓孫子師皆東西向。兩廡從祀：先賢澹臺滅明、宓不齊、原憲、公冶長、南宮适、高柴、漆雕開、樊須、司馬耕、公西赤、有若、琴張、申棖、陳亢、巫馬施、梁鱣、公晳哀、商瞿、冉孺、顏辛、伯虔、曹卹、冉季、公孫龍、漆雕哆、秦商、漆雕徒父、顏高、商澤、壤駟赤、任不齊、石作蜀、公良孺、公夏首、公肩定、后處、鄡單、奚容蒧、罕父黑、顏祖、榮旂、秦祖、左人郢、句井疆、鄭國、公祖句茲、原亢、縣成、廉潔、燕伋、叔仲會、顏之僕、邽巽、樂欬、公西輿如、狄黑、孔忠、公西蒧、步叔乘、

中華書局

施之常、秦非、顏噲，先儒左丘明、公羊高、穀梁赤、伏勝、高堂生、孔安國、毛萇、董仲舒、后蒼、杜子春、王通、韓愈、胡瑗、周敦頤、程顥、歐陽修、邵雍、張載、司馬光、程頤、楊時、胡安國、朱熹、張栻、陸九淵、呂祖謙、蔡沈、眞德秀、許衡凡九十一人。

隆慶五年，以薛瑄從祀。萬曆中，以羅從彥、李侗從祀。十二年，又以陳獻章、胡居仁、王守仁從祀。二十三年，以宋周敦頤父輔成從祀啓聖祠。又定每歲仲春、秋上丁日御殿傳制，遣大臣祭先師及配位。其十哲以翰林官，兩廡以國子監官各二員分獻。每月朔，及每科進士行釋菜禮。司府州縣衞學各提調官行禮。牲用少牢，樂如太學。京府及附府縣學，止行釋菜禮。崇禎十五年，以左丘明親授經於聖人，改稱先賢。幷改宋儒周、二程、張、朱、邵六子亦稱先賢，位七十子下，漢唐諸儒之上。然僅國學更置之，闕里廟廷及天下學宮未遑頒行也。

旗纛

旗纛之祭有四。其一，洪武元年，禮官奏：「軍行旗纛所當祭者，旗謂牙旗。黃帝出軍訣曰：『牙旗者，將軍之精，一軍之形候。凡始豎牙，必祭以剛日。』纛，謂旗頭也。太白陰經曰：『大將中營建纛。天子六軍，故用六纛。犛牛尾爲之，在左騑馬首。』唐、宋及元皆有旗纛之

祭。今宜立廟京師，春用驚蟄，秋用霜降日，遣官致祭。」乃命建廟於都督府治之後，以都督爲獻官，題主曰軍牙之神、六纛之神。七年二月詔皇太子率諸王詣閱武場祭旗纛，爲壇七，行三獻禮。後停春祭，止霜降日祭於教場。其二，歲暮享太廟日，祭旗纛於承天門外。其三，旗纛廟在山川壇左。初，旗纛與太歲諸神合祭於城南。九年別建廟。每歲仲秋，天子躬祀山川之日，遣旗手衞官行禮。其正祭，旗頭大將、六纛大將、五方旗神、主宰戰船正神、金鼓角銃礮之神、弓弩飛鎗飛石之神、陣前陣後神祇五昌等衆，凡七位，共一壇，南向。皇帝服皮弁，御奉天殿降香。獻官奉以從事。祭物視先農，帛七，黑二、白五。瘞毛血、望燎，與風雲雷雨諸神同。祭畢，設酒器六於地。刺雄雞六，瀝血以釁之。其四，永樂後，有神旗之祭，專祭火雷之神。每月朔望，神機營提督官祭於教場。牲用少牢。凡旗纛皆藏內府，祭則設之。

王國祭旗纛，則遣武官戎服行禮。天下衞所於公署後立廟，以指揮使爲初獻官，僚屬爲亞獻、終獻。儀物殺京都。

五祀

洪武二年定制，歲終臘享，通祭於廟門外。八年，禮部奏：「五祀之禮，周、漢、唐、宋不一。今擬孟春祀戶，設壇皇宮門左，司門主之。孟夏祀竈，設壇御廚，光祿寺官主之。季夏祀中霤，設壇乾清宮丹墀，內官主之。孟秋祀門，設壇午門左，司門主之。孟冬祀井，設壇宮內大庖井前，光祿寺官主之。四孟於有事太廟之日，季夏於土旺之日，牲用少牢。」制可。從定中霤于奉天殿外文樓前。又歲暮合祭五祀于太廟西廡下，太常寺官行禮。

馬神

洪武二年命祭馬祖、先牧、馬社、馬步之神，築壇後湖。禮官言：「周官春祭馬祖，天駟星也；夏祭先牧，始養馬者；秋祭馬社，始乘馬者；冬祭馬步，乃神之災害馬者。隋用周制，祭以四仲之月。唐、宋因之。今定春、秋二仲月，甲、戊、庚日，遣官致祀。爲壇四，樂用時樂，行三獻禮。」四年，蜀明昇獻良馬十，其一白者，長丈餘，不可加羈勒。太祖曰：「天生英物，必有神司之。」命太常以少牢祀馬祖，囊沙四百斤壓之，令人騎而遊苑中，久之漸馴。帝乘之以夕月於淸涼山。比還，大悅，賜名飛越峯。復命太常祀馬祖。五年幷諸神爲一壇，歲止春祭。永樂十三年立北京馬神祠於蓮花池。其南京馬神，則南太僕主之。

南京神廟

初稱十廟。北極眞武以三月三日、九月九日，道林眞覺普濟禪師寶誌以三月十八日，都城隍以八月祭帝王後一日，祠山廣惠張王渤以二月十八日，五顯靈順以四月八日、九月二十八日，皆南京太常寺官祭。漢秣陵尉蔣忠烈公子文、晉成陽卞忠貞公壼、[四]宋濟陽曹武惠王彬、南唐劉忠肅王仁贍、元衞國忠肅公福壽俱以四孟朔，歲除，應天府官祭。惟蔣廟又有四月二十六日之祭。幷功臣廟爲十一。後復增四：關公廟，洪武二十七年建於雞籠山之陽，稱漢前將軍壽亭侯。嘉靖十年訂其誤，改稱漢前將軍漢壽亭侯。以四孟歲暮，應天府官祭，五月十三日，南京太常寺官祭。天妃，永樂七年封爲護國庇民妙靈昭應弘仁普濟天妃，以正月十五日、三月二十三日，南京太常寺官祭。太倉神廟以仲春、秋望日，南京戶部官祭。司馬、馬祖、先牧神廟，以春、秋仲月中旬，擇日南京太僕寺官祭。諸廟皆少牢，眞武與眞覺禪師素羞。

功臣廟

太祖旣以功臣配享太廟，又命別立廟於雞籠山。論次功臣二十有一人，死者塑像，生者虛其位。正殿：中山武寧王徐達、開平忠武王常遇春、岐陽武靖王李文忠、寧河武順王鄧愈、東甌襄武王湯和、黔寧昭靖王沐英。羊二，豕二。西序：越國武莊公胡大海、梁國公趙

德勝、巢國武壯公華高、虢國忠烈公俞通海、江國襄烈公吳良、安國忠烈公曹良臣、黔國威毅公吳復、燕山忠愍侯孫興祖。東序：郢國公馮國用、西海武莊公耿再成、濟國公丁德興、蔡國忠毅公張德勝、海國襄毅公吳楨、蘄國武義公康茂才、東海郡公茅成。羊二，豕二。兩廡各設牌一，總書「故指揮千百戶衞所鎭撫之靈」。羊十，豕十。以四孟歲暮，遣駙馬都尉祭。

初，胡大海等歿，命肖像於卞壼、蔣子文之廟。及功臣廟成，移祀焉。永樂三年以中山王勳德第一，又命正旦、清明、中元、孟冬、冬至遣太常寺官祭於大功坊之家廟，牲用少牢。

京師九廟

京師所祭者九廟。眞武廟，永樂十三年建，以祀北極佑聖眞君。正德二年改爲靈明顯佑宮，在海子橋之東，祭日同南京。

東嶽泰山廟，在朝陽門外，祭以三月二十八日。

都城隍廟，祭以五月十一日。

漢壽亭侯關公廟，永樂間建。成化十三年，又奉敕建廟宛平縣之東，祭以五月十三日。皆太常寺官祭。

京都太倉神廟建於太倉，戶部官祭。

司馬、馬祖、先牧神廟，太僕寺官祭。

宋文丞相祠，永樂六年從太常博士劉履節請，建於順天府學之西。元世祖廟，嘉靖中罷。皆以二月、八月中旬順天府官祭。

洪恩靈濟宮，祀徐知證、知諤。永樂十五年，立廟皇城之西，正旦、冬至聖節，內閣禮部及內官各一員祭。生辰，禮部官祭。弘治中，大學士劉健等請毋遣閣臣。嘉靖中，改遣太常寺官。

其榮國公姚廣孝，洪熙元年從祀太廟。嘉靖九年撤廟祀，移祀大興隆寺，在皇城西北隅。

後寺燬，復移祟國寺。

東嶽、都城隍用太牢，五廟用少牢，眞武、靈濟宮素羞。

諸神祠

洪武元年命中書省下郡縣，訪求應祀神祇。名山大川、聖帝明王、忠臣烈士，凡有功於國家及惠愛在民者，著於祀典，令有司歲時致祭。二年又詔天下神祇，常有功德於民，事蹟昭著者，雖不致祭，禁人毀撤祠宇。三年定諸神封號，凡後世溢美之稱皆革去。天下神祠不應祀典者，卽淫祠也，有司毋得致祭。

弘治元年，禮科張九功言：「祀典正則人心正。今朝廷常祭之外，又有釋迦牟尼文佛、三清三境九天應元雷聲普化天尊、金玉闕眞君元君、〔五〕神父神母，諸宮觀中又有水官星君、〔六〕諸天諸帝之祭，非所以法天下。」帝下其章禮部，尚書周洪謨等言：

釋迦牟尼文佛生西方中天竺國。宗其教者，以本性爲法身，德業爲報身，幷眞身爲三，其實一人耳。道家以老子爲師。朱熹有曰：「玉清元始天尊既非老子法身，上清太上道君又非老子報身，設有二像，又非與老子爲一。而老子又自爲上淸太上老君，蓋倣釋氏而又失之者也。」自今凡遇萬壽等節，不令修建吉祥齋醮，或遇喪禮，不令修建薦揚齋醮。其大興隆寺、朝天宮俱停遣官祭告。

北極中天星主紫微大帝者，北極五星在紫微垣中，正統初，建紫微殿，設像祭告。夫幽禜祭星，古禮也。今乃像之如人，稱之爲帝，稽之祀典，誠無所據。

雷聲普化天尊者，道家以爲總司五雷，又以六月二十四日爲天尊示現之日，故歲以是日遣官詣顯靈宮致祭。夫風雲雷雨，南郊合祀，而山川壇復有秋報，則此祭亦當罷免。

祖師三天扶教輔玄大法師眞君者，傳記云：「漢張道陵，善以符治病。唐天寶，宋熙寧、大觀間，累號正一靖應眞君，子孫亦有封號。國朝仍襲正一嗣教眞人之封。」然

宋邵伯溫云：「張魯祖陵、父衡，以符法相授受，自號師君。」今歲以正月十五日爲陵生日，遣官詣顯靈宮祭告，亦非祀典。

大小青龍神者，記云：「有僧名盧，寓西山。有二童子來侍。時久旱，童子入潭化二青龍，遂得雨。後賜盧號曰感應禪師，建寺設像，別設龍祠於潭上。宣德中，建大圓通寺，加二龍封號，春秋祭之。」邇者連旱，祈禱無應，不足崇奉明矣。

梓潼帝君者，記云：「神姓張名亞子，居蜀七曲山。仕晉戰沒，人爲立廟。唐、宋屢封至英顯王。道家謂帝命梓潼掌文昌府事及人間祿籍，故元加號爲帝君，而天下學校亦有祠祀者。景泰中，因京師舊廟闢而新之，歲以二月三日生辰，遣祭。」夫梓潼顯靈於蜀，廟食其地爲宜。文昌六星與之無涉，宜敕罷免。其祠在天下學校者，俱令拆毀。

北極佑聖眞君者，乃玄武七宿，後人以爲眞君，作龜蛇於其下。宋眞宗避諱，改爲眞武。靖康初，加號佑聖助順靈應眞君。圖志云：「眞武爲淨樂王太子，修煉武當山，功成飛昇。奉上帝命鎭北方。被髮跣足，建皂纛玄旗。」此道家附會之說。國朝御製碑謂，太祖平定天下，陰佑爲多，嘗建廟南京崇祀。及太宗靖難，以神有顯相功，又於京城艮隅幷武當山重建廟宇。兩京歲時朔望各遣官致祭，而武當山又專官督祀事。憲宗嘗範金爲像。今請止遵洪武間例，每年三月三日、九月九日用素羞，遣太常官致

祭，餘皆停免。

崇恩眞君、隆恩眞君者，道家以崇恩姓薩名堅，西蜀人，宋徽宗時嘗從王侍宸、林靈素輩學法有驗。隆恩，則玉樞火府天將王靈官也，又嘗從薩傳符法。永樂中，以道士周思得能傳靈官法，乃於禁城之西建天將廟及祖師殿。宣德中，改大德觀，封二眞君。成化初改顯靈宮。每年換袍服，所費不訾。近今祈禱無應，亦當罷免。

金闕上帝、玉闕上帝者，誌云：「閩縣靈濟宮祀五代時徐溫子知證、知諤。國朝御製碑謂太宗嘗弗豫，禱神輒應，因大新閩地廟宇，春秋致祭。又立廟京師，加封金闕眞君、玉闕眞君。正統、成化中，累加號爲上帝。朔望令節俱遣官祀，及時薦新，四時換袍服。」夫神世系事蹟，本非甚異，其僭號宜革正，妄費亦宜節省。神父聖帝、神母元君及金玉闕元君者，卽二徐父母，及其配也。宋封其父齊王爲忠武眞人，母田氏爲仁壽仙妃，配皆爲仙妃。永樂至成化間，屢加封今號，亦宜削號罷祀。

東嶽泰山之神者，泰山五嶽首，廟在泰安州山下。又每歲南郊及山川壇俱有合祭之禮。今朝陽門外有元東嶽舊廟，國朝因而不廢。夫旣專祭封內，且合祭郊壇，則此廟之祭，實爲煩瀆。

京師都城隍之神者，舊在順天府西南，以五月十一日爲神誕辰，故是日及節令皆

遣官祀。夫城隍之神，非人鬼也，安有誕辰？況南郊秋祀俱已合祭，則誕辰及節令之祀非宜，凡此俱當罷免。

議上，乃命修建齋醮，遣官祭告，幷東嶽、眞武、城隍廟、靈濟宮祭祀，俱仍舊。二徐眞君及其父母妻革去帝號，仍舊封，冠袍等物換回焚毀，餘如所議行之。

按祀典，太祖時，應天祀陳喬、楊邦乂、姚興、王鉷，成都祀李冰、文翁、張詠，均州祀黃霸，密縣祀卓茂，松江祀陸遜、陸抗、陸凱，龍州祀李龍遷，建寧祀謝夷甫，彭澤祀狄仁傑，九江祀李黼，安慶祀余闕、韓建之、李宗可。宣宗時，高郵祀耿遇德。英宗時，豫章祀韋丹、許遜，無錫祀張巡。憲宗時，崖山祀張世傑、陸秀夫。孝宗時，新會祀宋慈元楊后，延平祀羅從彥、李侗，建寧祀劉子翬，烏撒祀譚淵，廬陵祀文天祥，婺源祀朱熹，都昌祀陳澔，饒州祀江萬里，福州祀陳文龍，興化祀陳瓚，湖廣祀李芾，廣西祀馬慨。武宗時，眞定祀顏杲卿、眞卿，韶州附祀張九齡子拯，沂州祀諸葛亮，蕭山祀游酢、羅從彥。皆歷代名臣，事蹟顯著。守臣題請，禮官議覆，事載實錄，年月可稽。至若有明一代之臣抗美前史者，或以功勳，或以學行，或以直節，或以死事，臚于志乘，刻于碑版，匪一而足。其大者，鄱陽湖忠臣祠祀丁普郎等三十五人，南昌忠臣祠祀趙德勝等十四人，太平忠臣廟祀花雲、王鼎、許瑗，金華忠臣祠祀胡大海，皆太祖自定其典。其後，通州祀常遇春，山海關祀徐達，蘇州祀夏原吉、周忱，淮安祀陳瑄，海州衞祀衞靑、徐安生，甘州祀毛忠，楡林祀余子俊，杭州祀于謙，蕭山祀魏驥，汀州祀王得仁，廣州祀楊信民、毛吉，雲南祀沐英、沐晟，貴州祀顧成，廬陵祀劉球、李時勉，廣信祀鄧顒，寶慶祀賀興隆，上杭祀伍驥、丁泉，慶遠祀葉禎，雲南祀王禕、吳雲，靑田祀劉基，平陽祀薛瑄，杭州祀鄒濟、徐善述，金華祀章懋，皆衆著耳目，炳然可考。其他郡縣山川龍神忠烈之士，及祈禱有應而祀者，會典所載，尤詳悉云。

厲壇

泰厲壇祭無祀鬼神。春秋傳曰「鬼有所歸，乃不爲厲」，此其義也。祭法，王祭泰厲，諸侯祭公厲，大夫祭族厲。士喪禮「疾病禱於厲」，鄭注謂「漢時民間皆秋祠厲」，則此祀達于上下矣，然後世皆不舉行。洪武三年定制，京都祭泰厲，設壇玄武湖中，歲以清明及十月朔日遣官致祭。前期七日，檄京都城隍。祭日，設京省城隍神位於壇上，無祀鬼神等位於壇下之東西，羊三，豕三，飯米三石。王國祭國厲，府州祭郡厲，縣祭邑厲，皆設壇城北，一年二祭如京師。里社則祭鄉厲。後定郡邑厲、鄉厲，皆以清明日、七月十五日、十月朔日。

校勘記

〔一〕僉附少僉少師至十四人　原脫「少僉」，十四，作「十三」，據明史稿志三二禮志、明會典卷九二改。世宗實錄卷二六九嘉靖二十一年十二月丙申條有「少僉」。

〔二〕聖師　此標題及本卷頁一三〇一「旗纛」、頁一三〇五「京師九廟」、頁一三一一「厲壇」等標題均原文所無，據卷目增。

〔三〕十年慈利教諭蔣明請祀元儒吳澄至從之　十年，是宣德十年，原作「八年」，列「正統二年」後，成了「正統八年」，據本書卷一〇英宗前紀、英宗實錄卷四宣德十年四月壬戌條改。原文誤倒，今移在「正統二年」前。

〔四〕晉成陽卞忠貞公壼　成陽，原作「咸陽」，據明史稿志三二禮志、明會典卷九三改。案晉書卷七〇卞壼傳，稱壼父粹封成陽子，壼襲父爵。作「成陽」是。

〔五〕金玉闕眞君元君　金玉闕，原作「金闕」，據孝宗實錄卷一三弘治元年四月庚戌條補「玉」字。按「金玉闕」爲「金闕玉闕」的省稱，本志下文都作「金闕玉闕」。

〔六〕水官星君　水官，原作「水宮」，據明史稿志三二禮志、孝宗實錄卷一三弘治元年四月庚戌條改。道家以天官、地官、水官爲「三官」，見後漢書卷一〇五劉焉傳注引典略。

二十四史

明史卷五十一

志第二十七

禮五 吉禮五

廟制　禘祫　時享　薦新　加上謚號　廟諱

宗廟之制

明初作四親廟於宮城東南，各爲一廟。皇高祖居中，皇曾祖東第一，皇祖西第一，皇考東第二，皆南向。每廟中室奉神主。東西兩夾室，旁兩廡。三門，門設二十四戟。外爲都宮。正門之南齋次，其西饌次，俱五間，北向。門之東，神廚五間，西向。其南宰牲池一，南向。

洪武元年，命中書省集儒臣議祀典，李善長等言：

周制，天子七廟。而商書曰，「七世之廟，可以觀德」，則知天子七廟，自古有之。太祖百世不遷。三昭三穆以世次比，至親盡而遷。此有天下之常禮。若周文王、武王

雖親盡宜祧，以其有功當宗，故皆別立一廟，謂之文世室、武世室，亦百世不遷。漢每帝輒立一廟，不序昭穆，又有郡國廟及寢園廟。光武中興，於洛陽立高廟，祀高祖及文、武、宣、元五帝。又於長安故高廟中，祀成、哀、平三帝。別立四親廟於南陽春陵，祀父南頓君以上四世。至明帝，遺詔藏主於光烈皇后更衣別室。後帝相承，皆藏於世祖之廟。由是同堂異室之制，至於元莫之改。

唐高祖尊高曾祖考，立四廟於長安。太宗議立七廟，虛太祖之室。玄宗創制，立九室，祀八世。文宗時，禮官以景帝受封於唐，高祖、太宗創業受命，百代不遷。親盡之主，禮合祧遷，至禘祫則合食如常。其後以敬、文、武三宗爲一代，故終唐之世，常爲九世十一室。

宋自太祖追尊僖、順、翼、宣四祖，每遇禘，則以昭穆相對，而虛東向之位。神宗奉僖祖爲太廟始祖，至徽宗時增太廟爲十室，而不祧者五宗。崇寧中，取王肅說謂二祧在七世之外，乃建九廟。高宗南渡，祀九世。至於寧宗，始別建四祖殿，而正太祖東向之位。

元世祖建宗廟於燕京，以太祖居中，爲不遷之祖。至泰定中，爲七世十室。

今請追尊高曾祖考四代，各爲一廟。

於是上皇高祖考謚曰玄皇帝，廟號德祖，皇高祖妣曰玄皇后。皇曾祖考謚曰恒皇帝，廟號懿祖，皇曾祖妣曰恒皇后。皇祖考謚曰裕皇帝，廟號熙祖，皇祖妣曰裕皇后。皇考謚曰淳皇帝，廟號仁祖，皇妣陳氏曰淳皇后。

詔製太廟祭器。太祖曰：「禮順人情，可以義起。所貴斟酌得宜，隨時損益。近世泥古，好用古籩豆之屬，以祭其先。生既不用，死而用之，甚無謂也。孔子曰：『事死如事生，事亡如事存。』其製宗廟器用服御，皆如事生之儀。」於是造銀器，以金塗之。酒壺盂盞皆八，朱漆盤盌二百四十，及楎椸枕簟篋笥幃幔浴室皆具。後又詔器皿以金塗銀者，俱易以金。

二年詔太廟祝文止稱孝子皇帝，不稱臣。凡遣皇太子行禮，止稱命長子某，勿稱皇太子。後稱孝玄孫皇帝，又改稱孝曾孫嗣皇帝。初，太廟每室用幣一。二年從禮部議，用二白繒。又從尚書崔亮奏，作圭瓚。

八年改建太廟。前正殿，後寢殿。殿翼皆有兩廡。寢殿九間，間一室，奉藏神主，爲同堂異室之制。九年十月，新太廟成〔一〕。中室奉德祖，東一室奉懿祖，西一室奉熙祖，東二室奉仁祖，皆南向。十五年，以孝慈皇后神主祔享太廟，其後皇后祔廟倣此。建文卽位，奉太祖主祔廟。正殿神座次熙祖，東向。寢殿神主居西二室，南向。成祖遷都，建廟如南京制。

宣德元年七月，禮部進太宗神主祔廟儀。先期一日，遣官詣太廟行祭告禮。午後，於几筵殿行大祥祭。翼日昧爽，設酒果於几筵殿，設御輦二、册寶亭四於殿前丹陛上。皇帝服淺淡服，行祭告禮畢，司禮監官跪請神主陞輦，詣太廟奉安。內使二員捧神主，內使四員捧册寶，由殿中門出，安奉於御輦、册寶亭。皇帝隨行至思善門，易祭服，升輅。至午門外，儀衞傘扇前導，至廟街門內，皇帝降輅。監官導詣御輦前奏，跪請神主奉安太廟，俯伏，興。內使捧神主册寶，皇帝從，由中門入，至寢廟東第三室，南向奉安。皇帝叩頭，畢，祭祀如時祭儀。文武官具祭服行禮。其正殿神座，居仁祖之次，西向。二年五月，仁宗神主祔廟，如前儀。寢殿，西第三室，南向。正殿，居高祖之次，東向。其後大行祔廟，倣此。正統七年十二月奉昭皇后神主祔廟，神主詣列祖神位前謁廟。禮畢，太常寺官唱賜座，內侍捧衣冠，與仁宗同神位。唱請宣宗皇帝朝見，內侍捧宣宗衣冠置褥位上，行四拜禮訖，安奉於座上。

孝宗卽位，憲宗將升祔。時九廟已備，議者咸謂德、懿、熙、仁四廟，宜以次奉祧。禮臣謂：「國家自德祖以上，莫推世次，則德祖視周后稷，不可祧。憲宗升祔，當祧懿祖。宜於太廟寢殿後，別建祧殿，如古夾室之制。歲暮則奉祧主合享，如古祫祭之禮。」吏部侍郎楊守陳言：「禮，天子七廟，祖功而宗德。德祖可比商報乙、周亞圉，非契、稷比。議者習見宋儒

中華書局

嘗取王安石說，遂使七廟既有始祖，又有太祖。太祖既配天，又不得正位南向，非禮之正。今請并祧德、懿、熙三祖，自仁祖下爲七廟，異時祧盡，則太祖擬契、稷，而祧主藏於後寢，祫禮行於前殿。時享尊太祖，祫祭尊德祖，則功德並崇，恩義亦備。」帝從禮官議，建祧廟於寢殿後，遣官祭告宗廟。帝具素服告憲宗几筵，祭畢，奉遷懿祖神主衣冠於後殿，牀幔、御座、儀物則貯於神庫。其後奉祧倣此。

嘉靖九年春，世宗行特享禮。令於殿內設帷幄如九廟，列聖皆南向，各奠獻，讀祝三，餘如舊。十年正月，帝以廟祀更定，告於太廟、世廟并祧廟三主。遷德祖神主於祧廟，奉安太祖神主於寢殿正中，遂以序進遷七宗神位。丁酉，帝詣太廟行特享禮。九月諭大學士李時等，以「宗廟之制，父子兄弟同處一堂，於禮非宜。太宗以下宜皆立專廟，南向」。尚書夏言奏：「太廟兩傍，隙地無幾，宗廟重事，始謀宜愼。」未報。中允廖道南言：「太宗以下宜各建特廟於兩廡之地。有都宮以統廟，不必各爲門垣。有夾室以藏主，不必更爲寢廟。第使列聖各得全其尊，皇上躬行禮於太祖之廟，餘遣親臣代獻，如古諸侯助祭之禮。」帝悅，命會議。言等言：「太廟地勢有限，恐不能容，若小其規模，又不合古禮。且使各廟既成，陛下徧歷羣廟，非獨筋力不逮，而日力亦有不給。古者宗伯代后獻之文，謂在一廟中，而代后之亞獻。未聞以人臣而代主一廟之祭者也。〔三〕且古諸侯多同姓之臣，今陪祀執事者，可

擬古諸侯之助祭者乎？先臣丘濬謂宜間日祭一廟，歷十四日而遍。此蓋無所處，而强爲之說耳。若以九廟一堂，嫌於混同。請以木爲黃屋，如廟廷之制，依廟數設之，又設帷幄於其中，庶得以展專奠之敬矣。」議上，不報。

十三年，南京太廟災。禮部尚書湛若水請權將南京太廟香火并於南京奉先殿，重建太廟，補造列聖神主。帝召尚書言與羣臣集議。言會大學士張孚敬等言：「國有二廟，自漢惠始。神有二主，自齊桓始。周之三都廟，乃遷國立廟，去國載主，非二廟二主也。子孫之身乃祖宗所依，聖子神孫既親奉祀事於此，則祖宗神靈自當陟降於此。今日正當專定廟議，一以此地爲根本。南京原有奉先殿，其朝夕香火，當合併供奉如常。太廟遺址當倣古壇墠遺意，高築牆垣，謹司啓閉，以致尊嚴之意。」從之。

時帝欲改建九廟。夏言因言：「京師宗廟，將復古制，而南京太廟遽災，殆皇天列祖佑啓默相，不可不靈承者。」帝悅，詔春和興工。諸臣議於太廟南，左爲三昭廟，與文祖世室而四，右爲三穆廟。羣廟各深十六丈有奇，而世室殿寢稍崇，縱橫深廣，與羣廟等。列廟總門與太廟戟門相並，列廟後垣與太廟祧廟後牆相並。具圖進。帝以世室尚當隆異，令再議。言等請增拓世室前殿，視羣廟崇四尺有奇，深廣半之，寢殿視羣廟崇二尺有奇，深廣如之。報可。十四年正月諭閣臣：「今擬建文祖廟爲世室，則皇考世廟字當避。」張孚敬言：「世廟著

明倫大典，頒詔四方，不可改。文世室宜稱太宗廟。其餘羣廟不用宗字，用本廟號，他日遞遷，更牌額可也。」從之。二月盡撤故廟改建之。諸廟各爲都宮，廟各有殿有寢。太祖廟寢後有祧廟，奉祧主藏焉。太廟門殿皆南向，羣廟門東西向，內門殿寢皆南向。十五年十二月，新廟成，更創皇考廟曰睿宗獻皇帝廟。帝乃奉安德、懿、熙、仁四祖神主於祧廟，太祖神主於太廟，百官陪祭如儀。翼日，奉安太宗以下神主，列於羣廟，命九卿正官及武爵重臣，俱詣太宗廟陪祭。文三品以上，武四品以上，分詣羣廟行禮。又擇日親捧太祖神主，文武大臣捧七宗神主，奉安於景神殿。

二十年四月，太廟災，成祖、仁宗主燬，奉安列聖主於景神殿。遣大臣詣長陵、獻陵告題帝后主，亦奉安景神殿。二十二年十月，以舊廟基隘，命相度規制。議三上，不報。久之，乃命復同堂異室之舊，廟制始定。二十四年六月，禮部尚書費寀等以太廟安神，請定位次。帝曰：「既無昭穆，亦無世次，只序倫理。太祖居中，左四序成、宣、憲、睿，右四序仁、英、孝、武，皆南向。」七月，以廟建禮成，百官表賀，詔天下。新廟仍在闕左，正殿九間，前兩廡，南戟門。門左神庫，右神廚。又南爲廟門，門外東南宰牲亭，南神宮監，西廟街門。正殿後爲寢殿，奉安列聖神主，又後爲祧廟，藏祧主，皆南向。

二十七年，帝欲祔孝烈皇后方氏於太廟，而祧仁宗。大學士嚴嵩、禮部尚書徐階等初

皆持不可，既而不能堅其議。二十九年十一月祧仁宗，遂祔孝烈於西第四室。隆慶六年八月，穆宗將祔廟，敕禮臣議當祧廟室。禮科陸樹德言：「宣宗於穆宗僅五世，請仍祔睿宗於世廟，而宣宗勿祧。」疏下禮部，部議宣宗世次尚近，祧之未安。因言：「古者以一世爲一廟，非以一君爲一世，故晉之廟十一室而六世，唐之廟十一室而九世。宋自太祖上追四祖至徽宗，始定爲九世十一室之制，以太祖、太宗同爲一世故也。其後徽宗祔以與哲宗同一世，高宗祔以與欽宗同一世，皆無所祧，及光宗升祔，增爲九世十二室。今自宣宗至穆宗凡六世，上合二祖僅八世，準以宋制可以無祧，但於寢殿左右各增一室，則尊祖敬宗並行不悖矣。」帝命如舊敕行，遂祧宣宗。天啓元年七月，光宗將祔廟。太常卿洪文衡請無祧憲宗，而祧睿宗。不聽。

禘祫

洪武元年祫饗太廟。德祖皇考妣居中，南向。懿祖皇考妣東第一位，西向。熙祖皇考妣西第一位，東向。仁祖皇考妣東第二位，西向。七年，御史答祿與權言：「皇上受命七年而禘祭未舉。宜參酌古今，成一代之典。」詔下禮部、太常司、翰林院議，以爲：「虞、夏、商、周，世系明白，故禘禮可行。漢、唐以來，莫能明其始祖所自出，當時所謂禘祭，不過祫已祧

中華書局

之祖而祭之，乃古之大祫，非禘也。宋神宗嘗曰：『禘者，所以審諦祖之所自出。』是則莫知祖之所自出，禘禮不可行也。今國家追尊四廟，而始祖所自出者未有所考，則禘難遽行。」太祖是其議。弘治元年定每歲暮奉祧廟懿祖神座於正殿左，居熙祖上，行祫祭之禮。

嘉靖十年，世宗以禘祫義詢大學士張璁，令與夏言議。言撰禘義一篇獻之，大意謂：「自漢以下，譜牒難考，欲如虞夏之禘黃帝，商周之禘帝嚳，不能盡合。謹推明古典，采酌先儒精微之論，宜爲虛位以祀。」帝深然之。會中允廖道南謂朱氏爲顓頊裔，請以太祖實錄爲據，禘顓頊。遂詔禮部以言、道南二疏，會官詳議。諸臣咸謂：「稱虛位者，茫昧無據，尊顓頊者，世遠難稽。廟制既定高皇帝始祖之位，當禘德祖爲正。」帝意主虛位，令再議。而言復疏論禘德祖有四可疑，且言今所定太祖爲太廟中之始祖，非王者立始祖廟之始祖。帝併下其章。諸臣乃請設虛位，以禘皇初祖，南向，奉太祖配，西向。禮臣因言，大祫既歲舉，大禘請三歲一行，庶疏數適宜。帝自爲文告皇祖，定丙、辛歲一行，敕禮部具儀擇日。四月，禮部上大禘儀注。前期告廟，致齋三日，備香帛牲醴如時享儀。錦衣衞設儀衞，太常卿奉皇初祖神牌、太祖神位於太廟正殿，安設如圜儀。至日行禮，如大祀圜丘儀。及議祧德祖，罷歲除祭，以冬季中旬行大祫禮。太常寺設德祖神位於太廟正中，南向。懿祖而下，以次東西向。

十五年復定廟饗制。立春犆享，各出主於殿。立夏、立秋、立冬出太祖、成祖七宗主，饗太祖殿，爲時祫。季冬中旬，卜日出四祖及太祖、成祖七宗主，饗太祖殿，爲大祫。祭畢，各歸主於其寢。十七年定大祫祝文，九廟帝后謚號俱全書，時祫止書某祖、某宗某皇帝。更定季冬大祫日，奉德、懿、熙、仁及太祖異室皆南向，成祖西向北上，仁宗以下七宗東西相向。禮三獻，樂六奏，舞八佾。皇帝獻德祖帝后，大臣十二人分獻諸帝，內臣十二人分獻諸后。二十年十一月，禮官議，歲暮大祫，當陳祧主，而景神殿隘，請暫祭四祖於後寢，用連几，陳籩豆，以便周旋。詔可。二十二年定時享、大祫，罷出主、上香、奠獻等儀，臨期捧衣冠出納，太常及神宮監官奉行。二十四年罷季冬中旬大祫，并罷告祭，仍以歲除日行大祫禮同時享。二十八年復告祭儀。穆宗卽位，禮部以大行皇帝服制未除，請遵弘治十八年例，歲暮大祫、孟春時享兩祭，皆遣官攝事。樂設而不作，帝卽喪次致齋，陪祀官亦在二十七日之內，宜令暫免。從之。

時享

洪武元年定宗廟之祭。每歲四孟及歲除，凡五享。學士陶安等言：「古者四時之祭，三祭皆合享於祖廟，惟春祭於各廟。[三]自漢而下，廟皆同堂異室，則四時皆合祭。今宜倣近制，合祭於第一廟，庶適禮之中，無煩瀆也。」太祖命孟春特祭於各廟，三時及歲除則祫祭於德祖廟。二年定時享之制，春以清明，夏以端午，秋以中元，冬以冬至，歲除如舊。三年，禮部尚書崔亮言：「孟月者，四時之首。因時變，致孝思，故備三牲黍稷品物以祭。至仲季之月，不過薦新而已。既行郊祀，則廟享難舉，宜改從舊制。其清明等節，各備時物以薦。」從之。九年新建太廟。凡時享，正殿中設德祖帝后神座，南向。左懿祖，右熙祖，東西向。仁祖次懿祖。凡神座俱不奉神主，止設衣冠。禮畢，藏之。孟春擇上旬日，三孟用朔日，及歲除皆合享。自是五享皆罷特祭，而行合配之禮。二十一年定時享儀。更前制，迎神四拜，飲福四拜，禮畢四拜。二十五年定時享。若國有喪事，樂備而不作。

正統三年正月享太廟。禮部言，故事，先三日，太常寺奏祭祀，御正殿受奏。是日，宣宗皇帝忌辰，例不鳴鐘鼓，第視事西角門。帝以祭祀重事，仍宜升殿，餘悉遵永樂間例行之。天順六年，閣臣以皇太后喪，請改孟冬時享於除服後。從之。成化四年，禮部以慈懿太后喪，請改孟秋享廟於初七日。不從。

嘉靖十一年，大學士張孚敬等言：「太廟祭祀，但設衣冠。皇上改行出主，誠合古禮。但偏詣羣廟，躬自啓納，不免過勞。今請太祖神主，躬自安設。羣廟帝后神主，則以命內外捧主諸臣。」帝從其請。十七年定享祫禮。凡立春特享，親祭太祖，遣大臣八人分獻諸帝，內

臣八人分獻諸后。立夏時祫，各出主於太廟。太祖南向，成祖西向，序七宗之上，仁、宣、英、憲、孝、睿、武宗東西相向。秋冬時祫，如夏禮。二十四年，新廟成，復定享祫止設衣冠，不出主。隆慶元年，孟夏時享，以世宗几筵未撤，遵正德元年例，先一日，帝常服祭告几筵，祗請諸廟享祀。其後，時享、祫祭在大祥內者，皆如之。

薦新

洪武元年定太廟月朔薦新儀物。正月，韭、薺、生菜、雞子、鴨子。二月，水芹、蔞蒿、臺菜、子鵝。三月，茶、筍、鯉魚、鮆魚。四月，櫻桃、梅、杏、鰣魚、雉。五月，新麥、王瓜、桃、李、來禽、嫩雞。六月，西瓜、甜瓜、蓮子、冬瓜。七月，菱、梨、紅棗、蒲萄。八月，芡、新米、藕、茭白、薑、鱖魚。九月，小紅豆、栗、柿、橙、蟹、鯿魚。十月，木瓜、柑、橘、蘆菔、兔、雁。十一月，蕎麥、甘蔗、天鵝、鷀鳵、鹿。十二月，芥菜、菠菜、白魚、鯽魚。其禮皆天子躬行。未幾，以屬太常。二年詔，凡時物，太常先薦宗廟，然後進御。三年定朔日薦新。各廟共羊一、豕一、籩豆八、簠簋登鉶各二、酒尊三，及常饌鵝羹飯。太常卿及與祭官法服行禮。望祭，止常饌鵝羹飯，常服行禮。又有獻新之儀，凡四方別進新物，在月薦外者，太常卿與內使監官常服獻於太廟，不行禮。其後朔望祭祀，及薦新、獻新，俱於奉先殿。

中華書局

加上謚號

洪武元年追尊四廟謚號，册寶皆用玉。册簡長尺二寸，廣一寸二分，厚五分。簡數從文之多寡。聯以金繩，藉以錦褥，覆以紅羅泥金夾帊。册匣，朱漆鏤金，龍鳳文。其寶，篆文，廣四寸九分，厚一寸二分。金盤龍紐，繫以錦綬，裹以紅錦，加帊納於盝，盝裝以金。德祖册文曰：「孝玄孫嗣皇帝臣某，再拜稽首上言。臣聞尊敬先世，人之至情。祖父有天下，傳之子孫，子孫有天下，追尊祖父，此古今通義也。臣遇天下兵起，躬披甲冑，調度師旅，戡定四方，以安人民，土地日廣，皆承祖宗之庇。臣庶推臣爲皇帝，而先世考妣未有稱號。謹上皇高祖考府君尊號曰玄皇帝，廟號德祖。伏惟英爽，鑒此孝思。」其寶文曰「德祖玄皇帝之寶」。玄皇后、懿祖以下，帝后册寶並同。建文時，追尊謚册之典，以革除無考。

永樂元年五月進高皇帝、高皇后謚議。前一日，於奉天殿中設謚議案。是日早，帝袞冕陞殿，如常儀。文武官朝服四拜。禮部官奏進尊謚議。序班二員引班首升丹陛，捧謚議官以謚議文授班首，由中門入，至殿中。贊進尊謚議。駕興，詣謚議文案。班首進置於案，跪，百官皆跪。帝覽畢，復坐。班首與百官俯伏興，復位，再行四拜。禮畢，帝親舉謚議，付翰林院臣撰册文。

六月，以上尊謚，先期齋戒，遣官祭告天地、宗廟、社稷。鴻臚寺設香案於奉天殿。是日早，內侍以册寶置於案。太常寺於太廟門外丹陛上，皇考、皇妣神御前各設册寶案。鴻臚寺設册寶輿於奉天門外，鹵簿、樂懸如常儀。百官祭服詣太廟門外立俟，執事官并宣册寶官，先從太廟右門入，序立殿右。帝袞冕御華蓋殿。捧册寶官四員祭服，於奉天殿東西序立。鴻臚寺奏請行禮。帝出奉天殿册寶案前，捧册寶官各捧前行，置綵輿內，鹵簿大樂前導。帝乘輿，隨綵輿行。至午門外降輿，陞輅，至太廟門。百官跪俟綵輿過，興。帝降輅，隨綵輿至太廟中門外。捧册寶官各捧前行，帝隨行，至丹陛上。捧册寶置於案，典儀傳唱如常。內贊奏就位，典儀奏迎神奏樂。樂止，內贊奏帝四拜，百官同。

典儀奏進册寶，捧册寶官前行，駕由左門入，至廟中，詣皇考神御前。奏跪，搢圭。奏進册，捧册官跪進於帝左，帝受册以授執事官，置於案左。奏出圭，贊宣册，宣册官跪宣於帝左。册文曰：「惟永樂元年，歲次癸未，六月丁未朔，越十一日丁巳，孝子嗣皇帝臣某，謹拜手稽首言。臣聞俊德贊堯，重華美舜，禹、湯、文、武，列聖相承，功德並隆，咸膺顯號。欽惟皇考皇帝，統天肇運，奮自布衣，戡定禍亂，用夏變夷，以孝治天下。四十餘年，民樂永熙。禮樂文章，垂憲萬世。德合乾坤，明同日月，功超千古，道冠百王。謹奉册寶，上尊謚曰聖神文武欽明啓運俊德成功統天大孝高皇帝，廟號太祖。伏惟神靈陟降，陰騭下民，覆幬

無極，與天常存。」宣册訖，奏搢圭。奏進寶，捧寶官以寶跪進於帝左。帝受寶，以授執事官，置於案右。奏出圭。贊宣寶，宣寶官跪宣於帝右，寶文如謚號。宣寶訖，奏俯伏，興。

帝詣皇妣神御前，進宣册寶如前儀。册文曰：「臣聞自古后妃，皆承世緒。嬀汭嬪虞，發祥帝室，周姜輔治，肇基邦君。欽惟皇妣孝慈皇后以聖輔聖，同起側微，弘濟艱難，化家爲國。克勤克儉，克敬克誠，克孝克慈，以奉神靈之統，理萬物之宜。正位中宮十有五年，家邦承式，天下歸仁。謹奉册寶，上尊謚曰孝慈昭憲至仁文德承天順聖高皇后。伏惟聖靈陟降，膺慈顯名，日月光華，照臨永世。」寶文如謚號。宣寶訖，帝復位。奏四拜，百官同。行祭禮如常儀。翌日，頒詔天下。以上謚禮成，賜陪祀執事官宴，餘官人賜鈔一錠。

仁宗卽位，九月，禮部同諸臣進大行皇帝仁孝皇后謚議。仁宗立受之，覽畢，流涕不已，以付翰林院撰謚册。禮部奏上謚儀，前期齋戒遣祭如常，內侍置册寶輿於奉天門。厥明，捧册寶置輿中。帝衰服詣奉天門，內侍舉册寶輿，帝隨輿後行，降階，陞輅。百官立金水橋南，北向跪。俟輿過，興。隨至思善門外，序立，北向。帝降輅。册寶輿由中門入，至几筵殿丹陛上。帝由左門入，就丹陛上拜位。捧册寶官由殿左門入，至几筵前。導引官奏四拜，皇太孫、親王、皇孫陪拜丹陛上，百官陪拜思善門外。帝由殿左門入，詣大行皇帝位前，跪進册、進寶。宣册寶官跪宣畢，奏俯伏、興。帝詣仁孝皇后神位前，禮並同。奏復位

四拜，皇太孫以下同。禮畢，行祭禮。是日，改題仁孝皇后神主，詔頒天下。是後，上皇帝及太皇太后、皇太后尊謚，皆倣此。

嘉靖十七年，世宗用豐坊奏，加獻皇帝廟號，稱宗配帝，乃改奉太宗爲成祖。命製二聖神位於南宮，遂詣景神殿，奉册寶。尊文皇帝曰成祖啓天弘道高明肇運聖武神功純仁至孝文皇帝，尊獻皇帝曰睿宗知天守道洪德淵仁寬穆純聖恭儉敬文獻皇帝。又上皇天上帝大號。十一月朔，帝詣南郊，恭進册表。禮成，還詣太廟，奉册寶，加上高皇帝尊號曰太祖開天行道肇紀立極大聖至神仁文義武俊德成功高皇帝，加上高皇后尊號曰孝慈貞化哲順仁徽成天育聖至德高皇后。是日，中宮捧高皇后主，助行亞獻禮，文武官命婦陪祀。復擇日詣太廟，行改題神主禮。

廟諱

天啓元年正月從禮部奏，凡從點水加各字者，俱改爲「雒」，從木加交字者，俱改爲「較」。惟督學稱較字未宜，應改爲學政。各王府及文武職官，有犯廟諱御名者，悉改之。

校勘記

〔一〕九年十月新太廟成　原脫「九年」兩字，據本書卷二太祖紀、太祖實錄卷一一〇洪武九年十月己未條補。

〔二〕未聞以人臣而代主一廟之祭者也　人臣，原作「一人」，據明史稿志三三禮志、明經世文編卷二〇三頁二一二八夏言會議九廟規制疏改。

〔三〕古者四時之祭三祭皆合享於祖廟惟春祭於各廟　春祭，原作「春秋」。按四時之祭，除去三祭外，不得有春秋二祭。據太祖實錄卷三〇洪武元年二月壬子條改。

明史卷五十二

志第二十八

禮六 吉禮六

奉先殿　奉慈殿　獻皇帝廟　親王從饗　功臣配饗　王國宗廟　羣臣家廟

奉先殿

洪武三年，太祖以太廟時享，未足以展孝思，復建奉先殿於宮門內之東。以太廟象外朝，以奉先殿象內朝。正殿五間，南向，深二丈五尺。前軒五間，深半之。製四代帝后神位、衣冠，定儀物、祝文。每日朝晡，帝及皇太子諸王二次朝享。皇后率嬪妃日進膳羞。諸節致祭，月朔薦新，其品物視元年所定。惟三月不用鮆魚，四月減鯽魚，益以王瓜、蓏，五月益以茄，九月減柿蟹，十月減木瓜蘆菔，益以山藥，十一月減天鵝鷀鳶鵝，益以獐。皆太常奏

聞，送光祿寺供薦。凡遇時新品物，太常供獻。又錄皇考妣忌日，歲時享祀以爲常。成祖遷都北京，建如制。宣德元年奉太宗祔廟畢，復遣鄭王瞻埈詣奉先殿，設酒果祭告，奉安神位。天順七年奉孝恭皇后祔廟畢，帝還行奉安神位禮，略如祔廟儀。弘治十七年，吏部尚書馬文升言：「南京進鮮船，本爲奉先殿設。輓夫至千人，沿途悉索。今揚、徐荒旱，願倣古凶年殺禮之意，減省以甦民困。」命所司議行之。武宗卽位，祧熙祖。奉先殿神位亦還德祖之西，其衣冠、牀幔、儀物貯於神庫。

嘉靖十四年定內殿之祭并禮儀。清明、中元、聖誕、冬至、正旦，有祝文，樂如宴樂。兩宮壽旦，皇后幷妃嬪生日，皆有祭，無祝文、樂。立春、元宵、四月八日、端陽、中秋、重陽、十二月八日，皆有祭，用時食。舊無祝文，今增告詞。舊儀，但一室一拜，至中室跪祝畢，又四拜，焚祝帛。今就位四拜，獻帛爵，祝畢，后妃助亞獻，執事終獻，徹饌又四拜。忌祭，舊具服作樂，今更淺色衣，去樂。凡祭方澤、朝日夕月，出告、回參，及册封告祭，朔望行禮，皆在焉。十五年，禮部尚書夏言等奏：「悼靈皇后神主，先因祔於所親，暫祔奉慈殿孝惠太后之側。玆三后神主旣擬遷於陵殿，則悼靈亦宜暫遷奉先殿旁室，享祀祭告，則一體設饌。」從之。隆慶元年，禮部言：「舊制，太廟一歲五享，而節序忌辰等祭，則行於奉先殿。今孝潔皇后旣祔太廟，則奉先殿亦宜奉安神位。」乃設神座、儀物於第九室，遣官祭告如儀。萬曆三

年，帝欲以孝烈、孝恪二后神位，奉安於奉先殿。禮官謂世宗時，議祔陵祭，不議祔內殿。帝曰：「奉先殿見有孝肅、孝穆、孝惠三后神位，俱皇祖所定，宜遵行祔安。」蓋當時三后既各祔陵廟，仍幷祭於奉先殿，而外廷莫知也。命輔臣張居正等入視。居正等言：「奉先殿奉安列聖祖妣，凡推尊爲后者，俱得祔享內殿，比之太廟一帝一后者不同，今亦宜奉安祔享。」從之。

先是，册封告祭，以太常寺官執事，仍題請遣官。至萬曆元年，帝親行禮，而遣官之請廢。二年，太常寺以內殿在禁地，用內官供事便。帝俞其請。凡聖節、中元、冬至、歲暮，嘉靖初俱告祭於奉先殿。十五年罷中元祭。四十五年罷歲暮祭。隆慶元年罷聖節、冬至祭。其方澤、朝日、夕月，出告、回參，嘉靖中行於景神殿。隆慶元年仍行於奉先殿。諸帝后忌辰，嘉靖以前行於奉先殿。十八年改高皇帝、后忌辰於景神殿，文皇帝、后以下於永孝殿。二十四年仍行於奉先殿。凡內殿祭告，自萬曆二年後，親祭則祭品告文執事，皆出內監。遣官代祭，則皆出太常。惟品用脯醢者，卽親祭亦皆出太常。萬曆十四年，禮臣言：「近年皇貴妃册封，祭告奉先殿，祝文執事出內庭，而祭品取之太常，事體不一。夫太常專主祀享，而光祿則主膳羞。內庭祭告，蓋取象於食時上食之義也。宜遵舊制，凡祭告內殿，無論親行、遣官，其祭品光祿寺供，惟告文執事人，親行則辦之內庭，遣官則暫用太常寺。」從之。

奉慈殿

孝宗卽位，追上母妃孝穆太后紀氏謚，祔葬茂陵。以不得祔廟，遂於奉先殿右，別建奉慈殿以祀。一歲五享，薦新忌祭，俱如太廟奉先殿儀。弘治十七年，孝肅周太后崩。先是成化時，預定周太后祔葬、祔祭之議，至是召輔臣議祔廟禮。劉健等言：「議誠有之，顧當年所引唐、宋故事，非漢以前制也。」帝以事當師古，乃援孝穆太后別祭奉慈殿爲言，而命廷臣議。健退，復疏論其事，以堅帝心。於是英國公張懋、吏部尚書馬文升等言：「宗廟之禮，乃天下公議，非子孫得以私之。殷、周七廟，父昭子穆，各有配座，一帝一后，禮之正儀。春秋書『考仲子之宮』，胡安國傳云：『孟子入惠公之廟，仲子無祭享之所。』以此見魯秉周禮，先王之制猶存，祖廟無二配故也。伏覩憲宗敕諭，有曰『朕心終不自安』。竊窺先帝至情，以重違慈意，因勉從並配之議。羣臣欲權以濟事，亦不得已而爲此也。據禮區處，上副先帝在天遺志，端有待於今日。稽之周禮，有祀先妣之文，疏云『姜嫄也』，[一]詩所謂『閟宮』是已。唐、宋推尊太后，不配食祖廟者，則別立殿以享之，亦得閟宮之義。我朝祖宗迄今已溢九廟，配皆無二。今宜於奉先殿外建一新廟，如詩之閟宮，宋之別殿，歲時薦享，仍稱太皇太后，則情義兩盡。」議上，復召健等至素幄，袖出奉先殿圖，指西一區曰：「此奉慈殿也。」又

指東一區曰：「此神廚也。欲於此地別建廟，奉遷孝穆神主，併祭於此。」健等皆對曰：「最當。」已而欽天監奏，年方有礙，廷議暫奉於奉慈殿正中，徙孝穆居左。

及孝宗崩，武宗卽位，禮部始進奉安孝肅神主儀。前期致齋三日，告奉先殿及孝宗几筵。是日早，帝具黑翼善冠、淺淡色服、黑犀帶，告孝穆神座。禮畢，帝詣神座前，請神主降座。帝捧主立，內執事移神座於殿左間。帝奉安訖，行叩頭禮。至午，帝詣淸寧宮孝肅几筵，行禮畢，內侍進神主輿於殿前，衣冠輿於丹陛上。帝詣拜位，親王吉服後隨，四拜，興。帝捧神主由殿中門出，奉安輿內。執事捧衣冠置輿後隨。帝率親王步從。至寶善門外，太皇太后、皇太后率宮妃迎於門內。先詣奉慈殿，序立於殿西。神主輿至奉先殿門外，少駐。帝詣輿前跪，請神主詣奉先殿，俯伏，興，捧神主由殿左門入，至殿內褥位，跪，置神主。帝行五拜三叩頭禮畢，捧神主，仍由左門出，安輿內。至奉慈殿門外，帝捧神主由中門入，奉安於神座訖，行安神禮，三獻如常儀。太皇太后以下四拜。禮畢，內侍官設褥位於殿正中之南。帝詣孝穆皇太后神座前，跪請神主謁孝肅太皇太后，跪置於褥位上，俯伏，興，行五拜三叩頭禮。畢，帝捧主輿，仍安於神座訖，行安神禮如前。皇太后以下四拜。

嘉靖元年，世宗奉孝惠邵太后祔祀。八年二月，禮部尚書方獻夫等言：「悼靈皇后，禮宜祔享太廟，但今九廟之制已備。考唐、宋故事，后於太廟，未有本室，則創別廟。故曲臺

禮有別廟皇后，禘祫於太廟之文。又禮記喪服小記：『婦祔於祖姑，祖姑有三人，則祔於親者。』釋之者曰：『親者謂舅所生母也。』今孝惠太皇太后實皇考獻皇帝之生母，則悼靈皇后當祔於側。」詔可。三月，行祔廟禮。先期祭告諸殿。至期，請悼靈后主詣奉慈殿奉安。內侍捧神主、謚册、衣冠隨帝至奉先殿謁見。帝就位，行五拜三叩頭禮。次詣崇先殿，次詣奉慈殿，謁三太后，內侍捧主安神座，皇妃以下四拜。

十五年，帝以三太后別祀奉慈殿，不若奉於陵殿爲宜。廷臣議：「古天子宗廟，惟一帝一后，所生母，薦於寢，身歿而已。孝宗奉慈殿之祭，蓋子祀生母，以盡終身之孝焉耳。然禮『妾母不世祭』，疏曰：『不世祭者，謂子祭之，於孫則止。』明繼祖重，故不復顧其私祖母也。今陛下於孝肅，曾孫也；孝穆，孫屬也；孝惠，孫也。禮不世祭，議當祧。考宋熙寧罷奉慈廟故事，與今同。宜遷主陵廟，歲時祔享如故。」報可。奉慈殿遂罷。世宗孝烈后，隆慶時，祀弘孝殿，萬曆三年遷祔奉先殿。穆宗母孝恪皇太后，隆慶初，祀神霄殿，又祔孝懿后於其側。六年，孝懿祔太廟，萬曆三年，孝恪遷祔奉先殿，二殿俱罷。

獻皇帝廟

嘉靖二年四月始命興獻帝家廟享祀，樂用八佾。初，禮官議廟制未決，監生何淵上書，

請立世室於太廟東。禮部尚書汪俊等皆謂不可。帝諭奉先殿側別立一室，以盡孝思。禮官集議言：「奉慈之建，禮臣據姜嫄特廟而言。至爲本生父立廟大內，古所未有。惟漢哀爲定陶共王建廟京師，不可爲法。」詹事石珤等亦言不可。不聽。葺奉慈殿後爲觀德殿以奉之。四年四月，淵已授光祿寺署丞，復上書請立世室，崇祀皇考於太廟。禮部尚書席書等議：「天子七廟，周文、武並有功德，故立文、武世室於三昭穆之上。獻皇帝追稱帝號，未爲天子。淵妄爲諛詞，乞寢其奏。」帝令再議，書等言：「將置主於武宗上，則武宗君也，分不可僭。置武宗下，則獻皇叔也，神終未安。」時廷臣於稱考稱伯，異同相半，至議祔廟，無一人以爲可者。學士張璁、桂萼亦皆以爲不可，書復密疏爭之。帝不聽，復令會議。乃準漢宣故事，於皇城內立一禰廟，如文華殿制。籩豆樂舞，一用天子禮。帝親定其名曰世廟。五年七月諭工部以觀德殿窄隘，欲別建於奉天殿左。尚書趙璜謂不可，不聽。乃建於奉先之東，曰崇先殿。十三年命易承天家廟曰隆慶殿。十五年，以避渠道，遷世廟，更號曰獻皇帝廟，遂改舊世廟曰景神殿，寢殿曰永孝殿。

十七年以豐坊請，稱宗以配明堂。禮官不敢違，集議者久之，言：「古者父子異昭穆，兄弟同世數。故殿有四君一世而同廟，宋太祖、太宗同居昭位。今皇考與孝宗當同一廟。」遂奉獻皇帝祔太廟。二十二年更新太廟，廷議睿宗、孝宗並居一廟，同爲昭。帝責諸臣不竭

忠任事，寢其議。已而左庶子江汝璧請遷皇考廟於穆廟首，以當將來世室，與成祖廟並峙。右贊善郭希顏又欲於太祖廟文世室外，止立四親廟，而祧孝宗、武宗。以禮臣斥其妄而止。二十四年六月，新太廟成，遂奉睿宗於太廟之左第四，序躋武宗上，而罷特廟之祀。四十四年以舊廟柱產芝，更號曰玉芝宮，定日供時享儀。穆宗初，因禮臣請，乃罷時享及節序、忌辰，有事奉告之祭，但進日供而已。隆慶元年，禮科王治請罷獻皇祔廟，而專祀之世廟，章下所司。萬曆九年，禮科丁汝謙請仍專祭玉芝宮，復奉宣宗帝后冠服於太廟。帝責汝謙妄議，謫外任。天啓元年，太常少卿李宗延奏祧廟宜議，言：「睿宗入廟，世宗無窮之孝思也，然以皇上視之，則遠矣。俟光宗升祔時，或從舊祧，或從新議。蓋在孝子固以恩事親，而在仁人當以義率祖。」章下禮部，卒不能從。

親王從饗

洪武三年定以皇伯考壽春王、王夫人劉氏爲一壇，皇兄南昌王、霍丘王、下蔡王、安豐王、霍丘王夫人翟氏、安豐王夫人趙氏爲一壇，皇兄蒙城王、盱眙王、臨淮王、臨淮王夫人劉氏爲一壇，後定夫人皆改稱妃，皇姪寶應王、六安王、來安王、都梁王、英山王、山陽王、昭信王爲一壇，凡一十九位。春夏於仁祖廟東廡，秋冬及歲除於德祖廟東廡，皇帝行初獻禮，時獻官詣神位分獻。四年進親王於殿內東壁。九年，新太廟成，增祀蒙城王妃田氏、盱眙王妃唐氏。正德中，御史徐文華言：「族有成人而無後者，祭終兄弟之孫之身。諸王至今五六世矣，宜祧。」禮官議不可。嘉靖間，仍序列東廡。二十四年，新建太廟成，復進列東壁，罷分獻。萬曆十四年，太常卿裴應章言：「諸王本從祖祔食。今四祖之廟已祧，而諸王無所於祔，宜罷享，而祔之祧廟。」禮部言：「祧以藏毀廟之主，爲祖非爲孫。禮有祧，不聞有配祧者。請仍遵初制，序列東廡爲近禮。」報可。

功臣配饗

洪武二年享太廟，以廖永安、俞通海、張得勝、桑世傑、耿再成、胡大海、趙德勝配。設青布幃六於太廟庭中，遣官分獻。俟皇帝亞獻將畢，行禮。每歲春秋享廟，則配食於仁祖廟之東廡。三年定配享功臣常遇春以下凡八位。春夏於仁祖廟西廡，秋冬於德祖廟西廡，設位東向，遂罷幃次之設。更定三獻禮，皇帝初獻，時獻官卽分詣行禮，不拜。四年，太祖謂中書省臣：「太廟之祭，以功臣配列廡間。今既定太廟合祭禮，朕以祖宗具在，使功臣故舊歿者得少依神靈，以同享祀，不獨朝廷宗廟盛典，亦以寓朕不忘功臣之心。」於是禮官議：「凡合祭時，爲黃布幄殿，中祖考神位，旁設兩壁，[三]以享親王及功臣，令大臣分獻。」制可。已而命去布幄。九年，新太廟成，以徐達、常遇春、李文忠、鄧愈、湯和、沐英、俞通海、張德勝、胡大海、趙得勝、耿再成、桑世傑十二位配於西廡，罷廖永安。建文時，禮部侍郎宋禮言：「功臣自有雞籠山廟，請罷太廟配享。」帝以先帝所定，不從。且令俟太廟享畢，別遣官卽其廟祭之。洪熙元年以張玉、朱能、姚廣孝配享太廟。遣張輔、朱勇、王通及尚寶少卿姚繼各祭其父。

嘉靖九年以廖道南言，罷姚廣孝。十年以刑部郎中李瑜議，進劉基位次六王。十六年以武定侯郭勛奏，進其祖英。初二廟功臣，位各以爵，及進基位公侯上，至是復令禮官議合二廟功臣敍爵。於是列英於桑世傑上，張玉、朱能於沐英下，基於世傑下。二十四年進諸配位於新太廟西壁，罷分獻。萬曆十四年，太常卿裴應章言：「廟中列后在上，異姓之臣禮當別嫌。且至尊拜俯於下，諸臣之靈亦必不安。」命復改西廡，遣官分獻。天啓元年，太常少卿李宗延言：「前代文臣皆有從祀，我朝不宜獨闕。」下禮部議，不行。

王國宗廟

洪武四年，禮部尚書陶凱等議定，王國宮垣內，左宗廟，右社稷。廟制，殿五間，寢殿如之，門三間。永樂八年建秦愍王享堂，命視晉恭王制，加高一尺。[四]因定享堂七間，廣十

丈九尺五寸，高二丈九尺，深四丈三尺五寸。弘治十三年，寧王宸濠奏廟祀禮樂未有定式，乞頒賜遵守。禮部議：「洪武元年，學士宋濂等奏定諸王國祭祀禮樂，用清字，但有曲名，而無曲辭，請各王府稽考。於是靖江王長史具上樂章，且言四孟上旬及除夕五祭所用品物、俎豆、佾舞，禮節悉遵國初定制。」從之。嘉靖八年，秦王充燿言：「代懿王當祔廟，而自始封至今，已盈五廟之數，請定祧廟之制。」禮臣言：「親王祧廟，古制未聞，宜推太廟祧祔之禮而降殺之。始封居中，百世不遷，以下四世，親盡而祧。但諸侯無祧廟，祧主宜祔始祖之室，置櫝藏之，每歲暮則出祧主合祭。」詔如議。

羣臣家廟

明初未有定制，權倣朱子祠堂之制，奉高曾祖禰四世神主，以四仲之月祭之，加臘月忌日之祭與歲時俗節之薦。其庶人得奉祖父母、父母之祀，已著爲令。至時享於寢之禮，略同品官祠堂之制。堂三間，兩階三級，中外爲兩門。堂設四龕，龕置一桌。高祖居西，以次而東，藏主櫝中。兩壁立櫃，西藏遺書衣物，東藏祭器。旁親無後者，以其班附。庶人無祠堂，以二代神主置居室中間，無櫝。

洪武六年定公侯以下家廟禮儀。凡公侯品官，別爲祠屋三間於所居之東，以祀高曾祖

考，并祔位。〔四〕祠堂未備，奉主於中堂享祭。二品以上，羊一豕一，五品以上，羊一，以下豕一，皆分四體熟薦。不能具牲者，設饌以享。所用器皿，隨官品第，稱家有無。前二日，主祭者聞於上，免朝參。凡祭，擇四仲吉日，或春、秋分，冬、夏至。前期一日，齋沐更衣，宿外舍。質明，主祭者及婦率預祭者詣祠堂。主祭者捧正祔神主櫝，置於盤，令子弟捧至祭所。主祭開櫝，捧各祖考神主，主婦開櫝，捧各祖妣神主，以序奉安。子弟捧祔主，置東西壁。執事者進饌，讀祝者一人，就贊禮，以子弟親族爲之。陳設神位訖，各就位，主祭在東，伯叔諸兄立於其前稍東，諸親立於其後，主婦在西，母及諸母立於其前稍西，婦女立於後。贊拜，皆再拜。主祭者詣香案前跪，三上香，獻酒奠酒，執事酌酒於祔位前。讀祝者跪讀訖。贊拜，主祭者復位，與主婦皆再拜。再獻終獻並如之，惟不讀祝。每獻，執事者亦獻於祔位。禮畢，再拜，焚祝幷紙錢於中庭，安神主於櫝。

成化十一年，祭酒周洪謨言：「臣庶祠堂神主，俱自西而東。古無神道尙右之說，惟我太祖廟制，合先王左昭右穆之義。宜令一品至九品，皆立一廟，以高卑廣狹爲殺。神主則高祖居左，曾祖居右，祖居次左，考居次右。」帝下禮臣參酌更定。嘉靖十五年，禮部尚書夏言言：「按三代有五廟、三廟、二廟、一廟之制者，以其有諸侯、卿、大夫上中下之爵也。後世官職既殊，無世封采邑，豈宜過泥於古。至宋儒程頤乃始約之而歸於四世。自公卿以及士庶，莫不皆然。謂五服之制，皆至高祖，則祭亦當如之。今定官自三品以上立五廟，以下皆四廟。爲五廟者，亦如唐制。五間九架，厦旁隔板爲五室，中祔五世祖，旁四室，祔高曾祖禰。爲四廟者，三間五架，中一室祔高曾，左右二室祔祖禰。若當祀始祖，則如朱熹所云臨祭時，作紙牌，祭訖焚之。其三品以上者，至世數窮盡，則以今之得立廟者爲世世奉祀之祖，而不遷焉。四品以下，四世遞遷而已。」從之。

校勘記

〔一〕疏云姜嫄也　按「姜嫄也」是周禮大司樂的鄭玄注，不是賈公彥疏。

〔二〕旁設兩壁　兩壁，太祖實錄卷六四洪武四年四月辛亥條作「兩廡」。

〔三〕命視晉恭王制加高一尺　一尺，原作「一丈」，據太宗實錄卷七三永樂八年十二月甲寅條改。享堂既視晉恭王制，不應比恭王享堂過高，作「一尺」是。

〔四〕別爲祠屋三間於所居之東以祀高曾祖考幷祔位　祠屋，原作「祔屋」，祔位，原作「祠位」，據明史稿志三四禮志、太祖實錄卷八二洪武六年五月癸卯條改。

中華書局

明史卷五十三

志第二十九

禮七 嘉禮一

登極儀　大朝儀　常朝儀　皇太子親王朝儀　諸王來朝儀　諸司朝覲儀　中宮受朝儀　朝賀東宮儀　大宴儀　上尊號徽號儀

二曰嘉禮。行於朝廷者，曰朝會，曰宴饗，曰上尊號、徽號，曰册命，曰經筵，曰表箋。行於辟雍者，曰視學。自天子達於庶人者，曰冠，曰婚。行於天下者，曰巡狩，曰詔赦，曰鄉飲酒。舉其大者書之。儀之同者，則各附於其類云。

登極儀

漢高帝即位汜水之陽，其時緜蕞之禮未備。魏、晉以降，多以受禪改號。元世祖履尊既

久，一統後，但舉朝賀。明興，太祖以吳元年十二月將即位，命左相國李善長等具儀。善長率禮官奏。

即位日，先告祀天地。禮成，即帝位於南郊。丞相率百官以下及都民耆老，拜賀舞蹈，呼萬歲者三。具鹵簿導從，詣太廟，上追尊四世册寶，告祀社稷。還，具衮冕，御奉天殿，百官上表賀。

先期，侍儀司設表案於丹墀內道之西北，設丞相以下拜位於內道東西。每等異位，重行北面。捧表、展表、宣表官位於表案西，東向。糾儀御史二人於表案南，東西向。宿衞鎭撫二人於東西陛下，護衞百戶二十四人於其南，稍後。知班二人，於文武官拜位北，東西向。通贊、贊禮二人於知班北，通贊西，贊禮東。引文武班四人於文武官拜位北，稍後，東西向。引殿前班二人於引文武班南。舉表案二人於引文武班北。舉殿上表案二人於西陛下，東向。〔一〕丹陛上設殿前班指揮司官三人，東向。宣徽院官三人，西向。儀鸞司官於殿中門之左右，護衞千戶八人於殿東西門，俱東西向。鳴鞭四人於殿前班之南，北向。將軍六人於殿門左右，天武將軍四人於陛上四隅，俱東西向。殿上，尙寶司設寶案於正中，侍儀司設表案於寶案南。文武侍從兩班於殿上東西，文起居注、給事中、殿中侍御史、尙寶卿，武懸刀指揮，東西向。〔二〕受表官於文侍從班南，西向。內贊二人於受表官之南，捲簾將軍二人於簾前，俱東西向。

是日，拱衞司陳鹵簿，列甲士於午門外，列旗仗，設五輅於奉天門外。侍儀舍人二，舉表案入。鼓初嚴，百官朝服立午門外。通贊、贊禮、宿衞官、諸侍衞及尙寶卿侍從官入。鼓三嚴，丞相以下入。皇帝衮冕陞御座，大樂鼓吹振作。樂止，將軍捲簾，尙寶卿置寶於案。拱衞司鳴鞭，引班導百官入丹墀拜位。初行樂作，至位樂止。知班贊班，贊禮贊拜。樂作，四拜，興。樂止。捧表以下官由殿西門入。內贊贊進表。捧表官跪捧。受表官搢笏，跪受，置於案。出笏，興，退立，東向。內贊贊宣表。宣表官前，搢笏，跪，展表官搢笏，同跪。宣訖，展表官出笏，以表復於案，俱退。宣表官俯伏興。俱出殿西門，復位。贊禮贊拜。樂作，四拜，樂止。搢笏，鞠躬三，〔三〕舞蹈。拱手加額，呼萬歲者三。出笏，俯伏興。樂作，四拜，賀畢。遂遣官册拜皇后，册立皇太子，以即位詔告天下。

成祖即位倉猝，其儀不詳。仁宗即位，先期，司設監陳御座於奉天門，欽天監設定時鼓，尙寶司設寶案，敎坊司設中和韶樂，設而不作。是日早，遣官告天地宗社，皇帝具孝服告几筵。至時，鳴鐘鼓，設鹵簿。皇帝衮冕，御奉天門。百官朝服，入午門。鴻臚寺導執事官行禮，請陞御座。皇帝由中門出，陞座，鳴鞭。百官上表，行禮，頒詔，俱如儀。宣宗以後，儲宮嗣立者並同。正德十六年，世宗入承大統。先期遣行殿於宣武門外，南向。設帷幄御座，

備翼善冠服及鹵簿大駕以候。至期，百官郊迎。駕入行殿，行四拜禮。明日，由大明門入。省詔草，改年號，素服詣大行几筵謁告。畢，設香案奉天殿丹陛上。皇帝衮冕，行告天地禮。詣奉先殿、奉慈殿謁告，仍詣大行几筵、慈壽皇太后、莊肅皇后前各行禮，遂御華蓋殿。百官朝服入。傳旨免賀，五拜三稽首。鴻臚寺官請陞殿，帝由中門出御奉天殿。〔四〕鳴鞭，贊拜，頒詔，如制。

大朝儀

漢正會禮，夜漏未盡七刻，鐘鳴受賀。公卿以下執贄來庭，二千石以上升殿，稱萬歲，然後宴饗。晉咸寧注，有晨賀晝會之分。〔五〕唐制，正旦、冬至、五月朔、千秋節，咸受朝賀。宋因之。

明太祖洪武元年九月定正旦朝會儀，與登極略相仿。其後屢詔更定，立爲中制。

凡正旦冬至，先日，尙寶司設御座於奉天殿，及寶案於御座東，香案於丹陛南。敎坊司設中和韶樂於殿內東西，北向。翌明，錦衣衞陳鹵簿、儀仗於丹陛及丹墀，設明扇於殿內，列車輅於丹墀。鳴鞭四人，左右北向。敎坊司陳大樂於丹陛東西，北向。儀禮司設同文、玉帛兩案於丹陛東。金吾衞設護衞官於殿內及丹陛，陳甲士於丹墀至午門外，錦衣衞設將軍於

二十四史

中華書局

丹陛至奉天門外，陳旗幟於奉天門外，俱東西列。典牧所陳仗馬犀象於文、武樓南，東西向。司晨郎報時位於內道東，近北。糾儀御史二，位於丹墀北，內贊二，位於殿內，外贊二，位於丹墀北；傳制、宣表等官位於殿內，俱東西向。鼓初嚴，百官朝服，班午門外。次嚴，由左、右掖門入，詣丹墀東西，北向立。三嚴，執事官詣華蓋殿，帝具袞冕陞座，鐘聲止。

儀禮司奏執事官行禮，贊五拜，畢，奏請陞殿。駕興，中和樂作。尚寶司捧寶前行，導駕官前導，扇開簾捲，寶置於案，樂止。鳴鞭報時，對贊唱排班，班齊。贊禮唱鞠躬，大樂作。贊四拜，興，樂止。典儀唱進表，樂作。給事中二人，詣同文案前，導引序班舉案由東門入，置殿中，樂止。內贊唱宣表目。宣表目官跪，宣訖，俯伏，興。唱宣表，展表官取表，宣表官至簾前，外贊唱，衆官皆跪。宣表訖，內外皆唱，俯伏，興。序班舉表案於殿東，外贊唱衆官皆跪。代致詞官跪丹陛中，致詞云：「具官臣某，茲遇正旦，三陽開泰，萬物咸新。」冬至則云：「律應黃鐘，日當長至。」「恭惟皇帝陛下，膺乾納祜，奉天永昌。」賀畢，外贊唱，衆官皆俯伏，興。樂作，四拜，興。樂止。傳制官跪奏傳制，由東門出，至丹陛，東向立，稱有制。贊禮唱，跪，宣制。正旦則云：「履端之慶，與卿等同之。」冬至則云：「履長之慶，與卿等同之。」萬壽聖節則致詞曰：「具官臣某，欽遇皇帝陛下聖誕之辰，謹率文武官僚敬祝萬歲壽。」不傳制。贊禮唱俯伏，興。樂止。贊搢笏，鞠躬三，舞蹈。贊跪唱山呼，百官拱手加額曰「萬

歲」；唱山呼，曰「萬歲」；唱再山呼，曰「萬萬歲」。凡呼萬歲，樂工軍校齊聲應之。贊出笏，俯伏，興，樂作。贊四拜，興，樂止。儀禮司奏禮畢，中和樂作。鳴鞭，駕興。尚寶官捧寶，導駕官前導，至華蓋殿，樂止。百官以次出。

洪武三十年更定同文、玉帛案俱進安殿中，宣表訖，舉置於寶案之南。嘉靖十六年更定蕃國貢方物案入於丹陛中道左右，設定時鼓於文樓上，大樂陳奉天門內東西，北向。他儀亦略有增損。

立春日進春，都城府縣舉春案由東階陛，跪置於丹陛中道，俯伏，興。贊拜，樂作。四拜，興，樂止。文武官北向立，致詞官詣中道之東，跪奏云：「新春吉辰，禮當慶賀。」贊拜，樂作。五拜三叩頭，興，樂止。儀禮司奏禮畢。正統十一年，正旦立春，禮部議順天府官進春後，百官卽詣班行賀正旦禮。舊制，冬至日行賀禮。嘉靖九年分祀二郊，以冬至大報，是日行慶成禮。次日，帝詣內殿，行節祭禮。又詣母后前行賀禮訖，始御奉天殿受賀。

常朝儀

古禮，天子有外朝、內朝、燕朝。漢宣帝五日一朝。唐制，天子日御紫宸殿見羣臣曰常參，朔望御宣政殿見羣臣曰入閤。宋則侍從官日朝垂拱謂之常參，百司五日一朝紫宸爲六參，在京朝官朔望朝紫宸爲朔參、望參。

明洪武三年定制，朔望日，帝皮弁服御奉天殿，百官朝服於丹墀東西，再拜。班首詣前，同百官鞠躬，稱「聖躬萬福」。復位，皆再拜，分班對立。省府臺部官有奏，由西階陞殿。奏畢降階，百官出。十七年罷朔望起居禮。後更定，朔望御奉天殿，常朝官序立丹墀，東西向，謝恩見辭官序立奉天門外，北向。陞座作樂。常朝官一拜三叩頭，樂止，復班。謝恩見辭官於奉天門外，五拜三叩頭畢，駕興。

又凡早朝，御華蓋殿，文武官於鹿頂外東西立，鳴鞭，以次行禮訖。四品以上官入侍殿內，五品以下仍前北向立。有事奏者出班，奏畢，鳴鞭以次出。如御奉天殿，先於華蓋殿行禮。奏事畢，五品以下詣丹墀，北向立，五品以上及翰林院、給事中、御史於中左、中右門候鳴鞭，詣殿內序立，朝退出。凡百官於御前侍坐，有官奏事，必起立，奏畢復坐。從皇帝行丹墀，常北面，不南向，左右周旋不背北。皇帝陞奉天門及丹陛，隨從官不得徑由中道幷王道。二十四年定侍班官：東則六部都察院堂上官、十三道掌印御史、通政司、大理寺、太常寺、太僕寺、應天府、翰林院、春坊、光祿寺、欽天監、尚寶司、太醫院、五軍斷事及京縣官，西則五軍都督、錦衣衛指揮、各衛掌印指揮、給事中、中書舍人。又令禮部置百官朝牌，大書品級，列丹墀左右木柵上，依序立。二十六年令凡入殿必履襪。

永樂初，令內閣官侍朝立金臺東，錦衣衛在西，後移御道，東西對立。四年諭六部及近侍官曰：「早朝多四方所奏事。午後事簡，君臣之間得從容陳論。自今有事當商榷者，皆於晚朝。」七年諭行在禮部曰：「北京冬氣嚴凝，羣臣早朝奏事，立久不勝。今後朝畢，於右順門內便殿奏事。」

景泰初，定午朝儀。凡午朝，御左順門，設寶案。執事奏事官候於左掖門外。駕出，以次入。內閣、五府、六部奏事官，六科侍班官，案西序立；侍班御史二，序班二，將軍四，案南面北立；鳴贊一，案東，西向立；錦衣衛、鴻臚寺東向立；管將軍官、侍衞官立於將軍西。府部奏事畢，撤案，各官退。有密事，赴御前奏。

嘉靖九年令常朝官禮畢，內閣官由東陛、錦衣衛官由西陛陞，立於寶座東西。有欽差官及外國人領敕，[六]坊局官一人奉敕立內閣後，稍上，候領敕官辭，奉敕官承旨由左陛下，循御道授之。隆慶六年詔以三六九日視朝。萬曆三年令常朝日記注起居官四人，列於東班給事中上，稍前，以便觀聽。午朝，則列於御座西，稍南。

凡入朝次第，洪武二十四年令朝參將軍先入，近侍次之，公、侯、駙馬、伯又次之，五府、六部又次之，應天府及在京雜職官員又次之。成化十四年令進士照辦事衙門次第，立見任官後。

中華書局

皇太子親王朝儀

前史多不載。明洪武元年十月定制，(七)凡正旦等大朝，皇帝御奉天殿，先設皇太子、親王次於文樓，設拜位幷拜褥於丹陛上正中。皇帝陞座，殿前執事班起居訖。引進引皇太子及親王由奉天東門入，百官齊入。樂作，皇太子、親王陞自東階，至丹陛拜位，樂止。贊四拜，樂作，興，樂止。引進導由殿東門入，樂作。內贊引至御座前位，樂止。唱跪，皇太子跪稱賀云：「長子某，茲遇履端之節」，冬至則云「履長」，「謹率諸弟某等，欽詣父皇陛下稱賀」。傳制如前，贊俯伏，興。皇太子、諸王由東門出，樂作。引進引復丹陛位，樂止。贊四拜，樂作，興，樂止。降自東階，樂作。至文樓，樂止。百官隨入賀。其朝皇后，則於坤寧宮，略如朝皇帝儀。

二十六年改定朝賀於乾清宮。其日，皇帝、皇后陞座，侍從導引如儀，引禮引皇太子及妃、親王及妃詣上位前，贊禮贊四拜，興。贊禮引皇太子詣前，贊跪，引禮贊太子妃、諸王及妃皆跪。皇太子致詞，同前，不傳制。贊禮贊皇太子俯伏，興，引禮贊諸王俯伏，興。太子妃、諸王妃皆興。贊禮引皇太子復位。贊拜，皇太子以下皆四拜。禮畢，引禮引至皇后前，其前後贊拜，皆如朝皇帝儀。致詞稱「母后殿下」。禮畢，出。七年更定，不致賀辭，止行八拜

禮。朝賀皇太后禮，皆同。

諸王來朝儀

古者，六年五服一朝。漢法有四見儀。魏制，藩王不得入覲。晉泰始中，令王公以下入朝者，四方各爲二番。唐以後，親藩多不就國。明代仿古封建，親王之藩不常入朝，朝則賜賚甚厚。

明初，凡來朝，先期陳御座於奉天殿，如常儀。諸王次於奉天門外東耳房。鼓三嚴，百官入就侍立位。引禮導王具袞冕，由東門入，陞東陛，就位。王府從官就丹墀位。贊拜，樂作，王與從官皆四拜。興，樂止。王從殿東門入，樂作。內贊導至御前，樂止。王跪，王府官皆跪。王致辭曰：「第幾子某王某，茲遇某時入覲，欽詣父皇陛下朝拜。」贊俯伏，興。王由東門出。樂作，復拜位，樂止。贊拜，王興。從官皆四拜，興。樂作，駕興，王及各官以次出。

洪武二十六年定，凡諸王大朝，行八拜禮。常朝，一拜。凡伯叔兄見天子，在朝行君臣禮，便殿行家人禮。伯叔兄西向坐，受天子四拜。天子居中南面坐，以尙親親之義，存君臣之禮。凡外戚朝見，皇后父母見帝行君臣禮，后見父母行家人禮。皇太子見皇后父母，皇后父母西向立，皇太子東向行四拜禮，皇后父母立受兩拜，答兩拜。

諸司朝覲儀

明制，天下官三年一入朝。自十二月十六日始，鴻臚寺以次引見。二十五日後，每日方面官隨常朝官入奉天門行禮，府州縣官及諸司首領官吏、土官吏俱午門外行禮。正旦大朝以後，方面官於奉天殿前序立，知府以下，奉天門金水橋南序立，如常朝儀。天順三年令凡方面官入朝，遞降京官一等。萬曆五年令凡朝覲，南京府尹、行太僕寺苑馬寺卿、布按二司，俱於十二月十六日朝見，外班行禮。由右掖門至御前，鴻臚寺官以次引見。其鹽運司及知府以下官吏，浙江、江西十七日，山東、山西十八日，河南、陝西十九日，湖廣、南直隸二十日，福建、四川二十一日，廣東、廣西二十二日，雲南、貴州二十三日，北直隸二十四日，各外班行禮，至御前引見。免朝則止，仍候御朝日引見。正旦朝賀，俱入殿前行禮。凡朝覲官見辭謝恩，具公服，正旦具朝服，不著朱履。常朝俱錦繡。

中宮受朝儀

惟唐開元禮有朝皇太后及皇后受羣臣賀、皇后會外命婦諸儀。明制無皇后受羣臣賀儀，而皇妃以下，正旦、冬至朝賀儀，則自洪武元年九月詔定。

凡中宮朝賀，內使監設皇后寶座於坤寧宮。丹陛儀仗，內使執之。殿上儀仗，女使執之。陳女樂於宮門外。設皇貴妃幄次於宮門外之西，近北；設公主幄次於宮門外之東，稍南；設外命婦幄次於門外之南，東西向。皇后服褘衣出閤，仗動，樂作。陞座，樂止。司賓導外命婦由東門入內道，東西班侍立，訖。導皇貴妃、衆妃由東門入，至陛上拜位。贊拜，樂作，四拜興，樂止。導由殿東門入，樂作。內贊接引至殿上拜位，樂止。贊跪，妃皆跪。皇貴妃致詞曰：「妾某氏等，遇茲履端之節」，冬至則云「履長」，「恭詣皇后殿下稱賀」。致詞畢，皆俯伏，興，樂作。復位，樂止。贊拜，樂作，四拜興，樂止。降自東階出。司賓導公主由東門入，至陛上拜位，以次立，行禮如皇妃儀。司賓導外命婦入殿前中道拜位，贊拜如儀。班首由西陛陞，入殿西門，樂作。內贊接引至殿上拜位，班首及諸命婦皆跪。班首致詞曰：「某國夫人妾某氏等稱賀。」賀畢，出復位。司言跪承旨，由殿中門出，立露臺之東，南向，稱有旨。命婦皆跪，司言宣旨曰：「履端之慶，與夫人等共之。」贊興。司言奏宣旨畢。皇后興，樂作。入內閤門，樂止。諸命婦出。太皇太后、皇太后朝賀儀同。

洪武二十六年重定中宮朝賀儀。先日，女官設御座香案。至日內官設儀仗、陳女樂於丹陛東西，北向，設箋案於殿東門。命婦至宮門，司賓引入就拜位，女官具服侍班。尙宮、尙儀等官詣內奉迎，皇后具服出，作樂，贊拜如前儀。女官舉箋案由殿東門入，樂作。至殿中，

中華書局

樂止。贊跪，命婦皆跪。贊宣箋目，女官宣訖，贊展箋，宣箋女官詣案前，展宣訖，舉案於殿東。命婦皆興，司賓引班首由東階陞入殿東門，樂作。內贊引至殿中，樂止。贊跪，班首及諸命婦皆跪。班首致詞訖，皆興，由西門出。贊拜及司言宣旨，皆如儀，禮畢。千秋節致詞云：「茲遇千秋令節，敬詣皇后殿下稱賀。」不傳旨。凡朔望命婦朝參，是日設御座於宮中，陳儀仗女樂。皇后陞座，引禮女官引命婦入班，文東武西，各以夫品。贊拜，樂作，四拜。禮畢，出。陰雨、大寒暑則免。後命婦朝賀，俱於仁智殿。朝東宮妃，儀如朝中宮，不傳令。

朝賀東宮儀

漢以前無聞。隋文帝時，冬至百官朝太子，張樂受賀。唐制，宮臣參賀皇太子，皆舞蹈。開元始罷其禮。故事，百官詣皇太子止稱名，惟宮臣稱臣。明洪武十四年，給事中鄭相同請如古制，詔下羣臣議。編修吳沈等議曰：「東宮，國之大本，所以繼聖體而承天位也。臣子尊敬之禮，不得有二。請凡啓事東宮者，稱臣如故。」從之。

凡朝東宮，前期，典璽官設皇太子座於文華殿，錦衣衛設儀仗於殿外，教坊司陳大樂於文華門內東西，北向，府軍衛列甲士旗幟於門外，錦衣衛設將軍十二人於殿中門外及文華門外，東西向，儀禮司官設箋案於殿東門外，設百官拜位於殿下東西，設傳令宣箋等官位於

殿內東西。是日，百官詣文華門外。導引官啓外備，皇太子具冕服出，樂作。陞座，樂止。百官入，贊拜，樂作。四拜興，樂止。丞相陞自西階，至殿內拜位，俱跪。丞相致詞曰：「某等茲遇三陽開泰，萬物維新。敬惟皇太子殿下，茂膺景福。」畢，俯伏，興，復位。舍人舉箋案入殿中，其捧箋、展箋、宣箋、傳令，略與皇后同。令曰：「履茲三陽，願同嘉慶。」餘俱如儀。冬至致詞，則易「律應黃鍾，日當長至」。傳令則易「履長之節」。千秋節致詞則云：「茲遇皇太子殿下壽誕之辰，謹率文武羣官，敬祝千歲壽。」不傳令。凡朔望，百官朝退，詣文華殿門外，東西立。皇太子陞殿，樂作。百官行一拜禮。其謝恩見辭官亦行禮。

洪武元年十二月，帝以東宮師傅皆勳舊大臣，當待以殊禮，命議三師朝賀東宮儀。禮官議曰：「唐制，羣臣朝賀東宮，行四拜禮，皇太子答後二拜。三公朝賀，前後俱答拜。近代答拜之禮不行，而三師之禮不可不重。今擬凡大朝賀，設皇太子座於大本堂，設答拜褥位於堂中，設三師、賓客、諭德拜位於堂前。皇太子常服陞座，三師、賓客常服入就位，北向立。皇太子起立，南向。贊四拜，皇太子答後二拜。」

六年詔百官朝見太子，朝服去蔽膝及佩。二十九年詔廷臣議親王見東宮儀。禮官議，諸王來見，設皇太子位於正殿中，設諸王拜位於殿門外及殿內，設王府官拜位於庭中道上之東西，設百官侍立位於庭中，東西向。至日，列甲士，陳儀仗，設樂如常。諸王詣東宮門外

幄次，皇太子常服出，樂作。陞座，樂止。引禮導諸王入就殿門外位。初行，樂作，就位，樂止。導詣殿東門入，樂作。內贊引至位，北向立，樂止。贊跪，王與王府官皆跪，致詞曰：「茲遇某節，恭詣皇太子殿下。」致詞畢，王與王府官皆俯伏，興，樂作。復位，樂止。贊拜，樂作，王與王府官皆四拜。興，樂止。禮畢，王及各官以次出。王至後殿，敍家人禮。東宮及王皆常服，王由文華殿東門入，至後殿。王西向，東宮南向。相見禮畢，敍坐，東宮正中，南面，諸王列於東西。

嘉靖二十八年，禮部奏，故事，皇太子受朝賀，設座文華殿中，今易黃瓦，似應避尊。帝曰：「東宮受賀，位當設文華門之左，南向。然侍衞未備，已之。」隆慶二年冊皇太子，詔於文華殿門東間，設座受賀。

大宴儀

漢大朝會，羣臣上殿稱萬歲，舉觴。百官受賜宴饗，大作樂。唐大饗登歌，或於殿庭設九部伎。宋以春秋仲月及千秋節，大宴羣臣，設山樓排場，窮極奢麗。明制，有大宴、中宴、常宴、小宴。

洪武元年大宴羣臣於奉天殿，三品以上陞殿，餘列於丹墀，遂定正旦、冬至聖節宴謹身

殿禮。二十六年重定大宴禮，陳於奉天殿。永樂元年，以郊祀禮成，大宴。十九年以北京郊社、宗廟及宮殿成，大宴。宣德、正統間，朝官不與者，給賜節錢。凡立春、元宵、四月八日、端午、重陽、臘八日，永樂間，俱於奉天門賜百官宴，用樂。其後皆宴於午門外，不用樂。立春日賜春餅，元宵日團子，四月八日不落莢，（嘉靖中，改不落莢爲麥餅。）端午日涼糕粽，重陽日糕，臘八日麪，俱設午門外，以官品序坐。宣德五年冬，久未雪，十二月大雪。帝示羣臣喜雪詩，復賜賞雪宴。羣臣進和章，帝擇其寓警戒者錄之，而爲之序。皇太后聖誕，正統四年賜宴午門。東宮千秋節，永樂間，賜府部堂上、春坊、科道、近侍錦衣衞及天下進箋官，宴於文華殿。宣德以後，俱宴午門外。凡祀圜丘、方澤、祈穀、朝日夕月、耕耤、經筵日講、東宮講讀，皆賜飯。親蠶，賜內外命婦飯。纂修校勘書籍，開館暨書成，皆賜宴。閣臣九年考滿，賜宴於禮部，九卿侍宴。新進士賜宴曰恩榮。

凡大饗，尚寶司設御座於奉天殿，錦衣衞設黃麾於殿外之東西，金吾等衞設護衞官二十四人於殿東西。教坊司設九奏樂歌於殿內，設大樂於殿外，立三舞雜隊於殿下。光祿寺設酒亭於御座下西，膳亭於御座下東，珍羞醯醢亭於酒膳亭之東西。設御筵於御座東西，設皇太子座於御座東，西向，諸王以次南，東西相向。羣臣四品以上位於殿內，五品以下位於東西廡，司壺、尚酒、尚食各供事。

至期，儀禮司請陞座。駕興，大樂作。陞座，樂止。鳴鞭，皇太子親王上殿。文武官四品以上由東西門入，立殿中，五品以下立丹墀，贊拜如儀。光祿寺進御筵，大樂作。至御前，樂止。內官進花。光祿寺開爵注酒，詣御前，進第一爵。教坊司奏炎精之曲。樂作，內外官皆跪，教坊司跪奏進酒。飲畢，樂止。衆官俯伏，興，贊拜如儀。各就位坐，序班詣羣臣散花。第二爵奏皇風之曲。樂作，光祿寺酌酒御前，序班酌羣臣酒。皇帝舉酒，羣臣亦舉酒，樂止。進湯，鼓吹響節前導，至殿外，鼓吹止。殿上樂作，羣臣起立，光祿寺官進湯，羣臣復坐。序班供羣臣湯。皇帝舉箸，羣臣亦舉箸，贊饌成，樂止。武舞入，奏平定天下之舞。第三爵奏眷皇明之曲。樂作，進酒如初。樂止，奏撫安四夷之舞。第四爵奏天道傳之曲，進酒、進湯如初，奏車書會同之舞。第五爵奏振皇綱之曲，進酒如初，奏百戲承應舞。第六爵奏金陵之曲，進酒、進湯如初，奏八蠻獻寶舞。第七爵奏長楊之曲，進酒如初，奏採蓮隊子舞。第八爵奏芳醴之曲，進酒、進湯如初，奏魚躍於淵舞。第九爵奏駕六龍之曲，進酒如初。光祿寺收御爵，序班收羣臣盞。進湯，進大膳，大樂作，羣臣起立。進訖復坐，序班供羣臣飯食。訖，贊膳成，樂止。撤膳，奏百花隊舞。贊撤案，光祿寺撤御案，序班撤羣臣案。贊宴成，羣臣皆出席，北向立。贊拜如儀，羣臣分東西立。儀禮司奏禮畢，駕興，樂止，以次出。其中宴禮如前，但進七爵。常宴如中宴，但一拜三叩頭，進酒或三或五而止。

凡宴命婦，坤寧宮設儀仗、女樂。皇后常服陞座，皇妃、皇太子妃、王妃、公主亦常服隨出閤，入就位。大小命婦各立於座位後。丞相夫人率諸命婦舉御食案。丞相夫人捧壽花，二品外命婦各舉食案，於皇妃、皇太子妃、王妃、公主前。大小命婦各就座位，奉御執事人分進壽花於殿內及東西廡。酒七行，上食五次，酌酒、進湯，樂作止，並如儀。

上尊號徽號儀

子無爵父之道。漢高帝感家令之言，而尊太公，荀悅非之。晉哀帝欲尊崇皇太妃，江虨以爲宜告顯宗之廟，明事不在己。宋、元志俱載皇太后上尊號儀，而不行告廟，非禮也。明制，天子登極，奉母后或母妃爲皇太后，則上尊號。其後或以慶典推崇皇太后，則加二字或四字爲徽號。世宗時，上兩宮皇太后，增至八字。上徽號致詞，而上尊號則止進寶冊。

上尊號，自宣宗登極尊皇太后始。先期遣官祭告天地宗社，帝親告太宗皇帝、大行皇帝几筵。是日，鳴鐘鼓，百官朝服。奉天門設冊寶綵輿香亭。中和韶樂及大樂，設而不作。內官設皇太后寶座，陳儀仗於宮中。設冊寶案於寶座前，設皇帝拜位於丹陛正中，親王拜位於丹墀內。女樂設而不作。皇帝袞服御奉天門。奉冊寶官以冊寶置輿中，內侍舉輿，皇帝隨輿降階陞輅。百官於金水橋南，北向立，輿至皆跪，過輿。隨至思善門外橋南，北向立。皇帝至思善門內降輅。皇太后陞座。輿至丹陛。皇帝由左門入，至陛右，北向立。親王冕服各就位。奏四拜，皇帝及王以下皆四拜。奉冊寶官以冊寶由殿中門入，立於左。皇帝由殿左門入，至拜位跪，親王百官皆跪。奏搢圭，奏進冊。奉冊官以冊跪進，皇帝受冊獻訖。執事官跪受，置案左。奏進寶，奉寶官以寶跪進。皇帝受寶，獻訖，執事官跪受，置案右。奏出圭，奏宣冊，執事官跪宣讀。皇帝俯伏，興，由左門出，至拜位。奏四拜，傳唱百官同四拜。禮畢，駕興。

是日，皇帝奉皇太后謁奉先殿及几筵，行謁謝禮。禮畢，皇太后還宮，服燕居冠服，陞座。皇帝率皇后、皇妃、親王、公主及六尚等女官，行慶賀禮。翌日，外命婦四品以上，行進表箋禮。

宣德以後，儀同。正統初，尊太皇太后儀同。天順八年二月增命婦致詞云：「某夫人妾某氏等，恭惟皇太后陛下尊居慈極，永膺福壽。」弘治十八年上兩宮尊號，改皇太后致詞云：「尊居慈闈，茂隆福壽。」

嘉靖元年二月上尊號，以四宮行禮過勞，分爲二日。又以武宗服制未滿，莊肅皇后免朝賀，命婦賀三宮，亦分日。

上徽號，自天順二年正月奉皇太后始。致詞云：「嗣皇帝臣，伏惟皇太后陛下，功德兼隆，顯崇徽號，永膺福壽，率土同歡。」命婦進表慶賀致詞云：「某夫人妾某氏等，恭惟皇太后陛下德同坤厚，允協徽稱，壽福無疆，輿情懽戴。」餘如常儀。後上徽號及加上徽號，仿此。成化二十三年，禮部具儀上，未及皇太子妃禮，特命增之。

校勘記

〔一〕舉殿上表案二人於西陛下東向　原脫「於」字，據太祖實錄卷二三吳元年十二月辛酉條補。上文同類句子都有「於」字。

〔二〕文武侍從兩班於殿上東西文起居注給事中殿中侍御史尚寶卿武懸刀指揮東西向　太祖實錄卷二三吳元年十二月辛酉條：「文官侍從班起居注、給事中、殿中侍御史、尚寶卿在殿上之東，西向。武官侍從班懸刀指揮在殿上之西，東向。」

〔三〕搢笏鞠躬三　原脫「鞠躬」兩字，作「搢笏三」，據太祖實錄卷二三吳元年十二月辛酉條補。本志下文大朝儀也作「搢笏，鞠躬三」。

〔四〕帝由中門出御奉天殿　中門，原作「午門」，據世宗實錄卷一、明會典卷四五改。

〔五〕晉咸寧注有晨賀晝會之分　原脫「晨賀」兩字。「晝會」是一事，不能稱「分」。晉書卷二一禮志下，咸寧注：「夜漏未盡七刻，謂之晨賀，晝漏上三刻，更出百官奉壽酒，謂之晝會。」據補。

中華書局

〔六〕有欽差官及外國人頒敕　明會典卷四四作「遇有欽差官及外國人頒敕」，有「遇」字。

〔七〕洪武元年十月定制　十月，原作「九月」，據太祖實錄卷三五洪武元年十月丁酉條「命禮官定正旦朝會儀」改。

明史卷五十四

志第三十

禮八 嘉禮二

冊皇后儀

古者立后無冊命禮。至漢靈帝立宋美人爲皇后，始御殿，命太尉持節，奉璽綬，讀冊。皇后北面稱臣妾，跪受。其後沿爲定制，而儀文代各不同。明儀注大抵參唐、宋之制而用之。太祖初，定制。

凡冊皇后，前期三日齋戒，遣官祭告天地、宗廟。前一日，侍儀司設冊寶案於奉天殿御

座前，設奉節官位於冊案之東，掌節者位於其左，稍退，設承制官位於其南，俱西向。設正副使受制位於橫街之南，北向。設承制宣制官位於其北，設奉節奉冊奉寶官位於其東北，俱西向。設正副使受冊寶褥位於受制位之北，北向。典儀二人位丹陛上南，贊禮二人位正副使北，知班二人位贊禮之南，俱東西相向。百官及侍從位，如朝儀。

是日早，列鹵簿，陳甲士，設樂如儀。內官設皇后受冊位及冊節寶案於宮中，設香案於殿上，設權置冊寶案於香案前，設女樂於丹陛。質明，正副使及百官入。鼓三嚴，皇帝袞冕御奉天殿。禮部官奉冊寶，各置於案。諸執事官各人，就殿上位立。樂作，四拜。興，樂止。承制官奏發皇后冊寶，承制訖，由中門出，降自中陛，至宣制位，曰「有制」。正副使跪，承制官宣制曰：「冊妃某氏爲皇后，命卿等持節展禮。」宣畢，由殿西門入。正副使俯伏，興。執事者舉冊寶案，由中門出，降自中陛。奉節官率掌節者前導，至正副使褥位，以案置於北。掌節者脫節衣，以節授奉節官。奉節官以授正使，正使以授掌節者，掌節者跪受。興，立於正使之左。奉節官退。引禮引正使詣受冊位，奉冊官以冊授正使，正使跪受，置於案。退，復位。副使受寶亦如之。樂作，正副使四拜。興，樂止。正使隨冊，副使隨寶，掌節者前導，舉案者次之，樂作。出奉天門，樂止。侍儀奏禮畢，駕興，百官出。

掌節者加節衣，奉冊寶官皆搢笏，取冊寶置龍亭內，儀仗大樂前導，至中宮門外，樂作。

中華書局

皇后具九龍四鳳冠，服褘衣，出閤，〔一〕至殿上，南向立。樂止，正副使奉冊寶權置於門外所設案上。引禮引正副使及內使監令俱就位。正使詣內使監令前，稱冊禮使臣某，副使臣某，奉制授皇后冊寶。內使監令入告皇后，出，復位。引禮引內外命婦入就位。正使奉冊授內使監令，內使監令跪受，以授內官。副使授寶亦如之。各復位。內使監令率奉冊奉寶內官入，各置於案。尙儀引皇后降陛，詣庭中位立。內官奉冊寶立於皇后之東西。內使監令稱「有制」，尙儀奏拜。皇后拜，樂作。四拜興，樂止。宣制訖，奉冊內官以冊授讀冊內官讀訖，以授內使監令。內使監令跪以授皇后，皇后跪受，以授司言。奉寶如前儀。受訖，以授司寶。尙儀奏拜，皇后拜如前。內使監令出，詣正副使前，稱「皇后受冊禮畢」。使者退詣奉天殿橫街南，北面西上立，給事中立於正副使東北，西向。正副使再拜復命曰：「奉制冊命皇后禮畢。」又再拜。給事中奏聞，乃退。

皇后既受冊寶，升座。引禮引內命婦班首一人，詣殿中賀位跪，致詞曰：「茲遇皇后殿下，膺受冊寶，正位中宮。妾等不勝懽慶，謹奉賀。」贊拜，樂作。再拜，興，樂止。退，復位。又引外命婦班首一人，入就殿上賀位，如內命婦儀。禮畢俱出。皇后降座，樂作。還閤，樂止。

次日，百官上表箋稱賀。皇帝御殿受賀，如常儀。遂卜日，行謁廟禮。先遣官用牲牢

行事，告以皇后將祗見之意。前期，皇后齋三日，內外命婦及執事內官齋一日。設皇后拜位於廟門外及廟中，設內命婦陪祀位於廟庭南，外命婦陪祀位於內命婦之南。司贊位皇后拜位之東西，司賓位內命婦之北，司香位香案右。陳盥洗於階東，司盥洗官位其所。至日，內外命婦各翟衣集中宮內門外。皇后具九龍四鳳冠，服褘衣。出內宮門，升輿，至外門外降輿，升重翟車。鼓吹設而不作。尙儀陳儀衞，次外命婦，次內命婦，皆乘車前導。內使監扈從，宿衞陳兵仗前後導從。皇后至廟門，司賓引命婦先入。皇后降車，司贊導自左門入，就位，北向立。命婦各就位，北向立。司贊奏拜，司賓贊拜，皇后及命婦皆再拜，興。司贊請詣盥洗位，盥手帨手，由東陛升，至神位前。司贊奏上香者三，司香捧香於右，皇后三上訖，導復位，贊拜如前。司贊奏禮畢，皇后出自廟之左門，命婦以次出。皇后升車，命婦前導，如來儀。過廟，鼓吹振作，皇后入宮。是日，皇帝宴羣臣於謹身殿，皇后宴內外命婦於中宮，皆如正旦宴會儀。

及成祖卽位，冊皇后徐氏，其制小異。皇帝皮弁服御華蓋殿，翰林院官以詔書用寶訖，然後御奉天殿，傳制皇后受冊。禮畢，翰林官以詔書授禮部官，禮部官奉詔書於承天門開讀。皇帝還宮，率皇后具服詣奉先殿謁告畢。皇后具服於內殿，俟皇帝升座。贊引女官導詣拜位，行謝恩禮，樂作。八拜，興，樂止。禮畢。次日，皇帝皇后受賀宴會，如前儀。天順八年，增定親王於皇帝前慶賀，次詣皇太后慶賀，次詣皇后前八拜儀。嘉靖十三年冊皇后方氏，禮臣具儀注，有謁告內殿儀，無謁告太廟世廟之禮，帝命議增。於是禮臣以儀上。先期齋三日，所司陳設如時祫儀。至日，皇帝御輅，皇后妃御翟車，同詣太廟。命官奉七廟主升神座訖。皇帝奉高皇帝主，皇后奉高皇后主，出升神座。迎神、上香、奠帛、祼獻，樂作止，皆如儀。次詣世廟行禮，同上儀。隆慶元年增定，頒詔次日，命婦行見皇后禮。

冊妃之儀。自洪武三年冊孫氏爲貴妃，定皇帝不御殿，承制官宣制曰：「妃某氏，特封某妃，命卿等持節行禮。」但授冊，無寶，餘並如中宮儀。永樂七年定冊妃禮。皇帝皮弁服御華蓋殿，傳制。至宣宗立孫貴妃，始授寶，憲宗封萬貴妃，始稱皇，非洪武之舊矣。嘉靖十年，〔二〕帝冊九嬪，禮官上儀注。先日，所司陳設儀仗如朔望儀。至期，皇帝具袞冕，告太廟、世廟訖，易皮弁服，御華蓋殿。百官公服入行禮。正、副使朝服承制，舉節冊至九嬪宮。九嬪迎於宮門外，隨至拜位。女官宣冊，九嬪受冊，先後八拜。送節出宮門復命。九嬪隨具服候，皇后率詣奉先殿謁告，及詣皇帝、皇后前謝恩，俱如冊妃禮。惟圭用次玉，穀文、銀冊少殺於皇妃五分之一。二十年冊德妃張氏。以妃將就室，而帝方靜攝，不傳制，不謁告內殿，餘並如舊。

冊皇太子及皇太子妃儀

自漢代始稱皇太子，明帝始有臨軒、冊拜之儀。唐則年長者臨軒冊授，幼者遣使內冊。宋惟用臨軒。元惟用內冊，不以長幼。

明興定制，冊皇太子，所司陳設如冊后儀。設皇太子拜位於丹陛上。中嚴，皇帝袞冕御謹身殿，皇太子冕服俟於奉天門。外辦，皇帝升奉天殿，引禮導皇太子入奉天東門。樂作，由東階升至丹陛位，樂止。百官各就丹墀位。樂作，皇太子再拜，興，樂止。承制官由殿中門出，立於門外，曰：「有制。」皇太子跪。宣制曰：「冊長子某爲皇太子。」皇太子俯伏，興，樂作。再拜，樂止。引禮導皇太子由殿東門入，樂作。內贊導至御座前，樂止。內贊贊跪，贊宣冊。宣畢，贊搢圭，贊授冊。皇太子搢圭，跪受冊，以授內侍。復贊授寶，如授冊儀。贊出圭，皇太子出圭，俯伏，興，由殿東門出。執事官舉節冊寶隨出。皇太子復位，樂作。四拜興，樂止。由東階降，樂作。至奉天門，樂止。儀仗、鼓樂迎冊寶至文華殿。持節官持節復命，禮部官奉詔書赴午門開讀，百官迎詔至中書省，頒行。侍儀奏禮畢，駕興，還宮。皇太子詣內殿，候皇后升座，行朝謝禮，四拜，恭謝曰：「小子某，茲受冊命，謹詣母后殿下恭謝。」復四拜，禮畢。親王、世子、郡王俟於文華殿陛上。皇太子升座，親王以下由東陛升，就拜位四拜。長王恭賀曰：「小弟某，茲遇長兄皇太子榮膺冊寶，不勝欣忭之至，謹率諸

弟詣殿下稱賀。」賀畢，皆四拜。皇太子興，以次出。諸王詣中宮四拜，長王致詞賀畢，皆四拜出。是日，皇太子詣武英殿見諸叔，行家人禮，四拜，諸叔西向坐受。見諸兄，行家人禮，二拜，諸兄西向立受。次日，百官進表箋慶賀，內外命婦慶賀中宮，如常儀。乃擇日，太子謁太廟。

洪武二十八年，皇太子、親王俱授金册，不用寶。永樂二年定，先三日齋戒，遣官祭告天地、宗廟，受册寶畢，先詣太廟謁告，後至奉天殿謝恩，乃入謝中宮。二十二年十月册東宮，以梓宮在殯，樂設而不作。奉先殿行禮畢，仍詣几筵謁告。宣德二年十一月，皇子生，羣臣表請立太子。三年二月行禮，以太子尚幼，乃命正、副使授册寶於文華門。成化十一年以册立皇太子禮成，文武官分五等，賜綵緞有差。嘉靖十八年二月册東宮，帝詣南郊告上帝，詣太廟告皇祖，自北郊及列聖宗廟以下皆遣官。時太子方二歲，保姆奉之，迎册寶於文華殿門，詣皇帝前謝恩，皇后、貴妃代太子八拜。詣皇后前，貴妃代八拜。詣貴妃前，保姆代四拜。餘如常儀。

其皇太子妃受册，與皇太子同日傳制。節册將至內殿，妃降自東階，迎置於案。贊就拜位，贊跪，妃跪。贊宣册，女官跪取册，立宣畢。贊授册，贊搢圭。女官以册授妃，妃搢圭，受册訖，以授女官。女官跪受，捧立。贊出圭，興，四拜。禮畢，內官持節出，妃送至殿

外，正副使持節復命。是日，妃具禮服詣奉先殿行謁告禮。隨詣宮門，俟皇帝、皇后升座，入謝恩，行八拜禮。又詣各宮皇妃前，行四拜禮。還宮，詣皇太子前，亦四拜。禮畢，升座，王妃、公主、郡主及外命婦，於丹墀拜賀如儀。

册親王及王妃儀

漢册親王於廟。唐臨軒册命，禮極詳備。宋有册命之文，皆上表辭免，惟迎官誥還第。元亦降制命之，不行册禮。

明洪武三年定制，册命親王，先期告宗廟，所司陳設如册東宮儀。

至日，皇帝御奉天殿，皇太子、親王由奉天東門入。樂作，升自東陛。皇太子由殿東門入，內贊導至御前，侍立位。親王入至丹陛拜位，樂止。贊拜，樂作。再拜，興，樂止。承制官承制如儀，諸王皆跪，宣制曰：「封皇子某爲某王，某爲某王。」宣畢，諸王俯伏，興。贊拜，樂作。再拜，興，樂止。引禮導王由殿東外入，樂作。內贊引至御座前拜位，樂止。王跪。贊授册，捧册官以册授讀册官，讀訖，以授丞相。丞相授王，王搢圭受，以授內使。授寶如上儀。訖，王出圭，俯伏，興。引禮導王出，復位。以次引諸王入殿，授册寶如儀。內使以册寶置綵亭訖，贊拜，樂作。諸王皆四拜，興，樂止。內使舉亭前行，親王由東階降，樂作。

出奉天東門，樂止。禮部尚書請詔書用寶，赴午門開讀。禮畢，皇帝還宮，皇太子出。王年幼，則遣官齎册寶授之。丞相承制至王所，東北立，西南向，宣制。最幼者行保抱之禮。

是日，親王朝謝皇后、太子，與東宮受册朝謝同。親王各自行賀，幼者詣長者，行四拜禮。百官詣親王賀，亦行四拜禮。丞相至殿上跪，文武官於庭中。丞相致詞曰：「某官某等，茲遇親王殿下榮膺册寶，封建禮成，無任欣忭之至。」賀畢，丞相及百官復四拜。

次日，皇太子冕服於奉天殿朝賀皇帝。太子致詞曰：「長子某，茲遇諸弟某等受封建國，謹詣父皇陛下稱賀。」賀中宮，致詞曰：「謹詣母后殿下稱賀。」百官進表箋賀皇帝及中宮、東宮，如東宮受册儀。內外命婦賀中宮，致詞曰：「妾某氏等，茲遇親王受封建國，恭詣皇后殿下稱賀。」是日，百官及命婦各賜宴。擇日，諸王謁太廟。時秦、晉、燕、楚、吳五王皆長，而齊、潭、趙、魯四王方幼，故兼具其制。靖江王則以親王封，故視秦、晉儀。

二十八年定制，親王嫡長子，年十歲，授金册寶，立爲王世子。次嫡及庶子皆封郡王。凡王世子必以嫡長，王年三十，正妃未有嫡子，其子止爲郡王。待王與正妃年五十無嫡子，始立庶長子爲王世子，襲封。朝廷遣人行册命之禮。成化末，封興、岐、益、衡、雍五王，帝親告奉先殿，遣使就各王府册之，罷臨軒禮。而諸王當襲封者，俱於歲終遣官册封。嘉靖中，改於孟春，著爲令。册王妃與册太子妃儀同。

册公主儀。洪武九年七月命使册公主。設册案於乾清宮御座之東南，册用銀字鍍金。皇帝、皇后升御座，遣使捧册傳制如儀。使者至華蓋殿，公主拜受，其儀略與册太子妃同。凡皇姑曰大長公主，皇姊妹曰長公主，皇女曰公主，親王女曰郡主，郡王女曰縣主，孫女曰郡君，曾孫女曰縣君，玄孫女曰鄉君。郡主以下，受誥封，不册命。

皇帝加元服儀

古者冠必於廟，天子四加。魏以後始冠於正殿，又以天子至尊，禮惟一加，歷代因之。明洪武三年定制。

先期，太史院卜日，工部製冕服，翰林院撰祝文，禮部具儀注。中書省承制，命某官攝太師，某官攝太尉。既卜日，遣官告天地、宗廟。前一日，內使監令陳御冠席於奉天殿正中，其南設冕服案及香案寶案。侍儀司設太師、太尉起居位於文樓南，西向，設拜位於丹墀內道，設侍立位於殿上御席西，設盥洗位於丹陛西。其百官及諸執事位次如大朝儀。

是日質明，鼓三嚴，百官入。皇帝服空頂幘、雙童髻、雙玉導、絳紗袍，御輿以出。侍衞警蹕奏樂如儀。皇帝升座。鳴鞭報時訖，通班贊各供事。太師太尉先入，就拜位，百官皆入。贊拜，樂作。四拜，興，樂止。引禮導太師先詣盥洗位，搢笏盥帨訖，出笏，由西陛升。

內贊接引至御席西，東向立。引禮復導太尉盥帨訖，入立於太師南。

侍儀奏請加元服。太尉詣皇帝前，少右，跪搢笏。脫空頂幘以授內使，置於箱。進櫛設纚畢，出笏，興，退立於西。太師前，北向立。內使監令取冕立於左，太師祝曰：「令月吉日，始加元服。壽考維祺，以介景福。」內使監令捧冕，跪授太師。太師搢笏，跪受冕。加冠、加簪纓訖，出笏，興，退立於西。御用監令奏請皇帝著袞服，皇帝興，著袞服。侍儀奏請就御座，內贊贊進醴，樂作。太師詣御前北面立，光祿卿奉酒進授太師，太師搢笏受酒，祝曰：「甘醴惟厚，嘉薦令芳。承天之休，壽考不忘。」祝訖，跪授內使。內使跪受酒，捧進。皇帝受，祭少許，啐酒訖，以虛盞授內使，樂止。內使受盞降，授太師。太師受盞興，以授光祿卿，光祿卿受盞退。太師出笏，退，復位。內贊導太師太尉出殿西門，樂作，降自西階。引禮導至丹墀拜位，樂止。贊拜，樂作。太師太尉及文武官皆四拜，興，樂止。三舞蹈，山呼，俯伏，興，樂作。復四拜，樂止。

禮畢，皇帝興，鳴鞭，樂作。入宮，樂止。百官出。皇帝改服通天冠、絳紗袍，拜謁太后，如正旦儀。擇日謁太廟，與時祭同。明日，百官公服稱賀，賜宴謹身殿。

萬曆三年正月，帝擇日長髮，命禮部具儀。大學士張居正等言：「禮重冠婚，皇上前在東宮已行冠禮，三加稱尊，執爵而醮。鉅禮既成，可略其細，不必命部臣擬議。第先期至奉先

殿、弘孝殿、神霄殿以長髮告。禮畢，詣兩宮皇太后，行五拜三叩頭禮，隨御乾淸宮受賀。」帝是之，遂著爲令。

皇太子皇子冠禮

禮曰：「冠於阼，以著代也。醮於客位，三加彌尊，加有成也。已冠而字之，成人之道也。」「雖天子之元子，猶士也。」其禮歷代用之。明皇太子加元服，參用周文王、成王冠禮之年，近則十二，遠則十五。嘉靖二十四年，穆宗在東宮，方十歲，欲行冠禮。大學士嚴嵩、尚書費宷初皆難之，後遂阿旨以爲可行，而請稍簡煩儀，止取成禮。帝以冠當具禮，至二十八年始行之。

其儀，洪武元年定。

前期，太史監卜日，工部置袞冕諸服，翰林院撰祝文。中書省承制，命某官爲賓，某官贊。既卜日，遣官告天地宗廟。前一日，陳御座香案於奉天殿，設皇太子次於殿東房，賓贊次於午門外。

質明，執事官設罍洗於東階，設皇太子冠席於殿上東南，西向，設醴席於西階上，南向，張帷幄於東序內，設褥席於帷中，又張帷於序外。御用監陳服於帷內東，領北上。袞服九章、遠遊冠、絳紗袍、折上巾、緇纚犀簪在服南，櫛又在南。司尊實醴於側尊，加勺冪，設於醴席之南。設坫於尊東，置二爵。進饌者實饌，設於尊北。諸執事者各立其所。

鼓三嚴，文武官入。皇帝服通天冠、絳紗袍，升座如常儀。賓贊就位，樂作。四拜興，樂止。侍儀司跪承制，降至東階，詣賓前，稱有敕。賓贊及在位官皆跪。宣制曰：「皇太子冠，命卿等行禮。」皆俯伏，興，四拜。文武侍從班俱就殿內位，賓贊執事官詣東階下位。

東宮官及太常博士詣殿前東房，導皇太子入就冠席，二內侍夾侍，東宮官後從，樂作。卽席西南向，樂止。賓贊以次詣罍洗，樂作。搢笏，盥帨，出笏，樂止。升自西階，執事者奉折上巾進，賓降一等受之。右執項，左執前，進太子席前，北面祝畢，跪冠，樂作。賓興，席南北面立。贊冠者進席前，北面跪，正冠，興，立於賓後。內侍跪進服，皇太子興，服訖，樂止。賓揖皇太子復坐。賓贊降，詣罍洗訖，贊進前跪，脫折上巾，置於箱，興，以授內侍。執事者奉遠遊冠進，賓降二等受之，樂作，進冠如前儀。贊進前，北面跪，簪結紘，內侍跪進服，樂止。賓揖皇太子復坐。又詣罍洗，贊脫冠，執事者奉袞冕進，賓降三等受之，樂作。進冠結紘，內侍跪進服，如前儀，樂止。

太常博士導皇太子降自東階，樂作。由西階升，卽醴席，南向坐，樂止。賓詣罍洗盥帨訖，贊冠者取爵、盥爵、帨爵，詣司尊所酌醴，授賓。賓受爵，跪進於皇太子。祝畢，皇太子

搢圭，跪受爵，樂作。飲訖，奠爵，執圭。進饌者奉饌於前，皇太子搢圭，食訖，執圭，興，樂止。徹爵與饌。博士導皇太子降自西階，至殿東房，易朝服，詣丹墀拜位，北向。東宮官屬各復拜位。賓贊詣皇太子位稍東，西向。賓少進字之辭曰：「奉敕字某。」皇太子再拜，跪聽宣敕。復再拜，興。進御前跪奏曰：「臣不敏，敢不祗承。」奏畢，復位。侍立官並降殿復位，四拜禮畢，皇帝興。內給事導皇太子入內殿，見皇后，如正旦儀。明日謁廟，如時享禮。又明日，百官朝服詣奉天殿稱賀，退易公服，詣東宮稱賀，錫宴。

成化十四年續定皇太子冠禮。

先日，設幕次於文華殿東序，設節案、香案、冠席、醴席、盥洗、司尊所等，具如儀。內侍張帷幄，陳袍服、皮弁服、袞服、圭帶、舃、翼善冠、皮弁、九旒冕。

質明，皇帝御奉天殿傳制，遣官持節。皇太子迎於文華殿門外，捧入，置於案，退。禮部官導皇太子詣香案前，樂作。四拜，樂止。行初加冠禮。內侍奉翼善冠，賓祝曰：「吉月令辰，乃加元服。懋敬是承，永介景福。」樂作。賓跪進冠，興，樂止。禮部官啓易服，皇太子入幄，易袍服出，啓復坐。行再加冠禮。內侍奉皮弁，賓祝曰：「冠禮申舉，以成令德。敬愼威儀，惟民之式。」冠畢，入幄，易皮弁服舃出，啓復坐。行三加冠禮。內侍奉冕旒，賓祝曰：「章服咸加，飭敬有虔。永固皇圖，於千萬年。」冠畢，入幄，易袞服出，啓復坐。

中華書局

行醮禮，皇太子詣醴席，樂作。卽坐，樂止。光祿寺官舉醴案，樂作。贊酌醴授賓，賓執爵詣席前，樂止。賓祝曰：「旨酒孔馨，加薦再芳。受天之福，萬世其昌。」賓跪進爵，皇太子搢圭，受爵，置於案。教坊司作樂，奏喜千春之曲。次啓進酒，皇太子舉爵飲訖，奠爵於案，樂止。光祿寺官進饌，樂作。至案，樂止。饌訖，出圭，徹案，賓贊復位。鳴贊贊受敕戒。皇太子降階，樂作。至拜位，樂止。宣敕戒官詣皇太子前稍東，西向立，曰「有制」。皇太子跪，宣敕戒曰：「孝事君親，友于兄弟。親賢愛民，居仁由義。毋怠毋驕，茂隆萬世。」樂作。四拜興，樂止。持節官捧節出，樂作。皇太子送節至殿門外，還東序。內侍導還宮，樂止。賓贊等官持節復命，餘如舊儀。是日，皇太子詣皇太后、皇帝、皇后前謝，俱行五拜三叩頭禮，用樂。明日，皇帝及皇太子受羣臣賀，如儀。

皇子冠禮。初加，進網巾，祝詞曰：「茲惟吉日，冠以成人。克敦孝友，福祿來駢。」再加，進翼善冠，祝詞曰：「冠禮斯舉，實由成德。敬愼威儀，維民之則。」三加，進袞冕，祝詞曰：「冠至三加，命服用章。敬神事上，永固藩邦。」酌醴祝曰：「旨酒嘉薦，載芬載芳。受茲景福，百世其昌。」敕戒詞曰：「孝于君親，友于兄弟。親賢愛民，率由禮義。毋溢毋驕，永保富貴。」其陳設執事及傳制謁謝，並如皇太子儀。初，皇子冠之明日，百官稱賀畢，詣王府行禮。成化二十三年，皇子冠之次日，各詣奉天門東廡序坐，百官常服四拜。

萬曆二十九年，禮部尚書馮琦言：「舊制皇太子冠，設冠席、醴席於文華殿內。今文華殿爲皇上臨御遣官之地，則皇太子冠醴席，應移於殿之東序。又親王冠，舊設席於皇極門之東廡。今皇太子移席於殿東序，則親王應移席於殿西序。」從之。

永樂九年十一月命皇太子嫡長子爲皇太孫，冠於華蓋殿，其儀與皇太子同。

品官冠禮

古者男子二十而冠，大夫五十而後爵，故無大夫冠禮。唐制，三加，一品之子以袞冕，逮九品之子以爵弁，皆倣士禮而增益之。

明洪武元年定制，始加緇布冠，再加進賢冠，三加爵弁。

其儀，前期擇日，主者告於家廟，乃筮賓。前二日，戒賓及贊冠者。明日，設次於大門外之右，南向。至日，夙興，設洗於阼階東南，東西當東霤，六品以下當東榮，南北以堂深。罍水在洗東，加勺冪。篚在洗西南。肆實巾一於篚，加冪。設席於東房西牖下，陳服於席東，領北上。莞筵四，加藻席四，在南。側尊甒醴在服北，加勺冪，設坫在尊北。四品以下，設篚無坫，饌陳於坫北。設洗於東房，近北。罍在洗西，篚在洗東北，肆實以巾。質明，賓贊至門外，掌次者引之次。賓贊公服，諸行事者各服其服，就位。冠各一笥，人

執之，侍於西階之西，東面北上。設主席於阼階上，西面；設賓席於西階，東面；冠者席於主者東北，西面。主者公服立於阼階下，當東序，西面。諸親公服立於罍洗東南，西面北上。尊者在別室。儐者公服立於門內道東，北面。冠者雙童髻、空頂幘、雙玉導、綵褶、錦紳、烏皮履，六品以下，導不以玉，立於房中，[三]南面。主者、贊冠者公服立於房內戶東，西面。賓及贊冠者出次，立於門西，東面北上。儐者進受命，出立門東，西面，曰：「敢請事。」賓曰：「某子有嘉禮，命某執事。」儐者入告，主者迎賓於大門外之東，西面，再拜，賓答拜。主者揖贊冠者，贊冠者報揖。又揖賓，賓報揖。主者入，賓贊次入，及內門至階。主者請陞，賓三辭，乃陞。主者自阼階，立於席東，西向；賓自西階，立於席西，東向。賓贊冠者及庭，盥於洗，陞自西階，入於東房，立於主贊冠者之南，西面。主贊冠者導冠者立於房外之西，南面。賓贊冠者取纚櫛簪，跪奠於筵南端，退立於席北，少東，西面。

賓揖冠者，冠者進升席，西向坐。賓贊冠者進筵前，東面跪，脫雙童髻，櫛畢，設纚，興，復位立。賓降至罍，洗盥訖，詣西階。主者立於席後西面，賓立於西階上，東面。執緇布冠者升，賓降一等受之，右執項，左執前，進冠者筵前，東向立。祝用士禮祝詞，祝畢，跪冠。興，復位。賓贊冠者進筵前，東面跪，結纓，興，復位。冠者興，賓揖之適房，賓主皆坐。冠者衣青衣素裳出戶西，南面立，賓主俱興。賓揖冠者，冠者進升席，西向坐。賓贊冠者跪，

脫緇布冠，櫛畢，設纚。賓進進賢冠，立祝，如初加禮。易「萬年」爲「永年」，易「胡福」爲「遐福」。[四]祝畢，跪冠，興，復位。賓贊冠者跪，脫進賢冠，櫛畢，設纚。賓進爵弁，立祝，如再加禮。賓贊冠者，設簪結纓如前。冠者適房，著爵弁之服出。主贊冠者徹纚櫛及筵，入於房。

又設筵於室戶西，南向。冠者出房戶西，南面立。主贊洗觶於房，酌醴出，南面立。賓揖冠者就筵西，南面立。賓受醴，進冠者筵前，北面立。祝畢，冠者拜受觶，賓復西階上答拜。執饌者進饌於筵，冠者左執觶，右取脯，祭於籩豆閒。贊者取胏一以授冠者，奠觶於薦西以祭。冠者坐取觶，祭醴，奠觶，再拜，賓答拜。冠者執觶興，賓主俱坐。冠者升筵，跪奠觶於薦東。興，進，北面跪取脯，降自西階。入見母，進奠脯於席前。退，再拜出。母不在，則使人受脯於西階下。

初，冠者入見母，賓主俱興。賓降，當西序東面立，主者降，當東序西面立。冠者出，立於西階東，南面。賓少進字之，辭同士禮。冠者再拜，跪曰：「某不敏，夙夜祗承。」賓出，主者送於內門外，西向，請禮從者。賓就次，主者入。

初，賓出，冠者東面見諸親，諸親拜之，冠者答拜。冠者西向拜賓贊，賓贊亦答拜。見諸尊於別室，亦如之。賓主既釋服，入醴席，一獻訖，賓與衆賓出次，立於門東，西面。主者出揖賓，賓報揖。主者先入，賓及衆賓從之。至階，賓立於西階上，主者立於東階上，衆賓

立於西階下。主者授幣篚於賓贊，復位，還阼階上，北面拜送。賓贊降自西階，主者送賓於大門外，西面，再拜而入。孤子則諸父諸兄戒賓。冠之日，主者紒而迎賓，冠於阼階下，其儀亦如之。明日見廟，冠者朝服入南門中庭道西，北面再拜出。

庶人冠禮

古冠禮之存者惟士禮，後世皆推而用之。明洪武元年詔定冠禮，下及庶人，纖悉備具。然自品官而降，鮮有能行之者，載之禮官，備故事而已。

凡男子年十五至二十，皆可冠。將冠，筮日，筮賓，戒賓，俱如品官儀。

是日，夙興，張幄爲房於廳事東，皆盛服。設盥於阼階下東南，〔五〕陳服於房中西牖下。席二在南，酒在服北次。幞頭巾帽，各盛以盤，三人捧之，立於堂下西階之西，南向東上。主人立於阼階下，諸親立於盥東，儐者立於門外以俟賓。冠者雙紒袍，勒帛素履待於房。

賓至，主人出迎，揖而入。坐定，冠者出於房，執事者請行事。賓之贊者取櫛總篦幧頭，置於席南端。賓揖冠者，即席西向坐。贊者爲之櫛，合紒施總，加幧頭。賓降，主亦降，立於阼階下。賓盥，主人揖讓，升自西階，復位。執事者進巾，賓降一等受之，詣冠者席前，東向。祝詞同品官。祝訖，跪著巾。興，復位。冠者興，賓揖之入房，易服，深衣大帶，出就

冠席。賓盥如初。執事者進帽，賓降二等受之。進祝，跪，冠訖，興，復位。揖冠者入房，易服，襴衫要帶，出就冠席。賓盥如初。執事者進幞頭，賓降三等受之。進祝，跪，冠訖，興，復位。揖冠者入房，易公服出。

執事者徹冠席，設醴席於西階，南向。贊者酌醴出房，立於冠者之南。賓揖冠者即席，西向立。賓受醴，詣席前北面祝。冠者拜受，賓答拜。執事者進饌，冠者即席坐，飲食訖，再拜。賓答拜。冠者離席，立於西階之東，南向。賓字之，如品官詞。冠者拜，賓答拜。冠者拜父母，父母爲之起。拜諸父之尊者，遂出見鄉先生及父之執友。先生執友皆答拜。賓退，主人請禮賓，固請，乃入，設酒饌。賓退，主人酬賓贊，侑以幣。禮畢，主人以冠者見於祠堂，再拜出。

校勘記

〔一〕出閤　閤，原作「閣」。「閣」、「閤」通，本書中二字錯出。爲別於外廷以閣爲名之機構如內閣等，今據大明集禮卷一九，將后妃居處作「閣」者，統改成「閤」。

〔二〕嘉靖十年　十年，原作「十一年」，據本書卷一一四后妃傳、明會典卷四六改。

〔三〕冠者雙童髻空頂幘雙玉導綵褶錦紳烏皮履六品以下導不以玉立於房中　明會典卷六六，從「雙童髻」到「導不以玉」都作小注，正文爲「將冠者立於房內」。又「綵褶」，明會典作「綵袴褶」。

〔四〕立祝如初加禮易萬年爲永年易胡福爲遐福　按本段上文「祝用士禮祝詞」，即指儀禮士冠禮祝詞，有「眉壽萬年，永受胡福」句。此處小注，即承兩句祝詞改易四字。今上文不引祝詞，則此小注無着落，應爲衍文。

〔五〕設盥於阼階下東南　盥，原作「冠」，據太祖實錄卷三三洪武元年十一月丙寅條、明會典卷六六改。

二十四史

中華書局

明史卷五十五

志第三十一

禮九 嘉禮三

天子納后儀　皇太子納妃儀　親王婚禮　公主婚禮
品官婚禮　庶人婚禮　皇帝視學儀　經筵　日講
東宮出閣講學儀　諸王讀書儀

天子納后儀

婚禮有六，天子惟無親迎禮。漢、晉以來，皆遣使持節奉迎，其禮物儀文，各以時損益。明興，諸帝皆即位後行册立禮。正統七年，英宗大婚，始定儀注。

凡納采問名，前期擇日，遣官告天地宗廟。至期，設御座、制案、節案、鹵簿、綵輿、中和大樂如儀。禮部陳禮物於丹陛上及文樓下。質明，皇帝冕服陞座，百官朝服行禮訖，各就

位。正副使朝服四拜，執事舉制案、節案，由中門出，禮物隨之，俱置丹陛中道。傳制官宣制曰：「茲選某官某女爲皇后，命卿等持節行納采問名禮。」正副使四拜，駕興。舉制、節案由奉天門中門出。正副使取節及制書置綵輿中，儀仗大樂前導，出大明門。釋朝服，乘馬行，詣皇后第。第中設使者幕次於大門外左，南向，設香案於正堂，設制、節案於南，別設案於北。

使者至，引禮導入幕次，執事官陳禮物於正堂。使者出次，奉制書於案。禮官先入，立於東，主婚朝服出，立於西。禮官曰：「奉制建后，遣使行納采問名禮。」引主婚者出迎。使者捧制書及節，主婚者隨至堂，置制書及節於案。正副使分立案左右。主婚者四拜，詣案前跪。正使取納采制，宣曰：「朕承天序，欽紹鴻圖。經國之道，正家爲本。夫婦之倫，乾坤之義，實以相宗祀之敬，協奉養之誠，所資惟重。祗遵聖母皇太后命，遣使持節，以禮采擇。」宣訖，授主婚者。主婚者授執事者，置於北案上稍左。副使取問名制，宣曰：「朕惟夫婦之道，大倫之本。正位乎內，必資名家。特遣使持節以禮問名，尚佇來聞。」宣訖，授如前，置案上稍右。主婚者俯伏，興。執事舉表案，以表授主婚者。主婚者跪授正使，表曰：「臣某，伏承嘉命。正使某官某等，重宣制詔，問臣名族。臣女，臣夫婦所生，先臣某官某之曾孫，先臣某官某之孫，先臣某官某之外孫。臣女今年若干，謹具奏聞。」主婚者俯伏，興，退四拜。使者出，置表綵輿中。主婚者前曰：「請禮從者。」酒饌畢，主婚者捧幣以勞使者。使者出，主婚者送至大門外。使者隨綵輿入大明門左門，至奉天門外，以表節授司禮監，復命。

次納吉、納徵、告期，傳制遣使，並如前儀。但納徵用玄纁、束帛、六馬、穀圭等物，制詞曰：「茲聘某官某女爲皇后，命卿等持節行納吉、納徵、告期禮。」皇后第，陳設如前，惟更設玉帛案。使者至，以制書、玉帛置案上，六馬陳堂下。執事先設皇后冠服諸物於正堂。禮官入，主婚者出迎，執事舉玉帛案，正使捧納吉、納徵制書，副使捧告期制書，執節者捧節，以次入，各置於案。主婚者四拜，詣案前跪。正使取制書，宣曰：「大婚之卜，龜筮師士協從。敬循禮典，遣使持節告吉。」又宣曰：「卿女有貞靜之德，稱母儀之選，宜共承天地宗廟。特遣使持節，以禮納徵。」宣訖，授主婚者。正副使又捧圭及玄纁以授主婚者，俱如前儀。副使取制書，宣曰：「歲令月良，吉日某甲子，大婚維宜。特遣使持節，以禮告期。」宣訖，授如前儀。主婚者四拜，使者持節出，主婚者禮使者，使者還，復命如初。

次發册奉迎，所司陳設如前儀。禮部陳雁及禮物於丹陛上，內官監陳皇后鹵簿車輅於奉天門外。制詞曰：「茲册某官某女爲皇后，命卿等持節奉册寶，行奉迎禮。」正副使以册寶置綵輿中，隨詣皇后第。至門，取制書册寶置案上。禮官先入，主婚者朝服出見。禮官曰：

「奉制册后，遣使持節奉册寶，行奉迎禮。」主婚者出迎。執事者舉案前行，使者捧制書及節，執事者以雁及禮物從之。至堂中，各置於案。使者左右立，主婚者四拜，退立於西南。女官以九龍四鳳冠褘衣進皇后。內官陳儀仗於中堂前，設女樂於堂下，作止如常儀。使者以節册寶授司禮監官，內贊導入中堂。皇后具服出閤，詣香案前，向闕立，四拜。贊宣册，皇后跪。宣册官宣訖，以授皇后。皇后搢圭，受册，以授女官。女官跪受，立於西。贊宣寶，如宣册儀。贊出圭，贊興，四拜訖，皇后入閤。司禮監官持節出，授使者，報受册寶禮畢。主婚者詣案前跪。正使取奉迎制宣訖，授主婚者。副使進雁及禮物。主婚者皆跪受，如前儀。主婚者興，使者四拜出。主婚者禮使者如初。

女官奏請皇后出閤。自東階下，立香案前，四拜。陞堂，南向立。主婚者進立於東，西向，曰：「戒之敬之，夙夜無違。」退立於東階。母進，立於西，東向，施衿結帨，曰：「勉之敬之，夙夜無違。」退立於西階。內執事請乘輿，皇后降階升輿。導從出，儀仗大樂前行，次綵輿，正副使隨，次司禮監官擁導，從大明門中門入。百官朝服於承天門外班迎，候輿入，乃退。皇后至午門外，鳴鐘鼓，鹵簿止。正副使以節授司禮監，復命。捧册寶官捧册寶，[一]儀仗女樂前導，進奉天門。至內庭幕次，司禮監以册寶授女官。皇后出輿，由西階進。皇帝由東階降迎於庭，揖皇后入內殿。帝詣更服處，具袞冕。后詣更服處，更禮服。同詣奉先

中華書局

殿，行謁廟禮。祭畢，還宮。合卺，帝更皮弁，陞內殿。后更衣，從陞。各陞座，東西相向。執事者舉饌案於前，女官取四金爵，酌酒以進。既飲，進饌。復進酒、進飯訖，女官以兩卺酌酒，合和以進。既飲，又進饌畢，興，易常服。帝從者餕后之饌，后從者餕帝之饌。

次日早，帝后皆禮服，候太后陞座。帝后進座前。宮人以腶脩盤立於后左，帝后皆四拜。執事舉案至，宮人以腶脩盤授后，后捧置於案。女官舉案，后隨至太后前，進訖，復位。帝后皆四拜。三日早，帝冕服，后禮服，同詣太后宮，行八拜禮。還宮，帝服皮弁，陞座。女官導后，禮服詣帝前，行八拜禮。后還宮，陞座。引禮導在內親屬及六尚等女官，行八拜禮；次各監局內官內使，行八拜禮。是日，皇帝御奉天殿，頒詔如常儀。四日早，皇帝服袞冕御華蓋殿，親王八拜，次執事官五拜，遂陞奉天殿，百官進表，行慶賀禮。是日，太后及皇后各禮服陞座。親王入，八拜出，次內外命婦慶賀及外命婦進表箋，皆如常儀。五日行盥饋禮。尚膳監具膳脩。皇后禮服詣太后前，四拜。尚食以膳授皇后，皇后捧膳進於案，復位，四拜，退立於西南。俟膳畢，引出。

皇太子納妃儀

歷代之制與納后同。隋、唐以後，始親迎，天子臨軒醮戒。宋始行盥饋禮，明因之。

洪武元年定制，凡行禮，皆遣使持節，如皇帝大婚儀。

納采、問名。制曰：「奉制納某氏女爲皇太子妃，命卿等行納采問名禮。」至妃第，儐者出，詣使者前曰：「敢請事。」使者曰：「儲宮納配，屬於令德。邦有常典，使某行納采之禮。」儐者入告，主婚者曰：「臣某之子，昧於壼儀，不足以備采擇。恭承制命，臣某不敢辭。」儐者出告，使者入，陳禮物於庭，宣制曰：「某奉詔采擇。」奠雁禮畢，使者出。儐者復詣使者前曰：「敢請事。」使者曰：「儲宮之配，采擇既諧。[二]將加卜筮，奉制問名。」儐者入告，主婚者曰：「制以臣某之女，可以奉侍儲宮，臣某不敢辭。」儐者出告。使者復入，陳禮奠雁如儀，宣制曰：「臣某奉詔問名，將謀諸卜筮。」主婚者曰：「臣某第幾女，某氏出。」

次納吉。儐者請事如前，使者曰：「謀諸卜筮，其占協從，制使某告吉。」儐者入告，主婚者曰：「臣某之子蠢愚，懼弗克堪。卜筮云吉，惟臣之幸，臣謹奉典制。」儐者出告。使者入，陳禮奠雁如儀，宣制曰：「奉制告吉。」

又次納徵。儐者出告，使者入陳玉帛禮物，不奠雁，宣制曰：「某奉制告成。」

又次請期。辭曰：「詢於龜筮，某月某日吉，制使某告期。」主婚者曰：「敢不承命。」陳禮奠雁如儀。

又次告廟。遣使持節授册寶儀注，悉見前。

又次醮戒。皇帝服通天冠、絳紗袍，御奉天殿，百官侍立。引進導皇太子至丹陛，四拜。入殿東門就席位，東向立。司爵以醆進，[三]皇太子跪，搢圭，受醆祭酒。司饌以饌進，跪受亦如之。興，就席坐，飲食訖，導詣御座前跪。皇帝命之曰：「往迎爾相，承我宗事，勖帥以敬。」皇太子曰：「臣謹奉制旨。」俯伏，興。出至丹陛，四拜畢，皇帝還宮，皇太子出。

又次親迎。前一日，有司設皇太子次於妃氏大門外，南向，東宮宮次於南，東西相向。至日質明，東宮官具朝服陳鹵簿鼓吹於東宮門外。皇太子冕服乘輿出，侍衞導從如儀。至宮門，降輿升輅，東宮官皆從至妃第，回轅南向，降輅升輿。至次，降輿入就次，東宮官皆就次。

先是，皇太子將至，主婚者設會宴女。至期，妃服褕翟花釵，出就閤南面立，傅姆立於左右。主婚者具朝服立於西階之下。引進導皇太子出次，立於大門之東，西向。儐者朝服出，立於門東，曰：「敢請事。」引進跪啓訖，皇太子曰：「某奉制親迎。」引進受命興，承傳於儐者。儐者入告，導主婚者出迎於大門外之西，東向再拜。皇太子答拜。引進導皇太子入門而左，執雁者從。儐者導主婚者入門而右。皇太子陞東階進，立於閤門戶前，北向立。主婚者升西階，立於西，東向。引進啓奠雁，執雁者以雁進。皇太子受雁，以授主婚者。主婚者跪受，興，以授左右，退立於西。皇太子再拜，降自東階，出至次以伺。主婚者不降送。

初，皇太子入門，妃母出，立於閤門外，奠雁位之西，南向。皇太子拜訖，宮人傅姆導妃

出，立於母左。主婚者命之曰：「戒之戒之，夙夜恪勤，毋或違命。」母命之曰：「勉之勉之，爾父有訓，往承惟欽。」庶母申之曰：「恭聽父母之言。」宮人傅姆擎執導從，妃乘輿出門，降輿，乘鳳轎。皇太子揭簾訖，遂升輅，侍從如來儀。至東宮門外，降輅乘輿。至閤，降輿入，俟於內殿門外之東，西面。司閨導妃詣內殿門外之西，東面。皇太子揖妃入，行合卺禮，如中宮儀。

又次朝見。其日，妃詣內殿陛下，候皇帝陞座。司閨導妃入，北面立，再拜，自西階升。宮人奉棗栗盤，進至御座前授妃。妃奠於御前，退復位，再拜。禮畢，詣皇后前，奉腶脩盤，如上儀。

又次醴妃，次盥饋，次謁廟，次羣臣命婦朝賀，皆如儀。

四年，册開平王常遇春女爲皇太子妃。禮部上儀注，太祖覽之曰：「贄禮不用笄，但用金盤，翟車用鳳轎，雁以玉爲之。古禮有親迎執綏御輪，今用轎，則揭簾是矣。其合卺，依古制用匏。妃朝見，入宮中，乘小車，以帷幕蔽之。謁廟，則皇太子俱往。禮成後三日，乃宴羣臣命婦。」著爲令。

成化二十二年更定婚禮。凡節册等案，俱由奉天左門出。皇太子親迎，由東長安門出。親迎日，妃服燕居服，隨父母家廟行禮。執事者具酒饌，妃飲食訖。父母坐堂上，妃詣前各

二十四史　中華書局

四拜。父命之曰：「爾往大內，夙夜勤愼，孝敬無違。」母命之曰：「爾父有訓，爾當敬承。」合巹前，於皇太子內殿各設拜位。皇太子揖妃入就位，再拜，妃四拜，然後各升座。廟見後，百官朝賀，致詞曰：「某官臣某等，恭惟皇太子嘉禮既成，益綿宗社隆長之福。臣某等不勝欣忭之至，謹當慶賀。」帝賜宴如正旦儀。命婦詣太后皇后前賀，亦賜宴，致詞曰：「皇太子嘉聘禮成，益綿景福。」餘大率如洪武儀。

親王婚禮

唐制，皇子納妃，命親王主婚。宋皆皇帝臨軒醮戒，略與皇太子同。明因之。

其宣制曰：「冊某氏爲某王妃。」納采，致詞曰：「某王之儷，屬於懿淑，使某行納采禮。」問名詞曰：「某既受命，將加諸卜筮，奉制問名。」主婚者曰：「制以臣某之子，可以奉侍某王，臣某不敢辭。」納吉詞曰：[四]「卜筮協從，使某告吉。」主婚者曰：「臣某之子，愚弗克堪。卜既之吉，臣與有幸，謹奉典制。」納徵詞曰：「某王之儷，卜既協吉，制使某以儀物告成。」主婚者曰：「奉制賜臣以重禮，臣某謹奉典制。」請期詞曰：「某月日涓吉，制使某告期。」主婚者曰：「謹奉命。」醮戒命曰：「往迎爾相，用承厥家，勖帥以敬。」其親迎、合巹、朝見、盥饋，並如皇太子。盥饋畢，王皮弁服，妃翟衣，詣東宮前，行四拜禮。東宮坐受，東宮妃立受二拜，答二

拜。王與妃至妃家，妃父出迎。王先入，妃父從之。至堂，王立於東，妃父母立於西。王四拜，妃父母立受二拜，答二拜。王中坐，其餘親屬見王，四拜，王皆坐受。妃入中堂，妃父母坐，妃四拜。其餘，序家人禮。

太祖之世，皇太子、皇子有二妃。洪武八年十一月徵衞國公鄧愈女爲秦王次妃，不傳制，不發冊，不親迎。正副使行納徵禮，冠服擬唐、宋二品之制，儀仗視正妃稍減。婚之日，王皮弁服，導妃謁奉先殿。王在東稍前，妃西稍後。禮畢入宮，王與正妃正坐，次妃詣王前四拜，復詣正妃前四拜。次妃東坐，宴飲成禮。次日朝見，拜位如謁殿。謁中宮，不用棗栗腶脩，餘並同。

公主婚禮

古者天子嫁女，不自主婚，以同姓諸侯主之，故曰公主。唐猶以親王主婚。宋始不用，惟令掌婚者於內東門納表，則天子自爲主矣。明因之。

凡公主出降，行納采問名禮，壻家備禮物表文於家庭，望闕再拜。掌婚者奉至內東門，詣內使前曰：「朝恩貺室於某官某之子，某習先人之禮，使臣某請納采。」以表跪授內使。內使跪受，奉進內殿，執雁及禮物者從入。內使出，掌婚者曰：「將加卜筮，使臣某問名。」進表如初，內使出曰：「有制。」掌婚者跪，內使宣曰：「皇帝第幾女，封某公主。」掌婚者俯伏，興。入就次，賜宴出。

納吉儀與納采同。掌婚者致詞曰：「加諸卜筮，占曰從吉，謹使臣某敢告納徵。」壻家具玄纁、玉帛、乘馬、表文如儀。掌婚者致詞曰：「朝恩貺室於某官某之子某，有先人之禮，使臣某以束帛、乘馬納徵。」請期詞曰：「某命臣某謹請吉日。」

親迎日，壻公服告廟曰：「國恩貺室於某，以某日親迎，敢告。」將行，父醮於廳，隨意致戒。

壻再拜出，至內東門內。內使延入次，執雁及奉禮物者各陳於庭。

其日，公主禮服辭奉先殿，詣帝后前四拜，受爵。帝后隨意訓戒。受命訖，又四拜。降階，內命婦送至內殿門外，公主陞輦。至內東門，降輦。壻揭簾，公主陞轎。壻出次立。執雁者以雁跪授壻，壻受雁，跪進於內使。內使跪受以授左右。壻再拜，先出，乘馬還。公主鹵簿車輅後發，公侯百官命婦送至府。壻先候於門。公主至，壻揭簾。公主降，同詣祠堂。壻東，公主西，皆再拜。進爵，讀祝，又再拜。出，詣寢室。壻公主相向再拜，各就坐，壻東，公主西。進饌合巹如儀，復相向再拜。明日，見舅姑。舅姑坐於東，西向。公主立於西，東向，行四拜禮。舅姑答二拜。第十日，駙馬朝見謝恩，行五拜禮。

初，洪武九年，太祖以太師李善長子祺爲駙馬都尉，尚臨安公主。先期告奉先殿。下

嫁前二日，命使冊公主。冊後次日，謁奉先殿。又定駙馬受誥儀，吏部官捧誥命置龍亭，至太師府，駙馬朝服拜受。次日，善長及駙馬謝恩。後十日，始請婚期。二十六年稍更儀注。明年又更定公主、郡主封號、婚禮，及駙馬、儀賓品秩。然儀注雖存，其拜姑舅及公主駙馬相向拜之禮，終明之世實未嘗行也。

弘治二年冊封仁和長公主，重定婚儀。入府，公主駙馬同拜天地，行八拜禮。堂內設公主座於東，西向，駙馬東向座，餘如前儀。嘉靖二年，工科給事中安磐等言：「駙馬見公主，行四拜禮，公主坐受二拜。雖貴賤本殊，而夫婦分定，於禮不安。」不聽。崇禎元年，教習駙馬主事陳鍾盛言：「臣教習駙馬鞏永固，駙馬黎明於府門外月臺四拜，云至三月後，則上堂、上門、上影壁，行禮如前。始視膳於公主前，公主飲食於上，駙馬侍立於旁，過此，方議成婚。駙馬餽菓餚書臣，公主答禮書賜，皆大失禮。夫既合巹，則儼然夫婦，安有跪拜數月，稱臣侍膳，然後成婚者？會典行四拜於合巹之前，明合巹後無拜禮也。以天子館甥，下同隸役，豈所以尊朝廷？」帝是其言，令永固即擇日成婚。

凡選駙馬，禮部榜諭在京官員軍民子弟年十四至十六，容貌齊整、行止端莊、有家教者報名，司禮內臣於諸王館會選。不中，則博訪於畿內、山東、河南。[五]選中三人，欽定一人，餘二人送本處儒學，充廩生。自宣德時，駙馬始有教習，用學官爲之。正統以後，令駙

中華書局

馬赴監讀書習禮。嘉靖六年始定禮部主事一人，專在駙馬府教習。

品官婚禮

周制，凡公侯大夫士之婚娶者，用六禮。唐以後，儀物多以官品爲降殺。明洪武五年詔曰：「古之婚禮，結兩姓之歡，以重人倫。近世以來，專論聘財，習染奢侈。其儀制頒行，務從節儉，以厚風俗。」故其時品節詳明，皆有限制，後克遵者鮮矣。

其制，凡品官婚娶，或爲子聘婦，皆使媒氏通書。女氏許之，擇吉納采。主婚者設賓席。至日，具祝版告廟訖，賓至女氏第。主婚者公服出迎，揖賓及媒氏入。雁及禮物陳於廳。賓左主右，媒氏立於賓南，皆再拜。賓詣主人曰：「某官以伉儷之重施於某，某率循典禮，謹使某納采。」主婚者曰：「某之子弗嫺姆訓，既辱采擇，敢不拜嘉。」賓主西東相向坐，〔六〕徹雁受禮訖，復陳雁及問名禮物。賓興，詣主婚者曰：「某官愼重婚禮，將加卜筮，請問名。」主婚者進曰：「某第幾女，妻某氏出。」或以紅羅，或以銷金紙，書女之第行年歲。賓辭，主婚者請禮從者。禮畢，送賓至門外。

納吉如納采儀。賓致詞曰：「某官承嘉命，稽諸卜筮，龜筮協從，使某告吉。」主婚者曰：「某未教之女，既以吉告，其何敢辭。」納徵如納吉儀，加玄纁、束帛、函書，不用雁。賓致詞

曰：「某官以伉儷之重，加惠某官，率循典禮。有不腆之幣，敢請納徵。」主婚者曰：「某官貺某以重禮，某敢不拜受。」賓以函書授主婚者，主婚者亦答以函書。請期，亦如納吉儀。

親迎日，壻父告於禰廟。壻北面再拜立，父命之曰：「躬迎嘉偶，釐爾內治。」壻進曰：「敢不承命。」再拜，媒氏導壻之女家。其日，女氏主婚者告廟訖，醴女如家人禮。壻至門，下馬，就大門外之次。女從者請女盛服，就寢門內，南向坐。壻出次，主婚者出迎於門外，揖而入。主婚者入門而右。壻入門而左，執雁者從，至寢戶前，北面立。主婚者立於戶東，西向。壻再拜，奠雁，出就次。主婚者不降送。〔七〕

壻既出，女父母南向坐，保母導女四拜。父命之曰：「往之女家，以順爲正，無忘肅恭。」母命之曰：「必恭必戒，毋違舅姑之命。」庶母申之曰：「爾忱聽於訓言，毋作父母羞。」保姆及侍女翼女出門，升車。儀衞導前，送者乘車後。

壻先還以俟。婦車至門，出迎於門內，揖婦入。及寢門，壻先升階，婦從升。入室，壻盥於室之東南，婦從者執巾進水以沃之；婦盥於室之西北，壻從者執巾進水以沃之。盥畢，各就座，壻東，婦西。舉食案，進酒，進饌。酒食訖，復進如初。侍女以巹注酒，進於壻婦前。各飲畢，皆興，立於座南，東西相向，皆再拜。壻婦入室，易服。壻從者餕婦之餘，婦從者餕壻之餘。

明日見宗廟，設壻父拜位於東階下，壻於其後；主婦拜位於西階下，婦於其後。諸親各以序分立。其日夙興，壻父以下各就位，再拜。贊禮引婦至庭中，北面立。壻父升自東階，詣神位前，跪。三上香，三祭酒，讀祝，興，立於西。婦四拜，退，復位。壻父降自西階就拜位，壻父以下皆再拜，禮畢。次見舅姑。其日，婦立堂下，伺舅姑即座，就位四拜。保姆引婦升自西階，至舅前，侍女奉棗栗授婦。婦進訖，降階四拜。詣姑前，進腶脩，如前儀。次舅姑醴婦，如家人禮。次盥饋。其日，婦家備饌至壻家。舅姑即座，婦四拜。升自西階，至舅前。從者舉食案以饌授婦，婦進饌，執事者加匕筯。進饌於姑，亦如之。食訖，徹饌，婦降階就位，四拜，禮畢。舅姑再醴婦，如初儀。

庶人婚禮

禮云「婚禮下達」，則六禮之行，無貴賤一也。朱子家禮無問名、納吉，止納采、納幣、請期。洪武元年定制用之；下令禁指腹、割衫襟爲親者。凡庶人娶婦，男年十六，女年十四以上，並聽婚娶。壻常服，或假九品服，婦服花釵大袖。其納采、納幣、請期，略倣品官之儀。有媒無賓，詞亦稍異。親迎前一日，女氏使人陳設於壻之寢室，俗謂之鋪房。至若告詞、醮戒、奠雁、合巹，並如品官儀。見祖禰舅姑，舅姑醴婦，亦略相準。

皇帝視學儀

禮曰：「凡始立學者，必釋奠於先聖先師。」周末淪喪，禮廢不行。漢明帝始幸辟雍。唐以後，天子親學，始設講榻。

洪武十五年，太祖將幸國子監。議者言，孔子雖聖，乃人臣，禮宜一奠而再拜。太祖不從，命禮部尚書劉仲質定其制。

前期設御幄於大成門東，南向，設御座於彝倫堂。至日，學官率諸生迎駕於成賢街左。皇帝入御幄，具皮弁服，詣先師神位，再拜。獻爵，復再拜。四配、十哲、兩廡分獻，如常儀。皇帝入御幄，易常服。升輿，至彝倫堂升座。學官諸生五拜叩頭，東西序立於堂下。三品以上及侍從官，以次入堂，東西序立。贊進講，祭酒、司業、博士、助教四人由西門入，至堂中。贊舉經案於御前，禮部官奏，請授經於講官。祭酒跪受。賜講官坐。及以經置講案，叩頭，就西南隅几榻坐講。賜大臣翰林儒臣坐，皆叩頭，序坐於東西，諸生圜立以聽。講畢，叩頭，退就本位。司業、博士、助教，各以次進講。出堂門，復位。贊宣制，學官諸生列班俱北面跪，聽宣諭，五拜叩頭。禮畢，學官諸生出成賢街送駕。明日，祭酒率學官上表謝恩。

永樂四年，禮部尚書鄭賜引宋制，請服鞾袍，再拜。帝不從，仍行四拜禮。進講畢，賜

百官茶。禮部請立視學之碑，帝親製文勒石。祭酒等表謝。帝御奉天門，賜百官宴，仍賜祭酒、司業紵絲羅衣各二襲，學官三十五人各紵絲衣一襲，監生三千餘人各鈔五錠。正統九年，帝幸國子監，[八]如儀。禮畢，賜公、侯、伯、駙馬、武官都督以上、文官三品以上及翰林學士至檢討、國子監祭酒至學錄宴。

先是，視學祭先師，不設牲，不奏樂。至成化元年，始用牲樂。視學之日，樂設而不作。禮畢，百官慶賀，賜衣服，賜宴，皆及孔、顏、孟三氏子孫。弘治元年定先期致齋一日，奠加幣，牲用太牢，改分獻官爲分奠官。嘉靖元年定衍聖公率三氏子孫，祭酒率學官諸生，上表謝恩，皆賜宴於禮部。十二年以先師祀典既正，再視學，命大臣致奠啓聖公祠。萬曆四年定次日行慶賀禮，頒賞如舊，免賜宴。

初，憲宗取三氏子孫赴京觀禮，又命衍聖公分獻。至世宗命衍聖公及顏、孟二博士，孔氏老成者五人，顏、孟各二人，赴京陪祀。

經筵

明初無定日，亦無定所。正統初，始著爲常儀，以月之二日御文華殿進講，月三次，寒暑暫免。其制，勳臣一人知經筵事，內閣學士或知或同知。尚書、都御史、通政使、大理卿

及學士等侍班，翰林院、春坊官及國子監祭酒二員進講，春坊官二員展書，給事中御史各二員侍儀，鴻臚寺、錦衣衛堂上官各一員供事，鳴贊一贊禮，序班四舉案，勳臣或駙馬一人領將軍侍衛。

禮部擇吉請，先期設御座於文華殿，設御案於座東稍南，設講案於案南稍東。是日，司禮監先陳所講四書、經、史各一冊置御案，一冊置講案，皆四書東，經、史西。講官各撰講章置冊內。帝升座，知經筵及侍班等官於丹陛上，五拜三叩頭。後每講止行叩頭禮。以次上殿，東西序立。序班二員，舉御案於座前，二員舉講案置御案南正中。鴻臚官贊進講。講官二員從東西班出，詣講案前，北向並立。東西展書官各至御案南銅鶴下，相向立。鴻臚官贊講官拜，興。東班展書官詣御案前，跪展四書，退立於東鶴下。講官至講案前立，奏講某書，講畢退。展書官跪掩書，仍退立鶴下。西班展書官展經或史，講官進講，退，如初。鴻臚官贊講官拜，興。各退就東西班，展書官隨之，序班徹御案講案。禮畢，命賜酒飯。各官出至丹陛，行叩頭禮。至左順門，酒飯畢，入行叩頭禮。

隆慶元年定先一日告奉先殿，告几筵。是日，帝詣文華殿左室，展禮先聖先師。講章於前兩日先進呈覽。萬曆二年定春講以二月十二日起，至五月初二日止，秋講以八月十二日起，至十月初二日止，不必題請。

日講[九]

日講，御文華穿殿，止用講讀官內閣學士侍班，不用侍儀等官。講官或四或六。開讀初，吉服，五拜三叩首，後常服，一拜三叩首。閣臣同侍於殿內，候帝口宣「先生來」，同進，叩首，東西立。讀者先至御前一揖，至案展書，壓金尺，執牙籤。讀五過，掩書一揖退。先書，次經，次史，進講如讀儀。侍書官侍習書畢，各叩頭退。於文華殿賜茶，文華門賜酒飯。

午講，隆慶六年定。每日早講畢，帝進煖閣少憩，閱章奏。閣臣等退西廂房。久之，率講官再進午講，講通鑑節要及貞觀政要。講畢，帝還宮。凡三、六、九視朝日，暫免講讀。

又嘉靖六年定制，月三、八日，經筵日講官二員，講大學衍義。十年定無逸殿講儀。質明，帝常服乘輦至殿門，衆官於門外迎候。帝降輦，乘板輿，至殿升座。各官於殿門外一拜三叩首，入內，東西序立。贊進講，講官大學士一員出班叩首。命賜坐，一叩首，乃坐。講畢，展書官跪掩講章，講官叩頭復班。又學士一員承旨坐講，如初禮畢。各官至豳風亭候駕至，亭內賜宴。

東宮出閣講學儀

太祖命學士宋濂授皇太子、諸王經於大本堂，後於文華後殿。世宗改爲便殿，遂移殿東廂。天順二年定出閣儀。是日早，侍衞侍儀如常。執事官於文華後殿四拜，鴻臚官請皇太子升殿，師保等官於丹陛上四拜。各官退出，內侍導皇太子至後殿升座，以書案進。侍班侍讀講官入，分班東西立。內侍展書，侍讀講官以次進讀講，叩頭而退。

其每日講讀儀，早朝退後，皇太子出閣升座，[一〇]不用侍衞等官，惟侍班侍讀講官入，行叩頭禮。內侍展書，先讀四書，則東班侍讀官向前，伴讀十數遍，退復班。次讀經或史，則西班伴讀，亦如之。讀畢，各官退。至巳時，各官入，內侍展書，侍講官講早所讀四書畢，退班。次講經史亦然。講畢，侍書官侍習寫字。寫畢，各官叩頭退。凡讀書，三日後一溫，背誦成熟。溫書之日，不授新書。凡寫字，春夏秋日百字，冬日五十字。凡朔望節假及大風雨雪、隆寒盛暑，則暫停。

弘治十一年更定，三師三少幷宮僚於丹陛四拜畢，從殿左右門入，東西立。候講讀畢，叩頭退。隆慶六年改設皇太子座於文華殿之東廂，正中西向。每日講讀各官，先詣文華門外東西向，序立。候帝御日講經筵畢，皇太子出閣升座。凡東宮初講時，閣臣連侍五日，後每月三、八日一至，先拜出，然後各官入。崇禎十一年，署禮部事學士顧錫疇言：「東宮嘉禮告成，累朝錫賚有據。實錄載成化十五年，皇太子出閣講學，六卿皆加保、傅。弘治十年，

皇太子出閣講學，內閣徐溥等四人、尚書馬文升等七人，俱加宮保。」帝命酌議行之。

諸王讀書儀

書堂在皇極門右廂。講官選部曹或進士改授翰林官充之。天順二年定，初入書堂，其日早，王至右順門之北書堂，面東，中坐。提督講讀幷講讀官行四拜禮。內官捧書展於案上，就案左坐。講讀官進立於案右，伴讀十遍，叩頭退。每日講讀，淸晨，王至書堂，講讀官行叩頭禮，伴讀十遍，出。飯後，復詣堂伴看寫字。講書畢，仍叩頭退。萬曆六年定，書堂設中座，書案在左，寫字案在右。輔臣率講讀侍書官候於門外。王入書堂，傳令旨「先生進」。輔臣率各官入，四拜，分班侍立。講讀官以次授書各十遍訖，令旨「先生喫酒飯」。各官出，王暫入堂南間少憩。輔臣各率官入。令旨「先生進」，遂入分班侍立。侍書官看寫字，講讀以次進講畢，各官一拜出。

校勘記

〔一〕捧册寶官捧册寶　上一「捧」字原作「授」，據明史稿志三七禮志、英宗實錄卷九二正統七年五月庚申條、明會典卷六七改。

〔二〕采擇既諧　諧，原作「詣」，據明史稿志三七禮志、太祖實錄卷三四洪武元年十二月癸酉條改。

〔三〕司爵以醆進　醆，原作「餞」，據下文及明史稿志三七禮志、大明集禮卷二六改。

〔四〕納吉詞曰　詞，原作「辭」，據上下文及明史稿志三七禮志改。

〔五〕則博訪於畿內山東河南　河南，原作「河內」，據明史稿志三七禮志、明會典卷七〇改。

〔六〕賓主西東相向坐　西東，原作「西南」，據明史稿志三七禮志、太祖實錄卷三四洪武元年十二月癸酉條，明會典卷七一改。太祖實錄作「主婚者揖賓就西向坐，主婚者東向坐」。

〔七〕婿再拜奠鴈出就次主婚者不降送　送，原作「迎」，據明史稿志三七禮志、太祖實錄卷三四洪武元年十二月癸酉條，明會典卷七一改。

〔八〕正統九年帝幸國子監　九年，原作「五年」，據本書卷一〇英宗前紀、明史稿志三七禮志、英宗實錄卷一一四正統九年三月辛亥條改。

〔九〕日講　原無此標題，據卷目增。

〔一〇〕皇太子出閣升座　閣，原作「閤」。「閣」、「閤」通，本書中二字錯出。爲別於外廷以閣爲名之機構如內閣等，今據本志卷目，上文及明會典卷五二，將皇子居處作「閤」者統改從「閣」。

明史卷五十六

志第三十二

禮十　嘉禮四　賓禮

巡狩　東宮監國　皇長孫監國　頒詔儀　迎接詔赦儀　進書儀　進表箋儀　鄉飲酒禮　蕃王朝貢禮　遣使之蕃國儀　蕃國遣使進表儀　品官相見禮　庶人相見禮

巡狩之制

永樂六年北巡，禮部行直省，凡有重事及四夷來朝與進表者，俱達行在所，小事達京師啓聞。車駕將發，奏告天地、社稷、太廟、孝陵，祭大江、旗纛等神，軷祭於承天門。緣途當

祭者，遣官祭。將至北京，設壇祭北京山川等神。車駕至，奏告天地，祭境內山川。扈從馬步軍五萬。侍從，五府都督各一，吏、戶、兵、刑四部堂上官各一，禮、工二部堂上官各二，都察院堂上官一，御史二十四，給事中十九，通政、大理、太常、光祿、鴻臚堂上官共二十，翰林院、內閣官三，侍講、修撰、典籍等官六，六部郎官共五十四，餘不具載。車駕將發，宴羣臣，賜扈從官及軍校鈔。至北京，宴羣臣、耆老，賜百官及命婦鈔。所過郡縣，官吏、生員、耆老朝見，分遣廷臣察守令賢否，即加黜陟。給事、御史存問高年，賜幣帛酒肉。

嘉靖十八年幸承天。先期親告上帝於玄極寶殿。同日，告皇祖及睿宗廟，遣官分告北郊及成祖以下諸廟、社稷、日月、神祇。駕出正陽門，后妃輦轎從。錦衣衞設欽製武陣駕衞卒八千，奉輿輦，執儀仗。衞指揮前驅。武重臣二員留守，兵部尚書參贊機務，各賜敕行事。分命文武重臣，出督宣大、薊州、山海關，行九邊，亦各賜敕。皇城及京城諸門，皆命文武大臣各一員坐守。設警備扈駕官軍六千。駕發，百官吉服送於彰義關外。〔一〕扈從官軍，略如永樂時數。先發在途者免朝參，惟禮兵二部、鴻臚、太常、科道糾儀官及光祿寺從行。

過眞定，望祭北嶽。帝常服，從臣大臣及巡撫都御史吉服行禮。衞輝，遣官祭濟瀆。鈞州，望祭中嶽；滎澤，祭河；禮如北嶽。南陽，遣祭武當山。途次古帝王、聖賢、忠臣、烈士

二十四史　中華書局

祠墓，遣官致祭。撫、按、三司迎於境上，至行宮，吉服朝見。生員耆老，俱三十里外迎。所過王府，親王常服候駕，隨至行宮，冕服朝見。賜宴，宗室不許出。至承天，詣獻皇帝廟謁告。越四日，行告天禮於龍飛殿丹陛上，奉獻皇帝配。更皮弁服，詣國社稷及山川壇行禮。次日，謁顯陵。次日，從駕官上表賀，遂頒詔如儀。回京，親謝上帝、皇祖、皇考，分遣官告郊、廟、社稷、羣神，行禮如初。〔三〕

東宮監國

古制，太子出曰「撫軍」，守曰「監國」。三代而下，惟唐太子監國，結雙龍符，而其儀不著。

永樂七年，駕幸北京，定制。凡常朝，皇太子於午門左視事。左右侍衛及各官啓事如常儀。若御文華殿，承旨召入者方入。凡內外軍機及王府急務，悉奏請。有邊警，即調軍剿捕，仍馳奏行在。皇城及各門守衛，皆增置官軍。遇聖節、正旦、冬至，皇太子率百官於文華殿前拜表，行十二拜禮。表由中門出，皇太子由左門送至午門，還宮。百官導至長安右門外，文五品、武四品以上，及近侍官、監察御史，俱乘馬導至三山門外，以表授進奏官。至期，告天祝壽，行八拜禮。其正旦、冬至、千秋節，百官於文華殿慶賀如常儀。凡享太廟

及社稷諸神之祭，先期敕皇太子攝祭，其祀典神祇，太常寺於行在奏聞，遣官行禮。凡四夷來朝，循例賜宴，命禮部遣送行在所。凡詔書至，設龍亭儀仗大樂，百官朝服，出三山門外奉迎。皇太子冕服迎於午門前，至文華殿，行五拜三叩頭禮，升殿展讀。使者捧詔置龍亭中，皇太子送至午門外。禮部官置詔書雲輿中，文武二品以上官迎至承天門，開讀如儀。以鼓樂送使者詣會同館。使者見皇太子，行四拜禮，賜宴於禮部。

十二年北征，復定制。常朝於文華殿視事，文武啓事，俱達北京。嘉靖十八年南巡，命皇太子監國。時太子幼，命輔臣一人居守，軍國機務悉聽啓行。

皇太孫監國

永樂八年，帝自北京北征。時皇太子已監國於南，乃命皇長孫居北京監國。時宣宗未冠，及冠始加稱皇太孫云。

其制，每日皇長孫於奉天門左視事，侍衛如常儀。諸司有事，具啓施行。若軍機及王府要務，一啓皇太子處分，一奏聞行在所。聖節，設香案於奉天殿，行禮如常儀。天下諸司表文俱詣北京。四夷朝貢俱送南京。武選及官民有犯，大者啓皇太子，小者皇長孫行之。皇親有犯，啓皇太子所。犯情重及謀逆者，即時拘執，命皇親會問。不服，乃命公、侯、伯、五府、六部、都察院、大理寺會皇親再問，啓皇太子，候車駕回京，奏請處分。

頒詔儀

凡頒命四方，有詔書，有赦書，有敕符、丹符，有制諭、手詔。詔赦，先於闕廷宣讀，然後頒行。敕符等，則使者齎付所授官，秘不敢發。開讀迎接，儀各不同。

洪武二十六年定頒詔儀。設御座於奉天殿，設寶案於殿東，陳中和韶樂於殿內，設大樂於午門及承天門外，設宣讀案於承天門上，西南向。清晨，校尉擎雲蓋於殿內簾前，百官朝服班承天門外，公侯班午門外，東西向。皇帝皮弁服，升殿如儀。禮部官捧詔書詣案前，用寶訖，置雲蓋中。校尉擎雲蓋，由殿東門出。大樂作，自東陛降，由奉天門至金水橋南午門外。樂作，公侯前導，迎至承天門上。鳴贊唱排班，文武官就位，樂作。四拜，樂止。宣讀展讀官升案，稱有制，衆官跪。禮部官捧詔書，授宣讀官。宣訖，禮部官捧置雲蓋中。贊禮唱俯伏興，樂作。四拜，樂止。舞蹈山呼，又四拜。儀禮司奏禮畢，駕興。禮部官捧詔書分授使者，百官退。

嘉靖六年續定，鴻臚官設詔案，錦衣衛設雲蓋盤於奉天殿內東，別設雲盤於承天門上，設綵輿於午門外，鴻臚官設宣讀案於承天門上。百官入丹墀侍立，帝冕服升座，如朝儀。翰

林院官捧詔書從，至御座前東立。百官入班，四拜，出至承天門外。贊頒詔，翰林院官捧詔書授禮部官，捧至雲盤案上。校尉擎雲蓋，俱從殿左門出，至午門外，捧詔置綵輿內。公侯伯三品以上官前導，迎至承天門上，宣讀贊拜，俱如上儀。禮部官捧詔書授錦衣衛官，置雲匣中，以綵索繫之龍竿，頒降。禮部官捧置龍亭內，鼓樂迎至禮部，授使者頒行。隆慶六年，詔出至皇極門，即奏禮畢，駕還。

迎接詔赦儀

洪武中定。凡遣使開讀詔赦，本處官具龍亭儀仗鼓樂，出郭迎。使者下馬，奉詔書置龍亭中，南向，本處官朝服行五拜禮。衆官及鼓樂前導，使者上馬隨龍亭後，至公廨門。衆官先入，文武東西序立，候龍亭至，排班四拜。使者捧詔授展讀官，展讀官跪受，詣開讀案。宣讀訖，捧詔授朝使，仍置龍亭中。衆官四拜，舞蹈山呼，復四拜畢。班首詣龍亭前，跪問皇躬萬福，使者鞠躬答曰：「聖躬萬福。」衆官退，易服見使者，並行兩拜禮。復具鼓樂送詔於官亭。如有出使官在，則先守臣行禮。

進書儀〔四〕

進書儀惟實錄最重。皇帝具袞冕，百官朝服，進表稱賀。其餘纂修書成，則以表進。重錄書及玉牒，止捧進。茲詳載進實錄儀，餘可推見云。

建文時，太祖實錄成，其進儀無考。永樂元年，重修太祖實錄成。設香案於奉天殿丹陛正中，表案於丹陛之東，設寶輿於奉天門，設鹵簿大樂如儀。史官捧實錄置輿中，帝御殿如大朝儀。百官詣丹墀左右立，鴻臚官引寶輿至丹陛上，史官舉實錄置於案，遂入班。鴻臚官奏進實錄，序班舉實錄案，以次由殿中門入，班首由左門入。帝興，序班以實錄案置於殿中。班首跪於案前，贊史官皆跪。序班并內侍官舉實錄案入謹身殿，置於中。帝復座。贊俯伏，班首俯伏，興。復位，贊四拜。贊進表，序班舉表案，由左門入，置於殿中。贊宣表，贊衆官皆跪。宣訖，俯伏，興，四拜。進實錄官退於東班，百官入班。鴻臚官奏慶賀，各官四拜興。贊有制，史官仍入班。贊跪，宣制云：「太祖高皇帝、高皇后功德光華，纂述詳實。朕心歡慶，與卿等同之。」宣訖，俯伏興，三舞蹈，又四拜，禮畢。

萬曆五年，世祖實錄成，續定進儀。設寶輿、香亭、表亭於史館前，帝袞冕御中極殿，百官朝服侍班。監修、總裁、纂修等官，朝服至館前。監修官捧表置表亭中，纂修官捧實錄置寶輿中，鴻臚官導迎。用鼓樂傘蓋，由會極門下堦，至橋南，由中道行。監修、總裁等官隨表亭後，由二橋行至皇極門。實錄輿由中門入，表亭由左門入，至丹墀案前。監修官捧表

置於案，纂修官捧實錄置於案，俱侍立於石墀東。內殿百官行禮訖，帝出御皇極殿。監修、總裁等官入，進實錄、進表俱如永樂儀。次日，司禮監官自內殿送實錄下殿，仍置寶輿中，用傘蓋，與監修總裁官同送皇史宬尊藏。

進表箋儀

明初定制，凡王府遇聖節及冬至、正旦，先期陳設畢。王冕服就位四拜，詣香案前跪。進表訖，復位，四拜，三舞蹈，山呼，又四拜。百官朝服，隨班行禮。進中宮箋儀如之，惟不舞蹈山呼。進皇太子箋，王皮弁服，行八拜禮，百官朝服，隨班行禮。

凡進賀表箋，皇子封王者，於天子前自稱曰「第幾子某王某」，稱天子曰「父皇陛下」，皇后曰「母后殿下」。若孫，則自稱曰「第幾孫某王某」，稱天子曰「祖父皇帝陛下」，皇后曰「祖母皇后殿下」。若弟，則自稱曰「第幾弟某封某」，稱天子曰「大兄皇帝陛下」，皇后曰「尊嫂皇后殿下」。姪則自稱曰「第幾姪某封某」，稱天子曰「伯父皇帝陛下」，「叔父皇帝陛下」，皇后曰「伯母皇后殿下」，「叔母皇后殿下」。若尊屬，則自稱曰「某封臣某」，稱天子曰「皇帝陛下」，皇后曰「皇后殿下」。若從孫以下，則稱「從孫、再從孫、三從孫某封某」，皆稱皇帝皇后曰「伯祖、叔祖皇帝陛下」，「伯祖母、叔祖母皇后殿下」。至世宗時，始令各王府表箋，俱用聖

號，不得用家人禮。

凡在外百官進賀表箋，前一日，結綵於公廨及街衢。文武官各齋沐，宿本署。清晨，設龍亭於庭中，設儀仗鼓樂於露臺，設表箋案於龍亭前，香案於表箋案前，設進表箋官位於龍亭東。鼓初嚴，各官具服。次嚴，班首具服詣香案前，滌印用印訖，以表箋置於案，退立幕次。三嚴，各官入班四拜，班首詣香案前。贊跪，衆官皆跪。執事者以表箋跪授班首，班首跪授進表官，進表官跪受，置龍亭中。班首復位，各官皆四拜，三舞蹈，山呼，四拜。金鼓儀仗鼓樂百官前導，進表官在龍亭後東。至郊外，置龍亭南向，儀仗鼓樂陳列如前，文武官侍立。班首取表箋授進表官，進表官就於馬上受表，即行，百官退。

鄉飲酒禮

記曰：「鄉飲酒之禮廢，則爭鬭之獄繁矣。」故儀禮所記，惟鄉飲之禮達於庶民。自周迄明，損益代殊，而其禮不廢。洪武五年詔禮部奏定鄉飲禮儀，命有司與學官率士大夫之老者，行於學校，民間里社亦行之。十六年詔班鄉飲酒禮圖式於天下，每歲正月十五日、十月初一日，於儒學行之。

其儀，以府州縣長吏爲主，以鄉之致仕官有德行者一人爲賓，擇年高有德者爲僎賓，其

次爲介，又其次爲三賓，又其次爲衆賓，教職爲司正。贊禮、贊引、讀律，皆使能者。

前期，設賓席於堂北兩楹之間，少西，南面；主席於阼階上，西面；介席於西階上，東面；僎席於賓東，南面；三賓席於賓西，南面。皆專席不屬。衆賓六十以上者，席於西序，東面北上。賓多則設席於西階，北面東上；僚佐席於東序，西面北上。設衆賓五十以下者，位於堂下西階之西，當序，東面北上。賓多則又設位於西階之南，北面東上。司正及讀律者，位於堂下阼階之南，北面西上。設主之贊者位於阼階之東，西面北上。設主及僚佐以下次於東廊，賓介及衆賓次於庠門之外，僎次亦在門外。設酒尊於堂上東南隅，加勺冪，用葛巾；爵洗於阼階下東南；篚一於洗西，實以爵觶；盥洗在爵洗東。設卓案於堂上下席位前，陳豆於其上。六十者三豆，七十者四豆，八十者五豆，九十者六豆，堂下者二豆。主人豆如賓之數，皆實以葅醢。

至期，賓將及門，執事者進報曰：「賓至。」主人率僚屬出迎於門外，主西面，賓以下皆東面。三揖三讓，而後升堂，相向再拜，升坐。執事者報僎至，迎坐如前儀。贊禮唱司正揚觶。司正詣盥洗位，次詣爵洗位，取觶於篚，洗觶。升自西階，詣尊所酌酒，進兩楹之間，北面立。在坐者皆起，司正揖，僎賓以下皆報揖。司正乃舉觶，言曰：「恭惟朝廷，率由舊章。敦崇禮教，舉行鄉飲，非爲飲食。凡我長幼，各相勸勉。爲臣竭忠，爲子盡孝，長幼有序，兄

二十四史
中華書局

友弟恭。內睦宗族，外和鄉里，無或廢墜，以忝所生。」言畢，贊禮唱司正飲酒。飲畢，揖報如初。司正復位，僎賓以下皆坐。贊禮唱讀律令，執事舉律令案於堂之中。讀律令者詣案前，北向立讀，皆如揚觶儀。有過之人俱赴正席立聽，讀畢復位。贊禮唱供饌，執事者舉饌案至賓前，次僎，次介，次主，三賓以下各以次舉訖。贊禮唱獻賓，主降詣盥洗及爵洗位，洗爵酌酒，至賓前，置於席。稍退，兩拜，賓答拜。又詣僎前，亦如之。主退復位。贊禮唱賓酬酒，賓起，僎從之，詣盥洗爵洗位如儀。至主前，置爵。賓、僎、主皆再拜，各就坐。執事者於介、三賓、衆賓以下，以次斟酒訖。贊禮唱飲酒，或三行，或五行。供湯三品畢。贊禮唱徹饌，在坐者皆興。僎、主、僚屬居東，賓、介、三賓、衆賓居西，皆再拜。贊禮唱送賓，以次下堂，分東西行，仍三揖出庠門而退。里中鄉飲略同。

二十二年，命凡有過犯之人列於外坐，同類者成席，不許雜於善良之中，著爲令。

三曰賓禮，以待蕃國之君長與其使者。宋政和間，詳定五禮，取周官司儀掌九儀賓客擯相，詔王南鄉以朝諸侯之義，故以朝會儀列爲賓禮。按古之諸侯，各君其國，子其民，待以客禮可也，不可與後世之臣下等。茲改從其舊，而百官庶人相見之禮附焉。

蕃王朝貢禮

蕃王入朝，其迎勞宴饗之禮，惟唐制爲詳。宋時，蕃國皆遣使入貢，所接見惟使臣而已。

明洪武二年定制。凡蕃王至龍江驛，遣侍儀、通贊二人接伴。館人陳蕃王座於廳西北，東向。應天府知府出迎，設座於廳東南，西向。以賓主接見。宴畢，知府還，蕃王送於門外。明日，接伴官送蕃王入會同館，禮部尚書卽館宴勞。尚書至，蕃王服其國服相見。宴饗迎送俱如龍江驛。酒行，用樂。明日，中書省奏聞，命官一員詣館，如前宴勞。侍儀司以蕃王及從官具服，於天界寺習儀三日，擇日朝見。

設蕃王及從官次於午門外，蕃王拜位於丹墀中道，稍西，從官在其後。設方物案於丹墀中道東西。知班二，位於蕃王拜位北，引蕃王舍人二，位於蕃王北，引蕃王從官舍人二，位於蕃王從官北，俱東西相向。[四] 鼓三嚴，百官入侍。執事舉方物案，蕃王隨案由西門入，至殿前丹墀西，俟立。皇帝服通天冠、絳紗袍御殿。蕃王及從官各就拜位，以方物案置拜位前。贊四拜訖，引班導蕃王升殿。宣方物官以方物狀由西陛升，入殿西門，內贊引至御前。贊拜，蕃王再拜，跪，稱賀致詞。宣方物官宣狀。承制官宣制訖，蕃王俯伏，興，再拜，出殿西門，復位。贊拜，蕃王及其從官皆四拜。禮畢，皇帝興，蕃王以下出。樂作樂止皆如常。

見皇太子於東宮正殿，設拜位於殿外。皇太子皮弁服升座，蕃王再拜，皇太子立受。蕃王跪稱賀，致詞訖，復位再拜，皇太子答拜。蕃王出，其從官行四拜禮。見親王，東西相向再拜，王答拜。俱就座，王座稍北。禮畢，揖而出。見丞相、三公、大都督、御史大夫皆鈞禮。蕃王陛辭，如朝見儀，不傳制。中書省率禮部官送至龍江驛，宴如初。

二十七年四月，以舊儀煩，命更定。凡蕃國來朝，先遣禮部官勞於會同館。明日，各具其國服，如嘗賜朝服者則服朝服，於奉天殿朝見。行八拜禮畢，卽詣文華殿朝皇太子，行四拜禮。見親王，亦如之，王立受，答後二拜。從官隨蕃王後行禮。凡遇宴會，蕃王居侯伯之下。

凡蕃國遣使朝貢，至驛，遣應天府同知禮待。明日至會同館，中書省奏聞，命禮部侍郎於館中禮待如儀。宴畢，習儀三日，擇日朝見。陳設儀仗及進表，俱如儀。承制官詣使者前，稱有制。使者跪，宣制曰：「皇帝問使者來時，爾國王安否？」使者答畢，俯伏，興，再拜。承制官稱有後制，使者跪。宣制曰：「皇帝又問，爾使者遠來勤勞。」使者俯伏，興，再拜。承制官復命訖，使者復四拜。禮畢，皇帝興，樂作止如儀。見東宮四拜，進方物訖，復四拜。

謁丞相、大都督、御史大夫，再拜。獻書，復再拜。見左司郎中等，皆鈞禮。

凡錫宴，陳御座於謹身殿。設皇太子座於御座東，諸王座於皇太子下，西向，設蕃王座於殿西第一行，東向，設文武官座於第二、第三行，東西向。酒九行，上食五次，大樂、細樂間作，呈舞隊。蕃國從官坐於西廡下，酒數食品同，不作樂。東宮宴蕃王，殿上正中設皇太子座，設諸王座於旁，東西向；蕃王座於西偏，諸王之下，東向；三師、賓客、諭德位於殿上第二行，東西向；蕃王從官及東宮官位於西廡，東向北上。和聲郎陳樂，光祿寺設酒饌，俱如謹身殿儀。或宰相請旨宴勞，則設席於中書省後堂，賓西主東。設蕃王從官及左右司官坐於左司。教坊司陳樂於堂及左司南楹。蕃王至省門外，省官迎入，從官各從其後。升階就坐，酒七行，食五品，作樂，雜陳諸戲。宴畢，省官送至門外。都督府御史臺宴如之。

其宴蕃使，禮部奉旨錫宴於會同館。館人設坐次及御酒案，教坊司設樂舞，禮部官陳龍亭於午門外。光祿寺官請旨取御酒，置龍亭，儀仗鼓樂前導。至館，蕃使出迎於門外。執事者捧酒由中道入，置酒於案。奉旨官立於案東，稱有制，使者望闕跪。聽宣畢，贊再拜。奉旨官酌酒授使者，北面跪飲畢，又再拜。各就坐，酒七行，湯五品，作樂陳戲如儀。宴畢，奉旨官出，使者送至門外。皇太子錫宴，則遣宮官禮待之。省府臺亦置酒宴會，酒五行，食五品，作樂，不陳戲。

二十四史

遣使之蕃國儀

凡遣使，賜璽綬及問遺慶弔，自漢始。唐使外國，謂之入蕃使，宋謂之國信使。明祖既定天下，分遣使者奉詔書往諭諸國，或降香幣以祀其國之山川。撫柔之意甚厚，而不傷國體，視前代爲得。

凡遣使，翰林院官草詔。至期，陳設如常儀。百官入侍，皇帝御奉天殿。禮部官捧詔書，尚寶司奏用寶，以黃銷金袱裹置盤中，置於案。使者就拜位四拜，樂作止如儀。承制官至丹陛稱有制，使者跪。宣制曰：「皇帝敕使爾某詔諭某國，爾宜恭承朕命。」宣訖，使者俯伏，興，四拜。禮部官奉詔降自中陛，以授使者。使者捧出午門，置龍亭內。駕興，百官出。

使者入蕃國境，先遣人報於王，王遣使遠接。前期於國門外公館設幄結綵，陳龍亭香案，備金鼓儀仗大樂。又於城內街巷結綵，設闕亭於王殿上，設香案於其前。設捧詔官位殿陛之東北，宣詔展詔官以次南，俱西向。詔使至，迎入館。王率國中官及耆老出迎於國門外，行五拜禮。儀仗鼓樂導龍亭入，使者隨之。至殿上，置龍亭於正中。使者立香案東，蕃王位殿庭中北向，衆官隨之。使者南向立，稱有制，蕃王以下皆四拜。蕃王升自西階，詣香案前跪。三上香，俯伏，興，衆官同。蕃王復位。使者詣龍亭前，取詔書授捧詔官。捧詔

官捧詣開讀案，授宣詔官。宣詔官受詔，展詔官對展，蕃王以下皆跪聽。宣訖，仍以詔置龍亭。蕃王以下皆俯伏，興，四拜，三舞蹈，復四拜。凡拜皆作樂。禮畢，使者以詔書付所司頒行。蕃王與使者分賓主行禮。

其賜蕃王印綬及禮物，宣制曰：「皇帝敕使爾某，授某國王印綬，爾其恭承朕命。」至蕃國，宣制曰：「皇帝敕使某，持印賜爾國王某，幷賜禮物。」餘如儀。

蕃國遣使進表儀

洪武二年定。所司於王宮及國城街巷結綵，設闕庭於殿上正中。前設表箋案，又前設香案。使者位於香案東，捧表箋二人於香案西。設龍亭於殿庭南正中，儀仗鼓樂具備。清晨，司印者陳印案於殿中，滌印訖，以表箋及印俱置於案。王冕服，衆官朝服。詣案前用印畢，用黃袱裹表，紅袱裹箋，各置於匣中，仍各以黃袱裹之。捧表箋官捧置於案。引禮引王至殿庭正中，衆官位其後。贊拜，樂作。再拜，樂止。王詣香案前跪，衆官皆跪，三上香訖。捧表官取表東向跪進王，王授表以進於使者。使者西向跪受，興，置於案。贊興，王復位。贊拜，樂作，王與衆官皆四拜。樂止，禮畢。捧表箋官捧表前行，置於龍亭中，金鼓儀仗鼓樂前導。王送至宮門外，還；衆官朝服送至國門外。使者乃行。

品官相見禮

凡官員揖拜，洪武二十年定，公、侯、駙馬相見，各行兩拜禮。一品官見公、侯、駙馬，一品官居右，行兩拜禮，公、侯、駙馬居左，答禮。二品見一品，亦如之。三品以下倣此。若三品見一品，四品見二品，行兩拜禮。一品二品答受從宜，餘品倣此。如有親戚尊卑之分，從行私禮。三十年令，凡百官以品秩高下分尊卑。品近者行禮，則東西對立，卑者西，高者東。其品越二、三等者，卑者下，尊者上。其越四等者，則卑者拜下，尊者坐受，有事則跪白。

凡文武官公聚，各依品級序坐。若資品同者，照衙門次第。若王府官與朝官坐立，各照品級，俱在朝官之次。成化十四年定，在外總兵、巡撫官位次，左右都督與左右都御史並，都督同知與副都御史並，都督僉事與僉都御史並，俱文東武西。伯以上則坐於左。十五年重定，都御史係總督及提督軍務者，不分左右副僉，俱坐於左。總兵官雖伯，亦坐於右。

凡官員相遇迴避，洪武三十年定，駙馬遇公侯，分路而行。一品、二品遇公、侯、駙馬，引馬側立，須其過。二品見一品，趨右讓道而行。三品遇公、侯、駙馬，引馬迴避，遇一品引

馬側立，遇二品趨右讓道而行。四品遇一品以上官，引馬迴避，遇二品引馬側立，遇三品趨右讓道而行。五品至九品，皆視此遞差。其後不盡遵行。文職雖一命以上，不避公、侯、勳戚大臣，而其相廻避者，亦論官不論品秩矣。

凡屬官見上司，洪武二十年定，屬官序立於堂階之上，總行一揖，上司拱手，首領官答揖。其公幹節序見上司官，皆行兩拜禮，長官拱手，首領官答禮。

凡官員公座，洪武二十年定，大小衙門官員，每日公座行肅揖禮。佐貳官揖長官，長官答禮。首領官揖長官、佐貳官，長官、佐貳官拱手。

庶人相見禮

洪武五年令，凡鄉黨序齒，民間士農工商人等平居相見及歲時宴會謁拜之禮，幼者先施。坐次之列，長者居上。十二年令，內外官致仕居鄉，惟於宗族及外祖妻家序尊卑，如家人禮。若筵宴，則設別席，不許坐於無官者之下。與同致仕官會，則序爵；爵同，序齒。其與異姓無官者相見，不須答禮。庶民則以官禮謁見。凌侮者論如律。二十六年定，凡民間子孫弟姪甥壻見尊長，生徒見其師，奴婢見家長，久別行四拜禮，近別行揖禮。其餘親戚長幼悉依等第，久別行兩拜禮，近別行揖禮。平交同。

中華書局

二十四史

校勘記

〔一〕百官吉服逘於彰義關外　彰義關，原作「彰儀門」。明史稿志三八禮志、明會典卷五三都作「宣武門外彰義關」。按彰儀門卽彰義門，正統十年改名西直門。世宗去承天，「駕出正陽門」，不經西直門。據改。

〔二〕分遣官告郊廟社稷羣神行禮如初　羣神，原作「羣臣」。明史稿志三八禮志作「羣神」。明會典卷五三：「遣官分告北郊、成祖列聖羣廟、太社稷、帝社稷、朝日、夕月、天神、地祇、太歲、旗纛、都城隍等神。」據改。

〔三〕進書儀　原無此標題，據卷目增。

〔四〕引蕃王舍人二位於蕃王北引蕃王從官舍人二位於蕃王從官北俱東西相向　原作「引蕃王舍人二，位於蕃王從官北」，脫「位於蕃王北，引蕃王從官舍人二」、「俱東西相向」，據太祖實錄卷四五洪武二年九月壬子條、明會典卷五八補。

明史卷五十七

志第三十三

禮十一 軍禮

親征　遣將　禡祭　受降　奏凱獻俘　論功行賞　大閱
大射　救日伐鼓

四曰軍禮。親征爲首，遣將次之。方出師，有禡祭之禮。及還，有受降、奏凱獻俘、論功行賞之禮。平居有閱武、大射之禮。而救日伐鼓之制，亦以類附焉。

親征

洪武元年閏七月詔定軍禮。中書省臣會儒臣言，古者天子親征，所以順天應人，除殘去暴，以安天下。自黃帝習用干戈以征不享，此其始也。周制，天子親征，則類於上帝，宜

於大社，造於祖廟，禡於所征之地，及祭所過山川。師還，則奏凱獻俘於廟社。後魏有宣露布之制。唐仍舊典，宋亦間行焉。於是歷考舊章，定爲親征禮奏之。前期，擇日祭告天地宗社。皇帝服武弁，乘革輅，備六軍，具牲幣，作樂，皆行三獻禮，其儀與大祀同。又於國南神祠行禡祭禮。凡所過山川嶽鎭海瀆用太牢，其次少牢，又次特牲。若行速，止用酒脯，祭器籩豆各一。前期，齋一日。皇帝服通天冠、絳紗袍，省牲視滌。祭之日，服武弁，行一獻禮。凱旋，告祭宗社，禮與出師同。獻俘廟社，以露布詔天下，然後論功行賞。永樂、宣德、正統間，率遵用之。

正德十四年，帝親征宸濠，禮部上祭告儀注如舊。帝令祭祀俱遣官代。及疏請遣官，有旨勿遣。其頒詔，亦如舊制。明年十一月將凱旋，禮臣言：「宸濠悖逆，皇上親統六師，往正其罪，與宣德間親征漢庶人高煦故事相同。但一切禮儀無從稽考。請於師還之日，聖駕從正陽門入，遣官告謝天地廟社。駕詣奉先殿、几筵殿，謁見畢，朝見皇太后。次日早，御午門樓，百官朝見，行獻俘禮。擇日詔告天下。」十二月，帝還京，百官迎於正陽門外，帝戎服乘馬入。

遣將

中華書局

洪武元年，中書省臣會官議奏，王者遣將，所以討有罪，除民害也。書稱大禹徂征，詩美南仲薄伐。史記引兵書曰：「古王者之遣將，跪而推轂。」漢高命韓信爲將，設壇具禮。北齊親授斧鉞。唐則告於廟社，又告太公廟。宋則授旌節於朝堂，次告廟社，又禡祭黃帝。今定遣將禮，皇帝武弁服，御奉天殿。大將軍入就丹墀，四拜，由西陛入殿，再拜跪。承制官宣制，以節鉞授大將軍。大將軍受之，以授執事者，俯伏，興，再拜出。降陛，復位，四拜。駕還宮，大將軍出。至午門外勒所部將士，建旗幟，鳴金鼓，正行列，擎節鉞。奏樂前導，百官以次送出。遣廟宜社之禮，卽命大將軍具牲幣，行一獻禮，與遣官祭告廟社儀同。其告武成王廟儀，前二日，大將省牲。祭日，大將於幕次僉祝版，入就位，再拜。詣神位前上香、奠帛，再拜。進熟酌獻，讀祝，再拜。詣位，再拜。飲福受胙，復再拜。徹豆，望燎。其配位，亦大將行禮。兩廡陪祀，諸將分獻。

禡祭

親征前期，皇帝及大將陪祭官皆齋一日。前一日，皇帝服通天冠、〔一〕絳紗袍省牲，詣神廚，視鼎鑊滌漑。執事設軍牙六纛於廟中之北，軍牙東，六纛西，籩豆十二，簠簋各二，鉶登俎各三。設瘞坎位於神位西北，設席於坎前。上置酒碗五，雄雞五，餘陳設如常儀。祭日，

建牙旗六纛於神位後。皇帝服武弁，自左南門入。至廟庭南，正中北向立。大將及陪祭官分文武重行班於後。迎神，再拜，奠幣。行初獻禮，先詣軍牙神位前，再詣六纛神位前，俱再拜。亞獻、終獻如之。惟初獻讀祝，詣飲福位，再拜飲福，受胙，又再拜。掌祭官徹豆，贊禮唱送神，復再拜。執事官各以祝幣，掌祭官取饌詣燎所，太常奏請望燎。執事殺雞，刺血於酒碗中，酹神。燎半，奏禮畢，駕還。若遣將，則於旗纛廟壇行三獻禮。大將初獻，諸將亞獻、終獻。

受降

洪武四年七月，蜀夏明昇降表至京師，太祖命中書集議受降禮。省部請如宋太祖受蜀主孟昶降故事，擬明昇朝見日，皇帝御奉天門，昇等於午門外跪進待罪表。侍儀使捧表入，宣表官宣讀訖，承制官出傳制。昇等皆俯伏於地，侍儀舍人掖昇起，其屬官皆起，跪聽宣制釋罪。昇等五拜，三呼萬歲。承制官傳制，賜衣服冠帶。侍儀舍人引昇入丹墀中四拜。侍儀使傳旨，昇跪聽宣諭，俯伏四拜，三呼萬歲，又四拜出。百官行賀禮。帝以昶專治國政，所爲奢縱，昇年幼，事由臣下。免其叩頭伏地上表請罪禮，惟命昇及其官屬朝見，百官朝賀。

奏凱獻俘

凡親征，師還，皇帝率諸將陳凱樂俘馘於廟南門外，社北門外。告祭廟社，行三獻禮，同出師儀。祭畢，以俘馘付刑部，協律郎導樂以退。皇帝服通天冠、絳紗袍，升午門樓，以露布詔天下，百官具朝服以聽，儀與開讀詔赦同。

大將奏凱儀。先期，大都督以露布聞。內使監陳御座於午門樓上前楹，設奏凱樂位於樓前，協律郎位於奏凱樂北，司樂位於協律郎南。又設獻俘位於樓前少南，獻俘將校位於其北，刑部尚書奏位於將校北，皆北向。又設刑部尚書受俘位於獻俘位西，東向。設露布案於內道正中，南向。受露布位於案東，承制位於案東北，俱西向。宣露布位於文武班南，北向。至日清晨，先陳凱樂俘馘於廟社門外，不奏歌曲。俟告祭禮畢，復陳樂於午門樓前，將校引俘侍立於兵仗之外，百官入侍立位。皇帝常服升樓，侍衞如常儀。大將於樓前就位，四拜。諸將隨之，退，就侍立位。贊奏凱樂，協律郎執麾引樂工就位，司樂跪請奏凱樂。協律郎舉麾，鼓吹振作，編奏樂曲。樂止，贊宣露布。承制官以露布付受露布官，引禮引詣案跪受，由中道南行，以授宣露布官。宣訖，付中書省頒示天下。將校引俘至位，刑部尚書跪奏曰：「某官某以某處所俘獻，請付所司。」奏訖，退復位。其就刑者立於西廂，東向，以付刑官。其

宥罪者，樓上承制官宣旨，有赦釋縛。樓下承旨，釋訖，贊禮贊所釋之俘謝恩，皆四拜三呼，將校以所釋俘退。如有所賜，就宣旨賜之。大將以下就拜位，舞蹈山呼如常儀。班前稍前跪，稱賀致詞訖，百官復四拜，禮畢還宮。

洪武三年六月，左副將軍李文忠北征大捷，遣官送所俘元孫買的里八剌及寶冊至京師。百官請行獻俘禮。帝不許，事詳本紀。止令服本俗服，朝見畢，賜中國衣冠就謝。復謂省臣曰：「故國之妃朝於君者，元有此禮，不必效之。」亦令衣本俗服，入見中宮，賜中國服就謝。十一月，大將軍徐達及文忠等師還，〔二〕車駕出勞於江上。明日，達率諸將上平沙漠表。帝御奉天殿，皇太子親王侍，百官朝服陪列，達、文忠奉表賀。禮成，退自西階。皇太子親王入賀。後定，凡大捷，擇日以宣，其日不奏事，百官吉服賀，卽日遣官薦告郊廟。中捷以下，止宣捷，不祭告慶賀。

永樂四年定，凡捷，兵部官以露布奏聞，大將在軍則進露布官行禮，次日行開讀禮，第三日行慶賀禮，餘如前儀。武宗征宸濠還，禮部上獻俘儀，值帝弗豫，不果行。嘉靖二十三年十月，叛賊王三屢導吉囊入犯大同，官軍計擒之。遣官謝南北郊、景神殿、太社稷。擇日獻俘，百官表賀。天啓二年，四川獻逆犯樊友邦等，山東獻逆犯徐鴻儒等，俱遣官告祭郊廟，御樓獻俘。

二十四史

中華書局

論功行賞

凡凱還，中書省移文大都督府，兵部具諸將功績，吏部具勳爵職名，戶、禮二部具賞格。中書集六部論定功賞，奏取上裁。前期，陳御座香案於奉天殿，設寶案詔書案於殿中，誥命案於丹陛正中之北，宣制案於誥命案之北。吏、戶、禮三部尚書位於殿上東南，大都督、兵部尚書位於殿上西南，應受賞官拜位於丹墀中，序立位於丹墀西南，受賞位於誥命案之南，受賞執事位於受賞官序立位之西。每官用捧誥命、捧禮物各一人，俱北向。餘陳設如朝儀。是日，鼓三嚴，執事官各就位。皇帝袞冕陞座，皇太子諸王袞冕，自殿東門入侍立，受賞官入就拜位，四拜。承制官跪承制，由殿中門出，吏、戶、禮尚書由殿西門出，立於誥命案東。承制官南向稱有制，受賞官皆跪，宣制曰：「朕嘉某等爲國建功，宜加爵賞。今授以某職，賜以某物，其恭承朕命。」宣畢，受賞官俯伏，興，再拜。唱行賞，受賞官第一人詣案前跪，吏部尚書捧誥命，戶部尚書捧禮物，各授受賞官。受賞官以授左右，俯伏，興，復位。餘官以次受賞訖，承制官、吏部尚書等俱至御前復命，退復位。受賞官皆再拜，三舞蹈，山呼。俯伏，興，復四拜。禮畢，皇帝還宮。各官出，至午門外以誥命禮物置於龍亭，用儀仗鼓樂各送還本第。明日進表稱謝，如常儀。

大閱

宣德四年十月，帝將閱武郊外，命都督府整兵，文武各堂上官一員，屬官一員扈從。正統間，或閱於近郊，於西苑，不著令。隆慶二年，大學士張居正言：「祖宗時有大閱禮，乞親臨校閱。」兵部引宣宗、英宗故事，請行之。命於明年八月舉行。及期，禮部定儀。

前期一日，皇帝常服告於內殿，行四拜禮，如出郊儀。司設監設御幄於將臺上，總協戎政大臣、巡視科道督率將領軍兵預肅教場。

至日，早，遣官於教場祭旗纛之神。三大營官軍具甲仗，將官四員統馬兵二千扈駕。〔三〕文臣各堂上官，科道掌印官、禮兵二科、禮部儀制司、兵部四司官、糾儀監射御史、鴻臚寺供事官，武臣都督以上、錦衣衞堂上及南鎭撫司掌印僉書官，俱大紅便服，關領扈從，牙牌懸帶，先詣教場。

是日免朝。錦衣衞備鹵簿。皇帝常服乘輦由長安左門出，官軍導從，鉦鼓振作。出安定門，至閱武門外。總協戎政官率大小將佐戎服跪迎，入將臺下，北向序立。駕進閱武門，內中軍舉號礮三，各營鉦鼓振作，扈從官序立於行宮門外。駕至門，降輦。兵部官導入行宮，鳴金止鼓，候升座。扈從官行一拜禮，傳賜酒飯。各官謝恩出，將臺下東西序立。兵部官奏請大閱。兵部、鴻臚寺官導駕登臺，舉礮三。京營將士叩頭畢，東西侍立。總協戎政官列於扈從官之北，諸將列從官之南。

兵部尚書奏請，令各營整搠人馬。〔四〕臺上吹號笛，麾黃旗，總協戎政及將佐等官各歸所部。兵部尚書請閱陣，舉礮三。馬步官軍演陣，如常法。演畢，復吹號笛，麾黃旗，將士俱回營。少頃，兵部尚書請閱射。總協戎政官以下及聽射公、侯、駙馬、伯、錦衣衞等官，俱於臺下較射。馬三矢，步六矢，中的者鳴鼓以報，御史、兵部官監視紀錄。把總以下及家丁、軍士射，以府部大臣幷御史、兵部官於東西廳較閱。鎗刀火器等藝，聽總協戎政官量取一隊，於御前呈驗。兵部尚書奏大閱畢，臺下舉號旗，總協戎政官及諸將領俱詣臺下，北向序立。鴻臚寺官奏傳制，贊跪。宣制訖，贊叩頭。各官先退，出門外，贊扈從官行叩頭禮。

禮畢，駕回行宮，少憩，扈從等官趨至門內立。皇帝升輦。中軍舉礮三，各營皆鼓吹，鹵簿及馬兵導從如來儀，鉦鼓與大樂相應振作。總協戎政以下候駕至，叩頭退。馬兵至長安左門外止。鹵簿、大樂至午門外止。駕還，仍詣內殿參謁，如前儀。百官不扈從者，各吉服於承天門外橋南序立。恭迓，駕還，迎如之。

次日，總協戎政官以下表謝，百官侍班行稱賀禮，如常儀。兵部以將士優劣及中箭多寡、教練等第奏聞。越二日，皇帝御皇極門，賜敕勉勵將士。總協戎政官捧至彩輿，將士迎

導至教場，開讀行禮如儀。是日，卽行賞賚幷戒罰有差。次日，總協戎政官率將佐復謝恩。詔如議行。駕還，樂奏武成之曲。

萬曆九年大閱，如隆慶故事。

大射〔五〕

大射之禮，後世莫講，惟宋史列於嘉禮。至明集禮則附軍禮中，會典亦然。其制，洪武三年定。凡郊廟祭祀，先期行大射禮，工部製射侯等器。其射鵠有七。虎鵠五采，天子用之。熊鵠五采，皇太子用之。豹鵠五采，親王用之。豹鵠四采，文武一品、二品者用之。糝鵠三采，三品至五品用之。狐鵠二采，六品至九品用之。布鵠無采，文武官子弟及士民俊秀用之。凡射時，置乏於鵠右。乏又名容，見周禮大司馬服不氏，職執旗及待獲者以蔽身。設楅及韋，〔六〕當射時置於前，以齊矢。設射中五。皮樹中，天子大射用之。閭中，天子宴射用之。虎中，皇太子親王射用之。兕中，一品至五品文武官用之。鹿中，六品至九品及文武官子弟士民俊秀通用之。其職事，設司正官二，掌驗射者品級尊卑人力强弱而定耦，其中否則書於算，兵部官職之。司射二，掌先以强弓射鵠誘射，以鼓衆氣，武職官充之。司射器官二，掌辨弓力强弱，分爲三等，驗人力强弱以授，工部官職之。舉

爵者，〔七〕掌以馬湩授中者飲，光祿寺官職之。請射者，〔八〕掌定耦射。射畢，再請某耦射，侍儀司職之。待獲者、掌矢納於司射器者，以隸僕供其役。執旗者六人，掌於容後執五色旗。如射者中的，舉紅旗應之。中采，舉采旗應之。偏西，舉白旗。偏東，舉青旗。過於鵠，舉黃旗。不及鵠，舉黑旗。軍士二人掌之。引禮二，掌引文武官進退，侍儀司舍人職之。

太祖又以先王射禮久廢，弧矢之事專習於武夫，而文士多未解。乃詔國學及郡縣生員皆令習射，頒儀式於天下。朔望則於公廨或閒地習之。其官府學校射儀，略倣大射之式而殺其禮。射位初三十步，自後累加至九十步。射四矢，以二人為耦。

永樂時有擊毬射柳之制。十一年五月五日幸東苑，擊毬射柳，聽文武羣臣四夷朝使及在京耆老聚觀。分擊毬官為兩朋，自皇太孫而下諸王大臣以次擊射，賜中者幣布有差。

救日伐鼓

洪武六年二月定救日食禮。其日，皇帝常服，不御正殿。中書省設香案，百官朝服行禮。鼓人伐鼓，復圓乃止。月食，大都督府設香案，百官常服行禮，不伐鼓，雨雪雲翳則免。二十六年三月更定，禮部設香案於露臺，向日，設金鼓於儀門內，設樂於露臺下，各官

拜位於露臺上。至期，百官朝服入班，樂作，四拜興，樂止，跪。執事者捧鼓，班首擊鼓三聲，衆鼓齊鳴，候復圓，復行四拜禮。月食，則百官便服於都督府救護如儀。在外諸司，日食則於布政使司、府州縣，月食則於都指揮使司、衞所，如儀。

隆慶六年，大喪。方成服，遇日食。百官先哭臨，後赴禮部，青素衣、黑角帶，向日四拜，不用鼓樂。

校勘記

〔一〕皇帝服通天冠　原脫「服」字，據明史稿志一一禮志補。

〔二〕十一月大將軍徐達及文忠等師還　十一月，原作「十月」，據本書卷二太祖紀、太祖實錄卷五八洪武三年十一月壬辰條改。

〔三〕將官四員統馬兵二千扈駕　原脫「二」字，據穆宗實錄卷三六隆慶三年八月甲辰條補。

〔四〕令各營整搠人馬　各營，原作「各戎」，據明史稿志三九禮志、穆宗實錄卷三六隆慶三年八月甲辰條改。按上文「各營鉦鼓振作」，下文「各營皆鼓吹」，皆作「各營」。

〔五〕大射　原無此標題，據卷目增。

〔六〕職執旗及待獲者以蔽身設楅及韋　待，原作「侍」，楅，原作「福」，據太祖實錄卷五二洪武三年五月丁未條、明會典卷五一改。下文「待獲」同。福，明史稿志三九禮志亦作「楅」。

〔七〕舉爵者　明會典卷五一作「舉爵者二員」。

〔八〕請射者　明會典卷五一作「請射者四員」。

中華書局

明史卷五十八

志第三十四

禮十二 凶禮一

次五曰凶禮。凡山陵、寢廟與喪葬、服紀及士庶喪制，皆以類編次。其謁陵、忌辰之禮，亦附載焉。

山陵

太祖即位，追上四世帝號。皇祖考熙祖，墓在鳳陽府泗州蠙城北，薦號曰祖陵。設祠祭署，置奉祀一員，陵戶二百九十三。皇考仁祖，墓在鳳陽府太平鄉。太祖至濠，嘗議改葬，不果。因增土以培其封，令陵旁故人汪文、劉英等二十家守視。洪武二年薦號曰英陵，

後改稱皇陵。設皇陵衞幷祠祭署，奉祀一員、祀丞三員，俱勳舊世襲。陵戶三千三百四十二，直宿灑掃。禮生二十四人。四年建祖陵廟。倣唐、宋同堂異室之制，前殿寢殿俱十五楹，東西旁各二，爲夾室，如晉王肅所議。中三楹通爲一室，奉德祖神位，以備祫祭。東一楹奉懿祖，西一楹奉熙祖。十九年命皇太子往泗州修繕祖陵，葬三祖帝后冠服。

三十一年，太祖崩。禮部定議，京官聞喪次日，素服、烏紗帽、黑角帶，赴內府聽遺詔。於本署齋宿，朝晡詣几筵哭。越三日成服，朝晡哭臨，至葬乃止。自成服日始，二十七日除。命婦孝服，去首飾，由西華門入哭臨。諸王、世子、王妃、郡主、內使、宮人俱斬衰三年，二十七月除。凡臨朝視事，素服、烏紗帽、黑角帶，退朝衰服。羣臣麻布員領衫、麻布冠、麻絰、麻鞋。命婦麻布大袖長衫，麻布蓋頭。明器如鹵簿。神主用栗，制度依家禮。行人頒遺詔於天下。在外百官，詔書到日，素服、烏紗帽、黑角帶，四拜。聽宣讀訖，舉哀，再四拜。三日成服，[一]每旦設香案哭臨，三日除。各遣官赴京致祭，祭物禮部備。孝陵設神宮監幷孝陵衞及祠祭署。建文帝詔行三年喪，事在本紀。以遭革除，喪葬之制皆不傳。

文帝崩於榆木川，遺詔一遵太祖遺制。京師聞訃，皇太子以下皆易服。宮中設几筵，朝夕哭奠。百官素服，朝夕哭臨思善門外。禮部定喪禮，宮中自皇太子以下及諸王、公主，成服日爲始，斬衰三年，二十七月除。服內停音樂、嫁娶、祭祀，止停百日。文武官聞喪之明日，詣思善門外哭，五拜三叩頭，宿本署，不飲酒食肉。四日衰服，朝夕哭臨三日，又朝臨十日。衰服二十七日。凡入朝及視事，白布裹紗帽、垂帶、素服、腰絰、麻鞋。退朝衰服，二十七日外，素服、烏紗帽、黑角帶，二十七月而除。聽選辦事等官衰服，監生吏典僧道素服，赴順天府，朝夕哭臨三日，又朝臨十日。命婦第四日由西華門入，哭臨三日，俱素服，二十七日除。凡音樂祭祀，並輟百日。婚嫁，官停百日，軍民停一月。軍民素服，婦人素服不妝飾，俱二十七日。在外以聞喪日爲始，越三日成服，就本署哭臨，餘如京官。命婦素服舉哀三日，二十七日除。軍民男女皆素服十三日，餘俱如京師。凡京官服，給麻布一疋自製。四夷使臣，工部造與。諸王公主遣官及內外文武官詣几筵祭祀者，光祿寺備物，翰林院撰文，禮部引赴思善門外行禮。京城聞喪日爲始，寺觀各鳴鐘三萬杵，禁屠宰四十九日。喪將至，文武官衰服，軍民素服赴居庸關哭迎。皇太子、親王及羣臣皆衰服哭迎於郊。至大內，奉安於仁智殿，加斂，奉納梓宮。遣中官奉大行皇帝遺衣冠。作書賜漢王、趙王。禮臣言：「喪服已踰二十七日，請如遺命，以日易月。」帝以梓宮在殯，不忍易，素冠、麻衣、麻絰視朝，退仍衰服，羣臣聽其便。

十二月，禮部進葬祭儀。發引前三日，百官齋戒。遣官以葬期告天地宗社，皇帝衰服告几筵，皇太子以下皆衰

服隨班行禮。百官衰服朝一臨，至發引止。前一日，遣官祭金水橋、午門、端門、承天門、大明門、德勝門幷所過河橋、京都應祀神祇及經過應祀神祠，儀用酒果肴饌。是夕，設辭奠，帝后太子以下皆衰服，以序致祭。司禮監、禮部、錦衣衛命執事者設大昇轝、陳葬儀於午門外幷大明門外。[二]

將發，設啓奠。皇帝曁皇太子以下衰服四拜。奠帛、獻酒、讀祝，四拜。舉哀，興，哀止，望瘞。執事者升，徹帷幙，拂拭梓宮，進龍輴於几筵殿下。設神亭、神帛輿、謚册寶輿於丹陛上，設祖奠如啓奠儀。皇帝詣梓宮前，西向立。皇太子、親王以次侍立。內侍於梓宮前奏，請靈駕進發，捧册寶、神帛置輿中；次銘旌出；執事官升梓宮，[三]內執事持翣左右蔽。降殿，內侍官請梓宮升龍輴，執事官以綵帷幕梓宮，內侍持傘扇侍衞如儀。舊御儀仗居前，册寶、神帛、神亭、銘旌以次行。皇帝由殿左門出，后妃、皇太子、親王及宮妃後隨。至午門內，設遣奠，如祖奠儀。內侍請靈駕進發，皇帝以下哭盡哀，俱還宮。

梓宮至午門外，禮官請梓宮升大昇轝。執事官奉升轝訖，禮官請靈駕進發。皇太子、親王以下哭送出端門外，行辭祖禮。執事官設褥位於太廟香案前。皇太子易常服，捧神帛，由左門入，至褥位跪，置神帛於褥，興，正立於神帛後跪。禮官跪於左，奏太宗體天弘道高明廣運聖武神功純仁至孝文皇帝謁辭。皇太子俯伏，興，贊五拜三叩頭畢，皇太子捧神

帛輿，以授禮官。禮官安輿中，請靈駕進發。皇太子仍喪服，親王以下隨行。梓宮由大明中門出，皇太子以下由左門出，步送至德勝門外，乘馬至陵，在途朝夕哭奠臨。諸王以下及百官、軍民耆老、四品以上命婦，以序沿途設祭。文武官不係山陵執事者悉還。

至陵，執事官先陳龍輴於獻殿門外，俟大昇轝至。禮官請靈駕降轝，升龍輴，詣獻殿。執事官奉梓宮入，皇太子、親王由左門入，安奉訖，行安神禮。皇太子四拜，興，奠酒，讀祝。俯伏，興，[四]四拜，舉哀。親王以下陪拜，如常儀。遣官祀告后土幷天壽山，設遷奠禮，如上儀。[五]將掩玄宮，皇太子以下詣梓宮前跪。內侍請靈駕赴玄宮，執事官奉梓宮入皇堂。內侍捧冊寶置於前，陳明器，行贈禮。皇太子四拜興，奠酒，進贈。執事官捧玉帛進於右，皇太子受獻，以授內執事，捧入皇堂安置。俯伏，興，四拜，舉哀，遂掩玄宮。行饗禮，如遷奠儀。遣官祀謝后土及天壽山。

設香案玄宮門外，設題主案於前，西向。設皇太子拜位於前，北向。內侍盥手奉主置案上，題主官盥手西向題畢，內侍奉主安於神座，藏帛箱中。內侍奏請太宗文皇帝神靈上神主。贊四拜，興，獻酒，讀祝。俯伏，興，四拜，舉哀。內侍啓櫝受主訖，請神主降座升輿。至獻殿，奏請神主降輿升座，行初虞禮。皇太子四拜，初獻，奠帛酒，讀祝，俯伏，興。亞獻終獻，四拜，舉哀，望瘞。內官捧神帛箱埋於殿前，焚凶器於野。葬日初虞，柔日再虞，剛日

三虞，後間日一虞，至九虞止。在途，皇太子行禮。還京，皇帝行禮。

神主將還，內侍請神主降座升輿，儀仗侍衞如儀。皇太子隨，仍朝夕奠。至京，先於城外置幄次，列儀衞，鼓吹備而不作。百官衰服候城外，主入幄次，百官序列五拜三叩首。神主行，百官從。至午門外，皇帝衰服迎於午門內，舉哀，步導主升几筵殿。皇帝立殿上，內侍請神主降輿升座，行安神禮。皇帝四拜，興，奠酒，讀祝。俯伏，興，[六]四拜，舉哀。皇太子以下陪拜。百官於思善門外行禮如儀。明日，百官行奉慰禮。

卒哭用虞祭後剛日，禮同虞祭，自是罷朝夕奠。祔饗用卒哭之明日，太常寺設醴饌於太廟，如時饗儀，樂設而不作。設儀衞傘扇於午門外，內侍進御輦於几筵殿前，皇帝衰服四拜，舉哀。興，哀止，立於拜位之東，西向。內侍請神主降座升輦，詣太廟祔饗。至思善門外，皇帝易祭服，升輅，隨至午門外，詣御輦前跪。太常卿奏請神主降輦，皇帝俯伏，興，捧主由左門入，至丹陛上。典儀唱「太宗文皇帝謁廟」。至廟前，內侍捧主至褥位，皇帝於後行八拜禮。每廟俱同。內侍捧主北向，太常卿立壇東，西向。唱「賜坐」，皇帝搢圭，奉神主安於座，詣拜位行祭禮，如時饗儀。太常卿奏請神主還几筵，皇帝捧主由廟左門出，安奉於御輦。皇帝升輅隨，至思善門降輅，易衰服，隨至几筵殿前。內侍請神主降輦，升座。皇帝由殿左門入，行安神禮畢，釋服還宮。明日，百官素服行奉慰禮。

大祥，奉安神主於太廟，禮詳廟制。皇帝祭告几筵殿，皇太后、皇后以下各祭一壇，王府遣官共祭一壇，在京文武官祭一壇。自神主出几筵殿，內侍卽撤几筵、帷幄，焚於思善門外。禫祭，遣親王詣陵行禮。

洪熙元年，仁宗崩。皇太子還自南京，至良鄉，宮中始發喪，宣遺詔。文武官常服於午門外四拜。宣畢，舉哀，復四拜。易素服，迎皇太子於盧溝橋，橋南設幕次香案。皇太子至，常服，詣次四拜。聽宣遺詔，復四拜，哭盡哀。易素服至長安右門下馬，步哭至宮門外，釋冠服，披髮詣梓宮前，五拜三叩首，哭盡哀。宮中自皇后以下皆披髮哭。皇太子就喪次東，見母后。親王以次見皇太子畢，各居喪次，行祭告禮。喪儀俱如舊。惟改在京朝夕哭臨三日，後又朝臨止七日，在外止朝夕哭臨三日，無朝臨禮。文武官一品至四品命婦入哭臨。服除，禮臣請帝服淺淡色衣、烏紗翼善冠、黑角帶，於奉天門視事。百官皆淺淡色衣、烏紗帽、黑角帶，朝參如常儀。退朝，仍終太宗服制。帝曰：「朕心何能忍，雖加一日愈於已。」仍素服坐西角門，不鳴鐘鼓，令百日後再議。已百日，禮臣復請御奉天門。帝命俟山陵事畢。

先是，詔營獻陵，帝召尚書蹇義、夏原吉諭曰：「國家以四海之富葬親，豈惜勞費。然古聖帝明王皆從儉制。孝子思保其親體魄於永久，亦不欲厚葬。況皇考遺詔，天下所共知，

宜遵先志。」於是建寢殿五楹，左右廡神廚各五楹，門樓三楹。其制較長陵遠殺，皆帝所規畫也。吏部尚書蹇義等請祔廟後，素服御西角門視事。至孟冬歲暮，行時饗禮。鳴鐘鼓，黃袍御奉天門視朝。禫祭後，始釋素服。從之。

宣宗崩，喪葬如獻陵故事。惟改命婦哭臨，自三品以上。英宗崩，遺命東宮過百日成婚，不得以宮妃殉葬。憲宗卽位，百日御奉天門視朝，禮儀悉用吉典。憲宗崩，孝宗既除服，仍素翼善冠、麻衣、腰絰視朝，不鳴鐘鼓，百官素服朝參，百日後如常。弘治元年正旦，時未及小祥，帝黃袍御殿受朝。次日，仍黑翼善冠，淺淡服、犀帶。及大祥，神主奉安太廟及奉先殿。至禫祭，免朝。擇日遣官詣陵致祭。

孝宗崩，工部言：「大行遺詔，惓惓以節用愛民爲本。乞敕內府諸司，凡葬儀冥器幷山陵殿宇，務從減省。」禮部言：「百日例應變服，但梓宮未入山陵，請仍素翼善冠、麻布袍服、腰絰，御西角門視事，不鳴鐘鼓，百官仍素服朝參。」從之。自辭靈至虞祔，榮王俱在陪列。既而王以疾奏免。禮部請以駙馬等官捧帛朝祖，帝曰：「朝祖捧帛，朕自行。」發引，親王止送至大明門外。其在途及至陵臨奠，俱護喪官行禮。後遂爲例。

世宗崩，令旨免命婦哭臨。隆慶元年正月，未及二十七日，帝衰服御宣治門，百官素服、腰絰奉慰。發引，帝行遣奠禮。至朝祖，則遣官捧帛行禮。梓宮至順天府，皇親命婦及

二十四史
中華書局

三品以上命婦祭，餘如舊制。

光宗即位，禮部言：「喪服列代皆有制度，而斷自孝宗。蓋孝宗篤於親，喪禮詳且備，故武、世、穆三廟皆宗之。今遵舊制，以衰服御文華門視事，百官素服朝參，候梓宮發引除。」從之。

明自仁宗獻陵以後，規制儉約。世宗葬永陵，其制始侈。及神宗葬定陵，給事中惠世揚、御史薛貞巡視陵工，費至八百餘萬云。

校勘記

〔一〕三日成服　三日上疑脫「越」字。本志上文稱京官「越三日成服」，越三日卽第四日。明史稿志四〇禮志、明會典卷九六都作「第四日成服」。

〔二〕設大昇轝陳葬儀於午門外幷大明門外　仁宗實錄卷五上永樂二十二年十二月壬子條、明會典卷九六都作「設大昇輿於午門外」，「陳葬儀於午門外幷大明門外」，是大昇輿只設在午門外。

〔三〕次銘旌出執事官升梓宮　明史稿志四〇禮志、仁宗實錄卷五上永樂二十二年十二月壬子條、明會典卷九六都作「次捧銘旌出，執事官升，捧梓宮」，有兩個「捧」字。

〔四〕皇太子四拜興奠酒讀祝俯伏興　原脫「俯伏」兩字，據仁宗實錄卷五上永樂二十二年十二月壬

子條、明會典卷九六補。

〔五〕如上儀　明史稿志四〇禮志、仁宗實錄卷五上永樂二十二年十二月壬子條都作「如常儀」。

〔六〕皇帝四拜興奠酒讀祝俯伏興　原脫「俯伏」二字，據仁宗實錄卷五上永樂二十二年十二月壬子條、明會典卷九六補。

明史卷五十九

志第三十五

禮十三　凶禮二

皇后陵寢　興宗帝后陵寢　睿宗帝后陵寢　皇妃等喪葬

皇太子及妃喪葬　諸王及妃公主喪葬

皇后陵寢

洪武十五年，皇后馬氏崩。禮部引宋制爲請。於是命在京文武官及聽除官，人給布一匹，令自製服，皆斬衰二十七日而除，服素服百日。凡在京官，越三日素服至右順門外，具喪服入臨畢，素服行奉慰禮，三日而止。武官五品以上、文官三品以上命婦，亦於第四日素服至乾清宮入臨。用麻布蓋頭，麻布衫裙鞋，去首飾脂粉。其外官服制，與京官同。聞訃日於公廳成服，命婦服亦與在京命婦同，皆三日而除。軍民男女素服三日。禁屠宰，在京

四十九日，在外三日。停音樂祭祀百日。嫁娶，官停百日，軍民一月。將發引，告太廟，遣官祭金水橋、午門等神及鍾山之神。帝親祭於几筵，百官喪服詣朝陽門外奉辭。是日，安厝皇堂。皇太子奠，玄纁玉璧，行奉辭禮。神主還宮，百官素服迎於朝陽門外，仍行奉慰禮。帝復以醴饌祭於几筵殿，自再虞至九虞，皆如之。遣官告謝鍾山之神。卒哭，以神主詣廟行祔享禮。喪滿百日，帝輟朝，祭几筵殿，致欽不拜。東宮以下奠帛爵，百官素服行奉慰禮。東宮、親王、妃、主以牲醴祭孝陵，公侯等從。命婦詣几筵殿祭奠。自後凡節序及忌日，東宮親王祭几筵及陵。小祥，輟朝三日。禁在京音樂屠宰，設醮於靈谷寺、朝天宮各三日。帝率皇太子以下詣几筵殿祭。百官素服，詣宮門。進香訖，詣後右門奉慰。外命婦詣几筵殿進香。皇太子、親王熟布練冠九襊，皇孫七襊，皆去首絰，負版辟領衰。見帝及百官則素服、烏紗帽、烏犀帶。妃、主以下，熟布蓋頭，去腰絰。宗室駙馬練冠，去首絰。內尚衣、尚冠，以所釋服於几筵殿前丙位焚之。皇太子、親王復詣陵行禮。大祥，奉安神主於奉先殿，預期齋戒告廟。百官陪祀畢，行奉慰禮。

成祖皇后徐氏崩，自次日輟朝，不鳴鐘鼓。帝素服御西角門，百官素服詣思善門外哭臨畢，行奉慰禮。三日成服，哭臨如上儀。自次日爲始，各就公署齋宿，二十七日止。文武四品以上命婦成服日爲始，詣思善門內哭臨三日。聽選辦事官，俱喪服。人材監生、吏典、

中華書局

僭道、坊廂耆老各素服。自成服日始，赴應天府舉哀三日，餘悉遵高后時儀。又定諸王、公主等服制，世子郡王皆齊衰不杖期。世子郡王妃、郡主皆大功。周、楚諸王及寧國諸公主及郡王之子皆小功。遣中官訃告諸王府，造祔，謁太廟。祭器、謚册、謚寶悉用檀香。將册，帝躬告天地於奉天殿丹陛上。御華蓋殿，鴻臚寺官引頒册寶官入行禮，傳制曰：「永樂五年十月十四日，册謚大行皇后，命卿行禮。」四拜畢，序班舉册寶案至奉天殿丹陛上，置綵輿中，由中道出，入右順門至几筵殿，以册寶置案，退俟於殿外。尚儀女官詣香案前，跪進曰：「皇帝遣某官册謚大行皇后，謹告。」贊宣册，女官捧册宣於几筵之右，置册於案，宣寶如之。尚儀奏禮畢，女官以册寶案置几筵之左。內官出報禮畢，頒册寶官復命。百日，禮部請御正門視朝，鳴鐘鼓，百官易淺淡色服。帝以梓宮未葬，不允。至周期，帝素服詣几筵致祭，百官西角門奉慰，輟朝三日。在京停音樂、禁屠宰七日。禮部官於天禧寺、朝天宮齋醮。其明日，帝吉服御奉天門視朝，鳴鐘鼓。百官服淺淡色衣、烏紗帽、黑角帶，退朝署事仍素服。遇朔望，朝見慶賀如常儀。几筵祭祀，熟布練冠。及發引，齋三日，遣官以葬期告郊廟社稷。帝素服祭告几筵，皇太子以下衰服行禮，遣官祭所過橋門及沿途祀典諸神。百官及命婦俱素服，以次路祭。梓宮至江濱，百官奉辭於江濱。皇太子送渡江，漢王護行，途中朝夕哭奠。官民迎祭者，皆素服。既葬，賜護送官軍及舁梓宮軍士鈔米有差。

正統中，仁宗皇后張氏崩，禮部定大行太皇太后喪禮。皇帝成服三日後，卽聽政。祀典皆勿廢，諸王以下內外各官及命婦哭臨如前儀，衰服二十七日而除，軍民男女素服十三日。諸王勿會葬，外官勿進香，臣民勿禁音樂嫁娶。及葬，遣官告太廟。帝親奉太后衣冠謁列祖帝、后及仁宗神位，又奉宣宗衣冠謁太后神位，其禮視時享。天順中，宣宗皇后孫氏崩，儀如故事，止改哭臨於清寧門。英宗皇后錢氏崩，禮如舊，惟屠宰止禁七日，外國使臣免哭臨。正德元年，景帝后汪氏薨。禮部會羣臣言，宜如皇妃例，輟朝三日，祭九壇。太后、中宮、親王以下文武大臣命婦皆有祭。制可。

憲宗廢后吳氏，正德四年薨，以大學士李東陽等言，禮如英宗惠妃故事。憲宗皇后王氏，正德十三年崩。越三日，帝至自宣府，乃發喪。百官具素服，於清寧宮門外聽宣遺誥。及發引，先期結平臺，與順天府交衢相值。帝晨出北安門迎，皇太后及皇后御平臺候殯。復入至清寧宮，親奉梓宮朝祖。百官步送德勝門外，惟送喪官騎送。明日，帝奉神主還京，百官迎於德勝門。帝素服、腰絰御西角門，百官奉慰。卒哭，始釋服。孝宗母紀氏，憲宗妃也。成化中薨，輟朝如故事。自初喪及葬，帝及皇太后、中宮、妃、主、皇子皆致祭。遣皇子奉祝册行禮，塋域、葬儀俱從厚。皇親百官及命婦送葬設祭，皆如儀。

世宗祖母邵氏，嘉靖元年崩。服除，部臣毛澄等請卽吉視事。議再上，命考孝肅太皇

太后喪禮。澄等言：「孝肅崩時，距葬期不遠，故暫持凶服，以待山陵事竣，與今不同。況當正旦朝元，亦不宜縞衣臨見萬國。若孝思未忘，第毋御中門，及不鳴鐘鼓足矣。」從之，仍免朔望日陛殿。既葬四日，帝御奉天門，百官行奉慰禮，始從吉。嘉靖中，孝宗皇后張氏崩，禮臣以舊制上。帝謂郊社不宜瀆，罷祭告。又謂躬行諸禮，前已諭代，亦罷謁廟禮。及太常寺以朝祖祔廟，請各廟捧主官，詔主俱不必出，蓋從殺也。

先是武宗皇后夏氏崩，禮部上儀注，有素冠、素服、絰帶舉哀及羣臣奉慰禮。帝曰：「朕於皇兄后無服，矧上奉兩宮，又迫聖母壽旦，忍用純素。朕青服視事，諸儀再擬。」於是尚書夏言等言：「莊肅皇后喪禮，在臣民無容議。惟是皇上以天子之尊，服制既絕，不必御西角門。羣臣成服後，不當素服朝參。」及上喪葬儀，帝復諭：「毅皇后事宜與累朝元后不同，〔一〕無几筵之奉，當卽行祔廟，令皇后攝事於內殿。」言等議：「按禮，卒哭乃行祔告。蓋以新主當入，舊主當祧，故預以告也。此在常典則然，非今日義例。毅皇后神主誠宜卽祔太廟，以妥神靈，而祔告之禮宜免。」因具上其儀。制可。

嘉靖七年，世宗皇后陳氏崩。禮部上喪祭儀，帝疑過隆。議再上，帝自裁定，概從減殺，欲九日釋服。〔二〕閣臣張璁等言：「夫婦之倫，參三綱而立。人君乃綱常之主，尤不可不愼。左傳昭公十五年六月乙丑，周景王太子壽卒。秋八月戊寅，王穆后崩。叔向曰：『王一

歲而有三年之喪二焉。』蓋古禮，父爲子，夫爲妻，皆服報服三年。後世，夫爲妻，始制爲齊衰杖期，父母在則不杖。喪服，自期以下，諸侯絕，然特爲旁期言。若妻喪，本自三年報服，殺爲期年，則固未嘗絕者。今皇上爲后服期，以日易月，僅十二日。臣子爲君母服三年，以日易月，僅二十七日。較諸古禮，已至殺矣。皇上宜服期，十二日，臣子素服，終二十七日。不然，則恩紀不明，典禮有乖。」禮臣方獻夫亦雜引儀禮喪服等篇，反覆爭辨，幷三朝聖諭所載仁孝皇后崩，太宗衰服後，仍服數月白衣冠故事以證之。帝言：「文皇后喪時，上無聖母，下有東宮，從重盡禮爲宜。今不敢不更其制。」已，詹事霍韜言：「今百官遭妻喪，無服衰涖事之禮。蓋妻喪內而不外，陰不可當陽也。聖諭云『素服十日，倣輟朝之義』，於內廷行之則可。若對臨百官，總理萬幾，履當陽之位，〔三〕行中宮之服則不可。百官爲皇后服衰，爲其母儀天下也。禮，父在爲母，杖不上於堂，尊父也。於朝廷何獨不然？臣請陛下玄冠素服，御西角門十日，卽玄冠玄服御奉天門，百官入左掖門則烏紗帽、青衣侍班。退出公署及私室，則仍素服白帽二十七日。若曰於禮猶有未慊，則山陵事畢而除。」帝從其言。

尋定進册謚儀，禮部議：「先期，帝衰冕告奉先殿、崇先殿。至期，帝常服御奉天門，正副使常服，百官淺淡色衣、黑角帶，入班行禮如儀。節册至右順門，內侍捧入正門，至几筵前置於案。內贊贊就位上香，宣册官立宣訖，復置册於案。內侍持節由正門出，以節授正

中華書局

副使，報禮畢，正副使持節復命。」次日，禮部謄黃頒示天下。

時中宮喪禮自文皇后而後，至是始再行。永樂時典禮燬於火，會典所載皆略，乃斷自帝心，著爲令。梓宮將葬，帝親定諸儀，亦從減損。以思善門逼近仁智殿，命百官哭臨止一日，亦罷辭祖禮，喪由左王門出。

二十六年，皇后方氏崩，卽日發喪，諭禮部：「皇后嘗救朕危，其考元后喪禮行之。」禮部定儀：「以第四日成服，自後黑冠素服，十日後易淺色衣，俱西角門視朝。百官十日素服絰帶，自後烏紗帽、黑角帶、素服，通前二十七日。帝常服於奉天門視朝，百官淺色衣，鳴鐘鼓、鳴鞭如常，朔望不陞殿。梓宮發引，百官始常服。帝於奉先等殿行禮，俱常服。於几筵祭，則服其服。服滿日，命中官代祭。」從之。尋諭「皇妃列太子後非禮，其改正」。及葬，部臣以舊儀請。詔梓宮由中道行，虞祭如制用九數。安玄宮居左，他日卽配祀。部臣復上儀注，改席殿曰行享殿。又以孝潔皇后自發引至神主還京將半載，遇令節百官常服，今孝烈皇后初十日發引，十五日卽還，事禮不同，以諸臣服制請。帝命隨喪往來者，仍制服。祭畢，烏紗帽素服入朝，素冠素服辦事。迎主仍制服，思善門外行安神禮，更素冠素服從事。先是，帝命孝烈居左，而遷孝潔。旣而以孝潔久安，不宜妄動，罷不行。乃更命孝烈居右，而虛其左以自待。

穆宗母杜氏，三十三年薨。禮部言：「宜用成化中淑妃紀氏喪制。且裕王已成婚，宜持服主喪，送葬出城。」乃議輟朝五日，裕王遵孝慈錄斬衰三年。欽遣大臣題主，開塋掩壙，祠謝后土，并用工部官，送葬儀仗人數皆增於舊。帝謂非禮之正，令酌考賢妃鄭氏例。於是尙書歐陽德等復上儀注，輟朝二日，不鳴鐘鼓。帝服淺淡色衣，奉天門視事，百官淺色衣、烏紗帽、黑角帶朝參。命裕王主饋奠之事，王率妃入宮，素服哭盡哀，四拜視殮。成服後，朝夕哭臨三日。後每日一奠，通前二十七日而止。仍於燕居盡斬衰三年之制。册謚焚黃日，陳祭儀，裕王詣靈前行禮。喪出玄武門，裕王步送至京城門外，路祭畢，還宮。帝謂焚黃乃制命，非王可行，仍如常儀。禮部覆奏：「皇妃焚黃儀，傳訛已久。皆拜獻酒，跪讀祝，乃參用上尊謚之儀，而未思賜謚爲制命，其祭文稱皇帝遺諭，與上尊謚不同。今奉旨以常禮從事，當改議賜謚，如賜祭禮。讀祝、宣册皆平立不拜。」報可，著爲令。

穆宗皇后李氏，裕邸元妃也，先薨，葬西山。隆慶元年，加謚孝懿皇后，親告世宗几筵。御皇極門，遣大臣持節捧册寶詣陵園上之。

神宗母皇太后李氏，萬曆四十二年崩。帝諭禮部從優具儀，帝衰服行奠祭禮。穆廟皇妃、中宮妃嬪、太子、諸王、公主以下皆成服。百官詣慈寧宮門外哭臨，命婦入宮門哭臨。餘俱如大喪禮。

興宗帝后陵寢

洪武二十五年，皇太子薨，命禮部議喪禮。侍郎張智等議曰：「喪禮，父爲長子服齊衰期年。今皇帝當以日易月，服齊衰十二日，祭畢釋之。在內文武官公署齋宿。翌日，素服入臨文華殿，給衰麻服。越三日成服，詣春和門會哭。明日，素服行奉慰禮。其當祭祀及送葬者，仍衰絰以行。在京，停大小祀事及樂，至復土日而止。停嫁娶六十日。在外，文武官易服，於公署發哀。次日，成服行禮。停大小祀事及樂十三日，停嫁娶三十日。」其內外官致祭者，帝令光祿寺供具，百官惟致哀行禮。建文帝卽位，追謚爲興宗孝康皇帝，所葬陵號不傳。

元妃常氏，先興宗薨。太祖素服，輟朝三日。中宮素服哀臨，皇太子齊衰。葬畢，易常服。皇孫斬衰，祭奠則服之。諸王公主服如制。建文初，追謚曰孝康皇后。永樂初，皆追削。福王立南京，復帝后故號。

睿宗帝后陵寢〔四〕

睿宗帝后陵寢在安陸州。世宗入立，追謚曰睿宗獻皇帝。葺陵廟，葬號曰顯陵。旣而

希進之徒屢言獻皇帝梓宮宜改葬天壽山。帝不聽。嘉靖十七年，帝母蔣太后崩。禮部言：「歲除日，大行皇太后服制二十七日已滿，適遇正旦，請用黑冠、淺淡服受朝。」疏未下，帝諭大學士夏言：「元旦玄極殿拜天，仍具祭服，先期一日宜變服否？」禮部請「正旦拜天、受朝，及先一日俱青服。孟春時享，前三日齋，青服，臣下同之，餘仍孝貞皇太后喪禮例」。不從。於是定議，歲除日變服玄色吉衣，元旦祭服於玄極殿行告祀禮，具翼善冠、黃袍御殿，百官公服致詞，鳴鐘鼓、鳴鞭，奏堂上樂。

是時議南北遷祔，久不決。帝親詣承天。及歸，乃定議梓宮南祔。禮部上葬儀，自常典外，帝復增定太廟辭謁、承天門辭奠、朝陽門遣奠、題主後降神饗神，及梓宮登舟、升岸等祭。梓宮發引，帝衰服行諸禮如儀。百官步送朝陽門外，奠獻，使行遣奠禮。至通州，題主官復命。神主回京，百官奉迎於門外，帝衰服率皇后以下哭迎午門內，奉安於几筵殿。梓宮所過河瀆江山神祇，俱牲醴致祭。勳臣靑服行禮，梓宮升席殿。先詣睿宗舊陵，奉遷於祾恩殿，復奉梓宮至殿，合葬於新寢。

皇妃等喪葬

洪武七年九月，貴妃孫氏薨。無子，太祖命吳王橚主喪事，服慈母服，斬衰三年。東宮

諸王皆服期。由是作孝慈錄。

永樂中，貴妃王氏薨。輟朝五日，御祭一壇，皇后、皇妃、皇太子各祭一壇，親王共祭一壇，公主共祭一壇。七七、百日期、再期，皆祭贈謚册，行焚黃禮。開塋域，遣官祠后土。發引前期，辭靈祭壇與初喪同，惟增六尚司及內官、內使各一壇。啓奠、祖奠、遣奠各遣祭一壇。發引日，百官送至路祭所，皇親駙馬共一壇，公侯伯文武共一壇，外命婦共一壇。所過城門祭祀，內門遣內官，外門遣太常寺官。下葬，遣奠，遣祭一壇。掩壙，遣官祀后土，迎靈轎至享堂，行安神禮，遣祭一壇。

天順七年，敬妃劉氏薨，輟朝五日，帝服淺淡黃衣於奉天門視事，百官淺淡色衣、烏紗帽、黑角帶朝參。册文置靈柩前，皇太子以下行三獻禮。靈柩前儀仗，內使女樂二十四人，花旛、雪柳女隊子二十人，女將軍十一人。自初喪至期年辭靈，各於常祭外增祭一壇。弘治十四年，憲廟麗妃章氏發引，輟朝一日。

凡陪葬諸妃，歲時俱享於殿內。其別葬金山諸處者，各遣內官行禮。嘉靖間，始命併入諸陵，從祭祾恩殿之兩旁，以紅紙牌書曰「某皇帝第幾妃之位」，祭畢，焚之。後改用木刻名號。嘉靖十三年諭禮工二部：「世婦、御妻皆用九數。九妃同一墓，共一享殿，爲定制。」

皇太子及妃喪葬

自洪武中，懿文太子後，至成化八年悼恭太子薨，[五]年甫三歲。帝諭禮部，禮宜從簡，王府及文武官俱免進香帛。禮部具儀上。自發喪次日，輟朝三日。帝服翼善冠、素服，七日而除。又三日，御西角門視朝，不鳴鐘鼓，祭用素食。文武羣臣，素服、麻布、絰帶、麻鞋、布裹紗帽，詣思善門哭臨，一日而除。第四日，素服朝西角門奉慰。在外王府幷文武官，素服舉哀，二日而除。

嘉靖二十八年，莊敬太子薨。禮部上喪禮。帝曰：「天子絕期。況十五歲外方出三殤，朕服非禮，止輟朝十日。百官如制成服，十二日而除。詣停柩所行，罷詣門哭臨。葬遣戚臣行禮。」

萬曆四十七年二月，皇太子才人王氏薨，命視皇太子妃郭氏例。輟朝五日，不鳴鐘鼓。帝服淺淡色衣，百官青素服、黑角帶朝參，皇長孫主饋奠。

諸王及妃公主喪葬諸儀

洪武二十八年，秦王樉薨，詔定喪禮。禮部尚書任亨泰言：「考宋制，宜輟朝五日。今遇時享，請暫輟一日。皇帝及親王以下，至郡主及靖江王宮眷服制，皆與魯王喪禮同。皇太子服齊衰期，亦以日易月，十二日而除，素服期年。」從之。

定制：親王喪，輟朝三日。禮部奏遣官掌行喪葬禮，翰林院撰祭文、謚册文、壙志文，工部造銘旌，[六]遣官造墳，欽天監官卜葬，國子監監生八名報訃各王府。御祭一，皇太后、皇后、東宮各一，在京文武官各一。自初喪至除服，御祭凡十三壇，封內文武祭一。其服制，王妃、世子、衆子及郡王、郡主，下至宮人，斬衰三年。封內文武官齊衰三日，哭臨五日而除。在城軍民素服五日。郡王、衆子、郡君，爲兄及伯叔父齊衰期年，郡王妃小功。凡親王妃喪，御祭一壇，皇太后、中宮、東宮、公主各祭一壇。布政司委官開壙合葬。繼妃、次妃祭禮同。其夫人則止御祭一壇。俱造壙祔葬。郡王喪，輟朝一日。行人司遣官掌行喪葬禮，餘多與親王同，無皇太后、皇后祭。郡王妃與親王妃同，無公主祭。合葬郡王繼妃次妃喪禮，俱與正妃同。凡世子喪，御祭一，東宮祭一。遇七及百日、下葬、期年、除服，御祭各一。凡世孫喪禮，如世子，減七七及大祥祭。凡鎭國將軍，止聞喪、百日、下葬三祭，奉國將軍以下，御祭一。

初，洪武九年五月，晉王妃謝氏薨，命議喪服之制。侍講學士宋濂等議曰：「按唐制，皇帝爲皇妃等舉哀。宋制，皇帝爲皇親舉哀。今參酌唐、宋之制，皇帝及中宮服大功，諸妃皆服小功，南昌皇妃服大功，東宮、公主、親王等皆服小功，晉王服齊衰期，靖江王妃小功，

王妃服緦麻。輟朝三日。既成服，皇帝素服入喪次，十五舉音。百官奉慰。皇帝出次釋服，服常服。」制曰「可」。其後，王妃喪視此。

正統十三年定親王塋地五十畝，房十五間。郡王塋地三十畝，房九間。郡王子塋地二十畝，房三間。郡主、縣主塋地十畝，房三間。天順二年，禮部奏定，親王以下，依文武大臣例。或王、或妃先故者，合造其壙。後葬者，止令所在官司安葬。繼妃則祔葬其旁，同一享堂。

成化八年二月，忻王見治薨。發引日，帝不視朝。及葬，輟朝一日。十三年，四川按察使彭韶言：「親王郡王薨逝，皆遣官致祭，使臣絡繹，人夫勞擾。自後惟親王如舊，其郡王初喪遣官一祭，餘並遣本處官。凡王國母妃之喪，俱遣內官致祭。今宗婦衆多，其地有鎭守太監者，宜遣行禮。又王國塋葬，夫婦同穴。初造之時，遣官監修。開壙合葬，乞止命本處官司。」帝從禮部覆奏，王妃祭禮如舊，餘依議行。弘治十六年七月，申王祐楷薨。禮部言：「前沂穆王薨，未出府。申王已出府而未之國，擬依沂穆參以在外親王例行之。」

王妃葬地載於會典者，明初追封壽春等十王及妃，墳在鳳陽府西北二十五里白塔，設祠祭署、陵戶。南昌等五王及妃祔葬鳳陽皇陵，有司歲時祭祀，皆與享。懷獻世子以下諸王未之國者，多葬於西山，歲時遣內官行禮。

永樂十五年正月，永安公主薨。時初舉張燈宴，遂罷之。輟朝四日，賜祭，命有司治喪葬。二月，太祖第八女福清公主薨，輟朝三日。定制，凡公主喪聞，輟朝一日。自初喪至大祥，御祭凡十二壇。下葬，輟朝一日。儀視諸王稍殺，喪制同，惟各官不成服。其未下嫁葬西山者，歲時遣內官行禮。

校勘記

〔一〕毅皇后事宜與累朝元后不同　元后，原作「皇后」，據明史稿志四一禮志改。按本書卷一一四武宗孝靜夏皇后傳載張孚敬曰：「大行皇后，上嫂也，與累朝元后異」，語即承世宗此語而來。

〔二〕欲九日釋服　九日，原作「五日」，據明史稿志四一禮志、世宗實錄卷九三嘉靖七年十月丁未條改。

〔三〕履當陽之位　原脫「當」字，據世宗實錄卷九三嘉靖七年十月丁未條補。左傳文公四年：「天子當陽。」

〔四〕睿宗帝后陵寢　原無此標題，據卷目增。

〔五〕至成化八年悼恭太子薨　悼恭，原作「懷獻」，據明史稿志四一禮志改。按憲宗實錄卷一〇〇成化八年正月癸亥條，「皇太子薨。太子諱祐極」。又卷一〇一成化八年二月丁丑條，「謚皇太

子曰悼恭」。本書卷一一九有悼恭太子祐極傳。懷獻太子是景帝子。

〔六〕工部造銘旌　銘旌，原作「銘旗」，據明史稿志四一禮志改。

明史卷六十

志第三十六

禮十四 凶禮三

謁祭陵廟

洪武元年三月遣官致祭仁祖陵。二年加號英陵。禮部尙書崔亮請下太常行祭告禮。博士孫吾與言：「山陵之制，莫備於漢，初未有祭告之禮。蓋廟號、陵號不同。廟號易大行之號，必上册謚，告之神明，陵號則後嗣王所以識別先後而已。願罷英陵祭告。」亮言：「漢

光武加先陵曰昌，宋太祖加高、曾、祖、考陵曰欽、康、定、安。蓋尊祖考則尊其陵，尊其陵則必以告，禮緣人情，告之是。」廷議皆是亮。從之。熙祖陵，每歲正旦、清明、中元、冬至及每月朔望，本署官供祭行禮。又卽其地望祭德祖、懿祖二陵。英陵後改稱皇陵，多孟冬一祭，俱署官行禮；朔望，中都留守司官行禮。

八年詔翰林院議陵寢朔望節序祭祀禮。學士樂韶鳳等言：「漢諸廟寢園有便殿，日祭於寢，月祭於廟，時祭於便殿。後漢都洛陽，以關西諸陵久遠，但四時用特牲祀。每西幸，卽親詣。歲正月祀郊廟畢，以次上洛陽諸陵。唐園陵之制，皇祖以上陵，皆朔望上食，元日、冬至、寒食、伏臘、社各一祭。皇考陵，朔望及節祭日進食，又薦新於諸陵。永徽二年，定獻陵朔望、冬夏至、伏臘、清明、社等節，皆上食。開元中，敕獻、昭、乾、定、橋、恭六陵，朔望上食，冬至、寒食各設一祭。宋每歲春秋仲月，遣太常宗正卿朝諸陵。我朝舊儀，每歲元旦、清明、七月望、十月朔、冬至日，俱用太牢，遣官致祭。白塔二處，則用少牢，中官行禮。今擬如舊儀，增夏至日用太牢，其伏臘、社、每月朔望，則用特羊，祠祭署官行禮。如節與朔望、伏臘、社同日，則用節禮。」從之。

十六年，孝陵殿成，命皇太子以牲醴致祭。淸晨陳祭儀畢，皇太子、親王由東門入，就殿中拜位，皆四拜。皇太子少前，三上香，奠酒，讀祝曰：「園陵始營，祭享之儀未具。今禮殿

中華書局

既成，奉安神位，謹用祭告。」遂行亞獻、終獻禮，皇太子以下皆四拜，執事行禮皆內官。二十六年令，車馬過陵，及守陵官民入陵者，百步外下馬，違者以大不敬論。

建文初，定孝陵每歲正旦、孟冬、忌辰、聖節，俱行香。清明、中元、冬至，俱祭祀。勳舊大臣行禮，文武官陪祀。若親王之藩，過京師者謁陵。官員以公事至，入城者謁陵，出城者辭陵。國有大事，遣官祭告。懿文太子陵在孝陵左，四孟、清明、中元、冬至、歲暮及忌辰，凡九祭。

永樂元年，工部以泗州祖陵黑瓦爲言。帝命易以黃，如皇陵制。宣宗卽位，遣鄭王謁祭孝陵。正統二年諭，天壽山陵寢，剪伐樹木者重罪，都察院榜禁，錦衣衞官校巡視，工部欽天監官環山立界。十年謁三陵，諭百官具淺色衣服，如洪武、永樂例。南京司禮太監陳祖生言：「魏國公徐俌每祭孝陵，皆由紅券門直入，至殿內行禮，僭妄宜改。」俌言：「入由紅券門者，所以重祖宗之祭，尊皇上之命。出由小旁門者，所以守臣下之分。循守故事，幾及百年，豈敢擅易。」下禮部議，言：「長陵及太廟，遣官致祭，所由之門與孝陵事體相同，宜如舊。」從之。

弘治元年遣內官監護鳳陽皇陵，凡官員以公事經過者俱謁陵。十七年更裕陵神座。初，議以孝肅太皇太后祔葬裕陵，已遣官分告諸陵及天壽山后土，而欽天監以爲歲殺在北，方

向不利。內官監亦謂英廟陵寢，難以輕動，遂議別建廟，奉安神主。帝心未慊，卒移英廟居中，孝莊居左，孝肅祔其右云。

正德間，定長陵以下諸陵，各設神宮監幷衞及祠祭署。〔二〕凡清明、中元、冬至，俱分遣駙馬都尉行禮，文武官陪祭。忌辰及正旦、孟冬、聖節，亦遣駙馬都尉行禮。親王之藩，詣諸陵辭謁。恭讓章皇后陵，清明、中元、冬至、忌辰內官行禮。西山景皇帝陵，祭期如上，儀賓行禮。

初，成祖易黃土山名天壽山。嘉靖十年名祖陵曰基運山，皇陵曰翊聖山，孝陵曰神烈山，顯陵曰純德山，及天壽山，並方澤從祀，所在有司祭告各陵山祇。禮官因奏：「神祇壇每年秋祭，有鍾山、天壽山之神，今宜增基運等山。」從之。

十四年諭禮部尚書夏言：「清明節旣遣官上陵，內殿復祭，似涉煩複。」言因言：「我朝祀典，如特享、時享、祫祭、禘祭，足應經義，可爲世法。惟上陵及奉先殿多沿前代故事。上陵之祀，每歲清明、中元、冬至凡三。中元俗節，事本不經。往因郊祀在正首，故冬至上陵，蓋重一氣之始，伸報本之義。今冬至旣行大報配天之禮，則陵事爲輕。況有事南郊，乃輟陪祀臣僚，遠出山陵，恐於尊祖配天之誠未盡。可罷冬至上陵，而移中元於霜降，惟清明如舊。蓋清明禮行於春，所謂雨露旣濡，君子履之，有怵惕之心者也。霜降禮行於秋，所謂霜露旣降，君子履之，有悽愴之心者也。二節旣遣官上陵，則內殿之祭，誠不宜複。」遂著爲令。

十五年諭言曰：「廟重於陵，其禮嚴。故廟中一帝一后，陵則二三后配葬。今別建奉慈殿，不若奉主於陵殿爲宜。且梓宮配葬，而主乃別置，近於黜之，非親之也。」乃遷孝肅、孝穆、孝惠三后神主於陵殿。又諭言曰：「三后神主稱皇太后、太皇太后者，乃子孫所奉尊稱。今旣遷陵殿，則名實不準。」言等議曰：「三后神主，禮不祔廟，義當從祧。遷奉陵殿，深合典禮。其稱皇太后、太皇太后者，乃子孫所上尊號。今已遷奉於陵，則當從夫婦之義，改題孝肅神主，不用睿字，孝穆、孝惠神主，俱不用純字，則嫡庶有別，而尊親倂隆矣。」命如擬行。又諭：「祭告長陵等七陵俱躬叩拜，恭讓章皇后、景皇帝陵亦展拜一次，以慰追感之情。」十七年改陵殿曰祾恩殿，門曰祾恩門。又建成祖聖蹟亭於平臺山，率從官行祭禮。二十一年，工部尚書顧璘請以帝所上顯陵聖製歌詩，製爲樂章，享獻陵廟。禮部言：「天壽山諸陵，歲祀皆不用樂。」已而承天府守備太監傅霖乞增顯陵歲暮之祭。部議言：「諸陵皆無歲暮祀典。」詔並從部議。

隆慶二年，帝詣天壽山春祭。前一日，告世宗几筵及奉先、弘孝、神霄殿。駕至天壽山紅門降輿，由左門入，陞輿，駐蹕感思殿。越二日，質明行禮。帝靑袍，乘板輿至長陵門外，東降輿，由殿左門入，至拜位，上香，四拜。至神御前獻帛、獻爵訖，復位。亞獻、終獻，令執

爵者代，復四拜。餘如常祭之儀。隨詣永陵行禮。是日遣官六員，俱靑服，分祭六陵。

萬曆八年，謁陵禮如舊。十一年，復謁陵。禮部言：「宜遵世宗彝憲，酌分二日，以次展拜。」乃定長、永、昭三陵，上香，八拜，親奠帛。初獻，六陵二寢，上香，四拜。其奠帛三獻，俱執事官代。十四年，禮部言：「諸妃葬金山諸處者，嘉靖中俱配享各陵殿，罷本墳祭。今世廟諸妃安厝西山者，宜從其例。至陵祭品物，九陵、恭讓、恭仁之陵止於酒果，而越、靖諸王及諸王妃則又有牲果祝文，反從其厚者，蓋以九陵帝后，歲暮已祫祭於廟，旬日內且復有孟春之享。故元旦陵殿止用酒果，非儉也；諸王諸妃則祫祭春祭皆不與，元旦一祭不宜從簡，故用牲帛祝文，非豐也。特恭讓、恭仁旣不與祫享於廟中，又不設牲帛於陵殿，是則禮文之缺，宜增所未備。而諸王諸妃祝文，尚仍安厝時所用，宜改敍歲時遣官之意，則情順禮安。」報可。

凡山陵規制，有寶城，長陵最大，徑一百一丈八尺。次永陵，徑八十一丈。各陵深廣丈尺有差。正前爲明樓，樓中立帝廟謚石碑，下爲靈寢門。惟永陵中爲券門。左右牆門各一樓。明樓前爲石几筵，又前爲祾恩殿、祾恩門。殿惟長陵重簷九間，左右配殿各十五間。永陵重簷七間，配殿各九間。諸陵俱殿五間，配殿五間。門外神庫或一或二，神廚宰牲亭，有聖蹟碑亭。諸陵碑俱設門外，率無字。長陵迤南有總神道，有石像人物十八對，

中華書局

擎天柱四，石望柱二。長陵有神功聖德碑，仁宗御撰，在神道正南。南爲紅門，門外石牌坊一。門內有時陟殿，爲車駕更衣之所。永陵稍東有感恩殿，爲駐蹕之所。殿東爲神馬廄。

忌辰

洪武八年四月，仁祖忌日，太祖親詣皇陵致祭。永樂元年，禮部尚書李至剛等奏定，高皇帝忌辰前二日，帝服淺淡色衣，御西角門視事。不鳴鐘鼓，不行賞罰，不舉音樂，禁屠宰。百官淺淡色衣、黑角帶朝參。至日，親祀於奉先殿，仍率百官詣孝陵致祭。高皇后忌辰如之。

宣德四年令，凡遇忌辰，通政司、禮科、兵馬司勿引囚奏事。五年敕百官朝參輟奏事儀。

英宗卽位，召禮臣及翰林院議忌辰禮。大學士楊士奇、楊榮，學士楊溥議：「每歲高廟帝后、文廟帝后、仁宗忌辰，服淺淡色服，不鳴鐘鼓，於奉天門視事。宣宗忌辰，小祥之日，於西角門視事。」從之。

弘治十四年令，凡遇忌辰，朝參官不得服紵絲紗羅衣。景皇帝、恭讓皇后忌辰，遇節令，服青綠花樣。宣宗忌辰，遇祭祀，服紅。十六年八月，吏部尚書馬文升言：「宣德間，仁宗忌

辰，諸司悉免奏事。自太祖至仁宗生忌，俱輟朝。其後不知何時，仁宗忌辰，依前奏事。惟太祖至憲宗忌辰，〔二〕百官淺淡色服、黑角帶。朝廷亦出視朝，鳴鐘鼓，奏事。臣思自仁至憲，世有遠近，服有隆殺。請自仁宗忌辰、英宗生忌日，視朝，鳴鐘鼓。若遇憲宗及孝穆皇太后忌日，不視朝，著淺淡服，進素膳，不預他事。或遵宣宗時例，自太祖至憲宗生忌，俱輟朝一日。憲宗、孝穆忌日，如臣所擬。」帝下禮部議。部臣言：「經傳所載，忌日爲親死之日。則死日爲忌，非謂生辰也。其曰忌日不用，不以此日爲他事也。曰忌日不樂，是不可舉吉事也。此日當專意哀思父母，餘事皆不舉。但先朝事例，迄今見行，未敢更易。」帝乃酌定以淺淡服色視事。

嘉靖七年令，忌辰只祭本位。十八年令，高廟帝后忌辰祭於景神殿，列聖帝后忌辰祭於永孝殿。〔三〕二十四年令，仍祭於奉先殿。

乘輿受蕃國王訃奏儀

凡蕃國王薨，使者訃奏至，於西華門內壬地設御幄，皇帝素服乘輿詣幄。太常卿奏：「某國世子遣陪臣某官某，奏某國王臣某薨。」承制官至使者前宣制曰：「皇帝致問爾某國王某，得何疾而逝？」使者答故。其儀大略如臨王公大臣喪儀，但不舉哀。

凡塞外都督等官訃至，永樂間遣官賫香鈔諭祭。後定例，因其奏請，給與表裏祭文，令攜歸自祭。來京病故者，遣官諭祭或賜棺賜葬。後定年終類奏，遣官祭之。若在邊歿於戰陣者，不拘此例。凡外國使臣病故者，令所在官司賜棺及祭，或欲歸葬者聽。

乘輿爲王公大臣舉哀儀

洪武二年，開平王常遇春卒於軍。訃至，禮官請如宋太宗爲趙普舉哀故事。遂定制，凡王公薨，訃報太常司，示百官，於西華門內壬地設御幄，陳御座，置素褥。設訃者位於前，設百官陪哭位東西向，奉慰位於訃者位北，北向。贊禮二人，位於訃者位之北，引訃者二人，位於贊禮之南，引百官四人，位於陪位之北，皆東西向。其日，備儀仗於奉天門迎駕。皇帝素服乘輿詣幄，樂陳於幄之南，不作。太常卿奏：「某官來訃，某年月日，臣某官以某疾薨，請舉哀。」皇帝哭，百官皆哭。太常卿奏止哭，百官奉慰訖，分班立。訃者四拜退，太常卿奏禮畢。乘輿還宮，百官出。東宮爲王公舉哀儀同，但設幄於東宮西門外，陪哭者皆東宮屬。

乘輿臨王公大臣喪儀

凡王公大臣訃奏，太史監擇皇帝臨喪日期。拱衞司設大次於喪家大門外，設御座於正

廳中。有司設百官次於大次之左右。侍儀司設百官陪立位於廳前左右，引禮四人位於百官之北，東西向。設喪主以下拜位於廳前，主婦以下哭位於殯北幔中。其日，鑾駕至大次，降輅，升輿，入易素服。百官皆易服，先入就廳前，分班侍立。御輿出次。喪主以下免絰去杖，衰服，出迎於大門外。望見乘輿，止哭，再拜，入於門內之西。乘輿入門，將軍四人前導，四人後從。入至正廳，降輿，升詣靈座前，百官班於後。皇帝哭，百官皆哭。太常卿奏止哭，「三上香，三祭酒。出至正廳御座，主喪以下詣廳下拜位，再拜。承制官詣喪主前云「有制」。喪主以下皆跪。宣制訖，皆再拜，退立於廳西。太常卿奏禮畢，皇帝升輿，出就大次，易服。御輿出，喪主以下詣前再拜退。皇帝降輿升輅，喪主杖哭而入。諸儀衞贊唱，大略如常。

其公、侯卒葬輟朝禮，洪武二十三年定。凡公、侯卒於家者，聞喪輟朝三日。下葬，一日。卒於外者，聞喪，一日。柩至京，三日。下葬，仍一日。凡輟朝之日，不鳴鐘鼓，各官淺淡色衣朝參。初制，都督至都指揮卒，輟朝二日。永樂後更定，惟公、侯、駙馬、伯及一品官，輟朝一日。

中宮爲父祖喪儀

中華書局

凡中宮父母薨，訃報太常寺，轉報內使監。前期，設薦於別殿東壁下，爲皇后舉哀位及內命婦以下哭位。皇后出詣別殿，內使監令奏，「考某官以某月某日薨」，母則云「妣某夫人」，祖考、妣同。皇后哭，內命婦以下皆哭盡哀。皇后問故，又哭盡哀。乃素服，內命婦皆素服，止哭，還宮。

內使監令奏聞。得旨：「皇后奔喪。」喪家設薦席於喪寢之東，從臨內命婦哭位於其下，主喪以下哭位於喪寢之西，主婦以下哭位於喪寢之北幔下。至日，內使監進翣車，備儀仗導引。皇后素服出宮，升輿，三面白布行帷。至閤外，降輿，升翣車。至喪家大門內，降車哭入，仍以行帷圍護。從臨者皆哭入。喪主以下，降詣西階下立哭。皇后升自東階，進至尸東，憑尸哭。從臨者皆哭。喪主升自西階，俱哭於尸西。[四]皇后至哭位，內使監令跪請止哭。應奉慰者詣皇后前，奉慰如常禮。如皇后俟成服，則從臨命婦應還者先還。如本日未卽奔喪，則是晡復哭於別殿。尙服製皇后齊衰及從臨命婦孝服，俟喪家成服日進之。詣靈前再拜，上香，復位，再拜。如爲諸王外戚舉哀，仍於別殿南向，不設薦位。

遣使臨弔儀

太常司奉旨遣弔。前期，設宣制位於喪家正廳之北，南向；喪主受弔位於南，北向；婦

人立哭位於殯北幕下。其日，使者至。喪主去杖，免絰衰服，止哭，出迎於中門外。復先入，就廳前拜位。內外止哭，使者入，就位稱有制。喪主以下再拜跪。宣制曰：「皇帝聞某官薨，遣臣某弔。」喪主以下復再拜。禮畢，內外皆哭。使者出，喪主至中門外，拜送，杖哭而入。宮使則稱有令。至遣使賻贈及致奠，其儀節亦相倣云。賻贈之典，一品米六十石，麻布六十匹。二品以五，三品、四品以四，五品、六品以三，公侯則以百。永樂後定制，公、侯、駙馬、伯皆取上裁。凡陣亡者全支，邊遠守禦出征及出海運糧病故半支。

其遣百官會王公大臣喪儀。前期，有司於喪家設位次。其日，百官應會弔者素服至。[五]喪主以下就東階哭位，主婦以下就殯北哭位。百官入，就殯前位哭，主喪主婦以下皆哭。止哭，再拜，主喪以下答拜。班首詣喪主前展慰畢，百官出，喪主拜送，杖哭而入。會葬儀同。

遣使册贈王公大臣儀

前期，禮部奏請製册，翰林院取旨製文，中書省禮部奏請某官爲使。其日，祠祭司設龍亭、香亭於午門前正中。執事於受册者家設宣制官位於正廳之東北，南向；喪主代受册命者位於廳前，北向。禮部官封册文，以盝匣盛之，黃袱裹置龍亭中。儀仗、鼓樂前導，至其家。代受册者出迎於大門外。執事舁龍亭置廳上正中，使者入，立於東北。代受册者就拜

位，再拜。使者稍前，稱「有制」。代受册者跪。宣制曰：「皇帝遣臣某，册贈故某官某爲某勳某爵。」宣訖，代受册者復再拜。使者取册授之，代受册者捧置靈座前。使者出，代受册者送至大門外。如不用册者，吏部用誥命，喪家以册文錄黃，設祭儀於靈前。代受册者再拜，執事者展黃立讀於左。喪主以下皆再拜，焚黃。

賜祭葬

洪武十四年九月，衍聖公孔希學卒，遣官致祭。其後，羣臣祭葬，皆有定制。太祖諭祭羣臣文，多出御筆。嘉靖中，世宗爲禮部尙書席書、兵部尙書李承勛親製祭文。皆特典，非常制也。

隆慶元年十二月，禮部議上卹典條例。

凡官員祭葬，有無隆殺之等，悉遵會典。其特恩，如侍從必日侍講讀、軍功必躬履行陣、東宮官必出閣講授有勞者。[六]據嘉靖中事例，祭葬加一等，無祭者與祭一壇，無葬者給半葬，半葬者給全葬。講讀官五品本身有祭，四品及父母，三品及妻。軍功四品得祭葬，三品未滿及父母。講讀年久、啓沃功多、軍旅身殲、勳勞茂著者，恩卹加厚，臨期請旨。

會典，凡一品官，祭九壇。父母妻加祭，或二壇、一壇，或妻止一壇者，恩難預擬，遇有

陳乞，酌擬上請。二品，二壇。加東宮三少，或兼大學士贈一品者，至四壇，父母妻俱一壇，致仕加三少者加一壇，加太子太保者加三壇，妻未封夫人者不祭。三品祭葬，在任、致仕俱一壇，兼學士贈尙書者二壇，未及考滿病故者一壇減半。造葬悉如舊例。四、五品官不得重封。故四品官由六七品陞者，父母有祭。由五品陞者，以例不重封，遂不得祭。

今定四品官，凡經考滿者，父母雖止授五品封，亦與祭一壇。四品以上官，本身及父母恩典，必由考滿而後得。然有二品、三品共歷四五年，父母未授三品封，終不得霑一祭者，宜並敍年資。二品、三品共歷三年以上者，雖未考三品滿，本身及父母俱與三品祭葬。三品四品，共歷三年以上者，雖未考四品滿，本身用三品未考滿例，祭一壇半，葬父母祭一壇。凡被劾閒住者，雖遇覃恩，復致仕，仍不給祭葬。

勳臣祭葬，皇親出自上裁。駙馬都尉祭十五壇。公、侯、伯在內掌府事坐營、在外總兵有殊勳加太子太保以上者，遵會典。公、侯十六壇，伯十五壇，掌府坐營總兵有勳勞者七壇，掌府坐營年勞者五壇，掌府坐營而政蹟未著者四壇，管事而被劾勘明閒住者二壇，被劾未經勘實者一壇。勘實罪重者，并本爵應得祭葬皆削。

又正德間，公、侯、伯本祭俱三壇，嘉靖間二壇。今遵嘉靖例，以復會典之舊。武臣祭葬，遵正德、嘉靖例，都督同知僉事、錦衣衛指揮祭三壇，署都督同知僉事一壇，餘推類行

中華書局

之。

帝從其議。

萬曆六年更定，凡致仕養病終養聽用等官，祭葬俱與現任官同。十二年續定，被劾自陳致仕官，有日久論定原無可議者，仍給祭葬，父母妻視本身爲差等。

喪葬之制

洪武五年定。凡襲衣，三品以上三，四品、五品二，六品以下一。飯含，五品以上飯稷含珠，九品以上飯粱含小珠。銘旌，絳帛，廣一幅，四品以上長九尺，六品以上八尺，九品以上七尺。斂衣，品官朝服一襲，常服十襲，衾十番。靈座設於柩前，用白絹結魂帛以依神。棺椁，品官棺用油杉朱漆，椁用土杉。牆翣，公、侯六，三品以上四，五品以上二。明器，公、侯九十事，一品、二品八十事，三品、四品七十事，五品六十事，六品、七品三十事，八品、九品二十事。引者，引車之紼也；披者，以纁爲之，繫於輀車四柱，在旁執之，以備傾覆者也；鐸者，以銅爲之，所以節挽歌者。公、侯四引六披，左右各八鐸。一品、二品三引四披，左右各六鐸。三品、四品二引二披，左右各四鐸。五品以下，二引二披，左右各二鐸。羽旛竿長九尺，五

品以上，一人執之以引柩，六品以下不用。功布，品官用之，長三尺。方相，四品以上四目，七品以上兩目，八品以下不用。

柳車上用竹格，以綵結之，旁施帷幔，四角重流蘇。誌石二片，品官皆用之。其一爲蓋，書某官之墓；其一爲底，書姓名、鄉里、三代、生年、卒葬月日及子孫、葬地。婦人則隨夫與子孫封贈。二石相向，鐵束埋墓中。祭物，四品以上羊豕，九品以上豕。

初，洪武二年敕葬開平王常遇春於鍾山之陰，給明器九十事，納之墓中。鉦二，鼓四，紅旗、拂子各二，紅羅蓋、鞍、籠各一，弓二，箭三，竈、釜、火爐各一，俱以木爲之。水罐、甲、頭盔、臺盞、杓、壺、瓶、酒甕、唾壺、水盆、香爐各一，燭臺二，香盒、香匙各一，香筯二，香匙筯瓶、茶鍾、茶盞各一，筯二，匙二，匙筯瓶一，椀二，楪十二，橐二，俱以錫造，金裹之。班劍、牙仗各一，金裹立瓜、骨朶戟、響節各二，交椅、脚踏、馬杌各一，誕馬六，槍、劍、斧、弩、食桌、牀、屏風、拄杖、箱、交牀、香桌各一，樏二，俱以木爲之。樂工十六，執儀仗二十四，控士六，女使十，靑龍、白虎、朱雀、玄武神四，門神二，武士十，并以木造，各高一尺。雜物，翣六，璧一，筐、笥、褌、椸、衿、鞶各一，筲二，筲二，糧漿瓶二，油瓶一，紗廚、煖帳各一。束帛靑三段，纁二段，每段長一丈八尺。後定制，公、侯九十事者准此行之。餘以次減殺。

碑碣

明初，文武大臣薨逝，例請於上，命翰林官製文，立神道碑。惟太祖時中山王徐達、成祖時榮國公姚廣孝及弘治中昌國公張巒治先塋，皆出御筆。其制，自洪武三年定。五品以上用碑，龜趺螭首。六品以下用碣，方趺圓首。五年復詳定其制。功臣歿後封王，螭首高三尺二寸，碑身高九尺，廣三尺六寸，龜趺高三尺八寸。一品螭首，二品麟鳳蓋，三品天祿辟邪蓋，四品至七品方趺。首視功臣歿後封王者，遞殺二寸，至一尺八寸止。碑身遞殺五寸，至五尺五寸止。其廣遞殺二寸，至二尺二寸止。趺遞殺二寸，至二尺四寸止。

墳塋之制，亦洪武三年定。一品，塋地周圍九十步，墳高一丈八尺。二品，八十步，高一丈四尺。三品，七十步，高一丈二尺。以上石獸各六。四品，四十步。七品以下二十步，高六尺。五年重定。功臣歿後封王，塋地周圍一百步，墳高二丈，四圍墳牆高一丈，石人四，文武各二，石虎、羊、馬、石望柱各二。一品至六品塋地如舊制，七品加十步。一品墳高一丈八尺，二品至七品遞殺二尺。一品墳牆高九尺，二品至四品遞殺一尺，五品四尺。一品、二品石人二，文武各一，虎、羊、馬、望柱各二。三品四品無石人，五品無石虎，六品以下無。

當太祖時，盱眙揚王墳置守戶二百一十，宿州徐王墳置墳戶九十三，滁州滁陽王墳亦

置墳戶。四年又賜功臣李善長、徐達、常茂、馮勝墳戶百五十，鄧愈、唐勝宗、陸仲亨、華雲龍、顧時、陳德、耿炳文、吳楨、孫恪、郭興墳戶百。成化十五年，南京禮部言：「常遇春、李文忠等十四人勳臣墳墓，俱在南京城外，文忠曾孫蕚等，以歲久頹壞爲言，請命工修治。」帝可其奏，且令無子孫者，復墓旁一人守護之。

賜諡

親王例用一字，郡王二字，文武大臣同。與否，自上裁。若官品未高而侍從有勞，或以死勤事者，特賜諡，非常例。洪武初，有應得諡者，禮部請旨，令禮部行翰林院擬奏。弘治十五年定制，凡親王薨，行撫、按，郡王病故，行本府親王及承奉長史，覈勘以奏，乃議諡。文武大臣請諡，禮部取旨，行吏兵部考實蹟。禮部定三等，行業俱優者爲上，頗可者爲中，行實無取者爲下，送翰林院擬諡。有應諡而未得者，撫、按、科道官以聞。

按明初舊制，諡法自十七字至一字，各有等差。然終高帝世，文臣未嘗得諡，武臣非贈侯伯不可得。魯、秦二王曰荒、曰愍。至建文諡王褘，成祖諡胡廣，文臣始有諡。迨世宗則濫及方士，且加四字矣。定例，三品得諡，詞臣諡「文」。然亦有得諡不止三品，諡「文」不專詞臣者，或以勳勞，或以節義，或以望實，破格崇褒，用示激勸。其冒濫者，亦間有之。

中華書局

二十四史

萬曆元年，禮臣言：「大臣應得謚者，宜廣詢嚴覈。應謚而未請者，不拘遠近，撫、按、科道舉奏，酌議補給。」十二年，禮臣言：「大臣謚號，必公論允服，毫無瑕疵者，具請上裁。如行業平常，卽官品雖崇，不得概予。」帝皆從之。三十一年，禮部侍郎郭正域請嚴謚典。議奪者四人，許論、黃光昇、呂本、范謙；應奪而改者一人，陳瓚；補者七人，伍文定、吳悌、魯穆、楊繼宗、鄒智、楊源、陳有年。閣臣沈一貫、朱賡力庇呂本，不從其議。未幾，御史張邦俊請以呂柟從祀孔廟，而論應補謚者，雍泰、魏學曾等十四人。部議久之，共彙題先後七十四人，留中不發。

天啓元年始降旨俞允，又增續請者十人，而邦俊原請九人不與。正域所請伍文定等亦至是始定。凡八十四人。其官卑得謚者，鄒智、劉臺、魏良弼、周天佐、楊允繩、沈鍊、楊源、黃鞏、楊愼、周怡、莊㫤、馮應京皆以直諫，孟秋、張元忭、曹端、賀欽、陳茂烈、馬理、陶望齡皆以學行，張銓以忠義，李夢陽以文章，魯穆、楊繼宗、張朝瑞、朱冠、傅新德、張允濟皆以淸節，楊愼之文憲，莊㫤之文節，則又兼論文學云。

三年，禮部尚書林堯俞言：「謚典五年一舉，自萬曆四十五年至今，蒙恤而未謚者，九卿臺省會議與臣部酌議。」帝可之。然是時，遲速無定。六年，禮科給事中彭汝楠言：「耳目近則覩記眞，宜勿逾五年之限。」又謂：「三品以上爲當予謚，而建文諸臣之忠義，陶安等之參

帷幄，葉琛等之殉行間，皆宜補謚。」事下禮部，以建文諸臣未易輕擬，不果行。至福王時，始從工科給事中李淸言，追謚開國功臣李善長等十四人，正德諫臣蔣欽等十四人，天啓慘死諸臣左光斗等九人，而建文帝之弟允熥、允熞、允熙，子文奎，亦皆因淸疏追補。

品官喪禮〔七〕

品官喪禮載在集禮、會典者，本之儀禮士喪，稽諸唐典，又參以朱子家禮之編，通行共曉。茲舉大要，其儀節不具錄。

凡初終之禮，疾病，遷於正寢。屬纊，俟絕氣乃哭。立喪主、主婦，護喪以子孫賢能者。〔八〕治棺訃告。設尸牀、帷堂，掘坎。設沐具，沐者四人，六品以下三人，乃含。〔九〕置虛座，結魂帛，立銘旌。喪之明日乃小斂，又明日大斂，蓋棺，設靈牀於柩東。又明日，五服之人各服其服，然後朝哭相弔。旣成服，朝夕奠，百日而卒哭。乃擇地，三月而葬。告后土，遂穿壙。刻誌石，造明器，備大轝，作神主。旣發引，至墓所，乃窆。施銘旌誌石於壙內，掩壙復土，乃祠后土於墓。題主，奉安。升車，反哭。

凡虞祭，葬之日，日中而虞，柔日再虞，剛日三虞。若去家經宿以上，則初虞於墓所行之。墓遠，途中遇柔日，亦於館所行之。若三虞，必俟至家而後行。三虞後，遇剛日卒哭。

明日祔家廟。期而小祥。喪至此凡十三月，不計閏。古卜日祭，今止用初忌，喪主乃易練服。再期而大祥。喪至此凡二十五月，亦止用第二忌日祭。陳禫服，告遷於祠堂。改題神主，遞遷而西，奉神主入於祠堂。徹靈座，奉遷主埋於墓側。大祥後，間一月而禫。喪至此計二十有七月。卜日，喪主禫服詣祠堂，祗薦禫事。

其在遠聞喪者，始聞，易服，哭而行。至家，憑殯哭，四日而成服。若未得行，則設位，四日而變服。若旣葬，則先哭諸墓，歸詣靈座前哭，四日成服。齊衰以下聞喪，爲位而哭。若奔喪，則至家成服。若不奔喪，四日成服。凡有改葬者，孝子以下及妻、妾、女子子，俱緦麻服，周親以下素服。不設祖奠，無反哭，無方相魌頭，餘如常葬之儀。旣葬，就吉帷靈座前一虞。孝子以下，出就別所，釋緦服素服而還。

洪武二十六年四月除期服奔喪之制。先是百官聞祖父母、伯叔、兄弟喪，俱得奔赴。至是吏部言：「祖父母、伯叔、兄弟皆係期年服。若俱令奔喪守制，或一人連遭五六期喪，或道路數千里，則居官日少，更易繁數，曠官廢事。今後除父母、祖父母承重者丁憂外，其餘期喪不許奔，但遣人致祭。」從之。

士庶人喪禮

集禮及會典所載，大略倣品官制，稍有損益。

洪武元年，御史高元侃言：〔一〇〕「京師人民，循習舊俗。凡有喪葬，設宴，會親友，作樂娛尸，竟無哀戚之情，甚非所以爲治。乞禁止以厚風化。」乃令禮官定民喪服之制。

五年詔定：「庶民襲衣一稱，用深衣一、大帶一、履一雙，裙袴衫襪隨所用。飯用粱，含錢三。銘旌用紅絹五尺。斂隨所有，衣衾及親戚襚儀隨所用。〔一一〕棺用堅木，油杉爲上，柏次之，土杉松又次之。用黑漆、金漆，不得用硃紅。明器一事。功布以白布三尺引柩。〔一二〕柳車以衾覆棺。誌石二片，如官之儀。塋地圍十八步。祭用豕，隨家有無。」

又詔：「古之喪禮，以哀戚爲本，治喪之具，稱家有無。近代以來，富者奢僭犯分，力不足者稱貸財物，誇耀殯送，及有惑於風水，停柩經年，不行安葬。宜令中書省臣集議定制，頒行遵守，違者論罪。」又諭禮部曰：「古有掩骼埋胔之令，近世狃元俗，死者或以火焚，而投其骨於水。傷恩敗俗，莫此爲甚。其禁止之。若貧無地者，所在官司擇寬閑地爲義塚，俾之葬埋。或有宦遊遠方不能歸葬者，官給力費以歸之。」

服紀

明初頒大明令，凡喪服等差，多因前代之舊。洪武七年，孝慈錄成，復圖列於大明令，

中華書局

刊示中外。

先是貴妃孫氏薨，敕禮官定服制。禮部尚書牛諒等奏曰：「周儀禮，父在，爲母服期年，若庶母則無服。」太祖曰：「父母之恩一也，而低昂若是，不情甚矣。」乃敕翰林院學士宋濂等曰：「養生送死，聖王大政。諱亡忌疾，衰世陋俗。三代喪禮散失於衰周，厄於暴秦。漢、唐以降，莫能議此。夫人情無窮，而禮爲適宜。人心所安，卽天理所在。爾等其考定喪禮。」於是濂等考得古人論服母喪者凡四十二人，願服三年者二十八人，服期年者十四人。太祖曰：「三年之喪，天下通喪。觀願服三年，視願服期年者倍，豈非天理人情之所安乎？」乃立爲定制。子爲父母，庶子爲其母，皆斬衰三年。嫡子、衆子爲庶母，皆齊衰杖期。仍命以五服喪制，幷著爲書，使內外遵守。其制服五。曰斬衰，以至粗麻布爲之，不縫下邊。曰齊衰，以稍粗麻布爲之，縫下邊。曰大功，以粗熟布爲之。曰小功，以稍粗熟布爲之。曰緦麻，以稍細熟布爲之。

其敍服有八。曰斬衰三年者：子爲父母，庶子爲所生母，子爲繼母，子爲慈母，謂母卒父命他妾養己者，子爲養母，謂自幼過房與人者；女在室爲父母，女嫁被出而反在室爲父母；嫡孫爲祖父母承重及曾高祖父母承重者；爲人後者爲所後父母，及爲所後祖父母承重；夫爲後則妻從服，婦爲舅姑；庶子之妻爲夫之所生母；妻妾爲夫。

曰齊衰杖期者：嫡子衆子爲庶母，嫡子衆子之妻爲夫之庶母，爲嫁母、出母、父卒繼母改嫁而己從之者；夫爲妻。

曰齊衰不杖期者：父母爲嫡長子及衆子，父母爲女在室者，繼母爲長子及衆子，慈母爲長子及衆子；孫爲祖父母，孫女雖適人不降，高曾皆然；爲伯叔父母；妾爲夫之長子及衆子，爲所生子；爲兄弟，爲兄弟之子及兄弟之女在室者，爲姑及姊妹在室者；妾爲嫡妻；嫁母、出母爲其子；女在室及雖適人而無夫與子者，爲其兄弟及兄弟之子；繼母改嫁爲前夫之子從己者；爲繼父同居兩無大功之親者；婦人爲夫親兄弟之子，婦人爲夫親兄弟子女在室者；女出嫁爲父母；妾爲其父母；爲人後者爲其父母；女適人爲兄弟之爲父後者；祖爲嫡孫；父母爲長子婦。

曰齊衰五月者：爲曾祖父母。

曰齊衰三月者：爲高祖父母，爲繼父昔同居而今不同者，爲繼父雖同居而兩有大功以上親者。

曰大功九月者：爲同堂兄弟及姊妹在室者，爲姑及姊妹及兄弟之女出嫁者；父母爲衆子婦，爲女之出嫁者；祖爲衆孫；爲兄弟之子婦；婦人爲夫之祖父母，爲夫之伯叔父母，爲夫之兄弟之子婦，爲夫兄弟之女嫁人者；女出嫁爲本宗伯叔父母，及爲兄弟與兄弟之子，爲

姑姊妹及兄弟之女在室者；爲人後者爲其兄弟及姑姊妹在室者；妻爲夫本生父母；爲兄弟之子爲人後者。

曰小功五月者：爲伯叔祖父母，爲同堂伯叔父母，爲再從兄弟及再從姊妹在室者，爲同堂兄弟之子，爲祖姑在室者，爲從祖姑在室者，爲同堂兄弟之女在室者，爲兄弟之妻；爲人後者爲其姑姊妹適人者；爲嫡孫婦，爲同堂姊妹之出嫁者，爲孫女適人者，爲兄弟之孫及兄弟之女孫在室者，爲外祖父母，爲母之兄弟姊妹，爲同母異父之兄弟姊妹，爲姊妹之子；婦人爲夫之姑及夫之姊妹，爲夫之兄弟及夫兄弟之妻，爲夫兄弟之孫及夫兄弟之女孫在室者，爲夫同堂兄弟之子及同堂兄弟之女在室者。

曰緦麻三月者：爲族曾祖父母，爲族伯叔祖父母，爲族父母，爲族兄弟及族姊妹在室者，爲族曾祖姑在室者，爲族祖姑及族姑在室者，爲兄弟之曾孫，女在室同，爲曾孫玄孫，爲同堂兄弟之孫，女在室同，爲再從兄弟之子，女在室同，爲祖姑、從祖姑及從祖姊妹之出嫁者，爲兄弟之孫女出嫁者，爲同堂兄弟之女出嫁者，爲乳母，爲舅之子，爲姑之子，爲姨之子，爲外孫，爲壻，爲妻之父母，爲兄弟孫之婦，爲同堂兄弟子之婦，爲同堂兄弟之妻，爲外孫婦，爲甥婦；婦人爲夫之曾祖、高祖父母，爲夫之叔伯祖父母，爲夫之同堂伯叔父母，爲夫兄弟之曾孫，爲夫之同堂兄弟，爲夫同堂兄弟之孫，孫女同，爲夫再從兄弟之子，爲夫兄弟

之孫婦，爲夫同堂兄弟子之婦，爲夫同堂兄弟之妻，爲夫同堂姊妹，爲夫之外祖父母，爲夫之舅及姨，爲夫之祖姑及從祖姑在室者；女出嫁爲本宗叔伯祖父母，爲本宗同堂叔伯父母，爲本宗同堂兄弟之子女，爲本宗祖姑及從祖姑在室者，爲本宗同堂姊妹之出嫁者；爲人後者爲本生外祖父母。

嘉靖十八年正月諭輔臣：「昨居喪理疾，閱禮記檀弓等篇，其所著禮儀制度俱不歸一，又不載天子全儀。雖曰『三年之喪，通乎上下』，而今昔亦有大不同者。皇祖所定，未有全文，每遇帝后之喪，亦未免因仍爲禮。至於冠裳衰絰，所司之製不一，其與禮官考定之。自初喪至除服，冠裳輕重之製具爲儀節，俾歸至當。」於是禮部議喪服諸制奏之。帝令更加考訂，畫圖註釋，並祭葬全儀，編輯成書備覽。

校勘記

〔一〕各設神宮監幷衞及祠祭署　神宮監，原作「神官監」，據明史稿志四二禮志改。

〔二〕惟太祖至憲宗忌辰　太祖，原作「太宗」，據明史稿志四二禮志、孝宗實錄卷二〇二弘治十六年八月戊戌條改。下文「太祖至憲宗生忌」，太祖，原亦作「太宗」，並據孝宗實錄改。

〔三〕列聖帝后忌辰祭於永孝殿　永孝殿，原作「永思殿」，據明史稿志四二禮志、世宗實錄卷二二四

中華書局

嘉靖十八年五月己亥條改。

〔四〕倶哭於尸西　尸，原作「柩」。按此與上文「進至尸東，憑尸哭」句相應，據明史稿志四二禮志改。

〔五〕百官應會弔者素服至　至，原作「立」，據明史稿志四二禮志改。

〔六〕東宮官必出閤講授有勞者　閤，原作「閣」，據本書卷五五禮志東宮出閤講學儀改。

〔七〕品官喪禮　原無此標題，據卷目增。

〔八〕立喪主主婦護喪以子孫賢能者　立，原脱；子孫，原作「子弟」，據明史稿志四二禮志、明會典卷九九補改。

〔九〕乃含　明會典卷九九作「乃沐乃含」，意較完足。

〔一〇〕御史高元侃言　高元侃，明史稿志四二禮志、太祖實録卷三四洪武元年十二月庚午條作「高原侃」。

〔一一〕斂隨所有衣衾及親戚襚儀隨所用　隨所有，原作「隨所用」，當涉下「隨所用」而誤。據明史稿志四二禮志、太祖實録卷七四洪武五年六月丙申條改。

〔一二〕功布以白布三尺引柩　原脱「以」字，據明史稿志四二禮志、太祖實録卷七四洪武五年六月丙申條、明會典卷一〇〇補。

明史卷六十一

志第三十七

樂一

古先聖王，治定功成而作樂，以合天地之性，類萬物之情，天神格而民志協。蓋樂者，心聲也，君心和，六合之內無不和矣。是以樂作於上，民化於下。秦、漢而降，斯理浸微，聲音之道與政治不相通，而民之風俗日趨於靡曼。明興，太祖銳志雅樂。是時，儒臣冷謙、陶凱、詹同、宋濂、樂韶鳳輩皆知聲律，相與究切釐定。而掌故闊略，欲還古音，其道無由。太祖亦方以下情偷薄，務嚴刑以束之，其於履中蹈和之本，未暇及也。文皇帝訪問黃鍾之律，臣工無能應者。英、景、憲、孝之世，宮縣徒爲具文。殿廷燕享，郊壇祭祀，教坊羽流，慢瀆苟簡，劉翔、胡瑞爲之深慨。世宗制作自任，張鶚、李文察以審音受知，終以無成。蓋學士大夫之著述止能論其理，而施諸五音六律輒多未協，樂官能紀其鏗鏘鼓舞而不曉其義，

是以卒世莫能明也。稽明代之制作，大抵集漢、唐、宋、元人之舊，而稍更易其名。凡聲容之次第，器數之繁縟，在當日非不燦然倶舉，第雅俗雜出，無從正之。故備列於篇，以資考者。

太祖初克金陵，即立典樂官。其明年置雅樂，以供郊社之祭。吳元年命自今朝賀，不用女樂。先是命選道童充樂舞生，至是始集。太祖御戟門，召學士朱升、范權引樂舞生入見，閱試之。太祖親擊石磬，命升辨五音。升不能審，以宮音爲徵音。太祖哂其誤，命樂生登歌一曲而罷。是年置太常司，其屬有協律郎等官。元末有冷謙者，知音，善鼓瑟，以黃冠隱吳山。召爲協律郎，令協樂章聲譜，俾樂生習之。取石靈璧以製磬，採桐梓湖州以製琴瑟。乃考正四廟雅樂，命謙較定音律及編鐘、編磬等器，遂定樂舞之制。樂生仍用道童，舞生改用軍民俊秀子弟。又置教坊司，掌宴會大樂。設大使、副使、和聲郎，左、右韶樂，左、右司樂，皆以樂工爲之。後改和聲郎爲奉鑾。

洪武元年春親祭太社、太稷。夏祫享於太廟。〔一〕其冬祀昊天上帝於圜丘。明年祀皇地祇於方丘，又以次祀先農、日月、太歲、風雷、嶽瀆、周天星辰、歷代帝王、至聖文宣王，皆

中華書局

定樂舞之數，奏曲之名。

圜丘。迎神，奏中和之曲。奠玉帛，奏肅和之曲。奉牲，奏凝和之曲。初獻，奏壽和之曲，武功之舞。亞獻，奏豫和之曲。終獻，奏熙和之曲，俱文德之舞。徹豆，奏雍和之曲。送神，奏安和之曲。望燎，奏時和之曲。方丘並同，曲詞各異，易望燎曰望瘞。太社太稷，易迎神曰廣和，省奉牲，餘並與方丘同，曲詞各異。

先農。迎神、奠帛，奏永和之曲。進俎，奏雍和之曲。初獻、終獻，並奏壽和之曲。徹豆、送神，並奏永和之曲。望瘞，奏太和之曲。

朝日。迎神，奏熙和之曲。奠玉帛，奏保和之曲。初獻，奏安和之曲，武功之舞。亞獻，奏中和之曲，終獻，奏肅和之曲，俱文德之舞。徹豆，奏凝和之曲。送神，奏壽和之曲。望燎，奏豫和之曲。夕月，迎神易凝和，奠帛以下與朝日同，曲詞各異。

太歲、風雷、嶽瀆。迎神，奏中和。奠帛，奏安和。初獻，奏保和。亞獻，奏肅和。終獻，奏凝和。徹豆，奏壽和。送神，奏豫和。望燎，奏熙和。

周天星辰，初附祀夕月，洪武四年別祀。迎神，奏凝和。奠帛、初獻，奏保和，武功舞。亞獻，奏中和，終獻，奏肅和，俱文德舞。徹豆，奏豫和。送神，奏雍和。

太廟。迎神，奏太和之曲。奉册寶，奏熙和之曲。進俎，奏凝和之曲。初獻，奏壽和之

曲，武功之舞。亞獻，奏豫和之曲，終獻，奏熙和之曲，俱文德之舞。徹豆，奏雍和之曲。送神，奏安和之曲。初獻則德、懿、熙、仁各奏樂舞，亞、終獻則四廟共之。

釋奠孔子，初用大成登歌舊樂。洪武六年始命詹同、樂韶鳳等更製樂章。迎神，奏咸和。奠帛，奏寧和。初獻，奏安和。亞獻、終獻，奏景和。徹饌、送神，奏咸和。

歷代帝王。迎神，奏雍和。奠帛、初獻，奏保和，武功舞。亞獻，奏中和，終獻，奏肅和，俱文德舞。徹豆，奏凝和。送神，奏壽和。望瘞，奏豫和。

又定王國祭祀樂章。迎神，奏太清之曲。初獻，奏壽清之曲。亞獻，奏豫清之曲。終獻，奏熙清之曲。徹饌，奏雍清之曲。送神，奏安清之曲。其社稷山川，易迎神爲廣清，增奉瘞曰時清。

此祭祀之樂歌節奏也。

洪武三年又定朝會宴饗之制。〔三〕

凡聖節、正旦、冬至、大朝賀，和聲郎陳樂於丹墀百官拜位之南，北向。駕出，仗動。和聲郎舉麾，奏飛龍引之曲，樂作，陞座。樂止，偃麾。百官拜，奏風雲會之曲，拜畢，樂止。丞相上殿致詞，奏慶皇都之曲，致詞畢，樂止。百官又拜，奏喜昇平之曲，拜畢，樂止。駕

興，奏賀聖朝之曲，還宮，樂止。百官退，和聲郎、樂工以次出。

凡宴饗，和聲郎四人總樂舞，二人執麾，立樂工前之兩旁；二人押樂，立樂工後之兩旁。殿上陳設畢，和聲郎執麾由兩階升，立於御酒案之左右；二人引歌工、樂工由兩階升，立於丹陛上之兩旁，東西向。舞師二人執旌，引武舞士立於西階下之南；又二人執翿，引文舞士立於東階下之南；又二人執幢，引四夷舞士立於武舞之西南；俱北向。武舞曰平定天下之舞，象以武功定禍亂也；文舞曰車書會同之舞，象以文德致太平也；四夷舞曰撫安四夷之舞，象以威德服遠人也。引大樂二人，執戲竹，引大樂工陳列於丹陛之西，文武二舞樂工列於丹陛之東，四夷樂工列於四夷舞之北，俱北向。駕將出，仗動，大樂作。升座，樂止。進第一爵，和聲郎舉麾，唱奏起臨濠之曲。引樂二人引歌工、樂工詣酒案前，北面，重行立定。奏畢，偃麾，押樂引衆工退。第二，奏開太平之曲。第三，奏安建業之曲。第四，奏削羣雄之曲。第五，奏平幽都之曲。第六，奏撫四夷之曲。第七，奏定封賞之曲。第八，奏大一統之曲。第九，奏守承平之曲。其舉麾、偃麾，歌工、樂工進退，皆如前儀。進第一次膳，和聲郎舉麾，唱奏飛龍引之樂，大樂作。食畢，樂止，偃麾。第二，奏風雲會之樂。第三，奏慶皇都之樂。第四，奏平定天下之舞。第五，奏賀聖朝之樂。第六，奏撫安四夷之舞。第七，奏九重歡之樂。第八，奏車書會同之舞。第九，奏萬年春之樂。其舉麾、偃麾如前儀。九奏三

舞既畢，駕興，大樂作。入宮，樂止，和聲郎執麾引衆工以次出。

宴饗之曲，後凡再更。四年所定，一曰本太初，二曰仰大明，三曰民初生，四曰品物亨，五曰御六龍，六曰泰階平，七曰君德成，八曰聖道行，九曰樂清寧。其詞，詹同、陶凱所製也。十五年所定，一曰炎精開運，二曰皇風，三曰眷皇明，四曰天道傳，五曰振皇綱，六曰金陵，七曰長楊，八曰芳醴，九曰駕六龍。

凡大朝賀，教坊司設中和韶樂於殿之東西，北向；陳大舞於丹陛之東西，亦北向。駕興，中和韶樂奏聖安之曲。陞座進寶，樂止。百官拜，大樂作。拜畢，樂止。進表，大樂作。進訖，樂止。宣表目，致賀訖，百官俯伏，大樂作。拜畢，樂止。宣制訖，百官舞蹈山呼，大樂作。拜畢，樂止。駕興，中和韶樂奏定安之曲，導駕至華蓋殿，樂止。百官以次出。

其大宴饗，教坊司設中和韶樂於殿內，設大樂於殿外，立三舞雜隊於殿下。駕興，大樂作。陞座，樂止。文武官入列於殿外，北向拜，大樂作。拜畢，樂止。進御筵，樂作。進訖，樂止。進花，樂作。進訖，樂止。進第一爵，教坊司奏炎精開運之曲，樂作。內外官拜畢，樂止。散花，樂作。散訖，樂止。第二爵，教坊司奏皇風之曲。樂止，進湯。鼓吹饗節前導至殿外，鼓吹止，殿上樂作。羣臣湯饌成，樂止。武舞入，教坊司請奏平定天下之舞。第三爵，教坊司請奏眷皇明之曲，進酒如前儀。樂止，教坊司請奏撫安四夷之舞。第四爵，奏天

道傳之曲，進酒進湯如前儀。樂止，奏車書會同之舞。第五爵，奏振皇綱之曲，進酒如前儀。樂止，奏百戲承應。第六爵，奏金陵之曲，進酒進湯如前儀。樂止，奏八蠻獻寶承應。第七爵，奏長楊之曲，進酒如前儀。樂止，奏採蓮隊子承應。第八爵，奏芳醴之曲，進酒進湯如前儀。樂止，奏魚躍於淵承應。第九爵，奏駕六龍之曲，進酒如前儀。樂止，收爵。進湯，進大膳，樂作。供羣臣飯食訖，樂止，百花隊舞承應。宴成徹案。羣臣出席，北向拜，樂作。拜畢，樂止。駕興，大樂作，鳴鞭，百官以次出。

此朝賀宴饗之樂歌節奏也。

其樂器之制，郊丘廟社，洪武元年定。樂工六十二人，編鐘、編磬各十六，琴十，瑟四，搏拊四，柷敔各一，壎四，篪四，簫八，笙八，笛四，應鼓一；歌工十二；協律郎一人執麾以引之。七年復增籥四，鳳笙四，壎用六，搏拊用二，共七十二人。舞則武舞生六十二人，引舞二人，各執干戚；文舞生六十二人，引舞二人，各執羽籥；舞師二人執節以引之。共一百三十人。惟文廟樂生六十人，編鐘、編磬各十六，琴十，瑟四，搏拊四，柷敔各一，壎四，篪四，簫八，笙八，笛四，大鼓一；歌工十。六年鑄太和鐘。其制，倣宋景鐘。以九九爲數，高八尺一寸。拱以九龍，柱以龍簴，建樓於圜丘齋宮之東北，縣之。郊祀，駕動則鐘聲作。升

壇，鐘止，衆音作。禮畢，升輦，鐘聲作。俟導駕樂作，乃止。十七年改鑄，減其尺十之四焉。

朝賀。洪武三年定丹陛大樂：簫四，笙四，箜篌四，方響四，頭管四，龍笛四，琵琶四，箏六，杖鼓二十四，大鼓二，板二。二十六年又定殿中韶樂：簫十二，笙十二，排簫四，〔三〕橫笛十二，壎四，篪四，琴十，瑟四，編鐘二，編磬二，應鼓二，柷一，敔一，搏拊二。丹陛大樂：戲竹二，簫十二，笙十二，笛十二，頭管十二，箏八，琵琶八，二十弦八，方響二，鼓二，拍板八，杖鼓十二。命婦朝賀中宮，設女樂：戲竹二，簫十四，笙十四，笛十四，頭管十四，箏十，琵琶八，二十弦八，方響六，鼓五，拍板八，杖鼓十二。正旦、冬至、千秋凡三節。其後太皇太后、皇太后並用之。朔望朝參：戲竹二，簫四，笙四，笛四，頭管四，箏二，琵琶二，二十弦二，方響一，鼓一，拍板二，杖鼓六。

大宴。洪武元年定殿內侑食樂：簫六，笙六，歌工四。丹陛大樂：戲竹二，簫四，笙四，琵琶六，箏六，箜篌四，方響四，頭管四，龍笛四，杖鼓二十四，大鼓二，板二。文武二舞樂器：笙二，橫管二，箏二，杖鼓二，大鼓一，板一。四夷舞樂：腰鼓二，琵琶二，胡琴二，箜篌二，頭管二，羌笛二，箏二，水盞一，板一。二十六年又定殿內侑食樂：柷一，敔一，搏拊一，琴四，瑟二，簫四，笙四，笛四，壎二，篪二，排簫一，鐘一，磬一，應鼓一。丹陛大樂：戲竹二，簫四，

笙四，笛二，頭管二，琵琶二，箏二，二十弦二，方響二，杖鼓八，鼓一，板一。迎膳樂：戲竹二，笙二，笛四，頭管二，箏二，杖鼓十，鼓一，板一。進膳樂：笙二，笛二，杖鼓八，鼓一，板一。太平清樂：笙四，笛四，頭管二，箏四，方響一，杖鼓八，小鼓一，板一。

樂工舞士服色之制。郊廟，洪武元年定；朝賀，洪武三年定。文武兩舞：武舞士三十二人，左干右戚，四行，行八人，舞作發揚蹈厲坐作擊刺之狀，舞師二人執旌以引之；文舞士三十二人，左籥右翟，四行，行八人，舞作進退舒徐揖讓升降之狀，舞師二人執翿以引之。四夷之舞：舞士十六人，四行，行四人，舞作拜跪朝謁喜躍俯伏之狀，舞師二人執幢以引之。

此祭祀朝賀之樂舞器服也。

當太祖時，前後稍有增損。樂章之鄙陋者，命儒臣易其詞。二郊之作，太祖所親製。後改合祀，其詞復更。太社稷奉仁祖配，亦更製七奏。嘗諭禮臣曰：「古樂之詩，章和而正。後世之詩，章淫以誇。故一切諛詞艷曲皆棄不取。」嘗命儒臣撰回鑾樂歌，所奏神降祥、神貺、酣酒、色荒、禽荒諸曲，凡三十九章，命曰御鑾歌，皆寓諷諫之意。然當時作者，惟務明達易曉，非能如漢、晉間詩歌，鏗鏘雅健，可錄而誦也。殿中韶樂，其詞出於教坊俳優，多乖雅道。十二月樂歌，按月律以奏，及進膳、迎膳等曲，皆用樂府、小令、雜劇爲娛戲。流俗諠

譊，淫哇不逞。太祖所欲屏者，顧反設之殿陛間不爲怪也。

永樂十八年，北京郊廟成。其合祀合享禮樂，一如舊制。更定宴饗樂舞：初奏上萬壽之曲，平定天下之舞；二奏仰天恩之曲，撫四夷之舞；三奏感地德之曲，車書會同之舞；四奏民樂生之曲，表正萬邦之舞；五奏感皇恩之曲，天命有德之舞；六奏慶豐年之曲；七奏集禎應之曲；八奏永皇圖之曲；九奏樂太平之曲。奏曲膚淺，舞曲益下俚。景泰元年，助教劉翔上書指其失。請敕儒臣推演道德教化之意，君臣相與之樂，作爲詩章，協以律呂，如古靈臺、辟雍、清廟、湛露之音，以振勵風教，備一代盛典。時以襲用既久，卒莫能改。其後教坊司樂工所奏中和韶樂，且多不諧者。成化中，禮官嘗請三倍其額，博教而約取之。

弘治之初，孝宗親耕耤田，教坊司以雜劇承應，間出狎語。都御史馬文升厲色斥去。給事中胡瑞嘗言：「御殿受朝，典禮至大，而殿中中和韶樂乃屬之教坊司，嶽鎮海瀆，三年一祭，乃委之神樂觀樂舞生，褻神明，傷大體。望敕廷臣議，嶽瀆等祭，當以縉紳從事。中和韶樂，擇民間子弟肄習，設官掌之。年久，則量授職事。」帝以奏樂遣祭，皆國朝舊典，不能從也。馬文升爲尚書，因災異陳言，其一，訪名儒以正雅樂，事下禮官。禮官言：「高皇帝命儒臣考定八音，修造樂器，參定樂章。其登歌之詞，多自裁定。但歷今百三十餘年，不復校正，音律舛訛，釐正宜急。且太常官恐未足當製器協律之任。乞詔下諸司，博求中外臣工

二十四史
中華書局

及山林有精曉音律者，禮送京師。會禮官熟議至當，然後造器正音，庶幾可以復祖制，致太和。」帝可其奏。末年詔南京及各王府，選精通樂藝者詣京師，復以禮官言而罷。

正德三年，武宗諭內鐘鼓司康能等曰：「慶成大宴，華夷臣工所觀瞻，宜舉大樂。邇者音樂廢缺，無以重朝廷。」禮部乃請選三院樂工年壯者，嚴督肄之，仍移各省司取藝精者赴京供應。顧所隸益猥雜，筋斗百戲之類日盛於禁廷。既而河間等府奉詔送樂戶，居之新宅。樂工既得幸，時時言居外者不宜獨逸，乃復移各省司所送技精者於敎坊。於是乘傳續食者又數百人，俳優之勢大張。臧賢以伶人進，與諸佞倖角寵竊權矣。

嘉靖元年，御史汪珊請屏絕玩好，令敎坊司毋得以新聲巧技進。世宗嘉納之。是時更定諸典禮，因亦有志於樂。建觀德殿以祀獻帝，召協律郎肄樂供祀事。後建世廟成，改殿曰崇先。乃親製樂章，命大學士費宏等更定曲名，以別於太廟。其迎神曰永和之曲，初獻曰清和之曲，亞獻曰康和之曲，終獻曰沖和之曲，徹饌曰泰和之曲，送神曰寧和之曲。宏等復議，獻皇生長太平，不尙武功，其三獻皆當用文德舞。從之。已而太常復請，乃命禮官會張璁議。璁言：「樂舞以佾數爲降殺，不聞以武文爲偏全。使八佾之制，用其文而去其武，則兩階之容，得其左而闕其右。是皇上舉天子禮樂，而自降殺之矣。」乃從璁議，仍用二舞。

九年二月始祈穀於南郊。帝親製樂章，命太常協於音譜。是年，始祀先蠶，下禮官議

樂舞。禮官言：「先蠶之祀，周、漢所同。其樂舞儀節，經史不載。唐開元先蠶儀注，大樂令設宮縣於北郊壇壝內，諸女工咸列於后，則祀先蠶用女樂可知。唐六典，宮縣之舞八佾，軒縣之舞六佾，則祀先蠶用八佾又可知。然止言舞生冠服，而不及舞女冠服。陳暘樂書享先蠶圖下，止有宮架登歌圖，而不及舞。夫有樂有舞，雖祀禮之常，然周、漢制度既不可考，宋祀先蠶，代以有司，又不可據。惟開元略爲近古，而陳氏樂書考據亦明。前享先農，既以佾數不足，降八爲六，則今祀先蠶，止用樂歌，不用樂舞，亦合古制。且以見少殺先農之禮。」帝以舞非女子事，罷不用。使議樂女冠服以聞。禮官言：「北郊陰方，其色尙黑。同色相感，事神之道。漢蠶東郊，魏蠶西郊，色皆尙青，非其色矣。樂女冠服宜黑。」乃用樂六奏，去舞。其樂女皆黑冠服，因定享先蠶樂章。

又以祀典方釐定南北郊，復朝日夕月之祭，命詞臣取洪武時舊樂歌，一切更改。禮官因請廣求博訪，有如宋胡瑗、李照者，具以名聞。授之太常，考定雅樂。給事中夏言乃以致仕甘肅行太僕寺丞張鶚應詔。命趣召之。既至，言曰：

大樂之正，乃先定元聲。元聲起自冥罔旣覺之時，亥子相乘之際。積絲成毫，積毫成釐，積釐成分。一時三十分，一日十二時。故聲生於日，律起於辰。氣在聲先，聲從氣後。若拘於器以求氣，則氣不能致器，而反受制於器，何以定黃鍾、起曆元？須依

蔡元定，多截竹以擬黃鍾之律，長短每差一分。冬至日按律而候，依法而取。如衆管中先飛灰者，卽得元氣。驗其時刻，如在子初二刻，卽子初一刻移於初二刻矣；如在正二刻，卽子正一刻移於正二刻矣。願命知曆官一人，同臣參候，庶幾元聲可得，而古樂可復。

又言：

古人製爲十六編鐘，非徒事觀美，蓋爲旋宮而設。其下八鐘，黃鍾、大呂、太簇、夾鍾、姑洗、仲呂、蕤賓、林鍾是已；其上八鐘，夷則、南呂、無射、應鍾、黃鍾、大呂、太簇、夾鍾是已。近世止用黃鍾一均，而不徧具十六鐘，古人立樂之方已失。況太常止以五、凡、工、尺、上、一、四、六、勾、合字眼譜之，去古益遠。且如黃鍾爲合似矣，其以大呂爲下四，太簇爲高四，夾鍾爲下一，姑洗爲高一，夷則爲下工，南呂爲高工之類，皆以兩律兼一字，何以旋宮取律，止黃鍾一均而已。

且黃鍾、大呂、太簇、夾鍾爲上四淸聲。蓋黃鍾爲君，至尊無比。黃鍾爲宮，則十一律皆從而受制，臣民事物莫敢淩犯焉。至於夾鍾爲宮，則下生無射爲徵，無射上生仲呂爲商，仲呂下生黃鍾爲羽。然黃鍾正律聲長，非仲呂爲商三分去一之次。所以用黃鍾爲羽，必用子聲，卽上黃六之淸聲，正爲不敢用黃鍾全聲，而用其半耳。姑洗以

下之均，大率若此。此四淸聲之所由立也。編鐘十六，其理亦然。宋胡瑗知此義，故四淸聲皆小其圍徑以就之。然黃鍾、太簇二聲雖合，大呂、夾鍾二聲又非，遂使十二律、五聲皆不得正。至於李照、范鎭止用十二律，不用四淸聲，其合於三分損益者則和矣。夷則以降，其臣民事物，安能尊卑有辨，而不相淩犯耶？

臣又考周禮，圜鍾、函鍾、黃鍾，天地人三宮之說，有薦神之樂，有降神之樂。所爲薦神之樂者，乃奏黃鍾，歌大呂，子丑合也，舞雲門以祀天神。乃奏太簇，歌應鍾，寅亥合也，舞咸池以祀地祇。乃奏姑洗，歌南呂，辰酉合也，舞大韶以祭四望。乃奏蕤賓，歌林鍾，午未合也，舞大夏以祭山川。乃奏夷則，歌小呂，巳申合也，舞大武以享先祖，舞大濩以享先妣。[四]所謂降神之樂者，冬至祀天圜丘，則以圜鍾爲宮，黃鍾爲角，太簇爲徵，姑洗爲羽，是三者陽律相繼。相繼者，天之道也。夏至祭地方丘，則以函鍾爲宮，夾鍾爲角，[五]姑洗爲徵，南呂爲羽，是三者陰呂相生。相生者，地之功也。祭宗廟，以黃鍾爲宮，大呂爲角，太簇爲徵，夾鍾爲羽，[六]是三者律呂相合。相合者，人之情也。

且圜鍾，夾鍾也。生於房心之氣，爲天地之明堂，[七]祀天從此起宮，在琴中角絃第十徽，卯位也。函鍾，林鍾也。生於坤位之氣，在井東輿鬼之外，[八]主地祇，祭地從此

起宮，在琴中徵絃第五徵，未位也。黃鍾，生於虛危之氣，爲宗廟，祭人鬼從此起宮，在琴中宮絃第三徵，子位也。至若六變而天神降，八變而地祇格，九變而人鬼享，非有難易之分。蓋陽數起子而終於少陰之申，陰數起午而終於少陽之寅。圜鍾在卯，自卯至申六數，故六變而天神降。函鍾在未，自未至寅八數，故八變而地祇格。黃鍾在子，自子至申九數，故九變而人鬼享。此皆以本元之聲，召本位之神，故感通之理速也。或者謂自漢以來，天地鬼神聞新聲習矣，何必改作。不知自人觀天地，則由漢迄今千七百年；自天地觀，亦頃刻間耳。自今正之，猶可及也。

幷進所著樂書二部。其一曰大成樂舞圖譜，自琴瑟以下諸樂，逐字作譜。其一曰古雅心談，列十二圖以象十二律。圖各有說。又以琴爲正聲，樂之宗系。凡郊廟大樂，分註琴絃定徵，各有歸旨。且自謂心所獨契，斲輪之妙有非口所能言者。

疏下禮部。禮官言：「音律久廢，太常諸官循習工尺字譜，不復知有黃鍾等調。臣等近奉詔演習新定郊祀樂章，間問古人遺制，茫無以對。今鶚謂四清聲所以爲旋宮，其註絃定徵，蓋已深識近樂之弊。至欲取知曆者，互相參考，尤爲探本窮源之論。似非目前司樂者所及。」乃授鶚太常寺丞，令詣太和殿較定樂舞。

鶚遂上言：「周禮有郊祀之樂，有宗祀之樂。尊親分殊，聲律自別。臣伏聽世廟樂章，

律起林鍾，均殊太廟。臣竊異之。蓋世廟與太廟同禮，而林鍾與黃鍾異樂。函鍾主祀地祇，位寓坤方，星分井鬼，樂奏八變，以報資生之功。故用林鍾起調，林鍾畢調也。黃鍾主祀宗廟，位分子野，星隸虛危，樂奏九成，以報本源之德。故用黃鍾起調，黃鍾畢調也。理義各有歸旨，聲數默相感通。況天地者父母之象，大君者宗子之稱。今以祀母之樂，奏以祀子，恐世廟在天之靈，必不能安且享矣。不知譜是樂者，何所見也。臣觀舊譜樂章，字用黃鍾，聲同太廟。但審聽七聲，中少一律，今更補正。使依奏格，則祖孫一氣相爲流通，函黃二宮不失均調。尊親之分兩得，神人之心胥悅矣。」詔下禮官。

李時等覆奏，以爲：「鶚所言，與臣等所聞於律呂諸書者，深有所合。蓋黃鍾一調，以黃鍾爲宮，太簇爲商，姑洗爲角，蕤賓爲變徵，林鍾爲徵，南呂爲羽，應鍾爲變宮。舊樂章用合，用四，用一，用尺，用工。去蕤賓之勾，〔九〕而越次用再生黃鍾之六，此舊樂章之失也。若林鍾一調，則以林鍾爲宮，南呂爲商，應鍾爲角，大呂之半聲爲變徵，太簇之半聲爲徵，姑洗之半聲爲羽，蕤賓之半聲爲變宮。邇者沈居敬更協樂章，用尺，用合，用四，用一，用工，用六。夫合，黃鍾也；四，太簇之正聲也；一，姑洗之正聲也；六，黃鍾之子聲也。以林鍾爲宮，而所用爲角徵羽者，皆非其一均之聲，則謬甚矣。況林鍾一調，不宜用於宗廟，而太廟與世廟，不宜異調，鶚見尤眞。自今宜用舊協音律，惟加以蕤賓勾聲，去再生黃鍾之六，改

用應鍾之凡，〔一〇〕以成黃鍾一均，庶於感格之義，深有所補。」

乃命鶚更定廟享樂音，而逮治沈居敬等。鶚尋譜定帝社稷樂歌以進。詔嘉其勤，晉爲少卿，掌教雅樂。

夏言又引古者龍見而雩，命樂正習盛樂，舞皇舞。請依古禮，定大雩之制。當三獻禮成之後，九奏樂止之時，櫽括雲漢詩辭，製爲雲門一曲，使文武舞士幷舞而合歌之。帝可其議。

時七廟既建，樂制未備，禮官因請更定宗廟雅樂，言：「德、懿、熙、仁四祖久祧，舊章弗協。太祖創業，太宗定鼎，列聖守成。當有頌聲，以對越在天，垂之萬禩。若特享，若祫享，若大祫，詩歌頌美，宜命儒臣撰述，取自上裁。其樂器、樂舞，各依太廟成式，備爲規制。」制可。已而尊獻帝爲睿宗，祔享太廟。於是九廟春特、三時祫、季冬大祫樂章，皆更定焉。

十八年巡狩興都，帝親製樂章，享上帝於飛龍殿，奉皇考配。其後，七廟火，復同堂之制，四時歲祫，樂章器物仍如舊制。初增七廟樂官及樂舞生，自四郊九廟暨太歲神祇諸壇，樂舞人數至二千一百名。後稍裁革，存其半。

張鶚遷太常卿，復申前說，建白三事：一請設特鐘、特磬以爲樂節；一請復宮縣以備古制；一請候元氣以定鍾律。事下禮官，言：「特鐘、特磬宜造樂縣，在廟廷中，周旋未便，不得

更製。惟黃鍾爲聲氣之元，候氣之法，實求中氣以定中聲，最爲作樂本原。其說，若重室壔戶，薶管實灰，覆緹，按曆氣至灰飛，證以累黍，具有成法可依。其法，築室於圜丘外垣隙地，選知曆候者往相其役，待稍有次第，然後委官考驗。」從之。乃詔取山西長子縣羊頭山黍，大小中三等各五斗，以備候氣定律。

明自太祖、世宗，樂章屢易，然鍾律爲制作之要，未能有所講明。呂懷、劉濂、韓邦奇、黃佐、王邦直之徒著書甚備，職不與典樂，託之空言而已。張鶚雖因知樂得官，候氣終屬渺茫，不能準以定律。弘治中，莆人李敎授文利，著律呂元聲，獨宗呂覽黃鍾三寸九分之說。世宗初年，御史范永鑾上其書，其說與古背，不可用。嘉靖十七年六月，遼州同知李文察進所著樂書四種，禮官謂於樂理樂書多前人所未發者。乃授文察爲太常典簿，以獎勸之。而其所云「按人聲以考定五音」者，不能行也。神宗時，鄭世子載堉著律呂精義、律學新說、樂舞全譜共若干卷，具表進獻。崇禎六年，禮部尚書黃汝良進昭代樂律志。宜付史館，以備稽考，未及施行。

校勘記

〔一〕夏祫享於太廟　原脫「夏」字，據太祖實錄卷二七洪武元年四月丁未條補。按本志上文作「春

中華書局

親祭太社太稷」，下文作「其冬祀昊天上帝」，都標明季節。

〔二〕洪武三年又定朝會宴饗之制　原脫「洪武三年」，據太祖實錄卷五六洪武三年九月乙卯條補。

〔三〕排簫四　排簫，原作「排笙」，據明史稿志四三樂志改。明會典卷七三大宴樂有排簫，無排笙。

〔四〕乃奏夷則歌小呂巳申合也舞大武以享先祖舞大濩以享先妣　原文疑有脫倒。嵇璜續文獻通考卷一〇七作「乃奏夷則，歌小呂，巳申合也，舞大濩以享先妣。乃奏無射，歌夾鍾，卯戌合也，舞大武以享先祖」，疑是。

〔五〕夾鍾爲角　周禮春官大司樂作「大蔟（太簇）爲角」。

〔六〕夾鍾爲羽　周禮春官大司樂作「應鍾爲羽」。

〔七〕爲天地之明堂　地，周禮春官大司樂鄭玄注作「帝」。

〔八〕在井東輿鬼之外　井東，周禮春官大司樂鄭玄注作「東井」。

〔九〕去蕤賓之勾　勾，原作「均」，據世宗實錄卷一一七嘉靖九年九月乙卯條、國榷卷五四頁二四三〇改。按本志下文有「加以蕤賓勾聲」。

〔一〇〕改用應鍾之凡　凡，原作「九」，據世宗實錄卷一一七嘉靖九年九月乙卯條、國榷卷五四頁二四二九改。

明史卷六十二

志第三十八

樂二

樂章一

洪武元年圜丘樂章。

迎神，中和之曲：昊天蒼兮穹窿，廣覆燾兮龐洪。建圜丘兮國之陽，合衆神兮來臨之同。念螻蟻兮微衷，莫自期兮感通。思神來兮金玉其容，馭龍鸞兮乘雲駕風。顧南郊兮昭格，望至尊兮崇崇。

奠玉帛，肅和之曲：聖靈皇皇，敬瞻威光。玉帛以登，承筐是將。穆穆崇嚴，神妙難量。謹茲禮祭，功徵是皇。

進俎，凝和之曲：祀儀祗陳，物不於大。敢用純犢，告於覆載。惟茲菲薦，恐未周完。

神其容之，以享以觀。

初獻，壽和之曲：眇眇微躬，何敢請於九重，以煩帝聰。帝心矜憐，有感而通。既俯臨於几筵，神繽紛而景從。臣雖愚蒙，鼓舞歡容，乃子孫之親祖宗。酌清酒兮在鍾，仰至德兮玄功。

亞獻，豫和之曲：荷天之寵，眷駐紫壇。中情彌喜，臣庶均懽。趨蹌奉承，我心則寬。再獻御前，式燕且安。

終獻，熙和之曲：小子於茲，惟父天之恩，惟恃天之慈，內外殷勤。何以將之？奠有芳齊，設有明粢。喜極而抃，奉神燕娭。禮雖止於三獻，情悠長兮遠而。

徹饌，雍和之曲：烹飪既陳，薦獻斯就。神之在位，既歆既右。羣臣駿奔，徹茲俎豆。物倘未充，尚幸神宥。

送神，安和之曲：神之去兮難延，想遐袂兮翩翩。萬靈從兮後先，衞神駕兮回旋。稽首兮瞻天，雲之衢兮眇然。

望燎，時和之曲：焚燎於壇，燦爛晶熒。幣帛牲黍，冀徹帝京。奉神於陽，昭祀有成。肅然望之，玉宇光明。

洪武八年御製圜丘樂章。

迎神：仰惟兮昊穹，臣率百職兮迓迎。幸來臨兮壇中，上下護衞兮景從。旌幢繚繞兮四維，重悅聖心兮民獲年豐。

奠玉帛：民依時兮用工，感帝德兮大化成功。臣將兮以奠，望納兮微衷。

進俎：庖人兮列鼎，殽羞兮以成。方俎兮再獻，願享兮以歆。

初獻：聖靈兮皇皇，穆嚴兮金牀。臣令樂舞兮景張，酒行初獻兮捧觴。

亞獻：載斟兮再將，百辟陪祀兮具張。感聖情兮無已，拜手稽首兮願享。

終獻：三獻兮樂舞揚，殽羞具納兮氣藹而芳。光朗朗兮上方，況日吉兮時良。

徹饌：粗陳菲薦兮神喜將，感聖心兮何以忘。民福留兮佳氣昂，臣拜手兮謝恩光。

送神：旌幢燁燁兮雲衢長，龍車鳳輦兮駕飛揚。遙瞻冉冉兮去上方，可見烝民兮永康。

望燎：進羅列兮詣燎方，炬焰發兮煌煌。神變化兮物全於上，感至恩兮無量。

洪武二年方丘樂章。

迎神，中和之曲：坤德博厚，物資以生。承天時行，光大且寧。穆穆皇祇，功化順成。來御方丘，嚴恭奉迎。

奠玉帛，肅和之曲：地有四維，大琮以方；土有正色，制幣以黃。敬存於中，是薦是將。奠之几筵，臨鑒洋洋。

進俎，凝和之曲：奉將純牡，其牡童犢。烹飪旣嚴，登俎惟肅。升壇昭薦，神光下燭。眷佑邦家，報効惟篤。

初獻，壽和之曲：午爲盛陽，陰德初萌。天地相遇，品物光榮。吉日令辰，明祀攸行。進以醇醴，展其潔清。

亞獻，豫和之曲：至廣無邊，道全持載。山嶽所憑，海瀆咸賴。民資水土，旣安且泰。酌酒揭虔，功德惟大。

終獻，熙和之曲：庸眇之資，有此疆宇。匪臣攸能，仰承佑助。恩崇父母，臣懽鼓舞。八音宣揚，疊侑明醑。

徹饌，雍和之曲：牲牷在俎，籩豆有實。臨之肸蠁，匪惟飲食。登歌乃徹，薦獻爰畢。執事奉承，一其嚴慄。

送神，安和之曲：神化無方，妙用難量。其功顯融，其祀攸長。飆輪云旋，龍控鸞翔。拜送稽首，瞻禮餘光。

望瘞，時和之曲：牲醴制幣，餕饌惟馨。瘞之於坎，以達坤靈。奉神於陰，典禮是程。企而望之，厚壤寬平。

洪武八年御製方丘樂章。

迎神：仰皇祇兮駕來，川嶽從迎兮威靈備開，香烟繚繞兮神臨御街。漸升壇兮穆穆，靄瑞氣兮應結樓臺。以微衷兮率職，幸望聖悅兮心諧。但允臣兮固請，願嘉烝民兮永懷。

奠玉帛：臣奉兮以筐，玉帛是進兮歲奠以常。百辟陪祀兮珮聲琅琅。惟南薰兮解慍，映燎炎兮煌煌。

進俎：庖人兮滌湯，大烹牲兮氣靄而芳。以微衷兮獻上，曰享兮曰康。

初獻：初獻行兮捧觴，聖靈穆穆兮洋洋。爲烝民兮永康，鑒豐年兮耿光。

亞獻：雜殽羞兮已張，法前王兮典章。臣固展兮情悃，用斟醴兮載觴。

終獻：爵三獻兮禮將終，臣心眷戀兮無窮。恐殽羞兮未具，將何報兮神功。

徹饌：俎豆徹兮神熙，鸞輿駕兮旋歸。百神翼翼兮雲衣，〔一〕敬奉行兮弗敢違。

送神：祥風興兮悠悠，雲衢開兮民福留。歲樂烝民兮大有，想洋洋兮舉觴載酒。

望瘞：殽羞玉帛兮瘞坎中，遙瞻隱隱兮龍旗從。祀事成兮盡微衷，感厚德兮民福雍雍。

洪武十二年合祀天地樂章。

迎神，中和之曲：荷蒙天地兮君主華夷，欽承踴躍兮備筵而祭。誠惶無已兮寸衷微，仰瞻俯首兮惟願來期。想龍翔鳳舞兮慶雲飛，必昭昭穆穆兮降壇壝。

奠玉帛，肅和之曲：天垂風露兮雨澤霑，黃壤氤氳兮氣化全。民勤畎畝兮束帛鮮，臣當設宴兮奉來前。

進俎以後，咸同八年圜丘詞。

嘉靖九年復定分祀圜丘樂章。

迎神，中和之曲：仰惟玄造兮於皇昊穹，時當肇陽兮大禮欽崇。臣惟蒲柳兮螻蟻之衷，伏承眷命兮職統羣工。深懷愚昧兮恐負洪德，爰遵彝典兮勉竭微衷。遙瞻天闕兮寶輦臨壇，臣當稽首兮祗迓恩隆。百辟陪列兮舞拜於前，萬神翊衞兮以西以東。〔二〕臣俯伏迎兮敬瞻帝御，願垂歆鑒兮拜德曷窮。

奠玉帛，肅和之曲：龍輿旣降兮奉禮先，爰有束帛兮暨瑤瑄。臣謹上獻兮進帝前，〔三〕仰祈聽納兮荷蒼乾。

進俎，凝和之曲：殽羞珍饌兮薦上玄，庖人列鼎兮致精虔。臣盍祗獻兮馨醴牷，願垂歆

中華書局

享兮民福洞。

初獻，壽和之曲：禮嚴初獻兮奉觴，臣將上進兮聖皇。聖皇垂享兮穆穆，臣拜手兮何以忘。

亞獻，豫和之曲：禮觴再舉兮薦玉漿，帝顏歆悅兮民福昂。民生有賴兮感上蒼，臣惟鞠拜兮荷恩長。

終獻，熙和之曲：三獻兮禮告成，一念微衷兮罄悃情。景張樂舞兮聲鍠鈜，仰瞻聖容兮俯錫恩泓。

徹饌，雍和之曲：祀禮竣兮精意禋，三獻備兮誠已申。敬徹弗遲兮肅恭寅，恐多弗備兮惟賴洪仁。〔四〕

送神，清和之曲：禋事訖終兮百辟維張，帝垂歆鑒兮沐澤汪洋。龍車冉冉兮寶駕旋雲，靈風鼓舞兮瑞露淸瀼。洪恩浩蕩兮無以爲酬，粗陳菲薦兮已咸歆嘗。香氣騰芳兮上徹帝座，仰瞻聖造兮賜福羣方。〔五〕臣同率土兮載懽載感，祇迴寶輦兮鳳嘯龍翔。誠惶誠恐兮仰戀彌切，願福生民兮永錫亨昌。

望燎，時和之曲：龍駕寶輦兮昇帝鄉，御羞菲帛兮奉燎方。環珮鏗鏘兮羅壇壝，炬焰特舉兮氣輝煌。生民蒙福兮聖澤霑，臣荷眷佑兮拜謝恩光。

嘉靖九年復定方丘樂章。

迎神，中和之曲：俯瞻兮鳳輦來，靈風兮拂九垓。川嶽從兮後先，百辟列兮襄陪。臣拜首兮迓迎，願臨享兮幸哉。

奠玉帛，廣和之曲：祀禮有嚴兮奉虔，玉帛在笥兮來前。皇靈垂享兮以納，烝民率土兮樂豐年。

進俎，咸和之曲：殽羞馨兮氣芳，庖人奉役兮和湯。奉進兮皇祇歆慰，臣稽首兮敬將。

初獻，壽和之曲：酒行初獻兮樂舞張，齊醴明潔兮馨香。願垂享兮以歆，生民安兮永康。

亞獻，安和之曲：載獻兮奉觴，神顏和懿兮以嘗。功隆厚載兮配天，民感德兮無量。

終獻，時和之曲：三進兮玉露淸，百職奔繞兮佩環鳴。鳧鐘鼉鼓兮韻鏗鍧，〔六〕願留福兮羣生。

徹饌，貞和之曲：禮告終兮徹敢違，深惟一念兮誠意微。神垂博容兮聽納，恐未備兮惟慈依。

送神，寧和之曲：禮成兮誠已伸，駕還兮法從陳。靈祇列兮以隨，百辟拜兮恭寅。望坤宮兮奉辭，願普福兮烝民。

望燎，曲同寧和。

洪武三年朝日樂章。二十一年罷。

迎神，熙和之曲：吉日良辰，祀典式陳。純陽之精，惟是大明。濯濯厥靈，昭鑒我心。以候以迎，來格來歆。

奠幣，保和之曲：靈旗蒞止，有赫其威。一念潛通，幽明弗違。有幣在篚，物薄而微。神兮安留，尚其享之。

初獻，安和之曲：神兮我留，有薦必受。享祀之初，奠茲醴酒。晨光初升，祥徵應候。何以侑觴，樂陳雅奏。

亞獻，中和之曲：我祀維何？奉茲犧牲，爰酌醴齊，貳觴載升。洋洋如在，式燕以寧。庶表微衷，交於神明。

終獻，肅和之曲：執事有嚴，品物斯祭，黍稷非馨，式將其意。薦茲酒醴，成我常祀。神其顧歆，永言樂只。

徹饌，凝和之曲：春祈秋報，率爲我民。我民之生，賴於爾神。維神佑之，康寧是臻。祭祀云畢，神其樂忻。

送神，壽和之曲：三獻禮終，九成樂作。神人以和，既燕且樂。雲車風馭，靈光昭灼。瞻望以思，邈彼寥廓。

望燎，豫和之曲：俎豆既徹，禮樂已終。神之云旋，倏將焉從。以望以燎，庶幾感通。時和歲豐，維神之功。

嘉靖九年復定朝日樂章。

迎神，熙和之曲：仰瞻兮大明，位尊兮王宮。時當仲春兮氣融，爰遵祀禮兮報功。微誠兮祈神昭鑒，願來享兮迓神聽。

奠玉帛，凝和之曲：神靈壇兮肅其恭，有帛在篚兮赤琮。奉神兮祈享以納，予躬奠兮忻以顒。

初獻，壽和之曲：玉帛方奠兮神歆，酒行初獻兮舞呈。齊芳馨兮犧色騂，神容悅兮鑒予情。

亞獻，時和之曲：二齊升兮氣芬芳，神顏怡和兮喜將。予令樂舞兮具張，願垂普照兮民康。

終獻，保和之曲：慇懃三獻兮告成，羣職在列兮周盈。神錫休兮福民生，萬世永賴兮神功明。

徹饌，安和之曲：一誠盡兮予心懌，五福降兮民獲禧。仰九光兮誠已申，終三獻兮徹敢遲。

送神，昭和之曲：祀禮既周兮樂舞揚，神享以納兮還青鄉。予當拜首兮奉送，願恩光兮普萬方。永耀熹明兮攸賴，烝民咸仰兮恩光。

望燎之曲：覩六龍兮御駕，神變化兮鳳翥鸞翔。束帛殽羞兮詣燎方，佑我皇明兮基緒隆長。

洪武三年夕月樂章。周天星辰附。二十一年罷。

迎神，凝和之曲：吉日良辰，祀典式陳。太陰夜明，以及星辰。濯濯厥靈，昭鑒我心。以候以迎，來格來歆。四年，星辰別祀，改「以及星辰」句爲「惟德孔神」。

奠帛以下，咸同朝日。

嘉靖九年復定夕月樂章。

迎神，凝和之曲：陰日配合兮承陽宗，式循古典兮齋以恭。覩太陰來格兮星辰羅從，予

拜首兮迓神容。

初獻，壽和之曲：神其來止，有嚴其誠。玉帛在篚，淸酤方盈。奉而奠之，願鑒微情。

亞獻，豫和之曲：二觴載斟，樂舞雍雍。神歆且樂，百職惟供。願順軌兮五行，〔七〕祈民夫祀兮云何？祈佑兮羣氓。

終獻，康和之曲：一誠以申，三舉金觥。鐃鼓鍧鍧，環珮琤琤。鑒予之情，願永保我福兮惟神必從。

徹饌，安和之曲：禮樂肅具，精意用中。位坎居歆，納茲藻蘋。徹之弗遲，儀典肅陳。民生。

送神，保和之曲：禮備告終兮神喜旋，穹碧澄輝兮素華鮮。星辰從兮返神鄉，露氣淸兮神其鑒之，佑我生民。

望瘞之曲：殽羞兮束帛，薦之於瘞兮罔敢愆。予拜首兮奉送，願永貺兮民樂豐年。霓裳蹁躚。

嘉靖十年定祈穀樂章。

迎神，中和之曲：臣惟穹昊兮民物之初，爲民請命兮祀禮昭諸。備筵率職兮祈洪庥，臣衷微眇兮悃懇誠攄。遙瞻駕降兮霱色輝，歡迎鼓舞兮迓龍輿。〔八〕臣愧菲才兮后斯民，願福斯民兮聖恩渠。

奠玉帛，肅和之曲：烝民勤職兮農事顓，蠶工亦愼兮固桑阡。玉帛祇奉兮曁豆籩，仰祈大化兮錫以豐年。

進俎，咸和之曲：鼎烹兮氣馨，香羞兮旨醽。帝垂享兮以歆，烝民蒙福兮以寧。

初獻，壽和之曲：禮嚴兮初獻行，百職趨蹌兮珮琤鳴。臣謹進兮玉觥，帝心歆鑒兮歲豐亨。

亞獻，景和之曲：二觴舉兮致虔，淸醴載斟兮奉前。仰音容兮忻穆，臣感聖恩兮實拳拳。

終獻，永和之曲：三獻兮一誠徵，禋禮告成兮帝鑒是依。烝民沐德兮歲豐穰，臣拜首兮竭誠祈。

徹饌，凝和之曲：三獻周兮肅乃儀，俎豆敬徹兮弗敢遲。願留福兮丕而，曰雨曰暘兮若時。

送神，淸和之曲：祀禮告備兮帝鑒彰，臣情上達兮感昊蒼。雲程肅駕兮返帝鄉，臣荷恩眷兮何以忘。祥風瑞靄兮彌壇壝，烝民率土兮悉獲豐康。

望燎，太和之曲：遙睹兮天衢長，邈彼寥廓兮去上方。束帛薦火兮升聞，悃愊通兮沛澤

長。樂終九奏兮神人以和，臣同率土兮咸荷恩光。

嘉靖十七年定大饗樂章。

迎神，中和之曲：於皇穆淸兮弘覆惟仁，既成萬寶兮惠此烝民。祇受厥明兮欲報無因，爰稽古昔兮式展明禋。肅肅廣庭兮遙遙紫旻，笙鏞始奏兮祥風導雲。臣拜稽首兮中心孔懃，爰瞻寶輦兮森羅萬神。庶幾昭格兮眷命其申，徘徊顧歆兮鑒我恭寅。

奠玉帛，肅和之曲：捧珪幣兮瑤堂，穆將愉兮聖皇。秉予心兮純一，荷帝德兮溥將。

進俎，凝和之曲：歲功阜兮庶類成，黍稷飶兮濡鼎馨。敬薦之兮惷菲輕，大禮不煩兮惟一誠。

初獻，壽和之曲：金風動兮玉宇澄，初獻觴兮交聖靈。瞻玄造兮懷鴻禎，曷以酬之心怦怦。

亞獻，豫和之曲：帝眷我兮居歆，紛繁會兮五音。再捧觴兮莫殫臣心，惟帝欣懌兮生民是任。

終獻，熙和之曲：綏萬邦兮屢豐年，眇眇予躬兮實荷昊天。酒三獻兮心益虔，帝命參與兮勿遽旋。

中華書局

徹饌，雍和之曲：祀禮既洽兮神人肅雍，享帝享親兮勉竭臣衷。惟洪恩兮罔極，儼連蜷兮聖容。

送神，清和之曲：九韶既成兮金玉鏗鏘，百辟森立兮戚羽斯藏。皇天在上兮昭考在旁，嚴父配天兮祇修厥常。殷薦既終兮神去無方，玄雲上升兮鸞鵠參翔。靈光回照兮郁乎芬芳，載慕載瞻兮願錫亨昌。子孫庶民兮惟帝是將，於昭明德兮永懷不忘。

望燎，時和之曲：龍輿杳杳兮歸上方，金風應律兮燎斯揚，達精誠兮合靈光。帝廷納兮玉帛將，顧下土兮眷不忘，願錫吾民兮長阜康。

嘉靖十八年興都大饗樂章。

迎神，中和之曲：仰高高之在上兮皇穹，冒九圍之徧覆兮罔止西東。王者出王游衍兮必奉天顧，愚臣之此行兮亶荷帡幪。

初獻，壽和之曲：於昭帝庥兮臣感恩淵淵，巡省舊藩之地兮實止承天。下情思報兮此心拳拳，瓊卮蒼幣兮捧扣壇前。

亞獻，敷和之曲：樂奏兮三成，觴舉兮再呈。帝鑒幾微兮曰爾誠，[九]小臣頓首兮敢不嚴於此精。

終獻，承和之曲：臣來茲土，本之思親。思親伊何？昌厥嗣人。嗣人克昌，匪戴帝之臨汝夫何因。[一〇]

徹饌，永和之曲：肅其具兮祀禮行，備彼儀兮樂舞張。退省進止兮臣疎且狂，沐含仁兮何以量。

送神，感和之曲：王之狩兮典有禋望，於維柴祀兮首重上蒼。臣情罔殫兮夙夜惶惶，祇伸愚悃兮允賴恩光。遙瞻兮六龍騰翔，帝垂祉兮萬世永昌。

嘉靖十一年定雩祀樂章。十七年罷。

迎神，中和之曲：於穆上帝，爰處瑤宮。昚爾黎庶，[一一]覆憫曷窮。旗幢戾止，委蛇雲龍。霖澤斯溥，萬寶有終。

奠帛，肅和之曲：神之格思，奠茲文纁。盛樂斯舉，香氣氤氳。精禋孔熯，徹於紫冥。懇祈膏澤，渥我嘉生。

進俎，咸和之曲：百川委潤，名山出雲。愆暘孔熾，膏澤斯屯。祈年於天，載牲於俎。神之格思，報以甘雨。

初獻，壽和之曲：有嚴崇祀，日吉辰良。酌彼罍洗，椒馨飶香。元功溥濟，時雨時暘。惟神是聽，綏以多穰。

亞獻，景和之曲：皇皇禋祀，孔惠孔明。瞻仰來歆，拜首欽承。有醴維醹，有酒維清，雲韶侑獻，肅雍和鳴。聖靈有赫，鑒享精誠。

終獻，永和之曲：靈承無斁，駿奔有容。嘉玉以陳，酌鬯以供。禮三再稱，誠一以從。備物致志，申薦彌恭。神昭景貺，佑我耕農。

徹饌，凝和之曲：有赫旱暵，民勞瘁斯。於牲於醴，載舞載詩。禮成三獻，敬徹不遲。神之聽之，雨我公私。

送神，清和之曲：爰迪寅清，昭事昊穹。仰祈甘雨，惠我三農。既歆既格，言歸太空。式霈下土，萬方其同。

望燎，太和之曲：赤龍旋馭，禮洽樂成。燔燎既舉，昭格精禋。維帝降康，雨施雲行。登我黍稌，溥受厥明。

祭畢，樂舞童羣歌雲門之曲：景龍精兮時見，測鶉緯兮宵懸。肆廣樂兮鏗鍧，列皇舞兮蹁躚。祈方社兮不莫，薦圭璧兮孔虔。需密雲兮六漠，霈甘澍兮九玄。慰我農兮既渥，錫明昭兮有年。

洪武元年太社稷異壇同壝樂章。

迎神，廣和之曲：五土之靈，百穀之英。國依土而寧，民以食而生。基圖肇建，祀禮修明。神其來臨，肅恭而迎。

奠幣，肅和之曲：有國有人，社稷為重。昭事云初，玉帛虔奉。維物匪奇，敬實將之。以斯為禮，冀達明祇。

進俎，凝和之曲：崇壇北向，明禋方闡。有潔犧牲，禮因物顯。大房載設，中情以展。景運既承，神貺斯衍。

初獻，壽和之曲：太社云，高為山林，深為川澤。崇丘廣衍，亦有原隰。惟神所司，百靈效職。清醴初陳，顒然昭格。句龍配云，平治水土，萬世神功。民安物遂，造化攸同。嘉惠無窮，報祀宜豐。配食尊嚴，國家所崇。太稷云，黍稷稻粱，來牟降祥，為民之天。豐年穰穰，其功甚大，其恩正長。乃登芳齊，以享以將。后稷配云，皇皇后稷，克配於天。誕降嘉種，樹藝大田。生民粒食，功垂萬年。建壇於京，歆茲吉蠲。

亞獻，豫和之曲：太社云，廣厚無偏，其體弘兮。德侔坤順，萬物生兮。錫民地利，神化行兮。恭祀告虔，國之禎兮。句龍配云，周覽四方，偉烈昭彰。九州既平，五行有常。壇位以妥，牲醴之將。是崇是嚴，煥然典章。太稷云，億兆林林，所資者穀。雨暘應時，家給人

二十四史

足。倉庾坻京，神介多福。祇薦其儀，昭事維肅。后稷配云，躬勤稼穡，有相之道。不稂不莠，實堅實好。農事開國，王基永保。有年自今，常奉蘋藻。

終獻，豫和之曲，詞同亞獻。

徹豆，雍和之曲：禮展其勤，樂奏其節。庶品苾芬，神明是達。有嚴執事，俎豆乃徹。穆穆雍雍，均其欣悅。

送神，安和之曲：維壇潔清，維主堅貞。神之所歸，依茲以寧。土宇靖安，年穀順成。祀事昭明，永致昇平。

望瘞，時和之曲：晨光將發，既侑既歆。瘞茲牲幣，達於幽陰。神人和悅，實獲我心。永久禋祀，其始於今。

洪武十一年合祭太社稷樂章。

迎神，廣和之曲：予惟土穀兮造化工，爲民立命兮當報崇。民歌且舞兮朝雍雍，備筵率職兮候迓迎。想聖來兮祥風生，欽當稽首兮告年豐。

初獻，壽和之曲：氤氳氣合兮物遂蒙，民之立命兮荷陰功。予將玉帛兮獻微衷，初斟醴薦兮民福洪。

亞獻，豫和之曲：予令樂舞兮再捧觴，願神昭格兮軍民康。思必穆穆兮靈洋洋，感恩厚兮拜祥光。

終獻，熙和之曲：干羽飛旋兮酒三行，香烟繚繞兮雲旌幢。予今稽首兮忻且惶，神顏悅兮霞彩彰。

徹饌，雍和之曲：粗陳微禮兮神喜將，琅然絲竹兮樂舞揚。願祥普降兮遐邇方，烝民率土兮盡安康。

送神，安和之曲：氤氳氤氳兮祥光張，龍車鳳輦兮駕飛揚。遙瞻稽首兮去何方，民福留兮時雨暘。

望瘞，時和之曲：捧殽羞兮詣瘞方，鳴鑾率舞兮聲鏗鏘。思神納兮民福昂，予今稽首兮謝恩光。

嘉靖十年初立帝社稷樂章。

迎神，時和之曲：東風兮地脈以融，首務兮稼穡之工。秋祭云：「金風兮萬寶以充，忻成兮稼穡之工。」祀神於此兮苑中，願來格兮慰予衷。

初獻，壽和之曲：神兮臨止，禮薦清醇，菲幣在笥，初獻式遵。神其鑒茲，享斯藻蘋。我祀伊何？祈報是因。神兮錫祉，則阜吾民。

亞獻，雍和之曲：二觴載舉，申此殷勤。神悅兮以納，祥靄兮氤氳。

終獻，寧和之曲：禮終兮酒三行，喜茂實兮黍稷粱。農事待兮豐康，予稽首兮以望。

徹饌，保和之曲：祀事告終，三獻既周。徹之罔遲，惠注田疇。迓以休貺，庇茲有秋。

送神，廣和之曲：耕耨伊首，秋祭云：「耕耨告就。」力事豆籩。粢盛賴之，於此大田。予將以祀，神其少延。願留嘉祉，副我潔虔。肅駕兮雲旋，普予兮有年。

望瘞，曲同。

洪武二年分祀天神地祇樂章。

迎天神，奏中和之曲：吉日良辰，祀典式陳。太歲尊神，雷雨風雲。濯濯厥靈，昭鑒我心。以候以迎，來格來歆。

奠帛以後，咸同朝日。

迎地祇，奏中和之曲：吉日良辰，祀典式陳。惟地之祇，百靈繽紛。嶽鎮海瀆，山川城隍，內而中國，外及四方。濯濯厥靈，昭鑒我心。以候以迎，來格來歆。

奠帛以後，咸同朝日。

洪武六年合祀天神地祇樂章。

迎神，保和之曲：吉日良辰，祀典式陳。太歲尊神，雷雨風雲，嶽鎮海瀆，山川城隍。內而中國，外及四方。濯濯厥靈，昭鑒我心。以候以迎，來格來歆。

奠帛以後，咸同朝日。

嘉靖九年復分祀天神地祇樂章。

迎天神，保和之曲：吉日良辰，祀典式陳。景雲甘雨，風雷之神。赫赫其靈，功著生民。參贊玄化，宣布蒼仁。爰茲報祀，鑒斯藻蘋。

奠帛以後，俱如舊。

迎地祇，保和之曲：吉日良辰，祀典式陳。靈嶽方鎮，海瀆之神，京畿四方，山澤羣眞。毓靈分隅，福我生民。薦斯享報，鑒我恭寅。

奠帛以後，亦如舊。

洪武四年祀周天星辰樂章。

中華書局

迎神，凝和之曲：星辰垂象，布列玄穹，擇茲吉日，祀禮是崇。濯濯厥靈，昭鑒我心。謹候以迎，庶幾來歆。

奠帛，保和之曲，詞同朝日。

初獻，保和之曲：神兮既留，品物斯薦。奉祀之初，醴酒斯奠。仰惟靈耀，以享以歆。何以侑觴？樂奏八音。

亞獻，中和之曲：神既初享，亞獻再升，以酌醴齊，仰薦於神。洋洋在上，式燕以寧。庶表微衷，交於神明。

終獻，肅和之曲：神既再享，終獻斯備。不腆菲儀，式將其意。薦茲酒醴，成我常祀。神其顧歆，永言樂只。

徹豆，豫和之曲：祀事將畢，神既歆只。徹茲俎豆，以成其禮。惟神樂欣，無間始終。樂音再作，庶達微悰。

送神，雍和之曲，詞同朝日。

望燎，雍和之曲：神既享祀，靈馭今旋。燎烟既升，神帛斯焚。巍巍霄漢，倏焉以適。拳拳余衷，瞻望弗及。

嘉靖八年祀太歲月將樂章。

迎神：吉日良辰，祀典式陳，輔國佑民，太歲尊神，四時月將，功曹司辰。濯濯厥靈，昭鑒我心，以候以迎，來格來歆。

奠帛以後，俱同神祇。

洪武元年宗廟樂章。

迎神，太和之曲：慶源發祥，世德惟崇。致我眇躬，開基建功。京都之中，親廟在東。惟我子孫，永懷祖風。

奉册寶，熙和之曲：〔一二〕時享不用。氣體則同，呼吸相通。來格來崇，皇靈顯融。維水有源，維木有根。先世積善，福垂後昆。册寶鏤玉，德顯名尊。祗奉禮文，仰答洪恩。

進俎，凝和之曲：〔一三〕時享不用。明明祖考，妥神清廟。薦以牲牷，匪云盡孝。願通神明，願成治效。此帝王之道，亦祖考之敎。

初獻，壽和之曲：德祖廟，初獻云，思皇高祖，穆然深玄。其遠歷年，其神在天。尊臨太室，餘慶綿綿。歆於几筵，有永其傳。懿祖廟，初獻云，思皇曾祖，清勤純古。田里韜光，天篤其祜。佑我曾孫，弘開土宇。追遠竭虔，勉遵前矩。熙祖廟，初獻云，維我皇祖，淑後貽謀。盛德靈長，與泗同流。發於孫枝，明禋載修。嘉潤如海，恩何以酬。仁祖廟，初獻云，惟我皇考，既淳且仁。弗耀其身，克開嗣人。子有天下，尊歸於親。景運維新，則有其因。

亞獻，豫和之曲：對越至親，儼然如生。其氣昭明，感格在庭。如見其形，如聞其聲。愛而敬之，發乎中情。

終獻，熙和之曲：承先人之德，化家爲國。毋曰予小子，基命成績。欲報其德，昊天罔極。殷勤三獻，我心悅懌。

徹豆，雍和之曲：樂奏具肅，神其燕嬉。告成於祖，亦右皇妣。敬徹不遲，以終祀禮。祥光煥揚，錫以嘉祉。

送神，安和之曲：顯兮幽兮，神運無迹。鸞馭逍遙，安其所適。其靈在天，其主在室。子子孫孫，孝思無斁。

二十一年更定其初獻合奏，餘並同。

思皇先祖，耀靈於天。源衍慶流，由高逮玄。玄孫受命，追遠其先。明禋世崇，億萬斯年。

永樂以後，改迎神章「致我眇躬」句爲「助我祖宗」。又改終獻章首四句爲「惟前人之功，肇膺天曆。延及於小子，爰受方國」。餘並同。〔一四〕

嘉靖十五年孟春九廟特享樂章。

太祖廟。迎神，太和之曲：於皇於皇兮仰我聖祖，乃武乃文，攘夷正華，爲天下大君。比隆於古，越彼放勛。肇造王業，佑啓予子孫。功德超邁，大室攸尊。首稱春祀，誠敬用申。維神格思，萬世如存。

初獻，壽和之曲：薦帛於篚，潔牲於俎，嘉我黍稷，酌我清酤。愚孫忠祀，奠獻初舉。翼翼精誠，對越我皇祖。居然顧歆，永錫純祜。

亞獻，豫和之曲：籥舞既薦，八音洋洋，工歌喤喤。醇醴載羞，齋明其將之。永佑於子孫，歲事其承之。俾嗣續克承，百世其保之。

終獻，寧和之曲：三爵既崇，禮秩有終。盈溢孚顒，顯相肅雍。惟皇祖格哉，以繹以融，申錫無窮。暨於臣民，萬福攸同。

徹饌，豫和之曲：禮畢樂成，神悅人宜。籩豆靜嘉，敬徹不遲。穆穆有容，秩秩其儀。益祗以嚴，矧敢斁於斯。

還宮，安和之曲：於皇我祖，陟降在天。清廟翼翼，禋祀首虔。明神既留，寢祏靜淵。〔一五〕介福綏祿，錫胤綿綿。〔一六〕以惠我家邦，於萬斯年。

成祖廟。迎神，太和之曲：於惟文皇，重光是宣。克戡內難，轉坤旋乾。外讋百蠻，威行八埏。貽典則於子孫，不忘不愆。聖德神功，格於皇天。作廟奕奕，百世不遷。祀事孔明，億萬斯年。

初獻、亞獻、終獻、徹饌、還宮，俱與太祖廟同。

仁宗廟。迎神，太和之曲：明明我祖，盛德天成。至治訏謨，遹駿有聲。專奠致享，惟古經是程。春祀有嚴，以迓聖靈。惟陟降在庭，以賚我思成。

初獻，壽和之曲：幣牲在陳，金石在懸。淸酒方獻，百執事有虔。明神洋洋，降歆自天。俾我孝孫，德音孔宣。

亞獻，豫和之曲：中誠方殷，明神如存。醴齊孔醇，再舉罍尊。福祿穰穰，攸介攸臻。追遠報酬，罔極之恩。

終獻，寧和之曲：樂比聲歌，佾舞婆娑。稱彼玉爵，酒旨且多。獻享維終，神聽以和。孝孫在位，受福不那。

徹饌，雍和之曲：牷牲在俎，稷黍在簠。孝享多儀，格我皇祖。稱歌進徹，髦士膴膴。孝孫受福，以敷錫於下土。

還宮，安和之曲：犆享孔明，物備禮成。於昭在天，以莫不聽。神明卽安，維華寢是憑。肇祀迄今，百世祇承。

宣廟、英廟、憲廟俱與仁廟同。

孝廟。迎神，太和之曲：列祖垂統，景運重熙。於惟孝皇，敬德允持。用光於大烈，化被烝黎。〔一七〕專廟以享，經禮攸宜。俎豆式陳，庶幾來思。

初獻，壽和之曲：粢盛孔蠲，腯肥牲牷。考鼓蘙蘙，萬舞躚躚。淸醑初酌，對越在天。明神居歆，式昭厥虔。

亞獻，豫和之曲：祀事孔勤，精意未分。樂感鳳儀，禮虔駿奔。醽齊挹淸，載奠瑤尊。神其格思，福祿來臻。

終獻，寧和之曲：樂舞旣成，獻享維終。明明對越，彌篤其恭。篤恭維何？明德是崇。神之聽之，萬福來同。

徹饌，雍和之曲：牲牢醴陳，我享我將。黍稷蘋藻，潔白馨香。徹以告成，降禧穰穰。神錫無疆，祐我萬方。

還宮，安和之曲：禮享旣洽，神御聿興。廟寢煌煌，以憑以寧。維神匪遐，上下在庭。於寢孔安，永底我烝民之生。

武廟。迎神，太和之曲：〔一八〕列祖垂統，景運重熙。於惟武皇，昭德敕威。用剪除奸宄，大業弗墮。專廟以享，經禮攸宜。俎豆式陳，庶幾來思。

初獻、亞獻、終獻及徹饌、還宮俱與孝廟同。

睿廟。迎神，太和之曲：於穆神皇，秉德凝道。仁厚積累，配於穹昊。流慶顯休，萃於眇躬。施於無窮，以似以續，以光紹我皇宗。惟茲氣始，俎豆是供。循厥典禮，式敬式崇。神其至止，以鑒愚衷。

初獻，壽和之曲：制帛牲牢，庶羞芬膫。玉戚朱干，協於韶簫。淸醑在筵，中情纏綿。神之格思，儀形僾然。

亞獻，豫和之曲：瑤爵再陳，侑以工歌。籥舞蹌蹌，八音諧和。孝思肫肫，感格聖靈。致慤則存，如聞其聲。

終獻，寧和之曲：儀式弗踰，奠爵維三。樂舞雍容，以雅以南。仰仁源德澤，嶽崇海淵。願啓我子孫，緝熙光明，維兩儀是參。

徹饌，雍和之曲：嘉饌甘只，亦旣歆只。登歌迅徹，敬終惟始。維神孔昭，賚永成於孝矣。

還宮，安和之曲：幽顯莫測，神之無方。祀事旣成，神返諸帝鄉。申發休祥，俾胤嗣蕃昌。〔一九〕宜君兮宜王，歷世無疆。

九廟時祫樂章。

孟夏。迎神，太和之曲：序屆夏首兮風氣薰，禮嚴時祫兮戛擊鐘鼖。迎羣主來合享交欣，於皇列聖正南面，以申崇報皇勳。

初獻，壽和之曲：瞻曙色方昕，仰列聖在上，奠金觥而捧幣紋。小孫執盈兮敢不懼慇。

亞獻，豫和之曲：思皇祖，仰聖神。來列主，會太宸。時祫修，循古倫。惟聖鑒歆，愚孫忱恂。

終獻，寧和之曲：齊醴淸兮麥熟新，籩豆潔兮孝念申。仰祖功兮宗德，願降祐兮後人。

徹饌，雍和之曲：樂終兮禮成，告玉振兮訖金聲。徹之弗違，以肅精誠。

還宮，安和之曲：三獻就兮祖宗鑒享，一誠露兮念維長。思弗盡兮思弗忘，深荷德澤之啓佑，小孫惟賴以餘光。神返宮永安，保家國益昌。

孟秋。迎神：時兮孟秋火西流，感時歲祀兮爽氣回。喜金風兮飄來，仰祖宗兮永慕哉。秋祫是舉兮希鑒歆，小孫恭迓兮捧素裁。

初獻：皇祖降筵，列聖靈聯。執事恐蹎，樂舞蹁躚。小孫捧盈兮敢弗虔。

亞獻：再酌兮玉漿，潔淨兮馨香。祖宗垂享兮錫胤昌，萬歲兮此禮行。

終獻：進酒三觥，歌舞雍譢，鐘鼓轟鎗。皇祖列聖，永享愚誠。

徹饌：秋嘗是舉，稌黍豐農。三獻旣周，聖靈顯容。小孫時思恩德兮惟衷。

中華書局

還宮：仰皇祖兮聖神功，祀典陳兮報莫窮。嘗祫告竣，鸞馭旋宮。皇靈在天主在室，萬禩陟降何有終。

孟冬。迎神：時兮孟冬凛以淒，感時祡祀兮氣潛回。遡朔風兮北來，仰祖宗兮永慕哉。

冬祫是舉兮希鑒歆，小孫恭迓兮捧素裁。

初、亞、終獻，俱同孟秋。

徹饌：冬烝是舉，俎豆維豐。三獻既周，聖靈顯容。小孫時思恩德兮惟憾。

還宮。同孟秋，惟改「嘗祫」爲「烝祫」。

大祫樂章。

迎神：仰慶源兮大發祥，惟世德兮深長。時惟歲殘，大祫洪張。祖宗聖神，明明皇皇。遙瞻兮頓首，世德兮何以忘。

初獻：神之格兮慰我思，慰我思兮捧玉卮，捧來前兮慄慄，仰歆納兮是幸已而。

亞獻：再舉瑤漿，樂舞羣張。小孫在位，陪助賢良。百工羅從，大禮肅將。惟我祖宗，顯錫恩光。

終獻：思祖功兮深長，景宗德兮馨香。報歲事之既成兮典則先王，惟功德之莫報兮何

以量。

徹饌：三酌既終，一誠感通。仰聖靈兮居歆，萬禩是舉兮庶乎酬報之衷。

還宮：顯兮幽兮，神運無迹。神運無迹兮化無方，靈返天兮主返室。願神功聖德兮啓佑無終，玄孫拜送兮以謝以祈。

嘉靖十年大禘樂章。〔一〇〕

迎神，元和之曲：於維皇祖，肇創丕基。鍾祥有自，曰本先之。奄有萬方，作之君師。追報宜隆，以申孝思。瞻望稽首，介我休禧。

初獻，壽和之曲：木有本兮水有源，人本祖兮物本天。思報德兮禮莫先，仰希鑒兮敢弗虔。

亞獻，仁和之曲：中觴載升，於此瑤觥。小孫奉前，願歆其誠。樂舞在列，庶職在庭。祖鑒孔昭，錫祜攸亨。

終獻，德和之曲：於維兮先祖，延慶兮深高。追報兮曷能，三進兮香醪。

徹饌，太和之曲：芬兮豆籩，潔兮黍粢。祖垂歆享，徹乎敢遲。〔一一〕禮云告備，以訖陳辭。永裕後人，億世丕而。

送神，永和之曲：禘祀兮具張，佳氣兮鬱昂。皇靈錫納兮喜將，一誠通兮萬載昌。祈鑒祐兮天下康，仰源仁浩德兮曷以量。小孫頓首兮以望，遙瞻冉冉兮聖靈皇皇。

洪武七年御製祀歷代帝王樂章。〔一二〕

迎神，雍和之曲：仰瞻兮聖容，想鑾輿兮景從。降雲衢兮後先，來俯鑒兮微衷。荷聖臨兮蒼生有崇，眷諸帝兮是臨，予頓首兮幸蒙。

奠帛，保和之曲：秉微誠兮動聖躬，來列坐兮殿庭。予今願兮効勤，奉禮帛兮列酒尊。鑒予情兮忻享，方旋駕兮雲程。

初獻，保和之曲：酒行兮爵盈，喜氣兮雍雍。重荷蒙兮載瞻載崇，羣臣忻兮躍從，願覩穆穆兮聖容。

亞獻，中和之曲：酒斟兮禮明，諸帝熙和兮悅情。百職奔走兮滿庭，陳籩豆兮數重，亞獻兮願成。

終獻，肅和之曲：獻酒兮至終，早整雲鸞兮將旋宮。予心眷戀兮神聖，欲攀留兮無從。躡雲衢兮緩行，得遙瞻兮達九重。

徹饌，凝和之曲：納殽羞兮領陳，烝民樂兮幸生。將何以兮崇報，惟歲時兮載瞻載迎。

送神，壽和之曲：旛幢繚繞兮導來踪，鑾輿冉冉兮歸天宮。五雲擁兮祥風從，民歌聖佑兮樂年豐。

望燎，豫和之曲：神機不測兮造化功，珍羞禮帛兮薦火中。望瘞庭兮稽首，願神鑒兮寸衷。

洪武六年定祀先師孔子樂章。

迎神，咸和之曲：大哉宣聖，道德尊崇。維持王化，斯民是宗。典祀有常，精純益隆。神其來格，於昭聖容。

奠帛，寧和之曲：自生民來，誰底其盛？惟王神明，度越前聖。粢帛具成，禮容斯稱。黍稷非馨，惟神之聽。「惟王」，後改曰「惟師」。

初獻，安和之曲：大哉聖王，實天生德。作樂以崇，時祀無斁。清酤惟馨，嘉牲孔碩。薦羞神明，庶幾昭格。

亞、終獻，景和之曲：百王宗師，生民物軌。瞻之洋洋，神其寧止。酌彼金罍，惟清且旨。登獻惟三，於戲成禮。

徹饌，咸和之曲：犧象在前，豆籩在列，以享以薦，既芬既潔。禮成樂備，人和神悅。祭

中華書局

二十四史

則受福，率遵無越。

送神，咸和之曲　有嚴學宮，四方來宗。恪恭祀事，威儀雍雍。歆格惟馨，神馭旋復。明禋斯畢，咸膺百福。

洪武二年享先農樂章。

迎神，永和之曲：東風啓蟄，地脈奮然。蒼龍掛角，燁燁天田。民命惟食，創物有先。圜鐘既奏，有降斯筵。

奠帛，永和之曲：帝出乎震，天發農祥。神降於筵，藹藹洋洋。禮神有帛，其色惟蒼。豈伊具物，誠敬之將。

進俎，雍和之曲：制帛既陳，禮嚴奉牲。載之於俎，祀事孔明。簠簋攸列，黍稷惟馨。民力普存，先穡之靈。

初獻，壽和之曲：九穀未分，庶草攸同。表爲嘉種，實在先農。黍稌斯豐，酒醴是供，獻奠之初，以祈感通。配位云，厥初生民，粒食其天。開物惟智，邃古奚傳。思文后稷，農官之先。侑神作主，初獻惟蠲。

亞獻，壽和之曲：倬彼甫田，其隰其原。耒耜云載，驂馭之間。報本思享，亞獻惟虔。

神其歆之，自古有年。配位云，后稷配天，興於有邰。誕降嘉種，有栽有培。俶載南畝，祇事三推。佑神再獻，歆我尊罍。

終獻，壽和之曲：帝耤之典，享祀是資，潔豐嘉粟，咸仰於斯。時維親耕，享我農師。禮成於三，以訖陳詞。配位云，嘉德之薦，民和歲豐。帝命率育，報本之功。陳常時夏，其德其功。齊明有格，惟獻之終。

徹饌，永和之曲：於赫先農，歆此潔修。於篚於爵，於饌於羞。禮成告徹，神惠敢留。餕及終畝，豐年是求。

送神，永和之曲：神無不在，於昭於天。曰迎曰送，於享之筵。冕衣在列，金石在懸。往無不之，其佩翩翩。

望瘞，太和之曲：祝帛牲醴，先農既歆，不留不褻，瘞之厚深。有幽其瘞，有赫其臨。曰禮之常，匪今斯今。

嘉靖九年定享先蠶樂章。

迎神，貞和之曲：於穆惟神，肇啓蠶桑。衣我萬民，保我家邦。茲舉曠儀，春日載陽。恭迎霞馭，靈氣洋洋。

奠帛，壽和之曲：神其臨只，有苾有芬。乃獻玉瓚，乃奠文纁。仰祈昭鑒，淑氣氤氳。顧茲蠶婦，祁祁如雲。

初獻，曲同奠帛。

亞獻，順和之曲：載舉清觴，蠶祀孔明。以格以享，鼓瑟吹笙。陰教用彰，坤儀允貞。神之聽之，鑒此禋誠。

終獻，寧和之曲：神之格思，桑土是宜。三繅七就，惟此繭絲。獻禮有終，神不我遺。錫我純服，藻繪皇儀。

徹饌，安和之曲：俎豆具徹，式禮莫愆。既匡既敕，我祀孔虔。我思古人，葛覃惟賢。明靈歆只，永顧桑阡。

送神，恒和之曲：神之升矣，日霽霞蒸。相此女紅，杼軸其興。茲返玄宮，鸞鳳翔騰。瞻望弗及，永錫嘉徵。

望燎，曲同送神。

校勘記

〔一〕百神翼翼兮雲衣　衣，嵇璜續文獻通考卷一一五作「依」，疑是。

〔二〕萬神翊衞兮以西以東　以西，原作「而西」，據王圻續文獻通考卷一五八改。

〔三〕臣謹上獻兮進帝前　原脫「兮」字，據明史稿志四四樂志、明會典卷八二、王圻續文獻通考卷一五八補。

〔四〕恐多弗備兮惟賴洪仁　仁，原作「神」，據明史稿志四四樂志、明會典卷八二、王圻續文獻通考卷一五八改。

〔五〕仰躋聖造兮賜福孶方　原脫「福」字，據明史稿志四四樂志、明會典卷八二、王圻續文獻通考卷一五八補。

〔六〕鳧鐘鼉鼓兮韻錚鏘　鼉鼓，原作「露鼓」，據明史稿志四四樂志、明會典卷八三改。

〔七〕顧順軌兮五行　軌，原作「歸」，據明史稿志四四樂志、明會典卷八三、王圻續文獻通考卷一五八改。

〔八〕歡迎鼓舞兮迓龍輿　原脫「舞」字，據明史稿志四四樂志、明會典卷八四補。

〔九〕帝鑒幾微兮曰爾誠　幾，原作「凡」，據王圻續文獻通考卷一五八改。

〔一〇〕匪藏帝之臨汝夫何因　藏，原作「載」，據明史稿志四四樂志、王圻續文獻通考卷一五八改。

〔一一〕咨爾黎庶　咨，原作「資」，據明會典卷八四改。

〔一二〕奉册寶熙和之曲　原脫「熙和之曲」，據嵇璜續文獻通考卷一一五補。

中華書局

二十四史

〔一三〕進俎凝和之曲　原脫「凝和之曲」，據嵇璜續文獻通考卷一一五補。

〔一四〕餘並同　原脫「餘」字，據嵇璜續文獻通考卷一一五補。

〔一五〕寢祏靜淵　祏，原作「祐」，據明史稿志四四樂志、明會典卷八六改。

〔一六〕錫胤綿綿　胤，原作「蔭」，據明史稿志四四樂志、明會典卷八六改。

〔一七〕化被烝黎　被，原作「彼」，據明會典卷八六、嵇璜續文獻通考卷一一五改。

〔一八〕迎神太和之曲　原脫「太和之曲」，據明會典卷八六、嵇璜續文獻通考卷一一五補。

〔一九〕俾胤嗣蕃昌　原脫「俾」字，胤，原作「蔭」，據明史稿志四四樂志、明會典卷八六補改。

〔二〇〕嘉靖十年大禘樂章　原脫「嘉靖十年」，據明會典卷八七、嵇璜續文獻通考卷一一五補。按上文大祫樂章、九廟時祫樂章，都承嘉靖十五年孟春九廟特享樂章來。倘脫去「嘉靖十年」，易誤爲十五年製定。

〔二一〕徹乎敢遲　遲，原作「違」，據明史稿志四四樂志、明會典卷八七改。

〔二二〕御製祀歷代帝王樂章　原脫「章」字，據明史稿卷四四樂志補。

明史卷六十三

志第三十九

樂三

樂章二

洪武三年定朝賀樂章。

陞殿，奏飛龍引之曲。百官行禮，奏風雲會之曲。丞相致詞，奏慶皇都之曲。復位，百官行禮，奏喜昇平之曲。還宮，奏賀聖朝之曲。俱見後宴饗九奏中。

二十六年更定。

陞殿，韶樂，奏聖安之曲：乾坤日月明，八方四海慶太平。龍樓鳳閣中，扇開簾捲帝王興。聖感天地靈，保萬壽，洪福增。祥光王氣生，陞寶位，永康寧。

還宮，韶樂，奏定安之曲：九五飛聖龍，千邦萬國敬依從。鳴鞭三下同，公卿環珮響玎

璫，掌扇護御容。中和樂，音呂濃，翡翠錦繡，擁還華蓋赴龍宮。

公卿入門，奏治安之曲：忠良爲股肱，昊天之德承主恩，森羅拱北辰。御爐烟遶奉天門，江山社稷興。安天下，軍與民，龍虎會風雲。後不用。

洪武二十六年定中宮正旦、冬至、千秋節朝賀樂章。

中宮天香鳳韶之曲：寶殿光輝晴天映，懸玉鉤珍珠簾櫳，瑤觴舉時簫韶動。慶大筵，來儀鳳，昭陽玉帛齊朝貢。讚孝慈賢助仁風，歌謠正在昇平中，謹獻上齊天頌。

宣德以後增定慈宮朝賀樂章。

天香鳳韶之曲：龍樓鳳閣彤雲曉，開繡簾天香芬馥，瑤堦春暖千花簇。壽聖母，齊頌祝，御筵奏獻長生曲。坤道寧品類咸育，和氣四時調玉燭，享萬萬年太平福。

洪武三年定宴饗樂章。

一奏起臨濠之曲，名飛龍引：千載中華生聖主，王氣成龍虎。提劍起淮西，將勇師雄，百戰收强虜。驅馳鞍馬經寒暑，將士同甘苦。次第靜風塵，除暴安民，功業如湯、武。

中華書局

二奏開太平之曲，名風雲會：玉壘瞰江城，風雲繞帝營。駕樓船龍虎縱橫，飛礮發機驅六甲，降虜將，勝胡兵。　談笑掣長鯨，三軍勇氣增。一戎衣，宇宙清寧。　從此華夷歸一統，開帝業，慶昇平。

三奏安建業之曲，名慶皇都：虎踞龍蟠佳麗地，眞主開基，千載風雲會。十萬雄兵屯鐵騎，臺臣守將皆奔潰。　一洗煩苛施德惠，里巷謳歌，田野騰和氣。王業弘開千萬世，黎民咸仰雍熙治。

四奏削羣雄之曲，名喜昇平：持黃鉞，削平荊楚淸吳、越。淸吳、越，暮秦朝晉，幾多豪傑。　幽、燕、齊、魯風塵潔，伊、涼、蜀、隴人心悅。人心悅，車書一統，萬方同轍。

五奏平幽都之曲，名賀聖朝：天運推遷虜運移，王師北討定燕畿。百年禮樂重興日，四海風雲慶會時。　除暴虐，撫瘡痍，漠南爭覩舊威儀。君王聖德容降虜，三恪衣冠拜玉墀。

六奏撫四夷之曲，名龍池宴：海波不動風塵靜，中國有眞人。文身交阯，氈裘金齒，重譯來賓。　奇珍異產，梯山航海，奉表稱臣。白狼玄豹，九苞丹鳳，五色麒麟。

七奏定封賞之曲，名九重歡：乾坤淸廓，論功定賞，策勳封爵。玉帶金符，貂蟬簪珥，形圖麟閣。　奉天洪武功臣，佐興運，文經武略。子子孫孫，尊榮富貴，久長安樂。

八奏大一統之曲，名鳳凰吟：大明天子駕飛龍，開疆宇，定王封。江、漢遠朝宗，慶四

海，車書會同。　東夷西旅，北戎南越，都入地圖中。　遐邇暢皇風，億萬載時和歲豐。

九奏守承平之曲，名萬年春：風調雨順遍乾坤，齊慶承平時節。玉燭調和甘露降，遠近桑麻相接。　偃武修文，報功崇德，率土皆臣妾。山河磐固，萬方黎庶歡悅。　長想創業艱難，君臣會共掃四方豪傑。露宿宵征鞍馬上，歷盡風霜冰雪。　朝野如今淸寧無事，任用須賢哲。　躬勤節儉，萬年同守王業。

以上九奏，前三奏和緩，中四奏壯烈，後二奏舒長。　其曲皆按月律。

十二月按律樂歌。

正月太簇，本宮黃鍾商，俗名大石，曲名萬年春：奉天承運秉黃麾，志在安民除慝。會覩中天騰王氣，五色虹霓千尺。　龍繞兜鍪，神迎艨艦，嘉應非人力。鳳凰山上，慶雲長繞峯石。　天助神武成功，人心効順，所至皆無敵。手握乾符開寶祚，略定山河南北。　飲馬江、淮，列營河、漢，四海風波息。　師雄將猛，萬方齊仰威德。

二月夾鍾，本宮夾鍾宮，俗名中呂，曲名玉街行：山林豺虎，中原狐兔，四海英雄無數。　大明眞主起臨濠，震於赫戎衣一怒。　星羅玉壘，雲屯鐵騎，一掃乾坤烟霧。　黎民重覩太平年，慶萬里山河磐固。

三月姑洗，本宮太簇商，俗名大石，曲名賀聖朝：雲氣朝生芒、碭間，虹光夜起鳳凰山，江、淮一日眞主出，華夏千年正統還。　瞻日角，覩天顏，雲龍風虎競追攀。君臣勤苦成王業，王業汪洋被百蠻。

四月仲呂，本宮無射徵，俗名黃鍾正徵，曲名喜昇平：風雲密，濠梁千載眞龍出。眞龍出，鯨鯢豺虎，掃除無迹。　江河從此波濤息，乾坤同慶承平日。承平日，華夷萬里，地圖歸一。

五月蕤賓，本宮姑洗商，俗名中管雙調，曲名樂淸朝：中原鹿走英雄起，回首四郊多壘。英主倡兵淮水，將士皆雄偉。　百靈護助人心喜，一呼萬人風靡。　談笑掃除螻蟻，王業從茲始。

六月林鍾，本宮夾鍾角，俗名中呂角，曲名慶皇都：王氣呈祥飛紫鳳，虎嘯龍興，千里旌旗動。四海歡呼師旅衆，天戈一指風雲從。　將士爭先民樂用，駕御英雄，聖德皆天縱。率土華夷歸職貢，詞臣拜獻河淸頌。

七月夷則，本宮南呂商，俗名中管商角，曲名永太平：鳳凰佳氣好，王師起義，乾坤初曉。淮水西邊，五色慶雲繚繞。三尺龍泉似水，更百萬貔貅熊豹。　軍令悄，魚麗鵝鸛，風雲蛇鳥。　赳赳電掣鷹揚，〔二〕在伐罪安民，去殘除暴。天與人歸，豪傑削平多少。萬里烟塵淨洗，正紅日一輪高照。膺大寶，王業萬年相保。

八月南呂，本宮南呂宮，俗名中管仙呂，曲名鳳凰吟：紫微翠蓋擁蓬萊，聖天子，帝圖開。　曆數應江、淮，看五色雲生上台。　櫛風沐雨，攻堅擊銳，將士總英才。　躍馬定塵埃，創萬古山河壯哉。

九月無射，本宮無射宮，俗名黃鍾，曲名飛龍引，詞同前起臨濠之曲。

十月應鍾，本宮姑洗徵，俗名中呂正徵，曲名龍池宴：大明英主承天運，倡義擁天戈。星辰旋繞，風雲圍護，龍虎𪗋訶。　旌旗所指，羌夷納欵，江海停波。　從今平定萬年疆宇，百二山河。

十一月黃鍾，本宮夷則角，俗名仙呂角，曲名金門樂：慶皇明聖主開寶祚，起臨濠。正汝、潁塵飛，江、淮浪捲，赤子呼號。天戈奮然倡義，擁神兵百萬總英豪。貔虎朝屯壁壘，虹霓夜繞弓刀。　鳳凰山勢聳層霄，佳氣五雲高。愛士伍同心，君臣協力，不憚勤勞。　風雲一時相會，看魚龍飛舞出波濤。　靜掃八方氛祲，咸聽九奏簫韶。

十二月大呂，本宮大呂宮，俗名高宮，曲名風雲會：天眷顧淮西，眞人起布衣，正乾剛九五龍飛。　駕馭英雄收俊傑，承永命，布皇威。　一劍立鴻基，三軍擁義旗，望雲霓四海人歸。　整頓乾坤除暴虐，歌聖德，慶雍熙。

武舞曲，名淸海宇：拔劍起淮土，策馬定寰區。　王氣開天統，寶曆應乾符。〔三〕武略文

中華書局

謨，龍虎風雲創業初。將軍星繞弁，勇士月彎弧。選騎平南楚，結陣下東吳，跨蜀驅胡，萬里山河壯帝居。

文舞曲，名泰階平：乾坤清寧，治功告成，武定禍亂，文致太平。郊則致其禮，廟則盡其誠。卿雲在天甘露零，風雨時若百穀登。禮樂雍和，政刑肅清。儲嗣既立，封建乃行。讒佞屛四海，賢俊立朝廷。玉帛鐘鼓陳兩楹，君臣賡歌揚頌聲。

四夷舞曲，其一，小將軍：大明君，定宇寰，聖恩寬，掌江山，東虜西戎，北狄南蠻。手高擎，寶貝盤。其二，殿前歡：五雲宮闕連霄漢，金光明照眼。玉溝金水聲潺潺，頫顋覲，趨蹌看，儀鑾嚴肅百千般，威人心膽寒。其三，慶新年：虎豹關，文武班，五綵間慶雲朝霞燦。黃金殿，喜氣增，丹墀內，仰聖顏。翠繞紅圍錦繡班，高樓十二欄。笙簫趁紫壇，仙音韻，瑤簫按，拜舞齊，歌謠讚，吾皇萬壽安。其四，過門子：定宇寰，定宇寰，掌江山，撫百蠻。謳歌拜舞仰祝讚，萬萬年，帝業安。

洪武十五年重定宴饗九奏樂章。

一奏炎精開運之曲：炎精開運，篤生聖皇。大明御極，遠紹虞、唐。河清海宴，物阜民康。威加夷僚，德被戎羌。八珍有薦，九鼎馨香。鼓鐘鏜鏜，宮徵洋洋。怡神養壽，理陰順

陽。保茲遐福，地久天長。

二奏皇風之曲：皇風被八表，熙熙聲教宣。時和景象明，紫宸開繡筵。龍衮曜朝日，金爐裊祥烟。濟濟公與侯，被服麗且鮮。列坐侍丹扆，磬折在周旋。羔豚升華俎，玉饌充方圓。初筵奏南風，繼歌賡載篇。瑤觴欣再舉，拜俯禮無愆。同樂及斯辰，於皇千萬年。

奏平定天下之舞，曲名清海宇。同前。

三奏眷皇明之曲：赫赫上帝，眷我皇明。大命既集，本固支榮。厥本伊何？育德春宮。厥支伊何？藩邦以寧。慶延百世，澤被羣生。及時爲樂，天祿是膺。千秋萬歲，永觀厥成。

奏撫安四夷之舞，曲名小將軍、殿前歡、慶新年、過門子。俱同前。

四奏天道傳之曲：馬負圖兮天道傳，龜載書兮人文宣，羲畫卦兮禹疇敍，皇極建兮合自然。綿綿曆數歸明主，祥麟在郊威鳳舞。九夷入貢康衢謠，聖子神孫繼祖武，垂拱無爲邁前古。

奏車書會同之舞，曲名泰階平。同前。

五奏振皇綱之曲：周南詠麟趾，卷阿歌鳳凰。藹藹稱多士，爲楨振皇綱。赫赫我大明，德尊踰漢、唐。百揆修庶績，公輔理陰陽。峩冠正襟佩，都俞在高堂，坐令八紘內，熙熙民樂康。氣和風雨時，田疇見豐穰。獻禮過三爵，歡娛良未央。

六奏金陵之曲：鍾山蟠蒼龍，石城踞金虎，千年王氣都，於今歸聖主。六代繁華經幾秋，江流東去無時休。誰言天塹分南北，英雄豈但嗤曹、劉。我皇昔住濠梁屋，神遊天錫眞人服，提兵乘勢渡江來，詞臣早獻金陵曲。歌金陵，進珍饌，諧八音，繼三歎，請觀漢祖用兵時，爲嘗馮異滹沱飯。

七奏長楊之曲：長楊曳綠，黃鳥和鳴。菡萏呈鮮，紫燕輕盈。千花浥露，日麗風淸。及時爲樂，芳尊在庭。管音嘒嘒，絲韻泠泠，玉振金聲，各奏爾能。皤皤國老，載勸載懲，明德惟馨，垂之聖經。唐風示戒，永保嘉名，無已太康，哲人是聽。

八奏芳醴之曲：夏王厭芳醴，商湯遠色聲，聖人示深戒，千春垂令名。惟皇登九五，玉食保尊榮，日昃不遑餐，布德延羣生。天庖具豐膳，鼎鼐事調烹，豈但資肥甘，亦足養遐齡。達人悟茲理，恆令五氣平，隨時知有節，昭哉天道行。

九奏駕六龍之曲：日麗中天漏下遲，公卿侍宴多令儀。簫韶九奏觴九獻，爐烟細逐祥風吹。羣臣舞蹈天顏喜，歲熟民康常若此。六龍迴駕鳳樓深，寶扇齊開扶玉几。景星呈瑞慶雲多，兩曜增暉四序和。聖人道大如天地，歲歲年年奈樂何。

進膳曲，水龍吟：寶殿祥雲紫氣濛，聖明君，龍德宮。氤氳霧靄，檜柏間青松。龍樓鳳閣，雕梁畫棟，此是蓬萊洞。

太平清樂曲，太清歌：萬國來朝進貢，仰賀聖明主，一統華夷。普天下八方四海，南北東西。託聖德，勝堯王，保護家國太平，天下都歸一，將兵器銷爲農器。旌旗不動酒旗招，仰荷天地。上清歌：一願四時風調雨順民心喜。攝外國，將寶貝；攝外國，將寶貝；見君王，來朝寶殿裏，珊瑚、瑪瑙、玻璃，進在丹墀。開天門：託長生，日月光天德，萬萬歲永固皇基。公卿文武來朝會，開玳筵，捧金盃。陞座、還宮、百官行禮，奏萬歲樂、朝天子二曲，與朝賀同。

大祀慶成大宴，用萬國來朝隊舞、纓鞭得勝隊舞。

萬壽聖節大宴，用九夷進寶隊舞、壽星隊舞。

冬至大宴，用讚聖喜隊舞、百花聖朝隊舞。

正旦大宴，用百戲蓮花盆隊舞、勝鼓采蓮隊舞。

永樂十八年定宴饗樂舞。

一奏上萬壽之曲：龍飛定萬方，受天命，振紀綱。彝倫攸敍四海康，普天率土盡來王。臣民舞蹈，嵩呼載揚，稱觴奉吾皇，聖壽天長。

平定天下舞曲，其一，四邊靜：威伏千邦，四夷來賓納表章。顯禎祥，承乾象，皇基永昌，萬載山河壯。其二，刮地風：聖主過堯、舜、禹、湯，立五常三綱。八蠻進貢朝今上，頓首誠惶。朝中宰相，燮理陰陽。五穀收成，萬民歡暢。賀吾皇，齊讚揚，萬國來降。

二奏仰天恩之曲：皇天眷聖明，五辰順，四海寧，風調雨順百穀登，臣民鼓舞樂太平。賢良在位，邦家永禎。吾皇仰洪恩，夙夜存誠。

黃童白叟鼓腹謳歌承應曲，曰豆葉黃：雨順風調，五穀收成，倉廩豐盈，大利民生。託賴著皇恩四海清，鼓腹謳歌，白叟黃童，共樂咸寧。

四夷舞曲，其一，小將軍：順天心，聖德誠，化番邦，盡朝京。四夷歸伏，舞於龍廷。貢皇明，寶貝擎。其二，殿前歡：四夷率土歸王命，都來仰大明。萬邦千國皆歸正，現帝庭，〔三〕朝仁聖。天階班列衆公卿，齊聲歌太平。其三，慶豐年：和氣增，鸞鳳鳴，紫霧生，祥雲朝霞映。爇金爐，香味馨，列丹墀，御駕盈。紘管簫韶五音應，龍笛間鳳笙。其四，渤海令：金盃中，酒滿盛。御案前，列羣英。君德成，皇圖慶，嵩呼萬歲聲。其五，過門子：聖主興，聖主興，顯威靈，蠻夷靜。至仁至德至聖明，萬萬年，帝業成。

三奏感地德之曲：皇心感地靈，順天時，德厚生。含弘光大品物亨，鍾奇毓秀產俊英。河清海宴，麟來鳳鳴，陰陽永和平，相我文明。〔四〕

車書會同舞曲，其一，新水令：錦衣花帽設丹墀，具公服百司同會。麟至舞，鳳來儀，文武班齊，朝賀聖明帝。其二，水仙子：八方四面錦華夷，〔五〕天下蒼生仰聖德。風調雨順昇平世，遍乾坤，皆讚禮，託君恩民樂雍熙。萬萬年皇基堅固，萬萬載江山定體，萬萬歲洪福天齊。

四奏民樂生之曲：世間的萬民，荷天地，感聖恩。乾坤定位四海春，君臣父子正大倫。皇風浩蕩，人心載醇，熙熙樂天眞，永戴明君。

表正萬邦舞曲，其一，慶太平：奸邪濁亂朝綱，構禍難，煽動戈斨。赫怒吾皇，親征灞上，指天戈，敵皆降。其二，武士歡：白溝戰場，旌旗雲合迷日光。令嚴氣張，三軍踴躍齊奮揚，掃除殘甲如風蕩，凱歌傳四方。仁聖不殺降，望河南，失欃槍。其三，滾繡毬：肆旅拒，恃力強，一心構殃，築滄洲百尺城隍。騁蠆毒，恣虎狠，孰能禦當。順天心有德隆昌，倒戈斂甲齊歸降，撫將生還達故鄉，自此仁聞愈彰。其四，陣陣贏：不數孫、吳兵法良，神謀睿算合陰陽，八陣堂堂行天上，虎略龍韜孰敢當。俘囚十萬皆踈放，咸荷仁恩戴上蒼。其五，得勝回：兩傍四方，展鳥翼風雲雁行。出奇兵，敵難量，士強馬強。遍百里，眠旌臥鎗，勝兵回，樂洋洋。其六，小梁州：敵兵戰敗神魂喪，擁貔貅，直渡長江。開市門，肆不移，宣聖恩，如天曠。綸音頒降，普天下，仰吾皇。

五奏感皇恩之曲：當今四海寧，頌聲作，禮樂興。君臣慶會躋太平，衣冠濟濟宴彤庭。文臣武將，共荷恩榮，忠心盡微誠，仰答皇明。

天命有德舞曲，其一，慶宣和：雨順風調萬物熙，一統華夷。四野嘉禾感和氣，一幹百穗，一幹百穗。其二，窄甎兒：梯航萬國來丹陛，太平年，永固洪基。正東西南北來朝會，洽寰宇，布春暉，四夷咸賓聲教美。自古明王在愼德，不須威武服戎狄。祥瑞集，鳳來儀。佳期萬萬歲，聖明君，主華夷。

六奏慶豐年之曲：萬方仰聖君，大一統，撫萬民。豐年時序雨露均，穰穰五穀貨財殷。酣歌擊壤，風清俗淳，四夷悉來賓，正統皇仁。

七奏集禎應之曲：皇天眷大明，五星聚，兆太平；騶虞出現甘露零，野蠶成繭嘉禾生，醴泉湧地河水清。乾坤萬萬年，四海永寧。

八奏永皇圖之曲：天心眷聖皇，正天位，撫萬邦。仁風宣布禮樂張，戎夷稽首朝明堂。皇圖鞏固，賢臣贊襄。太平日月光，地久天長。

九奏樂太平之曲：皇恩被八紘，三光明，四海清。人康物阜歲屢登，含哺鼓腹皆歡聲。民歌帝力，唐堯至仁。乾坤永清，共樂太平。

導膳、迎膳、進膳及陞座、還宮、百官行禮諸曲，俱與洪武間同。

大祀慶成，用纓鞭得勝蠻夷隊舞；萬壽聖節，九夷進寶隊舞；冬至節，讚聖喜隊舞；正旦節，百戲蓮盆隊舞。

嘉靖間續定慶成宴樂章。

陞座，樂曲萬歲樂：五百昌期嘉慶會，啓聖皇，龍飛天位。九州四海重華日，大明朝，萬萬世。

百官行禮，樂曲朝天子：滿前瑞烟，香繞蓬萊殿。風回韶律鼓淵淵，列陛上，旌旗絢，日至朱躔。陽生赤甸氣和融，徹上元。曆年萬千，長慶天宮宴。

上護衣、上花，樂曲水龍吟：寶殿金爐瑞靄浮，陳玉案，列珍羞。天花炫彩，照曜翠雲裘。鸞歌鳳舞，虞庭樂奏，萬歲君王壽。

一奏上萬歲之曲：聖主垂衣裳，興禮樂，邁虞、唐。簫韶九成儀鳳凰，日月中天照八荒。民安物阜，時和歲康。上奉萬年觴，胤祚無疆。

奏平定天下舞曲，其一，四邊靜：天啓嘉祥，聖主中興振紀綱。頌洋洋，功蕩蕩，國運隆昌，萬歲皇圖壯。其二，鳳鸞吟：維皇上天佑聖明，景命宣，五雲輝，三台潤，七緯光懸。協氣生，嘉祥見。正萬民，用羣賢。垂袞御經筵，宵衣勤政殿。禮圜丘大祀精虔，明水潔，蒼璧圓。秉周文，承殷薦，眷皇家億萬斯年。

二奏仰天恩之曲：皇穹啓聖神，欽乾運，祗郊禋。一陽初動靄先春，萬福來同仰至仁。祥開日月，瑞見星辰。禮樂協神人，宇宙咸新。

迎膳曲，水龍吟：春滿雕盤獻玉桃，葭管動，日輪高，熹微霽色，遙映袞龍袍。千官舞蹈，鈞韶迭奏，曲度昇平調。

進膳曲，水龍吟：紫禁瓊筵暖應冬，驂八螭，乘六龍，玉卮瓊斝，黼座獻重瞳。堯天廣運，舜雲飛動，喜聽賡歌頌。

進湯曲，其一，太清歌：長至日，開黃道，喜乾坤佳氣，陽長陰消。奏鈞韶，音調鳳軫，律協鸞簫。仰龍顏，天日表，如舜如堯。金爐烟暖御香飄，玉墀晴靄祥光繞，宮梅苑柳迎春好，燕樂蓬萊島。其二，上清歌：雲捧宸居，五星光映三台麗。仰日月，層霄霽；仰日月，層霄霽。中興重見唐、虞際，太和元氣自陽回，兆姓歡愉。其三，開天門：九重霄，日轉皇州曉。宴天家，共歌魚藻。龍鱗雉尾高，祝聖壽，慶清朝。

奏黃童白叟鼓腹謳歌承應曲，御鑾歌：雅奏樂昇平，瞻絳闕，集瑤京。黃童白叟喜氣盈，謳歌鼓舞四海寧。金枝結秀，玉樹含英。聽康衢擊壤聲，帝力難名。

三奏感昊德之曲：帝德運光明，一陽動，萬物生。升中大報蒼璧陳，禮崇樂暢歆太清。

星懸紫極，日麗璇庭，乾坤瑞氣盈，海宇安寧。

奏撫安四夷舞曲，其一，賀聖朝：華夷一統，萬國來同。獻方物，修庭貢，遠慕皇風，自南自北，自西自東。望天宮，佳氣鬱重重，四靈畢至，麟鳳龜龍。其二，殿前歡：瑞雲晴靄浮宮殿，一脈陽和轉。禮成交泰開周宴，鳳笙調，龍幄展，天心感格人歡忭，四海謳歌徧。其三，慶豐年：賴皇天，錫豐年，勤禹稼，力舜田，喜慰三農願。嘉禾秀，瑞麥鮮，賦九州，貢八埏，神倉御廩咸充滿，養民以養賢。其四，新水令：聖德精禋格昊穹，大一統。四夷來貢，玉帛捧。文軌同，世際昌隆，共聽與人頌。其五，太平令：誕明禋，天鑒元后，光四表，惠澤周流。來四裔，趨前擁後，獻萬寶，充庭滿囿。稽首頓首，天高地厚，祝聖人，多男福壽。

四奏民樂生之曲：大報禮初成，象乾德，運皇誠。神州赤縣永清寧，靈雨和風樂太平。陰陽交暢，品物咸亨，元化自流行，允殖羣生。

迎膳曲，水龍吟：五色祥雲捧玉皇，開閶闔，坐明光。鈞天樂奏，冬日御筵張。文恬武熙，太平氣象，人在唐、虞上。

進膳曲，水龍吟：玉律陽回景運新，燕鎬京，藹皇仁。光昭雲漢，一氣沸韶韺，錦瑟和聲，瑤琴清韻，瞻仰天顏近。

進湯曲，太清歌：萬方民，樂時雍，鼓舞荷天工，雷行風動。喜今逢，南蠻北貊，東夷西戎，來朝貢。大明宮，星羅斗拱。九重天上六飛龍，五色雲間雙彩鳳，普天率土效嵩封，允協河清頌。

奏車書會同舞曲，其一，新水令：五雲深護九重城，感洪恩。一人有慶，陽初長，禮方行。帝德文明，表率邦家正。其二，水仙子：萬方安堵樂康寧，九域同仁荷聖明。千年撫運承天命，露垂甘，河獻清，見雙岐秀麥連莖，喜靈雪隨冬應，覩祥雲拂曙生，神與化並運同行。

五奏感皇恩之曲：雙闕五星光，霓旌樹，紫蓋張。璇臺玉曆轉新陽，鈞天廣樂諧宮商。恩深露湛，喜溢霞觴，日月煥龍章，地久天長。

奏表正萬邦舞曲，其一，慶太平：維天眷我聖明，禮圜丘，至德精誠。乾元永清，洪膺景命，休徵應，泰階平。其二，千秋歲：聖主乘龍御萬邦，慶雲翔化日重光。羣臣拜舞稱壽觴，載歌天保章。其三，滾繡毬：五雲車，度九重，利見飛龍。耀袞章，火藻華蟲。擊虎敔，考鼉鐘，鼉鼓逢逢。八珍列，九鼎豐隆。堯眉揚彩舜重瞳，萬國咸熙四海雍，齊歌頌聖德神功。其四，殿前歡：萬年禮樂中興日，大化覩重熙。河清海宴臻祥瑞，五行順，七政齊，超三邁五貞元會，既醉頌鳧鷖。其五，天下樂：萬靈朝拱接清都，享南郊，欽天法祖。願聖人，承乾納祜，中和位育，龜獻範，馬陳圖。其六，醉太平：禮樂萬年規，謳歌四海熙，衣冠蹈舞九龍墀，

麗正仰南離。紫雲高捧唐、虞帝，垂衣天下文明治。鎬烏岐鳳呈嘉瑞，真個是人在成周世。

六奏慶豐年之曲：聖人懋承乾，綏萬邦，屢豐年。神倉御廩登天田，明粢鬱鬯祀孔虔。與情咸豫，協氣用宣，萬古帝圖傳，璧合珠聯。

七奏集禎應之曲：天保泰階平，寶露降，渾河清，嘉禾秀麥集休禎，遐陬絕域喜氣盈。一人有慶，百度惟貞，萬國頌咸寧，麗正重明。

八奏永皇圖之曲：鎬燕集天京，頌魚藻，歌鹿鳴。邊陲安堵萬國寧，重譯來庭四海清。咸池日曙，昧谷雲征，帝座仰前星，豫大豐亨。

九奏樂太平之曲：皇極永登祥，乾符啓，泰運昌。玉管回春動一陽，金鑾錫燕歌九章，虞庭獸舞，岐山鳳翔，日麗袞龍裳，主聖臣良。

迎膳曲，水龍吟：香霧氤氳紫閣重，仰天德，瞻帝容。星輝海潤，甘雨閒和風。樂比鳶魚，〔六〕瑞呈麟鳳，永獻卷阿頌。

進膳曲，其一，水龍吟：萬戶千門啓建章，台階峻，帝座張。三垣九道，北斗玉衡光。元氣調和，雅韻鏗鏘，昭代慶明良。其二，太清歌：萬方國，盡來庭，稽首歌帝仁，仰荷生成。振乾綱，陰陽順序，民物樂生。逢明聖，萬年春，永膺休命。華夷蠻僚咸歸正，蒼生至老不知兵，鼓腹含哺圃太平，九有享清寧。

奏天命有德舞曲，其一，萬歲樂：太平天子興隆日，履初長，陽回元吉。醴泉芝草休徵集，曾聞道五星聚室。其二，賀聖朝：一人元良，百度維新。握赤符，凝玄應，享太清。大禮方行，祀事孔明感天心，億載恆承慶。明王慎德，四裔咸賓。

奏纓鞭得勝蠻夷隊舞承應曲，其一，醉太平：星華紫殿高，雲氣彤樓遶。九夷重譯梯航到，皇圖光八表。玉宇無塵明月皎，銀河自轉扶桑曉，平平蕩蕩歸王道。百獸舞，鳳鳴簫韶。其二，看花會：普天下，都賴吾皇至聖。看玉關頻欵，天山已定，四夷效順歸王命。天保歌，羣黎百姓。其三，天下樂：九重樂奏萬花開，望龍樓，雲蒸霧靄。仰天工，雍熙帝載，臣民歡戴。溥仁恩，遍九垓。其四，清江引：黃鍾既奏陽和長，德盛天心貺。人文日月明，國勢山河壯，衢室民謠頻擊壤。

奏致語曲，[七]其一，清江引：鈞天畢奏日方中，既醉歡聲動。[八]雲章傍袞龍，飆勢翔威鳳，萬方安樂與嘉頌。其二，千秋歲：上下交歡燕禮成，一陽奮，萬彙咸亨。風雲會合開明運，紫極轉璇衡。

宴畢，百官行禮曲，朝天子：文班武班，歡動承明殿，禮成樂備頌聲喧。眞咫尺，仰天顏，日照龍筵。風回雉扇翠蕤旋，奉仙鑾，雲間斗間，五色金章燦。

還宮曲，萬歲樂：天回北極雲成瑞，望層霄，重華日麗。九垓八極樂雍熙，祝聖壽，萬萬歲。

永樂間小宴樂章。

一奏本太初之曲，朝天子：混兮沌兮，水土成元氣，不分南北與東西，未辨天和地。萬象包涵，其中秘密，難窮造化機，是陰陽本體。乃爲之太極，兩儀因而立。

二奏仰大明之曲，歸朝歡：太極分，混然方始見儀形，清浮濁偃乾坤定。日月齊興，照青霄，萬象明。陽須動，陰須靜，陰與陽，皆相應，流行二氣，萬物俱生。

三奏民初生之曲，其一，沽美酒：乾坤清，宇宙寧，六合淨，四維正，萬象原來一氣生。定三才五行，民與物，共成羣。其二，太平令：爲一類不分人品，覓生食豈曉庖烹，避寒暑巢居穴遁，披樹葉相尋趁，如何是愛親。世情治生，雖混然各安其性。

四奏品物亨之曲，醉太平：黎民生世間，萬物長塵寰，陰陽交運轉循環，久遠時庶繁。相傳氣候應無間，品物交錯憑誰鑒。望聖人出世整江山，主萬民得安。

五奏御六龍之曲，其一，清江引：人心久仰生聖君，天使人生聖。聖人受天機，體天居中正，御六龍，聖明登九重。其二，碧玉簫：君坐神京，海嶽共從新。民仰君恩，聖治有人倫。人品分，萬物增，聖承乾，百福臻。垂法明，尊天命，興後朝，皆從正。

六奏泰階平之曲，十二月：聖乃有言天，天是無言聖。聖人臨正，萬物亨通，恩威盛，社稷安，仁德感，[九]江山定。選用英賢興王政，分善惡賞罰均平。三公九卿，左右股肱，庶事康寧。

七奏君德成之曲，其一，十二月：皇基以興，聖帝修身，奉天體道，聖德愈明。敬天地，勤勞萬民，立法度，上下咸寧。其二，堯民歌：風俗禮樂厚彝倫，爰興學校進儒經，賢臣良將保朝廷，四野人民頌歡聲。用的是賢英，賢英定太平，寰海皆歸正。

八奏聖道行之曲，其一，金殿萬年歡：三綱旣定，九疇復興。聖道如天，嘉禾齊秀，寒暑和平。聖威無邊皇基穩，勝磐石，慶雲生，景星長現，三光輝耀，百穀收成，萬姓安寧。其二，得勝令：聖德感皇乾，甘露降山川。萬邦來朝貢，奇珍擺布全，玉階下鳴鞭。仰聖主，升金殿，丹墀列英賢，讚吾皇，豐稔年。

九奏樂清寧之曲，其一，普天樂：萬邦寧，皇圖正。父君母后，天下咸欽。君治外，永聖明；后治內，長安靜。後聖承乾皆從正，德相傳，聖子神孫。天威浩蕩，江山永固，洪福無窮。其二，沽美酒：和氣生，滿玉京；祥烟起，映皇宮。明聖開基整萬民，風雲會帝庭，奏簫韶，九韶成。其三，太平令：紫霧隱金鑾彩鳳，祥光罩良將賢臣。玉案列珍羞美醞，寶鼎爇龍涎香噴。至尊永寧，儲嗣守成，賀萬萬歲一人有慶。

右二奏至八奏，俱奏百戲承應；第九奏，魚躍于淵承應。奉天門宴百官，止用本太初、仰大明、民初生三奏曲，其進酒、進膳樂同。惟百官叩頭禮，用朝天子曲。宴畢，導駕還宮，用御鑾歌。

嘉靖間仁壽宮落成宴饗樂章。

一奏本太初之曲，朝天子：帝誠帝明，寶位基昌命。仙苑開筵歌鹿鳴，享殿天章映。「我有嘉賓，鼓瑟吹笙」，示周行，昭德音。日升月恆，萬載皇圖正。

二奏仰大明之曲，殿前歡：天保定聖人，多壽多男慶。修和禮樂協中興，麗正重明，如山阜，如岡陵，如川方至莫不增。協氣生，禎祥應，百神受命，萬國來庭。

三奏民初生之曲，其一，沽美酒：黃河清，寶露凝，瑞麥呈，靈鵲鳴，諸福來同仰聖明。喜萬寶告成，占景緯，泰階平。其二，太平令：念農桑，衣食之本；仰君德，獨厚民生。事耕鑿，羣黎百姓。歌鹿鳴，神人胥慶。明主宴嘉賓，承筐鼓瑟吹笙，繼自今福增天定。

四奏品物亨之曲，醉太平：瑤宮怡聖顏，閬苑隔人寰。吹笙鼓瑟賓，旨酒天開宴，鹿鳴歌舞黃金殿，賴吾皇錫福萬民安，醉歌天保歡。

五奏御六龍之曲，其一，清江引：聖主有道樂昇平，宴會延休慶。務本軫民生，弘化凝天命。欣落成，萬載開鴻運。其二，碧玉簫：帝重農桑，法駕起明光。麟遊鳳翔，宴陳天保章。開玳筵，薦瑤觴，既醉頌洋洋。聖德巍，皇恩蕩，世際唐、虞上。

進膳曲，其一，水龍吟：寶瑟瑤笙鼓吹喧，聖天子，御華筵。南山萬壽，瑞日正中天。百穀豐年，八方珍膳，人樂昇平宴。其二，太清歌：祥麥嘉瓜臻瑞，仰荷堯、舜主，愛育羣黎，感天意五風十雨。秋報春祈徧爾德，勸農桑，日用衣食。〔一〇〕嘉賓和樂開筵地，紅雲捧雕盤珍味。山呼萬歲福無疆，日升川至。其三，上清歌：仰賴吾皇，參天兩地凝和氣。四三王，六五帝，四三王，六五帝，〔一一〕國家興，賢才爲上瑞。養萬民，九域熙，百祿咸宜。其四，開天門：寶殿輝，龍虎風雲會。瞻丹陛，覲紫微，周詩歌既醉，螽斯、麟趾開祥瑞，仰飛龍，在天位。

豳風亭宴講官樂章。

一奏本太初之曲，朝天子：九重詔傳，殿閣開秋宴。授衣時節肅霜天，禾稼登場徧。鼓瑟吹笙，昇平重見，工歌七月篇。春酒當筵獻，願吾皇萬年，歲歲臨西苑。

二奏仰大明之曲，殿前歡：鳳苑御筵開，黃花映玉階。鹿鳴、天保歌三代，古調新裁，奉君王萬壽盃。日月明，乾坤大，看年年秋報賽。太平有象，元首明哉。

三奏民初生之曲，其一，沽美酒：熙春陽，化日長。執懿筐，采柔桑。拾繭繅絲有萬箱。爲春酒染紅黃孔陽，爲公子製衣裳。其二，太平令：勤樹藝，歲年豐穰，九十月禾黍登場。爲春酒甕浮新釀，村田樂齊歌齊唱。饗公堂，殺羊舉觴，繼進著兕觥，祝聖壽，萬靈扶相。

四奏品物亨之曲，醉太平：納嘉禾滿場，釀御酒盈缸，公桑蠶績製玄黃，服龍衣袞裳。螽斯蟋蟀諧清唱，水光山色明仙仗，豳風亭殿進霞觴，祝聖壽無疆。

五奏御六龍之曲，其一，清江引：九月風光何處有？鳳苑在龍池右。農夫稼已登，公子衣方授，萬歲君王頻進酒。其二，碧玉簫：凡我生民，農桑最苦辛，終歲經營。氣候變冬春，田畯欣，婦子勤。詠豳詩，仰化鈞，場圃新，風雨順。宴御墀，龍顏近。

進膳曲，其一，水龍吟：養老休農敞御筵，瀉春酒，介耇年，封羊剪韭，社鼓正闐闐。香粳米顆，升堂拜獻，此樂眞堪羨。其二，太清歌：九月天，開西苑，宸居無逸殿，講幄張筵。集儒流，雲蒸星炫，璧緯珠躔。睹御製，煥天章，昭回雲漢。堯天舜日民安宴，御廩神倉百穀登，金輝玉燦休徵見，大有豐年。其三，上清歌：鳳苑宸居，公桑帝耤今方舉。躬耕蠶，勸士女，躬耕蠶，勸士女。〔一二〕獻羊羔，升堂奏樂舞，葵菽棗壺上珍廚，萬壽山呼。其四，開天門：豳風亭，共仰吾皇聖。百穀登，萬國咸寧。民康物阜禎祥應，仰乾運，俯坤靈。

隆慶三年大閱禮成回鑾樂章。

武成之曲：吾皇閱武成，簡戎旅，壯帝京。龍旗照耀虎豹營，六師雲擁甲冑明。威靈廣播，蠻夷震驚，稽首頌昇平，四海澄清。

嘉靖間皇后親蠶宴內外命婦樂章。

陞座，奏天香鳳韶之曲：春雲繚繞芳郊曙，喜乾坤萬象咸舒，蘭皐蕙圃迎仙馭。采桑條，攀茂樹，蠶宮繭館親臨御。璧月珠星照太虛，開筵還駐翠旖旗，萬載垂貞譽。

進膳曲，沽美酒：蠶禮成，鳳輦停，薦霞觴，列雲屏。宮妃世婦仰坤寧。祥雲映紫冥，同祝頌，耀前星。〔一三〕

回宮，御鑾歌：惟天啓聖皇，君耕耤，后躬桑，身先田織率萬邦。天淸地寧民阜康，百穀用成，四夷來王。治化登虞、唐，世發禎祥。

永樂間定東宮宴饗樂章。〔一四〕

一奏喜千春之曲，賀聖朝：開國承天，聖威極多，總一統，封疆濶。百姓快活，萬物榮光，共沐恩波。仙音韻，合讚昇平詠歌。齊朝拜，千千歲東宮，滿國春和。

二奏永南山之曲，水仙子：洪基永固海波清，盛世明時禮樂興，華夷一統江山靜。民通和，樂太平。讚東宮仁孝賢明，秉鈞衡端正，順乾坤泰亨，坐中華萬世昌寧。

三奏桂枝香之曲，蟾宮曲：曉光融，宴饗春宮，日朗風和，嘉氣蔥蔥。鎭領台樞，規宏綱憲，禮節至公。事聖上柔聲婉容，問安寧勤孝虔恭。果斷寬洪，剛健文明，聖德合同。

四奏初春曉之曲，小梁州：端拱嚴宸事紫微，秉運璇璣，四時百物總相宜。仰賴明君德，大業勝磐石。皇儲仁孝明忠義，美遐方順化朝儀。孝能歡慈愛心，敬篤上尊卑意，禮上和下睦民，鼓舞樂雍熙。

五奏乾坤泰之曲，滿庭芳：春和玳筵，安邦興國，欽聖尊賢，文英武烈於民便。禮樂成全，享大業中庸不偏，順天常節儉爲先，達文獻嚴儀訓典，孝敬億千年。

六奏昌運頌之曲，喜秋風：文武安，軍民樂。宴文華，會班僚，五雲齊動鈞天樂。賀春宮，讚皇朝。

右二奏至六奏，俱奏百戲承應。

七奏泰道開之曲，〔一五〕沽美酒：布春風，滿畫樓，對嘉景，鳳凰洲。高捧金波碧玉甌，設威儀左右，分品從，列公侯。其二，太平令：效聖上誠心勤厚，主宗器嚴備春秋，諧律呂仙音齊奏，欽王政皇天保佑。拜舞頓首，讚祝進酒，千千歲康寧福壽。

迎膳樂曲，水龍吟：方響笙纂鼓樂喧，〔一六〕排寶器，開玳筵。鸞儀旌節，錦繡景相連。簪纓趨進，皆來朝見，春滿文華殿。

陞座、還宮、百官行禮，奏千秋歲曲：堯年舜日勝禹、周，慶雲生繚繞鳳樓。風調雨順五穀收，萬民暢歌謳。朔望朝參同。

校勘記

〔一〕赳赳電掣鷹揚　赳赳，原作「糾糾」，據明史稿志四五樂志、王圻續文獻通考卷一五七改。

〔二〕寶曆應乾符　應，原作「慶」，據明史稿志四五樂志、明會典卷七三改。

〔三〕現帝庭　現，稽璜續文獻通考卷一一六作「覲」。

〔四〕陰陽永和平相我文明　文明，王圻續文獻通考卷一五七作「大明」。

〔五〕八方四面錦華夷　錦，明史稿志四五樂志作「統」。下文天命有德舞曲有「一統華夷」句。

〔六〕樂比鳶魚　鳶，原作「鴛」，據明史稿志四五樂志、明會典卷七三改。

〔七〕奏致語曲　致語，原作「致詞」，據明會典卷七三改。

〔八〕鈞天畢奏日方中既醉歡聲動　醉，原作「奏」，據明會典卷七三改。張衡西京賦：「饗以鈞天廣樂，帝有醉焉。」

〔九〕恩威盛社稷安仁德威　威，原作「盛」，與上文「盛」字重出。據明會典卷七三、王圻續文獻通考卷一五七改。

〔一〇〕勸農桑日用衣食　衣，原作「飲」，據明史稿志四五樂志、明會典卷七三改。

〔一一〕四三王六五帝四三王六五帝　按上清歌第三、四句與第五、六句重疊，本志上文嘉靖間續定慶成宴樂章中的上清歌正如此。這裏原文未重疊，缺第五、六句，據明會典卷七三補。

〔一二〕躬耕蠶勸士女躬耕蠶勸士女　這裏上清歌第三、四句「躬耕蠶，勸士女」，要重疊，原文未重疊，據明會典卷七三補。

〔一三〕同祝頌耀前星　原脫「祝」字，據明史稿志四五樂志、明會典卷七三補。

〔一四〕永樂間定東宮宴饗樂章　原脫「宴」字，據明史稿志四五樂志補。

〔一五〕七奏泰道開之曲　下文有「其二」，此疑缺「其一」二字。

〔一六〕方響笙纂鼓樂喧　方響，原作「方饗」，據明史稿志四五樂志、明會典卷七三改。

明史

清　張廷玉等撰

第六冊

卷六四至卷七六（志）

中華書局

中華書局

二十四史

明史卷六十四

志第四十

儀衞

周官，王之儀衞分掌於天官、春官、夏官之屬，而蹕事則專屬於秋官。漢朝會，則衞官陳車騎，張旗幟。唐沿隋制，置衞尉卿，掌儀仗帳幕之事。宋衞尉領左、右金吾仗司，六軍儀仗司，主清道、徼巡、排列、奉引儀仗。元置拱衞司，領控鶴戶，以供其事。歷代制度雖有沿革異同，總以謹出入之防，嚴尊卑之分。愼重則尊嚴，尊嚴則整肅，是故文謂之儀，武謂之衞。天子出，車駕次第，謂之鹵簿。而唐制，四品以上皆給鹵簿，則君臣並得通稱也。明初詔禮官，鹵簿彌文，務從省節，以示尙質去奢之意。凡正、至、聖節、朝會及册拜，接見蕃臣，儀鑾司陳設儀仗。而中宮、東宮、親王皆有儀仗之制。後或隨時增飾，要以洪武創制爲準則焉。玆撮集禮所載大凡，以備考核。其郡王及皇妃、東宮妃以下儀仗，載

在會典者，並著於篇云。

皇帝儀仗。吳元年十二月辛酉，中書左相國李善長率禮官以卽位禮儀進。是日清晨，拱衞司陳設鹵簿，列甲士於午門外之東西，列旗仗於奉天門外之東西。龍旗十二，分左右，用甲士十二人。北斗旗一、纛一居前，豹尾一居後，俱用甲士三人。虎豹各二，馴象六，分左右。布旗六十四：〔一〕門旗、日旗、月旗、青龍、白虎、風、雲、雷、雨、江、河、淮、濟旗，天馬、天祿、白澤、朱雀、玄武等旗，木、火、土、金、水五星旗，五嶽旗，熊旗，鸞旗及二十八宿旗，各六行；每旗用甲士五人，一人執旗，四人執弓弩。設五輅於奉天門外：玉輅居中，左金輅，次革輅，右象輅，次木輅，俱並列。丹墀左右布黃麾仗，黃蓋、華蓋、曲蓋、紫方傘、紅方傘、雉扇、朱團扇、羽葆幢、豹尾、龍頭竿、信幡、傳敎幡、告止幡、絳引幡、戟氅、戈氅、儀鍠氅等，各三行。丹陛左右陳幢節、響節、金節、燭籠、青龍白虎幢、班劍、吾杖、立瓜、臥瓜、儀刀、鐙杖、戟、骨朶、朱雀玄武幢等，各三行。殿門左右設圓蓋一、金交椅、金脚踏、水罐、團黃扇、紅扇。皆校尉擎執。

洪武元年十月定元旦朝賀儀。金吾衞於奉天門外分設旗幟。宿衞於午門外分設兵仗。衞尉寺於奉天殿門及丹陛、丹墀設黃麾仗。內使監擎執於殿上。凡遇冬至、聖節、册拜，親王及蕃使來朝，儀俱同。其宣詔赦、降香，則惟設奉天殿門及丹陛儀仗、殿上擎執云。

其陳布次第，午門外，刀、盾、殳、叉各置於東西，甲士用赤。奉天門外中道，金吾、宿衞二衞設龍旗十二，分左右，用青甲士十二人。北斗旗一、纛一居前，豹尾一居後，俱用黑甲士三人。虎豹各二，馴象六，分左右。

左右布旗六十四。

左前第一行，門旗二，每旗用紅甲士五人，內一人執旗，旗下四人執弓箭。第二行，月旗一，用白甲士五人，內一人執旗，旗下四人執弩；青龍旗一，用青甲士五人，內一人執旗，旗下四人執弩。第三行，風、雲、雷、雨旗各一，每旗用黑甲士五人，內一人執旗，旗下四人執弓箭；天馬、白澤、朱雀旗各一，每旗用紅甲士五人，內一人執旗，旗下四人執弩。第四行，木、火、土、金、水五星旗各一，隨其方色，每旗用甲士五人，內一人執旗，旗下四人執弩，其甲木青、火紅、土黃、金白、水黑；熊旗、鸞旗各一，每旗用紅甲士五人，內一人執旗，旗下四人執弩。第五行角、亢、氐、房、心、尾、箕旗各一，每旗用青甲士五人，內一人執旗，旗下四人執弓箭。第六行斗、牛、女、虛、危、室、壁旗各一，每旗用青甲士五人，內一人執旗，旗下四人執弩。

右前第一行，門旗二，每旗用紅甲士五人，內一人執旗，旗下四人執弓箭。第二行，日旗一，用紅甲士五人，內一人執旗，旗下四人執弩；白虎旗一，用白甲士五人，內一人執旗，旗下四人執弩。第三行，江、河、淮、濟旗各一，隨其方色，每旗用甲士五人，內一人執旗，旗下四人執弓箭，其甲江紅、河白、淮青、濟黑；天祿、白澤、玄武旗各一，每旗用甲士五人，內一人執旗，旗下四人執弓箭，天祿、白澤紅甲，玄武黑甲。第四行，東、南、中、西、北五嶽旗各一，隨其方色，每旗用甲士五人，內一人執旗，旗下四人執弩，其甲東嶽青、南嶽紅、中嶽黃、西嶽白、北嶽黑；熊旗、麟旗各一，每旗用紅甲士五人，內一人執旗，旗下四人執弩。第五行，奎、婁、胃、昴、畢、觜、參旗各一，每旗用青甲士五人，內一人執旗，旗下四人執弓箭。第六行，井、鬼、柳、星、張、翼、軫旗各一，每旗用青甲士五人，內一人執旗，旗下四人執弩。

奉天門外，拱衞司設五輅。玉輅居中；左金輅，次革輅；右象輅，次木輅。俱並列。典牧所設乘馬於文武樓之南，各三，東西相向。

丹墀左右布黃麾仗凡九十，分左右，各三行。

左前第一行，十五：黃蓋一，紅大傘二，華蓋一，曲蓋一，紫方傘一，紅方傘一，雉扇四，朱團扇四。第二行，十五：羽葆幢二，豹尾二，龍頭竿二，信幡二，傳敎幡二，告止幡二，絳引幡二，黃麾一。第三行，十五：戟氅五，戈氅五，儀鍠氅五。

中華書局

右前第一行，十五：黃蓋一，紅大傘二，華蓋一，曲蓋一，紫方傘一，紅方傘一，雉扇四，朱團扇四。第二行，十五：羽葆幢二，豹尾二，龍頭竿二，信旛二，傳教旛二，告止旛二，絳引旛二，黃麾一。第三行，十五：戟氅五，戈氅五，儀鍠氅五。皆校尉擎執。

丹陛左右，拱衞司陳幢節等仗九十，分左右，爲四行。左前第一行，響節十二，金節三，燭籠三。第二行，青龍幢一，班劍三，吾杖三，立瓜三，臥瓜三，儀刀三，鐙杖三，戟三，骨朶三，朱雀幢一。右前第一行，響節十二，金節三，燭籠三。第二行，白虎幢一，班劍三，吾杖三，立瓜三，臥瓜三，儀刀三，鐙杖三，戟三，骨朶三，玄武幢一。皆校尉擎執。

奉天殿門左右，拱衞司陳設：左行，圓蓋一，金脚踏一，金水盆一，團黃扇三，紅扇三；右行，圓蓋一，金交椅一，金水罐一，團黃扇三，紅扇三。皆校尉擎執。殿上左右內使監陳設：左，拂子二，金唾壺一，金香合一；右，拂子二，金唾盂一，金香爐一。皆內使擎執。和聲郎陳樂於丹墀文武官拜位之南，其器數詳見樂志內。

三年命製郊丘祭祀拜褥，郊丘用席表蒲裏爲褥，宗廟、社稷、先農、山川用紅文綺表紅木棉布裏爲褥。十二年命禮部增設丹墀儀仗，黃傘、華蓋、曲蓋、紫方傘、紅方傘各二，雉扇、紅團扇各四，羽葆幢、龍頭竿、絳引、傳教、告止、信旛各六，戟氅、戈氅、儀鍠氅各十。[二]

永樂元年，禮部言鹵簿中宜有九龍車一乘，請增置。帝曰：「禮貴得中，過爲奢，不及爲

儉，先朝審之精矣。當遵用舊章，豈可輒有增益，以啓後世之奢哉？九龍車既先朝所無，其仍舊便。」宣德元年更造鹵簿儀仗，有具服幄殿一座，金交椅一，金脚踏一，金盆一，金罐一，金馬杌一，鞍籠一，金香爐一，金香合一，金唾盂一，金唾壺一，御杖二，擺錫明甲一百副，盔一百，弓一百，箭三千，刀一百。其執事校尉，每人鵝帽，只孫衣，銅帶鞾履鞋一副。常朝，各色羅掌扇四十，各色羅絹傘十，萬壽傘一，黃雙龍扇二。筵宴，銷金羅傘四，銷金雨傘四，金龍響節二十四。

皇后儀仗，洪武元年定。丹陛儀仗三十六人：黃麾二，戟五色繡旛六，戈五色繡旛六，鍠五色錦旛六，小雉扇四，紅雜花團扇四，錦曲蓋二，紫方傘二，紅大傘四。丹墀儀仗五十八人：班劍四，金吾杖四，立瓜四，臥瓜四，儀刀四，鐙杖四，骨朶四，斧四，響節十二，錦花蓋二，金交椅一，金脚踏一，金水盆一，金水罐一，方扇八。宮中常用儀衞二十人：內使八人，色繡旛二，金斧二，金骨朶二，金交椅一，金脚踏一；宮女十二人，金水盆一，金水罐一，金香爐一，金香合一，金唾壺一，金唾盂一，拂子二，方扇四。永樂元年增製紅杖一對。

太皇太后、皇太后儀仗與皇后同。

皇太子儀仗，洪武元年定。門外中道設龍旗六，其執龍旗者並戎服。黃旗一居中，左前

青旗一，右前赤旗一，左後黑旗一，右後白旗一，每旗執弓弩軍士六人，服各隨旗色。殿下設三十六人：絳引旛二，戟氅六，戈氅六，儀鍠氅六，羽葆幢六，青方傘二，青小方扇四，青雜花團扇四，皆校尉擎執。殿前設四十八人：班劍四，吾杖四，立瓜四，臥瓜四，儀刀四，鐙杖四，骨朶四，斧四，響節十二，金節四，皆校尉擎執。殿門設十二人：金交椅一，金脚踏一，金水罐一，金水盆一，青羅團扇六，紅圓蓋二，皆校尉擎執。殿上設六人：金香爐一，香合一，唾盂一，唾壺一，拂子二，皆內使擎執。永樂二年，禮部言，東宮儀仗，有司失紀載，視親王差少，宜增製金香爐、金香合各一，殳二，叉二，傳教、告止、信旛各二，節二，幢二，夾矟二，矟、刀、盾各二十，戟八，紅紙油燈籠六，紅羅銷金邊圓傘、紅羅繡圓傘各一，紅羅曲蓋繡傘、紅羅素圓傘、紅羅素方傘、青羅素方傘各二，紅羅繡孔雀方扇、紅羅繡四季花團扇各四，拂子二，唾盂、唾壺各一，鞍籠一，誕馬八，紅令旗二，清道旗四，幰弩一，白澤旗二，弓箭二十副。從之。

親王儀仗，洪武六年定。宮門外設方色旗二，青色白澤旗二，執人服隨旗色，並戎服。殿下，絳引旛二，戟氅二，戈氅二，儀鍠氅二，皆校尉執。殿前，班劍二，吾杖二，立瓜二，臥瓜二，儀刀二，鐙杖二，骨朶二，斧二，響節八，皆校尉執。殿門，交椅一，脚踏一，水罐一，水盆一，團扇四，蓋二，皆校尉執。殿上，拂子二，香爐一，香合一，唾壺一，唾盂一。十六年

詔，親王儀仗內交椅、盆、罐用銀者，悉改用金。建文四年，禮部言，親王儀仗合增紅油絹銷金雨傘一，紅紗燈籠、紅油紙燈籠各四，魫燈二，大小銅角四。從之。永樂三年命工部，親王儀仗內紅銷金傘，仍用寶珠龍文。凡世子儀仗同。

郡王儀仗。令旗二，清道旗二，幰弩一，刀盾十六，弓箭十八副，絳引、傳教、告止、信旛各二，吾杖、儀刀、立瓜、臥瓜、骨朶、斧各二，戟十六，矟十六，麾一，幢一，節一，響節六，紅銷金圓傘一，紅圓傘一，紅曲柄傘二，紅方傘二，青圓扇四，紅圓扇四，誕馬四，鞍籠一，馬杌一，拂子二，交椅一，脚踏一，水盆一，水罐一，香爐一，紅紗燈籠二，魫燈二，帳房一座。

皇妃儀仗。紅杖二，清道旗二，絳引旛二，戈氅、戟氅、儀鍠氅、吾杖、儀刀、班劍、立瓜、臥瓜、鐙杖、骨朶、金鉞各二，響節四，青方傘四，紅繡圓傘一，繡方扇四，紅花圓扇四，青繡圓扇四，交椅一，脚踏一，拂子二，水盆一，水罐一，香爐一，香合一，唾盂一，唾壺一，紅紗燈籠四。

東宮妃儀仗。紅杖二，清道旗二，絳引旛二，儀鍠氅、戈氅、戟氅、吾杖、儀刀、班劍、立瓜、臥瓜、鐙杖、骨朶、金鉞各二，響節四，青方傘二，紅素圓傘二，紅繡圓傘一，紅繡方扇四，紅繡花圓扇四，青繡圓扇四，交椅一，脚踏一，拂子二，水盆一，水罐一，香爐一，香合一，紅紗燈籠四。永樂二年，禮部言，東宮妃儀仗如親王妃，惟香爐、香合如中宮，但亦不用金，其

中華書局

水盆、水罐皆用銀，從之。

親王妃儀仗。紅杖二，清道旗二，絳引旛二，戟氅、吾杖、儀刀、班劍、立瓜、臥瓜、骨朶、鐙杖各二，響節四，青方傘二，紅綵畫雲鳳傘一，青孔雀圓扇四，紅花扇四，交椅一，脚踏一，水盆一，水罐一，紅紗燈籠四，拂子二。公主、世子妃儀仗俱同。

郡王妃儀仗。紅杖二，清道旗二，絳引旛二，戟氅、吾杖、班劍、立瓜、骨朶各二，響節二，青方傘二，紅圓傘一，青圓扇二，紅圓扇二，交椅一，脚踏一，拂子二，紅紗燈籠二，水盆一，水罐一。

郡主儀仗。紅杖二，清道旗二，班劍、吾杖、立瓜、骨朶各二，響節二，青方傘一，紅圓傘一，青圓扇二，紅圓扇二，交椅一，脚踏一，水盆一，水罐一，紅紗燈籠二，拂子二。

舊例，郡王儀仗有交椅、馬杌，皆木質銀裹；水盆、水罐及香爐、香合，皆銀質抹金；量折銀三百二十兩。郡王妃儀仗，有交椅等大器，量折銀一百六十兩。餘皆自備充用。嘉靖四十四年定，除親王及親王妃初封儀仗照例頒給外，其初封郡王及郡王妃折銀等項，併停止。萬曆十年定，郡王初封係帝孫者，儀仗照例全給，係王孫者免。蓋宗室分封漸多，勢難徧給也。

校勘記

〔一〕布旗六十四　明史稿志四六儀衞志、太祖實録卷二三吳元年十二月辛酉條「布旗」二字上有「左右」二字。

〔二〕戟氅戈氅儀鍠氅各十　儀鍠氅，原脫「儀」字，據明會典卷一四〇、王圻續文獻通考卷一三〇補。本志上文亦作「儀鍠氅」。下文皇太子親王儀仗原作「鍠氅」的，也補「儀」字。

明史卷六十五

志第四十一

輿服一

大輅　玉輅　大馬輦　小馬輦　步輦　大凉步輦　板轎　耕根車

后妃車輿　皇太子親王以下車輿　公卿以下車輿　傘蓋　鞍轡

有虞氏御天下，車服以庸。夏則黻冕致美。商則大輅示儉。成周有巾車、典輅、弁師、司服之職，天子以之表式萬邦，而服車五乘，下逮臣民。漢承秦制，御金根爲乘輿，服袀玄以承大祀。東都乃有九斿、雲罕、旒冕、絇屨之儀物，踵事增華，日新代異。江左偏安，玉輅棲寶鳳，采旄銜金龍。其服冕也，或飾翡翠、珊瑚、雜珠。豈古所謂法駕、法服者哉？唐武德間著車輿、衣服之制，上得兼下，下不得擬上。宋初，袞冕不綴珠玉。政和中詔修車輅，並建旂常，議禮局所釐定，用爲成憲。元制，郊祀則駕玉輅，服袞冕；巡幸，或乘象轎，四時

質孫之服，各隨其宜。

明太祖甫有天下，考定邦禮，車服尙質。酌古通今，合乎禮意。迄於世宗，耤田造耕根，燕居服燕弁，講武用武弁，更爲忠靖冠以風有位，爲保和冠以親宗藩，亦一王之制也。

若夫前代傘扇、鞍勒之儀，門戟、旌節之屬，咸別等威，至宋加密。明初，儉德開基，宮殿落成，不用文石甃地。以此坊民，武臣猶有飾金龍於牀幔，馬廄用九五間數，而豪民亦或鎔金爲酒器，飾以玉珠。太祖皆重懲其弊。乃命儒臣稽古講禮，定官民服舍器用制度。歷代守之，遞有禁例。

茲更以朝家册寶、中外符信及宮室器用之等差，附敍於後焉。

天子車輅。明初大朝會，則拱衞司設五輅於奉天門，玉居中，左金，次革，右象，次木。駕出，則乘玉輅，後有腰輿，以八人載之。其後太祖考周禮五輅，以詢儒臣，曰：「玉輅太侈，何若祇用木輅？」博士詹同對曰：「孔子云『乘殷之輅』，卽木輅也。」太祖曰：「以玉飾車，古惟祀天用之，常乘宜用殷輅。然祀天之際，玉輅未備，木輅亦未爲不可。」參政張昶曰：「木輅，戎輅也，不可以祀天。」太祖曰：「孔子斟酌四代禮樂，以爲萬世法，木輅寧不可祀？祀在

中華書局

誠敬，豈泥儀文。」

洪武元年，有司奏乘輿服御，應以金飾，詔用銅。有司言費小不足惜。太祖曰：「朕富有四海，豈吝乎此。第儉約非身先無以率下。且奢泰之習未有不由小而至大者也。」

六年命禮官考五輅制，爲木輅二乘。一以丹漆，祭祀用之；一以皮鞔，行幸用之。是冬，大輅成。命更造大輅一，象輅十，中宮輅一，後宮車十，飾俱以鳳。以將幸中立府，故造之，非常制也。

二十六年始定鹵簿大駕之制。玉輅一，大輅一，九龍車一，步輦一。後罷九龍車。永樂三年更定鹵簿大駕，有大輅、玉輅、大馬輦、小馬輦、步輦、大涼步輦、板轎各一，具服、幄殿各一。

大輅，高一丈三尺九寸五分，廣八尺二寸五分。輅座高四尺一寸有奇，上平盤。前後車櫺並雁翅及四垂如意滴珠板。轅長二丈二尺九寸有奇，紅髹。鍍金銅龍頭、龍尾、龍鱗葉片裝釘。平盤下方箱，四周紅髹，匡俱十二槅。內飾綠地描金，繪獸六，麟、狻猊、犀、象、天馬、天祿；禽六，鸞、鳳、孔雀、朱雀、翟、鶴。盤左右下有護泥板及車輪二，貫軸一。每輪輻十有八，其輞皆紅髹，抹金銅鈒花葉片裝釘。輪內車心，用抹金銅鈒蓮花瓣輪盤裝釘，軸中纏黃絨駕轅諸索。

輅亭高六尺七寸九分，四柱長五尺八寸四分。檻座皆紅髹。前二柱戧金，柱首寶相花，中雲龍文，下龜文錦。前左右有門，高五尺一寸九分，廣二尺四寸九分，四周裝雕木沉香色描金香草板十二片。門旁槅各二及明栿，〔一〕俱紅髹，以抹金銅鈒花葉片裝釘，槅編以黃線條。後紅髹屏風，上雕描金雲龍五，紅髹板戧金雲龍一。屏後地沉香色，上四槅雕描金雲龍四，其次雲板如之。下三槅雕描金雲龍三，其次雲板亦如之。俱抹金銅鈒花葉片裝釘。

亭內黃線條編紅髹匡軟座，下蓮花墜石，上施花毯、紅錦褥席、紅髹坐椅。靠背上雕描金雲龍一，下雕雲板一，紅髹福壽板一並褥。椅中黃織金椅靠坐褥，四圍椅裙，施黃綺帷幔。亭外青綺緣邊紅簾十扇。輅頂幷圓盤高三尺有奇，鍍金銅蹲龍頂，帶仰覆蓮座，垂攀頂黃線圓條。盤上以紅髹，其下外四面地沉香色，描金雲；內四角地青，繪五彩雲。以青飾輅蓋，亭內貼金斗栱，承紅髹匡寶蓋，斗以八頂，冒以黃綺，謂之黃屋；中幷四周繡五彩雲龍九。天輪三層，皆紅髹，上安雕木貼金邊耀葉板八十一片，內綠地雕木貼金雲龍文三層，間繪五彩雲襯板八十一片。盤下四周，黃銅釘裝，施黃綺瀝水三層，每層八十一摺，間繡五彩雲龍文。四角垂青綺絡帶，各繡五彩雲升龍。圓盤四角連輅坐板，用攀頂黃線圓條，幷貼金木魚。輅亭前有左右轉角闌干二扇，後一字帶左右轉角闌干一扇，皆紅髹，內嵌雕木貼金龍，間以五彩雲。三扇共十二柱，柱首雕木貼金蹲龍及線金五彩蓮花抱柱。闌干內四周布花毯。

亭後樹太常旂二，以黃線羅爲之，皆十有二斿，每斿內外繡升龍一。左旂腰繡日月北斗，竿首用鍍金銅龍首。右旂腰繡黻字，竿首用鍍金銅戟。各綴抹金銅鈴二，垂紅纓十二，纓上施抹金銅寶蓋，下垂青線紛錔。踏梯一，紅髹，以抹金銅鈒花葉片裝釘。行馬架二，紅髹，上有黃絨匾條，用抹金銅葉片裝釘。有黃絹幰衣、帊遮塵。油絹雨衣、青氈衣及紅油合扇梯、紅油托叉各一。輅以二象駕之。

玉輅，亦駕以二象，制如大輅，而無平盤下十二槅之飾。輅亭前二柱，飾以摶換貼金升龍。屏風後無上四槅雲龍及雲板之飾。天輪內用青地雕木飾玉色雲龍文。而太常旗及踏梯、行馬之類，悉與大輅同。

大馬輦，古者輦以人輓之。周禮巾車后五輅，其一「輦車，組輓」。然縣師有「車輦之稽」，黍苗詩云「我任我輦」，則臣民所乘亦名輦。至秦始去其輪，而制乃尊。明諸輦有輪者駕以馬，以別於步輦焉。

其制，高一丈二尺九寸五分，廣八尺九寸五分，轅長二丈五寸有奇，輦座高三尺四寸有奇，餘同大輅。輦亭，高六尺四寸有奇，紅髹四柱，長五尺四寸有奇。檻座，高與輅同，四周紅髹條環板。前左右有門，高五尺有奇，廣二尺四寸有奇。門旁槅各二，後槅三及明栿，皆紅髹，抹金銅鈒花葉片裝釘。槅心編以黃線條。亭內制與大輅同，第軟座上不用花毯，而用紅毯。亭外用紅簾十二扇。輦頂幷圓盤高二尺六寸有奇，上下俱紅髹，以青飾輦蓋。其銅龍、蓮座、寶蓋、黃屋及天輪、輦亭，制悉與大輅同。太常旗、踏梯、行馬之屬，亦同大輅。駕以八馬，備鞍韉、鞦轡、鈴纓之飾。

小馬輦，視大馬輦高廣皆減一尺，轅長一丈九尺有奇，餘同大馬輦。輦亭高五尺五寸有奇，紅髹四柱，長五尺四寸有奇。檻座，紅髹，四周條環板，前左右有門，高五尺，廣二尺二寸有奇。門旁槅各二及明栿，後屏風壁板，俱紅髹，用抹金銅鈒花葉片裝釘。亭底紅髹，上施紅花毯、紅錦褥席。外用紅簾四扇，駕以四馬。餘同大馬輦。

步輦者，古之步輓。明制，高一丈三尺二寸有奇，廣八尺二寸有奇。輦座高三尺二寸有奇，四周雕木五彩雲渾貼金龍板十二片，間以渾貼金仰覆蓮座，下雕木線金五彩雲板十二片。轅四，紅髹。中二轅長三丈五尺九寸，左右二轅長二丈九尺五寸有奇，俱以鍍金銅龍頭、龍尾裝釘。輦亭高六尺三寸有奇，四柱長六尺二寸有奇。檻座，紅髹，四周雕木沉香色描金香草板十二片，抹金銅鈒花葉片裝釘。前左右有門，高五尺七寸有奇，廣二尺四寸有奇。門旁紅髹十字槅各二扇，雕飾沉香色描金雲龍板八片，下雲板如其數。後紅髹屏風，上雕沉香色描金雲龍五。屏後雕沉香色描金雲龍板三片，又雲板如其數，俱用抹金銅鈒花葉片裝釘。餘同馬輦，惟紅簾用十扇。輦頂幷圓盤高二尺六寸有奇，其蓮座、輦蓋、天輪、襜衣之屬，俱同馬輦。

大涼步輦，高一丈二尺五寸有奇，廣一丈二尺五寸有奇。四面紅髹匡，裝雕木五彩雲板二十片，間以貼金仰覆蓮座，下紅髹如意條環板，如其數。紅髹轅六：中二轅長四丈三尺五寸有奇，左右二轅長四丈有奇，外二轅長三丈六尺五寸有奇，前後俱飾以雕木貼金龍頭、龍尾。

輦亭高六尺五寸有奇，廣八尺五寸有奇，四柱紅髹。前左右有門，高五尺八寸有奇，廣二尺五寸有奇，四周描金香草板十二片。門旁槅各二，後槅三及明栿皆紅髹，編以黃線條。

亭底上施墊氈，加紅錦褥幷席。紅髹坐椅一，四周雕木沉香色，描金寶相花，靠背、褥、裙、帷幔與馬輦同。內設紅髹桌二；紅髹闌干香桌一，闌干四，柱首俱雕木貼金蹲龍；鍍金銅龍蓋香爐一，幷香匙、箸、瓶；紅錦墩二。外紅簾三扇。輦頂高二尺七寸有奇，又鍍金銅寶珠頂，帶仰覆蓮座，高一尺三寸有奇；垂攀頂黃線圓條四。頂用丹漆，上冒紅氈，四垂以黃氈爲如意雲，黃氈緣條；四周施黃綺瀝水三層，每層百三十二摺，間繡五彩雲龍文。或用大紅羅冒頂，以黃羅爲如意雲緣條，瀝水亦用黃羅。頂下四周以紅氈爲帷，黃氈緣條，四角鍍金銅雲四。亭內寶蓋繡五龍，頂以紅髹木匡，冒以黃綺爲黃屋，頂心四周繡雲龍各一。輦亭四角至輦座，用攀頂黃線圓條四，幷貼金木魚。輦亭前左右轉角闌干二扇，後一字帶轉角闌干一扇，皆紅髹，雕木渾貼金龍，間以五彩雲板。闌干內四周布席。其闌干十二柱之飾及踏梯之屬，俱與馬輦同。

轎者，肩行之車。宋中興以後，皇后嘗乘龍肩輿。又以征伐，道路險阻，詔百官乘轎，名曰「竹轎子」，亦曰「竹輿」。元皇帝用象轎，駕以二象。至用紅板轎，則自明始也。

其制，高六尺九寸有奇。頂紅髹。近頂裝圓匡蜊房窗，鍍金銅火焰寶，帶仰覆蓮座，四角鍍金銅雲朶。轎杠二，前後以鍍金銅龍頭、龍尾裝釘，有黃絨墜角索。四周紅髹板，左右門二，用鍍金銅釘鉸。轎內紅髹匡坐椅一，福壽板一幷褥。椅內黃織金綺靠坐褥，四周椅裙，下鋪席幷踏褥。有黃絹轎衣、油絹雨衣各一，青氈衣，紅氈緣條雲子。

嘉靖十三年謁廟，帝及后妃俱乘肩輿出宮，至奉天門降輿升輅。隆慶四年設郊祀慶成宴，帝乘板輿由歸極門出，入皇極門，至殿上降輿。

車駕之出，有具服幄殿。按周官大小次，木架葦障，上下四旁周以幄帟，以象宮室。明鹵簿載具服幄殿，儀仗有黃帳房，仍元制也。帳幷帷幕，以黃木棉布爲之。上施獸吻，柱竿紅髹，竿首彩裝蹲獅，氈頂。

耕根車，世宗朝始造。漢有耕車，晉曰耕根車，俱天子親耕所用。嘉靖十年，帝將耕耤田，詔造耕根車。禮官上言：「考大明集禮，耕耤用宋制，乘玉輅，以耕根車載耒耜同行。今考儀注，順天府官奉耒耜及穜稑種置彩輿，先於祭前二日而出。今用耕根車以載耒耜，宜令造車，於祭祀日早進呈，置耒耜，先玉輅以行。第稽諸禮書，祇有圖式，而無高廣尺寸。宜依今置車式差小，通用青質。」從之。

皇后輅，一。高一丈一尺三寸有奇，平盤。前後車櫺並雁翅，四垂如意滴珠板。轅長一丈九尺六寸，皆紅髹。轅用抹金銅鳳頭、鳳尾、鳳翎葉片裝釘。平盤左右垂護泥板及輪二，貫軸一。每輪輻十有八，皆紅髹，輞以抹金鈒花銅葉片裝釘。輪內車轂，用抹金銅鈒蓮花瓣輪盤裝釘，軸中纏黃絨駕轅諸索。

輅亭高五尺八寸有奇，紅髹四柱。檻座上沉香色描金香草板十二片。前左右有門，高四尺五寸有奇，廣二尺四寸有奇。門旁沉香色線金菱花槅各二，下條環板，有明栿，抹金銅鈒花葉片裝釘。後紅髹五山屏風，戧金鸞鳳雲文，屏上紅髹板，戧金雲文，中裝雕木渾貼金鳳一。屏後紅髹板，俱用抹金銅鈒花葉片裝釘。亭底紅髹，上施紅花毯、紅錦褥席，紅髹坐椅一。靠背雕木線金五彩裝鳳一，上下香草雲板各一，紅福壽板一幷褥。椅中黃織金綺靠坐褥，四周有椅裙，施黃綺帷幔。或黃線羅。外用紅簾十二扇。前二柱，戧金，上寶相花，中鸞鳳雲文，下龜文錦。輅頂幷圓盤高二尺有奇，抹金銅立鳳頂，帶仰覆蓮座，垂攀頂黃線圓條四。盤上紅髹，下四周沉香色描金雲文，內青地五彩雲文，以青飾輅蓋。內寶蓋，紅髹匡，闌以八頂，冒以黃綺，頂心及四周繡鳳九，幷五彩雲文。天輪三層，紅髹，上雕木貼金邊耀葉板七十二片，內飾青地雕木五彩雲鸞鳳文三層，間繪五彩雲襯板七十二片。下四周黃

中華書局

銅裝釘，上施黃綺瀝水三層，間繡鸞鳳文。四垂青綺絡帶，繡鸞鳳各一。圓盤四角連輅座板，用攀頂黃線圓條四。

輅亭前後有左右轉角闌干各二扇，內嵌條環板，皆紅髹；計十二柱，柱首雕木紅蓮花，線金青綠裝蓮花抱柱。其踏梯、行馬之屬，與大馬輦同。

安車，本周禮后五輅之一。應劭漢官鹵簿圖有五色安車。晉皇后乘雲母安車。唐皇后安車，制如金輅。明皇后安車獨簡素。

其制，高九尺七寸有奇，平盤，前後車櫺並雁翅板。轅二，長一丈六尺七寸有奇，皆紅髹，用抹金銅鳳頭、鳳尾、鳳翎葉片裝釘。平盤左右垂護泥板及輪二，貫軸一。每輪輻十有八，皆紅髹，軸中纏黃絨駕轅諸索。車亭高四尺四寸，紅髹方柱四，上裝五彩花板十二片。前左右有門，高三尺七寸有奇，廣二尺二寸有奇。門旁紅髹十字槅各二。後三山屏風，屏後壁板俱紅髹，用抹金銅鈒花葉片裝釘。亭底紅髹板，上施紅花毯、紅錦褥，四周施黃綺帷幔，外用紅簾四扇。車蓋用紅髹抹金銅寶珠頂，帶蓮座，高六寸，四角抹金銅鳳頭，用攀條四，並紅髹木魚。蓋施黃綺瀝水三層，銷金鸞鳳文，鳳頭下垂紅彾䥫。其踏梯、行馬、幰衣與輅同。

行障、坐障，自唐、宋有之。皇后重翟車後，皆有行障六，坐障三，左右夾車宮人執之。而唐書、宋史不載其制。金史，行障長八尺，高六尺；坐障長七尺，高五尺。明皇后用行障、坐障，皆以紅綾爲之，繪升降鸞鳳雲文；行障繪瑞草於瀝水，坐障繪雲文於頂。

太皇太后、皇太后輅及安車、行障、坐障，制與皇后同。

皇妃車曰鳳轎，與歷代異名。其制，青頂，上抹金銅珠頂，四角抹金銅飛鳳各一，垂銀香圓寶蓋幷彩結。轎身，紅髹木匡，三面篾織紋簟，繪以翟文，抹金銅鈒花葉片裝釘。紅髹榻，飾以抹金銅鳳頭、鳳尾。青銷金羅緣邊紅簾幷看帶，內紅交牀幷坐踏褥。紅銷金羅轎衣一頂，用銷金寶珠文，瀝水，香草文，看帶幷幃，皆鳳文。紅油絹雨轎衣一。

自皇后以下，皆用行障二，坐障一，第別以彩繪。皇妃行障、坐障，俱紅綾爲之，繪雲鳳，而行障瀝水繪香草。

皇太子金輅，高一丈二尺二寸有奇，廣八尺九寸。轅長一丈九尺五寸。輅座高三尺二寸有奇。平盤、滴珠板、輪輻、輪輞悉同玉輅。

輅亭高六尺四寸有奇，紅髹四柱，長五尺四寸。檻座上四周線金五彩香草板。前左右有門，高五尺有奇，廣二尺四寸有奇。門旁槅各二，編紅線條及明栿，皆紅髹。後五山屏風，青地上雕木貼金龍五，間以五彩雲文。屏後紅髹板，皆抹金銅鈒花葉片裝釘。紅髹匡軟座，紅絨墜座，大索四，下垂蓮花墜石，上施紅毯紅錦褥席。紅髹椅一，納板一幷褥。椅中紅織金綺靠坐褥，四周有椅裙，施紅羅帷幔，外用青綺緣邊。紅簾十二扇。椅雕貼金龍彩雲，下線金彩雲板一。

亭內編紅線條。輅頂幷圓盤，高二尺五寸有奇，又鍍金銅寶珠頂，帶仰覆蓮座，高九寸，垂攀頂紅線圓條四。盤上丹漆，下內外皆青地繪雲文，以青飾輅蓋。亭內周圍青斗拱，承以丹漆匡，寶蓋鬭以八頂，冒以紅綺，頂心繡雲龍，餘繡五彩雲文。天輪三層皆紅髹，上雕木貼金邊耀葉板七十二片，內飾青地雕木貼金雲龍文三層，間繪五彩雲襯板七十二片，四周黃銅裝釘。上施紅綺瀝水三層，每層七十二摺，間繡五彩雲龍文。四角之飾與大輅同，第圓條用紅線。

輅亭前一字闌干一扇，後一字帶轉角闌干一扇，左右闌干二扇，內嵌五彩雲板，皆丹漆。計十四柱，柱首制與大輅同。亭後建紅旗二，以紅羅爲之，九斿。每斿內外繡升龍一。左旗腰繡日月北斗，竿用抹金銅龍首。右旗腰繡黻字，竿用抹金銅戟。綴抹金銅鈴二，垂紅

纓。其踏梯、行馬之屬，與玉輅同。帳房用青木棉布，竿首青綠蹲猊，餘同乘輿帳房。

東宮妃車，亦曰鳳轎、小轎，制同皇妃。行障、坐障之制亦同。

親王象輅，其高視金輅減六寸，其廣減一尺。轅長視大輅減一尺。輅座高三尺有奇，餘飾同金輅。輅亭高五尺二寸有奇，紅髹四柱。檻座上四周紅髹條環板。前左右有門，高四尺五寸有奇，廣二尺二寸有奇。門旁槅各二及明栿、後五山屏風，皆紅髹，用抹金銅鈒花葉片裝釘。亭底紅髹，施紅花毯、紅錦褥席。其椅靠、坐褥、帷幔、紅簾之制，俱同金輅。輅頂幷圓盤高二尺四寸有奇，用抹金銅寶珠頂，餘同金輅。天輪三層皆紅髹，上雕木貼金邊耀葉板六十三片，〔三〕內飾青地雕木五彩雲文三層，間繪五彩雲襯板六十三片，四周黃銅裝釘。上施紅綺瀝水三層，每層八十一摺，繡瑞草文。前垂青綺絡帶二，俱繡升龍五彩雲文。圓盤四角連輅座板，用攀頂紅線圓條四，幷紅髹木魚。亭前後闌干同金輅，左右闌干各一扇，內嵌條環板，皆紅髹。計十四柱，柱首雕木紅蓮花，線金青綠裝蓮花抱柱，前闌干內布花毯。紅旗二，與金輅所樹同，竿上祇垂紅纓五。其踏梯、行馬之屬，亦同金輅。帳房用綠色螭頭，餘與東宮同。

親王妃車，亦曰鳳轎、小轎，制俱同東宮妃。惟鳳轎衣用木紅平羅。小轎衣二：一用磬

中華書局

紅素紵絲，一用木紅平羅。行障、坐障，制同東宮妃。

公主車，宋用厭翟車，明初因之。其後定制，鳳轎、行障、坐障，如親王妃。

皇孫車，永樂中，定皇太孫婚禮儀仗如親王，降皇太子一等，而用象輅。

郡王無輅，祇有帳房，制同親王。

郡王妃及郡主俱用翟轎，制與皇妃鳳轎同，第易鳳爲翟。行障、坐障同親王妃，而繪雲翟文。

百官乘車之制。洪武元年令，凡車不得雕飾龍鳳文。職官一品至三品，用間金飾銀螭繡帶，青縵。四品五品，素獅頭繡帶，青縵。六品至九品，用素雲頭青帶，青縵。轎同車制。庶民車及轎，並用黑油，齊頭平頂，皁縵，禁用雲頭。六年令，凡車轎禁丹漆，五品以上車止用青縵。婦女許坐轎，官民老疾者亦得乘之。

景泰四年令，在京三品以上得乘轎。弘治七年令，文武官例應乘轎者，以四人舁之。其五府管事，內外鎮守、守備及公、侯、伯、都督等，不問老少，皆不得乘轎，違例乘轎及擅用八人者，奏聞。蓋自太祖不欲勳臣廢騎射，雖上公，出必乘馬。永樂元年，駙馬都尉胡觀越制

乘晉王濟熺朱𨍏椶轎，爲給事中周景所劾。有詔宥觀而賜濟熺書，切責之。惟文職大臣乘轎，庶官亦乘馬。又文臣皆許乘車，大臣得乘安車。後久廢不用。正德四年，禮部侍郎劉機言，大明集禮，公卿大臣得乘安車，因請定轎扇傘蓋品級等差。帝以京城內，安車傘蓋久不行，却其請，而命轎扇俱如例行。

嘉靖十五年，禮部尚書霍韜言：「禮儀定式，京官三品以上乘轎，邇者文官皆用肩輿，或乘女轎。乞申明禮制，俾臣下有所遵守。」乃定四品下不許乘轎，亦毋得用肩輿。隆慶二年，給事中徐尚劾應城伯孫文棟等乘轎出入，驕僭無狀。帝命奪文棟等俸。乃諭兩京武職非奉特恩不許乘轎，文官四品以下用帷轎者，禁如例。萬曆三年奏定勳戚及武臣不許用帷轎、肩輿幷交牀上馬。至若破格殊典，則宣德中少保黃淮陪遊西苑，嘗乘肩輿入禁中。嘉靖間，嚴嵩奉詔苑直，年及八旬，出入得乘肩輿。武臣則郭勛、朱希忠特命乘肩輿扈南巡蹕，後遂賜常乘焉。皆非制也。

傘蓋之制。洪武元年，令庶民不得用羅絹涼傘，但許用油紙雨傘。三年令京城內一品二品用傘蓋，其餘用雨傘。十六年令尚書、侍郎、左右都御史、通政使、太常卿、應天府尹、國子祭酒、翰林學士許張傘蓋。二十六年定一品、二品傘用銀浮屠頂，三品、四品用紅浮屠頂，俱用黑色茶褐羅表，紅絹裏，三簷；雨傘用紅油絹。五品紅浮屠頂，青羅表，紅絹裏，兩簷；雨傘同。四品、六品至九品，用紅浮屠頂，青絹表，紅絹裏，兩簷；雨傘俱用油紙。三十五年，官員傘蓋不許用金繡，朱丹裝飾。公、侯、駙馬、伯與一品、二品同。成化九年令兩京官遇雨任用油傘，其涼傘不許張於京城。

鞍轡之制。洪武六年令庶民不得描金，惟銅鐵裝飾。二十六年定公、侯、一品、二品用銀鈒，鐵事件，粘用描銀。三品至五品，用銀鈒，鐵事件，粘用油畫。六品至九品，用擺錫，鐵事件，粘用油畫。三十五年，官民人等馬頷下纓幷鞦轡俱用黑色，不許紅纓及描金、嵌金、天青、朱紅裝飾。軍民用鐵事件，黑綠油粘。

校勘記

〔一〕門旁槅各二及明栿　明，原作「門」，據明史稿志四七輿服志、稽璜續文獻通考卷九七改。本志下文記大馬輦、小馬輦制度也都作「明栿」。

〔二〕上雕木貼金邊耀葉板六十三片　原脫「板」字，據明史稿志四七輿服志補。按本志上文記皇太子金輅制度，有「上雕木貼金邊耀葉板七十二片」，也有「板」字。

明史卷六十六

志第四十二

輿服二

皇帝冕服　后妃冠服　皇太子親王以下冠服

皇帝冕服。洪武元年，學士陶安請製五冕。太祖曰：「此禮太繁。祭天地、宗廟，服袞冕。社稷等祀，服通天冠，絳紗袍。餘不用。」三年更定正旦、冬至、聖節並服袞冕，祭社稷、先農、冊拜，亦如之。

十六年定袞冕之制。冕，前圓後方，玄表纁裏。前後各十二旒，旒五采玉十二珠，五采繅十有二就，就相去一寸。紅絲組爲纓，黈纊充耳，玉簪導。袞，玄衣黃裳，十二章，日、月、星辰、山、龍、華蟲六章織於衣，宗彝、藻、火、粉米、黼、黻六章繡於裳。白羅大帶，紅裏。蔽膝隨裳色，繡龍、火、山文。玉革帶，玉佩。大綬六采，赤、黃、黑、白、縹、綠，小綬三，色同大

綬。間施三玉環。白羅中單，黻領，青緣襈。〔一〕黃韈，黃舄，金飾。〔二〕

二十六年更定，袞冕十二章。冕版廣一尺二寸，長二尺四寸。冠上有覆，玄表朱裏，餘如舊制。圭長一尺二寸。袞，玄衣纁裳，十二章如舊制。中單以素紗爲之。紅羅蔽膝，上廣一尺，下廣二尺，長三尺，織火、龍、山三章。革帶佩玉，長三尺三寸。大帶素表朱裏，兩邊用緣，上以朱錦，下以綠錦。大綬，六采黃、白、赤、玄、縹、綠織成，純玄質五百首。凡合單紡爲一系，四系爲一扶，五扶爲一首。小綬三，色同大綬。間織三玉環。朱韈，赤舄。

永樂三年定，冕冠以皁紗爲之，上覆曰綖，桐板爲質，衣之以綺，玄表朱裏，前圓後方。以玉衡維冠，玉簪貫紐，紐與冠武足前體下曰武，緌在冠之下，亦曰武。幷繫纓處，皆飾以金。綖以左右垂黈纊充耳，用黃玉。繫以玄紞，承以白玉瑱朱紘。餘如舊制。玉圭長一尺二寸，剡其上，刻山四，以象四鎮之山，蓋周鎮圭之制，異於大圭不瑑者也。以黃綺約其下，別以囊韜之，金龍文。袞服十有二章。玄衣八章，日、月、龍在肩，星辰、山在背，火、華蟲、宗彝在袖，每袖各三。皆織成本色領褾襈裾。褾者袖端。襈者衣緣。纁裳四章，織藻、粉米、黼、黻各二，前三幅，後四幅，前後不相屬，共腰，有辟積，本色綼裼。裳側有純謂之綼，裳下有純謂之裼，純者緣也。中單以素紗爲之。青領褾襈裾，領織黻文十三。蔽膝隨裳色，四章，織藻、粉米、黼、黻各二。本色緣，有紃，施於縫中。玉鉤二。〔三〕玉佩二，各用玉珩一、瑀一、琚二、衝牙一、璜二；瑀下垂玉花一，玉滴二，瑑飾雲龍文描金。自珩而下繫組五，貫以玉珠。行則衝牙、二滴與璜相觸有聲。金鉤二。〔四〕有二小綬，六采黃、白、赤、玄、縹、綠纁質。大綬，六采黃、白、赤、玄、縹、綠纁質，三小綬色同大綬。〔五〕間施三玉環，龍文，皆織成。韈舄皆赤色，舄用黑絇純，〔六〕以黃飾舄首。

嘉靖八年諭閣臣張璁：「袞冕有革帶，今何不用？」璁對曰：「按陳祥道禮書，古革帶、大帶，皆謂之鞶。革帶以繫佩韍，然後加以大帶，而笏搢於二帶之間。夫革帶前繫韍，後繫綬，左右繫佩，自古冕弁恒用之。今惟不用革帶，以至前後佩服皆無所繫，遂附屬裳要之間，失古制矣。」帝曰：「冕服祀天地，享祖宗，若闕革帶，非齊明盛服之意。及覲會典載蔽膝用羅，上織火、山、龍三章，幷大帶緣用錦，皆與今所服不合。卿可幷革帶繫蔽膝、佩、綬之式，詳考繪圖以進。」

又云：「衣裳分上下服，而今衣恒掩裳。裳制如帷，而今兩幅。朕意衣但當與裳要下齊，而露裳之六章，何如？」已又諭璁以變更祖制爲疑。璁對曰：「臣考禮制，衣不掩裳，與聖意允合。夫衣六章，裳六章，義各有取，衣自不容掩裳。大明集禮及會典與古制不異。今衣八章，裳四章，故衣常掩裳，然於典籍無所準。內閣所藏圖註，蓋因官司織造，循習訛謬。今訂正之，乃復祖制，非有變更。」

帝意乃決。因復諭璁曰：「衣有六章，古以繪，今當以織。朕命織染局考國初冕服，日月各徑五寸，當從之。裳六章，古用繡，亦當從之。古色用玄黃，取象天地。今裳用纁，於義無取，當從古。革帶卽束帶，後當用玉，以佩綬繫之於下。蔽膝隨裳色，其繡上龍下火，可不用山。卿與內閣諸臣同考之。」於是楊一清等詳議：「袞冕之服，自黃、虞以來，玄衣黃裳，爲十二章。日、月、星辰、山、龍、華蟲，其序自上而下，爲衣之六章；宗彝、藻、火、粉米、黼、黻，其序自下而上，爲裳之六章。自周以後寖變其制，或八章，或九章，已戾於古矣。我太祖皇帝復定爲十二章之制，司造之官仍習舛訛，非制作之初意。伏乞聖斷不疑。」

帝乃令擇吉更正其制。冠以圓匡烏紗冒之，旒綴七采玉珠十二，青纊充耳，綴玉珠二，餘如舊制。玄衣黃裳，衣裳各六章。洪武間舊制，日月徑五寸，裳前後連屬如帷，六章用繡。蔽膝隨裳色，羅爲之，上繡龍一，下繡火三，繫於革帶。大帶素表朱裏，上緣以朱，下以綠。革帶前用玉，其後無玉，以佩綬繫而掩之。中單及圭，俱如永樂間制。朱韈，赤舄，黃絛緣玄纓結。

皇帝通天冠服。洪武元年定，郊廟、省牲，皇太子諸王冠婚、醮戒，則服通天冠、絳紗袍。冠加金博山，附蟬十二，首施珠翠，黑介幘，組纓，玉簪導。絳紗袍，深衣製。白紗內單，

中華書局

皂領褾襈裾。絳紗蔽膝，白假帶，方心曲領。白襪，赤舄。其革帶、佩綬，與袞服同。

皇帝皮弁服。朔望視朝、降詔、降香、進表、四夷朝貢、外官朝覲、策士傳臚皆服之。嘉靖以後，祭太歲山川諸神，亦服之。

其制自洪武二十六年定。皮弁用烏紗冒之，前後各十二縫，每縫綴五采玉十二以爲飾，玉簪導，紅組纓。其服絳紗衣，蔽膝隨衣色。白玉佩革帶。玉鉤艓緋白大帶。白襪，黑舄。永樂三年定，皮弁如舊制，惟縫及冠武幷貫簪繫纓處，皆飾以金玉。圭長如冕服之圭，有脊幷雙植文。絳紗袍，本色領褾襈裾。紅裳，但不織章數。中單，紅領褾襈裾。餘俱如冕服內制。

皇帝武弁服。明初，親征遣將服之。嘉靖八年諭閣臣張璁云：「會典紀親征、類禡之祭，皆具武弁服。不可不備。」璁對：「周禮有韋弁，謂以韎韋爲弁，又以爲衣裳。國朝視古損益，有皮弁之制。今武弁當如皮弁，但皮弁以黑紗冒之，武弁當以絳紗冒之。」隨具圖以進。帝報曰：「覽圖有韠形，但無繫處。冠制古象上尖，今皮弁則圓。朕惟上銳取其輕利，當如

古制。又衣裳韠舄皆赤色，何謂？且佩綬俱無，於祭用之，可乎？」璁對：「自古服冕弁俱用革帶，以前繫韍，後繫綬。韋弁之韠，正繫於革帶耳。武事尚威烈，故色純用赤。」帝復報璁：「冠服、衣裳、韠舄俱如古制，增革帶、佩綬及圭。」

乃定制，弁上銳，色用赤，上十二縫，中綴五采玉，落落如星狀。韎衣、韎裳、韎韐，俱赤色。佩、綬、革帶，如常制。佩綬及韎韐，俱上繫於革帶。舄如裳色。玉圭視鎭圭差小，剡上方下，有篆文曰「討罪安民」。

皇帝常服。洪武三年定，烏紗折角向上巾，盤領窄袖袍，束帶間用金、琥珀、透犀。永樂三年更定，冠以烏紗冒之，折角向上，其後名翼善冠。袍黃，盤領，窄袖，前後及兩肩各織金盤龍一。帶用玉，韡以皮爲之。先是，洪武二十四年，帝微行至神樂觀，見有結網巾者。翼日，命取網巾，頒示十三布政使司，人無貴賤，皆裹網巾，於是天子亦常服網巾。又會典載皇太孫冠禮有云，「掌冠跪加網巾」，而皇帝、皇太子冠服，俱闕而不載。

嘉靖七年更定燕弁服。初，帝以燕居冠服，尚沿習俗，諭張璁考古帝王燕居法服之制。璁乃采禮書「玄端深衣」之文，圖註以進。帝爲參定其制，諭璁詳議。璁言：「古者冕服之外，玄端深衣，其用最廣。玄端自天子達於士，國家之命服也。深衣自天子達於庶人，聖賢之法服也。今以玄端加文飾，不易舊制，深衣易黃色，不離中衣，誠得帝王損益時中之道。」帝因諭禮部曰：「古玄端上下通用，今非古人比，雖燕居，宜辨等威。」因酌古制，更名曰「燕弁」，寓深宮獨處，以燕安爲戒之意。

其制，冠匡如皮弁之制，冒以烏紗，分十有二瓣，各以金線壓之，前飾五采玉雲各一，後列四山，朱絛爲組纓，雙玉簪。服如古玄端之制，色玄，邊緣以青，兩肩繡日月，前盤圓龍一，後盤方龍二，邊加龍文八十一，領與兩袪共龍文五九。衽同前後齊，共龍文四九。襯用深衣之制，色黃。袂圓袪方，下齊負繩及踝十二幅。素帶，朱裏青表，綠緣邊，腰圍飾以玉龍九。玄履，朱緣紅纓黃結。白襪。

皇后冠服。洪武三年定，受册、謁廟、朝會，服禮服。其冠，圓匡冒以翡翠，上飾九龍四鳳，大花十二樹，小花數如之。兩博鬢，十二鈿。褘衣，深青繪翟，赤質，五色十二等。素紗中單，黻領，朱羅縠褾襈裾。蔽膝隨衣色，以緅爲領緣，用翟爲章三等。大帶隨衣色，朱裏紕其外，上以朱錦，下以綠錦，紐約用青組。玉革帶。青襪、青舄，以金飾。

永樂三年定制，其冠飾翠龍九，〔七〕金鳳四，中一龍銜大珠一，上有翠蓋，下垂珠結，餘

皆口銜珠滴，珠翠雲四十片，大珠花、小珠花數如舊。三博鬢，飾以金龍、翠雲，皆垂珠滴。翠口圈一副，上飾珠寶鈿花十二，翠鈿如其數。托裏金口圈一副。珠翠面花五事。珠排環一對。皁羅額子一，描金龍文，用珠二十一。

翟衣，深青，織翟文十有二等，間以小輪花。紅領褾襈裾，織金雲龍文。中單，玉色紗爲之，紅領褾襈裾，織黻文十三。蔽膝隨衣色，織翟爲章三等，間以小輪花四，以緅爲領緣，織金雲龍文。玉穀圭，長七寸，剡其上，瑑穀文，黃綺約其下，韜以黃囊，金龍文。

玉革帶，青綺鞓，描金雲龍文，玉事件十，金事件四。大帶，表裏俱青紅相半，末純紅，下垂織金雲龍文，上朱緣，下綠緣，青綺副帶一。綬五采，黃、赤、白、縹、綠，纁質，間施二玉環，皆織成。小綬三，色同大綬。玉佩二，各用玉珩一、瑀一、琚二、衝牙一、璜二，瑀下垂玉花一、玉滴二；瑑飾雲龍文描金；自珩而下，繫組五，貫以玉珠，行則衝牙二滴與二璜相觸有聲；上有金鉤，有小綬五采以副之，纁質，織成。青韈舄，飾以描金雲龍，皁純，每舄首加珠五顆。

皇后常服。洪武三年定，雙鳳翊龍冠，首飾、釧鐲用金玉、珠寶、翡翠。諸色團衫，金繡龍鳳文，帶用金玉。四年更定，龍鳳珠翠冠，眞紅大袖衣霞帔，紅羅長裙，紅褙子。冠制如

二十四史

中華書局

特髻，上加龍鳳飾，衣用織金龍鳳文，加繡飾。

永樂三年更定，冠用皁縠，附以翠博山，上飾金龍一，翊以珠。翠鳳二，皆口銜珠滴。前後珠牡丹二，花八蕊，翠葉三十六。珠翠穰花鬢二，珠翠雲二十一，翠口圈一。金寶鈿花九，飾以珠。金鳳二，口銜珠結。三博鬢，飾以鸞鳳。金寶鈿二十四，邊垂珠滴。金簪二。珊瑚鳳冠觜一副。

大衫霞帔，〔八〕衫黃，霞帔深青，織金雲霞龍文，或繡或鋪翠圈金，飾以珠玉墜子，瑑龍文。四襈襖子，即褙子。深青，金繡團龍文。鞠衣紅色，前後織金雲龍文，或繡或鋪翠圈金，飾以珠。大帶紅綫羅爲之，有緣，餘或青或綠，各隨鞠衣色。緣襈襖子，黃色，紅領褾襈裾，皆織金采色雲龍文。緣襈裙，紅色，綠緣襈，織金采色雲龍文。玉帶，如翟衣內制，第減金事件一。玉花采結綬，以紅綠綫羅爲結，玉綬花一，瑑雲龍文。綬帶玉墜珠六，金垂頭花瓣四，小金葉六。紅綫羅繫帶一。白玉雲樣玎璫二，如佩制，有金鉤，金如意雲蓋一，下懸紅組五貫，金方心雲板一，俱鈒雲龍文，襯以紅綺，下垂金長頭花四，中小金鐘一，末綴白玉雲朵五。青韈舃，與翟衣內制同。

皇妃、皇嬪及內命婦冠服。洪武三年定，皇妃受册、助祭、朝會禮服。冠飾九翬、四鳳花

釵九樹，小花數如之。兩博鬢九鈿。翟衣，青質繡翟，編次於衣及裳，重爲九等。青紗中單，〔九〕黻領，朱縠褾襈裾。蔽膝隨裳色，加文繡重雉，爲章二等，以緅爲領緣。大帶隨衣色。玉革帶。青韈舃、佩綬。常服，鸞鳳冠，首飾、釧鐲用金玉、珠寶、翠。諸色團衫，金繡鸞鳳，不用黃。帶用金、玉、犀。又定，山松特髻，假鬢花鈿，或花釵鳳冠。眞紅大袖衣，霞帔，紅羅裙，褙子，衣用織金及繡鳳文。

永樂三年更定，禮服，九翟冠二，以皁縠爲之，附以翠博山，飾大珠翟二，小珠翟三，翠翟四，皆口銜珠滴。冠中寶珠一座，翠頂雲一座，其珠牡丹、翠穰花鬢之屬，俱如雙鳳翊龍冠制，第減翠雲十。又翠牡丹花、穰花各二，面花四，梅花環四，珠環各二。其大衫、霞帔、燕居佩服之飾，俱同中宮，第織金繡瑑，俱雲霞鳳文，不用雲龍文。

九嬪冠服。嘉靖十年始定，冠用九翟，次皇妃之鳳。大衫、鞠衣，如皇妃制。圭用次玉穀文。

內命婦冠服。洪武五年定，三品以上花釵、翟衣，四品、五品山松特髻，大衫爲禮服。貴人視三品，以皇妃燕居冠及大衫、霞帔爲禮服，以珠翠慶雲冠，鞠衣、褙子、緣襈襖裙爲常服。

宮人冠服，制與宋同。紫色，團領，窄袖，徧刺折枝小葵花，以金圈之，珠絡縫金帶紅裙。弓樣鞵，上刺小金花。烏紗帽，飾以花，帽額綴團珠。結珠鬢梳。垂珠耳飾。

皇太子冠服。陪祀天地、社稷、宗廟及大朝會、受册、納妃則服袞冕。洪武二十六年定，袞冕九章，冕九旒，旒九玉，金簪導，紅組纓，兩玉瑱。圭長九寸五分。玄衣纁裳，衣五章，織山、龍、華蟲、宗彝、火；裳四章，織藻、粉米、黼、黻。白紗中單，黻領。蔽膝隨裳色，織火、山二章。革帶，金鉤鰈，玉佩。綬五采赤、白、玄、縹、綠織成，純赤質，三百三十首。小綬三，色同。間織三玉環。大帶，白表朱裏，上緣以紅，下緣以綠。白韈，赤舃。

永樂三年定，冕冠，玄表朱裏，前圓後方，前後各九旒。每旒五采繅九就，貫五采玉九，赤、白、青、黃、黑相次。玉衡金簪，玄紞垂青纊充耳，用青玉。承以白玉瑱，朱紘纓。玉圭長九寸五分，以錦約其下，幷韜。袞服九章，玄衣五章，龍在肩，山在背，火、華蟲、宗彝在袖，每袖各三。皆織成。本色領褾襈裾。纁裳四章，織藻、粉米、黼、黻各二，前三幅，後四幅，不相屬，共腰，有襞積，本色綼裼。中單以素紗爲之，青領褾襈裾，領織黻文十一。〔一〇〕蔽膝隨裳色，四章，織藻、粉米、黼、黻。本色緣，有紃，施於縫中。上玉鉤二。玉佩二，各用玉珩一、

瑀一、琚一、衝牙一、璜二；〔一一〕瑀下垂玉花一、玉滴二。瑑雲龍文，描金。自珩而下，繫組五，貫以玉珠。上有金鉤。小綬四采赤、白、縹、綠以副之，纁質。大帶，素表朱裏，在腰及垂，皆有綼，上綼以朱，下綼以綠。紐約用青組。大綬四采，赤、白、縹、綠。纁質。小綬三采。間施二玉環，龍文，皆織成。韈舃皆赤色，舃用黑絇純，黑飾舃首。

朔望朝、降詔、降香、進表、外國朝貢、朝覲，則服皮弁。永樂三年定，皮弁，冒以烏紗，〔一二〕前後各九縫，每縫綴五采玉九，縫及冠武幷貫簪繫纓處，皆飾以金。金簪朱纓。玉圭，如冕服內制。絳紗袍，本色領褾襈裾。紅裳，如冕服內裳制，但不織章數。中單以素紗爲之，如深衣制。紅領褾襈裾，領織黻文十一。蔽膝隨裳色，本色緣，有紃，施於縫中；其上玉鉤二，玉佩如冕服內制，但無雲龍文；有小綬四采以副之。大帶、大綬、韈舃赤色，皆如冕服內制。

其常服，洪武元年定，烏紗折上巾。永樂三年定，冠烏紗折角向上巾，亦名翼善冠，親王、郡王及世子俱同。袍赤，盤領窄袖，前後及兩肩各金織盤龍一。玉帶、韡，以皮爲之。

皇太子妃冠服。洪武三年定，禮服與皇妃同。永樂三年更定，九翬四鳳冠，漆竹絲爲匡，冒以翡翠，上飾翠翬九、金鳳四，皆口銜珠滴。珠翠雲四十片，大珠花九樹，小珠花數如

二十四史
中華書局

之。雙博鬢，飾以鸞鳳，皆垂珠滴。翠口圈一副，上飾珠寶鈿花九，翠鈿如其數。托裏金口圈一副。珠翠面花五事。珠排環一對。珠皁羅額子一，描金鳳文，用珠二十一。翟衣，青質，織翟文九等，間以小輪花。紅領褾襈裾，織金雲龍文。中單，玉色紗爲之。紅領褾襈裾，領織黻文十一。蔽膝隨衣色，織翟爲章二等，間以小輪花三，以緅爲領緣，織金雲鳳文。其玉圭、帶綬、玉佩、韈舄之制，俱同皇妃。

洪武三年又定常服。犀冠，刻以花鳳。首飾、釧鐲、衫帶俱同皇妃。四年定，冠亦與皇妃同。永樂三年定燕居冠，以皁縠爲之，附以翠博山，上飾寶珠一座，翊以二珠翠鳳，皆口銜珠滴。前後珠牡丹二，花八蕊，翠葉三十六。珠翠穰花鬢二。珠翠雲十六片。翠口圈一副。金寶鈿花九，上飾珠九。金鳳一對，口銜珠結。雙博鬢，飾以鸞鳳。金寶鈿十八，邊垂珠滴。金簪一對。珊瑚鳳冠觜一副。其大衫、霞帔、燕居佩服之飾，俱同皇妃。

親王冠服。助祭、謁廟、朝賀、受册、納妃服衮冕，朔望朝、降詔、降香、進表、四夷朝貢、朝覲服皮弁。洪武二十六年定，冕服俱如東宮，第冕旒用五采，玉圭長九寸二分五釐，青衣纁裳。永樂三年又定冕服、皮弁制，俱與東宮同，其常服亦與東宮同。

嘉靖七年諭禮部：「朕仿古玄端，自爲燕弁冠服，更制忠靜冠服，錫於有位，而宗室諸王

制猶未備。今酌燕弁及忠靜冠之制，復爲式具圖，命曰保和冠服。自郡王長子以上，其式已明。鎭國將軍以下至奉國中尉及長史、審理、紀善、教授、伴讀，俱用忠靜冠服，依其品服之。儀賓及餘官不許概服。夫忠靜冠服之異式，尊賢之等也。保和冠服之異式，親親之殺也。等殺既明，庶幾乎禮之所保，保斯和，和斯安，此錫名之義也。其以圖說頒示諸王府，如敕遵行。」

保和冠制，以燕弁爲準，用九襊，去簪與五玉，後山一扇，分畫爲四。服，青質青緣，前後方龍補，身用素地，邊用雲。襯用深衣，玉色。帶青表綠裏綠緣。履用皁綠結，白韈。

親王妃冠服。受册、助祭、朝會服禮服。洪武三年定九翬四鳳冠。永樂三年又定九翟冠，制同皇妃。其大衫、霞帔、燕居佩服之飾，同東宮妃，第金事件減一，玉綬花，瑑寶相花文。

公主冠服，與親王妃同，惟不用圭。

親王世子冠服。聖節、千秋節并正旦、冬至、進賀表箋及父王生日諸節慶賀，皆服衮冕。洪武二十六年定，衮冕七章，冕三采玉珠，七旒。圭長九寸。青衣三章，織華蟲、火、宗彝。纁裳四章，織藻、粉米、黼、黻。素紗中單，青領襈，赤韍。革帶，佩白玉，玄組綬。綬紫質，用三采紫、黃、赤織成，間織三白玉環。白韈，赤舄。

永樂三年更定，冕冠前後各八旒，每旒五采繅八就，貫三采玉珠八，赤、白、青色相次。玉圭長九寸。青衣三章，火在肩，華蟲、宗彝在兩袖，皆織成。本色領褾襈裾。其纁裳、玉佩、帶、綬之制，俱與親王同，第領織黻文減二。皮弁用烏紗冒之，前後各八縫，每縫綴三采玉八，餘制如親王。其圭佩、帶綬、韈舄如冕服內制。常服亦與親王同。

嘉靖七年定保和冠服，以燕弁爲準，用八襊，去簪玉，後山以一扇分畫爲四，服與親王同。

世子妃冠服。永樂三年定，與親王妃同，惟冠用七翟。

郡王冠服。永樂三年定，冕冠前後各七旒，每旒五采繅七就，貫三采玉珠七。圭長九寸。青衣三章，粉米在肩，藻、宗彝在兩袖，皆織成。纁裳二章，織黼、黻各二。中單，領織黻文七，餘與親王世子同。皮弁，前後各七縫，每縫綴三采玉七，餘與親王世子同。其圭佩、帶綬、韈舄如冕服內制。常服亦與親王世子同。嘉靖七年定保和冠服，冠用七襊，服與親王世子同。

郡王妃冠服。永樂三年定，冠用七翟，與親王世子妃同。其大衫、霞帔、燕居佩服之飾，俱同親王妃，第繡雲霞翟文，不用盤鳳文。

郡王長子朝服。七梁冠，大紅素羅衣，白素紗中單，大紅素羅裳及蔽膝，大紅素羅白素紗二色大帶，〔三〕玉朝帶，丹礬紅花錦，錦雞綬，玉佩，象笏，白絹韈，皁皮雲頭履鞵。公服，皁縐紗幞頭，大紅素紵絲衣，玉革帶。常服，烏紗帽，大紅紵絲織金獅子開䙆，圓領，玉束帶，皁皮銅線鞾。其保和冠，如忠靜之制，用五襊；服與郡王同，補子用織金方龍。

郡主冠服。永樂三年定，與郡王妃同。惟不用圭，減四珠環一對。

郡王長子夫人冠服，珠翠五翟冠，大紅紵絲大衫，深青紵絲金繡翟褙子，青羅金繡翟霞帔，金墜頭。

鎭國將軍冠服，與郡王長子同。鎭國將軍夫人冠服，與郡王長子夫人同。輔國將軍冠服，與鎭國將軍同；惟冠六梁，帶用犀。輔國將軍夫人冠服，與鎭國將軍夫人同；惟冠用四翟，抹金銀墜頭。奉國將軍冠服，與輔國將軍同；惟冠五梁，帶用金鈒花，常服大紅織金虎豹。奉國將軍淑人冠服，與輔國將軍夫人同；惟褙子、霞帔，金繡孔雀文。鎭國中尉冠服，與奉國將軍同；惟冠四梁，帶用素金，佩用藥玉。鎭國中尉恭人冠服，與奉國將軍淑人同。

中華書局

輔國中尉冠服，與鎮國中尉同；惟冠三梁，帶用銀鈒花，綬用盤雕，公服用深青素羅，常服紅織金熊羆。輔國中尉宜人冠服，與鎮國中尉恭人同；惟冠用三翟，褙子、霞帔，金繡鴛鴦文，銀墜頭。奉國中尉冠服，與輔國中尉同；惟冠二梁，帶用素銀，綬用練鵲，幞頭黑漆，常服紅織金彪。奉國中尉安人冠服，與輔國中尉宜人同；惟大衫用丹礬紅，褙子、霞帔金繡練鵲文。

縣主冠服。珠翠五翟冠，大紅紵絲大衫，深青紵絲金繡孔雀褙子，青羅金繡孔雀霞帔，抹金銀墜頭。郡君冠服，與縣主同；惟冠用四翟，褙子、霞帔金繡鴛鴦文。縣君冠服與郡君同；惟冠用三翟。鄉君冠服與縣君同；惟大衫用丹礬紅，褙子、霞帔金繡練鵲文。

校勘記

〔一〕青綠襈　原作「青綠襈」，據明史稿志四八輿服志、明會典卷六〇改。

〔二〕黃韈黃舄金飾　黃舄，金飾，原作「黃金舄飾」，「金」「舄」兩字倒置，據明會典卷六〇改。

〔三〕玉鉤二　明會典卷六〇作「其上玉鉤二」，指蔽膝上有玉鉤。本志下文記皇太子冠服制度，作「上玉鉤二」。

〔四〕金鉤二　明會典卷六〇作「其上金鉤二」，指玉佩上有金鉤。本志下文記皇太子冠服制度，作「上有金鉤」。

〔五〕大綬六采黃白赤玄縹綠纁質三小綬色同大綬　原脫「大綬」句，下文「三小綬色同大綬」便沒有承接。據明會典卷六〇補。

〔六〕舄用黑絇純　絇，原作「鉤」，據明史稿志四八輿服志改。下同。

〔七〕其冠飾翠龍九　原脫「其冠」兩字，據上文補。明會典卷六〇作「九龍四鳳冠」。

〔八〕大衫霞帔　衫，原作「彩」，據明史稿志四八輿服志、明會典卷六〇改。本志下文亦作「大衫霞帔」。

〔九〕青紗中單　紗，原作「衫」，據明會典卷六〇改。

〔一〇〕領織黻文十一　十一，原作「十二」，據明史稿志四八輿服志、明會典卷六〇改。按下文皮弁服亦作「領織黻文十一」。

〔一一〕玉佩二各用玉珩一瑀一琚一衝牙一璜二　璜二，原作「璜三」，據明史稿志四八輿服志、明會典卷六〇改。上文皇帝冕服飾只用「璜二」。

〔一二〕冒以烏紗　紗，原作「帽」，據明史稿志四八輿服志、明會典卷六〇改。本志上文皇帝皮弁，也作「烏紗」。

〔一三〕大紅素羅白素紗二色大帶　大帶，原作「夾帶」，據明會典卷六〇改。明會典記世子、郡王冠服都作「大帶」。

明史卷六十七

志第四十三

輿服三

文武官冠服　命婦冠服　內外官親屬冠服　內使冠服
侍儀以下冠服　士庶冠服　樂工冠服　軍隸冠服　外蕃冠服
僧道服色

羣臣冠服。洪武元年命制公服、朝服，以賜百官。時禮部言：「各官先授散官，與見任職事高下不同。如御史董希哲前授朝列大夫澧州知州，而任七品職事；省司郎中宋冕前授亞中大夫黃州知府，而任五品職事。散官與見任之職不同，故服色不能無異，乞定其制。」乃詔省部臣定議。禮部復言：「唐制，服色皆以散官爲準。元制，散官職事各從其高者，服色因之。國初服色依散官，與唐制同。」乃定服色準散官，不計見職，於是所賜袍帶亦並如之。

三年，禮部言：「歷代異尚。夏黑，商白，周赤，秦黑，漢赤，唐服飾黃，旂幟赤。今國家承元之後，取法周、漢、唐、宋，服色所尚，於赤爲宜。」從之。

文武官朝服。洪武二十六年定，凡大祀、慶成、正旦、冬至、聖節及頒詔、開讀、進表、傳制，俱用梁冠，赤羅衣，白紗中單，青飾領緣，赤羅裳，青緣，赤羅蔽膝，大帶赤、白二色絹，革帶，佩綬，白韈黑履。

一品至九品，以冠上梁數爲差。公冠八梁，加籠巾貂蟬，立筆五折，四柱，香草五段，前後玉蟬。侯七梁，籠巾貂蟬，立筆四折，四柱，香草四段，前後金蟬。伯七梁，籠巾貂蟬，立筆二折，四柱，香草二段，前後玳瑁蟬。俱插雉尾。駙馬與侯同，不用雉尾。一品，冠七梁，不用籠巾貂蟬，革帶與佩俱玉，綬用黃、綠、赤、紫織成雲鳳四色花錦，下結青絲網，玉綬環二。二品，六梁，革帶，綬環犀，餘同一品。三品，五梁，革帶金，佩玉，綬用黃、綠、赤、紫織成雲鶴花錦，下結青絲網，金綬環二。四品，四梁，革帶金，佩藥玉，餘同三品。五品，三梁，革帶銀，鈒花，佩藥玉，綬用黃、綠、赤、紫織成盤鵰花錦，下結青絲網，銀鍍金綬環二。一品至五品，笏俱象牙。六品、七品，二梁，革帶銀，佩藥玉，綬用黃、綠、赤織成練鵲三色花錦，下結青絲網，銀綬環二。獨御史服獬廌。八品、九品，一梁，革帶烏角，佩藥玉，綬用黃、

中華書局

綵織成瀷瀨二色花錦，下結青絲網，銅綬環二。六品至九品，笏俱槐木。其武官應直守衛者，別有服色。雜職未入流品者，大朝賀、進表行禮止用公服。三十年令視九品官，用朝服。

嘉靖八年更定朝服之制。梁冠如舊式，上衣赤羅青緣，長過腰指七寸，毋掩下裳。中單白紗青緣。下裳七幅，前三後四，每幅三襞積，赤羅青緣。蔽膝綴革帶。綬，各從品級花樣。革帶之後佩綬，繫而掩之。其環亦各從品級，用玉犀金銀銅，不以織於綬。大帶表裏俱素，惟兩耳及下垂緣綠，又以青組約之。革帶俱如舊式。珮玉一如詩傳之制，去雙滴及二珩。其三品以上玉，四品以下藥玉，及韈履俱如舊式。萬曆五年令百官正旦朝賀，毋僭躡朱履。故事，十一月百官戴煖耳。是年朝覲外官及舉人、監生，不許戴煖耳入朝。

凡親祀郊廟、社稷，文武官分獻陪祀，則服祭服。洪武二十六年定，一品至九品，青羅衣，白紗中單，俱皁領緣。赤羅裳，皁緣。赤羅蔽膝。方心曲領。其冠帶、佩綬等差，並同朝服。又定品官家用祭服。三品以上，去方心曲領。四品以下，幷去珮綬。嘉靖八年更定百官祭服。上衣青羅，皁緣，與朝服同。下裳赤羅，皁緣，與朝服同。蔽膝、綬環、大帶、革帶、佩玉、韈履俱與朝服同。其視牲、朝日夕月、耕耤、祭歷代帝王，獨錦衣衛堂上官，大紅蟒

衣，飛魚，烏紗帽，鸞帶，佩繡春刀。祭太廟、社稷，則大紅便服。

文武官公服。洪武二十六年定。每日早晚朝奏事及侍班、謝恩、見辭則服之。在外文武官，每日公座服之。

其制，盤領右衽袍，用紵絲或紗羅絹，袖寬三尺。一品至四品，緋袍；五品至七品，青袍；八品九品，綠袍；未入流雜職官，袍、笏、帶與八品以下同。公服花樣：一品，大獨科花，徑五寸；二品，小獨科花，徑三寸；三品，散答花，無枝葉，徑二寸；四品、五品，小雜花紋，徑一寸五分；六品、七品，小雜花，徑一寸；八品以下無紋。幞頭：漆、紗二等，展角長一尺二寸；雜職官幞頭，垂帶，後復令展角，不用垂帶，與入流官同。笏依朝服爲之。腰帶：一品玉，或花或素；二品犀；三品、四品，金荔枝；五品以下烏角。鞓用青革，仍垂撻尾於下。韡用皁。

其後，常朝止朝服，惟朔望具公服朝參。凡武官應直守衛者，別有服色，不拘此制。公、侯、駙馬、伯服色花樣、腰帶，與一品同。文武官花樣，如無從織造，則用素。百官入朝，雨雪許服雨衣。奉天、華蓋、武英諸殿奏事，必躡履鞵，違者御史糾之。萬曆五年令常朝俱衣本等錦繡服色，其朝覲官見辭、謝恩，不論已未入流，公服行禮。

文武官常服。洪武三年定，凡常朝視事，以烏紗帽、團領衫、束帶爲公服。其帶，一品玉，二品花犀，三品金鈒花，四品素金，五品銀鈒花，六品、七品素銀，八品、九品烏角。凡致仕及侍親辭閑官，紗帽、束帶。爲事黜降者，服與庶人同。至二十四年，又定公、侯、伯、駙馬束帶與一品同，雜職官與八品、九品同。

朝官常服禮鞵。洪武六年定。先是，百官入朝，遇雨皆躡釘鞾，聲徹殿陛，侍儀司請禁之。太祖曰：「古者入朝有履，自唐始用鞾。其令朝官爲軟底皮鞵，冒於鞾外，出朝則釋之。」

禮部言近奢侈越制。詔申禁之，仍參酌漢、唐之制，頒行遵守。凡職官，一品、二品用雜色文綺、綾羅、綵繡，帽頂、帽珠用玉；三品至五品用雜色文綺、綾羅，帽頂用金，帽珠除玉外，隨所用；六品至九品用雜色文綺、綾羅，帽頂用銀，帽珠瑪瑙、水晶、香木。一品至六品穿四爪龍，以金繡爲之者聽。禮部又議：「品官見尊長，用朝君公服，於理未安。宜別製梁冠、絳衣、絳裳、革帶、大帶、大白襪、烏舃、佩綬，其衣裳去緣襈。三品以上佩綬，三品以下不用。」從之。

二十二年令文武官遇雨戴雨帽，公差出外戴帽子，入城不許。二十三年定制，文官衣

自領至裔，去地一寸，袖長過手，復回至肘。公、侯、駙馬與文官同。武官去地五寸，袖長過手七寸。二十四年定，公、侯、駙馬、伯服，繡麒麟、白澤。文官一品仙鶴，二品錦鷄，三品孔雀，四品雲雁，五品白鷴，六品鷺鷥，七品瀷瀨，八品黃鸝，九品鵪鶉；雜職練鵲；風憲官獬廌。武官一品、二品獅子，三品、四品虎豹，五品熊羆，六品、七品彪，八品犀牛，九品海馬。又令品官常服用雜色紵絲、綾羅、綵繡。官吏衣服、帳幔，不許用玄、黃、紫三色，幷織繡龍鳳文，違者罪及染造之人。朝見人員，四時並用色衣，不許純素。三十年令致仕官服色與見任同，若朝賀、謝恩、見辭，一體具服。

景泰四年令錦衣衛指揮侍衛者，得衣麒麟。天順二年定官民衣服不得用蟒龍、飛魚、斗牛、大鵬、像生獅子、四寶相花、大西番蓮、大雲花樣，幷玄、黃、紫及玄色、黑、綠、柳黃、薑黃、明黃諸色。弘治十三年奏定，公、侯、伯、文武大臣及鎮守、守備，違例奏請蟒衣、飛魚衣服者，科道糾劾，治以重罪。正德十一年設東、西兩官廳，將士悉衣黃罩甲。中外化之。金緋盛服者，亦必加此於上。都督江彬等承日紅笠之上，綴以靛染天鵝翎，以爲貴飾，貴者飄三英，次者二英。兵部尚書王瓊得賜一英，冠以下教場，自謂殊遇。其後巡狩所經，督餉侍郎、巡撫都御史無不衣罩甲見上者。十三年，車駕還京，傳旨，俾迎候者用曳撒大帽、鸞帶。尋賜羣臣大紅紵絲羅紗各一。其服色，一品斗牛，二品飛魚，三品蟒，四、五品麒麟，〔一〕六、

中華書局

七品虎、彪，翰林科道不限品級皆與焉，惟部曹五品下不與。時文臣服色亦以走獸，而麒麟之服逮於四品，尤異事也。

十六年，世宗登極詔云：〔三〕「近來冒濫玉帶，蟒龍、飛魚、斗牛服色，皆庶官雜流并各處將領奔緣奏乞，今俱不許。武職卑官僭用公、侯服色者，亦禁絕之。」嘉靖六年復禁中外官，不許濫服五彩裝花織造違禁顏色。

七年既定燕居法服之制，閣臣張璁因言：「品官燕居之服未有明制，詭異之徒，競爲奇服以亂典章。乞更法古玄端，別爲簡易之制，昭布天下，使貴賤有等。」帝因復製忠靜冠服圖頒禮部，敕諭之曰：「祖宗稽古定制，品官朝祭之服，各有等差。第常人之情，多謹於明顯，怠於幽獨。古聖王愼之，制玄端以爲燕居之服。比來衣服詭異，上下無辨，民志何由定。朕因酌古玄端之制，更名『忠靜』，庶幾乎進思盡忠，退思補過焉。朕已著爲圖說，如式製造。在京許七品以上官及八品以上翰林院、國子監、行人司，在外許方面官及各府堂官、州縣正堂、儒學教官服之。武官止都督以上。其餘不許濫服。」禮部以圖說頒布天下，如敕奉行。

按忠靜冠仿古玄冠，冠匡如制，以烏紗冒之，兩山俱列於後。冠頂仍方中微起，三梁各壓以金線，邊以金緣之。四品以下，去金，緣以淺色絲線。忠靜服仿古玄端服，色用深青，

以紵絲紗羅爲之。三品以上雲，四品以下素，緣以藍青，前後飾本等花樣補子。深衣用玉色。素帶，如古大夫之帶制，青表綠緣邊并裏。素履，青綠絛結。白襪。

十六年，羣臣朝於駐蹕所，兵部尚書張瓚服蟒。帝怒，諭閣臣夏言曰：「尚書二品，何自服蟒？」言對曰：「瓚所服，乃欽賜飛魚服，鮮明類蟒耳。」帝曰：「飛魚何組兩角？其嚴禁之。」於是禮部奏定，文武官不許擅用蟒衣、飛魚、斗牛、違禁華異服色。其大紅紵絲紗羅服，惟四品以上官及在京五品堂上官、經筵講官許服。五品官及經筵不爲講官者，俱服青綠錦繡。遇吉禮，止衣紅布絨褐。品官花樣，並依品級。錦衣衛指揮，侍衞者仍得衣麒麟，其帶俸非侍衞，及千百戶雖侍衞，不許僭用。

歷朝賜服，文臣有未至一品而賜玉帶者，自洪武中學士羅復仁始。衍聖公秩正二品，服織金麒麟袍、玉帶，則景泰中入朝拜賜。自是以爲常。內閣賜蟒衣，自弘治中劉健、李東陽始。麒麟本公、侯服，而內閣服之，則嘉靖中嚴嵩、徐階皆受賜也。仙鶴，文臣一品服也，嘉靖中成國公朱希忠、都督陸炳服之，皆以玄壇供事。而學士嚴訥、李春芳、董份以五品撰青詞，亦賜仙鶴。尋諭供事壇中乃用，於是尚書皆不敢衣鶴。後敕南京織閃黃補麒麟、仙鶴，賜嚴嵩，閃黃乃上用服色也；又賜徐階教子升天蟒。萬曆中，賜張居正坐蟒；武淸侯李偉以太后父，亦受賜。

儀賓朝服、公服、常服，俱視品級，與文武官同，惟笏皆象牙；常服花樣視武官。弘治十三年定，郡主儀賓鈒花金帶，胸背獅子。縣主儀賓鈒花金帶，郡君儀賓光素金帶，胸背俱虎豹。縣君儀賓鈒花銀帶，鄉君儀賓光素銀帶，胸背俱彪。有僭用者，革去冠帶，戴平頭巾，於儒學讀書、習禮三年。

狀元及諸進士冠服。狀元冠二梁，緋羅圓領，白絹中單，錦綬，蔽膝，紗帽，槐木笏，光銀帶，藥玉佩，朝鞾，氈襪，皆御前頒賜，上表謝恩日服之。進士巾如烏紗帽，頂微平，展角闊寸餘，長五寸許，系以垂帶，皁紗爲之。深藍羅袍，緣以青羅，袖廣而不殺。槐木笏，革帶、青鞓，飾以黑角，垂撻尾於後。廷試後頒於國子監，傳臚日服之。上表謝恩後，謁先師行釋菜禮畢，始易常服，其巾袍仍送國子監藏之。

命婦冠服。洪武元年定，命婦一品，冠花釵九樹。兩博鬢，九鈿。服用翟衣，繡翟九

重。素紗中單，黼領，朱縠褾襈裾。蔽膝隨裳色，以緅爲領緣，加文繡重翟，爲章二等。玉帶。青襪舄，佩綬。二品，冠花釵八樹。兩博鬢，八鈿。服用翟衣八等，犀帶，餘如一品。三品，冠花釵七樹。兩博鬢，七鈿。翟衣七等，金革帶，餘如二品。四品，冠花釵六樹。兩博鬢，六鈿。翟衣六等，金革帶，餘如三品。五品，冠花釵五樹。兩博鬢，五鈿。翟衣五等，烏角帶，餘如四品。六品，冠花釵四樹。兩博鬢，四鈿。翟衣四等，烏角帶，餘如五品。七品，冠花釵三樹。兩博鬢，三鈿。翟衣三等，烏角帶，餘如六品。自一品至五品，衣色隨夫用紫。六品、七品，衣色隨夫用緋。其大帶如衣色。

四年，以古天子諸侯服衮冕，后與夫人亦服褘翟。今羣臣既以梁冠、絳衣爲朝服，不敢用冕，則外命婦亦不當服翟衣以朝。命禮部議之。奏定，命婦以山松特髻、假鬢花鈿、眞紅大袖衣、珠翠蹙金霞帔，爲朝服。以朱翠角冠、金珠花釵、闊袖雜色綠緣，爲燕居之服。一品，衣金繡文霞帔，金珠翠妝飾，玉墜。二品，衣金繡雲肩大雜花霞帔，金珠翠妝飾，金墜子。三品，衣金繡大雜花霞帔，珠翠妝飾，金墜子。四品，衣繡小雜花霞帔，翠妝飾，金墜子。五品，衣銷金大雜花霞帔，生色畫絹起花妝飾，金墜子。六品、七品，衣銷金小雜花霞帔，生色畫絹起花妝飾，鍍金銀墜子。八品、九品，衣大紅素羅霞帔，生色畫絹妝飾，銀墜子。首飾，一品、二品，金玉珠翠。三品、四品，金珠翠。五品，金翠。六品以下，金鍍銀間

中華書局

用珠。

五年更定品官命婦冠服。

一品，禮服用山松特髻，翠松五株，金翟八，口銜珠結。正面珠翠翟一，珠翠花四朵，珠翠雲喜花三朵；後鬢珠梭毬一，珠翠飛翟一，珠翠梳四，金雲頭連三釵一，珠簾梳一，金簪二；珠梭環一雙。大袖衫，用眞紅色。霞帔、褙子，俱用深青色。紵絲綾羅紗隨用。霞帔上施蹙金繡雲霞翟文，鈒花金墜子。褙子上施金繡雲霞翟文。常服用珠翠慶雲冠，珠翠翟三，金翟一，口銜珠結；鬢邊珠翠花二，小珠翠梳一雙，金雲頭連三釵一，金壓鬢雙頭釵二，金腦梳一，金簪二；金脚珠翠佛面環一雙；鐲釧皆用金。長襖長裙，各色紵絲綾羅紗隨用。長襖緣襈，或紫或綠，上施蹙金繡雲霞翟文。看帶，用紅綠紫，上施蹙金繡雲霞翟文。長裙，橫豎金繡纏枝花文。

二品，特髻上金翟七，口銜珠結，餘同一品。常服亦與一品同。

三品，特髻上金孔雀六，口銜珠結。正面珠翠孔雀一，後鬢翠孔雀二。霞帔上施蹙金雲霞孔雀文，鈒花金墜子。褙子上施金繡雲霞孔雀文，餘同二品。常服冠上珠翠孔雀三，金孔雀二，口銜珠結。長襖緣襈。看帶，或紫或綠，並繡雲霞孔雀文。長裙，橫豎襴並繡纏枝花文，餘同二品。

四品，特髻上金孔雀五，口銜珠結，餘同三品。常服亦與三品同。

五品，特髻上銀鍍金鴛鴦四，口銜珠結。正面珠翠鴛鴦一，小珠鋪翠雲喜花三朵；後鬢翠鴛鴦二，銀鍍金雲頭連三釵一，小珠簾梳一，鍍金銀簪二；小珠梳環一雙。霞帔上施繡雲霞鴛鴦文，鍍金銀鈒花墜子。褙子上施雲霞鴛鴦文，餘同四品。常服冠上小珠翠鴛鴦三，鍍金銀鴛鴦二，挑珠牌。鬢邊小珠翠花二朵，雲頭連三釵一，梳一，壓鬢雙頭釵二，鍍金簪二，銀脚珠翠佛面環一雙。鐲釧皆用銀鍍金。長襖緣襈，繡雲霞鴛鴦文。長裙，橫豎襴繡纏枝花文，餘同四品。

六品，特髻上翠松三株，銀鍍金練鵲四，口銜珠結。正面銀鍍金練鵲一，小珠翠花四朵；後鬢翠梭毬一，翠練鵲二，翠梳四，銀雲頭連三釵一，珠緣翠簾梳一，銀簪二。大袖衫，綾羅紬絹隨所用。霞帔施繡雲霞練鵲文，鈒花銀墜子。褙子上施雲霞練鵲文，餘同五品。常服冠上鍍金銀練鵲三，又鍍金銀練鵲二，挑小珠牌；鐲釧皆用銀。長襖緣襈。看帶，或紫或綠，繡雲霞練鵲文。長裙，橫豎襴繡纏枝花文，餘同五品。

七品，禮服、常服，俱同六品。其八品、九品禮服，惟用大袖衫、霞帔、褙子。大衫同七品。霞帔上繡纏枝花，鈒花銀墜子。褙子上繡摘枝團花。通用小珠慶雲冠。常服亦用小珠慶雲冠，銀間鍍金銀練鵲三，又銀間鍍金銀練鵲二，挑小珠牌；銀間鍍金雲頭連三釵一，

銀間鍍金壓鬢雙頭釵二，銀間鍍金腦梳一，銀間鍍金簪二。長襖緣襈、看帶並繡纏枝花，餘同七品。

又定命婦團衫之制，以紅羅爲之，繡重雉爲等第。一品九等，二品八等，三品七等，四品六等，五品五等，六品四等，七品三等，其餘不用繡雉。

二十四年定制，命婦朝見君后，在家見舅姑幷夫及祭祀則服禮服。公侯伯夫人與一品同。大袖衫，眞紅色。一品至五品，紵絲綾羅；六品至九品，綾羅紬絹。霞帔、褙子皆深青段。公侯及一品、二品，金繡雲霞翟文；三品、四品，金繡雲霞孔雀文；五品，繡雲霞鴛鴦文；六品、七品，繡雲霞練鵲文。大袖衫，領闊三寸，兩領直下一尺，間綴紐子三，末綴紐子二，紐在掩紐之下，拜則放之。霞帔二條，各繡禽七，隨品級用，前四後三。墜子中鈒花禽一，四面雲霞文，禽如霞帔，隨品級用。笏以象牙爲之。

二十六年定，一品，冠用金事件，珠翟五，珠牡丹開頭二，珠半開三，〔三〕翠雲二十四片，翠牡丹葉一十八片，翠口圈一副，上帶金寶鈿花八，金翟二，口銜珠結二。二品至四品，冠用金事件，珠翟四，珠牡丹開頭二，珠半開四，翠雲二十四片，翠牡丹葉一十八片，翠口圈一副，上帶金寶鈿花八，金翟二，口銜珠結二。一品、二品，霞帔、褙子俱雲霞翟文，鈒花金墜子。三品、四品，霞帔、褙子俱雲霞孔雀文，鈒花金墜子。五品、六品，冠用抹金銀事件，珠翟三，珠牡丹開頭二，珠半開五，翠雲二十四片，翠牡丹葉一十八片，翠口圈一副，上帶抹金銀寶鈿花八，抹金銀翟二，口銜珠結子二。五品，霞帔、褙子俱雲霞鴛鴦文，鍍金鈒花銀墜子。六品，霞帔、褙子俱雲霞練鵲文，鈒花銀墜子。七品至九品，冠用抹金銀事件，珠翟二，珠月桂開頭二，珠半開六，翠雲二十四片，翠月桂葉一十八片，翠口圈一副，上帶抹金銀寶鈿花八，抹金銀翟二，口銜珠結子二。七品，霞帔、墜子、褙子，與六品同。八品、九品，霞帔用繡纏枝花，墜子與七品同，褙子繡摘枝團花。

內外官親屬冠服。洪武元年，禮部尚書崔亮奏詔議定。內外官父、兄、伯、叔、子、孫、弟、侄用烏紗帽，軟脚垂帶，圓領衣，烏角帶。品官祖母及母、與子孫同居親弟侄婦女禮服，合以本官所居官職品級，通用漆紗珠翠慶雲冠，本品衫，霞帔、褙子，緣襈襖裙，惟山松特髻子，止許受封誥敕者用之。品官次妻，許用本品珠翠慶雲冠、褙子爲禮服。銷金闊領、長襖長裙爲常服。二十五年，令文武官父兄、伯叔、弟侄、子壻，皆許穿鞾。

內使冠服。明初置內使監，冠烏紗描金曲脚帽，衣胸背花盤領窄袖衫，烏角帶，鞾用紅扇面黑下樁。各宮火者，服與庶人同。洪武三年諭宰臣，內使監未有職名者，當別製冠，以

中華書局

別監官。禮部奏定，內使監凡遇朝會，依品具朝服、公服行禮。其常服，葵花胸背團領衫，不拘顏色；烏紗帽；犀角帶。無品從者，常服團領衫，無胸背花，不拘顏色；烏角帶；烏紗帽，垂軟帶。年十五以下者，惟戴烏紗小頂帽。

按大政記，永樂以後，宦官在帝左右，必蟒服，製如曳撒，繡蟒於左右，繫以鸞帶，此燕閒之服也。次則飛魚，惟入侍用之。貴而用事者，賜蟒，文武一品官所不易得也。單蟒面皆斜向，坐蟒則面正向，尤貴。又有膝襴者，亦如曳撒，上有蟒補，當膝處橫織細雲蟒，蓋南郊及山陵扈從，便於乘馬也。或召對燕見，君臣皆不用袍，而用此；第蟒有五爪、四爪之分，襴有紅、黃之別耳。

弘治元年，都御史邊鏞言：「國朝品官無蟒衣之制。夫蟒無角、無足，今內官多乞蟒衣，殊類龍形，非制也。」乃下詔禁之。十七年諭閣臣劉健曰：「內臣僭妄尤多。」因言服色所宜禁，曰：「蟒、龍、飛魚、斗牛，本在所禁，不合私織。間有賜者，或久而敝，不宜輒自織用。玄、黃、紫、皁乃屬正禁，卽柳黃、明黃、薑黃諸色，亦應禁之。」孝宗加意鉗束，故申飭者再，然內官驕恣已久，積習相沿，不能止也。

初，太祖制內臣服，其紗帽與羣臣異，且無朝冠、幞頭，亦無祭服。萬曆初，穆宗主入太廟，大璫冠進賢，服祭服以從，蓋內府祀中霤、竈井之神，例遣中官，因自創爲祭服，非由廷

議也。

侍儀舍人冠服。洪武二年，禮官議定。侍儀舍人導禮，依元制，展脚幞頭，窄袖紫衫，塗金束帶，皁紋鞾。常服，烏紗唐帽，諸色盤領衫，烏角束帶，衫不用黃。四年，中書省議定，侍儀舍人併御史臺知班，引禮執事，冠進賢冠，無梁，服絳色衣，其蔽膝、履、襪、帶、笏，與九品同，惟不用中單。

校尉冠服。洪武三年定制，執仗之士，首服皆縷金額交脚幞頭，其服有諸色辟邪、寶相花裙襖，銅葵花束帶，皁紋鞾。六年，令校尉衣只孫，束帶，幞頭，鞾鞵。只孫，一作質孫，本元制，蓋一色衣也。十四年改用金鵝帽，黑漆戧金荔枝銅釘樣，每五釘攢就，四面稍起邊襴，鞓青緊束之。二十二年令將軍、力士、校尉、旂軍，常戴頭巾或榼腦。二十五年令校尉、力士，上直穿鞾，出外不許。

刻期冠服。宋置快行親從官，明初謂之刻期。冠方頂巾，衣胸背鷹鷂，花腰，線襖子，諸色闊匾絲絛，大象牙雕花環，行縢八帶鞵。洪武六年，惟用雕刻象牙條環，餘同庶民。

儒士、生員、監生巾服。洪武三年令士人戴四方平定巾。二十三年定儒士、生員衣，自領至裳，去地一寸，袖長過手，復回不及肘三寸。二十四年，以士子巾服，無異吏胥，宜甄別之，命工部制式以進。太祖親視，凡三易乃定。

生員襴衫，用玉色布絹爲之，寬袖皁緣，皁條軟巾垂帶。貢舉入監者，不變所服。洪武末，許戴遮陽帽，後遂私戴之。

洪熙中，帝問衣藍者何人，左右以監生對。帝曰：「著青衣較好。」乃易青圓領。嘉靖二十二年，禮部言士子冠服詭異，有凌雲等巾，甚乖禮制，詔所司禁之。萬曆二年禁舉人、監生、生儒僭用忠靜冠巾，錦綺鑲履及張傘蓋，戴煖耳，違者五城御史送問。

庶人冠服。明初，庶人婚，許假九品服。洪武三年，庶人初戴四帶巾，改四方平定巾，雜色盤領衣，不許用黃。又令男女衣服，不得僭用金繡、錦綺、紵絲、綾羅，止許紬、絹、素紗，其鞾不得裁製花樣、金線裝飾。首飾、釵、鐲不許用金玉、珠翠，止用銀。六年令庶人巾環不得用金玉、瑪瑙、珊瑚、琥珀。未入流品者同。庶人帽，不得用頂，帽珠止許水晶、香木。十四年令農衣紬、紗、絹、布，商賈止衣絹、布。農家有一人爲商賈者，亦不得衣紬、紗。二十二年令農夫戴斗笠、蒲笠，出入市井不禁，不親農業者不許。二十三年令耆民衣制，袖長

過手，復回不及肘三寸；庶人衣長，去地五寸，袖長過手六寸，袖椿廣一尺，袖口五寸。

二十五年，以民間違禁，鞾巧裁花樣，嵌以金線藍條，詔禮部嚴禁庶人不許穿鞾，止許穿皮札䩺，惟北地苦寒，許用牛皮直縫鞾。正德元年禁商販、僕役、倡優、下賤不許服用貂裘。十六年禁軍民衣紫花罩甲，或禁門或四外遊走者，緝事人擒之。

士庶妻冠服。洪武三年定制，士庶妻，首飾用銀鍍金，耳環用金珠，釧鐲用銀，服淺色團衫，用紵絲、綾羅、紬絹。五年令民間婦人禮服惟紫絁，不用金繡，袍衫止紫、綠、桃紅及諸淺淡顏色，不許用大紅、鴉青、黃色，帶用藍絹布。女子在室者，作三小髻，金釵，珠頭𩮀，窄袖褙子。凡婢使，高頂髻，絹布狹領長襖，長裙。小婢使，雙髻，長袖短衣，長裙。成化十年禁官民婦女不得僭用渾金衣服，寶石首飾。正德元年令軍民婦女不許用銷金衣服、帳幔，寶石首飾、鐲釧。

協律郎、樂舞生冠服。明初，郊社宗廟用雅樂，協律郎幞頭，紫羅袍，荔枝帶；樂生緋袍，展脚幞頭；舞士幞頭，紅羅袍，荔枝帶，皁鞾；文舞生紅袍，武舞生緋袍，俱展脚幞頭，革

二十四史　中華書局

帶，皁鞾。

朝會大樂九奏歌工：中華一統巾，紅羅生色大袖衫，畫黃鶯、鸚鵡花樣，紅生絹襯衫，錦領，杏紅絹裙，白絹大口袴，青絲絛，白絹襪，茶褐鞵。其和聲郎押樂者：皁羅闊帶巾，青羅大袖衫，紅生絹襯衫，錦領，塗金束帶，皁鞾。

其三舞：

一、武舞，曰平定天下之舞。舞士，皆黃金束髮冠，紫絲纓，青羅生色畫舞鶴花樣窄袖衫，白生絹襯衫，錦領，紅羅銷金大袖罩袍，紅羅銷金裙，皁生色畫花緣襈，白羅銷金汗袴，藍青羅銷金緣，紅絹擁項，紅結子，紅絹束腰，塗金束帶，青絲大條錦臂韝，綠雲頭皁鞾。舞師，黃金束髮冠，紫絲纓，青羅大袖衫，白絹襯衫，錦領，塗金束帶，綠雲頭皁鞾。

一、文舞，曰車書會同之舞。舞士，皆黑光描金方山冠，青絲纓，紅羅大袖衫，〔四〕紅生絹襯衫，錦領，紅羅擁項，紅結子，塗金束帶，白絹大口袴，白絹襪，茶褐鞵。舞師冠服與舞士同，惟大袖衫用青羅，不用紅羅擁項、紅結子。

一、文舞，曰撫安四夷之舞。舞士，東夷四人，椎髻於後，繫紅銷金頭繩，紅羅銷金抹額，中綴塗金博山，兩傍綴塗金巾環，明金耳環，青羅生色畫花大袖衫，紅生色領袖，紅羅銷金裙，青銷金裙緣，紅生絹襯衫，錦領，塗金束帶，烏皮鞾。西戎四人，間道錦纏頭，明金耳

環，紅紵絲細摺襖子，大紅羅生色雲肩，綠生色緣，藍青羅銷金汗袴，紅銷金緣繫腰合鉢，十字泥金數珠，五色銷金羅香囊，紅絹擁項，紅結子，赤皮鞾。南蠻四人，綰朝天髻，繫紅羅生色銀錠，紅銷金抹額，明金耳環，紅織金短襖子，綠織金細摺短裙，絨錦袴，間道紵絲手巾，泥金頂牌，金珠瓔珞綴小金鈴，錦行纏，泥金獅蠻帶，綠銷金擁項，紅結子，赤皮鞾。北翟四人，戴單于冠，貂鼠皮簷，雙垂髻，紅銷金頭繩，紅羅銷金抹額，諸色細摺襖子，藍青生色雲肩，紅結子，紅銷金汗袴，繫腰合鉢，皁皮鞾。其舞師皆戴白捲簷氈帽，塗金帽頂，一撒紅纓，紫羅帽襻，紅綠金繡襖子，白銷金汗袴，藍青銷金緣，塗金束帶，綠擁項，紅結子，赤皮鞾。

凡大樂工及文武二舞樂工，皆曲脚幞頭，紅羅生色畫花大袖衫，塗金束帶，紅絹擁項，紅結子，皁皮鞾。四夷樂工，皆蓮花帽，諸色細摺襖子，白銷金汗袴，紅銷金緣，紅綠絹束腰，紅羅擁項，紅結子，花鞾。

永樂間，定殿內侑食樂。奏平定天下之舞，引舞、樂工，皆青羅包巾，青、紅、綠、玉色羅銷金胸背襖子，渾金銅帶，紅羅褡䙜，雲頭皁鞾，青綠羅銷金包臀。舞人服色如之。奏撫安四夷之舞：高麗舞四人，皆笠子，青羅銷金胸背襖子，銅帶，皁鞾；琉球舞四人，皆棉布花手巾，青羅大袖襖子，銅帶，白碾光絹間道踢袴，皁皮鞾；北番舞四人，皆狐帽，青紅紵絲銷金襖子，銅帶；伍魯速回回舞四人，皆青羅帽，比里罕棉布花手巾，銅帶，皁鞾。奏車書會同之舞，引舞二人，青羅包巾，紅羅銷金項帕，紅生絹錦領中單，紅生絹銷金通袖襖子，青綠條銅帶，織錦臂韝，雲頭皁鞾，各色銷金包臀，紅絹褡䙜。舞人、樂工服色，與引舞同。奏天命有德之舞，引舞二人，青幪紗如意冠，紅生絹錦領中單，紅生絹大袖袍，各色絹采畫直纏，黑角偏帶，藍絹綵雲頭皁鞾，白布襪。舞人、樂工服色，與引舞同。

洪武五年定齋郎，樂生，文、武舞生冠服。齋郎，黑介幘，漆布爲之，無花樣；服紅絹窄袖衫，紅生絹爲裏；皁皮四縫鞾；黑角帶。文舞生及樂生，黑介幘，漆布爲之，上加描金蟬；服紅絹大袖袍，胸背畫纏枝方葵花，紅生絹爲裏，加錦臂韝二；皁皮四縫鞾；黑角帶。武舞生，武弁，以漆布爲之，上加描金蟬；服飾、鞾、帶，並同文舞生。嘉靖九年定文、武舞生服制：圜丘服青紵絲，方澤服黑綠紗，朝日壇服赤羅，夕月壇服玉色羅。

宮中女樂冠服。洪武三年定制。凡中宮供奉女樂、奉鑾等官妻，本色鬏髻，青羅圓領。提調女樂，黑漆唐巾，大紅羅銷金花圓領，鍍金花帶，皁鞾。歌章女樂，黑漆唐巾，大紅羅銷金裙襖，胸帶，大紅羅抹額，青綠羅彩畫雲肩，描金牡丹花皁鞾。奏樂女樂，服色與歌章同。

嘉靖九年祀先蠶，定樂女生冠服。黑縐紗描金蟬冠，黑絲纓，黑素羅銷金葵花胸背大袖女袍，黑生絹襯衫，錦領，塗金束帶，白襪，黑鞵。

教坊司冠服。洪武三年定。教坊司樂藝，青卍字頂巾，繫紅綠褡䙜。樂妓，明角冠，皁褙子，不許與民妻同。御前供奉俳長，鼓吹冠，紅羅胸背小袖袍，紅絹褡䙜，皁鞾。色長，鼓吹冠，紅青羅紵絲彩畫百花袍，紅絹褡䙜。歌工，弁冠，紅羅織金胸背大袖袍，紅生絹錦領中單，黑角帶，紅熟絹錦脚袴，皁皮琴鞵，白棉布夾襪。樂工服色，與歌工同。凡教坊司官常服冠帶，與百官同；至御前供奉，執粉漆笏，服黑漆幞頭，黑綠羅大袖襴袍，黑角偏帶，皁鞾。教坊司伶人，常服綠色巾，以別士庶之服。樂人皆戴鼓吹冠，不用錦條，惟紅褡䙜，服色不拘紅綠。教坊司婦人，不許戴冠，穿褙子。樂人衣服，止用明綠、桃紅、玉色、水紅、茶褐色。俳、色長，樂工，俱皁頭巾，雜色條。

王府樂工冠服。洪武十五年定。凡朝賀用大樂宴禮，七奏樂樂工，俱紅絹彩畫胸背方花小袖單袍，有花鼓吹冠，錦臂韝，皁鞾，抹額以紅羅彩畫，束腰以紅絹。其餘，樂工用綠絹彩畫胸背方花小袖單袍，無花鼓吹冠，抹額以紅絹彩畫，束腰以紅絹。

中華書局

軍士服。洪武元年令製衣，表裏異色，謂之鴛鴦戰襖，以新軍號。二十一年定旂手衞軍士、力士，俱紅衲襖，〔五〕其餘衞所，衲襖如之。凡衲襖，長齊膝，窄袖，內實以棉花。二十六年令騎士服對襟衣，便於乘馬也。不應服而服者，罪之。

皁隸公人冠服。洪武三年定，皁隸，圓頂巾，皁衣。四年定，皁隸公使人，皁盤領衫，平頂巾，白褡褳，帶錫牌。十四年令各衙門祗禁，原服皁衣，改用淡青。二十五年，皁隸伴當，不許着韡，止用皮札䩺。

外國君臣冠服。洪武二年，高麗入朝，請祭服制度，命製給之。二十七年定蕃國朝貢儀，國王來朝，如嘗賜朝服者，服之以朝。三十一年賜琉球國王并其臣下冠服。永樂中，賜琉球中山王皮弁，玉圭，麟袍，犀帶，視二品秩。宣德三年，朝鮮國王李裪言："洪武中，蒙賜國王冕服九章，陪臣冠服比朝廷遞降二等，故陪臣一等，比朝臣第三等，得五梁冠服。永樂初，先臣芳遠遣世子禔入朝，蒙賜五梁冠服。臣竊惟世子冠服，何止同陪臣一等，乞爲定制。"乃命製六梁冠賜之。嘉靖六年令外國朝貢人，不許擅用違制衣服。如違，賣者、買者同罪。

僧道服。洪武十四年定，禪僧，茶褐常服，青條玉色袈裟。講僧，玉色常服，綠條淺紅袈裟。教僧，皁常服，黑條淺紅袈裟。僧官如之。惟僧錄司官，袈裟，綠文及環皆飾以金。道士，常服青法服，朝衣皆赤，道官亦如之。惟道錄司官，法服、朝服，綠文飾金。凡在京道官，紅道衣，金襴，木簡。在外道官，紅道衣，木簡，不用金襴。道士，青道服，木簡。

校勘記

〔一〕四五品麒麟　原脫「五」字，據稗積續文獻通考卷九三補。

〔二〕十六年世宗登極詔云　十六年，原作「十八年」，據本書卷一七世宗紀、世宗實錄卷一正德十六年四月癸卯改。

〔三〕珠半開三　三，原作「二」，據諸司職掌禮部、明會典卷六一改。

〔四〕紅羅大袖衫　紅羅，原作「青紅羅」，「青」字衍，據稗積續文獻通考卷九三刪。按舞士大袖衫用紅羅，正與下文舞師「惟大袖衫用青羅」相應。

〔五〕俱紅衲襖　衲襖，原作「絆襖」，據下文及明史稿志四九輿服志改。按「衲襖」，本書卷七四百官志、卷七九食貨志都作「胖襖」。

明史卷六十八

志第四十四

輿服四

皇帝寶璽　皇后册寶　皇妃以下册印　皇太子册寶　皇太子妃册寶　親王以下册寶册印　鐵券　印信　符節　宮室制度　臣庶室屋制度　器用

明初寶璽十七。〔一〕其大者曰「皇帝奉天之寶」，曰「皇帝之寶」，曰「皇帝行寶」，曰「皇帝信寶」，曰「天子之寶」，曰「天子行寶」，曰「天子信寶」，曰「制誥之寶」，曰「敕命之寶」，曰「廣運之寶」，曰「皇帝尊親之寶」，曰「皇帝親親之寶」，曰「敬天勤民之寶」；又有「御前之寶」、「表章經史之寶」及「欽文之璽」。丹符出驗四方。洪武元年欲制寶璽，有賈胡浮海獻美玉，曰："此出于闐，祖父相傳，當爲帝王寶璽。"乃命製爲寶，不知十七寶中，此玉製何寶也。成祖又製「皇帝親親之寶」、「皇帝奉天之寶」、「誥命之寶」、「敕命之寶」。

弘治十三年，鄠縣民毛志學於泥河濱得玉璽，其文曰「受命於天，既壽永昌」。色白微青，螭紐。陝西巡撫熊翀以爲秦璽復出，遣人獻之。禮部尚書傅瀚言："自有秦璽以來，歷代得喪眞僞之跡具載史籍。今所進，篆文與輟耕錄等書摹載魚鳥篆文不同，其螭紐又與史傳所紀文盤五龍、螭缺一角、旁刻魏錄者不類。蓋秦璽亡已久，今所進與宋、元所得，疑皆後世摹秦璽而刻之者。竊惟璽之用，以識文書，防詐僞，非以爲寶玩也。自秦始皇得藍田玉以爲璽，漢以後傳用之。自是巧爭力取，謂得此乃足以受命，而不知受命以德，不以璽也。故求之不得，則僞造以欺人；得之，則君臣色喜，以誇示於天下。是皆貽笑千載。我高皇帝自制一代之璽，文各有義，隨事而施，眞足以爲一代受命之符，而垂法萬世，何藉此璽哉。"帝從其言，却而不用。

嘉靖十八年新製七寶：曰「奉天承運大明天子寶」、「大明受命之寶」、「巡狩天下之寶」、「垂訓之寶」、「命德之寶」、「討罪安民之寶」、「敕正萬民之寶」。與國初寶璽，共爲御寶二十四，尙寶司官掌之。

皇后之册。用金册二片，依周尺長一尺二寸，廣五寸，厚二分五釐。字依數分行，鐫以

中華書局

眞書。上下有孔，聯以紅絛，開闔如書帙，藉以紅錦褥。冊盝用木，飾以渾金瀝粉蟠龍，紅紵絲襯裏，內以紅羅銷金小袱裹冊，外以紅羅銷金夾袱包之，五色小絛縈於外。寶用金，龜紐，篆文曰「皇后之寶」，依周尺方五寸九分，厚一寸七分。寶池用金，闊取容。寶匳二副，一置寶，一置寶池。每副三重：外匳用木，飾以渾金瀝粉蟠龍，紅紵絲襯裏；中匳用金鈒蟠龍；內小匳飾如外匳，內置寶座，四角雕蟠龍，飾以渾金。座上用錦褥，以銷金紅羅小夾袱裹寶，其匳外各用紅羅銷金大夾袱覆之。臨冊之日，冊寶俱置於紅髹輿案，案頂有紅羅瀝水，用擔牀舉之。

皇貴妃而下，有冊無寶而有印。妃冊，用鍍金銀冊二片，廣長與后冊同。冊盝飾以渾金瀝粉蟠鳳。其印用金，龜紐，尺寸與諸王寶同，文曰「皇妃之印」。匳飾以蟠鳳。宣德元年，帝以貴妃孫氏有容德，特請於皇太后，製金寶賜之，未幾卽誕皇嗣。自是貴妃授寶，遂爲故事。嘉靖十年，立九嬪，冊用銀，殺皇妃五分之一，以金飾之。

皇太子冊寶。冊用金，二片，其制及盝匳之飾與皇后冊同。寶用金，龜紐，篆書「皇太子寶」。其制及池匳之飾與后寶同。

皇太子妃冊寶。其冊用金，兩葉，重百兩，每葉高一尺二寸，廣五寸。藉冊以錦，聯冊

以紅絲絛，墊冊以錦褥，裹冊以紅羅銷金袱。其盝飾以渾金瀝粉雲鳳，內有花銀釘鉸，嵌金絲鐵筦籥；外以紅羅銷金袱覆之。其金寶之制未詳。洪武二十八年更定，止授金冊，不用寶。

親王冊寶。冊制與皇太子同。其寶用金，龜紐，依周尺方五寸二分，厚一寸五分，文曰「某王之寶」。池匳之飾，與皇太子寶同。寶盝之飾，則雕蟠螭。

親王妃冊印。其金冊，高視太子妃冊減一寸，餘制悉同，冊文視親王。其金印之制未詳。洪武二十八年更定，止授金冊。

公主冊印。銀冊二片，鐫字鍍金，藉以紅錦褥。冊盝飾以渾金瀝粉蟠螭。其印同宋制，用金，龜紐，文曰「某國公主之印」。方五寸二分，厚一寸五分。印池用金，廣取容。印外匳用木，飾以渾金瀝粉盤鳳，中匳用金鈒蟠鳳，內小匳，飾如外匳。

親王世子金冊金寶。承襲止授金冊，傳用金寶。

世子妃亦用金冊。洪武二十三年鑄世子妃印，制視王妃，金印，龜紐，篆文曰「某世子妃印」。

郡王，鍍金銀冊、鍍金銀印，冊文視世子。其妃止有鍍金銀冊。

功臣鐵券。洪武二年，太祖欲封功臣，議爲鐵券，而未有定制。或言台州民錢允一有家藏吳越王鏐唐賜鐵券，遂遣使取之，因其式而損益焉。其制如瓦，第爲七等。公二等：一高尺，廣一尺六寸五分；一高九寸五分，廣一尺六寸。侯三等：一高九寸，廣一尺五寸五分；一高八寸五分，廣一尺五寸；一高八寸，廣一尺四寸五分。伯二等：一高七寸五分，廣一尺三寸五分；一高六寸五分，廣一尺二寸五分。外刻履歷、恩數之詳，以記其功；中鐫免罪、減祿之數，以防其過。字嵌以金。凡九十七副，各分左右，左頒功臣，右藏內府，有故則合之，以取信焉。

三年大封功臣，公六人，侯二十八人，並賜鐵券。公，李善長、徐達、李文忠、馮勝、鄧愈、常茂。侯，湯和、唐勝宗、陸仲亨、周德興、華雲龍、顧時、耿炳文、陳德、郭子興、王志、鄭遇春、費聚、吳良、吳楨、趙庸、廖永忠、俞通源、華高、楊璟、康鐸、朱亮祖、傅友德、胡美、韓政、黃彬、曹良臣、梅思祖、陸聚。二十五年改製鐵券，賜公傅友德，侯王弼、耿炳文、郭英及故公徐達、李文忠，侯吳傑、沐英，凡八家。永樂初，靖難功臣亦有賜者。

百官印信。洪武初，鑄印局鑄中外諸司印信。正一品，銀印，三臺，方三寸四分，厚一寸。六部、都察院並在外各都司，俱正二品，銀印二臺，方三寸二分，厚八分。其餘正二品、

從二品官，銀印二臺，方三寸一分，厚七分。惟衍聖公以正二品，三臺銀印，則景泰三年賜也。順天、應天二府俱正三品，銀印，方二寸九分，厚六分五釐。其餘正三品、從三品官，俱銅印，方二寸七分，厚六分。惟太僕、光祿寺並在外鹽運司，俱從三品，銅印，方減一分，厚減五釐。正四品、從四品，俱銅印，方二寸五分，厚五分。正五品、從五品，俱銅印，方二寸四分，厚四分五釐。惟在外各州從五品，銅印，方減一分，厚減五釐。正六品、從六品，俱銅印，方二寸二分，厚三分五釐。正七品、從七品，銅印，方二寸一分，厚三分。正從八品，俱銅印，方二寸，厚二分五釐。正從九品，俱銅印，方一寸九分，厚二分二釐。未入流者，銅條記，闊一寸三分，長二寸五分，厚二分一釐。以上俱直紐，九疊篆文。初，雜職亦方印，至洪武十三年始改條記。

凡百官之印，惟文淵閣銀印，直紐，方一寸七分，厚六分，玉箸篆文，誠重之也。武臣受重寄者，征西、鎭朔、平蠻諸將軍，銀印，虎紐，方三寸三分，厚九分，柳葉篆文。洪武中，嘗用上公佩將軍印，後以公、侯、伯及都督充總兵官，名曰「掛印將軍」。有事征伐，則命總兵佩印以往，旋師則上所佩印於朝。此外，惟漕運總兵，印同將軍。其在外鎭守總兵，參將掛印，則洪熙元年始也。有文臣掛將軍印者，王驥以兵部尙書征湖、貴苗，掛平蠻將軍印；〔三〕王越以左都御史守大同，掛征西將軍印。其他文武大臣，有領敕而權重者，或給以銅關防，

直紐，廣一寸九分五釐，長二寸九分，厚三分，九疊篆文，雖宰相行邊，與部曹無異。惟正德時，張永征安化王，用金鑄，嘉靖中，顧鼎臣居守，用牙鏤關防，皆特賜也。

初，太祖重御史之職，分河南等十三道，每道鑄二印，文曰「繩愆糾繆」，守院御史掌其一，其一藏內府，有事則受以出，復命則納之。洪武二十三年，都御史袁泰言各道印篆相類。乃命改製某道監察御史，其奉差者，則曰「巡按某處監察御史」，銅印直紐，有眼，方一寸五分，厚三分，八疊篆文。

成祖初幸北京，有一官署二三印者，夏原吉至兼掌九卿印，諸曹並於朝房取裁，其任重矣。

明初，賜高麗金印，龜紐，方三寸，文曰「高麗國王之印」。賜安南鍍金銀印，駝紐，方三寸，文曰「安南國王之印」。賜占城鍍金銀印，駝紐，方三寸，文曰「占城國王之印」。賜吐蕃金印，駝紐，方五寸，文曰「白蘭王印」。

符牌。凡宣召親王，必遣官齎金符以往。親王之藩及鎮守、巡撫諸官奏請符驗，俱從兵部奏，行尚寶司領之。洪武二十六年定制：凡公差，以軍情重務及奉旨差遣給驛者，兵部既給勘合，即赴內府，關領符驗，給驛而去，事竣則繳。嘉靖三十七年定制：南京、鳳陽守備

內外官，並各處鎮守總兵、巡撫，及各守一方不受鎮守節制內外守備，並領符驗奏事。凡監鎗、整飭兵備，並一城一堡守備官，不許關領符驗。其制，上織船馬之狀，起馬者用馬字號，起船者水字號，起雙馬者達字號，起單馬者通字號，起站船者信字號。

洪武四年始製用寶金牌。凡軍機文書，自都督府、中書省長官而外，不許擅奏。有詔調軍，中書省同都督府覆奏，乃各出所藏金牌，入請用寶。又造軍中調發符牌，用鐵，長五寸，闊半之，上鈒二飛龍，下鈒二麒麟，首爲圜竅，貫以紅絲絛。嘗遣官齎金牌、信符詣西番，以茶易馬。其牌四十一，上號藏內府，下號降各番，篆文曰「皇帝聖旨」，左曰「合當差發」，右曰「不信者斬」。二十二年又頒西番金牌、信符。其後番官欵塞，皆齎原降牌符而至。

永樂二年製信符、金字紅牌給雲南諸蠻。凡歷代改元，則所頒外國信符、金牌，必更鑄新年號給之。此符信之達於四裔者也。

其武臣懸帶金牌，則洪武四年所造。闊二寸，長一尺，上鈒雙龍，下鈒二伏虎，牌首尾爲圜竅，貫以紅絲絛。指揮佩金牌，雙雲龍，雙虎符。千戶佩鍍金銀牌，獨雲龍，獨虎符。百戶素雲銀牌符。太祖親爲文鈒之曰：「上天祐民，朕乃率撫。威加華夏，實憑虎臣。賜爾金符，永傳後嗣。」天子祀郊廟，若視學、耤田，勳衛扈從及公侯、駙馬、五府都督日直、錦衣衛當直，及都督率諸衛千百戶夜巡內皇城，金吾諸衛各輪官隨朝巡綽，俱給金牌，有龍者、虎者、麒麟者、獅者、雲者，以官爲差。

其扈駕金字銀牌，則洪武六年所造。尋改爲守衛金牌，以銅爲之，塗以金，高一尺，闊三寸，分字號凡五。仁字號，上鈒獨龍蟠雲花，公、侯、伯、都督佩之。義字號，鈒伏虎盤雲花，指揮佩之。禮字號，鈒獬豸蟠雲花，千戶、衛鎮撫佩之。智字號，鈒獅子蟠雲花，百戶、所鎮撫佩之。信字號，鈒蟠雲花，將軍佩之。牌下鑄「守衛」二篆字，背鑄「凡守衛官軍懸帶此牌」等二十四字，牌首竅貫青絲。鎮撫及將軍隨駕直宿衛者佩之，下直則納之。凡夜巡官，於尚寶司領令牌，禁城各門、金吾等衛指揮、千戶，分領申字號牌，午門自一至四，長安左右門、東華門自五至八，西華門自九至十二，玄武門自十三至十六。五城兵馬指揮亦日領令牌，東西南北中城，分領木、金、火、水、土五字號。

留守五衛，巡城官並金吾等衛守衛官，俱領銅符。留守衛指揮所領承字及東西北字號牌，俱左半字陽文，左比。金吾等衛，端門、承天門、東西北安門指揮千戶所領承字及東西北字號，俱右半字陰文，右比。銅符字號比對相同，方許巡行。內官、內使之出，亦須守門官比對銅符而後行。皇城九門守衛軍與圍子手，各領勇字號銅牌。錦衣校尉上直及光祿寺吏典廚役，遇大祀，俱佩雙魚銅牌。

永樂六年駕幸北京，扈從官俱帶牙牌，五府、六部、都察院、大理寺、錦衣衛各鑄印信，

通政司、鴻臚寺各鑄關防，謂之行在衙門印信關防。其後，命內府印綬監收貯。嘉靖十八年南巡，禮部領出，以給扈從者焉。

凡郊廟諸祭陪祀供事官及執事者，入壇俱領牙牌，洪武八年始也。圓花牌，陪祀官領之。長花牌，供事官領之。長素牌，執事人領之。又謂之祀牌。

凡駕詣陵寢，扈從官俱於尚寶司領小牙牌。〔三〕嘉靖九年，皇后行親蠶禮，文官四品以上、武官三品以上命婦及使人，俱於尚寶司領牙牌，有雲花圓牌、鳥形長牌之異。

凡文武朝參官、錦衣衛當駕官，亦領牙牌，以防姦偽，洪武十一年始也。其制，以象牙爲之，刻官職於上。不佩則門者却之，私相借者論如律。牙牌字號，公、侯、伯以勳字，駙馬都尉以親字，文官以文字，武官以武字，教坊官以樂字，入內官以官字。正德十六年，禮科邢寰言：「牙牌惟常朝職官得懸。比來權姦侵柄，傳旨升官者輒佩牙牌，宜清核以重名器。」乃命文職不朝參者，毋得濫給牙牌；武官進御侍班、佩刀、執金爐者，給與。嘉靖二十八年，內府供事匠作，武職官，皆帶朝參牙牌，嘗奉旨革奪，旋復給之。給事中陳邦修以爲言，禮部覆奏：「會典所載，文武官出入禁門帶牙牌，有執事、供事、朝參之別。執事、供事者，皆届期而領，如期而繳。惟朝參牙牌，得朝夕懸之，非徒爲關防之具，亦以示等威之辨也。虛銜帶俸、供事、執事者，不宜概領。第出入禁闥，若一切革奪，何由譏察？尚寶司所貯舊牌數百，

上有『入內府』字號，請以給之。至於衞所武官，掌印、僉書侍衞之外，非屬朝參供役者，盡革奪之。其納粟、塡註冒賜牙牌及罷退閑住官舊所關領不繳者，俱逮問。」報可。

洪武十五年製使節，黃色三簷寶蓋，長二尺，黃紗袋籠之。又製丹漆架一，以節置其上。使者受命，則載以行；使歸，則持之以復命。二十三年詔考定使節之制，禮部奏：「漢光武時，以竹爲節，柄長八尺，其毛三重。而黃公紹韻會註：漢節柄長三尺，毛三重，以旄牛爲之。」詔從三尺之制。

宮室之制。吳元年作新內。正殿曰奉天殿，後曰華蓋殿，又後曰謹身殿，皆翼以廊廡。奉天殿之前曰奉天門，殿左曰文樓，右曰武樓。謹身殿之後爲宮，前曰乾清，後曰坤寧，六宮以次列。宮殿之外，周以皇城，城之門，南曰午門，東曰東華，西曰西華，北曰玄武。時有言瑞州文石可甃地者。太祖曰：「敦崇儉樸，猶恐習於奢華，爾乃導予奢麗乎？」言者慚而退。

洪武八年改建大內宮殿，十年告成。闕門曰午門，翼以兩觀。中三門，東西爲左、右掖門。午門內曰奉天門，門內奉天殿，嘗御以受朝賀者也。門左右爲東、西角門，奉天殿左、右門，左曰中左，右曰中右，兩廡之間，左曰文樓，右曰武樓。奉天殿之後曰華蓋殿，華蓋殿之後曰謹身殿，殿後則乾清宮之正門也。奉天門外兩廡間有門，左曰左順，右曰右順。左

順門外有殿曰文華，爲東宮視事之所。右順門外有殿曰武英，爲皇帝齋戒時所居。制度如舊，規模益宏。二十五年改建大內金水橋，又建端門、承天門樓各五間，及長安東、西二門。

永樂十五年作西宮於北京。中爲奉天殿，側爲左右二殿，南爲奉天門，左右爲東、西角門。其南爲午門，又南爲承天門。殿北有後殿、涼殿、煖殿及仁壽、景福、仁和、萬春、永壽、長春等宮，凡爲屋千六百三十餘楹。

十八年建北京，凡宮殿、門闕規制，悉如南京，壯麗過之。中朝曰奉天殿，通爲屋八千三百五十楹。殿左曰中左門，右曰中右門。丹墀東曰文樓，西曰武樓，南曰奉天門，常朝所御也。左曰東角門，右曰西角門，東廡曰左順門，西廡曰右順門，正南曰午門。中三門，翼以兩觀，觀各有樓，左曰左掖門，右曰右掖門。午門左稍南，曰闕左門，曰神廚門，內爲太廟。右稍南，曰闕右門，曰社左門，內爲太社稷。又正南曰端門，東曰廟街門，即太廟右門也。西曰社街門，即太社稷壇南左門也。又正南曰承天門，又折而東曰長安左門，折而西曰長安右門。東後曰東安門，西後曰西安門，北後曰北安門。正南曰大明門，中爲馳道，東西長廊各千步。奉天殿之後曰華蓋殿，又後曰謹身殿。謹身殿左曰後左門，右曰後右門。正北曰乾清門，內爲乾清宮，是曰正寢。後曰交泰殿。又後曰坤寧宮，爲中宮所居。東曰仁壽宮，西曰清寧宮，以奉太后。左順門之東曰文華殿。右順門之西曰武英殿。文華殿東

南曰東華門，武英殿西南曰西華門。坤寧宮後曰坤寧門，門之後曰玄武門。其他宮殿，名號繁多，不能盡列，所謂千門萬戶也。皇城內宮城外，凡十有二門：曰東上門、東上北門、東上南門、東中門、西上門、西上北門、西上南門、西中門、北上門、北上東門、北上西門、北中門。復於皇城東南建皇太孫宮，東安門外東南建十王街。

宣宗留意文雅，建廣寒、清暑二殿，及東、西瓊島，游觀所至，悉置經籍。正統六年重建三殿。嘉靖中，於清寧宮後地建慈慶宮，於仁壽宮故基建慈寧宮。

三十六年，三殿門樓災，帝以殿名奉天，非題扁所宜用，敕禮部議之。部臣會議言：「皇祖肇造之初，名曰奉天者，昭揭以示虔爾。既以名，則是昊天監臨，儼然在上，臨御之際，坐以視朝，似未安也。今乃修復之始，宜更定，以答天庥。」明年重建奉天門，更名曰大朝門。四十一年更名奉天殿曰皇極，華蓋殿曰中極，謹身殿曰建極，文樓曰文昭閣，武樓曰武成閣，左順門曰會極，右順門曰歸極，大朝門曰皇極，東角門曰弘政，西角門曰宣治。又改乾清宮右小閣名曰道心，旁左門曰仁蕩，右門曰義平。

世宗初，墾西苑隙地爲田，建殿曰無逸，亭曰豳風，又建亭曰省耕，曰省斂，每歲耕穫，帝輒臨觀。十三年，西苑河東亭榭成，親定名曰天鵝房，北曰飛靄亭，迎翠殿前曰浮香亭，寶月亭前曰秋輝亭，昭和殿前曰澄淵亭，後曰趯臺坡，臨漪亭前曰水雲榭，西苑門外二亭曰

左臨海亭、右臨海亭，北閘口曰湧玉亭，河之東曰聚景亭，改呂梁洪之亭曰呂梁，前曰檥金亭，翠玉館前曰擷秀亭。

親王府制。洪武四年定，城高二丈九尺，正殿基高六尺九寸，正門、前後殿、四門城樓，飾以青綠點金，廊房飾以青黛。四城正門，以丹漆，金塗銅釘。宮殿窠栱攢頂，中畫蟠螭，飾以金，邊畫八吉祥花。前後殿座，用紅漆金蟠螭，帳用紅銷金蟠螭。座後壁則畫蟠螭、彩雲，後改爲龍。立山川、社稷、宗廟於王城內。七年定親王所居殿，前曰承運，中曰圜殿，後曰存心；四城門，南曰端禮，北曰廣智，東曰體仁，西曰遵義。太祖曰：「使諸王覩名思義，以藩屏帝室。」九年定親王宮殿、門廡及城門樓，皆覆以青色琉璃瓦。又命中書省臣，惟親王宮得飾朱紅、大青綠，其他居室止飾丹碧。十二年，諸王府告成。其制，中曰承運殿，十一間，後爲圜殿，次曰存心殿，各九間。承運殿兩廡爲左右二殿，自存心、承運，周迴兩廡，至承運門，爲屋百三十八間。殿後爲前、中、後三宮，各九間。宮門兩廂等室九十九間。王城之外，周垣、四門、堂庫等室在其間，凡爲宮殿室屋八百間有奇。弘治八年更定王府之制，頗有所增損。

郡王府制。天順四年定。門樓、廳廂、廚庫、米倉等，共數十間而已。

公主府第。洪武五年，禮部言：「唐、宋公主視正一品，府第並用正一品制度。今擬公主第，廳堂九間，十一架，施花樣獸脊，梁、棟、斗栱、簷桷彩色繪飾，惟不用金。正門五間，七架。大門，綠油，銅環。石礎、牆磚，鐫鑿玲瓏花樣。」從之。

百官第宅。明初，禁官民房屋，不許雕刻古帝后、聖賢人物及日月、龍鳳、狻猊、麒麟、犀象之形。凡官員任滿致仕，與見任同。其父祖有官，身歿，子孫許居父祖房舍。洪武二十六年定制，官員營造房屋，不許歇山轉角，重簷重栱，及繪藻井，惟樓居重簷不禁。公侯，前廳七間，兩廈，九架。中堂七間，九架。後堂七間，七架。門三間，五架，用金漆及獸面錫環。家廟三間，五架。覆以黑板瓦，脊用花樣瓦獸，梁、棟、斗栱、簷桷綵繪飾。門窗、枋柱金漆飾。廊、廡、庖、庫從屋，不得過五間，七架。一品、二品，廳堂五間，九架，屋脊用瓦獸，梁、棟、斗栱、簷桷青碧繪飾。門三間，五架，綠油，獸面錫環。三品至五品，廳堂五間，七架，屋脊用瓦獸，梁、棟、簷桷青碧繪飾。門三間，三架，黑油，錫環。六品至九品，廳堂三間，七架，梁、棟飾以土黃。門一間，三架，黑門，鐵環。品官房舍，門窗、戶牖不得用丹漆。功臣宅舍之後，留空地十丈，左右皆五丈。不許那移軍民居止，更不許於宅前後左右多占地，構亭館，開池塘，以資遊眺。三十五年申明禁制，一品、三品廳堂各七間，六品至九品廳

堂梁棟祇用粉青飾之。

庶民廬舍，洪武二十六年定制，不過三間，五架，不許用斗栱，飾彩色。三十五年復申禁飭，不許造九五間數，房屋雖至一二十所，隨其物力，但不許過三間。正統十二年令稍變通之，庶民房屋架多而間少者，不在禁限。

器用之禁。洪武二十六年定，公侯、一品、二品，酒注、酒盞金，餘用銀。三品至五品，酒注銀，酒盞金，六品至九品，酒注、酒盞銀，餘皆甆、漆。木器不許用硃紅及抹金、描金、雕琢龍鳳文。庶民，酒注錫，酒盞銀，餘用甆、漆。百官，牀面、屏風、槅子，雜色漆飾，不許雕刻龍文，並金飾朱漆。軍官、軍士，弓矢黑漆，弓袋、箭囊，不許用朱漆描金裝飾。建文四年申飭官民，不許僭用金酒爵，其椅棹木器亦不許朱紅金飾。正德十六年定，一品、二品，器皿不用玉，止許用金。商賈、技藝家器皿不許用銀。餘與庶民同。

校勘記

〔一〕明初寶璽十七　本書卷七四職官志亦稱「舊寶十有七」，但兩處均只列寶璽十六。明會要卷二四說：「蓋其數止十六，非闕卽譌。」

〔二〕王驥以兵部尚書征湖貴苗掛平蠻將軍印　平，原作「征」，據本書卷一七一王驥傳、英宗實錄卷三一五天順四年五月丙戌條改。

〔三〕扈從官俱於尚寶司領小牙牌　尚寶司，原作「上寶司」，據本書卷七四職官志、明史稿志五〇輿服志改。

二十四史

中華書局

明史卷六十九

志第四十五

選舉一

選舉之法，大略有四：曰學校，曰科目，曰薦舉，曰銓選。學校以教育之，科目以登進之，薦舉以旁招之，銓選以布列之，天下人才盡於是矣。明制，科目爲盛，卿相皆由此出，學校則儲才以應科目者也。其徑由學校通籍者，亦科目之亞也，外此則雜流矣。然進士、舉貢、雜流三途並用，雖有畸重，無偏廢也。薦舉盛於國初，後因專用科目而罷。銓選則入官之始，舍此蔑由焉。是四者釐然具載其本末，而二百七十年間取士得失之故可覩已。

科舉必由學校，而學校起家可不由科舉。學校有二：曰國學，曰府、州、

縣學。府、州、縣學諸生入國學者，乃可得官，不入者不能得也。入國學者，通謂之監生。舉人曰舉監，生員曰貢監，品官子弟曰廕監，捐貲曰例監。同一貢監也，有歲貢，有選貢，有恩貢，有納貢。同一廕監也，有官生，有恩生。

國子學之設自明初乙巳始。洪武元年令品官子弟及民俊秀通文義者，並充學生。選國琦、王璞等十餘人，侍太子讀書禁中。入對謹身殿，姿狀明秀，應對詳雅。太祖喜，因厚賜之。天下既定，詔擇府、州、縣學諸生入國子學。又擇年少舉人趙惟一等及貢生董昶等入學讀書，賜以衣帳，命於諸司先習吏事，謂之歷事監生。取其中尤英敏者李擴等入文華、武英堂說書，謂之小秀才。其才學優贍、聰明俊偉之士，使之博極羣書，講明道德經濟之學，以期大用，謂之老秀才。

初，改應天府學爲國子學，後改建於雞鳴山下。既而改學爲監，設祭酒、司業及監丞、博士、助教、學正、學錄、典籍、掌饌、典簿等官。分六堂以館諸生，曰率性、修道、誠心、正義、崇志、廣業。學旁以宿諸生，謂之號房。厚給廩餼，歲時賜布帛文綺、襲衣巾鞾。正旦元宵諸令節，俱賞節錢。孝慈皇后積糧監中，置紅倉二十餘舍，養諸生之妻子。歷事生未娶者，賜錢婚聘，及女衣二襲，月米二石。諸生在京師歲久，父母存，或父母亡而大父母、伯叔父母存，皆遣歸省，人賜衣一襲，鈔五錠，爲道里費。其優恤之如此。

而其教之之法，每旦，祭酒、司業坐堂上，屬官自監丞以下，首領則典簿，以次序立。諸生揖畢，質問經史，拱立聽命。惟朔望給假，餘日升堂會饌，乃會講、復講、背書，輪課以爲常。所習自四子本經外，兼及劉向說苑及律令、書、數、御製大誥。每月試經、書義各一道，詔、誥、表、策論、判、內科二道。每日習書二百餘字，以二王、智永、歐、虞、顏、柳諸帖爲法。每班選一人充齋長，督諸生工課。衣冠、步履、飲食，必嚴飭中節。夜必宿監，有故而出必告本班教官，令齋長帥之以白祭酒。監丞置集愆簿，有不遵者書之，再三犯者決責，四犯者至發遣安置。其學規條目，屢次更定，寬嚴得其中。堂宇宿舍，飲饌澡浴，俱有禁例。省親、畢姻回籍，限期以道里遠近爲差。違限者謫選遠方典史，有罰充吏者。

司教之官，必選耆宿。宋訥、吳顒等由儒士擢祭酒，訥尤推名師。歷科進士多出太學，而戊辰任亨泰廷對第一，太祖召訥褒賞，撰題名記，立石監門。辛未許觀，亦如之。進士題名碑由此相繼不絕。每歲天下按察司選生員年二十以上、厚重端秀者，送監考留。會試下第舉人，入監卒業。又因諫官關賢奏，設爲定例。府、州、縣學歲貢生員各一人，翰林考試經、書義各一道，判語一條，中式者一等入國子監，二等送中都，不中者遣還，提調教官停廩祿。於是直省諸士子雲集輦下。雲南、四川皆有土官生，日本、琉球、暹羅諸國亦皆有官生入監讀書，輒加厚賜，幷給其從人。永、宣間，先後絡繹。至成化、正德時，琉球生猶有至者。

中都之置國學也，自洪武八年。至二十六年乃革，以其師生幷入京師。永樂元年始設北京國子監。十八年遷都，乃以京師國子監爲南京國子監，而太學生有南北監之分矣。太祖慮武臣子弟但習武事，〔一〕鮮知問學，命大都督府選入國學，其在鳳陽者卽肄業於中都。命韓國公李善長等考定教官、生員高下，分列班次，曹國公李文忠領監事以繩核之。嗣後勳臣子弟多入監讀書。嘉靖元年令公、侯、伯未經任事、年三十以下者，送監讀書，尋令已任者亦送監，而年少勳戚爭以入學爲榮矣。

六堂諸生有積分之法，司業二員分爲左右，各提調三堂。凡通四書未通經者，居正義、崇志、廣業。一年半以上，文理條暢者，升修道、誠心。又一年半，經史兼通、文理俱優者，乃升率性。升至率性，乃積分。其法，孟月試本經義一道，仲月試論一道，詔、誥、表、內科一道，季月試經史策一道，判語二條。每試，文理俱優者與一分，理優文劣者與半分，紕繆者無分。歲內積八分者爲及格，與出身。不及者仍坐堂肄業。如有才學超異者，奏請上裁。

洪武二十六年盡擢監生劉政、龍鐔等六十四人爲行省布政、按察兩使，及參政、參議、副使、僉事等官。其一旦而重用之，至於如此。其爲四方大吏者，蓋無算也。李擴等自文華、

武英擢御史，擴尋改給事中兼齊相府錄事，蓋臺諫之選亦出於太學。其常調者乃爲府、州、縣六品以下官。

初，以北方喪亂之餘，人鮮知學，遣國子生林伯雲等三百六十六人分教各郡。後乃推及他省，擇其壯歲能文者爲教諭等官。太祖雖間行科舉，而監生與薦舉人才參用者居多，故其時布列中外者，太學生最盛。一再傳之後，進士日益重，薦舉遂廢，而舉貢日益輕。雖積分歷事不改初法，南北祭酒陳敬宗、李時勉等加意振飭，已漸不如其始。衆情所趨向，專在甲科。宦途升沉，定於謁選之日。監生不獲上第，即奮自鏃礪，不能有成，積重之勢然也。

迨開納粟之例，則流品漸淆，且庶民亦得援生員之例以入監，謂之民生，亦謂之俊秀，而監生益輕。於是同處太學，而舉、貢得爲府佐貳及州縣正官，官、恩生得選部、院、府、衞、司、寺小京職，尚爲正途。而援例監生，僅得選州縣佐貳及府首領官；其授京職者，乃光祿寺、上林苑之屬；其願就遠方者，則以雲、貴、廣西及各邊省軍衞有司首領，及衞學、王府教授之缺用，而終身爲異途矣。

舉人入監，始於永樂中。會試下第，輒令翰林院錄其優者，俾入學以俟後科，給以教諭之俸。是時，會試有副榜，大抵署教官，故令入監者亦食其祿也。宣德八年嘗命禮部尚書

胡濙與大學士楊士奇、楊榮選副榜舉人龍文等二十四人，送監進學。翰林院三月一考其文，與庶吉士同，頗示優異。後不復另試，則取副榜年二十五以上者授教職，年未及者，或依親，或入監讀書。既而不拘年齒，依親、入監者皆聽。依親者，回籍讀書，依親肄業也。又有丁憂、成婚、省親、送幼子，皆倣依親例，限年復班。

正統中，天下教官多缺，而舉人厭其卑冷，多不願就。十三年，御史萬節請敕禮部多取副榜，以就教職，部臣以舉人願依親入監者十之七，願就教職者僅十之三，但宜各隨所欲，卻其請不行。至成化十三年，御史胡璘言：「天下教官率多歲貢，言行文章不足爲人師範，請多取舉人選用，而罷貢生勿選。」部議歲貢如其舊，而舉人教官仍許會試。自後就教者亦漸多矣。嘉靖中，南北國學皆空虛，議盡發下第舉人入監，且立限期以趣之。然舉人不願入監者，卒不可力强。於是生員歲貢之外，不得不頻舉選貢以充國學矣。

貢生入監，初由生員選擇，既命各學歲貢一人，故謂之歲貢。其例亦屢更。洪武二十一年定府、州、縣學以一、二、三年爲差。二十五年定府學歲二人，州學二歲三人，縣學歲一人。永樂八年定州縣戶不及五里者，州歲一人，縣間歲一人。十九年令歲貢照洪武二十一年例。宣德七年復照洪武二十五年例。正統六年更定府學歲一人，州學三歲二人，縣學間歲一人。弘治、嘉靖間，仍定府學歲二人，州學二歲三人，縣學歲一人，遂爲永制。後孔、顏、

孟三氏，及京學、衞學、都司、土官，川、雲、貴諸遠省，其按年充貢之法，亦間有增減云。歲貢之始，必考學行端莊、文理優長者以充之。其後但取食廩年深者。

弘治中，南京祭酒章懋言：「洪、永間，國子生以數千計，今在監科貢共止六百餘人，歲貢挨次而升，衰遲不振者十常八九。舉人坐監，又每後時。〔三〕差撥不敷，教養罕效。近年有增貢之舉，而所拔亦挨次之人，資格所拘，英才多滯。乞於常貢外令提學行選貢之法，不分廩膳、增廣生員，通行考選，務求學行兼優、年富力强、累試優等者，乃以充貢。通計天下之廣，約取五六百人。以後三、五年一行，則人才可漸及往年矣。」乃下部議行之。此選貢所由始也。

選貢多英才，入監課試輒居上等，撥歷諸司亦有幹局。歲貢頹老，其勢日絀，則惟願就教而不願入監。嘉靖二十七年，祭酒程文德請將廷試歲貢惟留即選者於部，而其餘盡使入監。報可。歲貢諸生合疏言，家貧親老，不願入監。禮部復請從其所願，而盡使舉人入監。又從之。舉人入監不能如期，南京祭酒潘晟至請設重罰以趣其必赴。於是舉人、選貢、歲貢三者迭爲盛衰，而國學之盈虛亦靡有定也。萬曆中，工科郭如心言：「選貢非祖制，其始欲補歲貢之乏，其後遂妨歲貢之途，請停其選。」神宗以爲然。至崇禎時，又嘗行之。

恩貢者，國家有慶典或登極詔書，以當貢者充之。而其次即爲歲貢。納貢視例監稍優，

其實相仿也。

廕子入監，明初因前代任子之制，文官一品至七品，皆得廕一子以世其祿。後乃漸爲限制，在京三品以上方得請廕，謂之官生。出自特恩者，不限官品，謂之恩生。或即與職事，或送監讀書。官生必三品京官，成化三年從助教李伸言也。時給事中李森不可。帝諭，責其刻薄，第令非歷任年久政績顯著者，毋得濫敍而已。既得廕敍，由提學官考送部試，如貢生例，送入監中。時內閣呂原子㦂由廕監補中書舍人，七年辛卯乞應順天鄉試。部請從之。給事中芮畿不可。帝允㦂所請，不爲例。然其後，以廕授舍人者，俱得應舉矣。嘉、隆以後，宰相之子有初授即爲尚寶司丞，徑轉本司少卿，由光祿、太常以躋九列者，又有以軍功廕錦衣者，往往不由太學。其他並入監。

恩生之始，建文元年錄吳雲子黼爲國子生，以雲死節雲南也。正德十六年定例，凡文武官死於忠諫者，一子入監。其後守土官死節亦皆得廕子矣。又弘治十八年定例，東宮侍從官，講讀年久輔導有功者，歿後，子孫乞恩，禮部奏請上裁。正德元年復定，其祖父年勞已及三年者，一子即授試中書舍人習字；未及三年者，一子送監讀書。八年復定，東宮侍班官三年者，一子入監。又萬曆十二年定例，三品日講官，雖未考滿，一子入監。

例監始於景泰元年，以邊事孔棘，令天下納粟納馬者入監讀書，限千人止。行四年而

中華書局

罷。成化二年，南京大饑，守臣建議，欲令官員軍民子孫納粟送監。禮部尚書姚夔言：「太學乃育才之地，近者直省起送四十歲生員，及納草納馬者動以萬計，不勝其濫。且使天下以貨爲賢，士風日陋。」帝以爲然，爲却守臣之議。然其後或遇歲荒，或因邊警，或大興工作，率援往例行之，訖不能止。此舉、貢、廕、例諸色監生，前後始末之大凡也。

監生歷事，始於洪武五年。建文時，定考覈法上、中、下三等。上等選用，中、下等仍歷一年再考。上等者依上等用，中等者不拘品級，隨才任用，下等者回監讀書。永樂五年選監生三十八人隸翰林院，習四夷譯書。九年辛卯，鍾英等五人成進士，俱改庶吉士。壬辰、乙未以後，譯書中會試者甚多，皆改庶吉士以爲常。歷事生成名，其蒙恩遇如此。仁宗初政，中軍都督府奏監生七人吏事勤愼，請注選授官。帝不許，仍令入學，由科舉以進。他歷事者，多不願還監。於是通政司引奏，六科辦事監生二十人滿日，例應還監，仍願就科辦事。帝復召二十人者，諭令進學。蓋是時，六科給事中多缺，諸生覬得之。帝察知其意，故不授官也。宣宗以教官多缺，選用監生三百八十人，而程富等以都御史顧佐之薦，使於各道歷政三月，選擇任之，所謂試御史也。

監生撥歷，初以入監年月爲先後，丁憂、省祭，有在家延留七八年者，比至入監，卽得取撥。陳敬宗、李時勉先後題請，一以坐監年月爲淺深。其後又以存省、京儲、依親、就學、在

家年月，亦作坐堂之數。其患病及他事故，始以虛曠論。諸生互爭年月資次，各援科條。成化五年，祭酒陳鑑以兩詞具聞，乞敕禮部酌中定制，爲禮科所駁。鑑復奏，互爭之。乃下部覆議，請一一精覈，仍計地理遠近、水程日月以爲準。然文移往來，紛錯繁揉，上下伸縮，弊端甚多，卒不能畫一也。

初令監生由廣業升率性，始得積分出身。天順以前，在監十餘年，然後撥歷諸司，歷事三月，仍留一年，送吏部銓選。其兵部清黃及隨御史出巡者，則以三年爲率。其後，以監生積滯者多，頻減撥歷歲月以疏通之。每歲揀選，優者輒與撥歷，有未及一年者。

弘治八年，監生在監者少，而吏部聽選至萬餘人，有十餘年不得官者。祭酒林瀚以坐班人少，不敷撥歷，請開科貢。禮部尚書倪岳覆奏，科舉已有定額，不可再增，惟請增歲貢人數，而定諸司歷事，必須日月滿後，方與更替，使諸生坐監稍久，選人亦無壅滯。及至嘉靖十年，監生在監者不及四百人，諸司歷事歲額以千計。禮部尚書李時引岳前議言：「岳權宜二法，一增歲額以足坐班生徒，一議差歷以久坐班歲月。於是府、州、縣學以一歲二貢、二歲三貢、一歲一貢爲差，行之四歲而止。其諸司歷事，三月考勤之後，仍歷一年，其餘寫本一年，清黃、寫誥、清軍、清匠三年，以至出巡等項，俱如舊例日月。今國學缺人，視弘治間更甚，請將前件事例，參酌舉行。」並從之，獨不增貢額。未幾，復以祭酒許誥、提學御史胡

時善之請，詔增貢額，如岳、時前議。隆、萬以後，學校積弛，一切循故事而已。崇禎二年，從司業倪嘉善言，復行積分法。八年從祭酒倪元璐言，以貢選爲正流，援納爲閏流。貢選不限撥期，以積分歲滿爲率。援納則依原定撥歷爲率。而歷事不分正雜，惟以考定等第爲歷期多寡。諸司教之政事，勿與猥雜差遣。滿日，校其勤惰，開報吏部。不率者，回監教習。時監規頹廢已久，不能振作也。

凡監生歷事，吏部四十一名，戶部五十三名，禮部十三名，大理寺二十八名，通政司五名，行人司四名，五軍都督府五十名，謂之正歷。三月上選，滿日增減不定。又有諸司寫本，戶部十名，禮部十八名，兵部二十名，刑部十四名，工部八名，都察院十四名，大理寺、通政司俱四名，隨御史出巡四十二名，謂之雜歷。一年滿日上選。又有諸色辦事，清黃一百名，寫誥四十名，續黃五十名，清軍四十名，天財庫十名，初以三年謂之長差，後改一年上選；承運庫十五名，司禮監十六名，尚寶司六名，六科四十名，初作短差，後亦定一年上選。又有隨御史刷卷一百七十八名，工部清匠六十名，俱事完日上選。又有禮部寫民情條例七十二名，光祿寺刷卷四名，修齋八名，參表二十名，報訃二十名，齎俸十二名，錦衣衞四名，兵部查馬册三十名，工部大木廠二十名，後府磨算十名，御馬監四名，天財庫四名，正陽門四名，崇文、宣武、朝陽、東直俱三名，阜城、西直、安定、德勝俱二名，以半年滿日回監。

郡縣之學，與太學相維，創立自唐始。宋置諸路州學官，元頗因之，其法皆未具。迄明，天下府、州、縣、衞所，皆建儒學，教官四千二百餘員，弟子無算，教養之法備矣。

洪武二年，太祖初建國學，諭中書省臣曰：「學校之教，至元其弊極矣。上下之間，波頹風靡，學校雖設，名存實亡。兵變以來，人習戰爭，惟知干戈，莫識俎豆。朕惟治國以教化爲先，教化以學校爲本。京師雖有太學，而天下學校未興。宜令郡縣皆立學校，延師儒，授生徒，講論聖道，使人日漸月化，以復先王之舊。」於是大建學校，府設教授，州設學正，縣設教諭，各一。俱設訓導，府四，州三，縣二。生員之數，府學四十人，州、縣以次減十。師生月廩食米，人六斗，有司給以魚肉。學官月俸有差。生員專治一經，以禮、樂、射、御、書、數設科分教。務求實才，頑不率者黜之。十五年頒學規於國子監，又頒禁例十二條於天下，鐫立臥碑，置明倫堂之左。其不遵者，以違制論。蓋無地而不設之學，無人而不納之教。庠聲序音，重規疊矩，無間於下邑荒徼，山陬海涯。此明代學校之盛，唐、宋以來所不及也。

生員雖定數於國初，未幾卽命增廣，不拘額數。宣德中，定增廣之額：在京府學六十人，在外府學四十人，州、縣以次減十。成化中，定衞學之例：四衞以上軍生八十人，三衞以上軍生六十人，二衞、一衞軍生四十人，有司儒學軍生二十人；土官子弟，許入附近儒學，

中華書局

二十四史

無定額。增廣既多，於是初設食廩者謂之廩膳生員，增廣者謂之增廣生員。及其既久，人才愈多，又於額外增取，附於諸生之末，謂之附學生員。凡初入學者，止謂之附學，而廩膳、增廣，以歲科兩試等第高者補充之。非廩生久次者，不得充歲貢也。士子未入學者，通謂之童生。當大比之年，間收一二異敏，三場並通者，俾與諸生一體入場，謂之充場儒士。中式卽爲舉人，不中式仍候提學官歲試，合格，乃准入學。提學官在任三歲，兩試諸生。先以六等試諸生優劣，謂之歲考。一等前列者，視廩膳生有缺，依次充補，其次補增廣生。一二等皆給賞，三等如常，四等撻責，五等則廩、增遞降一等，附生降爲青衣，六等黜革。繼取一二等爲科舉生員，俾應鄉試，謂之科考。其充補廩、增給賞，悉如歲試。其等第仍分爲六，而大抵多置三等。三等不得應鄉試，撻黜者僅百一，亦可絕無也。生儒應試，每舉人一名，以科舉三十名爲率。舉人屢廣額，科舉之數亦日增。及求舉者益衆，又往往於定額之外加取，以收士心。凡督學者類然。嘉靖十年嘗下沙汰生員之令，御史楊宜爭之而止。萬曆時，張居正當國，遂核減天下生員。督學官奉行太過，童生入學，有一州縣僅錄一人者，其科舉減殺可推而知也。

生員入學，初由巡按御史，布、按兩司及府州縣官。正統元年始特置提學官，專使提督學政，南、北直隸俱御史，各省參用副使、僉事。景泰元年罷提學官。天順六年復設，各賜

敕諭十八條，〔三〕俾奉行之。直省既設提學，有所轄太廣，及地最僻遠，歲巡所不能及者，乃酌其宜。口外及各都司、衞所、土官以屬分巡道員，直隸廬、鳳、淮、揚、滁、徐、和以屬江北巡按，湖廣衡、永、郴以屬湖南道，辰、靖以屬辰沅道，廣東瓊州以屬海南道，甘肅衞所以屬巡按御史，亦皆專敕行事。萬曆四十一年，南直隸分上下江，湖廣分南北，始各增提學一員。提學之職，專督學校，不理刑名。所受詞訟，重者送按察司，輕者發有司，直隸則轉送巡按御史。督、撫、巡按及布、按二司，亦不許侵提學職事也。

明初，優禮師儒，教官擢給事、御史，諸生歲貢者易得美官。然鉗束亦甚謹。太祖時，教官考滿，兼覈其歲貢生員之數。後以歲貢爲學校常例。二十六年定學官考課法，專以科舉爲殿最。九年任滿，核其中式舉人，府九人、州六人、縣三人者爲最。其教官又考通經，卽與陞遷。舉人少者爲平等，卽考通經亦不遷。舉人至少及全無者爲殿，又考不通經，則黜降。其待教官之嚴如此。生員入學十年，學無所成者，及有大過者，俱送部充吏，追奪廩糧。至正統十四年申明其制而稍更之。受贓、姦盜、冒籍、宿娼、居喪娶妻妾所犯事理重者，直隸發充國子監膳夫，各省發充附近儒學膳夫、齋夫，滿日爲民，俱追廩米。犯輕充吏者，不追廩米。其待諸生之嚴又如此。然其後教官之黜降，生員之充發，皆廢格不行，卽臥碑亦具文矣。諸生，上者中式，次者廩生，年久充貢，或選拔爲貢生。其累試不第、年踰五十、

願告退閒者，給與冠帶，仍復其身。其後有納粟馬捐監之例，則諸生又有援例而出學者矣。提學官歲試校文之外，令教官舉諸生行優劣者一二人，賞黜之以爲勸懲。此其大較也。

諸生應試之文，通謂之舉業。四書義一道，二百字以上。經義一道，三百字以上。取書旨明晳而已，不尙華采也。其後標新領異，益漓厥初。萬曆十五年，禮部言：「唐文初尙靡麗而士趨浮薄，宋文初尙鉤棘而人習險譎。國初舉業有用六經語者，其後引左傳、國語矣，又引史記、漢書矣。史記窮而用六子，六子窮而用百家，甚至佛經、道藏摘而用之，流弊安窮。弘治、正德、嘉靖初年，中式文字純正典雅。宜選其尤者，刊布學宮，俾知趨向。」因取中式文字一百十餘篇，奏請刊布，以爲準則。時方崇尙新奇，厭薄先民矩矱，以士子所好爲趨，不遵上指也。啓、禎之間，文體益變，以出入經史百氏爲高，而恣軼者亦多矣。雖數申詭異險僻之禁，勢重難返，卒不能從。論者以明舉業文字比唐人之詩，國初比初唐，成、弘、正、嘉比盛唐，隆、萬比中唐，啓、禎比晚唐云。

自儒學外，又有宗學、社學、武學。宗學之設，世子、長子、衆子、將軍、中尉年未弱冠者俱與焉。其師，於王府長史、紀善、伴讀、教授等官擇學行優長者除授。萬曆中，定宗室子十歲以上，俱入宗學。若宗子衆多，分置數師，或於宗室中推舉一人爲宗正，領其事。令學生誦習皇明祖訓、孝順事實、爲善陰騭諸書，而四書、五經、通鑑、性理亦相兼誦讀。尋復增

宗副二人。子弟入學者，每歲就提學官考試，衣冠一如生員。已復令一體鄉試，許得中式。其後宗學寖多，頗有致身兩榜、起家翰林者。

社學，自洪武八年，延師以教民間子弟，兼讀御製大誥及本朝律令。正統時，許補儒學生員。弘治十七年令各府、州、縣建立社學，選擇明師，民間幼童十五以下者送入讀書，講習冠、婚、喪、祭之禮。然其法久廢，寖不舉行。

武學之設，自洪武時置大寧等衞儒學，教武官子弟。正統中，成國公朱勇奏選驍勇都指揮等官五十一員，熟嫻騎射幼官一百員，始命兩京建武學以訓誨之。尋命都司、衞所應襲子弟年十歲以上者，提學官選送武學讀書，無武學者送衞學或附近儒學。成化中，敕所司歲終考試入學武生。十年以上學無可取者，追廩還官，送營操練。弘治中，從兵部尙書馬文升言，刊武經七書分散兩京武學及應襲舍人。〔四〕嘉靖中，移京城東武學於皇城西隅廢寺，俾大小武官子弟及勳爵新襲者，肄業其中，用文武重臣教習。萬曆中，兵部言，武庫司專設主事一員管理武學，近者裁去，請復專設。教官升堂，都指揮執弟子禮，請遵會典例，立爲程式。詔皆如議。崇禎十年令天下府、州、縣學皆設武學生員，提學官一體考取。已又申會典事例，簿記功能，有不次擢用、黜退、送操、獎罰、激厲之法。時事方棘，無所益也。

中華書局

校勘記

〔一〕太祖慮武臣子弟但習武事　慮，原作「應」，據明史稿志五二選舉志改。

〔二〕舉人坐監又每後時　後，原作「多」，據明史稿志五一選舉志改。按上文說「舉人不願入監」，故「每後時」。

〔三〕天順六年復設各賜敕諭十八條　十八，原作「十六」，據明史稿志五二選舉志、英宗實錄卷三三六天順六年正月庚戌條改。

〔四〕刊武經七書分散兩京武學及應襲舍人　武經七書，原作「五經七書」。按分散給兩京武學及應襲舍人的，應是「武經」而不是「五經」，據明史稿志五二選舉志改。

明史卷七十

志第四十六

選舉二

科目者，沿唐、宋之舊，而稍變其試士之法，專取四子書及易、書、詩、春秋、禮記五經命題試士。蓋太祖與劉基所定。其文略仿宋經義，然代古人語氣爲之，體用排偶，謂之八股，通謂之制義。三年大比，以諸生試之直省，曰鄉試。中式者爲舉人。次年，以舉人試之京師，曰會試。中式者，天子親策於廷，曰廷試，亦曰殿試。分一、二、三甲以爲名第之次。一甲止三人，曰狀元、榜眼、探花，賜進士及第。二甲若干人，賜進士出身。三甲若干人，賜同進士出身。狀元、榜眼、探花之名，制所定也。而士大夫又通以鄉試第一爲解元，會試第一爲會元，二、三甲第一爲傳臚云。子、午、卯、酉年鄉試，辰、戌、丑、未年會試。鄉試以八月，會試以二月，皆初九日爲第一場，又三日爲第二場，又三日爲第三場。

初設科舉時，初場試經義二道，四書義一道；二場，論一道；三場，策一道。中式後十日，復以騎、射、書、算、律五事試之。後頒科舉定式，初場試四書義三道，經義四道。四書主朱子集註，易主程傳、朱子本義，書主蔡氏傳及古註疏，詩主朱子集傳，春秋主左氏、公羊、穀梁三傳及胡安國、張洽傳，禮記主古註疏。永樂間，頒四書五經大全，廢註疏不用。其後，春秋亦不用張洽傳，禮記止用陳澔集說。二場試論一道，判五道，詔、誥、表、內科一道。三場試經史時務策五道。

廷試，以三月朔。鄉試，直隸於京府，各省於布政司。會試，於禮部。主考，鄉、會試俱二人。同考，鄉試四人，會試八人。提調一人，在內京官，在外布政司官。會試，禮部官監試二人，在內御史，在外按察司官。會試，御史供給收掌試卷；彌封、謄錄、對讀、受卷及巡綽監門，搜檢懷挾，俱有定員，各執其事。舉子，則國子生及府、州、縣學生員之學成者，儒士之未仕者，官之未入流者，皆由有司申舉性資敦厚、文行可稱者應之。其學校訓導專教生徒，及罷閑官吏，倡優之家，與居父母喪者，俱不許入試。

試卷之首，書三代姓名及其籍貫年甲，所習本經，所司印記。試日入場，講問、代冒者有禁。晚未納卷，給燭三枝。文字中迴避御名、廟號，及不許自序門第。彌封編號作三合字。考試者用墨，謂之墨卷。謄錄用硃，謂之硃卷。試士之所，謂之貢院。諸生席舍，謂之號房。人一軍守之，謂之號軍。

試官入院，輒封鑰內外門戶。在外提調、監試等謂之外簾官，在內主考、同考謂之內簾官。廷試用翰林及朝臣文學之優者，爲讀卷官。共閱對策，擬定名次，候臨軒。或如所擬，或有所更定，傳制唱第。

狀元授修撰，榜眼、探花授編修，二、三甲考選庶吉士者，皆爲翰林官。其他或授給事、御史、主事、中書、行人、評事、太常、國子博士，或授府推官、知州、知縣等官。舉人、貢生不第、入監而選者，或授小京職，或授府佐及州縣正官，或授教職。

此明一代取士之大略也。終明之世，右文左武。然亦嘗設武科以收之，可得而附列也。

初，太祖起事，首羅賢才。吳元年設文武二科取士之令，使有司勸諭民間秀士及智勇之人，以時勉學，俟開舉之歲，充貢京師。洪武三年詔曰：「漢、唐及宋，取士各有定制，然但貴文學而不求德藝之全。前元待士甚優，而權豪勢要，每納奔競之人，夤緣阿附，輒竊仕祿。其懷材抱道者，恥與並進，甘隱山林而不出。風俗之弊，一至於此。自今年八月始，特設科舉，務取經明行修、博通古今、名實相稱者。朕將親策於廷，第其高下而任之以官。使

中外文臣皆由科舉而進，非科舉者毋得與官。」於是京師行省各舉鄉試：直隸貢額百人，河南、山東、山西、陝西、北平、福建、江西、浙江、湖廣皆四十人，廣西、廣東皆二十五人，才多或不及者，不拘額數。高麗、安南、占城，詔許其國士子於本國鄉試，貢赴京師。明年會試，取中一百二十名。帝親製策問，試於奉天殿，擢吳伯宗第一。午門外張掛黃榜，奉天殿宣諭，賜宴中書省。授伯宗爲禮部員外郎，餘以次授官有差。

時以天下初定，令各行省連試三年，且以官多缺員，舉人俱免會試，赴京聽選。又擢其年少俊異者張唯、王輝等爲翰林院編修，蕭韶爲秘書監直長，令入禁中文華堂肄業，太子贊善大夫宋濂等爲之師。帝聽政之暇，輒幸堂中，評其文字優劣，日給光祿酒饌。每食，皇太子、親王迭爲之主，賜白金、弓矢、鞍馬及冬夏衣，寵遇之甚厚。既而謂所取多後生少年，能以所學措諸行事者寡，乃但令有司察舉賢才，而罷科舉不用。至十五年，復設。十七年始定科舉之式，命禮部頒行各省，後遂以爲永制，而薦舉漸輕，久且廢不用矣。

十八年廷試，擢一甲進士丁顯等爲翰林院修撰，二甲馬京等爲編修，吳文爲檢討。進士之入翰林，自此始也。使進士觀政於諸司，其在翰林、承敕監等衙門者，曰庶吉士。進士之爲庶吉士，亦自此始也。其在六部、都察院、通政司、大理寺等衙門者仍稱進士，觀政進士之名亦自此始也。其後試額有增減，條例有變更，考官有內外輕重，闈事有是非得失。其細者勿論，其有關於國是者不可無述也。

鄉試之額，洪武十七年詔不拘額數，從實充貢。洪熙元年始有定額。其後漸增。至正統間，南北直隸定以百名，江西六十五名，他省又自五而殺，至雲南二十名爲最少。嘉靖間，增至四十，而貴州亦二十名。〔二〕慶、曆、啟、禎間，兩直隸益增至一百三十餘名，他省漸增無出百名者。交阯初開以十名爲額，迨棄其地乃止。會試之額，國初無定，少至三十二人，其多者，若洪武乙丑、永樂丙戌，至四百七十二人。其後或百名，或二百名，或二百五十名，或三百五十名，增損不一，皆臨期奏請定奪。至成化乙未而後，率取三百名，有因題請及恩詔而廣五十名或百名者，非恆制也。

初制，禮闈取士，不分南北。自洪武丁丑，考官劉三吾、白信蹈所取宋琮等五十二人，皆南士。三月，廷試，擢陳䢿爲第一。帝怒所取之偏，命侍讀張信等十二人覆閱，䢿亦與焉。帝猶怒不已，悉誅信蹈及信、䢿等，戍三吾於邊，親自閱卷，取任伯安等六十一人。六月復廷試，以韓克忠爲第一。皆北士也。然訖永樂間，未嘗分地而取。洪熙元年，仁宗命楊士奇等定取士之額，南人十六，北人十四。宣德、正統間，分爲南、北、中卷，以百人爲率，則南取五十五名，北取三十五名，中取十名。景泰初，詔書遵永樂間例。二年辛未，禮部方奉行，而給事中李侃爭之，言：「部臣欲事以文詞，多取南人。」刑部侍郎羅綺亦助侃言。事

下禮部，覆奏：「臣等奉詔書，非私請也。」景帝命遵詔書，不從侃議。未幾，給事中徐廷章復請依正統間例。五年甲戌，會試，禮部奏請裁定，於是復從廷章言，分南、北、中卷：南卷，應天及蘇、松諸府，浙江、江西、福建、湖廣、廣東；北卷，順天、山東、山西、河南、陝西；中卷，四川、廣西、雲南、貴州及鳳陽、廬州二府，滁、徐、和三州也。成化二十二年，萬安當國，周洪謨爲禮部尚書，皆四川人，乃因布政使潘稹之請，南北各減二名，以益於中。弘治二年復從舊制。嗣後相沿不改。惟正德三年，給事中趙鐸承劉瑾指，請廣河南、陝西、山東、西鄉試之額。乃增陝西爲百，河南爲九十五，山東、西俱九十。而以會試分南、北、中卷爲不均，乃增四川額十名，并入南卷，其餘并入北卷，南北均取一百五十名。蓋瑾陝西人，而閣臣焦芳河南人，票旨相附和，各徇其私。瑾、芳敗，旋復其舊。

初制，兩京鄉試，主考皆用翰林。而各省考官，先期於儒官、儒士內聘明經公正者爲之，故有不在朝列累秉文衡者。景泰三年令布、按二司同巡按御史，推舉見任教官，年五十以下、三十以上、文學廉謹者，聘充考官。於是教官主試，遂爲定例。其後有司徇私，聘取或非其人，監臨官又往往侵奪其職掌。成化十五年，御史許進請各省俱視兩京例，特命翰林主考。帝諭禮部嚴飭私弊，而不從其請。屢戒外簾官毋奪主考權，考官不當，則舉主連坐。又令提學考定教官等第，以備聘取。然相沿既久，積習難移。弘治十四年，掌國子監謝鐸

言：「考官皆御史方面所辟召，職分既卑，聽其指使，以外簾官預定去取，名爲防閑，實則關節，而科舉之法壞矣。乞敕兩京大臣，各舉部屬等官素有文望者，每省差二員主考，庶幾前弊可革。」時未能從。嘉靖七年用兵部侍郎張璁言，各省主試皆遣京官或進士，每省二人馳往。初，兩京房考亦皆取敎職，至是命各加科部官一員，閱兩科、兩京房考，復罷科部勿遣，而各省主考亦不遣京官。至萬曆十一年，詔定科場事宜。部議復舉張璁之說，言：「彼時因主考與監臨官禮節小嫌，故行止二科而罷，今宜仍遣廷臣。」由是浙江、江西、福建、湖廣皆用編修、檢討，他省用科部官，而同考亦多用甲科，敎職僅取一二而已。蓋自嘉靖二十五年從給事中萬虞愷言，各省鄉試精聘敎官，不足則聘外省推官、知縣以益之。四十三年又從南京御史奏，兩京同考用京官進士，易、詩、書各二人，春秋、禮記各一人，其餘乃參用敎官。萬曆四年復議兩京同考、敎官衰老者遣回，北京取足於觀政進士、候補甲科，南京於附近知縣、推官取用。至是敎官益絀。

初制，會試同考八人，三人用翰林，五人用敎職。景泰五年從禮部尚書胡濙請，俱用翰林、部曹。其後房考漸增。至正德六年，命用十七人，翰林十一人，科部各三人。分詩經房五，易經、書經各四，春秋、禮記各二。嘉靖十一年，禮部尚書夏言論科場三事，其一言會試同考，例用講讀十一人，今講讀止十一人，當盡入場，方足供事。乞於部科再簡三四人，以

補翰林不足之數。世宗命如所請。然偶一行之，輒如其舊。萬曆十一年，以易卷多，減書之一以增於易。十四年，書卷復多，乃增翰林一人，以補書之缺。至四十四年，用給事中余懋孳奏，詩、易各增一房，共爲二十房，翰林十二人，科部各四人，至明末不變。

洪武初，賜諸進士宴於中書省。宣德五年賜宴於中軍都督府。八年賜宴於禮部，自是遂著爲令。

庶吉士之選，自洪武乙丑，擇進士爲之，不專屬於翰林也。永樂二年既授一甲三人曾棨、周述、周孟簡等官，復命於第二甲擇文學優等楊相等五十人，及善書者湯流等十人，俱爲翰林院庶吉士，庶吉士遂專屬翰林矣。復命學士解縉等選才資英敏者，就學文淵閣。縉等選修撰棨，編修述、孟簡，庶吉士相等共二十八人，以應二十八宿之數。庶吉士周忱自陳少年願學。帝喜而俞之，增忱爲二十九人。司禮監月給筆墨紙，光祿給朝暮饌，禮部月給膏燭鈔，人三錠，工部擇近第宅居之。帝時至館召試。五日一休沐，必使內臣隨行，且給校尉騶從。是年所選王英、王直、段民、周忱、陳敬宗、李時勉等，名傳後世者，不下十餘人。其後每科所選，多寡無定額。永樂十三年乙未選六十二人，而宣德二年丁未止邢恭一人，以其在翰林院習四夷譯書久，他人俱不得與也。

弘治四年，給事中涂旦以累科不選庶吉士，請循祖制行之。大學士徐溥言：「自永樂二年以來，或間科一選，或連科屢選，或數科不選，或合三科同選，初無定限。或內閣自選，或禮部選送，或會禮部同選，或限年歲，或拘地方，或採譽望，或就廷試卷中查取，或別出題考試，亦無定制。自古帝王儲才館閣以敎養之。本朝所以儲養之者，自及第進士之外，止有庶吉士一途，而或選或否。且有才者未必皆選，所選者未必皆才，若更拘地方、年歲，則是已成之才又多棄而不用也。請自今以後，立爲定制，一次開科，一次選用。令新進士錄平日所作論、策、詩、賦、序、記等文字，限十五篇以上，呈之禮部，送翰林考訂。少年有新作五篇，亦許投試翰林院。擇其詞藻文理可取者，按號行取。禮部以糊名試卷，偕閣臣出題考試於東閣，試卷與所投之文相稱，卽收預選。每科所選不過二十人，每選所留不過三五輩，將來成就必有足賴者。」孝宗從其請，命內閣同吏、禮二部考選以爲常。

自嘉靖癸未至萬曆庚辰，中間有九科不選。神宗常命間科一選。禮部侍郎吳道南持不可。崇禎甲戌、丁丑，復不選，餘悉遵例。其與選者，謂之館選。以翰、詹官高資深者一人課之，謂之敎習。三年學成，優者留翰林爲編修、檢討，次者出爲給事、御史，謂之散館。與常調官待選者，體格殊異。

成祖初年，內閣七人，非翰林者居其半。翰林纂修，亦諸色參用。自天順二年，李賢奏

定纂修專選進士。由是，非進士不入翰林，非翰林不入內閣，南、北禮部尚書、侍郎及吏部右侍郎，非翰林不任。而庶吉士始進之時，已羣目爲儲相。通計明一代宰輔一百七十餘人，由翰林者十九。蓋科舉視前代爲盛，翰林之盛則前代所絕無也。

輔臣子弟，國初少登第者。景泰七年，陳循、王文以其子北闈下第，力攻主考劉儼，臺省譁然論其失。帝勉徇二人意，命其子一體會試，而心薄之。正德三年，焦芳子黃中會試中式，芳引嫌不讀卷。而黃中居二甲之首，芳意猶不慊，至降調諸翰林以泄其忿。六年，楊廷和子愼廷試第一，廷和時亦引嫌不讀卷。愼以高才及第，人無訾之者。

嘉靖二十三年廷試，翟鑾子汝儉、汝孝俱在試中。世宗疑二人濫首甲，抑第一爲第三，以第三置三甲。及拆卷，而所擬第三者，果汝孝也，帝大疑之。給事中王交、王堯日因劾會試考官少詹事江汝璧及諸房考朋私通賄，且追論順天鄉試考官秦鳴夏、浦應麒阿附鑾罪，乃下汝璧等鎭撫司獄。獄具，詔杖汝璧、鳴夏、應麒，並革職閑住，而勒鑾父子爲民。

神宗初，張居正當國。二年甲戌，其子禮闈下第，居正不悅，遂不選庶吉士。至五年，其子嗣修遂以一甲第二人及第。至八年，其子懋修以一甲第一人及第。而次輔呂調陽、張

中華書局

四維、申時行之子，亦皆先後成進士。御史魏允貞疏陳時弊，言輔臣子不宜中式。帝爲謫允貞。

十六年，右庶子黃洪憲主順天試，王錫爵子衡爲榜首。禮部郎中高桂論劾舉人李鴻等，幷及衡，言：「自故相子一時並進，而大臣之子遂無見信於天下者。今輔臣錫爵子衡，素號多才，青雲不難自致，而人猶疑信相半，宜一體覆試，以明大臣之心跡。」錫爵怒甚，具奏申辨，語過激。刑部主事饒伸復抗疏論之。帝爲謫桂於外，下伸獄，削其官。覆試所劾舉人，仍以衡第一，且無一人黜者。

二十年會試，李鴻中式。鴻，大學士申時行壻也。榜將發，房考給事中某持之，以爲宰相之壻不當中。主考官張位使十八房考公閱，皆言文字可取，而給事猶持不可。位怒曰：「考試不憑文字，將何取衷？我請職其咎。」鴻乃獲收。

王衡既被論，當錫爵在位，不復試禮闈。二十九年乃以一甲第二人及第。自後輔臣當國，其子亦無登第者矣。

科場弊竇既多，議論頻數。自太祖重罪劉三吾等，永、宣間大抵帖服。陳循、王文之齮劉儼也，高穀持之，儼亦無恙。

弘治十二年會試，大學士李東陽、少詹事程敏政爲考官。給事中華昶劾敏政鬻題與舉人唐寅、徐泰，乃命東陽獨閱文字。給事中林廷玉復攻敏政可疑者六事。敏政謫官，寅、泰皆斥譴。寅，江左才士，戊午南闈第一，論者多惜之。

嘉靖十六年，禮部尚書嚴嵩連摘應天、廣東試錄語，激世宗怒。應天主考及廣東巡按御史俱逮問。二十二年，帝手批山東試錄譏訕，逮御史葉經杖死闕下，布政以下皆遠謫，亦嵩所中傷也。四十年，應天主考中允無錫吳情取同邑十三人，被劾，與副考胡杰俱謫外。南畿翰林遂不得典應天試矣。

萬曆四年，順天主考高汝愚中張居正子嗣修、懋修，及居正黨吏部侍郎王篆子之衡、之鼎。居正既死，御史丁此呂追論其弊，且言：「汝愚以『舜亦以命禹』爲試題，殆以禪受阿居正。」當國者惡此呂，謫於外，而議者多不直汝愚。

三十八年會試，庶子湯賓尹爲同考官，與各房互換闈卷，共十八人。明年，御史孫居相劾賓尹私韓敬，其互換皆以敬故。時吏部方考察，尙書孫丕揚因置賓尹、敬於察典。敬頗有文名，衆亦惜敬，而以其宣黨，謂其宜斥也。

四十四年會試，吳江沈同和第一，同里趙鳴陽第六。同和素不能文，文多出鳴陽手，事發覺，兩人並謫戍。

天啓四年，山東、江西、湖廣、福建考官，皆以策問譏刺，降諭切責。初命貶調，既而褫革，江西主考丁乾學至下獄擬罪，蓋觸魏忠賢怒也。先是二年辛酉，中允錢謙益典試浙江，所取舉人錢千秋卷七篇大結，跡涉關節。榜後，爲人所訐，謙益自檢舉，千秋謫戍。未幾，赦還。崇禎二年會推閣臣，謙益以禮部侍郎與焉，而尙書溫體仁不與。體仁摘千秋事，出疏攻謙益。謙益由此罷，遂終明世不復起。

其他指摘科場事者，前後非一，往往北闈爲甚，他省次之。其賄買鑽營、懷挾倩代、割卷傳遞、頂名冒籍，弊端百出，不可窮究，而關節爲甚。事屬曖昧，或快恩讐報復，蓋亦有之。其他小小得失，無足道也。

歷科事跡稍異者：

永樂初，兵革倉猝，元年癸未，始令各省鄉試。二年甲申會試，以事變不循午未之舊。七年己丑會試，中陳燧等九十五人。成祖方北征，皇太子令送國子監進學，俟車駕還京廷試。九年辛卯始擢蕭時中第一。

宣德五年庚戌，帝臨軒發策畢，退御武英殿，謂翰林儒臣曰：「取士不尙虛文，有若劉蕡、蘇轍輩直言抗論，朕當顯庸之。」乃賦策士歌以示讀卷官，顧所擢第一人林震，亦無所表

見也。八年癸丑廷試第一人曹鼐，由江西泰和典史會試中式。

正統七年壬戌，刑部吏南昱、公陵驛丞鄭溫亦皆中式。十年乙丑，會試、廷試第一皆商輅。輅，淳安人，宣宗末年乙卯，浙榜第一人。三試皆第一，士子豔稱爲三元，明代惟輅一人而已。廷試讀卷盡用甲科，而是年兵部尙書徐晞、十三年戶部侍郎奈亨乃吏員，〔三〕天順元年丁丑讀卷左都御史楊善乃譯字生，時猶未甚拘流品也。迨後無雜流會試及爲讀卷官者矣。七年癸未試日，場屋火，死者九十餘人，俱贈進士出身，改期八月會試。明年甲申三月，始廷試。時英宗已崩，憲宗以大喪未踰歲，御西角門策之。

正德三年戊辰，太監劉瑾錄五十人姓名以示主司，因廣五十名之額。十五年庚辰，武宗南巡，未及廷試。次年，世宗卽位，五月御西角門策之，擢楊維聰第一。而張璁卽是榜進士也，六七年間，當國用事，權侔人主矣。

嘉靖八年己丑，帝親閱廷試卷，手批一甲羅洪先、楊名、歐陽德，二甲唐順之、陳束、任瀚六人對策，各加評獎。大學士楊一清等遂選順之、束、瀚及胡經等共二十人爲庶吉士，疏其名上，請命官教習。忽降諭云：「吉士之選，祖宗舊制誠善。邇來大臣徇私選取，市恩立黨，於國無益，自今不必選留。唐順之等一切除授，吏、禮二部及翰林院會議以聞。」尙書方獻夫等遂阿旨謂順之等不必留，幷限翰林之額，侍讀、侍講、修撰各三員，編修、檢討各六

中華書局

員。著爲令。蓋順之等出張璁、霍韜門，而心以大禮之議爲非，不肯趨附，璁心惡之。璁又方欲中一淸，故以立黨之說進，而故事由此廢。

迨十一年壬辰，已罷館選，至九月復舉行之。十四年乙未，帝親製策問，手自批閱，擢韓應龍第一。降諭論一甲三人及二甲第一名次前後之由。禮部因以聖諭列登科錄之首，而十二人對策，俱以次刊刻。二十年辛丑，考選庶吉士題，文曰原政，詩曰讀大明律，皆欽降也。四十四年乙丑廷試，帝始不御殿。神宗時，御殿益稀矣。

天啓二年壬戌會試，命大學士何宗彥、朱國祚爲主考。故事，閣臣典試，翰、詹一人副之。時已推禮部尚書顧秉謙，特旨命國祚。國祚疏辭，帝曰：「今歲，朕首科，特用二輔臣以光重典，卿不必辭。」嗣後二輔臣典試以爲常。是年開宗科，朱愼鍌成進士，從宗彥、國祚請，卽授中書舍人。

崇禎四年，朱統鉓成進士，初選庶吉士。吏部以統鉓宗室，不宜官禁近，請改中書舍人。統鉓疏爭，命仍授庶吉士。七年甲戌，知貢舉禮部侍郎林釬言，舉人顏茂猷文兼五經，作二十三義。帝念其該洽，許送內簾。茂猷中副榜，特賜進士，以其名另爲一行，刻於試錄第一名之前。五經中式者，自此接跡矣。

武科，自吳元年定。洪武二十年俞禮部請，立武學，用武舉。武臣子弟於各直省應試。天順八年令天下文武官舉通曉兵法、謀勇出衆者，各省撫、按、三司，直隸巡按御史考試。中式者，兵部同總兵官於帥府試策略，教場試弓馬。答策二道，騎中四矢、步中二矢以上者爲中式。騎、步所中半焉者次之。成化十四年從太監汪直請，設武科鄉、會試，悉視文科例。弘治六年定武舉六歲一行，先策略，後弓馬。策不中者不許騎射。十七年改定三年一試，出榜賜宴。正德十四年定，初場試馬上箭，以三十五步爲則；二場試步下箭，以八十步爲則；三場試策一道。子、午、卯、酉年鄉試。嘉靖初，定制，各省應武舉者，巡按御史於十月考試，兩京武學於兵部選取，俱送兵部。次年四月會試，翰林二員爲考試官，給事中、部曹四員爲同考。鄉、會場期俱於月之初九、十二、十五。起送考驗，監試張榜，大率仿文闈而減殺之。其後條罷條復。又倣文闈南北卷例，分邊方、腹裏。每十名，邊六腹四以爲常。萬曆三十八年定會試之額，取中進士以百名爲率。其後有奉詔增三十名者，非常制也。

穆、神二宗時，議者嘗言武科當以技勇爲重。萬曆之末，科臣又請特設將材武科，初場試馬步箭及鎗、刀、劍、戟、拳搏、擊刺等法，二場試營陣、地雷、火藥、戰車等項，三場各就其兵法、天文、地理所熟知者言之。報可而未行也。崇禎四年，武會試榜發，論者大譁。帝命中允方逢年、倪元璐再試，取翁英等百二十人。逢年、元璐以時方需才，奏請殿試傳臚，悉如文例。乃賜王來聘等及第、出身有差。武舉殿試自此始也。十四年諭各部臣特開奇謀異勇科。詔下，無應者。

校勘記

〔一〕而貴州亦二十名　明會典卷七七作「貴州二十五名」。

〔二〕十三年戶部侍郎奈亨乃吏員　原脫「十三年」，據英宗實錄卷一六四正統十三年三月丁酉條補。奈亨，原作「余亨」，據本書卷七四職官志光祿寺卿下注、明史稿志五二選舉志、同上英宗實錄、弇山堂別集卷五五改。

中華書局

明史卷七十一

志第四十七

選舉三

太祖下金陵，辟儒士范祖幹、葉儀。克婺州，召儒士許元、胡翰等日講經史治道。克處州，徵耆儒宋濂、劉基、章溢、葉琛至建康，創禮賢館處之。以濂爲江南等處儒學提舉，溢、琛爲營田僉事，基留帷幄預謀議。甲辰三月敕中書省曰：「今土宇日廣，文武並用。卓犖奇偉之才，世豈無之。或隱於山林，或藏於士伍，非在上者開導引拔之，無以自見。自今有能上書陳言、敷宣治道、武略出衆者，參軍及都督府具以名聞。或不能文章而識見可取，許詣闕面陳其事。郡縣官年五十以上者，雖練達政事，而精力既衰，宜令有司選民間俊秀年二十五以上、資性明敏、有學識才幹者辟赴中書，與年老者參用之。十年以後，老者休致，而少者已熟於事。如此則人才不乏，而官使得人。其下有司，宜布此意。」於是州縣歲舉賢才

及武勇謀略、通曉天文之士，間及兼通書律者。既而嚴選舉之禁，有濫舉者逮治之。吳元年遣起居注吳林、魏觀等以幣帛求遺賢於四方。洪武元年徵天下賢才至京，授以守令。其年冬，又遣文原吉、詹同、魏觀、吳輔、趙壽等分行天下，訪求賢才，各賜白金而遣之。三年諭廷臣曰：「六部總領天下之務，非學問博洽、才德兼美之士，不足以居之。慮有隱居山林，或屈在下僚者，其令有司悉心推訪。」六年復下詔曰：「賢才，國之寶也。古聖王勞於求賢。若高宗之於傅說，文王之於呂尚。彼二君者豈其智不足哉，顧皇皇於版築鼓刀之徒者，蓋賢才不備，不足以爲治。鴻鵠之能遠舉者，爲其有羽翼也。蛟龍之能騰躍者，爲其有鱗鬣也。人君之能致治者，爲其有賢人而爲之輔也。山林之士德行文藝可稱者，有司采舉，備禮遣送至京，朕將任用之，以圖至治。」是年，遂罷科舉，別令有司察舉賢才，以德行爲本，而文藝次之。其目，曰聰明正直，曰賢良方正，曰孝弟力田，曰儒士，曰孝廉，曰秀才，曰人才，曰耆民。皆禮送京師，不次擢用。而各省貢生亦由太學以進。於是罷科舉者十年，至十七年始復行科舉，而薦舉之法並行不廢。

時中外大小臣工皆得推舉，下至倉、庫、司、局諸雜流，亦令舉文學才幹之士。其被薦而至者，又令轉薦。以故山林巖穴、草茅窮居，無不獲自達於上，由布衣而登大僚者不可勝數。耆儒鮑恂、余詮、全思誠、張長年輩年九十餘，徵至京，卽命爲文華殿大學士。儒士王

本、杜斅、趙民望、吳源特置爲四輔官兼太子賓客。賢良郭有道，秀才范敏、曾泰，稅戶人才鄭沂，儒士趙翥起家爲尙書。儒士張子源、張宗德爲侍郎。耆儒劉堉、關賢爲副都御史。明經張文通、阮仲志爲僉都御史。人才赫從道爲大理少卿。孝廉李德爲府尹。儒士吳顒爲祭酒。賢良欒世英、徐景昇、李延中，儒士張璲、王廉爲布政使。孝弟李好誠、聶士舉，賢良蔣安素、薛正言、張端，文學宋亮爲參政。儒士鄭孔麟、王德常、黃桐生，賢良余應舉、馬衞、許安、范孟宗、何德忠、孫仲賢、王福、王淸，聰明張大亨、金思存爲參議，凡其顯擢者如此。其以漸而躋貴仕者，又無算也。嘗諭禮部：「經明行修練達時務之士，徵至京師。年六十以上七十以下者，置翰林以備顧問。四十以上六十以下者，於六部及布、按兩司用之。」蓋是時，仕進無他途，故往往多驟貴者。而吏部奏薦舉當除官者，多至三千七百餘人，其少者亦至一千九百餘人。又俾富戶耆民皆得進見，奏對稱旨，輒予美官。而會稽僧郭傳，由宋濂薦擢爲翰林應奉，此皆可得而考者也。

洎科舉復設，兩途並用，亦未嘗畸重輕。建文、永樂間，薦舉起家猶有內授翰林、外授藩司者。而楊士奇以處士，陳濟以布衣，遽命爲太祖實錄總裁官，其不拘資格又如此。自後科舉日重，薦舉日益輕，能文之士率由場屋進以爲榮；有司雖數奉求賢之詔，而人才旣衰，第應故事而已。

宣宗嘗出御製猗蘭操及招隱詩賜諸大臣，以示風勵。實應者寡，人情亦共厭薄。正統元年，行在吏部言：「宣德間，嘗詔天下布、按二司及府、州、縣官舉賢良方正各一人，迄今尙舉未已，宜止之。」帝以朝廷求賢不可止，自今來者，六部、都察院、翰林院堂上官考試，中者錄用，不中者黜之。薦舉者益稀矣。

天順元年詔：「處士中，有學貫天人、才堪經濟、高蹈不求聞達者，所司具實奏聞。」御史陳迹奏崇仁儒士吳與弼學行，命江西巡撫韓雍禮聘赴京。至則召見，命爲左諭德。與弼辭疾不受。帝又命李賢引見文華殿，從容顧問曰：「重卿學行，特授宮僚，煩輔太子。」與弼固辭。賜宴文華殿，命賢侍宴，降敕褒賚，遣行人送歸，蓋殊典也。至成化十九年，廣東舉人陳獻章被薦，授翰林院檢討，而聽其歸，典禮大減矣。其後弘治中，浙江儒士潘辰，嘉靖中，南直隸生員文徵明、永嘉儒士葉幼學，皆以薦授翰林院待詔。萬曆中，湖廣舉人瞿九思亦授待詔，江西舉人劉元卿授國子監博士，江西處士章潢僅遙授順天府訓導。而直隸處士陳繼儒、四川舉人楊思心等雖皆被薦，下之禮部而已。

崇禎九年，吏部復議舉孝廉，言：「祖宗朝皆偶一行之，未有定制。今宜通行直省，加意物色，果有孝廉、懷才抱德、經明行修之士，由司道以達巡按，覆核疏聞，驗試錄用。」於時薦舉紛紛遍天下，然皆授以殘破郡縣，卒無大效。至十七年，令豫、楚被陷州縣員缺悉聽撫、

中華書局

按官辟選更置，不拘科目、雜流、生員人等。此則皇遽求賢，非承平時舉士之典。至若正德四年，浙江大吏薦餘姚周禮、徐子元、許龍，上虞徐文彪。劉瑾以四人皆謝遷同鄉，而草詔出於劉健，矯旨下禮等鎭撫司，謫戍邊衞，勒布政使林符、邵寶、李贊及參政、參議、府縣官十九人罰米二百石，并削健、遷官，且著令，餘姚人不得選京官。此則因薦舉而得禍者，又其變也。

任官之事，文歸吏部，武歸兵部，而吏部職掌尤重。吏部凡四司，而文選掌銓選，考功掌考察，其職尤要。選人自進士、舉人、貢生外，有官生、恩生、功生、監生、儒士，又有吏員、承差、知印、書算、篆書、譯字、通事諸雜流。進士爲一途，舉貢等爲一途，吏員等爲一途，所謂三途並用也。京官六部主事、中書、行人、評事、博士，外官知州、推官、知縣，由進士選。外官推官、知縣及學官，由舉人、貢生選。京官五府、六部首領官，通政司、太常、光祿寺、詹事府屬官，由官廕生選。州、縣佐貳，都、布、按三司首領官，由監生選。外府、外衞、鹽運司首領官，中外雜職、入流未入流官，由吏員、承差等選。此其大凡也。其參差互異者，可推而知也。初授者曰聽選，陞任者曰陞遷。

選人之法，每年吏部六考、六選。凡引選六，類選六，遠方選二。聽選及考定陞降者，雙月大選，其序定於單月。改授、改降、丁憂、候補者，單月急選。凡陞遷，必滿考。若員缺應補不待滿者，曰推陞。內閣大學士、吏部尚書，由廷推或奉特旨。侍郎以下及祭酒，吏部會同三品以上廷推。太常卿以下，部推。通、參以下，吏部於弘政門會選。詹事由內閣，各衙門由各掌印。在外官，惟督、撫廷推，九卿共之，吏部主之。布、按員缺，三品以上官會舉。監、司，則序遷。其防邊兵備等，率由選擇保舉，付以敕書，邊府及佐貳亦付敕。薊、遼之昌平、薊州等，山西之大同、河曲、代州等，陝西之固原、靜寧等六十有一處，俱爲邊缺，尤慎選除。有功者越次擢，悞封疆者罪無赦。內地監司率序遷，其後亦多超遷不拘次，有一歲中四五遷、由僉事至參政者。監、司多額外添設，守巡之外往往別立數銜，不能畫一也。在外府、州、縣正佐，在內大小九卿之屬員，皆常選官，選授遷除，一切由吏部。其初用拈鬮法，至萬曆間變爲掣籤。二十九年，文選員外郎倪斯蕙條上銓政十八事，其一曰議掣籤。尙書李戴擬行報可，孫丕揚踵而行之。後雖有譏其失者，終明世不復更也。

洪武間，定南北更調之制，南人官北，北人官南。其後官制漸定，自學官外，不得官本省，亦不限南北也。

初，太祖嘗御奉天門選官，且諭毋拘資格。選人有卽授侍郎者，而監、司最多，進士、監生及薦舉者，參錯互用。給事、御史，亦初授陞遷各半。永、宣以後，漸循資格，而臺省尙多初授。至弘、正後，資格始拘，舉、貢雖與進士並稱正途，而軒輊低昂，不啻霄壤。隆慶中，大學士高拱言：「國初，舉人躋八座爲名臣者甚衆。後乃進士偏重，而舉人甚輕，至於今極矣。請自授官以後，惟考政績，不問其出身。」然勢已積重，不能復返。崇禎間，言者數申「三途並用」之說。間推一二舉人如陳新甲、孫元化者，置之要地，卒以傾覆。用武舉陳啓新爲給事，亦聲名潰裂。於是朝端又以爲不若循資格。而甲榜之悞國者亦正不少也。

給事中、御史謂之科道。科五十員，道百二十員。明初至天順、成化間，進士、舉貢、監生皆得選補。其遷擢者，推官、知縣而外，或由學官。其後監生及新科進士皆不得與。或庶吉士改授，或取內外科目出身三年考滿者考選，內則兩京五部主事、中、行、評、博，國子監博士、助敎等，外則推官、知縣。自推、知入者，謂之行取。其有特薦，則俸雖未滿，亦得與焉。考選視科道缺若干，多寡無定額。其授職，吏部、都察院協同注擬，給事皆實補，御史必試職一年始實授，惟庶吉士否。嘉靖、萬曆間，常令部曹不許改科道，後亦間行之。舉貢、推、知，例得與進士同考選，大抵僅四之一。嘉靖間，嘗令監生與選。已罷不行。萬曆中，百度廢弛。二十五年，臺省新舊人數不足當額設之半。三十六年，科止數人，道止二人。南科以一人攝九篆者二歲，南道亦止一人。內臺既空，外差亦缺，淮、揚、蘇、松、江西、陝西、廣東西、宣大、甘肅、遼東巡按及陝西之茶馬，河東之鹽課，缺差至數年。給事中陳治則請急考選，不報。三十九年，考選疏上，復留中不下。推、知擬擢臺省，候命闕下，去留不得自如。四十六年，掌河南道御史王象恒復言：「十三道御史在班行者止八人，六科給事中止五人，而册封典試諸差，及內外巡方報滿告病求代者踵至，當亟議變通之法。」大學士方從哲亦言：「考選諸臣，守候六載，艱苦備嘗。吏部議咨禮部、都察院按次題差，蓋權宜之術。不若特允部推，令諸臣受命供職，足存政體。」卒皆不報。至光宗初，前後考選之疏俱下，而臺省一旦森列矣。

考選之例，優者授給事中，次者御史，又次者以部曹用。雖臨時考試，而先期有訪單，出於九卿、臺省諸臣之手，往往據以爲高下。崇禎三年，吏部考選畢，奏應擢給事、御史若干人，而以中書二人，訪單可否互異，具疏題請。帝責其推諉，令更確議，而不責訪單之非體也。京官非進士不得考選，推、知則舉貢皆行取。然天下守令，進士十三，舉貢十七；推、知行取，則進士十九，舉貢纔十一。舉貢所得，又大率有臺無省，多南少北。御史王道純以爲言。帝謂用人當論才，本不合拘資格，下所司酌行之。初制，急缺風憲，不時行取。神宗時，定爲三年，至是每年一舉。帝從吏部尙書閔洪學請，仍以三年爲期。此選擇言路之大

中華書局

凡也。

保舉者，所以佐銓法之不及，而分吏部之權。自洪武十七年命天下朝覲官舉廉能屬吏始。永樂元年命京官文職七品以上，外官至縣令，各舉所知一人，量才擢用。後以貪污聞者，舉主連坐，蓋亦嘗間行其法。然洪、永時，選官並由部請。

至仁宗初，一新庶政，洪熙元年特申保舉之令。京官五品以上及給事、御史，外官布、按兩司正佐及府、州、縣正官，各舉所知。惟見任府、州、縣正佐官及曾犯贓罪者，不許薦舉，其他官及屈在下僚，或軍民中有廉潔公正才堪撫字者，悉以名聞。是時，京官勢未重，臺省考滿，由吏部奏陞方面郡守。既而定制，凡布按二司、知府有缺，令三品以上京官保舉。宣德三年，況鍾、趙豫等以薦擢守蘇、松諸府，賜敕行事。十年用郭濟、姚文等爲知府，亦如之。其所奏保者，郎中、員外、御史及司務、行人、寺副皆與，不依常調也。後多有政績。部曹及御史，由堂上官薦引，類能其官。而長吏部者，蹇義、郭璡亦屢奉敕諭。帝又慮諸臣畏連坐而不舉，則語大學士楊溥以全才之難，謂：「一言之薦，豈能保其終身，欲得賢才，尤當厚敎養之法。」故其時吏治蒸蒸，稱極盛焉。沿及英宗，一遵厥舊。然行之既久，不能無弊，所舉或鄉里親舊、僚屬門下，素相私比者。方面大吏方正、謝莊等由保舉而得罪。而

無官保舉者，在內御史，在外知府，往往九年不遷。

正統七年罷薦舉縣令之制。十一年，御史黃裳言：「給事、御史，國初奏遷方面郡守。近年方面郡守率由廷臣保陞，給事、御史以糾參爲職，豈能無忤於一人。乞敕吏部仍按例奏請除授。」帝是其言，命部議行。明年，給事中余忭復指正、莊等事敗，謂宜坐舉主。且言方面郡守有缺，吏部當奏請上裁。尙書王直、英國公張輔等言，方面郡守，保舉陞用，稱職者多，未可擅更易。英宗仍從輔、直言，而採忭疏，許言官指劾。十三年，御史涂謙復陳，舉薦得方面郡守輒改前操之弊。請仍遵洪武舊制，於內外九年考滿官內揀擇陞授，或親擇朝臣才望者任之。詔可。大臣舉官之例遂罷。

景泰中，復行保舉。給事中林聰陳推舉驟遷之弊，言：「今缺參政等官三十餘員，請暫令三品以上官連名共舉，其餘悉付吏部。」詔並從之。成化五年，科道官復請保舉方面，吏部因幷及郡守。帝從言官請，而命知府員缺仍聽吏部推舉。踰年，以會舉多未當，幷方面官第令吏部推兩員以聞，罷保舉之令。既而都御史李賓請令在京五品以上管事官及給事、御史，各舉所知以任州縣。從之。

弘治十二年復詔部院大臣各舉方面郡守。吏部因請依往年御史馬文升遷按察使、屠滽遷僉都御史之例，超擢一二，以示激勸，而未經大臣薦舉者亦兼采之。並從其議。當是時，孝宗銳意求治，命吏、兵二部，每季開兩京府部堂上及文武方面官履歷，具揭帖奏覽。第兼保舉法行之，不專恃以爲治也。正德以後，具帖之制漸廢。嘉靖八年，給事中夏言復請循弘治故事，且及舉劾賢否略節，每季孟月，部臣送科以達御前，命著爲令。而保舉方面郡守之法，終明世不復行矣。

至若坐事斥免、因急才而薦擢者，謂之起廢。家居被召、因需缺而預補者，謂之添註。此又銓法之所未詳，而中葉以後間嘗一行者也。

考滿、考察，二者相輔而行。考滿，論一身所歷之俸，其目有三：曰稱職，曰平常，曰不稱職，爲上、中、下三等。考察，通天下內外官計之，其目有八：曰貪，曰酷，曰浮躁，曰不及，曰老，曰病，曰罷，曰不謹。

考滿之法，三年給由，曰初考，六年曰再考，九年曰通考。依職掌事例考覈陞降。諸部寺所屬，初止署職，必考滿始實授。外官率遞考以待覈。雜考或一二年，或三年、九年。郡縣之繁簡或不相當，則互換其官，謂之調繁、調簡。

洪武十一年命吏部課朝覲官殿最。稱職而無過者爲上，賜坐而宴。有過而稱職者爲中，宴而不坐。有過而不稱職者爲下，不預宴，序立於門，宴者出，然後退。此朝覲考覈之始也。

十四年，其法稍定。在京六部五品以下，聽本衙門正官察其行能，驗其勤怠。其四品以上，及一切近侍官與御史爲耳目風紀之司，及太醫院、欽天監、王府官不在常選者，任滿黜陟，取自上裁。直隸有司首領官及屬官，從本司正官考覈，任滿從監察御史覆考。各布政使司首領官，俱從按察司考覈。其茶馬、鹽馬、鹽運、鹽課提舉司、軍職首領官，俱從布政司考覈，仍送按察司覆考。其布政司四品以上，按察司、鹽運司五品以上，任滿黜陟，取自上裁。內外入流幷雜職官，九年任滿，給由赴吏部考覈，依例黜陟。果有殊勳異能、超邁等倫者，取自上裁。

又以事之繁簡，與歷官之殿最，相參互覈，爲等第之陞降。

其繁簡之例，在外府以田糧十五萬石以上，州以七萬石以上，縣以三萬石以上，或親臨王府都、布政、按察三司，幷有軍馬守禦，路當驛道，邊方衝要供給處，俱爲事繁。府糧不及十五萬石，州不及七萬石，縣不及三萬石，及僻靜處，俱爲事簡。在京諸司，俱從繁例。

十六年，京官考覈之制稍有裁酌，俱由其長開具送部覈考。十八年，吏部言天下布、按、府、州、縣朝覲官，凡四千一百一十七人，稱職者十之一，平常者十之七，不稱職者十之一，而貪污闒茸者亦共得十之一。帝令稱職者陞，平常者復職，不稱職者降，貪污者付法司罪

中華書局

之，闒茸者免爲民。永、宣間，中外官舊未有例者，稍增入之。又從部議，初考稱職、次考未經考覈、今考稱職者，若初考平常、次考未經考覈、今考稱職者，俱依稱職例陞用。自時厥後，大率遵舊制行之。中間利弊不可枚舉，而其法無大變更也。

考察之法，京官六年，以巳、亥之歲，四品以上自陳以取上裁，五品以下分別致仕、降調、閒住爲民者有差，具册奏請，謂之京察。自弘治時，定外官三年一朝覲，以辰、戌、丑、未歲，察典隨之，謂之外察。州縣以月計上之府，府上下其考，以歲計上之布政司。至三歲，撫、按通核其屬事狀，造册具報，麗以八法。而處分察例有四，與京官同。明初行之，相沿不廢，謂之大計。計處者，不復敍用，定爲永制。

洪武四年命工部尚書朱守仁廉察山東萊州諸郡官吏。六年令御史臺御史及各道按察司察舉有司官有無過犯，奏報黜陟，此考察之始也。洪熙時，命御史考察在外官，以奉命者不能無私，諭吏部尚書蹇義嚴加戒飭，務矢至公。景泰二年，吏部、都察院考察當黜退者七百三十餘人。帝慮其未當，仍集諸大臣更考，存留者三之一。成化五年，南京吏部右侍郎章綸、都察院右僉都御史高明考察庶官。帝以各衙門掌印官不同僉名，疑有未當，令侍郎葉盛、都給事中毛弘從公體勘，亦有所更定。

弘治六年考察當罷者共一千四百員，又雜職一千一百三十五員。帝諭：「方面知府必

指實跡，毋虛文泛言，以致枉人。府州以下任未三年者，亦通核具奏。」尚書王恕等具陳以請，而以府、州、縣官貪鄙殃民者，雖年淺不可不黜。帝終謂人才難得，降諭諄諄，多所原宥。當黜而留者九十餘員。給事、御史又交章請黜遺漏及宜退而留者，復命吏部指實跡，恕疏各官考語及本部訪察者以聞。帝終以考語爲未實，諭令復核。恕以言不用，且疑有中傷者，遂力求去。至十四年，南京吏部尚書林瀚言，在外司府以下官，俱三年一次考察，兩京及在外武職官，亦五年一考選，惟兩京五品以下官，十年始一考察，法大闊略。旨下，吏部覆請如瀚言，而京官六年一察之例定矣。

京察之歲，大臣自陳。去留既定，而居官有遺行者，給事、御史糾劾，謂之拾遺。拾遺所攻擊，無獲免者。弘、正、嘉、隆間，士大夫廉恥自重，以挂察典爲終身之玷。至萬曆時，閣臣有所徇庇，間留一二以撓察典，而羣臣水火之爭，莫甚於辛亥、丁巳，事具各傳中。黨局既成，互相報復，至國亡乃已。

兵部凡四司，而武選掌除授，職方掌軍政，其職尤要。凡武職，內則五府、留守司，外則各都司、各衞所及三宣、六慰。流官八等：都督及同知、僉事，都指揮使、同知、僉事，正副留守。世官九等：指揮使及同知、僉事，衞、所鎭撫，正、副千戶，百戶，試百戶。直省都指揮使二十一，留守司二，衞九十一，守禦、屯田、羣牧千戶所二百十有一。此外則苗蠻土司，皆聽部選。自永樂初，增立三大營，各設管操官，各哨有分管、坐營官、坐司官。景泰中，設團營十，已復增二，各有坐營官，俱特命親信大臣提督之，非兵部所銓擇也。

凡大選，曰色目，曰狀貌，曰才行，曰封贈，曰襲廕。其途有四，曰世職，曰武舉，曰行伍，曰納級。初，武職率以勳舊。太祖慮其不率，以武士訓戒錄、大誥武臣錄頒之。後乃參用將材，三歲武舉，六歲會舉，每歲薦舉，皆隸部除授。久之，法紀隳壞，選用紛雜。正德間，冒功陞授者三千有奇。嘉靖中，詹事霍韜言：

成化中，增太祖時軍職四倍，今又增幾倍矣。錦衣初額官二百五員，今至千七百員，殆增八倍。洪武初，軍功襲職子弟年二十者比試，初試不中，襲職署事，食半俸。二年再試，中者食全俸，仍不中者充軍。其法至嚴，故職不冗而俸易給。自永樂後，新官免試，舊官即比試，賄賂無不中，此軍職所以日濫也。永樂平交阯，賞而不陞。邇者不但獲馘者陞，而奏帶及緝妖言捕盜者亦無不陞，此軍職所以益冗也。

宜命大臣循清黃例，內外武職一切差次功勞，考其祖宗相承，叔姪兄弟繼及。或洪、永年間功，或宣德以後功，或內監弟姪恩廕，或勳戚駙馬子孫，或武舉取中，各分數

等，默寓汰省之法。或許世襲，或許終身，或許繼，或不許繼，各具册籍，昭示明白，以爲激勸。

於是命給事中夏言等查覈冒濫。言等指陳其弊，言：「鎭守官奏帶舊止五名，今至三四百名，蓋一人而奏帶數處者有之，一時而數處獲功者有之。他復巧立名色，紀驗不加審覈，銓選又無駁勘，其改正重陞、併功加授之類，弊端百出，宜盡革以昭神斷。」〔一〕部核如議。恩倖冗濫者，裁汰以數千計，宿蠹爲清。萬曆十五年復詔嚴加察核。且嘗命提、鎭、科道會同兵部，品年資，課技藝，序薦剡，分爲三等，名曰公選。然徒飾虛名，終鮮實效也。

武官爵止六品，其職死者襲，老疾者替，世久而絕，以旁支繼。年六十者，子替。明初定例，嫡子襲替，長幼次及之。絕者，嫡子庶子孫，次及之；又絕者，以弟繼。永樂後，取官舍旗軍餘丁曾歷戰功者，令原帶俸及管事襲替，悉因之。其降級子孫仍替見降職事。弘治時，令旁支減級承襲。正德中，令旁支入總旗。嘉靖間，旁支無功者，不得保送。凡陞職官舍，如父職。其陣亡保襲者，流官一等。凡襲替官舍，以騎射試之。大抵世職難覈，故例特詳，而長弊叢奸，亦復不少。

官之大者，必會推。五軍都督府掌印缺，於見任公、侯、伯取一人。僉書缺，於帶俸公、侯、伯及在京都指揮，在外正副總兵官，推二人。錦衣衞堂上官及前衞掌印缺，視五府例推

中華書局

二十四史

二人。都指揮、留守以下，上一人。正德十六年令五府及錦衣衞必由都指揮屢著勳猷者陞授。諸衞官不世，獨錦衣以世。

武之軍政，猶文之考察也。成化二年令五年一行，以見任掌印、帶俸、差操及初襲官一體考核。十三年令兩京通考以爲常。五府大臣及錦衣衞堂上官自陳候旨，直省總兵官如之。在內五府所屬幷直省衞所官，悉由巡視官及部官註送；在外都司、衞所官，由撫、按造册繳部。副參以下，千戶以上，由都、布、按三司察註送撫，咨部考舉題奏。錦衣衞管戎務者倍加嚴考，南、北鎭撫次之。各衞所及地方守禦幷各都司隸巡撫者，例同。惟管漕運者不與考。

校勘記

〔一〕宜盡革以昭神斷　以昭神斷，明經世文編卷二〇二頁二一〇五夏言查革正德中濫授武職疏作「以遵明旨」。

明史卷七十二

志第四十八

職官一

明官制，沿漢、唐之舊而損益之。自洪武十三年罷丞相不設，析中書省之政歸六部，以尚書任天下事，侍郎貳之。而殿閣大學士祇備顧問，帝方自操威柄，學士鮮所參決。其糾劾則責之都察院，章奏則達之通政司，平反則參之大理寺，是亦漢九卿之遺意也。分大都督府爲五，而征調隸於兵部。外設都、布、按三司，分隸兵刑錢穀，其考核則聽於府部。是時吏、戶、兵三部之權爲重。

迨仁、宣朝，大學士以太子經師恩，累加至三孤，望益尊。而宣宗內柄無大小，悉下大學士楊士奇等參可否。雖吏部蹇義、戶部夏原吉時召見，得預各部事，然希濶不敵士奇等親。自是，內閣權日重，卽有一二吏、兵之長與執持是非，輒以敗。

至世宗中葉，夏言、嚴嵩迭用事，遂赫然爲眞宰相，壓制六卿矣。然內閣之擬票，不得不決於內監之批紅，而相權轉歸之寺人。於是朝廷之紀綱，賢士大夫之進退，悉顚倒於其手。伴食者承意指之不暇，間有賢輔，卒蒿目而不能救。

初，領五都督府者，皆元勳宿將，軍制肅然。永樂間，設內監監其事，猶不敢縱。沿習數代，勳戚紈袴司軍紀，日以惰毁。既而內監添置益多，邊塞皆有巡視，四方大征伐皆有監軍，而疆事遂致大壞，明祚不可支矣。跡其興亡治亂之由，豈不在用人之得失哉！

至於設官分職，體統相維，品式具備，詳列後簡。覽者可考而知也。

宗人府　三公三孤　太子三師三少　內閣　吏部　戶部 附總督倉場

禮部　兵部 附協理京營戎政　刑部　工部 附提督易州山廠

宗人府。宗人令一人，左、右宗正各一人，左、右宗人各一人，並正一品，掌皇九族之屬籍，以時修其玉牒，書宗室子女適庶、名封、嗣襲、生卒、婚嫁、謚葬之事。凡宗室陳請，爲聞於上，達材能，錄罪過。初，洪武三年置大宗正院。二十二年改爲宗人府，並以親王領之。秦王樉爲令，晉王棡、燕王棣爲左、右宗正，周王橚、楚王楨爲左、右宗人。其後，以勳戚大臣攝府事，不備官，而所領亦盡移之禮部。其屬，經歷司，經歷一人，正五品，典出納文移。

中華書局

太師、太傅、太保爲三公，正一品，少師、少傅、少保爲三孤，從一品，掌佐天子理陰陽，經邦弘化，其職至重。無定員，無專授。洪武三年授李善長太師，徐達太傅。先是，常遇春已贈太保。三孤無兼領者。建文、永樂間罷公、孤官，仁宗復設。永樂二十二年八月復置三公、三少。宣德三年敕太師、英國公張輔，少師、吏部尚書蹇義，少傅、兵部尚書、華蓋殿大學士楊士奇，少保兼太子少傅、戶部尚書夏原吉，各輟所領，侍左右，咨訪政事。公孤之官，幾於專授。逮義、原吉卒，士奇還領閣務。自此以後，公、孤但虛銜，爲勳戚文武大臣加官、贈官。而文臣無生加三公者，惟贈乃得之。嘉靖二年加楊廷和太傅，辭不受。其後文臣得加三公，惟張居正，萬曆九年加太傅，十年加太師。

太子太師、太子太傅、太子太保，並從一品，掌以道德輔導太子，而謹護翼之。太子少師、太子少傅、太子少保，並正二品，掌奉太子以觀三公之道德而教諭焉。太子賓客，正三品，掌侍太子贊相禮儀，規誨過失。皆東宮大臣，無定員，無專授。洪武元年，太祖有事親征，慮太子監國，別設宮僚或生嫌隙，乃以朝臣兼宮職：李善長兼太子少師，徐達兼太子少傅，常遇春兼太子少保，治書侍御史文原吉、范顯祖兼太子賓客。三年，禮部尚書陶凱請選人專任東

宮官，罷兼領，庶於輔導有所責成。帝諭以江充之事可爲明鑑，立法兼領，非無謂也。由是，東宮師傅，止爲兼官、加官及贈官。惟永樂間，成祖幸北京，以姚廣孝專爲太子少師，留輔太子。自是以後，終明世皆爲虛銜，於太子輔導之職無與也。

中極殿大學士，舊名華蓋殿，建極殿大學士，舊名謹身殿，文華殿大學士，武英殿大學士，文淵閣大學士，東閣大學士，並正五品，掌獻替可否，奉陳規誨，點檢題奏，票擬批答，以平允庶政。凡上之達下，曰詔，曰誥，曰制，曰册文，曰諭，曰書，曰符，曰令，曰檄，皆起草進畫，以下之諸司。下之達上，曰題，曰奏，曰表，曰講章，曰書狀，曰文册，曰揭帖，曰制對，曰露布，曰譯，皆審署申覆而修畫焉，平允乃行之。凡車駕郊祀、巡幸則扈從。御經筵，則知經筵或同知經筵事。東宮出閣講讀，則領其事，敍其官，而授之職業。冠婚，則充賓贊及納徵等使。修實錄、史志諸書，則充總裁官。春秋上丁釋奠先師，則攝行祭事。進士題名，則大學士一人撰文，立石於太學。大典禮、大政事，九卿、科道官會議已定，則按典制，相機宜，裁量其可否，斟酌入告。頒詔則捧授禮部。會敕則稽其由狀以請。宗室請名、請封，諸臣請謚，並擬上。以其授餐大內，常侍天子殿閣之下，避宰相之名，又名內閣。

先是，太祖承前制，設中書省，置左、右丞相，正一品。甲辰正月，初置左、右相國，以李善長爲右相國，徐達爲左相國。吳元年命百官禮儀俱尚左，改右相國爲左相國，左相國爲右相國。洪武元年改爲左、右丞相。平章政事，從一品，左、右丞，正二品，參知政事，從二品，以統領衆職。置屬官，左、右司，郎中，正五品，員外郎，正六品，都事、檢校，正七品，照磨、管勾，從七品。參議府，參議，正三品，參軍、斷事官，從三品，斷事、經歷，正七品，知事，正八品。都鎭撫司，都鎭撫，正五品。考功所，考功郎，正七品。甲辰十月以都鎭撫司隸大都督府。吳元年革參議府。洪武元年革考功所。二年革照磨、檢校所、斷事官。〔一〕七年設直省舍人十人，尋改中書舍人。

洪武九年汰平章政事、參知政事。十三年正月誅丞相胡惟庸，遂罷中書省。其官屬盡革，惟存中書舍人。九月置四輔官，以儒士王本等爲之。置四輔官，告太廟，以王本、杜佑、龔斅爲春官，〔二〕杜斅、趙民望、吳源爲夏官，兼太子賓客。秋、冬官缺，以本等攝之。一月內分司上中下三旬。位列公、侯、都督之次。尋亦罷。十五年倣宋制，置華蓋殿、武英殿、文淵閣、東閣諸大學士，禮部尚書邵質爲華蓋，〔三〕檢討吳伯宗爲武英，翰林學士宋訥爲文淵，典籍吳沉爲東閣。又置文華殿大學士，徵耆儒鮑恂、余詮、張長年等爲之，以輔導太子。秩皆正五品。二十八年敕諭羣臣：「國家罷丞相，設府、部、院、寺以分理庶務，立法至爲詳善。以後嗣君，其毋得議置丞相。臣下有奏請設立者，論以極刑。」當是時，以翰林、春坊詳看諸司奏啓，兼司平駁。大學士特侍左右，備顧問而已。建文中，改大學士爲學士。

悉罷諸大學士，各設學士一人。又改謹身殿爲正心殿，設正心殿學士。

成祖即位，特簡解縉、胡廣、楊榮等直文淵閣，參預機務。閣臣之預務自此始。然其時，入內閣者皆編、檢、講讀之官，不置官屬，不得專制諸司。諸司奏事，亦不得相關白。

仁宗以楊士奇、楊榮東宮舊臣，陞士奇爲禮部侍郎兼華蓋殿大學士，榮爲太常卿兼謹身殿大學士，謹身殿大學士，仁宗始置。閣職漸崇。其後士奇、榮等皆遷尚書職，雖居內閣，官必以尚書爲尊。景泰中，王文始以左都御史進吏部尚書，入內閣。自後，誥敕房、制敕房俱設中書舍人，六部承奉意旨，靡所不領，而閣權益重。世宗時，三殿成，改華蓋爲中極，謹身爲建極，閣銜因之。嘉靖以後，朝位班次，俱列六部之上。

吏部。尚書一人，正二品，左、右侍郎各一人，正三品。其屬，司務廳，司務二人，從九品。文選、驗封、稽勳、考功四清吏司，各郎中一人，正五品，員外郎一人，從五品，主事一人，正六品。洪武三十一年增設文選司主事一人。正統十一年增設考功司主事一人。

尚書掌天下官吏選授、封勳、考課之政令，以甄別人才，贊天子治。蓋古冢宰之職，視五部爲特重。侍郎爲之貳。

司務掌催督、稽緩、勾銷、簿書。明初，設主事、司務各四人，爲首領官，有主事印。洪武二十九年改主事

爲司官，裁司務二人。各部並同。

文選掌官吏班秩遷陞、改調之事，以贊尚書。凡文官之品九，品有正從，爲級一十八。不及九品曰未入流。凡選，每歲有大選，有急選，有遠方選，有歲貢就教選，間有揀選，有舉人乞恩選。選人咸登資簿，釐其流品，平其銓注而序遷之。凡陞必考滿，若員缺當補，不待考滿，曰推陞。類推上一人，單推上二人。三品以上，九卿及僉都御史、祭酒，廷推上二人或三人。內閣，吏、兵二部尚書，廷推上二人。凡王官不外調，王姻不內除，大臣之族不得任科道，僚屬同族則以下避上。外官才地不相宜，則酌其繁簡互換之。有傳陞、乞陞者，並得執奏。以署職、試職、實授奠年資，以開設、裁併、兼攝適繁簡，以薦舉、起廢、徵召振幽滯，以帶俸、添注寄恩冗，以降調、除名馭罪過，以官程督吏治，以寧假悉人情。

驗封掌封爵、襲廕、褒贈、吏算之事，以贊尚書。凡爵非社稷軍功不得封，封號非特旨不得與。或世，或不世，皆給誥券。衍聖公及戚里恩澤封，不給券。凡券，左右各一，左藏內府，右給功臣之家。襲封則徵其誥券，稽其功過，覈其宗支，以第其世流降除之等。土官則勘其應襲與否，移文選司注擬。宣慰、宣撫、安撫、長官諸司領土兵者，則隸兵部。

凡廕敍，明初，自一品至七品，皆得廕一子以世其祿。洪武十六年定職官子孫廕敍。正一品子，正五品用。從一品子，從五品用。正二品子，正六品用。從二品子，從六品用。正三品子，正七品用。從三品子，從七品

用。正四品子，正八品用。從四品子，從八品用。正五品子，正九品用。從五品子，從九品用。正六品子，於未入流上等職內敍用。從六品子，於未入流中等職內敍用。正從七品子，於未入流下等職內敍用。〔四〕後乃漸爲限制，京官三品以上，考滿著績，始廕一子曰官生，其出自特恩者曰恩生。

凡封贈，公、侯、伯之追封，皆遞進一等。三品以上政績顯異及死諫、死節、陣亡者，皆得贈官。其見任則初授散階，京官滿一考，及外官滿一考而以最聞者，皆給本身誥敕。七品以上皆得推恩其先。五品以上授誥命，六品以下授敕命。一品，三代四軸。二品、三品，二代三軸。四品、五品、六品、七品，一代二軸。八品以下流內官，本身一軸。一品軸以玉，二品軸以犀，三品、四品軸以裹金，五品以下軸以角。曾祖、祖、父皆如其子孫官。公、侯、伯視一品。外內命婦視夫若子之品。生曰封，死曰贈。若先有罪譴則停給。

文之散階四十有二，以歷考爲差。正一品，初授特進榮祿大夫，陞授特進光祿大夫。從一品，初授榮祿大夫，陞授光祿大夫。正二品，初授資善大夫，陞授資政大夫，加授資德大夫。從二品，初授中奉大夫，陞授通奉大夫，加授正奉大夫。正三品，初授嘉議大夫，陞授通議大夫，加授正議大夫。從三品，初授亞中大夫，陞授中大夫，加授大中大夫。正四品，初授中順大夫，陞授中憲大夫，加授中議大夫。從四品，初授朝列大夫，陞授朝議大夫，加授朝請大夫。正五品，初授奉議大夫，陞授奉政大夫。從五品，初授奉訓大夫，陞授奉直大夫。正六品，初授承直郎，陞授承德郎。從六品，初授承務郎，陞授儒林郎，吏材幹出身授宣德郎。正七品，初授承事郎，陞授文林郎，吏材幹授宣議郎。〔五〕從七品，初授從仕郎，陞授徵仕郎。正八品，初授廸功郎，陞授修職郎。從八品，初授廸功佐郎，陞授修職佐郎。正九品，初授將仕郎，陞授登仕郎。從九品，初授將仕佐郎，陞授登仕佐郎。外命婦之號九。公曰某國夫人。侯曰某侯夫人。伯曰某伯夫人。一品曰夫人，後稱一品夫人。二品曰夫人。三品曰淑人。四品曰恭人。五品曰宜人。六品曰安人。七品曰孺人。因其子孫封者，加太字，夫在則否。凡封贈之次，七品至六品一次，五品一次，初制有四品一次，後省。三品、二品、一品各一次。三母不並封，兩封從優品。父職高於子，則進一階。父應停給，及子爲人後者，皆得移封。嫡在不封生母，生母未封不先封其妻。妻之封，止於一嫡一繼。其封贈後而以墨敗者，則追奪。

稽勳掌勳級、名籍、喪養之事，以贊尚書。凡文勳十。正一品，左、右柱國。從一品，柱國。正二品，正治上卿。從二品，正治卿。正三品，資治尹。從三品，資治少尹。正四品，贊治尹。從四品，贊治少尹。正五品，修正庶尹。從五品，協正庶尹。自五品以上，歷再考，乃授勳。凡百官遷除、降調皆開寫年甲、鄉貫、出身。每歲十二月貼黃，春秋清黃，皆赴內府。有故，揭而去之。凡父母年七十，無兄弟，得歸養。凡三年喪，解職守制，糾擿其奪喪、匿喪、短喪者。惟欽天監官，奔喪三月復任。

考功掌官吏考課、黜陟之事，以贊尚書。凡內外官給由，三年初考，六年再考，並引請九年通考，奏請綜其稱職、平常、不稱職而陟黜之。陟無過二等，降無過三等，其甚者黜之、罪之。京官六年一察，察以巳、亥年。五品下考察其不職者，降罰有差；四品上自陳，去留

取旨。外官三年一朝，朝以辰、戌、丑、未年。前期移撫、按官，各綜其屬三年內功過狀註考，彙送覆核以定黜陟。倉場庫官一年考，巡檢三年考，教官九年考。府州縣官之考，以地之繁簡爲差。吏之考，三、六年滿，移驗封司撥用。九年滿，又試授官。惟王官及欽天、御用等監官不考。凡內外官彈章，稽其功過，擬去留以請上裁。薦舉、保留，則核其政績旌異焉。

明初，設四部於中書省，分掌錢穀、禮儀、刑名、營造之務。洪武元年始置吏、戶、禮、兵、刑、工六部，設尚書、侍郎、郎中、員外郎、主事，尚書正三品，侍郎正四品，郎中正五品，員外郎正六品，主事正七品，仍隸中書省。六年，部設尚書二人，侍郎二人。吏部設總部、司勳、考功三屬部，部設郎中、員外郎各一人，主事各二人。十三年罷中書省，倣周官六卿之制，陞六部秩，各設尚書、侍郎一人。惟戶部侍郎二人。每部分四屬部，吏部屬部加司封。每屬部設郎中、員外郎、主事各一人，尋增侍郎一人。二十二年改總部爲選部。二十九年定爲文選、驗封、稽勳、考功四司并五部屬，皆稱清吏司。建文中，改六部尚書爲正一品，設左、右侍中正二品，位侍郎上，除去諸司清吏字。成祖初，悉復舊制。

永樂元年，以北平爲北京，置北京行部尚書二人，侍郎四人，其屬置六曹清吏司。吏、戶、禮、兵、工五曹，郎中、員外郎、主事各一人。刑曹，郎中一人，員外郎一人，主事四人，照磨、檢校各一人，司獄一人。尋戶

曹亦增設主事三人。後又分置六部，各稱行在某部。十八年定都北京，罷行部及六曹，以六部官屬移之北，不稱行在。其留南京者，加「南京」字。洪熙元年復置各部官屬於南京，去「南京」字，而以在北京者加「行在」字，仍置行部。宣德三年復罷行部。正統六年，於北京去「行在」字，於南京仍加「南京」字，遂爲定制。景泰中，吏部嘗設二尚書。天順初，復罷其一。

按吏部尚書，表率百僚，進退庶官，銓衡重地，其禮數殊異，無與並者。永樂初，選翰林官入直內閣。其後大學士楊士奇等加至三孤，兼尚書銜，然品敍列尚書蹇義、夏原吉下。景泰中，左都御史王文陞吏部尚書，兼學士，入內閣，其班位猶以原銜爲序次。自弘治六年二月，內宴，大學士丘濬遂以太子太保、禮部尚書，居太子太保、吏部尚書王恕之上。其後由侍郎、詹事入閣者，班皆列六部上矣。

戶部。尚書一人，正二品，左、右侍郎各一人，正三品。其屬，司務廳，司務二人，從九品。浙江、江西、湖廣、陝西、廣東、山東、福建、河南、山西、四川、廣西、貴州、雲南十三淸吏司，各郎中一人，正五品。宣德以後增設山西司郎中三人，陝西、貴州、雲南三司郎中各二人，山東司郎中一人。員外郎一人，從五品。宣德七年增設四川、雲南二司員外郎各一人，後仍革。主事二人，正六品。宣德以後增設雲南司主事七

人，浙江、江西、湖廣、陝西、福建、河南、山西七司主事各二人，山東、四川、貴州三司主事各一人。照磨所，照磨一人，正八品，檢校一人，正九品。所轄，寶鈔提舉司，提舉一人，正八品，副提舉一人，正九品，典史一人，後副提舉、典史俱革。鈔紙局，大使、副使各一人，後革副使。印鈔局，大使、副使各一人，後俱革。寶鈔廣惠庫，大使一人，正九品，副使二人，從九品，嘉靖中革。廣積庫，大使一人，正九品，副使一人，從九品，典史一人，嘉靖中，副使、典史俱革。贓罰庫，大使一人，正九品，副使二人，從九品，嘉靖中革。甲字、乙字、丙字、丁字、戊字庫，大使五人，正九品，副使六人，從九品。丁字庫二人，嘉靖中革一人，幷革乙字、戊字二庫副使。廣盈庫，大使一人，從九品，副使二人，嘉靖中革。外承運庫，大使二人，正九品，副使二人，從九品。後大使、副使俱革。承運庫，大使一人，正九品，副使一人，從九品。嘉靖中革。行用庫，大使、副使各一人，後俱革。太倉銀庫，大使、副使各一人，嘉靖中，革副使。御馬倉，大使一人，從九品，副使一人。軍儲倉，大使一人，從九品，副使一人，後大使、副使俱革。長安、東安、西安、北安門倉，各副使一人，東安門倉舊二人，萬曆八年革一人。張家灣鹽倉檢校批驗所，大使、副使各一人，隆慶六年並革。

尚書掌天下戶口、田賦之政令。侍郎貳之。稽版籍、歲會、賦役實徵之數，以下所司。十年攢黃册，差其戶上下畸零之等，以周知其登耗。凡田土之侵占、投獻、詭寄、影射有禁，人戶之隱漏、逃亡、朋充、花分有禁，繼嗣、婚姻不如令有禁。皆綜覈而糾正之。天子耕耤，

則尚書進耒耜。以墾荒業貧民，以占籍附流民，以限田裁異端之民，以圖帳抑兼幷之民，以樹藝課農官，以芻地給馬牧，以召佃盡地利，以銷豁清賠累，以撥給廣恩澤，以給除差優復，以鈔錠節賞賚，以讀法訓吏民，以權量和市糴，以時估平物價，以積貯之政恤民困，以山澤、陂池、關市、坑冶之政佐邦國，贍軍輸，以支兌、改兌之規利漕運，以蠲減、振貸、均糴、捕蝗之令憫災荒，以輸轉、屯種、糴買、召納之法實邊儲，以祿廩之制馭貴賤。洪武二十五年重定內外文武官歲給祿俸之制。正一品，一千四十四石。從一品，八百八十八石。正二品，七百三十二石。從二品，五百七十六石。正三品，四百二十石。從三品，三百一十二石。正四品，二百八十八石。從四品，二百五十二石。正五品，一百九十二石。從五品，一百六十八石。正六品，一百二十石。從六品，九十六石。正七品，九十石。從七品，八十四石。正八品，七十八石。從八品，七十二石。正九品，六十六石。從九品，六十石。未入流，三十六石。俱米鈔本折兼支。

十三司各掌其分省之事，兼領所分兩京、直隸貢賦，及諸司、衞所祿俸，邊鎮糧餉，幷各倉場鹽課、鈔關。

浙江司帶管在京羽林右、留守左、龍虎、應天、龍驤、義勇右、康陵七衞，神機營。

江西司帶管在京旗手、金吾前、金吾後、金吾左、濟陽五衞。

湖廣司帶管國子監、教坊司，在京羽林前、通州、和陽、豹韜、永陵、昭陵六衞，及興都留守司。

福建司帶管順天府，在京燕山左、武驤左、武驤右、騰驤右、虎賁右、留守後、武成中、茂陵八衞，[六]五軍、巡

捕、勇士、四衞各營，及北直隸永平、保定、河間、眞定、順德、廣平、大名七府，延慶、保安二州，大寧都司、萬全都司，幷北直隸所轄各衞所，山口、永盈、通濟各倉。

山東司帶管在京錦衣、大寧中、大寧前三衞及遼東都司，兩淮、兩浙、長蘆、河東、山東、福建各鹽運司，四川、廣東、海北、雲南黑鹽井、白鹽井、安寧、五井各鹽課提舉司，陝西靈州鹽課司，江西南贛鹽稅。

山西司帶管在京燕山前、鎭南、興武、永淸左、永淸右五衞，及宣府、大同、山西各鎭。

河南司帶管在京府軍前、燕山右、大興左、裕陵四衞，牧馬千戶所及直隸潼關衞、蒲州千戶所。[七]

陝西司帶管宗人府、五軍都督府、六部、都察院、通政司、大理寺、詹事府、翰林院、太僕寺、鴻臚寺、尚寶司、六科、中書舍人、行人司、欽天監、太醫院、五城兵馬司、京衞武學、文思院、皮作局，在京留守右、長陵、獻陵、景陵四衞，神樞、隨侍二營，及延綏、寧夏、甘肅、固原各鎭。

四川司帶管在京府軍後、金吾右、騰驤左、騰驤右、武德、神策、忠義後、武功中、武功左、武功右、彭城十一衞及應天府、南京四十九衞，南直隸安慶、蘇州、松江、常州、鎭江、徽州、寧國、池州、太平、廬州、鳳陽、淮安、揚州十三府，徐、滁、和、廣德四州，中都留守司幷南直隸所轄各衞所。

廣東司帶管在京羽林左、留守中、鷹揚、神武左、義勇前、義勇後六衞，蕃牧、奠靖二千戶所。

廣西司帶管太常寺、光祿寺、神樂觀、犧牲所、司牲司、太倉銀庫、內府十庫，在京瀋陽左、瀋陽右、留守前、寬河、蔚州左五衞，及二十三馬房倉，各象房、牛房倉，京府各草場。

雲南司帶管在京府軍、府軍左、府軍右、虎賁左、忠義右、忠義前、泰陵七衞，及大軍倉、皇城四門倉，并在外臨清、德州、徐州、淮安、天津各倉。

貴州司帶管上林苑監，寶鈔提舉司，都稅司，正陽門、張家灣各宣課司，德勝門、安定門各稅課司，崇文門分司，在京濟州、會州、富峪三衞，及薊州、永平、密雲、昌平、易州各鎮，臨清、許墅、九江、淮安、北新、揚州、河西務各鈔關。

條爲四科：曰民科，主所屬省府州縣地理、人物、圖志、古今沿革、山川險易、土地肥瘠寬狹、戶口物產多寡登耗之數；曰度支，主會計夏稅、秋糧、存留、起運及賞賚、祿秩之經費；曰金科，主市舶、魚鹽、茶鈔稅課，及贓罰之收折；曰倉科，主漕運、軍儲出納料糧。

凡差三等，由吏部選授曰註差，疏名上請曰題差，劄委曰部差。或三年，或一年，或三月而代。

初，洪武元年置戶部。六年設尚書二人，侍郎二人。分爲五科：一科，二科，三科，四科，總科。每科設郎中、員外郎各一人，主事四人。惟總科郎中、員外郎各二人，主事五人。八年，中書省奏戶、刑、工三部事繁，戶部五科，每科設尚書、侍郎各一人，郎中、員外郎各二人，主事五人，內會總科主事六人，外率照科主事二人，司計四人，照磨二人，管勾一人。又置在京行用庫，隸戶部。設大使一人，副使二人，典史一人，都監二人。十三年陞部秩，定設尚書一人，

侍郎二人。分四屬部：總部，度支部，金部，倉部。每部郎中、員外郎各一人。總部主事四人，度支部、金部主事各三人，倉部主事二人。尋罷在京行用庫。二十二年改總部爲民部。二十三年又分四部爲河南、北平、山東、山西、陝西、浙江、江西、湖廣、廣東、廣西、四川、福建十二部。四川部兼領雲南。部設郎中、員外郎各一人，主事二人，各領一布政司戶口、錢糧等事，量其繁簡，帶管京畿。每一部內仍分四科管理。又置照磨、檢校各一人，稽文書出入之數，而程督之。

十九年復置寶鈔提舉司。洪武七年初置寶鈔提舉司，提舉一人，正七品；副提舉一人，從七品；吏目一人，省注。所屬鈔紙、印鈔二局，各大使一人，正八品；副使一人，正九品；典史一人，省注。寶鈔、行用二庫，各大使二人，正八品；副使二人，正九品；典史一人，省注。尋陞提舉爲正四品。十三年罷，至是年復置，秩正八品。

二十六年令浙江、江西、蘇松人毋得任戶部。二十九年改十二部爲十二淸吏司。建文中，仍爲四司。餘見吏部。成祖復舊制。

永樂元年改北平司爲北京司。十八年革北京司，設雲南、貴州、交阯三淸吏司。宣德十年革交阯司，定爲十三司。其後歸併職掌。凡宗室、勳戚、文武官吏之廩祿，陝西司兼領之。北直隸府州衞所，福建司兼領之。南直隸府州衞所，四川司兼領之。天下鹽課，山東司兼領之。關稅，貴州司兼領之。漕運及臨、德諸倉，雲南司兼領之。御馬、象房諸倉，廣西司兼領之。

明初，嘗置司農司，尋罷。吳元年置司農司。卿，正三品；少卿，正四品；丞，正五品；庸田署令，正五品；典簿、司計，正七品。洪武元年罷。三年復置司農司，開治所於河南，設卿一人，少卿二人，丞四人，主簿、錄事各二人。四年又罷。後置判錄司，亦罷。洪武十三年置判錄司，掌在京官吏俸給、文移、勘合。設判錄一人，正七品；副判二人，從七品。尋改判錄爲司正，副判爲左、右司副。十八年罷。皆不隸戶部。

總督倉場一人，掌督在京及通州等處倉場糧儲。洪武初，置軍儲倉二十所，各設官司其事。永樂中，遷都北京，置京倉及通州諸倉，以戶部司員經理之。宣德五年始命李昶爲戶部尚書，專督其事，遂爲定制。以後，或尚書，或侍郎，俱不治部事。嘉靖十五年又命兼督西苑農事。隆慶初，罷兼理。萬曆二年另撥戶部主事一人陪庫，每日偕管庫主事收放銀兩，季終更替。九年裁革，命本部侍郎分理之。十一年復設。二十五年以右侍郎張養蒙督遼餉。四十七年增設督餉侍郎。崇禎間，有督遼餉、寇餉、宣大餉，增設三四人。天啓五年又增設督理錢法侍郎。

禮部。尚書一人，正二品，左、右侍郎各一人，正三品。其屬，司務廳，司務二人，從九品。儀制、祠祭、主客、精膳四淸吏司，各郎中一人，正五品，員外郎一人，從五品，主事一人，正六品。正統六

年增設儀制、祠祭二司主事各一人。又增設儀制司主事一人，教習駙馬。弘治五年增設主客司主事一人，提督會同館。所轄，鑄印局，大使一人，副使二人。萬曆九年革一人。

尚書掌天下禮儀、祭祀、宴饗、貢舉之政令。侍郎佐之。

儀制分掌諸禮文、宗封、貢舉、學校之事。天子卽位，天子冠、大婚，冊立皇太子、妃嬪、太子妃，上慈宮徽號，朝賀，朝見，大饗、宴饗，大射、宴射，則舉諸儀注條上之。若經筵、日講、耕耤、視學、策士、傳臚、巡狩、親征、進曆、進春、獻俘、奏捷，若皇太子出閣、監國，親王讀書、之藩，皇子女誕生、命名，以及百官、命婦朝賀皇太子、后妃之禮，與諸王國之禮，皆頒儀式於諸司。

凡傳制、誥，開讀詔、敕、表、箋及上下百官往來移文，皆授以程式焉。凡歲請封宗室王、郡王、將軍、中尉、妃、主、君，各以其親疏爲等。百官於宗王，具官稱名而不臣。王臣稱臣於其王。凡宗室、駙馬都尉、內命婦、蕃王之誥命，則會吏部以請。凡諸司之印信，領其制度。

內閣，銀印，直紐，方一寸七分，厚六分，玉箸篆文。

征西、鎭朔、平羌、平蠻等將軍，銀印，虎紐，方三寸三分，厚九分，柳葉篆文。

宗人府、五軍都督府，俱正一品，銀印，三臺，方三寸四分，厚一寸。〔八〕 六部都察院、各都司，俱正二品，

中華書局

銀印，二臺，方三寸二分，厚八分。衍聖公、張眞人、中都留守司，俱正二品，各布政司，從二品，銀印，二臺，方三寸一分，厚七分。後賜衍聖公三臺銀印。順天、應天二府，俱正三品，銀印，方二寸九分，厚六分五釐。通政司、大理寺、太常寺、詹事府、京衞、各按察司、各衞，俱正三品，苑馬寺、宣慰司，俱從三品，銅印，方二寸七分，厚六分。太僕寺、光祿寺、各鹽運司，俱從三品，銅印，方二寸六分，厚五分五釐。鴻臚寺，各府，俱正四品，國子監、宣撫司，俱從四品，銅印，方二寸五分，厚五分。翰林院、左右春坊、尙寶司、欽天監、太醫院、上林苑監、六部各司、宗人府經歷司、王府長史司、各衞千戶所，俱正五品，司經局、五府經歷司、招討司、安撫司，俱從五品，銅印，方二寸四分，厚四分五釐。各州，從五品，銅印，方二寸三分，厚四分。都察院經歷司、大理寺左右司、五城兵馬司，大興、宛平、上元、江寧四縣，僧錄司、道錄司、中都留守司經歷司、斷事司、各都司經歷司、斷事司，各衞百戶所、長官司、王府審理所，俱正六品，光祿司各署，各布政司經歷司、理問所，俱從六品，銅印，方二寸二分，厚三分五釐。[九] 六科行人司、通政司經歷司、工部營繕所、太常寺典簿廳、上林苑監各署、各按察司經歷司、各縣，俱正七品，中書舍人，順天應天二府經歷司、京衞經歷司、光祿寺典簿廳、太僕寺主簿廳、詹事府主簿廳、各衞經歷司、各鹽運司經歷司、苑馬寺主簿廳、宣慰司經歷司，俱從七品，銅印，方二寸一分，厚三分。戶部、刑部、都察院各照磨所，兵部典牧所，國子監繩愆廳、博士廳、典簿廳，鴻臚寺主簿廳，欽天監主簿廳，各布政司照磨所，各府經歷司，王府紀善、典寶、典膳、奉祀、良醫、工正各所，宣撫司經歷司，俱正從八品，銅印，方二寸，厚二分五釐。刑部、都察院各司獄司，順天、應天二府照磨所、司獄司，鴻臚寺各署，國子監典籍廳，上林苑監典簿廳，內府寶鈔等各

庫，御馬倉，草倉，會同館，織染所，文思院，皮作局，顏料局，鞍轡局，寶源局，軍器局，都稅司，教坊司，留守司司獄司，各都司司獄司，各按察司照磨所、司獄司，各府照磨所、司獄司，王府長史司典簿廳，教授、典儀所，各府衞儒學、稅課司，陰陽學、醫學、僧綱司、道紀司、各巡檢司，俱正從九品，銅印，方一寸九分，厚二分二釐。各州縣儒學、倉庫、驛遞、閘壩批驗所、抽分竹木局、河泊所、織染局、稅課局、陰陽學、醫學、僧正司、道正司、僧會司、道會司，俱未入流，銅條記，闊一寸三分，長二寸五分，厚二分一釐。已上俱直紐，九疊篆文。監察御史，銅印，直紐，有眼，方一寸五分，厚三分，八疊篆文。總制、總督、巡撫并鎭守、公差等官，銅關防，直紐，闊一寸九分五釐，長二寸九分，厚三分，九疊篆文。外國王印三等：曰金，曰鍍金，曰銀。刓敝則換給之。凡祥瑞，辨其名物，無請封禪以蕩上心。以學校之政育士類，以貢舉之法羅賢才，以鄉飲酒禮敎齒讓，以養老尊高年，以制度定等威，以恤貧廣仁政，以旌表示勸勵，以建言會議悉利病，以禁自宮遏奸民。

祠祭分掌諸祀典及天文、國恤、廟諱之事。凡祭有三，曰天神、地祇、人鬼。辨其大祀、中祀、小祀而敬供之。飭其壇壝、祠廟、陵寢而數省閱之。蠲其牢醴、玉帛、粢盛、水陸瘞燎之品，第其配侑、從食、功德之上下而秩舉之。天下神祇在祀典者，則稽諸令甲，播之有司，以時謹其祀事。督日官頒曆象於天下。日月交食，移內外諸司救護。有災異卽奏聞，甚者乞祭告修省。

凡喪葬、祭祀，貴賤有等，皆定其程則而頒行之。凡諡，帝十七字，后十三字，妃、太子、太子妃並二字，親王一字，郡王二字，以字爲差。勳戚、文武大臣請葬祭贈諡，必移所司，覈行能，傳公論，定議以聞。其侍從勤勞、忠諫死者，官品未應諡，皆得特賜。凡帝后愍忌，祀於陵，輟朝不廢務。凡天文、地理、醫藥、卜筮、師巫、音樂、僧道人，並籍領之，有興造妖妄者罪無赦。

主客分掌諸蕃朝貢接待給賜之事。諸蕃朝貢，辨其貢道、貢使、貢物遠近多寡豐約之數，以定王若使迎送、宴勞、廬帳、食料之等，賞賚之差。凡貢必省閱之，然後登內府，有附載物貨，則給直。若蕃國請嗣封，則遣頒册於其國。使還，上其風土、方物之宜，贈遺禮文之節。諸蕃有保塞功，則授敕印封之。各國使人往來，有誥敕則驗誥敕，有勘籍則驗勘籍，毋令闌入。土官朝貢，亦驗勘籍。其返，則以鏤金敕諭行之，必與銅符相比。凡審言語，譯文字，送迎館伴，考稽四夷館譯字生、通事之能否，而禁飭其交通漏泄。凡朝廷賜賚之典，各省土物之貢，咸掌之。

精膳分掌宴饗、牲豆、酒膳之事。凡御賜百官禮食，曰宴，曰酒飯，爲上中下三等，視其品秩。蕃使、土官有宴，有下程，宴有一次，有二次，下程有常例，有欽賜。皆辨其等。親王之藩，王、

公、將軍來朝，及其使人，亦如之。凡膳羞、酒醴、品料，光祿是供，會其數，而程其出納焉。凡廚役，僉諸民，以給使於太常、光祿；年深者，得選充王府典膳。凡歲藏冰、出冰，移所司謹潔之。

初，洪武元年置禮部。六年設尙書二人，侍郎二人。分四屬部：總部，祠部，膳部，主客部。每部設郎中、員外郎各一人，主事各三人。十三年陞部秩，設尙書、侍郎各一人，每屬部設郎中、員外郎、主事各一人。尋復增置侍郎一人。二十二年改總部爲儀部。二十九年改儀部、祠部、膳部爲儀制、祠祭、精膳，惟主客仍舊，俱稱爲清吏司。

按周宗伯之職雖掌邦禮，而司徒旣掌邦敎，所謂禮者，僅鬼神祠祀而已。至合典樂典敎，內而宗藩，外而諸蕃，上自天官，下逮醫師、膳夫、伶人之屬，靡不兼綜，則自明始也。成、弘以後，率以翰林儒臣爲之。其由此登公孤任輔導者，蓋冠於諸部焉。

兵部。尙書一人，正二品，左、右侍郎各一人，正三品。其屬，司務廳，司務二人，從九品。武選、職方、車駕、武庫四清吏司，各郎中一人，正五品。正統十年增設武選、職方二司郎中各一人。成化三年增設車駕司郎中一人。萬曆九年並革。員外郎一人，從五品。正統十年增設武選司員外郎一人。弘治九年增設武庫司員外郎一人。後俱革。嘉靖十二年增設職方司員外郎一人。主事二人，正六品。洪武、宣德間，增設武選司

中華書局

主事三人，職方司主事四人。正統十四年增設車駕、武庫二司主事各一人。後革。萬曆十一年又增設車駕司主事一人。所轄，會同館大使一人，正九品，副使二人，從九品。大通關大使、副使各一人，俱未入流。

尚書掌天下武衞官軍選授、簡練之政令。侍郎佐之。

武選掌衞所土官選授、陞調、襲替、功賞之事。

凡武官六品，其勳十有二。正一品，左、右柱國。從一品，柱國。正二品，上護軍。從二品，護軍。正三品，上輕車都尉。從三品，輕車都尉。正四品，上騎都尉。從四品，騎都尉。正五品，驍騎尉。從五品，飛騎尉。正六品，雲騎尉。從六品，武騎尉。散階三十。正一品，初授特進榮祿大夫，陞授特進光祿大夫。從一品，初授榮祿大夫，陞授光祿大夫。正二品，初授驃騎將軍，陞授金吾將軍，加授龍虎將軍。從二品，初授鎭國將軍，陞授定國將軍，加授奉國將軍。正三品，初授昭勇將軍，陞授昭毅將軍，加授昭武將軍。從三品，初授懷遠將軍，陞授定遠將軍，加授安遠將軍。正四品，初授明威將軍，陞授宣威將軍，加授廣威將軍。從四品，初授宣武將軍，陞授顯武將軍，加授信武將軍。正五品，初授武德將軍，陞授武節將軍。從五品，初授武略將軍，陞授武毅將軍。正六品，初授昭信校尉，陞授承信校尉。從六品，初授忠顯校尉，陞授忠武校尉。

歲凡六選。有世官，有流官。世官九等，指揮使，指揮同知，指揮僉事，衞鎭撫，正千戶，副千戶，百戶，試百戶，所鎭撫，皆有襲職，有替職。其幼也，有優給。其不得世也，有減革，有通革。流官八等，左右都督，都督同知，都督僉事，都指揮使，都指揮同知，都指揮僉事，正留守，副留守，以世官陞授，或由

武舉用之，皆不得世。卽有世者，出特恩。非眞授者曰署職，署職，遞加本職一級作半級，不支俸，非軍功，毋得實授。曰試職，試職作一級，支半俸，不給誥。曰納職，納職帶俸，不莅事。戰功二等：奇功爲上，頭功次之。首功四等：迤北爲大，遼東次之，西番、苗蠻又次之，內地反寇又次之。

凡比試，有舊官，洪武三十一年以前爲舊，有新官，成祖以後爲新。軍政：五年一考選，先期撫、按官上功過狀，覆核而去留之。五府、錦衣衞堂上各總兵官，皆自陳，取上裁。推舉上二人，都指揮以下上一人。

凡土司之官九級，自從三品至從七品，皆無歲祿。其子弟、族屬、妻女、若壻及甥之襲替，胥從其俗。附塞之官，自都督至鎭撫，凡十四等，皆以誥敕辨其僞冒。贈官死於王事，加二等；死於戰陣，加三等。

凡除授出自中旨者，必覆奏然後行之。以貼黃徵圖狀，以初績徵誥敕，以効功課將領，以比試練卒徒，以優養恩故絕，以褒恤勵死戰，以寄祿馭恩倖，以殺降、失陷、避敵、激叛之法肅軍機，以典刑、敗倫、行劫、退陣之科斷世祿。

職方掌輿圖、軍制、城隍、鎭戍、簡練、征討之事。凡天下地里險易遠近，邊腹疆界，俱有圖本，三歲一報，與官軍車騎之數偕上。凡軍制內外相維，武官不得輒下符徵發。自都督府，都指揮司，留守司，內外衞守禦、屯田、羣牧千戶所，儀衞司，土司，諸番都司衞所，各統其官軍及其部落，以聽征調、守衞、朝貢、保塞之令。以時修浚其城池而閱視之。凡鎭戍將校五等：曰鎭守，曰協守，曰分守，曰守備，曰備倭。皆因事增置，視地險要，設兵屯戍之。凡京營操練，統以文武大臣，皆科道官巡視之。若將軍營練，將軍四衞營練，及勇士、幼官、舍人等營練，則討其軍實，稽其什伍，察其存逸閒否，以教其坐作、進退、疾徐、疏數之節，金鼓、麾旗之號。征討請命將出師，懸賞罰，調兵食，紀功過，以黜陟之。以堡塞障邊徼，以烽火傳聲息，以關津詰姦細，以緝捕弭盜賊，以快壯簡鄉民，以勾解、收充、抽選、併豁、疏放、存恤之法整軍伍。

車駕掌鹵簿、儀仗、禁衞、驛傳、廐牧之事。凡鹵簿大駕，大典禮、大朝會設之；丹陛駕，常朝設之；武陳駕，世宗南巡時設之。皆辨其物數，以授所司。慈宮、中宮之鹵簿，東宮、宗藩之儀仗，亦如之。凡侍衞，御殿全直，常朝番直，守衞、親軍衞，晝前、後、左、右四門爲四行，而日夜巡警之。守衞皇城，前午門爲一行，後玄武門爲一行，左東華門爲一行，右西華門爲一行。凡郵傳，在京師曰會同館，在外曰驛，曰遞運所，皆以符驗關券行之。凡馬政，其專理者，太僕、苑馬二寺，稽其簿籍，以時程其登耗，惟內廐不會。

武庫掌戎器、符勘、尺籍、武學、薪隸之事。凡內外官軍有征行，移工部給器仗，籍紀其數，制敕下各邊徵發。及使人出關，必驗勘合。軍伍缺，下諸省府州縣勾之。以跟捕、紀錄、

開戶、給除、停勾之法，覈其召募、垜集、罪謫、改調營丁尺籍之數。凡武職幼官，及子弟未嗣官者，於武學習業，以主事一人監督之。考稽學官之賢否、肄習之勤怠以聞。諸司官署供應有柴薪，直衙有皁隸，視官品爲差。

初，洪武元年置兵部。六年增尚書一人，侍郎一人。置總部、駕部幷職方三部，設郎中、員外郎、主事，如吏部之數。十三年陞部秩，設尚書、侍郎各一人，又增置庫部爲四屬部，部設郎中、員外郎、主事各一人。十四年增試侍郎一人。〔一〇〕二十二年改總部爲司馬部。二十九年定改四部爲武選、職方、車駕、武庫四清吏司。惟職方仍舊名。景泰中，增設尚書一人，協理部事，天順初罷。隆慶四年添注侍郎二人，尋罷。萬曆末年復置。

協理京營戎政一人，或尚書，或侍郎，或右都御史，掌京營操練之事。永樂初，設三大營，總於武將。景泰元年始設提督團營，命兵部尚書于謙兼領之，後罷。成化三年復設，率以本部尚書或都御史兼之。嘉靖二十年始命尚書劉天和輟部務，另給關防，專理戎政。二十九年以「總督京營戎政」之印畀仇鸞，而改設本部侍郎協理戎政，不給關防。萬曆九年裁革，十一年復設。天啓初，增設協理一人，尋革。崇禎二年復增一人，以庶吉士劉之綸爲兵部侍郎充之。

刑部。尚書一人，正二品。左、右侍郎各一人，正三品。其屬，司務廳，司務二人，從九品。浙江、江西、湖廣、陝西、廣東、山東、福建、河南、山西、四川、廣西、貴州、雲南十三清吏司，各郎中一人，正五品，員外郎一人，從五品，主事二人。正六品。正統六年，十三司俱增設主事一人。成化元年增設四川、廣西二司主事各一人，後革。萬曆中，又革湖廣、陝西、山東、福建四司主事各一人。照磨所，照磨正八品，檢校正九品，各一人。司獄司，司獄六人，從九品。

尚書掌天下刑名及徒隸、勾覆、關禁之政令。侍郎佐之。

十三司各掌其分省及兼領所分京府、直隸之刑名。

浙江司帶管崇府，中軍都督府，刑科，內官、御用、司設等監，在京金吾前、騰驤左、瀋陽右、留守中、神策、和陽、武功右、廣洋八衞，蕃牧千戶所，及兩浙鹽運司，直隸和州，涿鹿左、涿鹿中二衞。

江西司帶管淮、益、弋陽、建安、樂安五府，前軍都督府，御馬監，火藥、酒醋、麪觔等局，在京府軍前、燕山左、留守前、龍驤、寬河、忠義前、忠義後、永清右、龍江左、龍江右十衞，及直隸廬州府，廬州、六安、九江、武淸、宣府前、龍門各衞。

湖廣司帶管楚、岷、吉、榮、遼五府，右軍都督府，司禮、尚寶、尚膳、神宮等監，天財庫，在京留守右、虎賁右、忠義右、武功左、茂陵、永陵、江淮、濟川、水軍右九衞，及興都留守司，直隸寧國、池州二府，宣州、神武中、定州、茂山、保安左、保安右各衞，渤海千戶所。

福建司帶管戶部，太僕寺，戶科，寶鈔提舉司，印綬、都知等監，甲字等十庫，在京金吾後、應天、會州、武成中、武功中、孝陵、獻陵、景陵、裕陵、泰陵十衞，牧馬千戶所，及福建鹽運司，直隸常州府，廣德州，中都留守左、留守中、定邊、開平中屯各衞，美峪千戶所。

山東司帶管魯、德、衡、涇四府，左軍都督府，宗人府，兵部，尚寶司，兵科，典牧所，會同館，供用庫，戈戟司，司苑局，在京羽林右、瀋陽左、長陵三衞，奠靖千戶所，及山東鹽運司，中都留守司，遼東都司，遼東行太僕寺，直隸鳳陽府，滁州，鳳陽、皇陵、長淮、泗州、壽州、滁州、沂州、德州、德州左、保定後各衞，安東中護衞，潮河、龍門、寧靖各千戶所。

山西司帶管晉、代、瀋、懷仁、慶成五府，翰林院，欽天監，上林苑監，南、北二城兵馬司，混堂司，甜食房，在京旗手、金吾右、驍騎右、龍虎、大寧中、義勇前、義勇後、英武八衞，及直隸鎭江府，徐州，鎭江、徐州、瀋陽中屯各衞，瀋陽中護衞，倒馬關、平定各千戶所。

河南司帶管周、唐、趙、鄭、徽、伊、汝七府，禮部，太常寺，光祿寺，鴻臚寺，詹事府，國子監，禮科，中書舍人，神樂觀，犧牲所，兵仗局，靈臺，鐘鼓等司，東城兵馬司，教坊司，在京羽林左、府軍右、武德、留守後、神武左、彭城六衞，及兩淮鹽運司，直隸淮安、揚州二府，淮安、大河、邳州、揚州、高郵、儀眞、宿州、武平、歸德、寧山、神武右各衞，海州、鹽城、通州、汝寧各千戶所。

陝西司帶管秦、韓、慶、肅四府，後軍都督府，大理寺，行人司，尚衣監，針工局，西城兵馬司，在京府軍後、騰驤右、豹韜、鷹揚、興武、義勇右、廣陵、昭陵、龍虎左、橫海、江陰十一衞，及河東鹽運司，陝西行太僕寺，甘肅行太僕寺，直隸太平府，建陽、保定左、保定右、保定中、保定前各衞，平涼中護衞。

四川司帶管蜀府，工部，工科，巾帽、織染二局，僧道錄司，在京府軍、金吾左、濟川、武驤右、大寧前、蔚州左、永清左、廣武八衞，及直隸松江、大名二府，金山、懷安、懷來各衞，神木千戶所。

廣東司帶管應天府，在京錦衣、府軍左、虎賁左、濟陽、留守左、水軍左、飛熊七衞，及直隸延慶州，懷來千戶所。

廣西司帶管靖江府，通政司，五軍斷事司，中城兵馬司，寶鈔、銀作二局，在京羽林前、燕山右、燕山前、大興左、通州、武驤左、鎭南、富峪八衞，及直隸安慶、徽州二府，安慶、新安、通州左、通州右、延慶、延慶左、延慶右各衞。

雲南司帶管順天府，太醫院，儀衞、惜薪等司，承運庫，及直隸永平、廣平二府，鎭海、眞定、永平、山海、盧龍、東勝左、東勝右、撫寧、密雲中、密雲後、大同中屯、瀘關、營州五屯、萬全左、萬全右各衞，寬河、武定、蒲州各千戶所。

貴州司帶管吏部，吏科，司菜局，及長蘆鹽運司，大寧都司，萬全都司，直隸蘇州、保定、河間、眞定、順德五府，蘇州、太倉、薊州、遵化、鎭朔、興州五屯、忠義中、涿鹿、河間、天津、天津左、天津右、德州、宣府左、宣府右、開平、保安、蔚州、永寧各衞，梁城、興和、廣昌各千戶所。

照磨、檢校，照刷文卷，計錄贓贖。司獄，率獄吏，典囚徒。凡軍民、官吏及宗室、勳戚麗於法者，詰其辭，察其情僞，傅律例而比議其罪之輕重以請。詔獄必據爰書，不得逢迎上意。凡有殊旨、別敕、詔例、榜例，非經請議著爲令甲者，不得引比。凡死刑，卽決及秋後決，並三覆奏。兩京、十三布政司，死罪囚歲讞平之。五歲請敕遣官，審錄冤滯。霜降錄重囚，會五府、九卿、科道官共錄之。矜疑者戍邊，有詞者調所司再問，比律者監候。夏月熱審，免笞刑，減徒、流，出輕繫。遇歲旱，特旨錄囚亦如之。凡大祭止刑。凡贖罪，視罪輕重，斬、絞、雜犯、徒末減者，聽收贖。詞訴必自下而上，有事重而迫者，許擊登聞鼓。四方有大獄，則受命往鞫之。四方決囚，遣司官二人往涖。凡斷獄，歲疏其名數以聞，曰歲報；月上其拘釋存亡之數，曰月報。獄成，移大理寺覆審，必期平允。凡提牢，月更主事一人，修葺囹圄，嚴固扃鑰，省其酷濫，給其衣糧。囚病，許家人入視，脫械鎖醫藥之。簿錄俘囚，配沒官私奴婢，咸籍知之。官吏有過，並紀錄之。歲終請湔滌之。以名例攝科條，以八字括辭議，以、准、皆、各、其、及、卽、若，以五服參情法，以墨涅識盜賊。籍產不入塋墓，籍財不入度支，宗人不卽市，宮人不卽獄，悼耄疲癃不卽訊。詳刑法志。

洪武元年置刑部。六年增尚書、侍郎各一人。設總部、比部、都官部、司門部，部設郎中、員外郎各二人，惟都官各一人。總部、比部主事各六人，都官、司門主事各四人。八年，

中華書局

以部事浩繁，增設四科，科設尚書、侍郎、郎中各一人，員外郎二人，主事五人。十三年陞部秩，設尚書一人，侍郎一人，仍分四屬部，部設郎中、員外郎各一人，總部、比部主事各四人，都官、司門主事各二人，尋增侍郎一人。始分左、右侍郎。二十二年改總部爲憲部。二十三年分四部爲河南、北平、山東、山西、陝西、浙江、江西、湖廣、廣東、廣西、四川、福建十二部，浙江部兼領雲南，部各設官，如戶部之制。二十九年改爲十二淸吏司。永樂元年以北平爲北京。十八年革北京司，增置雲南、貴州、交阯三司。〔二〕宣德十年革交阯司，遂定爲十三淸吏司。

工部。尚書一人，正二品，左、右侍郎各一人，正三品。其屬，司務廳，司務二人，從九品。營繕、虞衡、都水、屯田四淸吏司，各郎中一人，正五品，後增設都水司郎中四人。員外郎一人，從五品，後增設營繕司員外郎二人，虞衡司員外郎一人。主事二人，正六品，後增設都水司主事五人，營繕司主事三人，虞衡司主事二人，屯田司主事一人。所轄，營繕所，所正一人，正七品，所副二人，正八品，所丞二人，正九品。文思院，大使一人，正九品，副使二人，從九品。皮作局，大使一人，正九品，副使二人，從九品，後革。鞍轡局，大使一人，正九品，副使一人，從九品。隆慶元年，大使、副使俱革。寶源局，大使一人，正九品，副使一人，從九品，嘉靖間革。顏料局，大使一人，正九品，後革。軍器局，大使一人，正九品，副使二人，

後革一人。節愼庫，大使一人，從九品。嘉靖八年設。織染所、雜造局，大使一人，正九品，副使一人，從九品。廣積、通積、盧溝橋、通州、白河各抽分竹木局，大使各一人，副使各一人。大通關提舉司，提舉一人，正八品，萬曆二年革。副提舉二人，正九品，典史一人。後副提舉、典史俱革。柴炭司，大使一人，從九品，副使一人。

尚書掌天下百官、山澤之政令。侍郎佐之。

營繕典經營興作之事。凡宮殿、陵寢、城郭、壇場、祠廟、倉庫、廨宇、營房、王府邸第之役，鳩工會材，以時程督之。凡鹵簿、儀仗、樂器，移內府及所司，各以其職治之，而以時省其堅潔，而董其窳濫。凡置獄具，必如律。凡工匠二等：曰輪班，三歲一役，役不過三月，皆復其家；曰住坐，月役一旬，有稍食。工役二等，以處罪人輸作者，曰正工，曰雜工。雜工三日當正工一日，皆視役大小而撥節之。凡物料儲偫，曰神木廠，曰大木廠，以蓄材木，曰黑窯廠，曰琉璃廠，以陶瓦器，曰臺基廠，以貯薪葦，皆籍其數以供修作之用。

虞衡典山澤採捕、陶冶之事。凡鳥獸之肉、皮革、骨角、羽毛，可以供祭祀、賓客、膳羞之需，禮器、軍實之用，歲下諸司採捕。水課禽十八、獸十二，陸課獸十八、禽十二，皆以其時。冬春之交，罝罛不施川澤；春夏之交，毒藥不施原野。苗盛禁蹂躪，穀登禁焚燎。若害獸，聽爲陷穽獲之，賞有差。凡諸陵山麓，不得入斧斤、開窯冶、置墓墳。凡帝王、聖賢、忠義、名山、岳鎮、陵墓、祠廟有功德於民者，禁樵牧。凡山場、園林之利，聽民取而薄征之。凡軍裝、兵械，下所司造，同兵部省之，必程其堅緻。凡陶甄之事，有歲供，有暫供，有停減，籍其數，會其入，毋輕毀以費民。凡諸冶，飭其材，審其模範，付有司。錢必準銖兩，進於內府而頒之。牌符、火器，鑄於內府，禁其以法式洩於外。凡顏料，非其土產不以征。

都水典川澤、陂池、橋道、舟車、織造、券契、量衡之事。水利曰轉漕，曰灌田。歲儲其金石、竹木、卷埽，以時修其閘壩、洪淺、堰圩、隄防，謹蓄洩以備旱潦，無使壞田廬、墳隧、禾稼。舟楫、磑碾者不得與灌田爭利，灌田者不得與轉漕爭利。凡諸水要會，遣京朝官專理，以督有司。役民必以農隙，不能至農隙，則僝功成之。凡道路、津梁，時其葺治。有巡幸及大喪、大禮，則修除而較比之。凡舟車之制，曰黃船，以供御用，曰遮洋船，以轉漕於海，曰淺船，以轉漕於河，曰馬船，曰風快船，以供送官物，曰備倭船，曰戰船，以禦寇賊，曰大車，曰獨轅車，曰戰車，皆會其財用，酌其多寡、久近、勞逸而均劑之。凡織造冕服、誥敕、制帛、祭服、淨衣諸幣布，移內府、南京、浙江諸處，周知其數而愼節之。凡公、侯、伯鐵券，差其高廣。制式詳禮志。凡祭器、冊寶、乘輿、符牌、雜器皆會則於內府。凡度量、權衡，謹其校勘而頒之，懸式於市，而罪其不中度者。

屯田典屯種、抽分、薪炭、夫役、墳塋之事。凡軍馬守鎭之處，其有轉運不給，則設屯以

益軍儲。其規辦營造、木植、城磚、軍營、官屋及戰衣、器械、耕牛、農具之屬。凡抽分征諸商，視其財物各有差。凡薪炭，南取洲汀，北取山麓，或徵諸民，有本、折色，酌其多寡而撙節之。夫役伐薪、轉薪，皆僱役。凡墳塋及堂碑、碣獸之制，第宗室、勳戚、文武官之等而定其差。墳塋制度，詳禮志。

洪武初，置工部及官屬，以將作司隸焉。吳元年置將作司，卿，正三品，少卿，正四品，丞，正五品。洪武元年以將作司隸工部。六年增尚書、侍郎各一人，設總部、虞部、水部幷屯田爲四屬部。總部設郎中、員外郎各二人，餘各一人。總部主事八人，餘各四人。又置營造提舉司。洪武六年改將作司爲正六品，所屬提舉司，改正七品。尋更置營造提舉司及營造提舉分司，每司設正提舉一人，副提舉二人，隸將作司。八年增立四科，科設尚書、侍郎、郎中各一人，員外郎二人，主事五人，照磨二人。十年罷將作司。十三年定官制，設尚書一人，侍郎一人，四屬部以屯田部爲屯部，各郎中、員外郎一人，主事二人。十五年增侍郎一人。二十二年改總部爲營部。二十五年置營繕所。改將作司爲營繕所，秩正七品，設所正、所副、所丞各二人，以諸匠之精藝者爲之。二十九年又改四屬部爲營繕、虞衡、都水、屯田四淸吏司。嘉靖後添設尚書一人，專督大工。

提督易州山廠一人，掌督御用柴炭之事。明初，於沿江蘆洲幷龍江、瓦屑二場，取用柴

中華書局

炭。永樂間，遷都於北，則於白羊口、黄花鎮、紅螺山等處採辦。宣德四年始設易州山廠，專官總理。景泰間，移於平山，又移於滿城，相繼以本部尚書或侍郎督廠事。天順元年仍移於易州。嘉靖八年罷革，改設主事管理。〔一二〕

校勘記

〔一〕二年革照磨檢校所斷事官　按以上正文無設「檢校所事」，此注中「革檢校所」與正文不相應。又本志、明史稿志五四職官志、諸司職掌吏部選部都無「檢校所」，「所」字疑衍。

〔二〕以王本杜祐龔斆爲春官　杜祐，本書卷二太祖紀、太祖實錄卷一三三洪武十三年九月丙午條都作「杜佑」。

〔三〕禮部尚書邵質爲華蓋　邵質，明史稿志五四職官志、本書卷一一〇七卿年表、卷一三六劉仲質傳、國榷卷七都作「劉仲質」。太祖實錄卷一五〇洪武十五年十一月戊午條作「邵質」，但太祖實錄一四二洪武十五年二月甲戌條稱「以翰林典籍劉仲質爲禮部尚書」，又與七卿年表及劉仲質傳同。

〔四〕正從七品子於未入流下等職內敍用　紅格本太祖實錄卷一五四洪武十六年五月庚申條作「正從七品子」，抱經堂本太祖實錄、明會典卷六無「從」字。

〔五〕吏材幹授宣議郎　吏材幹，明會典卷六作「吏才幹出身」。按上文「從六品」作「吏材幹出身授宣德郎」，也有「出身」兩字。

〔六〕福建司帶管順天府在京至八衞　按明會典卷一四福建司帶管在京之衞有九，多一通州右衞。

〔七〕河南司帶管至直隸潼關衞蒲州千戶所　直隸，原作「北直隸」，「北」字衍，據明會典卷一四删。按本書卷九〇兵志中軍都督府在外直隸衞所有潼關衞，後軍都督府在外直隸衞所有蒲州千戶所。

〔八〕銀印三臺方三寸四分厚一寸　三寸，原作「二寸」，據明史稿志五四職官志、明會典卷七九改。按明代印信體積有一定規格，方三寸二的印信厚八分，方三寸三的印信厚九分，方三寸四的印信厚一寸。此言厚一寸印信，當方三寸四分。

〔九〕銅印方二寸二分厚三分五釐　三分，原作「二分」，據明會典卷七九改。

〔一〇〕十四年增試侍郎一人　十四年，原作「十五年」，據明史稿志五四職官志、太祖實錄卷一四〇洪武十四年十二月壬子「張宗德爲兵部試侍郎」條改。

〔一一〕十八年革北京司增置雲南貴州交阯三司　十八年，原作「十九年」，據本志上文、太宗實錄卷一一八永樂十八年十一月壬午條改。

〔一二〕嘉靖八年罷革改設主事管理　明會典卷二〇五稱易州山廠于嘉靖「八年改設郎中一員管理，盡革同知等官。四十四年改主事管理」。是「嘉靖八年」乃改設郎中管理之年；改設主事管理事當在嘉靖四十四年。

中華書局

明史卷七十三

志第四十九

職官二

都察院 附總督巡撫　通政司　大理寺　詹事府 附左右春坊司經局
翰林院　國子監　衍聖公 附五經博士

都察院。左、右都御史，正二品。左、右副都御史，正三品。左、右僉都御史，正四品。其屬，經歷司，經歷一人，正六品。都事一人，正七品。司務廳，司務二人，從九品。初設四人，後革二人。照磨所，照磨，正八品。檢校，正九品。司獄司，司獄，從九品。初設六人，後革五人。各一人。十三道監察御史一百十人，正七品。浙江、江西、河南、山東各十人，福建、廣東、廣西、四川、貴州各七人，陝西、湖廣、山西各八人，雲南十一人。其在外加都御史或副、僉都御史銜者，有總督，有提督，有巡撫，有總督兼巡撫，提督兼巡撫，及經略、總理、贊理、巡視、撫治等員。巡撫之名，起於

懿文太子巡撫陝西。永樂十九年遣尚書蹇義等二十六人巡行天下，安撫軍民。以後不拘尚書、侍郎、都御史、少卿等官，事畢復命，卽或停遣。初名巡撫，或名鎭守，後以鎭守侍郎與巡按御史不相統屬，文移窒礙，定爲都御史。巡撫兼軍務者加提督，有總兵地方加贊理或參贊，所轄多、事重者加總督。他如整飭、撫治、巡治、總理等項，皆因事特設。其以尚書、侍郎任總督軍務者，皆兼都御史，以便行事。

都御史職專糾劾百司，辯明冤枉，提督各道，爲天子耳目風紀之司。凡大臣姦邪、小人構黨、作威福亂政者，劾。凡百官猥茸貪冒壞官紀者，劾。凡學術不正、上書陳言變亂成憲、希進用者，劾。遇朝覲、考察，同吏部司賢否陟黜。大獄重囚會鞫於外朝，偕刑部、大理讞平之。其奉敕內地，拊循外地，各專其敕行事。

十三道監察御史，主察糾內外百司之官邪，或露章面劾，或封章奏劾。在內兩京刷卷，巡視京營，監臨鄉、會試及武舉，巡視光祿，巡視倉場，巡視內庫、皇城、五城，輪值登聞鼓。後改科員。在外巡按，北直隸二人，南直隸三人，宣大一人，遼東一人，甘肅一人，十三省各一人。清軍，提督學校，兩京各一人，萬曆末，南京增設一人。巡鹽，兩淮一人，兩浙一人，長蘆一人，河東一人。茶馬，陝西。巡漕，巡關，宣德四年設立鈔關御史，至正統十年始遣主事。儹運，印馬，屯田。師行則監軍紀功，各以其事專監察。而巡按則代天子巡狩，所按藩服大臣、府州縣官諸考察，舉劾尤專，大事奏裁，小事立斷。按臨所至，必先審錄罪囚，弔刷案卷，有故出入者理辯之。諸祭祀壇場，省其牆宇祭

器。存恤孤老，巡視倉庫，查算錢糧，勉勵學校，表揚善類，翦除豪蠹，以正風俗，振綱紀。凡朝會糾儀，祭祀監禮。凡政事得失，軍民利病，皆得直言無避。有大政，集闕廷預議焉。蓋六部至重，然有專司，而都察院總憲綱，惟所見聞得糾察。諸御史糾劾，務明著實跡，開寫年月，毋虛文泛詆，訐拾細瑣。出按復命，都御史覆劾其稱職不稱職以聞。凡御史犯罪，加三等，有贓從重論。

十三道各協管兩京、直隸衙門，而都察院衙門分屬河南道，獨專諸內外考察。

浙江道協管中軍都督府，在京府軍左、金吾左、金吾右、金吾前、留守中、神策、應天、和陽、廣洋、武功中、武功後、茂陵十二衞，牧馬千戶所，及直隸廬州府，廬州、六安二衞。

江西道協管前軍都督府，在京府軍前、燕山左、龍江左、龍江右、龍驤、豹韜、天策、寬河八衞，及直隸淮安府，淮安、大河、邳州、九江、武清、龍門各衞。

福建道協管戶部，寶鈔提舉司，鈔紙、印鈔二局，承運、廣惠、廣積、廣盈、贓罰，甲乙丙丁戊字、天財、軍儲、供用、行用各庫，在京金吾後、武成中、飛熊、武功左、武功右、武功前、獻陵、景陵、裕陵、泰陵十衞，及直隸常州、池州二府，定邊、開平中屯二衞，美峪千戶所。

四川道協管工部，營繕所，文思院，御用、司設、神宮、尙衣、都知等監，惜薪司，兵仗、銀作、巾帽、鍼工、器皿、盔甲、軍器、寶源、皮作、鞍轡、織染、柴炭、抽分竹木各局，僧、道錄司，在京府軍、濟州、大寧前、蔚州左、永清左五

衞，蕃牧千戶所，及直隸松江府，廣德州，金山、懷安、懷來各衞，神木千戶所，播州宣慰司，石砫、酉陽等宣撫司，天全六番招討司。

陝西道協管後軍都督府，大理寺，行人司，在京府軍後、鷹揚、興武、義勇右、橫海、江陰、康陵、昭陵八衞，敢勇、報效二營，韓、秦、慶、安化四府，及直隸和州，保定左、右、中、前四衞。

雲南道協管順天府，廣備庫，在京羽林前、通州二衞，及直隸永平、廣平二府，通州左、通州右、涿鹿、涿鹿左、涿鹿中、密雲中、密雲後、永平、山海、盧龍、撫寧、東勝左、東勝右、大同中屯、營州五屯、延慶、延慶左、延慶右、萬全左、萬全右各衞，居庸關，黃花鎭，寬河、武定各千戶所。

河南道協管禮部，都察院，翰林院，國子監，太常寺，光祿寺，鴻臚寺，尙寶司，中書舍人，欽天監，太醫院，司禮、尙膳、尙寶、直殿等監，酒醋麪局，〔一〕鐘鼓司，敎坊司，在京羽林左、留守前、留守後、神武左、神武前、彭城六衞，伊、唐、周、鄭四府，及兩淮鹽運司，直隸揚州、大名二府，揚州、高郵、儀眞、歸德、寧山、潼關、神武右各衞，泰州、通州、汝寧各千戶所。

廣西道協管通政司，六科，在京燕山右、燕山前、大興左、鷹驤左、鷹驤右、武驤左、鎭南、瀋陽左、會州、富峪、忠義前、忠義後十二衞，及直隸安慶、徽州、保定、眞定四府，安慶、新安、鎭武、眞定各衞，紫荊關，倒馬關，廣昌各千戶所。

廣東道協管刑部，應天府，在京虎賁左、濟陽、武驤右、瀋陽右、武功左、武功右、孝陵、長陵八衞，及直隸延慶

州，開平中屯衞。

山西道協管左軍都督府，在京錦衣、府軍右、留守左、驍騎左、驍騎右、龍虎、龍虎左、大寧中、義勇前、義勇後、英武、水軍左十二衞，晉府長史司，及直隸鎮江、太平二府，鎮江、建陽、瀋陽中屯各衞，平定、蒲州二千戶所。

山東道協管宗人府，兵部，會同館，御馬監，典牧所，大通關，在京羽林右、永清右、濟川三衞，及中都留守司，遼東都司，直隸鳳陽府，徐、滁二州，中都留守左、留守中、鳳陽、鳳陽中、鳳陽右、皇陵、長淮、懷遠、徐州、滁州、泗州、壽州、宿州、武平、沂州、德州、德州左、保定後、瀋陽中各衞，洪塘千戶所。

湖廣道協管右軍都督府，五城兵馬司，在京留守右、武德、忠義右、虎賁右、廣武、水軍右、江淮、永陵八衞，遼、梁、岷、吉、華陽五府，荆、襄、楚三府長史司，及興都留守司，直隸寧國府，寧國、宣州、神武中、定州、茂山各衞。

貴州道協管吏部，太僕寺，上林苑監，內官、印綬二監，在京旗手衞，及長蘆鹽運司，大寧都司，萬全都司，直隸蘇州、河間、順德三府，保安州，蘇州、太倉、鎮海、薊州、遵化、鎮朔、興州五屯、忠義中、河間、天津、天津左、天津右、宣府前、宣府左、宣府右、開平、保安右、蔚州、永寧各衞，嘉興、吳淞江、梁城、滄州、興和、長安、龍門各千戶所。

初，吳元年置御史臺，設左、右御史大夫，從一品，御史中丞，正二品，侍御史，從二品，治書侍御史，正三品，殿中侍御史，正五品，察院監察御史，正七品，經歷，從五品，都事，正七品，照磨、管勾，正八品。以鄧愈、湯和爲御史大夫，劉基、章溢爲御史中丞，諭之曰：「國家立三大府，中書總政事，都督掌軍旅，御史掌糾察。朝廷紀綱盡繫於此，而臺察之任尤清要。卿等當正

己以率下，忠勤以事上，毋委靡因循以縱姦，毋假公濟私以害物。」洪武九年汰侍御史及治書、殿中侍御史。十年七月詔遣監察御史巡按州縣。十三年專設左、右中丞，正二品，左、右侍御史，正四品。尋罷御史臺。十五年更置都察院，設監察都御史八人，秩正七品。分監察御史爲浙江、河南、山東、北平、山西、陜西、湖廣、福建、江西、廣東、廣西、四川十二道，各道置御史或五人或三、四人，秩正九品。每道鑄印二，一畀御史久次者掌之，一藏內府，有事受印以出，旣事納之，文曰「繩愆糾繆」。以秀才李原名、詹徽等爲都御史，〔二〕吳荃等爲試監察御史。試御史，一年後實授。又有理刑進士、理刑知縣，理都察院刑獄，半年實授。正德中革。十六年陞都察院爲正三品，設左、右都御史各一人，正三品，左、右副都御史各一人，正四品，左、右僉都御史各二人，正五品，經歷一人，正七品，知事一人，正八品。十七年陞都御史正二品，副都御史正三品，僉都御史正四品，十二道監察御史正七品。二十三年，左副都御史袁泰言，「各道印篆相同，慮有詐僞」，乃更鑄監察御史印曰「某道監察御史印」，其巡按印曰「巡按某處監察御史印」。建文元年改設都御史一人，革僉都御史。二年改爲御史府，設御史大夫，改十二道爲左、右兩院，止設御史二十八人。成祖復舊制。

永樂元年改北平道爲北京道。十八年罷北京道，增設貴州、雲南、交阯三道。〔三〕洪熙元年稱行在都察院，同六部，又定巡按以八月出巡。宣德十年罷交阯道，始定爲十三道。正

統中，去「行在」字。嘉靖中，以清屯，增副都御史三人，尋罷。隆慶中，以提督京營，增右都御史三人，尋亦罷。

總督漕運兼提督軍務巡撫鳳陽等處兼管河道一員。太祖時，嘗置京畿都漕運司，設漕運使。洪武元年置漕運使，正四品，知事，正八品，提控案牘，從九品，屬官監運，正九品，都綱，省注。十四年罷。永樂間，設漕運總兵官，以平江伯陳瑄治漕。宣德中，又遣侍郎、都御史、少卿等官督運。至景泰二年，因漕運不繼，始命副都御史王竑總督，因兼巡撫淮、揚、廬、鳳四府，徐、和、滁三州，治淮安。成化八年分設巡撫、總漕各一員。九年復舊。正德十三年又分設。十六年又復舊。嘉靖三十六年，以倭警，添設提督軍務巡撫鳳陽都御史。四十年歸併，改總督漕運兼提督軍務。萬曆七年加兼管河道。

總督薊遼、保定等處軍務兼理糧餉一員。嘉靖二十九年置。先是，薊、遼有警，間遣重臣巡視，或稱提督。至是以邊患益甚，始置總督，開府密雲，轄順天、保定、遼東三巡撫，兼理糧餉。萬曆九年加兼巡撫順天等處。十一年復舊。天啓元年置遼東經略。經略之名，起於萬曆二十年宋應昌暨後楊鎬。至天啓元年，又以內閣孫承宗督師經略山海關，稱樞輔。崇禎四年併入總督。十一年又增設總督於保定。

總督宣大、山西等處軍務兼理糧餉一員。正統元年始遣僉都御史巡撫宣大。景泰二

年，宣府、大同各設巡撫，遣尚書石璞總理軍務。成化、弘治間，有警則遣。正德八年設總制。嘉靖初，兼轄偏、保。二十九年去偏、保，定設總督宣大、山西等處銜。三十八年令防秋日駐宣府。四十三年移駐懷來。隆慶四年移駐陽和。

總督陜西三邊軍務一員。弘治十年，火篩入寇，議遣重臣總督陜西、甘肅、延綏、寧夏軍務，乃起左都御史王越任之。十五年以後，或設或罷。至嘉靖四年，始定設，初稱提督軍務。七年改爲總制。十九年避制字，改爲總督，開府固原，防秋駐花馬池。

總督兩廣軍務兼理糧餉帶管鹽法兼巡撫廣東地方一員。永樂二年遣給事中雷塡巡撫廣西。十九年遣郭瑄、艾廣巡撫廣東。景泰三年，苗寇起，以兩廣宜協濟應援，乃設總督。成化元年兼巡撫事，駐梧州。正德十四年改總督爲總制，尋改提督。嘉靖四十五年另設廣東巡撫，改提督爲總督，止兼巡撫廣西，〔四〕駐肇慶。隆慶三年又設廣西巡撫，除兼職。四年革廣東巡撫，改爲提督兩廣軍務兼理糧餉，巡撫廣東。萬曆三年仍改總督，加帶管鹽法。

總督四川、陝西、河南、湖廣等處軍務一員。正德五年設，尋罷。嘉靖二十七年，以苗患，又設總督四川、湖廣、貴州、雲南等處軍務。四十二年罷。天啓元年，以土官奢崇明反，又設四川、湖廣、雲南、貴州、廣西五省總督。四年兼巡撫貴州。

總督浙江、福建、江南兼制江西軍務一員。嘉靖三十三年，以倭犯杭州置。四十一

年革。

總督陝西、山西、河南、湖廣、四川五省軍務一員。崇禎七年置，或兼七省。十二年後，俱以內閣督師。

總督鳳陽地方兼制河南、湖廣軍務一員。崇禎十四年設。

總督保定地方軍務一員。崇禎十一年設。

總督河南、湖廣軍務兼巡撫河南一員。崇禎十六年設。

總督九江地方兼制江西、湖廣軍務一員。崇禎十六年設。

總理南直隸、河南、山東、湖廣、四川軍務一員。崇禎八年設，以盧象昇爲之，與總督或分或併。

總理河漕兼提督軍務一員。永樂九年遣尚書治河，自後間遣侍郎、都御史。成化後，始稱總督河道。正德四年定設都御史。嘉靖二十年以都御史加工部職銜，提督河南、山東、直隸河道。隆慶四年加提督軍務。萬曆五年改總理河漕兼提督軍務。八年革。

總理糧儲提督軍務兼巡撫應天等府一員。宣德五年初命侍郎總督糧儲兼巡撫。景泰四年定遣都御史。嘉靖三十三年以海警，加提督軍務，駐蘇州。萬曆中，移駐句容，已復駐蘇州。

巡撫浙江等處地方兼提督軍務一員。永樂初，遣尚書治兩浙農事。以後或巡視或督鹺，有事則遣。嘉靖二十六年以海警，始命都御史巡撫浙江，兼管福建福、興、建寧、漳、泉海道地方，提督軍務。二十七年改巡撫爲巡視。二十八年罷。三十一年復設。

巡撫福建地方兼提督軍務一員。嘉靖二十六年旣設浙江巡撫兼轄福、興、漳、泉等處，三十五年以閩、浙道遠，又設提督軍務兼巡撫福、興、漳、泉、福寧海道都御史。後改巡撫福建，統轄全省。

巡撫順天等府地方兼整飭薊州等處邊備一員。成化二年始專設都御史贊理軍務，巡撫順天、永平二府，尋兼撫河間、真定、保定，凡五府。七年兼理八府。八年以畿輔地廣，從居庸關中分，設二巡撫，其東爲巡撫順天、永平二府，駐遵化。崇禎二年又於永平分設巡撫，兼提督山海軍務，其舊者止轄順天。

巡撫保定等府提督紫荊等關兼管河道一員。成化八年分居庸關以西，另設巡撫保定、真定、河間、順德、大名、廣平六府，提督紫荊、倒馬、龍泉等關，駐真定。萬曆七年兼管河道。

巡撫河南等處地方兼管河道提督軍務一員。宣德五年遣兵部侍郎于謙巡撫山西、河南。正統十四年以左副都御史王來巡撫湖廣、河南。〔五〕景泰元年始專設河南巡撫。〔六〕萬曆七年兼管河道。八年加提督軍務。

巡撫山西地方兼提督雁門等關軍務一員。宣德五年以侍郎巡撫河南、山西。正統十三年始命都御史專撫山西，鎮守雁門。天順、成化間暫革，尋復置。

巡撫山東等處地方督理營田兼管河道提督軍務一員。正統五年始設巡撫。十三年定遣都御史。嘉靖四十二年加督理營田。萬曆七年兼管河道。八年加提督軍務。

巡撫遼東地方贊理軍務一員。正統元年設，舊駐遼陽，後地日蹙，移駐廣寧，駐山海關，後又駐寧遠。

巡撫宣府地方贊理軍務一員。正統元年命都御史出巡塞北，因奏設巡撫兼理大同。景泰二年另設大同巡撫，後復併爲一。成化十年復分設。十四年加贊理軍務。

巡撫大同地方贊理軍務一員。初與宣府共一巡撫，後或分或併。成化十年復專設，加贊理軍務。

巡撫延綏等處贊理軍務一員。宣德十年遣都御史出鎮。景泰元年專設巡撫加參贊軍務。成化九年徙鎮榆林。隆慶六年改贊理軍務。

巡撫寧夏地方贊理軍務一員。正統元年以右僉都御史郭智鎮撫寧夏，參贊軍務。天順元年罷。二年復設，去參贊。隆慶六年加贊理軍務。

巡撫甘肅等處贊理軍務一員。宣德十年命侍郎鎮守。正統元年，甘、涼用兵，命侍郎參贊軍務。景泰元年定設巡撫都御史。隆慶六年改贊理軍務。

巡撫陝西地方贊理軍務一員。宣德初，遣尚書、侍郎出鎮。正統間，命右都御史陳鎰、王文等出入更代。景泰初，耿九疇以刑部侍郎出鎮，文移不得徑下按察司，特改都御史巡撫。成化二年加提督軍務，後改贊理，駐西安，防秋駐固原。

巡撫四川等處地方兼提督軍務一員。宣德五年命都御史鎮撫，後停遣。正統十四年始設巡撫。萬曆十一年加提督軍務。

巡撫湖廣等處地方兼贊理軍務一員。正統三年命都御史賈諒鎮守，以後或侍郎或大理卿出撫。景泰元年定設巡撫都御史兼贊理軍務。萬曆八年改爲提督軍務。十二年仍爲贊理。

巡撫江西地方兼理軍務一員。永樂後，間設巡撫鎮守。成化以後，定爲巡撫，或有時罷遣。嘉靖六年始定設。四十年加兼理軍務。

巡撫南贛汀韶等處地方提督軍務一員。弘治十年始設巡撫。正德十一年改提督軍務。嘉靖四十五年定巡撫銜，所轄南安、贛州、南雄、韶州、汀州并郴州地方，駐贛州。

巡撫廣東地方兼贊理軍務一員。永樂中，設巡撫，後以總督兼巡撫事，遂罷不設。嘉靖四十五年復另設巡撫，加贊理軍務。隆慶四年又罷。

巡撫廣西地方一員。廣西舊有巡撫，沿革不常。隆慶三年復專設。

巡撫雲南兼建昌、畢節等處地方贊理軍務兼督川、貴糧餉一員。正統九年命侍郎參贊軍務。十年設鎮撫。天順元年罷。成化十二年復設。嘉靖三十年加兼理軍務。四十三年改贊理。隆慶二年兼撫建昌、畢節等處。

巡撫貴州兼督理湖北、川東等處地方提督軍務一員。正統十四年以苗亂置總督，鎮守貴州、湖北、川東等處。景泰元年另設貴州巡撫。成化八年罷。十一年復設。正德二年又罷。五年又復設。嘉靖四十二年裁革總督，令巡撫兼理湖北、川東等處提督軍務。

巡撫天津地方贊理軍務一員。萬曆二十五年以倭陷朝鮮，暫設，尋爲定制。

巡撫登萊地方贊理軍務一員。天啓元年設。崇禎二年罷。三年復設。

巡撫安廬地方贊理軍務一員。崇禎十年設，以史可法爲之。十六年又增設安、太、池、廬四府巡撫。

巡撫偏沅地方贊理軍務一員。萬曆二十七年以征播暫設，尋罷。天啓二年後，或置或罷。崇禎二年定設。

巡撫密雲地方贊理軍務一員。崇禎十一年設。

巡撫淮揚地方贊理軍務一員。崇禎十一年設。

巡撫承天贊理軍務一員。崇禎十六年設。

撫治鄖陽等處地方兼提督軍務一員。成化十二年以鄖、襄流民屢叛，遣都御史安撫，因奏設官撫治之。萬曆二年以撫治事權不專，添提督軍務兼撫治職銜。九年裁革，十一年復設。

贊理松潘地方軍務一員。正統四年以王翺爲之。

通政使司。通政使一人，正三品，左、右通政各一人，正四品，左、右參議各一人，正五品。其屬，經歷司，經歷一人，正七品，知事一人，正八品。

通政使掌受內外章疏敷奏封駁之事。凡四方陳情建言，申訴冤滯，或告不法等事，於底簿內謄寫訴告緣由，齎狀奏聞。凡天下臣民實封入遞，卽於公廳啓視，節寫副本，然後奏聞。卽五軍、六部、都察院等衙門，有事關機密重大者，其入奏仍用本司印信。凡諸司公文、勘合辨驗允當，編號注寫，公文用「日照之記」、勘合用「驗正之記」關防之。凡在外之題本、奏本，在京之奏本，並受之，於早朝彙而進之。有徑自封進者則參駁。午朝則引奏臣民之言事者，有機密則不時入奏。有違誤則籍而彙請。凡抄發、照駁諸司公移及勘合、訟牒、勾提件數、給繇人員，月終類奏，歲終通奏。凡議大政、大獄及會推文武大臣，必參預。

初，洪武三年置察言司，設司令二人，掌受四方章奏，尋罷。十年置通政使司，以曾秉正爲通政使，劉仁爲左通政，諭之曰：「政猶水也，欲其常通，故以『通政』名官。卿其審命令以正百司，達幽隱以通庶務。當執奏者勿忌避，當駁正者勿阿隨，當敷陳者毋隱蔽，當引見者毋留難。」十二年撥承敕監給事中、殿廷儀禮司、九關通事使隸焉。建文中，改司爲寺，通政使爲通政卿，通政參議爲少卿，寺丞增置左、右補闕，左、右拾遺各一人。成祖復舊制。成化二年置提督謄黃右通政，不理司事，錄武官黃衞所襲替之故，以徵選事。萬曆九年革。

大理寺。卿一人，正三品，左、右少卿各一人，正四品，左、右寺丞各一人，正五品。其屬，司務廳，司務二人，從九品。左、右二寺，各寺正一人，正六品，寺副二人，從六品，後革右寺副一人。評事四人，正七品。初設右評事八人，後革四人。

卿掌審讞平反刑獄之政令。少卿、寺丞贊之。左、右寺分理京畿、十三布政司刑名之事。凡刑部、都察院、五軍斷事官所推問獄訟，皆移案牘，引囚徒，詣寺詳讞。左、右寺寺正，各隨其所轄而覆審之。既按律例，必復問其款狀，情允罪服，始呈堂準擬具奏。不則駁令改擬，曰照駁。三擬不當，則糾問官，曰參駁。有牾律失入者，調他司再訊，曰番異。猶不愜，則請下九卿會訊，曰圓審。已評允而招由未明，移再訊，曰追駁。屢駁不合，則請旨發落，曰制決。凡獄既具，未經本寺評允，諸司毋得發遣。誤則糾之。

初，吳元年置大理司卿，秩正三品。洪武元年革。三年置磨勘司，凡諸司刑名、錢糧，有冤濫隱匿者，稽其功過以聞。尋亦革。洪武三年置磨勘司，設司令、司丞。七年增設司令一人，司丞五人，首領官五人，分爲四科。十年革。十四年復置磨勘司，設司令一人，左、右司丞各一人，左、右司副各一人。二十年復罷。十四年復置大理寺，改卿秩正五品，左、右少卿從五品，左、右寺丞正六品。其屬，左、右寺正各一人，寺副各二人，左評事四人，右評事八人。又置審刑司，共平庶獄。凡大理寺所理之刑，審刑司復詳議之。審刑司設左、右審刑各一人，正六品；左、右詳議各三人，正七品。十七年改建刑部、都察院、大理寺、審刑司、五軍斷事官署於太平門外，名其所曰貫城。十九年罷審刑司。二十二年復，卿秩正三品。少卿二人，正四品，丞三人，正五品。其左、右寺官如故。二十九年又罷，盡移案牘於後湖。建文初復置，改左、右寺爲司，寺正爲都評事，寺副爲副都評事，司務爲都典簿。司務，洪武二十六年置。

成祖初，仍置大理寺，其左、右寺設官，復如洪武時。又因左、右二寺評事多寡不等，所治事亦繁簡不均，以二寺評事均分，左、右各六人，如刑部、都察院十二司道，各帶管直隸地方審錄。初，太祖設左評事四員，分管在京諸司及直隸衞所、府州縣刑名。右評事八員，分管在外十三布政司、都司、衞所、府州縣刑名。永樂二年仍復舊。後定都北京，又改分寺屬。兩京、五府、六部、京衞等衙門刑名，屬左

中華書局

寺。順天、應天二府，南、北直隸衛所、府州縣並在外浙江等布政司、都司、衛所刑名，屬右寺。弘治元年裁減右評事四人。時天下罪囚，類不解審，右寺事顧簡於左寺。萬曆九年，更定左、右寺分理天下刑獄。浙江、福建、山東、廣東、四川、貴州六司道，左寺理之。江西、陝西、河南、山西、湖廣、廣西、雲南七司道，右寺理之。以能按律出人罪者爲稱職。大理寺之設，爲愼刑也。三法司會審，初審，刑部、都察院爲主，覆審，本寺爲主。明初，猶置刑具、牢獄。弘治以後，止閱案卷，囚徒俱不到寺。司務典出納文移。

詹事府。詹事一人，正三品，少詹事二人，正四品，府丞二人，正六品。主簿廳，主簿一人，從七品，錄事二人，正九品，通事舍人二人。左春坊，大學士，正五品，左庶子，正五品，左諭德，從五品，各一人，左中允，正六品，左贊善，從六品，左司直郎，從六品，後不常設，各二人，左清紀郎一人，從八品，不常設，左司諫二人，從九品，不常設。右春坊，亦如之。司經局，洗馬一人，從五品，校書，正九品，正字，從九品，各二人。

詹事掌統府、坊、局之政事，以輔導太子。少詹事佐之。凡入侍太子，與坊、局翰林官番直進講尚書、春秋、資治通鑑、大學衍義、貞觀政要諸書。前期纂輯成章進御，然後赴文華殿講讀。講讀畢，率其僚屬，以朝廷所處分軍國重事及撫諭諸蕃恩義，陳說於太子。凡朝

賀，必先奏朝廷，乃具啓本以進。凡府僚暨坊、局官與翰林院職互相兼，試士、修書皆與焉。通事舍人典東宮朝謁、辭見之禮，承令勞問之事，凡廷臣朝賀、進箋、進春、進曆於太子，則引入而舉案。

春坊大學士掌太子上奏請、下啓箋及講讀之事，皆審愼而監省之。庶子、諭德、中允、贊善各奉其職以從。凡東宮監國、撫軍、出狩，及朝會出入，覆啓，晝諾，必審署以移詹事。諸祥眚必啓告。內外庶政可爲規鑒者，隨事而贊諭。伶人、僕御有改變新聲、導逢非禮者，則陳古義，申典制，糾正而請斥遠之。司直、清紀郎掌彈劾宮僚，糾舉職事。文華殿講讀畢，諸臣班退，有獨留奏事及私謁者，則共糾之。司諫掌箴誨鑒戒，以拾遺補過。凡有啓事於東宮，與司直、清紀執筆紀令旨，規正其僞繆者。

洗馬掌經史子集、制典、圖書刊輯之事。立正本、副本、貯本以備進覽。凡天下圖冊上東宮者，皆受而藏之。校書、正字掌繕寫裝潢，詮其訛謬而調其音切，以佐洗馬。

先是，洪武初，置大本堂，充古今圖籍其中，召四方名儒訓導太子、親王。諸儒專經面授，分番夜直。已而，太子居文華堂，諸儒迭班侍從，又選才俊之士入充伴讀，時時賜宴、賦詩，商榷今古，評論文學。是時，東宮官屬，自太子少師、少傅、少保、賓客外，則有左、右詹事，同知詹事院事，副詹事，詹事丞，左、右率府使，同知左、右率府事，左、右率府副使，諭德，贊善大夫，皆以勳舊大臣兼領其職。又有文學、中舍、正字、侍正、洗馬、庶子及贊讀等官。十五年更定左、右春坊官，各置庶子、諭德、中允、贊善、司直郎，又各設大學士。尋定司經局官，設洗馬、校書、正字。二十二年以官聯無統，始置詹事院。二十五年改院爲府，定詹事秩正三品，春坊大學士正五品，司經局洗馬從五品。雖各有印，而事總於詹事府。二十九年增設左、右春坊清紀郎、司諫、通事舍人。建文中，增少卿、寺丞各一人，賓客二人。又置資德院資德一人，資善二人。其屬，贊讀、贊書、著作郎各二人，掌典籍各一人。成祖復舊制。英宗初，命大學士提調講讀官。

按詹事府多由他官兼掌。天順以前，或尚書、侍郎、都御史，成化以後，率以禮部尚書、侍郎由翰林出身者兼掌之。其協理者無常員。春坊大學士，景泰間，倪謙、劉定之而後，僅楊廷和一任之，後不復設。其司直、司諫、清紀郎亦不常置。惟嘉靖十八年以陸深爲詹事，崔銑爲少詹事，王教、羅洪先、華察等爲諭德、贊善、洗馬，皇甫涍、唐順之等爲司直、司諫，皆天下名儒。自明初宋濂諸人後，宮僚莫盛於此。嗣是，出閣講讀，每點別員，本府坊局僅爲翰林官遷轉之階。

翰林院。學士一人，正五品，侍讀學士、侍講學士各二人，並從五品，侍讀、侍講各二人，並

正六品，五經博士九人，正八品，並世襲，別見。典籍二人，從八品，侍書二人，正九品，後不常設。待詔六人，從九品，不常設。孔目一人，未入流。史官修撰，從六品，編修，正七品，檢討，從七品，庶吉士，無定員。

學士掌制誥、史冊、文翰之事，以考議制度，詳正文書，備天子顧問。凡經筵日講，纂修實錄、玉牒、史志諸書，編纂六曹章奏，皆奉敕而統承之。誥敕，以學士一人兼領。正統中，王直、王英以禮部侍郎兼學士，專領誥敕，後罷。弘治七年復設。正德中，白鉞、費宏等由禮部尚書入東閣，專典誥敕。嘉靖六年復罷，以講、讀、編、檢等官管之。大政事、大典禮，集諸臣會議，則與諸司參決其可否。車駕幸太學聽講，凡郊祀慶成諸宴，則學士侍坐於四品京卿上。

侍讀、侍講掌講讀經史。五經博士，初置五人，各掌專經講義，繼以優給聖賢先儒後裔世襲，不治院事。

史官掌修國史。凡天文、地理、宗潢、禮樂、兵刑諸大政，及詔敕、書檄，批答王言，皆籍而記之，以備實錄。國家有纂修著作之書，則分掌考輯撰述之事。經筵充展卷官，鄉試充考試官，會試充同考官，殿試充收卷官。凡記注起居，編纂六曹章奏，謄黃冊封等咸充之。庶吉士讀書翰林院，以學士一人教習之。侍書掌以六書供侍。待詔掌應對。孔目掌文移。

中華書局

吳元年，初置翰林院，秩正三品，設學士，正三品，侍講學士，正四品，直學士，正五品，修撰、典簿，正七品，編修。正八品。洪武二年置學士承旨，正三品，改學士，從三品。侍講學士，正四品，侍讀學士，從四品，修撰，正六品。增設待制，從五品，應奉，正七品，典籍，從八品，等官。十三年增設檢閱，從九品。十四年定學士爲正五品，革承旨、直學士、待制、應奉、檢閱、典簿，設孔目、五經博士、侍書、待詔、檢討。令編修、檢討、典籍同左春坊左司直郎、正字、贊讀考駁諸司奏啓，平允則署其銜曰「翰林院兼平駁諸司文章事某官某」，列名書之。十八年更定品員，如前所列，〔七〕獨未有庶吉士，以侍讀先侍講。建文時，仍設承旨，改侍讀、侍講兩學士爲文學博士，設文翰、文史二館，文翰以居侍讀、侍講、侍書、五經博士、典籍、待詔，文史以居修撰、編修、檢討。改孔目爲典簿，改中書舍人爲侍書，以隸翰林。又設文淵閣待詔及拾遺、補闕等官。成祖初復舊。其年九月，特簡講、讀、編、檢等官參預機務，簡用無定員，謂之內閣。然解縉、胡廣等既直文淵閣，猶相繼署院事。至洪熙以後，楊士奇等加至師保，禮絕百僚，始不復署。正統七年，翰林院落成，學士錢習禮不設楊士奇、楊溥公座，〔八〕曰「此非三公府也」，二楊以聞。乃命工部具椅案，禮部定位次，以內閣固翰林職也。嘉、隆以前，文移關白，猶稱翰林院，以後則竟稱內閣矣。其在六部，自成化時，周洪謨以後，禮部尚書、侍郎必由翰林，吏部兩侍郎必有一由於翰林。其由翰林者，尚書則兼學士，六部皆然，侍郎則兼侍讀、侍講學士。其在詹

事府暨坊、局官，視其品級，必帶本院銜。詹事、少詹事帶學士銜，春坊大學士不常設，庶子、諭德、中允、贊善、洗馬等則帶講、讀學士以下至編、檢銜。

史官，自洪武十四年置修撰三人，編修、檢討各四人。其後由一甲進士除授及庶吉士留館授職，往往溢額，無定員。嘉靖八年復定講、讀、修撰各三人，編修、檢討各六人，皆從吏部推補，如諸司例。然未幾，卽以侍從人少，詔采方正有學術者以充其選，因改御史胡經、員外郎陳束、主事唐順之等七人俱爲編修。以後仍循舊例，由庶吉士除授，卒無定額。崇禎七年又考選推官、知縣爲編修、檢討，蓋亦創舉，非常制也。

庶吉士自洪武初有六科庶吉士。十八年以進士在翰林院、承敕監等近侍者，俱稱庶吉士。永樂二年始定爲翰林院庶吉士，選進士文學優等及善書者爲之。三年試之。其留者，二甲授編修，三甲授檢討，不得留者，則爲給事中、御史，或出爲州縣官。宣德五年始命學士教習。萬曆以後，掌教習者，專以吏、禮二部侍郎二人。

明初，嘗置弘文館學士，洪武三年置，以胡鉉爲學士，又命劉基、危素、王本中、睢稼皆兼弘文館學士，未幾罷。宣德間，復建弘文閣於思善門右，以翰林學士楊溥掌閣印，尋併入文淵閣。秘書監，洪武三年置，秩正六品，除監丞一人，直長二人，尋定設令一人，丞、直長各二人，掌內府書籍。十三年併入翰林院典籍。起居注，甲辰年置。吳元年定秩正五品。洪武四年改正七品。六年陞從六品。九年定起居注二人，後革。十四年復置，秩從七品，尋罷。至萬曆

間，命翰林院官兼攝之。已復罷。尋皆罷。

國子監。祭酒一人，從四品，司業一人，正六品。其屬，繩愆廳，監丞一人，正八品。博士廳，五經博士五人，從八品。率性、修道、誠心、正義、崇志、廣業六堂，助教十五人，從八品，學正十人，正九品，學錄七人，從九品。典簿廳，典簿一人，從八品。典籍廳，典籍一人，從九品。掌饌廳，掌饌二人，未入流。

祭酒、司業，掌國學諸生訓導之政令。凡舉人、貢生、官生、恩生、功生、例生、土官、外國生、幼勳臣及勳戚大臣子弟之入監者，奉監規而訓課之，造以明體達用之學，以孝弟、禮義、忠信、廉恥爲之本，以六經、諸史爲之業，務各期以敦倫善行，敬業樂羣，以修舉古樂正、成均之師道。有不率者，扑以夏楚，不悛，徙謫之。其率敎者，有升堂積分超格敍用之法。課業倣書，季呈翰林院考校，文册歲終奏上。每歲仲春秋上丁，遣大臣祀先師，則總其禮儀。車駕幸學，則執經坐講。新進士釋褐，則坐而受拜。監丞掌繩愆廳之事，以參領監務，堅明其約束，諸師生有過及廩膳不潔，並糾懲之，而書之於集愆册。博士掌分經講授，而時其考課。凡經，以易、詩、書、春秋、禮記，人專一經，大學、中庸、論語、孟子兼習之。助敎、學正、學錄掌六堂之訓誨，士子肄業本堂，則爲講說經義文字，導約之以規矩。典簿典文移

金錢出納支受。典籍典書籍。掌饌掌飲饌。

明初，卽置國子學。乙巳九月置國子學，以故集慶路學爲之。洪武十四年改建國子學於雞鳴山下。設博士、助敎、學正、學錄、典樂、典書、典膳等官。吳元年定國子學官制，增設祭酒、司業、典簿。祭酒，正四品，司業，正五品，博士，正七品，典簿，正八品，助敎，從八品，學正，正九品，學錄，從九品，典膳，省注。洪武八年又置中都國子學，秩正四品，命國子學分官領之。十三年改典膳爲掌饌。十五年改爲國子監，秩從四品，設祭酒一人，司業一人，監丞、典簿各一人，博士三人，助敎十六人，學正、學錄各三人，掌饌一人。各官品秩，如前所列。中都國子監制亦如之。十六年以宋訥爲祭酒，敕諭之曰：「太學天下賢關，禮義所由出，人材所由興。卿夙學者德，故特命爲祭酒。尙體朕立敎之意，俾諸生有成，士習丕變，國家其有賴焉。」又命曹國公李文忠領監事，車駕時幸。以故監官不得中廳而坐，中門而行。二十四年更定國子監品秩、員數。俱如前所列。中都國子監設祭酒、司業、監丞、典簿、博士、學正、學錄、掌饌各一人，助敎二人，品秩與在京同。二十六年罷中都國子監。建文中，陞監丞爲堂上官，革學正、學錄。成祖復舊制。永樂元年置國子監於北京，設祭酒、司業、監丞、典簿、博士、學正、學錄、掌饌各一人，助敎二人。後增設不常，助敎至十五人，學正至十一人，學錄至七人。後革助敎二人，學正四人，學錄二人。萬曆九年又革助敎四人，學錄一人。宣德九年省司業。弘治十五年復設。明初，祭酒、司業，擇有學行者任之，後皆由翰林院官

二十四史

遷轉。

衍聖公，孔氏世襲，正二品。袍帶、誥命、朝班一品。洪武元年授孔子五十六代孫希學襲封。其屬，掌書、典籍、司樂、知印、奏差、書寫各一人，皆以流官充之。曲阜知縣，孔氏世職。洪武元年授孔子裔孫希大爲曲阜世襲知縣。翰林院世襲五經博士，正八品，孔氏二人，正德元年授孔子五十九世孫彥繩主衢州廟祀。宋孔端友從高宗南渡，家於衢州，此孔氏南宗也。正德二年授孔聞禮奉子思廟祀。顏氏一人，景泰三年授顏子五十九世孫希惠。曾氏一人，嘉靖十八年授曾子六十代孫質粹。〔九〕仲氏一人，萬曆十五年授子路裔孫仲呂。孟氏一人，景泰三年授孟子裔孫希文。周氏一人，景泰七年授先儒周敦頤裔孫冕。程氏二人，景泰六年授先儒程顥裔孫克仁。崇禎三年授先儒程頤裔孫接道。邵氏一人，崇禎三年授先儒邵雍裔孫繼祖。張氏一人，天啓二年以先儒張載裔孫文運爲博士。朱氏二人，景泰六年授先儒朱熹裔孫梴。嘉靖二年又授墅爲博士，主婺源廟祀。劉氏一人，景泰七年授誠意伯劉基七世孫祿，後革。教授司，教授，從九品，學錄、學司，並未入流，孔、顏、曾、孟四氏，各一人。又尼山、洙泗二書院，各學錄一人。

先是，元代封孔子後裔爲衍聖公，賜三品印。洪武元年，太祖既以孔希學襲封衍聖公，因謂禮臣曰：「孔子萬世帝王之師，待其後嗣，秩止三品，弗稱褒崇，其授希學秩二品，賜以銀印。」又命復孔、顏、孟三家子孫徭役。十八年敕工部詢問，凡有聖賢子孫以罪輪作者，釋

之。永樂二十二年賜衍聖公宅於京師，加一品金織衣。正統元年詔免凡聖賢子孫差役，選周、程、張、朱諸儒子孫聰明俊秀可敎養者，不拘名數，送所在儒學讀書，仍給廩饌。成化元年給孔、顏、孟三氏學印，令三年貢有學行者一人，入國子監。六年命衍聖公始襲者在監讀書一年。

校勘記

〔一〕酒醋麪局　原脫「麪」字，據本書卷七四職官志宦官十二監、明會典卷二〇九補。

〔二〕以秀才李原名詹徽等爲都御史　李原名，原作「李原明」，據本書卷一三六李原名傳改。

〔三〕十八年罷北京道增設貴州雲南交阯三道　十八年，原作「十九年」，據太宗實錄卷一一八永樂十八年十一月壬午條改。

〔四〕嘉靖四十五年另設廣東巡撫改提督爲總督止兼巡撫廣西　原脫「改提督爲總督」五字，把總督兼巡撫廣西，誤爲廣東巡撫兼巡撫廣西。據世宗實錄卷五六二嘉靖四十五年九月丁巳條補。

〔五〕正統十四年以左副都御史王來巡撫湖廣河南　十四年，原作「七年」，左，原作「右」，據本書卷一七二王來傳、英宗實錄卷一八一正統十四年八月癸酉條、明會典卷二〇九改。

〔六〕景泰元年始專設河南巡撫　元年，原作「七年」，據英宗實錄卷一九七景泰元年十月乙亥條、明會典卷二〇九改。

〔七〕十八年更定品員如前所列　太祖實錄卷一七二洪武十八年三月丁丑條，「命吏部定翰林院官制」，官名和品級與上文所述有不同。如二年定，侍講學士，正四品，侍讀學士，從四品；十八年定，侍讀學士、侍講學士，都是從五品。如上文所述十八年前屬官無侍讀、侍講，十八年定有屬官侍讀、侍講，正六品。疑文有脫誤。

〔八〕正統七年翰林院落成學士錢習禮不設楊士奇楊溥公座　楊溥，原作「楊榮」，按楊榮在正統五年已死，見本書卷一〇九宰輔年表、卷一四八楊榮傳。據本書卷一五二錢習禮傳改。

〔九〕嘉靖十八年授曾子六十代孫質粹　六十代孫，本書卷二八四曾質粹傳作「五十九代孫」。

中華書局

明史卷七十四

志第五十

職官三

太常寺附提督四夷館　光祿寺　太僕寺　鴻臚寺　尚寶司　六科　中書舍人　行人司　欽天監　太醫院　上林苑監　五城兵馬司　順天府附宛平大興二縣　武學　僧道錄司　教坊司　宦官　女官

太常寺。卿一人，正三品，少卿二人，正四品，寺丞二人，正六品。其屬，典簿廳，典簿二人，正七品，博士二人，正七品，協律郎二人，正八品，嘉靖中增至五人。贊禮郎九人，正九品，嘉靖中增至三十三人，後革二人。司樂二十人，從九品，嘉靖中增至三十九人，後革五人。天壇、地壇、朝日壇、夕月壇、

先農壇、帝王廟、祈穀殿、長陵、獻陵、景陵、裕陵、茂陵、泰陵、顯陵、康陵、永陵、昭陵各祠祭署，俱奉祀一人，從七品，祀丞二人，從八品。犧牲所，吏目一人，從九品。

太常掌祭祀禮樂之事，總其官屬，籍其政令，以聽於禮部。凡天神、地祇、人鬼，歲祭有常。先冬十二月朔，奏進明年祭日，天子御奉天殿受之，乃頒於諸司。天子親祭，則贊相禮儀。大臣攝事，亦如之。凡國有册立、册封、冠婚、營繕、征討、大喪諸典禮，歲時旱澇大災變，則請告宗廟社稷。薦新則移光祿寺供其品物。祭祀先期請省牲，進祝版、銅人，上殿奏請齋戒，親署御名。省牲偕光祿卿。惟大祀車駕親省，大臣日一省之。凡祭，滌器、瘞埋、香燭、玉帛，整拂神幄，必恭潔。掌燎、看燎、讀祝、奏禮、對引、司香、進俎、舉麾、陳設、收支、導引、設位、典儀、通贊、奉帛、執爵、司樽、司罍洗，卿貳屬各領其事，罔有不共。凡玉四等：曰蒼璧，以祀天，曰黃琮，以祀地，曰赤璋、白琥，以朝日、夕月，曰兩圭有邸，以祭太社、太稷。帛五等：曰郊祀制帛，祀天地，曰奉先制帛，薦祖考，曰禮神制帛，祭社稷、羣神、帝王、先師，曰展親制帛，祭享親王，曰報功制帛，祭享功臣。牲四等：曰犢，曰牛，曰太牢，曰少牢。色尚騂或黝。大祀入滌三月，中祀一月，小祀一旬。樂四等：曰九奏，用祀天地，曰八奏，神祇、太歲，曰七奏，大明、太社、太稷、帝王，曰六奏，夜明、帝社、帝稷、宗廟、先師。舞二：曰文舞，曰武舞。樂器不徙。陵園之祭無樂。歲終合祭五祀之神，則少卿攝事。

初，吳元年置太常司，設卿，正三品，少卿，正四品，丞，正五品，典簿、協律郎、博士，正七品，贊禮郎，從八品。洪武初，置各祠祭署，設署令、署丞。十三年更定協律郎等官品秩。協律郎正八品，贊禮郎正九品，司樂從九品。二十四年改各署令爲奉祀，署丞爲祀丞。三十年改司爲寺，官制仍舊。二十五年已定司丞正六品。建文中，增設贊禮郎二人，太祝一人，以及各祠祭署俱有更革。天壇祠祭署爲南郊祠祭署，泗州祠祭署爲泗濱祠祭署，宿州祠祭署爲新豐祠祭署，孝陵置鍾山祠祭署，各司圃所增神樂觀知觀一人。成祖初，惟易天壇爲天地壇，餘悉復洪武間制。建文時，南郊祠祭署爲郊壇祠祭署，已又改爲天地壇祠祭署。洪熙元年置犧牲所，吏目典掌文移。先是，洪武三年置神牲所，設廩牲令、大使、副使等官。四年革。世宗釐祀典，分天地壇爲天壇、地壇，山川壇、耤田祠祭署爲神祇壇，大祀殿爲祈穀殿，增置朝日、夕月二壇，各設祠祭署。又增設協律郎、贊禮郎、司樂等員。隆慶三年革協律郎等官四十八員。萬曆六年復設，如嘉靖間制。萬曆四年改神祇壇爲先農壇。

提督四夷館。少卿一人，正四品，掌譯書之事。自永樂五年，外國朝貢，特設蒙古、女直、西番、西天、回回、百夷、高昌、緬甸八館，置譯字生、通事，通事初隸通政使司，通譯語言文字。正德中，增設八百館。八百國蘭者哥進貢。萬曆中，又增設暹羅館。初設四夷館隸翰林院，選國子監生習譯。宣德元年兼選官民子弟，委官教肄，學士稽考程課。弘治七年始增設太常寺卿、少卿各一員爲提督，遂改隸太常。嘉靖中，裁卿，止少

卿一人。按太常寺卿在南京者，多由科目。北寺自永樂間用樂舞生，累資陞至寺卿，甚或加禮部侍郎、尚書掌寺，後多沿襲。至隆慶初，乃重推科甲出身者補任。譯字生，明初甚重。與考者，與鄉、會試額科甲一體出身。後止爲雜流。其在館者，陞轉皆在鴻臚寺。

光祿寺。卿一人，從三品，少卿二人，正五品，寺丞二人，從六品。其屬，典簿廳，典簿二人，從七品，錄事一人，從八品。大官、珍羞、良醞、掌醢四署，各署正一人，從六品，署丞四人，從七品，監事四人，從八品。司牲司，大使一人，從九品，副使一人，後革。司牧局，大使一人，從九品，嘉靖七年革。銀庫，大使一人。

卿掌祭享、宴勞、酒醴、膳羞之事，率少卿、寺丞官屬，辨其名數，會其出入，量其豐約，以聽於禮部。凡祭祀，同太常省牲；天子親祭，進飲福受胙；薦新，循月令獻其品物；喪葬供奠饌。所用牲、果、菜物，取之上林苑；不給，市諸民，視時估十加一，其市直季支天財庫。四方貢獻果鮮廚料，省納惟謹。器皿移工部及募工兼作之，歲省其成敗。凡筵宴酒食及外使、降人，俱差其等而供給焉。傳奉宣索，籍記而覆奏之。監以科道官一員，察其出入，糾禁其姦弊。歲四月至九月，凡御用物及祭祀之品皆用冰。大官供祭品宮膳、節令筵席、蕃使宴犒之事。珍羞供宮膳肴核之事。良醞供酒醴之事。掌醢供餳、油、醯、醬、梅、鹽之事。

中華書局

司牲養牲，視其肥瘠而蠲滌之。司牧亦如之。

初，吳元年置宣徽院，設院使，正三品，同知，正四品，院判，正五品，典簿，正七品。以尚食、尚醴二局隸之。局設大使，從六品，副使，從七品。洪武元年改爲光祿寺，設光祿卿，正四品，少卿，正五品，寺丞，正六品，主簿，正八品。所屬尚食等局，又移太常司供需庫隸之。局庫官品仍舊。二年設直長四人，遇百官賜食御前者，則令供事。四年置法酒庫。設內酒坊大使，從八品，副使，從九品。八年改寺爲司，陞卿秩，卿從三品，少卿從四品。以寺丞爲司丞，從六品，主簿爲典簿，從七品，增設錄事，從八品。又置所屬大官、珍羞、良醞、掌醢四署，每署令一人，從六品，丞一人，從七品，監事一人，從八品。孳牧所，大使一人，從九品，副使一人，未入流。十年定光祿司散官品秩。時所用光祿司官，或內官，或流官，或庖人，出身不同，同授散官。至是定，內官除授者，照內官散官給授。流官除授者，照文官散官給授。庖人除授者，卿從三品，授尚膳大夫；少卿正五品，授奉膳大夫；司丞從六品，授司膳郎；各署丞從七品，授掌膳郎；監事從八品，授執膳郎。尋罷各局庫，置司牲司，又改孳牧所爲司牧司。後爲司牧局。三十年復改爲光祿寺，官制仍舊。少卿已定正五品。建文中，陞少卿、寺丞品秩。少卿陞四品，寺丞陞五品。增設司圃所，改司牲司爲孳牲所，陞其品級。成祖復舊制。正統六年裁四署冗員。先是，光祿卿奈亨以供應事繁，奏增各署官，至是復奏裁之。裁

署正四人，署丞五人，監事七人。嘉靖七年革司牧局。萬曆二年添設銀庫大使一人。

太僕寺。卿一人，從三品，少卿二人，正四品，正德十一年增設一人。寺丞四人，正六品。其屬，主簿廳，主簿一人，從七品。常盈庫，大使一人。所轄，各牧監，監正一人，正九品，監副一人，從九品，錄事一人，後監正、監副、錄事俱革。各羣，羣長一人，後革。

卿掌牧馬之政令，以聽於兵部。少卿一人佐寺事，一人督營馬，一人督畿馬。寺丞分理京衞、畿內及山東、河南六郡孳牧、寄牧馬匹。濟南、兗州、東昌、開封、彰德、衞輝。凡軍民孳牧，視其丁產，授之種馬。牡十之二，牝十之八，爲一羣。南方以四牝、一牡爲羣。歲徵其駒，曰備用馬，齊其力以給將士。將士足，則寄牧於畿內府州縣，肥瘠登耗，籍其毛齒而時閱之。三歲偕御史一人印烙，選其健良而汰其羸劣。其草場已墾成田者，歲斂其租金，災祲則出之以佐市馬。其賠償折納，則征馬金輸兵部。主簿典勾省文移。大使典貯庫馬金。

初，洪武四年置羣牧監於答答失里營所，隨水草利便立官署，專司牧養。六年更置羣牧監於滁州，旋改爲太僕寺，秩從三品，設卿、少卿、寺丞，又設首領官知事、主簿各一人。七年增設牧監、羣官二十七處，隸太僕寺。尋定羣牧監品秩。令，正五品，丞，正六品，鎭撫，從六品，羣頭十人、吏目一人，省注。十年增置滁陽等各牧監及所屬各羣。改牧監令、丞爲監正、監副。監正，從八品，監副，正九品，御良，從九品。後又定監正爲正九品。二十二年定滁陽等十二牧監，每監設監正一人，監副二人，錄事一人。來安等一百二十七羣，每羣設羣長一人。初設羣副二人，至是革。二十三年增置江東、當塗二牧監及所屬各羣。又罷烏衣等五十四羣，改置永安等七羣，定爲牧監十四，滁陽、大興、香泉、儀眞、定遠、天長、長淮、江都、句容、溧陽、江東、溧水、當塗、舒城。羣九十有七。大勝關、柏子、騶興、保寧、草堂五羣，隸滁陽監。永安、如皋、沿海、保全、朝陽、永昌、安定七羣，隸大興監。大錢、銅城、永豐、龍勝、龍山、永寧、新安、慶安、襄安九羣，隸香泉監。華陽、壽寧、廣陵、善應四羣，隸儀眞監。龍江、龍安、萬勝、龍泉四羣，隸定遠監。天長、懷德、招信、得勝、武安五羣，隸天長監。長安、白石、荊山、南山、圓山、草平六羣，隸長淮監。萬寧、廣生、萬騣、順德、大興、驍寧、崇德七羣，隸江都監。句容、易風、仍信、福胙、通德、承仙、上容、政仁、練塘、壽安十羣，隸句容監。舉福、從山、明義、永定、福寶、崇來、永城、永泰、奉安九羣，隸溧陽監。開寧、泉水、惟政、清化、神泉、新亭、長泰、光澤八羣，隸江東監。儀鳳、仙壇、立信、歸政、豐慶、安興、遊山、永寧八羣，隸溧水監。石城、永保、化洽、姑熟、繁昌、多福、丹陽、德政八羣，隸當塗監。棠林、海亭、伏龍、龍河、會龍、九龍、萬龍七羣，隸舒城監。二十八年悉罷羣牧監，以其馬隸有司牧養。三十年置行太僕寺於北平，秩如太僕寺。建文中，陞寺丞品秩，舊六品，陞五品。又改其首領官職名，增設錄事，及典廐、典牧二署，驌驦等十八羣，滁陽等八牧監，龍山等九十二羣。成祖復舊制。永樂元年改北平行太僕寺爲北京行太僕寺。十八年定都北京，遂以行太僕寺爲太僕寺。洪熙元年復稱北京行太僕寺。正統六年定爲太僕寺。

其舊在滁州者，改爲南京太僕寺。寺丞，初置四人。正統中，又增八人，共十二人，以一人領京衞，一人領順德、廣平二府，一人領開封、衞輝、彰德三府，九人分領順天、保定、眞定、河間、永平、大名、濟南、兗州、東昌九府孳牧、寄牧各馬匹。弘治六年革四人。正德九年復增一人，專領寄牧之事。嘉靖八年又革三人，共六人分領，三年更代，而以寄牧者令府州縣兼理。隆慶三年又革三人，止設三人，以一人提督庫藏兼協理京邊，二人分理東西二路各馬政。

鴻臚寺。卿一人，正四品，左、右少卿各一人，從五品，左、右寺丞各一人，從六品。其屬，主簿廳，主簿一人，從八品。司儀、司賓二署，各署丞一人，正九品，鳴贊四人，從九品，後增設五人。序班五十人，從九品。嘉靖三十六年革八人。萬曆十一年復設六人。

鴻臚掌朝會、賓客、吉凶儀禮之事。凡國家大典禮、郊廟、祭祀、朝會、宴饗、經筵、册封、進曆、進春、傳制、奏捷，各供其事。外吏朝覲，諸蕃入貢，與夫百官使臣之復命、謝恩，若見若辭者，並鴻臚引奏。歲正旦、上元、重午、重九、長至賜假、賜宴，〔一〕四月賜字扇、壽縷，十一月賜戴煖耳，陪祀畢，頒胙賜，皆贊百官行禮。司儀典陳設、引奏，外吏來朝，必先演儀於寺。司賓典外國朝貢之使，辨其等而教其拜跪儀節。鳴贊典贊儀禮。凡內贊、通贊、對贊、接贊、傳贊咸職之。序班典侍班、齊班、糾儀及傳贊。

初，吳元年置侍儀司，秩從五品。洪武四年定侍儀使，從七品，引進使，正八品，奉班都

中華書局

知，正九品，通贊、通事舍人，從九品，俱爲七品以下官。九年改爲殿庭儀禮司，設使一人，正七品，副三人，正八品，承奉一人，從八品，鳴贊二人，正九品，序班十六人，從九品，九關通事使一人，正八品，副六人，從八品。十三年改使爲司正，分左、右司副各一人，增序班至四十四人，革承奉，增設司儀四人。二十二年增設左、右司丞四人，正九品。三十年始改爲鴻臚寺，陞秩正四品，設官六十二員。卿以下員數、品級如前所列。又設外夷通事隸焉。建文中，陞少卿以下品秩。少卿陞正五品，寺丞陞正六品。又改其首領官職名，與鳴贊、序班皆陞品級。罷司儀、司賓二署，而以行人隸鴻臚寺。成祖初，悉復舊制。

尚寶司。卿一人，正五品，少卿一人，從五品，司丞三人，正六品。吳元年但設一人，後增二人。掌寶璽、符牌、印章，而辨其所用。

寶二十有四，舊寶十有七，嘉靖十八年增製者七。曰「皇帝奉天之寶」，爲唐、宋傳璽，祀天地用之。若詔與赦，則用「皇帝之寶」；册封、賜勞，則用「皇帝行寶」；詔親王、大臣及調兵，則用「皇帝信寶」；上尊號，則用「皇帝尊親之寶」；諭親王，則用「皇帝親親之寶」。其「天子之寶」，以祀山川、鬼神；「天子行寶」，以封外國及賜勞；「天子信寶」，以招外服及徵發。詔用「制誥之寶」；敕用「敕命之寶」；獎勵臣工，用「廣運之寶」；敕諭朝覲官，用「敬天勤民之寶」。若「御前之寶」，「表章經史之寶」，「欽文之寶」，〔二〕則圖書文史等用之。世宗增製，爲「奉天承運大明天子寶」，爲「大明受命之寶」，爲「巡狩天下之寶」，爲「垂訓之寶」，爲「命德之寶」，爲「討罪安民之寶」，爲「敕正萬民之寶」。太子之寶一，曰「皇太子之寶」。

凡寶之用，必奏請而待發。每大朝會，本司官二員，以寶導駕，侯陞座，各置寶於案，立待殿中。禮畢，捧寶分行，至中極殿，置案而出。駕出幸，則奉以從焉。歲終，移欽天監，擇日和香物入水，洗寶於皇極門。籍奏一歲用寶之數。凡請寶、用寶、捧寶、隨寶、洗寶、繳寶，皆與內官尚寶監俱。〔三〕

凡金牌之號五，以給勳戚侍衞之扈從及班直者、巡朝者、夜宿衞者：曰仁，其形龍，公、侯、伯、駙馬都尉佩之；曰義，其形虎，勳衞指揮佩之；曰禮，其形麟，千戶佩之；曰智，其形獅，百戶佩之；曰信，其形祥雲，將軍佩之。半字銅符之號四，以給巡城寺衞官：曰承，曰東，曰西，曰北。巡者左半，守者右半，合契而點察焉。令牌之號六：曰申，以給金吾諸衞之警夜者；曰木，曰金，曰土，曰火，曰水，以給五城之警夜者。銅牌之號一，以稽守卒，曰勇。牙牌之號五，以察朝參：公、侯、伯曰勳，駙馬都尉曰親，文官曰文，武官曰武，教坊司曰樂。嘉靖中，總編曰官字某號，朝參佩以出入，不則門者止之。私相借者，論如律。有故，納之內府。祭牌之號三：陪祀官曰陪，供事官曰供，執事人曰執。雙魚銅牌之號二：曰嚴，以肅直衞錦衣校尉之止直者；曰善，以飭光祿寺役之供事者。符驗之號五：曰馬，曰水，曰達，曰通，曰信。符驗之制，上織船馬之狀，起馬用「馬」字，雙馬用「達」字，單馬用「通」字。起船者用「水」字，並船用「信」字。親王之藩及文武出鎮撫、行人通使命者，則給之。御史出巡察則給印，事竣，咸驗而納之。稽出入之令，而辨其數，其職至邇，其事至重也。

太祖初，設符璽郎，秩正七品。吳元年改尚寶司卿，秩正五品，以侍從儒臣、勳衞領之，如歐瑄以散騎舍人、黃觀以侍中、楊榮以庶子爲卿。非有才能不得調。勳衞大臣子弟奉旨乃得補丞。其後多以恩廕寄祿，〔四〕無常員。

吏、戶、禮、兵、刑、工六科。各都給事中一人，正七品，左、右給事中各一人，從七品。給事中，吏科四人，戶科八人，禮科六人，兵科十人，刑科八人，工科四人，並從七品。後增、減員數不常。萬曆九年裁兵科五人，戶、刑二科各四人，禮科二人。十一年復設戶、兵、刑三科各二人，禮科一人。

六科，掌侍從、規諫、補闕、拾遺、稽察六部百司之事。凡制敕宣行，大事覆奏，小事署而頒之；有失，封還執奏。凡內外所上章疏下，分類抄出，參署付部，駁正其違誤。吏科，凡吏部引選，則掌科即都給事中，以掌本科印，故名，六科同。同至御前請旨。外官領文憑，皆先赴科畫字。內外官考察自陳後，則與各科具奏。拾遺糾其不職者。戶科，監光祿寺歲入金穀，

甲字等十庫錢鈔雜物，與各科兼涖之，皆三月而代。內外有陳乞田土、隱占侵奪者，糾之。禮科，監訂禮部儀制，凡大臣曾經糾劾削奪、有玷士論者紀錄之，以核贈諡之典。兵科，凡武臣貼黃誥敕，本科一人監視。其引選畫憑之制，如吏科。刑科，每歲二月下旬，上前一年南北罪囚之數，歲終類上一歲蔽獄之數，閱十日一上實在罪囚之數，皆憑法司移報而奏御焉。工科，閱試軍器局，同御史巡視節愼庫，與各科稽查寶源局。而主德闕違，朝政失得，百官賢佞，各科或單疏專達，或公疏聯署奏聞。雖分隸六科，其事屬重大者，各科皆得通奏。但事屬某科，則列某科爲首。

凡日朝，六科輪一人立殿左右，珥筆記旨。凡題奏，日附科籍，五日一送內閣，備編纂。其諸司奉旨處分事目，五日一注銷，覈稽緩。內官傳旨必覆奏，復得旨而後行。鄉試充考試官，會試充同考官，殿試充受卷官。册封宗室、諸蕃或告諭外國，充正、副使。朝參門籍，六科流掌之。登聞鼓樓，日一人，皆錦衣衞官監涖。〔五〕洪武元年以監察御史一人監登聞鼓，後令六科與錦衣衞輪直。受牒，則具題本封上。遇決囚，有投牒訟冤者，則判停刑請旨。凡大事廷議，大臣廷推，大獄廷鞫，六掌科皆預焉。

明初，統設給事中，正五品，後數更其秩，與起居注同。洪武六年設給事中十二人，秩正七品，始分爲六科，每科二人，鑄給事中印一，推年長者一人掌之。九年定給事中十人。十年

隸承敕監。十二年改隸通政司。十三年置諫院，左、右司諫各一人，正七品，左、右正言各二人，從七品。十五年又置諫議大夫。以兵部尚書唐鐸爲之。尋皆罷。二十二年改給事中爲源士，增至八十一人。初，魏敏、卓敬等凡八十一人爲給事中。上以其適符古元士之數，改爲元士。至是，又以六科爲事之本源，改爲源士。未幾，復爲給事中。二十四年更定科員，每科都給事中一人，正八品。左、右給事中二人，從八品。給事中共四十人，正九品。各科分設員數，如前所列。建文中，改都給事中，正七品，給事中，從七品，不置左、右給事中。增設拾遺、補闕。成祖初，革拾遺、補闕，仍置左、右給事中，亦從七品。尋改六科，置於午門外直房涖事。六科衙門舊在磚門內尚寶司西。永樂中災，移午門外東西，每夜一科直宿。宣德八年增戶科給事中，專理黃冊。

中書科。中書舍人二十人，從七品。直文華殿東房中書舍人，直武英殿西房中書舍人，內閣誥敕房中書舍人，制敕房中書舍人，並從七品，無定員。

中書科舍人掌書寫誥敕、制詔、銀冊、鐵券等事。凡草請諸翰林，寶請諸內府，左券及勘籍，歸諸古今通集庫。誥敕，公侯伯及一品至五品誥命、六品至九品敕命，勘合籍，初用二十八宿，後用急就章爲號。誥敕之號，曰仁、義、禮、智，公、侯、伯、蕃王、一品、二品用之；曰十二支，曰文、行、忠、信，文官三品以下用之；曰千字文，武官、續誥用之。皆以千號爲滿，滿則復始。

王府及駙馬都尉不編號，土官以文武類編。凡大朝會，則侍班。東宮令節朝賀，則導駕侍班於文華殿。冊封宗室，則充副使。其鄉試、會試、殿試，間有差遣，充授並如科員。大祀南郊，則隨駕而供事。員無正貳，印用年深者掌之。文華殿舍人，職掌奉旨書寫書籍。武英殿舍人，職掌奉旨篆寫冊寶、圖書、冊頁。內閣誥敕房舍人，掌書辦文官誥敕，番譯敕書，幷外國文書、揭帖，兵部紀功、勘合底簿。制敕房舍人，掌書辦制敕、詔書、誥命、冊表、寶文、玉牒、講章、碑額、題奏、揭帖一應機密文書，各王府敕符底簿。

洪武七年初設直省舍人十人，秩從八品，隸中書省。九年爲中書舍人，改正七品，尋又改從七品。十年，與給事中皆隸承敕監。建文中，革中書舍人，改爲侍書，陞正七品，入文翰館，隸翰林院。成祖復舊制。尋設中書科署於午門外，定設中書舍人二十人。其恩廕帶俸者，不在額內。宣德間，內閣置誥敕、制敕兩房，皆設中書舍人。嘉靖二十年選各部主事、大理寺評事，帶原銜直誥敕、制敕兩房。四十四年，兩房員缺，令吏部考選舉人爲中書舍人。隆慶元年令兩房辦事官不得陞列九卿。

按洪武間，置承敕監、洪武九年置，設令一人，正六品，丞二人，從六品。尋改令正七品，丞正八品。十年改令、丞爲承敕郎，設二人，從七品。給事中、中書舍人咸隸焉。後罷。司文監、洪武九年置，設令一人，正六品，丞二人，從六品。尋改令正七品，丞正八品。十年罷。考功監，洪武八年置，設令、丞。九年定設令一人，正六品，丞二

人，從六品。尋改令正七品，丞正八品。十八年罷。參掌給授誥敕之事。永樂初，命內閣學士典機務，詔冊、制誥皆屬之。而謄副、繕正皆中書舍人入辦，事竣輒出。宣德初，始選能書者處於閣之西小房，謂之西制敕房。而諸學士掌誥敕者居閣東，具稿付中書繕進，謂之東誥敕房。此係辦事。若知制誥銜，惟大學士與諸學士可帶。正統後，學士不能視誥敕，內閣悉委於中書、序班、譯字等官，於是內閣又有東誥敕房。因劉鉉不與輔臣會食始。嘉靖末，復以翰林史官掌外制，而武官誥敕仍自其屬爲之。若詔敕、敕革之類，必由閣臣，〔六〕翰林諸臣不得預。其直文華、武英兩殿供御筆札者，初爲內官職，繼以中書分直，後亦專舉能書者。大約舍人有兩途，由進士部選者，得遷科道部屬，其直兩殿、兩房舍人，不必由部選，自甲科、監生、生儒、布衣能書者，俱可爲之。不由科甲者，初授序班，及試中書舍人，不得遷科道部屬，後雖加銜九列，仍帶銜辦事。楷書出身者，或加太常卿銜，沈度、沈粲、潘辰等有加至翰林學士、禮部尚書者。洪武初，又有承天門待詔一人，閤門使四人，觀察使十人，後俱革。

行人司。司正一人，正七品，左、右司副各一人，從七品，行人三十七人，正八品。職專捧節、奉使之事。凡頒行詔赦，冊封宗室，撫諭諸蕃，徵聘賢才，與夫賞賜、慰問、賑濟、軍旅、祭祀，咸敍差焉。每歲朝審，則行人持節傳旨法司，遣戍囚徒，送五府填精微冊，批繳內府。

初，洪武十三年置行人司，設行人，秩正九品。左、右行人，從九品。尋改行人爲司正，左、右行人爲左、右司副，更設行人三百四十五人。二十七年陞品秩，以所任行人多孝廉人材，奉使率不稱旨。定設行人司官四十員，咸以進士爲之。非奉旨，不得擅遣，行人之職始重。建文中，罷行人司，而以行人隸鴻臚寺。成祖復舊制。

欽天監。監正一人，正五品，監副二人，正六品。其屬，主簿廳，主簿一人，正八品，春、夏、中、秋、冬官正各一人，正六品，五官靈臺郎八人，從七品，後革四人，五官保章正二人，正八品，後革一人，五官挈壺正二人，從八品，後革一人，五官監候三人，正九品，後革一人，五官司曆二人，正九品，五官司晨八人，從九品，後革六人，漏刻博士六人，從九品，後革五人。

監正、副掌察天文、定曆數、占候、推步之事。凡日月、星辰、風雲、氣色，率其屬而測候焉。有變異，密疏以聞。凡習業分四科：曰天文，曰漏刻，曰回回，曰曆。自五官正下至天文生、陰陽人，各分科肄業。每歲冬至日，呈奏明歲大統曆，成化十五年改頒明歲曆於十月朔日，移送禮部頒行。其御覽月令曆、七政躔度曆、六壬遁甲曆、四季天象錄，並先期進呈。凡曆註，御曆註三十事，如祭祀、頒詔、行幸等類，民曆三十二事，壬遁曆七十二事。凡祭日，前一年會選以進，移知太常。凡營建、征討、冠婚、山陵之事，則選地而擇日。立春，則預候氣於東

中華書局

郊。大朝賀，於文樓設定時鼓、漏刻報時，司晨、雞唱，各供其事。日月交食，先期算其分秒時刻、起復方位以聞，下禮部，移內外諸司救之，仍按占書條奏。若食不及一分，與回回曆雖食一分以上，則奏而不救。監官毋得改他官，子孫毋得徙他業。乏人，則移禮部訪取而試用焉。五官正推曆法，定四時。司曆、監候佐之。靈臺郎辨日月星辰之躔次、分野，以占候天文之變。觀象臺四面，面四天文生，輪司測候。保章正專志天文之變，定其吉凶之占。挈壺正知刻漏。孔壺爲漏，浮箭爲刻，以考中星昏旦之次。漏刻博士定時以漏，換時以牌，報更以鼓，警晨昏以鐘鼓。司晨佐之。

明初，即置太史監，設太史令，通判太史監事，僉判太史監事，校事郎，五官正，靈臺郎，保章正、副，挈壺正，掌曆，管勾等官。以劉基爲太史令。吳元年改監爲院，秩正三品。院使，正三品，同知，正四品，院判，正五品，五官正，正六品，典簿、雨暘司、時敍郎、紀候郎，正七品，靈臺郎、保章正，正八品，副，從八品，掌曆、管勾，從九品。洪武元年徵元太史張佑、張沂等十四人，改太史院爲司天監，設監令一人，正三品，少監二人，正四品，監丞一人，正六品，主簿一人，正七品，主事一人，正八品，五官正五人，正五品，五官副五人，正六品，靈臺郎二人，正七品，保章正二人，從七品，監候三人，正八品，司辰八人，正九品，漏刻博士六人，從九品。又置回回司天監，設監令一人，正四品，少監二人，正五品，監丞二人，正六品。徵元回回司天監鄭阿里等議曆。三年改司天監爲欽天監。四年

詔監官職專司天，非特旨不得陞調。又定監官散官。監令，正儀大夫；少監，分朔大夫；五官司，司玄大夫；監丞，靈臺郎；五官保章正，平秩郎；五官靈臺郎，司正郎；五官挈壺正，挈壺郎。十四年改欽天監爲正五品，設令一人，丞一人，屬官五官正以下，員數如前所列，俱從品級授以文職散官。二十二年改令爲監正，丞爲監副。三十一年罷回回欽天監，以其曆法隸本監。明初，又置稽疑司，以掌卜筮，未幾罷。洪武十七年置稽疑司，設司令一人，正六品，左、右丞各一人，從六品，屬官司筮，正九品，無定員。尋罷。

太醫院。院使一人，正五品，院判二人，正六品。其屬，御醫四人，正八品，後增至十八人，隆慶五年定設十人。吏目一人，從九品，隆慶五年定設十人。生藥庫、惠民藥局，各大使一人，副使一人。

太醫院掌醫療之法。凡醫術十三科，醫官、醫生、醫士，專科肄業：曰大方脈，曰小方脈，曰婦人，曰瘡瘍，曰鍼灸，曰眼，曰口齒，曰接骨，曰傷寒，曰咽喉，曰金鏃，曰按摩，曰祝由。凡醫家子弟，擇師而教之。三年、五年一試、再試、三試，乃黜陟之。凡藥，辨其土宜，擇其良楛，慎其條製而用之。四方解納藥品，院官收貯生藥庫，時其燥濕，禮部委官一員稽察之。診視御脈，使、判、御醫參看校同，會內臣就內局選藥，連名封記藥劑，具本開寫藥性、證治之法以奏。烹調御藥，院官與內臣監視。每二劑合爲一，候熟，分二器，一御醫、內

臣先嘗，一進御。仍置歷簿，用內印鈐記，細載年月緣由，以憑考察。王府請醫，本院奉旨遣官或醫士往。文武大臣及外國君長有疾，亦奉旨往視。其治療可否，皆具本覆奏。外府州縣置惠民藥局。邊關衞所及人聚處，各設醫生、醫士或醫官，俱由本院試遣。歲終，會察其功過而殿最之，以憑黜陟。

太祖初，置醫學提舉司，設提舉，從五品，同提舉，從六品，副提舉，從七品，醫學教授，正九品，學正、官醫、提領，從九品。尋改爲太醫監，設少監，正四品，監丞，正六品。吳元年改監爲院，設院使，秩正三品，同知，正四品，院判，正五品，典簿，正七品。洪武三年置惠民藥局，府設提領，州縣設官醫。凡軍民之貧病者，給之醫藥。六年置御藥局於內府，始設御醫。御醫局，秩正六品，設尙藥、奉御二人，直長二人，藥童十人，俱以內官、內使充之。設御醫四人，以太醫院醫士充之。凡收受四方貢獻名藥及儲蓄藥品，奉御一人掌之。凡供御藥餌，醫官就內局修製，太醫院官診視。十四年改太醫院爲正五品，設令一人，丞一人，吏目一人。屬官御醫四人，俱如文職授散官。二十二年復改令爲院使，丞爲院判。嘉靖十五年改御藥房爲聖濟殿，又設御藥庫，詔御醫輪直供事。

上林苑監。左、右監正各一人，正五品，左、右監副各一人，正六品，監正、監副後不常設，以監丞署職。左、右監丞各一人，正七品。其屬，典簿廳，典簿一人，正九品。良牧、蕃育、林衡、嘉蔬四署，

各典署一人，正七品，署丞一人，正八品，錄事一人，正九品。

監正掌苑囿、園池、牧畜、樹種之事。凡禽獸、草木、蔬果，率其屬督其養戶、栽戶，以時經理其養地、栽地，而畜植之，以供祭祀、賓客、宮府之膳羞。凡苑地，東至白河，西至西山，南至武清，北至居庸關，西南至渾河，並禁圍獵。良牧牧牛羊豕，蕃育育鵝鴨雞，皆籍其牝牡之數，而課孳卵焉。林衡典果實、花木，嘉蔬典蒔藝瓜菜，皆計其町畦、樹植之數，而以時苞進焉。

洪武二十五年議開上林院，度地城南。自牛首山接方山，西並河涯。比圖上，太祖謂有妨民業，遂止。永樂五年始置上林苑監，設良牧、蕃育、嘉蔬、林衡、川衡、冰鑑及典察左右前後十屬署。洪熙中，併爲蕃育、嘉蔬二署。以良牧、川衡併蕃育，冰鑑、林衡併嘉蔬，典察四署分併入。宣德十年始定四署。正德間，增設監督內臣共九十九員。嘉靖元年裁汰八十員，革蕃育、嘉蔬二署典署，林衡、嘉蔬二署錄事。

中、東、西、南、北五城兵馬指揮司。各指揮一人，正六品，副指揮四人，正七品，吏目一人。

指揮巡捕盜賊，疏理街道溝渠及囚犯、火禁之事。凡京城內外各畫境而分領之。境內有

遊民、姦民則逮治。若車駕親郊，則率夫里供事。凡親、郡王妃父無官者，親王授兵馬指揮，郡王授副指揮，不管事。

明初，置兵馬指揮司，設都指揮、副都指揮、知事。後改設指揮使、副指揮使，各城門設兵馬。洪武元年命在京兵馬指揮司幷管市司，每三日一次校勘街市斛斗、秤尺，稽考牙儈姓名，時其物價。五年又設兵馬指揮司分司於中都。十年定京城及中都兵馬指揮司秩俱正六品。先是秩正四品。改爲指揮、副指揮，職專京城巡捕等事，革知事。二十三年定設五城兵馬指揮司，惟中城止稱中兵馬指揮司，俱增設吏目。建文中，改爲兵馬司，改指揮、副指揮爲兵馬、副兵馬。永樂元年復舊。二年設北京兵馬指揮司。嘉靖四十一年詔巡視五城御史，每年終，將各城兵馬指揮會本舉劾。隆慶間，御史趙可懷言：「五城兵馬司官，宜取科貢正途，職檢驗死傷，理刑名盜賊，如兩京知縣。不職者，巡城御史糾劾之。」

順天府。府尹一人，正三品，府丞一人，正四品，治中一人，正五品，通判六人，正六品，嘉靖後革三人，推官一人，從六品，儒學教授一人，從九品，訓導一人。其屬，經歷司，經歷一人，從七品，知事一人，從八品。照磨所，照磨一人，從九品，檢校一人。所轄，宛平、大興二縣，各知縣一人，正六品，縣丞二人，正七品，主簿無定員，正八品，典史一人。司獄司，司獄一人，從九品。都稅司，大使

一人，從九品，副使一人。宣課司，凡四，正陽門外、正陽門、張家灣、盧溝橋，稅課司，凡二，安定門外、安定門，各大使一人，從九品。稅課分司，凡二，崇文門、德勝門，各副使一人。遞運所、批驗所各大使一人。

府尹掌京府之政令。宣化和人，勸農問俗，均貢賦，節征徭，謹祭祀，閱實戶口，糾治豪強，隱恤窮困，疏理獄訟，務知百姓之疾苦。歲立春，迎春、進春，祭先農之神。月朔望，早朝，奏老人坊廂聽宣諭。孟春、孟冬，率其僚屬行鄉飲酒禮。凡勳戚家人文引，每三月一奏。市易平其物價。遇內官監徵派物料，雖有印信、揭帖，必補牘面奏。若天子耕耤，行三推禮，則奉青箱播種於後。禮畢，率庶人終畝。府丞貳京府，兼領學校。治中參理府事，以佐尹丞。通判分理糧儲、馬政、軍匠、薪炭、河渠、堤涂之事。推官理刑名，察屬吏。二縣職掌如外縣，以近涖輦下，故品秩特優。

順天府卽舊北平府。洪武二年置北平行省。九年改爲北平布政司，皆以北平爲會府。永樂初，改爲順天府。十年陞爲府尹，秩正三品，設官如應天府。順天府通判，舊六人，內一人管糧，一人管馬，一人清軍，一人管匠，一人管河，一人管柴炭。嘉靖八年革管河、管柴炭二人。萬曆九年革清軍、管匠二人。十一年復設一人，兼管軍匠。

武學。京衞武學，教授一人，從九品，訓導二人或一人。衞武學，教授一人，訓導一人。掌教京衞各衞幼官及應襲舍人與武生，以待科舉、武舉、會舉，而聽於兵部。其無武學者，凡諸武生則隸儒學。

建文四年始置京衞武學，設教授一人。啓忠等十齋，各訓導二人。永樂中罷，正統六年復設。後漸置各衞武學，設官如儒學之制。

僧錄司。左、右善世二人，正六品，左、右闡教二人，從六品，左、右講經二人，正八品，左、右覺義二人，從八品。

道錄司。左、右正一二人，正六品，左、右演法二人，從六品，左、右至靈二人，正八品，左、右玄義二人，從八品。神樂觀提點一人，正六品，知觀一人，從八品，嘉靖中革。龍虎山正一眞人一人，正二品。洪武元年，張正常入朝，去其天師之號，封爲眞人，世襲。隆慶間革眞人，止稱提點。萬曆初復之。法官、贊教、掌書各二人。閤皁山、三茅山各靈官一人，正八品。太和山提點一人。

僧、道錄司掌天下僧道。在外府州縣有僧綱、道紀等司，分掌其事，俱選精通經典、戒行端潔者爲之。神樂觀掌樂舞，以備大祀天地、神祇及宗廟、社稷之祭，隸太常寺，與道錄司無統屬。

洪武元年立善世、玄教二院。四年革。五年給僧道度牒。十一年建神樂觀於郊祀壇西，設提點、知觀。初，提點從六品，知觀從九品。洪武十五年陞提點正六品，知觀從八品。凡遇朝會，提點列於僧錄司左善世之下，道錄司左正一之上。十五年始置僧錄司、道錄司。各設官如前所列。僧凡三等：曰禪，曰講，曰教。道凡二等：曰全眞，曰正一。設官不給俸，隸禮部。二十四年淸理釋、道二教，限僧三年一度給牒。凡各府州縣寺觀，但存寬大者一所，併居之。凡僧道，府不得過四十人，州三十人，縣二十人。民年非四十以上、女年非五十以上者，不得出家。二十八年令天下僧道赴京考試給牒，不通經典者黜之。其後，釋氏有法王、佛子、大國師等封號，道士有大眞人、高士，高士等封號，〔七〕賜銀印蟒玉，加太常卿、禮部尙書及宮保銜，至有封伯爵者，皆一時寵幸，非制也。

敎坊司。奉鑾一人，正九品，左、右韶舞各一人，左、右司樂各一人，並從九品。掌樂舞承應。以樂戶充之，隸禮部。嘉靖中，又設顯陵供祀敎坊司，設左、右司樂各一人。

宦官。十二監。每監各太監一員，正四品，左、右少監各一員，從四品，左、右監丞各一員，正五品，典簿一員，正六品，長隨、奉御無定員，從六品。此洪武舊制也。後漸更革，詳見各條下。司禮監，提督太監一員，掌印太監一員，秉筆

太監、隨堂太監、簪籍名畫等庫掌司、內書堂掌司、六科廊掌司、典簿無定員。提督掌督理皇城內一應儀禮刑名，及鈐束長隨、當差、聽事各役，關防門禁，催督光祿供應等事。掌印掌理內外章奏及御前勘合。秉筆、隨堂掌章奏文書，照閣票批硃。掌司各掌所司。典簿典記奏章及諸出納號簿。內官監，掌印太監一員，總理、管理、僉書、典簿、掌司、寫字、監工無定員，掌木、石、瓦、土、搭材、東行、西行、油漆、婚禮、火藥十作，及米鹽庫、營造庫、皇壇庫，凡國家營造宮室、陵墓，并銅錫粧奩、器用暨冰窨諸事。御用監，掌印太監一員，裏外監把總二員，典簿、掌司、寫字、監工無定員。凡御前所用圍屏、牀榻諸木器，及紫檀、象牙、烏木、螺甸諸玩器，皆造辦之。又有仁智殿監工一員，掌武英殿中書承旨所寫書籍畫冊等，奏進御前。司設監，員同內官監，掌鹵簿、儀仗、帷幙諸事。御馬監，掌印、監督、提督太監各一員。騰驤四衞營各設監官、掌司、典簿、寫字、擎馬等員。象房有掌司等員。神宮監，掌印太監一員，僉書、掌司、管理無定員，掌太廟各廟灑掃、香燈等事。尚膳監，掌印太監一員，提督光祿太監一員，總理一員，管理、僉書、掌司、寫字、監工及各牛羊等房廠監工無定員，掌御膳及宮內食用并筵宴諸事。尚寶監，掌印一員，僉書、掌司無定員，掌寶璽、敕符、將軍印信。凡用寶，外尚寶司以揭帖赴監請旨，至女官尚寶司領取，監視外司用訖，存號簿，繳進。印綬監，員同尚寶，掌古今通集庫，并鐵券、誥敕、貼黃、印信、勘合、符驗、信符諸事。直殿監，員同上，掌各殿及廊廡掃除事。尚衣監，掌印太監一員，管理、僉書、掌司、監工無定員，掌御用冠冕、袍服及履舄、靴襪之事。都知監，掌印太監一員，僉書、掌司、長隨、奉御無定員，舊掌各監行移、關知、勘合之事，後惟隨駕前導警蹕。

四司。舊制每司各司正一人，正五品；左、右司副各一人，從五品。後漸更易，詳下。惜薪司，掌印太監一員，

總理、僉書、掌道、掌司、寫字、監工及外廠、北廠、南廠、新南廠、新西廠各設僉書、監工俱無定員，掌所用薪炭之事。鐘鼓司，掌印太監一員，僉書、司房、學藝官無定員，掌管出朝鐘鼓，及內樂、傳奇、過錦、打稻諸雜戲。寶鈔司，掌印太監一員，僉書、管理、監工無定員，掌造粗細草紙。混堂司，掌印太監一員，僉書、監工無定員，〔八〕掌沐浴之事。

八局。舊制每局大使一人，正五品；左、右副使各一人，從五品。兵仗局，掌印太監一員，提督軍器庫太監一員，管理、僉書、掌司、寫字、監工無定員，掌製造軍器。火藥司屬之。銀作局，掌印太監一員，管理、僉書、寫字、監工無定員，掌打造金銀器飾。浣衣局，掌印太監一員，僉書、監工無定員。凡宮人年老及罷退廢者，發此局居住。惟此局不在皇城內。巾帽局，掌印太監一員，管理、僉書、掌司、監工無定員，掌宮內使帽靴，駙馬冠靴及藩王之國諸旗尉帽靴。鍼工局，員同巾帽局，掌造宮中衣服。內織染局，員同上，掌染造御用及宮內應用緞匹。城西藍靛廠爲此局外署。酒醋麪局，員同上，掌宮內食用酒醋、糖醬、麪豆諸物。與御酒房不相統轄。司苑局，員同上，掌蔬菜、瓜果。

十二監、四司、八局，所謂二十四衙門也。

其外有內府供用庫，掌印太監一員，總理、管理、掌司、寫字、監工無定員。掌宮內及山陵等處內官食米及御用黃蠟、白蠟、沉香等香。凡油蠟等庫俱屬之。舊制各庫設官同八局。司鑰庫，員同上，掌收貯制錢以給賞賜。內承運庫，掌印太監一員，近侍、僉書太監十員，掌司、寫字、監工無定員。掌大內庫藏，凡金銀及諸寶貨總隸之。十庫，甲字，掌貯銀硃、黃丹、烏梅、藤黃、水銀諸物。乙字，掌貯奏本等紙及各省所解胖襖。丙字，掌貯絲綿、布匹。丁字，掌貯生漆、桐油等物。戊字，掌貯所解弓箭、盔甲等物。承運，掌貯黃白生絹。廣盈，掌貯紗羅諸帛匹。廣

惠，掌貯巾帕、梳籠、刷抿、錢貫、鈔錠之類。贓罰，掌沒入官物。已上各掌庫一員，貼庫、僉書無定員。御酒房，提督太監一員，僉書無定員。掌造御用酒。御藥房，提督太監正、副二員，分兩班。近侍、醫官無定員。職掌御用藥餌，與太醫院官相表裏。御茶房，提督太監正、副二員，分兩班。近侍無定員。職司供奉茶酒、瓜果及進御膳。牲口房，提督太監一員，僉書無定員。收養異獸珍禽。刻漏房，掌房一員，僉書無定員。掌管每日時刻，每一時即令直殿監官入宮換牌，夜報刻水。更鼓房，有罪內官職司之。甜食房，掌房一員，協同無定員。掌造辦虎眼、窩絲等糖及諸甜食，隸御用監。彈子房，掌房一員，僉書數員。專備泥彈。靈臺，掌印太監一員，僉書近侍、看時近侍無定員。掌觀星氣雲物，測候災祥。條作，掌作一員，協同無定員。掌造各色兜羅絨及諸縧綬，隸御用監。盔甲廠，即舊鞍轡局，掌造軍器。安民廠，舊名王恭廠，各掌廠太監一員，貼廠、僉書無定員。掌造銃砲、火藥之類。午門，東華門，西華門，奉天門，玄武門，左、右順門，左、右紅門，皇宮門，坤寧門，宮左、右門。東宮春和門，後門，左、右門，皇城、京城內外諸門，各門正一員，管事無定員。司晨昏啓閉，關防出入。舊設門正、門副各一員。提督東廠，掌印太監一員，掌班、領班、司房無定員。貼刑二員，掌剌緝刑獄之事。舊選各監中一人提督，後專用司禮、秉筆第二人或第三人爲之。其貼刑官，則用錦衣衞千百戶爲之。凡內官司禮監掌印，權如外廷元輔；掌東廠，權如總憲。秉筆、隨堂視衆輔。各設私臣掌家、掌班、司房等員。提督西廠，不常設，惟汪直、谷大用置之。劉瑾又設西內廠。尋俱罷革。提督京營，提督太監，坐營太監，監鎗、掌司、僉書俱無定員。始於景泰元年。文書房，掌房十員。掌收通政司每日封進本章，並會極門京官及各藩所上封本，其在外之閣票，在內之搭票，一應聖諭旨意御批，俱由文書房落底簿

發。凡升司禮者，必由文書房出，如外廷之詹、翰也。禮儀房，提督太監一員，司禮、掌印或秉筆攝之，掌司、寫字、管事、長隨無定員。掌一應選婚、選駙馬、誕皇太子女、選擇乳婦諸吉禮。中書房，掌房一員，散官無定員。掌管文華殿中書所寫書籍、對聯、扇柄等件，承旨發寫，完日奏進。御前近侍，曰乾清宮管事，督理御用諸事，曰打卯牌子，掌隨朝捧劍，俱位居司禮、東廠提督守備之次。曰御前牌子，曰煖殿，曰管櫃子，曰贊禮，曰答應長隨，曰當差聽事，曰擎馬，尚冠、尚衣、尚履，皆近侍也。南京守備，正、副守備太監各一員。關防一顆，護衞留都，爲司禮監外差。天壽山守備，太監一員。轄各陵守陵太監，職司護衞。湖廣承天府守備，太監一員。轄承德、荊、襄地方，護衞興寧。織造，提督太監南京一員，蘇州一員，杭州一員。掌織造御用龍衣。鎮守，鎮守太監始於洪熙，徧設於正統，凡各省各鎮無不有鎮守太監，至嘉靖八年後始革。市舶，廣東、福建、浙江三市舶司各設太監提督，後罷浙江、福建二司，惟存廣東司。監督倉場，各倉、各場俱設監督太監。諸陵神宮監，各陵俱設神宮監太監守陵。其外之監軍、採辦、糧稅、礦、關等使，不常設者，不可勝紀也。

初，吳元年置內史監，設監令，正四品，丞，正五品，奉御，從五品，內史，正七品，典簿，正八品。皇門官設皇門使，正五品，副，從五品。後改置內使監、御用監，各設令一人，正三品，丞二人，從三品，奉御，正六品，典簿，正七品。皇門官門正，正四品，副，從四品，春宮門官正，正五品，副，從五品，御馬司司正，正五品，副，從五品，尚寶兼守殿、尚冠、尚衣、尚佩、尚履、尚藥、紀事等奉御，俱正六品。洪武二年定置內使監奉御六十人，尚寶一人，尚冠七人，尚衣十人，尚佩九人，尚藥七人，紀

事二人，執膳四人，司脯二人，司香四人，太廟司香四人，涓潔二人。置尙酒、尙醋、尙麪、尙染四局，局設正一人，副二人。置御馬、御用二司，司設正一人，副二人。內府庫設大使一人，副使二人。內倉監設令一人，丞二人。及置東宮典璽、典翰、典膳、典服、典藥、典乘兵六局，局設局郎一人，丞一人。又置門官，午門等十三門，各設門正一人，副一人。東宮門官，春和門等四門，各設門正一人，副一人。三年置王府承奉司。設承奉一人，承奉副二人，典寶、典服、典膳三所，各設正一人，副一人，門官設門正一人，副一人。改內使監、御用監秩皆從三品，令從三品，丞正四品，皇門官秩從四品。門正從四品，副正五品，春宮門官正、副同。四年復悉差其品秩，授以散官。乃改內使監爲正五品，皇門官爲正六品。洪武四年，定內官散官。正四品，中正大夫。從四品，中侍大夫。正五品，中衞大夫。從五品，侍直大夫。正六品，內侍郎。從六品，內直郎。正七品，正奉郎。從七品，正衞郎。正八品，司奉郎。從八品，司直郎。尋定內使監令。正五品，授中衞大夫。丞，從五品，授侍直大夫。皇門正、局正、司正、東宮門正、局正，俱正六品，授內侍郎。尙寶、奉御、皇門副、局副、司副、東宮門副、局丞，王府承奉、門正、所正，俱從六品，授內直郎。尙冠等奉御、內府庫大使、內倉監令、王府承奉副、門副、所副，俱正七品，授正奉郎。庫副使、倉丞，俱從七品，授正衞郎。六年改御用監爲供奉司，秩從七品，設官五人。內倉監爲內府倉，以監令爲大使，監丞爲副使。內府庫爲承運庫。仍設大使、副使。尋置紀事司，以宦者張翊爲司正，秩正七品。又考前代糾劾內官之法，置內正司，設司正一人，正七品，司副一人，從七品，專糾內官失儀及不法者。旋改爲

典禮司，又改爲典禮紀察司，陞其品秩。司正陞正六品，司副陞從六品。十年置神宮內使監，設監令，正五品，丞，從五品，司香奉御，正七品，典簿，從九品。天地壇、神壇各祠祭署，設署令，正七品，丞，從七品，司香奉御，正八品。甲、乙、丙、丁、戊五庫，各設大使，正七品，副使，從七品。及皇城門官，端門等十六門，各設門正，正七品，副，從七品。十二年更置尙衣、尙冠、尙履三監，針工、皮作、巾帽三局。改尙佩局爲尙佩監。十六年置內府寶鈔廣源、廣惠二庫，職掌出納楮幣，入則廣源庫掌之，出則廣惠庫掌之。寶鈔廣源庫，設大使一人，正九品，用流官；副使一人，從九品，用內官。寶鈔廣惠庫，設大使二人，正九品；副使二人，從九品。俱流官、內官兼用。

十七年更定內官諸監、庫、局品職。內官監，設令一人，正六品，丞二人，從六品，典簿一人，正九品。神宮監，設令一人，正七品，丞一人，從七品，奉御一人，正八品。尙寶監，設令一人，正七品，丞一人，從七品。尙衣監，設令一人，正七品，丞一人，從七品，奉御四人，正八品。尙膳監，設令一人，正七品，丞一人，從七品。司設監，設令一人，正七品，丞一人，從七品，奉御四人，正八品。司禮監，設令一人，正七品，丞一人，從七品。御馬監，設令一人，正七品，丞一人，從七品。直殿監，設令一人，正七品，丞四人，從七品，小內使十五人。宮門承制，設奉御五人，正八品。宮門守門官，設門正一人，正八品，副四人，從八品。內承運庫，設大使一人，正九品，副使二人，從九品。司鑰庫，設大使一人，正九品、副使四人，從九品。巾帽局，設大使一人，正九品，副使一

人，從九品。針工局，設大使一人，正九品，副使一人，從九品。織染局，設大使一人，正九品，副使一人，從九品。顏料局，設大使一人，正九品。司苑局，設大使一人，正九品。司牧局，設大使一人，正九品。皆於內官內選用。

二十八年重定內官監、司、庫、局與諸門官，幷東宮六局、王府承奉等官職秩。凡內官監十一：曰神宮監，曰尙寶監，曰孝陵神宮監，曰尙膳監，曰尙衣監，曰司設監，曰內官監，曰司禮監，曰御馬監，曰印綬監，曰直殿監，皆設太監一人，正四品，左、右少監各一人，從四品，左、右監丞各一人，正五品，典簿一人，正六品。又設長隨、奉御，正六品。各門官七：午門、東華門、西華門、玄武門、奉天門、左順門、右順門，皆設門正一人，正四品，門副一人，從四品。司二：曰鐘鼓司，曰惜薪司，皆設司正一人，正五品，左、右司副各一人，從五品。局庫九：曰兵仗局，曰內織染局，曰針工局，曰巾帽局，曰司苑局，曰酒醋麪局，曰內承運庫，曰司鑰庫，曰內府供用庫。每局庫皆設大使一人，正五品，左、右副使各一人，從五品。東宮典璽、典藥、典膳、典服、典兵、典乘六局，各設局郎一人，正五品，局丞二人，從五品，惟典璽局增設紀事、奉御，正六品。親王府承奉司設承奉正，正六品，承奉副，從六品。所三：曰典寶所，設典寶正一人，正六品，副一人，從六品。曰典膳所，設典膳正一人，正六品，副一人，從六品。曰典服所，設典服正一人，正六品，副一人，從六品。門官，設門正一人，正六品，門副一人，從六品。又設內使十人，司冠一人，

司衣三人，司佩一人，司履一人，司藥二人，司矢二人。各公主位下設中使司，司正、司副各一人。三十年置都知監，設太監一人，正四品，左、右少監各一人，從四品，左、右監丞各一人，正五品，典簿一人，正六品。又置銀作局，設大使一人，正五品，副使一人，從五品。

太祖嘗謂侍臣曰：「朕觀周禮，奄寺不及百人。後世至踰數千，因用階亂。此曹止可供洒掃，給使令，非別有委任，毋令過多。」又言：「此曹善者千百中不一二，惡者常千百。若用爲耳目，卽耳目蔽；用爲心腹，卽心腹病。馭之之道，在使之畏法，不可使有功。畏法則檢束，有功則驕恣。」有內侍事帝最久，微言及政事，立斥之，終其身不召。因定制，內侍毋許識字。洪武十七年鑄鐵牌，文曰：「內臣不得干預政事，犯者斬」，置宮門中。又敕諸司毋得與內官監文移往來。然二十五年命聶慶童往河州敕諭茶馬，中官奉使行事已自此始。成祖亦嘗云：「朕一遵太祖訓，無御寶文書，卽一軍一民，中官不得擅調發。」有私役應天工匠者，立命錦衣逮治。顧中官四出，實始永樂時。元年，李興等齎敕勞暹羅國王，此奉使外國之始也。三年命鄭和等率兵二萬，行賞西洋古里、滿剌諸國，此將兵之始也。八年敕王安等監都督譚青等軍，馬靖巡視甘肅，此監軍、巡視之始也。及洪熙元年，以鄭和領下番官軍守備南京，遂相沿不改。敕王安鎭守甘肅，而各省鎭皆設鎭守矣。宣德四年特設內書堂，〔九〕命大學士陳山專授小內使書，而太祖不許識字讀書之制，由此而廢。賜王瑾、金英印記，則

中華書局

與諸密勿大臣同。賜金英、范弘等免死詔，則又無異勳臣之鐵劵也。英之王振，憲之汪直，武之劉瑾，熹之魏忠賢，太阿倒握，威福下移。神宗礦稅之使，無一方不罹厥害。其他怙勢薰灼，不可勝紀。而廕弟、廕姪、封伯、封公，則撓官制之大者。莊烈帝初翦大憝，中外頌聖。既而鎮守、出征、督餉、坐營等事，無一不命中官爲之，而明亦遂亡矣。

女官。六局。尚宮局，尚宮二人，正五品。六尚並同。尚宮掌導引中宮。凡六局出納文籍，皆印署之。若徵辦於外，則爲之請旨，牒付內官監。監受牒，行移於外。領司四：司記，司記二人，正六品；典記二人，正七品；掌記二人，正八品。掌宮內諸司簿書，出入錄目，番署加印，然後授行。女史六人，掌執文書，凡二十四司，二十四典，二十四掌，品秩並同。司言，司言二人，典言二人，掌言二人，女史四人，掌宣傳啓奏。凡令節外命婦朝賀中宮，司言傳旨。司簿，司簿二人，典簿二人，掌簿二人，女史六人，掌宮人名籍及廩賜之事。司闈。司闈六人，典闈六人，掌闈六人，女史四人，掌宮闈管鑰之事。尚儀局，尚儀二人，掌禮儀起居事。領司四：司籍，司籍二人，典籍二人，掌籍二人，女史十人，掌經籍、圖書、筆札、几案之事。司樂，司樂四人，〔一〇〕典樂四人，掌樂四人，女史二人，掌音樂之事。司賓，司賓二人，典賓二人，掌賓二人，女史二人，掌朝見、宴會、賜賚之事。司贊，司贊二人，典贊二人，掌贊二人，女史二人，掌朝見、宴會、贊相之事。彤史。彤史二人，正六品，掌宴見進御之事，凡后妃、羣妾御於君所，彤史謹書其月日。尚服局，尚服二人，掌供服用采章之數。領司四：司寶，司寶二人，典寶二人，掌寶二人，女史四人，掌寶璽、符契。司

衣，司衣二人，典衣二人，掌衣二人，女史四人，掌衣服、首飾之事。司飾，司飾二人，典飾二人，掌飾二人，女史二人，掌巾櫛、膏沐之事。司仗，司仗二人，典仗二人，掌仗二人，女史二人，凡朝賀，帥女官擎執儀仗。尚食局，尚食二人，掌膳羞品齊之數。凡以飲食進御，尚食先嘗之。領司四：司膳，司膳四人，典膳四人，掌膳四人，女史四人，掌割烹煎和之事。司醞，司醞二人，典醞二人，掌醞二人，女史二人，掌酒醴酏飲之事。司藥，司藥二人，典藥二人，掌藥二人，女史四人，掌醫方藥物。司饎。司饎二人，典饎二人，掌饎二人，掌廩餼薪炭之事。尚寢局，尚寢二人，掌天子之宴寢。領司四：司設，司設二人，典設二人，掌設二人，女史四人，掌牀帷、茵席、汛掃、張設之事。司輿，司輿二人，典輿二人，掌輿二人，女史二人，掌輿輦、繖扇之事。司苑，司苑二人，典苑二人，掌苑二人，女史四人，掌園囿種植花果。司燈。司燈二人，典燈二人，掌燈二人，女史二人，掌燈燭事。尚功局，尚功二人，掌督女紅之程課。領司四：司製，司製二人，典製二人，掌製二人，女史四人，掌衣服裁製縫紉之事。司珍，司珍二人，典珍二人，掌珍二人，女史六人，掌金玉寶貨。司綵，司綵二人，典綵二人，掌綵二人，女史六人，掌繒錦絲枲事。司計，司計二人，典計二人，掌計二人，女史四人，掌度支衣服、飲食、柴炭之事。宮正司。宮正一人，正五品；司正二人，正六品；典正二人，正七品。掌糾察宮闈、戒令、謫罰之事。大事則奏聞。女史四人，記功過。

吳元年置內職六尚局。洪武五年定爲六局一司。局曰尚宮，曰尚儀，曰尚服，曰尚食，曰尚寢，曰尚功。司曰宮正。尚宮二人，尚儀、尚服、尚食、尚寢、尚功各一人，宮正二人，俱正六品。六局分領二十四司，每司或二人或四人。司記、司言、司簿、司樂、司寶、司衣、司飾、司醞、司藥、司供、司輿、司苑、司珍、司綵、司計各二人。司闈、司籍、司賓、司贊、司仗、司饌、司設、司燈、司製各四人。女史十八人。尚功局六人，餘五局及宮正司各二人。十七年更定品秩。尚宮、尚儀、尚服、尚食、尚寢、尚功，宮正各一人，俱改正五品；二十四司正六品。增設二十四掌，正七品。宮正司增設司正，正六品。二十二年授宮官敕。服勞多者，或五載六載，得歸父母，聽婚嫁。年高者許歸，願留者聽。現授職者，家給與祿。二十七年又重定品職。增設二十四典，正七品。改二十四掌爲正八品。尚儀局增設彤史，正六品。宮正司增設典正，正七品。自六尚以下，員數俱如前所列。凡宮官一百八十七人，女史九十六人。六局各鑄印給之。永樂後，職盡移於宦官。其宮官所存者，惟尚寶四司而已。〔一一〕

校勘記

〔一〕歲正旦上元重午重九長至賜假賜宴　假，原作「緞」，據明史稿志五六職官志、明會典卷二一九改。

〔二〕欽文之寶　本書卷六八輿服志、明會典卷二二二作「欽文之璽」。

〔三〕皆與內官尚寶監俱　內官，原作「內宮」，據本志下文、明史稿志五六職官志改。

〔四〕其後多以恩廕寄祿　祿，原作「錄」，據明史稿志五六職官志、王圻續文獻通考卷八六改。

〔五〕登聞鼓樓日一人皆錦衣衛官監涖　皆，疑爲「偕」字之訛，嵇璜續文獻通考卷五二作「與」。王圻續文獻通考卷九六作「弁」。按明會典卷二一三稱，登聞鼓，六科有直鼓官，錦衣衛有直日官，是兩官共監。

〔六〕若詔赦敕革之類必由閣臣　詔赦，原作「詰赦」，據明史稿志五六職官志改。

〔七〕道士有大眞人高士高士等封號　嵇璜續文獻通考卷六一作「道士有大眞人高士等封號」。

〔八〕僉書監工無定員　僉書，原作「僉事」，據明史稿志五八職官志、明宮史木集頁三七改。

〔九〕宣德四年特設內書堂　內書堂，原作「文書房」。按上文言文書房係宦官掌封進本章、發行諭批之內衙，非宦官習讀之所，本書卷三〇四宦官傳、明宮史木集頁二四都作「內書堂」，據改。

〔一〇〕司樂四人　四人，明史稿志五八職官志、明書卷二一宮闈紀、春明夢餘錄卷六宮官都作「二人」。本志下文「六局分領二十四司」下注，也稱司樂「二人」。

〔一一〕其宮官所存者惟尚寶四司而已　嵇璜續文獻通考卷五六：「以上未見有稱尚寶者，殆指尚服內司寶四司也。」本志上文尚服局領司寶、司衣、司飾、司仗四司，無尚寶司。按上文宦官尚寶監注下有尚寶司，明史稿志五八職官志同，明宮史木集頁三一尚寶監下亦有尚寶司而無司寶司，疑二名可以通稱。

中華書局

二十四史

明史卷七十五

志第五十一

職官四

南京宗人府　吏部　戶部附總督糧儲　禮部　兵部　刑部　工部
都察院附提督操江　通政司　大理寺　詹事府　翰林院　國子監
太常寺　光祿寺　太僕寺　鴻臚寺　尙寶司　六科　行人司
欽天監　太醫院　五城兵馬司　應天府附上元江寧二縣　已上南京官
王府長史司　布政司　按察司　各道　行太僕寺　苑馬寺
都轉運鹽使司　鹽課提舉司　市舶提舉司　茶馬司　府　州
縣　儒學　巡檢司　驛　稅課司　倉庫　織染局
河泊所附閘壩官　批驗所　遞運所　鐵冶所　醫學　陰陽學

僧綱司　道紀司

南京宗人府。經歷司，經歷一人。南京官品秩，俱同北京。

吏部。尙書一人，右侍郎一人。六部侍郎，至弘治後始專設右。萬曆三年俱革。十一年復設。天啓中，每部增侍郎一人。崇禎間革。其屬，司務廳，司務一人。文選、考功、驗封、稽勳四淸吏司，各郎中一人，主事一人。驗封、稽勳二司主事，後並革。凡南京官，六年考察，考功掌之，不由北吏部。

戶部。尙書一人，右侍郎一人，司務一人，照磨一人。十三司，郎中十三人，員外郎九人，浙江、江西、湖廣、廣東、廣西、福建、山西、陝西、雲南九司各一人，嘉靖三十七年革山西、陝西二司員外郎各一人，隆慶中又革廣西、雲南二司員外郎各一人。主事十七人，山西、廣東、廣西、雲南四司各二人，隆慶三年革廣東司主事一人。所轄，寶鈔提舉司，提舉一人。廣積庫、承運庫、贓罰庫、甲乙丙丁戊五字庫、寶鈔廣惠庫、軍儲倉，各大使一人。長安門倉、東安門倉、西安門倉、北安門倉各副使一人。龍江鹽倉檢校批驗所，大使一人。[一]隆慶三年革寶鈔司提舉、軍儲倉大使。

總督糧儲一人。嘉靖以前，特設都御史。二十六年革，以戶部右侍郎加都御史銜領之。

禮部。尙書一人　右侍郎一人，司務一人。儀制、祠祭、主客、精膳四司，各郎中一人。儀制、祠祭二司，各主事一人。所轄，鑄印局，副使一人。教坊司，右韶舞一人，左、右司樂各一人。

兵部。尙書參贊機務一人，右侍郎一人，司務一人。武選、職方、車駕、武庫四司，郎中四人，員外郎二人，武選、武庫無員外郎，主事五人，車駕主事二人。所轄，典牧所，提領一人，正八品。會同館、大勝關，各大使一人。按參贊機務，自宣德八年黃福始。成化二十三年始奉敕諭，專以本部尙書參贊機務，同內外守備官操練軍馬，撫卹人民，禁戢盜賊，振舉庶務，故其職視五部爲特重云。

刑部。尙書一人，右侍郎一人，司務、照磨各一人。十三司郎中十三人，員外郎五人，惟浙江、江西、河南、陝西、廣東五司設。主事十四人，廣東司二人。分掌南京諸司，及公、侯、伯、五府、京衞所刑名之事。司獄二人。

工部。尙書一人，右侍郎一人，司務一人。營繕、虞衡、都水、屯田四司，郎中四人，員外郎二人，營繕司一人，都水司一人，嘉靖三十七年革都水員外郎。主事八人，營繕司三人，屯田司一人，餘各二人。所轄，營繕所，所正、所副、所丞各一人。龍江、淸江二提舉司，各提舉一人，副提舉後革。文思院、寶源局、軍器局、織染所、龍江抽分竹木局、瓦屑壩抽分竹木局，各大使一人，嘉靖三十七年革文思院大使。

都察院。右都御史一人，右副都御史一人，右僉都御史一人，司務、經歷、都事、照磨各一人，司獄二人。嘉靖三十七年革司獄一人。隆慶四年革都事。浙江、江西、河南、山東、山西、陝西、四川、雲南、貴州九道，各御史二人。福建、湖廣、廣東、廣西四道，各御史三人。嘉靖後不全設，恒以一人兼數道。凡刷卷、巡倉、巡江、巡城、屯田、印馬、巡視糧儲、監收糧斛、點閘軍士、管理京營、比驗軍器，皆敍而差之。淸軍，則偕兵部、兵科。覈後湖黃冊，則偕戶部、戶科。

提督操江一人，以副僉都御史爲之，領上、下江防之事。

通政使司。通政使一人，右通政一人，右參議一人，掌收呈狀，付刑部審理。經歷一人。

大理寺。卿一人，右寺丞一人，司務一人，左、右寺正各一人，左、右評事各三人。隆慶三年革左、右評事各一人。

詹事府。主簿一人。

翰林院。學士一人，不常置，以翰林坊局官署職。孔目一人。

國子監。祭酒一人，司業一人，監丞一人，典簿一人，博士三人，助敎六人，學正五人，學錄二人，典籍一人，掌饌一人。嘉靖三十七年革助敎二人及掌饌。隆慶四年革博士一人，學正一人。

太常寺。卿一人，少卿一人，典簿一人，博士一人，協律郎二人，贊禮郎七人，嘉靖中，革贊禮郎一人。司樂二人。各祠祭署合奉祀八人，祀丞七人。天、地壇奉祀一、祀丞一。山川壇、耤田奉祀一。

中華書局

顯陵奉祀、祀丞各一。皇陵奉祀、祀丞各二。孝陵、揚王墳、徐王墳各奉祀一，祀丞一。嘉靖後，革天地壇、顯陵、揚王墳三祠祭署祀丞。

光祿寺。卿一人，少卿一人，隆慶四年革少卿。典簿一人。大官、珍羞、良醞、掌醢四署，各署正一人，署丞一人。嘉靖中，革良醞、掌醢二署署丞。萬曆中，革珍羞署丞。

太僕寺。卿一人，少卿二人，寺丞二人，隆慶中，革少卿一人，寺丞一人。主簿一人。

鴻臚寺。卿一人，主簿一人。司儀、司賓二署，各署丞一人，鳴贊四人，序班九人。

尙寶司。卿一人。

吏、戶、禮、兵、刑、工六科。給事中六人。又戶科給事中一人，管理後湖黃冊。

行人司。左司副一人。

欽天監。監正一人，監副一人，主簿一人。五官正一人，五官靈臺郎二人，五官監候一人，五官司曆一人。

太醫院。院判一人，吏目一人。惠民藥局、生藥庫，各大使一人。

五城兵馬司。指揮各一人，副指揮各三人，吏目各一人。萬曆中，革副指揮每城二人。

應天府。府尹一人，府丞一人，治中一人，通判二人，推官一人，經歷、知事、照磨、檢校各一人。儒學教授一人，訓導六人。所轄，上元、江寧二縣，各知縣一人，縣丞一人，主簿一

人，典史一人。司獄司，司獄一人。〔三〕織染局，大使一人，左、右副使各一人。都稅司、宣課司，凡四，龍江、江東、聚寶門、太平門，稅課局，凡二，龍江、龍潭，各大使一人，副使或一人或二人。龍江遞運所，大使、副使各一人。批驗所，大使一人。河泊所，官一人。龍江關、石灰山關，各大使一人，副使四人。洪武三年改應天府知府為府尹，秩正三品，賜銀印。十三年始立儒學。

南京官，自永樂四年成祖往北京，置行部尙書，備行在九卿印以從。是時，皇太子監國，大小庶務悉以委之。惟封爵、大辟、除拜三品以上文武職，則六科都給事中以聞，政本故在南也。十八年，官屬悉移而北，南京六部所存惟禮、刑、工三部，各一侍郎，在南之官加「南京」字於職銜上。仁宗時補設官屬，除「南京」字。正統六年定制復如永樂時。

王府長史司。左、右長史各一人，正五品。其屬，典簿一人，正九品。所轄，審理所，審理正一人，正六品，副一人，正七品。典膳所，典膳正一人，正八品，副一人，從八品。奉祠所，奉祠正一人，正八品，副一人，從八品，典樂一人，正九品。典寶所，典寶正一人，正八品，副一人，從八品。紀善所，紀善二人，正八品。良醫所，良醫正一人，正八品，副一人，從八品。典儀所，典儀正一人，正九品，副一人，從九品。工正所，工正一人，正八品，副一人，從八品。以上各所副官，嘉靖四十四年並革。伴讀四人，從九品，後止設一人，教授無定員，從九品。引禮舍人三人，後革二人。倉大使、副使各一人，

庫大使、副使各一人。倉、庫副使後俱革。郡王府，教授一人，從九品，典膳一人，正八品。鎭國將軍，教授一人，從九品。

長史掌王府之政令，輔相規諷以匡王失，率府僚各供乃事，而總其庶務焉。凡請名、請封、請婚、請恩澤、及陳謝、進獻表啓、書疏，長史為王奏上。若王有過，則詰長史。曾經過犯之人，毋得選用是職。審理掌推按刑獄，禁詰橫暴，無干國紀。典膳掌祭祀、賓客，王若妃之膳羞。奉祠掌祭祀樂舞。典寶掌王寶符牌。紀善掌諷導禮法，開諭古誼，及國家恩義大節，以詔王善。良醫掌醫。典儀掌陳儀式。工正掌繕造修葺宮邸、廨舍。伴讀掌侍從起居，陳設經史。教授掌以德義廸王，校勘經籍。凡宗室年十歲以上，入宗學，教授與紀善為之師。引禮掌接對賓客，贊相威儀。

洪武三年置王相府，左、右相各一人，正二品，左、右傅各一人，從二品。參軍府，參軍一人，正五品，錄事二人，正七品，紀善一人，正七品。各以其品秩列朝官之次。又置典籤司、諮議官。尋以王府武相皆勳臣，令居文相上，王相府官屬仍與朝官更互除授。是年置王府教授。四年更定官制。左、右相，正二品，文武傅，從二品，參軍，從五品，錄事，正七品，審理正，正六品，副，正七品，紀善，正七品，各署典祠正、典寶正、典儀正、典膳正、典服正、工正、醫正，並正七品，副，並從七品，牧正，正八品，副，從八品，引禮舍人，省注。九年改參軍為長史，罷王傅府及典籤司、諮議官，增設伴讀四人，選老成明經愼行之士任

之，侍讀四人，收掌文籍，少則缺之。尋改王相府所屬奉祠、典寶、典膳、良醫、工正各所正幷紀善俱正八品，副，從八品。十三年幷罷王相府，陞長史司為正五品，置左、右長史各一人，典簿一人。定王府孳牲所、倉庫等官俱為雜職。二十八年置靖江王府諮議所，諮議、記室、教授各一人。建文中，增置親王賓輔二人，伴讀、伴講、伴書各一人，長史三人。郡王賓友二人，教授一人，記室二人，直史一人，左、右直史各一人，吏目一人，典印、典祠、典禮、典饌、典藥五署官各一人，典儀二人，引禮舍人二人，儀仗司，吏目一人。其賓輔、三伴、賓友、教授進見時，侍坐，稱名而不稱臣，禮如賓師。成祖初，復舊制，改靖江王府諮議所為長史司。萬曆間，周府設宗正一人。後各府亦漸置。郡王府增設教授一人。

又洪武七年，公主府設家令一人，正七品，司丞一人，正八品，錄事一人，正九品。二十三年改家令司為中使司，以內使為之。

承宣布政使司。左、右布政使各一人，從二品，左、右參政，從三品，左、右參議，無定員，從四品。參政、參議因事添設，各省不等，詳諸道。經歷司，經歷一人，從六品，都事一人，從七品。照磨所，照磨一人，從八品，檢校一人，正九品。理問所，理問一人，從六品，副理問一人，從七品，提控案牘一人。司獄司，司獄一人，從九品。庫大使一人，從九品，副使一人。倉大使一人，從九品，副使一人。雜

造局、軍器局、寶泉局、織染局，各大使一人，從九品，副使一人。所轄衙門各省不同，詳見雜職。

布政使掌一省之政，朝廷有德澤、禁令，承流宣播，以下於有司。凡僚屬滿秩，廉其稱職、不稱職，上下其考，報撫、按以達於吏部、都察院。三年，率其府州縣正官，朝覲京師，以聽察典。十年，會戶版以登民數、田數。賓興貢，合省之士而提調之。宗室、官吏、師生、軍伍，以時班其祿俸、廩糧。祀典神祇，謹其時祀。民鰥寡孤獨者養之，孝弟貞烈者表揚之，水旱疾疫災祲，則請於上蠲振之。凡貢賦役，視府州縣土地人民豐瘠多寡，而均其數。凡有大興革及諸政務，會都、按議，經畫定而請於撫、按若總督。其國慶國哀，遣僚貳朝賀弔祭於京師。天子卽位，則左布政使親至。參政、參議分守各道，及派管糧儲、屯田、清軍、驛傳、水利、撫民等事，併分司協管京畿。兩京不設布、按，無參政、參議、副使、僉事，故於旁近布、按分司帶管，詳見各道。經歷、都事，典受發文移，其詳巡按、巡鹽御史文書，用經歷印。照磨、檢校典勘理卷宗。理問典刑名。

初，太祖下集慶，自領江南行中書省。戊戌，置中書分省於婺州。後每略定地方，卽置行省，其官自平章政事以下，大略與中書省同。設行省平章政事，從一品，左、右丞，正二品，參知政事，從二品。左、右司，郎中，從五品，員外郎，從六品，都事、檢校，從七品，照磨、管勾，從八品。理問所，正理問，正四品，副理問，正五品，知事，從八品。尋改知事爲提控案牘，省注。

洪武九年改浙江、江西、福建、北平、廣西、四川、山東、廣東、河南、陜西、湖廣、山西諸行省俱爲承宣布政使司，罷行省平章政事，左、右丞等官，改參知政事爲布政使，秩正二品，左、右參政，從二品，改左、右司爲經歷司。十三年改布政使，正三品，參政，從三品。十四年增置左、右參議，正四品，尋增設左、右布政使各一人。十五年置雲南布政司。二十二年定秩從二品。建文中，陞正二品，裁一人。成祖復舊制。永樂元年以北平布政司爲北京。五年置交阯布政司。十一年置貴州布政司。止設使一人，餘官如各布政司。宣德三年罷交阯布政司，除兩京外，定爲十三布政司。初置藩司，與六部均重。布政使入爲尚書、侍郎，副都御史每出爲布政使。宣德、正統間猶然，自後無之。

提刑按察使司。按察使一人，正三品，副使，正四品，僉事無定員，正五品。詳見諸道。經歷司，經歷一人，正七品，知事一人，正八品。照磨所，照磨一人，正九品，檢校一人，從九品。司獄司，司獄一人，從九品。

按察使掌一省刑名按劾之事。糾官邪，戢奸暴，平獄訟，雪冤抑，以振揚風紀，而澄清其吏治。大者暨都、布二司會議，告撫、按，以聽於部、院。凡朝覲慶弔之禮，具如布政司。副使、僉事，分道巡察，其兵備、提學、撫民、巡海、清軍、驛傳、水利、屯田、招練、監軍，各專事置，併分員巡備京畿。

明初，置提刑按察司。吳元年置各道按察司，設按察使，正三品，副使，正四品，僉事，正五品。十三年改使秩正四品，尋罷。十四年復置，並置各道按察分司。十五年又置天下府州縣按察分司。以儒士王存中等五百三十一人爲試僉事，人按二縣。凡官吏賢否、軍民利病，皆得廉問糾舉。十六年盡罷試僉事，改按察使爲從三品，副使二人，從四品，僉事，從五品，多寡從其分道之數。二十二年復定按察使爲正三品。二十九年改置按察分司爲四十一道。直隸六：曰淮西道，曰淮東道，曰蘇松道，曰建安徽寧道，曰常鎮道，曰京畿道。浙江二：曰浙東道，曰浙西道。四川三：曰川東道，曰川西道，曰黔南道。山東三：曰濟南道、曰海右道，曰遼海東寧道。河南二：曰河南道，曰河北道。北平二：曰燕南道，曰燕北道。陜西五：曰關內道，曰關南道，曰河西道，曰隴右道，曰西寧道。山西三：曰冀寧道，曰冀北道，曰河東道。江西三：曰嶺北道，曰兩江道，曰湖東道。廣東三：曰嶺南道，曰海南道，曰海北道。廣西三：曰桂林蒼梧道，曰左江道，曰右江道。福建二：曰建寧道，曰福寧道。湖廣四：曰武昌道，曰荆南道，曰湖南道，曰湖北道。三十年始置雲南按察司。先是，命布政司兼理。建文時，改爲十三道肅政按察司。成祖初，復舊。永樂五年置交阯按察司，又增設各按察司僉事。因督軍衞屯糧，增浙江、江西、廣東、廣西、湖廣、河南、雲南、四川各一人，陜西、福建、山東、山西各二人。此增設監司之始。十二年置貴州按察司。宣德五年革交阯按察司。除兩京不設，共十三按察司。正統三年增設理倉副使、僉事，又設僉事與布政司參議各一員

於甘肅，監收倉糧。八年增設僉事，專理屯田。景泰二年增巡河僉事。自後，各省因事添設，或置或罷，不可勝紀。今總布、按二司所分諸道詳左。

布政司參政、參議分司諸道。督糧道，十三布政司各一員，俱駐省城。督冊道，江西、陜西等間設。分守道：浙江杭嘉湖道，寧紹台道，金衢嚴道，溫處道，俱駐省。江西南瑞道，駐省，湖東道，駐廣信，湖西道，駐臨江，饒南九江道，駐九江，贛南道，駐南安。山東濟南道，東兗道，海右道，俱駐省。山西冀寧道，駐省，河東道，駐蒲州，冀北道，駐大同，冀南道，駐汾州。陜西關內道，駐省，關西道，駐鳳翔，西寧道，駐涼州，關南道，駐興安，河西道，駐慶陽，隴右道，駐鞏昌。河南大梁道，駐省，河南道，駐河南，汝南道，駐南陽，河北道，駐懷慶。湖廣武昌道，下荆南道，兼兵備，駐澧州，荆西道，兼兵備，駐安陸，上湖南道，下湖南道，上江防道，或駐荆州、岳州，下江防道。福建興泉道，駐泉州，福寧道，駐興化，漳南道，駐漳州，建南道，駐延平，汀漳道，駐上杭縣。廣東嶺東道，駐潮州，嶺西道，駐高州，羅定道，兼兵備，駐羅定州，嶺北道，嶺南道，駐南雄。四川川西道，川北道，駐保寧，上下川東道，駐涪州，上川南道，雅州、嘉定二署，下川南道，敘州、瀘州二署。廣西桂平道，駐省，蒼梧道，駐梧州，左江道，駐潯州，右江道，駐柳州。貴州安平道，貴寧道，駐省，新鎮道，駐平越，思仁道，駐思南。雲南臨安道，騰衝道，瀾滄道。以上或參政，或參議。

中華書局

按察司副使、僉事分司諸道。提督學道，淸軍道，驛傳道，十三布政司俱各一員，惟湖廣提學二員，浙江、山西、陝西、福建、廣西、貴州淸軍兼驛傳，江西右布政使淸軍。

分巡道：浙江杭嚴道，寧紹道，嘉湖道，金衢道。江西饒南九江道，駐饒州，湖西道，駐吉安，南昌道，湖東道，嶺北道。山東兗州道，駐沂州，濟寧道，靑州海防道，濟南道，移德州，海右道，駐省，海道，駐萊州，登萊道，遼海道。山西冀寧道，冀南道，駐潞安，雁門道。陝西關內道，駐邠州，關西道，駐平涼，隴右道，駐秦州，河西道，駐鄜州，西寧道。河南大梁道，汝南道，駐信陽州，河南道，駐汝州，河北道，駐磁州。湖廣武昌道，荆西道，駐沔陽，〔三〕上荆南道，下荆南道，湖北道，上湖南道，下湖南道，沅靖道。福建巡海道，兼理糧儲，福寧道，興泉道，駐泉州，建南道，駐建寧，武平道，漳南道，駐上杭縣，建寧道，海道，駐漳州，汀漳道。廣東嶺東道，駐惠州，嶺西道，駐肇慶，嶺南道，駐省，海北道，駐雷州，海南道，駐瓊州。四川上東道，駐重慶，下東道，駐達州，川西道，川北道，駐保寧，下川南道，上川南道。廣西府江兵巡道，駐平樂，桂林兵巡道，駐省，蒼梧兵巡道，駐梧州，移鬱林州，左江兵巡道，駐南寧，右江兵巡道，駐賓州。上五道俱兼兵備。貴州貴寧道，思石道，駐銅仁，都淸道，兼兵備，駐都勻。雲南安普道，臨沅道，洱海道，金滄道。

整飭兵備道、浙江寧紹道，嘉興道，溫處道，台海道。江西南瑞道，廣建道，駐建昌。山東臨淸道，武德道，駐武定州，曹濮道，駐曹州，沂州道，遼東道。山西雁北道，駐代州，大同道，二員，

一駐大同，一駐朔州，陽和道，潞安道，岢嵐道。陝西肅州道，固原道，臨洮道，駐蘭州，洮岷道，駐岷州，靖遠道，榆林中路道，榆林東路道，駐神木縣，寧夏河西道，駐寧夏，寧夏河東兵糧道，駐花馬池，莊浪道，漢羌道，潼關道。湖廣辰沅道。河南睢東道。福建兵備道，巡海道。廣東南韶道，南雄道。四川松潘道，威茂道，建昌道，重夔道，安綿道，敍瀘道。廣西，分巡兼兵備。五道俱見分巡。貴州威淸道，駐安順，畢節道。雲南曲靖道。

其外又有協堂道，副使，河南、浙江間設，水利道，浙江，屯田道，江西、河南、四川三省屯田兼驛傳，管河道，河南，鹽法道，撫治道，陝西撫治商洛道，湖廣又有撫民、撫苗道，監軍道，因事不常設，招練道，山東間設。其北直隸之道寄銜於山東者，則爲密雲道，大名道，天津道，霸州道；寄銜於山西者，則爲易州道，口北道，昌平道，井陘道，薊州、永平等道。南直隸之道寄銜於山東者，太倉道，潁州道，徐州道；寄銜浙江、江西、湖廣者，蘇松道，漕儲道，常鎭道，廬鳳道，徽寧池太道，淮揚道。

按明初制，恐守令貪鄙不法，故於直隸府州縣設巡按御史，各布政司所屬設試僉事。已罷試僉事，改按察分司四十一道，此分巡之始也。分守起於永樂間，每令方面官巡視民瘼。後遂定右參政、右參議分守各屬府州縣。兵道之設，仿自洪熙間，以武臣疏於文墨，遣參政副使沈固、劉紹等往各總兵處整理文書，商榷機密，未嘗身領軍務也。至弘治中，本兵馬文升慮武職不修，議增副僉一員敕之。自是兵備之員盈天下。兩京不設布、按二司，故督學以御史。後置守、巡諸員無所屬，則寄銜於鄰近省布、按司官。

行太僕寺。卿一人，從三品，少卿一人，正四品，寺丞無定員，正六品。其屬，主簿一人，從七品。掌各邊衞所營堡之馬政，以聽於兵部。凡騎操馬匹印烙、俵散、課掌、孳牧，以時督察之。歲春秋，閱視其增耗、齒色，三歲一稽比，布、按二司不得與。有瘠損，則聽兵部參罰。苑馬寺亦如之。

洪武三十年置行太僕寺於山西、北平、陝西、甘肅、遼東。山西、北平、陝西，每寺設少卿一人，丞三人；甘肅、遼東，每寺設少卿、丞各一人，擇致仕指揮、千百戶爲之。永樂四年許令寺官按治所轄衞所鎭撫首領官吏。十八年以北京行太僕寺爲太僕寺。宣德七年發雜犯死罪應充軍者，於陝西行太僕寺養馬。弘治十年簡推素有才望者補本寺官，視太僕寺官陞擢。嘉靖三年，從御史陳講請，增設陝西、甘肅二寺各少卿一員，分管延綏、寧夏。二十九年令寺官遇聖節，輪年齎進表文。

苑馬寺。卿一人，從三品，少卿一人，正四品，寺丞無定員，正六品。其屬，主簿一人，從七品。各

牧監，監正一人，正九品，監副一人，從九品，錄事一人。各苑，圉長一人，從九品。掌六監二十四苑之馬政，而聽於兵部。凡苑，視廣狹爲三等：上苑牧馬萬匹，中苑七千，下苑四千。凡牧地，曰草場，曰荒地，曰熟地，嚴禁令而封表之。凡牧人，曰恩軍，曰隊軍，曰改編之軍，曰充發之軍，曰召募之軍，曰抽選之軍，皆籍而食之。凡馬駒，歲籍其監苑之數，上於兵部，以聽考課。監正、副掌監苑之牧事，圉長帥羣長而阜蕃馬匹。

永樂四年置苑馬寺凡四：北直隸、遼東、平涼、甘肅。五年增設北直隸苑馬寺六監二十四苑。順義、長春、咸和、馴良四苑，隸淸河監。水州、隆萃、大牧、遂寧，隸金臺監。洴池、鹿鳴、龍河、長興，隸涿鹿監。遼陽、龍山、萬安、蕃昌，隸盧龍監。淸流、廣蕃、龍泉、松林，隸香山監。河陽、崇義、興寧、永成，隸通州監。六年增甘肅、平涼二寺監。每寺各六監二十四苑。十八年革北京苑馬寺，幷入太僕。正統四年革甘肅苑馬寺，改牧恩軍於黑水口，隸長樂監。弘治二年革平涼寺丞一員。十七年，都御史楊一淸奏請行太僕、苑馬二寺員缺，簡選才望參政、副使補陞卿，參議、僉事補陞少卿，以振馬政。十八年又請添設寺員。嘉靖三十二年以遼東寺卿張思兼轄金、復、蓋州三衞軍民。四十二年又命帶理兵備事。

都轉運鹽使司。都轉運使一人，從三品，同知一人，從四品，副使一人，從五品，判官無定員

中華書局

從六品。其屬，經歷司，經歷一人，從七品，知事一人，從八品，庫大使、副使各一人。所轄，各場鹽課司大使、副使，各鹽倉大使、副使，各批驗所大使、副使，並一人，俱未入流。

都轉運使掌鹽鹽之事。同知、副判分司之。都轉運鹽使司凡六：曰兩淮，曰兩浙，曰長蘆，曰河東，曰山東，曰福建。分司十四：泰州、淮安、通州隸兩淮，嘉興、松江、寧紹、溫台隸兩浙，滄州、青州隸長蘆，膠萊、濱樂隸山東，解鹽東場、西場、中場隸河東。分副使若副判涖之，督各場倉鹽課司，以總於都轉運使，共奉巡鹽御史或鹽法道臣之政令。福建、山東無巡鹽御史，餘詳食貨志鹽法中。

鹽課提舉司。提舉一人，從五品，同提舉一人，從六品，副提舉無定員，從七品。其屬，吏目一人，從九品，庫大使、副使一人。〔四〕所轄，各鹽倉大使、副使，各場、各井鹽課司大使、副使，並一人。提舉司凡七：曰四川，曰廣東海北，廉州，曰黑鹽井，楚雄，曰白鹽井，姚安，曰安寧，曰五井，大理，曰察罕腦兒。又有遼東煎鹽提舉司。提舉，正七品，同提舉，正八品，副提舉，正九品。其職掌皆如都轉運司。

明初，置都轉運司於兩淮。吳元年置兩浙都轉運司於杭州，定都轉運使秩正三品，設同知，正四品，副使，正五品，運判，正六品，經歷，正七品，知事，正八品，照磨、綱官，正九品。鹽場設司

令，從七品，司丞，從八品，百夫長，省注。洪武二年置長蘆、河東二都轉運司，及廣東海北鹽課提舉司，尋又置山東、福建二都轉運司。三年又於陝西察罕腦兒之地，置鹽課提舉司，後漸增置各處。建文中，改廣東提舉爲都轉運司。永樂初復故。十四年初命御史巡鹽。景泰三年罷長蘆、兩淮巡鹽御史，命撫、按官兼理。已復遣御史，其無御史者，分按察司理之。又洪武中，於四川置茶鹽都轉運司，洪武五年置，設官如都轉運鹽使司。十年罷。納溪、白渡二鹽馬司，洪武五年置，以常選官爲司令，內使爲司丞。十三年罷，尋復置。十五年改設大使、副使各一人。後並革。又有順龍鹽馬司，亦革。

市舶提舉司。提舉一人，從五品，副提舉二人，從六品。其屬，吏目一人，從九品。掌海外諸蕃朝貢市易之事，辨其使人表文勘合之眞僞，禁通番，征私貨，平交易，閑其出入而愼館轂之。

吳元年置市舶提舉司。洪武三年罷太倉、黃渡市舶司。七年罷福建之泉州、浙江之明州、廣東之廣州三市舶司。永樂元年復置，設官如洪武初制，尋命內臣提督之。嘉靖元年，給事中夏言奏倭禍起於市舶，遂革福建、浙江二市舶司，惟存廣東市舶司。

茶馬司。大使一人，正九品，副使一人，從九品。掌市馬之事。洪武中，置洮州、秦州、河州三茶馬司，設司令、司丞。十五年改設大使、副使各一人，尋罷洮州茶馬司，以河州茶馬司兼領之。三十年改秦州茶馬司爲西寧茶馬司。又洪武中，置四川永寧茶馬司，後革，復置雅州碉門茶馬司。又於廣西置慶遠裕民司，洪武七年置，設大使一人，從八品，副使一人，正九品。市八番溪洞之馬，後亦革。

府。知府一人，正四品，同知，正五品，通判無定員，正六品，推官一人，正七品。其屬，經歷司經歷一人，正八品，知事一人，正九品。照磨所，照磨一人，從九品，檢校一人。司獄司，司獄一人。所轄別見。

知府掌一府之政，宣風化，平獄訟，均賦役，以教養百姓。每三歲，察屬吏之賢否，上下其考，以達於省，上吏部。凡朝賀、弔祭，視布政使司，直隸府得專達。凡詔赦、例令、勘劄至，謹受之，下所屬奉行。所屬之政，皆受約束於府，劑量輕重而令之，大者白於撫、按、布、按，議允乃行。凡賓興科貢，提調學校，修明祀典之事，咸掌之。若籍帳、軍匠、驛遞、馬牧、盜賊、倉庫、河渠、溝防、道路之事，雖有專官，皆總領而稽覈之。同知、通判分掌清軍、巡捕、管糧、治農、水利、屯田、牧馬等事。無常職，各府所掌不同，如延安、延綏同知又兼牧民，餘不盡載。無定員。邊府同知有增至六、七員者。推官理刑名，贊計典。各府推官，洪武三年始設。經歷、照磨、檢

校受發上下文移，磨勘六房宗卷。

明初，改諸路爲府。洪武六年分天下府三等：糧二十萬石以上爲上府，知府，秩從三品；二十萬石以下爲中府，知府，正四品；十萬石以下爲下府，知府，從四品。已，並爲正四品。七年減北方府州縣官三百八人。十三年選國子學生二十四人爲府州縣官。六月罷各府照磨。二十七年復置。自宣德三年棄交阯布政司，計天下府凡一百五十有九。

州。知州一人，從五品，同知，從六品，判官無定員，從七品。里不及三十而無屬縣，裁同知、判官。有屬縣，裁同知。其屬，吏目一人，從九品。所轄別見。

知州掌一州之政。凡州二：有屬州，有直隸州。屬州視縣，直隸州視府，而品秩則同。同知、判官，俱視其州事之繁簡，以供厥職。計天下州凡二百三十有四。

縣。知縣一人，正七品，縣丞一人，正八品，主簿一人，正九品。其屬，典史一人。所轄別見。

知縣掌一縣之政。凡賦役，歲會實征，十年造黃冊，以丁產爲差。賦有金穀、布帛及諸貨物之賦，役有力役、雇役、借倩不時之役，〔五〕皆視天時休咎，地利豐耗，人力貧富，調劑而均節之。歲歉則請於府若省蠲減之。凡養老、祀神、貢士、讀法、表善良、恤窮乏、稽保甲、嚴緝捕、聽獄訟，皆躬親厥職而勤愼焉。若山海澤藪之產，足以資國用者，則按籍而致貢。縣丞、主簿分掌糧馬、巡捕之事。典史典文移出納。如無縣丞，或無主簿，則分領丞簿職。

縣丞、主簿，添革不一。若編戶不及二十里者並裁。

吳元年定縣三等：糧十萬石以下爲上縣，知縣從六品；六萬石以下爲中縣，知縣正七品；三萬石以下爲下縣，知縣從七品。已，並爲正七品。凡新授郡縣官，給道里費。洪武元年徵天下賢才爲府州縣職，敕命厚賜，以勵其廉恥，又敕諭之至於再。三十七年定府州縣條例八事，頒示天下，永爲遵守。是時，天下府州縣官廉能正直者，必遣行人齎敕往勞，增秩賜金。仁、宣之際猶然，英、憲而下日罕。自後益重內輕外，此風絕矣。計天下縣凡一千一百七十有一。

儒學。府，教授一人，從九品，訓導四人。州，學正一人，訓導三人。縣，教諭一人，訓導二人。教授、學正、教諭，掌教誨所屬生員，訓導佐之。凡生員廩膳、增廣，府學四十人，州學三十人，縣學二十人，附學生無定數。儒學官月課士子之藝業而獎勵之。凡學政遵臥碑，咸聽於提學憲臣提調，府聽於府，州聽於州，縣聽於縣。其殿最視鄉舉之有無多寡。

明初，置儒學提舉司。洪武二年詔天下府州縣皆立學。十三年改各州學正爲未入流。先是從九品。二十四年定儒學訓導位雜職上。三十一年詔天下學官改授旁郡州縣。正統元年始設提督學校官，又有都司儒學，洪武十七年置，遼東始。行都司儒學，洪武二十三年置，北平始。衞儒

學，洪武十七年置，岷州衞，二十三年置，大寧等衞始。以教武臣子弟。俱設教授一人，訓導二人。河東又設都轉運司儒學，制如府。其後宣慰、安撫等土官，俱設儒學。

巡檢司。巡檢、副巡檢，俱從九品，主緝捕盜賊，盤詰奸僞。凡在外各府州縣關津要害處俱設，俾率徭役弓兵警備不虞。初，洪武二年，以廣西地接猺、獞，始於關隘衝要之處設巡檢司，以警奸盜，後遂增置各處。十三年二月特賜敕諭之，尋改爲雜職。

驛。驛丞典郵傳迎送之事。凡舟車、夫馬、廩糗、庖饌、裯帳，視使客之品秩，僕夫之多寡，而謹供應之。支直於府若州縣，而籍其出入。巡檢、驛丞，各府州縣有無多寡不同。

稅課司。府曰司，縣曰局。大使一人，從九品，典稅事。凡商賈、儈屠、雜市，皆有常征，以時榷而輸其直於府若縣。凡民間貿田宅，必操契券請印，乃得收戶，則征其直百之三。明初，改在京官店爲宣課司，府州縣官店爲通課司，後改通課司爲稅課司、局。

倉。大使一人，府從九品，州縣未入流。副使一人，庫大使一人。州縣設。

織染雜造局。大使一人，從九品，州織染局未入流。副使一人。

河泊所官，掌收魚稅；閘官、壩官，掌啓閉蓄洩。洪武十五年定天下河泊所凡二百五十二。歲課糧五千石以上至萬石者，設官三人；千石以上設二人；三百石以上設一人。

批驗所。大使一人，副使一人，掌驗茶鹽引。

遞運所。大使一人，副使一人，掌運遞糧物。洪武九年始置。先是，在外多以衞所戍守軍士傳送軍囚，太祖以其妨練習守禦，乃命兵部增置各處遞運所，以便遞送。設大使、副使各一人，驗夫多寡，設百夫長以領之。後汰副使，革百夫長。

鐵冶所。大使一人，副使一人。洪武七年初置。凡十三所，每所置大使、副使各一人。初，大使，正八品，副使，正九品，後俱爲未入流。

醫學。府，正科一人，從九品。州，典科一人。縣，訓科一人。洪武十七年置，設官不給祿。

陰陽學。府，正術一人，從九品。州，典術一人。縣，訓術一人。亦洪武十七年置，設官不給祿。

府僧綱司，都綱一人，從九品，副都綱一人。州僧正司，僧正一人。縣僧會司，僧會一人。府道紀司，都紀一人，從九品，副都紀一人。州道正司，道正一人。縣道會司，道會一人。俱洪武十五年置，設官不給祿。

校勘記

〔一〕大使一人　原作「各大使一人」，「各」字衍，據明會典卷三刪。

〔二〕主簿一人典史一人司獄司司獄一人　原作「主簿二人」，並脫「司獄司」，據明會典卷三改補。按「司獄司」係應天府所轄衙門之一，不應省，省則司獄將誤屬上元江寧二縣。

〔三〕湖廣武昌道荆西道駐沔陽　沔陽，原作「河陽」，據明史稿志五七職官志改。按本書卷四四地理志，湖廣無河陽，有沔陽。

〔四〕庫大使副使一人　「一人」二字之上疑脫「各」字。

〔五〕役有力役雇役借倩不時之役　借倩，原作「借債」，據明史稿志五七職官志改。

中華書局

明史卷七十六

志第五十二

職官五

公侯伯　駙馬都尉附儀賓　五軍都督府　京營　京衞
錦衣衞附旗手等衞　南京守備　南京五軍都督府
南京衞　王府護衞附儀衞司　總兵官　留守司
都司附行都司　各衞　各所　宣慰司　宣撫司
安撫司　招討司　長官司附蠻夷長官司　軍民府附土州土縣

公、侯、伯，凡三等，以封功臣及外戚，皆有流，有世。功臣則給鐵券，封號四等：佐太祖定天下者，曰開國輔運推誠；從成祖起兵，曰奉天靖難推誠；餘曰奉天翊運推誠，曰奉天翊衞推誠。武臣曰宣力武臣，文臣曰守正文臣。歲祿以功爲差。已封而又有功，仍爵或進

爵，增祿。其才而賢者，充京營總督，五軍都督府掌僉書，南京守備，或出充鎮守總兵官，否則食祿奉朝請而已。年幼而嗣爵者，咸入國子監讀書。嘉靖八年定外戚封爵毋許世襲，其有世襲一二代者，出特恩。

駙馬都尉，位在伯上。凡尚大長公主、長公主、公主，並曰駙馬都尉。其尚郡主、縣主、郡君、縣君、鄉君者，並曰儀賓。歲祿各有差，皆不得與政事。明初，駙馬都尉有典兵出鎮及掌府部事者。建文時，梅殷爲鎮守淮安總兵官，李堅爲左副將軍。成祖時，李讓掌北京行部事。仁宗時沐昕，宣宗時宋琥，並守備南京。英宗時，趙輝掌南京左府事。其餘惟奉祀孝陵，攝行廟祭，署宗人府事。往往受命，一充其任。若恩親侯李貞，永春侯王寧，京山侯崔元，以恩澤封侯，非制也。

中軍、左軍、右軍、前軍、後軍五都督府，每府左、右都督，正一品，都督同知，從一品，都督僉事，正二品。恩功寄祿，無定員。其屬，經歷司，經歷，從五品，都事，從七品，各一人。

都督府掌軍旅之事，各領其都司、衞所，詳見兵志衞所中，以達於兵部。凡武職，世官流官、土官襲替、優養、優給，所屬上之府，移兵部請選。既選，移府，以下之都司、衞所。首領官聽吏部選授，給由亦如之。凡武官誥敕、俸糧、水陸步騎操練、官舍旗役併試、軍情聲息、軍伍勾補、邊腹地圖、文冊、屯種、器械、舟車、薪葦之事，並移所司而綜理之。凡各省、各鎮鎮守總兵官、副總兵，並以三等眞、署都督及公、侯、伯充之。有大征討，則掛諸號將軍或大將軍、前將軍、副將軍印總兵出，既事，納之。其各府之掌印及僉書，率皆公、侯、伯。間有屬老將之實爲都督者，不能十一也。

初，太祖下集慶，卽置行樞密院，自領之。又置諸翼統軍元帥府。尋罷樞密院，改置大都督府。以朱文正爲大都督，節制中外諸軍事，設司馬、參軍、經歷、都事等官。又增設左、右都督，同知，副使，僉事，照磨各一人，幷設斷事官。定制，大都督從一品，左、右都督正二品，同知都督從二品，副都督正三品，僉都督從三品，經歷從五品，都事從七品；統軍元帥府元帥正三品，同知元帥從三品，副使正四品，經歷正七品，知事從八品，照磨正九品。又以都鎭撫司隸大都督府，先是屬中書省，秩從四品。尋罷統軍元帥府。吳元年更定官制，罷大都督不設，以左、右都督爲長官，正一品，同知都督，從一品，副都督，正二品，僉都督，從二品，俱陞品秩。其屬，設參議，正四品，經歷，斷事官，從五品，都事，正七品，照磨，從七品。洪武九年罷副都督，改參議爲掌判官。十二年陞都督僉事爲正二品，掌判官爲正三品。十三年始改都督府爲五軍都督府，分領在京各衞所，惟錦衣等親軍上直衞不隸五府，及在外各都司、衞所，以中軍都督府

斷事官爲五軍斷事官。十五年置五軍十衞參軍府，設左、右參軍。十七年，五軍各設左、右斷事二人，提控案牘一人，並從九品。二十三年陞五軍斷事官爲正五品，總治五軍刑獄。分爲五司，司設稽仁、稽義、稽禮、稽智、稽信五人，俱正七品，各理其軍之刑獄。二十九年置五軍照磨所，專掌文牘。建文中，革斷事及五司官。

永樂元年設北京留守行後軍都督府，置左、右都督，都督同知，都督僉事，無定員，經歷、都事各一人。後又分五府，稱行在五軍都督府。十八年除「行在」字，在應天者加「南京」字。洪熙元年復稱行在，仍設行後府。宣德三年又革。正統六年復除「行在」字。

京營，永樂二十二年置三大營，曰五軍營，曰神機營，曰三千營。五軍、神機各設中軍、左右哨、左右掖，五軍、三千各設五司。每營俱選勳臣二人提督之。其諸營管哨、掖官，曰坐營，曰坐司。各哨、掖官，亦率以勳臣爲之。又設把總、把司、把牌等官。又有團子手、幼官、舍人、殫忠、效義諸營，俱附五軍營中。景泰元年選三營精銳立十團營，涖以總兵，統以總督，監以內臣。其舊設者，號爲老營。三老營凡六提督，內選其二領團營。成化三年分團營爲十二，每營又各分五軍、三千統騎兵，神機統火器。其各營統領，俱擇都督、都指揮或列爵充之，以總督統轄之。

正德中，又選團營精銳，置東西兩官廳，另設總兵、參將統領。嘉靖二十九年革團營

官廳，仍併三大營，改三千曰神樞，設副、參、遊、佐、坐營、號頭、中軍、千把總等官。五軍營：戰兵一營，左副將一；戰兵二營，練勇參將一；車兵三營，參將一；車兵四營，遊擊將軍一；城守五營，佐擊將軍一；戰兵六營，右副將一；戰兵七營，練勇參將一；車兵八營，參將一；車兵九營，遊擊將軍一；城守十營，佐擊將軍一；備兵坐營官一，大號頭官一。已上部推。監鎗號頭官一，中軍官十一，隨征千總四，隨營千總二十，選鋒把總八，把總一百三十八。已上俱營推。神樞營：戰兵一營，左副將一；戰兵二營，練勇參將一；車兵三營，參將一；車兵四營，遊擊將軍一；城守五營，佐擊將軍一；戰兵六營，右副將一；車兵七營，練勇參將一；執事八營，參將一；城守九營，佐擊將軍一；城守十營，佐擊將軍一；備兵坐營官一，大號頭官一。已上部推。監鎗號頭官一，中軍官十一，千總二十，選鋒把總六，把總一百五十七。已上俱營推。神機營：戰兵一營，左副將一；戰兵二營，練勇參將一；車兵三營，遊擊將軍一；車兵四營，佐擊將軍一；城守五營，佐擊將軍一；戰兵六營，右副將一；車兵七營，練勇參將一；城守八營，佐擊將軍一；城守九營，佐擊將軍一；城守十營，佐擊將軍一；備兵坐營官一，大號頭官一。已上部推。監鎗號頭官一，中軍官十一，千總二十，選鋒把總六，把總一百二十八。已上俱營推。通計三大營，共五百八十六員。統以提督總兵官一員。已，改提督曰總督，鑄「總督京營戎政」印，俾仇鸞佩之。更設侍郎一人，協理京營戎政。定巡視科道官歲一代更，悉革內侍官。增設巡視主事，尋亦革。隆慶初，仍以總督爲提督，改協理爲閱視，尋併改閱視爲提督。四年二月更京營制，三營各設提督，又各設右都御史一員提督之。九月罷六提督，仍復總督戎政一人。天啓初，增設協理一人，已，仍革一人。崇禎初，

復增一人。

京衛指揮使司，指揮使一人，正三品，指揮同知二人，從三品，指揮僉事四人，正四品。鎮撫司，鎮撫二人，從五品。其屬，經歷司，經歷，從七品，知事，正八品，吏目，從九品，倉大使、副使各一人。所轄千戶所，多寡各不等。

京衛有上直衛，有南、北京衛，品秩並同。各有掌印，有僉書。其以恩廕寄祿，無定員。凡上直衛親軍指揮使司，二十有六。曰錦衣衛，曰旗手衛，曰金吾前衛，曰金吾後衛，曰羽林左衛，曰羽林右衛，曰府軍衛，曰府軍左衛，曰府軍右衛，曰府軍前衛，曰府軍後衛，曰虎賁左衛，是爲上十二衛，洪武中置。曰金吾左衛，曰金吾右衛，曰羽林前衛，曰燕山左衛，曰燕山右衛，曰燕山前衛，曰大興左衛，曰濟陽衛，曰濟州衛，曰通州衛，是爲上十衛，永樂中置。曰騰驤左衛，曰騰驤右衛，曰武驤左衛，曰武驤右衛，宣德八年置。番上宿衛名親軍，以護宮禁，不隸五都督府。

其京衛隸都督府者，三十有三。曰留守左衛，曰鎮南衛，曰驍騎右衛，曰龍虎衛，曰瀋陽左衛，曰瀋陽右衛，隸左軍都督府。曰留守右衛，曰虎賁右衛，曰武德衛，隸右軍都督府。曰留守中衛，曰神策衛，曰應天衛，曰和陽衛及牧馬千戶所、蕃牧千戶所，俱隸中軍都督府。曰留守前衛，曰龍驤衛，曰豹韜衛，隸前軍都督府。曰留守後衛，曰鷹揚衛，曰興武衛，曰大寧中衛，曰大寧前衛，曰會州衛，曰富峪衛，曰寬河衛，曰神武左衛，曰忠義右衛，曰忠義前衛，曰忠義後衛，曰義勇右衛，曰義勇前衛，曰義勇後衛，曰武成中衛，曰蔚州左衛，隸後軍都督府。

又京衛非親軍而不隸都督府者，十有五。曰武功中衛，曰武功左衛，曰武功右衛，已上三衛以匠故，隸工部。曰永清左衛，曰永清右衛，曰彭城衛，曰長陵衛，曰獻陵衛，曰景陵衛，曰裕陵衛，曰茂陵衛，曰泰陵衛，曰康陵衛，曰永陵衛，曰昭陵衛。

明初，置帳前總制親軍都指揮使司，以馮國用爲都指揮使。後改置金吾侍衛親軍都護府，設都護，從二品，經歷，正六品，知事，從七品，照磨，從八品。又置各衛親軍指揮使司，設指揮使，正三品，同知指揮使，從三品，副使，正四品，經歷，正七品，知事，從八品，照磨，正九品，千戶所正千戶，正五品，副千戶，從五品，鎮撫、百戶，正六品。因置武德、龍驤、豹韜、飛熊、威武、廣武、興武、英武、鷹揚、驍騎、神武、雄武、鳳翔、天策、振武、宣武、羽林十七衛親軍指揮使司，此設親軍衛之始。尋罷金吾侍衛親軍都護府。洪武、永樂間，增設親軍諸衛，名爲上二十二衛，分掌宿衛。而錦衣衛主巡察、緝捕、理詔獄，以都督、都指揮領之，蓋特異於諸衛焉。

留守五衛，舊爲都鎮撫司，總領禁衛，先屬中書省，改隸大都督府，設都鎮撫，從四品，副鎮撫，從五品，知事，從八品。尋改宿衛鎮撫司，設宿衛鎮撫、宿衛知事。洪武三年改爲留守衛

指揮使司，專領軍馬守禦各城門，及巡警皇城與城垣造作之事。後陞爲留守都衛，統轄天策、豹韜、飛熊、鷹揚、江陰、廣洋、橫海、龍江、水軍左、右十衛。八年，復爲留守衛，與天策等八衛俱爲親軍指揮使司，惟水軍左、右二衛爲指揮使司，並隸大都督府。十一年改爲留守中衛，增置留守左、右、前、後四衛，仍爲親軍。十三年始分隸五都督府。

錦衣衛，掌侍衛、緝捕、刑獄之事，恒以勳戚都督領之，恩廕寄祿無常員。凡朝會、巡幸，則具鹵簿儀仗，率大漢將軍共一千五百七員等侍從扈行。宿衛則分番入直。朝日、夕月、耕耤、視牲，則服飛魚服，佩繡春刀，侍左右。盜賊奸宄，街塗溝洫，密緝而時省之。凡承制鞫獄錄囚勘事，偕三法司。五軍官舍比試併鎗，同兵部涖視。統所凡十有七。中、左、右、前、後五所，領軍士。五所分鑾輿、擎蓋、扇手、旌節、旛幢、班劍、斧鉞、戈戟、弓矢、馴馬十司，各領將軍校尉，以備法駕。上中、上左、上右、上前、上後、中後六親軍所，分領將軍、力士、軍匠。馴象所，領象奴養象，以供朝會陳列、駕輦、馱寶之事。

明初，置拱衛司，秩正七品，管領校尉，屬都督府。後改拱衛指揮使司，秩正三品。尋又改爲都尉司。洪武三年改爲親軍都尉府，管左、右、中、前、後五衛軍士，而設儀鑾司隸焉。四年定儀鑾司爲正五品，設大使一人，副使二人。十五年罷儀鑾司，改置錦衣衛，秩從

三品，其屬有御椅等七員，皆正六品。設經歷司，掌文移出入；鎮撫司，掌本衞刑名，兼理軍匠。十七年改錦衣衞指揮使爲正三品。二十年以治錦衣衞者多非法凌虐，乃焚刑具，出繫囚，送刑部審錄，詔內外獄咸歸三法司，罷錦衣獄。成祖時復置。尋增北鎮撫司，專治詔獄。成化間，刻印畀之，獄成得專達，不關白錦衣，錦衣官亦不得干預。而以舊所設爲南鎮撫司，專理軍匠。

旗手衞，本旗手千戶所，洪武十八年改置。掌大駕金鼓、旗纛，帥力士隨駕宿衞。校尉、力士，僉民間壯丁爲之。校尉專職擎執鹵簿儀杖，及駕前宣召官員，差遣幹辦，隸錦衣衞。力士專領金鼓、旗幟，隨駕出入，及守衞四門，隸旗手衞。凡歲祭旗頭六纛之神，八月於壇，十二月於承天門外，皆衞官涖事，統所五。

府軍前衞，掌統領幼軍，輪番帶刀侍衞。明初，有帶刀舍人。洪武時，府軍等衞皆有習技幼軍。永樂十三年爲皇太孫特選幼軍，置府軍前衞，設官屬，指揮使五人，指揮同知十人，指揮僉事二十人，衞鎮撫十人，經歷五人，統所二十有五。

金吾、羽林等十九衞，掌守衞巡警，統所凡一百有二。

騰驤等四衞，掌帥力士直駕、隨駕，統所三十有二。

南京守備一人，協同守備一人。南京以守備及參贊機務爲要職。守備，以公、侯、伯充之，兼領中軍都督府事。協同守備，以侯、伯、都督充之，領五府事。參贊機務，以南京兵部尚書領之。其治所在中府，掌南都一切留守、防護之事。永樂十九年遷都北京，命中府掌府事官守備南京，節制南京諸衞所。洪熙元年始以內臣同守備。景泰三年增設協同守備一人。

南京五軍都督府，左、右都督，都督同知，都督僉事，不全設。其掌印、僉書，皆以勳爵及三等都督爲之。分掌南京衞所，以達於南京兵部。凡管領大教場及江上操備等事，各府奉敕分掌之。城門之管鑰，中府專掌之。初設城門郎，洪武十八年革，以門禁鎖鑰銅牌，命中軍都督府掌之。其屬，經歷、都事各一人。

南京衞指揮使司，設官詳京衞，凡四十有九。分隸五都督府者三十有二。曰留守左衞，曰鎮南衞，曰水軍左衞，曰驍騎右衞，曰龍虎衞，曰龍虎左衞，曰英武衞，曰龍江右衞，曰瀋陽左衞，曰瀋陽右衞，隸左府。曰留守右衞，曰虎賁右衞，曰水軍右衞，曰武德衞，曰廣武衞，隸右府。曰留守中衞，曰神策衞，曰廣洋衞，曰廣天衞，曰和陽衞及牧馬千戶所，隸中府。曰

留守前衞，曰龍江左衞，曰龍驤衞，曰飛熊衞，曰天策衞，曰豹韜衞，曰豹韜左衞，隸前府。曰留守後衞，曰橫海衞，曰鷹揚衞，曰興武衞，曰江陰衞，隸後府。

又親軍衞指揮使司十有七：曰金吾前衞，曰金吾後衞，曰金吾左衞，曰金吾右衞，曰羽林左衞，曰羽林右衞，曰羽林前衞，曰府軍衞，曰府軍左衞，曰府軍右衞，曰府軍後衞，曰虎賁左衞，曰錦衣衞，曰旗手衞，曰江淮衞，曰濟州衞，曰孝陵衞。與左府所屬十衞，右府所屬五衞，前府所屬七衞，後府所屬五衞，並聽中府節制。各衞領所一百一十有八。

王府護衞指揮使司，設官如京衞。

王府儀衞司。儀衞正一人，正五品，儀衞副二人，從五品，典仗六人，正六品。儀衞，掌侍衞儀仗。護衞，掌防禦非常，護衞王邸。有征調，則聽命於朝。

明初，諸王府置護軍府。洪武三年置儀衞司，司設正、副各一人，秩比正、副千戶；司仗六人，秩比百戶。四年改司仗爲典仗。五年置親王護衞指揮使司，每王府設三護衞，衞設左、右、前、後、中五所，所千戶二人，百戶十人。又設圍子手二所，每所千戶一人。九年罷護軍府。建文中，改儀衞司爲儀仗司，增置吏目一人。成祖初復舊制。

總兵官、副總兵、參將、遊擊將軍、守備、把總，無品級，無定員。總鎮一方者爲鎮守，獨鎮一路者爲分守，各守一城一堡者爲守備，與主將同守一城者爲協守。又有提督、提調、巡視、備禦、領班、備倭等名。

凡總兵、副總兵，率以公、侯、伯、都督充之。其總兵掛印稱將軍者，雲南曰征南將軍，大同曰征西前將軍，湖廣曰平蠻將軍，兩廣曰征蠻將軍，遼東曰征虜前將軍，宣府曰鎮朔將軍，甘肅曰平羌將軍，寧夏曰征西將軍，交阯曰副將軍，延綏曰鎮西將軍。諸印，洪熙元年制頒。其在薊鎮、貴州、湖廣、四川及儹運淮安者，不得稱將軍掛印。宣德間，又設山西、陝西二總兵。嘉靖間，分設廣東、廣西、貴州、湖廣二總兵爲四，改設福建、保定副總兵爲總兵，又添設浙江總兵。萬曆間，又增設於臨洮、山海。天啓間，增設登萊。至崇禎時，益紛不可紀，而位權亦非復當日。蓋明初，雖參將、遊擊、把總，亦多有充以勳戚都督等官，至後則杳然矣。

鎮守薊州總兵官一人，舊設。隆慶二年改爲總理練兵事務兼鎮守，駐三屯營。協守副總兵三人。東路副總兵，隆慶三年添設，駐建昌營，管理燕河營、臺頭營、石門寨、山海關四路。中路副總兵，萬曆四年改設，駐三屯營，帶管馬蘭峪、松棚峪、喜峯口、太平寨四路。西路副總兵，隆慶三年添設，駐石匣營，管理墻子嶺、曹家寨、古北口、石塘嶺四路。分守參將十一人，曰通州參將，曰山海關參將，曰石門寨參將，曰燕河營參將，曰臺頭營參將，曰太平寨參將，曰馬蘭峪參將，曰墻子嶺參將，曰古北口參將，曰石塘嶺參將，曰喜峯口參將。遊擊將軍六人，

二十四史
中華書局

統領南兵遊擊將軍三人，領班遊擊將軍七人，坐營官八人，守備八人，把總一人，提調官二十六人。

鎮守昌平總兵官一人，舊設副總兵，又有提督武臣。嘉靖三十八年裁副總兵，以提督改爲鎮守總兵，駐昌平城，聽總督節制。分守參將三人，曰居庸關參將，曰黃花鎮參將，曰橫嶺口參將，遊擊將軍二人，坐營官三人，守備十人，提調官一人。

鎮守遼東總兵官一人，舊設，駐廣寧。隆慶元年令冬月移駐河東遼陽適中之地，調度防禦，應援海州、瀋陽。協守副總兵一人，遼陽副總兵舊爲分守，嘉靖四十五年改爲協守，駐遼陽城，節制開原、海州、險山、瀋陽等處。分守參將五人，曰開原參將，曰錦義右參將，曰海蓋右參將，曰寧遠參將，曰寬奠堡參將，遊擊將軍八人，守備五人，坐營中軍官一人，備禦十九人。

鎮守保定總兵官一人。弘治十八年初設保定副總兵，後改爲參將。正德九年復爲分守副總兵。嘉靖二十年改爲鎮守。三十年改設鎮守總兵官。萬曆元年令春秋兩防移駐浮圖峪，遇有警，移駐紫荊關，以備入援。分守參將四人，曰紫荊關參將，曰龍固二關參將，曰馬水口參將，曰倒馬關參將，遊擊將軍六人，坐營中軍官一人，守備七人，把總七人，忠順官二人。

鎮守宣府總兵官一人，舊設，駐宣府鎮城。協守副總兵一人，副總兵舊亦駐鎮城，嘉靖二十八年移駐永寧城。分守參將七人，曰北路獨石馬營參將，曰東路懷來永寧參將，曰上西路萬全右衞參將，曰南路順聖蔚

廣參將，曰中路葛峪堡參將，曰下西路柴溝堡參將，曰南山參將，遊擊將軍三人，坐營中軍官二人，守備三十一人，領班備禦二人，萬曆八年革。

鎮守大同總兵官一人，舊設，駐大同鎮城。協守副總兵一人，舊爲左副總兵，萬曆五年去左字，駐左衞城。分守參將九人，曰東路參將，曰北東路參將，曰中路參將，曰西路參將，曰北西路參將，曰井坪城參將，曰新坪堡參將，曰總督標下左掖參將，[一]曰威遠城參將，萬曆八年革。遊擊將軍二人，入衞遊擊四人，坐營中軍官二人，守備三十九人。

鎮守山西總兵官一人，舊爲副總兵，嘉靖二十年改設，駐寧武關。防秋移駐陽方口，防冬移駐偏關。協守副總兵一人，嘉靖四十四年添設，初駐偏關，後移駐老營堡。分守參將六人，曰東路代州左參將，曰西路偏頭關右參將，曰太原左參將，曰中路利民堡右參將，曰河曲縣參將，曰北樓口參將，遊擊將軍一人，坐營中軍官一人，守備十三人，操守二人。

鎮守延綏總兵官一人，舊設，駐鎮城。協守副總兵一人，定邊右副總兵，嘉靖四十一年添設，分守安定、鎮靖等處，提調大墻及墻口等處。分守參將六人，曰孤山參將，曰東路右參將，曰西路左參將，曰中路參將，曰清平參將，曰榆林保寧參將，遊擊將軍二人，入衞遊擊四人，守備十一人，坐營中軍官一人。

鎮守寧夏總兵官一人，舊設，駐鎮城。協守副總兵一人，亦舊設，同駐鎮城。分守參將四人，曰東路右參將，曰西路左參將，曰靈州左參將，曰北路平虜城參將，遊擊將軍三人，入衞遊擊一人，萬曆八年革，守備三人，備禦領班二人，萬曆九年革，坐營中軍官二人，管理鎮城都司一人，領班都司二人，萬曆九年革，管理水利屯田都司一人。

鎮守甘肅總兵官一人，舊設，駐鎮城。協守副總兵一人，甘肅左副總兵，舊設，嘉靖四十四年移駐高臺防禦，隆慶四年回駐鎮城。分守副總兵一人，涼州右副總兵，舊設，分守參將四人，曰莊浪左參將，曰肅州右參將，曰西寧參將，曰鎮番參將，遊擊將軍四人，坐營中軍官一人，守備十一人，領班備禦都司四人。

鎮守陝西總兵官一人，舊駐會城，後移駐固原。分守副總兵一人，洮岷副總兵，萬曆六年改設，駐洮州。分守參將五人，曰河州參將，曰蘭州參將，曰靖虜參將，曰陝西參將，曰階文西固參將，遊擊將軍四人，坐營中軍官二人，守備八人。

鎮守四川總兵官一人，隆慶五年添設，駐建武所。分守副總兵一人，松潘副總兵，舊設，協守參將二人，曰松潘東路左參將，曰松潘南路右參將，遊擊將軍二人，守備六人。[二]

鎮守雲南總兵官一人，舊設，駐雲南府。分守參將三人，曰臨元參將，曰永昌參將，曰順蒙參將，守備二人，巡撫中軍坐營官一人。

鎮守貴州總兵官一人，舊設，嘉靖三十二年加提督麻陽等處地方職銜，駐銅仁府。分守參將二人，曰提督清浪右參將，曰提督川貴迤西左參將，守備七人，巡撫中軍官一人。

鎮守廣西總兵官一人，舊爲副總兵，嘉靖四十五年改設，駐桂林府。分守參將五人，曰潯梧左參將，曰柳慶右參將，曰永寧參將，曰思恩參將，曰昭平參將，守備三人，坐營官一人。

鎮守湖廣總兵官一人，舊設，嘉靖十年罷，十二年復設，萬曆八年又罷，十二年仍復設，駐省城。分守參將三人，曰黎平參將，曰鎮筸參將，曰鄖陽參將，守備十一人，把總一人。

鎮守廣東總兵官一人，舊爲征蠻將軍、兩廣總兵官。嘉靖四十五年分設，駐潮州府。協守副總兵一人，潮漳副總兵，萬曆三年添設，駐南澳。分守參將七人，曰潮州參將，曰瓊崖參將，曰雷廉參將，曰東山參將，曰西山參將，曰督理廣州海防參將，曰惠州參將，練兵遊擊將軍一人，守備五人，坐營中軍官二人，把總四人。

提督狼山副總兵一人，嘉靖三十七年添設，駐通州。鎮守江南副總兵一人，舊係總兵官，駐福山港，後移駐鎮江、儀眞二處。嘉靖八年裁革。十九年復設。二十九年仍革。三十二年，改設副總兵，駐金山衞。四十三年移駐吳淞。分守參將二人，曰徐州參將，曰金山參將，遊擊將軍一人，守備六人，鳳陽軍門中軍官一人，把總十三人。

鎮守浙江總兵官一人，嘉靖三十四年設，總理浙直海防。三十五年改鎮守浙直。四十二年改鎮守浙江，舊駐定海縣，後移駐省城。分守參將四人，曰杭嘉湖參將，曰寧紹參將，曰溫處參將，曰台金嚴參將，遊擊將軍二人，總捕都司一人，把總七人。

中華書局

分守江西參將一人，曰南贛參將，嘉靖四十三年改設，駐會昌縣。守備四人，把總六人。

鎮守福建總兵官一人，舊爲副總兵，嘉靖四十二年改設，駐福寧州。分守參將一人，曰南路參將，守備三人，把總七人，坐營官一人。

鎮守山東總兵官一人，天啓中增設。總督備倭都司一人，領薊鎮班都司四人。又河南守備三人，領薊鎮班都司四人。

總督漕運總兵官一人。永樂二年設總兵、副總兵，統領官軍海運。後海運罷，專督漕運。天順元年又令兼理河道。協同督運參將一人，天順元年設，把總十二人，南京二，江南直隸二，江北直隸二，中都一，浙江二，山東一，湖廣一，江西一。

留守司。正留守一人，正二品，副留守一人，正三品，指揮同知二人，從三品。其屬，經歷司，經歷，正六品，都事，正七品。斷事司，斷事，正六品，副斷事，正七品，吏目各一人。掌中都、興都守禦防護之事。

洪武二年詔以臨濠爲中都，置留守衞指揮使司，隸鳳陽行都督府。十四年始置中都留守司，統鳳陽等八衞，鳳陽衞，鳳陽中衞，鳳陽右衞，皇陵衞，留守左衞，留守中衞，長淮衞，懷遠衞，防護皇陵，設留守一人，左、右副留守各一人。屬官經歷以下，如前所列。嘉靖十八年改荊州左衞爲顯陵衞，

置興都留守司，統顯陵、承天二衞，防護顯陵，設官如中都焉。

都指揮使司。都指揮使一人，正二品，都指揮同知二人，從二品，都指揮僉事四人，正三品。其屬，經歷司，經歷，正六品，都事，正七品。斷事司，斷事，正六品，副斷事，正七品，吏目各一人。司獄司，司獄，從九品。倉庫、草場，大使、副使各一人。行都指揮使司，設官與都指揮使司同。

都司掌一方之軍政，各率其衞所以隸於五府，而聽於兵部。凡都司並流官，或得世官，歲撫、按察其賢否，五歲考選軍政而廢置之。都指揮使及同知僉事，常以一人統司事，曰掌印，一人練兵，一人屯田，曰僉書。巡捕、〔三〕軍器、漕運、京操、備禦諸雜務，並選充之，否則曰帶俸。凡備倭守備行都指揮事者，不得建牙、陞公座。凡朝廷吉凶表箋，序銜布、按二司上。經歷、都事，典文移。斷事，理刑獄。

明初，置各行省行都督府，設官如都督府。又置各都衞指揮使司。洪武四年置各都衞斷事司，以理軍官、軍人詞訟。又以都衞節制方面，職係甚重，從朝廷選擇陞調，不許世襲。七年置西安行都衞指揮使司於河州。八年十月詔各都衞並改爲都指揮使司，凡改設都司十有三，燕山都衞爲北平都司，西安都衞爲陝西都司，太原都衞爲山西都司，杭州都衞爲浙江都司，江西都衞爲江西都司，青州都衞爲山東都司，成都都衞爲四川都司，福州都衞爲福建都司，武昌都衞爲湖廣都司，廣東都衞爲廣東都司，廣西都衞爲廣西都司，定遼都衞爲遼東都司，河南都衞爲河南都司，行都司三，西安行都衞爲陝西行都司，大同都衞爲山西行都司，建寧都衞爲福建行都司。十五年增置貴州、雲南二都司。後以北平都司爲北平行都司。永樂元年改爲大寧都司。宣德中，增置萬全都司。計天下都司凡十有六。十三省都司外，有遼東、大寧、萬全三都司。又於建昌置四川行都司，於鄖陽置湖廣行都司。計天下行都司凡五。

明初，又於各行省置都鎮撫司，設都鎮撫，從四品，副鎮撫，從五品，知事，從八品。吳元年改都鎮撫正五品，副鎮撫正六品，知事爲提控案牘，省注。洪武六年罷。

衞指揮使司，設官如京衞。品秩並同。外衞各統於都司、行都司或留守司。率世官，或有流官。凡襲替、陞授、優給、優養及屬所軍政，掌印、僉書報都指揮使司，達所隸都督府，移兵部。每歲，撫、按察其賢否，五歲一考選軍政，廢置之。凡管理衞事，惟屬掌印、僉書。不論指揮使、同知、僉事，考選其才者充之。分理屯田、驗軍、營操、巡捕、漕運、備禦、出哨、入衞、戍守、軍器諸雜務，曰見任管事；不任事入隊，曰帶俸差操。征行，則率其屬，聽所命主帥調度。

所，千戶所，正千戶一人，正五品，副千戶二人，從五品，鎮撫二人，從六品。其屬，吏目一人。

所轄百戶所凡十，共百戶十人，正六品。陞授、改調、增置無定員。總旗二十人，小旗百人。其守禦千戶所，軍民千戶所設官並同。凡千戶，一人掌印，一人僉書，曰管軍。千戶、百戶，有試，有實授。其掌印，恒以一人兼數印。凡軍政，衞下於所，千戶督百戶，百戶下總旗、小旗，率其卒伍以聽令。鎮撫無獄事，則管軍，百戶缺，則代之。其守禦千戶所，不隸衞，而自達於都司。凡衞所皆隸都司，而都司又分隸五軍都督府。浙江都司、山東都司、遼東都司，隸左軍都督府。陝西都司、陝西行都司、四川都司、四川行都司、廣西都司、雲南都司、貴州都司，隸右軍都督府。中都留守司、河南都司，隸中軍都督府。興都留守司、湖廣都司、湖廣行都司、福建都司、福建行都司、江西都司、廣東都司，隸前軍都督府。大寧都司、萬全都司、山西都司、山西行都司，隸後軍都督府。

明初，置千戶所，設正千戶，正五品，副千戶，從五品，鎮撫、百戶，正六品。又立各萬戶府，設正萬戶，正四品，副萬戶，從四品，知事，從八品，照磨，正九品。尋以名不稱實，遂罷萬戶府，而設指揮使及千戶等官。覈諸將所部有兵五千者爲指揮使，千人者爲千戶，百人者爲百戶，五十人爲總旗，十人爲小旗。

洪武二年置刻期百戶所，選能疾行者二百人，以百戶領之。七年申定衞所之制。先是，內外衞所，凡一衞統十千戶，一千戶統十百戶，百戶領總旗二，總旗領小旗五，小旗領軍十。至是更定其制，每衞設前、後、中、左、右五千戶所，大率以五千六百人爲一衞，一千一

中華書局

百二十人爲一千戶所，一百一十二人爲一百戶所，每百戶所設總旗二人，小旗十人。二十年始命各衞立掌印、僉書，專職理事，以指揮使掌印，同知、僉事各領一所。士卒有武藝不嫻、器械不利者，皆責所領之官。二十三年又設軍民指揮使司、軍民千戶所，計天下內外衞凡五百四十有七，所凡二千五百九十有三。自衞指揮以下其官多世襲，其軍士亦父子相繼，爲一代定制。

土官，宣慰使司，宣慰使一人，從三品，同知一人，正四品，副使一人，從四品，僉事一人，正五品。經歷司，經歷一人，從七品，都事一人，正八品。

宣撫司，宣撫使一人，從四品，同知一人，正五品，副使一人，從五品，僉事一人，正六品。經歷司，經歷一人，從八品，知事一人，正九品，照磨一人，從九品。

安撫司，安撫使一人，從五品，同知一人，正六品，副使一人，從六品，僉事一人，正七品。其屬，吏目一人，從九品。

招討司，招討使一人，從五品，副招討一人，正六品。其屬，吏目一人，從九品。

長官司，長官一人，正六品，副長官一人，從七品。其屬，吏目一人，未入流。

蠻夷長官司，長官、副長官各一人，品同上。又有蠻夷官、苗民官及千夫長、副千夫長等官。

軍民府、土州、土縣，設官如府州縣。

洪武七年，西南諸蠻夷朝貢，多因元官授之，稍與約束，定征徭差發之法。漸爲宣慰司者十一，爲招討司者一，爲宣撫司者十，爲安撫司者十九，爲長官司者百七十有三。其府州縣正貳屬官，或土或流，大率宣慰等司經歷皆流官，府州縣佐貳多流官，皆因其俗，使之附輯諸蠻，謹守疆土，修職貢，供征調，無相攜貳。有相讐者，疏上聽命於天子。又有番夷都指揮使司三，衞指揮使司三百八十五，宣慰司三，招討司六，萬戶府四，千戶所四十一，站七，地面七，寨一，詳見兵志衞所中，並以附寨番夷官其地。

校勘記

〔一〕日總督標下左掖參將　原脫「下」字，據明會典卷一二六補。

〔二〕守備六人　明會典卷一二六守備下有「總兵坐營官一員」。

〔三〕巡捕　原作「巡補」，據明史稿志五八職官志改。

明史

清　張廷玉等撰

第七冊

卷七七至卷八八（志）

中華書局

中華書局

明史卷七十七

志第五十三

食貨一

記曰：「取財於地，而取法於天。富國之本，在於農桑。」明初，沿元之舊，錢法不通而用鈔，又禁民間以銀交易，宜若不便於民。而洪、永、熙、宣之際，百姓充實，府藏衍溢。蓋是時，劭農務墾闢，土無萊蕪，人敦本業，又開屯田、中鹽以給邊軍，餫餉不仰藉於縣官，故上下交足，軍民胥裕。其後，屯田壞於豪强之兼幷，計臣變鹽法。於是邊兵悉仰食太倉，轉輸往往不給。世宗以後，耗財之道廣，府庫匱竭。神宗乃加賦重征，礦稅四出，移正供以實左藏。中涓羣小，横斂侵漁。民多逐末，田卒汙萊。吏不能拊循，而覆侵刻之。海內困敝，而儲積益以空乏。昧者多言復通鈔法可以富國，不知國初之充裕在勤農桑，而不在行鈔法也。夫彊本節用，爲理財之要。明一代理財之道，始所以得，終所以失，條其本末，著於篇。

戶口　田制 屯田 莊田

太祖籍天下戶口，置戶帖、戶籍，具書名、歲、居地。籍上戶部，帖給之民。有司歲計其登耗以聞。及郊祀，中書省以戶籍陳壇下，薦之天，祭畢而藏之。洪武十四年詔天下編賦役黃册，以一百十戶爲一里，推丁糧多者十戶爲長，餘百戶爲十甲，甲凡十人。歲役里長一人，甲首一人，董一里一甲之事。先後以丁糧多寡爲序，凡十年一周，曰排年。在城曰坊，近城曰廂，鄉都曰里。里編爲册，册首總爲一圖。鰥寡孤獨不任役者，附十甲後爲畸零。僧道給度牒，有田者編册如民科，無田者亦爲畸零。每十年有司更定其册，以丁糧增減而升降之。册凡四：一上戶部，其三則布政司、府、縣各存一焉。上戶部者，册面黃紙，故謂之黃册。年終進呈，送後湖東西二庫庋藏之。歲命戶科給事中一人、御史二人、戶部主事四人釐校訛舛。其後黃册祇具文，有司徵稅、編徭，則自爲一册，曰白册云。

凡戶三等：曰民，曰軍，曰匠。民有儒，有醫，有陰陽。軍有校尉，有力士，弓、鋪兵。匠有廚役、裁縫、馬船之類。瀕海有鹽竈。寺有僧，觀有道士。畢以其業著籍。人戶以籍爲斷，禁數姓合戶附籍。漏口、脫戶，許自實。里設老人，選年高爲衆所服者，導民善，平鄉里爭訟。其人戶避徭役者曰逃戶。年饑或避兵他徙者曰流民。有故而出僑於外者曰附籍。朝廷所移民曰移徙。

凡逃戶，明初督令還本籍復業，賜復一年。老弱不能歸及不願歸者，令在所著籍，授田輸賦。正統時，造逃戶周知册，核其丁糧。

凡流民，英宗令勘籍，編甲互保，屬在所里長管轄之。〔一〕設撫民佐貳官。歸本者，勞徠安輯，給牛、種、口糧。又從河南、山西巡撫于謙言，免流民復業者稅。成化初，荆、襄寇亂，流民百萬。項忠、楊璿爲湖廣巡撫，下令逐之，弗率者戍邊，死者無算。祭酒周洪謨著流民說，引東晉時僑置郡縣之法，使近者附籍，遠者設州縣以撫之。都御史李賓上其說。憲宗命原傑出撫，招流民十二萬戶，給閒田，置鄖陽府，立上津等縣統治之。河南巡撫張瑄亦請輯西北流民。帝從其請。

凡附籍者，正統時，老疾致仕事故官家屬，離本籍千里者許收附，不及千里者發還。景泰中，令民籍者收附，軍、匠、竈役冒民籍者發還。

其移徙者，明初，嘗徙蘇、松、嘉、湖、杭民之無田者四千餘戶，往耕臨濠，給牛、種、車、糧，以資遣之，三年不征其稅。徐達平沙漠，徙北平山後民三萬五千八百餘戶，散處諸府衞，籍爲軍者給衣糧，民給田。又以沙漠遺民三萬二千八百餘戶屯田北平，置屯二百五十四，開地千三百四十三頃。復徙江南民十四萬於鳳陽。戶部郎中劉九皐言：「古狹鄉之民，

聽遷之寬鄉，欲地無遺利，人無失業也。」太祖採其議，遷山西澤、潞民於河北。後屢徙浙西及山西民於滁、和、北平、山東、河南。又徙登、萊、青民於東昌、兗州。又徙直隸、浙江民二萬戶於京師，充倉脚夫。太祖時徙民最多，其間有以罪徙者。建文帝命武康伯徐理往北平度地處之。成祖覈太原、平陽、澤、潞、遼、沁、汾丁多田少及無田之家，分其丁口以實北平。自是以後，移徙者鮮矣。

初，太祖設養濟院收無告者，月給糧。設漏澤園葬貧民。天下府州縣立義冢。又行養老之政，民年八十以上賜爵。〔二〕復下詔優恤遭難兵民。然懲元末豪强侮貧弱，立法多右貧抑富。嘗命戶部籍浙江等九布政司、應天十八府州富民萬四千三百餘戶，以次召見，徙其家以實京師，謂之富戶。成祖時，復選應天、浙江富民三千戶，充北京宛、大二縣廂長，附籍京師，仍應本籍徭役。供給日久，貧乏逃竄，輒選其本籍殷實戶僉補。宣德間定制，逃者發邊充軍，官司鄰里隱匿者俱坐罪。弘治五年始免解在逃富戶，每戶徵銀三兩，與廂民助役。嘉靖中減爲二兩，以充邊餉。太祖立法之意，本倣漢徙富民實關中之制，其後事久弊生，遂爲厲階。

戶口之數，增減不一，其可攷者，洪武二十六年，天下戶一千六十五萬二千八百七十，〔三〕口六千五十四萬五千八百十二。弘治四年，戶九百十一萬三千四百四十六，口五千三百二十八萬一千一百五十八。萬曆六年，戶一千六十二萬一千四百三十六，口六千六十

九萬二千八百五十六。太祖當兵燹之後，戶口顧極盛。其後承平日久，反不及焉。靖難兵起，淮以北鞠爲茂草，其時民數反增於前。後乃遞減，至天順間爲最衰。成、弘繼盛，正德以後又減。戶口所以減者，周忱謂：「投倚於豪門，或冒匠竄兩京，或冒引賈四方，舉家舟居，莫可蹤跡也。」而要之，戶口增減，由於政令張弛。故宣宗嘗與羣臣論歷代戶口，以爲「其盛也，本於休養生息，其衰也，由土木兵戎」，殆篤論云。

明土田之制，凡二等：曰官田，曰民田。初，官田皆宋、元時入官田地。厥後有還官田，沒官田，斷入官田，學田，皇莊，牧馬草場，城壖苜蓿地，牲地，園陵墳地，公占隙地，諸王、公主、勳戚、大臣、內監、寺觀賜乞莊田，百官職田，邊臣養廉田，軍、民、商屯田，通謂之官田。其餘爲民田。

元季喪亂，版籍多亡，田賦無準。明太祖卽帝位，遣周鑄等百六十四人，覈浙西田畝，定其賦稅。復命戶部覈實天下土田。而兩浙富民畏避徭役，大率以田產寄他戶，謂之鐵腳詭寄。洪武二十年命國子生武淳等分行州縣，隨糧定區。區設糧長四人，量度田畝方圓，次以字號，悉書主名及田之丈尺，編類爲册，狀如魚鱗，號曰魚鱗圖册。先是，詔天下編黃

册，以戶爲主，詳具舊管、新收、開除、實在之數爲四柱式。而魚鱗圖册以土田爲主，諸原坂、墳衍、下隰、沃瘠、沙鹵之別畢具。魚鱗册爲經，土田之訟質焉。黃册爲緯，賦役之法定焉。凡質賣田土，備書稅糧科則，官爲籍記之，毋令產去稅存以爲民害。又以中原田多蕪，命省臣議，計民授田。設司農司，開治河南，掌其事。臨濠之田，驗其丁力，計畝給之，毋許兼并。北方近城地多不治，召民耕，人給十五畝，蔬地二畝，免租三年。每歲中書省奏天下墾田數，少者畝以千計，多者至二十餘萬。官給牛及農具者，乃收其稅，額外墾荒者永不起科。二十六年覈天下土田，總八百五十萬七千六百二十三頃，蓋駸駸無棄土矣。

凡田以近郭爲上地，迤遠爲中地、下地。五尺爲步，步二百四十爲畝，畝百爲頃。太祖仍元里社制，河北諸州縣土著者以社分里甲，遷民分屯之地以屯分里甲。社民先占畝廣，屯民新占畝狹，故屯地謂之小畝，社地謂之廣畝。至宣德間，墾荒田永不起科及洿下斥鹵無糧者，皆覈入賦額，數溢於舊。有司乃以大畝當小畝以符舊額，有數畝當一畝者。步尺參差不一，人得以意贏縮，土地不均，未有如北方者。貴州田無頃畝尺籍，悉徵之土官。而諸處土田，日久頗淆亂，與黃册不符。弘治十五年，天下土田止四百二十二萬八千五十八頃，官田視民田得七之一。嘉靖八年，霍韜奉命修會典，言：「自洪武迄弘治百四十年，天下額田已減強半，而湖廣、河南、廣東失額尤多。非撥給於王府，則欺隱於猾民。廣東無藩府，非欺隱卽委棄於寇賊矣。司國計者，可不究心。」是時，桂萼、郭弘化、唐龍、簡霄先後疏請覈實田畝，而顧鼎臣請履畝丈量，丈量之議由此起。江西安福、河南裕州首行之，而法未詳具，人多疑憚。其後福建諸州縣，爲經、緯二册，其法頗詳。然率以地爲主，田多者猶得上下其手。神宗初，建昌知府許孚遠爲歸戶册，則以田從人，法簡而密矣。萬曆六年，帝用大學士張居正議，天下田畝通行丈量，限三載竣事。用開方法，以徑圍乘除，畸零截補。於是豪猾不得欺隱，里甲免賠累，而小民無虛糧。總計田數七百一萬三千九百七十六頃，視弘治時贏三百萬頃。然居正尚綜核，頗以溢額爲功。有司爭改小弓以求田多，或掊克見田以充虛額。北直隸、湖廣、大同、宣府，遂先後按溢額田增賦云。

屯田之制：曰軍屯，曰民屯。太祖初，立民兵萬戶府，寓兵於農，其法最善。又令諸將屯兵龍江諸處，惟康茂才績最，乃下令褒之，因以申飭將士。洪武三年，中書省請稅太原、朔州屯卒，命勿徵。明年，中書省言：「河南、山東、北平、陝西、山西及直隸淮安諸府屯田，凡官給牛種者十稅五，自備者十稅三。」詔且勿徵，三年後畝收租一斗。六年，太僕丞梁埜僊帖木爾言：「寧夏境內及四川西南至船城，東北至塔灘，相去八百里，土膏沃，宜招集流亡屯田。」從之。是時，遣鄧愈、湯和諸將屯陝西、彰德、汝寧、北平、永平，徙山西眞定民屯鳳

陽。又因海運餉遼有溺死者，遂益講屯政，天下衞所州縣軍民皆事墾闢矣。

其制，移民就寬鄉，或召募或罪徙者爲民屯，皆領之有司。而軍屯則領之衞所。邊地，三分守城，七分屯種。內地，二分守城，八分屯種。每軍受田五十畝爲一分，給耕牛、農具，教樹植，復租賦，遣官勸輸，誅侵暴之吏。初畝稅一斗。三十五年定科則：軍田一分，正糧十二石，貯屯倉，聽本軍自支，餘糧爲本衞所官軍俸糧。永樂初，定屯田官軍賞罰例：歲食米十二石外餘六石爲率，多者賞鈔，缺者罰俸。又以田肥瘠不同，法宜有別，命官軍各種樣田，以其歲收之數相考較。太原左衞千戶陳淮所種樣田，每軍餘糧二十三石，帝命重賞之。寧夏總兵何福積穀尤多，賜敕褒美。戶部尚書郁新言：「湖廣諸衞收糧不一種，請以米爲準。凡粟穀糜黍大麥蕎穄二石，稻穀薥秫二石五斗，穇稗三石，皆準米一石。小麥芝麻豆與米等。」[四]從之，著爲令。

又更定屯守之數。臨邊險要，守多於屯。地僻處及輸糧艱者，屯多於守。屯兵百名委百戶，三百名委千戶，五百名以上指揮提督之。屯設紅牌，列則例於上。年六十與殘疾及幼者，耕以自食，不限於例。屯軍以公事妨農務者，免徵子粒，且禁衞所差撥。於時，東自遼左，北抵宣、大，西至甘肅，南盡滇、蜀，極於交阯，中原則大河南北，在在興屯矣。宣宗之世，屢覈各屯，以征戍罷耕及官豪勢要占匿者，減餘糧之半。迤北來歸就屯之人，給車牛農器。

分遼東各衞屯軍爲三等，丁牛兼者爲上，丁牛有一爲中，俱無者爲下。英宗免軍田正糧歸倉，止徵餘糧六石。後又免沿邊開田官軍子粒，減各邊屯田子粒有差。景帝時，邊方多事，令兵分爲兩番，六日操守，六日耕種。成化初，宣府巡撫葉盛買官牛千八百，幷置農具，遣軍屯田，收糧易銀，以補官馬耗損，邊人稱便。

自正統後，屯政稍弛，而屯糧猶存三之二。其後屯田多爲內監、軍官占奪，法盡壞。憲宗之世頗議釐復，而視舊所入，不能什一矣。弘治間，屯糧愈輕，有畝止三升者。沿及正德，遼東屯田較永樂間田贏萬八千餘頃，而糧乃縮四萬六千餘石。初，永樂時，屯田米常溢三之一，常操軍十九萬，以屯軍四萬供之。而受供者又得自耕。邊外軍無月糧，以是邊餉恒足。及是，屯軍多逃死，常操軍止八萬，皆仰給於倉。而邊外數擾，棄不耕。劉瑾擅政，遣官分出丈田責逋。希瑾意者，僞增田數，搜括慘毒，戶部侍郎韓福尤急刻。遼卒不堪，脅衆爲亂，撫之乃定。

明初，募鹽商於各邊開中，謂之商屯。迨弘治中，葉淇變法，而開中始壞。諸淮商悉撤業歸，西北商亦多徙家於淮，邊地爲墟，米石直銀五兩，而邊儲枵然矣。世宗時，楊一清復請召商開中　又請倣古募民實塞下之意，招徠隴右、關西民以屯邊。其後周澤、王崇古、林富、陳世輔　王畿、王朝用、唐順之、吳桂芳等爭言屯政。而龐尙鵬總理江北鹽屯，尋移九邊，與

總督王崇古，先後區畫屯政甚詳。然是時，因循日久，卒鮮實效。給事中管懷理言：「屯田不興，其弊有四。疆埸戒嚴，一也。牛種不給，二也。丁壯亡徙，三也。田在敵外，四也。如是而管屯者猶欲按籍增賦，非扣月糧，卽按丁賠補耳。」

屯糧之輕，至弘、正而極，嘉靖中漸增，隆慶間復畝收一斗。然屯丁逃亡者益多。管糧郎中不問屯田有無，月糧止半給。沿邊屯地，或變爲斥鹵、沙磧，糧額不得減。屯田御史又於額外增本折，屯軍益不堪命。萬曆時，計屯田之數六十四萬四千餘頃，視洪武時虧二十四萬九千餘頃，田日減而糧日增，其弊如此。時則山東巡撫鄭汝璧請開登州海北長山諸島田。福建巡撫許孚遠墾閩海壇山田成，〔五〕復請開南日山、澎湖；又言浙江濱海諸山，若陳錢、金塘、補陀、玉環、南麂，皆可經理。天津巡撫汪應蛟則請於天津興屯。或留中不下，或不久輒廢。熹宗之世，巡按張慎言復議天津屯田。而御史左光斗命管河通判盧觀象大興水田之利，太常少卿董應舉踵而行之。〔六〕光斗更於河間、天津設屯學，試騎射，爲武生給田百畝。李繼貞巡撫天津，亦力於屯務，然仍歲旱蝗，弗克底成效也。

明時，草場頗多，占奪民業。而爲民厲者，莫如皇莊及諸王、勳戚、中官莊田爲甚。太祖賜勳臣公侯丞相以下莊田，多者百頃，親王莊田千頃。又賜公侯暨武臣公田，又賜百官公

田，以其租入充祿。指揮沒於陣者皆賜公田。勳臣莊佃，多倚威扞禁，帝召諸臣戒諭之。其後公侯復歲祿，歸賜田於官。

仁、宣之世，乞請漸廣，大臣亦得請沒官莊舍。然寧王權請灌城爲庶子耕牧地，帝賜書，援祖制拒之。至英宗時，諸王、外戚、中官所在占官私田，或反誣民占，請案治。比案問得實，帝命還之民者非一。乃下詔禁奪民田及奏請畿內地。然權貴宗室莊田墳塋，或賜或請，不可勝計。御馬太監劉順家人進薊州草場，〔七〕進獻由此始。宦官之田，則自尹奉、喜寧始。

初，洪熙時，有仁壽宮莊，其後又有清寧、未央宮莊。天順三年，以諸王未出閣，供用浩繁，立東宮、德王、秀王莊田。二王之藩，地仍歸官。憲宗卽位，以沒入曹吉祥地爲宮中莊田，皇莊之名由此始。其後莊田遍郡縣。給事中齊莊言：「天子以四海爲家，何必置立莊田，與貧民較利。」弗聽。弘治二年，戶部尙書李敏等以災異上言：「畿內皇莊有五，共地萬二千八百餘頃；勳戚、中官莊田三百三十有二，共地三萬三千餘頃。管莊官校招集羣小，稱莊頭、伴當，占地土，斂財物，汙婦女。稍與分辨，輒被誣奏。官校執縛，舉家驚惶。民心傷痛入骨，災異所由生。乞革去管莊之人，付小民耕種，畝徵銀三分，充各宮用度。」帝命戒飭莊戶。又因御史言，罷仁壽宮莊，還之草場，且命凡侵牧地者，悉還其舊。

又定制，獻地王府者戍邊。奉御趙瑄獻雄縣地爲皇莊，戶部尙書周經劾其違制，下瑄詔獄。敕諸王輔導官，導王奏請者罪之。然當日奏獻不絕，乞請亦愈繁。徽、興、岐、衡四王，田多至七千餘頃。會昌、建昌、慶雲三侯爭田，帝輒賜之。武宗卽位，踰月，卽建皇莊七，其後增至三百餘處。〔八〕諸王、外戚求請及奪民田者無算。

世宗初，命給事中夏言等清核皇莊田。言極言皇莊爲厲於民。自是正德以來投獻侵牟之地，頗有給還民者，而宦戚輩復中撓之。戶部尙書孫交造皇莊新册，額減於舊。帝命覈先年頃畝數以聞，改稱官地，不復名皇莊，詔所司徵銀解部。然多爲宦寺中飽，積逋至數十萬以爲常。是時，禁勳戚奏討、奸民投獻者，又革王府所請山場湖陂。〔九〕德王請齊、漢二庶人所遺東昌、兗州閒田，又請白雲等湖，山東巡撫邵錫按新令却之，語甚切。德王爭之數四，帝仍從部議，但存藩封初請莊田。其後有奏請者不聽。

又定，凡公主、國公莊田，世遠者存什三。嘉靖三十九年遣御史沈陽清奪隱冒莊田萬六千餘頃。穆宗從御史王廷瞻言，復定世次遞減之限：勳臣五世限田二百頃，戚畹七百頃至七十頃有差。初，世宗時，承天六莊二湖地八千三百餘頃，領以中官，又聽校舍兼幷，增八百八十頃，分爲十二莊。〔一〇〕至是始領之有司，兼幷者還民。又著令宗室買田不輸役者沒官，皇親田俱令有司徵之，如勳臣例。雖請乞不乏，而賜額有定，徵收有制，民害少

二十四史
中華書局

衰止。

神宗賚予過侈，求無不獲。潞王、壽陽公主恩最渥。而福王分封，括河南、山東、湖廣田爲王莊，至四萬頃。羣臣力爭，乃減其半。王府官及諸閹丈地徵稅，旁午於道，扈養厮役廩食以萬計，漁斂慘毒不忍聞。駕帖捕民，格殺莊佃，所在騷然。給事中官應震、姚宗文等屢疏諫，皆不報。時復更定勳戚莊田世次遞減法，視舊制稍寬。其後應議減者，輒奉詔姑留，不能革也。熹宗時，桂、惠、瑞三王及遂平、寧德二公主莊田，〔二〕動以萬計，而魏忠賢一門，橫賜尤甚。蓋中葉以後，莊田侵奪民業，與國相終云。

校勘記

〔一〕凡流民英宗令勘籍編甲互保屬在所里長管轄之　里長，原作「甲長」，據明史稿志五九食貨志、英宗實錄卷二七正統二年二月己丑條、明會典卷一九改。

〔二〕民年八十以上賜爵　明史稿志五九食貨志作「富民年八十以上賜爵」。

〔三〕洪武二十六年天下戶一千六十五萬二千八百七十　原作「天下戶一千六百五萬二千八百六十」，據諸司職掌戶部民科、明會典卷一九改。

〔四〕小麥芝蔴豆與米等　芝蔴，原作「麻」，據明史稿志五九食貨志、本書卷一五〇郁新傳、明會典

卷一八改。此言一石小麥、芝蔴、豆準米一石，麻不能用石量。

〔五〕福建巡撫許孚遠墾閩海壇山田成　海壇山，原作「海檀山」，據寰宇通志卷四五改。讀史方輿紀要卷九六福清縣「海壇山，縣東南七十里海中，其山如壇」。

〔六〕太常少卿董應舉踵而行之　太常少卿，當作「太僕寺卿」。熹宗實錄卷一六天啓二年四月甲申條：「陞太常寺少卿董應舉太僕寺卿兼河南道監察御史，管理天津至山海關等處屯田。」

〔七〕御馬太監劉順家人進薊州草場　上文原有「復辟後」三字，衍。按英宗實錄卷七七正統六年三月壬寅條稱：御馬監故太監劉順生時原有莊田塌房果園草場二十六所，至是「其家人」將薊州草場十所奏進入官。今刪。

〔八〕武宗卽位踰月卽建皇莊七其後增至三百餘處　三百，疑當作「三十」。明經世文編卷二〇二夏言勘報皇莊疏，稱武宗卽位時建立皇莊七處，後又建立蘇家口皇莊等二十四處，共三十一處。

〔九〕又革王府所請山場湖陂　「又革」二字下疑脫「宣德以後」四字，見本書卷一一九德王見潾傳、世宗實錄卷一三〇嘉靖十年九月己卯條。

〔一〇〕分爲十二莊　十二莊，本書卷一二一魏時亮傳、穆宗實錄卷一二隆慶元年九月乙丑條都作「三十六莊」。

〔二〕桂惠瑞三王及遂平寧德二公主莊田　寧德，原作「寧國」，據本書卷一二一光宗九女傳、國榷卷首之一改。

中華書局

明史卷七十八

志第五十四

食貨二

賦役

賦役之法，唐租庸調猶爲近古。自楊炎作兩稅法，簡而易行，歷代相沿，至明不改。太祖爲吳王，賦稅十取一，役法計田出夫。縣上、中、下三等，以賦十萬、六萬、三萬石下爲差。府三等，以賦二十萬上下、十萬石下爲差。卽位之初，定賦役法，一以黃册爲準。册有丁有田，丁有役，田有租。租曰夏稅，曰秋糧，凡二等。夏稅無過八月，秋糧無過明年二月。丁曰成丁，曰未成丁，凡二等。民始生，籍其名曰不成丁，年十六曰成丁。成丁而役，六十而免。又有職役優免者。役曰里甲，曰均徭，曰雜泛，凡三等。以戶計曰甲役，以丁計曰徭役，上命非時曰雜役，皆有力役，有雇役。府州縣驗册丁口多寡，事產厚薄，以均適其力。

兩稅，洪武時，夏稅曰米麥，曰錢鈔，曰絹。秋糧曰米，曰錢鈔，曰絹。弘治時，會計之數，夏稅曰大小米麥，曰麥莢，曰絲綿幷荒絲，曰稅絲，曰絲綿折絹，曰稅絲折絹，曰本色絲，曰農桑絲折絹，曰農桑零絲，曰人丁絲折絹，曰改科絹，曰棉花折布，曰苧布，曰土苧，曰紅花，曰麻布，曰鈔，曰租鈔，曰稅鈔，曰原額小絹，曰幣帛絹，曰本色絹，曰絹，曰折色絲。秋糧曰米，曰租鈔，曰賃鈔，曰山租鈔，曰租絲，曰租絹，曰租粗麻布，曰課程棉布，曰租苧布，曰牛租米穀，曰地畝棉花絨，曰棗子易米，曰棗株課米，曰課程苧麻折米，曰棉布，曰魚課米，曰改科絲折米。萬曆時，小有所增損，大略以米麥爲主，而絲絹與鈔次之。夏稅之米惟江西、湖廣、廣東、廣西，麥莢惟貴州，農桑絲遍天下，惟不及川、廣、雲、貴，餘各視其地產。

太祖初立國卽下令，凡民田五畝至十畝者，栽桑、麻、木棉各半畝，十畝以上倍之。麻畝徵八兩，木棉畝四兩。栽桑以四年起科。不種桑，出絹一疋。不種麻及木棉，出麻布、棉布各一疋。此農桑絲絹所由起也。〔一〕

洪武九年，天下稅糧，令民以銀、鈔、錢、絹代輸。銀一兩、錢千文、鈔一貫，皆折輸米一石，〔二〕小麥則減直十之二。棉苧一疋，折米六斗，麥七斗。麻布一疋，折米四斗，麥五斗。絲絹等各以輕重爲損益，願入粟者聽。十七年，雲南以金、銀、貝、布、漆、丹砂、水銀代秋租。於是謂米麥爲本色，而諸折納稅糧者，謂之折色。越二年，又令戶部侍郎楊靖會計天下倉儲存糧，二年外並收折色，惟北方諸布政司需糧餉邊，仍使輸粟。三十年諭戶部曰：「行人高稹言，陝西困逋賦。其議自二十八年以前，天下逋租，咸許任土所產，折收布、絹、棉花及金、銀等物，〔三〕著爲令。」於是戶部定：鈔一錠，折米一石；金一兩，十石；銀一兩，二石；絹一疋，石有二斗；棉布一疋，一石；苧布一疋，七斗；棉花一斤，二斗。帝曰：「折收逋賦，蓋欲蘇民困也。今賦重若此，將愈困民，豈恤之之意哉。金、銀每兩折米加一倍。鈔止二貫五百文折一石。餘從所議。」

永樂中，旣得交阯，以絹，漆，蘇木，翠羽，紙扇，沉、速、安息諸香代租賦。廣東瓊州黎人、肇慶瑤人內附，輸賦比內地。天下本色稅糧三千餘萬石，絲鈔等二千餘萬。計是時，宇內富庶，賦入盈羨，米粟自輸京師數百萬石外，府縣倉廩蓄積甚豐，至紅腐不可食。歲歉，有司往往先發粟振貸，然後以聞。雖歲貢銀三十萬兩有奇，而民間交易用銀，仍有厲禁。

至正統元年，副都御史周銓言：「行在各衞官俸支米南京，〔四〕道遠費多，輒以米易貨，貴買賤售，十不及一。朝廷虛縻廩祿，各官不得實惠。請於南畿、浙江、江西、湖廣不通舟楫地，折收布、絹、白金，解京充俸。」江西巡撫趙新亦以爲言，戶部尚書黃福復條以請。帝以問行在戶部尚書胡濙。濙對以太祖嘗折納稅糧於陝西、浙江，民以爲便。遂倣其制，米

麥一石，折銀二錢五分。南畿、浙江、江西、湖廣、福建、廣東、廣西米麥共四百餘萬石，折銀百萬餘兩，入內承運庫，謂之金花銀。其後概行於天下。自起運兌軍外，糧四石收銀一兩解京，以爲永例。諸方賦入折銀，〔五〕而倉廩之積漸少矣。

初，太祖定天下官、民田賦，凡官田畝稅五升三合五勺，〔六〕民田減二升，重租田八升五合五勺，沒官田一斗二升。惟蘇、松、嘉、湖，怒其爲張士誠守，乃籍諸豪族及富民田以爲官田，按私租簿爲稅額。而司農卿楊憲又以浙西地膏腴，增其賦，畝加二倍。故浙西官、民田視他方倍蓰，畝稅有二三石者。大抵蘇最重，松、嘉、湖次之，常、杭又次之。〔七〕洪武十三年命戶部裁其額，畝科七斗五升至四斗四升者減十之二，四斗三升至三斗六升者俱止徵三斗五升，其以下者仍舊。時蘇州一府，秋糧二百七十四萬六千餘石，自民糧十五萬石外，皆官田糧。官糧歲額與浙江通省埒，其重猶如此。建文二年詔曰：「江、浙賦獨重，而蘇、松準私租起科，特以懲一時頑民，豈可爲定則以重困一方。宜悉與減免，畝不得過一斗。」成祖盡革建文政，浙西之賦復重。宣宗卽位，廣西布政使周幹，巡視蘇、常、嘉、湖諸府還，言：「諸府民多逃亡，詢之耆老，皆云重賦所致。如吳江、崑山民田租，舊畝五升，小民佃種富民田，畝輸私租一石。後因事故入官，輒如私租例盡取之。十分取八，民猶不堪，況盡取乎。盡取，則民必凍餒，欲不逃亡，不可得也。仁和、海寧、崑山海水陷官、民田千九百餘頃，逮今

二十四史

中華書局

十有餘年，猶徵其租。田沒於海，租從何出？請將沒官田及公、侯還官田租，俱視彼處官田起科，畝稅六斗。海水淪陷田，悉除其稅，則田無荒蕪之患，而細民獲安生矣。」帝命部議行之。宣德五年二月詔：「舊額官田租，畝一斗至四斗者各減十之二，四斗一升至一石以上者減十之三。著爲令。」於是江南巡撫周忱與蘇州知府況鍾，曲計減蘇糧七十餘萬，他府以爲差，而東南民力少紓矣。忱又令松江官田依民田起科，〔八〕戶部劾以變亂成法。宣宗雖不罪，亦不能從。而朝廷數下詔書，蠲除租賦。持籌者輒私戒有司，勿以詔書爲辭。帝與尚書胡濙言「計臣壅遏膏澤」，然不深罪也。正統元年令蘇、松、浙江等處官田，準民田起科，秋糧四斗一升至二石以上者減作三斗，〔九〕二斗一升以上至四斗者減作二斗，一斗一升至二斗者減作一斗。蓋宣德末，蘇州逋糧至七百九十萬石，〔一〇〕民困極矣。至是，乃獲少甦。英宗復辟之初，令鎭守浙江尚書孫原貞等定杭、嘉、湖則例，〔一一〕以起科重者徵米宜少，起科輕者徵米宜多。乃定官田畝科一石以下，民田七斗以下者，每石歲徵平米一石三斗；官民田四斗以下者，〔一二〕每石歲徵平米一石五斗；官田二斗以下，民田二斗七升以下者，每石歲徵平米一石七斗；官田八升以下，民田七升以下者，每石歲徵平米二石二斗。凡重者輕之，輕者重之，欲使科則適均，而畝科一石之稅未嘗減云。

嘉靖二年，御史黎貫言：「國初夏秋二稅，麥四百七十餘萬石，今少九萬；米二千四百七十餘萬石，今少二百五十餘萬。而宗室之蕃，官吏之冗，內官之衆，軍士之增，悉取給其中。賦入則日損，支費則日加。請嚴祖宗賦額及經費多寡之數，一一區畫，則知賦入有限，而浮費不容不節矣。」於是戶部議：「令天下官吏考滿遷秩，必嚴覈任內租稅，徵解足數，方許給由交代。仍乞朝廷躬行節儉，以先天下。」帝納之。既而諭德顧鼎臣條上錢糧積弊四事。

一曰察理田糧舊額。請責州縣官，於農隙時，令里甲等倣洪武、正統間魚鱗、風旗之式，編造圖册，細列元額田糧、字圩、則號、條段、坍荒、成熟步口數目，官爲覆勘，分別界址，履畝檢踏丈量，具開墾改正豁除之數。刊刻成書，收貯官庫，給散里中，永爲稽考。仍斟酌先年巡撫周忱、王恕簡便可行事例，立爲定規。取每歲實徵、起運、存留、加耗、本色、折色幷處補、暫徵、帶徵、停徵等件數目，會計已定，張榜曉諭。庶吏胥不得售其奸欺，而小民免賠累科擾之患。

一曰催徵歲辦錢糧。成、弘以前，里甲催徵，糧戶上納，糧長收解，州縣監收。糧長不敢多收斛面，糧戶不敢攙雜水穀糠粃，兌糧官軍不敢阻難多索，公私兩便。近者，有司不復比較經催里甲負糧人戶，但立限敲扑糧長，令下鄉追徵。豪强者則大斛倍收，多方索取，所至雞犬爲空。孱弱者爲勢豪所凌，耽延欺賴，不免變產補納。至或舊役侵欠，責償新僉，一人逋負，株連親屬，無辜之民死於箠楚囹圄者幾數百人。且往

時，每區糧長不過正、副二名，近多至十人以上。其實收掌管糧之數少，而科斂打點使用年例之數多。州縣一年之間，輒破中人百家之產，害莫大焉。宜令戶部議定事例，轉行所司，審編糧長務遵舊規。如州縣官多僉糧長，縱容下鄉，及不委里甲催辦，輒酷刑限比糧長者，罪之。致人命多死者，以故勘論。

其二則議遣官綜理及復預備倉糧也。疏下，戶部言：「所陳俱切時弊，令所司舉行。」遷延數載如故。

糧長者，太祖時，令田多者爲之，督其鄉賦稅。歲七月，州縣委官偕詣京，領勘合以行。糧萬石，長、副各一人，輸以時至，得召見，語合，輒蒙擢用。末年更定，每區正、副二名輪充。宣德間，復永充。科斂橫溢，民受其害，或私賣官糧以牟利。其罷者，虧損公賦，事覺，至隕身喪家。景泰中，革糧長，未幾又復。自官軍兌運，糧長不復輸京師，在州里間頗滋害，故鼎臣及之。

未幾，御史郭弘化等亦請通行丈量，以杜包賠兼幷之弊。帝恐紛擾，不從。給事中徐俊民言：「今之田賦，有受地於官，歲供租稅者，謂之官田。有江水泛溢溝塍淹沒者，謂之坍江。有流移亡絕，田棄糧存者，謂之事故。官田貧民佃種，畝入租三斗，或五六斗或石以上者有之。坍江、事故虛糧，里甲賠納，或數十石或百餘石者有之。夫民田之價十倍官田，貧民既不能置。而官田糧重，每病取盈，益以坍江、事故虛糧，又令攤納，追呼敲扑，歲無寧日。而奸富猾胥方且詭寄、那移，幷輕分重。此小民疾苦，閭閻凋瘁，所以日益而日增也。請定均糧、限田之制。坍江、事故，悉與蠲免。而合官民田爲一，定上、中、下三則起科以均糧。富人不得過千畝，聽以百畝自給，其羨者則加輸邊稅。如此，則多寡有節，輕重適宜，貧富相安，公私俱足矣。」部議：「疆土民俗各異，令所司熟計其便。」不行。

越數年，乃從應天巡撫侯位奏，免蘇州坍海田糧九萬餘石，然那移、飛灑之弊，相沿不改。至十八年，鼎臣爲大學士，復言：「蘇、松、常、鎭、嘉、湖、杭七府，供輸甲天下，而里胥豪右蠹弊特甚。宜將欺隱及坍荒田土，一一檢覈改正。」於是應天巡撫歐陽鐸檢荒田四千餘頃，〔一三〕計租十一萬石有奇，以所欺隱田糧六萬餘石補之，餘請豁免。戶部終持不下。時嘉興知府趙瀛建議：「田不分官、民，稅不分等則，一切以三斗起徵。」鐸乃與蘇州知府王儀盡括官、民田裒益之。履畝清丈，定爲等則。所造經賦册，以八事定稅糧：曰元額稽始，曰事故除虛，曰分項別異，曰歸總正實，曰坐派起運，曰運餘撥存，曰存餘考積，曰徵一定額。又以八事考里甲：曰丁田，曰慶賀，曰祭祀，曰鄉飲，曰科貢，曰卹政，曰公費，曰備用。以三事定均徭：曰銀差，曰力差，曰馬差。著爲例。

徵一者，總徵銀米之凡，而計畝均輸之。其科則最重與最輕者，稍以耗損益推移。重

者不能盡損，惟遞減耗米，派輕賫折除之，陰予以輕。輕者不能加益，爲徵本色，遞增耗米加乘之，陰予以重。推收之法，以田爲母，戶爲子。時豪右多梗其議，鼎臣獨以爲善，曰：「是法行，吾家益千石輸，然貧民減千石矣，不可易也。」顧其時，上不能損賦額，長民者私以己意變通。由是官田不至偏重，而民田之賦反加矣。

時又有綱銀、一串鈴諸法。綱銀者，舉民間應役歲費，丁四糧六總徵之，易知而不繁，猶網之有綱也。一串鈴，則夥收分解法也。自是民間輸納，止收本色及折色銀矣。

是時天下財賦，歲入太倉庫者二百萬兩有奇。舊制以七分經費，而存積三分備兵歉，以爲常。世宗中年，邊供費繁，加以土木、禱祀，月無虛日，帑藏匱竭。司農百計生財，甚至變賣寺田，收贖軍罪，猶不能給。二十九年，俺荅犯京師，增兵設戍，餉額過倍。三十年，京邊歲用至五百九十五萬，戶部尚書孫應奎蒿目無策，乃議於南畿、浙江等州縣增賦百二十萬，加派於是始。

嗣後，京邊歲用，多者過五百萬，少者亦三百餘萬，歲入不能充歲出之半。由是度支爲一切之法，其箕斂財賄、題增派、括贓贖、算稅契、折民壯、提編、均徭、推廣事例興焉。其初亦賴以濟匱，久之，諸所灌輸益少。又四方多事，有司往往爲其地奏留或請免；浙、直以備倭，川、貴以採木，山、陝、宣、大以兵荒。不惟停格軍興所徵發，即歲額二百萬，且虧其三之

一。而內廷之賞給，齋殿之經營，宮中夜半出片紙，吏雖急，無敢延頃刻者。三十七年，大同右衛告警，賦入太倉者僅七萬，帑儲大較不及十萬。戶部尚書方鈍等憂懼不知所出，乃乘間具陳帑藏空虛狀，因條上便宜七事以請。既，又令羣臣各條理財之策，議行者凡二十九事，益瑣屑，非國體。而累年以前積逋無不追徵，南方本色逋賦亦皆追徵折色矣。

是時，東南被倭，南畿、浙、閩多額外提編，江南至四十萬。〔一四〕提編者，加派之名也。其法，以銀力差排編十甲，如一甲不足，則提下甲補之，故謂之提編。及倭患平，應天巡撫周如斗乞減加派，給事中何煃亦具陳南畿困敝，言：「軍門養兵，工部料價，操江募兵，兵備道壯丁，府州縣鄉兵，率爲民累，甚者指一科十，請禁革之。」命如煃議，而提編之額不能減。隆、萬之世，增額既如故，又多無藝之征，逋糧愈多，規避亦益巧。已解而愆限或至十餘年，未徵而報收，一縣有至十萬者。逋欠之多，縣各數十萬。賴行一條鞭法，無他科擾，民力不大絀。

一條鞭法者，總括一州縣之賦役，量地計丁，丁糧畢輸於官。一歲之役，官爲僉募。力差，則計其工食之費，量爲增減；銀差，則計其交納之費，加以增耗。凡額辦、派辦、京庫歲需與存留、供億諸費，以及土貢方物，悉併爲一條，皆計畝徵銀，折辦於官，故謂之一條鞭。立法頗爲簡便。嘉靖間，數行數止，至萬曆九年乃盡行之。

其後接踵三大征，頗有加派，事畢旋已。至四十六年，驟增遼餉三百萬。時內帑充積，帝靳不肯發。戶部尚書李汝華乃援征倭、播例，畝加三釐五毫，天下之賦增二百萬有奇。明年復加三釐五毫。明年，以兵工二部請，復加二釐。通前後九釐，增賦五百二十萬，遂爲歲額。所不加者，畿內八府及貴州而已。〔一五〕

天啓元年，給事中甄淑言：「遼餉加派，易致不均。蓋天下戶口有戶口之銀，人丁有人丁之銀，田土有田土之銀，有司徵收，總曰銀額。按銀加派，則其數不漏。東西南北之民，甘苦不同，布帛粟米力役之法，徵納不同。惟守令自知其甘苦，而通融其徵納。今因人土之宜，則無偏枯之累。其法，以銀額爲主，而通人情，酌土俗，頒示直省。每歲存留、起解各項銀兩之數，以所加餉額，按銀數分派，總提折扣，裒多益寡，期不失餉額而止。如此，則愚民易知，可杜奸胥意爲增減之弊。且小民所最苦者，無田之糧，無米之丁，田鬻富室，產去糧存，而猶輸丁賦。宜取額丁、額米，兩衡而定其數，米若干即帶丁若干。買田者，收米便收丁，則縣册不失丁額，貧民不致賠累，而有司亦免逋賦之患。」下部覆議，從之。

崇禎三年，軍興，兵部尚書梁廷棟請增田賦。戶部尚書畢自嚴不能止，乃於九釐外畝復徵三釐。惟順天、永平以新被兵無所加，餘六府畝徵六釐，得他省之半，共增賦百六十五萬四千有奇。後五年，總督盧象昇請加官戶田賦十之一，民糧十兩以上同之。既而概徵每

兩一錢，名曰助餉。越二年，復行均輸法，因糧輸餉，畝計米六合，石折銀八錢，又畝加徵一分四釐九絲。越二年，楊嗣昌督師，畝加練餉銀一分。兵部郎張若麒請收兵殘遺產爲官莊，分上、中、下，畝納租八斗至二三斗有差。御史衞周胤言：〔一六〕「嗣昌流毒天下，剿練之餉多至七百萬，民怨何極。」御史郝晉亦言：「萬曆末年，合九邊餉止二百八十萬。今加派遼餉至九百萬。剿餉三百三十萬，業已停罷，旋加練餉七百三十餘萬。自古有一年而括二千萬以輸京師，又括京師二千萬以輸邊者乎？」疏語雖切直，而時事危急，不能從也。

役法定於洪武元年。田一頃出丁夫一人，不及頃者以他田足之，名曰均工夫。尋編應天十八府州，江西九江、饒州、南康三府均工夫圖册。每歲農隙赴京，供役三十日遣歸。田多丁少者，以佃人充夫，而田主出米一石資其用。非佃人而計畝出夫者，畝資米二升五合。迨造黃册成，以一百十戶爲一里，里分十甲曰里甲。以上、中、下戶爲三等，五歲均役，十歲一更造。一歲中諸色雜目應役者，編第均之，銀、力從所便，曰均徭。他雜役，曰雜泛。凡祗應、禁子、弓兵，悉僉市民，毋役糧戶。額外科一錢、役一夫者，罪流徙。

後法稍弛，編徭役里甲者，以戶爲斷，放大戶而勾單小。於是議者言，均徭之法，按册籍丁糧，以資產爲宗，覈人戶上下，以蓄藏得實也。稽册籍，則富商大賈免役，而土著困；覈

人戶，則官吏里胥輕重其手，而小民益窮蹙。二者交病。然專論丁糧，庶幾古人租庸調之意。乃令以舊編力差、銀差之數當丁糧之數，難易輕重酌其中。役以應差，里甲除當復者，論丁糧多少編次先後，曰鼠尾册，按而徵之。市民商賈家殷足而無田產者，聽自占，以佐銀差。正統初，僉事夏時創行於江西，他省倣行之，役以稍平。

其後諸上供者，官爲支解，而官府公私所須，復給所輸銀於坊里長，責其營辦。給不能一二，供者或什伯，甚至無所給，惟計值年里甲祗應夫馬飲食，而里甲病矣。凡均徭，解戶上供爲京徭，主納爲中官留難，不易中納，往復改貿，率至傾產。其他役苛索之弊，不可毛舉。

明初，令天下貢土所有，有常額，珍奇玩好不與。即須用，編之里甲，出銀以市。顧其目冗碎，奸黠者緣爲利孔。又大工營繕，祠官祝釐，資用繁溢。迨至中葉，倭寇交訌，仍歲河決，國用耗殫。於是里甲、均徭，浮於歲額矣。凡役民，自里甲正辦外，如糧長、解戶、馬船頭、館夫、祗候、弓兵、皂隸、門禁、廚斗爲常役。後又有斫薪、擡柴、修河、修倉、運料、接遞、站鋪、牐淺夫之類，因事編僉，歲有增益。嘉、隆後，行一條鞭法，通計一省丁糧，均派一省徭役。於是均徭、里甲與兩稅爲一，小民得無擾，而事亦易集。然糧長、里長，名罷實存，諸役卒至，復僉農氓。條鞭法行十餘年，規制

頓紊，不能盡遵也。天啓時，御史李應昇疏陳十害，其三條切言馬夫、河役、糧甲、修辦、白役擾民之弊。崇禎三年，河南巡撫范景文言：「民所患苦，莫如差役。錢糧有收戶、解戶，驛遞有馬戶，供應有行戶，皆僉有力之家充之，名曰大戶。究之，所僉非富民，中人之產輒爲之傾。自變爲條鞭法，以境內之役均於境內之糧，宜少甦矣，乃民間仍歲奔走，罄資津貼，是條鞭行而大戶未嘗革也。」時給事中劉懋復奏裁驛夫，征調往來，仍責編戶。驛夫無所得食，至相率從流賊爲亂云。

凡軍、匠、竈戶，役皆永充。軍戶死若逃者，於原籍勾補。匠戶二等：曰住坐，曰輪班。住坐之匠，月上工十日。不赴班者，輸罰班銀月六錢，故謂之輪班。〔一七〕監局中官，多占匠役，又括充幼匠，動以千計，死若逃者，勾補如軍。竈戶有上、中、下三等。每一正丁，貼以餘丁。上、中戶丁力多，或貼二三丁，下戶概予優免。他如陵戶、園戶、海戶、廟戶、旛夫、庫役，瑣末不可勝計。

明初，工役之繁，自營建兩京宗廟、宮殿、闕門、王邸。採木、陶甓，工匠造作，以萬萬計。所在築城、濬陂，百役具舉。迄於洪、宣，郊壇、倉庾猶未迄工。正統、天順之際，三殿、兩宮、南內、離宮，次第興建。弘治時，大學士劉吉言：「近年工役，俱摘發京營軍士，內外軍官禁不得估工用大小多寡。〔一八〕本用五千人，奏請至一二萬，無所稽覈。」禮部尚書倪岳言：「諸役費動以數十萬計，水旱相仍，乞少停止。」南京禮部尚書童軒復陳工役之苦。吏部尚書林瀚亦言：「兩畿頻年凶災，困於百役，窮愁怨嘆。山、陝供億軍興，雲南、廣東西征發剿叛。山東、河南、湖廣、四川、江西興造王邸，財力不贍。浙江、福建辦物料，視舊日增多。庫藏空匱，不可不慮。」帝皆納其言，然不能盡從也。武宗時，乾清宮役尤大。以太素殿初制樸儉，改作雕峻，用銀至二千萬餘兩，役工匠三千餘人，歲支工食米萬三千餘石。又修凝翠、昭和、崇智、光霽諸殿，御馬監、鐘鼓司、南城豹房新房、火藥庫皆鼎新之。權倖閹宦莊園祠墓香火寺觀，工部復竊官銀以媚焉。給事中張原言：「工匠養父母妻子，尺籍之兵禦外侮，京營之軍衛王室，今奈何令民無所賴，兵不麗伍，利歸私門，怨叢公室乎？」疏入，謫貴州新添驛丞。世宗營建最繁，十五年以前，名爲汰省，而經費已六七百萬。其後增十數倍，齋宮、秘殿並時而興。工場二三十處，役匠數萬人，軍稱之，歲費二三百萬。其時宗廟、萬壽宮災，帝不之省，營繕益急。經費不敷，乃令臣民獻助；獻助不已，復行開納。勞民耗財，視武宗過之。萬曆以後，營建織造，溢經制數倍，加以征調、開採，民不得少休。迨閹人亂政，建第營墳，〔一九〕僭越亡等，功德私祠遍天下。蓋二百餘年，民力殫殘久矣。其以職役優免者，少者一二丁，多者至十六丁。萬曆時，免田有至二三千者。

至若賦稅蠲免，有恩蠲，有災蠲。太祖之訓，凡四方水旱輒免稅，豐歲無災傷，亦擇地瘠民貧者優免之。凡歲災，盡蠲二稅，且貸以米，甚者賜米布若鈔。又設預備倉，令老人運鈔易米以儲粟。荊、蘄水災，命戶部主事趙乾往振，遷延半載，怒而誅之。青州旱蝗，有司不以聞，逮治其官吏。旱傷州縣，有司不奏，許耆民申訴，處以極刑。孝感饑，其令請以預備倉振貸，帝命行人馳驛往，且諭戶部：「自今凡歲饑，先發倉庾以貸，然後聞，著爲令。」在位三十餘年，賜予布鈔數百萬，米百餘萬，所蠲租稅無數。成祖聞河南饑，有司匿不以聞，逮治之。因命都御史陳瑛榜諭天下，有司水旱災傷不以聞者，罪不宥。又敕朝廷歲遣巡視官，目擊民艱不言者，悉逮下獄。仁宗監國時，有以發振請者，遣人馳諭之，言：「軍民困乏，待哺嗷嗷，尚從容啓請待報，不能效漢汲黯耶？」宣宗時，戶部請覈饑民。帝曰：「民饑無食，濟之當如拯溺救焚，奚待勘。」蓋二祖、仁、宣時，仁政亟行。預備倉之外，又時時截起運，賜內帑。被災處無儲粟者，發旁縣米振之。蝗蝻始生，必遣人捕瘞。鬻子女者，官爲收贖。且令富人蠲佃戶租。大戶貸貧民粟，免其雜役爲息，豐年償之。皇莊、湖泊皆弛禁，聽民採取。饑民還籍，給以口糧。京、通倉米，平價出糶。兼預給俸糧以殺米價，建官舍以處流民，給糧以收棄嬰。養濟院窮民各注籍，無籍者收養蠟燭、旛竿二寺。其卹民如此。世宗、神宗於民事略矣，而災荒疏至，必賜蠲振，不敢違祖制也。

中華書局

振米之法，明初，大口六斗，小口三斗，五歲以下不與。永樂以後，減其數。

納米振濟贖罪者，景帝時，雜犯死罪六十石，流徒減三之一，餘遞減有差。捐納事例，自憲宗始。生員納米百石以上，入國子監；軍民納二百五十石，爲正九品散官，加五十石，增二級，至正七品止。〔二〇〕武宗時，富民納粟振濟，千石以上者表其門，九百石至二三百石者，授散官，得至從六品。世宗令義民出穀二十石者，給冠帶，多者授官正七品，至五百石者，有司爲立坊。

振粥之法，自世宗始。

報災之法，洪武時不拘時限。弘治中，始限夏災不得過五月終，秋災不得過九月終。萬曆時，又分近地五月、七月，邊地七月、九月。〔二一〕

洪武時，勘災既實，盡與蠲免。弘治中，始定全災免七分，自九分災以下遞減。又止免存留，不及起運，後遂爲永制云。

校勘記

〔一〕此農桑絲絹所由起也　明史稿志六〇食貨志此句上有「遂定桑麻科征」六字。

〔二〕錢千文鈔一貫皆折輸米一石　一貫，原作「十貫」，據太祖實錄卷一〇五洪武九年四月己丑條

改。本書卷八一食貨志述洪武初鈔法稱「每鈔一貫，準錢千文」。

〔三〕天下逋租咸許任土所產折收布絹棉花及金銀等物　布，原作「米」，此言折布代米，據明史稿志六〇食貨志改。

〔四〕行在各衞官俸支米南京　原脫「衞」字，據明史稿志六〇食貨志、英宗實錄卷二一正統元年八月庚辰條補。本書卷七二職官志戶部下，十三司兼領兩京貢賦及衞所祿俸，此處當指各衞所祿俸。

〔五〕諸方賦入折銀　明史稿卷六〇食貨志作「諸方賦入折銀者幾半」。

〔六〕凡官田畝稅五升三合五勺　原脫「五勺」，據明史稿志六〇食貨志、明會典卷一七補。下文「重租田八升五合五勺」，亦計勺數。

〔七〕大抵蘇最重松嘉湖次之常杭又次之　原脫「松」字「常」字，據明史稿志六〇食貨志補。按嵇璜續文獻通考卷二作「大抵蘇、松最重」。

〔八〕忱又令松江官田依民田起科　又，明史稿志六〇食貨志作「請」。「請」字似與下文宣宗「不能從」相應。

〔九〕秋糧四斗一升至二石以上者減作三斗　原脫「秋」字，據英宗實錄卷一九正統元年閏六月丁卯條、明會典卷一七補。

〔一〇〕蓋宣德末蘇州逋糧至七百九十萬石　宣德末，本書卷一五三周忱傳作宣德五年九月。按宣德共十年，五年當爲宣德中。

〔一一〕英宗復辟之初令鎭守浙江尙書孫原貞等定杭嘉湖則例　按英宗實錄卷二七〇，定杭、嘉、湖則例事在景泰七年九月甲戌，而英宗復辟在景泰八年正月壬午，是「定杭、嘉、湖則例」爲景帝時事。

〔一二〕官民田四斗以下者　原脫「官」字，據明史稿志六〇食貨志、英宗實錄卷二七〇景泰七年九月甲戌條補。

〔一三〕於是應天巡撫歐陽鐸檢荒田四千餘頃　四，原作「二」，據本書卷二〇三歐陽鐸傳、世宗實錄卷二二五嘉靖十八年六月己未條改。

〔一四〕江南至四十萬　明史稿志六〇食貨志作「四十三萬」，世宗實錄卷五二五嘉靖四十二年九月己丑條周如斗疏，作「加派兵餉銀四十三萬五千九百餘兩」。

〔一五〕所不加者畿內八府及貴州而已　本書卷二二〇李汝華傳：「汝華議，天下田賦，自貴州外，畝增銀三釐五毫。」不言「畿內八府」除外。按萬曆四十六年至四十八年加派田賦凡三次。第一次在四十六年，加派的直省地名中有「畿內八府」，卽順天、永平、保定、河間、眞定、順德、廣平、大名，見神宗實錄卷五七四萬曆四十六年九月辛亥條。最後一次在四十八年，「命各省直田地每

畝再加派二釐」，不言「畿內八府」除外，見神宗實錄卷五九二萬曆四十八年三月庚寅條。

〔一六〕御史衞周胤　胤，原作「嗣」，據明史稿志六〇食貨志改。

〔一七〕匠戶二等曰住坐曰輪班住坐之匠月上工十日不赴班者輸罰班銀月六錢故謂之輪班　輪班，原作「輪班」，據本書卷七二職官志工部、諸司職掌工部營部、明會典卷一八九改。住坐之匠「不赴班者輸罰班銀月六錢」，疑誤。按明會典卷一八八，住坐工役，「如果貧病不堪，照例每月出辦工價銀一錢，委官僱人上工。」是病者可出一錢僱工，與不赴班罰六錢不同。明會典卷一八九，成化二十一年奏准，「輪班工匠有願出銀價者，每名每月，南匠出銀九錢，免赴京」，「北匠出銀六錢」，是輪班可出錢代役。疑「不赴班」句當作「輪班班匠不赴班者輸班銀月六錢」，志文有訛脫。

〔一八〕內外軍官禁不得估工用大小多寡　此句文字疑有奪落。孝宗實錄卷二九弘治二年八月戊子條載劉吉疏文云：「其內外管軍官員又不許計算工役大小財力多寡。」

〔一九〕建第營墳　第，原作「地」，據明史稿志六〇食貨志改。

〔二〇〕軍民納二百五十石爲正九品散官加五十石增二級至正七品止　嵇璜續文獻通考卷四三，憲宗成化六年詔：「納米二百石，授正九品散官；二百五十石，正八品；三百石，正七品。」納米石數和得官品級，與此稍異。

〔三〕弘治中始限夏災不得過五月終秋災不得過九月終萬曆時又分近地五月七月邊地七月九月 按明會典卷一七，「五月終」作「六月終」，「邊地七月九月」作「沿邊」，「秋災改限十月內」，稍有不同。

明史卷七十九

志第五十五

食貨三

漕運　倉庫

歷代以來，漕粟所都，給官府廩食，各視道里遠近以爲準。太祖都金陵，四方貢賦，由江以達京師，道近而易。自成祖遷燕，道里遼遠，法凡三變。初支運，次兌運、支運相參，至支運悉變爲長運而制定。

洪武元年北伐，命浙江、江西及蘇州等九府，運糧三百萬石於汴梁。已而大將軍徐達令忻、崞、代、堅、臺五州運糧大同。中書省符下山東行省，募水工發萊州洋海倉餉永平衞。其後海運餉北平、遼東爲定制。其西北邊則浚開封漕河餉陝西，自陝西轉餉寧夏、河州。其西南令川、貴納米中鹽，以省遠運。於時各路皆就近輸，得利便矣。

永樂元年納戶部尚書郁新言，始用淮船受三百石以上者，道淮及沙河抵陳州潁岐口跌坡，別以巨舟入黃河抵八柳樹，車運赴衞河輸北平，與海運相參。時駕數臨幸，百費仰給，不止餉邊也。淮、海運道凡二，而臨清倉儲河南、山東粟，亦以輸北平，合而計之爲三運。惟海運用官軍，其餘則皆民運云。

自濬會通河，帝命都督賈義、尚書宋禮以舟師運。禮以海船大者千石，工窳輒敗，乃造淺船五百艘，運淮、揚、徐、兗糧百萬，以當海運之數。平江伯陳瑄繼之，頗增至三千餘艘。時淮、徐、臨清、德州各有倉。江西、湖廣、浙江民運糧至淮安倉，分遣官軍就近輓運。自淮至徐以浙、直軍，自徐至德以京衞軍，自德至通以山東、河南軍。以次遞運，歲凡四次，可三百萬餘石，名曰支運。支運之法，支者，不必出當年之民納；納者，不必供當年之軍支。通數年以爲裒益，期不失常額而止。由是海陸二運皆罷，惟存遮洋船，每歲於河南、山東、小灘等水次，兌糧三十萬石，十二輸天津，十八由直沽入海輸薊州而已。不數年，官軍多所調遣，遂復民運，道遠數愆期。

宣德四年，瑄及尚書黃福建議復支運法，乃令江西、湖廣、浙江民運百五十萬石於淮安倉，蘇、松、寧、池、廬、安、廣德民運糧二百七十四萬石於徐州倉，應天、常、鎭、淮、揚、鳳、太、滁、和、徐民運糧二百二十萬石於臨清倉，令官軍接運入京、通二倉。民糧既就近入倉，

中華書局

力大減省，乃量地近遠，糧多寡，抽民船十一或十三、五之一以給官軍。惟山東、河南、北直隸則徑赴京倉，不用支運。尋令南陽、懷慶、汝寧糧運臨清倉，開封、彰德、衛輝糧運德州倉，其後山東、河南皆運德州倉。

六年，瑄言：「江南民運糧諸倉，往返幾一年，誤農業。令民運至淮安、瓜洲，兌與衛所。官軍運載至北，給與路費耗米，則軍民兩便。」是爲兌運。命羣臣會議。吏部蹇義等上官軍兌運民糧加耗則例，以地遠近爲差。每石，湖廣八斗，江西、浙江七斗，南直隸六斗，北直隸五斗。民有運至淮安兌與軍運者，止加四斗，如有兌運不盡，仍令民自運赴諸倉，不願兌者，亦聽其自運。軍既加耗，又給輕齎銀爲洪閘盤撥之費，且得附載他物，皆樂從事，而民亦多以遠運爲艱。於是兌運者多，而支運者少矣。軍與民兌米，往往恃强勒索。帝知其弊，敕戶部委正官監臨，不許私兌。已而頗減加耗米，遠者不過六斗，近者至二斗五升。以三分爲率，二分與米，一分以他物準。正糧斛面銳，耗糧俱平概。運糧四百萬石，京倉貯十四，通倉貯十六。臨、徐、淮三倉各遣御史監收。

正統初，運糧之數四百五十萬石，而兌運者二百八十萬餘石，淮、徐、臨、德四倉支運者十之三四耳。土木之變，復盡留山東、直隸軍操備。蘇、松諸府運糧仍屬民。景泰六年，瓦剌入貢，乃復軍運。天順末，兌運法行久，倉人覬耗餘，入庾率兌斛面，且求多索，軍困甚。

憲宗即位，漕運參將袁佑上言便宜。帝曰：「律令明言，收糧令納戶平準，石加耗不過五升。今運軍顧明加，則倉吏侵害過多可知。今後令軍自概，每石加耗五升，毋溢，勒索者治罪。」後從督倉中官言，加耗至八升。久之，復溢收如故，屢禁不能止也。

初，運糧京師，未有定額。成化八年始定四百萬石，自後以爲常。北糧七十五萬五千六百石，南糧三百二十四萬四千四百石，其內兌運者三百三十萬石，由支運改兌者七十萬石。兌運之中，湖廣、山東、河南折色十七萬七千七百石。通計兌運、改兌加以耗米入京、通兩倉者，凡五百十八萬九千七百石。而南直隸正糧獨百八十萬，蘇州一府七十萬，加耗在外。浙賦視蘇減數萬。江西、湖廣又殺焉。天津、薊州、密雲、昌平，共給米六十四萬餘石，悉支兌運米。而臨、德二倉，貯預備米十九萬餘石，取山東、河南改兌米充之。遇災傷，則撥二倉米以補運，務足四百萬之額，不令缺也。

至成化七年，乃有改兌之議。時應天巡撫滕昭令運軍赴江南水次交兌，加耗外，復石增米一斗爲渡江費。後數年，帝乃命淮、徐、臨、德四倉支運七十萬石之米，悉改水次交兌。由是悉變爲改兌，而官軍長運遂爲定制。然是時，司倉者多苛取，甚至有額外罰，運軍展轉稱貸不支。弘治元年，都御史馬文升疏論運軍之苦，言：「各直省運船，皆工部給價，令有司監造。近者，漕運總兵以價不時給，請領價自造。而部臣慮軍士不加愛護，議令本部出料四分，軍衛任三分，舊船抵三分。軍衛無從措辦，皆軍士賣資產、鬻男女以供之，此造船之苦也。正軍逃亡數多，而額數不減，俱以餘丁充之，一戶有三、四人應役者。春兌秋歸，艱辛萬狀。船至張家灣，又僱車盤撥，多稱貸以濟用，此往來之苦也。其所稱貸，運官因以侵漁，責償倍息。而軍士或自載土產以易薪米，又格於禁例，多被掠奪。今宜加造船費每艘銀二十兩，而禁約運官及有司科害搜檢之弊，庶軍困少甦。」詔從其議。五年，戶部尚書葉淇言：「蘇、松諸府，連歲荒歉，民買漕米，每石銀二兩。而北直隸、山東、河南歲供宣、大二邊糧料，每石亦銀一兩。去歲，蘇州兌運已折五十萬石，每石銀一兩。今請推行於諸府，而稍差其直。災重者，石七錢，稍輕者，石仍一兩。俱解部轉發各邊，抵北直隸三處歲供之數，而收三處本色以輸京倉，則費省而事易集。」從之。自後歲災，輒權宜折銀，以水次倉支運之糧充其數，而折價以六七錢爲率，無復至一兩者。

先是，成化間行長運之法。江南州縣運糧至南京，令官軍就水次兌支，計省加耗輸輓之費，得餘米十萬石有奇，貯預備倉以資緩急之用。至是，巡撫都御史以兌支有弊，請令如舊上倉而後放支。戶部言：「兌支法善，不可易。」詔從部議，以所餘就貯各衛倉，作正支銷。又從戶部言，山東改兌糧九萬石，仍聽民自運臨、德二倉，令官軍支運。正德二年，漕運官請疏通水次倉儲，言：「往時民運至淮、徐、臨、德四倉，以待衛軍支運，後改附近州縣水次交

兌。已而并支運七十萬石亦令改兌。但七十萬石之外，猶有交兌不盡者，民仍運赴四倉，久無支銷，以致陳腐。請將浙江、江西、湖廣正兌糧米三十五萬石，折銀解京，而令三省衛軍赴臨、德等倉，支運如所折之數。則諸倉米不腐，三省漕卒便於支運。歲漕額外，又得三十五萬折銀，一舉而數善具矣。」帝命部臣議，如其請。六年，戶部侍郎邵寶以漕運遲滯，請復支運法。戶部議，支運法廢久，不可卒復，事遂寢。

臨、德二倉之貯米也，凡十九萬，計十年得百九十萬。自世宗初，災傷撥補日多，而山東、河南以歲歉，數請輕減，且二倉囤積多朽腐。於是改折之議屢興，而倉儲漸耗矣。嘉靖元年，漕運總兵楊宏，請以輕齎銀聽運官道支，爲顧倩舟車之費，不必裝鞘印封，計算羨餘，以苦漕卒。給事、御史交駁之。戶部言：「科道官之論，主於防奸，是也。但輕齎本資轉般費，今慮官軍侵耗，盡取其贏餘以歸太倉，則以脚價爲正糧，非立法初意也。」乃議運船至通州，巡倉御史覈驗，酌量支用實數，著爲定規。有羨餘，不輸太倉，即用以修船，官旗漁蠹者重罪。輕齎銀者，憲宗以諸倉改兌，給路費，始各有耗米，兌運米，俱一平一銳，故有銳米，自隨船給運四斗外，餘折銀，謂之輕齎。凡四十四萬五千餘兩。後頗入太倉矣。

隆慶中，運道艱阻，議者欲開膠萊河，復海運。由淮安清江浦口，歷新壩、馬家壕至海倉口，徑抵直沽，止循海套，不泛大洋。疏上，遣官勘報，以水多沙磧而止。

中華書局

神宗時，漕運總督舒應龍言：「國家兩都並建，淮、徐、臨、德，實南北咽喉。自兌運久行，臨、德尚有歲積，而淮、徐二倉無粒米。請自今山東、河南全熟時，盡徵本色上倉。計臨、德已足五十餘萬，則令納於二倉，亦積五十萬石而止。」從之。當是時，折銀漸多。萬曆三十年，漕運抵京，僅百三十八萬餘石。而撫臣議截留漕米以濟河工，倉場侍郎趙世卿爭之，言：「太倉入不當出，計二年後，六軍萬姓將待新漕舉炊，倘輸納愆期，不復有京師矣。」蓋災傷折銀，本折漕糧以抵京軍月俸。其時混支以給邊餉，遂致銀米兩空，故世卿爭之。自後倉儲漸匱，漕政亦益弛。迨於啓、禎，天下蕭然煩費，歲供愈不足支矣。

運船之數，永樂至景泰，大小無定，爲數至多。天順以後，定船萬一千七百七十，官軍十二萬人。許令附載土宜，免徵稅鈔。孝宗時限十石，神宗時至六十石。

憲宗立運船至京期限，北直隸、河南、山東五月初一日，南直隸七月初一日，其過江支兌者，展一月，浙江、江西、湖廣九月初一日。通計三年考成，違限者，運官降罰。武宗列水程圖格，按日次塡行止站地，違限之米，頓德州諸倉，曰寄囤。世宗定過淮程限，江北十二月，江南正月，湖廣、浙江、江西三月，神宗時改爲二月。又改至京限五月者，縮一月，七八九月者，遞縮兩月。後又通縮一月。神宗初，定十月開倉，十一月兌竣，大縣限船到十日，小縣五日。十二月開幫，二月過淮，三月過洪入閘。皆先期以樣米呈戶部，運糧到日，比驗

相同乃收。

凡災傷奏請改折者，毋過七月。題議後期及臨時改題者，立案免覆。漂流者，抵換食米。大江漂流爲大患，河道爲小患；二百石外爲大患，二百石內爲小患。小患把總勘報，大患具奏，其後不計多寡，概行奏勘矣。

初，船用楠杉，下者乃用松。三年小修，六年大修，十年更造。每船受正耗米四百七十二石。其後船數缺少，一船受米七八百石。附載夾帶日多，所在稽留違限。一遇河決，卽有漂流，官軍因之爲奸。水次折乾，沿途侵盜，妄稱水火，至有鑿船自沉者。

明初，命武臣督海運，嘗建漕運使，尋罷。成祖以後用御史，又用侍郎、都御史催督，郎中、員外分理，主事督兌，其制不一。景泰二年始設漕運總督於淮安，與總兵、參將同理漕事。漕司領十二總，十二萬軍，與京操十二營軍相準。初，宣宗令運糧總兵官、巡撫、侍郎歲八月赴京，會議明年漕運事宜，及設漕運總督，則幷令總督赴京。至萬曆十八年後始免。凡歲正月，總漕巡揚州，經理瓜、淮過閘。總兵駐徐、邳，督過洪入閘，同理漕參政管押赴京。攢運則有御史、郎中，押運則有參政，監兌、理刑、管洪、管廠、管閘、管泉、監倉則有主事，清江、衛河有提舉。兌畢過淮過洪，巡撫、漕司、河道各以職掌奏報。有司米不備，軍衛船不備，過淮誤期者，責在巡撫。米具船備，不卽驗放，非河梗而壓幫停泊，過洪誤期因而

漂凍者，責在漕司。船糧依限，河渠淤淺，疏濬無法，閘坐啓閉失時，不得過洪抵灣者，責在河道。

明初，於漕政每加優恤，仁、宣禁役漕舟，宥遲運者。英宗時始扣口糧均攤，而運軍不守法度爲民害。自後漕政日弛，軍以耗米易私物，道售稽程。比至，反買倉米補納，多不足數。而糧長率攙沙水於米中，河南、山東尤甚，往往蒸溼浥爛不可食。權要貸運軍銀以罔厚利，至請撥關稅給船料以取償。漕運把總率由賄得。倉場額外科取，歲至十四萬。世宗初政，諸弊多釐革，然漂流、違限二弊，日以滋甚。中葉以後，益不可究詰矣。

漕糧之外，蘇、松、常、嘉、湖五府，輸運內府白熟粳糯米十七萬四十餘石，內折色八千餘石，各府部糙粳米四萬四千餘石，內折色八千八百餘石，令民運，謂之白糧船。自長運法行，糧皆軍運，而白糧民運如故。穆宗時，陸樹德言：「軍運以充軍儲，民運以充官祿。人知軍運之苦，不知民運尤苦也。船戶之求索，運軍之欺陵，洪閘之守候，入京入倉，厥弊百出。嘉靖初，民運尚有保全之家，十年後無不破矣。以白糧令軍帶運甚便。」疏入，下部議。不從。

凡諸倉應輸者有定數，其或改撥他鎭者，水次應兌漕糧，卽令坐派鎭軍領兌者給價，州縣官督車戶運至遠倉，或給軍價就令關支者，通謂之空運。九邊之地，輸糧大率以車，宣德時，餉開平亦然，而蘭、甘、松潘，往往使民背負。永樂中，又嘗令廣東海運二十萬石給交

阯云。

明初，京衛有軍儲倉。洪武三年增置至二十所，且建臨濠、臨清二倉以供轉運。各行省有倉，官吏俸取給焉。邊境有倉，收屯田所入以給軍。州縣則設預備倉，東南西北四所，以振凶荒。自鈔法行，頗有省革。二十四年儲糧十六萬石於臨清，以給訓練騎兵。二十八年置皇城四門倉，儲糧給守禦軍。增京師諸衛倉凡四十一。又設北平、密雲諸縣倉，儲糧以資北征。永樂中，置天津及通州左衛倉，且設北京三十七衛倉。益令天下府縣多設倉儲，預備倉之在四鄉者移置城內。迨會通河成，始設倉於徐州、淮安、德州，而臨清因洪武之舊，幷天津倉凡五，謂之水次倉，以資轉運。既，又移德州倉於臨清之永清壩，設武清衛倉於河西務，設通州衛倉於張家灣。宣德中，增造臨清倉，容三百萬石。增置北京及通州倉。京倉以御史、戶部官、錦衣千百戶季更巡察。外倉則布政、按察、都司關防之。各倉門，以致仕武官二，率老幼軍丁十人守之，半年一更。英宗初，命廷臣集議，天下司府州縣，有倉者以衛所倉屬之，無倉者以衛所改隸。惟遼東、甘肅、寧夏、萬全及沿海衛所，無府州縣者仍其舊。正統中，增置京衛倉凡七。自兌運法行，諸倉支運者少，而京、通倉不能容，

乃毁臨清、德州、河西務倉三分之一，改爲京、通倉。景泰初，移武清衞諸倉於通州。成化初，廢臨、德預備倉在城外者，而以城內空廒儲預備米。名臨清者曰常盈，德州者曰常豐。凡京倉五十有六，通倉十有六。直省府州縣、藩府、邊隘、堡站、衞所屯戍皆有倉，少者一二，多者二三十云。

預備倉之設也，太祖選耆民運鈔糴米，以備振濟，卽令掌之。天下州縣多所儲蓄，後漸廢弛。于謙撫河南、山西，修其政。周忱撫南畿，別立濟農倉。他人不能也。正統時，重侵盜之罪，至僉妻充軍。且定納穀千五百石者，敕奬爲義民，免本戶雜役。凡振饑米一石，俟有年，納稻穀二石五斗還官。弘治三年限州縣十里以下積萬五千石，二十里積二萬石；衞千戶所萬五千石，百戶所三百石。考滿之日，稽其多寡以爲殿最。不及三分者奪俸，六分以上降調。十八年令贖罪贓罰，皆糴穀入倉。正德中，令囚納紙者，以其八折米入倉。軍官有犯者，納穀準立功。初，預備倉皆設倉官，至是革，令州縣官及管糧倉官領其事。嘉靖初，諭德顧鼎臣言：「成、弘時，每年以存留餘米入預備倉，緩急有備。今秋糧僅足兌運，預備無粒米。一遇災傷，輒奏留他糧及勸富民借穀，以應故事。乞急復預備倉糧以裕民。」帝乃令有司設法多積米穀，仍倣古常平法，春振貧民，秋成還官，不取其息。府積萬石，州四五千石，縣二三千石爲率。既，又定十里以下萬五千石，累而上之，八百里以下至十九萬

石。其後積粟盡平糶，以濟貧民，儲積漸減。隆慶時，劇郡無過六千石，小邑止千石。久之數益減，科罰亦益輕。萬曆中，上州郡至三千石止，而小邑或僅百石。有司沿爲具文，屢下詔申飭，率以虛數欺罔而已。

弘治中，江西巡撫林俊嘗請建常平及社倉。嘉靖八年乃令各撫、按設社倉。令民二三十家爲一社，擇家殷實而有行義者一人爲社首，處事公平者一人爲社正，能書算者一人爲社副，每朔望會集，別戶上中下，出米四斗至一斗有差，斗加耗五合，上戶主其事。年饑，上戶不足者量貸，稔歲還倉。中下戶酌量振給，不還倉。有司造册送撫、按，歲一察覈。倉虛，罰社首出一歲之米。其法頗善，然其後無力行者。

兩京庫藏，先後建設，其制大略相同。內府凡十庫。內承運庫，貯緞疋、金銀、寶玉、齒角、羽毛，而金花銀最大，〔一〕歲進百萬兩有奇。廣積庫，貯硫黃、硝石。甲字庫，貯布疋、顏料。乙字庫，貯胖襖、戰鞋、軍士裘帽。丙字庫，貯棉花、絲纊。丁字庫，貯銅鐵、獸皮、蘇木。戊字庫，貯甲仗。贓罰庫，貯沒官物。廣惠庫，貯錢鈔。廣盈庫，貯紵絲、紗羅、綾錦、紬絹。六庫皆屬戶部。惟乙字庫屬兵部。戊字、廣積、廣盈庫屬工部。又有天財庫，亦名司鑰庫，貯各衙門管鑰，亦貯錢鈔。供用庫，貯秔稻、熟米及上供物。以上通謂之內庫。其在宮內者，又有內東裕庫、寶藏庫，謂之裏庫。凡裏庫不關於有司。其會歸門、〔二〕寶善門迤東及南城磁器諸庫，則謂之外庫。若內府諸監司局，神樂堂，犧牲所，太常、光祿寺，國子監，皆各以所掌，收貯應用諸物。太僕則馬價銀歸之。明初，嘗置行用庫於京城及諸府州縣，以收易昏爛之鈔。仁宗時罷。

英宗時，始設太倉庫。初，歲賦不徵金銀，惟坑冶稅有金銀，入內承運庫。其歲賦偶折金銀者，俱送南京供武臣祿。而各邊有緩急，亦取足其中。正統元年改折漕糧，歲以百萬爲額，盡解內承運庫，不復送南京。自給武臣祿十餘萬兩外，皆爲御用。所謂金花銀也。七年乃設戶部太倉庫，各直省派剩麥米，十庫中綿絲、絹布及馬草、鹽課、關稅，凡折銀者，皆入太倉庫。籍沒家財，變賣田產，追收店錢，援例上納者，亦皆入焉。專以貯銀，故又謂之銀庫。弘治時，內府供應繁多，每收太倉銀入內庫。又置南京銀庫。正德時，內承運庫中官，數言內府財用不充，請支太倉銀。戶部執奏不能沮。嘉靖初，內府供應視弘治時，其後乃倍之。初，太倉中庫積銀八百餘萬兩，續收者貯之兩廡，以便支發。而中庫不動，遂以中庫爲老庫，兩廡爲外庫。及是時，老庫所存者僅百二十萬兩。二十二年特令金花、子粒銀應解內庫者，並送太倉備邊用，然其後復入內庫。三十七年令歲進內庫銀百萬兩外，加預備欽取銀，後又取沒官銀四十萬兩入內庫。隆慶中，數取太倉銀入內庫，承運庫中官至以空劄下戶部取之。廷臣疏諫，皆不聽。又數取光祿太僕銀，工部尚書朱衡極諫，不聽。初，

世宗時，太倉所入二百萬兩有奇。至神宗萬曆六年，太倉歲入凡四百五十餘萬兩，而內庫歲供金花銀外，又增買辦銀二十萬兩以爲常，後又加內操馬芻料銀七萬餘兩。久之，太倉、光祿、太僕銀，括取幾盡。邊賞首功，向發內庫者，亦取之太僕矣。

凡甲字諸庫，主事偕科道巡視。太倉庫，員外郎、主事領之，而以給事中巡視。嘉靖中，始兩月一報出納之數。時修工部舊庫，名曰節愼庫，以貯礦銀。尙書文明以給工價，帝詰責之，令以他銀補償，自是專以給內用焉。

其在外諸布政司、都司、直省府州縣衞所，皆有庫，以貯金銀、錢鈔、絲帛、贓罰諸物。巡按御史三歲一盤查。各運司皆有庫貯銀，歲終，巡鹽御史委官察之。凡府州縣稅課司局、河泊所，歲課、商稅、魚課、引由、契本諸課程，太祖令所司解州縣府司，以至於部，部劄之庫，其元封識，不擅發也。至永樂時，始委驗勘，中，方起解；至部復驗，同，乃進納。嘉靖時，建驗試廳，驗中，給進狀寄庫。月逢九，會巡視庫藏科道官，進庫驗收，不堪者駁易。正統十年設通濟庫於通州。世宗時罷。隆慶初，密雲、薊州、昌平諸鎭皆設庫，收貯主客年例、軍門公費及撫賞、修邊銀云。〔三〕

凡爲倉庫害者，莫如中官。內府諸庫監收者，橫索無厭。正德時，台州衞指揮陳良納軍器，稽留八載，至乞食於市。內府收糧，增耗嘗以數倍爲率，其患如此。諸倉初不設中

二十四史
中華書局

官，宣德末，京、通二倉始置總督中官一人，後淮、徐、臨、德諸倉亦置監督，漕輓軍民被其害。世宗用孫交、張孚敬議，撤革諸中官，惟督諸倉者如故。久之，從給事中管懷理言，乃罷之。

初，天下府庫各有存積，邊餉不借支於內，京師不收括於外。成化時，巡鹽御史楊澄始請發各鹽運提舉司贓罰銀入京庫。弘治時，給事中曾昂請以諸布政司公帑積貯征徭羨銀，盡輸太倉。尚書周經力爭之，以爲用不足者，以織造、賞賚、齋醮、土木之故，必欲盡括天下財，非藏富於民意也。至劉瑾用事，遂令各省庫藏盡輸京師。世宗時，閩、廣進羨餘，戶部請責他省巡按，歲一奏獻如例。又以太倉庫匱，運南戶部庫銀八十萬兩實之。而戶部條上理財事宜，臨、德二倉積銀二十萬兩，錄以歸太倉。隆慶初，遣四御史分行天下，搜括庫銀。神宗時，御史蕭重望請嚴府縣歲額銀進部，未報上。千戶何其賢乞敕內官與己督之，帝竟從其請，由是外儲日就耗。至天啓中，用操江巡撫范濟世策，下敕督歲進，收括靡有遺矣。南京內庫頗藏金銀珍寶，魏忠賢矯旨取進，盜竊一空。內外匱竭，遂至於亡。

校勘記

〔一〕內承運庫貯緞匹金銀寶玉齒角羽毛而金花銀最大　內承運庫，原作「承運庫」。按收貯金銀寶

玉及金花銀的是內承運庫。據明史稿志六一食貨志、明會典卷三〇補。

〔二〕其會歸門　會歸門，明史稿志六一食貨志作「會極門」。

〔三〕收貯主客年例軍門公費及撫賞修邊銀云　撫賞修邊，明史稿志六一食貨志作「撫寇修邊」。

明史卷八十

志第五十六

食貨四

鹽法　茶法

煮海之利，歷代皆官領之。太祖初起，卽立鹽法，置局設官，令商人販鬻，二十取一，以資軍餉。既而倍征之，用胡深言，復初制。丙午歲，始置兩淮鹽官。吳元年置兩浙。洪武初，諸產鹽地次第設官。都轉運鹽使司六：〔一〕曰兩淮，曰兩浙，曰長蘆，曰山東，曰福建，曰河東。鹽課提舉司七：曰廣東，曰海北，曰四川，曰雲南；雲南提舉司凡四，曰黑鹽井，白鹽井，安寧鹽井，五井。又陝西靈州鹽課司一。

兩淮所轄分司三，曰泰州，曰淮安，曰通州；批驗所二，曰儀眞，曰淮安；鹽場三十，各鹽課司一。洪武時，歲辦大引鹽三十五萬二千餘引。弘治時，改辦小引鹽，倍之。萬曆時同。

鹽行直隸之應天、寧國、太平、揚州、鳳陽、廬州、安慶、池州、淮安九府，滁、和二州，江西、湖廣二布政司，河南之河南、汝寧、南陽三府及陳州。正統中，貴州亦食淮鹽。成化十八年，湖廣衡州、永州改行海北鹽。正德二年，江西贛州、南安、吉安改行廣東鹽。所輸邊，甘肅、延綏、寧夏、宣府、大同、遼東、固原、山西神池諸堡。上供光祿寺、神宮監、內官監。歲入太倉餘鹽銀六十萬兩。

兩浙所轄分司四，曰嘉興，曰松江，曰寧紹，曰溫台；批驗所四，曰杭州，曰紹興，曰嘉興，曰溫州；鹽場三十五，各鹽課司一。洪武時，歲辦大引鹽二十二萬四百餘引。弘治時，改辦小引鹽，倍之。萬曆時同。鹽行浙江，直隸之松江、蘇州、常州、鎭江、徽州五府及廣德州，江西之廣信府。所輸邊，甘肅、延綏、寧夏、固原、山西神池諸堡。歲入太倉餘鹽銀十四萬兩。

明初，置北平河間鹽運司，後改稱河間長蘆。所轄分司二，曰滄州，曰青州；批驗所二，曰長蘆，曰小直沽；鹽場二十四，各鹽課司一。洪武時，歲辦大引鹽六萬三千一百餘引。弘治時，改辦小引鹽十八萬八百餘引。萬曆時同。鹽行北直隸，河南之彰德、衞輝二府。所輸邊，宣府、大同、薊州。上供郊廟百神祭祀、內府羞膳及給百官有司。歲入太倉餘鹽銀十二萬兩。

山東所轄分司二，曰膠萊，曰濱樂；批驗所一，曰濼口；鹽場十九，各鹽課司一。洪武時，歲辦大引鹽十四萬三千三百餘引。弘治時，改辦小引鹽，倍之。萬曆時，九萬六千一百餘引。鹽行山東，直隸徐、邳、宿三州，河南開封府，後開封改食河東鹽。所輸邊，遼東及山西神池諸堡。歲入太倉餘鹽銀五萬兩。

福建所轄鹽場七，各鹽課司一。洪武時，歲辦大引鹽十萬四千五百餘引。弘治時，增七百餘引。萬曆時，減千引。其引曰依山，曰附海。依山納折色。附海行本色，神宗時亦改折色。鹽行境內。歲入太倉銀二萬二千餘兩。

河東所轄解鹽，初設東場分司於安邑，成祖時，增設西場於解州，〔二〕尋復幷於東。正統六年復置西場分司。弘治二年增置中場分司。洪武時，歲辦小引鹽三十萬四千引。弘治時，增八萬引。萬曆中，又增二十萬引。〔三〕鹽行陝西之西安、漢中、延安、鳳翔四府，河南之歸德、懷慶、河南、汝寧、南陽五府及汝州，山西之平陽、潞安二府，澤、沁、遼三州。地有兩見者，鹽得兼行。隆慶中，延安改食靈州池鹽。崇禎中，鳳翔、漢中二府亦改食靈州鹽。歲入太倉銀四千餘兩，給宣府鎭及大同代府祿糧，抵補山西民糧銀，共十九萬兩有奇。

陝西靈州有大小鹽池，又有漳縣鹽井、西和鹽井。洪武時，歲辦鹽，西和十三萬一千五

百斤有奇，漳縣五十一萬五千六百斤有奇，靈州二百八十六萬七千四百斤有奇。弘治時同。萬曆時。三處共辦千二百五十三萬七千六百餘斤。鹽行陝西之鞏昌、臨洮二府及河州。歲解寧夏、延綏、固原餉銀三萬六千餘兩。

廣東所轄鹽場十四，海北所轄鹽場十五，各鹽課司一。洪武時，歲辦大引鹽，廣東四萬六千八百餘引，海北二萬七千餘引。弘治時，廣東如舊，海北萬九千四百餘引。萬曆時，廣東小引生鹽三萬二百餘引，小引熟鹽三萬四千六百餘引；海北小引正耗鹽一萬二千四百餘引。鹽有生有熟，熟貴生賤。廣東鹽行廣州、肇慶、惠州、韶州、南雄、潮州六府。海北鹽行廣東之雷州、高州、廉州、瓊州四府，湖廣之桂陽、郴二州，廣西之桂林、柳州、梧州、潯州、慶遠、南寧、平樂、太平、思明、鎭安十府，田、龍、泗城、奉議、利五州。歲入太倉鹽課銀萬一千餘兩。

四川鹽井轄鹽課司十七。洪武時，歲辦鹽一千一十二萬七千餘斤。弘治時，辦二千一十七萬六千餘斤。〔四〕萬曆中，九百八十六萬一千餘斤。鹽行四川之成都、敍州、順慶、保寧、夔州五府，潼川、嘉定、廣安、雅、廣元五州縣。歲解陝西鎭鹽課銀七萬一千餘兩。

雲南黑鹽井轄鹽課司三，白鹽井、安寧鹽井各轄鹽課司一，五井轄鹽課司七。洪武時，歲辦大引鹽萬七千八百餘引。弘治時，各井多寡不一。萬曆時與洪武同。鹽行境內。歲入太倉鹽課銀三萬五千餘兩。

成祖時，嘗設交阯提舉司，其後交阯失，乃罷。遼東鹽場不設官，軍餘煎辦，召商易粟以給軍。凡大引四百斤，小引二百斤。

鹽所產不同。解州之鹽，風水所結。寧夏之鹽，刮地得之。淮、浙之鹽，熬波。川、滇之鹽，汲井。閩、粵之鹽，積鹵。淮南之鹽，煎。淮北之鹽，曬。山東之鹽，有煎有曬。此其大較也。

有明鹽法，莫善於開中。洪武三年，山西行省言：「大同糧儲，自陵縣運至太和嶺，〔五〕路遠費煩。請令商人於大同倉入米一石，太原倉入米一石三斗，給淮鹽一小引。商人鬻畢，即以原給引目赴所在官司繳之。如此則轉運費省而邊儲充。」帝從之。召商輸糧而與之鹽，謂之開中。其後各行省邊境，多召商中鹽以爲軍儲。鹽法邊計，相輔而行。

四年定中鹽例，輸米臨濠、開封、陳橋、襄陽、安陸、荊州、歸州、大同、太原、孟津、北平、河南府、陳州、北通州諸倉，計道里近遠，自五石至一石有差。先後增減，則例不一，率視時緩急，米直高下，中納者利否。道遠地險，則減而輕之。編置勘合及底簿，發各布政司及都司、衞所。商納糧畢，書所納糧及應支鹽數，齎赴各轉運提舉司照數支鹽。轉運諸司亦有底簿比照，勘合相符，則如數給與。鬻鹽有定所，刊諸銅版，犯私鹽者罪至死，僞造引者如

之，鹽與引離，卽以私鹽論。

成祖卽位，以北京諸衞糧乏，悉停天下中鹽，專於京衞開中。惟雲南金齒衞、楚雄府，四川鹽井衞，陝西甘州衞，開中如故。不數年，京衞糧米充羨，而大軍征安南多費，甘肅軍糧不敷，百姓疲轉運。迨安南新附，餉饋難繼，於是諸所復召商中鹽，他邊地復以次及矣。

仁宗立，以鈔法不通，議所以斂之之道。戶部尚書夏原吉請令有鈔之家中鹽，遂定各鹽司中鹽則例，滄州引三百貫，河東、山東半之，〔六〕福建、廣東百貫。宣德元年停中鈔例。三年，原吉以北京官吏、軍、匠糧餉不支，條上預備策，言：「中鹽舊則太重，商賈少至，請更定之。」乃定每引自二斗五升至一斗五升有差，召商納米北京。戶部尚書郭敦言：「中鹽則例已減，而商來者少，請以十分爲率，六分支與納米京倉者，四分支與遼東、永平、山海、甘肅、大同、宣府、萬全已納米者。他處中納悉停之。」又言：「洪武中，中鹽客商年久物故，代支者多虛冒，請按引給鈔十錠。」帝皆從之，而命倍給其鈔。甘肅、寧夏、大同、宣府、獨石、永平道險遠，趨中者少，許寓居官員及軍餘有糧之家納米豆中鹽。

正統三年，寧夏總兵官史昭以邊軍缺馬，而延慶、平涼官吏軍民多養馬，乃奏請納馬中鹽。上馬一匹與鹽百引，次馬八十引。既而定邊諸衞遞增二十引。其後河州中納者，上馬二十五引，中減五引；松潘中納者，上馬三十五引，中減五引。〔七〕久之，復如初制。中馬之

始，驗馬乃掣鹽，既而納銀於官以市馬，銀入布政司，宗祿、屯糧、修邊、振濟展轉支銷，銀盡而馬不至，而邊儲亦自此告匱矣。於是召商中淮、浙、長蘆鹽以納之，令甘肅中鹽者，淮鹽十七，浙鹽十三。淮鹽惟納米麥，浙鹽兼收豌豆、青稞。因淮鹽直貴，商多趨之，故令淮、浙兼中也。

明初仍宋、元舊制，所以優恤竈戶者甚厚，給草場以供樵採，堪耕者許開墾，仍免其雜役，又給工本米，引一石。置倉於場，歲撥附近州縣倉儲及兌軍餘米以待給，兼支錢鈔，以米價爲準。尋定鈔數，淮、浙引二貫五百文，河間、廣東、海北、山東、福建、四川引二貫。竈戶雜犯死罪以上止予杖，計日煎鹽以贖。後設總催，多朘削竈戶。至正統時，竈戶貧困，逋逃者多，松江所負課六十餘萬。民訴於朝，命直隸巡撫周忱兼理鹽課。忱條上鑄鐵釜、恤鹵丁、選總催、嚴私販四事，且請於每年正課外，帶徵逋課。帝從其請。命分逋課爲六，以六載畢徵。

當是時，商人有自永樂中候支鹽，祖孫相代不得者。乃議倣洪武中例，而加鈔錠以償之，願守支者聽。又以商人守支年久，雖減輕開中，少有上納者，議他鹽司如舊制，而淮、浙、長蘆以十分爲率，八分給守支商，曰常股，二分收貯於官，曰存積，遇邊警，始召商中納。常股、存積之名由此始。凡中常股者價輕，中存積者價重，然人甚苦守支，爭趨存積，而常股

壅矣。景帝時，邊圉多故，存積增至六分。中納邊糧，兼納穀草、秋青草，秋青草三當穀草二。

廣東之鹽，例不出境，商人率市守關吏，越市廣西。巡撫葉盛以爲任之則廢法，禁之則病商，請令入米餉邊，乃許出境，公私交利焉。成化初，歲洊災，京儲不足，召商於淮、徐、德州水次倉中鹽。

舊例中鹽，戶部出榜召商，無徑奏者。富人呂銘等託勢要奏中兩淮存積鹽，中旨允之。戶部尚書馬昂不能執正，鹽法之壞自此始。勢豪多攙中，商人既失利，江南、北軍民因造遮洋大船，列械販鹽。乃爲重法，私販、窩隱俱論死，家屬徙邊衞，夾帶越境者充軍。然不能遏止也。十九年頗減存積之數，常股七分，而存積三分。然商人樂有見鹽，報中存積者爭至，遂仍增至六分。淮、浙鹽猶不能給，乃配支長蘆、山東以給之。一人兼支數處，道遠不及親赴，邊商輒貿引於近地富人。自是有邊商、內商之分。內商之鹽不能速獲，邊商之引又不賤售，〔八〕報中寖怠，存積之滯遂與常股等。憲宗末年，閹宦竊勢，奏討淮、浙鹽無算，兩淮積欠至五百餘萬引，〔九〕商引壅滯。

至孝宗時，而買補餘鹽之議興矣。餘鹽者，竈戶正課外所餘之鹽也。洪武初制，商支鹽有定場，毋許越場買補，勤竈有餘鹽送場司，二百斤爲一引，給米一石。其鹽召商開中，

不拘資次給與。成化後，令商收買，而勸借米麥以振貧竈。至是清理兩淮鹽法，侍郎李嗣請令商人買餘鹽補官引，而免其勸借，且停各邊開中，俟逋課完日，官爲賣鹽，三分價直，二充邊儲，而留其一以補商人未交鹽價。〔一〇〕由是以餘鹽補充正課，而鹽法一小變。

明初，各邊開中商人，招民墾種，築臺堡自相保聚，邊方菽粟無甚貴之時。成化間，始有折納銀者，然未嘗著爲令也。弘治五年，商人困守支，戶部尚書葉淇請召商納銀運司，類解太倉，分給各邊。每引輸銀三四錢有差，視國初中米直加倍，而商無守支之苦，一時太倉銀累至百餘萬。然赴邊開中之法廢，商屯撤業，菽粟翔貴，邊儲日虛矣。

武宗之初，以鹽法日壞，令大臣王瓊、張憲等分道清理，而慶雲侯周壽、〔一一〕壽寧侯張鶴齡各令家人奏買長蘆、兩淮鹽引。戶部尚書韓文執不可，中旨許之。織造太監崔杲又奏乞長蘆鹽一萬二千引，戶部以半予之。〔一二〕帝欲全予，大學士劉健等力爭，李東陽語尤切。帝不悅。健等復疏爭，乃從部議。權要開中既多，又許買餘鹽，一引有用至十餘年者。正德二年始申截舊引角之令，立限追繳，而每引增納紙價及振濟米麥。引價重而課壅如故矣。

先是成化初，都御史韓雍於肇慶、梧州、清遠、南雄立抽鹽廠，官鹽一引，抽銀五分，許帶餘鹽四引，引抽銀一錢。都御史秦紘許增帶餘鹽六引，抽銀六錢。及是增至九錢，而不

復抽官引。引目積滯，私鹽通行，乃用戶部郎中丁致祥請，復紘舊法。而他處商人夾帶餘鹽，掣割納價，惟多至三百斤者始罪之。

淮、浙、長蘆引鹽，常股四分，以給各邊主兵及工役振濟之需；存積六分，非國家大事，邊境有警，未嘗妄開。開必邊臣奏討，經部覆允，未有商人擅請及專請淮鹽者。弘治間，存積鹽甚多。正德時，權倖遂奏開殘鹽，改存積、常股皆爲正課，且皆折銀。邊臣緩急無備，而勢要占中賣窩，價增數倍。商人引納銀八錢，無所獲利，多不願中，課日耗絀。姦黠者夾帶影射，弊端百出。鹽臣承中璫風旨，復列零鹽、所鹽諸目以假之。世宗登極詔，首命裁革。未幾，商人逯俊等夤緣近倖，以增價爲名，奏買殘餘等鹽。戶部尚書秦金執不允，帝特令中兩淮額鹽三十萬引於宣府。金言：「姦人占中淮鹽，賣窩罔利，使山東、長蘆等鹽別無搭配，積之無用。蠹國用，誤邊儲，莫此爲甚。」御史高世魁亦爭之。詔減淮引十萬，分兩浙、長蘆鹽給之。金復言：「宣、大俱重鎮，不宜令姦商自擇便利，但中宣府。」帝可之。已而俊等請以十六人中宣府，十一人中大同，竟從其請。

嘉靖五年從給事中管律奏，乃復常股存積四六分之制。然是時，餘鹽盛行，正鹽守支日久，願中者少；餘鹽第領勘合，即時支賣，願中者多。自弘治時以餘鹽補正課，初以償逋課，後令商人納價輸部濟邊。至嘉靖時，延綏用兵，遼左缺餉，盡發兩淮餘鹽七萬九千餘引

中華書局

於二邊開中。自是餘鹽行。其始尙無定額，未幾，兩淮增引一百四十餘萬，每引增餘鹽二百六十五斤。引價，淮南納銀一兩九錢，淮北一兩五錢，又設處置、科罰名色，以苛斂商財。於是正鹽未派，先估餘鹽，商竈俱困。姦黠者藉口官買餘鹽，夾販私煎。法禁無所施，鹽法大壞。

十三年，給事中管懷理言：「鹽法之壞，其弊有六。開中不時，米價騰貴，召糴之難也。勢豪大家，專擅利權，報中之難也。定價太昂，息不償本，取贏之難也。官司科罰，吏胥侵索，輸納之難也。下場挨掣，動以數年，守支之難也。私鹽四出，官鹽不行，市易之難也。有此六難，正課壅矣，而司計者因設餘鹽以佐之。餘鹽利厚，商固樂從，然不以開邊而以解部，雖歲入距萬，無益軍需。嘗考祖宗時，商人中鹽納價甚輕，而竈戶煎鹽工本甚厚，今鹽價十倍於前，而工本不能十一，何以禁私鹽使不行也？故欲通鹽法，必先處餘鹽，欲處餘鹽，必多減正價。大抵正鹽賤，則私販自息。今宜定價，每引正鹽銀五錢，餘鹽二錢五分，不必解赴太倉，俱令開中關支，餘鹽以盡收爲度。正鹽價輕，既利於商；餘鹽收盡，又利於竈。未有商竈俱利，而國課不充者也。」事下所司，戶部覆，以爲餘鹽銀仍解部如故，而邊餉益虛矣。至二十年，帝以變亂鹽法由餘鹽，敕罷之。淮、浙、長蘆悉復舊法，夾帶者割沒入官，應變賣者以時估爲準。御史吳瓊又請各邊中鹽者皆輸本色。然令甫下，吏部尙書許讚卽請

復開餘鹽以足邊用。戶部覆從之，餘鹽復行矣。

先是，十六年令兩浙僻邑，官商不行之處，山商每百斤納銀八分，給票行鹽。其後多侵奪正引，官商課缺，引壅二百萬，候掣必五六載。於是有預徵、執抵、季掣之法。預徵者，先期輸課，不得私爲去留。執抵者，執現在運鹽水程，復持一引以抵一引。季掣，則以納課先後爲序，春不得遲於夏，夏不得超於春也。然票商納稅卽掣賣，預徵諸法徒厲引商而已。

靈州鹽池，自史昭中馬之議行，邊餉虧缺，甘肅米直石銀五兩，戶部因奏停中馬，召商納米中鹽。

二十七年令開中者止納本色糧草。三十二年令河東以六十二萬引爲額，[一三]合正餘鹽爲一，而革餘鹽名。時都御史王紳、御史黃國用議：兩淮竈戶餘鹽，每引官給銀二錢，以充工本，增收三十五萬引，名爲工本鹽。令商人中額鹽二引，帶中工本鹽一引，抵主兵年例十七萬六千兩有奇。從其請。

初，淮鹽歲課七十萬五千引，[一四]開邊報中爲正鹽，後益餘鹽納銀解部。至是通前額凡一百五萬引，額增三之一。行之數年，積滯無所售，鹽法壅不行。言事者屢陳工本爲鹽贅疣。戶部以國用方絀，年例無所出，因之不變。江西故行淮鹽三十九萬引，後南安、贛州、吉安改行廣鹽，惟南昌諸府行淮鹽二十七萬引。既而私販盛行，袁州、臨江、瑞州則私食廣

鹽，撫州、建昌私食福鹽。於是淮鹽僅行十六萬引。數年之間，國計大絀。巡撫馬森疏其害，請於峽江縣建橋設關，扼閩、廣要津，盡復淮鹽額，稍增至四十七萬引。未久橋毀，增額二十萬引復除矣。

三十九年，帝欲整鹽法，乃命副都御史鄢懋卿總理淮、浙、山東、長蘆鹽法。懋卿，嚴嵩黨也，苞苴無虛日。兩淮額鹽銀六十一萬有奇，自設工本鹽，增九十萬，懋卿復增之，遂滿百萬。半年一解。又搜括四司殘鹽，共得銀幾二百萬，[一五]一時詡爲奇功。乃立剋限法，每卒一人，季限獲私鹽有定數；不及數，輒削其僱役錢。邏卒經歲有不得支一錢者，乃共爲私販，以牟大利，甚至劫估舶，誣以鹽盜而執之，流毒遍海濱矣。嵩失勢，巡鹽御史徐爌言：「兩淮鹽法，曰常股，曰存積，曰水鄉，共七十萬引有奇。引二百斤，納銀八分。永樂以後，引納粟二斗五升，下場關支，四散發賣，商人之利亦什五焉。近年，正鹽之外，加以餘鹽；餘鹽之外，又加工本；工本不足，乃有添單；添單不足，又加添引。懋卿趨利目前，不顧其後，是誤國亂政之尤者。方今災荒疊告，鹽場淹沒，若欲取盈百萬，必至逃亡。弦急欲絕，不棘於此。」於是悉罷懋卿所增者。

四十四年，巡鹽御史朱炳如奏罷兩淮工本鹽。自葉淇變法，邊儲多缺。嘉靖八年以後，稍復開中，邊商中引，內商守支。末年，工本鹽行，內商有數年不得掣者，於是不樂買

引，而邊商困，因營求告掣河鹽。河鹽者，不上廩囤，在河徑自超掣，易支而獲利捷。河鹽行，則守支存積者愈久，而內商亦困，引價彌賤。於是姦人專以收買邊引爲事，名曰囤戶，告掣河鹽，坐規厚利。時復議於正鹽外附帶餘鹽，以抵工本之數，囤戶因得賤買餘鹽而貴售之，邊商與內商愈困矣。隆慶二年，屯鹽都御史龐尙鵬疏言：「邊商報中，內商守支，事本相須。但內商安坐，邊商遠輸，勞逸不均，故掣河鹽者以惠邊商也。然河鹽既行，淮鹽必滯，內商無所得利，則邊商之引不售。今宜停掣河鹽，但別邊商引價，自見引及起紙關引到司勘合，別爲三等，定銀若干。邊商倉鈔已到，內商不得留難。蓋河鹽停則淮鹽速行，引價定則開中自多，邊商內商各得其願矣。」帝從之。四年，御史李學詩議罷官買餘鹽。報可。

是時廣西古田平，巡撫都御史殷正茂請官出資本買廣東鹽，至桂林發賣，七萬餘包可獲利二萬二千有奇。從之。

自嘉靖初，復常股四分，存積六分之制。後因各邊多故，常股、存積並開，淮額歲課七十萬五千餘引，又增各邊新引歲二十萬。萬曆時，以大工搜遠年違沒廢引六十餘萬，胥出課額之外，無正鹽，止令商買補餘鹽。餘鹽久盡，惟計引重科，加煎飛派而已。時兩淮引價餘銀百二十餘萬，增至百四十五萬，新引日益，正引日壅。千戶尹英請配賣沒官鹽，可得銀六萬兩。大學士張位等爭之。二十六年，以鴻臚寺主簿田應璧奏，[一六]命中官魯保鬻兩淮

沒官餘鹽。給事中包見捷極陳利害。不聽。保既視事，遂議開存積鹽。戶部尚書楊俊民言：「明旨覈沒官鹽，而存積非沒官也。額外加增，必虧正課。保奏不可從。」御史馬從聘亦爭之。俱不聽。保乃開存積八萬引，引重五百七十斤，越次超掣，壓正鹽不行。商民大擾，而姦人蠭起。董璉、吳應麒等爭言鹽利。山西、福建諸稅監皆領鹽課矣。百戶高時夏奏浙、閩餘鹽歲可變價三十萬兩，巡撫金學曾勘奏皆罔。疏入不省。於是福建解銀萬三千兩有奇，浙江解三萬七千兩有奇，借名苛斂，商困引壅。戶部尚書趙世卿指其害由保，因言：「額外多取一分，則正課少一分，而國計愈絀，請悉罷無名浮課。」不報。三十四年夏至明年春，正額逋百餘萬，保亦惶懼，請罷存積引鹽。保尋死。有旨罷之，而引斤不能減矣。

李太后薨，帝用遺詔蠲各運司浮課，商困稍甦，而舊引壅滯。戶部上鹽法十議，正行見引，附銷積引，以疏通之。巡鹽御史龍遇奇立鹽政綱法，以舊引附見引行，淮南編爲十綱，淮北編爲十四綱，計十餘年，則舊引盡行。從之。天啓時，言利者恣搜括，務增引超掣。魏忠賢黨郭興治、崔呈秀等，巧立名目以取之，所入無算。論者比之絕流而漁。崇禎中，給事中黃承昊條上鹽政，頗欲有所釐革。是時兵餉方大絀，不能行也。

初，諸王府則就近地支鹽，官民戶口食鹽皆計口納鈔，自行關支。而官吏食鹽多冒增口數，有一官支二千餘斤，一吏支五百餘斤者。乃限吏典不得過十口，文武官不過三十口；

大口鈔十二貫支鹽十二斤，小口半之。景泰三年始以鹽折給官吏俸糧，以百四十斤當米一石。京官歲遣吏下場，恣爲姦利。錦衣吏益暴，率聯巨艦私販，有司不能詰。巡鹽御史乃定百司食鹽數，擕束以給吏，禁毋下場。納鈔、僦輓，費無所出，吏多亡。嘉靖中，吏部郎中陸光祖言於尚書嚴訥，疏請革之。自後百司停支食鹽，惟戶部及十三道御史歲支如故。軍民計口納鈔者，浙江月納米三升，買鹽一斤，而商賈持鹽赴官，官爲斂散，追徵之急過於租賦。正統時，從給事中鮑輝言，令民自買食鹽於商，罷納米令，且禁十斤以下者勿以私鹽論，而鹽鈔不除。後條鞭法行，遂編入正賦。

巡鹽之官，洪、永時，嘗一再命御史視鹽課。正統元年始命侍郎何文淵、王佐，副都御史朱與言提督兩淮、長蘆、兩浙鹽課，命中官御史同往。未幾，以鹽法已清，下敕召還。後遂令御史視鹺，依巡按例，歲更代以爲常。十一年以山東諸鹽場隸長蘆巡鹽御史。十四年命副都御史耿九疇清理兩淮鹽法。成化中，特遣中官王允中、僉都御史高明整治兩淮鹽法。明請增設副使一人，制官二人。孝宗初，鹽法壞，戶部尚書李敏請簡風憲大臣清理，乃命戶部侍郎李嗣於兩淮，刑部侍郎彭韶於兩浙，俱兼都御史，賜敕遣之。弘治十四年，僉都御史王璟督理兩淮鹽法。正德二年，兩淮則僉都御史王瓊，閩、浙則僉都御史張憲。後惟兩淮賦重，時遣大臣。十年，則刑部侍郎藍章。嘉靖七年，則副都御史黃臣。三十二年，則

副都御史王紳。至三十九年，特命副都御史鄢懋卿總理四運司，〔一七〕事權尤重。自隆慶二年，副都御史龐尚鵬總理兩淮、長蘆、山東三運司後，〔一八〕遂無特遣大臣之事。

番人嗜乳酪，不得茶，則困以病。故唐、宋以來，行以茶易馬法，用制羌、戎，而明制尤密。有官茶，有商茶，皆貯邊易馬。官茶間徵課鈔，商茶輸課略如鹽制。

初，太祖令商人於產茶地買茶，納錢請引。引茶百斤，輸錢二百，不及引曰畸零，別置由帖給之。無由、引及茶引相離者，人得告捕。置茶局批驗所，稱較茶引不相當，即爲私茶。凡犯私茶者，與私鹽同罪。私茶出境，與關隘不譏者，並論死。後又定茶引一道，輸錢千，照茶百斤；茶由一道，輸錢六百，照茶六十斤。〔一九〕既，又令納鈔，每引由一道，納鈔一貫。

洪武初，定令：凡賣茶之地，令宜課司三十取一。四年，戶部言：「陝西漢中、金州、石泉、漢陰、平利、西鄉諸縣，茶園四十五頃，茶八十六萬餘株。四川巴茶三百十五戶，〔二〇〕茶二百三十八萬餘株。宜定令每十株官取其一。無主茶園，令軍士薅采，十取其八，〔二一〕以易番馬。」從之。於是諸產茶地設茶課司，定稅額，陝西二萬六千斤有奇，四川一百萬斤。設茶馬司於秦、洮、河、雅諸州，自碉門、黎、雅抵朵甘、烏思藏，行茶之地五千餘里。山後歸德諸

州，西方諸部落，無不以馬售者。

碉門、永寧、筠、連所產茶，名曰剪刀麤葉，惟西番用之，而商販未嘗出境。四川茶鹽都轉運使言：「宜別立茶局，徵其稅，易紅纓、氈衫、米、布、椒、蠟以資國用。而居民所收之茶，依江南給引販賣法，公私兩便。」於是永寧、成都、筠、連皆設茶局矣。

川人故以茶易毛布、毛纓諸物以償茶課。自定課額，立倉收貯，專用以市馬，民不敢私採，課額每虧，民多賠納。四川布政司以爲言，乃聽民採摘，與番易貨。又詔天全六番司民，免其徭役，專令蒸烏茶易馬。

初制，長河西等番商以馬入雅州易茶，由四川嚴州衞入黎州始達。茶馬司定價，馬一匹，茶千八百斤，於碉門茶課司給之。番商往復迂遠，而給茶太多。嚴州衞以爲言，請置茶馬司於嚴州，而改貯碉門茶於其地，且驗馬高下以爲茶數。詔茶馬司仍舊，而定上馬一匹，給茶百二十斤，中七十斤，駒五十斤。

三十年改設秦州茶馬司於西寧，敕右軍都督曰：「近者私茶出境，互市者少，馬日貴而茶日賤，啓番人玩侮之心。檄秦、蜀二府，發都司官軍於松潘、碉門、黎、雅、河州、臨洮及入西番關口外，巡禁私茶之出境者。」又遣駙馬都尉謝達諭蜀王椿曰：「國家榷茶，本資易馬。邊吏失譏，私販出境，惟易紅纓雜物。使番人坐收其利，而馬入中國者少，豈所以制戎狄

中華書局

哉！爾其諭布政司、都司，嚴爲防禁，毋致失利。」

當是時，帝綢繆邊防，用茶易馬，固番人心，且以彊中國。嘗謂戶部尚書郁新：「用陝西漢中茶三百萬斤，可得馬三萬匹，四川松、茂茶如之。販鬻之禁，不可不嚴。」以故遣僉都御史鄧文鏗等察川、陝私茶；〔二〕駙馬都尉歐陽倫以私茶坐死。又製金牌信符，命曹國公李景隆齎入番，與諸番要約，篆文上曰「皇帝聖旨」，左曰「合當差發」，右曰「不信者斬」。凡四十一面：洮州火把藏思囊日等族，牌四面，納馬三千五十匹；河州必里衞西番二十九族，〔三〕牌二十一面，納馬七千七百五匹；西寧曲先、阿端、罕東、安定四衞，巴哇、申中、申藏等族，牌十六面，納馬三千五十匹。下號金牌降諸番，上號藏內府以爲契，三歲一遣官合符。其通道有二，一出河州，一出碉門，運茶五十餘萬斤，獲馬萬三千八百匹。太祖之馭番如此。

永樂中，帝懷柔遠人，遞增茶斤。由是市馬者多，而茶不足。茶禁亦稍弛，多私出境。碉門茶馬司至用茶八萬餘斤，僅易馬七十匹，又多瘦損。乃申嚴茶禁，設洮州茶馬司，又設甘肅茶馬司於陝西行都司地。十三年特遣三御史巡督陝西茶馬。

太祖之禁私茶也，自三月至九月，月遣行人四員，巡視河州、臨洮、碉門、黎、雅。半年以內，遣二十四員，往來旁午。宣德十年，乃定三月一遣。自永樂時停止金牌信符，至是復給。未幾，番人爲北狄所侵掠，徙居內地，金牌散失。而茶司亦以茶少，止以漢中茶易馬，

且不給金牌，聽其以馬入貢而已。

先是，洪武末，置成都、重慶、保寧、播州茶倉四所，令商人納米中茶。宣德中，定官茶百斤，加耗什一。中茶者，自遣人赴甘州、西寧，而支鹽於淮、浙以償費。商人恃文憑恣私販，官課數年不完。正統初，都御史羅亨信言其弊，乃罷運茶支鹽例，令官運如故，以京官總理之。

景泰中，罷遣行人。成化三年命御史巡茶陝西。番人不樂御史，馬至日少。乃取回御史，仍遣行人，且令按察司巡察。已而巡察不專，兵部言其害，乃復遣御史，歲一更，著爲令。又以歲饑待振，復令商納粟中茶，且令茶百斤折銀五錢。商課折色自此始。

弘治三年，御史李鸞言：「茶馬司所積漸少，各邊馬耗，而陝西諸郡歲稔，無事易粟。請於西寧、河西、洮州三茶馬司召商中茶，每引不過百斤，每商不過三十引，官收其十之四，餘者始令貨賣，可得茶四十萬斤，易馬四千匹，數足而止。」從之。十二年，御史王憲又言：「自中茶禁開，遂令私茶莫遏，而易馬不利。請停糧茶之例。」異時，或兵荒，乃更圖之。」部覆從其請。四川茶課司舊徵數十萬斤易馬。永樂以後，番馬悉由陝西道，川茶多浥爛。乃令以三分爲率，一分收本色，二分折銀，糧茶停二年。延綏饑，復召商納糧草，中四百萬斤。尋以御史王紹言，復禁止，并罷正額外召商開中之例。

十六年取回御史，以督理馬政都御史楊一清兼理之。一清復議開中，言：「召商買茶，官貿其三之一，每歲茶五六十萬斤，可得馬萬匹。」帝從所請。正德元年，一清又建議，商人不願領價者，以半與商，令自賣。遂著爲例永行焉。一清又言金牌信符之制當復，且請復設巡茶御史兼理馬政。乃復遣御史，而金牌以久廢，卒不能復。後武宗寵番僧，許西域人例外帶私茶。自是茶法遂壞。

番人之市馬也，不能辨權衡，止訂篦中馬。篦大，則官虧其直；小，則商病其繁。十年，巡茶御史王汝舟酌爲中制，〔四〕每千斤爲三百三十篦。

嘉靖三年，御史陳講以商茶低僞，悉徵黑茶，地產有限，乃第茶爲上中二品，印烙篦上，書商名而考之。旋定四川茶引五萬道，二萬六千道爲腹引，二萬四千道爲邊引。芽茶引三錢，葉茶引二錢。中茶至八十萬斤而止，不得太濫。

十五年，御史劉良卿言：「律例：『私茶出境與關隘失察者，並凌遲處死。』蓋西陲藩籬，莫切於諸番。番人恃茶以生，故嚴法以禁之，易馬以酬之，以制番人之死命，壯中國之藩籬，斷匈奴之右臂，非可以常法論也。洪武初例，民間蓄茶不得過一月之用。弘治中，召商中茶，或以備振，或以儲邊，然未嘗禁內地之民使不得食茶也。今減通番之罪，止於充軍，禁內地之茶，使不得食，又使商私課茶，悉聚於三茶馬司。夫茶司與番爲鄰，私販易通，而禁

復嚴於內郡，是毆民爲私販而授之資也。以故大姦闌出而漏網，小民負升斗而罹法。今計三茶馬司所貯，洮河足三年，西寧足二年，而商、私、課茶又日益增，積久腐爛而無所用。茶法之弊如此。番地多馬而無所市，吾茶有禁而不得通，其勢必相求，而制之之機在我。今茶司居民，竊易番馬以待商販，歲無虛日，及官易時，而馬反耗矣。請敕三茶馬司，止留二年之用，每年易馬當發若干。正茶之外，分毫毋得夾帶。令茶價踴貴，番人受制，良馬將不可勝用。且多開商茶，通行內地，官榷其半以備軍餉，而河、蘭、階、岷諸近番地，禁賣如故，更重通番之刑如律例。洮、岷、河責邊備道，臨洮、蘭州責隴右分巡，西寧責兵備，各選官防守。失察者以罷軟論。」奏上，報可。於是茶法稍飭矣。

御史劉崙、總督尚書王以旂等，請復給諸番金牌信符。兵部議，番族變詐不常，北狄抄掠無已，金牌亟給亟失，殊損國體。番人納馬，意在得茶，嚴私販之禁，則番人自順，雖不給金牌，馬可集也。若私販盛行，吾無以繫其心制其命，雖給金牌，馬亦不至。乃定議發勘合予之。

其後陝西歲饑，茶戶無所資，頗逋課額。三十六年，戶部以全陝災震，邊餉告急，國用大絀，上言：「先時，正額茶易馬之外，多開中以佐公家，有至五百萬斤者。近者御史劉良卿亦開百萬，後止開正額八十萬斤，并課茶、私茶通計僅九十餘萬。宜下巡茶御史議，召商多

二十四史

中華書局

中。」御史楊美益言：「歲祲民貧，即正額尚多虧損，安有贏羨。今第宜守每年九十萬斤招番易馬之規。凡通內地以息私販，增開中以備振荒，悉從停罷，毋使與馬分利。」戶部以帑藏方匱，請如弘治六年例，易馬外仍開百萬斤，召納邊鎮以備軍餉。詔從之。末年，御史潘一桂言：「增中商茶，頗壅滯，宜裁減十四五。」又言：「松潘與洮、河近，私茶往往闌出，宜停松潘引目，申嚴入番之禁。」皆報可。

四川茶引之分邊腹也，邊茶少而易行，腹茶多而常滯。隆慶三年裁引萬二千，以三萬引屬黎、雅，四千引屬松潘諸邊，四千引留內地，稅銀共萬四千餘兩，解部濟邊以爲常。

五年令甘州做洮、河、西寧事例，歲以六月開中，兩月內中馬八百匹。立賞罰例，商引一二年銷完者賞有差，踰三年者罪之，〔二五〕沒其附帶茶。

萬曆五年，俺答款塞，請開茶市。御史李時成言：「番以茶爲命，北狄若得，藉以制番，番必從狄，貽患匪細。」部議給百餘篦，而勿許其市易。自劉良卿弛內地之禁，楊美益以爲非，其後復禁止。十三年，以西安、鳳翔、漢中不與番鄰，開其禁，招商給引，抽十三入官，餘聽自賣。御史鍾化民以私茶之闌出多也，請分任責成。陝之漢中，關南道督之，府佐一人專駐魚渡壩；川之保寧，川北道督之，府佐一人專駐雞猴壩。率州、縣官兵防守。」從之。

中茶易馬，惟漢中、保寧，而湖南產茶，其直賤，商人率越境私販，中漢中、保寧者，僅

一二十引。茶戶欲辦本課，輒私販出邊，番族利私茶之賤，因不肯納馬。二十三年，御史李楠請禁湖茶，言：「湖茶行，茶法、馬政兩弊，宜令巡茶御史召商給引，願報漢、興、保、夔者，準中。越境下湖南者，禁止。且湖南多假茶，食之刺口破腹，番人亦受其害。」既而御史徐僑言：「漢、川茶少而直高，湖南茶多而直下。湖茶之行，無妨漢中。漢茶味甘而薄，湖茶味苦，於酥酪爲宜，亦利番也。但宜立法嚴覈，以遏假茶。」戶部折衷其議，以漢茶爲主，湖茶佐之。各商中引，先給漢、川畢，乃給湖南。如漢引不足，則補以湖引。報可。

二十九年，陝西巡按御史畢三才言：「課茶徵輸，歲有定額。先因茶多餘積，園戶解納艱難，以此改折。今商人絕跡，〔二六〕五司茶空。請令漢中五州縣仍輸本色，每歲招商中五百引，可得馬萬一千九百餘匹。」部議，西寧、河、洮、岷、甘、莊浪六茶司共易馬九千六百匹，著爲令。天啓時，增中馬二千四百匹。

明初嚴禁私販，久而姦弊日生。洎乎末造，商人正引之外，多給賞由票，使得私行。番人上駟盡入姦商，茶司所市者乃其中下也。番得茶，叛服自由；而將吏又以私馬竄番馬，冒支上茶。茶法、馬政、邊防於是俱壞矣。

其他產茶之地，南直隸常、廬、池、徽，浙江湖、嚴、衢、紹，江西南昌、饒州、南康、九江、吉安，湖廣武昌、荊州、長沙、寶慶，四川成都、重慶、嘉定、夔、瀘，商人中引則於應天、宜興、

杭州三批驗所，徵茶課則於應天之江東瓜埠。自蘇、常、鎮、徽、廣德及浙江、河南、廣西、貴州皆徵鈔，雲南則徵銀。

其上供茶，天下貢額四千有奇，福建建寧所貢最爲上品，有探春、先春、次春、紫筍及薦新等號。舊皆採而碾之，壓以銀板，爲大小龍團。太祖以其勞民，罷造，惟令採茶芽以進，復上供戶五百家。凡貢茶，第按額以供，不具載。

校勘記

〔一〕都轉運鹽使司六　原脫「司」字，據明史稿志六二食貨志、明會典卷三二補。

〔二〕成祖時增設西場於解州　成祖時，當作「洪武時」。按太祖實錄卷二一六洪武二十五年二月庚辰條稱監察御史李謙言：「西池地高水淺，鹽花易結，倍於東池，宜別設西場於解州。」「從之」。是設西場爲洪武時事。

〔三〕洪武時歲辦小引鹽三十萬四千引弘治時增八萬引萬曆中又增二十萬引　此處所列歲辦小引鹽數字與明會典卷三三所列數字有異。明會典稱「弘治間歲辦鹽四十二萬引」。四十二萬引減去洪武時的三十萬四千引，計增十一萬六千引，與志文的「增八萬引」不同。又明會典成化二十二年「增河東歲辦鹽課一十六萬六千引」，共爲四十二萬引」，即弘治間歲辦鹽引數。嘉靖三十二

年「定以六十二萬爲額」，即萬曆間歲辦鹽引數。此與志文所稱弘治萬曆時「增」，又有不同。

〔四〕弘治時辦二千一十七萬六千餘斤　按此數即明會典卷三三所列弘治時四川十三鹽課司歲辦數。另有「福興等井鹽課司，見辦如舊額」，志文未計算在內。所謂「舊額」，即洪武間歲辦所列「福興等六井鹽課司歲辦鹽四十九萬七百九十斤」。

〔五〕自陵縣運至太和嶺　明史稿志六二食貨志、太祖實錄卷五三洪武三年六月辛巳條「陵縣」下尚有「長蘆」二字。

〔六〕遂定各鹽司中鹽則例滄州引三百貫河東山東半之　河東、山東，原作「河南、山西」。按明會典卷三二所載的鹽司，無論是都司或分司，都沒有河南、山西。明書卷八一敍此作河東、山東，據改。

〔七〕松潘中納者上馬三十五引中減五引　五引，原作「十引」。英宗實錄卷二五二景泰六年四月庚子條，「上等馬三十五引，中等馬三十引，下等馬二十五引」。是中等馬減於上等馬五引。據改。

〔八〕內商之鹽不能速獲邊商之引又不賤售　明史稿志六二食貨志「內商」作「邊商」，「邊商」作「內商」。

〔九〕兩淮積欠至五百餘萬引　積欠，原作「積久」，據明史稿志六二食貨志、孝宗實錄卷二五弘治二年四月乙未條改。

中華書局

〔一〇〕而留其一以補商人未交鹽價　未交鹽價，明史稿志六二食貨志作「未支之價」。

〔一一〕慶雲侯周壽　慶雲侯，原作「慶寧侯」，據本書卷三〇〇周能傳、武宗實錄卷五弘治十八年九月癸未條改。

〔一二〕織造太監崔杲又奏乞長蘆鹽一萬二千引戶部以半予之　一萬二千引，原作「二萬引」，據本書卷一八一劉健傳、武宗實錄卷一七正德元年九月丁丑條改。實錄作「一萬二千引，戶部止與六千引」。

〔一三〕三十二年令河東以六十二萬引爲額　三十二年，原作「三十一年」。明會典卷三三「三十二年提准，河東鹽引革去餘鹽名目，定以六十二萬爲額」。又本志下文時都御史王紳、御史黃國用議」，見世宗實錄卷三九三嘉靖三十二年正月辛丑條。據改。

〔一四〕淮鹽歲課七十萬五千引　引，原作「兩」，據明會典卷三二改。本志上文兩淮歲辦大引鹽三十五萬二千餘引，改辦小引鹽，倍之，正合七十萬五千引。

〔一五〕又搜括四司殘鹽共得銀幾二百萬　四司，當作「三司」。按世宗實錄卷五〇一嘉靖四十年九月癸巳條，鄢懋卿奏：「河東運司未派殘鹽」「計可得銀八十萬有奇」，「長蘆運司積有殘鹽」「計可得銀一十六萬有奇」，「儀眞、淮安二所積有殘鹽」「計可得銀百萬有奇」。儀眞、淮安二所屬兩淮運司，計共三司，非「四司」。

〔一六〕以鴻臚寺主簿田應璧奏　璧，原作「壁」，據明史稿志六二食貨志、神宗實錄卷三二四萬曆二十六年七月丙戌條改。

〔一七〕至三十九年特命副都御史鄢懋卿總理四運司　三十九年，原作「二十九年」，據本志上文和世宗實錄卷四八二嘉靖三十九年三月丙子條改。

〔一八〕副都御史龐尙鵬總理兩淮長蘆山東三運司後　原脫「山東」，據穆宗實錄卷一七隆慶二年二月癸卯條補。

〔一九〕輸錢六百照茶六十斤　六十斤，原作「六百斤」，據明史稿志六三食貨志、明會典卷三七、明書卷八二改。按本志上文「輸錢千，照茶百斤」，與「輸錢六百，照茶六十斤」正合。

〔二〇〕四川巴茶三百十五戶　戶，原作「頃」，據太祖實錄卷七二洪武五年二月乙巳條、稽璜續文獻通考卷二二改。

〔二一〕十取其八　八，原作「一」，據明史稿志六三食貨志、太祖實錄卷七〇洪武四年十二月庚寅條改。

〔二二〕以故遣僉都御史鄧文鏗等察川陝私茶　鏗，原作「鑑」，據稽璜續文獻通考卷二二、明進士題名碑錄洪武乙丑科改。續通考稱：「文鏗，志亦誤作文鑑。」

〔二三〕河州必里衞西番二十九族　二十九族，原作「二十六族」，據明會典卷三七、明經世文編卷一一五頁一〇七二楊一淸修復茶馬舊制疏改。

〔二四〕巡茶御史王汝舟酌爲中制　酌，原作「約」，據明史稿志六三食貨志、明會典卷三七改。

〔二五〕商引一二年銷完者賞有差踰三年者罪之　賞，原作「罰」。明會典卷三七、明經世文編卷三八六頁四一八一楮鈇條議茶馬事宜疏都作：「今後報商引內註定，一年完者厚賞，二年量賞，三年免究，四年問罪。」據改。

〔二六〕今商人絕跡　今，原作「令」，據明史稿志六三食貨志改。

二十四史

明史卷八十一

志第五十七

食貨五

錢鈔　坑冶附鐵冶銅場　商稅　市舶　馬市

錢幣之興，自九府圜法，歷代遵用。鈔始於唐之飛錢，宋之交會，金之交鈔。元世始終用鈔，錢幾廢矣。

太祖初置寶源局於應天，鑄「大中通寶」錢，與歷代錢兼行。以四百文爲一貫，四十文爲一兩，四文爲一錢。及平陳友諒，命江西行省置貨泉局，頒大中通寶錢，大小五等錢式。卽位，頒「洪武通寶」錢，其制凡五等：曰「當十」、「當五」、「當三」、「當二」、「當一」。「當十」錢重一兩，餘遞降至重一錢止。各行省皆設寶泉局，與寶源局並鑄，而嚴私鑄之禁。洪武四年改鑄大中、洪武通寶大錢爲小錢。初，寶源局錢鑄「京」字於背，後多不鑄，民間無「京」

字者不行，故改鑄小錢以便之。尋令私鑄錢作廢銅送官，償以錢。是時有司責民出銅，民毀器皿輸官，頗以爲苦。而商賈沿元之舊習用鈔，多不便用錢。

七年，帝乃設寶鈔提舉司。明年始詔中書省造大明寶鈔，命民間通行。以桑穰爲料，其制方，高一尺，廣六寸，質青色，外爲龍文花欄。〔一〕橫題其額曰「大明通行寶鈔」。其內上兩旁，復爲篆文八字，曰「大明寶鈔，天下通行」。中圖錢貫，十串爲一貫。其下云：「中書省奏準印造大明寶鈔與銅錢通行使用，僞造者斬，告捕者賞銀二十五兩，〔二〕仍給犯人財產。」若五百文則畫錢文爲五串，餘如其制而遞減之。其等凡六：曰一貫，曰五百文、四百文、三百文、二百文、一百文。每鈔一貫，準錢千文，銀一兩；四貫準黃金一兩。禁民間不得以金銀物貨交易，違者罪之；以金銀易鈔者聽。遂罷寶源、寶泉局。越二年，復設寶泉局，鑄小錢與鈔兼行，百文以下止用錢。商稅兼收錢鈔，錢三鈔七。十三年，以鈔用久昏爛，立倒鈔法，令所在置行用庫，〔三〕許軍民商賈以昏鈔納庫易新鈔，量收工墨直。會中書省廢，乃以造鈔屬戶部，鑄錢屬工部，而改寶鈔文「中書省」爲「戶部」，與舊鈔兼行。十六年，置戶部寶鈔廣源庫、廣惠庫；〔四〕入則廣源掌之，出則廣惠掌之。在外衞所軍士，月鹽皆給鈔，各鹽場給工本鈔。十八年，天下有司官祿米皆給鈔，二貫五百文準米一石。

二十二年詔更定錢式：生銅一斤，鑄小錢百六十，折二錢半之，「當三」至「當十」，準是爲差。更造小鈔，自十文至五十文。二十四年，諭榷稅官吏，凡鈔有字貫可辨者，不問爛損，卽收受解京，抑勒與僞充者罪之。二十五年設寶鈔行用庫於東市，凡三庫，各給鈔三萬錠爲鈔本，倒收舊鈔送內府。令大明寶鈔與歷代錢兼行，鈔一貫準錢千文，提舉司於三月內印造，十月內止，所造鈔送內府充賞賚。明年罷行用庫，又罷寶泉局。時兩浙、江西、閩、廣民重錢輕鈔，有以錢百六十文折鈔一貫者，由是物價翔貴，而鈔法益壞不行。〔五〕三十年乃更申交易用金銀之禁。

成祖初，犯者以姦惡論，惟置造首飾器皿，不在禁例。永樂二年詔犯者免死，徙家戍興州。陝西都司僉事張豫，坐抵易官鈔論戍。江夏民父死，以銀營葬具，當戍邊。帝以其迫於治葬，非玩法，特矜宥之。都御史陳瑛言：「比歲鈔法不通，皆緣朝廷出鈔太多，收斂無法，以致物重鈔輕。莫若暫行戶口食鹽法。天下人民不下千萬戶，官軍不下二百萬家，誠令計口納鈔食鹽，可收五千餘萬錠。」帝令戶部會羣臣議。大口月食鹽一斤，納鈔一貫，小口半之。從其議。設北京寶鈔提舉司，稅糧課程贓罰俱折收鈔，其直視洪武初減十之九。後又令鹽官納舊鈔支鹽，發南京抽分場積薪、龍江提舉司竹木鬻之軍民，收其鈔。應天歲辦蘆柴，徵鈔十之八。帝初卽位，戶部尚書夏原吉請更鈔板篆文爲「永樂」。帝命仍其舊。自後終明世皆用洪武年號云。

仁宗監國，令犯笞杖者輸鈔。及卽位，以鈔不行詢原吉。原吉言：「鈔多則輕，少則重。民間鈔不行，緣散多斂少，宜爲法斂之。請市肆門攤諸稅，度量輕重，加其課程。鈔入官，官取昏軟者悉燬之。自今官鈔宜少出，民間得鈔難，則自然重矣。」乃下令曰：「所增門攤課程，鈔法通，卽復舊，金銀布帛交易者，亦暫禁止。」然是時，民卒輕鈔。至宣德初，米一石用鈔五十貫，乃弛布帛米麥交易之禁。凡以金銀交易及匿貨增直者罰鈔，府縣衞所倉糧積至十年以上者，〔六〕鹽糧悉收鈔，秋糧亦折鈔三分，門攤課鈔增五倍，塌房、店舍月納鈔五百貫，果園、贏車並令納鈔。戶部言民間交易，惟用金銀，鈔滯不行。乃益嚴其禁，交易用銀一錢者，罰鈔千貫，贓吏受銀一兩者，追鈔萬貫，更追免罪鈔如之。

英宗卽位，收賦有米麥折銀之令，遂減諸納鈔者，而以米銀錢當鈔，弛用銀之禁。朝野率皆用銀，其小者乃用錢，惟折官俸用鈔，鈔壅不行。十三年復申禁令，阻鈔者追一萬貫，全家戍邊。天順中，始弛其禁。憲宗令內外課程錢鈔兼收，官俸軍餉亦兼支錢鈔。是時鈔一貫不能直錢一文，而計鈔徵之民，則每貫徵銀二分五釐，民以大困。

弘治元年，京城稅課司，順天、山東、河南戶口食鹽，俱收鈔，各鈔關俱錢鈔兼收。其後乃皆改折用銀。而洪武、永樂、宣德錢積不用，詔發之，令與歷代錢兼用。戶部請鼓鑄，乃復開局鑄錢。凡納贖收稅，歷代錢、制錢各收其半；無制錢卽收舊錢，二以當一。制錢者，

中華書局

二十四史

國朝錢也。舊制，工部所鑄錢入太倉、司鑰二庫，諸關稅錢亦入司鑰庫。共貯錢數千百萬，中官掌之，京衞軍秋糧取給焉，每七百當銀一兩。武宗之初，部臣請察覈侵蝕；又以錢當俸糧者，僅及銀數三之一，請於承運庫給銀。時中官方用事，皆不聽。已而司鑰庫太監龐瑮言：「自弘治間榷關折銀入承運庫，錢鈔缺乏，支放不給，請遵成化舊制，錢鈔兼收。」從之。正德三年，以太倉積錢給官俸，十分爲率，錢一銀九。又從太監張永言，發天財庫及戶部布政司庫錢，關給徵收，每七十文徵銀一錢，且申私鑄之禁。嘉靖四年，令宣課分司收稅，鈔一貫折銀三釐，錢七文折銀一分。是時鈔久不行，錢亦大壅，益專用銀矣。

明初鑄洪武錢。成祖九年鑄永樂錢。宣德九年鑄宣德錢。弘治十六年以後，鑄弘治錢。至世宗嘉靖六年，大鑄嘉靖錢。每文重一錢三分，且補鑄累朝未鑄者。三十二年鑄洪武至正德九號錢，每號百萬錠，嘉靖錢千萬錠，一錠五千文。而稅課抽分諸廠，專收嘉靖錢。民患錢少，乃發內庫新舊錢八千一百萬文折給俸糧。又令通行歷代錢，有銷新舊錢及以銅造像製器者，罪比盜鑄。先是，民間行濫惡錢，率以三四十錢當銀一分。後益雜鉛錫，薄劣無形製，至以六七十文當銀一分。翦楮夾其中，不可辨。用給事中李用敬言，以制錢與前代雜錢相兼行，上品者俱七文當銀一分，餘視錢高下爲三等，下者二十一文當銀一分；私造濫惡錢悉禁不行，犯者置之法。小錢行久，驟革之，民頗不便。又出內庫錢給文武官

俸，不論新舊美惡，悉以七文折算。諸以俸錢市易者，亦悉以七文抑勒予民，民亦騷然。屬連歲大侵，四方流民就食京師，死者相枕藉。論者謂錢法不通使然。於是御史何廷鈺條奏，請許民用小錢，以六十文當銀一分。戶部執不從。廷鈺訐奏尚書方鈍及郎中劉爾牧。帝怒，斥爾牧，採廷鈺議，命從民便。且定嘉靖錢七文，洪武諸錢十文，前代錢三十文，當銀一分。然諸濫惡小錢，以初禁之嚴，雖奉旨間行，竟不復用，而民間競私鑄嘉靖通寶錢，與官錢並行焉。

給事中殷正茂言：「兩京銅價大高，鑄錢得不償費。宜採雲南銅，運至岳州鼓鑄，費工本銀三十九萬，可得錢六萬五千萬文，直銀九十三萬餘兩，足以少佐國家之急。」戶部覆言：「雲南地僻事簡，即山鼓鑄爲便。」乃敕巡撫以鹽課銀二萬兩爲工本。未幾，巡撫王昺言費多入少，乞罷鑄。帝以小費不當惜，仍命行之。越數年，巡按王諍復言宜罷鑄。部議：「錢法壅滯者，由宣課司收稅以七文當一分。姦民乘機阻撓，錢多則惡濫相欺，錢少則增直罔利，故禁愈繁而錢愈滯。自今準折聽民便，不必定文數，而課稅及官俸且俱用銀。」乃罷雲南鑄錢，而從戶部議。

時所鑄錢有金背，有火漆，有鏇邊。議者以鑄錢艱難，工匠勞費，革鏇車用鑪鎔。於是鑄工競雜鉛錫便剉治，而輪郭粗糲，色澤黯黲。姦僞倣傚，盜鑄日滋，金背錢反阻不行。死

罪日報，終不能止。帝患之，問大學士徐階。階陳五害，請停寶源局鑄錢，應支給錢者悉予銀。帝乃鞫治工匠侵料減工罪，而停鼓鑄。自後稅課徵銀而不徵錢。且民間止用制錢，不用古錢，而私鑄者多。

隆慶初，錢法不行，兵部侍郎譚綸言：「欲富民，必重布帛菽粟而賤銀；欲賤銀，必制錢法以濟銀之不足。今錢惟布於天下，而不以輸於上，故其權在市井。請令民得以錢輸官，則錢法自通。」於是課稅銀三兩以下復收錢，民間交易一錢以下止許用錢。時錢八文折銀一分，禁民毋得任意低昂。直隸巡按楊家相請鑄大明通寶錢，不識年號。部議格不行。高拱再相，言：「錢法朝議夕更，迄無成說。小民恐今日得錢，而明日不用，是以愈更愈亂，愈禁愈疑。請一從民便，勿多爲制以亂人耳目。」帝深然之。錢法復稍稍通矣。寶鈔不用垂百餘年，課程亦鮮有收鈔者，惟俸錢獨支鈔如故。四年始以新鑄隆慶錢給京官俸云。

萬曆四年命戶工二部，準嘉靖錢式鑄「萬曆通寶」金背及火漆錢，一文重一錢二分五釐，又鑄鏇邊錢，一文重一錢三分，頒行天下，俸糧皆銀錢兼給。雲南巡按郭庭梧言：「國初京師有寶源局，各省有寶泉局，自嘉靖間省局停廢，民用告匱。滇中產銅，不行鼓鑄，而反以重價購海肥，非利也。」遂開局鑄錢。尋命十三布政司皆開局。採工部言，以五銖錢爲準，用四火黃銅鑄金背，二火黃銅鑄火漆，粗惡者罪之。蓋以費多利少則私鑄自息也。久

之，戶部言：「錢之輕重不常，輕則斂，重則散，故無壅閼匱乏之患。初鑄時，金背十文直銀一分，今萬曆金背五文，嘉靖金背四文，各直銀一分，火漆鏇邊亦如之。僅踰十年，而輕重不啻相半，錢重而物價騰踊，宜發庫貯以平其直。」從之。時王府皆鑄造私錢，吏不敢訐。而北錢視南錢昂直三之一，南鑄大抵輕薄。然各循其舊，並行不廢。

天啓元年鑄泰昌錢。兵部尚書王象乾，請鑄當十、當百、當千三等大錢，用龍文，略倣白金三品之制，於是兩京皆鑄大錢。後有言大錢之弊者，詔兩京停鑄大錢，〔七〕收大錢發局改鑄。當是時，開局遍天下，重課錢息。

崇禎元年，南京鑄本七萬九千餘兩，獲息銀三萬九千有奇；戶部鑄錢獲息銀二萬六千有奇。其所鑄錢，皆以五十五文當銀一錢，計息取盈，工匠之賠補，行使之折閱，不堪命矣。三年，御史饒京言：「鑄錢開局，本通行天下，今乃苦於無息，旋開旋罷，自南北兩局外，僅存湖廣、陝西、四川、雲南及宣、密二鎮。而所鑄之息，不盡歸朝廷，復苦無鑄本，蓋以買銅而非採銅也。乞遵洪武初及永樂九年、嘉靖六年例，遣官各省鑄錢，採銅於產銅之地，置官吏駐兵，倣銀礦法，十取其三。銅山之利，朝廷擅之，小民所採，仍予直以市。」帝從之。是時鑄廠並開，用

中華書局

銅益多，銅至益少。南京戶部尚書鄭三俊請專官買銅。戶部議原籍產銅之人駐鎮遠、荆、常銅鉛會集處，所謂採銅於產銅之地也。帝俱從之。既，又採絳、孟、垣曲、聞喜諸州縣銅鉛。荆州抽分主事朱大受言：「荆州上接黔、蜀，下聯江、廣，商販銅鉛畢集，一年可以四鑄。四鑄之息，兩倍於南，三倍於北。」因陳便宜四事，卽命大受專督之。遂定錢式，每文重一錢，每千直銀一兩。南都錢輕薄，屢旨嚴飭，乃定每文重八分。初，嘉靖錢最工，隆、萬錢加重半銖，自啓、禎新鑄出，舊錢悉棄置。然日以惡薄，大半雜鉛砂，百不盈寸，捽擲輒破碎。末年敕鑄當五錢，不及鑄而明亡。

初制，歷代錢與制錢通行。自神宗初，從僉都御史龐尚鵬議，古錢止許行民間，輸稅贖罪俱用制錢。啓、禎時廣鑄錢，始括古錢以充廢銅，民間市易亦擯不用矣。莊烈帝初卽位，御平臺召對，給事中黃承昊疏有銷古錢之語。大學士劉鴻訓言：「北方皆用古錢，若驟廢之，於民不便。」帝以爲然。既而以御史王燮言，收銷舊錢，但行新錢，於是古錢銷毀頓盡。蓋自隋世盡銷古錢，至是凡再見云。

鈔法自弘、正間廢，天啓時，給事中惠世揚復請造行。崇禎末，有蔣臣者申其說，擢爲戶部司務。倪元璐方掌部事，力主之，然終不可行而止。

坑冶之課，金銀、銅鐵、鉛汞、硃砂、青綠，而金銀礦最爲民害。徐達下山東，近臣請開銀場。太祖謂銀場之弊，利於官者少，損於民者多，不可開。其後有請開陝州銀礦者，帝曰：「土地所產，有時而窮。歲課成額，徵銀無已。言利之臣，皆戕民之賊也。」臨淄丞乞發山海之藏以通寶路，帝黜之。成祖斥河池民言採礦者。仁、宣仍世禁止，塡番禺坑洞，罷嵩縣白泥溝發礦。〔八〕然福建尤溪縣銀屏山銀場局爐冶四十二座，始於洪武十九年。〔九〕浙江溫、處、麗水、平陽等七縣，亦有場局。歲課皆二千餘兩。

永樂間，開陝西商縣鳳皇山銀坑八所。〔一〇〕遣官湖廣、貴州採辦金銀課，復遣中官、御史往覈之。又開福建浦城縣馬鞍等坑三所，設貴州太平溪、交阯宣光鎭金場局，葛容溪銀場局，〔一一〕雲南大理銀冶。其不產金銀者，亦屢有革罷。而福建歲額增至三萬餘兩，浙江增至八萬餘。宣宗初，頗減福建課，其後增至四萬餘，而浙江亦增至九萬餘。英宗下詔封坑穴，撤閘辦官，民大蘇息，而歲額未除。歲辦，皆洪武舊額也。閘辦者，永、宣所新增也。既而禁革永煎。姦民私開坑穴相殺傷，嚴禁不能止。下詔宥之，不悛。言者復請開銀場，則利歸於上，而盜無所容。乃命侍郎王質往經理，定歲課，福建銀二萬餘，浙江倍之。又分遣御史曹翀、馮傑提督，供億過公稅，民困而盜愈衆。鄧茂七、葉宗留之徒流毒浙、閩，久之始定。

景帝嘗封閉，旋以盜礦者多，兵部尚書孫原貞請開浙江銀場，因並開福建，命中官戴細保提督之。天順四年命中官羅永之浙江，羅珪之雲南，馮讓之福建，何能之四川。課額浙、閩大略如舊，雲南十萬兩有奇，四川萬三千有奇，總十八萬三千有奇。成化中，開湖廣金場，武陵等十二縣凡二十一場，歲役民夫五十五萬，死者無算，得金僅三十五兩，〔一二〕於是復閉。而浙江銀礦以缺額量減，雲南屢開屢停。

弘治元年始減雲南二萬兩，溫、處萬兩餘，罷浦城廢坑銀冶。至十三年，雲南巡撫李士實言：「雲南九銀場，四場礦脈久絕，乞免其課。」報可。四川、山東礦穴亦先後封閉。武宗初，從中官秦文等奏，復開浙、閩銀礦。既而浙江守臣言礦脈已絕，乃令歲進銀二萬兩，劉瑾誅乃止。世宗初，閉大理礦場。其後薊、豫、齊、晉、川、滇所在進礦砂金銀，復議開採，以助大工。既獲玉旺峪礦銀，帝諭閣臣廣開採。戶部尚書方鈍等請令四川、山東、河南撫按嚴督所屬，一一搜訪，以稱天地降祥之意。於是公私交騖礦利，而浙江、江西盜礦者且劫徽、寧，天下漸多事矣。

隆慶初，罷薊鎭開採。南中諸礦山，亦勒石禁止。萬曆十二年，姦民屢以礦利中上心。諸臣力陳其弊。帝雖從之，意怏怏。二十四年，張位秉政，前衛千戶仲春請開礦，位不能止。開採之端啓，廢弁白望獻礦峒者日至，於是無地不開。中使四出：昌平則王忠，眞、保、

薊、永、房山、蔚州則王虎，昌黎則田進，河南之開封、彰德、衞輝、懷慶、葉縣、信陽則魯坤，山東之濟南、青州、濟寧、沂州、滕、費、蓬萊、福山、棲霞、招遠、文登則陳增，山西之太原、平陽、潞安則張忠，南直之寧國、池州則郝隆、劉朝用，湖廣之德安則陳奉，浙江之杭、嚴、金、衢、孝豐、諸暨則曹金，後代以劉忠，陝西之西安則趙鑒、趙欽，四川則丘乘雲，遼東則高淮，廣東則李敬，廣西則沈永壽，江西則潘相，福建則高宋，雲南則楊榮。皆給以關防，幷偕原奏官往。礦脈微細無所得，勒民償之。而姦人假開採之名，乘傳橫索民財，陵轢州縣。有司恤民者，罪以阻撓，逮問罷黜。時中官多暴橫，而陳奉尤甚。富家鉅族則誣以盜礦，良田美宅則指以爲下有礦脈，率役圍捕，辱及婦女，甚至斷人手足投之江，其酷虐如此。帝縱不問。自二十五年至三十三年，諸璫所進礦稅銀幾及三百萬兩，羣小藉勢誅索，不啻倍蓰，民不聊生。山西巡撫魏允貞上言：〔一三〕「方今水旱告災，天鳴地震，星流氣射，四方日報。中外軍興，百姓困敝。而嗜利小人，借開採以肆饕餮。倘釁由中作，則礦夫冗役爲禍尤烈。至是而後，求投珠抵璧之說用之晚矣。」河南巡按姚思仁亦言：「開採之弊，大可慮者有八。礦盜哨聚，易於召亂，一也。礦頭累極，勢成土崩，二也。礦夫殘害，逼迫流亡，三也。僱民糧缺，饑餓嘷呼，四也。礦洞徧開，無益浪費，五也。礦砂銀少，强科民買，六也。民皆開礦，農桑失業，七也。奏官强橫，淫刑激變，八也。今礦頭以賠累死，平民以逼買死，礦夫以傾

中華書局

壓死，以爭鬬死。及今不止，雖傾府庫之藏，竭天下之力，亦無濟於存亡矣。」疏入，皆不省。識者以爲明亡蓋兆於此。

鐵冶所，洪武六年置。江西進賢、新喻、分宜，湖廣興國、黄梅，山東萊蕪，廣東陽山，陝西鞏昌，山西吉州二，太原、澤、潞各一，凡十三所，歲輸鐵七百四十六萬餘斤。河南、四川亦有鐵冶。十二年益以茶陵。〔一四〕十五年，廣平吏王允道言：「磁州產鐵，元時置官，歲收百餘萬斤，請如舊。」帝以民生甫定，復設必重擾，杖而流之海外。十八年罷各布政司鐵冶。既而工部言：「山西交城產雲子鐵，舊貢十萬斤，繕治兵器，他處無有。」乃復設。已而武昌、吉州以次復焉。末年，以工部言，復盡開，令民得自採鍊，每三十分取其二。永樂時，設四川龍州、遼東都司三萬衞鐵冶。景帝時，辦事吏請復陝西、寧遠鐵礦，工部劾其違法，下獄。給事中張文質以爲不宜塞言路，乃釋之。弘治十七年，廣東歸善縣請開鐵冶，有司課外索賂，唐大鬟等因作亂，都御史劉大夏討平之。正德十四年，廣州置鐵廠，以鹽課提舉司領之，禁私販如鹽法。嘉靖三十四年開建寧、延平諸府鐵冶。隆、萬以後，率因舊制，未嘗特開云。

銅場，明初，惟江西德興、鉛山。其後四川梁山，山西五臺，陝西寧羌、略陽及雲南皆採水銀、青綠。太祖時，廉州巡檢言：「階州界西戎，〔一五〕有水銀坑冶及青綠、紫泥，願得兵取其

地。」帝不許。惟貴州大萬山長官司有水銀、硃砂場局，而四川東川府會川衞山產青綠、銀、銅，〔一六〕以與外番接境，虞軍民潛取生事，特禁飭之。成化十七年封閉雲南路南州銅坑。弘治十八年裁革板場坑水銀場局。〔一七〕正德九年，軍士周達請開雲南諸銀礦，因及銅、錫、青綠。詔可，遂次第開採。嘉靖、隆、萬間，因鼓鑄，屢開雲南諸處銅場，久之所獲漸少。崇禎時，遂括古錢以供爐冶焉。

關市之征，宋、元頗繁瑣。明初務簡約，其後增置漸多，行齎居鬻，所過所止各有稅。其名物件析榜於官署，按而征之，惟農具、書籍及他不鬻於市者勿算，應征而藏匿者沒其半。買賣田宅頭匹必投稅，〔一八〕契本別納紙價。凡納稅地，置店曆，書所止商氏名物數。官司有都稅，有宣課，有司，有局，有分司，有抽分場局，有河泊所。所收稅課，有本色，有折色。稅課司局，京城諸門及各府州縣市集多有之，凡四百餘所。其後以次裁併十之七。抽分在南京者，曰龍江、大勝港；在北京者，曰通州、白河、盧溝、通積、廣積；在外者，曰眞定、杭州、荊州、太平、蘭州、廣寧。又令軍衞自設場分，收貯柴薪。河泊所惟大河以南有之，河北止臨山縣。

凡稅課，徵商估物貨；抽分，科竹木柴薪；河泊，取魚課。又有門攤課鈔，領於有司。太祖初，征酒醋之稅，收官店錢。即吳王位，減收官店錢，改在京官店爲宣課司，府縣官店爲通課司。

凡商稅，三十而取一，過者以違令論。洪武初，命在京兵馬指揮領市司，每三日一校勘街市度量權衡，稽牙儈物價；在外，城門兵馬，亦令兼領市司。彰德稅課司，稅及蔬果、飲食、畜牧諸物。帝聞而黜之。山西平遙主簿成樂秩滿來朝，〔一九〕上其考曰「能恢辦商稅」。帝曰：「稅有定額，若以恢辦爲能，是剝削下民，失吏職也。州考非是。」命吏部移文以訊。十年，戶部奏：「天下稅課司局，征商不如額者百七十八處。〔二〇〕遂遣中官、國子生及部委官各一人覈實，立爲定額。十三年，吏部言：「稅課司局歲收額米不及五百石者，凡三百六十四處，宜罷之。」報可。胡惟庸伏誅，帝諭戶部曰：「曩者姦臣聚斂，稅及纖悉，朕甚恥焉。自今軍民嫁娶喪祭之物，舟車絲布之類，皆勿稅。」罷天下抽分竹木場。明年令以野獸皮輸魚課，製裘以給邊卒。

初，京師軍民居室皆官所給，比舍無隙地。商貨至，或止於舟，或貯城外，駔儈上下其價，商人病之。帝乃命於三山諸門外，瀕水爲屋，名塌房，以貯商貨。

永樂初定制，嫁娶喪祭時節禮物、自織布帛、農器、食品及買既稅之物、車船運己貨物、魚蔬雜果非市販者，俱免稅。準南京例，置京城官店塌房。七年遣御史、監生於收課處榷

辦課程。二十一年，山東巡按陳濟言：「淮安、濟寧、東昌、臨清、德州、直沽，商販所聚。今都北平，百貨倍往時。其商稅宜遣人監榷一年，以爲定額。」帝從之。

洪熙元年增市肆門攤課鈔。宣德四年，以鈔法不通，由商居貨不稅，由是於京省商賈湊集地、市鎮店肆門攤稅課，增舊凡五倍。兩京蔬果園不論官私種而鬻者，塌房、庫房、店舍居商貨者，騾驢車受僱裝載者，悉令納鈔。委御史、戶部、錦衣衞、兵馬司官各一，於城門察收。舟船受僱裝載者，計所載料多寡、路近遠納鈔。鈔關之設自此始。其倚勢隱匿不報者，物盡沒官，仍罪之。於是有漷縣、濟寧、徐州、淮安、揚州、上新河、滸墅、九江、金沙洲、臨清、北新諸鈔關，量舟大小修廣而差其額，謂之船料，不稅其貨。惟臨清、北新則兼收貨稅，各差御史及戶部主事監收。自南京至通州，經淮安、濟寧、徐州、臨清，每船百料，納鈔百貫。侍郎曹弘言：「塌房月鈔五百貫，良苦，有鬻子女輸課者。」帝令覈除之。及鈔法通，減北京蔬地課鈔之半，船料百貫者減至六十貫。

正統初，詔凡課程門攤，俱遵洪武舊額，〔二一〕不得藉口鈔法妄增。未幾，以兵部侍郎于謙奏，革直省稅課司局，領其稅於有司；罷濟寧、徐州及南京上新河船料鈔，移漷縣鈔關於河西務；船料當輸六十貫者減爲二十貫。商民稱便。九年，王佐掌戶部，置彰義門官房，收商稅課鈔，復設直省稅課司官，征榷漸繁矣。景泰元年，于謙柄國，船料減至十五貫，減張

中華書局

家灣及遼陽課稅之半。大理卿薛瑄言：「抽分薪炭等匿不報者，準舶商匿番貨罪，盡沒之，過重。請得比匿稅律。」帝從之。成化七年增置蕪湖、荊州、杭州三處工部官。初抽分竹木，止取鈔，其後易以銀，至是漸益至數萬兩。尋遣御史榷稅。孝宗初，御史陳瑤言：「崇文門監稅官以搯克爲能，非國體。」乃命客貨外，車輛毋得搜阻。又從給事中王敞言，取回蕪湖、荊州、杭州抽分御史，以府州佐貳官監收其稅。十三年復遣御史。正德十一年始收泰山碧霞元君祠香錢，從鎮守太監言也。十二年，御史胡文靜請革新設諸抽分廠。未一年，太監鄭璽請復設於順德、廣平。工部尚書李鐩依阿持兩端，橫征之端復起。尋命中官李文、馬俊之湖廣、浙江抽分廠，與主事中分榷稅。世宗初，抽分中官及江西、福建、廣東稅課司局多所裁革，又革眞定諸府抽印木植中官。

京城九門之稅，弘治初歲入鈔六十六萬餘貫，錢二百八十八萬餘文，至末年，數大減。自正德七年以後，鈔增四倍，錢增三十萬。嘉靖三年，詔如弘治初年例，仍減錢三十萬。直省關稅，成化以來，折收銀，其後復收錢鈔。八年復收銀，遂爲定制。始時鈔關估船料定稅，既而以估料難核，乃度梁頭廣狹爲準，自五尺至三丈六尺有差。帝令以成尺爲限，勿科畸零。太監李能請於山海關榷商稅，行之數年，主事鄔閱言：「廣寧八里鋪前屯衞既有榷場，不宜再榷。」罷之。其後復山海關稅，罷八里鋪店錢。四十二年令各關歲額定數之外，

餘饒悉入公帑。隆慶二年始給鈔關主事關防敕書，尋令鈔關去府近者，知府收解；去府遠者，令佐貳官收貯府庫，季解部。主事掌覈商所報物數以定稅數，收解無有所與。

神宗初，令商貨進京者，河西務給紅單，赴崇文門併納正、條、船三稅；其不進京者，河西務止收正稅，免條、船二稅。萬曆十一年革天下私設無名稅課。然自隆慶以來，凡橋梁、道路、關津私擅抽稅，罔利病民，雖累詔察革，不能去也。迨兩宮三殿災，營建費不貲，始開礦增稅。而天津店租，廣州珠榷，兩淮餘鹽，京口供用，浙江市舶，成都鹽茶，重慶名木，湖口、長江船稅，荊州店稅，寶坻魚葦及門攤商稅、油布雜稅，中官遍天下，非領稅即領礦，驅脅官吏，務朘削焉。

榷稅之使，自二十六年千戶趙承勛奏請始。其後高寀於京口，曁祿於儀眞，劉成於浙，李鳳於廣州，陳奉於荊州，馬堂於臨清，陳增於東昌，孫隆於蘇、杭，魯坤於河南，孫朝於山西，丘乘雲於四川，梁永於陝西，李道於湖口，王忠於密雲，張曄於盧溝橋，沈永壽於廣西，或徵市舶，或徵店稅，或專領稅務，或兼領開採。姦民納賄於中官，輒給指揮千戶劄，用爲爪牙。水陸行數十里，卽樹旗建廠。視商賈懦者肆爲攘奪，沒其全貲。負戴行李，亦被搜索。又立土商名目，窮鄉僻塢，米鹽雞豕，皆令輸稅。所至數激民變，帝率庇不問。諸所進稅，或稱遺稅，或稱節省銀，或稱罰贖，或稱額外贏餘。又假買辦、孝順之名，金珠寶玩、貂

皮、名馬，雜然進奉，帝以爲能。甚至稅監劉成因災荒請暫寬商稅，中旨仍徵課四萬，其嗜利如此。三十三年始詔罷採礦，以稅務歸有司，而稅使不撤。李道詭稱有司固却，乞如舊便。帝遽從之。又聽福府承奉謝文銓言，設官店於崇文門外，以供福邸。戶部尚書趙世卿屢疏。不聽。世卿又言：「崇文門、河西務、臨清、九江、滸墅、揚州、北新、淮安各鈔關，歲徵本折約三十二萬五千餘兩，萬曆二十五年增銀八萬二千兩，此定額也。乃二十七年以後，歷歲減縮，至二十九年總解二十六萬六千餘兩。究厥所由，則以稅使苛斂，商至者少，連年稅使所供，卽此各關不足之數也。」疏入不省。寶坻銀魚廠，永樂時設，穆宗時，止令估直備廟祀上供。及是始以中官坐採，又徵其稅，後幷稅武清等縣非產魚之處。增葦網諸稅，且及青縣、天津。九門稅尤苛，舉子皆不免，甚至擊殺覲吏。事聞，詔法司治之，監豎爲小戢。至四十二年，李太后遺命減天下稅額三之一，免近京畸零小稅。〔三〕光宗立，始盡蠲天下額外稅，撤回稅監，其派入地畝、行戶、人丁、間架者，概免之。

天啓五年，戶部尚書李起元請復榷水陸衝要，依萬曆二十七年例，量徵什一。允行之。崇禎初，關稅每兩增一錢，通八關增五萬兩。三年復增二錢，惟臨清僅半，而崇文門、河西務俱如舊。戶部尚書畢自嚴，議增南京宜課司稅額一萬爲三萬。南京戶部尚書鄭三俊，以宜課所收落地稅無幾，請稅蕪湖以當增數。自嚴遂議稅蕪湖三萬兩，而宜課仍增一萬。

三俊悔，疏爭不能已。九年復議增稅課款項。十三年增關稅二十萬兩，而商民益困矣。

凡諸課程，始收鈔，間折收米，已而收錢鈔半，後乃折收銀，而折色、本色遞年輪收，本色歸內庫，折色歸太倉。

明初，東有馬市，西有茶市，皆以馭邊省戍守費。海外諸國入貢，許附載方物與中國貿易。因設市舶司，置提舉官以領之，所以通夷情，抑姦商，俾法禁有所施，因以消其釁隙也。洪武初，設於太倉黃渡，尋罷。復設於寧波、泉州、廣州。寧波通日本，泉州通琉球，廣州通占城、暹羅、西洋諸國。琉球、占城諸國皆恭順，任其時至入貢。惟日本叛服不常，故獨限其期爲十年，人數爲二百，舟爲二艘，以金葉勘合表文爲驗，以防詐僞侵軼。後市舶司暫罷，輒復嚴禁瀕海居民及守備將卒私通海外諸國。

永樂初，西洋剌泥國回回哈只馬哈沒奇等來朝，附載胡椒與民互市。有司請徵其稅。帝曰：「商稅者，國家抑逐末之民，豈以爲利。今夷人慕義遠來，乃侵其利，所得幾何，而虧辱大體多矣。」不聽。三年，以諸番貢使益多，乃置驛於福建、浙江、廣東三市舶司以館之。福建曰來遠，浙江曰安遠，廣東曰懷遠。尋設交阯雲屯市舶提舉司，〔四〕接西南諸國朝貢

中華書局

者。初，入貢海舟至，有司封識，俟奏報，然後起運。宣宗命至卽馳奏，不待報隨送至京。武宗時，提舉市舶太監畢眞言：「舊制，泛海諸船，皆市舶司專理，近領於鎭巡及三司官，乞如舊便。」禮部議：市舶職司進貢方物，其泛海客商及風泊番船，非敕旨所載，例不當預。中旨令如熊宣舊例行。宣先任市舶太監也，嘗以不預滿剌加諸國番舶抽分，奏請兼理，爲禮部所劾而罷。劉瑾私眞，謬以爲例云。

嘉靖二年，日本使宗設、宋素卿分道入貢，互爭眞僞。市舶中官賴恩納素卿賄，右素卿，宗設遂大掠寧波。給事中夏言言倭患起於市舶。遂罷之。市舶旣罷，日本海賈往來自如，海上姦豪與之交通，法禁無所施，轉爲寇賊。二十六年，倭寇百艘久泊寧、台，數千人登岸焚劫。浙江巡撫朱紈訪知舶主皆貴官大姓，市番貨皆以虛直，轉鬻牟利，而直不時給，以是構亂。乃嚴海禁，毀餘皇，奏請鐫諭戒大姓，不報。二十八年，紈又言：「長澳諸大俠林恭等勾引夷舟作亂，而巨姦關通射利，因爲嚮導，躪我海濱，宜正典刑。」部覆不允。而通番大猾，紈輒以便宜誅之。御史陳九德劾紈措置乖方，專殺啓釁。帝逮紈聽勘。紈旣黜，姦徒益無所憚，外交內訌，釀成禍患。汪直、徐海、陳東、麻葉等起，而海上無寧日矣。三十五年，倭寇大掠福建、浙、直，都御史胡宗憲遣其客蔣洲、陳可願使倭宣諭。還報，倭志欲通貢市。兵部議不可，乃止。

三十九年，鳳陽巡撫唐順之議復三市舶司。部議從之。四十四年，浙江以巡撫劉畿言，仍罷。福建開而復禁。萬曆中，復通福建互市，惟禁市硝黃。已而兩市舶司悉復，以中官領職如故。

永樂間，設馬市三：一在開原南關，以待海西；一在開原城東五里，一在廣寧，皆以待朶顏三衞。定直四等：上直絹八疋，布十二，次半之，下二等各以一遞減。旣而城東、廣寧市皆廢，惟開原南關馬市獨存。

大同馬市始正統三年，巡撫盧睿請令軍民平價市駝馬，達官指揮李原等通譯語，禁市兵器、銅鐵。〔三〕帝從之。十四年，都御史沈固請支山西行都司庫銀市馬。時也先貢馬互市，中官王振裁其馬價，也先大舉入寇，遂致土木之變。

成化十四年，陳鉞撫遼東，復開三衞馬市。通事劉海、姚安肆侵牟，朶顏諸部懷怨，擾廣寧，不復來市。兵部尙書王越請令參將、布政司官各一員監之，毋有所侵剋。遂治海、安二人罪。尋令海西及朶顏三衞入市；開原月一市，廣寧月二市，以互市之稅充撫賞。正德時，令驗放入市者，依期出境，不得挾弓矢，非互市日，毋輒近塞垣。

嘉靖三十年，以總兵仇鸞言，詔於宣府、大同開馬市，命侍郎史道總理之。兵部員外郎楊繼盛諫。不從。俺答旋入寇抄，大同市則寇宣府，宣府市則寇大同。幣未出境，警報隨至。帝始悔之，召道還。然諸部嗜馬市利，未敢公言大舉，而邊臣亦多畏懾，以互市啗之。明年罷大同馬市，宣府猶未絕，抄掠不已，乃幷絕之。隆慶四年，俺答孫把漢那吉來降，於是封貢互市之議起。而宣、大互市復開，邊境稍靜。然撫賞甚厚，朝廷爲省客兵餉、減哨銀以充之。頻年加賞，而要求滋甚，司事者復從中乾沒，邊費反過當矣。

遼東義州木市，萬曆二十三年開，事具李化龍傳。二十六年從巡撫張思忠奏，罷之，遂幷罷馬市。其後總兵李成梁力請復，而薊遼總督萬世德亦疏於朝。二十九年復開馬、木二市，〔三〕後以爲常。

校勘記

〔一〕外爲龍文花欄　龍，原作「擴」，據明史稿志六二食貨志、太祖實錄卷九八洪武八年三月辛酉條、明會典卷三一改。

〔二〕告捕者賞銀二十五兩　二十五兩，太祖實錄卷九八洪武八年三月辛酉條、明會典卷三一都作「二百五十兩」。

〔三〕十三年以鈔用久昏爛立倒鈔法令所在置行用庫　按洪武九年七月甲子「立倒鈔法」，「令所在置行用庫，每昏爛鈔一貫，收工墨直三十文」。是所在置行用庫爲九年事。十三年四月己亥令「行用庫收換昏鈔」，「貫伯昏爛，方許入庫」，「在外行用庫裁革已久，今宜復置」。以上分見太祖實錄卷一〇七和一三一。是在外行用庫十三年復置，非十三年置。

〔四〕十六年置戶部寶鈔廣源庫廣惠庫　十六年，原作「十五年」，據太祖實錄卷一五四洪武十六年五月乙卯條改。

〔五〕而鈔法益壞不行　鈔，原作「錢」，據太祖實錄卷二三四洪武二十七年八月乙酉條、續文獻通考卷一〇改。

〔六〕府縣衞所倉糧積至十年以上者　十年，原作「十五年」，據明史稿志六三食貨志、宣宗實錄卷六七宣德五年六月乙丑條改。

〔七〕詔兩京停鑄大錢　兩京，原作「南京」，據熹宗實錄卷五九天啓五年十月庚寅條、續文獻通考卷一一改。

〔八〕罷嵩縣白泥溝發礦　發礦，一作「銀礦」。宣宗實錄卷八三宣德六年九月丙戌條稱「嵩縣白泥溝地產銀礦」，「所得不償所費」，「罷之」。續文獻通考卷二三同。

〔九〕然福建尤溪縣銀屏山銀場局爐冶四十二座始於洪武十九年　爐冶，原作「爐局」，據明史稿志

中華書局

六四、太祖實錄卷二〇六洪武二十三年十二月戊子條改。十九年，原作「末年」，據太祖實錄卷一七八洪武十九年五月己丑條改。

〔一〇〕開陝西商縣鳳皇山銀坑八所　陝西，原作「陝州」，據太宗實錄卷一四洪武三十五年十一月庚寅條改。

〔一一〕設貴州太平溪交阯宣光鎮金場局葛容溪銀場局　葛容溪，原作「葛溪」，據太宗實錄卷九六永樂十三年六月乙未條改。

〔一二〕得金僅三十五兩　三十五，原作「五十三」，據明史稿志六三食貨志、憲宗實錄卷一三六成化十年十二月戊子條、明書卷八二改。

〔一三〕山西巡撫魏允貞上言　山西，原作「雲南」，據本書卷二三二魏允貞傳、王圻續文獻通考卷二七改。

〔一四〕十二年益以茶陵　十二，原作「十四」，據太祖實錄卷一二三洪武十二年三月辛巳條「置長沙府茶陵鐵冶所」改。

〔一五〕廉州巡檢言階州界西戎　原脫「階」字，據明史稿志六三食貨志、太祖實錄卷一四四洪武十五年四月辛巳條補。

〔一六〕而四川東川府會川衞山產青綠銀銅　青綠、銀、銅，原作「青銀銅綠」，據上下文三次稱「青綠」

改。

〔一七〕裁革板場坑水銀場局　板場坑，原作「板坑」，脫「場」字。讀史方輿紀要卷一二二貴州婺川縣長錢山有板場，其地有板場坑。據改。

〔一八〕買賣田宅頭匹必投稅　原脫「稅」字，據明史稿志六三食貨志、明會典卷三五補。

〔一九〕山西平遙主簿成樂秩滿來朝　平遙，原作「平遠」，據太祖實錄卷一〇六洪武九年六月庚戌條改。

〔二〇〕征商不如額者百七十八處　七十八，原作「七八十」，據太祖實錄卷一一一洪武十年三月甲申條、稽璜續文獻通考卷一八改。

〔二一〕正統初詔凡課程門攤俱遵洪武舊額　正統，明史稿志六三食貨志作「英宗」。照洪武舊額課稅的詔書，見英宗實錄卷一宣德十年正月壬午條。

〔二二〕免近京畸零小稅　近京，原作「近今」，據明史稿志六三食貨志、神宗實錄卷五一九萬曆四十二年四月丙戌條改。

〔二三〕尋設交阯雲屯市舶提舉司　雲屯，原作「雲南」，據太宗實錄卷五五永樂六年正月戊辰條，又卷五九永樂六年正月庚子條改。

〔二四〕禁市兵器銅鐵　市，英宗實錄卷四一正統三年四月癸未條、稽璜續文獻通考卷二六作「貨」，這是禁以兵器銅鐵易馬，作「貨」較合。

〔二五〕二十九年復開馬木二市　二十九，原作「三十九」，據明史稿志六三食貨志、神宗實錄卷三六六萬曆二十九年十二月辛未條改。

明史卷八十二

志第五十八

食貨六

上供採造　採造　柴炭　採木　珠池　織造　燒造　俸餉

會計

採造之事，累朝侈儉不同。大約靡於英宗，繼以憲、武，至世宗、神宗而極。其事目繁瑣，徵索紛紜。最鉅且難者，曰採木。歲造最大者，曰織造、曰燒造。酒醴膳羞則掌之光祿寺，採辦成就則工部四司、內監司局或專差職之，柴炭則掌之惜薪司。而最爲民害者，率由中官。

明初，上供簡省。郡縣貢香米、人參、葡萄酒，太祖以爲勞民，却之。仁宗初，光祿卿井泉奏，歲例遣正官往南京採玉面貍，帝叱之曰：「小人不達政體。朕方下詔，盡罷不急之務

以息民，豈以口腹細故，失大信耶！」宣宗時，罷永樂中河州官買乳牛造上供酥油者，以其牛給屯軍。命御史二人察視光祿寺，凡內外官多支及需索者，執奏。英宗初政，三楊當軸，減南畿孳牧黃牛四萬，糖蜜、果品、腒脯、酥油、茶芽、粳糯、粟米、藥材皆減省有差，撤諸處捕魚官。卽位數月，多所撙節。凡上用膳食器皿三十萬七千有奇，南工部造，金龍鳳白瓷諸器，饒州造，硃紅膳盒諸器，營膳所造，以進宮中食物，尙膳監率乾沒之。帝令備帖具書，如數還給。景帝時，從于謙言，罷眞定、河間採野味、直沽海口造乾魚內使。

天順八年，光祿果品物料凡百二十六萬八千餘斤，增舊額四之一。成化初，詔光祿寺牲口不得過十萬。明年，寺臣李春請增。禮部尙書姚夔言：「正統間，雞鵝羊豕歲費三四萬。天順以來增四倍，暴殄過多。請從前詔。」後二年，給事中陳鉞言：〔一〕「光祿市物，槪以勢取。負販遇之，如被刼掠。夫光祿所供，昔皆足用，今不然者，宣索過額，侵漁妄費也。」大學士彭時亦言：「光祿寺委用小人買辦，假公營私，民利盡爲所奪。請照宣德、正統間例，斟酌供用，禁止買辦。」於是減魚果歲額十之一。弘治元年命光祿減增加供應。初，光祿俱預支官錢市物，行頭吏役因而侵蝕。乃令各行先報納而後償價，遂有游手號爲報頭，假以供應爲名，抑價倍取，以充私橐。御史李鸞以爲言，帝命禁止。十五年，光祿卿王珩，列上內外官役酒飯及所畜禽獸料食之數，凡百二十事。乃降旨，有仍舊者，有減半者，有停止者。

於是放去乾明門虎、南海子猫、西華門鷹犬、御馬監山猴、西安門大鴿等，減省有差，存者減其食料。自成化時，添坐家長隨八十餘員，傳添湯飯中官百五十餘員。天下常貢不足於用，乃責買於京師鋪戶。價直不時給，市井負累。兵部尙書劉大夏因天變言之，乃裁減中官，歲省銀八十餘萬。

武宗之世，各宮日進、月進，數倍天順時。廚役之額，當仁宗時僅六千三百餘名，及憲宗增四之一。世宗初，減至四千一百名，歲額銀撙節至十三萬兩。中年復增至四十萬。額派不足，借支太倉。太倉又不足，乃令原供司府依數增派。於是帝疑其乾沒，下禮部問狀，責光祿寺具數以奏。帝復降旨詰責，乃命御史稽覈月進揭帖，兩月間省銀二萬餘兩。自是歲以爲常。

先是上供之物，任土作貢，曰歲辦。不給，則官出錢以市，曰採辦。其後本折兼收，採辦愈繁。於是召商置買，物價多虧，商賈匿迹。二十七年，戶部言：「京師召商納貨取直，富商規避，應役者皆貧弱下戶，請覈實編審。」給事中羅崇奎言：「諸商所以重困者，物價賤則減，而貴則不敢增。且收納不時，一遭風雨，遂不可用，多致賠累。旣收之後，所司更代不常，不卽給直，或竟沈閣。幸給直矣，官司折閱於上，番役齮齕於下，名雖平估，所得不能半。諸弊若除，商自樂赴，奚用編審。」帝雖納其言，而仍編審如戶部議。

穆宗朝，光祿少卿李鍵奏十事，〔二〕帝乃可之，頗有所減省：停止承天香米、外域珍禽奇獸，罷寶坻魚鮮。凡薦新之物，領於光祿寺，勿遣中官。又從太監李芳請，停徵加增細粳米、白靑鹽，命一依成、弘間例。御史王宗載請停加派。部議悉準原額，果品百七萬八千餘斤，牲口銀五萬八千餘兩，免加派銀二萬餘。未行，而神宗立，詔免之。世宗末年，歲用止十七萬兩，穆宗裁二萬，止十五萬餘，經費省約矣。萬曆初年，益減至十三四萬，中年漸增，幾三十萬，而鋪戶之累滋甚。時中官進納索賂，名鋪墊錢，費不訾，所支不足相抵，民不堪命，相率避匿。乃僉京師富戶爲商。令下，被僉者如赴死，重賄營免。官司密鉤，若緝姦盜。宛平知縣劉曰淑言：「京民一遇僉商，取之不遺毫髮，貲本悉罄。請厚估先發，以甦民困。」御史王孟震斥其越職，曰淑自劾解官去。至熹宗時，商累益重，有輪物於官終不得一錢者。

洪武時，宮禁中市物，視時估率加十錢，其損上益下如此。永樂初，斥言採五色石者，且以溼州輸礬困民，罷染色布。然內使之出，始於是時。工役繁興，徵取稍急，非土所有，民破産購之。軍器之需尤無算。仁宗時，山場、園林、湖池、坑冶、果樹、蜂蜜官設守禁者，悉予民。宣宗罷閘辦金銀，其他紙靛、紵絲、紗羅、氈緞、香貨、銀硃、金箔、紅花、茜草、麂皮、

二十四史

中華書局

香蠟、藥物、果品、海味、硃紅戧金龍鳳器物，多所罷減。副都御史弋謙言：「有司給買辦物料價，十不償一，無異空取。」帝嘉納之，諭工部察懲。又因泰安州稅課局大使郝智言，悉召還所遣官，敕自今更不許輒遣，自軍器、軍需外，凡買辦者盡停止。然寬免之詔屢下，內使屢敕撤還，而奉行不實，宦者輒名採辦，虐取於民。誅袁琦、阮巨隊等十餘人，患乃稍息。正統八年，以買辦擾民，始令於存留錢糧內折納，就近解兩京。

先是仁宗時，令中官鎮守邊塞，英宗復設各省鎮守，又有守備、分守，中官布列天下。及憲宗時益甚，購書採藥之使，搜取珍玩，靡有孑遺。抑賣鹽引，私採禽鳥，糜官帑，納私賂，動以巨萬計。太嶽、太和山降眞諸香，通三歲用七千斤，至是倍之。內府物料，有至五六倍者。孝宗立，頗有減省。甘肅巡撫羅明言：「鎮守、分守內外官競尙貢獻，各遣使屬邊衞搜方物，〔三〕名曰採辦，實扣軍士月糧馬價，或巧取番人犬馬奇珍。且設膳乳諸房，僉廚役造酥油諸物。比及起運，沿途騷擾，乞悉罷之。」報可。然其後靡費漸多。至武宗任劉瑾，漁利無厭。鎮守中官率貢銀萬計，皇店諸名不一，歲辦多非土產。諸布政使來朝，各陳進貢之害，皆不省。

世宗初，內府供應減正德什九。中年以後，營建齋醮，採木採香，採珠玉寶石，吏民奔

命不暇，用黃白蠟至三十餘萬斤。又有召買，有折色，視正數三倍。沈香、降香、海漆諸香至十餘萬斤。又分道購龍涎香，十餘年未獲，使者因請海舶入澳，久乃得之。方澤、朝日壇，爵用紅黃玉，求不得，購之陝西邊境，遣使覓於阿丹，去土魯番西南二千里。太倉之銀，頗取入承運庫，辦金寶珍珠。於是貓兒睛、祖母碌、石綠、撒孛尼石、紅剌石、北河洗石、金剛鑽、朱藍石、紫英石、甘黃玉，無所不購。穆宗承之，購珠寶益急。給事中李己、陳吾德疏諫。己下獄，吾德削籍。自是供億寖多矣。

神宗初，內承運庫太監崔敏請買金珠。張居正封還敏疏，事遂寢。久之，帝日黷貨，開採之議大興，費以鉅萬計，珠寶價增舊二十倍。戶部尙書陳蕖言庫藏已竭，宜加撙節。中旨切責。而順天府尹以大珠鴉青購買不如旨，鐫級。至於末年，內使雜出，採造益繁。內府告匱，至移濟邊銀以供之。熹宗一聽中官，採造尤夥。莊烈帝立，始務釐剔節省，而庫藏已耗竭矣。

永樂中，後軍都督府供柴炭，役宣府十七衞所軍士採之邊關。宣宗初，以邊木以扼敵騎，且邊軍不宜他役，詔免其採伐，令歲納銀二萬餘兩，後府召商買納。四年置易州山廠，〔四〕命工部侍郎督之，僉北直、山東、山西民夫轉運，而後府輸銀召商如故。

初，歲用薪止二千萬餘斤。弘治中，增至四千萬餘斤。轉運既艱，北直、山東、山西乃悉輸銀以召商。正德中，用薪益多，增直三萬餘兩。凡收受柴炭，加耗十之三，中官輒私加數倍。逋負日積，至以三年正供補一年之耗。尙書李鐩議，令正耗相準，而主收者復私加，乃以四萬斤爲萬斤，又有輸納浮費，民弗能堪。世宗登極，乃酌減之。隆慶六年，後府採納艱苦，改屬兵部武庫司。〔五〕萬曆中，歲計柴價銀三十萬兩，中官得自徵比諸商，酷刑悉索，而人以惜薪司爲陷阱云。

採木之役，自成祖繕治北京宮殿始。永樂四年遣尙書宋禮如四川，侍郎古朴如江西，〔六〕師逵、金純如湖廣，副都御史劉觀如浙江，僉都御史史仲成如山西。〔七〕禮言有數大木，一夕自浮大谷達於江。天子以爲神，名其山曰神木山，遣官祠祭。十年復命禮採木四川。仁宗立，已其役。宣德元年修南京天地山川壇殿宇，復命侍郎黃宗載、吳廷用採木湖廣。未幾，因旱災已之。尋復採大木湖廣，而諭工部酌省，未幾復罷。其他處亦時採時罷。弘治時，發內帑修淸寧宮，停四川採木。

正德時，採木湖廣、川、貴，命侍郎劉丙督運。太監劉養劾其不中梁棟，責丙陳狀，工部尙書李鐩奪俸。嘉靖元年革神木千戶所及衞卒。二十年，宗廟災，遣工部侍郎潘鑑、副都

御史戴金於湖廣、四川採辦大木。二十六年復遣工部侍郎劉伯躍採於川、湖、貴州，湖廣一省費至三百三十九萬餘兩。又遣官覈諸處遺留大木。郡縣有司，以遲悞大工逮治褫黜非一，並河州縣尤苦之。萬曆中，三殿工興，採楠杉諸木於湖廣、四川、貴州，費銀九百三十餘萬兩，徵諸民間，較嘉靖年費更倍。而採鷹平條橋諸木於南直、浙江者，商人逋直至二十五萬。科臣劾督運官遲延侵冒，不報。虛糜乾沒，公私交困焉。

廣東珠池，率數十年一採。宣宗時，有請令中官採東莞珠池者，繫之獄。英宗始使中官監守，天順間嘗一採之。至弘治十二年，歲久珠老，得最多，費銀萬餘，獲珠二萬八千兩，遂罷監守中官。正德九年又採，嘉靖五年又採，珠小而嫩，亦甚少。八年復詔採，兩廣巡撫林富言：「五年採珠之役，死者五十餘人，而得珠僅八十兩，天下謂以人易珠。恐今日雖以人易珠，亦不可得。」給事中王希文言：「雷、廉珠池，祖宗設官監守，不過防民爭奪。正德間，逆豎用事，傳奉採取，流毒海濱。陛下御極，革珠池少監，未久旋復。驅無辜之民，蹈不測之險，以求不可必得之物，而責以難足之數，非聖政所宜有。」皆不聽。隆慶六年詔雲南進寶石二萬塊，廣東採珠八千兩。神宗立，停罷。既而以太后進奉，諸王、皇子、公主册立、分封、婚禮，令歲辦金珠寶石。復遣中官李敬、李鳳廣東採珠五千一百餘兩。給事中包見

捷力諫。不納。至三十二年始停採。四十一年，以指揮倪英言，復開。

明制，兩京織染，內外皆置局。內局以應上供，外局以備公用。南京有神帛堂、供應機房，蘇、杭等府亦各有織染局，歲造有定數。

洪武時，置四川、山西諸行省，浙江紹興織染局。又置藍靛所於儀眞、六合，種靑藍以供染事。未幾悉罷。又罷天下有司歲織緞匹。有賞賚，給以絹帛，於後湖置局織造。永樂中，復設歙縣織染局。令陝西織造駝毼。正統時，置泉州織造局。天順四年遣中官往蘇、松、杭、嘉、湖五府，於常額外，增造綵緞七千匹。工部侍郎翁世資請減之，下錦衣獄，謫衡州知府。增造坐派於此始。孝宗初立，停免蘇、杭、嘉、湖、應天織造。其後復設，乃給中官鹽引，鬻於淮以供費。

正德元年，尙衣監言：「內庫所貯諸色紵絲、紗羅、織金、閃色，蟒龍、斗牛、飛魚、麒麟、獅子通袖、膝襴，並胸背斗牛、飛仙、天鹿，俱天順間所織，欽賞已盡。乞令應天、蘇、杭諸府依式織造。」帝可之。乃造萬七千餘匹。蓋成、弘時，頒賜甚謹。自劉瑾用事，倖璫陳乞漸廣，有未束髮而僭冒章服者，濫賞日增。中官乞鹽引、關鈔無已，監督織造，威劫官吏。至世宗時，其禍未訖。即位未幾，即令中官監織於南京、蘇、杭、陝西。穆宗登極，詔撤中官，

已而復遣。

萬曆七年，蘇、松水災，給事中顧九思等請取回織造內臣，帝不聽。大學士張居正力陳年饑民疲，不堪催督，乃許之。未幾復遣中官。居正卒，添織漸多。蘇、杭、松、嘉、湖五府歲造之外，又令浙江、福建，常、鎭、徽、寧、揚、廣德諸府州分造，增萬餘匹。陝西織造羊絨七萬四千有奇，南直、浙江紵絲、紗羅、綾紬、絹帛，山西潞紬，皆視舊制加丈尺。二三年間，費至百萬，取給戶、工二部，搜括庫藏，扣留軍國之需。部臣科臣屢爭，皆不聽。末年，復令稅監兼司，姦弊日滋矣。

明初設南北織染局，南京供應機房，各省直歲造供用，蘇、杭織造，間行間止。自萬曆中，頻數派造，歲至十五萬匹，相沿日久，遂以爲常。陝西織造絨袍，弘、正間偶行，嘉、隆時復遣，亦遂沿爲常例。

燒造之事，在外臨清甎廠，京師琉璃、黑窯廠，皆造甎瓦，以供營繕。宣宗始遣中官張善之饒州，造奉先殿几筵龍鳳文白瓷祭器，磁州造趙府祭器。踰年，善以罪誅，罷其役。正統元年，浮梁民進瓷器五萬餘，償以鈔。禁私造黃、紫、紅、綠、靑、藍、白地靑花諸瓷器，違者罪死。宮殿告成，命造九龍九鳳膳案諸器，既又造靑龍白地花缸。王振以爲有璺，遣錦

衣指揮杖提督官，敕中官往督更造。成化間，遣中官之浮梁景德鎭，燒造御用瓷器，最多且久，費不貲。孝宗初，撤回中官，尋復遣。弘治十五年復撤。正德末復遣。

自弘治以來，燒造未完者三十餘萬器。嘉靖初，遣中官督之。給事中陳皐謨言其大爲民害，請罷之。帝不聽。十六年新作七陵祭器。三十七年遣官之江西，造內殿醮壇瓷器三萬，後添設饒州通判，專管御器廠燒造。是時營建最繁，近京及蘇州皆有甎廠。隆慶時，詔江西燒造瓷器十餘萬。萬曆十九年命造十五萬九千，既而復增八萬，至三十八年未畢工。自後役亦漸寢。

國家經費，莫大於祿餉。洪武九年定諸王公主歲供之數。親王，米五萬石，鈔二萬五千貫，錦四十匹，紵絲三百匹，紗、羅各百匹，絹五百匹，冬夏布各千匹，綿二千兩，鹽二百引，茶千斤，皆歲支。馬料草，月支五十匹。其緞匹，歲給匠料，付王府自造。靖江王，米二萬石，〔八〕鈔萬貫，餘物半親王，馬料草二十匹。公主未受封者，紵絲、紗、羅各十匹，絹、冬夏布各三十匹，綿二百兩；已受封，賜莊田一所，歲收糧千五百石，鈔二千貫。親王子未受封，視公主；女未受封者半之。子已受封郡王，米六千石，鈔二千八百貫，錦十匹，紵絲五十匹，紗、羅減紵絲之半，絹、冬夏布各百匹，綿五百兩，鹽五十引，茶三百斤，馬料草十匹。女

已受封及已嫁，米千石，鈔千四百貫，其緞匹於所在親王國造給。皇太子之次嫡子幷庶子，旣封郡王，必俟出閣然後歲賜，與親王子已封郡王者同。女俟及嫁，與親王女已嫁者同。凡親王世子，與已封郡王同。郡王嫡長子襲封郡王者，半始封郡王。女已封縣主及已嫁者，米五百石，鈔五百貫，餘物半親王女已受封者。郡王諸子年十五，各賜田六十頃，除租稅爲永業，其所生子世守之，後乃令止給祿米。

二十八年詔以官吏軍士俸給彌廣，量減諸王歲給，以資軍國之用。乃更定親王萬石，郡王二千石，鎭國將軍千石，輔國將軍、奉國將軍、鎭國中尉以二百石遞減，輔國中尉、奉國中尉以百石遞減，公主及駙馬二千石，郡王及儀賓八百石，縣主、郡君及儀賓以二百石遞減，縣君、鄉君及儀賓以百石遞減。自後爲永制。仁宗卽位，增減諸王歲祿，非常典也。時鄭、越、襄、荆、淮、滕、梁七王未之藩，令暫給米歲三千石，遂爲例。正統十二年定王府祿米，將軍自賜名受封日爲始，縣主、儀賓自出閣成婚日爲始，於附近州縣秋糧內撥給。景泰七年定郡王將軍以下祿米，出閣在前，受封在後，以受封日爲始；受封在前，出閣在後，以出閣日爲始。

宗室有罪革爵者曰庶人。英宗初，頗給以糧。嘉靖中，月支米六石。萬曆中減至二石或一石。

二十四史

中華書局

初，太祖大封宗藩，令世世皆食歲祿，不授職任事，親親之誼甚厚。然天潢日繁，而民賦有限。其始祿米盡支本色，既而本鈔兼支。有中半者，有本多於折者，其則不同。厥後勢不能給，而冒濫轉益多。姦弊百出，不可究詰。自弘治間，禮部尚書倪岳卽條請節減，以寬民力。嘉靖四十一年，御史林潤言：「天下之事，極弊而大可慮者，莫甚於宗藩祿廩。天下歲供京師糧四百萬石，而諸府祿米凡八百五十三萬石。以山西言，存留百五十二萬石，而宗祿三百十二萬〔九〕；以河南言，存留八十四萬三千石，而宗祿百九十二萬。是二省之糧，借令全輸，不足供祿米之半，況吏祿、軍餉皆出其中乎？故自郡王以上，猶得厚享，將軍以下，〔一〇〕多不能自存，饑寒困辱，勢所必至，常號呼道路，聚詬有司。守土之臣，每懼生變。夫賦不可增，而宗室日益蕃衍，可不爲寒心。宜令大臣科道集議於朝，且諭諸王以勢窮弊極，不得不通變之意。令戶部會計賦額，以十年爲率，通計兵荒蠲免、存留及王府增封之數。共陳善後良策，斷自宸衷，以垂萬世不易之規。」下部覆議，從之。至四十四年乃定宗藩條例。郡王、將軍七分折鈔，中尉六分折鈔，郡縣主、郡縣鄉君及儀賓八分折鈔，他冒濫者多所裁減。於是諸王亦奏辭歲祿，少者五百石，多者至二千石，歲出爲稍紓，而將軍以下益不能自存矣。

明初，勳戚皆賜官田以代常祿。其後令還田給祿米。公五千石至二千五百石，侯千五

百石至千石，伯千石至七百石。百官之俸，自洪武初，定丞相、御史大夫以下歲祿數，刻石官署，取給於江南官田。十三年重定內外文武官歲給祿米、俸鈔之制，而雜流吏典附焉。正從一二三四品官，自千石至三百石，每階遞減百石，皆給俸鈔三百貫。正五品二百二十石，從減五十石，鈔皆百五十貫。正六品百二十石，從減十石，鈔皆九十貫。正從七品視從六品遞減十石，鈔皆六十貫。正八品七十五石，從減五石，鈔皆四十五貫。正從九品視從八品遞減五石，鈔皆三十貫。勒之石。吏員月俸，一二品官司提控、都吏二石五斗，掾史、令史二石二斗，知印、承差、吏、典一石二斗；三四品官司令史、書吏、司吏二石，承差、吏、典半之；五品官司司吏一石二斗，吏、典八斗；六品以下司吏一石；光祿寺等吏、典六斗。敎官之祿，州學正月米二石五斗，縣敎諭、府州縣訓導月米二石。首領官之祿，凡內外官司提控、案牘、州吏目、縣典史皆月米三石。雜職之祿，凡倉、庫、關、場、司、局、鐵冶、遞運、批驗所大使月三石，副使月二石五斗，河泊所官月米二石，閘壩官月米一石五斗。天下學校師生廩膳米人日一升，魚肉鹽醯之屬官給之。宦官俸，月米一石。

二十五年更定百官祿。正一品月俸米八十七石，從一品至正三品，遞減十三石至三十五石，從三品二十六石，正四品二十四石，從四品二十一石，正五品十六石，從五品十四石，正六品十石，從六品八石，正七品至從九品遞減五斗，至五石而止。自後爲永制。

洪武時，官俸全給米，間以錢鈔兼給，錢一千，鈔一貫，抵米一石。成祖卽位，令公、侯、伯皆全支米；文武官俸則米鈔兼支，官高者支米十之四、五，官卑者支米十之六、八；〔一一〕惟九品、雜職、吏、典、知印、總小旗、軍，並全支米。其折鈔者，每米一石給鈔十貫。永樂二年乃命公、侯、伯視文武官吏，米鈔兼支。仁宗立，官俸折鈔，每石至二十五貫。宣德八年，禮部尚書胡濙掌戶部，議每石減十貫，而以十分爲準，七分折絹，絹一匹抵鈔二百貫。少師蹇義等以爲仁宗在春宮久，深憫官員折俸之薄，故卽位特增數倍，此仁政也，詎可違？濙不聽，竟請於帝而行之，而卑官日用不贍矣。正統中，五品以上米二鈔八，六品以下米三鈔七。時鈔價日賤，每石十五貫者已漸增至二十五貫，而戶部尚書王佐復奏減爲十五貫。成化二年從戶部尚書馬昂請，又省五貫。舊例，兩京文武官折色俸，上半年給鈔，下半年給蘇木、胡椒。七年從戶部尚書楊鼎請，以甲字庫所積之布估給，布一匹當鈔二百貫。是時鈔法不行，一貫僅直錢二三文，米一石折鈔十貫，僅直二三十錢，而布直僅二三百錢，布一匹折米二十石，則米一石僅直十四五錢。自古官俸之薄，未有若此者。

十六年又令以三梭布折米，每匹抵三十石，梭布極細者猶直銀二兩，粗布僅直三四錢而已。久之，定布一匹折銀三錢。於是官員俸給凡二：曰本色，曰折色。其本色有三：曰月米，曰折絹米，曰折銀米。月米，不問官大小，皆一石。折絹，絹

一匹當銀六錢。折銀，六錢五分當米一石。其折色有二：曰本色鈔，曰絹布折鈔。本色鈔十貫折米一石，後增至二十貫。絹布折鈔，絹每匹折米二十石，布一匹折米十石。公侯之祿，或本折中半，或折多於本有差。文武官俸，正一品者，本色僅十之三，遞增至從九品，本色乃十之七。武職府衞官，惟本色米折銀例，每石二錢五分，與文臣異，餘並同。其三大營副將、參、遊、佐員，每月米五石，巡捕營提督、參將亦如之。巡捕中軍、把總官，月支口糧九斗，旗牌官半之。

天下衞所軍士月糧，洪武中，令京外衞馬軍月支米二石，步軍總旗一石五斗，小旗一石二斗，軍一石。城守者如數給，屯田者半之。民匠充軍者八斗，牧馬千戶所一石，民丁編軍操練者一石，江陰橫海水軍稍班、碇手一石五斗。陣亡病故軍給喪費一石，在營病故者半之。籍沒免死充軍者謂之恩軍，家四口以上一石，三口以下六斗，無家口者四斗。又給軍士月鹽，有家口者二斤，無者一斤，在外衞所軍士以鈔準。永樂中，始令糧多之地，旗軍月糧，八分支米，二分支鈔。後山西、陝西皆然，而福建、兩廣、四川則米七鈔三，江西則米鈔中半，惟京軍及中都留守司，河南、浙江、湖廣軍，仍全支米。已而定制，衞軍有家屬者，月米六斗，無者四斗五升，餘皆折鈔。凡各衞調至京操備軍兼工作者，米五斗。其後增損不一，而本折則例，各鎭多寡不同，不能具舉。

凡各鎮兵餉，有屯糧，有民運，有鹽引，有京運，有主兵年例，有客兵年例。屯糧者，明初，各鎮皆有屯田，一軍之田，足贍一軍之用，衞所官吏俸糧皆取給焉。民運者，屯糧不足，加以民糧。麥、米、豆、草、布、鈔、花絨運給戍卒，故謂之民運，後多議折銀。鹽引者，召商入粟開中，商屯出糧，與軍屯相表裏。其後納銀運司，名存而實亡。京運，始自正統中。後屯糧、鹽糧多廢，而京運日益矣。主兵有常數，客兵無常數。初，各鎮主兵足守其地，後漸不足，增以募兵，募兵不足，增以客兵。兵愈多，坐食愈衆，而年例亦日增云。

明田稅及經費出入之數，見於掌故者，皆略可考見。

洪武二十六年，官民田總八百五十萬七千餘頃。夏稅，米麥四百七十一萬七千餘石，錢鈔三萬九千餘錠，絹二十八萬八千餘匹；秋糧，米二千四百七十二萬九千餘石，錢鈔五千餘錠。弘治時，官民田總六百二十二萬八千餘頃。夏稅，米麥四百六十二萬五千餘石，鈔五萬六千三百餘錠，絹二十萬二千餘匹；秋糧，米二千二百十六萬六千餘石，鈔二萬一千九百餘錠。萬曆時，官民田總七百一萬三千餘頃。夏稅，米麥總四百六十萬五千餘石，起運百九十萬三千餘石，餘悉存留，鈔五萬七千九百餘錠，絹二十萬六千餘匹；秋糧，米總二千二百三萬三千餘石，起運千三百三十六萬二千餘石，餘悉存留，鈔二萬三千六百餘錠。屯

田六十三萬五千餘頃，花園倉基千九百餘所，徵糧四百五十八萬四千餘石。糧草折銀八萬五千餘兩，布五萬匹，鈔五萬餘貫，各運司提舉大小引鹽二百二十二萬八千餘引。

歲入之數，內承運庫，慈寧、慈慶、乾清三宮子粒銀四萬九千餘兩，金花銀一百一萬二千餘兩，金二千兩。廣惠庫、河西務等七鈔關，鈔二千九百二十八萬餘貫，錢五千九百七十七萬餘文。京衞屯鈔五萬六千餘貫。天財庫、京城九門鈔六十六萬五千餘貫，錢二百四十三萬餘文。京、通二倉，幷薊、密諸鎮漕糧四百萬石。京衞屯豆二萬三千餘石。太倉銀庫，南北直隸、浙江、江西、山東、河南派剩麥米折銀二十五萬七千餘兩。絲綿、稅絲、農桑絹折銀九萬餘兩，綿布、苧布折銀三萬八千餘兩。百官祿米折銀二萬六千餘兩。馬草折銀三十五萬三千餘兩。京五草場折銀六萬三千餘兩。〔三〕各馬房倉麥豆草折銀二十餘萬兩。戶口鹽鈔折銀四萬六千餘兩。薊、密、永、昌、易、遼東六鎮，民運改解銀八十五萬三千餘兩。各鹽運提舉餘鹽、鹽課、鹽稅銀一百萬三千餘兩。黃白蠟折銀六萬八千餘兩。霸、大等馬房子粒銀二萬三千餘兩。備邊幷新增地畝銀四萬五千餘兩。京衞屯牧地增銀萬八千餘兩。崇文門商稅、牙稅一萬九千餘兩，錢一萬八千餘貫。張家灣商稅二千餘兩，錢二千八百餘貫。諸鈔關折銀二十二萬三千餘兩。泰山香稅二萬餘兩。贓罰銀十七萬餘兩。商稅、魚課、富戶、曆日、民壯、弓兵幷屯折、改折月糧銀十四萬四千餘兩。北直隸、山東、河南

解各邊鎮麥、米、豆、草、鹽鈔折銀八十四萬二千餘兩。諸雜物條目繁瑣者不具載。所載歲入，但計起運京邊者，而存留不與焉。

歲出之數，公、侯、駙馬、伯祿米折銀一萬六千餘兩。官吏、監生俸米四萬餘石。官吏折俸絹布銀四萬四千餘兩，錢三千三百餘貫。倉庫、草場、官攢、甲斗，光祿、太常諸司及內府監局匠役本色米八萬六千餘石，折色銀一萬三千餘兩。錦衣等七十八衞所官吏、旗校、軍士、匠役本色米二百一萬八千餘石，折色銀二十萬六千餘兩。官員折俸絹布銀二十六萬八千餘兩。軍士冬衣折布銀八萬二千餘兩。五軍、神樞、神機三大營將卒本色米十二萬餘石，冬衣折布銀二千餘兩，官軍防秋三月口糧四萬三千餘石，營操馬匹本色料二萬四千餘石，草八十萬餘束。巡捕營軍糧七千餘石。京營、巡捕營，錦衣、騰驤諸衞馬料草折銀五萬餘兩。中都留守司，山東、河南二都司班軍行糧及工役鹽糧折銀五萬餘兩。京五草場商價一萬六千餘兩。〔二〕御馬三倉象馬等房，商價十四萬八千餘兩。

諸邊及近京鎮兵餉。

宣府：主兵，屯糧十三萬二千餘石，折色銀二萬二千餘兩，民運折色銀七十八萬七千餘兩，兩淮、長蘆、河東鹽引銀十三萬五千餘兩，京運年例銀十二萬五千兩；客兵，淮、蘆鹽引銀二萬六千餘兩，京運年例銀十七萬一千兩。

大同：主兵，屯糧本色七萬餘石，折色銀一萬六千餘兩，牛具銀八千餘兩，鹽鈔銀一千餘兩，民運本色米七千餘石，折色銀四十五萬六千餘兩，屯田及民運本色草二百六十八萬餘束，折草銀二萬八千餘兩，淮、蘆鹽四萬三千餘引，京運年例銀二十六萬九千餘兩；客兵，京運銀十八萬一千兩，淮、蘆鹽七萬引。

山西：主兵，屯糧二萬八千餘石，折色銀一千餘兩，草九萬五千餘束，民運本色米豆二萬一千餘石，折色銀三十二萬二千餘兩，淮、浙、山東鹽引銀五萬七千餘兩，河東鹽課銀六萬四千餘兩，京運銀十三萬三千餘兩；客兵，京運銀七萬三千兩。

延綏：主兵，屯糧五萬六千餘石，地畝銀一千餘兩，民運糧料九萬七千餘石，折色銀十九萬七千餘兩，屯田及民運草六萬九千餘束，淮、浙鹽引銀六萬七千餘兩，京運年例銀三十五萬七千餘兩；客兵，淮、浙鹽引銀二萬九千餘兩，京運年例銀二萬餘兩。

寧夏：主兵，屯糧料十四萬八千餘石，折色銀一千餘兩，地畝銀一千餘兩，民運本色糧千餘石，折色銀十萬八千餘兩，屯田及民運草一百八十三萬餘束，淮、浙鹽引銀八萬一千餘兩，京運年例銀二萬五千兩；客兵，京運年例銀萬兩。

甘肅：屯糧料二十三萬二千餘石，草四百三十餘萬束，折草銀二千餘兩，民運糧布折銀二十九萬四千餘兩，京運銀五萬一千餘兩，淮、浙鹽引銀十萬二千餘兩。

固原：屯糧料三十一萬九千餘石，折色糧料草銀四萬一千餘兩，地畝牛具銀七千一百餘兩，民運本色糧料四萬五千餘石，折色糧料草布花銀二十七萬九千餘兩，屯田及民運草二十萬八千餘束，淮、浙鹽引銀二萬五千餘兩，京運銀六萬三千餘兩，犒賞銀一百九十餘兩。

遼東：主兵，屯糧二十七萬九千餘石，荒田糧四百餘兩，民運銀十五萬九千餘兩，兩淮、山東鹽引銀三萬九千餘兩，京運年例銀三十萬七千餘兩；客兵，京運年例銀十萬二千餘兩。

薊州：主兵，民運銀九千餘兩，漕糧五萬石，京運年例銀二十萬六千餘兩；客兵，屯糧料五萬三千餘石，地畝馬草折色銀萬六千餘兩，民運銀萬八千餘兩，山東民兵工食銀五萬六千兩，遵化營民壯工食銀四千餘兩，鹽引銀萬三千餘兩，京運年例銀二十萬八千餘兩，撫賞銀一萬五千兩，犒軍銀一萬三千餘兩。

永平：主兵，屯糧料三萬三千餘石，民運糧料二萬七千餘石，折色銀二萬八千餘兩，民壯工食銀萬二千餘兩，京運年例銀十二萬二千餘兩；客兵，屯草折銀三千餘兩，民運草三十一萬一千餘束，京運銀十一萬九千餘兩。

密雲：主兵，屯糧六千餘石，地畝銀二百九十兩，民運銀萬兩有奇，漕糧十萬四千餘石，京運銀十六萬兩有奇；客兵，民運銀萬六千餘兩，民壯工食銀九百餘兩，漕糧五萬石，京運

銀二十三萬三千餘兩。

昌平：主兵，屯糧折色銀二千四百餘兩，地畝銀五百餘兩，折草銀一百餘兩，民運銀二萬兩有奇，漕糧十八萬九千餘石，京運年例銀九萬六千餘兩；客兵，京運年例銀四萬七千餘兩。

易州：主兵，屯糧二萬三千餘石，地畝銀六百餘兩，民運銀三十萬六千餘兩；客兵，京運銀五萬九千兩。

井陘：主兵，屯糧萬四千餘石，地畝銀八千餘兩，民運本色米麥一萬七千餘石，折色銀四萬八千餘兩；客兵，京運年例銀三千餘兩。

他雜費不具載。

校勘記

〔一〕給事中陳鉞言　陳鉞，原作「陳越」，據本書卷三〇四汪直傳、明史稿志六四食貨志、憲宗實錄卷五六成化四年七月丙戌條改。

〔二〕光祿少卿李鍵奏十事　李鍵，原作「李健」，據穆宗實錄卷一七隆慶二年二月庚寅條、又卷一八隆慶二年三月庚申條、明進士題名碑錄嘉靖丙辰科改。

〔三〕各遣使屬邊衞搜方物　孝宗實錄卷一七弘治元年八月己亥條「使」字下有「於所」兩字，疑是。

〔四〕四年置易州山廠　四年，原作「五年」，據本書卷七二職官志、明會典卷二〇五改。

〔五〕隆慶六年後府採納艱苦改屬兵部武庫司　六年，原作「五年」，武庫司，原作「車駕司」，據穆宗實錄卷六五隆慶六年正月乙酉條改。

〔六〕侍郎古朴如江西　古朴，原作「古析」，據本書卷一五〇古朴傳、明史稿志六四食貨志改。

〔七〕僉都御史史仲成如山西　史仲成，原作「史仲誠」，據太宗實錄卷四四永樂四年閏七月壬戌條、弇山堂別集卷六二改。

〔八〕靖江王米二萬石　原脫「二」字，據明史稿志六四、太祖實錄卷一〇四洪武九年二月丙戌條補。

〔九〕而宗祿三百十二萬　三，原作「二」，據世宗實錄卷五一四嘉靖四十一年十月乙亥條改。按山西存留百五十二萬石，不到三百十二萬石的半數，與下文所說「借令全輸，不足供祿米之半」正合。

〔一〇〕將軍以下　下，原作「上」，據明史稿志六四食貨志、世宗實錄卷五一四嘉靖四十一年十月乙亥條改。

〔一一〕官卑者支米十之六八　六八，原作「七八」。太宗實錄卷一五洪武三十五年十二月甲寅條：「五品六品（支米）什之六，七品八品什之八。」據改。

〔一二〕京五草場折銀六萬三千餘兩　京五草場折銀，明史稿志六四食貨志作「兩京五草場草折銀」。

〔一三〕京五草場商價一萬六千餘兩　京，明史稿志六四食貨志作「兩京」。

明史卷八十三

志第五十九

河渠一

黃河上

黃河，自唐以前，皆北入海。宋熙寧中，始分趨東南，一合泗入淮，一合濟入海。金明昌中，北流絕，全河皆入淮，元潰溢不時，至正中受害尤甚，濟寧、曹、鄆間，漂沒千餘里。賈魯爲總制，導使南，滙淮入海。

明洪武元年決曹州雙河口，入魚臺。徐達方北征，乃開塌場口，引河入泗以濟運，而徙曹州治於安陵。塌場者，濟寧以西、耐牢坡以南直抵魚臺南陽道也。八年，河決開封太黃寺堤。詔河南參政安然發民夫三萬人塞之。十四年決原武、祥符、中牟，有司請興築。帝以爲天災，令護舊堤而已。十五年春，決朝邑。七月決滎澤、陽武。十七年決開封東月堤，

自陳橋至陳留橫流數十里。又決杞縣，入巴河。遣官塞河，蠲被災租稅。二十二年，河沒儀封，徙其治於白樓村。二十三年春，決歸德州東南鳳池口，逕夏邑、永城。發興武等十衞士卒，與歸德民併力築之。罪有司不以聞者。其秋，決開封西華諸縣，漂沒民舍。遣使振萬五千七百餘戶。二十四年四月，河水暴溢，決原武黑洋山，東經開封城北五里，又東南由陳州、項城、太和、潁州、潁上，東至壽州正陽鎭，全入於淮。而賈魯河故道遂淤。又由舊曹州、鄆城兩河口漫東平之安山，元會通河亦淤。明年復決陽武，氾陳州、中牟、原武、封丘、祥符、蘭陽、陳留、通許、太康、扶溝、杞十一州縣，有司具圖以聞。發民丁及安吉等十七衞軍士修築。其冬，大寒，役遂罷。三十年八月決開封，城三面受水。詔改作倉庫於滎陽高阜，以備不虞。冬，蔡河徙陳州。先是，河決，由開封北東行，至是下流淤，又決而之南。

永樂三年，河決溫縣堤四十丈，濟、澇二水交溢，[二]淹民田四十餘里，命修堤防。四年修陽武黃河決岸。八年秋，河決開封，壞城二百餘丈。民被患者萬四千餘戶，沒田七千五百餘頃。帝以國家藩屏地，特遣侍郎張信往視。信言：「祥符魚王口至中灤下二十餘里，有舊黃河岸，與今河面平。濬而通之，使循故道，則水勢可殺。」因繪圖以進。時尙書宋禮、侍郎金純方開會通河。帝乃發民丁十萬，命興安伯徐亨、侍郎蔣廷瓚偕純相治，併令禮總其役。九年七月，河復故道，自封丘金龍口，下魚臺塌場，會汶水，經徐、呂二洪南入於淮。是時，會

通河已開，黃河與之合，漕道大通，遂議罷海運，而河南水患亦稍息。已而決陽武中鹽堤，漫中牟、祥符、尉氏。工部主事蘭芳按視，言：「堤當急流之衝，夏秋泛漲，勢不可驟殺。宜捲土樹椿以資捍禦，無令重爲民患而已。」又言：「中灤導河分流，使由故道北入海，誠萬世利。但緣河堤埽，止用蒲繩泥草，不能持久。宜編木爲囤，塡石其中，則水可殺，堤可固。」詔皆從其議。十四年決開封州縣十四，經懷遠，由渦河入於淮。二十年，工部以開封土城堤數潰，請濬其東故道。報可。

宣德元年霪雨，溢開封州縣十。三年，以河患，徙靈州千戶所於城東。六年從河南布政使言，濬祥符抵儀封黃陵岡淤道四百五十里。是時，金龍口漸淤，而河復屢溢開封。十年從御史李懋言，濬金龍口。

正統二年築陽武、原武、滎澤決岸。又決濮州、范縣。三年，河復決陽武及邳州，灌魚臺、金鄉、嘉祥。越數年，又決金龍口、陽穀堤及張家黑龍廟口，而徐、呂二洪亦漸淺，太黃寺巴河分水處，水脈微細。十三年方從都督同知武興言，發卒疏濬。而陳留水夏漲，決金村堤及黑潭南岸。築垂竣，復決。其秋，新鄉八柳樹口亦決，漫曹、濮，抵東昌，衝張秋，潰壽張沙灣，壞運道，東入海。徐、呂二洪遂淺澀。命工部侍郎王永和往理其事。永和至山東，修沙灣未成，以冬寒停役。且言河決自衞輝，宜敕河南守臣修塞。帝切責之，令山東三司築

沙灣，趣永和塞河南八柳樹，疏金龍口，使河由故道。明年正月，河復決聊城。至三月，永和濬黑洋山西灣，引其水由太黃寺以資運河。修築沙灣堤大半，而不敢盡塞，置分水閘，設三空放水，自大清河入海。且設分水閘二空於沙灣西岸，以泄上流，而請停八柳樹工。從之。是時，河勢方橫溢，而分流大清，不耑向徐、呂。徐、呂益膠淺，且自臨清以南，運道艱阻。

景泰二年特敕山東、河南巡撫都御史洪英、王暹協力合治，務令水歸漕河。暹言：「黃河自陝州以西，有山峽，不能爲害；陝州以東，則地勢平緩，水易泛溢，故爲害甚多。洪武二十四年改流，從汴梁北五里許，由鳳陽入淮者爲大黃河。[三]其支流出徐州以南者爲小黃河，以通漕運。自正統十三年以來，河復故道，從黑洋山後徑趨沙灣入海，但存小黃河從徐州出。岸高水低，隨濬隨塞，以是徐州之南不得飽水。臣自黑洋山東南抵徐州，督河南三司疏濬。臨清以南，請以責英。」未幾，給事中張文質劾暹、英治水無績，請引塌場水濟徐、呂二洪，濬潘家渡以北支流，殺沙灣水勢。且開沙灣浮橋以西河口，築閘引水，以灌臨清，而別命官以責其成。詔不允，仍命暹、英調度。

時議者謂：「沙灣以南地高，水不得南入運河。請引耐牢坡水以灌運，而勿使經沙灣，別開河以避其衝決之勢。」或又言：「引耐牢坡水南去，則自此以北枯澀矣。」甚者言：「沙灣水

二十四史

中華書局

湍急，石鐵沉下若羽，非人力可爲。宜設齋醮符咒以禳之。」帝心甚憂念，命工部尚書石璞往治，而加河神封號。

璞至，濬黑洋山至徐州以通漕，而沙灣決口如故。乃命中官黎賢、阮洛，御史彭誼協治。璞等築石堤於沙灣，以禦決河，開月河二，引水以益運河，且殺其決勢。三年五月，河流漸微細，沙灣堤始成。乃加璞太子太保，而於黑洋山、沙灣建河神二新廟，歲春秋二祭。六月，大雨浹旬，復決沙灣北岸，掣運河之水以東，近河地皆沒。命英督有司修築。復敕中官黎賢、武艮，工部侍郎趙榮往治。四年正月，河復決新塞口之南，詔復加河神封號。至四月，決口乃塞。五月，大雷雨，復決沙灣北岸，掣運河水入鹽河，漕舟盡阻。帝復命璞往。乃鑿一河，長三里，以避決口，上下通運河，而決口亦築壩截之，令新河、運河俱可行舟。工畢奏聞。帝恐不能久，令璞且留處置，而命諭德徐有貞爲僉都御史專治沙灣。

時河南水患方甚，原武、西華皆遷縣治以避水。巡撫暹言：「黃河舊從開封北轉流東南入淮，不爲害。自正統十三年改流爲二。一自新鄉八柳樹，[三]由故道東經延津、封丘入沙灣。一決滎澤，漫流原武，抵祥符、扶溝、通許、洧川、尉氏、臨潁、郾城、陳州、商水、西華、項城、太康。沒田數十萬頃，而開封患特甚。雖嘗築大小堤於城西，皆三十餘里，然沙土易壞，隨築隨決，小堤已沒，大堤復壞其半。請起軍民夫協築，以防後患。」帝可其奏。

太僕少卿黃仕儁亦言：「河分兩派，一自滎澤南流入項城，一自新鄉八柳樹北流，入張秋會通河，並經六七州縣，約二千餘里。民皆蕩析離居，而有司猶徵其稅。乞敕所司覆視免徵。」帝亦可其奏。巡撫河南御史張瀾又言：[四]「原武黃河東岸嘗開二河，合黑洋山舊河道引水濟徐、呂。今河改決而北，二河淤塞不通，恐徐、呂乏水，必妨漕運，黑洋山北，河流稍紆迴，請因決口改挑一河以接舊道，灌徐、呂。」帝亦從之。

有貞至沙灣，上治河三策：「一置水閘門。臣聞水之性可使通流，不可使堙塞。禹鑿龍門，闢伊闕，爲疏導計也。故漢武堙瓠子終弗成功，漢明疏汴河踰年著績。今談治水者甚衆，獨樂浪王景所述制水門之法可取。蓋沙灣地土皆沙，易致坍決，故作壩作閘皆非善計。請依景法損益其間，置閘門於水，而實其底，令高常水五尺。小則拘之以濟運，大則疏之使趨海，則有通流之利，無堙塞之患矣。一開分水河。凡水勢大者宜分，小者宜合。今黃河勢大恒衝決，運河勢小恒乾淺，必分黃水合運河，則有利無害。請度黃河可分之地，開廣濟河一道，下穿濮陽、博陵及舊沙河二十餘里，上連東、西影塘及小嶺等地又數十餘里，其內則有古大金堤可倚以爲固，其外有八百里梁山泊可恃以爲泄。[五]至新置二閘亦頗堅牢，可以宣節，使黃河水大不至泛溢爲害，小亦不至乾淺以阻漕運。」其一挑深運河。帝諭有貞，如其議行之。

有貞乃踰濟、汶，沿衞、沁，循大河，道濮、范，相度地形水勢，上言：「河自雍而豫，出險固而之夷斥，水勢既肆。由豫而兗，土益疏，水益肆。而沙灣之東，所謂大洪口者，適當其衝，於是決焉，而奪濟、汶入海之路以去。諸水從之而泄，堤以潰，渠以淤，澇則溢，旱則涸，漕道由此阻。然驟而堰之，則潰者益潰，淤者益淤。今請先疏其水，水勢平乃治其決，決止乃濬其淤。」於是設渠以疏之，起張秋金堤之首，西南行九里至濮陽濼，又九里至博陵陂，又六里至壽張之沙河，又八里至東、西影塘，又十有五里至白嶺灣，又三里至李𡼏，凡五十里。由李𡼏而上二十里至竹口蓮花池，又三十里至大豬潭，[六]乃踰范暨濮，又上而西，凡數百里，經澶淵以接河、沁，築九堰以禦河流旁出者，長各萬丈，實之石而鍵以鐵。六年七月，功成，賜渠名廣濟。沙灣之決垂十年，至是始塞。亦會黃河南流入淮，有貞乃克奏功。凡費木鐵竹石累數萬，夫五萬八千有奇，工五百五十餘日。自此河水北出濟漕，而阿、鄄、曹、鄆間田出沮洳者，百數十萬頃。乃濬漕渠，由沙灣北至臨清，南抵濟寧，復建八閘於東昌，用王景制水門法以平水道，而山東河患息矣。

七年夏，河南大雨，河決開封、河南、彰德。其秋，畿輔、山東大雨，諸水並溢，高地丈餘，堤岸多衝決。仍敕有貞修築。未幾，事竣，還京入見。獎勞甚至，擢副都御史。

天順元年修祥符護城大堤。五年七月，河決汴梁土城，又決磚城，城中水丈餘，壞官民

舍過半。周王府宮人及諸守土官皆乘舟筏以避，軍民溺死無算。襄城亦決縣城。命工部侍郎薛遠往視，恤災戶，蠲田租，公廨民居以次修理。明年二月，開祥符曹家溜，河勢稍平。

七年春，河南布政司照磨金景輝考滿至京，上言：「國初，黃河在封丘，後徙康王馬頭，去城北三十里，復有二支河：一由沙門注運河，一由金龍口達徐、呂入海。正統戊辰，決滎澤，轉趨城南，并流入淮，舊河、支河俱堙，漕河因而淺澀。景泰癸酉，因水迫城，築堤四十里，勞費過甚，而水發輒潰，然尚未至決城壕爲人害也。至天順辛巳，水暴至，土城磚城並圮，七郡財力所築之堤，俱委諸無用，人心惶惶，未知所底。夫河不循故道，併流入淮，是爲妄行。今急宜疏導以殺其勢。若止委之一淮，而以堤防爲長策，恐開封終爲魚鼈之區。乞敕部檄所司，先疏金龍口寬闊以接漕河，然後相度舊河或別求泄水之地，挑濬以平水患，爲經久計。」命如其說行之。

成化七年命王恕爲工部侍郎，奉敕總理河道。總河侍郎之設，自恕始也。時黃河不爲患，恕專力漕河而已。

十四年，河決開封，壞護城堤五十丈。巡撫河南都御史李衍言：「河南累有河患，皆下流壅塞所致。宜疏開封西南新城地，下抵梁家淺舊河口七里壅塞，以洩杏花營上流。又自八角河口直抵南頓，分導散漫，以免祥符、鄢陵、睢、陳、歸德之災。」乃敕衍酌行之。明年正

中華書局

月還滎澤縣治以避水，而開封堤不久卽塞。

弘治二年五月，河決開封及金龍口，入張秋運河，又決埽頭五所入沁。郡邑多被害，汴梁尤甚，議者至請遷開封城以避其患。布政司徐恪持不可，乃止。命所司大發卒築之。九月命白昂爲戶部侍郎，修治河道，賜以特敕，令會山東、河南、北直隸三巡撫，自上源決口至運河，相機修築。

三年正月，昂上言：「臣自淮河相度水勢，抵河南中牟等縣，見上源決口，水入南岸者十三，入北岸者十七。南決者，自中牟楊橋至祥符界析爲二支：一經尉氏等縣，合潁水，下塗山，入於淮；一經通許等縣，入渦河，下荊山，入於淮。又一支自歸德州通鳳陽之亳縣，亦合渦河入於淮。北決者，自原武經陽武、祥符、封丘、蘭陽、儀封、考城，其一支決入金龍等口，至山東曹州，衝入張秋漕河。去冬，水消沙積，決口已淤，因併爲一大支，由祥符翟家口合沁河，出丁家道口，下徐州。此河流南北分行大勢也。合潁、渦二水入淮者，各有灘磧，水脈頗微，宜疏濬以殺河勢。合沁水入徐者，則以河道淺隘不能受，方有漂沒之虞。況上流金龍諸口雖暫淤，久將復決，宜於北流所經七縣，築爲堤岸，以衞張秋。但原敕治山東、河南、北直隸，而南直隸淮、徐境，實河所經行要地，尙無所統。」於是，併以命昂。

昂舉郎中婁性協治，乃役夫二十五萬，築陽武長堤，以防張秋。引中牟決河出滎澤陽橋以達淮，濬宿州古汴河以入泗，又濬睢河自歸德飮馬池，經符離橋至宿遷以會漕河，上築長堤，下修減水閘。又疏月河十餘以洩水，塞決口三十六，使河流入汴，汴入睢，睢入泗，泗入淮，以達海。水患稍寧。昂又以河南入淮非正道，恐卒不能容，復於魚臺、德州、吳橋修古長堤；又自東平北至興濟鑿小河十二道，入大淸河及古黃河以入海。河口各建石堰，以時啓閉。蓋南北分治，而東南則以疏爲主云。

六年二月以劉大夏爲副都御史，治張秋決河。先是，河決張秋戴家廟，掣漕河與汶水合而北行，遣工部侍郎陳政督治。政言：「河之故道有二：一在滎澤孫家渡口，經朱仙鎭直抵陳州；一在歸德州飮馬池，與亳州地相屬。舊俱入淮，今已淤塞，因致上流衝激，勢盡北趨。自祥符孫家口、楊家口、車船口，蘭陽銅瓦廂決爲數道，俱入運河。於是張秋上下勢甚危急，自堂邑至濟寧堤岸多崩圮，而戴家廟減水閘淺隘不能洩水，亦有衝決。請濬舊河以殺上流之勢，塞決河以防下流之患。」政方漸次修擧，未幾卒官。帝深以爲憂，命廷臣會薦才識堪任者。僉擧大夏，遂賜敕以往。

十二月，巡按河南御史涂昇言：「黃河爲患，南決病河南，北決病山東。昔漢決酸棗，復決瓠子；宋決館陶，復決澶州；元決汴梁，復決蒲口。然漢都關中，宋都大梁，河決爲患，不過瀕河數郡而已。今京師專藉會通河歲漕粟數百萬石，河決而北，則大爲漕憂。臣博采與

論，治河之策有四：

「一曰疏濬。滎、鄭之東，五河之西，飮馬、白露等河皆黃河由渦入淮之故道。其後南流日久，或河口以淤高不洩，或河身狹隘難容，水勢無所分殺，遂泛濫北決。今惟躧上流東南之故道，相度疏濬，則正流歸道，餘波就壑，下流無奔潰之害，北岸無衝決之患矣。二曰扼塞。既殺水勢於東南，必須築堤岸於西北。黃陵岡上下舊堤缺壞，當度下流東北形勢，去水遠近，補築無遺，排障百川悉歸東南，由淮入海，則張秋無患，而漕河可保矣。三曰用人。薦河南僉事張鼐。四曰久任。則請專信大夏，且於歸德或東昌建公廨，令居中裁決也。帝以爲然。

七年五月命太監李興、平江伯陳銳往同大夏共治張秋。十二月築塞張秋決口工成。初，河流湍悍，決口闊九十餘丈，大夏行視之，曰：「是下流未可治，當治上流。」於是卽決口西南開越河三里許，使糧運可濟，乃濬儀封黃陵岡南賈魯舊河四十餘里，由曹出徐，以殺水勢。又濬孫家渡口，別鑿新河七十餘里，導使南行，由中牟、潁川東入淮。又濬祥符四府營淤河，由陳留至歸德分爲二。一由宿遷小河口，一由亳渦河，俱會於淮。然後沿張秋兩岸，東西築臺，立表貫索，聯巨艦穴而窒之，實以土。至決口，去窒沉艦，壓以大埽，且合且決，隨決隨築，連晝夜不息。決既塞，繚以石堤，隱若長虹，功乃成。帝遣行人齎羊酒往勞之，改張秋名爲安平鎭。

大夏等言：「安平鎭決口已塞，河下流北入東昌、臨淸至天津入海，運道已通，然必築黃陵岡河口，導河上流南下徐、淮，庶可爲運道久安之計。」廷議如其言。乃以八年正月築塞黃陵岡及荊隆等口七處，旬有五日而畢。蓋黃陵岡居安平鎭之上流，其廣九十餘丈，荊隆等口又居黃陵岡之上流，其廣四百三十餘丈。河流至此寬漫奔放，皆喉襟重地。諸口既塞，於是上流河勢復歸蘭陽、考城，分流逕徐州、歸德、宿遷，南入運河，會淮水，東注於海，南流故道以復。而大名府之長堤，起胙城，歷滑縣、長垣、東明、曹州、曹縣抵虞城，凡三百六十里。其西南荊隆等口新堤起于家店，歷銅瓦廂、東橋抵小宋集，〔2〕凡百六十里。大小二堤相翼，而石壩俱培築堅厚，潰決之患於是息矣。帝以黃陵岡河口功成，敕建黃河神祠以鎭之，賜額曰昭應。其秋，召大夏等還京。荊隆卽金龍也。

十一年，河決歸德。管河工部員外郎謝緝言：「黃河一支，先自徐州城東小浮橋流入漕河，南抵邳州、宿遷。今黃河上流於歸德州小壩子等處衝決，與黃河別支會流，經宿州、睢寧，由宿遷小河口流入漕河。於是小河口北抵徐州水流漸細，河道淺阻。且徐、呂二洪，惟賴沁水接濟，自沁源、河內、歸德至徐州小浮橋流出，雖與黃河異源，而比年河、沁之流合而爲一。今黃河自歸德南決，恐牽引沁水俱往南流，則徐、呂二洪必至淺阻。請亟塞歸德

中華書局

決口，遏黃水入徐以濟漕，而挑沁水之淤，使入徐以濟徐、呂，則水深廣而漕便利矣。」帝從其請。

未幾，河南管河副使張鼐言：「臣嘗請修築侯家潭口決河，以濟徐、呂二洪。今自六月以來，河流四溢，潭口決齧彌深，工費浩大，卒難成功。臣嘗行視水勢，荆隆口堤內舊河通賈魯河，由丁家道口下徐、淮，其迹尚在。若於上源武陟木欒店別鑿一渠，下接荆隆口舊河，俟河流南遷，則引之入渠，庶沛然之勢可接二洪，而糧運無所阻矣。」帝爲下其議於總漕都御史李蕙。

越二歲，兗州知府龔弘上言：「副使鼐見河勢南行，欲自荆隆口分沁水入賈魯河，又自歸德西王牌口上下分水亦入賈魯河，俱由丁家道口入徐州。但今秋水從王牌口東行，不由丁家口而南，顧逆流東北至黃陵岡，又自曹縣入單，南連虞城。乞令守臣亟建疏濬修築之策。」於是河南巡撫都御史鄭齡言：「徐、呂二洪藉河、沁二水合流東下，以相接濟。今丁家道口上下河決堤岸者十有二處，共闊三百餘丈，而河淤三十餘里。上源奔放，則曹、單受害，而安平可虞；下流散溢，則蕭、碭被患，而漕流有阻。濬築誠急務也。」部覆從之，乃修丁家口上下堤岸。

初，黃河自原武、滎陽分而爲三：一自亳州、鳳陽至清河口，通淮入海；一自歸德州過丁

家道口，抵徐州小浮橋；一自窪泥河過黃陵岡，亦抵徐州小浮橋，卽賈魯河也。迨河決黃陵岡，犯張秋，北流奪漕，劉大夏往塞之，仍出清河口。十八年，河忽北徙三百里，至宿遷小河口。正德三年又北徙三百里，至徐州小浮橋。四年六月又北徙一百二十里，至沛縣飛雲橋，俱入漕河。

是時，南河故道淤塞，水惟北趨，單、豐之間河窄水溢，決黃陵岡、尚家等口，曹、單田廬多沒，至圍豐縣城郭，兩岸闊百餘里。督漕及山東鎮巡官恐經鉅野、陽穀故道，則奪濟寧、安平運河，各陳所見以請。議未定。明年九月，河復衝黃陵岡，入賈魯河，汎溢橫流，直抵豐、沛。御史林茂達亦以北決安平鎮爲虞，而請濬儀封、考城上流故道，引河南流以分其勢，然後塞決口，築故堤。

工部侍郎崔巖奉命修理黃河，濬祥符董盆口、滎澤孫家渡，又濬賈魯河及亳州故河各數十里，且築長垣諸縣決口及曹縣外堤、梁靖決口。功未就而驟雨，堤潰。巖上疏言：「河勢衝蕩益甚，且流入王子河，亦河故道，若非上流多殺水勢，決口恐難卒塞。莫若於曹、單、豐、沛增築堤防，毋令北徙，庶可護漕。」且請別命大臣知水利者共議。於是帝責巖治河無方，而以侍郎李堂代之。〔八〕堂言：「蘭陽、儀封、考城故道淤塞，故河流俱入賈魯河，經黃陵岡至曹縣，決梁靖、楊家二口。侍郎巖亦嘗修濬，緣地高河澱，隨濬隨淤，水殺不多，而決口又難築

塞。〔九〕今觀梁靖以下地勢最卑，故衆流奔注成河，直抵沛縣，藉令其口築成，而容受全流無地，必致迴激黃陵岡堤岸，而運道妨矣。至河流故道，堙者不可復疏，請起大名三春柳至沛縣飛雲橋，築堤三百餘里，以障河北徙。」從之。六年二月，功未竣，堂言：「陳橋集、銅瓦廂俱應增築，請設副使一人耑理。」會河南盜起，召堂還京，命姑已其不急者。遂委其事於副使，而堤役由此罷。

八年六月，河復決黃陵岡。部議以其地界大名、山東、河南，守土官事權不一，請耑遣重臣，乃命管河副都御史劉愷兼理其事。愷奏，率衆祭告河神，越二日，河已南徙。尚書李鐩因請祭河，且賜愷羊酒。愷於治河束手無策，特歸功於神。曹、單間被害日甚。

世宗初，總河副都御史龔弘言：「黃河自正德初載，變遷不常，日漸北徙。大河之水合成一派，歸入黃陵岡前乃折而南，出徐州以入運河。黃陵岡初築三埽，先已決去其二，懼山、陝諸水橫發，加以霖潦，決而趨張秋，復由故道入海。臣嘗築堤，起長垣，由黃陵岡抵山東楊家口，延袤二百餘里。今擬距堤十里許再築一堤，延袤高廣如之。卽河水溢舊堤，流至十里外，性緩勢平，可無大決。」從之。自黃陵岡決，開封以南無河患，而河北徐、沛諸州縣河徙不常。

嘉靖五年，督漕都御史高友璣請濬山東賈魯河、河南鴛鴦口，分洩水勢，毋偏害一方。

部議恐害山東、河南，不允。其冬，以章拯爲工部侍郎兼僉都御史治河。〔一〇〕

先是，大學士費宏言：「河入汴梁以東分爲三支，雖有衝決，可無大害。正德末，渦河等河日就淤淺，黃河大股南趨之勢既無所殺，乃從蘭陽、考城、曹、濮奔赴沛縣飛雲橋及徐州之溜溝，悉入漕河，泛溢彌漫，此前數年河患也。近者，沙河至沛縣浮沙湧塞，官民舟楫悉取道昭陽湖。春夏之交，湖面淺涸，運道必阻，渦河等河必宜亟濬。」御史戴金言：「黃河入淮之道有三：自中牟至荆山合長淮曰渦河；自開封經葛岡小壩、丁家道口、馬牧集鴛鴦口至徐州小浮橋口曰汴河；自小壩經歸德城南飲馬池抵文家集，經夏邑至宿遷曰白河。弘治間，渦、白上源堙塞，而徐州獨受其害。宜自小壩至宿遷小河併賈魯河、鴛鴦口、文家集壅塞之處，盡行疏通，則趨淮之水不止一道，而徐州水患殺矣。」御史劉欒言：「曹縣梁靖口南岸，舊有賈魯河，南至武家口十三里，黃沙淤平，必宜開濬。武家口下至馬牧集鴛鴦口百十七里，卽小黃河舊通徐州故道，水尚不涸，亦宜疏通。」督漕總兵官楊宏亦請疏歸德小壩、丁家道口、亳州渦河、宿遷小河。友璣及拯亦屢以爲言。俱下工部議，以爲濬賈魯故道，開渦河上源，功大難成，未可輕舉，但議築堤障水，俾入正河而已。

是年，黃河上流驟溢，東北至沛縣廟道口，截運河，注雞鳴臺口，入昭陽湖。汶、泗南下之水從而東，而河之出飛雲橋者漫而北，淤數十里，河水沒豐縣，徙治避之。

明年，拯言：「滎澤北孫家渡、〔一〕蘭陽北趙皮寨，皆可引水南流，但二河通渦，東入淮，又東至鳳陽長淮衞，經壽春王諸園寢，爲患叵測。惟寧陵北坌河一道，通飲馬池，抵文家集，又經夏邑至宿州符離橋，出宿遷小河口，自趙皮寨至文家集，凡二百餘里，濬而通之，水勢易殺，而園寢無患。」乃爲圖說以聞。命刻期舉工。而河決曹，單，城武楊家、梁靖二口、吳士舉莊，衝入雞鳴臺，奪運河，沛地淤墳七八里，糧艘阻不進。御史吳仲以聞，因劾拯不能辦河事，乞擇能者往代。其冬，以盛應期爲總督河道右都御史。

是時，光祿少卿黃綰、詹事霍韜、左都御史胡世寧、兵部尚書李承勛各獻治河之議。

綰言：

漕河資山東泉水，不必資黃河，莫若濬兗、冀間兩高中低之地，道河使北，至直沽入海。

韜言：

議者欲引河自蘭陽注宿遷。夫水溢徐、沛，猶有二洪爲之東捍，〔二〕東北諸山亙列如垣，有所底極，若道蘭陽，則歸德、鳳陽平地千里，河勢奔放，數郡皆壑，患不獨徐、沛矣。按衞河自衞輝汲縣至天津入海，猶古黃河也。今宜於河陰、原武、懷、孟間，審視地形，引河水注於衞河，至臨清、天津，則徐、沛水勢可殺其半。且元人漕舟涉江入淮，至

封丘北，陸運百八十里至淇門，入御河達京師。御河即衞河也。今導河注衞，冬春泝衞河沿臨清至天津，夏秋則由徐、沛，此一舉而運道兩得也。

世寧言：

河自汴以來，南分二道：一出汴城西滎澤，經中牟、陳、潁，至壽州入淮；一出汴城東祥符，經陳留、亳州，至懷遠入淮。其東南一道自歸德、宿州，經虹縣、睢寧，至宿遷出；其東〔三〕分五道：一自長垣、曹、鄆至陽穀出；一自曹州雙河口至魚臺塌場口出；一自儀封、歸德至徐州小浮橋出；一自沛縣南飛雲橋出；一自徐、沛之中境山、北溜溝出。六道皆入漕河，而南會於淮。今諸道皆塞，惟沛縣一道僅存。合流則水勢既大，河身亦狹不能容，故溢出爲患。近又漫入昭陽湖，以致流緩沙壅。宜因故道而分其勢，汴西則濬孫家渡抵壽州以殺上流，汴東南出懷遠、宿遷及正東小浮橋、溜溝諸道，各宜擇其利便者，開濬一道，以洩下流。或修武城南廢堤，抵豐、單接沛北廟道口，以防北流。此皆治河急務也。至爲運道計，則當於湖東滕、沛、魚臺、鄒縣間獨山、新安社地別鑿一渠，南接留城，北接沙河，不過百餘里。厚築西岸以爲湖障，令水不得漫，而以一湖爲河流散漫之區，乃上策也。

承勛言：

黃河入運支流有六。自渦河源塞，則北出小黃河、溜溝等處，不數年諸處皆塞，北併出飛雲橋，於是豐、沛受患，而金溝運道遂淤。然幸東面皆山，猶有所障，故昭陽湖得通舟。若益徙而北，則徑奔入海，安平鎮故道可慮，單縣、穀亭百萬生靈之命可虞。又益北，則自濟寧至臨清運道諸水俱相隨入海，運何由通？臣愚以爲相六道分流之勢，導引使南，可免衝決，此下流不可不疏濬也。欲保豐、沛、單縣、穀亭之民，必因舊堤築之，堤其西北使毋溢出，此上流不可不堤防也。

其論昭陽湖東引水爲運道，與世寧同。乃下總督大臣會議。

七年正月，應期奏上，如世寧策，請於昭陽湖東改爲運河。會河決，淤廟道口三十餘里，乃別遣官濬趙皮寨、孫家渡，南、北溜溝以殺上流，隄武城迤西至沛縣南，以防北潰。會旱災修省，言者請罷新河之役，乃召應期還京，以工部侍郎潘希曾代。希曾抵官，言：「邇因趙皮寨開濬未通，疏孫家渡口以殺河勢，請敕河南巡撫潘塤督管河副使，刻期成功。」帝從其奏。希曾又言：「漕渠廟道口以下忽淤數十里者，由決河西來橫衝口上，并掣閘河之水東入昭陽湖，致閘水不南，而飛雲橋之水時復北漫故也。今宜於濟、沛間加築東堤，以遏入湖之路，更築西堤以防黃河之衝，則水不散緩，而廟道口可永無淤塞之虞。」帝亦從之。

八年六月，單、豐、沛三縣長堤成。九年五月，孫家渡河堤成。踰月，河決曹縣。一自胡

村寺東，東南至賈家壩入古黃河，由丁家道口至小浮橋入運河。一自胡村寺東北，分二支：一東南經虞城至碭山，合古黃河出徐州；一東北經單縣長堤抵魚臺，漫爲坡水，傍穀亭入運河。單、豐、沛三縣長堤障之，不爲害。希曾上言：「黃由歸德至徐入漕，故道也。永樂間，濬開封支河達魚臺入漕以濟淺。自弘治時，黃河改由單、豐出沛之飛雲橋，而歸德故道始塞，魚臺支河亦塞。今全河復其故道，則患害已遠，支流達於魚臺，則淺涸無虞，此漕運之利，國家之福也。」帝悅，下所司知之，乃召希曾還京。自是，豐、沛漸無患，而魚臺數溢。

十一年，總河僉都御史戴時宗請委魚臺爲受水之地，言：「河東北岸與運道鄰，惟西南流者，一由孫家渡出壽州，一由渦河口出懷遠，一由趙皮寨出桃源，一由梁靖口出徐州小浮橋。往年四道俱塞，全河南奔，故豐、沛、曹、單、魚臺以次受害。今患獨鍾於魚臺，宜棄以受水，因而道之，使入昭陽湖，過新開河，出留城、金溝、境山，乃易爲力。至塞河四道，惟渦河經祖陵，未敢輕舉，其三支河頗存故迹，宜乘魚臺壅塞，令開封河夫捲埽塡堤，逼使河水分流，則魚臺水勢漸減，俟水落畢工，并前三河共爲四道，以分洩之，河患可已。」

明年，都御史朱裳代時宗，條上治河二事，大略言：「三大支河宜開如時宗計，而請塞梁靖口迤東由魚臺入運河之岔口，以捍黃河，則穀亭鎮迤南二百餘里淤者可濬，是謂塞黃河之口以開運河。黃河自穀亭轉入運河，順流而南，二日抵徐州，徐州逆流而北，四日乃抵穀

二十四史
中華書局

亭,黃水之利莫大於此。恐河流北趨,或由魚臺、金鄉、濟寧漫安平鎮,則運河堤岸衝決;或三支一有壅淤,則穀亭南運河亦且衝決。宜繕築堤岸,束黃入運,是謂借黃河之水以資運河。」詔裳相度處置。

十三年正月,裳復言:

今梁靖口、趙皮寨已通,孫家渡方濬。惟渦河一支,因趙皮寨下流睢州野雞岡淤正河五十餘里,漫於平地,注入渦河。宜挑濬深廣,引導漫水歸入正河,而於睢州張見口築長堤至歸德郭村,凡百餘里,以防汎溢。更時疏梁靖口下流,且挑儀封月河入之,達於小浮橋,則北岸水勢殺矣。

夫河過魚臺,其流漸北,將有越濟寧、趨安平、東入於海之漸。嘗議塞岔河之口以安運河,而水勢洶湧,恐難遽塞。塞亦不能無橫決,黃陵岡、李居莊諸處不能無患。徐州迤上至魯橋泥沙停滯,山東諸泉水微,運道必澀。請創築城武至濟寧縷水大堤百五十餘里,以防北溢。而自魯橋至沛縣東堤百五十餘里修築堅厚,固之以石。自魚臺至穀亭開通淤河,引水入漕,以殺魚臺、城武之患,此順水之性不與水爭地者也。

孫家渡、渦河二支俱出懷遠,會淮流至鳳陽,經皇陵及壽春王陵至泗州,經祖陵。皇陵地高無慮,祖陵則三面距河,壽春王陵尤迫近。祖陵宜築土堤，壽春王陵宜砌石

岸,然事體重大,不敢輕舉也。清江浦口正當黃、淮會合之衝,二河水漲漫入河口,以致淤塞滯運。宜濬深廣而又築堤,以防水漲,築壩以護行舟,皆不可緩。往時,淮水獨流入海,而海口又有套流,安東上下又有澗河、馬邏諸港以分水入海。今黃河匯入於淮,水勢已非其舊,而諸港套俱已堙塞,不能速洩,下壅上溢,梗塞運道。宜將溝港次第開濬,海口套沙,多置龍爪船往來爬盪,以廣入海之路,此所謂殺其下流者也。

河出魚臺雖借以利漕,然未有數十年不變者也。一旦他徙,則徐、沛必涸。宜大濬山東諸泉以匯於汶河,則徐、沛之渠不患乾涸,雖岔河口塞亦無虞矣。

工部覆如其議,帝允行之。未幾,裳憂去,命劉天和爲總河副都御史,代裳。

是歲,河決趙皮寨入淮,穀亭流絕,廟道口復淤。天和役夫十四萬濬之。已而,河忽自夏邑大丘、回村等集衝數口,轉向東北,流經蕭縣,下徐州小浮橋。天和言:「黃河自魚、沛入漕河,運舟通利者數十年,而淤塞河道、廢壞閘座、阻隔泉流、衝廣河身,爲害亦大。今黃河既改衝從虞城、蕭、碭,下小浮橋,而樐林集、侯家林二河分流入運者,俱淤塞斷流,利去而害獨存。宜濬魯橋至徐州二百餘里之淤塞。」制可。

十四年從天和言,自曹縣梁靖口東岔河口築壓口縷水堤,復築曹縣八里灣至單縣侯家林長堤各一道。是年冬,天和條上治河數事,中言:「魯橋至沛縣東堤,舊議築石以禦橫流,

今黃河既南徙,可不必築。孫家渡自正統時全河從此南徙,弘治間淤塞,屢開屢淤,卒不能通。今趙皮寨河日漸衝廣,若再開渡口,併入渦河,不惟二洪水澀,恐亦有陵寢之虞,宜仍其舊勿治。舊議祥符盤石、蘭陽銅瓦廂、考城蔡家口各添築月堤。臣以爲黃河之當防者惟北岸爲重,當擇其去河遠者大堤中堤各一道,修補完築,使北岸七八百里間聯屬高厚,則前勘應築諸堤舉在其中,皆可罷不築。」帝亦從之。

十五年,督漕都御史周金言:「自嘉靖六年後,河流益南,其一由渦河直下長淮,而梁靖口、趙皮寨二支各入清河,匯於新莊閘,遂灌裏河。水退沙存,日就淤塞。故老皆言河自汴來本濁,而渦、淮、泗清,新莊閘正當二水之口,河、淮既合,昔之爲沛縣患者,今移淮安矣。因請於新莊更置一渠,立閘以資蓄洩。」從之。

十六年冬從總河副都御史于湛言,開地丘店、野雞岡諸口上流四十餘里,由桃源集、丁家道口入舊黃河,〔一二〕截渦河水入河濟洪。十八年,總河都御史胡纘宗開考城孫繼口、孫祿口黃河支流,以殺歸、睢水患,且灌徐、呂,因於二口築長堤,及修築馬牧集決口。

二十年五月命兵部侍郎王以旂督理河道,協總河副都御史郭持平計議。〔一三〕先一歲,黃河南徙,決野雞岡,由渦河經亳州入淮,舊決口俱塞。其由孫繼口及考城至丁家道口,虞城入徐、呂者,亦僅十之二。持平久治弗效,降俸戴罪。以旂至,上言:「國初,漕河惟通諸泉

及汶、泗,黃河勢猛水濁,遷徙不常,故徐有貞、白昂、劉大夏力排之,不資以濟運也。今幸黃河南徙,諸閘復舊,宜濬山東諸泉入野雞岡新開河道,以濟徐、呂,而築長堤沛縣以南,聚水如閘河制,務利漕運而已。」明年春,持平請濬孫繼口及扈運口、李景高口三河,使東由蕭、碭入徐濟運。其秋,從以旂言,於孫繼口外別開一渠洩水,以濟徐、呂。凡八月,三口工成,以旂、持平皆被獎,遂召以旂還。未幾,李景高口復淤。

先是,河決豐縣,遷縣治於華山,久之始復其故治。河決孟津、夏邑,皆遷其城。及野雞岡之決也,鳳陽沿淮州縣多水患,乃議徙五河、蒙城避之。而臨淮當祖陵形勝不可徙,乃用巡按御史賈太亨言,敕河撫二臣亟濬碭山河道,引入二洪,以殺南注之勢。

二十六年秋,河決曹縣,水入城二尺,漫金鄉、魚臺、定陶、城武,衝穀亭。總河都御史詹瀚請於趙皮寨諸口多穿支河,以分水勢。詔可。

三十一年九月,河決徐州房村集至邳州新安,運道淤阻五十里。總河副都御史曾鈞上治河方略,〔一四〕乃濬房村至雙溝、曲頭,築徐州高廟至邳州沂河。又言:「劉伶臺至赤晏廟凡八十里,乃黃河下流,淤沙壅塞,疏濬宜先。次則草灣老黃河口,衝激淹沒安東一縣,亦當急築,更築長堤磯嘴以備衝激。又三里溝新河口視舊口水高六尺,開舊口有沙淤之患,而爲害稍輕;開新口未免淹沒之虞,而漕舟頗便。宜暫閉新口,建置閘座,且增築高家堰長

堤，而新莊諸閘甃石以遏横流。」帝命侍郎吳鵬振災戶，而悉從鈞奏。

三里溝新河者，督漕都御史應檟以先年開清河口通黃河之水以濟運。今黃河入海，下流澗口、安東俱漲塞，河流壅而漸高，瀉入清河口，沙停易淤，屢濬屢塞。溝在淮水下流黃河未合之上，故閉清河口而開之，使船由通濟橋遡溝出淮，以達黃河者也。

時濬徐、邳將訖工，一夕，水湧復淤。帝用嚴嵩言，遣官祭河神。而鵬、鈞復共奏請急築濬草灣、劉伶臺，建閘三里溝，迎納泗水清流；且於徐州以上至開封濬支河一二，令水分殺。其冬，漕河工竣，進鈞秩侍郎。

三十七年七月，曹縣新集淤。新集地接梁靖口，歷夏邑、丁家道口、馬牧集、韓家道口、司家道口至蕭縣薊門出小浮橋，此賈魯河故道也。自河患亟，別開支河出小河以殺水勢，而本河漸淤。至是遂決，趨東北段家口，析而爲六，曰大溜溝、小溜溝、秦溝、濁河、胭脂溝、飛雲橋，俱由運河至徐洪。又分一支由碭山堅城集下郭貫樓，析而爲五，曰龍溝、母河、梁樓溝、楊氏溝、胡店溝，亦由小浮橋會徐洪，而新集至小浮橋故道二百五十餘里遂淤不可復矣。自後，河忽東忽西，靡有定向，水得分瀉者數年，不至壅潰。然分多勢弱，淺者僅二尺，識者知其必淤。

至四十四年七月，河決沛縣，上下二百餘里運道俱淤。全河逆流，自沙河至徐州以北，

至曹縣棠林集而下，北分二支：南流者遶沛縣戚山楊家集，入秦溝至徐；北流者遶豐縣華山東北由三教堂出飛雲橋。又分而爲十三支，或横絕，或逆流入漕河，至湖陵城口，散漫湖坡，達於徐州，浩渺無際，而河變極矣。乃命朱衡爲工部尚書兼理河漕，又以潘季馴爲僉都御史總理河道。明年二月，復遣工科給事中何起鳴往勘河工。

衡巡行決口，舊渠已成陸，而盛應期所鑿新河故跡尚在，地高，河決至昭陽湖不能復東，乃定計開濬。而季馴則以新河土淺泉湧，勞費不貲，留城以上故道初淤可復也。由是二人有隙。起鳴至沛，還，上言：「舊河之難復有五。黃河全徙必殺上流，新集、龐家屯、趙家圈皆上流也。以不貲之財，投於河流已棄之故道，勢必不能，一也。自留城至沛，莽爲巨浸，無所施工，二也。横亙數十里，褰裳無路，十萬之衆何所棲身，三也。挑濬則淖陷，築岸則無土，且南塞則北奔，四也。夏秋淫潦，難保不淤，五也。新河開鑿費省，且可絕後來潰決之患。宜用衡言開新河，而兼採季馴言，不全棄舊河。」廷臣議定，衡乃決開新河。

時季馴持復故道之議，廷臣又多以爲然。遂勘議新集、郭貫樓諸上源地。衡言：

河出境山以北，則閘河淤；出徐州以南，則二洪涸；惟出境山至小浮橋四十餘里間，乃兩利而無害。自黃河横流，碭山郭貫樓支河皆已淤塞，改從華山分爲南北二支：南出秦溝，正在境山南五里許，運河可資其利；惟北出沛縣西及飛雲橋，逆上魚臺，爲患甚大。

朝廷不忍民罹水災，拳拳故道，命勘上源。但臣參考地形有五不可。自新集至兩河口皆平原高阜，無尺寸故道可因，郭貫樓抵龍溝頗有河形，又係新淤，無可駐足，其不可一也。黃河所經，鮮不爲患，由新集則商、虞、夏邑受之，由郭貫樓則蕭、碭受之，今改復故道，則魚、沛之禍復移蕭、碭，其不可二也。河西注華山，勢若建瓴，欲從中鑿渠，挽水南向，必當築壩横截，遏其東奔，於狂瀾巨浸之中，築壩數里，爲力甚難，其不可三也。役夫三十萬，曠日持久，騷動三省，其不可四也。大役踵興，工費數百萬，一有不繼，前功盡隳，其不可五也。惟當開廣秦溝，使下流通行，修築南岸長堤以防奔潰，可以甦魚、沛昏墊之民。

從之。衡乃開魚臺南陽抵沛縣留城百四十餘里，而濬舊河自留城以下，抵境山、茶城五十餘里，由此與黃河會。又築馬家橋堤三萬五千二百八十丈，石堤三十里，遏河之出飛雲橋者，趨秦溝以入洪。於是黃水不東侵，漕道通而沛流斷矣。方工未成，河復決沛縣，敗馬家橋堤。論者交章請罷衡。未幾，工竣。帝大喜，賦詩四章志喜，以示在直諸臣。

隆慶元年五月加衡太子少保。始河之決也，支流散漫遍陸地，既而南趨濁河。迨新河成，則盡趨秦溝，而南北諸支河悉併流焉。然河勢益大漲。三年七月決沛縣，自考城、虞

城、曹、單、豐、沛抵徐州俱受其害，茶城淤塞，漕船阻邳州不能進。已雖少通，而黃河水横溢沛地，秦溝、濁河口淤沙旋疏旋壅。朱衡已召還，工部及總河都御史翁大立皆請於梁山之南別開一河以漕，避秦溝、濁河之險，後所謂泇河者也。詔令相度地勢，未果行。

四年秋，黃河暴至，茶城復淤，而山東沙、薛、汶、泗諸水驟溢，決仲家淺運道，由梁山出戚家港，合於黃河。大立復請因其勢而濬之。是時，淮水亦大溢，自泰山廟至七里溝淤十餘里，而水從諸家溝傍出，至清河縣河南鎮以合於黃河。大立又言：「開新莊閘以通回船，復陳瑄故道，則淮可無虞。獨黃河在睢寧、宿遷之間遷徙未知所定，泗州陵寢可虞。請濬古睢河，由宿遷歷宿州，出小浮橋以洩二洪之水。且規復清河、魚溝分河一道，下草灣，以免衝激之患，則南北運道庶幾可保。」時大立已內遷，方受代，而季馴以都御史復起總理河道。部議令區畫。

九月，河復決邳州，自睢寧白浪淺至宿遷小河口，淤百八十里，糧艘阻不進。大立言：「比來河患不在山東、河南、豐、沛，而專在徐、邳，故先欲開泇河口以遠河勢、開蕭縣河以殺河流者，正謂浮沙壅聚，河面增高，爲異日慮耳。今秋水洊至，横溢爲災。權宜之計，在棄故道而就新衝；經久之策，在開泇河以避洪水。」乞決擇於二者。部議主塞決口，而令大立條利害以聞。大立遂以開泇口、就新衝、復故道三策並進，且言其利害各相參。會罷去，策

二十四史

中華書局

未決，而季馴則主復故道。

時茶城至呂梁，黃水爲兩崖所束，〔一〕不能下，又不得決。至五年四月，乃自靈璧雙溝而下，北決三口，南決八口，支流散溢，大勢下睢寧出小河，而匙頭灣八十里正河悉淤。季馴役丁夫五萬，盡塞十一口，且濬匙頭灣，築縷堤三萬餘丈，匙頭灣故道以復。旋以漕船行新溜中，多漂沒，季馴罷去。

六年春復命尚書衡經理河工，以兵部侍郎萬恭總理河道。二人至，罷泇河議，專事徐、邳河，修築長堤，自徐州至宿遷小河口三百七十里，幷繕豐、沛大黃堤，正河安流，運道大通。衡乃上言：「河南屢被河患，大爲堤防，今幸有數十年之安者，以防守嚴而備禦素也。徐、邳爲糧運正道，既多方以築之，則宜多方以守之。請用夫每里十人以防，三里一鋪，四鋪一老人巡視。伏秋水發時，五月十五日上堤，九月十五日下堤，願攜家居住者聽。」詔如議。六月，徐、邳河堤工竣，遂命衡回部，賞衡及總理河道都御史萬恭等銀幣有差。

是歲，御史吳從憲言：「淮安而上清河而下，正淮、泗、河、海衝流之會。河潦內出，海潮逆流，停蓄移時，沙泥旋聚，以故日就壅塞。宜以春夏時濬治，則下流疏暢，汎溢自平。」帝即命衡與漕臣勘議。而督理河道署郎中事陳應薦挑空海口新河，長十里有奇，濶五丈五尺，深一丈七尺，用夫六千四百餘人。

衡之被召將還也，上疏言：「國家治河，不過濬淺、築堤二策。濬淺之法，或爬或澇，或逼水而衝，或引水而避，此可人力勝者。然茶城與淮水會則在清河，茶城、清河無水不淺。蓋二水互爲勝負，黃河水勝則壅沙而淤，及其消也，淮漕水勝，則衝沙而通。水力蓋居七八，非專用人力也。築堤則有截水、縷水之異，截水可施於閘河，不可施於黃河。蓋黃河湍悍，挾川潦之勢，何堅不瑕，安可以一堤當之。縷水則兩岸築堤，不使旁潰，始得遂其就下入海之性。蓋以順爲治，非以人力勝水性，故至今百五六十年爲永賴焉。清河之淺，應視茶城，遇黃河漲落時，輒挑河、濆，導淮水衝刷，雖遇漲而塞，必遇落而通，無足慮也。惟清江浦水勢最弱，出口處所適與黃河相值。宜於黃水盛發時，嚴閉各閘，毋使沙淤。若海口則自隆慶三年海嘯，壅水倒灌低窪之地，積瀦難洩。宜時加疏濬，毋使積塞。至築黃河兩岸堤，第當縷水，不得以攔截爲名。」疏上，報聞而已。

校勘記

〔一〕永樂三年河決温縣堤四十丈濟澇二水交溢　四十丈，原作「四千丈」，澇，原作「潦」，據本書卷二八五行志、太宗實錄卷三四永樂三年三月戊午條改。按讀史方輿紀要卷四九濟水下稱「澇水在縣北十里」，與濟、澇交溢正合。

〔二〕由鳳陽入淮者爲大黃河　入淮，原作「入河」，據英宗實錄卷二〇六景泰二年七月庚申條改。

〔三〕一自新鄉八柳樹　明史稿志二三河渠志、英宗實錄卷二三〇景泰四年六月己丑條「樹」字下有「決」字。

〔四〕巡撫河南御史張瀾又言　「撫」字疑誤。按明制無御史任巡撫之制，且事在景泰四年，時河南巡撫爲王暹，「撫」字疑爲「按」字之譌。

〔五〕其外有八百里梁山泊可恃以爲泄　八百，原作「八十」，據明史稿志二三河渠志、明經世文編卷三七頁二八四徐有貞言河灣治河三策疏改。

〔六〕又三十里至大豬潭　大豬潭，明經世文編卷三七頁二八六徐有貞敕修河道工完碑略作「大伾之潭」。

〔七〕其西南荆隆等口新堤起于家店歷銅瓦廂東橋抵小宋集　于家店，原作「於家店」，據明史稿志二三河渠志、孝宗實錄卷九七弘治八年二月己卯條改。又東橋，孝宗實錄作「陳橋」。

〔八〕而以侍郎李堂代之　李堂，原作「李鏜」，據明史稿志二三河渠志、武宗實錄卷六八正德五年十月己丑條、明進士題名碑錄成化丁未科改。下同。

〔九〕水殺不多而決口又難築塞　殺，原作「勢」，據武宗實錄卷六八正德五年十月己丑條改。

〔一〇〕其冬以章拯爲工部侍郎兼僉都御史治河　其冬，原作「六年冬」，據世宗實錄卷七一嘉靖五年十二月丙子條刪「六年」二字，又據下文「其冬」、「其秋」例，增「其」字。

〔一一〕明年拯言滎澤北孫家渡　滎澤，原作「滎陽」，據世宗實錄嘉靖六年六月丙午條、行水金鑑卷二二改。

〔一二〕猶有二洪爲之束捍　束，原作「東」，據明史稿志二三河渠志、世宗實錄卷八一嘉靖六年十月壬申條、明經世文編卷一八六頁一九〇五霍韜議處黃河疏改。

〔一三〕由桃源集丁家道口入舊黃河　桃源集，明史稿志二三河渠志、世宗實錄卷二〇七嘉靖十六年二月癸丑條作「桃園集」。

〔一四〕協總河副都御史郭持平計議　副都御史，世宗實錄卷二四九、卷二五三嘉靖二十年五月丁亥條、九月壬子條作「都御史」。

〔一五〕總河副都御史曾鈞上治河方略　副都御史，世宗實錄卷三九二嘉靖三十一年十二月壬子條、

中華書局

行水金鑑卷二五作「都御史」。

〔一六〕黃水爲兩崖所束　崖，原作「淮」，據明史稿志二三河渠志、行水金鑑卷二六改。

明史卷八十四

志第六十

河渠二

黃河下

萬曆元年，河決房村，築堤窪子頭至秦溝口。明年，給事中鄭岳言：「運道自茶城至淮安五百餘里，自嘉靖四十四年河水大發，淮口出水之際，海沙漸淤，今且高與山等。自淮而上，河流不迅，泥水愈淤。於是邳州淺，房村決，呂、梁二洪平，茶城倒流，皆坐此也。今不治海口之沙，乃日築徐、沛間堤岸，桃、宿而下，聽其所之。民之爲魚，未有已時也。」因獻宋李公義、王令圖濬川爬法。命河臣勘奏，從其所言。而是年秋，淮、河並溢。明年八月，河決碭山及邵家口、曹家莊、韓登家口而北，淮亦決高家堰而東，徐、邳、淮南北漂沒千里。自此桃、清上下河道淤塞，漕艘梗阻者數年，淮、揚多水患矣。總河都御史傅希摯改築碭山

月堤，暫留三口爲洩水之路。其冬，並塞之。

四年二月，督漕侍郎吳桂芳言：「淮、揚洪潦奔衝，蓋緣海濱汊港久堙，入海止雲梯一徑，致海擁横沙，河流汎溢，而鹽、安、高、寶不可收拾。國家轉運，惟知急漕，而不暇急民，故朝廷設官，亦主治河，而不知治海。請設水利僉事一員，專疏海道，審度地利，如草灣及老黃河皆可趨海，何必專事雲梯哉？」帝優詔報可。

桂芳復言：「黃水抵清河與淮合流，經清江浦外河，東至草灣，又折而西南，過淮安、新城外河，轉入安東縣前，直下雲梯關入海。近年關口多淤，河流日淺，惟草灣地低下，黃河衝決，駸駸欲奪安東入海，以縣治所關，屢決屢塞。去歲，草灣迤東自決一口，宜於決口之西開挑新口，以迎埽灣之溜，而於金城至五港岸築堤束水。語云：『救一路哭，不當復計一家哭。』今淮、揚、鳳、泗、邳、徐不啻一路矣。安東自衆流滙圍，祇文廟、縣署僅存椽瓦，其勢垂陷，不如委之，以拯全淮。」帝不欲棄安東，而命開草灣如所請。〔一〕八月，工竣，長萬一千一百餘丈，塞決口二十二，役夫四萬四千。帝以海口開濬，水患漸平，賚桂芳等有差。

未幾，河決韋家樓，又決沛縣縷水堤，豐、曹二縣長堤，豐、沛、徐州、睢寧、金鄉、魚臺、單、曹田廬漂溺無算，河流齧宿遷城。帝從桂芳請，遷縣治、築土城避之。於是御史陳世寶請復老黃河故道，言：「河自桃源三義鎭歷清河縣北，至大河口會淮入海。運道自淮安天妃

廟衝淮而下，十里至大河口，從三義鎮出口向桃源大河而去，凡七十餘里，是爲老黃河。至嘉靖初，三義鎮口淤，而黃河改趨清河縣南與淮會，自此運道不由大河口而徑由清河北上矣。近者，崔鎮屢決，河勢漸趨故道。若仍開三義鎮口引河入清河北，或令出大河口與淮流合，或從清河西別開一河，引淮出河上游，則運道無恐，而淮、泗之水不爲黃流所漲。」部覆允行。

桂芳言：「淮水向經清河會黃河趨海。自去秋河決崔鎮，清江正河淤澱，淮口梗塞。於是淮弱河強，不能奪草灣入海之途，而全淮南徙，橫灌山陽、高、寶間，向來湖水不踰五尺，堤僅七尺，今堤加丈二，而水更過之。宜急護湖堤以殺水勢。」部議以爲必淮有所歸，而後堤可保，請令桂芳等熟計。報可。

開河、護堤二說未定，而河復決崔鎮，宿、沛、清、桃兩岸多壞，黃河日淤墊，淮水爲河所迫，徙而南，時五年八月也。希摯議塞決口，束水歸漕。桂芳欲衝刷成河，以爲老黃河入海之路。帝令急塞決口，而俟水勢稍定，乃從桂芳言。時給事中湯聘尹議導淮入江以避黃，會桂芳言：「黃水向老黃河故道而去，下奔如駛，淮遂乘虛湧入清口故道，淮、揚水勢漸消。」部議行勘，以河、淮既合，乃寢其議。

管理南河工部郎中施天麟言：

淮、泗之水不下清口而下山陽，從黃浦口入海。浦口不能盡洩，浸淫高、寶邵伯諸湖，而湖堤盡沒，則以淮、泗本不入湖，而今入湖故也。淮、泗之入湖者，又緣清口向未淤塞，而今淤塞故也。清口之淤塞者，又緣黃河淤塞日高，淮水不得不讓河而南徙也。蓋淮水併力敵黃，勝負或亦相半，自高家堰廢壞，而清口內通濟橋、〔三〕朱家等口淮水內灌，於是淮、泗之力分，而黃河得以全力制其敝，此清口所以獨淤於今歲也。下流既淤，則上流不得不決。

每歲糧艘以四五月畢運，而堤以六七月壞。水發之時不能爲力，水落之後方圖堵塞。甫及春初，運事又迫，僅完堤工，於河身無與。河身不挑則來年益高。上流之決，必及於徐、呂，而不止於邳、遷；下流之涸，將盡乎邳、遷，而不止於清、桃。須不惜一年糧運，不惜數萬帑藏，開挑正河，寬限責成，乃爲一勞永逸。

至高家堰、朱家等口，宜及時築塞，使淮、泗併力足以敵黃，則淮水之故道可復，高、寶之大患可減。若興、鹽海口堙塞，亦宜大加疏濬。而湖堤多建減水大閘，堤下多開支河。要未有不先黃河而可以治淮，亦未有不疏通淮水而可以固堤者也。

事下河漕諸臣會議。淮之出清口也，以黃水由老黃河奔注，而老黃河久淤，未幾復塞，淮水仍漲溢。給事中劉鋐請亟開通海口，而簡大臣會同河漕諸臣往治。乃命桂芳爲工部尚書兼理河漕，而裁總河都御史官。桂芳甫受命而卒。

六年夏，潘季馴代。時給事中李淶請多濬海口，以導衆水之歸。給事中王道成則請塞崔鎮決口，築桃、宿長堤，修理高家堰，開復老黃河。並下河臣議。季馴與督漕侍郎江一麟相度水勢，言：

海口自雲梯關四套以下，闊七八里至十餘里，深三四丈。欲別議開鑿，必須深闊相類，方可注放，工力甚難。且未至海口，乾地猶可施工，其將入海之地，潮汐往來，與舊口等耳。舊口皆係積沙，人力雖不可濬，水力自能衝刷，海無可濬之理。惟當導河歸海，則以水治水，卽濬海之策也。河亦非可以人力導，惟當繕治堤防，俾無旁決，則水由地中，沙隨水去，卽導河之策也。

頻年以來，日以繕堤爲事，顧卑薄而不能支，迫近而不能容，雜以浮沙而不能久。是以河決崔鎮，水多北潰，爲無堤也。淮決高家堰、黃浦口，水多東潰，堤弗固也。不咎制之未備，而咎築堤爲下策，豈通論哉！上流既旁潰，又岐下流而分之，其趨雲梯入海口者，譬猶强弩之末耳。水勢益分則力益弱，安能導積沙以注海。

故今日濬海急務，必先塞決以導河，尤當固堤以杜決，而欲堤之不決，必眞土而勿

雜浮沙，高厚而勿惜鉅費，讓遠而勿與爭地，則堤乃可固也。沿河堤固，而崔鎮口塞，則黃不旁決而衝漕力專。高家堰築，朱家口塞，則淮不旁決而會黃力專。淮、黃既合，自有控海之勢。又懼其分而力弱也，必暫塞清江浦河，而嚴司啓閉以防其內奔。姑置草灣河，而專復雲梯以還其故道。仍接築淮安新城長堤，以防其末流。使黃、淮力全，涓滴悉趨於海，則力强且專，下流之積沙自去，海不濬而闢，河不挑而深，所謂固堤卽以導河，導河卽以濬海也。

又言：

黃水入徐，歷邳、宿、桃、清，至清口會淮而東入海。淮水自洛及鳳，歷盱、泗，至清口會河而東入海。此兩河故道也。元漕江南粟，則由揚州直北廟灣入海，未嘗遡淮。陳瑄始堤管家諸湖，通淮爲運道。慮淮水漲溢，則築高家堰堤以捍之，起武家墩，經大、小澗至阜寧湖，而淮不東侵。又慮黃河漲溢，則堤新城北以捍之，起清江浦，沿鉢池山、柳浦灣迤東，而黃不南侵。

其後，堤岸漸傾，水從高堰決入，淮郡遂同魚鼈。而當事者未考其故，謂海口壅閉，宜亟穿支渠。詎知草灣一開，西橋以上正河遂至淤阻。夫新河闊二十餘丈，深僅丈許，較故道僅三十之一，豈能受全河之水？下流旣壅，上流自潰，此崔鎮諸口所由決

二十四史

也。今新河復塞，故河漸已通流，雖深闊未及原河十一，而兩河全下，沙隨水刷，欲其全復河身不難也。河身既復，闊者七八里，狹亦不下三四百丈，滔滔東下，何水不容？匪惟不必別鑿他所，卽草灣亦可置勿濬矣。

故爲今計，惟修復陳瑄故蹟，高築南北兩堤，以斷兩河之內灌，則淮、揚昏墊可免。塞黃浦口，築寶應堤，濬東關等淺，修五閘，復五壩，則淮南運道無虞。堅塞桃源以下崔鎭口諸決，則全河可歸故道。黃、淮既無旁決，並驅入海，則沙隨水刷，海口自復，而桃、清淺阻，又不足言。此以水治水之法也。若夫爬撈之說，僅可行諸閘河，前人屢試無功，徒費工料。

於是條上六議：曰塞決口以挽正河，曰築堤防以杜潰決，曰復閘壩以防外河，曰創滾水壩以固堤岸，曰止濬海工程以省糜費，曰寢開老黃河之議以仍利涉。帝悉從其請。

七年十月，兩河工成，賚季馴、一鱗銀幣，而遣給事中尹瑾勘實。八年春進季馴太子太保工部尙書，廕一子。一鱗等遷擢有差。是役也，築高家堰堤六十餘里，歸仁集堤四十餘里，柳浦灣堤東西七十餘里，塞崔鎭等決口百三十，築徐、睢、邳、宿、桃、清兩岸遙堤五萬六千餘丈，碭、豐大壩各一道，徐、沛、豐、碭縷堤百四十餘里，建崔鎭、徐昇、季泰、三義減水石壩四座，遷通濟閘於甘羅城南，淮、揚閒堤壩無不修築，費帑金五十六萬有奇。其秋擢季馴

南京兵部尙書。季馴又請復新集至小浮橋故道，給事中王道成、河南巡撫周鑑等不可而止。自桂芳、季馴時罷總河不設，其後但以督漕兼理河道。高堰初築，淸口方暢，流連數年，河道無大患。

至十五年，封丘、偃師、東明、長垣屢被衝決。大學士申時行言：「河所決地在三省，守臣畫地分修，易推委。河道未大壞，不必設都御史，宜遣風力老成給事中一人行河。」乃命工科都給事中常居敬往。居敬請修築大社集東至白茅集長堤百里。從之。

初，黃河由徐州小浮橋入運，其河深且近洪，能刷洪以深河，利於運道。後漸徙沛縣飛雲橋及徐州大、小溜溝。至嘉靖末，決邵家口，出秦溝，由濁河口入運，河淺，迫茶城，茶城歲淤，運道數害。萬曆五年冬，河復南趨，出小浮橋故道，未幾復堙。潘季馴之塞崔鎭也，厚築堤岸，束水歸漕。嗣後水發，河臣輒加堤，而河身日高矣。於是督漕僉都御史楊一魁欲復黃河故道，請自歸德以下丁家道口濬至石將軍廟，令河仍自小浮橋出。又言：「善治水者，以疏不以障。年來堤上加堤，水高凌空，不啻過顙。濱河城郭，決水可灌。宜測河身深淺，隨處挑濬，而於黃河分流故道，設減水石門以洩暴漲。」給事中王士性則請復老黃河故道。大略言：

自徐而下，河身日高，而爲堤以束之，堤與徐州城等。束益急，流益迅，委全力於

淮而淮不任。故昔之黃、淮合，今黃強而淮益縮，不復合矣。黃強而一啓天妃、通濟諸閘，則灌運河如建瓴。高、寶一梗，江南之運坐廢。淮縮則退而侵泗。爲祖陵計，不得不建石堤護之。堤增河益高，根本大可虞也。河至淸河凡四折而後入海。淮安、高、寶、鹽、興數百萬生靈之命託之一丸泥，決則盡成魚蝦矣。

紛紛之議，有欲增堤泗州者，有欲開顏家、灌口、永濟三河，南甃高家堰、北築滾水壩者。總不如復河故道，爲一勞永逸之計也。河故道由三義鎭達葉家衝與淮合，在淸河縣北別有濟運河，在縣南蓋支河耳。河強奪支河，直趨縣南，而自棄北流之道，然河形固在也。自桃源至瓦子灘凡九十里，窪下不耕，無室廬墳墓之礙，雖開河費鉅，而故道一復，爲利無窮。

議皆未定。居敬及御史喬璧星皆請復專設總理大臣。乃復命潘季馴爲右都御史總督河道。時帝從居敬言，罷老黃河議，而季馴抵官，言：「新集故道，故老言『銅幫鐵底』，當開，但歲儉費繁，未能遽行。」又言：「黃水濁而強，汶、泗淸且弱，交會茶城。伏秋黃水發，則倒灌入漕，沙停而淤，勢所必至。然黃水一落，漕卽從之，沙隨水去，不濬自通，縱有淺阻，不過旬日。往時建古洪、內華二閘，黃漲則閉閘以遏濁流，黃退則啓閘以縱泉水。近者居敬復增建鎭口閘，去河愈近，則吐納愈易。但當嚴閘禁如淸江浦三閘之法，則河渠永賴矣。」帝方

委季馴，卽從其言，罷故道之議。未幾，水患益甚。

十七年六月，黃水暴漲，決獸醫口月堤，漫李景高口新堤，衝入夏鎭內河，壞田廬，沒人民無算。十月，決口塞。十八年，大溢，徐州水積城中者逾年。衆議遷城改河。季馴濬魁山支河以通之，起蘇伯湖至小河口，積水乃消。十九年九月，泗州大水，州治淹三尺，居民沉溺十九，浸及祖陵。而山陽復河決，江都、邵伯又因湖水下注，田廬浸傷。工部尙書曾同亨上其事，議者紛起。乃命工科給事中張貞觀往泗州勘視水勢，而從給事中楊其休言，放季馴歸，用舒應龍爲工部尙書總督河道。

二十年三月，季馴將去，條上辨惑者六事，力言河不兩行，新河不當開，支渠不當濬。又著書曰河防一覽，大旨在築堤障河，束水歸漕；築堰障淮，逼淮注黃。以淸刷濁，沙隨水去。合則流急，急則蕩滌而河深；分則流緩，緩則停滯而沙積。上流既急，則海口自闢而無待於開。其治堤之法，有縷堤以束其流，有遙堤以寬其勢，有滾水壩以洩其怒。法甚詳，言甚辨。然當是時，水勢橫潰，徐、泗、淮、揚間無歲不受患，祖陵被水。季馴謂當自消，已而不驗。於是季馴言詘，而分黃導淮之議由此起矣。

貞觀抵泗州言：「臣謁祖陵，見泗城如水上浮盂，盂中之水復滿。祖陵自神路至三橋、丹墀，無一不被水。且高堰危如累卵，又高、寶隱禍也。今欲洩淮，當以闢海口積沙爲第一

中華書局

義。然洩淮不若殺黃，而殺黃於淮流之既合，不若殺於未合。但殺於既合者與運無妨，殺於未合者與運稍礙。別標本，究利害，必當殺於未合之先。至於廣入海之途，則自鮑家口、黃家營至魚溝、金城左右，地勢頗下，似當因而利導之。」貞觀又會應龍及總漕陳于陛等言：「淮、黃同趨者惟海，而淮之由黃達海者惟清口。自海沙開濬無期，因而河身日高，自河流倒灌無已，因而清口日塞。以致淮水上浸祖陵，漫及高、寶，而興、泰運堤亦衝決矣。今議闢清口沙，且分黃河之流於清口上流十里地，去口不遠，不至爲運道梗。分於上，復合於下，則衝海之力專。合必於草灣之下，恐其復衝正河，爲淮城患也。塞鮑家口、黃家營二決，恐橫衝新河，散溢無歸。兩岸俱堤，則東北清、沭、海、安窪下地不虞潰決。計費凡三十六萬有奇。若海口之塞，則潮汐莫窺其涯，難施畚鍤。惟淮、黃合流東下，河身滌而漸深，海口刷而漸闢，亦事理之可必者。」帝悉從其請。乃議於清口上流北岸，開腰鋪支河達於草灣。

既而淮水自決張福堤。直隸巡按彭應參言：「祖陵度可無虞，且方東備倭警，宜暫停河工。」部議令河臣熟計。應龍、貞觀言：「爲祖陵久遠計，支河實必不容已之工，請俟明春倭警寧息舉行。」其事遂寢。

二十一年春，貞觀報命，議開歸、徐達小河口，以救徐、邳之溢；導濁河入小浮橋故道，

以紓鎮口之患。下總河會官集議，未定。五月，大雨，河決單縣黃堌口，一由徐州出小浮橋，一由舊河達鎮口閘。邳城陷水中，高、寶諸湖堤決口無算。明年，湖堤盡築塞，而黃水大漲，清口沙墊，淮水不能東下，於是挾上源阜陵諸湖與山溪之水，暴浸祖陵，泗城淹沒。二十三年，又決高郵中堤及高家堰、高良澗，而水患益急矣。

先是，御史陳邦科言：「固堤束水未收刷沙之利，而反致衝決。法當用濬，其方有三。冬春水涸，令沿河淺夫乘時撈淺，則沙不停而去，一也。官民船往來，船尾悉繫鈀犁，乘風搜滌，則沙不寧而去，二也。倣水磨、水碓之法，置爲木機，乘水滾盪，則沙不留而去，三也。至淮必不可不會黃，故高堰斷不可棄。湖溢必傷堤，故周家橋潰處斷不可開。已棄之道必淤滿，故老黃河、草灣等處斷不可復。」疏下所司議。戶部郎中華存禮則請復黃河故道，并濬草灣。而是時，腰鋪猶未開，工部侍郎沈節甫言：「復黃河未可輕議，至諸策皆第補偏救弊而已，宜概停罷。」乃召應龍還工部，時二十二年九月也。

既而給事中吳應明言：「先因黃河遷徙無常，設遙、縷二堤束水歸漕，〔三〕及水過沙停，河身日高，徐、邳以下居民盡在水底。今清口外則黃流阻遏，清口內則淤沙橫截，強河橫灌上流約百里許，淮水僅出沙上之浮流，而瀦蓄於盱、泗者遂爲祖陵患矣。張貞觀所議腰鋪支河歸之草灣，或從清河南岸別開小河至駱家營、馬廠等地，出會大河，建閘啓閉，一遇運淺，卽行此河，亦策之便者。」至泗水，則有議開老子山，引淮水入江者。宜置閘以時啓閉，拆張福堤而堤清口，使河水無南向。部議下河漕諸臣會勘。直隸巡按牛應元因謁祖陵，目擊河患，繪圖以進，因上疏言：

黃高淮壅，起於嘉靖末年河臣鑿徐、呂二洪巨石，而沙日停，〔四〕河身日高，潰決由此起。當事者計無復之，兩岸築長堤以束，曰縷堤。縷堤復決，更於數里外築重堤以防，曰遙堤。雖歲決歲補，而莫可誰何矣。

黃、淮交會，本自清河北二十里駱家營，折而東至大河口會淮，所稱老黃河是也。陳瑄以其迂曲，從駱家營開一支河，爲見今河道，而老黃河淤矣。萬曆間，〔五〕復開草灣支河，黃舍故道而趨，以致清口交會之地，二水相持，淮不勝黃，則竄入各閘口，淮安士民於各閘口築一土壩以防之。嗣後黃、淮暴漲，水退沙停，清口遂淤，今稱門限沙是也。當事者不思挑門限沙，乃傍土壩築高堰，橫亙六十里，置全淮正流之口不事，復將從旁入黃之張福口一并築堤塞之，遂倒流而爲泗陵患矣。前歲，科臣貞觀議闢門限沙，裁張福堤，其所重又在支河腰鋪之開。

總之，全口淤沙未盡挑闢，卽腰鋪工成，淮水未能出也。況下流鮑、王諸口已決，難以施工。豈若復黃河故道，盡闢清口淤沙之爲要乎？且疏上流，不若科臣應明所

議，就草灣下流濬諸決口，俾由安東歸五港，或於周家橋量爲疏通，而急塞黃堌口，挑蕭、碭渠道，濬符離淺阻。至宿遷小河爲淮水入黃正路，急宜挑闢，使有所歸。

應龍言：「張福堤已決百餘丈，清口方挑沙，而腰鋪之開尤不可廢。」工部侍郎沈思孝因言：「老黃河自三義鎮至葉家衝僅八千餘丈，河形尚存。宜亟開濬，則河分爲二，一從故道抵顏家河入海，一從清口會淮，患當自弭。請遣風力科臣一人，與河漕諸臣定畫一之計。」乃命禮科給事中張企程往勘。而以水患累年，迄無成畫，遷延糜費，罷應龍職爲民，常居敬、張貞觀、彭應參等皆譴責有差。

御史高舉請「疏周家橋，裁張福堤，闢門限沙，建滾水石壩於周家橋、大小澗口、武家墩、綠楊溝上下，而壩外濬河築岸，使行地中。改塘埂十二閘爲壩，灌閘外十二河，以闢入海之路。濬芒稻河，且多建濱江水閘，以廣入江之途。然海口日壅，則河沙日積，河身日高，而淮亦不能安流。有灌口者，視諸口頗大，而近日所決蔣家、鮑家、畀家三口直與相射，宜挑濬成河，俾由此入海。」工部主事樊兆程亦議闢海口，而言：「舊海口決不可濬，當自鮑家營至五港口挑濬成河，令從灌口入海。」俱下工部。請并委企程勘議。

是時，總河工部尚書楊一魁被論，乞罷，因言：「清口宜濬，黃河故道宜復，高堰不必修，石堤不必砌，減水閘壩不必用。」帝不允辭，而詔以盡心任事。御史夏之臣則言：「海口沙不

可劈，草灣河不必濬，腰鋪新河四十里不必開，雲梯關不必闢，惟當急開高堰，以救祖陵。」且言：「歷年以來，高良澗土堤每遇伏秋即衝決，大澗口石堤每遇洶湧即崩潰。是高堰在，爲高、寶之利小；而高堰決，則爲高、寶之害大也。孰若明議而明開之，使知趨避乎？」給事中黃運泰則又言：「黃河下流未洩，而遽開高堰、周橋以洩淮水，則淮流南下，黃必乘之，高、寶間盡爲沼，而運道月河必衝決矣。不如濬五港口，達灌口門，以入於海之爲得也。」詔并行勘議。

企程乃上言：「前此河不爲陵患，自隆慶末年高、寶、淮、揚告急，當事狃於目前，清口既淤，又築高堰以遏之，堤張福以束之，障全淮之水與黃角勝，不虞其勢不敵也。迨後甃石加築，壅塞愈堅，舉七十二溪之水匯於泗者，僅留數丈一口出之，出者什一，停者什九。河身日高，流日壅，淮日益不得出，而瀦蓄日益深，安得不倒流旁溢爲泗陵患乎？今議疏淮以安陵，疏黃以導淮者，言人人殊。而謂高堰當決者，臣以爲屏翰淮、揚，殆不可少。莫若於其南五十里開周家橋注草子湖，大加開濬，一由金家灣入芒稻河注之江，一由子嬰溝入廣洋湖達之海，則淮水上流半有宣洩矣。於其北十五里開武家墩，注永濟河，由窰灣閘出口直達涇河，從射陽湖入海，則淮水下流半有歸宿矣。此急救祖陵第一義也。」會是時，祖陵積水稍退，一魁以聞，帝大悅，仍諭諸臣急協議宣洩。

於是企程、一魁共議欲分殺黃流以縱淮，別疏海口以導黃。而督漕尚書褚鈇則以江北歲祲，民不堪大役，欲先洩淮而徐議分黃。御史應元折衷其說，言：「導淮勢便而功易，分黃功大而利遠。顧河臣所請亦第六十八萬金，國家亦何靳於此？」御史陳熔嘗令寶應，慮周家橋既開，則以高郵、邵伯爲壑，運道、民產、鹽場交受其害，上疏爭之，語甚激，大旨，分黃爲先，而淮不必深治。且欲多開入海之路，令高、寶諸湖之水皆東，而後周家橋、武家墩之水可注。而淮安知府馬化龍復進分黃五難之說。潁州兵備道李弘道又謂宜開高堰。鈇遂據以上聞。給事中林熙春駁之，言：「淮猶昔日之淮，而河非昔日之河。先是河身未高，而淮尚安流，今則河身既高，而淮受倒灌，此導淮固以爲淮，分黃亦以爲淮。」工部乃覆奏云：「先議開腰鋪支河以分黃流，以倭儆、災傷停寢，遂貽今日之患。今黃家壩分黃之工若復沮格，淮壅爲害，誰職其咎？請令治河諸臣導淮分黃，亟行興舉。」報可。

二十四年八月，一魁興工未竣，復條上分淮導黃事宜十事。十月，河工告成，直隸巡按御史蔣春芳以聞，復條上善後事宜十六事。乃賞賚一魁等有差。是役也，役夫二十萬，開桃源黃河壩新河，起黃家嘴，至安東五港、灌口，長三百餘里，分洩黃水入海，以抑黃強。闢清口沙七里，建武家墩、高良澗、周家橋石閘，洩淮水三道入海，且引其支流入江。於是泗陵水患平，而淮、揚安矣。

然是時，一魁專力桃、清、淮、泗間，而上流單縣黃堌口之決，以爲不必塞。鈇及春芳皆請塞之。給事中李應策言：「漕臣主運，河臣主工，各自爲見。宜再令析議。」一魁言：「黃堌口一支由虞城、夏邑接碭山、蕭縣、宿州至宿遷，出白洋河，一小支分蕭縣兩河口，出徐州小浮橋，相距不滿四十里。當疏濬與正河會，更通鎮口閘裏湖之水，與小浮橋二水會，則黃堌口不必塞，而運道無滯矣。」從之。於是議濬小浮橋、沂河口、小河口以濟徐、邳運道，以洩碭、蕭漫流，培歸仁堤以護陵寢。

是時，徐、邳復見清、泗運道不利，鈇終以爲憂。二十五年正月，復極言黃堌口不塞，則全河南徙，害且立見。議者亦多恐下齧歸仁，爲二陵患。三月，小浮橋等口工垂竣，一魁言：

運道通利，河徙不相妨，已有明驗。惟議者以祖陵爲慮，請徵往事折之。洪武二十四年，河決原武，東南至壽州入淮。永樂九年，河北入魚臺。未幾，復南決，由渦河經懷遠入淮。時兩河合流，歷鳳、泗以出清口，未聞爲祖陵患。正統十三年，河北衝張秋。景泰中，徐有貞塞之，復由渦河入淮。弘治二年，河又北衝，白昂、劉大夏塞之，復南流，一由中牟至潁、壽，一由亳州至渦河入淮，一由宿遷小河口會泗。全河大勢縱橫潁、亳、鳳、泗間，下溢符離、睢、宿，未聞爲祖陵慮，亦不聞堤及歸仁也。

正德三年後，河漸北徙，由小浮橋、飛雲橋、穀亭三道入漕，盡趨徐、邳，出二洪，運道雖濟，而泛溢實甚。嘉靖十一年，朱裳始有渦河一支中經鳳陽祖陵未敢輕舉之說。然當時猶時濬祥符之董盆口、寧陵之五里鋪、滎澤之孫家渡、蘭陽之趙皮寨，又或決睢州之地丘店、界牌口、野雞岡，寧陵之楊村鋪，俱入舊河，從亳、鳳入淮，南流未絕，亦何嘗爲祖陵患。

嘉靖二十五年後，南流故道始盡塞，或由秦溝入漕，或由濁河入漕。五十年來全河盡出徐、邳，奪泗入淮。而當事者方認客作主，日築堤而窘之，以致河流日壅，淮不敢黃，退而內瀦，遂貽盱、泗祖陵之患。此實由內水之停壅，不由外水之衝射也。萬曆七年，潘季馴始慮黃流倒灌小河、白洋等口，挾諸河水衝射祖陵，乃作歸仁堤爲保障計，復張大其說，謂祖陵命脈全賴此堤。習聞其說者，遂疑黃堌之決，下齧歸仁，不知黃堌一決，下流易洩，必無上灌之虞。況今小河不日竣工，引河復歸故道，去歸仁益遠，奚煩過計爲？

報可。

一魁既開小浮橋，築義安山，濬小河口，引武沂泉濟運。及是年四月，河復大決黃堌口，溢夏邑、永城，由宿州符離橋出宿遷新河口入大河，其半由徐州入舊河濟運。上源水枯，而

中華書局

義安東水橫壩復衝二十餘丈，小浮橋水脈微細，二洪告涸，運道阻澀。一魁因議挑黃堌口迤上埽灣、淤嘴二處，且大挑其下李吉口北下濁河，救小浮橋上流數十里之涸。復上言：「黃河南旋至韓家道、盤岔河、丁家莊，俱岸闊百丈，深踰二丈，乃銅幫鐵底故道也。至劉家窪，始強半南流，得山西坡、永涸湖以爲壑，出溪口入符離河，亦故道也。惟徐、邳運道淺涸，所以首議開小浮橋，再加挑闢，必大爲運道之利。乃欲自黃堌挽回全河，必須挑四百里淤高之河身，築三百里南岸之長堤，不惟所費不貲，竊恐後患無已。」御史楊光訓等亦議挑埽灣直渠，展濬濁河，及築山西坡歸仁堤，與一魁合，獨鈇異議。帝命從一魁言。

一魁復言：「歸仁在西北，泗州在東南，相距百九十里，中隔重岡疊嶂。且歸仁之北有白洋河、朱家溝、周家溝、胡家溝、小河口洩入運河，勢如建瓴，卽無歸仁，祖陵無足慮。濁河淤墊，高出地上，曹、單間闊一二百丈，深二三丈，尚不免橫流，徐、邳間僅百丈，深止丈餘，徐西有淺至二三尺者，而夏、永、韓家道口至符離，河闊深視曹、單，避高就下，水之本性，河流所棄，自古難復。且運河本藉山東諸泉，不資黃水，惟當倣正統間二洪南北口建閘之制，於鎮口之下，大浮橋之上，呂梁之下洪，邳州之沙坊，各建石閘，節宣汶、泗，而以小浮橋、沂河口二水助之，更於鎮口西築壩截黃，開唐家口而注之龍溝，會小浮橋入運，以杜灌淤鎮口之害，實萬全計也。」報可。

二十六年春，從楊光訓等議，撤鈇，命一魁兼管漕運。六月，召一魁掌部事，命劉東星爲工部侍郎，總理河漕。

二十七年春，東星上言：「河自商、虞而下，由丁家道口抵韓家道口、趙家圈、石將軍廟、〔六〕兩河口，出小浮橋下二洪，乃賈魯故道也。自元及我朝行之甚利。嘉靖三十七年，北徙濁河，而此河遂淤。潘季馴議復開之，以工費浩繁而止。今河東決黃堌，由韓家道口至趙家圈百餘里，衝刷成河，卽季馴議復之故道也。由趙家圈至兩河口，直接三仙臺新渠，長僅四十里，募夫五萬濬之，踰月當竣，而大挑運河，小挑濁河，俱可節省。惟李吉口故道嘗挑復淤，去冬已挑數里，前功難棄，然至鎮口三百里而遙，不若趙家圈至兩河口四十里而近。況大浮橋已建閘蓄汶、泗之水，則鎮口濟運亦無藉黃流。」報可。十月，功成，加東星工部尚書。〔七〕一魁及餘官賞賚有差。

初，給事中楊廷蘭因黃堌之決，請開泇河，給事中楊應文亦主其說。既而直隸巡按御史佴祺復言之。東星既開趙家圈，復採衆說，鑿泇河，以地多沙石，工未就而東星病。河既南徙，李吉口淤澱日高，北流遂絕，而趙家圈亦日就淤塞，徐、邳間三百里，河水尺餘，糧艘阻塞。

二十九年秋，工科給事中張問達疏論之。會開、歸大水，河漲商丘，決蕭家口，全河盡南注。河身變爲平沙，商賈舟膠沙上。南岸蒙墻寺忽徙置北岸，商、虞多被淹沒，河勢盡趨東南，而黃堌斷流。河南巡撫曾如春以聞，曰：「此河徙，非決也。」問達復言：「蕭家口在黃堌上流，未有商舟不能行於蕭家口而能行於黃堌以東者，運艘大可慮。」帝從其言，方命東星勘議，而東星卒矣。問達復言：「運道之壞，一因黃堌口之決，不早杜塞，更因并力泇河，以致趙家圈淤塞斷流，河身日高，河水日淺，而蕭家口遂決，全河奔潰入淮，勢及陵寢。東星已逝，宜急補河臣，早定長策。」大學士沈一貫、給事中桂有根皆趣簡河臣。

御史高舉獻三策。請濬黃堌口以下舊河，引黃水注之東，遂塞黃堌口，而遏其南，俟舊河衝刷深，則并塞新決之口。其二則請開泇河及膠萊河，而言河漕不宜并於一人，當選擇分任其事。江北巡按御史吳崇禮則請自蒙墻寺西北黃河灣曲之所，開濬直河，引水東流。且濬李吉口至堅城集淤道三十餘里，而盡塞黃堌以南決口，使河流盡歸正漕。工部尚書一魁酌舉、崇禮之議，以開直河、塞黃堌口、濬淤道爲正策，而以泇河爲旁策，膠萊爲備策。帝命急挑舊河，塞決口，且兼挑泇河以備用。下山東撫按勘視膠萊河。

三十年春，一魁覆河撫如春疏言：「黃河勢趨邳、宿，請築汴堤自歸德至靈、虹，以障南徙。且疏小河口，使黃流盡歸之，則瀰漫自消，祖陵可無患。」帝嘉納之。已而言者再疏攻一魁。帝以一魁不塞黃堌口，致衝祖陵，斥爲民。復用崇禮議，分設河漕二臣，命如春爲工部侍郎，總理河道。如春議開虞城王家口，挽全河東歸，須費六十萬。

三十一年春，山東巡撫黃克纘言：「王家口爲蒙墻上源，上流既達，則下流不可旁洩，宜遂塞蒙墻口。」從之。時蒙墻決口廣八十餘丈，如春所開新河未及其半，塞而注之，慮不任受。有獻策者言：「河流既回，勢若雷霆，藉其勢衝之，淺者可深也。」如春遂令放水，水皆泥沙，流少緩，旋淤。夏四月，水暴漲，衝魚、單、豐、沛間，如春以憂卒。乃命李化龍爲工部侍郎，代其任。

給事中宋一韓言：「黃河故道已復，陵、運無虞。決口懼難塞，宜深濬堅城以上淺阻，而增築徐、邳兩岸，使下流有所容，則舊河可塞。」給事中孟成己言：「塞舊河急，而濬新河尤急。」化龍甫至，河大決單縣蘇家莊及曹縣縷堤，又決沛縣四鋪口太行堤，灌昭陽湖，入夏鎮，橫衝運道。化龍議開泇河，屬之邳州直河，以避河險。給事中侯慶遠因言：「泇河成，則他工可徐圖，第毋縱河入淮。淮利則洪澤水減，而陵自安矣。」

三十二年正月，部覆化龍疏，大略言：「河自歸德而下，合運入海，其路有三：由蘭陽道考城，至李吉口，過堅城集，入六座樓，出茶城而向徐、邳，是名濁河，爲中路；由曹、單經豐、沛，出飛雲橋，汎昭陽湖，入龍塘，出秦溝而向徐、邳，是名銀河，爲北路；由潘家口過司家道口，至何家堤，經符離，道睢寧，入宿遷，出小河口入運，是名符離河，爲南路。南路近陵，北路近運，惟中路既遠於陵，且可濟運，前河臣興役未竣，而河形尚在。」因奏開泇有六善。帝

中華書局

從其議。

工部尚書姚繼可言：「黃河衝徙，河臣議於堅城集以上開渠引河，使下流疏通，復分六座樓、苑家樓二路殺其水勢，既可移豐、沛之患，又不至沼碭山之城。開泇分黃，兩工幷舉，乞速發帑以濟。」允之。八月，化龍奏分水河成。事具泇河志中。加化龍太子少保兵部尚書。會化龍丁艱候代，命曹時聘爲工部侍郎，總理河道。是秋，河決豐縣，由昭陽湖穿李家港口，出鎭口，上灌南陽，而單縣決口復潰，魚臺、濟寧間平地成湖。

三十三年春，化龍言：「豐之失，由巡守不嚴，單之失，由下埽不早，而皆由蘇家莊之決。南直、山東相推諉，請各罰防河守臣。至年來緩堤防而急挑濬，堤壞水溢，不咎守堤之不力，惟委濬河之不深。夫河北岸自曹縣以下無入張秋之路，南岸自虞城以下無入淮之路，惟由徐、邳達鎭口爲運道。故河北決曹、鄆、豐、沛間，則由昭陽湖出李家口，而運道溢；南決虞、夏、徐、邳間，則由小河口及白洋河，而運道涸。今泇河既成，起直河至夏鎭，與黃河隔絕，山東、直隸間，河不能制運道之命。獨朱旺口以上，決單則單沼，決曹則曹魚，及豐、沛、徐、邳、魚、碭皆命懸一綫堤防，何可緩也。至中州荊隆口、銅瓦廂皆入張秋之路，孫家渡、野雞岡、蒙墻寺皆入淮之路，一不守，則北壞運，南犯陵，其害甚大。請西自開封，〔八〕東至徐、邳，無不守之地，上自司道，下至府縣，無不守之人，庶幾可息河患。」乃敕時聘中

飭焉。

其秋，時聘言：「自蘇莊一決，全河北注者三年。初泛豐、沛，繼沼單、魚，陳燦之塞不成，南陽之堤盡壞。今且上灌全濟，旁侵運道矣。臣親詣曹、單，上視王家口新築之壩，下視朱旺口北潰之流，知河之大可憂者三，而機之不可失者二。河決行堤，泛溢平地，昭陽日墊，下流日淤，水出李家口者日漸微緩，勢不得不退而上溢。溢於南，則孫家渡、野雞岡皆入淮故道，毋謂蒙墻已塞，而無憂於陵。溢於北，則芝麻莊、荊隆口皆入張秋故道，毋謂泇役已成，而無憂於運。且南之夏、商，北之曹、濮，其地益卑，其禍益烈，其挽回益不易，毋謂災止魚、濟，而無憂於民。顧自王家口以達朱旺，新導之河在焉。疏其下流以出小浮橋，則三百里長河暢流，機可乘者一。自徐而下，清黃並行，沙隨水刷，此數十年所未有，因而導水歸徐，容受有地，機可乘者二。臣與諸臣熟計，河之中路有南北二支：北出濁河，嘗再疏再壅；惟南出小浮橋，地形卑下，其勢甚順，度長三萬丈有奇，估銀八十萬兩。公儲虛耗，乞多方處給。」疏上留中。時聘乃大挑朱旺口。十一月興工，用夫五十萬。三十四年四月，工成，自朱旺達小浮橋延袤百七十里，渠廣堤厚，河歸故道。

六月，河決蕭縣郭煖樓人字口，北支至茶城、鎭口。三十五年，決單縣。三十九年六月，決徐州狼矢溝。四十年九月，決徐州三山，衝縷堤二百八十丈，遙堤百七十餘丈，梁林

鋪以下二十里正河悉爲平陸，邳、睢河水耗竭。總河都御史劉士忠開韓家壩外小渠引水，由是壩以東始通舟楫。四十二年，決靈璧陳鋪。四十四年五月，復決狼矢溝，由蛤鰻、周柳諸湖入泇河，出直口，復與黃會。六月，決開封陶家店、張家灣，由會城大堤下陳留，入亳州渦河。四十七年九月，決陽武脾沙堽，由封丘、曹、單至考城，復入舊河。時朝政日弛，河臣奏報多不省。四十二年，劉士忠卒，總河闕三年不補。四十六年閏四月，始命工部侍郎王佐督河道。河防日以廢壞，當事者不能有爲。

天啓元年，河決靈璧雙溝、黃鋪，由永姬湖出白洋、小河口，仍與黃會，故道湮涸。總河侍郎陳道亨役夫築塞。時淮安霪雨連旬，黃、淮暴漲數尺，而山陽裏外河及清河決口匯成巨浸，水灌淮城，民蟻城以居，舟行街市。久之始塞。三年，決徐州青田大龍口，徐、邳、靈、睢河並淤，呂梁城南隅陷，沙高平地丈許，雙溝決口亦滿，上下百五十里悉成平陸。四年六月，決徐州魁山堤，東北灌州城，城中水深一丈三尺，一自南門至雲龍山西北大安橋入石狗湖，一由舊支河南流至鄧二莊，歷租溝東南以達小河，出白洋，仍與黃會。徐民苦淹溺，議集貲遷城。給事中陸文獻上徐城不可遷六議。而勢不得已，遂遷州治於雲龍，河事置不講矣。六年七月，河決淮安，逆入駱馬湖，灌邳、宿。

崇禎二年春，河決曹縣十四鋪口。四月，決睢寧，至七月中，城盡圮。總河侍郎李若星

請遷城避之，而開邳州壩洩水入故道，且塞曹家口匙頭灣，逼水北注，以減睢寧之患。從之。四年夏，河決原武湖村鋪，又決封丘荊隆口，敗曹縣塔兒灣大行堤。六月黃、淮交漲，海口壅塞，河決建義諸口，下灌興化、鹽城，水深二丈，村落盡漂沒。逡巡踰年，始議築塞。興工未幾，伏秋水發，黃、淮奔注，興、鹽爲壑，而海潮復逆衝，壞范公堤。軍民及商竈戶死者無算，少壯轉徙，丐江、儀、通、泰間，盜賊千百嘯聚。至六年，鹽城民徐瑞等言其狀。帝憫之，命議罰河曹官。而是時，總河朱光祚方議開高堰三閘。淮、揚在朝者合疏言：「建義諸口未塞，民田盡沉水底。三閘一開，高、寶諸邑蕩爲湖海，而漕糧鹽課皆害矣。高堰建閘始於萬曆二十三年，未幾全塞。今高堰日壞，方當急議修築，可輕言開濬乎？」帝是其言，事遂寢。又從御史吳振纓請，修宿、寧上下西北舊堤，以捍歸仁。七年二月，建義決口工成，賜督漕尚書楊一鵬、總河尚書劉榮嗣銀幣。

八年九月，榮嗣得罪。初，榮嗣以駱馬湖運道潰淤，創挽河之議，起宿遷至徐州，別鑿新河，分黃水注其中，以通漕運。計工二百餘里，金錢五十萬。而其所鑿邳州上下，悉黃河故道，濬尺許，其下皆沙，挑掘成河，經宿沙落，河坎復平，如此者數四。迨引黃水入其中，波流迅急，沙隨水下，率淤淺不可以舟。及漕舟將至，而駱馬湖之潰決適平，舟人皆不願由新河。榮嗣自往督之，欲繩以軍法。有入者輒苦淤淺，弁卒多怨。巡漕御史倪于義劾其欺

中華書局

罔誤工，南京給事中曹景參復重劾之，逮問，坐贓，父子皆瘐死。郎中胡璉分工獨多，亦坐死。其後駱馬湖復潰，舟行新河，無不思榮嗣功者。

當是時，河患日棘，而帝又重法懲下，李若星以修濬不力罷官，朱光祚以建義蘇嘴決口逮繫。六年之中，河臣三易。給事中王家彥嘗切言之。光祚亦竟瘐死。而繼榮嗣者周鼎修泇利運頗有功，在事五年，竟坐漕舟阻淺，用故決河防例，遣戍煙瘴。給事中沈胤培、刑部侍郎惠世揚、總河侍郎張國維各疏請寬之，乃獲宥免云。

十五年，流賊圍開封久，守臣謀引黃河灌之。賊偵知，預爲備。乘水漲，令其黨決河灌城，民盡溺死。總河侍郎張國維方奉詔赴京，奏其狀。山東巡撫王永吉上言：「黃河決汴城，直走睢陽，東南注鄢陵、鹿邑，必害亳、泗，侵祖陵，而邳、宿運河必涸。」帝令總河侍郎黃希憲急往捍禦，希憲以身居濟寧不能攝汴，請特設重臣督理。命工部侍郎周堪賡督修汴河。

十六年二月，堪賡上言：「河之決口有二：一爲朱家寨，寬二里許，居河下流，水面寬而水勢緩；一爲馬家口，寬一里餘，居河上流，水勢猛，深不可測。兩口相距三十里，至汴堤之外，合爲一流，決一大口，直衝汴城以去，而河之故道則涸爲平地。怒濤千頃，工力難施，必廣濬舊渠，遠數十里，分殺水勢，然後畚鍤可措。顧築濬並舉，需夫三萬。河北荒旱，兗西兵火，竭力以供，不滿萬人，河南萬死一生之餘，未審能應募否。是不得不借助於撫鎮之兵

也。」乃敕兵部速議，而令堪賡刻期興工。至四月，塞朱家寨決口，修堤四百餘丈。馬家口工未就，忽衝東岸，諸埽盡漂沒。堪賡請停東岸而專事西岸。帝令急竣工。

六月，堪賡言：「馬家決口百二十丈，兩岸皆築四之一，中間七十餘丈，水深流急，難以措手，請俟霜降後興工。」已而言：「五月伏水大漲，故道沙灘壅涸者刷深數丈，河之大勢盡歸於東，運道已通，陵園無恙。」疏甫上，決口再潰。帝趣鳩工，未奏績而明亡。

校勘記

〔一〕帝不欲棄安東而命開草灣如所請　神宗實錄卷四九萬曆四年四月庚午條、行水金鑑卷二八均作「工部覆言：『委一垂陷之安東，以拯全淮之胥溺，漕臣言可聽。』報曰『可』」。與「不欲棄安東」說異。

〔二〕而清口內通濟橋　通濟橋，明史稿志二四河渠志作「通濟閘」。

〔三〕先因黃河遷徙無常設遙縷二堤束水歸漕　黃河，原作「黃淮」，據神宗實錄卷二八三萬曆二十三年三月乙亥條、行水金鑑卷三六改。

〔四〕而沙日停　而，原作「面」，據神宗實錄卷二九九萬曆二十三年四月癸亥條改。

〔五〕萬曆間　萬曆，原作「慶曆」，據明會典卷一九六改。

〔六〕趙家圈石將軍廟　石，原作「口」，據明史稿志二四河渠志、行水金鑑卷四〇改。按本志上文有趙家圈與石將軍廟。

〔七〕十月功成加東星工部尚書　十月，原作「六月」，據神宗實錄卷三四〇萬曆二十七年十月甲午條、行水金鑑卷四〇改。

〔八〕請西自開封　開封，神宗實錄卷四〇五萬曆三十三年正月乙酉條、行水金鑑卷四二作「開歸」，指開封、歸德二府。

中華書局

明史卷八十五

志第六十一

河渠三

運河上

明成祖肇建北京，轉漕東南，水陸兼輓，仍元人之舊，參用海運。逮會通河開，海陸並罷。南極江口，北盡大通橋，運道三千餘里。綜而計之，自昌平神山泉諸水，滙貫都城，過大通橋，東至通州入白河者，大通河也。自通州而南至直沽，會衛河入海者，白河也。自臨清而北至直沽，會白河入海者，衛水也。自汶上南旺分流，北經張秋至臨清，會衛河，南至濟寧天井閘，會泗、沂、洸三水者，汶水也。自濟寧出天井閘，與汶合流，至南陽新河，舊出茶城，會黃、沁後出夏鎭，循泇河達直口，入黃濟運者，泗、洸、小沂河及山東泉水也。自茶城秦溝，南歷徐、呂，浮邳，會大沂河，至清河縣入淮後，從直河口抵清口者，黃河水也。自

清口而南，至於瓜、儀者，淮、揚諸湖水也。過此則長江矣。長江以南，則松、蘇、浙江運道也。淮、揚至京口以南之河，通謂之轉運河，而由瓜、儀達淮安者，又謂之南河，由黃河達豐、沛曰中河，由山東達天津曰北河，由天津達張家灣曰通濟河，而總名曰漕河。其踰京師而東若薊州，西北若昌平，皆嘗有河通，轉漕餉軍。

漕河之別，曰白漕、衛漕、閘漕、河漕、湖漕、江漕、浙漕。因地爲號，流俗所通稱也。淮、揚諸水所滙，徐、兗河流所經，疏瀹決排，繫人力是繫，故閘、河、湖於轉漕尤急。

閘漕者，卽會通河。北至臨清，與衛河會，南出茶城口，與黃河會，資汶、洸、泗水及山東泉源。泉源之派有五。曰分水者，汶水派也，泉百四十有五。曰天井者，濟河派也，泉九十有六。曰魯橋者，泗河派也，泉二十有六。曰沙河者，新河派也，泉二十有八。曰邳州者，沂河派也，泉十有六。諸泉所滙爲湖，其浸十五。曰南旺，東西二湖，周百五十餘里，運渠貫其中。北曰馬踏，南曰蜀山，曰蘇魯。又南曰馬場。又南八十里曰南陽，亦曰獨山，周七十餘里。北曰安山，周八十三里。南曰大、小昭陽，大湖袤十八里，小湖殺三之一，周八十餘里。由馬家橋留城閘而南，曰武家，曰赤山，曰微山，曰呂孟，曰張王諸湖，連注八十里，引薛河由地浜溝出，會於赤龍潭，並趨茶城。自南旺分水北至臨清三百里，地降九十尺，爲閘二十有一；南至鎭口三百九十里，地降百十有六尺，爲閘二十有七。其外又有積水、進水、減水、平水之閘五十有四。又爲壩二十有一，所以防運河之洩，佐閘以爲用者也。其後開泇河二百六十里，爲閘十一，爲壩四。運舟不出鎭口，與黃河會於董溝。

河漕者，卽黃河。上自茶城與會通河會，下至清口與淮河會。其道有三：中路曰濁河，北路曰銀河，南路曰符離河。南近陵，北近運，惟中路去陵遠，於運有濟。而河流遷徙不常，上流苦潰，下流苦淤。運道自南而北，出清口，經桃、宿，溯二洪，入鎭口，陟險五百餘里。自二洪以上，河與漕不相涉也。至泇河開而二洪避，董溝闢而直河淤，運道之資河者二百六十里而止，董溝以上，河又無病於漕也。

湖漕者，由淮安抵揚州三百七十里，地卑積水，滙爲澤國。山陽則有管家、射陽，寶應則有白馬、氾光，高郵則有石臼、甓社、武安、邵伯諸湖。仰受上流之水，傍接諸山之源，巨浸連亙，由五塘以達於江。慮淮東侵，築高家堰拒其上流，築王簡、張福二堤禦其分洩。慮淮侵而漕敗，開淮安永濟、高郵康濟、寶應弘濟三月河以通舟。至揚子灣東，則分二道：一由儀眞通江口，以漕上江湖廣、江西；一由瓜洲通西江嘴，以漕下江兩浙。本非河道，專取諸湖之水，故曰湖漕。

太祖初起大軍北伐，開蹋場口、耐牢坡，通漕以餉梁、晉。定都應天，運道通利：江西、湖廣之粟，浮江直下；浙西、吳中之粟，由轉運河；鳳、泗之粟，浮淮；河南、山東之粟，下黃

河。嘗由開封運粟，泝河達渭，以給陝西，用海運以餉遼卒，有事於西北者甚鮮。淮、揚之間，築高郵湖堤二十餘里，開寶應倚湖直渠四十里，築堤護之。他小修築，無大利害也。

永樂四年，成祖命平江伯陳瑄督轉運，一仍由海，而一則浮淮入河，至陽武，〔一〕陸輓百七十里抵衛輝，浮於衛，所謂陸海兼運者也。海運多險，陸輓亦艱。九年二月乃用濟寧州同知潘叔正言，命尚書宋禮、侍郎金純、都督周長濬會通河。會通河者，元轉漕故道也，元末已廢不用。洪武二十四年，河決原武，漫安山湖而東，會通盡淤，至是復之。由濟寧至臨清三百八十五里，引汶、泗入其中。泗出泗水陪尾山，四泉並發，西流至兗州城東，合於沂。汶河有二。小汶河出新泰宮山下。大汶河出泰安仙臺嶺南，又出萊蕪原山陰及寨子村，俱至靜豐鎭合流，遶徂徠山陽，而小汶河來會。經寧陽北堽城，西南流百餘里，至汶上。其支流曰洸河，出堽城西南，流三十里，會寧陽諸泉，經濟寧東，與泗合。元初，畢輔國始於堽城左汶水陰作斗門，導汶入洸。至元中，又分流北入濟，由壽張至臨清，通漳、御入海。

南旺者，南北之脊也。自左而南，距濟寧九十里，合沂、泗以濟；自右而北，距臨清三百餘里，無他水，獨賴汶。禮用汶上老人白英策，築壩東平之戴村，遏汶使無入洸，而盡出南旺，南北置閘三十八。又開新河，自汶上袁家口左徙五十里至壽張之沙灣，以接舊河。其秋，禮還，又請疏東平東境沙河淤沙三里，築堰障之，合馬常泊之流入會通濟運。又於汶

二十四史

中華書局

上，東平、濟寧、沛縣並湖地設水櫃、陡門。在漕河西者曰水櫃，東者曰陡門，櫃以蓄泉，門以洩漲。純復濬賈魯河故道，引黃水至塌場口會汶，經徐、呂入淮。運道以定。

其後，宣宗時，嘗發軍民十二萬，濬濟寧以北自長溝至棗林閘百二十里，置閘諸淺，濬湖塘以引山泉。正統時，濬滕、沛淤河，又於濟寧、滕三州縣疏泉置閘，易金口堰土壩爲石，蓄水以資會通。景帝時，增置濟寧抵臨清減水閘。天順時，拓臨清舊閘，移五十丈。憲宗時，築汶上、濟寧決堤百餘里，增南旺上、下及安山三閘。命工部侍郎杜謙勘治汶、泗、洸諸泉。武宗時，增置汶上袁家口及寺前鋪石閘，濬南旺淤八十里，而閘漕之治詳。惟河決則挾漕而去，爲大害。

陳瑄之督運也，於湖廣、江西造平底淺船三千艘。二省及江、浙之米皆由江以入，至淮安新城，盤五壩過淮。仁、義二壩在東門外東北，禮、智、信三壩在西門外西北，皆自城南引水抵壩口，其外即淮河。清江浦者，直淮城西，永樂二年嘗一修閘。其口淤塞，則漕船由二壩，官民商船由三壩入淮，輓輪甚勞苦。瑄訪之故老，言：「淮城西管家湖西北，距淮河鴨陳口僅二十里，與清江口相值，宜鑿爲河，引湖水通漕，宋喬維嶽所開沙河舊渠也。」瑄乃鑿清江浦，導水由管家湖入鴨陳口達淮。十三年五月，工成。緣西湖築堤亙十里以引舟。淮口置四閘，曰移風、清江、福興、新莊。以時啓閉，嚴其禁。並濬儀眞、瓜洲河以通江湖，鑿呂

梁，百步二洪石以平水勢，開泰州白塔河以達大江。築高郵河堤，堤內鑿渠四十里。久之，復置呂梁石閘，並築寶應、汜光、白馬諸湖堤，堤皆置涵洞，互相灌注。是時淮上、徐州、濟寧、臨清、德州皆建倉轉輸。濱河置舍五百六十八所，舍置淺夫。水澀舟膠，俾之導行。增置淺船三千餘艘。設徐、沛、沽頭、金溝、山東、穀亭、魯橋等閘。自是漕運直達通州，而海陸運俱廢。

宣德六年用御史白圭言，濬金龍口，引河水達徐州以便漕。末年至英宗初，再濬，並及鳳池口水，徐、呂二洪，西小河，而會通安流，自永、宣至正統間凡數十載。至十三年，河決滎陽，東衝張秋，潰沙灣，運道始壞。命廷臣塞之。

景泰三年五月，堤工乃完。未匝月而北馬頭復決，掣漕流以東。清河訓導唐學成言：「河決沙灣，臨清告涸。地卑堤薄，黃河勢急，故甫完堤而復決也。臨清至沙灣十二閘，有水之日，其勢甚陡。請於臨清以南濬月河通舟，直抵沙灣，不復由閘，則水勢緩而漕運通矣。」帝即命學成與山東巡撫洪英相度。工部侍郎趙榮則言：「沙灣抵張秋岸薄，故數決。請於決處置減水石壩，使東入鹽河，則運河之水可蓄。然後厚堤岸，塡決口，庶無後患。」

明年四月，決口方畢工，而減水壩及南分水墩先敗，已復盡衝墩岸橋梁，決北馬頭，掣漕水入鹽河，運舟悉阻。教諭彭塤請立閘以制水勢，開河以分上流。御史練綱上其策。詔下尚書石璞。璞乃鑿河三里，以避決口，上下與運河通。是歲，漕舟不前者，命漕運總兵官徐恭姑輸東昌、濟寧倉。及明年，運河膠淺如故。恭與都御史王竑言：「漕舟蟻聚臨清上下，請亟敕都御史徐有貞築塞沙灣決河。」有貞不可，而獻上三策，請置水閘，開分水河，挑運河。

六年三月詔羣臣集議方略。工部尙書江淵等請用官軍五萬以濬運。有貞恐役軍費重，請復陳瑄舊制，置撈淺夫，用沿河州縣民，免其役。五月，濬漕工竣。七月，沙灣決口工亦竣，會通復安。都御史陳泰一濬淮、揚漕河，築口置壩。黃河嘗灌新莊閘至清江浦三十餘里，淤淺阻漕，稍稍濬治，即復其舊。英宗初，命官督漕，分濟寧南北爲二，侍郎鄭辰治其南，副都御史賈諒治其北。

成化七年，又因廷議，分漕河沛縣以南、德州以北及山東爲三道，各委曹郎及監司專理，且請簡風力大臣總理其事。始命侍郎王恕爲總河。二十一年敕工部侍郎杜謙浚運道，自通州至淮、揚，會山東、河南撫按相度經理。

弘治二年，河復決張秋，衝會通河，命戶部侍郎白昂相治。昂奏金龍口決口已淤，河并爲一大支，由祥符合沁下徐州而去。其間河道淺隘，宜於所經七縣，築堤岸以衞張秋。下工部議，從其請。昂又以漕船經高郵甓社湖多溺，請於堤東開複河四十里以通舟。越四

年，河復決數道入運河，壞張秋東堤，奪汶水入海，漕流絕。時工部侍郎陳政總理河道，集夫十五萬，治未效而卒。

六年春，副都御史劉大夏奉敕往治決河。〔二〕夏半，漕舟鱗集，乃先自決口西岸鑿月河以通漕。經營二年，張秋決口就塞，復築黃陵岡上流。於是河復南下，運道無阻。乃改張秋曰安平鎭，建廟賜額曰顯惠神祠，命大學士王鏊紀其事，勒於石。而白昂所開高郵複河亦成，賜名康濟，其西岸以石甃之。又甃高郵堤，自杭家閘至張家鎭凡三十里。高郵堤者，洪武時所築也。陳瑄因舊增築，延及寶應，土人相沿謂之老堤。正統三年易土以石。成化時，遣官築重堤於高郵、邵伯、寶應、白馬四湖老堤之東。而王恕爲總河，修淮安以南諸決堤，且濬淮、揚漕河。重湖壩民盜決溉田之罰，造閘礎以儲湖水。及大夏塞張秋，而昂又開康濟，漕河上下無大患者二十餘年。

十六年，巡撫徐源言：「濟寧地最高，必引上源洸水以濟，其口在堽城石灞之上。元時治閘作堰，使水盡入南旺，分濟南北運。成化間，易土以石。夫土堰之利，水小則遏以入洸，水大則閉閘以防沙壅，聽其漫堰西流。自石堰成，水遂橫溢，石堰既壞，民田亦衝。洸河沙塞，雖有閘門，壓不能啓。乞毀石復土，疏洸口壅塞以至濟寧，而築堽城迤西舂城口子決岸。」帝命侍郎李鐩往勘，言：「堽城石堰，一可遏淤沙，不爲南旺湖之害，一可殺水勢，不

中華書局

慮戴村壩之衝，不宜毀。近堰積沙，宜濬。堈城稍東有元時舊閘，引洸水入濟寧，下接徐、呂漕河。東平州戴村，則汶水入海故道也。自永樂初，橫築一壩，遏汶入南旺湖，漕河始通。今自分水龍王廟至天井閘九十里，水高三丈有奇，若洸河更濬而深，則汶流盡向濟寧而南，臨清河道必涸。洸口不可濬。堈城口至柳泉九十里，無關運道，可弗事。柳泉至濟寧，汶、泗諸水會流處，宜疏者二十餘里。春城口，外障汶水，內防民田，堤卑岸薄，宜與戴村壩並修築。」從之。正德四年十月，河決沛縣飛雲橋，入運。尋塞。

世宗之初，河數壞漕。嘉靖六年，光祿少卿黃綰論泉源之利，言：「漕河泉源皆發山東南旺、馬場、樊村、安山諸湖。泉水所鍾，亟宜修濬，且引他泉並蓄，則漕不竭。南旺、馬場堤外孫村地窪，若瀦爲湖，改作漕道，尤可免濟寧高原淺澀之苦。」帝命總河侍郎章拯議。而拯以黃水入運，運船阻沛上，方爲御史吳仲所劾。拯言：「河塞難遽通，惟金溝口迤北新衝一渠，可令運船由此入昭陽湖，出沙河板橋。其先阻淺者，則西歷雞塚寺，出廟道北口通行。」下部併議，未決。給事中張嵩言：「昭陽湖地庳，河勢高，引河灌湖，必致瀰漫，使湖道復阻。請罷拯，別推大臣。」部議如嵩言。拯再疏自劾，乞罷。不許。卒引運船道湖中。其冬，詔拯還京別敍，而命擇大臣督理。

諸大臣多進治河議。詹事霍韜謂：「前議役山東、河南丁夫數萬，疏濬淤沙以通運。然

沙隨水下，旋濬旋淤。今運舟由昭陽湖入雞鳴臺至沙河，迂迴不過百里。若沿湖築堤，浚爲小河，河口爲閘，以待蓄洩，水溢可避風濤，水涸易爲疏濬。三月而土堤成，一年而石堤成，用力少，取效速。黃河愈溢，運道愈利，較之役丁夫以浚淤土，勞逸大不侔也。」尙書李承勛謂：「於昭陽湖左別開一河，引諸泉爲運道，自留城沙河爲尤便。」與都御史胡世寧議合。七年正月，總河都御史盛應期奏如世寧策，請於昭陽湖東鑿新河，自汪家口南出留城口，〔三〕長百四十里，刻期六月畢工。工未半，而應期罷去，役遂已。其後三十年，朱衡始循其遺跡，濬而成之。是年冬，總河侍郎潘希曾加築濟、沛間東西兩堤，以拒黃河。

十九年七月，河決野雞岡，二洪涸。督理河漕侍郎王以旂請濬山東諸泉以濟運，且築長堤聚水，如閘河制。遂濬舊泉百七十八，開新泉三十一。以旂復奏四事。一請於諸泉分隸守土官兼理其事，毋使堙塞。一請於境山鎭、徐、呂二洪之下，各建石閘，蓄水數尺以行舟，旁留月河以洩暴汛；築四木閘於武家溝、小河口、石城、匙頭灣，而置方船於沙坊等淺，以備撈濬。一言漕河兩岸有南旺、安山、馬場、昭陽四湖，名爲水櫃，所以匯諸泉濟漕河也。豪强侵占，蓄水不多，而昭陽一湖淤成高地，大非國初設湖初意。宜委官清理，添置閘、壩、斗門，培築堤岸，多開溝渠，濬深河底，以復四櫃。一言黃河南徙，舊閘口俱塞，惟孫繼一口獨存。導河出徐州小浮橋，下徐、呂二洪，此濟運之大者。請於孫繼口多開一溝，及時疏

瀹，庶二洪得濟。帝可其奏，而以管泉專責之部曹。

徐、呂二洪者，河漕咽喉也。自陳瑄鑿石疏渠，正統初，復濬洪西小河。漕運參將湯節又以洪迅敗舟，於上流築堰，逼水歸月河，河南建閘以蓄水勢。成化四年，管河主簿郭昇以大石築兩堤，錮以鐵錠，鑿外洪敗船惡石三百，而平築裏洪堤岸，又甃石岸東西四百餘丈。十六年增甃呂梁洪石堤、石壩二百餘丈，以資牽輓。及是建閘，行者益便之。

四十四年七月，河大決沛縣，漫昭陽湖，由沙河至二洪，浩渺無際，運道淤塞百餘里。督理河漕尙書朱衡循覽盛應期所鑿新河遺跡，請開南陽、留城上下。總河都御史潘季馴不可。衡言：「是河直秦溝，有所束隘。伏秋黃水盛，昭陽受之，不爲壑也。」乃決計開濬，身自督工，重懲不用命者。給事中鄭欽劾衡故興難成之役，虐民倖功。朝廷遣官勘新舊河孰利。給事中何起鳴勘河還，言：「舊河難復有五，而新河之難成者亦有三。顧新河多舊堤高阜，黃水難侵，濬而通之，運道必利。所謂三難者，一以夏村迤北地高，恐難接水，然地勢高低，大約不過二丈，一視水平加深，何患水淺。一以三河口積沙深厚，水勢湍急，不無阻塞，然建壩攔截，歲一挑濬之，何患沙壅。一以馬家橋築堤，微山取土不便，又恐水口投埽，勢必不堅，然使委任得人，培築高厚，無必不可措力之理。開新河便。」下廷臣集議，言新河已有次第，不可止。況百中橋至留城白洋淺，出境山，疏濬補築，亦不全棄舊河，羣議俱合。

帝意乃決。時大雨，黃水驟發，決馬家橋，壞新築東西二堤。給事中王元春、御史黃襄皆劾衡欺謾，起鳴亦變其說。會衡奏新舊河百九十四里俱已流通，漕船至南陽出口無滯。詔留衡與季馴詳議開上源、築長堤之便。

隆慶元年正月，衡請罷上源議，惟開廣秦溝，堅築南長堤。五月，新河成，西去舊河三十里。舊河自留城以北，經謝溝、下沽頭、中沽頭、金溝四閘，過沛縣，又經廟道口、湖陵城、孟陽、八里灣、穀亭五閘，而至南陽閘。新河自留城而北，經馬家橋、西柳莊、滿家橋、夏鎭、楊莊、硃梅、利建七閘，至南陽閘合舊河，凡百四十里有奇。又引鮎魚諸泉及薛河、沙河注其中，而設壩於三河之口，築馬家橋堤，遏黃水入秦溝，運道乃大通。未幾，鮎魚口山水暴決，沒漕艘。帝從衡請，自東邵開支河三道以分洩之，又開支河於東邵之上，歷東滄橋以達百中橋，鑿豸裒溝諸處爲渠，使水入赤山湖，由之以歸呂孟湖，下境山而去。

衡召入爲工部尙書，都御史翁大立代，上言：「漕河資泉水，而地形東高西下，非湖瀦之則涸，故漕河以東皆有櫃；非湖洩之則潰，故漕河以西皆有壑。〔四〕黃流逆奔，則以昭陽湖爲散漫之區；山水東突，則以南陽湖爲瀦蓄之地。宜由回回墓開通以達鴻溝，令穀亭、湖陵之水皆入昭陽湖，即濬鴻溝廢渠，引昭陽湖水沿渠東出留城。其湖地退灘者，又可得田數千頃。」大立又言：「薛河水湍悍，今盡注赤山湖，〔五〕入微山湖以達呂孟湖，此尙書衡成績也。

中華書局

惟呂孟之南爲邵家嶺，黃流塡淤，地形高仰，秋水時至，翕納者小，浸淫平野，奪民田之利。微山之西爲馬家橋，比草創一堤以閉運道，土未及堅而時爲積水所撼，以尋丈之址，二流夾攻，慮有傾圮。宜鑿邵家嶺，令水由地浜溝出境山以入漕河，則湖地可耕，河堤不潰。〔六〕更於馬家橋建減水閘，視旱澇爲啓閉，乃通漕長策也。」並從之。

三年七月，河決沛縣，茶城淤塞，糧艘二千餘皆阻邳州。大立言：「臣按行徐州，循子房山，過梁山，至境山，入地浜溝，直趨馬家橋，上下八十里間，可別開一河以漕，」卽所謂泇河也。請集廷議，上卽命行之。未幾，黃落漕通，前議遂寢。時淮水漲溢，自清河至淮安城西淤三十餘里，決禮、信二壩出海，寶應湖堤多壞。山東諸水從直河出邳州。大立以聞。其冬，自淮安板閘至淸河西湖嘴開濬垂成，而裏口復塞。督漕侍郎趙孔昭言：「淸江一帶黃河五十里，宜築堰以防河溢；淮河高良澗一帶七十餘里，宜築堰以防淮漲。」帝令亟濬裏口，與大立商築堰事宜，并議海口築塞及寶應月河二事。

四年六月，淮河及鴻溝境山疏濬工竣。大立方奏聞，諸水忽驟溢，決仲家淺，與黃河合，茶城復淤。未幾，自泰山廟至七里溝，淮河淤十餘里，其水從朱家溝旁出，至淸河縣河南鎭以合於黃河。大立請開新莊閘以通回船，兼濬古睢河，洩二洪水，且分河自魚溝下草灣，保南北運道。帝命新任總河都御史潘季馴區畫。頃之，河大決邳州，睢寧運道淤百餘

里。大立請開泇口、蕭縣二河。會季馴築塞諸決，河水歸正流，漕船獲通。大立、孔昭皆以遲悞漕糧削籍，開泇之議不果行。

五年四月，河復決邳州王家口，自雙溝而下，南北決口十餘，損漕船運軍千計，沒糧四十萬餘石，而匙頭灣以下八十里皆淤。於是膠、萊海運之議紛起。會季馴奏邳河功成，帝以漕運遲，遣給事中雒遵往勘。總漕陳炌及季馴俱罷官。

六年，從雒遵言，修築茶城至淸河長堤五百五十里，三里一鋪，鋪十夫，設官畫地而守。又接築茶城至開封兩岸堤。從朱衡言，繕豐、沛大黃堤。衡又言：「漕河起儀眞訖張家灣二千八百餘里，河勢凡四段，各不相同。淸江浦以南，臨淸以北，皆遠隔黃河，不煩用力。惟茶城至臨淸，則閘諸泉爲河，與黃相近。淸河至茶城，則黃河卽運河也。茶城以北，當防黃河之決而入；茶城以南，當防黃河之決而出。防黃河卽所以保運河，故自茶城至邳、遷，高築兩堤，宿遷至淸河，盡塞缺口，蓋以防黃水之出，則正河必淤，昨歲徐、邳之患是也。自茶城秦溝口至豐、沛、曹、單，創築增築以接縷水舊堤，蓋以防黃水之入，則正河必決，往年曹、沛之患是也。二處告竣，故河深水束，無旁決中潰之虞。沛縣之窰子頭至秦溝口，應築堤七十里，接古北堤。徐、邳之間，堤逼河身，宜於新堤外別築遙堤。」詔如其議，以命總河侍郎萬恭。

萬曆元年，恭言：「祖宗時造淺船近萬，非不知滿載省舟之便，以閘河流淺，故不敢過四百石也。其制底平、倉淺，底平則入水不深，倉淺則負載不滿。又限淺船用水不得過六綮，伸大指與食指相距爲一綮，六綮不過三尺許，明受水淺也。今不務遵行，而競雇船搭運。雇船有三害，搭運有五害，皆病河道。請悉遵舊制。」從之。

恭又請復淮南平水諸閘，上言：「高、寶諸湖周遭數百里，西受天長七十餘河，徒恃百里長堤，若障之使無疏洩，是潰堤也。以故祖宗之法，偏置數十小閘於長堤之間，又爲令曰『但許深湖，不許高堤』，故設淺船淺夫取湖之淤以厚堤。夫閘多則水易落而堤堅，濬勤則湖愈深而堤厚，意至深遠也。比年畏修閘之勞，每壞一閘卽堙一閘，歲月既久，諸閘盡堙，而長堤爲死障矣。畏濬淺之苦，每湖淺一尺則加堤一尺，歲月既久，湖水捧起，而高、寶爲盂城矣。且湖漕勿堤與無漕同，湖堤勿閘與無堤同。陳瑄大置減水閘數十，湖水溢則瀉以利堤，水落則閉以利漕，最爲完計。積久而減水故迹不可復得，湖且沉堤。請復建平水閘，閘欲密，密則水疏，無漲懣患；閘欲狹，狹則勢緩，無齧決虞。」尙書衡覆奏如其請。於是儀眞、江都、高郵、寶應、山陽設閘二十三，濬淺凡五十一處，各設撈淺船二，淺夫十。

恭又言：「淸江浦河六十里，陳瑄濬至天妃祠東，注於黃河。運艘出天妃口入黃穿淸，特半餉耳。後黃漲，逆注入口，浦遂多淤。議者不制天妃口而遽塞之，令淮水勿與黃值。開

新河以接淮河，曰『接淸流勿接濁流，可不淤也』。不知黃河非安流之水，伏秋盛發，則西擁淮流數十里，并灌新開河。彼天妃口，一黃水之淤耳。今淮、黃會於新開河口，是二淤也。防一淤，生二淤，又生淮、黃交會之淺。歲役丁夫千百，濬治方畢，水過復合。又使運艘迂八里淺滯而始達於淸河，孰與出天妃口者之便且利？請建天妃閘，俾漕船直達淸河。運盡而黃水盛發，則閉閘絕黃，水落則啓天妃閘以利商船。新河口勿濬可也。」乃建天妃廟口石閘。

恭又言：「由黃河入閘河爲茶城，出臨淸板閘七百餘里，舊有七十二淺。自創開新河，汶流平衍，地勢高下不甚相懸，七十淺悉爲通渠。惟茶、黃交會間，運盛之時，正値黃河水落之候，高下不相接，是以有茶城黃家閘之淺，連年患之。祖宗時，嘗建境山閘，自新河水平，閘沒泥淖且丈餘。其閘上距黃家閘二十里，下接茶城十里，因故基累石爲之，可留黃家閘外二十里之上流，接茶城內十里之下流，且挾二十里水勢，衝十里之狹流，蔑不勝矣。」乃復境山舊閘。

恭建三議，尙書衡覆行之，爲運道永利。而是時，茶城歲淤，恭方報正河安流，回空船速出。給事中朱南雍以回空多阻，劾恭隱蔽溺職。帝切責恭，罷去。

三年二月，總河都御史傅希摯請開泇河以避黃險，不果行。希摯又請濬梁山以下，與

中華書局

茶城互用，淤舊則通新而挑舊，淤新則通舊而挑新，築壩斷流，常通其一以備不虞。詔從所請。工未成，而河決崔鎮，淮決高家堰，高郵湖決清水潭、丁志等口，淮城幾沒。知府邵元哲開菊花潭，以洩淮安、高、寶三城之水，東方餉米少通。

明年春，〔七〕督漕侍郎張翀以築清水潭堤工鉅不克就，欲令糧船暫由圈子田以行。巡按御史陳功不可。河漕侍郎吳桂芳言：「高郵湖老堤，陳瑄所建。後白昂開月河，距湖數里，中爲土堤，東爲石堤，首尾建閘，名爲康濟河。其中堤之西，老堤之東，民田數萬畝，所謂圈子田也。河湖相去太遠，老堤缺壞不修，遂至水入圈田，又成一湖。而中堤潰壞，東堤獨受數百里湖濤，清水潭之決，勢所必至。宜遵弘治間王恕之議，就老堤爲月河，但修東西二堤，費省而工易舉。」帝命如所請行之。是年，元哲修築淮安長堤，又疏鹽城石𥑮口下流入海。

五年二月，高郵石堤將成，桂芳請傍老堤十數丈開挑月河。因言：「白昂康濟月河去老堤太遠，人心狃月河之安，忘老堤外捍之力。年復一年，不加省視，老、中二堤俱壞，而東堤不能獨存。今河與老堤近，則易於管攝。」御史陳世寶論江北河道，請於寶應湖堤補石堤以固其外，而於石堤之東復築一堤，〔八〕以通月河，漕舟行其中。並議行。其冬，高郵湖土石二堤、新開漕河南北二閘及老堤加石、增護堤木城各工竣事。桂芳又與元哲增築山陽長

堤，自板閘至黃浦亙七十里，閉通濟閘不用，而建興文閘，且修新莊諸閘，築清江浦南堤，創板閘漕堤，南北與新舊堤接。板閘卽故移風閘也。堤、閘並修，淮、揚漕道漸固。

六年，總理河漕都御史潘季馴築高家堰，及清江浦柳浦灣以東加築禮、智二壩，修寶應、黃浦等八淺堤，高、寶減水閘四，又拆新莊閘而改建通濟閘於甘羅城南。明初運糧，自瓜、儀至淮安謂之裏河，自五壩轉黃河謂之外河，不相通。及開清江浦，設閘天妃口，春夏之交重運畢，卽閉以拒黃。歲久法弛，閘不封而黃水入。嘉靖末，塞天妃口，於浦南三里溝開新河，設通濟閘以就淮水。已又從萬恭言，復天妃閘。未幾，又從御史劉光國言，增築通濟，自仲夏至季秋，隔日一放回空漕船。旣而啓閉不時，淤塞日甚，開朱家口引淸水灌之，僅通舟。至是改建甘羅城南，專向淮水，使河不得直射。

十年，督漕尚書凌雲翼以運船由清江浦出口多艱險，乃自浦西開永濟河四十五里，起城南窰灣，歷龍江閘，至楊家澗出武家墩，折而東，合通濟閘出口。更置閘三，以備清江浦之險。是時漕河就治，淮、揚免水災者十餘年。初，黃河之害漕也，自金龍口而東，則會通以淤。迨塞沙灣、張秋閘，漕以安，則徐、沛間數被其害。至崔鎮高堰之決，黃、淮交漲而害漕，乃在淮、揚間，湖潰則敗漕。季馴以高堰障洪澤，俾堰東四湖勿受淮侵，漕始無敗。而河漕諸臣懼湖害，日夜常惴惴。

十三年從總漕都御史李世達議，開寶應月河。寶應氾光湖，諸湖中最湍險者也，廣百二十餘里。槐角樓當其中，形曲如箕，瓦店翼其南，秤鉤灣翼其北。西風鼓浪，往往覆舟。陳瑄築堤湖東，蓄水爲運道。上有所受，下無所宣，遂決爲八淺，滙爲六潭，興、鹽諸場皆沒。而淮水又從周家橋漫入，溺人民，害漕運。武宗末年，郎中楊最請開月河，部覆不從。嘉靖中，工部郎中陳毓賢、戶部員外范韶、御史聞人詮、運糧千戶李顯皆以爲言，議行未果。至是，工部郎中許應逵建議，世達用其言以奏，乃決行之。濬河千七百餘丈，置石閘三，減水閘二，築堤九千餘丈，石堤三之一，子堤五千餘丈。工成，賜名弘濟。尋改石閘爲平水閘。應逵又築高郵護城堤。其後，弘濟南北閘，夏秋淮漲，吞吐不及，舟多覆者。神宗季年，督漕侍郎陳荐於南北各開月河以殺河怒，而溜始平。

十五年，督漕侍郎楊一魁請修高家堰以保上流，砌范家口以制旁決，疏草灣以殺河勢，修禮壩以保新城。詔如其議。一魁又改建古洪閘。先是，汶、泗之水由茶城會黃河。隆慶間，濁流倒灌，稽阻運船，郎中陳瑛移黃河口於茶城東八里，建古洪、內華二閘，漕河從古洪出口。後黃水發，淤益甚。一魁旣改古洪，帝又從給事中常居敬言，令增築鎭口閘於古洪外，距河僅八十丈，吐納益易，糧運利之。

工部尚書石星議季馴、居敬條上善後事宜，請分地責成：接築塔山縷堤，清江浦草壩，

創築寶應西堤，石砌邵伯湖堤，疏濬裏河淤淺，當在淮、揚興舉；濬復南旺、馬踏、蜀山、馬場四湖，建築坎河滾水壩，加建通濟、永通二閘，濬復安山湖地，當在山東興舉。帝從其議。未幾，衆工皆成。

十九年，季馴言：「宿遷以南，地形西窪，請開縷堤放水。沙隨水入，地隨沙高，庶水患消而費可省。」又請易高家堰土堤爲石，築滿家閘西攔河壩，使汶、泗盡歸新河。設減水閘於李家口，以洩沛縣積水。從之。十月，淮湖大漲，江都淳家灣石堤、邵伯南壩、高郵中堤、朱家墩、清水潭皆決。郎中黃曰謹築塞僅竣，而山陽堤亦決。

二十一年五月，恒雨。漕河汎溢，潰濟寧及淮河諸堤岸。總河尚書舒應龍議：築堽城壩，遏汶水之南，開馬踏湖月河口，導汶水之北。開通濟閘，放月河土壩以殺洶湧之勢。從其奏。數年之間，會通上下無阻，而黃、淮並漲，高堰及高郵堤數決害漕。應龍卒罷去。建議者紛紛，未有所定。

楊一魁代應龍爲總河尚書，力主分黃導淮。治逾年，工將竣，又請決湖水以疏漕渠，言：「高、寶諸湖本沃壤也，自淮、黃逆壅，遂成昏墊。今入江入海之路旣濬，宜開治涇河、子嬰溝、金灣河諸閘及瓜、儀二閘，〔九〕大放湖水，就湖疏渠，與高、寶月河相接。旣避運道風波之險，而水涸成田，給民耕種，漸議起科，可充河費。」命如議行。時下流旣疏，淮水漸帖，

二十四史
中華書局

而河方決黃堌口。督漕都御史褚鈇恐洩太多，徐、邳淤阻，力請塞之。一魁持不可，濬兩河口至小浮橋故道以通漕。然河大勢南徙，二洪漕屢涸，復大挑黃堌下之李吉口，挽黃以濟之，非久輒淤。

一魁入掌部事。二十六年，劉東星繼之，守一魁舊議，李吉口淤益高。歲冬月，卽其地開一小河，春夏引水入徐州，如是者三年，大抵至秋卽淤。乃復開趙家圈以接黃，開泇河以濟運。趙家圈旋淤，泇河未復，而東星卒。於是鳳陽巡撫都御史李三才建議自鎮口閘至磨兒莊倣閘河制，三十里一閘，凡建六閘於河中，節宣汶、濟之水，聊以通漕。漕舟至京，不復能如期矣。東星在事，開邵伯月河，長十八里，濶十八丈有奇，以避湖險。又開界首月河，長千八百餘丈。各建金門石閘二，漕舟利焉。

三十二年，總河侍郞李化龍始大開泇河，自直河至李家港二百六十餘里，盡避黃河之險。化龍憂去，總河侍郞曹時聘終其事，疏敍泇河之功，言：「舒應龍創開韓家莊以洩湖水，而路始通。劉東星大開良城、侯家莊以試行運，而路漸廣。李化龍上開李家港，鑿都水石，下開直河口，挑田家莊，殫力經營，行運過半，而路始開，故臣得接踵告竣。」因條上善後六事，運道由此大通。其後，每年三月開泇河壩，由直河口進，九月開召公壩入黃河，糧艘及官民船悉以爲準。

四十四年，巡漕御史朱堦請修復泉湖，言：「宋禮築壩戴村，奪二汶入海之路，灌以成河，復導洸、泗、洸、沂諸水以佐之。汶雖率衆流出全力以奉漕，然行遠而竭，已自難支。至南旺，又分其四以南迎淮，六以北赴衛，力分益薄。況此水夏秋則漲，冬春而涸，無雨卽夏秋亦涸。禮逆慮其不可恃，乃於沿河昭陽、南旺、馬踏、蜀山、安山諸湖設立斗門，名曰水櫃。漕河水漲，則瀦其溢出者於湖，水消則決而注之漕。積泄有法，盈決有畢，故旱澇恃以無恐。及歲久禁弛，湖淺可耕，多爲勢豪所占，昭陽一湖已作藩田。比來山東半年不雨，泉欲斷流，按圖而索水櫃，茫無知者。乞敕河臣淸核，亟築堤壩斗門以廣蓄儲。」帝從其請。

方議濬泉湖，而河決徐州狼矢溝，由蛤鰻諸湖入泇河，出直口，運船迎溜艱險。督漕侍郞陳荐開武河等口，洩水平溜。後二年，決口長淤沙，河始復故道。總河侍郞王佐加築月壩以障之。至泰昌元年冬，佐言「諸湖水櫃已復，安山湖且復五十五里，誠可利漕。請以水櫃之廢興爲河官殿最。」從之。

天啓元年，淮、黃漲溢，決裏河王公祠，淮安知府宋統殷、山陽知縣練國事力塞之。三年秋，外河復決數口，尋塞。是年冬，濬永濟新河。自凌雲翼開是河，未幾而閉。總河都御史劉士忠嘗開壩以濟運，已復塞。而淮安正河三十年未濬。故議先挑新河，通運船回空；乃濬正河，自許家閘至惠濟祠長千四百餘丈，復建通濟月河小閘，運船皆由正河，新河復閉。時王家集、磨兒莊湍溜日甚，漕儲參政朱國盛謀改濬一河以爲漕計，令同知宋士中自泇口迤東抵宿遷陳溝口，復泝駱馬湖，上至馬頰河，往迴相度。乃議開馬家洲，且疏馬頰河口淤塞，上接泇流，下避劉口之險，又疏三汊河流沙十三里，開滔莊河百餘丈，濬深小河二十里，開王能莊二十里，以通駱馬湖口，築塞張家等溝數十道，束水歸漕。計河五十七里，名通濟新河。五年四月，工成，運道從新河，無劉口、磨兒莊諸險之患。明年，總河侍郞李從心開陳溝地十里，以竟前工。

崇禎二年，〔一〇〕淮安蘇家嘴、新溝大壩並決，沒山、鹽、高、泰民田。五年，又決建義北壩。總河尙書朱光祚濬駱馬湖，避河險十三處，名順濟河。六年，良城至徐塘淤爲平陸，漕運愆期，奪光祚官，劉榮嗣繼之。

八年，駱馬湖淤阻，榮嗣開河徐、宿，引注黃水，被劾，得重辟。侍郞周鼎繼之，乃專力於泇河，濬麥河支河，築王母山前後壩、勝陽山東堤、馬蹄厓十字河攔水壩，挑良城閘抵徐塘口六千餘丈。九年夏，泇河復通，由宿遷陳溝口合大河。鼎又修高家堰及新溝漾田營堤，增築天妃閘石工，去南旺湖彭口沙礓，濬劉呂莊至黃林莊百六十里。而是時，黃、淮漲溢日甚，倒灌害漕。鼎在事五年，卒以運阻削職。繼之者侍郞張國維，甫莅任，卽以漕涸被責。

十四年，國維言：「濟寧運道自棗林閘溯師家莊、仲家淺二閘，歲患淤淺，每引泗河由魯橋入運以濟之。伏秋水長，足資利涉。而挾沙注河，水退沙積，利害參半。旁自白馬河滙鄒縣諸泉，與泗合流而出魯橋，力弱不能敵泗，河身半淤，不爲漕用。然其上源寬處正與仲家淺閘相對，導令由此入運，較魯橋高下懸殊，且易細流爲洪流，又減沙滲之患，而濟仲家淺及師莊、棗林，有三便。」又言：「南旺水本地脊，惟藉泰安、新泰、萊蕪、寧陽、汶上、東平、平陰、肥城八州縣泉源，由汶入運，故運河得通。今東平、平陰、肥城淤沙中斷，請亟濬之。」復上疏運六策：一復安山湖水櫃以濟北閘，一改挑滄浪河從萬年倉出口以利四閘，一展濬汶河、陶河上源以濟邳派，一改道沂河出徐塘口以並利邳、宿，其二卽開三州縣淤沙及改挑白馬湖也。皆命酌行。國維又濬淮、揚漕河三百餘里。當是時，河臣竭力補苴，南河稍寧，北河數淺阻。而河南守臣壅黃河以灌賊。河大決開封，下流日淤，河事益壞，未幾而明亡矣。

校勘記

〔一〕至陽武　陽武，原作「揚武」，據明史稿志二五河渠志、嵇璜續文獻通考卷二五改。

〔二〕六年春副都御史劉大夏奉敕往治決河　六年，原作「七年」，據本書卷一五孝宗紀、孝宗實錄卷七二弘治六年二月丁巳條改。

〔三〕自汪家口南出留城口　汪，原作「江」，據世宗實錄卷八四嘉靖七年正月乙酉條、行水金鑑卷一一三改。

〔四〕地形東高西下非湖瀦之則涸故漕河以東皆有櫃非湖洩之則潰故漕河以西皆有壑　原脫「故漕河以東皆有櫃，非湖洩之則潰」，據穆宗實錄卷三一隆慶三年四月丁丑條、行水金鑑卷一一八補。

〔五〕今盡注赤山湖　赤山湖，明經世文編卷二九七頁三一二七翁大立論河道疏、行水金鑑卷一一八作「鄱山湖」。「赤」、「鄱」同音，鄱山湖卽赤山湖。本書卷八七河渠志有「鄱山堤」，字亦作「鄱」。

〔六〕河堤不潰　河，原作「湖」，據穆宗實錄卷三四隆慶三年閏六月戊辰條、明經世文編卷二九七頁三一二七翁大立論河道疏改。

〔七〕明年春　原作「越明年春」。上文所述事，在萬曆「三年二月」。此所述張翀欲令糧船由圈田上航行事，在萬曆四年正月己酉，見神宗實錄卷四六。「越」字衍，據刪。

〔八〕請於寶應湖堤補石堤以固其外而於石堤之東復築一堤　石堤，明史稿志一五河渠志、神宗實錄卷六〇萬曆五年三月壬子條俱作「右堤」。

〔九〕宜開治涇河子嬰溝金灣河諸閘及瓜儀二閘　金，原作「分」，據神宗實錄卷三〇〇萬曆二十四年八月壬寅條、行水金鑑卷一二七改。

〔一〇〕崇禎二年　明史稿志一五河渠志作「崇禎三年」。按本書卷二八五行志崇禎三年「山東大水」，疑作「三年」是。

明史卷八十六

志第六十二

河渠四

運河下　海運

江南運河，自杭州北郭務至謝村北，爲十二里洋，爲塘棲，德清之水入之。踰北陸橋入崇德界，過松老抵高新橋，海鹽支河通之。繞崇德城南，轉東北，至小高陽橋東，過石門塘，折而東，爲王灣。至皁林，水深者及丈。過永新，入秀水界，踰陡門鎭，北爲分鄉舖，稍東爲繡塔。北由嘉興城西轉而北，出杉青三閘，至王江涇鎭，松江運艘自東來會之。北爲平望驛，東通鶯脰湖，湖州運艘自西出新興橋會之。北至松陵驛，由吳江至三里橋，北有震澤，南有黃天蕩，水勢瀰湃，夾浦橋屢建。北經蘇州城東鮎魚口，水由𧍷塘入之。北至楓橋，由射瀆經滸墅關，過白鶴舖，長洲、無錫兩邑之界也。錫山驛水僅浮瓦礫。過黃埠，至洛社

橋，江陰九里河之水通之。西北爲常州，漕河舊貫城，入東水門，由西水門出。嘉靖末防倭，改從南城壕。江陰，順塘河水由城東通丁堰，沙子湖在其西南，宜興鍾溪之水入之。又西，直瀆水入之，又西爲奔牛、呂城二閘，常、鎭界其中，皆有月河以佐節宣，後並廢。其南爲金壇河，溧陽、高淳之水出焉。丹陽南二十里爲陵口，北二十五里爲黃泥壩，舊皆置閘。丹練湖水高漕河數丈，一由三思橋，一由仁智橋，皆入運。北過丹徒鎭，有猪婆灘多軟沙。丹徒以上運道，視江潮爲盈涸。過鎭江，出京口閘，閘外沙堵延袤二十丈，可藏舟避風，由此浮於江，與瓜步對。自北郭至京口首尾八百餘里，皆平流。歷嘉而蘇，衆水所聚，至常州以西，地漸高仰，水淺易洩，盈涸不恒，時濬時壅，往往兼取孟瀆、德勝兩河，東浮大江，以達揚、泰。

洪武二十六年嘗命崇山侯李新開溧水胭脂河，以通浙漕，免丹陽輸輓及大江風濤之險。而三吳之粟，必由常、鎭。三十一年濬奔牛、呂城二壩河道。永樂間，修練湖堤。卽命通政張璉發民丁十萬，濬常州孟瀆河，又濬蘭陵溝，北至孟瀆河閘，六千餘丈，南至奔牛鎭，千二百餘丈。已復濬鎭江京口、新港及甘露三港，以達於江。漕舟自奔牛溯京口，水涸則改從孟瀆右趨瓜洲，抵白塔，以爲常。宣德六年從武進民請，疏德勝新河四十里。八年，工竣。漕舟自德勝北入江，直泰興

中華書局

之北新河。由泰州壩抵揚子灣入漕河，視白塔尤便。於是漕河及孟瀆、德勝三河並通，皆可濟運矣。

正統元年，廷臣上言：「自新港至奔牛，漕河百五十里，舊有水車捲江潮灌注，通舟溉田。請支官錢置車。」詔可。然三河之入江口，皆自卑而高，其水亦更迭盈縮。八年，武進民請濬德勝及北新河。浙江都司蕭華則請濬孟瀆。巡撫周忱定議濬兩河，而罷北新築壩。白塔河之大橋閘以時啓閉，而常、鎮漕河亦疏濬焉。

景泰間，漕河復淤，遂引漕舟盡由孟瀆。三年，御史練綱言：「漕舟從夏港及孟瀆出江，逆行三百里，始達瓜洲。德勝直北新，而白塔又與孟瀆斜直，由此兩岸橫渡甚近，宜大疏淤塞。」帝命尚書石璞措置。會有請鑿鎮江七里港，引金山上流通丹陽，以避孟瀆險者。鎮江知府林鶚以爲迂道多石，壞民田墓多，宜濬京口閘、甘露壩，道里近，功力省。乃從鶚議。浙江參政胡清又欲去新港、奔牛等壩，置石閘以蓄泉。亦從其請。而濬德勝河與鑿港之議俱寢。然石閘雖建，蓄水不能多，漕舟仍入孟瀆。

天順元年，尚寶少卿凌信言，糧艘從鎮江裏河爲便。帝以爲然，命糧儲河道都御史李秉通七里港口，引江水注之，且濬奔牛、新港之淤。巡撫崔恭又請增置五閘。至成化四年，閘工始成。於是漕舟盡由裏河，其入二河者，回空之艘及他舟而已。定制，孟瀆河口與瓜、

儀諸港俱三年一濬。孟瀆寬廣不甚淤，裏河不久輒涸，則又改從孟瀆。

弘治十七年，部臣復陳夏港、孟瀆遠浮大江之害，請亟濬京口淤，而引練湖灌之。詔速行。正德二年復開白塔河及江口、大橋、潘家、通江四閘。〔一〕十四年從督漕都御史臧鳳言，濬常州上下裏河，漕舟無阻者五十餘載。

萬曆元年又漸涸，復一濬之。歲貢生許汝愚上言：「國初置四閘：曰京口，曰丹徒，防三江之涸；曰呂城，曰奔牛，防五湖之洩。自丹陽至鎮江蓄爲湖者三：曰練湖，曰焦子，曰杜墅。歲久，居民侵種，焦、杜二湖俱涸，僅存練湖，猶有侵者。而四閘俱空設矣。請濬三湖故址通漕。」總河傅希摯言：「練湖已濬，而焦子、杜墅源少無益。」其議遂寢。未幾，練湖復淤淺。

五年，御史郭思極、陳世寶先後請復練湖，濬孟瀆。而給事中湯聘尹則請於京口旁別建一閘，引江流內注，潮長則開，縮則閉。御史尹良任又言：「孟瀆渡江入黃家港，水面雖闊，江流甚平，由此抵泰興以達灣頭、高郵僅二百餘里，可免瓜、儀不測之患。至如京口北渡金山而下，中流遇風有漂溺患，宜挑甘露港夾岸洲田十餘里，以便回泊。」御史林應訓又言：「自萬緣橋抵孟瀆，兩厓陡峻，雨潦易圮，且江潮湧沙，淤塞難免。宜於萬緣橋、黃連樹各建閘以資蓄洩。」又言：「練湖自西晉陳敏遏馬林溪，引長山八十四溪之水以溉雲陽，堤名練塘，又曰練河，凡四十里許。環湖立涵洞十三。宋紹興時，中置橫埂，分上下湖，立上、中、下三閘。八十四溪之水始經辰溪衝入上湖，復由三閘轉入下湖。洪武間，因運道澀，依下湖東堤建三閘，借湖水以濟運，後乃漸堙。今當盡革侵占，復濬爲湖。上湖四際夾阜，下湖東北臨河，原埂完固，惟應補中間缺口，且增築西南，與東北相應。至三閘，惟臨湖上閘如故，宜增建中、下二閘，更設減水閘二座，界中、下二閘間。共革田五千畝有奇，塞沿堤私設涵洞，止存其舊十三處，以宣洩湖水。冬春卽閉塞，毋得私啓。蓋練湖無源，惟藉瀦蓄，增堤啓閘，水常有餘，然後可以濟運。臣親驗上湖地仰，八十四溪之水所由來，懼其易洩；下湖地平衍，僅高漕河數尺，又常懼不盈。誠使水裕堤堅，則應時注之，河有全力矣。」皆下所司酌議。

十三年，鎮江知府吳撝謙復言：「練湖中堤宜飭有司春初卽修，以防衝決，且禁勢豪侵占。」從之。十七年濬武進橫林漕河。

崇禎元年，濬京口漕河。五年，太常少卿姜志禮建漕河議，言：「神廟初，先臣寶著漕河議，當事采行，不開河而濟運者二十餘年。後復佃湖妨運，歲累畚鍤。故老有言，『京口閘底與虎丘塔頂平』，是可知挑河無益，蓄湖爲要也。今當革佃修閘，而高築上下湖圍埂，蓄水使深。且漕河閘座非僅京口、呂城、新閘、奔牛數處而已，陵口、尹公橋、黃泥壩、新豐、大犢

山節節有閘，皆廢去，並宜修建。而運道支流如武進洞子河、連江橋河、扁擔河，丹陽簡橋河、陳家橋河、七里橋河、丁議河、越瀆河，滕村溪之大壩頭，丹陽甘露港南之小閘口，皆應急修整。至奔牛、呂城之北，各設減水閘。歲十月實以土，商民船盡令盤壩。此皆舊章所當率由。近有欲開九曲河，使運船竟從泡港閘出江，直達揚子橋，以免瓜洲啓閘稽遲者，試而後行可也。回空糧艘及官舫，宜由江行，而於河莊設閘啓閉。數役並行，漕事乃大善矣。」議不果行。

江漕者，湖廣漕舟由漢、沔下潯陽，江西漕舟出章江、鄱陽而會於湖口，暨南直隸寧、太、池、安、江寧、廣德之舟，同浮大江，入儀眞通江閘，以溯淮、揚入閘河。瓜、儀之間，運道之咽喉也。洪武中，餉遼卒者，從儀眞上淮安，由鹽城汎海；餉梁、晉者，亦從儀眞赴淮安，盤壩入淮。江口則設壩置閘，凡十有三。濬揚子橋河至黃泥灘九千餘丈。永樂間，濬儀眞清江壩、下水港及夾港河，修沿江堤岸。洪熙元年濬儀眞壩河，後定制儀眞壩下黃泥灘、直河口二港及瓜洲二港、常州之孟瀆河皆三年一濬。宣德間，從侍郎趙新、御史陳祚請，濬黃泥灘、清江閘。成化中，建閘於儀眞通江河港者三，江都之留潮通江者二。已而通江港塞。弘治初，復開之，旣又於總港口建閘蓄水。儀眞、江都二縣間，有官塘五區，築閘蓄水，以溉民田，豪民占以爲業，眞、揚之間運道阻梗。嘉靖二年，御史秦鉞請復五塘。從之。萬曆五

中華書局

二十四史

年，御史陳世實言：「儀眞江口，去閘太遠，請於上下十數丈許增建二閘，隨湖啓閉，以截出江之船，盡令入閘，庶免遲滯。」疏上，議行。

白塔河者，在泰州。上通邵伯，下接大江，斜對常州孟瀆河與泰興北新河，皆浙漕間道也。自陳瑄始開。宣德間，從趙新、陳祚請，命瑄役夫四萬五千餘人濬之，建新閘、潘家莊、大橋、江口四閘。正統四年，水潰閘塞，都督武興因閉不用，仍自瓜洲盤壩。瓜洲之壩，洪武中置，凡十五，列東西二港間。永樂間，廢東壩爲廠，以貯材木，止存西港七壩。漕舟失泊，屢遭風險。英宗初年，乃復濬東港。既而，巡撫周忱築壩白塔河之大橋閘，以時啓閉，漕舟稍分行。自鎭江裏河開濬，漕舟出甘露、新港，徑渡瓜洲，而白塔、北新，皆以江路險遠，捨而不由矣。

衞漕者，卽衞河。源出河南輝縣，至臨清與會通河合，北達天津。自臨清以北皆稱衞河。詳具本志。

白漕者，卽通濟河。源出塞地，經密雲縣霧靈山，爲潮河川。而富河、罾口河、七渡河、桑乾河、三里河俱會於此，名曰白河。南流經通州，合通惠及榆、渾諸河，亦名潞河。三百六十里，至直沽會衞河入海，賴以通漕。楊村以北，勢若建瓴，底多淤沙。夏秋水漲苦潦，冬春水微苦澀。衞潰徙改頗與黃河同。耎兒渡者，在武清、通州間，尤其要害處也。自永

樂至成化初年，凡八決，輒發民夫築堤。而正統元年之決，爲害尤甚，特敕太監沐敬、安遠侯柳溥、尚書李友直隨宜區畫，發五軍營卒五萬及民夫一萬築決堤。又命武進伯朱冕、尚書吳中役五萬人，去河西務二十里鑿河一道，導白水入其中。二工竝竣，人甚便之，賜河名曰通濟，封河神曰通濟河神。先是，永樂二十一年築通州抵直沽河岸，有衝決者，隨時修築以爲常。迨通濟河成，決岸修築者亦且數四。萬曆三十一年從工部議，挑通州至天津白河，深四尺五寸，所挑沙土卽築堤兩岸，著爲令。

大通河者，元郭守敬所鑿。由大通橋東下，抵通州高麗莊，與白河合，至直沽，會衞河入海，長百六十里有奇。十里一閘，蓄水濟運，名曰通惠。又以白河、榆河、渾河合流，亦名潞河。洪武中漸廢。

永樂四年八月，北京行部言：「宛平昌平西湖、景東牛欄莊及青龍華家甕山三閘，水衝決岸。」命發軍民修治。明年復言：「自西湖、景東至通流，凡七閘，河道淤塞。自昌平東南白浮村至西湖、景東流水河口一百里，宜增置十二閘。」從之。未幾，閘俱堙，不復通舟。

成化中，漕運總兵官楊茂言：「每歲自張家灣舍舟，車轉至都下，僱値不貲。舊通惠河石閘尚存，深二尺許，修閘瀦水，用小舟剝運便。」又有議於三里河從張家灣烟墩橋以西疏河泊舟者。下廷臣集議，遣尚書楊鼎、侍郎喬毅相度。上言：「舊閘二十四座，通水行舟。但

元時水在宮牆外，舟得入城內海子灣。今水從皇城金水河出，故道不可復行。且元引白浮泉往西逆流，今經山陵，恐妨地脈。又一畝泉過白羊口山溝，兩水衝截難引。若城南三里河舊無河源，正統間修城壕，恐雨多水溢，乃穿正陽橋東南窪下地，開壕口以洩之，始有三里河名。自壕口八里，始接渾河。舊渠兩岸多廬墓，水淺河窄，又須增引別流相濟。如西湖草橋源出玉匠局、馬跑等地，泉不深遠。元人曾用金口水，洶湧沒民舍，以故隨廢。惟玉泉、龍泉及月兒、柳沙等泉，皆出西北，循山麓而行，可導入西湖。請濬西湖之源，閉分水清龍閘，引諸泉水從高梁河，分其半由金水河出，餘則從都城外壕流轉，會於正陽門東。城壕且閉，令勿入三里河并流。大通橋閘河隨旱澇啓閉，則舟獲近倉，甚便。」帝從其議。方發軍夫九萬修濬，會以災異，詔罷諸役。所司以漕事大，乃命四萬人濬城壕，而西山、玉泉及抵張家灣河道，則以漸及焉。越五年，乃敕平江伯陳銳，副都御史李裕，侍郎翁世資、王詔督漕卒濬通惠河，如鼎、毅前議。明年六月，工成，自大通橋至張家灣渾河口六十餘里，濬泉三，增閘四，漕舟稍通。然元時所引昌平三泉俱遏不行，〔三〕獨引一西湖，又僅分其半，河窄易盈涸。不二載，澀滯如舊。正德二年嘗一濬之，且修大通橋至通州閘十有二，壩四十有一。

嘉靖六年，御史吳仲言：「通惠河屢經修復，皆爲權勢所撓。顧通流等八閘遺跡俱存，

因而成之，爲力甚易，歲可省車費貲二十餘萬。且歷代漕運皆達京師，未有貯國儲於五十里外者。」帝心以爲然，命侍郎王軏、何詔及仲偕相度。軏等言：「大通橋地形高白河六丈餘，若濬至七丈，引白河達京城，諸閘可盡罷，然未易議也。計獨濬治河閘，但通流閘在通州舊城中，經二水門，南浦、土橋、廣利三閘皆闤闠衢市，不便轉輓。惟白河濱舊小河廢壩西，不一里至堰水小壩，宜修築之，使通普濟閘，可省四閘兩關轉搬力。」而尚書桂萼言不便，請改修三里河。帝下其疏於大學士楊一清、張璁。一清言：「因舊閘行轉搬法，省運軍勞費，宜斷行之。」璁亦言：「此一勞永逸之計，萼所論費廣功難。」帝乃却萼議。

明年六月，仲報河成，因疏五事，言：「大通橋至通州石壩，地勢高四丈，流沙易淤，宜時加濬治。管河主事宜專委任，毋令兼他務。官吏、閘夫以罷運裁減，宜復舊額。慶豐上閘、平津中閘今已不用，宜改建通州西水關外。剝船造費及遞歲修艌，俱宜酌處。」帝以先朝屢勘行未卽功，仲等四閱月工成，詔予賞，悉從其所請。仲又請留督工郎中何棟專理其事，爲經久計。從之。九年擢棟右通政，仍管通惠河道。是時，仲出爲處州知府，進所編通惠河志。帝命送史館，採入會典，且頒工部刊行。自此漕艘直達京師，迄於明末。人思仲德，建祠通州祀之。

薊州河者，運薊州官軍餉道也。明初，海運餉薊州。天順二年，大河衞百戶閔恭言：

中華書局

「南京並直隸各衛，歲用旗軍運糧三萬石至薊州等衛倉，越大海七十餘里，風濤險惡。新開沽河，北望薊州，正與水套、沽河直，袤四十餘里而徑，且水深，其間阻隔者僅四之一，若穿渠以運，可無海患。」下總兵都督宋勝、巡按御史李敏行視可否。勝等言便，遂開直沽河。闊五丈，深丈五尺。成化二年一濬，二十年再濬，幷濬鴉鴻橋河道，造豐潤縣海運糧儲倉。正德十六年，運糧指揮王瓚言：「直沽東北新河，轉運薊州，河流淺，潮至方可行舟。邊關每匱餉，宜濬使深廣。」從之。初，新河三歲一濬。嘉靖元年易二歲，以爲常。十七年濬殷留莊大口至舊倉店百十六里。

豐潤環香河者，濬自成化間，運粟十餘萬石以餉薊州東路者也。後堙廢，餉改薊州給，大不便。嘉靖四十五年從御史鮑承蔭請，復之，且建三閘於北濟、張官屯、鴉鴻橋以瀦水。[三]

昌平河，運諸陵官軍餉道也。起鞏華城外安濟橋，抵通州渡口。袤百四十五里，其中淤淺三十里難行。隆慶六年大濬，運給長陵等八衛官軍月糧四萬石，遂成流通。萬曆元年復疏鞏華城外舊河。

海運，始於元至元中。伯顏用朱清、張瑄運糧輸京師，僅四萬餘石。其後日增，至三百

萬餘石。初，海道萬三千餘里，最險惡，既而開生道，稍徑直。後殷明略又開新道，尤便。然皆出大洋，風利，自浙西抵京不過旬日，而漂失甚多。洪武元年，太祖命湯和造海舟，餉北征士卒。天下既定，募水工運萊州洋海倉粟以給永平。後遼左及迤北數用兵，於是靖海侯吳禎、延安侯唐勝宗、航海侯張赫、舳艫侯朱壽先後轉遼餉，以爲常。督江、浙邊海衛軍大舟百餘艘，運糧數十萬。賜將校以下綺帛、胡椒、蘇木、錢鈔有差，民夫則復其家一年，溺死者厚恤。三十年，以遼東軍餉贏羨，第令遼軍屯種其地，而罷海運。

永樂元年，平江伯陳瑄督海運糧四十九萬餘石，餉北京、遼東。二年，以海運但抵直沽，別用小船轉運至京，命於天津置露囤千四百所，以廣儲蓄。四年定海陸兼運。瑄每歲運糧百萬，建百萬倉於直沽尹兒灣城。天津衛籍兵萬人戍守。至是，命江南糧一由海運，一由淮、黃，陸運赴衛河，入通州，以爲常。陳瑄上言：「嘉定瀕海，當江流之衝，地平衍，無大山高嶼。海舟停泊，或值風濤，觸堅膠淺輒敗。宜於青浦築土爲山，立堠表識，使舟人知所避，而海險不爲患。」詔從之。十年九月，工成。方百丈，高三十餘丈。賜名寶山。御製碑文紀之。

十三年五月復罷海運，惟存遮洋一總，運遼、薊糧。正統十三年減登州衛海船百艘爲十八艘，以五艘運靑、萊、登布花鈔錠十二萬餘觔，歲賞遼軍。

成化二十三年，侍郎丘濬進大學衍義補，請尋海運故道與河漕並行，大略言：「海舟一載千石，可當河舟三，用卒大減。河漕視陸運費省什三，海運視陸省什七，雖有漂溺患，然省牽卒之勞、駁淺之費、挨次之守，利害亦相當。宜訪素知海道者，講求勘視。」其說未行。弘治五年，河決金龍口，有請復海運者，朝議弗是。

嘉靖二年，遮洋總漂糧二萬石，溺死官軍五十餘人。五年停登州造船。二十年，總河王以旂以河道梗澀，言：「海運雖難行，然中間平度州東南有南北新河一道，元時建閘直達安東，南北悉由內洋而行，路捷無險，所當講求。」帝以海道迂遠，却其議。三十八年，遼東巡撫侯汝諒言：「天津入遼之路，自海口至右屯河通堡不及二百里，其中曹泊店、月坨桑、姜女墳、桃花島皆可灣泊。」部覆行之。四十五年，順天巡撫耿隨朝勘海道，自永平西下海，百四十五里至紀各莊，又四百二十六里至天津，皆傍岸行舟。其間開洋百二十里，有建河、糧河、小沽、大沽河可避風。初允其議，尋以御史劉翾疏沮而罷。是年，從給事中胡應嘉言，革遮洋總。

隆慶五年，徐、邳河淤，從給事中宋良佐言，復設遮洋總，存海運遺意。山東巡撫梁夢龍極論海運之利，言：「海道南自淮安至膠州，北自天津至海倉，島人商賈所出入。臣遣卒

自淮、膠各運米麥至天津，[四]無不利者。淮安至天津三千三百里，風便，兩旬可達。舟由近洋，島嶼聯絡，雖風可依，視殷明略故道甚安便。五月前風順而柔，此時出海可保無虞。」命量撥近地漕糧十二萬石，俾夢龍行之。

六年，王宗沐督漕，請行海運。詔令運十二萬石自淮入海。其道，由雲梯關東北歷鷹游山、安東衛、石臼所、夏河所、齊堂島、靈山衛、古鎮、膠州、鼇山衛、大嵩衛、行村寨，皆海面。自海洋所歷竹島、寧津所、靖海衛，東北轉成山衛、劉公島、威海衛，西歷寧海衛，皆海面。自福山之罘島至登州城北新海口沙門等島，西歷桑島、㟂屺島；自㟂屺西歷三山島、芙蓉島、萊州大洋、海倉口；自海倉西歷淮河海口、魚兒舖，西北歷侯鎮店、唐頭塞；自侯鎮西北大清河、小清河海口，乞溝河入直沽，抵天津衛。凡三千三百九十里。

萬曆元年，卽墨福山島壞糧運七艘，漂米數千石，溺軍丁十五人。給事、御史交章論其失，罷不復行。二十五年，倭寇作，自登州運糧給朝鮮軍。山東副使于仕廉復言：「餉遼莫如海運，海運莫如登、萊。蓋登、萊度金州六七百里，至旅順口僅五百餘里，順風揚帆一二日可至。又有沙門、鼉磯、皇城等島居其中，天設水遞，止宿避風。惟皇城至旅順二百里差遠，得便風不半日可度也。若天津至遼，則大洋無泊；淮安至膠州，雖僅三百里，而由膠至登千里而遙，礁礙難行。惟登、萊濟遼，勢便而事易。」時頗以其議爲然，而未行也。四十六

中華書局

年，山東巡撫李長庚奏行海運，特設戶部侍郎一人督之，事具長庚傳。

崇禎十二年，崇明人沈廷揚爲內閣中書，復陳海運之便，且輯海運書五卷進呈。命造海舟試之。廷揚乘二舟，載米數百石，十三年六月朔，由淮安出海，望日抵天津。守風者五日，行僅一旬。帝大喜，加廷揚戶部郎中，命往登州與巡撫徐人龍計度。山東副總兵黃蔭恩亦上海運九議，帝卽令督海運。先是，寧遠軍餉率用天津船赴登州，候東南風轉粟至天津，又候西南風轉至寧遠。廷揚自登州直輸寧遠，省費多。尋命赴淮安經理海運，爲督漕侍郎朱大典所沮，乃命易駐登州，領寧遠餉務。十六年加光祿少卿。福王時，命廷揚以海舟防江，尋命兼理糧務。南都既失，廷揚崎嶇唐、魯二王間以死。

當嘉靖中，廷臣紛紛議復海運，漕運總兵官萬表言：「在昔海運，歲溺不止十萬。載米之舟，駕船之卒，統卒之官，皆所不免。今人策海運輒主丘濬之論，非達於事者也。」

校勘記

〔一〕復開白塔河及江口大橋潘家通江四閘　原脫「潘家」兩字，「四」作「二」，據行水金鑑卷一一二、乾隆淮安府志卷六補改。本書卷一八七洪鍾傳作「孟瀆對江有夾河，可抵白塔河口，舊置四閘」，亦作「四閘」。

〔二〕然元時所引昌平三泉俱遏不行　三，原作「東」，據憲宗實錄卷一五四成化十二年六月丁亥條、行水金鑑卷一一〇改。

〔三〕且建三閘於北濟張官屯鴉鴻橋以瀦水　北濟，世宗實錄卷五六三嘉靖四十五年十月己未條作「北齊莊」。

〔四〕臣遣卒自淮膠各運米麥至天津　米麥，原作「米」，據穆宗實錄卷六一隆慶五年九月乙酉條、行水金鑑卷一一八引梁夢龍海運議補。「卒」字，海運議作「指揮」。

明史卷八十七

志第六十三

河渠五

淮河　泇河　衞河　漳河　沁河

滹沱河　桑乾河　膠萊河

淮河，出河南平氏胎簪山。經桐柏，其流始大。東至固始，入南畿潁州境，東合汝、潁諸水。經壽州北，肥水入焉。至懷遠城東，渦水入焉。東經鳳陽、臨淮，濠水入焉。又經五河縣南，而納澮、沱、漴、潼諸水，勢盛流疾。經泗州城南，稍東則汴水入焉。過龜山麓，益折而北，會洪澤、阜陵、泥墩、萬家諸湖。東北至淸河，南會於大河，卽古泗口也，亦曰淸口，是謂黃、淮交會之衝。淮之南岸，漕河流入焉，所謂淸江浦口。又東經淮安北、安東東南而達於海。

永樂七年，決壽州，泛中都。正統三年，溢淸河。天順四年，溢鳳陽。皆隨時修築，無鉅害也。正德十二年，〔一〕復決漕堤，灌泗州。泗州，祖陵在焉，其地最下。初，淮自安東雲梯關入海，無旁溢患。迨與黃會，黃水勢盛，奪淮入海之路，淮不能與黃敵，往往避而東。陳瑄鑿淸江浦，因築高家堰舊堤以障之。淮、揚恃以無恐，而鳳、泗間數爲害。嘉靖十四年用總河都御史劉天和言，築堤衞陵，而高堰方固，淮暢流出淸口，鳳、泗之患弭。隆慶四年，總河都御史翁大立復奏濬淮工竣，淮益無事。

至萬曆三年三月，高家堰決，高、寶、興、鹽爲巨浸。而黃水躡淮，且漸逼鳳、泗。乃命建泗陵護城石堤二百餘丈，泗得石堤稍寧。於是，總漕侍郎吳桂芳言：「河決崔鎭，淸河路淤。黃强淮弱，南徙而灌山陽、高、寶，請急護湖堤。」帝令熟計其便。給事中湯聘尹議請導淮入江。會河從老黃河奔入海，淮得乘虛出淸口。桂芳以聞，議遂寢。

六年，總河都御史潘季馴言：「高堰，淮、揚之門戶，而黃、淮之關鍵也。欲導河以入海，必藉淮以刷沙。淮水南決，則濁流停滯，淸口亦堙。河必決溢，上流水行平地，而邳、徐、鳳、泗皆爲巨浸。是淮病而黃病，黃病而漕亦病，相因之勢也。」於是築高堰堤，起武家墩，經大小澗、阜陵湖、周橋、翟壩，長八十里，使淮不得東。又以淮水北岸有王簡、張福二口洩入黃河，水力分，淸口易淤淺，且黃水多由此倒灌入淮，乃築堤捍之。使淮無所出，黃無所入，全淮畢趨清口，會大河入海。然淮水雖出清口，亦西淫鳳、泗。

八年，雨澇，淮薄泗城，且至祖陵墀中。御史陳用賓以聞。給事中王道成因言：「黃河未漲，淮、泗間霖雨偶集，而清口已不容洩。宜令河臣疏導堵塞之。」季馴言：「黃、淮合流東注，甚迅駛。泗州岡阜盤旋，雨潦不及宣洩，因此漲溢。欲疏鑿，則下流已深，無可疏；欲堵塞，則上流不可逆堵。」乃令季馴相度，卒聽之而已。十六年，季馴復爲總河，加泗州護堤數千丈，皆用石。

十九年九月，淮水溢泗州，高於城壕，因塞水關以防內灌。於是，城中積水不洩，居民十九淹沒，侵及祖陵。疏洩之議不一，季馴謂當聽其自消。會嘔血乞歸，言者因請允其去。而帝遣給事中張貞觀往勘，會總河尚書舒應龍等詳議以上，計未有所定。連數歲，淮東決高良澗，西灌泗陵。帝怒，奪應龍官，遣給事中張企程往勘。議者多請拆高堰，總河尚書楊一魁與企程不從，而力請分黃導淮。乃建武家墩經河閘，洩淮水由永濟河達涇河，下射陽湖入海。又建高良澗及周橋減水石閘，以洩淮水，一由岔河入涇河，一由草子湖、寶應湖下子嬰溝，俱下廣洋湖入海。又挑高郵茆塘港，通邵伯湖，開金家灣，下芒稻河入江，以疏淮漲，而淮水以平。其後三閘漸塞。

崇禎間，黃、淮漲溢，議者復請開高堰。淮、揚在朝者公疏力爭，議遂寢。然是時，建

義諸口數決，下灌興、鹽，淮患日棘矣。

泇河，二源。一出費縣南山谷中，循沂州西南流，一出嶧縣君山，東南與費泇合，謂之東、西二泇河。南會彭河水，從馬家橋東，過微山、赤山、呂孟等湖，踰葛墟嶺，而南經侯家灣、良城，至泇口鎮，合蛤鰻、連汪諸湖。東會沂水，從周湖、柳湖，接邳州東直河。東南達宿遷之黃墩湖、駱馬湖，從董、陳二溝入黃河。引泗合沂濟運道，以避黃河之險，其議始於翁大立，繼之者傅希摯，而成於李化龍、曹時聘。

隆慶四年九月，河決邳州，自睢寧至宿遷淤百八十里。總河侍郎翁大立請開泇河以避黃水，未決而罷。明年四月，河復決邳州，命給事中雒遵勘驗。工部尚書朱衡請以開泇口河之說下諸臣熟計。帝卽命遵會勘。遵言：「泇口河取道雖捷，施工實難。葛墟嶺高出河底六丈餘，開鑿僅至二丈，硼石中水泉湧出。侯家灣、良城雖有河形，水中多伏石，難鑿，縱鑿之，湍激不可通漕。且蛤鰻、周柳諸湖，築堤水中，功費無算。微山、赤山、呂孟等湖雖可築堤，然須鑿葛墟嶺以洩正派，開地浜溝以散餘波，乃可施工。」請罷其議。詔尚書朱衡會總河都御史萬恭等覆勘。衡奏有三難，大略如遵指。且言漕河已通，徐、邳間堤高水深，不煩別建置。乃罷。

萬曆三年，總河都御史傅希摯言：「泇河之議嘗建而中止，謂有三難。而臣遣錐手、步弓、水平、畫匠，於三難處核勘。起自上泉河口，開向東南，則起處低窪，下流趨高之難可避也。南經性義村東，則葛墟嶺高堅之難可避也。從陡溝河經郭村西之平坦，則良城侯家灣之伏石可避也。至泇口上下，河渠深淺不一，湖塘聯絡相因，間有砂礓，無礙挑穵。大較上起泉河口，水所從入也，下至大河口，水所從出也。〔二〕自西北至東南，長五百三十里，比之黃河近八十里，河渠、河塘十居八九，源頭活水，脈絡貫通，此天之所以資漕也。誠能捐十年治河之費，以成泇河，則黃河無虞壅決，茶城無虞塡淤，二洪無虞艱險，運艘無虞漂損，洋山之支河可無開，境山之閘座可無建，徐、呂之洪夫可盡省，馬家橋之堤工可中輟。今日不貲之費，他日所省抵有餘者也。臣以爲開泇河便。」乃命都給事中侯于趙往會希摯及巡漕御史劉光國，確議以聞。于趙勘上泇河事宜：「自泉河口至大河口五百三十里內，自直河至清河三百餘里，無賴於泇，事在可已。惟徐、呂至直河上下二百餘里，河衞蕭、碭則涸二洪，衞睢寧則淤邳河，宜開以避其害，約費百五十餘萬金。特良城伏石長五百五十丈，〔三〕開鑿之力難以逆料。性義嶺及南禹陵俱限隔河流，二處旣開，則豐、沛河決，必至灌入。宜先鑿良城石，預修豐、沛堤防，可徐議興功也。」部覆如其言，而謂開泇非數年不成，當以治河爲急。帝不悅，責于趙阻撓，然議亦遂寢。

二十年，總河尚書舒應龍開韓莊以洩湖水，泇河之路始通。至二十五年，黃河決黃堌口南徙，徐、呂而下幾斷流。方議開李吉口、小浮橋及鎭口以下，建閘引水以通漕，而論者謂非永久之計。於是，工科給事中楊應文、吏科給事中楊廷蘭皆謂當開泇河，工部覆議允行。帝命河漕官勘報，不果。二十八年，御史佴祺復請開泇河。工部覆奏云：「用黃河爲漕，利與害參用；泇河爲漕，有利無害。但泇河之外，由微山、呂孟、周柳諸湖，伏秋水發虞風波，冬春水涸虞淺阻，須上下別鑿漕渠，建閘節水。」從之。總河尚書劉東星董其事，以地多沙石，工艱未就。工科給事中張問達以爲言。御史張養志復陳開泇河之說有四：

一曰開黃泥灣以通入泇之徑。邳州沂河口，入泇河門戶也。進口六七里，有湖名連二汪，其水淺而闊，下多淤泥。欲挑濬則無岸可修，欲爲壩埽則無基可築。湖外有黃泥灣，離湖不遠，地頗低。自沂口至湖北崖約二十餘里，於此開一河以接泇口，引湖水灌之，運舟可直達泇口矣。

一曰鑿萬家莊以接泇口之源。萬家莊，泇口迤北地也。與臺家莊、侯家灣、良城諸處，皆山岡高阜，多砂礓石塊，極難爲工。東星力鑿成河。但河身尙淺，水止二三尺，宜更鑿四五尺，俾韓莊之水下接泇口，則運舟無論大小，皆沛然可達矣。

一曰濬支河以避微口之險。微山湖在韓莊西，上下三十餘里，水深丈餘。必探深

淺，立標爲嚮導，風正帆懸，頃刻可過，突遇狂飈，未免敗沒。今已傍湖開支河四十五里，上通西柳莊，下接韓莊，牽挽有路。當再疏濬，庶無漂溺之患。

其一則以萬莊一帶勢高，北水南下，至此必速。請即其地建閘數座，以時蓄洩。詔速勘行。而東星病卒。御史高舉獻河漕三策，復及泇河。工部尚書楊一魁覆言：「泇河經良城、彭河、葛墟嶺，石礓難鑿，故口僅丈六尺，淺亦如之，當大加疏鑿。其韓莊渠上接微山、呂孟，宜多方疏導，俾無淤淺。順流入馬家橋、夏鎮，以爲運道接濟之資。」帝以泇河既有成績，命河臣更挑濬。

三十年，工部尚書姚繼可言泇河之役宜罷，乃止不治。未幾，總河侍郎李化龍復議開泇河，屬之直河，以避河險。工科給事中侯慶遠力主其說，而以估費太少，責期太速，請專任而責成之。三十二年正月，工部覆化龍疏，言：「開泇有六善，其不疑有二。泇河開而運不借河，河水有無聽之，善一。以二百六十里之泇河，避三百三十里之黃河，善二。運不借河，則我爲政得以熟察機宜而治之，善三。估費二十萬金，開河二百六十里，視朱衡新河事半功倍，善四。開河必行召募，春荒役興，麥熟人散，富民不擾，窮民得以養，善五。糧船過洪，必約春盡，實畏河漲，運入泇河，朝暮無妨，善六。爲陵捍患，爲民禦災，無疑者一。徐州向苦洪水，泇河既開，則徐民之爲魚者亦少，無疑者二。」帝深善之，令速鳩工爲久遠之

計。八月，化龍報分水河成，糧艘由泇者三之二。會化龍丁艱去，總河侍郎曹時聘代，上言頌化龍功。然是時，導河、濬泇，兩工並興，役未能竟。而黃河數溢壞漕渠。給事中宋一韓遂詆化龍開泇之誤，化龍憤，上章自辨。時聘亦力言泇可賴，因畫善後六事以聞。部覆皆從其議。且言：「泇開於梗漕之日，固不可因泇而廢黃；漕利於泇成之後，亦不可因黃而廢泇。兩利俱存，庶幾緩急可賴。」因請築郗山堤，削頓莊嘴，平大泛口湍溜，濬貓兒窩等處之淺，建鉅梁吳衡閘，增三市徐塘壩，以終泇河未就之功。詔如議。越數年，泇工未竟，督漕者復舍泇由黃。舟有覆者，遷徙黃、泇間，運期久踰限。

三十八年，御史蘇惟霖疏陳黃、泇利害，請專力於泇，略言：「黃河自清河經桃源，北達直河口，長二百四十里。此在泇下流，水平身廣，運舟日行僅十里。然無他道，故必用之。自直河口而上，歷邳、徐達鎮口，長二百八十餘里，是謂黃河。又百二十里，方抵夏鎮。其東自貓窩、泇溝達夏鎮，止二百六十餘里，是謂泇河。東西相對，舍此則彼。黃河三四月間淺與泇同。五月初，其流洶湧，自天而下，一步難行。由其水挾沙而來，河口日高。至七月初，則淺涸十倍。統而計之，無一時可由者。溺人損舟，其害甚劇。泇河計日可達，終鮮風波，但得實心任事之臣，不三五年缺略悉補，數百年之利也。」工科給事中何士晉亦言：「運道最險無如黃河。先年水出昭陽湖，夏鎮以南運道衝阻，開泇之議始決。避淺澀急溜二洪之險，聚諸泉水，以時啓閉，通行無滯者六年。乃今忽欲舍泇由黃，致倉皇損壞糧艘。或改由大浮橋，河道淤塞，復還由泇。以故運抵灣遲，汲汲有守凍之慮，由黃之害略可見矣。顧泇工未竟，闊狹深淺不齊。宜拓廣濬深，與會通河相等。重運空回，往來不相礙，迴旋不相避，水常充盛，舟無留行。歲捐水衡數萬金，督以廉能之吏，三年可竣工。然後循駱馬湖北岸，東達宿遷，大興畚鍤，盡避黃河之險，則泇河之事訖矣。或謂泉脈細微，太闊太深，水不能有。不知泇源遠自蒙、沂，近挾徐塘、許池、文武諸泉河，大率視濟寧泉河略相等。呂公堂口既塞，則山東諸水總合全收，加以閘壩堤防，何憂不足？或謂直抵宿遷，此功迂而難竟，是在任用得人，綜理有法耳。」疏入，不報。

明年，部覆總河都御史劉士忠泇黃便宜疏，言：「泇渠春夏間，沂、武、京河山水衝發，沙淤潰決，歲終當如南旺例修治。顧別無置水之地，勢不得不塞泇河壩，令水復歸黃流。故每年三月初，則開泇河壩，令糧艘及官民船由直河進。至九月內，則開召公壩，入黃河，以便空回及官民船往來。至次年二月中塞之。半年由泇，半年由黃，此兩利之道也。」因請增驛設官。又覆惟霖疏，言：「直隸貓窩淺，爲沂下流，河廣沙淤，〔四〕不可以閘，最爲泇患。宜西開一月河，以通沂口。凡水挾沙來，沙性直走，有月河以分之，則聚於洄伏之處，撈刷較易，而泇患少減矣。」俱報可。其後，泇河遂爲永利，但需補葺而已。然泇勢狹窄，冬春糧艘

回空仍由黃河焉。

四十八年，巡漕御史毛一鷺言：「泇河屬夏鎮者有閘九座，屬中河者止藉草壩。分司官議於直口等處建閘，請舉行之。」詔從其議。

崇禎四年，總漕尚書楊一鵬濬泇河。九年，總河侍郎周鼎奏重濬泇河成。久之，鼎坐決河防遠戍。給事中沈胤培訟其修泇利運之功，得減論。

衞河，源出河南輝縣蘇門山百門泉。經新鄉、汲縣而東，至畿南濬縣境，淇水入焉，謂之白溝，亦曰宿胥瀆。宋、元時名曰御河。由內黃東出，至山東館陶西，漳水合焉。東北至臨清，與會通河合。北歷德、滄諸州，至青縣南，合滹沱河。北達天津，會白河入海。所謂衞漕也。其河流濁勢盛，運道得之，始無淺澀虞。然自德州下漸與海近，卑窄易衝潰。

初，永樂元年，瀋陽軍士唐順言：「衞河抵直沽入海，南距黃河陸路纔五十里。若開衞河，而距黃河百步置倉廒，受南運糧餉，至衞河交運，公私兩便。」乃命廷臣議，未行。其冬，命都督僉事陳俊運淮安、儀眞倉糧百五十萬餘石赴陽武，由衞河轉輸北京。五年，自臨清抵渡口驛決堤七處，發卒塞之。後宋禮開會通河，衞河與之合。時方數決堤岸，遂命禮并治之。禮言：「衞輝至直沽，河岸多低薄，若不究源析流，但務堤築，恐復潰決，勞費益甚。會

通河抵魏家灣，與土河連，其處可穿二小渠以洩於土河。雖遇水漲，下流衞河，自無橫溢患。德州城西北亦可穿一小渠。蓋自衞河岸東北至舊黃河十有二里，而中間五里故有溝渠，宜開道七里，洩水入舊黃河，至海豐大沽河入海。」詔從之。

英宗初，永平縣丞李祐請閉漳河以防患，疏衞河以通舟。從之。正統四年築靑縣衞河堤岸。十三年從御史林廷舉請，引漳入衞。十四年，黃河決臨淸四閘，御史錢淸請濬其南撞圈灣河以達衞。從之。

景泰四年，運艘阻張秋之決。河南參議豐慶請自衞輝、胙城泊於沙門，陸輓三十里入衞，舟運抵京師。命漕運都督徐恭覆報，如其策。山東僉事江良材嘗言：「通河於衞有三便。古黃河自孟津至懷慶東北入海。今衞河自汲縣至臨淸、天津入海，則猶古黃河道也，便一。三代前，黃河東北入海，宇宙全氣所鍾。河南徙，氣遂遷轉。今於河陰、原武、懷、孟間導河入衞，以達天津，不獨徐、沛患息，而京師形勝百倍，便二。元漕舟至封丘，陸運抵淇門入衞。今導河注衞，冬春水平，漕舟至河陰，順流達衞。夏秋水迅，仍從徐、沛達臨淸，以北抵京師。且修其溝洫，擇良有司任之，可以備旱澇，捍戎馬，益起直隸、河南富强之勢，便三。」詹事霍韜大然其畫，具奏以聞。不行。

萬曆十六年，總督河漕楊一魁議引沁水入衞，命給事中常居敬勘酌可否。居敬言：「衞

小沁大，衞清沁濁，恐利少害多。」乃止。泰昌元年十二月，總河侍郎王佐言：「衞河流塞，惟挽漳、引沁、闢丹三策。挽漳難，而引沁多患。丹水則雖勢與沁同，而丹口旣闢，自修武而下皆成安流，建閘築堰，可垂永利。」制可，亦未能行也。

崇禎十三年，總河侍郎張國維言：「衞河合漳、沁、淇、洹諸水，北流抵臨淸，會閘河以濟運。自漳河他徙，衞流遂弱，挽漳引沁之議，建而未行。宜導輝縣泉源，且酌引漳、沁，闢丹水，疏通滏、洹、淇三水之利害得失，命河南撫、按勘議以聞。」不果行。

漳河，出山西長子曰濁漳，樂平曰淸漳，俱東經河南臨漳縣，由畿南眞定、河間趨天津入海。其分流至山東館陶西南五十里，與衞河合。洪武十七年，河決臨漳，敕守臣防護。復諭工部，凡堤塘堰壩可禦水患者，皆預修治。有司以黃、沁、漳、衞、沙五河所決堤岸丈尺，具圖計工以聞。詔以軍民兼築之。永樂七年，決固安縣賀家口。九年，決西南張固村河口，與滏陽河合流，下田不可耕。臨漳主簿趙永中乞令災戶於漳河旁墾高阜荒地。從之。是年築沁州及大名等府決堤。十三年，漳、滏並溢，漂沒磁州田稼。二十二年，溢廣宗。洪熙元年，漳、滏並溢，決臨漳三塚村等堤岸二十四處，發軍民修築。宣德八年復築三塚村堤口。

正統元年，漳、滏並溢，壞臨漳杜村西南堤。三年，漳決廣平、順德。四年，又決彰德。皆命修築。十三年，御史林廷舉言：「漳河自沁州發源，七十餘溝會而爲一，至肥鄉，堤岸逼隘，水勢激湍，故爲民患。元時分支流入衞河，以殺其勢。永樂間堙塞，舊跡尚存，去廣平大留村十八里。宜發丁夫鑿通，置閘，遏水轉入之，而疏廣肥鄉水道。則漳河水減，免居民患，而衞河水增，便漕。」從之。漳水遂通於衞。

正德元年濬滏陽河。河舊在任縣新店村東北，源出磁州。經永年、曲周、平鄉，至穆家口，會百泉等河北流。永樂間，漳河決而與合，二水每並爲患。至景泰間，又合漳，衝曲周諸縣，沿河之地皆築堤備之。成化間，舊河淤，衝新店西南爲新河，合沙、洺等河入穆家口，亦築堤備之。英宗時，漳已通衞。弘治初，益徙入御河，遂棄滏堤不理。其後，漳水復入新河，兩岸地皆沒。任縣民高暘等以爲言，下巡撫官勘奏，言：「穆家口乃衆河之委，當從此先，而併濬新舊河，令分流。漳、滏缺堤，以漸而築。」從之。自此漳、滏滙流，而入衞之道漸堙矣。

萬曆二十八年，給事中王德完言：「漳河決小屯，東經魏縣、元城，抵館陶入衞，爲一變，其害小。決高家口，析二流於臨漳之南北，俱至成安東呂彪河合流，經廣平、肥鄉、永年，至曲周入滏水，同流至靑縣口方入漕河，爲再變，其害大。滏水不勝漳，而今納漳，則狹小不

能束巨浪，病溢而患在民。衞水昔仰漳，而今舍漳，則細緩不能捲沙泥，病涸而患在運。塞高家河口，導入小屯河，費少利多，爲上策。仍迴龍鎭至小灘入衞，費鉅害少，爲中策。築呂彪河口，固堤漳水，運道不資利，地方不罹害，爲下策。」命河漕督臣集議行之。直隸巡按佴祺亦請引漳河。並下督臣，急引漳會衞，以圖永濟。不果行。

沁河，出山西沁源縣綿山東谷。穿太行山，東南流三十里入河南境。逕河內縣東北，又東南至武陟縣，〔四〕與黃河會而東注，達徐州以濟漕。其支流自武陟紅荆口，經衞輝入衞河。元郭守敬言：「沁餘水引至武陟，北流合御河灌田。」此沁入衞之故跡也。

明初，黃河自滎澤趨陳、潁，逕入於淮，不與沁合。乃鑿渠引之，令河仍入沁。久之，沁水盡入黃河，而入衞之故道堙矣。武陟者，沁、黃交會處也。永樂間，再決再築。宣德九年，沁水決馬曲灣，經獲嘉至新鄉，水深成河，城北又滙爲澤。築堤以防，猶不能遏。新鄉知縣許宣請堅築決口，俾由故道。遣官相度，從之。沁水稍定，而其支流復入於衞。正統三、四年間，武陟沁堤復再決再築。十三年，黃河決滎澤，背沁而去。乃從武陟東竇家灣開渠三十里，引河入沁，以達淮。自後，沁、河益大合，而沁之入衞者漸淤。

景泰三年，僉事劉淸言：「自沁決馬曲灣入衞，沁、黃、衞三水相通，轉輸頗利。今決口

中華書局

已塞，衛河膠淺。運舟悉從黃河，嘗遇險阻。宜遣官濬沁資衛，軍民運船視遠近之便而轉輸之。」詔下巡撫集議。明年，淸復言：「東南漕舟，水淺弗能進。請自滎澤入沁河，濬岡頭百二十里以通衛河。且張秋之決，由沁合黃，勢遂奔急。若引沁入衛，則張秋無患。」行人王晏亦言：「開岡頭置閘，分沁水，使南入黃，北達衛。遇漲則閉閘，漕可永無患。」並下督漕都御史王竑等覈實以聞。

明年，給事中何陞言：「沁河有漏港已成河。臨淸屯聚膠淺之舟，宜使從此入黃，度二旬可達淮。」詔竑及都御史徐有貞閱之。〔六〕既而罷引沁河議。初，王晏請漕沁，有司多言弗利。晏固爭。吏部尚書王直請遣官行河，命侍郎趙榮同晏往。榮亦言不利，議乃寢。天順八年，都察院都事金景輝復請濬陳橋集古河，分引沁水，北通長垣、曹州、鉅野，以達漕河。詔按實以聞，未能行也。

弘治二年夏，黃河決埽頭五處，入沁河。其冬，又決祥符翟家口，合沁河，出丁家道口。十一年，員外郎謝緝以黃河南決，恐牽沁水南流，徐、呂二洪必涸。請遏黃河，堤沁水，使俱入徐州。方下所司勘議，明年漕運總兵官郭鋐上副使張鼐引沁河議，請於武陟木欒店鑿渠抵荊隆口，分沁水入賈魯河，由丁家道口以下徐、淮。倘河或南徙，卽引沁水入渠，以濟二洪之運。帝卽令鼐理之。而曹縣知縣鄒魯又駁鼐議，謂引沁必塞沁入河之口，沁水無

歸，必漫田廬。若俟下流既通而始塞之，水勢擣虛，千里不折，其患更大，甚於黃陵。且起木欒店至飛雲橋，地以千里計，用夫百萬，積功十年，未能必其成也。兗州知府龔弘主其說，因上言：「鼐見河勢南行，故建此議。但今秋水逆流東北，亟宜濬築。」乃從河臣撫臣議，修丁家口上下堤岸，而鼐議卒罷。

至萬曆十五年，沁水決武陟東岸蓮花池、金屹擋，新鄉、獲嘉盡淹沒。廷議築堤障之。都御史楊一魁言：「黃河從沁入衛，此故道也。自河徙，而沁與俱南，衛水每涸。宜引沁入衛，不使助河爲虐。」部覆言：「沁入黃，衛入漕，其來已久。頃沁水決木欒蓮花口而東，一魁因建此議。而科臣常居敬往勘，言『衛輝府治卑於河，恐有衝激。且沁水多沙，入漕反爲患，不如堅築決口，廣闢河身』。」乃罷其議。

三十三年，茶陵知州范守己復言：「嘉靖六年，河決豐、沛。胡世寧言：『沁水自紅荊口分流入衛，近年始塞。宜擇武陟、陽武地開一河，北達衛水，以備徐、沛之塞。』會盛應期主開新渠，議遂不行。近者十年前，河沙淤塞沁口，沁水不得入河，自木欒店東決岸，奔流入衛，則世寧紅荊口之說信矣。彼時守土諸臣塞其決口，築以堅堤，仍導沁水入河。而堤外河形直抵衛濱，至今存也。請建石閘於堤，分引一支，由所決河道東流入衛。漕舟自邳遡河而上，因沁入衛，東達臨淸，則會通河可廢。」帝命總河及撫、按勘議，不行。

滹沱河，出山西繁峙泰戲山。〔七〕循太行，掠晉、冀，逶迤而東，至武邑合漳。東北至靑縣岔河口入衛，下直沽。或云九河中所稱徒駭是也。

明初，故道由藁城、晉州抵寧晉入衛，其後遷徙不一。河身不甚深，而水勢洪大。左右旁近地大率平漫，夏秋雨潦，挾衆流而潰，往往成巨浸。水落，則因其淺淤以爲功。修堤濬流，隨時補救，不能大治也。洪武間一濬。建文、永樂間，修武強、眞定決岸者三。至洪熙元年夏，霪雨，河水大漲，晉、定、深三州，藁城、無極、饒陽、新樂、寧晉五縣，低田盡沒，而滹沱遂久淤矣。宣德六年，山水復暴泛，衝壞堤岸，發軍民濬之。正統元年溢獻縣，決大郭鼂窩口堤。四年溢饒陽，決醜女堤及獻縣郭家口堤，淹深州田百餘里，皆命有司修築。十一年復疏晉州故道。

成化七年，巡撫都御史楊璿言：「霸州、固安、東安、大城、香河、寶坻、新安、任丘、河間、肅寧、饒陽諸州縣屢被水患，由地勢平衍，水易瀦積。而唐、滹沱、白溝三河上源堤岸率皆低薄，遇雨輒潰。官吏東西決放，以鄰爲壑。宜求故跡，隨宜濬之。」帝卽命璿董其事，水患稍寧。至十八年，衛、漳、滹沱並溢，潰漕河岸，自淸平抵天津決口八十六。因循者久之。弘治二年修眞定縣白馬口及近城堤三千九百餘丈。五年又築護城堤二道。後復比年

大水，眞定城內外俱浸。改挑新河，水患始息。

嘉靖元年築束鹿城西決口，修晉州紫城口堤。未幾，復連歲被水。十年冬，巡按御史傅漢臣言：「滹沱流經大名，故所築二堤衝敗，宜修復如舊。」乃命撫、按官會議。其明年，敕太僕卿何棟往治之。棟言：「河發渾源州，會諸山之水，東趨眞定，由晉州紫城口之南入寧晉泊，會衛河入海，此故道也。晉州西高南下，因衝紫城東溢，而束鹿、深州諸處遂爲巨浸。今宜起藁城張村至晉州故堤，築十八里，高三丈，廣十之，植椿榆諸樹。乃濬河身三十餘里，導之南行，使歸故道，則順天、眞、保諸郡水患俱平矣。」又用郞中徐元祉言，於眞定濬滹沱河以保城池，又導束鹿、武強、河間、獻縣諸水，循滹沱以出。皆從之。自後數十年，水頗戢，無大害。

萬曆九年，給事中顧問言：「臣令任丘，見滹沱水漲，漂沒民田不可勝紀。請自饒陽、河間以下水占之地，悉捐爲河，而募夫深濬河身，堅築堤岸，以圖永久。」命下撫、按官勘議。增築雄縣橫堤八里，任丘東堤二十里。

桑乾河，盧溝上源也。發源太原之天池，伏流至朔州馬邑雷山之陽，有金龍池者渾泉溢出，是爲桑乾。東下大同古定橋，抵宣府保安州，雁門、應州、雲中諸水皆會。穿西山，入

中華書局

宛平界。東南至看丹口，〔八〕分爲二。其一東由通州高麗莊入白河。其一南流霸州，合易水，南至天津丁字沽入漕河，曰盧溝河，亦曰渾河。河初過懷來，束兩山間，不得肆。至都城西四十里石景山之東，地平土疏，衝激震盪，遷徙弗常。元史名盧溝曰小黃河，以其流濁也。上流在西山後者，盈涸無定，不爲害。

嘉靖三十三年，御史宋儀望嘗請疏鑿，以漕宣、大糧。三十九年，都御史李文進以大同缺邊儲，亦請「開桑乾河以通運道。自古定橋至盧溝橋務里村水運五節，七百餘里，陸運二節，八十八里。春秋二運，可得米二萬五千餘石。且造淺船由盧溝達天津，而建倉務里村、青白口八處，以備撥運。」皆不能行。下流在西山前者，泛溢害稼，畿封病之，堤防急焉。

洪武十六年濬桑乾河，自固安至高家莊八十里，霸州西支河二十里，南支河三十五里。永樂七年，決固安賀家口。十年，壞盧溝橋及堤岸，沒官田民廬，溺死人畜。洪熙元年，決東狼窩口。宣德三年，潰盧溝堤。皆發卒治之。六年，順天府尹李庸言：「永樂中，渾河決新城，高從周口遂致淤塞。霸州桑圓里上下，每年水漲無所洩，漫湧倒流，北灌海子凹、牛欄佃，請亟修築。」從之。七年，侍郎王佐言：「通州至河西務河道淺狹，張家灣西舊有渾河，請疏濬。」帝以役重止之。九年，決東狼窩口，命都督鄭銘往築。正統元年復命侍郎李庸修築，並及盧溝橋小屯廠潰岸。明年，工竣。越三年，白溝、渾河二水俱溢，決保定縣安州堤

五十餘處。復命庸治之，築龍王廟南石堤。七年築渾河口。八年築固安決口。

成化七年，霸州知州蔣愷言：「城北草橋界河，上接渾河，下至小直沽注於海。永樂間，渾河改流，西南經固安、新城、雄縣抵州，屢決爲害。近決孫家口，東流入河，又東抵三角淀。小直沽乃其故道，請因其自然之勢，修築堤岸。」詔順天府官相度行之。十九年命侍郎杜謙督理盧溝河堤岸。弘治二年，決楊木廠堤，命新寧伯譚祐、侍郎陳政、內官李興等督官軍二萬人築之。正德元年築狼窩決口。久之，下流支渠盡淤。

嘉靖十年從郎中陸時雍言，發卒濬導。三十四年修柳林至草橋大河。四十一年命尚書雷禮修盧溝河岸。禮言：「盧溝東南有大河，從麗莊園入直沽下海，沙澱十餘里。稍東岔河，從固安抵直沽，勢高。今當先濬大河，令水歸故道，然後築長堤以固之。決口地下水急，人力難驟施。西岸故堤綿亙八百丈，遺址可按，宜併築。」詔從其請。明年訖工，東西岸石堤凡九百六十丈。

萬曆十五年九月，神宗幸石景山，臨觀渾河。召輔臣申時行至幄次，諭曰：「朕每聞黃河衝決，爲患不常，欲觀渾河以知水勢。今見河流洶湧如此，知黃河經理倍難。宜飭所司加慎，勿以勞民傷財爲故事。至選用務得人，吏、工二部宜明喻朕意。」

膠萊河，在山東平度州東南，膠州東北。源出高密縣，分南北流。南流自膠州麻灣口入海，北流經平度州至掖縣海倉口入海。議海運者所必講也。元至元十七年，萊人姚演獻議開新河，鑿地三百餘里，起膠西縣東陳村海口，西北達膠河，出海倉口，謂之膠萊新河。尋以勞費難成而罷。

明正統六年，昌邑民王坦上言：「漕河水淺，軍卒窮年不休。往者江南常海運，自太倉抵膠州。州有河故道接掖縣，宜濬通之。由掖浮海抵直沽，可避東北海險數千里，較漕河爲近。」部覆寢其議。

嘉靖十一年，御史方遠宜等復議開新河。以馬家墩數里皆石岡，議復寢。十七年，山東巡撫胡纘宗言：「元時新河石座舊跡猶在，惟馬壕未通。已募夫鑿治，請復濬淤道三十餘里。」命從其議。

至十九年，副使王獻言：「勞山之西有薛島、陳島，石砑林立，橫伏海中，最險。元人避之，故放洋走成山正東，踰登抵萊，然後出直沽。考膠萊地圖，薛島西有山曰小竺，兩峯夾峙。中有石岡曰馬壕，其麓南北皆接海崖，而北即麻灣，又稍北即新河，又西北即萊州海倉。由麻灣抵海倉纔三百三十里，由淮安踰馬壕抵直沽，纔一千五百里，可免遶海之險。元人嘗鑿此道，遇石而止。今鑿馬壕以趨麻灣，濬新河以出海倉，誠便。」獻乃於舊所鑿地迤

西七丈許鑿之。其初土石相半，下則皆石，又下石頑如鐵。焚以烈火，用水沃之，石爛化爲燼。海波流匯，麻灣以通，長十有四里，廣六丈有奇，深半之。由是江、淮之舟達於膠萊。踰年，復濬新河，水泉旁溢，其勢深闊，設九閘，置浮梁，建官署以守。而中間分水嶺難通者三十餘里。時總河王以旂議復海運，請先開平度新河。帝謂妄議生擾，而獻亦適遷去，於是工未就而罷。

三十一年，給事中李用敬言：「膠萊新河在海運舊道西，王獻鑿馬家壕，導張魯、白、現諸河水益之。今淮舟直抵麻灣，即新河南口也，從海倉直抵天津，即新河北口也。南北三百餘里，潮水深入。中有九穴湖、大沽河，皆可引濟。其當疏濬者百餘里耳，宜急開通。」給事中賀涇、御史何廷鈺亦以爲請。詔廷鈺會山東撫、按官行視。既而以估費浩繁，報罷。

隆慶五年，給事中李貴和復請開濬，詔遣給事中胡檟會山東撫、按官議。檟言：「獻所鑿渠，流沙善崩，所引白河細流不足灌注。他若現河、小膠河、張魯河、九穴、都泊皆潢汙不深廣。膠河雖有微源，地勢東下，不能北引。諸水皆不足資。上源則水泉枯涸，無可仰給；下流則浮沙易潰，不能持久。擾費無益。」巡撫梁夢龍亦言：「獻悞執元人廢渠爲海運故道，不知渠身太長，春夏泉涸無所引注，秋冬暴漲無可蓄洩。南北海沙易塞，舟行滯而不通。」乃復報罷。

中華書局

萬曆三年，南京工部尚書劉應節、侍郎徐栻復議海運，言：「難海運者以放洋之險，覆溺之患。今欲去此二患，惟自膠州以北，楊家圈以南，濬地百里，無高山長坂之隔，楊家圈北悉通海潮矣。綜而計之，開創者什五，通濬者什三，量濬者什二。以錐探之，上下皆無石，可開無疑。」乃命栻任其事。應節議主通海。而栻往相度，則膠州旁地高峻，不能通潮。惟引泉源可成河，然其道二百五十餘里，鑿山引水，築堤建閘，估費百萬。詔切責栻，謂其以難詞沮成事。會給事中光懋疏論之，且請令應節往勘。應節至，謂南北海口水俱深闊，舟可乘潮，條悉其便以聞。

山東巡撫李世達上言：「南海麻灣以北，應節謂沙積難除，徙古路溝十三里以避之。又慮南接鴨綠港，東連龍家屯，沙積甚高，渠口一開，沙隨潮入，故復有建閘障沙之議。臣以爲閘閉則潮安從入？閘啓則沙又安從障也？北海倉口以南至新河閘，大率沙淤潮淺。應節挑東岸二里，僅去沙二尺，大潮一來，沙壅如故，故復有築堤約水障沙之議。臣以爲障兩岸之沙則可耳，若潮自中流衝激，安能障也？分水嶺高峻，一工止二十丈，而費千五百金。下多碙砬石，掣水甚難。故復有改挑王家丘之議。臣以爲吳家口至亭口高峻者共五十里，大概多碙砬石，費當若何？而舍此則又無河可行也。夫潮信有常，大潮稍遠，亦止及陳村閘、楊家圈，不能更進。況日止二潮乎？此潮水之難恃也。河道紆曲二百里，張魯、白、膠

三水微細，都泊行潦，業已乾涸。設遇亢旱，何泉可引？引泉亦難恃也。元人開濬此河，史臣謂其勞費不貲，終無成功，足爲前鑒。」巡按御史商爲正亦言：「挑分水嶺下，方廣十丈，用夫千名。纔下數尺爲碙砬石，又下皆沙，又下盡黑沙，又下水泉湧出，甫挑即淤，止深丈二尺。必欲通海行舟，更須挑深一丈。雖二百餘萬，未足了此。」給事中王道成亦論其失。工部尚書郭朝賓覆請停罷。遂召應節、栻還京，罷其役。嗣是中書程守訓，御史高舉、顏思忠，尚書楊一魁相繼議及之，皆不果行。

崇禎十四年，山東巡撫曾櫻、戶部主事邢國璽復申王獻、劉應節之說。給內帑十萬金，工未舉，櫻去官。十六年夏，尚書倪元璐請截漕糧由膠萊河轉餉，自膠河口用小船抵分水嶺，車盤嶺脊四十里達於萊河，復用小船出海，可無島嶼漂損之患。山東副總兵黃蔭恩獻議略同。皆未及行。

校勘記

〔一〕正德十二年　二，原作「三」，據明史稿志二七河渠志、武宗實錄卷一五一正德十二年七月辛丑條、水行金鑑卷六二改。

〔二〕大較上起泉河口水所從入也下至大河口水所從出也　原脫「水所從入也，下至大河口」十字，據神宗實錄卷三五萬曆三年二月戊戌條、行水金鑑卷一二一補。

〔三〕特良城伏石長五百五十丈　特，原作「惟」，上文已有「惟」字，這裏意有轉折，當作「特」。據神宗實錄卷三九萬曆三年六月辛卯條、行水金鑑卷一二一改。

〔四〕爲沂下流河廣沙淤　爲沂下流，原作「爲河下流」，據神宗實錄卷四八二萬曆三十九年四月壬申條改。沙淤，神宗實錄作「沙深」。

〔五〕又東南至武陟縣　東南，原作「南東」，據讀史方輿紀要卷四九改。

〔六〕度二旬可達淮詔竑及都御史徐有貞閱之　二，原作「三」，據明史稿志二七河渠志改。英宗實錄卷二四五景泰五年九月戊寅條、行水金鑑卷一〇九都作「不二十日」。「閱之」，同上英宗實錄、行水金鑑都作「理之」。

〔七〕出山西繁峙泰戲山　泰，原作「秦」，據明會典卷一九九改。讀史方輿紀要卷一〇作「大」。

〔八〕東南至看舟口　舟，讀史方輿紀要卷一〇作「丹」。

中華書局

明史卷八十八

志第六十四

河渠六

直省水利

三代疆理水土之制甚詳。自井田廢，溝遂堙，水常不得其治，於是穿鑿渠塘井陂，以資灌溉。明初，太祖詔所在有司，民以水利條上者，即陳奏。越二十七年，特諭工部，陂塘湖堰可蓄洩以備旱潦者，皆因其地勢修治之。乃分遣國子生及人材，徧詣天下，督修水利。明年冬，郡邑交奏。凡開塘堰四萬九百八十七處，其恤民者至矣。嗣後有所興築，或役本境，或資鄰封，或支官料，或採山場，或農隙鳩工，或隨時集事，或遣大臣董成。終明世水政屢修，可具列云。

洪武元年修和州銅城堰閘，周迴二百餘里。四年修興安靈渠，爲陡渠者三十六。渠水

發源陽山，秦時鑿，溉田萬頃。馬援葺之，後圮。至是始復。六年發松江、嘉興民夫二萬開上海胡家港，自海口至漕涇千二百餘丈，以通海船。且濬海鹽澉浦。八年開登州蓬萊閣河。命耿炳文濬涇陽洪渠堰，溉涇陽、三原、醴泉、高陵、臨潼田二百餘里。九年修彭州都江堰。十二年，李文忠言：「陝西病鹹鹵，請穿渠城中，遙引龍首渠東注。」從其請，甃以石。十四年築海鹽海塘。十七年築磁州漳河決堤。決荆州嶽山壩以灌民田。十九年築長樂海堤。二十三年修崇明、海門決堤二萬三千九百餘丈，役夫二十五萬人。四川永寧宣慰使言：「所轄水道百九十灘，江門大灘八十二，皆被石塞。」詔景川侯曹震往疏之。二十四年修臨海橫山嶺水閘，寧海、奉化海堤四千三百餘丈。築上虞海堤四千丈，改建石閘。濬定海、鄞二縣東錢湖，灌田數萬頃。二十五年鑿溧陽銀墅東壩河道，由十字港抵沙子河胭脂壩四千三百餘丈，役夫三十五萬九千餘人。二十七年濬山陽支家河。鬱林州民言：「州南北二江相去二十餘里，乞鑿通，設石陡諸閘。」從之。二十九年修築河南洛堤。復興安靈渠。時尚書唐鐸以軍興至其地，圖渠狀以聞。請濬深廣，通官舟以餉軍。命御史嚴震直燒鑿陡澗之石，餉道果通。三十一年，洪渠堰圮，復命耿炳文修治之。且濬渠十萬三千餘丈。建文四年疏吳淞江。

永樂元年修安陸京山漢水塌岸，章丘漯河東堤，高密、濰決岸，安陽河堤，福山護城決

堤，浙江赭山江塘，餘干龍窟壩塘岸，臨潁褚河決口，濰縣白浪河堤，潛山、懷寧陂堰，高要青岐、羅婆圩，通州徐竈、食利等港，平遙廣濟渠，句容楊家港、王旱圩等堤，肇慶、鳳翔遙頭岡決岸，南陽高家、屯頭二堰及沙、澧等河堤，夏縣古河決口三十餘里。修築和州保大等圩百二十餘里，蓄水陡門九。濬昌邑河渠五所，鑿嘉定小横瀝以通秦、趙二涇，濬崑山葫蘆等河。

命夏原吉治蘇、松、嘉興水患，濬華亭、上海運鹽河，金山衞閘及漕涇分水港。原吉言：「浙西諸郡，蘇、松最居下流，嘉、湖、常頗高，環以太湖，綿亙五百里。納杭、湖、宣、歙溪澗之水，散注澱山諸湖，以入三泖。頃爲浦港堙塞，漲溢害稼。拯治之法，在濬吳淞諸浦。按吳淞江袤二百餘里，廣百五十餘丈，西接太湖，東通海，前代常疏之。然當潮汐之衝，旋疏旋塞。自吳江長橋抵下界浦，百二十餘里，水流雖通，實多窄淺。從浦抵上海南倉浦口，百三十餘里，潮汐淤塞，已成平陸，灩沙游泥，難以施工。嘉定劉家港即古婁江，徑入海，常熟白茆港徑入江，[一]皆廣川急流。宜疏吳淞南北兩岸、安亭等浦，引太湖諸水入劉家、白茆二港，使其勢分。松江大黃浦乃通吳淞要道，今下流遏塞難濬。旁有范家浜，至南倉浦口徑達海。宜濬深闊，上接大黃浦，達泖湖之水，庶幾復禹貢『三江入海』之舊。水道既通，乃相地勢，各置石閘，以時啓閉。每歲水涸時，預修圩岸，以防暴流，則水患可息。」帝命發民

丁開濬。原吉晝夜徒步，以身先之，功遂成。

二年修泰州河塘萬八千丈，興化南北堤、泰興沿江圩岸、六合瓜步等屯。濬丹徒通潮舊江，又修象山茭湖塘岸，海康、徐聞二縣那隱坡、調黎等港堤岸，黄巖混水等十五閘、六陡門，孟津河堤，分宜湖塘，武陟馬田堤岸，香山竹徑水陂，復興安分水塘。興安有江，源出海陽山。江中横築石埭，分南北渠，溉民田甚溥。埭上疊石如鱗，以防衝溢。嚴震直撤石增埭，水迫無所洩，衝塘岸，盡趨北渠，南渠淺澀，民失利。至是修復如舊。

海門民請發淮安、蘇、常民丁協修張墩港、東明港百餘里潰堤。帝曰：「三郡民方苦水患，不可重勞。」遣官行視，以揚州民協築之。當塗民言：「慈湖瀕江，上通宣、歙，東抵丹陽湖，西接蕪湖。久雨浸淫，潮漲傷農，宜遣勘修築。」帝從其請，且諭工部，安、徽、蘇、松、浙江、江西、湖廣凡湖泊卑下，圩岸傾頹，亟督有司治之。夏原吉復奉命治水蘇、松，盡通舊河港。又濬蘇州千墩浦、致和塘、安亭、顧浦、陸皎浦、尤涇、黃涇共二萬九千餘丈，松江大黃浦、赤雁浦、范家浜共萬二千丈，以通太湖下流。

先是，修含山崇義堰。未幾，和州民言：「銅城閘上抵巢湖，下通揚子江，決圩岸七十餘處，乞修治。」其吏目張良興又言：「水淹麻、澧二湖田五萬餘頃，宜築圩埂，起桃花橋，訖含山界三十里。」俱從之。

三年修上虞曹娥江壩埂，溫縣馱塢村堤堰四千餘丈，南海衞蓮塘、四會縣鷓鴣水等堤岸，無爲州周興等鄉及鷹揚衞烏江屯江岸。築昌黎及歷城小淸河決堤，應天新河口北岸，從大勝關抵江東驛三千三百丈。濬海州北舊河，上通高橋，下接臨洪場及山陽運鹽河十八里。

四年修築宣城十九圩，豐城穆湖圩岸，石首臨江萬石堤，溧水決圩。修懷寧斗潭河、彭灘圩岸，順天固安，保定荊岱，欒亭魯家套、社河口，吉水劉家塘、雲陂，江都劉家圩港。築湖廣廣濟武家穴等江岸。新建石頭岡圩岸、江浦沿江堤。開泰州運鹽河、普定秦潼河、西溪南儀阡三處河口，導流興化、鹽城界入海。濬常熟福山塘三十六里。

五年修長洲、吳江、崑山、華亭、錢塘、仁和、嘉興堤岸，餘姚南湖壩，築高要銀岡、金山等潰堤，溉田五百餘頃。治杭州江岸之淪者。六年濬浙江平陽縣河。七年修安陸州渲馬灘決岸、海鹽石堤，築泰興攔江堤三千九百餘丈。且濬大港北淤河，抵縣南，出大江，四千五百餘丈。八年修丹陽練湖塘，汝陽汝河堤岸，南陵野塘圩、蚌蕩壩，松滋張家坑、何家洲堤岸，平度州濰水、浮糠河決口百十二，堤堰八千餘丈，吳江石塘官路橋梁。

九年修安福丁陂等塘堰，安仁饒家陂、壽光堤，安陸京山景陵圩岸，長樂官塘，長洲至嘉興石土塘橋路七十餘里，泄水洞百三十一處，監利車水堤四千四百餘丈，高安華陂屯陂

堤，仁和、海寧、海鹽土石塘岸萬餘丈。築沂州沭河口決岸，并淪沭陽沭河。築直隸新城張村等口決堤，仁和黃濠塘岸三百餘丈，孫家圍塘岸二十餘里。濬濰縣干丹河、定襄故渠六十三里，引滹沱水灌田六百餘頃。疏福山官渠，濬江陰青陽河道，鄒平白條溝河三十餘里。

麗水民言：「縣有通濟渠，截松陽、遂昌諸溪水入焉。上、中、下三源，流四十八派，溉田二千餘頃。上源民洩水自利，下源流絕，沙壅渠塞。請修堤堰如舊。」部議從之。齊東知縣張昇言：「小淸河洪水衝決，淹沒諸鹽場及青州田。請濬上流，修長堤，使水行故道。」皇太子遣官經理之。鄜州民言：「洛水橫決而西，衝塌州城東北隅。請濬故道，循州東山麓南流。」從之。

十年修浙江平陽捍潮堤岸，黃梅臨江決岸百二十餘里，海門捍潮堤百三十里。築新會圩岸二千餘丈，獻縣、饒陽恭儉等岸，安丘紅河決岸，安州直亭等河決口八十九，華容、安津等堤決口四十六。濬上海蟠龍江、濰縣白浪河。北京行太僕卿楊砥言：「吳橋、東光、興濟、交河及天津等衞屯田，雨水決堤傷稼。德州良店驛東南二十五里有黃河故道，與州南土河通。穿渠置閘，分殺水勢，大爲民便。」命侍郎藺芳往理之。

十一年修蕪湖陶辛、政和二圩，保定、文安二縣河口決岸五十四，應天新河圩岸，天長福勝、戚家莊二塘，滎澤大濱河堤。濬崑山太平河。十二年修鳳陽安豐塘水門十六座及牛

角壩、新倉舖場岸，武陟郭村、馬曲堤岸，聊城龍灣河，濮州紅船口，范縣曹村河堤岸。築三河決堤。濬海州官河二百四十里。解州民言：「臨晉涑水河逆流，決姚暹渠堰，入砂地，淹民田，將及鹽池。」尋又言：「硝池水溢，決豁口，入鹽池。」以涑水渠、姚暹渠併流，故命官修築如其請。

十三年修興濟決岸、南京羽林右衞刁家圩屯田堤。吳江縣丞李昇言：「蘇、松水患，太湖爲甚，急宜洩其下流。若常熟白茆諸港，崑山千墩等河，長洲十八都港汊，吳縣、無錫近湖河道，皆宜循其故迹，濬而深之。仍修蔡涇等閘，候潮來往，以時啓閉。則泛濫可免，而民獲耕種之利。」從之。十五年修固安孫家口及臨漳固塚堤岸。十六年修魏縣決岸。

十七年，蕭山民言：「境內河渠四十五里，溉田萬頃，比年淤塞。乞疏濬，仍置閘錢淸小江壩東，庶旱潦無憂。」山東新城民言：「縣東鄭黃溝源出淄川，下流壅沮，霖潦妨農。陳家莊南有乾河，上與溝接，下通烏江，乞濬治。」並從之。十八年，海寧諸縣民言：「潮沒海塘二千六百餘丈，延及吳家等壩。」通政岳福亦言：「仁和、海寧壞長降等壩，淪海千五百餘丈。東岸赭山、巖門山、蜀山舊有海道，淤絕久，故西岸潮愈猛。乞以軍民修築。」並從之。明年修海寧等縣塘岸。

二十一年修嘉定抵松江潮圮圩岸五千餘丈、交阯順化衞決堤百餘丈。文水民言：「文

谷山常稔渠分引文谷河流，袤三十餘里，灌田。今河潰洩水。」從其奏，葺治之。二十二年修臨海廣濟河閘。

洪熙元年修黃巖濱海閘壩。視永樂初，增府判一員，專其事。修獻縣、饒陽恭儉堤及窯堤口。

宣德二年，浙江歸安知縣華嵩言：「涇陽洪渠堰溉五縣田八千四百餘頃。洪武時，長興侯耿炳文前後修濬，未久堰壞。永樂間，老人徐齡言於朝，遣官修築，會營造不果。乞專命大臣起軍夫協治。」從之。三年修灌縣都江等堰四十四。臨海民言：「胡巉諸閘瀦水灌田，近年閘壞而金鼇、大浦、湖涞、舉嶼等河遂皆壅阻，乞爲開築。」帝曰：「水利急務，使民自訴於朝，此守令不得人爾。」命工部卽飭郡縣秋收起工。仍詔天下：「凡水利當興者，有司卽舉行，毋緩視。」

巡按江西御史許勝言：「南昌瑞河兩岸低窪，多良田。洪武間修築，水不爲患。比年水溢，岸圮二十餘處。豐城安沙繩灣圩岸三千六百餘丈，永樂間水衝，改修百三十餘丈。近者久雨，江漲堤壞。乞敕有司募夫修理。」中書舍人陸伯倫言：「常熟七浦塘東西百里，灌常熟、崑山田，歲租二十餘萬石。乞聽民自濬之。」皆詔可。

四年修獻縣柳林口堤岸。潛江民言：「蚌湖、陽湖皆臨襄河，水漲岸決，害荊州三衞、荊

二十四史

中華書局

門、江陵諸州縣官民屯田無算。乞發軍民築治。」從之。福清民言：「光賢里官民田百餘頃，堤障海水。堤壞久，田盡荒。永樂中，嘗命修治，迄今未舉，民不得耕。」帝責有司亟治，而諭尚書吳中嚴飭郡邑，陂池堤堰及時修濬，慢者治以罪。

五年，巡撫侍郎成均言：「海鹽去海二里，石嵌土岸二千四百餘丈，水齧其石，皆已刓敝。議築新石於岸內，而存其舊者以爲外障。乞如洪武中令嘉、嚴、紹三府協夫舉工。」從之。

六年修瀏陽、廣濟諸縣堤堰，豐城西北臨江石堤及西南七圩壩，石首臨江三堤。濬餘姚舊河池。巡撫侍郎周忱言：「溧水永豐圩周圍八十餘里，環以丹陽、石臼諸湖。舊築埂壩，通陟門石塔，農甚利之。今頹敗，請葺治。」教諭唐敏言：「常熟耿涇塘，南接梅里，通昆承湖，北達大江。洪武中，濬以溉田。今壅阻，請疏導。」並從之。

七年修眉州新津通濟堰。堰水出彭山，分十六渠，溉田二萬五千餘畝。河東鹽運使言：「鹽池近地姚暹河，流入五星湖轉黃流河，兩岸窪下。比歲雨溢水漲，衝至解州。浪益急，遂潰南岸，沒民田三十餘里，鹽池護堤皆壞。復因下流涑水河高，壅淤逆流，姚暹以決。乞起民夫疏瀹。」從之。

蘇州知府況鍾言：「蘇、松、嘉、湖湖有六，曰太湖、龐山、陽城、沙湖、昆承、尚湖。永樂

初，夏原吉濬導，今復淤。乞遣大臣疏濬。」乃命周忱與鍾治之。是歲，汾河驟溢，敗太原堤。鎮守都司李謙、巡按御史徐傑以便宜修治，然後馳奏。帝嘉奬之。

八年葺湖廣偏橋衞高陂石洞，完縣南關舊河。復和州銅城堰閘。修安陽廣惠等渠，磁州滏陽河、五爪濟民渠。九年修江陵枝江沿江堤岸。築薊州決岸。毀蘇、松民私築堤堰。十年築海鹽潮決海塘千五百餘丈。主事沈中言：「山陰西小江，上通金、嚴，下接三江海口，引諸暨、浦江、義烏諸湖水以通舟。江口近淤，宜築臨浦戚堰障諸湖水，俾仍出小江。」詔部覆奪。

正統元年修吉安沿江堤。築海陽、登雲、都雲、步村等決堤。濬陝西西安灞橋河。二年築蠡縣王家等決口。修新會鸞臺山至瓦塘浦頹岸，江陵、松滋、公安、石首、潛江、監利近江決堤。又修湖廣老龍堤，以爲漢水所潰也。三年疏泰興順德鄉三渠，引湖溉田；潞州永祿等溝渠二十八道，通於漳河。四年修容城杜村口堤。設正陽門外減水河，并疏城內溝渠。荊州民言：「城西江水高城十餘丈，霖潦壞堤，水即灌城。請先事修治。」寧夏巡撫都御史金濂言：「鎮有五渠，資以行溉，今明沙州七星、漢伯、石灰三渠久塞。請用夫四萬疏濬，溉蕪田千三百餘頃。」並從之。

五年修太湖堤，海鹽海岸，南京上中下新河及濟川衞新江口防水堤，鄞縣、南宮諸堤。

築順天、河間及容城杜村口、郎家口決堤。塞海寧蠣巖決堤口。濬鹽城伍祐、新興二場運河。初，溧水有鎮曰廣通，其西固城湖入大江，東則三塔堰河入太湖。中間相距十五里，洪武中鑿以通舟。縣地稍窪，而湖納寧國、廣德諸水，遇潦即溢，乃築壩於鎮以禦之，而堰水不能至壩下。是歲，改築壩於葉家橋。胭脂河者，溧水入秦淮道也。蘇、松船皆由以達，沙石壅塞，因并濬之。山陽涇河壩，上接漕河，下達鹽城，舊置絞關以通舟，歲久且敝，又恐盜洩水利，遂築塞河口。是歲，從民請，修壩并復絞關。

六年造宣武門東城河南岸橋。修江米巷玉河橋及堤，并濬京城西南河。築豐城沙月諸河堤、蕪湖陶辛圩新埂。濬海寧官河及花塘河、硤石橋塘河，築瓦石堰二所。疏南京江洲，殺其水勢，以便修築塌岸。高郵知州韓簡言：「官河上下二閘皆圮，河亦不通，且子嬰溝塞，減水陰洞閉，致旱澇無所濟。俱乞濬治。」詔部覈實以行。

七年修江西廣昌江岸、蕭山長山浦海塘、彭山通濟堰。築南京浦子口、大勝關堤，九江及武昌臨江塌岸。濬江陵、荊門、潛江淤沙三十餘里。八年修蘭溪卸橋浦口堤，弋陽官陂三所。濬南京城河。

九年修德州耿家灣等堤岸、杞縣離溝堤。築容城杜村堤決口。易上虞菱湖土壩爲石閘。挑無錫里谷、蘇塘、華港、上村、李走馬塘諸河，東南接蘇州苑山湖塘，北通揚子江，西

接新興河，引水灌田。濬杞縣牛墓岡舊河，武進太平、永興二河。疏海鹽永安河，茶市院新涇、陶涇塘諸河。都御史陳鎰言：「朝邑多沙鹻，難耕。縣治洛河，與渭水通，請穿渠灌之。」新安民言：「城南長溝河，西通徐、漕二水，東連雄縣直沽，沙土淤塞，請發丁夫疏濬。」海陽民蕭瑤言：「縣有長溪，源出山麓，流抵海口，周亥潮郡，故登隆等都俱置溝通溉。惟隆津等都陸野絕水，歲旱無所賴。乞開溝如登隆。」長樂民劉彥梁言：「嚴湖二十餘里，南接稠菴溪，西通倒流溪，可備旱溢。又有張塘涵、塘前涵、大塘涵、陳塘港，其利如嚴湖。乞令有司疏濬。」廣濟民言：「縣與鄰邑黃梅，歲運糧三萬石於望牛墩。小車盤剝，不堪其勞。連城湖港廖家口有溝抵墩前，淤淺不能行船。請與黃梅合力濬通，以便水運。」並從之。

十一年修洞庭湖堤。築登州河岸。濬通州金沙場八里河，以通運渠。任丘民言：「淩城港去縣二十五里，內有定安橋河，北十八里通流，東七里沙塞。宜疏通與港相接，入直沽張家灣。」巡撫周忱言：「應天、鎮江、太平、寧國諸府，舊有石臼等湖。其中溝港，歲辦魚課。其外平圩淺灘，聽民牧放孳畜，採掘菱藕，不許種耕。故山溪水漲，有所宣洩。近者富豪築圩田，遏湖水，每遇泛溢，害即及民，宜悉禁革。」並從之。

十二年疏平度州大灣口河道，荊州公安門外河，以便公安、石首諸縣輸納。浙江聽選官王信言：「紹興東小江，南通諸暨七十二湖，西通錢塘江。近爲潮水湧塞，江與田平，舟不

中華書局

能行，久雨水溢，鄰田輒受其害。乞發丁夫疏濬。」從之。

十三年築寧夏漢、唐壩決口。疏山西淶水河、南海縣通海泉源。鑿宣府城濠，引城北山水入南城大河。湖廣五開衞言：「衞與苗接，山路峻險。去衞三十里有水通靖州江，亂石沙灘，請疏以便輸運。」雲南鄧川州言：「本州民田與大理衞屯田接壤湖畔，每歲雨水沙土壅淤，禾苗淹沒。乞命州衞軍民疏治。」並從之。

十四年濬南海潘埇堤岸，置水閘。和州民言：「州有姥鎮河，上通麻、澧二湖，下接牛屯大河，長七十里許，廣八丈。又有張家溝，連銅城閘，通大江，長減姥鎮之半，廣如之，灌溉降福等七十餘圩及南京諸衞屯田。近年河潰閘圮，率皆淤塞。請興役疏濬，仍於姥鎮、豐山嘴、葉公坡各建閘以備旱澇。」從之。

景泰元年築丹陽甘露等壩。二年修玉河東西堤。濬安定門東城河，永嘉三十六都河，常熟顧新塘，南至當湖，北至揚子江。三年修泰和信豐堤。築延安、綏德決河，綿州西岔河通江堤岸。濬常熟七浦塘，劍州海子。疏孟瀆河浜涇十一。工部言：「海鹽石塘十八里，潮水衝決，浮土修築，不能久。」詔別築石塘捍之。

四年濬江陰順塘河十餘里，東接永利倉大河，西通夏港及揚子江。雲南總兵官沐璘言：「城東有水南流，源發邵甸，會九十九泉爲一，抵松花壩分爲二支：一繞金馬山麓，入滇

池；一從黑窯村流至雲澤橋，亦入滇池。舊於下流築堰，溉軍民田數十萬頃，霖潦無所洩。請令受利之家，自造石閘，啓閉以時。」報可。五年疏靈寶黎園莊渠，通鴻臚澗，溉田萬頃。六年濬華容杜預渠，通運船入江，避洞庭險。修容城白溝河杜村口、固安楊家等口決堤。

七年，尚書孫原貞言：「杭州西湖舊有二閘，近皆傾圮，湖遂淤塞。按宋蘇軾云：『杭本江海故地，水泉鹹苦。自唐李泌引湖水入城爲六井，然後井邑日富，不可許人佃種。』周淙亦言：『西湖貴深濶。』因招兵二百，專一撈湖。其後，豪戶復請佃，湖日益填塞，大旱水涸。詔郡守趙與𥲅開濬，〔二〕菱荷茭蕩悉去，杭民以利。此前代經理西湖大略也。其後，勢豪侵占無已，湖小淺狹，閘石毀壞。今民田無灌溉資，官河亦澀阻。乞敕有司興濬，禁侵占以利軍民。」從之。

天順二年修彭縣萬工堰，灌田千餘頃。五年，僉事李觀言：「涇水出涇陽仲山谷，道高陵，至櫟陽入渭，袤二百里。漢開渠溉田，宋、元俱設官主之。今雖有瓠口鄭、白二渠，而堤堰摧決，溝洫壅潴，民弗蒙利。」乃命有司濬之。

八年，永平民言：「漆河遶城西南流入海，城趾皆石，故水不能決。其餘則沙土易潰，前人於東北築土堤，西南甃岸。今歲久日塌，宜作堤於東流，橫以激之，使合西流，庶無蕩析患。」都御史項忠言：「涇陽之瓠口鄭、白二渠，引涇水溉田數萬頃，至元猶溉八千頃。其後，渠日淺，利因以廢。宣德初，遣官修鑿，畝收四三石。無何復塞，渠旁之田，遇旱爲赤地。涇陽、醴泉、三原、高陵皆患苦之。昨請於涇水上源龍潭左側疏濬，訖舊渠口，尋以詔例停止。今宜畢其役。西安城西井泉鹹苦，飲者輒病。龍首渠引水七十里，修築不易，且利止及城東。西南皂河去城一舍許，可鑿，令引水與龍首渠會，則居民盡利。」邳州知州孟琳言：「榆行諸社俱臨沂河，久雨岸崩二十八處，低田盡淹。乞與修築。」並從之。

成化二年修壽州安豐塘。四年疏石州城河。六年修平湖周家涇及獨山海塘。七年，潮決錢塘江岸及山陰、會稽、蕭山、上虞，乍浦、瀝海二所，錢清諸場。命侍郎李顒修築。八年，堤襄陽決岸。十年，廷臣會議，江浦北城圩古溝，北通滁河浦子口；城東黑水泉古溝，南入大江。二溝相望，岡壠中截。宜鑿通成河，旱引澇洩。從之。

十一年濬杭州錢塘門故渠，左屬湧金門，建橋閘以蓄湖水。巡撫都御史牟俸言：「山東小清河，上接濟南趵突諸泉，下通樂安沿海高家港鹽場。大清河，上接東平坎河諸泉，下通濱州海豐、利津，沿海富國鹽場。淤塞，苦盤剝，雨水又患淹沒。勸農參政唐虞濬河造閘，請令兼治水利。」詔可。

十二年，巡按御史許進言：「河西十五衞，東起莊浪，西抵肅州，綿亙幾二千里，所資水利多奪於勢豪。宜設官專理。」詔屯田僉事兼之。

十四年，俸言：「直隸蘇、松與浙西各府，頻年旱澇，緣周環太湖，乃東南最窪地，而蘇、松尤最下之衝。故每逢積雨，衆水奔潰，湖泖漲漫，淹沒無際。按太湖卽古震澤，上納嘉、湖、宣、歙諸州之水，下通婁、東、吳淞三江之流，東江今不復見，婁、淞入海故跡具存。其地勢與常熟福山、白茆二塘俱能導太湖入江海，使民無墊溺，而土可耕種，歷代開濬具有成法。本朝亦常命官修治，不得其要。而濱湖豪家盡將淤灘栽蒔爲利。治水官不悉利害，率於泄處置石梁，壅土爲道，或慮盜船往來，則釘木爲柵。以致水道堙塞，公私交病。請擇大臣深知水利者專理之，設提督水利分司一員隨時修理，則水勢疏通，東南厚利也。」帝卽令俸兼領水利，聽所濬築。功成，乃專設分司。

十五年修南京內外河道。十八年濬雲南東西二溝，自松華壩黑龍潭抵西南柳壩南村，灌田數萬頃。修居庸關水關、城券及隘口水門四十九，樓舖、墩臺百二。二十年修嘉興等六府海田堤岸，特選京堂官往督之。二十二年濬南京中下二新河。

弘治三年，從巡撫都御史丘鼐言，設官專領灌縣都江堰。六年敕撫民參政朱瑄濬河南伊、洛，彰德高平、萬金，懷慶廣濟，南陽召公等渠，汝寧桃陂等堰。

七年濬南京天、潮二河，備軍衞屯田水利。七月命侍郎徐貫與都御史何鑑經理浙西水利。明年四月告成。貫初奉命，奏以主事祝萃自隨。萃乘小舟究悉源委。貫乃令蘇州通

中華書局

判張旻疏各河港水，瀦之大壖。旋開白茆港沙面，乘潮退，決大壖水衝激之，沙泥刷盡。潮水蕩激，日益閎深，水達海無阻。又令浙江參政周季麟修嘉興舊堤三十餘里，易之以石，增繕湖州長興堤岸七十餘里。貫乃上言：「東南財賦所出，而水患爲多。永樂初，命夏原吉疏濬。時以吳淞江灘沙浮蕩，未克施工。迨今九十餘年，港浦愈塞。臣督官行視，濬吳江長橋，導太湖散入澱山、陽城、昆承等湖泖。復開吳淞江並大石、趙屯等浦，洩澱山湖水，由吳淞江以達於海。開白茆港白魚洪、鮎魚口，洩昆承湖水，由白茆港以注於江。開斜堰、七鋪、鹽鐵等塘，洩陽城湖水，由七丫港以達於海。下流疏通，不復壅塞。乃開湖州之溇涇，洩西湖、天目、安吉諸山之水，自西南入於太湖。開常州之百瀆，洩溧陽、鎭江、練湖之水，自西北入於太湖。又開諸陡門，洩漕河之水，由江陰以入於大江。上流亦通，不復堙滯。」是役也，修濬河、港、涇、瀆、湖、塘、陡門、堤岸百三十五道，〔三〕役夫二十餘萬，祝萃之功多焉。

巡撫都御史王珣言：「寧夏古渠三道，東漢、中唐並通。惟西一渠傍山，長三百餘里，廣二十餘丈，兩岸危峻，漢、唐舊跡俱堙。宜發卒濬鑿，引水下流。卽以土築東岸，建營堡屯兵以遏寇衝。請帑銀三萬兩，幷靈州六年鹽課，以給其費。」又請於靈州金積山河口，開渠灌田，給軍民佃種。並從之。

十八年修築常熟塘壖，自尚湖口抵江，及黃、泗等浦，新莊等沙三十餘處。濬杭州西湖。

正德七年修廣平滏陽河口堤岸。十四年濬南京新江口右河。十五年，御史成英言：「應天等衞屯田在江北滁、和、六合者，地勢低，屢爲水敗。從金城港抵濁河達烏江三十餘里，因舊跡濬之，則水勢洩而屯田利。」詔可。

嘉靖元年築濬東鹿、肥鄉、獻、魏堤渠。初，蘇、松水道盡爲勢家所據。巡撫李充嗣畫水爲井地，示開鑿法，戶占一區，計工刻日。造濬川爬，用巨筏數百，曳木齒，隨潮進退，擊汰泥沙。置小艇百餘，尾鐵帚以導之。濬故道，穿新渠，巨浦支流，罔不灌注。帝嘉其勞，賚以銀幣。二年修德勝門東、朝陽門北城垣河道，築儀眞、江都宦塘五區。

十年，工部郎中陸時雍言：「良鄉盧溝河，涿州琉璃、胡良二河，新城、雄縣白溝河，河間沙河，青縣滹沱河，下流皆淤。宜以時濬，使達於海。」詔巡撫議之。

十一年，太僕卿何棟勘畿封河患有二。一論滹沱河。其一言：「眞定鴨、沙、磁三河，俱發源五臺。會諸支水，抵唐河蘭家圈，合流入河間。東南經任丘、霸州、天津入海，此故道也。河間東南高，東北下，故水決蘭家口，而肅寧、新安皆罹其害。宜築決口，濬故道。涿州胡良河，自拒馬分流，至州東入渾河。良鄉琉璃河，發源磁家務，潛入地中，至良鄉東入

渾河。比者渾河壅塞，二河不流。然下流淤沙僅四五里，請亟濬之。」部覆允行。

郎中徐元祉受命振災，上言：「河本以洩水，今反下壅；淀本以瀦水，今反上溢。故畿輔常苦水，順天利害相半，眞定利多於害，保定害多於利，河間全受其害。弘、正間，嘗築長堤，排決口，旋卽潰敗。今惟疏濬可施，其策凡六。一濬本河，俾河身寬邃。九河自山西來者，南合滹沱而不侵眞定諸郡，北合白溝而不侵保定諸郡。此第一義也。一濬支河。令九河之流，經大清河，從紫城口入；經文都村，從涅槃口入；經白洋淀，從藺家口入；經章哥窪，從楊村河入。直遂以納細流，水力分矣。一濬決河。九河安流時，本支二河可受，遇漲則岸口四衝。宜每衝量存一口，復濬令合成一渠，以殺湍急，備淫溢。一濬淀河。令淀淀相通，達於本支二河，使下有所洩。一濬淤河。九河東逝，悉由故道，高者下，下者通。〔四〕占據曲防者，抵罪。一濬下河。九河一出青縣，一出丁字沽，二流相匯於苑家口。故施工必自苑家口始，漸有成效，然後次第舉行，庶減諸郡水害。」帝嘉納之。

明年，香河郭家莊自開新河一道，長百七十丈，闊五十丈，近舊河十里餘。詔河官亟繕治。

十三年，巡撫都御史周金言：「蘭家圈決口，塞之則東溢，病河間；不塞則東流漸淤，病保定。宜存決口而濬廣新河，使水東北平流，無壅涸患。」從之。

二十四年濬南京後湖。初，胡體乾按吳，以松江泛溢，進六策：曰開川，曰濬湖，曰殺上流之勢，曰決下流之壅，曰排潮漲之沙，曰立治田之規。是年，呂光洵按吳，復奏蘇、松水利五事：

一曰廣疏濬以備瀦洩。三吳澤國，西南受太湖諸澤，水勢尤卑。東北際海，岡隴之地，視西南特高。高苦旱，卑苦澇。昔人於下流疏爲塘浦，導諸湖水北入江，東入海，又引江潮流衍於岡隴外。瀦洩有法，水旱無患。比來縱浦橫塘，多堙不治，惟黃浦、劉河二江頗通。然太湖之水源多勢盛，二江不足以洩之。岡隴支河又多壅絕，無以資灌溉。於是高下俱病，歲常告災。宜先度要害，於澱山等茭蘆地，導太湖水散入陽城、昆承、三泖等湖。又開吳淞江及大石、趙屯等浦，洩澱山之水以達於海。濬白茆、鮎魚諸口，洩昆承之水以注於江。開七浦、鹽鐵等塘，洩陽城之水以達於江。又導田間之水，悉入小浦，以納大浦，使流者皆有所歸，瀦者皆有所洩。則下流之地治，而澇無所憂矣。乃濬艾祁、通波以溉青浦，濬顧浦、吳塘以溉嘉定，濬大瓦等浦以溉崑山之東，濬許浦等塘以溉常熟之北，濬臧村等港以溉金壇，濬澡港等河以溉武進。凡隴岡支河堙塞不治者，皆濬之深廣，使復其舊。則上流之地亦治，而旱無所憂矣。此三吳水利之經也。

一曰修圩岸以固橫流。蘇、松、常、鎭東南下流，而蘇、松又常、鎭下流，易瀦難洩。雖導河濬浦引注江海，而秋霖泛漲，風濤相薄，則河浦之水逆行田間，衝齧爲患。宋轉運使王純臣嘗令蘇、湖作田塍禦水，民甚便之。司農丞郟亶亦云：「治河以治田爲本。」故老皆云，前二三十年，民間足食，因餘力治圩岸，田益完美。近皆空乏，無暇修繕，故田圩漸壞，歲多水災。合敕所在官司專治圩岸。岸高則田自固，雖有霖潦不能爲害。且足制諸湖之水咸歸河浦中，則不待決洩，自然湍流。而岡隴之地，亦因江水稍高，又得畝引以資灌溉，不特利於低田而已。

一曰復板閘以防淤澱。河浦之水皆自平原流入江海，水慢潮急，以故沙隨浪湧，其勢易淤。昔人權其便宜，去江海十里許夾流爲閘，隨潮啓閉，以禦淤沙。歲旱則長閉以蓄其流，歲澇則長啓以宣其溢，所謂置閘有三利，蓋謂此也。近多堙塞，惟常熟福山閘尚存。故老以爲河浦入海之地，誠皆置閘，自可歷久不壅。

一曰量緩急以處工費。

一曰重委任以責成功。

詔悉如議。光洵因請專委巡撫歐陽必進。從之。二十六年，給事中陳斐請仿江南水田法，開江北溝洫，以祛水患，益歲收。報可。

三十八年，總督尚書楊博請開宣、大荒田水利。從之。巡撫都御史翁大立言：「東吳水利，自震澤濬源以注江，三江導流以入海，而蘇州三十六浦，松江八匯，毘陵十四瀆，共以節宣旱潦。近因倭寇衝突，汊港之交，率多釘柵築堤以爲捍禦，因致水流停瀦，淤滓日積。渠道之間，仰高成阜。且具區湖泖，並水而居者雜蒔茭蘆，積泥成蕩，民間又多自起圩岸。上流日微，水勢日殺。黃浦、婁江之水又爲舟師所居，下流亦淤。海潮無力，水利難興，民田漸磽。宜於吳淞、白茆、七浦等處造成石閘，啓閉以時。挑鎭江、常州漕河深廣，使輪輓無阻，公私之利也。」詔可。

四十二年，給事中張憲臣言：「蘇、松、常、嘉、湖五郡水患疊見。請濬支河，通潮水；築圩岸，禦湍流。其白茆港、劉家河、七浦、楊林及凡河渠河蕩壅淤沮洳者，悉宜疏導。」帝以江南久苦倭患，民不宜重勞，令酌濬支河而已。四十五年，參政淩雲翼請專設御史督蘇、松水利。詔巡鹽御史兼之。

隆慶三年開湖廣竹筒河以洩漢江。巡撫都御史海瑞疏吳淞江下流上海淤地萬四千丈有奇。江面舊三十丈，增開十五丈，自黃渡至宋家橋長八十里。明年春，瑞言：「三吳入海之道，南止吳淞，北止白茆，中止劉河。劉河通達無滯，吳淞方在挑疏。土人請開白茆，計濬五千餘丈，役夫百六十四萬餘。」又言：「吳淞役垂竣，惟東西二壩未開。父老皆言崑山夏駕口、吳江長橋、長洲寶帶橋、吳縣胥口及凡可通流下吳淞者，逐一挑畢，方可開壩。」並從之。是年築海鹽海塘。越四年，從巡撫侍郎徐栻議，復開海鹽秦駐山，南至澉浦舊河。

萬曆二年築荆州采穴，承天泗港、謝家灣諸決堤口。復築荆、岳等府及松滋諸縣老垸堤。

四年，巡撫都御史宋儀望言：「三吳水勢，東南自嘉、秀沿海而北，皆趨松江，循黃浦入海；西北自常、鎭沿江而東，皆趨江陰、常熟。其中太湖瀦蓄，匯爲巨浸，流注龐山、濱墅、澱山、三泖、陽城諸湖。乃開浦引湖，北經常熟七浦、白茆諸港入於江，東北經崑山、太倉穿劉家河，東南通吳淞江、黃浦，各入於海。諸水聯絡，四面環護，中如仰盂。杭、嘉、湖、常、鎭勢繞四隅，蘇州居中，松江爲諸水所受，最居下。乞專設水利僉事以裨國計。」部議遣御史董之。

六年，巡撫都御史胡執禮請先濬吳淞江長橋、黃浦。先是，巡按御史林應訓言：

蘇、松水利在開吳淞江中段，以通入海之勢。太湖入海，其道有三：東北由劉河，卽古婁江故道；東南由大黃浦，卽古東江遺意；其中爲吳淞江，經崑山、嘉定、青浦、上海，乃太湖正脈。今劉河、黃浦皆通，而中江獨塞者，蓋江流與海潮遇，海潮渾濁，賴江水迅滌之。劉河獨受巴、陽諸湖，又有新洋江、夏駕浦從旁以注；大黃浦總會杭、嘉之水，

又有澱山、泖蕩從上而灌。是以流皆清駛，足以敵潮，不能淤也。

惟吳淞江源出長橋、石塘下，經龐山、九里二湖而入。今長橋、石塘已堙，龐山、九里復爲灘漲，其來已微。又有新洋江、夏駕浦掣其水以入劉河，勢乃益弱，不能勝海潮洶湧之勢而滌濁渾之流，日積月累，淤塞僅留一綫。水失故道，時致淫濫。支河小港，亦復壅滯。舊熟之田，半成荒畝。

前都御史海瑞力破羣議，挑自上海江口宋家橋至嘉定艾祁八十里，幸尚通流。自艾祁至崑山慢水港六十餘里，則俱漲灘，急宜開濬，計淺九千五百餘丈，闊二十丈。此江一開，太湖直入於海，濱江諸渠得以引流灌田，青浦積荒之區俱可開墾成熟矣。

並從之。至是，工成。應訓又言：

吳江縣治居太湖正東，湖水由此下吳淞達海。宋時運道所經，畏風阻險，乃建長橋、石塘以通牽挽。長橋百三十丈，爲洞六十有二。石塘小則有竇，大則有橋，內外浦溆縱橫貫穿，皆爲洩水計也。石塘溆竇半淤，長橋內外俱圯，僅一二洞門通水。若不疏濬，雖開吳淞下流，終無益也。宜開龐山湖口，由長橋抵吳家港。則湖有所洩，江有所歸，源盛流長，爲利大矣。

松江大黃浦西南受杭、嘉之水，西北受澱、泖諸蕩之水，總會於浦，而秀州塘、山涇

二十四史 中華書局

港諸處實黃浦來源也。澱山湖入黃浦道漸多淤淺，宜爲疏瀹。而自黃浦、橫澇、洙涇，

經秀州塘入南泖，至山涇港等處，萬四千餘丈，〔五〕待濬尤急。

他如蘇之茜涇、楊林、白茆、七浦諸港，松之蒲匯、官紹諸塘，常、鎭之澡港、九曲諸河，併宜設法開導，次第修舉。

八年又言：

蘇、松諸郡幹河支港凡數百，大則洩水入海，次則通湖達江，小則引流灌田。今吳淞江、白茆塘、秀州塘、蒲匯塘、孟瀆河、舜河、靑暘港俱已告成，支河數十，宜盡開濬。

俱從其請。

久之，用儀望議，特設蘇、松水利副使，以許應逵領之。乃濬吳淞八十餘里，築塘九十餘處，開新河百二十三道，濬內河百三十九道，築上海李家洪老鴉嘴海岸十八里，發帑金二十萬。應逵以其半訖工。三十七、八年間，霪雨淩溢，水患日熾。越數年，給事中歸子顧言：「宋時，吳淞江闊九里。元末淤塞。正統間，周忱立表江心，疏而濬之。崔恭、徐貫、李充嗣、海瑞相繼濬者凡五，迄今四十餘年，廢而不講。宜使江闊水駛，塘浦支河分流四達。」疏入留中。巡按御史薛貞復請行之，下部議而未行。至天啓中，巡撫都御史周起元復請濬

吳淞、白茆。崇禎初，員外郎蔡懋德、巡撫都御史李待問皆以爲請。久之，巡撫都御史張國維請疏吳江長橋七十二缺及九里、石塘諸洞。御史李謨復請濬吳淞、白茆。俱下部議，未能行也。

十年，增築雄縣橫堤八里，禦滹沱暴漲。

十三年，以尙寶少卿徐貞明兼御史，領墾田使。貞明爲給事中，嘗請興西北水利如南人圩田之制，引水成田。工部覆議：「畿輔諸郡邑，以上流十五河之水洩於貓兒一灣，海口又極束隘，故所在橫流。必多開支河，挑濬海口，而後水勢可平，疏濬可施。然役大費繁，而今以民勞財匱，方務省事，請罷其議。」乃已。後貞明謫官，著潞水客譚一書，論水利當興者十四條。時巡撫張國彥、副使顧養謙方開水利於薊、永有效，於是給事中王敬民薦貞明，特召還，賜敕勘水利。貞明乃先治京東州邑，如密雲燕樂莊，平谷水峪寺、龍家務莊，三河塘會莊、順慶屯地。薊州城北黃厓營，城西白馬泉、鎭國莊，城東馬伸橋，夾林河而下別山舖，夾陰流河而下至於陰流。遵化平安城，夾運河而下沙河舖西，城南鐵廠、湧珠湖以下韭菜溝、上素河、下素河百餘里。豐潤之南，則大寨、刺榆坨、史家河、大王莊，東則榛子鎭，西則鴉紅橋，夾河五十餘里。玉田靑莊塢、後湖莊、三里屯及大泉、小泉，至於瀕海之地，自水道沽關、黑巖子墩至開平衞南宋家營，東西百餘里，南北百八十里。墾田三萬九千餘畝。至眞定將治滹沱近堧地，御史王之棟言：「滹沱非人力可治，徒耗財擾民。」帝入其言，欲罪諸建議者。申時行言：「墾田興利謂之害民，議甚舛。顧爲此說者，其故有二。北方民游惰好閑，憚於力作，水田有耕耨之勞，胼胝之苦，不便一也。貴勢有力家侵占甚多，不待耕作，坐收蘆葦薪芻之利，若開墾成田，歸於業戶，隸於有司，則已利盡失，不便二也。然以國家大計較之，不便者小，而便者大。惟在斟酌地勢，體察人情，沙鹻不必盡開，黍麥無煩改作，應用夫役，必官募之，不拂民情，不失地利，乃謀國長策耳。」於是貞明得無罪，而水田事終罷。

巡撫都御史梁問孟築橫城堡邊牆，慮寧夏有黃河患，請堤西岔河，障水東流。從之。十九年，尙寶丞周弘禴言：「寧夏河東有漢、秦二壩，請依河西漢、唐壩築以石，於渠外疏大渠一道，北達鴛鴦諸湖。」詔可。

二十三年，黃、淮漲溢，淮、揚昏墊。議者多請開高家堰以分淮。寶應知縣陳煃爲御史，慮高堰既開，害民產鹽場，請自興、鹽迤東，疏白塗河、石䃺口、廖家港爲數河，分門出海；然後從下而上，濬淸水、子嬰二溝，且多開瓜、儀閘口以洩水。給事中祝世祿亦言：「議者欲放淮從廣陽、射陽二湖入海。廣陽闊僅八里，射陽僅二十五丈，名爲湖，實河也。且離海三百里，迂迴淺窄，高、寶七州縣水惟此一線宣洩之，又使淮注焉，田廬鹽場，必無幸矣。廣陽湖東有大湖，方廣六十里，湖北口有舊官河，自官蕩至鹽城石䃺口，通海僅五十三里，此導

淮入海一便也。」下部及河漕官議，俱格不行。既而總河尙書楊一魁言：「黃水倒灌，正以海口爲阻。分黃工就，則石䃺口、廖家港、白駒場海口，金灣、芒稻諸河，急宜開刷。」乃命如議行之。

三十年，保定巡撫都御史汪應蛟言：「易水可漑金臺，滹水可漑恆山，溏水可漑中山，滏水可漑襄國，漳水可漑鄴下，而瀛海當衆河下流，故號河中，視江南澤國不異。至於山下之泉，地中之水，所在皆有，宜各設壩建閘，通渠築堤，高者自灌，下則車汲。用南方水田法，六郡之內，得水田數萬頃，畿民從此饒，永無旱澇之患。不幸濱河有梗，亦可改折於南，取糴於北。此國家無窮利也。」報可。應蛟乃於天津葛沽、何家圈、雙溝、白塘，令防海軍丁屯種，人授田四畝，共種五千餘畝，水稻二千畝，收多，因上言：「墾地七千頃，歲可得穀二百餘萬石，此行之而效者也。」

是年，眞定知府郭勉濬大鳴、小鳴泉四十餘穴，漑田千頃。邢臺達活、野狐二泉流爲牛尾河，百泉流爲澧河，建二十一閘二堤，灌田五百餘頃。

天啓元年，御史左光斗用應蛟策，復天津屯田，令通判盧觀象管理屯田水利。明年，巡按御史張愼言言：「自枝河而西，靜海、興濟之間，萬頃沃壤。河之東，尙有鹽水沽等處爲膏腴之田，惜皆蕪廢。今觀象開寇家口以南田三千餘畝，溝洫蘆塘之法，種植疏濬之方，皆具

而有法，人何憚而不爲。大抵開種之法有五。一官種。謂牛、種、器具、耕作、雇募皆出於官，而官亦盡收其田之入也。一佃種。謂民願墾而無力，其牛、種、器具仰給於官，待納稼之時，官十而取其四也。一民種。佃之有力者，自認開墾若干，迨開荒既熟，較數歲之中以爲常，十一而取是也。一軍種。卽令海防營軍種葛沽之田，人耕四畝，收二石，綠有行、月糧，故收租重也。一屯種。祖宗衞軍有屯田，或五十畝，或百畝。軍爲屯種者，歲入十七於官，卽以所入爲官軍歲支之用。國初兵農之善制也。四法已行，惟屯種則今日兵與軍分，而屯僅存其名。當選各衞之屯餘，墾津門之沃土，如官種法行之。」章下所司，命太僕卿董應舉管天津至山海屯田，規畫數年，開田十八萬畝，積穀無算。

崇禎二年，兵部侍郎申用懋言：「永平灤河諸水，逶迤寬衍，可疏渠以防旱潦。山坡隙地，便栽種。宜令有司相地察源，爲民興利。」從之。

校勘記

〔一〕常熟白茆港徑入江　江，原作「海」，據太宗實錄卷二一永樂元年八月戊申條、讀史方輿紀要卷二四改。

〔二〕詔郡守趙與憲開濬　與，原作「輿」，據宋史卷二一九宗室世系表改。

〔三〕修濬河港涇瀆湖塘陡門堤岸百三十五道　原脫「三」字，據孝宗實錄卷九九弘治八年四月甲寅條補。

〔四〕高者下下者通　世宗實錄卷一四〇嘉靖十一年七月己巳條、行水金鑑卷一一四作「使高者下，下者通」，有「使」字。按上文「使下有所洩」，亦有「使」字。

〔五〕萬四千餘丈　萬，原作「百」，千位之上應是萬不應是百。從黃浦、泖涇經秀州塘入南泖，要從嘉興經松江到金山，作萬四千餘丈較合。今改。

清　張廷玉等撰

明史

第八册

卷八九至卷九九（志）

中華書局

中華書局

明史卷八十九

志第六十五

兵一

明以武功定天下，革元舊制，自京師達於郡縣，皆立衞所。外統之都司，內統於五軍都督府，而上十二衞爲天子親軍者不與焉。征伐則命將充總兵官，調衞所軍領之；既旋則將上所佩印，官軍各回衞所。蓋得唐府兵遺意。文皇北遷，一遵太祖之制，然內臣觀兵，履霜伊始。洪、宣以後，狃於治平，故未久而遂有土木之難。于謙創立團營，簡精銳，一號令，兵將相習，其法頗善。憲、孝、武、世四朝，營制屢更，而威益不振。衞所之兵疲於番上，京師之旅困於占役。馴至末造，尺籍久虛，行伍衰耗，流盜蜂起，海內土崩。宦豎降於闖門，禁軍潰於城下，而國遂以亡矣。今取其一代規制之詳，及有關於軍政者，著於篇。

京營　侍衞上直軍皇城守衞　京城巡捕　四衞營

京軍三大營，一曰五軍，一曰三千，一曰神機。其制皆備於永樂時。

初，太祖建統軍元帥府，統諸路武勇，尋改大都督府。以兄子文正爲大都督，節制中外諸軍。京城內外置大小二場，分教四十八衞卒。已，又分前、後、中、左、右五軍都督府。洪武四年，士卒之數，二十萬七千八百有奇。

成祖增京衞爲七十二。又分步騎軍爲中軍，左、右掖，左、右哨，亦謂之五軍。歲調中都、山東、河南、大寧兵番上京師隸之。設提督內臣一，武臣二；掌號頭官二；大營坐營官一，把總二；中營坐營官一，馬步隊把總各一。左右掖、哨官如之。又有十二營，掌隨駕馬隊官軍，設把總二。又有圍子手營，掌操練上直叉刀手及京衞步隊官軍，設坐營官一，統四司，以一、二、三、四爲號，把總各二。又有幼官舍人營，掌操練京衞幼官及應襲舍人，坐營官一，四司把總各一。此五軍營之部分也。已，得邊外降丁三千，立營分五司。一，掌執大駕龍旗、寶纛、勇字旗、負御寶及兵仗局什物上直官軍。一，掌執左右二十隊勇字旗、大駕旗纛金鼓上直官軍。一，掌傳令營旗牌，御用監盔甲、尚冠、尚衣、尚履什物上直官軍。一，掌執大駕勇字旗、五軍紅盔貼直軍上直官軍。一，掌殺虎手、馬轎及前哨馬營上直明

甲官軍、隨侍營隨侍東宮官舍、遼東備禦回還官軍。提督內臣二，武臣二；掌號頭官二；坐司官五，見操把總三十四，上直把總十六，明甲把總四。此三千營之部分也。已，征交阯，得火器法，立營肄習。提督內臣、武臣，掌號頭官，皆視三千營，亦分爲五軍。中軍，坐營內臣一，武臣一。其下四司，各監鎗內臣一，把司官一，把總官二。左右掖、哨皆如之。又因得都督譚廣馬五千匹，置營名五千下，掌操演火器及隨駕護衞馬隊官軍。坐營內臣、武臣各一，其下四司，各把司官二。此神機營之部分也。居常，五軍肄營陣，三千肄巡哨，神機肄火器。大駕征行，則大營居中，五軍分駐，步內騎外，騎外爲神機，神機外爲長圍，周二十里，樵採其中。三大營之制如此。

洪熙時，始命武臣一人總理營政。宣德五年，以成國公朱勇言，選京衞卒隸五軍訓練。明年命科道及錦衣官覈諸衞軍數。帝之征高煦及破兀良哈，皆以京營取勝焉。正統二年，復因勇言，令錦衣等衞、守陵衞卒存其半，其上直旗校隸錦衣督操，餘悉歸三大營。土木之難，京軍沒幾盡。

景帝用于謙爲兵部尚書。謙以三大營各爲教令，臨期調撥，兵將不相習，乃請於諸營選勝兵十萬，分十營團練。每營都督一，號頭官一，都指揮二，把總十，領隊一百，管隊二百。於三營都督中推一人充總兵官，[一]監以內臣，兵部尚書或都御史一人爲提督。其餘軍歸本營，曰老家。京軍之制一變。

英宗復辟，謙死，團營罷。

憲宗立，復之，增爲十二。成化二年復罷。命分一等、次等訓練。尋選得一等軍十四萬有奇。帝以數多，令仍分十二營團練，而區其名，有奮、耀、練、顯四武營，敢、果、効、鼓四勇營，立、伸、揚、振四威營。命侯十二人掌之，各佐以都指揮，監以內臣，提督以勳臣，名其軍曰選鋒。不任者仍爲老家以供役，而團營之法又稍變。二十年立殫忠、効義二營，練京衞舍人、餘丁。二營，永樂間設，後廢，至是復設。未幾，以無益罷。帝在位久，京營特注意，然缺伍至七萬五千有奇，大率爲權貴所隱占。又用汪直總督團營，禁旅專掌於內臣，自帝始也。

孝宗卽位，乃命都御史馬文升爲提督。是時營軍久苦工役。成化末，余子俊嘗言之，文升復力陳不可。又請於每營選馬步銳卒二千，遇警徵調。且遵洪、永故事，五日一操，以二日走陣下營，以三日演武。從之。時尚書劉大夏陳弊端十事，復奏減修乾清宮卒。內臣謂其不恤大工，大學士劉健曰：「愛惜軍士，司馬職也。」帝納之。會戶部主事李夢陽極論役軍之害，[二]並及內臣主兵者。以語侵壽寧侯，下詔獄，遂格不行。

武宗卽位，十二營銳卒僅六萬五百餘人，稍弱者二萬五千而已。給事中葛嵩請選五軍、三千營精銳歸團練，而存八萬餘人於營以供役。惠安伯張偉謬引舊制以爭，事遂已，隱占如故。寘鐇反，太監張永將京軍往討，中官權益重。及流寇起，邊將江彬等得幸，請調邊

中華書局

軍入衛。於是集九邊突騎家丁數萬人於京師，名曰外四家。立兩官廳，選團營及勇士、四衛軍於西官廳操練，正德元年所選官軍操於東官廳。自是兩官廳軍爲選鋒，而十二團營且爲老家矣。武宗崩，大臣用遺命罷之。當是時，工作浩繁，邊將用事，京營戎政益大壞。給事中王良佐奉敕選軍，按籍三十八萬有奇，而存者不及十四萬，中選者僅二萬餘。

世宗立，久之，從廷臣言，設文臣知兵者一人領京營。是時額兵十萬七千餘人，而存者僅半。專理京營兵部尚書李承勛請足十二萬之數。部議遵弘治中例，老者補以壯丁，逃、故者清軍官依期解補。從之。十五年，都御史王廷相提督團營，條上三弊。一，軍士多雜派，工作終歲，不得入操。雖名團營聽征，實與田夫無異。二，軍士替代，吏胥需索重賄。貧軍不能辦，老羸茍且應役，而精壯子弟不得收練。三，富軍憚營操征調，率賄將弁置老家數中。貧者雖老疲，亦常操練。語頗切中。旣而兩郊九廟諸宮殿之工起，役軍益多。兵部請分番爲二，半團操，半放歸，而收其月廩雇役。詔行一年。自後邊警急，團營見兵少，僅選騎卒三萬，仍號東西官廳。餘者悉老弱，仍爲營帥、中官私役。

二十九年，俺答入寇，兵部尚書丁汝夔覈營伍不及五六萬人。驅出城門，皆流涕不敢前，諸將領亦相顧變色。汝夔坐誅。大學士嚴嵩，乃請振刷以圖善後。吏部侍郎王邦瑞攝兵部，因言：「國初，京營勁旅不減七八十萬，元戎宿將常不乏人。自三大營變爲十二團營，

又變爲兩官廳，雖浸不如初，然額軍尚三十八萬有奇。今武備積弛，見籍止十四萬餘，而操練者不過五六萬。支糧則有，調遣則無。比敵騎深入，戰守俱稱無軍。卽見在兵，率老弱疲憊、市井遊販之徒，衣甲器械取給臨時。此其弊不在逃亡，而在占役；不在軍士，而在將領。蓋提督、坐營、號頭、把總諸官多世胄紈袴，平時占役營軍，以空名支餉，臨操則肆集市人，呼舞博笑而已。先年，尚書王瓊、毛伯溫、劉天和常有意振飭。然將領惡其害己，陰謀阻撓，軍士又習於驕惰，競倡流言，事復中止，釀害至今。乞大振乾綱，遣官精核。」帝是其言，命兵部議興革。

於是悉罷團營、兩官廳，復三大營舊制。更三千曰神樞。罷提督、監鎗等內臣。設武臣一，曰總督京營戎政，以咸寧侯仇鸞爲之；文臣一，曰協理京營戎政，卽以邦瑞充之。其下設副參等官二十六員。已，又從部議，以四武營歸五軍營中軍，四勇營歸左右哨，四威營歸左右掖。各設坐營官一員，爲正兵，備城守；參將二員，備征討。帝以營制新定，告於太廟行之。又遣四御史募兵畿輔、山東、山西、河南，得四萬人，分隸神樞、神機。各設副將一，而增能戰將六員，分領操練。大將所統三營之兵，居常名曰練勇，有事更定職名。五軍營：大將一員，統軍一萬，總主三營副、參、遊擊、佐擊及坐營等官；副將二員，各統軍七千；左右前後參將四員，各六千；遊擊四員，各三千。外備兵六萬六千六百六十人。神樞營：副將二

員，各統軍六千；佐擊六員，各三千。外備兵四萬人。神機營亦如之。已，又定三大營官數：五軍營一百九十六員，神樞營二百八員，神機營一百八十二員，共五百八十六員。在京各衛軍，俱分隸三營。分之爲三十營，〔三〕合之爲三大營。終帝世，其制屢更，最後中軍哨掖之名亦罷，但稱戰守兵兼立車營。

故事，五軍府皆開府給印，主兵籍而不與營操，營操官不給印。戎政之有府與印，自仇鸞始。鸞方貴幸，言於帝，選各邊兵六萬八千人，分番入衛，與京軍雜練，復令京營將領分練邊兵，於是邊軍盡隸京師。塞上有警，邊將不得徵集，邊事益壞。鸞死，乃罷其所置戎政廳首領官之屬，而入衛軍則惟罷甘肅者。

隆慶四年，大學士趙貞吉請收將權，更營制。極言戎政之設府鑄印，以數十萬衆統於一人，非太祖、成祖分府分營本意。請以官軍九萬分五營，營擇一將，分統訓練。詔下廷臣議。尚書霍冀言：「營制，世宗熟慮而後定，不宜更。惟大將不當專設，戎政不宜有印，請如貞吉言。」制曰「可」。於是三大營各設總兵一，副將二。其參佐等官，互有增損，各均爲十人。而五軍營兵，均配二營，營十枝，屬二副將分統。以侯伯充總兵，尋改曰提督。又用三文臣，亦稱提督。自設六提督後，各持意見，遇事旬月不決。給事中溫純言其弊，乃罷，仍設總督、協理二臣。

萬曆二年從給事中歐陽柏請，復給戎政印，汰坐營官二員。五年，巡視京營科臣林景暘請廣召募，立選鋒。是時，張居正當國，綜覈名實，羣臣多條上兵事，大旨在足兵、選將，營務頗飭。久之，帝厭政，廷臣漸爭門戶，習於偸惰，遂日廢弛。三十六年，尚書李化龍理戎政，條上京營積弊。敕下部議，卒無所振作。及兵事起，總督京營趙世新請改設教場城內，便演習。太常少卿胡來朝請調京軍戍邊，可變弱爲强。皆無濟於用。

天啓三年，協理侍郎朱光祚奏革老家軍，補以少壯。老家怨，以瓦礫投光祚，遂不果革。是時，魏忠賢用事，立內操，又增內臣爲監視及把牌諸小內監，益募健丁，諸營軍多附之。

莊烈帝卽位，撤內臣，已而復用。戎政侍郎李邦華憤京營弊壞，請汰老弱虛冒，而擇材力者爲天子親軍。營卒素驕，有疑其爲變者。勳戚中官亦惡邦華害己，蜚語日聞。帝爲罷邦華，代以陸完學，盡更其法。京營自監督外，總理捕務者二員，提督禁門、巡視點軍者三員，帝皆以御馬監、司禮、文書房內臣爲之，於是營務盡領於中官矣。十年八月，車駕閱城，鎧甲旌旗甚盛，羣臣悉鸞帶策馬從。六軍望見乘輿，皆呼萬歲。帝大悅，召完學入御幄獎勞，酌以金卮，然徒爲容觀而已。

時兵事益亟。帝命京軍出防勦，皆監以中官。廩給優渥，挾勢而驕，多奪人俘獲以爲功，輕折辱諸將士，將士益解體。周延儒再入閣，勸罷內操，撤諸監軍。京兵班師還。時營

將率內臣私人，不知兵。兵惟注名支糧，買替紛紜，朝甲暮乙，雖有尺籍，莫得而識也。帝嘗屢旨訓練，然日不過二三百人，未昏遂散。營兵十萬倖抽驗不及，玩愒佚罰者無算。帝嘗問戎政侍郎王家彥，家彥曰：「今日惟嚴買替之禁，改操練之法，庶可救萬一，然勢已晚。」帝不懌而罷。十六年，襄城伯李國禎總戎政，內臣王承恩監督京營。明年，流賊入居庸關，至沙河。京軍出禦，聞礮聲潰而歸。賊長驅犯闕，守陴者僅內操之三千人，京師遂陷。

大率京軍積弱，由於占役買閑。其弊實起於紈袴之營帥，監視之中官，竟以亡國云。

京營之在南者，永樂北遷，始命中府掌府事官守備南京，節制在南諸衞所。洪熙初，以內臣同守備。宣德末，設參贊機務官。景泰間，增協同守備官。成化末，命南京兵部尙書參贊機務，視五部特重。先是，京師立神機營，南京亦增設，與大小二教場同練。軍士常操不息，風雨方免。有逃籍者，憲宗命南給事御史時至二場點閱。成國公朱儀及太監安寧不便，詭言軍機密務，御史詰問名數非宜。帝爲罪御史，仍令守備參贊官閱視，著爲令。

嘉靖中，言者數奏南營耗亡之弊。二十四年冬詔立振武營，簡諸營銳卒充之，益以淮、揚趫捷者。江北舊有池河營，專城守，護陵寢。二營兵各三千，領以勳臣，別設場訓練。然振武營卒多無賴子。督儲侍郎黃懋官抑削之，遂譁，毆懋官至死。詔誅首惡，以戶部尙書江東爲參贊。東多所寬假，衆益驕，無復法紀。給事中魏元吉以爲言，因舉浙、直副總兵

劉顯往提督。未至，池河兵再變，毆千戶吳欽。詔顯亟往，許以川兵五百自隨，事始定。隆慶改元，罷振武營，以其卒千餘仍隸二場及神機營。

萬曆十一年，參贊尙書潘季馴言：「操軍原額十有二萬，今僅二萬餘。祖軍與選充參半，選充例不補，營伍由是虛。請如祖軍收補。」已而王遴代季馴，[四]言：「大小二場，新舊官軍二萬三千有餘。請如北京各邊，三千一百二十人爲一枝，每枝分中、左、右哨，得兵七枝。餘置旗鼓下，備各營缺。」從之。巡視科臣阮子孝極論南營耗弊，言頗切中，然卒無振飭之者。已，從尙書吳文華請，增參贊旗牌，得以軍法從事，兼聽便宜調遣。三十一年添設南中軍標營，選大教場卒千餘，設中軍參將統練。規制雖具，而時狃苟安，闒茸一如北京。及崇禎中，流寇陷廬、鳳，踞上流，有窺留都意。南中將士日夜惴惴，以護陵寢、守京城爲名，俾賊不東下而已。最後，史可法爲參贊尙書，思振積弊，未久而失，蓋無可言焉。

侍衞上直軍之制。太祖卽吳王位，其年十二月設拱衞司，領校尉，隸都督府。洪武二年改親軍都尉府，統中、左、右、前、後五衞軍，而儀鑾司隸焉。六年造守衞金牌，[五]銅塗金爲之。長一尺，闊三寸。以仁、義、禮、智、信爲號。二面俱篆文：一曰「守衞」，[六]一曰「隨駕」。掌於尙寶司，衞士佩以上直，下直納之。

十五年罷府及司，置錦衣衞。所屬有南北鎭撫司十四所，所隸有將軍、力士、校尉，掌直駕侍衞、巡察緝捕。已又擇公、侯、伯、都督、指揮之嫡次子，置勳衞散騎舍人，而府軍前衞及旗手等十二衞，各有帶刀官。錦衣所隸將軍，初名天武，後改稱大漢將軍，凡千五百人。設千、百戶，總旗七員。其衆自爲一軍，下直操練如制，缺至五十人方補。月糈二石，積勞試補千、百戶，亡者許以親子弟魁梧材勇者代，無則選民戶充之。

永樂中，置五軍、三千營。增紅盔、明甲二將軍及叉刀圍子手之屬，備宿衞。校尉、力士僉民間丁壯無惡疾、過犯者。力士先隸旗手衞，後改隸錦衣及騰驤四衞，專領隨駕金鼓、旗幟及守衞四門。校尉原隸儀鑾司，司改錦衣衞，仍隸焉。掌擎執鹵簿儀仗，曰鑾輿，曰擎蓋，曰扇手，曰旌節，曰旛幢，曰班劍，曰斧鉞，曰戈戟，曰弓矢，曰馴馬，凡十司，及駕前宣召差遣，三日一更直。設總旗、小旗，而領以勳戚官。官凡六：管大漢將軍及散騎舍人、府軍前衞帶刀官者一，管五軍營叉刀圍子手者一，管神樞營紅盔將軍者四。聖節、正旦、冬至及大祀、誓戒、册封、遣祭、傳制用全直，直三千人，餘則更番，器仗衣服位列亦稍殊焉。凡郊祀、經筵、巡幸侍從各有定制，詳禮志中。居常，當直將軍朝夕分候午門外，夜則司更，共百人。而五軍叉刀官軍，悉於皇城直宿。掌侍衞官輪直，日一員。惟掌錦衣衞將軍及叉刀手者，每日侍。尤嚴收捕之令，及諸脫更離直者。共計錦衣衞大漢將軍一千五百七人，府軍

前衞帶刀官四十，神樞營紅盔將軍二千五百，把總指揮十六，明甲將軍五百二，把總指揮二，大漢將軍八，五軍營叉刀圍子手三千，把總指揮八，勳衞散騎舍人無定員，旗手等衞帶刀官一百八十，此侍衞親軍大較也。

正統後，妃、主、公、侯、中貴子弟授官者，多寄祿錦衣中。正德時，奏帶傳陞冒銜者，又不下數百人。武宗好養勇士，嘗以千、把總四十七人，注錦衣衞帶俸舍、餘千一百人充御馬監家將勇士，食糧騎操。又令大漢將軍試百戶，五年實授，著爲令。倖竇開而恩澤濫，宿衞稍輕矣。至萬曆間，衞士多占役、買閑，其弊亦與三大營等。雖定離直者奪月糈之例，然不能革。

太祖之設錦衣也，專司鹵簿。是時，方用重刑，有罪者往往下錦衣衞鞫實，本衞參刑獄自此始。文皇入立，倚錦衣爲心腹。所屬南北兩鎭撫司，南理本衞刑名及軍匠，而北專治詔獄。凡問刑、奏請皆自達，不關白衞帥。用法深刻，爲禍甚烈，詳刑法志。又錦衣緝民間情僞，以印官奉敕領官校。東廠太監緝事，別領官校，亦從本衞撥給，因是恒與中官相表裏。皇城守衞，用二十二衞卒，不獨錦衣軍，而門禁亦上直中事。京城巡捕有專官，然每令錦衣官協同。地親權要，遂終明之世云。

初，太祖取婺州，選富民子弟充宿衞，曰御中軍。已，置帳前總制親兵都指揮使。後復

省，置都鎮撫司，隸都督府，總牙兵巡徼。而金吾前後、羽林左右、虎賁左右、府軍左右前後十衛，以時番上，號親軍。有請，得自行部，不關都督府。及定天下，改都鎮撫司爲留守，設左右前後中五衛，關領內府銅符，日遣二人點閱，夜亦如之，所謂皇城守衛官軍也。

二十七年申定皇城門禁約。凡朝參，門始啓，直日都督、將軍及帶刀、指揮、千百戶、鎮撫、舍人入後，百官始以次入。上直軍三日一更番，內臣出入必合符嚴索，以金幣出者驗視勘合，以兵器雜藥入門者擒治，失察者重罪之。民有事陳奏，不許固遏。帝念衛士勞苦，令家有婚喪、疾病、產子諸不得已事，得自言情；家無餘丁，父母俱病者，許假侍養，愈乃復。

先是，新宮成，詔中書省曰：「軍士戰鬬傷殘，難備行伍，可於宮牆外造舍以居之，晝則治生，夜則巡警。」其後，定十二衛隨駕軍上直者，人給錢三百。二十八年復於四門置舍，使恩軍爲衛士執爨。恩軍者，得罪免死及諸降卒也。

永樂中，定制，諸衛各有分地。自午門達承天門左右，逮長安左右門，至皇城東西，屬旗手、濟陽、濟川、府軍及虎賁右、金吾前、燕山前、羽林前八衛。東華門左右至東安門左右，屬金吾、羽林、府軍、燕山四左衛。西華門左右至西安門左右，屬四右衛。玄武門左右至北安門左右，屬金吾、府軍後及通州、大興四衛。衛有銅符，頒自太祖。曰承，曰東，曰西，曰北，各以其門名也。巡者左半，守者右半。守官遇巡官至，合契而從事。各門守衛

官，夜各領銅令申字牌巡警，自一至十六。內皇城衛舍四十，外皇城衛舍七十二，俱設銅鐸，次第循環。內皇城左右坐更將軍百，每更二十人，四門走更官八，〔七〕交互往來，鈐印于籍以爲驗。都督及帶刀、千百戶日各一人，領申字牌直宿，及點各門軍士。後更定都督府，改命侯、伯僉書焉。

洪熙初，更造衛士懸牌。時親軍缺伍，衛士不獲代。帝命選他衛軍守端、直諸門，尚書李慶謂不可。帝曰：「人主在布德以屬人心，苟心相屬，雖非親幸，何患焉。」宣德三年命御史點閱衛卒。天順中，復增給事中一人。成化十年，尚書馬文升言：「太祖置親軍指揮使司，不隸五府。文皇帝復設親軍十二衛，又增勇士數千員，屬御馬監，上直，而以腹心臣領之。比者日廢弛，勇士與諸營無異，皇城之內，兵衛無幾，諸監門卒尤疲羸，至不任受甲。宜敕御馬監官，卽見軍選練。仍敕守衛官常嚴步伍，譏察出入，以防微銷萌。」帝然其言，亦未能有所整飭。

正德初，嚴皇城紅舖巡徼，日令留守衛指揮五員，督內外夜巡軍。而兵部郎中、主事各一人，同御史、錦衣衛稽閱，毋攝他務。嘉靖七年增直宿官軍衣糧，五年一給。萬曆十一年，於皇城內外設把總二員，分東西管理。時門禁益弛，衛軍役於中官，每至空伍，賃市兒行丐應點閱。叉刀、紅盔日出始一入直，直廬虛無人。坐更將軍皆納月鏹於所轄。凡提

號、巡城、印簿、走更諸事悉廢。十五年再申門禁。久之，給事中吳文煒乞盡復舊制。不報。末年，有失金牌久之始覺者。梃擊之事，張差一妄男子，得闌入殿廷，其積弛可知。是後中外多事，啓、禎兩朝雖屢申飭，竟莫能挽，侵尋以至於亡。

京城巡捕之職，洪武初，置兵馬司，譏察奸僞。夜發巡牌，旗士領之，覈城門扃鐍及夜行者。已改命衞所鎮撫官，而掌於中軍都督府。永樂中，增置五城兵馬司。宣德初，京師多盜，增官軍百人，協五城逐捕。已，復增夜巡候卒五百。成化中，始命錦衣官同御史督之。末年，撥給團營軍二百。弘治元年令三千營選指揮以下四員，領精騎巡京城外，又令錦衣官五，旗手等衛官各一，分地巡警，巡軍給牌。五年設把總都指揮，專職巡捕。正德中，添設把總，分晝京城外地，南抵海子，北抵居庸關，西抵盧溝橋，東抵通州。復增城內二員，而益以團營軍，定官卒賞罰例。末年，邏卒增至四千人，特置參將。

嘉靖元年復增城外把總一員，幷舊爲五，分轄城內東西二路，城外西南、東南、東北三路，增營兵爲五千。又十選一，立尖哨五百騎，厚其月糈。命參將督操，而監以兵部郎。是時，京軍弊壞積久，捕營亦然。三十四年，軍士僅三百餘。以給事中丘岳等言，削指揮樊經職，而禁以軍馬私役騎乘。萬曆十二年從兵部議，京城內外盜發，自卯至申責兵馬司，自酉至寅責巡捕官，賊衆則協力捕剿。是後，軍額倍增，駕出及朝審、錄囚皆結隊駐巷口。籍伍

雖具，而士馬實凋弊不足用。捕營提督一，參將二，把總十八，巡軍萬一千，馬五千匹。盜賊縱橫，至竊內中器物。獲其橦索，竟不能得也。莊烈帝時，又以兵部左侍郎專督。然營軍半虛廩，馬多雇人騎，失盜嚴限止五日，玩法卒如故。

四衛營者，永樂時，以迤北逃回軍卒供養馬役，給糧授室，號曰勇士。後多以進馬者充，而聽御馬監官提調，名隸羽林，身不隸也。軍卒相冒，支糧不可稽。宣德六年乃專設羽林三千戶所統之，凡三千一百餘人。尋改武驤、騰驤左右衛，稱四衛軍。選本衛官四員，爲坐營指揮，督以太監，別營開操，稱禁兵。器械、衣甲異他軍，橫於輦下，往往爲中官占匿。弘治末，勇士萬一千七百八十人，旗軍三萬一百七十人，歲支廩粟五十萬。孝宗納廷臣言，覈之。又令內臣所進勇士，必由兵部驗送乃給廩，五年籍其人數，著爲令。省度支金錢歲數十萬。武宗卽位，中官甯瑾乞留所汰人數。言官及尚書劉大夏持不可，不聽。後兩官廳設，遂選四衛勇士隸西官廳，掌以邊將江彬、太監張永等。

世宗入立，詔自弘治十八年存額外，悉裁之，替補必兵部查駁。而御馬監馬牛羊，令巡視科道覈數。既而中旨免覈，馬多虛增。後數年，御馬太監閔洪復矯旨選四衛官。給事中鄭自璧劾其欺蔽，不報。久之，兵部尚書李承勛請以選覈仍隸本部，中官謂非便。帝從

二十四史

中華書局

承勳言。十六年又命收復登極詔書所裁者，凡四千人。後五年，內臣言，勇士僅存五千餘，請令子姪充選，以備邊警。部臣言：「故額定五千三百三十人。八年清稽，已浮其數，且此營本非爲備邊設者。」帝從部議。然隱射、占役、冒糧諸弊率如故。萬曆二年減坐營官二員。已，復定營官缺由兵部擇用。其後，復爲中官所撓，仍屬御馬監。廷臣多以爲言，不能從。四十二年，給事中姚宗文點閱本營，言：「官勇三千六百四十七，僅及其半。馬一千四十三，則無至者。官旗七千二百四十，止四千六百餘。馬亦如之。乞下法司究治。」帝不能問。天啓末，巡視御史高弘圖請視三大營例，分弓弩、短兵、火器，加以訓練。至莊烈帝時，提督內臣曹化淳奏改爲勇衞營，以周遇吉、黃得功爲帥，遂成勁旅，出擊賊，輒有功。得功軍士畫虎頭於皂布以衣甲。賊望見黑虎頭軍，多走避，其得力出京營上云。

校勘記

〔一〕於三營都督中推一人充總兵官　都督，原作「提督」，據上文及英宗實錄卷一八六正統十四年十二月己未條改。

〔二〕會戶部主事李夢陽極論役軍之害　李，原作「劉」，據本書卷九〇兵志、又卷二八六李夢陽傳、明史稿志六五兵志、國榷卷四五頁二八二七改。

〔三〕分之爲三十營　三十，原作「三十三」。明會典卷一三四：五軍營分戰兵四營，車兵四營，城守二營，共十營。神樞營分戰兵三營，車兵三營，城守三營，執事一營，共十營。神機營分戰兵三營，車兵三營，城守四營，共十營。合爲三十營。據改。

〔四〕已而王遴代季馴　王遴，原作「王璘」，據本書卷二二〇王遴傳、明史稿志六五兵志改。

〔五〕六年造守衞金牌　六年，原作「五年」，據太祖實錄卷八二洪武六年五月乙丑條改。

〔六〕一曰守衞　衞，原作「備」，據明史稿志六五兵志、太祖實錄卷八二洪武六年五月乙丑條改。本志上文亦稱「守衞金牌」。

〔七〕四門走更官八　走更，原作「支更」，據嵇璜續文獻通考卷一二六改。本志下文亦稱「走更」。

明史卷九十

志第六十六

兵二

衞所　班軍

太祖下集慶路爲吳王，罷諸翼統軍元帥，置武德、龍驤、豹韜、飛熊、威武、廣武、興武、英武、鷹揚、驍騎、神武、雄武、鳳翔、天策、振武、宣武、羽林十七衞親軍指揮使司。革諸將襲元舊制樞密、平章、元帥、總管、萬戶諸官號，而覈其所部兵五千人爲指揮，千人爲千戶，百人爲百戶，五十人爲總旗，十人爲小旗。天下既定，度要害地，係一郡者設所，連郡者設衞。大率五千六百人爲衞，千一百二十人爲千戶所，百十有二人爲百戶所。所設總旗二，小旗十，大小聯比以成軍。其取兵，有從征，有歸附，有謫發。從征者，諸將所部兵，既定其地，因以留戍。歸附，則勝國及僭僞諸降卒。謫發，以罪遷隸爲兵者。其軍皆世籍。此其大略也。

洪武三年陞杭州、江西、燕山、青州四衞爲都衞，復置河南、西安、太原、武昌四都衞。四年造用寶金符及調發走馬符牌。用寶符爲小金牌二，中書省、大都督府各藏其一。有詔發兵，省府以牌入，內府出寶用之。走馬符牌，鐵爲之，共四十，金字、銀字者各半，藏之內府。有急務調發，使者佩以行。尋改爲金符。凡軍機文書，自都督府、中書省長官外，不許擅奏。有詔調軍，省、府同覆奏，然後納符請寶。五年置親王護衞指揮使司，每府三護衞，衞設左、右、中、前、後五所，所，千戶二，百戶十。圍子手所二，所，千戶一。七年申定兵衞之政，征調則統於諸將，事平則散歸各衞。

八年改在京留守都衞爲留守衞指揮使司，在外都衞爲都指揮使司，凡十三：北平、陝西、山西、浙江、江西、山東、四川、福建、湖廣、廣東、廣西、遼東、河南。又行都指揮使司二：甘州、大同。俱隸大都督府。九年選公、侯、都督、各衞指揮嫡長次子爲散騎、參侍舍人，隸都督府，充宿衞，或署各衞所事。十三年，丞相胡惟庸謀反誅，革中書省，因改大都督府爲五，分統諸軍司衞所。明年復置中都留守司及貴州、雲南都指揮使司。十五年三月頒軍法定律。十六年詔各都司上衞所城池水陸地里圖。二十年置大寧都指揮使司。是年，命兵部置軍籍勘合，載從軍履歷、調補衞所年月、在營丁口之數，給內外衞所軍士，而

二十四史

藏其副於內府。三十年定武官役軍之制：指揮、同知、僉事四，千戶三，百戶、鎮撫二，皆取正軍，三日一番上，下直歸伍操練。衞所直廳六，守門二，守監四，守庫一，皆任老軍，月一更。〔二〕

建文帝嗣位，置河北都司、湖廣行都司。文皇入立，皆罷之，而陞燕山三護衞爲親軍，並建文時所立孝陵衞，皆不隸五府。後諸陵設衞皆如之。移山西行都司所屬諸衞軍於北平，設衞屯種。永樂元年罷北平都司，設留守行後軍都督府，遷大寧都司於保定。明年更定衞所屯守軍士。臨邊險要者，守多於屯。在內平僻，或地雖險要而運輸難至者，皆屯多於守。七年置調軍勘合，以勇、敢、鋒、銳、神、奇、精、壯、强、毅、克、勝、英、雄、威、猛十六字，編百號。制敕調軍及遣將，比號同，方准行。十八年，北京建，在南諸衞多北調。宣德五年從平江伯陳瑄言，以衞官職漕運，東南之卒由是困。八年減衞軍餘丁，正軍外每軍留一，餘悉遣歸。已，復以幼軍備操者不足，三丁至七八丁者選一，餘聽治生，給軍裝。正軍有故，即令補伍，毋再勾攝。

當是時，都指揮使與布、按並稱三司，爲封疆大吏。而專閫重臣，文武亦無定職，世猶以武爲重，軍政修飭。正德以來，軍職冒濫，爲世所輕。內之部科，外之監軍、督撫，疊相彈壓，五軍府如贅疣，弁帥如走卒。總兵官領敕於兵部，皆跽，間爲長揖，即謂非體。至於末

季，衞所軍士，雖一諸生可役使之。積輕積弱，重以隱占、虛冒諸弊，至舉天下之兵，不足以任戰守，而明遂亡矣。

崇禎三年，范景文以兵部侍郎守通州，上言：「祖制，邊腹內外，衞所棊置，以軍隸衞，以屯養軍。後失其制，軍外募民爲兵，屯外賦民出餉，使如鱗尺籍，不能爲衞鋒之事，并不知帶甲之人。陛下百度振刷，豈可令有定之軍數付之不可問，有用之軍糈投之不可知？」因條上清覈數事，不果行。

初，洪武二十六年定天下都司衞所，共計都司十有七，留守司一，內外衞三百二十九，守禦千戶所六十五。及成祖在位二十餘年，多所增改。其後措置不一，今區別其名於左，以資考鏡。

上十二衞

金吾前衞　金吾後衞　羽林左衞　羽林右衞　府軍衞　府軍左衞　府軍右衞　府軍前衞　府軍後衞　虎賁左衞　錦衣衞　旂手衞

五軍都督府所屬衞所

左軍都督府

在京凡本府在京屬衞，曾經永樂十八年調守北京者，各註其下曰「調北京」，其年月不重出。後四府同。

留守左衞調北京　鎮南衞調北京　水軍左衞　驍騎右衞調北京　龍虎衞調北京　英武衞　瀋陽左衞調北京　瀋陽右衞調北京

在外

浙江都司

杭州前衞　杭州右衞　台州衞　寧波衞　處州衞　紹興衞　海寧衞　昌國衞　溫州衞　臨山衞　松門衞　金鄉衞　定海衞　海門衞　盤石衞　觀海衞　海寧千戶所　衢州千戶所　嚴州千戶所　湖州千戶所

遼東都司

定遼左衞　定遼右衞　定遼中衞　定遼前衞　定遼後衞　鐵嶺衞　東寧衞　瀋陽中衞　海州衞　蓋州衞　金州衞　復州衞　義州衞　遼海衞　三萬衞　廣寧左屯衞　廣寧右屯衞　廣寧前屯衞　廣寧後屯衞　廣寧中護衞後改爲屯衞

山東都司

青州左護衞後爲天津右衞　青州護衞革　兗州護衞革　兗州左護衞後爲臨清衞　登州衞　青州左衞　萊州衞　寧海衞　濟南衞　平山衞　德州衞後改屬後府　樂安千戶所後改名武定，屬後府　膠州千戶所　諸城千戶所　滕縣千戶所

右軍都督府

在京

虎賁右衞調北京　留守右衞調北京　水軍右衞　武德衞調北京　廣武衞

在外

雲南都司

雲南左衞　雲南右衞　雲南前衞　大理衞　楚雄衞　臨安衞　景東衞　曲靖衞　金齒衞　洱海衞　蒙化衞　馬隆衞改雲南右護衞，革　平夷衞　越州衞　六涼衞　鶴慶千戶所革

貴州都司

貴州衞　永寧衞　普定衞　平越衞　烏撒衞　普安衞　層臺衞革　赤水衞　威清衞　興隆衞　新添衞　清平衞　平壩衞　安莊衞　龍里衞　安南衞　都勻衞　畢節衞　黃平千戶所

四川都司

成都左護衞　成都右護衞後爲龍虎左衞，隸南京左府　成都中護衞後爲豹韜左衞，隸南京前府

中華書局

成都左衞革　成都右衞　成都前衞　成都後衞　成都中衞　寧川衞　茂州衞
建昌衞後屬行都司　重慶衞　敍南衞　蘇州衞後爲寧番衞，屬行都司，革　瀘州衞　松潘軍
民指揮使司　巖州衞革　青川千戶所〔二〕　威州千戶所　大渡河千戶所

陝西都司

西安左護衞後爲神武右衞　西安右護衞　西安中護衞後爲神武前衞　西安左衞　西安右
衞改西安中護衞　西安前衞　西安後衞　華山衞改西安左護衞，又改神武右衞　泰山衞改西
安右護衞　延安衞　綏德衞　平涼衞　慶陽衞　寧夏衞　臨洮衞　鞏昌衞　西寧衞
後屬行都司　漢中衞　涼州衞後屬行都司　莊浪衞後屬行都司　蘭州衞　秦州衞　岷州
軍民指揮使司　洮州衞　河州軍民指揮使司　甘肅衞後爲甘州後衞　山丹衞後屬行都
司　永昌衞後屬行都司　鳳翔千戶所　金州千戶所　寧夏中護衞　西河中護衞後改
雲南中護衞，革

廣西都司

桂林左衞後爲廣西護衞　桂林右衞　桂林中衞　南寧衞　柳州衞　馴象衞　梧州千
戶所

中軍都督府

在京

留守中衞調北京　神策衞調北京　廣洋衞　應天衞調北京　和陽衞調北京　牧馬千戶所
調北京

在外

直隸

揚州衞　和州衞後改爲寧夏中屯衞，革　高郵衞　淮安衞　鎭海衞　滁州衞　太倉衞
泗州衞　壽州衞　邳州衞　大河衞　沂州衞　金山衞　新安衞　蘇州衞　儀眞衞
徐州衞　安慶衞　宿州千戶所

中都留守司

鳳陽右衞　鳳陽中衞　皇陵衞　鳳陽衞　留守左衞　留守中衞　長淮衞　懷遠衞
洪塘千戶所

河南都司

歸德衞後屬中府　陳州衞　弘農衞　汝寧衞後改千戶所，屬中府　潼關衞後屬中府　河南
衞　睢陽衞　宣武衞　信陽衞　彰德衞　武平衞後屬中府　南陽衞　寧國衞後爲涿鹿
衞，〔三〕後屬後府　懷慶衞　寧山衞後屬後府　潁州衞　安吉衞後爲通州衞親軍　潁上千戶
所　河南左護衞　河南中護衞　河南右護衞三護衞後幷彰城衞

前軍都督府

在京

天策衞後分爲保安衞及保安右衞　龍驤衞調北京　豹韜衞調北京　龍江衞後改爲龍江左衞　飛
熊衞調北京

在外

直隸

九江衞

湖廣都司

武昌衞　武昌左衞　黃州衞　永州衞　岳州衞　蘄州衞　施州衞　長沙護衞革
辰州衞　安陸衞後屬行都司，改承天衞　襄陽衞　襄陽護衞後俱屬行都司　常德衞　沅州
衞　寶慶衞　沔陽衞後屬興都留守司　長沙衞　茶陵衞　衡州衞　瞿塘衞後屬行都司
鎭遠衞　平溪衞　清浪衞　偏橋衞　五開衞　九溪衞　荆州左護衞後爲荆州左衞，屬
行都司，改顯陵衞　荆州中護衞革　靖州衞　永定衞　郴州千戶所　夷陵千戶所後屬行
都司　桂陽千戶所　德安千戶所後改屬興都留守司　忠州千戶所後屬行都司　安福千戶
所　道州千戶所革　大庸千戶所　西平千戶所革　麻寮千戶所　枝江千戶所後屬行
都司　武岡千戶所　崇山千戶所革　長寧千戶所後屬行都司　武昌左、右、中三護衞左
改東昌衞，右改徐州左衞，中改武昌護衞。

福建都司

福州中衞　福州左衞　福州右衞　興化衞　泉州衞　漳州衞　福寧衞　鎭東衞
平海衞　永寧衞　鎭海衞

福建行都司

建寧左衞　建寧右衞　建陽衞革　延平衞　邵武衞　汀州衞　將樂千戶所

江西都司

南昌左衞　南昌前衞　袁州衞　贛州衞　吉安衞後爲千戶所　饒州千戶所　安福千
戶所　會昌千戶所　永新千戶所　南安千戶所　建昌千戶所　撫州千戶所　鉛山
千戶所　廣信千戶所

廣東都司

廣州前衞　廣州左衞　廣州右衞　南海衞　潮州衞　雷州衞　海南衞　清遠衞
惠州衞　肇慶衞　廣州後衞　程鄉千戶所　高州千戶所　廉州千戶所後爲廉州衞

萬州千戶所　儋州千戶所　崖州千戶所　南雄千戶所　韶州千戶所　德慶千戶所
新興千戶所　陽江千戶所　新會千戶所　龍川千戶所

後軍都督府

在京

橫海衞　鷹揚衞　興武衞調北京　江陰衞　蒙古左衞革　蒙古右衞革

在外

北平都司

燕山左衞　燕山右衞　燕山前衞　大興左衞　永清左衞　永清右衞　濟州衞[四]
濟陽衞　彭城衞　通州衞已上俱改爲親軍　薊州衞　密雲衞後爲密雲後衞，屬後府　眞定衞　永平衞　山海衞　遵化衞　居庸關千戶所後爲隆慶衞　已上俱屬後府

北平行都司後爲大寧都司

大寧左衞　大寧右衞　二衞後爲營州左、右護衞，改延慶左、右衞　大寧中衞　大寧前衞
大寧後衞後爲營州中護衞，改寬河衞　會州衞[五]俱改調京衞　已上俱屬後府　營州中護衞
興州中護衞革

山西都司

太原左衞　太原右衞　太原前衞　振武衞　平陽衞　鎭西衞　潞州衞　蒲州千戶所　廣昌千戶所　沁州千戶所　寧化千戶所　雁門千戶所

山西行都司

大同左衞　大同右衞　大同前衞　蔚州衞　朔州衞

北平三護衞

燕山左護衞　燕山右護衞　燕山中護衞　俱爲親軍

山西三護衞

太原左護衞　太原右護衞　太原中護衞　俱革

後定天下都司衞所，共計都司二十一，留守司二，內外衞四百九十三，守禦屯田羣牧千戶所三百五十九，儀衞司三十三，自儀衞司以下，舊無，後以次漸添設。宣慰使司二，招討使司二，宣撫司六，安撫司十六，長官司七十，原五十九。番邊都司衞所等四百七。後作四百六十三。

親軍上二十二衞，舊制止十二衞，後增設金吾左以下十衞，俱稱親軍指揮使司，不屬五府。又設騰驤等四衞，亦係親軍，幷武功、永清、彭城及長陵等十五衞，俱不屬府。

金吾前衞　金吾後衞　羽林左衞　羽林右衞　府軍衞　府軍左衞　府軍右衞　府軍前衞　府軍後衞　虎賁左衞　錦衣衞　旗手衞　已上舊爲上十二衞　金吾左衞　金吾右衞　羽林前衞　已上北平三護衞，洪武三十五年陞　燕山左衞　燕山右衞　燕山前衞　大興左衞　濟陽衞　濟州衞[六]　通州衞舊爲安吉衞　已上北平都司七衞，永樂四年陞，俱爲親軍　騰驤左衞　騰驤右衞舊爲神武前衞　武驤左衞　武驤右衞　已上四衞，宣德八年以各衞盔馬軍士及神武前衞官軍開設　武功中衞洪武年間設　武功左衞宣德二年設　武功右衞宣德六年設　永清左衞　永清右衞　彭城衞　已上北平三衞，改常山三護衞，宣德初復爲本衞，又幷河南三護衞多餘官軍於彭城衞　長陵衞舊爲南京羽林右衞，永樂二十二年改　獻陵衞舊武成左衞，宣德元年改　景陵衞舊武成右衞，宣德十年改　裕陵衞舊武成前衞，天順八年改　茂陵衞舊武成後衞，成化二十三年改　泰陵衞舊忠義左衞，弘治十八年改　康陵衞舊義勇中衞，正德十六年改　永陵衞舊義勇左衞，嘉靖二十七年改　昭陵衞舊神武後衞，隆慶六年改　定陵衞　慶陵衞　德陵衞　奠靖千戶所嘉靖二十一年設　犧牲千戶所屬太常寺轄　已上俱不屬五府

五軍都督府所屬衞所

左軍都督府

在京

留守左衞　鎭南衞　驍騎右衞　龍虎衞　瀋陽左衞　瀋陽右衞　俱南京舊制，永樂十

八年分調

在外

浙江都司

杭州前衞　杭州後衞　台州衞　寧波衞　處州衞　紹興衞　海寧衞　昌國衞　溫州衞　臨山衞　松門衞　金鄉衞　海門衞　定海衞　盤石衞　觀海衞　海寧千戶所　衢州千戶所　嚴州千戶所　湖州千戶所　金華千戶所　澉浦千戶所　已下各所，舊無，後添設　乍浦千戶所　三江千戶所　定海後千戶所　定海中左千戶所　定海中中千戶所　瀝海千戶所　三山千戶所　大嵩千戶所　霩衢千戶所　龍山千戶所　石浦前千戶所　石浦後千戶所　爵谿千戶所　錢倉千戶所　水軍千戶所　新河千戶所　桃渚千戶所　健跳千戶所　隘頑千戶所　楚門千戶所　平陽千戶所　瑞安千戶所　海安千戶所　蒲門千戶所　壯士千戶所　沙園千戶所　蒲岐千戶所　寧村千戶所　新城千戶所舊有，後革

遼東都司

定遼左衞　定遼右衞　定遼中衞　定遼前衞　定遼後衞　鐵嶺衞　東寧衞　瀋陽中衞　海州衞　蓋州衞　金州衞　復州衞　義州衞　遼海衞　三萬衞　廣寧左屯

二十四史

中華書局

衞　廣寧右屯衞　廣寧中屯衞　廣寧前屯衞　廣寧後屯衞　廣寧衞已下添設　廣
寧左衞　廣寧右衞　廣寧中衞　寧遠衞　撫順千戶所　蒲河千戶所　寧遠中左千
戶所　寧遠中右千戶所　廣寧中前千戶所　廣寧中後千戶所　廣寧中左千戶所
金州中左千戶所　鐵嶺左右千戶所　鐵嶺中左千戶所　三萬前前千戶所　三萬後
後千戶所　三萬中中千戶所　遼海中中千戶所　遼海右右千戶所　遼海前前千戶
所　遼海後後千戶所　東寧中左千戶所

山東都司舊有青州左護衞，後改天津右衞。舊有貴州護衞，革。

登州衞　青州左衞　萊州衞　寧海衞　濟南衞　平山衞　安東衞已下添設　靈山
衞　鼇山衞　大嵩衞　威海衞　成山衞　靖海衞　東昌衞　臨清衞舊兗州左護衞，
後改　任城衞〔七〕　濟寧衞舊武昌左護衞，後改　兗州護衞　膠州千戶所　諸城千戶所
滕縣千戶所　肥城千戶所已下添設　海陽千戶所　東平千戶所　寧津千戶所　雄
崖千戶所　浮山前千戶所　福山中前千戶所　奇山千戶所　濮州千戶所　金山左
千戶所　尋山後千戶所　百尺崖後千戶所　王徐寨前千戶所　夏河寨前千戶所
魯府儀衞司　德府儀衞司　涇府儀衞司　衡府儀衞司　德府羣牧所　涇府羣牧所
衡府羣牧所

右軍都督府

在京

留守右衞　虎賁右衞　武德衞俱南京舊衞，永樂十八年分調

在外

直隸

宣州衞舊無，後設

陝西都司舊有階州衞、沙州衞、靈山千戶所，後俱革。

西安右護衞舊泰山衞改　西安左衞　西安前衞　西安後衞　延安衞　漢中衞　平涼
衞　綏德衞　寧夏衞　慶陽衞　鞏昌衞　臨洮衞　蘭州衞　秦州衞　岷州衞舊軍
民指揮使司，嘉靖二十四年添設岷州，四十年革，後存衞　河州衞舊軍民指揮使司　洮州衞　寧夏
中護衞　甘州中護衞　安東中護衞　寧夏前衞已下各衞舊無，後設　寧夏中衞　寧
夏中屯衞舊和州衞　寧夏左屯衞　寧夏右屯衞　寧羌衞　靖虜衞　固原衞　榆林衞
寧夏後衞以花馬池千戶所改　興安千戶所舊金州千戶所，萬曆十年改　鳳翔千戶所　禮店前
千戶所已下各所舊設　沔縣千戶所　環縣千戶所　文縣千戶所　階州千戶所舊屬秦
州衞，嘉靖二十二年改屬都司　靈州千戶所　西安千戶所　西固城千戶所〔八〕　歸德千戶
所　鎮羌千戶所　安邊千戶所　平虜千戶所　興武營千戶所　鎮戎千戶所　寧夏
平虜千戶所　秦府儀衞司　慶府儀衞司　肅府儀衞司　韓府儀衞司　寧夏羣牧所
安東羣牧所　甘州羣牧所

陝西行都司洪武十二年添設

甘州左衞　甘州右衞　甘州中衞　甘州前衞　甘州後衞已上陝西甘肅衞分設　永昌
衞　涼州衞　莊浪衞　西寧衞　山丹衞已上舊屬陝西都司　肅州衞　鎮番衞　鎮夷
千戶所　古浪千戶所　高臺千戶所

四川都司舊有浦江關軍民千戶所，後革

成都左護衞　成都右衞　成都中衞　成都前衞　成都後衞　寧川衞　茂州衞　重
慶衞　敍南衞　瀘州衞　利州衞舊無，後設　松潘衞舊爲軍民指揮使司，後改　青川千戶
所　保寧千戶所　威州千戶所　雅州千戶所　大渡河千戶所　廣安千戶所　灌縣
千戶所已下各所後設　黔江千戶所　疊溪千戶所　建武千戶所　小河千戶所　蜀
府儀衞司　壽府儀衞司革　壽府羣牧所革

土官

天全六番招討使司屬都司　隴木頭長官司　靜州長官司　岳希蓬長官司已上屬茂州

衞　石砫宣撫司　酉陽宣撫司已上屬重慶衞　石耶洞長官司　邑梅洞長官司已上
屬酉陽宣撫司　占藏先結簇長官司　蠟匝簇長官司　白馬路簇長官司　山洞簇長官
司　阿昔洞簇長官司　北定簇長官司　麥匝簇長官司　者多簇長官司　牟力簇長
官司〔九〕　班班簇長官司　祈命簇長官司　勒都簇長官司　包藏簇長官司〔一〇〕　阿
思簇長官司　思曩兒簇長官司　阿用簇長官司　潘斡寨長官司〔一一〕　八郎安撫司
阿角寨安撫司　麻兒匝安撫司　芒兒者安撫司已上俱屬松潘衞　疊溪長官司　鬱郎
長官司已上屬疊溪千戶所

四川行都司舊無，後設。舊有建昌前衞，後革　建昌衞舊屬四川都司〔一二〕　寧番衞舊爲蘇州衞，屬四川
都司〔一三〕已下添設　會川衞〔一四〕　鹽井衞　越巂衞　禮州後千戶所　禮州中中千戶所
建昌打沖河中前千戶所　德昌千戶所　迷易千戶所　鹽井打沖河中左千戶所　冕
山橋後千戶所　鎮西後千戶所

土官

昌州長官司　威龍長官司　普濟長官司俱屬建昌衞　馬喇長官司屬鹽井衞　邛部長
官司屬越巂衞

廣西都司

中華書局

桂林右衛　桂林中衛　南寧衛　柳州衛　馴象衛　南丹衛已下添設　慶遠衛　古田千戶所　潯州衛　奉議衛　廣西護衛　梧州千戶所　懷集千戶所　武緣千戶所　貴縣千戶所　賀縣千戶所　全州千戶所　太平千戶所　象州千戶所　平樂千戶所　鬱林千戶所　賓州千戶所　來賓千戶所　富川千戶所　容縣千戶所　融縣千戶所　灌陽千戶所　河池千戶所　武宣千戶所　向武千戶所　五屯屯田千戶所　遷江屯田千戶所　靖江府儀衛司

雲南都司舊有鶴慶、通海二千戶所，革

雲南左衛　雲南右衛　雲南前衛　大理衛　楚雄衛　臨安衛　景東衛　曲靖衛　雲南中衛　洱海衛　永昌衛舊爲金齒軍民指揮使司　蒙化衛　平夷衛　越州衛　六涼衛　雲南後衛已下後設　廣南衛　大羅衛　瀾滄衛以瀾滄軍民指揮使司改　騰衝衛以騰衝軍民指揮使司改　安寧千戶所　宜良千戶所　易門千戶所　楊林堡千戶所　十八寨千戶所　通海前前千戶所　通海右右千戶所　定遠千戶所　馬隆千戶所　姚安千戶所　姚安中屯千戶所　武定千戶所　木密關千戶所　鎮安千戶所舊爲金齒千戶所，萬曆十三年改，駐守猛淋　鎮姚千戶所舊爲永昌千戶所，萬曆十三年改，駐守老姚關　永平前前千戶所　永平後後千戶所　騰衝千戶所　新安千戶所　鳳梧千戶所

土官

茶山長官司　潞江安撫司　鳳溪長官司　施甸長官司　鎮道安撫司　楊塘安撫司俱屬永昌衛　蠻莫安撫司　猛臉長官司[一五]　猛養長官司俱萬曆十三年改設

貴州都司舊有層臺、重安二千戶所，俱革。舊有平伐長官司，後隸貴陽府。舊有平浪、九名九姓獨山州二長官司，後隸都勻府。

貴州衛　永寧衛　普定衛　平越衛　烏撒衛　普安衛　赤水衛　威清衛　興隆衛　新添衛　清平衛　平壩衛　安莊衛　龍里衛　安南衛　都勻衛　畢節衛　貴州前衛舊無，後設　黃平千戶所　普市千戶所　重安千戶所　安龍千戶所　白撒千戶所　摩泥千戶所　關索嶺千戶所　阿落密千戶所　平夷千戶所　安南千戶所　樂民千戶所　七星關千戶所

土官

新添長官司　小平伐長官司　把平寨長官司　丹平長官司　丹行長官司已上屬新添衛　楊義長官司屬平越衛　大平伐長官司屬龍里衛

中軍都督府

在京

留守中衛　神策衛　應天衛　和陽衛俱南京舊衛，永樂十八年調　牧馬千戶所南京舊所調　蕃牧千戶所添設

在外

直隸

揚州衛　高郵衛　儀眞衛　淮安衛　鎮海衛　滁州衛　徐州衛　蘇州衛　太倉衛　金山衛　新安衛　泗州衛　壽州衛　邳州衛　大河衛　沂州衛　安慶衛　宿州衛　廬州衛舊爲千戶所　潼關衛已下舊屬河南都司　歸德衛　武平衛　鎮江衛已下添設　六安衛　徐州左衛　建陽衛　汝寧千戶所　松江中千戶所　青村中前千戶所　南匯嘴中後千戶所　嘉興中左千戶所在府　吳淞江千戶所　寶山千戶所　劉河堡中千戶所　崇明沙千戶所　興化千戶所　通州千戶所　泰州千戶所　鹽城千戶所　東海中千戶所　海州中前千戶所　莒州千戶所

中都留守司

鳳陽衛　鳳陽中衛　鳳陽右衛　皇陵衛　留守左衛　留守中衛　長淮衛　懷遠衛　洪塘千戶所

河南都司舊有洛陽中護衛，後併汝州衛。

河南衛　弘農衛　陳州衛　睢陽衛　宣武衛　信陽衛　彰德衛　南陽衛　懷慶衛　潁川衛　南陽中護衛已下添設　汝州衛　潁上千戶所　禹州千戶所舊名鈞州，後改　嵩縣千戶所　衛輝前千戶所　林縣千戶所　鄧州前千戶所　唐縣右千戶所　周府儀衛司　唐府儀衛司　伊府儀衛司　趙府儀衛司　鄭府儀衛司　崇府儀衛司　徽府儀衛司　趙府羣牧所　鄭府羣牧所　崇府羣牧所　徽府羣牧所

前軍都督府

在京

留守前衛　龍驤衛　豹韜衛俱南京舊衛，永樂十八年分調

在外

直隸

九江衛

湖廣都司舊有武昌右千戶所，革。

武昌衛　武昌左衛　黃州衛　永州衛　岳州衛　蘄州衛　施州衛　辰州衛　常德衛　沅州衛　寶慶衛　沔陽衛　長沙衛　衡州衛　茶陵衛　鎮遠衛　偏橋衛　清浪衛已上三衛在貴州境　平溪衛　五開衛　九溪衛　靖州衛　永定衛　寧遠衛已下

二十四史

中華書局

添設〔一六〕 銅鼓衞 武昌護衞 襄陽護衞 郴州千戶所 麻寮千戶所 添平千戶所 澧州千戶所 安福千戶所 忠州千戶所在四川境 大庸千戶所 桂陽千戶所 武岡千戶所 寧溪千戶所 常寧千戶所 鎭溪千戶所 桃川千戶所 枇杷千戶所 錦田千戶所 寧遠千戶所 江華千戶所 城步千戶所 天柱千戶所 汶溪千戶所 宜章千戶所 廣安千戶所 大田千戶所 黎平千戶所 中潮千戶所 新化千戶所 新化亮寨千戶所 隆里千戶所 已上五所在貴州境 平茶千戶所 平茶屯千戶所 銅鼓千戶所 楚府儀衞司 荆府儀衞司 雍府儀衞司 榮府儀衞司 岷府儀衞司 吉府儀衞司 荆府羣牧所 雍府羣牧所 榮府羣牧所 吉府羣牧所

土官

永順軍民宣慰使司屬都司 臘惹洞長官司〔一七〕 麥著黃洞長官司 驢遲洞長官司 施溶溪長官司 白崖洞長官司 田家洞長官司 已上屬永順宣慰司 保靖州軍民宣慰使司屬都司 五寨長官司 筸子坪長官司 俱屬保靖宣慰司 施南宣撫司屬施州衞 東鄉五路安撫司屬施南宣撫司 搖把洞長官司〔一八〕 上愛茶峒長官司 下愛茶峒長官司 鎭遠蠻夷長官司 隆奉蠻夷長官司 俱屬東鄉五路安撫司 忠孝安撫司屬施南 忠路安撫司屬施南 金峒安撫司屬施南 劍南長官司屬忠路 西坪蠻夷長官司屬金峒 散毛宣

撫司屬施州衞 龍潭安撫司 大旺安撫司 俱屬散毛 東流蠻夷長官司 臘壁峒蠻夷長官司 俱屬大旺 忠建宣撫司屬施州衞 忠峒安撫司 高羅安撫司屬忠建 木冊長官司屬高羅 鎭南長官司 唐崖長官司 俱屬施州衞 容美宣撫司 椒山瑪瑙長官司 五峰石寶長官司 水盡源通塔平長官司 石梁下峒長官司 俱屬容美 桑植安撫司屬九溪 臻剖六洞橫波等處長官司屬鎭遠衞

湖廣行都司以湖廣都司衞所改設

荆州衞 荆州左衞 荆州右衞 瞿塘衞 襄陽衞 襄陽護衞 安陸衞 鄖陽衞 夷陵千戶所 德安千戶所 枝江千戶所 長寧千戶所 遠安千戶所 竹山千戶所 均州千戶所 房縣千戶所 忠州千戶所 遼府儀衞司 襄府儀衞司 興府儀衞司

興都留守司

承天衞舊安陸衞，嘉靖十八年改 沔陽衞舊屬都司，嘉靖二十一年改 顯陵衞舊爲荆州左衞，嘉靖十八年改 德安千戶所舊屬行都司，嘉靖二十一年改

福建都司

福州中衞 福州左衞 福州右衞 興化衞 泉州衞 漳州衞 福寧衞 鎭東衞 平海衞 永寧衞 鎭海衞 大金千戶所 已下添設 定海千戶所 梅花千戶所 萬安千戶所 莆禧千戶所 福全千戶所 金門千戶所 中左千戶所 高浦千戶所 浦城千戶所 六鼇千戶所 銅山千戶所 玄鍾千戶所 崇武千戶所 南詔千戶所 龍巖千戶所

福建行都司

建寧左衞 建寧右衞 延平衞 邵武衞 汀州衞 將樂千戶所 武平千戶所 已下添設 永安千戶所 上杭千戶所 浦城千戶所

江西都司

南昌衞正德十六年，以左、前二衞并改 袁州衞 贛州衞 吉安千戶所舊爲衞 饒州千戶所 安福千戶所 會昌千戶所 永新千戶所 南安千戶所 建昌千戶所 撫州千戶所 鉛山千戶所 廣信千戶所 信豐千戶所 寧府儀衞司 淮府儀衞司 益府儀衞司 淮府羣牧所 益府羣牧所

廣東都司

廣州前衞 廣州後衞 廣州左衞 廣州右衞 南海衞 潮州衞 雷州衞 海南衞 清遠衞 惠州衞 肇慶衞 廣海衞 已下添設 碣石衞 神電衞 廉州衞舊千戶所 新會千戶所 韶州千戶所 南雄千戶所 龍川千戶所 程鄉千戶所 德慶千戶所

新興千戶所 陽江千戶所 高州千戶所 儋州千戶所 新寧千戶所 萬州千戶所 崖州千戶所 增城千戶所 東莞千戶所 已下添設 大鵬千戶所 香山千戶所 連州千戶所 河源千戶所 長樂千戶所 平海千戶所 海豐千戶所 捷勝千戶所 甲子門千戶所 大城千戶所 海門千戶所 靖海千戶所 蓬州千戶所 澄海千戶所 廣寧千戶所 四會千戶所 陽春千戶所 海朗千戶所 雙魚千戶所 寧川千戶所 信宜千戶所 石城千戶所 永安千戶所 欽州千戶所 靈山千戶所 海康千戶所 樂民千戶所 海安千戶所 錦囊千戶所 清瀾千戶所 昌化千戶所 南山千戶所 瀧水千戶所 從化千戶所 封門千戶所 函口千戶所 富霖千戶所

後軍都督府

在京

留守後衞 鷹揚衞 興武衞 俱南京舊衞，永樂十八年分調 大寧中衞 大寧前衞 會州衞 俱北平行都司舊衞 富峪衞 已下添設，并北平、山西等衞改調 寬河衞舊大寧後衞 神武左衞 神武後衞改昭陵衞 忠義左衞 忠義右衞 忠義前衞 忠義後衞 義勇中衞 義勇左衞 義勇右衞 義勇前衞 義勇後衞 武成中衞 蔚州左衞

在外

直隸舊爲北平都司，有北平三護衞，後俱爲親軍。其不係北平舊衞者，俱永樂以後添設。

薊州衞　眞定衞　永平衞　山海衞　遵化衞　已上北平舊衞　密雲中衞　密雲後衞以舊密雲分　開平中屯衞　興州左屯衞　興州右屯衞　興州中屯衞　興州前屯衞

興州後屯衞　延慶衞舊爲北平都司居庸關千戶所，後改隆慶衞，後又改此　東勝左衞　東勝右衞　鎭朔衞　涿鹿衞舊爲河南寧國衞，屬中府　定邊衞　神武右衞　神武中衞　忠義中衞　盧龍衞　武淸衞　撫寧衞　德州衞　寧山衞舊屬河南都司，屬中府　大同中屯衞永樂初改調　瀋陽中屯衞　定州衞　已上舊爲北平、山東、山西、河南等處衞所，永樂初改調　天津衞　已下添設　天津左衞　天津右衞舊靑州左護衞　通州左衞　通州右衞　涿鹿左衞

涿鹿中衞　河間衞　潼關衞舊屬河南都司　德州左衞　梁城千戶所　滄州千戶所　已下添設　倒馬關千戶所　潮河千戶所　白洋口千戶所　渤海千戶所　寬河千戶所

鎭邊城千戶所　順德千戶所　武定千戶所舊樂安千戶所，改屬　平定千戶所　蒲州千戶所　俱屬山西都司，後改

大寧都司

保定左衞　保定右衞　保定中衞　保定前衞　保定後衞　俱永樂元年設　營州左屯衞　營州右屯衞　營州中屯衞　營州前屯衞　營州後屯衞　俱洪武舊衞，永樂改屬

茂山衞　紫荊關千戶所

萬全都司宣德五年，分直隸及山西等處衞所添設。

萬全左衞　萬全右衞　宣府前衞　宣府左衞　宣府右衞　懷安衞　開平衞　延慶左衞舊屬北平行都司，後改　延慶右衞舊屬北平都司，後改　龍門衞　保安衞舊屬前府，後改　保安右衞舊屬前府，後改　蔚州衞　永寧衞　懷來衞　興和千戶所　美峪千戶所　廣昌千戶所舊屬山西都司，後改　四海治千戶所　長安千戶所　雲川千戶所　龍門千戶所

山西都司舊有太原三護衞，後革。蒲州千戶所，改屬直隸，廣昌千戶所，改屬萬全都司。

太原左衞　太原右衞　太原前衞　振武衞　平陽衞　鎭西衞　潞州衞　瀋陽中護衞後設　汾州衞後設　沁州千戶所　寧化千戶所　雁門千戶所　保德州千戶所　已下添設　偏頭關千戶所　磁州千戶所　寧武千戶所　八角千戶所　老營堡千戶所嘉靖十七年添設　晉府儀衞司　瀋府儀衞司　代府儀衞司　晉府羣牧所　瀋府羣牧所

代府羣牧所

山西行都司舊有蔚州衞，後改屬萬全都司。

大同左衞　大同右衞　大同前衞　大同後衞　朔州衞　已下俱山西大同等處衞所調改及添設　鎭虜衞　安東中屯衞　陽和衞　玉林衞　高山衞　雲川衞　天城衞　威遠衞　平虜衞　山陰千戶所　馬邑千戶所　井坪千戶所

南京衞所親軍衞

金吾前衞　金吾後衞　羽林左衞　羽林右衞　羽林前衞　府軍衞　府軍左衞　府軍右衞　府軍前衞　府軍後衞　虎賁左衞　錦衣衞　旂手衞　金吾左衞　金吾右衞　江淮衞　濟川衞　孝陵衞　犧牲千戶所

五軍都督府屬

左軍都督府本府所屬衞，仍隸北京左府。

留守左衞　鎭南衞　水軍左衞　驍騎右衞　龍虎衞　龍虎左衞舊爲成都右護衞，宣德六年改　英武衞　瀋陽左衞　瀋陽右衞　龍江右衞

右軍都督府本府所屬衞，仍隸北京右府。

虎賁右衞　留守右衞　水軍右衞　武德衞　廣武衞

中軍都督府本府所屬衞，仍隸北京中府。

留守中衞　神策衞　廣洋衞　應天衞　和陽衞　牧馬千戶所

前軍都督府本府所屬衞，仍隸北京前府。

留守前衞　龍江左衞　龍驤衞　飛熊衞　天策衞　豹韜衞　豹韜左衞舊爲成都中護衞，

宣德六年改調

後軍都督府本府所屬衞，仍隸北京後府。

留守後衞　橫海衞　鷹揚衞　興武衞　江陰衞

羈縻衞所，洪武、永樂間邊外歸附者，官其長，爲都督、都指揮、指揮、千百戶、鎭撫等官，賜以敕書印記，設都司衞所。

都司一奴兒干都司

衞三百八十四

朶顏衞　泰寧衞　建州衞　必里衞舊會典作兀里　福餘衞　已上洪武間置　兀者衞　兀者左衞　兀者右衞　兀者後衞　赤不罕衞　屯河衞　安河衞　已上永樂二年置　毛憐衞　虎兒文衞　失里綿衞　奴兒干衞　堅河衞舊會典有溫河　撒力衞　已上永樂三年置　古賁河衞　右城衞　塔魯木衞　蘇溫河衞　斡灘河衞〔一九〕舊會典有灘納河　兀者前衞　卜顏衞　亦罕河衞　納憐河衞　麥蘭河衞　兀列河衞　雙城衞　撒剌兒衞〔二〇〕　亦馬剌衞　斡蘭衞　亦兒古里衞　脫木河衞　卜剌罕衞　密陳衞　脫倫衞　嘉河衞　塔山衞　阿速江衞　速平江衞　木魯罕山衞　馬英山衞　土魯亭山衞〔二一〕　木塔里山衞　朶林山衞　兀也吾衞　吉河衞　劄竹哈衞舊會典有撒竹藍　福山衞舊

中華書局

會典作福三 肥河衞 哈溫河衞舊會典作哈里河 木束河衞 撒兒忽衞 罕答河衞舊會典作忽答河 劄童衞 已上永樂四年置 阿古河衞 喜樂溫河衞 木陽河衞 哈蘭城衞 可令河衞 兀的河衞 哥吉河衞 野木河衞 納剌吉河衞 亦里察河衞 野兒定河衞 卜魯丹河衞 好屯河衞 喜剌烏河衞舊會典作喜速烏 考郎兀衞 亦速里河衞 阿剌山衞 隨滿河衞 撒禿河衞 忽蘭山衞 古魯渾山衞 阿資河衞 甫里衞 答剌河衞舊會典作納剌河 撒只剌河衞 阿里河衞舊會典作阿吉河 依木河衞 亦文山衞 木蘭河衞 朶兒必河衞 甫門河衞 已上永樂五年置 納木河衞 童寬山衞 兀魯罕河衞 塔罕山衞 者帖列山衞 木興衞 友帖衞 牙魯衞 益實衞 剌魯衞 乞忽衞 兀里溪山衞 希灘河衞 弗朶禿河衞 阿者迷河衞 撒察河衞 斡蘭河衞 阿眞河衞 木忽剌河衞[二二] 欽眞河衞 克默河衞 察剌禿山衞 嘔罕河衞 阮里河衞 列門河衞 禿都河衞 實山衞 忽里急山衞 莫溫河衞 薛列河衞 已上永樂六年置 卜魯兀衞 葛林衞 把城衞 劄肥河衞 忽石門衞 劄嶺上衞 木里吉衞 忽兒海衞 伏里其衞 乞勒尼衞 愛河衞 把河衞 和屯吉衞 失里木衞 阿倫衞 古里河衞 塔麻速衞 已上永樂七年置 木興河衞 木剌河衞舊會典作木束河衞 喜申衞 使防河衞舊會典作使方河 甫兒河衞 亦麻河衞 兀應河

衞 法因河衞 阿答赤河衞舊會典作阿答 古木山衞 葛稱哥衞 已上永樂八年置 督罕河衞 建州左衞 只兒蠻衞 兀剌衞 順民衞 囊哈兒衞 古魯衞舊會典作古魯山 滿徑衞 哈兒蠻衞 塔亭衞 也孫倫衞 可木河衞 弗思木衞 弗提衞 已上永樂十年置 斡朶倫衞永樂十一年置 哈兒分衞 阿兒溫河衞 速塔兒河衞 兀屯河衞 玄城衞 和卜羅衞[二三] 老哈河衞 失兒兀赤衞 卜魯禿河衞 可河衞[二四] 乞塔河衞 兀剌忽衞 已上永樂十二年置 渚冬河衞 劄眞衞 兀思哈里衞 忽魯愛衞 已上永樂十三年置 吉灘河衞 亦馬忽山衞 已上永樂十四年置 阿眞同眞衞 亦東河衞 亦迷河衞 已上永樂十五年置 建州右衞 益實左衞 阿答赤衞 塔山左衞舊會典作塔山前 城討溫衞舊會典作「成」 已上俱正統間置 寄住毛憐衞 此下正統已後續置 可木衞 失里衞 失木魯河衞 忽魯木衞 塔馬速衞 失烈木衞 吉灘衞 和屯衞 禾屯吉河衞 亦失衞 亦力克衞 納木衞 弗納河衞 忽失木衞 兀也衞 也速倫衞 巴忽魯衞 兀牙山衞 塔木衞 忽里山衞 罕麻衞 木里吉河衞 引門河衞 亦里察衞 只卜得衞 塔兒河衞 木忽魯衞 木答山衞 立山衞 可吉河衞 忽失河衞 脫倫兀衞 阿的納河衞 兀力衞 阿速衞 速溫河衞 納剌吉衞 撒剌衞 亦實衞 弗朶脫河衞 亦屯河衞 兀討溫河衞[二五] 甫河衞 剌山

衞 阿者衞 童山寬衞 替里衞 亦里察河衞 哈黑分衞 禿河衞 好屯衞 乞列尼衞 撒里河衞 忽思木衞 兀里河衞 忽魯山衞 弗兒秀河衞 沒脫倫衞 兀阿魯必河衞 咬里山衞 亦文衞 寫豬洛衞 答里山衞 古木河衞 剌兒衞 兀同河衞 出萬山衞 者屯衞 喜辰衞 海河衞 蘭河衞 朶州山衞 者亦河衞 納速吉河衞 把忽兒衞 鎮眞河衞 也速河衞 者剌禿衞 也魯河衞 亦里河衞 失里兀衞 斡朶里衞 禿屯河衞 者林山衞 波羅河衞 朶兒平河衞 散力衞 密剌禿山衞 甫門衞 細木河衞 沒倫河衞 弗禿都河衞 者列帖衞 察札禿河衞 出萬河衞 者帖列衞 兀失衞 忽里河衞 失里綿河衞 兀剌河衞 愛河衞 洽剌察衞 卜忽禿河衞 沒倫衞 卜魯衞 以哈阿哈衞 速江平衞 兀山衞 弗力衞 失郎山衞 亦屯衞 木河衞 竹墩衞 河木衞 哈郎衞 歲班衞 失山衞 考郎衞 築屯衞 黑里河衞 右城衞 弗河衞 文東河衞 阿古衞 弗山衞 兀答里衞 納速河衞 失列河衞 朶兒玉衞 兀魯河衞 弗郎罕河衞 赤卜罕山衞 老河衞 竹里河衞 吉答納河衞 者不登衞 也速脫衞 阿木河衞 顏亦衞 已下添設 山答衞 塔哈衞 弗魯納河衞 行子衞 兀勒阿城衞 阿失衞 吉眞納河衞 法衞 薄羅衞 塔麻所衞 布兒哈衞 亦思察河衞 失剌衞 卜忽禿衞 撒

里衞 你實衞 平河衞 忽里吉山衞[二六] 阿乞衞 台郎衞 塞克衞 拜苦衞 所力衞 巴里衞 塔納衞 木郎衞 額克衞 勒伏衞 式木衞 樹哈衞 肥哈答衞 蓋千衞 英禿衞 乞忽衞 阿林衞 哈兒速衞 巴答衞 脫木衞 忽把衞 速哈兒衞 馬失衞 塔賽衞 劄里衞 者哈衞 恨克衞 哈失衞 交枝衞 葛艾答衞 亦蠻衞 哈察衞 革出衞 卜答衞 蜀河衞 禿里赤山衞 賽因衞 忙哈衞

所二十四

兀者托溫千戶所 哈魯門山千戶所 兀者揆野木千戶所[二七] 兀的罕千戶所 兀者穩免赤千戶所 得的河千戶所 魚失千戶所 五年千戶所 兀者已河千戶所 眞河千戶所 兀的千戶所 屯河千戶所 哈三千戶所 兀者屯河千戶所 古貢河千戶所 五音千戶所 鎖郎塔眞河千戶所 兀者揆野人千戶所 敷答河千戶所 兀禿河千戶所 可里踢千戶所 哈魯門千戶所 兀討溫河千戶所 兀者撒野人千戶所

站七

別兒眞站 黑龍江地方莽亦帖站 弗朶河站 亦罕河衞忽把希站 忽把希站 弗

中華書局

答林站　古代替站

地面七

弗孫河地面　木溫河地面　埔坎河地面　撒哈地面　亦馬河咬東地面　可木地面

黑龍江地面

寨一

黑龍江忽里平寨。

西北諸部，在明初服屬，授以指揮等官，設衞給誥印。

衞六

赤斤蒙古衞　罕東衞　安定衞　阿端衞　曲先衞　哈密衞

西番即古吐番。洪武初，遣人招諭，又令各族舉舊有官職者至京，授以國師及都指揮、宣慰使、元帥、招討等官，俾因俗以治。自是番僧有封灌頂國師及贊善、闡化等王，大乘大寶法王者，俱給印誥，傳以爲信，所設有都指揮使司、指揮司。

都指揮使司二

烏思藏都指揮使司　朶甘衞都指揮使司

指揮使司一

隴答衞指揮使司

宣慰使司三

朶甘宣慰使司　董卜韓胡宣慰使司　長河西魚通寧遠宣慰使司

招討司六

朶甘思招討司　朶甘隴答招討司　朶甘丹招討司　朶甘倉溏招討司　朶甘川招討司　磨兒勘招討司

萬戶府四

沙兒可萬戶府　乃竹萬戶府　羅思端萬戶府　別思麻萬戶府

千戶所十七

朶甘思千戶所　剌宗千戶所　孛里加千戶所　長河西千戶所　多八三孫千戶所　加八千戶所　兆日千戶所　納竹千戶所　倫答千戶所　果由千戶所　沙里可哈忽的千戶所　孛里加思千戶所　撒里土兒千戶所　參卜郎千戶所　剌錯牙千戶所　泄里壩千戶所　潤則魯孫千戶所

班軍者衞所之軍番上京師，總爲三大營者也。初，永樂十三年詔邊將及河南、山東、山西、陝西各都司，中都留守司，江南、北諸衞官，簡所部卒赴北京，以俟臨閱。京操自此始。

仁宗初，因英國公張輔等言，調直隸及近京軍番上操備，諭以畢農而來，先農務遣歸。既而輔言：「邊軍比悉放還，京軍少，請調山東、河南、中都、淮、揚諸衞校閱。」制曰「可」。又敕河南、山東、山西、大寧及中都將領，凡軍還取衣裝者，以三月畢務，七月至京，老弱者選代，官給之馬。歲春秋番上，共十六萬人：大寧七萬七百餘，中都、山東遞殺，河南最少，僅一萬四千有奇。定爲例。後允成國公朱勇等請，罷鞏昌諸衞及階、文千戶所班軍，代以陝西內地卒。山東衞士沿海備倭，沿海衞士復內調，通州衞士漕淮安粟，安慶衞士赴京操，不便，皆更之。已，并放還陝西班軍。正統中，京操軍皆戍邊，乃遣御史於江北、山東、北直選卒，爲京師備。景泰初，邊事棘，班軍悉留京，間歲乃放還取衣裝。于是于謙、石亨議三分之，留兩番操備。保定、河間、天津放五十日，河南、山東九十日，淮、揚、中都百日，紫荊、倒馬、白羊三關及保定諸城戍卒，屬山東、河南者，亦如之。逃者，官鐫秩三等，卒盡室謫邊衞。明年，謙又言：「班軍分十營團練，久不得休，請仍分兩番。」報可。

成化間，河南秋班軍二千餘不至，下御史趣之。海內燕安，外衞卒在京祇供營繕諸役，勢家私占復半之。卒多畏苦，往往愆期，乃定違限罪：輕者發居庸、密雲、山海關罰班六月，

重者發邊衞罰班至年半。令雖具，然不能革也。

弘治中，兵部言占役之害，罰治如議。於是選衞兵八萬團操，內外各半。外衞四萬，兩番迭上。李東陽極言工作困軍，班軍逾期不至，大率坐此。帝然之。末年，歸大寧卒兩班萬人。正德中，宣府軍及京營互調，春秋番換如班軍例。迄世宗立乃已。

嘉靖初，尚書李承勛言：「永樂中調軍番上京師，後遂踵爲故事，衞伍半空，而在京者徒供營造。不若省行糧之費，以募工作。」御史鮑象賢請分班軍爲三，二入營操，一以赴役。通政司陳經復請半放之，收其糧募工。皆不行。久之，從翊國公郭勛言，寬河南因災不至班軍，而論後犯者罪必如法。兵部因條議，軍士失期，治將領之罪，以多寡爲差，重者至鐫秩戍邊。報可。其後邊警棘，乃併番上軍爲一班，五月赴京，十一月放還，每歲秋防見兵十五六萬。仇鸞用事，抽邊卒入衞，凡選士六萬八千餘。又免大寧等衞軍京操，改防薊鎮，班軍遂耗減。豐城侯李熙覈其數，僅四萬人，因請改徵銀召募，而以見軍四萬歸營操練。嚴嵩議以「各衞兵雖有折乾之弊，然清覈令下，猶凜凜畏罪。若奉旨徵銀，恐借爲口實，祖宗良法深意，一旦蕩然」。帝是之。折乾者，衞卒納銀將弁以免其行，有事則召募以應。亡何，從平江伯陳圭奏，仍令中都、山東、河南軍分春秋兩班，別爲一營，春以三月至，八月還；秋以九月至，來歲二月還，工作毋擅役。

中華書局

供畚锸。

隆慶初，大發卒治河，軍人憚久役，逃亡多。部議於見役軍中，簡銳者著伍，而以老弱供畚锸。

萬曆二年，科臣言，班軍非爲工作設。下兵部，止議以小工不得概派而已。時積弊已久，軍士苦役甚，多愆期不至。故事，失班脫逃者，罰工銀，追月糈。其後額外多徵，軍益逃，中都尤甚。自嘉靖四十三年後，積逋工銀至五十餘萬兩。巡撫都御史張翀乞蠲額外工價，軍三犯者，不必罰工，竟調邊衞。而巡視京營給事中王道成則言：「凡軍一班不到，即係一年脫伍，盡扣月糧。本軍仍如例解京，罰補正班。三年脫班，仍調邊衞。」並報可。衞軍益大困。

後二十九年，帝以班軍多老弱雇倩，令嚴飭之。職方主事沈朝煥給班軍餉，皆傭諸丐，因言：「班軍本處有大糧，到京有行糧，又有鹽斤銀，所費十餘萬金，今皆虛冒。請解大糧貯庫，有警可召募，有工可雇役。」部議請先申飭，俟大工竣行之。是時事以班軍爲役夫，番上之初意盡失矣。

又五年，內庭有小營繕，中官陳永壽請仍用班軍，可節省。給事中宋一韓爭之，謂：「班軍輪操即三大營軍，所係甚重。今邊鄙多事，萬一關吏不謹，而京師團練之軍多召募，游徼之役多役占，皇城宿衞多白徒，四衞扈從多厮役。即得三都司健卒三萬，猶不能無恐，況動

以興作朘削，名存實亡，緩急何賴哉？」不聽。四十年，給事中麻僖請恤班操之苦。後六年，順天巡撫都御史劉曰梧言班軍無濟實用，因陳募兵十利。是時，法益弛，軍不營操，皆居京師爲商販、工藝，以錢入班將。

啓、禎時，邊事洶洶，乃移班軍於邊，築垣、負米無休期，而糗糧缺，軍多死，班將往往逮革。特敕兵部右侍郎專督理，鑄印給之，然已無及。

校勘記

〔一〕月一更　月，原作「歲」，據太祖實錄卷二五二洪武三十年四月丙申條改。

〔二〕青川千戶所　諸司職掌兵部職方部在此下有「保寧千戶所」，其所列衞所與本志稍異，不再出校。

〔三〕後爲涿鹿衞　涿鹿衞，原作「涿鹿後衞」。本志下文及明會典卷一二四後軍都督府下有涿鹿衞，無「涿鹿後衞」，「後」字衍，據刪。

〔四〕濟州衞　州，原作「川」，據諸司職掌兵部職方部改。

〔五〕會州衞　州，原作「川」，據諸司職掌兵部職方部改。按本志下文後軍都督府亦有「會州衞」。

〔六〕濟州衞　州，原作「川」，據明史稿志六七兵志、太宗實錄卷四〇永樂四年二月丁丑條、明會典卷一二四改。

〔七〕臨清衞舊兗州左護衞後改　任城衞　原作「臨清衞　兗州左衞後改任城衞」，據明會典卷一二四改補。按本志上文山東都司下「兗州左護衞，後爲臨清衞」，與明會典同。

〔八〕西固城千戶所　城，原作「成」，據明會典卷一二四、讀史方輿紀要卷六〇改。

〔九〕牟力簇長官司　本書卷四三地理志作「牟力結簇長官司」。

〔一〇〕包藏簇長官司　包，原作「色」，據明史稿志六七兵志、明會典卷一二四、讀史方輿紀要卷七三改。本書卷四三地理志作「包藏先結簇長官司」。

〔一一〕潘斡寨長官司　斡，原作「幹」，據本書卷四三地理志、明會典卷一二四改。

〔一二〕舊屬四川都司　舊，原作「後」，據明史稿志六七兵志、明會典卷一二四改。明會典四川都司下注：「舊有建昌衞，後改屬行都司。」

〔一三〕舊爲蘇州衞屬四川都司　原作「舊爲四川蘇州衞」，四川下脫「都司」兩字，據明會典卷一二四補改。

〔一四〕會川衞　川，原作「州」，據本書卷四三地理志、明會典卷一二四改。

〔一五〕猛臉長官司　猛臉，本書卷四六地理志作「孟璉」，係同名異譯。本志雲南都司地名冠以「猛」字者，地理志均作「孟」。

〔一六〕已下添設　按明會典卷一二四，添設的爲寧遠衞、銅鼓衞二衞和澧州千戶所以下二十三個千戶所。還有襄陽護衞及郴州千戶所等是舊有的。

〔一七〕朧惹洞長官司　朧，本書卷四三地理志作「膔」。下文「朧壁峒蠻夷長官司」同。按朧，或作膔。

〔一八〕搖把洞長官司　搖把，原作「把搖」，據本書卷四三地理志、明一統志卷六六改。

〔一九〕斡灘河衞　斡，原作「幹」，據明一統志卷八九、明會典卷一二五改。下文的斡蘭河衞、斡朵倫衞的「斡」原都作「幹」，同上改。又斡朵里衞的「斡」，原亦作「幹」，據明會典改。

〔二〇〕撒剌兒衞　撒，原作「撮」，據明一統志卷八九、明會典卷一二五改。

〔二一〕土魯亭山衞　亭，原作「罕」，據明一統志卷八九、明會典卷一二五改。

〔二二〕木忽剌河衞　剌，原作「阿」，據明史稿志六七兵志、明一統志卷八九、明會典卷一二五改。

〔二三〕和卜羅衞　卜，原作「十」，據明一統志卷八九、明會典卷一二五改。

〔二四〕可河衞　河，原作「和」，據明一統志卷八九、明會典卷一二五改。

〔二五〕兀討溫河衞　兀，原作「元」，據明史稿志六七兵志、明會典卷一二五改。

〔二六〕忽里吉山衞　吉，原作「失」，據明史稿志六七兵志、明會典卷一二五改。

〔二七〕兀者揆野木千戶所　野，原作「也」，據明一統志卷八九、明會典卷一二五改。

明史卷九十一

志第六十七

兵三

邊防　海防　江防　民壯　土兵　鄉兵

元人北歸，屢謀興復。永樂遷都北平，三面近塞。正統以後，敵患日多。故終明之世，邊防甚重。東起鴨綠，西抵嘉峪，綿亘萬里，分地守禦。初設遼東、宣府、大同、延綏四鎮，繼設寧夏、甘肅、薊州三鎮，而太原總兵治偏頭，三邊制府駐固原，亦稱二鎮，是爲九邊。

初，洪武六年命大將軍徐達等備山西、北平邊，諭令各上方略。〔一〕從淮安侯華雲龍言，自永平、薊州、密雲迤西二千餘里，關隘百二十有九，皆置戍守。於紫荆關及蘆花嶺設千戶所守禦。又詔山西都衞於雁門關、太和嶺并武、朔諸山谷間，凡七十三隘，俱設戍兵。九年敕燕山前、後等十一衞，分兵守古北口、居庸關、喜峰口、松亭關烽堠百九十六處，參用南北

軍士。十五年又於北平都司所轄關隘二百，以各衞卒守戍。詔諸王近塞者，每歲秋，勒兵巡邊。十七年命徐達籍上北平將校士卒。復命將畧遼東、定遼等九衞官軍。是後，每遣諸公、侯校沿邊士馬，以籍上。二十年置北平行都司於大寧。其地在喜峰口外，故遼西郡，遼之中京大定府也；西大同，東遼陽，南北平。馮勝之破納哈出，還師，城之，因置都司及營州五屯衞，而封皇子權爲寧王，調各衞兵往守。先是，李文忠等取元上都，設開平衞及興和等千戶所；東西各四驛，東接大寧，西接獨石。二十五年又築東勝城於河州東受降城之東，設十六衞，與大同相望。自遼以西，數千里聲勢聯絡。

建文元年，文帝起兵，襲陷大寧，以寧王權及諸軍歸。及卽位，封寧王於江西。而改北平行都司爲大寧都司，徙之保定。調營州五屯衞於順義、薊州、平谷、香河、三河，以大寧地畀兀良哈。自是，遼東與宣、大聲援阻絕，又以東勝孤遠難守，調左衞於永平，右衞於遵化，而墟其地。先是興和亦廢，開平徙於獨石，宣府遂稱重鎮。然帝於邊備甚謹。自宣府迤西迄山西，緣邊皆峻垣深濠，烽堠相接。隘口通車騎者百戶守之，通樵牧者甲士十人守之。武安侯鄭亨充總兵官，其敕書云：「各處烟墩，務增築高厚，上貯五月糧及柴薪藥弩，墩傍開井，井外圍牆與墩平，外望如一。」重門禦暴之意，常凜凜也。

洪熙改元，朔州軍士白榮請還東勝、高山等十衞於故地。興州軍士范濟亦言，朔州、大同、開平、宣府、大寧皆藩籬要地，其土可耕，宜遣將率兵，修城堡，廣屯種。皆不能用。

正統元年，給事中朱純請修塞垣。總兵官譚廣言：「自龍門至獨石及黑峪口五百五十餘里，工作甚難，不若益墩臺瞭守。」乃增赤城等堡烟墩二十二。寧夏總兵官史昭言：「所轄屯堡，俱在河外，自河迤東至察罕腦兒，抵綏德州，沙漠曠遠，並無守備。請於花馬池築哨馬營。」大同總兵官方政繼以馬營請，欲就半嶺紅寺兒廢營修築。宣大巡撫都御史李儀以大同平衍，巡哨宜謹，請以副總兵主東路，參將主西路，而迤北則屬之總兵官都指揮。並如議行。後三年，詔塞紫荆關諸隘口，增守備軍。時瓦剌漸強，從成國公朱勇請也。既而也先入塞，英宗陷於土木。景帝卽位，十餘年間，邊患日多，索來、毛里孩、阿羅出之屬，相繼入犯，無寧歲。

成化元年，延綏總兵官張傑言：「延慶等境廣袤千里，所轄二十五營堡，每處僅一二百人，難以應敵。宜選精鋭九千爲六哨，分屯府谷、神木二縣，龍州、榆林二城，高家、安邊二堡，庶緩急有備。」又請分布鄜、慶防秋軍二千餘人於沿邊要害。從之。七年，延綏巡撫都御史余子俊大築邊城。先是，東勝設衞守在河外，榆林治綏德。後東勝內遷，失險，捐米脂、魚河地幾三百里。正統間，鎮守都督王禎始築榆林城，建緣邊營堡二十四，歲調延安、綏德、慶陽三衞軍分戍。天順中，阿羅出入河套駐牧，每引諸部內犯。至是，子俊乃徙治榆

林。由黃甫川西至定邊營千二百餘里，墩堡相望，橫截套口，內復塹山堙谷，曰夾道，東抵偏頭，西終寧、固，風土勁悍，將勇士力，北人呼爲橐駝城。十二年，兵部侍郎滕昭、英國公張懋條上邊備，言：「居庸關、黃花鎭、喜峰口、古北口、燕河營有團營馬步軍萬五千人戍守，請益軍五千，分駐永平、密雲以策應遼東。涼州鎭番、莊浪、賀蘭山迤西，從雪山過河，南通靖虜，直至臨、鞏，俱敵入犯之路，請調陝西官軍，益以甘、涼、臨、鞏、秦、平、河、洮兵，戍安定、會寧，遇警截擊；以涼州鋭士五千，扼要屯駐，彼此策應。」詔可。二十一年敕各邊軍士，每歲九月至明年三月，俱常操練，仍以操過軍馬及風雪免日奏報。邊備頗修飭。

弘治十四年設固原鎭。先是，固原爲內地，所備惟靖虜。及火篩入據河套，遂爲敵衝。乃改平涼之開成縣爲固原州，隸以四衞，設總制府，總陝西三邊軍務。是時陝邊惟甘肅稍安，而哈密屢爲土魯番所擾，乃敕修嘉峪關。

正德元年春，總制三邊都御史楊一清請復守東勝，「因河爲固，東接大同，西屬寧夏，使河套千里沃壤，歸我耕牧，則陝右猶可息肩」。因上修築定邊營等六事。帝可其奏。旋以忤中官劉瑾罷，所築塞垣僅四十餘里而已。武宗好武，邊將江彬等得幸，遼東、宣府、大同、延綏四鎭軍多內調，又以京軍六千與宣府軍六千，春秋番換。十三年頒定宣、大、延綏三鎭應援節度：敵不渡河，則延綏聽調於宣、大；渡河，則宣、大聽調於延綏。從兵部尚書王瓊議也。

初，大寧之棄，以其地界朶顏、福餘、泰寧三衞，蓋兀良哈歸附者也。未幾，遂不靖。宜宗嘗因田獵，親率師敗之，自是畏服。故喜峰、密雲止設都指揮鎭守。土木之變，頗傳三衞助逆，後因添設太監參將等官。至是，朶顏獨盛，情叵測。

嘉靖初，御史丘養浩請復小河等關於外地，以扼其要。又請多鑄火器，給沿邊州縣，募商糴粟，實各邊衞所。詔皆行之。初，太祖時，以邊軍屯田不足，召商輸邊粟而與之鹽。富商大賈悉自出財力，募民墾田塞下，故邊儲不匱。弘治時，戶部尙書葉淇始變法，令商納銀太倉，分給各邊。商皆撤業歸，邊地荒蕪，米粟踊貴，邊軍遂日困。十一年，御史徐汝圭條上邊防兵食，謂「延綏宜漕石州、保德之粟，自黃河而上，楚粟由鄖陽，汴粟由陝、洛，沔粟由漢中，以達陝右。宣、大產二麥，宜多方收糴。紫荆、倒馬、白羊等關，宜招商賃車運」。又請「以宣府遊兵駐右衞懷來，以援大同。選補遊兵於順聖西城爲臨期應援，永寧等處游兵衞宣府，備調遣。直隸八府召募勇敢團練，赴邊關遠近警急。楡林、山、陝遊兵，於本處策應」。報可，亦未能行也。

十八年移三邊制府鎭花馬池。是時，俺答諸部强橫，屢深入大同、太原之境，晉陽南北烟火蕭然。巡撫都御史陳講請「以兵六千戍老營堡東界之長峪，以山西兵守大同。三關形勢，寧武爲中路，莫要於神池，偏頭爲西路，莫要於老營堡，皆宜改設參將。雁門爲東路，莫

要於北樓諸口，宜增設把總、指揮。而移神池守備於利民堡，老營堡游擊於八角所，各增軍設備」。帝悉許之。規畫雖密，然兵將率怯弱，其健者僅能自守而已。

二十二年詔宣府兵乘塞。舊制，總兵夏秋間分駐邊堡，謂之暗伏。至是，有司建議，入秋悉令赴邊，分地拒守，至九月中罷歸，犒以帑金。久之，以勞費罷。二十四年，巡按山西御史陳豪言：「敵三犯山西，傷殘百萬，費餉銀六十億，曾無尺寸功。請定計決戰，盡復套地。」明年，敵犯延安，總督三邊侍郎曾銑力主復套，條上十八事。帝嘉奬之。大學士嚴嵩窺帝意憚兵，且欲殺舊閣臣夏言，因劾銑，并言誅死，自是無敢言邊事者。

二十九年，俺答攻古北口，從間道黃榆溝入，直薄東直門，諸將不敢戰。敵退，大將軍仇鸞力主貢市之議。明年開馬市於大同，然寇掠如故。又明年，馬市罷。

先是翁萬達之總督宣、大也，籌邊事甚悉。其言曰：「山西保德州河岸，東盡老營堡，凡二百五十四里。西路丫角山迤北而東，歷中北路，抵東路之東陽河鎭口臺，凡六百四十七里。宣府西路，西陽河迤東，歷中北路，抵東路之永寧四海冶，凡一千二十三里。皆逼臨巨寇，險在外者，所謂極邊也。老營堡轉南而東，歷寧武、雁門、北樓至平刑關盡境，約八百里。又轉南而東，爲保定界，歷龍泉、倒馬、紫荆、吳王口、插箭嶺、浮圖峪至沿河口，約一千七十餘里。又東北爲順天界，歷高崖、白羊，抵居庸關，約一百八十餘里。皆峻嶺層岡，險在內者，所謂次邊也。敵犯山西必自大同，入紫荆必自宣府，未有不經外邊能入內邊者。」乃請修築宣、大邊牆千餘里，烽堠三百六十三所。後以通市故，不復防，遂半爲敵毀。至是，兵部請敕邊將修補。科臣又言，垣上宜築高臺，建廬以栖火器。從之。時俺答益强，朶顏三衞爲之嚮道，遼、薊、宣、大連歲被兵。三十四年，總督軍務兵部尙書楊博，既解大同右衞圍，因築牛心諸堡，修烽堠二千八百有奇。宣、大間稍寧息，而薊鎭之患不已。

薊之稱鎭，自二十七年始。時鎭兵未練，因詔各邊入衞兵往戍。既而兵部言：「大同之三邊，陝西之固原，宣府之長安嶺，延綏之夾牆，皆據重險，惟薊獨無。渤海所南，山陵東，有蘇家口，至寨籬村七十里，地形平漫，宜築牆建臺，設兵守，與京軍相夾制。」報可。時兵力孱弱，有警徵召四集，而議者惟以據險爲事，無敢言戰者。其後薊鎭入衞兵，俱聽宣、大督、撫調遣，防禦益疏，朶顏遂乘虛歲入。三十七年，諸鎭建議，各練本鎭戍卒，可省徵發費十之六。然戍卒選懦不任戰，歲練亦費萬餘，而臨事徵發如故。隆慶間，總兵官戚繼光總理薊、遼，任練兵事，因請調浙兵三千人以倡勇敢。及至，待命於郊，自朝至日中，天雨，軍士跬步不移，邊將大駭。自是薊兵以精整稱。

俺答已通貢，封順義王，其子孫襲封者累世。迨萬曆之季，西部遂不競，而土蠻部落虎墩兔、炒花、宰賽、煖兔輩，東西煽動，將士疲於奔命，未嘗得安枕也。

初，太祖沿邊設衞，惟土著兵及有罪謫戍者。遇有警，調他衞軍往戍，謂之客兵。永樂間，始命內地軍番戍，謂之邊班。其後占役逃亡之數多，乃有召募，有改撥，有修守民兵、土兵，而邊防日益壞。洪武時，宣府屯守官軍殆十萬。正統、景泰間，已不及額。弘治、正德以後，官軍實有者僅六萬六千九百有奇，而召募與土兵居其半。他鎭率視此。

正統初，山西、河南班軍守偏頭、大同、宣府塞，不得代。巡撫于謙言：「每歲九月至二月，水冷草枯，敵騎出沒，乘障卒宜多。若三月至八月，邊守自足。乞將兩班軍，每歲一班，如期放遣。」甘肅總兵官蔣貴又言：「沿邊墩臺，守瞭軍更番有例，惟坐事謫發者不許，困苦甚。乞如例踐更。」並從之。五年，山西總兵官李謙請偏頭關守備軍如大同例，半歲更番。部議，每番皆十月，而戍卒仍率以歲爲期，有久而後遣者。弘治中，三邊總制秦紘言：「備禦延綏官軍，自十二月赴邊，既周一歲，至次年二月始得代。在軍日多，請歲一更，上下俱在三月初。」邊軍便之。

嘉靖四十三年，巡撫延綏胡志夔請免戍軍三年，每軍徵銀五兩四錢，爲募兵用。至萬曆初，大同督、撫方逢時等請修築費。詔以河南應戍班軍，自四年至六年概免，盡扣班價發給，謂之折班，班軍遂耗。久之，所徵亦不得。寧山、南陽、潁上三衞積逋延綏鎭折班銀至五萬餘兩。是後諸邊財力俱盡，敝攰極矣。

初，邊政嚴明，官軍皆有定職。總兵官總鎭軍爲正兵，副總兵分領三千爲奇兵，遊擊分領三千往來防禦爲遊兵，參將分守各路東西策應爲援兵。營堡墩臺分極衝、次衝，爲設軍多寡。平時走陣、哨探、守瞭、焚荒諸事，無敢惰。稍違制，輒按軍法。而其後皆廢壞云。

沿海之地，自廣東樂會接安南界，五千里抵閩，又二千里抵浙，又二千里抵南直隸，又千八百里抵山東，又千二百里踰寶坻、盧龍抵遼東，又千三百餘里抵鴨綠江。島寇倭夷，在在出沒，故海防亦重。

吳元年用浙江行省平章李文忠言，嘉興、海鹽、海寧皆設兵戍守。洪武四年十二月命靖海侯吳禎籍方國珍所部溫、台、慶元三府軍士及蘭秀山無田糧之民，凡十一萬餘人，隸各衞爲軍。且禁沿海民私出海。時國珍及張士誠餘衆多竄島嶼間，勾倭爲寇。五年命浙江、福建造海舟防倭。明年，從德慶侯廖永忠言，命廣洋、江陰、橫海、水軍四衞增置多櫓快船，無事則巡徼，遇寇以大船薄戰，〔二〕快船逐之。詔禎充總兵官，領四衞兵，京衞及沿海諸衞軍悉聽節制。每春以舟師出海，分路防倭，迄秋乃還。十七年命信國公湯和巡視海上，築山東、江南北、浙東西沿海諸城。〔三〕後三年命江夏侯周德興抽福建福、興、漳、泉四府三丁之一，爲沿海戍兵，得萬五千人。移置衞所於要害處，築城十六。復置定海、盤石、金鄉、海門

四衞於浙，金山衞於松江之小官場，及青村、南匯嘴城二千戶所，又置臨山衞於紹興，及三山、瀝海等千戶所，而寧波、溫、台並海地，先已置八千戶所，曰平陽、三江、龍山、霩衢、大松、錢倉、新河、松門，皆屯兵設守。二十一年又命和行視閩粵，築城增兵。置福建沿海指揮使司五，曰福寧、鎭東、平海、永寧、鎭海。領千戶所十二，曰大金、定海、梅花、萬安、莆禧、崇武、福全、金門、高浦、六鼇、銅山、玄鍾。二十三年從衞卒陳仁言，造蘇州太倉衞海舟。旋令濱海衞所，每百戶及巡檢司皆置船二，巡海上盜賊。後從山東都司周彥言，建五總寨於寧海衞，與萊州衞八總寨，共轄小寨四十八。已，復命重臣勳戚魏國公徐輝祖等分巡沿海。帝素厭日本詭譎，絕其貢使，故終洪武、建文世不爲患。

永樂六年命豐城侯李彬等緣海捕倭，復招島人、蜑戶、賈豎、漁丁爲兵，防備益嚴。十七年，倭寇遼東，總兵官劉江殲之於望海堝。自是倭大懼，百餘年間，海上無大侵犯。朝廷閱數歲一令大臣巡警而已。

至嘉靖中，倭患漸起，始設巡撫浙江兼管福建海道提督軍務都御史。已，改巡撫爲巡視。未幾，倭寇益肆。乃增設金山參將，分守蘇、松海防，尋改爲副總兵，調募江南、北，徐、邳官民兵充戰守，而杭、嘉、湖亦增參將及兵備道。三十三年調撥山東民兵及青州水陸槍手千人赴淮、揚，〔四〕聽總督南直軍務都御史張經調用。時倭縱掠杭、嘉、蘇、松，踞柘林城

爲窟穴，大江南北皆被擾。監司任環敗之，經亦有王家涇之捷，乃遁出海，復犯蘇州。於是南京御史屠仲律言五事。其守海口云：「守平陽港、黃花澳，據海門之險，使不得犯溫、台。守寧海關、湖頭灣遏三江之口，使不得窺寧、紹。守鱉子門、乍浦峽，使不得近杭、嘉。守吳淞、劉家河、七丫港，使不得掩蘇、松。且宜修飭海舟，大小相比，或百或五十聯爲一艅，募慣習水工領之，而充以原額水軍，於諸海口量緩急置防。」部是其議。未幾，兵部亦言：「浙、直、通、泰間最利水戰，往時多用沙船破賊，請厚賞招徠之。防禦之法，守海島爲上，宜以太倉、崇明、嘉定、上海沙船及福倉、東莞等船守普陀、大衢。陳錢山乃浙、直分路之始，狼、福二山約束首尾，交接江洋，亦要害地，宜督水師固守。」報可。已，復令直隸吳淞江、劉家河、福山港、鎭江、圌山五總添設遊兵，聽金山副總兵調度。

時胡宗憲爲總督，誅海賊徐海、汪直。直部三千人，復勾倭入寇，閩、廣益騷。三十七年，都御史王詢請「分福建之福、興爲一路，領以參將，駐福寧，水防自流江、烽火門、俞山、小埕至南日山；漳、泉爲一路，領以參將，駐詔安，水防自南日山至浯嶼、銅山、玄鍾、走馬溪、安邊館。水陸兵皆聽節制。福建省城介在南北，去海僅五十里，宜更設參將，選募精銳部領哨船，與主客兵相應援」。部覆從之。廣東惠、潮亦增設參將，駐揭陽。福建巡撫都御史游震得言：「浙江溫、處與福寧接壤，倭所出沒，宜進戚繼光爲副總兵，守之。而增設福寧

守備，隸繼光。漳州之月港亦增設守備，隸總兵官俞大猷。延、建、邵爲八閩上游，宜募兵以備緩急。」皆允行。既而宗憲被逮，罷總督官，以浙江巡撫趙炳然兼任軍事。炳然因請令定海總兵屬浙江，金山總兵屬南直，俱兼理水陸軍務，互相策應。其後，莆田倭寇平，乃復五水寨舊制。

五寨者，福寧之烽火門，福州之小埕澳，興化之南日山，泉州之浯嶼，漳州之西門澳，亦曰銅山。景泰三年，鎭守尚書薛希璉奏建者也，後廢。至是巡撫譚綸疏言：「五寨守扼外洋，法甚周悉，宜復舊。以烽火門、南日、浯嶼三艅爲正兵，銅山、小埕二艅爲游兵。寨設把總，分汛地，明斥堠，嚴會哨。改三路參將爲守備。分新募浙兵爲二班，各九千人，春秋番上。各縣民壯皆補用精悍，每府領以武職一人，兵備使者以時閱視。」帝皆是之。狼山故設副總兵，至是改爲鎭守總兵官，兼轄大江南北。迨隆慶初，倭漸不爲患，而諸小寇往往有之。

萬曆三年設廣東南澳總兵官，以其據漳、泉要害也。久之，倭寇朝鮮，朝廷大發兵往援，先後六年。於是設巡撫官於天津，防畿甸。後十餘年，從南直巡按御史顏思忠言，分淮安大營兵六百守廖角嘴。從福建巡撫丁繼嗣言，設兵自浙入閩之三江及劉澳，而易海澄團練營土著軍以浙兵。

天啓中，築城於澎湖，設遊擊一，把總二，統兵三千，築礮臺以守。先是，萬曆中，許孚

中華書局

遠撫閩，奏築福州海壇山，因及澎湖諸嶼，且言浙東沿海陳錢、金塘、玉環、南麂諸山俱宜經理，遂設南麂副總兵，而澎湖不暇及。其地遙峙海中，逶迤如修蛇，多岐港零嶼，其中空闊可藏巨艘。初爲紅毛所據，至是因巡撫南居益言，乃奪而守之。

自世宗世倭患以來，沿海大都會，各設總督、巡撫、兵備副使及總兵官、參將、遊擊等員，而諸所防禦，於廣東則分東、中、西三路，設三參將；於福建則有五水寨；於浙則有六總，一金鄉、盤石二衞，一松門、海門二衞，一昌國衞及錢倉、爵溪等所，一定海衞及郭霸、大嵩等所，一觀海、臨山二衞，一海寧衞，分統以四參將；於南直隸則乍浦以東，金山衞設參將，黃浦以北，吳淞江口設總兵；於淮、揚則總兵駐通州，遊擊駐廟灣，又於揚州設陸兵遊擊，待調遣；於山東則登、萊、青三府設巡察海道之副使，管理民兵之參將，總督沿海兵馬備倭之都指揮；於薊、遼則大沽海口宿重兵，領以副總兵，而以密雲、永平兩遊擊爲應援。山海關外，則廣寧中、前等五所兵守各汛，以寧前參將爲應援，而金、復、海、蓋諸軍皆任防海，三岔以東，九聯城外創鎭江城，設遊擊，統兵千七百，哨海上，北與寬奠參將陸營相接，共計凡七鎭，而守備、把總、分守、巡徼會哨者不下數百員。以三、四、五月爲大汛，九、十月爲小汛。蓋遭倭甚毒，故設防亦最密云。

日本地與閩相値，而浙之招寶關其貢道在焉，故浙、閩爲最衝。南寇則廣東，北寇則由

江犯留都、淮、揚，故防海外，防江爲重。洪武初，於都城南新江口置水兵八千。已，稍置萬二千，造舟四百艘。又設陸兵於北岸浦子口，相掎角。所轄沿江諸郡，上自九江、廣濟、黃梅，下抵蘇、松、通、泰，中包安慶、池、和、太平，凡盜賊及販私鹽者，悉令巡捕，兼以防倭。永樂時，特命勳臣爲帥視江操，其後兼用都御史。成化四年從錦衣衞僉事馮瑤言，令江兵依地設防，於瓜、儀、太平置將領鎭守。後六年，守備定西侯蔣琬奏調建陽、鎭江諸衞軍補江兵缺伍。十三年命擇武大臣一人職江操，毋攝營務。又五年，從南京都御史白昂言，敕沿江守備官互相應援，并給關防。著爲令。弘治中，命新江口兩班軍如京營例，首班歇，即以次班操。嘉靖八年，江陰賊侯仲金等作亂，給事中夏言請設鎭守江、淮總兵官。已而寇平，總兵罷不設。十九年，沙賊黃艮等復起。帝詰兵部以罷總兵之故，乃復設，給旗牌符敕，提督沿江上下。後復裁罷。三十二年，倭患熾，復設副總兵於金山衞，轄沿海至鎭江，與狼山副總兵水陸相應。時江北俱被倭，於是量調九江、安慶官軍守京口、圌山等地。久之，給事中范宗吳言：「故事，操江都御史防江，應、鳳二巡撫防海。後因倭警，遂以鎭江而下，通常、狼、福諸處隸之操江，以故二撫臣得諉其責。操江又以向非本屬兵，難遙制，亦漠然視之，非委任責成意。宜以圌山、三江會口爲操、撫分界。」報可。其後增上下兩江巡視御史，得舉劾有司將領，而以南京僉都御史兼理操江，不另設。

先是，增募水兵六千。隆慶初，以都御史吳時來請，留四之一，餘悉罷遣，幷裁中軍把總等官。已，復令分汛設守，而責以上下南北互相策應。又從都御史宋儀望言，諸軍皆分駐江上，不得居城市。萬曆二十年，以倭警，言者請復設京口總兵。南京兵部尙書衷貞吉等謂既有吳淞總兵，不宜兩設。乃設兵備使者，每春汛，調備倭都督，統衞所水、陸軍赴鎭江。後七年，操江耿定力奏：「長江千餘里，上江列營五，兵備臣三；下江列營五，兵備臣二。宜委以簡閱訓練，即以精否爲兵備殿最。」部議以爲然。故事，南北總哨官五日一會哨於適中地，將領官亦月兩至江上會哨。其後多不行。崇禎中，復以勳臣任操江，偸惰成習，會哨巡徼皆虛名，非有實矣。

衞所之外，郡縣有民壯，邊郡有土兵。

太祖定江東，循元制，立管領民兵萬戶府。後從山西行都司言，聽邊民自備軍械，團結防邊。閩、浙苦倭，指揮方謙請籍民丁多者爲軍。尋以爲患鄉里，詔閩、浙互徙。時已用民兵，然非召募也。正統二年始募所在軍餘、民壯願自效者，陝西得四千二百人。人給布二四，月糧四斗。景泰初，遣使分募直隸、山東、山西、河南民壯，撥山西義勇守大同，而紫荊、倒馬二關，亦用民兵防守，事平免歸。

成化二年，以邊警，復二關民兵。敕御史往延安、慶陽選精壯編伍，得五千餘人，號曰土兵。以延綏巡撫盧祥言邊民驍果，可練爲兵，使護田里妻子，故有是命。

弘治七年立僉民壯法。州、縣七八百里以上，里僉二人；五百里，三；三百里，四；百里以上，五。[五]有司訓練，遇警調發，給以行糧，而禁役占放買之弊。富民不願，則上直於官，官自爲募。或稱機兵，在巡檢司者稱弓兵。後以越境防冬非計，大同巡撫劉宇請免其班操，徵銀糧輸大同，而以威遠屯丁、舍、餘補役。給事中熊偉亦請編應募民於附近衞所。並從之。十四年，以西北諸邊所募士兵，多不足五千，遣使齎銀二十萬及太僕寺馬價銀四萬往募。指揮千百戶以募兵多寡爲差，得遷級，失官者得復職，即令統所募兵。既而兵部議覆侍郎李孟暘請實軍伍疏，謂：「天下衞所官軍原額二百七十餘萬，歲久逃故，嘗選民壯三十餘萬，又裒衞所舍人、餘丁八十八萬，西北諸邊召募士兵無慮數萬。請如孟暘奏，察有司不操練民壯、私役雜差者，如役占軍人罪。」報可。正德中，流賊擾山東，巡撫張鳳選民兵，令自買馬團操，民不勝其擾。兵部侍郎楊潭以爲言。都御史甯杲所募多無賴子，爲御史張璿所劾。

嘉靖二十二年增州縣民壯額，大者千人，次六七百，小者五百。二十九年，京師新被寇，議募民兵，以二萬爲率。歲四月終，赴近京防禦。後五年，兵部尙書楊博請汰老弱，存

中華書局

精鋭，在外者發各道爲民兵，在京者隸之巡捕參將，逃者不補。帝以影占數多，耗糧無用，遣官覈宜罷宜還者以聞。隆慶中，張居正、陳以勤復請籍畿甸民兵，謂：「直隸八府人多健悍，總按戶籍，除單丁老弱者，父子三人籍一子，兄弟三人籍一弟，州與大縣可得千六百人，小縣可得千人。中分之爲正兵、奇兵，登名尺籍，隸撫臣操練，歲無過三月，月無過三次，練畢即令歸農，復其身。歲操外，不得別遣。」命所司議行。然自嘉靖後，山東、河南民兵戍薊門者，率徵銀以充召募。至萬曆初，山東徵銀至五萬六千兩，貧民大困。

治河之役，給事中張貞觀請益募士兵，捍淮、揚、徐、邳。畿南盜起，給事中耿隨龍請復民壯舊制，專捕賊盜。播州之亂，工部侍郎趙可懷請練土著，兵部因言：「天下之無兵者，不獨蜀也。各省官軍、民壯，皆宜罷老稚，易以健卒。軍操屬印官、操官，民操屬正官、捕官，郡守、監司不得牽制。立營分伍，以憑調發。」先後皆議行。

末年，募兵措餉益急。南京職方郎中鄒維璉陳調募之害。山西參政徐九翰尤極言民兵不可調。崇禎時，中原盜急，兵部尚書楊嗣昌議令責州縣訓練土著爲兵。工部侍郎張慎言言其不便者數事，而御史米壽圖又言其害有十，謂不若簡練民兵，增民壯快手，備禦地方爲便。後嗣昌死，練兵亦不行。

鄉兵者，隨其風土所長應募，調佐軍旅緩急。其隸軍籍者曰浙兵，義烏爲最，處次之，

台、寧又次之，善狼筅，間以叉槊。戚繼光製鴛鴦陣以破倭，及守薊門，最有名。曰川兵、曰遼兵，崇禎時，多調之剿流賊。其不隸軍籍者，所在多有。河南嵩縣曰毛葫蘆，習短兵，長於走山。而嵩及盧氏、靈寶、永寧並多礦兵，曰角腦，又曰打手。山東有長竿手。徐州有箭手。井陘有螞螂手，善運石，遠可及百步。閩漳、泉習鏢牌，水戰爲最。泉州永春人善技擊。正統間，郭榮六者，破沙尤賊有功。商竈鹽丁以私販爲業，多勁果。成化初，河東鹽徒千百輩，自備火礮、强弩、車仗，雜官軍逐寇。而松江曹涇鹽徒，嘉靖中，逐倭至島上，焚其舟。後倭見民家有鹺囊，輒搖手相戒。粵東雜蠻蜑，習長牌、斫刀，而新會、東莞之產强半。延綏、固原多邊外土著，善騎射，英宗命簡練以備秋防。大籐峽之役，韓雍用之，以摧瑤、僮之用牌刀者。莊浪魯家軍，舊隸隨駕中，洪熙初，令土指揮領之。萬曆間，部臣稱其驍健，爲敵所畏，宜鼓舞以儲邊用。西寧馬戶八百，嘗自備騎械赴敵，後以款貢裁之。萬曆十九年，經略鄭雒請復其故。又僧兵，有少林、伏牛、五臺。倭亂，少林僧應募者四十餘人，戰亦多勝。西南邊服有各土司兵。湖南永順、保靖二宣慰所部，廣西東蘭、那地、南丹、歸順諸狼兵，四川酉陽、石砫秦氏、冉氏諸司，宣力最多。末年，邊事急，有司專以調三省土司爲長策，其利害亦恒相半云。

校勘記

〔一〕洪武六年命大將軍徐達等備山西北平邊諭令各上方略　六年，原作「二年」，據明史稿志六八兵志、太祖實録卷八〇洪武六年三月壬子條改。

〔二〕遇寇以大船薄戰　大船，原作「火船」，據太祖實録卷七八洪武六年正月庚戌條改。

〔三〕十七年命信國公湯和巡視海上築山東江南北浙東西沿海諸城　按太祖實録載湯和築沿海城池事，一見卷一八七洪武二十年十一月己丑條，「先是命和往浙西沿海築城」；一見卷二四〇洪武二十八年八月戊辰條，「往浙江溫、台、明、越築沿海城堡」。三處均未言在山東及江南北築城事。

〔四〕三十三年調撥山東民兵及青州水陸槍手千人赴淮揚　三十三年，原作「二十三年」，據明史稿志六九兵志、世宗實録卷四一〇嘉靖三十三年五月丁巳條改。千人，同上世宗實録作「六千人」。

〔五〕弘治七年立僉民壯法州縣七八百里以上里僉二人五百里三三百里四百里以上五　七年，原作「二年」，「二人」，原作「五人」，「五百里三三百里四百里以上五」，原作「五百里四三百里三百里以上二」，據孝宗實録卷九三弘治七年十月己未條改。明會典卷一三七亦誤作「二年」，但每里所僉人數與孝宗實録同。

二十四史
中華書局

明史卷九十二

志第六十八

兵四

清理軍伍　訓練　賞功　火器　車船　馬政

明初，垛集令行，民出一丁爲軍，衞所無缺伍，且有羨丁。未幾，大都督府言，起吳元年十月，至洪武三年十一月，軍士逃亡者四萬七千九百餘。於是下追捕之令，立法懲戒。小旗逃所隸三人，降爲軍。上至總旗、百戶、千戶，皆視逃軍多寡，奪俸降革。其從征在外者，罰尤嚴。十六年命五軍府檄外衞所，速逮缺伍士卒，給事中潘庸等分行清理之。明年從兵部尚書俞綸言，京衞軍戶絕者，毋冒取同姓及同姓之親，令有司覈實發補，府衞毋特遣人。二十一年詔衞所覈實軍伍，有匿己子以養子代者，不許。其秋，令衞所著軍士姓名、鄉貫爲籍，具載丁口以便取補。又置軍籍勘合，分給內外，軍士遇點閱以爲驗。

成祖卽位，遣給事等官分閱天下軍，重定垛集軍更代法。初，三丁已上，垛正軍一，別有貼戶，正軍死，貼戶丁補。至是，令正軍、貼戶更代，貼戶單丁者免；當軍家蠲其一丁徭。洪熙元年，興州左屯衞軍范濟極言勾軍之擾。富峪衞百戶錢興奏言：「祖本涿鹿衞軍，死，父繼，以功授百戶。臣已襲父職，而本衞猶以臣祖爲逃軍，屢行勾取。」帝謂尚書張本曰：「軍伍不清，弊多類此。」已而宣宗立，軍弊益滋，黠者往往匿其籍，或誣攘良民充伍。帝諭兵部曰：「朝廷於軍民，如舟車任載，不可偏重。有司宜審實，毋混。」乃分遣吏部侍郎黃宗載等清理天下軍衞。三年敕給事、御史清軍，定十一條例，榜示天下。明年復增爲二十二條。五年從尚書張本請，令天下官吏、軍旗公勘自洪、永來勾軍之無蹤者，豁免之。六年令勾軍有親老疾獨子者，編之近地，餘丁赴工逋亡者例發口外，改爲罰工一年，示優恤焉。八年免蘇州衞抑配軍百五十九人，已食糧止令終其身者，千二百三十九人。先是，蘇、常軍戶絕者，株累族黨，動以千計，知府況鍾言於朝，又常州民訴受抑爲軍者七百有奇，故特敕巡撫侍郎周忱清理。

正統初，令勾軍家丁盡者，除籍；逃軍死亡及事故者，或家本軍籍，而偶同姓名，里胥挾讐妄報冒解，或已解而赴部聲冤者，皆與豁免。定例，補伍皆發極邊，而南北人互易。大學士楊士奇謂風土異宜，瀕於夭折，請從所宜發戍。署兵部侍郎鄺埜以爲紊祖制，寢之。成化二年，山西巡撫李侃復請補近衞，始議行。十一年命御史十一人分道清軍，以十分爲率，及三分者最，不及者殿。時以罪謫者逃故，亦勾其家丁。御史江昂謂非「罰弗及嗣」之義，乃禁之。

嘉靖初，捕亡令愈苛，有株累數十家，勾攝經數十年者，丁口已盡，猶移覆紛紜不已。兵部尚書胡世寧請「屢經清報者免勾。又避役之人必緩急難倚，急改編原籍。衞所有缺伍，則另選舍餘及犯罪者充補。犯重發邊衞者，責賣家產，闔房遷發，使絕顧念。庶衞卒皆土著，而逃亡益鮮」。帝是其言。其後，用主事王學益議，製勾單，立法詳善。久之，停差清軍御史，寬管解逃軍及軍赴衞違限之科。清軍官日玩愒，文卷磨滅，議者復請申飭。

萬曆三年，給事中徐貞明言：「勾軍東南，資裝出於戶丁，解送出於里遞，每軍不下百金。大困東南之民，究無補於軍政。宜視班匠例，免其解補，而重徵班銀，以資召募，使東南永無勾補之擾，而西北之行伍亦充。」鄖陽巡撫王世貞因言有四便：「應勾之戶，樂於就近，不圖避匿，便一；各安水土，不至困絕，便二；近則不逃，逃亦易追，便三；解戶不至破家，便四。」而兵部卒格貞明議，不行。後十三年，南京兵部尚書郭應聘復請各就近地，南北改編。又言「應勾之軍，南直隸至六萬六千餘，株連至二三十萬人，請自天順以前竟與釋免」。報可，遠近皆悅。然改編令下，求改者相繼。明年，兵部言「什伍漸耗，邊鎮軍人且希圖脫伍」。

有旨復舊，而應聘之議復不行。

凡軍衞掌於職方，而勾清則武庫主之。有所勾攝，自衞所開報，先覈鄉貫居止，內府給批，下有司提本軍，謂之跟捕；提家丁，謂之勾捕。間有恩恤開伍者。洪武二十三年令應補軍役生員，遣歸卒業。宣德四年，上虞人李志道充楚雄衞軍，死，有孫宗皐宜繼。時已中鄉試，尚書張本言於帝，得免。如此者絕少。戶有軍籍，必仕至兵部尚書始得除。軍士應起解者，皆僉妻；有津給軍裝、解軍行糧、軍丁口糧之費。其冊單編造皆有恒式。初定戶口、收軍、勾清三冊。嘉靖三十一年又編四冊，曰軍貫，曰兜底，曰類衞，曰類姓。其勾軍另給軍單。蓋終明世，於軍籍最嚴。然弊政漸叢，而擾民日甚。

明太祖起布衣，策羣力，取天下。卽位後，屢命元勳宿將分道練兵，而其制未定。洪武六年命中書省、大都督府、御史臺、六部議教練軍士律：「騎卒必善馳射槍刀，步兵必善弓弩槍。〔一〕射以十二矢之半，遠可到，近可中爲程。遠可到，將弁百六十步，軍士百二十步；近可中，五十步。彀弩以十二矢之五，遠可到，蹶張八十步，划車一百五十步；〔二〕近可中，蹶張四十步，〔三〕划車六十步。槍必進退熟習。在京衞所，以五千人爲率，取五之一，〔四〕指揮以下官領赴御前驗試，餘以次番試。在外都司衞所，每衞五千人，取五之一，千戶以下官領赴京驗試，餘以次番試。軍士步騎皆善，將領各以其能受賞，否則罰。〔四〕軍士給錢六百爲道里費。將領自指揮使以下，所統軍士三分至六分不中者，次第奪俸；七分以上，次第降官至爲軍止。都指揮軍士四分以上不中，奪俸一年；六分以上罷職。」後十六年，令天下衞所善射者，十選一，於農隙分番赴京較閱，以優劣爲千百戶賞罰，邊軍本衞較射。二十年命衞士習射於午門丹墀。明年復令：「天下衞所馬步軍士，各分十班，將弁以廕敍久次陞者統之，冬月至京閱試。指揮、千百戶，年深慣戰及屯田者免。仍先下操練法，俾遵行。不如法及不嫺習者，罰。」明年詔五軍府：「比試軍士分三等賞鈔，又各給鈔三錠爲路費，不中者亦給之。明年再試不如式，軍移戍雲南，官謫從征，總小旗降爲軍。武臣子弟襲職，試騎步射不中程，令還衞署事，與半俸，二年後仍試如故者，亦降爲軍。」

文皇卽位，五駕北征，六師嘗自較閱。又嘗敕秦、晉、周、肅諸王，各選護衞軍五千，命官督赴眞定操練，陝西、甘肅、寧夏、大同、遼東諸守將，及中都留守、河南等都司，徐、宿等衞，遣將統馬步軍分駐眞定、德州操練，候赴京閱視。

景泰初，立十團營。給事中鄧林進軒轅圖，卽古八陣法也，因用以教軍。成化間，增團營爲十二，命月二次會操，起仲春十五日，止仲夏十五日，秋、冬亦如之。弘治九年，兵部尚書馬文升申明洪、永操法，五日內，二日走陣下營，三日演武。武宗好武勇，每令提督坐營

官操練，又自執金鼓演四鎭卒。然大要以恣馳騁、供嬉戲，非有實也。

嘉靖六年定，下營布陣，止用三疊陣及四門方營。又令每營選槍刀箭牌銃手各一二人爲教師，轉相教習。及更營制，分兵三十枝，設將三十員，各統三千人訓練，擇精銳者名選鋒，厚其校藝之賞。總督大臣一月會操者四，餘日營將分練。協理大臣及巡視給事、御史隨意入一營，校閱賞罰，因以擇選鋒。帝又置內營於內教場，練諸內使。

隆慶初，命各營將領以教練軍士分數多寡爲黜陟。全營教練者加都督僉事，以次減；全不教練者降祖職一級，革任回衞。三年內教練有成，操協大臣奬諭恩錄；無功績者議罰。規制雖立，然將卒率媮惰，操演徒爲具文。

先是，浙江參將戚繼光以善教士聞，嘗調土兵，製鴛鴦陣破倭。至是，已官總兵。穆宗從給事中吳時來請，命繼光練兵薊門。薊兵精整者數十年。繼光嘗著練兵實紀以訓士。一曰練伍，首騎，次步，次車，次輜重；先選伍，次較藝，總之以合營。二曰練膽氣，使明作止進退及上下統屬、相友相助之義。三曰練耳目，〔五〕使明號令。四曰練手足，使熟技藝。五曰練營陣，詳布陣起行、結營及交鋒之正變。終之以練將。後多遵用之。

賞功之制，太祖時，大賞平定中原、征南諸將及雲南、越州之功。賞格雖具，然不豫爲令。惟二十九年命沿海衞所指揮千百戶獲倭一船及賊者，陞一級，賞銀五十兩，鈔五十錠；軍士水陸擒殺賊，賞銀有差。

永樂初，以將士久勞，命禮部依太祖陞賞例，參酌行之。乃分奇功、首功、次功三等。其賞之輕重次第，率臨時取旨，亦不豫爲令。十二年定：「凡交鋒之際，突出敵背殺敗賊衆者，勇敢入陣斬將搴旗者，本隊已勝、別隊勝負未決，而能救援克敵者，受命能任事、出奇破賊成功者，皆爲奇功。齊力前進、首先敗賊者，前隊交鋒未決、後隊向前敗賊者，皆爲首功。軍行及營中擒獲奸細者，亦准首功。餘皆次功。」又立功賞勘合，定四十字，曰：「神威精勇猛，强壯毅英雄。克勝兼超捷，奇功奮銳鋒。智謀宣妙略，剛烈效忠誠。果敢能安定，揚名顯大勳。」編號用寶，貯內府印綬監。當是時，稽功之法甚嚴。

正統十四年造賞功牌，有奇功、頭功、齊力之分，以大臣主之。凡挺身突陣斬將奪旗者，與奇功牌。生擒瓦剌或斬首一級，與頭功牌。雖無功而被傷者，與齊力牌。蓋專爲瓦剌入犯設也。是後，將士功賞視立功之地，準例奏行。北邊爲上，東北邊次之，西番及苗蠻又次之，內地反賊又次之。世宗時，苦倭甚，故海上功比北邊尤爲最。

北邊，自甘肅迤東，抵山海關。成化十四年例：「一人斬一級者，進一秩，至三秩止。二人共斬者，爲首進秩同。壯男與實授，幼弱婦女與署職。爲從及四級以上，俱給賞。領軍

官部下五百人者，獲五級，進一秩。領千人者，倍之。」正德十年重定例：「獨斬一級者陞一秩。三人共者，首陞署一秩，從給賞。四五六人共者，首給賞，從量賞。二人共斬一幼敵者，首視三人例，從量賞。不願陞者，每實授一秩，賞銀五十兩，署職二十兩。」嘉靖十五年定，領軍官千、把總，加至三秩止，都指揮以上，止陞署職二級，餘加賞。

東北邊，初定三級當北邊之一。萬曆中，改與北邊同。

番寇苗蠻，亦三級進一秩，實授署職，視北邊。十級以上幷不及數者給賞。萬曆三年令陝西番寇功，視成化中例，軍官千總領五百人者，部下斬三十級，領千人者六十級，把總領五百人者十級，領千人者三十級，俱進一秩，至三秩止。南方蠻賊，宣德九年例，三級以上及斬獲首賊，俱陞一秩，餘加賞。正德十六年定軍官部下斬百級者陞署一秩，三百級者實授一秩，四百級者陞一秩，餘功加賞。

倭賊，嘉靖三十五年定：「斬倭首賊一級，陞實授三秩，不願者賞銀百五十兩。從賊一級，授一秩。漢人脅從一級，署一秩。陣亡者，本軍及子實授一秩。海洋遇賊有功，均以奇功論。」萬曆十二年更定，視舊例少變，以賊衆及船之多寡，爲功賞之差。復定海洋征戰，無論倭寇、海賊，勘是奇功，與世襲。雲南夷賊，擒斬功次視倭功。

內地反賊，成化十四年例，六級陞一秩，至三秩止，幼男婦女及十九級以上與不及數者

給賞。正德七年定流賊例：「名賊一級，授一秩，世襲，爲從者給賞。次賊一級，署一秩。從賊三級及陣亡者，俱授一秩，世襲。重傷回營死者，署一秩。」又以割耳多寡論功，最多者至陞二秩，世襲。先是，五年寧夏功，後嘉靖元年江西功，俱視流賊例。崇禎中，購闖、獻以萬金，爵封侯，餘賊有差，以賊勢重，變常格也。

其俘獲人畜、器械，成化例，俱給所獲者。其論功陞秩，成化十四年例，軍士陞一秩爲小旗，舍人陞一秩給冠帶，以上類推。嘉靖四十三年定，都督等官無階可陞者，所應襲男蔭冠帶。萬曆十三年定，都指揮使陞秩者，不授都督，賞銀五十兩，陞俸者半之。其有司民兵，隆慶六年定，視軍人例。

自洪、宣以後，賞格皆以斬級多少豫定。條例漸多，倖弊日啓。正德間，副使胡世寧言：「兩軍格鬬，手眼瞬息，不得差池，何暇割級。其獲級者或殺已降，或殺良民，或偶得單行之賊、被掠逃出之人，非眞功也。宜選强明剛正之員，爲紀功官，痛懲此弊。」時弗能行。故事，鎭守官奏帶，例止五名。後領兵官所奏有至三四百名者，不在斬馘之例，別立名目，曰運送神鎗，曰齎執旗牌，曰衝鋒破敵，曰三次當先，曰軍前効勞。冒濫之弊，至斯極已。

古所謂礮，皆以機發石。元初得西域礮，攻金蔡州城，始用火。然造法不傳，後亦罕用。

至明成祖平交阯，得神機鎗礮法，特置神機營肄習。製用生、熟赤銅相間，其用鐵者，建鐵柔爲最，西鐵次之。大小不等，大者發用車，次及小者用架、用椿、用托。大利於守，小利於戰，隨宜而用，爲行軍要器。永樂十年詔自開平至懷來、宣府、萬全、興和諸山頂，皆置五礮架。二十年從張輔請，增置於山西大同、天城、陽和、朔州等衞以禦敵。然利器不可示人，朝廷亦愼惜之。

宣德五年敕宣府總兵官譚廣：「神銃，國家所重，在邊墩堡，量給以壯軍威，勿輕給。」正統六年，邊將黃眞、楊洪立神銃局於宣府獨石。帝以火器外造，恐傳習漏泄，敕止之。

正統末，邊備日亟，御史楊善請鑄兩頭銅銃。景泰元年，巡關侍郎江潮言：「眞定藏都督平安火傘，上用鐵槍頭，環以響鈴，置火藥筩三，發之，可潰敵馬。應州民師翺製銃，有機，頃刻三發，及三百步外。」俱試驗之。天順八年，延綏參將房能言麓川破賊，用九龍筒，一線然則九箭齊發，請頒式各邊。

至嘉靖八年，始從右都御史汪鋐言，造佛郎機礮，謂之大將軍，發諸邊鎭。佛郎機者，國名也。正德末，其國舶至廣東。白沙巡檢何儒得其制，以銅爲之，長五六尺，大者重千餘斤，小者百五十斤，巨腹長頸，腹有修孔。以子銃五枚，貯藥置腹中，發及百餘丈，最利水戰。駕以蜈蚣船，所擊輒糜碎。二十五年，總督軍務翁萬達奏所造火器。兵部試之，言：

「三出連珠、百出先鋒、鐵捧雷飛，俱便用。母子火獸、布地雷礮，止可夜劫營。」御史張鐸亦進十眼銅礮，大彈發及七百步，小彈百步；四眼鐵鎗，彈四百步。詔工部造。

萬曆中，通判華光大奏其父所製神異火器，命下兵部。其後，大西洋船至，復得巨礮，曰紅夷。長二丈餘，重者至三千斤，能洞裂石城，震數十里。天啓中，錫以大將軍號，遣官祀之。

崇禎時，大學士徐光啓請令西洋人製造，發各鎭。然將帥多不得人，城守不固，有委而去之者。及流寇犯闕，三大營兵不戰而潰，鎗礮皆爲賊有，反用以攻城。城上亦發礮擊賊。時中官已多異志，皆空器貯藥，取聲震而已。

明置兵仗、軍器二局，分造火器。號將軍者自大至五。又有奪門將軍大小二樣、神機礮、襄陽礮、盞口礮、椀口礮、旋風礮、流星礮、虎尾礮、石榴礮、龍虎礮、毒火飛礮、連珠佛郎機礮、信礮、神礮、礮裏礮、十眼銅礮、三出連珠礮、百出先鋒礮、鐵捧雷飛礮、火獸布地雷礮、椀口銅鐵銃、手把銅鐵銃、神銃、斬馬銃、一窩鋒神機箭銃、大中小佛郎機銅銃、佛郎機鐵銃、木廂銅銃、筋繳樺皮鐵銃、無敵手銃、鳥嘴銃、七眼銅銃、千里銃、四眼鐵鎗、各號雙頭鐵鎗、夾把鐵手鎗、快鎗以及火車、火傘、九龍筒之屬，凡數十種。正德、嘉靖間造最多。又各邊自造，自正統十四年四川始。其他刀牌、弓箭、槍弩、狼筅、蒺藜、甲冑、戰襖，在內

有兵仗、軍器、鍼工、鞍轡諸局，屬內庫，掌於中官；在外有盔甲廠，屬兵部，掌以郎官。京省諸司衞所，又俱有雜造局。軍資器械名目繁夥，不具載，惟火器前代所少，故特詳焉。

中原用車戰，而東南利舟楫，二者於兵事爲最要。自騎兵起，車制漸廢。洪武五年造獨轅車，北平、山東千輛，山西、河南八百輛。永樂八年北征，用武剛車三萬輛，皆惟以供餽運。

至正統十二年始從總兵官朱冕議，用火車備戰。自是言車戰者相繼。十四年，給事中李侃請以贏車千輛，鐵索聯絡，騎卒處中，每車翼以刀牌手五人，賊犯陣，刀牌手擊之，賊退則開索縱騎。帝命造成祭而後用。下車式於邊境，用七馬駕。寧夏多溝塹，總兵官張泰請用獨馬小車，時以爲便。箭工周四章言，神機鎗一發難繼，請以車載鎗二十，箭六百，車首置五鎗架，一人推，二人扶，一人執爨。試可，乃造。

景泰元年，定襄伯郭登請倣古制爲偏箱車。轅長丈三尺，闊九尺，高七尺五寸，箱用薄板，置銃。出則左右相連，前後相接，鈎環牽互。車載衣糧、器械幷鹿角二。屯處，十五步外設爲藩。每車鎗礮、弓弩、刀牌甲士共十人，無事輪番推挽。外以長車二十，載大小將軍銃，每方五輛，轉輸樵採，皆在圍中。又用四輪車一，列五色旗，視敵指揮。廷議此可以守，

中華書局

難於攻戰，命登酌行。蘭州守備李進請造獨輪小車，上施皮屋，前用木板，畫獸面，鑿口，置椀口銃四，鎗四，神機箭十四，樹旗一。行爲陣，止爲營。二年，吏部郎中李賢請造戰車，長丈五尺，高六尺四寸，四圍箱板，穴孔置銃，上闢小窻，每車前後占地五步。以千輛計，四方可十六里，芻糧、器械輜重咸取給焉。帝令亟行。

成化二年從郭登言，製軍隊小車。每隊六輛，輛九人，二人挽，七人番代，[六] 車前置牌畫猊首，遠望若城壘然。八年，寧都諸生何京上禦敵車式，上施鐵網，網穴發鎗弩，行則斂之。五十車爲一隊，用士三百七十五人。十二年，左都御史李賓請造偏箱車，與鹿角參用。兵部尚書項忠請驗閱，以登高涉險不便，已之。十三年從甘肅總兵官王璽奏，造雷火車，中立樞軸，旋轉發礮。二十年，宣大總督余子俊以車五百輛爲一軍，每輛卒十人，車隙補以鹿角。既成，而遲重不可用，時人謂之鵰鵠軍。

弘治十五年，陝西總制秦紘請用隻輪車，名曰全勝，長丈四尺，上下共六人，可衝敵陣。十六年，閒住知府范吉獻先鋒霹靂車。

嘉靖十一年，南京給事中王希文請倣郭固、韓琦之制，造車，前銳後方，上置七鎗，爲櫓三層，各置九牛神弩，傍翼以卒。行載甲兵，止爲營陣。下邊鎮酌行。十五年，總制劉天和復言全勝車之便，而稍爲損益，用四人推挽，所載火器、弓弩、刀牌以百五十斤爲準。箱前

畫猊，旁列虎盾以護騎士。命從其制。四十三年，有司奏准，京營教演兵車，共四千輛，每輛步卒五人，神鎗、夾靶鎗各二。自正統以來，言車戰者如此，然未嘗一當敵。

至隆慶中，戚繼光守薊門，奏練兵車七營：以東西路副總兵及撫督標共四營，分駐建昌、遵化、石匣、密雲；薊、遼總兵二營，駐三屯；昌平總兵一營，駐昌平。每營重車百五十有六，輕車加百，步兵四千，騎兵三千。十二路二千里間，車騎相兼，可禦敵數萬。穆宗韙之，命給造費。然特以遏衝突，施火器，亦未嘗以戰也。是後，遼東巡撫魏學曾請設戰車營，倣偏箱之制，上設佛郎機二，下置雷飛礮、快鎗六，每車步卒二十五人。萬曆末，經略熊廷弼請造雙輪戰車，每車火礮二，翼以十卒，皆持火鎗。天啓中，直隸巡按御史易應昌進戶部主事曹履吉所製鋼輪車、小衝車等式，以禦敵，皆罕得其用。大約邊地險阻，不利車戰。而舟楫之用，則東南所宜。

舟之制，江海各異。太祖於新江口設船四百。永樂初，命福建都司造海船百三十七，又命江、楚、兩浙及鎭江諸府衞造海風船。成化初，濟川衞楊渠獻槳舟圖，皆江舟也。

海舟以舟山之烏槽爲首。福船耐風濤，且禦火。浙之十裝標號軟風、蒼山，亦利追逐。廣東船，鐵栗木爲之，視福船尤巨而堅。其利用者二，可發佛郎機，可擲火毬。大福船亦然，能容百人。底尖上闊，首昂尾高，柁樓三重，帆桅二，傍護以板，上設木女牆及礮牀。

中爲四層：最下實土石；次寢息所；次左右六門，中置水櫃，揚帆炊爨皆在是；最上如露臺，穴梯而登，傍設翼板，可憑以戰。矢石火器皆俯發，可順風行。海蒼視福船稍小。開浪船能容三五十人，頭銳，四槳一櫓，其行如飛，不拘風潮順逆。艟𮩝船視海蒼又小。蒼山船首尾皆闊，帆櫓並用。櫓設船傍近後，每傍五枝，每枝五跳，跳二人，以板閘跳上，露首於外。其制上下三層，下實土石，上爲戰場，中寢處。其張帆下椗，皆在上層。戚繼光云：「倭舟甚小，一入裏海，大福、海蒼不能入，必用蒼船逐之，衝敵便捷，溫人謂之蒼山鐵也。」沙、鷹二船，相胥成用。沙船可接戰，然無翼蔽。鷹船兩端銳，進退如飛。傍釘大茅竹，竹間窻可發銃箭，窻內舩外隱人以盪槳。先駕此入賊隊，沙船隨進，短兵接戰，無不勝。漁船至小，每舟三人，一執布帆，一執槳，一執鳥嘴銃。隨波上下，可掩賊不備。網梭船，定海、臨海、象山俱有之，形如梭。竹桅布帆，僅容二三人，遇風濤輒昇入山麓，可哨探。蜈蚣船，象形也，能駕佛朗機銃，底尖面闊，兩傍楫數十，行如飛。兩頭船，旋轉在舵，因風四馳，諸船無逾其速。蓋自嘉靖以來，東南日備倭，故海舟之制，特詳備云。

明制，馬之屬內廐者曰御馬監，中官掌之，牧於大壖，蓋倣周禮十有二閑意。牧於官者，爲太僕寺、行太僕寺、苑馬寺及各軍衞，卽唐四十八監意。牧於民者，南則直隸應天等

府，北則直隸及山東、河南等府，卽宋保馬意。其曰備養馬者，始於正統末，選馬給邊，邊馬足，而寄牧於畿甸者也。官牧給邊鎭，民牧給京軍，皆有孳生駒。官牧之地曰草場，或爲軍民佃種曰熟地，歲徵租佐牧人市馬。牧之人曰恩軍，曰隊軍，曰改編軍，曰充發軍，曰抽發軍。苑馬分三等，上苑萬，中七千，下四千。一夫牧馬十匹，五十夫設圉長一人。凡馬肥瘠登耗，籍其毛齒而時省之。三歲，寺卿偕御史印烙，籥其羸劣以轉市。邊衞、營堡、府州縣軍民壯騎操馬，則掌於行寺卿。邊用不足，又以茶易於番，以貨市於邊。其民牧皆視丁田授馬，始曰戶馬，既曰種馬，按歲徵駒。種馬死，孳生不及數，輒賠補。此其大凡也。

初，太祖都金陵，令應天、太平、鎭江、廬州、鳳陽、揚州六府，滁、和二州民牧馬。洪武六年設太僕寺於滁州，統於兵部。後增滁陽五牧監，領四十八羣。已，爲四十監，旋罷，惟存天長、大興、舒城三監。置草場於湯泉、滁州等地。復令飛熊、廣武、英武三衞，五軍養一馬，馬歲生駒，一歲解京。既而以監牧歸有司，專令民牧。江南十一戶，江北五戶養馬一，復其身。太僕官督理，歲正月至六月報定駒，七月至十月報顯駒，十一、二月報重駒。歲終考馬政，以法治府州縣官吏。凡牡曰兒，牝曰騍。兒一、騍四爲羣，羣頭一人。五羣，羣長一人。三十年設北平、遼東、山西、陝西、甘肅行太僕寺，定牧馬草場。

永樂初，設太僕寺於北京，[七] 掌順天、山東、河南。舊設者爲南太僕寺，掌應天等六

中華書局

府二州。四年設苑馬寺於陝西、甘肅，統六監，監統四苑。又設北京、遼東二苑馬寺，所統視陝西、甘肅。十二年令北畿民計丁養馬，選居閑官敎之畜牧。民十五丁以下一匹，十六丁以上二匹，爲事編發者七戶一匹，得除罪。尋以寺卿楊砥言，北方人戶五丁養一，免其田租之半，薊州以東至南海等衞，戍守軍外，每軍飼種馬一。又定南方養馬例：鳳、廬、揚、滁、和五丁一，應天、太、鎭十丁一。淮、徐初養馬，亦以丁爲率。十八年罷北京苑馬寺，悉牧之民。

洪熙元年令民牧二歲徵一駒，免草糧之半。自是，馬日蕃，漸散於鄰省。濟南、兗州、東昌民養馬，自宣德四年始也。彰德、衞輝、開封民養馬，自正統十一年始也。已而也先入犯，取馬二萬，寄養近京，充團營騎操，而盡以故時種馬給永平等府。景泰三年令兒馬十八歲、騍馬二十歲以上，免算駒。

成化二年，以南土不產馬，改徵銀。四年始建太僕寺常盈庫，貯備用馬價。是時，民漸苦養馬。六年，吏部侍郎葉盛言：「向時歲課一駒，而民不擾者，以芻牧地廣，民得爲生也。自豪右莊田漸多，養馬漸不足。洪熙初，改兩年一駒，成化初，改三年一駒。馬愈削，民愈貧。然馬卒不可少，乃復兩年一駒之制，民愈不堪。請敕邊鎭隨俗所宜，凡可以買馬足邊、軍民交益者，便宜處置。」時馬文升撫陝西，又極論邊軍償馬之累，請令屯田卒田多丁少而

不領馬者，歲輸銀一錢，以助賠償。雖皆允行，而民困不能舒也。繼文升撫陝者蕭禎，請省行太僕寺。兵部覆云：「洪、永時，設行太僕及苑馬寺，凡茶馬、番人貢馬，悉收寺、苑放牧，常數萬匹，足充邊用。正統以後，北敵屢入抄掠，馬遂日耗。言者每請裁革，是惜小費而忘大計。」於是敕諭禎，但令加意督察。而北畿自永樂以來，馬日滋，輒責民牧，民年十五者即養馬。太僕少卿彭禮以戶丁有限，而課駒無窮，請定種馬額。會文升爲兵部尙書，奏行其請，乃定兩京太僕種馬，兒馬二萬五千，騍馬四之，二年納駒，著爲令。時弘治六年也。

十五年冬，尙書劉大夏薦南京太常卿楊一清爲副都御史，督理陝西馬政。一清奏言：「我朝以陝右宜牧，設監苑，跨二千餘里。後皆廢，惟存長樂、靈武二監。今牧地止數百里，然以供西邊尙無不足，但苦監牧非人，牧養無法耳。兩監六苑，開城、安定水泉便利，宜爲上苑，牧萬馬；廣寧、萬安爲中苑；黑水草場逼窄，清平地狹土瘠，爲下苑。萬安可五千，廣寧四千，清平二千，黑水千五百。六苑歲給軍外，可常牧馬三萬二千五百，足供三邊用。然欲廣孳息，必多蓄種馬，宜增滿萬匹，兩年一駒，五年可足前數。請支太僕馬價銀四萬二千兩，於平、慶、臨、鞏買種馬七千。又養馬恩隊軍不足，請編流亡民及問遣回籍者，且視恩軍例，凡發邊衞充軍者，改令各苑牧馬，增爲三千人。又請相地勢，築城通商，種植楡柳，春夏放牧，秋冬還廐，馬既得安，敵來亦可收保。」孝宗方重邊防，大夏掌兵部，一清所奏輒行。

遷總制仍督馬政。

諸監草場，原額十三萬三千七百餘頃，存者已不及半。一清釐之，得荒地十二萬八千餘頃，又開武安苑地二千九百餘頃。正德二年聞於朝。及一清去官，未幾復廢。時御史王濟言：「民苦養馬。有一孳生馬，輒害之。間有定駒，賂醫諱之，有顯駒墜落之。馬虧欠不過納銀二兩，旣孳生者已聞官，而復倒斃，不過納銀三兩，孳生不死則饑餓。馬日瘦削，無濟實用。今種馬、地畝、人丁，歲取有定額，請以其額數令民買馬，而種馬孳生，縣官無與。」兵部是其言。自後，每有奏報，輒引濟言縣官無與種馬事，但責駒於民，遺母求子矣。

初，邊臣請馬，太僕寺以見馬給之。自改徵銀，馬日少，而請者相繼，給價十萬，買馬萬匹。邊臣不能市良馬，馬多死，太僕卿儲巏以爲言，請仍給馬。又指陳各邊種馬盜賣私借之弊。語雖切，不能從。而邊鎭給發日益繁。延綏三十六營堡，自弘治十一年始，十年間，發太僕銀二十八萬有奇，買補四萬九千餘匹，寧夏、大同、居庸關等處不與焉。至正德七年，遂開納馬例，凡十二條。九年復發太僕銀市馬萬五千於山東、遼東、河南及鳳陽、保定諸府。

嘉靖元年，陝西苑馬少卿盧璧條上馬政，請督逋負、明印烙、訓醫藥、均地差以救目前，而闢場廣蓄爲經久計。帝嘉納之。自後言馬事者頗衆，大都因事立說，補救一時而已。二

十九年，俺答入寇，太僕馬缺，復行正德納馬例。已，稍增損之。至四十一年，遂開例至捐馬授職。

隆慶二年，提督四夷館太常少卿武金言：「種馬之設，專爲孳生備用。備用馬既別買，則種馬可遂省。今備用馬已足三萬，宜令每馬折銀三十兩，解太僕。種馬盡賣，輸兵部。一馬十兩，則直隸、山東、河南十二萬匹，可得銀百二十萬，且收草豆銀二十四萬。」御史謝廷傑謂：「祖制所定，關軍機，不可廢。」兵部是廷傑言。而是時，內帑乏，方分使括天下逋賦。穆宗可金奏，下部議。部請養、賣各半，從之。

太僕之有銀也，自成化時始，然止三萬餘兩。及種馬賣，銀日增。是時，通貢互市所貯亦無幾。及張居正作輔，力主盡賣之議。自萬曆九年始，上馬八兩，下至五兩，又折徵草豆地租，銀益多，以供團營買馬及各邊之請。然一騸馬輒發三十金，而州縣以駑馬進，其直止數金。且仍寄養於馬戶，害民不減曩時。又國家有興作、賞賚，往往借支太僕銀，太僕帑益耗。十五年，寺卿羅應鶴請禁支借。二十四年詔太僕給陝西賞功銀。寺臣言：「先年庫積四百餘萬，自東西二役興，僅餘四之一。朝鮮用兵，百萬之積俱空。今所存者，止十餘萬。況本寺寄養馬歲額二萬匹，今歲取折色，則馬之派徵甚少，而東征調兌尤多。卒然有警，馬與銀俱竭，何以應之。」章下部，未能有所釐革也。

二十四史

崇禎初，核戶兵工三部，借支太僕馬價至一千三百餘萬。蓋自萬曆以來，冏政大壞，而邊牧廢弛，愈不可問。既而遼東督師袁崇煥以缺馬，請於兩京州縣寄養馬內，折三千匹價買之西邊。太僕卿涂國鼎言：「祖宗令民養馬，專供京營騎操，防護都城，非爲邊也。後來改折，無事則易馬輸銀，有警則出銀市馬，仍是爲京師備禦之意。今折銀已多給各鎮，如并此馬盡折，萬一變生，奈何？」帝是其言，却崇煥請。

按明世馬政，法久弊叢。其始盛終衰之故，大率由草場興廢。太祖既設草場於大江南北，復定北邊牧地：自東勝以西至寧夏、河西、察罕腦兒，以東至大同、宣府、開平，又東南至大寧、遼東，抵鴨綠江又北千里，而南至各衞分守地，又自鴈門關西抵黃河外，東歷紫荊、居庸、古北抵山海衞，荒閒平埜，非軍民屯種者，聽諸王駙馬以至近邊軍民樵採牧放，在邊藩府不得自占。永樂中，又置草場於畿甸。尋以順聖川至桑乾河百三十餘里，水草美，令以太僕千騎，令懷來衞卒百人分牧，後增至萬二千匹。宣德初，復置九馬坊於保安州。於是兵部奏，馬大蕃息，以色別而名之，其毛色二十五等，其種三百六十。其後莊田日增，草場日削，軍民皆困於孳養。弘治初，兵部主事湯冕、太僕卿王霽、給事中韓祐周旋、御史張淳，皆請清覈。而旋言：「香河諸縣地占於勢家，霸州等處俱有仁壽宮皇莊，乞罷之，以益牧地。」雖允行，而占佃已久，卒不能清。南京諸衞牧場亦久廢，兵部尚書張鎣請復之。御史

胡海言，恐遺地利，遂止。京師團營官馬萬匹，與旗手等衞上直官馬，皆分置草場。歲春末，馬非聽用者，坐營官領下場放牧，草豆住支，秋末回。給事御史閱視馬毙軍逃者以聞。後上直馬不出牧，而騎操馬仍歲出如例。嘉靖六年，武定侯郭勛以邊警爲辭，奏免之，徵各場租以充公費，餘貯太僕買馬。於是營馬專仰秣司農，歲費至十八萬，戶部爲詘，而草場益廢。議者爭以租佃取贏，浸淫至神宗時，弊壞極矣。

茶馬司，洪武中，立於川、陝，聽西番納馬易茶，賜金牌信符，以防詐僞。每三歲，遣廷臣召諸番合符交易，上馬茶百二十斤，中馬七十斤，下馬五十斤。以私茶出者罪死，雖勳戚無貸。末年，易馬至萬三千五百餘匹。永樂中，禁稍弛，易馬少。乃命嚴邊關茶禁，遣御史巡督。正統末，罷金牌，歲遣行人巡察，邊氓冒禁私販者多。成化間，定差御史一員，頒敕專理。弘治間，大學士李東陽言：「金牌制廢，私茶盛，有司又屢以敝茶給番族，番人抱憾，往往以羸馬應。宜嚴敕陝西官司揭榜招諭，復金牌之制，嚴收良茶，頗增馬直，則得馬必蕃。」及楊一清督理苑馬，遂命并理鹽、茶。一清申舊制，禁私販，種官茶。四年間易馬九千餘匹，而茶尙積四十餘萬斤。靈州鹽池增課五萬九千，貯慶陽、固原庫，以買馬給邊。又懼後無專官，制終廢也，於正德初，請令巡茶御史兼理馬政，行太僕、苑馬寺官聽其提調，報可。御史翟唐歲收茶七十八萬餘斤，易馬九千有奇。後法復弛。嘉靖初，戶部請揭榜禁私茶，凡引俱南戶部印發，府州縣不得擅印。三十年詔給番族勘合，然初制訖不能復矣。

馬市者，始永樂間。遼東設市三，二在開原，一在廣寧，各去城四十里。成化中，巡撫陳鉞復奏行之。後至萬曆初不廢。嘉靖中，開馬市於大同，陝邊宣鎭相繼行。隆慶五年，俺答上表稱貢。總督王崇古市馬七千餘匹，爲價九萬六千有奇。其價，遼東以米布絹，宣、大、山西以銀。市易外有貢馬者，以鈔幣加賜之。

初，太祖起江左，所急惟馬，屢遣使市於四方。正元壽節，內外藩封將帥皆以馬爲幣。外國、土司、番部以時入貢，朝廷每厚加賜予，所以招攜懷柔者備至。文帝勤遠略，遣使絕域，外國來朝者甚衆，然所急者不在馬。自後狃於承平，駕馭之權失，馬無外增，惟恃孳生歲課。重以官吏侵漁，牧政荒廢，軍民交困矣。蓋明自宣德以後，祖制漸廢，軍旅特甚，而馬政其一云。

校勘記

〔一〕步兵必善弓弩槍　「槍」字下原有「步」字，衍，據明史稿志七〇兵志、太祖實錄卷七八洪武六年正月戊午條刪。

〔二〕遠可到蹶張八十步划車一百五十步近可中蹶張四十步　原脫「划車一百五十步」以下十五字，

據太祖實錄卷七八洪武六年正月戊午條、稽璜續文獻通考卷一三〇補。

〔三〕以五千人爲率取五之一　取五之一，原作「取其一」，據明史稿志七〇兵志改。太祖實錄卷七八洪武六年正月戊午條作「內取一千人」，也卽取五之一。

〔四〕將領各以其能受賞否則罰　原脫「罰」字。太祖實錄卷七八洪武六年正月戊午條有「不中者降罰」，據補。

〔五〕三日練耳目　原脫「目」字，據練兵實紀卷三補。

〔六〕七人番代　稽璜續文獻通考卷一三二作「七人放銃番代」。

〔七〕永樂初設太僕寺於北京　設太僕寺於北京，當從本書卷七四職官志、太宗實錄卷一六永樂元年二月庚戌條作「改北平行太僕寺爲北京行太僕寺」。職官志又稱「十八年定都北京，遂以行太僕寺爲太僕寺」，是「設太僕寺於北京」，非永樂初事。

中華書局

明史卷九十三

志第六十九

刑法一

自漢以來，刑法沿革不一。隋更五刑之條，設三奏之令。唐撰律令，一準乎禮以爲出入。宋採用之，而所重者敕，律所不載者，則聽之於敕。故時輕時重，無一是之歸。元制，取所行一時之例爲條格而已。明初，丞相李善長等言：「歷代之律，皆以漢九章爲宗，至唐始集其成。今制宜遵唐舊。」太祖從其言。

始，太祖懲元縱弛之後，刑用重典，然特取決一時，非以爲則。後屢詔釐正，至三十年始申畫一之制，所以斟酌損益之者，至纖至悉，令子孫守之。羣臣有稍議更改，卽坐以變亂祖制之罪。而後乃滋弊者，由於人不知律，妄意律舉大綱，不足以盡情僞之變，於是因律起例，因例生例，例愈紛而弊愈無窮。初詔內外風憲官，以講讀律令一條，考校有司。其不能

曉晰者，罰有差。庶幾人知律意。因循日久，視爲具文。由此奸吏骫法，任意輕重。至如律有取自上裁、臨時處治者，因罪在八議不得擅自勾問、與一切疑獄罪名難定、及律無正文者設，非謂朝廷可任情生殺之也。英、憲以後，欽恤之意微，偵伺之風熾。巨惡大憝，案如山積，而旨從中下，縱之不問；或本無死理，而片紙付詔獄，爲禍尤烈。故綜明代刑法大略，而以廠衞終之。廠璽姓名，傳不備載，列之於此，使有所考焉。

明太祖平武昌，卽議律令。吳元年冬十月命左丞相李善長爲律令總裁官，參知政事楊憲、傅瓛，御史中丞劉基，翰林學士陶安等二十人爲議律官，諭之曰：「法貴簡當，使人易曉。若條緒繁多，或一事兩端，可輕可重，吏得因緣爲奸，非法意也。夫網密則水無大魚，法密則國無全民。卿等悉心參究，日具刑名條目以上，吾親酌議焉。」每御西樓，召諸臣賜坐，從容講論律義。十二月，書成，凡爲令一百四十五條，律二百八十五條。又恐小民不能周知，命大理卿周楨等取所定律令，自禮樂、制度、錢糧、選法之外，凡民間所行事宜，類聚成編，訓釋其義，頒之郡縣，名曰律令直解。太祖覽其書而喜曰：「吾民可以寡過矣。」

洪武元年又命儒臣四人，同刑官講唐律，日進二十條。五年定宦官禁令及親屬相容隱

律，六年夏刊律令憲綱，頒之諸司。其冬，詔刑部尚書劉惟謙詳定大明律。每奏一篇，命揭兩廡，親加裁酌。及成，翰林學士宋濂爲表以進，曰：「臣以洪武六年冬十一月受詔，〔一〕明年二月書成。篇目一準於唐：曰衞禁，曰職制，曰戶婚，曰廄庫，曰擅興，曰賊盜，曰鬭訟，曰詐僞，曰雜律，曰捕亡，曰斷獄，曰名例。採用舊律二百八十八條，續律百二十八條，舊令改律三十六條，因事制律三十一條，掇唐律以補遺百二十三條，合六百有六條，分爲三十卷。或損或益，或仍其舊，務合輕重之宜。」九年，太祖覽律條猶有未當者，命丞相胡惟庸、御史大夫汪廣洋等詳議釐正十有三條。十六年命尚書開濟定詐僞律條。二十二年，刑部言：「比年條例增損不一，以致斷獄失當。請編類頒行，俾中外知所遵守。」遂命翰林院同刑部官，取比年所增者，以類附入。改名例律冠於篇首。

爲卷凡三十，爲條四百有六十。名例一卷，四十七條。吏律二卷，曰職制十五條，曰公式十八條。戶律七卷，曰戶役十五條，曰田宅十一條，曰婚姻十八條，曰倉庫二十四條，曰課程十九條，曰錢債三條，曰市廛五條。禮律二卷，曰祭祀六條，曰儀制二十條。兵律五卷，曰宮衞十九條，曰軍政二十條，曰關津七條，曰廄牧十一條，曰郵驛十八條。刑律十一卷，曰盜賊二十八條，曰人命二十條，曰鬭毆二十二條，曰罵詈八條，曰訴訟十二條，曰受贓十一條，曰詐僞十二條，曰犯姦十條，曰雜犯十一條，曰捕亡八

條，曰斷獄二十九條。工律二卷，曰營造九條，曰河防四條。

爲五刑之圖凡二。首圖五：曰笞，曰杖，曰徒，曰流，曰死。笞刑五，自一十至五十；每十爲一等加減。杖刑五，自六十至一百；每十爲一等加減。徒刑五，徒一年杖六十，一年半杖七十，二年杖八十，二年半杖九十，三年杖一百；每杖十及徒半年爲一等加減。流刑三，二千里，二千五百里，三千里，皆杖一百；每五百里爲一等加減。死刑二，絞、斬。五刑之外，徒有總徒四年，遇例減一年者，有准徒五年，斬、絞、雜犯減等者。流有安置，有遷徙，去鄉一千里，杖一百，准徒二年，有口外爲民，其重者曰充軍。充軍者，明初唯邊方屯種。後定制，分極邊、烟瘴、邊遠、邊衞、沿海、附近。軍有終身，有永遠。二死之外，有凌遲，以處大逆不道諸罪者。充軍、凌遲，非五刑之正，故圖不列。凡徒流再犯者，流者於原配處所，依工、樂戶留住法。三流並決杖一百，拘役三年。拘役者，流人初止安置，今加以居作，卽唐、宋所謂加役流也。徒者於原役之所，依所犯杖數年限決訖，應役無得過四年。

次圖七：曰笞，曰杖，曰訊杖，曰枷，曰杻，曰索，曰鐐。笞，大頭徑二分七釐，小頭減一分。杖，大頭徑三分二釐，小頭減如笞之數。笞、杖皆以荆條爲之，皆臀受。訊杖，大頭徑四分五釐，小頭減如笞杖之數，以荆條爲之，臀腿受。笞、杖、訊，皆長三尺五寸，用官降式較勘，毋以筋膠諸物裝釘。枷，自十五斤至二十五斤止，刻其上爲長短輕重

中華書局

之數。長五尺五寸，頭廣尺五寸，杻長尺六寸，厚一寸。男子死罪者用之。索，鐵爲之，以繫輕罪者，其長一丈。鐐，鐵連環之，以縶足，徒者帶以輸作，重三斤。

又爲喪服之圖凡八：族親有犯，視服等差定刑之輕重。其因禮以起義者，養母、繼母、慈母皆服三年。毆殺之，與毆殺嫡母同罪。兄弟妻皆服小功。互爲容隱者，罪得遞減。舅姑之服皆斬衰三年，毆殺罵詈之者，與夫毆殺罵詈之律同。姨之子、舅之子、姑之子皆緦麻，是曰表兄弟，不得相爲婚姻。

大惡有十：曰謀反，曰謀大逆，曰謀叛，曰惡逆，曰不道，曰大不敬，曰不孝，曰不睦，曰不義，曰內亂。雖常赦不原。貪墨之贓有六：曰監守盜，曰常人盜，曰竊盜，曰枉法，曰不枉法，曰坐贓。當議者有八：曰議親，曰議故，曰議功，曰議賢，曰議能，曰議勤，曰議貴，曰議賓。

太祖諭太孫曰：「此書首列二刑圖，次列八禮圖者，重禮也。顧愚民無知，若於本條下卽註寬恤之令，必易而犯法，故以廣大好生之意，總列名例律中。善用法者，會其意可也。」太孫請更定五條以上，太祖覽而善之。太孫又請曰：「明刑所以弼教，凡與五倫相涉者，宜皆屈法以伸情。」乃命改定七十三條，復諭之曰：「吾治亂世，刑不得不重。汝治平世，刑自當輕，所謂刑罰世輕世重也。」二十五年，刑部言，律條與條例不同者宜更定。太祖以條例特一時

權宜，定律不可改，不從。

三十年作大明律誥成。御午門，諭羣臣曰：「朕倣古爲治，明禮以導民，定律以繩頑，刊著爲令。行之旣久，犯者猶衆，故作大誥以示民，使知趨吉避凶之道。古人謂刑爲祥刑，豈非欲民並生於天地間哉。然法在有司，民不周知，故命刑官取大誥條目，撮其要略，附載於律。凡榜文禁例悉除之，除謀逆及律誥該載外，其雜犯大小之罪，悉依贖罪例論斷，編次成書，刊布中外，令天下知所遵守。」

大誥者，太祖患民狃元習，徇私滅公，戾日滋。十八年采輯官民過犯，條爲大誥。其目十條：曰攬納戶，曰安保過付，曰詭寄田糧，曰民人經該不解物，曰灑派拋荒田土，曰倚法爲奸，曰空引偸軍，曰黥刺在逃，曰官吏長解賣囚，曰寰中士夫不爲君用。其罪至抄劄。次年復爲續編、三編，皆頒學宮以課士，里置塾師敎之。囚有大誥者，罪減等。於時，天下有講讀大誥師生來朝者十九萬餘人，並賜鈔遣還。自律誥出，而大誥所載諸峻令未嘗輕用。其後罪人率援大誥以減等，亦不復論其有無矣。

蓋太祖之於律令也，草創於吳元年，更定於洪武六年，整齊於二十二年，至三十年始頒示天下。日久而慮精，一代法始定。中外決獄，一準三十年所頒。其洪武元年之令，有律不載而具於令者，法司得援以爲證，請於上而後行焉。凡違令者罪笞，特旨臨時決罪，不著

爲律令者，不在此例。有司輒引比律，致罪有輕重者，以故入論。罪無正條，則引律比附，定擬罪名，達部議定奏聞。若輒斷決，致罪有出入者，以故失論。

大抵明律視唐簡覈，而寬厚不如宋。至其惻隱之意，散見於各條，可舉一以推也。如罪應加者，必贓滿數乃坐。如監守自盜，贓至四十貫絞。若止三十九貫九十九文，欠一文不坐也。加極於流三千里，以次增重，終不得至死。而減至流者，自死而之生，無絞斬之別。卽唐律稱加就重條。稱日者以百刻，稱年者以三百六十日。如人命辜限及各文書違限，雖稍不及一時刻，仍不得以所限之年月科罪，卽唐例稱日以百刻條。未老疾犯罪，而事發於老疾，以老疾論；幼小犯罪，而事發於長大，以幼小論。卽唐律老小廢疾條。犯死罪，非常赦所不原，而祖父母、父母老無養者，得奏聞取上裁。犯徒流者，餘罪得收贖，存留養親。卽唐律罪非十惡條。功臣及五品以上官禁獄者，許令親人入侍，徒流者並聽隨行，違者罪杖。同居親屬有罪，得互相容隱。卽唐律同居相容隱條。奴婢不得首主。凡告人者，告人祖父不得指其子孫爲證，弟不證兄，妻不證夫，奴婢不證主。文職責在奉法，犯杖則不敍。軍官至徒流，以世功猶得擢用。凡若此類，或間採唐律，或更立新制，所謂原父子之親，立君臣之義以權之者也。

建文帝卽位，諭刑官曰：「大明律，皇祖所親定，命朕細閱，較前代往往加重。蓋刑亂國之典，非百世通行之道也。朕前所改定，皇祖已命施行。然罪可矜疑者，尙不止此。夫律設

大法，禮順人情，齊民以刑，不若以禮。其諭天下有司，務崇禮敎，赦疑獄，稱朕嘉與萬方之意。」成祖詔法司問囚，一依大明律擬議，毋妄引榜文條例爲深文。永樂元年定誣告法。成化元年又令讞囚者一依正律，盡革所有條例。十五年，南直隸巡撫王恕言：「大明律後，有會定見行律百有八條，不知所起。如兵律多支廩給，刑律罵制使及罵本管長官條，皆輕重失倫。流傳四方，有誤官守。乞追板焚燬。」命卽焚之，有依此律出入人罪者，以故論。十八年定挾詐得財罪例。〔二〕

弘治中，去定律時已百年，用法者日弛。五年，刑部尙書彭韶等以鴻臚少卿李鐩請，删定問刑條例。至十三年，刑官復上言：「洪武末，定大明律，後又申明大誥，有罪減等，累朝遵用。其法外遺姦，列聖因時推廣之而有例，例以輔律，非以破律也。乃中外巧法吏或借便己私，律浸格不用。」於是下尙書白昂等會九卿議，增歷年問刑條例經久可行者二百九十七條。帝摘其中六事，令再議以聞。九卿執奏，乃不果改。然自是以後，律例並行，而網亦少密。王府禁例六條，諸王無故出城有罰，其法尤嚴。嘉靖七年，保定巡撫王應鵬言：「正德間，新增問刑條例四十四款，深中情法，皆宜編入。」不從。惟詔僞造印信及竊盜三犯者不得用可矜例。刑部尙書胡世寧又請編斷獄新例，亦命止依律文及弘治十三年所欽定者。至二十八年，刑部尙書喻茂堅言：「自弘治間定例，垂五十年。乞敕臣等會同三法司，申明問

刑條例及嘉靖元年後欽定事例，永爲遵守。弘治十三年以後、嘉靖元年以前事例，雖奉詔革除，顧有因事條陳，擬議精當可採者，亦宜詳檢。若官司妄引條例，故入人罪者，當議黜罰。」會茂堅去官，詔尚書顧應祥等定議，增至二百四十九條。三十四年又因尚書何鼇言，增入九事。萬曆時，給事中烏昇請續增條例。至十三年，刑部尚書舒化等乃輯嘉靖三十四年以後詔令及宗藩軍政條例、捕盜條格、漕運議單與刑名相關者，律爲正文，例爲附註，共三百八十二條，刪世宗時苛令特多。崇禎十四年，刑部尚書劉澤深復請議定問刑條例。帝以律應恪遵，例有上下，事同而二三其例者，刪定畫一爲是。然時方急法，百司救過不暇，議未及行。

太祖之定律文也，歷代相承，無敢輕改。其一時變通，或由詔令，或發於廷臣奏議，有關治體，言獲施行者，不可以無詳也。

洪武元年諭省臣：「鞫獄當平恕，古者非大逆不道，罪止及身。民有犯者，毋得連坐。」尚書夏恕嘗引漢法，請著律，反者夷三族。太祖曰：「古者，父子兄弟罪不相及，漢仍秦舊，法太重。」却其奏不行。民父以誣逮，其子訴於刑部，法司坐以越訴。太祖曰：「子訴父枉，出於至情，不可罪。」有子犯法，父賄求免者，御史欲并論父。太祖曰：「子論死，父救之，情也，

但論其子，赦其父。」十七年，左都御史詹徽奏民毆孕婦至死者，律當絞，其子乞代。大理卿鄒俊議曰：「子代父死，情可矜。然死婦係二人之命，犯人當二死之條，與其存犯法之人，孰若全無辜之子。」詔從俊議。二十年，詹徽言：「軍人有犯當杖，其人嘗兩得罪而免，宜并論前罪，誅之。」太祖曰：「前罪既宥，復論之則不信矣。」杖而遣之。二十四年，嘉興通判龐安獲鬻私鹽者送京師，而以鹽賞獲者。戶部以其違例，罰償鹽入官，且責取罪狀。安言：「律者萬世之常法，例者一時之旨意。今欲依例而行，則於律內非應捕人給賞之言，自相違悖，失信於天下也。」太祖然其言，詔如律。

永樂二年，刑部言河間民訟其母，有司反擬母罪。詔執其子及有司罪之。三年定文職官及中外旗校軍民人等，凡犯重條，依律科斷，輕者免決，記罪。其有不應侵損於人等項及情犯重者，臨時奏請。十六年嚴犯贓官吏之禁。初，太祖重懲貪吏，詔犯贓者無貸。復敕刑部：「官吏受贓者，并罪通賄之人，徙其家於邊。著爲令。」日久法弛，故復申飭之。二十九年，大理卿虞謙言：「誆騙之律，當杖而流，今梟首，非詔書意。」命如律擬斷。宣德二年，江西按察使黃翰言：「民間無籍之徒，好興詞訟，輒令老幼殘疾男婦誣告平人，必更議涉虛加罰乃可。」遂定老幼殘疾男婦誣告人罰鈔贖罪例。其後孝宗時，南京有犯誣告十人以上，〔三〕例發口外爲民。而年逾七十，律應收贖者，更著令，凡年七十以上、十五以下及廢疾者，依律論斷。例應充軍瞭哨、口外爲民者，仍依律發遣。若年八十以上及篤疾有犯應永戍者，以子孫發遣，應充軍以下者免之。

初制，凡官吏人等犯枉法贓者，不分南北，俱發北方邊衞充軍。正統五年，行在三法司言：「洪武定律時，鈔貴物賤，所以枉法贓至百二十貫者，免絞充軍。今鈔賤物貴，若以物估鈔至百二十貫枉法贓俱發充軍，輕重失倫矣。今後文職官吏人等，受枉法贓比律該絞者，估鈔八百貫之上，俱發北方邊衞充軍。其受贓不及前數者，視見行例發落。」從之。八年，大理寺言：「律載竊盜初犯刺右臂，再犯刺左臂，三犯絞。今竊盜遇赦再犯者，咸坐以初犯，或仍刺右臂，或不刺。請定爲例。」章下三法司議，刺右遇赦再犯者刺左，刺左遇赦又犯者不刺，立案。赦後三犯者絞。」帝曰：「竊盜已刺，遇赦再犯者依常例擬，不論赦，仍通具前後所犯以聞。」後憲宗時，都御史李秉援舊例奏革。至神宗時，復議奏請改遺云。既而南京盜王阿童五犯皆遇赦免。帝聞之，詔仍以赦前後三犯爲令。十二年以知縣陳敏政言，民以後妻所攜前夫之女爲子婦，及以所攜前夫之子爲壻者，並依同父異母姊妹律，減等科斷。成化元年，遼東巡撫滕照言：「大明律乃一代定法，而決斷武臣，獨舍律用例，武臣益縱蕩不檢。請一切用律。」詔從之。十九年定竊盜三犯罪例。法司以「南京有三犯竊盜，計贓滿百貫者犯，當絞斬。罪雖雜犯，其情頗重。三

犯前罪，卽累惡不悛之人，難准常例。其不滿貫犯，徒流以下罪者，雖至三犯，原情實輕，宜特依常例治之。」議上，報允。〔四〕

弘治六年，太常少卿李東陽言：「五刑最輕者笞杖，然杖有分寸，數有多寡。今在外諸司，笞杖之罪往往致死。縱令事覺，不過以因公還職。以極輕之刑，置之不可復生之地，多者數十，甚者數百，積骸滿獄，流血塗地，可爲傷心。律故勘平人者抵命，刑具非法者除名，偶不出此，便謂之公。一以公名，雖多無害。此則情重而律輕者，不可以不議也。請凡考訊輕罪卽時致死，累二十或三十人以上，本律外，仍議行降調，或病死不實者，并治其醫。」乃下所司議處。嘉靖十五年，時有以手足毆人傷重，延至辜限外死者，部擬鬬毆殺人論絞。大理寺執嘉靖四年例，謂當以毆傷論笞。部臣言：「律定辜限，而問刑條例又謂鬬毆殺人、情實事實者，雖延至限外，仍擬死罪，奏請定奪。臣部擬上，每奉宸斷多發充軍，蓋雖不執前科，亦僅末減之耳。毆傷情實至限外死，卽以笞斷，是乃僥倖兇人也。且如以兇器傷人，雖平復，例亦充軍，豈有實毆人致死，偶死限外，遂不當一兇器傷人之罪乎？矧四年例已報罷，請諭中外仍如條例便。」詔如部議。自後有犯辜限外人命者，俱遵律例議擬，奏請定奪。

隆慶三年，大理少卿王諍言：〔五〕「問刑官每違背律例，獨任意見。如律文所謂『凡奉制書，有所施行而違者杖一百』，本指制誥而言。今則操軍違限，守備官軍不入直，開場賭博，

概用此例。律文犯姦條下，所謂『買休、賣休、和娶人妻者』，本指用財買求其妻，又使之休賣其妻，而因以娶之者言也。故律應離異歸宗，財禮入官。至若夫婦不合者，律應離異；婦人犯姦者，律從嫁賣，則後夫憑媒用財娶以爲妻者，原非姦情，律所不禁。今則概引買休、賣休、和娶之律矣。所謂『不應得爲而爲者，笞四十，重者杖八十』。蓋謂律文該載不盡者，方用此律也。若所犯明有正條，自當依本條科斷。今所犯毆人成傷，罪宜笞，而議罪者則曰『除毆人成傷，律輕不坐外，合依不應得爲而爲之事理，重者律杖八十』。夫既除毆人輕罪不坐，則無罪可坐矣。而又坐以『不應得爲』。臣誠不知其所謂。」刑部尚書毛愷力爭之。廷臣皆是諤議。得旨：「買休、賣休，本屬姦條，今後有犯，非係姦情者，不得引用。他如故。」

萬曆中，左都御史吳時來申明律例六條：

一、律稱庶人之家不許存養奴婢。蓋謂功臣家方給賞奴婢，庶民當自服勤勞，故不得存養。有犯者皆稱僱工人，初未言及縉紳之家也。縉紳之家，存養奴婢，勢所不免。合令法司酌議，無論官民之家，立券用值、工作有年限者，以僱工人論；受值微少、工作計日月者，以凡人論。若財買十五以下、恩養日久、十六以上、配有室家者，視同子孫論。或恩養未久、不曾配合者，庶人之家，仍以僱工人論；縉紳之家，視奴婢律論。

一、律稱僞造諸衙門印信者斬。惟銅鐵私鑄者，故斬。若篆文雖印，形質非印者，

不可謂之僞造，故例又立描摸充軍之條。以後僞造印信人犯，如係木石泥蠟之類，止引描摸之例，若再犯擬斬。僞造行使止一次、而贓不滿徒者，亦准竊盜論。如再犯引例，三犯引律。

一、律稱竊盜三犯者絞，以曾經刺字爲坐。但贓有多寡，即擬有輕重。以後凡遇竊盜，三犯俱在赦前、俱在赦後者，依律論絞。或赦前後所犯幷計三次者，皆得奏請定奪。錄官附入矜疑辨問疏內，幷與改遣。

一、强盜肆行劫殺，按贓擬辟，決不待時。但其中豈無羅織讐扳，妄收抵罪者，以後務加參詳。或贓證未明，遽難懸斷者，俱擬秋後斬。

一、律稱同謀共毆人，以致命傷重，下手者論絞，原謀餘人各得其罪。其有兩三人共毆一人，各成重傷，難定下手及係造謀主令之人，遇有在監禁斃者，即以論抵。今恤刑官遇有在家病故，且在數年之後者，即將見監下手之人擬從矜宥。是以病亡之軀，而抵毆死之命，殊屬縱濫。以後毋得一概准抵。

一、在京惡逆與强盜眞犯，雖停刑之年，亦不時處決。乃兇惡至於殺父，即時凌遲，猶有餘憾。而在外此類反得遷延歲月，以故事當類奏，無單奏例耳。夫單奏，急詞也；類奏，緩詞也。如此獄在外數年，使其瘐死，將何以快神人之憤哉！今後在外，凡有此

者，御史單詳到院，院寺單奏，決單一到，即時處決。其死者下府州縣戮其屍。庶典刑得正。

旨下部寺酌議，俱從之。惟僞造印文者，不問何物成造，皆斬。報可。

贖刑本虞書，呂刑有大辟之贖，後世皆重言之。至宋時，尤愼贖罪，非八議者不得與。明律頗嚴，凡朝廷有所矜恤、限於律而不得伸者，一寓之於贖例，所以濟法之太重也。又國家得時藉其入，以佐緩急。而實邊、足儲、振荒、宮府頒給諸大費，往往取給於贓贖二者。故贖法比歷代特詳。凡贖法有二，有律得收贖者，有例得納贖者。律贖無敢損益，而納贖之例則因時權宜，先後互異，其端實開於太祖云。

律凡文武官以公事犯笞罪者，官照等收贖錢，吏每季類決之，各還職役，不附過。杖以上記所犯罪名，每歲類送吏、兵二部，候九年滿考，通記所犯次數，黜陟之。吏典亦備銓選降敍。至於私罪，其文官及吏典犯笞四十以下者，附過還職而不贖，笞五十者調用。軍官杖以上皆的決。文官及吏杖罪，並罷職不敍，至嚴也。然自洪武中年已三下令，准贖及雜犯死罪以下矣。三十年命部院議定贖罪事例，凡內外官吏，犯笞杖者記過，徒流遷徙者俸贖之，三犯罪之如律。自是律與例互有異同。及頒行大明律御製序：「雜犯死罪、徒流、遷徙等刑，

悉視今定贖罪條例科斷。」於是例遂輔律而行。

仁宗初即位，諭都察院言：「輸罰工作之令行，有財者悉倖免，宜一論如律。」久之，其法復弛。正統間，侍講劉球言：「輸罪非古，自公罪許贖外，宜悉依律。」時不能從。其後循太祖之例，益推廣之。凡官吏公私雜犯准徒以下，俱聽運炭納米等項贖罪。其軍官軍人照例免徒流者，例贖亦如之矣。

贖罪之法，明初嘗納銅，成化間嘗納馬，後皆不行，不具載。惟納鈔、納錢、納銀常並行焉，而以初制納鈔爲本。故律贖者曰收贖律鈔，納贖者曰贖罪例鈔。永樂十一年令，除公罪依例紀錄收贖，及死罪情重者依律處治。其情輕者，斬罪八千貫，絞罪及榜例死罪六千貫，流徒杖笞納鈔有差。無力者發天壽山種樹。宣德二年定，笞杖罪囚，每十贖鈔二十貫。徒流罪名，每徒一等折杖二十，三流並折杖百四十。其所罰鈔，悉如笞杖所定。無力者發天壽山種樹：死罪終身；徒流各按年限；杖，五百株；笞，一百株。景泰元年令問擬笞杖罪囚，有力者納鈔。笞十，二百貫，每十以二百貫遞加，至笞五十爲千貫。杖六十，千八百貫，每十以三百貫遞加，至杖百爲三千貫。其官吏贓物，亦視今例折鈔。天順五年令罪囚納鈔：每笞十，鈔二百貫，餘四笞，遞加百五十貫；至杖六十，增爲千四百五十貫，餘杖各遞加二百貫。成化二年令婦人犯法贖罪。

弘治十四年定折收銀錢之制。例難的決人犯，幷婦人有力者，每杖百，應鈔二千二百五十貫，折銀一兩；每十以二百貫遞減，至杖六十爲銀六錢；笞五十，應減爲鈔八百貫，〔六〕折銀五錢，每十以百五十貫遞減，至笞二十爲銀二錢；笞十應鈔二百貫，折銀一錢。如收銅錢，每銀一兩折七百文。其依律贖鈔，除過失殺人外，亦視此數折收。

正德二年定錢鈔兼收之制。如杖一百，應鈔二千二百五十貫者，收鈔千一百二十五貫，錢三百五十文。嘉靖七年，巡撫湖廣都御史朱廷聲言：「收贖與贖罪有異，在京與在外不同，鈔貫止聚於都下，錢法不行於南方。故事，審有力及命婦、軍職正妻，及例難的決者，有贖罪例鈔；老幼廢疾及婦人餘罪，有收贖律鈔。贖罪例鈔，錢鈔兼收，如笞一十，收鈔百貫，收錢三十五文，其鈔二百貫，折銀一錢。杖一百，收鈔千一百二十五貫，收錢三百五十文，其鈔二千二百五十貫，折銀一兩。今收贖律鈔，笞一十，止贖六百文，比例鈔折銀不及一釐；杖一百，贖鈔六貫，折銀不及一分，似爲太輕。蓋律鈔與例鈔，貫既不同，則折銀亦當有異。請更定爲則，凡收贖者，每鈔一貫，折銀一分二釐五毫。如笞一十，贖鈔六百文，則折銀七釐五毫，以罪重輕遞加折收贖。」帝從其奏，令中外問刑諸司，皆以此例從事。

是時重修條例，奏定贖例。在京則做工、每笞一十，做工一月，折銀三錢。至徒五年，折銀十八兩。運囚糧、每笞一十，米五斗，折銀二錢五分。至徒五年，五十石，折銀二十五兩。運灰、每笞一十，一千二百斤，折銀一兩

二錢六分。至徒五年，六萬斤，折銀六十三兩。運甎、每笞一十，七十箇，折銀九錢一分。至徒五年，三千箇，折銀三十九兩。運水和炭五等。每笞一十，二百斤，折銀四錢。至徒五年，八千五百斤，折銀十七兩。運灰最重，運炭最輕。在外則有力、稍有力二等。初有頗有力、次有力等，因御史言而革。其有力，視在京運囚糧，每米五斗，納穀一石。初折銀上庫，後折穀上倉。稍有力，視在京做工年月爲折贖。婦人審有力，與命婦、軍職正妻，及例難的決之人，贖罪應錢鈔兼收者，笞、杖每一十，折收銀一錢。其老幼廢疾婦人及天文生餘罪收贖者，每笞一十應鈔六百文，折收銀七釐五毫。於是輕重適均，天下便之。至萬曆十三年，復申明焉，遂爲定制。

凡律贖，若天文生習業已成、能專其事、犯徒及流者，決杖一百，餘罪收贖。婦人犯徒流者，決杖一百，餘罪收贖。如杖六十，徒一年，全贖鈔應十二貫，除決杖准訖六貫，餘鈔六貫，折銀七分五釐，餘倣此。其決杖一百，審有力又納例鈔二千二百五十貫，應收錢三百五十文，鈔一千一百二十五貫。

凡年七十以上十五以下及廢疾犯流以下，收贖；八十以上十歲以下及篤疾、盜及傷人者，亦收贖。凡犯罪時未老疾，事發時老疾者，依老疾論，犯罪時幼小，事發時長大者，依幼小論，並得收贖。如六十九以下犯罪，年七十事發，或無疾時犯罪，廢疾後事發，得依老疾收贖。他或七十九以下犯死罪，八

十事發，或廢疾時犯罪，篤疾時事發，得入上請。八十九犯死罪，九十事發，得勿論，不在收贖之例。若在徒年限內老疾，亦如之。如犯杖六十，徒一年，一月之後老疾，合計全贖鈔十二貫。除已杖六十，准三貫六百文，剩徒一年，應八貫四百文計算。每徒一月，贖鈔七百文，已役一月，准贖七百文外，未贖十一月，應收贖七貫七百文。餘倣此。老幼廢疾收贖，惟雜犯五年仍科之。蓋在明初，卽眞犯死罪，不可以徒論也。

其誣告例，告二事以上，輕實重虛，或告一事，誣輕爲重者，已論決全抵剩罪，未論決笞杖收贖，徒流杖一百，餘罪亦聽收贖。如告人笞三十，內止一十實已決，全抵，剩二十之罪未決，收贖一貫二百文。如告人杖六十，內止二十實已決，全抵，剩四十之罪未決，收贖二貫四百文。如告人杖六十，徒一年，內止杖五十實已決，全抵，剩杖一十、徒一年之罪未決，徒一年，折杖六十，併杖共七十，收贖四貫二百文。如告人杖一百，流二千里，內止杖六十、徒一年實已決，以總徒四年論，全抵，剩杖四十、徒三年之罪未決，以遞徒折杖流加一等論，共計杖二百二十，除告實杖六十、徒一年，折杖六十，剩杖一百，贖鈔六貫。若計剩罪，過杖一百以上，須決杖一百訖，餘罪方聽收贖。

又過失傷人，准鬬毆傷人罪，依律收贖。至死者，准雜犯斬絞收贖，鈔四十二貫。內鈔八分，應三十三貫六百

文，銅錢二分，應八千四百文，給付其家。已徒五年，再犯徒收贖。鈔三十六貫。若犯徒流，存留養親者，止杖一百，餘罪收贖。其法實杖一百，不准折贖，然後計徒流年限，一視老幼例贖之。此律自英宗時詔有司行之，後爲制。天文生、婦女犯徒流，決杖一百，餘罪收贖者，雖罪止杖六十，徒一年，亦決杖一百，律所謂應加杖者是也。皆先依本律議，其所犯徒流之罪，以詰減之。至臨決時，某係天文生，某係婦人，依律決杖一百，餘收贖。所決之杖並須一百者，包五徒之數也。然與誣告收贖剩杖不同，蓋收贖餘徒者決杖，而贖徒收贖剩杖者，折流歸徒，折徒歸杖，而照數收贖之，其法各別也。其婦人犯徒流，成化八年定例，除姦盜不孝與樂婦外，若審有力幷決杖，亦得以納鈔贖罪。例每杖十，折銀一錢爲率，至杖一百，折銀一兩止。凡律所謂收贖者，贖餘罪也。其例得贖罪者，贖決杖一百也。徒、杖兩項分科之，除婦人，餘囚徒流皆杖決不贖。惟弘治十三年，許樂戶徒杖笞罪，亦不的決，此律鈔之大凡也。

例鈔自嘉靖二十九年定例。凡軍民諸色人役及舍餘審有力者，與文武官吏、監生、生員、冠帶官、知印、承差、陰陽生、醫生、老人、舍人，不分笞、杖、徒、流、雜犯死罪，俱令運灰、運炭、運甎、納米、納料等項贖罪。此上係不斷行止者。若官吏人等例應革去職役，此係行止有虧者。與軍民人等審無力者，笞、杖罪的決，徒、流、雜犯死罪各做工、擺站、哨瞭、發充儀從，情重者煎鹽炒鐵。死罪五年，流罪四年，徒按年限。其在京軍丁人等，無差占者與例難的決之

人，笞杖亦令做工。時新例，犯姦盜受贓，爲行止有虧之人，概不許贖罪。唯軍官革職者，俱運炭納米等項發落，不用五刑條例的決實配之文，所以寬武夫，重責文吏也。於是在京惟行做工、運囚糧等五項，在外惟行有力、稍有力二項，法令益徑省矣。

要而論之，律鈔輕，例鈔重。然律鈔本非輕也，祖制每鈔一文，當銀一釐，所謂笞一十折鈔六百文定銀七釐五毫者，即當時之銀六錢也。所謂杖一百折鈔六貫銀七分五釐者，即當時之銀六兩也。以銀六錢，比例鈔折銀不及一釐，以銀一兩，比例鈔折銀不及一分，而欲以此懲犯罪者之心，宜其勢有所不行矣。特以祖宗律文不可改也，於是不得已定爲七釐五毫、七分五釐之制。而其實所定之數，猶不足以當所贖者之罪，然後例之變通生焉。

考洪武朝，官吏軍民犯罪聽贖者，大抵罰役之令居多，如發鳳陽屯種、滁州種苜蓿、代農民力役、運米輸邊贖罪之類，俱不用鈔納也。律之所載，笞若干，鈔若干文，杖若干，鈔若干貫者，垂一代之法也。然按三十年詔令，罪囚運米贖罪，死罪百石，徒流遞減，其力不及者，死罪自備米三十石，徒流十五石，俱運納甘州、威虜，就彼充軍。計其米價、脚價之費，與鈔數差不相遠，其定爲贖鈔之等第，固不輕於後來之例矣。然罪無一定，而鈔法之久，日變日輕，此定律時所不及料也。即以永樂十一年令「斬罪情輕者，贖鈔八千貫，絞及榜例死罪六千貫」之詔言之，八千貫者，律之八千兩也；六千貫者，律之六千兩也；下至杖罪千貫，

笞罪五百貫，亦一千兩、五百兩也。雖革除之際，用法特苛，豈有死罪納至八千兩，笞杖罪納至一千兩、五百兩而尚可行者，則知鈔法之弊，在永樂初年，已不啻輕十倍於洪武時矣。宣德時，申交易用銀之禁，冀通鈔法。至弘治而鈔竟不可用，遂開准鈔折銀之例。及嘉靖新定條例，俱以有力、稍有力二科贖罪：有力米五斗，准律之納鈔六百文也；稍有力工價三錢，准律之做工一月也。是則後之例鈔，纔足比於初之律鈔耳。而況老幼廢疾，諸在律贖者之銀七釐五毫，准鈔六百文，銀七分五釐，准鈔六貫。凡所謂律贖者，以比於初之律鈔，其輕重相去尤甚懸絕乎？唯運炭、運石諸罪例稍重，蓋此諸罪，初皆令親自赴役，事完寧家，原無納贖之例。其後法令益寬，聽其折納，而估算事力，亦略相當，實不爲病也。

大抵贖例有二：一罰役，一納鈔，而例復三變。罰役者，後多折工值納鈔，鈔法既壞，變爲納銀、納米。然運灰、運炭、運石、運甎、運碎甎之名尚存也。至萬曆中年，中外通行有力、稍有力二科，在京諸例，幷不見施行，而法益歸一矣。所謂通變而無失於古之意者此也。初，令罪人得以力役贖罪：死罪拘役終身，徒流按年限，笞杖計日月。或修造，或屯種，或煎鹽炒鐵，滿日疏放。疏放者，引赴御橋，叩頭畢，送應天府，給引寧家。合充軍者，發付陝西司，按籍編發。後皆折納工價，惟赴橋如舊。宣德二年，御史鄭道寧言：「納米贖罪，朝廷寬典，乃軍儲倉拘係罪囚，無米輸納，自去年二月至今，死者九十六人。」刑部郎俞士吉嘗奏：「囚

無米者，請追納於原籍，匠仍輸作，軍仍備操，若非軍匠，則遣還所隸州縣追之。」〔七〕詔從其奏。

初制流罪三等，視地遠近，邊衞充軍有定所。蓋降死一等，唯流與充軍爲重。然名例律稱二死三流各同爲一減。如二死遇恩赦減一等，即流三千里；流三等以大誥減一等，皆徒五年。犯流罪者，無不減至徒罪矣。故三流常設而不用。而充軍之例爲獨重。律充軍凡四十六條，諸司職掌內二十二條，則洪武間例皆律所不載者。其嘉靖二十九年條例，充軍凡二百十三條，與萬曆十三年所定大略相同。洪武二十六年定，應充軍者，大理寺審訖，開付陝西司，本部置立文簿，註姓名、年籍、鄉貫，依南北籍編排甲爲二册，一進內府，一付該管百戶，領去充軍。如浙江、河南、山東、陝西、山西、北平、福建，直隸應天、廬州、鳳陽、淮安、揚州、蘇州、松江、常州、和州、滁州、徐州人，發雲南、四川屬衞；江西、湖廣、四川、廣東、廣西，直隸太平、寧國、池州、徽州、廣德、安慶人，發北平、大寧、遼東屬衞。有逃故，按籍勾補。其後條例有發烟瘴地面、極邊沿海諸處者，例各不同。而軍有終身，有永遠。永遠者，罰及子孫，皆以實犯死罪減等者充之。明初法嚴，縣以千數，數傳之後，以萬計矣。有丁盡戶絕，止存軍產者，或幷無軍產，戶名未除者，朝廷歲遣御史清軍，有缺必補。每當勾丁，逮捕族屬、里長，延及他甲，雞犬爲之不寧。論者謂既減死罪一等，而法反加於刀鋸之上，如革除

所遺謫，至國亡，戍籍猶有存者，刑莫慘於此矣。嘉靖間，有請開贖軍例者。世宗曰：「律聽贖者，徒杖以下小罪耳。死罪矜疑，乃減從謫發，不可贖。」御史周時亮復請廣贖例。部議審有力者銀十兩，得贖三年以上徒一年，稍有力者半之。而贖軍之議卒罷。御史胡宗憲言：「南方之人不任兵革，其發充邊軍者，宜令納銀自贖。」部議以爲然，因擬納例以上。帝曰：「豈可預設此例，以待犯罪之人。」復不允。

萬曆二年罷歲遣清軍御史，幷於巡按，民獲稍安。給事中徐桓言：「死罪雜犯准徒充軍者，當如其例。」給事中嚴用和請以大審可矜人犯，免其永戍。皆不許。而命法司定例：「奉特旨處發叛逆家屬子孫，止於本犯親枝內勾補，盡絕即與開豁。若未經發遣而病故，免其勾補。其實犯死罪免死充軍者，以著伍後所生子孫替役，不許勾原籍子孫。其他充軍及發口外者，俱止終身。」崇禎十一年諭兵部：「編遣事宜，以千里爲附近，二千五百里爲邊衞，三千里外爲邊遠，其極邊烟瘴以四千里外爲率。止拘本妻，無妻則已，不許擅勾親鄰。如衰痼老疾，准發口外爲民。」十五年又諭：「欲令引例充軍者，准其贖罪。」時天下已亂，議卒不行。

明制充軍之律最嚴，犯者亦最苦。親族有科斂軍裝之費，里遞有長途押解之擾。至所充之衞，衞官必索常例。然利其逃去，可乾沒口糧，每私縱之。其後律漸弛，發解者不能十

中華書局

一。其發極邊者，長解輒賄兵部，持勘合至衞，虛出收管，而軍犯顧在家偃息云。

校勘記

〔一〕翰林學士宋濂爲表以進曰臣以洪武六年冬十一月受詔　臣，當作「臣惟謙」，受詔的是劉惟謙不是宋濂。明經世文編卷一頁五宋濂進大明律表作「臣惟謙」。

〔二〕十八年定挾詐得財罪例　詐，明史稿志七一刑法志作「證」。

〔三〕孝宗時南京有犯誣告十人以上　孝宗，原作「憲宗」，據孝宗實錄卷九五弘治七年十二月丙子條、續通典卷一〇八改。

〔四〕十九年定竊盜三犯罪例法司以南京有三犯竊盜計贓滿百貫者犯當絞斬至議上報允　十九年，原作「十三年」，列於弘治六年李東陽論笞杖段後，卽作弘治十三年。按此段定竊盜三犯罪例，見憲宗實錄卷二四五成化十九年十月癸未條。原文顚倒，今改正，移至成化元年記事之後，弘治六年記事之前。

〔五〕隆慶三年大理少卿王諍言　三年，原作「二年」，據穆宗實錄卷二八隆慶三年正月己巳條、國榷卷六六頁四一〇二改。

〔六〕應減爲鈔八百貫　明會典卷一七六作「應減鈔七百五十貫」。

〔七〕若非軍匠則遣還所隸州縣追之　遣，原作「追」，追，原作「遣」，據明史稿志七一刑法志改。

明史卷九十四

志第七十

刑法二

三法司曰刑部、都察院、大理寺。刑部受天下刑名，都察院糾察，大理寺駁正。太祖嘗曰：「凡有大獄，當面訊，防搆陷鍛鍊之弊。」故其時重案多親鞫，不委法司。洪武十四年命刑部聽兩造之詞，議定入奏。旣奏，錄所下旨，送四輔官、諫院官、給事中覆覈無異，然後覆奏行之。有疑獄，則四輔官封駁之。踰年，四輔官罷，乃命議獄者一歸於三法司。十六年命刑部尙書開濟等，議定五六日旬時三審五覆之法。十七年建三法司於太平門外鍾山之陰，命之曰貫城。下敕言：「貫索七星如貫珠，環而成象名天牢。中虛則刑平，官無邪私，故獄無囚人；貫內空中有星或數枚者卽刑繁，刑官非其人；有星而明，爲貴人無罪而獄。今法天道置法司，爾諸司其各愼乃事，法天道行之，令貫索中虛，庶不負朕肇建之意。」又諭法司

官：「布政、按察司所擬刑名，其間人命重獄，具奏轉達刑部、都察院參考，大理寺詳擬。著爲令。」

刑部有十三淸吏司，治各布政司刑名，而陵衞、王府、公侯伯府、在京諸曹及兩京州郡，亦分隸之。按察名提刑，蓋在外之法司也，參以副使、僉事，分治各府縣事。京師自笞以上罪，悉由部議。洪武初決獄，笞五十者縣決之，杖八十者州決之，一百者府決之，徒以上具獄送行省，移駁繁而賄賂行。乃命中書省御史臺詳讞，改月報爲季報，以季報之數，類爲歲報。凡府州縣輕重獄囚，依律決斷。違枉者，御史、按察司糾劾。至二十六年定制，布政司及直隸府州縣，笞杖就決；徒流、遷徙、充軍、雜犯死罪解部，審錄行下，具死囚所坐罪名上部詳議如律者，大理寺擬覆平允，監收候決。其決不待時重囚，報可，卽奏遣官往決之。情詞不明或失出入者，大理寺駁回改正，再問駁至三，改擬不當，將當該官吏奏問，謂之照駁。若亭疑讞決，而囚有番異，則改調隔別衙門問擬。二次番異不服，則具奏，會九卿鞫之，謂之圓審。至三四訊不服，而後請旨決焉。

正統四年稍更直省決遣之制，徒流就彼決遣，死罪以聞。成化五年，南大理評事張鈺言：「南京法司多用嚴刑，迫囚誣服，其被糾者亦止改正而無罪，甚非律意。」乃詔申大理寺參問刑部之制。弘治十七年，刑部主事朱瓊言：「部囚送大理，第當駁正，不當用刑。」大理

中華書局

卿楊守隨言：「刑具永樂間設，不可廢。」帝是其言。

會官審錄之例，定於洪武三十年。初制，有大獄必面訊。十四年命法司論囚，擬律以奏，從翰林院、給事中及春坊正字、司直郎會議平允，然後覆奏論決。至是置政平、訟理二旛，審諭罪囚。諭刑部曰：「自今論囚，惟武臣、死罪，朕親審之，餘俱以所犯奏。然後引至承天門外，命行人持訟理旛，傳旨諭之；其無罪應釋者，持政平旛，宣德意遣之。」繼令五軍都督府、六部、都察院、六科、通政司、詹事府，間及駙馬雜聽之，錄冤者以狀聞，無冤者實犯死罪以下悉論如律，諸雜犯准贖。永樂七年令大理寺官引法司囚犯赴承天門外，行人持節傳旨，會同府、部、通政司、六科等官審錄如洪武制。十七年令在外死罪重囚，悉赴京師審錄。仁宗特命內閣學士會審重囚，可疑者再問。宣德三年奏重囚，〔一〕帝令多官覆閱之，曰：「古者斷獄，必訊於三公九卿，所以合至公，重民命。卿等往同覆審，毋致枉死。」英國公張輔等還奏，訴枉者五十六人，〔二〕重命法司勘實，因切戒焉。

天順三年令每歲霜降後，三法司同公、侯、伯會審重囚，謂之朝審。歷朝遂遵行之。成化十七年命司禮太監一員會同三法司堂上官，於大理寺審錄，謂之大審。南京則命內守備行之。自此定例，每五年輒大審。初，成祖定熱審之例，英宗特行朝審，至是復有大審，所矜疑放遣，嘗倍於熱審時。內閣之與審也，自憲宗罷，至隆慶元年，高拱復行之。故事，朝

審吏部尚書秉筆，時拱適兼吏部故也。至萬曆二十六年朝審，吏部尚書缺，以戶部尚書楊俊民主之。三十二年復缺，以戶部尚書趙世卿主之。崇禎十五年命首輔周延儒同三法司清理淹獄，蓋出於特旨云。大審，自萬曆二十九年曠不舉，四十四年乃行之。

熱審始永樂二年，止決遣輕罪，命出獄聽候而已。尋并寬及徒流以下。宣德二年五、六、七月，連諭三法司錄上繫囚罪狀，凡決遣二千八百餘人。〔三〕七年二月親閱法司所進繫囚罪狀，決遣千餘人，減等輸納，春審自此始。六月，又以炎暑，命自實犯死罪外，悉早發遣，且馳諭中外刑獄悉如之。成化時，熱審始有重罪矜疑、輕罪減等、枷號疏放諸例。正德元年，掌大理寺工部尚書楊守隨言：「每歲熱審事例，行於北京而不行於南京。五年一審錄事例，行於在京，而略於在外。今宜通行南京，凡審囚三法司皆會審，其在外審錄，亦依此例。」詔可。嘉靖十年，令每年熱審并五年審錄之期，雜犯死罪、准徒五年者，皆減一年。二十三年，刑科羅崇奎言：「五、六月間，笞罪應釋放、徒罪應減等者，亦宜如成化時欽恤枷號例，暫與蠲免，至六月終止。南法司亦如之。」報可。隆慶五年令贓銀止十兩以上、監久產絕、或身故者，熱審免追，釋其家屬。萬曆三十九年，方大暑省刑，而熱審矜疑疏未下。刑部侍郎沈應文以獄囚久滯，乞暫豁矜疑者。未報。明日，法司盡按囚籍軍徒杖罪未結者五十三人，發大興、宛平二縣監候，乃以疏聞。神宗亦不罪也。舊例，每年熱審自小滿後十餘

日，司禮監傳旨下刑部，即會同都察院、錦衣衞題請，通行南京法司，一體審擬具奏。京師自命下之日至六月終止。南京自部移至日爲始，亦滿兩月而止。四十四年不舉行。明年，又逾兩月，命未下，會暑雨，獄中多疫。言官以熱審愆期、朝審不行、詔獄理刑無人三事交章上請。又請釋楚宗英燋、蘊鈁等五十餘人，罣誤知縣滿朝薦，同知王邦才、卞孔時等。皆不報。崇禎十五年四月亢旱，下詔清獄。中允黃道周言：「中外齋宿爲百姓請命，而五日之內繫兩尚書，不聞有抗疏爭者，尚足回天意乎？」兩尚書謂李日宣、陳新甲也。帝方重怒二人，不能從。

歷朝無寒審之制，崇禎十年，以代州知州郭正中疏及寒審，命所司求故事。尚書鄭三俊乃引數事以奏，言：「謹按洪武二十三年十二月癸未，太祖諭刑部尚書楊靖，『自今惟犯十惡并殺人者論死，餘死罪皆令輸粟北邊以自贖』。永樂四年十一月，法司進月繫囚數，凡數百人，大辟僅十之一。成祖諭呂震曰：『此等既非死罪，而久繫不決，天氣沍寒，必有聽其冤死者。』『凡雜犯死罪下約二百，悉准贖發遣。九年十一月，刑科曹潤等言：『昔以天寒，審釋輕囚。今囚或淹一年以上，且一月間瘐死者九百三十餘人，獄吏之毒所不忍言。』成祖召法司切責，遂詔：『徒流以下三日內決放，重罪當繫者恤之，無令死於饑寒。』十二年十一月復令以疑獄名上，親閱之。宣德四年十月，以皇太子千秋節，減雜犯死罪以下，宥笞杖及枷鐐

者。嗣後，世宗、神宗或以災異修刑，或以覃恩布德。寒審雖無近例，而先朝寬大，皆所宜取法者。」奏上，帝納其言。然永樂十一年十月遣副都御史李慶齎璽書，命皇太子錄南京囚，贖雜犯死罪以下。宣德四年冬，以天氣沍寒，敕南北刑官悉錄繫囚以聞，不分輕重。因謂夏原吉等曰：「堯、舜之世，民不犯法，成、康之時，刑措不用，皆君臣同德所致。朕德薄，卿等其勉力匡扶，庶無愧古人。」此寒審最著者，三俊亦不暇詳也。

在外恤刑會審之例，定於成化時。初，太祖患刑獄壅蔽，分遣御史林愿、石恆等治各道囚，而敕諭之。宣宗夜讀周官立政：「式敬爾由獄，以長我王國。」慨然興歎，以爲立國基命在於此。乃敕三法司：「朕體上帝好生之心，惟刑是恤。令爾等詳覆天下重獄，而犯者遠在千萬里外，需次當決，豈能無冤？」因遣官審錄之。正統六年四月，以災異頻見，敕遣三法司官詳審天下疑獄。於是御史張驥、刑部郎林厚、大理寺正李從智等十三人同奉敕往，而復以刑部侍郎何文淵、大理卿王文、巡撫侍郎周忱、刑科給事中郭瑾審兩京刑獄，亦賜之敕。後評事馬豫言：「臣奉敕審刑，竊見各處捉獲强盜，多因讎人指攀，拷掠成獄，不待詳報，死傷者甚多。今後宜勿聽妄指，果有贓證，御史、按察司會審，方許論決。若未審錄有傷死者，毋得准例陞賞。」是年，出死囚以下無數。九年，山東副使王裕言：「囚獄當會審，而御史及三司官或踰年一會，囚多瘐死。往者常遣御史會按察司詳審，釋遣甚衆。今莫若罷會審

二十四史

中華書局

之例，而行詳審之法，敕遣按察司官一員，專審諸獄。」部持舊制不可廢。帝命審例仍舊，復如詳審例，選按察司官一員與巡按御史同審。失出者姑勿問，涉贓私者究如律。成化元年，南京戶部侍郎陳翼因災異復請如正統例。部議以諸方多事，不行。八年，乃分遣刑部郎中劉秩等十四人會巡按御史及三司官審錄，敕書鄭重遣之。十二年，大學士商輅言：「自八年遣官後，五年於茲，乞更如例行。」帝從其請。至十七年，定在京五年大審。即於是年遣部寺官分行天下，會同巡按御史行事。於是恤刑者至，則多所放遣。嘉靖四十三年定坐贓不及百兩，產絕者免監追。萬曆四年敕雜犯死罪准徒五年者，并兩犯徒律應總徒四年者，各減一年，其他徒流等罪俱減等。皆由恤刑者奏定，所生全者益多矣。初，正統十一年遣刑部郎中郭恂、員外郎陸瑜審南、北直隸獄囚，文職五品以下有罪，許執問。嘉靖間制，審錄官一省事竣，總計前後所奏，依准改駁多寡，通行考覈。改駁數多者聽劾。故恤刑之權重，而責亦匪輕。此中外法司審錄之大較也。

凡刑部問發罪囚，所司通將所問囚數，不問罪名輕重，分南北人各若干，送山東司，呈堂奏聞，謂之歲報。每月以見監罪囚奏聞，謂之月報。其做工、運炭等項，每五日開送工科，填寫精微冊，月終分六科輪報之。凡法官治囚，皆有成法。提人勘事，必齎精微批文。京外官五品以上有犯必奏聞請旨，不得擅勾問罪。在八議者，實封以聞。民間獄訟，非通

政司轉達於部，刑部不得聽理。誣告者反坐，越訴者笞，擊登聞鼓不實者杖。訐告問官，必覈實乃逮問。至罪囚打斷起發有定期，刑具有定器，停刑有定月日，檢驗屍傷有定法，恤囚有定規，籍沒亦有定物，惟復讎者無明文。

弘治元年，刑部尚書何喬新言：「舊制提人，所在官司必驗精微批文，與符號相合，然後發遣。此祖宗杜漸防微深意也。近者中外提人，止憑駕帖，既不用符，眞僞莫辨，姦人矯命，何以拒之？請給批文如故。」帝曰：「此祖宗舊例不可廢。」命復行之。然旗校提人，率齎駕帖。嘉靖元年，錦衣衞千戶白壽等齎駕帖詣科，給事中劉濟謂當以御批原本送科，使知其事。兩人相爭並列，上命檢成、弘事例以聞。濟復言，自天順時例即如此。帝入壽言，責濟以狀對，亦無以罪也。天啓時，魏忠賢用駕帖提周順昌諸人，竟激蘇州之變。兩畿決囚，亦必驗精微批。嘉靖二十一年，恤刑主事戴楩、吳元璧、呂顒等行急失與內號相驗，比至，與原給外號不合，爲巡按御史所糾，納贖還職。

成化時，六品以下官有罪，巡按御史輒令府官提問。陝西巡撫項忠言：「祖制，京外五品以上官有犯奏聞，不得擅勾問。今巡按輒提問六品官，甚乖律意，當聞於朝，命御史、按察司提問爲是。」乃下部議，從之。凡罪在八議者，實封奏聞請旨，惟十惡不用此例。所屬官爲上司非理凌虐，亦聽實封徑奏。軍官犯罪，都督府請旨。諸司事涉軍官及呈告軍官不

法者，俱密以實封奏，無得擅勾問。嘉靖中，順天巡按御史鄭存仁檄府縣，凡法司有所追取，不得輒發。尚書鄭曉考故事，民間詞訟非自通政司轉達，不得聽。而諸司有應問罪人，必送刑部，各不相侵。曉乃言：「刑部追取人，府縣不當却。存仁違制，宜罪。」存仁亦執自下而上之律，論曉欺罔。乃命在外者屬有司，在京者屬刑部。然自曉去位，民間詞訟，五城御史輒受之，不復遵祖制矣。

洪武時，有告謀反者勘問不實，刑部言當抵罪。帝以問秦裕伯。對曰：「元時若此者罪止杖一百，蓋以開來告之路也。」帝曰：「姦徒不抵，善人被誣者多矣。自今告謀反不實者，抵罪。」學正孫詢訐稅使孫必貴爲胡黨，又訐元參政黎銘常自稱老豪傑，謗訕朝廷。帝以告訐非儒者所爲，置不問。永樂間定制，誣三四人杖徒，五六人流三千里，十人以上者凌遲，家屬徙化外。

洪武末年，小民多越訴京師，及按其事，往往不實，乃嚴越訴之禁。命老人理一鄉詞訟，會里胥決之，事重者始白於官，然卒不能止。越訴者日多，乃用重法，戍之邊。宣德時，越訴得實者免罪，不實仍戍邊。景泰中，不問虛實，皆發口外充軍，後不以爲例也。

登聞鼓，洪武元年置於午門外，一御史日監之，非大冤及機密重情不得擊，擊即引奏。後移置長安右門外，六科、錦衣衞輪收以聞。旨下，校尉領駕帖，送所司問理，蒙蔽阻遏者

罪。龍江衞吏有過，罰令書寫，值母喪，乞守制，吏部尚書詹徽不聽，擊鼓訴冤。太祖切責徽，使吏終喪。永樂元年，縣令以贓戍，擊鼓陳狀。帝爲下法司，其人言實受贓，年老昏眊所致，惟上哀憫。帝以其歸誠，屈法宥之。宣德時，直登聞鼓給事林富言：「重囚二十七人，以姦盜當決，擊鼓訴冤，煩瀆不可宥。」帝曰：「登聞鼓之設，正以達下情，何謂煩瀆？自後凡擊鼓訴冤，阻遏者罪。」

凡訐告原問官司者，成化間定議，覈究得實，然後逮問。弘治時，南京御史王良臣按指揮周愷等怙勢黷貨，愷等遂訐良臣。詔下南京法司逮繫會鞫。侍郎楊守隨言：「此與舊章不合。請自今以後，官吏軍民奏訴，牽緣別事，摭拾原問官者，立案不行。所奏事仍令問結，虛詐者擬罪，原問官枉斷者亦罪。」乃下其議於三法司。法司覆奏如所請，從之。洪武二十六年以前，刑部令主事廳會御史、五軍斷事司、大理寺、五城兵馬指揮使官，打斷罪囚。二十九年幷差錦衣衞官。其後惟主事會御史，將笞杖罪於打斷廳決訖，附卷，奉旨者次日覆命。萬曆中，刑部尚書孫丕揚言：「折獄之不速，由文移牽制故耳。議斷既成，部、寺各立長單，刑部送審掛號，次日即送大理。大理審允，次日即還本部。參差者究處，庶事體可一。至於打斷相驗，令御史三、六、九日遵例會同，餘日止會寺官以速遣。徒流以上，部、寺詳鞫，笞杖小罪，聽堂部處分。」命如議行。

凡獄囚已審錄，應決斷者限三日，應起發者限十日，逾限計日以笞。囚淹滯至死者罪徒，此舊例也。嘉靖六年，給事中周瑯言：「比者獄吏苛刻，犯無輕重，概加幽繫，案無新故，動引歲時。意喻色授之間，論奏未成，囚骨已糜。又況偏州下邑，督察不及，姦吏悍卒倚獄爲市，或扼其飲食以困之，或徙之穢溷以苦之，備諸痛楚，十不一生。臣觀律令所載，凡逮繫囚犯，老疾必散收，輕重以類分，枷杻薦蓆必以時飭，涼漿暖匣必以時備，無家者給之衣服，有疾者予之醫藥，淹禁有科，疏決有詔。此祖宗良法美意，宜敕臣下同爲奉行。凡逮繫日月幷已竟、未竟、疾病、死亡者，各載文册，申報長吏，較其結竟之遲速，病故之多寡，以爲功罪而黜陟之。」帝深然其言，且命中外有用法深刻，致戕民命者，卽斥爲民，雖才守可觀，不得推薦。

凡內外問刑官，惟死罪幷竊盜重犯，始用拷訊，餘止鞭扑常刑。酷吏輒用挺棍、夾棍、腦箍、烙鐵及一封書、鼠彈箏、攔馬棍、燕兒飛，或灌鼻、釘指，用徑寸嬾杆、不去棱節竹片，或鞭脊背、兩踝致傷以上者，俱奏請，罪至充軍。

停刑之月，自立春以後，至春分以前。停刑之日，初一、初八、十四、十五、十八、二十三、二十四、二十八、二十九、三十，凡十日。檢驗屍傷，照磨司取部印屍圖一幅，委五城兵馬司如法檢驗，府則通判、推官，州縣則長官親檢，毋得委下僚。

獄囚貧不自給者，洪武十五年定制，人給米日一升。二十四年革去。正統二年，以侍郎何文淵言，詔如舊，且令有贓罰敝衣得分給。成化十二年令有司買藥餌送部，又廣設惠民藥局，療治囚人。至正德十四年，囚犯煤、油、藥料，皆設額銀定數。嘉靖六年，以運炭等有力罪囚，折色糴米，上本部倉，每年約五百石，乃停收。歲冬給綿衣褲各一事，提牢主事驗給之。

犯罪籍沒者，洪武元年定制，自反叛外，其餘罪犯止沒田產孳畜。二十一年詔謀逆姦黨及造僞鈔者，沒貲產丁口，以農器耕牛給還之。凡應合鈔劄者，曰姦黨，曰謀反大逆，曰姦黨惡，曰造僞鈔，曰殺一家三人，曰採生拆割人爲首。其大誥所定十條，後未嘗用也。復讎，惟祖父被毆條見之，曰：「祖父母、父母爲人所殺，而子孫擅殺行兇人者，杖六十。其卽時殺死者勿論。其餘親屬人等被人殺而擅殺之者，杖一百。」按律罪人應死，已就拘執，其捕者擅殺之，罪亦止此。則所謂家屬人等，自包兄弟在內，其例可類推也。

凡決囚，每歲朝審畢，法司以死罪請旨，刑科三覆奏，得旨行刑。在外者奏決單於冬至前，會審決之。正統元年令重囚三覆奏畢，仍請駕帖，付錦衣衞監刑官，領校尉詣法司，取囚赴市。又制，臨決囚有訴冤者，直登聞鼓給事中取狀封進，仍批校尉手，馳赴市曹，暫停刑。嘉靖元年，給事中劉濟等以囚廖鵬父子及王欽、陶杰等頗有內援，懼上意不決，乃言：

「往歲三覆奏畢，待駕帖則已日午，鼓下仍受訴詞，得報且及未申時，及再請始刑，時已過酉，大非刑人於市，與衆棄之之意。請自今決囚，在未前畢事。」從之。七年定議，重囚有冤，家屬於臨決前一日撾鼓，翼日午前下，過午行刑，不覆奏。南京決囚，無刑科覆奏例。弘治十八年，南刑部奏決不待時者三人，大理寺已審允，下法司議，謂：「在京重囚，間有決不待時者，審允奏請，至刑科三覆奏，或蒙恩仍監候會審。南京無覆奏例，乞俟秋後審竟，類奏定奪。如有巨憝，難依常例者，更具奏處決，著爲令。」詔可。各省決囚，永樂元年定制，死囚百人以上者，差御史審決。弘治十三年定歲差審決重囚官，俱以霜降後至，限期復命。

凡有大慶及災荒皆赦，然有常赦，有不赦，有特赦。十惡及故犯者不赦。律文曰：「赦出臨時定罪名，特免或降減從輕者，不在此限。」十惡中，不睦又在會赦原宥之例，此則不赦者亦得原。若傳旨肆赦，不別定罪名者，則仍依常赦不原之律。自仁宗立赦條三十五，皆楊士奇代草，盡除永樂年間斂政，歷代因之。凡先朝不便於民者，皆援遺詔或登極詔革除之。凡以赦前事告言人罪者，卽坐以所告者罪。弘治元年，民呂梁山等四人，坐竊盜殺人死，遇赦。都御史馬文升請宥死戍邊，帝特命依律斬之。世宗雖屢停刑，尤愼無赦。廷臣屢援赦令，欲宥大禮大獄暨建言諸臣，益持不允。及嘉靖十六年，同知姜輅酷殺平民，都御

史王廷相奏當發口外，乃特命如詔書宥免，而以違詔責廷相等。四十一年，三殿成，羣臣請頒赦。帝曰：「赦乃小人之幸。」不允。穆宗登極覃恩，雖徒流人犯已至配所者，皆許放還，蓋爲遷謫諸臣地也。

有明一代刑法大概。太祖開國之初，懲元季貪冒，重繩贓吏，揭諸司犯法者於申明亭以示戒。又命刑部，凡官吏有犯，宥罪復職，書過榜其門，使自省。不悛，論如律。累頒犯諭、戒諭、榜諭，悉象以刑，誥示天下。及十八年大誥成，序之曰：「諸司敢不急公而務私者，必窮搜其原而罪之。」凡三誥所列淩遲、梟示、種誅者，無慮千百，棄市以下萬數。貴溪儒士夏伯啓叔姪斷指不仕，蘇州人才姚潤、王謨被徵不至，皆誅而籍其家。「寰中士夫不爲君用」之科所由設也。其三編稍寬容，然所記進士監生罪名，自一犯至四犯者猶三百六十四人。幸不死還職，率戴斬罪治事。其推原中外貪墨所起，以六曹爲罪魁，郭桓爲誅首。郭桓者，戶部侍郎也。帝疑北平二司官吏李彧、趙全德等與桓爲姦利，自六部左右侍郎下皆死，贓七百萬，詞連直省諸官吏，繫死者數萬人。覈贓所寄借徧天下，民中人之家大抵皆破。時咸歸謗御史余敏、丁廷舉。或以爲言，帝乃手詔列桓等罪，而論右審刑吳庸等極刑，以厭天下心，言：「朕詔有司除姦，顧復生姦擾吾民，今後有如此者遇赦不宥。」先是十五年空印事發。

每歲布政司、府州縣吏詣戶部覈錢糧、軍需諸事，以道遠，預持空印文書，遇部駁卽改，以爲常。及是，帝疑有姦，大怒，論諸長吏死，佐貳榜百戍邊。寧海人鄭士利上書訟其冤，復杖戍之。二獄所誅殺已過當。而胡惟庸、藍玉兩獄，株連死者且四萬。

然時引大體，有所縱舍。沅陵知縣張傑當輸作，自陳母賀，當元季亂離守節，今年老失養。帝謂可勵俗，特赦之，秩傑，令終養。給事中彭與民坐繫，其父爲上表訴哀。立釋之，且免同繫十七人。有死囚妻妾訴夫冤，法司請黥之。帝以婦爲夫訴，職也，不罪。都察院當囚死者二十四人，命羣臣鞫，有冤者，減數人死。眞州民十八人謀不軌，戮之，而釋其母子當連坐者。所用深文吏開濟、詹徽、陳寧、陶凱輩，後率以罪誅之。亦數宣仁言，不欲純任刑罰。嘗行郊壇，皇太子從，指道旁荊楚曰：「古用此爲扑刑，取能去風，雖寒不傷也。」尙書開濟議法密，諭之曰：「竭澤而漁，害及鯤鮞；焚林而田，禍及麛鷇。法太巧密，民何以自全？」濟慚謝。參政楊憲欲重法，帝曰：「求生於重典，猶索魚於釜，得活難矣。」御史中丞陳寧曰：「法重則人不輕犯，吏察則下無遁情。」太祖曰：「不然。古人制刑以防惡衞善，故唐、虞畫衣冠、異章服以爲戮，而民不犯。秦有鑿顚抽脅之刑、參夷之誅，而囹圄成市，天下怨叛。未聞用商、韓之法，可致堯、舜之治也。」寧慚而退。又嘗謂尙書劉惟謙曰：「仁義者，養民之膏粱也。刑罰者，懲惡之藥石也。舍仁義而專用刑罰，是以藥石養人，豈得謂善治乎？」

蓋太祖用重典以懲一時，而酌中制以垂後世，故猛烈之治，寬仁之詔，相輔而行，未嘗偏廢也。建文帝繼體守文，專欲以仁義化民。元年刑部報囚，減太祖時十三矣。

成祖起靖難之師，悉指忠臣爲姦黨，甚者加族誅、掘冢，妻女發浣衣局、敎坊司，親黨謫戍者至隆、萬間猶勾伍不絕也。抗違者旣盡殺戮，懼人竊議之，疾誹謗特甚。山陽民丁鈺訐其鄉誹謗，罪數十人。法司迎上旨，言鈺才可用，立命爲刑科給事中。永樂十七年復申其禁。而陳瑛、呂震、紀綱輩先後用事，專以刻深固寵。於是蕭議、周新、解縉等多無罪死。然帝心知苛法之非，間示寬大。千戶某灌桐油皮鞭中以決人，刑部當以杖，命并罷其職。法司奏冒支官糧者，命卽戮之，刑部爲覆奏。帝曰：「此朕一時之怒，過矣。其依律。自今犯罪皆五覆奏。」

至仁宗性甚仁恕，甫卽位，謂金純、劉觀曰：「卿等皆國大臣，如朕處法失中，須更執奏，朕不難從善也。」因召學士楊士奇、楊榮、金幼孜至榻前，諭曰：「比年法司之濫，朕豈不知。其所擬大逆不道，往往出於文致，先帝數切戒之。故死刑必四五覆奏，而法司略不加意，甘爲酷吏而不愧。自今審重囚，卿三人必往同讞，有冤抑者雖細故，必以聞。」洪熙改元，二月諭都御史劉觀、大理卿虞謙曰：「往者，法司以誣陷爲功。人或片言及國事，輒論誹謗，身家破滅，莫復辨理。今數月間，此風又萌。夫治道所急者求言，所患者以言爲諱，奈何禁誹謗

哉？」因顧士奇等曰：「此事必以詔書行之。」於是士奇承旨，載帝言於己丑詔書云：「若朕一時過於嫉惡，律外用籍沒及凌遲之刑者，法司再三執奏，三奏不允至五，五奏不允同三公及大臣執奏，必允乃已，永爲定制。文武諸司亦毋得暴酷用鞭背等刑，及擅用宮刑絕人嗣續。有自宮者以不孝論。除謀反及大逆者，餘犯止坐本身，毋一切用連坐法。告誹謗者勿治。」在位未一年，仁恩該洽矣。

宣宗承之，益多惠政。宣德元年，大理寺駁正猗氏民妻王骨都殺夫之冤，帝切責刑官，尙書金純等謝罪，乃已。義勇軍士閻羣兒等九人被誣爲盜，當斬，家人擊登聞鼓訴冤。覆按實不爲盜。命釋羣兒等，而切責都御史劉觀。其後每遇奏囚，色慘然，御膳爲廢。或以手撤其牘，謂左右曰：「說與刑官少緩之。」一日，御文華殿與羣臣論古肉刑，侍臣對：〔四〕「漢除肉刑，人遂輕犯法。」帝曰：「此自由敎化，豈關肉刑之有無。舜法有流宥金贖，而四凶之罪止於竄殛。可見當時被肉刑者，必皆重罪，不濫及也。況漢承秦敝，挾書有律，若概用肉刑，受傷者必多矣。」明年著帝訓五十五篇，其一恤刑也。武進伯朱冕言：「比遣舍人林寬等送囚百十七人戍邊，到者僅五十人，餘皆道死。」帝怒，命法司窮治之。帝寬詔歲下，閱囚屢決遣，有至三千人者。〔五〕諭刑官曰：「吾慮其瘐死，故寬貸之，非常制也。」是時，官吏納米百石若五十石，得贖雜犯死罪，軍民減十之二。諸邊衞十二石，遼東二十石，於例爲太輕，然

獨嚴贓吏之罰。命文職犯贓者俱依律科斷。由是用法輕，而貪墨之風亦不甚恣。然明制重朋比之誅。都御史夏迪催糧常州，御史何楚英誣以受金。諸司懼罪，明知其冤，不敢白，廸竟充驛夫憤死。以帝之寬仁，而大臣有冤死者，此立法之弊也。

英宗以後，仁、宣之政衰。正統初，三楊當國，猶恪守祖法，禁內外諸司鍛鍊刑獄。刑部尙書魏源以災旱上疑獄，請命各巡撫審錄。從之。無巡撫者命巡按。清軍御史、行在都察院亦以疑獄上，通審錄之。御史陳祚言：「法司論獄，多違定律，專務刻深。如戶部侍郎吳璽舉淫行主事吳軏，宜坐貢舉非其人罪，乃加以奏事有規避律斬。及軏自經死，獄官卒之罪，明有遞減科，乃援不應爲事理重者，概杖之。夫原情以定律，祖宗防範至周，而法司乃抑輕從重至此，非所以廣聖朝之仁厚也。今後有妄援重律者，請以變亂成法罪之。」帝是其言，爲申警戒。至六年，王振始亂政，數辱廷臣，刑章大紊。侍講劉球條上十事，中言：「天降災譴，多感於刑罰之不中。宜一任法司，視其徇私不當者而加以罪。雖有觸忤，如漢犯蹕盜環之事，猶當聽張釋之之執奏而從之。」帝不能用。而球卽以是疏觸振怒，死於獄。然諸酷虐事，大率振爲之，帝心頗寬平。十一年，大理卿俞士悅以毆鬭殺人之類百餘人聞，請宥，俱減死戍邊。景泰中，陽穀主簿馬彥斌當斬，其子震請代死。特宥彥斌，編震充邊衞軍。大理少卿薛瑄言：「法司發擬罪囚，多加參語奏請，變亂律意。」詔法官問獄，一依律令，

不許妄加參語。六年,以災異審錄中外刑獄,全活者甚衆。天順中,詔獄繁興,三法司、錦衣獄多繫囚未決,吏往往洩獄情爲姦。都御史蕭維楨附會徐有貞,枉殺王文、于謙等。而刑部侍郞劉廣衡卽以詐撰制文,坐有貞斬罪。其後緹騎四出,海內不安。然霜降後審錄重囚,實自天順間始。至成化初,刑部尙書陸瑜等以請,命舉行之。獄上,杖其情可矜疑者,免死發戍。列代奉行,人獲沾法外恩矣。

憲宗之卽位也,敕三法司:「中外文武羣臣除贓罪外,所犯罪名紀錄在官者,悉與湔滌。」其後歲以爲常。十年,當決囚,冬至節近,特命過節行刑。旣而給事中言,冬至後行刑非時,遂詔俟來年冬月。山西巡撫何喬新劾奏遲延獄詞僉事尙敬、劉源,因言:「凡二司不決斷詞訟者,半年之上,悉宜奏請執問。」帝曰:「刑獄重事,周書曰『要囚,服念五六日至於旬時』,特爲未得其情者言耳。苟得其情,卽宜決斷。無罪拘幽,往往瘐死,是刑官殺之也。故律特著淹禁罪囚之條,其卽以喬新所奏,通行天下。」又定制,凡盜賊贓仗未眞、人命死傷未經勘驗,輒加重刑致死獄中者,審勘有無故失明白,不分軍民職官,俱視酷刑事例爲民。侍郞楊宜妻悍妬,殺婢十餘人,部擬命婦合坐者律,特命決杖五十。時帝多裨政,而於刑獄尤愼之,所失惟一二事。嘗欲殺一囚,不許覆奏。御史方佑復以請,帝怒,杖謫佑。吉安知府許聰有罪,中官黃高嗾法司論斬。給事中白昂以未經審錄爲請,不聽,竟乘夜斬之。

孝宗初立,免應決死罪四十八人。元年,知州劉槪坐妖言罪斬,以王恕爭,得長繫。末年,刑部尙書閔珪讞重獄,忤旨,久不下。帝與劉大夏語及之。對曰:「人臣執法效忠,珪所爲無足異。」帝曰:「且道自古君臣曾有此事否?」對曰:「臣幼讀孟子,見瞽瞍殺人,皐陶執之之語。珪所執,未可深責也。」帝頷之。明日疏下,遂如擬。前後所任司寇何喬新、彭韶、白昂、閔珪皆持法平者,海內翕然頌仁德焉。

正德五年會審重囚,減死者二人。時冤濫滿獄,李東陽等因風霾以爲言,特許寬恤。而刑官懼觸劉瑾怒,所上止此。後磔流賊趙鐩等於市,〔六〕剝爲魁者六人皮。法司奏祖訓有禁,不聽。尋以皮製鞍鐙,帝每騎乘之。而廷杖直言之臣,亦武宗爲甚。

世宗卽位七月,因日精門災,疏理冤抑,命再問緩死者三十八人,而廖鵬、王瓛、齊佐等與焉。給事中李復禮等言:「鵬等皆江彬、錢寧之黨,王法所必誅。」乃令禁之如故。後皆次第伏法。自杖諸爭大禮者,遂痛折廷臣。六年命張璁、桂萼、方獻夫攝三法司,〔七〕變李福達之獄,欲坐馬錄以姦黨律。楊一清力爭,乃戍錄,而坐罪者四十餘人。璁等以爲己功,遂請帝編欽明大獄錄頒示天下。是獄所坐,大抵璁三人夙嫌者。以祖宗之法,供權臣排陷,而帝不悟也。八年,京師民張福殺母,訴爲張柱所殺,刑部郞中魏應召覆治得實。而帝以柱乃武宗后家僕,有意曲殺之,命侍郞許讚盡反讞詞,而下都御史熊浹及應召於獄。其後,猜忌日甚,冤濫者多,雖間命寬恤,而意主苛刻。嘗諭輔臣:「近連歲因災異免刑,今復當刑科三覆請旨。朕思死刑重事,欲將盜陵殿等物及毆罵父母大傷倫理者取決,餘令法司再理,與卿共論,愼之愼之。」時以爲得大體。越數年,大理寺奉詔讞奏獄囚應減死者。帝謂諸囚罪皆不赦,乃假借恩例縱姦壞法,黜降寺丞以下有差。自九年舉秋讞醮免決囚,自後或因祥瑞,或因郊祀大報,停刑之典每歲舉行。然屢譴怒執法官,以爲不時請旨,至上迫冬至,廢義而市恩也。遂削刑部尙書吳山職,降調刑科給事中劉三畏等。中年益肆誅戮,自宰輔夏言不免。至三十七年,乃出手諭,言:「司牧者未盡得人,任情作威。湖廣幼民吳一魁二命枉刑,母又就捕,情迫無控,萬里叩閽。以此推之,冤抑者不知其幾。爾等宜亟體朕心,加意矜恤。仍通行天下,咸使喻之。」是詔也,卹卹乎有哀痛之思焉。末年,主事海瑞上書觸忤,刑部當以死。帝持其章不下,瑞得長繫。穆宗立,徐階緣帝意爲遺詔,盡還諸逐臣,優恤死亡,縱釋幽繫。讀詔書者無不歎息。

萬曆初,冬月,詔停刑者三矣。五年九月,司禮太監孫得勝復傳旨:「奉聖母諭,大婚期近,命閣臣於三覆奏本,擬旨免刑。」張居正言:「祖宗舊制,凡犯死罪鞫問旣明,依律棄市。嘉靖末年,世宗皇帝因齋醮,始有暫免不決之令,或間從御筆所勾,量行取決。此特近年姑息之弊,非舊制也。臣等詳閱諸囚罪狀,皆滅絕天理,敗傷彝倫,聖母獨見犯罪者身被誅

戮之可憫,而不知彼所戕害者皆含冤蓄憤於幽冥之中,使不一雪其痛,怨恨之氣,上干天和,所傷必多。今不行刑,年復一年,充滿囹圄,旣費關防,又乖國典,其於政體又大謬也。」給事中嚴用和等亦以爲言。詔許之。十二年,御史屠叔明請釋革除忠臣外親。命自齊、黃外,方孝孺等連及者俱勘豁。帝性仁柔,而獨惡言者。自十二年至三十四年,內外官杖戍爲民者至百四十人。後不復視朝,刑辟罕用,死囚屢停免云。天啓中,酷刑多,別見,不具論。

莊烈帝卽位,誅魏忠賢。崇禎二年欽定逆案凡六等,天下稱快。然是時承神宗廢弛、熹宗昏亂之後,銳意綜理,用刑頗急,大臣多下獄者矣。六年冬論囚,素服御建極殿,召閣臣商榷,而溫體仁無所平反。陝西華亭知縣徐兆麒抵任七日,城陷,坐死。帝心憫之,體仁不爲救。十一年,南通政徐石麒疏救鄭三俊,因言:「皇上御極以來,諸臣麗丹書者幾千,圜扉爲滿。使情法盡協,猶屬可憐,況恍惕於威嚴之下者。有將順而無挽回,有揣摩而無補救,株連蔓引,九死一生,豈聖人惟刑之恤之意哉。」帝不能納也。是年冬,以彗見,停刑。其事關封疆及錢糧剿寇者,詔刑部五日具獄。十二年,御史魏景琦論囚西市,御史高欽舜、工部郞中胡璉等十五人將斬,忽中官本淸銜命馳免,因釋十一人。明日,景琦回奏,被責下錦衣獄。蓋帝以囚有聲冤者,停刑請旨,而景琦倉卒不辨,故獲罪。十四年,大學士范復粹

二十四史　中華書局

疏請清獄，言：「獄中文武纍臣至百四十有奇，大可痛。」不報。是時國事日棘，惟用重法以繩羣臣，救過不暇，而卒無救於亂亡也。

校勘記

〔一〕宣德三年奏重囚　三年，原作「二年」，據宣宗實錄卷四九宣德三年十二月乙未條改。

〔二〕訴枉者五十六人　五十六，原作「五六十」，據明史稿志七二刑法志、宣宗實錄卷四九宣德三年十二月乙未條改。

〔三〕凡決遣二千八百餘人　宣宗實錄卷二九宣德二年七月庚子條作「二千四百六十五人」。

〔四〕御文華殿與羣臣論古肉刑侍臣對　侍臣，原作「侍郎」，據明史稿志七二刑法志改。

〔五〕閱囚屢決遣有至三千人者　決遣，原作「放遣」。決遣指「應徒流笞杖者論輕重罰輸作」，「應贖者如律」，不是釋放。據宣宗實錄卷二九宣德二年七月庚子條改。三千，宣宗實錄作「二千四百六十五人」。

〔六〕後磔流賊趙鐩等於市　趙鐩，原作「趙璲」，據本書卷一七五仇鉞傳、卷一八七陸完傳改。

〔七〕六年命張璁桂萼方獻夫攝三法司　六年，原作「五年」，據本書卷一七世宗紀、又卷一九六張璁傳，世宗實錄嘉靖六年八月庚戌條改。

明史卷九十五

志第七十一

刑法三

刑法有創之自明，不衷古制者，廷杖、東西廠、錦衣衞、鎭撫司獄是已。是數者，殺人至慘，而不麗於法。踵而行之，至末造而極。舉朝野命，一聽之武夫、宦豎之手，良可歎也。

太祖常與侍臣論待大臣禮。太史令劉基曰：「古者公卿有罪，盤水加劍，詣請室自裁，未嘗輕折辱之，所以存大臣之體。」侍讀學士詹同因取大戴禮及賈誼疏以進，且曰：「古者刑不上大夫，以勵廉恥也。必如是，君臣恩禮始兩盡。」帝深然之。

洪武六年，工部尚書王肅坐法當笞，太祖曰：「六卿貴重，不宜以細故辱。」命以俸贖罪。後羣臣絓誤，許以俸贖，始此。然永嘉侯朱亮祖父子皆鞭死，工部尚書薛祥斃杖下，〔一〕故上書者以大臣當誅，不宜加辱爲言。廷杖之刑，亦自太祖始矣。宣德三年怒御史嚴皚、方

鼎、何傑等沈湎酒色，久不朝參，命枷以徇。自此言官有荷校者。至正統中，王振擅權，尚書劉中敷，侍郎吳璽、陳瑺，祭酒李時勉率受此辱，而殿陛行杖習爲故事矣。成化十五年，汪直誣陷侍郎馬文升、都御史牟俸等，詔責給事御史李俊、王濬輩五十六人容隱，〔二〕廷杖人二十。正德十四年，以諫止南巡，廷杖舒芬、黃鞏等百四十六人，死者十一人。嘉靖三年，羣臣爭大禮，廷杖豐熙等百三十四人，死者十六人。中年刑法益峻，雖大臣不免笞辱。宣大總督翟鵬、薊州巡撫朱方以撤防早，宣大總督郭宗皐、大同巡撫陳燿以寇入大同，刑部侍郎彭黯、左都御史屠僑、大理卿沈良才以議丁汝夔獄緩，戎政侍郎蔣應奎、左通政唐國相以子弟冒功，皆逮杖之。方、燿斃於杖下，而黯、僑、良才等杖畢，趣治事。公卿之辱，前此未有。又因正旦朝賀，怒六科給事中張思靜等，皆朝服予杖，天下莫不駭然。四十餘年間，杖殺朝士，倍蓰前代。萬曆五年，以爭張居正奪情，杖吳中行等五人。〔三〕其後盧洪春、孟養浩、王德完輩咸被杖，多者至一百。後帝益厭言者，疏多留中，廷杖寢不用。天啓時，太監王體乾奉敕大審，重笞戚畹李承恩，以悅魏忠賢。於是萬燝、吳裕中斃於杖下，臺省力爭不得。閣臣葉向高言：「數十年不行之敝政，三見於旬日，萬萬不可再行。」忠賢乃罷廷杖，而以所欲殺者悉下鎭撫司，士大夫益無噍類矣。

南京行杖，始於成化十八年。南御史李珊等以歲祲請振。帝摘其疏中訛字，令錦衣衞

詔南京午門前，人杖二十，守備太監監之。至正德間，南御史李熙劾貪吏觸怒劉瑾，矯旨杖三十。時南京禁衞久不行刑，選卒習數日，乃杖之，幾斃。

東廠之設，始於成祖。錦衣衞之獄，太祖嘗用之，後已禁止，其復用亦自永樂時。廠與衞相倚，故言者並稱廠衞。初，成祖起北平，刺探宮中事，多以建文帝左右爲耳目。故卽位後專倚宦官，立東廠於東安門北，令嬖暱者提督之，緝訪謀逆妖言大奸惡等，與錦衣衞均權勢，蓋遷都後事也。然衞指揮紀綱、門達等大幸，更迭用事，廠權不能如。至憲宗時，尙銘領東廠，又別設西廠刺事，以汪直督之，所領緹騎倍東廠。自京師及天下，旁午偵事，雖王府不免。直中廢復用，先後凡六年，冤死者相屬，勢遠出衞上。會直數出邊監軍，大學士萬安乃言：「太宗建北京，命錦衣官校緝訪，猶恐外官徇情，故設東廠，令內臣提督，行五六十年，事有定規。往者妖狐夜出，人心驚惶，感勞聖慮，添設西廠，特命直督緝，用戒不虞，所以權一時之宜，慰安人心也。向所紛擾，臣不贅言。今直鎭大同，京城衆口一辭，皆以革去西廠爲便。伏望聖恩特旨革罷，官校悉回原衞，宗社幸甚。」帝從之。尙銘專用事，未幾亦黜。弘治元年，員外郎張倫請廢東廠。不報。然孝宗仁厚，廠衞無敢橫，司廠者羅祥、楊鵬，奉職而已。

正德元年殺東廠太監王岳，命丘聚代之，又設西廠以命谷大用，皆劉瑾黨也。兩廠爭

用事，遣邏卒刺事四方。南康吳登顯等戲競渡龍舟，身死家籍。遠州僻壤，見鮮衣怒馬作京師語者，轉相避匿。有司聞風，密行賄賂。於是無賴子乘機爲奸，天下皆重足立。而衞使石文義亦瑾私人，廠衞之勢合矣。瑾又改惜薪司外薪廠爲辦事廠，榮府舊倉地爲內辦事廠，自領之。京師謂之內行廠，雖東西廠皆在伺察中，加酷烈焉。且創例，罪無輕重皆決杖，永遠戍邊，或枷項發遣。枷重至百五十斤，不數日輒死。尙寶卿顧璿、〔四〕副使姚祥、工部郎張瑋、御史王時中輩並不免，瀕死而後謫戍。御史柴文顯、汪澄以微罪至凌遲。官吏軍民非法死者數千。瑾誅，西廠、內行廠俱革，獨東廠如故。張銳領之，與衞使錢寧並以緝事恣羅織。廠衞之稱由此著也。

嘉靖二年，東廠芮景賢任千戶陶淳，多所誣陷。給事中劉最執奏，謫判廣德州。御史黃德用使乘傳往。會有顏如環者同行，以黃袱裹裝。景賢卽奏，逮下獄，最等編戍有差。給事中劉濟言：「最罪不至戍。且緝執於宦寺之門，鍛鍊於武夫之手，裁決於內降之旨，何以示天下。」不報。是時，盡罷天下鎭守太監，而大臣狃故事，謂東廠祖宗所設，不可廢，不知非太祖制也。然世宗馭中官嚴，不敢恣，廠權不及衞使陸炳遠矣。

萬曆初，馮保以司禮兼廠事，建廠東上北門之北，曰內廠，而以初建者爲外廠。保與張居正興王大臣獄，欲族高拱，衞使朱希孝力持之，拱得無罪，衞猶不大附廠也。中年，礦稅

使數出爲害，而東廠張誠、孫暹、陳矩皆恬靜。矩治妖書獄，無株濫，時頗稱之。會帝亦無意刻核，刑罰用稀，廠衞獄中至生青草。及天啓時，魏忠賢以秉筆領廠事，用衞使田爾耕、鎭撫許顯純之徒，專以酷虐鉗中外，而廠衞之毒極矣。

凡中官掌司禮監印者，其屬稱之曰宗主，而督東廠者曰督主。東廠之屬無專官，掌刑千戶一，理刑百戶一，亦謂之貼刑，皆衞官。其隸役悉取給於衞，最輕黠獧巧者乃撥充之。役長曰檔頭，帽上銳，衣青素襒褶，繫小絛，白皮靴，專主伺察。其下番子數人爲幹事。京師亡命，誆財挾讐，視幹事者爲窟穴。得一陰事，由之以密白於檔頭，檔頭視其事大小，先予之金。事曰起數，金曰買起數。既得事，帥番子至所犯家，左右坐曰打椿。番子卽突入執訊之，無有左證符牒，賄如數，徑去。少不如意，搒治之，名曰乾醡酒，亦曰搬罾兒，痛楚十倍官刑。且授意使牽有力者，有力者予多金，卽無事。或靳不予，予不足，立聞上，下鎭撫司獄，立死矣。每月旦，廠役數百人，掣簽庭中，分瞰官府。其視中府諸處會審大獄、北鎭撫司考訊重犯者曰聽記。他官府及各城門訪緝曰坐記。某官行某事，某城門得某奸，胥吏疏白坐記者上之廠曰打事件。至東華門，雖夤夜，投隙中以入，卽屏人達至尊。以故事無大小，天子皆得聞之。家人米鹽猥事，宮中或傳爲笑謔，上下惴惴無不畏打事件者。衞之法亦如廠。然須具疏，乃得上聞，以此其勢不及廠遠甚。有四人夜飮密室，一人酒酣，謾

罵魏忠賢，其三人噤不敢出聲。罵未訖，番人攝四人至忠賢所，卽磔罵者，而勞三人金。三人者魄喪不敢動。

莊烈帝卽位，忠賢伏誅，而王體乾、王永祚、鄭之惠、李承芳、曹化淳、王德化、王之心、王化民、齊本正等相繼領廠事，告密之風未嘗息也。之心、化淳敍緝奸功，廕弟姪錦衣衞百戶，而德化及東廠理刑吳道正等偵閣臣薛國觀陰事，國觀由此死。時衞使慴廠威已久，大抵俛首爲所用。崇禎十五年，御史楊仁愿言：「高皇帝設官，無所謂緝事衙門者。臣下不法，言官直糾之，無陰訐也。後以肅淸輦轂，乃建東廠。臣待罪南城，所閱詞訟，多以假番故訴冤。夫假稱東廠，害猶如此，況其眞乎？此由積重之勢然也。所謂積重之勢者，功令比較事件，番役每懸價以買事件，受買者至誘人爲奸盜而賣之，番役不問其從來，誘者分利去矣。挾忿首告，誣以重法，挾者志無不逞矣。伏願寬東廠事件，而後東廠之比較可緩，東廠之比較緩，而後番役之買事件與賣事件者俱可息，積重之勢庶幾可稍輕。」後復切言緹騎不當遣。帝爲諭東廠，言所緝止謀逆亂倫，其作奸犯科，自有司存，不宜緝，幷戒錦衣校尉之橫索者。然帝倚廠衞益甚，至國亡乃已。

錦衣衞獄者，世所稱詔獄也。古者獄訟掌於司寇而已。漢武帝始置詔獄二十六所，歷代因革不常。五代唐明宗設侍衞親軍馬步軍都指揮使，乃天子自將之名。至漢有侍衞司

中華書局

獄，凡大事皆決焉。明錦衣衞獄近之，幽縶慘酷，害無甚於此者。

太祖時，天下重罪逮至京者，收繫獄中，數更大獄，多使斷治，所誅殺爲多。後悉焚衞刑具，以囚送刑部審理。二十六年申明其禁，詔內外獄毋得上錦衣衞，大小咸經法司。成祖幸紀綱，令治錦衣親兵，復典詔獄。綱遂用其黨莊敬、袁江、王謙、〔四〕李春等，緣借作奸數百千端。久之，族綱，而錦衣典詔獄如故，廢洪武詔不用矣。英宗初，理衞事者劉勉、徐恭皆謹飭。而王振用指揮馬順流毒天下，枷李時勉，殺劉球，皆順爲之。景帝初，有言官校緝事之弊者，帝切責其長，令所緝送法司，有誣罔者重罪。英宗復辟，召李賢，屏左右，問時政得失。賢因極論官校提人之害。帝然其言，陰察皆實，乃召其長，戒之。已緝弋陽王敗倫事虛，復申戒之。而是時指揮門達、鎮撫逯杲怙寵，賢亦爲羅織者數矣。逯遣旗校四出，杲又立程督併，以獲多爲主。千戶黃麟之廣西，執御史吳禎至，索獄具二百餘副，天下朝覲官陷罪者甚衆。杲死，達兼治鎮撫司，搆指揮使袁彬，繫訊之，五毒更下，僅免。朝官楊瑄、李蕃、韓祺、李觀、包瑛、張祚、程萬鍾輩皆鋃鐺就逮，〔六〕冤號道路者不可勝記。蓋自紀綱誅，其徒稍戢。至正統時復張，天順之末禍益熾，朝野相顧不自保。李賢雖極言之，不能救也。

鎮撫司職理獄訟，初止立一司，與外衞等。洪武十五年添設北司，而以軍匠諸職掌屬之南鎮撫司，於是北司專理詔獄。然大獄經訊，即送法司擬罪，未嘗具獄詞。成化元年始

令覆奏用參語，法司益掣肘。十四年增鑄北司印信，一切刑獄毋關白本衞。即衞所行下者，亦徑自上請可否，衞使毋得與聞。故鎮撫職卑而其權日重。初，衞獄附衞治，至門達掌問刑，又於城西設獄舍，拘繫狼籍。達敗，用御史呂洪言，毀之。成化十年，都御史李賓言：「錦衣鎮撫司累獲妖書圖本，皆誕妄不經之言。小民無知，輒被幻惑。乞備錄其書名目，榜示天下，使知畏避，免陷刑辟。」報可。緝事者誣告猶不止。十三年，捕寧晉人王鳳等，誣與瞽者受妖書，署僞職，并誣其鄉官知縣薛方、通判曹鼎與通謀，發卒圍其家，搒掠誣伏。方、鼎家人數聲冤，下法司驗得實，坐妄報妖言，當斬。帝戒以不得戕害無辜而已，不能罪也。是年，令錦衣衞副千戶吳綬於鎮撫司同問刑。綬性狡險，附汪直以進。後知公議不容，凡文臣非罪下獄者，不復加箠楚，忤直意，黜去。是時惟衞使朱驥持法平，治妖人獄無冤者。凡詔獄下所司，獨用小杖，嘗命中使詰實，不為改。世以是稱之。弘治十三年詔法司：「凡廠衞所送囚犯，從公審究，有枉即與辨理，勿拘成案。」正德時，衞使石文義與張綵表裏作威福，時稱爲劉瑾左右翼。然文義常侍瑾，不治事，治事者高得林。瑾誅，文義伏誅，得林亦罷。其後錢寧管事，復大恣，以叛誅。

世宗立，革錦衣傳奉官十六，汰旗校十五，復諭緝事官校，惟察不軌、妖言、人命、强盜重事，他詞訟及在外州縣事，毋得與。未幾，事多下鎮撫，鎮撫結內侍，多巧中。會太監崔文奸利事發，下刑部，尋以中旨送鎮撫司。尚書林俊言：「祖宗朝以刑獄付法司，事無大小，皆聽平鞫。自劉瑾、錢寧用事，專任鎮撫司，文致冤獄，法紀大壞。更化善治在今日，不宜復以小事撓法。」不聽。俊復言：「此途一開，恐後有重情，即夤緣內降以圖免，實長亂階。」御史曹懷亦諫曰：「朝廷專任一鎮撫，法司可以空曹，刑官爲冗員矣。」帝俱不聽。六年，侍郎張璁等言：「祖宗設三法司以糾官邪，平獄訟。設東廠、錦衣衞，以緝盜賊，詰奸宄。自今貪官冤獄仍責法司，其有徇情曲法，乃聽廠衞覺察。盜賊奸宄，仍責廠衞，亦必送法司擬罪。」詔如議行。然官校提人恣如故。給事中蔡經等論其害，願罷勿遣。尚書胡世寧請從其議。詹事霍韜亦言：「刑獄付三法司足矣，錦衣衞復橫撓之。昔漢光武尚名節，宋太祖刑法不加衣冠，其後忠義之徒爭死效節。夫士大夫有罪下刑曹，辱矣；有重罪，廢之、誅之可也；乃使官校衆執之，脫冠裳，就桎梏，朝列清班，暮幽犴獄，剛心壯氣，銷折殆盡。及覆案非罪，即冠帶立朝班。武夫捍卒指目之曰：『某，吾辱之；某，吾繫執之。』小人無所忌憚，君子遂致易行。此豪傑所以興山林之思，而變故罕仗節之士也。願自今東廠勿與朝儀，錦衣衞勿典刑獄。士大夫罪譎廢誅，勿加笞杖鎖梏，以養廉恥，振人心，勵士節。」帝以韜出位妄言，不納。祖制，凡朝會，廠衞率屬及校尉五百名，列侍奉天門下糾儀。凡失儀者，即褫衣冠，執下鎮撫司獄，杖之乃免。故韜言及之。迨萬曆時，失儀者始不付獄，罰俸而已。世宗

衡張鶴齡、延齡，奸人劉東山等乃誣二人毒魘呪詛。帝大怒，下詔獄，東山因株引素所不快者。衞使王佐探得其情，論以誣罔法反坐。佐乃枷東山等闕門外，不及旬悉死。人以佐比牟斌。牟斌者，弘治中指揮也。李夢陽論延齡兄弟不法事，下獄，斌傅輕比，得不死云。世宗中年，衞使陸炳爲忮，與嚴嵩比，而傾夏言。然帝數興大獄，而炳多保全之，故士大夫不疾炳。

萬曆中，建言及忤礦稅璫者，輒下詔獄。刑科給事中楊應文言：「監司守令及齊民被逮者百五十餘人，雖已打問，未送法司，獄禁森嚴，水火不入，疫癘之氣，充斥囹圄。」衞使駱思恭亦言：「熱審歲舉，俱在小滿前，今二年不行。鎮撫司監犯且二百，多抛瓦聲冤。」鎮撫司陸逵亦言：「獄囚怨恨，有持刀斷指者。」俱不報。然是時，告訐風衰，大臣被錄者寡。其末年，稍寬逮繫諸臣，而錦衣獄漸清矣。

田爾耕、許顯純在熹宗時爲魏忠賢義子，其黨孫雲鶴、楊寰、崔應元佐之，搒楊漣、左光斗輩，坐贓比較，立限嚴督之。兩日爲一限，輸金不中程者，受全刑。全刑者曰械，曰鐐，曰棍，曰拶，曰夾棍。五毒備具，呼謈聲沸然，血肉潰爛，宛轉求死不得。顯純叱咤自若，然必伺忠賢旨，忠賢所遣聽記者未至，不敢訊也。一夕，令諸囚分舍宿。於是獄卒曰：「今夕有當壁挺者。」壁挺，獄中言死也。明日，漣死，光斗等次第皆鎖頭拉死。每一人死，停數日，葦蓆裹尸出牢戶，蟲蛆腐體。獄中事秘，其家人或不知死日。莊烈帝擒戮逆黨，冤死家子弟

中華書局

望獄門稽顙哀號，爲文以祭。帝聞之惻然。

自劉瑾創立枷，錦衣獄常用之。神宗時，御史朱應轂具言其慘，請除之。不聽。至忠賢益爲大枷，又設斷脊、墮指、刺心之刑。莊烈帝問左右：「立枷何爲？」王體乾對曰：「以罪巨奸大憝耳。」帝愀然曰：「雖如此，終可憫。」忠賢爲頸縮。東廠之禍，至忠賢而極。然廠衞未有不相結者，獄情輕重，廠能得於內。而外廷有扞格者，衞則東西兩司房訪緝之，北司拷問之，鍛鍊周內，始送法司。卽東廠所獲，亦必移鎭撫再鞫，而後刑部得擬其罪。故廠勢强，則衞附之，廠勢稍弱，則衞反氣淩其上。陸炳緝司禮李彬、東廠馬廣陰事，皆至死，以炳得內閣嵩意。及後中官愈重，閣勢日輕，閣臣反比廠爲之下，而衞使無不競趨廠門，甘爲役隸矣。

錦衣衞陞授勳衞、任子、科目、功升，凡四途。嘉靖以前，文臣子弟多不屑就。萬曆初，劉守有以名臣子掌衞，其後皆樂居之。士大夫與往還，獄急時，頗賴其力。守有子承禧及吳孟明其著者也。莊烈帝疑羣下，王德化掌東廠以慘刻輔之，孟明掌衞印，時有縱舍，然觀望廠意不敢違。而鎭撫梁清宏、喬可用朋比爲惡。凡縉紳之門，必有數人往來蹤跡。故常晏起早闔，毋敢偶語。旗校過門如被大盜，官爲囊橐，均分其利。京城中奸細潛入，傭夫販子陰爲流賊所遣，無一舉發，而高門富豪跼蹐無寧居。其徒黠者恣行請託，稍拂其意，飛誣

立搆，摘竿牘片字，株連至十數人。姜埰、熊開元下獄，帝諭掌衞駱養性潛殺之。養性泄上語，且言：「二臣當死，宜付所司，書其罪，使天下明知。若陰使臣殺之，天下後世謂陛下何如主？」會大臣多爲埰等言，遂得長繫。此養性之可稱者，然他事肆虐亦多矣。

錦衣舊例有功賞，惟緝不軌者當之。其後冒濫無紀，所報百無一實。吏民重困，而廠衞題請輒從。隆慶初，給事中歐陽一敬極言其弊，言：「緝事員役，其勢易逞，而又各類計所獲功次，以爲陞授。則憑可逞之勢，邀必獲之功，枉人利己，何所不至。有盜經出首倖免，故令多引平民以充數者；有括家囊爲盜贓，挾市豪以爲證者；有潛搆圖書，懷挾僞批，用妖言假印之律相誣陷者；或姓名相類，朦朧見收；父訴子孝，坐以忤逆。所以被訪之家，諺稱爲劃，毒害可知矣。乞自今定制，機密重情，事干憲典者，廠衞如故題請。其情罪不明，未經讞審，必待法司詳擬成獄之後，方與紀功。仍敕兵、刑二部勘問明白，請旨陞賞。或經緝拿未成獄者，不得虛冒比擬，及他詞訟不得概涉，以侵有司之事。如獄未成，而官校及鎭撫司拷打傷重，或至死者，許法司參治。法司容隱扶同，則聽科臣幷參。如此則功必覆實，訪必當事，而刑無冤濫。」時不能用也。

內官同法司錄囚，始於正統六年命何文淵、王文審行在疑獄，敕同內官興安。周忱、郭瑾往南京，敕亦如之。時雖未定五年大審之制，而南北內官得與三法司刑獄矣。景泰六年命太監王誠會三法司審錄在京刑獄，不及南京者，因災創舉也。成化八年命司禮太監王高、少監宋文毅兩京會審，而各省恤刑之差，亦以是歲而定。十七年辛卯命太監懷恩同法司錄囚。其後審錄必以丙辛之歲。弘治九年不遣內官。十三年以給事中丘俊言，復命會審。凡大審錄，齎敕張黃蓋於大理寺，爲三尺壇，中坐，三法司左右坐，御史、郎中以下捧牘立，唯諾趨走惟謹。三法司視成案，有所出入輕重，俱視中官意，不敢忤也。成化時，會審有弟助兄鬬，因毆殺人者，太監黃賜欲從末減。尙書陸瑜等持不可，賜曰：「同室鬬者，尙被髮纓冠救之，況其兄乎？」瑜等不敢難，卒爲屈法。萬曆三十四年大審，御史曹學程以建言久繫，羣臣請宥，皆不聽。刑部侍郎沈應文署尙書事，合院寺之長，以書抵太監陳矩，請寬學程罪。然後會審，獄具，署名同奏。矩復密啓，言學程母老可念。帝意解，釋之。其事甚美，而監權之重如此。錦衣衞使亦得與法司午門外鞫囚，及秋後承天門外會審，而大審不與也。每歲決囚後，圖諸囚罪狀於衞之外垣，令人觀省。內臣曾奉命審錄者，死則於墓寢畫壁，南面坐，旁列法司堂上官，及御史、刑部郎引囚鞫躬聽命狀，示後世爲榮觀焉。

成化二年命內官臨斬强盜宋全。嘉靖中，內臣犯法，詔免逮問，唯下司禮監治。刑部尙書林俊言：「宮府一體，內臣所犯，宜下法司，明正其罪，不當廢祖宗法。」不聽。按太祖之制，內官不得識字、預政，備掃除之役而已。末年焚錦衣刑具，蓋示永不復用。而成祖違

之，卒貽子孫之患，君子惜焉。

校勘記

〔一〕工部尙書薛祥斃杖下　薛祥，原作「夏祥」，據本書卷一三八薛祥傳、卷一一〇七卿年表改。

〔二〕詔責給事御史李俊王濬輩五十六人容隱　五十六人，原作「五六人」，脫「十」字。憲宗實錄卷一九〇成化十五年五月：「於是給事中李俊等二十七人、御史王濬等二十九人合詞請罪，詔廷杖之二十。」二十七人加二十九人，正合五十六人。據補。

〔三〕萬曆五年以爭張居正奪情杖吳中行等五人　五年，原作「六年」，據本書卷二二九吳中行傳、卷二四三鄒元標傳，神宗實錄卷六八萬曆五年十月乙巳條改。

〔四〕尙寶卿顧璿　璿，原作「濬」，據本書卷三〇四劉瑾傳、弇山堂別集卷九四改。

〔五〕其黨莊敬袁江王謙　王謙，原作「王兼」，據本書卷三〇七紀綱傳、紀錄彙編卷一九五錦衣志改。

〔六〕朝官楊瑄李蕃韓祺李觀包瑛張祚程萬鍾輩皆鋃鐺就逮　張祚、程萬鍾，原作「張祚諫萬鍾」。本書卷三〇七門達傳作「雲南巡按張祚、清軍御史程萬鍾」，英宗實錄卷二八一天順元年八月甲辰條有「程萬鍾爲試監察御史」，又卷二七八天順元年五月己卯條有「巡按御史張祚」，明進士題名碑錄景泰甲戌科有程萬鍾，天順元年丁丑科有張祚。據改。

中華書局

二十四史

明史卷九十六

志第七十二

藝文一

明太祖定元都，大將軍收圖籍致之南京，復詔求四方遺書，設秘書監丞，尋改翰林典籍以掌之。永樂四年，帝御便殿閱書史，問文淵閣藏書。解縉對以尚多闕略。帝曰：「士庶家稍有餘資，尚欲積書，況朝廷乎？」遂命禮部尚書鄭賜遣使訪購，惟其所欲與之，勿較値。北京既建，詔修撰陳循取文淵閣書一部至百部，各擇其一，得百櫃，運致北京。宣宗嘗臨視文淵閣，親披閱經史，與少傅楊士奇等討論，因賜士奇等詩。是時，秘閣貯書約二萬餘部，近百萬卷，刻本十三，抄本十七。正統間，士奇等言：「文淵閣所貯書籍，有祖宗御製文集及古今經史子集之書，向貯左順門北廊，今移於文淵閣、東閣，臣等逐一點勘，編成書目，請用寶鈐識，永久藏弆。」制曰「可」。正德十年，大學士梁儲等請檢內閣幷東閣藏書殘闕者，令原

管主事李繼先等次第修補。先是，秘閣書籍皆宋、元所遺，無不精美，裝用倒摺，四周外向，蟲鼠不能損。迄流賊之亂，宋刻元鐫胥歸殘闕。至明御製詩文，內府鏤板，而儒臣奉敕修纂之書及象魏布告之訓，卷帙旣夥，文藻復優，當時頒行天下。外此則名公卿之論撰，騷人墨客一家之言，其工者深醇大雅，卓卓可傳，卽有怪奇駁雜出乎其間，亦足以考風氣之正變，辨古學之源流，識大識小，掌故備焉。挹其華實，無讓前徽，可不謂文運之盛歟。

四部之目，昉自荀勖，晉、宋以來因之。前史兼錄古今載籍，以爲皆其時柱下之所有也。明萬曆中，修撰焦竑修國史，輯經籍志，號稱詳博。然延閣廣內之藏，竑亦無從徧覽，則前代陳編，何憑記錄，區區掇拾遺聞，冀以上承隋志，而贋書錯列，徒滋譌舛。故今第就二百七十年各家著述，稍爲釐次，勒成一志。凡卷數莫考、疑信未定者，寧闕而不詳云。

經類十：一曰易類，二曰書類，三曰詩類，四曰禮類，五曰樂類，六曰春秋類，七曰孝經類，八曰諸經類，九曰四書類，十曰小學類。

朱升周易旁注前圖二卷、周易旁注十卷

梁寅周易參義十二卷

趙汸大易文詮八卷

鮑恂大易舉隅三卷又名大易鈎玄。

林大同易經奧義二卷

歐陽貞周易問辨三十卷

朱謐易學啓蒙述解二卷

張洪周易傳義會通十五卷

程汝器周易集傳十卷

永樂中敕修周易傳義大全二十四卷、義例一卷胡廣等纂。

楊士奇周易直指十卷

劉髦石潭易傳撮要一卷

林誌周易集說三卷

李賢讀易記一卷

劉定之周易圖釋三卷〔一〕

王恕玩易意見二卷

羅倫周易說旨四卷

談綱讀易愚慮二卷、易考圖義一卷、卜筮節要一卷、易義雜言一卷、易指考辨一卷

蔡清周易蒙引二十四卷

朱綬易經精蘊二十四卷

何孟春易疑初筮告蒙約十二卷

胡世寧讀易私記四卷

陳鳳梧集定古易十二卷

劉玉執齋易圖說一卷

許誥圖書管見一卷

周用讀易日記一卷

崔銑讀易餘言五卷、易大象說一卷

湛若水修復古易經傳訓測十卷

張邦奇易說一卷

鄭善夫易論一卷

呂柟周易說翼三卷

王崇慶周易議卦二卷

唐龍易經大旨四卷

韓邦奇易學啓蒙意見四卷一名易學疏原、易占經緯四卷

鍾芳學易疑義三卷

王道周易億四卷

梅鷟古易考原三卷

金賁亨學易記五卷

舒芬易箋問一卷

季本易學四同八卷、圖文餘辨一卷、著法別傳一卷、古易辨一卷

林希元易經存疑十二卷

陳琛易經通典六卷一名淺說。

方獻夫周易約說十二卷

余誠易圖說一卷

黃芹易圖識漏一卷

李舜臣易卦辱言一卷

葉良珮周易義叢十六卷

豐坊古易世學十五卷坊云家有古易，傳自遠祖豐稷。又有古書世學六卷，言得朝鮮、倭國二本，合於今文。古文石經、古本魯詩世學三十六卷，亦言豐稷所傳。錢謙益謂皆坊僞撰也。

唐樞易修墨守一卷

羅洪先易解一卷

楊爵周易辨錄四卷

薛甲易象大旨八卷

熊過周易象旨決錄七卷

胡經易演義十八卷

王畿大象義述一卷

盧翰古易中說四十四卷

陳言易疑四卷

中華書局

陳士元易象鉤解四卷、易象彙解二卷
魯邦彥圖書就正錄一卷
李贄九正易因四卷贄自謂初著易因一書，改至八九次而後定，故有「九正」之名。
徐師曾今文周易演義十二卷
姜寶周易補疑十二卷
顧曾唯周易詳蘊十三卷
孫應鼇易談四卷
鄧元錫易經繹五卷
顏鯨易學義林十卷
陳錫易原一卷
王世懋易解一卷
徐元氣周易詳解十卷
萬廷言易說四卷、易原四卷
楊時喬周易古今文全書二十一卷

來知德周易集註十六卷
任惟賢周易義訓十卷
張獻翼讀易韻考七卷
曾士傳正易學啓蒙一卷
葉山八白易傳十六卷
金瑤六爻原意一卷
李逢期易經隨筆三卷
方社昌周易指要三卷
孫從龍周易參疑十卷
沈一貫易學十二卷
馮時可易說五卷
唐鶴徵周易象義四卷
黃正憲易象管窺十五卷
郭子章易解十五卷
吳中立易詮古本三卷

周坦易圖說一卷〔二〕
朱篁易郵七卷
朱謀㙔易象通八卷
陳第伏羲圖贊二卷
鄧伯羔古易詮二十九卷、今易詮二十四卷
傅文兆羲經十一翼五卷
林兆恩易外別傳一卷
王宇周易占林四卷
彭好古易鑰五卷
方時化易疑一卷、易引九卷、周易頌二卷、學易述談四卷
章潢周易象義十卷
姚舜牧易經疑問十二卷
顏素易研六卷
曾朝節易測十卷

鄒元標易攷通一卷
徐三重易義一卷
蘇濬周易冥冥篇四卷、易經兒說四卷
沈孚聞周易日鈔十一卷
屠隆讀易便解四卷
楊啓新易林疑說二卷
鍾化民讀易鈔十四卷
李廷機易經纂注四卷、易答問四卷
鄒德溥易會八卷
錢一本像象管見七卷，易象鈔、續鈔共六卷，四聖一心錄四卷
潘士藻洗心齋讀易述十七卷
岳元聲易說三卷
顧允成易圖說億言四卷
焦竑易筌六卷

高攀龍大易易簡說三卷、周易孔義一卷
郝敬周易正解二十卷、易領四卷、問易補七卷、學易枝言二卷
張納陛學易飲河八卷
吳炯周易繹旨八卷
萬尙烈易贊測一卷、易大象測一卷
吳默易說六卷
姚文蔚周易旁注會通十四卷
李本固古易彙編意辭集十七卷
楊廷筠易顯六卷
湯賓尹易經翼註四卷
孫愼行周易明洛義纂述六卷、不語易義二卷
曹學佺周易可說七卷
張汝霖周易因指八卷

崔師訓大成易旨二卷
劉宗周周易古文鈔三卷、讀易圖記一卷
薛三省易蠡二卷
程汝繼周易宗義十二卷
王三善周易象注九卷
魏濬周易古象通八卷
樊良樞易疑一卷、易象二卷
高捷易學象辭二集十二卷
陸振奇易芥十卷
楊瞿崍易林疑說十卷
王納諫周易翼註三卷
陸夢龍易略三卷
文翔鳳邵窩易詁一卷
卓爾康易學全書五十卷
繆昌期周易會通十二卷

羅喩義讀易內篇、問篇、外篇共七卷
程玉潤周易演旨六十五卷
錢士升易揆十二卷
錢繼登易貫三卷
吳極易學五卷
方孔炤周易時論十五卷
徐世淳易就六卷
汪邦柱周易會通十二卷
葉憲祖大易玉匙六卷
方鯤易盪二卷
鮑觀白易說二卷
張伯樞易象大旨三卷
吳桂森像象述五卷
鄭維嶽易經意言六卷
喩有功周易懸鏡七卷

潘士龍演易圖說一卷
洪守美易說醒四卷
余叔純周易讀五卷
陸起龍周易易簡編四卷
徐奇周易卦義二卷
洪化昭周易獨坐談五卷
沈瑞鍾周易廣筌二卷
林有桂易經觀理說四卷
陳履祥孔易彀一卷
許順義易經三注粹鈔四卷
王祚昌周易敲書五卷
容若春今易圖學心法釋義十卷
張次仲周易玩辭困學記十二卷
顧樞西疇易稿三卷
陳仁錫羲經易簡錄八卷

黃道周周易象正十四卷、三易洞璣十六卷
倪元璐兒易內儀六卷、外儀十五卷
龍文光乾乾篇三卷
文安之易傭十四卷
林胤昌周易耨義六卷
張鏡心易經湔註十二卷
李奇玉易義四卷
朱之俊周易纂六卷
何楷古周易訂詁十六卷
侯峒曾易解三卷
黎遂球周易爻物當名二卷
鄭賡唐讀易蒐十二卷
陳際泰易經大意七卷、羣經輔易說一卷、周易翼簡捷解十六卷
秦鏞易序圖說二卷
金鉉易說一卷
黃端伯易疏五卷
來集之讀易偶通二卷

右易類，二百二十二部，一千五百七十卷。

明太祖注尚書洪範一卷帝嘗命儒臣書洪範，揭於御座之右，因自爲注。
仁宗讀尚書二卷釋尚書中皐陶謨、甘誓、盤庚等十六篇，以講解更其原文。
世宗書經三要三卷帝以太祖有注洪範一篇，因注無逸，再注伊訓，分三冊，共爲一書。已乃製洪範序略一篇，復將皐陶謨、伊訓、無逸等篇通加注釋，名曰書經三要。

洪武中敕修書傳會選六卷太祖以蔡沈書傳有得有失，詔劉三吾等訂正之。又集諸家之說，足其未備。書成頒刻，然世竟鮮行。永樂中，修大全，一依蔡傳，取便於士子舉業，此外不復有所考究也。
朱升尚書旁注六卷、書傳補正輯注一卷
梁寅書纂義十卷
朱右書集傳發揮十卷、禹貢凡例一卷
徐蘭書經體要一卷
陳雅言尚書卓躍六卷
郭元亮尚書該義十二卷
永樂中敕修書傳大全十卷胡廣等纂。
張洪尚書補傳十二卷
彭勖書傳通釋六卷
徐善述尚書直指六卷
陳濟書傳補注一卷
徐驥洪範解訂正一卷
章陬書經提要四卷
費希冉尚書本旨七卷
楊守陳書私鈔一卷
黃瑜書經旁通十卷
李承恩書經拾蔡二卷
楊廉洪範纂要一卷
熊宗立洪範九疇數解八卷
張邦奇書說一卷
吳世忠洪範考疑一卷
鄭善夫洪範論一卷
劉天民洪範辨疑一卷
馬明衡尚書疑義一卷
呂柟尚書說疑五卷〔三〕
韓邦奇禹貢詳略二卷

王崇慶書經說略一卷
舒芬書論一卷
鄭曉尚書考二卷、禹貢圖說一卷
馬森書傳敷言十卷
張居正書經直解八卷
王樵尚書日記十六卷、書帷別記四卷
陳錫尚書經傳別解一卷
歸有光洪範傳一卷、考定武成一卷
程弘賓書經虹臺講義十二卷
屠本畯尚書別錄六卷
鄧元錫尚書繹二卷
章潢尚書圖說三卷
陳第尚書疏衍四卷
羅敦仁尚書是正二十卷
鍾庚陽尚書傳心錄七卷
王祖嫡書疏叢鈔一卷
翟九思書經以俟錄六卷
姚舜牧書經疑問十二卷
劉應秋尚書旨十卷
郭正域東宮進講尚書義一卷
錢一本範衍十卷
袁宗道尚書纂注四卷
焦竑禹貢解一卷
吳炯書經質疑一卷
王肯堂尚書要旨三十一卷
郝敬尚書辨解十卷
盧廷選尚書雅言六卷
曹學佺書傳會衷十卷
謝廷讚書經翼注七卷
趙惟寰尚書蠡四卷

陸鍵尚書傳翼十卷
張爾嘉尚書貫言二卷
姜逢元禹貢詳節一卷
朱道行尚書集思通十二卷
史惟堡尚書晚訂十二卷
楊肇芳尚書副墨六卷
潘士遴尚書葦籥五十卷
徐大儀書經補注六卷
黃道周洪範明義四卷
鄭鄤禹貢注一卷
艾南英禹貢圖注一卷
傅元初尚書撮義四卷
袁儼尚書百家彙解六卷
江旭奇尚書傳翼二卷
朱朝瑛讀書略記二卷
茅瑞徵虞書箋二卷、禹貢匯疏十二卷
王綱振禹貢逆志一卷
張能恭禹貢訂傳一卷
黃翼登禹貢注刪一卷
夏允彝禹貢古今合注五卷
羅喻義洪範直解一卷、讀範內篇一卷

右書類，八十八部，四百九十七卷。

周是修詩小序集成三卷
梁寅詩演義八卷、詩考四卷
朱升詩旁注八卷
汪克寬詩集傳音義會通三十卷

曾堅詩疑大鳴錄一卷
朱善詩解頤四卷
高頤詩集傳解二十卷
張洪詩正義十五卷
楊禹錫詩義二卷
鄭旭詩經總旨一卷
永樂中敕修詩集傳大全二十卷胡廣等纂。
范理詩集解三十卷
王逢詩經講說二十卷
孫鼎詩義集說四卷
李賢讀詩紀一卷〔四〕
楊守陳詩私鈔四卷
易貴詩經直指十五卷
程楷詩經講說二十卷
陸深儼山詩微二卷
張邦奇詩說一卷
湛若水詩釐正二十卷
呂柟毛詩序說六卷
胡纘宗胡氏詩識三卷
王崇慶詩經衍義一卷
季本詩說解頤八卷、總論二卷
黃佐詩傳通解二十五卷
潘恩詩經輯說七卷
陸垹詩傳存疑一卷
薛應旂方山詩說八卷
陳錫詩辨疑一卷
勞堪詩林伐柯四卷
沈一貫詩經纂注四卷
馮時可詩億二卷
郭子章詩傳書例四卷

朱得之印古詩說一卷
袁仁毛詩或問二卷
鄧元錫詩釋三卷
陳第毛詩古音考四卷
朱謀㙔詩故十卷
淩濛初聖門傳詩嫡冢十六卷、詩逆四卷
陶其情詩經注疏大全纂十二卷
趙一元詩經理解十四卷
黃一正詩經埤傳八卷
馮復京六家詩名物疏五十五卷
吳雨毛詩鳥獸草木疏三十卷
唐汝諤毛詩微言二十卷
瞿九思詩經以俟錄六卷
姚舜牧詩經疑問十二卷
林兆珂毛詩多識篇七卷
汪應蛟學詩略一卷
徐常吉毛詩翼說五卷
吳炯詩經質疑一卷
郝敬毛詩原解三十六卷、序說八卷
張彩詩原三十卷
徐必達南州詩說六卷
劉憲寵詩經會說八卷
曹學佺詩經質疑六卷
沈萬鈳詩經類考三十卷
顧起元爾雅堂詩說四卷
蔡毅中詩經補傳四卷
沈守正詩經說通十四卷
樊良樞詩商五卷
徐光啓毛詩六帖六卷
趙琮葩經約說十卷

莊廷臣詩經逢源八卷
鄒忠胤詩傳闡二十四卷
陸化熙詩通四卷
胡胤嘉讀詩錄二卷
朱道行詩經集思通十二卷
何楷毛詩世本古義二十八卷
張次仲待軒詩記六卷
張睿卿詩疏一卷
唐達毛詩古音考辨一卷
張溥詩經注疏大全合纂三十四卷
右詩類，八十七部，九百八卷。
方孝孺周禮考次目錄一卷
何喬新周禮集注七卷、周禮明解十二卷
陳鳳梧周禮合訓六卷
高承埏五十家詩義裁中十二卷
朱朝瑛讀詩略記二卷
張星懋詩采八卷
高鼎熺詩經存旨八卷
韋調鼎詩經考定二十四卷
趙起元詩權八卷
喬中和葩經旁意一卷
胡紹曾詩經胡傳十二卷
范王孫詩志二十六卷
魏校周禮沿革傳六卷、官職會通二卷
楊愼周官音詁一卷
舒芬周禮定本十三卷

季本讀禮疑圖六卷
陳深周禮訓雋十卷、周禮訓注十八卷、考工記句詁一卷
唐樞周禮因論一卷
羅洪先周禮疑一卷
王圻續定周禮全經集注十四卷
李如玉周禮會注十五卷
柯尙遷周禮全經釋原十四卷
金瑤周禮述注六卷
王應電周禮傳十卷、周禮圖說二卷、學周禮法一卷、非周禮辨一卷
馮時行周禮別說一卷
施天麟周禮通義二卷
徐卽登周禮說十四卷〔五〕
焦竑考工記解二卷
陳與郊考工記輯注二卷
郝敬周禮完解十二卷
郭良翰周禮古本訂注六卷
孫攀古周禮釋評六卷
陳仁錫周禮句解六卷
張采周禮合解十八卷
林兆珂考工記述注二卷
徐昭慶考工記通二卷
王志長周禮注疏刪翼三十卷
郎兆玉注釋古周禮六卷
沈羽明周禮彙編六卷已上周禮。
汪克寬經禮補逸九卷
黃潤玉儀禮戴記附注五卷
何喬新儀禮敍錄十七卷
陳鳳梧射禮集要一卷

二十四史
中華書局

湛若水儀禮補逸經傳測一卷
徐駿五服集證一卷
王廷相昏禮圖一卷、鄉射禮圖注一卷、喪禮論一卷、喪禮備纂二卷
舒芬士相見禮儀一卷
聞人詮飲射圖解一卷
朱縉射禮集解一卷
胡纘宗儀禮鄭注附逸禮二十五卷
郝敬儀禮節解十七卷
王志長儀禮注疏刪翼十七卷已上儀禮。
連伯聰禮記集傳十六卷
朱右深衣考一卷
黃潤玉考定深衣古制一卷
永樂中敕修禮記大全三十卷胡廣等纂。
鄭節禮傳八十卷
岳正深衣注疏一卷
楊廉深衣纂要一卷
夏時正深衣考一卷
王廷相夏小正集解一卷、深衣圖論一卷
夏言深衣考一卷
王崇慶禮記約蒙一卷
楊愼檀弓叢訓二卷一名附注、夏小正解一卷
張孚敬禮記章句八卷
戴冠禮記集說辨疑一卷
柯尚遷曲禮全經類釋十四卷
李孝先投壺譜一卷
黃乾行禮記日錄四十九卷
聞人德潤禮記要旨補十六卷
丘樳禮記摘訓十卷

徐師曾禮記集註三十卷
戈九疇禮記要旨十六卷
陳與郊檀弓輯註二卷
姚舜牧禮記疑問十二卷
沈一中禮記述注十八卷
王萓禮記纂註四卷
郝敬禮記通解二十二卷
余心純禮經搜義二十八卷
劉宗周禮經考次正集十四卷、分集四卷
樊良樞禮測二卷
陳有元禮記約述八卷
朱泰禎禮記意評四卷
湯三才禮記新義三十卷
王翼明禮記補注三十卷
黃道周月令明義四卷、坊記集傳二卷、表記集傳二卷、緇衣集傳二卷〔六〕
陳際泰王制說一卷
張習孔檀弓問四卷
盧翰月令通考十六卷
楊鼎熙禮記敬業八卷
閻有章說禮三十一卷已上禮記。
夏時正三禮儀略舉要十卷
湛若水二禮經傳測六十八卷大略以曲禮、儀禮爲經，禮記爲傳。
吳嶽禮考一卷
劉績三禮圖二卷
貢汝成三禮纂注四十九卷
李黼二禮集解十二卷合周禮、儀禮爲一，集諸家之說以解之。
李經綸三禮類編三十卷

鄧元錫三禮編繹二十六卷
唐伯玉禮編二十八卷已上通禮。

右禮類，一百七部，一千一百二十一卷。

湛若水古樂經傳全書二卷
張敔雅樂發微八卷、樂書雜義七卷
韓邦奇律呂新書直解一卷、苑洛志樂二十卷
周瑛律呂管鑰一卷
劉績六樂圖二卷
黃佐禮典四十卷、樂典三十六卷
何瑭樂律管見一卷一名律呂管見。
呂柟詩樂圖譜十八卷
季本樂律纂要一卷、律呂別書一卷
李文利大樂律呂元聲六卷、大樂律呂考證四卷
張謂大成樂舞圖譜二卷、古雅心談一卷
李文察樂記補說二卷、四聖圖解二卷、律呂新書補注一卷、典樂要論三卷、古樂筌蹄九卷、青宮樂調三卷
劉濂樂經元義八卷、九代樂章二十三卷
鄭文憲律呂解注二卷
黃積慶樂律管見二卷正李文利之非。
唐順之樂論八卷
蔡宗兗律同二卷
楊繼盛擬補樂經一卷
潘巒文廟樂編二卷
李璧宴饗樂譜一卷

葛見堯含少論略一卷
呂懷律呂古義二卷、韻樂補遺二卷、律呂廣義三卷
孫應鼇律呂分解發明四卷
王邦直律呂正聲六十卷
朱載堉樂律全書四十卷
樂和聲大成樂舞圖說一卷
何棟如文廟雅樂考二卷
史記事大成禮樂集三卷
瞿九思孔廟禮樂考五卷
李之藻頖宮禮樂疏十卷
黃居中文廟禮樂志十卷
梅鼎祚古樂苑五十二卷、衍錄四卷、唐樂苑三十卷
黃汝良樂律志四卷
王朝璽律呂新書私解一卷
王思宗黃鍾元統圖說一卷、八音圖注一卷
葉廣禮樂合編三十卷
王正中律書詳註一卷

右樂類，五十四部，四百八十七卷。

春秋本末三十卷洪武中，懿文太子命宮臣傅藻等編。
趙汸春秋集傳十五卷、附錄二卷、〔七〕春秋屬辭十五卷、左傳補注十卷
梁寅春秋考義十卷
張以寧春秋尊王發微八卷、春秋春王正月

二十四史

考一卷、辨疑一卷
汪克寬春秋胡傳附錄纂疏三十卷
徐尊生春秋論一卷
蔡深春秋纂十卷
李衡春秋釋例集說三卷
石光霽春秋書法鈎玄四卷
永樂中，敕修春秋集傳大全三十七卷胡廣等纂。
金幼孜春秋直指三十卷、春秋要旨三卷
張洪春秋說約十二卷
饒秉鑑春秋會傳十五卷、提要一卷
張復春秋中的一卷
童品春秋經傳辨疑一卷
余本春秋傳疑一卷
郭登春秋左傳直解十二卷
邵寶左觽一卷
楊循吉春秋經解摘錄一卷
湛若水春秋正傳三十七卷
金賢春秋紀愚十卷
劉節春秋列傳五卷
劉績春秋左傳類解二十卷
張邦奇春秋說一卷
席書元山春秋論一卷
江曉春秋補傳十五卷
魏校春秋經世書二卷
蔡芳春秋訓義十一卷
呂柟春秋說志五卷
許誥春秋意見一卷
胡世寧春秋志疑十八卷
鍾芳春秋集要二卷

楊愼春秋地名考一卷
湯愧春秋易簡發明二十卷
季本春秋私考三十卷
王崇慶春秋析義二卷
王道春秋億四卷
胡纘宗春秋本義十二卷
姜綱春秋曲言十卷
李濂夏周正辨疑會通四卷
陸粲左傳附注五卷、春秋左氏鐫二卷、胡傳辨疑二卷
任桂春秋質疑四卷
黃佐續春秋明經十二卷〔八〕
石琚左傳章略三卷
唐順之春秋論一卷、左氏始末十二卷
趙恒春秋錄疑十七卷
魏謙吉春秋大旨十卷
詹萊春秋原經十七卷
林命春秋訂疑十二卷
姚咨春秋名臣傳十三卷
袁顥春秋傳三十卷
袁祥春秋或問八卷〔九〕
袁仁鍼胡篇一卷
邵弁春秋尊王發微十卷屬辭比事八卷、或問一卷，凡例輯略一卷。
傅遜春秋左傳屬事二十卷、春秋左傳注解辨誤二卷
嚴訥春秋國華十七卷
高拱春秋正旨一卷
姜寶春秋事義全考二十卷、春秋讀傳解略十二卷疏胡傳之義意，以便學者。

王樵春秋輯傳十五卷、凡例三卷
馬森春秋伸義辨類二十九卷
許孚遠左氏詳節八卷
顏鯨春秋貫玉四卷
李攀龍春秋孔義十二卷〔一〇〕
汪道昆春秋左傳節文十五卷
吳國倫春秋世譜十卷以春秋列國事實見於史記、他書者，分國爲諸侯世家。
徐學謨春秋億六卷
朱睦㮮春秋諸傳辨疑四卷
王錫爵左傳釋義評苑二十卷
鄧元錫春秋繹一卷
黃洪憲春秋左傳釋附二十七卷
黃正憲春秋翼附二十卷
馮時可左氏討二卷、左氏論二卷、左氏釋二卷
穆文熙國概六卷
余懋學春秋蠡測四卷
淩稚隆左傳測義七十卷
錢時俊春秋胡傳翼三十卷
冷逢震周正考一卷
徐即登春秋說十一卷
鄒德溥春秋匡解八卷
姚舜牧春秋疑問十二卷
郝敬春秋直解十二卷
鄒良弼春秋或問十四卷、存疑一卷、續義二卷
張事心春秋左氏人物譜一卷
陸曾曄編春秋所見所聞所傳聞三卷
施仁左粹類纂十二卷

陳可言春秋左傳類事三十六卷
曹宗儒春秋序事本末三十卷、逸傳三卷、左氏辨三卷
曹學佺春秋闡義十二卷、春秋義略三卷
錢世揚春秋說十卷
王衡春秋纂注四卷
魏靖國三傳異同三十卷
卓爾康春秋辨義四十卷
張國經春秋比事七卷
錢應奎左記十一卷
張銓春秋補傳十二卷
馮伯禮春秋羅纂十二卷
耿汝忞春秋愍渡十五卷
顧懋樊春秋義三十卷
王震春秋左翼四十三卷
徐允祿春秋愚謂四卷
馮夢龍春秋衡庫三十卷
林嗣昌春秋易義十二卷
張溥春秋三書三十一卷
余颺春秋存俟十二卷
虞宗瑤春秋提要二卷
劉城春秋左傳地名錄二卷
孫范左傳紀事本末二十二卷
來集之春秋志在十二卷、四傳權衡一卷
賀仲軾春秋歸義三十二卷、便考十卷
右春秋類，一百三十一部，一千五百二十五卷。

中華書局

宋濂孝經新說一卷
孫蕡孝經集善一卷
孫吾與孝經注解一卷
方孝孺孝經誡俗一卷
晏璧孝經刊誤一卷
曹端孝經述解一卷
劉實孝經集解一卷
薛瑄定次孝經今古文一卷
楊守陳孝經私鈔八卷
余本孝經集注三卷
王守仁孝經大義一卷
陳深孝經解詁一卷[二]
歸有光孝經敍錄一卷
李材孝經疏義一卷
楊起元孝經外傳一卷、孝經引證二卷
虞淳熙孝經邇言九卷、孝經集靈一卷
胡時化注解孝經一卷
吳撝謙重定孝經列傳七卷
朱鴻孝經質疑一卷、集解一卷
王元祚孝經彙注三卷
陳仁錫孝經小學詳解八卷
黃道周孝經集傳二卷
何楷孝經集傳二卷
張有譽孝經衍義六卷
江旭奇孝經疏義一卷
瞿罕孝經貫注二十卷、孝經存餘三卷、孝經考異一卷、孝經對問三卷
呂維祺孝經本義二卷、孝經大全二十八卷、或問三卷

右孝經類，三十五部，一百二十八卷。

蔣悌生五經蠡測六卷
董彝經疑十卷
黃潤玉經書補注四卷、經譜一卷
周洪謨經書辨疑錄三卷
王恕石渠意見二卷、拾遺一卷、補缺一卷
章懋諸經講義一卷
邵寶簡端錄十二卷
王崇慶五經心義五卷
王守仁五經臆說四十六卷
呂柟經說十卷
楊慎經說八卷
詹萊七經思問三卷
鄭世威經書答問十卷
薛洽五經發揮七十卷
丁奉經傳臆言二十八卷
唐順之五經總論一卷
胡賓六經圖全集六卷
陳深十三經解詁六十卷
穆相五經集序二卷
王覺五經四書明音八卷
蔡汝楠說經劄記八卷
朱睦㮮授經圖二十卷、五經稽疑六卷、經序錄五卷
陳士元五經異文十一卷
王世懋經子臆解一卷
徐常吉遺經四解四卷、六經類雅五卷

周應賓九經考異十二卷、逸語一卷
郝敬九部經解一百六十五卷
陳禹謨經言枝指十卷
蔡毅中六經注疏四十三卷
卜大有經學要義五卷
杜質明儒經翼七卷
陳仁錫六經圖考三十六卷
楊聯芳羣經類纂三十四卷
楊維休五經宗義二十卷
張瑄五經研朱集二十二卷
顧夢麟十一經通考二十卷

右諸經類，四十三部，七百三十四卷。

陶宗儀四書備遺二卷
劉醇四書解疑四卷
周是修論語類編二卷
永樂中敕修四書大全三十六卷胡廣等纂。
孔諤中庸補注一卷
黃潤玉學庸通旨一卷
周洪謨四書辨疑錄三卷
丁瓚大學疑義一卷
蔡清四書蒙引十五卷
王守仁古本大學注一卷
朱綬四書補注三卷
夏良勝中庸衍義十七卷
湛若水中庸測一卷
程嗣光四書講義十卷

呂柟四書因問六卷
魏校大學指歸一卷
王道大學億一卷
穆孔暉大學千慮一卷
季本四書私存三十七卷
薛甲四書正義十二卷
梁格集四書古義補十卷
金賁亨學庸義二卷
蘇濂四書通考補遺六卷
朱潤四書通解十卷
馬森學庸口義三卷
廖紀四書管窺四卷
陳士元論語類考二十卷、孟子雜記四卷
許孚遠論語學庸述四卷
謝東山中庸集說啓蒙一卷
唐樞四書問錄二卷
楊時喬四書古今文註發九卷
李材論語大意十二卷
顧憲成大學通考一卷、大學質言一卷
管志道論語訂釋十卷、中庸測義一卷、孟子訂釋七卷
鄒元標學庸商求二卷
鄭維嶽四書知新日錄三十七卷
王肯堂論語義府二十卷
郝敬四書攝提十卷
史記事四書疑問五卷
姚舜牧四書疑問十二卷
李槃中庸臆說一卷
吳應賓中庸釋論十二卷
顧起元中庸外傳三卷

林茂槐四書正體五卷
陳禹謨談經苑四十卷、漢詁纂二十卷、引經繹五卷、人物概十五卷、名物考二十卷
陶廷奎四書正學衍說八卷
劉元卿四書宗解八卷
陳仁錫四書語錄一百卷、四書析義十卷、四書備考八十卷
張溥四書纂注大全三十七卷

右四書類五十九部，七百十二卷。

危素爾雅略義十九卷
朱睦㮮訓林十二卷
朱謀㙔駢雅七卷
李文成博雅志十三卷
張萱彙雅前編二十卷、後編二十卷
羅日褧雅餘八卷
穆希文蟫史集十一卷
黃裳小學訓解十卷
朱升小四書五卷集宋元儒方逢辰名物蒙求、程若庸性理字訓、陳櫟歷代蒙求各一卷，黃繼善史學提要二卷。
何士信小學集成十卷、圖說一卷
趙古則學範六卷、童蒙習句一卷
方孝孺幼儀雜箴一卷
張洪小學翼贊詩六卷
鄭眞學範六卷
朱逢吉童子習一卷
吳訥小學集解十卷

劉實小學集注六卷
丘陵嬰教聲律二十卷
廖紀童訓一卷
陳選小學句讀六卷
王雲鳳小學章句四卷
湛若水古今小學六卷
鍾芳小學廣義一卷
黃佐小學古訓一卷
王崇文蒙訓一卷
王崇獻小學撮要六卷
朱載瑋困蒙錄一卷
耿定向小學衍義二卷
吳國倫訓初小鑑四卷
周憲王有燉家訓一卷
朱勤美諭家邇談二卷
鄭綺家範二卷
王士覺家則一卷
程達道家教輯錄一卷
周是修家訓十二卷
楊榮訓子編一卷
曹端家規輯略一卷
楊廉家規一卷
何瑭家訓一卷
程敏政貽範錄三十卷
周思兼家訓一卷
孫植家訓一卷
吳性宗約一卷、家訓一卷
楊繼盛家訓一卷
王祖嫡家庭庸言二卷已上小學。
女誡一卷洪武中，命儒臣編。

高皇后內訓一卷
文皇后勸善書二十卷
章聖太后女訓一卷獻宗爲序，世宗爲後序。
慈聖太后女鑑一卷、內則詩一卷嘉靖中，命方獻夫等撰。
黃佐姆訓一卷
王敬臣婦訓一卷
王直女教續編一卷已上女學。
洪武正韻十六卷
孫吾與韻會訂正四卷
謝林字學源委五卷[一二]
趙古則聲音文字通一百卷、六書本義十二卷
穆正文字譜系十二卷
蘭廷秀韻略易通二卷
章黼韻學集成十二卷、直音篇七卷
涂觀六書音義十八卷
黃諫從古正文六卷
顧充字類辨疑二卷
張穎古今韻釋五卷
梁倫稽古叶聲二卷
周瑛書纂五卷
香釋一卷[一三]
王應電同文備考九卷
楊愼轉注古音略五卷、古音叢目五卷、古音獵要五卷、古音附錄五卷、古音餘五卷、古音略例一卷、六書練證五卷、六書索隱五卷、古文韻語二卷、韻林原訓五卷、奇字韻五卷、韻藻四卷
方豪韻補五卷

龔時憲玉篇鑑磻四十卷
劉隅古篆分韻五卷
潘恩詩韻輯略五卷
張之象四聲韻補五卷
陳士元古俗字略七卷、韻苑考遺四卷
田藝蘅大明同文集五十卷
茅溱韻譜本義十六卷[一四]
焦竑俗書刊誤十二卷
方日升古今韻會小補三十卷
程元初五經詞賦叶韻統宗二十四卷
黃鍾音韻通括二卷
郝敬讀書通二十卷
林茂槐讀書字考略四卷
趙宧光說文長箋七十二卷、六書長箋十三卷
梅膺祚字彙十二卷
吳汝紀古今韻括五卷
吳繼仕音聲紀元六卷
呂維祺音韻日月燈六十卷
周宇字考啓蒙十六卷、認字測三卷
周伯殷字義切略二卷
楊昌文篆韻正義五卷
熊晦類聚音韻三十卷
楊廉綴算舉例一卷、數學圖訣發明一卷
顧應祥測圓算術四卷、弧矢算術二卷、釋測圓海鏡十卷
唐順之句股等六論一卷
朱載堉嘉量算經三卷
李籛同文算指通編二卷、前編二卷
楊輝九章一卷已上書數。

中華書局

右小學類，一百二十三部，一千六十四卷。

校勘記

〔一〕劉定之周易圖釋三卷　三卷，千頃堂書目卷一、稽璜續文獻通考卷一四三、四庫全書總目卷七都作「十二卷」。又，本志所列書目卷數往往與各家書目不同，以後不再出校。

〔二〕周坦易圖說一卷　周坦，原作「周垣」，據明史稿志七四藝文志、經義考卷五七改。明儒學案卷三〇粵閩王門學案有周坦傳。

〔三〕呂柟尙書說疑五卷　尙書說疑，千頃堂書目卷一、四庫全書總目卷一三都作「尙書說要」。

〔四〕李賢讀詩紀一卷　讀詩紀，明史稿卷七四藝文志、千頃堂書目卷一都作「讀詩記」。

〔五〕徐卽登周禮說十四卷　徐卽登，原作「周卽登」，據千頃堂書目卷二、稽璜續文獻通考卷一五一、四庫全書總目卷二三改。明進士題名碑錄萬曆癸未科有徐卽登。

〔六〕緇衣集傳二卷　緇衣集傳，原作「緇衣集解」，據千頃堂書目卷二、四庫全書總目卷二一、鍥黃先生進覽書四種、石齋先生經傳九種改。

〔七〕趙汸春秋集傳十五卷附錄二卷　附錄上脫「春秋師說三卷」，附錄是春秋師說的附錄。千頃堂書目卷二、四庫全書總目卷二八都稱春秋師說是趙汸輯其師黃澤春秋說，附錄是錄黃澤詩及行

狀等。

〔八〕黃佐續春秋明經十二卷　續春秋明經，明史稿志七四藝文志、千頃堂書目卷二作「續春秋明經」。

〔九〕袁祥春秋或問八卷　袁祥，原作「袁詳」，據千頃堂書目卷二、經義考卷二〇一改。

〔一〇〕李攀龍春秋孔義十二卷　李攀龍，疑當作「高攀龍」。千頃堂書目卷二、四庫全書總目卷二八都作「高攀龍春秋孔義十二卷」。

〔一一〕陳深孝經解詁一卷　下文諸經類有陳深十三經解詁六十卷，此書卽包括在內，此處重出。

〔一二〕謝林字學源委五卷　字學源委，原作「字要源委」，據千頃堂書目卷三改。

〔一三〕音釋一卷　上有脫文。千頃堂書目卷三「周瑛書纂五卷，又字書啓鑰」作一行，下一行「魏校六書精蘊六卷，又音釋一卷」。四庫全書總目卷四三六書精蘊下謂「末附音釋一卷，乃其門人徐官所作，以釋註中奇字者」。是音釋附六書精蘊後，不能獨立。

〔一四〕茅溱韻譜本義十六卷　韻譜本義，原作「韻補本義」，據千頃堂書目卷三、稽璜續文獻通考卷一六〇、四庫全書總目卷四四改。

明史卷九十七

志第七十三

藝文二

史類十：一曰正史類，編年在內，二曰雜史類，三曰史鈔類，四曰故事類，五曰職官類，六曰儀注類，七曰刑法類，八曰傳記類，九曰地理類，十曰譜牒類。

明太祖實錄二百五十七卷　建文元年，董倫等修。永樂元年，解縉等重修。九年，胡廣等復修。起元至正辛卯，訖洪武三十一年戊寅，首尾四十八年。萬曆時，允科臣楊天民請，附建文帝元、二、三、四年事蹟於後。

日曆一百卷、洪武中，詹同等編，具載太祖征討平定之績，禮樂治道之詳。寶訓十五卷　日曆既成，詹同等又請分類更輯聖政爲書，凡五卷。其後史官隨類增至十五卷。

成祖實錄一百三十卷、寶訓十五卷　楊士奇等

修。

仁宗實錄十卷、寶訓六卷　蹇義等修。

宣宗實錄一百十五卷、寶訓十二卷　楊士奇等修。

英宗實錄三百六十一卷、成化元年，陳文等修，起宣德十年正月，訖天順八年正月，首尾三十年。附景泰帝事蹟於中，凡八十七卷。寶訓十二卷　與實錄同修。

憲宗實錄二百九十三卷、寶訓十卷　劉吉等修。

孝宗實錄二百二十四卷、正德元年，劉健、謝遷等修。未幾健、遷皆去位，焦芳等續修。寶訓十卷　與實錄同修。

武宗實錄一百九十七卷、寶訓十卷　費宏等修。

睿宗實錄五十卷、寶訓十卷　嘉靖四年，大學士費宏言：「獻皇帝嘉言懿行，舊邸必有成書，宜取付史館纂修。」從之。

世宗實錄五百六十六卷、寶訓二十四卷　隆慶中，徐階等修，未竣。萬曆五年，張居正等續修成之。

穆宗實錄七十卷、寶訓八卷　張居正等修。

神宗實錄五百九十四卷、寶訓二十六卷　溫體仁等修。

光宗實錄八卷　天啓三年，葉向高等修成，有熹宗御製序。既而霍維華等改修，未及上，而熹宗崩。至崇禎元年，始進呈向高原本，幷貯皇史宬。

熹宗實錄八十四卷　溫體仁等修。

洪武聖政記二卷

永樂聖政記三卷

永樂年表四卷

洪熙年表二卷

宣德年表四卷

中華書局

儲巏皇明政要二十卷
鄭曉吾學編六十九卷
雷禮大政記三十六卷
鄧元錫明書四十五卷
夏浚皇明大紀三十六卷
王世貞國朝紀要十卷、天言彙錄十卷
陳建皇明通紀二十七卷、續通紀十卷
薛應旂憲章錄四十六卷
沈越嘉隆聞見紀十二卷
唐志大高廟聖政記二十四卷
孫宜國朝事蹟一百二十卷
吳朴洪武大政記二十卷
吳瑞登明繩武編三十四卷、嘉隆憲章錄二十卷
黃翔鳳嘉靖大政編年紀一卷、嘉靖大政類編二卷
陳翼飛史待五十卷
何喬遠名山藏三十七卷[一]
朱國禎史概一百二十卷、輯皇明紀傳三十卷
支大綸永昭二陵編年信史六卷
尹守衡史竊一百七卷
朱睦㮮聖典三十四卷
茅維嘉靖大政記二卷
吳士奇皇明副書一百卷
譚希思皇明大紀纂要六十三卷
王大綱皇明朝野紀略一千二百卷
雷叔聞國史四十卷
周永春政紀纂要四卷
張銓國史紀聞十二卷

馮復京明右史略三十卷
陳仁錫皇明世法錄九十二卷
沈國元天啓從信錄三十五卷
江旭奇通紀集要六十卷
談遷國榷一百卷

已上明史。

元史二百十二卷洪武中，宋濂等修。
續宋元資治通鑑綱目二十七卷成化中，商輅等修。
歷代通鑑纂要九十二卷弘治中，李東陽等修。
周定王橚甲子編年十二卷
王褘大事記續編七十七卷
梁寅宋史略四卷、元史略四卷
朱右元史補遺十二卷
張九韶元史節要二卷
胡粹中元史續編七十七卷
丘濬世史正綱三十二卷
金濂諸史會編一百十二卷、南軒資治通鑑綱目前編二十五卷
柯維騏宋史新編二百卷
唐順之史纂左編一百四十二卷、右編四十卷
薛應旂宋元資治通鑑一百五十七卷、甲子會紀五卷
王宗沐宋元資治通鑑六十四卷
安都十九史節定一百七十卷
吳珫史類六百卷
鄧元錫函史上編九十五卷、下編二十卷
許誥綱目前編三卷
魏國顯史書大全五百十二卷

黃佐通曆三十六卷
姜寶稽古編大政記綱目八卷、資治上編大政記綱目四十卷、下編大政記綱目三十二卷
邵經邦學史會同三百卷、弘簡錄二百五十卷
楊寅冬歷代史彙二百四十卷
饒仲學海君道部二百三十四卷
徐師曾世統紀年六卷
吳繼安帝王曆祚考八卷
馮琦宋史紀事本末二十八卷
張溥宋史紀事本末一百九卷、元史紀事本末二十七卷
陳邦瞻元史紀事本末六卷
湯桂禎戰國紀年四十六卷
嚴衍資治通鑑補二百七十卷

已上通史。

右正史類一百十部，一萬二百三十二卷。

劉辰國初事蹟一卷[二]
俞本記事錄二卷
王褘造邦勳賢略一卷
劉基禮賢錄一卷、翊運錄二卷
楊儀隴起雜事一卷[三]紀張士誠、韓林兒、徐壽輝事。
楊學可明氏實錄一卷明玉珍事。
何棨祖家記一卷何眞子，紀眞事。

張紞雲南機務鈔黃一卷
夏原吉萬乘肇基錄一卷
卞瑺興濠開基錄一卷
陸深平元錄一卷
童承敘平漢錄一卷
黃標平夏錄一卷
姚淶驅除錄一卷
蔡于穀開國事略十卷
孫宜明初略二卷
邵相皇明啓運錄八卷
梁億洪武輯遺二卷
范守己造夏略二卷
戴重和陽開天記一卷
錢謙益開國羣雄事略十五卷、太祖實錄辨證三卷

已上皆紀洪武時事。

袁祥建文私記一卷
孫交國史補遺六卷
姜清祕史一卷
黃佐革除遺事六卷
張芹建文備遺錄二卷
何孟春續備遺錄一卷
馮汝弼補備遺錄一卷
許相卿革朝志十卷
朱睦㮮遜國記二卷
屠叔方建文朝野彙編二十卷
朱鷺建文書法儗四卷
陳仁錫壬午書二卷
曹參芳遜國正氣紀九卷
周遠令建文紀三卷

已上紀建文時事。

都穆壬午功臣爵賞錄一卷、別錄一卷

袁褧奉天刑賞錄一卷

郁袞順命錄一卷

楊榮北征記一卷

金幼孜北征前錄一卷、後錄一卷

黃福安南事宜一卷

丘濬平定交南錄一卷

楊士奇三朝聖諭錄三卷、西巡扈從紀行錄一卷

已上紀永樂、洪熙、宣德時事。

袁彬北征事蹟一卷

楊銘正統臨戎錄一卷、北狩事蹟一卷

李實使北錄一卷

劉定之否泰錄一卷

劉濟革書一卷塞外無楮，以羊皮書之，故名革書。

李賢天順日錄二卷

湯韶天順實錄辨證一卷

張楷監國曆略一卷

彭時可齋筆記二卷

已上紀正統、景泰、天順時事。

馬文升西征石城記一卷、與復哈密記一卷

宋端儀立齋閒錄四卷

梅純損齋備忘錄二卷

李東陽燕對錄二卷

劉大夏宣召錄一卷

陳洪謨治世餘聞四卷弘治、繼世紀聞四卷正德。

許進平番始末一卷

朱國祚孝宗大紀一卷

費宏武廟初所見事一卷

楊廷和視草餘錄二卷

王鏊震澤紀聞一卷、續紀聞一卷、震澤長語二卷、守溪筆記二卷

王瓊雙溪雜記二卷

楊一清西征日錄一卷、車駕幸第錄二卷

胡世寧桃源建昌征案、東鄉撫案共十卷

祝允明九朝野記四卷、江海殲渠記一卷紀劉六、劉七、趙風子事。

夏良勝東戍錄一卷

謝蕡後鑒錄三卷

已上紀成化、弘治、正德時事。

世宗大禮集議四卷、纂要二卷、明倫大典二十四卷、大狩龍飛錄二卷

王之垣承天大志紀錄事實三十卷

費宏宸章集錄一卷

張孚敬諭錄三卷、諭對錄三十四卷、大禮要略二卷、欽明大獄錄二卷

李時南城召對錄一卷、文華盛記一卷

夏言聖駕渡黃河記一卷、記召對廟廷事一卷、扈蹕錄一卷

嚴嵩嘉靖奏對錄十二卷

毛澄聖駕臨雍錄一卷

陸深聖駕南巡錄一卷、北還錄一卷

韓邦奇大同紀事一卷

孫允中雲中紀變一卷

蘇祐雲中事紀一卷

張岳交事紀聞一卷

翁萬達平交紀事十卷

江美中安南來威輯略三卷

談愷前後平粵錄四卷

王軾平蠻錄二卷

萬表前後海寇議三卷[四]

鄭茂靖海紀略一卷

徐宗魯松寇紀略一卷

李日華倭變志一卷

張鼐吳淞甲乙倭變志二卷

朱紈茂邊紀事一卷

趙汝謙平黔三記一卷

徐學謨世廟識餘錄二十六卷

高拱邊略五卷

劉應箕款塞始末一卷

方逢時平惠州事一卷

林庭機平倉一本紋一卷

查志隆安慶兵變一卷

曹子登甘州紀變一卷

王尚文征南紀略一卷

張居正召對紀事一卷

申時行召見紀事一卷

王錫爵召見紀事一卷

趙志皐召見紀事一卷

方從哲乙卯召對錄三卷

董其昌萬曆事實纂要三百卷

顧憲成寤言寐言一卷

陳惟之乞停礦稅疏圖一卷

郭子章黔中止榷記一卷、西南三征記一卷、黔中平播始末三卷

王禹聲郢事紀略一卷紀楚中稅監激變事。

郭正域楚事妖書始末一卷。

朱賡勘楚始末一卷

蔡獻臣勘楚紀事一卷

瞿九思萬曆武功錄十四卷

諸葛元聲兩朝平攘錄五卷

茅瑞徵萬曆三大征考五卷哱氏、關白、楊應龍。

曾偉芳寧夏紀事一卷

宋應昌朝鮮復國經略六卷

蕭應宮朝鮮征倭紀略一卷

王士琦封貢紀略一卷

李化龍平播全書十五卷

楊寅秋平播錄五卷

沈德符野獲編八卷

李維楨庚申紀事一卷[五]

張瀏庚申紀事一卷

已上紀嘉靖、隆慶、萬曆時事。

三朝要典二十四卷天啓中，顧秉謙等修。崇禎初，詔毀之。

葉茂才三案記一卷

蔡士順傃菴野鈔十一卷

李標全黔紀略一卷

張鏈平藺紀事一卷

李遜之三朝野記七卷

蔣德璟慤書十卷

李日宣枚卜始末一卷

楊士聰玉堂薈記四卷

孫承宗督師全書一百卷

楊嗣昌督師紀事五十卷

夏允彝幸存錄一卷

夏完淳續幸存錄一卷

吳偉業綏寇紀略十二卷

文秉先撥志始六卷、烈皇小識四卷

彭孫貽流寇志十四卷
李清南渡錄二卷
已上紀天啓、崇禎時事。
黃瑜雙槐歲鈔十卷起洪武訖成化中事。
倫以訓國朝彝憲二十卷
孫宜國朝事迹一百二十卷
高岱鴻猷錄十六卷
鄭曉今言四卷、徵吾錄二卷、吾學編餘一卷
潘恩美芹錄二卷
袁袠皇明獻實二十卷
孫繼芳磯園稗史二卷〔六〕
李先芳安攘新編三十卷
王世貞弇山堂別集一百卷、識小錄二十卷、少陽叢談二十卷、明野史彙一百卷萬曆中，董復表彙諸集爲弇州史料，凡一百卷。
鄧球泳化類編一百三十六卷、雜記二卷
高鳴鳳今獻彙言二十八卷
何棟如皇明四大法十二卷
王禕國朝史略四十五卷、別集二卷
于慎行穀山筆麈十八卷
黃汝良野紀矇搜十二卷起洪、永，訖嘉、隆。
曹育賢皇明類考二十二卷
鄭德泳聖朝泰交錄八卷
張萱西園聞見錄一百六卷
吳士奇徵信編五卷、考信編二卷
項鼎鉉名臣寧攘編三十卷
范景文昭代武功錄十卷
已上統紀明代事。
寧獻王權漢唐祕史二卷洪武中，奉敕編次。
吳源至正近記二卷

權衡庚申外史二卷
楊循吉遼金小史九卷
楊慎滇載記一卷
倪輅南詔野史一卷
包宗吉古史補二百卷
袁祥新舊唐書折衷二十四卷
程敏政宋紀受終考一卷
李維楨韓范經略西夏紀一卷
右雜史類，二百十七部，二千二百四十四卷。〔七〕
楊維楨史義拾遺二卷
范理讀史備忘八卷
陳濟通鑑綱目集覽正誤五十九卷
趙弼雪航膚見十卷〔八〕
李裕分類史鈔二十二卷
王士騏苻秦書十五卷
李廷機宋賢事彙二卷
姚士粦後梁春秋十卷
胡震亨靖康盜鑒錄一卷
陳霆唐餘紀傳二十一卷
錢謙益北盟會編鈔三卷
已上紀前代事。
呂枏史約三十七卷
許誥宋元史闡幽三卷
張寧讀史錄六卷
李浩通鑑斷義七十卷
邵寶學史十三卷

王峯通鑑綱目發微三十卷
張時泰續通鑑綱目廣義十七卷
卜大有史學要義四卷
周山師資論統一百卷
鄭曉删改史論十卷
柯維騏史記考要十卷
王洙宋元史質一百卷
戴璟漢唐通鑑品藻三十卷
鍾芳續古今紀要十卷
歸有光讀史纂言十卷
李維楨南北史小識十卷
萬廷言經世要略二十卷
右史鈔類三十四部，一千四十三卷。
張之象太史史例一百卷
徐明勳史衡二十卷
于慎行讀史漫錄十四卷
李贄藏書六十八卷、續藏書二十七卷
馬惟銘史書纂略一百卷
趙惟寰讀史快編六十卷
謝肇淛史觿二十一卷
吳無奇史裁二十六卷
張溥史論二編十卷
楊以任讀史四集四卷
馮尙賢史學彙編十二卷
太祖御製永鑑錄一卷訓親藩、紀非錄一卷訓周、齊、潭、魯諸王。

祖訓錄一卷洪武中編集，太祖製序，頒賜諸王。
祖訓條章一卷封建王國之制。
宗藩昭鑑錄五卷洪武中，陶凱等編集。
歷代公主錄一卷洪武中編集。
世臣總錄二卷
爲政要錄一卷
醒貪簡要錄二卷
武士訓戒錄一卷
臣戒錄一卷俱洪武中頒行。
存心錄十八卷吳沉等編集。
省躬錄十卷劉三吾等編集。
精誠錄三卷吳沉等編集。
國朝制作一卷王叔銘等編集。
宣宗御製歷代臣鑑三十七卷、外戚事鑑五卷
萬曆中重修大明會典二百二十八卷、條例全文三十卷、增修條例備考二十六卷
大明會要八十卷太祖開國時事，凡三十九則，不知撰人。
李賢鑑古錄一卷
夏寅政鑑三十卷
顧濟稽古政要十卷
王圻續文獻通考二百五十四卷
鄧球續泳化編十七卷
鄭泉古今經史格要二十八卷
黃光昇昭代典則二十八卷
周子義國朝故實二百卷一名國朝典故備遺。
張居正帝鑑圖說六卷
焦竑養正圖解二卷
勞堪皇明憲章類編四十二卷

徐學聚國朝典彙二百卷
唐瑤歷代志略四卷
張銓鑑古錄六卷
喬懋敬古今廉鑑八卷
馮應京皇明經世實用編二十八卷
鄧士龍國朝典故一百卷
黃溥皇明經濟錄十八卷
徐奮鵬古今治統二十卷
朱健古今治平略三十六卷
余繼登皇明典故紀聞十八卷
宗藩條例二卷李春芳等輯。
戚元佐宗藩議一卷
馮柯歷代宗藩訓典十二卷
張志淳謚法二卷
何三省帝后尊謚紀略一卷
鮑應鼇皇明臣謚彙考二卷
葉秉敬皇明謚考三十八卷
郭良翰皇明謚紀彙編二十五卷
鄭汝璧功臣封考八卷
陸深科場條貫一卷
張朝瑞皇明貢舉考八卷、明歷科殿試錄七十卷、歷科會試錄七十卷
汪鯨大明會計類要十二卷
張學顏萬曆會計錄四十三卷
趙官後湖志十一卷、後湖黃志六卷
劉斯潔太倉考十卷
王儀吳中田賦錄五卷
徐民式三吳均役全書四卷
婁志德兩浙賦役全書十二卷
何士晉廠庫須知十二卷

邵寶漕政錄十八卷
席書漕船志一卷、漕運錄二卷
楊宏漕運志四卷
王在晉通漕類編九卷
陳仁錫漕政考二卷
崔旦海運編二卷
劉體仁海道漕運記一卷
王宗沐海運志二卷
梁夢龍海運新考三卷
史繼偕皇明兵志考三卷
侯繼高全浙兵志考四卷
王士琦三雲籌俎考四卷
何孟春軍務集錄六卷
閻世科計遼始末四卷
蔡鼎邊務要略十卷
周文郁邊事小紀六卷
王士騏馭倭錄八卷
方日乾屯田事宜五卷
楊守謙屯田議一卷
張抱赤屯田書一卷
沈啓南船記四卷〔九〕
倪涷船政新書四卷
朱廷立鹽政志十卷
史啓哲兩淮鹽法志十二卷
王圻兩浙鹽志二十四卷
冷宗元長蘆鹽法志四卷
李開先山東鹽法志四卷
詹榮河東運司志十七卷
謝肇淛八閩鹺政志十六卷
李漴粵東鹽政考二卷

陳善黑白鹽井事宜二卷
傅浚鐵冶志二卷
胡彥茶馬類考六卷
陳講茶馬志四卷
徐彥登歷朝茶馬奏議四卷
王宗聖榷政記十卷
薛僑南關志六卷
許天贈北關志十二卷
林希元荒政叢言一卷〔一〇〕
賀燦然備荒議一卷
俞汝爲荒政要覽十卷

右故事類，一百六部，二千一百二十一卷。

諸司職掌十卷洪武中，翟善等編。
憲綱一卷洪武中，御史臺進。
官制大全十六卷
品級考五卷
宣宗御製官箴一卷
郭子章官釋十卷
李日華官制備考二卷
鄭曉直文淵閣表一卷、典銓表一卷
呂本館閣類錄二十二卷
雷禮列卿表一百三十九卷
王世貞公卿表二十四卷
李維楨進士列卿表二卷
徐鑑續列卿表十卷
許重熙殿閣部院大臣表十六卷

范景文大臣譜十六卷
黃尊素隆萬列卿記二卷
陳盟崇禎閣臣年表一卷、內閣行略一卷
廖道南殿閣詞林記二十二卷
黃佐翰林記二十卷
張位詞林典故一卷、史職議一卷
陳沂翰林志一卷
焦竑詞林歷官表三卷
董其昌南京翰林志十二卷
周應賓舊京詞林志六卷
劉昌南京詹事府志二十卷
李默吏部職掌四卷
張瀚吏部職掌八卷
鄭汝璧封司典故八卷
王士騏銓曹紀要十六卷
宋啓明吏部志四十卷
汪宗伊南京吏部志二十卷、留銓志餘二卷
徐大相銓曹儀注五卷
王崇慶南京戶部志二十卷
謝彬南京戶部志二十卷
宋端儀祠部典故四卷
李廷機春官要覽六卷
李化龍邦政條例十卷
譚綸軍政條例類考七卷
傅鸚軍政類編二卷
陳夢鶴武銓邦政二卷
李邦華南樞新志四卷
范景文南樞志一百七十卷
俞汝爲南京兵部車駕司職掌八卷
張可大南京錦衣衞志二十卷

應廷育刑部志八卷
龐嵩刑曹志四卷
劉文徵刑部事宜十卷
陳公相刑部文獻考八卷
來斯行刑部獄志四十卷
江山麗南京刑部志二十六卷
曾同亨工部條例十卷
周夢暘水部備考十卷
劉振工部志一百三十九卷
王廷相申明憲綱錄一卷
劉宗周憲綱規條一卷
傅漢風紀輯覽四卷
符驗西臺雜記八卷
何出光蘭臺法鑑錄二十三卷
徐必達南京都察院志四十卷
朱廷益通政司志六卷
夏時正太常志十卷
陳慶太常志十六卷
盧維禎太常志十六卷
呂鳴珂太常紀二十二卷
倪嵩太常典禮總覽六卷
屠本畯太常典錄六卷
沈若霖南京太常寺志四十卷
顧存仁太僕志十四卷
楊時喬馬政記十二卷
李日宣太僕志二十二卷
雷禮南京太僕寺志十六卷
徐必達光祿寺志二十卷
韓鼎尙寶司實錄一卷
潘煥宿南京尙寶司志二十卷

周崑六科仕籍六卷
蕭彥掖垣人鑑十七卷
國子監規一卷錄洪武以來訓諭。
邢讓國子監志二十二卷
謝鐸國子監續志十一卷
吳節南雍舊志十八卷
黃佐南雍志二十四卷
右職官類九十三部，一千四百七十九卷。
集禮五十卷洪武中，梁寅等纂修。初係寫本，嘉靖中，詔禮部校刊。
孝慈錄一卷宋濂等考定喪服古制爲是書，太祖有序。
行移繁減體式一卷洪武中，以元季官府文移紛冗，詔廷臣減繁，著爲定式。
稽制錄一卷編輯功臣服舍制度。
王材南雍申教錄十五卷
崔銑國子監條例類編六卷
盧上銘辟雍紀事十五卷
汪俊四夷館則例二十卷、四夷館考二卷
楊樞上林記八卷
王象雲上林彙考五卷
焦竑京學志八卷
禮制集要一卷官民服舍器用等式。
稽古定制一卷頒示功臣。
禮儀定式一卷、教民榜文一卷、鄉飲酒禮圖式一卷俱洪武中頒行。
祭祀禮儀六卷、郊壇祭享儀注一卷皆明初定式。

巡狩事宜一卷永樂中儀注。
瑞應圖說一卷永樂中編次。
憲宗幸學儀注一卷
世宗御製忌祭或問一卷、祀儀成典七十一卷嘉靖間更定儀文。
郊祀通典二十七卷夏言等編次。
乘輿冕服圖說一卷嘉靖間考古衣冠之制，張璁爲注說。
武弁服制圖說一卷親征冠服之制，張璁爲注說。
玄端冠服圖說一卷燕居冠服之制，張璁爲注說。
保和冠服圖說一卷宗室冠服之制，張璁爲注說。
圜丘方澤總圖二卷
圜丘方澤祭器樂器圖二卷
朝日夕月壇總圖二卷
朝日夕月壇祭器樂器圖二卷
神祇社稷雩壇總圖三卷
太廟總圖一卷
太廟供器祭器圖一卷
大享殿圖一卷
大享殿供器祭器圖一卷
天壽山諸陵總圖一卷
泰神殿圖一卷
帝王廟總圖二卷
皇史宬景神等殿圖二卷
圓明閣陽雷軒殿宇圖一卷
沙河行宮圖一卷
已上俱嘉靖間制式。
皇明典禮一卷萬曆中頒。
朝儀二卷、車駕巡幸禮儀一卷、親王昏禮儀注一卷、昏禮傳制遣官圖一卷、陵寢儀式

一卷、王國儀注一卷、儀注事例一卷、鴻臚儀注二卷、出使儀注二卷、射禮儀注一卷
已上俱萬曆間制式。
禮書四十一卷不知撰人，凡十七册。目錄一，吉禮五，軍禮、凶禮共一，喪禮三，制度一，考正一，官制二，公式二，雜禮一。
大明禮制二十五卷不知撰人。
右儀注類五十七部，四百二十四卷。
大明律三十卷洪武六年，命刑部尚書劉惟謙詳定。篇目皆準唐律，合六百有六條。九年復釐正十有三條，餘仍故。
更定大明律三十卷洪武二十八年，命詞臣同刑官參考比年律條，以類編附，凡四百六十條。
嘉靖祀典十七卷不知撰人。
朱國祚册立儀注一卷
皇甫濂藩府政令一卷
郭正域皇明典禮志二十卷
朱勤美王國典禮八卷
謝鐸祭禮儀注二卷
羅青霄儀注輯錄一卷郡邑慶賀祭祀諸儀。
俞汝楫禮儀志一百卷
太祖御製大誥一卷、大誥續編一卷、大誥三編一卷、大誥武臣一卷、武臣敕諭一卷、昭示姦黨錄一卷、第二錄一卷、第三錄三卷已上三錄皆胡黨獄詞。
逆臣錄五卷藍黨獄詞。

彰善癉惡錄三卷、癉惡續錄一卷、集犯諭一卷、戒敕功臣鐵榜一卷

已上皆洪武中頒。

何廣律解辯疑三十卷

鄭節續眞西山政經二卷

薛瑄從政錄一卷

盧雍祥刑集覽二卷

何文淵牧民備用一卷、司刑備用一卷

陳廷璉大明律分類條目四卷

顧應祥重修問刑條例七卷

劉惟謙唐律疏義十二卷

張楷大明律解十二卷

應檟大明律釋義三十卷

高舉大明律集解附例三十卷

范永鑾大明律例三十卷

陳璋比部招擬二卷

段正柏臺公案八卷

應廷育讀律管窺十二卷

雷夢麟讀律瑣言三十卷

孫存大明律讀法書三十卷

王樵讀律私箋二十四卷

林兆珂註大明律例二十卷

王之垣律解附例八卷

舒化問刑條例七卷、刑書會據三十卷

王肯堂律例箋解三十卷

歐陽東鳳闡律一卷

熊鳴岐昭代王章十五卷

吳訥祥刑要覽二卷

鄒元標篋仕要訣一卷

蘇茂相臨民寶鏡十六卷

陳龍正政書二十卷

右刑法類，四十六部，五百九卷。

開國功臣錄三十一卷黄金編次，自徐達至指揮李觀，凡五百九十一人。

謝鐸名臣事略二十卷洪武至成化時人。

彭韶名臣錄贊二卷

楊廉名臣言行錄四卷、理學名臣言行錄二卷

徐紘名臣琬琰錄五十四卷

徐咸名臣言行錄前集十二卷、後集十二卷

王道名臣琬琰錄二卷、續錄二卷

張芹備遺錄一卷

何孟春續遺錄一卷[二]

曹璘治術綱目十卷

何喬新勳賢琬琰集二卷

唐龍康山羣忠錄一卷、二忠錄二卷紀王禕、吳雲事。

沈庭奎名臣言行錄新編三十四卷

楊豫孫補輯名臣琬琰錄一百十卷

雷禮閣臣行實八卷、列卿記一百六十五卷起洪武，訖嘉靖。禮子映補隆慶一朝。

王世貞嘉靖以來首輔傳八卷、名卿紀蹟六卷

吳伯與內閣名臣事略十六卷

薛應旂皇明人物考七卷鄭以偉註。

唐樞國琛集二卷

史繼偕越章六卷明代八閩人傳。

顧璘國寶新編一卷

項篤壽今獻備遺四十二卷

凌迪知名臣類苑四十六卷

錢薇名臣事實三十卷

耿定向先進遺風二卷

李廷機閣臣錄六卷

焦竑國史獻徵錄一百二十卷經籍志作三百六十卷、遜國忠節錄八卷

唐鶴徵輔世編六卷、續編五卷

徐卽登建文諸臣錄二卷

童時明昭代明良錄二十卷

劉夢雷名臣考四卷

林塾重輯名臣錄二卷

朱謀㙔藩獻記四卷

朱勤美公族傳略二卷

過庭訓直省分郡人物考一百十五卷

王兆雲詞林人物考十六卷

張壐明尚友集十六卷

江盈科明臣小傳十六卷

瞿汝說臣略纂聞十二卷

錢士升皇明表忠錄二卷

余翹池陽三忠傳一卷紀黄觀、金焦、陳敬宗事。

馮復京先賢事略十卷

李裁明臣論世四卷

林之盛應諡名臣傳十二卷

杜瓊紀善錄一卷

陳沂畜德錄一卷

蘇茂相名臣類編二卷

史旌賢維風編二卷

鄭期禎東林諸賢言行錄五卷

已上皆紀明代人物。

相鑒二十卷洪武十三年罷中書省，詔儒臣採歷代史所載相臣，賢者自蕭何至文天祥八十二人，爲傳十六卷；不肖者自田蚡至賈似道二十六人，爲傳四卷。太祖製序。

外戚傳三卷永樂中，編輯漢以後可爲法戒者。成祖製序。

古今列女傳三卷永樂中，解縉等編。

宋濂唐仲友補傳一卷、浦江人物記二卷

胡廣文丞相傳一卷

朱右李鄴侯傳二卷

方槐生莆陽人物志三卷

謝應芳懷古錄三卷、思賢錄六卷

劉徵金華名賢傳三卷

丁元吉陸丞相蹈海錄一卷

賈斌忠義集四卷

尹直南宋名臣言行錄十六卷

楊循吉吳中往哲記一卷

謝鐸尊鄉錄十卷

董遵金華淵源錄二卷

金江義烏人物志二卷

金賁亨台學源流二卷

王佐東嘉先哲錄二十卷

南逢吉越中述傳四卷

周瑛昭忠錄五卷

程敏政宋遺民錄十五卷

方鵬崑山人物志八卷

姜絅漢名臣言行錄八卷

魏顯國歷代相臣傳一百六十八卷、守令傳

二十四卷、儒林傳二十卷
陳鎬金陵人物志六卷
王賓吳下名賢紀錄一卷
龔守愚臨江先哲言行錄二卷
劉元卿江右歷代名賢錄二卷
黃佐廣州人物志二十四卷
劉有光廡沙劉氏忠賢傳四卷
孫承恩歷代聖賢像贊六卷
楊時偉諸葛武侯全書十卷
王承裕李衛公通纂四卷
戴銑朱子實紀十二卷
祝允明蘇材小纂六卷
張景吳中人物志十三卷
袁袠吳中先賢傳十卷
劉鳳續吳先賢贊十五卷

歐大任百粵先賢志四卷
耿定向二孝子傳一卷
楊俊民河南忠臣集八卷、烈女集五卷
桑喬節義林六卷
王廣歷代忠義錄十八卷
鄒泉人物尙論編二十卷
鄒瑄唐忠臣睢陽錄二卷
黃省曾高士傳頌二卷
皇甫濂逸民傳二卷
皇甫涍續高士傳十卷
薛應旂隱逸傳二卷、高士傳四卷
黃姬水貧士傳二卷
錢一本遯世編十四卷
李默建寧人物志三卷
呂維祺節孝義忠集四卷

徐標忠孝廉節集四十卷
顧憲成桑梓錄十卷
李廷機漢唐宋名臣錄五卷
王鴻儒掾曹名臣錄一卷
丁明登古今長者錄八卷
朱睦㮮中州人物志十六卷
朱謀㙔豫章耆舊傳三卷
朱常㳿古今宗藩懿行考十卷
郭良翰歷代忠義彙編二十六卷
屠隆義士傳二卷
沈堯中高士彙林二卷
顧樞古今隱居錄三十卷
陳懋仁壽者傳三卷
陳繼儒邵康節外紀四卷、逸民史二十二卷

璩之璞蘇長公外紀十二卷
徐㶿蔡端明別紀十卷
范明泰米襄陽志林十三卷
徐學聚兩浙名賢錄五十四卷、外錄八卷
曹學佺蜀中人物記六卷
郭凝之孝友傳二十四卷
王道隆吳興名賢續錄六卷
陳克仕古今彤史八卷
曹思學內則類編四卷
顧昱至孝通神集三十卷
張采宋名臣言行錄十六卷
夏樹芳女鏡八卷
潘振古今孝史十二卷
已上皆紀歷代人物。

右傳記類，一百四十四部，一千九百九十七卷。

大明志書洪武三年詔儒士魏俊民等類編天下州郡地理形勢、降附顛末爲書。卷亡。
寰宇通志一百十九卷景泰中修。
一統志九十卷天順中，李賢等修。
承天大志四十卷嘉靖中，顧璘修興都志二十四卷。世宗以其載獻帝事實，於志體例不合，詔徐階等重修。
桂萼歷代地理指掌四卷、明輿地指掌圖一卷
羅洪先增補朱思本廣輿圖二卷
蔡汝楠輿地略十一卷
吳龍郡縣地理沿革十五卷
盧傳印職方考鏡六卷
張天復皇輿考十二卷
蔡文職方鈔十卷

曹嗣榮輿地一覽十五卷
郭子章郡縣釋名十六卷、古今郡國名類三卷
項篤壽考定輿地圖十卷
徐樞寰宇分合志八卷
曹學佺一統名勝志一百九十八卷
陸應陽廣輿記二十四卷
陳組綬職方地圖三卷
張元陽方隅武備十六卷一作方隅武事考。
龐迪我海外輿圖全說二卷
劉㟭北平八府志三十卷、北平事蹟一卷
郭造卿燕史一百二十卷
劉侗帝京景物略八卷
孫國敉燕都游覽志四十卷〔一二〕

蔣一葵長安客話八卷〔一三〕
沈應文順天府志六卷
唐舜卿涿州志十二卷
汪浦薊州志九卷
張欽保定府志二十五卷
潘恩祁州志六卷
戴詵易州志三十卷
樊文深河間府志二十八卷
廖紀滄州志四卷
項喬董子故里志六卷
雷禮眞定府志三十二卷
倪璣定州志四卷
曹安冀州志四卷
陳棐廣平府志十六卷
宋訥東郡志十六卷

唐錦大名府志二十八卷
王崇慶開州志十卷
張廷綱永平府志十一卷
陳士元灤州志十一卷
胡文璧天津三衛志十卷
馬中錫宣府志十卷
畢恭遼東志九卷
李輔重修遼東志十二卷
洪武京城圖志一卷
陳沂南畿志六十四卷、金陵世紀四卷、金陵古今圖考一卷
顧起元客座贅語十卷
王兆雲烏衣佳話八卷
周暉金陵瑣事八卷、剩錄八卷
留都錄五卷見國子監書目，不著撰人。

中華書局

程嗣功應天府志三十二卷
柳瑛中都志十卷
袁又新鳳陽新書八卷
汪應軫泗州志十二卷
王浩亳州志十卷
呂景蒙潁州志二十卷
潘鏜廬陽志三十卷
楊循吉廬陽客記一卷
潘塤淮郡文獻志二十六卷
陳文燭淮安府志十六卷
高宗本揚州府志十卷
沈明臣通州志八卷
張珩高郵州志三卷
陳奇泰州志八卷
盧熊吳邦廣記五十卷[一四]

劉昌蘇州續志一百卷
王鏊姑蘇志六十卷
劉鳳續吳錄二卷、吳郡考二卷
桑悅太倉州志十一卷
錢岡雲間通志十八卷
顧清松江府志三十二卷
陳繼儒松江府志九十四卷
謝應芳毘陵續志十卷
王俱毘陵志四十卷
張愷常州府志續集八卷
唐鶴徵常州府志二十卷
沈敕荆溪外紀二十五卷
王樵鎮江府志三十六卷
胡纘宗安慶府志三十一卷
鍾城太平府志二十卷

李默寧國府志十卷
王崇池州府志九卷
朱同新安志十卷
程敏政新安文獻志一百卷
何東序徽州府志二十二卷
程一枝鄣大事記二卷
李德陽廣德州志十卷
陳璉永陽志二十六卷
胡松滁州志四卷
周斯盛山西通志三十三卷
張欽大同府志十八卷
呂柟解州志四卷
孔天胤汾州府志八卷
栗應麟潞安府志十二卷
周弘禴代州志二卷

陸釴山東通志四十卷
黃瓚齊魯通志一百卷
彭勖山東郡邑勝覽九卷
李錦泰安州志十卷
邢侗武定州志十五卷
于愼行兗州府志五十二卷
莫驄濟寧州志十三卷
舒祥沂州志四卷
李珏東昌府志九卷
鄧韍濮州志十卷
周禧臨清州志十八卷
馮惟訥青州府志十八卷
李時颺少陽乘二十卷
鍾羽正青州風土記四卷
任順莒州志六卷

潘滋登州府志十卷
楊循吉寧海州志二卷
胡杞忠萊州府志八卷
郭維洲平度州志二卷
胡謐河南總志十九卷
鄒守愚河南通志四十五卷
李濂汴京遺迹志二十四卷、祥符文獻志十
七卷
朱睦㮮中州文獻志四十卷、開封府志八
卷
邵寶許州志三卷
馮相陳州志四卷
吳三樂鄭州志六卷
徐衍祥禹州志十卷萬曆中，鈞州改曰禹州。
李嵩歸德府志八卷

李孟暘睢州志一卷
程應登睢州志七卷
崔銑彰德府志八卷一名鄴乘。
郭朴續志三卷
劉湜磁州志四卷
李遇春衞輝府志七卷
何瑭懷慶府志十二卷
喬縉河南郡志四十二卷
程緒陝州志十卷
葉珠南陽府志十卷
張僊鄧州志六卷
牛孟耕裕州志六卷
陳鑾汝寧府志八卷
李本固汝南新志二十二卷
江貴信陽州志二卷

張暉光州志十卷
方應選汝州志四卷
伍福陝西通志三十五卷成化中修。
馬理陝西通志四十卷嘉靖中修。
何景明雍大記三十六卷
李應祥雍勝略二十四卷
南軒關中文獻志八十卷
宋廷佐乾州志二卷
喬世寧耀州志十一卷
任慶雲商州志八卷
周易鳳翔府志五卷
賈鳳翔鳳翔府歷代事蹟紀略二卷
范文光豳風考略三卷
趙時春平涼府志十三卷
胡纘宗漢中府志十卷、鞏郡記三十卷、秦州
志三十卷
熊爵臨洮府志十卷
韓鼎慶陽府志十卷
胡汝礪寧夏新志八卷
鄭汝璧延綏鎮志八卷
楊寧固原州志二卷
李泰蘭州志十二卷
張最岷州衞志一卷
李璣洮州衞志五卷
郭仲甘州衞志十卷
朱捷河州志四卷
包節陝西行都司志十二卷
孟秋潼關衞志十卷
王崇古莊浪漫記八卷
薛應旂浙江通志七十二卷

夏時正杭州府志六十四卷成化中修。
陳善杭州府志一百卷、外志一卷、全郡山川原委。
武林風俗略一卷
吳瓚武林紀事八卷
柳琰嘉興府志三十二卷
李日華檇李叢談四卷
江翁儀湖州府志二十四卷
徐獻忠吳興掌故集十七卷
江一麟安吉州志八卷
李德恢嚴州府志二十三卷
吳堂富春志六卷
徐與泰金華文獻志二十二卷
吾㫤衢州府志十四卷
何鏜括蒼志五十五卷、括蒼彙紀十五卷
樓公瓛括蒼志補遺四卷
司馬相越郡志略十卷
張元忭紹興府志六十卷
李堂四明文獻志十卷
張時徹寧波府志四十二卷
范理天台要略八卷
謝鐸赤城新志二十三卷
王啓赤城會通記二十卷
李漸三台文獻志二十三卷
王瓚溫州府志二十三卷
王宗沐江西大志八卷
林庭棉江西通志三十七卷
趙秉忠江西輿地圖說一卷
王世懋饒南九三郡輿地圖說一卷
郭子章註豫章古今記一卷、豫章雜記八卷、廣豫章災祥記六卷

盧廷選南昌府志五十卷
江汝璧廣信府志二十卷
王時槐吉安府志二十六卷
郭子章吉志補二十卷
熊相瑞州府志十四卷
陳定袁州府志九卷
余文龍贛州府志二十卷
虞愚虔臺志十二卷
談愷虔臺續志五卷
魏裳湖廣通志九十八卷
廖道南楚紀六十卷
陳士元楚故略二十卷
郭正域武昌府志六卷
朱衣漢陽府志三卷
曹璘襄陽府志二十卷
謝漣均州志八卷
顏木隨州志二卷
舒旌黃州府志十卷
甘澤蘄州志九卷
王寵懷荊州府志十二卷
張春夷陵州志十卷
劉璣岳州府志十卷
張治長沙府志六卷
陸東寶慶府志五卷
楊佩衡州府志九卷
朱麟常德府志二卷
胡靖沅州志七卷
姚昺永州府志十卷
林球荊門州志十卷
童承敘沔陽州志十八卷

周紹稷鄖陽府志二十一卷
王心郴州志六卷
黃仲昭八閩通志八十七卷、邵武府志二十五卷
王應山閩大記五十五卷、閩都記三十二卷
何喬遠閩書一百五十四卷
王世懋閩部疏一卷
陳鳴鶴閩中考一卷、晉安逸志三卷
林熑福州府志三十六卷
林材福州府志七十六卷
周瑛興化府志五十四卷
鄭岳莆陽文獻志七十五卷
黃鳳翔泉州府志二十四卷
何烱清源文獻志八卷
陳懋仁泉南雜記二卷
徐鑾漳州府志三十八卷
劉璵建寧府志六十卷
游居敬延平府志三十四卷
張大光福寧州志十六卷
王元正四川總志八十卷
楊愼全蜀藝文志六十四卷
杜應芳補蜀藝文志五十四卷
郭棐四川通志三十六卷、夔州府志十二卷、夔記四卷
曹學佺蜀漢地理補二卷、蜀郡縣古今通釋四卷、蜀中風土記四卷、方物記十二卷
彭韶成都志二十五卷
周洪謨敍州府志十二卷
金光涪州志二卷
陳嘉言嘉州志十卷

佘承勛西眉郡縣志十卷
戴璟廣東通志七十二卷
郭棐粵大記三十二卷、嶺南名勝志十六卷
謝肇淛百粵風土記一卷
張邦翼嶺南文獻志十二卷、補遺六卷
馬歘南粵概四卷
黃佐廣州府志二十二卷、香山志八卷
鄭敬甫惠大記六卷
郭春震潮州府志八卷〔二五〕
郭子章潮中雜記十二卷
符錫韶州府志十卷
葉春及肇慶府志二十卷
王佐瓊臺外紀五卷、珠崖錄五卷
顧玠海槎餘錄一卷
張詡厓門新志十八卷
周孟中廣西通志六十卷
魏濬西事珥八卷、嶠南瑣記二卷
陳璉桂林志三十卷
張鳴鳳桂故八卷、桂勝十四卷
謝少南全州志七卷
黨緒思恩府志四卷
田秋思南府志八卷
郭棐右江大志十二卷
雲南志書六十一卷洪武十四年旣平雲南，詔儒臣考定爲書。
李元陽雲南通志十八卷、大理府志十卷
陳善滇南類編十卷
楊愼滇程記一卷
彭汝實六詔紀聞一卷
楊鼐南詔通記十卷

中華書局

諸葛元聲滇史十四卷
吳懋葉榆檀林志八卷
楊士雲黑水集證一卷、郡大記一卷
趙瓚貴州新志十七卷
謝東山貴陽圖考二十六卷
郭子章黔記六十卷、黔小志一卷
祁順石阡府志十卷
袁表黎平府志九卷
周瑛興隆衞志二卷
許論九邊圖論三卷
魏煥九邊通考十卷
霍冀九邊圖說一卷
范守己籌邊圖記三卷
劉效祖四鎭三關志十二卷
蘇祐三關紀要三卷
劉昌兩鎭邊關圖說二卷
翁萬達宣大山西諸邊圖一卷
楊守謙大寧考一卷、紫荆考一卷、花馬池考一卷
楊一葵雲中邊略四卷
楊時寧大同鎭圖說三卷、大同分營地方圖一卷
張雨全陝邊政考十二卷
劉敏寬延鎭圖說二卷
楊錦朔方邊紀五卷
詹榮山海關志八卷
莫如善威茂邊政考五卷
方孔炤全邊略記十二卷
胡宗憲籌海圖編十三卷
黃光昇海塘記一卷

仇俊卿海塘錄十卷〔六〕
鄭若曾萬里海防圖論二卷、江南經略八卷
王在晉海防纂要十三卷
謝廷傑兩浙海防類考十卷
范淶續編十卷
李如華溫處海防圖略二卷
安國賢南澳小記十二卷、南日寨小記十卷
吳時來江防考六卷
洪朝選江防信地二卷
吳道南國史河渠志二卷
劉隅治河通考十卷
劉天和問水集六卷
吳山治河通考十卷
潘季馴河防一覽十四卷、宸斷大工錄十卷
潘大復河防榷十二卷
張光孝西瀆大河志六卷
黃克纘疏治黃河全書二卷
徐標河患備考二卷、河防律令二卷
王恕漕河通志十四卷
王瓊漕河圖志八卷
車璽漕河總考四卷〔七〕
顧寰漕河總錄二卷
高捷漕黃要覽二卷
黃承玄河漕通考四十五卷、安平鎭志十一卷、北河紀略十四卷
秦金通惠河志二卷
謝肇淛北河紀八卷、紀餘四卷
朱國盛南河志十四卷
陳夢鶴濟寧閘河類考六卷
徐源山東泉志六卷

王寵東泉志四卷、濟寧閘河志四卷
張純泉河紀略八卷
胡瓚泉河史十五卷
張橋泉河志六卷
馮世雍呂梁洪志一卷
陳穆徐州洪志十卷
袁黃皇都水利一卷
伍餘福三吳水利論一卷
歸有光三吳水利錄四卷
許應夔修事三吳水利考四卷
王道行三吳水利考二卷
王圻東吳水利考十卷
沈啓吳江水利考四卷
賈應璧紹興水利圖說二卷
何鏜名山記十七卷
愼蒙名山一覽記十五卷
都穆遊名山記六卷
黃以陞遊名山記六卷
查志隆岱史十八卷
宋燾泰山紀事十二卷
燕汝靖嵩嶽古今集錄二卷
李時芳華嶽全集十卷
婁虛心北嶽編五卷
王濬和恒嶽志二卷
彭簪衡岳志八卷
孫存岳麓書院圖志一卷
太岳太和山志十五卷洪熙中，道士任自垣編。
葛寅亮金陵梵刹志五十二卷
張萊京口三山志十卷
劉大彬茅山志十五卷〔八〕

王鏊震澤編八卷
盧雍石湖志十卷
談修惠山古今考十卷
潘之恒新安山水志十卷、黃海二十九卷
方漢齊雲山志七卷
汪可立九華山志二卷
吳之鯨武林梵刹志十二卷
田汝成西湖遊覽志二十四卷〔九〕
張元忭雲門志略五卷
周應賓普陀山志五卷
僧傳燈天台山志二十九卷
朱諫雁山志四卷
桑喬廬山紀事十二卷
劉俊白鹿洞書院志六卷
楊亘武夷山志六卷
黃天全九鯉湖志六卷
劉中藻洞山九潭志四卷
喬世寧五臺山志一卷
李應奇崆峒志二卷
僧德清曹溪志四卷
左宗郢麻姑山志十七卷
陳璉羅浮志十五卷
謝肇淛支提山志七卷、鼓山志十二卷〔一〇〕
楊士奇北京紀行錄二卷
劉定之代祀錄一卷
陸深停驂錄二卷
李東陽東祀錄三卷
張寧奉使錄二卷
李思聰百夷傳一卷〔一一〕洪武中，出使緬國所紀。
費信星槎勝覽集二卷、天心紀行錄一卷永樂

中，從鄭和使西洋所紀。
陳誠西域行程記二卷
馬歡瀛涯勝覽一卷
倪謙朝鮮紀事一卷、遼海編四卷
錢溥朝鮮雜志三卷、使交錄一卷
黃福安南水程日記二卷
龔用卿使朝鮮錄三卷
謝杰使琉球錄六卷
李文鳳粵嶠書二十卷紀安南事。
黃省曾西洋朝貢典錄二卷
張燮東西洋考十二卷
李言恭日本考五卷
侯繼高日本風土記四卷
卜大同備倭圖記四卷、征苗圖記一卷
田汝成炎徼紀聞四卷
寧獻王權異域志一卷
嚴從簡殊域周咨錄二十四卷
羅曰褧咸賓錄八卷
茅瑞徵象胥錄八卷
尹耕譯語一卷
艾儒略職方外紀五卷

右地理類，四百七十一部，七千四百九十八卷。

天潢玉牒一卷、宗支二卷男女各一冊、宗譜一卷 主婿譜牒一卷
已上皆明初修。
朱睦㮮帝系世表一卷、周國世系表一卷、周

乘一卷、鎮平世系錄二卷
周憲王年表二卷
周定王年表一卷
楚王宗支一卷
蜀府宗支圖譜一卷
朱宙栐統宗繩蟄錄十二卷
吳震元宋相譜二百卷
朱右邾子世家一卷
盧熊孔顏世系譜二卷
楊廉二程年譜一卷
李默朱子年譜四卷
徐渤蔡忠惠年譜一卷
郭勳三家世典一卷輯徐達、沐英、郭英三家世系，勳伐本末。
中山徐氏世系錄一卷
李韓公家乘一卷
李臨淮遐思錄八卷
吳沈千家姓一卷
楊信民姓源珠璣六卷
邢參姓氏彙典二卷
楊愼希姓錄五卷
王文翰尙古類氏集十二卷
李日華姓氏譜纂七卷
曹宗儒郡望辨二卷
陳士元姓滙四卷、姓觿二卷、名疑四卷
凌迪知歷代帝王姓系統譜六卷、姓氏博考十四卷、萬姓統譜一百四十卷
余寅同姓名錄十二卷
鄧名世古今姓氏書辨證四十卷〔三〕

右譜牒類，三十八部，五百四卷。

校勘記

〔一〕何喬遠名山藏三十七卷　三十七卷，千頃堂書目作「一百卷，分三十七類」，此疑誤「類」爲「卷」。

〔二〕劉辰國初事蹟一卷　劉辰，原作「劉宸」，據稽璜續文獻通考卷一六三、國史經籍志卷一、四庫全書總目卷五三、借月山房彙鈔本和澤古齋重鈔本國初事蹟改，本書卷一五〇有劉辰傳。

〔三〕楊儀壟起雜事一卷　壟起雜事，原作「隴起雜事」，據明史稿志七五藝文志、千頃堂書目卷五改。

〔四〕萬表前後海寇議三卷　萬表，原作「范表」，據千頃堂書目卷五、稽璜續文獻通考卷一八三、國史經籍志補、四庫全書總目卷一〇〇、金聲玉振集本和借月山房彙鈔本海寇議改。

〔五〕李維楨庚申紀事一卷　李維楨，原作「李維禎」，據本書卷二八八李維楨傳、明史稿志七五藝文志、千頃堂書目卷五、四庫全書總目卷八八改。

〔六〕孫繼芳磯園稗史二卷　孫繼芳，原作「孫世芳」，據函芬樓祕笈本磯園稗史改。明詩綜卷三四有孫繼芳小傳。

〔七〕右雜史類二百十七部二千二百四十四卷　按本類錄自明史稿志七五藝文志，刪去李文鳳月山

叢談四卷、焦竑玉堂叢語八卷，但此總部數及卷數照抄明史稿而未減，應減去二部十二卷。

〔八〕趙弼雪航膚見十卷　雪航膚見，原作「雪航睿見」，據千頃堂書目卷五、稽璜續文獻通考卷一六七、四庫全書總目卷八九改。

〔九〕沈啓南船記四卷　沈啓，原作「沈岱」，據四庫全書總目卷八四改。沈啓有吳江水利考，見本卷地理類。沈啓，見明進士題名碑錄嘉靖戊戌科。

〔一〇〕林希元荒政叢言一卷　林希元，原作「林希」，據四庫全書總目卷八二，墨海金壺本、守山閣叢書本和瓶華書屋叢書本荒政叢書改。本書卷二八二有林希元傳。

〔一一〕何孟春續遺錄一卷　疑重出。本志雜史類已著錄張芹建文備遺錄二卷、何孟春續備遺錄一卷，此處又有張芹備遺錄一卷，何孟春續遺錄一卷。四庫全書總目卷六一稱備遺錄記建文殉節諸臣，疑原爲一卷，後又增爲二卷，故分爲二書。續遺錄只一卷，非二書，似不當重出。

〔一二〕孫國敉燕都游覽志四十卷　孫國敉，原作「孫國莊」，據千頃堂書目卷六、京師坊巷志改。

〔一三〕蔣一葵長安客話八卷　蔣一葵，原作「蔣一驄」，據千頃堂書目卷六、五朝小說本和皇明百家小說本長安客話改。

〔一四〕盧熊吳邦廣記五十卷　吳邦廣記，千頃堂書目卷六作「吳郡廣記」。

〔一五〕郭春震潮州府志八卷　郭春震，原作「郭春」，據千頃堂書目卷七補。

二十四史

中華書局

〔一六〕仇俊卿海塘錄十卷　海塘錄，原脫「塘」字，據明史稿志七五藝文志、千頃堂書目卷八、嵇璜續文獻通考卷一七〇補。

〔一七〕車璽漕河總考四卷　車璽，原作「車爾正」，據千頃堂書目卷八、嵇璜續文獻通考卷一七〇、四庫全書總目卷七五改。漕河總考，三書都作「治河總考」。

〔一八〕劉大彬茅山志十五卷　劉大彬，原作「劉大賓」，據千頃堂書目卷八、嵇璜續文獻通考卷一七一、文津閣四庫全書本茅山志改。

〔一九〕田汝成西湖遊覽志二十四卷　田汝成，原作「田藝蘅」，據本書卷二八七田汝成傳、嵇璜續文獻通考卷一七一、國史經籍志卷三、文津閣四庫全書本和武林掌故叢編本西湖遊覽志改。

〔二〇〕謝肇淛支提山志七卷鼓山志十二卷　鼓山志，原作「彭山志」，據千頃堂書目卷八改。按支提山和鼓山都在福建。

〔二一〕李思聰百夷傳一卷　李思聰，嵇璜續文獻通考卷一七一作「錢古訓」。四庫全書總目卷七八稱錢古訓和李思聰於洪武二十九年同使麓川，「今據（楊）砥序及夏原吉後序，則實古訓所作」。

〔二二〕鄭名世古今姓氏書辨證四十卷　此係宋人著作，誤入本志。李心傳建炎以來繫年要錄稱紹興四年三月乙亥上此書。

明史卷九十八

志第七十四

藝文三

子類十二：一曰儒家類，二曰雜家類，前代藝文志列名法諸家，然寥寥無幾，備數而已。今總附雜家。三曰農家類，四曰小說家類，五曰兵書類，六曰天文類，七曰曆數類，八曰五行類，九曰藝術類，醫書附。十曰類書類，十一曰道家類，十二曰釋家類。

聖學心法四卷永樂中編，爲類四：曰君道、臣道、父道、子道。成祖製序。

性理大全七十卷永樂中，旣命胡廣等纂修經書大全，又以周、程、張、朱諸儒性理之書類聚成編。成祖製序。

傳心要語一卷、孝順事實十卷、爲善陰騭十卷皆永樂中編。

五倫書六十二卷宣宗采經傳子史嘉言善行爲是書。

正統中，英宗製序刊行。

憲宗文華大訓二十八卷綱四，目二十有四。成化中編。

尤文語錄二卷

世宗敬一箴一卷、注程子四箴、注范浚心箴共二卷嘉靖中，世宗製序刊行。

鮑寧天原發微辨正五卷

金潤心學探微十二卷

孫作東家子一卷

吳與弼康齋日錄一卷

葉儀潛書一卷

薛瑄讀書錄十卷、續錄十卷

留睿留子一卷〔一〕

周洪謨南皐子雜言二卷、箐齋讀書錄二卷

葉子奇太玄本旨九卷

胡居仁居業錄八卷

朱右性理本原三卷

謝鐸伊洛淵源續錄六卷

張九韶理學類編八卷

程敏政道一編五卷

謝應芳辯惑編四卷

蔡清性理要解二卷

周是修綱常彝範十二卷

楊廉伊洛淵源錄類增十四卷、畏軒劄記三卷

曹端理學要覽二卷、夜行燭一卷、月川語錄一卷

張吉陸學訂疑二卷

章懋楓山語錄二卷

周木延平問答續錄一卷

楊守阯困學寡聞錄十卷
韓邦奇性理三解八卷
王鴻漸讀書記二卷
王蓂大儒心學錄二十七卷
徐問讀書劄記八卷、續記八卷
方鵬觀感錄十二卷
魏校莊渠全書十卷
趙鶴金華正學編十卷
陳獻章言行錄十卷、附錄二卷
王守仁傳習錄四卷、陽明則言二卷
羅欽順困知記六卷、附錄二卷
陳建學蔀通辨十二卷
許讚性學編一卷、道統泝流錄一卷
湛若水甘泉明論十卷、遵道錄十卷、問辨錄
六卷

黃佐泰泉庸言十二卷
呂柟涇野子內篇三十三卷、語錄二十卷
鄒守益道南三書三卷、明道錄四卷
何瑭柏齋三書四卷
薛蕙日錄五卷
顧應祥惜陰錄十二卷
沈霽語錄四卷
邵經邦弘道錄五十七卷
唐順之儒編六十卷
薛應旂考亭淵源錄二十四卷、薛子庸語十
二卷
王艮心齋語錄二卷
周思兼學道記言六卷
胡直胡子衡齊八卷
陸樹聲汲古叢語一卷

金賁亨道南錄五卷、台學源流集七卷
尤時熙擬學小記八卷
劉元卿諸儒學案八卷
周琦東溪日談十八卷
羅汝芳明道錄八卷、近溪集語十二卷
耿定向庸言二卷、雅言一卷、新語一卷、致
學商求一卷
李渭先行錄十卷
王樵劄記一卷、筆記一卷
許孚遠語要二卷
朱衡道南源委錄十二卷
孫應鰲論學彙編八卷
梁斗輝聖學正宗二十卷
管志道問辨牘八卷、理學酬咨錄八卷
王敬臣俟後編四卷

呂坤呻吟語四卷
鄒德溥畏聖錄二卷
鄧球理學宗旨二卷
李材教學錄十二卷、南中問辨錄十卷
曾朝節臆言八卷
鄒元標仁文會語四卷、日新編二卷
楊起元證學編二卷、識仁編二卷
徐卽登儒學明宗錄二十五卷
黃時燿知非錄六卷
錢一本黽記四卷
顧憲成劄記十八卷、東林商語二卷、證性編
八卷、當下繹一卷、涇陽遺書二十卷
李多見學原前後編八卷
涂宗濬證學記三卷
周子義日錄見聞十卷

吳仕期大儒敷言三十三卷
徐三重信古餘論八卷
來知德日錄十二卷
方學漸心學宗四卷
姚舜牧性理指歸二十八卷
馮從吾元儒考略四卷、語錄六卷
唐鶴徵憲世編六卷
曾鳳儀明儒見道編二卷
周汝登聖學宗傳十八卷

高攀龍就正錄二卷、高子遺書十二卷
孫愼行困思抄四卷
劉宗周理學宗要一卷、證人要旨一卷、劉子
遺書四卷
葉秉敬讀書錄鈔八卷
黃道周榕壇問業十八卷
章世純留書十卷
黃淳耀吾師錄一卷、語錄一卷、劄記二卷

右儒家類，一百四十部，一千二百三十卷。

太祖資治通訓一卷、凡十四章，首君道，次臣道，又次民用、士用、工用、商用，皆著勸導之意。公子書一卷、訓世臣。務農技藝商賈書一卷訓庶民子弟。
成祖務本之訓一卷采太祖創業事迹及往古興亡得失爲書，以訓太孫。
仁孝皇后勸善書二十卷
宋濂燕書一卷

王廉迂論十卷
葉子奇草木子八卷
王達筆疇二卷
曹安讕言長語二卷
趙弼事物紀原删定二十卷
解延年物類集說三十四卷
羅頎梅山叢書二百卷、物原二卷
謝理東岑子四卷
潘府南山素言一卷
何孟春餘冬序錄六十五卷、閒日分義一百
卷
戴鱀經濟考略二十卷
戴璟博物策會十七卷
陸深同異錄一卷、傳疑錄二卷
孫宜遯言二卷

祝允明前聞記一卷、讀書筆記一卷
蔡羽太藪外史五卷
劉繪劉子通論十卷
高岱楚漢餘談一卷
羅虞臣原子八卷
王杰經濟總論十卷
汪坦日知錄五卷
劉鳳劉子雜組十卷
王世貞劄記二卷、宛委餘編十九卷
王可大國憲家猷五十六卷萬曆中，御史言內閣絲綸簿猝無可考，惟是書載之。遂取以進。
沈津百家類纂四十卷
陳耀文學圃萱蘇六卷、學林就正四卷
陳絳金罍子四十四卷
方弘靜千一錄二十六卷

二十四史 中華書局

勞堪史編始事二卷
朱謀㙔玄覽八卷
陳其力芸心識餘八卷
趙樞生含玄子十六卷、別編十卷
周蘄名義考十二卷
吳安國纍瓦編三十二卷
詹景鳳詹氏小辨六十四卷
馮應京經世實用編二十八卷
穆希文說原十六卷、動植記原四卷
柯壽愷語叢三十八卷
王三聘事物考八卷
徐三重鴻洲雜著十八卷
徐常吉諸家要旨二卷
王納諫會心言四卷
徐伯齡蟫精雋二十卷
沈節甫紀錄彙編二百十六卷
趙士登省身至言十卷
祁承㸁國朝徵信錄二百十二卷、淡生堂餘苑六百四卷
劉仕義知新錄二十四卷
屠隆冥寥子二卷、鴻苞四十八卷
董斯張廣博物志五十卷
閔文振異物類苑五卷
鄭瑄昨非菴日纂六十卷

右雜家類，六十七部，二千二百八十四卷。

劉基多能鄙事十二卷
周定王救荒本草四卷

寧獻王臞仙神隱書四卷
李德紹樹藝考二卷
楊溥水雲錄二卷
袁黃寶坻勸農書二卷
周履靖茹草編四卷
陳鳴鶴田家月令一卷
鄺璠便民圖纂十六卷
宋公望四時種植書一卷
顧清田家月令一卷
馮應京月令廣義二十四卷
施大經閱古農書六卷
王象晉羣芳譜二十八卷
俞貞木種樹書三卷
徐光啓農政全書六十卷、農遺雜疏五卷
溫純齊民要書一卷
張國維農政全書八卷
王世懋學圃雜疏三卷
吳嘉言四季須知二卷
黃省曾稻品一卷、蠶經一卷

右農家類，二十三部，一百九十一卷。

宋濂蘿山雜言一卷
葉子奇草木子餘錄三卷
劉績霏雪錄二卷
陶宗儀輟耕錄三十卷、說郛一百二十卷又有續說郛四十六卷，明季人陶珽纂輯。
陶輔桑榆漫筆一卷

瞿佑香臺集三卷
王渙墨池瑣錄三卷
張綸林泉隨筆一卷
沈周客坐新聞二十二卷
李賢古穰雜錄二卷
都邛三餘贅筆二卷
岳正類博雜言二卷
都穆奚囊續要二十卷
葉盛水東日記三十八卷
徐禎卿異林一卷
單宇菊坡叢話二十六卷
唐錦龍江夢餘錄四卷
陸容菽園雜記十五卷
戴冠筆記十卷
姚福青谿暇筆二十卷
侯甸西樵野記十卷
張志淳南園漫錄十卷、續錄十卷
陸粲庚巳編十卷
梅純續百川學海一百卷
陸深儼山外集四十卷
王錡寓圃雜記十卷
馬攀龍株守談略四卷
羅鳳漫錄三十卷
陸采天池聲雋四十卷
李詡漫筆八卷
胡侍野談六卷
徐泰玉池談屑四卷
楊愼丹鉛總錄二十七卷、續錄十二卷、餘錄十七卷、新錄七卷、閏錄九卷、卮言四卷、
羅欽德閒中瑣錄二卷

談苑醍醐九卷、藝林伐山二十卷、墐戶錄一卷、清暑錄二卷
項喬甌東私錄六卷
張時徹說林二十四卷
陸楫古今說海一百四十二卷
袁褧前後四十家小說八十卷、廣四十家小說四十卷
陳霆兩山墨談十八卷
司馬泰廣說郛八十卷、古今彙說六十卷、再續百川學海八十卷、三續三十卷、史流十品一百卷
陸樹聲清暑筆談一卷、長水日鈔一卷、耄餘雜識一卷
徐伯相畫暇叢記二十卷
王文祿明世學山五十卷
姚弘謨錦囊瑣綴八卷
尤鏜紅箱集五十卷
陳師筆談十五卷
朱應辰漫鈔十卷
石磐菊徑漫談十四卷
李文鳳月山叢談十卷
郎瑛七修類稿五十一卷
何良俊語林三十卷、叢說三十八卷
朱國禎湧幢小品二十四卷
沈儀麈談錄十卷
李豫亨自樂編十六卷
萬表灼艾集十卷
徐渭路史二卷
高鶴見聞搜玉八卷
汪雲程逸史搜奇十卷

孫能傳剡溪漫筆六卷
王應山風雅叢談六十卷
陳禹謨說塵八卷
田藝蘅留青日札三十九卷、西湖志餘二十六卷
胡應麟少室山房筆叢三十二卷、續十六卷
林茂槐說類六十二卷
焦竑筆乘二十卷、玉堂叢語八卷、明世說八卷
黃汝良筆談十二卷
朱謀㙔異林十六卷
湯顯祖續虞初志八卷
張鼎思瑯琊代醉編四十卷
屠本畯山林經濟籍二十四卷
顧起元說略六十卷
王肯堂鬱岡齋筆麈四卷
董其昌畫禪室隨筆二卷
商濬稗海三百六十八卷
謝肇淛五雜組十六卷、麈餘四卷、文海披沙八卷
徐𤊹徐氏筆精八卷
王兆雲驚座新書八卷、王氏青箱餘十二卷
張所望閱耕餘錄六卷
郭良翰問奇類林三十六卷
陳繼儒祕笈一百三十卷
潘之恒亘史鈔九十一卷
王學海筠齋漫錄十卷
李日華六研齋筆記十二卷、日記二十卷
包衡清賞錄十二卷
張重華娛耳集十二卷

馬應龍藝林鉤微錄二十四卷
李紹文明世說新語八卷
張大復筆談十四卷
徐應秋談薈三十六卷
楊崇吾檢蠹隨筆三十卷
來斯行槎菴小乘四十六卷
沈弘正蟲天志十卷
胡震亨讀書雜錄三卷
閔元京湘烟錄十六卷
茅元儀雜記三十二卷
華繼善咫聞錄五卷
王所日格類鈔三十卷
王勣纂言鉤玄十六卷
楊德周隨筆十二卷
吳之俊獅山掌錄二十八卷

右小說家類，一百二十七部，三千三百七卷。〔三〕

劉寅七書直解二十六卷、集古兵法一卷
寧獻王權注素書一卷
徐昌會握機槖鑰六卷
陳元素古今名將傳十七卷
劉畿諸史將略十六卷
何喬新續百將傳四卷五代訖宋、元。
何瑭兵論一卷
王芑綱目兵法六卷
穆伯寅兵鑑撮要七卷
劉濂兵說十二卷

吳從周兵法彙編十二卷
唐順之武編十二卷、兵垣四編五卷
何東序益智兵書一百卷、武庫益智錄六卷
陳禹謨左氏兵法略三十二卷
李材將將紀二十四卷、兵政紀略五十卷、經武淵源十五卷
顧其言新續百將傳四卷一名明百將傳。
馮孜古今將略四卷
尹商閫外春秋三十二卷
戚繼光紀效新書十四卷、練兵實紀九卷、雜集六卷、將臣寶鑑一卷
趙本學韜鈐內篇一卷
俞大猷韜鈐續篇一卷、劍經一卷
葉夢熊運籌綱目十卷
王鳴鶴登壇必究四十卷
何僎讀史機略十卷
鄭璧古今兵鑑三十二卷、經世宏籌三十六卷
王有麟古今戰守攻圍兵法六十卷
姚文蔚省括編二十二卷
趙大綱方略摘要十卷
高折枝將略類編二十四卷
施滲明古今紆籌十二卷
楊惟休武略十卷
孫承宗車營百八扣一卷
徐常陣法舉要一卷
龍正八陣圖演注一卷
瞿汝稷兵略纂聞十二卷
茅元儀武備志二百四十卷
孫元化經武全編十卷

顏季亨明武功紀勝通考八卷
徐標兵機纂要四卷
范景文師律十六卷
谷中虛水陸兵律令操法四卷
張燾西洋火攻圖說一卷
王應遴備書二十卷
冒起宗守筌五卷
講武全書兵覽三十二卷、兵律三十八卷、兵占二十四卷
兵機備纂十三卷已上四部，不知撰人。

右兵書類，五十八部，一千一百二十二卷。

清類天文分野書二十四卷洪武中編，以十二分野星次分配天下郡縣，又於郡縣之下詳載古今沿革之由。
天元玉曆祥異賦七卷仁宗製序。
葉子奇元理一卷
劉基天文祕略一卷
觀象玩占十卷不知撰人，或云劉基輯。
楊廉星略一卷
王應電天文會通一卷
周述學天文圖學一卷
吳珫天文要義二卷
范守己天官舉正六卷
陸侹天文地理星度分野集要四卷
王臣夔測候圖說一卷
黃履康管窺略三卷
黃鍾和天文星象考一卷

楊惟休天文書四卷

潘元和古今災異類考五卷

趙宧光九圜史一卷

余文龍祥異圖說七卷、史異編十七卷

李之藻渾蓋通憲圖說二卷

利瑪竇幾何原本六卷、勾股義一卷、表度說一卷、圜容較義一卷、測量法義一卷、天問略一卷、泰西水法六卷

熊三拔簡平儀說一卷、測量異同一卷

李天經渾天儀說五卷

王應遴乾象圖說一卷、中星圖一卷

陳胤昌天文地理圖說二卷

李元庚乾象圖說一卷

陳藎謨象林一卷

馬承勳風纂十二卷

魏濬緯談一卷

吳雲天文志雜占一卷

艾儒略幾何要法四卷

圖注天文祥異賦十卷

天文鬼料竅一卷

天文玉曆璇璣經五卷

天文玉曆森羅記十二卷

經史言天錄二十六卷

嘉隆天象錄四十五卷

雷占三卷

風雲寶鑑一卷

天文占驗二卷

物象通占十卷

白猿經一卷已上十一部，皆不知撰人。

右天文類，五十部，二百六十三卷。

劉信曆法通徑四卷

馬沙亦黑回回曆法三卷

左贊曆解易覽一卷

呂柟寒暑經圖解一卷

顧應祥授時曆法二卷

曾俊曆法統宗二卷、曆臺撮要二卷

周述學曆宗通議一卷、中經測一卷、曆草一卷

貝琳百中經十卷起成化甲午訖嘉靖癸巳，凡六十年。後人又續至壬戌止。

戴廷槐革節卮言五卷

袁黃曆法新書五卷

何註曆理管窺一卷

郭子章校幹釋五卷

朱載堉律曆融通四卷、音義一卷、萬年曆一卷、萬年曆備考二卷、曆學新說二卷萬曆二十三年編進。

蕭懋恩監曆便覽二卷

邢雲路古今律曆考七十二卷

徐光啓崇禎曆書一百二十六卷曆書總目一卷、日躔曆指四卷、日躔表二卷、恆星曆指三卷、恆星圖一卷、恆星圖系一卷、恆星曆表四卷、恆星經緯表二卷、恆星出沒表二卷、月離曆指四卷、月離表六卷、交食曆指七卷、交食表七卷、五緯曆指九卷、五緯表十卷、測天約說二卷、大測二卷、割圜八線表六卷、黃道升度表七卷、黃赤道距度表一卷、通率表二卷、元史揆日訂訛一卷、通率立成表一卷、散表一卷、測圜八線立成長表四卷、黃道升度立成中表四卷、曆指一卷、測量全義十卷、比例規解一卷、南北高弧表十二卷、諸方半晝分表一卷、諸方晨昏分表一卷、曆學小辯一卷、曆學日辯五卷。崇禎二年敕光啓與李之藻、王應遴及西洋人羅雅谷等陸續成書。

羅雅谷籌算一卷

右曆數類，三十一部，二百九十一卷。

劉基玉洞金書一卷〔三〕、注靈棋經二卷、解皇極經世稽覽圖十八卷

選擇曆書五卷洪武中，欽天監奉敕撰定。

馬貴周易雜占一卷

胡宏周易黃金尺一卷

盧翰中菴籤易一卷

王英明曆體略三卷

何三省曆法同異考四卷

賈信臺曆百中經一卷

曆法統宗十二卷

曆法集成四卷

經緯曆書八卷

七政全書四卷已上四部，皆不知撰人。

季本蓍法別傳二卷

周瑞文公斷易奇書三卷

蔡元谷神易數一卷

張其堤易卦類選大成四卷

王宇周易占林四卷

錢春五行類應八卷

劉均卜筮全書八卷

趙際隆卜筮全書十四卷

張濡先天易數二卷

周視考陰陽定論三卷

楊向春皇極心易發微六卷

蔡士順皇極祕數占驗一卷

吳珫皇極經世鈐解二卷、太乙統宗寶鑑二十卷、太乙淘金歌一卷、六壬金鑰匙二卷

馮柯三極通二卷

張幹山古今應驗異夢全書四卷

陳士元夢占逸旨八卷

張鳳翼夢占類考十二卷

池本理禽遁大全四卷、禽星易見四卷

鮑世彥奇門微義四卷、奇門陽遁一卷、陰遁一卷

劉翔奇門遁甲兵機書二十卷

徐之鏌選擇禽奇盤例定局五卷

胡獻忠八門神書一卷

葉容太乙三辰顯異經十卷

李元灃太乙九旗曆三卷

邢雲路太乙書十卷

李克家戎事類占二十一卷

楊瓚六壬直指捷要二卷

蔣日新開雲觀月歌一卷

黃公達鳳髓靈文一卷

袁祥六壬大全三十三卷

徐常吉六壬釋義一卷

黃賓廷六壬集應鈐六十卷

寧獻王權肘後神樞二卷、運化玄樞一卷

曆法通書三十卷金谿何士泰景祥曆法，臨江宋魯珍

中華書局

二十四史

輝山通書合編。
熙宗立金精鼇極六卷、通書大全三十卷
王天利三元節要三卷
徐璜陰陽捷徑一卷
劉最選擇類編八卷
萬邦孚彙選筮吉指南十一卷、日家指掌二卷、通書纂要六卷
何瑭陰陽管窺一卷
劉黄裳元圖符藏二卷
已上卜筮陰陽。
劉基三命奇談、滴天髓一卷
吳天洪造命宗鏡集十二卷
洪理曆府大成二十二卷
歐陽忠星命祕訣望斗眞經三卷
楊源星學源流二十卷

雷鳴夏子平管見二卷
李欽淵海子平大全六卷
萬民英三命會通十二卷、[四]星學大成十八卷[五]
陸位星學綱目正傳二十卷
張果星宗命格十卷、文武星案六卷
西窗老人蘭臺妙選三卷
袁忠徹古今識鑑八卷
鮑栗之麻衣相法七卷
李廷湘人相編十二卷
已上星相。
周繼陽宅眞訣二卷
王君榮陽宅十書四卷
陳夢和陽宅集成九卷
李邦祥陽宅眞傳二卷

周經陽宅新編二卷
陽宅大全十卷不知撰人。
劉基金彈子三卷、披肝露膽一卷、一粒粟一卷、地理漫興三卷
趙汸葬說一卷
瞿佑葬說一卷
謝昌地理四書四卷
謝廷柱堪輿管見二卷[六]
周孟中地理眞機十五卷
徐善繼人子須知三十五卷
董章堪輿祕旨六卷
徐國柱地理正宗八卷
趙祐地理紫囊八卷
右五行類，一百四部，八百六十一卷。

郭子章校定天玉經七注七卷
陳時暘堪輿眞諦三卷
王崇德地理見知四卷
李廸人天眼目九卷
徐之鏌羅經簡易圖解一卷、地理琢玉斧十三卷
地理全書五十一卷不知撰人。
地理天機會元三十五卷不知撰人。
李國本理氣祕旨七卷、地理形勢眞訣三十卷
徐焴堪輿辨惑一卷
已上堪輿。

格古要論十四卷洪武中，曹昭撰。[七]天順間，王均增輯。
沈津欣賞編十卷
茅一相續欣賞編十卷
吳繼墨蛾小錄四卷
周履靖藝苑一百卷、繪林十六卷、畫藪九卷
朱存理鐵網珊瑚二十卷
朱凱圖畫要略一卷
都穆金薤琳瑯二十卷、寓意編一卷
唐寅畫譜三卷
韓昂明畫譜一卷
楊愼墨池瑣錄一卷、書品一卷、斷碑集四卷
徐獻忠金石文一卷
周英書纂五卷
程士莊博古圖錄三十卷

朱觀熰畫法權輿二卷
劉璋明書畫史三卷
羅周旦古今畫鑑五卷
李開先中麓畫品一卷
王勣畫史二十卷
王世貞畫苑十卷、補遺二卷
莫是龍畫說一卷
劉世儒梅譜四卷
王穉登吳郡丹青志一卷
徐焴閩畫記一卷
曹學佺蜀畫苑四卷
李日華畫滕二卷、書畫想像錄四十卷
張丑清河書畫舫十二卷
寧獻王權臞柯經一卷、琴阮啓蒙一卷、神奇祕譜三卷

袁均哲太古遺音二卷
嚴澂琴譜十卷
楊表正琴譜六卷
林應龍適情錄二十卷、棋史二卷
葉良貴歙硯志四卷
方于魯墨譜六卷
程君房墨苑十卷
周應愿印說一卷
鄭履祥印林二卷
臧懋循六博碎金八卷
文震亨長物志十二卷
已上雜藝。
孝宗類證本草三十一卷
世宗易簡方一卷
趙簡王補刊素問遺篇一卷世傳素問王砯注本，中有缺篇，簡王得全本，補之。

寧獻王權乾坤生意四卷、壽域神方四卷
周定王普濟方六十八卷
李詗集解脈訣十二卷
劉純玉機微義五十卷、醫經小學六卷
楊文德太素脈訣一卷
李恆袖珍方四卷
周禮醫學碎金四卷
俞子容續醫說十卷
徐子宇致和樞要九卷
劉均美拔萃類方二十卷一作四十卷。
胡濙衞生易簡方四卷永樂中，濙爲禮部侍郎，出使四方，輯所得醫方進於朝。一作十二卷。
陶華傷寒六書六卷、傷寒九種書九卷、傷寒全書五卷

中華書局

鄭達遵生錄十卷[八]
楊愼素問糾略三卷
陰秉暘內經類考十卷
孫兆素問注釋考誤十二卷
張介賓張氏類經四十二卷
張世賢圖注難經八卷
吳球諸證辨疑四卷、用藥玄機二卷
方賢奇效良方六十九卷
錢原濬集善方三十六卷
鄭福經驗良方十卷
丁毅醫方集宜十卷
王鏊本草單方八卷
錢寶運氣說二卷
李言聞四diag發明八卷
李時珍瀕湖脈學一卷、奇經八脈考一卷時珍

本草綱目一書，用力深久，詳方伎傳。
虞摶醫學正傳八卷、方脈發蒙六卷
樓英醫學綱目四十卷
陳諫薹齋醫要十五卷
徐春甫古今醫統一百卷
方廣丹溪心法附餘二十四卷
傅滋醫學集成十二卷
薛己家居醫錄十六卷、外科心法七卷
王璽醫林集要八十八卷
錢萼醫林會海四十卷
方穀脈經直指七卷、本草集要十二卷
王肯堂醫論四卷肯堂著證治準繩全書，博通醫學，見王樵傳。
黃承昊折肱漫錄六卷
萬全保命活訣三十五卷

李中梓頤生微論十卷
李濂醫史十卷
楊珣針灸詳說二卷
徐鳳針灸大全七卷
徐彪本草證治辨明十卷
繆希雍本草經疏二十卷、方藥宜忌考十二卷
熊宗立傷寒運氣全書十卷、傷寒活人指掌

右藝術類，一百十六部，一千五百六十四卷。
永樂大典二萬二千九百卷永樂初，解縉等奉敕編文獻大成旣竣，帝以爲未備，復敕姚廣孝等重修，四歷寒暑而成，更定是名。成祖製序。後以卷帙太繁，不及刊布，嘉靖中，復加繕寫。
張九韶羣書備數十二卷

圖論十卷
趙原陽外科序論一卷
汪機外科理例八卷
吳倫養生類要二卷
王鑾幼科類萃二十八卷
薛鎧保嬰撮要二十卷
周子蕃小兒推拿祕訣一卷
吳洪痘疹會編十卷已上醫術。
袁均哲羣書纂數十二卷、類林雜說十五卷楊士奇文籍志云明初人所編。
沈易博文編四卷
吳相滄海遺珠十卷
楊循吉奚囊手鏡二十卷

羣書集事淵海四十七卷百川書志云弘治時人編。
楊愼升菴外集一百卷焦竑編次。
王圻三才圖說一百六卷[九]
司馬泰文獻彙編一百卷
凌瀚羣書類考二十二卷
浦南金修辭指南二十卷
顧充古雋考略十卷
吳琉經史文編三十卷、三才廣志三百卷
唐順之稗編一百二十卷
李先芳雜纂四十卷
鄭若庸類雋三十卷
王世貞類苑詳注三十六卷
陳耀文天中記六十卷
凌廸知文林綺繡七十卷、文選錦字二十一卷、左國腴詞八卷、太史華句八卷[一〇]

徐磓羣書纂要一百九十六卷
曹大同藝林華燭一百六十卷
陳禹謨駢志二十卷、補注北堂書鈔一百六十卷
茅絅學海一百六十四卷
徐常吉事詞類奇三十卷
徐元泰喩林一百二十卷
馮琦經濟類編一百卷
章潢圖書編一百二十七卷
何三畏類鎔二十卷
彭大翼山堂肆考二百四十卷
卓明卿藻林八卷
郭子章黔類十八卷
詹景鳳六緯擷華十卷
焦竑類林八卷

彭好古類編雜說六卷
王家佐古今元屑八卷
況叔祺考古詞宗二十卷[一一]
朱謀㙔金海一百二十卷
林濂詞叢類採八卷、續八卷
俞安期唐類函二百卷
宋應奎翼學編十三卷
陳世寶古今類腴十八卷
陳懋學事文類纂十六卷
袁黃羣書備考二十卷
徐鑒諸書考略四卷
凌以棟五車韻瑞一百六十卷[一二]
劉仲達鴻書一百八卷
劉胤昌類山十卷[一三]
黃一正事物紺珠四十六卷

汪宗姬儒函數類六十二卷[一四]
劉國翰記事珠十卷
吳楚材强識略二十四卷
彭儼五侯鯖十二卷
商濬博聞類纂二十卷
范泓典籍便覽八卷
楊淙事文玉屑二十四卷
徐袍事典考略六卷
朱東光玉林摘粹八卷
王光裕客窗餘錄二十二卷
劉業古今事類通考十卷
夏樹芳詞林海錯十六卷
王路淸珠淵十卷
唐希言事言要玄集二十二卷
錢應充史學璧珠十八卷

胡尙洪子史類語二十四卷
沈夢熊三才雜組五卷
屠隆漢魏叢書六十卷
陳仁錫潛確居類書一百二十卷、經濟八編類纂二百五十五卷
林琦倫史鴻文二十四卷
程良孺茹古略八十卷
雷金科文林廣記三十一卷
徐應秋騈字憑霄二十卷
枳記二十八卷
胡震亨祕冊彙函二十卷
毛晉津逮祕書十五集

右類書類，八十三部，二萬七千一百八十六卷。

道藏目錄四卷
道經五百十二函
太祖注道德經二卷、周顚仙傳一卷太祖製。
神仙傳一卷成祖製。
寧獻王權庚辛玉冊八卷、造化鉗鎚一卷
陶宗儀金丹密語一卷
張三丰金丹直指一卷、金丹祕旨一卷
劉太初金丹正惑一卷
黃潤玉道德經注解二卷
楊愼莊子闕誤一卷
王道老子億二卷
朱得之老子通義二卷、莊子通義十卷、列子通義八卷

薛蕙老子集解二卷
商廷試訂注參同契經傳三卷
徐渭分釋古注參同契三卷
皇甫濂道德經輯解三卷
孫應鼇莊義要刪十卷
王宗沐南華經別編二卷
田藝蘅老子指玄二卷
焦竑老子翼二卷、考異一卷、莊子翼八卷、南華經餘事雜錄二卷、拾遺一卷
龔錫爵老子疏略一卷
陶望齡老子解二卷、莊子解五卷
郭良翰南華經薈解三十三卷
羅勉道南華循本三十卷
陸長庚老子玄覽二卷、南華副墨八卷、陰符經測疏一卷、周易參同契測疏一卷、金丹就正篇一卷、張紫陽金丹四百字測疏一卷、方壺外史八卷
李先芳陰符經解一卷、蓬玄雜錄十卷
沈宗霈陰符釋義三卷
尹眞人性命圭旨四卷
桑喬大道眞詮四卷
孫希化眞武全傳八卷
池顯方國朝仙傳二卷
靳昂龍砂一脈一卷
朱多㸅龍砂八百純一玄藻二卷
朱載瑋葆眞通十卷
顧起元紫府奇玄十一卷〔二五〕
曹學佺蜀中神仙記十卷
傅兆際寰有詮六卷
楊守業洞天玄語五卷

徐成名保合編十二卷

右道家類，五十六部，二百六十七卷。

釋藏目錄四卷
佛經六百七十八函
太祖集注金剛經一卷成祖製序。
成祖御製諸佛名稱歌一卷、普法界之曲四卷、神僧傳九卷
仁孝皇后夢感佛說大功德經一卷、佛說大因緣經三卷
宋濂心經文句一卷
姚廣孝佛法不可滅論一卷、道餘錄一卷
克菴禪師語錄一卷
一如三藏法數十八卷
陳實大藏一覽十卷
大祐淨土指歸二卷
元瀞三會語錄二卷
溥洽雨軒語錄五卷
法聚玉芝語錄六卷、內語二卷
宗泐心經注一卷、金剛經注一卷
洪恩金剛經解義一卷、心經說一卷
楊愼禪藻集六卷、禪林鉤玄九卷
弘道注解楞伽經四卷
梵琦楚石禪師語錄二十卷
汪道昆楞嚴纂注十卷
交光法師楞嚴正脈十卷
陸樹聲禪林餘藻一卷

管志道龍華懺法一卷
王應乾楞嚴圓通品四卷
方允文楞嚴經解十二卷
曾鳳儀金剛般若宗通二卷、心經釋一卷、楞嚴宗通十卷、楞伽宗通八卷、圓覺宗通四卷
沈士榮續原教論二卷
楊時芳心經集解一卷
何湛之金剛經偈論疏注二卷
戚繼光禪家六籍十六卷
如愚金剛筏喩二卷
張有譽金剛經義趣廣演三卷
李通華嚴疏鈔四十卷
方澤華嚴要略二卷
劉璉無隱集偈頌三卷
古音禪源諸詮一卷
景隆大藏要略五卷
劉鳳釋教編六卷
陳士元象教皮編六卷、釋氏源流二卷
方晟宗門崇行錄四卷
一元歸元直指四卷
陶望齡宗鏡廣刪十卷
沈泰鴻慈向集十三卷
陸長庚楞嚴述旨十卷
王肯堂參禪要訣一卷
楊惟休佛宗一卷
張明弼兔角詮十卷
徐可求禪燕二十卷
瞿汝稷指月錄三十二卷
袁宏道宗鏡攝錄十二卷

姚希孟佛法金湯文錄十二卷
袁中道禪宗正統一卷
祩宏彌陀經疏四卷[一六]、正訛集一卷、禪關策進一卷、竹窗三筆三卷、自知錄二卷
眞可紫柏語錄一卷
德清華嚴法界境一卷、楞嚴通義十卷、法華通義七卷、觀楞伽記四卷、肇論略注三卷、長松茹退二卷、憨山緒言一卷
李樹乾竺乾宗解四卷
蕭士瑋起信論解一卷
曹胤儒華嚴指南四卷
俞王言金剛標指一卷、心經標指一卷、楞嚴標指十二卷、圓覺標指一卷
鎭澄楞嚴正觀疏十卷、般若照眞論一卷
傳燈楞嚴玄義四卷、天台山方外志三十卷
通潤楞嚴合轍十卷、楞伽合轍四卷、法華大窾七卷
石顯西方合論十卷
智順善才五十三參論一卷
仁潮法界安立圖六卷
如卺禪宗正脈十卷
章有成金華分燈錄十卷
鍾惺楞嚴如說十卷
沈宗霈楞嚴約指十二卷、徵心百問一卷
王正位赤水玄珠一卷、栴檀林一卷
曾大奇通翼四卷
曹學佺蜀中高僧記十卷
王應遴慈無量集四卷
林應起全閩祖師語錄三卷
夏樹芳棲眞志四卷

祖心冥樞會要四卷
淨喜禪林寶訓四卷
大巘禪警語一卷、宗教答響一卷、歸正錄一卷、博山語錄二十二卷
元賢弘釋錄三卷
宗林寒燈衍義二卷

右釋家類，一百十五部，六百四十五卷。

校勘記

〔一〕留睿留子一卷　留睿，原作「劉睿」，據千頃堂書目卷一一改。列朝詩集甲集前編有留睿小傳。

〔二〕右小說家類一百二十七部三千三百七卷　按本類錄自明史稿志七六藝文志，增李文鳳月山叢談十卷，但此總部數及卷數照抄明史稿而未增，應增一部十卷。

〔三〕劉基玉洞金書一卷　一卷，原作「一部」，據明史稿志七六藝文志、千頃堂書目卷一三改。

〔四〕萬民英三命會通十二卷　萬民英，原作「萬民育」，據嵇璜續文獻通考卷一八二、國史經籍志補、四庫全書總目卷一〇九改。千頃堂書目卷一三作「萬育吾」。四庫全書總目稱萬民英號育吾山人。三命會通，嵇璜續文獻通考和四庫全書總目都作「三命通會」。

〔五〕星學大成十八卷　原作陸位著，而置於下行「星學綱目正傳二十卷」之後，今據嵇璜續文獻通考卷一八二、文津閣本四庫全書改正。陸位著，而置於下行「星學綱目正傳二十卷」之後，今據嵇璜續文獻通考卷一八二、文津閣本四庫全書改正。

〔六〕謝廷柱堪輿管見二卷　謝廷柱，原作「謝廷桂」，據千頃堂書目卷一三改。千頃堂書目注，謝廷柱，字邦用，弘治己未進士，與明進士題名碑錄合。明詩綜卷二七下有謝廷柱小傳。

〔七〕洪武中曹昭撰　曹昭，原作「曹照」，據明史稿志七六藝文志、千頃堂書目卷一五、嵇璜續文獻通考卷一七七、文津閣本四庫全書格古要論改。

〔八〕鄭達遵生錄十卷　遵生錄，明史稿志七六藝文志、千頃堂書目卷一四都作「尊生錄」。

〔九〕王圻三才圖說一百六卷　三才圖說，千頃堂書目卷一五、四庫全書總目卷一三八都作「三才圖會」。

〔一〇〕凌廸知文林綺繡七十卷文選錦字二十一卷左國腴詞八卷太史華句八卷　疑文林綺繡爲叢書總名，文選錦字三種爲它的子目，當作小注。嵇璜續文獻通考卷一六七有凌廸知左國腴詞八卷、太史華句八卷、兩漢雋言十六卷，又卷一八七有凌廸知文選錦字二十一卷，而無文林綺繡，錄子目名卽不重出叢書總名。國史經籍志卷五有文林綺繡五十九卷，錄叢書總名卽不重出子目名。中國叢書綜錄的文林綺繡子目，尙有楚騷綺語六卷。疑凌廸知文林綺繡當有子目五種，正合五十九卷。原作文選錦字三種，疑脫去兩漢雋言、楚騷綺語兩種。

〔一一〕況叔祺考古詞宗二十卷　況叔祺，原作「祝叔祺」，據千頃堂書目卷一五、嵇璜續文獻通考卷一八六、四庫全書總目卷一三七改。況叔祺，見明進士題名碑錄嘉靖庚戌科。

〔一二〕凌以棟五車韻瑞一百六十卷　以棟，當作「稚隆」，見四庫全書總目卷一三八。又卷三〇春秋左傳評注測義作「凌稚隆，字以棟」。本志總集類有凌穉隆名公翰藻五十二卷。

〔一三〕劉胤昌類山十卷　胤，原作「嗣」，據千頃堂書目卷一五改。又下文曹胤儒華嚴指南四卷，胤，原亦作「嗣」，據千頃堂書目卷一六改。

〔一四〕汪宗姬儒函數類六十二卷　儒函數類，原作「儒數類函」，據嵇璜續文獻通考卷一八七、四庫全書總目卷一三八改。四庫全書總目稱此書取名「儒函」，用數字統計，從一到萬。

〔一五〕顧起元紫府奇玄十一卷　顧起元，原作「顧元」，據千頃堂書目卷一六補。本志經類有顧起元爾雅堂詩說、中庸外傳。歸鴻館雜著有顧起元壺天映語，與紫府奇玄是同類書。

〔一六〕祩宏彌陀經疏四卷　祩宏，原作「株宏」，據千頃堂書目卷一六改。德清憨山集卷二七有祩宏塔銘。

中華書局

明史卷九十九

志第七十五

藝文四

集類三：一曰別集類，二曰總集類，三曰文史類。

明太祖文集五十卷、詩集五卷

仁宗文集二十卷、詩集二卷

宣宗文集四十四卷、詩集六卷、樂府一卷

憲宗詩集四卷

孝宗詩集五卷

世宗翊學詩一卷、宸翰錄一卷、咏和錄一卷、咏春同德錄一卷、白鵲贊和集一卷

神宗勸學詩一卷各藩及宗室自著詩文集，已見本傳，不載。

宋濂潛溪文集三十卷皆元時作。潛溪文粹十卷劉基選。續文粹十卷方孝孺、鄭濟同選。宋學士文集七十五卷鑾坡前集十卷、後集十卷、續集十卷、別集十卷，芝園前集十卷、後集十卷、別集十卷，朝天集五卷。詩集五卷

劉基覆瓿集二十四卷、拾遺二卷、皆元時作。犁眉公集四卷、文成集二十卷、彙編諸集及郁離子、春秋明經諸書。詞四卷

危素學士集五十卷

葉儀南陽山房稿二十卷

王冕竹齋詩集三卷

范祖幹柏軒集四卷

戴良九靈山房集三十卷

王逢梧溪詩集七卷

梁寅石門集四卷

楊維楨東維子集三十卷、鐵崖文集五卷、古樂府十六卷、詩集六卷

陶宗儀南村詩集四卷

貢性之南湖集二卷

謝應芳龜巢集二十卷

張昱詩集二卷

楊芾鶴崖集二十卷

李祁雲陽先生集十卷裔孫李東陽傳其集。

涂幾涂子類稿十卷

張憲玉笥集十卷

吳復雲槎集十卷

華幼武黃楊集四卷

陶振賦一卷洪武初，振獻紫金山、金水河及飛龍在天三賦。

陶安文集二十卷

李習橄欖集五卷

汪廣洋鳳池吟稿十卷

孫炎左司集四卷

劉炳春雨軒集十卷、詞一卷

劉迪簡文集五卷

郭奎望雲集五卷

王禕忠文集二十四卷

張以寧翠屏集五卷

詹同文集三卷

劉崧文集十八卷、詩八卷

魏觀蒲山集四卷

朱善一齋集十卷、遼海集五卷

顧輝守齋類稿三十卷

朱升楓林集十二卷

趙汸東山集十五卷

汪克寬環谷集八卷

唐桂芳白雲集略四十卷

李賠原盤谷遺稿五卷

胡翰文集十卷

蘇伯衡蘇平仲集十六卷〔一〕

朱廉文集十七卷

陳謨海桑集十卷

周霆震石初集十卷

高啓槎軒集十卷、大全集十八卷、詞一卷

楊基眉菴集十二卷、詞一卷

徐賁北郭集六卷

張羽靜居集六卷

陳基夷白齋集二十卷

王彝嬀蜼子集四卷

王行半軒集十二卷

袁凱海叟詩集四卷

孫作滄螺集六卷

朱右白雲稿十二卷

徐尊生制誥二卷、懷歸稿十卷、還鄉稿十卷

貝瓊清江文集三十卷、詩十卷

顧祿經進集二十卷

答祿與權文集十卷

杜斅拙菴集十卷

吳源託素齋集八卷

劉駉文集十卷

宋訥西隱集十卷

劉三吾坦齋集二卷一作坦翁集十二卷。

張孟兼名丁，以字行。文集六卷

王翰敝帚集五卷、梁園寓稿九卷

方克勤愚菴集二十卷

吳伯宗集二十四卷南宮、使交、成均、玉堂凡四種。

杜隰雙清集十卷

鄭眞滎陽外史集一百卷

吳玉林松蘿吟稿二十卷

方幼學鞏山集十二卷

唐肅丹崖集八卷

謝肅密菴集十卷

謝徽蘭庭集六卷

邵亨貞蛾術文集十六卷〔二〕

烏斯道春草齋集十卷〔三〕

貝翺舒菴集十卷

葉顒樵雲集六卷

沈夢麟花溪集三卷

劉鷹盤谷集十卷

宋禧文集三十卷、詩十卷

鄭淵遂初齋稿十卷

林靜愚齋集二十卷

劉永之山陰集五卷
龔斆鵝湖集六卷
王沂徵士集八卷
王祐長江稿五卷
解開文集四十卷
林鴻鳴盛集四卷鴻與唐泰、黃玄、周玄、鄭定、高棅、王偁、王褒、王恭、陳亮另有閩中十才子詩十卷。
孫蕡西菴集九卷蕡與王佐、黃哲、趙介、李德另有廣中五先生詩四卷。
藍仁詩集六卷
藍智詩集六卷
張適樂圃集六卷
浦源舍人集十卷
林弼登州集六卷
陸中蒲樓集二十卷
林大同文集九卷
丁鶴年海巢集三卷本西域人，後家武昌，永樂中始卒。楚憲王爲刻其集。
方孝孺遜志齋集三十卷、拾遺十卷黃孔昭、謝鐸同輯。
卓敬卓氏遺書五十卷
練子寧金川玉屑集五卷
茅大芳集五卷
程本立巽隱集四卷
王艮吉水人，王充耘孫。翰林集十卷
王叔英靜學集二卷
周是修芻蕘集六卷
鄭居貞集五卷
程通遺稿十卷
梅殷都尉集三卷

任亨泰遺稿二卷
王紳文集三十卷
王稌青巖類稿十卷
林右集二卷
王賓詩集二卷
張紞鷗菴集一卷
樓璉居夷集五卷
龔詡野古集二卷
高遜志嗇齋集二卷
解縉學士集三十卷、春雨集十卷、似羅隱集二卷
已上洪武、建文時。
姚廣孝逃虛子集十卷、外集一卷
黃淮省愆集二卷、詞一卷
胡廣集十九卷
楊榮兩京類稿三十卷、玉堂遺稿十二卷
楊士奇東里集二十五卷、詩三卷
胡儼頤菴集三十卷
金幼孜集十二卷
夏原吉集六卷
王鈍野莊集六卷
鄭賜聞一齋集四卷
趙狃集三卷
茹瑺詩一卷
黃福家集三十卷、使交文集十七卷
鄒濟頤菴集九卷
王達天游集二十二卷
曾棨集十八卷
林環文集十卷、詩三卷
林誌蔀齋集十五卷〔四〕

王汝玉詩集八卷
張洪集二卷
王紱詩集五卷
梁潛泊菴集十二卷
劉髦石潭集五卷
鄒緝素菴集十卷
王偁虛舟集五卷
王褒養靜齋集十卷
王恭詩集七卷
高棅嘯臺集二十卷、木天清氣集十四卷
黃壽生文集十卷
楊慈文集五卷
蘇伯厚履素集十卷
鄭棠道山集二十卷
劉均拙菴集八卷
徐永達文集二十卷、詩十卷
王洪毅齋集八卷
黃裳集十卷
袁忠徹符臺外集五卷
陸顒頤光集二十卷
瞿佑存齋樂全集三卷、詞三卷
曾鶴齡松臞集三卷
陳叔剛絅齋集十卷
柯暹東岡集十二卷
羅亨信集十二卷
劉鉉詩集六卷
金實文集二十八卷
王暹奏議二十卷、文集四十卷
蘇鉦竹坡吟稿二十卷
周鳴退齋稿六十卷

方勉怡菴集十五卷
周敍石溪集十八卷
楊溥文集十二卷、詩四卷
胡濙澹菴集五卷〔五〕
已上永樂時。
熊概芝山集四十卷、公餘集三十卷
吳訥文集二十卷、詩八卷
秦樸抱拙集六卷
陳繼怡菴集二十卷
黃澤詩集十四卷
羅紘蘭坡集十二卷
馬愉淡軒文集八卷
陳循芳洲集十六卷
高穀集十卷
廖莊漁梁集二卷
林文澹軒稿十二卷
龔錡蒙齋集十卷
王訓文集三十卷
梁萼集二十卷
姜洪松岡集十一卷
楊復土苴集五十卷
劉廣衡雲菴集三十卷
陳泰拙菴集二十五卷
李奎九川集六卷
徐琦文集六卷
已上洪熙、宣德時。
孫原貞奏議八卷、歲寒集二卷
王直抑菴集四十二卷
王英文集六卷、詩五卷
錢習禮文集十四卷、應制集一卷

陳鎰文集六卷
魏驥摘稿十卷
周忱雙崖集八卷
陳璉琴軒稿三十卷
周旋文集十卷
劉球兩谿集二十四卷
張楷和唐音二十八卷、和李杜詩十二卷
李時勉文集十一卷、詩一卷
陳敬宗澹然集十八卷
張倬毅齋集二十卷
鄭鯨雲邀摘稿八卷
彭時奏疏一卷、文集四卷
商輅奏議一卷、文集三十二卷
蕭鎡文集二十卷、詩十卷
于謙奏議十卷、文集二十卷
李賢古穰集三十卷、續集二十卷
呂原介軒集十二卷
岳正類博稿十卷
劉儼文集三十二卷
吳與弼康齋文集十二卷
王宇厚齋集三卷
張穆勿齋集二十卷
劉昌五臺集二十二卷胥臺、鳳臺、金臺、嵩臺、越臺諸稿彙編。
蕭儼竹軒集二十卷
周瑩郡齋稿十卷
羅周梅隱稿十八卷
姚綬雲東集十卷
湯胤勣東谷集十卷
易貴文集十五卷

郭登聯珠集二十二卷景泰初，登封定襄伯，有詩名。是集以其父玘兄武之作，與登詩合編。
何文淵奏議一卷、文稿四卷
章瑄竹莊集四十卷
吳宣野菴集十六卷
鄭文康平橋集十八卷
劉溥草窗集二卷溥與蔣主忠、王貞慶、晏鐸、蘇平、蘇正、湯胤勣、王淮、沈愚、鄒亮等稱景泰十才子，當時各有專稿。
桑琳鶴溪集二十卷
錢洪詩集四卷
劉英詩集六卷
徐有貞武功集八卷
許彬文集十卷、詩四卷
薛瑄敬軒集四十卷、詩八卷
已上正統、景泰、天順時。
劉定之存稿二十一卷、續稿五卷
劉珝文集十六卷
軒輗奏議四卷
彭華文集十卷
尹直澄江集二十五卷
姚夔奏議三十卷、文集十卷
李裕奏議七卷、文集四卷
楊鼎奏議五卷、文稿二十卷
倪謙玉堂、南宮、上谷、歸田四稿共一百七十卷
余子俊奏議六卷
周洪謨箐齋集五十卷、南皋集二十卷
林聰奏議八卷、文集十四卷
張瑄奏議八卷、觀菴集十五卷、關洛紀巡錄

十七卷
謝一夔文集六卷
韓雍奏議一卷、文集十五卷
柯潛竹巖集八卷
陸釴春雨堂稿三十卷
葉盛奏草三十卷、文稿二卷、詩一卷
楊守陳全集三十卷
范理丹臺稿十卷
林鶚文稿十卷
羅倫一峯集十卷
莊昶定山集十卷
黃仲昭未軒集十三卷
陳獻章白沙子八卷、文集二十二卷、遺編六卷
楊起元文編六卷
張弼文集五卷、詩四卷
胡居仁敬齋集三卷
陳眞晟布衣存稿九卷
夏寅文集四十卷、備遺錄二十三卷
張寧文集三十二卷
夏時正留餘稿三十五卷
陸容式齋集三十八卷
龍瑄鴻泥集二十卷
周瑛翠渠摘稿七卷
段正介菴集三十卷
蔣琬文集十卷
朱翰石田稿十四卷
張冑西溪集十五卷
丁元吉文集六十四卷
劉敔鳳巢稿六卷

桑悅兩都賦二卷、古賦三卷、文集十六卷
祁順巽川集二十卷
徐溥文集七卷
丘濬瓊臺類稿五十二卷、詩十二卷
李東陽懷麓堂前後集九十卷、續稿二十卷
謝遷歸田稿十卷
陸簡龍臯稿十九卷
程敏政篁墩全集一百二十卷
吳寬匏菴集七十八卷
張元禎文集二十四卷
王恕奏稿十五卷、文集九卷
韓雍奏議一卷〔六〕
倪岳青溪漫稿二十四卷
馬文升奏議十六卷、文集一卷
王僎思軒集十二卷
楊守阯碧川文鈔二十九卷、詩二十卷
張昇文集二十二卷
童軒枕肱集二十卷
杭淮雙溪詩集八卷
黎淳龍峯集十三卷
劉大夏奏議一卷、詩二卷
張悅集五卷
何喬新文集三十二卷
彭韶奏議五卷、文集十二卷
王珣奏稿十卷、詩二卷
閔珪文集十卷
徐貫餘力集十二卷
董越文集四十二卷
謝鐸奏議四卷、文稿四十五卷、詩三十六卷

陳音愧齋集十二卷
張詡東所集十卷
鄭智立齋遺文四卷
李承箕大厓集二十卷
錢福文集六卷
楊循吉遺集五卷
邵珪半江集六卷
趙寬半江集六卷
杭濟詩集六卷
吳元應詩集十五卷
顧潛靜觀堂集十四卷
文林溫州集十二卷
呂常九柏集六卷
沈周石田詩鈔十卷
史鑑西村集八卷
祝允明祝氏集略三十卷、懷里堂集三十卷、小集七卷
唐寅集四卷
顧磐海涯集十卷[七]
王鏊文集三十卷
楊廷和奏議一卷、石齋集八卷
梁儲鬱洲集九卷
費宏文集二十四卷
靳貴戒菴集二十卷
楊一清奏議三十卷、石淙類稿四十五卷、詩二十卷
蔣冕湘皋集三十三卷
毛紀鼇峯類稿二十六卷
韓文質菴集四卷
吳文度交石集十卷

林瀚集二十五卷
屠勳東湖稿十二卷
羅玘奏議一卷、文集十八卷、續集十四卷
儲巏文集十五卷
王鴻儒凝齋集九卷
邵寶容春堂全集六十一卷
章懋文集九卷
楊廉奏議四卷、文集六十二卷
喬宇白巖集二十卷
黃瓚文集十二卷
蔡清虛齋文集五卷
魯鐸文集十卷
王雲鳳虎谷集二十一卷
毛澄類稿十八卷
王瓊奏議四卷
彭澤幸菴行稿十二卷
林俊文集四十卷、詩十四卷
李夢陽空同全集六十六卷
康海對山集十九卷、樂府二卷
王九思渼陂集十九卷、樂府四卷
何景明大復集六十四卷
鄭善夫奏議一卷、少谷全集二十五卷
徐禎卿迪功集十一卷
朱應登凌溪集十九卷
王廷陳夢澤集三十八卷
景暘前谿集十四卷
陳沂文集十二卷、詩五卷
田汝耔奏議五卷、水南集十八卷
倫文敍迂岡集十卷、白沙集十二卷

顏木燼餘稿四卷
盧雍古園集十二卷
陳霆水南集十七卷
王守仁陽明全書三十八卷
陸完水村集二十卷
唐錦龍江集十四卷
穆孔暉文集三卷
史學埭谿集二十卷
許莊康衢集一百卷
汪循仁峯文集二十五卷
錢仁夫水部詩曆十二卷
徐璉玉峯集十五卷、五言詩五卷
黃省曾五岳山人集三十八卷
孫一元太白山人稿五卷
謝承舉一名璿詩集十五卷
王寵雅宜山人集十卷
傅汝舟丁戊集十二卷
高瀔石門集二卷
蕭雍酌齋遺稿四卷

已上成化、弘治、正德時。

廖道南文集五十卷、詩六卷
羅欽順整菴稿三十三卷
何孟春疏議十卷、文集十八卷
顧清文集四十二卷
劉瑞五清集十八卷
呂柟涇野集五十卷
何瑭文集十一卷
魏校莊渠文錄十六卷、詩四卷
陳察虞山集十三卷
楊慎文集八十一卷、南中集七卷、詩五卷、

詞四卷
胡世寧奏議十卷
鄭岳山齋稿二十四卷
陳洪謨文稿二卷
王時中奏議十卷
董玘文集六卷
秦金詩集十卷
潘希曾奏議四卷、竹澗集八卷
劉龍文集四十八卷
劉夔奏議十卷
陸深全集一百卷、續集十卷
張邦奇全集五十卷
馬中錫奏疏三卷、東田集六卷
劉玉執齋集二十卷
周倫貞翁稿十二卷
劉節梅國集四十二卷
章拯文集八卷
邊貢華泉集四卷、詩八卷
王廷相奏議十卷、家藏集五十四卷
顧璘息園文稿九卷、詩十四卷
劉麟文集十二卷
崔銑洹詞十二卷
王爌南渠稿十六卷
陳鳳梧奏議十卷、修辭錄六卷
張翀文集二十卷
夏良勝東洲稿十二卷、詩八卷
姚鏌文集八卷
王道文集十二卷
徐問文集二十四卷
萬鏜治齋文集四卷

湛若水甘泉前後集一百卷
韓邦奇苑洛集二十二卷
劉訒春岡集六卷
黃衷矩齋集二十卷
顧應祥文集十四卷、樂府一卷
欒護木亭稿三十六卷
石珤熊峯集四卷
賈詠南隖集十卷
崔桐東洲集四十卷
毛伯溫奏議二十卷、東塘集十卷
王以旂奏議十卷、石岡集四卷
林廷棉集十卷
孫承恩集三卷
黃佐兩都賦二卷、泰泉集六十卷
童承敍內方集十卷

貢汝成三大禮賦一卷嘉靖中獻。
林大輅槐瘖集十六卷
許宗魯全集五十二卷
胡纘宗鳥鼠山人集十八卷、擬古樂府四卷、詩七卷
方鵬文集十八卷、詩八卷
王同祖太史集六十卷
鄒守益東郭集十二卷、遺稿十三卷
顧鼎臣文集二十四卷
張璧陽峯集二十六卷
張治文集十四卷
許讚松臯集二十六卷
王崇慶端溪集八卷
王邦瑞文集二十卷
聶豹雙江集十八卷

薛蕙考功集十卷
汪必東南隽集二十卷
孫存豐山集四十卷
蕭鳴鳳文集十五卷
周佐北澗集十卷
金賁亨文集四卷
蔣山卿南泠集十二卷
李濂嵩渚集一百卷
林士元文集十卷
林春澤人瑞翁集十二卷
汪應軫文集十四卷
陳琛文集十二卷
王漸逵青蘿集十六卷
戴鱀文集八卷
廖世昭明一統賦三卷

許相卿全集二十六卷
陸釴少石子集十三卷
邵經邦弘藝錄三十二卷
陳講中川集十三卷
丘養浩集齋類稿十八卷
王用賓文集十六卷
倫以訓白山集十卷
倫以諒石溪集十卷
倫以詵穗石集十卷
顧璘寒松齋稿四卷
黃綰石龍集二十八卷
費寀集四卷
席書元山文選五卷
方獻夫西樵稿五卷
霍韜集十五卷

舒芬內外集十八卷
汪佃東麓稿十卷
戴冠邃谷集十二卷、詩二卷
唐龍漁石集四卷
歐陽鐸集二十二卷
夏言桂洲集二十卷
嚴嵩鈐山堂集二十六卷
張孚敬詩集三卷
歐陽德南野集三十卷
許誥奏議二卷
許論默齋集四卷
張時徹芝園全集八十五卷
呂顛潤松稿四卷
鄭曉奏疏十四卷、文集十二卷
潘恩笠江集二十四卷

陳儒芹山集四十卷
王艮心齋文集二十卷
王畿龍谿文集二十卷
錢德洪緒山集二十四卷
孫宜洞庭山人集五十三卷
高叔嗣蘇門集八卷
呂本期齋集十六卷
徐階世經堂全集五十卷
鄒守愚俟知堂集十三卷
胡松奏疏五卷、文集十卷
袁煒詩集八卷
嚴訥表奏二卷、文集十二卷
李春芳詒安堂稿十卷
郭朴文集五卷
林庭機文集十二卷

茅瓚文集十五卷
董份泌園全集三十七卷
孫陞文集二十卷
李璣西野集十三卷
尹臺洞麓堂集三十八卷
范欽天一閣集十九卷
陳堯梧岡文集五卷、詩三卷
雷禮鐔墟堂稿二十卷
蔡汝楠自知堂集二十四卷
張岳淨峯稿四十六卷
蘇濂伯子集十三卷
蘇濟仲子集七卷
陸坳文集十二卷
謝東山文集四十卷
李舜臣愚谷集十卷

龔用卿雲岡集二十卷
王維楨全集四十二卷
王材文集六十五卷
呂懷類稿三十三卷
趙時春浚谷集十七卷
王慎中遵巖文集四十一卷
唐順之荆川集二十六卷
陳束文集二卷
熊過南沙集八卷
任瀚逸稿六卷
呂高江峯稿十二卷
李默羣玉樓稿七卷
馮恩奏疏一卷、芻蕘錄四卷
馬一龍游藝集十九卷
陸粲貞山集十二卷

中華書局

康太和嫣峯集二十四卷
余光兩京賦二卷
楊爵斛山稿六卷
馮汝弼祐山集十六卷
包節侍御集六卷
錢薇海石集二十八卷
周怡訥溪集二十七卷
羅洪先全集二十五卷
唐樞木鐘臺集三十二卷
林春東城集二卷
柯維騏藝餘集十四卷
盧襄五鴎草堂集十卷
薛甲藝文類稿十四卷
薛應旂方山集六十八卷
唐音文集二十卷

劉繪奏議二卷、嵩陽集十五卷
喬世寧丘隅集十九卷
孔汝錫文集十六卷、詩十四卷
袁袠胥臺集二十卷
袁尊尼魯望集十二卷
文徵明甫田集三十五卷
文彭博士集三卷
文嘉和州集一卷
蔡羽林屋集二十卷、南館集十三卷
陳淳白陽詩集八卷
湯珍小隱堂詩集八卷
彭年隆池山樵集三卷
田汝成叔禾集十二卷
屠應埈蘭暉堂集八卷
范言菁陽集五卷

楊本仁少室山人集二十四卷
沈愷環溪集二十六卷
李開先中麓集十二卷
皇甫沖子浚集六十卷
皇甫涍少玄集三十六卷
皇甫汸司勳集六十卷
皇甫濂水部集二十卷
周詩虛巖山人集六卷
黃姬水淳父集二十四卷
駱文盛存稿十五卷
崔廷槐樓溪集三十六卷
栗應宏太行集十六卷、詩六卷
莫如忠崇蘭館集二十卷
陳昌積文集三十四卷
何良俊柘湖集二十八卷

何良傅禮部集十卷
許穀省中、二臺、武林、歸田四稿共十七卷
華鑰水西居士集十二卷
張之象剪綃集二卷
徐獻忠長谷集十五卷
鄔紳中憲集六卷
陳暹文集四卷
瞿景淳內制集一卷、文集十六卷
王問仲山詩選八卷
侯一元少谷集十六卷
俞憲詩集二十四卷
南逢吉姜泉集十四卷
錢芹永州集五卷
姚涞文集八卷
華察巖居稿八卷

沈束屏南集十卷
茅坤文集三十六卷
吳維嶽天目山齋稿二十八卷
李嵩存笥稿十卷
馮惟健陂門集八卷
馮惟訥光祿集十卷
桑介白匡詩選十卷
李應元蔡蒙山房稿四卷
陳鳳清華堂稿六卷
吳琉環山樓集六卷
沈鍊鳴劍集十二卷、青霞山人集五卷
金大車子有集二卷
金大輿子坤集二卷
楊繼盛忠愍集四卷
呂時中潭西文集十七卷

林懋和雙臺詩選九卷
王交綠槐堂稿二十二卷
向洪邁詩文集十卷
盧岐嶷吹劍集三十五卷
周思兼文集八卷
詹萊招搖池館集三十卷
謝江岷陽集八卷
傅夏器錦泉集六卷
朱曰藩山帶閣集三十三卷
岳岱山居稿三十卷
高岱西曹集九卷
陸楫蒹葭堂集七卷
李先芳東岱山房稿三十卷
陳宗虞臥雲樓稿十四卷
黃伯善文稿六卷、詩十五卷

胡瀚今山文集一百卷
蔡宗堯龜陵集二十卷
孫樓百川集十二卷
張世美西谷集十六卷
邵圭潔北虞集六卷
李攀龍滄溟集三十二卷、白雪樓詩集十卷
王世貞弇州四部稿一百七十四卷、四部者，一賦、二詩、三文、四說，以擬域中之四部州。汪道昆序之。續稿二百十八卷
王世懋奉常集五十四卷、詩十五卷
梁有譽比部集八卷
徐中行天目山人集二十一卷、詩六卷
宗臣詩文集十五卷
吳國倫甔甀洞稿五十四卷、續稿二十七卷、詩十五卷

謝榛四溟山人集二十卷、詩四卷
盧柟賦五卷、蠛蠓集五卷
劉鳳文集三十二卷
陸弼詩集二十六卷
汪道昆太函集一百二十卷、南溟副墨二十四卷
許邦才梁園集四卷
魏學禮集二十四卷
魏裳雲山堂集六卷
張佳胤奏議七卷、崌崍文集六十五卷
張九一綠波樓集十卷
黎民表文集十六卷
歐大任虞部集二十二卷
俞允文詩文集二十四卷
余曰德詩集十四卷

萬表玩鹿亭稿八卷
高拱獻忱集五卷、詩文集四十四卷
趙貞吉文集二十三卷、詩五卷
高儀奏議十卷
楊巍夢山存稿四卷
殷士儋金輿山房稿十四卷
諸大綬文集八卷
楊博獻納稿十卷、奏議七十卷、詩文集十二卷
張瀚詩文集四十卷
董傳策奏議一卷、采薇集十四卷
馬森文集二十卷
洪朝選靜菴稿十五卷
朱衡文集二十卷
陳紹儒司空集二十卷

何維柏天山堂集二十卷
周詩與鹿集十二卷
郭汝霖石泉山房集十二卷
王時槐存稿十四卷
曹大章含齋稿二十卷
林大春井丹集十五卷
王叔果半山藏稿二十卷
王叔杲玉介園稿二十卷
徐師曾湖上集十四卷
張祥鳶華陽洞稿二十二卷
陳善黔南類稿八卷
穆文熙逍遙園集十卷
胡直衡廬稿三十卷
王格少泉集十卷
姚汝循詩文集二十四卷

張元忭不二齋稿十二卷
歸有光震川集三十卷、外集十卷錢謙益訂正。
劉效祖詩稿六卷
王叔承吳越游七卷
沈明臣詩集四十二卷
陳鶴詩集二十一卷
馮遷長鋏齋稿七卷
朱邦憲詩文集十五卷
徐渭詩文全集二十九卷
王寅詩文集八卷
郭造卿海岳山房集二十卷
俞汝爲缶音集四卷
謝汝韶天池稿十六卷
謝肇淛文集二十八卷、詩三十卷
駱問禮萬一樓集六十一卷、外集十卷

王可大三山彙稿八卷
沈桐觀頤集二十卷
王養端遂昌三賦一卷
黃謙詩文稿十六卷
戴廷槐錦雲集十六卷
已上嘉靖、隆慶時。
張居正奏對稿十卷、詩文集四十七卷
張四維條麓堂集三十四卷
馬自强文集二十卷
陸樹聲詩文集二十六卷
林燫文集十六卷、詩六卷
汪鏜餘清堂定稿三十二卷
徐學謨文集四十三卷、詩二十二卷
潘季馴奏疏二十卷、文集五卷
吳桂芳奏議十六卷、文集十六卷

譚綸奏議十卷
俞大猷正氣堂集十六卷
戚繼光横槊稿三卷
海瑞文集七卷
吳時來悟齋稿十五卷
趙用賢奏議一卷、文集三十卷、詩六卷
吳中行賜餘堂集十四卷
艾穆熙亭集十卷
鄒元標奏疏五卷、文集七卷、續集十二卷
沈思孝陸沈漫稿六卷
蔡文範文集十八卷
范槲明蜀都賦一卷
王宗沐奏疏四卷、文集三十卷
王崇古奏議五卷、山堂彙稿十七卷
王士性五岳遊草十二卷

陳士元歸雲集七十五卷
鄧元錫潛學稿十七卷
林偕春雲山居士集八卷
申時行綸扉奏草十卷、賜閒堂集四十卷
余有丁詩文集十五卷
許國文集六卷
王錫爵詩文集三十二卷
王家屏文集二十卷
趙志皐奏議十六卷、文集四卷、詩五卷
耿定向文集二十卷
姜寶文集三十八卷、詩十卷
孫應鼇彙稿十六卷
魏學曾文集十卷
沈節甫文集十五卷
王樵方麓居士集十四卷

宋儀望文集十二卷、詩十四卷
魏允貞文集四卷
魏允中文集八卷
顧憲成文集二十卷
孟化鯉文集八卷
葉春及絅齋集六卷
王穉登詩集十二卷
盛時泰城山堂集六十八卷
張鳳翼處實堂前後集五十三卷
張獻翼文起堂集十六卷
莫是龍石秀齋集十卷
曹子念詩集十卷
顧大典清音閣集十卷
鄔佐卿芳潤齋集九卷
茅溱四友齋集十卷

莫叔明詩三卷
田藝蘅詩文集二十卷
胡應麟少室山房類稿一百二十卷
陳文燭文集十四卷、詩十二卷
李維楨大泌山房全集一百三十四卷
屠隆由拳集二十三卷、白榆集二十卷、棲眞館集三十卷
屠本畯詩草六卷
馮時可元成選集八十三卷
沈鯉亦玉堂稿十八卷
于愼行文集四十二卷、詩二十卷
李廷機文集十八卷
曾同亨泉湖山房稿三十卷
王圻鴻洲類稿十卷
謝杰天靈山人集二十卷

馮琦宗伯集八十一卷　馮夢禎快雪堂集六十四卷
曾朝節紫園草二十二卷　邢侗來禽館集二十八卷
郭子章粵草、蜀草、楚草、閩草、浙草、晉草、　余寅農丈人集二十卷、詩八卷
留草共五十五卷　虞淳熙德園全集六十卷
許孚遠敬和堂集八卷　湯顯祖玉茗堂文集十五卷、詩十六卷
田一儁鍾台遺稿十二卷　謝廷諒薄遊草二十四卷
鄧以讚定宇集四卷　謝廷讚綠屋遊草十五卷
林景暘玉恩堂集十卷　陳第寄心集六卷
黃洪憲碧山學士集二十一卷　羅大紘文集十二卷
劉日升愼修堂集二十三卷　來知德瞿塘日錄三十卷
王祖嫡文集三十七卷　徐即登正學堂稿二十六卷
郭正域黃離草十卷　蘇濬紫溪集三十四卷
唐文獻占星堂集十六卷　羅汝芳近溪集十二卷、詩二卷
鄒德溥全集五十卷　潘士藻闇然堂集六卷
沈懋學郊居稿六卷　焦竑澹園集四十九卷、續集三十五卷

袁宗道白蘇齋類稿二十四卷　區大相詩集二十七卷
袁宏道詩文集五十卷　顧起元文集三十卷、詩二十卷
袁中道珂雪齋集二十四卷　湯賓尹睡菴初集六卷
陶望齡歇菴集十六卷　王衡緱山集二十七卷
瞿九思文集七十五卷　公鼒問次齋集三十卷
馮大受詩集十卷　丘禾實文集八卷、詩四卷
何三畏漱六齋集四十八卷　南師仲玄麓堂集五十卷
瞿汝稷同鄉集十四卷　張以誠酌春堂集十卷
郝敬小山草十卷　何喬遠集八十卷
許樂善適志齋稿十卷　張燮羣玉樓集八十四卷
王納諫初日齋集七卷　張萱西園全集三十卷
姚舜牧文集十六卷　李光縉景璧集十九卷
葉向高綸扉奏草三十卷、文集二十卷、詩八　曹學佺石倉詩文集一百卷
卷　徐熥幔亭集二十卷
丁賓文集八卷　徐𤊹鼇峯集二十六卷

黃汝亨寓林集三十二卷　曹于汴抑節堂集十四卷
趙宧光寒山漫草八卷　陳于廷定軒存稿三卷
俞安期翏翏集二十八卷　張鼐寶日堂集六卷
歸子慕陶菴集四卷　楊守勤寧澹齋集十卷
趙南星文集二十四卷　婁堅學古緒言二十六卷
楊漣文集三卷　唐時升三易集二十卷
左光斗奏疏三卷、文集五卷　李流芳檀園集十二卷
魏大中藏密齋集二十五卷　程嘉燧松圓浪淘集十八卷
魏學洢茅簷集八卷　朱國祚介石齋集二十卷
繆昌期從野堂存稿八卷　鍾惺隱秀堂集八卷
李應昇落落齋遺稿十卷　譚元春嶽歸堂集十卷
周宗建奏議四卷　蔡復一遯菴集十七卷
黃尊素文集六卷　王思任文集三十卷
馮從吾疏草一卷、少墟文集二十二卷　董其昌容臺集十四卷、別集六卷
孫愼行奏議二卷、玄晏齋集十卷　陳繼儒晚香堂集三十卷

王廷宰緯蕭齋集六卷　蔣德璟敬日草九卷
李日華恬致堂集四十卷　黃景昉甌安館集三十卷
方應祥青來閣集三十五卷　倪元璐奏牘三卷、詩文集十七卷
姚希孟文集二十八卷　李邦華奏議六卷、文集八卷
陳仁錫無夢園集四十卷　王家彥奏議五卷、文集五卷
蕭士瑋春浮園集十卷　凌義渠文集六卷
鄭懷魁葵圃集三十卷　馬世奇文集六卷、詩三卷
謝兆申詩文稿二十四卷　劉理順文集十二卷
顧正誼詩史十五卷　金鉉文集六卷
張采知畏堂文存十一卷、詩存四卷　鹿善繼文稿四卷
張溥七錄齋集十二卷、詩三卷　孫元化文集一百卷
唐汝詢編蓬集十卷　熊人霖華川集二十四卷
曾異撰紡授堂集二十七卷　陳山毓靖質居士集六卷
孫承宗奏議三十卷、文集十八卷　陳龍正幾亭集六十四卷
賀逢聖文類五卷　陳際泰太乙山房集十四卷

中華書局

吳應箕文集二十八卷
呂維祺詩文集二十卷
徐石麒可經堂集十二卷
黃道周石齋集十二卷
張肯堂莞爾集二十卷
袁繼咸六柳堂集三卷
黃端伯瑤光閣集八卷
金聲文集九卷
陳函輝寒山集十卷
艾南英天傭子集六卷
黎遂球文集二十一卷、詩十卷
李日宣奏議十六卷、敬修堂集三十卷
黃淳耀陶菴集七卷
侯峒曾文集四十卷
侯岐曾文集三十卷

已上萬曆、天啓、崇禎時。

宗泐全室外集十卷、西游集一卷洪武中，宗泐爲右善世，奉使西域求遺經，往返道中之作。
來復蒲菴集十卷
法住幻住詩一卷
清濋蘭江望雲集二卷
廷俊泊川文集五卷
克新雪廬稿一卷
守仁夢觀集六卷
如蘭支離集七卷
德祥桐嶼詩一卷
子梗水雲堂稿二卷
宗衍碧山堂集三卷
妙聲東皐錄七卷
元極圓菴集十卷

溥洽雨軒外集八卷
善啓江行倡和詩一卷
大同竺菴集二卷
覺澄雨華詩集二卷
明秀雪江集三卷
普泰野菴詩集三卷
宗林香山夢寐集一卷
方澤冬谿內外集八卷
眞可紫柏老人集十五卷
德清憨山夢游集四十卷
弘恩雪浪齋詩集二卷
寬悅堯山藏草五卷
法杲雪山詩集八卷
一元山居百咏一卷
如愚空華集二卷、飲河集二卷、四悉稿四卷
智舷黃山老人詩六卷
慧秀秀道人集十三卷
傳慧浮幻齋詩三卷、流雲集二卷、一葦集二卷
圓復三支集二卷
元賢禪餘集四卷
張宇初峴泉文集二十卷
鄧羽觀物吟一卷
張友霖鐵鑛集二卷
邵元節集四卷
汪麗陽野懷散稿一卷
張蚩蚩適適吟一卷
顏復膺潛菴咏物詩六卷

已上方外。

安福郡主桂華詩集一卷
周憲王宮人夏雲英端清閣詩一卷

陳德懿詩四卷
楊夫人詞曲五卷
孟淑卿荊山居士詩一卷
朱靜菴詩集十卷
鄒賽貞詩四卷
楊文儷詩一卷
金文貞蘭莊詩一卷
馬閑卿芷居集一卷
端淑卿綠窗詩稿四卷
王鳳嫺焚餘草五卷
張引元、張引慶雙燕遺音一卷
薰少玉詩一卷
周玉如雲巢詩一卷
邢慈靜非非草一卷
沈天孫留香草四卷
屠瑤瑟留香草一卷
袁九淑伽音集一卷
姚青蛾玉鴛閣詩二卷
王廣鳳罷繡吟一卷
劉苑華詩一卷
陸卿子考槃集六卷、雲臥閣稿四卷、玄芝集四卷
徐媛絡緯吟十二卷
沈紉蘭效顰集一卷
項蘭貞裁雲草一卷、月露吟一卷
薄少君嫠泣集一卷
方孟式紉蘭閣集八卷
方維儀清芬閣集七卷
黃幼藻柳絮編一卷
桑貞白香匳稿二卷

已上閨秀。

右別集類，一千一百八十八部，一萬九千八百九十六卷。〔八〕

歷代名臣奏議三百五十卷永樂中，黃淮等奉敕纂輯。
王恕歷代諫議錄一百卷
謝鐸赤城論諫錄十卷鐸與黃孔昭同輯天台人文之有關治道者，宋十人，明六人。
張瀚明疏議輯略三十七卷
張國綱明代名臣奏疏二十卷
張鹵嘉隆疏鈔二十卷
吳亮萬曆疏鈔五十卷
孫甸明疏議七十卷
朱吾弼明留臺奏議二十卷〔九〕
慶靖王栴文章類選四十卷
鄭淵續文類五十卷
鄭柏續文章正宗四十卷
王稌國朝文纂四十卷
趙友同古文正原十五卷
吳訥文章辨體五十卷、外集五卷
李伯璵文翰類選大成一百六十二卷
張洪古今箴銘集十四卷
程敏政明文衡九十八卷
楊循吉明文寶八十卷
姚福明文苑通編十卷
賀泰唐文鑑二十一卷
李夢陽古文選增定二十二卷〔一〇〕

二十四史　中華書局

劉節廣文選八十二卷
李堂正學類編十五卷
謝朝宣古文會選三十卷
楊愼古雋八卷
林希元古文類鈔二十卷
唐順之文編六十四卷、明文選二十卷
張時徹明文範六十八卷
汪宗元明文選二十卷
張士瀹明文纂五十卷
愼蒙明文則二十二卷
薛甲大家文選二十二卷
王逢年文統一百卷
茅坤唐宋八大家文鈔一百四十四卷
徐師曾文體明辨八十四卷正錄六十卷、附錄二十四卷。

褚鈇滙古菁華二十四卷
姚翼歷代文選五十卷
陳第屈宋古音義三卷
郭棐名公玉屑錄二十卷
胡時化名世文宗三十卷
查鐸西漢菁華十四卷
申用懋西漢文苑十二卷
湯紹祖續文選二十七卷
孫鑛今文選十二卷
馬繼銘廣文選二十五卷
劉世教賦紀一百卷
潘士達古文世編一百卷
陳翼飛文儷六十卷
何喬遠明文徵七十四卷
汪瑗楚辭集解十五卷

陳仁錫古文奇賞二十二卷、續二十四卷、三續二十六卷、四續五十三卷、明文奇賞四十卷
王志堅古文瀾編二十卷、續編三十卷、四六法海十二卷
楊璺崍明文翼統四十卷
張燦擬離騷二十卷
黃道周續離騷二卷
胡震亨續文選十四卷
方岳貢古文國瑋集五十二卷
俞王言辭賦標義十八卷
陳山毓賦略五十卷
陳子龍明代經世文編五百八卷
張溥古文五刪五十二卷、漢魏百三名家集[二]

陳經邦明館課五十一卷
張陽新安文粹十五卷
趙鶴金華文統十三卷
阮元聲金華文徵二十卷
張應麟海虞文苑二十四卷
錢穀續吳都文粹六百卷
董斯張吳興藝文補七十卷
楊愼尺牘清裁十一卷、古今翰苑瓊琚十二卷
王世貞增集尺牘清裁二十八卷
梅鼎祚書記洞詮一百二十卷
俞安期啓雋類函一百卷
凌稚隆名公翰藻五十二卷
宋公傳元詩體要十四卷南海郢林序稱共嘗同修東觀實，蓋永樂初纂修大典者。

高棅唐詩品彙九十卷、拾遺十卷、唐詩正聲二十二卷
周敍唐詩類編十卷
蕭儼明代風雅廣選三十七卷
楊愼風雅逸編十卷、選詩外編九卷、五言律祖六卷、近體始音五卷、詩林振秀十一卷、明詩鈔七卷
何景明校漢魏詩十四卷
黃佐明音類選十八卷
徐泰明代風雅四十卷
程敏政詠史詩選十五卷
徐獻忠六朝聲偶集七卷、百家唐詩一百卷
黃德水初唐詩紀三十卷
李于鱗古今詩删三十四卷、唐詩選七卷
何喬新唐律羣玉十六卷

鄒守愚全唐詩選十八卷
謝東山明近體詩鈔二十九卷
馮惟訥詩紀一百五十六卷、風雅廣逸七卷
王宗聖增補六朝詩彙一百十四卷
張之象古詩類苑一百二十卷、唐詩類苑二百卷、唐雅二十六卷
卓明卿唐詩類苑一百卷
潘是仁宋元名家詩選一百卷
毛應宗唐雅同聲五十卷
俞安期詩雋類函一百五十卷
許學彝詩源辨體十六卷
俞憲盛明百家詩一百卷
盧純學明詩正聲六十卷
符觀唐詩正體七卷、宋詩正體四卷、元詩正

體四卷、明詩正體五卷
鍾惺古唐詩歸四十七卷
臧懋循古詩所五十二卷、唐詩所四十七卷
李騰鵬詩統四十二卷
張可仕補訂明布衣詩一百卷
沈子來唐詩三集合編七十八卷
陳子龍明詩選十三卷
胡震亨唐音統籤一千二十四卷甲籤、帝王詩七卷，乙籤、初唐詩七十九卷，丙籤、盛唐詩一百二十五卷，丁籤、中唐詩三百四十一卷，戊籤、晚唐詩二百一卷，又餘閏六十四卷，己籤、五唐雜詩四十六卷，庚籤、僧詩三十八卷，道士詩六卷，宮閨詩九卷，外國詩一卷，辛籤、樂章十卷，雜曲五卷，填詞十卷，歌一卷，謠一卷，諧謔四卷，謬一卷，語一卷，酒令一卷，題語判語一卷，讖記一卷，占辭一卷，蒙求一卷，章咒一卷，偈頌二十四卷，壬籤、仙詩三卷，神詩一卷，鬼詩二卷，夢詩一卷，物怪詩一卷，癸籤、體凡，發微，評彙，樂通，詁箋，談叢，集錄，凡三十六卷。

曹學佺石倉十二代詩選八百八十八卷古詩十三卷，唐詩一百十卷，宋詩一百七卷，元詩五十卷，明詩一集八十六卷，二集一百四十卷，三集一百卷，四集一百三十二卷，五集五十卷，六集一百卷。
徐獻忠樂府原十五卷
胡瀚古樂府類編四卷
陳耀文花草粹編十二卷
錢允治國朝詩餘五卷
沈際飛草堂詩餘十二卷
卓人月古今詞統十六卷
毛晉宋六十家詞六十卷

程明善嘯餘譜十卷
黎淳國朝試錄六百四十卷（輯明成化已前試士之文。丘濬爲序。）
汪克寬春秋作義要訣一卷
楊愼經義模範一卷
梁寅策要六卷
劉定之十科策略八卷
張和篠菴論鈔一卷
黃佐論原十卷、論式三卷
戴鱀策學會元四十卷
唐順之策海正傳十二卷
茅維論衡六卷、表衡六卷、策衡二十二卷
陳禹謨類字判草二卷
明狀元策十二卷（坊刻本。）
四書程文二十九卷、五經程文三十二卷、論程文十卷、詔誥表程文五卷、策程文二十卷（已上五種，見葉盛菉竹堂書目，皆明初舉業程式。）

右總集類，一百六十二部，九千八百一十卷。

詩學梯航一卷（宣德中，周敍等奉敕編。）
寧獻王臞仙文譜八卷、詩譜一卷、詩格一卷、西江詩法一卷
寧靖王奠培詩評一卷
宋元禧文章緒論一卷
唐之淳文斷四卷
溫景明藝學淵源四卷
閔文振蘭莊文話一卷、詩話一卷

張大猷文章源委一卷
王弘誨文字談苑四卷〔一二〕
朱荃宰文通二十卷
瞿佑吟堂詩話三卷
懷悅詩家一指一卷
葉盛秋臺詩話一卷
游潛夢蕉詩話二卷
李東陽懷麓堂詩話一卷
徐禎卿談藝錄一卷
都穆詩話二卷
强晟汝南詩話四卷
沈麟唐詩世紀五卷
楊愼升菴詩話四卷
程啓充南谿詩話三卷
安磐頤山詩話二卷
黃卿編茗詩話八卷
宋孟淸詩學體要類編三卷
朱承爵詩話一卷
顧元慶夷白齋詩話一卷
陳霆渚山堂詩話三卷
皇甫汸解頤新語八卷
黃省曾詩法八卷
梁格氷川詩式四卷
邵經邦律詩指南四卷
謝東山詩話四卷
王世懋藝圃擷餘一卷
謝榛詩家直說四卷
俞允文名賢詩評二十卷
胡應麟詩藪二十卷
凌雲續全唐詩話十卷

郭子章豫章詩話六卷、續十二卷
謝肇淛小草齋詩話四卷
趙宧光彈雅集十卷
曹學佺蜀中詩話四卷
程元初名賢詩指十五卷
王昌會詩話彙編三十二卷

右文史類，四十八部，二百六十卷。

校勘記

〔一〕蘇伯衡蘇平仲集十六卷　蘇伯衡，原作「蘇衡」，據千頃堂書目卷一七、嵇璜續文獻通考卷一九一、文津閣本四庫全書蘇平仲集補。本書卷二八五有蘇伯衡傳。

〔二〕邵亨貞蛾術文集十六卷　邵亨貞，原作「邵享貞」，據千頃堂書目卷一七改。王圻續文獻通考卷一八二作邵亨貞邵復孺集，四庫全書總目卷一六七作邵亨貞野處集四卷。

〔三〕烏斯道春草齋集十卷　春草齋集，原作「春草集」，據千頃堂書目卷一七、嵇璜續文獻通考卷一九一、文津閣本四庫全書春草齋集補。

〔四〕林誌蔀齋集十五卷　蔀齋集，原作「節齋集」，據千頃堂書目卷一八改。林誌號蔀齋。明詩綜卷一八下、明詩紀事乙籤卷一〇有林誌小傳。

〔五〕胡濙澹菴集五卷　澹菴集，千頃堂書目卷一八作「芝軒集」。國朝獻徵錄卷三三李賢胡濙神道

碑稱濙別號潔菴，著有芝軒集。

〔六〕韓雍奏議一卷　上文已有韓雍奏議一卷，此處重出。

〔七〕顧磐海涯集十卷　顧磐，原作「顧盤」，據明史稿志七七藝文志、千頃堂書目卷二一、嵇璜續文獻通考卷一九二、四庫全書總目卷一七六改。四庫全書總目稱顧磐字子安。

〔八〕右別集類一千一百八十八部一萬九千八百九十六卷　按本類錄自明史稿卷七七藝文志，增譚綸奏議一部十卷，但此總部數卷數照抄明史稿而未增，應增一部十卷。

〔九〕朱吾弼明留臺奏議二十卷　朱吾弼，原作「朱王弼」，據千頃堂書目卷三〇、嵇璜續文獻通考卷一六二、四庫全書總目卷五七改。本書卷二四二有朱吾弼傳。

〔一〇〕李夢陽古文選增定二十二卷　古文選增定，明史稿志七七藝文志、國史經籍志卷五作「文選增定」。

〔一一〕漢魏百三名家集　原脫「三」字，據千頃堂書目卷三一補，文津閣本四庫全書作「漢魏六朝一百三家集一百十八卷」。

〔一二〕王弘誨文字談苑四卷　王弘誨，原作「汪弘誨」，據千頃堂書目卷三二、國史經籍志卷五改。嵇璜續文獻通考卷一九三有王弘誨天池草二十六卷。

中華書局

明史

清　張廷玉等撰

第九册

卷一〇〇至卷一〇二(表)

中華書局

明史卷一百

表第一

諸王世表一

明太祖建藩，子孫世系預錫嘉名，以示傳世久遠。當神宗中葉，僅及祖訓之半，而不億之麗，宗祿虧乏，議者遂有減歲祿，限宮媵，且限支子之請。由是支屬承祧者，親王無旁推之恩；羣從繼世者，郡封絕再襲之例；以及名婚不時有明禁，本折互支無常期。啓、禎時，軍餉告絀，大農蒿目，安能顧贍藩維。親王或可自存，郡王以至中尉空乏尤甚。一旦盜起，無力禦侮，徒手就戮，宗社爲墟，惜哉！

考之史册，漢諸王表與王子侯離而不屬，世次難明。唐宗族蕃大，源遠流長，然諸王以不出閤，不分房，子孫皆闕而不著。宋史於太祖、太宗、魏王廷美之裔，迄臨安淪沒，悉載譜牒，而賢愚並列，漫無裁割。茲表明代親王至郡王而止，以從史、漢諸王及王子侯之例。

又彷唐宗分房法，繫各府郡王於親王之下，如小宗之從大宗。其餘不得封者，概不載。

洪武中，太祖以子孫蕃衆，命名慮有重復，乃於東宮、親王世系，各擬二十字，字爲一世。子孫初生，宗人府依世次立雙名，以上一字爲據，其下一字則取五行偏旁者，以火、土、金、水、木爲序，惟靖江王不拘。東宮擬名曰：允文遵祖訓，欽武大君勝，順道宜逢吉，師良善用晟。秦府曰：尚志公誠秉，惟懷敬誼存，輔嗣資廉直，匡時永信惇。晉府曰：濟美鍾奇表，知新慎敏求，審心咸景慕，述學繼前修。燕府後爲帝系，曰：高瞻祁見祐，〔一〕厚載翊常由，慈和怡伯仲，簡靖迪先猷。周府曰：有子同安睦，勤朝在肅恭，紹倫敷惠潤，昭格廣登庸。楚府曰：孟季均榮顯，英華蘊盛容，宏才升博衍，茂士立全功。齊府曰：賢能長可慶，睿智實堪宗，養性期淵雅，寅思復會通。魯府曰：肇泰陽當健，觀頤壽以弘，振舉希兼達，康莊遇本寧。蜀府曰：悅友申賓讓，承宣奉至平，懋進深滋益，端居務穆清。湘府曰：久鎮開方岳，揚威謹禮儀，剛毅循超卓，權衡素自持。代府曰：遜仕成聰俊，充廷鼐鼎彝，傳貽連秀郁，炳燿壯洪基。肅府曰：瞻祿貢眞弼，縉紳識烈忠，曦暉躋當運，凱諫處恆隆。遼府曰：貴豪恩寵致，憲術儼尊儒，雲仍祺保合，操翰麗龍輿。慶府曰：秩邃寘台鼒，倪伸帥倬奇，適完因巨衍，鷟鸞發需毘。寧府曰：磐奠覲宸拱，多謀統議中，總添支庶闊，作哲向親衷。岷府曰：徽音膺彥譽，定幹企禋雍，崇理原諮訪，寬鎔喜賁從。谷府曰：賦質僖雄敵，蕃興闓福昌，篤諧侗俚豫，擴彌昱頤祥。韓府曰：沖範徵偕旭，融謨朗璟逵，亶韶悰灝愷，令緒价蕃維。瀋府曰：佶幼詮勛胤，恬珵效迥珰，湜源璉晳曤，圭璧澈澄昂。安府曰：斐序斌延賞，凝惇濬祉襄，彥巖顗輯矩，縝密廓程綱。唐府曰：瓊芝彌宇宙，碩器聿琳琚，啓齡蒙頌體，嘉曆協銘圖。郢府曰：偉聞參望奭，箋誨泊皋夔，麒麟餘積兆，奎穎曄瑤璣。伊府曰：顓勉諟訏典，褒珂采鳳琛，應時頒胄選，昆玉冠泉金。靖江王曰：贊佐相

中華書局

規約，經邦任履亨，若依純一行，遠得襲芳名。考明代帝系，憲宗、莊烈二帝名，始及「由」字。其他王府，亦多不出十字。

親王之子，例封郡王。若以支屬嗣者，自後長子襲封親王外，餘子仍照原封世次，授以本等爵級，不得冒濫郡爵。郡王無子，兄弟及兄弟之子不得請襲，違者爲冒封。皆萬曆七年例也。

太祖二十六子。懿文太子外，皇子楠未封。成祖以洪武三年封燕王，後尊爲帝系，不得仍列之藩封世次。其得封者二十三王，曰秦愍王樉，曰晉恭王棡，曰周定王橚，曰楚昭王楨，曰齊王榑，曰潭王梓，曰趙王杞，曰魯荒王檀，曰蜀獻王椿，曰湘獻王柏，曰代簡王桂，曰肅莊王楧，曰遼簡王植，曰慶靖王㮵，曰寧獻王權，曰岷莊王楩，曰谷王橞，曰韓憲王松，曰瀋簡王模，曰安惠王楹，曰唐定王桱，曰郢靖王棟，曰伊厲王㰘。而靖江王以南昌嫡孫受封郡王，附載於後。

秦
愍王樉，太祖嫡二子，洪武三年封。十一年就藩西安府。二十八年薨。
隱王尙炳，愍嫡一子，洪武二十八年襲封。永樂十年薨。
僖王志堩，隱嫡一子，永樂十年襲封。二十二年未娶薨。懷王志均，隱庶二子，初封渭南王，永樂二十二年進封。宣德元年未娶

薨。康王志𡒼，隱庶三子，初封富平王，宣德三年進封。景泰六年薨。
惠王公錫，康嫡一子，天順二年襲封。成化二十二年薨。
簡王誠泳，惠庶一子，成化四年封鎭安王，弘治元年襲封秦王。十一年薨。無子。
昭王秉欆，簡從弟臨潼王誠漈庶一子，初襲臨潼王，弘治十三年嗣封秦王。追諡其祖公銘爲安王，父誠漈爲莊王。十四年薨。
定王惟焯，昭庶一子，正德四年襲封。嘉靖二十三年薨。無子。
宣王懷埢，定再從弟奉國將軍惟燫之子，初封鎭國中尉，嘉靖二十七年嗣封秦王。追諡其曾祖鎭國將軍誠潤爲恭王，祖輔國將軍秉柎爲順王，父惟燫爲端王。誠潤，安庶二子也。四十五年，宣王
靖王敬鎔，宣庶一子，初封隆德王，隆慶三年襲封。萬曆四年薨。
敬王誼漶，靖嫡一子，萬曆三年封世子，九年襲封。十四年薨。無子。王誼漶，靖嫡三子，萬曆十三年襲封奉國中尉，十四年加封紫陽王，十五年進封。
存樞，誼漶子，萬曆　　年襲封。崇禎末陷於賊。〔三〕

中華書局

薨。

永興

懿簡王尚烈，愍嫡二子，永樂元年封。十五年薨。

恭憲王志㙺，懿簡庶一子，永樂二十年襲封。[三]景泰五年薨。

昭僖王公銆，恭憲庶一子，景泰六年襲封。弘治元年薨。

榮惠王誠瀾，昭僖嫡一子，弘治四年襲封。正德二年薨。二子俱殀。

莊定王秉𣝕，榮惠從姪，正德六年以奉國將軍嗣封。嘉靖十二年薨。王以從姪由將軍

恭定王惟燡，莊定庶一子，嘉靖十七年襲封。萬曆二年薨。王自首冒封，不再襲，除。

進封，據例爲冒。

保安

懷僖王尚煜，愍嫡三子，永樂元年封。七年薨。

悼順王志堈，懷僖庶一子，永樂十九年襲封。正統元年薨。

莊簡王公鍊，悼順嫡一子，正統十一年襲封。成化十一年薨。

榮穆王誠漢，莊簡嫡一子，成化十四年襲封。弘治八年薨。無子。

昭和王誠滌，莊

簡庶一子，弘治十年以鎮國將軍進封。十四年薨。無子。

靖和王誠漱，莊簡庶二子，正德三年以鎮國將

恭懿王秉棧，靖和庶一子，嘉靖六年以鎮國將

軍進封。十四年薨。

軍襲封。因王父冒封，例不再襲，除。

興平

恭靖王尚烐，愍庶四子，永樂初封。正統十四年薨。

莊惠王志㙶，恭靖嫡一子，景泰三年襲封。天順元年薨。

中華書局

	永壽	懷簡王尚灴，愍庶五子，永樂初封。十八年薨。
無子，除。		安惠王志埴，懷簡嫡一子，宣德六年襲封。成化六年薨。
		康定王公鋌，安惠嫡一子，成化八年襲封。九年薨。
		莊僖王誠淋，康定庶一子，成化十二年以鎮國將軍襲封。弘治八年薨。
		恭和王秉欓，莊僖庶一子，弘治十年以鎮國將軍襲封。嘉靖十七年薨。庶一子惟燿先
		惟燿初封鎮國將軍，嘉靖七年卒，以子懷埢襲封。追諡懷順王。
		榮靖王懷埢，懷順庶一子，嘉靖二十八年襲封。二十九年薨。
		王敬鏞，榮靖嫡一子，嘉靖三十一年襲封，薨。
		王誼況，敬鏞嫡一子，萬曆五年封長子。三十三年襲封。四十二年薨。
		王存桑，誼況庶一子，萬曆二十七年封長孫。三十三年改封長子。四十五年襲封。

卒，庶六子惟燇以母邵氏封妃，自謂嫡子當立，請襲得允。後惟燿子懷埢奏辨。會識以邵氏因內助進

	安定　尚炌，愍庶六子，永樂初封。十六年削爲庶人，發守愍王
封，惟燇不得稱嫡，乃以懷埢襲封。	

墳園，除。		
	宜川　莊靖王志埰，隱庶三子，宣德元年封。正統十三年薨。	
	榮順王公銳，莊靖庶一子，景泰二年襲封。成化二十年薨。	臨潼　惠簡王
	康僖王誠灌，榮順庶一子，弘治三年以鎮國將軍襲封。九年薨。	和僖王
	恩裕王秉橋，康僖嫡一子，弘治十三年襲封。嘉靖元年薨。無子，除。	

公銘，康庶三子，正統七年封。成化十年薨。

郃陽

惠恭王

誠濴，惠簡嫡一子，成化十三年襲封。弘治五年薨。後子秉欆嗣秦封，郡爵不再襲。

溫穆王

公鏜，康庶四子，正統七年封。成化七年薨。

誠泓，惠恭庶一子，成化十二年以鎮國將軍襲封。弘治七年薨。子秉柔，卒。

悼安王

誠滄，惠恭庶二

安僖王

秉欌，悼安嫡一

子，弘治七年以鎮國將軍進封。本年薨。

子，正德三年以輔國將軍襲封。本年薨。無子，除。

汧陽

端懿王

公鏳，康庶五子，正統十一年封。弘治八

安裕王

誠洌，端懿嫡一子，弘治十年襲封。十五

莊靖王

秉榛，安裕庶一子，正德三年襲封。嘉靖

年薨。

年薨。

三十三年薨。二子俱未名卒，除。

崇信

王

誼滂，靖庶一子，萬曆二十三年以奉國中尉加封。

中華書局

二五二一	二五二二
晉　恭王棡，太祖嫡三子，洪武三年封。十一年就藩太原府。三十一年薨。	
定王濟熺，恭嫡一子，洪武三十一年襲封。永樂十二年爲弟濟熿誣搆，廢守恭王墳園。後事明，	仁宗賜王冠服，令依子美圭養。宣德十年薨。
憲王美圭，定嫡一子，永樂三年封世子，爲叔濟熿誣廢，隨父守墳。二十一年事明，封平陽王。宣	德十年襲封晉王。正統六年薨。
莊王鍾鉉，憲庶一子，初封榆社王，正統七年襲封。弘治十五年薨。曾孫知烊立。	
奇源，莊嫡一子，天順三年封世子。弘治十四年薨。以孫知烊襲封，追封王，謚曰靖。	
表榮，靖嫡一子，成化十四年封世孫。弘治六年薨。以子知烊襲封，追封王，謚曰懷。	
端王知烊，懷庶二子，弘治十一年封世曾孫。十六年襲封。嘉靖十二年薨。無子。	
簡王新㙉，端從弟新化王知㸅庶一子，嘉靖十二年以新化王長子奉敕管理府事。十五年嗣	封晉王。追謚其祖秉樤爲安王，父知㸅爲康王。萬曆三年薨。
敬王慎鏡，簡親弟鎮國將軍新墭嫡一子，初封輔國將軍。萬曆四年奉敕管理府事。六年卒。七	年追封，加謚。無子。　惠王慎鋷，新墭嫡三子，敬親弟，嘉靖三十年封輔國將軍。萬曆七年進封。本年
	穆王敏淳，惠嫡一子，萬曆十三年襲封。三十八年薨。
	王求桂，穆庶一子，萬曆三十九年請敕管理府事。四十一年襲封。崇禎末陷

二五二三			二五二四	
	高平　懷簡王濟熢，恭庶二子，永樂初封。五年薨。〔四〕無子，除。	平陽　濟熿，恭庶三子，永樂初	封。十二年，晉王濟熺廢，遂襲晉封。宣德二年通高煦事發，革爵，發高牆，除。	慶成　莊惠王濟炫，恭
				恭僖王美埥，莊
				溫穆王鍾鎰，恭
				端順王奇濆，溫
				恭裕王表欒，端
				安穆王知熑，恭
				新堤，安穆嫡一
				榮懿王慎鍾，悼
薨。				王敏蔙，榮
於賊。				王求檣，敏

二十四史

中華書局

庶四子，永樂元年封，別城汾州。宣德四年薨。	寧化	懿簡王
惠庶一子，宣德七年以鎮國將軍襲封。景泰七年薨。		僖順王
僖庶一子，正統十二年襲封。弘治九年薨。		鍾鋓，僖
穆嫡一子，弘治十二年襲封。嘉靖十二年薨。		奇灃，鍾
順嫡一子，嘉靖十四年襲封。三十九年薨。		康和王
裕嫡一子，嘉靖二十八年以鎮國將軍改封長子。四十一年襲封。隆慶三年薨。		恭端王
子，嘉靖四十二年封長子。四十三年卒，以子慎鍾襲封，追封王，諡悼懷。		莊定王
懷庶一子，嘉靖四十二年以奉國將軍改封長孫。隆慶六年襲封。萬曆三十四年薨。		溫裕王
懿庶一子，萬曆三十七年以鎮國將軍襲封，薨。		王
莊嫡一子，萬曆三十八年封長子，既而襲封。		

濟煥，恭庶四子，永樂二年封。[五]景泰元年薨。	永和
美壤，懿簡庶一子，景泰三年以鎮國將軍襲封。成化七年薨。長子鍾鎔殀卒。	
順庶二子，成化八年襲封。弘治四年革爵，發高牆。正德三年卒，准歸葬。	
鋓嫡一子，弘治三年封長子。十八年卒。嘉靖十年以子表欟襲封。追封王，諡悼康。	
表欟，悼康庶一子，正德十三年以輔國將軍管理府事。嘉靖八年乞封，准襲王。隆慶四年薨。	
知熑，康和庶一子，嘉靖三十一年封長子。萬曆三年襲封。十三年薨。	
新壟，恭端庶一子，嘉靖三十一年封長孫。萬曆六年封長子。十九年襲封。二十一年薨。	
慎鍫，莊定嫡一子，萬曆二十七年襲封。三十八年薨。	
敏淓，溫裕嫡一子，萬曆四十四年襲封。	

昭定王濟烺，恭庶六子，永樂九年封，別城汾州。正統八年薨。	廣昌	悼平王濟熇，恭嫡七子，
美塢，昭定嫡一子，正統九年襲封。十四年以事取回京。		安僖王美堅，悼平庶一
順僖王鍾鈌，美塢庶一子，成化五年以奉國中尉乞封，准襲王。十年薨。		
榮懷王奇清，順僖嫡一子，成化十三年襲封。弘治元年薨。		
靖惠王表格，榮懷嫡一子，弘治四年襲封。正德十三年薨。		
安簡王知煥，靖惠嫡一子，嘉靖元年襲封。二十八年薨。		
莊定王新墭，安簡嫡一子，嘉靖三十二年襲封。隆慶六年薨。長子殀。		
恭懿王慎鐳，莊定庶二子，萬曆五年襲封。二十六年薨。		
王敏霔，恭懿庶一子，萬曆二十九年襲封。		

永樂初封。宣德二年薨。		
子，宣德七年襲封。景泰五年薨。無子，除。	交城	榮順王美埦，定庶二子，正統三年封，別城平陽府。成化
		莊僖王鍾鐻，榮順庶一子，成化十五年襲封。弘治十年
		榮惠王奇淐，莊僖嫡一子，弘治十二年以鎮國將軍襲

二十四史　中華書局

十一年薨。

薨。

封。十四年薨。無子。

奇灡，莊僖庶三子，初封輔國將軍，加鎮國。卒，以子表杋嗣交城封。追封王，謚榮

榮端王表杋，榮僖嫡一子，正德五年以輔國將軍嗣封。六年薨。無子。

僖。

奇浄，莊僖庶六子，封鎮國將軍。卒，以子表榧嗣交城封。追封王，謚恭簡。

端和王表榧，恭簡庶一子，嘉靖二十六年以輔國將軍進封。以從弟承爵，自兄首冒封，不再襲。

陽曲 榮靖王美垙，定庶三子，正統二年封，別城平陽府。成化十六年薨。	
鍾鍑，榮靖庶一子，成化十九年以鎮國將軍襲封。二十年革爵。嘉靖元年卒。其	
	隆慶四年薨，除。

西河 靖恭王美埻，定庶四子，正統二年封，別城平陽	
順簡王鍾鑅，靖恭嫡一子，天順元年襲封。成化	子孫以本等官職管理府事，不得襲王，除。
恭定王奇溯，順簡庶一子，弘治四年襲封。嘉靖	
康懿王表相，恭定嫡一子，嘉靖三十八年襲封。	
王知燧，康懿庶一子，隆慶六年封長子。萬	
王新甄，知燧嫡一子，萬曆二十五年封長	

府。景泰七年薨。	方山　莊憲王美垣，定庶五子，正統二年封。成化六年薨。
二十年薨。	昭僖王鍾鋌，莊憲庶一子，成化八年以鎭國將軍襲封。十六年革爵。正
三十六年薨。	
萬曆十五年薨。	
曆十八年襲封，薨。	
子。	

	臨泉　莊簡王美埱，定庶六子，正統二年封。三年薨。
德六年薨。子孫俱以本等官職奉祀，除。	悼昭王鍾鏶，莊簡庶一子，景泰七年襲封。成化五年薨。
	榮穆王奇渼，悼昭嫡一子，成化八年襲封。正德九年薨。
	表柃，榮穆庶一子，成化二十三年封鎭國將軍。正德十
	莊靖王知烘，表柃庶一子，正德七年奉敕管理府事。十

	雲丘　簡靖王美堨，定庶七子，正統二年封。成化十六年薨。
	端惠王鍾鋋，簡靖嫡一子，成化十七年襲封。弘治九年薨。
	恭僖王奇渲，端惠嫡四子，弘治六年以鎭國將軍改封長子。十
六年未襲卒。	王表樟，恭僖庶一子，嘉靖元年以鎭國將軍襲封。五年薨。
五年准襲，未拜命卒。無子，除。	

	寧河　康僖王美堛，定庶八子，正統二年封。成化二十一年薨。
	安憲王鍾鏤，康僖嫡一子，弘治元年襲封。十四年薨。
二年襲封。正德十三年薨。	溫簡王奇沄，安憲嫡一子，正德三年襲封。嘉靖三十八年薨。
無子，除。	榮莊王表楠，溫簡嫡一子，嘉靖四十年襲封。隆慶六年薨。
	恭懿王知戾，榮莊嫡一子，嘉靖四十一年封長子。萬曆三年襲
	定惠王新睚，恭懿庶一子，萬曆二十三年襲封。二十六年薨。無

中華書局

	徐溝 悼僖王 鍾鐸，憲庶二子，正統六年封。景泰元年薨。無子，除。	河東 昭靖王
		榮安王
		表枋，榮
封。二十年薨。		榮懿王
子，除。		端穆王
		安裕王
		王
		王

鍾鑢，憲庶三子，正統十三年封。成化二十年薨。	太谷 懷僖王
奇溎，昭靖嫡一子，成化二十三年襲封。正德九年薨。	
安庶一子，初封輔國將軍，加封鎮國將軍。正德五年卒。以子知烱襲封。追封王，謚恭憲。	
知烱，恭憲嫡一子，正德十三年以輔國將軍襲封。嘉靖四十三年薨。	
新墤，榮懿嫡一子，隆慶元年襲封。四年薨。	
慎鍵，端穆庶三子，隆慶五年以輔國將軍改封長子。萬曆三年襲封。三十年薨。	
敏淴，安裕嫡一子，萬曆十一年封長子。三十三年襲封。	
求杚，敏淴嫡一子，萬曆三十四年封長子。	

鍾鉉，憲庶四子，正統十四年封。天順二年薨。無子，除。	
	義寧 榮康王 奇漢，莊庶二子，天順二年封。弘
	僖裕王 表櫬，榮康嫡一子，弘治十年襲
	端靖王 知爀，僖裕嫡一子，正德七年襲
	康定王 新[illegible]，端靖庶一子，嘉靖十一年
	安僖王 慎鑠，康定庶一子，隆慶三年以
	王 敏漽，安僖嫡一子，萬曆十六年
	求橘，敏漽嫡一子，萬曆三十四年封長

治九年薨。	河中 悼懷王 奇溶，莊庶三子，成化元年封。二十年薨。
封。正德四年薨。	康簡王 表桲，悼懷嫡一子，弘治二年襲封。嘉靖
封。嘉靖四年薨。	恭靖王 知炬，康簡嫡一子，嘉靖十四年以鎮國
襲封。四十四年薨。	新塗，恭靖庶一子，嘉靖二十九年封鎮國將軍。
鎮國將軍改封長子。五年襲封。萬曆十三年薨。	王 慎鑌，新塗庶一子，萬曆十六年以輔國
襲封。三十八年薨。	王 敏演，慎鑌庶一子，萬曆二十七年封長
子。三十八年卒。無子，除。	

中華書局

	襄陰安惠王奇瀴，莊庶四子，成化五年封。弘治九年
十二年薨。	宣懿王表樬，安惠嫡一子，弘治十三年襲封。正
將軍襲封。萬曆十九年薨。	
萬曆十年卒。	
將軍改封長孫。二十二年襲封。四十二年薨。	
子。	

薨。	
德十三年薨。無子，除。	新化恭裕王表欉，靖嫡二子，初封鎮國將軍。正德五年封。八年薨。
	端和王知爀，恭裕嫡一子，正德十年襲封。嘉靖四年薨。後子新墺嗣晉

	安溪表枸，靖庶三子，弘治七年封鎮國將軍。正德二年卒。三年追封王，謚懷僖。無子，
封，郡爵例不襲。	

除。	靖安康僖王表栜，靖庶四子，正德六年以鎮國將軍加封。嘉靖三十三年薨。
	恭懿王知熁，康僖庶一子，嘉靖三十一年以鎮國將軍改封長子。三十六年襲封。萬曆
	王新環，恭懿嫡一子，嘉靖三十七年封長子。萬曆十年襲封，薨。
	慎鍛，新環庶一子，萬曆十二年封長子。三十九年卒。以子敏沒襲封。追封王，謚
	王敏沒，慎鍛庶一子，萬曆三十年封長孫，既而襲封。

中華書局

	旌德懷安王表楷，靖庶五子，正德五年封。嘉靖十年薨。	榮澤安懿王表樻，靖
七年薨。	榮穆王知㸌，懷安嫡一子，嘉靖十一年封。隆慶二年薨。無子，除。	端簡王知爈，安

	周定王橚，太祖嫡五子，洪武三年封吳。十
	憲王有燉，定嫡一子，正統元年襲封。四
庶六子，正德七年封。嘉靖十二年薨。	
懿　一子，嘉靖十五年襲封。二十八年薨。無子，除。	

一年改封周。十四年就藩開封府。洪熙元年薨。
年薨。無子。簡王有爝，定庶四子，初封祥符王。正統四年進封。景泰三年薨。郡封例不襲。
靖王子垕，簡庶一子，景泰六年襲封。七年薨。無子。懿王子埅，簡庶二子，初封通許
惠王同鑣，懿庶一子，初封睢陽
安濮，惠庶二子，成化二十三年
恭王睦橎，悼庶一子，初封鎮國
勤熄，恭嫡一子，正德十一年封
莊王朝堈，康嫡一子，嘉靖十九
敬王在鋌，莊嫡一子，嘉靖三十
端王肅溱，敬嫡一子，隆慶六年，
王恭枵，端嫡一子，萬曆十七

	汝南有爋，定嫡二子，永樂初封。宣德三年以
王。天順元年進封。成化二十一年薨。郡爵不再襲。	
王。成化二十三年襲封。弘治十一年薨。	
封世子。弘治二年薨。以子睦橎襲封。追封王，謚曰悼。	
將軍。弘治十四年襲封。嘉靖十七年薨。	
世子。嘉靖九年薨。以子朝堈襲封。追封王，謚曰康。	
年襲封。三十年薨。	
一年襲封。萬曆十一年薨。	
封世子。萬曆十四年襲封，薨。	
年封世子，既而襲封。	

罪削爵，除。	順陽 懷莊王有烜，定庶三子，永樂初封。十三年薨。無子，除。	新安 有熺，定庶五子，

永樂初封。宣德三年以罪削爵，除。	永寧 靖僖王有光，定庶六子，永樂初封。成化二年薨。
	安惠王子埸，靖僖庶一子，成化三年襲封。十二年薨。
	莊和王同釾，安惠庶一子，成化十四年以鎮國將軍襲
	榮穆王安法，莊和嫡一子，弘治十三年襲封。嘉靖元年
	恭定王睦橪，榮穆庶一子，嘉靖二年以鎮國將軍襲封。
	端順王勤燭，恭定庶一子，嘉靖五年以鎮國將軍襲封。
	欽懿王朝堛，端順庶一子，嘉靖二十年襲封。四十五年
	溫簡王在鏜，欽懿嫡一子，隆慶五年襲封。萬曆二十六

	汝陽 恭僖王有爓，定庶七子，永樂初封。正統九年薨。
	安惠王子壆，恭僖庶一子，正統十一年以鎮國將軍襲封。成化六年薨。
封。弘治九年薨。	安和王同鏗，安惠嫡一子，成化八年襲封。正德十年薨。
薨。	康肅王安澓，安和庶一子，嘉靖三年以鎮國將軍襲封。四年薨。
三年薨。	宣思王睦欋，康肅庶一子，嘉靖七年以鎮國將軍襲封。十一年薨。
十六年薨。	榮定王勤烝，宣思嫡一子，嘉靖十七年襲封。四十五年薨。
薨。	莊簡王朝雝，榮定嫡一子，隆慶四年襲封。無子，除。
年薨。無子，除。	

鎮平 恭定王有爌，定庶八子，永樂初封。成化七年薨。	宜陽 康簡王
榮莊王子擬，恭定庶一子，成化九年以鎮國將軍襲封。十八年薨。	
端裕王同鑋，榮莊庶一子，成化二十一年以鎮國將軍襲封。弘治十八年薨。	
昭順王安消，端裕庶一子，正德六年以鎮國將軍襲封。十五年薨。無子，除。	

中華書局

有炥，定庶九子，永樂初封。成化六年薨。無子，除。	遂平悼恭王有熲，定庶十子，宣德元年封。正統元年
	榮靖王子墟，悼恭庶一子，正統四年襲封。成化
	恭安王同鐎，榮靖嫡一子，成化七年襲封。弘治
	康穆王安洛，恭安庶一子，弘治四年以鎮國將
	睦檗，康穆庶一子，初封鎮國將軍。嘉靖十二年
	安僖王勤爔，端靖庶一子，嘉靖二十七年襲封。
	朝墦，安僖庶一子，嘉靖三十一年封鎮國將軍。
	在鈇，惠懿庶一子，隆慶元年封長孫。萬曆十八
	裕王肅漽，懷恪庶一子，萬曆二十二年襲封，
	王恭櫂，肅漽嫡一子，萬曆三十七年封長

薨。	封丘康懿王有熅，定庶十一子，宣德二年封。成化三
四年薨。	溫和王子埑，康懿庶一子，成化五年以鎮國將
元年薨。	僖順王同鉻，溫和庶一子，正德七年以鎮國將
軍襲封。嘉靖二十四年薨。	端惠王安湜，僖順嫡一子，嘉靖六年襲封。三十
卒。以子勤爔襲封。追封王，諡端靖。	肅安王睦訴，端惠庶一子，嘉靖三十四年以鎮
萬曆十五年薨。	莊靖王勤奚，肅安庶一子，萬曆七年襲封。十六
三十六年卒。以孫肅漽襲封。追封王，諡惠懿。	
年卒。以子肅漽襲封。追封王，諡懷恪。	
薨。	
子。天啓元年襲封。	

年薨。	羅山悼恭王有爆，定庶十二子，宣德二年封。四年薨。無子，除。
軍襲封。弘治十五年薨。	
軍襲封。嘉靖三年薨。	
一年薨。	
國將軍襲封。隆慶三年薨。	
年薨。無子，除。	

內鄉恭莊王有炯，定庶十三子，宣德二年封。天順八年薨。
子墘，恭莊庶一子，景泰元年封鎮國將軍。天順元年卒。以子同鋇襲封。追封王，諡懷靖。
溫穆王同鋇，懷靖庶一子，成化元年襲封。弘治十六年薨。
溫定王安滻，溫穆嫡一子，弘治七年襲封。嘉靖二十二年薨。
莊順王睦檝，溫定庶一子，嘉靖二十六年襲封。三十六年薨。
端惠王勤烰，莊順嫡一子，嘉靖三十八年襲封。萬曆二十三年薨。
王朝灉，端惠庶一子，萬曆十六年封長子。二十六年襲封，薨。
王在墾，朝灉嫡一子，萬曆二十九年封長子，既而襲封。

二十四史
中華書局

胙城		
莊簡王	有熾，定	庶十四子，宣德二年封。景泰四年薨。
榮順王	子壚，莊	簡庶一子，景泰七年以鎮國將軍襲封。成化十三年薨。
昭僖王	同鏨，榮	順庶一子，成化十五年以鎮國將軍襲封。弘治元年薨。
宣靖王	安瀏，昭	僖嫡一子，弘治四年襲封。嘉靖二年薨。
恭懿王	睦梚，宣	靖嫡一子，嘉靖五年以鎮國將軍襲封。十八年薨。
端惠王	勤熸，恭	懿庶一子，嘉靖二十年襲封。萬曆八年薨。
王	朝墍，端	惠庶三子，萬曆三年封長子。後卒，無子，除。

原武	
安懿王	子塒，簡
康僖王	同鐵，安
恭順王	安淇，康
莊惠王	睦櫬，恭
端和王	勤⿰火侖，莊
溫穆王	朝埨，端
王	在鉀，溫

庶三子，正統六年封。成化八年薨。
懿庶一子，成化五年襲封。弘治七年薨。
僖庶一子，弘治十三年以鎮國將軍襲封。嘉靖三十七年薨。
順嫡一子，嘉靖三十九年襲封。萬曆七年薨。
惠嫡一子，嘉靖四十一年封長子。萬曆十年襲封。十六年薨。
和庶一子，隆慶三年封長孫。萬曆十二年改封長子。十九年襲封。三十五年薨。
穆庶一子，萬曆十六年封長孫。二十年改封長子。三十八年襲封。

鄢陵	
安僖王	子墐，簡
靖簡王	同鋑，安
端僖王	安沅，靖
恭昭王	睦枸，端
勤烓，恭	昭嫡一
康懿王	朝⿰土從，勤
莊和王	在⿱癶金，康
王	肅洧，莊

庶四子，正統六年封。成化二十一年薨。
僖庶一子，弘治元年以鎮國將軍襲封。正德十年薨。
簡嫡一子，正德十六年襲封。嘉靖十八年薨。
僖嫡一子，嘉靖二十一年襲封。三十六年薨。
子，嘉靖七年封長孫。二十一年封長子。隆慶五年卒。
烓庶一子，萬曆二年以輔國將軍改封長子。十九年襲封，薨。
懿嫡一子，萬曆二十一年封長子。三十年襲封，薨。
和庶三子，天啓元年襲封。

河陰		
懷僖王	子壋，簡	庶五子，正統六
康簡王	同鑣，懷	僖嫡一子，天順
莊定王	安泜，康	簡庶一子，弘治
恭肅王	睦橘，莊	定嫡一子，嘉靖
溫恪王	勤炸，恭	肅嫡一子，萬曆
王	朝趆，溫	恪庶一子，萬曆

年封。十二年薨。
元年襲封。弘治十四年薨。
十六年襲封。嘉靖三十三年薨。
三十六年襲封。隆慶三年薨。
二年襲封。四十五年薨。
二十二年封長子。天啓元年襲封。

項城		
恭和王	子堰，簡	庶七子，正統元年封。成化十九年薨。無

中華書局

	宜陽	潁川
子，除。	悼和王子垗，簡庶八子，天順元年封。二年薨。無子，除。	溫僖王子壚，簡庶九子，
		榮莊王同鐘，溫僖庶一
		安潪，榮莊庶一子，封鎮
		恭順王睦棌，安惠庶一
		勤㸐，恭順嫡一子，嘉靖
		王朝堅，勤㸐庶一
		王在鍱，朝堅嫡一

	義陽
天順元年封。成化二十一年薨。	康靖王子圪，簡庶十子，天順元年封。弘
子，弘治二年襲封。嘉靖六年薨。	榮安王同鍱，康靖庶一子，弘治十六年
國將軍。嘉靖二年卒。以子睦棌襲封。追封王，謚安惠。	恭端王安汥，榮安庶一子，嘉靖元年襲
子，嘉靖十五年襲封。萬曆十四年薨。	莊僖王睦鍱，恭端嫡一子，嘉靖二十五
三十五年封長子。萬曆十五年卒。	王勤駴，莊僖庶一子，萬曆三十七
子，萬曆二十年襲封，薨。	
子，萬曆三十九年封長子，既而襲封。	

	汝陰
治十二年薨。	懷懿王子埯，簡庶十二子，天順元年封。成化十一年薨。無子，除。
襲封。正德二年薨。	
封，薨。	
年襲封。萬曆二十四年薨。	
年襲封。	

臨汝	沈丘
端懿王子塼，簡庶十三子，天順三年封。弘治九年薨。	
恭康王同衙，端懿庶一子，弘治十四年襲封。嘉靖二十一年薨。	榮戾王同鑞，懿庶二子，
王安洔，恭康庶一子，嘉靖三十二年襲封，薨。	靖和王安涪，榮戾庶一
王睦棱，安洔庶三子，萬曆八年封長子。三十二年襲封。	榮定王睦栲，靖和庶一
	莊懿王勤熐，榮定嫡一
	王朝耆，莊懿嫡一
	王在鍠，朝耆嫡一

中華書局

成化元年封。正德元年薨。	上洛　莊惠王同鍨，懿庶三子，成化三年封。弘治十二年薨。
子，正德三年襲封。嘉靖三年薨。	榮定王安澣，莊惠嫡一子，正德三年襲封。嘉靖二十九
子，嘉靖七年襲封。二十八年薨。	康裕王睦櫨，榮定嫡一子，嘉靖三十二年襲封。四十年
子，嘉靖三十一年襲封。萬曆十七年薨。	恭靖王勤譙，康裕嫡二子，萬曆二年以鎮國將軍襲封，
子，萬曆七年封長子。二十年襲封。	王朝瞌，恭靖嫡一子，萬曆六年封長子。三十二年
子，萬曆二十三年封長子，既而襲封。	

	魯陽　恭惠王同鈮，懿庶四子，成化三年封。嘉靖元年薨。
年薨。	靖肅王安汞，恭惠庶一子，嘉靖四年襲封。二十一年薨。
薨。長子勤䵣，先卒。	睦杜，靖肅嫡一子，正德十六年封鎮國將軍。嘉靖十年卒。以子勤灰襲
薨。	莊憲王勤灰，安定嫡一子，嘉靖二十一年襲封。萬曆二十四年薨。
襲封。	朝垬，莊憲嫡一子，嘉靖四十年封長子。萬曆二十年卒。以子在銕襲封。
	端懿王在銕，穆懷庶一子，萬曆十六年封長子。二十七年襲封，薨。
	王肅決，端懿庶一子，萬曆四十六年襲封。

	臨淄　榮惠王同鈞，懿庶五子，成化七年封。弘治四年薨。
	端簡王安瀺，榮惠庶一子，弘治十年襲封。正德十五年薨。
封。追封王，諡安定。	莊毅王睦檠，端簡庶一子，嘉靖十四年襲封。二十六年薨。
	端靖王勤緂，莊毅嫡一子，嘉靖三十二年襲封。三十四年薨。一子、二子、
追封王，諡穆懷。	

	堵陽　安僖王同鈜，懿庶六子，
	安瀷，安僖庶一子，封鎮
	睦檯，榮憲庶一子，正德
三子俱殀卒，四子朝望係濫妾所生，萬曆十年降封奉國將軍，國除。	端簡王勤煆，康裕庶一
	恭懿王朝墫，端簡嫡一
	王在鑣，恭懿庶一

二十四史　中華書局

成化十年封。嘉靖二十一年薨。	河清　昭和王同鏻，懿庶七子，
國將軍。嘉靖十三年卒。以孫勤烄襲封。追封王，諡榮憲。	端穆王安沈，昭和庶一
十六年封輔國將軍。嘉靖十二年卒。以子勤烄襲封。追封王，諡康裕。	
子，嘉靖二十七年襲封。萬曆五年薨。	
子，萬曆三年封長子。十三年襲封。二十二年薨。	
子，萬曆四十年襲封。	

成化九年封。弘治七年薨。
子，弘治七年襲封。十五年薨。無子。　莊憲王安泗，昭和庶二子，正德六年以鎮國將軍進封。嘉靖二
榮僖王睦稜，莊憲嫡一子，嘉靖二十八年襲封。三十三年薨。
王勤熛，榮僖嫡一子，嘉靖三十六年襲封。

	新會　恭簡王同鑣，懿庶八子，成化二十三年封。嘉靖二年薨。
十五年薨。	康惠王安滶，恭簡嫡一子，嘉靖八年襲封。四十二年薨。
	睦榛，康惠庶一子，嘉靖三十九年以鎮國將軍改封長子。隆慶二年襲封。萬曆

	義寧　昭安王安淕，惠庶四子，弘治二年封。十二年革爵。正德
十二年以罪削爲庶人，發高牆，除。	榮懿王睦橰，昭安嫡一子，嘉靖五年襲封。十五年薨。
	恭簡王勤熈，榮懿子，嘉靖十八年襲封。萬曆十六
	朝墠，恭簡嫡一子，嘉靖三十六年封長子。隆慶三年卒。
	王在鎗，朝墠庶一子，萬曆五年封長孫。二十二年

中華書局

二年復爵。嘉靖十年薨。	平樂 安泛，惠庶五子，弘治二年封。十三年以罪廢爲庶人，送鳳陽守陵，除。	崇善 恭順王安渀，惠庶六子，弘治二年封。正德十一年薨。	海陽 康隱王
		端懿王睦樓，恭順庶一子，嘉靖元年襲封。本年薨。	端康王
年薨。		勤爐，端懿嫡一子，嘉靖六年封長子。十年卒。	莊恪王
以子在鍒襲封。追封王，謚		王朝墉，勤爐庶一子，嘉靖二十年襲封。二十八年薨。無子，除。	王
襲封。			王

安遾，惠庶七子，弘治二年封。正德七年薨。	安定 懷簡王安湃，惠庶十子，弘治二年封。四年薨。無子，除。	曲江 恭和王安濼，惠庶十一子，弘治二年封。正德十二年薨。
睦杲，康隱庶三子，嘉靖二年襲封。二十六年薨。		榮定王睦樒，恭和庶一子，正德十六年襲封。嘉靖十七
勤炵，端康庶一子，嘉靖三十五年襲封。萬曆二十三年薨。		端靖王勤熫，榮定嫡一子，嘉靖二十一年襲封。萬曆六
朝陞，莊恪嫡一子，隆慶六年封長子。萬曆二十四年襲封。三十九年薨。		王朝蘷，端靖庶一子，萬曆三十八年襲封。
在鎮，朝陞庶一子，萬曆三十八年以鎮國將軍改封長子。四十四年襲封。		

二十四史　中華書局

	博平
	恭裕王安泧，惠庶十三子，弘治二年封。嘉靖三年薨。
年薨。	溫簡王睦柯，恭裕庶一子，嘉靖五年襲封。萬曆三年薨。
年薨。	端順王勤熑，溫簡嫡一子，嘉靖十八年封長子。萬曆九年襲封。十一年薨。
	榮和王朝基，端順庶一子，隆慶元年封長孫。萬曆十五年襲封，薨。
	王在鉤，榮和嫡一子，萬曆十八年封長子。三十四年襲封，薨。
	王肅演，在鉤嫡一子，萬曆三十六年封長子，既而襲封。

聊城	汾西
懷和王安滑，惠嫡十五子，弘治二年封。六年薨。無子，除。	靖安王安漕，惠庶十六子，弘治
	端惠王睦桍，靖安庶一子，嘉靖
	康懿王勤熇，端惠嫡一子，嘉靖
	榮靖王朝埇，康懿嫡一子，嘉靖

	魯陽
二年封。嘉靖二年薨。	康和王安滌，惠庶十七子，弘治三年封。嘉靖三年薨。
七年襲封。二十八年薨。	榮安王睦欙，康和庶一子，嘉靖七年襲封。三十七年薨。
三十二年襲封。三十五年薨。	康憲王勤炳，榮安　一子，嘉靖四十年襲封。四十三年
三十九年襲封。隆慶六年薨。無子，除。	

	信陵	邵陵
	懿簡王安浲，惠庶十八子，弘治五年封。正德十年薨。	恭順王
	莊安王睦楃，懿簡嫡一子，正德十六年襲封。嘉靖二十四年薨。	王
薨。無子，除。	端和王勤熰，莊安庶一子，嘉靖二十九年襲封，本年薨。無子，除。	勤榮，睦
		王
		王

中華書局

	萊陽
安㵆，惠庶十九子，弘治十年封。嘉靖十一年薨。	榮康王安滀，惠庶二十子，弘治十年封。
睦梓，恭順庶一子，嘉靖二十一年襲封。萬曆十六年薨。	端定王睦桃，榮康嫡一子，嘉靖十九年
梓庶一子，嘉靖三十五年封鎮國將軍。萬曆十六年薨。	莊懿王勤熑，端定嫡一子，嘉靖三十七
朝䐔，勤榮庶一子，萬曆二十七年襲封。	王朝𩦍，莊懿嫡一子，萬曆十四年
在鉞，朝䐔嫡一子，襲封。崇禎十六年爲李自成所掠。	王在鏰，朝𩦍嫡一子，萬曆三十年

	東會
嘉靖十三年薨。	莊懿王安瀉，惠庶二十一子，弘治十年封。嘉靖五年薨。
襲封。二十九年薨。	莊惠王睦柊，莊懿庶一子，嘉靖八年襲封。萬曆五年薨。
年襲封。萬曆二十年薨。	勤烾，莊惠嫡一子，嘉靖二十一年封長子。三十八年卒。
封長子。二十三年襲封。天啓三年薨。〔六〕	王朝堡，勤烾庶一子，萬曆四年封長孫。十七年襲
封長子，既而襲封。	王在鍢，朝堡庶一子，萬曆二十一年封長子，既而
	王肅眾，在鍢庶一子，萬曆四十年封長孫，既而襲

	富陽
	昭穆王安灈，惠庶二十二子，弘治十六年封。嘉靖二年薨。
	端僖王睦桴，昭穆嫡一子，嘉靖八年襲封。十七年薨。
	勤熀，端僖嫡一子，嘉靖二十二年襲封。萬曆元年以罪廢爲庶人，發高
封。天啓六年薨。〔七〕	
襲封，薨。	
封。	

	會稽	湔江
	康敬王安滐，惠庶二十三子，弘治十六年封，薨。	懷隱王安涇，惠
	宣懿王睦杉，康敬嫡一子，嘉靖二十五年襲封。三十四年薨。	安簡王睦枅，懷
牆，除。	恭裕王勤燧，宣懿嫡一子，嘉靖四十一年襲封。隆慶六年薨。	康惠王勤燨，安
	王朝䧳，恭裕一子，萬曆中襲封，薨。無子，除。	王朝郢，康
		王在敍，朝

二十四史

中華書局

庶二十四子，弘治十六年封。嘉靖六年薨。	麗水　恭順王安汾，惠庶二十五子，弘治四年封。正德
隱嫡一子，嘉靖十二年襲封。二十五年薨。	
簡庶一子，嘉靖三十年襲封，薨。	
惠嫡一子，萬曆十年封長子。十九年襲封，薨。	
郢嫡一子，萬曆四十二年封長子，既而襲封。	

十五年薨。無子，除。	
	應城　恭穆王睦桎，悼庶四子，正德六年封。嘉靖三十九年薨。
	端康王勤爆，恭穆嫡一子，嘉靖四十一年襲封，薨。
	溫惠王朝均，端康嫡一子，隆慶五年以長孫改封長子。萬曆十七年襲
	王在錠，溫惠庶一子，萬曆四年封長孫。二十一年襲封，薨。
	王肅落，在錠庶一子，萬曆二十二年封長子，既而襲封。

	益陽　康定王睦榰，悼庶五子，正德六年封。嘉靖二十五年薨。
	勤熤，康定庶一子，嘉靖十一年封鎮國將軍。尋卒。以子朝墠襲封。追封王，謚恭
封。十八年薨。	端裕王朝墠，恭憲嫡一子，嘉靖二十八年襲封。四十一年薨。無子，除。

	奉新　榮憲王睦樒，悼庶六子，正德六年封。嘉靖十五年薨。
憲。	恭僖王勤烒，榮憲庶一子，嘉靖十八年襲封。萬曆四年薨。
	莊靖王朝埏，恭僖庶一子，嘉靖四十一年封長子。萬曆二十二年襲封。二十九年薨。
	王在綜，莊靖庶一子，萬曆三十二年襲封。四十四年薨。

南陵莊裕王睦楧，悼庶九子，正德八年封。隆慶元年薨。無子，除。

京山溫惠王勤炫，恭嫡三子，

朝璧，溫惠庶一子，嘉靖

昭憲王在株，安肅庶一

王肅沛，昭憲嫡二

王恭楧，肅沛庶一

正德十二年封。嘉靖四十五年薨。

十六年封鎮國將軍。三十九年卒。以子在株襲封。追封王，諡安肅。

子，隆慶六年襲封。萬曆三十五年薨。

子，萬曆十年封長子。三十八年襲封，薨。

子，萬曆二十八年封長孫，既而襲封。

華亭榮安王勤熑，恭庶四子，

王朝垣，榮安嫡一

王在鐥，朝垣庶一

肅潕，在鐥庶一子，萬曆

正德十四年封。嘉靖三十一年薨。

子，嘉靖三十四年襲封。萬曆二十四年薨。

子，萬曆十二年封長子。二十七年襲封。天啓六年薨。〔八〕

三十年封長子。四十年卒。

寶坻端順王勤炬，恭庶五子，正德十四年封。

朝垍，端順嫡一子，萬曆二十七年封長

在鈐，朝垍庶一子，隆慶四年封長孫，卒。

萬曆元年薨。

子，卒。

湯溪榮憲王勤烶，恭嫡六子，嘉靖二十年封。三十年薨。

簡靖王朝型，榮憲嫡一子，嘉靖三十六年襲封。萬曆二十三年薨。

恭安王在鎣，簡靖嫡一子，萬曆十年封長子。二十六年襲封。三十五年薨。

王肅濟，恭安庶一子，萬曆三十八年襲封。四十二年薨。

瑞金	商城
榮簡王勤煥，恭嫡七子，嘉靖二年封。三十二年薨。	榮簡王勤烒，恭庶九子，
溫靖王朝壤，榮嫡一子，嘉靖三十五年襲封。隆慶三年薨。	康靖王朝埫，榮庶一子
端惠王在鈉，溫嫡一子，萬曆元年襲封。二十九年薨。	王在鈘，康嫡一

（商城）	臨安
嘉靖三年封。四十四年薨。	王勤烷，恭嫡十子，嘉靖六年封。七
隆慶三年襲封。萬曆九年薨。	
子，萬曆二年封長子。九年襲封。三十二年薨。無子，除。	

（臨安）	柘城
年薨。無子，除。	端惠王勤烼，恭嫡十一子，嘉靖九年封。萬曆十三年薨。
	昭定王朝墭，端嫡一子，嘉靖三十年封長子。萬曆十六年襲封。二十年薨。
	在鐯，昭定庶一子，隆慶五年封長孫。未襲，卒。
	王肅濠，在鐯庶一子，萬曆二十二年封長孫。三十一年襲封。崇禎五年薨。

修武	安吉
康簡王勤熞，恭庶十二子，嘉靖九年封。三十七年薨。	莊憲王勤爋，恭庶十三
莊恪王朝堋，康庶一子，嘉靖四十年襲封。萬曆二十六年薨。	榮順王朝堤，莊憲庶一
在銷，莊恪庶一子，萬曆二十一年封長子。二十九年卒。	康和王在鏊，〔九〕榮順庶
王肅濼，在銷庶一子，萬曆四十年襲封。	

子，嘉靖十三年封。萬曆十七年薨。	汝寧 端惛王勤然，恭嫡十四子，嘉靖十四年
子，萬曆二年以鎭國將軍改封長子。二十二年襲封，薨。	榮簡王朝埭，端惛庶一子，隆慶六年襲
一子，萬曆十七年封長孫。三十三年襲封。	王在崯，榮簡嫡一子，萬曆二十二

封。隆慶二年薨。	彰德 康懿王勤焞，恭庶十五子，嘉靖二十一年封。萬曆二十
封。萬曆二十二年薨。	王朝墭，康懿嫡一子，隆慶九年封長子。萬曆二十
年封長子。二十五年襲封。三十五年薨。	

二年薨。	
七年襲封。三十一年薨。	順慶 莊惠王朝墇，康庶二子，嘉靖二十年封。萬曆二十二年薨。
	榮簡王在鉘，莊庶一子，萬曆二十二年封長子。二十五年襲封，薨。
	王肅潵，榮簡嫡一子，萬曆中封長子。天啓元年襲封。

保寧 恭簡王朝堵，康庶三子，嘉靖二十年封。三十九年薨。	
端和王在鑯，恭簡庶一子，嘉靖四十一年襲封。萬曆二十年薨。	儀封 恭端王在鑋，莊庶一子，
王肅濮，端和嫡一子，萬曆二十四年襲封，薨。	莊簡王肅溰，恭端嫡一
王恭　，肅濮庶一子，襲封，薨。	王恭櫪，莊簡嫡一
王紹炬，恭　嫡一子，襲封。崇禎十六年爲李自成所掠。	

中華書局

安昌　恭惠王在鉷，莊嫡三子，嘉靖三十六年封。萬曆	嘉靖三十年封。萬曆四年薨。
王肅渣，恭惠子，萬曆二十二年封長	子，萬曆二年封長子。九年襲封。二十四年薨。
	子，萬曆三十二年襲封。

遂寧　康僖王在鈺，莊庶四子，嘉靖三十七年封。萬曆二十一年薨。長子肅灐，	二十五年薨。
王肅湑，康僖嫡二子，萬曆二十八年以兄肅灐未受册，與未封郡	子。八年二十襲

	二十四年頒册，未受命卒。
	爵者同，乃以鎮國將軍襲封。
洧川　王恭榨，端庶四子，萬曆二十七年封。三十五年薨。無子，除。	

寧陽　王恭檥，端庶九子，萬曆四十七年封。

校勘記

〔一〕高瞻祁見祐　祐，原作「佑」，據明史稿表一諸王世表改。「祐」是成祖這一房第六世的排行字。成祖第六世孝宗名「祐樘」，正作「祐」。

〔二〕崇禎末陷於賊　陷於賊，本書卷一一六秦愍王樉傳作「降於賊」，「授權將軍」。

〔三〕恭憲王志𡎚至永樂二十年襲封　志𡎚，太宗實錄卷一二二永樂二十年二月丁未條作「志堘」。永樂二十年，原作「永樂十九年」，據太宗實錄、弇山堂別集卷三四改。

〔四〕永樂初封五年薨　原脫「五年」兩字，據太宗實錄卷五四永樂五年十一月己未條補。

〔五〕恭庶四子永樂二年封　庶四子，原作「庶五子」，永樂二年，原作「永樂八年」，據太宗實錄卷三〇永樂二年八月戊寅條改。

〔六〕天啓三年薨　原脫「天啓三年」四字，據熹宗實錄卷二六天啓三年二月戊寅條補。

〔七〕天啓六年薨　原脫「天啓六年」四字，據熹宗實錄卷七二天啓六年十月庚戌條補。

〔八〕天啓六年薨　原脫「天啓六年薨」五字，據熹宗實錄卷七二天啓六年十月庚戌條補。

〔九〕康和王在鏊　原脫「康和」兩字，據熹宗實錄卷六七天啓六年六月壬戌條補。

明史卷一百一

表第二

諸王世表二

楚	
昭王楨，太祖庶六子，洪武三年封。十四年就藩	武昌府。永樂二十二年薨。
莊王孟烷，昭嫡三子，永樂二十二年襲封。正統	四年薨。
憲王季堄，莊庶一子，初封武陵王。正統中襲封。	八年薨。無子。康王季埱，莊庶二子，初封黔陽王。正統九年進封。天順六年薨。無子。
靖王均鈋，東安恭定王庶一子，以憲、康俱無後，	於成化元年嗣封。正德五年薨。
端王榮㳿，靖嫡一子，正德七年襲封。嘉靖十三	年薨。
愍王顯榕，端庶一子，初封長樂王。嘉靖十五年	襲封。二十四年爲世子英燿所弒。英燿取赴京師，正刑。
恭王英㷿，愍庶三子，嘉靖三十年襲封。隆慶五	年薨。
王華奎，恭子，萬曆六年封世子。八年襲	封。三十一年，宗人華越等訐其非恭王子，章下國中詢問。闔宗譁然。政府右之，事覺寢。崇禎十六年，獻

	巴陵 悼簡王 孟熜,昭庶一子,洪武三十年封,本年薨。無子,除。	永安 懿簡王
		莊惠王
		均鐐,莊
		靖懿王
		昭定王
		恭順王
賊陷武昌,沈王於江。		榮惠王
		王
		盛蕩,蘊
		王

孟炯,昭庶二子,建文元年封。宣德七年薨。	壽昌 安僖王 孟焯,昭
季塾,懿簡庶一子,正統二年襲封。成化四年薨。	靖和王 季玗,安
惠嫡一子,正統十年封長子。成化三年卒。以子榮澹襲封。追封王,諡悼懷。	莊穆王 均鐵,靖
榮澹,悼懷庶一子,成化八年襲封。正德十五年薨。	
顯梧,靖懿嫡一子,嘉靖六年襲封,本年薨。	
英燧,昭定嫡一子,嘉靖二十八年襲封,薨。	
華坏,恭順嫡一子,嘉靖三十年封長子。萬曆三年襲封,薨。	
蘊鑪,榮惠嫡一子,萬曆三年封長子,既而襲封,薨。	
鏞嫡子,萬曆二十一年封長子,卒。	
容析,盛蕩嫡一子,萬曆三十八年封長孫,既而襲封。	

嫡四子,建文元年封。正統五年薨。	崇陽[一] 靖簡王 孟煒,昭庶五子,永樂二年封。正
僖庶一子,正統十四年襲封。弘治十五年薨。	莊僖王 季堞,靖簡嫡一子,景泰二年襲
和嫡一子,弘治十八年襲封。正德五年薨。無子,除。	端懿王 均鐓,莊僖庶一子,景泰六年襲
	榮濯,端懿嫡一子,弘治六年以鎮國將
	顯休,端隱嫡一子,嘉靖元年襲封。二十

統十四年薨。	通山 靖恭王 孟爚,昭庶六子,永樂二
封。五年薨。	莊簡王 季垟,靖恭庶一子,正統
封。正德九年薨。	均鐮,莊簡嫡一子,正統十年封
軍改封長子。正德元年卒。以子顯休襲封。追封王,諡端隱。	溫定王 榮瀺,惠庶一子,成化
八年以罪勒令自盡,除。	端穆王 顯禑,溫定嫡一子,正德
	莊懿王 英炊,端穆庶一子,嘉靖
	華埌,莊懿嫡一子,嘉靖二十三
	王 蘊鉉,榮悼庶一子,隆慶
	王 盛渼,蘊鉉嫡一子,萬曆
	王 容柄,盛渼嫡一子,萬曆

中華書局

年封。正統九年薨。	景陵 順靖王孟炤，昭庶八子，永樂二
十二年襲封。成化六年薨。	
長子，本年卒。以子榮澋襲封。追封王，謚溫惠。	
九年襲封。正德十一年薨。	
十六年襲封。嘉靖十八年薨。	
九年以鎮國將軍改封長子。二十二年襲封。萬曆九年薨。	
年封長子。三十八年卒。以子蘊鉉襲封。追封王，謚榮悼。	
四年封長孫。萬曆七年襲封，薨。	
十六年封長子。三十一年襲封，薨。	
三十九年封長子，既而襲封。	

年封。正統十二年薨。無子，除。	岳陽 悼惠王孟爐，昭庶九子，永樂二年封。宣德元年薨。
	恭僖王季境，悼惠嫡一子，宣德五年襲封。天順七年薨。無子，除。

江夏 康靖王孟炬，昭庶十子，宣德三年封。成化十年薨。	
悼順王季墊，康靖庶一子，成化四年襲封，本年薨。	東安 恭定王季塛，莊
安惠王均鉚，悼順嫡一子，成化二十一年襲封。弘治十三年薨。	昭簡王均鉓，恭
端僖王榮漠，安惠庶一子，弘治十六年襲封，本年薨。	恭懿王榮淑，昭
莊定王顯桔，端僖庶一子，嘉靖二十七年襲封。萬曆中薨。	康惠王顯梡，恭
恭懿王英[illegible]，莊定嫡一子，萬曆十一年襲封。十七年薨。	王英燧，康
王華壇，恭懿嫡一子，萬曆十五年封長子。二十一年襲封。	
王蘊鈇，華壇嫡一子，萬曆三十一年封長子。三十九年襲封。	

庶三子，正統二年封。天順七年薨。一子鈞鈋嗣楚封，庶二子均鉓襲郡爵。	大冶 悼僖王
定庶二子，成化元年襲封。正德三年薨。長子榮演殀。	
簡庶二子，嘉靖二年襲封。四十一年薨。一子、二子俱殀。	
懿庶三子，嘉靖三十七年以鎮國將軍改封長子。隆慶元年襲封。萬曆十五年薨。	
惠庶一子，萬曆二十二年封長子。二十四年襲封。	

中華書局

二十四史

季埈，莊庶四子，正統九年封。景泰元年薨。無子，除。

縉雲懷僖王榮淋，靖庶二子，弘治十五年封。

正德三年薨。無子，除。

保康榮康王顯樟，端庶二子，嘉靖六年封。十年薨。無子，除。

武岡王

英櫄，顯

王

顯槐，端庶三子，嘉靖十七年封。萬曆十八年薨。

槐庶一子，萬曆十四年封長子，卒。

華增，英櫄庶一子，萬曆二十八年襲封。

宣化恭王華壁，英庶二子，萬曆九年封。

齊王榑，太祖庶七子，洪武三年封。十五年就

漢陽王蘊鑨，庶一子，萬曆二十四年封。

中華書局

蕃青州府。建文元年召至京，廢爲庶人。永樂元年復封。四年奪爵，安置廬州。宣德三年暴卒，子孫俱爲	

庶人，移南京，封除。	潭，太祖庶八子，洪武三年封。十八年就藩長沙府。二十三年以妃坐事，

召王入見，王懼自焚。無子，封除。	趙 杞，太祖庶九子，洪武三年封。四年薨。無子，封除。	魯 荒王檀，
		靖王肇
		惠王泰
		莊王陽
		當漎，莊
		健杙，懷
		端王觀
		恭王頤
		敬王壽

太祖庶十子，洪武三年封。十八年就藩兗州府。二十二年薨。
煇，荒庶一子，永樂元年襲封。成化二年薨。
堪，靖嫡一子，成化三年襲封。九年薨。
鑄，惠嫡一子，成化十二年襲封。嘉靖二年薨。
嫡一子，成化十九年封世子。弘治十八年薨。以孫觀熫襲封。追封王，謚曰懷。
嫡一子，弘治十六年封世孫。正德十五年薨。以子觀熫襲封。追封王，謚曰悼。
熫，悼嫡一子，嘉靖七年襲封。二十八年薨。
坦，端嫡一子，嘉靖三十年襲封。萬曆二十二年薨。
鏳，恭庶六子，初封富平王。萬曆二十四年襲封。二十八年薨。無子。憲王壽鋐，恭庶七子，初封常德

二十四史
中華書局

王。萬曆二十九年進封。崇禎九年薨。無子。

肅王壽鏞，恭庶九子，初封泰興王。崇禎九年進封。十二

以派，肅嫡一子，崇禎十三年襲封。十五年，大清兵破兗

年薨。

州，自縊。以海，肅王五子，崇禎十七年襲封，尋寄居台州，既監國於紹興。大清順治三年六月，王師渡浙，

鉅野

僖順王泰墱，靖嫡二子，宣德二年封。天

恭定王陽鑾，僖順嫡一子，成化五年襲

莊憲王當涵，恭定嫡一子，正德元年襲

端肅王健櫶，莊憲庶一子，嘉靖十年襲

惠榮王觀爔，端肅庶一子，嘉靖三十六

以海航海，依鄭成功。十一年，成功使人沈之海中。

順八年薨。

封。弘治十八年薨。

封。嘉靖八年薨。

封。三十四年薨。

年襲封。隆慶六年薨。無子。除。

鄆平

莊靖王泰塍，靖嫡三子，宣德四年封。天順八年薨。

恭懿王陽鑄，莊靖庶一子，成化三年襲封。正德四年薨。

莊定王當漢，恭懿庶一子，正德九年襲封。嘉靖十八年薨。

健檔，莊定庶一子，正德七年封鎮國將軍。嘉靖十二年卒。以子

恭靖王觀爐，榮安庶一子，嘉靖二十一年襲封。四十一年薨。

康順王頤在，恭靖嫡一子，隆慶二年襲封。萬曆三十年薨。

王壽碒，康順庶一子，萬曆二十七年封長子。三十三年襲

中華書局

	安丘 靖恭王泰垸，靖庶四子，宣德十年封。成化八年薨。
	陽鑒，靖恭嫡一子，天順五年封長子。成化三年卒。以子當澻襲
	榮順王當澻，莊簡嫡一子，成化十二年襲封。弘治十八年薨。
觀熖襲封。追封王，諡榮安。	端惠王健楧，榮順嫡一子，正德元年襲封。嘉靖二年薨。
	榮悋王觀熑，端惠庶一子，嘉靖二年襲封。十四年薨。
	溫僖王頤堀，榮悋嫡一子，嘉靖十八年襲封。萬曆二十七年薨。
封。	壽鏴，溫僖　一子，萬曆中未襲卒。
	王以　一子，萬曆中襲封，薨。
	弘櫍，以　嫡一子，萬曆四十四年封長子。

	樂陵 恭惠王泰壂，靖庶五子，宣德二年封。天順五年薨。
封。追封王，諡莊簡。	宣懿王陽館，恭惠嫡一子，成化八年襲封。正德九年薨。
	當漆，宣懿嫡一子，成化九年封鎮國將軍。正德十五年卒。以子健槪襲
	莊康王健槪，端簡嫡一子，嘉靖十六年襲封。三十二年薨。
	恭僖王觀燔，莊康嫡一子，嘉靖三十六年襲封。隆慶六年薨。
	裕穆王頤⿰土戔，恭僖嫡一子，隆慶四年封長子。萬曆十八年襲封。十九年
	王壽鎬，裕穆庶一子，萬曆二年封長孫。十七年襲封，薨。
	王以泛，壽鎬嫡一子，萬曆中封長子。天啓元年襲封。

	東阿 端懿王泰壄〔三〕，靖庶六子，宣德四年封。弘治八年薨。
	陽鐔，端懿嫡一子，成化元年封長子。十九年卒。無子。正德十五年追封
封。追封王，諡端簡。	
薨。	

王，諡悼和。	榮靖王陽鏢，端懿嫡二子，弘治十二年襲封。正德六年薨。	
	康惠王當瀇，榮靖庶一子，正德九年襲封。嘉靖四十三年薨。無子，除。	東甌 端肅王
		恭恪王

當沘，莊嫡二子，成化二十二年封。嘉靖二十二年薨。	鄒城 康僖王當滋，莊嫡三子，弘治十
健楸，端肅嫡一子，嘉靖二十六年襲封。四十四年薨。無子，除。	

三年封。嘉靖二十年薨。無子，除。	館陶 宣思王當涊，莊嫡四子，弘治十六年封。嘉靖二十二年薨。無子，

除。	翼城 恭安王當澐，莊嫡五子，正德四年封。嘉靖二十二年薨。
	康僖王健樇，恭安嫡一子，嘉靖二十六年襲封。萬曆二十三年薨。
	王觀熚，康僖庶一子，嘉靖三十七年封長子。萬曆中襲封。
	頤堪，觀熚庶一子，萬曆十八年封長孫，卒。頤𡎖，觀熚庶二子，萬曆三十二年改封

	滋陽 榮莊王當濆，莊庶六子，成化十四年封。嘉靖十八年薨。
	健樀，榮莊庶一子，弘治九年封鎮國將軍。正德十二年卒。以子觀煒襲
	恭裕王觀煒，懷嫡一子，嘉靖三十二年襲封。四十三年薨。
長孫。三十九年卒。	頤埦，恭裕嫡一子，嘉靖二十三年封長子。三十四年卒。以子壽鍑襲封。
	昭順王壽鍑，頤埦庶一子，隆慶四年襲封。萬曆間薨。嫡一子以溼封長
	王以渶，昭順嫡二子，萬曆三十五年以鎮國將軍改封長子。四十

二十四史

中華書局

	陽信 安僖王當溍，莊庶七子，成化十四年封。嘉靖四年薨。
封。追封王，諡懷懿。	安懿王健杜，安僖嫡一子，嘉靖七年襲封。二十三年薨。
	榮康王覲燃，安懿庶一子，嘉靖二十七年襲封，本年薨。
追封王，諡	恭簡王頤埔，榮康嫡一子，嘉靖三十一年襲封。三十七年薨。
子，卒。	王壽鈔，恭簡嫡一子，隆慶三年襲封。萬曆二十九年薨。
二年襲封。	王以澍，壽鈔嫡一子，萬曆十九年封長子。三十四年襲封，薨。
	王弘福，以澍嫡一子，萬曆四十三年封長子。

高密 康穆王當湄，莊庶八子，成化十九年封。正德四年薨。	歸善 當沍，莊庶九子，
安簡王健栻，康穆嫡一子，正德七年襲封。嘉靖十五年薨。	康肅王健桐，當
昭和王覲熑，安簡嫡一子，嘉靖十八年襲封。十九年薨。	
王頤封，昭和嫡一子，嘉靖二十六年襲封。三十二年薨。無子，除。	

弘治元年封。正德九年廢，發高牆，本年卒。	新蔡 端穆王當浮，莊庶十子，弘治九年封。嘉
沍嫡一子，嘉靖二十年襲封。二十二年薨。無子，除。	昭和王健榔，端穆嫡一子，嘉靖二十九
	恭惠王覲熢，昭和嫡一子，萬曆二年襲
	王頤掛，恭惠嫡一子，萬曆三年封

靖二十六年薨。		
年襲封。隆慶四年薨。		
封。三十七年薨。		
長子。四十年襲封，薨。	東原 溫懿王頤掄，端庶二子，嘉靖三十六年封。萬曆二十七年薨。	
	王壽鋏，溫懿庶一子，萬曆三十三年以鎮國將軍襲封，薨。	福安
	王以源，壽鋏嫡一子，萬曆四十年封長子。	

中華書局

憲惠王壽鈐，恭庶五子，萬曆八年封。二十一年薨。無子，除。

寧德王壽鋮，恭庶八子，萬曆十

一年封。

長泰昭和王壽鏞，恭庶十一子，萬曆十四年封。二十年薨。無子，除。

永福王壽鉦，恭

蜀

獻王椿，太祖庶十一子，洪武十一年封。二十三

悅燫，獻嫡一子，洪武年封世子。永樂七年

靖王友堉，悼莊嫡一子，永樂二十二年襲封。宣

庶十二子，萬曆十八年封。四十一年薨。無子，除。

年就藩成都府。永樂二十一年薨。

薨，謚悼莊。

和王悅

德六年薨。無子。

僖王友壎，悼莊嫡三子，初封羅江王。宣德七年進封，九年薨。無子，叔悅𤇼立。〔三〕

定王友

懷王申

中華書局

瑍，獻庶五子，初封保寧王。以僖王無嗣，宣德十年進封。天順五年薨。

垓，和嫡一子，天順七年襲封，本年薨。

鈜，定嫡一子，天順八年襲封。成化七年薨。子殀。　惠王申鑒，定庶三子，初封通江王。成化八年進封。弘治

昭王賓瀚，惠嫡一子，弘治七年襲封。正德三年薨。

成王讓栩，昭嫡一子，正德五年襲封。嘉靖二十六年薨。

康王承爚，成庶三子，嘉靖二十八年襲封。三十七年薨。

端王宣圻，康庶一子，嘉靖四十年襲封，萬曆四十年薨。

恭王奉銓，端嫡一子，萬曆六年封世子。四十三年襲封，

王至澍，恭嫡一子，萬曆三十二年封世孫。四十四年

六年薨。

薨。

改封世子，既而襲封。

華陽

悼隱王悅燿，獻庶二子，永樂二年封。洪熙元年別城武岡州，尋遷澧州。

康簡王友堚，悼隱庶一子，正統二年襲封。成化九年薨。

悼康王申鏟，康簡嫡一子，成化十二年襲封。二十年薨。

恭順王賓洭，悼康庶一子，弘治五年襲封。嘉靖七年薨。

讓核，恭順嫡一子，正德五年封長子，卒。以子承爚襲封。追封王，諡康僖。

莊靖王承爚，康僖嫡一子，嘉靖十四年襲封。二十五年薨。

溫懿王宣增，莊靖嫡一子，萬曆十三年襲封。二十五年薨。

安惠王奉鈗，溫懿庶一子，萬曆十五年封長子。二十八年襲封。四十年

王至濂，安惠嫡一子，萬曆二十二年封長孫。三十年改封長子。四

宣德八年薨。

薨。

十三年襲封。

崇寧

王悅燇，獻庶三子，永樂二年封。十六年薨。無子，除。

崇慶

王悅炘，獻

庶四子，永樂二年封。九年薨。無子，除。

永川

莊簡王悅烯，獻庶六子，永樂二十二年封。天順四年薨。

友堎，莊簡嫡一子，未襲，卒。

二十四史

中華書局

黔江 悼懷王 友埘，悼莊世子嫡二子，永樂二十二年封。宣德元年薨。未婚，封除。	內江 莊懿王
	申鉟，莊
	康靖王
	讓栩，康
	王
	恭穆王
	王
	王

友壖，和庶二子，正統十一年封。正德七年薨。	德陽 僖安王 友城，和
懿嫡一子，成化三年封長子。弘治十年卒。	恭裕王 申鉎，僖
賓沚，申鉟庶一子，正德十年襲封。嘉靖二十三年薨。	榮康王 賓灩，恭
靖嫡一子，正德十四年封長子。嘉靖十八年卒。	
承熒，讓栩庶一子，嘉靖二十一年襲封。四十五年薨。	
宣墿，承熒嫡一子，隆慶四年襲封。萬曆三十六年薨。一子奉鐊，封長子，卒。	
奉鋆，恭穆嫡二子，萬曆三十七年以鎮國將軍改封長子。四十年襲封，薨。	
至沂，奉鋆嫡一子，萬曆四十一年封長子，既而襲封。	

庶三子，正統十一年封。成化十一年薨。	石泉 榮穆王 友墳，和庶四子，天順四年封。正德六年
安庶一子，成化十三年襲封。正德十六年薨。	恭簡王 申鐏，榮穆嫡一子，正德十二年襲封。嘉
裕嫡一子，嘉靖三年襲封。二十七年薨。子殀，除。	康惠王 賓清，恭簡庶一子，嘉靖二十四年襲封。
	王 讓機，康惠嫡一子，隆慶四年襲封。萬曆
	王 承焗，讓機庶一子，隆慶二年封長孫。萬
	王 宣埧，承焗庶一子，萬曆二十七年封長

薨。	汶川 懿簡王 友壇，和庶五子，天順四年封，成化九年薨。
靖十九年薨。	榮康王 申銷，懿簡庶一子，成化十四年襲封。嘉靖二十一年薨。
四十四年薨。	恭僖王 賓沙，榮康嫡一子，嘉靖二十五年襲封。四十年薨。
十一年薨。	讓杝，恭僖庶一子，嘉靖三十年封長子。三十九年卒。
曆十四年襲封。三十六年薨。	安惠王 承炯，讓杝庶一子，嘉靖四十五年襲封。萬曆二十六年
子。三十九年襲封。	王 宣巃，安惠嫡一子，萬曆六年封長子。十八年襲封。
	奉鍮，宣巃嫡一子，萬曆二十五年封長孫。二十年改封長子。三

十五年卒。

奉鄉，宣鏻嫡二子，萬曆三十六年改封長子，既而襲封。

薨。

慶符

恭僖王友墂，和庶六子，

端順王申鏉，恭僖庶一

恭和王賓沾，端順庶一

康定王讓檥，恭和庶一

王承炀，康定嫡一

王宣墍，承炀嫡一

天順八年封。弘治十八年薨。

子，正德四年襲封。嘉靖十一年薨。

子，嘉靖十六年襲封。四十五年薨。

子，隆慶二年襲封。萬曆三十二年薨。

子，萬曆十五年封長子。二十二年襲封。

子，萬曆四十年封長子。

南川

安靖王申鋸，定庶四子，成化七年封。嘉靖十一年薨。

賓瀔，安二子，正德中封鎮國將軍。嘉靖中卒。

王讓楎，賓瀔庶一子，嘉靖十五年襲封。萬曆五年

承爆，讓楎庶一子，隆慶四年以鎮國將軍改封長子。萬

王宣躍，承爆庶一子，萬曆十年襲封。三十年薨。

王奉鏍，宣躍嫡一子，萬曆三十二年襲封。四十年

王至湘，奉鏍嫡一子，萬曆四十五年襲封。

子賓瀫先卒，長孫讓檐亦卒。

薨。

曆五年先卒。

薨。

江安

莊裕王宣垣，康庶二子，嘉靖四十一年封。萬曆二十一年薨。

王奉鈐，莊裕嫡一子，萬曆十年封長子。二十年襲封。四

王至沍，奉鈐嫡三子，天啓元年襲封。

十三年薨。長子至淯未婚，卒。

新寧

王奉釴，端嫡二子，萬曆十二年封。未婚，薨，除。

東鄉

二十四史

中華書局

隆昌王奉鏘,端庶七子,萬曆三十一年	王奉鏇,端庶五子,萬曆二十八年封,薨。
	王至瀊,奉鏇嫡一子,天啓元年封長子,既而襲封。

		封,薨。
太平王至涤,恭庶四子,萬曆四十四年	富順王至深,恭嫡三子,萬曆四十四年封。	

湘獻王柏,太祖庶十二子,洪武十一年封。十八年就藩荆州府。建文元年以告反,遣訊,王	
	封。

代簡王桂,太祖庶十三子,初封豫。洪武二十五年改封代。	慍自焚。諡曰戾。無子,封除。永樂初改諡。
遜煓,簡嫡一子,永樂二年封世子。十六年薨。諡悼戾。後	
隱王仕壥,戾庶一子,正統十三年襲封。天順七年薨。	
惠王成鍊,隱嫡一子,成化二年襲封。弘治二年薨。	
聰沬,惠庶一子,成化十五年封武邑王,尋廢爲庶人,後	
懿王俊杖,思庶一子,弘治十二年襲封。嘉靖六年薨。	
昭王充燿,懿庶一子,正德五年封泰順王。嘉靖九年襲	
恭王廷埼,昭庶一子,嘉靖十五年封泰興王。二十八年	
定王鼐鉉,恭庶一子,嘉靖三十六年封太平王。萬曆九	

中華書局

是年就藩大同府。正統十一年薨。

子仕壥襲封，追封王，謚曰戾。

復冠帶。弘治十一年薨。以子俊杖襲代封，追封王，謚曰思。

封。二十六年薨。

襲封。萬曆元年薨。

年襲封。二十二年薨。無子。

王鼐鈞，恭庶三子，嘉靖三十八年封新寧王。萬曆二十四年進封。

康王鼎渭，鼐鈞嫡一子，年襲封。崇禎二年薨。

王彝，康嫡一子，崇禎間襲封，薨。

王傳㸄，彝嫡一子，崇禎間襲封。十七年三月，闖賊陷大同，遇害。

廣靈

榮虛王遜烑，簡庶二子，永樂二年封。天順二年薨。

莊裕王仕墋，榮虛嫡一子，天順七年襲封。弘治九年薨。

順簡王成鑁，莊裕嫡一子，弘治十二年襲封。嘉靖二年薨。

宣和王聰漢，順簡嫡一子，嘉靖四年襲封。九年薨。

康定王俊梘，宣和嫡一子，嘉靖十一年襲封。二十五年薨。

榮昭王充煡，康定嫡一子，嘉靖二十八年襲封。四十五年薨。

王廷埥，榮昭嫡一子，隆慶三年襲封。

鼐鈖，廷埥嫡一子，隆慶三年封長子。萬曆二十九年卒。無子。

鼐鑽，廷埥嫡二子，初封鎮國將

鼎濡，鼐鑽嫡一子，萬曆二十一

潞城

僖順王遜炷，簡嫡三子，永樂二十九年封。成化七年薨。

安簡王仕埬，僖順嫡一子，成化九年襲封。弘治三年薨。

榮安王成鐳，安簡嫡一子，弘治五年襲封。十二年薨。

宣惠王聰蒗，榮安嫡一子，弘治十四年襲封。嘉靖元年薨。

端憲王俊梭，宣惠嫡一子，嘉靖三年襲封。三十四年薨。

康定王充熀，端憲嫡一子，嘉靖三十六年襲封。萬曆十

恭恪王廷塯，康定庶一子，萬曆十五年襲封，薨。

王鼐鐏，恭恪嫡一子，隆慶六年封長孫。萬曆十八

軍，應改封長子，萬曆二十七年先卒。

年封輔國將軍。三十一年改封長孫。

山陰

康惠王遜煁，簡庶四子，永樂二十二年封，別城蒲州。成化三年

薨。

端裕王仕堸，康惠庶一子，成化六年襲封。弘治十六年薨。

榮靖王成鏊，端裕嫡一子，正德元年襲封。嘉靖十四年薨。

僖順王聰澍，榮靖嫡一子，嘉靖十六年襲封。三十四年薨。

王俊柵，僖順嫡一子，嘉靖三十七年襲封。萬曆三十一年

一年薨。

王充熙，俊柵庶一子，萬曆十年封長子，既而襲封，薨。

王廷理，充熙庶一子，萬曆三十一年封長孫。

年改封長子。三十六年襲封。

二十四史

薨。

薨。

襄垣

恭簡王遜熚，簡庶五子，永樂二十二年封，別城蒲州，天順六年薨。

仕壇，恭簡嫡一子，襲封後犯十惡，取赴京，因死。子孫俱爲庶人，不得承襲。

安惠王成鍈，安

仕坯，恭簡庶二子，成化十七年襲封。十八年薨。

惠嫡一子，成化二十一年襲封。隆慶二年薨。子聰瀺封長子，卒。瀺子俊渠封長孫，卒。渠子充煌封曾長

靈丘

榮順王

僖靖王

莊和王

孫，隆慶三年請襲封。廷議仕坯弟冒兄爵，不准承襲，依世次，降封輔國中尉，奉祀。

端懿王

俊格，端

充爗，康

廷址，悼

鼐鐮，懷

遜烇，簡庶六子，永樂二十二年封。天順五年別城絳州。成化十一年薨。

仕埸，榮順嫡一子，成化十三年襲封。弘治六年薨。

成鈠，僖靖庶一子，弘治七年襲封。十年薨。

聰涺，莊和嫡一子，弘治十二年襲封。嘉靖三十四年薨。

懿嫡一子，弘治十七年封長子。嘉靖二十四年卒。四十二年以曾孫鼐鐮襲封，追封王，諡康悼。

悼嫡一子，嘉靖元年封長孫。三十年卒。四十二年追封王，諡悼懿。

懿嫡一子，嘉靖二十四年封曾長孫。三十一年卒。四十二年追封王，諡懷僖。

僖嫡一子，嘉靖三十四年封玄長孫。四十二年襲封。隆慶三年坐非刑致死曾叔祖，降爲庶人，除。

中華書局

宣寧

靖莊王 遜炓，簡庶七子，正統二年封。天順五年別城澤州。成化六年薨。

和僖王 仕巑，靖莊嫡一子，成化八年襲封。弘治四年薨。

恭安王 成鈷，和僖嫡一子，弘治七年襲封。正德五年薨。

康靖王 聰瀲，恭安庶一子，正德十六年襲封。嘉靖七年薨。

昭榮王 俊相，康靖嫡一子，嘉靖十五年襲封。隆慶五年薨。

溫簡王 充爍，昭榮嫡一子，萬曆八年襲封。十八年薨。無子，除。

懷仁

榮定王 遜熔，簡

仕壕，榮定嫡二

恭和王 成鈀，安

溫惠王 聰淑，恭

庶八子，景泰七年封。弘治三年薨。

子，封鎮國將軍。弘治元年卒。以子成鈀襲郡封。追封王，諡安僖。

僖嫡一子，弘治五年襲封。十五年薨。

和嫡一子，弘治十七年襲封。正德十二年薨。無子。

莊簡王 聰浰，恭和嫡二子，正德十二年以鎮國將軍管

俊榭，僖康嫡一子，嘉靖二十二年以輔

隰川

懿安王 遜爆，簡

恭僖王 仕墜，懿

成，恭

僖

康肅王 聰桨，莊

理府事。嘉靖八年卒。子俊榭襲郡封。追封王，諡僖康。

莊惠王 俊柏，康

國將軍襲封。隆慶五年薨。長子充炊因父冒封，照世次，以奉國將軍奉祀。

庶十子，正統七年封。天順五年別城澤州。成化十年薨。

安庶一子，成化十三年襲封。二十一年薨。

子，諡莊隱，年月無考。

隱嫡一子，弘治七年襲封。正德十三年薨。

肅嫡一子，嘉靖元年襲封。三十四年薨。子殀，除。

昌化

溫憲王 仕壜，戾庶二子，正統十三年封。

榮僖王 成鍰，溫憲嫡一子，成化二十三

端襄王 聰瀘，榮僖嫡一子，正德九年襲

成化二十年薨。		
年襲封。正德八年薨。	定安 悼隱王 成鏻，隱嫡二子，景泰元年封，別城忻州。成化五年薨。	
封。嘉靖二十年薨。無子，除。	聰潏，悼隱一子，成化年封長子，居喪失禮，停封。後卒。子孫	

	博野 悼恭王 成鐭，隱三子，景泰五年封。成化五年薨。
遞以將軍、中尉奉祀，不襲郡爵。	端穆王 聰溱，悼恭嫡一子，成化九年襲封。弘治五年薨。
	莊憲王 俊櫝，端穆嫡一子，弘治十三年襲封。嘉靖二十八年薨。

	和川 悼僖王 成鏝，隱庶四子，天順三年封。成化十四年薨。	寧津 懷康王
	宣懿王 聰潪，悼僖嫡一子，成化十六年襲封。弘治十八年薨。	懷莊王
無子，除。	恭惠王 俊龔，宣懿嫡一子，正德四年襲封。嘉靖二十一年薨。	
	康王 充烰，恭惠嫡一子，嘉靖二十四年襲封。二十五年薨。	
	昭順王 廷城，康庶一子，嘉靖二十九年襲封。萬曆八年薨。	
	端簡王 鼐鈙，昭順庶一子，萬曆十五年襲封。三十四年薨。	
	王 鼎東，端簡嫡一子，萬曆十九年封長子。三十八年襲封，薨。	
	王 彝禫，鼎東庶一子，萬曆三十三年封長孫，既而襲封。	

成鉻，隱庶五子，成化九年封。十二年薨。	
聰滴，懷康一子，弘治三年襲封。四年薨。無子。	溫穆王 聰泠，懷康庶子，弘治九年以鎮國將軍進封。
	王 俊椽，溫穆庶一子，正德十六年襲封。萬曆三年

二十四史
中華書局

棗強靖安王成銒，隱庶六子，成化九年封。弘治九年薨。	
康惠王聰滋，靖安嫡一子，弘治十七年襲封。嘉靖二十六年薨。	十八年薨。
俊楝，康惠嫡一子，正德十六年封長子。嘉靖十九年卒。後以子充爔襲封，追封	
恭懿王充爔，榮和庶一子，嘉靖二十八年襲封。萬曆十三年薨。	
王廷坑，恭懿嫡一子，萬曆十一年襲封。三十五年薨。	
王鼐鍏，廷坑嫡一子，萬曆三十一年封長子。天啓三年襲封。崇禎七年薨。	

	饒陽悼昭王成錖，隱庶七子，成化九年封。十九年薨。
	榮莊王聰瀓，悼昭嫡一子，成化二十三年襲封。嘉靖十五年薨。
王，諡榮和。	俊榛，榮莊嫡一子，正德八年封長子。嘉靖二年卒。以子充熫襲封，追封王，諡康
	充熫，康僖庶一子，嘉靖十八年襲封。三十二年革爵。

樂昌康懿王聰涓，惠庶二子，成化十九年別城朔州。嘉靖二十六年薨。	
俊榀，康懿嫡一子，弘治十四年封長子。嘉靖二十二年卒。以子充爈襲封，追封王，諡榮	僖。
溫靖王充爈，榮簡庶一子，嘉靖三十年襲封。萬曆七年薨。	
王廷壖，溫靖嫡一子，萬曆十年襲封。四十三年薨。	
王鼐鉡，廷壖庶一子，萬曆四十六年襲封。	

溧陽榮定王聰瀲，惠	吉陽恭順王聰注，惠庶三子，成化十九年封。嘉靖三十三年薨。	
恭懿王俊椐，榮	端惠王俊權，恭順庶一子，嘉靖三十六年襲封。萬曆十一年薨。	簡。
充炅，恭懿一	順僖王充煟，端惠庶一子，萬曆十四年襲封。四十一年薨。	
	王廷埢，順僖庶一子，萬曆四十三年襲封。	

庶四子，弘治三年封。嘉靖三十六年薨。

定庶一子，嘉靖四十年襲封。萬曆九年薨。

子，萬曆初封長子。八年先卒。

進賢

莊惠王俊樍，思庶二子，正德五年封。嘉靖二十

恭懿王充炨，莊惠嫡一子，嘉靖三十二年襲封。

王　廷堉，恭懿庶一子，嘉靖四十三年襲封。

九年薨。

三十六年薨。

四十四年薨。無子，除。

河內

莊安王充爔，懿庶四子，正德五年封。嘉靖二十八年薨。

恭憲王廷埧，莊安庶一子，嘉靖三十二年襲封。三十六年薨。無子，除。

富川

悼定王充燈，懿庶五子，嘉靖元年封。七年薨。

康簡王廷埣，悼定庶一子，嘉靖二十年襲封。萬曆元年薨。

鼐鏈，康簡嫡一子，嘉靖三十七年封長子。萬曆二年請封，未命，卒。

王　鼎漸，鼐鏈庶一子，萬曆二十六年襲封。

寶豐

悼順王充炕，懿

庶十一子，嘉靖九年封。十一年薨。無子，除。

碭山

悼懷王充炯，懿庶十二子，嘉靖九年封。十年薨。

中華書局

		肅 莊王楧，太祖庶
		康王瞻焰，莊庶
		簡王祿埤，康庶
		恭王貢鍨，簡庶
		貢淤，恭嫡一子，
		定王弼桄，靖嫡
無子，除。		縉炯，定嫡一子，
		懷王紳堵，昭庶
	永慶 懿簡王鼐鈺，恭庶三子，嘉靖四十年封。萬曆九年薨。	
	王鼎浼，懿簡嫡一子，萬曆十二年襲封。四十一年薨。	
	王彝棂，鼎浼庶二子，天啓元年襲封。	

十四子，初封漢，二十五年改封肅，就藩甘州，後移蘭州。永樂十七年薨。	
一子，永樂二十二年襲封。天順八年薨。	
一子，初封洵陽王。成化四年襲封。十五年薨。	
一子，初封汾州王。成化二十三年襲封。嘉靖十五年薨。	
成化十　年封世子。嘉靖五年薨。以子弼桄襲封。追封王，諡曰靖。	
二子，嘉靖十八年襲封。四十一年薨。	
封世子。嘉靖三十六年薨。以子紳堵襲封。追封王，諡曰昭。	懿王縉熿，鎮國將軍弼柿庶一子，隆慶
一子，嘉靖四十二年襲封。四十三年薨。無子。從叔縉熿立。	憲王紳堯，懿庶一子，萬曆十九年襲封。
	王識鋐，憲嫡一子，萬曆四十二年封

	淳化 端惠王貢泓，恭
	康穆王弼果，端
五年以輔國將軍嗣封。追封弼柿安王。弼柿，靖庶四子也。萬曆十六年，懿王薨。	縉勳，康穆嫡一
四十六年薨。	王紳在，縉
世子。天啓元年襲封。崇禎十六年死流賊之難。	

庶二子，弘治十三年封。嘉靖三十一年薨。	鉛山 榮和王貢瀞，恭庶三子，正德十三年封。
惠庶一子，嘉靖三十五年襲封。萬曆十一年薨。	康裕王弼錀，榮和嫡一子，嘉靖四十年
子，隆慶元年封長子。萬曆十八年卒。子紳坑先卒。	恭莊王縉熁，康裕庶一子，萬曆十一年
勳庶二子，萬曆二十三年襲封。	王紳鄖，恭莊庶一子，萬曆三十七

二十四史

中華書局

嘉靖三十四年薨。	金壇　恭裕王眞淘，恭庶四子，嘉靖四年封。隆
襲封。萬曆六年薨。	弼槿，恭裕嫡一子，嘉靖三十二年封長
襲封。二十六年薨。	
年以繼母楊妃守節植孤，雖濫妾所生，特准襲封。	

慶五年薨。	會寧　莊惠王眞潤，恭庶五子，嘉靖十年封。隆慶二年薨。
子。四十五年，罪降庶人，發高牆，除。	弼楹，莊惠嫡一子，嘉靖三十三年封長子。隆慶五年卒。
	恭懿王縉[illegible]，端憲庶一子，萬曆四年襲封。二十四年薨。
	王　紳域，恭懿嫡一子，萬曆二十四年封長子。二十

	延長　莊懿王眞滰，恭庶六子，嘉靖十年封。萬曆十八年薨。
以子縉[illegible]襲封，追封王，諡端憲。	弼棟，莊懿嫡一子，嘉靖四十三年封長子。萬曆十六年卒。以子
	王　縉熡，弼棟庶一子，萬曆二年封長孫。二十一年襲封，薨。
七年襲封。	王　紳封，縉熡庶一子，萬曆二十三年封長子，既而襲封。

縉熡襲封。追封王，諡	開化　王　弼枳，靖庶六子，嘉靖中封，薨。
	縉燧，弼枳庶一子，萬曆九年以鎭國將軍改封長子。三十八年卒。
	王　紳　，縉燧嫡一子，萬曆十一年封長孫。四十二年襲封。
	王　識鑒，紳庶一子，萬曆二十年封曾長孫，改封長子，既而襲封。

二十四史
中華書局

會昌王　弼棟，靖庶七子，嘉靖四十二年以鎮國將軍進封，薨。

王　縉[扌幾]，弼棟庶一子，萬曆十九年以輔國將軍改封長子，既而襲封，薨。　延安　恭靖王

王　紳增，縉[扌幾]庶一子，萬曆二十年封長子，既而襲封。

縉槭，定嫡二子，嘉靖二十九年封。三十七年薨。無子，除。

遼　簡王植，太祖庶十五子，洪武十一年封

貴烚，簡庶二子，初封長陽王，洪熙元年

衛，二十五年改封遼，〔四〕就藩廣寧州。永樂二年遷荊州府。二十二年薨。

進封。正統四年，罪降庶人。十四年卒。

肅王貴熡，〔五〕簡庶四子，初封興山王，正統四年進封。成化七年

靖王豪墭，肅嫡一子，成化九年襲封。十四年薨。

惠王恩鐕，靖嫡二子，成化十六年襲封。弘治八年薨。

恭王寵涭，惠嫡一子，弘治十年襲封。正德十六年薨。

莊王致格，恭嫡二子，嘉靖三年襲封。十六年薨。

憲㸅，莊庶一子，初封句容王，嘉靖十九年襲封。隆慶二年，罪降

薨。

長陽　貴烚。見前。

昭和王　豪[土㬎]，貴烚嫡一子，成化十年，比弋陽、永和事例，以輔國將軍襲

安靖王　恩鈉，昭和嫡一子，正德九年襲封。嘉靖二十年薨。

恭裕王　寵游，安靖嫡一子，嘉靖二十三年襲封。隆慶二年薨。

致盪，恭裕庶一子，嘉靖三十六年封長子。四十三年卒。以子憲煥襲封，

庶人，發高牆，封除。

王　憲煥，悼莊庶一子，萬曆二年襲封，薨。

王　術雅，憲煥嫡一子，萬曆三十四年封長子。

二十四史
中華書局

	遠安貴燮，簡庶三子，建文元年封。洪熙元年，罪降庶人。成化二年卒。不准襲。孫恩鍃
封。正德五年薨。	
追封王，諡悼莊。	

乞照長陽王例襲封。憲宗以貴燮犯不孝罪，非長陽王比，不允。除。	巴東貴煊，簡庶五子，建文二

年封。洪熙元年，罪降庶人。景泰三年卒。子孫不准襲，除。	潛江王貴炖，簡庶六子，永樂二年封，尋

薨。無子，除。	宜都王貴燸〔六〕，簡庶七子，永樂二年封，尋薨。無子，除。	松滋安惠王貴烆，簡
		靖簡王豪堙，安
		榮和王恩鈳，靖
		昭憲王寵洌，榮
		恭肅王致樵，昭
		莊懿王憲燑，恭
		王術經，莊

中華書局

庶八子，永樂二年封。正統七年薨。	益陽 安僖王 貴烆，簡庶九子，永樂二十二年封。正統
惠嫡一子，正統十一年襲封。弘治十一年薨。	懿簡王 豪壥，安僖嫡一子，景泰三年襲封。成化
簡嫡一子，弘治十三年襲封。嘉靖元年薨。	恭和王 恩銅，懿簡嫡一子，成化九年襲封。正德
和庶一子，嘉靖四年襲封。二十五年薨。	康恪王 寵淄，恭和嫡一子，嘉靖三年襲封。八年
憲嫡一子，嘉靖二十九年襲封。萬曆六年薨。	榮惠王 致橀，康恪嫡一子，嘉靖十二年襲封。三
肅嫡一子，萬曆十年襲封。二十四年薨。	莊懿王 憲爐，榮惠庶一子，嘉靖三十九年襲封。
懿嫡一子，萬曆二十七年襲封。	

十三年薨。	湘陰 安僖王 貴焆，簡庶十一子，永樂二十二年封。成化四年薨。	衡陽 莊和王
五年薨。	康懿王 豪壥，安僖嫡一子，成化六年襲封。弘治十三年薨。	靖僖王
十六年薨。	恭簡王 恩鐳，康懿嫡一子，弘治十六年襲封。正德四年薨。	恩鐏，靖
薨。	端靖王 寵湳，恭簡嫡一子，正德七年襲封。嘉靖二十四年薨。	安僖王
十六年薨。	恭定王 致梠，端靖嫡一子，嘉靖二十八年襲封。隆慶三年薨。	
萬曆十年薨。	莊順王 憲烟，恭定庶一子，隆慶六年襲封。萬曆二十八年薨。	
	術樓，莊順庶一子，萬曆七年封鎮國將軍，未襲，卒。	
	王 儼釪，術樓庶一子，萬曆三十四年襲封。	

貴熒，簡庶十二子，永樂二十二年封。天順元年薨。	應山 悼恭王 貴燁，簡
豪墺，莊和嫡一子，天順四年襲封。弘治元年薨。	端順王 豪壞，悼
僖嫡一子，成化十年封長子。弘治四年卒。以子寵淹襲封，追封王，諡悼僖。	和僖王 恩鎦，端
寵淹，悼僖庶一子，弘治六年襲封。嘉靖十八年薨。無子，除。	

庶十三子，宣德七年封。正統十一年薨。	宜城 康簡王 貴熵，簡庶十五子，宣德七年封。成化十
恭嫡一子，正統十四年襲封。弘治二年薨。	榮僖王 豪羚，康簡庶一子，成化十五年襲封。弘
順嫡一子，弘治四年襲封。八年薨。無子，除。	懷靖王 恩銑，榮僖嫡一子，弘治十三年襲封。正
	懿定王 寵濱，懷靖嫡一子，嘉靖元年襲封。十五
	榮昭王 致棖，懿定嫡一子，嘉靖十九年襲封。二

二十四史

一年薨。	枝江 莊惠王貴熠，簡庶十六子，宣德七年封。景泰四年薨。
治十一年薨。	靖僖王豪壁，莊惠嫡一子，景泰六年襲封。天順六年薨。
德十三年薨。	溫穆王恩錢，靖僖嫡一子，成化元年襲封。弘治七年薨。
年薨。	悼懷王寵潤，溫穆庶一子，弘治十年襲封。正統十六年薨。
十九年薨。無子，除。	端懿王致榑，悼懷庶一子，嘉靖十三年襲封。四十四年薨。無子，除。

沅陵 恭憲王貴燆，簡庶十七子，宣德八年封。成化八年薨。
昭安王豪墟，恭憲嫡一子，成化十三年襲封。弘治四年薨。
宣穆王恩鈽，昭安嫡一子，弘治六年襲封。十年薨。無子。　莊恪王恩鈼，昭安嫡二子，弘治十三年
榮簡王寵淶，莊恪嫡一子，正德八年襲
恭僖王致枇，榮簡庶一子，嘉靖三十三

	麻陽 悼僖王貴煥，簡庶十八子，宣德八年封。正統七年薨。無子，除。
以鎮國將軍進封。十六年薨。	
封。嘉靖三十年薨。	
年以鎮國將軍襲封。無子，除。	

衡山 恭惠王貴烕，簡庶十九子，正統二年封。成化十二年薨。無子，除。	蘄水 靖和王貴熡，簡庶二十
	安穆王豪楏，靖和嫡一
	康順王恩鉅，安穆庶一
	僖簡王寵澍，康順嫡一
	端懿王致櫨，僖簡嫡一
	榮順王憲熜，端懿庶一
	王術[illegible]，榮順嫡一

中華書局

子，正統二年封。成化四年薨。	
子，成化七年襲封。弘治十二年薨。	
子，弘治十四年襲封。嘉靖九年薨。	肅寧 悼靖王恩鉁，靖嫡三子，成化十三年封。十九年薨。
子，嘉靖十二年襲封。十五年薨。	榮順王寵汕，悼靖嫡一子，成化二十三年襲封。嘉靖十
子，嘉靖十九年襲封。萬曆七年薨。	恭懿王致栟，榮順庶一子，嘉靖二十三年襲封。萬曆四
子，萬曆十年襲封。三十一年薨。	王憲燥，恭懿嫡一子，萬曆七年襲封，薨。
子，萬曆十四年封長子。三十三年襲封。	王術埈，憲燥庶二子，天啓元年封長子。崇禎中襲

	長垣 恭順王恩鉀，靖嫡四子，成化十三年封。正德八年薨。
四年薨。	王寵泑，恭順嫡一子，正德十二年襲封。嘉靖三十七年薨。
年薨。	
封。十六年爲李自成所掠。	

無子，除。	光澤 榮端王寵瀼，惠嫡二子，成化二十三年封。嘉靖二十五年薨。
	恭僖王致榞，榮端嫡一子，嘉靖二十九年襲封。三十一年薨。
	莊懿王憲爐，恭僖庶一子，隆慶五年襲封。萬曆三十一年薨。
	王術堣，莊懿嫡一子，萬曆十九年封長子。三十四年襲封。三十八年管理遼府事。

廣元 康僖王致椹，恭嫡三子，正德八年封。嘉靖三十年薨。
端恪王憲爀，康僖嫡一子，嘉靖三十三年襲封。隆慶二年，因憲㸅革爲庶人，暫理遼府事。萬曆
王術坰，恪庶一子，萬曆六年封長子。十三年襲封。三十七年薨。無子，除。

十年薨。

校勘記

〔一〕崇陽　原作「棨陽」，據太宗實錄卷二八永樂二年四月甲戌條、弇山堂別集卷三改。崇陽在湖北，與楚府封地合。

〔二〕端懿王泰𡑞　原脫「𡑞」字，據弇山堂別集卷三四補。明史稿表二諸王世表作「泰懋」，「懋」字誤，因泰𡑞是屬土字輩。

〔三〕叔悅燛立　悅燛，原作「悅燛」，據本書卷一一七蜀王椿傳、弇山堂別集卷三二改。下文「燛」字也改作「燛」。

〔四〕二十五年改封遼　二十五年，原作「二十六年」，據本書卷三太祖紀、又卷一一七遼王植傳，明史稿表二諸王世表，太祖實錄卷二一七洪武二十五年三月庚戌條改。

〔五〕肅王貴煖　貴煖，原作「貴燰」，據本書卷一一七遼王植傳、明史稿表二、太宗實錄卷二八永樂二年四月甲戌條改。

〔六〕宜都王貴熺　宜都，原作「宣都」，據太宗實錄卷二八永樂二年四月甲戌條、弇山堂別集卷三五改。宜都在荊州府，與遼府改封荊州府合。

明史卷一百二

表第三

諸王世表三

慶	靖王㰘，太祖庶十六子，二十四年封。二十六年
	康王秩煃，靖庶一子，正統四年襲封。成化五年
	懷王邃壏，康庶一子，初封平原王，成化七年襲

就藩韋州。建文三年遷寧夏。正統三年薨。
薨。
封十五年薨。無子。莊王邃塀，康庶二子，初封岐陽王，成化十七年進封。弘治四年薨。
恭王寘鍪，莊庶一子，初封落交王，弘治七年襲封。十一年薨。
台浤，恭庶一子，弘治十六年襲封。後革爲庶人。嘉靖三十年卒。以二子鼒枋襲
鼒櫝，定庶一子，封世子。薨，謚端和。惠王鼒枋，定庶二子，嘉靖二十年以桐
端王倪燇，惠嫡一子，嘉靖三十七年封
憲王伸域，端庶一子，初封綏德王，萬曆
王帥鋅，憲嫡二子，萬曆二十三年襲
王倬漼，帥鋅嫡一子，萬曆四十五年

	靖寧	眞寧
	王秩燾，靖庶二子，封後薨。無子，除。	
封。追復王，諡曰定。		
鄉王改封世子。三十一年襲封。萬曆二年薨。		
世子。萬曆五年襲封。十六年薨。		
十九年襲封，本年薨。		
封，薨。		
封世子，既而襲封。		

	安化
莊惠王秩熒，靖庶三子，景泰六年封。成化三年薨。	惠懿王秩炵，靖庶四子，
康簡王邃埄，莊惠庶一子，天順元年襲封。成化十二年薨。	邃墁，惠懿庶一子，初封
溫穆王寘鐃，康簡嫡一子，弘治三年襲封。十五年薨。	寘鐇，恭和庶一子，弘治
榮僖王台浲，溫穆嫡一子，正德元年襲封。十年薨。	
安惠王鼒櫸，榮僖嫡一子，正德十六年襲封。嘉靖三十一年薨。	
恭簡王倪㜝，安惠嫡一子，嘉靖三十三年襲封。萬曆五年薨。無子，除。	

	岐山
永樂十九年封。弘治十五年薨。	悼莊王秩煉，靖庶五子，封後薨。無子，除。
鎮國將軍。天順八年卒。以子寘鐇襲封，追封王，諡恭和。	
五年襲封。正德五年叛逆伏誅，除。	

安塞	弘農
宣靖王秩炅，靖庶六子，正統九年封。成化九年薨。無子，除。	
	安僖王邃墺，康庶三子，
	榮惠王寘鋼，安僖庶一
	恭定王台泙，榮惠嫡一
	康僖王鼒椑，恭定庶一
	恭順王倪燋，康僖嫡一
	王伸繀，恭順嫡一
	王帥鍠，伸繀嫡一

二十四史

中華書局

天順三年封。弘治三年薨。	豐林溫僖王邃坅，康庶六子，成化八年封。正
子，弘治五年襲封。正德三年薨。	安簡王寘鏌，溫僖嫡一子，正德十年襲
子，正德十年襲封。嘉靖二十八年薨。	端康王台瀚，安簡庶一子，嘉靖九年襲
子，嘉靖三十三年襲封。隆慶六年薨。	恭懿王鼒棫，端康嫡一子，嘉靖三十一
子，嘉靖三十八年封長子。萬曆三年襲封。十七年薨。	倪燦，恭懿嫡一子，嘉靖三十八年封長
子，萬曆十年封長子。二十一年襲封，薨。	
子，萬曆三十二年封長子，既而襲封。	

德六年薨。		
封。嘉靖五年薨。	鞏昌寘鈝，莊庶二子，弘治三年封。嘉靖十二年革爵，發高牆，除。	
封。二十六年薨。		壽陽和靖王
年襲封。萬曆六年薨。		端懿王
子。萬曆五年卒。無子，除。		僖憲王
		伸捏，僖
		王帥

台豫，恭庶二子，正德三年封。十三年薨。	
鼒棉，和靖嫡一子，嘉靖十四年襲封。二十年薨。	延川端穆王鼒櫍，定庶二子，
倪爋，端懿嫡一子，嘉靖三十二年襲封。萬曆四年薨。	倪煋，端穆庶一子，萬曆
憲庶一子，萬曆十七年封長子。二十八年卒。	
鍌，伸捏嫡一子，萬曆三十七年封長孫。四十六年襲封。天啓六年薨。〔二〕	

嘉靖十八年封。四十二年薨。	
二年封長子。十七年卒。	華陰端懿王倪焯，惠嫡二子，嘉靖四年封。萬曆十一年薨。
	王　伸堣，端懿嫡一子，萬曆二十二年襲封，薨。
	王　帥銳，伸堣嫡一子，萬曆四十三年封長子，既而襲封。

中華書局

鎮原王伸壇，端庶二子，萬曆元年封。天啟五年薨。	
王帥鋒，伸壇嫡一子，萬曆二十四年封長子。天啟五年襲封。	蒙陰王帥鉀，憲嫡三子，

萬曆二十五年封，薨。		
	龍祥王偉淥，帥鋅嫡二子，天啟二年封。	潭水王偉潩，帥鋅嫡三

	寧獻王權，太祖庶十七子，洪武二十四年封。二十六年就藩大寧。永樂元年移南
	磐烒，〔二〕獻嫡一子，永樂二年封世子。正統二年薨。以子奠培襲封，追封王，諡曰
	靖王奠培，惠嫡一子，正統十四年襲封。弘治四年薨。
	康王覲鈞，靖嫡一子，初封上高王，弘治五年襲封。十年薨。
	宸濠，康嫡一子，初封上高王，弘治十二年襲封。正德十四年反逆伏誅，除。
子，天啟二年封。	

昌府。正統十三年薨。	
惠。	臨川王磐熚，獻庶二子，宣德元年封。天順五年，罪降庶人，鳳陽居住。成化二十
	奠埨，康僖嫡一子，正德七年封長子。天順五年，罪降庶人，守西山祖墳。

中華書局

一年卒。嘉靖三十五年追復王，謚康僖。	宜春 安簡王磐烑，獻庶三子，宣德三
成化八年卒。嘉靖二十五年追封王，謚恭順。子孫不襲，除。	宣和王奠坫，安簡嫡一子，弘治
	觀鐔，宣和嫡一子，弘治八年封
	康僖王宸澮，懷簡嫡一子，弘治
	拱榺，康僖嫡一子，正德二年襲

年封。弘治五年薨。	新昌 安僖王磐炷，獻庶四子，宣德五年封。天順三年
八年襲封。九年薨。	
長子。九年卒。以子宸澮襲封。追封王，謚懷簡。	
十一年襲封。十三年薨。	
封。十五年坐宸濠反，解京自盡，子逘鳳陽，除。	

薨。無子，除。	信豐 悼惠王磐熯，獻庶五子，宣德七年封。正德四年薨。無子，除。	
		瑞昌 恭僖王
		榮安王
		宸灝，榮
		拱栟，悼

奠墠，惠庶二子，景泰二年以鎮國將軍加封。成化十二年薨。	樂安 昭定王奠壘，惠庶三子，
觀鍚，恭僖嫡一子，成化十四年襲封。弘治元年薨。	觀鑪，昭定庶一子，成化
安庶一子，初封鎮國將軍。弘治三年卒。本年追封王，謚悼順。	靖莊王宸湔，溫隱嫡一
順嫡一子，弘治十二年襲封。正德十五年坐宸濠反死，子逘鳳陽，除。	端簡王拱欏，靖莊嫡一
	王多焿，端簡嫡一
	王謀頡，多焿庶一

中華書局

景泰二年以鎮國將軍加封。弘治元年薨。	石城　恭靖王奠堵，惠庶四子，景泰二
四年封鎮國將軍。十七年卒。以子宸湔襲郡封，追封王，謚溫隱。	覲鎬，恭靖庶一子，初封鎮國將
子，弘治四年襲封。嘉靖二十一年薨。	安恪王宸浮，端隱嫡一子，弘治
子，嘉靖二十四年襲封。三十八年薨。	
子，嘉靖四十年襲封。萬曆間薨。	
子，萬曆四十三年封長子。天啓二年襲封。	

年以鎮國將軍加封。成化二十二年薨。	弋陽　榮莊王奠壏，惠庶五子，
軍。成化二十一年卒。以子宸浮襲封，追封王，謚端隱。	僖順王覲鏿，榮莊嫡一
二年襲封。十二年革爵。嘉靖二十四年奏復冠帶。二十七年卒。無子，除。	莊僖王宸洒，僖順嫡一
	端惠王拱樻，莊僖嫡一
	恭懿王多焜，端惠庶一

景泰二年以鎮國將軍加封。天順五年薨。	
子，成化二年襲封。弘治十年薨。	鍾陵　覲錐，靖庶三子，成化九年封。弘治十八年，罪降
子，弘治十七年襲封。正德九年薨。	
子，嘉靖二年襲封。三十年薨。	
子，嘉靖三十三年襲封。萬曆五年薨。無子，除。	

庶人，送鳳陽。正德十三年卒，除。	建安　簡定王覲鍊，靖庶四子，成化十七年封。嘉靖十七年薨。
	莊順王宸濂，簡定嫡一子，嘉靖二十一年襲封。三十三年薨。
	昭靖王拱榐，莊順嫡一子，嘉靖三十六年襲封。隆慶四年薨。
	康懿王多熻，昭靖嫡一子，萬曆元年襲封。二十九年薨。
	王謀壠，康懿嫡一子，隆慶二年封長孫。萬曆二年改封長
	王統鑽，謀壠庶一子，萬曆四十五年封長子，既而襲封。

二十四史

	岷		江川
	莊王楩，太祖庶十八子，洪武二十四年封。二十八年就藩雲南。建文元年削籍。永樂元年復封。洪熙元年還武岡州。〔三〕景泰元年薨。		
	恭王徽煠，莊嫡二子，初封鎮南王，景泰三年襲封。天順七年薨。		恭惠王
	順王音埑，恭嫡一子，成化元年襲封。十六年薨。		榮懿王
	簡王膺鉟，順嫡一子，弘治元年襲封。十三年薨。		王
	靖王彥汰，〔四〕簡庶一子，初封江陵王，弘治十七年襲封。嘉靖二十三年薨。		
	康王譽榮，靖嫡一子，嘉靖二十五年襲封。三十一年薨。		
	憲王定燿，康庶二子，嘉靖三十四年襲封，薨。		
子。三十一年襲封，薨。	僖靖世子幹跬，憲庶一子，初封南充王。萬曆十五年改封世子。二十年卒。		
	世孫企鈐，僖靖嫡一子，萬曆二十八年封世孫。四十二年卒。	王企鑾，僖靖嫡二子，初封郡王。崇禎四年進封。十六年被盜，遇害。	
	王禋洪，企鈐嫡一子，萬曆中封世曾孫。天啓二年襲封。崇禎元年薨。無子，叔企鑾立。		

	廣通	陽宗
徽煝，莊庶三子，宣德四年封。成化五年薨。	徽煠，莊庶四子，宣德四年封。景泰三年，罪降庶人，尋卒，除。	徽焟，莊庶五子，宣德四年封。景泰五年，罪降庶人，尋卒，
音埶，恭惠庶一子，成化十六年襲封。嘉靖元年薨。		
膺鏤，榮懿庶一子，嘉靖三年襲封。萬曆二十五年薨。子孫先卒，除。		

中華書局

	除。					
南渭	榮順王音鏧，恭庶二子，景泰四年封。弘治五年薨。	膺鉙，榮順庶一子，以鎮國將軍奏准管理府事。正德十二年卒。後子彥濱襲封，追封王，	安和王彥濱，懷簡嫡一子，嘉靖三年襲封。二十二年薨。	莊順王舉橎，安和嫡一子，嘉靖二十六年襲封。三十九年薨。無子，除。		

謚懷簡。						
安昌	懷僖王膺鋪，順嫡一子，成化二年封。十八年薨。	榮和王彥滀，懷僖嫡一子，弘治二年襲封。正德九年薨。	王譽栁，榮和嫡一子，嘉靖元年襲封。四十一年薨。	定烷，譽栁庶一子，嘉靖十九年封鎮國將軍。三十八年卒。	王幹理，定烷庶一子，隆慶三年封長孫，既而襲封，薨。	王企鋼，幹理庶一子，萬曆二十七年封曾長孫，既而襲封。
充城	膺錕，順嫡三子，					

	成化五年封。二十二年，罪送鳳陽，卒。無子，除。					
黎山	安懿王膺鉁，順嫡四子，成化六年封。弘治十一	康靖王彥漠，安懿庶一子，弘治十六年襲封。嘉	榮僖王譽枚，康靖嫡一子，嘉靖十一年襲封。三	王定羹，榮僖嫡一子，嘉靖四十一年襲封。	王幹礓，定羹嫡一子，萬曆四年封長子，既	王企鏷，幹礓庶一子，萬曆二十一年封長

	年薨。	靖六年薨。	十七年薨。		萬曆十一年薨。	而襲封，薨。	孫。
沙陽	端靖王膺鉋，順嫡五子，成化十三年封。正德十二年薨。	王彥濎，端靖嫡一子，正德十四年襲封。十六年薨。無子，除。					
唐年	恭裕王	王	譽欒，彥				

二十四史

膺錄，順庶六子，成化十三年封。嘉靖十八年薨。	
彥潤，恭裕嫡一子，嘉靖二十二年襲封。四十年薨。	南安 彥泥，簡庶二子，弘治十一年封。嘉靖五
潤嫡一子，嘉靖二十三年封長子。隆慶元年卒。無子，除。	

年，罪降庶人，發高牆，除。	南豐王 彥激，簡庶三子，正德十二年封。嘉靖四十年薨。	
	王 譽棡，彥激嫡一子，隆慶四年襲封。萬曆十九年薨。	善化
	定燮，譽棡嫡一子，萬曆九年封長子。二十二年卒。	
	幹臺，定燮嫡一子，萬曆中封長孫，卒。	
	王 企厥，幹臺庶一子，萬曆四十五年封曾長孫。既而襲封。	

康簡王 譽桔，靖嫡二子，正德九年封。嘉靖三十年薨。	建德 榮安王 譽樾，靖嫡三子，正德六
王 定燧，康簡嫡一子，嘉靖三十三年襲封。萬曆二年薨。	王 定焵，榮安嫡一子，嘉靖
王 幹堉，定燧庶一子，萬曆九年襲封，薨。	幹增，定焵嫡一子，嘉靖三十四
王 企鉦，幹堉嫡一子，萬曆十二年封長子，既而襲封，薨。	企鎛，幹增庶一子，隆慶六年封
王 禋潬，企鉦庶一子，萬曆三十六年封長孫。	禋汴，企鎛嫡一子，萬曆二十二

年封。嘉靖二年薨。	漢川 康定王 譽榛，靖嫡五子，嘉靖元年封。萬曆七年
十二年襲封。萬曆三年薨。	王 定烰，康定庶一子，嘉靖四十二年以鎮
年封長子。萬曆三十五年，頒冊，未受命，卒。	
長孫。	
年封曾長孫。	

中華書局

薨。	
	國將軍改封長子。萬曆十九年襲封，薨。無子，除。
遂安王　譽釋，靖庶七子，嘉靖十七年封。三十三	

年薨。無子，除。	
長壽王　譽櫓，靖庶八子，嘉靖十七年封。四十二年薨。無子，除。	
	綏寧王
	王
	王

定炎，康庶三子，嘉靖二十七年封。萬曆二十年薨。	
幹址，定炎庶一子，隆慶元年封長子。萬曆三十五年頒冊，未受命，卒。	
企鋅，幹址庶一子，萬曆十七年封長孫。	
	南漳王　定爐，康庶六子，

嘉靖三十二年封。三十六年薨。無子，除。	祁陽王　定爍，康庶七子，嘉靖三十一年封，薨。
	幹蛙，定爍嫡一子，萬曆二年封長子，既而襲封，
	企鐱，幹蛙庶一子，萬曆二十年封長孫。四十二年卒。
	禋泞，企鐱嫡一子，萬曆四十五年封曾長孫，既

二十四史
中華書局

薨。

而襲封。

廣濟王定燵，康庶八子，嘉靖三十六年封。萬曆二十七年薨。

幹腫，定燵嫡一子，萬曆九年封長子。十六年三月頒冊，未受命，卒。無子，除。

青林王

幹垣，憲庶三子，嘉靖四十五年封，本年薨。無子，除。

常寧王幹坤，憲庶四子，萬曆十五年封。

四十五年薨。無子，除。

谷王橞，太祖庶十九子，洪武二十四年封。二十八年就藩宣府。成祖即位，移

長沙府。永樂十五年坐謀逆，削爲庶人，自焚死，除。

韓憲王松，太祖庶二十子，洪武二十四年

恭王沖㺸，憲嫡一子，永樂九年襲封。〔三〕

懷王範圯，恭庶一子，初封開城王，正統

封，未就藩。永樂五年薨。	
二十二年之藩平涼府。正統五年薨。	
七年襲封。九年薨。無子。	靖王範圳，恭庶二子，初封西鄉王，正統十一年進封。景泰元年薨。
惠王徵釺，靖庶一子，初封高陵王，景泰元年襲封。成化五年薨。	
悼王偕洸，惠庶二子，初封廣安王，成化五年襲封。十年薨。無子。	康王偕灊，惠庶
	昭王旭櫏，康嫡
	定王融燧，昭嫡
	謨墺，定嫡一子，
	端王朗錡，安嫡
	敬安世子璟滋，
	逵杞，敬安嫡一
	王亶堉，逵杞

	襄陵	莊穆王沖烋，憲
		恭惠王範址，莊
		安穆王徵鈐，恭
三子，初封彰化王，成化十二年進封。弘治十四年薨。		偕洌，安穆庶一
一子，初封渭源王，弘治十七年襲封。嘉靖十三年薨。		旭橦，端和庶一
二子，嘉靖十五年襲封。四十四年薨。		順清王融焚，懿
嘉靖十八年封世子。四十年薨。謚悼恭。後子朗錡襲封，追封王，改謚曰安。		恭懿王謨墻，順
二子，嘉靖四十年以鎮國將軍改封世孫。隆慶三年襲封。萬曆三十四年薨。		溫恪王朗鐀，恭
端嫡一子，隆慶四年封世子。萬曆二十八年薨。		王璟洗，溫
子，萬曆二十年封世孫。三十六年薨。		
嫡一子，萬曆三十八年封世曾孫。三十九年襲封。崇禎十六年，賊陷平涼，被執。		

庶二子，永樂二年封。成化十三年薨。	樂平	定肅王沖倓，憲
穆嫡一子，成化十七年襲封。正德元年薨。		範場，定肅庶一
惠庶一子，正德六年襲封。嘉靖十七年薨。		恭安王徵鋞，僖
子，正德七年封鎮國將軍。十五年卒。以孫襲封，追封王，謚端和。		溫定王偕湃，恭
子，初封輔國將軍，嘉靖十六年改封長孫。二十年卒。以子襲封，追封王，謚懿簡。		旭榎，溫定嫡一
簡庶一子，嘉靖二十五年襲封。萬曆十年薨。		昭順王融熨，安
清嫡一子，隆慶元年封長子。萬曆十年襲封。十一年薨。		莊簡王謨墹，昭
懿嫡一子，萬曆十五年襲封。四十五年薨。		王朗鎏，莊
恪嫡一子，萬曆三十三年封長子，既而襲封。		

庶四子，永樂二年封〔八〕。成化二十二年薨。	臨汾	王
子，初封鎮國將軍。成化九年卒。以子徵鋞襲封。追封王，謚僖安。		
安庶一子，弘治三年襲封。嘉靖二十二年薨。		
安庶一子，嘉靖二十六年襲封。三十八年薨。		
子，嘉靖三十年以輔國將軍改封長子。三十三年卒。後子融熨襲封。追封王，謚安和。		
和嫡一子，嘉靖四十一年襲封。萬曆四年薨。		
順庶一子，萬曆十一年襲封。四十二年薨。		
簡嫡一子，萬曆四十二年封長子。四十五年襲封。		

沖㷆,憲庶三子,永樂二年封。四年薨。〔七〕無子,除。	
	褒城 昭裕王範埁,恭庶三子,正統二年封。成化二十
	宣惠王徽鉅,昭裕嫡一子,景泰二年襲封。弘治
	安僖王偕洄,宣惠庶一子,弘治十四年襲封。正
	康順王旭櫚,安僖庶一子,正德十年襲封。嘉靖
	溫靖王融羙,康順庶一子,嘉靖二十年襲封。三
	僖和王謨垣,溫靖庶一子,嘉靖四十七年襲封。

年薨。	通渭 莊簡王範䟖,恭庶四子,正統十二年封。成化五年薨。
十二年薨。	榮靖王徽錄,莊簡庶一子,成化八年襲封。弘治十二年薨。
德五年薨。	恭裕王偕洹,榮靖嫡一子,弘治十五年襲封。正德三年薨。
十六年薨。	安定王旭櫑,恭裕庶一子,正德七年襲封。嘉靖十八年薨。
十一年薨。	端順王融烷,安定庶一子,嘉靖二十二年襲封。三十三年薨。
萬曆間薨。無子,除。	惠穆王謨埇,端順庶一子,嘉靖三十五年襲封。萬曆二十四年薨。
	朗鉽,惠穆嫡一子,萬曆八年封長子。二十一年卒。無子,除。

平利 懷簡王範墼,恭庶五子,封後薨。無子,除。	
	漢陰 恭惠王徽鍉,靖庶二子,封後薨。無子。王疾時,妃

父周恂謀取他人子納之,長受封。成化十四年事發,伏誅,冒封男女俱賜自盡,除。	
	高平 榮和王
	昭簡王
	融烇,昭

	西德
借濼，惠庶六子，成化七年封。正德七年薨。	昭僖王借瀞，惠庶七子，成化八年封。正
旭櫓，榮和嫡一子，弘治三年襲封。正德十五年薨。	旭樅，昭僖庶一子，弘治元年封長子。正
簡庶一子，嘉靖五年襲封。十五年革爵。三十七年卒。除。	康惠王融熣，悼昭庶一子，嘉靖元年襲
	端靖王謨壚，康惠嫡一子，嘉靖二十三
	王朗鍦，端靖嫡一子，萬曆二十四
	王璟炅，朗鍦嫡一子，天啓二年襲

	隴西
德七年薨。	安懿王旭林，康嫡三子，弘治十三年封。嘉靖二
德六年卒。以子融熣襲封，追封王，謚悼昭。	
封。萬曆十年薨。	
年封長子。萬曆十四年襲封。二十七年薨。	
年封長子。三十九年襲封，薨。	
封。	

	寧遠
十五年薨。無子，除。	宣和王旭栓，康嫡四子，弘治十三年封。正德十一年薨。
	恭懿王融煥，宣和嫡一子，嘉靖四年襲封。四十一年薨。
	恭靖王謨垙，恭懿嫡一子，隆慶二年襲封，本年薨。
	王朗鏌，恭靖嫡一子，萬曆四年襲封，薨。
	王璟稟，朗鏌嫡一子，萬曆二十三年封長子，既而襲封。

長泰	永福
榮和王旭橫，康庶六子，弘治十七年封。嘉靖十三年薨。	端僖王旭樺，康
恭簡王融焯，榮和嫡一子，嘉靖十七年襲封。萬曆九年薨。	恭靖王融熒，端
謨墳，恭簡庶一子，嘉靖三十年封鎮國將軍。萬曆十一年卒。無子，除。	

中華書局

庶七子，弘治十七年封。嘉靖二十六年薨。	建寧　恭安王　旭橋，康庶八子，
僖庶一子，萬曆十六年以鎭國將軍襲封。三十九年越關，革爵。除。	融炣，恭安嫡一子，嘉靖
	王　謨堂，融炣嫡一
	王　朗鎭，謨堂嫡一

弘治十七年封。嘉靖十二年薨。	
十七年襲封。三十七年，罪降庶人。隆慶三年卒。	長洲　定恭王
子，嘉靖三十六年封長子。萬曆二十四年辯准復爵。二十五年襲封。二十八年薨。	謨墷，定
子，萬曆三十二年襲封。	王
	王

融燧，昭庶二子，正德十年封。隆慶五年薨。	崑山　榮康王　融焌，昭
恭嫡一子，嘉靖十五年封長子。三十七年卒。以子朗鋭襲封，追封王，諡簡靖。	恭順王　謨埦，榮
朗鋭，簡靖庶一子，萬曆二年襲封，薨。	莊簡王　朗錦，恭
璟澇，朗鋭嫡一子，萬曆二十四年封長子。天啓二年襲封。	

庶四子，嘉靖元年封。四十三年薨。	長樂　康懿王　融焞，昭庶子，嘉靖十二年封。
康嫡一子，隆慶二年襲封。萬曆七年薨。	榮安王　謨⿰土斗，康懿嫡一子，隆慶四年襲
順嫡一子，萬曆十六年襲封。二十一年薨。無子，除。	朗險，榮安嫡一子，萬曆二十三年封長
	王　璟漣，朗險庶一子，萬曆三十九

四十三年薨。	
封。萬曆三十五年薨。	高淳 莊懿王 諱墭，定庶二子，嘉靖十九年封。四十年薨。
子。三十五年未襲卒。	王 朗鎔，莊懿庶一子，萬曆三年以鎮國將軍襲封，薨。
年襲封。	王 環滓，朗鎔嫡一子，萬曆九年封長子，既而襲封，薨。
	王 逵朴，環滓庶一子，萬曆二十七年封長孫。天啓三年襲封。

休寧 安靖王 諱堪，定庶三子，嘉靖十九年封。三十二年薨。	慶陽 莊懿王 諱墊，定
端惠王 朗鏐，安靖庶一子，嘉靖三十七年襲封。萬曆十四年薨。無子，除。	恭恪王 朗鑰，莊

嫡四子，嘉靖二十四年封。三十八年薨。	通安 端裕王 諱墑，定庶六子，嘉靖二十七年封。萬曆
懿庶一子，隆慶四年襲封。萬曆七年薨。無子，除。	王 朗鐠，端裕庶一子，萬曆十二年封長子。
	王 環淮，朗鐠庶一子，萬曆三十五年封長

二十一年薨。		
二十四年襲封，薨。		
子，既而襲封，薨。	崇明 懷莊王 環清，端嫡二子，隆慶四年封。萬曆十一年薨。	長吉 莊靖王
		王

二十四史

中華書局

二十四史

璟灟，端庶三子，萬曆二年封。十四年薨。
逵植，莊靖嫡一子，萬曆二十年封長子。二十八年襲封。

保德王
璟瀌，端嫡四子，萬曆四年封。二十年薨。

無子，除。

綏平安穆王
璟洛，端嫡五子，萬曆五年封。二十年薨。無子，除。

咸陽王
璟漫，端庶六子，

萬曆十一年封，薨。無子，除。

商丘王
璟瀈，端庶七子，萬曆十四年封，薨。無子，除。

固原王
璟渭，端庶八子，萬曆二十年封，薨。無子，除。

汝陽王
璟氽，端庶九子，萬曆二

中華書局

瀋簡王模，太祖庶二十一子，洪武二十四年封。永樂六年就藩潞州，後改	
康王佶焞，簡庶一子，初封武鄉王，宣德七年襲封。天順元年薨。	
莊王幼垺，康嫡一子，天順三年襲封。正德十一年薨。	
恭王詮鉦，莊庶一子，正德三年以西陽王改封世子。十三年襲封。嘉靖	
勛洮，恭庶一子，初封福山王，嘉靖四年先薨。一子未名，卒。二子未封，卒。	
允榿，靖嫡二子，嘉靖六年管理府事。九年薨。無子。以再從弟允栘嗣封。	
	十三年封。薨。無子，除。

	潞安府。宣德六年薨。
	六年薨。
	以從姪允栘嗣封，追封王，謚曰靖。
憲王允栘，靖從弟，靈川王勛漕嫡一子，嘉靖五年襲封靈川王。九年，以懷王紹嗣，管理	追封王，謚曰懷。
宣王恬焌，憲嫡二子，嘉靖三十一年襲封。萬曆十年薨。	
定王珵堯〔○〕，宣嫡一子，嘉靖三十七年封世子。萬曆十二年襲封。	
王效鏞，珵堯嫡一子，萬曆八年封世孫。十三年改封世子。	

陵川 康肅王佶熢，簡庶二子，永樂二	
幼墍，康肅嫡一子，正統十三年	
康簡王詮鉌，懷懿庶一子，成化	
勛漮，康簡嫡一子，弘治三年封	
莊安王允杲，悼康嫡一子，嘉靖	府事。十年嗣封。追謚其祖詮鉌爲安王，父爲惠王。二十八年薨。
溫穆王恬燆，莊安嫡一子，隆慶	
王珵墉，溫穆庶一子，萬曆	

平遙 僖靖王佶熌，簡庶三子，永樂二十二年	十二年封。成化十年薨。
懿安王幼壏，僖靖嫡一子，正統二年襲	封長子。成化八年卒。以子詮鏐襲封。追封王，謚懷懿。
	十三年襲封。嘉靖十年薨。
	長子。嘉靖九年卒。以子允杲襲封，追封王，謚悼康。
	十四年襲封。三十九年薨。
	元年襲封。萬曆二十七年薨。
	二十一年封長子。三十年襲封。四十年薨。

中華書局

二十四史

	黎城
封。正統十一年薨。	昭僖王佶燸，簡庶四子，宣德三年封。正統九年薨。
封。成化間薨。無子，除。	莊惠王幼瑗，昭僖嫡一子，正統十二年襲封。成化十三年薨。無子，除。

稷山	沁水
悼靖王佶焆，簡庶五子，宣德三年封，正統七年薨。	悼懷王佶熅，簡
莊靖王幼垬，悼靖嫡一子，正統十二年襲封。天順六年薨。	安惠王幼壕，悼
榮和王詮鋈，莊靖庶一子，成化五年襲封。正德九年薨。	端懿王詮鐕，安
端簡王勛沍，榮和嫡一子，正德十三年襲封。嘉靖二十年薨。	榮穆王勛灕，端
昭靖王允柯，端簡嫡一子，嘉靖二十四年襲封。四十五年薨。	莊和王允欀，榮
康和王恬炠，昭靖庶一子，隆慶四年襲封。萬曆十四年薨。	昭定王恬烆，莊
王珵埍，康和嫡一子，萬曆間襲封，薨。	康僖王珵堦，昭
王效鈫，珵埍庶一子，萬曆三十四年封長子。天啟二年襲封。	王效鋞，康

	沁源
庶六子，宣德三年封。正統四年薨。	恭定王佶煒，簡庶八子，宣德三年封。正統十四
懷嫡一子，正統十三年襲封。成化七年薨。	端憲王幼埼，恭定嫡一子，景泰四年襲封。成化
惠嫡一子，成化十二年襲封。正德元年薨。	榮靖王詮鍾，端憲嫡一子，成化十三年襲封。正
懿嫡一子，正德三年襲封。十二年薨。	康僖王勛湊，榮靖嫡一子，正德十一年襲封。嘉
穆嫡一子，嘉靖元年襲封。二十一年薨。	允楊，康僖嫡一子，正德十三年封長子。嘉靖九
和嫡一子，嘉靖二十五年襲封。四十年薨。	康裕王恬焯，悼和嫡一子，嘉靖十五年襲封。萬
定嫡一子，隆慶元年襲封。萬曆二十九年薨。	憲肅王珵塀，康裕嫡二子，萬曆五年以鎮國將
僖庶一子，萬曆十四年封長子。三十三年襲封。	效鐰，憲肅庶一子，萬曆九年以輔國將軍改封

	清源
年薨。	
十一年薨。	莊簡王幼圩，康
德九年薨。	榮僖王詮鉻，莊
靖二十一年薨。	端和王勛濿，榮
年卒。以子恬焯襲封。追封王，謚悼和。	恭裕王允朷，端
曆十年薨。長子珵場，罪發高牆。	王恬莢，恭
軍改封長子。十三年襲封。三十五年薨。	王珵埥，恬
長孫。十五年，罪降爲庶人。王效銛，憲肅庶二子，萬曆四十三年襲封。	

中華書局

嫡三子，正統十一年封。弘治十四年薨。	遼山 宣穆王幼壁，康嫡四子，正統十二年封。弘治十三年薨。
簡嫡四子，初封鎮國將軍，成化十三年繼黎城莊惠王嗣。後以莊簡三子俱卒，奏准歸宗。弘治十年襲封。正德十年薨。	端和王詮鉱，宣穆庶一子，弘治十七年襲封。正德十三年薨。
僖嫡一子，正德十一年襲封。嘉靖三十七年薨。	恭靖王勛澄，端和庶一子，嘉靖十年襲封。萬曆三年薨。
和庶一子，嘉靖四十年襲封。萬曆八年薨。	王允杞，恭靖嫡一子，萬曆八年襲封。四十年薨。
裕庶一子，萬曆十一年襲封。三十九年薨。	恬煇，允杞嫡一子，嘉靖四十五年封長孫。萬曆三年改封長子。十五年卒。
芡嫡一子，萬曆中襲封。	王珵地，恬煇庶一子，萬曆四十年以奉國將軍改封長孫，既而襲封。

內丘 恭僖王幼墳，康嫡六子，景泰四年封。正德十二年薨。	廣宗 懷靖王幼坏，康嫡七子，景泰五年封。天順八年薨。無子，除。	唐山 悼僖王幼墧，康
詮鉌，恭僖嫡一子，成化八年封長子。正德七年卒。以子勛濼襲封，追封王，謚悼順。		榮康王詮鈹，悼
端靖王勛濼，悼順庶一子，嘉靖元年襲封。二十二年薨。		恭懿王勛瀓，榮
允柲，端靖庶一子，正德六年封長子。嘉靖二十五年頒冊，未受命，卒。以子恬熙襲封，追封王，謚安裕。		允楀，恭懿嫡一
莊懿王恬熙，安裕嫡一子，嘉靖三十年襲封。萬曆十一年薨。		莊惠王恬熵，允
王珵壚，莊懿嫡一子，萬曆十五年襲封，薨。		王珵郿，莊
王效鋰，珵壚庶一子，萬曆十八年封長子，既而襲封。		王效鈀，珵
王迵瀟，效鋰嫡一子，萬曆四十三年封長孫。		

中華書局

二十四史

嫡八子，景泰五年封。成化十七年薨。	永年 榮安王幼壒，康嫡十子，景泰五年封。正德三年
僖嫡一子，成化十九年襲封。弘治四年薨。	詮鏑，榮安嫡一子，成化九年封長子。弘治十八
康嫡一子，弘治七年襲封。嘉靖三十九年薨。	勛浚，懷僖嫡一子，成化十九年封長孫。弘治十
子，正德五年封長子。嘉靖四十三年卒。	恭裕王允榼，悼順嫡一子，正德十六年襲封。嘉
檟庶一子，隆慶三年襲封。萬曆二十年薨。	莊憲王恬定，恭裕嫡一子，嘉靖十七年襲封。三
惠嫡一子，萬曆八年封長子。二十三年襲封，薨。	溫恭王珵封，莊憲嫡一子，嘉靖四十年襲封。隆
鄄嫡一子，萬曆四十年封長子。	

薨。	
年卒。以孫允榼襲封。追封王，諡懷僖。	靈川 榮懿王詮鉌，莊庶二子，成化十九年封。正德四年薨。
七年卒。以子允榼襲封。追封王，諡悼順。	恭裕王勛潛，榮懿嫡一子，正德八年襲封。嘉靖三年薨。
靖十二年薨。	
十七年薨。	
慶二年薨。	

	宜山 康僖王詮鏋，莊庶三子，成化二十一年封。嘉靖十六年薨。
後子允移嗣濬封，郡爵例不襲。	榮端王勛渥，康僖庶一子，嘉靖二十年襲封。萬曆十六年薨。
	允槐，榮端庶一子，嘉靖三十三年封長子。萬曆十二年卒。
	恬燍，允槐嫡一子，萬曆二年封長孫。三十三年未襲，卒。
	珵壐，恬燍嫡一子，萬曆二十八年封曾長孫，既而襲封。

宿遷 榮簡王詮鉁，莊庶四子，弘治三年封。嘉靖二十二年薨。	吳江 昭和王詮鏗，莊
端惠王勛澤，榮簡嫡一子，嘉靖二十六年襲封。三十二年，薨。	榮順王勛清，昭
允柠，端惠庶一子，嘉靖十二年封長孫。三十二年卒。	允栿，榮順嫡一
王 恬煙，允柠嫡一子，嘉靖三十六年襲封。隆慶六年薨。無子，除。	王 恬羰，允

中華書局

	庶五子，弘治四年封。正德七年薨。
定陶恭靖王銓鑨，莊庶六子，	
勛瀤，恭靖嫡一子，嘉靖	和嫡五子，嘉靖五年襲封。萬曆二十五年薨。
王允櫶，恭靖嫡一	子，嘉靖三十年封長子。萬曆十六年卒。
恬鉅，允櫶嫡一子，萬曆	棜庶一子，萬曆十八年封長孫。二十九年襲封。三十九年薨。無子，除。
王珵持，恬鉅嫡一	

雲和王銓鐘，莊庶七子，正德八	正德二年封。嘉靖三十一年薨。
	四年封長子。三十年卒。以子允櫶襲封，追封王，亦謚恭靖。
	子，嘉靖三十四年襲封。萬曆三十八年薨。
	五年封長子。四十二年未襲卒。
	子，萬曆三十六年封長孫，既而襲封。

	年封。嘉靖三十六年薨。無子，除。
德平榮順王允㮨，惠嫡二子，嘉靖三十七年封。萬曆十年薨。	
端和王恬燇，榮順嫡一子，萬曆十三年襲封。三十二年薨。	
王珵雖，端和庶一子，萬曆十四年封長子。三十六年襲封，	
王效鋾，珵雖嫡一子，萬曆四十四年封長子，既而襲封。	

安慶端懿王恬爐，憲	鎮康恭裕王恬焯，憲嫡一子，嘉靖三十一年封。萬曆八年薨。無子，除。	
王珵垣，端		薨。

二十四史

中華書局

嫡七子，嘉靖三十一年封。萬曆二十二年薨。

懿嫡一子，萬曆二十二年封長子。三十五年襲封，薨。

保定

順惠王珵坦，宣嫡二子，嘉靖三十八年

王效𡎖，順惠庶一子，萬曆二十九

封。萬曆二十八年薨。

年封長子。三十三年襲封，薨。

德化

溫簡王珵墡，宣庶三子，隆慶六年封。萬曆二十七年薨。無子，除。

靈壽

王珵塏，宣庶五子，萬曆二十二年封。二十八年薨。無子，除。

六合

王珵埏，宣庶六子，

安

惠王楹，太祖庶二十二子，洪武二十四年封。永樂六年就藩平涼府。十

萬曆二十二年封。

唐定王桱，太祖庶二十三子，洪武二十四年封。永樂六年就藩南陽府。十	五年薨。無子，封除。
靖王瓊烴，定嫡一子，永樂二十一年襲封。〔九〕宣德元年薨。無子。憲王瓊	
莊王芝	
成王彌	
敬王宇	
順王宙	
端王碩	
器墭，端	
聿鍵，裕	

三年薨。
炟，定嫡二子，宣德三年襲封。成化十一年薨。
址，憲嫡二子，初封舞陽王，成化十三年襲封。二十一年薨。
鍗，莊庶一子，初封潁昌王，成化二十三年襲封。嘉靖二年薨。二子俱殀，姪宇溫嗣。
溫，成親弟文城王彌鉗嫡一子，初封文城王，嘉靖四年進封。追諡其父為恭王。三十九年薨。
栐，敬庶二子，嘉靖四十一年襲封。四十三年薨。
熿，順庶一子，隆慶三年封世子。五年襲封。崇禎五年薨。
庶一子，萬曆二十二年封世子。後以端王惑於嬖人，被囚遇毒。薨。追封王，諡曰裕。
嫡一子，初從世子被囚。萬曆中封世孫。崇禎五年襲封。九年以勤王違制，降為庶人，發鳳陽高牆。十

七年五月赦出。次年奔福州自立，僭號隆武。大清順治三年八月奔汀州。王師至，被執死。
聿鐭，裕

嫡二子。聿鍵立，封為唐王。大清順治三年十一月，福建平，立於廣州，僭號紹武。踰月，王師至，被執死。

二十四史
中華書局

二十四史

新野 悼懷王瓊煒，定王庶二子，宣德三年封。正統元年薨。
恭簡王芝城，悼懷嫡一子，正統九年襲封。成化十一年薨。
宣懿王彌鍋，恭簡嫡一子，成化十四年襲封。弘治十一年薨。
榮僖王宇溫，宣懿嫡一子，弘治十二年襲封。嘉靖三十二年薨。
康靖王宙梳，榮僖嫡一子，嘉靖三十五年襲封。隆慶六年薨。長子頤燁未襲，卒。
王頤燦，康靖庶二子，萬曆六年襲封，薨。
器埛，頤燦庶一子。萬曆四十二年查父頤燦以弟冒兄爵，照世次，降封輔國將軍。器⿰鬲周，頤

	三城 康穆王
燁庶四子。萬曆四十六年，器埛以父冒封革襲，器⿰鬲周請嗣郡爵。例封奉國將軍，奉祀，除。	

新城 芝坦，憲王庶四子，成化九年封。弘治十三	芝垝，憲王庶三子，成化七年封。正德六年薨。無子，除。

承休 榮和王芝垠，憲王庶五子，成化七年封。二十年革爵。弘治	年，以罪革爵。正德十年卒。無子，除。
昭毅王彌鍁，榮和庶一子，嘉靖二年襲封。二十一年薨。	
安僖王宇淵，昭毅嫡一子，嘉靖二十四年襲封。萬曆十	
宙枝，安僖嫡一子，嘉靖二十四年封長子。萬曆五年卒。	
王頤鏢，端惠庶一子，萬曆十八年襲封。	

中華書局

七年復。正德十五年薨。	蕩陰　昭安王芝垝，憲庶子，成化九年封。正德十六年薨。
	端肅王彌鍔，昭安嫡一子，嘉靖三年襲封。三十五年薨。
四年薨。	宇澄，端肅嫡一子，嘉靖六年封長子。十九年卒。以子宙棨襲封。
以子碩熛襲封。追封王，謚端惠。	榮簡王宙棨，懷嫡一子，嘉靖三十八年襲封。萬曆十九年薨。

	浙陽　溫僖王彌鏈，莊庶一子，成化十五年封。正德六年薨。無子，除。	文城　恭靖王
追封王，謚悼懷。		
無子，除。		

彌鉗，莊庶三子，成化十五年封。正德十一年薨。後子嗣唐封，郡爵例不襲。	鄖城　恭端王彌鋠，莊
	宇清，恭端嫡一
	榮康王宙桃，昭

庶四子，成化二十一年封。嘉靖三十一年薨。	衛輝　恭懿王彌鉰，莊
子，正德十三年封長子。嘉靖三十四年卒。以子宙桃襲封。追封王，謚昭憲。	端順王宇漳，恭
憲庶一子，嘉靖三十五年襲封。三十七年薨。無子，除。	宙桐，端順庶一
	溫僖王碩熑，榮

二十四史
中華書局

庶五子，成化二十一年封。嘉靖二十六年薨。

懿嫡一子，嘉靖二十九年襲封。四十一年薨。

子，初封鎮國將軍。嘉靖四十年卒。以子頤煥襲封，追封王，諡榮昭。

昭庶一子，嘉靖四十三年襲封。四十五年薨。無子，除。

福山王

器𡑞，端庶五子，

萬曆二十五年封，薨。

清源王

器埏，端庶六子，萬曆二十五年封。二十六年薨。無子，除。

安陽

器埈，端庶七子，萬曆二十七年封，薨。

寶慶王

器增，端庶八子，萬曆三十一年封，薨。

永興王

器培，端庶九子，萬曆二十七年封。三十八年薨。無子，除。

永壽王

器圻，端庶十子，

二十四史 中華書局

郢 靖王棟，太祖庶	
德安王 器壛，端庶十一子，萬曆四十二年封。	萬曆三十七年封，薨。

伊 厲王㰘，太祖庶	二十四子，洪武二十四年封。永樂六年就藩安陸州。十二年薨。無子，封除。
簡王顒炔，厲庶	
勉堡，簡庶一子，	
悼王諟鈲，安嫡	

二十五子，洪武二十四年封。〔一〇〕永樂六年就藩河南府。十二年薨。
一子，永樂二十二年襲封。〔一一〕天順六年薨。
初封洛陽王。天順八年薨。以子諟鈲襲封，追封親王，謚曰安。
一子，成化二年襲封。十一年薨。無子。定王諟鈲，安嫡四子，初封鄭城王，成化十三年進封。正德三年
莊王訏淵，定嫡一子，正德六年襲封。嘉靖五年薨。無子。敬王訏
典楧，敬

光陽 榮靖王勉坍，簡庶二子，成化四	
	薨。
	淳，定庶二子，初封濟源王，嘉靖六年進封。二十一年薨。
	庶一子，嘉靖二十三年襲封。四十三年，罪降庶人，發高牆，除。

年封。正德七年薨。無子，除。	
	方城　懷僖王諟鏞，安庶二子，成化四年封。二十一年薨。
	昭和王訏洼，懷僖嫡一子，弘治二年襲封。嘉靖三年薨。
	典楷，昭和嫡一子，正德二年封長子。嘉靖二年卒。以子褒熇襲
	溫僖王褒熇，懷順嫡一子，嘉靖九年襲封。三十六年薨。
	王珂壒，溫僖庶一子，嘉靖四十年襲封。萬曆二十三年薨。
	王采錥，珂壒庶一子，萬曆二十四年封長子。二十六年襲
	王鳳潡，采錥嫡一子，萬曆四十四年封長子，既而襲封。

	西鄂　安僖王諟欽，安庶三子，成化四年封。十五年薨。	
	恭靖王訏潒，安僖嫡一子，弘治元年襲封。正德七年薨。無子，除。	
封。追封王，諡懷順。		萬安
封，薨。		

	康懿王典櫍，敬庶二子，嘉靖七年封。以奉祀。隆慶四年薨。
	昭和王褒燒，康懿嫡一子，萬曆二年襲封。二十六年薨。
	恭宣王珂佳，昭和嫡一子，萬曆二十一年封長子。二十九年襲封。以就營福府藩，別城永寧，尋薨。
	王采鏗，恭宣嫡一子，襲封。崇禎九年二月以盜熾，請加築永寧城。十四年，闖賊破城，遇害。

		靖江　守謙，太
		附　悼僖王
		莊簡王
		相承，莊
		昭和王
安樂　褒熵，典楧庶五子，嘉靖二十九年封。三十二年革爵。四十三年卒。無子，除。		端懿王
		安肅王
		恭惠王
		康僖王
		溫裕王

中華書局

祖嫡兄南昌王興隆子文正嫡一子，洪武三年封。九年就藩桂林府，尋廢爲庶人。七年復爵，使居雲南，還鳳陽，後召錮京師。二十五年卒。

贊儀，守謙嫡一子，建文二年襲封。永樂元年就藩。六年薨。

佐敬，悼僖庶一子，永樂九年襲封。成化五年薨。

簡嫡一子，正統元年封長子。天順二年卒。以子規裕襲封，追封王，諡懷順。

規裕，懷順嫡一子，成化七年襲封。弘治二年薨。

約麟，昭和嫡一子，弘治三年襲封。正德十一年薨。

經扶，端懿嫡一子，正德十三年襲封。嘉靖四年薨。

邦薴，安肅嫡一子，嘉靖六年襲封。隆慶六年薨。

任昌，恭惠嫡一子，萬曆五年襲封。十年薨。

憲定王任晟，恭惠庶二子，萬曆二十年以輔國將軍進封。三十八年薨。長子履祥先卒。

履燾，康僖嫡一子，萬曆十三年襲封。二十年薨。無子。叔任晟立。

榮穆王履祐，憲定嫡二子，萬曆二十八年以奉國將軍改封長子。四十年襲封，薨。

王亨嘉，榮穆庶一子，萬曆四十三年封長子。崇禎中襲封。大清順治二年叛，稱監國，爲福王總督丁魁楚、巡撫瞿式耜所殺。

校勘記

〔一〕王帥螢至天啓六年薨　帥螢，熹宗實錄作「師鎣」。原脫「天啓六年薨」五字，據熹宗實錄卷七二天啓六年十月庚戌條補。

〔二〕砮烒　原作「盤烒」，據本書卷一〇〇諸王表一注引寧府排行字、太宗實錄卷四〇永樂四年二月丁卯條改。本卷下文寧府排行的四個「盤」字，都改作「砮」。

〔三〕洪熙元年遷武岡州　洪熙元年，原作「永樂二十一年」，據本書卷一一八岷王楩傳、仁宗實錄卷九下洪熙元年四月丙寅條改。

〔四〕靖王彥汰　彥汰，原作「彥法」，據本書卷一一八岷王楩傳、明史稿表三諸王世表、世宗實錄卷五九嘉靖四年閏十二月乙丑條、弇山堂別集卷三二改。

〔五〕永樂九年襲封　永樂九年，原作「永樂八年」，據太宗實錄卷七九永樂九年十月癸卯條改。

〔六〕樂平定肅王沖烄憲庶四子永樂二年封　憲庶四子，原作「憲庶三子」，二年，原作「三年」，據太宗實錄卷三七永樂三年九月丁未條改。

〔七〕王沖燗憲庶三子永樂二年封四年薨　憲庶三子，原作「憲庶四子」，據太宗實錄卷二一永樂元年八月庚戌條改。永樂二年封，四年薨，原作「封後薨」，太宗實錄卷二八把封年記在永樂二年四月甲戌條，卷四五把卒年記在永樂四年九月辛酉條，據補。

〔八〕定王理堯　原脫「定」字，據本書卷一一八瀋王模傳補。

〔九〕永樂二十一年襲封　永樂二十一年，原作「永樂十九年」，據太宗實錄卷一二六永樂二十一年八月辛酉條改。

〔一〇〕洪武二十四年封　洪武二十四年，原作「建文三年」，據本書卷三太祖紀、又卷一一八伊王㰘傳，太祖實錄卷二〇八洪武二十四年四月辛未條，弇山堂別集卷三二改。

〔一一〕永樂二十二年襲封　永樂二十二年，原作「永樂二十一年」，據本書卷一一八伊王㰘傳、仁宗實錄卷三上永樂二十二年十月壬子條改。

中華書局

二十四史

中華書局

明史

清 張廷玉等撰

第一〇册

卷一〇三至卷一〇六(表)

中華書局

明史卷一百三

表第四

諸王世表四

建文初，封弟允熥爲吳王，允熞爲衡王，允熙爲徐王，皆懿文太子子也。福王時，追謚吳王曰悼，衡王曰愍，徐王曰哀，見福王傳。

吳
悼王允熥，懿文太子嫡三子，建文元年封，未就藩。成祖入京師，降封廣澤王，居漳州。其年九月召還，廢爲庶人。永樂十五年卒。〔一〕

衡愍王允熥，懿文太子庶四子，建文元年封，未就藩。成祖入京師，降封懷恩王，居建昌。其年，與吳

王俱召還，廢爲庶人。

徐哀簡王允熙，〔三〕懿文太子庶五子，建文元年封，未就藩。成祖入京師，降

封敷惠王，隨母居太子陵。永樂二年改封甌寧王，奉懿文祀。四年卒。無子，除。

成祖四子。仁宗外，高爔未封。其得封者二王，曰漢王高煦，曰趙簡王高燧。

漢高煦，成

祖嫡二子。洪武二十八年封高陽王，永樂二年進封。十五年就藩樂安州。宣德元年八月反，削爵錮西

二十四史
中華書局

內，焚死。世子瞻坦先卒。〔三〕韋妃及九子俱從死，除。	趙　簡王高燧，成祖嫡三子，永樂二年封。洪
	惠王瞻墉，簡嫡二子，初封安陽王，宣德
	悼王祁鎡，惠嫡一子，景泰六年，襲封。天
	靖王見滑，悼庶一子，成化元年襲封。弘
	莊王祐棌，靖庶三子，初封清流王，弘治
	康王厚煜，莊嫡一子，正德十六年襲封。
	載培，康庶一子，初封獲嘉王。嘉靖十六
	翊鏳，恭嫡一子，嘉靖二十八年封世孫。
	穆王常清，安嫡一子，嘉靖四十四年襲
	由松，穆嫡一子，萬曆十三年封世子。四
	王慈燉，壽光王由桂嫡一子，萬曆中

熙元年就藩彰德府。宣德六年薨。世子瞻坺先卒。	
七年襲封。景泰五年薨。	
順四年薨。	臨漳　恭安王祁鋆，惠嫡二子，正統九年封。成
治十五年薨。	榮和王見渲，恭安嫡一子，成化二十三
十六年襲封。正德十三年薨。	祐枆，榮和庶一子，成化二十三年封鎮
嘉靖三十九年薨。	康端王厚炣，悼懷庶一子，正德十六年
年薨，諡昭定。後以孫常淸襲趙封，進封親王，改諡曰恭。	莊惠王載埱，康端庶一子，嘉靖十七年
三十八年薨。以子常淸襲封。追封王，諡曰安。	王翊鍘，莊惠庶一子，萬曆十四年
封。萬曆四十二年薨。	王常海，翊鍘嫡一子，萬曆二十七
十二年未襲薨。無子。	
改封世孫。四十五年嗣封。	

化二十一年薨。	湯陰　莊僖王祁鏥，惠嫡三子，正統九年封。成
年襲封。正德十一年薨。	見準，莊僖嫡一子，成化二十一年襲封。
國將軍。弘治十八年卒。以子厚焵襲封，追封王，諡悼懷。	
襲封。嘉靖八年薨。	
襲封。萬曆十八年薨。	
封長子。二十一年襲封，薨。	
年封長子。天啓二年襲封。	

化二十一年薨。	襄邑　恭定王祁鍟，惠嫡四子，正統九年封。成化元年薨。
弘治六年以罪賜死，除。	懷簡王見瀠，恭定嫡一子，成化四年襲封。十二年薨。無子。　榮惠王
	昭和王
	端順王

	洛川	靖懿王
見沂，恭定庶二子，成化十三年進封。弘治六年薨。		榮恪王
祐櫸，榮惠庶一子，弘治七年襲封。正德十一年薨。		康定王
厚燔，昭和庶一子，嘉靖三十八年襲封。萬曆十一年薨。子翊彭擅婚，例不准襲，除。		厚烙，康
		恭簡王
		莊憲王
		端惠王
		王
		王

郱鋹，惠嫡五子，正統十年封。成化十九年薨。	南樂	安懿王	郱鉷，惠
見渥，靖懿嫡一子，成化二十年襲封。正德十二年薨。		榮僖王	見澗，安
祐架，榮恪庶一子，嘉靖元年襲封。十九年薨。		宜靖王	祐櫝，榮
定嫡一子，正德十四年封長子。嘉靖八年卒。以子載墝襲封，追封王，諡懷順。		康順王	厚熘，宣
載墝，懷順嫡一子，嘉靖二十三年襲封。三十三年薨。		恭恪王	載壜，康
翊鉻，恭簡嫡一子，嘉靖三十八年襲封。四十四年薨。		王	翊鏞，恭
常渲，莊憲嫡一子，萬曆元年襲封。三十二年薨。		王	常汰，翊
由硎，端惠嫡一子，萬曆二十一年封長子。三十六年襲封，薨。			
慈焜，由硎嫡一子，天啓三年襲封。			

嫡七子，天順元年封。弘治十六年薨。	平鄉	榮順王 郱鏓，惠庶八子，天順元年封。成化十二
懿庶一子，正德十一年襲封。嘉靖元年薨。		榮康王 見洸，榮順庶一子，弘治元年襲封。嘉靖
僖庶一子，嘉靖四年襲封。十八年薨。		祐楸，榮康庶一子，正德三年封鎭國將軍。八年
靖嫡一子，嘉靖二十二年襲封。萬曆八年薨。		恭和王 厚爆，僖穆嫡一子，嘉靖十二年襲封。萬
順庶一子，萬曆十二年襲封。十三年薨。		安莊王 載坋，恭和庶一子，萬曆四年以鎭國將
恪庶一子，萬曆十六年襲封，薨。		
鏻嫡一子，萬曆三十年封長子，既而襲封。		

年薨。		
七年薨。	汝源	榮昭王 見淇，悼庶二子，成化三年封。嘉靖八年
卒。以子厚爆襲封，追封王，諡僖穆。		祐榈，榮昭嫡一子，成化十九年封長子。嘉靖七
曆四年薨。		端僖王 厚焆，懷和庶一子，嘉靖十年襲封。二十
軍襲封。十一年，罪革半祿，子孫降封奉祀，除。		載壋，端僖嫡一子，未襲卒。無子，除。

薨。	昆陽 溫穆王見洽，悼庶三子，成化三年封。正德元年薨。無子，
年卒。以子厚焆襲封，追封王，諡懷和。	
八年薨。	

除。		
	廣安 端裕王祐枳，靖庶五子，弘治五年封。十五年薨。	
	溫懿王厚熾，端裕嫡一子，正德十年襲封。嘉靖三十五年薨。	江寧 恭懿王厚煉，莊
	康裕王載堂，溫懿嫡一子，嘉靖三十八年襲封。隆慶五年薨。	莊惠王載墣，恭
	王翊鏐，康裕嫡一子，萬曆二年襲封。三十四年薨。	王翊鎔，莊

庶三子，正德十六年封。嘉靖四十一年薨。	光山 康靖王厚煇，莊庶四子，
懿嫡一子，嘉靖四十四年襲封。萬曆九年薨。	
惠庶一子，萬曆十二年襲封。二十八年薨。一子常湌，先卒。無嗣，除。	

嘉靖二年封。三十年薨。一子殀，除。	秀水 憲穆王厚炯，莊庶六子，嘉靖九年封。十九年薨。一子殀，

	除。
成皋	端穆王載垸，康庶四子，嘉靖十九年封。萬曆十二年薨。
	翊鏼，端穆庶一子，嘉靖三十六年封鎮國將軍。萬曆五年卒。以子常洩襲封，追封王，謚
	王常洩，昭裕庶一子，萬曆十五年襲封，薨。
	王由朴，常洩嫡一子，萬曆二十九年封長子，既而襲封，薨。

	昭裕。
壽光	王由桂，穆庶七子，萬曆二十七年封。三十六年薨。後子慈憸嗣，趙封，郡爵例不襲。

仁宗十子。宣宗外，瞻垠未封。其得封者八王，曰鄭靖王瞻埈，曰越靖王瞻墉，曰襄憲王瞻墡，曰荊憲王瞻堈，曰淮靖王瞻墺，曰滕懷王瞻塏，曰梁莊王瞻垍，曰衛恭王瞻埏。

鄭	靖王瞻埈，仁宗庶二子，永樂二十二年封。宣德四年就藩鳳翔府。正統九年移
	簡王祁鍈，靖嫡一子，成化四年襲封。弘治八年薨。
	見滋，簡嫡一子，成化七年封世子。十五年薨。以子祐枔襲封。追封王，謚曰僖。
	康王祐枔，僖嫡一子，弘治十四年襲封。正德二年薨。無子，從弟祐檡立。
	懿王祐
	恭王厚
	端清世

	懷慶府。成化二年薨。
	檡，東垣端惠王嫡一子，初襲東垣王，正德四年嗣封。十六年薨。
	烷，懿嫡四子，嘉靖六年襲封。二十九年以諫帝眞修，降庶人，發高牆。隆慶元年復爵，加祿四百石。萬曆
	子載堉，恭嫡一子，嘉靖二十五年封世子。萬曆三十三年讓爵載璽。詔載堉及子翊錫，准以世子、世孫

中華書局

十九年薨。

祿終身。其子孫仍封東垣王，以接見湞之統。

王載壐，恭再從弟庶人厚㷆嫡一子，盟津王見濍曾

王翊鏡，載壐嫡一子，萬曆三十五年封世子，既而襲

孫也。以載墑襲爵，萬曆三十四年受封，薨。

封。崇禎十三年以罪賜死，除。

新平懷僖王祁銳，靖嫡二子，正統七年封。景泰七年

薨。無子，除。

涇陽安靖王祁銧，靖庶三子，正統八年封。弘治元年薨。

見溢，安靖嫡一子，弘治四年襲封。八年革爵。十六年卒。無子，除。

朝邑榮簡王

祁鎔，靖嫡四子，正統八年封。成化二十二年薨。無子，除。

盟津見濍，簡庶三子，成化十年封。二十年，罪

祐禧，見濍嫡一子。

厚㷆，祐禧嫡一子。

載壐，嗣鄭封，見前。

中華書局

降庶人，發高牆。弘治元年釋回。四年卒。子孫俱庶人。

東垣

端惠王見濆，簡庶四子，成化十年封。弘

祐櫸，嗣鄭封，見前。

榮昭王厚烱，懿庶二子，正德十二年仍

康僖王載墽，榮昭嫡一子，嘉靖四十二

恭懿王翊鐙，康僖一子，萬曆中襲封，

王常漛，恭懿嫡一子，萬曆二十五

王由彬，常漛嫡一子，萬曆三十八

治十六年薨。

准襲郡封。嘉靖三十八年薨。

年襲封。萬曆十一年薨。

薨。

年以鎮國將軍改封長子。三十七年襲封。四十二年薨。

王

常潔，端清次子，翊鈦嫡一子，初

年封長子。四十六年襲封。崇禎八年薨。世子載塉孫常潔立。

河陽

懷簡王見潙，簡

封輔國將軍，以萬曆中詔仍封東垣。崇禎八年，値東垣王由彬薨，遂襲封。

庶五子，成化十二年封。十五年薨。無子，除。

信陽

悼懷王見湨，簡庶七子，成化十七年封。十八年

中華書局

薨。無子，除。	宜章 懷順王見訓，簡庶八子，弘治元年封。十一年薨。無子，除。	繁昌 恭定王見濅，簡
		榮戾王祐撈，恭
		端順王厚爔，榮
		王載墱，端

庶九子，弘治元年封。嘉靖十二年薨。	廬江 懿簡王見湳，簡庶十子，弘治三年封。嘉靖十六年薨。
定庶一子，嘉靖十六年襲封。隆慶六年薨。	榮繆王祐槔，懿簡庶一子，嘉靖二十二年襲封。
戾庶一子，萬曆十二年襲封。二十七年薨。	王厚焭，榮繆嫡一子，萬曆二年襲封，薨。
順庶一子，萬曆二十四年襲封。	王載醒，厚焭嫡一子，萬曆中襲封。

年薨。	丹陽 靖和王見達，簡庶十一子，弘治四年封。正德十一年薨。無子，除。	眞丘 榮隱王
四十三年薨。		

見渚，簡庶十二子，弘治十年封。正德十二年薨。無子，除。	
	德慶 恭惠王載埑，恭庶二子，嘉靖三十年封。
	王翊鋹，恭惠嫡一子，萬曆中襲封，

中華書局

越靖王瞻墉，仁宗		
	崇德恭簡王載陸，恭庶四子，隆慶二年封。五年薨。無子，除。	萬曆十六年薨。
		薨。無子，除。

襄憲王瞻墡，仁宗嫡五子，	嫡三子，永樂二十二年封，建邸衢州府，未行。正統四年薨。無子，除。
定王祁鏞，憲嫡一子，成	
簡王見淑，定庶一子，弘	
懷王祐材，簡庶一子，弘	
莊王厚熲，陽山王祐楬	
靖王載堯，莊庶一子，初	
忠王翊銘，靖庶一子，萬	
王常澄，翊銘嫡二子，	

永樂二十二年封。宣德四年就藩長沙府。正統元年移襄陽府。成化十四年薨。
化十五年襲封。弘治元年薨。
治二年襲封。三年薨。
治四年襲封。十七年薨。無子。康王祐櫍，簡庶二子，初封光化王，正德三年進封。嘉靖二十九年薨。無
庶一子，初襲陽山王，嘉靖三十一年嗣封。追諡其祖見淓爲恭王，父爲惠王。四十五年薨。
封安福王，隆慶三年襲封。萬曆二十三年薨。郡爵例不襲。
曆二十九年襲封。崇禎十四年，張獻忠陷襄陽，遇害。
初封福清王，崇禎十七年進封。寄居九江府。

棗陽安穆王	寧鄉莊憲王祁鑛，憲嫡二子，正統八年封。成化七年薨。無子，除。	
僖順王		
榮肅王		子，從姪厚熲嗣。
恭靖王		
載埋，恭		
王		

二十四史 中華書局

	祁鉦，憲庶三子，正統八年封。成化十二年薨。
陽山恭和王	見沔，安穆庶一子，成化十六年襲封。弘治六年薨。
榮康王	祐樬，僖順嫡一子，弘治十六年襲封。嘉靖四年，革爵爲庶人。十八年復爵。三十四年薨。
	厚爝，榮肅庶一子，嘉靖四十年襲封。萬曆二十一年薨。
	靖庶一子，嘉靖四十三年封長子。萬曆二十一年卒。以子翊鋙襲封，追封王。謚
	翊鋙，載埠庶一子，萬曆二十六年襲封。二十九年，未婚，薨。除。

見澇，定庶二子，成化十六年封。正德十一年薨。	鎮寧恭靖王　見濶，定庶三子，
祐楬，恭和庶一子，嘉靖元年襲封。十四年薨。後子嗣襄封，郡爵例不襲。	安懿王　祐橋，恭靖嫡一
	恭懿王　厚熧，安懿庶一
	王　載埯，恭懿一

	弘治四年封。嘉靖元年薨。
	子，嘉靖五年襲封。萬曆四年薨。
	子，萬曆九年襲封。二十三年薨。
鄖城莊王　載壎，莊庶二子，嘉靖四十四年封隆慶王。隆慶三年以	子，萬曆中襲封，無子，薨。除。
王　翊鈴，載壎子，萬曆中封長子。天啓六年襲封。	

永城莊王　載圻，庶三子，嘉靖四十四年封。萬曆四年薨。無子，除。	同朝廷年號，改封，薨。

中華書局

蘭陽王翊鎬，靖庶二子，萬曆三十一年封。

貴陽王常法，翊銘庶三子，受封。崇禎十

荊　憲王瞻堈，仁宗

靖王祁鎬，憲嫡

見瀟，靖嫡一子，

和王祐橺，都梁

端王厚烇，和嫡

載墭，端庶一子，

恭王翊鉅，莊嫡

敬王常⿰氵言，恭嫡

進賢王常洤，翊銘庶四子，受封。

四年，獻賊陷襄陽，與襄王同遇害。

庶六子，永樂二十二年封。宣德四年就藩建昌府。正統十年移蘄州。景泰四年薨。

一子，景泰六年襲封。天順五年薨。

天順八年襲封。弘治五年坐不法召至京，幷其長子祐柄俱降為庶人，遷置武昌。姪祐橺立。

王見溥嫡一子，成化十九年襲都梁封。弘治七年進封。十七年薨。

一子，正德二年襲封。嘉靖三十二年薨。

初封永定王，嘉靖二十九年薨。以子翊鉅襲荊封，追封王，謚曰莊。

一子，嘉靖三十二年以永定長子進封世孫。三十四年襲封。隆慶四年薨。世子常洽，罪降庶人。

二子，初封泰寧王，萬曆三年襲封。四年薨。無子。康王常盗，恭嫡三子，萬曆三年封安城王。七年進封。二

定王由樊，[四]康嫡二子，萬曆十七年封世子。三十八年

王慈煙，由樊嫡一子，萬曆四十年封世子。天啓六年

十五年薨。

襲封。天啓二年薨。

襲封。崇禎十五年薨。[五]

都昌　惠靖王祁鑑，憲嫡二子，正統八年封。成化十三年薨。

懷順王見潭，惠靖庶一子，成化十六年襲封。十九年薨。

都梁　悼惠王

悼僖王祐楀，懷順嫡一子，弘治九年襲封。十一年薨。

王厚熙，悼僖嫡一子，正統五年襲封。嘉靖八年薨。

王載塨，厚熙嫡一子，嘉靖中襲封，薨。

翊鏵，載塨嫡一子，封長子，先卒。無子，除。

見溥，靖嫡二子，成化二年封。十三年薨。後子祐櫚襲荊封，郡爵例不襲。	樊山 溫懿王見澋，靖庶三子，
	莊和王祐樠，溫懿嫡一
	恭恪王厚熑，莊和庶一
	王載坽，恭恪庶一
	王翊鉦，載坽庶一
	王常滄，翊鉦嫡一

成化三年封。正德元年薨。	
子，正德四年襲封。嘉靖七年薨。	
子，嘉靖十一年襲封。三十年薨。	富順 王厚焜，和庶二子，正德九年封。萬曆四年
子，嘉靖三十六年襲封。萬曆二十五年薨。	王載垬，厚焜庶一子，萬曆十年襲封。十二
子，萬曆十三年封長子。二十八年襲封，薨。	王翊鍉，載垬庶一子，萬曆十六年襲封，薨。
子，萬曆三十三年封長子，既而襲封。	王常湢，翊鍉庶一子，萬曆十八年封長孫。
	王由樬，常湢嫡一子，萬曆三十四年封長

薨。	永新 安莊王厚熿，和庶三子，正德十一年封。嘉靖三十七年
年薨。	恭懿王載壕，莊嫡一子，嘉靖四十一年襲封。萬曆十
	翊鍵，恭懿嫡一子，嘉靖四十三年以輔國將軍改封長
三十四年封長子。天啓三年襲封，薨。	王常渭，翊鍵庶一子，萬曆十六年襲封，薨。
孫。	王由櫻，常渭庶一子，萬曆三十四年封長子，既而

		淮 靖王瞻
		康王祁
		見濂，康
		定王祐
薨。		
一年薨。		
子。萬曆十三年未襲卒。	德安 莊王翊鏳，嫡二子，嘉靖三十六年封。萬曆中薨。	
	王常濍，翊鏳庶一子，萬曆三十年襲封。	
襲封。		

瞻埈，仁宗庶七子，永樂二十二年封。宣德四年就藩韶州府。正統元年移饒州府。十一年薨。
祁銓，靖嫡一子，正統十三年襲封。弘治十五年薨。
嫡一子，成化十六年封世子。弘治六年薨。無子，姪祐棨嗣封。追封王，謚曰安。
棨，清江端裕王嫡一子，弘治十八年襲封。嘉靖三年薨。無子。莊王祐楧，端裕庶二子，初封鎮國將軍，
憲王厚燾，莊嫡一子，嘉靖十八年襲封。
恭王載坮，憲嫡一子，嘉靖四十五年襲

嘉靖四年進封。十六年薨。
四十二年薨。
封。萬曆五年薨。一子封郡王，未襲，薨。順王載堅，憲嫡二子，初封建昌王，萬曆八年進封。二十三年薨。
王翊鉅，順庶一子，萬曆二十三年封世子。二十六年襲封，薨。
王常淸，翊鉅嫡一子，萬曆四十四年封世子，既而襲封。

郡陽	永豐
懷僖王祁鐀，靖庶二子，正統九年封。十三年薨。無子，除。	恭和王祁鉞，靖庶三子，正統九
	懷順王見淨，恭和嫡一子，成化
	榮和王祐棡，懷順嫡一子，弘治
	安僖王厚烒，榮和庶一子，嘉靖
	載址，安僖庶一子，嘉靖四十一
	莊裕王翊鍛，載址庶一子，萬曆
	王常瀏，莊裕嫡一子，萬曆
	王由棡，常瀏嫡一子，萬曆

	清江
年封。成化十一年薨。	
十三年襲封。弘治三年薨。	端裕王見潵，康嫡二子，成化二十一年封。弘治十五年
八年襲封。嘉靖二十二年薨。	
二十五年襲封。四十一年薨。	
年封長子。四十四年卒。	
三年襲封。十五年薨。	
二十二年封長子。二十六年襲封，薨。	
三十五年封長子，既而襲封。	

二十四史

	南康
薨。後子祐榮嗣淮封，爵不再襲。	莊惠王見湁，康嫡三子，弘治二年封。嘉靖二十四年薨。
	祐桐，莊惠庶一子，初封鎮國將軍，嘉靖十八年卒。以子
	安懿王厚熒，榮僖嫡一子，嘉靖三十二年襲封。萬曆二
	王載趩，安懿嫡一子，萬曆五年封長子。二十八年
	王翊鋐，載趩庶一子，萬曆三十一年封長子，既而

	德興
	莊僖王見漷，康庶四子，弘治三年封。正德十年薨。
厚熒襲封。追封王，諡榮僖。	恭簡王祐楗，莊僖嫡一子，正德十六年襲封。嘉靖二十六年薨。
十四年薨。	端順王厚爽，恭簡庶一子，嘉靖三十年襲封。萬曆十八年薨。
襲封，薨。	王載埰，端順嫡一子，隆慶三年封長子。萬曆二十一年襲
襲封。	王翊鍊，載埰庶一子，萬曆二十三年封長子。天啓三年襲

	順昌
	恭懿王見澤，康嫡六子，弘治九年封。嘉靖二十二年薨。
	王祐樅，恭懿庶一子，嘉靖二十五年襲封。四十五年薨。
	王厚焰，祐樅庶一子，嘉靖四十四年以鎮國將軍改封長子。萬曆三年襲封。十八
封，薨。	王載圭，厚焰庶一子，萬曆三十五年襲封。
封。	

	崇安	高安
	榮穆王見洵，康庶七子，弘治九年封。嘉靖三年薨。	
	昭和王祐𨋩，榮穆嫡一子，嘉靖六年襲封。二十一年薨。一子殀，絕，除。	
年薨。		恭僖王
		端惠王
		王
		王

中華書局

厚炅，莊嫡二子，嘉靖十九年封。四十五年薨。	上饒 恭惠王 厚熗，莊庶三子，嘉靖十九年封。
載堉，恭僖庶一子，隆慶四年襲封。萬曆十五年薨。	王 載塙，恭惠嫡一子，隆慶四年封
翊鈥，端惠嫡一子，萬曆十八年襲封，薨。	王 翊鉅，載塙嫡一子，萬曆三十五
常淇，翊鈥嫡一子，萬曆三十四年封長子，既而襲封。	

萬曆十七年薨。	吉安 肅簡王 厚燔，莊庶四子，嘉靖二十二年封。四十二年薨。
長子。萬曆二十年襲封，薨。	王 載堁，肅簡嫡一子，萬曆二十年襲封，薨。
年封長子，既而襲封。	王 翊鉁，載堁庶一子，萬曆四十三年封長子，既而襲封。

廣信 順恭王 厚燫，莊庶五子，嘉靖二十二年封。萬曆五年薨。
王 載堡，順恭嫡一子，嘉靖四十一年封長子。萬曆三十五年襲封。四十三年薨。無子，除。

嘉興 王 厚爖，莊庶七子，嘉靖二十五年封。萬曆三年薨。子載埛係擅婚之子，降封輔國將軍，郡

二十四史
中華書局

爵除。

紹興王　厚爀，莊王嫡八子，嘉靖二十五年封。萬曆二十一年薨。

載封，厚爀嫡一子，隆慶四年封長子。萬曆二十三年未襲卒。

王　翊銓，載封庶一子，萬曆十九年封長子。三十年襲封。四十一年薨。無子，除。

金華王　載塨，憲庶三子，嘉靖三十九年封，薨。

王　翊鏞，載塨庶一子，萬曆二十八年以鎮國將軍改封長子。三十七年襲封，薨。

王　常潰，翊鏞嫡一子，萬曆三十九年封長子，既而襲封。

華容王　載域，憲庶四子，嘉靖三十三年封。隆慶元年薨。無子，除。

榮昌昭王　翊鏡，順庶子，

萬曆元年封。八年薨。無子，除。

滕懷王瞻塏，仁宗庶八子，永樂二十二年封，建藩雲南。洪熙元年

薨。無子，封除。	梁　莊王瞻垍，仁宗庶九子，永樂二十二年封。宣德四年就藩安陸州。正統六年薨。

無子，封除。	衞　恭王瞻埏，仁宗庶十子，永樂二十二年封，建藩懷慶府。正統三年薨。無子，封除。

校勘記

〔一〕永樂十五年卒　永樂十五年，原作「永樂十三年」，據本書卷一一八吳王允熥傳、太宗實錄卷一〇七永樂十五年九月己巳條改。

〔二〕徐哀簡王允熙　哀簡王，原脫「簡」字，據太宗實錄卷四七永樂四年十二月辛亥條、弇山堂別集卷三三補。

〔三〕世子瞻坦先卒　瞻坦，原脫「坦」字，據本書卷一一八高煦傳補。

〔四〕定王由樊　定王，原脫「定」字，據本書卷一一九荆王瞻堈傳補。

〔五〕崇禎十五年薨　原脫，據本書卷一一九荆王瞻堈傳補。

中華書局

明史卷一百四

表第五

諸王世表五

英宗九子。憲宗外，庶三子見湜未封，殤。其得封者七王，曰德莊王見潾，曰許悼王見淳，曰秀懷王見澍，曰崇簡王見澤，曰吉簡王見浚，曰忻穆王見治，曰徽莊王見沛。

德
莊王見潾，英宗庶二子，天順元年封。成化三年就藩濟南府。正德十二年薨。
懿王祐榕，莊嫡二子，正德十六年襲封。嘉靖十八年薨。
厚燉，懿庶二子，初封東平王，嘉靖中改封世子。未幾卒。以子載堉襲封，追封王，謚曰懷。
恭王載堉，懷庶二子，嘉靖二十年襲封。萬曆二年薨。
定王翊館，恭嫡一子，萬曆五年襲封。十六年薨。
王常漝，定嫡一子，萬曆十九年襲封。崇禎五年薨。
由榏，常漝庶一子，初封廣宗王，萬曆四十三年改封世子。未襲，卒。王由樞，常漝庶二子，初封郡王，崇禎中進封。十二年正月，大清兵克濟南，見執。

泰安
恭簡王祐橞，莊庶一子，成化十六年封。嘉靖十三年薨。
端懿王厚熿，恭簡庶一子，嘉靖十六年襲封。二十五年薨。
康惠王載塨，端懿庶一子，嘉靖三十八年襲封。三十九年薨。無子，除。

濟寧
安僖王祐檮，莊庶三子，成化十七年封。正德七年薨。子五人俱殀，絕，除。

歷城
榮和王

中華書局

厚熵，懿庶三子，嘉靖二年封。七年薨。無子，除。	臨朐 榮簡王 厚燨，懿庶七子，嘉靖十五年封。二十三
	懷莊王 載埈，榮簡嫡一子，嘉靖三十六年襲封。
	王 翊鉒，懷莊嫡一子，隆慶六年襲封。萬曆
	王 常澆，翊鉒嫡一子，萬曆三十三年封長

年薨。	高唐 悼僖王 厚熘，懿庶八子，嘉靖二十二年封。二十六年薨。無子，除。	
四十三年薨。		臨清 溫懿王
三十七年薨。		僖順王
子，既而襲封。		王

載壕，懷庶三子，嘉靖二十二年封。萬曆二年薨。	寧海 恭和王 載坪，懷嫡四子，嘉靖二十二年
翊鋑，溫懿嫡一子，萬曆五年襲封。三十年薨。	王 翊鐸，恭和嫡一子，萬曆二年襲
常漽，僖順嫡一子，萬曆十二年封長子。三十八年襲封。	王 常沺，翊鐸庶六子，天啓元年襲

封。隆慶三年薨。		
封。四十五年薨。	堂邑 端順王 翊鐖，恭庶二子，嘉靖三十八年封。萬曆十六年薨。無子，除。	利津
封。		

	安和王翊鑅，恭庶三子，嘉靖三十八年封。萬曆十年薨。	
安陵王常濤，定嫡二子，萬曆十年封。四	常漉，安和嫡一子，萬曆四年封長子。十一年卒。無子，除。	

十年薨。無子，除。	紀城溫裕王常澍，定嫡三子，萬曆十年封，薨。	嘉祥
	王由棌，溫裕嫡一子，萬曆二十二年封長子。三十七年襲封。	

王常浧，定嫡四子，萬曆十年封。	清平昭裕王常濊，定嫡五子，萬曆十一年封。三十九年薨。	
	王由臬，昭裕庶一子，萬曆四十二年襲封。	

永年王由楙，常濬庶八子，萬曆四十二年封，薨。無子，除。	寧陽王由椅，常濬庶九子，萬曆

二十四史
中華書局

	許悼王見淳，英宗庶四子，景泰三年封，未就藩，薨。無子，封除。	秀懷王見
四十五年封。		

澍，英宗庶五子，天順元年封。成化六年就藩汝寧府。八年薨。無子，封除。	崇簡王見澤，英宗嫡六子，
	靖王祐樒，簡嫡一子，正
	恭王厚燿，靖嫡一子，正
	莊王載境，恭嫡一子，嘉
	端王翊鏴，莊嫡一子，嘉
	常澺，端庶一子，萬曆元

天順元年封。成化十年就藩汝寧府。弘治十八年薨。
德三年襲封。六年薨。
德九年襲封。嘉靖十六年薨。
靖十八年襲封。三十六年薨。
靖三十七年襲封。萬曆三十八年薨。
年封泰和王。六年改封世子。十一年未襲薨。無子。　常瀊，端庶二子，萬曆九年封南陽王，十四年改
王由樻，常瀊庶一子，萬曆四十年襲封。崇禎

	瑞安恭簡王祐桓，簡庶二子，成化二十一年
	厚熛，恭簡嫡一子，正德三年封長子。十
	莊惠王載墉，厚熛庶一子，嘉靖十八年
封世子，三十年未襲薨。	
十五年閏十一月，闖賊陷汝寧，王及世子慈熚俱被執。	

中華書局

封。嘉靖十五年薨。	慶元 榮康王祐椐，簡庶三子，弘治七年封。嘉靖二十五年薨。
二年卒。以子載埴襲封。追封王，謚	厚焞，榮康嫡一子，正德十三年封長子。嘉靖九年卒。以
襲封。二十七年薨。無子，除。	莊懿王載玠，厚焞庶一子，嘉靖二十八年襲封。二十九

子載玠襲封，追封王，謚	懷安 莊惠王厚熑，靖嫡二子，正德十一年封。萬曆六年薨。
年薨。兩子俱殀，除。	溫穆王載堹，莊惠庶一子，萬曆十一年襲封。三十一年薨。
	懷安王翊鏔，溫穆嫡一子，萬曆十六年封長子。三十四年襲封，薨。
	常澗，懷安嫡一子，萬曆三十年封長孫。三十六年封長子，未襲，卒。
	王由札，常澗嫡一子，萬曆中封長孫。天啓元年襲封。

	吉 簡王見浚，英宗
	祐枤，簡庶一子，
	定王厚焯，悼庶
歸德 端惠王載壥，恭庶五子，嘉靖二十八年封。萬曆十八年薨。無子，除。	端王載均，定庶
	莊王翊鏔，端嫡

庶七子，天順元年封。成化十三年就藩長沙府。嘉靖六年薨。
初封常山王，改封世子。正德五年薨。以子厚焯襲封，追封王，謚曰悼。
一子，嘉靖八年襲封。十八年薨。
一子，初封光化王，嘉靖十九年襲封。四十年薨。
二子，嘉靖四十二年襲封。隆慶四年薨。無子。宣王翊鑾，端庶一子，初封龍陽王，隆慶六年進封。萬曆
常淳，宣庶一子，萬曆九年封世子。四十六年未襲薨。
王由棟，常淳嫡一子，天啓元年襲封。崇禎九年薨。
王慈煃，〔一〕由棟嫡一子，崇禎十二年襲封。

四十六年薨。

長沙王　翊鋋，端王庶三子，嘉靖三十六年封，薨。

常淠，翊鋋嫡一子，萬曆四年封長子。天啓元年襲封。

穀城昭憲王

王

翊鉉，端王庶四子，嘉靖三十八年封。萬曆二十年薨。

常灊，昭憲嫡一子，萬曆八年封長子。二十四年襲封。

德化王　常汶，宣王嫡二子，萬曆二十四年

以鎮國將軍加封。

福清王　常澂，宣王嫡三子，萬曆二十四年以鎮國將軍加封。

忻穆王見治，英宗庶八子，成化二年封。八年薨。無子，封除。

徽莊王見沛，英宗庶九子，成化二

簡王祐橏，莊庶一子，弘治十三

恭王厚爝，簡庶一子，嘉靖五年

載埨，恭庶二子，初封浦成王，嘉

二十四史
中華書局

年封。十七年就藩鈞州。正德元年薨。	
年以興化王改封世子。正德三年襲封。嘉靖四年薨。	太和　端僖王祐樧，莊庶二子，弘治五年封。嘉
以安邑王改封世子。本年襲封。二十九年薨。	靖安王厚炬，端僖庶一子，嘉靖十九年
靖三十年襲封。三十五年罪降庶人，發高牆，除。	恭莊王載壐，靖安嫡一子，萬曆十五年
	王翊釪，恭莊庶一子，萬曆二十三

靖十五年薨。	遂昌　恭惠王祐櫍，莊庶三子，弘治十二年封。嘉靖三十年薨。
襲封。萬曆六年薨。	厚㷔，恭惠嫡一子，嘉靖二年封長子。二十四年卒。
襲封。三十六年薨。	王載埻，厚㷔庶一子，嘉靖三十八年襲封。四十二年薨。無
年封長子。三十九年襲封。	

	景寧　恭裕王祐椀，莊庶四子，弘治十二年封。嘉靖十五年薨。	建德　康和王祐槿，莊
	莊僖王厚烕，恭裕庶一子，嘉靖十九年襲封。三十四年薨。	安簡王厚烶，康
子，除。	載墋，莊僖庶一子，嘉靖三十八年襲封。隆慶三年罪降庶人，除。	恭穆王載堪，安
		王翊鈜，恭
		王常澐，翊

庶五子，正德元年封。嘉靖十四年薨。	陽城　恭僖王祐櫟，莊庶六子，正德六年封。嘉
和嫡一子，嘉靖十九年襲封。隆慶六年薨。	懿簡王厚爈，恭僖嫡一子，嘉靖四十二
簡庶一子，萬曆四年襲封。二十四年薨。	王載坣，懿簡嫡二子，初封鎮國將
穆庶一子，萬曆二十七年襲封。四十三年薨。	王翊鋋，載坣嫡一子，萬曆四十四
鈜嫡一子，萬曆四十二年封長子。四十六年襲封，薨。	

	靖三十八年薨。
嘉定 宣惠王 厚娣，簡庶四子，正德十六年封。	年襲封。萬曆三年薨。
恭順王 載堧，宣惠庶一子，嘉靖三十八	軍，以兄長子載埭罪降庶人。萬曆三十七年襲封，薨。
	年封長子既而襲封。

慶雲 康僖王	新昌 端僖王 厚燇，簡庶三子，嘉靖元年封。隆慶五年薨。	嘉靖三十三年薨。
莊靖王	王 載埻，端僖嫡一子，萬曆中襲封。	年襲封。萬曆二年薨。

隆平 悼康王 厚焨，簡庶五子，嘉靖七年封。九	厚燦，簡庶四子，嘉靖四年封。十五年薨。
	載壂，康僖嫡一子，嘉靖二十六年襲封。三十七年薨。

		年薨。無子，除。
太康 王	伍城 恭和王 載埻，恭庶一子，嘉靖十六年封。二十一年薨。無子，除。	

中華書局

	載垙，恭王庶三子，嘉靖十七年封。萬曆十二年薨。	
陽夏王	載埑，恭王庶四子，嘉靖十七年封。萬曆二十一年薨。	

德平王	載㙺，恭王庶五子，嘉靖十九年封。萬曆三十八年薨。	王　翊鐳，載㙺庶一子，萬曆三十五年封長子，既而襲封。
榮陽裕安王		王
		王

	載堵，恭王庶六子，嘉靖十九年封。萬曆十五年薨。	翊銘，裕安庶一子，萬曆二十年襲封。三十年薨。	常澎，翊銘嫡一子，萬曆三十年封長子。三十四年襲封。
懷慶莊惠王	載[illegible]，恭王庶七子，嘉靖三十二年封。萬曆元年薨。		

咸平溫裕王	載塔，恭王庶八子，嘉靖三十二年封。萬曆三十三年薨。	翊鏌，溫裕庶一子，萬曆四年封長子。十六年未襲卒。	王　常[illegible]，翊鏌庶一子，萬曆三十六年襲封。
延津端惠王		王	王

二十四史　中華書局

			載埴，恭庶九子，嘉靖三十三年封。萬曆七年薨。	翊鋅，端惠嫡一子，萬曆二十七年襲封，薨。	常浛，翊鋅嫡一子，萬曆四十三年封長子，既而襲封。
			孟津昭順王 載墭，恭庶十子，嘉靖四十年封。	王 翊鏤，昭順庶一子，萬曆三十四	

			萬曆三十七年薨。	年封長子。四十年襲封。	
			上蔡溫裕王 載墩，恭庶十一子，嘉靖四十年封。萬曆三十三年薨。	昭敬王 翊鎮，溫裕嫡一子，萬曆十六年封長子。三十五年襲封。三十八	王 常漋，昭敬嫡一子，萬曆三十八年封長子。四十一年襲封。

				年薨。
				安陽 翊鏑，載埨庶一子，嘉靖中封。三十五年，罪降庶人，除。
				萬善 翊鈁，載埨庶二子，嘉靖

				中封。三十五年，罪降庶人，除。

憲宗十四子。孝宗外，悼恭太子及他皇子俱未名殤。其得封者十王，曰興獻王祐杬，曰岐惠王祐棆，曰益端王祐檳，曰衡恭王祐楎，曰雍靖王祐橒，曰壽定王祐榰，曰汝安王祐梈，曰涇簡王祐橓，曰榮莊王祐樞，曰申懿王祐楷。

興 獻王祐杬，憲宗庶四子，成化二				

中華書局

十三年封。弘治七年就藩安陸州。正德十四年薨。後以子嗣大統，追尊獻皇帝，廟號睿宗。

岐 惠王祐棆，憲宗嫡五子，成化二十三年封。弘治八年就藩德安府。十四年薨。無子，封除。	謚

端王祐檳，憲宗庶六子，成化二十三年封。弘治八年就藩建昌府。嘉靖十八年薨。
莊王厚燁，端嫡一子，嘉靖二十年襲封。三十五年薨。無子。
恭王厚炫，端嫡二子，初封崇仁王，嘉靖
載增，恭嫡一子，嘉靖八年封崇仁王長
宣王翊鈏，昭嫡一子，萬曆八年襲封。三
敬王常遷，宣嫡二子，萬曆九年封世子。
王由本，敬庶三子，萬曆三十五年以

三十六年進封。萬曆五年薨。	金谿 莊惠王厚煌，端庶三子，正德十
子。二十五年卒。以子翊鈏襲封，追封王，諡曰昭。	榮靖王載埲，莊惠庶一子，嘉靖
十一年薨。	恭憲王翊鍱，榮靖嫡一子，隆慶
三十三年襲封。四十三年薨。	王常浴，恭憲嫡一子，萬曆
鎮國將軍進封嘉善王。三十九年改封世子。四十五年襲封。	王由檽，常浴嫡一子，萬曆

二十四史
中華書局

二年封。嘉靖二十九年薨。

三十三年襲封。三十九年薨。

五年襲封。萬曆十六年薨。

十九年襲封，薨。

三十六年封長子。天啓元年襲封。

玉山恭安王厚㷜，端庶四子，正德十三年封。嘉靖三十一年

薨。無子，除。

安東王載壏，恭嫡二子，嘉靖三十八年封。萬曆三十九年薨。

翊鏃，載壏嫡二子，以兄長子翊殀，萬曆九年以鎮國將軍改封長子。三十三

王常澧，翊鏃庶一子，萬曆三十九年封長孫。四十三年襲封。

年卒。

舒城康簡王載垸，恭嫡三子，嘉靖三十八年封。萬曆六年薨。

懷莊王翊鋃，康簡庶一子，嘉靖四十年封長子。萬曆九年襲封。十一年薨。

王常泔，懷莊庶一子，萬曆十四年襲封。三十八年薨。

王由櫶，常泔嫡一子，萬曆三十八年封長子。四十三年襲封。

阜平懿簡王載燊，恭嫡四子，嘉靖三十八年封。萬曆十年薨。

王翊鋌，懿簡嫡一子，萬曆十三年襲封，薨。

王常瀏，翊鋌庶一子，萬曆十八年封長子，既而襲封。

銅陵恭簡王載壞，恭嫡五子，

端僖王翊鉦，恭簡嫡一

王常浱，端僖嫡一

王由檥，常浱嫡一

中華書局

嘉靖三十八年封。三十九年薨。		
子，嘉靖四十四年襲封。萬曆六年薨。		
子，萬曆十九年襲封，薨。	黎丘莊懿王常湊，宣嫡三子，萬曆九年封，薨。	浦陽鼒安王
子，萬曆二十九年封長子，既而襲封。		王

常[illegible]，宣嫡四子，萬曆九年封。二十九年薨。	淳河懷僖王常洧，宣嫡五子，萬曆九年封。二十年薨。
由槮，鼒安庶一子，天啓元年襲封。	王由栻，懷僖嫡一子，萬曆三十年襲封。

華山王常汛，宣嫡六子，萬曆九年封，薨。	筠谿王常淶，宣嫡八子，
王由樜，常汛嫡一子，萬曆三十二年封長子，既而襲封。	

萬曆九年封，薨。	羅川懿王常湑，宣嫡九子，萬曆九年封。二十九年薨。	安仁昭憲王常漈，宣
	王由核，懿嫡一子，萬曆三十一年襲封。	由榛，昭王

中華書局

嫡十子，萬曆九年封。二十九年薨。	德化王　常湪，嫡十一子，萬曆十八年
憲嫡一子，萬曆二十九年封長子。三十三年襲封。	由楬，常湪嫡一子，萬曆三十八

封，薨。	德安王　常洞，嫡十二子，萬曆二十三年封，薨。	郿西
年封長子，既而襲封。	由枘，常洞嫡一子，萬曆三十一年封長子，既而襲封。	

王　常湖，庶十三子，萬曆二十五年封，薨。	豐城王　常澫，庶十四子，萬曆二十八年封，薨。

瀘溪王　常淄，庶十五子，萬曆二十九年封，薨。	峽江王　常潤，庶十六子，萬曆三十年

中華書局

封。四十二年薨。無子，除。	安義王 常澿，宣庶十七子，萬曆三十一年封，薨。	新建王 常汯，宣

庶十八子，萬曆三十四年封，薨。	奉新王 常漣，宣庶十九子，萬曆三十四年封。	
		仁化王
		王

由絛，敬庶四子，萬曆三十五年以鎮國將軍進封，薨。	興安王 由櫖，敬庶五子，萬曆三十五年
慈鈉，由絛嫡一子，天啓二年襲封。	

以鎮國將軍進封。	和順王 由榫，敬庶八子，萬曆三十五年以鎮國將軍進封。	永寧

王由橞，敬庶十子，萬曆三十九年封。	嘉祥王由⿰木墨，敬庶十一子，萬曆四十年封。

衡恭王祐楎，憲宗庶七子，成化二十三年封。弘治十三年就藩青州府。嘉靖十七年薨。
莊王厚燆，恭庶一子，初封江華王，嘉靖十年改封世子。十九年襲封。隆慶六年薨。
康王載圭，莊庶二子，初封東昌王，嘉靖二十七年改封世子。萬曆三年襲封。七年薨。無子。

	玉田懷簡王厚煜，恭庶二子，嘉靖元
安王載封，莊庶三子，初封武定王，萬曆九年進封。十四年薨。	王載塘，懷簡嫡一子，嘉靖
定王翊鏤，安嫡一子，萬曆十七年襲封。二十年薨。	王翊鏈，塘庶一子，萬曆
王常滮，定庶一子，萬曆八年封世子。二十四年襲封。	

年封。二十二年薨。	新樂端惠王厚爍，恭庶三子，嘉靖三年封。三十二年薨。
二十六年襲封。萬曆四十三年薨。	康憲王載璽，端惠嫡一子，嘉靖三十六年襲封。萬曆二
十六年封長子，既而襲封。	王翊鉻，康憲嫡一子，萬曆二十四年襲封。四十二

中華書局

		十一年薨。	年薨。無子，除。	
高唐	端裕王厚煐，恭庶四子，嘉靖中封。萬曆十一年薨。	載埢，端裕嫡一子，嘉靖三十八年封長子。萬曆二年卒。以子翊鑲襲封，追封王，	王翊鑲，恭和庶一子，萬曆十六年襲封。四十年薨。	王常澤，翊鑲嫡一子，萬曆三十二年封長子。四十六年襲封。

		謚恭和。		
齊東	溫惠王厚炳，恭庶五子，嘉靖九年封。三十七年薨。	安和王載垢，溫惠庶一子，嘉靖四十一年襲封。隆慶六年薨。	王翊鑭，安和嫡一子，萬曆三年襲封，薨。	王常泛，翊鑭嫡一子，萬曆二十五年封長子，既而襲封。
邵陵	王厚熢，恭	載增，厚熢嫡一	王翊鋠，載	王常潹，翊

	庶六子，嘉靖十八年封。萬曆十八年薨。	子，嘉靖三十八年封長子。萬曆十一年卒。	增嫡一子，萬曆九年封長孫。三十四年襲封，薨。	鋠庶一子，萬曆三十五年封長子，既而襲封。
漢陽	溫惠王厚熨，恭庶七子，嘉靖三十五年封。萬曆	載塵，溫惠嫡一子，隆慶三年封長子。萬曆十一		

	十年薨。	年卒。無子，除。		
平度	康惠王載埛，莊庶四子，嘉靖二十四年封。隆慶五年薨。	王翊鐓，康惠庶一子，萬曆五年襲封。二十八年薨。	王常湍，翊鐓嫡一子，萬曆二十八年封長子。三十二年襲封。	
寧陽				

中華書局

莊王載垿，庶五子，嘉靖二十五年封，薨。	昌樂莊王載堭，庶六子，嘉靖二
王翊鐓，載垿庶一子，萬曆三十九年封長子，既而襲封。	

十六年封。隆慶六年薨。無子，除。	壽張莊王載墉，庶七子，嘉靖二十九年封。三十四年薨。無子，除。

商河康順王載塨，庶八子，嘉靖十五年封。萬曆二十三年薨。
康王翊鏡，順嫡一子。萬曆二年封長子。十五年襲封。四十四年薨。無子，除。

雍靖王祐橒，憲宗嫡八子，成化二十三年封。弘治十二年就藩衡州府。正德二年薨。無子，封除。

二十四史　中華書局

壽　定王祐榰，憲宗庶九子，弘治四年封。十一年就藩保寧府。十七年移德安府。〔三〕嘉靖二十四年

薨。無子，封除。

汝　安王祐梈，憲宗庶十一子，弘治四年封。十四年就藩衞輝府。嘉靖二十年薨。無

子，封除。

涇　簡王祐橓，憲宗庶十二子，弘治四年封。十五年就藩沂州。嘉靖十六年薨。無子，封除。

榮　莊王祐樞，憲宗庶十三子，弘治四年封。正德三年就藩常德府。嘉靖十八年薨。

厚勲，莊嫡一子，正德十年封世子。嘉靖十一年薨。以子載墐襲封，追封王，諡曰懷。

恭王載墐，懷嫡一子，嘉靖十九年襲封。萬曆二十三年薨。

王翊鈐，恭嫡一子，萬曆二十六年襲封。四十年薨。

王常溒，翊鈐嫡一子，萬曆九年封長孫。二十六年改封世子。四十二年襲封，薨。

憲王由枵，常溒嫡二子，萬曆三十年封世孫。四十四年改封世子，既而襲封。

福寧

	惠安
懷僖王厚熹，莊嫡二子，正德十年封。嘉靖十四年薨。無子，除。	康和王厚煦，莊嫡三子，嘉靖元
	宣懿王載塾，康和嫡一子，嘉靖
	王翊鏈，宣懿庶一子，隆慶

	永春
年封，二十三年薨。	榮簡王厚烈，莊庶四子，嘉靖八年封。萬曆十六年薨。
二十七年襲封。四十二年薨。	載埴，榮簡庶一子，隆慶五年封長子。萬曆十六年卒。無子，除。
六年襲封。萬曆四十二年薨。	

富城	貴溪
康定王厚然，莊庶五子，嘉靖十年封。萬曆四年薨。	端靖王
王載墻，康定嫡一子，嘉靖二十八年封長子。萬曆七年襲封。三十九年薨。	載堺，端
王翊鐪，載墻庶一子，萬曆十六年封長子。四十三年襲封。	

厚燢，莊庶六子，嘉靖十年封。萬曆九年薨。
靖嫡一子，嘉靖二十九年封長子。三十一年卒。無子。 王載埏，端靖嫡三子，萬曆三十三年以鎮

中華書局

二十四史

國將軍進封。

申懿王祐楷，憲宗庶十四子，弘治

肇慶王由楨，常潓嫡五子，天啓六年封。

四年封，建邸敍州府。十六年未就藩，薨。無子，封除。

世宗八子。穆宗外，哀沖、莊敬二太子及他皇子俱殤。其得封者一王，曰景恭王載圳。

景恭王載圳，世宗

庶四子，嘉靖十八年封。四十年就藩德安府。四十四年薨。無子，封除。

穆宗四子。神宗外，憲懷太子及他皇子殤。其得封者一王，曰潞簡王翊鏐。

潞簡王翊

王常

鏐，穆宗嫡四子，隆慶五年封。萬曆十七年就藩衛輝府。四十二年薨。

淓，簡庶一子，萬曆四十六年襲封。後以國亡，寓杭州。大清順治二年六月，王師至，遂降。

寶豐王

中華書局

	常淓，簡庶二子，天啓三年封。

神宗八子。光宗外，三子未封。其得封者四王，曰福恭王常洵，曰瑞王常浩，曰惠王常潤，曰桂端王常瀛。

福	恭王常洵，神宗庶三子，萬曆二十九年
	由崧，恭庶一子，萬曆四十五年封德昌

封。四十二年就藩河南府。崇禎十四年正月，闖賊陷洛陽，遇害。
王。崇禎十六年襲封。十七年，闖賊陷京師，五月自立於南京，僭號弘光。大清順治二年五月，王師渡江，

被執。	穎上王	由榘，恭庶二子，萬曆中封。崇禎十四年正月與恭王同遇害。

瑞	王常

惠	浩，神宗庶五子，萬曆二十九年封。天啓七年就藩漢中府。崇禎十七年，張獻忠陷重慶，遇害。

二十四史
中華書局

王常潤，神宗庶六子，萬曆二十九年封。天啓七年就藩荆州府。崇禎末，奔廣州府。大清順治三年，廣	

東平，被執，死。	
桂端王常瀛，神宗庶七子，萬曆二十九年封。天啓七年就藩衡州府。崇禎十六年、	
由樗，端王嫡三子，初封安仁王。唐王聿鍵自立，僞封爲桂王。大清順治三年，卒於	

獻賊陷衡州，王由永州入廣西，寄居蒼梧。十七年薨。	
梧州。無子。	由榔，端王嫡四子，初封永明王。大清順治三年，廣建平，由榔自立於肇慶，僭號永曆。是冬，

王師度嶺，由榔走廣西，自是走貴州，又走雲南，遂入緬甸。十八年冬，王師至，緬人獻之。明年，殺諸雲南。	

中華書局

莊烈帝七子。獻愍太子慈烺外，嫡第二子，庶第五子、第六子、第七子俱殤。〔三〕其封而未建藩邸者二王，曰定哀王慈炯，曰永悼王慈炤。

定

哀王慈炯，莊烈帝嫡三子，崇禎十四年封，未建藩邸。十七年，闖賊陷京師，被執，

不知所終。

永

悼王慈炤，莊烈帝庶四子，崇禎十五年封，未建藩邸。十七年，闖賊陷京師，被執，

不知所終。

校勘記

〔一〕王慈𤇴　慈𤇴，原脫「𤇴」字，據本書卷一一九吉王見浚傳補。

〔二〕十七年移德安府　十七年，即弘治十七年，本書卷一一九壽王祐榰傳、明史稿傳六壽定王祐榰傳都作「正德元年」。

〔三〕莊烈帝七子至第七子俱殤　七子，原作「六子」，原脫「第七子」三字。本書卷一二〇莊烈帝諸子傳作「莊烈帝七子」，「第七子生三歲殤」。據改補。

中華書局

明史卷一百五

表第六

功臣世表一

自昔帝王受命，驅策羣力，以有天下。迨區宇既寧，疇庸論功，列爵崇報，一時攀鱗附翼之士，奮起兜牟之中，剖符析珪，爰及苗裔，德意厚矣。唐、宋以來，稍異曩制。房、喬遠勢，首讓世封，是以英、衞子孫，齒於皁隸。而宋代勳階祇崇虛號，祖孫父子各擬名邦，初無世及之文，非復承家之舊。至明祖開基，乃曠然復古。凡熊羆之宿將，帷幄之謀臣，生著號而歿襲封，茅土之頒，殆逾百數。馴及季年，黨獄蔓延，剗削芟殄，存者不及三四。然觀鐵榜所列，訓誡之辭，則河山之誓，白馬之盟，初意固不其然。高危滿溢，亦其自取焉耳。乃若文皇差「靖難」之勞，英宗懋「奪門」之賞，跡參佐命，籍次元功，以視開國諸臣，亦曷可同年而語乎！世宗中葉，開册府之舊藏，修繼絕之鉅典，於是鄂、曹、衞、信之裔，復列徹侯，延

其世緒，天下翕然歸厚。雖宋、潁、韓、淇終於剗絕，而自餘推誠宣力、名載丹書者，奕葉貂蟬，保守祿位，典宿衞，領京營，鎭陪京，督漕運，寄隆方岳，階晉公孤，家分典瑞之榮，朝無酎金之罰，較諸西京世胄，殆將過之。今考其襲替歲月見於實錄者，作功臣表，以與紀傳相表裏。或牴牾散軼，時世無可考稽，則略而不書，固史氏闕文之義云爾。

始封	子	孫	曾孫	五世	六世	七世	八世	九世	十世	十一世	十二世	十三世
魏國公徐達 吳元年九月辛丑以平吳功，封信國公。	輝祖 洪武二十一年十月丙寅襲，領中軍都	欽 永樂五年七月辛巳襲。十九年正月壬	顯宗 洪熙元年三月戊寅襲。正統十三年卒。									

洪武三年十一月丙申，大封功臣，進封奉天開國推誠宣力武臣魏國公，〔一〕祿五千石，世襲。十八年二	督府。建文初，加太子太傅。文帝即位，削爵。永樂五年卒。	辰削爵。二十二年十月乙巳復。是年十一月庚子卒。	承宗 正統十三年七月戊子襲，領前府。天順七年十二月庚寅卒。	俌 成化元年襲。弘治九年守備南京。正德五年七月加太子太傅。十二年七月丙戌卒。諡莊靖。		鵬舉 正德十三年十一月癸亥襲，守備南京兼中府僉書。嘉靖四年加太子太保，領中府。十七年四	邦瑞 隆慶六年四月丙寅襲。萬曆二年，南京中府僉書。十七年卒。	維志 一作繼志，萬曆十七年九月丙寅襲。十九年正月己酉協守南京兼領後府。二十一年八月癸	弘基 萬曆二十三年七月己亥襲，僉書南京軍府。三十五年協守南京，領後府。三十七年四月提督	文爵 崇禎末襲。		

月己未卒。追封中山王，諡武寧。達初封公，位次第二。李善長得罪，進位第一。						月壬戌守備南京。隆慶五年二月辛丑卒。		未卒。	操江。天啓元年，以疾辭任，加太子太保。崇禎十四年復守南京，加太傅。卒諡莊武。			

中華書局

鄂國公

常遇春

吳元年九月辛丑封。洪武二年七月己亥卒於軍。十月庚午追封奉天

茂

洪武三年十一月大封功臣，第三，封鄭國公，祿三千石，世襲。二十年九月丁酉

翊運推誠宣德靖遠功臣開平王，謚忠武。

有罪，安置龍州。二十四年卒。

昇

洪武二十一年十月丙寅改封開國公，加太子

繼祖

永樂元年安置雲南。

寧

復

弘治五年授世襲南京錦衣衛指揮使。

經

鳳

懷遠侯

玄振

嘉靖十一年四月辛卯續封懷遠侯，祿千石，世

文濟

一作文清，嘉靖二十八年十月丙午襲。嘉靖三

胤緒

萬曆九年八月壬寅襲，累領南京軍府。崇禎三

明良

延齡

崇禎末襲。

太保。死永樂初。

襲。十四年領南京後府。二十八年卒。

十四年領南京前府。隆慶二年二月僉事中府。萬曆八年卒。

年十月加太子太師。十三年五月卒。

韓國公

李善長

吳元年

九月辛丑封宣國公。洪武三年十一月丙申大封功臣，第一，封開國輔運推誠守正文臣韓國公，祿四

千石，世襲。二十三年五月乙卯坐胡黨死，爵除。崇禎二年七月癸巳，裔孫世選以太祖手敕進，有「二	

百六十春，應期來奏」之語。大學士韓爌劾其誣，下獄論死，已獲釋。	曹國公李文忠
	景隆 洪武十
	璿 弘治五
	濂
	臨淮侯性 嘉靖十

洪武三年大封功臣，第四；封奉天開國輔運推誠宣力武臣曹國公，祿三千石，世襲。十七年三月戊戌	
九年四月丁酉襲。惠帝時征燕，爲大將軍。文帝即位，九月以降附功，加祿千石。永樂二年削爵禁錮。	
年授南京錦衣衛指揮使，世襲。	
	沂 嘉靖十三年襲，
一年四月辛卯續封臨淮侯，祿千石，世襲。十三年閏二月乙巳卒，無子，叔沂襲。	庭竹 嘉靖十五年十
	言恭 萬曆三年十月
	宗城 以使朝鮮逃歸，
	邦鎮 萬曆三十八年
	弘濟 崇禎十二年七

獲譴，卒。追封岐陽王，謚武靖。
僉書南京軍府。十五年卒。
二月丙申襲。十八年鎮湖廣。二十八年三月己丑提督操江，屢領南京軍府。隆慶五年二月守備南京。
甲午襲。四年，中府僉書，加少傅。十四年二月戊寅總督京營。二十年七月庚午加少保。二十七年卒。
論死，不得襲。
四月甲申襲。十年十二月甲辰掌府軍前衛。天啓二年卒。
月甲戌以臨淮侯遣代祭，餘無考。

萬曆三年卒。

宋國 公 馮勝 洪武三年大封功臣，第五，封宋國公，祿三千石，世襲。二十八年

二月丁卯賜死，爵除。

衞國 公 鄧愈 洪武三年大封功臣，第六，封衞國公，祿三千石，世襲。十

鎮 洪武十三年三月丙申襲，改封申國公，坐李善長親黨

源 鎮弟銘子，爲鎮後。

梃

炳 弘治五年授錦衣衞指揮使，世襲。

定遠 侯 繼坤 嘉靖十一年四月辛卯續封定遠侯，祿千石，世襲。十五

祖錫 嘉靖三十六年三月壬午襲。三十八年四月癸亥卒。

世棟 隆慶六年三月戊戌襲。萬曆二年四月管紅盔將軍。四

紹煜 一作遠煜。萬曆二十五年十二月辛酉襲，南京軍府僉

文明 崇禎元年二月庚子襲。十七年三月，城陷，死於賊。

年十一月癸未卒，追封寧河王，諡武順。

信國 公 湯和 洪武三年大封功臣，第七，封開國輔運

鼎 早卒，贈信世子。

晟

文瑜

倫

年六月領後府。三十五年卒。 | 靈璧 侯 紹宗 弘治五年授南京錦衣衞指揮使，世襲。

佑賢 嘉靖十四年七月襲，屢僉南京軍府。二

世隆 嘉靖三十九年十月己亥襲。隆慶間，協

年，後府僉書。十六年卒。 | 之誥 萬曆十五年二月庚辰襲，領前府。三十

書。天啓七年卒。 | 國祚 萬曆四十年八月壬戌襲。崇禎三年九

推誠宣力武臣中山侯，祿一千五百石。七年八月乙卯，加祿千石。十一年正月己卯進封信國公，祿三

嘉靖十一年四月辛卯續封靈璧侯，祿千石，世襲。

十九年八月癸亥卒。

守南京，領後府，改提督漕運，累進少保。萬曆十四年卒。諡僖敏。

五年九月己亥卒。

月甲辰加太子太保。 | 國祥

文瓊 以上二世，襲年無考。崇禎中俱嘗以侯遣祭。

千石，世襲。二十八年八月戊辰卒。追封東甌王，諡襄武。	延安侯 唐勝宗 洪武三年十一

月封，第八，勳祿同前。七年八月加祿千石，乙卯坐事削之。久之還爵。二十三年坐胡黨誅，爵除。

吉安侯 陸仲亨 洪武三年十一月封，第九，勳祿同前。七年八月加祿千石，與唐勝宗同

削爵，已同復。二十三年坐黨誅，爵除。	江夏侯 周德興 洪武三年十一月封，第十，勳祿

中華書局

同前。七年八月加祿千石。二十五年八月己未以罪誅，爵除。

淮安侯華雲龍　洪武三

中　洪武九　年十一

年十一月封，第十一，勳祿同前。七年六月癸亥自北平召還，道卒。

月庚寅襲。坐貶死，追論胡黨，除。

濟寧侯顧時　洪武三

敬　洪武十

年十一月封，第十二，勳祿同前。七年八月加祿千石。十二年十一月甲寅卒。追封滕國公，謚襄靖。

二年襲，後除。

長興侯耿炳文　洪武三年十一月封，第十三，勳祿同前。七年八月加祿千石。永樂二年

中華書局

以嫌自殺，除。	臨江侯	陳德 洪武三年十一月封，第十四，勳祿同前。七年八月加祿千石。十
		鏞 洪武十四年五月壬子襲。二十年六月庚子從征納哈出，卒於

一年十一月壬辰卒。追封杞國公，諡定襄。	鞏昌侯		郭興 一名子興，洪武三年十一月封，
軍，已，坐胡黨除。			振 洪武二十二年十月辛酉襲，坐

第十五，勳祿同前。七年八月加祿千石。十七年十一月癸酉卒。追封陝國公，諡宣武。	六安侯	
胡黨除。		

王志 洪武三年十一月封，第十六，勳號同前，祿九百石。七年八月加祿至二千五百石。十九年八月
威 洪武二十二年十月辛酉襲。二十三年坐事謫指揮使。卒，追坐胡黨除。

中華書局

己亥卒。追封許國公，諡襄簡。	滎陽侯 鄭遇春 洪武三年十一月封，第十七，勳祿、加祿

皆同王志。二十三年坐胡黨死，除。	平涼侯 費聚 洪武三年十一月封，第十八，勳號同前，

祿一千五百石。七年八月加祿千石。坐胡黨死，除。	江陰侯 吳良 洪武三年十一月封，第
	高 洪武十七年五月辛酉

十九，勳號同前，祿一千五百石。七年八月加祿千石。十四年十一月丁未卒。追封江國公，諡襄烈。
襲。二十八年坐事謫廣西，已，召還。建文時，以被問再謫。文帝即位，召守大同。永樂十二年十月以罪免，

中華書局

二十四史

				卒，除。
靖海	侯	吳禎	洪武三年十一月封，第二十，勳祿、加祿同吳良。十二年卒。追封海國公，	忠　洪武十七年五月襲。二十三年追論禎胡黨，死，除。

			諡襄毅。	
南雄	侯	趙庸	洪武三年十一月封，第二十一，勳祿、加祿同前。二十三年坐胡黨死，除。	

德慶	侯	廖永忠	洪武三年十一月封，第二十二，勳祿、加祿同前。八年三月甲申卒。	權　洪武十三年四月庚寅襲。十七年四月癸巳卒。

南安	侯	俞通源	洪武三年十一月封，第二十三，勳祿、加祿同前。二十二年三月戊戌卒。	

中華書局

明年附黨事發，以死不問，爵除。	廣德　侯　華高　洪武三年十一月封，第二十四，勳號同前，祿六

百石。四年四月乙未卒。追封巢國公，謚武莊。無子，爵除。	營陽　侯　楊璟　洪武三年十一月封，第
	通　洪武十七年十一月丁

二十五，勳號同前，祿一千五百石。七年加祿千石。十五年八月乙巳卒。追封芮國公，謚武信。
酉襲。二十年降指揮使，已，追坐環胡黨，除。

蘄國　公　康茂　才　洪武三年八月己未卒於軍。追封推忠翊運宣力懷遠功臣蘄國公，謚
鐸　洪武三年十一月封蘄春侯，位次第二十六，勳祿、加祿同楊璟。十五年七月丙

中華書局

武康。	永嘉侯朱亮祖 洪武三年十一
子卒，贈蘄國公，謚忠愍。子潤幼，優給，已，獲譴卒，爵除。	

月封，第二十七，勳祿、加祿同楊璟。十三年九月庚寅坐罪死，爵除。	潁國公傅友德

洪武三年十一月封潁川侯，位次第二十八，勳祿同前。十七年四月辛卯進封潁國公，祿三千石，世襲。

二十七年十一月乙丑賜死，爵除。	臨川侯胡美 洪武三年十一月封豫章侯，第二十九，

中華書局

			勳祿、加祿同楊璟。十三年四月乙丑改封臨川。十七年有罪賜死，爵除。
東平	侯	韓政	洪武三
		勳	洪武十

			年十一月封，第三十，勳祿、加祿同前。二十一年二月癸亥卒。〔三〕追封鄆國公。
			九年十一月甲子襲。二十六年坐藍黨死，爵除。
宜春	侯	黃彬	

			洪武三年十一月封，第三十一，勳祿、加祿同王志。二十三年坐胡黨死，爵除。
宣寧	侯	曹良	
		泰	

		臣	洪武三年十一月封，第三十二，勳祿同王志。五年六月甲辰歿於陣。二十三年十月甲申追封
			洪武六年五月乙巳襲。七年八月加祿至二千五百石。二十六年坐藍黨死，爵除。

二十四史　中華書局

安國公，謚忠壯。	汝南侯	梅思祖	洪武三年十一月封，第三十三，勳祿、加祿同王志。十五

年十月壬午卒。已，坐胡黨除。	河南侯	陸聚	洪武三年十一月封，第三十四，勳祿、加祿同前。

已，坐胡黨死，除。	忠勤伯	汪廣洋	洪武三年十一月以文臣封，祿三百六十石。七年八月

加祿至一千九百石。十二年貶死。	誠意伯	劉基	洪武三年十一月封開國翊運守正文
		璉	
		廌	洪武二十四年三月辛丑襲，增祿至五
		法	
		柜	
		曇	
		祿	景泰三年授世襲五經博士。
		瑜	弘治十三年詔授處州衛指揮使。嘉靖
		世延	嘉靖二十八年二月癸丑襲，屢領南京
		藎臣	萬曆三十六年五月乙卯襲。天啓元年
		孔昭	天啓三年七月辛亥襲。六年三月僉書

中華書局

臣誠意伯，祿二百四十石。八年四月丁巳卒。二十三年予世襲。正德八年十二月追贈太師，諡文成。

百石。二十五年謫戍，敕還。永樂間卒。

十一年六月甲申續封誠意伯，祿七百石。十二年四月僉書中軍都督府。十三年領南京前府。十五年

軍府，後以罪廢。隆慶二年復。萬曆三十四年坐罪論死，卒。

甲申領南京右府。

右府。崇禎中累進少保。十一年領南京右府提督操江兼巡江防。

提督操江。二十年七月卒。

永城侯薛顯　洪武三年十二月戊辰封。以罪安置海南。已，召

還，給祿一千五百石。二十年九月癸巳卒於軍。追封永國公，諡桓襄。無子。後追論胡黨，以死不究，除。

西平侯沐英　洪武十年十月戊午封，祿二千五百石，世襲。二十五年六月丁卯卒於雲南。十

春　洪武二十五年十月乙亥襲，鎮雲南。三十一年卒。諡惠襄。　昂　景泰中

誠

二十四史　中華書局

月己巳追封黔寧王，諡昭靖。

贈定邊伯。　黔國公　晟　洪武三十一年襲侯。永樂六年七月以征安南功，進封公，祿三

斌　正統五年襲。景泰元年十月卒。諡榮康。

琮　成化元年八月己亥襲。十九年加太子太傅。弘治九年九月庚

崑　誠子。弘治十年十月己卯襲。正德七年加太子太傅。十四年六

紹勛　正德十六年二月甲午襲。嘉靖七年加太子太傅。十五年卒。贈

朝輔　嘉靖十五年十二月乙亥襲，加太子太保。二十六年六月庚子

融　嘉靖二十六年閏九月甲辰襲。二十八年卒。　鞏　嘉靖二

千石，世襲，世鎮雲南。仁宗即位，加太傅，支二俸。正統四年三月丁卯卒。追封定遠王，諡忠敬。

戊卒。諡武僖。無子。

月卒。追贈太師，諡莊襄。

太師，諡敏靖。

卒。諡恭僖。　朝弼　嘉靖三十三年三月癸丑襲。隆慶四年削爵，論死。

十八年十月庚辰襲。夭，叔朝弼襲。　昌祚　隆慶五年二月丁酉襲。萬曆十二年九月戊寅加太子

叡　萬曆二十三年襲。三十七年九月丁酉死於獄。

啓元　天啓五年三月丁卯襲。崇禎元年六月己亥卒。

天波　崇禎元年十二月甲辰襲。七年八月甲寅加太子太保。

太保。二十三年八月以病免，子叡襲。三十七年，叡以罪廢，復襲爵。天啓五年卒。

明亡後，從永明王入緬，死於難。

安慶侯　仇成

正

洪武十二年十一月甲午封，祿二千石，世襲指揮使。十七年四月壬午予世侯，加祿五百石。二十一年

洪武二十三年閏四月丙戌襲，以事除。

七月辛巳卒。追封皖國公，謚莊襄。

涼國公

藍玉

洪武十二年十一月甲午封永昌侯祿

襲同前。十七年四月壬午予世侯，加祿五百石。二十一年十二月壬戌進封公，加祿五百石。二十六年

二月乙酉謀反，伏誅。

永平侯

謝成

洪武十二年十一月封，祿襲同仇成。二十六年坐累卒。

鳳翔侯

張龍

洪武十二年封，祿襲同前。後予世襲，加祿五百石。三十年卒。

傑

建文時襲。永樂初除。

安陸侯

中華書局

吳復　洪武十二年封，祿襲同前。十六年十月己亥卒。追封黔國公，諡武毅，〔三〕加祿五百石，世襲。

傑　洪武十九年四月襲。建文中謫南寧衞指揮使，爵除。

宣德侯　金朝興　洪武十二年十一月封，祿襲同前。十五年七月丙子卒。明年追封沂國公，

鎮　洪武十九年四月襲，以父朝興追坐胡黨，除。

公，諡武毅。十七年予世襲，加祿五百石。

懷遠侯　曹興　洪武十二年十一月封，祿襲同前。二十

六年坐藍黨死，除。

靖寧侯　葉昇　洪武十二年十一月封，祿襲同前。二十五年八月丙子

坐胡黨誅。

景川侯	
曹震	洪武十二年十一月封，祿襲同前。二十六年坐藍黨誅。

會寧侯	
張溫	洪武十二年十一月封，祿襲同前。二十六年坐藍黨誅。
雄武侯	
周武	

洪武十二年十一月封，祿襲同前。二十三年三月庚午卒。追封汝國公，謚勇襄。子興襲。指揮同知。

定遠侯	
王弼	洪武十二年十一月封，祿襲同前。十七年四月加祿至二千五百石。二十七年

中華書局

十二月乙亥卒。	崇山侯李新	洪武十五年十二月己卯封，祿一千五百石。二十八年九月戊

戌以罪誅。	普定侯陳桓	洪武十七年四月壬午封，祿二千五百石，世襲。二十六年坐藍

黨死，除。	東川侯胡海	又名海洋，洪武十七年四月封，祿同前。二十四年七月丁亥卒，授其子

指揮使。	武定侯郭英	興弟。洪武十七年四月封，祿二千五百石，世襲。永樂元年二月甲子
	銘	
	玹	永樂二十二年十一月襲。正統九年八月鎮宣府。十二年七月丙午卒。
	昌	天順三年五月丁未襲。
	良	弘治十五年四月癸丑襲。十一月坐劾勇營管操。正德二年六月戊子
	勛	正德三年三月丙寅襲，鎮兩廣，屢兼軍府。四年八月，神機營管操。嘉靖
	守乾	嘉靖二十九年三月壬辰襲，屢領軍府。三十九年四月丁酉卒。
	大誠	嘉靖四十四年三月庚戌襲。四十五年五月管紅盔將軍。萬曆四年領
	應麒	萬曆四十五年二月壬子襲，尋卒。應麟萬曆四十五年十一月
	培民	崇禎初襲。三年九月甲

卒。追封營國公，諡威襄。

諸子以爭襲，停。

卒。

十八年進封翊國公，加太師，前後益祿四百石。二十年九月有罪下獄，〔四〕明年卒於獄。

南京右府。四十四年六月癸亥卒。

甲戌襲。崇禎元年卒。

辰加太子太保。十七年三月，城陷死。

鶴慶

侯

張翼

洪武十七年四月封，祿同前。二十六年坐藍黨誅。

航海

侯

張赫

洪武二十年十月戊申封，祿二千石，世襲。二十三年八月甲子卒。追封恩國公，諡莊簡。子停襲。

舳艫

侯

朱壽

洪武二十年十月封，祿同前。二十六年坐藍黨誅，除。

海西

侯

納哈

察罕

中華書局

出洪武二十年九月以元降將封。二十一年七月辛丑卒於軍。	東莞	伯	何眞	洪武二
洪武二十一年八月襲，改封瀋陽侯。二十六年四月壬午坐藍黨誅，除。			榮	洪武二

十年七月封，祿一千五百石，世襲。二十一年三月己卯卒。	全寧	侯	孫恪	興祖子。洪武二
十一年四月乙巳襲。二十六年坐藍黨誅，除。				

十一年八月戊辰封，祿二千石，世襲。坐藍黨死，除。	樂浪	公	濮英	洪武二十年閏六月庚
			璵	洪武二十一年九月丙

申戰歿，追封金山侯，諡忠襄。二十一年七月進封公。〔五〕	徽先	伯	桑敬	世傑子。
戌封西涼侯，祿二千五百石，世襲。二十六年追坐英藍黨，譎戍，除。				

中華書局

洪武二十三年九月壬寅封，祿一千七百石，世襲。已，坐藍黨誅，除。	永定侯張銓　洪武二

十三年十月甲申封，祿一千五百石，世襲指揮使。〔六〕	越巂侯兪淵　洪武二十五年六月戊

午封，祿二千五百石，世襲。明年五月戊辰削爵，放還里。建文初，召還，戰歿白溝河。永樂初除。

以上皆身受封，或不及封而子孫封者。其追贈封爵無世系可譜，別以五等爲次，具列於左。

公	越國公胡大海　壬寅二月，金華死事。甲辰三月追封，謚武莊。	泗國公耿再成　壬寅二月，處州死事。初封高陽郡公，謚武壯。洪武十年四月改封。	蔡國公張德勝　龍江戰歿。癸卯十月			
侯	東丘郡侯花雲　庚子閏五月，太平死事。	高陽郡侯王鼎　同前。	太原郡侯許瑗　同前。	太原郡侯王道同　處州死事。	南陽郡侯葉琛　壬寅三月死祝康宗	
伯	天水郡伯趙天麟　癸卯，臨江死事。	隴西郡伯牛海龍　南昌戰歿。	安定郡伯程國勝　鄱陽湖戰歿。	太原郡伯王咬住　同前。	縉雲郡伯胡深　吳元年取閩戰歿。洪武元年四月追封。	
子	盱眙縣子王清　鄱陽湖戰歿。	羅山縣子王鳳顯　同前。	定遠縣子姜潤　同前。	梁縣子石明　同前。	合肥縣子王德　同前。	懷遠縣子常德勝
男	當塗縣男王愷　金華死事。	丹陽縣男孫炎　處州死事。	合肥縣男徐明　南昌戰歿。	五河縣男王理　鄱陽湖戰歿。	舒城縣男王仁　同前。	定遠縣男史德勝

中華書局

追封，諡忠毅。	之難。	康安郡伯孫虎　落馬河戰歿。	同前。	同前。
梁國公趙德勝　南昌死事。癸卯十月追封，諡武桓。	忠節侯張子明　癸卯六月，南昌死事。	譙郡伯戴德　洪武四年二月卒。追封，世襲指揮僉事。	含山縣子丁宇　同前。	萬春縣男常惟德　同前。
濟陽郡公丁普郎　鄱陽湖戰歿。	高陽郡侯韓成　癸卯七月，鄱陽湖戰歿。		廬江縣子汪澤　同前。	含山縣男曹信　同前。
河間郡公俞廷玉　甲辰十一月追封。	潁上郡侯陳兆先　同前。		巢縣子陳沖　同前。	虹縣男鄭興　同前。
鄖國公廖永安　乙巳十月以使吳不屈，遙封楚國公。丙午七月卒於吳。諡武閔。	下邳郡侯余昶　同前。		定遠縣子王喜仙　同前。	隋縣男羅世榮　同前。
洪武十三年四月改	潁川郡侯陳弼　同前。		汝陽縣子逯德山　同前。	洪武實錄所載南昌死事有許圭、朱潛、張德山、夏茂成、葉思誠五人，鄱陽湖死事有
	東海郡侯徐公輔		宣遠縣子裴軫　同前。	

封。	同前。			張志雄、劉義、朱鼎、袁華四人，凡九人封爵無考。
東海郡公茅成　丙午十一月伐吳戰歿。	京兆郡侯宋貴　同前。			
虢國公俞通海　廷玉子。吳元年四月卒於平江軍。追封豫國公。洪武三年改封，諡忠烈。	汝南郡侯昌文貴　同前。			
濟國公丁德興　吳元年卒於平江軍。洪武元年追封。	隴西郡侯李信　同前。			
天水郡公嚴德	太原郡侯王勝　同前。			
	清河郡侯李志高　同前。			
	隴西郡侯李繼先　南昌戰歿。			

吳元年九月討方國珍戰歿。洪武二年六月追封。	彭城郡侯劉齊　同前。			
姑孰郡公陶安　洪武元年追封。	天水郡侯趙國旺　同前。			
	永義侯桑世傑　伐吳戰歿。癸卯十月追封。			
	燕山侯孫興祖　洪武三年北征戰歿。諡忠愍。			
	安遠侯蔡僊　洪武三年九月追封，諡武襄。			

	東勝侯汪興祖　洪武四年四月伐蜀戰歿。十二月追封，予世券。以子幼，停襲。			
	廬江侯何德　洪武十四年七月卒。追封，諡壯敏。			
	霍山侯王簡　洪武十三年五月卒。追封。			
	臨沂侯王眞　洪武十三年七月卒。追封，諡桓義。			

中華書局

二十四史

汝陰侯高顯　洪武十三年九月卒。追封，謚武肅。

富春侯孫世　洪武十四年十二月卒。追封，謚忠勇。

合浦侯陳清　洪武十五年三月卒。追封，謚崇武。

東海侯陳文　洪武十七年十月卒。追封，謚孝勇。

英山侯於顯　洪武二十年十二月卒。追封，謚襄武。

昌樂侯丘廣　洪武十一年五月卒。〔七〕以文臣追封，謚景成。

右洪武朝。洪武中所封，有歸德侯陳理、歸義侯明昇、崇禮侯買的里八剌三人，以非功臣，故不載。

灤城侯李堅　尚太祖女大名公主。建文中襲。永樂初除。

文初，從伐燕，以功封。已，戰敗被執，尋卒。

歷城侯盛庸　建文中以伐燕封。永樂元年除。

右建文朝。

校勘記

〔一〕奉天開國推誠宣力武臣魏國公　按本書卷七六職官志述功臣封號之制云：「佐太祖定天下者曰開國輔運推誠，從成祖起兵曰奉天靖難推誠。」徐達佐太祖定天下，其封號爲「開國輔運推誠宣力武臣」，無「奉天」二字，見本書卷一二五徐達傳、太祖實錄卷五八洪武三年十一月丙申條及卷一七一洪武十八年二月己未條、國朝獻徵錄卷五徐公達神道碑。但本表有「奉天」二字，常遇春、李文忠封號亦有「奉天」二字。

〔二〕十一年二月癸亥卒　原作「十二年二月戊午卒」，據本書卷一三〇韓政傳、太祖實錄卷一一七改。

〔三〕謚武毅　武毅，本書卷一三〇吳復傳、太祖實錄卷一五七洪武十六年十月己亥條、國朝獻徵錄卷八吳復傳都作「威毅」。

〔四〕二十年九月有罪下獄　二十年九月，原作「二十八年八月」，據本書卷一七世宗紀、又卷一三〇郭勛傳、世宗實錄卷二五三嘉靖二十年九月乙未條改。

〔五〕二十一年七月進封公　原脫「二十一年」，據本書卷一三三濮英傳、太祖實錄卷一九二洪武二十一年七月癸酉條補。

中華書局

〔六〕張銓至世襲指揮使　太祖實錄卷二〇五洪武二十三年十月甲申條，張銓「封永定侯，子孫世襲」，未明言世襲指揮使。

〔七〕洪武十一年五月卒　原脫「五月卒」，據太祖實錄卷一一八洪武十一年五月庚子條補。

明史卷一百六

表第七

功臣世表二

始封	子	孫	曾孫	五世	六世	七世	八世	九世	十世	十一世
淇國公丘福　建文四年六月己巳，成祖卽位。九月甲申，以靖難功第一，封奉天靖難推誠宣力武臣淇國公，祿二千五百石，世襲。永樂六年										

七月甲寅加祿千石。七年八月北征戰沒。追削爵，遷家屬嶺南，〔一〕除。

成國公

朱能　九月甲

勇　永樂六

儀　景泰三

輔　弘治九

麟　嘉靖四

申封，第二，勳號同前，祿二千二百石，世襲。永樂四年十月卒於軍。追封東平王，諡武烈。

年七月壬子襲，甲寅加祿千石。洪熙、宣德間，屢領行在軍府，累進太保。正統十四年沒於土木。追封平

年五月丁酉襲，祿二千石。天順二年正月加祿五百石。七年二月守備南京。成化二十二年加太子太

年十二月己酉襲。十三年七月守備南京，領中府。正德五年七月加太子太傅。六年十月掌前府。嘉靖

年三月辛酉襲，六月卒。　鳳　嘉靖八年九月壬寅襲。九年，神機營坐營。十五年七月己未卒。贈太保，

希忠　嘉靖十五年九月甲子襲，屢典軍務，累進太師。二十六年八月加祿百

時泰　萬曆二年襲。九月卒。

應楨　萬曆八年二月己亥襲。十四年自殺。　應槐　萬曆二

鼎臣　萬曆二十八年三月辛亥襲。明年卒。無子。叔應槐襲。　純臣　萬曆三

陰王，諡武愍。

傅。弘治九年三月卒。

二年九月己丑卒。贈太傅，諡恭僖。

諡榮康。

石。隆慶五年五月領後府。萬曆元年九月卒。十月乙未追封定襄王，諡恭靖。十一年八月癸亥追奪王

十九年九月己酉襲，領左府。三十八年五月壬申卒。

十九年三月癸卯襲。崇禎三年十一月戊戌加太傅。九年五月己酉總京營。九月庚戌巡視邊關。十七

爵。

年三月降賊，被殺。

成陽侯

張武　九月甲申封，第三，勳號同前，祿千五百石，世襲。永樂元

年十月卒。贈潞國公，謚忠毅。無子，除。	泰寧侯	陳珪	九月甲申封，第四，勳號同前，祿一千二
		璽	瑜　永樂十七年七月癸丑
			鏞　永樂二十二年八月辛
			灝　宣德五年四月丙申襲。

百石，世襲。永樂十七年四月卒。追封靖國公，謚忠襄。			
襲。二十年北征失機，下獄死。			
未襲。宣德五年正月卒。			
七年卒。	瀛　宣德十年二月丁卯襲。正統十四年沒於土木，追封寧國公，謚恭愍。	涇　正統十	
		桓　成化八	
		璇　弘治七	
		儒　正德六	

四年十一月丁酉襲。天順六年十月鎮廣西。成化七年九月移鎮淮安，總漕運。八年七月卒。	
年十二月甲子襲，祿一千石。弘治元年八月鎮寧夏。七年七月壬子卒。	
年十一月己酉襲，十二月給祿千石。正德元年六月卒。	璉　嘉靖十三年閏二月丙寅
年七月丁丑襲。嘉靖三年十月管團營。十二年卒。無子。叔璉襲。	

襲，祿千石。二十三年卒。	瑺	嘉靖二十四年正月庚申襲。三十一年十二月壬子卒。
	良弼	嘉靖四十一年五月己亥襲。四十五年五月掌府軍前衛。萬曆四年正
	閏禮	天啓中襲。
	延祚	天啓中襲。崇禎元年加少保。

中華書局

月領南京右府，提督操江。十四年正月領前府。四十七年六月辛巳總京營。天啓元年五月戊申加少保。

武安侯

鄭亨

九月甲申封，第五，勳號同前，祿一千五百石，世襲。宣德九年二月乙丑卒。追封

能

宣德十年二月丙辰襲。正統七年卒。

宏

正統十一年二月癸卯襲。成化九年領南京中府。十三年二月卒。

英

成化十三年襲。弘治三年八月坐耀武營，鎮陝西。正德十一年十月甲寅卒。

綱

正德十三年二月癸未襲。嘉靖二十八年七月辛巳卒。

崑

嘉靖二十八年十一月乙未襲。萬曆八年六月丁未卒。

維忠

萬曆八年十二月己亥襲。十二年七月掌府軍前衞。二十六年卒。

維孝

之俊

漳國公，謚忠毅。

萬曆二十六年十一月戊戌襲。天啓二年卒。

天啓二年襲。崇禎十七年，城陷，死於賊。

保定侯

孟善

九月甲申封，第六，勳號同前，祿

瑛

永樂十一年六月癸亥襲。仁宗

俊

天順元年七月癸酉以承天門

昂

天順四年十一月戊寅襲。成化

一千二百石，世襲。永樂十年六月甲戌卒。追封滕國公，謚忠勇。

即位，十一月以罪奪爵，流雲南。宣德十年二月己未召還，授京衞，世襲指揮使。

災，詔予伯爵，祿八百石。四年六月卒。

八年十二月卒。子達仍襲指揮使。

同安侯

火眞

中華書局

九月甲申封，第七，勳祿同張武。七年八月北征戰沒，除。

鎮遠侯　顧成　九月甲申封，第八，加號奉天翊運推誠宣力武臣，祿同張武。十二年五月丁酉卒。追封夏國公，諡武毅。

統

興祖　永樂十三年二月甲午襲，正統十四年九月削爵。景泰三年五月甲午復封伯。天順元年七月復侯爵。七年閏七月卒。

輸

淳　天順八年四月丁酉襲，祿千石。成化九年三月卒。

溥　淳從弟。成化九年七月癸丑襲，以支庶減祿，止八百石。弘治二年鎮湖廣。五年加太子太保，領前府。十六年六月卒。〔二〕諡襄恪。

仕隆　弘治十七年閏四月丁卯襲。正德四年八月領圍子手上直。十六年鎮湖廣。嘉靖二年加太子太傅，領中府。七年三月乙亥卒。諡榮靖。

寰　嘉靖七年襲。十年三月領紅盔將軍侍衛。十七年四月鎮淮安，總督漕運。二十九年七月鎮兩廣。隆慶二年五月辛亥總京營。萬曆七年六月加少保。九年十二月甲午卒。諡榮僖。

承光　寰從子。萬曆十年四月丙申襲。十四年二月，前府僉書。二十六年九月己亥卒。

大理　萬曆中襲。二十四年正月管紅盔將軍。天啓二年加太子太保。

鑾迹　天啓中襲。崇禎元年七月僉書左府。三年九月甲辰加少師。十四年正月領南京右府，提督操江。十七年，城陷，死於賊。

靖安侯　王忠　九月甲申封，第九，勳號同丘福，祿千石。永樂七年八月北征戰

二十四史

中華書局

沒。無子，除。	武城 侯 王聰 九月甲申封，第十，勳同張武。永樂七年八月北征，戰沒。追封
	瑛 永樂七年十二月戊戌襲。卒，除。

濬國公，謚威毅。	永康 侯 徐忠 九月甲申封，第十一，勳同前，祿千一百石，世襲。永樂十一年
	安 永樂十六年八月癸巳襲。成化十七年十二月卒。
	昌
	錡 成化十八年三月辛卯襲。弘治三年四月，五軍營坐營。八年四
	溥 弘治末襲。正德四年四月卒。
	源 溥庶兄。正德八年三月
	喬松 嘉靖三十四年五月甲
	文煒 萬曆十一年襲。十九年
	應坤 萬曆三十七年十一月
	錫胤〔三〕 天啓元年十月壬申襲。

八月庚午卒。追封蔡國公，謚忠烈。
月管紅盔將軍宿衞。十五年三月卒。
壬申襲。嘉靖三十三年卒。
辰襲。四十五年五月領南京右府。隆慶五年五月提督操江。萬曆十年卒。
領前府。三十七年六月己未卒。
壬寅襲。四十年閏十一月甲申總京營。四十三年九月壬辰卒。 應垣 崇禎三年九月己酉襲。
崇禎二年卒。叔應垣襲。 錫登 崇禎中襲。十七年，城陷，死於賊。

隆平 侯 張信 九月甲申封，第十二，勳同前，祿千石，世襲伯。永樂二十二年九月丙申予世
鏞
淳 正統八年襲。十年十一月卒。
福 正統十二年閏四月襲。天順二年三月卒。弟祐襲。 祐 天順二年十一

中華書局

侯。正統七年五月卒。追封鄖國公，諡恭僖。
鋋
月甲辰襲。成化中掌領南京軍府。十七年三月卒。
鏻 鋋孫。正德三年十一月丁酉襲。四年七月丁酉卒。
瑋 正德十三年襲。嘉靖二十三年三月甲辰以罪削爵。
瓛
桐 嘉靖三十七年十一月癸未襲。四十四年二月鎮湖廣。萬曆三年四月癸巳卒。
炳 萬曆三年襲。十五年卒。
坤
國彥 萬曆四十六年閏四月戊辰襲。
拱微 襲年無考。崇禎三年九月甲辰加太子太傅。七年四月僉書南京中府。十一年

	安平侯	成安侯
	李遠 九月甲申，封，第十三，勳號同前，歲祿千石。永樂七年八月北征，戰歿。贈莒國公，諡忠壯。	郭亮 九月甲申，封，第十四，勳號同前，祿千二百石，世伯爵。永樂二十
	安 永樂七年十二月戊戌襲伯。宣德二年以征交阯失律奪爵。天順元年復襲。	晟 永樂二十二年八月辛未襲侯，祿千石。正統十四年八月領中
戰沒。		

二十四史

一年三月庚寅卒。追封興國公，諡忠壯。

府。天順二年八月卒。　昂　天順三年二月乙丑襲伯。六年領南京後府。成化二年閏二月卒。

鏞　成化六年正月辛丑襲。弘治五年十一月卒。

寧　弘治六年襲。正德六年二月管紅盔將軍。十年六月，南京前府。嘉靖元

瓚　寧從子。嘉靖二年二月己卯襲。十八年正月庚寅，揚威營坐營。

應乾　嘉靖二十八年六月庚戌襲。萬曆十四年卒。

邦柱　萬曆十四年襲。　邦相　萬曆十七年四月癸卯襲。三十六年五月戊戌

祚延　萬曆三十八年二月庚午襲。四十年卒。　祚久

年十二月庚子卒。

卒。　邦棟　天啓元年八月癸酉襲。崇禎三年九月甲辰加

萬曆四十年十二月辛亥襲。天啓元年卒。　祚永　崇禎中襲。十四年六月領南京前府。

少保。

思恩　侯　房寬　九月甲申封，第十五，祿八百石。世指揮使。永樂七年十一月卒。

興安　伯　徐祥　九月甲申封，第十六，加號奉天翊衞宣力武臣，祿千石，世都督僉事。永樂二年

永

亨　永樂二年襲伯。正統九年以剿寇功進封侯，加祿百石。天順四年二月卒，諡武

賢　天順四年襲伯。成化五年十一月卒。

盛　成化十六年十一月甲申襲。弘治三年八月，神機營左掖管操。十三年六月領

良　盛從子。正德三年十二月壬午襲。嘉靖十二年卒。

勳　嘉靖十三年八月丁酉襲。十四年卒。

夢暘　嘉靖二十年五月庚戌襲。萬曆四年二月辛未領前府。三十一年十二月卒。

汝誠　汝孝　萬曆三

繼榮　萬曆三十一年襲。三十四年三月己巳卒。無子。叔汝孝襲。　繼本　襲年無

治安　崇禎末

中華書局

五月卒。	武康伯 徐理 九月甲申封，第十七，勳祿同徐
	楨 永樂七年十月壬子襲伯。正統
襲。	勇 景泰四年二月己丑襲，其年卒。
三千營管操。十七年二月卒。	
十七年九月癸未襲。崇禎初加太子太保。	
考。	
襲。十七年死於賊。	

祥。永樂六年二月卒。	襄城伯 李濬 九月甲申封，第十八，勳祿同前，世指揮同知。已，進封侯。
九年六月卒。	隆 永樂四年九月己巳襲伯。正統十二年卒。
無子。除。	珍 正統十三年十二月甲戌襲。十四年沒於土木。贈侯，謚

永樂三年十一月卒。
悼僖。 瑾 景泰元年六月庚子襲。成化四年八月己酉以平都掌蠻功進封侯。二十二年十月加
輔 弘治二年九月己巳襲伯。三年四月坐幼官營。八年三月坐揚威營。十一年五月壬寅

太保。弘治二年三月卒。追封芮國公，謚壯武。
卒。 鄌 隆孫，鏞從兄。弘治十一年八月戊子襲。十三年八月領右府。正德四年七月卒。
全禮 正德四年十二月癸卯襲。十六年九月癸亥領南京前府僉督操江。嘉靖十八年卒。贈
應臣 嘉靖二十年二月乙丑襲。萬曆十年卒。
成功 一作承功。萬曆十年襲。二十九年七月己酉領南京右府僉操江。三十六年十一月甲
守錡 萬曆三十八年二月癸亥襲。崇禎元年十一月辛未總京營。
國楨[四] 崇禎三年襲。十六年十二月己酉加太子太保，總京營。明年，城陷，賊執殺之。

	榮國公 張玉 東昌戰死，成祖即位，追封，諡忠顯。洪熙元年三月追封
	英國公 輔 九月甲申封信安伯，第十九，勳號、祿襲同徐祥。永樂三
	懋 景泰元年五月戊辰襲。成化間屢領軍府，累加太保。正
	銳
太子少保，諡恭敏。	崙 正德十年十月癸酉襲。十二年九月坐奮武營管操。嘉
	溶 嘉靖十四年十一月甲申襲。四十四年十二月領左府，
戊卒。予祭葬。	元功 萬曆十年三月甲申襲。二十四年十一月庚子卒。

河間王，改諡忠武。
年十一月癸巳進封新城侯，祿一千五百石，世襲。六年七月癸丑以安南功封英國公，祿三千石，世襲。
德十年三月卒。追封寧陽王，諡恭靖。
靖十四年六月乙卯卒。贈太保，諡莊和。
加太子太保。萬曆二年加少保。
元德 萬曆二十四年襲。二十六年五月卒。
維賢 萬曆二十六年十一月甲辰襲。三十七年十一月丁未領後府，累加少傅兼太子太保。天啓三
之極 見崇禎十年正月戊申。襲年無考。
世澤 崇禎十六年襲。城陷，被殺。世次無考。

	新昌伯 唐雲 九月甲申封，第
二十一年加太師。正統十四年沒於土木。追封定興王，諡忠烈。	
年七月加太保。崇禎三年十一月戊戌加太師。	

二十，勳祿同徐祥，世指揮使。永樂元年七月卒。	崇安侯 譚淵 夾河戰死，成祖即位，追封。諡壯
	新寧伯 忠 九月甲申封，祿千石。宣德八年
	瓔 宣德十年二月丁卯襲。正統十
	裕 正統十四年十月丁巳襲。景泰

中華書局

節。		應城伯 孫巖 九月甲申封，第二十一，勳祿同徐祥。永樂十六
五月卒。		亨 永樂十八年正月襲伯。二十一年正月卒。
四年六月卒。		英 永樂二十二年二月己巳襲。明年二月卒。
三年三月卒。	詒 天順元年六月癸巳襲。成化十七年領前府，屢典軍職，加太保。正德四年七月管五軍營。嘉靖四年卒。諡莊僖。	
	綸 嘉靖四年閏十二月甲戌襲。十一年三月領南京前府。二十七年卒。	
	功承 嘉靖二十七年八月辛未襲。三十六年十二月領南京左府。隆慶元年二月丙午卒。	
	國佐 隆慶元年七月戊午襲。萬曆二十七年六月甲申卒。	
	懋勛 萬曆二十七年八月乙酉襲。天啓三年卒。	
	弘業 天啓中襲。崇禎末死於賊。	

表第七　功臣世表二

明史卷一百六

年六月卒。追進侯，諡威武。		富昌伯 房勝 九月甲申封，勳祿同前，世指揮使。永樂十四年十月卒。	忻城伯
	傑 永樂二十二年九月戊子襲。宣德五年有罪下獄，尋復。景泰二年十二月卒。		
	繼先 景泰三年襲。弘治三年八月管五軍營團子手。十六年九月卒。		
	鉞 弘治十六年十一月壬子襲。嘉靖十八年卒。		
	岱		
	永爵 嘉靖十九年十月壬午襲。三十五年二月甲子卒。		
	文棟 嘉靖三十五年九月庚午襲。三十九年八月僉書中府。萬曆十四年正月領南京後府。十七年卒。		
	允恭 萬曆十七年六月庚辰襲。二十八年六月甲申卒。		
	廷勳 萬曆三十三年十月丙辰襲。崇禎三年九月甲辰加少保。十七年死於賊。		

趙羾 九月甲申封,第二十三,勳號、祿襲同徐祥。宣德元年正月卒,諡武毅。	
榮 宣德元年七月戊午襲。正統十四年七月領前府。天順元年理南京軍府。成化三年六月卒。	
溥 成化四年七月丙戌襲。弘治十七年閏四月卒。	
權 溥從子。弘治十八年九月甲申襲。正德十三年正月卒。	
武 正德十三年十二月辛卯襲。嘉靖三十五年五月丁亥卒。	
祖胤 嘉靖三十七年四月癸未襲。四十年卒。	祖征 嘉靖四十二年九月癸卯襲。萬曆元年乙未奪
	泰修 萬曆六年襲。十一年十月,南京左府僉書。十四
	世新 萬曆二十六年九月丁酉襲。四十四年正月戊
	之龍 泰昌元年九月丁亥襲。崇禎十六年十二月癸

	雲陽伯陳旭 九月甲申封,第二十四,勳號、祿襲同前。
祿。五年卒。	
年正月改中府。二十五年七月甲午卒。	
子總京營。	
酉守備南京。大清兵下江南,降。	

永樂六年七月加祿五百石。八年三月卒。無子,除。	廣恩伯劉才 九月甲申封,祿九百石,

世指揮同知。宣德五年三月卒。	忠誠伯茹瑺 以推戴功封,加號奉天翊運守正文臣,祿千石。

中華書局

已，坐事下獄死。

順昌伯 王佐 推戴功封，勳祿同徐祥，世指揮使。三年八月有罪下獄死。

平江伯 陳瑄 推戴功封，勳號、祿襲同前。永樂二十二年十一月予世伯。宣德八年十月卒。追

佐 宣德十年二月丙辰襲。正統初卒。

豫 正統二年四月癸未襲。十四年十一月進封侯。景泰四年鎮臨清。五年十一月

銳 天順八年十月丁酉襲伯。成化六年二月鎮兩廣。八年改鎮淮揚。弘治元年閏

熊 弘治十六年十月己未襲。正德元年五月領後府。四年十二月戊戌以忤劉瑾

[illegible] 以幼給祿，尋卒。熊絕。以從子圭襲。

圭 嘉靖元年正月甲午襲。二十二

王謨 嘉靖三十四年三月甲辰襲。三

胤兆 萬曆四年五月管紅盔將軍，侍

啓 一作啓嗣。萬曆三十二年七月

治安 崇禎元年五月戊寅優給侯襲，

封侯，諡恭襄。

守備南京。天順七年九月卒。成化六年二月贈黔國公，諡莊敏。

正月提督神機營。八年以治河功加太保，累加太傅。十五年十二月卒。

削爵，戍海南。瑾敗，復爵。六年十二月庚子卒。

年六月鎮兩廣。二十九年十二月丙戌領後府。三十三年四月加太子太傅，〔三〕掌錦衣衛。十二月己丑

十九年九月鎮兩廣。隆慶四年十月鎮淮安。萬曆二年十一月，前府僉書，尋卒。

衛入直。

丁丑襲。三十七年三月乙巳，前府僉書。

餘無考。

定國公 徐增壽 徐達次子。建文末以通燕誅。成祖入立，追封武

景昌 永樂二年六月己亥襲，祿二千五百石。二十二年以罪

顯忠 正統三年十月丁巳襲。十三年四月卒。

永寧 景泰六年二月乙亥襲。成化二年坐誤毀制書，閒住。弘

世英

光祚 弘治十七年五月壬寅襲。正德十五年十一月領中府。 卒。贈太傅，諡武襄。

延德 嘉靖八年十一月癸卯襲。三十年正月庚子領中府。隆

文璧 隆慶二年三月甲戌襲。五年三月領右府加太師。萬曆

廷輔

希皋 萬曆三十年十二月癸卯襲。崇禎三年卒。

允禎 崇禎三年襲。十六年加太子太保。明年城陷，死於賊。

二十四史

中華書局

陽侯，諡忠愍。永樂二年進封公，世襲。	永春侯　王寧　尚太祖女懷慶
停祿。洪熙元年復。正統二年六月卒。	
治十七年正月卒。	
嘉靖五年加太師。八月卒。諡榮僖。	
慶元年十二月壬辰卒。	
十一年九月加少保兼太子太保。三十年六月卒。諡康惠。	

公主。建文中以通燕下獄。成祖入立，封奉天翊運推誠效義武臣，祿千石，世襲。永樂六年有罪下獄，已，

見原。九年九月卒。停襲。	廣平侯　袁容　尚成祖女永安公主。永樂元年五月甲申以功封，祿千	
	禎　宣德中襲，尋卒。	瑄　天順元年七月以承天門災復
	輅　禎從子。成化二十二年十月丁未襲，祿千石。弘治三年	

五百石，世襲。宣德三年十二月卒。追封沂國公，諡忠穆。		富陽侯　李讓　尚成祖女永平公主。永
予侯。成化十四年十一月卒。	琇　成化十五年襲。	茂芳　永樂二年襲。仁宗即位，
七月卒。停襲。		輿　天順元年七月襲伯。成

豐城侯李彬	樂元年五月甲申以功封，祿千石，世襲。二年八月乙未卒。追封景國公，諡恭敏。
賢	以蔭嫌削爵。
勇	化十五年八月卒，除。
璽	

永樂元年五月丁亥封，勳號同丘福，祿千石，世襲。六年七月癸酉加祿五百石。二十年正月卒。贈茂國
永樂二十一年二月己巳襲。宣德八年五月領行在前府。正統二年二月鎭大同。十一年十二月領南
景泰四年襲。成化十四年十月加太子太保。十八年九月卒。
成化十九年九月壬辰襲，祿千石。弘治元年九月領團子手官軍侍衞。十七年仍加前祿。正德二年閏

公，諡剛毅。		
京中府。		景泰元年五月守南京。二年十一月壬寅卒。成化十年三月追封豐國公，諡忠憲。
正月卒。	昱	琙庶兄。正德三年六月庚辰襲。十五年十二月協守南京。嘉靖二年加太子太傅。六年
	熙	昱從子。嘉靖十年十月甲午襲。二十一年七月鎭湖廣。二十九年十二月丙戌領前府。
	儒	熙從子。嘉靖三十六年二月乙巳襲，祿五百石。隆慶四年五月丁丑卒。
	環	萬曆元年正月甲辰襲。十九年正月，前府僉書。二十年八月領右府。九月提督操江。二
	承祚	萬曆三十年七月乙巳襲。崇禎元年以附魏黨下獄，戍烟瘴。
	開先	崇禎三年襲。十七年三月死於賊。

	涇國公陳亨	成祖入立，追封。諡襄敏。
	寧陽侯懋	永樂元年五月丁亥，兼論父亨
	晟	潤　天順七
十月鎭兩廣。十年六月己巳卒。諡武襄。	輔	成化二十二年二月己丑襲，祿
三十一年八月戊寅總京營。明年二月甲戌卒。		
十九年卒。		

歸附功,封寧陽伯,勳號同李彬,祿千石,世襲。七年十二月壬子進封侯,加祿至三千石。洪熙元年予世

年十二月戊戌襲。成化三年六月卒。　瑛　晟子輔幼,瑛借襲。

千石。弘治元年六月有罪下獄。八年卒。無子。

繼祖　正德元年四月襲。嘉靖十一年二月領南京左

維藩　嘉靖三十七年正月戊寅襲。隆慶二年八月壬

大紀　隆慶二年十一月庚申襲。五年十月甲辰領中

應詔　萬曆十年三月甲申襲。三十一年三月領前府。

光裕　泰昌元年九月戊子襲。崇禎元年七月甲申領

侯。宣德十年六月鎭寧夏,移甘肅。正統四年十月加太保。天順七年七月卒。追封濬國公,謚武靖。

府。二十八年三月丁酉掌神機營五千下。三十五年六月乙未卒。

午卒。

府。明年卒。

三十八年六月總京營。四十八年卒。

左府。二年加太子太保。

金鄉侯　王眞　成祖入立,追封,謚忠壯,勳同前。洪熙元年三月進封寧國公。

成山侯　通　永樂元年五月丁亥封武義伯,祿千石,世襲。十一年五月進封成山侯。仁宗卽

琮　天順元年七月壬午復爵成山伯。五年鎭遼東。六年鎭陝西。八年召還。成化三

鏞　成化十年十二月丁未襲。弘治中累加太子太傅。嘉靖四年五月辛巳卒。

洪　嘉靖四年六月襲。十一月掌圍子手上直。二十四年十月卒。

維熊　嘉靖二十五年四月辛卯襲。隆慶四年十月乙卯卒。

應龍　隆慶五年四月丙申襲。萬曆二十三年七月辛巳卒。

允忠　萬曆二十四年二月癸丑襲。二十九年五月戊戌守南京,領中府。三十七年四

國柱　萬曆三十七年十二月庚申襲。天啓元年六月甲申領南京左府。二年六月甲

道寧　崇禎四年九月乙亥襲。九年八月卒。　道允　崇禎十年襲。

位,領後府,加太子太保,加祿至二千二百石,予世侯。正統四年閏二月有罪削爵。十四年起爲都督僉

年領南京後府兼操江。五年五月卒。

月己未卒。

申加太子太保。

二十四史
中華書局

事。景泰三年四月卒。

清遠

伯　王友　永樂元年五月丁亥封，祿千石。六年七月癸丑以安南

功進世侯，加祿五百石。十二年九月坐誹謗，削爵，除。

榮昌

伯　陳賢　永樂元年五月丁亥封，

智　永樂十四年八月己巳

祿千石，世襲。十三年十一月卒。

襲。宣德元年四月丙寅削爵，除。

安鄉

伯　張興　永樂元年五月丁亥封，祿、襲同前。五年正月卒。

勇　興兄子。永樂中襲。

安　永樂十五年九月庚申襲。宣德十年五月丙申領

左府。正統十一年四月鎮廣東。十四年九月卒於任。〔八〕

寧　景泰三年襲。弘治五年十一月卒。

愉〔九〕　弘治六

坤　正德二

鐸　嘉靖三十

中華書局

年襲。十一年二月領南京前府，督操江。正德二年正月卒。

年十二月乙未襲。六年三月，三千營管操。嘉靖三十三年二月戊戌卒。

三年五月壬戌襲。四十年四月辛亥卒。

鋐　嘉靖四十年十二月己巳襲。萬曆三年八月領前府。十七年卒。

世恩

光燦　崇禎末死於賊。以上二世，襲年無考。

遂安伯

陳志　永樂元年五月丁亥封，祿、襲同前。八年五月卒。

春

英　永樂八年九月壬辰襲。〔八〕宣德二年四月鎮永平。七年正月卒。

塤　正統十一年二月丙寅襲。十四年八月沒於土木。謚榮懷。

韶　正統十

鏸　弘治十

澍　隆慶六

瑋　萬曆二

秉衡　襲年無

四年襲。成化三年坐事謫遼東，明年復。弘治元年九月領三千營。二年三月領右府，累加至少保。十七

七年五月戊戌襲。正德五年三月管紅盔將軍。嘉靖元年四月提督操江，慶典軍府。十四年五月提督

年襲。萬曆四年二月管紅盔將軍入直。

十八年十二月癸巳襲。崇禎元年卒。

考。

長衡　崇禎十四年襲。

年二月卒。

團營，累加太子太保。十八年二月爲留守。

永新伯

許誠　一作成。永樂三年十月丙子，以

中華書局

發奸封，祿千石，世指揮使。十六年二月卒。

西寧侯宋晟　永樂三年十一月癸巳以征西功封，祿千一百石，世襲。五年七月卒。

琥　永樂六年七月壬子襲。洪熙元年正月削爵。

瑛　洪熙元年襲。宣德十年正月領行在前府。正統十四年七月癸巳，戰沒於陽和。

傑　景泰元年正月壬辰襲。

誠　景泰六年九月戊戌襲。七年二月領右府。天順元年二月鎮甘肅，其年卒。

追封鄆國公，謚忠順。

讓　天順二年三月壬寅襲。成化八年十二月卒。

愷　成化十一年二月戊子襲。正德二年閏正月協守南京，兼領右府。十五年辭任。

良臣　正德十六年九月己酉襲。嘉靖元年四月領五軍營。五年十一月管紅盔將軍，入直。九年三月坐奮武營管操。三十四年五月乙未卒。

天馴　嘉靖三十四年十月乙亥襲。四十四年二月領中府。

公度　嘉靖四十五年五月己亥襲。閏十月甲午卒。

世恩　萬曆中襲。二十年九月管紅盔將軍。二十五年十月乙亥卒。

光夏　一作廣夏。萬曆三十四年七月辛巳襲。天啓七年卒。

裕本　莊烈帝卽位，十二月丁酉襲。三年九月甲辰加太子太保。

裕德　崇禎十一年襲。死於賊。

安遠侯柳升　永樂六年七月癸丑以安南功封安遠

溥　宣德十年二月辛未襲。正統元年十二

承慶

景　天順五年十二月辛巳襲。成化末鎮兩

文　弘治十六年正月己未襲。正德初鎮兩

珣　嘉靖十二年四月丙戌襲，祿千石。十三

震　嘉靖二十四年正月丁亥襲。二十九年

懋勛

祚昌[九]　天啓元年正月襲。崇禎三年九月甲辰

紹宗　崇禎七年四月癸亥鎮甘肅。以上三世，

中華書局

伯，祿千石，世襲。八年八月壬寅進封侯，加祿五百石。二十年予世侯。宣德二年九月敗沒於交阯。正統
月領中府。三年六月鎮廣西。十四年十二月領神機營。景泰五年再鎮廣西。天順元年四月領右府。五
廣。弘治七年十二月以罪削爵。十二年復。十三年六月領三千營。十五年二月卒。
廣，移鎮湖廣，召還。嘉靖十一年十二月己亥卒。
年十二月鎮兩廣。十八年加祿三十石，加少保。二十二年三月甲戌卒。贈太保，諡武襄。
五月乙丑協守南京。隆慶五年十月丙午領南京左府。萬曆十一年十月，南京中府僉書。
加太子太師。
諸書止稱安遠伯，襲、卒無考。

中追封融國公，諡襄愍。	建平伯	高士文　戰沒交阯，追封，祿千三百石，世襲。
年三月卒，諡武肅。		福　永樂六年襲。二十二年九月卒。
		遠　洪熙元年二月戊申襲。正統十四年六月領前府。成化
		纁　弘治七年二月庚辰襲。十一年三月丁巳領五軍營管

	寧遠侯
十三年六月召還。弘治元年七月卒。 進　弘治二年三月辛酉襲。六年十月卒。	
操。嘉靖初卒。無子，除。	

何福　永樂七年九月庚午北征功封，〔一〇〕祿千石。明年八月以罪自殺，除。	恭順伯	吳允
	恭順侯	吳克忠
		瑾
		鑑
		世興
		繼爵
		汝蔭
		惟業

誠　本名把都帖木兒。永樂十年正月戊子北征功封，祿一千二百石，世襲。十五年四月卒。贈邠國
永樂十六年二月戊申襲。洪熙元年進封侯，世襲。正統十四年八月庚申戰沒於宣府。
正統十四年十月丙辰襲。天順五年七月庚子死於曹欽之難。贈涼國公，謚武壯。
天順六年二月壬申襲。正德元年十二月卒。
正德二年四月丁丑襲。四年六月掌三千營。
嘉靖二十七年二月甲寅襲。三十九年四月領左府。四十二年二月鎮兩廣。隆慶四年正月甲戌總京
萬曆二十七年十一月丙午襲。三十二年六月，右府僉書管紅盔將軍上直。三十七年九月領中府。崇
崇禎四年襲。惟英　襲無考。崇禎十六年十二月庚午卒。

公。	廣寧伯　劉榮　永樂十七年九月壬子封，祿千
	湍　永樂十八年十二月襲。宣德九
營。萬曆二年十月領南京中府。二十七年卒。	
禎四年卒。	

二百石，世襲。十八年四月卒。謚忠武，追進侯。
年二月卒。安　宣德十年二月丙辰襲。正統十四年八月守大同。景帝即位，下獄。景泰三年五
瓛　淮子，安姪。成化十二年六月庚寅襲。十六年卒。璇　成化十六年四月丙辰
佶　弘治二年十二月丙申
泰　嘉靖二年二月己丑襲。
允中　嘉靖三十一年襲。三十
嗣德　襲年無考。萬曆十一年

月復。天順元年二月進封侯，加祿三百石，領右府，累加太子太傅，卒。追封嶧國公，謚忠僖。
襲。弘治二年九月卒。
襲。十二年二月管紅盔將軍上直。正德四年十一月領後府。嘉靖元年十二月壬午卒。
四年八月坐練武營。九年十一月丁亥提督操江，歷典軍職。世宗南巡，領中府居守。二十六年八月甲
九年八月僉書中府。四十五年四月領前府。允正　萬曆十
五月管紅盔將軍。十四年二月，左府僉書。十八年十一月壬寅卒。無子。叔允正襲。嗣爵　萬曆三

中華書局

安陽侯

辰卒。謚康順。

九年襲。三十三年六月己巳卒。

十八年九月戊申襲。四十一年十一月乙丑管紅盔將軍上直。

嗣恩　崇禎十二年襲。

郭義　永樂十八年十二月甲寅封，祿千一百石，加號奉天靖難武臣，世指揮使。十九年正月卒。

陽武侯

薛祿　永樂十八年十二月甲寅封，勳號同前，祿千五百石，封三代，皆侯爵，賜誥券。仁

勳

詵　宣德七年八月壬子襲。十年五月領前府。正統四年五月卒。

琮　景泰四年二月壬子襲。成化四年四月卒。

倫　成化十二年七月丙辰襲，祿千石。弘治三年，神機營右哨。正德十六年九月坐

翰　一作瀚。嘉靖九年三月丙辰襲。十九年十二月壬午管紅盔將軍上直。

鋹　翰從子。萬曆五年九月戊辰襲。

鉦　襲年無考。萬曆十九年正月任前府僉

濂　襲年無考。崇禎三年九月甲辰加太子

宗即位，加太子太保，予世侯，命巡邊，加歲祿五百石。宣德五年卒，追封鄞國公，謚忠武。

鼓勇營。

事。

太師。京師陷，死於賊。

會安伯

金玉 與薛祿同日封，祿八百石，世指揮使。永樂十九年卒。	永順伯 薛斌 與薛祿同日封，	祿九百石，世指揮使。永樂十九年九月丁未卒。
	綬 永樂二十二年	八月辛未，念父功襲伯。正統十四年八月庚申，鷂兒嶺戰沒，追封侯，諡武毅。
	輔 景泰元年七月	丁卯襲。成化十二年正月卒。
	勳 成化十二年六	月己丑襲。弘治四年十月坐五軍營左掖。正德三年十二月坐五千營。四年十月領南京前府提督操

江。六年六月卒。	武進伯 朱榮 永樂二十年九月辛未，北征功封，祿千二百石，世襲。洪熙元年	七月卒。追封侯，諡忠靖。
	冕 洪熙元年十月乙酉襲，領行在左府。宣德二年改右府。正統四	年二月鎮大同。十四年七月癸巳戰沒於陽和。追封侯，諡忠愍。
	瑛 正統十四年襲。天順四年十二月卒。	
	雲 天順五年五月丙午襲。成化九年十二月卒。霖 成化十	年三月己酉襲。弘治二年九月卒。
	潔 弘治三	年二月戊申襲，三月給歲祿八百石。正德三年正月卒。江 正德十三年三月丁卯襲。嘉靖十二年
	本 正德三	年四月甲申襲。十二年十月卒。無子。叔江襲。

中華書局

五月卒。

海 嘉靖十八年九月戊申襲。二十一年五月管紅盔將軍上直。二十七年八月癸亥卒。

承勳 嘉靖三十七年三月乙卯襲。

世雍 隆慶六年襲。萬曆十四年正月，後府僉書，仍管紅盔將軍。無子。

天爵 世系無考。萬曆二十七年八月戊子襲。三十九年卒。

自洪 一作自弘。萬曆四十年十月壬午襲。崇禎三年九月甲辰加太傅。

安順伯

薛貴 初名脫火赤，與朱榮同日封，祿九百石，世指揮使。洪熙元年予世伯。宣德元年

山

忠 一作貴。天順元年七月襲伯。六年十二月卒。

琦 一作琦。天順七年四月丁卯襲。弘治三年二月卒。子昂，仍襲指揮使。

七月庚申進封侯，加祿三百石。五年二月卒。追封濱國公，謚忠壯。弟可可帖木兒，襲指揮使。

忠勇王

金忠 本名也先土干。永樂二十一年以其部屬來歸，封，賜姓名。宣德四年二月累加

太保。六年八月卒。

榮國公 姚廣孝 永樂十六年三月追封，加號推誠輔國協力宣

謀文臣，謚恭靖。

景城伯 馬榮 永樂八年追封，謚壯武。

新泰伯 張欽 永樂十五年二

月追封，謚剛勇。

萊陽伯 周長 永樂十五年二月追封，謚忠毅。

成武伯 陳亨 一名午。

永樂十六年三月追封，謚忠勇。

平陰伯 朱崇 永樂二十年二月追封，謚武襄。

保昌伯

中華書局

程寬	永樂二十年正月追封，諡忠威。								

右永樂朝自姚廣孝以下，皆從北平，以功追贈者。

校勘記

〔一〕遷家屬嶺南　嶺南，本書卷一四五丘福傳、太宗實錄卷六六永樂七年九月丁未條作「海南」。

〔二〕十六年六月卒　十六年，原作「十五年」，據本書卷一四四顧成傳、孝宗實錄卷二〇〇弘治十六年六月己酉條改。

〔三〕錫胤　原作「錫印」，據熹宗實錄卷一〇天啓元年十月壬申條改。

〔四〕國楨　本書卷一四六李濬傳作「國禎」。

〔五〕三十三年四月加太子太傅　太子太傅，原作「太傅」，脫「太子」二字，與下文「贈太傅」重出。據本書卷一五三陳瑄傳附陳圭、世宗實錄卷四〇九嘉靖三十三年四月丁酉條補。

〔六〕十四年九月卒於任　九月，原作「十一月」，據本書卷一一景帝紀、國榷卷二八頁一七九五改。英宗實錄卷一八五作十一月己卯「賜祭」，十一月當因此致誤。

〔七〕恂　孝宗實錄卷七四弘治六年四月乙卯條謂恂爲寧之子，非同輩人，與此互異。

〔八〕永樂八年九月壬辰襲　八年九月，原作「九年八月」，據太宗實錄卷七二永樂八年九月壬辰條改。

〔九〕祚昌　原作「昌祚」，據本書卷三〇八馬士英傳、熹宗實錄卷一天啓元年正月丁亥條改。

〔一〇〕永樂七年九月庚午北征功封　庚午，原作「庚子」。九月庚午朔，沒有庚子。據太宗實錄卷六六改。

明史

清　張廷玉等撰

第一一冊

卷一〇七至卷一一二（表）

中華書局

中華書局

明史卷一百七

表第八

功臣世表三

始封	保定伯 梁銘 仁宗即位，十二月己巳封，祿千五百石，世襲。宣德二年九月乙未卒於交阯軍中。
子	瑺 宣德十年二月辛未襲。景泰三年十二月丁未進封侯。五年二月賜誥券，予世襲伯爵。天順元年十月鎭陝西，還領左府。成化三年十二月卒。追封鄖國公，諡襄靖。
孫	傳 成化四年五月乙亥襲，祿千石。十七年正月卒。任 成化十八年五月丙子襲。弘治九年三月領南京左府。
曾孫	永福 正德八年八月壬戌襲。十年閏四月乙丑領南京後府。嘉靖元年改右府。九年五月有罪革任，卒。
五世	繼藩 嘉靖十四年七月辛未襲。十五年十二月管紅盔將軍。明年十月坐五軍營右哨。二十九年九月戊午領南京前府。
六世	世勛 萬曆初襲，歷典軍職。崇禎元年六月乙巳閒住。
七世	天秩 崇禎十五年五月壬午管紅盔將軍。以上二世襲、卒無考。
八世	
九世	
十世	

	忠勤伯 李賢 洪熙元年正月戊申封。六月癸丑卒，除。	廣義伯 吳管者 洪熙元年正月戊子封，祿千石，世襲。
		玘 正統四年十一月甲戌襲。景泰七年九月卒。琮 玘從弟。天順二年九月丁亥襲。成化
隆慶二年十二月提督操江。五年五月癸亥領左府。萬曆二年十一月壬申提督南京操江，兼管巡江。		

	清平侯 吳成 初名買驢。洪熙元年七月壬辰封伯，祿千一百石，世襲。宣德四年二月進	封侯，加祿四百石。八年十二月卒。追封梁國公，諡壯勇。	右洪熙朝	崇信伯 費瓛 宣德元年八月丁卯
二年七月鎮寧夏。五年六月以罪謫戍，除。				釗 宣德三年八月庚寅
	英 宣德十年二月丙辰襲。			淮 成化八年四月丁丑
	壓 天順八年九月庚申襲。成化十四年九月卒。 琮 成化十五	年襲。弘治十一年八月領南京後府。十七年四月卒。		柱 弘治十一年七月己
	傑 正德三年	三月辛亥襲。六年四月，神機營管操。嘉靖四年十二月鎮湖廣。十年六月庚申卒。		
	家彥 嘉靖二十	年五月戊子襲。二十七年十月管紅盔將軍上直。		
	國乾 萬曆四年	八月丁亥襲。三十七年十月卒。		
	遵周 萬曆三十	八年九月丙午襲。天啓元年六月領前府。崇禎十五年改中府。		

封，祿千一百石，世襲。十月鎮甘肅。三年二月卒。			會寧伯 李英 宣德二年九月戊申封，祿千一百石，鎮西寧。正統二年三月癸巳有罪革爵。
襲。天順四年閏十一月卒。			
襲。			
酉襲。十四年七月領五軍營。正德中，左府僉書。嘉靖九年十二月壬戌卒。	栻 嘉靖十年五月戊子襲，履典戎職。十七年十一月乙	未卒。	
	煒 嘉靖十八年六月癸亥襲。二十一年九月僉書中軍	都督府事。	
	坤 嘉靖三十五年三月庚午襲。		
	甲金 萬曆二年二月襲。十九年十二月領中府。		
	天澤 萬曆四十三年襲。崇禎三年九月甲辰加太子太師。	十一年卒。追贈太傅。	
	尙檝 崇禎十一年六月乙卯襲。		

新建伯　李玉　宣德四年二月辛丑封，祿八百石，世指揮使。正統六年八月卒。

奉化伯　滕定　宣德四年七月乙丑封，祿、襲同

前。正統六年十一月卒。追封侯。

順義伯　金順　宣德四年七月乙丑封，祿同前。八年九月卒。

安陽伯　曹隆　永樂九年

九月卒。宣德初追封，謚忠毅。

邵陽伯　馬聚　宣德四年二月戊寅卒。追封，謚壯勇。

清源伯　冀傑　宣德四年二月辛巳

卒。追封，謚忠壯。

西和伯　吳守義　宣德四年六月乙酉卒。追封，謚僖順。

營山伯　高成　宣德四年七月辛酉卒。追封，謚

二十四史　中華書局

武毅。			
湯陰伯	郭資 宣德八年十二月以文臣追封。諡忠襄。		
榆次伯	張廉 永樂中從征有功。宣德七年十月辛卯卒。		

追封，諡忠敏。			
臨漳伯	郭義 宣德間追封。		

右宣德朝

會川伯	趙安 正統三年封，祿千石，鎮涼州。九年十二月		

卒。											
寧遠伯	任禮 正統三年四月封，祿千二百石，世襲。成化元年卒。追封侯，諡僖武。	壽 成化元年五月丁卯襲，鎮陝西。四年十一月以罪戍邊，爵除。									
定西侯	蔣貴 正統三年	義	琬 正統十四	驥 成化二十	叡 正德四年	傅 嘉靖十一					

封定西伯，祿千二百石。七年五月進封侯，世襲。十四年正月卒。追封涇國公，諡武勇。		年十月辛亥襲。領左府。成化十年閏六月領團營，累加太保。二十三年八月卒。追封涼國公，諡敏毅。	三年襲。弘治十七年四月領神機營五千下。十八年二月鎮湖廣，移鎮遼東。正德四年六月卒。	十二月癸卯襲。十年十二月，神機營五千下坐營。十二年十一月掌府軍前衛印。	年正月癸酉襲。二十三年五月領南京前府。二十五年召還，屢典軍職。三十四年六月甲子卒。	佑 嘉靖三十五年九月	建元 萬曆三年十一月癸	承勳 萬曆三十九年八月	維恭 天啓二年十二月己	秉忠 崇禎十三年襲。

中華書局

	修武伯 沈清 正統六年十月封，祿千石，世襲。
	榮 正統八年七月己卯襲。十三年
	煜 景泰三年五月，以立后、立儲恩，
	祺 成化中襲。卒。無子。坊
庚午襲。隆慶二年正月領右府。五年正月庚辰改前府。萬曆三年十月壬申卒。	
丑襲。四年二月管紅盔將軍上直。二十年九月協守南京。	
庚辰襲。天啓元年六月丙申領南京前府。	
卯襲。崇禎三年九月甲辰加少保。十三年卒。	

八年四月卒。諡襄榮。	永寧伯 譚廣 正統六年十一月癸卯封。九年十月卒。諡
十月領左府。十四年八月壬戌沒於土木，追削爵。天順初追封侯，諡僖愍。	
淮襲，祿八百石。天順末，鎮薊州，移鎮寧夏。成化十三年以罪削爵。	
成化二十三年十一月甲辰襲。弘治六年三月己巳卒。子襲指揮使。	

襄毅。成化三年九月追封侯。子襲指揮使。	靖遠伯 王驥 正統七年五月壬申封奉天翊衛推誠宣力守正文臣，祿千二百石，尋加
	瑺 天順四年十月乙卯襲。成化七年二月卒。
	添 成化八年襲。十二年五月坐五軍營。十五年八月卒。
	憲 成化十九年二月襲。弘治初管紅盔將軍侍直。正德八年掌府軍前衞。九
	瑾 正德十年四月襲，屢典軍職。嘉靖三十四年九月癸巳鎮兩廣。
	學詩 萬曆元年正月辛亥襲。 學禮 萬曆四年四月癸酉襲。十九年
	繼芳 萬曆四十一年七月戊辰襲。踰
	永恩 一作承恩。萬曆四十三年七月

三百石。天順四年五月卒。追封侯，諡忠毅。	平鄉伯 陳懷 正統九年三月丙寅封。十四年
	輔 正統十四年十一月壬辰襲。
	政 景泰六年正月庚申襲。成化八
年十二月卒。	信 成化二十二年十二月丙子襲。
二月壬申領左府，改中府。四十一年卒。	
年卒。	
丙寅襲。天啓六年三月壬子領南京左府。崇禎十四年二月督浦口河池事務。	

沒於土木。追封侯，謚忠毅。		年鎮兩廣。二十一年十一月卒。	弘治六年正月卒。子襲指揮使。
招遠伯 馬亮 與陳懷同日封。十一年七月卒。謚榮毅。子襲指揮使。			
忠勇伯 蔣信 正統中封。	善 景泰五年		

卒。追封侯，謚僖順。	八月丁酉襲。天順元年三月增祿千一百石。弘治中卒。無子，除。
蒙陰伯 李英 英宗即位三月追封，謚襄毅。	
綿谷伯 高文	

正統元年十二月甲子卒。追封，謚莊靖。	
懷遠伯 山雲 正統三年十一月追封，謚忠毅。	
威遠伯 方政 正統五年八月追封，	

謚忠毅。	
泌陽伯 韓僖 正統五年九月追封，謚榮襄。	
臨武伯 蕭授 正統十年追封。	
萊陽伯 孫榮 正統中追	

二十四史 中華書局

封。	山陽伯 金純 正統中以文臣追封。	茌平伯 吳中 正統七年六月以文臣追封，諡榮襄。

右正統朝

昌平侯	楊洪 景帝即位，八月辛未封昌平伯。十一月乙丑進封侯，世襲。二年九月卒。追封潁國公，諡武襄。
	傑 景泰二年襲。四年二月卒。　俊 景泰四年五月乙丑襲。
	珍 景泰七年十二月丙辰襲。天順元年坐附于謙除。成化十七年

	定襄伯	郭登 景泰元年閏正月庚午封，祿千二百石，世襲。天順元年二月領南京中府，坐罪奪爵。八年三月
		嵩 登從子。成化八年十二月乙丑襲，祿七百石。十三年六月領南京前府，尋改提督操江。十四年
四月詔許襲爵。		

壬辰復。成化八年四月卒。追封侯，諡忠武。	撫寧伯	朱謙 景泰元年九月丁未封。二年二月卒。天順元年十月追封侯。成化五年諡
正月卒。子襲指揮使。	保國公	永 景泰二年八月辛未襲，予世券。成化三年正月壬申進封侯。十五年進封
		暉 弘治九年六月甲辰襲公，子孫仍世侯。十六年六月提督團營。正德六年
	撫寧侯	麒 正德七年四月襲侯。十二年十二月鎮兩廣。九年三月坐奮武營管操。嘉
		岳 嘉靖十七年襲。二十一年四月僉書中府。四十二年二月掌左府。

武襄。
公，世襲，祿二千石，累加太師。弘治二年三月掌後府。九年二月卒。追封宣平王，謚武莊。[一]
八月卒。
靖十二年十二月鎮湖廣。十三年三月守備南京。十七年加祿三百石，其年卒。
崙 隆慶二年七月壬子襲。萬曆十八年九月壬寅卒。
繼勳 萬曆十九年襲。二十三年十二月癸丑掌府軍前衛。三十七年九月丁未歸自南京，至臨清，爲關使所逼，自殺。
國弼 萬曆四十六年閏四月丙寅襲。天啓元年六月領中府，有罪革祿。莊烈帝即位，十一月庚午復。崇禎四年正月己未守南京，兼

	南和侯	方瑛 政子。景泰五年封伯，世襲。天順元年七月戊子追封
	襲伯	毅 天順四年十二月庚寅襲，以罪革爵。
		壽祥 成化十七年四月丙辰襲。弘治三年八月坐五軍營
		東 嘉靖十八年九月戊戌襲。二十七年十一月丁酉坐
		炳 嘉靖三十三年十一月己酉襲，屢掌兩京軍府。
		應奇 隆慶二年襲。卒，無子，叔燁襲。
領中府，累加少傅。十一年正月削爵。十六年四月壬午復。		

侯，子孫世襲伯，祿千二百石。三年十一月卒。謚忠襄。	南寧伯	毛勝
		榮
左哨。十四年三月，顯武營管操。正德四年九月鎮貴州。嘉靖間再僉南京軍府。十七年九月丁丑卒。謚康順。		文
揚威營。三十年九月卒。		良
燁 炳從弟。隆慶六年正月癸未襲。萬曆十九年正月丙午任中府僉書。二十七年十二月卒。		重器
一元 萬曆四十三年三月丙辰襲。天啓六年三月領南京後府。餘無考。		

景泰五年封，世襲，鎮金齒。天順二年八月卒。追封侯，謚莊毅。
天順三年十二月乙卯襲，以罪謫廣西。成化二年復鎮貴州。五年十一月鎮兩廣。六年正月卒。
成化七年二月戊午襲。十四年二月提督操江。弘治元年九月協守南京。六年八月卒。
弘治七年二月丙子襲。十五年三月，三千營管操。十八年九月領南京後府。正德十一年十二月管紅盔將軍上直。嘉靖七年二月坐奮
嘉靖二十一年七月丙寅襲。二十八年十二月丁酉坐立威營。三十四年二月戊寅卒。 邦器 嘉靖三十四年九月癸巳襲。四

二十四史
中華書局

二十四史

			武營管操。十九年十一月戊戌卒。	十年卒。國器 嘉靖四十一年六月癸丑襲。四十五年二月領南京前府。	祖德 一作得祖。萬曆二十三年九月乙酉襲。三十五年管紅盔將軍上直。	孟龍 一作夢龍。天啓中襲。崇禎九年卒。茂龍 崇禎十年二月甲午襲。			
鉅鹿侯 井源 駙馬都尉，									

沒於土木。景帝即位，追封。									
任丘伯 梁成 左都督，沒於土木。追封。									
山陽伯 武興 景泰間追封。									

溧陽伯 紀廣 景泰四年正月卒。追封，諡僖順。	順寧 景泰四年七月襲。								
沭陽伯 金濂 景泰間以文臣追封。									

右景泰朝

忠國公 石亨 景帝即位，									

八月辛未封武清伯。十月壬戌進封侯。天順元年正月壬午進封公，祿千五百石。四年正月，有罪下獄死，除。									
太平侯 張軏	瑾								

中華書局

輔弟。天順元年正月壬午封。祿二千石，世襲。二年三月卒。追封裕國公，諡勇襄。	天順二年七月戊子襲。成化元年六月庚子革。							
文安伯 張輗 輗兄，與軏同日封，祿千二百石，	斌 天順六年六月庚寅襲。七年八							

世襲。六年二月卒。追封侯，諡忠僖。	月有罪，除。							
興濟伯 楊善 天順元年正月丙戌封奉天翊衛推誠宣力武臣，祿千二百石，世襲。二年	宗 天順二年九月丁酉襲。成化元年予世指揮使。							

五月卒。追封侯，諡忠敏。								
海寧伯 董興 天順元年正月己丑封，祿千一百石，世襲。成化十二年十一月卒，除。								

懷寧侯 孫鏜 天順元年正月己丑封懷寧伯。五年七月進封侯，世襲。成化七年正月丁亥卒。追封涞國公，諡武毅。〔三〕	輔 成化七年五月己丑襲。十六年二月卒。	泰 成化十六年十二月丙寅襲。弘治十四年十月卒。	應爵 弘治十五年十二月庚午襲。十七年閏四月坐神威營。正德三年十二月總神機營。四年七月領前府。十月兼提督	瑛 正德十三年正月癸卯襲。十五年十二月管紅盔將軍上直。嘉靖十八年七月卒。	瑁 嘉靖十八年襲。二十	秉元 嘉靖二十三年四月	世忠 嘉靖三十八年三月	承恩 萬曆二十九年三月

團營。十二年六月卒。

三年卒。

戊寅襲。二十七年十二月乙丑坐劾勇營。三十七年十月己未卒。

甲午襲。四十四年六月管紅盔將軍。隆慶元年三月協守南京，領後府。四年十月守備南京，領中府。萬曆元年二月鎮湖廣。二十年十一

癸亥襲。

承蔭 萬曆中提督操江。崇禎元年十一月戊午革操江任。

繼濬 崇禎四年七月戊寅襲。

維藩 崇禎中襲。

豐潤伯

曹義 天順元年二月甲辰封，祿千三百石，世襲。四年正月卒。追封侯，謚莊武。

振 天順四年七月襲。成化十六年五月坐神機營。弘治元年四月提督操江。二年五月卒。

愷 弘治三年二月庚子襲。鎮貴州。正德十五年十一月提督操江。嘉靖五年六月甲戌卒。

棟 嘉靖五年十月丁卯襲。七年正月庚寅卒。

松 棟庶兄。嘉靖七年襲，慶典軍府，守備南京。

文炳 嘉靖四十年十一月戊戌襲。四十三年十

月戊子卒。予祭葬。

允成 萬曆二十三年六月庚午襲。四十三年卒。

匡治 崇禎元年二月戊戌襲。二年九月甲辰加

東寧伯

焦禮 與曹義同日封，祿千二百石，世襲。七年正月卒。追封侯，謚襄毅。

亮

壽 天順七年正月襲，十二月坐三千營。成化元年八月鎮陝西。八

月領南京左府。隆慶五年十月丙午領左府。

太子太[redacted]十一年四月辛丑，左府僉書。

[redacted]

年十一月卒。

俊 成化九年十月丁丑襲。弘治三年四月坐三千營。八年三月領南京前府，提督操江。十一年二月鎮貴州。

淇 一作洪。弘治十四年十一月戊戌襲，祿八百石。正德五年二月鎮兩廣。六年十月甲辰卒。

洵

棟

文耀

十三年九月卒。
正德八年襲。十四年七月乙卯卒。
沔從子。正德十六年二月丁亥襲。嘉靖五年十一月坐立威營。十年三月總五軍營。十四年六月領中府。十八年二月掛右副將軍印扈
嘉靖四十二年四月乙卯襲。夢熊襲年無考。萬曆三十二年六月己酉，後府僉書。天啓元年六月甲申領南京後府。崇禎三年九

	懷柔伯 施聚 與曹義同日封，祿千一百石，世襲。六年九月卒。追封侯，謚威靖。
	榮 天順七年六月癸亥襲。成化元年正月卒。
	鑑 成化元年六月丁酉襲。四年八月有罪奪爵，謫貴州，立功。十三年四月復。
	瓚 一作璜。弘治八年十二月乙亥襲，領南京左府。九年十二月，神機營左哨
駕。三十六年正月甲戌卒。贈太子太保。	
月甲辰加太師。	

弘治三年八月坐練武營。四年二月，南京協同守備。八年正月卒。
坐營管操。嘉靖八年十二月癸酉卒。瑾 嘉靖中襲。
齋 嘉靖十五年五月丙子襲。三十四年六月己巳卒。
嵩 嘉靖三十五年十二月壬寅襲。隆慶三年三月壬申卒。
光祖 隆慶四年十月庚子襲。
壯猷 萬曆三十四年四月壬子襲。崇禎四年二月庚午領南京左府。七年卒。
兆麟 崇禎十年正月襲。

武功伯 徐有貞 天順元年三月癸酉以文臣封，祿千一百石，世指揮使。尋以罪謫，除。	武平侯 陳友 天順元年七月戊子
	襲伯 能 天順四年六月戊辰
	綱 成化二十年三月癸
	勳 弘治九年四月壬寅

中華書局

封伯，祿千一百石，世襲。三年四月己巳進封侯，子孫仍世伯，加祿百石。四年三月卒。弘治三年六月追封洒國公，諡武僖。
襲。成化八年六月停祿，尋復。十九年七月卒。
丑襲，祿千石，管紅盔將軍上直。弘治四年兼坐揚威營。八年三月卒。
襲。正德元年五月領右府。二年二月，三千營管操。四年十月卒。熹 正德五年襲。
大策 嘉靖十三年閏二月丙寅襲。萬曆五年閏八月卒。
永壽 萬曆五年十二月乙未襲。按實錄，時有武平伯陳如松者，萬
世恩 襲年無考。天啓五年十二月管紅盔將軍。崇禎三年九月甲辰

	定遠侯 石彪 與陳友同日封伯，祿千一百石，世襲。三年閏月己巳進封侯，加
曆十九年正月庚戌管理紅盔將軍。世次、襲年無考。	
加太子太傅。	

祿百石。四年二月以罪誅，除。	高陽伯 李文 與陳友同日封，祿千石，失事褫爵。弘治二年十二月卒。追贈伯爵。子襲指揮使。

武强伯 楊能 洪從子。與陳友同日封，祿千石。四年十一月卒。無子，除。	宣城伯 衞穎 天順元年十一月甲子封，[三]祿
	璋 弘治十一年五月乙丑襲。
	錞 正德十三年正月癸卯襲。十六
	守正 嘉靖三十六年五月丙子襲。三
	國本 隆慶二年八月甲辰襲。五年正
	應爵 萬曆二十八年九月辛丑襲。三
	時泰[四] 萬曆三十九年二月己卯襲。崇

一千一百石，予世襲。成化元年四月掌右府。八年八月管後府。弘治十一年卒。追封侯，諡壯勇。	彰武伯　楊信　洪從子。天
	瑾　成化十四
年二月坐果勇營。嘉靖十四年五月提督神機營。十八年二月爲留守。三十六年正月卒。贈太傅。	質　弘治十年
十七年十月僉書後府。隆慶二年五月丁丑卒。	儒　嘉靖十八
月庚辰掌府軍前衛。萬曆中，屢僉軍府。	炳　嘉靖四十
十五年卒。	世階　襲年無考。
禎三年九月甲辰加太保。十七年三月闖門死難。	崇猷　泰昌元年

順二年封，祿千石。八年七月予世襲。成化十三年十二月卒。追封侯，諡武毅。
年四月丁巳襲。弘治二年四月卒。
三月戊申襲，給祿千石。嘉靖十一年三月，右府僉書。十七年七月戊戌卒。
年正月丁酉襲。四十一年五月卒。
一年十二月丙子襲。隆慶四年八月領左府。十一協守南京。五年十一月總京營。萬曆十一年九月乙未加太子太傅。十四年三月卒。
萬曆三十八年六月領左府。四十九年卒。
十二月辛酉襲。

右天順朝

	武靖侯　趙輔　成化二年十一月庚辰封伯。祿千二百石。四年正月進封侯，予世伯。二十二年六月卒，追封容
	襲伯　承慶　成化末襲。弘治元年三月領神機營五千下管操。九月掌府軍前衛。八年三月協守南京僉右
	弘澤　正德三年七月庚辰襲。四年十月坐五軍營。六年四月掌前府。十五年十二月管紅盔將軍上
	世爵　嘉靖八年襲。十年十二月壬寅坐五軍營。二十年四月，右府僉書。二十二年七月甲寅卒。
贈太保。	
	國斌　嘉靖二十三年四月戊寅襲。
	光遠　萬曆二年六月戊申襲。四年二月，左府僉書。十四年正月鎮湖廣。
	祖蔭　萬曆二十四年五月庚辰襲。三十七年二月壬申協守南京後府。四十年卒。　祖芳
	邦鎮

國公，諡恭肅。	伏羌伯　毛忠　成化三年四月庚子封，祿千石。四年十一月討滿四戰沒。追封侯，予世伯。
府。正德二年七月癸亥卒。	
直。	銳　成化五年四月丁丑襲。弘治元年正月鎮湖廣。二年十月移鎮兩廣。十七年六月加
	江　嘉靖三年九月甲子襲。四年十一月坐神機營五千下。十二年四月鎮湖廣。十三年
萬曆四十二年十月己丑襲。	
世系、襲年無考。	

太子太傅。卒。

正德四年十月提督漕運。世宗即位，命鎮湖廣，卒。贈太傅，諡威襄。

漢　嘉靖十三年五月癸未襲，慶典南京軍府，提督操江、漕運。

桓　漢從子。嘉靖三十三年九月壬寅襲。三十四年十一月，南京後府僉書。三十七年八月癸酉卒。

登　嘉靖三十九年八月壬戌襲。四十五年五月僉書左府。隆慶五年十月丙午領中府。萬曆二十年二月丙午卒。

承祚　崇禎四年正月壬寅襲。十二年四月丙申領右府。自登至承祚，世系無考。

順義伯

羅秉忠　成化四年八月己酉封。十六年十二月卒。諡榮壯，停襲。

靖安伯

和勇　成化五年六月癸亥封。十年二

月卒。諡武敏。子襲指揮使。

寧晉伯

劉聚　成化七年三月甲申封，祿千石。九年六月予世襲。十年四月卒。追封侯，諡威勇。

祿　成化十年閏六月襲。

福　成化十一年六月乙酉襲，祿八百石。弘治十三年八

岳　弘治十五年三月癸巳襲。正德十六年五月坐耀武

月佐後府。明年十月卒。

營。

文　嘉靖六年襲。

斌　嘉靖三十五年二月庚子襲。隆慶四年十月辛丑卒。

良璽　嘉靖二十三年四月戊寅襲。無子。叔斌襲。

應芳　萬曆三年正月乙丑襲。

天錫　萬曆三十年七月乙酉襲。

光溥　崇禎十一年六月乙卯襲。十三年二月辛未，後府僉書管事。十

四年五月領右府。

興寧伯

李震

成化十二年九月庚申封，祿千石。十四年有罪削爵。二十年九月復。二十二年八月卒，停襲。

威寧伯

王越

成化十六年以文臣封，世襲。十七年二月加太子太傅，卒。贈太傅，謚襄敏，停襲。

昌寧伯

趙勝

成化十九

年十月丙戌封。二十三年七月卒。追封侯，謚壯敏。予其後指揮使。

固原伯

劉玉

成化七年十一月卒。以右都督追封，謚毅

敏。

宣良伯

冉保

成化中，左都督，追封。

右成化朝

廣昌伯

劉寧

弘治中，左都督，追封。

涇陽伯

神英

正德五年

二十四史

四月庚子封。以附劉瑾除。

咸寧侯

仇鉞

正德五年九月丙辰封伯，世襲。七年十月進封侯。十六年五月卒。

鸞

嘉靖元年襲。三年十月，顯武營管操。七年三月坐奮武營管操。十六年九月鎮寧夏。

十八年二月掛左副將軍印扈駕。二十三年正月鎮甘肅。二十六年十二月有罪逮捕下獄。二十七年三月出獄。三十一年八月壬戌卒。

追戮屍，除。

洛南伯

馮禎

正德中，副總兵，追封。

邢臺伯

馮斌

正德中，右都督，追封。

新建伯

王守仁

世宗卽位，十一月丁

正億

隆慶初襲。萬曆五年

承勳

萬曆五年襲。二十年

先通

承勳從子。崇禎十二

巳以文臣封，祿千石，世襲。隆慶元年四月甲寅追封侯，謚文成。

卒。

督漕運。三十年十二月以督漕久勞，加太子太保。天啓五年正月卒於家。

年十月辛丑襲。十七年三月死於賊。

忠誠伯

陸炳

嘉靖中，左都督，追封。

寧遠伯

李成梁

如松

尊祖

中華書局

萬曆七年五月丙辰封，祿八百石。二十九年三月鎮遼東。三十四年六月庚子卒。	萬曆二十六年四月死事遼東，追贈加少保，謚忠烈。		崇禎十年閏四月甲子襲。						
寧南伯 左良玉 崇禎十七年三月癸巳封。									

定西伯 唐通 與良玉同日封。降於賊。									
靖南伯 黃得功 與良玉同日封。									

右自弘治至崇禎朝

校勘記

〔一〕謚武莊　武莊，本書卷一七三朱謙傳、孝宗實錄卷一〇九弘治九年二月戊午條都作「武毅」。

〔二〕謚武毅　武毅，本書卷一七三孫鏜傳、憲宗實錄卷八七成化七年正月戊子條都作「武敏」。

〔三〕衞穎天順元年十一月甲子封　衞穎，原作「衞頴」，十一月，原作「十月」，據本書卷一七五衞穎傳、英宗實錄卷二八四改。

〔四〕時泰　本書卷一七五衞青傳，又卷二六六末列敍諸人中都作「時春」。

中華書局

明史卷一百八

表第九

外戚恩澤侯表

古恩澤封有三，曰外戚，曰中官，曰嬖倖。明興，追崇外氏，廟貌之隆，爵超五等，而苗裔無攷，未及授官。高后外家不奉朝請，家法之嚴有自來矣。自文皇后而外，率由儒族單門，入儷宸極。后父初秩不過指揮，侯伯保傅以漸而進。優者厚田宅，列僮奴。雖擁侈富之資，曾無憑藉之勢，制防之微意寓焉。肅宗申明功令，[一]裁抑世封，戚畹周親不得與汗馬餘勳爲齒。雖稱肺腑，事劣封君。上視漢、唐，殆相懸絕。茲考實錄所載封襲歲月，備列爲表，以別於元功之次。他若宦官子弟濫列金貂，方士義兒均從班爵，駢文成之丕誕，踵養子之傾輈，亂政亟行，若循一軌，各依年次，備著於篇，亦班固表外戚，譜張釋、欒大之例也。

始封	子	孫	曾孫	五世	六世	七世	八世	九世	十世
恩親侯 李貞 尚太祖姊孝親公主。洪武元年二月庚午封。後以子文忠功，進封曹國公。									
揚王 陳公 逸其名，太									

祖母淳皇后父。洪武二年追贈。									
徐王 馬公 逸其名，高皇后父。洪武二年追贈。									
惠義侯 劉繼祖 太祖同里人。以與淳									

皇帝葬地，洪武十一年九月丙申追封。									
彭城伯 張麒 昭皇后父，永樂九年七月辛酉追封伯。仁宗卽位，十一月壬申追贈侯。	昶 仁宗卽位封，世襲。正統三年六月卒。	輔	瑾 正統三年十月乙卯襲。成化十六年四月卒。	信 成化十七年十二月丁卯襲。	欽 正德三年十月甲戌襲。嘉靖十七年二月壬子卒。	勳 嘉靖十七年八月丙辰襲。 熊 嘉靖三十年六月壬戌襲，右府	守忠 萬曆中襲，三十八年，後府僉書。	嘉猷 萬曆四十年十二月辛亥襲。	光祖 崇禎元年七月庚申襲。十二年

						僉書。			四月，左府僉書。城陷，死於賊。
保昌伯 蔣廷珪 仁宗乳母夫。仁宗即位，十一月追封。									
會昌伯 孫忠 恭皇后父。宣德四年	會昌侯 繼宗 天順元年正月辛卯		銘 成化十六年襲。弘治	杲 正德十六年二月襲。					

三月辛亥封，世襲。景泰三年九月卒。贈侯，諡康靖。天順元年贈安國公，改諡恭憲。	進世侯，加太傅，掌後府。成化十五年十一月卒。贈鄖國公，諡榮襄。		十四年三月，五軍營管操。正德元年二月，奮武營管操。四年總神機營，歷掌軍府。十五年三月卒。	嘉靖二年九月坐耀武營管操。十二年九月充五軍營右哨坐營。十六年十月卒。諡榮僖。以革外戚封除。					
惠安伯 張昇 麒子，杲弟。		琮 正統六年七月							

正統五年封，世襲。六年正月卒。		壬子襲。成化三年八月卒。無子。 瑛 襲，未幾卒。無子。 瓚 瑛庶兄。成化十六年三月庚寅襲。弘治六年十月卒。	偉 弘治七年三月己亥襲。十二年鎮陝西，召還。十三年八月領左府。正德三	鑭 嘉靖十七年四月丙午襲，歷典營務。二十九年正月丁丑卒。	元善 鑭從子。嘉靖三十四年二月辛巳襲。萬曆三十七年六月己未卒。	慶臻 萬曆三十七年十一月癸巳襲。崇禎元年七月己巳總京營。十月己亥革			

			年十二月，提督團營，并三千營管操。嘉靖十四年六月卒。贈太傅，諡康靖。			京營總督，聽議。十七年城陷，闔家自焚死。			
安平伯 吳安 景帝母吳太后兄。景泰中封。天順元年二									

月除。	昭武伯 曹欽　內臣曹吉祥嗣子。天順元年十二月以吉祥奪門功封。五年七月謀反，伏誅。	慶雲侯 周能　憲宗母孝
		壽　成 化三年十
		瑛 正德四年

肅太后父。成化四年四月甲午追封。十七年十二月加贈寧國公，謚榮靖。	安昌伯 錢承宗
一月乙亥封慶雲伯。四年予世襲。十七年十二月進封侯。弘治元年加祿百石。正德四年二月卒。贈宣國公，謚恭和。	維圻
六月己卯襲，後以例除。	

睿皇后弟鍾孫。成化十五年正月庚辰封。弘治二年四月予世襲。嘉靖四年閏十二月卒。	瑞安侯 王源　純皇后弟。成化二十
嘉靖五年八月乙卯襲，後以例除。	橋　嘉靖三年十一月丁

年十一月封伯，世襲。弘治元年加祿百石。六年追封源父鎮皐國公，進源爵侯。嘉靖三年七月丁卯卒。贈太師，謚榮靖。	長寧伯
丑襲伯，後以例除。	

中華書局

周彧 能子，壽弟。成化二十一年封，世襲。弘治元年加祿百石。正德三年十二月卒。

瑭 正德四年二月襲。十四年三月卒。

大經 正德十四年七月襲。嘉靖三十八年六月甲子卒。以例除。

壽寧侯

張巒 敬皇后父，弘治四年

鶴齡 弘治五年十一月襲。

二月己未封伯，五年三月進侯，八月卒。贈昌國公，諡莊肅。

嘉靖元年三月加太師。二年八月庚子進昌國公。十二年十月丙子以罪除。

建昌侯

張延齡 巒子，鶴齡弟。弘治八年四月乙

丑封伯。十六年九月進侯。嘉靖元年三月加太傅。十二年十月丙子下獄論死，爵除。

崇善伯

王清 源弟。弘治十年封。十一年三月

予世襲。嘉靖十三年卒。以例除。

安仁伯

王濬 清弟。正德二年封。十月丁卯卒。贈侯。

桓 正德三年襲。嘉靖中以例除。

慶陽伯

夏儒 毅皇后父。正德二年

世臣 一名臣。正德十六年

中華書局

	封，世襲。追贈三代。十年四月丁未卒。	襲。嘉靖二年八月加太子太保。八年以例除。
永定伯	朱泰 本姓許。正德中，以義子賜姓封。十六年除。〔三〕	

泰安伯	張富 內臣張永弟。正德五年九月己未封。十六年除。	
安定伯	張容 富弟。封除同前。	
永壽伯	朱德	

	賜姓。正德五年九月癸酉封。十六年除。	
平涼伯	馬山 內臣馬永成兄。與朱德同日封。十六年除。	
鎮安伯	魏英 內臣魏彬	

	弟。封除同前。	
高平伯	谷大寬 內臣谷大用兄。封除同前。	
永清伯	谷大亮 大寬弟。正德八年二月丙午封，十六年除。	

鎮平伯	平虜伯
陸永　內臣陸誾弟。封除同前。	朱彬　本姓江，賜姓。正德十三年九月甲寅封。十六年三月下獄，伏誅。

安邊伯	京山侯
朱泰　彬弟，〔八〕與彬同日封。十六年除。	崔元　尚永康公主。嘉靖元年五月己酉封，世襲。二十八年六月卒。停

	昌化伯	玉田伯
襲。	邵喜　世宗祖母孝惠太后弟。嘉靖元年五月己酉封。二年卒。	蔣輪　世宗母獻皇后弟。嘉
	蕙　嘉靖二年八月甲辰襲。六年十二月卒。無子。	榮　輪從子，襲。隆慶五年
	杰　蕙從弟茂子。嘉靖七年二月甲寅襲。尋以不應襲，除。	

	泰和伯
靖元年五月己酉封，世襲。五年正月癸丑卒。	陳萬言　肅皇后父。嘉靖二年八月庚子封。十四年卒。贈太子太保。停襲。
三月甲子卒。以例停。	

安平侯		
方銳 世宗孝烈皇后父。嘉靖間封伯。二十一年進封侯。二十五年五月己丑卒。贈太保，謚榮靖。	承裕 嘉靖二十六年襲伯。隆慶六年正月丙寅卒，停襲。	
恭誠伯		
陶仲文		

以方術幸。嘉靖二十九年八月丙寅封。		
慶都伯		
杜繼宗 穆宗母孝恪太后弟。隆慶元年二月庚寅封。		
德平伯		
李銘		

穆宗孝懿皇后父。隆慶元年二月庚寅封。				
固安伯				
陳景行 穆宗孝安皇后父，隆慶元年二月庚寅封。				
武清侯				
李偉 神宗母慈	文全 萬曆十二	銘誠 萬曆三十	國瑞 崇禎中襲，	存善 崇禎末襲。

聖太后父。神宗即位，封武清伯，尋進侯。萬曆十一年卒。贈安國公。	年五月丁丑襲。三十六年卒。	七年襲伯。四十五年二月辛亥進侯。天啓七年八月戊戌加太子太師。崇禎十一年正月卒。	尋以借餉悖死。
永年伯			
王偉 端皇后父。萬曆五年	棟 萬曆中襲。三十四年		明輔 萬曆三十五年正月

封。	七月丁亥卒。		辛未襲。					
永寧伯王天瑞光宗母孝靖太后父。光宗卽位封。崇禎十四年卒。	長錫崇禎十四年襲。							
博平侯郭維城光宗孝元皇后父。泰	振明天啓元年閏二月丙							

昌元年九月癸丑封伯。天啓元年閏二月進封侯。	戌封博平伯。							
新城侯王昇熹宗母孝和太后弟。天啓元年閏二月封伯，尋進侯。崇禎八年	國興崇禎九年十二月戊寅襲。死於賊。							

卒。								
太康侯張國紀熹宗后父。天啓元年封伯。崇禎十一年十一月進封侯。死於賊。								
寧國公魏良卿內臣魏忠賢姪。天啓								

六年三月封肅寧伯，進侯。十月戊申進封公。七年八月丙申加太師。莊烈帝卽位，伏誅。								
安平伯魏鵬翼忠賢從孫。天啓七年								

中華書局

七月己卯封。八月丙申加少師。莊烈帝即位，伏誅。								
東安侯 魏良棟 良卿弟。天啓七年八月乙巳封。莊烈帝即位，伏誅。								

新樂侯 劉效祖 莊烈帝母孝純太后弟。莊烈帝即位封。崇禎八年卒。九年，贈侯，予三代誥。十三年九月，父應元追封瀛國公。	文炳 崇禎九年十二月甲子襲。十三年九月加少傅。十七年三月死難。							

嘉定伯 周奎 莊烈后父。崇禎三年封。十七年，京城陷，被執。								

校勘記

〔一〕肅宗申明功令　肅宗，當作「肅皇」。本書卷十七世宗紀，世宗謚「欽天履道英毅神聖宣文廣武洪仁大孝肅皇帝」。

〔二〕永定伯朱泰本姓許正德中以義子賜姓封十六年除　永定伯朱泰與下文安邊伯朱泰當是一人，重出。此二朱泰，都姓許，名泰，武宗義子，賜姓朱，正德中封，十六年除。只是封號不同，一稱安邊伯，一稱永定伯。皇明功臣封爵考目錄卷七有永定伯許太，正文却作安邊伯許太，可證

是一人。

〔三〕安邊伯朱泰彬弟　彬弟，疑有衍訛。按彬指朱彬，姓江，朱泰姓許。世宗實錄卷七稱安邊伯許泰，江都人。本書卷三〇七江彬傳稱江彬，宣府人。

中華書局

明史卷一百九

表第十

宰輔年表一

明太祖初壹海內，仍元制，設中書省，綜理機務。其官有丞相、平章、左右丞、參政，而吏、戶、禮、兵、刑、工六尚書爲曹官。行之一紀，革中書省，歸其政於六部，遂設四輔官。又倣宋制，置殿閣大學士，而其官不備，其人亦無所表見。燮理無聞，何關政本，視前代宰執，迥乎異矣。成祖簡翰林官直文淵閣，參預機務，有歷升至大學士者。其時章疏直達御前，多出宸斷。儒臣入直，備顧問而已。至仁宗而後，諸大學士歷晉尚書、保、傅，品位尊崇，地居近密，而綸言批答，裁決機宜，悉由票擬，閣權之重偃然漢、唐宰輔，特不居丞相名耳。諸輔之中，尤以首揆爲重。夫治道得失，人才用舍，理亂興衰，繫宰臣是繫。其賢邪忠佞，清正貪鄙，判若白黑，百世不可掩也。行蹟雖見紀傳，而除免歲月，不能盡悉，故備列於表。傳曰：「欲知宰相賢否，視天下治亂。」覽斯表者，可以證矣。

紀年	宰輔拜免：中書令	左、右丞相	平章政事	左、右丞	參知政事
太祖洪武元年戊申	時中書及都督府議倣元制，設中書令，太子爲之。太祖曰：「吾子年未長，學未充，更事未多。所宜尊禮師傅，講習經傳，博通古今，識達機宜。他日軍國重務，皆令啓聞，何必作中書令乎？」遂不設。	李善長 正月，左丞相，宣國公，兼太子少師。 徐達 正月，右丞相，信國公，兼太子少傅，北征中原。	常遇春 鄂國公，兼太子少保，錄軍國重事，出征。已後凡加省銜而出征者，不具錄。 胡廷瑞 正月，同知詹事院事。 廖永忠 正月，同知詹事院事。 李伯昇 正月，同知詹事院事。	趙庸 左丞。正月兼副詹事。 王溥 右丞。正月兼副詹事。	楊憲 五月署汴梁省事。 傅瓛 八月免。 汪廣洋 十二月任。 劉惟敬 十二月任。
二年己酉		善長 達 十一月還京。		楊憲 右丞，九月任。	廣洋 四月遷陝西參政。 惟敬 三月遷廣西參政。 蔡哲 正月任。五月遷福建參政。 陳亮 十月任。 睢稼 十月任。 侯至善 十一月任。
三年庚戌		善長 十一月改封韓國公，晉太師。 達 正月北征。十一月還京。改封魏國公，晉太傅。		憲 正月賜名華。七月遷左丞。尋伏誅。 汪廣洋 左丞。　月任。六月免。未幾，復除左丞。十一月封忠勤伯。	亮 正月賜名寧。三月出知蘇州府。 稼 四月兼弘文館學士。 至善 胡惟庸 正月任。 李謙 九月任。十二月遷廣東參政。
四年辛亥		善長 正月致仕。 達 正月出征北平。十二月還京。 汪廣洋 右丞相，正月任。		胡惟庸 右丞，正月任。	至善 宋冕 閏三月任。六月遷江西按察司副使。
五年壬子		廣洋		惟庸	至善　月罷。
六年癸丑		廣洋 正月左遷廣東參政。 胡惟庸 右丞相，七月任。			丁玉 六月任。 馮冕 六月任。
七年甲寅		惟庸		丁玉 右丞，四月任。	冕 侯善 五月任。
八年乙卯		惟庸		玉	冕 善
九年丙辰		惟庸		玉 正月出征延安。七月還京。	
十年丁		惟庸 九月遷左丞相。		玉 九月改御史大夫。	

中華書局

巳	廣洋 右丞相，九月復。			
十一年戊午	惟庸 廣洋			
十二年己未	惟庸 廣洋 十二月謫海南，賜死。		殷哲 左丞，十一月任。 李素 右丞，十一月任。	方鼐 左參政，九月任。 殷哲 右參政，九月任。十一月降通政，尋升左丞。
十三年庚申	惟庸 正月賜死。		哲 正月罷。 素 正月罷。	
	是年正月，革中書省左、右丞相，左、右丞，參政等官。			
建文四年壬午秋七月，燕王卽皇帝位，	黃淮 編修，八月入。十一月晉侍讀。 胡廣 侍講，九月入。十一月晉侍讀。 楊榮 修撰，九月入。十一月晉侍講。 解縉 侍讀，八月入。十一月晉侍讀學士。 楊士奇 編修，九月入。十一月晉侍講。			

仍稱洪武三十五年，始簡翰林官直文淵閣。	金幼孜 檢討，九月入。十一月晉侍講。 胡儼 檢討，九月入。十一月晉侍講。
永樂元年癸未	縉 淮 廣 榮 士奇 儼 幼孜

二年甲申	縉 四月晉學士兼右春坊大學士。 淮 四月晉左庶子。 廣 四月晉右庶子。 儼 四月晉左諭德。九月改祭酒。 榮 四月晉右諭德。 士奇 四月晉左中允。 幼孜
三年乙酉	縉 淮 廣 榮 士奇 幼孜

四年丙戌	縉 淮 廣 榮 士奇 幼孜
五年丁亥	縉 二月黜爲廣西布政司右參議。 淮 十一月晉右春坊大學士。 廣 十一月晉翰林學士兼左春坊大學士。 榮 十一月晉右春坊右庶子。 士奇 十一月晉左春坊左諭德。 幼孜 十一月晉右春坊右諭德。榮、士奇、幼孜仍兼侍講。
六年戊	廣

二十四史

中華書局

子
溍
榮 六月丁憂。十月起復。
士奇
幼孜

七年己丑
廣 正月命扈從。
溍 二月命輔東宮監國。
榮 正月起復，扈從。
士奇 二月命輔東宮監國。
幼孜 正月扈從。

八年庚寅
廣
溍
榮
士奇

幼孜

九年辛卯
廣
溍
榮
士奇
幼孜

十年壬辰
廣
溍
榮 十一月經略甘肅。
士奇
幼孜

十一年癸巳
廣
溍

榮
士奇
幼孜

十二年甲午
廣
溍 閏九月下獄。
榮
士奇 閏九月下獄。未幾，特宥復職。
幼孜

十三年乙未
廣
榮
士奇
幼孜

十四年丙申
廣 四月晉文淵閣大學士，仍兼坊學。

榮 四月晉翰林院學士，仍兼庶子。
幼孜 四月晉翰林院學士，仍兼諭德。
士奇

十五年丁酉
廣
榮
幼孜
士奇 二月晉翰林院學士，仍兼諭德。

十六年戊戌
廣 五月卒。
榮
幼孜
士奇

十七年己亥
榮
幼孜

中華書局

二十四史

年	宰輔	事蹟
	士奇	
十八年庚子	榮	閏正月晉文淵閣大學士兼翰林院學士。
	幼孜	閏正月晉文淵閣大學士兼翰林院學士。
	士奇	
十九年辛丑	榮	
	幼孜	
	士奇	正月晉左春坊大學士。
二十年壬寅	榮	
	幼孜	
	士奇	九月下獄。尋釋，復舊職。
二十一年癸卯	榮	
	幼孜	
	士奇	

年	宰輔	事蹟
二十二年甲辰八月，仁宗卽位。	士奇	八月晉禮部左侍郎兼華蓋殿大學士。九月晉少保。十一月晉少傅。
	榮	八月晉太常卿，仍兼前職。九月晉太子少傅謹身殿大學士。十二月加工部尙書。
	幼孜	八月晉戶部右侍郎，仍兼前職。九月晉太子少保兼武英殿大學士。
	淮	八月出獄。陞通政使兼武英殿大學士。
洪熙元年乙巳六月，宣宗卽位。	士奇	正月晉兵部尙書。
	榮	
	幼孜	正月晉禮部尙書。
	淮	正月晉少保戶部尙書。
	楊溥	太常卿兼學士。閏七月同治內閣事。
	權謹	三月以孝行由光祿丞授文華殿大學士。九月以通政司左參議致仕。
宣德元年丙午	士奇	
	榮	
	淮	

年	宰輔	事蹟
	幼孜	正月丁憂。尋起復。
	溥	
	張瑛	三月晉禮部左侍郎兼華蓋殿大學士。
二年丁未	士奇	
	淮	八月致仕。
	榮	
	幼孜	
	溥	
	瑛	二月晉尙書兼華蓋殿大學士。
	陳山	二月晉戶部尙書兼謹身殿大學士。
三年戊申	士奇	八月扈從北巡。
	榮	八月扈從北巡。
	幼孜	

年	宰輔	事蹟
	山	
	瑛	
	溥	八月扈從北巡。
四年己酉	士奇	
	榮	
	幼孜	
	山	十月專授小內使書。
	瑛	十月改南京禮部尙書。
	溥	八月丁憂。尋起復。
五年庚戌	士奇	
	榮	四月晉少傅。
	幼孜	
	溥	

中華書局

二十四史

六年辛亥	士奇　榮　幼孜 十二月卒。　溥
七年壬子	士奇　榮　溥
八年癸丑	士奇　榮　溥
九年甲寅	士奇　榮　溥 八月晉禮部尚書，仍兼學士。

十年乙卯正月，英宗卽位。	士奇　榮　溥
正統元年丙辰	士奇　榮　溥
二年丁巳	士奇　榮　溥
三年戊午	士奇 四月晉少師。　榮 四月晉少師。　溥 四月晉少保兼禮部尚書武英殿大學士。

四年己未	士奇 二月歸省。四月還朝。　榮　溥
五年庚申	士奇　榮 二月歸省。七月還朝，卒於道。　溥　馬愉 翰林院侍講學士，二月入。　曹鼐 侍講，二月入。
六年辛酉	士奇　溥 二月歸省。　愉　鼐
七年壬	士奇

戌	溥　愉　鼐
八年癸亥	士奇　溥　愉　鼐
九年甲子	士奇 三月卒。　溥　愉　鼐 正月晉學士。　陳循 學士，四月入直。
十年乙	溥

中華書局

丑

愉　十月晉禮部右侍郎。
鼐　十月晉吏部左侍郎。
循　十月晉戶部右侍郎。
苗衷　侍讀學士，十月晉兵部右侍郎入。
高穀　侍講學士，十月晉工部右侍郎入。

十一年丙寅

溥　七月卒。
鼐
循
愉　三月歸省。
衷
穀

十二年丁卯

鼐
循

愉　九月卒。
衷
穀

十三年戊辰

鼐
循
衷
穀

十四年己巳九月景皇帝即位。

鼐　八月歿於土木。
循　八月晉戶部尚書兼學士。
衷
穀　八月晉工部尚書兼學士。
張益　侍讀學士，五月入。八月歿於土木。
彭時　修撰，八月入。

商輅　修撰，八月入。

景泰元年庚午

循
衷　二月晉兵部尚書兼學士。八月致仕。
穀
時　聞正月守制回籍。
輅　九月晉學士。
俞綱　生員。三月晉兵部右侍郎，內閣辦事。疏辭，出佐兵部。
江淵　刑部侍郎兼學士，八月入。九月晉戶部右侍郎。

二年辛未

循　十二月晉少保戶部尚書兼文淵閣大學士。
穀　十二月晉少保工部尚書兼東閣大學士。
淵
輅
王一寧　禮部侍郎兼學士。十二月入。

蕭鎡　祭酒兼學士，十二月入。

三年壬申

循　四月兼太子太傅。
穀　四月兼太子太傅。
淵　二月晉吏部左侍郎。四月兼太子少師。九月奔喪。
一寧　四月晉太子少師。七月卒。
鎡　二月晉戶部右侍郎。四月晉太子少師。
輅　四月晉兵部左侍郎兼右春坊大學士。
王文　十月，太子太保左都御史入。

四年癸酉

循
穀
文　正月召至。二月晉吏部尚書兼學士。五月丁憂。九月起復。
鎡
淵　四月還任。

中華書局

	略
五年甲戌	循
	穀
	文　六月晉少保兼東閣大學士。
	鎰
	淵　正月撫安山東。七月召還。
	略
六年乙亥	循
	穀
	文
	淵　正月晉太子少師兼工部尚書，視部事。
	鎰
	略

七年丙子	循　五月兼華蓋殿大學士。
	穀　五月兼謹身殿大學士。
	文　五月兼謹身殿大學士。
	鎰　五月晉戶部尚書。
	略　五月兼太常寺卿。
八年丁丑正月壬午，英宗復皇帝位，改天順元年。	循　正月充鐵嶺衛軍。
	穀　正月辭保傅。二月致仕。
	文　正月棄市。
	鎰　正月爲民。
	略　正月爲民。
	徐有貞　正月，兵部尚書兼學士入。三月封武功伯兼華蓋殿大學士，掌文淵閣事。六月下獄，除廣東右參政。七月復下獄，宥死，發雲南金齒衞爲民。
	許彬　正月晉禮部右侍郎兼學士入。七月調南京禮部左侍郎。

	薛瑄　正月晉禮部右侍郎兼學士入。六月致仕。
	李賢　二月，禮部侍郎兼學士入。三月晉吏部尚書。六月下獄，降福建右參政。尋留爲吏部右侍郎。七月復任。
	呂原　六月，通政司左參議兼翰林院侍講入。十二月晉學士。
	岳正　六月，翰林院修撰入。七月謫爲廣東欽州同知。
	時　九月，太常寺少卿兼翰林院侍讀入。十二月晉學士。
二年戊寅	賢
	時
	原
三年己卯	賢
	時
	原
四年庚辰	賢
	時

	原
五年辛巳	賢　八月加太子少保。
	時
	原
六年壬午	賢
	時
	原　十一月卒。
七年癸未	賢
	時
	陳文　二月晉禮部右侍郎兼學士入。
八年甲申正月，憲宗即位。	賢　二月晉少保吏部尚書兼華蓋殿大學士。
	文　二月晉吏部左侍郎兼學士。
	時　二月晉吏部右侍郎兼學士。

	位。
成化元年乙酉	賢 文 三月晉禮部尚書。 時 十月晉兵部尚書。
二年丙戌	賢 三月丁憂，五月起復，十二月卒。 文 時 七月歸省。 劉定之 太常寺少卿兼翰林院侍讀學士，十二月入。
三年丁亥	文 八月加太子少保兼文淵閣大學士[一]。 時 二月還任。八月加太子太保兼文淵閣大學士。 定之 八月晉工部右侍郎兼學士。 輅 三月，兵部左侍郎兼學士復入。
四年戊子	文 四月卒。

子	時 輅 十月晉兵部尚書。 定之 十月晉禮部左侍郎。
五年己丑	時 輅 定之 八月卒。 萬安 五月，禮部左侍郎兼學士入。
六年庚寅	時 輅 安
七年辛卯	時 輅 安

八年壬辰	時 輅 安
九年癸巳	時 輅 五月晉戶部尚書。 安 五月晉禮部尚書。
十年甲午	時 輅 安
十一年乙未	時 正月晉少保。三月卒。 輅 四月兼文淵閣大學士。 安 劉珝 四月，吏部左侍郎兼學士入。

	劉吉 四月，禮部左侍郎兼學士入。
十二年丙申	輅 二月晉太子少保吏部尚書。 安 二月晉戶部尚書。 珝 吉
十三年丁酉	輅 四月兼謹身殿大學士。六月加少保，致仕。 安 四月加太子少保。六月晉文淵閣大學士。 珝 四月晉吏部尚書。 吉 四月晉禮部尚書。
十四年戊戌	安 二月晉吏部尚書兼謹身殿大學士。十月加太子太保。 珝 二月加太子少保兼文淵閣大學士。 吉 二月加太子少保兼文淵閣大學士。
十五年	安

己亥	翊	
	吉	
十六年庚子	安	
	翊	
	吉	
十七年辛丑	安	
	翊	
	吉	
十八年壬寅	安	十二月晉太子太傅兼華蓋殿大學士。
	翊	十二月晉太子太保兼謹身殿大學士。
	吉	正月丁憂。七月起復。十二月晉太子太保兼武英殿大學士。
十九年癸卯	安	
	翊	

	吉	
二十年甲辰	安	
	翊	
	吉	
二十一年乙巳	安	
	翊	九月致仕。
	吉	十二月晉戶部尚書兼謹身殿大學士。
	彭華	十二月晉吏部左侍郎兼學士入。
二十二年丙午	安	十月晉少傅兼太子太師。
	吉	十月晉少保兼太子太傅。
	華	十月晉禮部尚書太子少保。
	尹直	九月晉戶部左侍郎兼學士入。十月晉兵部尚書太子少保。
二十三	安	七月晉少師，十月罷。

年丁未九月，孝宗即位。	吉	十一月晉少傅兼太子太師吏部尚書。
	華	三月致仕。
	直	十一月罷。
	徐溥	十月，吏部左侍郎兼學士入，十一月晉禮部尚書兼文淵閣大學士。
	劉健	十一月晉禮部右侍郎兼學士入。
弘治元年戊申	吉	
	溥	
	健	
二年己酉	吉	
	溥	
	健	
三年庚戌	吉	
	溥	

	健	
四年辛亥	吉	八月晉少師華蓋殿大學士。
	溥	八月晉太子太傅戶部尚書兼武英殿大學士。
	健	八月晉禮部尚書兼文淵閣大學士。
	丘濬	十月，太子太保禮部尚書入，兼文淵閣大學士。
五年壬子	吉	八月致仕。
	溥	
	濬	
	健	
六年癸丑	溥	
	濬	
	健	
七年甲	溥	八月加少傅吏部尚書謹身殿大學士。

二十四史　中華書局

寅	濬 八月加少保戶部尚書武英殿大學士。 健 八月晉太子太保兼禮部尚書武英殿大學士。
八年乙卯	溥 濬 二月卒。 健 李東陽 二月，禮部左侍郎兼翰林院侍讀學士入。 謝遷 二月，詹事府少詹事兼侍讀學士入十月服闋至京，晉詹事。
九年丙辰	溥 健 東陽 遷
十年丁巳	溥 健

	東陽 遷
十一年戊午	溥 二月加少師兼太子太師華蓋殿大學士。七月致仕。 健 二月加少傅兼太子太傅戶部尚書謹身殿大學士。 東陽 二月晉太子少保禮部尚書兼文淵閣大學士。 遷 二月晉太子少保兵部尚書兼東閣大學士。
十二年己未	健 東陽 遷
十三年庚申	健 東陽 遷
十四年	健

辛酉	東陽 遷
十五年壬戌	健 東陽 遷
十六年癸亥	健 二月加少師兼太子太師吏部尚書華蓋殿大學士。五月考滿，加特進。 東陽 二月晉太子太保戶部尚書兼謹身殿大學士。 遷 二月晉太子太保禮部尚書兼武英殿大學士。
十七年甲子	健 東陽 遷
十八年乙丑五	健 七月加左柱國。 東陽 七月加少傅兼太子太傅。八月加柱國。

月，武宗即位。	遷 七月加少傅兼太子太傅。八月加柱國。
正德元年丙寅	健 十月致仕。 東陽 十二月晉少師兼太子太師吏部尚書華蓋殿大學士。 遷 十月致仕。 焦芳 十月吏部尚書兼文淵閣大學士入，命仍掌吏部印。十二月加太子太保武英殿大學士。 王鏊 十月，吏部左侍郎兼學士入。十二月加戶部尚書文淵閣大學士。
二年丁卯	東陽 芳 八月晉少傅兼太子太傅謹身殿大學士。 鏊 八月晉少傅兼太子太傅武英殿大學士。 楊廷和 八月，南京戶部尚書入。十月改戶部尚書兼文淵閣大學士。
三年戊辰	東陽 芳

中華書局

鏊

廷和　八月晉少保兼太子太保。

四年己巳

東陽

芳　五月晉少師兼太子太師華蓋殿大學士。

鏊　四月致仕。

廷和

劉宇　六月，吏部尚書兼文淵閣大學士，即予告踰年致仕。

五年庚午

東陽　九月加左柱國。

芳　五月致仕。

廷和　二月晉吏部尚書武英殿大學士。九月晉少傅兼太子太傅謹身殿大學士。

曹元　二月，太子少保兵部尚書晉吏部尚書兼文淵閣大學士入。八月致仕。尋黜爲民。

梁儲　九月改太子少保吏部尚書兼文淵閣大學士入。尋晉少保太子太保武英殿。

劉忠　九月掌詹事府事吏部尚書兼文淵閣大學士入。尋晉少傅兼太子太傅武英殿。

六年辛未

東陽

廷和

忠　十一月致仕。

儲

費宏　十二月晉禮部尚書兼文淵閣大學士入。

七年壬申

東陽　十二月致仕。

廷和　十月晉少師兼太子太師華蓋殿大學士。

儲　十月晉少保兼太子太傅謹身殿大學士。

宏　十月晉太子太保武英殿大學士。

八年癸酉

廷和

儲

宏

九年甲戌

廷和

儲

宏　五月致仕。

靳貴　二月，禮部尚書兼文淵閣大學士入。

十年乙亥

廷和　三月丁憂。

儲

貴

楊一清　閏四月，吏部尚書兼武英殿大學士入。

十一年丙子

儲

一清　八月致仕。

貴

蔣冕　八月，禮部尚書兼文淵閣大學士入。

十二年丁丑

儲

貴　四月致仕。

冕　七月加太子太傅兼武英殿大學士。

毛紀　五月，禮部尚書兼東閣大學士入。七月加太子太保兼文淵閣大學士。

楊廷和　少師兼太子太師吏部尚書華蓋殿大學士。十一月服除，入。

十三年戊寅

廷和

儲

冕

紀

十四年己卯

廷和

儲

冕

紀

十五年庚辰

廷和

儲

	冕
	紀
十六年辛巳四月，世宗即位。	廷和 加左柱國。
	儲 五月致仕，加左柱國。
	冕 正月加少傅謹身殿大學士。
	紀 正月加少保，改戶部尚書兼武英殿大學士。
	袁宗皋 五月陞吏部左侍郎晉禮部尚書兼文淵閣大學士入，九月卒。
	費宏 四月召，十月入，加柱國少保。

校勘記

〔一〕八月加太子少保兼文淵閣大學士　太子少保，原作「太子太保」，據本書卷一六八陳文傳、憲宗實錄卷四五成化三年八月戊午條改。

明史卷一百十

表第十一

宰輔年表二

嘉靖元年壬午	廷和
	冕
	紀
	宏
二年癸未	廷和
	冕
	紀
	宏
三年甲申	廷和 二月致仕。
	冕 五月致仕。
	紀 六月晉吏部尚書謹身殿大學士，七月致仕。
	宏
	石珤 五月，吏部尚書兼文淵閣大學士入。
	賈詠 八月晉禮部尚書兼文淵閣大學士入。
四年乙酉	宏 六月加少師兼太子太師。
	珤 六月加太子太保武英殿大學士。
	詠 六月加太子太保武英殿大學士。
	一清 十一月召。
五年丙戌	一清 五月復吏部尚書武英殿大學士，加少師，仍兼太子太傅入。七月加兼太子太師謹身殿大學士。
	宏 七月晉華蓋殿大學士。

二十四史
中華書局

	琦　七月加少保。
	詠　七月加少保。
六年丁亥	宏　二月致仕。
	一清　八月晉左柱國華蓋殿大學士。
	琦　八月致仕。
	詠　八月致仕。
	遷　二月召少傅兼太子太傅禮部尚書武英殿大學士。十月復入。
	翟鑾　三月，吏部左侍郎兼學士入。
	張璁　十月，禮部尚書兼文淵閣大學士入。
七年戊子	一清
	遷　三月致仕。
	璁　正月加少保兼太子太保。六月加少傅兼太子太傅，晉吏部尚書謹身殿大學士。
	鑾　六月陞禮部尚書兼文淵閣大學士。

八年己丑	一清　九月致仕。
	璁　八月罷。九月召還。
	鑾
	桂萼　二月，少保兼太子太傅吏部尚書武英殿大學士入。八月革去散官及學士，以尚書致仕。九月復少保兼太子太傅吏部尚書武英殿大學士，仍致仕。十一月召復任。
九年庚寅	璁
	萼　四月至京，命照舊辦事。
	鑾
十年辛卯	孚敬　璁二月改名，七月致仕。十一月召復任。
	萼　正月以病乞歸。八月卒。
	鑾
	李時　九月，太子太傅禮部尚書兼文淵閣大學士入。
十一年	孚敬　三月至京，晉太子太師華蓋殿大學士。八月致仕。

壬辰	時
	鑾
	方獻夫　五月，原任太子太保吏部尚書兼學士，應召至京，晉武英殿大學士入。七月掌吏部事。
十二年癸巳	獻夫
	時
	鑾　十一月丁憂。
	孚敬　正月召復任。四月赴召至京。
十三年甲午	孚敬　正月晉少師兼太子太保吏部尚書武英殿大學士。
	獻夫　正月晉少保。四月致仕。
	時　正月晉少保。
十四年乙未	孚敬　四月致仕。
	時
	費宏　七月召。八月入，十月卒。

十五年丙申	時　七月加太子太傅。九月晉少傅兼謹身殿大學士。十一月兼太子太師。閏十二月晉華蓋殿大學士。
	夏言　閏十二月，少傅太子太師禮部尚書兼武英殿大學士入。
十六年丁酉	時
	言
十七年戊戌	時　十二月卒。
	言
	顧鼎臣　八月，太子太保禮部尚書兼文淵閣大學士入。
十八年己亥	言　正月晉特進光祿大夫上柱國少師。五月以少保兼尚書致仕，未行，復少傅兼太子太傅禮部尚書武英殿大學士，復入。
	鼎臣　正月晉少保兼太子太保武英殿大學士。
十九年庚子	言　十一月加少師兼太子太師吏部尚書華蓋殿大學士。
	鼎臣　十月卒。
	鑾　正月，行邊事竣，還京，詔以原職太子少保禮部尚書兼武英殿大學士。十一月加少保兼太子太傅尚書大

	學士如故。
二十年辛丑	言　八月落職致仕。九月詣迎和門辭，詔仍還私宅調理，以俟後命。十月復少傅兼太子太師禮部尚書武英殿大學士，仍赴閣辦事。 鑾
二十一年壬寅	言　三月復少師吏部尚書華蓋殿大學士，勳階兼官悉如舊。七月革職閑住。 鑾　八月加少傅兼謹身殿大學士。 嚴嵩　八月，少保太子太保禮部尚書兼武英殿大學士入，仍掌禮部事。
二十二年癸卯	鑾 嵩
二十三年甲辰	鑾　八月削籍。 嵩　八月加太子太傅。九月晉兼吏部尚書謹身殿大學士。十二月加少傅。 許讚　吏部尚書。九月兼文淵閣大學士入。 張璧　禮部尚書。九月兼東閣大學士入。

二十四年乙巳	嵩　七月加太子太師。八月加少師。 讚　七月加少傅。十一月革職閑住。 璧　七月加太子太保。八月卒。 言　九月復召。十二月復少師兼太子太師吏部尚書華蓋殿大學士原職，起用。
二十五年丙午	言 嵩
二十六年丁未	言 嵩　十一月晉華蓋殿大學士。
二十七年戊申	言　正月削奪保傅，以尚書致仕。十月棄市。 嵩
二十八年己酉	嵩 張治　二月晉禮部尚書兼文淵閣大學士入。 李本　二月，少詹事兼學士入。

二十九年庚戌	嵩　八月加上柱國。 治　八月加太子太保。十月卒。 本　八月晉吏部右侍郎兼東閣大學士。
三十年辛亥	嵩 本　十一月晉禮部尚書。
三十一年壬子	嵩 本 徐階　少保兼太子太保禮部尚書。三月兼東閣大學士入，仍掌部事。
三十二年癸丑	嵩 階　七月晉柱國。 本
三十三年甲寅	嵩 階　八月晉太子太傅武英殿大學士。

	本　八月晉太子太保文淵閣大學士。
三十四年乙卯	嵩 階 本
三十五年丙辰	嵩 階 本　二月命暫管吏部事。三月晉少保兼武英殿大學士。
三十六年丁巳	嵩 階　八月加少傅。 本　七月晉柱國。八月加太子太傅。
三十七年戊午	嵩 階 本

三十八年己未	嵩	
	階	五月晉吏部尚書。
	本	
三十九年庚申	嵩	
	階	八月晉太子太師。
	本	八月晉少傅。
四十年辛酉	嵩	
	階	
	本	五月丁憂。
	袁煒	十一月加太子太保戶部尚書兼武英殿大學士入。
四十一年壬戌	嵩	五月罷。
	階	三月晉少師。
	煒	三月晉少保。

四十二年癸亥	階	
	煒	
四十三年甲子	階	八月晉建極殿大學士。
	煒	八月晉少傅兼太子太傅建極殿大學士。
四十四年乙丑	階	
	煒	三月病歸。
	嚴訥	四月，吏部尚書兼武英殿大學士入，仍暫掌吏部事。十一月病歸。
	李春芳	四月晉禮部尚書兼武英殿大學士入。
四十五年丙寅十二月，穆宗卽位。	階	
	春芳	三月晉吏部尚書。
	郭朴	三月晉吏部尚書兼武英殿大學士入。
	高拱	三月晉禮部尚書兼文淵閣大學士入。

隆慶元年丁卯	階	
	春芳	二月晉少保。四月晉少傅兼太子太傅。
	朴	二月晉少保。四月晉少傅兼太子太傅。九月致仕。
	拱	二月晉少保兼太子太保。四月晉少傅兼太子太傅。五月罷。
	陳以勤	二月晉禮部尚書兼文淵閣大學士入。四月加太子太保。
	張居正	二月晉吏部左侍郎兼東閣大學士入。四月晉禮部尚書武英殿大學士。
二年戊辰	階	七月致仕。
	春芳	正月加少師兼太子太師建極殿大學士。
	以勤	正月加少傅兼太子太傅。
	居正	正月加少保兼太子太保。
三年己巳	春芳	
	以勤	
	居正	

	趙貞吉	八月，禮部尚書兼文淵閣大學士入。
	拱	十二月召還，兼掌吏部事。
四年庚午	春芳	六月晉少師。十二月加中極殿大學士。
	拱	十二月晉少師建極殿大學士。
	以勤	七月致仕，加太子太師。
	居正	十二月晉太子太傅吏部尚書柱國，又晉少傅建極殿大學士。
	貞吉	十一月致仕。
	殷士儋	十一月，太子太保禮部尚書兼文淵閣大學士入。踰月，晉少保武英殿大學士。
五年辛未	春芳	五月致仕。
	拱	
	居正	
	士儋	十一月致仕。
六年壬	拱	正月加柱國晉中極殿大學士。六月罷。

中華書局

申六月，神宗即位。	居正	正月加少師兼太子太師。八月加左柱國中極殿大學士。
	高儀	四月，禮部尚書兼文淵閣大學士入。六月卒。
	呂調陽	六月，禮部尚書兼文淵閣大學士入。八月晉太子少保武英殿大學士。
萬曆元年癸酉	居正	
	調陽	十一月晉太子太保。
二年甲戌	居正	
	調陽	七月晉少保。
三年乙亥	居正	
	調陽	
	張四維	八月晉禮部尚書兼東閣大學士入。
四年丙子	居正	十月特晉左柱國太傅，俸如伯爵。
	調陽	十月晉太子太傅吏部尚書。
	四維	

五年丁丑	居正	九月丁憂奪情。
	調陽	八月晉少傅。
	四維	八月晉太子太保文淵閣大學士。
六年戊寅	居正	三月歸葬。六月還朝。
	調陽	二月晉建極殿大學士。七月以病回籍。
	四維	二月晉少保武英殿大學士。
	馬自强	三月，太子太保禮部尚書兼文淵閣大學士入。十月卒。
	申時行	三月，吏部左侍郎兼東閣大學士入。
七年己卯	居正	
	四維	
	時行	十二月加禮部尚書兼文淵閣大學士。
八年庚辰	居正	
	四維	六月晉少傅兼太子太傅。

	時行	
九年辛巳	居正	十一月晉太傅左柱國。
	四維	加柱國。
	時行	
十年壬午	居正	六月晉太師，尋卒。
	四維	六月晉太子太師。九月晉少師。
	時行	六月晉太子太保。九月晉少保。
	潘晟	禮部尚書武英殿大學士，六月命，未任罷。
	余有丁	六月，禮部尚書兼文淵閣大學士入。九月晉太子太保。
十一年癸未	四維	四月丁憂。
	時行	九月晉少傅兼太子太傅吏部尚書建極殿大學士。
	有丁	九月晉少保戶部尚書武英殿大學士。
	許國	四月，禮部尚書兼東閣大學士入。九月晉太子太保文淵閣大學士。

十二年甲申	時行	九月晉少師太子太師中極殿大學士。
	有丁	九月晉少傅太子太傅建極殿大學士。十一月卒。
	國	九月晉少保太子太保武英殿大學士。
	王錫爵	十二月起禮部尚書兼文淵閣大學士。
	王家屏	十二月以吏部侍郎兼東閣大學士。
十三年乙酉	時行	
	國	
	錫爵	六月入。
	家屏	
十四年丙戌	時行	
	國	八月晉柱國少傅兼太子太傅。
	錫爵	
	家屏	九月丁憂。

二十四史
中華書局

二十四史

十五年丁亥	時行　二月晉吏部尚書建極殿大學士。 國 錫爵　二月晉太子太保武英殿大學士。
十六年戊子	時行　四月加左柱國。 國 錫爵　六月晉太子太保。 家屏　十二月服闋召。
十七年己丑	時行 國　八月晉太子太師吏部尚書。 錫爵 家屏　四月還朝，晉禮部尚書。
十八年庚寅	時行 國

	錫爵 家屏
十九年辛卯	時行　三月加太傅。九月致仕。 國　九月致仕。 錫爵　六月歸省。 家屏 趙志皐　九月，禮部尚書兼東閣大學士入。 張位　九月，吏部侍郎兼東閣大學士。
二十年壬辰	家屏　三月致仕。 志皐 位　四月入。
二十一年癸巳	錫爵　正月還朝。 志皐　四月晉太子太保文淵閣大學士。

	位　四月晉禮部尚書文淵閣大學士。
二十二年甲午	錫爵　二月晉少傅兼太子太保吏部尚書建極殿大學士。五月致仕。 志皐　二月晉少保兼太子太保戶部尚書。 位　二月晉太子太保。 陳于陛　五月，禮部尚書兼東閣大學士入。 沈一貫　五月，禮部尚書兼東閣大學士。十一月入。
二十三年乙未	志皐 位 于陛　十月晉太子少保。 一貫　十月晉太子少保。
二十四年丙申	志皐　三月晉少傅兼太子太傅建極殿大學士。 位 于陛　八月晉太子太保。十二月卒。

	一貫
二十五年丁酉	志皐 位　五月晉少保太子太保吏部尚書武英殿大學士。 一貫　五月晉太子太保戶部尚書武英殿大學士。
二十六年戊戌	志皐　十月養病。 位　六月閒住。 一貫
二十七年己亥	志皐　養病。四月晉兼太子太師中極殿大學士。 一貫(二)
二十八年庚子	志皐　養病。 一貫　五月晉少保吏部尚書。
二十九年辛丑	志皐　養病。九月卒。 一貫　十一月晉兼太子太傅建極殿大學士。

中華書局

	沈鯉	九月，禮部尚書召兼東閣大學士。
	朱賡	九月，禮部尚書召兼東閣大學士。
三十年壬寅	一貫	七月晉少傅兼太子太傅。
	鯉	七月入。
	賡	四月入。七月晉太子太保。
三十一年癸卯	一貫	四月晉左柱國少傅中極殿大學士。
	鯉	
	賡	
三十二年甲辰	一貫	
	鯉	十月晉少保文淵閣大學士。
	賡	十月晉太子太保文淵閣大學士。
三十三年乙巳	一貫	十月晉少師兼太子太師。
	鯉	十月晉少傅兼太子太傅。

	賡	十月晉少保兼太子太保。
三十四年丙午	一貫	七月致仕。
	鯉	七月致仕。
	賡	
三十五年丁未	賡	三月晉戶部尚書武英殿大學士。
	錫爵	六月加少保召，辭不至。
	于慎行	禮部尚書。五月加太子太保東閣大學士。十一月入，尋卒。
	李廷機	五月晉禮部尚書兼東閣大學士入。
	葉向高	五月晉禮部尚書兼東閣大學士。十一月入。
三十六年戊申	賡	十一月卒。
	廷機	十月養病，以後杜門注籍，不赴閣。
	向高	
三十七	廷機	養病。

年己酉	向高	
三十八年庚戌	廷機	養病。
	向高	十二月晉太子太保文淵閣大學士。
三十九年辛亥	廷機	養病。
	向高	
四十年壬子	廷機	養病。九月晉太子太保，致仕。
	向高	
四十一年癸丑	向高	十一月晉少保兼太子太保戶部尚書武英殿大學士。十二月晉少傅兼太子太傅吏部尚書建極殿大學士。
	方從哲	九月晉禮部尚書兼東閣大學士入。
	吳道南	九月晉禮部尚書兼東閣大學士入。
四十二年甲寅	向高	八月晉少師兼太子太師，致仕。
	從哲	

	道南	未赴。
四十三年乙卯	從哲	
	道南	五月入。
四十四年丙辰	從哲	十二月晉太子太保文淵閣大學士。
	道南	
四十五年丁巳	從哲〔三〕	
	道南	七月丁憂。
四十六年戊午	從哲	
四十七年己未	從哲	
四十八年庚申	從哲	八月晉少保戶部尚書武英殿大學士。十月晉少師兼太子太師吏部尚書中極殿大學士。十二月致仕。
	史繼偕	八月晉禮部尚書兼東閣大學士。

年	宰輔
八月，光宗即位。九月崩，熹宗即位。八月以後，爲泰昌元年。	沈漼 八月晉禮部尚書兼東閣大學士。
	何宗彥 八月晉禮部尚書兼東閣大學士。
	劉一燝 八月晉禮部尚書東閣大學士入。十月晉太子太保戶部尚書文淵閣大學士。
	韓爌 八月晉禮部尚書東閣大學士入。十月晉太子太保戶部尚書文淵閣大學士。
	朱國祚 八月晉禮部尚書，召兼東閣大學士。
	孫如游 禮部尚書。十月兼東閣大學士入。
	向高 八月召。
天啓元年辛酉	向高 六月晉中極殿大學士。〔三〕十月入。
	一燝 六月晉少保兼太子太保吏部尚書武英殿大學士，又晉少傅兼太子太傅建極殿大學士。九月晉中極殿大學士。十月晉少師兼太子太師。
	爌 六月晉少保吏部尚書武英殿大學士，又晉少傅兼太子太傅建極殿大學士。九月晉中極殿大學士。十月晉少師兼太子太師。

年	宰輔
	繼偕 十月入晉太子太保文淵閣大學士。
	漼 七月入。九月晉太子太保文淵閣大學士。十月晉少保武英殿大學士。
	宗彥 六月入。九月晉太子太保文淵閣大學士。十月晉少保武英殿大學士。
	國祚 六月入。九月晉太子太保文淵閣大學士。十月晉少保武英殿大學士。
	如游 閏二月晉太子太保文淵閣大學士，致仕。
二年壬戌	向高，
	一燝 三月致仕。
	爌
	繼偕
	漼 七月致仕。
	宗彥
	國祚
	孫承宗 二月晉兵部尚書東閣大學士入，兼掌兵部。八月晉太子太保，出鎭山海關。

年	宰輔
三年癸亥	向高 正月晉中極殿大學士。七月晉左柱國。十一月晉上柱國。十二月晉少傅。
	爌 正月晉少師太子太師中極殿大學士。七月加特進。十一月晉左柱國。
	繼偕 正月晉太子太師文淵閣大學士。七月晉少傅兼太子太傅，尋加少保，致仕。
	宗彥 正月晉少保兼太子太保戶部尚書。七月晉少傅兼太子太傅。十一月晉太子太師。
	國祚 正月晉少保兼太子太保戶部尚書。四月致仕。
	顧秉謙 禮部尚書。正月兼東閣大學士入。七月晉太子太保文淵閣大學士。十一月晉少保太子太保。
	朱國禎 正月晉禮部尚書兼東閣大學士。六月入。七月晉太子太保文淵閣大學士。十月晉少保兼太子太保。
	朱延禧 正月晉禮部尚書兼東閣大學士入。七月晉太子太保文淵閣大學士。十一月晉少保兼太子太保。
	魏廣微 正月，禮部尚書兼東閣大學士。十月入。十一月晉太子太保文淵閣大學士。
	承宗 出鎭。正月晉少保兼太子太保文淵閣大學士。七月晉少傅兼太子太傅。十一月晉太子太師。
四年甲子	向高 七月致仕。
	爌 十一月致仕。
	宗彥 正月卒。

年	宰輔
	秉謙
	國禎 十二月致仕。
	延禧
	廣微
	承宗 出鎭。
五年乙丑	秉謙 正月晉少傅兼太子太師吏部尚書建極殿大學士。九月晉左柱國少師中極殿大學士。
	延禧 正月晉少傅兼太子太師吏部尚書建極殿大學士。六月罷。
	廣微 正月晉少保兼太子太傅吏部尚書建極殿大學士。八月致仕，晉少傅兼太子太師。〔四〕
	周如磐 禮部尚書。八月兼東閣大學士入，尋晉太子太保文淵閣大學士。十一月致仕。
	黃立極 八月晉禮部尚書兼東閣大學士入。九月晉太子太保文淵閣大學士。
	丁紹軾 八月晉禮部尚書兼東閣大學士入。九月加太子太保文淵閣大學士。
	馮銓 八月晉禮部侍郎兼東閣大學士入。九月晉禮部尚書文淵閣大學士。
	承宗 出鎭。正月晉少師兼太子太師。九月晉左柱國中極殿大學士。十月致仕。

中華書局

六年丙寅	秉謙 四月晉太保。閏六月晉上柱國太師。九月致仕。
	立極 四月晉少保兼太子太保戶部尚書武英殿大學士。十一月晉少傅兼太子太傅吏部尚書建極殿大學士。[五]
	紹軾 四月晉少保兼太子太保戶部尚書武英殿大學士。尋卒。
	銓 四月晉少保兼太子太保戶部尚書武英殿大學士。閏六月免。
	施鳳來 七月晉禮部尚書兼東閣大學士入。十月晉太子太保文淵閣大學士。十一月晉少保兼太子太保戶部尚書武英殿大學士。
	張瑞圖 七月晉禮部尚書兼東閣大學士入。十月晉太子太保文淵閣大學士。十一月晉少保兼太子太保戶部尚書武英殿大學士。
	李國𣚴 七月晉禮部尚書東閣大學士入。十月晉太子太保文淵閣大學士。十一月晉少保兼太子太保戶部尚書武英殿大學士。
七年丁卯八月，莊烈帝即位。	立極 三月晉少傅兼太子太傅吏部尚書建極殿大學士。八月加左柱國晉少師兼太子太師中極殿大學士。十月晉太保，辭免。十一月致仕。

	鳳來 三月晉少保兼太子太保戶部尚書武英殿大學士。八月晉少師兼太子太師中極殿大學士。十月晉左柱國吏部尚書。
	瑞圖 三月晉少保兼太子太保戶部尚書武英殿大學士。八月加少師兼太子太師中極殿大學士。十月晉左柱國吏部尚書。
	國𣚴 三月晉少保兼太子太保戶部尚書武英殿大學士。八月晉少師兼太子太師中極殿大學士。十月晉左柱國吏部尚書。
	來宗道 太子太保禮部尚書。十二月兼東閣大學士入。
	楊景辰 十二月晉禮部尚書兼東閣大學士入。
	周道登 十二月晉禮部尚書兼東閣大學士入。
	錢龍錫 十二月晉禮部尚書兼東閣大學士入。
	李標 十二月晉禮部尚書兼東閣大學士入。
	劉鴻訓 十二月晉禮部尚書兼東閣大學士入。
崇禎元	鳳來 三月致仕，晉太傅。

年戊辰	瑞圖 三月致仕，晉太保。
	國𣚴 四月晉太保。五月致仕。
	宗道 四月晉少保兼太子太保戶部尚書文淵閣大學士。六月致仕，晉少傅兼太子太傅。
	景辰 四月晉太子太保文淵閣大學士。六月致仕，晉少保。
	道登 六月任。七月晉太子太保文淵閣大學士。
	標 二月任。七月晉太子太保文淵閣大學士。
	龍錫 六月任。七月晉太子太保文淵閣大學士。
	鴻訓 二月任。七月晉太子太保文淵閣大學士。十月罷，[六]尋遣戍。
	爌 四月召。十二月任。
二年己巳	爌 三月晉太傅。
	道登 正月致仕。
	標
	龍錫 十二月罷。

	成基命 十一月晉禮部尚書兼東閣大學士入。
	周延儒 十二月晉禮部尚書兼東閣大學士入。
	何如寵 禮部尚書。十二月兼東閣大學士入。
	錢象坤 十二月晉禮部尚書兼東閣大學士入。
	承宗 十一月召，以少師兼太子太師兵部尚書中極殿大學士出鎮山海關。四年十一月致仕。
三年庚午	爌 正月致仕。
	標 二月晉少保兼太子太保戶部尚書武英殿大學士。三月致仕。
	基命 二月晉太子太保文淵閣大學士。九月致仕。
	延儒 二月晉太子太保文淵閣大學士。十一月晉少保武英殿大學士。
	如寵 二月晉太子太保文淵閣大學士。十一月晉少保武英殿大學士。
	象坤 二月晉太子太保文淵閣大學士。十一月晉少保武英殿大學士。
	溫體仁 禮部尚書。六月兼東閣大學士入。十一月晉太子太保文淵閣大學士。
	吳宗達 禮部尚書。六月兼東閣大學士入。十一月晉太子太保文淵閣大學士。

二十四史
中華書局

四年辛未	延儒　八月致仕。 如寵　六月致仕。 象坤 體仁 宗達
五年壬申	延儒　二月晉少傅兼太子太傅吏部尚書建極殿大學士。 體仁　二月晉少保兼太子太保戶部尚書武英殿大學士。 宗達　二月晉少保兼太子太保戶部尚書武英殿大學士。 鄭以偉　五月晉禮部尚書兼東閣大學士入。十月晉太子少保。 徐光啓　五月晉禮部尚書兼東閣大學士入。十月加太子少保。
六年癸酉	延儒　六月罷。 體仁　十一月晉少傅兼太子太傅吏部尚書建極殿大學士。 宗達　十二月晉少傅兼太子太傅吏部尚書建極殿大學士。

	以偉　六月卒。 光啓　七月晉太子太保文淵閣大學士。十月卒。 錢士升　九月晉禮部尚書兼東閣大學士入。 王應熊　十一月晉禮部尚書兼東閣大學士入。 何吾騶　十一月晉禮部尚書兼東閣大學士入。 何如寵　七月召，辭不赴。
七年甲戌	體仁　二月晉少師兼太子太師中極殿大學士。〔七〕 宗達　二月晉少師兼太子太師中極殿大學士。 應熊　二月晉太子太保文淵閣大學士。 吾騶　二月晉太子太保文淵閣大學士。 士升　二月晉太子太保文淵閣大學士。
八年乙亥	體仁 宗達　五月致仕。

	應熊　九月罷。 吾騶　十一月罷。 士升 文震孟　七月晉禮部侍郎兼東閣大學士入。十一月閒住。 張至發　七月晉禮部侍郎兼東閣大學士入。
九年丙子	體仁　十月晉少師兼太子太師中極殿大學士。 士升　四月免。 至發　六月晉禮部尚書。十月晉太子太保文淵閣大學士。 林釬　禮部侍郎。正月兼東閣大學士入。六月卒。 黃士俊　禮部尚書。六月兼東閣大學士入。十月晉太子太保文淵閣大學士。 孔貞運　六月晉禮部尚書東閣大學士入。十月晉太子太保文淵閣大學士。 賀逢聖　禮部尚書。六月兼東閣大學士入。十月晉太子太保文淵閣大學士。
十年丁	體仁　正月晉左柱國，三月晉太保，俱辭免。六月致仕。

丑	至發　三月晉少傅兼太子太傅戶部尚書。 士俊　三月晉少傅兼太子太傅戶部尚書。 逢聖　三月晉少傅兼太子太傅戶部尚書。 貞運　三月晉少傅兼太子太傅戶部尚書。 劉宇亮　八月晉禮部尚書兼東閣大學士入。 傅冠　八月晉禮部尚書兼東閣大學士入。 薛國觀　八月晉禮部侍郎兼東閣大學士入。
十一年戊寅	至發　四月罷。 士俊　正月罷。 逢聖　三月罷。 貞運　六月罷。 宇亮　六月晉文淵閣大學士。十一月出督師。 冠　六月晉文淵閣大學士。八月罷。

	國觀	六月晉禮部尚書。
	程國祥	六月改禮部尚書兼東閣大學士入。
	楊嗣昌	六月改禮部尚書兼東閣大學士入，仍掌兵部。
	方逢年	六月晉禮部尚書兼東閣大學士入。十二月閒住。
	蔡國用	六月晉禮部尚書兼東閣大學士入。
	范復粹	六月晉禮部侍郎兼東閣大學士入。
十二年 己卯	宇亮	二月罷。
	國觀	六月晉太子太保戶部尚書文淵閣大學士。十一月晉少保吏部尚書武英殿大學士。
	國祥	四月致仕。
	嗣昌	九月督師。
	國用	六月晉太子太保戶部尚書文淵閣大學士。
	復粹	五月晉禮部尚書。六月晉太子太保戶部尚書文淵閣大學士。
	姚明恭	五月晉禮部尚書兼東閣大學士入。

	張四知	五月晉禮部尚書兼東閣大學士入。
	魏炤乘	五月晉禮部尚書兼東閣大學士入。
十三年 庚辰	國觀	六月致仕。
	國用	六月卒。
	復粹	
	明恭	五月罷。
	四知	
	炤乘	
	謝陞	四月晉太子少保，改禮部尚書兼東閣大學士入。八月晉少保兼太子太保吏部尚書武英殿大學士。
	陳演	禮部侍郎。四月兼東閣大學士入。
	嗣昌	督師。九月晉太子少保。
十四年 辛巳	復粹	五月罷。
	四知	

	炤乘	
	陞	
	演	
	延儒	二月召。九月入。十一月晉少師兼太子太師中極殿大學士。
	逢聖	二月召。九月入。
	至發	二月召，辭不赴。
	嗣昌	三月卒於軍。
十五年 壬午	延儒	
	逢聖	六月罷。
	四知	五月晉太子太保。六月罷。
	炤乘	三月罷。
	陞	四月罷。
	演	

	蔣德璟	六月晉禮部尚書兼東閣大學士入。
	黃景昉	六月晉禮部尚書兼東閣大學士入。
	吳甡	六月晉禮部尚書兼東閣大學士入。
	應熊	十一月召。明年九月至，未任。
十六年 癸未	延儒	五月晉太師兼太子太師吏部尚書中極殿大學士。尋罷。
	演	五月晉太子少保戶部尚書武英殿大學士。
	德璟	五月晉太子少保戶部尚書文淵閣大學士。
	景昉	五月晉太子少保戶部尚書文淵閣大學士。九月致仕。
	甡	三月督師未行。五月晉太子少保戶部尚書兼兵部尚書文淵閣大學士。尋罷。
	魏藻德	五月擢少詹事兼東閣大學士入。
	李建泰	吏部右侍郎。十一月兼東閣大學士入。
	方岳貢	右副都御史。十一月兼東閣大學士入。
十七年	演	二月免，未行，死於賊。

甲申三月，莊烈帝崩。明亡。	德璟 三月免。 藻德 二月晉兵部尚書文淵閣大學士，死於賊。 建泰 正月出督師。 岳貢 二月晉戶部尚書文淵閣大學士，死於賊。 范景文 工部尚書二月兼東閣大學士入。〔八〕三月殉節。 丘瑜 禮部侍郎。二月兼東閣大學士入，死於賊。

校勘記

〔一〕一貫　此二字下原有「四月晉少保吏部尚書」九字。按沈一貫加少保改吏部尚書在二十八年五月丙寅，見神宗實錄卷三四七，此九字衍，據刪。

〔二〕從哲　此二字下原有「十二月晉太子太保文淵閣大學士」十四字，重出，據神宗實錄卷五五二萬曆四十四年十二月戊申條刪。

〔三〕向高六月晉中極殿大學士　與下文三年「正月晉中極殿大學士」重複。按熹宗實錄卷六、一〇、二五天啓元年六月甲申、十月辛卯、三年正月庚子，都言向高晉中極殿，第二次言「力辭，許之」，第一次無「力辭」語，可能脫漏。國榷卷八四無第一第二次進中極殿事，疑是。又韓爌九月晉中極殿大學士，十月晉少師兼太子太師，與三年正月晉官重複。熹宗實錄卷一〇天啓元年十月辛卯條，韓爌晉官同本表，有「疏辭，許之」。國榷卷八四無韓爌元年進中極殿事，疑是。

〔四〕晉少傅兼太子太師　太子太師，原作「太子太傅」，與上文「兼太子太傅」重出，據本書卷三〇六顧秉謙傳、明史稿傳一八二魏廣微傳、熹宗實錄卷五七天啓五年八月己亥條改。

〔五〕立極至十一月晉少傅兼太子太傅吏部尚書建極殿大學士　與七年立極三月晉官重複。熹宗實錄卷七三天啓六年十一月乙未條立極晉官同本表，有「疏辭」，「允之」。下文鳳來、瑞圖、國槽各於「十一月晉少保兼太子太保戶部尚書武英殿大學士」，與七年三月晉官重複。據同上熹宗實錄，有「各疏辭」，「允之」。

〔六〕十月罷　十月，原作「十二月」，據本書卷二三莊烈帝紀、懷宗實錄卷一崇禎元年十月戊申條改。

〔七〕體仁二月晉少師兼太子太師中極殿大學士　與九年體仁晉官重複。國榷卷九三頁五六三〇崇禎七年二月甲戌體仁晉官與本表同，有「並辭」語。

〔八〕二月兼東閣大學士入　二月，本書卷二四莊烈帝紀、懷宗實錄卷一七崇禎十七年正月乙卯條都作「正月」。下行「二月」，莊烈帝紀、懷宗實錄亦作「正月」。

明史卷一百十一

表第十二

七卿年表一

七卿，前史無表也，曷爲表？明太祖十三年罷丞相，政歸六部，部權重也。洪、宣以後，閣體既尊，而權亦漸重，於是閣部相持，凡廷推考察，各騁意見，以營其私，而黨局分焉。科道庶僚，乘其間隙，參奏紛挐。馴至神宗，厭其囂聒，置而不論，而被劾多者，其人自去。逮熹宗朝，則正論澌滅矣。莊烈矯之，卒不能救。二百七十年間，七卿之正直而獨立者若而人，偏邪而嫉能者若而人，貪庸而媚宰輔者若而人，備列之，可以觀世變矣，作七卿表。自洪武十三年始。成祖遷都，南京止設侍郎。仁宗乃有尚書、都御史而未備。備官自孝宗始。其權位重者曰參贊機務，憲宗後乃專屬之兵部。然累世承平，履其任者，惟養清望而已，無關政本，故不具錄。

紀年	太祖洪武十三年庚申
七卿除罷	
吏部尚書	偰斯 正月任，二月改禮部。 洪彝 正月任，尋免。 劉崧 四月，禮部侍郎署。五月致仕。 阮畯 六月任。
戶部尚書	徐鐸 正月任，坐黨逆免。 范敏 五月，本部郎中署。
禮部尚書	鄭九成 正月任，以後無考。 偰斯 二月任。六月致仕。 李晃 七月，侍郎試。十月爲江西布政司試參政。
兵部尚書	趙本 去年十一月任，以後無考。
刑部尚書	呂宗藝 去年十一月任，以後無考。
工部尚書	薛祥 二月任。
左右都御史	安然 正月任，五月致仕。 李善長 五月署。

中華書局

十四年辛酉	峻	敏 正月免。徐輝 二月試尚書。十二月除名。	李叔正 正月任。高信 十二月，郎中試。	李澂 九月任。唐鐸 十一月任。	胡楨 七月，郎中試。	祥 十月杖死。	
十五年壬戌	峻 三月致仕。李信 三月任。	郭允道 五月任。曾泰 八月任。	信 二月免。劉仲質 二月任。十一月改大學士。任昂 十一月任。	鐸 十一月改諫議大夫。趙仁 十一月任。	開濟 七月試。	趙俊 三月任。	
十六年癸亥	信 正月卒。陳敬 正月試。十二月致仕。[一]	王時 月任。	昂	仁	濟 二月實授。十二月罪誅。	俊	

十七年甲子	余熂 正月任。	栗恕 正月試。六月出爲福建參政。郭桓 五月試。	昂 趙瑁 十月試。	兪綸 三月試。	劉逵 正月試。王惠迪 十一月任。	麥至德 正月試。	詹徽 正月任左。湯友恭 月任右。
十八年乙丑	熂 四月，罪誅。趙瑁 三月任。未幾罪誅。	桓 正月降侍郎。三月罪誅。徐鐸 正月任。茹太素 九月任。十二月降御史。	瑁 三月改吏部。	溫祥卿 正月任。六月降主事。	惠迪 三月罪誅。唐鐸 十月任。	至德 正月降侍郎。三月罪誅。徐本 正月任。	徽 友恭
十九年					鐸	本 月免。	徽

丙寅							友恭
二十年丁卯			李原名 六月試。		鐸		徽 友恭
二十一年戊辰			原名	唐鐸 六月任。	鐸 六月改兵部。		徽 友恭 月免。凌漢 正月任右。八月降刑部侍郎。
二十二年己巳		楊靖 二月任。	原名	鐸 四月兼詹事。五月致仕。沈溍 二月任。	趙勉 二月任。	秦逵 二月任。	徽

二十三年庚午	詹徽 六月以左都御史兼。	靖 五月改刑部。趙勉 五月任。	原名	溍 五月改工部。六月復任。秦逵 五月任。六月復改工部。茹瑺 十一月試。	勉 五月改戶部。安童 正月任。楊靖 五月任。	逵 五月改兵部。六月復任。沈溍 五月任。六月復改兵部。	徽 四月兼掌通政司。六月兼吏部。
二十四年辛未	徽 十二月任，仍兼左都御史。	勉		溍 十月免。瑺 十一月實授。	靖	逵	徽 十二月遷吏部尚書，仍兼院務。袁泰 十二月任右。
二十五	徽 十二月	勉 閏十二		瑺 十二月	靖	逵 九月自	徽 月解

二十四史
中華書局

年壬申	加太子少保。	月下獄誅。		加太子少保。		殺。	院務。
二十六年癸酉	徽 二月罪誅。梁煥 二月以給事中署。翟善 四月以主事署。	郁新 六月任。		瑺	靖 正月兼太子賓客，尋坐事免。	嚴震直 六月任。十二月降御史。	泰 八月卒。
二十七年甲戌	善 五月陞左侍郎，仍署。	新	任亨泰 五月任。	瑺		王儁 十月以侍郎署。	曹銘 九月任右。
二十八年乙亥	善 閏九月降知縣。	新	亨泰 八月使安南。	瑺		儁 二月任。	銘 九月罪死。吳斌 正月任左。王平 二月任右。

二十九年丙子	杜澤 正月任。	新	亨泰 二月還，降御史。門克新 正月任。八月卒。	瑺	夏恕 七月以大理丞署。	孫顯 六月以侍郎署。	來恭 月任。八月降侍郎。鄧文鏗[二] 十一月以刑部主事署。
三十年丁丑	澤 十月免。	新	鄭沂 八月任。	瑺	恕 月任。	顯 二月任。嚴震直 八月任。	楊靖 四月任左。七月賜死。嚴震直 四月任右。八月改工部尚書。

三十一年戊寅，閏五月，惠帝即位。	茹瑺 九月任。十二月署河南布政。張紞 十二月任。	新 王鈍 十二月任。	沂 八月免。陳迪 八月任。	瑺 九月遷吏部尚書。齊泰 五月任，參預國政。[三]	恕 暴昭 五月任。	震直 鄭賜 十二月任。	暴昭 四月任。五月遷刑部尚書。
建文元年己卯	紞	新 鈍	迪	泰 十一月罷。茹瑺 十一月復任。	昭 七月出掌平燕布政司事。侯泰 七月任。	賜 震直 月巡視河北。	景清 二月任左。練子寧 二月任右。
二年庚辰	紞	新 鈍	迪	瑺 鐵鉉 十二月任督軍。	泰 昭	賜 震直	清 子寧

三年辛巳	紞	新 鈍	迪 二月加太子少保。	齊泰 正月復，閏三月又竄。瑺 鉉	泰 昭	賜 震直	清 子寧
四年壬午秋七月，燕王即皇帝位。	紞 七月自經死。蹇義 九月任。	新 六月歸附，仍任。鈍 六月歸附。七月致仕。夏原吉 九月任。郭資 十一月任，仍掌	迪 六月殉難。宋禮 七月以刑部員外署。八月陞右侍郎，尋遷左，仍署。李至剛 十	泰 六月殉難。鉉 八月死難。瑺 六月迎降。九月封忠誠伯，仍任。劉儁 九月	泰 六月殉難。昭 六月殉難。鄭賜 七月任。雒僉 十二月任，仍知保定府。	賜 六月歸附。七月改刑部。震直 六月歸附。七月同致仕戶部尚書王鈍巡視中原。九月卒。	清 六月殉難。子寧 六月殉難。

中華書局

	永樂元年癸未	二年甲申	三年乙酉	四年丙
	義	義四月兼詹事。	義	義
北平布政事。	新 原吉四月治水蘇、松。 資二月改行部。	新 原吉	新八月卒。 原吉月回部。	原吉
二月任。	至剛 鄭沂七月復任。九月致仕。	至剛四月兼左春坊大學士。	至剛八月下獄。 鄭賜九月任。	賜
任。	瑺 僴	僴 金忠四月任，兼詹事。	僴 忠	僴七月參
	賜 僉二月改行部。	賜	賜九月改禮部。 呂震九月任。	震
黃福九月任。	福	福 宋禮十二月任。	福四月改行部。 禮	禮閏七月
	陳瑛正月任。	瑛 吳中九月任右。	瑛 中	瑛

戌	五年丁亥	六年戊子	七年己丑
	義	義	義輔太子居守。
	原吉	原吉	原吉二月扈駕巡北
	賜 趙羾六月任。	賜六月卒。 羾 劉觀六月任。十二月改刑部。 呂震十二月任。	羾扈駕，兼署行在刑
贊交南軍務。 忠	忠	忠 僴五月班師。八月復出征。十二月戰歿。	忠輔太子居守。
	震	震十二月改禮部。 劉觀十二月任。	觀
採木四川。	禮 吳中正月任。	禮 中	禮 中扈駕。
中	瑛 中正月改工部尚書。	瑛	瑛

	八年庚寅	九年辛卯	十年壬
	義	義	義
京，兼署行在禮、兵二部及都察院。	原吉扈駕。二月輔導皇長孫，仍兼行在吏、戶、兵三部。	原吉	原吉
部。 震	羾扈駕。 震	羾九月下獄。 震	震
方賓以兵部侍郎扈駕，兼署行在吏部，三月任。	忠 賓扈駕。	忠 賓	忠
	觀三月參贊發蠻軍務，征永昌叛寇。	觀	觀
	禮 中扈駕。	禮三月督濬會通河。 中	禮十二月
	瑛	瑛二月罪誅。	

辰	十一年癸巳	十二年甲午	十三年乙未
	義	義	義
	原吉扈駕，巡北京。	原吉扈駕，征瓦剌。	原吉扈駕。
	震扈駕。	震扈駕。	震扈駕。
賓	忠 賓扈駕。	忠 賓扈駕。八月回北京。	忠四月卒。 賓扈駕。 陳洽四月任，參贊交阯。
	觀	觀月謫為吏。	觀六月改左都御史。二月復任。
復出採木。 中 白彥芳三月以陝西參議署。	禮 中	禮月回部。 中	禮 中扈駕。
			劉觀六月任。

十四年丙申	義	原吉扈駕。	震扈駕。 金純三月任。	賓扈駕。	吳中八月任，扈駕，俱十一月回京。	禮 中扈駕。八月改刑部。	觀
十五年丁酉	義	原吉扈駕，巡北京。	震扈駕。 純	賓扈駕。 趙羾十一月任，屯戍邊塞。	中	禮	觀
十六年戊戌	義	原吉扈駕。	震扈駕。 純	賓扈駕。 羾	中	禮	觀
十七年己亥	義	原吉扈駕。	震扈駕。 純	賓扈駕。 羾	中	禮九月敕回京。	觀
十八年庚子	義	原吉扈駕。 郭資十二月任。	震扈駕。 純	賓扈駕。 羾	中	禮 李慶十二月任。	觀 王彰十二月任右。

十九年辛丑是年，設六部於北京。	義四月巡撫應天。七月還朝。	原吉十一月下獄。 資	震 純四月巡撫四川，後還朝，署刑部。	賓十一月自縊。 羾督屯戍。	中十一月下獄。	禮 慶	觀 彰四月巡撫河南。
二十年壬寅	義九月下獄。	資	震九月下獄。 純兼署刑部。	羾督屯戍。二月督餉。		禮七月卒。 慶兼署兵部。二月督運。	觀 彰二月督餉。
二十一年癸卯	義二月復任。	資	震三月復任。 純	羾		慶兼署兵部。	觀 彰
二十二年甲辰	義八月加少保。九月	資十月兼太子賓客。	震十月加太子少師。	羾八月還南京刑部	吳中八月出獄。十月	慶八月改兵部。	觀八月兼太子賓客。

八月，仁宗即位。	晉少傅。十一月晉少師。	十一月加太子太師，致仕。 原吉八月出獄復任。十月加太子太傅。十一月晉少保。	十一月晉太子太保。 純八月改工部。	尚書。 李慶八月任。十月加太子少保。	兼詹事，尋改工部。 金純十月任。	金純八月任。十月改刑部。 黃福九月交阯召還。十月兼詹事。 吳中十月任。十一月加太子少保。	十一月晉太子少保。 彰九月鎮撫河南。 向琉十月任右兼詹事。
洪熙元年乙巳六月，宣	義	原吉	震加太子太保。	慶十月改南京。 張本四月任。	純正月兼太子賓客。	福 中 李友直正月任，專管	觀 彰 琉九月改南京。

宗即位。						營繕。三月改行部。	
宣德元年丙午	義	原吉	震四月卒。 胡濙四月任。	本八月從討高煦，留撫樂安，尋回部。 陳洽十一月，交阯戰歿。	純	福十二月出鎮交阯。 中 友直	觀 彰
二年丁未	義	原吉 郭敦八月任，尋巡撫陝西。	濙	本四月撫安山西軍民。	純	福十一月還。 中三月加少保。 友直	觀 彰四月卒。
三年戊	義八月扈	原吉八月	濙八月扈	本	純五月下	福	觀六月巡

中華書局

申	從。十月解部事，俸給如舊。	扈從。十月解部事，俸給如舊。 敦 五月召還。	從。		獄。八月致仕。	中 六月下獄，尋釋，奪少保。八月扈從。 友直 五月，四川採木。八月行部，改工部。	視河道。十月下獄。 顧佐 七月任右。
四年己酉	義 郭璡 四月任。	原吉 敦 郭資 四月召。六月以原官太子太師掌部事。	濙 五月兼詹事。	本 十二月加太子賓客。		福 四月出督漕運。 中 友直	佐

五年庚戌	義 璡	原吉 正月卒。 敦 資 黃福 八月任。 李昶 閏十二月任。	濙	本 六月兼戶部。		福 八月改戶部。 中 二月兼吏部。 友直	佐
六年辛亥	義 璡	敦 四月卒。 資 福 昶 十月卒。	濙 正月兼戶部。	本 正月卒。 許廓 正月任。		中 友直	佐
七年壬子	義 璡	資 福 八月改南京。	濙 兼戶部。	廓 六月卒。		中 友直	佐

八年癸丑	義 璡 閏八月兼都察院。	資 十二月卒。	濙 兼戶部。			中 友直	佐 閏八月以疾致仕。 熊槩 九月任右。
九年甲寅	義 璡 九月兼工部。		濙 兼戶部。	王驥 三月任。		中 友直	槩 九月兼刑部。十月卒。 佐 十月病痊，復任。
十年乙卯正月，英宗即位。	義 正月卒。 璡		濙 兼掌戶部。	驥	魏源 七月任。 施禮 七月任。九月改南京。	中 七月加少保。 友直 正月督易州柴炭。	佐
正統元	璡	劉中敷	濙	驥 十二月	源	中	佐 六月致

年丙辰		月任。		下獄，尋釋。		友直 三月督京倉。	仕。 陳智 六月任右。
二年丁巳	璡	中敷	濙	驥 五月出理甘肅邊務。	源 五月整飭大同邊務。	中 友直	智
三年戊午	璡	中敷 七月下獄，尋釋。	濙 七月下獄，旋釋。	驥 四月回部，兼大理卿。	源 四月回部。七月下獄。十二月又下獄。	中 友直 九月卒。	智 十二月下獄。
四年己未	璡	中敷	濙	驥	源 閏二月釋獄。	中	智 閏二月釋獄。
五年庚申	璡	中敷	濙	驥 四月出征麓川。 柴車 二月	源	中	智

				自陝西召任，卽歸省。			
六年辛酉	璡	中敷 十月下獄荷校，尋還職。閏十一月又下獄。王佐十二月任。	濙	車 三月還朝。六月卒。驥二月總督軍務。	源	中 十月晉少師。	智 六月劾免。王文六月任右。
七年壬戌	璡 魏驥 月以侍郎署。	佐	濙	驥 三月還朝。五月封靖遠伯，解部事。徐晞五月任。	源	中 四月致仕。六月卒。王巹七月任。	文

八年癸亥	璡 正月致仕。王直正月任。	佐	濙	晞	源 三月致仕。王質三月任。十一月降戶部侍郎。金濂八月任。	巹	文
九年甲子	直	佐	濙	晞	濂	巹	文
十年乙丑	直	佐	濙	晞 十月致仕。鄺埜九月任。	濂	巹 黎澄安南王子。六月任，專供內府事。	文 十月出撫陝西。陳鎰十月自陝西召還，任右。

十一年丙寅	直 八月下獄，尋釋。	佐 三月下獄，尋釋。	濙	埜	濂 三月下獄，尋釋。	巹 澄七月卒。	鎰 三月下獄，尋釋。
十二年丁卯	直	佐	濙	埜	濂	巹	鎰
十三年戊辰	直	佐	濙	埜	濂 十一月出征福建。	巹 二月致仕。石璞五月任，七月出征浙賊葉宗留。〔四〕	鎰
十四年己巳八月，景帝監國，九	直 八月加太子太保。	佐 八月歿於土木。金濂十一月任，加太子太保。	濙 八月加太子太傅。	埜 八月歿於土木。于謙八月任。十月加少保。	濂 十一月改戶部。兪士悅十一月任。	璞 十二月回部。	鎰 八月出撫畿內。十一月改左。十一月回院。兪士悅八

月卽位。							月任。十一月遷刑部尚書。楊善十二月任右。
景泰元年庚午	直	濂	濙	謙	士悅	璞 十一月出巡大同。	鎰 善八月改左。王文閏正月自陝西回院。
二年辛未	直 何文淵七月任。	濂	濙	謙	士悅	璞 六月回部。	鎰 四月出撫陝西。善 文

三年壬申	直　正月加少傅。四月兼太子太師。文淵　四月加太子太保。	濂　二月下獄，尋釋，革太子太保，調工部。三月復任。四月加太子太保。	淡　正月加少傅。四月兼太子太師。	謙　四月兼太子太傅。儀銘　五月任。	士悅　四月加太子太保。	璞　四月加太子太保。	善　正月加太子太保。文　正月加太子太保。十月入閣。鎰　三月回院。四月加太子太保。王翺　二月自陝西巡撫回院。四月加太子太保。七月出督兩廣。
四年癸	直	濂	淡	謙	士悅	璞　七月出	善

酉	文淵　六月下獄，旋釋，致仕。王翺　六月任。			銘　二月兼詹事。		治沙灣決河。	鎰　九月致仕。翺　三月召還。六月遷吏部尚書。羅通　七月任右。蕭維禎　七月任左。十一月丁憂。
五年甲戌	直　翺	濂　二月卒。張鳳　四月任。	淡	謙　銘　七月卒。	士悅	璞　四月奔喪，復任。	善　維禎　七月起復。李實　五月任右。

六年乙亥	直　翺	鳳	淡　七月兼掌詹事府。	謙　石璞　正月任。	士悅	璞　正月改兵部。江淵　正月以內閣起復。	善　維禎　實
七年丙子	直　翺	鳳	淡	謙　璞　正月撫安湖廣。	士悅	淵	維禎　實
天順元年丁丑正月，英宗復位。	直　正月奪少傅兼太子太師銜，致仕。翺　正月奪太子太保銜，留任。	鳳　二月改南京。沈固　三月任。	淡　正月奪少傅兼太子太師銜，致仕。楊善　三月以興濟伯管部事。	謙　正月棄市。璞　六月回部，旋致仕。驥　二月以靖遠伯管部事。六月	士悅　正月謫戍。軒輗　二月任。七月致仕。劉廣衡　八月任。	淵　正月謫戍。趙榮　正月任。	維禎　二月改南京。實　二月爲民。耿九疇　三月任右。六月下獄，改

				解任。陳汝言　六月任。			江西布政。馬昂　五月任，出撫山西。十一月回院。寇深　七月任。
二年戊寅	翺	固	善　五月卒。	汝言　正月下獄。馬昂　二月任。	廣衡　十月予告。十二月卒。陸瑜　十月，布政歷。	榮	昂　二月遷兵部尚書。深
三年己卯	翺	固		昂	瑜	榮	深
四年庚	翺	固　二月致	蕭暄　二月，	昂	瑜	榮	深

二十四史

中華書局

辰		仕。年富二月任。	布政陞任。十一月改南京。石瑄十一月任。				
五年辛巳	翱	富	瑄	昂八月加太子少保。	瑜	榮八月兼大理卿。	深七月曹欽叛，被殺。李賓七月任右。
六年壬午	翱	富	瑄十二月卒。	昂	瑜	榮七月致仕。	賓
七年癸未	翱	富	姚夔正月任。	昂	瑜十二月下獄，尋釋。	周瑄二月以刑部侍郎署。白圭三月	賓十一月下獄，尋釋。周瑄十一月以刑部

						任。	侍郎署。
八年甲申正月，憲宗即位。	翱	富四月卒。馬昂八月任。	夔	昂八月改戶部。王竑八月任。	瑜	圭	賓李秉八月任左。
成化元年乙酉	翱三月加太子太保。	昂	夔	竑九月致仕。王復十月任。	瑜	圭十二月督師荊、襄。	賓八月遷南京兵部尚書。秉
二年丙戌	翱	昂	夔	復八月整飭延綏邊備。	瑜	圭五月召回。十二月丁憂，起復。	秉八月整飭大同邊備。
三年丁亥	翱七月病免。十一月	昂	夔	復四月改工部。	瑜	圭正月加太子少保。	林聰四月任右。

	卒。李秉十二月任。			白圭四月任。		四月改兵部。王復四月任。	秉三月召回。五月督師遼東。十一月召回。十二月陞吏部尚書。
四年戊子	秉正月加太子少保。	昂九月致仕。楊鼎十月任。	夔	圭程信四月，四川回部。	瑜	復	聰
五年己丑	秉正月免。崔恭正月任。五月憂去。姚夔六月	鼎	夔六月改吏部。鄒幹八月任。	圭信	瑜	復	聰

	任。						
六年庚寅	夔	鼎	幹	圭信九月改南京。	瑜	復	聰李賓九月任。
七年辛卯	夔九月加太子少保。	鼎	幹	圭	瑜	復	聰八月出撫大同。
八年壬辰	夔	鼎	幹	圭	瑜	復	賓項忠五月回院，陞左。
九年癸巳	夔二月卒。尹旻三月任。	鼎	幹	圭八月憂去。十二月起復。	瑜八月致仕。王槩八月任。	復	忠賓月加太子太保。董方十一月任右。
十年甲	旻	鼎	幹	圭十二月	槩八月卒。	復	忠十一月

午				卒。項忠十二月任。	項忠十月任。十二月改兵部。董方十二月任。		遷刑部尙書。賓 方二月出撫大同。十二月遷刑部尙書。
十一年乙未	昊	鼎	幹	忠	方	復	賓二月加太子少保。王越二月任左，兼提督團營。
十二年丙申	昊	鼎	幹	忠	方	復	賓 越
十三年	昊	鼎	幹	忠六月除	方七月致	復	賓七月致

丁酉				名。余子俊七月召。十月任。	仕。林聰七月任。		仕。越十二月加兵部尙書。
十四年戊戌	昊二月加太子少保。	鼎二月加太子少保。〔五〕	幹二月加太子少保。	子俊十月加太子少保。	聰十月加太子少保。	復	越十月加太子太保。
十五年己亥	昊正月加太子太保。	鼎十二月致仕。陳鉞十二月召。	幹十二月致仕。張文質十二月任。	子俊	聰	復十二月致仕。劉昭十二月任。	越月出征延綏。
十六年庚子	昊	鉞正月任。	文質	子俊	聰	昭	越三月回院，封威寧伯，仍督團營。

十七年辛丑	昊	鉞二月改兵部。翁世資二月任。	文質正月憂去。周洪謨二月任。	子俊正月憂去。陳鉞二月任。	聰	昭	越五月出鎭寧夏。戴縉三月任右。
十八年壬寅	昊	世資	洪謨	鉞三月爲民。張鵬三月任。	聰閏八月卒。張鎣九月任。	昭	縉
十九年癸卯	昊加柱國。	世資二月加太子少保，致仕。余子俊三月召。七月任。	洪謨	鵬	鎣	昭	縉三月改南京工部尙書。李裕四月任右。
二十年	昊十一月	子俊二月	洪謨十一	鵬十一月	鎣十一月	昭十一月	裕六月改

甲辰	晉太子太傅。	出督大同，加太子太保。殷謙十月任，仍兼倉場。十一月加太子少保。	月加太子少保。	加太子少保。	加太子少保。	加太子少保。	南京。朱英六月任右。十一月加太子少保。
二十一年乙巳	昊	謙	洪謨	鵬閏四月致仕。馬文升十一月任。	鎣	昭	英七月卒。屠滽七月任右。
二十二年丙午	昊四月奪太子太傅，授太子少	謙六月致仕。劉昭八月	洪謨	文升九月改南京。	鎣十月憂去。杜銘十月	昭八月改戶部。李裕八月	滽九月改南京。劉敷九月

	保，五月劾免。耿裕八月任。十月改南京禮部。李裕十月任。	任。十二月奪太子少保，免。			任。	任。十月改吏部。謝一夔十月任。	召。
二十三年丁未九月，孝宗即位。	裕十一月致仕。王恕十一月任。十二月加太子太保。	李敏正月任。	洪謨	余子俊正月召。七月任，仍加太子太保。	銘十月致仕。	一夔五月卒。賈俊六月任。	敷二月任。十一月罷。馬文升十一月任左。
弘治元年戊申	恕	敏	洪謨十月致仕。	子俊	何喬新正月任。	俊	文升

			耿裕十月任。				
二年己酉	恕	敏	裕	子俊二月卒。馬文升二月任，兼督團營。	喬新	俊	文升二月遷兵部尚書。屠滽二月任。
三年庚戌	恕	敏	裕	文升	喬新	俊	滽
四年辛亥	恕	敏正月致仕。葉淇二月任。	裕四月下獄，旋釋。	文升	喬新八月致仕。彭韶九月任。	俊	滽二月病去。白昂二月任。
五年壬子	恕	淇	裕	文升五月加太子少	韶	俊五月加太子少保。	昂

				保。			
六年癸丑	恕閏五月致仕。耿裕六月任。	淇	裕六月改吏部。倪岳六月任。	文升	韶七月致仕。白昂八月任。	俊	昂八月遷刑部尚書。屠滽七月召，任右。
七年甲寅	裕九月加太子太保。	淇九月加太子少保。	岳	文升九月晉太子太保。	昂九月加太子少保。	俊二月致仕。劉璋二月任。	滽九月陞左，加太子少保。
八年乙卯	裕	淇	岳	文升	昂	璋	滽
九年丙辰	裕正月卒。屠滽二月任。	淇四月致仕。周經四月	岳四月改南京吏部。徐瓊四月	文升	昂	璋七月致仕。徐貫八月	滽二月遷吏部尚書。閔珪四月

		任。	任。			任。	任。
十年丁巳	滽四月加太子太保。	經	瓊	文升九月加柱國。	昂	貫	珪
十一年戊午	滽二月晉太子太傅。	經二月加太子少保。	瓊二月加太子少保。	文升二月晉少保兼太子太傅。	昂二月加太子太保。	貫二月加太子少保。	珪二月加太子少保。佀鍾十二月任右。
十二年己未	滽	經	瓊	文升	昂	貫十月晉太子太保。	珪 鍾
十三年庚申	滽五月加柱國，致仕。倪岳六月任。	經五月晉太子太保，致仕。佀鍾五月任。	瓊五月晉太子太保，致仕。傅瀚五月任。	文升六月晉少傅。	昂五月加太子太傅，致仕。閔珪五月任。七月晉太子太保。	貫五月加太子太傅，致仕。曾鑑五月任。	珪五月遷刑部尚書。鍾五月遷戶部尚書。戴珊六月任左。

							史琳六月任右，經略紫荊關。
十四年辛酉	岳十月卒。馬文升十月任。	鍾	瀚	文升十月改吏部。劉大夏十月召。	珪	鑑	珊　琳
十五年壬戌	文升	鍾	瀚二月卒。張昇二月任。	大夏	珪	鑑	珊　琳
十六年癸亥	文升六月晉少師兼太子太師。	鍾	昇	大夏	珪	鑑	珊　琳
十七年甲子	文升	鍾五月致仕。	昇	大夏	珪加柱國。	鑑	珊　琳

		秦紘五月命。十月致仕，未任。韓文十一月任。					
十八年乙丑五月，武宗即位。	文升	文	昇	大夏	珪	鑑	珊十二月卒。琳　屠勳九月任右。
正德元年丙寅	文升四月致仕。焦芳四月任。十月入閣。	文十一月閑住。顧佐十二月任。	昇	大夏五月致仕，加太子太保。許進五月任。十月改	珪	鑑	張敷華正月任。十二月致仕。琳正月卒。勳

	許進十月任。			吏部。閔仲宇十一月任。			
二年丁卯	進八月加太子少保。	佐	昇閏正月致仕。李傑閏正月任。十月致仕。劉機十月任。	仲宇四月加太子太保，致仕。劉宇四月任。八月加太子少保，九月晉太子太傅。〔六〕	珪閏正月致仕。屠勳閏正月任。	鑑閏正月卒。李鏻閏正月任。	劉宇閏正月任左。四月遷兵部尚書。屠滽四月起掌院事。勳閏正月遷刑部尚書。
三年戊辰	進八月致仕。劉宇八月	佐八月致仕。劉璣九月	機二月丁憂。周經三月	宇八月改吏部。曹元八月	勳二月加太子少保，致仕。	鏻十一月致仕。洪鍾十二	滽

	任。	任。	任。十月致仕。白鉞十月任。	任。九月加太子少保。	王鑑之二月任。	月任。	
四年己巳	宇加少傅。六月入閣。張綵六月任。十一月加太子少保。	璣	鉞	元	鑑之正月致仕。洪鍾正月任。十一月加太子少保，改左都御史。劉璟十二月任。	鍾正月改刑部。才寬正月任。四月出督陝西。畢亨十二月任。	滽閏九月致仕。陳金十月任。十一月出督江西。洪鍾十一月任。
五年庚午	綵八月下獄死。	璣八月免。楊一清八	鉞九月加太子少保，	元二月入閣。	璟九月加太子少保。	亨九月改南京。	鍾三月督師討湖廣

二十四史
中華書局

	劉機八月任。九月加太子少保。十二月致仕。	月任，加太子少保。	改內閣，管誥敕。十月卒。費宏九月任。	胡汝礪二月陞。三月卒。王敞三月任。九月加太子少保。	十二月致仕。	李鐩九月任。	賊。
六年辛未	楊一清正月任。十二月晉少保兼太子太保。	一清正月改吏部。孫交月任。	宏十二月入閣。傅珪十二月任。	敞五月致仕。何鑑五月任。十二月加太子少保。	何鑑正月任。五月改兵部。	鐩	鍾討賊。王鼎五月任。
七年壬申	一清	交	珪	鑑九月晉太子太保。	張子麟十二月任。	鐩十二月加太子少傅。	鍾九月還京。十二月致仕。

							鼎六月罷。陸完十月任，加太子太保。李士實七月任右，掌院。
八年癸酉	一清	交六月致仕。王瓊六月任。	珪六月致仕。劉春六月任。	鑑十一月致仕。陸完十一月任。	子麟	鐩	完十一月遷兵部尚書。士實十一月致仕。石玠十二月任。
九年甲	一清十二	瓊	春	完七月加	子麟	鐩	玠

戌	月晉少傅兼太子太傅。			太子太保。			
十年乙亥	一清閏四月入閣。陸完閏四月任。	瓊閏四月改兵部。石玠五月任。	春八月憂去。毛紀八月任。	完閏四月改吏部。王瓊閏四月任。	子麟	鐩	玠五月遷戶部尚書。彭澤五月任左，加太子太保。〔七〕王璟五月任右。
十一年丙子	完七月晉太子太保。	玠七月晉太子少保。	紀九月改管誥敕。李遜學九月任。	瓊	子麟七月加太子少保。	鐩七月晉太子少傅。	澤　璟月加太子少保。

十二年丁丑	完月加柱國。	玠	遜學五月改東閣誥敕。毛澄六月任。	瓊二月加少保兼太子太保。十一月晉少傅兼太子少傅。	子麟	鐩月晉太子太保。	澤二月經略哈密。五月還，致仕。璟六月遷左。張綸六月任右。
十三年戊寅	完月加少保。	玠	澄	瓊月加柱國。	子麟	鐩	璟　綸
十四年己卯	完	玠四月致仕。楊潭五月自倉場回部管事。	澄	瓊月晉少師兼太子太師。	子麟	鐩月加柱國。	璟　綸
十五年	完十一月	潭	澄	瓊十二月	子麟月	鐩	璟月加

二十四史
中華書局

年							
庚辰	下獄,充軍。王瓊十二月任。			改吏部。	加柱國,晉太子太保。		太子太保。綸 陳金六月任。
十六年辛巳四月,世宗即位。	瓊四月下獄,論戍。石瑤五月任。七月改東閣誥敕。喬宇八月任。十一月晉少保。	潭四月罷。孫交五月復任。加太子太保。	澄	王憲正月任。四月罷。彭澤五月任。	子麟十月歸省。	鏜四月致仕。林俊五月任。	璟四月致仕。金四月致仕。綸八月致仕。金獻民六月任。

校勘記

〔一〕十二月致仕 此繫於洪武十六年下。按太祖實錄卷二〇〇洪武二十三年二月丙辰條,「陳敬,洪武十六年爲吏部試尚書,十七年坐事免歸」。

〔二〕鄧文鏗 原作「鄧文鑑」,據太祖實錄卷二四八洪武二十九年十一月壬申條、明進士題名碑錄洪武乙丑科改。

〔三〕齊泰五月任參預國政 本書卷四恭閔帝紀繫此事於六月,國榷卷一一頁七八八繫於閏五月,均與此互異。

〔四〕七月出征浙賊葉宗留 據本書卷一〇英宗前紀、又卷一六〇石璞傳,明史稿紀八英宗紀,英宗實錄卷一七五正統十四年二月辛未條,此事應繫於正統十四年下,「七月」當作「二月」。按英宗實錄卷一七五正統十四年二月己未條稱:「命工部造鹵簿大駕,遣本部尚書石璞祭司工之神。」是石璞此時尚未「出征」。其被命參贊軍務往浙江鎮壓葉宗留部農民軍,在十二天以後之辛未日,事具實錄同卷辛未條。可證本表繫石璞「出征」於十三年七月誤。

〔五〕二月加太子少保 太子少保,原作「太子太保」,據本書卷一五七楊鼎傳、明史稿表八、國榷卷三八頁二三九七改。

〔六〕九月晉太子太傅 太子太傅,原作「太子少傅」,據本書卷三〇六劉宇傳、武宗實錄卷三〇正德二年九月癸卯條改。

〔七〕彭澤五月任左加太子太保 太子太保,原作「太子少保」,據本書卷一九八彭澤傳、武宗實錄卷一一一正德九年四月癸卯條、國榷卷四九頁三〇六三改。據武宗實錄,彭澤是由太子少保加太子太保的,作「太子太保」是。

二十四史

中華書局

明史卷一百十二

表第十三

七卿年表二

嘉靖元年壬午	宇 月加柱國。	交	澄 三月晉太子太傅。	澤 月加柱國。	子麟 四月致仕。林俊 四月任。	俊 四月改刑部。陶琰 四月任。十一月改南京兵部。趙璜 十二月任。	獻民
二年癸未	宇	交 十月致仕。秦金 十一月任。	澄 二月致仕。閏四月卒。羅欽順 三月召，辭不赴。汪俊 七月任。	澤 十月晉少保，致仕。金獻民 十一月任。	俊 七月加太子太保，致仕。金獻民 八月任。十一月改兵部。趙鑑 十一月任。	璜	獻民 八月遷刑部尚書。俞諫 八月任。
三年甲申	宇 七月致仕。楊旦 八月命，未任免。廖紀 十月任。	金	俊 三月致仕。席書 三月召，八月任。	獻民 九月督師甘肅。	鑑	璜	諫 八月卒。邊憲 六月任。十月卒。李鉞 十月任。
四年乙酉	紀	金	書 閏十二月加太子太保。	獻民 三月回京。六月致仕。李鉞 六月任。	鑑	璜	鉞 六月遷兵部尚書。顏頤壽 六月任。
五年丙戌	紀 七月加太子太保。	金	書 七月晉少保。	鉞 九月致仕。王時中 十月任。	鑑 五月致仕。顏頤壽 五月任。	璜	頤壽 五月遷刑部尚書。聶賢 六月任。
六年丁亥	紀 四月晉柱國少保，致仕。羅欽順 五月召，又辭不赴。李承勛 八月命。十月改刑部。桂萼 十一月任。	金 三月致仕。鄒文盛 四月任。	書 二月加武英殿大學士。三月卒。羅欽順 二月召，辭不赴。吳一鵬 五月自誥敕回部。九月改南京。桂萼 九月任。十一月改吏部。方獻夫 十一月任。	時中 三月引疾。十月復任。李承勛 十二月任，加太子太保提督團營。	頤壽 八月下獄，爲民。桂萼 八月以禮部侍郎署。李承勛 十月任，加太子少保。十二月改兵部。胡世寧 九月任。加太子少保。十月改都御史。十二月復任。	璜 三月致仕。童瑞 四月任。	賢 六月爲民。胡世寧 七月任。九月遷刑部尚書。十月又復任。十二月仍爲刑部尚書。伍文定 十二月任右。
七年戊子	萼 正月加太子太保。六月晉少保兼太子太傅。	文盛 十二月致仕。梁材 十二月任。	獻夫 六月加太子太保。	時中 十月罷。承勛 三月掌都察院。胡世寧 十	世寧 十一月改兵部。高友璣 十一月任。	瑞 劉麟 七月任。	文定 三月督師雲、貴。李承勛 三月以京營兵部尚書

中華書局

				一月任，加太子太保。			兼管。
八年己丑	尊 二月入閣。 方獻夫 二月任。	材	獻夫 二月改吏部。 李時 三月任。	世寧 正月致仕。 承勛 二月任，兼督京營。	友璣 四月致仕。 周倫 五月任。九月改南京。 許讚 九月任。	麟 七月致仕。 章拯 八月任。	承勛 二月遷兵部尚書。 文定 二月召回。三月致仕。 熊浹 二月任。七月免。 王憲 八月任。十二月免。 汪鋐 十二月任。

九年庚寅	獻夫 九月予告。	材	時	承勛	讚	拯 十一月致仕。 蔣瑤 十二月任。	鋐 十月兼督京營。
十年辛卯	獻夫 七月召，未赴。 王瓊 十二月任。	材 九月憂去。 許讚 九月任。	時 七月加太子太保。九月入閣。 夏言 九月任。	承勛 三月卒。 時中 四月復任。九月改刑部。 王憲 十一月任。	讚 九月改戶部。 王時中 九月任。	瑤 七月加太子少保。	鋐 七月加太子太保。
十一年壬辰	瓊 七月卒。 獻夫 七月以內閣掌部事。	讚	言 十一月加太子太保。	憲 八月兼督京營。	時中	瑤 月憂去。 趙璜 四月召，未赴卒。	鋐 九月還吏部尚書。 聶賢 十月任。

	汪鋐 九月任，加太子太保。					聶賢 九月召，未赴。十月改左都御史。 秦金 十一月任。	王大用 九月任右，尋仍巡撫。
十二年癸巳	鋐	讚	言	憲	時中 二月免。 聶賢 四月任。	金	賢 四月遷刑部尚書。 王廷相 四月任。
十三年甲午	鋐 七月加柱國兼兵部尚書，兼督大工。	讚 八月歸省。 梁材 九月任。	言 正月晉少保。	憲 正月加柱國太子太保。	賢	金 四月加太子少保。	廷相 二月加兵部尚書，提督團營，仍掌院事。

十四年乙未	鋐 九月免。	材	言	憲 三月致仕。 張瓚 三月任。	賢 七月致仕。 唐龍 七月任。	金 七月加太子太保，改南京兵部。 林庭棉 八月任。	廷相
十五年丙申	許讚 四月命守制，未赴。閏十二月任。	材	言 七月兼太子太傅。九月晉少傅。十一月兼太子太師。閏十二月入閣。 嚴嵩 閏十二月任。	瓚 十一月加太子太保。	龍	庭棉 十一月加太子太保。 甘爲霖 十月任，專督大工。	廷相 四月加太子少保。

中華書局

十六年丁酉	讚十一月加太子太保。	材	嵩	瓚	龍七月加太子少保。	庭槐六月致仕。爲霖十二月罷。溫仁和六月任。毛伯溫十二月任。	廷相 毛伯溫五月奪情,任右。十二月遷工部尚書。
十七年戊戌	讚	材三月致仕。李廷相三月以倉場回部。	嵩	瓚 毛伯溫三月任,討安南。四月罷行,管右都御史事。	龍四月歸養。楊志學五月任。	仁和八月改管詹事府。伯溫三月改兵部。楊志學四月任,督工。五月改刑部。蔣瑤九月任。周敍五月任,督工。	伯溫四月以兵部尚書管右。王堯封四月任右。四月改倉場尚書。

十八年己亥	讚正月晉少保。	廷相五月致仕。梁材五月復任。十月加太子少保。	嵩正月加太子太保。	瓚	志學六月致仕。周期雍六月任。	瑤正月加太子少保。甘爲霖督工。閏七月復任。	廷相三月加太子太保。伯溫二月巡邊。四月回院。閏七月征安南。〔一〕十月加太子少保。

十九年庚子	讚	材六月閒住。李如圭六月任。	嵩七月晉少保。	瓚十一月晉柱國少保。樊繼祖十二月添注協理部事。	期雍八月致仕。錢如京九月任。	瑤五月致仕。張潤六月任。爲霖七月加太子少保。	廷相 伯溫
二十年辛丑	讚四月致仕。十月復任。	如圭	嵩	瓚 繼祖七月出督宣、大。劉天和九月任提督團營。	如京八月致仕。吳山九月任。	潤三月憂去。爲霖三月回部管事,仍督大工。	廷相七月爲民。伯溫四月晉太子太保。八月召還,掌院。
二十一年壬寅	讚	如圭八月致仕。王杲九月任。	嵩八月入閣,仍掌部事。	瓚十月卒。天和八月致仕。毛伯溫十一月任。	山十月削職。聞淵十月任。	爲霖	伯溫十一月還兵部尚書。潘鑑閏五月任右,出採木。熊浹十二月任。

二十二年癸卯	讚	杲	嵩四月解部事。張璧二月任。	伯溫	淵	爲霖	浹 鑑十二月事竣,解任。
二十三年甲辰	讚八月加太子太傅。九月入閣。熊浹九月任。	杲	璧九月入閣。費寀三月掌詹事府。九月回部。	伯溫十月爲民。戴金十月任。	淵七月加太子少保。	爲霖	浹九月還吏部尚書。周用十月任。

二十四年乙巳	浹七月加太子太保。十一月爲民。唐龍十二月任。	杲	寀七月加太子少保。	金閏正月免。唐龍正月任。七月加太子太保。十二月改吏部。路迎十二月任，兼團營。	淵	爲霖七月晉少保兼太子太保。	用
二十五年丙午	龍七月罷，尋卒。周用七月任。	杲	寀	迎六月免。陳經六月任。	淵	爲霖五月致仕。王以旂五月任。	用三月加太子少保。七月遷吏部尚書。宋景七月任。
二十六年丁未	用正月卒。聞淵正月任。六月加太子太保。	杲五月加太子少保。九月下獄，充軍。夏邦謨九月任。	寀六月加太子太保。	經七月加太子少保，致仕。王以旂九月任。	淵正月改吏部。屠僑二月任。九月改左都御史。喩茂堅閏九月任。	以旂二月改左都御史。文明二月任。	景正月卒。王以旂二月任。九月遷兵部尚書。屠僑九月任。
二十七年戊申	淵	邦謨	寀八月晉少保。十二月卒。孫承恩十二月以掌詹事回部。	以旂正月出督三邊。劉儲秀正月命，未任免。趙廷瑞正月任。	茂堅	明	僑

二十八年己酉	淵九月致仕。夏邦謨九月任。	邦謨九月改吏部。潘潢十月任。	承恩正月免。徐階二月任。	廷瑞三月加太子少保。四月免。六月卒。范鏓四月命，未任免。翁萬達五月任。十月憂去。丁汝夔十月任。	茂堅九月致仕。劉訒十月任。	明十一月卒。李士翶十二月任。	僑
二十九年庚戌	邦謨	潢七月調南京。李士翶七月任。八月免。孫應奎十月任。	階八月加太子太保。	汝夔八月棄市。萬達九月召，未至罷。王邦瑞十一月任。	訒四月爲民。李士翶五月命。七月改戶部。顧應祥七月任。	士翶五月改刑部。胡松五月任。	僑
三十年辛亥	邦謨二月致仕。李默三月任。十月爲民。萬鏜十月任。	應奎	階十一月晉少保。	邦瑞二月爲民。趙錦二月任。十一月加太子少保。	應祥二月降調。萬鏜三月任。十月改吏部。應大猷十一月任。	松二月致仕。歐陽必進三月任。	僑七月加太子少保。
三十一年壬子	鏜	應奎五月改南京。韓士英五月命，未任罷。	階三月入閣，仍管部事。歐陽德三月召。十月	錦十月充軍。翁萬達十月召，未赴卒。	大猷九月閒住。何鰲九月任。	必進	僑

	三十二年癸丑	三十三年甲寅	三十四年乙卯
	鏜 三月加太子少保。八月爲民。 李默 八月復任。	默 十一月加太子少保。	默
方鈍 六月任。	鈍	鈍	鈍
任。	德	德 三月卒。 王用賓 三月任。十一月加太子少保。	用賓
	聶豹 正月任，加太子少保。	豹 四月加太子少傅。十一月加太子太保。	豹 二月閒住。
	鰲	鰲	鰲
	必進	必進 四月加太子少保。九月憂去。 吳鵬 九月任。	鵬
	僑	僑 二月加太子太保。	僑 正月卒。

	三十五年丙辰	三十六年丁巳
	默 二月下獄死。 吳鵬 三月任。	鵬
	鈍	鈍
	用賓 四月改南京吏部。 吳山 四月任。	山 八月加太子太保。
楊博 三月任。	博 正月憂去。 許論 正月任。	論
	鰲 十二月致仕。 歐陽必進 十二月任。	必進 八月改工部。 賈應春 九月任。
	鵬 三月改吏部。 趙文華 三月任，加太子太保。五月視師江、浙，十一月回部，進少保。	文華 八月免。 歐陽必進 八月任。
周延 正月任。	延 鄭曉 四月任右。	延

三十七年戊午	三十八年己未	三十九年庚申
鵬	鵬	鵬 三月加太子少保。
鈍 三月改南京用。 賈應春 三月任。	應春 六月致仕。 馬坤 六月任。	坤 三月爲民。 江東 三月任。四月改南京兵部。
山	山	山 八月晉少保。
論 三月爲民。 楊博 三月任，視師宣、大。	博 十月回部。十二月晉少保。	博
應春 三月改戶部。 鄭曉 三月任，兼署兵部。六月回刑部。	曉	曉 四月閒住。 閔煦 五月任。 潘恩 八月
必進 九月加太子太保。 雷禮 九月添注，督大工。	必進 禮 督工。	必進 九月晉少保。 禮 督工。
延 十一月加太子少保。	延	延

	四十年辛酉	四十一年壬戌
	鵬 三月致仕。 歐陽必進 三月任。十一月晉柱國，致仕。 郭朴 十一月任，加太子少保。	朴
高燿 四月，倉場回部。	燿	燿 八月加太子少保。
	山 三月閒住。 袁煒 三月任，加太子少保。十一月入閣。	嚴訥 正月任。
	博	博 月加柱國。
任。	恩 三月改左都御史。 馮天馭 四月任。六月閒住。 蔡雲程 七月任。	雲程 月致仕。 張永明 五月任。九月
	必進 二月改左都御史。 禮 三月回部管事。	禮 三月加太子太保。十月加太子太傅。
	延 二月卒。 歐陽必進 二月任。三月遷吏部尚書。 潘恩 三月任。	恩 九月致仕。 張永明 九月任。

					改左都御史。黃光昇十月任。		
四十二年癸亥	朴 月憂去。嚴訥 三月任。	燿	訥 三月改吏部。李春芳 三月任。	博	光昇	禮	永明
四十三年甲子	訥 八月加太子太保。	燿	春芳 八月加太子太保。	博	光昇	禮	永明
四十四年乙丑	訥 四月入閣，仍管部事。郭朴 四月	燿	春芳 四月入閣。董份 四月任。六月爲	博	光昇	禮	永明

	召。十一月加太子太保。		民。高拱 七月任。				
四十五年丙寅二月，穆宗卽位。	朴 三月入閣。胡松 四月任。十月卒。楊博 十月任。	燿 三月加太子太保。	拱 三月入閣。高儀 四月任。	博 十月改吏部。趙炳然 閏十月，戎政回部，加太子少保。	光昇	禮 三月晉少保。十月晉太傅柱國。	永明 十月致仕。王廷 十月任。
隆慶元年丁卯	博 七月晉少傅兼太子太傅。	燿 正月閒住。葛守禮 正月任。六月終養。馬森 六月	儀	炳然 四月加太子少保，告病。〔二〕郭乾 四月任。十月致仕。	光昇 四月致仕。毛愷 五月任。	禮	廷

		任。		霍冀 十月任。			
二年戊辰	博	森	儀	冀	愷	禮 九月致仕。朱衡 九月任。	廷
三年己巳	博 十二月致仕。高拱 十二月以內閣兼署。	森 二月致仕。劉體乾 二月任。	儀 十一月病免，加太子少保。殷士儋 十二月任。	冀	愷	衡	廷
四年庚午	拱 兼署。	體乾 七月閒住。張守直 七月任。	士儋 二月加太子太保。十二月入閣。	冀 二月閒住。郭乾 二月任。十二月	愷 二月致仕。葛守禮 二月任。十一	衡	廷 正月致仕。趙貞吉 二月以內閣

			潘晟 十一月任。	加太子少保。	月改左都御史。劉自強 十一月任。		兼掌。十二月解院務。葛守禮 十一月任。
五年辛未	拱 兼署。	守直	晟	乾 三月免。楊博 三月起。十月任。	自強	衡	守禮
六年壬申六月，神宗卽位。	拱 六月罷。楊博 六月任，加少師兼太子太師。	守直 七月致仕。王國光 七月，倉場回部。	晟 三月致仕。呂調陽 四月任。六月入閣。陸樹聲 七月任。	博 六月改吏部。譚綸 七月任。	自強 七月致仕。王之誥 七月任。	衡 正月出治河。六月督陵工。	守禮
萬曆元	博 九月致	國光	樹聲 十二	綸 月加	之誥	衡	守禮

中華書局

年癸酉	仕。張瀚九月任。		月致仕。萬士和十二月任。	太子少保。			
二年甲戌	瀚	國光	士和	綸	之誥	衡五月晉太子太保，致仕。郭朝賓六月任。	守禮
三年乙亥	瀚七月加太子少保。	國光	士和九月致仕。馬自强九月任。	綸	之誥三月送親。九月致仕。王崇古九月任，加柱國。	朝賓	守禮六月加太子少保，致仕。陳瓚六月任左。
四年丙	瀚	國光二月	自强	綸	崇古	朝賓	瓚

子		請告。殷正茂二月任。					
五年丁丑	瀚十月免。方逢時十月以兵部兼署。王國光十月任。	正茂	自强八月加太子少保。	綸四月卒。王崇古四月任。十月致仕。方逢時十月，戎政回部，加少保兼太子太保。	崇古四月改兵部。劉應節四月任。閏八月致仕。吳百朋九月任。	朝賓十一月致仕。李幼滋十二月任。	瓚十月病免。陳炌十一月任。
六年戊寅	國光	正茂六月致仕。張學顏七月	自强三月入閣。潘晟三月	逢時	百朋五月卒。嚴清五月	幼滋	炌

		月任。	任。		任。		
七年己卯	國光十二月加太子太保。	學顏	晟	逢時月加柱國。	清	幼滋十二月予告。	炌
八年庚辰	國光	學顏	晟十一月加太子太保。十二月致仕。徐學謨十二月任。	逢時	清	曾省吾正月任。	炌
九年辛巳	國光	學顏	學謨	逢時四月致仕。梁夢龍四月任。	清	省吾	炌
十年壬	國光十月	學顏	學謨	夢龍十月	清十二月	省吾十月	炌

午	免。梁夢龍十月任。十二月免。嚴清十二月任。			加太子太保，尋改吏部。吳兌十一月任。	改吏部。	加太子太保。十二月致仕。楊巍十二月任。	
十一年癸未	清七月病免。楊巍七月任。	學顏四月改兵部。楊巍四月任。七月改吏部。王遴七月任。	學謨九月加太子少保。十月致仕。陳經邦十月任。	兌三月致仕。張學顏四月任。	潘季馴正月任。	巍四月改吏部。楊兆四月任。九月加太子少保。	炌七月免。趙錦七月召。十一月任。
十二年甲申	巍	遴	經邦十月致仕。	學顏二月加太子少	季馴七月爲民。	兆	錦九月加太子少保。

中華書局

二十四史

	十三年乙酉	十四年丙戌	十五年
	巍十月加太子少保。	巍	巍
	遴三月改兵部。畢鏘三月任。	鏘五月病免。宋纁五月任。	纁
沈鯉十月任。	鯉	鯉	鯉二月加
保。九月晉太子太保。	學顏三月病免。王遴三月任。九月致仕。張佳允閏九月任，加太子太保。	佳允十二月致仕。	嚴清正月
舒化十一月任。	化	化	化五月病
	兆六月晉太子太保。	兆	兆二月卒。
	錦四月加兵部尚書。十一月憂去。	辛自修正月任。	自修　月

丁亥	十六年戊子	十七年己丑	十八年
	巍九月加太子太保。	巍	巍二月致
	纁	纁	纁三月改
太子少保。	鯉九月致仕。朱賡九月任。	賡七月憂去。于慎行七月任。	慎行
召，病不赴。王一鶚四月任。	一鶚	一鶚	一鶚
免。李世達六月任。	世達	世達	世達五月
何起鳴正月任。二月免。石星二月任。	星九月加太子少保。曾同亨九月任，專督陵工。	星　同亨	星三月改
致仕。吳時來二月任。	時來	時來	時來五月

庚寅	十九年辛卯	二十年壬辰
仕。宋纁三月任。	纁五月卒。陸光祖四月任。	光祖三月致仕。
吏部。石星三月任。	星八月改兵部。楊俊民八月，倉場回部。	俊民
	慎行九月致仕。李長春九月任。	長春十一月致仕。
	一鶚　月致仕。九月卒。石星八月任。	星
改左都御史。陸光祖五月任。	光祖四月改吏部。趙錦五月召，未赴卒。張國彥十二月任，尋致仕。孫丕揚十二月任。	丕揚
戶部。同亨三月回部掌事。	同亨	同亨七月加太子少
致仕。李世達五月任。	世達	世達十月加太子少

	二十一年癸巳	二十二年甲午
孫鑨三月任。	鑨七月致仕。陳有年八月任。	有年七月致仕。孫丕揚八月任。
	俊民	俊民
羅萬化十二月掌詹事回部。	萬化	萬化九月致仕。范謙十月任。
	星四月晉太子太保。	星
	丕揚十一月改左都御史。趙煥十一月任。	煥
保。十二月致仕。	辛自修正月任。未幾卒。溫純四月任。九月終養。衷貞吉九月任。	貞吉八月改左都御史。沈節甫八
保。	世達十月致仕。孫丕揚十一月任。	丕揚八月遷吏部。衷貞吉八月任。

中華書局

					月以侍郎署。		
二十三年乙未	丕揚 六月加太子少保。	俊民 六月加太子少保。	謙	星 十月加少保。	煥 四月致仕。 蕭大亨 五月任，仍加太子太保。	節甫 署。 李戴 五月任。未幾憂去。	貞吉
二十四年丙申	丕揚 閏八月病免。	俊民	謙	星	大亨	徐作 六月以侍郎署，尋陞右都御史，仍署部事。	貞吉 月卒。 徐作 十月任右，署工部事。
二十五年丁酉	蔡國珍 二月召。五月任。九月加太子少保。	俊民	謙 十月卒。	星 二月革職候勘。九月下獄。	大亨	作 兼署。	作
二十六年戊戌	國珍 四月病免。 李戴 六月召。	俊民 九月晉太子太保。	余繼登 六月以侍郎署。	田樂 六月任。十二月加太子太保。	大亨	楊一魁 五月召。十二月任。	溫純 五月召。十二月任。 作 六月免。
二十七年己亥	戴	俊民 四月致仕。 陳蕖 五月任。	繼登 五月任。	樂 四月晉太子太傅。九月加柱國。	大亨	一魁	純
二十八年庚子	戴	蕖	繼登 七月卒。	樂	大亨	一魁 五月加太子太保。	純
二十九年辛丑	戴 六月加太子太保。	蕖	馮琦 十月任。	樂 二月晉太保。	大亨	一魁	純
三十年壬寅	戴	蕖 三月病免。 趙世卿 三月，倉場回部。	琦	樂 三月致仕。 蕭大亨 六月以刑部尚書兼署。	大亨	一魁 二月免。 姚繼可 閏二月任。	純
三十一年癸卯	戴 十二月致仕。 趙世卿 十二月以戶部尚書兼署。	世卿 十二月兼署吏部。	琦 三月卒。 李廷機 月以侍郎署。	大亨 署。	大亨 四月晉少保。	繼可	純
三十二年甲辰	世卿 兼署，五月辭。 楊時喬 五月以左侍郎署。	世卿	廷機 署。	大亨 十月任，兼署刑部。	大亨 十月改兵部，仍署刑部事。	繼可	純 四月加太子太保。
三十三年乙巳	時喬 署。	世卿	廷機 署。	大亨	大亨 兼署。 董裕 四月陞尚書，仍管左侍郎事。十二月致仕。 沈應文 十一月署。	繼可 七月致仕。 趙煥 十二月任。	純 七月致仕。 詹沂 八月以副都署。
三十四年丙午	時喬 署。	世卿	廷機 署。	大亨	應文 署。	煥 正月終養。 劉元霖 十一月以侍郎署。	沂 署。
三十五年丁未	時喬 署。	世卿	廷機 署。五月入閣。	大亨 三月晉少傅。	應文 署。	元霖 署。	沂 署。

二十四史
中華書局

			楊道賓六月侍郎掌翰林院，回部署事。				
三十六年戊申	時喬署。孫丕揚九月召。	世卿	道賓署。	大亨十一月致仕。李化龍十一月以戎政尚書掌部事。	應文八月任。	元霖署。	沂署。
三十七年己酉	時喬署。二月卒。丕揚四月任。	世卿	道賓署。二月卒。吳道南二月以侍郎署。	化龍	應文	王汝訓四月以侍郎署。	沂署。孫瑋五月以倉場尚書兼署院事。

三十八年庚戌	丕揚十二月加太子太傅。	世卿九月請告，出城待命。	道南署。八月憂去。翁正春九月以侍郎署。	化龍兼戎政。	應文正月致仕。劉元霖五月以工部侍郎兼署。趙煥九月召。	汝訓署。五月卒。元霖五月再署部事，兼署刑部。	瑋兼署。
三十九年辛亥	丕揚	李汝華六月以侍郎署。	正春署。	化龍八月加少傅。十二月卒。	元霖兼署。煥九月任。	元霖署。	瑋兼署。許弘綱月以副都署院事。
四十年壬子	丕揚二月致仕。趙煥八月任。	汝華署。	正春署。	王象乾正月任。二月加太子太保。	煥八月改吏部。許弘綱九月以副都	元霖	弘綱署院事。九月兼署刑部。

					御史兼署。		
四十一年癸丑	煥九月致仕。王象乾十月以兵部尚書兼署。	汝華署。	正春署。四月改吏部侍郎。孫愼行五月以侍郎署。	象乾十月兼署吏部。	弘綱五月乞休。七月去。魏養蒙七月以兵部侍郎署。	元霖六月任。十月兼署都察院。	弘綱署。七月致任。孫瑋正月任。七月出城待命。十月歸。劉元霖十月以工部尚書兼署。
四十二年甲寅	象乾 鄭繼之二月任。九月兼署兵部。	汝華署。	愼行署。八月自免歸。何宗彥八月以侍郎署。	象乾八月自免歸。涂宗濬八月召，不赴。鄭繼之九	張問達三月，以侍郎署，兼署都察院事。	元霖三月卒。林如楚三月以刑部侍郎兼署。	張問達三月以刑部侍郎兼署。

				月以吏部尚書兼署。李鋕九月以侍郎署。			
四十三年乙卯	繼之正月加太子少保。	汝華署。	宗彥署。	鋕署。八月改吏部右侍郎。崔景榮四月以左侍郎署。九月管戎政。魏養蒙九月以侍郎署。	問達署。	如楚署。	問達兼署。四月封印於庫。李鋕八月以吏部侍郎署。
四十四	繼之	汝華四月	宗彥署。	養蒙署。	李鋕正月	如楚署。	鋕正月以

二十四史

中華書局

年丙辰	四十五年丁巳	四十六年戊午	四十七年己未
	繼之 七月晉太子太保。	繼之 二月致仕。 李汝華 閏四月兼署。 趙煥 六月任。	煥 十一月卒。
任。	汝華	汝華 閏四月兼署吏部。	汝華 五月兼署工部。
	宗彥 署。	宗彥 署。	宗彥 署。十一月乞歸。
黃嘉善 十月召，未至。	養蒙 署。四月免。 崔景榮 四月以侍郎署。	景榮 二月封印出城。 嘉善 七月任。	嘉善 十一月養病。
任，兼署都察院事。	鋕	鋕 十一月改左都御史。	張問達 以倉場尚書
	如楚 署。	如楚 署。	如楚 七月引疾。
刑部尚書兼署。	鋕 署。	鋕 十一月任。	鋕 八月致仕。

	四十八年庚申八月，光宗卽位，爲泰昌元年。九月，熹宗
汝華 署。	周嘉謨 六月任。
	汝華 王紀 八月任。
	孫如游 四月以侍郎署。八月任。十月入閣。 孫愼行 十二月任。
楊應聘 十一月以侍郎署。	嘉善 九月免。 應聘 三月卒。 崔景榮 十月任。
兼署。	問達 署。 黃克纘 七月任，仍加太子少保。
李汝華 五月署。 周嘉謨 七月任。 黃克纘 十二月以戎政尚書署。	嘉謨 六月改吏部。 王佐 九月任。
張問達 十二月署。	問達 七月任。

卽位。	天啓元年辛酉	二年壬戌
	嘉謨 九月加太子少保。十月加太子太保。十二月致仕。 張問達 十二月任。	問達
	汝華 六月致仕，加太子太保。 汪應蛟 六月任。	應蛟 十二月致仕。
	愼行	愼行 七月致仕。 顧秉謙 八月任。
	景榮 五月致仕。 王象乾 五月任，六月督師。[三] 張鶴鳴 十月任。	鶴鳴 正月加太子太保，行邊。七月回部，卽予告。 孫承宗 二
	克纘 十月加太子太保。	克纘 正月改戎政。 王紀 二月任。七月爲民。 孫瑋 八月
	佐 九月加太子少保。十月加太子太保。	佐 正月加太子太傅。三月致仕。 姚思仁 四月任。
	問達 十月加太子太保。十二月遷吏部尚書。 鄒元標 十二月任。	元標 十月致仕，加太子太保。 趙南星 十一月任。

	三年癸亥	四年甲
	問達 九月加少保，致仕。 趙南星 十月任。	南星 十月
	李長庚 二月任，旋以憂去。 陳大道 三月任。七月免。 李宗延 九月倉場回部。	宗延 十一
	盛以弘 二月命。五月致仕。 林堯俞 五月任。七月加太子少保。	堯俞
月以內閣掌部事。八月出鎭。 董漢儒 九月任。	漢儒 七月憂去。 趙彥 八月任。十月加太子太保。	彥
召，未至。	瑋 三月任。閏十月遷吏部尚書掌左都御史。 喬允升 十一月任。	允升 十二
	思仁 二月致仕，加太子太保。 鍾羽正 三月任。七月致仕。 王舜鼎 八月任。	舜鼎 四月
	南星 十月遷吏部尚書。 孫瑋 閏十月以吏部尚書銜掌院事。十一月加太子太保。	瑋 八月卒。

子	五年乙丑
致仕。崔景榮十一月任。	景榮七月免。李宗延七月任。十二月免。王紹徽十二月任。
月掌都察院。李起元十一月任。	起元
	堯兪二月加太子少保。八月致仕。薛三省九月任。十二月乞休。
	彥五月致仕。高第五月任。十月經略遼東。王永光十月任。
月致仕。	李養正正月任。十二月免。周應秋四月任。十二月改左都御史。
卒。陳長祚二月任。九月免。馮從吾九月召，未至。黃克纘十二月任。	克纘十二月免，復加太子太師。
高攀龍八月任。十月致仕。李宗延十一月改吏部尚書掌院事。	宗延七月遷吏部尚書。王紹徽八月任。十二月遷吏部尚書。

	六年丙寅	七年丁
	紹徽閏六月閒住。周應秋七月任。十月加太子太保。	應秋八月
	起元七月免。十一月加太子太傅。郭允厚七月任。十月加太子太保。	允厚七月
	李思誠正月任。十月加太子太保。十二月削職。	來宗道正
	永光七月加太子太保，致仕。馮嘉會七月，戎政回部。十月加太子太保。十一月加太子太傅。	嘉會三月
徐兆魁十二月任。	兆魁六月閒住。薛貞七月任。十月加太子太保。	貞十一月
	董可威正月任。五月致仕。薛鳳翔五月任。十月加太子太保。崔呈秀七月任，仍管大工。十月加太子太保。	鳳翔八月
周應秋十二月任。	應秋七月遷吏部尚書。房壯麗七月任。十月加太子太保。崔呈秀十月以工部尚書兼左都御史。	壯麗八月

卯八月，莊烈帝即位。
加太子太師。十一月免。房壯麗十一月任。
加太子太傅。八月加太子太師。
月任。十一月加太子太保。十二月入閣。孟紹虞十二月任。
加太子太師。四月卒。王之臣正月經略回部管事，加太子太保。四月專任，晉太子太師。七月復出經略。霍維華七月任。八月加太子太保。崔呈秀八
免。蘇茂相十一月任。
加少傅兼太子太傅。呈秀七月加太子太傅。八月加少傅兼太子太傅，改兵部。
晉太子太傅。十一月遷吏部尚書。曹思誠十一月任，加太子太保。

	崇禎元年戊辰	二年己巳
	壯麗四月免。王永光五月任。	永光
	允厚二月免。王永光三月任。五月改吏部。畢自嚴五月任。	自嚴
	紹虞六月免。何如寵六月任。	如寵十二月入閣。
月任。十月免。閻鳴泰十月任，晉少師。	鳴泰三月免。王在晉四月任。十月免。王洽十二月任。	洽十一月下獄死。
	茂相二月免。王在晉三月任，加太子太保。四月改兵部。喬允升五月任。	允升十二月下獄。
	鳳翔正月免。劉廷元正月任。五月免。李長庚五月任。十二月憂去。	張鳳翔正月任。十一
	思誠四月免。曹于汴五月任。	于汴

中華書局

				申用懋十一月任。十二月致仕。		月下獄。南居益十二月任。	
三年庚午	永光三月加少保。	自嚴八月加太子太保。	李騰芳正月任。十二月加太子少保。	梁廷棟正月任。七月加太子少保。	韓繼思正月任。三月削職。胡應台三月任。	居益六月削職。劉遵義六月任。曹珖八月任。	于汴二月免。閔洪學三月任。
四年辛未	永光三月免。閔洪學三月任。	自嚴	騰芳五月致仕。黃汝良五月任。	廷棟五月閒任。熊明遇六月任。	應台	珖	洪學三月遷吏部尚書。陳于廷四月任。
五年壬申	洪學八月	自嚴	汝良	明遇七月	應台	珖二月加	于廷三月

	免。李長庚八月召。十二月任。			免。張鳳翼九月任。		太子少保。五月免。張延登六月召。十月改左都御史。周士樸十月任。	加太子少保。九月免。張延登十月任。
六年癸酉	長庚	自嚴三月下獄。侯恂五月任。	汝良三月致仕。李康先五月任。	鳳翼	應台	士樸	延登
七年甲戌	長庚八月削職。謝陞八月	恂	康先	鳳翼二月加太子少保。	應台閏八月免。馮英九月	士樸十月削職。劉遵憲十	延登八月免。唐世濟八

	任。				任。	一月復任。	月任。
八年乙亥	陞三月加太子少保。	恂	康先正月免。黃士俊二月任。	鳳翼	英	遵憲	世濟
九年丙子	陞	恂十一月削職。	士俊六月入閣。姜逢元七月任。	鳳翼七月督師。九月卒。楊嗣昌十月奪情任。	英	遵憲	世濟十一月下獄。
十年丁丑	陞二月免。田維嘉三月任。	程國祥正月任。	逢元十二月免。	嗣昌	英四月削職充軍。鄭三俊閏四月任，加太子太保。	遵憲	商周祚四月任。

十一年戊寅	維嘉四月免。商周祚五月任。十一月削職。	國祥六月入閣。李待問七月任。	林欲楫正月掌詹事回部。	嗣昌六月入閣，仍掌部事。	三俊三月下獄。劉之鳳四月任。	遵憲	周祚五月遷吏部尚書。鍾炌六月任。
十二年己卯	莊欽鄰正月召。七月未至罷。謝陞八月復任。	待問	欲楫	嗣昌九月督師討賊。傅宗龍五月任。十二月下獄。	甄淑正月任。	遵憲十一月加太子少保。	炌月削職。傅永淳七月任。
十三年庚辰	陞四月入閣。傅永淳五月任。九月免。	待問	欲楫	陳新甲正月任。	淑七月免。李覺斯七月任。十二月削職。劉澤深十	遵憲	永淳五月遷吏部尚書。王道直八月任。

二十四史
中華書局

	李日宣九月任。				二月任。		
十四年辛巳	日宣	待問	欲楫	新甲	澤深十二月卒。	遵憲	道直
十五年壬午	日宣六月下獄充軍。鄭三俊八月任。	待問二月免。傅淑訓二月任。	欲楫八月加太子太保。	新甲八月下獄，棄市。張國維九月任。	鄭三俊正月任。八月改吏部。范景文八月召，未任，改工部。徐石麒十一月任。	遵憲四月加太子太保。范景文十月任。	道直七月免。劉宗周八月任。十二月削職。李邦華十二月任。
十六年癸未	三俊五月免。李遇知五月任。	淑訓五月削職。倪元璐五月任。十月粢署礼部。	欲楫十月致仕。倪元璐十月以戶部尚書粢署。	國維五月免。馮元飈五月任。十一月告病。張縉彥十一月任。	石麒正月削職。張忻八月任。	景文	邦華
十七年甲申三月，莊烈帝崩，明亡。	遇知三月病去。	元璐二月解職。三月殉難。	王鐸三月召，未赴。	縉彥三月降賊。	忻三月降賊。	景文二月入閣。三月殉難。陳必謙三月任。	邦華三月殉難。

校勘記

〔一〕閏七月征安南　原脫「閏」字，據本書卷一九八毛伯溫傳、世宗實錄卷二二七嘉靖十八年閏七月辛酉條補。

〔二〕四月加太子少保　太子少保，原作「太子太保」，據本書卷二〇二趙炳然傳、穆宗實錄卷三三隆慶三年六月己亥條改。

〔三〕六月督師　原脫「六月」二字，據本書卷二二熹宗紀、熹宗實錄卷六天啓元年六月辛巳條補。

明史

清　張廷玉等撰

第一二冊

卷一一三至卷一二九（傳）

中華書局

中華書局

明史卷一百十三

列傳第一

后妃

明太祖鑒前代女禍，立綱陳紀，首嚴內敎。洪武元年命儒臣修女誡，諭翰林學士朱升曰：「治天下者，正家爲先。正家之道，始於謹夫婦。后妃雖母儀天下，然不可俾預政事。至於嬪嬙之屬，不過備職事，侍巾櫛；恩寵或過，則驕恣犯分，上下失序。歷代宮闈，政由內出，鮮不爲禍。惟明主能察於未然，下此多爲所惑。卿等其纂女誡及古賢妃事可爲法者，使後世子孫知所持守。」升等乃編錄上之。

五年六月命禮臣議宮官女職之制。禮臣上言：「周制，後宮設內官以贊內治。漢設內官一十四等，凡數百人。唐設六局二十四司，官凡一百九十人，女史五十餘人，皆選良家女充之。」帝以所設過多，命重加裁定。於是折衷曩制，立六局一司。局曰尙宮、尙儀、尙服、

尙食、尙寢、尙功，司曰宮正，秩皆正六品。每局領四司，其屬二十有四，而尙宮總行六局之事。戒令責罰，則宮正掌之。官七十五人，女史十八人，視唐減百四十餘人，凡以服勞宮寢、祗勤典守而已。諸妃位號亦惟取賢、淑、莊、敬、惠、順、康、寧爲稱，閨房雍肅，旨寓深遠。

又命工部製紅牌，鐫戒諭后妃之詞，懸於宮中。牌用鐵，字飾以金。復著令典，自后妃以下至嬪御女史，巨細衣食之費，金銀幣帛、器用百物之供，皆自尙宮取旨，牒內使監覆奏，移部臣取給焉。若尙宮不及奏，內使監不覆奏，而輒領於部者，論死。或以私書出外，罪亦如之。宮嬪以下有疾，醫者不得入宮，以證取藥。何其愼也。是以終明之代，宮壼肅淸，論者謂其家法之善，超軼漢、唐。

爰自孝慈以迄愍后，考厥族里，次其世代，雖所遇不齊，顯晦異致，而凡居正號者並列於篇。其妃嬪有事實者，亦附見焉。

后妃一

太祖孝慈高皇后　孫貴妃　李淑妃　郭寧妃

惠帝馬皇后

成祖仁孝徐皇后　王貴妃　權賢妃

仁宗誠孝張皇后

宣宗恭讓胡皇后　孝恭孫皇后　吳賢妃　郭嬪

英宗孝莊錢皇后　孝肅周太后

景帝汪廢后　肅孝杭皇后

憲宗吳廢后　孝貞王皇后　孝穆紀太后　孝惠邵太后　萬貴妃

太祖孝慈高皇后馬氏，宿州人。父馬公，母鄭媼，早卒。馬公素善郭子興，遂以后託子興。馬公卒，子興育之如己女。子興奇太祖，以后歸焉。

后仁慈有智鑒，好書史。太祖有劄記，輒命后掌之，倉卒未嘗忘。子興嘗信讒，疑太祖。后善事其妻，嫌隙得釋。太祖既克太平，后率將士妻妾渡江。及居江寧，吳、漢接境，戰無虛日，親緝甲士衣鞋佐軍。陳友諒寇龍灣，太祖率師禦之，后盡發宮中金帛犒士。嘗語太祖，定天下以不殺人爲本。太祖善之。

洪武元年正月，太祖卽帝位，册爲皇后。初，后從帝軍中，値歲大歉，帝又爲郭氏所疑，嘗乏食。后竊炊餅，懷以進，肉爲焦。居常貯糗糒脯脩供帝，無所乏絕，而己不宿飽。及貴，帝比之「蕪蔞豆粥」、「滹沱麥飯」，每對羣臣述后賢，同於唐長孫皇后。退以語后。后曰：「妾

聞夫婦相保易，君臣相保難。陛下不忘妾同貧賤，願無忘羣臣同艱難。且妾何敢比長孫皇后也。」

后勤於內治，暇則講求古訓。告六宮，以宋多賢后，命女史錄其家法，朝夕省覽。或言宋過仁厚，后曰：「過仁厚，不愈於刻薄乎？」一日，問女史：「黃老何敎也，而竇太后好之？」女史曰：「淸淨無爲爲本。若絕仁棄義，民復孝慈，是其敎矣。」后曰：「孝慈卽仁義也，詎有絕仁義而爲孝慈者哉。」后嘗誦小學，求帝表章焉。

帝前殿決事，或震怒，后伺帝還宮，輒隨事微諫。雖帝性嚴，然爲緩刑戮者數矣。參軍郭景祥守和州，人言其子持矟欲殺父，帝將誅之。后曰：「景祥止一子，人言或不實，殺之恐絕其後。」帝廉之，果枉。李文忠守嚴州，楊憲誣其不法，帝欲召還。后曰：「嚴，敵境也，輕易將不宜。且文忠素賢，憲言詎可信。」帝遂已。文忠後卒有功。學士宋濂坐孫愼罪，逮至，論死，后諫曰：「民家爲子弟延師，尙以禮全終始，況天子乎？且濂家居，必不知情。」帝不聽。會后侍帝食，不御酒肉。帝問故。對曰：「妾爲宋先生作福事也。」帝惻然，投箸起。明日赦濂，安置茂州。吳興富民沈秀者，助築都城三之一，又請犒軍。帝怒曰：「匹夫犒天子軍，亂民也，宜誅。」后諫曰：「妾聞法者，誅不法也，非以誅不祥。民富敵國，民自不祥。不祥之民，天將災之，陛下何誅焉。」乃釋秀，戍雲南。帝嘗令重囚築城。后曰：「贖罪罰役，國

家至恩。但疲囚加役，恐仍不免死亡。」帝乃悉赦之。帝嘗怒責宮人，后亦佯怒，令執付宮正司議罪。帝曰：「何爲？」后曰：「帝王不以喜怒加刑賞。當陛下怒時，恐有畸重。付宮正，則酌其平矣。卽陛下論人罪亦詔有司耳。」

一日，問帝：「今天下民安乎？」帝曰：「此非爾所宜問也。」后曰：「陛下天下父，妾辱天下母，子之安否，何可不問。」遇歲旱，輒率宮人蔬食，助祈禱；歲凶，則設麥飯野羹。帝或告以振卹。后曰：「振卹不如蓄積之先備也。」奏事官朝散，會食廷中，后命中官取飲食親嘗之。味弗甘，遂啓帝曰：「人主自奉欲薄，養賢宜厚。」帝爲飭光祿官。帝幸太學還，后問生徒幾何，帝曰：「數千。」后曰：「人才衆矣。諸生有廩食，妻子將何所仰給？」於是立紅板倉，積糧賜其家。太學生家糧自后始。諸將克元都，俘寶玉至。后曰：「元有是而不能守，意者帝王自有寶歟。」帝曰：「朕知后謂得賢爲寶耳。」后拜謝曰：「誠如陛下言。妾與陛下起貧賤，至今日。恒恐驕縱生於奢侈，危亡起於細微，故願得賢人共理天下。」又曰：「法屢更必弊，法弊則奸生；民數擾必困，民困則亂生。」帝歎曰：「至言也。」命女史書之册。其規正，類如此。

帝每御膳，后皆躬自省視。平居服大練浣濯之衣，雖敝不忍易。聞元世祖后煮故弓弦事，亦命取練織爲衾裯，以賜高年煢獨。餘帛纇絲，緝成衣裳，賜諸王妃公主，使知蠶桑艱

難。妃嬪宮人被寵有子者，厚待之。命婦入朝，待之如家人禮。帝欲訪后族人官之，后謝曰：「爵祿私外家，非法。」力辭而止。然言及父母早卒，輒悲哀流涕。帝封馬公徐王，鄭媼爲王夫人，修墓置廟焉。

洪武十五年八月寢疾。羣臣請禱祀，求良醫。后謂帝曰：「死生，命也，禱祀何益。且醫何能活人。使服藥不效，得毋以妾故而罪諸醫乎。」疾亟，帝問所欲言。曰：「願陛下求賢納諫，愼終如始，子孫皆賢，臣民得所而已。」是月丙戌崩，年五十一。帝慟哭，遂不復立后。是年九月庚午葬孝陵，謚曰孝慈皇后。宮人思之，作歌曰：「我后聖慈，化行家邦。撫我育我，懷德難忘。懷德難忘，於萬斯年。毖彼下泉，悠悠蒼天。」永樂元年上尊謚曰孝慈昭憲至仁文德承天順聖高皇后。嘉靖十七年加上尊謚曰孝慈貞化哲順仁徽成天育聖至德高皇后。

成穆貴妃孫氏，陳州人。元末兵亂，妃父母俱亡，從仲兄蕃避兵揚州。青軍陷城，元帥馬世熊得之，育爲義女。年十八，太祖納焉。及卽位，册封貴妃，位衆妃上。洪武七年九月薨，年三十有二。帝以妃無子，命周王橚行慈母服三年，東宮、諸王皆期。敕儒臣作孝慈錄。庶子爲生母服三年，衆子爲庶母期，自妃始。葬褚岡。賜兄瑛田租三百石，歲供祀。後附葬孝陵。

淑妃李氏，壽州人。父傑，洪武初，以廣武衞指揮北征，卒於陣。十七年九月，孝慈皇后服除，册封淑妃，攝六宮事。未幾，薨。

寧妃郭氏，濠人郭山甫女。山甫善相人。太祖微時過其家，山甫相之，大驚曰：「公相貴不可言。」因謂諸子興、英曰：「吾相汝曹皆可封侯者以此。」亟遣從渡江，並遣妃侍太祖。後封寧妃。李淑妃薨，妃攝六宮事。山甫累贈營國公，興、英皆以功封侯，自有傳。

惠帝皇后馬氏，光祿少卿全女也。洪武二十八年册爲皇太孫妃。建文元年二月册爲皇后。四年六月，城陷，崩於火。

成祖仁孝皇后徐氏，中山王達長女也。幼貞靜，好讀書，稱女諸生。太祖聞后賢淑，

召達謂曰：「朕與卿，布衣交也。古君臣相契者，率爲婚姻。卿有令女，其以朕子棣配焉。」達頓首謝。

洪武九年册爲燕王妃。高皇后深愛之。從王之藩，居孝慈高皇后喪三年，蔬食如禮。高皇后遺言可誦者，后一一舉之不遺。

靖難兵起，王襲大寧，李景隆乘間進圍北平。時仁宗以世子居守，凡部分備禦，多稟命於后。景隆攻城急，城中兵少，后激勸將校士民妻，皆授甲登陴拒守，城卒以全。

王卽帝位，册爲皇后。言：「南北每年戰鬬，兵民疲敝，宜與休息。」又言：「當世賢才皆高皇帝所遺，陛下不宜以新舊間。」又言：「帝堯施仁自親始。」帝輒嘉納焉。初，后弟增壽常以國情輸之燕，爲惠帝所誅，至是欲贈爵，后力言不可。帝不聽，竟封定國公，命其子景昌襲，乃以告后。后曰：「非妾志也。」終弗謝。嘗言漢、趙二王性不順，官僚宜擇廷臣兼署之。〔二〕一日，問：「陛下誰與圖治者？」帝曰：「六卿理政務，翰林職論思。」后因請悉召見其命婦，賜冠服鈔幣。諭曰：「婦之事夫，奚止饋食衣服而已，必有助焉。朋友之言，有從有違，夫婦之言，婉順易入。吾旦夕侍上，惟以生民爲念，汝曹勉之。」嘗採女憲、女誡作內訓二十篇，又類編古人嘉言善行，作勸善書，頒行天下。

永樂五年七月，疾革，惟勸帝愛惜百姓，廣求賢才，恩禮宗室，毋驕畜外家。又告皇太

子：「曩者北平將校妻爲我荷戈城守，恨未獲隨皇帝北巡，一賚卹之也。」是月乙卯崩，年四十有六。帝悲慟，爲薦大齋於靈谷、天禧二寺，聽羣臣致祭，光祿爲具物。十月甲午，〔三〕謚曰仁孝皇后。七年營壽陵於昌平之天壽山，又四年而陵成，以后葬焉，即長陵也。帝亦不復立后。仁宗即位，上尊謚曰仁孝慈懿誠明莊獻配天齊聖文皇后，祔太廟。

昭獻貴妃王氏，蘇州人。永樂七年封貴妃。妃有賢德，事仁孝皇后恭謹，爲帝所重。帝晚年多急怒。妃曲爲調護，自太子諸王公主以下皆倚賴焉。十八年七月薨，禮視太祖成穆孫貴妃。

恭獻賢妃權氏，朝鮮人。永樂時，朝鮮貢女充掖庭，妃與焉。姿質穠粹，善吹玉簫。帝愛憐之。七年封賢妃，命其父永均爲光祿卿。明年十月侍帝北征。凱還，薨於臨城，葬嶧縣。

仁宗誠孝皇后張氏，永城人。父麒以女貴，追封彭城伯，具外戚傳。洪武二十八年封

燕世子妃。〔三〕永樂二年封皇太子妃。仁宗立，册爲皇后。宣宗即位，尊爲皇太后。英宗即位，尊爲太皇太后。

后始爲太子妃，操婦道至謹，雅得成祖及仁孝皇后歡。太子數爲漢、趙二王所間，體肥碩不能騎射。成祖恚，至減太子宮膳，瀕易者屢矣，卒以后故得不廢。及立爲后，中外政事莫不周知。

宣德初，軍國大議多稟聽裁決。是時海內寧泰，帝入奉起居，出奉遊宴，四方貢獻，雖微物必先上皇太后。兩宮慈孝聞天下。三年，太后遊西苑，皇后皇妃侍，帝親掖輿登萬歲山，奉觴上壽，獻詩頌德。又明年謁長、獻二陵，帝親櫜鞬騎導。至河橋，下馬扶輦。畿民夾道拜觀，陵旁老稚皆山呼拜迎。太后顧曰：「百姓戴君，以能安之耳，皇帝宜重念。」及還，過農家，召老婦問生業，賜鈔幣。有獻蔬食酒漿者，取以賜帝，曰：「此田家味也。」從臣英國公張輔，尚書蹇義，大學士楊士奇、楊榮、金幼孜、楊溥請見行殿。太后慰勞之，且曰：「爾等先朝舊人，勉輔嗣君。」他日，帝謂士奇曰：「皇太后謁陵還，道汝輩行事甚習。言輔，武臣也，達大義。義重厚小心，第寡斷。汝克正，言無避忤，先帝或數不樂，然終從汝，以不敗事。又有三事，時悔不從也。」太后遇外家嚴，弟昇至淳謹，然不許預議國事。

宣宗崩，英宗方九歲，宮中訛言將召立襄王矣。太后趣召諸大臣至乾清宮，指太子泣

曰：「此新天子也。」羣臣呼萬歲，浮言乃息。大臣請太后垂簾聽政，太后曰：「毋壞祖宗法。第悉罷一切不急務，時時勖帝向學，委任股肱。」以故王振雖寵於帝，終太后世不敢專大政。

正統七年十月崩。當大漸，召士奇、溥入，命中官問國家尚有何大事未辦者，士奇舉三事。一謂建庶人雖亡，當修實錄。一謂太宗詔有收方孝孺諸臣遺書者死，宜弛其禁。其三未及奏上，而太后已崩。遺詔勉大臣佐帝惇行仁政，語甚諄篤。上尊謚曰誠孝恭肅明德弘仁順天啓聖昭皇后，合葬獻陵，祔太廟。

宣宗恭讓皇后胡氏，名善祥，濟寧人。永樂十五年選爲皇太孫妃。已，爲皇太子妃。宣宗即位，立爲皇后。時孫貴妃有寵，后未有子，又善病。三年春，帝令后上表辭位，乃退居長安宮，賜號靜慈仙師，而册貴妃爲后。諸大臣張輔、蹇義、夏原吉、楊士奇、楊榮等不能爭。張太后憫后賢，常召居清寧宮。內廷朝宴，命居孫后上。孫后常怏怏。正統七年十月，太皇太后崩，后痛哭不已，踰年亦崩，用嬪御禮葬金山。

后無過被廢，天下聞而憐之。宣宗後亦悔。嘗自解曰：「此朕少年事。」天順六年，孫太后崩，錢皇后爲英宗言：「后賢而無罪，廢爲仙師。其沒也，人畏太后，殮葬皆不如禮。」因勸

復其位號。英宗問大學士李賢。賢對曰：「陛下此心，天地鬼神實臨之。然臣以陵寢、享殿、神主俱宜如奉先殿式，庶稱陛下明孝。」七年閏七月，〔四〕上尊謚曰恭讓誠順康穆靜慈章皇后，修陵寢，不祔廟。

宣宗孝恭皇后孫氏，鄒平人。幼有美色。父忠，永城縣主簿也。誠孝皇后母彭城伯夫人，故永城人，時時入禁中，言忠有賢女，遂得入宮。方十餘歲，成祖命誠孝后育之。已而宣宗婚，詔選濟寧胡氏爲妃，而以孫氏爲嬪。宣宗即位，封貴妃。故事，皇后金寶金册，貴妃以下，有册無寶。妃有寵，宣德元年五月，帝請於太后，製金寶賜焉。貴妃有寶自此始。

妃亦無子，陰取宮人子爲己子，即英宗也，由是眷寵益重。胡后上表遜位，請早定國本。妃僞辭曰：「后病痊自有子，吾子敢先后子耶？」三年三月，胡后廢，遂册爲皇后。英宗立，尊爲皇太后。

英宗北狩，太后命郕王監國。景帝即位，尊爲上聖皇太后。時英宗在迤北，數寄禦寒衣裘。及還，幽南宮，太后數入省視。石亨等謀奪門，先密白太后。許之。英宗復辟，上徽號曰聖烈慈壽皇太后。明興，宮闈徽號亦自此始。天順六年九月崩，上尊謚曰孝恭懿憲慈仁莊烈齊天配聖章皇后，合葬景陵，祔太廟。而英宗生母，人卒無知之者。

中華書局

吳太后，景帝母也，丹徒人。宣宗爲太子時，選入宮。宣德三年封賢妃。景帝卽位，尊爲皇太后。英宗復辟，復稱宣廟賢妃。成化中薨。

郭嬪，名愛，字善理，鳳陽人。賢而有文，入宮二旬而卒。自知死期，書楚聲以自哀。詞曰：「修短有數兮，不足較也。生而如夢兮，死則覺也。先吾親而歸兮，慚予之失孝也。心悽悽而不能已兮，是則可悼也。」

正統元年八月追贈皇庶母惠妃何氏爲貴妃，諡端靜；趙氏爲賢妃，諡純靜；吳氏爲惠妃，諡貞順；焦氏爲淑妃，諡莊靜；曹氏爲敬妃，諡莊順；徐氏爲順妃，諡貞惠；袁氏爲麗妃，諡恭定；諸氏爲淑妃，諡貞靜；李氏爲充妃，諡恭順；何氏爲成妃，諡肅僖。冊文曰：「茲委身而蹈義，隨龍馭以上賓，宜薦徽稱，用彰節行。」蓋宣宗殉葬宮妃也。

初，太祖崩，宮人多從死者。建文、永樂時，相繼優恤。若張鳳、李衡、趙福、張璧、汪賓諸家，皆自錦衣衞所試百戶、散騎帶刀舍人進千百戶，帶俸世襲，人謂之「太祖朝天女戶」。歷成祖、仁、宣二宗亦皆用殉。景帝以郕王薨，猶用其制，蓋當時王府皆然。至英宗遺詔，始罷之。

英宗孝莊皇后錢氏，海州人。正統七年立爲后。帝憫后族單微，欲侯之，后輒遜謝。故后家獨無封。英宗北狩，傾中宮貲佐迎駕。夜哀泣籲天，倦卽臥地，損一股。以哭泣復損一目。英宗在南宮，不自得，后曲爲慰解。后無子，周貴妃有子，立爲皇太子。英宗大漸，遺命曰：「錢皇后千秋萬歲後，與朕同葬。」大學士李賢退而書之册。

憲宗立，上兩宮徽號，下廷臣議。太監夏時希貴妃意，傳諭獨尊貴妃爲皇太后。大學士李賢、彭時力爭，乃兩宮並尊，而稱后爲慈懿皇太后。及營裕陵，賢、時請營三壙，下廷議。夏時復言不可，事竟寢。

成化四年六月，太后崩，周太后不欲后合葬。帝使夏時、懷恩召大臣議。彭時首對曰：「合葬裕陵，主祔廟，定禮也。」翼日，帝召問，時對如前。帝曰：「朕豈不知，慮他日妨母后耳。」時曰：「皇上孝事兩宮，聖德彰聞。禮之所合，孝之所歸也。」商輅亦言：「不祔葬，損聖德。」劉定之曰：「孝從義，不從命。」帝默然久之，曰：「不從命尙得爲孝耶！」時力請合葬裕陵左，而虛右以待周太后。已，復與大臣疏爭，帝再下廷議。吏部尙書李秉、禮部尙書姚夔集廷臣九十九人議，皆請如時言。帝曰：「卿等言是，顧朕屢請太后未得命。乖禮非孝，違親亦非孝。」明日，詹事柯潛、給事中魏元等上疏，又明日，夔等合疏上，皆執議如初。中旨猶諭別擇葬地。於是百官伏哭文華門外。帝命羣臣退。衆叩頭，不得旨不敢退。自巳至申，乃得允。衆呼萬歲出。事詳時、夔傳中。是年七月上尊諡曰孝莊獻穆弘惠顯仁恭天欽聖睿皇后，祔太廟。九月合葬裕陵，異隧，距英宗玄堂數丈許，中窒之，虛右壙以待周太后，其隧獨通，而奉先殿祭，亦不設后主。

弘治十七年，周太后崩。孝宗御便殿，出裕陵圖，示大學士劉健、謝遷、李東陽曰：「陵有二隧，若者窒，若者可通往來，皆先朝內臣所爲，此未合禮。昨見成化間彭時、姚夔等章奏，先朝大臣爲國如此，先帝亦不得已耳。欽天監言通隧上干先帝陵堂，恐動地脈，朕已面折之。窒則天地閉塞，通則風氣流行。」健等因力贊。帝復問祔廟禮，健等言：「祔二后，自唐始也。祔三后，自宋始也，漢以前一帝一后。曩者定議合祔，孝莊太后居左，今大行太皇太后居右，且引唐、宋故事爲證，臣等以此不敢復論。」帝曰：「二后已非，況復三后。」遷曰：「宋祔三后，一繼立，一生母也。」帝曰：「事須師古，太皇太后鞠育朕躬，朕豈敢忘，顧私情耳。祖宗來，一帝一后。今並祔，壞禮自朕始。且奉先殿祭皇祖，特座一飯一匙而已。夫孝穆皇太后，朕生母也，別祀之奉慈殿。今仁壽宮前殿稍寬，朕欲奉太皇太后於此，他日奉

孝穆皇太后於後，歲時祭享，如太廟。」於是命羣臣詳議。議上，將建新廟，欽天監奏年方有礙。廷議請暫祀周太后於奉慈殿，稱孝肅太皇太后。殿在奉先殿西，帝以祀孝穆，至是中奉孝肅而徙孝穆居左焉。帝始欲通隧，亦以陰陽家言不果行。

孝肅周太后，英宗妃，憲宗生母也，昌平人。天順元年封貴妃。憲宗卽位，尊爲皇太后。其年十月，太后誕日，帝令僧道建齋祭。禮部尙書姚夔帥羣臣詣齋所，爲太后祈福。給事中張寧等劾之。帝是其言，令自後僧道齋醮，百官不得行香。二十三年四月上徽號曰聖慈仁壽皇太后。孝宗立，尊爲太皇太后。

先是，憲宗在位，事太后至孝，五日一朝，燕享必親。太后意所欲，惟恐不歡。至錢太后合葬裕陵，太后殊難之。憲宗委曲寬譬，乃得請。孝宗生西宮，母妃紀氏薨，太后育之宮中，省視萬方。及孝宗卽位，事太后亦至孝。太后病瘍，久之愈，誥諭羣臣曰：「自英皇厭代，予正位長樂，憲宗皇帝以天下養，二十四年猶一日。茲予偶患瘍，皇帝夜籲天，爲予請命，春郊罷宴，問視惟勤，俾老年疾體，獲底康寧。以昔視今，父子兩世，孝同一揆，予甚嘉焉。」

弘治十一年冬，清寧宮災，太后移居仁壽宮。明年，清寧宮成，迺還居焉。太后弟長寧

中華書局

伯彧家有賜田，有司請釐正之，帝未許也，太后曰：「奈何以我故骫皇帝法。」使歸地於官。

弘治十七年三月崩，謚孝肅貞順康懿光烈輔天承聖睿皇后，合葬裕陵。以大學士劉健、謝遷、李東陽議，別祀於奉慈殿，不祔廟，仍稱太皇太后。嘉靖十五年，與紀、邵二太后並移祀陵殿，題主曰皇后，不繫帝謚，以別嫡庶。其後穆宗母孝恪、神宗母孝定、光宗母孝靖、熹宗母孝和、莊烈帝母孝純，咸遵用其制。

景帝廢后汪氏，順天人。正統十年冊爲郕王妃。十四年冬，王即皇帝位，冊爲皇后。后有賢德，嘗念京師諸死事及老弱遇害者暴骨原野，令官校掩埋之。生二女，無子。景泰三年，妃杭氏生子見濟，景帝欲立爲太子，而廢憲宗，后執不可。以是忤帝意，遂廢后，立杭氏爲皇后。七年，杭后崩，謚肅孝。英宗復位，削皇后號，毀所葬陵，而后仍稱郕王妃。景帝崩，英宗以其後宮唐氏等殉，議及后。李賢曰：「妃已幽廢，況兩女幼，尤可憫。」帝乃已。

憲宗復立爲太子，雅知后不欲廢立，事之甚恭。因爲帝言，遷之外王府，得盡攜宮中所有而出。與周太后相得甚歡，歲時入宮，敍家人禮。然性剛執。一日，英宗問太監劉桓曰：「記有玉玲瓏繫腰，今何在？」桓言當在妃所。英宗命索之。后投諸井，對使者曰：「無之。」

已而告人曰：「七年天子，不堪消受此數片玉耶！」已，有言后出所攜鉅萬計，英宗遣使檢取之，遂立盡。正德元年十二月薨，議祭葬禮。大學士王鏊曰：「葬以妃，祭以后。」遂合葬金山。明年上尊謚曰貞惠安和景皇后。

憲宗廢后吳氏，順天人。天順八年七月立爲皇后。先是，憲宗居東宮，萬貴妃已擅寵。后既立，摘其過，杖之。帝怒，下詔曰：「先帝爲朕簡求賢淑，已定王氏，育於別宮待期。太監牛玉輒以選退吳氏於太后前復選。冊立禮成之後，朕見舉動輕佻，禮度率略，德不稱位，因察其實，始知非預立者。用是不得已，請命太后，廢吳氏別宮。」立甫踰月耳。后父俊，先授都督同知，至是下獄戍邊。謫玉孝陵種菜，玉從子太常少卿綸、甥吏部員外郎楊琮並除名，姻家懷寧侯孫鏜閒住。於是南京給事中王徽、王淵、朱寬、李翔、李鈞等合疏言玉罪重罰輕，因並劾大學士李賢。帝怒，徽等皆貶邊州判官。

後孝宗生於西宮，后保抱惟謹。孝宗卽位，念后恩，命服膳皆如母后禮，官其姪錦衣百戶。正德四年薨。〔五〕劉瑾欲焚之。大學士王鏊持不可，乃以妃禮葬。

孝貞皇后王氏，上元人。憲宗在東宮，英宗爲擇配，得十二人，選后及吳氏、柏氏留宮中。吳氏既立而廢，遂冊爲皇后，天順八年十月也。萬貴妃寵冠後宮，后處之淡如。孝宗卽位，尊爲皇太后。武宗卽位，尊爲太皇太后。正德五年十二月上尊號曰慈聖康壽。十三年二月崩，上尊謚曰孝貞莊懿恭靖仁慈欽天輔聖純皇后，合葬茂陵，祔太廟。

孝穆紀太后，孝宗生母也，賀縣人。本蠻土官女。成化中征蠻，俘入掖庭，授女史，警敏通文字，命守內藏。時萬貴妃專寵而妒，後宮有娠者皆治使墮。柏賢妃生悼恭太子，亦爲所害。帝偶行內藏，應對稱旨，悅，幸之，遂有身。萬貴妃知而恚甚，令婢鉤治之。婢謬報曰病痞。乃謫居安樂堂。久之，生孝宗，使門監張敏溺焉。敏驚曰：「上未有子，奈何棄之。」稍哺粉餌飴蜜，藏之他室，貴妃日伺無所得。至五六歲，未敢剪胎髮。時吳后廢居西內，近安樂堂，密知其事，往來哺養，帝不知也。

帝自悼恭太子薨後，久無嗣，中外皆以爲憂。成化十一年，帝召張敏櫛髮，照鏡嘆曰：「老將至而無子。」敏伏地曰：「死罪，萬歲已有子也。」帝愕然，問安在。對曰：「奴言卽死，萬歲當爲皇子主。」於是太監懷恩頓首曰：「敏言是。皇子潛養西內，今已六歲矣，匿不敢聞。」帝大喜，卽日幸西內，遣使往迎皇子。使至，妃抱皇子泣曰：「兒去，吾不得生。兒見黃袍有

鬚者，卽兒父也。」衣以小緋袍，乘小輿，擁至階下，髮披地，走投帝懷。帝置之膝，撫視久之，悲喜泣下曰：「我子也，類我。」使懷恩赴內閣具道其故，羣臣皆大喜。明日，入賀，頒詔天下。移妃居永壽宮，數召見。萬貴妃日夜怨泣曰：「羣小紿我。」其年六月，妃暴薨。或曰貴妃致之死，或曰自縊也。謚恭恪莊僖淑妃。敏懼，亦吞金死。敏，同安人。

孝宗既立爲皇太子，時孝肅皇太后居仁壽宮，語帝曰：「以兒付我。」太子遂居仁壽。一日，貴妃召太子食，孝肅謂太子曰：「兒去，無食也。」太子至，貴妃賜食，曰：「已飽。」進羹，曰：「疑有毒。」貴妃大恚曰：「是兒數歲卽如是，他日魚肉我矣。」因恚而成疾。

孝宗卽位，追謚淑妃爲孝穆慈慧恭恪莊僖崇天承聖純皇后，遷葬茂陵，別祀奉慈殿。帝悲念太后，特遣太監蔡用求太后家，得紀父貴、紀祖旺兄弟以聞。帝大喜，詔改父貴爲貴，授錦衣衞指揮同知，祖旺爲旺，授錦衣衞指揮僉事，賜予第宅、金帛、莊田、奴婢不可勝計。追贈太后父爲中軍都督府左都督，母爲夫人，其曾祖、祖父亦如之。遣修太后先塋之在賀者，置守墳戶，復其家。

先是，太后在宮中，嘗自言家賀縣，姓紀，幼不能知親族也。太監郭鏞聞而識之。太監陸愷者，亦廣西人，故姓李，蠻中紀、李同音，因妄稱太后兄，令人訪其族人詣京師。愷女兄夫韋父成者出冒之，有司待以戚畹，名所居里曰迎恩里。貴、旺曰：「韋猶冒李，況我實李

中華書局

氏。」因詐爲宗系上有司，有司莫辨也。二人既驟貴，父成亦詣闕爭辨。帝命郭鏞按之。鏞逐父成，猶令馳驛歸。及帝使治后先塋，蠻中李姓者數輩，皆稱太后家，自言於使者。使者還，奏貴、旺不實。復遣給事中孫珪、御史滕祐間行連、賀間，微服入瑤、僮中訪之，盡得其狀，歸奏。帝譴罰鏞等有差，戍貴、旺邊海。自此帝數求太后家，竟不得。

弘治三年，禮部尚書耿裕奏曰：「粵西當大征之後，兵燹饑荒，人民奔竄，歲月悠遠，蹤跡難明。昔孝慈高皇后與高皇帝同起艱難，化家爲國，徐王親高皇后父，當后之身，尋求家族，尚不克獲，然後立廟宿州，春秋祭祀。今紀太后幼離西粵，入侍先帝，連、賀非徐、宿中原之地，嬪宮無母后正位之年，陛下訪尋雖切，安從得其實哉。臣愚謂可倣徐王故事，定擬太后父母封號，立祠桂林致祭。」帝曰：「孝穆皇太后早棄朕躬，每一思念，惄焉如割。初謂宗親尚可旁求，寧受百欺，冀獲一是。卿等謂歲久無從物色，請加封立廟，以慰聖母之靈。皇祖既有故事，朕心雖不忍，又奚敢違。」於是封后父推誠宣力武臣特進光祿大夫柱國慶元伯，謚端僖，后母伯夫人，立廟桂林府，有司歲時祀。大學士尹直撰哀册有云：「覯漢家堯母之門，增宋室仁宗之慟。」帝燕閒念誦，輒欷歔流涕也。

孝惠邵太后，憲宗妃，興獻帝母也。父林，昌化人，貧甚，鬻女於杭州鎮守太監，妃由此

入宮。知書，有容色。成化十二年封宸妃，尋進封貴妃。興王之藩，妃不得從。世宗入繼大統，妃已老，目眚矣，喜孫爲皇帝，摸世宗身，自頂至踵。已，尊爲皇太后。嘉靖元年上尊號曰壽安。十一月崩。帝欲明年二月遷葬茂陵，大學士楊廷和等言：「祖陵不當數興工作，驚動神靈。」不從。謚曰孝惠康肅溫仁懿順協天祐聖皇太后，別祀奉慈殿。七年七月改稱太皇太后。十五年遷主陵殿，稱皇后，與孝肅、孝穆等。

恭肅貴妃萬氏，諸城人。四歲選入掖廷，爲孫太后宮女。及長，侍憲宗於東宮。憲宗年十六卽位，妃已三十有五，機警，善迎帝意，遂讒廢皇后吳氏，六宮希得進御。帝每遊幸，妃戎服前驅。成化二年正月生皇第一子，帝大喜，遣中使祀諸山川，遂封貴妃。皇子未期薨，妃亦自是不復娠矣。

當是時，帝未有子，中外以爲憂，言者每請溥恩澤以廣繼嗣。給事中李森、魏元，御史康永韶等先後言尤切。四年秋，彗星屢見。大學士彭時、尚書姚夔亦以爲言。帝曰：「內事也，朕自主之。」然不能用。妃益驕。中官用事者，一忤意，立見斥逐。掖廷御幸有身，飲藥傷墜者無數。孝宗之生，頂寸許無髮，或曰藥所中也。紀淑妃之死，實妃爲之。佞倖錢能、覃勤、汪直、梁芳、韋興輩皆假貢獻，苛斂民財，傾竭府庫，以結貴妃歡。奇技淫巧，禱祠宮觀，靡費無算。久之，帝後宮生子漸多，芳等懼太子年長，他日立，將治己罪，同導妃勸帝易儲。會泰山震，占者謂應在東宮。帝心懼，事乃寢。

二十三年春，暴疾薨，帝輟朝七日。謚曰恭肅端慎榮靖皇貴妃，葬天壽山。弘治初，御史曹璘請削妃謚號。魚臺縣丞徐頊請逮治診視紀太后諸醫，捕萬氏家屬，究問當時薨狀。孝宗以重違先帝意，已之。

校勘記

〔一〕官僚宜擇廷臣兼署之　官僚，疑當作「宮僚」。

〔二〕十月甲午　原脫「十月」二字。承上文，便成七月甲午。但七月壬子朔，不得有甲午日。太宗實錄卷五三繫于永樂五年十月甲午，甲午是十月十四日，據補。

〔三〕洪武二十八年封燕世子妃　二十八年，原作「十六年」。按仁宗以洪武二十八年爲燕世子，不應册妃反在其前十二年。太祖實錄卷二四二繫于二十八年閏九月壬午，據改。

〔四〕七年閏七月　原脫「閏」字，據本書卷一二英宗後紀、英宗實錄卷三五五天順七年閏七月辛酉條補。

〔五〕正德四年薨　四年，原作「元年」，據本書卷五九禮志、武宗實錄卷四六正德四年正月己酉條改。

中華書局

明史卷一百十四

列傳第二

后妃二

孝宗孝康皇后張氏，興濟人。父巒，以鄉貢入太學。母金氏，夢月入懷而生后。成化二十三年選爲太子妃。是年，孝宗卽位，册立爲皇后。帝頗優禮外家，追封巒昌國公，封后弟鶴齡壽寧侯，延齡建昌伯，爲后立家廟於興濟，工作壯麗，數年始畢。鶴齡、延齡並注籍宮禁，縱家人爲姦利，中外諸臣多以爲言，帝以后故不問。

武宗卽位，尊爲皇太后。五年十二月，以寘鐇平，上尊號曰慈壽皇太后。世宗入繼，稱聖母，加上尊號曰昭聖慈壽。嘉靖三年加上昭聖康惠慈壽。已，改稱伯母。十五年復加上昭聖恭安康惠慈壽。二十年八月崩，謚曰孝康靖肅莊慈哲懿翊天贊聖敬皇后，合葬泰陵，祔廟。

武宗之崩也，江彬等懷不軌。賴后與大學士楊廷和定策禁中，迎立世宗，而世宗事后顧日益薄。元年大婚，初傳昭聖懿旨，既復改壽安太后。壽安者，憲宗妃，興獻帝生母也。廷和爭之，乃止。三年，興國太后誕節，敕命婦朝賀，燕賚倍常。及后誕日，敕免賀。修撰舒芬疏諫，奪俸。御史朱淛、馬明衡、陳逅、季本，員外郎林惟聰等先後言，皆得罪。竟罷朝賀。

初，興國太后以藩妃入，太后猶以故事遇之，帝頗不悅。及帝朝，太后待之又倨。會太后弟延齡爲人所告，帝坐延齡謀逆論死，太后窘迫無所出。哀沖太子生，請入賀，帝謝不見。使人請，不許。大學士張孚敬亦爲延齡請，帝手敕曰：「天下者，高皇帝之天下，孝宗皇帝守高皇帝法。卿慮傷伯母心，豈不慮傷高、孝二廟心耶？」孚敬復奏曰：「陛下嗣位時，用臣言，稱伯母皇太后，朝臣歸過陛下，至今未已。茲者大小臣工默無一言，誠幸太后不得令終，以重陛下過耳。夫謀逆之罪，獄成當坐族誅，昭聖獨非張氏乎，陛下何以處此！」冬月慮囚，帝又欲殺延齡，復以孚敬言而止。亡何，奸人劉東山者告變，并逮鶴齡下詔獄。太后至衣敝襦席藁爲請，亦不聽。久之，鶴齡瘐死。及太后崩，帝竟殺延齡，事詳外戚傳。

武宗孝靜皇后夏氏，上元人。正德元年册立爲皇后。嘉靖元年上尊稱曰莊肅皇后。十四年正月崩，合葬康陵，祔廟。初，禮臣上喪儀，帝曰：「嫂叔無服，且兩宮在上，朕服靑，臣民如母后服。」禮部尙書夏言曰：「皇上以嫂叔絕服，則羣臣不敢素服見皇上，請暫罷朝參。」許之。已而議謚，大學士張孚敬曰：「大行皇后，上嫂也，與累朝元后異，宜用二字或四字。」李時曰：「宜用八。」左都御史王廷相、吏部侍郎霍韜等曰：「均帝后也，何殊。」言集衆議，因奏曰：「古人尙質，謚法簡，稱其行，後人增加，臣子情也。生今世，宜行今制。大行皇后宜如列聖元后謚，二四及八，於禮無據。」帝不從，命再議。羣臣請如孚敬言。帝曰：「用六，合陰數焉。」於是上謚孝靜莊惠安肅毅皇后。十五年，帝覺孚敬言非是，敕曰：「孝靜皇后謚不備，不稱配武宗。」乃改謚孝靜莊惠安肅溫誠順天偕聖毅皇后。

世宗孝潔皇后陳氏，元城人。嘉靖元年册立爲皇后。帝性嚴厲。一日，與后同坐，張、方二妃進茗，帝循視其手。后恚，投杯起。帝大怒。后驚悸，墮娠崩，七年十月也。喪禮從殺。帝素服御西角門十日，卽玄冠玄裳御奉天門，謚曰悼靈，葬襖兒峪。葬之日，梓宮出王門，百官一日臨。給事中王汝梅諫。不聽。十五年，禮部尙書夏言議請改謚。時帝意久釋矣，乃改謚曰孝潔。穆宗卽位，禮臣議：「孝潔皇后，大行皇帝元配，宜合葬祔廟。若遵遺制祔孝烈，則舍元配也，若同祔，則二后也。大行皇帝升祔時，宜奉孝潔配，遷葬永陵，孝烈主宜別祀。」報可。隆慶元年二月上尊謚曰孝潔恭懿慈睿安莊相天翊聖肅皇后。

廢后張氏，世宗第二后也。初封順妃。七年，陳皇后崩，遂立爲后。是時，帝方追古禮，令后率嬪御親蠶北郊，又日率六宮聽講章聖女訓於宮中。十三年正月廢居別宮。十五年薨，喪葬儀視宣宗胡廢后。

孝烈皇后方氏，世宗第三后也，江寧人。帝卽位且十年，未有子。大學士張孚敬言：「古者天子立后，並建六宮、三夫人、九嬪、二十七世婦、八十一御妻，所以廣嗣也。陛下春秋鼎盛，宜博求淑女，爲子嗣計。」從之。十年三月，后與鄭氏、王氏、閻氏、韋氏、沈氏、盧氏、沈氏、杜氏同册爲九嬪，冠九翟冠，大采鞠衣，圭用次玉，穀文，册黃金塗，視皇后殺五分之一。至期，帝袞冕告太廟，還服皮弁，御華蓋殿，傳制，遣大臣行册禮。旣册，從皇后朝奉先殿。禮成，帝服皮弁，受百官賀，蓋創禮也。張后廢，遂立爲后，而封沈氏爲宸妃，閻氏爲麗妃。舊制，立后，謁內廟而已，至是，下禮臣議廟見禮。於是羣臣以天子立三宮以承宗廟，禮經有廟見之文，乃考据禮經，參稽大明集禮，擬儀注以上。至期，帝率后謁太廟及世廟。越三日，頒詔天下。明日，受命婦朝。

二十一年，宮婢楊金英等謀弒逆，帝賴后救得免，乃進后父泰和伯銳爵爲侯。初，曹妃有色，帝愛之，册爲端妃。是夕，帝宿端妃宮。金英等伺帝熟寢，以組縊帝項，誤爲死結，得不絕。同事張金蓮知事不就，走告后。后馳至，解組，帝蘇。后命內監張佐等捕宮人雜治，

言金英等弒逆，王寧嬪首謀。又曰，曹端妃雖不與，亦知謀。時帝病悸不能言，后傳帝命收端妃、寧嬪及金英等悉磔於市，并誅其族屬十餘人，然妃實不知也。久之，帝始知其冤。

二十六年十一月乙未，后崩。詔曰：「皇后比救朕危，奉天濟難，其以元后禮葬。」預名葬地曰永陵，謚孝烈，親定謚禮，視昔加隆焉。禮成，頒詔天下。及大祥，禮臣請安主奉先殿東夾室，帝曰：「奉先殿夾室，非正也，可卽祔太廟。」於是大學士嚴嵩等請設位於太廟東，皇妣睿皇后之次，後寢藏主則設幄於憲廟皇祖妣之右，以從祔於祖姑之義。帝曰：「祔禮至重，豈可權就。后非帝，乃配帝者，自有一定之序，安有享從此而主藏彼之禮。其祧仁宗，祔以新序，卽朕位次，勿得亂禮。」嵩曰：「祔新序，非臣下所敢言，且陰不可當陽位。」乃命姑藏主睿皇后側。

二十九年十月，帝終欲祔后太廟，命再議。尙書徐階言不可，給事中楊思忠是階議，餘無言者。帝覘知狀。及議疏入，謂：「后正位中宮，禮宜祔享，但遽及廟次，則臣子之情，不唯不敢，實不忍也。宜設位奉先殿。」帝震怒。階、思忠惶恐言：「周建九廟，三昭三穆。國朝廟制，同堂異室，與周禮不同。今太廟九室皆滿，若以聖躬論，仁宗當祧，固不待言，但此乃異日聖子神孫之事。臣聞夏人之廟五，商以七，周以九。禮由義起，五可七，七可九，九之外亦可加也。請於太廟及奉先殿各增二室，以祔孝烈，則仁宗可不必祧，孝烈皇后可速正南面之位，陛下亦無預祧以俟之嫌。」帝曰：「臣子之誼，當祧當祔，力請可也。苟禮得其正，何避豫爲。」於是階等復會廷臣上言：「唐、虞、夏五廟，其祀皆止四世。周九廟，三昭三穆，然而兄弟相及，亦不能盡足六世。今仁宗爲皇上五世祖，以聖躬論，仁宗於禮當祧，孝烈皇后於禮當祔。請祧仁宗，祔孝烈皇后於太廟第九室。」因上祧祔儀注。

已而請忌日祭，帝猶銜前議，報曰：「孝烈繼后，所奉者又入繼之君，忌不祭亦可。」階等請益力，帝曰：「非天子不議禮。后當祔廟，居朕室次，禮官顧謂今日未宜，徒飾說以惑衆聽。」因諭嚴嵩等曰：「禮官從朕言，勉强耳。卽不忍祧仁宗，且置后主別廟，將來由臣下議處。忌日令奠一卮酒，不至傷情。」於是禮臣不敢復言，第請如敕行，乃許之。後二年楊思忠爲賀表觸忌，予杖削籍。隆慶初，與孝潔皇后同日上尊謚曰孝烈端順敏惠恭誠祗天衛聖皇后，移主弘孝殿。

孝恪杜太后，穆宗生母也，大興人。嘉靖十年封康嬪。十五年進封妃。三十三年正月薨。是時，穆宗以裕王居邸，禮部尙書歐陽德奏喪儀，請輟朝五日，裕王主喪事，遵高皇帝孝慈錄，斬衰三年。帝謂當避君父之尊。大學士嚴嵩言：「高帝命周王橚爲孫貴妃服慈母服，斬衰三年。是年，孝慈錄成，遂爲定制，自後久無是事。及茲當作則垂訓於後。」帝命比

賢妃鄭氏故事，輟朝二日，賜謚榮淑，葬金山。穆宗立，上謚曰孝恪淵純慈懿恭順贊天開聖皇太后，遷葬永陵，祀主神霄殿。追封后父林爲慶都伯，命其子繼宗嗣。

穆宗孝懿皇后李氏，昌平人。穆宗爲裕王，選爲妃，生憲懷太子。嘉靖三十七年四月薨。帝以部疏稱薨非制，命改稱故，葬金山。穆宗卽位，謚曰孝懿皇后，封后父銘德平伯。神宗卽位，上尊謚曰孝懿貞惠順哲恭仁儷天襄聖莊皇后，合葬昭陵，祔太廟。

孝安皇后陳氏，通州人。嘉靖三十七年九月選爲裕王繼妃。隆慶元年册爲皇后。后無子多病，居別宮。神宗卽位，上尊號曰仁聖皇太后，六年加上貞懿，十年加康靜。初，神宗在東宮，每晨謁奉先殿、朝帝及生母畢，必之后所問安，后聞履聲輒喜。旣嗣位，孝事兩宮無間。二十四年七月崩，謚曰孝安貞懿恭純溫惠佐天弘聖皇后，祀奉先殿別室。

孝定李太后，神宗生母也，漷縣人。侍穆宗於裕邸。隆慶元年三月封貴妃。生神宗。卽位，上尊號曰慈聖皇太后。舊制，天子立，尊皇后爲皇太后，若有生母稱太后者，則加

徽號以別之。是時，太監馮保欲媚貴妃，因以並尊風大學士張居正下廷臣議，尊皇后曰仁聖皇太后，貴妃曰慈聖皇太后，始無別矣。仁聖居慈慶宮，慈聖居慈寧宮。居正請太后視帝起居，乃徙居乾清宮。

太后教帝頗嚴。帝或不讀書，卽召使長跪。每御講筵入，嘗令效講臣進講於前。遇朝期，五更至帝寢所，呼曰「帝起」，敕左右掖帝坐，取水爲盥面，挈之登輦以出。帝事太后惟謹，而諸內臣奉太后旨者，往往挾持太過。帝嘗在西城曲宴被酒，令內侍歌新聲，辭不能，取劍擊之。左右勸解，乃戲割其髮。翼日，太后聞，傳語居正具疏切諫，令爲帝草罪己御札。又召帝長跪，數其過。帝涕泣請改乃已。六年，帝大婚，太后將返慈寧宮，敕居正曰：「吾不能視皇帝朝夕，先生親受先帝付託，其朝夕納誨，終先帝憑几之誼。」三月加尊號曰宣文。十年加明肅。十二年同仁聖太后謁山陵。二十九年加貞壽端獻。三十四年加恭熹。四十二年二月崩，上尊謚曰孝定貞純欽仁端肅弼天祚聖皇太后，合葬昭陵，別祀崇先殿。

后性嚴明。萬曆初政，委任張居正，綜覈名實，幾於富强，后之力居多。光宗之未冊立也，給事中姜應麟等疏請被謫，太后聞之弗善。一日，帝入侍，太后問故。帝曰：「彼都人子也。」太后大怒曰：「爾亦都人子！」帝惶恐，伏地不敢起。蓋內廷呼宮人曰「都人」，太后亦由宮人進，故云。光宗由是得立。羣臣請福王之藩，行有日矣，鄭貴妃欲遲之明年，以祝太后

誕爲解。太后曰：「吾潞王亦可來上壽乎！」貴妃乃不敢留福王。御史曹學程以建言論死。太后憐其母老，言於帝，釋之。后父偉封武清伯。家人嘗有過，命中使出數之，而抵其家人於法。顧好佛，京師內外多置梵剎，動費鉅萬，帝亦助施無算。居正在日，嘗以爲言，未能用也。

神宗孝端皇后王氏，餘姚人，生京師。萬曆六年冊立爲皇后。性端謹，事孝定太后得其歡心。光宗在東宮，危疑者數矣，調護備至。鄭貴妃顓寵，后不較也。正位中宮者四十二年，以慈孝稱。四十八年四月崩，謚孝端。光宗卽位，上尊謚曰孝端貞恪莊惠仁明媲天毓聖顯皇后。會帝崩，熹宗立，始上冊寶，合葬定陵，主祔廟。

與后同日冊封者有昭妃劉氏。天啓、崇禎時，嘗居慈寧宮，掌太后璽。性謹厚，撫愛諸王。莊烈帝禮事之如大母。嘗以歲朝朝見，帝就便坐，俄假寐。太后戒勿驚，命尚衣謹護之。頃之，帝覺，攝衣冠起謝曰：「神祖時海內少事。今苦多難，兩夜省文書，未嘗交睫，在太妃前，困不自持如此。」太妃爲之泣下。崇禎十五年薨，年八十有六。

孝靖王太后，光宗生母也。初爲慈寧宮宮人。年長矣，帝過慈寧，私幸之，有身。故事，宮中承寵，必有賞賚，文書房內侍記年月及所賜以爲驗。時帝諱之，故左右無言者。一日，侍慈聖宴，語及之。帝不應。慈聖命取內起居注示帝，且好語曰：「吾老矣，猶未有孫。果男者，宗社福也。母以子貴，寧分差等耶？」十年四月封恭妃。八月，光宗生，是爲皇長子。旣而鄭貴妃生皇三子，進封皇貴妃，而恭妃不進封。二十九年冊立皇長子爲皇太子，仍不封如故。三十四年，元孫生，加慈聖徽號，始進封皇貴妃。三十九年病革，〔二〕光宗請旨得往省，宮門猶閉，抉鑰而入。妃目眚，手光宗衣而泣曰：「兒長大如此，我死何恨。」遂薨。大學士葉向高言：「皇太子母妃薨，禮宜從厚。」不報。復請，乃得允。謚溫肅端靖純懿皇貴妃，葬天壽山。

光宗卽位，下詔曰：「朕嗣承基緒，撫臨萬方，遡厥慶源，則我生母溫肅端靖純懿皇貴妃恩莫大焉。朕昔在青宮，莫親溫凊，今居禁闥，徒痛栝棬，欲伸罔極之深悰，惟有肇稱乎殷禮。其準皇祖穆宗皇帝尊生母榮淑康妃故事，禮部詳議以聞。」會崩，熹宗卽位，上尊謚曰孝靖溫懿敬讓貞慈參天胤聖皇太后，遷葬定陵，祀奉慈殿。后父天瑞，封永寧伯。

恭恪貴妃鄭氏，大興人。萬曆初入宮，封貴妃，生皇三子，進皇貴妃。帝寵之。外廷疑

妃有立己子謀。羣臣爭言立儲事，章奏累數千百，皆指斥宮闈，攻擊執政。帝概置不問。由是門戶之禍大起。萬曆二十九年春，皇長子移迎禧宮，十月立爲皇太子，而疑者仍未已。

先是，侍郎呂坤爲按察使時，嘗集閨範圖說。太監陳矩見之，持以進帝。帝賜妃，妃重刻之，坤無與也。二十六年秋，或撰閨範圖說跋，名曰憂危竑議，匿其名，盛傳京師，謂坤書首載漢明德馬后由宮人進位中宮，意以指妃，而妃之刊刻，實藉此爲立己子之據。其文託「朱東吉」爲問答。「東吉」者，東朝也。其名憂危，以坤曾有憂危一疏，因借其名以諷，蓋言妖也。妃兄國泰、姪承恩以給事中戴士衡嘗糾坤，全椒知縣樊玉衡並糾貴妃，疑出自二人手。帝重譴二人，而置妖言不問。踰五年，續憂危竑議復出。是時太子已立，大學士朱賡得是書以聞。書託「鄭福成」爲問答。「鄭福成」者，謂鄭之福王當成也。大略言：「帝於東宮不得已而立，他日必易。其特用朱賡內閣者，實寓更易之義。」詞尤詭妄，時皆謂之妖書。帝大怒，敕錦衣衞搜捕甚急。久之，乃得皦生光者，坐極刑，語詳郭正域、沈鯉傳。

四十一年，百戶王曰乾又告變，言奸人孔學等爲巫蠱，將不利於聖母及太子，語亦及妃。賴大學士葉向高勸帝以靜處之，而速福王之藩，以息羣言。事乃寢。其後「梃擊」事起，主事王之寀疏言張差獄情，詞連貴妃宮內侍龐保、劉成等，朝議洶洶。貴妃聞之，對帝泣，帝曰：「外廷語不易解，若須自求太子。」貴妃向太子號訴。貴妃拜，太子亦拜。帝又於

中華書局

慈寧宮太后几筵前召見羣臣，令太子降諭禁株連，於是張差獄乃定。神宗崩，遺命封妃皇后。禮部侍郎孫如游爭之，乃止。及光宗崩，有言妃與李選侍同居乾清宮謀垂簾聽政者，久之始息。

崇禎三年七月薨，謚恭恪惠榮和靖皇貴妃，葬銀泉山。

光宗孝元皇后郭氏，順天人。父維城以女貴，封博平伯，進侯。卒，兄振明嗣。后於萬曆二十九年冊爲皇太子妃。四十一年十一月薨，謚恭靖。熹宗卽位，上尊謚曰孝元昭懿哲惠莊仁合天弼聖貞皇后，遷葬慶陵，祔廟。

孝和王太后，熹宗生母也，順天人。侍光宗東宮，爲選侍。萬曆三十二年進才人。四十七年三月薨。熹宗卽位，上尊謚曰孝和恭獻溫穆徽慈諧天鞠聖皇太后，遷葬慶陵，祀奉先殿。崇禎十一年三月以加上孝純太后尊謚，於御用監得后及孝靖太后玉冊玉寶，始命有司獻於廟。忠賢黨王體乾坐侵玩，論死。蓋距上謚時十有八年矣。

孝純劉太后，莊烈帝生母也，海州人，後籍宛平。初入宮爲淑女。萬曆三十八年十二月生莊烈皇帝。已，失光宗意，被譴，薨。光宗中悔，恐神宗知之，戒掖庭勿言，葬於西山。及莊烈帝長，封信王，追進賢妃。時莊烈帝居勖勤宮，問近侍曰：「西山有申懿王墳乎？」曰：「有。」「傍有劉娘娘墳乎？」曰：「有。」每密付金錢往祭。及卽位，上尊謚曰孝純恭懿淑穆莊靜毗天毓聖皇太后，遷葬慶陵。

帝五歲失太后，問左右遺像，莫能得。傅懿妃者，舊與太后同爲淑女，比宮居，自稱習太后，言宮人中狀貌相類者，命后母瀛國太夫人指示畫工，可意得也。圖成，由正陽門具法駕迎入。帝跪迎於午門，懸之宮中，呼老宮婢視之，或曰似，或曰否。帝雨泣，六宮皆泣。

故事，生母忌日不設祭，不服青。十五年六月，帝以太后故，欲追前代生繼七后，同建一廟，以展孝思。乃御德政殿，召大學士及禮臣入，問曰：「太廟之制，一帝一后，祧廟亦然，歷朝繼后及生母凡七位皆不得與，卽宮中奉先殿亦尙無祭，奈何？」禮部侍郎蔣德璟曰：「奉先殿外尙有奉慈殿，所以奉繼后及生母者，雖廢可舉也。」帝曰：「奉慈殿外，尙有弘孝、神霄，本恩諸殿。」德璟曰：「內廷規制，臣等未悉。孝宗建奉慈殿，嘉靖間廢之，今未知尙有舊基否？」帝曰：「奉慈已撤，惟奉先尙可拓也。」於是別置一殿，祀孝純及七后云。

康妃李氏，光宗選侍也。時宮中有二李選侍，人稱東、西李。康妃者，西李也，最有寵，嘗撫視熹宗及莊烈帝。光宗卽位，不豫，召大臣入，帝御煖閣，凭几，命封選侍爲皇貴妃。選侍趣熹宗出曰：「欲封后。」帝不應。禮部侍郎孫如游奏曰：「今兩太后及元妃、才人謚號俱未上，俟四大禮舉行後未晚。」既而帝崩，選侍尙居乾清宮，外廷恟懼，疑選侍欲聽政。大學士劉一燝、吏部尙書周嘉謨、兵科都給事中楊漣、御史左光斗等上疏力爭，選侍移居仁壽殿。事詳一燝、漣傳。

熹宗卽位，降敕暴選侍凌毆聖母因致崩逝及妄覬垂簾狀。而御史賈繼春進安選侍揭，與周朝瑞爭駁不已。帝復降敕曰：「九月一日，皇考賓天，大臣入宮哭臨畢，因請朝見。選侍阻朕煖閣，司禮監官固請，乃得出。既許復悔，又使李進忠等再三趣回。及朕至乾清丹陛，進忠等猶牽朕衣不釋。甫至前宮門，又數數遣人令朕還，毋御文華殿也。此諸臣所目覩。察選侍行事，明欲要挾朕躬，垂簾聽政。朕蒙皇考令選侍撫視，飲膳衣服皆皇祖、皇考賜也。選侍侮慢凌虐，朕晝夜涕泣。皇考自知其悞，時加勸慰。若避宮不早，則爪牙成列，朕且不知若何矣。選侍因毆崩聖母，自忖有罪，每使宮人竊伺，不令朕與聖母舊侍言，有輒捕去。朕之苦衷，外廷豈能盡悉。乃諸臣不念聖母，惟黨選侍，妄生謗議，輕重失倫，理法焉在！朕今停選侍封號，以慰聖母在天之靈，厚養選侍及皇八妹，以敬遵皇考之意。爾諸

臣可以仰體朕心矣。」已，復屢旨詰責繼春，繼春遂削籍去。

是時，熹宗初卽位，委任司禮太監王安，故敕諭如此。久之，魏忠賢亂政。四年封選侍爲康妃。五年修三朝要典，漣、光斗等皆得罪死，復召繼春，與前旨大異矣。久之，始卒。

莊妃李氏，卽所稱東李者也。仁慈寡言笑，位居西李前，而寵不及。莊烈帝幼失母，育於西李。既而西李生女，光宗改命東李撫視。天啓元年二月封莊妃。魏忠賢、客氏用事，惡妃持正，宮中禮數多被裁損，憤鬱薨。崇禎初，詔賜妃弟成棟田產。

選侍趙氏者，光宗時，未有封號。熹宗卽位，忠賢、客氏惡之，矯旨賜自盡。選侍以光宗賜物列案上，西向禮佛，痛哭自經死。

熹宗懿安皇后張氏，祥符人。父國紀，以女貴，封太康伯。天啓元年四月冊爲皇后。性嚴正，數於帝前言客氏、魏忠賢過失。嘗召客氏至，欲繩以法。客、魏交恨，遂誣后非國紀女，幾惑帝聽。三年，后有娠，客、魏盡逐宮人異己者，而以其私人承奉，竟損元子。帝嘗

至后宮，后方讀書。帝問何書。對曰：「趙高傳也。」帝默然。時宮門有匿名書列忠賢逆狀者，忠賢疑出國紀及被逐諸臣手。其黨邵輔忠、孫杰等，欲因此興大獄，盡殺東林諸臣，而借國紀以搖動中宮，冀事成則立魏良卿女爲后。順天府丞劉志選偵知之，首上疏劾國紀，御史梁夢環繼之，會有沮者乃已。及熹宗大漸，折忠賢逆謀、傳位信王者，后力也。莊烈帝上尊號曰懿安皇后。十七年三月，李自成陷都城，后自縊。順治元年，世祖章皇帝命合葬熹宗陵。

裕妃張氏，熹宗妃也。性直烈。客、魏恚其異己，幽於別宮，絕其飲食。天雨，妃匍匐飲簷溜而死。又慧妃范氏者，生悼懷太子不育，復失寵。李成妃侍寢，密爲慧妃乞憐。客、魏知之怒，亦幽成妃於別宮。妃預藏食物簷瓦間，閉宮中半月不死，斥爲宮人。崇禎初，皆復位號。

莊烈帝愍皇后周氏，其先蘇州人，徙居大興。天啓中，選入信邸。時神宗劉昭妃攝太后寶，宮中之政悉稟成於熹宗張皇后。故事，宮中選大婚，一后以二貴人陪。中選，則皇太

后幕以青紗帕，取金玉跳脫繫其臂。不中，卽以年月帖子納淑女袖，侑以銀幣遣還。懿安疑后弱，昭妃曰：「今雖弱，後必長大。」因冊爲信王妃。帝卽位，立爲皇后。

后性嚴慎。嘗以寇急，微言曰：「吾南中尚有一家居。」帝問之，遂不語，蓋意在南遷也。至他政事，則未嘗預。田貴妃有寵而驕，后裁之以禮。歲元日，寒甚，田妃來朝，翟車止廡下。后良久方御坐，受其拜，拜已遽下，無他言。而袁貴妃之朝也，相見甚歡，語移時。田妃聞而大恨，向帝泣。帝嘗在交泰殿與后語不合，推后仆地，后憤不食。帝悔，使中使持貂裀賜后，且問起居。妃尋以過斥居啓祥宮，三月不召。一日，后侍帝於永和門看花，請召妃。帝不應。后遽令以車迎之，乃相見如初。帝以寇亂茹蔬。后見帝容體日瘁，具饌將進，而瀛國夫人奏適至，曰：「夜夢孝純太后歸，語帝瘁而泣，且曰：『爲我語帝，食毋過苦。』」帝持奏入宮，后適進饌。帝追念孝純，且慼后意，因出奏示后，再拜舉匕箸，相向而泣，淚盈沾案。

崇禎十七年三月十八日暝，都城陷，帝泣語后曰：「大事去矣。」后頓首曰：「妾事陛下十有八年，卒不聽一語，至有今日。」乃撫太子、二王慟哭，遣之出宮。帝令后自裁。后入室闔戶，宮人出奏，猶云「皇后領旨」。后遂先帝崩。帝又命袁貴妃自縊，繫絕，久之蘇。帝拔劍斫其肩，又斫所御妃嬪數人，袁妃卒不殊。世祖章皇帝定鼎，謚后曰莊烈愍皇后，與帝同葬田貴妃寢園，名曰思陵。下所司給袁妃居宅，贍養終其身。

有宮人魏氏者，當賊入宮，大呼曰：「我輩必遭賊汚，有志者早爲計。」遂躍入御河死，頃間從死者一二百人。宮人費氏，年十六，自投眢井中。賊鈎出，見其姿容，爭奪之。費氏紿曰：「我長公主也。」羣賊不敢逼，擁見李自成。自成命中官審視之，非是，以賞部校羅某者。費氏復紿羅曰：「我實天潢，義難苟合，將軍宜擇吉成禮。」羅喜，置酒極歡。費氏懷利刃，俟羅醉，斷其喉立死。因自詫曰：「我一弱女子，殺一賊帥足矣。」遂自刎死。自成聞大驚，令收葬之。

恭淑貴妃田氏，陝西人，後家揚州。父弘遇以女貴，官左都督，好佚遊，爲輕俠。妃生而纖妍，性寡言，多才藝，侍莊烈帝於信邸。崇禎元年封禮妃，進皇貴妃。宮中有夾道，暑月駕行幸，御蓋行日中。妃命作蘧篨覆之，從者皆得休息。又易小黃門之舁輿者以宮婢。帝聞，以爲知禮。嘗有過，謫別宮省愆。所生皇五子，薨於別宮，妃遂病。十五年七月薨。謚恭淑端惠靜懷皇貴妃，葬昌平天壽山，卽思陵也。

贊曰：高皇后從太祖備歷艱難，贊成大業，母儀天下，慈德昭彰。繼以文皇后仁孝寬和，化行宮壼，後世承其遺範，內治肅雍。論者稱有明家法，遠過漢、唐，信不誣矣。萬、鄭兩貴妃，亦非有陰鷙之謀、干政奪嫡之事，徒以恃寵溺愛，遂滋謗訕。易曰：「閑有家，悔亡。」苟越其閑，悔將無及。聖人之垂戒遠矣哉。

校勘記

〔一〕三十九年病革　三十九年，原作「四十年」，據神宗實錄卷四八七萬曆三十九年九月癸丑條改。

明史卷一百十五

列傳第三

興宗孝康皇帝 孝康皇后 呂太后　睿宗獻皇帝 獻皇后

興宗孝康皇帝標，太祖長子也。母高皇后。元至正十五年生於太平陳迪家。太祖爲吳王，立爲王世子，從宋濂受經。

吳元年，年十三矣，命省臨濠墓，諭曰：「商高宗舊勞於外，周成王早聞無逸之訓，皆知小民疾苦，故在位勤儉，爲守成令主。兒生長富貴，習於晏安。今出旁近郡縣，遊覽山川，經歷田野，其因道途險易以知鞍馬勤勞，觀閭閻生業以知衣食艱難，察民情好惡以知風俗美惡，卽祖宗所居，訪求父老，問吾起兵渡江時事，識之於心，以知吾創業不易。」又命中書省擇官輔行。凡所過郡邑城隍山川之神，皆祭以少牢。過太平訪迪家，賜白金五十兩。至泗、濠告祭諸祖墓。是冬從太祖觀郊壇，令左右導之農家，徧觀服食器具，又指道旁荊楚曰：

「古用此爲扑刑，以其能去風，雖傷不殺人。古人用心仁厚如此，兒念之。」

洪武元年正月立爲皇太子。帶刀舍人周宗上書乞教太子。帝嘉納。中書省都督府請倣元制，以太子爲中書令。帝以元制不足法，令詹同考歷代東宮官制，選勳德老成及新進賢者，兼領東宮官。於是左丞相李善長兼太子少師，右丞相徐達兼太子少傅，〔一〕中書平章錄軍國重事常遇春兼太子少保，右都督馮宗異兼右詹事，中書平章政事胡廷瑞、廖永忠、李伯昇兼同知詹事院事，中書左、右丞趙庸、王溥兼副詹事，中書參政楊憲兼詹事丞，傅瓛兼詹事，〔二〕同知大都督康茂才、張興祖兼左右率府使，大都督府副使顧時、孫興祖同知左右率府事，僉大都督府事吳楨、耿炳文兼左右率府副使，御史大夫鄧愈、湯和兼諭德，御史中丞劉基、章溢兼贊善大夫，治書侍御史文原吉、范顯祖兼太子賓客。諭之曰：「朕於東宮不別設府僚，而以卿等兼領者，蓋軍旅未息，朕若有事於外，必太子監國。若設府僚，卿等在內，事當啓聞，太子或聽斷不明，與卿等意見不合，卿等必謂府僚導之，嫌隙易生。又所以特置賓客諭德等官者，欲輔成太子德性，且選名儒爲之，職此故也。昔周公敎成王克詰戎兵，召公敎康王張皇六師，此居安慮危，不忘武備。蓋繼世之君，生長富貴，昵於安逸，不諳軍旅，一有緩急，罔知所措。二公之言，其幷識之。」

是年，命選國子生國琦、王璞、張傑等十餘人，侍太子讀書禁中。琦等入對謹身殿，儀狀明秀，應對詳雅。帝喜，因謂殿中侍御史郭淵友等曰：「諸生於文藝習矣，然與太子處，當端其心術，不流浮靡，庶儲德亦獲裨助。」因厚賜之。未幾，以梁貞、王儀爲太子賓客，秦庸、盧德明、張昌爲太子諭德。

先是，建大本堂，取古今圖籍充其中，徵四方名儒敎太子諸王，分番夜直，選才俊之士充伴讀。帝時時賜宴賦詩，商搉古今，評論文字無虛日。命諸儒作鍾山龍蟠賦，置酒歡甚，自作時雪賦，賜東宮官。令三師、諭德朝賀東宮，東宮答拜。又命東宮及王府官編輯古人行事可爲鑒戒者，訓諭太子諸王。四年春製大本堂玉圖記，賜太子。

十年令自今政事並啓太子處分，然後奏聞。諭曰：「自古創業之君，歷涉勤勞，達人情，周物理，故處事咸當。守成之君，生長富貴，若非平昔練達，少有不謬者。故吾特命爾日臨羣臣，聽斷諸司啓事，以練習國政。惟仁不失於疎暴，惟明不惑於邪佞，惟勤不溺於安逸，惟斷不牽於文法。凡此皆心爲權度。吾自有天下以來，未嘗暇逸，於諸事務惟恐毫髮失當，以負上天付託之意。戴星而朝，夜分而寢，爾所親見。爾能體而行之，天下之福也。」時令儒臣爲太子講大學衍義。二十二年置詹事院。

二十四年八月敕太子巡撫陝西。先是，帝以應天、開封爲南北京，臨濠爲中都。御史胡子祺上書曰：「天下形勝地可都者四。河東地勢高，控制西北，堯嘗都之，然其地苦寒。汴

梁襟帶河、淮，宋嘗都之，然其地平曠，無險可憑。洛陽周公卜之，周、漢遷之，然嵩、邙非有殽函、終南之阻，澗、瀍、伊、洛非有涇、渭、灞、滻之雄。夫據百二河山之勝，可以聳諸侯之望，舉天下莫關中若也。」帝稱善。至是，諭太子曰：「天下山川惟秦地號爲險固，汝往以省觀風俗，慰勞秦父老子弟。」於是擇文武諸臣扈太子行。既行，使諭曰：「爾昨渡江，震雷忽起於東南，導爾前行，是威震之兆也。然一旬久陰不雨，占有陰謀，宜愼舉動，嚴宿衞，施仁布惠，以回天意。」仍申諭從行諸臣以宿頓閑。

比還，獻陝西地圖，遂病。病中上言經略建都事。明年四月丙子薨，帝慟哭。禮官議期喪，請以日易。及當除服，帝不忍。禮官請之，始釋服視朝。八月庚申祔葬孝陵東，謚曰懿文。

太子爲人友愛。秦、周諸王數有過，輒調護之，得返國。有告晉王異謀者，太子爲涕泣請，帝乃感悟。帝初撫兄子文正、姊子李文忠及沐英等爲子，高后視如己出。帝或以事督過之，太子輒告高后爲慰解，其仁慈天性然也。太子元妃常氏，繼妃呂氏。生子五：長雄英，次建文皇帝，次允熥，次允熞，次允熙。建文元年追尊爲孝康皇帝，廟號興宗。燕王卽帝位，復稱懿文皇太子。

孝康皇后常氏，開平王遇春女。洪武四年四月册爲皇太子妃。十一年十一月薨，謚敬

二十四史

中華書局

懿。太祖爲輟朝三日。建文元年追尊爲孝康皇后。永樂元年復稱敬懿皇太子妃。

皇太后呂氏，壽州人。父本，累官太常卿。惠帝即位，尊爲皇太后。燕兵至金川門，迓太后至軍中，述不得已起兵之故。太后還，未至，宮中已火。既而隨其子允熙居懿文陵。永樂元年復稱皇嫂懿文太子妃。

初，太祖冊常妃，繼冊呂妃。常氏薨，呂氏始獨居東宮。而其時秦王樉亦納王保保妹爲妃，又以鄧愈女爲配，皆前代故事所無也。

睿宗興獻皇帝祐杬，憲宗第四子。母邵貴妃。成化二十三年封興王。弘治四年建邸德安。已，改安陸。七年之藩，舟次龍江，有慈烏數萬繞舟，至黃州復然，人以爲瑞。謝疏陳五事。孝宗嘉之，賜予異諸弟。

王嗜詩書，絕珍玩，不畜女樂，非公宴不設牲醴。楚俗尚巫覡而輕醫藥，乃選布良方，設藥餌以濟病者。長史張景明獻所著六箴於王，賜之金帛，曰：「吾以此懸宮門矣。」邸旁有臺曰陽春，數與羣臣賓從登臨賦詩。正德十四年薨，諡曰獻。

王薨二年而武宗崩，召王世子入嗣大統，是爲世宗。禮臣毛澄等援漢定陶、宋濮王故

事，考孝宗，改稱王爲「皇叔父興獻大王」，王妃爲「皇叔母」。帝命廷臣集議，未決。進士張璁上書請考興獻王，帝大悅。會母妃至自安陸，止通州不入。帝啓張太后，欲避天子位，奉母妃歸藩。羣臣惶懼。太后命進王爲興獻帝，妃爲興獻后。[三]璁更爲大禮或問以進，而主事霍韜、桂萼，給事中熊浹議與璁合。帝因諭輔臣楊廷和、蔣冕、毛紀，帝、后加稱「皇」。廷和等合廷臣爭之，未決。嘉靖元年，禁中火，廷和及給事中鄧繼曾、朱鳴陽引五行五事，爲廢禮之證。乃輟稱「皇」，加稱本生父興獻帝，尊園曰陵，黃屋監衛如制，設祠署安陸，歲時享祀用十二籩豆，樂用八佾。帝心終未慊。三年加稱爲本生皇考恭穆獻皇帝，興國太后爲本生聖母章聖皇太后，[四]建廟奉先殿西，曰觀德殿，祭如太廟。七月諭去本生號。九月，詔稱孝宗皇伯考，稱獻皇帝曰皇考。

璁、萼等既驟貴，干進者爭以言禮希上意。百戶隨全、錄事錢子勳言獻皇帝宜遷葬天壽山。禮部尚書席書議：「高皇帝不遷祖陵，太宗不遷孝陵，蓋其慎也。」小臣妄議山陵，宜罪。」工部尚書趙璜亦言不可。乃止。尊陵名曰顯陵。

明年修獻皇帝實錄，建世廟於太廟左。六年，以觀德殿狹隘，改建崇先殿。七年，命璁等集明倫大典成，加上尊諡曰恭睿淵仁寬穆純聖獻皇帝。親製顯陵碑，封松林山爲純德山，從祀方澤，次五鎮，改安陸州爲承天府。

十七年，通州同知豐坊請加尊皇考廟號，稱宗以配上帝。九月加上尊諡知天守道洪德淵仁寬穆純聖恭儉敬文獻皇帝，廟號睿宗，祔太廟，位次武宗上。明堂大享奉主配天，罷世廟之祭。四十四年，芝生世廟柱，復作玉芝宮祀焉。穆宗立，乃罷明堂配享。

初，楊廷和等議封益王次子崇仁王厚炫爲興王，奉獻帝祀。不允。興國封除。獻帝有長子厚熙，生五日而殤。嘉靖四年贈岳王，諡曰懷獻。

皇后蔣氏，世宗母也。父斅，大興人，追封玉田伯。弘治五年冊爲興王妃。世宗入承大統，即位三日，遣使詣安陸奉迎，而令廷臣議推尊禮。咸謂宜考孝宗，而稱興王爲皇叔父，妃爲皇叔母。議三上，未決。會妃將至，禮臣上入宮儀，由崇文門入東安門，皇帝迎於東華門。不許。再議由正陽門入大明、承天、端門，從王門入宮。又不許。王門，諸王所出入門也。敕曰：「聖母至，御太后車服，從御道入，朝太廟。」故事，后妃無謁廟禮，禮臣難之。時妃至通州，聞考孝宗，恚曰：「安得以吾子爲他人子。」留不進。帝涕泣願避位。羣臣以慈壽太后命，改稱興獻后，乃入。以太后儀謁奉先、奉慈二殿，不廟見。元年改稱興國太后。三年乃上尊號曰本生章聖皇太后。是年秋，用張璁等言，尊爲聖母章聖皇太后。五年，獻帝世成，奉太后入謁。七年上尊號曰慈仁。九年頒太后所製女訓於天下。十五年奉太后謁天壽

山陵，命諸臣進賀行殿。是年加上尊號曰康靜貞壽。

十七年十二月崩，諭禮、工二部將改葬獻皇帝於大峪山，以駙馬都尉京山侯崔元爲奉迎行禮使，兵部尚書張瓚爲禮儀護行使，指揮趙俊爲吉凶儀仗官，翊國公郭勛知聖母山陵事。已，帝親幸大峪相視，令議奉太后南詣合葬。而禮部尚書嚴嵩等言：「靈駕北來，慈宮南詣，共一舉耳。大峪可朝發夕至，顯陵遠在承天，恐陛下春秋念之。臣謂如初議便。」帝曰：「成祖豈不思皇祖耶，何以南孝陵？」因止崔元等毋行，而令趙俊往，且啓視幽宮。是年上尊諡曰慈孝貞順仁敬誠一安天誕聖獻皇后。明年，俊歸，謂顯陵不吉，遂議南巡。九卿大臣許讚等諫。不聽。左都御史王廷相又諫。帝曰：「朕豈空行哉，爲吾母耳。」已而侍御呂柟、給事中曾烶、御史劉賢、郎中岳倫等復相繼疏諫。不聽。三月，帝至承天，謁顯陵，作新宮焉，曰：「待合葬也。」歸過慶都，御史謝少南言：「慶都有堯母墓，佚於祀典，請祀之。」帝曰：「帝堯父母異陵，可知合葬非古。」即拜少南左春坊左司直兼翰林院檢討，定議葬大峪山。四月，帝謁長陵，諭嚴嵩曰：「大峪不如純德。」仍命崔元護梓宮南祔。閏七月，[五]合葬顯陵，主祔睿宗廟。

贊曰：興宗、睿宗雖未嘗身爲天子，而尊號徽稱典禮具備，其實有不容泯者。史者所以記事也，記事必核其名與實。曰宗曰帝者，當時已定之名，名定而實著焉矣。爰據元史裕宗、睿宗列傳之例，別爲一卷如右，而各以后附焉。

校勘記

〔一〕右丞相徐達兼太子少傅　太子少傅，原作「太子太傅」，據本書卷一〇九宰輔年表、明史稿傳三懿文太子標傳、太祖實錄卷二五洪武元年正月辛巳條、國榷卷三頁三五四改。

〔二〕中書參政楊憲兼詹事丞傅瓛兼詹事　太祖實錄卷二五洪武元年正月辛巳條、國榷卷三頁三五四均作「楊憲、傅瓛兼詹事丞」。按詹事丞不應列在詹事前，當從實錄、國榷。

〔三〕妃爲興獻后　興獻后，原作「興國后」。本書卷一七世宗紀、世宗實錄卷七正德十六年十月庚辰條均作「興獻后」。按世宗實錄卷一二，嘉靖元年三月戊午始加「興國太后」號，此作「興獻后」是，據改。

〔四〕興國太后爲本生聖母章聖皇太后　「母」上原脫「聖」字，據本書卷一七世宗紀、世宗實錄卷三八嘉靖三年四月癸丑條、國榷卷五三頁三三〇三補。

〔五〕閏七月　原脫「閏」字，據本書卷一七世宗紀、世宗實錄卷二二七嘉靖十八年閏七月庚申條補。

明史卷一百十六

列傳第四

諸王

明制，皇子封親王，授金册金寶，歲祿萬石，府置官屬。護衞甲士少者三千人，多者至萬九千人，隸籍兵部。冕服車旗邸第，下天子一等。公侯大臣伏而拜謁，無敢鈞禮。親王嫡長子，年及十歲，則授金册金寶，立爲王世子，長孫立爲世孫，冠服視一品。諸子年十歲，則授塗金銀册銀寶，封爲郡王。嫡長子爲郡王世子，嫡長孫則授長孫，冠服視二品。諸子授鎮國將軍，孫輔國將軍，曾孫奉國將軍，四世孫鎮國中尉，五世孫輔國中尉，六世以下皆奉國中尉。其生也請名，其長也請婚，祿之終身，喪葬予費，親親之誼篤矣。考二百餘年之間，宗姓實繁，賢愚雜出。今據所紀載，自太祖時追封祔廟十五王以及列朝所封者，著於篇。而郡王以下有行義事實可採者，世系亦得附見焉。

諸王一

宗室十五王

太祖諸子一

秦王樉 汧陽王誠洌　晉王棡 慶成王濟炫　西河王奇溯　新堞

周王橚 鎮平王有爌　博平王安泧　南陵王睦楧　鎮國中尉睦㮮

鎮國將軍安涀　鎮國中尉勤熨　楚王楨 武岡王顯槐　齊王榑

潭王梓　趙王杞　魯王檀 歸善王當沍　輔國將軍當漬

奉國將軍健根　安丘王當澻　壽鏻

熙祖，二子。長仁祖，次壽春王，俱王太后生。壽春王四子，長霍丘王，次下蔡王，次安豐王，次蒙城王。霍丘王一子，寶應王。安豐王四子，六安王、來安王、都梁王、英山王。下蔡、蒙城及寶應、六安諸王先卒，皆無後。洪武元年追封，二年定從祀禮，祔享祖廟東西廡。壽春、霍丘、安豐、蒙城四王，皆以王妃配食。蒙城王妃田氏早寡，有節行，太祖甚重之。十王、四妃墓在鳳陽白塔祠，官歲祀焉。

中華書局

仁祖，四子。長南昌王，次盱眙王，次臨淮王，次太祖，俱陳太后生。南昌王二子，長山陽王，無後，次文正。盱眙王一子，昭信王，無後。臨淮王無子。太祖起兵時，諸王皆前卒，獨文正在。洪武初，諸王皆追封從祀。文正以罪謫死。子守謙，封靖江王，自有傳。正德十一年，御史徐文華言：「宋儒程頤曰：『成人而無後者，祭終兄弟之孫之身。』蓋從祖而祔，亦從祖而毁，未有祖祧而祔食之孫獨存者。今懿、僖二祖既祧，太廟祔享諸王亦宜罷祀。」廷議不可，文華竟以妄言下獄。嘉靖中建九廟，東西廡如故。九廟災，復同堂異室之制，祔十五王於兩序。盱眙、臨淮王二妃配食。南昌王妃王氏，後薨，祔葬皇陵，不配食。

太祖，二十六子。高皇后生太子標、秦王樉、晉王棡、成祖、周王橚。胡充妃生楚王楨。達定妃生齊王榑、潭王梓。郭寧妃生魯王檀。郭惠妃生蜀王椿、代王桂、谷王橞。胡順妃生湘王柏。韓妃生遼王植。余妃生慶王㮵。楊妃生寧王權。周妃生岷王楩、韓王松。趙貴妃生瀋王模。李賢妃生唐王桱。劉惠妃生郢王棟。葛麗妃生伊王㰘。而肅王楧母郜無名號。趙王杞、安王楹、皇子楠皆未詳所生母。

秦愍王樉，太祖第二子。洪武三年封。十一年就藩西安。其年五月賜璽書曰：「關內之民，自元氏失政，不勝其斂。今吾定天下，又有轉輸之勞，民未休息。爾之國，若宮室已完，其不急之務悉已之。」十五年八月，高皇后崩，與晉、燕諸王奔喪京師，十月還國。十七年，皇后大祥，復來朝，尋遣還。二十二年改大宗正院爲宗人府，以樉爲宗人令。二十四年，以樉多過失，召還京師，令皇太子巡視關陝。太子還，爲之解。明年命歸藩。

二十八年正月命帥平羌將軍甯正征叛番於洮州，番懼而降。帝悅，賚予甚厚。其年三月薨，賜謚册曰：「哀痛者，父子之情；追謚者，天下之公。朕封建諸子，以爾年長，首封於秦，期永綏祿位，以藩屏帝室。夫何不良於德，竟殞厥身，其謚曰愍。」樉妃，元河南王王保保女弟。次妃，寧河王鄧愈女。樉薨，王妃殉。

子隱王尚炳嗣。洮人高福興等爲亂，尚炳巡邊境上捕盜。永樂九年，使者至西安，尚炳稱疾不出迎，見使者又傲慢。帝逮治王府官吏，賜尚炳書曰：「齊王拜胙，遂以國霸；晉侯惰玉，見譏無後。王勉之。」尚炳懼，來朝謝罪。明年三月薨。子僖王志堩嗣，二十二年薨。無子，庶兄懷王志均由渭南王嗣，宣德元年薨。妃張氏，未婚，入宮守服。

弟康王志𡐤嗣。好古嗜學。四年，護衞軍張嵩等訐其府中事。志𡐤不安，辭三護衞。宣宗答書奬諭，予一護衞。志𡐤顧數聽細人，正統十年誣奏鎮守都御史陳鎰，按問皆虛，而

審理正秦弘等又交章奏王淩辱府僚，箠死軍役。帝再以書戒飭之。景泰六年薨。子惠王公錫嗣，以賢聞。成化二十二年薨。

子簡王誠泳嗣。性孝友恭謹，嘗銘冠服以自警。秦川多賜地，軍民佃以爲業，供租稅，歲歉輒蠲之。長安有魯齋書院，久廢，故址半爲民居，誠泳别易地建正學書院。又旁建小學，擇軍校子弟秀慧者，延儒生教之，親臨課試。王府護衞得入學，自誠泳始。所著有經進小鳴集。弘治十一年薨，無子。

從弟臨潼王誠漋子昭王秉欆嗣。十四年薨。子定王惟焯嗣，有賢行，有司以聞。嘉靖十九年，敕表以綽楔。獻金助太廟工，益歲祿二百石，賜玉帶襲衣。惟焯嘗奏請潼關以西、鳳翔以東河堧地，〔一〕曰：「皇祖所賜先臣樉也。」戶部尚書梁材執奏：「陝西外供三鎮，內給四王，民困已極。豈得復奪堧地，濫給宗藩。」詔如材言。二十三年薨，無子。

再從子宣王懷埢由中尉嗣。奏以本祿千石贍諸宗，賜敕奬諭。四十五年薨。子靖王敬鎔嗣，萬曆四年薨。子敬王誼濄嗣，十四年薨。無子，弟誼漶由紫陽王嗣。薨，子存樞嗣。李自成破西安，存樞降於賊，僞授權將軍，妃劉氏死之。

汧陽王誠洌，康王諸孫也，事父及繼母以孝聞。父疾，經月不解帶。及薨，醯醬鹽酪不入口。明年，墓生嘉禾，一本雙穗，嘉瓜二實並蒂，慈烏異鳥環集。以母馬妃早卒，不逮養，

追服衰食蔬者三年。雪中萱草生華，咸謂孝感所致。弘治十五年賜敕嘉奬。

時有輔國將軍秉㰘，亦好學篤行。父病，禱於神，乞以身代，疾竟愈。母喪廬墓，有雙鶴集庭中。定王以聞。世宗表其門。

晉恭王棡，太祖第三子也。學文於宋濂，學書於杜環，洪武三年封。十一年就藩太原，中道笞膳夫。帝馳諭曰：「吾帥羣英平禍亂，不爲姑息。獨膳夫徐興祖，事吾二十三年未嘗折辱。怨不在大，小子識之。」棡修目美髯，顧盼有威，多智數。然性驕，在國多不法。或告棡有異謀。帝大怒，欲罪之，太子力救得免。二十四年，太子巡陝西歸，棡隨來朝，敕歸藩。自是折節，待官屬皆有禮，更以恭慎聞。是時，帝念邊防甚，且欲諸子習兵事，諸王封並塞居者皆預軍務。而晉、燕二王，尤被重寄，數命將兵出塞及築城屯田。大將如宋國公馮勝、潁國公傅友德皆受節制。又詔二王，軍中事大者方以聞。三十一年三月薨，〔二〕子定王濟熺嗣。

永樂初，帝以濟熺縱下，黜其長史龍潭。濟熺懼，欲上護衞。不許。弟平陽王濟熿，幼狠戾，失愛於父。及長，太祖召秦、晉、燕、周四世子及庶子之長者，教於京師。濟熿與燕王子高煦、周王子有爋邪詭相比，不爲太祖所愛。濟熺既嗣王，成祖封濟熿平陽王。濟熿追憾

父，并憾濟熺不爲解，嗾其弟慶成王濟炫等日訴濟熺過於朝，又誘府中官校，文致其罪，歷年不已。十二年，帝奪濟熺爵，及世子美圭皆爲庶人，俾守恭王園，而立濟熿爲晉王。

濟熿既立，益橫暴，至進毒弒嫡母謝氏，逼烝恭王侍兒吉祥，幽濟熺父子，蔬食不給。父兄故侍從宮人多爲所害，莫敢言。恭王宮中老媼走訴成祖，乃卽獄中召晉府故承奉左微問之，盡得濟熿搆濟熺狀。立命微馳召濟熺父子，濟熺幽空室已十年矣。左微者，故因濟熺牽連繫獄，或傳微死已久。及至，一府大驚。微入空室，釋濟熺父子，相抱持大慟。時帝北征，駐驆沙城，濟熺父子謁行在所。帝見濟熺病，惻然，封美圭平陽王，使奉父居平陽，予以恭王故連伯灘田。會帝崩，濟熿遂不與美圭田。仁宗遣以書諭，卒不聽。又聞朝廷賜濟熺王者冠服及他賚予，益怨望。成祖、仁宗之崩，不爲服，使寺人代臨，幕中廣致妖巫爲詛咒不輟。

宣宗卽位，濟熿密遣人結高煦謀不軌，寧化王濟煥告變。比擒高煦，又得濟熿交通書，帝未之問也，而濟熿所遣使高煦人懼罪及，走京師首實。內使劉信等數十人告濟熿擅取屯糧十萬餘石，欲應高煦，幷發其宮中詛咒事。濟煥亦至是始知嫡母被弒，馳奏。遣人察實，召至京，示以諸所發奸逆狀，廢爲庶人，幽鳳陽。同謀官屬及諸巫悉論死。時宣德二年四月也。

晉國絕封凡八年，至英宗卽位之二月，乃進封美圭爲晉王，還居太原。正統六年薨。子莊王鍾鉉嗣，弘治十五年薨。世子奇源及其子表榮皆前卒，表榮子端王知烊嗣。知烊七歲而孤，能盡哀，居母喪嘔血，芝生寢宮。嘉靖十二年薨。無子，再從子簡王新㙉嗣。新化王表槏、榮澤王表檈者，端王諸父也。表槏先卒，子知[illegible]嗣爲新化王，亦前卒，二子新㙉、新墧。端王請新㙉嗣新化王，未封而端王薨，表檈謀攝府事。端王妃王氏曰：「王無後，次及新化王，新化父子卒，有孫新㙉在。」卽召入府，拜几筵爲喪主。表檈怒曰：「我尊行，顧不得王。」上疏言：「新㙉故新化王長子，不得爲人後，新㙉宜嗣新化王，新墧宜嗣晉王。」禮部議新㙉宜嗣，是爲簡王。新㙉母太妃尚氏嚴，敎子以禮。太妃疾，新㙉叩頭露禱。長史有數陳，輒拜受敎。其老也，以弟鎭國將軍新墧子愼鏡攝藩事。萬曆三年薨，愼鏡亦卒。弟惠王愼鋷嗣，七年薨。子穆王敏淳嗣，三十八年薨，子求桂嗣。李自成陷山西，求桂與秦王存樞並爲賊所執，入北京，不知所終。

慶成王濟炫，晉恭王子。其生也，太祖方御慶成宴，因以爲封。永樂元年徙居潞州，坐擅發驛馬，縱軍人爲盜，被責，召還太原。十年徙汾州，薨，諡莊惠。曾孫端順王奇湞，正德中，以賢孝聞，賜敕褒獎。生子七十人，嘉靖初，尚書王瓊聞於朝。嗣王表欒樸茂寡言，孝友好文學。嘉靖三十年壽八十，詔書嘉獎，賚以金幣。輔國將軍奇添，端順王弟也，早卒。

夫人王氏守節奉姑六十餘年，世宗時以節孝旌。又溫穆王曾孫中尉知[illegible]病篤，淑人賀氏欲先死以殉，取須一勺咽之，左右救奪，遂絕飲食，與知[illegible]同時卒。表欒以聞。禮官言會典無旌命婦例，世宗特命旌之，諡曰貞烈。

西河王奇溯，定王曾孫。三歲而孤。問父所在，卽慟哭。長，刻栴檀爲父順簡王像，祀之。母病渴，中夜稽顙禱天，俄有甘泉自地湧出。母飲泉，病良已。及卒，哀毀骨立。子表相嗣，亦以仁孝聞，與寧河王表楠、河東嗣王奇淮並爲人所稱。

新堞，恭王七世孫，家汾州。崇禎十四年由宗貢生爲中部知縣。有事他邑，土寇乘間陷其城，坐免官。已而復任。署事者聞賊且至，亟欲解印去，新堞毅然曰：「此我致命之秋也。」卽受之。得賊所傳僞檄，怒而碎之，議拒守。邑新遭寇，無應者，乃屬父老速去，而已誓必死。妻盧氏，妾薛氏、馮氏，請先死。許之。有女數歲，拊其背而勉之縊。左右皆泣下。乃書表封印，使人馳送京師，冠帶望闕拜，又望拜其母，遂自經。士民葬之社壇側，以妻女祔。先是，土寇薄城，縣丞光先與戰不勝，自焚死。新堞哭之慟，爲之誄曰：「殺身成仁，雖死猶生。」至是，新堞亦死難。

周定王橚，太祖第五子。洪武三年封吳王。七年，有司請置護衞於杭州。帝曰：「錢塘

財賦地，不可。」十一年改封周王，命與燕、楚、齊三王駐鳳陽。十四年就藩開封，卽宋故宮地爲府。二十二年，橚棄其國來鳳陽。帝怒，將徙之雲南，尋止，使居京師，世子有燉理藩事。二十四年十二月敕歸藩。建文初，以橚燕王母弟，頗疑憚之。橚亦時有異謀，長史王翰數諫不納，佯狂去。橚次子汝南王有爋告變。帝使李景隆備邊，道出汴，猝圍王宮，執橚，竄蒙化，諸子並別徙。已，復召還京，錮之。成祖入南京，復爵，加祿五千石。永樂元年正月詔歸其舊封，獻頌九章及佾舞。明年來朝，獻騶虞。帝悅，宴賜甚厚。以汴梁有河患，將改封洛陽。橚言汴堤固，無重勞民力。乃止。十四年疏辭所賜在城稅課。十八年十月有告橚反者。帝察之有驗。明年二月召至京，示以所告詞。橚頓首謝死罪。帝憐之，不復問。橚歸國，獻還三護衞。仁宗卽位，加歲祿至二萬石。橚好學，能詞賦，嘗作元宮詞百章。以國土夷曠，庶草蕃廡，考核其可佐饑饉者四百餘種，繪圖疏之，名救荒本草。闢東書堂以教世子，長史劉淳爲之師。洪熙元年薨。

子憲王有燉嗣，博學善書。弟有爋數訐有燉，宣宗書諭之。有爋與弟有熺詐爲祥符王有爝與趙王書，繫箭上，置彰德城外，詞甚悖。都指揮王友得書以聞。宣宗逮友，訊無跡。召有爝至，曰：「必有爋所爲。」訊之具服，並得有熺掠食生人肝腦諸不法事，於是並免爲庶人。有燉，正統四年薨，無子。帝賜書有爝曰：「周王在日，嘗奏身後務從儉約，以省民力。

二十四史

中華書局

妃夫人以下不必從死。年少有父母者遣歸。」既而妃辇氏、夫人施氏、歐氏、陳氏、張氏、韓氏、李氏皆殉死，詔謚妃貞烈，六夫人貞順。

弟簡王有爝嗣，景泰三年薨。子靖王子垕嗣，七年薨。弟懿王子埅嗣，成化二十一年薨。子惠王同鑣嗣，弘治十一年薨。世子安潢未襲封而卒，孫恭王睦橎嗣，謚安潢悼王。

初，安潢爲世子，與弟平樂王安泛、義寧王安涘爭漁利，置囹圄刑具，集亡賴爲私人。惠王戒安潢，不從，王怒。安泛因而傾之，安潢亦持安泛不法事。惠王薨，羣小交搆，安潢奏安泛私壞社稷壇，營私第，安泛亦誣奏安潢諸陰事。下鎭、巡官按驗。頃之，安潢死，其子睦橎立而幼。安泛侵陵世子妃，安涘亦訐妃出不正，其子不可嗣。十三年，帝命太監魏忠、刑部侍郎何鑑按治。安泛懼，益誣世子毒殺惠王並世子妃淫亂，所連逮千人。鑑等奏其妄，廢安泛爲庶人，幽鳳陽，安涘亦革爵。

嘉靖十七年，睦橎薨。子勤熄先卒，孫莊王朝堈嗣，三十年薨。子敬王在鋌嗣，萬曆十年薨。〔三〕子端王肅溱嗣，薨。子恭枵嗣。崇禎十四年冬，李自成攻開封，恭枵出庫金五十萬，餉守陴者，懸賞格，殪一賊予五十金。賊穴城，守者投以火，賊被爇死，不可勝計，乃解圍去。明年正月，帝下詔褒奬，且加勞曰：「此高皇帝神靈憫宗室子孫維城莫固，啓王心而降之福也。」其年四月，自成再圍汴，築長圍，城中樵採路絕。九月，賊決河灌城，城圮，恭

枵從後山登城樓，率宮妃及寧鄉、安鄉、永壽、仁和諸王露棲雨中數日。援軍駐河北，以舟來迎，始獲免。事聞，賜書慰勞，並賜帑金文綺，命寄居彰德。汴城之陷也，死者數十萬，諸宗皆沒，府中分器寶藏盡淪於巨浸。踰年，乃從水中得所奉高帝、高后金容，迎至彰德奉焉。久之，王薨，贈謚未行，國亡。其孫南走，死於廣州。

鎭平王有爌，定王第八子。嗜學，工詩，作道統論數萬言。又採歷代公族賢者，自夏五子迄元太子眞金百餘人，作賢王傳若干卷。

博平王安泧，惠王第十三子。惠王有子二十五人，而安泧獨賢，嘗輯貽後錄、養正錄諸書。勤於治生，田園僮奴車馬甚具。賓客造門，傾己納之。其時稱名德者，必曰博平。

南陵王睦楧，悼王第九子，敏達有識。嘉靖四十一年，御史林潤言：「天下財賦，歲供京師米四百萬石，而各藩祿歲至八百五十三萬石。山西、河南存留米二百三十六萬三千石，而宗室祿米五百四萬石。卽無災傷蠲免，歲輸亦不足供祿米之半。年復一年，愈加蕃衍，勢窮弊極，將何以支。」事下諸王議。明年，睦楧條上七議：請立宗學以崇德敎，設科選以勵人才，嚴保勘以杜冒濫，革冗職以除素餐，戒奔競以息饕貪，制拜掃以廣孝思，立憂制以省祿費。詔下廷臣參酌之。其後諸藩遂稍稍陳說利弊，尚書李春芳集而上焉。及頒宗藩條例，多採睦楧議云。

鎭國中尉睦㮮，字灌甫，鎭平王諸孫。父奉國將軍安河以孝行聞於朝，璽書旌賚。既沒，周王及宗室數百人請建祠。詔賜祠額曰「崇孝」。睦㮮幼端穎，郡人李夢陽奇之。及長，被服儒素，覃精經學，從河、洛間宿儒游。年二十通五經，尤邃於易、春秋。謂本朝經學一稟宋儒，古人經解殘闕放失，乃訪求海內通儒，繕寫藏弆，若李鼎祚易解、張洽春秋傳，皆叙而傳之。呂柟嘗與論易，歎服而去。益訪購古書圖籍，得江都葛氏、章丘李氏書萬卷，丹鉛歷然，論者以方漢之劉向。築室東坡，延招學者，通懷好士，而內行修潔。事親晨昏不離側，喪三年居外舍。有弟五人，親爲敎督，盡推遺產與之。萬曆五年舉文行卓異，爲周藩宗正，領宗學。約宗生以三、六、九日午前講易、詩、書，午後講春秋、禮記，雖盛寒暑不輟。所撰有五經稽疑六卷，授經圖傳四卷，韻譜五卷，又作明帝世表、周國世系表、建文遜國褒忠錄、河南通志、開封郡志諸書。巡撫御史褚鈇議稍減郡王以下歲祿，均給貧宗，帝遣給事中萬象春就周王議。新會王睦樒號於衆曰：「裁祿之謀起於睦㮮。」聚宗室千餘人擊之，裂其衣冠，上書抗詔。帝怒，廢睦樒爲庶人。睦㮮屢疏引疾乞休，詔勉起之。又三年卒，年七十。宗人頌功德者五百人，詔賜輔國將軍，禮葬之，異數也。學者稱爲西亭先生。

時有將軍安泦者，一歲喪母，事其父以孝聞。父病革，封臂爲湯飲父，父良已。年七十，追念母不逮養，服衰廬墓三年，詔旌其門。素精名理，聲譽大著，人稱睦㮮爲「大山」，安

泦爲「小山」云。

又勤熨者，鎭國中尉也，嘉靖中，上書曰：「陛下躬上聖之資，不法古帝王兢業萬幾，擇政任人，乃溺意長生，屢修齋醮，興作頻仍。數年來朝儀久曠，委任非人，遂至賄賂公行，刑罰倒置，奔競成風，公私殫竭，脫有意外變，臣不知所終。」帝覽疏怒，坐誹謗，降庶人，幽鳳陽。子朝堉已賜名，以罪人子無敢爲請封者，上書請釋父罪，且陳中興四事，詔並禁錮。穆宗登極，釋歸，命有司存恤。

楚昭王楨，太祖第六子。始生時，平武昌報適至，太祖喜曰：「子長，以楚封之。」洪武三年封楚王。十四年就藩武昌。嘗錄御註洪範及大寶箴置座右。十八年四月，銅鼓、思州諸蠻亂，命楨與信國公湯和、江夏侯周德興帥師往討。和等分屯諸洞，立柵與蠻人雜耕作。久之，擒其渠魁，餘黨悉潰。三十年，古州蠻叛，帝命楨帥師，湘王柏爲副，往征。楨請餉三十萬，又不親涖軍。帝詰責之，命城銅鼓衞而還。是年，熒惑入太微，詔諭楨戒愼，楨書十事以自警。未幾，楨子巴陵王卒，帝復與敕曰：「舊歲熒惑入太微，太微天庭，居翼軫，楚分也。五星無故入，災必甚焉。爾子疾逝，恐災不止此，尚省愼以回天意。」至冬，王妃薨。時初設宗人府，以楨爲右宗人。永樂初，進宗正。二十二年薨。

子莊王孟烷嗣，敬慎好學。宣德中，平江伯陳瑄密奏：「湖廣，東南大藩，襟帶湖、湘，控引蠻越，人民蕃庶，商賈輻聚。楚設三護衞，自始封至今，生齒日繁，兵强國富，小人行險，或生邪心。請選其精銳，以轉漕爲名，俟至京師，因而留之，可無後患。」帝曰：「楚無過，不可。」孟烷聞之懼。五年上書請納兩護衞，自留其一。帝勞而聽之。正統四年薨。

子憲王季堄嗣，事母鄧妃至孝。英宗賜書獎諭。著東平河間圖贊，爲士林所誦。八年薨。弟康王季埱嗣，天順六年薨。再從子靖王均鈋嗣，正德五年薨。子端王榮㳦嗣，以仁孝著稱，武宗表曰「彰孝之坊」。嘉靖十三年薨。子愍王顯榕嗣，居喪哀痛，遇慶禮卻賀。端王壻儀賓沈寶與顯榕有隙，使人誣奏顯榕左右呼顯榕萬歲，且誘顯榕設水戲以習水軍。世宗下其章，撫臣具言顯榕居喪能守禮。寶坐誣，削爲民。

顯榕妃吳氏，生世子英燿，性淫惡，嘗烝顯榕宮人。顯榕知之，杖殺其所使陶元兒。英燿又使卒劉金納妓宋么兒於別館。顯榕欲罪金，金遂誘英燿謀爲逆。嘉靖二十四年正月十八日，張燈置酒饗顯榕，別宴顯榕弟武岡王顯槐於西室。酒半，金等從座後出，以銅瓜擊顯榕腦，立斃。顯槐驚救，被傷，奔免。英燿徙顯榕屍宮中，命長史孫立以中風報。王從者朱貴抉門出告變，撫、按官以聞。英燿懼，具疏奏辨，且逼崇陽王顯休爲保奏。通山王英炊不從，直奏英燿弒逆狀。詔遣中官及駙馬都尉鄔景和、侍郎喻茂堅往訊。英燿辭服。詔逮

入京。是年九月，告太廟，伏誅，焚屍揚灰。悉誅其黨，革顯休祿十之三。顯槐、英炊皆賚金幣，而以顯榕次子恭王英㷿嗣。隆慶五年薨。

子華奎幼，萬曆八年，始嗣爵。衞官王守仁上告曰：「遠祖定遠侯弼，楚王楨妃父也，遺瓌寶數十萬寄楚帑，爲嗣王侵匿。」詔遣中官清核。華奎奏辨，且請避宮搜掘。皆不報。久之，繫鞫王府承奉等，無所得。時諸璫方以搜括希上意，不欲暴守仁罪。帝頗悟，罷其事。華奎乃奏上二萬金助三殿工。

三十一年，楚宗人華越等言：「華奎與弟宣化王華壁皆非恭王子。華奎乃恭王妃兄王如言子，抱養宮中。華壁則王如綍家人王玉子也。華越妻，卽如言女，知之悉。」禮部侍郎郭正域請行勘。大學士沈一貫右華奎，委撫、按訊，皆言僞王事無左驗。而華越妻持其說甚堅，不能決，廷議令覆勘。中旨以楚王襲封已二十餘年，宜治華越等誣罔。御史錢夢皐爲一貫劾正域，正域發華奎行賄一貫事。華奎遂訟言正域主使，正域罷去。東安王英燧、武岡王華增、江夏王華塇等皆言僞跡昭著，行賄有據。諸宗人赴都投揭。奉旨切責，罰祿、削爵有差。華越坐誣告，降庶人，錮鳳陽。未幾，華奎輸賄入都，宗人遮奪之。巡撫趙可懷屬有司捕治。宗人蘊鈐等方恨可懷治楚獄不平，遂大鬨，毆可懷死。巡按吳楷以楚叛告。一貫擬發兵會勦。命未下，諸宗人悉就縛。於是斬二人，勒四人自盡，錮高墻及禁閒宅者

復四十五人。三十三年四月也。自是無敢言楚事者。久之，禁錮諸人以恩詔得釋，而華奎之眞僞竟不白。

其後，張獻忠掠湖廣，華奎募卒自衞，以張其在爲帥。獻忠兵至武昌，其在爲內應，執華奎沉之江，諸宗無得免者。

武岡王顯槐，端王第三子也。嘉靖四十三年上書條藩政，請「設宗學，擇立宗正、宗表，督課親郡王以下子弟。十歲入學，月餼米一石，三載督學使者考績，陟其中程式者全祿之，五試不中課則黜之，給以本祿三之二。其庶人暨妻女，月餼六石，庶女勿加恩。」其後廷臣集議，多采其意。

齊王榑，太祖第七子。洪武三年封。十五年就藩青州。二十三年命王帥護衞及山東徐、邳諸軍從燕王北征。二十四年復帥護衞騎士出開平。時已令潁國公傅友德調發山東都司各衞軍出塞，諭王遇敵當自爲隊，奏凱之時勿與諸將爭功。榑數歷塞上，以武略自喜，然性凶暴，多行不法。建文初，有告變者。召至京，廢爲庶人，與周王同禁錮。

燕兵入金川門，急遣兵護二王，二王卒不知所以，大怖，伏地哭。已知之，乃大喜。成祖令王齊如故，榑益驕縱。帝與書召來朝，面諭王無忘患難時。榑不悛，陰畜刺客，招異人

術士爲咒詛，輒用護衞兵守青州城，並城築苑牆斷往來，守吏不得登城夜巡。李拱、曾名深等上急變，榑拘匿以滅口。永樂三年詔索拱，諭榑改過。是時，周王橚亦中浮言，上書謝罪，帝封其書示榑。明年五月來朝，廷臣劾榑罪。榑厲聲曰：「奸臣喋喋，又欲效建文時耶！會盡斬此輩。」帝聞之不懌，留之京邸。削官屬護衞，誅指揮柴直等，盡出榑繫囚及所造不法器械。羣臣請罪教授葉垣等，帝曰：「王性凶悖，朕溫詔開諭至六七，猶不悟，教授輩如王何。垣等先自歸發其事，可勿問。」榑旣被留，益有怨言。是年八月，召其子至京師，並廢爲庶人。

宣德三年，福建妄男子樓濂詭稱七府小齊王，謀不軌。事覺，械至京，誅其黨數百人。榑及三子皆暴卒，幼子賢爀安置廬州。景泰五年徙齊庶人、谷庶人置南京，敕守臣愼防。後谷庶人絕，齊庶人請得谷庶人第。嘉靖十三年釋高墻庶人長鏨，榑曾孫也。萬曆中有承綵者，亦榑裔。齊宗人多凶狡，獨承綵頗好學云。

潭王梓，太祖第八子。洪武三年封。十八年就藩長沙。梓英敏好學，善屬文。嘗召府中儒臣，設醴賦詩，親品其高下，賚以金幣。妃於氏，都督顯女也。顯子琥，初爲寧夏指揮。二十三年坐胡惟庸黨，顯與琥俱坐誅。梓不自安。帝遣使慰諭，且召入見。梓大懼，與妃

二十四史

中華書局

俱焚死。無子，除其封。

趙王杞，太祖第九子。洪武二年生。次年受封，明年殤。

魯荒王檀，太祖第十子。洪武三年生，生兩月而封。十八年就藩兗州。好文禮士，善詩歌。餌金石藥，毒發傷目。帝惡之。二十二年薨，謚曰荒。子靖王肇煇，甫彌月。母妃湯，信國公和女，撫育教誨有度。永樂元年三月始得嗣。成祖愛重之。車駕北巡過兗，錫以詩幣。宣德初，上言：「國長史鄭昭、紀善王貞，奉職三十年矣，宜以禮致其事。」帝謂蹇義曰：「皇祖稱王禮賢敬士，不虛也。」許之。成化二年薨。

子惠王泰堪嗣，九年薨。子莊王陽鑄嗣，嘉靖二年薨。莊王在位久，世子當漎，當漎子健杙皆前卒，健杙子端王觀烶嗣。狎典膳秦信等，游戲無度，挾娼樂，裸男女雜坐。左右有忤者，錐斧立斃，或加以炮烙。信等乘勢殘殺人。館陶王當淴亦淫暴，與觀烶交惡，相訐奏。帝念觀烶尚幼，革其祿三之二，逮誅信等，亦革當淴祿三之一。二十八年，觀烶薨。子恭王頤坦嗣，有孝行，捐邸中田湖，贍貧民，辭常祿，給貧宗。前後七賜璽書嘉勞。萬曆二十二年薨。世子壽鏳先卒，弟敬王壽鋐嗣，二十八年薨。弟憲王壽鋐嗣，崇禎九年薨。弟

肅王壽鏞嗣，薨。子以派嗣，十五年，〔四〕大清兵克兗州，被執死。弟以海轉徙台州，張國維等迎居於紹興，號魯監國。順治三年六月，大兵克紹興，以海遁入海。久之，居金門，鄭成功禮待頗恭。既而懈，以海不能平，將往南澳。成功使人沉之海中。

歸善王當沍，莊王幼子也。正德中，賊攻兗州，帥家衆乘城，取護衞弓弩射却賊。降敕獎諭，遂以健武聞。時有卒袁質與舍人趙巖俱家東平，武斷爲鄉人所惡。吏部主事梁穀，亦東平人，少不檢，倚惡少爲助，既貴，頗厭苦之，又與千戶高乾有怨。正德九年，穀邑人西鳳竹、屈昂誣穀云：「質、巖且爲亂。」穀心動，因並指乾等，告變於尚書楊一清。兵部議以大兵駐濟南伺變。先是，當沍數與質、巖校射。至是當沍父莊王聽長史馬魁譖言當沍結質、巖欲反，虞禍及，奏於朝。帝遣司禮太監溫祥、大理少卿王純、錦衣衞指揮韓端往按問。祥等至，圍當沍第，執之。祥等瞰穀所指皆平人。魁懼事敗，乃諷所厚陳環及術士李秀佐證之，復以書及賄抵鎮守太監畢眞，使逮二人詰問。已而二人以實對，書賄事亦爲眞所發。於是御史李翰臣劾穀報怨邀功，長史魁惑王罔奏，宜即訊。詔下翰臣獄，謫廣德州判官，免穀罪不問。御史程啓充等疏言：「穀、魁鼓煽流言，死不蔽罪，縱首禍而謫言者，非國體。」不報。廷臣議當沍罪，卒無所坐。以藏護衞兵器違祖制，廢爲庶人。戍質等於肅州。所逮多瘐死，魁坐誣奏斬。鳳竹、昂流口外。中官送當沍之高牆，當沍大慟曰：「冤乎！」觸牆死。

閒者傷之。

輔國將軍當濆，鉅野王泰墱諸孫也，慷慨有志節。嘉靖三年上書請停郡縣主、郡縣君䘏典，以蘇民困。七年奏辭輔國將軍並子奉國將軍祿，佐疏運河。賜敕褒諭。又上書言：「各藩郡縣主、郡縣君先儀賓沒者，故事儀賓得支半祿。今四方災傷，邊陲多事，民窮財盡，而各儀賓暴橫侈肆，多不法，請勿論品級，減其月給。」明年又請以父子應得祿米佐振。因勸帝法祖宗，重國本，裁不急之費，息土木之工。詞甚愷切。帝嘉其意，特敕褒之，不聽辭祿。時東甌王健楸無子，上書言：「宗室所以蕃，由詐以媵子爲嫡，糜費縣官。今臣無嫡嗣，請以所受府第屯廠盡歸魯府，待給新封，省民財萬一，乞著爲例。」報可。

奉國將軍健根，鉅野王陽鎣諸孫。博通經術，年七十，猶縱談名理，亹亹不倦。嘉靖中，詔褒其賢孝。子鎭國中尉觀熘，字中立，居母喪，蔬食踰年，哀毀骨立。嘗繪太平圖上獻。世宗嘉獎之，賜承訓書院名額並五經諸書。弟觀䊝以詩畫著名。同時鉅野中尉頤壕、安丘將軍頤墉，聲詩清拔。樂陵王頤墁亦喜稱詩。

安丘王當澻，靖王曾孫，少孤，事祖父母以孝聞。曾孫頤堀好學秉禮，尤諳練典故。藩邸中有大疑，輒就決。一意韜晦，監司守令希見其面。年七十餘，猶手不廢書。

魯府宗室壽鏉，家兗州。崇禎中爲雲南通判，有聲績。永明王由榔在廣西，以爲右僉

都御史，使募兵。値沙定州亂，兵不能集。孫可望兵至，壽鏉知不免，張鏖蓋往見之，行三揖禮曰：「謝將軍不殺不掠之恩。」可望脅之降，不從。繫他所，使人誘以官，終不從。從容題詩於壁，或以詩報可望，遂遇害。

校勘記

〔一〕鳳翔以東河堧地　鳳翔，原作「鳳朔」，據明史稿傳三秦愍王樉傳改。鳳翔在陝西，地望正合。

〔二〕三十一年三月薨　三月，原作「二月」，據太祖實錄卷二五六洪武三十一年三月己未條改。

〔三〕萬曆十年薨　本書卷一〇〇諸王世表、明史稿傳三周定王橚傳均作「十一年薨」。

〔四〕十五年　原作「十二年」，據本書卷二四莊烈帝紀、又卷一〇一諸王世表，懷宗實錄卷一五崇禎十五年十二月丁卯條改。

明史卷一百十七

列傳第五

諸王二

太祖諸子二

蜀王椿　湘王柏　代王桂 襄垣王遜燂 靈丘王遜烇 成鍒 廷鄣
肅王楧　遼王植　慶王㮵　寧王權

蜀獻王椿，太祖第十一子，洪武十一年封。十八年命駐鳳陽。二十三年就藩成都。性孝友慈祥，博綜典籍，容止都雅，帝嘗呼爲「蜀秀才」。在鳳陽時，闢西堂，延李叔荊、蘇伯衡商榷文史。既至蜀，聘方孝孺爲世子傅，表其居曰「正學」，以風蜀人。詣講郡學，知諸博士貧，分祿餼之，月一石，後爲定制。造安車賜長史陳南賓。聞義烏王紳賢，聘至，待以客禮。紳父褘死雲南，往求遺骼，資給之。

時諸王皆備邊練士卒，椿獨以禮敎守西陲。番人入寇，燒黑崖關。椿請於朝，遣都指揮瞿能隨涼國公藍玉出大渡河邀擊之。自是番人讋伏。前代兩川之亂，皆因內地不逞者鉤致爲患。有司私市蠻中物，或需索啓爭端。椿請繪錦香扇之屬，從王邸定爲常貢，此外悉免宣索。蜀人由此安業，日益殷富。川中二百年不被兵革，椿力也。

成祖卽位，來朝。賜予倍諸藩。谷王橞，椿母弟也，圖不軌。椿子悅爊，獲咎於椿，走橞所，橞稱爲故建文君以詭衆。永樂十四年，椿暴其罪。帝報曰：「王此舉，周公安王室之心也。」入朝，賚金銀繒綵鉅萬。二十一年薨。

世子悅熑先卒，孫靖王友堉嗣。初，華陽王悅燿謀奪嫡，椿覺之，會有他過，杖之百，將械於朝。友堉爲力請，得釋。椿之薨，友堉方在京師，悅燿竊王帑，友堉歸不問。悅燿更誣奏友堉怨誹。成祖召入訊之，會崩。仁宗察其誣，命歸藩。召悅燿，悅燿猶執奏，仁宗抵其章於地，還之武岡，復還澧州。〔一〕宣德五年，總兵官陳懷奏都司私遣蜀邸砲，用以警夜，非制。詔逮都司首領官。明年獻還二護衞。從之。是年薨。妃李、侍姬黃皆自經以殉。無子，弟僖王友壎由羅江王嗣，九年薨。獻王第五子和王悅𤊨由保寧王嗣，天順五年薨。繼妃徐氏，年二十六，不食死，諡靜節。子定王友垓嗣，七年薨。子懷王申鈘嗣，成化七年薨。弟惠王申鑿嗣，弘治六年薨。子昭王賓瀚嗣，正德三年薨。子成王讓栩嗣。

自椿以下四世七王，幾百五十年，皆檢飭守禮法，好學能文。孝宗恒稱蜀多賢王，舉獻王家範爲諸宗法。讓栩尤賢明，喜儒雅，不邇聲伎，創義學，修水利，振災卹荒。嘉靖十五年，巡撫都御史吳山、巡按御史金粲以聞。賜敕嘉獎，署坊表曰「忠孝賢良」。二十年建太廟，獻黃金六十斤，白金六百斤。酬以玉帶幣帛。二十六年薨。子康王承爚嗣，三十七年薨。子端王宣圻嗣，萬曆四十年薨。子恭王奉銓嗣，四十三年薨。子至澍嗣。崇禎末，京師陷，蜀尚無恙。未幾，張獻忠陷成都，合宗被害，至澍率妃妾投於井。

湘獻王柏，太祖第十二子。洪武十一年封。十八年就藩荊州。性嗜學，讀書每至夜分。開景元閣，招納俊乂，日事校讐，志在經國。喜談兵，膂力過人，善弓矢刀槊，馳馬若飛。三十年五月，同楚王楨討古州蠻，每出入，縹囊載書以隨，遇山水勝境，輒徘徊終日。尤善道家言，自號紫虛子。建文初，有告柏反者，帝遣使卽訊。柏懼，無以自明，闔宮焚死。諡曰戾。王無子，封除。永樂初，改諡獻，置祠官守其園。

代簡王桂，太祖第十三子。洪武十一年封豫王，二十五年改封代。是年就藩大同。糧餉艱遠，令立衞屯田以省轉運。明年詔帥護衞兵出塞，受晉王節制。桂性暴，建文時，以罪

廢爲庶人。

成祖卽位，復爵。永樂元年正月還舊封。十一月賜璽書曰：「聞弟縱戮取財，國人甚苦，告者數矣，且王獨不記建文時耶？」尋命有司，自今王府不得擅役軍民、斂財物，聽者治之。已復有告其不軌者，賜敕列其三十二罪，召入朝，不至。再召，至中途，遣還，革其三護衞及官屬。王妃中山王徐達女，仁孝文皇后妹也，驕妒，嘗漆桂二侍女爲癩。事聞，帝以中山王故，不罪。桂移怒世子遜煓，出其母子居外舍。桂已老，尙時時與諸子遜炓、遜熇窄衣禿帽，遊行市中，袖錘斧傷人。王府教授楊普上言：「遜炓狎軍人武亮，與博戲，致箠殺軍人。」朝廷杖治亮，降敕責戒，稍斂戢。十六年四月復護衞及官屬。

正統十一年，桂薨。世子遜煓先卒，孫隱王仕壥嗣。景泰中，嘗上言總兵官郭登守城功，朝廷爲勞登。天順七年薨。子惠王成鍊嗣，弘治二年薨。子聰沬先封武邑王，以肆酒革爵。已，居惠王喪，益淫酗，廢爲庶人，遷太原。久之，惠王妃爲疏理，復封武邑王，卒。子懿王俊杖襲封代王。

嘉靖三年，大同軍叛，圍王宮，俊杖走免。事平，賜書慰問。六年薨。子昭王充燿嗣。十二年，大同軍又叛，充燿走宣府，再賜慰問。事平，返國，奏：「亂賊既除，軍民交困，乞遣大臣振撫。」詔允行。二十四年，和川奉國將軍充灼坐罪奪祿，怨充燿不爲解，乃與襄垣中

二十四史

中華書局

尉充㷿謀引敵入大同殺王。會應州人羅廷璽等以白蓮教惑衆，見充灼爲妖言，因畫策，約奉小王子入塞，藉其兵攻雁門，取平陽，立充灼爲主，事定，即計殺小王子。充灼然之。先遣人陰持火箭，焚大同草場五六所，而令通蒙古語者衞奉闌出邊，爲總兵周尚文邏卒所獲，並得其所獻小王子表，鞫實以聞。逮充灼等至京，賜死，焚其屍，王府長史等官皆逮治。總督侍郎翁萬達疏言：「大同狹瘠，祿餉不支，代宗日繁衍，衆聚而貧。且地近邊，易生反側。請量移和川、昌化諸郡王於山、陝隙地。」詔改遷於山西。先是，景泰間，昌化王仕壥乞移封，景帝不許，至是乃還。代宗自簡至懿，封郡王者凡二十有三，而外徙者十王。

二十六年，充燿薨。子恭王廷埼嗣。饒陽王充𤊹數以事侵廷埼，恐得罪，乃以陳邊事爲名，三十一年奏鎭、巡官之罪。世宗爲黜巡撫都御史何思，逮總兵官徐仁等。充𤊹益驕，遂與廷埼互訐，前後勘官莫能判。巡撫都御史侯鉞奏奪其祿，充𤊹怒不承。三十三年詔遣司禮少監王臻即訊，充𤊹乃伏，下法司，錮高牆。萬曆元年，廷埼薨。子定王鼐鉉嗣，二十二年薨。〔二〕無子，弟新寧王鼐鈞嗣，薨。子康王鼎渭嗣，崇禎二年薨。再傳至孫傳𤄅。崇禎十七年三月，李自成入大同，闔門遇害。

襄垣王遜熚，簡王第五子，分封蒲州。諸王就藩後，非請命不得歲時定省。遜熚念大同不置，作思親篇，詞甚悲切。其後，宗人聰滊、聰浵、俊㰖、俊榷、俊㰋、俊杓、俊噤、充焞，皆

嫻於文章。俊噤，字若訥，尤博學，有盛名，不慕榮利。姊陵川縣君，適裴禹卿，地震城崩，禹卿死。縣君以首觸棺，嘔血卒。年二十有一。詔謚貞節。

靈丘王遜烇，簡王第六子。宣宗時封。好學工詩，尤善醫，嘗施藥治瘟疫，全活無算。子仕壜、孫成鍛、曾孫聰滆，三王皆以孝旌。聰滆子俊格，能文善書。嘉靖時，獻皇儲明堂二頌、興獻帝后挽歌，賜金帛。聰滆嘗乞封其孫廷址爲曾長孫，禮官奏無故事。帝以王壽考，特許之。已而復封廷址子鼐鏮爲玄長孫。聰滆薨，年八十三。鼐鏮襲高祖爵。聰滆之從父成鐵亦有孝行，聰滆聞於朝，賜金幣奬諭。詔禮官自今宗室中孝行卓異如成鐵者，撫、按疏聞。

又成鋇者，隰川王諸孫。父仕墹，坐罪幽鳳陽，病死。成鋇微服走鳳陽視喪，上疏自劾越禁，乞負父骨歸葬澤州，即不得，願爲庶人，止墓側，歲時省視。詔許歸葬。弟成鏃亦好學，有志槩。嘉靖十三年上言：「雲中叛卒之變幸獲銷弭。究其釁端，實貪酷官吏激成之。臣慮天下之禍隱於民心，異日不獨雲中而已。」指陳切直，帝下廷臣飭行。時以其兄弟爲二難焉。萬曆二十年，西夏弗寧，山陰王俊栅奏詩八章，寓規諷之旨。代處塞上，諸宗洊經禍亂，其言皆憂深思遠，有中朝士大夫所不及者。崇禎中，爲鞏昌府通判，署秦州事，有廉直聲。十六年冬，賊陷秦州，被執。使之跪，叱曰：「我天朝宗姓，頭可斷，膝不可屈。」賊欲活之，大呼曰：「今日惟求一死。」坐自若，遂見害。

肅莊王楧，太祖第十四子。洪武十一年封漢王。二十四年命偕衞、谷、慶、寧、岷五王練兵臨清。明年改封肅。又明年，詔之國，以陝西各衞兵未集，命駐平涼。二十八年始就藩甘州。詔王理陝西行都司甘州五衞軍務。三十年令督軍屯糧，遇征伐以長興侯耿炳文從。建文元年乞內徙，遂移蘭州。永樂六年，以捶殺衞卒三人及受哈密進馬，逮其長史官屬。已，又聽百戶劉成言，罪平涼衞軍，敕械成等京師。十七年薨。

子康王瞻焰嗣。宣德七年上一護衞。〔三〕府中被盜，爲榜募告捕者。御史言非制，罪其長史楊威。瞻焰又請加歲祿。敕曰：「洪武、永樂間，歲祿不過五百石，莊王不言者，以朝廷念遠地轉輸難故也。仁考即位，加五百石矣。朕守祖制不敢違。」正統元年上言：「甘州舊邸改都司，而先王墳園尚在，乞禁近邸樵採。」從之。天順三年上馬五百匹備邊，予直不受。帝強予之。八年薨。

子簡王祿埤嗣，成化十五年薨。子恭王貢錝嗣，嘉靖十五年薨。世子眞淤、長孫弼桓皆早卒，次孫定王弼桃嗣，四十一年薨。子縉炯先卒，孫懷王紳堵嗣，踰二年薨。無子，靖

王第四子弼柿子輔國將軍縉熿，以屬近宜嗣。禮官言，縉熿，懷王從父，不宜襲。詔以本職理府事，上册寶，罷諸官屬。穆宗即位，定王妃吳氏及延長王眞濆等先後上言：「聖祖刈羣雄，定天下，報功之典有隆無替。臣祖莊王受封邊境，操練征戍，屏衞天家。不幸大宗中絕，反拘於昭穆之次，不及勳武繼絕之典，非所以崇本支，厚藩衞也。」下部議，議以郡王理藩政。帝不許。隆慶五年，特命縉熿嗣肅王，設官屬之半。萬曆十六年薨，謚曰懿。子憲王紳堯嗣，四十六年薨。子識鋐嗣。崇禎十六年冬，李自成破蘭州，被執，宗人皆死。

遼簡王植，太祖第十五子。洪武十一年封衞王，二十五年改封遼。明年就藩廣寧。以宮室未成，暫駐大凌河北，樹柵爲營。帝命武定侯郭英爲築城郭宮室。英，王妃父也，督工峻急。會高麗自國中至鴨綠江皆積粟，帝慮其有陰謀，而役作軍士艱苦，令輟役。至三十年，始命都督楊文督遼東諸衞士繕治之，增其雉堞，以嚴邊衞。復圖西北沿邊要害，示植與寧王權，諭之曰：「自東勝以西至寧夏、河西、察罕腦兒，東勝以東至大同、宣府、開平，又東南至大寧，又東至遼東，抵鴨綠江，北至大漠，又自雁門關外，西抵黃河，渡河至察罕腦兒，又東至紫荊關，又東至居庸關及古北口，又東至山海衞，凡軍民屯種地，毋縱畜牧。其荒曠地及山場，聽諸王駙馬牧放樵採，東西往來營駐，因以時練兵防寇。違者論之。」植在邊，

中華書局

習軍旅，屢樹軍功。建文中，「靖難」兵起，召植及寧王權還京。植渡海歸朝，改封荆州。永樂元年入朝，帝以植初貳於己，嫌之。十年削其護衞，留軍校廚役三百人，備使令。二十二年薨。子長陽王貴烚嗣。

初，植庶子遠安王貴燮、巴東王貴煊嘗告其父有異謀。及父死，又不奔喪。仁宗卽位，皆廢爲庶人。正統元年，府僚乞加王祿。敕曰：「簡王得罪朝廷，成祖特厚待，仁宗朝加祿，得支二千石。宣宗又給旗軍三百人，親親已至。王素乖禮度，府臣不匡正，顧爲王請乎！」不許。三年，巡撫侍郎吳政奏王不友諸弟，待庶母寡恩，捶死長史杜述，居國多過。召訊京師，盡得其淫穢黷倫、兇暴諸不法事。明年四月廢爲庶人，守簡王園。弟肅王貴熳嗣，成化七年薨。子靖王豪墭嗣，十四年薨。子惠王恩鑙嗣。

弘治五年，松滋王府諸宗人恩鑡等闌入荆州府支歲祿，恩鑙禁之，皆怨。已，儀賓袁鏞復誘恩鑡等招羣小，奪軍民商賈利。恩鑙發其事，恩鑡等愈怨，謀殺王。朝廷遣官按實，幽恩鑡等鳳陽，謫戍其黨有差。恩鑙陰使送者刑梏之，斃八十餘人。不數日，世子暴卒。八年，恩鑙疽發背薨。子恭王寵涭嗣，與弟光澤王寵瀼友愛，飲食服御必俱。寵瀼有令德，寵涭有事必咨之後行。正德十六年薨。子莊王致格嗣，病不視事。妃毛氏明書史，沉毅有斷，中外肅然，賢聲聞天下。

嘉靖十六年，致格薨。子憲㸅嗣，以奉道爲世宗所寵，賜號清微忠教眞人，予金印。隆慶元年，御史陳省劾憲㸅諸不法事，詔奪眞人號及印。明年，巡按御史郜光先復劾其大罪十三，命刑部侍郎洪朝選往勘，具得其淫虐僭擬諸罪狀。帝以憲㸅宜誅，念宗親免死，廢爲庶人，錮高牆。初，副使施篤臣憾憲㸅甚，朝選至湖廣，篤臣詐爲憲㸅書餽朝選，因劫持之。憲㸅建白纛，曰「訟冤之纛」。篤臣鷩曰：「王反矣。」使卒五百圍王宮。朝選還朝，實王罪，不言王反。大學士張居正家荆州，故與憲㸅有隙，嫌朝選不坐憲㸅反。久之，屬巡撫都御史勞堪羅織朝選，死獄中。其後居正死，憲㸅訟冤，籍居正家，而篤臣亦死。遼國除，諸宗隸楚藩，以廣元王術堈爲宗理。

慶靖王㮵，太祖第十六子。洪武二十四年封。二十六年就藩寧夏。以餉未敷，令駐慶陽北古韋州城，就延安、綏、寧租賦。二十八年詔王理慶陽、寧夏、延安、綏德諸衞軍務。三十年始建邸。王好學有文，忠孝出天性。成祖善之，令歲一至韋州度夏。宣德初，言寧夏卑濕，水泉惡，乞仍居韋。不許，令歲一往來，如成祖時。正統初，寧夏總兵官史昭奏王沮邊務，占靈州草場畜牧，遣使由綏德草地往還，煽惑士民。章未下，或告王閱兵，造戎器，購天文書。㮵疑皆昭爲之。三年上書，請徙國避昭。英宗不可，貽書慰諭。其年薨，子康王秩煃嗣。景泰元年以寧夏屢被兵，乞徙內地，不許。成化五年薨。子懷王邃壂嗣，十五年薨。弟莊王邃塀嗣，弘治四年薨。子恭王寘鏊嗣，十一年薨。子定王台浤嗣。

正德五年，安化王寘鐇反，台浤稽首行君臣禮。詔削護衞，革祿三之一，戍其承奉、長史。嘉靖三年，台浤賄鎭守太監李昕、總兵官种勛，求爲奏請復祿。昕、勛不納，台浤銜之。會寧夏衞指揮楊欽等得罪於巡撫都御史張璿，謀藉王殺璿及勛。事覺，下都司、按察司按治，欽等誣台浤不軌，璿以聞。帝使太監扶安、副都御史王時中等復按，上言：「台浤他罪有之，無謀不軌事。」詔廷臣定議，坐前屈事寘鐇，蒙恩不悛，煽構羣小，謀害守臣，廢爲庶人，留邸，歲與米三百石，以其叔父鞏昌王寘鏫攝府事。

寘鏫裁慶邸宮妃薪米，取邸中金帛萬計。台浤子鼒櫍幼失愛於父，逃寘鏫所。寘鏫造台浤謀逆謠語，使寺人誘鼒櫍吟誦，圖陷台浤自立。懷王妃王氏奏寘鏫裁減衣食，至不能自存。豐林王台瀚亦欲陷寘鏫，遂發其瀆亂人倫諸罪。驗實，廢爲庶人，幽高牆。廷議謂台浤父子乖離，徙台浤西安，而封鼒櫍世子，視府事，十一年十月也。十五年以兩宮徽號恩復台浤冠帶，薨。

鼒櫍先卒，弟惠王鼒枋嗣。好學樂善，以禮飭諸宗。世宗賜之敕，建坊表之。寧夏築邊牆，鼒枋出銀米佐工。萬曆二年薨。子端王倪熿嗣，十六年薨。子憲王伸域嗣，十九年

薨。明年，寧夏賊哱拜反，王妃方氏匿其子帥鋅地窖中，自經死。時壽陽嗣王倪爋，哱拜脅降之，不屈，爲所囚。鎭原王伸堙理府事，謀襲賊弗克，府中人皆被殺。賊平，御史劉芳譽言：「諸宗死節者俱應卹錄，方妃宜建祠旌表。」詔從之，給銀一萬五千兩，分振諸宗人。帥鋅嗣，薨。子倬漼嗣。崇禎十六年，流賊破寧夏，被執。

安塞王秩炅，靖王季子也，十二而孤，母位氏誨之。性通敏，過目不忘，善古文。遇縉紳學士，質難辨惑，移日不倦。所著有隨筆二十卷。

庶人寘鐇，祖秩炵，靖王第四子也。封安化王。父邃墁，鎭國將軍，以寘鐇襲王爵。性狂誕，相者言其當大貴，巫王九兒教鸚鵡妄言禍福，寘鐇遂覬望非分。寧夏指揮周昂，千戶何錦、丁廣，〔四〕衞學諸生孫景文、孟彬、史連輩，〔五〕皆往來寘鐇所。正德五年，帝遣大理少卿周東度寧夏屯田。東希劉瑾意，以五十畝爲一頃，又畝斂銀爲瑾賄，敲扑慘酷，戍將衞卒皆憤怨。而巡撫都御史安惟學數杖辱將士妻，將士銜刺骨。寘鐇知衆怒，令景文飲諸武臣酒，以言激之，諸武臣多願從寘鐇者。又令人結平虜城戍將及素所厚張欽等。會有邊警，參將仇鉞、副總兵楊英帥兵出防禦。總兵官姜漢簡銳卒六十人爲牙兵，令周昂領之，遂與何錦定約。四月五日，寘鐇設宴，邀撫、鎭官飲於第，惟學、東不至。錦、昂帥牙兵直入，殺姜漢及太監李增、鄧廣於坐，分遣卒殺惟學、東及都指揮楊忠於公署。遂焚官府，釋囚繫，

中華書局

撤黃河渡船於西岸以絕渡者。遣人招楊英、仇鉞，皆佯許之。英率衆保王宏堡，〔六〕衆潰，英奔靈州。鉞引還，寘鐇奪其軍，出金帛犒將士。僞署何錦大將軍，周昂、丁廣副將軍，張欽先鋒，魏鎮、楊泰等總兵都護。令孫景文作檄，以討劉瑾爲名。

陝西總兵官曹雄聞變，遣指揮黃正駐靈州，檄楊英督靈州兵防黃河。都指揮韓斌、總兵官侯勳、參將時源各以兵會。英密使蒼頭報仇鉞爲內應，令史墉浮渡奪西岸船，營河東，焚大、小二壩草。寘鐇懼，令錦等出禦，獨留昂守城，使使召鉞。鉞稱病，昂來問疾，鉞刺昂死。令親兵馳寘鐇第，擊殺景文、逵等十餘人，遂擒寘鐇，迎英衆入。寘鐇反十有八日而擒。錦、廣、泰、欽先後皆獲，械送伏誅。寘鐇賜死，諸子弟皆論死。有孫臺材逃出，削髮爲僧，居永寧山中。未幾，爲土僧所凌，詣官言狀。傳至京，安化宮人左寶瓶在浣衣局，使驗之，咤曰：「此臺材殿下也。」帝念其自歸，免死，安置鳳陽。

寧獻王權，太祖第十七子。洪武二十四年封。踰二年，就藩大寧。大寧在喜峯口外，古會州地，東連遼左，西接宣府，爲巨鎮。帶甲八萬，革車六千，所屬朶顏三衛騎兵皆驍勇善戰。權數會諸王出塞，以善謀稱。燕王初起兵，與諸將議曰：「曩余巡塞上，見大寧諸軍慓悍。吾得大寧，斷遼東，取邊騎助戰，大事濟矣。」建文元年，朝議恐權與燕合，使人召權，權

不至，坐削三護衛。其年九月，江陰侯吳高攻永平，燕王往救。高退，燕王遂自劉家口間道趨大寧，詭言窮蹙來求救。權邀燕王單騎入城，執手大慟，具言不得已起兵故，求代草表謝罪。居數日，款洽不爲備。北平銳卒伏城外，吏士稍稍入城，陰結三衛部長及諸戍卒。燕王辭去，權祖之郊，伏兵起，擁權行。三衛彍騎及諸戍卒，一呼畢集。守將朱鑑不能禦，戰歿。王府妃妾世子皆隨入松亭關，歸北平。大寧城爲空。權入燕軍，時時爲燕王草檄。燕王謂權，事成，當中分天下。比即位，王乞改南土。請蘇州，曰：「畿內也。」請錢塘，曰：「皇考以予五弟，竟不果。建文無道，以王其弟，亦不克享。建寧、重慶、荊州、東昌皆善地，惟弟擇焉。」

永樂元年二月改封南昌，帝親製詩送之，詔即布政司爲邸，瓴甋規制無所更。已而人告權巫蠱誹謗事，密探無驗，得已。自是日韜晦，搆精廬一區，鼓琴讀書其間，終成祖世得無患。

仁宗時，法禁稍解，乃上書言南昌非其封國。帝答書曰：「南昌，叔父受之皇考已二十餘年，非封國而何？」宣德三年請乞近郭灌城鄉土田。明年又論宗室不應定品級。帝怒，頗有所詰責。權上書謝過。時年已老，有司多齮齕以示威重。權日與文學士相往還，託志翀舉，自號臞仙。嘗奉敕輯通鑑博論二卷，又作家訓六篇，寧國儀範七十四章，漢唐祕史二

卷，史斷一卷，文譜八卷，詩譜一卷，其他註纂數十種。正統十三年薨。

世子盤烒先卒，孫靖王奠培嗣。奠培善文辭，而性卞急，多嫌猜。景泰七年，弟弋陽王奠壏訐其反逆，巡撫韓雍以聞。帝遣官往讞，不實。時軍民連逮者六七百人，會英宗復辟，俱赦釋，惟謫戍其教授游堅。奠培由是憾守土官，不爲禮。布政使崔恭積不平，王府事多持不行。奠培遂劾奏恭不法。恭與按察使原傑亦奏奠培私獻、惠二王宮人，逼內官熊璧自盡。按問皆實，遂奪護衛。踰三年，而奠壏以有罪賜死。初，錦衣衛指揮逯杲聽詗事者言，誣奠壏烝母。帝令奠培具實以聞，復遣駙馬都尉薛桓與杲按問。奠培奏無是事，杲按亦無實。帝怒，責問杲。杲懼，仍以爲實，遂賜奠壏母子自盡，焚其屍。是日雷雨大作，平地水深數尺，衆咸冤之。

弘治四年，奠培薨。子康王覲鈞嗣，十年薨。子上高王宸濠嗣。其母，故娼也。始生，靖王夢蛇啖其室，旦日鴟鳴，惡之。及長，輕佻無威儀，而善以文行自飾。術士李自然、李日芳妄言其有異表，又謂城東南有天子氣。宸濠喜，時時詗中朝事，聞謗言輒喜。或言帝明聖，朝廷治，即怒。武宗末年無子，羣臣數請召宗室子子之。宸濠屬疏，顧深結左右，於帝前稱其賢。初，宸濠賄劉瑾，復所奪護衛。瑾誅，仍論奪。及陸完爲兵部尚書，宸濠結嬖人錢寧、臧賢爲內主，欲奏復，大學士費宏執不可。諸嬖人乘宏讀廷試卷，取中旨行之。宸

濠益恣，擅殺都指揮戴宣，逐布政使鄭岳、御史范輅，幽知府鄭𤩽、宋以方。盡奪諸附王府民廬，責民間子錢，强奪田宅子女，養羣盜，劫財江、湖間，有司不敢問。日與致仕都御史李士實、舉人劉養正等謀不軌。副使胡世寧請朝廷早裁抑之。宸濠遂奏世寧罪，世寧坐謫戍，自是無敢言者。

正德十二年，典儀閻順、內官陳宣、劉良間行詣闕上變。寧、賢等庇之，不問。宸濠疑出承奉周儀，殺儀家及典仗查武等數百人。巡撫都御史孫燧列其事，中道爲所邀，不得達。宸濠又賄錢寧，求取中旨，召其子司香太廟。寧言於帝，用異色龍牋，加金報賜。異色龍牋者，故事所賜監國書牋也。宸濠大喜，列仗受賀。復勒諸生、父老奏闕下，稱其孝且勤。時邊將江彬新得幸，太監張忠附彬，欲傾寧、賢，乘間爲帝言：「寧、賢盛稱寧王，陛下以爲何如？」帝曰：「薦文武百執事，可任使也。薦藩王何爲者？」忠曰：「賢稱寧王孝，譏陛下不孝耳。稱寧王勤，譏陛下不勤耳。」帝曰：「然。」下詔逐王府人，毋留闕下。是時宸濠與士實、養正日夜謀，益遣姦人盧孔章等分布水陸孔道，萬里傳報，浹旬往返，蹤跡大露，朝野皆知其必反。巡撫都御史孫燧七上章言之，皆爲所邀沮。諸權姦多得宸濠金錢，匿其事不以聞。

十四年，御史蕭淮疏言宸濠諸罪，謂不早制，將來之患有不可勝言者。疏下內閣，大學

士楊廷和謂宜如宣宗處趙府事，遣勳戚大臣宣諭，令王自新。帝命駙馬都尉崔元、都御史顏頤壽、太監賴義持諭往，收其護衞，令還所奪官民田。宸濠聞元等且至，乃定計，以己生辰日宴諸守土官。詰旦皆入謝。宸濠命甲士環之，稱奉太后密旨，令起兵入朝。孫燧及副使許逵不從，縛出斬之。執御史王金，主事馬思聰、金山，參議黃宏、許效廉，布政使胡廉，參政陳杲、劉棐，僉事賴鳳，指揮許金、白昂等下獄。參政王綸、季斆，僉事潘鵬、師夔，布政使梁宸，按察使楊璋，副使唐錦皆從逆。以李士實、劉養正爲左、右丞相，王綸爲兵部尚書，集兵號十萬。命其承奉涂欽與素所蓄羣盜閔念四等，略九江、南康，破之。馳檄指斥朝廷。七月壬辰朔，宸濠出江西，留其黨宜春王拱樤、內官萬銳等守城，自帥舟師蔽江下，攻安慶。

汀贛巡撫僉都御史王守仁聞變，〔七〕與吉安知府伍文定等檄諸郡兵先後至。乃使奉新知縣劉守緒破其墳廠伏兵。戊申，直攻南昌。辛亥，城破，拱樤、銳等皆就擒，宮人自焚死。宸濠方攻安慶不克，聞南昌破，大恐，解圍還，守仁逆擊之。乙卯，遇於黃家渡，賊兵乘風進薄，氣驕甚。文定及指揮余恩佯北，誘賊趨利，前後不相及。知府邢珣、徐璉、〔八〕戴德孺從後急擊，文定還兵乘之，賊潰，斬溺萬計。又別遣知府陳槐、林瑊、〔九〕曾璵、周朝佐復九江、南康。明日，復戰，官兵稍却，文定帥士卒殊死鬭，擒斬二千餘級，宸濠乃退保樵舍。明日，官軍以火攻之，宸濠大敗。諸妃嬪皆赴水死，將士焚溺死者三萬餘人。宸濠及其世子、

郡王、儀賓並李士實、劉養正、涂欽、王綸等俱就擒。宸濠自舉事至敗，蓋四十有三日。

時帝聞宸濠反，下詔暴其罪，告宗廟，廢爲庶人。逮繫尚書陸完，嬖人錢寧、臧賢等，籍其家。江彬、張忠從與帝親征，至良鄉，〔一〇〕守仁捷奏至，檄止之。守仁已械繫宸濠等，取道浙江。帝留南京，遣許泰、朱暉及內臣張永、張忠搜捕江西餘黨，民不勝其擾。檄守仁還江西。守仁至杭州，遇張永，以俘付之，使送行在。十五年十二月，帝受所獻俘回鑾，至通州誅之，封除。初，宸濠謀逆，其妃婁氏嘗諫。及敗，歎曰：「昔紂用婦言亡，我以不用婦言亡，悔何及。」

嘉靖四年，弋陽王拱樻等言：「獻王、惠王四服子孫所共祀，非宸濠一人所自出，如臣等皆得甄別，守職業如故，而二王不獲廟享，臣竊痛之。」疏三上，帝命弋陽王以郡王奉祀，樂舞齋郎之屬半給之。寧藩既廢，諸郡王勢頡頏，莫能一，帝命拱樻攝府事。卒，樂安王拱欄攝。拱欄奏以建安、樂安、弋陽三王分治八支，著爲令。

石城王奠堵，惠王第四子。性莊毅，家法甚嚴。靖王奠培與諸郡王交惡，臨川、弋陽皆被搆得罪，奠堵獨謹約，不能坐以過失。子覲鎬，孝友有令譽，早卒。孫宸浮嗣，與母弟宸浦、庶兄宸潤、弟宸澅皆淫縱殺人。〔一一〕弘治十二年互訐奏，宸浮、宸浦並革爲庶人，宸澅、宸潤奪祿。宸澅遂從宸濠反，雷震死。嘉靖二十四年，復宸浮、宸浦冠帶，宸潤子拱梃上書爲父

澡雪，亦還爵。

宸澅弟宸浮素方正，宸濠欲屈之，不得，數使人火其居，而諷諸宗資給之以示惠，宸浮辭不受。宸濠敗，宸浮得免。子輔國將軍拱概，孫奉國將軍多熑，曾孫鎮國中尉謀瑋，三世皆端謹自好，而謀瑋尤貫串羣籍，通曉朝廷典故。諸王子孫好學敦行，自周藩中尉睦㮮而外，莫及謀瑋者。萬曆二十二年，廷議增設石城、宜春管理，命謀瑋以中尉理石城王府事，得劾治不法者。典藩政三十年，宗人咸就約束。暇則閉戶讀書，著易象通、詩故、春秋戴記魯論箋及他書，凡百十有二種，皆手自繕寫。黃汝亨爲進賢令，投謁抗禮，劇談久之，逡巡改席。次日，北面稱弟子，人兩稱之。病革，猶與諸子說易。子八人，皆賢而好學。從弟謀晉築室龍沙，躬耕賦詩以終。

奉國將軍拱榣，瑞昌王奠壜四世孫也。父宸渠爲宸濠累，逮繫中都。兄拱枘請以身代，拱榣佐之，卒得白。嘉靖九年上書請建宗學，令宗室設壇墠，行耕桑禮，謹祀典，加意恤刑，皆得旨俞允。捐田白鹿洞贍學者。其後以議禮稱旨，拱枘上大禮頌，並賜敕褒諭。諸子羣從多知名者。多熅、多燉以孝友著。多熷、多炉以秉禮嚴重稱。多熕、多熗、多炘以善詞賦名。而多熅與從兄多煡獨杜門却埽，多購異書，校讐以爲樂。萬曆中，督撫薦理瑞昌王府事，謝不起。多熷父拱樛以宸濠事被逮，多熷甫十餘齡，哭走軍門，乞以身代，王守仁

見而異之。嘉靖二年疏訟父冤，得釋歸，復爵。時諸郡王統於弋陽，而瑞昌始王不祀。多熷自謂小宗宜典宗祏，請於朝，特敕許焉。乃益祭田，修飭家政，儼若朝典。四子皆莊謹嗜學。

奉國將軍多煌，惠王第五子弋陽王奠壏五世孫也。孝友嗜學。弋陽五傳而絕，宗人舉多煌賢能，敕攝府事，瑞昌諸宗皆屬焉。性廉靜寡欲，淑人熊氏早卒，不再娶，獨處齋閤者二十六年。萬曆四十一年，撫、按以行誼聞。詔褒之。會病卒，詔守臣加祭一壇。又多烒者，亦奉國將軍，穎敏善詩歌，嘗變姓名出遊，蹤跡遍吳、楚。晚病羸，猶不廢吟誦。卒，門人私謚曰清敏先生。子謀㙉亦有父風。時樂安輔國將軍多焌有詩癖，與謀㙉等放志文酒，終其世。

校勘記

〔一〕復還澧州　澧，原作「灃」，據明史稿傳三蜀獻王椿傳改。本書地理志有澧州，無「灃州」。

〔二〕二十二年薨　二十二，原作「三十二」，據本書卷一〇一諸王世表二、明史稿傳三代簡王桂傳改。

〔三〕宣德七年上一護衞　一，原作「二」。宣宗實錄卷九三宣德七年七月壬申條：「肅王瞻焰奏：甘州

中華書局

二十四史

中、右二護衞官軍，皆閑逸無差遣，欲止留一衞，請以一衞歸朝廷助備邊。」宣宗復書，「聽留一衞」。是只上一護衞，據改。

〔四〕寧夏指揮周昂千戶何錦丁廣　武宗實錄卷六二正德五年四月庚寅條作「指揮何錦、周昂、丁廣」。

〔五〕衞學諸生孫景文孟彬史連韡　原「學」、「諸」二字倒置，據明史稿傳四慶靖王㮵傳改。

〔六〕英率衆保王宏堡　王宏堡，武宗實錄卷六二正德五年四月庚寅條作「楊顯堡」。

〔七〕汀贛巡撫僉都御史王守仁聞變　僉都御史，本書卷一六武宗紀作「副都御史」，卷一九五王守仁傳作「右副都御史」。「僉」字當從紀、傳作「副」。

〔八〕徐璉　原作「徐連」，據本書卷一九五王守仁傳、明史稿傳四寧獻王權傳、武宗實錄卷一七六正德十四年七月辛亥條改。

〔九〕林瑊　本書卷一九五王守仁傳、明經世文編卷一三一頁一二六七擒獲宸濠捷音疏都作「林城」，明史紀事本末卷四七作「林械」。

〔一〇〕至良鄉　良鄉，本書卷一六武宗本紀及武宗實錄卷一七七正德十四年八月丁亥條都作「涿州」。

〔一一〕庶兄宸潤弟宸澧皆淫縱殺人　原脫「弟宸澧」三字，據明史稿傳四寧獻王權傳補。本傳下文也有關於宸澧的事迹。

明史卷一百十八

列傳第六

諸王三

岷莊王楩，太祖第十八子。洪武二十四年封國岷州。二十八年以雲南新附，宜親王鎮撫，改雲南。有司請營宮殿，帝令暫居棕亭，俟民力稍紓後作。建文元年，西平侯沐晟奏其過，廢爲庶人，徙漳州。永樂初復王，與晟交惡。帝賜書諭楩，而詔戒晟。楩沉湎廢禮，擅收諸司印信，殺戮吏民。帝怒，奪册寶。尋念王建文中久幽繫，復予之，而楩不悛。六年，削其護衞，罷官屬。仁宗即位，〔一〕徙武岡，寄居州治。久之，始建王邸。景泰元年薨。子恭王徽煣嗣。

初，世子徽焲，宣德初，訐其弟鎭南王徽煣誹謗仁廟。宣宗疑其詐，並召至京，及所連閹豎面質，事果誣，斬閹豎而遣徽煣等歸。徽煣嗣位。弟廣通王徽煠有勇力，家人段友洪以技術得寵。致仕後軍都事于利賓言徽煠有異相，當主天下，遂謀亂。作僞敕，分遣友洪及蒙能、陳添行入苗中，〔二〕誘諸苗以銀印金幣，使發兵攻武岡。苗首楊文伯等不敢受。事覺，友洪爲徽煣所執。都御史李實以聞，遣駙馬都尉焦敬、中官李琮徵徽煠入京師。湖廣總督王來、總兵官梁珤復發陽宗王徽焟通謀狀，亦徵入。皆除爵，幽高牆。時景泰二年十月也。

中華書局

二十四史

天順七年，徽烋薨。子順王音埑嗣，〔三〕病瘋痺，屢年不起。次子安昌王音鏞侍醫藥，晨夕不去左右。憲宗聞之，賜敕嘉奬。成化十六年，音埑薨。世子膺𨱔居喪，飲博無度，承奉劉忠禁制之，遂殺忠。事聞，驗實，革冠帶停封。居四年，乃嗣。弘治十三年薨，謚曰簡。子靖王彥汰嗣。嘉靖四年，與弟南安王彥泥訐陰事，彥泥廢爲庶人，彥汰亦坐抗制擅權革爵。八年令世子譽榮攝府事。譽榮上疏懇辭，謂：「臣坐享尊榮，而父困苦寂寞，臣心何安。且前會舉臣弟善化王譽桔，廷議以子無制父理，奏寢不行。臣亦人子也，獨不愧臣弟乎！」帝覽疏憐之，下部議。十二年賜彥汰冠帶，理府事。十五年，以兩宮徽號恩復王。又八年始薨。子康王譽榮嗣，三十一年薨。子憲王定燿嗣，三十四年薨。曾孫禋洪，天啓二年嗣，崇禎元年薨。無子，從父企鐨嗣。十六年，流賊陷武岡遇害。

谷王橞，太祖第十九子。洪武二十四年封。二十八年三月就藩宣府。宣府，上谷地，故曰谷王。燕兵起，橞走還京師。及燕師渡江，橞奉命守金川門，登城望見成祖麾蓋，開門迎降。成祖德之，卽位，賜橞樂七奏，衞士三百，賚予甚厚。改封長沙，增歲祿二千石。橞居國橫甚，忠誠伯茹瑺過長沙不謁橞，橞白之帝，瑺得罪死。遂益驕肆，奪民田，侵公稅，殺無罪人。長史虞廷綱數諫，誣廷綱誹謗，磔殺之。招匿亡命，習兵法戰陣，造戰艦

弓弩器械。大創佛寺，度僧千人，爲咒詛。日與都指揮張成、宦者吳智、劉信謀，呼成「師尙父」，智、信「國老令公」。僞引讖書，云：「我高皇帝十八子，與讖合。」橞行次十九，以趙王杞早卒，故云。謀於元夕獻燈，選壯士教之音樂，同入禁中，伺隙爲變。又致書蜀王爲隱語，欲結蜀爲援。蜀王貽書切責。不聽。已而蜀王子崇寧王悅㷿得罪，逃橞所。橞因詭衆：「往年我開金川門出建文君，今在邸中。我將爲申大義，事發有日矣。」蜀王聞之，上變告。

初，護衞都督僉事張興見橞爲不法，懼禍及，因奏事北京，白其狀。帝不信。興過南京，復啓於太子，且曰：「乞他日無連坐。」至是，帝歎曰：「朕待橞厚，張興常爲朕言，不忍信，今果然。」立命中官持敕諭橞歸悅㷿於蜀，且召橞入朝。橞至，帝示以蜀王章，伏地請死。諸大臣廷劾橞曰：「周戮管、蔡，漢辟濞、長，皆大義滅親，陛下縱念橞，奈天下何？」帝曰：「橞，朕弟，朕且令諸兄弟議。」永樂十五年正月，周王橚、楚王楨、蜀王椿等各上議：「橞違祖訓，謀不軌，蹤跡甚著，大逆不道，誅無赦。」帝曰：「諸王羣臣奉大義，國法固爾，吾寧生橞。」於是及二子皆廢爲庶人，官屬多誅死，興以先發不坐。

韓憲王松，太祖第二十子。洪武二十四年封國開原。性英敏，通古今，恭謹無過。永樂五年薨。以未之國，命葬安德門外。十年，子恭王沖㸅嗣。時棄大寧三衞地，開原逼塞不可

居。二十二年改封平涼。仁宗卽位，召沖㸅與弟襄陵王沖烋、樂平王沖𤈦入朝，各獻詩頌。帝嘉悅，賜金幣有差。宣宗初，請徙江南。不許。請蠲護衞屯租，建邸第。許之。遣主事毛俊經度，並建襄陵、樂平二邸及岷州廣福寺。陝西守臣言歲歉，請輟工。帝令繕王宮，罷建寺役。平涼接邊徼，間諜充斥，沖㸅習邊鄙利弊，正統元年上書極言邊事。賜書褒答。五年薨。子懷王範圯嗣，九年薨。弟靖王範𡐓嗣，景泰元年薨。子惠王徵釙嗣。初，土木之變，沖烋赴京師勤王，會解嚴。下書慰勞。及成化六年，寇入河套，沖烋復請率子壻擊賊。憲宗止之。沖㸅兄弟並急王事，以藩禁嚴不用。自是宗臣無預兵事者。

成化五年，徵釙薨。子悼王偕㳘嗣，十年薨。弟康王偕灊嗣，弘治十四年薨。子昭王旭櫏嗣。性忠孝，工詩，居藩有惠政。韓土瘠祿薄，弟建寧王旭椦至以所受金册質於宗室偕泆，事聞，廢爲庶人。諸貧宗往往淩劫有司，平涼知府吳世良、酈衎、任守德、王松先後被窘辱。嘉靖十三年，旭櫏薨。子定王融燧嗣，懲宗室之橫，頗繩以法。不逞者怨之。三十二年，襄陵王融焚及諸宗二百餘人訐奏王奸利事。勘無實，革融焚等祿。四十四年，融燧薨。子謨𡍼先卒。世宗末年，以宗祿不足，詔身不及王者，許其嫡長子繼王，餘子如故秩。謨𡍼以世子不及王，王其長子朗錡，餘子止鎭國將軍。萬曆三十四年，朗錡薨，謚曰端。子孫皆早卒，曾孫亶塉嗣。崇禎十六年，賊陷平涼，被執。

襄陵王沖烋，憲王第二子，有至性。母病，刲股和藥，病良已。及卒，終喪毀瘠。每展墓，必率子孫躬畚鍤培冢。先後璽書褒美者六。子範址服其教，母荆羅危疾，亦刲股進之，愈。其後五世同居，門內雍肅。嘉靖十一年賚以羊酒文幣。韓諸王以襄陵家法爲第一。王孫徵鑶病卒，聘杜氏女，未婚，歸王家，志操甚厲，詔賜旌表。

瀋簡王模，太祖第二十一子。洪武二十四年封。永樂六年就藩潞州。宣德六年薨。子康王佶焞嗣。景泰中，數與州官置酒大會，巡撫朱鑑以聞。帝令諸王，非時令壽節，不得輒與有司讌飲，著爲令。天順元年薨。子莊王幼㙺嗣，正德十一年薨。子恭王詮鉦嗣，嘉靖六年薨。孫允檔攝府事，九年卒。無子，再從弟憲王允移攝府事，凡十年乃嗣封。當是時，瀋府諸郡王勛㴺、詮鏻並爭襲，帝皆切責之，而令允移嗣。二十八年薨。子宣王恬烄嗣，好學，工古文詞，審聲律。弟安慶王恬爟、鎭康王恬焯，穆宗時皆以孝義旌。萬曆十年，恬烄薨。子定王珵堯嗣，仁孝恭愼。弟六人，封郡王者二。餘例不得封，朝廷奬王恭，皆封郡王而不與祿。薨，子效鏞嗣，明亡，國除。

沁水王珵堦，簡王七世孫也，工詩喜士，名譽藉甚。前此，有德平王允梃負儁才，與衡府新樂王載璽〔四〕，周宗人睦㰂、俊噤等齊名。

中華書局

又清源王幼圩，康王第三子，博學能文詞。其後，輔國將軍勳漣，從子允杉、允栫、允析，及鎭國將軍恬烷與諸子珵圻等，並以能詩名，時稱濬藩多才焉。

安惠王楹，太祖第二十二子。洪武二十四年封。永樂六年就藩平涼。十五年薨。無子，封除。府僚及樂戶悉罷，留典仗校尉百人守園。洪熙初，韓恭王改封平涼，就安王邸。英宗令官校隸韓，長史供安王祀，暇日給韓王子襄陵王沖烋使令。景泰五年，沖烋遂乞承安王祀。正德十二年嗣襄陵王徵鈐，請樂戶祀安王。明年，樂平王徵鋌援徵鈐例以請。禮部言：「親王有樂戶。郡王別城居者，有事假鼓吹於有司。其附親王國者，假樂戶於長史司。」因並革安王供祀樂戶。嘉靖二年，韓王旭櫏復爲代請。帝以安王故，報可之。徵鈐卒，韓王融燧令長史革之。徵鈐長孫旭櫨上言：「禮樂自天子出，韓王不宜擅予奪。」融燧亦言：「親王、郡王禮樂宜有降殺。」帝曰：「樂戶爲安王祀也。」給如故。

唐定王桱，太祖第二十三子。洪武二十四年封。永樂六年就藩南陽。十三年薨。子靖王瓊烴嗣。綜覈有矩矱，爲成祖所喜。入朝，五日三召見。宣德元年薨。妃高氏未册，自經以殉，詔封靖王妃。無子，弟憲王瓊炟嗣，成化十一年薨。子莊王芝址嗣，諸弟三城王

芝垝、濕陰王芝坻並好學，有令譽。而承休王芝垠，憲王繼妃焦氏子也，妃愛之。遇節旦，召樂婦入宮。芝址詰之，語不遜。焦妃怒，持鐵錘擊宮門，芝址閉不敢出。芝垠與妃弟璟誣王詈繼母。按驗不實，得芝垠慢母詈兄狀，革爵。久之始復。

二十一年，芝址薨。子成王彌鍗嗣。弘治中，疏言：「朝廷待親藩，生爵歿謚，親親至矣。間有惡未敗聞，歿獲美謚，是使善者怠，惡者肆也。自今宜勘實，用寓彰癉。」禮臣請降敕獎諭，勉厲諸王。詔可。武宗喜遊幸，彌鍗作憂國詩，且上疏以用賢圖治爲言。弟文城王彌鉗有學行，孝友篤至。嘉靖二年，彌鍗薨。無子，彌鉗子敬王宇溫嗣。二十一年，獻金助太廟工，賜玉帶，益祿二百石。時承休王芝垠子彌鋠以父與莊王交訐，失令名，折節蓋前愆。宇溫上其事。璽書褒獎。三十九年，宇溫薨。子順王宙栐嗣，四十三年薨。子端王碩熿嗣。惑於嬖人，囚世子器墭及其子聿鍵於承奉司，器墭中毒死。

崇禎五年，碩熿薨，聿鍵嗣。七年，流賊大熾，蠲金築南陽城，又援潞藩例，乞增兵三千人。不許。九年秋八月，京師戒嚴，倡義勤王。詔切責，勒還國。事定，下部議，廢爲庶人，幽之鳳陽。弟聿鏌嗣。十四年，李自成陷南陽，聿鏌遇害。十七年，京師陷，福王由崧立於南京，乃赦聿鍵出。大清順治二年五月，南都降。聿鍵行至杭，遇鎭江總兵官鄭鴻逵、戶部郎中蘇觀生，遂奉入閩。南安伯鄭芝龍、巡撫都御史張肯堂與禮部尚書黃道周等定議，奉

王稱監國。閏六月丁未，遂立於福州，號隆武，改福州爲天興府。進芝龍、鴻逵爲侯，封鄭芝豹、鄭彩爲伯，觀生、道周俱大學士，肯堂爲兵部尚書，餘拜官有差。

聿鍵好學，通典故，然權在鄭氏，不能有所爲。是年八月，芝龍議簡戰守兵二十餘萬，計餉不支其半。請預借兩稅一年，令羣下捐俸，勸紳士輸助，徵府縣銀穀未解者。官吏督迫，閭里騷然。又廣開事例，猶苦不足。仙霞嶺守關兵僅數百人，皆不堪用。聿鍵屢促芝龍出兵，輒以餉詘辭。久之，芝龍知衆論不平，乃請以鴻逵出浙東，彩出江西，各擁兵數千，號數萬。既行，託候餉，皆行百里而還。先是，黃道周知芝龍無意出師，自請行，從廣信趨婺源，兵潰死，事詳道周傳。

是時，李自成兵敗，走死通山。其兄子李錦帥衆降於湖廣總督何騰蛟，一時增兵十餘萬。侍郎楊廷麟、祭酒劉同升起兵復吉安、臨江。於是廷麟等請聿鍵出江右，騰蛟請出湖南。原任知州金堡言騰蛟可恃，芝龍不可恃，宜棄閩就楚。聿鍵大喜，授堡給事中，遣觀生先行募兵。

先是，靖江王亨嘉僭稱監國，[五]不奉聿鍵命，爲巡撫瞿式耜等所擒，以捷聞。而魯王以海又稱監國於紹興，拒聿鍵使者，故聿鍵決意出江西、湖廣。十二月發福州，駐建寧。廣東布政湯來賀運餉十萬由海道至。明年二月駐延平。三月，大清兵取吉安、撫州，圍楊廷

麟於贛州。尚書郭維經出閩，募兵援贛。六月，大兵克紹興，魯王以海遁入海，閩中大震。芝龍假言海寇至，徹兵回安平鎭，航海去。守關將士皆隨之，仙霞嶺空無一人。七月，何騰蛟遣使迎聿鍵，將至韶州。唯時我兵已抵閩關，守浦城御史鄭爲虹、給事中黃大鵬、延平知府王士和死焉。八月，聿鍵出走，數日方至汀州。大兵奄至，從官奔散，與妃曾氏俱被執。妃至九瀧投於水，聿鍵死於福州。給事中熊緯、尚書曹學佺、通政使馬思禮等自縊死。

郢靖王棟，太祖第二十四子。洪武二十四年封。永樂六年之藩安陸。十二年薨。無子，封除。留內外官校守園。王妃郭氏，武定侯英女。王薨踰月，妃慟哭曰：「未亡人無子，尚誰恃？」引鏡寫容付宮人，曰：「俟諸女長，令識母。」遂自經。妃四女，一夭，其三女封光化、穀城、南漳郡主，歲祿各八百石。宣德四年，以郢故邸封梁王瞻垍，移郢宮人居南京。

伊厲王㰘，太祖第二十五子。洪武二十一年生，生四年封。永樂六年之藩洛陽，歲祿僅二千石。王好武，不樂居宮中，時時挾彈露劍，馳逐郊外。奔避不及者，手擊之。髡裸男女以爲笑樂。十二年薨。禮臣請追削封爵，不許。

二十二年，子簡王顒炔始得嗣。縱中官擾民，洛陽人苦之。河南知府李驥稍持以法。

中華書局

誣奏，驥被逮治。已而得白，罪王左右。英宗時上表，文不恭，屢被譙讓。天順六年薨。世孫悼王諟鈲嗣，[六]成化十一年薨。弟定王諟銗嗣，[七]好學崇禮，居喪哀毀，歲時祀先，致齋於外。郡王、諸將軍、中尉非慶賀不褻見。民間高年者，禮下之。正德三年薨。子莊王訏淵嗣，嘉靖五年薨。弟敬王訏淳嗣，居毋喪，以孝聞。以祿薄上言：「先朝以河南課鈔萬七千七百貫，準祿米八千石。八年革諸王請乞租稅，伊府課鈔亦在革中，乞補祿。」戶部言：「課鈔本成、弘間請乞，非永樂時欽賜比。河南一省缺祿者八十餘萬，宜不許。」帝從部議。二十一年薨。

世子典楧嗣，貪而愎，多持官吏短長。不如指，必搆之去，既去復折辱之。御史行部過北邙山外，典楧要笞之。[八]縉紳往來，率紆途取他境。經郭外者，府中人輒追挽其車，詈其不朝，入朝者復辱以非禮。府牆壞，請更築，乃奪取民舍以廣其宮。郎中陳大壯與邸鄰，索其居不與，使數十人從大壯臥起，奪其飲食，竟至餓死。所爲宮，崇臺連城，擬帝闕。有錦衣官校之陝者，經洛陽，典楧忽召官屬迎詔，鼓吹擁錦衣入，捧一黃卷入宮。衆請開讀，曰：「密詔也。」遂趣錦衣去。錦衣謂王厚待之，不知所以。其夜大張樂，至曙，府中皆呼千歲，詐謂「天子特親我也」。閉河南府城，大選民間子女七百餘，留其姝麗者九十人。不中選者，令以金贖。都御史張永明、御史林潤、給事中丘岳相繼言其罪狀。再遣使往勘，革祿三

之二，令壞所管造宮城，歸民間女，執羣小付有司。典楧不奉詔。部牒促之，布政使持牒入見。典楧曰：「牒何爲者，可用障檽耳！」四十三年二月，撫、按官以聞。詔禮部會三法司議。僉謂：「典楧淫暴，無藩臣禮，陛下曲赦再四，終不湔改，奸回日甚。宜如徽王載埨故事，禁錮高牆，削除世封。」詔從其議，與子褒𤆬俱安置開封。

皇子楠，太祖第二十六子。洪武二十六年生，踰月殤。

靖江王守謙，太祖從孫。父文正，南昌王子也。當太祖起兵時，南昌王前死，妻王氏攜文正依太祖。太祖、高后撫如己子。比長，涉獵傳記，饒勇略，隨渡江取集慶路。已，有功，授樞密院同僉。太祖從容問：「若欲何官？」文正對曰：「叔父成大業，何患不富貴。爵賞先私親，何以服衆。」太祖喜其言，益愛之。

太祖爲吳王，命爲大都督，節制中外諸軍事。及再定江西，以洪都重鎭，屏翰西南，非骨肉重臣莫能守。乃命文正統元帥趙得勝等鎭其地，儒士郭之章、劉仲服爲參謀。文正增城浚池，招集山寨未附者，號令明肅，遠近震懾。居無何，友諒帥舟師六十萬圍洪都。文正數摧其鋒，堅守八十有五日，城壞復完者數十丈。友諒旁掠吉安、臨江，俘其守將徇城下，不爲動。太祖親帥兵來援，友諒乃解去，與太祖相拒於彭蠡。友諒掠糧都昌，文正遣方亮焚其舟。糧道絕，友諒遂敗。復遣何文輝等討平未附州縣。江西之平，文正功居多。

太祖還京，告廟飲至，賜常遇春、廖永忠及諸將士金帛甚厚。念文正前言知大體，錫功尚有待也，而文正不能無少望。性素卞急，至是暴怒，遂失常度，任掾吏衞可達奪部中子女。按察使李飲冰奏其驕侈觖望，太祖遣使詰責。文正懼，飲冰益言其有異志。太祖即日登舟至城下，遣人召之。文正倉卒出迎，太祖數曰：「汝何爲者？」遂載與俱歸，欲竟其事。高后力解之曰：「兒特性剛耳，無他也。」免官安置桐城，未幾卒。飲冰亦以他事伏誅。

文正之被譴也，守謙甫四歲，太祖撫其頂曰：「兒無恐，爾父倍訓教，貽我憂，我終不以爾父故廢爾。」育之宮中。守謙幼名鐵柱，吳元年以諸子命名告廟，更名煒。洪武三年更名守謙，封靖江王。祿視郡王，官屬親王之半，命耆儒趙壎爲長史傅之。既長，之藩桂林。桂林有元順帝潛邸，改爲王宮，上表謝。太祖敕其從臣曰：「從孫幼而遠鎭西南，其善導之。」守謙知書，而好比羣小，粵人怨咨。召還，戒諭之。守謙作詩怨望。帝怒，廢爲庶人。居鳳陽七年，復其爵。徙鎭雲南，使其妃弟徐溥同往，賜書戒飭，語極摯切。守謙暴橫如故。召還，使再居鳳陽。復以强取牧馬，錮之京師。二十五年卒。子贊儀幼，命爲世子。

三十年春遣省晉、燕、周、楚、齊、蜀、湘、代、肅、遼、慶、谷、秦十三王，自湘、楚入蜀，歷

陝西，抵河南、山西、北平，東至大寧、遼陽，還自山東，使知親親之義，熟山川險易，習勞苦。贊儀恭愼好學。永樂元年復之國桂林，使蕭用道爲長史。用道善輔導，贊儀亦敬禮之。六年薨，謚曰悼僖。

子莊簡王佐敬嗣。初給銀印，宣德中，改用金塗。正統初，與其弟奉國將軍佐敏相訐奏，語連大學士楊榮。帝怒，戍其使人。成化五年薨。子相承先卒，孫昭和王規裕嗣，弘治二年薨。子端懿王約麒嗣，以孝謹聞。正德十一年薨。子安肅王經扶嗣，好學有儉德，嘗爲敬義箴。嘉靖四年薨。子恭惠王邦薴嗣，與巡按御史徐南金相訐奏。奪祿米，罪其官校。隆慶六年薨。子康僖王任昌嗣，萬曆十年薨。子溫裕王履燾嗣，二十年薨。無子，從父憲定王任晟嗣，三十八年薨。子榮穆王履祜嗣，[九]薨。子亨嘉嗣。李自成陷京師後，自稱監國於廣西，爲巡撫瞿式耜所誅。時唐王聿鍵在福建，奏捷焉。

興宗五子。后常氏生虞懷王雄英、吳王允熥。呂后生惠帝、衡王允熞、徐王允熙。[一〇]

虞懷王雄英，興宗長子，太祖嫡長孫也。洪武十五年五月薨。年八歲。追加封謚。

吳王允熥，興宗第三子。建文元年封國杭州，未之藩。成祖即位，降爲廣澤王，居漳

州。未幾，召還京，廢爲庶人，錮鳳陽。永樂十五年卒。

衡王允熞，興宗第四子，建文元年封。成祖降爲懷恩王，居建昌。與允熥俱召還，錮鳳陽，先後卒。

徐王允熙，興宗第五子，建文元年封。成祖降爲敷惠王，隨母呂太后居懿文陵。永樂二年下詔改甌寧王，奉太子祀。四年十二月，邸中火，暴薨。謚曰哀簡。

惠帝二子。俱馬后生。

太子文奎。建文元年立爲皇太子。燕師入，七歲矣，莫知所終。

少子文圭。年二歲，成祖入，幽之中都廣安宮，號爲建庶人。英宗復辟，憐庶人無罪久繫，欲釋之，左右或以爲不可。帝曰：「有天命者，任自爲之。」大學士李賢贊曰：「此堯、舜之心也。」遂請於太后，命內臣牛玉往出之。聽居鳳陽，婚娶出入使自便。與閽者二十人，婢妾十餘人，給使令。文圭孩提被幽，至是年五十七矣。未幾卒。

成祖四子。仁宗、漢王高煦、趙王高燧俱文皇后生。高爔未詳所生母。

漢王高煦，成祖第二子。性凶悍。洪武時，召諸王子學於京師。高煦不肯學，言動輕佻，爲太祖所惡。及太祖崩，成祖遣仁宗及高煦入臨京師。舅徐輝祖以其無賴，密戒之。不聽，盜輝祖善馬，徑渡江馳歸。途中輒殺民吏，至涿州，又擊殺驛丞，於是朝臣舉以責燕。成祖起兵，仁宗居守，高煦從，嘗爲軍鋒。白溝河之戰，成祖幾爲瞿能所及，高煦帥精騎數千，直前決戰，斬能父子於陣。及成祖東昌之敗，張玉戰死，成祖隻身走，適高煦引師至，擊退南軍。徐輝祖敗燕兵於浦子口，高煦引蕃騎來。成祖大喜，曰：「吾力疲矣，兒當鼓勇再戰。」高煦麾蕃騎力戰，南軍遂却。成祖屢瀕於危而轉敗爲功者，高煦力爲多。成祖以爲類己，高煦亦以此自負，恃功驕恣，多不法。

成祖即位，命將兵往開平備邊。時議建儲，淇國公丘福、駙馬王寧善高煦，時時稱高煦功高，幾奪嫡。成祖卒以元子仁賢，且太祖所立，而高煦又多過失，不果。永樂二年，仁宗立爲太子，封高煦漢王，國雲南。高煦曰：「我何罪，斥萬里。」不肯行。從成祖巡北京，力請並其子歸南京。成祖不得已，聽之。請得天策衞爲護衞，輒以唐太宗自比。已，復乘間請益兩護衞，所爲益恣。成祖嘗命同仁宗謁孝陵。仁宗體肥重，且足疾，兩中使掖之行，恒失足。高煦從後言曰：「前人蹉跌，後人知警。」時宣宗爲皇太孫，在後應聲曰：「更有後人知警也。」高煦回顧失色。高煦長七尺餘，輕趫善騎射，兩腋若龍鱗者數片。既負其雄武，又每從北征，在成祖左右，時媒孽東宮事，譖解縉至死，黃淮等皆繫獄。

十三年五月改封青州，又不欲行。成祖始疑之，賜敕曰：「既受藩封，豈可常居京邸。前以雲南遠憚行，今封青州，又託故欲留侍，前後殆非實意，茲命更不可辭。」然高煦遷延自如。私選各衞健士，又募兵三千人，不隸籍兵部，縱使劫掠。兵馬指揮徐野驢擒治之。高煦怒，手鐵瓜撾殺野驢，衆莫敢言。遂僭用乘輿器物。成祖聞之怒。十四年十月還南京，盡得其不法數十事，切責之，褫冠服，囚繫西華門內，將廢爲庶人。仁宗涕泣力救，乃削兩護衞，誅其左右狎暱諸人。明年三月徙封樂安州，趣即日行。高煦至樂安，怨望，異謀益急。仁宗數以書戒，不悛。

成祖北征晏駕，高煦子瞻圻在北京，覘朝廷事馳報，一晝夜六七行。高煦亦日遣人潛伺京師，幸有變。仁宗知之，顧益厚遇。遺書召至，增歲祿，賜賚萬計，仍命歸藩。封其長子爲世子，餘皆郡王。先是，瞻圻怨父殺其母，屢發父過惡。成祖曰：「爾父子何忍也。」至是高煦入朝，悉上瞻圻前後覘報中朝事。仁宗召示瞻圻曰：「汝處父子兄弟間，讒構至此，稚子不足誅。」遣守鳳陽皇陵。

未幾，仁宗崩，宣宗自南京奔喪。高煦謀伏兵邀於路，倉卒不果。及帝即位，賜高煦及趙王視他府特厚。高煦日有請，並陳利國安民四事。帝命有司施行，仍復書謝之。因語羣臣曰：「皇祖嘗諭皇考，謂叔有異志，宜備之。然皇考待之極厚。如今所言，果出於誠，則是舊心已革，可不順從。」凡有求請，皆曲徇其意。高煦益自肆。

宣德元年八月，遂反。遣其親信枚青等潛至京師，約舊功臣爲內應。英國公張輔執之以聞。時高煦已約山東都指揮靳榮等，又散弓刀旗幟於衞所，盡奪傍郡縣畜馬。立五軍：指揮王斌領前軍，韋達左軍，千戶盛堅右軍，知州朱恒後軍，諸子各監一軍，高煦自將中軍。世子瞻坦居守，指揮韋弘、韋興，千戶王玉、李智領四哨。部署已定，僞授王斌、朱恒等太師、都督、尚書等官。御史李濬以父喪家居，高煦招之，不從，變姓名，間道詣京師上變。帝猶不忍加兵，遣中官侯泰賜高煦書。泰至，高煦盛兵見泰，南面坐，大言曰：「永樂中信讒，削我護衞，徙我樂安。仁宗徒以金帛餌我，我豈能鬱鬱居此。汝歸報，急縛奸臣夏原吉等來，徐議我所欲。」泰懼，唯唯而已。比還，帝問漢王何言，治兵何如，泰皆不敢以實對。

是月，高煦遣百戶陳剛進疏，更爲書與公侯大臣，多所指斥。帝歎曰：「漢王果反。」乃議遣陽武侯薛祿將兵往討。大學士楊榮等勸帝親征。帝是之。張輔奏曰：「高煦素懦，願假臣兵二萬，擒獻闕下。」帝曰：「卿誠足擒賊，顧朕初即位，小人或懷二心，不親行，不足安

二十四史

反側。」於是車駕發京師，過楊村，馬上顧從臣曰：「度高煦計安出？」或對曰：「必先取濟南爲巢窟。」或對曰：「彼曩不肯離南京，今必引兵南下。」帝曰：「不然。濟南雖近，未易攻，聞大軍至，亦不暇攻。護衞軍家樂安，必內顧，不肯徑趨南京。高煦外誇詐，內實怯，臨事狐疑不能斷。今敢反者，輕朕年少新立，衆心未附，不能親征耳。今聞朕行，已膽落，敢出戰乎。至卽擒矣。」

高煦初聞祿等將兵，攘臂大喜，以爲易與。及聞親征，始懼。時有從樂安來歸者，帝厚賞之，令還諭其衆。仍遺書高煦曰：「張敖失國，始於貫高；淮南被誅，成於伍被。今六師壓境，王卽出倡謀者，朕與王除過，恩禮如初。不然，一戰成擒，或以王爲奇貨，縛以來獻，悔無及矣。」前鋒至樂安，高煦約詰旦出戰。帝令大軍蓐食兼行，駐蹕樂安城北，壁其四門。賊乘城守，王師發神機銃箭，聲震如雷。諸將請卽攻城。帝不許。再敕諭高煦，皆不答。城中人多欲執獻高煦者，高煦大懼。乃密遣人詣行幄，願假今夕訣妻子，卽出歸罪。帝許之。是夜，高煦盡焚兵器及通逆謀書。明日，帝移蹕樂安城南。高煦將出城，王斌等力止曰：「寧一戰死，無爲人擒。」高煦紿斌等復入宮，遂潛從間道出見帝。羣臣請正典刑。不允。以劾章示之，高煦頓首言：「臣罪萬萬死，惟陛下命。」帝令高煦爲書召諸子，餘黨悉就擒。赦城中罪，脅從者不問。命薛祿及尚書張本鎮撫樂安，改曰武定州，遂班師。廢高煦父子爲庶

人，築室西安門內錮之。王斌等皆伏誅，惟長史李默以嘗諫免死，謫口北爲民。天津、青州、滄州、山西諸都督指揮約舉城應者，事覺相繼誅，凡六百四十餘人，其故縱與藏匿坐死戍邊者一千五百餘人，編邊氓者七百二十人。帝製東征記以示羣臣。高煦及諸子相繼皆死。

趙簡王高燧，成祖第三子。永樂二年封。尋命居北京，詔有司，政務皆啓王後行。歲時朝京師，辭歸，太子輒送之江東驛。高燧恃寵，多行不法，又與漢王高煦謀奪嫡，時時譖太子。於是太子宮寮多得罪。七年，帝聞其不法事，大怒，誅其長史顧晟，褫高燧冠服，以太子力解，得免。擇國子司業趙亨道、董子莊爲長史輔導之，高燧稍改行。

二十一年五月，帝不豫。護衞指揮孟賢等結欽天監官王射成及內侍楊慶養子造僞詔，謀進毒於帝，俟晏駕，詔從中下，廢太子，立趙王。總旗王瑜姻家高以正者，爲賢等畫謀，謀定告瑜。瑜上變。帝曰：「豈應有此！」立捕賢，得爲僞詔。賢等皆伏誅，陞瑜遼海衞千戶。帝顧高燧曰：「爾爲之耶？」高燧大懼，不能言。太子力爲之解曰：「此下人所爲，高燧必不與知。」自是益斂戢。

仁宗卽位，加漢、趙二王歲祿二萬石。明年，之國彰德，辭常山左右二護衞。宣宗卽位，賜田園八十頃。帝擒高煦歸，至單橋，尚書陳山迎駕，言曰：「趙王與高煦共謀逆久矣，宜移

兵彰德，擒趙王。否則趙王反側不自安，異日復勞聖慮。」帝未決。時惟楊士奇以爲不可。山復邀尚書蹇義、夏原吉共請。帝曰：「先帝友愛二叔甚。漢王自絕於天，朕不敢赦。趙王反形未著，朕不忍負先帝也。」及高煦至京，亦言嘗遣人與趙通謀。戶部主事李儀請削其護衞，尚書張本亦以爲言。帝不聽。旣而言者益衆。明年，帝以其詞及羣臣章遣駙馬都尉廣平侯袁容持示高燧。高燧大懼，乃請還常山中護衞及羣牧所、儀衞司官校。帝命收其所還護衞，而與儀衞司。宣德六年薨。

子惠王瞻塙嗣，景泰五年薨。子悼王祁鎡嗣，天順四年薨。子靖王見灂嗣。惠王、悼王皆頗有過失，至見灂惡尤甚，屢賊殺人，又嘗乘醉欲殺其叔父。成化十二年，事聞，詔奪祿米三之二，去冠服，戴民巾，讀書習禮。其後二年，見灂母妃李氏爲之請，得冠服如故。見灂卒不能改。愛幼子祐枳，遂誣長子祐棌以大逆，復被詔誚讓。弘治十五年薨。子莊王祐棌嗣，正德十三年薨。

子康王厚煜嗣，事祖母楊妃以孝聞。嘉靖七年六月，璽書褒予。明年冬，境內大饑。厚煜上疏，請辭祿一千石以佐振。帝嘉王憂國，詔有司發粟，不允所辭。及帝南巡，厚煜遠出迎，命益祿三百石。厚煜性和厚，構一樓名「思訓」，嘗獨居讀書，文藻贍麗。宗人輔國將軍祐椋等數犯法，與有司爲難。厚煜庇祐椋。祐椋卒得罪，並見責讓。其後有司益務以事裁

抑諸宗。洛川王翊鏴奴與通判田時雨之隸爭瓜而毆，時雨捕王奴。厚煜請解不得，竟論奴充軍。未幾，宗室數十人索祿，時雨以宗室毆府官，白於上官。知府傅汝礪盡捕各府人。厚煜由是忿恚，竟自縊死。三十九年十月也。厚煜子成皐王載垸疏聞於朝，下法司按問。時雨斬河南市，汝礪戍極邊。厚煜子載培及載培子翊鏴皆前卒。翊鏴子穆王常淸嗣，以善行見旌。萬曆四十二年薨。世子由松前卒，弟壽光王由桂子慈爈嗣，薨。無子，穆王弟常涣嗣。崇禎十七年，彰德陷，被執。

校勘記

〔一〕仁宗卽位　原作「洪熙元年」。按榱徙武岡，仁宗實錄卷三下繫于永樂二十二年十月己未，是時仁宗剛卽位，尚未改元，不得稱「洪熙元年」。明史稿傳四岷莊王楩傳作「仁宗卽位」，據改。

〔二〕陳添行入苗中　陳添行，明史稿傳四岷莊王楩傳、英宗實錄卷二〇九景泰二年十月丁卯條均作「陳添仔」。

〔三〕子順王音埑嗣　音埑，明史稿表三諸王世表、憲宗實錄卷二〇一成化十六年三月乙未條作「音埑」。

〔四〕與衡府新樂王載璽　璽，原作「璽」，據本書卷一〇三諸王世表、明史稿傳五鄭王瞻埈傳改。按

中華書局

載璽兄弟舉名字之下一字皆從「土」旁。

〔五〕靖江王亨嘉僭稱監國　亨嘉，原倒置作「嘉亨」，據本書卷一〇二諸王世表、卷一一八靖江王傳、卷二八〇瞿式耜傳、明史稿傳六下改。

〔六〕世孫悼王諰鈒嗣　諰鈒，本書卷一〇二諸王世表、明史稿傳四伊厲王㰘傳作「諟釓」，國榷卷三七頁二三五三作「諟鐵」。

〔七〕弟定王諟錞嗣　諟錞，原作「諟錞」，據武宗實錄卷三八正德三年五月庚戌條、國榷卷四七頁二九一八改。

〔八〕典楧要答之　原脫「典」字。按上下文都作「典楧」，據補。

〔九〕子榮穆王履祜嗣　履祜，本書卷一〇二諸王世表、明史稿傳四靖江王守謙傳都作「履祐」。

〔一〇〕徐王允熥　允熥，本書卷六成祖紀、又卷六〇禮志、又卷一〇三諸王世表、太宗實錄卷一〇上洪武三十五年七月癸巳條都作「允熙」。

明史卷一百十九

列傳第七

諸王四

仁宗諸子

鄭王瞻埈　廬江王載堙　越王瞻墉　蘄王瞻垠

襄王瞻墡　棗陽王祐楒　荆王瞻堈　淮王瞻墺

滕王瞻塏　梁王瞻垍　衞王瞻埏

英宗諸子

德王見潾　許王見淳　秀王見澍　崇王見澤　吉王見浚

忻王見治　徽王見沛

景帝子

懷獻太子見濟

憲宗諸子

悼恭太子祐極　岐王祐棆　益王祐檳　衡王祐楎　新樂王載璽

雍王祐枟　壽王祐榰　汝王祐梈　涇王祐橓　榮王祐樞

申王祐楷

孝宗子

蔚王厚煒

仁宗十子。昭皇后生宣宗、越王瞻墉、襄王瞻墡。李賢妃生鄭王瞻埈、蘄王瞻垠、淮王瞻墺。張順妃生荆王瞻堈。郭貴妃生滕王瞻塏、梁王瞻垍、衞王瞻埏。

鄭靖王瞻埈，仁宗第二子。永樂二十二年十月封。〔一〕仁宗崩，皇后命與襄王監國，以待宣宗。宣德元年，帝征樂安，仍命與襄王居守。四年就藩鳳翔。正統八年詔遷懷慶，留京邸，明年之國。瞻埈暴厲，數斃人杖下。英宗以御史周瑛爲長史，稍戢。成化二年薨。子簡王祁鍈嗣。祁鍈之爲世子也，襄王朝京師，經新鄭，祁鍈不請命，遣長史往迎。英宗聞之

中華書局

不悅，賜書責讓。及嗣王，多不法，又待世子寡恩。長史江萬程諫，被責辱，萬程以聞。帝遣英國公張懋、太監王允中齎敕往諭，始上書謝罪。弘治八年薨。世子見滋母韓妃不爲祁鏔所禮，見滋悒悒先卒。子康王祐柃嗣，正德二年薨。無子，從弟懿王祐檡嗣，十六年薨。子恭王厚烷嗣。

世宗幸承天，厚烷迎謁於新鄉，加祿三百石。疏奏母閻太妃貞孝事蹟。詔付史館。其後帝修齋醮，諸王爭遣使進香，厚烷獨不遣。嘉靖二十七年七月上書，請帝修德講學，進居敬、窮理、克己、存誠四箴，演連珠十章，以神仙、土木爲規諫。語切直。帝怒，下其使者於獄。詔曰：「前宗室有謗訕者置不治，茲復效尤。王，今之西伯也，欲爲爲之。」後二年而有祐橏之事，厚烷遂獲罪。

初，祁鏔有子十人，世子見滋，次盟津王見濍，〔三〕次東垣王見澒。見濍母有寵於祁鏔，規奪嫡，不得，竊世子金冊以去。祁鏔索之急，因怨不復朝，所爲益不法。祁鏔言之憲宗，革爲庶人。及康王薨，無子，見濍子祐橏應及，以前罪廢，乃立東垣王子祐檡。至是祐橏求復郡王爵，怨厚烷不爲奏，乘帝怒，摭厚烷四十罪，以叛逆告。詔駙馬中官卽訊。還報反無驗，治宮室名號擬乘輿則有之。帝怒曰：「厚烷訕朕躬，在國驕傲無禮，大不道。」削爵，錮之鳳陽。隆慶元年復王爵，增祿四百石。厚烷自少至老，布衣蔬食。

世子載堉篤學有至性，痛父非罪見繫，築土室宮門外，席藁獨處者十九年。厚烷還邸，始入宮。萬曆十九年，厚烷薨。載堉曰：「鄭宗之序，盟津爲長。前王見濍，既錫謚復爵矣，爵宜歸盟津。」後累疏懇辭。禮臣言：「載堉雖深執讓節，然嗣鄭王已三世，無中更理，宜以載堉子翊錫嗣。」載堉執奏如初，乃以祐橏之孫載壐嗣，而令載堉及翊錫以世子、世孫祿終其身，子孫仍封東垣王。二十二年正月，載堉上疏，請宗室皆得儒服就試，毋論中外職，中式者視才品器使。詔允行。明年又上曆算歲差之法，及所著樂律書，考辨詳確，識者稱之。卒謚端清。崇禎中，載壐子翊鍾以罪賜死，國除。

廬江王載堙，簡王元孫也。崇禎十七年二月，賊陷懷慶，載堙整冠服，端坐堂上。賊至，被執，欲屈之。厲聲曰：「吾天朝藩王，肯降汝逆賊耶！」詬罵不屈，遇害。賊執其長子翊檄，擁之北行。三月過定興，於旅店作絕命詞，遂不食死。

越靖王瞻墉，仁宗第三子。永樂二十二年封衢州。未之藩，宣宗賜以昌平莊田。正統四年薨。妃吳氏殉，謚貞惠。無後。

蘄獻王瞻垠，仁宗第四子。初封靜樂王。永樂十九年薨，謚莊獻。仁宗卽位，追加封謚。無後。

襄憲王瞻墡，〔三〕仁宗第五子。永樂二十二年封。莊敬有令譽。宣德四年就藩長沙。正統元年徙襄陽。英宗北狩，諸王中，瞻墡最長且賢，衆望頗屬。太后命取襄國金符入宮，不果召。瞻墡上書，請立皇長子，令郕王監國，募勇智士迎車駕。書至，景帝立數日矣。英宗還京師，居南內，又上書景帝宜旦夕省膳問安，率羣臣朔望見，無忘恭順。

英宗復辟，石亨等誣于謙、王文有迎立外藩語，帝頗疑瞻墡。久之，從宮中得瞻墡所上二書，而襄國金符固在太后閣中。乃賜書召瞻墡，比二書於金縢。入朝，宴便殿，避席請曰：「臣過汴，汴父老遮道，言按察使王槩賢，以誣逮詔獄，願皇上加察。」帝立出槩，命爲大理卿。詔設襄陽護衞，命有司爲王營壽藏。及歸，帝親送至午門外，握手泣別。瞻墡逡巡再拜，帝曰：「叔父欲何言？」頓首曰：「萬方望治如饑渴，願省刑薄斂。」帝拱謝曰：「敬受教。」目送出端門乃還。四年復入朝。命百官朝王於邸，詔王詣昌平謁三陵。及辭歸，禮送加隆，且敕王歲時與諸子得出城遊獵，蓋異數也。六年又召，以老辭。歲時存問，禮遇之隆，諸藩所未有。成化十四年薨。

子定王祁鏞嗣，弘治元年薨。子簡王見淑嗣，三年薨。子懷王祐材嗣。好鷹犬，蓄善

馬，往返南陽八百里，日猶未晡。妃父井海誘使殺人。孝宗戒諭，戍海及其左右。祐材好道術，賜予無節，又嘗與興邸爭地，連逮七十餘家，獄久不決。大理卿汪綸兩解之，乃得已。十七年薨。弟康王祐櫍嗣，亦好道術。嘉靖二十九年薨。無子，從子莊王厚熲由陽山王嗣，定王曾孫也。

時王邸災，先世蓄積一空。厚熲折節爲恭儉，節祿以餉邊，進金助三殿工。兩賜書幣。事嫡母王太妃及生母潘太妃，以孝聞。潘卒，殯之東偏。王太妃曰：「汝母有子，社稷是賴，無以我故避正寢。」厚熲泣曰：「臣不敢以非禮加臣母。」及葬，跣足扶櫬五十里。士大夫過襄者，皆爲韋布交。四十五年薨。子靖王載堯嗣，萬曆二十三年薨。子翊銘嗣。崇禎十四年，張獻忠陷襄陽，遇害。

初，大學士楊嗣昌之視師也，以襄陽爲軍府，增堞浚隍，貯五省餉金及弓刀火器。是年二月，獻忠邀殺嗣昌使於道，奪其符驗，以數十騎紿入襄城。夜半火作，遲明，賊大至。執翊銘南城樓，屬卮酒曰：「王無罪，王死，嗣昌得以死償王。」遂殺王及貴陽王常法，火城樓，焚其屍。賊去，僅拾顱骨數寸，妃妾輩死者四十三人。福清王常澄、進賢王常淦走免。事聞，帝震悼，命所司備喪禮，謚曰忠王。嗣昌朝惠王於荊州，謁者謝之曰：「先生惠顧寡人，願先之襄陽。」謂襄城之破，罪在嗣昌也。十七年以常澄嗣襄王，寄居九江，後徙汀州，不知所終。

中華書局

棗陽王祐楒，憲王曾孫也，材武善文章，博涉星曆醫卜之書。嘉靖初上書，請考興獻帝。世宗以其議發自宗人，足厭服羣心，褒之。更請除宗人祿，使以四民業自爲生，賢者用射策應科第。寢不行。時襄王祐櫍病廢不事事，承奉邵亨挾權自恣，至捶死鎮寧王舅。祐楒誘致之，抉其目。帝遣大理少卿袁宗儒偕中官、錦衣往訊。亨論死，祐楒坐奪爵。帝幸承天，念祐楒前疏，復之。

荆憲王瞻堈，仁宗第六子。永樂二十二年封。宣德四年就藩建昌。宮中有巨蛇，蜿蜒自梁垂地，或凭王座。瞻堈大懼，請徙。正統十年徙蘄州。景泰二年上書請朝上皇。不許。四年薨。子靖王祁鎬嗣，天順五年薨。子見潚嗣。

靖王三子，長見潚，次都梁王見溥、樊山王見澋。見潚與見溥同母，怨母之暱見溥也，錮母，奪其衣食，竟死，出柩於竇。召見溥入後園，箠殺之。紿其妃何氏入宮，逼淫之。從弟都昌王見潭妻茆氏美，求通焉。見潭母馬氏防之嚴，見潚紿馬氏鞭之，囊土壓見潭死，械繫茆妃入宮。嘗集惡少年，輕騎微服，涉漢水，掠人妻女。見澋懼其及也，密聞於孝宗，召至京。帝御文華門，命廷臣會鞫。見潚引伏，廢爲庶人，錮西內。居二年，見潚從西內摭奏見澋罪，誣其與楚府永安王謀不軌。帝遣使往按問，不實。見澋更奏見潚嘗私造弓弩，與

子祐柄有異謀。驗之實，賜見潚死，廢祐柄，而以見溥子祐橺嗣爲荆王。時弘治七年也。十七年薨，謚曰和。

子端王厚烇嗣。性謙和，銳意典籍。嘉靖中病，辭祿。不允，令富順王厚焜攝朝謁。厚焜，和王第二子，與弟永新王厚熿以能詩善書名。厚烇子永定王載墭長，厚焜即謝攝事，人尤以爲賢。嘉靖三十二年，厚烇薨。載墭已前卒，其子恭王翊鉅嗣。

荆自靖王諸子交惡，失令譽。及厚烇兄弟感先世家難，以禮讓訓飭宗人。見澋曾孫載埁尤折節恭謹，以文行稱。郡王女例請祿於朝，載埁四女皆妻士人，不請封。嘗上應詔、正禮二疏。不報。讀易窮理，著大隱山人集。子翊鉦、翊壓、翊鋻皆工詩，兄弟嘗共處一樓，號花萼社。翊鉅表載埁賢以訓諸子。諸子不率教，世子常泠尤殘恣。翊鉅言於朝，革爲庶人。

隆慶四年，翊鉅薨。次子常泠嗣，萬曆四年薨。無子，弟康王常盗由安城王嗣，萬曆二十五年薨。子定王由樊嗣，天啓二年薨。子慈烎嗣。崇禎時，流賊革裏眼、左金王詭降於楚帥。慈烎欲與爲好，召宴，盛陳女樂。十六年正月，張獻忠陷蘄州，慈烎先一月薨。賊闖王宮，盡掠其所見妓樂去。

淮靖王瞻墺，仁宗第七子。永樂二十二年封。宣德四年就藩韶州。英宗即位之十月，以韶多瘴癘，正統元年徙饒州。正統十一年薨。子康王祁銓嗣，弘治十五年薨。世子見濂早卒，無子，從子定王祐棨嗣。游戲無度，左右倚勢暴橫，境內苦之。長史莊典以輔導失職自免。詔不許。推官汪文盛數持王府事。有顧嵩者病狂，持刀斧入王門，官校執詰之，謬言出汪指使。典白之守臣。鎮守太監黎安嘗以事至饒，從騎入端禮門，被撻，銜祐棨甚。先是，祐棨有名琴曰「天風環珮」，寧王宸濠求之，不得。又求濱湖地，不與。至是嗾安奏祐棨過失及文盛被誣事。詔下撫、按訊。安與宸濠謀，不待報，遽繫典及府中官校鞫之。典辭倨，宸濠箠之，斃獄中，他所連坐甚衆。於是祐棨奏安挾仇殺典庇嵩。帝遣都御史金獻民、太監張欽往按治。祐棨畏宸濠，不能自明。欽等復言祐棨信奸徒爲暴，請嚴戒之。軍校坐戍者二十餘人，典冤竟不白。

嘉靖三年，祐棨薨。無子，弟莊王祐楑嗣，十六年薨。子憲王厚燾嗣，四十二年薨。子恭王載坮嗣，萬曆五年薨。弟順王載堅嗣，二十三年薨。子翊鉅嗣。翊鉅之末王也，與妓王愛狎，冒妾額入宮，且令撫庶子常洪爲子，陳妃與世子常清俱失愛，潛謀易嫡。御史陳王道以理諭王，出之外舍。常洪遂與宗人翊鍘等謀，夜入王宮，盜册寶、資貨以出。守臣上其事，王愛論死，勒常洪自盡，翊鍘等削屬籍永錮，奪翊鉅四歲祿。久之，薨。子常清嗣，國亡，不知所終。

滕懷王瞻塏，仁宗第八子。永樂二十二年封雲南，未之國，洪熙元年薨。無後。

梁莊王瞻垍，仁宗第九子。永樂二十二年封。宣德初，詔鄭、越、襄、荆、淮五王歲給鈔五萬貫，惟梁倍之。四年就藩安陸，故郢邸也。襄王瞻墡自長沙徙襄陽，道安陸，與瞻垍留連不忍去。瀕別，瞻垍慟曰：「兄弟不復更相見，奈何！」左右皆泣下。正統元年言府卑濕，乞更爽塏地。帝詔郢中歲歉，俟有秋理之。竟不果。六年薨。無子，封除。梁故得郢田宅園湖，後皆賜襄王。及睿宗封安陸，盡得郢、梁邸田，供二王祠祀。

衞恭王瞻埏，仁宗第十子。永樂二十二年封衞。幼善病，宣宗撫愛之，未就藩。歲時謁陵，皆命攝祀。孝謹好學，以賢聞。正統三年薨。妃楊氏殉，賜謚貞烈。無子，封除。

英宗九子。周太后生憲宗、崇王見澤。萬宸妃生德王見潾及皇子見湜、吉王見浚、忻王見治。王惠妃生許王見淳。高淑妃生秀王見澍。韋德妃生徽王見沛。

中華書局

德莊王見潾，英宗第二子。初名見清。景泰三年封榮王。天順元年三月復東宮，同日封德、秀、崇、吉四王，歲祿各萬石。初國德州，改濟南。成化三年就藩。請得齊、漢二庶人所遺東昌、兗州閒田及白雲、景陽、廣平三湖地。憲宗悉予之。復請業南旺湖，以漕渠故不許。又請漢庶人舊牧馬地，知府趙璜言地歸民間，供稅賦已久，不宜奪。帝從之。正德初，詔王府莊田畝徵銀三分，歲爲常。見潾奏：「初年，兗州莊田歲畝二十升，獨清河一縣，成化中用少卿宋旻議，歲畝五升。若如新詔，臣將無以自給。」戶部執山東水旱相仍，百姓凋敝，宜如詔。帝曰：「王何患貧，其勿許。」十二年薨。子懿王祐榕嗣。

嘉靖中，戶部議覈王府所請山場湖陂，斷自宣德以後者皆還官。詔允行。於是山東巡撫都御史邵錫奏德府莊田俱在革中，與祐榕相訐奏，錫持之益急。儀衞司軍額千七百人，逃絕者以餘丁補。錫謂非制，檄濟南知府楊撫籍諸補充者勿與餉。軍校大譁，毀府門。詔逮問長史楊穀、〔四〕楊孟法，戍儀衞副薛寧及軍校陶榮。諭王守侯度，毋徇羣小滋多事。議者謂錫故激致其罪，不盡祐榕過云。此十一年八月事。至十八年，涇、徽二王復請得所革莊田，祐榕援以爲請。詔仍與三湖地，使自徵其課。其年薨。孫恭王載墱嗣，萬曆二年薨。子定王翊館嗣，十六年薨。子常㵽嗣，崇禎五年薨。世子由樞嗣，十二年正月，大淸兵克濟南，見執。

見湜，英宗第三子。早卒。復辟後，不復追贈。

許悼王見淳，英宗第四子。景泰三年封。明年薨。禮臣請用親王禮葬。帝以王幼，殺其制。

秀懷王見澍，英宗第五子。生於南宮，天順元年封。成化六年就藩汝寧。長史劉誠獻千秋日鑑錄，見澍朝夕誦之。就藩時，慮途中擾民，令併日行。王居隘，左右請遷文廟廣之。見澍不聽，曰：「居近學宮，時聞絃頌聲，顧不美乎！」論書至西伯戡黎，長史誠主吳氏說，曰：「戡黎者，武王也。」右長史趙銳主孔氏說，曰：「實文王事。」爭之失色。見澍曰：「經義未有定論，不嫌往復。今若此，非先皇帝簡二先生意也。」成化八年薨。無子，封除。

崇簡王見澤，英宗第六子。生於南宮，天順元年封。成化十年就藩汝寧，故秀邸也。弘治八年七月，皇太后春秋高，思一見王，帝特敕召之。禮部尚書倪岳言：「數年來三王之國，道路供億，民力殫竭。今召王復來，往返勞費，兼水溢旱蝗，舟車所經，恐有他虞。親王入朝，雖有故事，自宣德來，已鮮舉行。英宗復辟，襄王奉詔來朝，雖篤敦敍之恩，實塞疑讒之隙，非故事也。」大學士徐溥亦以爲言。帝重違太后意，不允。既而言官交章及之，乃已。十八年薨。子靖王祐樒嗣，正德六年薨。子恭王厚燿嗣。三王並有賢名，而靖王尤孝友。嘉靖十六年，厚燿薨。子莊王載境嗣，三十六年薨。子端王翊鑽嗣，萬曆三十八年薨。孫由櫝嗣。崇禎十五年閏十一月，李自成陷汝寧，執由櫝去，僞封襄陽伯，令諭降州縣之未下者。由櫝不從，殺之於泌陽城。弟河陽王由材、世子慈煇等皆遇害。〔五〕

吉簡王見浚，英宗第七子。生於南宮。天順元年封，時甫二歲。成化十三年就藩長沙，刻先聖圖及尚書於嶽麓書院，以授學者。嘉靖六年薨。孫定王厚焆嗣。請湘潭商稅益邸租，不許。十八年薨。子端王載均由光化王嗣，四十年薨。子莊王翊鎮嗣，隆慶四年薨。無子，庶兄宣王翊鑾由龍陽王嗣，萬曆四十六年薨。孫由棟嗣，崇禎九年薨。子慈煃嗣。十六年，張獻忠入湖南，同惠王走衡州，隨入粵。國亡後，死於緬甸。

忻穆王見治，英宗第八子。成化二年封。未就藩，八年薨。無後。

徽莊王見沛，英宗第九子。成化二年封。十七年就藩鈞州。承奉司自置吏，左布政使徐恪革之，見沛以聞。憲宗書諭王：「置吏，非制也，恪無罪。」正德元年薨。子簡王祐檯嗣，嘉靖四年薨。子恭王厚爝嗣，二十九年薨。子浦城王載㙔嗣。

初，厚爝好琴，斵琴者與知州陳吉交惡，厚爝庇之，劾吉，逮詔獄。都御史駱昂、御史王三聘白吉冤。帝怒，并逮之，昂杖死，三聘、吉俱戍邊。議者不直厚爝。時方士陶仲文有寵於世宗，厚爝厚結之。仲文具言王忠敬奉道。帝喜，封厚爝太淸輔元宣化眞人，予金印。及

載㙔嗣王，益以奉道自媚於帝，命綰其父眞人印。南陽人梁高輔自言能導引服食，載㙔用其術和藥，命高輔因仲文以進帝。封高輔通妙散人，載㙔淸微翊敎輔化忠孝眞人。載㙔遂益恣，壞民屋，作臺榭苑囿。庫官王章諫，杖殺之。嘗微服之揚州、鳳陽，爲邏者所獲，羈留三月，走歸。

時高輔被上寵，不復親載㙔，載㙔銜之。已而爲帝取藥不得，求載㙔舊所蓄者，載㙔不與，而與仲文。高輔大恨，乘閒言載㙔私往南中，與他過失。帝疑之，奪眞人印。仲文知釁已成，不復敢言。三十五年有民耿安者，奏載㙔奪其女，下按治。有司因發其諸不法事。獄成，降爲庶人，錮高牆。時載㙔居宮中，所司防守嚴，獄詞不得聞。及帝遣內臣同撫、按至，始大懼。登樓，望龍亭後有紅板輿，歎曰：「吾不能自明，徒生奚爲！」遂自縊死。妃沈氏、次妃林氏爭取帛自縊。子安陽王翊鏑、萬善王翊鈁并革爵，及未封子女，皆遷開封，聽周王約束，國除。

景皇帝一子，懷獻太子見濟。母杭妃。始爲郕王世子。英宗北狩，皇太后命立憲宗爲皇太子，而以郕王監國。及郕王卽位，心欲以見濟代太子，而難於發，皇后汪氏又力以爲不

可，遲回久之。太監王誠、舒良爲帝謀，先賜大學士陳循、高穀百金，侍郎江淵、王一寧、蕭鎡，學士商輅半之，用以緘其口，然猶未發也。會廣西土官都指揮使黃竑以私怨戕其弟思明知府𤩽，滅其家，所司聞於朝。竑懼罪，急遣千戶袁洪走京師，上疏勸帝早與親信大臣密定大計，易建東宮，以一中外之心，絕覬覦之望。疏入，景帝大喜，亟下廷臣會議，且令釋竑罪，進階都督。時景泰三年四月也。

疏下之明日，禮部尚書胡濙，侍郎薩琦、鄒幹集文武羣臣廷議。衆相顧，莫敢發言。惟都給事中李侃、林聰，御史朱英以爲不可。吏部尚書王直亦有難色。司禮太監興安厲聲曰：「此事不可已，卽以爲不可者，勿署名，無持兩端。」羣臣皆唯唯署議。於是濙等曁魏國公徐承宗，寧陽侯陳懋，安遠侯柳溥，武淸侯石亨，〔六〕成安侯郭晟，定西侯蔣琬，駙馬都尉薛桓，襄城伯李瑾，武進伯朱瑛，平鄉伯陳輔，安鄉伯張寧，都督孫鏜、張軏、楊俊，都督同知田禮、范廣、過興、衞穎，都督僉事張輗、劉深、張通、郭瑛、劉鑑、張義，錦衣衞指揮同知畢旺、曹敬，指揮僉事林福，吏部尚書王直，戶部尚書文淵閣大學士陳循，工部尚書東閣大學士高穀，吏部尚書何文淵，戶部尚書金濂，兵部尚書于謙，刑部尚書俞士悅，左都御史王文、王翺、楊善，吏部侍郎江淵、俞山、項文耀，戶部侍郎劉中敷、沈翼、蕭鎡，禮部侍郎王一寧，兵部侍郎李賢，刑部侍郎周瑄，工部侍郎趙榮、張敏，通政使李錫，通政欒惲、王復，參議馮貫，諸寺卿

蕭維禎、許彬、蔣守約、齊整、李賓，少卿張固、習嘉言、李宗周、蔚能、陳誠、黃士儁、張翔、齊政，寺丞李茂、李希安、柴望、酆鏞、楊詢、王溢，翰林學士商輅，六科都給事中李讚、李侃、李春、蘇霖、林聰、張文質，十三道御史王震、朱英、涂謙、丁泰亨、强弘、劉琚、陸厚、原傑、嚴樞、沈義、楊宜、王驥、左鼎上言：「陛下膺天明命，中興邦家，統緒之傳宜歸聖子，黃竑奏是。」制曰：「可。禮部具儀，擇日以聞。」卽日，簡置東宮官，公孤詹事僚屬悉備。

五月，廢汪后，立杭妃爲皇后，更封太子爲沂王，立見濟爲太子。詔曰：「天佑下民作之君，實遺安於四海；父有天下傳之子，斯本固於萬年。」大赦天下，令百官朔望朝太子，賜諸親王、公主、邊鎭、文武內外羣臣，又加賜陳循、高穀、江淵、王一寧、蕭鎡、商輅各黃金五十兩。四年二月乙未，太子冠。十一月，以御史張鵬言，簡東宮師傅講讀官。越四日，太子薨，謚曰懷獻，葬西山。天順元年，降稱懷獻世子，諸建議易儲者皆得罪。

憲宗十四子。萬貴妃生皇第一子。柏賢妃生悼恭太子祐極。紀太后生孝宗。邵太后生興獻帝祐杬、岐王祐棆、雍王祐枟。張德妃生益王祐檳、衡王祐楎、汝王祐梈。姚安妃生壽王祐榰。楊恭妃生涇王祐橓、申王祐楷。潘端妃生榮王祐樞。王敬妃生皇第十子。第

一子、第十子皆未名殤。

悼恭太子祐極，憲宗次子。成化七年立爲皇太子，薨。

岐惠王祐棆，憲宗第五子。成化二十三年與益、衡、雍三王同日封。弘治八年之藩德安。十四年薨。無子，封除。

益端王祐檳，憲宗第六子。〔七〕弘治八年之藩建昌，故荆邸也。性儉約，巾服澣至再，日一素食。好書史，愛民重士，無所侵擾。嘉靖十八年薨。子莊王厚燁嗣，性樸素，外物無所嗜。三十五年薨。無子，弟恭王厚炫嗣，自奉益儉，辭祿二千石。萬曆五年薨。孫宣王翊鈏嗣，嗜結客，厚炫所積府藏，悉斥以招賓從，通聘問於諸藩，不數年頓盡。三十一年薨。子敬王常遷嗣，四十三年薨。子由本嗣，國亡竄閩中。

衡恭王祐楎，憲宗第七子。弘治十二年之藩青州。嘉靖十七年薨。子莊王厚燆嗣，嘗辭祿五千石以贍宗室，宗人德之。隆慶六年薨。子康王載圭嗣，萬曆七年薨。無子，弟安王載封嗣，十四年薨。子定王翊鏤嗣，二十年薨。子常㴋嗣。新樂王載璽，恭王孫也。博雅善文辭，索諸藩所纂述，得數十種，梓而行之。又撰洪武聖政頌、皇明政要諸書，多可傳者。從父高唐王厚煐、齊東王厚炳皆以博學篤行聞。嘉靖中，賜敕獎諭者再。

雍靖王祐枟，憲宗第八子。初封保寧，弘治十二年之藩衡州。地卑濕，宮殿朽敗不可

居，邸中數有異，乞移山東東平州。廷臣以擇地別建，勞民傷財，四川敍州有申王故府，宜徙居之。詔可。旣而以道遠不可徙。正德二年，地裂，宮室壞，王薨。無子，封除。

壽定王祐榰，憲宗第九子。弘治四年與汝、涇、榮、申四王同日封。十一年就藩保寧。正德元年以岐王世絕，〔八〕改就岐邸於德安。校尉橫擾市民，知府李重抑之，奏逮重。安陸民劉鵬隨重詣大理對簿，重未之識也，訝之。鵬曰：「太守仁，爲民受過，民皆得效死，豈待識乎！」重卒得白。祐榰聞而悔之，後以賢聞。嘉靖二十四年薨。無子，除封。

汝安王祐梈，憲宗第十一子。弘治十四年之藩衞輝。正德十五年請預支食鹽十年爲婚費。詔別給長蘆鹽二千引，食鹽如故。世宗南巡，迓於途，甚恭。加祿五百石，錫金幣。嘉靖二十年薨。無子，封除。

涇簡王祐橓，憲宗第十二子。弘治十五年之藩沂州。嘉靖十六年薨。子厚烇未封而卒。無子，封除。

榮莊王祐樞，憲宗第十三子。正德初尚留京邸，乞霸州信安鎭田，故牧地也。部臣言：「永樂中，設立草場，蕃育馬匹，以資武備。至成化中，近倖始陳乞爲莊。後岐、壽二府相沿，莫之改正。曁孝宗皇帝留神戎務，清理還屯，不以私廢公也。今榮王就國有期，所請宜勿與。」三年之藩常德。祐樞狀貌類高帝，居國稍驕縱。世宗詔以沅江酉港、天心、團坪河泊

稅入王邸。嘉靖十八年薨。孫恭王載壿嗣，萬曆二十三年薨。子翊鈐嗣，四十年薨。子常湪嗣，薨。子憲王由楞嗣，薨。子慈焰嗣。張獻忠入湖南，奉母妃姚氏走辰溪，不知所終。

申懿王祐楷，憲宗第十四子。封敍州，未就藩。弘治十六年薨。無子，封除。

孝宗二子。武宗、蔚王厚煒，俱張皇后生。

蔚悼王厚煒，孝宗次子，生三歲薨。追加封謚。

校勘記

〔一〕永樂二十二年十月封　十月，原作「九月」，據本書卷八仁宗紀、仁宗實錄卷三上永樂二十二年十月壬子條、國榷卷一八頁一二二七改。

〔二〕次盟津王見灙　盟津，原作「孟津」，據本書卷一二英宗後紀、卷一〇七功臣世表、卷一七三石亨傳改。按下文亦作「盟津」。

〔三〕襄憲王瞻墡　襄憲王，原作「襄獻王」，據本書卷一〇三諸王世表、憲宗實錄卷一七四成化十四年正月己卯條、國榷卷三八頁二三九五改。「獻」字蒙上文「蘄獻王」、「謚莊獻」而誤。

〔四〕詔逮問長史楊穀　楊穀，明史稿傳五德莊王傳、世宗實錄卷一四一嘉靖十一年八月辛丑條都作「梁穀」。

〔五〕世子慈煇等皆遇害　慈煇，原作「慈輝」。按慈煇同輩之名末一字皆從「火」，作「輝」誤。據明史稿傳五崇王見澤傳改。

〔六〕武清侯石亨　武清侯，原作「石清侯」，據本書卷一二英宗後紀、卷一〇七功臣世表、卷一七三石亨傳改。

〔七〕憲宗第六子　第六子，當作「第四子」。文物一九七三年第三期江西南城出土益端王壙誌作「王諱祐檳，憲宗皇帝第四子」。

〔八〕正德元年以岐王世絕　正德元年，本書卷一〇四及明史稿表五諸王世表都作「弘治十七年」。

明史卷一百二十

列傳第八

諸王五

世宗諸子

哀沖太子載基　莊敬太子載壡　景王載圳　潁王載𡌴

戚王載㙺　薊王載壥　均王載堸

穆宗諸子

憲懷太子翊釴　靖王翊鈴　潞王翊鏐

神宗諸子

邠王常溆　福王常洵　沅王常治　瑞王常浩

惠王常潤　桂王常瀛

光宗諸子

簡王由欅　齊王由楫　懷王由模

湘王由栩　惠王由橏

熹宗諸子

懷沖太子慈然　悼懷太子慈焴　獻懷太子慈炅

莊烈帝諸子

太子慈烺　懷王慈烜　定王慈炯　永王慈炤

悼靈王慈煥　悼懷王

世宗八子。閻貴妃生哀沖太子載基。王貴妃生莊敬太子載壡。杜太后生穆宗。盧靖妃生景王載圳。江肅妃生潁王載𡌴。趙懿妃生戚王載㙺。陳雍妃生薊王載壥。趙榮妃生均王載堸。

哀沖太子載基，世宗第一子。生二月而殤。

莊敬太子載壡，世宗第二子。嘉靖十八年，世宗將南巡，立爲皇太子，〔一〕甫四歲，命監國，以大學士夏言爲傅。尚書霍韜、郎中鄒守益獻東宮聖學圖冊，疑爲謗訕，幾獲罪。帝既得方士段朝用，思習修攝術，諭禮部，具皇太子監國儀。太僕卿楊最諫，杖死，監國之議亦罷。贊善羅洪先、趙時春、唐順之請太子出閣，講學文華殿，皆削籍。太廟成，命太子攝祀。二十八年三月行冠禮，越二日薨。帝命與哀沖太子並建寢園，歲時祭祀，從諸陵後。

景恭王載圳，世宗第四子。嘉靖十八年册立太子，同日封穆宗裕王、載圳景王。其後太子薨，廷臣言裕王次當立。帝以前太子不永，遲之。晚信方士語，二王皆不得見。載圳既與裕王並出邸，居處衣服無別。載圳年少，左右懷窺覬，語漸聞，中外頗有異論。四十年之國德安。居四年薨。帝謂大學士徐階曰：「此子素謀奪嫡，今死矣。」初，載圳之藩，多請莊田。部議給之。荆州沙市不在請中。中使責市租，知府徐學謨執不與，又取薪稅於漢陽之劉家塥，推官吳宗周持之，皆獲譴。其他土田湖陂侵入者數萬頃。王無子，歸葬西山，妃妾皆還居京邸，封除。

潁殤王載壚，世宗第五子。生未踰月殤。

戚懷王載壂，世宗第六子。

薊哀王載堰，世宗第七子。

均思王載堸，世宗第八子。三王俱未踰歲殤，追加封諡。

穆宗四子。李皇后生憲懷太子翊釴。孝定太后生神宗、潞王翊鏐。其靖王翊鈴，母氏無考。

憲懷太子翊釴，穆宗長子。生五歲殤，贈裕世子。隆慶元年追諡。

靖悼王翊鈴，穆宗第二子。生未踰年殤，贈藍田王。隆慶元年追加封諡。

潞簡王翊鏐，穆宗第四子。隆慶二年生，生四歲而封。萬曆十七年之藩衞輝。初，翊鏐以帝母弟居京邸，王店、王莊徧畿內。比之藩，悉以還官，遂以內臣司之。皇店、皇莊自此益侈。翊鏐居藩，多請贍田、食鹽，無不應者。其後福藩遂緣爲故事。明初，親王歲祿外，量給草場牧地，間有以廢壞河灘請者，多不及千頃。部臣得執奏，不盡從也。景王就藩時，賜予概裁省。楚地曠，多閒田，詔悉予之。景藩除，潞得景故籍田，多至四萬頃，部臣無以難。至福王常洵之國，版籍更定，民力益絀，尺寸皆奪之民間，海內騷然。論者推原事始，頗以翊鏐爲口實云。翊鏐好文，性勤飭，恒以歲入輸之朝，助工助邊無所惜，帝益善之。四十二年，皇太后哀問至，翊鏐悲慟廢寢食，未幾薨。

世子常淓幼，母妃李氏理藩事。時福王奏請，輒取中旨，帝於王妃奏，亦從中下，示無異同。部臣言：「王妃奏陳四事，如軍校月糧之當給發，義和店之預防侵奪，義所當許，至歲祿之欲先給，王莊之欲更設，則不當許。且於王無絲豪益，徒令邸中人日魚肉小民，飽私囊。將來本支千億，請索日頻，盡天府之版章，給王邸而不足也。」不報。四十六年，常淓嗣。崇禎中，流賊擾秦、晉、河北。常淓疏告急，言：「衞輝城卑土惡，請選護衞三千人助守，捐歲入萬金資餉，不煩司農。」朝廷嘉之。盜發王妃塚，常淓上言：「賊延蔓漸及江北，鳳、泗陵寢可虞，宜早行剿滅。」時諸藩中能急國難者，惟周、潞二王云。後賊躪中州，常淓流寓於杭。順治二年六月降於我大清。

神宗八子。王太后生光宗。鄭貴妃生福王常洵、沅王常治。周端妃生瑞王常浩。李貴妃生惠王常潤、桂王常瀛。其邠王常溆、永思王常溥，母氏無考。

邠哀王常溆，神宗第二子。生一歲殤。

福恭王常洵，神宗第三子。初，王皇后無子，王妃生長子，是爲光宗。常洵次之，母鄭貴妃最幸。帝久不立太子，中外疑貴妃謀立己子，交章言其事，竄謫相踵，而言者不止。帝深厭苦之。二十九年始立光宗爲太子，而封常洵福王，婚費至三十萬，營洛陽邸第至二十

八萬，十倍常制。廷臣請王之藩者數十百奏。不報。至四十二年，始令就藩。

先是，海內全盛，帝所遣稅使、礦使遍天下，月有進奉，明珠異寶文毳錦綺山積，他搜括羸羨億萬計。至是多以資常洵。臨行出宮門，召還數四，期以三歲一入朝。下詔賜莊田四萬頃。所司力爭，常洵亦奏辭，得減半。中州腴土不足，取山東、湖廣田益之。又奏乞故大學士張居正所沒產，及江都至太平沿江荻洲雜稅，並四川鹽井榷茶銀以自益。伴讀、承奉諸官，假履畝爲名，乘傳出入河南北、齊、楚間，所至騷動。又請淮鹽千三百引，設店洛陽與民市。中使至淮、揚支鹽，乾沒要求輒數倍。而中州舊食河東鹽，以改食淮鹽故，禁非王肆所出不得鬻，河東引遏不行，邊餉由此絀。廷臣請改給王鹽於河東，且無與民市。弗聽。帝深居久，羣臣章奏率不省。獨福藩使通籍中左門，一日數請，朝上夕報可。四方姦人亡命，探風旨，走利如鶩。如是者終萬曆之世。

及崇禎時，常洵地近屬尊，朝廷尊禮之。常洵日閉閤飲醇酒，所好惟婦女倡樂。秦中流賊起，河南大旱蝗，人相食，民間藉藉，謂先帝耗天下以肥王，洛陽富於大內。援兵過洛者，喧言：「王府金錢百萬，而令吾輩枵腹死賊手。」南京兵部尚書呂維祺方家居，聞之懼，以利害告常洵，不爲意。十三年冬，李自成連陷永寧、宜陽。明年正月，參政王胤昌帥衆警備，總兵官王紹禹、副將劉見義、羅泰各引兵至。常洵召三將入，賜宴加禮。越數日，賊大

至，攻城。常洵出千金募勇士，縋而出，用矛入賊營，賊稍卻。夜半，紹禹親軍從城上呼賊相笑語，揮刀殺守堞者，燒城樓，開北門納賊。常洵縋城出，匿迎恩寺。翌日，賊跡而執之，遂遇害。兩承奉伏尸哭，賊捽之去。承奉呼曰：「王死某不願生，乞一棺收王骨，虀粉無所恨。」賊義而許之。桐棺一寸，載以斷車，兩人即其旁自縊死。王妃鄒氏及世子由崧走懷慶。賊火王宮，三日不絕。事聞，帝震悼，輟朝三日，令河南有司改殯。

十六年秋七月，由崧襲封，帝親擇宮中寶玉帶賜之。明年三月，京師失守，由崧與潞王常淓俱避賊至淮安。四月，鳳陽總督馬士英等迎由崧入南京。五月庚寅，稱監國。〔三〕以兵部尚書史可法、戶部尚書高弘圖及士英俱為大學士，士英仍督鳳陽軍務。壬寅自立於南京，僞號弘光。史可法督師江北。召士英入，分淮、揚、鳳、廬為四鎮，以總兵官黃得功、劉良佐、劉澤清、高傑領之。

由崧性闇弱，湛於酒色聲伎，委任士英及士英黨阮大鋮，擢至兵部尚書，巡閱江防。二人日以鬻官爵、報私憾為事。事詳諸臣傳中。未幾，有王之明者，詐稱莊烈帝太子，下之獄。又有婦童氏，自稱由崧妃，亦下獄。於是中外譁然。明年三月，寧南侯左良玉舉兵武昌，〔四〕以救太子誅士英為名，順流東下。阮大鋮、黃得功等帥師禦之。而我大清兵以是年五月己丑渡江。辛卯夜，由崧走太平，蓋趨得功軍也。壬辰，士英挾由崧母妃奔杭州。癸

巳，由崧至蕪湖。丙申，大兵至南京城北，文武官出降。丙午，執由崧至南京。九月甲寅，以歸京師。

沅懷王常治，神宗第四子。生一歲殤。

瑞王常浩，神宗第五子。初，太子未立，有三王並封之旨，蓋謂光宗、福王及常浩也。尋以羣臣爭，遂寢。二十九年，東宮立，與福、惠、桂三王同日封。常洵以長，先之藩。常浩年已二十有五，尚未選婚。羣臣交章言，率不報，而日索部帑為婚費，贏十八萬，藏宮中，且言冠服不能備。天啟七年之藩漢中。崇禎時，流寇劇，封地當賊衝。七年上書言：「臣託先帝骨肉，獲奉西藩，未期年而寇至。〔五〕比西賊再渡河，闌入漢興，破洵陽，逼興安，紫陽、平利、白河相繼陷沒。督臣洪承疇單騎裹甲出入萬山，賊始敗遁。臣捐犒軍振飢銀七千餘兩。此時撫臣練國事移兵商、洛，按臣范復粹馳赴漢中，近境稍寧。既而鳳縣再陷，蜀賊入秦州，楚賊上興安。六月遂犯郡界，幸諸將憑江力拒，賊方稍退。臣在萬山絕谷中，賊四面至，覆亡無日。臣肺腑至親，藩封最僻，而於寇盜至迫，惟陛下哀憐。」常浩在宮中，衣服禮秩降等，好佛不近女色。及寇逼秦中，將吏不能救，乞師於蜀。總兵官侯良柱援之，遂奔重慶。隴西士大夫多挈家以從。十七年，張獻忠陷重慶，被執，遇害。時天無雲而雷者三，從死者甚衆。

惠王常潤，神宗第六子。福王之藩，內廷蓄積為空。中官藉諸王冠婚，索部帑以實宮中，所需輒數十萬，珠寶稱是。戶部不能給。常潤與弟常瀛年二十，皆未選婚。其後兵事亟，始減殺成禮。天啟七年之藩荊州。崇禎十五年十二月，李自成再破夷陵、荊門，常潤走湘潭，自成入荊州據之。常潤之渡湘也，遇風於陵陽磯，宮人多漂沒，身僅以免，就吉王於長沙。十六年八月，張獻忠陷長沙，常潤走衡州，就桂王。衡州繼陷，與吉王、桂王走永州。巡按御史劉熙祚遣人護三王入廣西，以身當賊。永州陷，熙祚死之。

桂端王常瀛，神宗第七子。天啟七年之藩衡州。崇禎十六年，衡州陷，與吉、惠二王同走廣西，居梧州。

大清順治二年，大兵平江南，福王就擒。在籍尚書陳子壯等將奉常瀛監國，會唐王自立於福建，遂寢。是年，薨於蒼梧。

世子已先卒，次子安仁王由𣜬亦未幾卒。次由榔，崇禎時，封永明王。

三年八月，大兵取汀州，執唐王聿鍵。於是兩廣總督丁魁楚、廣西巡撫瞿式耜、巡按王化澄與舊臣呂大器等共推由榔監國。母妃王氏曰：「吾兒不勝此，願更擇可者。」魁楚等意

益堅，合謀迎於梧。十月十四日監國肇慶，〔六〕以魁楚、大器、式耜為大學士，餘授官有差。是月大兵取贛州，內侍王坤倉卒奉由榔仍走梧州，式耜等力爭，乃回肇慶。十一月，唐王弟聿𨮁自閩浮海至粵。時閩舊臣蘇觀生撤兵奔廣州，與布政使顧元鏡、總兵官林察等謀立聿𨮁，僞號紹武，與由榔相拒。是月由榔亦自立於肇慶，僞號永曆，遣兵部侍郎林佳鼎討聿𨮁。會大兵由福建取廣州，執聿𨮁，觀生自縊，祭酒梁朝鍾、太僕卿霍子衡等俱死。肇慶大震，王坤復奉由榔走梧州。

明年二月，由平樂、潯州走桂林。魁楚棄由榔，走岑溪，降於大軍。既而平樂不守，由榔大恐。會武岡總兵官劉承胤以兵至全州，王坤請赴之。式耜力諫。不聽。乃以式耜及總兵官焦璉留守桂林，封陳邦傅為思恩侯，〔七〕守昭平，遂趨承胤軍中。三月封承胤安國公，錦衣指揮馬吉翔等為伯。承胤挾由榔歸武岡，改曰奉天府，政事皆決焉。

是時，長沙、衡、永皆不守，湖廣總督何騰蛟與侍郎嚴起恒走白牙市。六月，由榔遣官召騰蛟至，密使除承胤，顧承胤勢盛，騰蛟復還白牙。大兵由寶慶趨武岡，馬吉翔等挾由榔走靖州，承胤舉城降。由榔又奔柳州。道出古泥，總兵官侯性、太監龐天壽帥舟師來迎。會天雨飢餓，性供帳甚備。九月，土舍覃鳴珂作亂，大掠城中，矢及由榔舟。先是，大兵趨桂林，焦璉拒守甚力，又廣州有警，大兵東向，桂林稍安。既而湖南十三鎮將郝永忠、盧鼎

中華書局

等俱奔赴桂林，騰蛟亦至，與式耜議分地給諸將，使各自爲守。璉已先復陽朔、平樂，陳邦傳復潯州，合兵復梧州，廣西全省略定。十二月，由榔返桂林。

五年二月，大兵至靈川，郝永忠潰於興安，奔還，挾由榔走柳州。大兵攻桂林，式耜、騰蛟拒戰。時南昌金聲桓等叛，降於由榔。八月，由榔至肇慶。六年春，大兵下湘潭，何騰蛟死。明年，由榔走梧州。是年十二月，大兵入桂林，瞿式耜及總督張同敞死焉。由榔聞報大懼，自梧州奔南寧。時孫可望已據滇、黔，受封爲秦王。八年三月，遣兵來衞，殺嚴起恒等。

九年二月，可望迎由榔入安隆所，改曰安龍府。久之，日益窮促，聞李定國與可望有隙，遣使密召定國，以兵來迎。馬吉翔黨於可望，偵知之，大學士吳貞毓以下十餘人皆被殺。事詳貞毓傳。後二年，李定國敗於新會，將由安隆入滇。可望患之，促由榔移貴陽就己。由榔故遲行。定國至，遂奉由榔由安南衞走雲南，居可望署中，封定國晉王。可望以妻子在滇，未敢動。明年，由榔送其妻子還黔，遂舉兵與定國戰於三岔。可望將白文選單騎奔定國軍。可望敗，挈妻子赴長沙大軍前降。

十五年三月，大兵三路入雲南。定國阨雞公背，斷貴州道，別將守七星關，抵生界立營，以牽蜀師。大兵出遵義，由水西取烏撒，守將棄關走，李定國連敗於安隆，由榔走永昌。

明年正月三日，大兵入雲南，由榔走騰越。定國敗於潞江，又走南甸。二十六日，抵囊木河，是爲緬境。緬勒從官盡棄兵仗，始啓關，至蠻莫。二月，緬以四舟來迎，從官自覓舟，隨行者六百四十餘人，陸行者自故岷王子而下九百餘人，期會於緬甸。十八日至井亘。黔國公沐天波等謀奉由榔走戶、臘二河，不果。五月四日，緬復以舟來迎。明日，發井亘，行三日，至阿瓦。阿瓦者，緬酋所居城也。又五日至赭硜。陸行者緬人悉掠爲奴，多自殺。惟岷王子八十餘人流入暹羅。緬人於赭硜置草屋居由榔，遣兵防之。

十七年，定國、文選與緬戰，索其主，連敗緬兵，緬終不肯出由榔。十八年五月，緬酋弟莽猛白代立，紿從官渡河盟。既至，以兵圍之，殺沐天波、馬吉翔、王維恭、魏豹等四十有二人，詳任國璽傳。存者由榔與其屬二十五人。十二月，大兵臨緬，白文選自木邦降，定國走景線，緬人以由榔父子送軍前。明年四月，死於雲南。六月，李定國卒，其子嗣興等降。

永思王常溥，神宗第八子。生二歲殤。

光宗七子。王太后生熹宗、簡王由㰒。王選侍生齊王由楫。李選侍生懷王由楧。劉太后生莊烈皇帝。定懿妃生湘王由栩。敬妃生惠王由橏。

簡懷王由㰒，光宗第二子。生四歲殤。齊思王由楫，光宗第三子。生八歲殤。懷惠王由楧，光宗第四子。生五歲殤。湘懷王由栩，光宗第六子。惠昭王由橏，光宗第七子。俱早殤。五王皆追加封諡。

熹宗三子。懷沖太子慈然，不詳其所生母。皇貴妃范氏生悼懷太子慈焴。容妃任氏生獻懷太子慈炅。

懷沖太子慈然，熹宗第一子。悼懷太子慈焴，熹宗第二子。獻懷太子慈炅，熹宗第三子。與懷沖、悼懷皆殤。

莊烈帝七子。周皇后生太子慈烺、懷隱王慈烜、定王慈炯。田貴妃生永王慈炤、悼靈王慈煥、悼懷王及皇七子。

太子慈烺，莊烈帝第一子。崇禎二年二月生，三年二月立爲皇太子。[七]十年預擇東宮侍班講讀官，命禮部尚書姜逢元，詹事姚明恭，少詹王鐸、屈可伸侍班，禮部侍郎方逢年，諭

德項煜，修撰劉理順，編修吳偉業、楊廷麟、林曾志講讀，編修胡守恒、楊士聰校書。十一年二月，太子出閣。十五年正月開講，閣臣條上講儀。七月改慈慶宮爲端本宮。慈慶，懿安皇后所居也。時太子年十四，議明歲選婚，故先爲置宮，而移懿安后於仁壽殿。既而以寇警暫停。京師陷，賊獲太子，僞封宋王。及賊敗西走，太子不知所終。由崧時，有自北來稱太子者，驗之，以爲駙馬都尉王昺孫王之明者僞爲之，繫獄中，南京士民譁然不平。袁繼咸及劉良佐、黃得功輩皆上疏爭。左良玉起兵亦以救太子爲名。一時眞僞莫能知也。由崧既奔太平，南京亂兵擁王之明立之。越五日，降於我大淸。

懷隱王慈烜，莊烈帝第二子。殤。

定王慈炯，莊烈帝第三子。崇禎十四年六月諭禮臣：「朕第三子，年已十齡，敬遵祖制，宜加王號。但既受册封，必具冕服，而會典開載，年十二或十五始行冠禮。十齡受封加冠，二禮可並行乎？」於是禮臣歷考經傳及本朝典故以奏。定於是歲册封，越二年行冠禮。九月封爲定王。十一月選新進士爲檢討，國子助教等官爲待詔，充王講讀官，以兩殿中書充侍書。十七年，京師陷，不知所終。

永王慈炤，莊烈帝第四子。崇禎十五年三月封永王。賊陷京師，不知所終。

悼靈王慈煥，莊烈帝第五子。生五歲而病，帝視之，忽云：「九蓮菩薩言，帝待外戚薄，

將盡殤諸子。」遂薨。九蓮菩薩者，神宗母，孝定李太后也。太后好佛，宮中像作九蓮座，故云。帝念王靈異，封爲孺孝悼靈王玄機慈應眞君，命禮臣議孝和皇太后、莊妃、懿妃道號。禮科給事中李焻言：「諸后妃，祀奉先殿，不可崇邪教以亂徽稱。」不聽。十六年十二月，改封宣顯慈應悼靈王，去「眞君」號。

悼懷王，莊烈帝第六子，生二歲殤。第七子，生三歲殤。名俱無考。

贊曰：有明諸藩，分封而不錫土，列爵而不臨民，食祿而不治事。蓋矯枉鑒覆，所以杜漢、晉末大之禍，意固善矣。然徒擁虛名，坐糜厚祿，賢才不克自見，知勇無所設施。防閑過峻，法制日增。出城省墓，請而後許，二王不得相見。藩禁嚴密，一至於此。當太祖時，宗藩備邊，軍戎受制，贊儀疎屬，且令遍歷各國，使通親親。然則法網之繁，起自中葉，豈太祖衆建屏藩初計哉！

校勘記

〔一〕嘉靖十八年世宗將南巡立爲皇太子　十八年，原脫「十」字。按載壡立爲皇太子及世宗南巡，

都在嘉靖十八年，見本書卷一七世宗紀、世宗實錄卷二二一嘉靖十八年二月庚子條，據補。

〔二〕五月庚寅稱監國　原脫「五月」二字，而繫于四月下。按四月戊午朔，不得有庚寅日。本書卷二七四史可法傳、國榷卷一〇一頁六〇八二都作「五月」，據補。

〔三〕寧南侯左良玉擧兵武昌　寧南侯，原作「南寧侯」，據本書卷二七三左良玉傳、明史稿傳六下福王由崧傳改。

〔四〕未期年而寇至　期年，原作「幾年」。按常浩於天啓七年至漢中，第二年是崇禎元年，農民起義軍入略陽，逼漢中。明史稿傳六瑞王常浩傳作「期年」，是，據改。

〔五〕十月十四日監國肇慶　十月十四日，本書卷二八〇瞿式耜傳作「十月十日」，疑是。明季南略卷一二作「十月初十日監國，十四日丙戌卽皇帝位」。

〔六〕封陳邦傳爲思恩侯　陳邦傳，原作「陳邦傅」，據本書卷二七九朱天麟傳、楊畏知傳、吳貞毓傳附李如月傳，卷二八〇瞿式耜傳，明史稿傳六下桂恭王常瀛傳改。

〔七〕三年二月立爲皇太子　二月，原作「九月」，據本書卷二三莊烈帝紀、懷宗實錄卷三崇禎三年二月庚申條、國榷卷九一頁五五一八改。

明史卷一百二十一

列傳第九

公主

明制，皇姑曰大長公主，皇姊妹曰長公主，皇女曰公主，俱授金册，祿二千石，壻曰駙馬都尉。親王女曰郡主，郡王女曰縣主，孫女曰郡君，曾孫女曰縣君，玄孫女曰鄉君，壻皆儀賓。郡主祿八百石，餘遞減有差。郡主以下，恩禮既殺，無足書者。今依前史例，作公主傳，而駙馬都尉附焉。

仁祖二女　太祖十六女　福成慶陽二主附　興宗四女
成祖五女　仁宗七女　宣宗二女　英宗八女　景帝一女
憲宗五女　孝宗三女　睿宗二女　世宗五女　穆宗六女
神宗十女　光宗九女　熹宗二女　莊烈帝六女

仁祖二女。

太原長公主，淳皇后所生，嫁王七一，早卒。洪武三年追册，幷贈七一榮祿大夫駙馬都尉，遣使具衣冠改葬於盱眙。

曹國長公主，太原主母妹，嫁李貞。主性純孝，助貞理家尤勤儉，早卒。貞攜子文忠避兵，依太祖於滁陽。洪武元年二月追册主爲孝親公主，封貞恩親侯駙馬都尉。先是，兵亂，主未葬，命有司具禮葬於李氏先墓。詔曰：「公主祠堂碑亭，其制悉視功臣之贈爵爲王者。」三年改册主隴西長公主。五年，以文忠貴，加册曹國長公主，幷進貞右柱國曹國公。貞性孝友恭謹。初，文忠守嚴州，屢以征伐事出，皆委貞權掌軍務。文忠克桐廬，以所俘卒送嚴。嚴城空虛，俘卒謀叛去。貞饗其衆，醉而縛之，以歸應天。太祖嘉之，累授官如子爵，賜甲第西華門玄津橋之西。帝數臨幸，太子諸王時往起居，親重無與比。晚歲尤折節謙抑，嘗曰：「富貴而忘貧賤，君子不爲也。」十二年冬卒。贈隴西王，諡恭獻。文忠自有傳。

太祖十六女。

臨安公主，洪武九年下嫁李祺，韓國公善長子也。是時始定公主婚禮，先期賜駙馬冠

詰並朝服，儀從甚盛。主執婦道甚備。祺，功臣子，帝長壻，頗委任之。四方水旱，每命祺往振濟。二十三年，善長坐事死。祺已前卒，主至永樂十九年薨。

寧國公主，孝慈皇后生。洪武十一年下嫁梅殷。殷字伯殷，汝南侯思祖從子也，天性恭謹，有謀略，便弓馬。太祖十六女諸駙馬中，尤愛殷。時李文忠以上公典國學，而殷視山東學政，賜敕褒美，謂殷精通經史，堪爲儒宗。當世皆榮之。

帝春秋高，諸王強盛。殷嘗受密命輔皇太孫。及燕師日逼，惠帝命殷充總兵官鎮守淮安，悉心防禦，號令嚴明。燕兵破何福軍，執諸將平安等，遣使假道於殷，以進香爲名。殷答曰：「進香，皇考有禁，不遵者爲不孝。」王大怒，復書言：「今興兵誅君側惡，天命有歸，非人所能阻。」殷割使者耳鼻縱之，曰：「留汝口爲殿下言君臣大義。」王爲氣沮。而鳳陽守徐安亦拆浮橋，絕舟檝以遏燕。燕兵乃涉泗，出天長，取道揚州。王卽帝位，殷尙擁兵淮上，帝迫公主齧血爲書投殷。殷得書慟哭，乃還京。旣入見，帝迎勞曰：「駙馬勞苦。」殷曰：「勞而無功耳。」帝默然。

永樂二年，都御史陳瑛奏殷畜養亡命，與女秀才劉氏朋邪詛咒。帝曰：「朕自處之。」因諭戶部考定公、侯、駙馬、伯儀仗從人之數，而別命錦衣衛執殷家人送遼東。明年冬十月，

殷入朝，前軍都督僉事譚深、錦衣衛指揮趙曦擠殷笪橋下，溺死，以殷自投水聞。都督同知許成發其事。帝怒，命法司治深、曦罪，斬之，籍其家。遣官爲殷治喪，諡榮定，而封許成爲永新伯。

初，公主聞殷死，謂上果殺殷，牽衣大哭，問駙馬安在。帝曰：「爲主跡賊，無自苦。」尋官殷二子，順昌爲中府都督同知，景福爲旗手衞指揮使，賜公主書曰：「駙馬殷雖有過失，兄以至親不問。比聞溺死，兄甚疑之。都督許成來首，已加爵賞，謀害之人悉置重法，特報妹知之。」瓦剌灰者，降人也，事殷久，謂深、曦實殺殷，請於帝，斷二人手足，剖其腸祭殷，遂自經死。十二月進封公主爲寧國長公主。宣德九年八月薨，年七十一。

初，主聞成祖舉兵，貽書責以大義。不答。成祖至淮北，貽主書，命還居太平門外，勿罹兵禍。主亦不答。然成祖故重主，卽位後，歲時賜與無算，諸王莫敢望。殷孫純，成化中舉進士，知定遠縣，忤上官，棄歸。襲武階，爲中都副留守。

崇寧公主，洪武十七年下嫁牛城，未幾薨。

安慶公主，寧國主母妹。洪武十四年下嫁歐陽倫。倫頗不法。洪武末，茶禁方嚴，數遣私人販茶出境，所至繹騷，雖大吏不敢問。有家奴周保者尤橫，輒呼有司科民車至數十輛。過河橋巡檢司，擅捶辱司吏。吏不堪，以聞。帝大怒，賜倫死，保等皆伏誅。

汝寧公主，洪武十五年與懷慶、大名二主先後下嫁，而主下嫁陸賢，〔二〕吉安侯仲亨子也。

懷慶公主，母成穆孫貴妃。下嫁王寧。寧，壽州人，旣尙主，掌後軍都督府事。建文中，嘗洩中朝事於燕，籍其家，繫錦衣衞獄。成祖卽位，稱寧孝於太祖，忠於國家，正直不阿，橫遭誣搆，封永春侯，予世劵。寧能詩，頗好佛。嘗侍帝燕語，勸帝誦佛經飯僧，爲太祖資福。帝不懌，自是恩禮漸衰。久之，坐事下獄，見原，卒。子貞亮，官羽林前衞僉事，先寧卒。宣德十年，貞亮子彝援詔書言公主嫡孫當嗣侯，不許，命以衞僉事帶俸，奉主祀。寧又有子貞慶，工詩，與劉溥等稱「十才子」。

大名公主，下嫁李堅。堅，武陟人。父英，洪武初爲驍騎右衞指揮僉事。從征雲南陣沒，贈指揮使。堅有才勇，旣尙主，掌前軍都督府事。建文初，以左副將軍從伐燕。及戰，勝負略相當，封灤城侯，予世劵。滹沱河之戰，燕卒薛祿刺堅墮馬被擒，械送北平，道卒。子莊年七歲，嗣侯。成祖卽位，莊父姓名在姦黨中，以主故獲宥。主懼禍，遂納侯誥劵。宣德元年，主薨。莊在南京師事劉溥，放浪詩酒，以壽終。

福淸公主，母鄭安妃。洪武十八年下嫁張麟，鳳翔侯龍子也。麟未嗣侯卒。永樂十五

年，主薨。

壽春公主，洪武十九年下嫁傅忠，潁國公友德子也。先是，九年二月定制：公主未受封者，歲給紵絲紗絹布線；已封，賜莊田一區，歲徵租一千五百石，鈔二千貫。主爲太祖所愛，賜吳江縣田一百二十餘頃，皆上腴，歲入八千石，踰他主數倍。二十一年薨，賜明器儀仗以葬。

十公主，早薨。

南康公主，洪武二十一年下嫁胡觀，東川侯海子也。海嘗以罪奪祿田。及觀尙主，詔給田如故。觀初在選中，帝命黃巖、徐宗實敎之。旣婚，督課益嚴，又爲書數千言，引古義相戒勸。觀執弟子禮甚恭。太祖爲大喜。建文三年，觀從李景隆北征，爲燕兵所執。永樂初，奉使晉府還，科道官劾觀僭乘晉王所賜樓輿。詔姑宥之。已，都御史陳瑛等劾觀強取民間子女，又娶娼爲妾，且言：「預知李景隆逆謀，陛下曲加寬宥，絕無悛心，宜正其罪。」遂罷觀朝請，尋自經死。宣德中，主爲子忠乞嗣，詔授孝陵衞指揮僉事，進同知。正統三年，主薨。

永嘉公主，母郭惠妃。洪武二十二年下嫁郭鎭，武定侯英子也。英卒，鎭不得嗣。宣德十年，主乞以子珍嗣，語在英傳。景泰六年，主薨。世宗卽位，元孫勛有寵，爲主乞追諡，特

賜諡貞懿。

十三公主，早薨。

含山公主，母高麗妃韓氏。洪武二十七年下嫁尹清。建文初，清掌後府都督事，先主卒。主至天順六年始薨，年八十有二。

汝陽公主，永嘉主同母妹，與含山主同年下嫁謝達。達父彥，鳳陽人，少育於孫氏，冒其姓。數從征討有功，累官前軍都督僉事，詔復謝姓，選其子尚主。仁宗即位，主以屬尊，與寧國、懷慶、大名、南康、永嘉、含山、寶慶七主皆進稱大長公主。自後諸帝即位，公主進封長公主、大長公主皆如制。

寶慶公主，太祖最幼女，下嫁趙輝。輝父和以千戶從征安南陣沒，輝襲父官。先是，成祖即位，主甫八歲，命仁孝皇后撫之如女。永樂十一年，輝以千戶守金川門，年二十餘，狀貌偉麗，遂選以尚主。主既爲后所撫，裝奩視他主倍渥，婚夕特詔皇太子送入邸。主性純淑，宣德八年薨。輝至成化十二年始卒。凡事六朝，歷掌南京都督及宗人府事。家故豪侈，姬妾至百餘人，享有富貴者六十餘年，壽九十。

福成公主，南昌王女，母王氏。嫁王克恭。克恭嘗爲福建行省參政，後改福州衛指

揮使。

慶陽公主，蒙城王女，嫁黃琛。琛本名寶，武昌人，以帳前參隨舍人擢兵馬副指揮。太祖愛其謹厚，配以王女。累從征討，積功至龍江翼守禦千戶。洪武元年冊兩王女爲公主，授克恭、琛爲駙馬都尉，遷琛淮安衛指揮使。四年三月，禮官上言：「皇姪女宜改封郡主，克恭、琛當上駙馬都尉誥。」帝曰：「朕惟姪女二人，不忍遽加降奪，其稱公主駙馬如故。」公主歲給祿米五百石，視他主減三之二，駙馬止食本官俸。擢琛中都留守，卒官。子鉉至都督僉事。主至建文時，改封慶成郡主。燕師南下，主嘗詣軍中議和，蓋成祖從姊。或謂福成、慶陽皆太祖從姊妹者，誤也。

興宗四女。

江都公主，洪武二十七年下嫁耿璿，長興侯炳文子也。累官前軍都督僉事。主爲懿文太子長女。初稱江都郡主，建文元年進公主，璿爲駙馬都尉。炳文之伐燕也，璿嘗勸直搗北平。會炳文罷歸，謀不用。永樂初，稱疾不出，坐罪死。主復降爲郡主，憂卒。

宜倫郡主，永樂十五年下嫁于禮。

三女，無考。

南平郡主，未下嫁，永樂十年薨，追冊。

成祖五女。

永安公主，下嫁袁容。容，壽州人，父洪以開國功，官都督。洪武二十八年選容爲燕府儀賓，配永安郡主。燕兵起，有戰守功。永樂元年進郡主爲公主，容駙馬都尉，再論功，封廣平侯，祿一千五百石，予世券。凡車駕巡幸，皆命容居守。

初，都指揮欵台乘馬過容門，容怒其不下，箠之幾死。帝聞之，賜趙王高燧書曰：「自洪武來，往來駙馬門者，未聞令下馬也。昔晉王敦爲駙馬，縱恣暴橫，卒以滅亡。汝其以書示容，令械辱欵台之人送京師。」容由是斂戢。

十五年，主薨，停容侯祿。宣宗即位，復故。卒，贈沂國公，諡忠穆。子禎嗣。〔三〕卒，無子。庶弟瑄，正統初乞嗣。帝曰：「容封以公主恩，禎嗣以公主子。瑄庶子，可長陵衛指揮僉事。」天順元年詔復侯爵，卒。弟琇，成化十五年嗣，卒。姪輅乞嗣侯，言官持不可。帝曰：「詔書許子孫嗣。輅，容孫也，輅後毋嗣，仍世衛僉事。」輅卒，子夔，弘治間乞嗣侯。不許。

永平公主，下嫁李讓。讓，舒城人，與袁容同歲選爲燕府儀賓。燕兵起，帥府兵執謝貴等，取大寧，戰白溝河有功，署掌北平布政司事，佐仁宗居守。其父申，官留守左衛指揮同知。惠帝欲誘致讓，曰：「讓來，吾宥爾父。」讓不從，力戰破平安兵。帝遂殺申，籍其家，姻族皆坐死或徙邊。永樂元年進讓駙馬都尉，封富陽侯，食祿千石，掌北京行部事。卒，贈景國公，諡恭敏。子茂芳嗣侯。仁宗即位，以茂芳母子在先帝時有逆謀，廢爲庶人，追奪其父讓并三代誥券毀之。是年，茂芳死。正統九年，主薨。天順元年詔與茂芳子輿伯爵，卒。成化間，授輿子欽長陵衛指揮僉事。

安成公主，文皇后生。成祖即位，下嫁宋琥，西寧侯晟子也。正統八年，主薨。

咸寧公主，安成主同母妹。永樂九年下嫁宋瑛，琥弟也。襲西寧侯。正統五年，主薨。十四年，瑛與武進伯朱冕禦也先於陽和，戰死。

常寧公主，下嫁沐昕，西平侯英子。主恭慎有禮，通孝經、女則。永樂六年薨，〔四〕年二十二。

仁宗七女。

中華書局

嘉興公主，昭皇后生。宣德三年下嫁井源。正統四年薨。後十年，源死土木之難。

慶都公主，宣德三年下嫁焦敬。正統五年薨。

清河公主，宣德四年下嫁李銘。八年薨。

眞定公主，母李賢妃，與清河主同年下嫁王誼。景泰元年薨。

德安公主，早薨。仁宗卽位之十月，與蘄王瞻埈同日追封，謚悼簡。册辭謂第四女，蓋早殤，名次未定也。又五女延平公主，六女德慶公主，俱未下嫁薨。

宣宗二女。

順德公主，正統二年下嫁石璟。璟，昌黎人。天順五年，曹欽反，璟帥衆殺賊，擒其黨脫脫。詔獎勞。成化十四年奉祀南京，踰年卒。

常德公主，章皇后生。正統五年下嫁薛桓。成化六年薨。

英宗八女。

重慶公主，與憲宗同母。天順五年下嫁周景。景字德彰，安陽人，好學能書。英宗愛之，閒燕遊幸多從。憲宗立，命掌宗人府事。居官廉愼，詩書之外無所好。主事舅姑甚孝，

衣履多手製，歲時拜謁如家人禮。景每早朝，主必親起視飲食。主之賢，近世未有也。弘治八年，景卒。又四年，主薨，年五十四。子賢歷官都指揮僉事，有聲。

嘉善公主，母王惠妃。成化二年下嫁王增，〔四〕兵部尙書驥孫也。弘治十三年薨。

淳安公主，成化二年下嫁蔡震。震行醇謹。正德中，劉瑾下獄，詔廷訊。有問者，瑾輒指其人附己，廷臣無敢詰。震厲聲曰：「我皇家至戚，應不附爾！」趣獄卒考掠之，瑾乃服罪，以是知名。嘉靖中卒，贈太保，謚康僖。

崇德公主，母楊安妃。成化二年下嫁楊偉，與濟伯善孫也。弘治二年薨。

廣德公主，母萬宸妃。成化八年下嫁樊凱。二十年八月薨。

宜興公主，母魏德妃。成化九年下嫁馬誠。正德九年薨。

隆慶公主，母高淑妃。成化九年下嫁游泰。十五年薨。

嘉祥公主，母妃劉氏。成化十三年下嫁黃鏞。後六年薨。

景帝一女。

固安公主，英宗復辟，降稱郡主。成化時，年已長，憲宗以閣臣奏，五年十一月下嫁王憲。禮儀視公主，以故尙書蹇義賜第賜之。

憲宗五女。

仁和公主，弘治二年下嫁齊世美。嘉靖二十三年薨。

永康公主，弘治六年下嫁崔元。元，代州人，世宗入繼，以迎立功封京山侯，給誥券。禮部言：「奉迎乃臣子之分，遽膺封爵，無故事。」帝曰：「永樂初年，太宗入繼大統，駙馬都尉王寧以翊戴功封永春侯，何得言無故事。」給事中底蘊、御史高越等連章論其不可。皆不聽。已，坐張延齡事下詔獄，尋釋。元好交文士，播聲譽，寵幸優渥，勳臣戚畹莫敢望焉。嘉靖二十八年卒。贈左柱國太傅兼太子太傅，謚榮恭。駙馬封侯贈官不以軍功自元始。主先元薨。

德清公主，弘治九年下嫁林岳。岳字鎭卿，應天人，少習舉子業，奉母孝，撫弟繼極友愛。主亦有賢行，事姑如齊民禮。岳卒於正德十三年，主孀居三十一年始薨。

長泰公主，成化二十三年薨，追册。

仙遊公主，弘治五年薨，追册。

孝宗三女。

太康公主，弘治十一年薨，未下嫁。

永福公主，嘉靖二年下嫁鄔景和。景和，崑山人，嘗奉旨直西苑，撰玄文，以不諳玄理辭。帝不悅。時有事清馥殿，在直諸臣俱行祝釐禮，景和不俟禮成而出。已而賞賚諸臣，景和與焉。疏言：「無功受賞，懼增罪戾。乞容辭免，俾洗心滌慮，以效他日馬革裹尸、啣環結草之報。」帝大怒，謂詛咒失人臣禮，削職歸原籍，時主已薨矣。三十五年入賀聖誕畢，因言：「臣自五世祖寄籍錦衣衞，世居北地。今被罪南徙，不勝犬馬戀主之私。扶服入賀，退而私省公主墳墓，丘封翳然，荆棘不翦。臣切自念，狐死尙正首丘，臣託命貴主，獨與逝者魂魄相弔於數千里外，不得春秋祭掃，拊心傷悔，五內崩裂。臣之罪重，不敢祈恩，惟陛下幸哀故主，使得寄籍原衞，長與相依，死無所恨。」帝憐而許之。隆慶二年復官。卒贈少保，謚榮簡。

永淳公主，下嫁謝詔。

睿宗二女。

長寧公主，早薨。善化公主，早薨。嘉靖四年，二主同日追册。

世宗五女。

常安公主，未下嫁。嘉靖二十八年薨，追册。

思柔公主，後常安主二月薨，年十二，追册。

寧安公主，嘉靖三十四年下嫁李和。

歸善公主，嘉靖二十三年薨，追册，葬祭視太康主。

嘉善公主，嘉靖三十六年下嫁許從誠。四十三年薨。

穆宗六女。

蓬萊公主，早薨。

太和公主，早薨。隆慶元年與蓬萊主同日追册。

壽陽公主，萬曆九年下嫁侯拱辰。〔五〕國本議起，拱辰掌宗人府，亦具疏力爭。卒贈太傅，謚榮康。

永寧公主，下嫁梁邦瑞。萬曆三十五年薨。

瑞安公主，神宗同母妹。萬曆十三年下嫁萬煒。崇禎時，主累加大長公主。所產子及庶子長祚、弘祚皆官都督。煒官至太傅，管宗人府印。嘗以親臣侍經筵，每文華進講，佩刀

入直。李建泰西征，命煒以太牢告廟，年七十餘矣。國變，同子長祚死於賊。弘祚投水死，長祚妻李氏亦赴井死。

延慶公主，萬曆十五年下嫁王昺。昺嘗救御史劉光復，觸帝怒，削職。光宗立，復官。

神宗十女。

榮昌公主，萬曆二十四年下嫁楊春元。四十四年，春元卒。久之，主薨。

壽寧公主，二十七年下嫁冉興讓。主爲神宗所愛，命五日一來朝，恩澤異他主。崇禎時，洛陽失守，莊烈帝命興讓同太監王裕民、給事中葉高標往慰福世子於河北。都城陷，興讓死於賊。

靜樂、雲和、雲夢、靈丘、仙居、泰順、香山、天台八公主，皆早世，追册。

光宗九女。

懷淑公主，七歲而薨，追册。餘五女皆早世，未封。

寧德公主，下嫁劉有福。

遂平公主，天啓七年下嫁齊贊元。崇禎末，贊元奔南京，主前薨。

樂安公主，下嫁鞏永固。永固，字洪圖，宛平人，好讀書，負才氣。崇禎十六年二月，帝召公、侯、伯於德政殿，言：「祖制，勳臣駙馬入監讀書，習武經弓馬。諸臣各有子弟否？」成國公朱純臣、定國公徐允禎等皆以幼對。而永固獨上疏，請肄業太學。帝褒答之。總督趙光抃以邊事繫獄，特疏申救。又請復建文皇帝廟謚。事雖未行，時論韙焉。甲申春，賊破宣、大，李邦華請太子南遷，爲異議所格。及事急，帝密召永固及新樂侯劉文炳護行。叩頭言：「親臣不藏甲，臣等難以空手搏賊。」皆相向涕泣。十九日，都城陷。時公主已薨，未葬，永固以黃繩縛子女五人繫柩旁，曰：「此帝甥也，不可汙賊手。」舉劍自刎，闔室自焚死。

熹宗二女。皆早世。

莊烈帝六女。

坤儀公主，周皇后生。追謚。

長平公主，年十六，帝選周顯尚主。將婚，以寇警暫停。城陷，帝入壽寧宮，主牽帝衣哭。帝曰：「汝何故生我家！」以劍揮斫之，斷左臂；又斫昭仁公主於昭仁殿。越五日，長平主復甦。大清順治二年上書言：「九死臣妾，跼蹐高天，願髠緇空王，稍申罔極。」詔不許，命

顯復尚故主，土田邸第金錢車馬錫予有加。主涕泣。踰年病卒。賜葬廣寧門外。

餘三女，皆早世，無考。

校勘記

〔一〕而主下嫁陸賢　陸賢，原作「陸買」，據明史稿傳七汝寧公主傳、國榷卷首之一頁一〇改。

〔二〕子禎嗣　禎，原作「貞」，據下文及本書卷一〇六功臣世表、明史稿傳七永安公主傳改。

〔三〕永樂六年薨　永樂，原作「正統」，據太宗實録卷五五永樂六年三月戊午條改。

〔四〕成化二年下嫁王增　王增，本書卷一七一王驥傳作「王添」。

〔五〕萬曆九年下嫁侯拱辰　侯拱辰，本書卷一二三六江東之傳、國榷卷首之一頁一六都作「侯拱宸」。

中華書局

明史卷一百二十二

列傳第十

郭子興　韓林兒

郭子興，其先曹州人。父郭公，少以日者術遊定遠，言禍福輒中。邑富人有瞽女無所歸，郭公乃娶之，家日益饒。生三子，子興其仲也。始生，郭公卜之吉。及長，任俠，喜賓客。會元政亂，子興散家資，椎牛釃酒，與壯士結納。至正十二年春，集少年數千人，襲據濠州。太祖往從之。門者疑其諜，執以告子興。子興奇太祖狀貌，解縛與語，收帳下，爲十夫長，數從戰有功。子興喜，其次妻小張夫人亦指目太祖曰：「此異人也。」乃妻以所撫馬公女，是爲孝慈高皇后。

始，子興同起事者孫德崖等四人，與子興而五，各稱元帥不相下。四人者粗而戇，日剽掠，子興意輕之。四人不悅，合謀傾子興。子興以是多家居不視事。太祖乘閒說曰：「彼日

益合，我益離，久之必爲所制。」子興不能從也。

元師破徐州，徐帥彭大、趙均用帥餘衆奔濠。德崖等以其故盜魁有名，乃共推奉之，使居己上。大有智數，子興與相厚而薄均用。於是德崖等譖諸均用曰：「子興知有彭將軍耳，不知有將軍也。」均用怒，乘閒執子興，幽諸德崖家。太祖自他部歸，大驚，急帥子興二子訴於大。大曰：「吾在，孰敢魚肉而翁者。」與太祖偕詣德崖家，破械出子興，挾之歸。元師圍濠州，乃釋故憾，共城守五閱月。圍解，大、均用皆自稱王，而子興及德崖等爲元帥如故。未幾，大死，子早住領其衆。均用專狠益甚，挾子興攻盱眙、泗州，將害之。太祖已取滁，乃遣人說均用曰：「大王窮迫時，郭公開門延納，德至厚也。大王不能報，反聽細人言圖之，自剪羽翼，失豪傑心，竊爲大王不取。且其部曲猶衆，殺之得無悔乎。」均用聞太祖兵甚盛，心憚之，太祖又使人賂其左右，子興用是得免，乃將其所部萬餘就太祖於滁。

子興爲人梟悍善鬬，而性悻直少容。方事急，輒從太祖謀議，親信如左右手。事解，即信讒疏太祖。太祖左右任事者悉召之去，稍奪太祖兵柄。太祖事子興愈謹。將士有所獻，孝慈皇后輒以貽子興妻。子興至滁，欲據以自王。太祖曰：「滁四面皆山，舟楫商旅不通，非可旦夕安者也。」子興乃已。及取和州，子興命太祖統諸將守其地。德崖饑，就食和境，求駐軍城中，太祖納之。有讒於子興者。子興夜至和，太祖來謁，子興怒甚，不與語。太祖曰：「德崖嘗困公，宜爲備。」子興默然。德崖聞子興至，謀引去。前營已發，德崖方留視後軍，而其軍與子興軍鬬，多死者。子興執德崖，太祖亦爲德崖軍所執。子興聞之，大驚，立遣徐達往代太祖，縱德崖還。德崖軍釋太祖，達亦脫歸。子興憾德崖甚，將甘心焉，以太祖故强釋之，邑邑不樂。未幾，發病卒，歸葬滁州。

子興三子。長子前戰死，次天敘、天爵。子興死，韓林兒檄天敘爲都元帥，張天祐及太祖副之。天祐，子興婦弟也。太祖渡江，天敘、天祐引兵攻集慶，陳埜先叛，俱被殺。林兒復以天爵爲中書右丞。已而太祖爲平章政事。天爵失職怨望，久之謀不利於太祖，誅死，子興後遂絕。有一女，小張夫人出者，事太祖爲惠妃，生蜀、谷、代三王。

洪武三年追封子興爲滁陽王，詔有司建廟，用中牢祀，復其鄰宥氏，世世守王墓。十六年，太祖手書子興事蹟，命太常丞張來儀文其碑。滁人郭老舍者，宣德中以滁陽王親，朝京師。弘治中，有郭琥自言四世祖老舍，滁陽王第四子，予冠帶奉祀。已，爲宥氏所訐。禮官言：「滁陽王祀典，太祖所定，曰無後，廟碑昭然，老舍非滁陽王子。」奪奉祀。

韓林兒，欒城人，或言李氏子也。其先世以白蓮會燒香惑衆，謫徙永年。元末，林兒父

山童鼓妖言，謂「天下當大亂，彌勒佛下生」。河南、江、淮間愚民多信之。潁州人劉福通與其黨杜遵道、羅文素、盛文郁等復言「山童，宋徽宗八世孫，當主中國」。乃殺白馬黑牛，誓告天地，謀起兵，以紅巾爲號。至正十一年五月，事覺，福通等遽入潁州反，而山童爲吏所捕誅。林兒與母楊氏逃武安山中。福通據朱皐，破羅山、上蔡、眞陽、確山，犯葉、舞陽，陷汝寧、光、息，衆至十餘萬，元兵不能禦。時徐壽輝等起蘄、黃，布王三、孟海馬等起湘、漢，芝蔴李起豐、沛，而郭子興亦據濠應之。時皆謂之「紅軍」，亦稱「香軍」。

十五年二月，福通物色林兒，得諸碭山夾河，迎至亳，僭稱皇帝，又號小明王，建國曰宋，建元龍鳳。拆鹿邑太淸宮材，治宮闕於亳。尊楊氏爲皇太后，遵道、文郁爲丞相，福通、文素平章政事，劉六知樞密院事。劉六者，福通弟也。遵道寵用事。福通嫉之，陰命甲士撾殺遵道，自爲丞相，加太保，事權一歸福通。既而元師大敗福通於太康，進圍亳，福通挾林兒走安豐。未幾，兵復盛，遣其黨分道略地。

十七年，李武、崔德陷商州，遂破武關以圖關中，而毛貴陷膠、萊、益都、濱州，山東郡邑多下。是年六月，福通帥衆攻汴梁，且分軍三道：關先生、破頭潘、馮長舅、沙劉二、王士誠趨晉、冀；白不信、大刀敖、李喜喜趨關中；毛貴出山東北犯。勢銳甚。田豐者，元鎭守黃河義兵萬戶也，叛附福通，陷濟寧，尋敗走。其秋，福通兵陷大名，遂自曹、濮陷衞輝。白不信、

中華書局

大刀敖、李喜喜陷興元，遂入鳳翔，屢爲察罕帖木兒、李思齊所破，走入蜀。

十八年，田豐復陷東平、濟寧、東昌、益都、廣平、順德。毛貴亦數敗元兵，陷清、滄，據長蘆鎮，尋陷濟南，益引兵北，殺宣慰使董摶霄於南皮，陷薊州，犯漷州，略柳林以逼大都。順帝徵四方兵入衞，議欲遷都避其鋒，大臣諫乃止。貴旋被元兵擊敗，還據濟南。而福通出沒河南北，五月攻下汴梁，守將竹貞遁去，遂迎林兒都焉。關先生、破頭潘等又分其軍爲二，一出絳州，一出沁州。踰太行，破遼、潞，遂陷冀寧；攻保定不克，陷完州，掠大同、興和塞外諸郡，至陷上都，毀諸宮殿，轉掠遼陽，抵高麗。十九年陷遼陽，殺懿州路總管呂震。順帝以上都宮闕盡廢，自此不復北巡。李喜喜餘黨復陷寧夏，略靈武諸邊地。

是時承平久，州郡皆無守備。長吏聞賊來，輒棄城遁，以故所至無不摧破。然林兒本起盜賊，無大志，又聽命福通，徒擁虛名。諸將在外者率不遵約束，所過焚劫，至啖老弱爲糧，且皆福通故等夷，福通亦不能制。兵雖盛，威令不行。數攻下城邑，元兵亦數從其後復之，不能守。惟毛貴稍有智略。其破濟南也，立賓興院，選用元故官姬宗周等分守諸路。又於萊州立屯田三百六十所，每屯相距三十里，造輓運大車百輛，凡官民田十取其二。多所規畫，故得據山東者三年。及察罕帖木兒數破賊，盡復關、隴，是年五月大發秦、晉之師會汴城下，屯杏花營，諸軍環城而壘。林兒兵出戰輒敗，嬰城守百餘日，食將盡。福通計無所

出，挾林兒從百騎開東門遁還安豐，後宮官屬子女及符璽印章寶貨盡沒於察罕。時毛貴已爲其黨趙均用所殺，有續繼祖者，又殺均用，所部自相攻擊。獨田豐據東平，勢稍强。

二十年，關先生等陷大寧，復犯上都。田豐陷保定，元遣使招之，被殺。王士誠又躪晉、冀。元將孛羅敗之於臺州，遂入東平與豐合。福通嘗責李武、崔德逗撓，將罪之。二十一年夏，兩人叛去，降於李思齊。時李喜喜、關先生等東西轉戰，已多走死，餘黨自高麗還寇上都，孛羅復擊降之。而察罕既取汴梁，遂遣子擴廓討東平，脅降田豐、王士誠，乘勝定山東。惟陳猱頭者，獨守益都不下，與福通遙爲聲援。

二十二年六月，豐、士誠乘閒刺殺察罕，入益都。元以兵柄付擴廓，圍城數重，猱頭等告急。福通自安豐引兵赴援，遇元師於火星埠，大敗走還。元兵急攻益都，穴地道以入，殺豐、士誠，而械送猱頭於京師，林兒勢大窘。明年，張士誠將呂珍圍安豐，林兒告急於太祖。太祖曰：「安豐破則士誠益强。」遂親帥師往救，而珍已入城殺福通。太祖擊走珍，以林兒歸，居之滁州。明年，太祖爲吳王。又二年，林兒卒。或曰太祖命廖永忠迎林兒歸應天，至瓜步，覆舟沉於江云。

初，太祖駐和陽，郭子興卒，林兒牒子興子天敍爲都元帥，張天祐爲右副元帥，太祖爲左副元帥。時太祖以孤軍保一城，而林兒稱宋後，四方響應，遂用其年號以令軍中。林兒殁，始以明年爲吳元年。其年，遣大將軍定中原，順帝北走，距林兒亡僅歲餘。林兒僭號凡十二年。

贊曰：元之末季，羣雄蜂起。子興據有濠州，地偏勢弱。然有明基業，實肇於滁陽一旅。子興之封王祀廟，食報久長，良有以也。林兒橫據中原，縱兵蹂躪，蔽遮江、淮十有餘年。太祖得以從容締造者，藉其力焉。帝王之興，必有先驅者資之以成其業，夫豈偶然哉。

中華書局

明史卷一百二十三

列傳第十一

陳友諒 張士誠 方國珍 明玉珍

陳友諒，沔陽漁家子也。本謝氏，祖贅於陳，因從其姓。少讀書，略通文義。有術者相其先世墓地，曰「法當貴」，友諒心竊喜。嘗爲縣小吏，非其好也。徐壽輝兵起，友諒往從之，依其將倪文俊爲簿掾。

壽輝，羅田人，又名眞一，業販布。元末盜起，袁州僧彭瑩玉以妖術與麻城鄒普勝聚衆爲亂，用紅巾爲號，奇壽輝狀貌，遂推爲主。至正十一年九月陷蘄水及黃州路，敗元威順王寬徹不花。遂卽蘄水爲都，稱皇帝，國號天完，建元治平，以普勝爲太師。未幾，陷饒、信。明年分兵四出，連陷湖廣、江西諸郡縣。遂破昱嶺關，陷杭州。別將趙普勝等陷太平諸路。勢大振。然無遠志，所得不能守。明年爲元師所破，壽輝走免。已而復熾，遷都漢陽，爲其

丞相倪文俊所制。

十七年九月，文俊謀弑壽輝，不克，奔黃州。時友諒隸文俊麾下，數有功，爲領兵元帥。遂乘釁殺文俊，并其兵，自稱宣慰使，〔一〕尋稱平章政事。

明年陷安慶，又破龍興、瑞州，分兵取邵武、吉安，而自以兵入撫州。已，又破建昌、贛、汀、信、衢。

當是時，江以南惟友諒兵最强。太祖之取太平也，與爲鄰。友諒陷元池州，太祖遣常遇春擊取之，由是數相攻擊。趙普勝者，故驍將，號「雙刀趙」。初與俞通海等屯巢湖，同歸太祖，叛去歸壽輝。至是爲友諒守安慶，數引兵爭池州、太平，往來掠境上。太祖患之，啗普勝客，使潛入友諒軍間普勝。普勝不之覺，見友諒使者輒訴功，悻悻有德色。友諒銜之，疑其貳於己，以會師爲名，自江州猝至。普勝以燒羊逆於雁汊。甫登舟，友諒卽殺普勝，并其軍。乃以輕兵襲池州，爲徐達等擊敗，師盡覆。

始友諒破龍興，壽輝欲徙都之，友諒不可。未幾，壽輝遽發漢陽，次江州。江州，友諒治所也，伏兵郭外，迎壽輝入，卽閉城門，悉殺其所部。卽江州爲都，奉壽輝以居，而自稱漢王，置王府官屬。遂挾壽輝東下，攻太平。太平城堅不可拔，乃引巨舟薄城西南。士卒緣舟尾攀堞而登，遂克之。志益驕。進駐采石磯，遣部將陽白事壽輝前，戒壯士挾鐵撾擊碎

其首。壽輝既死，以采石五通廟爲行殿，卽皇帝位，國號漢，改元大義，太師鄒普勝以下皆仍故官。會大風雨，羣臣班沙岸稱賀，不能成禮。

友諒性雄猜，好以權術馭下。既僭號，盡有江西、湖廣之地，恃其兵强，欲東取應天。太祖患友諒與張士誠合，乃設計令其故人康茂才爲書誘之，令速來。友諒果引舟師東下，至江東橋，呼茂才不應，始知爲所紿。戰於龍灣，大敗。潮落舟膠，死者無算，亡戰艦數百，乘輕舸走。張德勝追敗之慈湖，焚其舟。馮國勝以五翼軍蹙之，友諒出皂旗軍迎戰，又大敗。遂棄太平，走江州。太祖兵乘勝取安慶，其將于光、歐普祥皆降。明年，友諒遣兵復陷安慶。太祖自將伐之，復安慶，長驅至江州。友諒戰敗，夜挈妻子奔武昌。其將吳宏以饒降，王溥以建昌降，胡廷瑞以龍興降。

友諒忿疆土日蹙，乃大治樓船數百艘，皆高數丈，飾以丹漆，每船三重，置走馬棚，上下人語聲不相聞，艣箱皆裹以鐵。載家屬百官，盡銳攻南昌，飛梯衝車，百道並進。太祖從子文正及鄧愈堅守，三月不能下，太祖自將救之。友諒聞太祖至，撤圍，東出鄱陽湖，遇於康郎山。友諒集巨艦，連鎖爲陣，太祖兵不能仰攻，連戰三日，幾殆。已，東北風起，乃縱火焚友諒舟，其弟友仁等皆燒死。友仁號五王，眇一目，有勇略，既死，友諒氣沮。是戰也，太祖舟雖小，然輕駛，友諒軍俱艨艟巨艦，不利進退，以是敗。

太祖所乘舟檣白，友諒約軍士明日併力攻白檣舟。太祖知之，令舟檣盡白。翌日復戰，自辰至午，友諒軍大敗。友諒欲退保鞵山，太祖已先扼湖口，邀其歸路。持數日，友諒謀於衆。右金吾將軍曰：「出湖難，宜焚舟登陸，直趨湖南圖再舉。」左金吾將軍曰：「此示弱也，彼以步騎躡我，進退失所據，大事去矣。」友諒不能決，既而曰：「右金吾言是也。」左金吾以言不用，舉所部來降。右金吾知之，亦降。友諒益困。太祖凡再移友諒書，其略曰：「吾欲與公約從，各安一方，以俟天命。公失計，肆毒於我。我輕師間出，奄有公龍興十一郡，猶不自悔禍，復搆兵端。一困於洪都，再敗於康郎，骨肉將士重罹塗炭。公卽倖生還，亦宜却帝號，坐待眞主，不則喪家滅姓，悔晚矣。」友諒得書忿恚，不報。久之乏食，突圍出湖口。諸將自上流邀擊之，大戰涇江口。漢軍且鬬且走，日暮猶不解。友諒從舟中引首出，有所指撝，驟中流矢，貫睛及顱死。軍大潰，太子善兒被執。太尉張定邊夜挾友諒次子理，載其屍遁還武昌。友諒豪侈，嘗造鏤金牀甚工，宮中器物類是。既亡，江西行省以牀進。太祖歎曰：「此與孟昶七寶溺器何異！」命有司毀之。友諒僭號凡四年。

子理既還武昌，嗣僞位，改元德壽。是冬，太祖親征武昌。明年二月再親征。其丞相張必先自岳州來援，次洪山。常遇春擊擒之，徇於城下。必先，驍將也，軍中號「潑張」，倚爲重。及被擒，城中大懼，由是欲降者衆。太祖乃遣其故臣羅復仁入城招理。理遂降，入

中華書局

軍門，俯伏不敢視。太祖見理幼弱，掖之起，握其手曰：「吾不汝罪也。」府庫財物恣理取，旋應天，授爵歸德侯。

友諒之從徐壽輝也，其父普才止之。不聽。及貴，往迎之。普才曰：「汝違吾命，吾不知死所矣。」普才五子：長友富，次友直，又次友諒，又次友仁、友貴。友仁、友貴前死鄱陽。太祖平武昌，封普才承恩侯，友富歸仁伯，友直懷恩伯，贈友仁康山王，命所司立廟祀之，以友貴祔。理居京師，邑邑出怨望語。帝曰：「此童孺小過耳，恐細人蠱惑，不克全朕恩，宜處之遠方。」洪武五年，理及歸義侯明昇並徙高麗，遣元降臣樞密使延安答理護行。賜高麗王羅綺，俾善視之。亦徙普才等滁陽。

熊天瑞者，本荊州樂工，從徐壽輝抄略江、湘間。後受陳友諒命，攻陷臨江、吉安，又陷贛州。友諒俾以參知政事，守贛，兼統吉安、南安、南雄、韶州諸路。久之，陽言東下，署其幟曰「無敵」，自稱金紫光祿大夫、司徒、平章軍國重事。友諒不能制。陰圖取廣東，造戰艦於南雄，帥數萬衆趨廣州。元將何眞以兵迎於胥江。會天大雷雨，震其艦檣折，天瑞懼而還。太祖兵克臨江，遣常遇春等攻贛，天瑞拒守五越月。二十五年正月，乃帥其養子元震肉袒詣軍門降。太祖宥之，授指揮使。明年從攻浙西，叛降於張士誠，教士誠飛礮

擊外軍。城中木石俱盡，外軍多傷者。士誠滅，天瑞伏誅。

有周時中者，龍泉人，嘗爲壽輝平章。後帥所部降，策天瑞必叛。後果如其言。時中累官吏部尚書，出爲鎭江知府，歷福建鹽運副使。

元震本姓田氏，善戰有名。遇春之圍贛也，元震竊出覘兵，遇春亦引數騎出，猝與遇。元震不知爲遇春也，過之。及遇春還，始覺，遂單騎前襲遇春。遇春遣從騎揮刀擊之，元震奮鐵撾且鬬且走。遇春曰：「壯男子也。」舍之。由是喜其才勇。既從天瑞降，薦以爲指揮使。天瑞誅，復故姓云。

張士誠，小字九四，泰州白駒場亭人。有弟三人，並以操舟運鹽爲業，緣私作姦利。頗輕財好施，得羣輩心。常鬻鹽諸富家，富家多陵侮之，或負其直不酬。而弓手丘義尤窘辱士誠甚。士誠忿，即帥諸弟及壯士李伯昇等十八人殺義，幷滅諸富家，縱火焚其居。入旁郡場，招少年起兵。鹽丁方苦重役，遂共推爲主，陷泰州。高郵守李齊諭降之，復叛。殺行省參政趙璉，幷陷興化，結砦德勝湖，有衆萬餘。元以萬戶告身招之。不受。紿殺李齊，襲據高郵，自稱誠王，僭號大周，建元天祐。是歲至正十三年也。

明年，元右丞相脫脫總大軍出討，數敗士誠，圍高郵，隳其外城。城且下，順帝信讒，解脫脫兵柄，削官爵，以他將代之。士誠乘間奮擊，元兵潰去，由是復振。踰年，淮東饑，士誠乃遣弟士德由通州渡江入常熟。

十六年二月陷平江，幷陷湖州、松江及常州諸路。改平江爲隆平府，士誠自高郵來都之。即承天寺爲府第，踞坐大殿中，射三矢於棟以識。是歲，太祖亦下集慶，遣楊憲通好於士誠。其書曰：「昔隗囂稱雄於天水，今足下亦擅號於姑蘇，事勢相等，吾深爲足下喜。睦鄰守境，古人所貴，竊甚慕焉。自今信使往來，毋惑讒言，以生邊釁。」士誠得書，留憲不報。已，遣舟師攻鎭江。徐達敗之於龍潭。太祖遣達及湯和攻常州。士誠兵來援，大敗，失張、湯二將，乃以書求和，請歲輸粟二十萬石，黃金五百兩，白金三百觔。太祖答書，責其歸楊憲，歲輸五十萬石。士誠復不報。

初，士誠既得平江，即以兵攻嘉興。元守將苗帥楊完者數敗其兵。乃遣士德間道破杭州。完者還救，復敗歸。明年，耿炳文取長興，徐達取常州，吳良等取江陰，士誠兵不得四出，勢漸蹙。亡何，徐達兵徇宜興，攻常熟。士德迎戰敗，爲前鋒趙德勝所擒。士德，小字九六，善戰有謀，能得士心，浙西地皆其所略定。既被擒，士誠大沮。太祖欲留士德以招士誠。士德間道貽士誠書，俾降元。士誠遂決計請降。江浙右丞相達識帖睦邇爲言於朝，授

士誠太尉，官其將吏有差。士德在金陵竟不食死。士誠雖去僞號，擅甲兵土地如故。達識帖睦邇在杭與楊完者有隙，陰召士誠兵。士誠遣史文炳襲殺完者，遂有杭州。順帝遣使徵糧，賜之龍衣御酒。士誠自海道輸糧十一萬石於大都，歲以爲常。既而益驕，令其下頌功德，邀王爵。不許。

二十三年九月，士誠復自立爲吳王，尊其母曹氏爲王太妃，置官屬，別治府第於城中，以士信爲浙江行省左丞相，幽達識帖睦邇於嘉興。元徵糧不復與。參軍俞思齊者，字中孚，泰州人，諫士誠曰：「向爲賊，可無貢；今爲臣，不貢可乎！」士誠怒，抵案仆地，思齊即引疾去。當是時，士誠所據，南抵紹興，北踰徐州，達於濟寧之金溝，西距汝、潁、濠、泗，東薄海，二千餘里，帶甲數十萬。以士信及女夫潘元紹爲腹心，左丞徐義、李伯昇、呂珍爲爪牙，參軍黃敬夫、蔡彥文、葉德新主謀議，元學士陳基、右丞饒介典文章。又好招延賓客，所贈遺輿馬、居室、什器甚具。諸僑寓貧無籍者爭趨之。

士誠爲人，外遲重寡言，似有器量，而實無遠圖。既據有吳中，吳承平久，戶口殷盛，士誠漸奢縱，怠於政事。士信、元紹尤好聚斂，金玉珍寶及古法書名畫，無不充牣。日夜歌舞自娛。將帥亦偃蹇不用命，每有攻戰，輒稱疾，邀官爵田宅然後起。甫至軍，所載婢妾樂器踵相接不絕，或大會遊談之士，樗蒲蹴踘，皆不以軍務爲意。及喪師失地還，士誠概置不問。

中華書局

已，復用爲將。上下嬉娛，以至於亡。

太祖與士誠接境。士誠數以兵攻常州、江陰、建德、長興、諸全，輒不利去。而太祖遣邵榮攻湖州，胡大海攻紹興，常遇春攻杭州，亦皆不能下。廖永安被執，謝再興叛降士誠，會太祖與陳友諒相持，未暇及也。友諒亦遣使約士誠夾攻太祖，而士誠欲守境觀變，許使者，卒不行。太祖既平武昌，師還，即命徐達等規取淮東，克泰州、通州，圍高郵。士誠以舟師溯江來援，太祖自將擊走之。達等遂拔高郵，取淮安，悉定淮北地。於是移檄平江，數士誠八罪。徐達、常遇春帥兵自太湖趨湖州，吳人迎戰於毗山，又戰於七里橋，皆敗，遂圍湖州。士誠遣朱暹、五太子等以六萬衆來援，屯於舊館，築五砦自固。達、遇春築十壘以遮之，斷其糧道。士誠知事急，親督兵來戰，敗於皁林。其將徐志堅敗於東遷，潘元紹敗於烏鎮，昇山水陸寨皆破，舊館援絕，五太子、朱暹、呂珍皆降。五太子者，士誠養子，短小精悍，能平地躍丈餘，又善沒水，珍、暹皆宿將善戰，至是降。達等以徇於湖州。守將李伯昇等以城降，嘉興、松江相繼降。潘原明亦以杭州降於李文忠。

二十六年十一月，大軍進攻平江，築長圍困之。士誠距守數月。太祖貽書招之曰：「古之豪傑，以畏天順民爲賢，以全身保族爲智，漢竇融、宋錢俶是也。爾宜三思，勿自取夷滅，爲天下笑。」士誠不報，數突圍決戰，不利。李伯昇知士誠困甚，遣所善客踰城說士誠曰：

「初公所恃者，湖州、嘉興、杭州耳，今皆失矣。獨守此城，恐變從中起，公雖欲死，不可得也。莫若順天命，遣使金陵，稱公所以歸義救民之意，開城門，幅巾待命，當不失萬戶侯。且公之地，譬如博者，得人之物而復失之，於公何損。」士誠仰觀良久曰：「吾將思之。」乃謝客，竟不降。士誠故有勇勝軍號「十條龍」者，皆驍猛善鬭，每被銀鎧錦衣出入陣中，至是亦悉敗，溺萬里橋下死。最後丞相士信中礮死，城中洶洶無固志。二十七年九月，城破，士誠收餘衆戰於萬壽寺東街，衆散走。倉皇歸府第，拒戶自縊。故部將趙世雄解之。大將軍達數遣李伯昇、潘元紹等諭意，士誠瞑目不答。舁出葑門，入舟，不復食。至金陵，竟自縊死，年四十七。命具棺葬之。

方士誠之被圍也，語其妻劉曰：「吾敗且死矣，若曹何爲？」劉答曰：「君無憂，妾必不負君。」積薪齊雲樓下。城破，驅羣妾登樓，令養子辰保縱火焚之，亦自縊。有二幼子匿民間，不知所終。先是，黃敬夫等三人用事，吳人知士誠必敗，有「黃菜葉」十七字之謠，其後卒驗云。

莫天祐者，元末聚衆保無錫州，士誠招之，不從。以兵攻之，亦不克。士誠既受元官，天祐乃降。士誠累表爲同僉樞密院事。及平江既圍，他城皆下，惟天祐堅守。士誠破，胡廷瑞急攻之，乃降。太祖以其多傷我兵，誅之。

李伯昇仕士誠至司徒，既降，命仍故官，進中書平章同知詹事府事。嘗將兵討平湖廣慈利蠻，又爲征南右副將軍，同吳良討靖州蠻。後坐胡黨死。潘元明以平章守杭州降，〔三〕仍爲行省平章，與伯昇俱歲食祿七百五十石，不治事。雲南平，以元明署布政司事，卒官。

士誠自起至亡，凡十四年。

方國珍，黃巖人。長身黑面，體白如瓠，力逐奔馬。世以販鹽浮海爲業。元至正八年，有蔡亂頭者，行剽海上，有司發兵捕之。國珍怨家告其通寇。國珍殺怨家，遂與兄國璋、弟國瑛、國珉亡入海，聚衆數千人，劫運艘，梗海道。行省參政朶兒只班討之，兵敗，爲所執，脅使請於朝，授定海尉。尋叛，寇溫州。元以孛羅帖木兒爲行省左丞，督兵往討，復敗，被執。乃遣大司農達識帖睦邇招之降。已而汝、潁兵起，元募舟師守江。國珍疑懼，復叛。誘殺台州路達魯花赤泰不華，亡入海。使人潛至京師，賂諸權貴，仍許降，授徽州路治中。國珍不聽命，陷台州，焚蘇之太倉。元復以海道漕運萬戶招之，乃受官。尋進行省參政，俾以兵攻張士誠。士誠遣將禦之崑山。國珍七戰七捷。會士誠亦降，乃罷兵。

先是，天下承平，國珍兄弟始倡亂海上，有司憚於用兵，一意招撫。惟都事劉基以國珍

首逆，數降數叛，不可赦。朝議不聽。國珍既授官，據有慶元、溫、台之地，益強不可制。國珍之初作亂也，元出空名宣敕數十道募人擊賊。海濱壯士多應募立功。所司邀重賄，不輒與，有一家數人死事卒不得官者。而國珍之徒，一再招諭，皆至大官。由是民慕爲盜，從國珍者益衆。元既失江、淮，資國珍舟以通海運，重以官爵羈縻之，而無以難也。有張子善者，好縱橫術，說國珍以師泝江窺江東，北略青、徐、遼海。國珍曰：「吾始志不及此。」謝之去。太祖已取婺州，使主簿蔡元剛使慶元。國珍謀於其下曰：「江左號令嚴明，恐不能與抗。況爲我敵者，西有吳，南有閩。莫若姑示順從，藉爲聲援以觀變。」衆以爲然。於是遣使奉書進黃金五十觔，白金百觔，文綺百匹。太祖復遣鎮撫孫養浩報之。國珍請以溫、台、慶元三郡獻，且遣次子關爲質。太祖却其質，厚賜而遣之；復使博士夏煜往，拜國珍福建行省平章事，弟國瑛參知政事，國珉樞密分院僉事。國珍名獻三郡，實陰持兩端。煜既至，乃詐稱疾，自言老不任職，惟受平章印誥而已。太祖察其情，以書諭曰：「吾始以汝豪傑識時務，故命汝專制一方。汝顧中懷叵測，欲覘我虛實則遣侍子，欲却我官爵則稱老病。夫智者轉敗爲功，賢者因禍成福，汝審圖之。」是時國珍歲歲治海舟，爲元漕張士誠粟十餘萬石於京師，元累進國珍官至江浙行省左丞相衢國公，分省慶元。國珍受之如故，特以甘言謝太祖，絕無內附意。及得所諭書，竟不省。太祖復以書諭曰：「福基於至誠，禍生於反覆，隗

薦，公孫述故轍可鑒。大軍一出，不可虛辭解也。」國珍詐窮，復陽爲惶懼謝罪，以金寶飾鞍馬獻。太祖復却之。

已而苗帥蔣英等叛，殺胡大海，持首奔國珍，國珍不受，自台州奔福建。國瑋守台，邀擊之，爲所敗，被殺，太祖遣使弔祭。踰年，溫人周宗道以平陽來降。國珍從子明善守溫以兵爭。參軍胡深擊敗之，遂下瑞安，進兵溫州。國珍恐，請歲輸白金三萬兩給軍，俟杭州下，即納土來歸。太祖詔深班師。

吳元年克杭州。國珍據境自如，遣間諜假貢獻名覘勝負，又數通好於擴廓帖木兒及陳友定，圖爲掎角。太祖聞之怒，貽書數其十二罪，復責軍糧二十萬石。國珍集衆議，郎中張本仁、〔三〕左丞劉庸等皆言不可從。有丘楠者，獨爭曰：「彼所言均非公福也。惟智可以決事，惟信可以守國，惟直可以用兵。公經營浙東十餘年矣，遷延猶豫，計不早定，不可謂智。既許之降，抑又倍焉，不可謂信。彼之徵師，則有詞矣，我實負彼，不可謂直。幸而扶服請命，庶幾可視錢俶乎。」國珍不聽，惟日夜運珍寶，治舟楫，爲航海計。

九月，太祖已破平江，〔四〕命參政朱亮祖攻台州，國瑛迎戰敗走。進克溫州。征南將軍湯和以大軍長驅抵慶元。〔五〕國珍帥所部遁入海。追敗之盤嶼，其部將相次降。和數令人示以順逆，國珍乃遣子關奉表乞降曰：「臣聞天無所不覆，地無所不載。王者體天法地，於

人無所不容。臣荷主上覆載之德舊矣，不敢自絕於天地，故一陳愚衷。臣本庸才，遭時多故，起身海島，非有父兄相藉之力，又非有帝制自爲之心。方主上霆擊電舉，至於婺州，臣愚即遣子入侍，固已知主上有今日矣，將以依日月之末光，望雨露之餘潤。而主上推誠布公，俾守鄉郡，如故吳越事。臣遵奉條約，不敢妄生節目。子姪不戒，潛搆釁端，猥勞問罪之師，私心戰兢，用是俾守者出迎。然而未免浮海，何也？孝子之於親，小杖則受，大杖則走，臣之情事適與此類。即欲面縛待罪闕廷，復恐嬰斧鉞之誅，使天下後世不知臣得罪之深，將謂主上不能容臣，豈不累天地大德哉。」蓋幕下士詹鼎詞也。

太祖覽而憐之，賜書曰：「汝違吾諭，不即斂手歸命，次且海外，負恩實多。今者窮蹙無聊，情詞哀懇，吾當以汝此誠爲誠，不以前過爲過，汝勿自疑。」遂促國珍入朝，面讓之曰：「若來得毋晚乎！」國珍頓首謝。授廣西行省左丞，〔六〕食祿不之官。數歲，卒於京師。

子禮，官廣洋衞指揮僉事；關，虎賁衞千戶所鎭撫。關弟行，字明敏，善詩，承旨宋濂嘗稱之。

劉仁本，字德元，國珍同縣人。元末進士乙科，歷官浙江行省郎中，與張本仁俱入國珍幕。數從名士趙俶、謝理、朱右等賦詩，有稱於時。國珍海運輸元，實仁本司其事。朱亮祖之下溫州也，獲仁本。〔七〕太祖數其罪，鞭背潰爛死。餘官屬從國珍降者皆徙滁州，獨赦丘楠，以爲韶州知府。

詹鼎者，寧海人，有才學。爲國珍府都事，判上虞，有治聲。既至京，未見用，草封事萬言，候駕出獻之。帝爲立馬受讀，命丞相官鼎。楊憲忌其才，沮之。憲敗，除留守經歷，遷刑部郎中，坐累死。

明玉珍，隨州人。身長八尺餘，目重瞳子。徐壽輝起，玉珍與里中父老團結千餘人，屯青山。及壽輝稱帝，使人招玉珍曰：「來則共富貴，不來舉兵屠之。」玉珍引衆降，以元帥守沔陽。與元將哈麻禿戰湖中，飛矢中右目，遂眇。久之，玉珍帥斗船五十艘掠糧川、峽間，將引還。時元右丞完者都募兵重慶，義兵元帥楊漢應募至，欲殺之而并其軍，不克。漢走出峽，遇玉珍爲言：「重慶無重兵，完者都與左丞哈麻禿不相能，若回船出不意襲之，可取而有也。」玉珍意未決，部將戴壽曰：「機不可失也。可分船爲二，半貯糧歸沔陽，半因漢兵攻重慶，不濟則掠財物而還。」玉珍從其策，襲重慶，走完者都，執哈麻禿獻壽輝。壽輝授玉珍隴蜀行省右丞。至正十七年也。

已而完者都自果州來，會平章朗革歹、參政趙資，謀復重慶，屯嘉定之大佛寺，玉珍遣萬勝禦之。勝，黃陂人，有智勇，玉珍寵愛之，使從己姓，衆呼爲明二，後乃復姓名。勝攻嘉定，半年不下。玉珍帥衆圍之，遣勝以輕兵襲陷成都，虜朗革歹及資妻子。朗革歹妻自沉於江。以資妻子徇嘉定，招資降。資引弓射殺妻。俄城破，執資及完者都、朗革歹歸於重慶，館諸治平寺，欲使爲己用。三人者執不可，乃斬於市，以禮葬之，蜀人謂之「三忠」。於是諸郡縣相次來附。

二十年，陳友諒弒徐壽輝自立。玉珍曰：「與友諒俱臣徐氏，顧悖逆如此。」命以兵塞瞿塘，絕不與通。立壽輝廟於城南隅，歲時致祀。自立爲隴蜀王，以劉楨爲參謀。

楨，字維周，瀘州人。元進士。嘗爲大名路經歷，棄官家居。玉珍之攻重慶也，道瀘，部將劉澤民薦之。玉珍往見，與語大悅，即日延至舟中，尊禮備至。次年，楨屏人說曰：「西蜀形勝地，大王撫而有之，休養傷殘，用賢治兵，可以立不世業。不於此時稱大號以係人心，一旦將士思鄉土，瓦解星散，大王孰與建國乎。」玉珍善之，乃謀於衆，以二十二年春僭即皇帝位於重慶，國號夏，建元天統。立妻彭氏爲皇后，子昇爲太子。倣周制，設六卿，以劉楨爲宗伯。分蜀地爲八道，更置府州縣官名。蜀兵視諸國爲弱，勝兵不滿萬人。玉珍素無遠略，然性節儉，頗好學，折節下士。既即位，設國子監，教公卿子弟，設提舉司教授，〔八〕建社

中華書局

稷宗廟，求雅樂，開進士科，定賦稅，以十分取一。蜀人悉便安之。皆劉楨爲之謀也。

明年，遣萬勝由界首，鄒興由建昌，又指揮李某者由八番，分道攻雲南。兩路皆不至，惟勝兵深入，元梁王走營金馬山。踰年，王挾大理兵擊勝，勝以孤軍無繼引還。復遣興取巴州。久之，復更六卿爲中書省樞密院，改冢宰戴壽、司馬萬勝爲左、右丞相，司寇向大亨、司空張文炳知樞密院事，司徒鄒興鎮成都，吳友仁鎮保寧，司寇莫仁壽鎮夔關，皆平章事。

是歲，遣勝取興元，使參政江儼通好於太祖。太祖遣都事孫養浩報聘，遺玉珍書曰：「足下處西蜀，予處江左，蓋與漢季孫、劉相類。近者王保保以鐵騎勁兵，虎踞中原，其志殆不在曹操下，使有謀臣如攸、彧，猛將如遼、郃，予兩人能高枕無憂乎。予與足下實脣齒邦，願以孫、劉相吞噬爲鑒。」自後信使往返不絕。

二十六年春，玉珍病革，召壽等諭曰：「西蜀險固，若協力同心，左右嗣子，則可以自守。不然，後事非所知也。」遂卒。凡立五年，年三十六。

子昇嗣，改元開熙，葬玉珍於江水之北，號永昌陵，廟號太祖。尊母彭氏爲皇太后，同聽政。昇甫十歲，諸大臣皆粗暴，不肯相下。而萬勝與張文炳有隙，勝密遣人殺之。文炳所善玉珍養子明昭，復矯彭氏旨縊殺勝。勝於明氏功最多，其死，蜀人多憐之。吳友仁自

保寧移檄，以淸君側爲名。昇命戴壽討之。友仁遺壽書謂：「不誅昭，則國必不安，衆必不服。昭朝誅，吾當夕至。」壽乃奏誅昭，友仁入朝謝罪。於是諸大臣用事，而友仁尤專恣，國柄旁落，遂益不振。萬勝既死，劉楨爲右丞相，後三年卒。是歲，昇遣使告哀於太祖，已，又遣使入聘。太祖亦遣侍御史蔡哲報之。

洪武元年，太祖克元都，昇奉書稱賀。明年，太祖遣使求大木。昇遂幷獻方物。帝答以璽書。其冬，遣平章楊璟諭昇歸命。昇不從。璟復遺昇書曰：

古之爲國者，同力度德，同德度義，故能身家兩全，流譽無窮，反是者輒敗。足下幼沖，席先人業，據有巴、蜀，不咨至計，而聽羣下之議，以瞿塘、劍閣之險，一夫負戈，萬人無如之何。此皆不達時變以誤足下之言也。昔據蜀最盛者，莫如漢昭烈。且以諸葛武侯佐之，綜核官守，訓練士卒，財用不足，皆取之南詔。然猶朝不謀夕，僅能自保。今足下疆埸，南不過播州，北不過漢中，以此準彼，相去萬萬，而欲藉一隅之地，延命頃刻，可謂智乎？

我主上仁聖威武，神明響應，順附者無不加恩，負固者然後致討。以足下先人通好之故，不忍加師，數使使諭意。又以足下年幼，未歷事變，恐惑於狂瞽，失遠大計，故復遣璟面諭禍福。深仁厚德，所以待明氏者不淺，足下可不深念乎？

且向者如陳、張之屬，竊據吳、楚，造舟塞江河，積糧過山岳，强將勁兵，自謂無敵。然鄱陽一戰，友諒授首，旋師東討，張氏面縛。此非人力，實天命也。足下視此何如？

友諒子竄歸江夏，王師致伐，勢窮銜璧。主上宥其罪愆，剖符錫爵，恩榮之盛，天下所知。足下無彼之過，而能翻然覺悟，自求多福，則必享茅土之封，保先人之祀，世世不絕，豈不賢智矣哉？若必欲崛强一隅，假息頃刻，魚遊沸鼎，燕巢危幕，禍害將至，恬不自知。璟恐天兵一臨，凡今爲足下謀者，他日或各自爲身計，以取富貴。當此之時，老母弱子，將安所歸？禍福利害，瞭然可覩，在足下審之而已。

昇終不聽。

又明年，興元守將以城降。吳友仁數往攻之，不克。是歲，太祖遣使假道征雲南，昇不奉詔。

四年正月命征西將軍湯和帥副將軍廖永忠等以舟師由瞿塘趨重慶，前將軍傅友德帥副將軍顧時等以步騎由秦、隴趨成都，伐蜀。初，壽言於昇曰：「以王保保、李思齊之强，猶莫能與明抗，況吾蜀乎！一旦有警，計安出？」友仁曰：「不然，吾蜀襟山帶江，非中原比，莫若外交好而內修備。」昇以爲然，遣莫仁壽以鐵索橫斷瞿塘峽口。至是又遣壽、友仁、鄒興等益兵爲助。北倚羊角山，南倚南城砦，鑿兩岸石壁，引鐵索爲飛橋，用木板置礮以拒敵。

和軍至，不能進。傅友德覘階、文無備，進破之，又破綿州。壽乃留興等守瞿塘，而自與友仁還，會向大亨之師以援漢州。數戰皆大敗，壽、大亨走成都，友仁走保寧。時永忠亦破瞿塘關。飛橋鐵索皆燒斷，興中矢死，夏兵皆潰。遂下夔州，師次銅羅峽。昇大懼，右丞劉仁勸奔成都。昇母彭泣曰：「成都可到，亦僅延旦夕命。大軍所過，勢如破竹，不如早降以活民命。」於是遣使齎表乞降。昇面縛銜璧輿櫬，與母彭及官屬降於軍門。和受璧，永忠解縛，承旨撫慰，下令諸將不得有所侵擾。而壽、大亨亦以成都降於友德。昇等悉送京師，禮臣奏言：「皇帝御奉天殿，明昇等俯伏待罪午門外，有司宣制赦，如孟昶降宋故事。」帝曰：「昇幼弱，事由臣下，與孟昶異，宜免其伏地上表待罪之儀。」是日授昇爵歸義侯，賜第京師。

冬十月，和等悉定川、蜀諸郡縣，執友仁於保寧，遂班師。壽、大亨、仁壽皆鑿舟自沉死。丁世貞者，〔四〕文州守將也，友德攻文州，據險力戰，汪興祖死焉。文州破，遁去。已復以兵破文州，殺朱顯忠，友德擊走之。夏亡，復集餘衆圍秦州五十日。兵敗，夜宿梓潼廟，爲其下所殺。友仁至京師，帝以其寇漢中，首造兵端，令明氏失國，僇於市。戍他將校於徐州。明年徙昇於高麗。

贊曰：友諒、士誠起刀筆負販，因亂僭竊，恃其富强，而卒皆敗於其所恃。迹其始終成敗之故，太祖料之審矣。國珍首亂，反覆無信，然竟獲良死，玉珍乘勢，割據一隅，僭號二世，皆不可謂非幸也。國珍又名谷珍，蓋降後避明諱云。

校勘記

〔一〕自稱宣慰使　宣慰使，原作「宣慰司」。按宣慰司是機構名稱，宣慰使是官名。友諒自稱，自當以官名爲是。明史稿傳八陳友諒傳、太祖實録卷一三癸卯八月壬戌條均作「宣慰使」，據改。

〔二〕潘元明以平章守杭州降　元明，本書卷一二六李文忠傳、卷一三〇耿炳文傳、卷一三一梅思祖傳、卷一三四郭雲傳同。本卷上文、本書卷一太祖紀、太祖實録卷一六丙午八月辛亥條及國榷卷二頁三二八至三二九作「原明」。

〔三〕郎中張本仁　張本仁，原作「張仁本」，因涉下文「劉仁本」而誤。據同卷下文及明史稿傳九方國珍傳、太祖實録卷八八洪武七年三月壬辰條改。

〔四〕九月太祖已破平江　「九月」上原衍「二十七年」四字。按上文已見「吳元年」，至正二十七年即吳元年。據删。

〔五〕征南將軍湯和以大軍長驅抵慶元　征南，原作「平南」，據本書卷一太祖紀、卷一二六湯和傳及

太祖實録卷二一吳元年十月癸丑條改。

〔六〕授廣西行省左丞　「西」上原衍「州」字。按本書卷四五地理志、太祖實録卷八八洪武七年三月壬辰條都無「州」字，據删。

〔七〕實仁本司其事朱亮祖之下温州也獲仁本　二「仁本」原皆誤作「本仁」，因涉上文「張本仁」而誤，今改正。

〔八〕設提舉司教授　明史稿傳九明玉珍傳、太祖實録卷一六丙午二月「是月」條都作「提舉司教授所」。

〔九〕丁世貞者　本書卷一二九傅友德傳、國朝獻徵録卷六潁國公傅友德傳作「丁世珍」。

明史卷一百二十四

列傳第十二

擴廓帖木兒 蔡子英　陳友定 伯顏子中等

把匝剌瓦爾密

擴廓帖木兒，沈丘人。本王姓，小字保保，元平章察罕帖木兒甥也。察罕養爲子，順帝賜名擴廓帖木兒。汝、潁盜起，中原大亂，元師久無功。至正十二年，察罕起義兵，戰河南、北，擊賊關中、河東，復汴梁，走劉福通，平山東，降田豐，滅賊幾盡。既而總大軍圍益都，田豐叛，察罕爲王士誠所刺，事具元史。察罕既死，順帝即軍中拜擴廓太尉、中書平章政事、知樞密院事，如察罕官。帥兵圍益都，穴地而入，克之。執豐、士誠，剖其心以祭察罕，縛陳猱頭等二十餘人獻闕下。〔一〕東取莒州，山東地悉定。至正二十二年也。

初，察罕定晉、冀，孛羅帖木兒在大同，以兵爭其地，數相攻，朝廷下詔和解，終不聽。

擴廓既平齊地，引軍還，駐太原，與孛羅搆難如故。會朝臣老的沙、禿堅獲罪於太子，出奔孛羅，孛羅匿之。詔削孛羅官，解其兵柄。孛羅遂舉兵反，犯京師，殺丞相搠思監，自爲左丞相，老的沙爲平章，禿堅知樞密院。太子求援於擴廓，擴廓遣其將白鎖住以萬騎入衛，戰不利，奉太子奔太原。踰年，擴廓以太子令舉兵討孛羅，入大同，進薄大都。順帝乃襲殺孛羅於朝。擴廓從太子入覲，以爲太傅、左丞相。當是時，微擴廓，太子幾殆。擴廓功雖高，起行間，驟至相位，中朝舊臣多忌之者。而擴廓久典軍，亦不樂在內，居兩月，即請出治兵，南平江、淮。詔許之，封河南王，俾總天下兵，代皇太子出征，分省中官屬之半以自隨。鹵簿甲仗亘數十里，軍容甚盛。時太祖已滅陳友諒，盡有江、楚地，張士誠據淮東、浙西。擴廓知南軍强，未可輕進，乃駐軍河南，檄關中四將軍會師大舉。四將軍者，李思齊、張思道、孔興、脱列伯也。

思齊，羅山人，與察罕同起義兵，齒位略相埒。得檄大怒曰：「吾與若父交，若髮未燥，敢檄我耶！」令其下一甲不得出武關。思道等亦皆不聽調。擴廓歎曰：「吾奉詔總天下兵，而鎮將不受節制，何討賊爲！」乃遣其弟脱因帖木兒以一軍屯濟南，防遏南軍，而自引兵西入關，攻思齊等。思齊等會兵長安，盟於含元殿舊基，併力拒擴廓。相持經年，數百戰未能決。順帝使使諭令罷兵，專事江、淮。擴廓欲遂定思齊等，然後引軍東。乃遣其驍將貊高

趨河中，欲出不意擣鳳翔，覆思齊巢穴。貊高所將多孛羅部曲，行至衞輝，軍變，脅貊高叛擴廓，襲衞輝、彰德據之，罪狀擴廓於朝。

初，太子之奔太原也，欲用唐肅宗靈武故事自立。擴廓不可。及還京師，皇后諭指令以重兵擁太子入城，脅順帝禪位。擴廓未至京三十里，留其軍，以數騎入朝。由是太子銜之，而順帝亦心忌擴廓。廷臣譁言擴廓受命平江、淮，乃西攻關中，今罷兵不奉詔，跋扈有狀。及貊高奏至，順帝乃削擴廓太傅、中書左丞相，令以河南王就食邑汝南，分其軍隸諸將；而以貊高知樞密院事兼平章，總河北軍，賜其軍號「忠義功臣」。太子開撫軍院於京師，總制天下兵馬，專備擴廓。

擴廓既受詔，退軍澤州，其部將關保亦歸於朝。朝廷知擴廓勢孤，乃詔李思齊等東出關，與貊高合攻擴廓，而令關保以兵戍太原。擴廓憤甚，引軍據太原，盡殺朝廷所置官吏。於是順帝下詔盡削擴廓官爵，令諸軍四面討之。是時明兵已下山東，收大梁。梁王阿魯溫，察罕父也，以河南降。〔三〕脫因帖木兒敗走，餘皆望風降遁，無一人抗者。既迫潼關，思齊等倉皇解兵西歸，而貊高、關保皆爲擴廓所擒殺。順帝大恐，下詔歸罪於太子，罷撫軍院，悉復擴廓官，令與思齊等分道南討。詔下一月，明兵已逼大都，順帝北走。擴廓入援不及，大都遂陷，距察罕死時僅六年云。

明兵已定元都，將軍湯和等自澤州徇山西。擴廓遣將禦之，戰於韓店，明師大敗。會順帝自開平命擴廓復大都，擴廓乃北出雁門，將由保安徑居庸以攻北平。徐達、常遇春乘虛擣太原，擴廓還救。部將豁鼻馬潛約降於明。明兵夜劫營，營中驚潰。擴廓倉卒以十八騎北走，明兵遂西入關。思齊以臨洮降。思道走寧夏，其弟良臣以慶陽降，既而復叛，明兵破誅之。於是元臣皆入於明，唯擴廓擁兵塞上，西北邊苦之。

洪武三年，太祖命大將軍徐達總大兵出西安，擣定西。擴廓方圍蘭州，趨赴之。戰於沈兒峪，大敗，盡亡其衆，獨與妻子數人北走，至黃河，得流木以渡，遂奔和林。時順帝崩，太子嗣立，復任以國事。踰年，太祖復遣大將軍徐達、左副將軍李文忠、征西將軍馮勝將十五萬衆，分道出塞取擴廓。大將軍至嶺北，與擴廓遇，大敗，死者數萬人。劉基嘗言於太祖曰：「擴廓未可輕也。」至是帝思其言，謂晉王曰：「吾用兵未嘗敗北。今諸將自請深入，敗於和林，輕信無謀，致多殺士卒，不可不戒。」明年，擴廓復攻雁門，命諸將嚴爲之備，自是明兵希出塞矣。其後，擴廓從其主徙金山，卒於哈剌那海之衙庭，其妻毛氏亦自經死，蓋洪武八年也。

初，察罕破山東，江、淮震動。太祖遣使通好。元遣戶部尚書張昶、郎中馬合謀浮海如江東，授太祖榮祿大夫、江西等處行中書省平章政事，賜以龍衣御酒。甫至而察罕被刺，太祖遂不受，殺馬合謀，以張昶才，留官之。及擴廓視師河南，太祖乃復遣使通好，擴廓輒留使者不遣。凡七致書，皆不答。既出塞，復遣人招諭，亦不應。最後使李思齊往。始至，則待以禮。尋使騎士送歸，至塞下，辭曰：「主帥有命，請公留一物爲別。」思齊曰：「吾遠來無所齎。」騎士曰：「願得公一臂。」思齊知不免，遂斷與之。還，未幾死。太祖以是心敬擴廓。一日，大會諸將，問曰：「天下奇男子誰也？」皆對曰：「常遇春將不過萬人，橫行無敵，眞奇男子。」太祖笑曰：「遇春雖人傑，吾得而臣之。吾不能臣王保保，其人奇男子也。」竟冊其妹爲秦王妃。

張昶仕明，累官中書省參知政事，有才辨，明習故事，裁決如流，甚見信任。自以故元臣，心嘗戀戀。會太祖縱降人北還，昶附私書訪其子存亡。楊憲得書稿以聞，下吏按問。昶大書牘背曰：「身在江南，心思塞北。」太祖乃殺之。而擴廓幕下士不屈節縱出塞者，有蔡子英。

子英，永寧人，元至正中進士。察罕開府河南，辟參軍事，累薦至行省參政。元亡，從擴廓走定西。明兵克定西，擴廓軍敗，子英單騎走關中，亡入南山。太祖聞其名，使人繪形求得之，傳詣京師。至江濱，亡去，變姓名，賃舂。久之，復被獲。械過洛陽，見湯和，長揖

不拜。抑之跪，不肯。和怒，爇火焚其鬚，不動。其妻適在洛，請與相見，子英避不肯見。至京，太祖命脫械以禮遇之，授以官，不受。退而上書曰：「陛下乘時應運，削平羣雄，薄海內外，莫不賓貢。臣鼎魚漏網，假息南山。曩者見獲，復得脫亡。七年之久，重煩有司追跡。而陛下以萬乘之尊，全匹夫之節，不降天誅，反療其疾，易冠裳，賜酒饌，授以官爵，陛下之量包乎天地矣。臣感恩無極，非不欲自竭犬馬，但名義所存，不敢輒渝初志。自惟身本韋布，智識淺陋，過蒙主將知薦，仕至七命，躍馬食肉十有五年，愧無尺寸以報國士之遇。及國家破亡，又復失節，何面目見天下士。管子曰：『禮義廉恥，國之四維。』今陛下創業垂統，正當挈持大經大法，垂示子孫臣民。奈何欲以無禮義、寡廉恥之俘囚，而厠諸維新之朝、賢士大夫之列哉！臣日夜思維，咎往昔之不死，至於今日，分宜自裁。陛下待臣以恩禮，臣固不敢賣死立名，亦不敢偸生苟祿。若察臣之愚，全臣之志，禁錮海南，畢其餘命，則雖死之日，猶生之年。昔王蠋閉戶以自縊，李芾闔門以自屠，彼非惡榮利而樂死亡，顧義之所在，雖湯鑊有不得避也。渺焉之軀，上愧古人，死有餘恨，惟陛下裁察。」帝覽其書，益重之，館之儀曹。忽一夜大哭不止。人問其故，曰：「無他，思舊君耳。」帝知不可奪，洪武九年十二月命有司送出塞，令從故主於和林。

陳友定，一名有定，字安國，福清人，徙居汀之清流。世業農。爲人沉勇，喜遊俠。鄉里皆畏服。至正中，汀州府判蔡公安至清流募民兵討賊，友定應募。公安與語，奇之，使掌所募兵，署爲黃土砦巡檢。以討平諸山寨功，遷清流縣尹。陳友諒遣其將鄧克明等陷汀、邵，略杉關。行省授友定汀州路總管禦之。戰於黃土，大捷，走克明。踰年，克明復取汀州，急攻建寧。守將完者帖木兒檄友定入援，連破賊，悉復所失郡縣。行省上其功第一，進參知政事。已，置分省於延平，以友定爲平章，於是友定盡有福建八郡之地。

友定以農家子起傭伍，目不知書。及據八郡，數招致文學知名士，如閩縣鄭定、廬州王翰之屬，留置幕下。粗涉文史，習爲五字小詩，皆有意理。然頗任威福，所屬違令者輒承制誅竄不絕。漳州守將羅良不平，以書責之曰：「郡縣者，國家之土地。官司者，人主之臣役。而僭稟者，朝廷之外府也。今足下視郡縣如室家，驅官僚如圉僕，擅僭稟如私藏，名雖報國，實有鷹揚跋扈之心。不知足下欲爲郭子儀乎，抑爲曹孟德乎？」友定怒，竟以兵誅良。而福清宣慰使陳瑞孫、崇安令孔楷、建陽人詹翰拒友定不從，皆被殺。於是友定威震八閩，然事元未嘗失臣節。是時張士誠據浙西，方國珍據浙東，名爲附元，歲漕粟大都輒不至。而友定歲輸粟數十萬石，海道遼遠，至者嘗十三四。順帝嘉之，下詔褒美。

太祖既定婺州，與友定接境。友定侵處州。參政胡深擊走之，遂下浦城，克松溪，獲友定將張子玉，與朱亮祖進攻建寧，破其二柵。友定遣阮德柔以兵四萬屯錦江，繞出深後，斷其歸路，而自帥牙將賴政等以銳師搏戰，德柔自後夾擊。深兵敗，被執死。太祖既平方國珍，卽發兵伐友定。將軍胡廷美、何文輝由江西趨杉關，湯和、廖永忠由明州海道取福州，李文忠由浦城取建寧，而別遣使至延平，招諭友定。友定置酒大會諸將及賓客，殺明使者，瀝其血酒甕中，與衆酌飲之。酒酣，誓於衆曰：「吾曹並受元厚恩，有不以死拒者，身磔，妻子戮。」遂往視福州，環城作壘。距壘五十步，輒築一臺，嚴兵爲拒守計。已而聞杉關破，急分軍爲二，以一軍守福，而自帥一軍守延平，以相掎角。及湯和等舟師抵福之五虎門，平章曲出引兵逆戰敗，明兵緣南臺蟻附登城。守將遁去，參政尹克仁、宣政使朵耳麻不屈死，僉院柏帖木兒積薪樓下，殺妻妾及二女，縱火自焚死。

延美克建寧，湯和進攻延平。友定欲以持久困之，諸將請出戰，不許。數請不已，友定疑所部將叛，殺蕭院判。軍士多出降者。會軍器局災，城中礮聲震地，明師知有變，急攻城。友定呼其屬訣曰：「大事已去，吾一死報國，諸君努力。」因退入省堂，衣冠北面再拜，仰藥死。所部爭開城門納明師。師入，趨視之，猶未絕也。舁出水東門，適天大雷雨，友定復甦。械送京師。入見，帝詰之。友定厲聲曰：「國破家亡，死耳，尙何言。」遂併其子海殺之。

海，一名宗海，工騎射，亦喜禮文士。友定既被執，自將樂歸於軍門，至是從死。

元末所在盜起，民間起義兵保障鄉里，稱元帥者不可勝數，元輒因而官之。其後或去爲盜，或事元不終，惟友定父子死義，時人稱完節焉。友定既死，興化、泉州皆望風納款。獨漳州路達魯花赤迭里彌實具公服，北面再拜，引斧斫印章，以佩刀剚喉而死。時云「閩有三忠」，謂友定、柏帖木兒、迭里彌實也。

鄭定，字孟宣。好擊劍，爲友定記室。及敗，浮海入交、廣間。久之，還居長樂。洪武末，累官至國子助教。王翰，字用文，仕元爲潮州路總管。友定敗，爲黃冠，棲永泰山中者十載。太祖聞其賢，强起之，自刎死，有子偁知名。

爲友定所辟者，又有伯顏子中。子中，其先西域人，後仕江西，因家焉。子中明春秋，五舉有司不第，行省辟授東湖書院山長，遷建昌教授。子中雖儒生，慷慨喜談兵。江西盜起，授分省都事，使守贛州，而陳友諒兵已破贛。子中倉卒募吏民，與鬭城下，不勝，脫身間道走閩。陳友定素知之，辟授行省員外郎。出奇計，以友定兵復建昌，浮海如元都獻捷。累遷吏部侍郎。持節發廣東何眞兵救閩，至則眞已降於廖永忠。子中跳墮馬，折一足，致軍前。永忠欲脅降之，不屈。永忠義而舍之。乃變姓名，冠黃冠，遊行江湖間。太祖求之

不得，籍錄其妻子，子中竟不出。嘗齎鴆自隨，久之事寖解，乃還鄉里。洪武十二年詔郡縣舉元遺民。布政使沈立本密言子中於朝，以幣聘。使者至，子中太息曰：「死晚矣。」爲歌七章，哭其祖父師友，飲鴆而死。

當元亡時，守土臣仗節死者甚衆。明兵克太平，總管靳義赴水死。攻集慶，行臺御史大夫福壽戰敗，嬰城固守。城破，猶督兵巷戰，坐伏龜樓指揮。左右或勸之遁，福壽叱而射之，遂死於兵。參政伯家奴、達魯花赤達尼達思等皆戰死。克鎭江，守將段武、平章定定戰死。克寧國，百戶張文貴殺妻妾自刎死。克徽州，萬戶吳訥戰敗自殺。克婺州，浙東廉訪使楊惠、婺州達魯花赤僧住戰死。克衢州，總管馬浩赴水死。[三]石抹宜孫守處州，其母與弟厚孫先爲明兵所獲，令爲書招之。不聽。比克處，宜孫戰敗，走建寧，收集士卒，欲復處州。攻慶元，爲耿再成所敗，還走建寧。半道遇鄉兵，被殺，部將李彥文葬之龍泉。太祖嘉其忠，遣使致祭，復其處州生祠。又祠福壽於應天，余闕於安慶，李黼於江州。闕、黼事具元史。

其後大軍北克益都，平章普顏不花不屈死。克東昌，平章申榮自經死。眞定路達魯花赤鈒納錫彰聞王師取元都，朝服登城西崖，北面再拜，投崖死。克奉元，西臺御史桑哥失里與妻子俱投崖死，左丞拜泰古逃入終南山，郎中王可仰藥死，檢校阿失不花自經死。三原

二十四史

中華書局

縣尹朱春謂其妻曰：「吾當死以報國。」妻曰：「君能盡忠，妾豈不能盡節。」亦俱投繯死。又大軍攻永州，右丞鄧祖勝固守，食盡力窮，仰藥死。克梧州，吏部尚書普顏帖木兒戰死，張翺赴水死。克靖江，都事趙元隆、陳瑜、劉永錫，廉訪使僉事帖木兒不花，元帥元禿蠻，萬戶董丑漢，府判趙世傑皆自殺。至如劉福通、徐壽輝、陳友諒等所破郡縣，守吏將帥多死節者，已見元史，不具載，載其見明實錄者。

又有劉謙，江西人，爲仁壽教官。明玉珍入蜀，棄官隱瀘州。玉珍欲官之，不就。鳳山趙善璞隱深山，明玉珍聘爲學士，亦不就。而張士誠破平江時，參軍楊椿挺身戰，刃交於胸，瞋目怒罵死，妻亦自經。士誠又以書幣徵故左司員外郎楊乘於松江，乘具酒醴告祖禰，顧西日晴明，曰：「人生晚節，如是足矣。」夜分自經死。其親藩死事最烈者，有雲南梁王。

梁王把匝剌瓦爾密，元世祖第五子雲南王忽哥赤之裔也。封梁王，仍鎭雲南。順帝之世，天下多故，雲南僻遠，王撫治有威惠。至正二十三年，明玉珍僭號於蜀，遣兵三道來攻，王走營金馬山。明年以大理兵迎戰，〔四〕玉珍兵敗退。久之，順帝北去，大都不守，中國無元尺寸地，而王守雲南自若，歲遣使自塞外達元帝行在，執臣節如故。

未幾，明師平四川，天下大定。太祖以雲南險僻，不欲用兵。明年正月，北平守將以所得王遣往漠北使者蘇成來獻，太祖乃命待制王褘齎詔偕成往招諭。王待褘以禮。會元嗣君遣使脫脫來徵餉，脫脫疑王有他意，因脅以危語。王遂殺褘而以禮斂之。踰三年，太祖復遣湖廣參政吳雲偕大軍所獲雲南使臣鐵知院等往。知院以己奉使被執，誘雲改制書紿王。雲不從，被殺。王聞雲死，收其骨，送蜀給孤寺。

太祖知王終不可以諭降，乃命傅友德爲征南將軍，藍玉、沐英爲副，帥師征之。洪武十四年十二月下普定。王遣司徒平章達里麻率兵駐曲靖。沐英引軍疾趨，乘霧抵白石江。霧解，達里麻望見大驚。友德等率兵進擊，達里麻兵潰被擒。先是，王以女妻大理酋段得功，嘗倚其兵力，後以疑殺之，遂失大理援。至是達里麻敗，失精甲十餘萬。王知事不可爲，走普寧州之忽納砦，焚其龍衣，驅妻子赴滇池死。遂與左丞達的、右丞驢兒夜入草舍，俱自經。太祖還其家屬於耽羅。

贊曰：洪武九年，方谷珍死，宋濂奉敕撰墓碑，於一時羣雄，皆直書其名，獨至察罕，曰齊國李忠襄王，順逆之理昭然可見矣。擴廓百戰不屈，欲繼先志，而齎恨以死。友定不作何眞之偷生，梁王恥爲納哈出之背國，要皆元之忠臣也。詩曰「其儀一兮，心如結兮」，易曰「苦節悔亡」，其伯顏子中、蔡子英之謂歟。嘗謂元歸塞外，一時從臣必有賦式微之章於沙漠之表者，惜其姓字湮沒，不得見於人間。然則若子英者，又豈非厚幸哉！

校勘記

〔一〕縛陳猱頭等二十餘人獻闕下　二十餘人，明史稿傳一〇擴廓帖木兒傳作「二百餘人」。

〔二〕梁王阿魯溫察罕父也以河南降　河南，原作「河東」，據本書卷一二五徐達傳、明史稿傳一〇擴廓帖木兒傳改。按太祖實錄卷二七洪武元年三月戊申條，阿魯溫是河南行省平章，作「河南」是。

〔三〕總管馬浩赴水死　馬浩，明史稿傳一〇陳友定傳、太祖實錄卷七己亥七月丁未條均作「馮浩」。

〔四〕至正二十三年明玉珍僭號於蜀遣兵三道來攻王走營金馬山明年以大理兵迎戰　二十三年，原作「二十九年」。按明玉珍于至正二十二年稱帝後發兵三道入雲南攻梁王，事在至正二十三年，據本書卷一二三明玉珍傳、太祖實錄卷一六丙午二月「是月」條改。又據同上太祖實錄，梁王走營金馬山在至正二十四年春三月，其以大理兵迎戰在同年夏四月，與傳文之分繫于兩年互異。

中華書局

明史卷一百二十五

列傳第十三

徐達　常遇春

徐達，字天德，濠人，世業農。達少有大志，長身高顴，剛毅武勇。太祖之爲郭子興部帥也，達時年二十二，往從之，一見語合。及太祖南略定遠，帥二十四人往，達首與焉。尋從破元兵於滁州澗，從取和州，子興授達鎭撫。子興執孫德崖，德崖軍亦執太祖，達挺身詣德崖軍請代，太祖乃得歸，達亦獲免。從渡江，拔采石，取太平，與常遇春皆爲軍鋒冠。從破擒元將陳埜先，別將兵取溧陽、溧水，從下集慶。太祖身居守，而命達爲大將，帥諸軍東攻鎭江，拔之。號令明肅，城中宴然。授淮興翼統軍元帥。

時張士誠已據常州，挾江東叛將陳保二以舟師攻鎭江。達敗之於龍潭，遂請益兵以圍常州。士誠遣將來援。達以敵狡而銳，未易力取，乃離城設二伏以待，別遣將王均用爲奇

兵，而自督軍戰。敵退走遇伏，大敗之，獲其張、湯二將，進圍常州。明年克之。進僉樞密院事。繼克寧國，徇宜興，使前鋒趙德勝下常熟，擒士誠弟士德。明年復攻宜興，克之。太祖自將攻婺州，命達留守應天，別遣兵襲破天完將趙普勝，復池州。遷奉國上將軍、同知樞密院事。進攻安慶，自無爲陸行，夜掩浮山寨，破普勝部將於青山，遂克潛山。還鎭池州，與遇春設伏，敗陳友諒軍於九華山下，斬首萬人，生擒三千人。遇春曰：「此勁旅也，不殺爲後患。」達不可，乃以狀聞。而遇春先以夜阬其人過半，太祖不懌，悉縱遣餘衆。於是始命達盡護諸將。陳友諒犯龍江，達軍南門外，與諸將力戰破之，追及之慈湖，焚其舟。

明年，從伐漢，取江州。友諒走武昌，達追之。友諒出戰艦沔陽，達營漢陽沌口以遏之。進中書右丞。明年，太祖定南昌，降將祝宗、康泰叛。達以沌口軍討平之。從援安豐，破吳將呂珍，遂圍廬州。會漢人寇南昌，太祖召達自廬州來會師，遇於鄱陽湖。友諒軍甚盛，達身先諸將力戰，敗其前鋒，殺千五百人，獲一巨舟。太祖知敵可破，而慮士誠內犯，卽夜遣達還守應天，自帥諸將鏖戰，竟斃友諒。

明年，太祖稱吳王，以達爲左相國。復引兵圍廬州，克其城。略下江陵、辰州、衡州、寶慶諸路，湖、湘平。召還，帥遇春等徇淮東，克泰州。吳人陷宜興，達還救復之。復引兵渡江，克高郵，俘吳將士千餘人。會遇春攻淮安，破吳軍於馬騾港，守將梅思祖以城降。進破安豐，獲元將忻都，走左君弼，盡得其運艘。元兵侵徐州，迎擊，大破之，俘斬萬計。淮南、北悉平。

師還，太祖議征吳。右相國李善長請緩之。達曰：「張氏汰而苛，大將李伯昇輩徒擁子女玉帛，易與耳。用事者，黃、蔡、葉三參軍，書生不知大計。臣奉主上威德，以大軍蹙之，三吳可計日定。」太祖大悅，拜達大將軍，平章遇春爲副將軍，帥舟師二十萬人薄湖州。敵三道出戰，達亦分三軍應之，別遣兵扼其歸路。敵戰敗返走，不得入城。還戰，大破之，擒將吏二百人，圍其城。士誠遣呂珍等以兵六萬赴救，屯舊館，築五寨自固。達使遇春等爲十壘以遮之。士誠自以精兵來援，大破之於皁林。士誠走，遂拔昇山水陸寨。五太子、朱暹、呂珍等皆降，以徇於城下，湖州降。遂下吳江州，從太湖進圍平江。達軍葑門，遇春軍虎丘，郭子興軍婁門，華雲龍軍胥門，湯和軍閶門，王弼軍盤門，張溫軍西門，康茂才軍北門，耿炳文軍城東北，仇成軍城西南，何文輝軍城西北，築長圍困之。架木塔與城中浮屠等。別築臺三成，瞰城中，置弓弩火筒。臺上又置巨礮，所擊輒糜碎。城中大震。達遣使請事，太祖敕勞之曰：「將軍謀勇絕倫，故能遏亂略，削羣雄。今事必稟命，此將軍之忠，吾甚嘉之。然將在外，君不御。軍中緩急，將軍其便宜行之，吾不中制。」既而平江破，執士誠，傳送應天，得勝兵二十五萬人。城之將破也，達與遇春約曰：「師入，我營其左，公營其

右。」又令將士曰：「掠民財者死，毀民居者死，離營二十里者死。」既入，吳人安堵如故。師還，封信國公。

尋拜征虜大將軍，以遇春爲副，帥步騎二十五萬人，北取中原，太祖親餞於龍江。是時稱名將，必推達、遇春。兩人才勇相類，皆太祖所倚重。遇春剽疾敢深入，而達尤長於謀略。遇春下城邑不能無誅僇，達所至不擾，卽獲壯士與諜，結以恩義，俾爲己用。由此，多樂附大將軍者。至是，太祖諭諸將御軍持重有紀律，戰勝攻取得爲將之體者，莫如大將軍達。又謂達，進取方略，宜自山東始。師行，克沂州，降守將王宣。進克嶧州，王宣復叛，擊斬之。莒、密、海諸州悉下。乃使韓政分兵扼河，張興祖取東平、濟寧，而自帥大軍拔益都，徇下濰、膠諸州縣。濟南降，分兵取登、萊。齊地悉定。

洪武元年，太祖卽帝位，以達爲右丞相。册立皇太子，以達兼太子少傅。副將軍遇春克東昌，會師濟南，擊斬樂安反者。還軍濟寧，引舟師泝河，趨汴梁，守將李克彝走，左君弼、竹貞等降。〔一〕遂自虎牢關入洛陽，與元將脫因帖木兒大戰洛水北，破走之。梁王阿魯溫以河南降，略定嵩、陝、陳、汝諸州，遂擣潼關。李思齊奔鳳翔，張思道奔鄜城，遂入關，西至華州。

捷聞，太祖幸汴梁，召達詣行在所，置酒勞之，且謀北伐。達曰：「大軍平齊魯，掃河洛，

中華書局

王保保逡巡觀望；潼關既克，思齊輩狼狽西奔。元聲援已絕，今乘勢直擣元都，可不戰有也。」帝曰：「善。」達復進曰：「元都克，而其主北走，將窮追之乎？」帝曰：「元運衰矣，行自澌滅，不煩窮兵。出塞之後，固守封疆，防其侵軼可也。」達頓首受命。遂與副將軍會師河陰，遣裨將分道徇河北地，連下衞輝、彰德、廣平。師次臨清，使傅友德開陸道通步騎，顧時浚河通舟師，遂引而北。遇春已克德州，合兵取長蘆，扼直沽，作浮橋以濟師。水陸並進，大敗元軍於河西務，進克通州。順帝帥后妃太子北去。踰日，達陳兵齊化門，填濠登城。監國淮王帖木兒不花，左丞相慶童，平章迭兒必失、朴賽因不花，〔二〕右丞張康伯，御史中丞滿川等不降，斬之，其餘不戮一人。封府庫，籍圖書寶物，令指揮張勝以兵千人守宮殿門，〔三〕使宦者護視諸宮人、妃、主，禁士卒毋所侵暴。吏民安居，市不易肆。

捷聞，詔以元都爲北平府，置六衞，留孫興祖等守之，而命達與遇春進取山西。遇春先下保定、中山、真定，馮勝、湯和下懷慶，度太行，取澤、潞，達以大軍繼之。時擴廓帖木兒方引兵出雁門，將由居庸以攻北平。達聞之，與諸將謀曰：「擴廓遠出，太原必虛。北平有孫都督在，足以禦之。今乘敵不備，直擣太原，使進不得戰，退無所守，所謂批亢擣虛者也。彼若西還自救，此成擒耳。」諸將皆曰：「善。」乃引兵趨太原。擴廓至保安，果還救。達選精兵夜襲其營。擴廓以十八騎遁去。盡降其衆，遂克太原。乘勢收大同，分兵徇未下州縣。

山西悉平。

二年引兵西渡河。至鹿臺，張思道遁，遂克奉元。時遇春下鳳翔，李思齊走臨洮，達會諸將議所向。皆曰：「張思道之才不如李思齊，而慶陽易於臨洮，請先慶陽。」達曰：「不然，慶陽城險而兵精，猝未易拔也。臨洮北界河、湟，西控羌、戎，得之，其人足備戰鬭，物產足佐軍儲。蹙以大兵，思齊不走，則束手縛矣。臨洮既克，於旁郡何有。」遂渡隴，克秦州，下伏羌、寧遠，入鞏昌，遣右副將軍馮勝逼臨洮，思齊果不戰降。分兵克蘭州，襲走豫王，盡收其部落輜重。還出蕭關，下平涼。思道走寧夏，爲擴廓所執，其弟良臣以慶陽降。達遣薛顯受之。良臣復叛，夜出兵襲傷顯。達督軍圍之。擴廓遣將來援，逆擊敗去，遂拔慶陽。良臣父子投於井，引出斬之。盡定陝西地。詔達班師，賜白金文綺甚厚。

將論功大封，會擴廓攻蘭州，殺指揮使，副將軍遇春已卒，三年春帝復以達爲大將軍，平章李文忠爲副將軍，分道出兵。達自潼關出西道，擣定西，取擴廓。文忠自居庸出東道，絕大漠，追元嗣主。達至定西，〔四〕擴廓退屯沈兒峪，進軍薄之。隔溝而壘，日數交。擴廓遣精兵從間道劫東南壘，左丞胡德濟倉卒失措，軍驚擾，達帥兵擊却之。德濟，大海子也，達以其功臣子，械送之京師，而斬其下指揮等數人以徇。明日，整兵奪溝，殊死戰，大破擴廓兵。擒郯王、文濟王及國公、平章以下文武僚屬千八百六十餘人，〔五〕將士八萬四千五百

餘人，馬駝雜畜以巨萬計。擴廓僅挾妻子數人奔和林。德濟至京，帝釋之，而以書諭達：「將軍效衞青不斬蘇建耳，獨不見穰苴之待莊賈乎？將軍誅之，則已。今下廷議，吾且念其信州、諸暨功，不忍加誅。繼自今，將軍毋事姑息。」

達既破擴廓，即帥師自徽州南一百八渡至略陽，克沔州，入連雲棧，攻興元，取之。而副將軍文忠亦克應昌，獲元嫡孫妃主將相。先後露布聞，詔振旅還京師。帝迎勞於龍江。乃下詔大封功臣，授達開國輔運推誠宣力武臣，特進光祿大夫、左柱國、太傅、中書右丞相參軍國事，改封魏國公，歲祿五千石，予世券。明年帥盛熙等赴北平練軍馬，修城池，徙山後軍民實諸衞府，置二百五十四屯，墾田一千三百餘頃。其冬，召還。

五年復大發兵征擴廓。達以征虜大將軍出中道，左副將軍李文忠出東道，征西將軍馮勝出西道，各將五萬騎出塞。達遣都督藍玉擊敗擴廓於土剌河。擴廓與賀宗哲合兵力拒，達戰不利，死者數萬人。帝以達功大，弗問也。時文忠軍亦不利，引還。獨勝至西涼獲全勝，坐匿駝馬，賞不行，事具文忠、勝傳。明年，達復帥諸將行邊，破敵於答剌海，還軍北平，留三年而歸。十四年，復帥湯和等討乃兒不花。已，復還鎮。

每歲春出，冬暮召還，以爲常。還輒上將印，賜休沐，宴見歡飲，有布衣兄弟稱，而達愈恭慎。帝嘗從容言：「徐兄功大，未有寧居，可賜以舊邸。」舊邸者，太祖爲吳王時所居也。

達固辭。一日，帝與達之邸，强飲之醉，而蒙之被，舁臥正寢。達醒，驚趨下階，俯伏呼死罪。帝覘之，大悅。乃命有司即舊邸前治甲第，表其坊曰「大功」。胡惟庸爲丞相，欲結好於達，達薄其人，不答，則賂達閽者福壽使圖達。福壽發之，達亦不問；惟時時爲帝言惟庸不任相。後果敗，帝益重達。十七年，太陰犯上將，帝心惡之。達在北平病背疽，稍愈，帝遣達長子輝祖齎敕往勞，尋召還。明年二月，病篤，遂卒，年五十四。帝爲輟朝，臨喪悲慟不已。追封中山王，謚武寧，贈三世皆王爵。賜葬鍾山之陰，御製神道碑文。配享太廟，肖像功臣廟，位皆第一。

達言簡慮精。在軍，令出不二。諸將奉持凜凜，而帝前恭謹如不能言。善拊循，與下同甘苦，士無不感恩效死，以故所向克捷。尤嚴戢部伍，所平大都二，省會三，郡邑百數，閭井宴然，民不苦兵。歸朝之日，單車就舍，延禮儒生，談議終日，雍雍如也。帝嘗稱之曰：「受命而出，成功而旋，不矜不伐，婦女無所愛，財寶無所取，中正無疵，昭明乎日月，大將軍一人而已。」

子四：輝祖、添福、膺緒、增壽。長女爲文皇帝后，次代王妃，次安王妃。

輝祖，初名允恭，長八尺五寸，有才氣，以勳衞署左軍都督府事。達薨，嗣爵。以避皇

中華書局

太孫諱，賜今名。數出練兵陝西、北平、山東、河南。元將阿魯帖木兒隸燕府，有異志，捕誅之。還領中軍都督府。建文初，加太子太傅。燕王子高煦，輝祖甥也。王將起兵，高煦方留京師，竊其善馬而逃。輝祖大驚，遣人追之，不及，乃以聞，遂見親信。久之，命帥師援山東，敗燕兵於齊眉山。燕人大懼。俄被詔還，諸將勢孤，遂相次敗績。及燕兵渡江，輝祖猶引兵力戰。成祖入京師，輝祖獨守父祠弗迎。於是下吏命供罪狀，惟書其父開國勳及券中免死語。成祖大怒，削爵幽之私第。永樂五年卒。萬曆中錄建文忠臣，廟祀南都，以輝祖居首。後追贈太師，謚忠貞。

輝祖死踰月，成祖詔羣臣：「輝祖與齊、黃輩謀危社稷。朕念中山王有大功，曲赦之。今輝祖死，中山王不可無後。」遂命輝祖長子欽嗣。九年，欽與成國公勇、定國公景昌、永康侯忠等，俱以縱恣爲言官所劾。帝宥勇等，而令欽歸就學。十九年來朝，遽辭歸。帝怒，罷爲民。仁宗卽位，復故爵，傳子顯宗、承宗。承宗，天順初，守備南京，兼領中軍府，公廉恤士有賢聲。卒，子俌嗣。俌字公輔，持重，善容止。南京守備體最隆，懷柔伯施鑑以協同守備位俌上。俌不平，言於朝，詔以爵爲序，著爲令。弘治十二年，給事中胡易、御史胡獻以災異陳言下獄，俌上章救之。正德中，上書諫遊畋，語切直。嘗與無錫民爭田，賄劉瑾，爲時所譏。俌嗣五十二年而卒，贈太傅，謚莊靖。孫鵬舉嗣，嬖其妾，冒封夫人，欲立其子爲

嫡，坐奪祿。傳子邦瑞，孫維志，曾孫弘基。自承宗至弘基六世，皆守備南京，領軍府事。弘基累加太傅，卒，謚莊武，子文爵嗣。明亡，爵除。

增壽以父任仕至左都督。建文帝疑燕王反，嘗以問增壽。增壽頓首曰：「燕王先帝同氣，富貴已極，何故反。」及燕師起，數以京師虛實輸於燕。帝覺之，未及問。比燕兵渡江，帝召增壽詰之，不對，手劍斬之殿廡下。王入，撫屍哭。卽位，追封武陽侯，謚忠愍。尋進封定國公，祿二千五百石。以其子景昌嗣。驕縱，數被劾，成祖輒宥之。成祖崩，景昌坐居喪不出宿，奪冠服歲祿，已而復之。三傳至玄孫光祚，累典軍府，加太師，嗣四十五年卒，謚榮僖。傳子至孫文璧，萬曆中，領後軍府。以小心謹畏見親於帝，數代郊天，加太師。累上書請建儲，罷礦稅，釋逮繫。嗣三十五年卒，謚康惠。再傳至曾孫允禎，崇禎末爲流賊所殺。

洪武諸功臣，惟達子孫有二公，分居兩京。魏國之後多賢，而累朝恩數，定國常倍之。嘉靖中詔裁恩澤世封，有言定國功弗稱者，竟弗奪也。

添福早卒。膺緒，授尙寶司卿，累遷中軍都督僉事，奉朝請，世襲指揮使。

常遇春，字伯仁，懷遠人。貌奇偉，勇力絕人，猿臂善射。初從劉聚爲盜，察聚終無成，歸太祖於和陽。未至，困臥田間，夢神人被甲擁盾呼曰：「起起，主君來。」驚寤，而太祖適至，卽迎拜。時至正十五年四月也。無何，自請爲前鋒。太祖曰：「汝特饑來就食耳，吾安得汝留也。」遇春固請。太祖曰：「俟渡江，事我未晚也。」及兵薄牛渚磯，元兵陳磯上，舟距岸且三丈餘，莫能登。遇春飛舸至，太祖麾之前。遇春應聲，奮戈直前。敵接其戈，乘勢躍而上，大呼跳蕩，元軍披靡。諸將乘之，遂拔采石，進取太平。授總管府先鋒，進總管都督。〔六〕

時將士妻子輜重皆在和州，元中丞蠻子海牙復以舟師襲據采石，道中梗。太祖自將攻之，遣遇春多張疑兵分敵勢。戰既合，遇春操輕舸，衝海牙舟爲二。左右縱擊，大敗之，盡得其舟。江路復通。尋命守溧陽，從攻集慶，功最。從元帥徐達取鎭江，進取常州。吳兵圍達於牛塘，遇春往援，破解之，擒其將，進統軍大元帥。克常州，遷中翼大元帥。從達攻寧國，中流矢，裹創鬭，克之。別取馬駝沙，以舟師攻池州，下之，進行省都督馬步水軍大元帥。從取婺州，轉同僉樞密院事，守婺。移兵圍衢州，以奇兵突入南門甕城，毀其戰具，急攻之，遂下，得甲士萬人，進僉樞密院事。攻杭州，失利，召還應天。從達拔趙普勝之水寨，從守池州，大破漢兵於九華山下，語具達傳。

友諒薄龍灣，遇春以五翼軍設伏，大破之，遂復太平，功最。太祖追友諒於江州，命遇

春留守，用法嚴，軍民肅然無敢犯，進行省參知政事。從取安慶。漢軍出江游徼，遇春擊之，皆反走，乘勝取江州。還守龍灣，援長興，俘殺吳兵五千餘人，其將李伯昇解圍遁。命甃安慶城。

先是，太祖所任將帥最著者，平章邵榮、右丞徐達與遇春爲三。而榮尤宿將善戰，至是驕蹇有異志，與參政趙繼祖謀伏兵爲變。事覺，太祖欲宥榮死，遇春直前曰：「人臣以反名，尙何可宥，臣義不與共生。」太祖乃飲榮酒，流涕而戮之，以是益愛重遇春。

池州帥羅友賢據神山寨，〔七〕通張士誠，遇春破斬之。從援安豐。比至，呂珍已陷其城，殺劉福通，聞大軍至，盛兵拒守。太祖左右軍皆敗，遇春橫擊其陣，三戰三破之，俘獲士馬無算。遂從達圍廬州。城將下，陳友諒圍洪都，召還。會師伐漢，遇於彭蠡之康郎山。漢軍舟大，乘上流，鋒銳甚。遇春偕諸將大戰，呼聲動天地，無不一當百。友諒驍將張定邊直犯太祖舟，舟膠於淺，幾殆。遇春射中定邊，太祖舟得脫，而遇春舟復膠於淺。有敗舟順流下，觸遇春舟乃脫。轉戰三日，縱火焚漢舟，湖水皆赤，友諒不敢復戰。諸將以漢軍尙强，欲縱之去，遇春獨無言。比出湖口，諸將欲放舟東下，太祖命扼上流。遇春乃溯江而上，諸將從之。友諒窮蹙，以百艘突圍。諸將邀擊之，漢軍遂大潰，友諒死。師還，第功最，賚金帛土田甚厚。從圍武昌，太祖還應天，留遇春督軍困之。

明年，太祖卽吳王位，進遇春平章政事。太祖復視師武昌。漢丞相張必先自岳來援。遇春乘其未集，急擊擒之。城中由是氣奪，陳理遂降，盡取荊、湖地。從左相國達取廬州，別將兵略定臨江之沙坑、麻嶺、牛陂諸寨，擒僞知州鄧克明，遂下吉安。圍贛州，熊天瑞固守不下。太祖使使諭遇春：「克城無多殺。苟得地，無民何益？」於是遇春浚壕立柵以困之。頓兵六月，天瑞力盡乃降，遇春果不殺。太祖大喜，賜書褒勉。遇春遂因兵威諭降南雄、韶州，還定安陸、襄陽。復從徐達克泰州，敗士誠援兵，督水軍壁海安壩以遏之。

其秋拜副將軍，伐吳。敗吳軍於太湖，於毗山，於三里橋，遂薄湖州。士誠遣兵來援，屯於舊館，出大軍後。遇春將奇兵由大全港營東阡，更出其後。敵出精卒搏戰，奮擊破之。襲其右丞徐義於平望，盡燔其赤龍船，復敗之於烏鎭，逐北至昇山，破其水陸寨，悉俘舊館兵，湖州遂下。進圍平江，軍虎丘。士誠潛師趨遇春，遇春與戰北濠，破之，幾獲士誠。久之，諸將破葑門，遇春亦破閶門以入，吳平。進中書平章軍國重事，封鄂國公。

復拜副將軍，與大將軍達帥兵北征。帝親諭曰：「當百萬衆，摧鋒陷堅，莫如副將軍。不慮不能戰，慮輕戰耳。身爲大將，顧好與小校角，甚非所望也。」遇春拜謝。既行，以遇春兼太子少保，從下山東諸郡，取汴梁，進攻河南。元兵五萬陳洛水北。遇春單騎突其陣，敵二十餘騎攢槊刺之。遇春一矢殪其前鋒，大呼馳入，麾下壯士從之。敵大潰，追奔五十餘

里。降梁王阿魯溫，河南郡邑以次下。謁帝於汴梁，遂與大將軍下河北諸郡。先驅取德州，將舟師並河而進，破元兵於河西務，克通州，遂入元都。別下保定、河間、眞定。與大將軍攻太原，擴廓帖木兒來援。遇春言於達曰：「我騎兵雖集，步卒未至，驟與戰必多殺傷，夜劫之可得志。」達曰：「善。」會擴廓部將豁鼻馬來約降，且請爲內應，乃選精騎夜銜枚往襲。擴廓方燃燭治軍書，倉卒不知所出，跣一足，乘孱馬，以十八騎走大同。豁鼻馬降，得甲士四萬，遂克太原。遇春追擴廓至忻州而還。詔改遇春左副將軍，居右副將軍馮勝上。北取大同，轉徇河東，下奉元路，與勝軍合，西拔鳳翔。

會元將也速攻通州，詔遇春還備，以平章李文忠副之，帥步騎九萬，發北平，徑會州，敗敵將江文清於錦州，〔五〕敗也速於全寧。進攻大興州，分千騎爲八伏。守將夜遁，盡擒之，遂拔開平。元帝北走，追奔數百里。獲其宗王慶生及平章鼎住等將士萬人，〔六〕車萬輛，馬三千匹，牛五萬頭，子女寶貨稱是。師還，次柳河川，暴疾卒，年僅四十。太祖聞之，大震悼。喪至龍江，親出奠，命禮官議天子爲大臣發哀禮。議上，用宋太宗喪韓王趙普故事。制曰「可」。賜葬鍾山原，給明器九十事納墓中。贈翊運推誠宣德靖遠功臣、開府儀同三司、上柱國、太保、中書右丞相，追封開平王，諡忠武。配享太廟，肖像功臣廟，位皆第二。

遇春沉鷙果敢，善撫士卒，摧鋒陷陣，未嘗敗北。雖不習書史，用兵輒與古合。長於大

將軍達二歲，數從征伐，聽約束惟謹，一時名將稱徐、常。遇春嘗自言能將十萬衆，橫行天下，軍中又稱「常十萬」云。

遇春從弟榮，積功爲指揮同知，從李文忠出塞，戰死臚朐河。遇春二子，茂、昇。

茂以遇春功，封鄭國公，食祿二千石，予世券，驕稚不習事。洪武二十年命從大將軍馮勝征納哈出於金山。勝，茂婦翁也。茂多不奉勝約束，勝數誚責之。茂應之慢，勝益怒，未有以發也。會納哈出請降，詣右副將軍藍玉營，酒次，與玉相失，納哈出取酒澆地，顧其下咄咄語。茂方在坐，麾下趙指揮者，解蒙古語，密告茂：「納哈出將遁矣。」茂因出不意，直前搏之。納哈出大驚，起欲就馬。茂拔刀，砍其臂傷。納哈出所部聞之，有驚潰者。勝故怒茂，增飾其狀，奏茂激變，遂械繫至京。茂亦言勝諸不法事。帝收勝總兵印，而安置茂於龍州，二十四年卒。初，龍州土官趙貼堅死，從子宗壽當襲。貼堅妻黃以愛女予茂爲小妻，擅州事。茂既死，黃與宗壽爭州印，相告訐。或搆蜚語，謂茂實不死，宗壽知狀。帝怒，責令獻茂自贖，命楊文、韓觀出師討龍州。已而知茂果死，宗壽亦輸款，乃罷兵。

茂無子，弟昇，改封開國公，數出練軍，加太子太保。昇之沒，實錄不載。其他書紀傳謂，建文末，昇及魏國公輝祖力戰浦子口，死於永樂初。或謂昇洪武中坐藍玉黨，有告其聚

兵三山者，誅死。常氏爲興宗外戚，建文時恩禮宜厚，事遭革除，無可考，其死亦遂傳聞異詞。昇子繼祖，永樂元年遷雲南之臨安衞，時甫七歲。繼祖子寧，寧子復。弘治五年詔曰：「太廟配享諸功臣，其贈王者，皆佐皇祖平定天下，有大功。而子孫或不沾寸祿，淪於氓隸。朕不忍，所司可求其世嫡，量授一官，奉先祀。」乃自雲南召復，授南京錦衣衞世指揮使。嘉靖十一年紹封四王後，封復孫玄振爲懷遠侯，傳至曾孫延齡，有賢行。崇禎十六年，全楚淪陷，延齡請統京兵赴九江協守。又言江都有地名常家沙，族丁數千皆其始祖遠裔，請鼓以忠義，練爲親兵。帝嘉之，不果行。南都諸勳戚多恣睢自肆，獨延齡以守職稱。國亡，身自灌園，蕭然布衣終老。

贊曰：明太祖奮自滁陽，戡定四方，雖曰天授，蓋二王之力多焉。中山持重有謀，功高不伐，自古名世之佐無以過之。開平摧鋒陷陣，所向必克，智勇不在中山下；而公忠謙遜，善持其功名，允爲元勳之冠。身依日月，剖符錫土，若二王者，可謂極盛矣。顧中山賞延後裔，世叨榮寵；而開平天不假年，子孫亦復衰替。貴匹勳齊，而食報或爽，其故何也？太祖嘗語諸將曰：「爲將不妄殺人，豈惟國家之利，爾子孫實受其福。」信哉，可爲爲將帥者鑑矣。

中華書局

校勘記

〔一〕左君弼竹貞等降　竹貞，當作「竹昌」。按太祖實錄卷二七洪武元年三月己亥條稱：「大將軍徐達至陳橋，左君弼、竹昌迎降。」同卷四月壬寅條稱：「大將軍徐達遣千戶王鎮送左君弼、竹昌、竹君祥等赴京師。」是洪武元年三月在汴梁東北陳橋迎降徐達的元將是左君弼、竹昌等，不是「左君弼、竹貞等」。元平章竹貞在洪武三年二月在察罕腦兒才被李文忠所擒，見本書卷二太祖紀、太祖實錄卷四九、國榷卷四頁四〇九。傳文作「竹貞」誤。又本書卷一三〇韓政傳的「竹貞」，也應作「竹昌」。

〔二〕朴賽因不花　朴，原作「樸」，誤。按「朴」係一高麗姓，朴賽因不花是高麗人，元史卷一九六有傳，字正作「朴」，據改。

〔三〕令指揮張勝以兵千人守宮殿門　張勝，太祖實錄卷三〇洪武元年八月庚午條、卷一七一洪武十八年二月己未條都作「張煥」。

〔四〕達至定西　定西，原作「安定」，據本書卷一二六鄧愈傳、明史稿傳一一徐達傳、太祖實錄卷一七一洪武十八年二月己未條改。

〔五〕擒鄭王文濟王及國公平章以下文武僚屬千八百六十餘人　文濟王，原脫「文」字，據太祖實錄卷一七一洪武十八年二月己未條補。按元史卷一〇八諸王表有「濟王」，也有「文濟王」，濟王已

於皇慶元年改封吳王，不得於洪武三年與鄭王同時被擒。而文濟王則是與鄭王同時的人。

〔六〕進總管都督　太祖實錄卷四丙申十月丁未條作「管軍總管」。

〔七〕池州帥羅友賢據神山寨　神山寨，原作「賢山寨」，據太祖實錄卷一一壬寅十月壬申條、卷一二癸卯正月庚戌條改。按池州府無「賢山」而有神山，見讀史方輿紀要卷二七。

〔八〕敗敵將江文清於錦州　江文清，原作「汪文清」，據本書卷一二六李文忠傳，太祖實錄卷五六洪武三年九月戊申條、卷一六〇洪武十七年三月戊戌條改。

〔九〕獲其宗王慶生及平章鼎住等將士萬人　慶生，本書卷三二七韃靼傳作「慶孫」，太祖實錄卷四二洪武二年六月己卯條作「慶生」。

明史卷一百二十六

列傳第十四

李文忠　鄧愈　湯和　沐英

李文忠，字思本，小字保兒，盱眙人，太祖姊子也。年十二而母死，父貞攜之轉側亂軍中，瀕死者數矣。踰二年乃謁太祖於滁陽。太祖見保兒，喜甚，撫以爲子，令從己姓。讀書穎敏如素習。年十九，以舍人將親軍，從援池州，破天完軍，驍勇冠諸將。別攻靑陽、石埭、太平、旌德，皆下之。敗元院判阿魯灰於萬年街，復敗苗軍於於潛、昌化。進攻淳安，夜襲洪元帥，降其衆千餘，授帳前左副都指揮兼領元帥府事。尋會鄧愈、胡大海之師，取建德，以爲嚴州府，守之。

苗帥楊完者以苗、僚數萬水陸奄至。文忠將輕兵破其陸軍，取所馘首，浮巨筏上。水軍見之亦遁。完者復來犯，與鄧愈擊却之。進克浦江，禁焚掠，示恩信。義門鄭氏避兵山谷，

招之還，以兵護之。民大悅。完者死，其部將乞降，撫之，得三萬餘人。與胡大海拔諸暨。張士誠寇嚴州，禦之東門，使別將出小北門，間道襲其後，夾擊大破之。踰月，復來攻，又破之大浪灘，乘勝克分水。士誠遣將據三溪，復擊敗之，斬陸元帥，焚其壘。士誠自是不敢窺嚴州。進同僉行樞密院事。

胡大海得漢將李明道、王漢二，送文忠所，釋而禮之，使招建昌守將王溥。溥降。苗將蔣英、劉震殺大海，以金華叛。文忠遣將擊走之，親撫定其衆。處州苗軍亦殺耿再成叛。文忠遣將屯縉雲以圖之。拜浙東行省左丞，總制嚴、衢、信、處、諸全軍事。

吳兵十萬方急攻諸全，守將謝再興告急，遣同僉胡德濟往援。再興復請益兵，文忠兵少無以應。會太祖使邵榮討處州亂卒，文忠乃揚言徐右丞、邵平章將大軍刻日進。吳軍聞之懼，謀夜遁。德濟與再興帥死士夜半開門突擊，大破之，諸全遂完。

明年，再興叛降於吳，以吳軍犯東陽。文忠與胡深迎戰於義烏，將千騎橫突其陣，大敗之。已，用深策去諸全五十里別築一城，以相掎角。士誠遣司徒李伯昇以十六萬衆來攻，不克。踰年，復以二十萬衆攻新城。文忠帥朱亮祖等馳救，去新城十里而軍。德濟使人告賊勢盛，宜少駐以俟大軍。文忠曰：「兵在謀不在衆。」乃下令曰：「彼衆而驕，我少而銳，以銳遇驕，必克之矣。彼軍輜重山積，此天以富汝曹也。勉之。」會有白氣自東北來覆軍上，

中華書局

占之曰「必勝」。詰朝會戰，天大霧晦冥，文忠集諸將仰天誓曰：「國家之事在此一舉，文忠不敢愛死以後三軍。」乃使元帥徐大興、湯克明等將左軍，嚴德、王德等將右軍，而自以中軍當敵衝。會處州援兵亦至，奮前搏擊。霧稍開，文忠橫槊引鐵騎數十，乘高馳下，衝其中堅。敵以精騎圍文忠數重。文忠手所格殺甚衆，縱騎馳突，所向皆披靡。大軍乘之，城中兵亦鼓譟出，敵遂大潰。逐北數十里，斬首數萬級，溪水盡赤，獲將校六百，甲士三千，鎧仗芻粟收數日不盡，伯昇僅以身免。捷聞，太祖大喜，召歸，宴勞彌日，賜御衣名馬，遣還鎭。

明年秋，大軍伐吳，令攻杭州以牽制之。文忠帥亮祖等克桐廬、新城、富陽，遂攻餘杭。守將謝五，再興弟也，諭之降，許以不死。五與再興子五人出降。諸將請僇之，文忠不可。遂趨杭州，守將潘元明亦降，整軍入。元明以女樂迎，麾去之。營於麗譙，下令曰：「擅入民居者死。」一卒借民釜，斬以徇，城中帖然。得兵三萬，糧二十萬。就加榮祿大夫、浙江行省平章事，復姓李氏。大軍征閩，文忠別引軍屯浦城以逼之。師還，餘寇金子隆等聚衆剽掠，文忠復討擒之，遂定建、延、汀三州。命軍中收養道上棄兒，所全活無算。

洪武二年春，以偏將軍從右副將軍常遇春出塞，薄上都，走元帝，語具遇春傳。遇春卒，命文忠代將其軍，奉詔會大將軍徐達攻慶陽。行次太原，聞大同圍急，謂左丞趙庸曰：「我等受命而來，閫外之事苟利於國，專之可也。今大同甚急，援之便。」遂出雁門，次馬邑，

敗元游兵，擒平章劉帖木，進至白楊門。天雨雪，已駐營，文忠令移前五里，阻水自固。元兵乘夜來劫，文忠堅壁不動。質明，敵大至。以二營委之，殊死戰，度敵疲，乃出精兵左右擊，大破之，擒其將脫列伯，俘斬萬餘人，窮追至莽哥倉而還。

明年拜征虜左副將軍。與大將軍分道北征，以十萬人出野狐嶺，至興和，降其守將。進兵察罕腦兒，擒平章竹真。〔一〕次駱駝山，走平章沙不丁。次開平，降平章上都罕等。時元帝已崩，太子愛猷識里達臘新立。文忠諜知之，兼程趨應昌。元嗣君北走，獲其嫡子買的立八剌暨后妃宮人諸王將相官屬數百人，及宋、元玉璽金寶十五，玉册二，鎭圭、大圭、玉帶、玉斧各一。出精騎窮追至北慶州而還。道興州，擒國公江文清等，降三萬七千人。至紅羅山，又降楊思祖之衆萬六千餘人。獻捷京師，帝御奉天門受朝賀。大封功臣，文忠功最，授開國輔運推誠宣力武臣，特進榮祿大夫、右柱國、大都督府左都督，封曹國公，同知軍國事，食祿三千石，予世券。

四年秋，傅友德等平蜀，令文忠往拊循之。築成都新城，發軍戍諸郡要害，乃還。明年復以左副將軍由東道北征，出居庸，趨和林，至口溫，元人遁。進至臚朐河，令部將韓政等守輜重，而自帥大軍，人齎二十日糧，疾馳至土剌河。元太師蠻子哈剌章悉衆渡河，列騎以待。文忠引軍薄之，敵稍却。至阿魯渾河，敵來益衆。文忠馬中流矢，下馬持短兵鬭。指

揮李榮以所乘馬授文忠，而自奪敵馬乘之。文忠得馬，益殊死戰，遂破敵，虜獲萬計。追奔至稱海，敵兵復大集。文忠乃斂兵據險，椎牛饗士，縱所獲馬畜於野。敵疑有伏，稍稍引去。文忠亦引還，失故道。至桑哥兒麻，乏水，渴甚，禱於天。所乘馬跑地，泉湧出，三軍皆給，乃刑牲以祭。遂還。是役也，兩軍勝負相當，而宣寧侯曹良臣，指揮使周顯、常榮、張耀俱戰死，以故賞不行。

六年行北平、山西邊，敗敵於三角村。七年遣部將分道出塞。至三不剌川，俘平章陳安禮。至順寧、楊門，斬眞珠驢。至白登，擒太尉不花。〔二〕其秋帥師攻大寧、高州，克之，斬宗王朶朶失里，擒承旨百家奴。追奔至氈帽山，擊斬魯王，獲其妃及司徒答海等。進師豐州，擒元故官十二人，馬駝牛羊甚衆，窮追至百干兒乃還。〔三〕是後屢出備邊。

十年命與韓國公李善長議軍國重事。十二年，洮州十八番族叛，與西平侯沐英合兵討平之，築城東籠山南川，置洮州衞。還言西安城中水鹹鹵不可飲，請鑿地引龍首渠入城以便汲，從之。還掌大都督府兼領國子監事。

文忠器量沉宏，人莫測其際。臨陣踔厲風發，遇大敵益壯。頗好學問，常師事金華范祖幹、胡翰，通曉經義，爲詩歌雄駿可觀。初，太祖定應天，以軍興不給，增民田租，文忠請之，得減額。其釋兵家居，恂恂若儒者，帝雅愛重之。家故多客，嘗以客言，勸帝少誅僇，又

諫帝征日本，及言宦者過盛，非天子不近刑人之義。以是積忤旨，不免譴責。十六年冬遂得疾。帝親臨視，使淮安侯華中護醫藥。明年三月卒，年四十六。帝疑中毒之，貶中爵，放其家屬於建昌衞，諸醫並妻子皆斬。親爲文致祭，追封岐陽王，謚武靖。配享太廟，肖像功臣廟，位皆第三。父貞前卒，贈隴西王，謚恭獻。

文忠三子，長景隆，次增枝、芳英，皆帝賜名。增枝初授勳衞，擢前軍左都督。芳英官至中都正留守。

景隆，小字九江。讀書通典故。長身，眉目疎秀，顧盼偉然。每朝會，進止雍容甚都，太祖數目屬之。十九年襲爵，屢出練軍湖廣、陝西、河南，市馬西番。進掌左軍都督府事，加太子太傅。

建文帝卽位，景隆以肺腑見親任，嘗被命執周王橚。及燕兵起，長興侯耿炳文討燕失利，齊泰、黃子澄等共薦景隆。乃以景隆代炳文爲大將軍，將兵五十萬北伐。賜通天犀帶，帝親爲推輪，餞之江滸，令一切便宜行事。景隆貴公子，不知兵，惟自尊大，諸宿將多怏怏不爲用。燕王聞之喜，語諸將曰：「李九江，紈綺少年耳，易與也。」遂命世子居守，戒勿出戰，而自引兵援永平，直趨大寧。景隆聞之，進圍北平。都督

瞿能攻張掖門，垂破。景隆忌能功，止之。及燕師破大寧，還軍擊景隆。景隆屢大敗，奔德州，諸軍皆潰。明年正月，燕王攻大同，景隆引軍出紫荊關往救，無功而還。帝慮景隆權尚輕，遣中官齎璽書賜黃鉞弓矢，專征伐。方渡江，風雨舟壞，賜物盡失，乃更製以賜。四月，景隆大誓師於德州，會武定侯郭英、安陸侯吳傑等於眞定，合軍六十萬，進營白溝河。與燕軍連戰，復大敗，璽書斧鉞皆委棄，走德州，復走濟南。斯役也，王師死者數十萬人，南軍遂不支，帝始詔景隆還。黃子澄慟憤，執景隆於朝班，請誅之以謝天下。燕師渡江，帝旁皇甚，方孝孺復請誅景隆。帝皆不問。使景隆及尚書茹瑺、都督王佐如燕軍，割地請和。燕兵屯金川門，景隆與谷王橞開門迎降。

燕王即帝位，授景隆奉天輔運推誠宣力武臣、特進光祿大夫、左柱國，增歲祿千石。朝廷有大事，景隆猶以班首主議，諸功臣咸不平。永樂二年，周王發其建文時至邸受賂事，刑部尚書鄭賜等亦劾景隆包藏禍心，蓄養亡命，謀爲不軌。詔勿問。已，成國公朱能、吏部尚書蹇義與文武羣臣，廷劾景隆及弟增枝逆謀有狀，六科給事中張信等復劾之。詔削勳號，絕朝請，以公歸第，奉長公主祀。亡何，禮部尚書李至剛等復言：「景隆在家，坐受閽人伏謁如君臣禮，大不道；增枝多立莊田，蓄僮僕無慮千百，意叵測。」於是奪景隆爵，並增枝及妻子數十人錮私第，沒其財產。景隆嘗絕食旬日不死，至永樂末乃卒。

正統十三年始下詔令增枝等啓門第，得自便。弘治初，錄文忠後，以景隆曾孫璿爲南京錦衣衞世指揮使。卒，子瀌嗣。卒，子性嗣。嘉靖十一年詔封性爲臨淮侯，祿千石。踰年卒，無子，復以瀌弟沂紹封。卒，子庭竹嗣。屢典軍府，提督操江，佩平蠻將軍印，鎭湖廣。卒，子言恭嗣。守備南京，入督京營，累加少保。言恭，字惟寅，好學能詩，折節寒素。子宗城，少以文學知名。萬曆中，倭犯朝鮮，兵部尚書石星主封貢，薦宗城才，授都督僉事，充正使，持節往，指揮楊方亨副之。宗城至朝鮮釜山，倭來益衆，道路籍籍，言且劫二使。宗城恐，變服逃歸。而方亨渡海，爲倭所辱。宗城下獄論戍，〔四〕以其子邦鎭嗣侯。明亡，爵絕。

鄧愈，虹人。初名友德，太祖爲賜名。父順興據臨濠，與元兵戰死，兄友隆代之，復病死，衆推愈領軍事。愈年甫十六，每戰必先登陷陣，軍中咸服其勇。太祖起滁陽，愈自盱眙來歸，授管軍總管。從渡江。克太平，破擒陳埜先，略定溧陽、溧水，下集慶，取鎭江，皆有功。進廣興翼元帥，出守廣德州，破長鎗帥謝國璽於城下，俘其總管武世榮，獲甲士千人。移鎭宣州，以其兵取績溪，與胡大海克徽州，遷行樞密院判官守之。苗帥楊完者以十萬衆來攻，守禦單弱，愈激厲將士，與大海合擊，破走之。進拔休寧、婺源，獲卒三千，徇下高河壘。與李文忠、胡大海攻建德，道遂安，破長鎗帥余子貞，逐北至淳安，又破其援兵，遂克建德。楊完者來攻，破擒其將李副樞，降溪洞兵三萬。踰月，復破完者於烏龍嶺。再遷僉行樞密院事。

略臨安，李伯昇來援，敗之閑林寨。遣使說降饒州守將于光，遂移守饒。饒濱彭蠡湖，與友諒接境，數來侵，輒擊卻之。進江南行省參政，總制各翼軍馬。取浮梁，徇樂平，餘干、建昌皆下。

友諒撫州守將鄧克明爲吳宏所攻，遣使僞降以緩師。愈知其情，卷甲夜馳二百里，比明入其城。克明出不意，單騎走。愈號令嚴肅，秋毫不犯，遂定撫州。克明不得已降。會友諒丞相胡廷瑞獻龍興路，改洪都府，以愈爲江西行省參政守之，而命降將祝宗、康泰以所部從。二人初不欲降，及奉命從徐達攻武昌，遂反。舟次女兒港，趨還，乘夜破新城門而入。愈倉卒聞變，以數十騎走，數與賊遇。從騎死且盡，窘甚。連易三馬，馬輒踣。最後得養子馬乘之，始得奪撫州門以出，奔還應天。太祖弗之罪也。既而徐達還師復洪都，復命愈佐大都督朱文正鎭之。其明年，友諒衆六十萬入寇，樓船高與城等，乘漲直抵城下，圍數百重。愈分守撫州門，當要衝。友諒親督衆來攻，城壞且三十餘丈，愈且築且戰。敵攻益急，晝夜不解甲者三月。太祖自將來援，圍始解，論功與克敵等。太祖已平武昌，使愈帥兵

徇江西未附州縣。鄧克明之弟志清據永豐，有卒二萬。愈擊破之，擒其大帥五十餘人。從常遇春平沙坑、麻嶺諸寨，進兵取吉安，圍贛州，五月乃克之。進江西行省右丞，時年二十八。兵興，諸將早貴未有如愈與李文忠者。

愈爲人簡重愼密，不憚危苦，將軍嚴，善撫降附。其徇安福也，部卒有虜掠者。判官潘樞入謁，面責之。愈驚起謝，趣下令掠民者斬，索軍中所得子女盡出之。樞因閉置空舍中，自坐舍外，作糜食之。卒有謀乘夜劫取者，愈鞭之以徇。樞悉護遣還其家，民大悅。已而遇春克襄陽，以愈爲湖廣行省平章鎭其地，賜以書曰：「爾戍襄陽，宜謹守法度。山寨來歸者，兵民悉仍故籍，小校以下悉令屯種，且耕且戰。爾所戍地鄰擴廓，若爾愛加於民，法行於軍，則彼所部皆將慕義來歸，如脫虎口就慈母。我賴爾如長城，爾其勉之。」愈披荊棘，立軍府營屯，拊循招徠，威惠甚著。

吳元年建御史臺，召爲右御史大夫，領臺事。洪武元年兼太子諭德。大軍經略中原，愈爲征戍將軍，帥襄、漢兵取南陽以北未附州郡。遂克唐州，進攻南陽，敗元兵於瓦店，逐北抵城下，遂克之，擒史國公等二十六人。隨、葉、舞陽、魯山諸州縣相繼降。攻下牛心、光石、洪山諸寨，均、房、金、商之地悉定。三年，以征虜左副副將軍從大將軍出定西。擴廓敗走。分兵自臨洮進克河州，招諭吐蕃諸酋長，宣

中華書局

慰何鎖南普等皆納印請降。〔五〕追豫王至西黃河，抵黑松林，破斬其大將。河州以西朶甘、烏斯藏諸部悉歸附。出甘肅西北數千里而還。論功授開國輔運推誠宣力武臣、特進榮祿大夫、右柱國，封衞國公，同參軍國事，歲祿三千石，予世券。

四年伐蜀，命愈赴襄陽練軍馬，運糧給軍士。五年，辰、澧諸蠻作亂，以愈為征南將軍，江夏侯周德興、江陰侯吳良為副，討之。愈帥楊璟、黃彬出澧州，克四十八洞，又捕斬房州反者。六年，以右副將軍從徐達巡西北邊。十年，吐番川藏為梗，剽貢使，愈以征西將軍偕副將軍沐英討之。分兵為三道，窮追至崑崙山，俘斬萬計，獲馬牛羊十餘萬，留兵戍諸要害乃還。道病，至壽春卒，年四十一。追封寧河王，謚武順。

長子鎭嗣，改封申國公，以征南副將軍平永新龍泉山寇。再出塞，有功。其妻，李善長外孫也，善長敗，坐姦黨誅。弟銘錦衣衞指揮僉事，征蠻，卒於軍。有子源為鎭後。弘治中，授源孫炳為南京錦衣衞世指揮使。嘉靖十一年詔封炳子繼坤定遠侯。五傳至文明，崇禎末，死流賊之難。

湯和，字鼎臣，濠人，與太祖同里閈。幼有奇志，嬉戲嘗習騎射，部勒羣兒。及長，身長

七尺，倜儻多計略。郭子興初起，和帥壯士十餘人歸之，以功授千戶。從太祖攻大洪山，克滁州，授管軍總管。從取和州。時諸將多太祖等夷，莫肯為下。和長太祖三歲，獨奉約束甚謹，太祖甚悅之。從定太平，獲馬三百。從擊陳埜先，流矢中左股，拔矢復鬭，卒與諸將破擒埜先。別下溧水、句容，從定集慶。從徐達取鎭江，進統軍元帥。徇奔牛、呂城，降陳保二。取金壇、常州，以和為樞密院同僉守之。

常與吳接境，張士誠間諜百出，和防禦嚴密，敵莫能窺。再寇，再擊卻之，俘斬千計。進攻無錫，大破吳軍於錫山，走莫天祐，獲其妻子，進中書左丞。以舟師徇黃楊山，敗吳水軍，獲千戶四十九人，拜平章政事。援長興，與張士信戰城下。城中兵出夾擊，大敗之，俘卒八千，解圍而還。討平江西諸山寨。永新守將周安叛，進擊敗之，連破其十七寨，圍城三月，克之，執安以獻，還守常州。從大軍伐士誠，克太湖水寨，下吳江州，圍平江，戰於閶門，飛礮傷左臂，召還應天，創愈復往，攻克之，論功賜金帛。

初建御史臺，以和為左御史大夫兼太子諭德。尋拜征南將軍，與副將軍吳禎帥常州、長興、江陰諸軍，討方國珍。渡曹娥江，下餘姚、上虞，取慶元。國珍走入海，追擊敗之，獲其大帥二人、海舟二十五艘，斬馘無算，還定諸屬城。遣使招國珍，國珍詣軍門降，得卒二萬四千，海舟四百餘艘。浙東悉定。遂與副將軍廖永忠伐陳友定，自明州由海道乘風抵福

州之五虎門，駐師南臺，使人諭降。不應，遂圍之。敗平章曲出於城下。參政袁仁請降，遂乘城入。分兵徇興化、漳、泉及福寧諸州縣。進拔延平，執友定送京師。時洪武元年正月也。

大軍方北伐，命造舟明州，運糧輸直沽。海多颶風，輸鎭江而還。拜偏將軍。從大將軍西征，與右副將軍馮勝自懷慶踰太行，取澤、潞、晉、絳諸州郡。從大將軍拔河中。明年，渡河入潼關，分兵趨涇州，使部將招降張良臣，既而叛去。會大軍圍慶陽，執斬之。又明年，復以右副副將軍從大將軍敗擴廓於定西，〔六〕遂定寧夏，逐北至察罕腦兒，擒猛將虎陳，獲馬牛羊十餘萬。徇東勝、大同、宣府皆有功。還，授開國輔運推誠宣力武臣、榮祿大夫、右柱國，封中山侯，歲祿千五百石，予世券。

四年拜征西將軍，與副將軍廖永忠帥舟師溯江伐夏。夏人以兵扼險，攻不克。江水暴漲，駐師大溪口，久不進。而傅友德已自秦、隴深入，取漢中。永忠先驅破瞿塘關，入夔州。和乃引軍繼之，入重慶，降明昇。師還，友德、永忠受上賞，而和不及。明年從大將軍北伐，遇敵於斷頭山，戰敗，亡一指揮，帝不問。尋與李善長營中都宮闕。鎭北平，甓彰德城。征察罕腦兒，大捷。九年，伯顏帖木兒為邊患，以征西將軍防延安。伯顏乞和，乃還。十一年春，進封信國公，歲祿三千石，議軍國事。數出中都、臨清、北平練軍伍，完城郭。十四年以

左副將軍出塞，征乃兒不花，破敵灰山營，獲平章別里哥、樞密使久通而還。十八年，思州蠻叛，以征虜將軍從楚王討平之，俘獲四萬，擒其酋以歸。

和沉敏多智數，頗有酒過。守常州時，嘗請事於太祖，不得，醉出怨言曰：「吾鎭此城，如坐屋脊，左顧則左，右顧則右。」太祖聞而銜之。平中原師還論功，以和征閩時放遺陳友定餘孽，八郡復擾，師還，為秀蘭山賊所襲，失二指揮，故不得封公。伐蜀還，面數其逗撓罪。頓首謝，乃已。其封信國公也，猶數其常州時過失，鐫之券。於時，帝春秋寖高，天下無事，魏國、曹國皆前卒，意不欲諸將久典兵，未有以發也。和以間從容言：「臣犬馬齒長，不堪復任驅策，願得歸故鄉，為容棺之墟，以待骸骨。」帝大悅，立賜鈔治第中都，並為諸公、侯治第。

既而倭寇上海，帝患之，顧謂和曰：「卿雖老，強為朕一行。」和請與方鳴謙俱。鳴謙，國珍從子也，習海事，常訪以禦倭策。鳴謙曰：「倭海上來，則海上禦之耳。請量地遠近，置衞所，陸聚步兵，水具戰艦，則倭不得入，入亦不得傅岸。近海民四丁籍一以為軍，戍守之，可無煩客兵也。」帝以為然。和乃度地浙西東，並海設衞所城五十有九，選丁壯三萬五千人築之，盡發州縣錢及籍罪人貲給役。役夫往往過望，而民不能無擾，浙人頗苦之。或謂和曰：「民讟矣，奈何？」和曰：「成遠算者不恤近怨，任大事者不顧細謹，復有讟者，齒吾劍。」踰年

而城成。稽軍次，定考格，立賞令。浙東民四丁以上者，戶取一丁戍之，凡得五萬八千七百餘人。明年，閩中並海城工竣，和還報命，中都新第亦成。和帥妻子陛辭，賜黃金三百兩、白金二千兩、鈔三千錠、彩幣四十有副，夫人胡氏賜亦稱是。並降璽書褒諭，諸功臣莫得比焉。自是和歲一朝京師。

二十三年朝正旦，感疾失音。帝即日臨視，惋嘆久之，遣還里。疾小間，復命其子迎至都，俾以安車入內殿，宴勞備至，賜金帛御膳法酒相屬。二十七年，病寖篤不能興。帝思見之，詔以安車入覲，手拊摩之，與敍里閈故舊及兵興艱難事甚悉。和不能對，稽首而已。帝爲流涕，厚賜金帛爲葬費。明年八月卒，年七十，追封東甌王，諡襄武。

和晚年益爲恭慎，入聞國論，一語不敢外泄。媵妾百餘，病後悉資遣之。所得賞賜，多分遺鄉曲，見布衣時故交遺老，歡如也。當時公、侯諸宿將坐姦黨，先後麗法，稀得免者，而和獨享壽考，以功名終。嘉靖間，東南苦倭患，和所築沿海城戍，皆堅緻，久且不圮，浙人賴以自保，多歌思之。巡按御史請於朝，立廟以祀。

和五子。長子鼎爲前軍都督僉事，從征雲南，道卒。少子醴，積功至左軍都督同知，征五開，卒於軍。鼎子晟，晟子文瑜，皆早世，不得嗣。英宗時，文瑜子傑乞嗣爵，竟以歷四十餘年未襲，罷之。傑無子，以弟倫之子紹宗爲後。孝宗錄功臣後，授紹宗南京錦衣衛世指

揮使。嘉靖十一年封靈璧侯，食祿千石。傳子至孫世隆，隆慶中協守南京，兼領後府，改提督漕運，歷四十餘年，以勞加太子太保，進少保。卒，諡僖敏。傳爵至明亡乃絕。

和曾孫胤勣，字公讓。爲諸生，工詩，負才使氣。巡撫尚書周忱使作啓事，即席具數萬言。忱薦之朝。少保于謙召詢古今將略及兵事，胤勣應對如響。累授錦衣千戶。偕中書舍人趙榮通問英宗於沙漠，脫脫不花問中朝事，慷慨酬答不少屈。景泰中，用尚書胡濙薦，署指揮僉事。天順中，錦衣偵事者摭胤勣舊事以聞，謫爲民。成化初，復故官。三年擢署都指揮僉事，爲延綏東路參將，分守孤山堡。孤山最當寇衝，胤勣奏請築城聚糧，增兵戍守。未報，寇大至。胤勣病，力疾上馬，陷伏死。事聞，贈祭如例。

沐英，字文英，定遠人。少孤，從母避兵，母又死。太祖與孝慈皇后憐之，撫爲子，從朱姓。年十八，授帳前都尉，守鎮江。稍遷指揮使，守廣信。已，從大軍征福建，破分水關，略崇安，別破閔溪十八寨，縛馮谷保。始命復姓。移鎮建寧，節制邵武、延平、汀州三衞。尋遷大都督府僉事，進同知。府中機務繁積，英年少明敏，剖決無滯。后數稱其才，帝亦器重之。

洪武九年命乘傳詣關、陝，抵熙河，問民疾苦，事有不便，更置以聞。明年充征西副將軍，從衞國公鄧愈討吐番，西略川、藏，耀兵崑崙。功多，封開國輔運推誠宣力武臣、榮祿大夫、柱國、西平侯，食祿二千五百石，予世券。明年拜征西將軍，討西番，敗之土門峽。徑洮州，獲其長阿昌失納，築城東籠山，擊擒酋長三副使瘦嗉子等，平朵甘納兒七站，拓地數千里，俘男女二萬、雜畜二十餘萬，乃班師。元國公脫火赤等屯和林，數擾邊。十三年命英總陝西兵出塞，略亦集乃路，渡黃河，登賀蘭山，涉流沙，七日至其境。分四翼夜擊之，而自以驍騎衝其中堅。擒脫火赤及知院愛足等，獲其全部以歸。明年，又從大將軍北征，異道出塞，略公主山長寨，克全寧四部，度臚朐河，執知院李宣，盡俘其衆。

尋拜征南右副將軍，同永昌侯藍玉從將軍傅友德取雲南。元梁王遣平章達里麻以兵十餘萬拒於曲靖。英乘霧趨白石江。霧霽，兩軍相望，達里麻大驚。友德欲渡江，英曰：「我兵罷，懼爲所扼。」乃帥諸軍嚴陳，若將渡者。而奇兵從下流濟，出其陳後，張疑幟山谷間，人吹一銅角。元兵驚擾。英急麾軍渡江，以善泅者先之，長刀斫其軍。軍却，師畢濟。鏖戰良久，復縱鐵騎，遂大敗之，生擒達里麻，僵屍十餘里。長驅入雲南，梁王走死，右丞觀音保以城降，屬郡皆下。獨大理倚點蒼山、洱海，扼龍首、龍尾二關。關故南詔築，土酋段

世守之。英自將抵下關，遣王弼由洱水東趨上關，胡海由石門間道渡河，扳點蒼山而上，立旗幟。英亂流斬關進，山上軍亦馳下，夾擊，擒段世，遂拔大理。分兵收未附諸蠻，設官立衞守之。回軍，與友德會滇池，分道平烏撒、東川、建昌、芒部諸蠻，立烏撒、畢節二衞。土酋楊苴等復煽諸蠻二十餘萬圍雲南城。英馳救，蠻潰竄山谷中，分兵捕滅之，斬級六萬。明年詔友德及玉班師，而留英鎮滇中。

十七年，曲靖亦佐酋作亂，討降之。因定普定、廣南諸蠻，通田州糧道。二十年平浪穹蠻，奉詔自永寧至大理，六十里設一堡，留軍屯田。明年，百夷思倫發叛，誘羣蠻入寇摩沙勒寨，遣都督甯正擊破之。二十二年，思倫發復寇定邊，衆號三十萬。英選騎三萬馳救，置火礮勁弩爲三行。蠻敺百象，被甲荷欄楯，左右挾大竹爲筒，筒置標鎗，銳甚。英分軍爲三，都督馮誠將前軍，甯正將左，都指揮同知湯昭將右。將戰，令曰：「今日之事，有進無退。」因乘風大呼，礮弩並發，象皆反走。昔剌亦者，寇梟將也，殊死鬭，左軍小却。英登高望之，取佩刀，命左右斬帥首來。左帥見一人握刀馳下，恐，奮呼突陣。大軍乘之，斬馘四萬餘人，生獲三十七象，餘象盡殪。賊渠帥各被百餘矢，伏象背以死。思倫發遁去，諸蠻震慴，麓川始不復梗。已，會潁國公傅友德討平東川蠻，又平越州酋阿資及廣西阿赤部。是年冬，入朝，賜宴奉天殿，賚黃金二百兩、白金五千兩、鈔五百錠、綵幣百疋，遣還。陛辭，帝

中華書局

親拊之曰：「使我高枕無南顧憂者，汝英也。」還鎮，再敗百夷於景東。思倫發乞降，貢方物。阿資又叛，擊降之。南中悉定。使使以兵威諭降諸番，番部有重譯入貢者。

二十五年六月，聞皇太子薨，哭極哀。初，高皇后崩，英哭至嘔血。至是感疾，卒於鎮，年四十八。軍民巷哭，遠夷皆爲流涕。歸葬京師，追封黔寧王，謚昭靖，侑享太廟。

英沉毅寡言笑，好賢禮士，撫卒伍有恩，未嘗妄殺。在滇，百務具舉，簡守令，課農桑，歲較屯田增損以爲賞罰，墾田至百萬餘畝。滇池隘，浚而廣之，無復水患。通鹽井之利以來商旅，辨方物以定貢稅，視民數以均力役。疏節闊目，民以便安。居常讀書不釋卷，暇則延諸儒生講說經史。太祖初起時，數養他姓爲子，攻下郡邑，輒遣之出守，多至二十餘人，惟英在西南勳最大。子春、晟、昂皆鎮雲南。昕駙馬都尉，尙成祖女常寧公主。

春，字景春，材武有父風。年十七，從英征西番，又從征雲南，從平江西寇，皆先登。積功授後軍都督府僉事。羣臣請試職，帝曰：「兒，我家人，勿試也。」遂予實授。嘗命錄烈山囚，又命鞫叛黨於蔚州，所開釋各數百人。英卒，命嗣爵，鎮雲南。洪武二十六年，維摩十一寨亂，遣瞿能討平之。明年平越巂蠻，立瀾滄衛。其冬，阿資復叛，與何福討之。春曰：「此賊積年逋誅者，以與諸土酋姻婭，輾轉亡匿。今悉發諸酋從軍，縻繫之，而多設營堡，制

其出入，授首必矣。」遂趨越州，分道逼其城，伏精兵道左，以羸卒誘賊，縱擊大敗之。阿資亡山谷中，春陰結旁近土官，詗知所在，樹壘斷其糧道。賊困甚。已，出不意擒其巢，遂擒阿資，並誅其黨二百四十人。越州遂平。廣南酋儂貞佑糾黨蠻拒官軍，破擒之，俘斬千計。寧遠酋刀拜爛依交阯不順命，遣何福討降之。

三十年，麓川宣慰使思倫發爲其屬刀幹孟所逐，來奔。春挾與俱朝，受上方略，遂拜春爲征虜前將軍，帥何福、徐凱討之。先以兵送思倫發於金齒，檄幹孟來迎。不應。乃選卒五千，令福與瞿能將，踰高良公山，[二]直擣南甸，大破之，斬其酋刀名孟。回軍擊景罕寨。賊乘高堅守，官軍糧且盡，福告急。春帥五百騎救之，夜渡怒江，旦抵寨，下令騎騁，揚塵蔽天。賊大驚潰。乘勝擊崆峒寨，亦潰。前後降者七萬人。將士欲屠之，春不可。幹孟乞降，帝不許，命春總滇、黔、蜀兵攻之。未發而春卒，年三十六。謚惠襄。

春在鎮七年，大修屯政，闢田三十餘萬畝，鑿鐵池河，灌宜良涸田數萬畝，民復業者五千餘戶，爲立祠祀之。無子，弟晟嗣。

晟，字景茂，少凝重，寡言笑，喜讀書。太祖愛之。歷官後軍左都督。建文元年嗣侯。比就鎮，而何福已破擒刀幹孟，歸思倫發。亡何，思倫發死，諸蠻分據其地，晟討平之。以

其地爲三府二州五長官司，又於怒江西置屯衛千戶所戍之，麓川遂定。初，岷王封雲南，不法，爲建文帝所囚。成祖即位，遣歸藩，益驕恣。晟稍持之。王怒，譖晟。帝以王故詔誡晟，貽書岷王，稱其父功，毋督過。

永樂三年，八百大甸寇邊，遏貢使，晟會車里、木邦討定之。明年大發兵討交阯，拜晟征夷左副將軍，與大將軍張輔異道自雲南入。遂由蒙自徑野蒲斬木通道，奪猛烈、栅華諸關隘。舁舟夜出洮水，渡富良江，與輔會師。共破多邦城，擣其東西二都，盪諸巢，擒僞王黎季犛，語在輔傳。論功封黔國公，歲祿三千石，予世券。

交阯簡定復叛，命晟佩征夷將軍印討之，戰生厥江，敗績。輔再出師合討，擒定送京師。輔還，晟留捕陳季擴，連戰不能下。輔復出帥師會晟，窮追至占城，獲季擴，乃班師，晟亦受上賞。十七年，富州蠻叛，晟引兵臨之，弗攻，使人譬曉，竟下之。

仁宗立，加太傅，鑄征南將軍印給之。沐氏繼鎮者，輒予印以爲常。宣德元年，交阯黎利勢熾，詔晟會安遠侯柳升進討。升敗死，晟亦退兵。羣臣交劾晟，帝封其章示之。正統三年，麓川思任發反。晟抵金齒，與弟昂及都督方政會兵。政爲前鋒，破賊沿江諸寨，大軍逐北至高黎共山下，再破之。明年復破其舊寨。政中伏死，官軍敗績。晟引還，慚懼發病，至楚雄卒。贈定遠王，謚忠敬。

晟席父兄業，用兵非所長，戰數不利。朝廷以其絕遠，且世將，寬假之。而滇人懾晟父子威信，莊事如朝廷。片楮下，土酋具威儀出郭迎，盥而後啓，曰：「此令旨也。」晟久鎮，置田園三百六十區，資財充牣，善事朝貴，賂遺不絕，以故得中外聲。晟有子斌，字文輝，幼嗣公爵，居京師，而以昂代鎮。

昂，字景高，初爲府軍左衛指揮僉事。成祖將使晟南討，乃擢昂都指揮同知，領雲南都司，累遷至右都督。正統四年佩將印，討麓川，抵金齒。畏賊盛，遷延者久之。參將張榮前驅至芒部敗，昂不救，引還，貶秩二級。已，思任發入寇，擊却之，又捕斬師宗反者。六年，兵部尙書王驥，定西伯蔣貴將大軍討思任發，昂主餽運。賊破，復昂職，命督軍捕思任發，不能得。十年，昂卒。贈定邊伯，謚武襄。

斌始之鎮，會緬甸執思任發送京師，其子思機發來襲，斌擊却之。思機發復據孟養。十三年復大發兵，使驥等討之，而斌爲後拒，督餉無乏。卒，贈太傅，謚榮康。

子琮幼，景泰初，命昂孫璘以都督同知代鎮。璘字廷章，素儒雅，滇人易之，既而號令肅然不可犯，天順初卒。琮猶幼，擢璘弟錦衣副千戶瓚爲都督同知，往代。居七年，先後討平霑益諸寨及土官之搆兵者，降思卜發，勒還諸蠻侵地。功多，然頗黷貨。

中華書局

成化三年春，琮始之鎮，而以瓚爲副總兵，移鎮金齒。琮字廷芳，通經義，能詞章，屬夷餽贄無所受。尋甸酋殺兄子，求爲守，琮捕誅之。廣西土官虐，所部爲亂，琮請更設流官，民大便。以次討平馬龍、麗江、劍川、順寧、羅雄諸叛蠻，捕擒橋甸、南窩反者。卒，贈太師，謚武僖。無子，以瓚孫崑嗣。

崑字元中，初襲錦衣指揮僉事。琮撫爲子，朝議以崑西平侯裔孫當嗣侯，而守臣爭之，謂滇人知黔國公不知西平侯也，侯之恐爲所輕。孝宗以爲然，令嗣公，佩印如故。弘治十二年平龜山、竹箐諸蠻，又平普安賊，再益歲祿。正德二年，師宗民阿本作亂，與都御史吳文度督兵分三道進。一出師宗，一出羅雄，一出彌勒，而別遣一軍伏盤江，截賊巢，遂大破之。七年，安南長官司那代爭襲，殺土官，復與都御史顧源討擒之，再加太子太傅。崑初喜文學，自矜厲，其後通賂權近，所請無不得。寖驕，淩三司，使從角門入。諸言官論劾者，輒得罪去。卒，贈太師，謚莊襄。

子紹勛嗣。尋甸土舍安銓叛，都御史傅習討之，敗績。武定土舍鳳朝文亦叛，與銓連兵攻雲南，大擾。世宗遣尚書伍文定將大軍征之。未至，而紹勛督所部先進，告土官子弟當襲者，先予冠帶，破賊後當爲請。衆多奮戰，賊大敗。朝文絕普渡河走，追斬之東川。銓還尋甸，列砦數十，官軍攻破之，擒銓於芒部。先後擒賊黨千餘人，俘斬無算。時嘉靖七年

也。捷聞，加太子太傅，益歲祿。而是時老撾、木邦、孟養、緬甸、孟密相仇殺，師宗、納樓、思陀、八寨皆亂，久不解。紹勛使使者徧歷諸蠻，諷以武定、尋甸事，皆慴伏，願還侵地，而木邦、孟養俱貢方物謝罪。南中悉定。紹勛有勇略，用兵輒勝。卒，贈太師，謚敏靖。

子朝輔嗣。都御史劉渠索賂，朝輔與之，因上章言：「臣家世守茲土，上下相承。今有司紛更典制，闕臣職守，率不與聞，接見不循故例。臣疎遠孤危，動作掣肘，無以彈壓蠻方。乞申敕諸臣，悉如其舊。」詔許之。給事中萬虞愷劾朝輔，並論渠。詔罷渠而令朝輔治事如故。卒，贈太保，謚恭僖。

二子融、鞏皆幼。詔視琮、璘故事，令融嗣公，給半祿，而授朝輔弟朝弼都督僉事，佩印代鎮。居三年，融卒，鞏當嗣，朝弼心害之，於是朝弼嫡母李請護鞏居京師，待其長而還鎮。報可。鞏未至京卒，朝弼遂得嗣。嘉靖三十年，元江土舍那鑑叛。詔朝弼與都御史石簡討之，分五軍薄其城。城垂拔，以瘴發引還。詔罷簡，將再出師。鑑懼仰藥死，乃已。四十四年討擒叛蠻阿方李向陽。隆慶初，平武定叛酋鳳繼祖，破賊巢三十餘。朝弼素驕，事母嫂不如禮，奪兄田宅，匿罪人蔣旭等，用調兵火符遣人詗京師。乃罷朝弼，以其子昌祚嗣，給半祿。朝弼怏怏，益放縱。葬母至南京，都御史請留之。詔許還滇，毋得預滇事。朝弼恚，欲殺昌祚。撫、按交章言狀，並發其殺人通番諸不法事，逮繫詔獄論死。援功，錮之南京，卒。

昌祚初以都督僉事總兵官鎮守，久之嗣公爵。萬曆元年，姚安蠻羅思等叛，殺郡守。昌祚與都御史鄒應龍發土、漢兵討之，破向寧、鮓摩等十餘寨，犁其巢，盡得思等。十一年，隴川賊岳鳳叛附緬甸，挾其兵侵旁近土司。昌祚壁洱海，督裨將鄧子龍、劉綎等斬木邦叛酋罕虔，以暑瘴退師。明年復攻罕虔故巢，三道並入，擒其酋罕招等，又破緬兵於猛臉。岳鳳降。論功加太子太保，悉食故祿。復以次平羅雄諸叛蠻，再賜銀幣。緬兵攻猛廣，昌祚會師壁永昌，緬人遁，追擊至那莫江，瘴作而還。二十一年，緬人復入寇，昌祚逐之。連戰俱捷，遂傅於緬，會羣蠻內亂乃還。

沐氏在滇久，威權日盛，尊重擬親王。昌祚出，僉事楊寅秋不避道，昌祚笞其輿人。寅秋訴於朝，下詔切責。已，以病，命子叡代鎮。武定土酋阿克叛，攻會城，脅府印去。叡被逮下獄，昌祚復理鎮事。卒，孫啓元嗣。卒，子天波嗣。十餘年而土司沙定洲作亂，天波奔永昌。亂定，復歸於滇。永明王由榔入滇，天波任職如故。已，從奔緬甸。緬人欲劫之，不屈死。初，沙定洲之亂，天波母陳氏、妻焦氏自焚死。後天波奔緬，妾夏氏不及從，自縊死。踰數十日收葬，支體不壞，人以爲節義所感焉。

贊曰：明興諸將，以六王爲稱首。非獨功茂，亦由其忠誠有以契主知焉。親莫如岐陽，舊莫如東甌，而寧河、黔寧皆以英年膺腹心之寄。汗馬宣勞，純勤不二，旂常炳燿，洵無愧矣。岐陽敦詩說禮，以儒雅見重，東甌乞身歸第，以明哲自全，皆卓然非人所能及。獨黔寧威震遐荒，剖符弈世，勳名與明相始終。而寧河盡瘁馳驅，功高齡促，後嗣亦少所表見。論者謂諸王之遺澤，隆替有殊，然而中山有增壽，與岐陽之有景隆，追溯先烈，不無遺憾。榮遇之弗齊，亦安見其有幸有不幸哉。

校勘記

〔一〕擒平章竹真　竹真，明史稿傳一二李文忠傳作「祝真」，本書卷二太祖紀、卷三二七韃靼傳，太祖實錄卷四九洪武三年二月戊子條作「竹貞」，均係同名異譯。

〔二〕至白登擒太尉不花　不花，太祖實錄卷八八洪武七年四月甲辰條、卷一六〇洪武十七年三月戊戌條作「伯顏不花」。

〔三〕窮追至百干兒乃還　百干兒，原作「百千兒」，據明史稿傳一二李文忠傳、太祖實錄卷一六〇洪武十七年三月戊戌條改。

〔四〕宗城下獄論戍　論戍，本書卷一〇五功臣世表作「論死」。

〔五〕宣慰何鎖南普等皆納印請降　何鎖南普，原作「何鎖南」，脫「普」字，據太祖實錄卷五九洪武三年十二月辛巳條、卷六〇洪武四年正月辛卯條、卷一一六洪武十年十一月壬午條、國榷卷四頁四三八補。本書卷三三〇西番傳作「鎖南普」。

〔六〕復以右副副將軍從大將軍敗擴廓於定西　右副副將軍，原脫一「副」字。太祖實錄卷四八洪武三年正月癸巳條稱，「上以王保保爲西北邊患，復命右丞相信國公徐達爲征虜大將軍，浙江行省平章李文忠爲左副將軍，都督馮勝爲右副將軍，御史大夫鄧愈爲左副副將軍，湯和爲右副副將軍，征沙漠。」按本卷中鄧愈傳稱愈爲「左副副將軍」，亦可證。據補。

〔七〕高良公山　本書內又作「高黎共山」或「高黎貢山」。

明史卷一百二十七

列傳第十五

李善長　汪廣洋

李善長，字百室，定遠人。少讀書有智計，習法家言，策事多中。太祖略地滁陽，善長迎謁。知其爲里中長者，禮之，留掌書記。嘗從容問曰：「四方戰鬬，何時定乎？」對曰：「秦亂，漢高起布衣，豁達大度，知人善任，不嗜殺人，五載成帝業。今元綱既紊，天下土崩瓦解。公濠產，距沛不遠。山川王氣，公當受之。法其所爲，天下不足定也。」太祖稱善。從下滁州，爲參謀，預機畫，主饋餉，甚見親信。太祖威名日盛，諸將來歸者，善長察其材，言之太祖。復爲太祖布款誠，使皆得自安。有以事力相齟齬者，委曲爲調護。郭子興中流言，疑太祖，稍奪其兵柄。又欲奪善長自輔，善長固謝弗往。太祖深倚之。太祖軍和陽，自將擊雞籠山寨，少留兵佐善長居守。元將諜知來襲，設伏敗之，太祖以爲能。

太祖得巢湖水師，善長力贊渡江。既拔采石，趨太平，善長預書榜禁戢士卒。城下，即揭之通衢，肅然無敢犯者。太祖爲太平興國翼大元帥，以爲帥府都事。從克集慶。將取鎭江，太祖慮諸將不戢下，乃佯怒欲置諸法，善長力救得解。鎭江下，民不知有兵。太祖爲江南行中書省平章，以爲參議。時宋思顏、李夢庚、郭景祥等俱爲省僚，而軍機進退，賞罰章程，多決於善長。改樞密院爲大都督府，命兼領府司馬，進行省參知政事。

太祖爲吳王，拜右相國。善長明習故事，裁決如流，又嫺於辭命。太祖有所招納，輒令爲書。前後自將征討，皆命居守，將吏帖服，居民安堵，轉調兵餉無乏。嘗請榷兩淮鹽，立茶法，皆斟酌元制，去其弊政。既復制錢法，開鐵冶，定魚稅，國用益饒，而民不困。吳元年九月論平吳功，封善長宣國公。改官制，尚左，以爲左相國。太祖初渡江，頗用重典，一日，謂善長：「法有連坐三條，不已甚乎？」善長因請自大逆而外皆除之，遂命與中丞劉基等裁定律令，頒示中外。

太祖卽帝位，追帝祖考及册立后妃太子諸王，皆以善長充大禮使。置東宮官屬，以善長兼太子少師，授銀青榮祿大夫、上柱國，錄軍國重事，餘如故。已，帥禮官定郊社宗廟禮。帝幸汴梁，善長留守，一切聽便宜行事。尋奏定六部官制，議官民喪服及朝賀東宮儀。奉命監修元史，編祖訓錄、大明集禮諸書。定天下嶽瀆神祇封號，封建諸王，爵賞功臣，事無

中華書局

巨細，悉委善長與諸儒臣謀議行之。

洪武三年大封功臣。帝謂：「善長雖無汗馬勞，然事朕久，給軍食，功甚大，宜進封大國。」乃授開國輔運推誠守正文臣、特進光祿大夫、左柱國、太師、中書左丞相，封韓國公，歲祿四千石，子孫世襲。予鐵券，免二死，子免一死。時封公者，徐達、常遇春子茂、李文忠、馮勝、鄧愈及善長六人。而善長位第一，制詞比之蕭何，褒稱甚至。

善長外寬和，內多忮刻。參議李飲冰、楊希聖，稍侵善長權，卽按其罪奏黜之。與中丞劉基爭法而詬。基不自安，請告歸。太祖所任張昶、楊憲、汪廣洋、胡惟庸皆獲罪，善長事寄如故。貴富極，意稍驕，帝始微厭之。四年以疾致仕，賜臨濠地若干頃，置守冢戶百五十，給佃戶千五百家，儀仗士二十家。踰年，病愈，命董建臨濠宮殿。徙江南富民十四萬田濠州，以善長經理之，留濠者數年。七年擢善長弟存義爲太僕丞，存義子伸、佑皆爲羣牧所官。九年以臨安公主歸其子祺，拜駙馬都尉。初定婚禮，公主修婦道甚肅。光寵赫奕，時人豔之。祺尚主後一月，御史大夫汪廣洋、陳寧疏言：「善長狎寵自恣，陛下病不視朝幾及旬，不問候。駙馬都尉祺六日不朝，宣至殿前，又不引罪，大不敬。」坐削歲祿千八百石。尋命與曹國公李文忠總中書省大都督府御史臺，同議軍國大事，督圜丘工。

丞相胡惟庸初爲寧國知縣，以善長薦，擢太常少卿，後爲丞相，因相往來。而善長弟存

義子佑，惟庸從女壻也。十三年，惟庸謀反伏誅，坐黨死者甚衆，善長如故。御史臺缺中丞，以善長理臺事，數有所建白。十八年，有人告存義父子實惟庸黨者，詔免死，安置崇明。善長不謝，帝銜之。又五年，善長年已七十有七，耄不檢下。嘗欲營第，從信國公湯和假衛卒三百人，和密以聞。四月，京民坐罪應徙邊者，善長數請免其私親丁斌等。帝怒按斌，斌故給事惟庸家，因言存義等往時交通惟庸狀。命逮存義父子鞫之，詞連善長，云：「惟庸有反謀，使存義陰說善長。善長驚叱曰：『爾言何爲者！審爾，九族皆滅。』已，又使善長故人楊文裕說之云：『事成當以淮西地封爲王。』善長驚不許，然頗心動。惟庸乃自往說善長，猶不許。居久之，惟庸復遣存義進說，善長歎曰：『吾老矣。吾死，汝等自爲之。』」或又告善長云：「將軍藍玉出塞，至捕魚兒海，獲惟庸通沙漠使者封績，善長匿不以聞。」於是御史交章劾善長。而善長奴盧仲謙等，亦告善長與惟庸通賂遺，交私語。獄具，謂善長元勳國戚，知逆謀不發舉，狐疑觀望懷兩端，大逆不道。會有言星變，其占當移大臣。遂幷其妻女弟姪家口七十餘人誅之。而吉安侯陸仲亨、延安侯唐勝宗、平涼侯費聚、南雄侯趙庸、滎陽侯鄭遇春、宜春侯黃彬、河南侯陸聚等，皆同時坐惟庸黨死，而已故營陽侯楊璟、濟寧侯顧時等追坐者又若干人。帝手詔條列其罪，傅著獄辭，爲昭示姦黨三錄，布告天下。善長子祺與主徙江浦，久之卒。祺子芳、茂，以公主恩得不坐。芳爲留守中衛指揮，茂爲旗手衛鎭撫，

罷世襲。

善長死之明年，虞部郎中王國用上言：「善長與陛下同心，出萬死以取天下，勳臣第一，生封公，死封王，男尙公主，親戚拜官，人臣之分極矣。藉令欲自圖不軌，尙未可知，而今謂其欲佐胡惟庸者，則大謬不然。人情愛其子，必甚於兄弟之子，安享萬全之富貴者，必不僥倖萬一之富貴。善長與惟庸，猶子之親耳，於陛下則親子女也。使善長佐惟庸成，不過勳臣第一而已矣，太師國公封王而已矣，尙主納妃而已矣，寧復有加於今日？且善長豈不知天下之不可倖取。當元之季，欲爲此者何限，莫不身爲齏粉，覆宗絕祀，能保首領者幾何人哉？善長胡乃身見之，而以衰倦之年身蹈之也。凡爲此者，必有深讐激變，大不得已，父子之間或至相挾以求脫禍。今善長之子祺備陛下骨肉親，無纖芥嫌，何苦而忽爲此。若謂天象告變，大臣當災，殺之以應天象，則尤不可。臣恐天下聞之，謂功如善長且如此，四方因之解體也。今善長已死，言之無益，所願陛下作戒將來耳。」太祖得書，竟亦不罪也。

汪廣洋，字朝宗，高郵人，流寓太平。太祖渡江，召爲元帥府令史，江南行省提控。置正軍都諫司，擢諫官，遷行省都事，累進中書右司郎中。尋知驍騎衛事，參常遇春軍務。下

贛州，遂居守，拜江西參政。

洪武元年，山東平，以廣洋廉明持重，命理行省，撫納新附，民甚安之。是年召入爲中書省參政。明年出參政陝西。三年，李善長病，中書無官，召廣洋爲左丞。時右丞楊憲專決事。〔一〕廣洋依違之，猶爲所忌，嗾御史劾廣洋奉母無狀。帝切責，放還鄉。憲再奏，徙海南。憲誅，召還。其冬，封忠勤伯，食祿三百六十石。誥詞稱其「剸繁治劇，屢獻忠謀」，比之子房、孔明。及善長以病去位，遂以廣洋爲右丞相，參政胡惟庸爲左丞。廣洋無所建白，久之，左遷廣東行省參政，而帝心終善廣洋，復召爲左御史大夫。十年復拜右丞相。廣洋頗耽酒，與惟庸同相，浮沉守位而已。帝數誡諭之。

十二年十二月，中丞涂節言劉基爲惟庸毒死，廣洋宜知狀。帝問之，對曰：「無有。」帝怒，責廣洋朋欺，貶廣南。〔二〕舟次太平，帝追怒其在江西曲庇文正，在中書不發楊憲姦，賜敕誅之。

廣洋少師余闕，淹通經史，善篆隸，工爲歌詩。爲人寬和自守，與姦人同位而不能去，故及於禍。

二十四史

中華書局

贊曰：明初設中書省，置左右丞相，筦領樞要，率以勳臣領其事。然徐達、李文忠等數受命征討，未嘗專理省事。其從容丞弼之任者，李善長、汪廣洋、胡惟庸三人而已。惟庸敗後，丞相之官遂廢不設。故終明之世，惟善長、廣洋得稱丞相。獨惜善長以布衣徒步，能擇主於草昧之初，委身勠力，贊成鴻業，遂得剖符開國，列爵上公，乃至富極貴溢，於衰暮之年自取覆滅。廣洋謹厚自守，亦不能發姦遠禍。俱致重譴，不亦大負爰立之初心，而有愧置諸左右之職業也夫。

校勘記

〔一〕召廣洋爲左丞時右丞楊憲專決事　左，原作「右」；右，原作「左」。按本書卷一〇九宰輔年表，時楊憲爲右丞，汪廣洋爲左丞。太祖實錄卷一二八洪武十二年十二月壬辰條，「召廣洋爲左丞，時楊憲以山西參政先被召入爲右丞。廣洋至，憲惡其位軋己，每事多專決不讓。」據改。

〔二〕貶廣南　廣南，本書卷一〇九宰輔年表、明史稿傳一七汪廣洋傳、太祖實錄卷一二八洪武十二年十二月壬辰條均作「海南」。

明史卷一百二十八

列傳第十六

劉基 子璉 璟　宋濂　葉琛　章溢 子存道

劉基，字伯溫，青田人。曾祖濠，仕宋爲翰林掌書。宋亡，邑子林融倡義旅。事敗，元遣使籍錄其黨，多連染。使道宿濠家，濠醉使者而焚其廬，籍悉毁。使者計無所出，乃爲更其籍，連染者皆得免。基幼穎異，其師鄭復初謂其父爚曰：「君祖德厚，此子必大君之門矣。」元至順間，舉進士，除高安丞，有廉直聲。行省辟之，謝去。起爲江浙儒學副提舉，論御史失職，爲臺臣所阻，再投劾歸。基博通經史，於書無不窺，尤精象緯之學。西蜀趙天澤論江左人物，首稱基，以爲諸葛孔明儔也。

方國珍起海上，掠郡縣，有司不能制。行省復辟基爲元帥府都事。基議築慶元諸城以逼賊，國珍氣沮。及左丞帖里帖木兒招諭國珍，基言方氏兄弟首亂，不誅無以懲後。國珍

懼，厚賂基。基不受。國珍乃使人浮海至京，賄用事者。遂詔撫國珍，授以官，而責基擅威福，羈管紹興，方氏遂愈橫。亡何，山寇蜂起，行省復辟基剿捕，與行院判石抹宜孫守處州。經略使李國鳳上其功，執政以方氏故抑之，授總管府判，不與兵事。基遂棄官還青田，著郁離子以見志。時避方氏者爭依基，基稍爲部署，寇不敢犯。

及太祖下金華，定括蒼，聞基及宋濂等名，以幣聘。基未應，總制孫炎再致書固邀之，基始出。既至，陳時務十八策。太祖大喜，築禮賢館以處基等，寵禮甚至。初，太祖以韓林兒稱宋後，遙奉之。歲首，中書省設御座行禮，基獨不拜，曰：「牧豎耳，奉之何爲！」因見太祖，陳天命所在。太祖問征取計，基曰：「士誠自守虜，不足慮。友諒劫主脅下，名號不正，地據上流，其心無日忘我，宜先圖之。陳氏滅，張氏勢孤，一舉可定。然後北向中原，王業可成也。」太祖大悅曰：「先生有至計，勿惜盡言。」會陳友諒陷太平，謀東下，勢張甚，諸將或議降，或議奔據鍾山，基張目不言。太祖召入內，基奮曰：「主降及奔者，可斬也。」太祖曰：「先生計安出？」基曰：「賊驕矣，待其深入，伏兵邀取之，易耳。天道後舉者勝，取威制敵以成王業，在此舉矣。」太祖用其策，誘友諒至，大破之，以克敵賞賞基。基辭。友諒兵復陷安慶，太祖欲自將討之，以問基。基力贊，遂出師攻安慶。自旦及暮不下，基請逕趨江州，擣友諒巢穴，遂悉軍西上。友諒出不意，帥妻子奔武昌，江州降。其龍興守將胡美遣子通款，

中華書局

請勿散其部曲。太祖有難色。基從後躡胡牀。太祖悟，許之。美降，江西諸郡皆下。

基喪母，值兵事未敢言，至是請還葬。會苗軍反，殺金、處守將胡大海、耿再成等，浙東搖動。基至衢，爲守將夏毅諭安諸屬邑，復與平章邵榮等謀復處州，亂遂定。國珍素畏基，致書唁。基答書，宣示太祖威德，國珍遂入貢。太祖數以書卽家訪軍國事，基條答悉中機宜。尋赴京，太祖方親援安豐。基曰：「漢、吳伺隙，未可動也。」不聽。友諒聞之，乘間圍洪都。太祖曰：「不聽君言，幾失計。」遂自將救洪都，與友諒大戰鄱陽湖，一日數十接。太祖坐胡牀督戰，基侍側，忽躍起大呼，趣太祖更舟。太祖倉卒徙別舸，坐未定，飛礮擊舊所御舟立碎。友諒乘高見之，大喜。而太祖舟更進，漢軍皆失色。時湖中相持，三日未決，基請移軍湖口扼之，以金木相犯日決勝，友諒走死。其後太祖取士誠，北伐中原，遂成帝業，略如基謀。

吳元年以基爲太史令，上戊申大統曆。熒惑守心，請下詔罪己。大旱，請決滯獄。卽命基平反，雨隨注。因請立法定制，以止濫殺。太祖方欲刑人，基請其故，太祖語之以夢。基曰：「此得土得衆之象，宜停刑以待。」後三日，海寧降。太祖喜，悉以囚付基縱之。尋拜御史中丞兼太史令。

太祖卽皇帝位，基奏立軍衞法。初定處州稅糧，視宋制畝加五合，惟青田命毋加，曰：

「令伯溫鄉里世世爲美談也。」帝幸汴梁，基與左丞相善長居守。基謂宋、元寬縱失天下，今宜肅紀綱。令御史糾劾無所避，宿衞宦侍有過者，皆啓皇太子置之法，人憚其嚴。中書省都事李彬坐貪縱抵罪，善長素暱之，請緩其獄。基不聽，馳奏。報可。方祈雨，卽斬之。由是與善長忤。帝歸，愬基僇人壇壝下，不敬。諸怨基者亦交譖之。會以旱求言，基奏：「士卒物故者，其妻悉處別營，凡數萬人，陰氣鬱結。工匠死，胔骸暴露，吳將吏降者皆編軍戶，足干和氣。」帝納其言，旬日仍不雨，帝怒。會基有妻喪，遂請告歸。時帝方營中都，又銳意滅擴廓。基瀕行，奏曰：「鳳陽雖帝鄉，非建都地。王保保未可輕也。」已而定西失利，擴廓竟走沙漠，迄爲邊患。其冬，帝手詔敍基勳伐，召赴京，賜賚甚厚，追贈基祖、父皆永嘉郡公。累欲進基爵，基固辭不受。

初，太祖以事責丞相李善長，基言：「善長勳舊，能調和諸將。」太祖曰：「是數欲害君，君乃爲之地耶？吾行相君矣。」基頓首曰：「是如易柱，須得大木。若束小木爲之，且立覆。」及善長罷，帝欲相楊憲，憲素善基，基力言不可，曰：「憲有相才無相器。夫宰相者，持心如水，以義理爲權衡，而己無與者也，憲則不然。」帝問汪廣洋，曰：「此褊淺殆甚於憲。」又問胡惟庸，曰：「譬之駕，懼其僨轅也。」帝曰：「吾之相，誠無逾先生。」基曰：「臣疾惡太甚，又不耐繁劇，爲之且孤上恩。天下何患無才，惟明主悉心求之，目前諸人誠未見其可也。」後憲、廣洋、惟庸皆敗。三年授弘文館學士。十一月大封功臣，授基開國翊運守正文臣、資善大夫、上護軍，封誠意伯，祿二百四十石。明年賜歸老於鄉。

帝嘗手書問天象。基條答甚悉而焚其草。大要言霜雪之後，必有陽春，今國威已立，宜少濟以寬大。基佐定天下，料事如神。性剛嫉惡，與物多忤。至是還隱山中，惟飲酒弈棊，口不言功。邑令求見不得，微服爲野人謁基。基方濯足，令從子引入茆舍，炊黍飯令。令告曰：「某青田知縣也。」基驚起稱民，謝去，終不復見。其韜跡如此，然究爲惟庸所中。

初，基言甌、括間有隙地曰談洋，南抵閩界，爲鹽盜藪，方氏所由亂，請設巡檢司守之。奸民弗便也。會茗洋逃軍反，〔一〕吏匿不以聞。基令長子璉奏其事，不先白中書省。胡惟庸方以左丞掌省事，挾前憾，使吏訐基，謂談洋地有王氣，基圖爲墓，民弗與，則請立巡檢逐民。帝雖不罪基，然頗爲所動，遂奪基祿。基懼入謝，乃留京，不敢歸。未幾，惟庸相，基大慼曰：「使吾言不驗，蒼生福也。」憂憤疾作。八年三月，帝親製文賜之，遣使護歸。抵家，疾篤，以天文書授子璉曰：「亟上之，毋令後人習也。」又謂次子璟曰：「夫爲政，寬猛如循環。當今之務在修德省刑，祈天永命。諸形勝要害之地，宜與京師聲勢連絡。我欲爲遺表，惟庸在，無益也。惟庸敗後，上必思我，有所問，以是密奏之。」居一月而卒，年六十五。基在京病時，惟庸以醫來，飲其藥，有物積腹中如拳石。其後中丞涂節首惟庸逆謀，幷謂其毒基致死云。

基虯髯，貌修偉，慷慨有大節，論天下安危，義形於色。帝察其至誠，任以心膂。每召基，輒屏人密語移時。基亦自謂不世遇，知無不言。遇急難，勇氣奮發，計畫立定，人莫能測。暇則敷陳王道。帝每恭己以聽，常呼爲老先生而不名，曰：「吾子房也。」又曰：「數以孔子之言導予。」顧帷幄語秘莫能詳，而世所傳爲神奇，多陰陽風角之說，非其至也。所爲文章，氣昌而奇，與宋濂並爲一代之宗。所著有覆瓿集、犂眉公集傳於世。子璉、璟。

璉，字孟藻，有文行。洪武十年授考功監丞，試監察御史，出爲江西參政。太祖常欲大用之，爲惟庸黨所脅，墮井死。璉子廌，字士端，洪武二十四年三月嗣伯，食祿五百石。初，基爵止及身，至是帝追念基功，又憫基父子皆爲惟庸所厄，命增其祿，予世襲。明年坐事貶秩歸里。洪武末，坐事戍甘肅，尋赦還。建文帝及成祖皆欲用之，以奉親守墓力辭。永樂間卒，子法停襲。景泰三年命錄基後，授法曾孫祿世襲五經博士。弘治十三年以給事中吳士偉言，乃命祿孫瑜爲處州衞指揮使。

正德八年加贈基太師，〔二〕諡文成。嘉靖十年，刑部郎中李瑜言，基宜侑享高廟，封世爵，如中山王達。下廷臣議，僉言：「高帝收攬賢豪，一時佐命功臣並軌宣猷。而帷幄奇謀，中原大計，往往屬基，故在軍有子房之稱，剖符發諸葛之喩。基亡之後，孫廌實嗣，太祖召諭再三，鐵券丹書，誓言世祿。廌嗣未幾，旋卽隕世，褫圭裳於末裔，委帶礪於空言。或謂後嗣孤貧，弗克負荷；或謂長陵紹統，遂至猜嫌。雖一辱泥塗，傳聞多謬，而載書盟府，績效具存。昔武王興滅，天下歸心，成季無後，君子所歎。基宜侑享太廟，其九世孫瑜宜嗣伯爵，與世襲。」制曰：「可。」瑜卒，孫世延嗣。嘉靖末，南京振武營兵變，世延掌右軍都督府事，撫定之。數上封事，不報，忿而恣橫。萬曆三十四年，坐罪論死，卒。適孫萊臣年幼，庶兄藎臣借襲。藎臣卒，萊臣當襲，藎臣子孔昭復據之。崇禎時，出督南京操江，福王之立，與馬士英、阮大鋮比，後航海不知所終。

璟，字仲璟，基次子，弱冠通諸經。太祖念基，每歲召璟同章溢子允載、葉琛子永道、胡深子伯機，入見便殿，燕語如家人。洪武二十三年命襲父爵。璟言有長兄子廌在。帝大喜，命廌襲封，以璟爲閤門使，且諭之曰：「考宋制，閤門使卽儀禮司。朕欲汝日夕左右，以宣達爲職，不特禮儀也。」帝臨朝，出侍班，百官奏事有闕遺者，隨時糾正。都御史袁泰奏車牛事失實，帝宥之，泰忘引謝。璟糾之，服罪。帝因諭璟：「凡似此者，卽面糾，朕雖不之罪，要令知朝廷綱紀。」已，復令同法司錄獄囚冤滯。谷王就封，擢爲左長史。璟論說英侃，喜談兵。初，溫州賊葉丁香叛，延安侯唐勝宗討之，決策於璟。破賊還，

稱璟才略。帝喜曰：「璟眞伯溫兒矣。」嘗與成祖弈，成祖曰：「卿不少讓耶？」璟正色曰：「可讓處則讓，不可讓者不敢讓也。」成祖默然。靖難兵起，璟隨谷王歸京師，獻十六策，不聽。令參李景隆軍事。景隆敗，璟夜渡盧溝河，冰裂馬陷，冒雪行三十里。子貊自大同赴難，遇之良鄉，與俱歸。上閱見錄，不省，遂歸里。成祖卽位，召璟，稱疾不至。逮入京，猶稱殿下。且云：「殿下百世後，逃不得一『簒』字。」下獄，自經死。法官希旨，緣坐其家。成祖以基故，不許。宣德二年授貊刑部照磨。

宋濂，字景濂，其先金華之潛溪人，至濂乃遷浦江。幼英敏強記，就學於聞人夢吉，通五經，復往從吳萊學。已，遊柳貫、黃溍之門，兩人皆亟遜濂，自謂弗如。元至正中，薦授翰林編修，以親老辭不行，入龍門山著書。

踰十餘年，太祖取婺州，召見濂。時已改寧越府，命知府王顯宗開郡學，因以濂及葉儀爲五經師。明年三月，以李善長薦，與劉基、章溢、葉琛並徵至應天，除江南儒學提舉，命授太子經，尋改起居注。濂長基一歲，皆起東南，負重名。基雄邁有奇氣，而濂自命儒者。基佐軍中謀議，濂亦首用文學受知，恒侍左右，備顧問。嘗召講春秋左氏傳，濂進曰：「春秋乃孔子褒善貶惡之書，苟能遵行，則賞罰適中，天下可定也。」太祖御端門，口釋黃石公三略。濂曰：「尚書二典、三謨，帝王大經大法畢具，願留意講明之。」已，論賞賚，復曰：「得天下以人心爲本。人心不固，雖金帛充牣，將焉用之。」太祖悉稱善。乙巳三月，乞歸省。太祖與太子並加勞賜。濂上箋謝，幷奉書太子，勉以孝友敬恭、進德修業。太祖覽書大悅，召太子，爲語書意，賜札褒答，幷令太子致書報焉。尋丁父憂。服除，召還。

洪武二年詔修元史，命充總裁官。是年八月史成，除翰林院學士。〔三〕明年二月，儒士歐陽佑等採故元元統以後事蹟還朝，仍命濂等續修，六越月再成，賜金帛。是月，以失朝參，降編修。四年遷國子司業，坐考祀孔子禮不以時奏，謫安遠知縣，旋召爲禮部主事。明年遷贊善大夫。是時，帝留意文治，徵召四方儒士張唯等數十人，擇其年少俊異者，皆擢編修，令入禁中文華堂肄業，命濂爲之師。濂傅太子先後十餘年，凡一言動，皆以禮法諷勸，使歸於道，至有關政教及前代興亡事，必拱手曰：「當如是，不當如彼。」皇太子每斂容嘉納，言必稱師父云。

帝剖符封功臣，召濂議五等封爵。宿大本堂，討論達旦，歷據漢、唐故實，量其中而奏之。甘露屢降，帝問災祥之故。對曰：「受命不於天，於其人，休符不於祥，於其仁。春秋書異不書祥，爲是故也。」皇從子文正得罪，濂曰：「文正固當死，陛下體親親之誼，置諸遠地則

善矣。」車駕祀方丘，患心不寧，濂從容言曰：「養心莫善於寡欲，審能行之，則心淸而身泰矣。」帝稱善者良久。嘗問以帝王之學，何書爲要。濂舉大學衍義。乃命大書揭之殿兩廡壁。頃之御西廡，諸大臣皆在，帝指衍義中司馬遷論黃、老事，命濂講析。講畢，因曰：「漢武溺方技謬悠之學，改文、景恭儉之風，民力既敝，然後嚴刑督之。人主誠以禮義治心，則邪說不入，以學校治民，則禍亂不興，刑罰非所先也。」問三代曆數及封疆廣狹，既備陳之，復曰：「三代治天下以仁義，故多歷年所。」又問：「三代以上，所讀何書？」對曰：「上古載籍未立，人不專講誦。君人者兼治敎之責，率以躬行，則衆自化。」嘗奉制詠鷹，令七舉足卽成，有「自古戒禽荒」之言。帝忻然曰：「卿可謂善陳矣。」濂之隨事納忠，皆此類也。

六年七月遷侍講學士，知制誥，同修國史，兼贊善大夫。命與詹同、樂韶鳳修日曆，又與吳伯宗等修寶訓。九月定散官資階，給濂中順大夫，欲任以政事。辭曰：「臣無他長，待罪禁近足矣。」帝益重之。八年九月，從太子及秦、晉、楚、靖江四王講武中都。帝得輿圖濠梁古蹟一卷，遣使賜太子，題其外，令濂詢訪，隨處言之。太子以示濂，因歷歷舉陳，隨事進說，甚有規益。

濂性誠謹，官內庭久，未嘗訐人過。所居室，署曰「溫樹」。客問禁中語，卽指示之。嘗與客飲，帝密使人偵視。翼日，問濂昨飲酒否，坐客爲誰，饌何物。濂具以實對。笑曰：「誠

二十四史

然，卿不朕欺。」間召問羣臣臧否，濂惟舉其善者曰：「善者與臣友，臣知之；其不善者，不能知也。」主事茹太素上書萬餘言。帝怒，問廷臣。或指其書曰：「此不敬，此誹謗非法。」問濂，對曰：「彼盡忠於陛下耳。陛下方開言路，惡可深罪。」既而帝覽其書，有足採者。悉召廷臣詰責，因呼濂字曰：「微景濂幾誤罪言者。」於是帝廷譽之曰：「朕聞太上爲聖，其次爲賢，其次爲君子。宋景濂事朕十九年，未嘗有一言之僞，誚一人之短，始終無二，非止君子，抑可謂賢矣。」每燕見，必設坐命茶，每旦必令侍膳，往復咨詢，常夜分乃罷。濂不能飲，帝嘗强之至三觴，行不成步。帝大懽樂。御製楚辭一章，命詞臣賦醉學士詩。又嘗調甘露於湯，手酌以飲濂曰：「此能愈疾延年，願與卿共之。」又詔太子賜濂良馬，復爲製白馬歌一章，亦命侍臣和焉。其寵待如此。九年進學士承旨知制誥，兼贊善如故。其明年致仕，賜御製文集及綺帛，問濂年幾何，曰：「六十有八。」帝乃曰：「藏此綺三十二年，作百歲衣可也。」濂頓首謝。又明年，來朝。十三年，長孫愼坐胡惟庸黨，帝欲置濂死。皇后太子力救，乃安置茂州。

濂狀貌豐偉，美鬚髯，視近而明，一黍上能作數字。自少至老，未嘗一日去書卷，於學無所不通。爲文醇深演迤，與古作者並。在朝，郊社宗廟山川百神之典，朝會宴享律曆衣冠之制，四裔貢賦賞勞之儀，旁及元勳巨卿碑記刻石之辭，咸以委濂，屢推爲開國文臣之

首。士大夫造門乞文者，後先相踵。外國貢使亦知其名，數問宋先生起居無恙否。高麗、安南、日本至出兼金購文集。四方學者悉稱爲「太史公」，不以姓氏。雖白首侍從，其勳業爵位不逮基，而一代禮樂制作，濂所裁定者居多。

其明年，卒於夔，年七十二。知事葉以從葬之蓮花山下。蜀獻王慕濂名，復移塋華陽城東。弘治九年，四川巡撫馬俊奏：「濂眞儒翊運，述作可師，黼黻多功，輔導著績。久死遠戍，幽壤沉淪，乞加卹錄。」下禮部議，復其官，春秋祭葬所。正德中，追謚文憲。

仲子璲最知名，字仲珩，〔四〕善詩，尤工書法。洪武九年，以濂故，召爲中書舍人。其兄子愼亦爲儀禮序班。帝數試璲與愼，并教誡之。笑語濂曰：「卿爲朕教太子諸王，朕亦教卿子孫矣。」濂行步艱，帝必命璲、愼扶掖之。祖孫父子，共官內庭，衆以爲榮。愼坐罪，璲亦連坐，並死，家屬悉徙茂州。建文帝卽位，追念濂興宗舊學，召璲子懌官翰林。永樂十年，濂孫坐姦黨鄭公智外親，詔特宥之。

葉琛，字景淵，麗水人。博學有才藻。元末從石抹宜孫守處州，爲畫策，捕誅山寇，授行省元帥。王師下處州，琛避走建寧。以薦徵至應天，授營田司僉事。尋遷洪都知府，佐

鄧愈鎮守。祝宗、康泰叛，愈脫走，琛被執，不屈，大罵，死之。追封南陽郡侯，塑像耿再成祠，後祀功臣廟。

章溢，字三益，龍泉人。始生，聲如鐘。弱冠，與胡深同師王毅。毅，字叔剛，許謙門人也，敎授鄉里，講解經義，聞者多感悟。溢從之遊，同志聖賢學，天性孝友。嘗遊金華，元憲使禿堅不花禮之，改官秦中，要與俱行。至虎林，心動，辭歸。歸八日而父歿，未葬，火焚其廬。溢搏顙籲天，火至柩所而滅。

蘄、黃寇犯龍泉，溢從子存仁被執，溢挺身告賊曰：「吾兄止一子，寧我代。」賊素聞其名，欲降之，縛於柱，溢不爲屈。至夜紿守者脫歸，集里民爲義兵，擊破賊。俄府官以兵來，欲盡誅詿誤者。溢走說石抹宜孫曰：「貧民迫凍餒，誅之何爲。」宜孫然其言，檄止兵，留溢幕下。從平慶元、浦城盜。授龍泉主簿，不受歸。宜孫守台州，爲賊所圍。溢以鄉兵赴援，却賊。已而賊陷龍泉，監縣寶忽丁遁去，溢與其師王毅帥壯士擊走賊。寶忽丁還，內慚，殺毅以反。溢時在宜孫幕府，聞之馳歸，偕胡深執戮首惡，因引兵平松陽、麗水諸寇。長槍軍攻婺，聞溢兵至，解去。論功累授浙東都元帥府僉事。溢曰：「吾所將皆鄉里子弟，肝腦塗

地，而吾獨取功名，弗忍也。」辭不受。以義兵屬其子存道，退隱匡山。

明兵克處州，避入閩。太祖聘之，與劉基、葉琛、宋濂同至應天。太祖勞基等曰：「我爲天下屈四先生，今天下紛紛，何時定乎？」溢對曰：「天道無常，惟德是輔，惟不嗜殺人者能一之耳。」太祖偉其言，授僉營田司事。巡行江東、兩淮田，分籍定稅，民甚便之。以病久在告，太祖知其念母也，厚賜遣歸省，而留其子存厚於京師。浙東設提刑按察使，命溢爲僉事。胡深出師溫州，令溢守處州，饋餉供億，民不知勞。山賊來寇，敗走之。遷湖廣按察僉事。時荆、襄初平，多廢地，議分兵屯田，且以控制北方。從之。會浙東按察使宋思顏、孔克仁等以職事被逮，〔五〕詞連溢。太祖遣太史令劉基諭之曰：「素知溢守法，毋疑也。」

會胡深入閩陷沒，處州動搖，命溢爲浙東按察副使往鎮之。溢以獲罪蒙宥，不應遷秩，辭副使，仍爲僉事。既至，宣布詔旨，誅首叛者，餘黨悉定。召舊部義兵分布要害。賊寇慶元、龍泉，溢列木柵爲屯，賊不敢犯。浦城戍卒乏食，李文忠欲運處州糧餉之。溢以舟車不通，而軍中所掠糧多，請入官均給之，食遂足。溫州茗洋賊爲患，溢命子存道捕斬之。朱亮祖取溫州，軍中頗掠子女，溢悉籍還其家。吳平，詔存道守處，而召溢入朝。太祖諭羣臣曰：「溢雖儒臣，父子宣力一方，寇盜盡平，功不在諸將後。」復問溢征閩諸將如何。對曰：「湯和由海道，胡美由江西，必勝。然閩中尤服李文忠威信。若令文忠從浦城取建寧，此萬

中華書局

全計也。」太祖立詔文忠出師如溢策。處州糧舊額一萬三千石，軍興加至十倍。溢言之丞相，奏復其舊。浙東造海舶，徵巨材於處。溢曰：「處、婺之交，山巖峻險，縱有木，從何道出？」白行省罷之。

洪武元年與劉基並拜御史中丞兼贊善大夫。時廷臣伺帝意，多嚴苛，溢獨持大體。或以爲言。溢曰：「憲臺百司儀表，當養人廉恥，豈恃搏擊爲能哉。」帝親祀社稷，會大風雨，還坐外朝，怒儀禮不合，致天變。溢委曲明其無罪，乃貰之。文忠之征閩也，存道以所部鄉兵萬五千人從。閩平，詔存道以所部從海道北征。溢持不可，曰：「鄉兵皆農民，許以事平歸農，今復調之，是不信也。」帝不懌。既而奏曰：「兵已入閩者，俾還鄉里。昔嘗叛逆之民，宜籍爲軍，使北上，一舉而恩威著矣。」帝喜曰：「孰謂儒者迂闊哉！然非先生一行，無能辦者。」溢行至處州，遭母喪，乞守制。不許。鄉兵既集，命存道由永嘉浮海而北，再上章乞終制。詔可。溢悲戚過度，營葬親負土石，感疾卒，年五十六。〔六〕帝痛悼，親撰文，即其家祭之。

存道，溢長子。溢應太祖聘，存道帥義兵歸總管孫炎。炎令守上游，屢却陳友定兵。及以功授處州翼元帥副使，戍浦城。總制胡深死，命代領其衆，爲遊擊。溢卽處城坐鎮之。溢謂父子相統，於律不宜，奏罷存道官。不允。旋分兵征閩，而詔存道守處，復部鄉兵，從李文忠入閩。及還，浮海至京師。帝褒諭之，命從馮勝北征。積功授處州衞指揮副使。洪武三年從徐達西征，留守興元，敗蜀將吳友仁，再守平陽，轉左衞指揮同知。五年從湯和出塞征陽和，遇敵於斷頭山，力戰死焉。

贊曰：太祖既下集慶，所至收攬豪雋，徵聘名賢，一時韜光韞德之士幡然就道。若四先生者，尤爲傑出。基、濂學術醇深，文章古茂，同爲一代宗工。而基則運籌帷幄，濂則從容輔導，於開國之初，敷陳王道，忠誠恪慎，卓哉佐命臣也。至溢之宣力封疆，琛之致命遂志，宏才大節，建豎偉然，洵不負弓旌之德意矣。基以儒者有用之學，輔翊治平，而好事者多以讖緯術數妄爲傅會。其語近誕，非深知基者，故不錄云。

校勘記

〔一〕會茗洋逃軍反 會，原作「合」，據明史稿傳一八劉基傳改。

〔二〕正德八年加贈基太師 八，原作「九」，據本書卷一〇五功臣表及武宗實錄卷一〇七正德八年十二月辛亥條改。

〔三〕是年八月史成除翰林院學士 按濂爲翰林院學士，太祖實錄卷四二繫于洪武二年六月戊子，元史修成，則繫于洪武二年八月癸酉。本傳所記不確切。

〔四〕仲子璲最知名字仲珩 仲珩，原作「伯珩」。按璲既是宋濂仲子，不當字伯珩。據明史稿傳一八宋濂傳改。

〔五〕會浙東按察使宋思顔孔克仁等以職事被逮 按宋思顔官名，本書卷一三五本傳作「河南道按察僉事」，明書卷一一六章溢傳作「河南按察使」，此與孔克仁並稱「浙東按察使」，非是，傳文有脫誤。

〔六〕感疾卒年五十六 五十六，原作「六十五」，據太祖實錄卷四一洪武二年五月辛酉條、國榷卷三頁三九一、國朝獻徵錄卷五四御史中丞章公溢神道碑銘改。

明史卷一百二十九

列傳第十七

馮勝 兄國用　傅友德　廖永忠 趙庸　楊璟　胡美

馮勝，定遠人。初名國勝，又名宗異，最後名勝。生時黑氣滿室，經日不散。及長，雄勇多智略，與兄國用俱喜讀書，通兵法，元末結寨自保。太祖略地至妙山，國用偕勝來歸，甚見親信。太祖嘗從容詢天下大計，國用對曰：「金陵龍蟠虎踞，帝王之都，先拔之以爲根本。然後四出征伐，倡仁義，收人心，勿貪子女玉帛，天下不足定也。」太祖大悅，俾居幕府，從克滁、和，戰三叉河、板門寨、雞籠山，皆有功。從渡江，取太平，遂命國用典親兵，委以心腹。太祖既擒陳埜先，釋之，令招其部曲。國用策其必叛，不如弗遣。尋果叛，爲其下所殺，其從子兆先復擁衆屯方山。蠻子海牙扼采石，國用與諸將攻破海牙水寨，又破擒兆先，盡降其衆三萬餘人。衆疑懼，太祖擇驍勇者五百人爲親軍，宿衞帳中。悉屏舊人，獨留國用

侍禓側，五百人者始安。卽命國用將之，以攻集慶，爭效死先登。與諸將下鎭江、丹陽、寧國、泰興、宜興，從征金華，攻紹興，累擢親軍都指揮使。卒於軍，年三十六。太祖哭之慟。洪武三年追封郢國公，肖像功臣廟，位第八。

國用之卒，子誠幼，勝先已積功爲元帥，遂命襲兄職，典親軍。陳友諒逼龍灣。太祖禦之，戰石灰山。勝攻其中堅，大破之，又追破之采石，遂復太平。從征友諒，破安慶水寨，長驅至江州，走友諒。進親軍都護。從解安豐圍，遷同知樞密院事。從戰鄱陽，下武昌，克廬州，移兵取江西諸路。與諸將收淮東，克海安壩，取泰州。徐達圍高郵未下，還師援宜興，以勝督軍。高郵守將詐降，勝令指揮康泰帥數百人先入城，敵閉門盡殺之。太祖怒，召勝決大杖十，令步詣高郵。勝慚憤，攻甚力。達亦自宜興還，益兵攻克之，遂取淮安。安豐破，擒吳將呂珍於舊館。下湖州，克平江，功次平章常遇春，再遷右都督。從大將軍達北征，下山東諸州郡。

洪武元年兼太子右詹事。坐小法貶一官，爲都督同知。引兵遡河，取汴、洛，下陝州，趨潼關。守將宵遁，遂奪關，取華州。還汴，謁帝行在。授征虜右副將軍，留守汴梁。尋從大將軍征山西，由武陟取懷慶，踰太行，克碗子城，取澤、潞，擒元右丞賈成於猗氏。克平陽、絳州，擒元左丞田保保等，獲將士五百餘人。帝悅，詔右副將軍勝居常遇春下，偏將軍湯和居勝下，偏將軍楊璟居和下。

二年渡河趨陝西，克鳳翔。遂渡隴，取鞏昌，進逼臨洮，降李思齊。還從大將軍圍慶陽。擴廓遣將攻原州，爲慶陽聲援。勝扼驛馬關敗其將，遂克慶陽，執張良臣。陝西悉平。九月，帝召大將軍還，命勝駐慶陽，節制諸軍。勝以關陝既定，輒引兵還。帝怒，切責之。念其功大，赦勿治。而賞賚金幣，不能半大將軍。

明年正月復以右副將軍同大將軍出西安，擣定西，破擴廓帖木兒，獲士馬數萬。分兵自徽州南出一百八渡，徇略陽，擒元平章蔡琳，遂入沔州。遣別將自連雲棧取興元，移兵吐番，征哨極於西北。凱旋，論功授開國輔運推誠宣力武臣、特進榮祿大夫、右柱國、同參軍國事，封宋國公，食祿三千石，予世券。誥詞謂勝兄弟親同骨肉，十餘年間，除肘腋之患，建爪牙之功，平定中原，佐成混一。所以稱揚之者甚至。五年，以勝宣力四方，與魏國公達、曹國公文忠各賜彤弓。

擴廓在和林，數擾邊。帝患之，大發兵三道出塞。命勝爲征西將軍，帥副將軍陳德、傅友德等出西道，取甘肅。至蘭州，友德以驍騎前驅，再敗元兵，勝復敗之掃林山。至甘肅，元將上都驢迎降。至亦集乃路，守將卜顏帖木兒亦降。次別篤山，岐王朶兒只班遁去，追獲其平章長加奴等二十七人及馬駝牛羊十餘萬。是役也，大將軍達軍不利，左副將軍文忠

殺傷相當，獨勝斬獲甚衆，全師而還。會有言其私匿駝馬者，賞不行。自後數出練兵臨清、北平，出大同征元遺衆，鎭陝西及河南。册其女爲周王妃。

久之，大將軍達、左副將軍文忠皆卒，而元太尉納哈出擁衆數十萬屯金山，數爲遼東邊害。二十年命勝爲征虜大將軍，潁國公傅友德、永昌侯藍玉爲左右副將軍，帥南雄侯趙庸等以步騎二十萬征之。鄭國公常茂、曹國公李景隆、申國公鄧鎭等皆從。帝復遣故所獲納哈出部將乃剌吾者奉璽書往諭降。勝出松亭關，分築大寧、寬河、會州、富峪四城。駐大寧踰兩月，留兵五萬守之，而以全師壓金山。納哈出見乃剌吾驚曰：「爾尙存乎！」乃剌吾述帝恩德。納哈出喜，遣其左丞、探馬赤等獻馬，且覘勝軍。勝已深入，踰金山，至女直苦屯，降納哈出之將全國公觀童。〔一〕大軍奄至，納哈出度不敵，因乃剌吾請降。勝使藍玉輕騎受之。玉飲納哈出酒，歡甚，解衣衣之。納哈出不肯服，顧左右咄咄語，謀遁去。勝之壻常茂在坐，遽起砍其臂。都督耿忠擁以見勝。納哈出將士妻子十餘萬屯松花河，聞納哈出傷，驚潰。勝遣觀童諭之乃降，得所部二十餘萬人，牛羊馬駝輜重亙百餘里。還至亦迷河，復收其殘卒二萬餘、車馬五萬。而都督濮英殿後，爲敵所殺。師還，以捷聞，並奏常茂激變狀，盡將降衆二十萬人入關。帝大悅，使使者迎勞勝等，械繫茂。會有言勝多匿良馬，使閽者行酒於納哈出之妻求大珠異寶，王子死二日强娶其女，失降附心，又失濮英三千騎，而茂亦

中華書局

許勝過。帝怒，收勝大將軍印，命就第鳳陽，奉朝請，諸將士亦無賞。勝自是不復將大兵矣。

二十一年奉詔調東昌番兵征曲靖。番兵中道叛，勝鎮永寧撫安之。二十五年命籍太原、平陽民爲軍，立衞屯田。皇太孫立，加太子太師，偕潁國公友德練軍山西、河南，諸公、侯皆聽節制。

時詔列勳臣望重者八人，勝居第三。太祖春秋高，多猜忌。勝功最多，數以細故失帝意。藍玉誅之月，召還京。踰二年，賜死，諸子皆不得嗣。而國用子誠積戰功雲南，累官至右軍左都督。

納哈出者，元木華黎裔孫，爲太平路萬戶。太祖克太平被執，以名臣後，待之厚。知其不忘元，資遣北歸。元既亡，納哈出聚兵金山，畜牧蕃盛。帝遣使招諭之，終不報。數犯遼東，爲葉旺所敗。勝等大兵臨之，乃降，封海西侯。從傅友德征雲南，道卒。子察罕，改封瀋陽侯，坐藍玉黨死。

傅友德，其先宿州人，後徙碭山。元末從劉福通黨李喜喜入蜀。喜喜敗，從明玉珍，玉

珍不能用。走武昌，從陳友諒，無所知名。

太祖攻江州，至小孤山，友德帥所部降。帝與語，奇之，用爲將。從常遇春援安豐，略廬州。還，從戰鄱陽湖，輕舟挫友諒前鋒。被數創，戰益力，復與諸將邀擊於涇江口，友諒敗死。從征武昌，城東南高冠山下瞰城中，漢兵據之，諸將相顧莫前。友德帥數百人，一鼓奪之。流矢中頰洞脅，不爲沮。武昌平，授雄武衞指揮使。從徐達拔廬州，別將克夷陵、衡州、襄陽。攻安陸，被九創，破擒其將任亮。從大軍下淮東，破張士誠援兵於馬騾港，獲戰艘千，復大破元將竹貞於安豐。同陸聚守徐州，擴廓遣將李二來攻，次陵子村。友德度兵寡不敵，遂堅壁不戰。詗其衆方散掠，以二千人泝河至呂梁，登陸擊之，單騎奮槊刺其將韓乙。敵敗去。度且復至，亟還，開城門而陣於野，臥戈以待，約聞鼓卽起。李二果至，鳴鼓，士騰躍搏戰，破擒二。召還，進江淮行省參知政事，撤御前麾蓋，鼓吹送歸第。

明年從大將軍北征，破沂州，下青州。元丞相也速來援，以輕騎誘敵入伏，奮擊敗走之。遂取萊陽、東昌。明年從定汴、洛，收諸山寨。渡河取衞輝、彰德，至臨清，獲元將爲嚮導，取德州、滄州。既克元都，偵邏古北隘口，守盧溝橋，略大同，還下保定、眞定，守定州。從攻山西，克太原。擴廓自保安來援，萬騎突至。友德以五十騎衝却之，因夜襲其營。擴廓倉卒遁去，追至土門關，獲其士馬萬計。復敗賀宗哲於石州，敗脫列伯於宣府，遂西會大

將軍，圍慶陽，以偏師駐靈州，遏其援兵，遂克慶陽。還，賜白金文綺。

洪武三年從大將軍擣定西，大破擴廓。移兵伐蜀，領前鋒出一百八渡，奪略陽關，遂入沔。分兵自連雲棧合攻漢中，克之。以饋餉不繼，還軍西安。蜀將吳友仁寇漢中。友德以三千騎救之，攻斗山寨，令軍中人燃十炬布山上，蜀兵驚遁。是冬，論功授開國輔運推誠宣力武臣、榮祿大夫、柱國、同知大都督府事，封潁川侯，食祿千五百石，予世券。

明年充征虜前將軍，與征西將軍湯和分道伐蜀。和帥廖永忠等以舟師攻瞿塘，友德帥顧時等以步騎出秦、隴。太祖諭友德曰：「蜀人聞我西伐，必悉精銳東守瞿塘，北阻金牛，以抗我師。若出不意，直擣階、文，門戶既隳，腹心自潰。兵貴神速，患不勇耳。」友德疾馳至陝，集諸軍聲言出金牛，而潛引兵趨陳倉，攀援巖谷，晝夜行。抵階州，敗蜀將丁世珍，〔二〕克其城。蜀人斷白龍江橋。友德修橋以渡，破五里關，遂拔文州。渡白水江，趨綿州。時漢江水漲，不得渡，伐木造戰艦。欲以軍聲通瞿塘，乃削木爲牌數千，書克階、文、綿日月，投漢水，順流下。蜀守者見之，皆解體。

初，蜀人聞大軍西征，丞相戴壽等果悉衆守瞿塘。及聞友德破階、文，擣江油，始分兵援漢州，以保成都。未至，友德已破其守將向大亨於城下，謂將士曰：「援師遠來，聞大亨破，已膽落，無能爲也。」迎擊，大敗之。遂拔漢州，進圍成都。壽等以象戰。友德令强弩火

器衝之，身中流矢不退，將士殊死戰。象反走，躪藉死者甚衆。壽等聞其主明昇已降，乃籍府庫倉廩面縛詣軍門。成都平。分兵徇州邑未下者，克保寧，執吳友仁送京師，蜀地悉定。友德之攻漢州也，湯和尚頓軍大溪口。既於江流得木牌，乃進師。而戴壽等撤其精兵西救漢州，留老弱守瞿塘，故永忠等得乘勝擣重慶，降明昇。於是太祖製平西蜀文，盛稱友德功爲第一，廖永忠次之。師還，受上賞。

五年副征西將軍馮勝征沙漠，敗失刺罕於西涼，至永昌，敗太尉朶兒只巴，獲馬牛羊十餘萬。略甘肅，射殺平章不花，降太尉鎖納兒等。至瓜沙州，獲金銀印及雜畜二萬而還。是時師出三道，獨友德全勝。以主將勝坐小法，賞不行。明年復出雁門，爲前鋒，獲平章鄧孛羅帖木兒。還鎮北平，陳便宜五事。皆從之。召還，從太子講武於荊山，益歲祿千石。九年破擒伯顏帖木兒於延安，降其衆。帝將征雲南，命友德巡行川、蜀、雅、播之境，修城郭，繕關梁，因兵威降金筑、普定諸山寨。

十四年副大將軍達出塞，討乃兒不花，渡北黃河，襲灰山，斬獲甚衆。其年秋充征南將軍，帥左副將軍藍玉、右副將軍沐英，將步騎三十萬征雲南。至湖廣，分遣都督胡海等將兵五萬由永寧趨烏撒，而自帥大軍由辰、沅趨貴州。克普定、普安，降諸苗蠻。進攻曲靖，大戰白石江，擒元平章達里麻。遂擊烏撒，循格孤山而南，以通永寧之兵，遣兩將軍趨雲南。

中華書局

元梁王走死。友德城烏撒，羣蠻來爭，奮擊破之，得七星關以通畢節。又克可渡河，降東川、烏蒙、芒部諸蠻。烏撒諸蠻復叛，討之，斬首三萬餘級，獲牛馬十餘萬，水西諸部皆降。十七年論功進封潁國公，食祿三千石，予世券。

十九年帥師討平雲南蠻。二十年副大將軍馮勝，征納哈出於金山。二十一年，東川蠻叛，復爲征南將軍，帥師討平之。移兵討越州叛酋阿資，明年破之於普安。二十三年從晉王、燕王征沙漠，擒乃兒不花，還駐開平。復征甯夏。明年爲征虜將軍，備邊北平。復從燕王征哈者舍利，追元遼王。軍甫行，遽令班師。敵不設備，因潛師深入至黑嶺，大破敵衆而還。再出，練兵山、陝，總屯田事。加太子太師，尋遣還鄉。

友德喑啞跳盪，身冒百死。自偏裨至大將，每戰必先士卒。雖被創，戰益力，以故所至立功，帝屢敕獎勞。子忠，尚壽春公主，女爲晉世子濟熺妃。

二十五年，友德請懷遠田千畝。帝不悅曰：「祿賜不薄矣，復侵民利何居？爾不聞公儀休事耶？」尋副宋國公勝分行山西，屯田於大同、東勝，立十六衞。是冬再練軍山西、河南。明年，偕召還。又明年賜死。以公主故，錄其孫彥名爲金吾衞千戶。弘治中，晉王爲友德五世孫瑛援六王例，求襲封。下禮官議，不許。嘉靖元年，雲南巡撫都御史何孟春請立祠祀友德。詔可，名曰「報功」。

廖永忠，巢人，楚國公永安弟也。從永安迎太祖於巢湖，年最少。太祖曰：「汝亦欲富貴乎？」永忠曰：「獲事明主，掃除寇亂，垂名竹帛，是所願耳。」太祖嘉焉。副永安將水軍渡江，拔采石、太平，擒陳埜先，破蠻子海牙及陳兆先，定集慶，克鎮江、常州、池州，討江陰海寇，皆有功。

永安陷於吳，以永忠襲兄職，爲樞密僉院，總其軍。攻趙普勝柵江營，復池州。陳友諒犯龍江，大呼突陣，諸軍從其後，大敗之。從伐友諒，至安慶，破其水寨，遂克安慶。從攻江州，州城臨江，守備甚固。永忠度城高下，造橋於船尾，名曰天橋，以船乘風倒行，橋傅於城，遂克之。進中書省右丞。

從下南昌，援安豐，戰鄱陽湖，決圍殊死戰。敵將張定邊直犯太祖舟，常遇春射走之。永忠乘飛舸追且射，定邊被百餘矢，漢卒多死傷。明日，復與俞通海等以七舟載葦荻，乘風縱火，焚敵樓船數百。又以六舟深入搏戰，復旋繞而出，敵驚爲神。又邀擊之涇江口，友諒死。從征陳理，分兵柵四門，於江中連舟爲長寨，絕其出入，理降。還京，太祖以漆牌書「功超羣將，智邁雄師」八字賜之，懸於門。已，從徐達取淮東，張士誠遣舟師薄海安，太祖令永忠還兵水寨禦之，達遂克淮東諸郡。從伐士誠，取德清，進克平江，拜中書平章政事。

尋充征南副將軍，帥舟師自海道會湯和，討降方國珍，進克福州。洪武元年兼同知詹事院事。略定閩中諸郡，至延平，破執陳友定。尋拜征南將軍，以朱亮祖爲副，由海道取廣東。永忠先發書諭元左丞何眞，曉譬利害。眞卽奉表請降。至東莞，眞帥官屬出迎。至廣州，降盧左丞。擒海寇邵宗愚，數其殘暴斬之。廣人大悅。馳諭九眞、日南、朱崖、儋耳三十餘城，皆納印請吏。進取廣西，至梧州，降元達魯花赤拜住，潯、柳諸路皆下。遣亮祖會楊璟收未下州郡。永忠引兵克南寧，降象州。兩廣悉平。永忠善撫綏，民懷其惠，爲之立祠。明年九月還京師，帝命太子帥百官迎勞於龍江。入見，仍命太子送還第。復出，撫定泉、漳。三年從大將軍徐達北征，克察罕腦兒。還，封德慶侯，食祿一千五百石，予世券。

明年，以征西副將軍從湯和帥舟師伐蜀。和駐大溪口，永忠先發。及舊夔府，破守將鄒興等兵。進至瞿塘關，山峻水急，蜀人設鐵鎖橋，橫據關口，舟不得進。永忠密遣數百人持糗糧水筒，舁小舟踰山渡關，出其上流。蜀山多草木，令將士皆衣青蓑衣，魚貫走崖石間。度已至，帥精銳出墨葉渡，夜五鼓，分兩軍攻其水陸寨。水軍皆以鐵裹船頭，置火器而前。黎明，蜀人始覺，盡銳來拒。永忠已破其陸寨，〔三〕會將士舁舟出江者，一時並發，上下夾攻，大破之，鄒興死。遂焚三橋，斷橫江鐵索，擒同僉蔣達等八十餘人。飛天張、鐵頭張

等皆遁去，遂入夔府。明日，和始至，乃與和分道進，期會於重慶。永忠帥舟師直擣重慶，次銅鑼峽。蜀主明昇請降，永忠以和未至辭。俟和至，乃受降，承制撫慰。下令禁侵掠。卒取民七茄，立斬之。慰安戴壽、向大亨等家，令其子弟持書往成都招諭。壽等已爲傅友德所敗，及得書，遂降。蜀地悉平。帝製平蜀文旌其功，有「傅一廖二」之語，褒賚甚厚。明年北征，至和林。六年督舟師出海捕倭，尋還京。

初，韓林兒在滁州，太祖遣永忠迎歸應天，至瓜步覆其舟死，帝以咎永忠。及大封功臣，諭諸將曰：「永忠戰鄱陽時，忘軀拒敵，可謂奇男子。然使所善儒生窺朕意，徼封爵，故止封侯而不公。」及楊憲爲相，永忠與相比。憲誅，永忠以功大得免。八年三月坐僭用龍鳳諸不法事，賜死，年五十三。

子權，十三年嗣侯，從傅友德征雲南，守畢節及瀘州，召還。十七年卒。子鏞不得嗣，以嫡子爲散騎舍人，累官都督。建文時與議兵事，宿衞殿廷。與弟銘皆嘗受學於方孝孺。孝孺死，鏞、銘收其遺骸，葬聚寶門外山上。甫畢，亦見收，論死。弟鉞及從父指揮僉事昇俱戍邊。

初，廖永忠等之歸太祖也，趙庸兄弟亦俱降，後亦有過不得封公，與永忠類。

庸，廬州人，與兄仲中聚衆結水寨，屯巢湖，歸太祖。仲中累功爲行樞密院僉事，守安慶。陳友諒陷安慶，仲中棄城走還龍江，法當誅。常遇春請原之。太祖不許，曰：「法不行，無以懲後。」遂誅仲中，而以其官授庸。從復安慶，徇江西諸路，進參知政事。從戰康郎山，與俞通海、廖永忠等以六舟深入敗敵。平武昌，克廬州，援安豐，皆有功。大軍取淮東，庸與華高帥舟師克海安、泰州，進圍平江。吳平，擢中書左丞。從大將軍取山東。洪武元年命兼太子副詹事。河南平，命庸留守。復分兵渡河，徇下河北州縣，進克河間，守之。尋移守保定，幷收未復山寨。又從大軍克太原，下關陝。從常遇春北追元帝。師還，遇春卒，命庸爲副將軍，同李文忠攻慶陽。行至太原，元兵攻大同急，文忠與庸謀，以便宜援大同，再敗元兵於馬邑，擒其將脫列伯。論功，賞賚亞於大將軍。三年復從文忠北伐，出野狐嶺，克應昌。師還，論功最，以在應昌私納奴婢，不得封公，封南雄侯，食祿一千五百石，予世券。已，從伐蜀，中途還。

十四年，閩、粵盜起，命庸討之。踰年悉平諸盜及陽山、歸善叛蠻，戮其魁，散遣餘衆，民得復業。奏籍蜑戶萬人爲水軍。又平廣東盜號鏟平王者，獲賊黨萬七千八百餘人，斬首八千八百餘級，降其民萬三千餘戶。還，賜綵幣、上尊、良馬。其冬出理山西軍務，巡撫北邊。二十年，以左參將從傅友德討納哈出。二十三年，以左副將軍從燕王出古北口，降乃

兒不花。還，坐胡惟庸黨死。爵除。

楊璟，合肥人。本儒家子。以管軍萬戶從太祖下集慶，進總管。下常州，進親軍副都指揮使。從下婺州，遷樞密院判官。再從伐漢，以功擢湖廣行省參政，移鎮江陵。進攻湖南蠻寇，駐師三江口。復以招討功遷行省平章政事。帥左丞周德興、參政張彬將武昌諸衞軍，取廣西。

洪武元年春進攻永州。守將鄧祖勝迎戰敗，斂兵固守。璟進圍之。元兵來援，駐東鄉，倚湘水列七營，軍勢甚盛。璟擊敗之，俘獲千餘人。全州守將平章阿思蘭及周文貴再以兵來援，輒遣德興擊敗之。遣千戶王廷取寶慶，德興、彬取全州，略定道州、藍山、桂陽、武岡諸州縣。而永州久不下，令裨將分營諸門，築壘困之，造浮橋西江上，急攻之。祖勝力盡，仰藥死。百戶夏昇約降。璟兵踰城入，參政張子賢巷戰，軍潰被執，遂克永州。而征南將軍廖永忠、參政朱亮祖亦自廣東取梧州，定潯、貴、鬱林。亮祖以兵來會。進攻靖江不下，璟謂諸將曰：「彼所恃西濠水耳。決其隄岸，破之必矣。」乃遣指揮丘廣攻牐口關，殺守隄兵，盡決濠水，築土隄五道，傅於城。城中猶固守。急攻二月，克之，執平章也兒吉尼。先

是張彬攻南關，爲守城者所詬，怒欲屠其民。璟甫入，立下令禁止之，民乃安。復移師徇郴州，降兩江土官黃英岑、伯顏等，而永忠亦定南寧、象州。廣西悉平。

還，與偏將軍湯和從徐達取山西，至澤州，及元平章韓扎兒戰於韓店，敗績。還，捕唐州亂卒，留鎮南陽。未幾，詔璟往使於夏。是時夏主昇幼，母彭及諸大臣用事。璟既至，數諭昇以禍福，俾從入覲。昇集其下共議。而諸大臣方專恣，不利昇歸朝，皆持不可，昇亦莫能決。璟還，再以書諭昇，終不聽。踰二年而夏亡。璟遷湖廣行省平章。

慈利土官覃垕搆諸洞蠻爲亂，命帥師往討，連敗之。垕詐降，璟使部卒往報，爲所執。太祖遣使讓璟。璟督戰士力攻，賊乃遁。

三年大封功臣，封璟營陽侯，祿千五百石，予世券。

四年從湯和伐夏，戰於瞿塘，不利。明年充副將軍，從鄧愈討定辰、沅蠻寇。再從大將軍徐達鎮北平，練兵遼東。十五年八月卒，追封芮國公，諡武信。子通嗣，二十年帥降軍戍雲南，多道亡，降普定指揮使。二十三年，詔書坐璟胡惟庸黨，謂以瞿塘之敗被責，有異謀云。

胡美，沔陽人。初名廷瑞，避太祖字，易名美。初仕陳友諒，爲江西行省丞相，守龍興。太祖既下江州，遣使招諭美。美遣使鄭仁傑詣九江請降，且請無散部曲。太祖初難之，劉基蹴所坐胡牀。太祖悟，賜書報曰：「鄭仁傑至，言足下有効順之誠，此足下明達也；又恐分散所部，此足下過慮也。吾起兵十年，奇才英士，得之四方多矣。有能審天時，料事機，不待交兵，挺然委身來者，嘗推赤心以待，隨其才任使之，兵少則益之以兵，位卑則隆之以爵，財乏則厚之以賞，安肯散其部曲，使人自危疑，負來歸之心哉。且以陳氏諸將觀之，如趙普勝驍勇善戰，以疑見戮。猜忌若此，竟何所成。近建康龍灣之役，予所獲長張、梁鉉、彭指揮諸人，用之如故，視吾諸將，恩均義一。長張破安慶水寨，梁鉉等攻江北，並膺厚賞。此數人者，其自視無復生理，尚待之如此，況如足下不勞一卒，以完城來歸者耶？得失之機，間不容髮，足下當早爲計。」美得書，乃遣康泰至九江來降。太祖遂如龍興，至樵舍。美以陳氏所授丞相印及軍民糧儲之數來獻，迎謁於新城門。太祖慰勞之，俾仍舊官。

美之降也，同僉康泰、平章祝宗不欲從，美微言於太祖。太祖命將其兵，從徐達征武昌。二人果叛，攻陷洪都。達等還兵擊定之。祝宗走死，執康泰歸於建康。太祖以泰爲美甥，赦勿誅。美從征武昌，復與達等帥馬步舟師取淮東，進伐張士誠，下湖州，圍平江，別將取無錫，降莫天祐。師還，加榮祿大夫。

中華書局

其冬，命爲征南將軍，帥師由江西取福建，諭之曰：「汝以陳氏丞相來歸，事吾數年，忠實無過，故命汝總兵取閩。左丞何文輝爲爾副，參政戴德聽調發，二人雖皆吾親近，勿以其故廢軍法。聞汝嘗攻閩中，宜深知其地利險易。今總大軍攻圍城邑，必擇便宜可否爲進退，無失機宜。」美遂渡杉關，下光澤，邵武守將李宗茂以城降。次建陽，守將曹復疇亦降。進圍建寧，守將同僉達里麻、參政陳子琦謀堅守以老我師。美數挑戰，不出，急攻之，乃降。整軍入城，秋毫無所犯。執子琦等送京師，獲將士九千七百餘人，糧糗馬畜稱是。會湯和等亦取福州、延平、興化，美遂遣降將諭降汀、泉諸郡。福建悉平。美留守其地。尋召還，從幸汴梁。

太祖卽位，以美爲中書平章、同知詹事院事。洪武三年命赴河南，招集擴廓故部曲。是年冬論功，封豫章侯，食祿千五百石，予世券，誥詞以竇融歸漢爲比。十三年改封臨川侯，董建潭府於長沙。太祖榜列勳臣，謂持兵兩雄間，可觀望而不觀望來歸者七人。七人者，韓政、曹良臣、楊璟、陸聚、梅思祖、黃彬及美，皆封侯。美與璟有方面勳，帝遇之尤厚。

十七年坐法死。二十三年，李善長敗，帝手詔條列奸黨，言美因長女爲貴妃，偕其子壻入亂宮禁，事覺，子壻刑死，美賜自盡云。

贊曰：馮勝、傅友德，百戰驍將也。考當日功臣位次，與太祖褒美之詞，豈在湯和、鄧愈下哉。廖永忠智勇超邁，功亞宋、潁，皆不得以功名終，身死爵除，爲可慨矣。江夏侯周德興之得罪也，太祖宥之，因誡諭公、侯，謂多粗暴無禮，自取敗亡。又謂永忠數犯法，屢宥不悛。然則洪武功臣之不獲保全者，或亦有以自取歟。楊璟、胡美功雖不逮，然嘗別將，各著方面勳，故次列之云。

校勘記

〔一〕降納哈出之將全國公觀童　全國公，原作「慶國公」，據本書卷三二七韃靼傳、太祖實錄卷一八二洪武二十年六月癸卯條、國榷卷八頁六七一改。

〔二〕敗蜀將丁世珍　丁世珍，本書卷二太祖紀、卷一二三明玉珍傳均作「丁世貞」。

〔三〕永忠已破其陸寨　陸寨，原作「六寨」。按上文說廖永忠「分兩軍攻其水陸寨」，與陸寨已破相應，陸六音近而誤。國朝獻徵錄卷八德慶侯廖永忠傳正作「陸寨」，據改。

清　張廷玉等撰

明史

第一三册

卷一三〇至卷一四六（傳）

中華書局

明史卷一百三十

列傳第十八

吳良　康茂才　丁德興　耿炳文　郭英

華雲龍　韓政　仇成　張龍　吳復 周武

胡海　張赫　華高　張銓　何眞

吳良，定遠人。初名國興，賜名良。雄偉剛直，與弟禎俱以勇略聞。從太祖起濠梁，並爲帳前先鋒。良能沒水偵探，禎每易服爲間諜。禎別有傳。良從取滁、和，戰采石，克太平，下溧水、溧陽，定集慶，功多。又從徐達克鎭江，下常州，進鎭撫，守丹陽。與趙繼祖等取江陰。張士誠兵據秦望山，良攻奪之，遂克江陰。卽命爲指揮使守之。

時士誠全據吳，跨淮東、浙西，兵食足。江陰當其要衝，枕大江，扼南北襟喉，士誠數以

金帛啗將士，窺覺。太祖諭良曰：「江陰我東南屏蔽，汝約束士卒，毋外交，毋納逋逃，毋貪小利，毋與爭鋒，惟保境安民而已。」良奉命惟謹，備禦修飭。以敗敵功，進樞密院判官。士誠大舉兵來寇，艨艟蔽江，其將蘇同僉駐君山，指畫進兵。良遣弟禎出北門與戰，而潛遣元帥王子明帥壯士馳出南門，合擊，大敗之，俘斬甚衆。敵宵遁。尋復寇常州，良遣兵從間道殲其援兵於無錫。當是時，太祖數自將爭江、楚上流，與陳友諒角，大軍屢出，金陵空虛，士誠不敢北出侵尺寸地，以良在江陰爲屏蔽也。

良仁恕儉約，聲色貨利無所好。夜宿城樓，枕戈達旦，訓將練兵，常如寇至。暇則延儒生講論經史，新學宮，立社學，大開屯田，均徭省賦。在境十年，封疆晏然。太祖常召良勞曰：「吳院判保障一方，我無東顧憂，功甚大，車馬珠玉不足旌其勞。」命學士宋濂等爲詩文美之，仍遣還鎭。尋大發兵取淮東，克泰州。士誠兵復出馬馱沙，侵鎭江，巨艦數百，泝江而上。良戒嚴以待。太祖親督大軍禦之。士誠兵遁，追至浮子門。良出兵夾擊，獲卒二千。太祖詣江陰勞軍，周巡壁壘，歎曰：「良，今之吳起也。」吳平，加昭勇大將軍、蘇州衞指揮使，移鎭蘇州。武備益修，軍民輯睦。進都督僉事，移守全州。

洪武三年進都督同知，封江陰侯，食祿千五百石，予世券。

四年討靖州、綏寧諸蠻。五年，廣西蠻叛，副征南將軍鄧愈帥平章李伯昇出靖州討之。

數月盡平左右兩江及五溪之地，移兵入銅鼓、五開，收潭溪，開太平，殲清洞、崖山之衆於銅關鐵寨。諸蠻皆震慴內附，粵西遂平。八年督田鳳陽。十二年，齊王封青州。王妃，良女也，遂命良往建王府。十四年卒於青，年五十八。贈江國公，謚襄烈。

子高嗣侯，屢出山西、北平、河南練兵，從北征，帥蕃軍討百夷。二十八年，有罪調廣西，從征趙宗壽。燕師起，高守遼東，與楊文數出師攻永平。燕王謀去高，曰：「高雖怯，差密，文勇而無謀，去高，文無能爲也。」乃遺二人書，盛譽高，極詆文，故易其函授之。二人得書，並以聞。建文帝果疑高，削爵徙廣西，獨文守遼東，竟敗。永樂初，復召高鎭守大同，上言備邊方略。八年，帝北征班師，高稱疾不朝。被劾，廢爲庶人，奪券。洪熙元年，帝見高名，曰：「高往年多行無禮，其謫戍海南。」高已死，從其家，會赦得釋。宣德十年，子昇乞嗣，不許。

康茂才，字壽卿，蘄人。通經史大義。事母孝。元末寇亂陷蘄，結義兵保鄉里。立功，自長官累遷淮西宣慰司、都元帥。

太祖既渡江，將士家屬留和州。時茂才移戍采石，扼江渡。太祖遣兵數攻之，茂才力

守。常遇春設伏殲其精銳。茂才復立寨天寧洲，又破之，奔集慶。太祖克集慶，乃帥所部兵降。太祖釋之，命統所部從征。明年授秦淮翼水軍元帥，守龍灣。取江陰馬馱沙，敗張士誠兵，獲其樓船。從廖永安攻池州，取樅陽。太祖以軍興，民失農業，命茂才爲都水營田使，仍兼帳前總制親兵左副指揮使。

陳友諒既陷太平，謀約張士誠合攻應天。太祖欲其速來，破之。知茂才與友諒有舊，命遣僕持書，紿爲內應。友諒大喜，問康公安在。曰：「守江東木橋。」使歸，太祖易橋以石。友諒至，見橋愕然，連呼「老康」，莫應，退至龍灣。伏兵四起，茂才合諸將奮擊，大破之。太祖嘉茂才功，賜賚甚厚。明年，太祖親征友諒，茂才以舟師從克安慶，破江州，友諒西遁。遂下蘄州、興國、漢陽，沿流克黃梅寨，取瑞昌，敗友諒八指揮，降士卒二萬人。遷帳前親兵副都指揮使。攻左君弼廬州，未下。從援南昌，戰彭蠡，友諒敗死，從征武昌，皆有功。進金吾侍衞親軍都護。從大將軍徐達再攻廬州，克之，取江陵及湖南諸路。改神武衞指揮使，進大都督府副使。

士誠攻江陰，太祖自將擊之。比至鎭江，士誠已焚瓜洲遁。茂才追北至浮子門。吳軍遮海口，乘潮來薄。茂才力戰，大敗之。擣淮安馬騾港，拔其水寨，淮安平。尋拔湖州，進逼平江。士誠遣銳卒迎鬭，大戰尹山橋。茂才持大戟督戰，盡覆敵衆。與諸將合圍其城，

軍齊門。平江下，還取無錫。還同知大都督府事兼太子右率府使。

洪武元年從大將軍經略中原，取汴、洛，留守陝州。規運饋餉，造浮橋渡師，招徠絳、解諸州，扼潼關，秦兵不敢東向。茂才善撫綏，民立石頌德焉。三年復從大將軍征定西，〔一〕取興元。還軍，道卒。追封蘄國公，謚武康。

子鐸，年十歲，入侍皇太子讀書大本堂。以父功封蘄春侯，食祿一千五百石，予世券。督民墾田鳳陽。帥兵征辰州蠻，平施、疊諸州。從大將軍達北征。又從征南將軍傅友德征雲南，克普定，破華楚山諸砦。卒於軍，年二十三。追封蘄國公，謚忠愍。子淵幼未襲，授散騎舍人。已，坐尋革冠服，勒居山西，遂不得嗣。弘治末，錄茂才後爲世襲千戶。

丁德興，定遠人。歸太祖於濠。偉其狀貌，以「黑丁」呼之。從取洪山寨，以百騎破賊數千，盡降其衆。從克滁、和，敗青山盜。從渡江，拔采石，取太平，分兵取溧水、溧陽，皆先登。從破蠻子海牙水砦，搗方山營，擒陳兆先，下集慶，取鎮江，以功進管軍總管。下金壇、廣德、寧國，從平常州，擢左翼元帥。寧國復叛，從胡大海復之。分兵下江陰，取徽州、石

埭、池州、樅陽，攻江州，移兵擊安慶，所向皆捷。復援江陰，略江西傍近州縣，攻雙刀趙，挫其鋒。時徐達、邵榮攻宜興，久不下，太祖遣使謂曰：「宜興城西通太湖口，士誠餉道所由，斷其餉則必破。」達乃遣德興絕太湖口，而并力急攻，城遂拔，論功授鳳翔衞指揮使。

陳友諒犯龍江，德興軍於石灰山，力戰擊敗之。遂從征友諒，搗安慶，克九江，援安豐，敗呂珍，走左君弼。從戰鄱陽，平武昌，克廬州，略定湖南衡州諸郡。又從大將軍收淮東，征浙西，敗士誠兵於舊館，下湖州，圍平江。卒於軍，贈都指揮使。洪武元年追封濟國公，列祀功臣廟。子忠，龍江衞指揮使，予世襲。

耿炳文，濠人。父君用，從太祖渡江，積功爲管軍總管。援宜興，與張士誠兵爭柵，力戰死。炳文襲職，領其軍。取廣德，進攻長興，敗士誠將趙打虎，獲戰船三百餘艘，擒其守將李福安等，遂克長興。長興據太湖口，陸通廣德，與宣、歙接壤，爲江、浙門戶。太祖既得其地，大喜，改爲長安州，立永興翼元帥府，以炳文爲總兵都元帥守之。溫祥卿者，多智數，避亂來歸，炳文引入幕府，畫守禦計甚悉。張士誠左丞潘元明、元帥嚴再興帥師來爭。炳文奮擊，大敗去。久之，士誠復遣司徒李伯昇帥衆十萬，水陸進攻。城中兵七千，太祖患之，命陳德、華高、費聚往援。伯昇夜劫營，諸將皆潰。炳文嬰城固守，攻甚急，隨方禦之，不解甲者月餘。常遇春復帥援兵至，伯昇棄營遁，追斬五千餘人。其明年，改永興翼元帥府爲永興衞親軍指揮使司，以炳文爲使。已而士誠大發兵，遣其弟士信復來爭。炳文又敗之，獲其元帥宋興祖。士信憤甚，益兵圍城。炳文與費聚出戰，又大敗之。長興爲士誠必爭地，炳文拒守凡十年，以寡禦衆，大小數十戰，戰無不勝，士誠迄不得逞。大軍伐士誠，炳文將所部克湖州，圍平江。吳平，進大都督府僉事。

從征中原，克山東沂、嶧諸州，下汴梁，徇河南，扈駕北巡。已，又從常遇春取大同，克晉、冀。從大將軍徐達征陝西，走李思齊、張思道，即鎮其地。浚涇陽洪渠十萬餘丈，民賴其利。尋拜秦王左相都督僉事。

洪武三年，封長興侯，食祿千五百石，予世券。十四年從大將軍出塞，破元平章乃兒不花於北黃河。十九年從潁國公傅友德征雲南，討平曲靖蠻。二十一年從永昌侯藍玉北征，至捕魚兒海。二十五年帥兵平陝西徽州妖人之亂。三十年，以征西將軍擒蜀寇高福興，俘三千人。

始炳文守長興，功最高，太祖榜列功臣，以炳文附大將軍達爲一等。及洪武末年，諸公、侯且盡，存者惟炳文及武定侯郭英二人；而炳文以元功宿將，爲朝廷所倚重。

建文元年，燕王兵起，帝命炳文爲大將軍，帥副將軍李堅、甯忠北伐，時年六十有五矣。兵號三十萬，至者惟十三萬。八月次眞定，分營滹沱河南北。都督徐凱軍河間，潘忠、楊松駐鄚州，先鋒九千人駐雄縣。值中秋，不設備，爲燕王所襲，九千人皆死。忠等來援，過月漾橋，伏發水中。忠、松俱被執，不屈死，鄚州陷。而炳文部將張保者降燕，備告南軍虛實。燕王縱保歸，使張雄、鄚敗狀，謂北軍且至。於是炳文移軍盡渡河，並力當敵。軍甫移，燕兵驟至，循城蹴擊。炳文軍不得成列，敗入城。爭門，門塞，蹈藉死者不可數計。燕兵遂圍城。炳文衆尙十萬，堅守不出。燕王知炳文老將，未易下，越三日，解圍還。而帝驟聞炳文敗，憂甚。太常卿黃子澄遂薦李景隆爲大將軍，乘傳代炳文。比至軍，燕師已先一日去。炳文歸，景隆代將，竟至於敗。燕王稱帝之明年，〔二〕刑部尙書鄭賜、都御史陳瑛劾炳文衣服器皿有龍鳳飾，玉帶用紅鞓，僭妄不道。炳文懼，自殺。

子璿，前軍都督僉事，尙懿文太子長女江都公主。炳文北伐，璿嘗勸直搗北平。炳文受代歸，不復用，璿憤甚。永樂初，杜門稱疾，坐罪死。璿弟瓛，後軍都督僉事，與江陰侯吳高、都指揮楊文，帥遼東兵圍永平，不克，退保山海關。高被間，徙廣西。文守遼東，瓛數請攻永平以動北平，文不聽。後與弟尙寶司卿瑄，皆坐罪死。

中華書局

郭英，鞏昌侯興弟也。年十八，與興同事太祖。親信，令值宿帳中，呼爲郭四。從克滁、和、采石、太平，征陳友諒，戰鄱陽湖，皆與有功。從征武昌，陳氏驍將陳同僉持槊突入，太祖呼英殺之，衣以戰袍。攻岳州，敗其援兵，還克廬州、襄陽，授驍騎衞千戶。克淮安、濠州、安豐，進指揮僉事。從徐達定中原，又從常遇春攻太原，走擴廓，下興州、大同。至沙淨州渡河，取西安、鳳翔、鞏昌、慶陽，追敗賀宗哲於亂山，遷本衞指揮副使。進克定西，討察罕腦兒，克登寧州，斬首二千級，進河南都指揮使。時英女弟爲寧妃，英將赴鎭，命妃餞英於第，賜白金二十罌，廐馬二十匹。在鎭綏輯流亡，申明約束，境內大治。九年移鎭北平。十三年召還，進前軍都督府僉事。

十四年從潁川侯傅友德征雲南，與陳桓、胡海分道進攻赤水河路。久雨，河水暴漲。英斬木爲筏，乘夜濟。比曉，抵賊營。賊大驚潰。擒烏撒幷阿容等。攻克曲靖、陸涼、越州、關索嶺、椅子寨，降大理、金齒、廣南，平諸山寨。十六年復從友德平蒙化、鄧川，濟金沙，取北勝、麗江。前後斬首一萬三千餘級，生擒二千餘人，收精甲數萬，船千餘艘。十七年論平雲南功，封武定侯，食祿二千五百石，予世券。十八年加靖海將軍，鎭守遼

東。二十年從大將軍馮勝出金山，納哈出降，進征虜右副將軍。從藍玉至捕魚兒海。師還，賞賚甚厚，遣還鄉。明年召入京，命典禁兵。三十年副征西將軍耿炳文備邊陝西，平沔縣賊高福興。及還，御史裴承祖劾英私養家奴百五十餘人，又擅殺男女五人。帝弗問。僉都御史張春等執奏不已，乃命諸戚里大臣議其罪。議上，竟宥之。

建文時，從耿炳文、李景隆伐燕，無功。靖難後，罷歸第。永樂元年卒，年六十七。贈營國公，謚威襄。

英孝友，通書史，行師有紀律，以忠謹見親於太祖。又以寧妃故，恩寵尤渥，諸功臣莫敢望焉。

子十二人。鎭，尙永嘉公主。銘，遼府典寶。鏞，中軍右都督。女九人，二爲遼、郢王妃。女孫爲仁宗貴妃，銘出也，以故銘子玹得嗣侯。宣德中，玹署宗人府事，奪河間民田廬，又奪天津屯田千畝，罪其奴而宥玹。英宗初，永嘉公主乞以其子珍嗣侯。珍，英嫡孫也，授錦衣衞指揮僉事。玹卒，子聰與珍爭嗣，遂並停襲，亦授聰如珍官。天順元年，珍子昌以詔恩得襲，聰爭之不得。昌卒，子良當嗣，聰又言良非昌子，復停嗣，授指揮僉事。以屢乞嗣下獄，尋釋復官。旣而郭宗人共乞擇英孫一人嗣英爵。廷臣皆言良本英嫡孫，宜嗣侯。詔可。正德初卒。子勛嗣。

勛桀黠有智數，頗涉書史。正德中，鎭兩廣，入掌三千營。世宗初，掌團營。大禮議起，勛知上意，首右張璁，世宗大愛幸之。勛怙寵，頗驕恣。大學士楊一清惡之，因其賕請事覺，罷營務，奪保傅官階。一清罷，仍總五軍營，董四郊興造。明年督團營。十八年兼領後府。從幸承天，請以五世祖英侑享太廟。廷臣持不可，侍郎唐胄爭尤力。帝不聽，英竟得侑享。其明年，獻皇稱宗，入太廟，進勛翊國公，加太師。

先是，妖人李福達自言能化藥物爲金銀。勛與相暱。福達敗，力持其獄，廷臣多得罪者。至是復進方士段朝用，云以其所化金銀爲飮食器，可不死。帝益以爲忠。給事中戚賢劾勛擅作威福，網利虐民諸事。李鳳來等復以爲言。下有司勘，勛京師店舍多至千餘區。副都御史胡守中又劾勛以族叔郭憲理刑東廠，肆虐無辜。帝置勿治。會帝用言官言，給勛敕，與兵部尙書王廷相、遂安伯陳譓同淸軍役。敕具，勛不領。言官劾其作威植黨。勛疏辯，有「何必更勞賜敕」語。帝乃大怒，責其强悖無人臣禮。於是給事中高時盡發勛奸利事，且言交通張延齡。帝益怒，下勛錦衣獄。二十年九月也。

尋諭鎭撫司勿加刑訊。奏上，當勛死罪。帝令法司覆勘。而給事中劉大直復劾勛亂政十二罪，請併治。法司乃盡實諸疏中罪狀，當勛罪絞。帝令詳議。法司更當勛不軌罪

斬，沒入妻孥田宅。奏上，留中不下。帝意欲寬勛，屢示意指。而廷臣惡勛甚，謬爲不喻者，更坐勛重辟。明年考察言官，特旨貶高時二級以風廷臣，廷臣終莫爲勛請。其冬，勛死獄中。帝憐之，責法司淹繫。褫刑部尙書吳山職，侍郎都御史以下鐫降有差，而免勛籍沒，僅奪誥券而已。

自明興以來，勳臣不與政事。惟勛以挾恩寵、擅朝權、恣爲姦慝致敗。勛死數年，其子守乾嗣侯，傳至曾孫培民，崇禎末，死於賊。

華雲龍，定遠人。聚衆居韭山，太祖起兵，來歸。從克滁、和，爲千夫長。從渡江，破采石水寨及方山營，下集慶路，生擒元將，得兵萬人，克鎭江，遷總管。攻拔廣德，戰舊館，擒湯元帥，進右副元帥。龍江之役，雲龍伏石灰山，接戰，殺傷相當。雲龍躍馬大呼，擣其中堅，遂大敗友諒兵，乘勝復太平。從下九江、南昌，分兵攻下瑞州、臨江、吉安。從援安豐，戰彭蠡，平武昌。累功至豹韜衞指揮使。從徐達帥兵取高郵，進克淮安，遂命守之，改淮安衞指揮使。尋攻嘉興，降吳將宋興，圍平江，軍於胥門。從大軍北征，徇下山東郡縣，與徐達會師通州，進克元都。擢大都督府僉事，總六衞兵留守兼北平行省參知政事。踰年，攻

下雲州，獲平章火兒忽答、右丞哈海，進都督同知，兼燕王左相。

洪武三年冬，論功封淮安侯，祿一千五百石，予世券。雲龍上言：「北平邊塞，東自永平、薊州，西至灰嶺下，隘口一百二十一，相去可二千二百里。其王平口至官坐嶺，隘口九，相去五百餘里。俱衝要，宜設兵。紫荊關及蘆花山嶺尤要害，宜設千戶守禦所。」又言：「前大兵克永平，留故元八翼軍士千六百人屯田，人月支糧五斗，所得不償費，宜入燕山諸衞，補伍操練。」俱從之。行邊至雲州，襲元平章僧家奴營於牙頭，突入其帳，擒之，盡俘其衆。至上都大石崖，攻克劉學士諸寨，驢兒國公奔漠北。自是無內犯者，威名大著。建燕邸，增築北平城，皆其經畫。

洪武七年，有言雲龍據元相脫脫第宅，僭用故元宮中物。召還，命何文輝往代。未至京，道卒。子中襲。李文忠之卒也，中侍疾進藥，坐貶死。二十三年追論中胡黨，爵除。

韓政，睢人。嘗爲義兵元帥，帥衆歸太祖，授江淮行省平章政事。李濟據濠州，名爲張士誠守，實觀望。太祖使右相國李善長以書招之，不報。太祖歎曰：「濠，吾家也，濟如此，我有國無家可乎！」乃命政帥指揮顧時以雲梯礮石四面攻濠。濟度不能支，始出降。政歸

濟於應天。太祖大悅，以時守濠州。

政從徐達攻安豐，扼其四門，潛穴城東龍尾壩，入其城二十餘丈。城壞，遂破之。元將忻都、竹貞、左君弼皆走。追奔四十餘里，擒都。俄而貞引兵來援，〔三〕與戰城南門，再破走之。淮東、西悉平。已，從大軍平吳，又從北伐，降梁城守將盧斌，分兵扼黃河，斷山東援軍，遂取益都、濟寧、濟南，皆有功。克東平，功尤多，改山東行省平章政事。以師會大將軍於臨清，檄政守東昌。既下大都，命政分兵守廣平。政遂諭降白土諸寨。移守彰德，下蟻尖寨。蟻尖者，在林慮西北二十里，爲元右丞吳庸、王居義、小鎖兒所據。大將軍之北伐也，遣將士收復諸山寨，降者相繼，蟻尖獨恃險不下。至是兵逼之，庸誘殺居義及小鎖兒以降，得士卒萬餘人。尋調征陝西，還兵守禦河北。

洪武三年封東平侯，祿千五百石，予世券。移鎮山東。未幾，復移河北。招撫流民，復業甚衆。從左副將軍李文忠擣應昌，至臚朐河。文忠深入，令政守輜重。還，命巡河南、陝西。再從信國公湯和練兵於臨清。十一年二月卒，帝親臨其喪。追封鄆國公，子勳襲。二十六年坐藍黨誅，爵除。

仇成，含山人。初從軍充萬戶，屢遷至秦淮翼副元帥。太祖攻安慶，敵固守不戰。廖永忠、張志雄破其水寨，成以陸兵乘之，遂克安慶。初，元左丞余闕守安慶，陳友諒將趙普勝陷之。友諒既殺普勝，元帥余某者襲取之。張定邊復來犯，余帥走死。至是以成爲橫海指揮同知，守其地。時左君弼據廬州，羅友賢以池州叛，無爲知州董曾陷死，四面皆賊境。成撫集軍民，守禦嚴密，漢兵不敢東下。從征鄱陽，殲敵涇江口，功最。征平江，敗張士誠兵於城西南。

洪武三年，僉大都督府事，鎮遼東。久之，以屯戍無功，降永平衞指揮使，〔四〕尋復官。十二年論藍玉等征西功，當封。帝念成舊勳，先封爲安慶侯，歲祿二千石。二十年充征南副將軍，討平容美諸峒。復從大軍征雲南，功多，予世券，加祿五百石。二十一年七月有疾。賜內醞，手詔存問。卒，贈皖國公，諡莊襄。子正襲爵。

張龍，濠人。從渡江，定常州、寧國、婺州，皆有功。從征江州，爲都先鋒。平武昌，授花槍所千戶。從平淮東，守禦海安，與張士誠將戰於海口，擒彭元帥，俘其卒數百。進攻通州，擊斬賊將，擢威武衞指揮僉事。從平山東、河南。大兵克潼關，以龍爲副留守。

洪武三年調守鳳翔，改鳳翔衞指揮。賀宗哲悉衆圍城，龍固守。宗哲攻北門，龍出兵搏戰，矢傷右脅，不爲動。遂大敗之，進克鳳州，擒李參政等二十餘人。大將軍達入沔州，遣龍別將一軍，由鳳翔入連雲棧，攻興元，降其守將劉思忠。蜀將吳友仁來犯，龍擊却之。友仁復悉兵薄城，大治攻具。龍從北門突出，繞友仁軍後，敵盡棄甲仗走，自是不復窺興元。召僉大都督府事。

十一年副李文忠征西番洮州。論功，封鳳翔侯，祿二千石，世指揮使。復從傅友德征雲南，鎮七星關，破大理、鶴慶，平諸洞蠻，加祿五百石，予世券。二十年從馮勝出金山，降納哈出。明年，勝調降軍征雲南，次常德，叛去。龍追至重慶，收捕之。二十三年春同延安侯唐勝宗督屯田於平越、鎮遠、貴州，議置龍里衞。都勻亂，佐藍玉討平之。以老疾請告，三十年卒。

子麟尙福清公主，授駙馬都尉。孫傑侍公主京師。永樂初，失侯。傑子嗣，宣德十年，援詔恩乞嗣。吏部言龍侯不嗣者四十年，不許。

吳復，字伯起，合肥人。少負勇略。元末，集衆保鄉里。歸太祖於濠，從克泗、滁、和、

中華書局

采石、太平，累官萬戶。從破蠻子海牙水寨，定集慶。從徐達攻鎮江，斬元平章定定，下丹陽、金壇，克常州，進統軍元帥。徇江陰、無錫，還守常州。張士誠兵奄至，力戰敗之，追奔至長興，連敗之於高橋、太湖及忠節門，士誠奪氣。從援安豐，平武昌。從徐達克廬州，下漢、沔、荆諸郡縣，授鎮武衞指揮同知，守沔陽。從常遇春下襄陽，別將破安陸，擒元同僉任亮，遂守之。克汝州、魯山。

洪武元年授懷遠將軍、安陸衞指揮使，悉平鄖、均、房、竹諸山寨之不附者。三年從大將軍征陝西，敗擴廓，擒其將。又敗擴廓於秦州。征吐番，克河州，[五]援漢中，拔南鄭。明年從傅友德平蜀。又明年從鄧愈平九溪、辰州諸蠻，克四十八洞，還守安陸。七年進大都督府僉事。巡北平還，授世襲指揮使。十一年從沐英再征西番，擒三副使，得納鄰哈七站之地。明年，師還，論功封安陸侯，食祿二千石。

十四年，從傅友德征雲南，克普定，城水西。充總兵官，剿捕諸蠻。遂由關索嶺開箐道，取廣西。十六年克墨定苗，至吉剌堡，築安莊、新城，平七百房諸寨，斬獲萬計，轉餉盤江。是年十月，金瘡發，卒於普定，追封黔國公，謚威毅，加祿五百石，予世券。復臨陣奮發，衝犯矢石，體無完膚。平居恂恂，口不言征伐事。在普定買妾楊氏，年十七。

復死，視殮畢，沐浴更衣自經死。封貞烈淑人。

子傑嗣，屢出山、陝、河南、北平，練兵從征。二十八年，有罪，從征龍州，建功自贖。建文中，帥師援眞定，戰白溝河，失律，謫南寧衞指揮使。永樂元年，子璟乞嗣，正統間，再三乞，[六]皆不許。弘治六年，璟孫鐸援詔乞嗣，亦不許。十八年錄復子孫世職千戶。

初，與復以征西番功侯者，又有周武。武，開州人，從定江東，滅漢，收淮東，平吳，積功爲指揮僉事。從定中原，進都督僉事。洪武十一年以參將從沐英討西番朶甘，功多。師還，封雄武侯，祿二千石，世指揮使，出理河南軍務，巡撫北邊。二十三年卒，贈汝國公，謚勇襄。

胡海，字海洋，定遠人。嘗入土豪赤塘王總管營，自拔來歸，授百戶。從敗元將賈魯兵，克泗、滁，進萬戶。從渡江，拔蠻子海牙水寨，破陳埜先兵，從取集慶、鎮江。敗元將謝國璽於寧國，選充先鋒。從大軍圍湖州，墮其東南門月城。從攻宜興，下婺州，鏖戰紹興，生得賊四百餘人，進都先鋒。又從戰龍江，克安慶，與漢人相持，八戰皆大捷，遂入江州。從徐達攻廬州，皆有功。

海驍勇，屢戰屢傷，手足胸腹間金痍皆遍，而鬬益力。士卒從之者無不激勵自効。太祖壯之，授花槍上千戶。

復從大軍克荆、澧、衡、潭，擢寶慶衞指揮僉事，遷指揮使，命鎮益陽。從平章楊璟征湖南、廣西未下郡縣。由祁陽進圍永州，與守兵戰於東鄉橋，生得千、萬戶四人，以夜半先登拔之。抵靖江，戰南門，生得萬戶二人。夜四鼓，自北門八角亭先登，功最，命爲左副總兵。剿平左江上思蠻。調征蜀，克龍伏隘、天門山及溫湯關，予世襲指揮使，仍鎮益陽。武岡、靖州、五開諸苗蠻先後作亂，悉捕誅首亂而撫其餘衆，遷都督僉事。

十四年從征雲南，由永寧趨烏撒，進克可渡河。與副將軍沐英會師攻大理，敵悉衆扼上、下關。定遠侯王弼自洱水東趨上關，英帥大軍趨下關，而遣海以夜四鼓取石門。間道渡河，繞點蒼山後，攀大樹緣崖而上，立旂幟。英士卒望見，皆踴躍大呼，敵衆驚擾。英遂斬關入，海亦麾山上軍馳下，前後夾攻，敵悉潰走。

十七年論功封東川侯，祿二千五百石，予世券。踰三年，以左參將從征金山。又二年，以征南將軍討平澧州九溪諸蠻寇。師還，乞歸鄉里，厚賚金帛以行。二十四年七月，病疽卒，年六十三。

長子斌，龍虎衞指揮使，從征雲南。過曲靖，猝遇寇，中飛矢卒。贈都督同知。次玹，

坐藍黨死。次觀，尚南康公主，爲駙馬都尉，未嗣卒。宣德中，公主乞以子忠嗣。詔授孝陵衞指揮僉事，予世襲。

張赫，臨淮人。江淮大亂，團義兵以捍鄉里。嘉山繆把頭招之，不往。聞太祖起，帥衆來附。授千戶，以功進萬戶。從渡江，所至攻伐皆預，以功擢常春翼元帥，守禦常州。尋從戰鄱陽，攻武昌。已，又從大將軍伐張士誠，進圍平江。諸將分門而軍，赫軍閶門。士誠屢出兵突戰，屢挫其鋒。又從大軍克慶元，并下溫、台。

洪武元年，擢福州衞都指揮副使，進本衞同知，復命署都指揮使司事。是時，倭寇出沒海島中，乘間輒傅岸剽掠，沿海居民患苦之。帝數遣使齎詔書諭日本國王，又數絕日本貢使，然竟不得倭人要領。赫在海上久，所捕倭不可勝計。最後追寇至琉球大洋，與戰，擒其魁十八人，斬首數十級，獲倭船十餘艘，收弓刀器械無算。帝偉赫功，命掌都指揮印。尋調興化衞。召還，擢大都督府僉事。會遼東漕運艱，軍食後期，帝深以爲慮。以赫習海道，命督海運事。

久之，封航海侯，予世券。前後往來遼東十二年，凡督十運，勞勩備至，軍中賴以無乏。

中華書局

病卒，追封恩國公，諡莊簡。

子榮，從征雲南有功，爲水軍右衞指揮使。孫鑑，福建都指揮使。永樂中，留鎭交阯。

華高，和州人。與俞通海等以巢湖水師來附。從克太平，授總管。從破采石、方山兵，下集慶、鎭江，遷秦淮翼元帥。與鄧愈徇廣德。守將嚴兵城下，高以數騎挑戰，元兵堅壁不動。高銜擊大破之，遂取其城，得兵萬人，糧數千斛。從平常州，進僉行樞密院事。副俞通海擊破趙普勝柵江營。再敗陳友諒，援長興，克武昌，授湖廣行省左丞。帥舟師從克淮東，收浙西，進行省平章政事。洪武三年封廣德侯，歲祿六百石。

高性怯，且無子，請得宿衞。有所征討，輒稱疾不行。令練水師，復以不習辭。帝以故舊優容之。時諸勳臣多出行邊，惟高不遣。最後繕廣東邊海城堡，高請行。帝曰：「卿復自力，甚善。」四年四月事竣，至瓊州卒。初，有言高殖利者，故歲祿獨薄。至是貧不能葬。帝憐之，命補支祿三百石。以無子，納誥券墓中。贈巢國公，諡武莊。授從子岳指揮僉事。

張銓，定遠人。從取太平，定集慶、鎭江、常州、婺州。擣江州，戰鄱陽湖，取鄂渚。收淮東，平吳。累功爲指揮僉事。從取中原，燕、晉、秦、蜀，進都督僉事。使建齊王府，事竣，副江夏侯周德興征五溪蠻。已而水盡源、通塔平、散毛諸洞酋作亂，復副德興討平之。從征雲南，由永寧克烏撒。久之，復從傅友德平烏撒及曲靖、普定、龍海、孟定諸蠻。洪武二十三年封永定侯，食祿千五百石，世指揮使。

何眞，字邦佐，東莞人。少英偉，好書劍。元至正初，爲河源縣務副使，轉淡水場管勾，棄官歸。元末盜起，眞聚衆保鄉里。十四年，縣人王成、陳仲玉作亂，眞赴告元帥府。帥受賂，反捕眞。逃居坭岡，舉兵攻成，不克。久之，惠州人王仲剛與叛將黃常據惠。眞擊走常，殺仲剛。以功授惠陽路同知、廣東都元帥，守惠州。海寇邵宗愚陷廣州。〔七〕眞以兵破走之，復其城，擢廣東分省參政，尋擢右丞。贛州熊天瑞引舟師數萬欲圖眞，眞迎之胥江。天大雷雨，折天瑞舟檣，擊走之。廣人賴以完。先是眞再攻成，誅仲玉而成卒固守。二十六年復圍成，募擒成者，予鈔十千。成奴縛成以出。眞予之鈔，命具湯鑊，趨烹奴，號於衆曰：「奴叛主者視此。」緣海叛者皆降。時中原大亂，嶺表隔絕，有勸眞效尉佗故事者。不聽。屢遣使由海道貢方物於朝，累進資德大夫、行省左丞。

洪武元年，太祖命廖永忠爲征南將軍，帥舟師取廣東。永忠至福州，以書諭眞，遂航海趨潮州。師既至，眞遣都事劉克佐詣軍門上印章，籍所部郡縣戶口兵糧，奉表以降。永忠聞於朝，賜詔褒眞曰：「朕惟古之豪傑，保境安民，以待有德。若竇融、李勣之屬，擁兵據險，角立羣雄間，非眞主不屈，此漢、唐名臣，於今未見。爾眞連數郡之衆，乃不煩一兵，保境來歸，雖竇、李奚讓焉。」永忠抵東莞，眞帥官屬迎勞，遂奉詔入朝。擢江西行省參知政事，且諭之曰：「天下分爭，所謂豪傑有三。易亂爲治者，上也。保民達變，知所歸者，次也。負固偸安，身死不悔，斯其下矣。卿輸誠納土，不逆顏行，可謂識時務者。」眞頓首謝。在官頗著聲望，尤喜儒術，讀書綴文。

已，轉山東參政。四年命還廣東，收集舊卒。事竣，仍莅山東。九年致仕。大軍征雲南，命眞偕其子兵馬指揮貴往，規畫軍餉，置郵驛。還，山西右布政使。再與貴勾軍廣東，擢貴鎭南衞指揮僉事。尋命眞爲浙江布政使，改湖廣。

二十年復致仕，封東莞伯，祿一千五百石，予世券，卒。

子榮嗣。與弟貴及尙寶司丞宏皆坐藍黨死。眞弟迪疑禍及己，遂作亂，擊殺南海官軍三百餘人，遁入海島。廣東都司發兵討擒之，伏誅。

贊曰：陳友諒之克太平也，其鋒甚銳，微茂才則金陵之安危未可知矣。吳良守江陰，耿炳文守長興，而吳人不得肆其志，締造之基，其力爲多。至若華雲龍、張赫、吳復、胡海之屬，或威著邊疆，或功存海運，搴旗陷陣，所向皆摧，揆之前代功臣，何多讓焉。而又皆能保守祿位，以恩禮令終，斯其尤足嘉美者歟！

校勘記

〔一〕三年復從大將軍征定西　三年，原作「是年」，指洪武元年。按徐達征定西在洪武三年，見本書卷二太祖紀、卷一二五徐達傳、卷一二六李文忠傳及太祖實錄卷五五洪武三年八月己未條，據改。

〔二〕燕王稱帝之明年　明年，應是永樂元年。本書卷六成祖紀、卷一〇五功臣世表均作永樂「二年」。

〔三〕元將忻都竹貞左君弼皆走至俄而貞引兵來援　竹貞，應作「竹昌」，參卷一二五校勘記〔一〕。按太祖實錄丙午四月辛未條稱：徐達破安豐，「竹昌、左君弼皆走汴梁。至日晡時，元平章竹貞引兵來援，政等復與戰於南門外，大敗之，竹貞遁去。」是守安豐者爲竹昌，救援者爲竹貞，本傳誤爲一人。

〔四〕降永平衞指揮使　永平，原作「永昌」。太祖實錄卷七六洪武五年十一月壬申條、卷一九二洪武二十一年七月辛巳條均作「永平」。按仇成降調在洪武五年，時雲南永昌尙爲元梁王所據，永平衞在直隸永平府，洪武三年正月丁巳置，見太祖實錄卷四八。作「永平」是，據改。

〔五〕征吐番克河州　河州，原作「和州」。本書卷二太祖紀、卷一二六鄧愈傳、卷三三〇西番諸衞傳，明史稿傳一四吳復傳、太祖實錄卷五二洪武三年五月辛亥條均作「河州」。按本書卷四二地理志，臨洮府有河州，元屬吐番宣慰司。征吐番自以河州爲是，據改。

〔六〕永樂元年子璟乞嗣正統間再三乞　正統，原作「正德」，據明史稿傳一四吳復傳改。按從永樂至正德相去一百年，吳璟不可能再三乞嗣，且下文有「弘治六年璟孫鐸援詔乞嗣」，孫乞嗣不應反在祖乞嗣之前。

〔七〕海寇邵宗愚陷廣州　邵宗愚，原作「趙宗愚」，據本書卷一二九廖永忠傳、明史稿傳一四何眞傳、太祖實錄卷二七洪武元年四月辛丑條、元史卷四六順帝紀改。

明史卷一百三十一

列傳第十九

顧時　吳禎　薛顯　郭興　陳德　王志　梅思祖
金朝興　唐勝宗　陸仲亨　費聚　陸聚　鄭遇春
黃彬　葉昇

顧時，字時舉，濠人。倜儻好奇略。從太祖渡江，積功由百夫長授元帥。取安慶、南昌、廬州、泰州，擢天策衞指揮同知。李濟據濠州，時從平章韓政討降之。攻張士誠昇山水寨，引小舫繞敵舟，舟中多俯視而笑。時乘其懈，帥壯士數人，大呼躍入舟。衆大亂，餘舟競進。五太子來援，薛顯又敗之，五太子等降。遂從大將軍平吳，旋師取山東。

洪武元年拜大都督府副使兼同知率府事。從大將軍定河南北，浚牐以通舟師，自臨清

至通州。下元都，與諸將分邏古北諸隘口。從大軍取平陽，克崞州，獲逃將王信等四十六人。取蘭州，圍慶陽。張良臣耀兵城下，擊敗之，獲其勁將九人。良臣乃不敢復出。慶陽平。徐達還京，令時將騎兵略靜寧州，走賀宗哲。西邊悉平。三年進大都督同知，封濟寧侯，祿千五百石，予世券。

四年爲左副將軍，副傅友德帥河南、陝西步騎伐蜀。自興元進克階、文，敗蜀兵於漢州，〔一〕遂克成都。明年副李文忠北征，分道入沙漠。迷失道，糧且盡，遇寇，士疲不能戰。時帥麾下數百人，躍馬衝擊。敵衆引去，獲其輜重糧畜以歸，軍聲大振。六年從徐達鎭北平。踰年，召還。八年復出鎭。十二年卒，年四十六。葬鍾山。追封滕國公，諡襄靖，祔祭功臣廟。

時能以少擊衆，沉鷙不伐。帝甚重之。子敬，金吾衞鎭撫，十五年嗣侯，爲左副將軍，平龍泉山寇有功。二十三年追論胡惟庸黨，榜列諸臣，以時爲首，敬坐死，爵除。

吳禎，江國襄烈公良弟也。初名國寶，賜名禎。與良俱從克滁、和，渡江克采石，從定集慶，下鎭江、廣德、常州、宜城、江陰，皆有功。又從常遇春自銅陵取池州，以舟師毀其北

中華書局

門，入城。敵艦百餘至，復大敗之，遂克池州。積功由帳前都先鋒，累遷爲天興翼副元帥。以千人助良守江陰，數敗吳兵，破士鹹水寨，擒其驍將朱定。授英武衛親軍指揮使。又大破吳兵於浮子門。從大將軍徐達帥馬步舟師取湖州，勒奇兵出舊館，大捷。湖州平，遂戍之。從圍平江，破葑、胥二門，進僉大都督府事，撫平江。尋副征南將軍湯和討方國珍，乘潮入曹娥江，毀壩通道，出不意直抵軍廐。國珍亡入海，追及之盤嶼，合戰，自申至戌，敗之，盡獲其戰艦士卒輜重，國珍降。復自海道進取福州，圍其西、南、水部三門，一鼓克之。

洪武元年進兵破延平，擒陳友定。閩海悉平。還次昌國。會海寇劫蘭秀山，剿平之。兼率府副使，尋爲吳王左相兼僉大都督府事。二年，大將軍平陝西還，禎與副將軍馮勝駐慶陽。三年討平沂州答山賊。命爲靖海將軍，練軍海上。其冬，封靖海侯，食祿千五百石，予世券。與秦、晉二王傅金朝興、汪興祖並專傅王，解都督府事。

仇成戍遼陽，命禎總舟師數萬，由登州餉之。海道險遠，經理有方，兵食無乏。完城練卒，盡收遼海未附之地，降平章高家奴等。坐事謫定遼衞指揮使，尋召還。七年，海上有警，復充總兵官，同都督僉事於顯總江陰四衞舟師出捕倭，至琉球大洋，獲其兵船，獻俘京師。自是常往來海道，總理軍務數年，海上無寇。

十一年奉詔出定遼，得疾，輿還京師。明年卒。追封海國公，謚襄毅，與良俱肖像功臣

廟。子忠嗣侯。二十三年追論禎胡惟庸黨，爵除。

薛顯，蕭人。趙均用據徐州，以顯爲元帥，守泗州。均用死，以泗州來降。授親軍指揮，從征伐。南昌平，命顯從大都督朱文正守之。陳友諒寇南昌，顯守章江、新城二門。友諒攻甚急。顯隨方禦之，間出銳卒搏戰，斬其平章劉進昭，擒副樞趙祥。固守三月，乃解。武昌既平，鄧仲謙據新淦不下，顯討斬之，因徇下未附諸郡縣。以功擢江西行省參政。從徐達等收淮東，遂伐張士誠。與常遇春攻湖州，別將游軍取德清，攻昇山水寨。士誠遣其五太子盛兵來援，遇春與戰小却。顯帥舟師奮擊，燒其船。衆大潰，五太子及朱暹、呂珍等以舊館降，得兵六萬人。遇春謂顯曰：「今日之戰，將軍功，遇春弗如也。」五太子等既降，吳人震恐，湖州遂下。進圍平江，與諸將分門而軍。吳平，進行省右丞。

命從大將軍徐達取中原。瀕行，太祖諭諸將，謂薛顯、傅友德勇略冠軍，可當一面。進克兗、沂、靑、濟，取東昌、棣州、樂安。還收河南，搗關、陝。渡河，取衞輝、彰德、廣平、臨清。帥馬步舟師取德州、長蘆，敗元兵於河西務，又敗之通州，遂克元都。分兵邏古北諸隘口，略大同，獲喬右丞等三十四人。進征山西，次保定，取七垛寨，追敗脫因帖木兒。與友德將鐵騎三千，略平定西，取太原，走擴廓，降豁鼻馬。邀擊賀宗哲於石州，拔白崖、桃花諸山寨。與大將軍達會平陽，以降將杜旺等十一人見，遂從入關中，抵臨洮。別將攻馬鞍山西番寨，大獲其畜產，襲走元豫王，敗擴廓於寧夏，復與達會師取平涼。張良臣僞以慶陽降，顯往納之。良臣蒲伏道迎，夜劫顯營，突圍免。良臣據城叛，達進圍之。擴廓遣韓扎兒攻原州，以撓明師。顯駐兵靈州遏之。良臣援絕，遂敗。追賀宗哲於六盤山，逐擴廓出塞外，陝西悉平。

洪武三年冬大封功臣。以顯擅殺胥吏、獸醫、火者、馬軍及千戶吳富，面數其罪。封永城侯，勿予券，謫居海南。分其祿爲三，一以贍所殺吳富及馬軍之家，一以給其母妻，〔二〕令功過無相掩。顯居海南踰年，帝念之，召還，予世券，食祿一千五百石。復從大將軍征漠北。數奉命巡視河南，屯田北平，練軍山西，從魏國公巡北邊，從宋國公出金山。二十年冬召還，次山海衞，卒。贈永國公，謚桓襄。無子，弟綱幼。二十三年追坐顯胡惟庸黨，以死不問，爵除。

郭興，一名子興，濠人。滁陽王郭子興據濠，稱元帥，興隸麾下。太祖在甥館，興歸心焉。軍行，嘗備宿衞，累功授管軍總管，進統軍元帥。圍常州，晝夜不解甲者七月。城下，

受上賞。從攻寧國、江陰、宜興、婺州、安慶、衢州，皆下之。戰於鄱陽，陳友諒連巨艦以進，我師屢却，興獻計以火攻之。友諒死。從征武昌，斬獲多，進鷹揚衞指揮使。從徐達取廬州，援安豐，大敗張士誠兵。平襄陽、衡、澧，還克高郵、淮安，轉戰湖州，圍平江，軍於婁門。吳平，擢鎭國將軍、大都督府僉事。〔三〕

洪武元年從達取中原，克汴梁，守禦河南。馮勝取陝州，請益兵守潼關。達曰：「無如興者。」遂調守之。潼關，三秦門戶，時哈麻圖據奉元，李思齊、張思道等與爲犄角，日窺伺欲東向，興悉力捍禦。王左丞來攻，大敗之。從徐達帥輕騎直擣奉元。大軍繼進，遂克之。移鎭鞏昌，邊境帖然。

三年爲秦王武傅，兼陝西行都督府僉事。其冬，封功臣，興以不守紀律，止封鞏昌侯，食祿一千五百石，予世券。四年伐蜀，克漢州、成都。六年從徐達鎭北平，同陳德敗元兵於答剌海口。十一年練兵臨清。十六年巡北邊。召還，踰年卒。贈陝國公，謚宣武。二十三年追坐胡惟庸黨，爵除。

興女弟爲寧妃，弟英武定侯。

季弟德成，性通敏，嗜酒。兩兄積功至列侯，而德成止驍騎舍人。太祖以寧妃故，欲貴

顯之。德成辭。帝不悅。頓首謝曰：「臣性耽麴蘗，庸闇不能事事。位高祿重，必任職司，事不治，上殆殺我。人生貴適意，但多得錢，飲醇酒足矣，餘非所望。」帝稱善，賜酒百罌，金幣稱之，寵遇益厚。嘗侍宴後苑醉，匍匐脫冠謝。帝顧見德成髮種種，笑曰：「醉風漢，髮如此，非酒過耶？」德成仰首曰：「臣猶厭之，盡薙始快。」帝默然。既醒，大懼，佯狂自放，剃髮衣僧衣，唱佛不已。帝謂寧妃曰：「始以汝兄戲言，今實爲之，眞風漢也。」後黨事起，坐死者相屬，德成竟得免。

陳德，字至善，濠人。世農家，有勇力。從太祖於定遠，以萬夫長從戰皆有功，爲帳前都先鋒。同諸將取寧、徽、衢、婺諸城，擢元帥。李伯昇寇長興，德往援，擊走之。從援南昌，大戰鄱陽湖，擒水寨姚平章。太祖舟膠淺，德力戰，身被九矢，不退。從平武昌。大敗張士誠兵於舊館，擢天策衞親軍指揮使。吳平，進僉大都督府事。從大將軍北取中原，克元汴梁。立河南行都督府，以德署府事，討平羣盜。征山西，破澤州磨盤寨，獲參政喻仁，遂會大軍克平陽、太原、大同。渡河取奉元、鳳翔，至秦州。元守將呂國公遁，追擒之。徐達圍張良臣於慶陽，良臣恃其兄思道爲外援，間使往來，德悉擒獲，慶陽遂下。又大破擴廓

於古城，降其卒八萬。

洪武三年封臨江侯，食祿一千五百石，予世券。明年從潁川侯傅友德伐蜀，分道入綿州，破龍德，[四]大敗吳友仁之衆，乘勝拔漢州。向大亨、戴壽等走成都，追敗之，遂與友德圍成都。蜀平，賜白金綵幣，復還汴。五年爲左副將軍，與馮勝征漠北，破敵於別篤山，俘斬萬計。克甘肅，取亦集乃路，留兵扼關而還。明年復總兵出朔方，敗敵三岔山，擒其副樞失剌罕等七十餘人。其秋，再出戰於荅刺海口，斬首六百級，獲其同僉忻都等五十四人。凡三戰三捷。七年練兵北平。十年還鳳陽。十一年卒。追封杞國公，諡定襄。

子鏞襲封。十六年爲征南左副將軍，討平龍泉諸山寇，練兵汴梁。十九年與靖海侯吳禎城會州。二十年從馮勝征納哈出，將至金山，與大軍異道相失，敗沒。二十三年追坐德胡惟庸黨，詔書言其征西時有過被譴責，遂與惟庸通謀。爵除。

王志，臨淮人。以鄉兵從太祖於濠，下滁、和。從渡江，屢騰柵先登，身冒矢石。授右副元帥。從取常州、寧國、江陰，復宜興，攻高郵，搗九江，下黃梅，鏖戰鄱陽。從平武昌，還

克廬州，敗張士誠兵，追奔四十里。以親軍衞指揮使改六安衞，守六安。從幸汴梁，渡河，取懷慶、澤、潞，留守平陽。大將軍徐達西伐，會師克興元。

洪武三年進同知都督府事，封六安侯，歲祿九百石，予世券。移守漢中，帥兵出察罕腦兒塞，還鎭平陽。復從大將軍征沙漠。其後用兵西南，皆以偏將軍從，雖無首功，然持重，未嘗敗衄。其攻合肥敗樓兒張，擒吳副使，爲戰功第一。領山西都司衞所軍務，帝稱其處置得宜。十六年督兵往雲南品甸，繕城池，立屯堡，置驛傳，安輯其民。十九年卒。追封許國公，諡襄簡。

子威，二十二年嗣侯。明年，坐事謫安南衞指揮使。卒，無子。弟琙嗣，改清平衞，世襲。志亦追坐胡惟庸黨，以死不問。

梅思祖，夏邑人。初爲元義兵元帥，叛從劉福通。擴廓醢其父。尋棄福通歸張士誠，爲中書左丞，守淮安。徐達兵至，迎降，幷獻四州。士誠殺其兄弟數人。太祖擢思祖大都督府副使。從大軍伐吳，克昇山水寨，下湖州，圍平江，皆有功。吳平，遷浙江行省右丞。從大將軍伐中原，克山東，取汴、洛，破陝州，下潼關。旋師徇河北，至衞輝。元平章龍二棄

城走彰德，師從之。龍二復出走，遂降其城，守之。略定北平未下州郡。從大軍平晉、冀，復從平陝西，別將克邠州，獲元參政毛貴等三十人。從大將軍破擴廓於定西。還自秦州，破略陽，入沔州，取興元。

洪武三年論功封汝南侯，食祿九百石，予世券。四年伐蜀。五年征甘肅。還命巡視山、陝、遼東城池。十四年，四川水盡源、通塔平、散毛諸洞長官作亂，命思祖爲征南副將軍，與江夏侯周德興帥兵討平之。十五年復與傅友德平雲南，置貴州都司，以思祖署都指揮使。尋署雲南布政司事，與平章潘元明同守雲南。思祖善撫輯，遠人安之。是年卒，賜葬鍾山之陰。

子義，遼東都指揮使。二十三年追坐思祖胡惟庸黨，滅其家。思祖從子殷，爲駙馬都尉，別有傳。

金朝興，巢人。淮西亂，聚衆結寨自保。俞通海等既歸太祖，朝興亦帥衆來附。從渡江，征伐皆預，有功。克常州，爲都先鋒。復宜興，爲左翼副元帥。平武昌，進龍驤衞指揮同知。平吳，改鎭武衞指揮使。克大同，改大同衞指揮使。取東勝州，獲元平章劉麟等十

中華書局

八人。

洪武三年論功爲都督僉事兼秦王左相。未幾，解都督府事，專傅王。四年從大軍伐蜀。七年帥師至黑城，獲元太尉盧伯顏、平章帖兒不花幷省院等官二十五人。遂從李文忠分領東道兵，取和林，語具文忠傳。

朝興沉勇有智略，所至以偏師取勝，雖未爲大帥，而功出諸將上。十一年從沐英西征，收納鄰七站地。明年論功封宣德侯，祿二千石，世襲指揮使。十五年從傅友德征雲南，駐師臨安，元右丞兀卜台、元帥完者都、土酋楊政等俱降。朝興撫輯有方，軍民咸悅。進次會川卒，追封沂國公，謚武毅。十七年論平雲南功，改錫世侯券，增祿五百石。

長子鎭嗣封。二十三年追坐朝興胡惟庸黨，降鎭平壩衛指揮使。從征有功，進都指揮使，其後世襲衛指揮使。嘉靖元年，命立傅友德、梅思祖及朝興廟於雲南，額曰「報功」。

唐勝宗，濠人。太祖起兵，勝宗年十八，來歸。從渡江，積功爲中翼元帥。從徐達克常州，進圍寧國，扼險力戰，敗其援兵。城遂降。從征婺州，克之。從征池州，力戰敗陳友諒兵，擢龍驤衛指揮僉事。從征友諒，至安慶，敵固守。勝宗爲陸兵疑之，出不意，擒克其水

寨。從下南昌，略定江西諸郡。援安豐，攻廬州，戰鄱陽，邀擊涇江口，皆有功，擢驃騎衛指揮同知。從定武昌，徇長沙、沅陵、澧陽。從徐達取江陵，還定淮東，穴城克安豐，追獲元將忻都，爲安豐衛指揮使守之。從大將軍伐中原，克汴梁、歸德、許州，輒留守。從大軍克延安，進都督府同知。

洪武三年冬封延安侯，食祿千五百石，予世券。坐擅馳驛騎，奪爵，降指揮。捕代縣反者。久之，復爵。十四年，浙東山寇葉丁香等作亂，命總兵討之，擒賊首并其黨三千餘人。分兵平安福賊，至臨安，降元右丞兀卜台等。十五年巡視陝西，督屯田，簡軍士。明年鎭遼東，奉敕勿通高麗。高麗使至，察其奸，表聞。賜敕褒美，比魏田豫却烏桓賂，稱名臣。在鎭七年，威信大著。召還，帥師討平貴州蠻，練兵黃平。二十三年坐胡惟庸黨誅，爵除。

陸仲亨，濠人。歸太祖，從征滁州，取大柳樹諸寨。克和陽，擊敗元兵，逐青山羣盜。從渡江，取太平，定集慶，從徐達下諸郡縣，授左翼統軍元帥。從征陳友諒，功多，進驃騎衛指揮使。從常遇春討贛州，降熊天瑞，爲贛州衛指揮使，節制嶺南北新附諸郡。調兵克梅州、會昌、湘鄉，悉平諸山寨。洪武元年帥衛軍與廖永忠等征廣東，略定諸郡縣，會永忠於廣州，降元將盧左丞。廣東平。改美東衛指揮使，擢江西行省平章。代鄧愈鎭襄陽，改同知都督府事。

三年冬封吉安侯，祿千五百石，予世券。與唐勝宗同坐事降指揮使。捕寇雁門，同復爵。十二年與周德興、黃彬等從湯和練兵臨清。未幾，即軍中逮三人至京，旣而釋之。移鎭成都，平巨津州叛蠻。烏撒諸蠻復叛，從傅友德討平之。

二十三年治胡惟庸逆黨，家奴封帖木告仲亨與勝宗、費聚、趙庸皆與通謀，下吏訊。獄具，帝曰：「朕每怪其居貴位有憂色。」遂誅仲亨，籍其家。

初，仲亨年十七，爲亂兵所掠，父母兄弟俱亡，持一升麥伏草間。帝見之，呼曰「來」，遂從征伐，至封侯。帝嘗曰：「此我初起時腹心股肱也。」竟誅死。

費聚，字子英，五河人。父德興，以材勇爲游徼卒。聚少習技擊。太祖遇於濠，偉其貌，深相結納。定遠張家堡有民兵無所屬，郭子興欲招之，念無可使者。太祖力疾請行，偕聚騎而往，步卒九人俱。至寶公河，望其營甚整，弓弩皆外向。步卒懼，欲走。太祖曰：「彼以騎蹴我，走將安往？」遂前抵其營。招諭已定，約三日，太祖先歸，留聚俟之。其帥欲他

屬，聚還報。太祖復偕聚以三百人往，計縛其帥，收卒三千人。豁鼻山有秦把頭八百餘人，聚復招降之。遂從取靈璧，克泗、滁、和州。授承信校尉。

旣定江東，克長興，立永興翼元帥府，以聚副耿炳文爲元帥。張士誠入寇，擊敗之。召領宿衛。援安豐，兩定江西，克武昌，皆從。改永興翼元帥府爲永興親軍指揮司，仍副炳文爲指揮同知。士誠復入寇，獲其帥宋興祖，再敗之。士誠奪氣，不敢復窺長興。隨征淮安、湖州、平江，皆有功，進指揮使。湯和討方國珍，聚以舟師從海道邀擊。浙東平，復由海道取福州，破延平。歸次昌國，剿海寇葉、陳二姓於蘭秀山，至是聚始獨將。

洪武二年會大軍取西安，改西安衛指揮使，進都督府僉事，鎭守平涼。三年封平涼侯，歲祿千五百石，予世券。時諸將在邊屯田募伍，歲有常課。聚頗耽酒色，無所事事。又以招降無功，召還，切責之。明年從傅友德征雲南，大戰白石江，擒達里麻。雲南平，進取大理。未幾，諸蠻復叛，命副安陸侯吳復爲總兵，授以方略，分攻關索嶺及阿咱等寨，悉下之。蠻地始定。置貴州都指揮使司，以聚署司事。十八年命爲總兵官，帥指揮丁忠等征廣南，擒火立達，俘其衆萬人。還鎭雲南。二十三年召還。李善長敗，語連聚。帝曰：「聚曩使姑蘇不稱旨，朕嘗詈責，遂欲反耶！」竟坐黨死，爵除。

子超，征方國珍，沒於陣。璿，以人材舉官江西參政。孫宏，從征雲南，積功爲右衛指

中華書局

揮使。坐奏對不實，戍金齒。

陸聚，不知何許人，元樞密院同知。脫脫敗芝蔴李於徐州，彭大等奔濠，聚撫戢流亡，繕城保境，寇不敢犯。徐達經理江、淮，聚以徐、宿二州降。太祖嘗詔諭：「二州吾桑梓地，未忍加兵。」及歸附，大悅，以聚爲江南行省參政，仍守徐州。遣兵略定沛、魚臺、邳、蕭、宿遷、睢寧。擴廓遣李左丞侵徐，駐陵子村。聚遣指揮傅友德擊之，俘其衆，擒李左丞。又敗元兵於宿州，擒僉院邢端等。從定山東，平汴梁。還鎮，改山東行省參政。從平元都，略大同、保定、眞定，攻克車子山及鳳山、城山、鐵山諸寨，分守井陘故關，會師陝西，克承天寨。聚所部皆淮北勁卒，雖燕、趙精騎不及也。北征，沂、邳山民乘間作亂，召聚還，討平之。

洪武三年封河南侯，歲祿九百石，予世券。八年同衞國公愈屯田陝西，置衞戍守。十二年同信國公和練兵臨清。尋理福建軍務。召還，賜第鳳陽。二十三年坐胡惟庸黨死，爵除。

鄭遇春，濠人。與兄遇霖俱以勇力聞。遇霖與里人有郤，欲殺之，遇春力護得解。衆皆長遇霖，而以遇春爲賢。太祖下滁州，遇霖爲先鋒，取鐵佛岡、三汊河、大柳等寨，遇春亦累功至總管。攻蕪湖，遇霖戰死，遇春領其衆。時諸將所部不過千人，遇春兼兩隊，而所部尤驍果，累戰功多，授左翼元帥。從平陳友諒，身先士卒，未嘗自言功，太祖異之。取六安，爲六安衞指揮僉事。從大將軍定山東、河南北，克朔州，改朔州衞指揮副使。

洪武三年進同知大都督府事，封滎陽侯，歲祿九百石，予世券。明年命駐臨濠，開行大都督府，坐累奪爵。尋復之，復守朔州。從傅友德平雲南，帥楊文等經略城池屯堡。還京，督金吾諸衞，造海船百八十艘，運餉遼東，籍陝西岷州諸衞官馬。二十三年坐胡惟庸黨死，爵除。

黃彬，江夏人。從歐普祥攻陷袁、吉屬縣，徐壽輝以普祥守袁州。及陳友諒殺壽輝，僭僞號，彬言於普祥曰：「公與友諒比肩，奈何下之？友諒驕恣，非江東敵也，保境候東師，當不失富貴。」普祥遂遣使納欵。友諒遣弟友仁攻之。彬與普祥敗其衆，獲友仁。友諒懼，約分界不相犯，乃釋友仁。時江、楚諸郡皆爲陳氏有，袁扼其要害，潭、岳、贛兵不得出，友諒勢大蹙。太祖兵臨之，遂棄江州，彬力也。

太祖至龍興，令普祥仍守袁州，而以彬爲江西行省參政。未幾，普祥死，彬領其衆。普祥故殘暴，彬盡反所爲，民甚安之。從常遇春征贛州。饒鼎臣據吉安，爲熊天瑞聲援。遇春兵至，鼎臣走安福，彬以兵躡之。鼎臣走茶陵，天瑞乃降。永新守將周安叛，彬從湯和執安，鼎臣亦殪。移鎮袁州，招集諸山寨，江西悉定。進江淮行省中書左丞。

洪武三年封宜春侯，歲祿九百石，予世券。四年，贛州上猶山寇叛，討平之。五年，古州等洞蠻叛，以鄧愈爲征南將軍，三道出師，彬與營陽侯璟出澧州。師還，賜第中都。明年從徐達鎮北平，出練兵沂州、臨清。二十三年坐胡惟庸黨死，爵除。

葉昇，合肥人。左君弼據廬，昇自拔來歸。以右翼元帥從征江州，以指揮僉事從取吳，以府軍衞指揮使從定明州。洪武三年論功，僉大都督府事。明年從征西將軍湯和以舟師取蜀。越二年，出爲都指揮使，鎮守西安，討平慶陽叛寇。十二年復僉大都督府事。西番叛，與都督王弼征之，降乞失迦，平其部落。復討平延安伯顏帖木兒，擒洮州番酋。論功，封靖寧侯，歲祿二千石，世指揮使。鎮遼東，修海、蓋、復三城。〔五〕在鎮六年，邊備修舉，外

寇不敢犯。發高麗賂遺，帝慶賜敕，與唐勝宗同褒。

二十年命同普定侯陳桓總制諸軍於雲南定邊、姚安，立營屯田，經理畢節衞。明年，東川、龍海諸蠻叛，昇以參將從沐英討平之。已而湖廣安福所千戶夏德忠誘九溪洞蠻爲寇，昇同胡海等討之。潛兵出賊後掩擊，擒德忠，立永定、九溪二衞，因留屯襄陽。贛州山賊復結湖廣峒蠻爲寇。昇爲副將軍，同胡海等討平之，俘獲萬七千人。昇凡三平叛蠻，再出練兵甘肅、河南。二十五年八月坐交通胡惟庸事覺，誅死。涼國公藍玉，昇姻也，玉敗，復連及昇，以故名隸兩黨云。

贊曰：諸將當草昧之際，上觀天命，委心明主，戰勝攻取，克建殊勳，皆一時之智勇也。及海內寧謐，乃名隸黨籍，或追論，或身坐，鮮有能自全者。圭裳之錫固足酬功，而礪帶之盟不克再世，亦可慨矣夫。

校勘記

〔一〕敗蜀兵於漢州　漢州，原作「漢川」，據同卷陳德傳及明史稿傳一六顧時傳改。按漢川在湖北，

中華書局

與「伐蜀」事不相應。漢州屬成都府，見本書卷四三地理志，應以漢州爲是。下同。

〔二〕分其祿爲三一以贍所殺吳富及馬軍之家一以給其母妻　太祖實錄卷五九洪武三年十二月戊辰條稱「分其祿爲三：一以贍富之家，一以贍所殺馬軍之家，一以養其老母妻子。」較明確。

〔三〕擢鎭國將軍大都督府僉事　鎭國將軍，太祖實錄卷一六八洪武十七年十一月癸酉條作「鎭國上將軍」。

〔四〕破龍德　龍德，本書卷二太祖紀、太祖實錄卷六四洪武四年四月辛丑條作「隆州」。明通鑑卷四考異：「三編質實謂蜀之隆州有三，皆非階、文入蜀之道。蓋龍州卽今龍安府，實錄誤龍爲隆耳。友德由階、文而擣江油，趨綿州，則龍州爲必經之路。」按蜀無「龍德」，疑作龍州是。

〔五〕修海蓋復三城　蓋，原作「益」。按海州、蓋州、復州屬遼東都指揮司，見本書卷四一地理志，據改。

明史卷一百三十二

列傳第二十

朱亮祖　周德興　王弼　藍玉 曹震 張翼 張溫 陳桓 朱壽 曹興　謝成　李新

朱亮祖，六安人。元授義兵元帥。太祖克寧國，擒亮祖，喜其勇悍，賜金幣，仍舊官。居數月，叛歸於元，數與我兵戰，爲所獲者六千餘人，遂入宣城據之。太祖方取建康，未暇討也。已，遣徐達等圍之。亮祖突圍戰，常遇春被創而還，諸將莫敢前。太祖親往督戰，獲之，縛以見。問曰：「爾將何如？」對曰：「生則盡力，死則死耳。」太祖壯而釋之。累功授樞密院判。從下南昌、九江，戰鄱陽湖，下武昌，進廣信衞指揮使。李文忠破李伯昇於新城，亮祖乘勝燔其營落數十，獲同僉元帥等六百餘人、軍士三千、馬八百匹，輜重鎧甲無算，伯昇僅以數騎遁。太祖嘉其功，賜賚甚厚。胡深請會兵攻陳友定，亮祖由鉛山進取浦城，克崇安、

建陽，功最多。會攻桐廬，圍餘杭，還浙江行省參政，副李文忠守杭州。帥馬步舟師數萬討方國瑛，下天台，進攻台州。國瑛出走，追至黃巖，降其守將哈兒魯，徇下仙居諸縣。進兵溫州。方明善拒戰，擊敗之，克其城。徇下瑞安，復敗明善於盤嶼，追至楚門。國瑛及明善詣軍降。

洪武元年副征南將軍廖永忠由海道取廣東。何眞降，悉定其地。進取廣西，克梧州。元尚書普賢帖木兒戰死，遂定鬱林、潯、貴諸郡。與平章楊璟會師攻克靖江，同廖永忠克南寧、象州。廣西平。班師，太子帥百官迎勞龍灣。三年封永嘉侯，食祿千五百石，予世券。四年伐蜀。帝以諸將久無功，命亮祖爲征虜右副將軍。濟師至蜀，而明昇已降。徇下未附州縣。師還，以擅殺軍校不預賞。八年同傅友德鎭北平。還，又同李善長督理屯田，巡海道。十二年出鎭廣東。

亮祖勇悍善戰而不知學，所爲多不法，番禺知縣道同以聞。亮祖誣奏同，同死，事見同傳。帝尋悟，明年九月召亮祖至，與其子府軍衞指揮使暹俱鞭死。御製壙誌，仍以侯禮葬。二十三年追論亮祖胡惟庸黨，次子昱亦坐誅。

周德興，濠人。與太祖同里，少相得。從定滁、和。渡江，累戰皆有功，遷左翼大元帥。從取金華、安慶、高郵，援安豐，征廬州，進指揮使。從討贛州、安福、永新，拔吉安，再進湖廣行省左丞。同楊璟討廣西，攻永州。元平章阿思蘭及周文貴自全州來援。德興再擊敗之，斬朱院判，追奔至全州，遂克之。道州、寧州、藍山皆下。進克武岡州，分兵據險，絕靖江聲援。廣西平，功多。

洪武三年封江夏侯，歲祿千五百石，予世券。是歲，慈利土酋覃垕連茅岡諸寨爲亂，長沙洞苗俱煽動。太祖命德興爲征南將軍，〔一〕帥師討平之。明年伐蜀，副湯和爲征西左將軍，克保寧。先是，傅友德已克階、文，而和所帥舟師未進。及保寧下，兩路軍始合。蜀平，論功，帝以和功由德興，賞德興而面責和。且追數征蠻事，謂覃垕之役，楊璟不能克，趙庸中道返，功無與德興比者。復副鄧愈爲征南左將軍，帥趙庸、左君弼出南寧，平婪鳳、安田諸州蠻，克泗城州，功復出諸將上。賞倍於大將，命署中立府，行大都督府事。德興功既盛，且恃帝故人，營第宅踰制。有司列其罪，詔特宥之。

十三年命理福建軍務，旋召還。明年，五溪蠻亂，德興已老，力請行。帝壯而遣之，賜手書曰：「趙充國圖征西羌，馬援請討交阯，朕常嘉其事，謂今人所難。卿忠勤不怠，何忝前賢，靖亂安民，在此行也。」至五溪，蠻悉散走。會四川水盡源、通塔平諸洞作亂，仍命德興

討平之。十八年，楚王楨討思州五開蠻，復以德興爲副將軍。

德興在楚久，所用皆楚卒，威震蠻中。定武昌等十五衞，歲練軍士四萬四千八百人。浚荊州嶽山壩以溉田，〔二〕歲增官租四千三百石。楚人德之。還鄉，賜黃金二百兩，白金二千兩，文綺百匹。居無何，帝謂德興：「福建功未竟，卿雖老，尚勉爲朕行。」德興至閩，按籍僉練，得民兵十萬餘人。〔三〕相視要害，築城一十六，置巡司四十有五，防海之策始備。逾三年，歸第，復令節制鳳陽留守司，并訓練屬衞軍士。諸勳臣存者，德興年最高，歲時入朝，賜予不絕。二十五年八月，以其子驥亂宮，并坐誅死。

王弼，其先定遠人，後徙臨淮。善用雙刀，號雙刀王。初結鄉里，依三臺山樹柵自保。踰年，帥所部來歸。太祖知其才，使備宿衞。破張士誠兵於湖州，取池州石埭，攻婺源州，斬守將鐵木兒不花，拔其城，獲甲三千。擢元帥。下蘭溪、金華、諸暨，援池州，復太平，下龍興、吉安。大戰鄱陽，邀擊陳友諒於涇江口。從平武昌，還克廬州，拔安豐，破襄陽、安陸。取淮東，克舊館，降士誠將朱暹，遂取湖州。遷驍騎右衞親軍指揮使。進圍平江，弼軍盤門。士誠親帥銳士突圍，出西門搏戰，將奔常遇春軍。遇春分兵北濠截其後，而別遣兵與戰。士誠軍殊死鬭，遇春拊弼臂曰：「軍中皆稱爾健將，能爲我取此乎？」弼應曰：「諾。」馳騎揮雙刀奮擊，敵小却。遇春帥衆乘之，吳兵大敗，人馬溺死沙盆潭者甚衆。士誠馬逸墮水，幾不救，肩輿入城，自是不敢復出。吳平，賞賚甚厚。

從大軍征中原，下山東，略定河南北，遂取元都。克山西，走擴廓。自河中渡河，克陝西，進征察罕腦兒，師還。洪武三年授大都督府僉事，世襲指揮使。十一年副西平侯沐英征西番，降朵甘諸酋及洮州十八族，殺獲甚衆。論功，封定遠侯，食祿二千石。十四年從傅友德征雲南，至大理，土酋段世扼龍尾關。弼以兵由洱水趨上關，與沐英兵夾擊之，拔其城，擒段世，鶴慶、麗江諸郡以次悉平。加祿五百石，予世券。

二十年，以副將軍從馮勝北伐，降納哈出。明年復以副將軍從藍玉出塞。深入不見敵，玉欲引還。弼持不可，玉從之。進至捕魚兒海，以弼爲前鋒，直薄敵營，走元嗣主脫古思帖木兒，盡獲其輜重，語在玉傳。二十三年奉詔還鄉。二十五年從馮勝、傅友德練軍山西、河南。明年同召還，先後賜死。爵除。弼子六人，女爲楚王妃。

藍玉，定遠人。開平王常遇春婦弟也。初隸遇春帳下，臨敵勇敢，所向皆捷。遇春數

稱於太祖，由管軍鎭撫積功至大都督府僉事。洪武四年從傅友德伐蜀，克緜州。五年從徐達北征，先出鴈門，敗元兵於亂山，再敗之於土剌河。七年帥兵拔興和，獲其國公帖里密赤等五十九人。十一年同西平侯沐英討西番，擒其酋三副使，斬獲千計。明年，師還，封永昌侯，食祿二千五百石，予世券。十四年，以征南左副將軍從潁川侯傅友德征雲南，〔四〕擒元平章達里麻於曲靖，梁王走死。滇地悉平，玉功爲多。益祿五百石。册其女爲蜀王妃。

二十年，以征虜左副將軍從大將軍馮勝征納哈出，次通州。聞元兵有屯慶州者，玉乘大雪，帥輕騎襲破之，殺平章果來，擒其子不蘭溪還。會大軍進至金山，納哈出遣使詣大將軍營納欵，玉往受降。納哈出以數百騎至，玉大喜，飲以酒。納哈出酌酒酬玉，玉解衣衣之，曰：「請服此而飲。」納哈出不肯服，玉亦不飲，爭讓久之。納哈出覆酒於地，顧其下咄咄語，將脫去。鄭國公常茂在坐，直前砍傷之，都督耿忠擁以見勝。其衆驚潰，遣降將觀童諭降之。還至亦迷河，悉降其餘衆。會馮勝有罪，收大將軍印，命玉行總兵官事，尋卽軍中拜玉爲大將軍，移屯薊州。

時順帝孫脫古思帖木兒嗣立，擾塞上。二十一年三月命玉帥師十五萬征之。出大寧，至慶州，諜知元主在捕魚兒海，間道兼程進至百眼井。去海四十里，不見敵，欲引還。定遠侯王弼曰：「吾輩提十餘萬衆，深入漠北，無所得，遽班師，何以復命？」玉曰：「然。」令軍士穴

中華書局

地而爨，毋見烟火，乘夜至海南。敵營尚在海東北八十餘里，玉令弼爲前鋒，疾馳薄其營。敵謂我軍乏水草，不能深入，不設備。又大風揚沙，晝晦。軍行，敵無所覺。猝至前，大驚，迎戰，敗之。殺太尉蠻子等，降其衆。元主與太子天保奴數十騎遁去。玉以精騎追之，不及。獲其次子地保奴、妃公主以下百餘人。又追獲吳王朶兒只、代王達里麻及平章以下官屬三千人、男女七萬七千餘人，並寶璽符敕金牌金銀印諸物、馬駝牛羊十五萬餘，焚其甲仗蓄積無算。奏捷京師，帝大喜，賜敕褒勞，比之衞青、李靖。又破哈剌章營，獲人畜六萬。師還，進涼國公。

明年命督修四川城池。二十三年，施南、忠建二宣撫司蠻叛，命玉討平之。又平都匀安撫司散毛諸洞，益祿五百石，詔還鄉。二十四年命玉理蘭州、莊浪等七衞兵，以追逃寇祁者孫，遂略西番罕東之地。土酋哈昝等遁去。〔三〕會建昌指揮使月魯帖木兒叛，詔移兵討之。至則都指揮瞿能等已大破其衆，月魯走柏興州。玉遣百戶毛海誘縛其父子，送京師誅之，而盡降其衆，因請增置屯衞。報可。復請籍民爲兵，討朶甘、百夷。詔不許，遂班師。

玉長身赬面，饒勇略，有大將才。中山、開平既沒，數總大軍，多立功。太祖遇之厚。寖驕蹇自恣，多蓄莊奴、假子，乘勢暴橫。嘗佔東昌民田，御史按問。玉怒，逐御史。北征還，夜扣喜峯關。關吏不時納，縱兵毀關入。帝聞之不樂。又人言其私元主妃，妃慚自經死，

帝切責玉。初，帝欲封玉梁國公，以過改爲涼，仍鐫其過於券。玉猶不悛，侍宴語傲慢，在軍擅黜陟將校，進止自專，帝數譙讓。西征還，命爲太子太傅。玉不樂居宋、潁兩公下，曰：「我不堪太師耶！」比奏事多不聽，益怏怏。

二十六年二月，錦衣衞指揮蔣瓛告玉謀反，下吏鞫訊。獄辭云：「玉同景川侯曹震、鶴慶侯張翼、舳艫侯朱壽、東莞伯何榮及吏部尙書詹徽、戶部侍郎傅友文等謀爲變，將伺帝出耤田舉事。」獄具，族誅之。列侯以下坐黨夷滅者不可勝數。手詔布告天下，條列爰書爲逆臣錄。至九月，乃下詔曰：「藍賊爲亂，謀泄，族誅者萬五千人。自今胡黨、藍黨概赦不問。」胡謂丞相惟庸也。於是元功宿將相繼盡矣。凡列名逆臣錄者，一公、十三侯、二伯。葉昇前坐事誅，胡玉等諸小侯皆別見。其曹震、張翼、張溫、陳桓、朱壽、曹興六侯，附著左方。

曹震，濠人。從太祖起兵，累官指揮使。洪武十二年，以征西番功封景川侯，祿二千石。從藍玉征雲南，分道取臨安諸路，至威楚，降元平章閻乃馬歹等。雲南平，因請討容美、散毛諸洞蠻及西番朶甘、思曩日諸族。詔不許。又請以貴州、四川二都司所易番馬，分給陝西、河南將士。又言：「四川至建昌驛，道經大渡河，往來者多死瘴癘。詢父老，自眉州峨眉至建昌，〔六〕有古驛道，平易無瘴毒，已令軍民修治。請以瀘州至建昌驛馬，移置峨眉新驛。」從之。二十一年與靖寧侯葉昇分道討平東川叛蠻，俘獲五千餘人。尋復命理四川軍務，同藍玉覈征南軍士。

會永寧宣慰司言，所轄地有百九十灘，其八十餘灘道梗不利。詔震疏治之。震至瀘州按視，有支河通永寧，乃鑿石剷崖令深廣，以通漕運。又闢陸路，作驛舍郵亭，駕橋立棧，自茂州，一道至松潘，一道至貴州，以達保寧。先是行人許穆言：「松州地磽瘠，不宜屯種，戍卒三千，糧運不給，請移戍茂州，俾就近屯田。」帝以松州控制西番，不可動。至是運道既通，松潘遂爲重鎭，帝嘉其勞。踰年復奏四事。一，請於雲南大寧境就井煮鹽，募商輸粟以贍邊。一，令商入粟雲南建昌，給以重慶、綦江市馬之引。一，請蠲馬湖逋租。一，施州衞軍儲仰給湖廣，泝江險遠，請以重慶粟順流輸之。皆報可。

震在蜀久，諸所規畫，並極周詳。蜀人德之。藍玉敗，謂與震及朱壽誘指揮莊成等謀不軌。論逆黨，以震爲首，並其子炳誅之。

張翼，臨淮人。父聚，以前翼元帥從平江南、淮東，積功爲大同衞指揮同知，致仕。翼隨父軍中，驍勇善戰，以副千戶嗣父職。從征陝西，擒叛寇。擢都指揮僉事，進僉都督府事。從藍玉征雲南，克普定、曲靖，取鶴慶、麗江，剿七百房山寨，擒劍川，擊石門。十七年論功

封鶴慶侯，祿二千五百石，予世券。二十六年坐玉黨死。

張溫，不詳何許人。從太祖渡江，授千戶，積功至天策衞指揮僉事。從大軍收中原，克陝西，攻下蘭州守之。元將擴廓偵大將軍南還，自甘肅帥步騎奄至。諸將請固守以待援。溫曰：「彼遠來，未知我虛實，乘暮擊之，可挫其銳。倘彼不退，固守未爲晚也。」於是整兵出戰，元兵少却。已而圍城數重，溫斂兵固守，敵攻不能下，乃引去。太祖稱爲奇功，擢大都督府僉事。已，又命兼陝西行都督府僉事。

當蘭州之受圍也，元兵乘夜梯城而登。千戶郭佑被酒臥，他將巡城者擊退之。圍既解，溫將斬佑，天策衞知事朱有聞爭曰：「當賊犯城時，將軍斬佑以令衆，軍法也。賊既退，始追戮之，無及於事，且有擅殺名。」溫謝曰：「非君不聞是言。」遂杖佑釋之。帝聞而兩善焉，幷賞有聞綺帛。

其明年，以參將從傅友德伐蜀，功多。十一年，以副將會王弼等討西羌。明年論功封會寧侯，祿二千石。又明年命往理河南軍務。十四年從傅友德征雲南。二十年秋帥師討納哈出餘衆，從北伐，皆有功。後以居室器用僭上，獲罪，遂坐玉黨死。

陳桓，濠人。從克滁、和。渡江，克集慶先登。從取寧國、金華，戰龍江、彭蠡，收淮東、浙西，平中原。累功授都督僉事。洪武四年從伐蜀。十四年從征雲南，與胡海、郭英帥兵五萬，由永寧趨烏撒。道險隘，自赤河進師，與烏撒諸蠻大戰，敗走之。再破芒部土酋，走元右丞實卜，遂城烏撒，降東川烏蒙諸蠻，進克大理，略定汝寧、靖寧諸州邑。十七年封普定侯，祿二千五百石，予世券。二十年同靖寧侯葉昇征東川，俘獲甚衆。就令總制雲南諸軍。再平九溪洞蠻，立營堡，屯田。還，坐玉黨死。

朱壽，未詳何許人。以萬戶從渡江，下江東郡邑，進總管。收常、婺，克武昌，平蘇、湖，轉戰南北，積功爲橫海衞指揮，進都督僉事。與張赫督漕運，有功。洪武二十年封舳艫侯，祿二千石，予世券。坐玉黨死。

曹興，一名興才，未詳何許人。從渡江，授指揮僉事。從平武昌，進指揮使。克蘇九疇炭山寨。進都督僉事，兼太原衞指揮。進山西行省參政，領衞事，爲晉王相。洪武十一年從沐英討洮州羌，降朶甘酋，擒三副使等。師還，封懷遠侯，世襲指揮使。理軍務山西，從北征有功。後數年，坐玉黨死。

同時以黨連坐者，都督則有黃輅、湯泉、馬俊、王誠、聶緯、王銘、許亮、謝熊、汪信、蕭用、楊春、張政、祝哲、陶文、茆鼎凡十餘人，多玉部下偏裨。於是勇力武健之士芟夷略盡，罕有存者。

謝成，濠人。從克滁、和。渡江，定集慶，授總管。克寧國、婺州，進管軍千戶。戰鄱陽，平武昌，下蘇、湖，進指揮僉事。從大軍征中原，克元都，攻慶陽，擣定西，爲都督僉事、晉王府相。從沐英征朶甘，降乞失迦，平洮州十八族。洪武十二年封永平侯，祿二千石，世指揮使。二十年同張溫追討納哈出餘衆，召還。二十七年坐事死，沒其田宅。

李新，濠州人。從渡江，數立功。戰龍灣，授管軍副千戶。取江陵，進龍驤衞正千戶。克平江，遷神武衞指揮僉事，調守茶陵衞，屢遷至中軍都督府僉事。十五年，以營孝陵，封崇山侯，歲祿千五百石。二十二年命改建帝王廟於雞鳴山。新有心計，將作官吏覗成畫而已。明年遣還鄉，頒賜金帛田宅。

時諸勳貴稍僭肆，帝頗嫉之，以黨事緣坐者衆。新首建言，公、侯家人及儀從戶各有常數，餘者宜歸有司。帝是之，悉發鳳陽隸籍爲民，命禮部纂稽制錄，嚴公侯奢侈踰越之禁。於是武定侯英還佃戶輸稅，信國公和還儀從戶，曹國公景隆還莊田，皆自新發之。二十六年督有司開胭脂河於溧水，西達大江，東通兩浙，以濟漕運。河成，民甚便之。二十八年以事誅。

贊曰：治天下不可以無法，而草昧之時法尚疎，承平之日法漸密，固事勢使然。論者每致慨於鳥盡弓藏，謂出於英主之猜謀，殊非通達治體之言也。夫當天下大定，勢如磐石之安，指麾萬里，奔走恐後，復何所疑忌而芟薙之不遺餘力哉？亦以介胄之士桀驁難馴，乘其鋒銳，皆能豎尺寸於疆埸，迨身處富貴，志滿氣溢，近之則以驕恣啓危機，遠之則以怨望扞文綱。人主不能廢法而曲全之，亦出於不得已，而非以剪除爲私計也。亮祖以下諸人既昧明哲保身之幾，又違制節謹度之道，騈首就僇，亦其自取焉爾。

校勘記

〔一〕太祖命德興爲征南將軍　南，原作「蠻」，據本書卷一太祖紀、卷三一〇湖廣土司傳、太祖實錄卷五七洪武三年十月癸亥條改。

〔二〕決荊州嶽山壩以溉田　荊州，原作「荊山」，據本書卷八八河渠志、明史稿傳一五周德興傳、太祖實錄卷一六〇洪武十七年三月丁未條改。

〔三〕得民兵十萬餘人　本書卷九一兵志作「得兵萬五千人」。

〔四〕以征南左副將軍從潁川侯傅友德征雲南　左，原作「右」。按本書卷一二九傅友德傳，「帥左副將軍藍玉，右副將軍沐英」，本書卷二太祖紀、太祖實錄卷一三九洪武十四年九月壬午條都作「左副將軍」，據改。

〔五〕土酋哈昝等遁去　哈昝，原作「哈咎」，據本書卷一五五宋晟傳、又卷三三〇安定衞傳、國榷卷九頁七二九改。

〔六〕自眉州峨眉至建昌　兩「眉」字原作「嵋」，據本書卷四三地理志改。

明史卷一百三十三

列傳第二十一

廖永安　俞通海弟通源　淵　胡大海養子德濟　欒鳳

耿再成　張德勝汪興祖　趙德勝南昌康郎山兩廟忠臣附

桑世傑劉成　茅成楊國興　胡深　孫興祖

曹良臣周顯　常榮　張耀　濮英于光等

廖永安，字彥敬，德慶侯永忠兄也。太祖初起，永安兄弟偕俞通海等以舟師自巢湖來歸。太祖親往收其軍，遂以舟師攻元中丞蠻子海牙於馬場河。元人駕樓船，不利進退，而永安輩操舟若飛，再戰再破元兵，始定渡江策。頃之，發江口。永安舉帆，請所向，命直指牛渚。西北風方驟，頃刻達岸。太祖急揮甲士鼓勇以登，采石鎮兵皆潰，遂乘勝取太平。

授管軍總管。以舟師破海牙水柵，擒陳兆先，入集慶。擢建康翼統軍元帥。

以舟師從取鎮江，克常州，擢同僉江南行樞密院事。又以舟師同常遇春自銅陵趨池州，合攻，破其北門，執徐壽輝守將，遂克池州。偕俞通海拔江陰之石牌戍，降張士誠守將欒瑞，擢同知樞密院事。又以舟師破士誠兵於常熟之福山港，再破之通州之狼山，獲其戰艦以歸。遂從徐達復宜興，乘勝深入太湖。遇吳將呂珍，與戰，後軍不繼，舟膠淺，被執。永安長水戰，所至輒有功。士誠愛其才勇，欲降之。不可，爲所囚。太祖壯永安不屈，遙授行省平章政事，封楚國公。永安被囚凡八年，竟死於吳。吳平，喪還，太祖迎祭於郊。

洪武六年，帝念天下大定，諸功臣如永安及俞通海、張德勝、耿再成、胡大海、趙德勝、桑世傑皆已前沒，猶未有謚號，乃下禮部定議。議曰：「有元失馭，四海糜沸。英傑之士，或起義旅，或保一方，泯泯棼棼，莫知所屬。眞人奮興，不期自至，龍行而雲，虎嘯而風。若楚國公臣永安等，皆熊羆之士，膂力之才，非陷堅沒陣，卽罹變捐軀，義與忠俱，名耀天壤。陛下混一天下，追維舊勞，爵祿及子孫，烝嘗著祀典，易名定謚，於禮爲宜。臣謹按謚法，以赴敵逢難，謚臣永安武閔；殺身克戎，謚臣通海忠烈；奉上致果，謚臣張德勝忠毅；勝敵致强，謚臣大海武莊；闢土斥境，武而不遂，謚臣再成武壯；折衝禦侮，壯而有力，謚臣趙德勝武桓。臣世傑，業封永義侯，與漢世祖封寇恂、景丹相類，當卽以爲謚。」詔曰：「可。」九年皆加贈開國輔運推誠宣力武臣、光祿大夫、柱國。已，又改封永安鄖國公。無子，授其從子昇爲指揮僉事。

俞通海，字碧泉，其先濠人也。父廷玉徙巢，子三人，通海、通源、淵。元末，盜起汝、潁。廷玉父子與趙普勝、廖永安等結寨巢湖，有水軍千艘，數爲廬州左君弼所窘，遣通海間道歸太祖。太祖方駐師和陽，謀渡江，無舟楫。通海至，大喜曰：「天贊我也。」親往撫其軍，〔一〕而趙普勝叛去。元兵以樓船扼馬場河等口，灦湖惟一港可通，亦久涸。會天大雨，水深丈餘，乃引舟出江，至和陽。

通海爲人沈毅，治軍嚴而有恩，士樂爲用。巢湖諸將皆長於水戰，而通海爲最。從破海牙諸水寨，授萬戶。從渡江，克采石，取太平，徇下諸屬縣。海牙復以戰艦截采石，而陳兆先合淮兵二十萬屯方山，相犄角。通海與廖永安等擊之，大敗其衆，海牙遁。進破兆先，取集慶路。從湯和拔鎮江，遷秦淮翼元帥。偕諸將取丹陽、金壇、常州，遷行樞密院判官。從克寧國，下水陽，因以舟師略太湖，降張士誠守將於馬蹟山，艤舟胥口。呂珍兵暴至，諸將欲退。通海曰：「不可，彼衆我寡，退則情見，不如擊之。」乃身先疾鬭，矢下如雨，中右目，

不能戰，命帳下士被己甲督戰。敵以爲通海也，不敢逼，徐解去。由是一目遂眇。已，偕永安等克石牌戍，奪馬馱沙而還。普勝既叛歸友諒，陷池州，遣別將守，而自據樅陽水寨。太祖方征浙東，以樅陽爲憂。通海往攻，大破之。普勝陸走，盡獲其舟，遂復池州。遷僉樞密院事。陳友諒犯龍灣，偕諸將擊走之，追焚其舟於慈湖，擒七帥，逐北至采石。功最，進樞密院同知。

從攻友諒，下銅陵，克九江，掠蘄、黃。從徐達擊叛將祝宗、康泰，復南昌。從援安豐，敗士誠兵，還攻廬州。友諒大舉圍南昌，從太祖擊之。遇於康郎山，舟小不能仰攻，力戰幾不支。通海乘風縱火焚其舟二十餘，敵少挫。太祖舟膠，友諒驍將張定邊直前犯太祖舟。常遇春射中定邊，通海飛舸來援，舟驟進水涌，太祖舟得脫。而通海舟復爲敵巨艦所壓，兵皆以頭抵艦，兜鍪盡裂，僅免。明日復戰，偕廖永忠等以七舟置火藥，焚敵舟數百。踰二日，復以六舟深入。敵連大艦力拒。太祖登舵樓望，久之無所見，意已沒。有頃，六舟繞敵艦出，飄颻若游龍。軍士讙譟，勇氣百倍，戰益力。友諒兵大敗。師次左蠡，通海進曰：「湖有淺，舟難回旋。莫若入江，據敵上流。彼舟入，卽成擒矣。」遂移師出湖，水陸結柵。友諒不敢出，居湖中一月，食盡，引兵突走，竟敗死。是役也，通海功最多。師還，賜良田金帛。

明年從平武昌。拜中書省平章政事。總兵略劉家港，進逼通州，敗士誠兵，擒其將朱瓊、陳勝。進攝江淮行中書省事，鎭廬州。從徐達平安豐。又從克湖州，略太倉，秋毫不犯。民大悅。圍平江，戰滅渡橋，搗桃花塢，中流矢，創甚，歸金陵。太祖幸其第，問曰：「平章知予來問疾乎？」通海不能語。太祖揮涕而出。翼日卒，年三十八。太祖臨哭甚哀，從官衞士皆感涕。追封豫國公，侑享太廟，肖像功臣廟。洪武三年改封虢國公，謚忠烈。通海父廷玉官僉樞密院事，先卒，追封河間郡公。通海無子，弟通源嗣其官。

通源，字百川。從大將軍征中原，偕副將軍馮勝等會兵太原，定河中，渡河，克鹿臺，取鳳翔、鞏昌、涇州，守開城。會張良臣據慶陽再叛，大將軍命諸將分兵蹙之。通源自臨洮疾趨至涇，略其西，顧時略其北，傅友德略其東，陳德略其南，大將軍逼城下。良臣援絕糧盡，敗死，遂克慶陽。征定西，克興元，皆先登。洪武三年封南安侯，歲祿千五百石，予世券。四年從廖永忠伐蜀，又從徐達出塞，撫甘肅，有功。從江南豪民十四萬田鳳陽。又攻雲南，征廣南蠻，俘斬數萬。二十二年詔還鄉，賜鈔五萬，置第於巢，未行卒。子祖，病不能嗣。逾年，追論胡黨，以通源死不問，爵除。

淵以父兄故，[三]充參侍舍人。從征，積功授都督僉事。通源既坐黨，太祖念廷玉、通

海功，二十五年封淵越嶲侯，歲祿二千五百石，予世券。帥師討建昌叛賊，城越嶲。明年坐累失侯，遣還里。建文元年召復爵，隨大軍征燕，戰沒於白溝河。次子靖嗣官。

胡大海，字通甫，虹人。長身鐵面，智力過人。太祖初起，大海走謁滁陽，命爲前鋒。從渡江，與諸將略地，以功授右翼統軍元帥，宿衞帳下。從破寧國，副院判鄧愈戍之，遂拔徽州，略定其境內。元將楊完者以十萬衆來攻，大海戰城下，大破走之。遂與鄧愈、李文忠自昱嶺關攻建德。敗元師於淳安，遂克建德。再敗楊完者，降溪洞兵三萬人。進樞密院判官。克蘭溪，從取婺州，還僉樞密院事。

下諸暨，守將胥遁，萬戶沈勝既降復叛。大海擊敗之，生擒四千餘人。改諸暨爲諸全州，移兵攻紹興，再破張士誠兵。太祖以寧、越重地，召大海使守之。士誠將呂珍圍諸全，大海救之。珍堰水灌城，大海奪堰反灌珍營。珍勢蹙，於馬上折矢誓，請各解兵。許之。郎中王愷曰：「珍猾賊不可信，不如因擊之。」大海曰：「言出而背之，不信。既縱而擊之，不武。」師還，人皆服其威信。尋攻處州，走元將石抹宜孫，遂定處州七邑。陳友諒寇龍江，命分軍擣信州，以爲

廣信府。信方絕糧，或勸還師。大海曰：「此閩、楚襟喉地也，可棄之乎？」築城浚隍以守之。先是，軍糧少，所得郡縣，將士皆徵糧於民，名曰寨糧，民甚病之。大海以爲言，始命罷去。進江南行省參知政事，鎭金華。

初，嚴州既下，苗將蔣英、劉震、李福皆自桐廬來歸。大海喜其驍勇，留置麾下。至是，三人者謀作亂，晨入分省署，請大海觀弩於八詠樓。大海出，英遣其黨跪馬前，詐訴英過。大海未及答，反顧英。英出袖中椎擊大海，中腦仆地，并其子關住、郎中王愷皆遇害。英等大掠城中，奔於吳。其後李文忠攻杭州，杭人執英以降。太祖命誅英，刺其血以祭大海。

大海善用兵，每自誦曰：「吾武人不知書，惟知三事而已：不殺人，不掠婦女，不焚毀廬舍。」以是軍行遠近爭附。及死，聞者無不流涕。又好士，所至輒訪求豪雋。劉基、宋濂、葉琛、章溢之見聘也，大海實薦之。追封越國公，謚武莊，肖像功臣廟，配享太廟。初，太祖克婺州，禁釀酒，大海子首犯之。太祖怒，欲行法。時大海方征越，都事王愷請勿誅，以安大海心。太祖曰：「寧可使大海叛我，不可使我法不行。」竟手刃之。及關住復被殺，大海遂無後。

養子德濟，字世美，不知何許人，大海帥以歸太祖。從攻婺州，爲誘兵，大破元兵於梅花門外，擒其將季彌章，由是知名。既下信州，太祖以德濟爲行樞密院同僉，使守之。陳友諒將李明道來寇，德濟與力戰。大海來援，夾擊之，擒明道及其宣慰王漢二。及大海爲蔣英所害，處州降將李祐之亦殺院判耿再成以叛。張士誠聞浙東亂，遣其弟士信寇諸全。德濟自信州往救，乘懈得入城，與知州欒鳳、院判謝再興分門守。夜半，出敵不意，砍士信營，破走之。擢浙江行省參知政事，移守新城。士誠將李伯昇帥步騎大入寇。德濟固守，乞師於李文忠。文忠馳救，德濟出兵夾擊，大破之，詳文忠傳。

時德濟所部有潛移家入新城者，文忠疑德濟使然，誅其都事羅彥敬，欲儆戒德濟。將士皆怒，走告德濟。德濟怡然曰：「右丞殺彥敬，自爲廣信作戰衣有弊耳，再言者斬。」於是太祖召德濟褒諭之，而責文忠失將士心，且曰：「胡德濟之量，汝不及也。」擢浙江行省右丞，賜駿馬。未幾，改左丞，移鎭杭州。從大將軍徐達出定西。德濟軍失利，達斬其部將數人，械至京師。帝念舊功，釋之。復以爲都指揮使，鎭陝西，卒。

欒鳳，高郵人，知諸全，有能聲。方士信來攻，與謝再興力守，數出奇兵挫敵。再興使部校鬻貨於杭，太祖慮其輸我軍虛實，召再興還，而以參軍李夢庚總制諸全軍馬。既而念

再興功，爲兄子文正娶其長女，命徐達娶其幼女，復遣守諸全。再興忿夢庚出己上，鳳復以細故繩之，遂叛，殺鳳。鳳妻王氏以身蔽鳳，並殺之。執夢庚，降於士誠，夢庚亦死之。太祖以再興數有功，叛非其志，故鳳與夢庚皆不得卹云。

耿再成，字德甫，五河人。從太祖於濠，克泗、滁州。元兵圍六合，太祖救之，與再成軍瓦梁壘，力戰，度不敵引還。元兵尾至，太祖設伏澗側，令再成誘敵，大敗之。以鎮撫從渡江，下集慶。以元帥守鎮江，以行樞密院判官守長興，再守揚州。從取金華，爲前鋒，屯縉雲之黃龍山以遏敵衝。與胡大海破石抹宜孫於處州，克其城，守之。宜孫來攻，又敗之慶元。

再成持軍嚴。士卒出入民間，蔬果無所捐。金華苗帥蔣英等叛，殺胡大海。處州苗帥李祐之等聞之，亦作亂。再成方對客飯，聞變上馬，收戰卒不滿二十人，迎賊罵曰：「賊奴！國家何負汝，乃反。」賊攢槊刺再成。再成揮劍連斷數槊，中傷墜馬，大罵不絕口死。胡深等收其屍，藁葬之。後改葬金陵聚寶山，追封高陽郡公，侑享太廟，肖像功臣廟。洪武十年加贈泗國公，[三]謚武壯。

子天璧，聞父難，糾部曲殺賊。比至，李文忠已破賊斬之。遂以天璧守處州，拒方國珍、張士誠皆有功，擢指揮副使。克浦城，擣建寧，走陳友定。征襄陽，進至西安，招諭河州、臨洮，皆下。改杭州指揮同知。七年出海捕倭，深入外洋，溺死。

張德勝，字仁輔，合肥人。才略雄邁。與俞通海等以舟師自巢來歸。從渡江，克采石、太平。陳埜先來攻，與湯和等破擒之，授太平興國翼總管。破蠻子海牙水寨，擒陳兆先。下集慶，克鎮江，授秦淮翼元帥。取常州，擢樞密院判。克寧國，收長槍兵。下太湖，略馬蹟山。攻宜興，取馬馱沙及石牌寨。進僉樞密院事。趙普勝陷池州，德勝往援，弗及，還從徐達拔宜興。普勝復掠青陽、石埭。德勝與戰柵江口，破走之。已，復同通海擊敗其衆，遂復池州。引兵自無爲趨浮山，走普勝將胡總管，追敗之青山，逐北至潛山。陳友諒將郭泰逆戰沙河，破斬之，遂克潛山。友諒犯龍江，德勝總舟師迎戰，殺傷相當。德勝大呼，麾諸將奮擊。友諒軍披靡，遂大敗。與諸將追及之慈湖，縱火焚其舟。至采石，大戰，沒於陣。追封蔡國公，謚忠毅，肖像功臣廟，侑享太廟。子宣幼，養子興祖嗣職。

興祖，巢人。本汪姓。既嗣職，從破安慶，克江州，拔蘄、黃，取南昌。從援安豐，大敗張士誠兵。鄱陽之戰，與廖永忠等以六舟深入，又邀擊友諒於涇江口，功最，擢湖廣行省參政。從平武昌，遂克廬州，略地至通州而還。進大都督府僉事。從徐達取淮東，下浙西。進同知大都督府事。大軍北征，別將衞軍由徐州克沂、青、東平，乘勝至東阿，降元參政陳璧及所部五萬餘人。孔子五十六世孫衍聖公希學帥曲阜知縣希舉、鄒縣主簿孟思諒等迎謁於軍門，興祖禮之。兗東州縣聞風皆下，遂取濟寧、濟南。

洪武元年，以都督兼右率府使，從攻樂安，克汴梁、河、洛，還守濟寧。與大將軍會師德州，帥舟師並河進，遂克元都。徇下永平，西取大同，將三衞卒守之。再敗元兵，斬獲無算。時德勝子宣已長，命爲宣武衞指揮同知。而興祖復姓爲汪。三年進克武、朔二州，獲元知院馬廣等。帥兵至大同北口，大敗元兵，獲擴廓弟金剛奴等四百餘人。未幾，命爲晉王武傅，兼山西行都督府僉事。[四]四年從前將軍傅友德合兵伐蜀，克階、文，乘勝至五里關，中飛石死。蜀平，詔都督興祖歿於王事，優賞其子，追封東勝侯，予世券。興祖子幼，命與宣同居。以疾卒，爵除。

趙德勝，濠人。爲元義兵長，善馬槊，每戰先登。隸王忙哥麾下，察其必敗。太祖取滁陽，德勝母在軍中，乃棄其妻來從。太祖喜，賜之名，爲帳前先鋒。從取鐵佛岡，攻三汊河，破張家寨，克全椒，後河諸寨。援六合，中流矢，幾殆。擊雞籠山，擣烏江，下和州、含山。夜襲陳埜先營，拔板門、鐵長官二寨，遂取儀眞。授總管府先鋒。從渡江，下太平，克蕪湖、句容、溧水、溧陽，皆有功。從常遇春敗蠻子海牙於采石，破陳兆先營於方山，下集慶，功最。從徐達取鎮江，破苗軍水寨。下丹陽、金壇，平寧國。轉領軍先鋒。取廣德，破張士誠水寨，復從遇春攻常州，解牛塘圍，復廣德、寧國。取江陰，攻常熟，擒張士德。從攻湖州。宜興叛，還兵定之。擢中翼左副元帥。陳友諒犯龍江。龍江第一關曰虎口城，太祖以屬德勝。友諒至，力戰。伏兵起，友諒大敗，遂復太平。下銅陵臨山寨，略黃山橋及馬馱沙，征高郵有功。進後翼統軍元帥。

從太祖西征，破安慶水寨，乘風泝小孤山。距九江五里，友諒始知，倉皇遁去。遂克九江，徇黃梅、廣濟，克瑞昌、臨江、吉安，還下安慶，進克撫州，取新淦。討南昌叛將，復其城，礟傷肩。授僉江南行樞密院事。與朱文正、鄧愈共守南昌。平羅友賢於池州，破友諒將於西山，復臨江、吉安、撫州。未幾，友諒大舉兵圍南昌，德勝帥所部數千背城逆戰，射殺其

二十四史　中華書局

將，敵大沮。明日復合，環城數匝。友諒親督戰，晝夜攻，城且壞。德勝帥諸將死戰，且戰且築，城壞復完。暮坐城門樓，指揮士卒，弩中腰膂，鏃入六寸，拔出之，歎曰：「吾自壯歲從軍，傷矢石屢矣，無重此者。丈夫死不恨，恨不能掃清中原耳。」言畢而絕，年三十九。追封梁國公，諡武桓，列祀功臣廟，配享太廟。

德勝剛直沉鷙，馭下嚴肅。未嘗讀書，臨機應變，動合古法。平居篤孝友如修士。

友諒圍南昌八十五日，先後戰死者凡十四人。

張子明者，領兵千戶也。洪都圍久，內外隔絕，朱文正遣子明告急於應天。以東湖小漁舟從水關潛出，夜行晝止，半月始得達。太祖問友諒兵勢。對曰：「兵雖盛，戰鬭死者不少。今江水日涸，賊巨艦將不利，援至可破也。」太祖謂子明：「歸語而帥，堅守一月，吾自取之。」還至湖口，爲友諒所獲，令誘城中降，子明佯諾。至城下，大呼：「我張大舍，已見主上，令諸公堅守，救且至。」賊怒，攢槊殺之。追封忠節侯。

友諒攻撫州，樞密院判李繼先乘城戰死；左翼元帥牛海龍突圍死；左副元帥趙國旺引兵燒戰艦，敵追至，投橋下死；百戶徐明躍馬出射賊，賊知明名，併力攻，被執死；軍士張德山夜半潛出城，焚賊舟，賊覺，死；夏茂成守城樓，中飛礮死；右翼元帥同知朱潛、統軍元帥

許珪俱戰死。蔣必勝陷吉安，參政劉齊、知府朱文華被執，不屈死。〔三〕趙天麟守臨江，友諒攻之，城陷不屈死。祝宗、康泰叛，陷洪都，知府葉琛與行省都事萬思誠迎戰，皆死。事平，皆贈爵侯伯以下有差，立忠臣廟於豫章，並祠十四人，以德勝爲首。而康郎山戰死者三十五人，首丁普郎。

普郎初爲陳友諒將，守小孤山，偕傅友德來降，授行樞密院同知，數有功。及援南昌，大戰鄱陽湖，自辰至午，普郎身被十餘創，首脫猶直立，執兵作鬬狀，敵驚爲神。時七月己丑也。追贈濟陽郡公。張志雄亦友諒將，素驍勇，號長張。從趙普勝守安慶。友諒殺普勝，志雄怨來降，爲樞密院判。至是舟檣折，敵攢刺之，知不能脫，遂自刎。元帥余昶、右元帥陳弼、徐公輔皆以其日戰沒。先一日，左副指揮韓成，元帥宋貴、陳兆先戰沒。兆先者，埜先從子，既被擒，太祖以其兵備宿衞，感帝大度，効死力，至是戰死。韓成子觀至都督，別有傳。越四日，辛卯，復大戰，副元帥昌文貴、左元帥李信、王勝、劉義死。八月壬戌扼敵涇江口，同知元帥李志高、副使王咬住亦戰死。其他偏裨死事者，千戶姜潤、王鳳顯、石明、王德、朱鼎、王清、常德勝、袁華、陳沖、王喜仙、汪澤、丁宇、史德勝、裘軫、王理、王仁，鎮撫常惟德、鄭興、逯德山、羅世榮、曹信。凡贈公一人、侯十二人、伯二人、子十五人、男六人，肖像康郎山忠臣廟，有司歲致祭。

又程國勝者，徽人。以義兵元帥來歸，敗楊完者，累功至萬戶，守南昌。與牛海龍夜劫友諒營。海龍中流矢死，國勝泅水得脫，抵金陵。從太祖戰鄱陽。張定邊直前犯太祖舟。國勝與韓成、陳兆先駕舸左右奮擊。太祖舟脫，國勝等繞出敵艦後，援絕力戰死。而南昌城中謂國勝已前死，故豫章、康山兩廟俱得預祀云。

桑世傑，無爲人，亦自巢湖來歸。趙普勝有異志，世傑發其謀，普勝逸去。從渡江，以舟師破元水軍。授秦淮翼元帥。下鎮江，徇金壇、丹陽，攻寧國長槍諸軍，克水陽，平常州。判行樞密院事。略地江陰、宜興。

初，石牌民朱定販鹽無賴，與富民趙氏有隙，遂告變，滅趙氏，授江陰判官。尋復爲盜，元遣兵捕之。定聞張士誠據高郵，乃導士誠由通州渡江。遂陷平江，以定爲參政，而遣元帥欒瑞戍石牌。及大兵既取江陰，瑞尙據石牌，導舟師往來。太祖命永安及世傑擊之，世傑力戰死，瑞亦降，張氏窺江路絕。太祖念其功，贈安遠大將軍、輕車都尉、永義侯，侑享太廟。

子敬以父死事，累官都督府僉事。洪武二十三年封徽先伯，歲祿千七百石，予世券。明年同徐輝祖等防邊，尋令屯軍平陽，坐藍玉黨死。

又劉成者，靈璧人。以統兵總管從耿炳文定長興，爲永興翼左副元帥，數佐炳文敗士誠兵。李伯昇以十萬衆來攻，城中兵僅七千。太祖遣兵援之，未至，炳文嬰城守。成引數十騎出西門，擊敗伯昇兵，擒其將宋元帥，轉至東門。敵悉兵圍之，遂戰死。贈懷遠將軍，立廟長興。

茅成，定遠人。自和州從軍，隸常遇春麾下，克太平，始授萬戶。從定常州、寧國，進總管。克衢州，授副元帥。守金華，改太平興國翼元帥。從克安慶，援安豐，戰鄱陽，克武昌，授武德衞千戶。尋進指揮副使。取贛州、安陸、襄陽、泰州，皆有功。從徐達攻平江，焚張士誠戰船，築長圍困之。達攻婁門，士誠出兵戰，成擊敗之，突至外郛，中叉死。贈東海郡公，祀功臣廟。

中華書局

同時死者，有楊國興，亦定遠人，以右翼元帥守宜興。初，常州人陳保二聚衆號「黃包軍」，既降復叛，誘執儋、李二將，國興執斬之。授神武衞指揮使。至是攻閶門戰死，以其子益襲指揮使。

胡深，字仲淵，處州龍泉人。穎異有智略，通經史百家之學。元末兵亂，嘆曰：「浙東地氣盡白，禍將及矣。」乃集里中子弟自保。石抹宜孫以萬戶鎮處州，辟參軍事，募兵數千，收捕諸山寇。溫州韓虎等殺主將叛，深往諭之。軍民感泣，殺虎以城降。已，偕章溢討龍泉之亂，搜旁縣盜，以次平之。宜孫時已進行省參政，承制命深爲元帥。戊戌十二月，太祖親征婺州，深帥兵車數百輛往援，至松溪不能救，敗去，婺遂下。明年，耿再成侵處州，宜孫分遣元帥葉琛、參謀林彬祖、鎮撫陳中真及深帥兵拒戰。會胡大海兵至，與再成合，大破之，進抵城下。宜孫戰敗，與葉琛、章溢走建寧，處州遂下。深以龍泉、慶元、松陽、遂昌四縣降。太祖素知深名，召見，授左司員外郎，遣還處州，招集部曲。從征江西，既定，命以親軍指揮守吉安。處州苗軍叛，殺守將耿再成，深從平章邵榮討誅之。會改中書分省爲浙東行中書省，遂以深爲行省左右司郎中，總制處州軍民事。時山寇竊發，人情未固。深募兵萬

餘人，捕誅渠帥。沿海軍素驍，誅其尤橫者數人，患遂息。癸卯九月，諸全叛將謝再興以張士誠兵犯東陽。左丞李文忠令深引兵爲前鋒，再興敗走。深建議以諸全爲浙東藩屏，乃度地去諸全五十里並五指山築新城，分兵戍守。太祖初聞再興叛，急馳使詣文忠，別爲城守計，至則工已竣。後士誠將李伯昇大舉來侵，頓新城下，不能拔，敗去。太祖嘉深功，賜以名馬。

太祖稱吳王，以深爲王府參軍，仍守處州。溫州豪周宗道聚衆據平陽，數爲方國珍從子明善所偪，以城來歸。明善怒攻之。深遣兵擊走明善，遂下瑞安，進兵溫州。方氏懼，請歲輸銀三萬充軍實。乃命深班師，復還鎮。陳友定兵至，破之，追至浦城，又敗其守兵，城遂下。進拔松溪，獲其守將張子玉。因請發廣信、撫州、建昌三路兵，規取八閩。太祖喜曰：「子玉驍將，擒之則友定破膽，乘勢攻之，理無不克。」因命廣信指揮朱亮祖由鉛山、建昌，左丞王溥由杉關，會深齊進。

已，亮祖等克崇安，進攻建寧。友定將阮德柔固守。深覘氛祲不利，欲緩之。亮祖曰：「師已至此，庸可緩乎？且天道幽遠，山澤之氣變態無常，何足徵也。」時德柔兵屯錦江，逼深陣後，亮祖督戰益急。深引兵還，擊破其二柵。德柔軍力戰，友定自以銳師夾擊。日已暮，深突圍走，馬蹶被執，遂遇害，年五十二，追封縉雲郡伯。

太祖嘗問宋濂曰：「胡深何如人？」對曰：「文武才也。」太祖曰：「誠然。浙東一障，吾方賴之。」而深以久任鄉郡，志圖平閩以報效，竟以死徇。深馭衆寬厚，用兵十餘年，未嘗妄戮一人。守處州，興學造士。縉雲田稅重，以新沒入田租償其數。鹽稅什一，請半取之，以通商賈。軍民皆懷其惠云。

孫興祖，濠人。從太祖渡江，積功爲都先鋒。戰龍江，還統軍元帥。破瑞昌八陣營，擢天策衞指揮使。興祖沉毅有謀，大將軍徐達雅重之。克泰州，以達請，命守海陵。海陵，士誠兵入淮要地也，興祖整軍令，練士伍，防禦甚嚴。吳兵自海口來侵，擊敗之，擒彭元帥。平江既下，命興祖取通州，士誠守將已詣徐達降。進大都督府副使，移鎮彭城。達既定關陝，旋師北向，檄興祖會東昌。從克元都，置燕山六衞，留兵三萬人，命興祖守之，領大都督分府事。大兵西征，擴廓由居庸窺北平，達謂諸將「北平有孫都督，不足慮」，遂直擣太原，語詳達傳。洪武三年帥六衞卒從達出塞，次三不剌川，遇敵力戰死，年三十五。太祖悼惜之，追封燕山侯，謚忠愍，配享通州常遇春祠。

未幾，中書省以都督同知汪興祖兼俸事入奏。帝聞奏興祖名，歎息，命以月俸給故燕

山侯興祖家。以其長子恪襲武德衞指揮使。久之，歷都督僉事。二十一年，以右參將從藍玉北征，至捕魚兒海，論功封全寧侯，歲祿二千石，予世券。恪謹敏有儒將風。從征楚、蜀，還駐沔陽，簡閱各衞所軍士備邊。二十五年進兼太子太保。未幾，籍兵山西，從宋國公勝練兵。旋召還，賜第中都。後坐藍玉黨死。

曹良臣，安豐人。穎寇起，聚鄉里築堡自固。歸太祖於應天，爲江淮行省參政。從取淮東，收浙西，進行省左丞。從大軍取元都，略地至澤、潞。進山西行省平章，還守通州。時大兵出山西，通州守備單弱，所部不滿千人。元丞相也速將萬騎營白河。良臣曰：「吾兵少不可與戰。彼衆雖多，亡國之餘，敗氣不振，當以計走之。」乃密遣指揮仵勇等於瀕河舟中多立赤幟，亘三十餘里，鉦鼓聲相聞。也速大駭，遁去。良臣出精騎逐北百餘里，元兵自是不敢窺北平。復從大將軍達擊擴廓帖木兒於定西，敗之。

洪武三年封宣寧侯，歲祿九百石，予世券。明年從伐蜀，克歸州山寨，取容美諸土司。會周德興拔茅岡覃垕寨，自白鹽山伐木開道，出紙坊溪以趨夔州，進克重慶。明年從副將軍文忠北征，至臚朐河，收其部落。文忠帥良臣持二十日糧，兼程進至土剌河。哈剌章渡

河拒戰，少却。追至阿魯渾河，敵騎大集。將士皆殊死戰，敵大敗走，而良臣與指揮周顯、常榮、張耀皆戰死。事聞，贈良臣安國公，謚忠壯，列祀功臣廟。子泰襲侯，坐藍玉黨死，爵除。

顯，合肥人。從渡江，累功至指揮同知。洪武三年以收應昌紅羅山寨，遷指揮使。榮，開平王遇春再從弟，歷指揮僉事。遇春卒於軍，榮護喪還。從朱亮祖平蜀，累官至振武衞指揮同知。耀，壽州人，初從陳埜先。建康下，始歸附。累功爲守禦福建指揮使，守興化。至是俱戰沒，帝厚邺諸臣家，命有司各表其墓。

濮英，廬州人。初以勇力爲百夫長，積功至西安衞指揮，坐軍政不修，召還詰責，遣棄昇代之。昇更言其賢，令還衞。洪武十九年，太祖命耿炳文選陝西都司衞所卒備邊，惟英所練稱勁旅，加都督僉事。明年命帥所部隨大將軍馮勝北征。抵金山，降納哈出，遂班師，而以英將奇兵三千人爲殿。納哈出餘衆竄匿者尚數十萬，聞師旋，設伏於途，謀俟大軍過竄取之，未發。英後至，猝爲所乘，衝突不能出，馬踣遂見執。敵既得英，思挾爲質。英絕

食不言，乘間引佩刀剖腹死。事聞，贈金山侯，謚忠襄。明年進贈樂浪公。封其子璵爲西涼侯，祿二千五百石，予世券。二十三年，命練兵東昌，又令駐臨清，訓練士卒。二十五年，召還，同宋國公勝等簡閱山西士馬。璵能修父職，帝甚嘉之。復令籍山西民兵，所籍州縣最多，事集而不擾。明年坐藍玉黨，戍五開死。

洪武中指揮使死事者，又有于光、嚴德、孫虎。

光，都昌人。初事徐壽輝，鎮浮梁。陳友諒弑壽輝，光以浮梁來降，授樞密院判，積功爲鷹揚衞指揮，鎮鞏昌。擴廓圍蘭州，光赴援，至馬蘭灘，戰敗被執，以徇城下。光大呼曰：「公等但堅守，徐將軍將大軍旦夕至矣。」賊怒，批其頰，遂被殺，祀功臣廟。

嚴德，太平人。〔六〕從起兵，積功爲海寧衞指揮。從朱亮祖討方國珍，戰歿於台州。追封天水郡公。

孫虎，不知何許人。〔七〕從援池州，下於潛、昌化，定建德、諸全，皆有功，授千戶。克新城、桐、廬，進海寧衞指揮使。平嘉興盜。從副將軍李文忠北征，由東道入應昌，至落馬河與元兵戰死。追封康安郡伯。

又指揮僉事劉廣，戍永平，禦寇戰死。涼州衞百戶劉林戍涼州，也先帖木兒叛，戰死。邊人壯之，名其所居𧶘融臺爲劉林臺。錢塘衞千戶袁興，全椒人，從征雲南，自請爲前鋒，陷陣死。並褒贈有差。

贊曰：明祖之興，自決策渡江，始力爭於東南數千里之內，摧友諒，滅士誠，然後北定中原，南圖閩、粵，則廖永安胡大海以下諸人，厥功豈細哉！計不旋踵，効命疆埸，雖勳業未竟，然褒崇廟祀，竹帛爛然。以視功成命爵，終罹黨籍者，其猶幸也夫。

校勘記

〔一〕親往撫其軍　撫，原作「拔」。本書卷一太祖紀，元至正十五年五月「巢湖帥廖永安、俞通海以水軍千艘來附，太祖大喜，往撫其衆」。據改。

〔二〕淵以父兄故　淵，本書卷一四二瞿能傳、明史稿傳一六俞通海傳附通淵傳、國榷卷九頁七三〇都作「通淵」。

〔三〕洪武十年加贈泗國公　十年，原作「三年」，據本書卷一〇五功臣世表、太祖實錄卷一一一洪武十年四月戊辰條改。

〔四〕衆山西行都督府僉事　僉事，太祖實錄卷五三洪武三年六月庚辰條作「同知」。

〔五〕知府朱文華被執不屈死　朱文華，本書卷一太祖紀、紅格本太祖實錄卷一二癸卯五月己巳條均作「朱叔華」。

〔六〕太平人　明史稿傳一六濮英附傳作「濠人」。

〔七〕不知何許人　明史稿傳一六濮英附傳作「壽州人」。

中華書局

明史卷一百三十四

列傳第二十二

何文輝 徐司馬　葉旺 馬雲　繆大亨 武德　蔡遷 陳文　王銘　甯正 袁義　金興旺 費子賢　花茂　丁玉　郭雲 王溥

何文輝，字德明，滁人。太祖下滁州，得文輝，年十四，撫爲己子，賜姓朱氏。太祖初起，多蓄義子。及長，命偕諸將分守諸路。周舍守鎭江，道舍守寧國，馬兒守婺州，柴舍、眞童守處州，金剛奴守衢州，皆義子也。金剛奴後無考。周舍卽沐英，軍中又呼沐舍。柴舍者，朱文剛，與耿再成死處州難。又有朱文遜，史不傳其小字，亦以義子死太平。自沐英外，最著者唯道舍、馬兒，馬兒卽徐司馬，而道舍卽文輝也。

文輝以天寧翼元帥守寧國，進江西行省參政。數攻江西未下州縣，討新淦鄧仲廉，斬之。援安福，走饒鼎臣，平山尖寨。從徐達取淮東，復從下平江。賜文綺，進行省左丞，復

其姓。以征南副將軍與平章胡美由江西取福建，度杉關，入光澤，徇邵武、建陽，直趨建寧。元同僉達里麻、參政陳子琦閉門拒守。文輝與美環攻之。踰十日，達里麻不能支，夜潛至文輝營乞降。詰旦，總管翟也先不花亦以衆降於文輝。美怒兩人不詣己，欲屠其城。文輝馳告美曰：「與公同受命至此，爲安百姓耳。今既降，奈何以私忿殺人。」美乃止。師入城，秋毫無所犯。汀、泉諸州縣聞之，皆相次歸附。會車駕幸汴梁，召文輝扈從，因命爲河南衞指揮使，定汝州餘寇。從大將軍取陝西，留守潼關。洪武三年授大都督府都督僉事，予世襲指揮使。復以參將從傅友德等平蜀，賜金幣，留守成都。

文輝號令明肅，軍民皆德之。帝嘗稱其謀略威望。遷大都督府同知。五年命帥山東兵從李文忠出應昌。明年移鎭北平。文忠北征，文輝督兵巡居庸關，以疾召還。九年六月卒，年三十六。遣官營葬滁州東沙河上，䘏賚甚厚。子環，成都護衞指揮使，征迤北陣歿。

徐司馬，字從政，揚州人。元末兵亂，年九歲，無所依。太祖得之，養爲子，亦賜姓。既長，出入侍左右。及取婺州，除總制，命助元帥常遇春守婺。吳元年授金華衞指揮同知。洪武元年從副將軍李文忠北征，擒元宗王慶生。〔一〕擢杭州衞指揮使，尋進都指揮使。詔復姓。九年還鎭河南。時新建北京於汴梁，號重地，帝素賢司馬，特委任之。宋國公馮勝方練兵河南。會有星變，占在大梁。帝使使密敕勝，且曰：「幷以此語馬兒知之。」既復敕二人曰：「天象屢見，大梁軍民錯處，尤宜愼防。今秦、晉二王還京，當嚴兵宿衞。王抵汴時，若宋國公出迓，則都指揮居守；都指揮出迓，則宋國公亦然。」敕書官而不名，倚重與宋公等。十九年入覲，遂擢中軍都督府僉事。二十五年，以左副總兵從藍玉征建昌，討越巂。明年正月還至成都卒。追坐藍玉黨，二子皆獲罪。

司馬好文學，性謙厚，所至撫循士卒，甚得衆心。在河南久，尤有惠政。公暇退居，一室蕭然如寒素。雖戰功不及文輝，而雅量過之，並稱賢將云。

葉旺，六安人。與合肥人馬雲同隸長鎗軍謝再興爲千戶。再興叛，二人自拔歸。數從征，積功並授指揮僉事。洪武四年偕鎭遼東。初，元主北走，其遼陽行省參政劉益屯蓋州，與平章高家奴相爲聲援，保金、復等州。帝遣斷事黃儔齎詔諭益。益籍所部兵馬、錢糧、輿地之數來歸。乃立遼陽指揮使司，以益爲指揮同知。未幾，元平章洪保保、馬彥翬合謀殺益。右丞張良佐、左丞商暠擒彥翬殺之，保保挾儔走納哈出營。良佐因權衞事，以狀聞。

且言：「遼東僻處海隅，肘腋皆敵境。平章高家奴守遼陽山寨，知院哈剌章屯瀋陽古城，開元則右丞也先不花，金山則太尉納哈出，彼此相依，時謀入犯。今保保逃往，釁必起，乞留斷事吳立鎭撫軍民。而以所擒平章八丹、知院僧孺等械送京師。」帝命立、良佐、暠俱爲蓋州衞指揮僉事。既念遼陽重地，復設都指揮使司統轄諸衞，以旺及雲並爲都指揮使往鎭之。已，知儔被殺，納哈出將內犯，敕旺等預爲備。

未幾，納哈出果以衆至，見備禦嚴，不敢攻，越蓋至金州。金州城未完，指揮韋富、王勝等督士卒分守諸門。乃剌吾者，敵驍將也，率精騎數百挑戰城下，中伏弩仆，爲我兵所獲。敵大沮。富等縱兵擊，敵引退，不敢由故道，從蓋城南十里沿柞河遁。旺先以兵扼柞河。自連雲島至窟駝寨十餘里，緣河壘冰爲牆，沃以水，經宿凝沍如城。布釘板沙中，旁設坑穽，伏兵以伺。雲及指揮周鶚、吳立等建大旗城中，嚴兵不動，寂若無人。已，寇至城南，伏四起，兩山旌旗蔽空，矢石雨下。納哈出倉皇趨連雲島，遇冰城，旁走，悉陷於穽，遂大潰。雲自城中出，合兵追擊至將軍山、畢栗河，斬獲及凍死者無算，乘勝追至豬兒峪。納哈出僅以身免。第功，進旺、雲俱都督僉事。時洪武八年也。

十二年命雲征大寧。捷聞，受賞，召還京。後數年卒。旺留鎭如故。會高麗遣使致書及禮物，而龍州鄭白等請內附。旺以聞。帝謂人臣無外交，此間諜之漸，勿輕信，彼特示弱

中華書局

於我，以窺邊釁，還之，使無所藉口。明年，旺復送高麗使者周誼入京。帝以其國中弒逆，又詭殺朝使，反覆不可信，切責旺等絕之，而留誼不遣。十九年召旺爲後軍都督府僉事。居三月，遼東有警，復命還鎮。二十一年三月卒。

旺與雲之鎮遼也，翦荆棘，立軍府，撫輯軍民，墾田萬餘頃，遂爲永利。旺尤久，先後凡十七年。遼人德之。嘉靖初，以二人有功於遼，命有司立祠，春秋祀之。

繆大亨，定遠人。初糾義兵爲元攻濠，不克，元兵潰，大亨獨以衆二萬人與張知院屯橫澗山，固守月餘。太祖以計夜襲其營，破之，大亨與子走免。比明，復收散卒，列陣以待。太祖遣其叔貞諭降之，命將所部從征，數有功，擢元帥。總兵取揚州，克之。降青軍元帥張明鑑。

初，明鑑聚衆淮西，以青布爲號，稱「青軍」，又以善長鎗，稱「長鎗軍」。由含山轉掠揚州，元鎮南王孛羅普化招降之，以爲濠、泗義兵元帥。踰年，食盡，謀擁王作亂。王走死淮安，明鑑遂據城，屠居民以食。大亨言於太祖，賊饑困，若掠食四出則難制矣，且驍鷙可用，無爲他人得。太祖命大亨亟攻，明鑑降，得衆數萬、馬二千餘匹，悉送其將校妻子至應天。

改淮海翼元帥府爲江南分樞密院，以大亨爲同僉樞密院事，總制揚州、鎮江。

大亨有治略，寬厚不擾，而治軍嚴肅，禁暴除殘，民甚悅之。未幾卒。太祖過鎮江，嘆曰：「繆將軍生平端直，未嘗有過，惜不見矣。」遣使祭其墓。

武德，安豐人。元至正中爲義兵千戶。知元將亡，言於其帥張鑑曰：「吾輩才雄萬夫，今東衄西挫，事勢可知，不如早擇所依。」鑑然其言，相率歸太祖。隸李文忠，從赴池州，力戰，流矢中右股，拔去，戰自若。取於潛、昌化，克嚴州，皆預，進萬戶。苗帥楊完者軍烏龍嶺，德請曰：「此可襲而取也。」文忠問故。對曰：「乘高覘之，其部曲徙舉不安而聲囂。」文忠曰：「善。」即襲完者，覆其營。取蘭溪，克諸暨，攻紹興，皆先登陷陣，傷右臂不顧。文忠嘆曰：「將士人人如此，何戰不捷哉。」

蔣英、賀仁德之叛，浙東大震。從文忠定金華，又從攻處州，遇仁德於劉山，戈中右股。德引刀斷戈，追擊之。仁德再戰，再敗走，遂爲其下所殺。德還師守嚴。後二年，定官制，改管軍百戶。從文忠破張士誠兵於諸暨，與諸將援浦城，所過山寨皆下。復從文忠下建、延、汀三州，悉定閩溪諸寨，進管軍千戶，移守衢，予世襲。最後從靖海侯吳禎巡海上。禎以德可任，令守平陽。在任八年，致仕。及征雲南，帝以德宿將，命與諸大帥偕行。

副使。

張鑑，又名明鑑，淮西人。既歸太祖，每攻伐必與德俱，先德卒。官至江淮行樞密院副使。

蔡遷，〔二〕不詳其鄉里，元末從芝麻李據徐州。李敗，歸太祖，爲先鋒。從渡江，下采石，克太平，取溧水，破蠻子海牙水寨及陳埜先，皆有功。定集慶，授千戶。從徐達取廣德、寧國，遷萬戶。進攻常州，獲黃元帥，遂爲都先鋒。從征馬駄沙，克池州，攻樅陽，從征衢、婺二州，授帳前左翼元帥。敗陳友諒於龍江，進復太平，取安慶水寨，收九江，敗友諒八陣指揮於瑞昌，〔三〕遂克南昌。從援安豐，攻合肥，戰鄱陽，從征武昌，進指揮同知。從常遇春討平鄧克明餘黨，進攻贛州，取南安、南雄諸郡，還兵追饒鼎臣於茶陵，遷龍驤衞同知。從徐達克高郵，破馬港，〔四〕授武德衞指揮使，守淮安，移守黃州。從下湘潭、辰、全、道、永諸州，轉荆州衞指揮。進克廣西，遷廣西行省參政，兼靖江王相，討平諸叛蠻。洪武三年九月卒，詔歸葬京師，贈安遠侯，謚武襄。

遷爲將十五年，未嘗獨任，多從諸將征討。身經數十戰，輒奮勇突出，橫刀左右擊，敵皆披靡不敢近。既還，金瘡滿體，人視之不可堪，而遷略不爲意，爲太祖所愛重。及卒，尤

痛惜之，親製文祭焉。

合肥陳文者，南北征伐，累立戰功，亦遷亞也。文少孤，奉母至孝，元季挈家歸太祖，積官都督僉事。卒，追封東海侯，謚孝勇。明臣得謚孝者，文一人而已。

王銘，字子敬，和州人。初隸元帥俞通海麾下，從攻蠻子海牙於采石。以銘驍勇，選充奇兵。戰方合，帥敢死士大譟突之，拔其水寨，自是數有功。與吳軍戰太湖，流矢中右臂，引佩刀出其鏃，復戰。通海勞之。復拔通州之黃橋、鵝項諸寨。賜白金文綺。龍灣之戰，逐北至采石，銘獨突敵陣。敵兵攢槊刺銘，傷頰。銘三出三入，所殺傷過當。賜文綺銀椀，選充宿衞。從取江州，戰康郎山及涇江口，復克英山諸寨，擢管軍百戶。從副將軍常遇春戰湖州之昇山，〔五〕再戰舊館，已，又戰烏鎮。前後數十戰，功多，命守松江。移太倉，捕斬倭寇千餘人，再賜金幣。

洪武四年都試百戶諸善用槍者，率莫能與銘抗。累官至長淮衞指揮僉事，移守溫州。上疏曰：「臣所領鎮，外控島夷，城池樓櫓仍陋襲簡，非獨不足壯國威，猝有風潮之變，捍禦

中華書局

無所，勢須改爲。」帝報可。於是繕城濬濠，悉倍於舊。加築外垣，起海神山屬郭公山，首尾二千餘丈，宏敞壯麗，屹然東浙巨鎭。帝甚嘉之，予世襲。銘嘗請告暫還和州。溫士女遮道送迎。長吏皆相顧歎曰：「吾屬爲天子牧民，民視吾屬去來漠然，愧王指揮多矣。」歷右軍都督僉事。二十六年坐藍玉黨死。

甯正，字正卿，壽州人。幼爲韋德成養子，冒韋姓。元末隨德成來歸，從渡江。德成戰歿宣州，以正領其衆，積功授鳳翔衞指揮副使。從定中原，入元都，招降元將士八千餘人。從傅友德自眞定略平定州，以正守眞定。已，從大軍取陝西。馮勝克臨洮，留正守之。大軍圍慶陽，正駐邠州，絕敵聲援。慶陽下，還守臨洮。從鄧愈破定西，克河州。

洪武三年授河州衞指揮使。上言：「西民轉粟餉軍甚勞，而茶布可易粟。請以茶布給軍，令自相貿易，省輓運之苦。」詔從之。正初至衞，城邑空虛，勤於勞徠。不數年，河州遂爲樂土。璽書嘉勞，始復甯姓。兼領寧夏衞事，修築漢、唐舊渠，引河水溉田，開屯數萬頃，兵食饒足。

十三年從沐英北征，擒元平章脫火赤、知院愛足，取全寧四部。十五年遷四川都指揮

使，討平松、茂諸州。雲南初定，命正與馮誠共守之。思倫發作亂，正破之於摩沙勒寨，斬首千五百。已，敵衆大集，圍定邊。沐英分兵三隊，正將左軍，鏖戰，大敗之，語在英傳。土酋阿資叛，復從英討降之。英卒，詔授正左都督代鎭。已，復命爲平羌將軍，總川、陝兵討平階、文叛寇張者。二十八年從秦王討平洮州番，還京。明年卒。

又袁義，廬江人，本張姓，德勝族弟也。初爲雙刀趙總管，守安慶，敗趙同僉、丁普郎於沙子港。左君弼招之，弗從。德勝戰死，始來附，爲帳前親軍元帥，賜姓名。數從征伐，積功爲興武衞指揮僉事。從大將軍北征，敗元平章俺普達等於通州，走賀宗哲、詹同於澤、潞，功最。復從定陝西，敗元豫王兵。與諸將合攻慶陽。張良臣兵驟薄義營，義堅壁不爲動，俟其懈，力擊破之。走擴廓軍於定西，南取興元，進本衞同知，調羽林衞，移鎭遼東。

已，從沐英征雲南，克普定諸城，留鎭楚雄。蠻人屢叛，義積糧高壘，且守且戰，以功遷楚雄衞指揮使。嘗入朝，帝厚加慰勞。以其老，命醫爲染鬚鬢，俾還任以威遠人，且特賜銀印寵異之。歷二十年，墾田築堰，治城郭橋梁，規畫甚備。軍民德之。建文元年徵還，爲右軍都督府僉事，進同知，卒官。

金興旺，不詳所始。爲威武衞指揮僉事，進同知。洪武元年，大將軍徐達自河南至陝西，請益兵守潼關，以興旺副郭興守之，進指揮使。明年攻臨洮，移興旺守鳳翔，轉軍餉。未幾，賀宗哲攻鳳翔，興旺與知府周煥嬰城守。敵編荆爲大箕，形如半舫。每箕五人，負之攻城，矢石不能入。投囊焚之，輒颺起。乃置鉤囊中，擲著其隙，火遂熾，敵棄箕走。復爲地道薄城，城中以矛迎刺，敵死甚衆，而攻不已。興旺與煥謀曰：「彼謂我援師不至，必不敢出。乘其不意擊之，可敗也。」潛出西北門，奮戰，敵少却。會百戶王輅自臨洮收李思齊降卒東還，即以其衆入城共守。敵拔營去，衆欲追之，輅曰：「未敗而退，誘我也。」遣騎偵之，至五里坡，伏果發，還師復圍城。衆議欲走，興旺叱曰：「天子以城畀我，寧可去耶！」以輅所將皆新附，慮生變，乃括城中貲畜積庭中，令曰：「敵少緩，當大犒新兵。」新兵喜，協力固守。相持十五日，敵聞慶陽下，乃引去。帝遣使以金綺勞興旺等。

明年，達入沔州，遣興旺與張龍由鳳翔入連雲棧，合攻興元。守將降，以興旺守之，擢大都督府僉事。蜀將吳友仁帥衆三萬寇興元，興旺悉城中兵三千禦敵。面中流矢，拔矢復戰，斬數百人。敵益衆，乃斂兵入城。友仁決濠塡塹，爲必克計。達聞之，令傅友德夜襲木槽關，攻斗山寨，人持十炬，連亙山上。友仁驚遁。興旺出兵躡之，墜崖石死者無算，友仁

自是氣奪。時興旺威鎭隴、蜀。而國初諸都督中，城守功，興旺外尤推費子賢。

子賢，亦不詳所始。從渡江，爲廣德翼元帥，數有功。取武康，又取安吉，築城守之。張士誠兵數來犯，輒敗去。最後張左丞以兵八萬來攻，子賢所部僅三千人，而守甚固。設車弩城上，射殺其梟將二人，敵乃解去。以功進指揮同知。取福建，克元都、定西俱有功，授大都督府僉事，世指揮使。

花茂，巢縣人。初從陳埜先，已而來歸。從定江左，滅陳友諒，平中原、山西、陝西，積功授武昌衞副千戶。征西蜀，克瞿唐關，入重慶，下左、右兩江及田州，進神策衞指揮僉事，調廣州左衞。平陽春、淸遠、英德、翁源、博羅諸山寨叛蠻及東莞、龍川諸縣亂民，進指揮同知。平電白、歸善賊，再遷都指揮同知，世襲指揮使。數剿連州、廣西、湖廣諸瑤賊。上言：「廣東南邊大海，姦宄出沒，東莞、筍岡諸縣逋逃蜑戶，附居海島，遇官軍則詭稱捕魚，遇番賊則同爲寇盜，飄忽不常，難於訊詰。不若籍以爲兵，庶便約束。」又請設沿海依山廣海、碙石、神電等二十四衞所，築城浚池，收集海島隱料無籍等軍，仍於山海要害地立堡屯軍，以

中華書局

備不虞，皆報可。進都指揮使。久之卒，賜葬安德門。

長子榮襲職。次子英，果毅有父風，亦以軍功爲廣東都指揮使，有聲永樂中。

丁玉，初名國珍，河中人。仕韓林兒爲御史，才辨有時譽。呂珍破安豐，玉來歸。隨征彭蠡，爲九江知府。大兵還建康，彭澤山民叛，玉聚鄉兵討平之。太祖嘉其武略，命兼指揮，更名玉。從傅友德克衡州，以指揮同知鎭其地，復調守永州。玉有文武才，撫輯新附，威望甚著。

洪武元年進都指揮使，尋兼行省參政，鎭廣西。十年召爲右御史大夫。四川威茂土酋董貼里叛，以玉爲平羌將軍討之。至威州，貼里降。承制設威州千戶所。十二年平松州，玉遣指揮高顯等城之，請立軍衞。帝謂松州山多田少，耕種不能贍軍，守之非策。玉言松州爲西羌要地，軍衞不可罷，遂設官築戍如玉議。會四川妖人彭普貴爲亂，焚掠十四州縣，指揮普亮等不能克，命玉移軍討滅之。帝手敕褒美，轉左御史大夫。師還，拜大都督府左都督。十三年坐胡惟庸姻誅。

郭雲，南陽人。長八尺餘，狀貌魁偉。元季聚義兵保裕州泉白寨，〔六〕累官湖廣行省平章政事。元主北奔，河南郡縣皆下，雲獨堅守。大將軍徐達遣指揮曹諒圍之，雲出戰，被執。大將軍呵之跪。雲植立，嫚罵求死。脅以刃，不動。大將軍壯之，繫送京師。太祖奇其狀貌，釋之。時帝方閱漢書，問識字否，對曰：「識。」因以書授之。雲誦其書甚習。帝大喜，厚加賞賜，用爲溧水知縣，有政聲。帝益以爲賢，特擢南陽衞指揮僉事，使還鄉收故部曲，就成其地，凡數年卒。

長子洪，年甫十三。帝爲下制曰：「雲出田間，倡義旗保鄉曲，崎嶇累年，竭心所事。王師北伐，人神嚮應，而雲數戰不屈，勢窮援絕，終無異志。朕嘉其節概，試之有司，則閭閻頌德，俾鎭故鄉，則軍民樂業。雖無汗馬之勳，倒戈之效，治績克著，忠義凜然。子洪可入開國功臣列，授宣武將軍、飛熊衞親軍指揮使司僉事，世襲。」其同時以降將予世職者有王溥。

溥，安仁人。仕陳友諒爲平章，守建昌。太祖命將攻之，不克。朱亮祖擊於饒之安仁港，亦失利。友諒將李明道之寇信州也，溥弟漢二在軍，俱爲胡大海擒，歸於行省李文忠，文忠命二人招溥。是歲太祖拔江州，友諒走武昌，溥乃遣使降，命仍守建昌。明年，太祖次龍興，帥其衆來見，數慰勞。從歸建康，賜第聚寶門外，號其街曰「宰相街」，以寵異之。尋遣取撫州及江西未附郡縣。從克武昌，進中書右丞。洪武元年命兼詹事府副詹事。從大將軍北征，屢有功。賜文幣，擢河南行省平章，不署事，歲祿視李伯昇、潘元明。

初，溥未仕時，奉母葉氏避兵貴溪，遇亂與母相失，凡十八年，嘗夢母若告以所在。至是從容言於帝，請歸省墳墓。許之，且命禮官具祭物。溥率士卒之貴溪，求不得，晝夜號泣。居人吳海言夫人爲賊逼，投井中死矣。溥求得井，有鼠自井出，投溥懷中，旋復入井。汲井索之，母屍在焉，哀呼不自勝。乃具棺斂，卽其地以葬。溥卒，子孫世襲指揮同知。

贊曰：文輝、司馬任寄股肱，葉旺、馬雲效著邊域，大亨以端直見思，郭雲以政績蒙寵。他如蔡遷、王銘、甯正、金興旺輩，或善戰，或善守，或善撫綏，要皆一時良將也。蓋明運初興，人材蔚起，鐵券、丹符之外，其可稱者猶如此。以視詩人兔罝之詠，何多讓哉。

校勘記

〔一〕洪武元年從副將軍李文忠北征擒元宗王慶生　按李文忠等北征克開平，獲元宗王慶生，事在

洪武二年六月，見太祖實錄卷四二洪武二年六月己卯條、國榷卷三頁三九二。「元年」當作「二年」。

〔二〕蔡遷　本書卷一〇五功臣世表　太祖實錄卷五五洪武三年八月丙子條、卷五六洪武三年九月丙午條均作「蔡僊」。

〔三〕敗友諒八陣指揮於瑞昌　瑞昌，原作「壽昌」。據太祖實錄卷五六洪武三年九月丙午條改。明史考證攟逸卷四云：「按孫興祖傳載，其爲統軍元帥時破瑞昌八陣營，此云八陣指揮，卽其事也。考其時，友諒據有江西、湖廣地，故立營瑞昌以防明兵　此作『壽昌』誤。」

〔四〕破馬港　馬港，本書卷一二五徐達傳作「馬驛港」，明史稿傳二五蔡遷傳作「馬邏港」。

〔五〕從副將軍常遇春戰湖州之昇山　昇山，原作「弁山」，本書卷一二三張士誠傳，卷一二五徐達傳、常遇春傳均作「昇山」。按湖州有昇山，又有弁山(又名卞山)，但弁山與進軍路綫不合，作「昇山」是，據改。

〔六〕元季聚義兵保裕州泉白寨　泉白寨，原作「白泉寨」。按太祖實錄卷九〇洪武七年六月「是月」條作「泉白寨」。明一統志卷三〇，南陽府有泉白山，在裕州北四十里。此處白泉二字互倒，今改正。

明史卷一百三十五

列傳第二十三

陳遇 秦從龍　葉兌　范常 潘庭堅　宋思顏 夏煜

郭景祥 李夢庚 王濂 毛騏　楊元杲 阮弘道 汪河　孔克仁

陳遇，字中行，先世曹人。高祖義甫，宋翰林學士，徙居建康，子孫因家焉。遇天資沉粹，篤學博覽，精象數之學。元末爲溫州教授，已而棄官歸隱，學者稱爲靜誠先生。太祖渡江，以秦從龍薦，發書聘之，引伊、呂、諸葛爲喻。遇至，與語大悅，遂留參密議，日見親信。太祖爲吳王，授供奉司丞，辭。卽皇帝位，三授翰林學士，皆辭。乃賜肩輿一乘，衞士十人護出入，以示榮寵。

洪武三年奉命至浙江廉察民隱，還賜金帛。除中書左丞，又辭。明年召對華蓋殿，賜坐，命草平西詔。授禮部侍郎，兼弘文館大學士，復辭。西域進良馬，遇引漢故事以諫。除

太常少卿，固辭。最後除禮部尚書，又固辭。帝沉吟良久，從之。自是不復强以官。帝嘗從容言欲官其子，遇曰：「臣三子皆幼，學未成，請俟異日。」帝亦弗强也。

遇自開基之始，卽侍帷幄。帝嘗問保國安民至計。遇對以不嗜殺人，薄斂任賢，復先王禮樂爲首務。廷臣或有過被譴責，遇力爲解，多得全釋。其計畫多秘不傳，而寵禮之隆，勳戚大臣無與比者。數臨幸其第，語必稱先生，或呼爲君子。命爵輒辭，終成其高。十七年卒，賜葬鍾山。

子恭，舉人，累官工部尚書，有能聲。遇弟遠，字中復，嘗隨遇侍帝。永樂初，爲翰林待詔，精繪事。遠子孟顒，善書。

秦從龍，字元之，洛陽人。仕元，官江南行臺侍御史。兵亂，避居鎭江。徐達之攻鎭江也，太祖謂之曰：「聞有秦元之者，才器老成，汝當詢訪，致吾欲見意。」達下鎭江，訪得之。太祖命從子文正、甥李文忠奉金綺造其廬聘焉。從龍與妻陳偕來，太祖自迎之於龍江。

時太祖居富民家，因邀從龍與同處，朝夕訪以時事。已，卽元御史臺爲府，居從龍西華門外，事無大小悉與之謀。嘗以筆書漆簡，問答甚密，左右皆不能知。從龍生日，太祖與世子厚有贈遺，或親至其家燕飲。至正二十五年冬，從龍子澤死，請告歸。太祖出郊握手送

之。尋病卒，年七十，太祖驚悼。時方督軍至鎭江，親臨哭之，厚卹其家，命有司營葬。

葉兌，字良仲，寧海人。以經濟自負，尤精天文、地理、卜筮之書。元末知天運有歸，以布衣獻書太祖，列一綱三目，言天下大計。時太祖已定寧越，規取張士誠、方國珍，而察罕兵勢甚盛，遣使至金陵招太祖，故兌書於三者籌之爲詳。其略曰：

愚聞取天下者，必有一定之規模。韓信初見高祖，畫楚、漢成敗，孔明臥草廬，與先主論三分形勢者是也。今之規模，宜北絕李察罕，南併張九四，撫溫、台，取閩、越，定都建康，拓地江、廣，進則越兩淮以北征，退則畫長江而自守。夫金陵古稱龍蟠虎踞，帝王之都，藉其兵力資財，以攻則克，以守則固，百察罕能如吾何哉。江之所備，莫急上流。今義師已克江州，足蔽全吳。況自滁、和至廣陵，皆吾所有，非直守江，兼可守淮矣。張氏傾覆可坐而待，淮東諸郡亦將來歸。北略中原，李氏可併也。今聞察罕妄自尊大，致書明公，如曹操之招孫權。竊以元運將終，人心不屬，而察罕欲效操所爲，事勢不侔。宜如魯肅計，鼎足江東，以觀天下之釁，此其大綱也。

至其目有三。張九四之地，南包杭、紹，北跨通、泰，而以平江爲巢穴。今欲攻之，

莫若聲言掩取杭、紹、湖、秀，而大兵直擣平江。城固難以驟拔，則以鎖城法困之。〔一〕於城外矢石不到之地別築長圍，分命將卒四面立營，屯田固守，斷其出入之路，分兵略定屬邑，收其稅糧以贍軍中。彼坐守空城，安得不困？平江既下，巢穴已傾，杭、越必歸，餘郡解體，此上計也。

張氏重鎭在紹興。紹興懸隔江海，所以數攻而不克者，以彼糧道在三江斗門也。若一軍攻平江，斷其糧道，一軍攻杭州，絕其援兵，紹興必拔。所攻在蘇、杭，所取在紹興，所謂多方以誤之者也。紹興既拔，杭城勢孤，湖、秀風靡，然後進攻平江，犁其心腹，江北餘孽隨而瓦解，此次計也。

方國珍狼子野心，不可馴狎。往年大兵取婺州，彼卽奉書納款。後遣夏煜、陳顯道招諭，彼復狐疑不從。顧遣使從海道報元，謂江東委之納款，誘令張昶齎詔而來，且遣韓叔義爲說客，欲說明公奉詔。彼既降我，而反欲招我降元，其反覆狡獪如是。宜興師問罪。然彼以水爲命，一聞兵至，挈家航海，中原步騎無如之何。夫上兵攻心，彼言杭、越一平，卽當納土，不過欲欵我師耳。攻之之術，宜限以日期，責其歸順。彼自方國璋之沒，自知兵不可用，又叔義還稱義師之盛，氣已先挫。今因陳顯道以自通，正可脅之而從也。事宜速不宜緩。宣諭之後，更置官吏，拘集舟艦，潛收其兵權，以消未

然之變，三郡可不勞而定。

福建本浙江一道，兵脆城陋。兩浙既平，必圖歸附，下之一辯士力耳。如復稽遲，則大兵自溫、處入，奇兵自海道入，福州必不支。福州下，旁郡迎刃解矣。威聲已震，然後進取兩廣，猶反掌也。

太祖奇其言。欲留用之，力辭去。賜銀幣襲衣。後數歲，削平天下，規模次第略如兌言。

范常，字子權，滁人。太祖軍滁，杖策謁軍門。太祖夙知其名，與語意合，留置幕下，有疑輒問，常悉以實對。諸將克和州，兵不戢。常言於太祖曰：「得一城而使人肝腦塗地，何以成大事？」太祖乃切責諸將，搜軍中所掠婦女，還其家，民大悅。太祖以四方割據，戰爭無虛日，命常爲文，禱於上帝。其辭曰：「今天下紛紜，生民塗炭，不有所屬，物類盡矣。倘元祚未終，則羣雄當早伏其辜，某亦在羣雄中，請自某始。若已厭元德，有天命者宜歸之，無使斯民久阽危苦。存亡之機，驗於三月。」太祖嘉其能達己意，命典文牘，授元帥府都事。取太平，命爲知府，諭之曰：「太平吾股肱郡，其民數困於兵，當令得所。」常以簡易爲治，興學恤民。官廩有穀數千石，請給民乏種者，秋稔輸官，公私皆足。居三年，民親愛之，召入爲

侍儀。

洪武元年擢翰林直學士兼太常卿。帝銳意稽古禮文。羣臣集議，間有異同，常能參合衆言，委曲當上意。尋以病免歸。歲餘，手詔徵詣闕，仍故官。帝宴閒，輒命儒臣列坐賦詩爲樂。常每先成，語多率。帝笑曰：「老范詩質樸，殊似其爲人也。」遷起居注。常有足疾，數在告，賜以安車。尋乞歸，帝賦詩四章送之，賜宅於太平。子祖，歷官雲南左參政，有修潔稱。

潘庭堅，字叔聞，當塗人。元末爲富陽教諭，謝去。太祖駐太平，以陶安薦，徵庭堅爲帥府教授，愼密謙約，爲太祖所稱。下集慶，擢中書省博士。婺州下，改爲金華府，以庭堅同知府事。時上游諸郡次第平定，擇儒臣撫綏之，先後用陶安、汪廣洋於江西，而庭堅與王愷守浙東。太祖爲吳王，設翰林院，與安同召爲學士，而庭堅已老，遂告歸。洪武四年復召至，主會試。

子黼，字章甫，有文名，官至江西按察使。會修律令，留爲議律官。書成，卒。黼謹飭類父，而文采淸雅過之。父子皆以鄉校顯，時以爲榮。

宋思顏，不知何許人。太祖克太平，以思顏居幕府。及定集慶，置江南行中書省，太祖總省事，以李善長及思顏爲參議。同時所設省中官李夢庚、郭景祥、侯元善、楊元杲、陶安、阮弘道、孔克仁、王愷、欒鳳、夏煜等數十人，而思顏獨與善長並授參議，其任較諸人爲重。已，建大都督府，以思顏兼參軍事。

太祖嘗視事東閣，天暑，汗沾衣。左右更以衣進，皆數經浣濯者。思顏曰：「主公躬行節儉，眞可示法子孫，惟願終始如一。」太祖嘉其直，賜之幣。他日又進曰：「句容虎爲害，既捕獲，宜除之，今豢養民間何益？」太祖欣然，卽命殺虎。其隨事納忠類如此。後出爲河南道按察僉事，坐事死。

夏煜，字允中，江寧人。有俊才，工詩，辟爲中書省博士。婺州平，調浙東分省，兩使方國珍，咸稱旨。太祖征陳友諒，儒臣惟劉基與煜侍。鄱陽戰勝，太祖所與草檄賦詩者，煜其一也。洪武元年使總制浙東諸府，與高見賢、楊憲、凌說四人以伺察搏擊爲事，後俱以不良死。

郭景祥，濠人。與鳳陽李夢庚皆從渡江，典文書，佐謀議，分任行中書省左右司郎中。既同調浙東分省，尋復同入爲大都督府參軍。景祥性諒直，博涉書史，遇事敢言，太祖親信之。嘗曰：「景祥文吏，而有折衝禦侮才，能盡忠於我，可大任也。」先是，克滁州、太平、溧陽，以城郭不完，輒命景祥董治之。既而和州守臣言州城久廢，命景祥相度，卽故址城之，九旬而工畢。太祖以爲能，授和州總制。景祥益治城隍樓櫓，廣屯田，練士卒，威望肅然。和遂爲重鎭，璽書褒勞。仕終浙江行省參政。

謝再興之守諸全也，部將私販易吳境。太祖怒殺部將，召諭再興，命夢庚往諸全總制軍事。再興還鎭，忿夢庚出己上，遂叛，執夢庚降於吳，夢庚死之。其時，參佐行省者，又有毛騏、王濂。

濂，字習古，定遠人，李善長婦兄也。少嗜學，事親孝。初從汝、潁賊，太祖克集慶，乃渡江來歸。善長爲言，得召見，除執法官，讞獄平允。遷中書省員外郎，出爲浙江按察僉事，治行著聞。大風晝晦，濂應詔言民瘼，請緩征。太祖納之。洪武三年卒。帝謂善長曰：「濂有王佐才，今死，朕失一臂。」後善長坐事，帝歎曰：「使王濂在，必不至是。」

中華書局

駛，字國祥，與濂同里。太祖自滁引兵趨定遠，駛扶縣令出降。太祖喜，留與飲食，籌兵事，悉當意。取滁州，擢總管府經歷，典倉廩，兼掌晨昏曆，稽將帥之失伍者。從渡江，擢行省郎中。是時太祖左右，惟善長及駛，文書機密，皆兩人協贊。尋授參議官。征婺州，命權理中書省事，委以心膂。俄病卒，太祖親爲文哭之，臨視其葬。

子驥，管軍千戶，積功擢親軍指揮僉事。從定中原，進指揮使。滕州段士雄反，驥討平之。捕倭浙東，斬獲多，擢都督僉事，見親任，嘗掌錦衣衛事，典詔獄。後坐胡惟庸黨死。

楊元杲、阮弘道，皆滁人，家世皆儒者。從渡江，同爲行省左右司員外郎，與陶安等更番掌行機宜文字。元杲以郎中擢理軍儲於金華，而弘道亦於是歲以郎中從大都督文正守南昌，皆有功。二人皆於太祖最故，又皆儒雅嗜文學，練達政體，而元杲知慮尤周密。帝嘗曰：「文臣從渡江，掌簿書文字，勤勞十餘年，無如楊元杲、阮弘道、李夢庚、侯元善、樊景昭者。」其後，元杲歷應天府尹，弘道歷福建、江西行省參政，皆卒官。

元杲子賁，博學强記，以詞翰知名，薦授大名知縣，仕至周府紀善。

元善，全椒人 歷官參知政事，與樊景昭俱無所表見。

又汪河者，舒城人，嘗師余闕，以文章名。從渡江，爲行中書省掾，數陳時務。太祖高其才，進大都督府都事。使察罕，議論稱旨。後奉命偕錢楨至河南，報擴廓聘，爲所留。太祖前後七致擴廓書，終不報。洪武元年，大軍下河、洛，擴廓走定西，河始得歸，被拘凡六年。帝甚嘉之，進吏部侍郎，備陳西征方略。二年改御史臺侍御史。九年拜晉王左相，親御便殿諭遣之。居數歲，卒於官。

孔克仁，句容人。由行省都事進郎中。嘗偕宋濂侍太祖，太祖數與論天下形勢及前代興亡事。陳友諒既滅，太祖志圖中原，謂克仁曰：「元運既隳，豪傑互爭，其釁可乘。吾欲督兩淮、江南諸郡之民，及時耕種，加以訓練，兵農兼資，進取退守。仍於兩淮間饋運可通之處，儲糧以俟。兵食既足，中原可圖，卿以爲何如？」克仁對曰：「積糧訓兵，觀釁待時，此長策也。」當是時，江左兵勢日盛，太祖以漢高自期，嘗謂克仁曰：「秦政暴虐，漢高帝起布衣，以寬大馭羣雄，遂爲天下主。今羣雄蠭起，皆不知修法度以明軍政，此其所以無成也。」因感歎久之。又曰：「天下用兵，河北有孛羅帖木兒，河南有擴廓帖木兒，關中有李思齊、張良弼。然有兵而無紀律者河北也，稍有紀律而兵不振者河南也，道途不通、饋餉不繼者關中也。江南則惟我與張士誠耳。士誠多奸謀，尚間諜，御衆無紀律。我以數十萬衆，修軍政，任將帥，相時而動，其勢有不足平者。」克仁頓首曰：「主上神武，當定天下於一矣。」

嘗閱漢書，濂與克仁侍。太祖曰：「漢治道不純者何？」克仁對曰：「王霸雜故也。」太祖曰：「誰執其咎？」克仁曰：「責在高祖。」太祖曰：「高祖創業，遭秦滅學，民憔悴甫蘇，禮樂之事固所未講。孝文爲令主，正當制禮作樂，以復三代之舊，乃逡巡未遑，使漢業終於如是。帝王之道，貴不違時。三代之王有其時而能爲之，漢文有其時而不爲，周世宗則無其時而爲之者也。」又嘗問克仁：「漢高起徒步爲萬乘主，所操何道？」克仁對曰：「知人善任使。」太祖曰：「項羽南面稱孤，仁義不施，而自矜功伐。高祖知其然，承以柔遜，濟以寬仁，卒以勝之。今豪傑非一，我守江左，任賢撫民，以觀天下之變，若徒與角力，則猝難定也。」

及徐達等下淮東、西，又謂克仁曰：「壬辰之亂，生民塗炭。中原諸將，孛羅擁兵犯闕，亂倫干紀，行已夷滅。擴廓挾太子以稱戈，急私讐，無敵愾之志。思齊輩碌碌，竊據一方，民受其害。士誠外假元名，反覆兩端。明玉珍父子據蜀僭號，喜於自用而無遠謀。觀其所爲，皆不能有成。予揆天時，審人事，有可定之機。今師西出襄、樊，東踰淮、泗，首尾相應，

擊之必勝，大事可成，天下不難定。既定之後，生息猶難，方勞思慮耳。」克仁侍帷幄最久，故獲聞太祖謀略居多。洪武二年四月命克仁等授諸子經，功臣子弟亦令入學。已，出知江州，入爲參議，坐事死。

贊曰：太祖起布衣，經營天下。渡江以來，規模宏遠，聲教風馳。雖曰天授，抑亦左右丞弼多國士之助歟。陳遇見禮不下劉基，而超然利祿之外。葉兌於天下大計，籌之審矣，亦能抗節肥遯，其高致均非人所易及。孔克仁無可稱述，以太祖之雄謀大略具其事中，故敍列於篇。

校勘記

〔一〕以鎖城法困之　鎖城法，原作「鎖城法」。按「鎖城法」與下文「別作長圍」，「斷其出入之路」相應，據明史稿傳一二二葉兌傳改。

明史卷一百三十六

列傳第二十四

陶安 錢用壬 詹同 朱升 崔亮 牛諒 答祿與權 張籌 朱夢炎 劉仲質 陶凱 曾魯 任昂 李原名 樂韶鳳

陶安，字主敬，當塗人。少敏悟，博涉經史，尤長於易。元至正初，舉江浙鄉試，〔一〕授明道書院山長，避亂家居。太祖取太平，安與耆儒李習率父老出迎。太祖召與語。安進曰：「海內鼎沸，豪傑並爭，然其意在子女玉帛，非有撥亂救民安天下心。明公渡江，神武不殺，人心悅服，應天順人，以行弔伐，天下不足平也。」太祖問曰：「吾欲取金陵何如？」安曰：「金陵古帝王都，取而有之，撫形勝以臨四方，何向不克？」太祖曰：「善。」留參幕府，授左司員外郎，以習爲太平知府。習字伯羽，年八十餘矣，卒於官。

安從克集慶，進郎中。及聘劉基、宋濂、章溢、葉琛至，太祖問安：「四人者何如？」對曰

「臣謀略不如基，學問不如濂，治民之才不如溢、琛。」太祖多其能讓。黃州初下，思得重臣鎮之，無逾安者，遂命知黃州。寬租省徭，民以樂業。坐事謫知桐城，移知饒州。陳友定兵攻城。安召吏民諭以順逆，嬰城固守。援兵至，敗去。諸將欲盡戮民之從寇者，安不可。太祖賜詩褒美。州民建生祠事之。

吳元年，初置翰林院，首召安爲學士。時徵諸儒議禮，命安爲總裁官。尋與李善長、劉基、周禎、滕毅、錢用壬等删定律令。洪武元年命知制誥兼修國史。帝嘗御東閣，與安及章溢等論前代興亡本末。安言喪亂之源，由於驕侈。帝曰：「居高位者易驕，處佚樂者易侈。驕則善言不入，而過不聞。侈則善道不立，而行不顧。如此者，未有不亡。卿言甚當。」又論學術。安曰：「道不明，邪說害之也。」帝曰：「邪說害道，猶美味之悅口，美色之眩目。邪說不去，則正道不興，天下何從治？」安頓首曰：「陛下所言，可謂深探其本矣。」安事帝十餘歲，視諸儒最舊。及官侍從，寵愈渥。御製門帖子賜之曰：「國朝謀略無雙士，翰苑文章第一家。」時人榮之。御史或言安隱過。帝詰曰：「安寧有此，且若何從知？」曰：「聞之道路。」帝大怒，立黜之。

洪武元年四月，江西行省參政闕，帝以命安，諭之曰：「朕渡江，卿首謁軍門，敷陳王道。及參幕府，裨益良多。繼入翰林，益聞讜論。江西上游地，撫綏莫如卿。」安辭。帝不許。

至任，政績益著。其年九月卒於官。疾劇，草上時務十二事。帝親爲文以祭，追封姑孰郡公。

子晟，洪武中爲浙江按察使，以貪賄誅。其兄昱亦坐死，發家屬四十餘人爲軍。後死亡且盡，所司復至晟家勾補。安繼妻陳詣闕訴，帝念安功，除其籍。

初，安之裁定諸禮也，廣德錢用壬亦多所論建。

用壬，字成夫，元南榜進士第一，授翰林編修。出使張士誠，留之，授以官。大軍下淮、揚，來歸。累官御史臺經歷，預定律令。尋與陶安等博議郊廟、社稷諸儀。其議釋奠、耤田，皆援據經文及漢、魏以來故事以定其制，詔報可，語詳禮志。洪武元年分建六部官，拜用壬禮部尚書。凡禮儀、祭祀、宴享、貢舉諸政，皆專屬禮官。又詔與儒臣議定乘輿以下冠服諸式。時儒生多習古義，而用壬考証尤詳確，然其後諸典禮亦多有更定云。其年十二月，請告歸。

詹同，字同文，初名書，婺源人。幼穎異，學士虞集見之曰「才子也」，以其弟槃女妻之。

至正中，舉茂才異等，除郴州學正。遇亂，家黃州，仕陳友諒爲翰林學士承旨。太祖下武昌，召爲國子博士，賜名同。時功臣子弟教習內府，諸博士治一經，不盡通貫。同學識淹博，講易、春秋最善。應敎爲文，才思泉湧，一時莫與並。遷考功郎中，直起居注。會議祫禘禮，同議當，遂用之。洪武元年與侍御史文原吉、起居注魏觀等循行天下，訪求賢才。還進翰林直學士，遷侍讀學士。

帝御下峻，御史中丞劉基曰：「古者公卿有罪，盤水加劍，詣請室自裁，所以勵廉恥，存國體也。」同時侍側，遂取戴記及賈誼疏以進，復剴切言之。帝嘗與侍臣言聲色之害甚於鴆毒，創業之君爲子孫所承式，尤不可不謹。同因舉成湯不邇聲色，垂裕後昆以對。其因事納忠如此。

四年進吏部尚書。六年兼學士承旨，與學士樂韶鳳定釋奠先師樂章。又以渡江以來，征討平定之蹟，禮樂治道之詳，雖有紀載，尚未成書，請編日曆。帝從之，命同與宋濂爲總裁官，吳伯宗等爲纂修官。七年五月書成，自起兵臨濠至洪武六年，共一百卷。同等又言，日曆秘天府，人不得見，請仿唐貞觀政要，分輯聖政，宣示天下。帝從之。乃分四十類，凡五卷，名曰皇明寶訓。嗣後凡有政蹟，史官日記錄之，隨類增入焉。是年賜敕致仕，語極褒美。未行，帝復命與濂議大祀分獻禮。久之，起承旨，卒。

中華書局

二十四史

同以文章結主知，應制占對，靡勿敏贍。帝嘗言文章宜明白顯易，通道術，達時務，無取浮薄。同所爲多稱旨，而操行尤耿介，故至老眷注不衰。

子徽，字資善，洪武十五年舉秀才。官至太子少保兼吏部尚書。有才智，剛決不可犯，勤於治事，爲帝所獎任。然性險刻。李善長之死，徽有力焉。藍玉下獄，語連徽及子尚寶丞紱，並坐誅。

同從孫希原，爲中書舍人，善大書。宮殿城門題額，往往皆希原筆也。

朱升，字允升，休寧人。元末舉鄉薦，爲池州學正，講授有法。蘄、黃盜起，棄官隱石門。數避兵逋竄，卒未嘗一日廢學。太祖下徽州，以鄧愈薦，召問時務。對曰：「高築牆，廣積糧，緩稱王。」太祖善之。吳元年授侍講學士，知制誥，同修國史。以年老，特免朝謁。洪武元年進翰林學士，定宗廟時享齋戒之禮。尋命與諸儒修女誡，采古賢后妃事可法者編上之。大封功臣，制詞多升撰，時稱典核。踰年，請老歸，卒年七十二。

升自幼力學，至老不倦。尤邃經學。所作諸經旁注，辭約義精。學者稱楓林先生。子同官禮部侍郎，坐事死。

崔亮，字宗明，藁城人。元浙江行省掾。明師至舊館，亮降，授中書省禮曹主事。遷濟南知府。以母憂歸。洪武元年冬，禮部尚書錢用壬請告去，起亮代之。初，亮居禮曹時，即位、大祀諸禮皆其所條畫，丞相善長上之朝，由是知名。及爲尚書，一切禮制用壬先所議行者，亮皆援引故實，以定其議。考證詳確，逾於用壬。

二年，議上仁祖陵曰英陵，復請行祭告禮。太常博士孫吾與以漢、唐未有行者，駁之。亮曰：「漢光武加先陵曰昌，宋太祖亦加高祖陵曰欽，曾祖陵曰康，祖陵曰定，考陵曰安，蓋創業之君尊其祖考，則亦尊崇其陵。既尊其陵，自應祭告，禮固緣人情而起者也。」廷議是亮。頃之，亮言：「禮運曰『禮行於郊，則百神受職』。今宜增天下神祇壇於圜丘之東，方澤之西。」又言：「郊特牲『器用陶匏』，周禮疏『外祀用瓦』，今祭祀用瓷，與古意合。而槃盂之屬，與古尚異，宜皆易以瓷，惟籩用竹。」又請大祀前七日，陪祀官詣中書受誓戒，戒辭如唐禮。又依周禮定五祀及四時薦新、祼禮、圭瓚、鬱鬯之制，并言旗纛月朔望致祭，煩而瀆，宜止行於當祭之月。皆允行。帝嘗謂亮：「先賢有言『見其生不忍見其死，聞其聲不忍食其肉。』今祭祀省牲於神壇甚邇，心殊未安。」亮乃奏考古省牲之儀，遠神壇二百步。帝大喜。

帝慮郊社諸祭，壇而不屋，或驟雨沾服。亮引宋祥符九年南郊遇雨，於太尉廳望祭，及元經世大典壇垣內外建屋避風雨故事，奏之。遂詔建殿於壇南，遇雨則望祭。而靈星諸祠亦皆因亮言建壇屋焉。時仁祖已配南北郊，而郊祀禮成後，復詣太廟恭謝。亮言宜罷，惟先祭三日，詣太廟以配享告。詔可。帝以日中有黑子，疑祭天不順所致，欲增郊壇從祀之神。亮執奏漢、唐煩瀆，不宜取法，乃止。

帝一日問亮曰：「朕郊祀天地，拜位正中，而百官朝參則班列東西，何也？」亮對曰：「天子祭天，升自午陛，北向，答陽之義也。祭社，升自子陛，南向，答陰之義也。若羣臣朝參，當避君上之尊，故升降皆由卯陛，朝班分列東西，以避馳道，其義不同。」亮倉卒占對，必傅經義，多此類。

自郊廟祭祀外，朝賀山呼、百司箋奏、上下冠服、殿上坐墩諸儀及大射軍禮，皆亮所酌定。惟言大祀帝親省牲，中祀、小祀之牲當遣官代，帝命親祭者皆親省。又請依唐制，令郡國奏祥瑞。帝以災異所係尤重，命有司驛聞，與亮議異焉。三年九月卒於官。其後牛諒、答祿與權、張籌、朱夢炎、劉仲質之屬，亦各有所論建。

牛諒，字士良，東平人。洪武元年舉秀才，爲典簿。與張以寧使安南還，稱旨，三遷至禮部尚書。更定釋奠及大祀分獻禮，與詹同等議省牲、冠服。御史答祿與權請祀三皇。太祖下其議禮官，併命考歷代帝王有功德者廟祀之。七年正月，諒奏三皇立廟京師，春秋致祭，漢、唐以下，就陵立廟。帝爲更定行之，亦詳禮志。是年怠職，降主事。未幾，復官，後仍以不任職罷。諒著述甚多，爲世傳誦。

答祿與權，字道夫，蒙古人。仕元爲河南北道廉訪司僉事。[三]入明，寓河南永寧。洪武六年用薦授秦府紀善，改御史。請重刊律令。盱眙民進瑞麥，與權請薦宗廟。帝曰：「以瑞麥爲朕德所致，朕不敢當，其必歸之祖宗。御史言是也。」明年出爲廣西按察僉事。未行，復爲御史。上書請祀三皇。下禮官議，遂幷建帝王廟。且遣使者巡視歷代諸陵寢，設守陵戶二人，三年一祭，其制皆由此始。又請行禘禮，議格不行。改翰林修撰，坐事降典籍，尋進應奉。十一年以年老致仕。禘禮至嘉靖中始定。

張籌，字惟中，無錫人。父翼，嘗勸張士誠將莫天佑降，復請於平章胡美勿僇降人，城中人得完。以詹同薦，授翰林應奉，改禮部主事。奉詔與尚書陶凱編集漢、唐以來藩王事蹟爲昭鑑錄。洪武九年由員外郎進尚書，與學士宋濂定諸王妃喪服之制。籌記誦淹博，在禮曹久，諳於歷代禮文沿革。然頗善附會。初，陶安等定圜丘、方澤、宗廟、社稷諸儀，行數

中華書局

年矣。洪武九年，壽爲尚書，乃更議合社稷爲一壇，罷勾龍、棄配位，奉仁祖配饗，以明祖社尊而親之之道，遂以社稷與郊廟祀並列上祀。識者竊非之。已，出爲湖廣參政。十年坐事罰輸作。十二年仍起禮部員外郎。後復官，以事免。

朱夢炎，字仲雅，進賢人。元進士，爲金谿丞。太祖召居賓館，命與熊鼎集古事爲質直語，教公卿子弟，名曰公子書。洪武十一年，自禮部侍郎進尚書。帝方稽古右文，夢炎援古証今，剖析源流，如指諸掌，文章詳雅有根據。帝甚重之。卒於官。

劉仲質，字文質，分宜人。洪武初，以宜春訓導薦入京，擢翰林典籍，奉命校正春秋本末。十五年拜禮部尚書，命與儒臣定釋奠禮，頒行天下學校，每歲春秋仲月通祀孔子如儀。時國子學新成，帝將行釋菜。侍臣有言，孔子雖聖，人臣也，禮宜一奠再拜。帝曰：「昔周太祖如孔子廟，左右謂不宜拜。周太祖曰：『孔子百世帝王師，何敢不拜。』今朕有天下，敬禮百神，於先師禮宜加崇。」乃命仲質詳議。仲質請帝服皮弁執圭，詣先師位前再拜，獻爵，又再拜，退易服，乃詣彝倫堂命講，庶典禮隆重。詔曰「可」。又立學規十二條，合欽定九條，頒賜師生。已，復奉命頒劉向說苑、新序於學校，令生員講讀。是年冬改華蓋殿大學士，帝爲親製誥文。坐事貶御史，後以老致仕。仲質爲人厚重篤實，博通經史，文體典確，常當帝意焉。

陶凱，字中立，臨海人。領至正鄉薦，除永豐教諭，不就。洪武初，以薦徵入，同修元史。書成，授翰林應奉，教習大本堂，授楚王經。三年七月與崔亮並爲禮部尚書，各有敷奏。軍禮及品官墳塋之制，凱議也。其年，亮卒，凱獨任，定科舉式。明年會試，以凱充主考官，取吳伯宗等百二十人程文進御，凱序其首簡，遂爲定例。帝嘗諭凱曰：「事死如事生，朕養已不逮，宜盡追遠之道。」凱以太廟已有常祀，乃請於乾清宮左，別建奉先殿以奉神御。明奉先殿之制自此始。

五年，凱言：「漢、唐、宋時皆有會要，紀載時政。今起居注雖設，其諸司所領諭旨及奏事簿籍，宜依會要，編類爲書，庶可以垂法後世。下臺省府者，宜各置銅櫃藏之，以備稽考，俾無遺闕。」從之。明年二月出爲湖廣參政。致仕。八年起爲國子祭酒。明年改晉王府左相。

凱博學，工詩文。帝嘗厭前代樂章多諛辭，或未雅馴，命凱與詹同更撰，甚稱旨。長至侍齋宮，言宜有篇什以紀慶成。遂命凱首唱，諸臣俱和，而宋濂爲之序。其後扈行陪祀，有所獻，帝輒稱善。一時詔令、封冊、歌頌、碑誌多出其手云。凱嘗自號耐久道人。帝聞而惡之。坐在禮部時、朝使往高麗、主客曹誤用符驗，論死。

曾魯，字得之，新淦人。年七歲，能暗誦五經，一字不遺。稍長，博通古今。凡數千年國體人才，制度沿革，無不能言者。以文學聞於時。元至正中，魯帥里中豪，集少壯保鄉曲。數具牛酒，爲開陳順逆。衆皆遵約束，無敢爲非義者。人號其里曰君子鄉。

洪武初，修元史，召魯爲總裁官。史成，賜金帛，以魯居首。〔三〕乞還山，會編類禮書，復留之。時議禮者蜂起。魯衆中揚言曰：「某禮宜據某說則是，從某說則非。」有辨詰者，必歷舉傳記以告。尋授禮部主事。開平王常遇春薨，高麗遣使來祭。魯索其文視之，外襲金龍黃帕，文不署洪武年號。魯讓曰：「龍帕誤耳，納貢稱藩而不奉正朔，於義何居？」使者謝過，卽令易去。安南陳叔明篡立，懼討，遣使入貢以覘朝廷意。主客曹已受其表，魯取副封視之，白尚書詰使者曰：「前王日煃，今何驟更名？」使者不敢諱，具言其實。帝曰：「島夷乃狡獪如此耶！」卻其貢。由是器重魯。

五年二月，帝問丞相：「魯何官？」對曰：「主事耳。」卽日超六階，拜中順大夫、禮部侍郎。魯以順字犯其父諱辭，就朝請下階。吏部持典制，不之許。戍將捕獲倭人，帝命歸之。儒

臣草詔，上閱魯藁大悅曰：「頃陶凱文已起人意，魯復如此，文運其昌乎！」未幾，命主京畿鄉試。甘露降鍾山，羣臣以詩賦獻，帝獨褒魯。是年十二月引疾歸，道卒。淳安徐尊生嘗曰：「南京有博學士二人，以筆爲舌者宋景濂，以舌爲筆者曾得之也。」魯屬文不留藁，其徒間有所輯錄，亦未成書云。

洪武中，禮部侍郎二十餘人，其知名者，自曾魯外，有劉崧、秦約、陳思道、張衡數人。崧自有傳。

約，崇明人，字文仲。博學，工辭章。洪武初，以文學舉，召試愼獨箴，約文第一，立擢禮部侍郎。母老乞歸。已，復召入陳三事，皆切直，仍乞歸，卒。

思道，山陰人，字執中。以進士授刑部主事。帝賞其執法，超拜兵部侍郎，益勵風節，人莫敢干以私。改禮部，乞歸。居家不殖生產，守令造門不得見。久之，卒。

衡事別載。

任昂，字伯顒，河陰人。元末舉進士，除知寧晉縣，不赴。洪武初，薦起爲襄垣訓導，擢

御史。十五年拜禮部尚書。帝加意太學，罷祭酒李敬、吳顒，命昂增定監規八條。遂以曹國公李文忠、大學士宋訥兼領國子監事。會司諫關賢上言：「邇來郡邑所司非人，師道不立，歲貢士多缺，甚至俊秀生員，點充承差，乖朝廷育賢意。」昂乃奏定天下歲貢士從翰林院考試，以爲殿最。明年，命科舉與薦舉並行。昂條上科場成式，視前加詳，取士制始定。廣東都指揮狄崇、王臻以妾爲繼室乞封。下廷議，昂持不可。從之。遂命昂及翰林院定嫡妾封贈例，因詔偕吏部定文官封贈例十一，廕敍例五，頒示中外。

尋請更定冕服之制，及朝參坐次。又奏毀天下淫祠，正祀典稱號。「蜀祀秦守李冰，附以漢守文翁、宋守張詠，密縣祀太傅卓茂，鈞州祀丞相黃霸，彭澤祀丞相狄仁傑，皆遺愛在民。李龍遷祀於隆州，謝夷甫祀於福州，皆爲民捍患。吳丞相陸遜以勞定國，宜祀於吳，以子抗、從子凱配。元總管李黼立祀江州，元帥余闕立廟安慶，皆以死勤事。從闕守皖，全家殉義者，有萬戶李宗可，宜配享闕廟。」皆報可。明年命以鄉飲酒禮頒天下，復命制大成樂器，分頒學宮。是時，以八事考課外吏，及次第雲南功賞，事不隸禮部，帝皆令昂主其議。尋予告歸。

李原名，字資善，安州人。洪武十五年以通經儒士舉爲御史。二十年使平緬歸，言：「思倫發懷詐窺伺，宜嚴邊備。靖江王以大理印行令旨，非法，爲遠人所輕。」稱旨，擢禮部尚書。自是遠方之事多咨之。高麗奏遼東文、高、和、定州皆其國舊壤，乞就鐵嶺屯戍。原名言：「數州皆入元版圖，屬於遼，高麗地以鴨綠江爲界。今鐵嶺已置衞，不宜復有陳請。」帝命諭其國守分土，無生釁。安南歲貢方物，帝念其勞民，原名以帝意諭之，令三年一貢，自是爲定制。又以帝命行養老之政，申明府州縣歲貢多寡之數，定官民巾服之式，皆著爲令。

初，以答祿與權言，建歷代帝王廟，至是原名請以風后、力牧等三十六人侑享。帝去趙普，安童、阿朮而增陳平、馮異、潘美、木華黎，餘悉如原名奏。魯王薨，定喪服之制。進士王希曾請喪出母，原名謂非禮，宜禁。凡郊祀、宗廟、社稷、嶽瀆諸制，先後儒臣論定，時有詳略，帝悉令原名更正之。諸禮臣惟原名在任久。二十三年以老致仕。

樂韶鳳，字舜儀，全椒人。博學能文章。謁太祖於和陽，從渡江，參軍事。洪武三年授起居注，數遷。六年拜兵部尚書，與中書省、御史臺、都督府定教練軍士法。改侍講學士，與承旨詹同正釋奠先師樂章，編集大明日曆。七年，帝以祭祀駕還，應用樂舞前導，命韶鳳等撰詞，因撰神降祥、神貺惠、酣酒、色荒、禽荒諸曲以進，凡三十九章，曰回鑾樂歌，皆寓規諫。禮部具樂舞圖以上，命太常肄習之。

明年，帝以舊韻出江左，多失正，命與廷臣參考中原雅音正之。書成，名洪武正韻。又命考陵寢朔望祭祀及登壇脫舄諸禮儀，皆詳稽故實，俱從之。尋病免，未幾，復起爲祭酒。奉詔定皇太子與諸王往復書劄禮，考據精詳，屢被褒答。十三年致仕歸，以壽終。弟暉、禮、毅，皆知名。

贊曰：明初之議禮也，宋濂方家居，諸儀率多陶安裁定。大祀禮專用安議，其餘參彙諸說，從其所長：祫禘用詹同，時享用朱升，釋奠、耕耤用錢用壬，五祀用崔亮，朝會用劉基，祝祭用魏觀，軍禮用陶凱。皆能援據經義，酌古準今，郁然成一代休明之治。雖折中斷制，裁自上心，諸臣之功亦曷可少哉。

校勘記

〔一〕元至正初舉江浙鄉試　江浙，原作「浙江」，據明史稿傳一九陶安傳改。按元史卷六二地理志有「江浙等處行中書省」，作「江浙」是。下文崔亮傳「元浙江行省掾」，「浙江」也當作「江浙」。

〔二〕仕元爲河南北道廉訪司僉事　司，原作「使」，據太祖實錄卷一一七洪武十一年三月甲戌條改。

〔三〕召魯爲總裁官史成賜金帛以魯居首　按太祖實錄卷三七洪武二年二月丙寅條，詔修元史，以宋濂、王禕爲總裁，曾魯任纂修，非總裁。又卷四三洪武二年八月癸酉條，元史成，賞汪克寬等一十六人白金各三十二兩，文綺帛各四匹，總裁官宋濂等倍之。不是「以魯居首」。

中華書局

明史卷一百三十七

列傳第二十五

劉三吾 汪叡 朱善 安然 王本等 吳伯宗 鮑恂 任亨泰
吳沉 桂彥良 李希顏 徐宗實 陳南賓 劉淳 董子莊 趙季通
楊黼 金實等 宋訥 許存仁 張美和 聶鉉 貝瓊 趙俶
錢宰 蕭執 李叔正 劉崧 羅復仁 孫汝敬

劉三吾，茶陵人。初名如孫，以字行。兄耕孫、燾孫皆仕元。耕孫，寧國路推官，死長槍賊難。燾孫，常寧州學正，死僚寇。三吾避兵廣西，行省承制授靜江路儒學副提舉。[一]明兵下廣西，乃歸茶陵。

洪武十八年以茹瑺薦召至，年七十三矣，奏對稱旨，授左贊善，累遷翰林學士。時天

下初平，典章闕略。帝銳意制作，宿儒凋謝，得三吾晚，悅之。一切禮制及三場取士法多所刊定。三吾博學善屬文。帝製大誥及洪範注成，皆命爲序。敕修省躬錄、書傳會選、寰宇通志、禮制集要諸書，皆總其事，賜賚甚厚。帝嘗曰：「朕觀奎壁間嘗有黑氣，今消矣，文運其興乎。卿等宜有所述作，以稱朕意。」帝製詩，時令屬和，嘗賜以朝鮮玳瑁筆。朝參，命列侍衞前。燕享，賜坐殿中。與汪叡、朱善稱「三老」。既而三吾年日益老，才力日益減，往往忤意，禮遇亦漸輕。二十三年授晉世子經，吏部侍郎侯庸劾其怠職。降國子博士，[二]尋還職。

三吾爲人慷慨，不設城府，自號坦坦翁。至臨大節，屹乎不可奪。懿文太子薨，帝御東閣門，召對羣臣，慟哭。三吾進曰：「皇孫世嫡承統，禮也。」太孫之立由此。戶部尙書趙勉者，三吾壻也，坐贓死。三吾引退。許之。未幾，復爲學士。三十年偕紀善白信蹈等主考會試。榜發，泰和宋琮第一，[三]北士無預者。於是諸生言三吾等南人，私其鄉。帝怒，命侍講張信等覆閱，不稱旨。或言信等故以陋卷呈，三吾等實屬之。帝益怒，信蹈等論死，三吾以老戍邊，琮亦遣戍。帝親賜策問，更擢六十一人，皆北士，時謂之「南北榜」，又曰「春夏榜」云。建文初，三吾召還，久之卒。

琮起刑部檢校。鄉人楊士奇輩貴顯，琮無所攀援。宣德中猶以檢討掌助教事，卒官。

汪叡，字仲魯，婺源人。元末與弟同集衆保鄉邑，助復饒州，授浮梁州同知，不就。胡大海克休寧，叡兄弟來附，設星源翼分院於婺源，以同爲院判。叡歸田里。庚子秋，同將兵爭鄱陽，不克，棄妻孥，亡之浙西。幕府疑之，檄叡入應天爲質。已，聞同爲張士誠所殺，乃授叡安慶稅令。未幾，徵參贊川蜀軍事，以疾辭去。洪武十七年復召見，命講西伯戡黎篇，授左春坊左司直。常命續薰風自南來詩及他應制，皆稱旨。請春夏停決死罪，體天地生物之仁。從之。踰年，疾作，請假歸。叡敦實閒靜，不妄言笑，及進講，遇事輒言。帝嘗以「善人」呼之。

朱善，字備萬，豐城人。九歲通經史大義，能屬文。元末兵亂，隱山中，事繼母以孝聞。洪武初，爲南昌教授。八年，廷對第一，授修撰。踰年，奏對失旨，改典籍，放還鄉。復召爲翰林待詔。上疏論婚姻律曰：「民間姑舅及兩姨子女，法不得爲婚。讐家詆訟，或已聘見絕，或既婚復離，甚至兒女成行，有司逼奪。按舊律，尊長卑幼相與爲婚者有禁。蓋謂母之姊妹，與己之身，是爲姑舅兩姨，不可以卑幼上匹尊屬。若姑舅兩姨子女，無尊卑之嫌。成周時，王朝相與爲婚者，不過齊、宋、陳、杞，故稱異姓大國曰伯舅，小國曰叔舅。列國齊、宋、魯、秦、晉亦各自爲甥舅之國。後世，晉王、謝，唐崔、盧，潘、楊之睦，朱、陳之好，皆世爲婚

婣。溫嶠以舅子娶姑女，呂滎公夫人張氏即其母申國夫人姊女。古人如此甚多，願下羣臣議，弛其禁。」帝許之。十八年擢文淵閣大學士。嘗講家人卦、心箴，帝大悅。未幾，請告歸。卒年七十二。著有詩經解頤、史輯傳於世。正德中，謚文恪。

安然，祥符人，徙居潁州。[四]元季以左丞守萊州。明兵下山東，率衆歸附。累官山東參政。撫綏流移，俸餘悉給公用，帝聞而嘉之。洪武二年召爲工部尙書，出爲河南參政，浙江布政使，入爲御史臺右大夫。十三年改左中丞，坐事免。未幾，召爲四輔官。

先是，胡惟庸謀反伏誅，帝以歷代丞相多擅權，遂罷中書省，分其職於六部。既又念勿論思不可無人，乃建四輔官，以四時爲號，詔天下舉賢才。戶部尙書范敏薦耆儒王本、杜佑、龔斆、杜斆、趙民望、吳源等。召至，告於太廟，以本、佑、龔斆爲春官，杜斆、民望、源爲夏官，秋、冬闕，命本等攝之。位都督次，屢賜敕諭，隆以坐論之禮，命協贊政事，均調四時。會立冬，朔風釀寒。帝以爲順冬令，乃本等功，賜敕嘉勉。又月分三旬，人各司之，以雨暘時若，驗其稱職與否。刑官議獄，四輔及諫院覆覈奏行，有疑讞，四輔官封駁。居無何，斆等四人相繼致仕，召然代之。本後坐事誅。諸人皆老儒，起田家，惇朴無他長。獨然久歷

中華書局

中外，練達庶務，眷注特隆。十四年八月卒。帝念然來歸之誠，親製文祭之。繼然爲四輔者，李幹、何顯周。幹出爲知府，佑、顯周俱罷去，是官遂廢不復設。

本不詳其籍里。佑，安邑人。嘗三主本布政司鄉試，稱得人。龔斆，鉛山人。以行誼重於鄉。致仕後，復起爲國子司業，歷祭酒。坐放諸生假不奏聞，免。杜斆，字致道，壺關人。舉元鄉試第一，歷官臺州學正。歸家教授，通易、詩、書三經。源，莆田人。亦再徵爲國子司業，卒於官。民望，藁城人。幹，絳州人。顯周，內黃人。

吳伯宗，名祐，[五]以字行，金谿人。洪武四年，廷試第一。時開科之始，帝親製策問，得伯宗甚喜，賜冠帶袍笏，授禮部員外郎，與修大明日曆。胡惟庸用事，欲人附己，伯宗不爲屈。惟庸銜之，坐事謫居鳳陽。上書論時政，因言惟庸專恣不法，不宜獨任，久之必爲國患。辭甚愷切。帝得奏召還，賜衣鈔。奉使安南，稱旨。除國子助教，命進講東宮，首陳正心誠意之說。改翰林典籍。帝製十題命賦，援筆立就，詞旨雅潔，賜織金錦衣。除太常司丞，[六]辭。改國子司業，又辭。忤旨，貶金縣敎諭。未至，召還爲翰林檢討。十五年進武英殿大學士。明年冬，坐弟仲實爲三河知縣薦舉不實，詞連伯宗，降檢討。

伯宗爲人溫厚，然內剛，不苟媕阿，故屢躓。踰年，卒於官。伯宗成進士，考試官則宋濂、鮑恂也。

恂，字仲孚，崇德人。受易於臨川吳澄，好古力行，著大易傳義，學者稱之。元至正中，以薦授溫州路學正。尋召入翰林，不就。洪武四年，初科舉取士，召爲同考官。試已，辭去。十五年與安吉余詮、[七]高郵張長年、登州張紳，皆以明經老成爲禮部主事劉庸所薦，召至京。恂年八十餘，長年、詮亦皆踰七十矣，賜坐顧問。翌日並命爲文華殿大學士，皆以老疾固辭，遂放還。紳後至，以爲鄠縣敎諭，尋召爲右僉都御史，終浙江左布政使。其明年以耆儒徵者，曰全思誠，字希賢，上海人，亦授文華殿大學士。又明年請老，賜敕致仕。

伯宗之使安南也，以名德爲交人所重。其後，襄陽任亨泰亦舉洪武二十一年進士第一，以禮部尚書使安南，交人以爲榮。前後使安南者，並稱吳、任云。

亨泰爲禮部尚書時，日照民江伯兒以母病殺其三歲子祀岱嶽。有司以聞。帝怒其滅絕倫理，杖百，戍海南，因命亨泰定旌表孝行事例。亨泰議曰：「人子事親，居則致其敬，養則致其樂，有疾則謹其醫藥。臥氷割股，事非恒經。割股不已，至於割肝，割肝不已，至於殺子，違道傷生，莫此爲甚。墮宗絕祀，尤不孝之大者，宜嚴行戒諭。倘愚昧無知，亦聽其所爲，不在旌表之例。」詔曰「可」。明年，議秦王喪禮，因定凡世子襲爵之禮。會討龍州趙宗壽，命偕御史嚴震直使安南，諭以謹邊方，無納逋逃。時帝以安南篡弒，絕其貢使。至是聞詔使至，震恐。亨泰爲書，述朝廷用兵之故以安慰之，交人大悅。使還，以私市蠻人爲僕，降御史。未幾，思明土官與安南爭界，詞復連亨泰，坐免官。

吳沉，字濬仲，蘭溪人。元國子博士師道子也，以學行聞。太祖下婺州，召沉及同郡許元、葉瓚玉、胡翰、汪仲山、李公常、金信、徐孳、童冀、戴良、吳履、孫履、張起敬會食省中，日令二人進講經史。[八]已，命沉爲郡學訓導。

洪武初，郡以儒士舉，誤上其名曰信仲，授翰林院待制。沉謂修撰王釐曰：「名誤不更，是欺罔也。」將白於朝。釐言恐觸上怒。沉不從，牒請改正。帝喜曰：「誠慤人也。」遂眷遇之，召侍左右。以事降編修。給事中鄭相同言：「故事啓事東宮，惟東宮官屬稱臣，朝臣則否。今一體稱臣，於禮未安。」沉駁之曰：「東宮，國之大本。尊東宮，所以尊主上也。」相同言非是。」帝從之。尋以奏對失旨，降翰林院典籍。已，擢東閣大學士。

初，帝謂沉曰：「聖賢立敎有三：曰敬天，曰忠君，曰孝親。散在經卷，未易會其要領，爾等以三事編輯。」至是書成，賜名精誠錄，命沉撰序。居一年，降翰林侍書，改國子博士，以老歸。沉嘗著辯，言孔子封王爲非禮。後布政使夏寅、祭酒丘濬皆沿其說。至嘉靖九年更定祀典，改稱「至聖先師」，實自沉發之也。

桂彥良，名德偁，以字行，慈谿人。元鄉貢進士，爲平江路學敎授，罷歸。張士誠、方國珍交辟，不就。洪武六年徵詣公車，授太子正字。帝嘗出御製詩文，彥良就御座前朗誦，聲徹殿外。左右驚愕，帝嘉其朴直。時選國子生蔣學等爲給事中，舉人張唯等爲編修，肄業文華堂。命彥良及宋濂、孔克表爲之師。嘗從容有所咨問，彥良對必以正。帝每稱善，書其語揭便殿。七年冬至，詞臣撰南郊祝文用「予」「我」字。帝以爲不敬。彥良曰：「成湯祭上帝曰『予小子履』，武王祀文王之詩曰『我將我享』，古有此言。」帝色霽曰：「正字言是也。」時御史臺具獄，令詞臣覆讞。彥良所論釋者數十人。

遷晉王府右傅。帝親爲文賜之。彥良入謝。帝曰：「江南大儒，惟卿一人。」對曰：「臣不如宋濂、劉基。」帝曰：「濂，文人耳。基峻隘，不如卿也。」彥良至晉，製格心圖獻王。後更王府官制，改左長史。朝京師，上太平十二策。帝曰：「彥良所陳，通達事體，有裨治道。世謂儒者泥古不通今，若彥良可謂通儒矣。」十八年請告歸，越二年卒。

明初，特重師傅。既命宋濂教太子，而諸王傅亦愼其選。彥良與陳南賓等皆宿儒老生，而李希顏與駙馬都尉胡觀傅徐宗實，尤以嚴見憚。

李希顏，字愚菴，郟人。隱居不仕。太祖手書徵之，至京，爲諸王師。規範嚴峻。諸王有不率教者，或擊其額。帝撫而怒。高皇后曰：「烏有以聖人之道訓吾子，顧怒之耶？」太祖意解，授左春坊右贊善。諸王就藩，希顏歸舊隱。閭里宴集，常著緋袍戴笠往。客問故，笑曰：「笠本質，緋君賜也。」

徐宗實，名垕，以字行，黃巖人。少穎悟，篤於學。洪武中，被薦，除銅陵簿。請告迎養，忤帝意，謫戍淮陰驛。會東川侯胡海子觀選尙主，帝爲觀擇師，難其人，以命宗實。中使援他府例，置駙馬位中堂南向，而布師席於西階上東向。宗實手引駙馬位使下，然後爲說書。左右大驚，相顧以目。帝聞而嘉之，召宗實慰勞數四。洪武末，授蘇州通判，奏發官粟二十萬石以活饑民。春水暴齧隄，倡議修築。吳人皆以爲便。請旌元節婦王氏，禮部以前朝事不當允。宗實言：「武王封比干墓，獨非前朝事乎！」遂得旌。建文二年，超擢兵部右侍郎

坐事貶官，尋復職。燕事急，使兩浙招義勇。成祖卽位，疏乞歸。逾二年，以事被逮，道卒。

陳南賓，名光裕，以字行，茶陵人。元末爲全州學正。洪武三年聘至都，除無棣丞，歷膠州同知，所至以經術爲治。召爲國子助教。嘗入見，講洪範九疇。帝大喜，書姓名殿柱。後御注洪範，多採其說。擢蜀府長史。蜀獻王好學，敬禮尤至，造安車以賜。爲搆第，名「安老堂」。二十九年，與方孝孺同爲四川考試官。詩文淸勁有法。卒年八十。其後諸王府長史劉淳、董子莊、趙季通、楊黼、金實、蕭用道、宋子環之屬，皆有名。

劉淳，南陽人。洪武末爲原武訓導，周王聘爲世子師。尋言於朝，補右長史，以正輔王。端禮門槐盛夏而枯。淳陳咎徵進戒。王用其言修省，枯枝復榮。王旌其槐曰「攄忠」。致仕十餘年而卒，年九十有七。

董子莊，名琰，以字行，江西樂安人。有學行。洪武中，以學官遷知茂名縣。永樂時，由國子司業出爲趙王府右長史，隨事匡正。王多過，帝輒以責長史。子莊以能諫，得無過。十八年春當陪祀國社，夙起，衣冠端坐而卒。

趙季通，字師道，天台人。亦由敎官歷知永豐、龍溪，與修太祖實錄，累進司業。出爲趙王府左長史，與子莊同心輔導，藩府賢僚首稱趙、董云。

楊黼，吉水人。官御史。仁宗卽位，上疏言十事。擢衞王府右長史。盡心獻替，未嘗苟取一錢。宣德初，卒。

金實，開化人。永樂初，上書言治道。帝嘉之。復對策稱旨，除翰林典籍。與修太祖實錄、永樂大典，選爲東宮講官，歷左春坊左司直。仁宗立，除衞府左長史。正統初，卒。爲人孝友，敦行誼，閱經史，日有程限，至老不輟。

蕭用道，泰和人。建文中，舉懷才抱德，詣闕試文章。擢靖江王府長史，召入翰林，修類要。燕師渡淮，與周是修同上書，指斥用事者。永樂時，預修太祖實錄，改右長史，從王之藩桂林。嘗爲王陳八事，曰：愼起居，寡嗜慾，勤學問，養德性，簡鞭扑之刑，無侵下人利，常接府僚以通羣情，簡擇謹厚人以備差遣。又作端禮、體仁、遵義、廣智四門箴獻王。久之，以疾乞歸。成祖怒，貶宣府鷂兒嶺巡檢，卒。子晅，由進士官湖廣左布政使。天順四年舉治行卓異，拜禮部尙書。初，兩京尙書缺，多用布政使爲之。自晅後，遂無拜尙書者。晅重厚廉靜，而不善奏對，謫南京，卒。

宋子環，廬陵人。由庶吉士歷考功郎中。從師逵採木湖廣，以寬厚得衆心。仁宗卽位，授梁府右長史，改越府。和易澹泊，所至有賢聲。宣德中，卒官。自是以後，王府官不爲淸流，遂無足紀者矣。

宋訥，字仲敏，滑人。父壽卿，元侍御史。訥性持重，學問該博。至正中，舉進士，任鹽山尹，棄官歸。洪武二年徵儒士十八人編禮、樂諸書，訥與焉。事竣，不仕歸。久之，用四輔官杜斆薦，授國子助教，以說經爲學者所宗。十五年超遷翰林學士，命撰宣聖廟碑。稱旨，賞賚甚厚。改文淵閣大學士。嘗寒附火，燎脅下衣，至膚始覺。帝製文警之。未幾，遷祭酒。時功臣子弟皆就學，及歲貢士嘗數千人。訥爲嚴立學規，終日端坐講解無虛晷，夜恒止學舍。十八年復開進士科，取士四百七十有奇，由太學者三之二。再策士，亦如之。帝大悅，製詞褒美。

助教金文徵等疾訥，搆之吏部尙書余熂，牒令致仕。訥陛辭。帝驚問，大怒，誅熂、文徵等，留訥如故。訥嘗病，帝曰：「訥有壽骨，無憂也。」尋愈。帝使畫工瞷訥圖其像，危坐有怒色。明日入對，帝問昨何怒。訥驚對曰：「諸生有趨踣者，碎茶器。臣愧失教，故自訟耳。且陛下何自知之？」帝出圖。訥頓首謝。

長子麟，舉進士，擢御史，出爲望江主簿。帝念訥老，召還侍。二十三年春，訥病甚，乃止學舍。麟請歸私第，叱曰：「時當丁祭，敢不敬耶！」祭畢，舁歸舍而卒，年八十。帝悼惜，自爲文祭之。又遣官祭於家，爲治葬地。文臣四品給祭葬者，自訥始。正德中，謚文恪。

訥嘗應詔陳邊事，言：「海內乂安，惟沙漠尚煩聖慮。若窮追遠擊，未免勞費。陛下為聖子神孫計，不過謹邊備而已。備邊在乎實兵，實兵在乎屯田。漢趙充國將四萬騎，分屯緣邊九郡，而單于引却。陛下宜於諸將中選謀勇數人，以東西五百里為制，立法分屯，布列要害，遠近相應，遇敵則戰，寇去則耕，此長策也。」帝頗採用其言。訥既卒，帝思之，官其次子復祖為司業，誡諸生守訥學規，違者罪至死。

明開國時即重師儒官，許存仁、魏觀為祭酒，老成端謹。訥稍晚進，最蒙遇。與訥定學規者，司業王嘉會、龔斆。三人年俱高，鬚髮皓白，終日危坐，堂上肅然。而張美和、聶鉉、貝瓊等皆名儒，當洪武時，先後為博士、助教、學錄，以故諸生多所成就。魏觀事別載。

嘉會，字原禮，嘉興人。以薦徵，累官國子監司業。十六年，亦以老請歸，優詔留之。年八十卒，賻䘏甚厚。

許存仁，名元，以字行，金華許謙子也。太祖素聞謙名，克金華，訪得存仁，與語大悅，命傳諸子。擢國子博士。嘗命講尚書洪範休咎徵之說。又嘗問孟子何說為要。存仁以行王道、省刑、薄賦對。吳元年擢祭酒。存仁出入左右垂十年，自稽古禮文事，至進退人才，無不與論議。既將議即大位，而存仁告歸。司業劉丞直曰：「主上方應天順人，公宜稍待。」

存仁不聽，果忤旨。僉事程孔昭劾其隱事，遂逮死獄中。

張美和，名九韶，以字行，清江人。能詞賦。元末，累舉不仕。洪武三年，以薦為縣學教諭，後遷國子助教，改翰林院編修。致仕歸，帝親為文賜之。復與錢宰等並徵修書傳，既成，遣還。

聶鉉，字器之，美和同邑人。洪武四年進士。為廣宗丞，疏免旱災稅。秩滿入覲，獻南都賦及洪武聖德詩。授翰林院待制，改國子助教，遷典籍，與美和同賜歸。十八年復召典會試，欲留用之。乞便地自養。令食廬陵教諭俸，終其身。

貝瓊，字廷琚，崇德人。性坦率，篤志好學，年四十八，始領鄉薦。張士誠屢辟不就。洪武初，聘修元史。既成，受賜歸。六年以儒士舉，除國子助教。瓊嘗慨古樂不作，為大韶賦以見志。宋濂之為司業也，建議立四學，並祀舜、禹、湯、文為先聖。太祖既絀其說，瓊復為釋奠解駁之，識者多是瓊議。與美和、鉉齊名，時稱「成均三助」。九年改官中都國子監，教勳臣子弟。瓊學行素優，將校武臣皆知禮重。十一年致仕，卒。

趙俶，字本初，山陰人。元進士。洪武六年徵授國子博士。帝嘗御奉天殿，召俶及錢宰、貝瓊等曰：「汝等一以孔子所定經書為教，慎勿雜蘇秦、張儀縱橫之言。」諸臣頓首受命。俶因請頒正定十三經於天下，屏戰國策及陰陽讖卜諸書，勿列學宮。明年擇諸生穎異者三十五人，命俶專領之，教以古文。尋擢李擴、黃義等入文華、武英二堂說書，皆見用。九年，御史臺言博士俶以詩經教成均四年，其弟子多為方岳重臣及持節各部者，今年逾懸車，請賜骸骨。於是以翰林院待制致仕，〔九〕賜內帑錢治裝。宋濂率同官暨諸生千餘人送之。卒年八十一。子圭玉，兵部侍郎，出知萊州，有聲。

錢宰，字子予，會稽人。吳越武肅王十四世孫。至正間中甲科，親老不仕。洪武二年徵為國子助教。作金陵形勝論、歷代帝王廟樂章，皆稱旨。十年乞休。進博士，賜敕遣歸。至二十七年，帝觀蔡氏書傳，象緯運行，與朱子詩傳相悖，其他註與鄱陽鄒季友所論有未安者，徵天下宿儒訂正之。兵部尚書唐鐸舉宰及致仕編修張美和、助教靳權等。行人馳傳徵至，命劉三吾總其事。江東諸門酒樓成，賜百官鈔，宴其上。宰等賦詩謝。帝大悅。諭諸儒年老願歸者，先遣之。宰年最高，請留。帝喜。書成，賜名書傳會選，頒行天下。厚賜，令馳驛歸。卒年九十六。

又蕭執者，字子所，泰和人。洪武四年鄉舉。為國子學錄。明年夏至，帝有事北郊，召

尚書吳琳、主事宋濂率文學士以從。執偕陶凱等十二人入見齋所。令賦詩，復令賦山梔花。獨喜執作，遍示諸臣，寵眷傾一時。時帝留意文學，往往親試廷臣，執與陳觀知遇尤異。

觀以訓導入覲，試王猛捫蝨論，立擢陝西參政。尋召還侍左右，應制作鍾山賦，賜金幣。在陝以廉謹稱。或問陝產金何狀。觀大驚曰：「吾備位藩寮，何金之問。」其卒也，妻子幾無以自存。而執以親老乞歸，親沒廬墓側。中國公鄧鎮剿龍泉寇，不戢下。執往責之，鎮為禁止，邑人以安。兩人皆篤行君子也。

李叔正，字克正，初名宗頤，靖安人。年十二能詩，長益淹博。時江西有十才子，叔正其一也。以薦授國子學正。洪武初，告歸。未幾，復以薦為學正，遷渭南丞。同州蒲城人爭地界，累年不決，行省以委叔正。單騎至，剖數語立決。渭南歲輸糧二萬，豪右與猾吏為奸，田無定額。叔正履畝丈量，立法精密，諸弊盡剔。

遷興化知縣。尋召為禮部員外郎，以年老乞歸，不許，改國子助教，於是叔正三至太學矣。帝方銳意文治，於國學人材尤加意。然諸生多貴冑，不率教。叔正嚴立規條，旦夕端

中華書局

坐，督課無倦色。朝論賢之。

擢監察御史，奉命巡嶺表。瓊州府吏訐其守踞公座簽表文。叔正鞫之。守得白，抵吏罪。太祖嘉之曰：「人言老御史懦，乃明斷如是耶。」累官禮部侍郎。十四年進尚書，卒於官。叔正妻夏氏，陳友諒陷南昌時，投井死。叔正感其義，終身不復娶。

劉崧，字子高，泰和人，舊名楚。家貧力學，寒無罏火，手皸裂，而鈔錄不輟。元末舉於鄉。洪武三年舉經明行修，改今名。召見奉天殿，授兵部職方司郎中。奉命徵糧鎮江。鎮江多勳臣田，租賦爲民累，崧力請得少減。遷北平按察司副使，輕刑省事，招集流亡，民咸復業。立文天祥祠於學宮之側。勒石學門，示府縣勿以徭役累諸生。嘗請減僻地驛馬以益宛平。帝可其奏，顧謂侍臣曰：「驛傳勞逸不均久矣，崧能言之，牧民不當如是耶。」爲胡惟庸所惡，坐事謫輸作，尋放歸。十三年，惟庸誅，徵拜禮部侍郎。未幾，擢吏部尚書。雷震謹身殿，帝廷諭羣臣陳得失。崧頓首，以修德行仁對。尋致仕。

明年三月與前刑部尚書李敬並徵。拜敬國子祭酒，而崧爲司業。賜鞍馬，令朝夕見，見輒燕語移時。未旬日卒。疾作，猶强坐訓諸生。及革，敬問所欲言。曰：「天子遣崧教國

子，將責以成功，而遽死乎！」無一語及家事。帝命有司治殯殮，親爲文祭之。

崧幼博學，天性廉慎。兄弟三人共居一茅屋，有田五十畝。及貴，無所增益。十年一布被，鼠傷，始易之，仍葺以衣其子。居官未嘗以家累自隨。之任北平，攜一童往，至則遣還。晡時吏退，孤燈讀書，往往達旦。善爲詩，豫章人宗之爲「西江派」云。

羅復仁，吉水人。少嗜學，陳友諒辟爲編修。已，知其無成，遁去。謁太祖於九江，留置左右。從戰鄱陽，齎蠟書諭降江西未下諸郡。授中書諮議。從圍武昌。太祖欲招陳理降，以復仁故友諒臣也，遣入城諭，且曰：「理若來，不失富貴。」復仁頓首曰：「如陳氏遺孤得保首領，俾臣不食言於異日，臣死不憾。」太祖曰：「汝行，吾不汝誤也。」復仁至城下，號慟者竟日。理縋之入。見理大哭，陳太祖意，且曰：「大兵所向皆摧，不降且屠，城中民何罪？」理聽其言，遂率官屬出降。

還國子助教，以老特賜乘小車出入。每宴見，賜坐飲食。已，復使擴廓。前使多拘留，復仁議論慷慨，獨得還。洪武元年擢編修，復偕主事張福往諭安南還占城侵地。安南奉詔，遺復仁金、貝、土產甚厚，悉卻不受。帝聞而賢之。

三年置弘文館，以復仁爲學士，與劉基同位。在帝前率意陳得失，嘗操南音。帝顧喜其質直，呼爲「老實羅」而不名。間幸其舍，負郭窮巷，復仁方堊壁，急呼其妻抱杌以坐帝。帝曰：「賢士豈宜居此。」遂賜第城中。天壽節製水龍吟一闋以獻。帝悅，厚賜之。尋乞致仕。陛辭，賜大布衣，題詩衣襟上褒美之。已，又召至京師，奏減江西秋糧。報可。留三月，賜玉帶、鐵拄杖、坐墩、裘馬、食具遣還，以壽終。

孫汝敬，名簡，以字行。永樂二年庶吉士，就學文淵閣，誦書不稱旨，即日遣戍江南，數日復之。自此刻厲爲學，累遷侍講。仁宗時，上言時政十五事，忤旨下獄。既與李時勉同改御史，直聲震一時。宣宗初，上書大學士楊士奇曰：「太祖高皇帝奄有四海，太宗文皇帝再造寰區，然猶翼翼兢兢，無敢豫怠。先皇帝嗣統未及期月，奄棄羣臣。揆厥所由，皆憸壬小夫，獻金石之方以致疾也。去冬，簡以愚戇應詔上書，言涉不敬，罪當萬死。先皇帝憐其孤直，寬雷霆之誅，俾居言路，撫躬循省，無可稱塞。伏見今年六月，車駕幸天壽山，躬謁二陵，京師之人瞻望咨嗟，以爲聖天子大孝。既而道路喧傳，禮畢即較獵講武，扈從惟也先土干與其徒數百人，風馳電掣，馳逐先後。某聞此言，心悸膽落。夫蒐苗獮狩，固有國之常經。然以謁陵出，而與降將較獵於山谷間，垂堂之戒，銜橛之虞，不可不深慮也。執事四朝舊臣，

二聖元輔，於此不言，則孰得而言之者？惟特加採納，以弘靖獻之思，光弼直之義。」

尋擢工部右侍郎，兩使安南。時黎利言其主陳暠已死，而張筵設女樂。汝敬叱之，利懼謝。還督兩浙漕運，理陝西屯田，多所建置。坐受餽，充爲事官。英宗立，遇赦，汝敬誤引詔復職，復逮繫。以在陝措置勞，宥死戍邊。尋復職，蒞故任。塞上有警，汝敬往督餉。遇敵紅城子，中流矢，墜馬得免。以疾告歸，卒。

贊曰：明始建國，首以人材爲務，徵辟四方，宿儒羣集闕下，隨其所長而用之。自議禮定制外，或參列法從，或預直承明，而成均胄子之任尤多稱職，彬彬乎稱得人焉。夫諸臣當元之季世，窮經績學，株守草野，幾於沒齒無聞。及乎泰運初平，連茹利見，乃各展所蘊，以潤色鴻猷，黼黻文治。昔人謂天下不患無才，惟視上之網羅何如耳，顧不信哉！

校勘記

〔一〕行省承制授靜江路儒學副提舉　靜，原作「靖」。元有靜江路，見元史卷六三地理志，據改。

〔二〕降國子博士　博士，原作「助教」，據明史稿傳二〇劉三吾傳、太祖實錄卷一九九洪武二十三年

中華書局

正月辛巳條改。

〔三〕秦和宋琮第一　太祖實錄卷二五一洪武三十年三月癸丑條，「擢陳䢿為第一」。明進士題名碑錄洪武丁丑科，陳䢿第一名，宋琮第九名。

〔四〕徙居潁州　潁州，原作「潁川」，據明史稿傳二〇安然傳、太祖實錄卷一三八洪武十四年八月庚辰條改。

〔五〕吳伯宗名祐　明史考證攟逸卷五：「按列卿記載吳伯宗名祏，開國功臣傳同。」「祏」與「伯宗」相應，作「祏」是。

〔六〕除太常司丞　太常司，原作「太常寺」。按本書卷七四職官志，洪武三十年始改太常司為太常寺。此為洪武十五年以前事，不得遽稱「太常寺」，據改。

〔七〕與安吉余詮　安吉，原誤倒作「吉安」，據明史稿傳二〇吳伯宗傳、太祖實錄卷一五〇洪武十五年十一月辛酉條改。

〔八〕日令二人進講經史　二人，原作「三人」，據明史稿傳二〇吳沉傳、太祖實錄卷六戊戌十二月「是月」條改。

〔九〕於是以翰林院待制致仕　待制，原作「待詔」，據明史稿傳二〇趙俶傳改。

明史卷一百三十八

列傳第二十六

陳修 滕毅 趙好德 翟善 李仁 吳琳　楊思義 滕德懋 范敏 費震 張琬

周禎〔一〕 劉惟謙 周湞 端復初 李質 黎光 劉敏　楊靖 淩漢 嚴德珉

單安仁 朱守仁　薛祥 秦逵 趙翥 趙俊　唐鐸 沈溍　開濟

陳修，字伯昂，上饒人。從太祖平浙東，授理官，援引律令，悉本寬厚，盡改元季弊政。擢兵部郎中，遷濟南知府。時亂後比戶彫殘，且多衞將練兵屯田其間，修撫治有方，兵民相安，流亡復業。帝嘉之。洪武四年拜吏部尚書。

六部之設，始自洪武元年。鎭江滕毅首長吏部，佐省臺裁定銓除考課諸法略具。至是修與侍郎李仁詳考舊典，參以時宜，按地衝僻，為設官煩簡。凡庶司黜陟及課功覈實之法，

皆精心籌畫，銓法秩然。未幾，卒官。其後部制屢創。令入覲官各舉所知，定內外封贈廕敍之典，自浮山李信始。天下朝正官各造事蹟文冊圖畫土地人民以進，及撥用吏員法，自崑山余熂始。倣唐六典，自五府、六部、都察院以下諸司設官分職，編集為書曰諸司職掌，定吏役考滿給由法以為司、衞、府、縣首領，選監生能文章者兼除州縣官及學正、教諭，自泰興翟善始。三年一朝，考覈等第，自沂水杜澤始。此洪武時銓政大略也。

六部初屬中書省，權輕，多仰承丞相意指。毅、修及詹同、吳琳、趙好德輩，居吏部稱賢，然亦無大建豎。至十三年，中書省革，部權乃專，而銓衡為尤要。顧帝用法嚴，熂以排宋訥誅，善貶，澤拜尚書，未數月罷。惟信歷侍郎，拜尚書，幾二載，卒於官云。

滕毅，字仲弘。太祖征吳，以儒士見，留徐達幕下。尋除起居注，命與楊訓文集古無道之君若桀、紂、秦始皇、隋煬帝行事以進，曰：「吾欲觀喪亂之由，以為炯戒耳。」吳元年出為湖廣按察使。尋召還，擢居吏部一月，改江西行省參政，卒。

趙好德，字秉彝，汝陽人。由安慶知府入為戶部侍郎。進尚書，改吏部。帝嘉其典銓平，嘗召與四輔官入內殿，坐論治道，命畫史圖像禁中。終陝西參政。子毅，永樂中，官至工部侍郎。

二十四史

中華書局

翟善，字敬夫，以貢舉歷官吏部文選司主事。二十六年，尚書詹徽、侍郎傅友文誅，命善署部事，再遷至尚書。明於經術，奏對合帝意。帝曰：「善雖年少，氣宇恢廓，他人莫及也。」欲爲營第於鄉，善辭。又欲除其家戍籍，善曰：「戍卒宜增，豈可以臣破例。」帝益以爲賢。二十八年坐事降宣化知縣以終。

李仁，唐縣人。初仕陳友諒。王師克武昌，來歸。以常遇春薦，代陶安知黃州府。歷官侍郎，進尚書。坐事謫青州，政最，擢戶部侍郎，致仕。

吳琳，黃岡人。太祖下武昌，以詹同薦，召爲國子助教，經術逾于同。吳元年除浙江按察司僉事，復入爲起居注，命齎幣帛求書於四方。洪武六年，自兵部尚書改吏部，嘗與同迭主部事。踰年，乞歸。帝嘗遣使察之。使者潛至旁舍，一農人坐小杌，起拔稻苗布田，貌甚端謹。使者前曰：「此有吳尚書者，在否？」農人斂手對曰：「琳是也。」使者以狀聞。帝爲嘉歎。

楊思義，不詳其籍里。太祖稱吳王，授起居注。初，錢穀隸中書省。吳元年始設司農卿，以思義爲之。明年設六部，改爲戶部尚書。大亂之後，人多廢業。思義請令民間皆植桑麻，四年始徵其稅，不種桑者輸絹，不種麻者輸布，如周官里布法。詔可。帝念水旱不時，緩急無所恃，命思義令天下立預備倉，以防水旱。思義首邦計，以農桑積貯爲急。凡所興設，雖本帝意，而經畫詳密，時稱其能。調陝西行省參政，卒於官。

終洪武朝，爲戶部尚書者四十餘人，皆不久於職，續用罕著。惟茹太素、楊靖、滕德懋、范敏、費震之屬，差有聲。太素、靖自有傳。

德懋，字思勉，吳人。由中書省掾歷外任。洪武三年召拜兵部尚書，尋改戶部。爲人有才辨，器量弘偉，長於奏疏，一時招徠詔諭之文多出其手。以事免官，卒。

范敏，闋鄉人。洪武八年舉秀才，擢戶部郎中。十三年授試尚書。薦耆儒王本等，皆拜四輔官。帝以徭役不均，命編造黃冊。敏議百一十戶爲里，丁多者十人爲里長，鳩一里之事以供歲役，十年一周，餘百戶爲十甲，後遂仍其制不廢。明年以不職罷。

費震，鄱陽人。洪武初以賢良徵，爲吉水知州，寬惠得民，擢知漢中。歲凶盜起，發倉粟十餘萬斛貸民，俾秋成還倉。盜聞，皆來歸。令占宅自爲保伍，得數千家。帝聞而嘉之。後坐事被逮，以有善政，特釋爲寶鈔提舉。十一年，帝謂吏部曰：「資格爲常流設耳，有才能者當不次用之。」超擢者九十五人，而拜震戶部侍郎，尋進尚書。奉命定丞相、御史大夫以下歲祿之制。出爲湖廣布政使，以老致仕。

洪武初，有張琬者，鄱陽人。以貢士試高等，授給事中，改戶部主事。一日，帝問天下財賦、戶口之數，口對無遺。帝悅，立擢左侍郎。謹身殿災，上言時政。歲饑，請蠲民租百萬餘石。俱見嘉納。琬才敏有心計，年二十七，卒於官。時人惜之。

周禎，字文典，江寧人。元末流寓湖南。太祖平武昌，用爲江西行省僉事，歷大理卿。太祖以唐、宋皆有成律斷獄，惟元以一時行事爲條格，胥吏易爲奸。詔禎與李善長、劉基、陶安、滕毅等定律令，少卿劉惟謙、丞周湞與焉。書成，太祖稱善。洪武元年設刑部，以禎爲尚書，尋改治書侍御史。明年出爲廣東行省參政。時省治初開，正官多缺，吏治鮮勸懲。香山丞沖敬有治行，以勞卒官，禎爲文祭之。聞者感動。一時郡邑良吏雷州同知余騏孫、惠州知府萬迪、乳源知縣張安仁、清流知縣李鐸、揭陽縣丞許德、廉州知府脫因、歸善知縣木寅，禎皆列其政績以聞。寅，土司。脫因，蒙古人也。於是屬吏益勸。三年九月召爲御史中丞。尋引疾致仕。帝初即位，懲元寬縱，用法太嚴，奉行者重足立。律令既具，吏士始知循守。其後數有釐正，皆以禎書爲權輿云。

劉惟謙，不詳何許人。吳元年以才學舉。洪武初，歷官刑部尚書。六年命詳定新律，刪繁損舊，輕重得宜。帝親加裁定頒行焉。後坐事免。

周湞，字伯寧，鄱陽人，江西十才子之一也，官亦至刑部尚書。

終洪武世，爲刑部者亦幾四十人，楊靖最著，而端復初、李質、黎光、劉敏亦有名。

復初，字以善，溧水人。子貢裔也，從省文，稱端氏。元末爲小吏。常遇春鎭金華，召致幕下。未幾，辭去。太祖知其名，召爲徽州府經歷。令民自實田，彙爲圖籍，積弊盡刷。稍遷至磨勘司令。時官署新立，案牘塡委，復初鉤稽無遺。帝嘗廷譽之。性嚴峭，人不敢干以私。僚屬多貪敗，復初獨以清白免。洪武四年超拜刑部尚書，用法平。杭州飛糧事覺，逮繫百餘人。詔復初往治，誠僞立辨，知府以下皆服罪。明年出爲湖廣參政，令民來歸者，復其賦一年。流亡畢集，以治辦聞。坐事召還，卒。子孝文，翰林待詔；孝思，翰林侍書。先後使朝鮮，並著清節，朝鮮人爲立雙清館云。

李質，字文彬，德慶人。有材略。元末居何眞麾下，嘗募兵平德慶亂民，旁郡多賴其保障。名士客嶺南者，茶陵劉三吾、江右伯顏子中、羊城孫蕡、建安張智等，皆禮之。洪武元年從眞降，授中書斷事。明年改都督府斷事，强力執法。五年擢刑部侍郎，進尚書，治獄平

中華書局

怨。遣振饑山東，御製詩餞之。尋出爲浙江行省參政。居三年，惠績著聞。帝念賨老，召還。嘗入見便殿，訪時政。賨直言無隱。拜靖江王右相。王罪廢，賨竟坐死。

黎光，東莞人。以鄉薦拜御史，巡蘇州，請振水災，全活甚衆。巡鳳陽，上封事，悉切時弊。帝嘉之。洪武九年擢刑部侍郎，執法不阿，爲御史大夫陳寧所忌，坐事死貶所。

劉敏，肅寧人。舉孝廉，爲中書省吏。嘗暮市蘆龍江，旦載於家，俾妻織蓆，鬻以奉母，而後入治事。性廉介，或遺之瓷瓦器，亦不受。爲楚相府錄事，中書以沒官女婦給文臣家，衆勸其請給以事母。敏固辭曰：「事母，子婦事，何預他人。」及省臣敗，吏多坐誅，敏獨無所預。帝賢之，擢工部侍郎，改刑部。出爲徽州府同知，有惠政，卒於官。

楊靖，字仲寧，山陽人。洪武十八年進士，選吏科庶吉士。〔三〕明年擢戶部侍郎。時任諸司者，率進士及太學生，然時有不法者。帝製大誥，舉通政使蔡瑄、左通政茹瑺、工部侍郎秦逵及靖以諷厲之曰：「此亦進士太學生也，能率職以稱朕心。」其見稱如此。

二十二年進尚書。明年五月詔在京官三年皆遷調，著爲令。乃以刑部尚書趙勉與靖換官。諭曰：「愚民犯法，如啗飲食。設法防之，犯者益衆。推恕行仁，或能感化。自今惟

犯十惡並殺人者死，餘罪皆令輸粟北邊。」又曰：「在京獄囚，卿等覆奏，朕親審決，猶恐有失。在外各官所擬，豈能盡當？卿等當詳讞，然後遣官審決。」靖承旨研辨，多所平反。帝嘉納之。嘗鞫一武弁，門卒撿其身，得大珠，屬僚驚異。靖徐曰：「僞也，安有珠大如此者乎。」碎之。帝聞，歎曰：「靖此舉，有四善焉。不獻朕求悅，一善也。不窮追投獻，二善也。不奬門卒，杜小人僥倖，三善也。千金之珠卒然而至，略不動心，有過人之智，應變之才，四善也。」

二十六年兼太子賓客，並給二祿。已，坐事免。會征龍州趙宗壽，詔靖諭安南輸粟餉師。以白衣往。安南相黎一元以陸運險艱，欲不奉詔。靖宣示反覆開諭，且許以水運。一元乃輸粟二萬至沲海江，別造浮橋以達龍州。帝大悅，拜靖左都御史。靖公忠有智略，善理繁劇，治獄明察而不事深文。寵遇最厚，同列無與比。三十年七月坐爲鄉人代改訴冤狀草，爲御史所劾。帝怒，遂賜死。時年三十八。

時有凌漢，字斗南，原武人。以秀才舉，獻烏鵲論。授官，歷任御史。巡按陝西，疏所部疾困數事。帝善之，召其子賜衣鈔。漢鞫獄平允。及還京，有德漢者，邀置酒，欲厚贈以金。漢曰：「酒可飲，金不可受也。」帝聞之嘉歎，擢右都御史。時詹徽爲左，論議不合，每面折徽，徽銜之。左遷刑部侍郎，改禮部。後爲徽所劾，降左僉都御史。帝憫其衰，令歸田里。漢以徽在，有後憂，不敢去。歲餘徽誅，復擢右僉都御史，尋致仕歸。漢出言不檢，居官屢躓。然以廉直見知於帝，故終得保全。

又吳人嚴德珉，由御史擢左僉都御史，以疾求歸。帝怒，黥其面，謫戍南丹，遇赦放還。布衣徒步，自齒齊民，宣德中猶存。嘗以事爲御史所逮。德珉跪堂下，自言曾在臺勾當公事，曉三尺法。御史問何官。答言：「洪武中臺長，所謂嚴德珉是也。」御史大驚，揖起之。次日往謁，則擔囊徙矣。有教授與飲，見其面黥，戴敝冠，問：「老人犯何法？」德珉述前事，因言「先時國法甚嚴，仕者不保首領，此敝冠不易戴也」。乃北面拱手，稱「聖恩，聖恩」云。

單安仁，字德夫，濠人。少爲府吏。元末江淮兵亂，安仁集義兵保鄉里，授樞密判官。從鎮南王孛羅普化守揚州。時羣雄四起，安仁歎曰：「此輩皆爲人驅除耳。王者之興，當自有別。」鎮南王爲長槍軍所逐，安仁無所屬，聞太祖定集慶，乃曰：「此誠是已。」率衆歸附。太祖悅，即命將其軍守鎮江。嚴飭軍伍，敵不敢犯。移守常州，其子叛降張士誠，太祖知安仁忠謹，弗疑也。久之，遷浙江副使。悍帥橫斂民，名曰寨糧，安仁置於法。進按察使，徵

爲中書左司郎中，佐李善長裁斷。調瑞州守禦千戶，入爲將作卿。

洪武元年擢工部尚書，仍領將作事。安仁精敏多智計，諸所營造，大小中程，甚稱帝意。逾年改兵部尚書，請老歸。賜田三千畝，牛七十角，歲給尚書半俸。六年起山東參政。懇辭，許之。家居，嘗奏請濬儀眞南壩至朴樹灣以便官民輸輓，疏轉運河江都深港以防淤淺，移瓜州倉廒置揚子橋西，免大江風潮之患。帝善其言。再授兵部尚書，致仕。初，尚書階正三品。十三年，中書省罷，始進爲正二，而安仁致仕在前。帝念安仁勳舊，二十年特授資善大夫。其年十二月卒，年八十五。

徐州朱守仁者，字元夫，元末亦以保障功官樞密同知，守舒城。明兵下廬州，以城來歸，歷官工部侍郎。洪武四年進尚書，奉命察山東官吏，稱旨。尋改北平行省參政。以餽餉不繼，謫蒼梧知縣。初，守仁知袁州，撫安創殘，民甚德之。至是連知容州、高唐州，皆有善政。十年進四川布政使，治尚簡嚴。以年老致仕。坐事罰輸作，特宥之。十五年，雲南平，改威楚、開南等路宣撫司爲楚雄府，遂命守仁知府事。招集流移，均徭役，建學校，境內大治。二十八年上計入朝，郡人垂涕送之。拜太僕卿。首請立牧馬草場於江北滁州諸處。所轄十四監九十八羣，馬大蕃息。馬政之修，自守仁始。久之，致仕。永樂初，入朝，遇

疾卒。

薛祥，字彥祥，無爲人。從俞通海來歸，渡江爲水寨管軍鎮撫，數從征有功。洪武元年轉漕河南。夜半抵蔡河，賊驟至。祥不爲動，好語諭散之。帝聞大喜。以方用兵，供億艱，授京畿都漕運使，[二]分司淮安。濬河築堤，自揚達濟數百里，徭役均平，民無怨言。有勢者立奏，授以官。元都下，官民南還，道經淮安，祥多方存恤。山陽、海州民亂，駙馬都尉黃琛捕治，詿誤甚衆。祥會鞫，無驗者悉原之。治淮八年，民相勸爲善。及考滿還京，皆焚香祝其再來，或肖像祀之。

八年授工部尚書。時造鳳陽宮殿。帝坐殿中，若有人持兵鬭殿脊者。太師李善長奏諸工匠用厭鎮法，帝將盡殺之。祥爲分別交替不在工者，並鐵石匠皆不預，活者千數。營謹身殿，有司列中匠爲上匠。帝怒其罔，命棄市。祥在側爭曰：「奏對不實，竟殺人，恐非法。」得旨用腐刑。祥復徐奏曰：「腐，廢人矣，莫若杖而使工。」帝可之。明年改天下行省爲承宣布政司。以北平重地，特授祥，三年治行稱第一。爲胡惟庸所惡，坐營建擾民，謫知嘉興府。惟庸誅，復召爲工部尚書。帝曰：「讒臣害汝，何不言？」對曰：「臣不知也。」明年坐累杖

死，天下哀之。子四人，謫瓊州，遂爲瓊山人。

孫遠，正統七年進士，景泰時，官戶部郎中。天順元年擢本部右侍郎，改工部。奉詔塞開封決河。還，仍改戶部。成化初，督兩廣軍餉，位至南京兵部尚書，以忤汪直免官。

其繼祥爲工部尚書有名者，有秦逵等。

逵，字文用，宣城人。洪武十八年進士。歷事都察院。奉檄清理囚徒，寬嚴得宜。帝嘉其能，擢工部侍郎。時營繕事繁，部中缺尚書，凡興作事皆逵領之。初，議籍四方工匠，驗其丁力，定三年爲班，更番赴京，三月交代，名曰「輪班匠」，未及行。至是逵議量地遠近爲班次，置籍，爲勘合付之，至期齎至部，免其家徭役，著爲令。帝念逵勤勩，詔有司復其家。二十二年進尚書。明年改兵部。未幾，復改工部。帝以學校爲國儲材，而士子巾服無異胥吏，宜更易之，命逵製式以進。凡三易，其製始定。賜監生藍衫絛各一，以爲天下先。明代士子衣冠，蓋創自逵云。

有趙翥者，永寧人。有志節，以學行聞。由訓導舉賢良，擢贊善大夫，拜工部尚書。奏定天下歲造軍器之數，及議定藩王宮城制度。

趙俊者，不知何許人。自工部侍郎進尚書。帝以國子監所藏書板，歲久殘剝，命諸儒考補，工部督匠修治。俊奉詔監理，古籍始備。洪武十二年，翥改署刑部，尋致仕去，俊，十七年免。而逵於二十五年九月坐事自殺。

唐鐸，字振之，虹人。太祖初起兵，即侍左右。守滁州，從定江州，授西安縣丞，召爲中書省管勾。洪武元年，湯和克延平，以鐸知府事，拊輯新附，士民安之。居三年，入爲殿中侍御史，復出知紹興府。六年十二月召拜刑部尚書。明年改太常卿。丁母憂，特給半俸。

十四年，服闋，起兵部尚書。明年，初置諫院，以爲諫議大夫。帝嘗與侍臣論歷代興廢曰：「使朕子孫如成、康，輔弼如周、召，則可祈天永命。」鐸因進曰：「豫教元良，選左右爲輔導，宗社萬年福也。」帝又謂鐸曰：「人有公私，故言有邪正。正言務規諫，邪言務謗訕。」鐸曰：「謗近忠，訕近愛，不爲所眩，則讒佞自遠。」未幾，左遷監察御史。請選賢能京官徧歷郡縣，訪求賢才，體察官吏，選歷練老成望隆名重者，居布政、按察之職。帝從之。既復擢爲右副都御史，歷刑、兵二部尚書。二十二年，置詹事院，命吏部曰：「輔導太子，必擇端重之士。三代保傅，禮甚尊嚴。兵部尚書鐸，謹厚有德量，以爲詹事，食尚書俸如故。」以鐸嘗請豫教故也。其年，致仕。

二十六年起太子賓客，進太子少保。二十八年，龍州土官趙宗壽以奏鄭國公常茂死事不實，被召又不至，帝怒，命楊文統大軍往討，而命鐸招諭。鐸至，廉得茂實病死，宗壽亦伏罪來朝。乃詔文移兵征奉議諸州叛蠻，即以鐸參議軍事。逾月，諸蠻平。鐸相度形勢，請設奉議衞及向武、河池、懷集、武仙、賀縣諸處守禦千戶所，鎮以官軍。皆報可。

鐸爲人長者，性慎密，不妄取予。帝以故舊遇之，嘗曰：「鐸自友及臣至今三十餘年，其與人交，不至變色，絕亦不出惡聲。」又曰：「都御史詹徽剛斷嫉惡，胥吏不得肆其貪，謗訕滿朝。唐鐸重厚，又謂儒而無爲。人心不古，有若是耶！」後徽卒坐罪誅死，而鐸恩遇不替。三十年七月卒於京師，年六十九。賻贈甚厚，命有司護其喪歸葬。

沈溍，字尚賢，錢塘人。與鐸同官兵部，以明敏稱。帝嘗以勳臣子弟多骫法，撰大誥二十二篇，諭天下武臣皆令誦習，使知儆惕。已，又以諭戒八條，頒示將士。時溍以試兵部侍郎掌部事，一切訓飭事宜，皆承旨行之。尋進尚書。廣西都司建譙樓，青州衞造軍器，皆擅科民財。溍請凡都司衞所營作，必都督府奏准，官給物料，毋擅役民，違者治罪，仍禁武臣預民事。時干戈甫息，武臣暴橫，數扞文法，至是始戢，溍力也。帝嘗論致治之要，在進賢退不肖。溍因言：「君子常少，小人常多，在上風厲之耳，賢者舉而不仁者遠矣。」帝善其言。

中華書局

二十三年以溍與工部尚書秦逵換官，賜誥獎諭。尋復舊任，後以事免。

明初，衞所世籍及軍卒勾補之法，皆溍所定。然名目瑣細，簿籍煩多，吏易爲奸，終明之世頗爲民患，而軍衞亦日益耗減，語詳兵志。潮州生陳質，父在戍籍。父沒，質被勾補，請歸卒業。帝命除其籍。溍以缺軍伍，持不可。帝曰：「國家得一卒易，得一士難。」遂除之。然此皆特恩云。

開濟，字來學，洛陽人。元末爲察罕帖木兒掌書記。洪武初，以明經舉。授河南府訓導，入爲國子助教。以疾罷歸。十五年七月，御史大夫安然薦濟有吏治才，召試刑部尚書，踰年實授。

濟以綜覈爲己任，請天下諸司設文簿，日書所行事，課得失，又各部勘合文移，立程限，定功罪。又言，軍民以細故犯罪者，宜即決遣。數月間，滯牘一清。帝大以爲能。會都御史趙仁言，曩者以「賢良方正」、「孝弟力田」諸科所取士列置郡縣，多不舉職，宜覈其去留。濟條議，以「經明行修」爲一科，「工習文詞」爲一科，「通曉書義」爲一科，「人品俊秀」爲一科，「練達治理」爲一科，「言有條理」爲一科，六科備者爲上，三科以上爲中，不及三科者爲

下。從之。

濟敏慧有才辯，凡國家經制、田賦、獄訟、工役、河渠事，衆莫能裁定，濟一算畫，即有條理品式，可爲世守。以故帝甚信任，數備顧問，兼預他部事。人以是忌之，謗議滋起。然濟亦深刻，好以法中傷人。嘗奉命定詐僞律。濟議法巧密。帝曰：「張密網以羅民，可乎？」又設籍曰「寅戌之書」，以程僚屬出入。帝切責曰：「古人以卯酉爲常，今使趨事者朝寅暮戌，奉父母，會妻子，幾何時耶！」又爲榜戒其僚屬，請揭文華殿。帝曰：「告誡僚屬之言，欲張殿廷，豈人臣禮。」濟慚謝。

尋令郎中仇衍脫囚死，爲獄官所發。濟與侍郎王希哲、主事王叔徵執獄官斃之。其年十二月，御史陶垕仲等發其事。且言「濟奏事時，置奏劄懷中，或隱而不言，覘伺上意，務爲兩端，奸狡莫測。役甥女爲婢。妹早寡，逐其姑而略其家財。」帝怒，下濟獄，併希哲、衍等皆棄市。

贊曰：六部之制仿於周官，所以佐王理邦國，熙庶績，任至重也。明興，建官分職，立法秩然。又三途用人，求賢彌廣。若陳修、滕毅之典銓法，楊思義、范敏之治賦役，周禎之定

律令，單安仁之領將作，以至沈溍、開濟輩之所經畫，皆委曲詳備，細大不遺。考其規模，固一代政治之權輿者歟。

校勘記

〔一〕周禎　禎，原作「楨」，據明史稿傳二一周禎傳、太祖實錄卷三二洪武元年十一月癸丑條、國朝獻徵錄卷四四周禎傳改。下同。

〔二〕選吏科庶吉士　明史稿傳二一楊靖傳、國朝獻徵錄卷四四楊公靖傳都作「選庶吉士，試事吏科」，語較明晰。

〔三〕授京畿都漕運使　漕運使，原作「轉運使」。按明史稿傳二一薛祥傳、明書卷一〇一薛祥傳都作「漕運使」。太祖實錄卷三一洪武元年十月己丑條，「置京畿都漕運司」，「以龔普、薛祥爲漕運使」。據改。

中華書局

明史卷一百三十九

列傳第二十七

錢唐 程徐　韓宜可 周觀政　歐陽韶　蕭岐 門克新　馮堅

茹太素 曾秉正　李仕魯 陳汶輝　葉伯巨　鄭士利 方徵

周敬心　王朴

錢唐，字惟明，象山人。博學敦行。洪武元年舉明經。對策稱旨，特授刑部尚書。二年詔孔廟春秋釋奠，止行於曲阜，天下不必通祀。唐伏闕上疏言：「孔子垂教萬世，天下共尊其教，故天下得通祀孔子，報本之禮不可廢。」侍郎程徐亦疏言：「古今祀典，獨社稷、三皇與孔子通祀。天下民非社稷、三皇則無以生，非孔子之道則無以立。堯、舜、禹、湯、文、武、周公，皆聖人也，然發揮三綱五常之道，載之於經，儀範百王，師表萬世，使世愈降而人極不

墜者，孔子力也。孔子以道設教，天下祀之，非祀其人，祀其教也，祀其道也。今使天下之人，讀其書，由其教，行其道，而不得舉其祀，非所以維人心扶世教也。」皆不聽。久之，乃用其言。帝嘗覽孟子，至「草芥」「寇讎」語，謂非臣子所宜言，議罷其配享，詔有諫者以大不敬論。唐抗疏入諫曰：「臣爲孟軻死，死有餘榮。」時廷臣無不爲唐危。帝鑒其誠懇，不之罪。孟子配享亦旋復。然卒命儒臣修孟子節文云。

唐爲人强直。嘗詔講虞書，唐陛立而講。或糾唐草野不知君臣禮，唐正色曰：「以古聖帝之道陳於陛下，不跪不爲倨。」又嘗諫宮中不宜揭武后圖。忤旨，待罪午門外竟日。帝意解，賜之食，卽命撤圖。未幾，謫壽州，卒。

程徐，字仲能，鄞人。元名儒端學子也。至正中，以明春秋知名。歷官兵部尚書，致仕。明兵入元都，妻金抱二歲兒與女瓊赴井死。洪武二年偕危素等自北平至京。授刑部侍郎，進尚書，卒。徐精勤通敏，工詩文，有集傳於世。

韓宜可，字伯時，浙江山陰人。元至正中，行御史臺辟爲掾，不就。洪武初，薦授山陰教諭，轉楚府錄事。尋擢監察御史，彈劾不避權貴。時丞相胡惟庸、御史大夫陳寧、中丞涂節方有寵於帝，嘗侍坐，從容燕語。宜可直前，出懷中彈文，劾三人險惡似忠，姦佞似直，恃功怙寵，內懷反側，擢置臺端，擅作威福，乞斬其首以謝天下。帝怒曰：「快口御史，敢排陷大臣耶！」命下錦衣衞獄，〔一〕尋釋之。

九年出爲陝西按察司僉事。時官吏有罪者，笞以上悉謫屯鳳陽，至萬數。宜可疏爭之曰：「刑以禁淫慝，一民軌，宜論其情之輕重，事之公私，罪之大小。今悉令謫屯，此小人之幸，君子殆矣，乞分別以協衆心。」帝可之。已，入朝京師。會賜諸司沒官男女，宜可獨不受。且極論：「罪人不孥，古之制也。有事隨坐，法之濫也。況男女，人之大倫，婚姻踰時，尙傷和氣。合門連坐，豈聖朝所宜。」帝是其言。後坐事將刑，御謹身殿親鞫之，獲免。復疏陳二十餘事，皆報可。未幾，罷歸。已，復徵至，命撰祀鍾山、大江文，諭日本、征烏蠻詔，皆稱旨，特授山西右布政使。尋以事安置雲南。惠帝卽位，用檢討陳性善薦，起雲南參政，入拜左副都御史，卒於官。是夜大星隕，櫪馬皆驚嘶，人謂宜可當之云。

帝之建御史臺也，諸御史以敢言著者，自宜可外，則稱周觀政。觀政亦山陰人。以薦授九江教授，擢監察御史。嘗監奉天門。有中使將女樂入，觀政

止之。中使曰：「有命。」觀政執不聽。中使慍而入，頃之出報曰：「御史且休，女樂已罷不用。」觀政又拒曰：「必面奉詔。」已而帝親出宮，謂之曰：「宮中音樂廢缺，欲使內家肄習耳。朕已悔之，御史言是也。」左右無不驚異者。觀政累官江西按察使。

前觀政者，有歐陽韶，字子韶，永新人。薦授監察御史。有詔，日命兩御史侍班。韶嘗侍直，帝乘怒將戮人。他御史不敢言，韶趨跪殿廷下，倉卒不能措詞，急捧手加額，呼曰：「陛下不可。」帝察韶朴誠，從之。未幾，致仕，卒於家。

蕭岐，字尙仁，泰和人。五歲而孤，事祖父母以孝聞，有司屢舉不赴。洪武十七年詔徵賢良，强起之。上十便書，大意謂帝刑罰過中，訐告風熾，請禁止實封以杜誣罔，依律科獄以信詔令，凡萬餘言。召見，授潭王府長史。力辭，忤旨，謫雲南楚雄訓導。岐卽日行，遣騎追還。歲餘，改授陝西平涼，再歲致仕。復召與錢宰等考定書傳，賜幣鈔，給驛歸。嘗輯五經要義，又取刑統八韻賦，引律令爲之解，合爲一集。嘗曰：「天下之理本一，出乎道必入乎刑。」吾合二書，使觀者有所省也。」學者稱正固先生。

當是時，太祖治尙剛嚴，中外凜凜，奉法救過不給，而岐所上書過切直，帝不爲忤。厥

中華書局

後以言被超擢者，有門克新。

門克新，鞏昌人。泰州教諭也。二十六年，秩滿來朝。召問經史及政治得失。克新直言無隱。授贊善。時紹興王俊華以善文辭，亦授是職。上諭吏部曰：「左克新，右俊華，重直言也。」初，教官給由至京，帝詢民疾苦。嵒嵐吳從權、山陰張桓皆言臣職在訓士，民事無所與。」帝怒曰：「宋胡瑗爲蘇、湖教授，其教兼經義治事。漢賈誼、董仲舒皆起田里，敷陳時務。唐馬周不得親見太宗，且教武臣言事。今既集朝堂，朕親詢問，俱無以對，志聖賢之道者固如是乎！」命竄之邊方，且榜諭天下學校，使爲鑒戒。至是克新以亮直見重。不數年，擢禮部尚書。尋引疾，命太醫給藥物，不輟其俸。及卒，命有司護喪歸葬。

馮堅，不知何許人，爲南豐典史。洪武二十四年上書言九事。[二]一曰養聖躬。請清心省事，不與細務，以爲民社之福。二曰擇老成。諸王年方壯盛，左右輔導，願擇取老成之臣出爲王官，使得直言正色以圖匡救。三曰攘要荒。請務農講武，屯戍邊圉，以備不虞。四曰勵有司。請得廉正有守之士，任以方面，旌別屬吏，具實以聞而黜陟之，使人勇於自治。

五曰褒祀典。請敕有司採歷代忠烈諸臣，追加封謚，俾末俗有所興勸。六曰省宦寺。晨夕密邇，其言易入，養成禍患而不自知。請裁去冗員，可杜異日陵替之弊。七曰易邊將。假以兵柄，久在邊圉，多致縱佚。請時遷歲調，不使久居其任。不惟保全勳臣，實可防將驕卒惰，內輕外重之漸。八曰訪吏治。廉幹之才，或爲上官所忌，僚吏所嫉，上不加察，非激勸之道。請廣布耳目，訪察廉貪，以明黜陟。九曰增闕防。諸司以帖委胥吏，俾督所部，輒加箠楚，害及於民。請增置勘合以付諸司，聽其塡寫差遣，事訖繳報，庶所司不輕發以病民，而庶務亦不致曠廢。書奏，帝嘉之，稱其知時務，達事變。又謂侍臣曰：「堅言惟調易邊將則未然。邊將數易，則兵力勇怯，敵情出沒，山川形勝，無以備知。倘得趙充國、班超者，又何取數易爲哉！」乃命吏部擢堅左僉都御史，在院頗持大體。其明年，卒於任。

茹太素，澤州人。洪武三年鄉舉，上書稱旨，授監察御史。六年擢四川按察使，以平允稱。七年五月召爲刑部侍郎，上言：「自中書省內外百司，聽御史、按察使檢舉，而御史臺未有定考，宜令守院御史一體察核。磨勘司官吏數少，難以檢覈天下錢糧，請增置若干員，各分爲科。在外省衞，凡會議軍民事，各不相合，致稽延，請用按察司一員糾正。」帝皆從之。明年，坐累降刑部主事，陳時務累萬言。太祖令中書郎王敏誦而聽之。中言才能之士，數年來幸存者百無一二，今所任率迂儒俗吏。言多忤觸。帝怒，召太素面詰，杖於朝。次夕，復於宮中令人誦之，得其可行者四事，慨然曰：「爲君難，爲臣不易。朕所以求直言，欲其切於情事。文詞太多，便至熒聽。太素所陳，五百餘言可盡耳。」因令中書定奏對式，俾陳得失者無繁文。摘太素疏中可行者下所司，帝自序其首，頒示中外。

十年，與同官曾秉正先後同出爲參政，而太素往浙江。尋以侍親賜還里。十六年召爲刑部試郎中。居一月，遷都察院僉都御史，復降翰林院檢討。十八年九月擢戶部尚書。

太素抗直不屈，屢瀕於罪，帝時宥之。一日，宴便殿，賜之酒曰：「金盃同汝飲，白刃不相饒。」太素叩首，卽續韻對曰：「丹誠圖報國，不避聖心焦。」帝爲惻然。未幾，謫御史，復坐排陷詹徽，與同官十二人俱鐐足治事。後竟坐法死。

曾秉正，南昌人。洪武初，薦授海州學正。九年，以天變詔羣臣言事。秉正上疏數千言，大略曰：「古之聖君不以天無災異爲喜，惟以祇懼天譴爲心。陛下聖文神武，統一天下，天之付與，可謂盛矣。兵動二十餘年，始得休息。天之有心於太平，亦已久矣，民之思治亦切矣。創業與守成之政，大抵不同。開創之初，則行富國强兵之術，用趨事赴功之人。大

統既立，邦勢已固，則普天之下，水土所生，人力所成，皆邦家倉庫之積，乳哺之童，垂白之叟，皆邦家休養之人。不患不富庶，惟保成業於永久爲難耳。於此之時，當盡革向之所爲，何者足應天心，何者足慰民望，感應之理，其效甚速。」又言天既有警，則變不虛生。極論大易、春秋之旨。帝嘉之，召爲思文監丞。未幾，改刑部主事。十年擢陝西參政。會初置通政司，卽以秉正爲使。在位數言事，帝頗優容之。尋竟以忤旨罷。貧不能歸，鬻其四歲女。帝聞大怒，置腐刑，不知所終。

李仕魯，字宗孔，濮人。少穎敏篤學，足不窺戶外者三年。聞鄱陽朱公遷得宋朱熹之傳，往從之遊，盡受其學。太祖故知仕魯名，洪武中，詔求能爲朱氏學者，有司舉仕魯。入見，太祖喜曰：「吾求子久，何相見晚也。」除黃州同知，曰：「朕姑以民事試子，行召子矣。」期年，治行聞。十四年，命爲大理寺卿。

帝自踐阼後，頗好釋氏教，詔徵東南戒德僧，數建法會於蔣山，應對稱旨者輒賜金襴袈裟衣，召入禁中，賜坐與講論。吳印、華克勤之屬，皆拔擢至大官，時時寄以耳目。由是其徒橫甚，讒毀大臣。舉朝莫敢言，惟仕魯與給事中陳汝輝相繼爭之。汝輝疏言：「古帝王以

來，未聞縉紳緇流，雜居同事，可以相濟者也。今勳舊耆德咸思辭祿去位，而緇流憸夫乃益以讒間。如劉基、徐達之見猜，李善長、周德興之被謗，視蕭何、韓信，其危疑相去幾何哉？伏望陛下於股肱心膂，悉取德行文章之彥，則太平可立致矣。」帝不聽。諸僧怙寵者，遂請爲釋氏創立職官。於是以先所置善世院爲僧錄司，設左右善世、左右闡敎、左右講經覺義等官，皆高其品秩。道敎亦然。度僧尼道士至踰數萬。

仕魯疏言：「陛下方創業，凡意指所向，卽示子孫萬世法程，奈何捨聖學而崇異端乎！」章數十上，亦不聽。

仕魯性剛介，由儒術起，方欲推明朱氏學，以闢佛自任。及言不見用，遽請於帝前曰：「陛下深溺其敎，無惑乎臣言之不入也。還陛下笏，乞賜骸骨，歸田里。」遂置笏於地。帝大怒，命武士捽搏之，立死階下。

陳汶輝，字耿光，詔安人。以薦授禮科給事中，累官至大理寺少卿，數言得失，皆切直。最後忤旨，懼罪，投金水橋下死。

仕魯與汶輝死數歲，帝漸知諸僧所爲多不法，有詔淸理釋道二敎云。

葉伯巨，字居升，寧海人。通經術。以國子生授平遙訓導。洪武九年星變，詔求直言。伯巨上書，略曰：

臣觀當今之事，太過者三：分封太侈也，用刑太繁也，求治太速也。

先王之制，大都不過三國之一，上下等差，各有定分，所以强幹弱枝，遏亂源而崇治本耳。今裂土分封，使諸王各有分地，蓋懲宋、元孤立，宗室不競之弊。而秦、晉、燕、齊、梁、楚、吳、蜀諸國，無不連邑數十，城郭宮室亞於天子之都，優之以甲兵衞士之盛。臣恐數世之後，尾大不掉，然後削其地而奪之權，則必生觖望，甚者緣間而起，防之無及矣。議者曰，諸王皆天子骨肉，分地雖廣，立法雖侈，豈有抗衡之理？臣竊以爲不然。何不觀於漢、晉之事乎？孝景，高帝之孫也，七國諸王，皆景帝之同祖父兄弟子孫也，一削其地，則遽構兵西向。晉之諸王，皆武帝親子孫也，易世之後，迭相攻伐，遂成劉、石之患。由此言之，分封踰制，禍患立生，援古証今，昭昭然矣。此臣所以爲太過者也。昔賈誼勸漢文帝，盡分諸國之地，空置之以待諸王子孫。向使文帝早從誼言，則必無七國之禍。願及諸王未之國之先，節其都邑之制，減其衞兵，限其疆理，亦以待封諸王之子孫。此制一定，然後諸王有賢且才者入爲輔相。其餘世爲藩屏，與國同休。割一時之恩，制萬世之利，消天變而安社稷，莫先於此。

臣又觀歷代開國之君，未有不以任德結民心，以任刑失民心者。國祚長短，悉由於此。古者之斷死刑也，天子撤樂減膳，誠以天生斯民，立之司牧，固欲其並生，非欲其卽死。不幸有不率敎者入於其中，則不得已而授之以刑耳。議者曰，宋、元中葉，專事姑息，賞罰無章，以致亡滅。主上痛懲其弊，故制不宥之刑，權神變之法，使人知懼而莫測其端也。臣又以爲不然。開基之主垂範百世，一動一靜，必使子孫有所持守。況刑者，民之司命，可不愼歟！夫笞、杖、徒、流、死，今之五刑也。用此五刑，既無假貸，一出乎大公至正可也。而用刑之際，多裁自聖衷，遂使治獄之吏務趨求意旨，深刻者多功，平反者得罪，欲求治獄之平，豈易得哉！近者特旨，雜犯死罪免死充軍，又删定舊律諸則，減宥有差矣。然未聞有戒敕治獄者務從平恕之條，是以法司猶循故例。雖聞寬宥之名，未見寬宥之實。所謂實者，誠在主上，不在臣下也。故必有罪疑惟輕之意，而後好生之德洽於民心，此非可以淺淺期也。

何以明其然也。古之爲士者，以登仕爲榮，以罷職爲辱。今之爲士者，以溷跡無聞爲福，以受玷不錄爲幸，以屯田工役爲必獲之罪，以鞭笞捶楚爲尋常之辱。其始也，朝廷取天下之士，網羅捃摭，務無餘逸，有司敦迫上道，如捕重囚。比到京師，而除官多以貌選，所學或非其所用，所用或非其所學。洎乎居官，一有差跌，苟免誅戮，則必

在屯田工役之科。率是爲常，不少顧惜，此豈陛下所樂爲哉？誠欲人之懼而不敢犯也。竊見數年以來，誅殺亦可謂不少矣，而犯者相踵。良由激勸不明，善惡無別，議賢議能之法既廢，人不自勵，而爲善者怠也。有人於此，廉如夷、齊，智如良、平，少戾於法，上將錄長棄短而用之乎？將舍其所長、苛其所短而置之法乎？苟取其長而舍其短，則中庸之材爭自奮於廉智。倘苛其短而棄其長，則爲善之人皆曰某廉若是，某智若是，朝廷不少貸之，吾屬何所容其身乎！致使朝不謀夕，棄其廉恥，或事掊克，以備屯田工役之資者，率皆是也。若是非用刑之煩者乎？漢嘗徙大族於山陵矣，未聞實之以罪人也。今鳳陽皇陵所在，龍興之地，而率以罪人居之，怨嗟愁苦之聲充斥園邑，殆非所以恭承宗廟意也。

且夫强敵在前，則揚精鼓銳，攻之必克，擒之必獲，可也。今賊突竄山谷，以計求之，庶或可得。顧勞重兵，彼方驚散，入不可蹤跡之地。捕之數年，既無其方，而乃歸咎於新附戶籍之細民，而遷徙之。騷動數千里之地，室家不得休居，雞犬不得寧息。況新附之衆，向者流移他所，朝廷許其復業。今附籍矣，而又復遷徙，是法不信於民也。夫戶口盛而後田野闢，賦稅增。今責守令年增戶口，正爲是也。近者已納稅糧之家，雖承旨分釋還家，而其心猶不自安。已起戶口，雖蒙憐恤，而猶見留開封祗候，訖

中華書局

言驚動，不知所出。況太原諸郡，外界邊境，民心如此，甚非安邊之計也。臣願自今朝廷宜存大體，赦小過，明詔天下，修舉「八議」之法，嚴禁深刻之吏。斷獄平允者超遷之，殘酷裒斂者罷黜之。鳳陽屯田之制，見在居屯者，聽其耕種起科。已起戶口、見留開封者，悉放復業。如此則足以隆好生之德，樹國祚長久之福，而兆民自安，天變自消矣。

昔者周自文、武至於成、康，而教化大行，漢自高帝至於文、景，而始稱富庶。蓋天下之治亂，氣化之轉移，人心之趨向，非一朝一夕故也。今國家紀元，九年於茲，偃兵息民，天下大定，紀綱大正，法令修明，可謂治矣。而陛下切切以民俗澆漓，人不知懼，法出而奸生，令下而詐起。故或朝信而暮猜者有之，昨日所進，今日被戮者有之。乃至令下而尋改，已赦而復收，天下臣民莫之適從。臣愚謂天下之趨於治，猶堅冰之泮也。冰之泮，非太陽所能驟致，陽氣發生，土脈微動，然後得以融釋。聖人之治天下，亦猶是也。刑以威之，禮以導之，漸民以仁，摩民以義，而後其化熙熙。孔子曰：「如有王者，必世而後仁。」此非空言也。

求治之道，莫先於正風俗。正風俗之道，莫先於守令知所務。使守令知所務，莫先於風憲知所重。使風憲知所重，莫先於朝廷知所尚。古郡守縣令，以正率下，以善

導民，使化成俗美。征賦期會獄訟簿書，固其末也。今之守令以戶口錢糧獄訟爲急務，至於農桑學校，王政之本，乃視爲虛文而置之，將何以教養斯民哉？以農桑言之，方春州縣下一白帖，里甲回申文狀而已，守令未嘗親視種藝次第、旱澇戒備之道也。以學校言之，廩膳諸生，國家資之以取人才之地也。今四方師生，缺員甚多，縱使具員，守令亦鮮有以禮讓之實，作其成器者。朝廷切切於社學，屢行取勘師生姓名，所習課業。乃今社鎮城郭，或但置立門牌，遠村僻處則又徒存其名，守令不過具文案，備照刷而已。上官分部按臨，亦但循習故常，依紙上照刷，未嘗巡行點視也。興廢之實，上下視爲虛文。小民不知孝弟忠信爲何物，而禮義廉恥掃地矣。風紀之司，所以代朝廷宣導德化，訪察善惡。聽訟讞獄，其一事耳。今專以獄訟爲要。忠臣孝子義夫節婦，視爲末節而不暇舉，所謂宣導風化者安在哉？其始但知以去一贓吏、決一獄訟爲治，而不知勸民成俗，使民遷善遠罪，乃治之大者。此守令風憲未審輕重之失也。

王制論鄉秀士升於司徒曰選士，司徒論其秀士而升於太學曰俊士，大樂正又論造士之秀升之司馬曰進士，司馬辨論官材，論定然後官之，任官然後爵之。其考之之詳若此，故成周得人爲盛。今使天下諸生考於禮部，升於太學，歷練衆職，任之以事，可以洗歷代舉選之陋，上法成周。然而升於太學者，或未數月，遽選入官，間或委以民社。臣恐其人未諳時務，未熟朝廷禮法，不能宣導德化，上乖國政，而下困黎民也。開國以來，選舉秀才不爲不多，所任名位不爲不重，自今數之，在者有幾？臣恐後之視今，亦猶今之視昔。昔年所舉之人，豈不深可痛惜乎！凡此皆臣所爲求治太速之過也。

昔者宋有天下蓋三百餘年。其始以禮義教其民，當其盛時，閭閻里巷皆有忠厚之風，至於恥言人之過失。洎乎末年，忠臣義士視死如歸，婦人女子羞被汚辱，此皆教化之效也。元之有國，其本不立，犯禮義之分，壞廉恥之防。不數十年，棄城降敵者不可勝數。雖老儒碩臣甘心屈辱，此禮義廉恥不振之弊。遺風流俗至今未革，深可怪也。臣謂莫若敦仁義，尚廉恥，守令則責其以農桑學校爲急，風憲則責其先教化、審法律，以平獄緩刑爲急。如此則德澤下流，求治之道庶幾得矣。郡邑諸生升於太學者，須令在學肄業，或三年，或五年，精通一經，兼習一藝，然後入選，或宿衞，或辦事，以觀公卿大夫之能，而後任之以政，則其學識兼懋，庶無敗事。且使知祿位皆天之祿位，而可以塞覬覦之心也。治道既得，陛下端拱穆清，待以歲月，則陰陽調而風雨時，諸福吉祥莫不畢至，尚何天變之不消哉？

書上，帝大怒曰：「小子間吾骨肉，速逮來，吾手射之。」既至，丞相乘帝喜以奏，下刑部獄，死獄中。

先是，伯巨將上書，語其友曰：「今天下惟三事可患耳，其二事易見而患遲，其一事難見而患速。縱無明詔，吾猶將言之，況求言乎。」其意蓋謂分封也。然是時諸王止建藩號，未曾裂土，不盡如伯巨所言。迨洪武末年，燕王屢奉命出塞，勢始强。後因削奪稱兵，遂有天下，人乃以伯巨爲先見云。

鄭士利，字好義，寧海人。兄士元，剛直有才學，由進士歷官湖廣按察使僉事。荆、襄卒乘亂掠婦女，吏不敢問，士元立言於將領還所掠。安陸有冤獄，御史臺已讞上，士元奏其冤，得白。會考校錢穀册書，空印事覺，凡主印者論死，佐貳以下榜一百，戍遠方。士元亦坐是繫獄。

時帝方盛怒，以爲欺罔，丞相御史莫敢諫。士利歎曰：「上不知，以空印爲大罪。誠得人言之，上聖明，寧有不悟。」會星變求言。士利曰：「可矣」。既而讀詔，有假公言私者罪。士利曰：「吾所欲言，爲天子殺無罪者耳。吾兄非主印者，固當出。需吾兄杖出乃言，即死不恨。」

士元出，士利乃爲書數千言，言數事，而於空印事尤詳。曰：「陛下欲深罪空印者，恐奸

吏得挾空印紙，爲文移以虐民耳。夫文移必完印乃可。今考較書策，乃合兩縫印，非一印一紙比。縱得之，亦不能行，況不可得乎？錢穀之數，府必合省，省必合部，數難懸決，至部乃定。省府去部遠者六七千里，近亦三四千里，册成而後用印，往返非期年不可。以故先印而後書，此權宜之務，所從來久，何足深罪。且國家立法，必先明示天下而後罪犯法者，以其故犯也。自立國至今，未嘗有空印之律。有司相承，不知其罪。今一旦誅之，何以使受誅者無詞。朝廷求賢士，置庶位，得之甚難。位至郡守，皆數十年所成就。通達廉明之士，非如草菅然，可刈而復生也。陛下奈何以不足罪之罪，而壞足用之材乎？臣竊爲陛下惜之。」

書成，閉門逆旅泣數日。兄子問曰：「叔何所苦？」士利曰：「吾有書欲上，觸天子怒必受禍。然殺我生數百人，我何所恨。」遂入奏。帝覽書，大怒，下丞相御史雜問，究使者。士利笑曰：「顧吾書足用否耳。吾業爲國家言事，自分必死，誰爲我謀？」獄具，與士元皆輸作江浦，而空印者竟多不免。

方徵，字可久，莆田人。以鄉舉授給事中。嘗侍遊後苑，與聯詩句。太祖知其有母在，賜白金，馳驛歸省。還改監察御史，出爲懷慶知府。徵志節甚偉，遇事敢直言。居郡時，因

星變求言，疏言：「風憲官以激濁揚清爲職。今不聞旌廉拔能，專務羅織人罪，多徵贓罰，此大患也。朝廷賞罰明信，乃能勸懲。去年各行省官吏以用空印罹重罪，而河南參政安然、山東參政朱芾俱有空印，反遷布政使，何以示勸懲？」帝問羅織及多徵贓罰者爲誰。徵指河南僉事彭京以對。貶沁陽驛丞。十三年，以事逮至京，卒。

周敬心，山東人，太學生也。洪武二十五年詔求曉曆數者，敬心上疏極諫，且及時政數事。略曰：

臣聞國祚長短，在德厚薄，不在曆數。三代尚矣，三代而下，最久莫如漢、唐、宋，最短莫如秦、隋、五代，其久也以有道，其短也以無道。陛下膺天眷命，救亂誅暴，然神武威斷則有餘，寬大忠厚則不足。陛下若效兩漢之寬大，唐、宋之忠厚，講三代所以有道之長，則帝王之祚可傳萬世，何必問諸小道之人耶？

臣又聞陛下連年遠征，北出沙漠，爲恥不得傳國璽耳。昔楚平王時，琢卞和之玉，至秦始名爲璽，歷代遞嬗以訖後唐。治亂興廢，皆不在此。石敬瑭亂，潞王擕以自焚，則秦璽固已毀矣。敬瑭入洛，更以玉製，晉亡入遼，遼亡遺於桑乾河。元世祖時，札剌爾者漁而得之。今元人所挾，石氏璽耳。昔者三代不知有璽，仁爲之璽，故曰「聖人大寶曰位，何以守位曰仁。」陛下奈何忽天下之大璽，而求漢、唐、宋之小璽也？

方今力役過煩，賦斂過厚，教化溥而民不悅，法度嚴而民不從。昔汲黯言於武帝曰：「陛下內多欲而外施仁義，奈何欲效唐、虞之治乎？」方今國則願富，兵則願强，城池則願高深，宮室則願壯麗，土地則願廣，人民則願衆。於是多取軍卒，廣籍資財，征伐不休，營造無極，如之何其可治也。臣又見洪武四年錄天下官吏，十三年連坐胡黨，十九年逮官吏積年爲民害者，二十三年罪妄言者。大戮官民，不分臧否。其中豈無忠臣烈士善人君子？於茲見陛下之薄德而任刑矣。水旱連年，夫豈無故哉！

言皆激切。報聞。

王朴，同州人。洪武十八年進士。本名權，帝爲改焉。除吏科給事中，以直諫忤旨罷。旋起御史，陳時事千餘言。性鯁直，數與帝辨是非，不肯屈。一日，遇事爭之强。帝怒，命戮之。及市，召還，諭之曰：「汝其改乎？」朴對曰：「陛下不以臣爲不肖，擢官御史，奈何摧辱至此！使臣無罪，安得戮之？有罪，又安用生之？臣今日願速死耳。」帝大怒，趣命行刑。

過史館，大呼曰：「學士劉三吾志之：某年月日，皇帝殺無罪御史朴也！」竟戮死。帝撰大誥，謂朴誹謗，猶列其名。

有張衡者，萬安人，朴同年進士。授禮科給事中。奏疏剴切。擢禮部侍郎。以淸愼見褒，載於大誥。後亦以言事坐死。

贊曰：太祖英武威斷，廷臣奏對，往往失辭。而錢唐、韓宜可、李仕魯輩，抱其朴誠，力諍於堂陛間，可謂古之遺直矣。伯巨、敬心以縫掖諸生言天下至計，雖違於信而後諫之義，然原厥本心，由於忠愛，以視末季沽名賣直之流，有不可同日而語者也。

校勘記

〔一〕命下錦衣衞獄　按本書卷七六職官志，洪武十五年罷儀鸞司，改置錦衣衞。此言洪武九年以前事，不應遽稱錦衣衞。明書卷一一六作「下獄」。「錦衣衞」三字應是衍文。

〔二〕洪武二十四年上書言九事　原脫「洪武」，據明史稿傳二四馮堅傳、太祖實錄卷二一三洪武二十四年十月乙丑條補。

中華書局

明史卷一百四十

列傳第二十八

魏觀，字杞山，蒲圻人。元季隱居蒲山。太祖下武昌，聘授國子助教，再遷浙江按察司僉事。吳元年遷兩淮都轉運使，入爲起居注。奉命偕吳琳以幣帛求遺賢於四方。洪武元年建大本堂，命侍太子說書，及授諸王經。未幾，又命偕文原吉、詹同、吳輔、趙壽等分行天下，訪求遺才，所舉多擢用。三年轉太常卿，考訂諸祀典。稱旨，改侍讀學士，尋遷祭酒。明年坐考祀孔子禮不以時奏，謫知龍南縣，旋召爲禮部主事。

五年，廷臣薦觀才，出知蘇州府。前守陳寧苛刻，人呼陳烙鐵。觀盡改寧所爲，以明教化、正風俗爲治。建黌舍，聘周南老、王行、徐用誠，與教授貢潁之定學儀；王彝、高啓、張羽訂經史；耆民周壽誼、楊茂、林文友行鄉飲酒禮。政化大行，課績爲天下最。明年擢四川行省參知政事。未行，以部民乞留，命還任。

初，張士誠以蘇州舊治爲宮，遷府治於都水行司。觀以其地湫隘，還治舊基。又濬錦帆涇，興水利。或譖觀興既滅之基。帝使御史張度廉其事，遂被誅。帝亦尋悔，命歸葬。

陶垕仲，名鑄，以字行，鄞人。洪武十六年，以國子生擢監察御史。糾彈不避權貴，劾刑部尚書開濟至死，直聲動天下。未幾，擢福建按察使，誅贓吏數十人，興學勸士，撫恤軍民。帝下詔褒異。布政使薛大方貪暴，垕仲劾奏之。大方辭相連，幷逮至京。訊實，坐大方罪，詔垕仲還官。垕仲言：「臣父昔爲方氏部曲，以故官例徙鳳陽。臣幼弱，依兄撫養，至於有成，今兄亦爲鳳陽軍吏。臣叨聖恩，備位司憲，欲推祿養報生育恩，使父母兄弟得復聚處，實戴聖天子孝治天下至意。」帝特許迎養，去徙籍。垕仲清介自持，祿入悉以贍賓客。未幾，卒官。

時廣西僉事王佑，泰和人。按察使尋适嘗咨以政體。佑曰：「蠻方之人瀆倫傷化，不及此時明禮法，示勸懲，後難治。」适從之，廣西稱治。蜀平，徙佑知重慶州，招徠撫輯，甚得民和，坐事免官，卒。

劉仕貆，字伯貞，安福人。父閈，元末隱居不仕。仕貆少受父學。紅巾賊亂，掠其鄉，母張氏率羣婦女沉茨潭死。賊械仕貆，久之得釋。洪武初，以供役爲安福丞張禧所辱，仕貆憤，益力學。

十五年應「賢良」舉，對策稱旨，授廣東按察司僉事，分司瓊州。瓊俗善蠱。上官至，輒致所産珍貨爲贄。受則喜，不受則懼按治，蠱殺之，仕瓊者多爲所汙。仕貆廉且惠，輕徭理枉，大得民和。雖却其贄，夷人不忍害也。辱仕貆者張禧，適調丞瓊山，以屬吏謁，大慚怖。仕貆待之與他吏等。未幾，朝議省僉事官，例降東莞河泊使。渡河遇風，歿於水。同僚張仕祥葬之鵶磯。

後有王溥者，桂林人。洪武末爲廣東參政，亦以廉名。其弟自家來省，屬吏與同舟，贈以布袍。溥命還之，曰：「一衣雖微，不可不愼，此汙行辱身之漸也。」糧運由海道多漂沒。溥至庾嶺，相度形勢，命有司鑿石塡塹，修治橋梁，易以車運。民甚便之。居官數年，笥無重衣，庖無兼饌。以誣逮下詔獄，僚屬餽贐皆不受，曰：「吾豈以患難易其心哉！」事白得歸，卒。

時有徐均者，陽春主簿也。地僻，土豪得盤踞爲姦。邑長至，輒餌以厚賂，從而把持之。有莫大老者，洞主也。均曰：「此非王民邪，不來且誅。」出雙劍示之。大老恐，入謁。均廉得其不法事，繫之獄。詰朝，以兩瓜及安石榴數枚爲饋，皆黃金美珠也。均不視，械送府。府官受賕縱之歸，復致前饋。均怒，欲捕治之，而府檄調均攝陽江，陽江大治。以憂去官。

王宗顯，和州人，僑居嚴州。胡大海克嚴，禮致幕中。太祖征婺州，大海以宗顯見，太祖曰：「我鄉里也。」命至婺覘敵。宗顯潛得城中虛實及諸將短長，還白太祖。太祖喜曰：「我得婺，以爾爲知府。」既而元樞密同僉甯安慶與守將帖木烈思貳，遣都事緼城請降，開東

中華書局

門納兵，與宗顯所刺事合。改婺州爲寧越府，以宗顯知府事。宗顯故儒者，博涉經史，開郡學，聘葉儀、宋濂爲五經師，戴良爲學正，吳沉、徐源等爲訓導。自兵興，學校久廢，至是始聞絃誦聲。未幾，卒官。

太祖之下婺也，又以王興宗爲金華知縣。興宗，故隸人也，李善長、李文忠皆以爲不可。太祖曰：「興宗從我久，勤廉能斷，儒生法吏莫先也。」居三年，果以治行聞。遷判南昌，改知嵩州。時方籍民爲軍，興宗奏曰：「元末聚民爲兵，散則仍爲民。今軍民分矣，若籍爲軍，則無民，何所徵賦？」帝曰：「善。」遷懷慶知府。上計至京，帝以事詰諸郡守，至興宗，獨曰：「是守公勤不貪，不須問。」再遷蘇州，擢河南布政使。陛辭，帝曰：「久不見爾，老矣，我鬚亦白。」宴而遣之，益勤其職。後坐累得白，卒於官。

同時有呂文燧，字用明，永康人。元末盜起，文燧散家財，募壯士得三千人，與盜連戰，破走之。三授以官，皆不受。太祖定婺，置永康翼，以文燧爲左副元帥兼知縣事。尋召爲營田司經歷，擢知廬州府。浙西平，徙知嘉興。松江民作亂，寇嘉興，文燧柵內署，帥壯士拒守。李文忠援至，賊就擒，諸將因欲屠城。文燧曰：「作亂者賊也，民何罪？」力止之。滿三載，入朝。奉詔持節諭闍婆國，次興化，疾卒。明年，嘉興佐貳以下坐鹽法死者數十人，

有司以文燧嘗署名公牘，請籍其家。帝曰：「文燧誠信，必不爲姦利，且沒於使事，可念也，勿籍。」

一時郡守以治行稱者，又有王興福、蘇恭讓二人。

興福，隨人。初守徽州，有善政，遷杭州。杭初附，人心未安，興福善撫輯。民甚德之。秩滿當遷，郡人遮道攀留。興福諭遣之曰：「非余能惠父老，父老善守法耳。」太祖嘉之，擢吏部尚書。坐事左遷西安知府，卒官。

恭讓，玉田人。舉「聰明正直」。任漢陽知府，爲治嚴明而不苛。有重役，輒詣上官反復陳說，多得減省。

而知漢陽縣者趙庭蘭，徐人，亦能愛民任事。朝廷嘗遣使徵陳氏散卒，他縣多以民丁應，庭蘭獨言縣無有。漢陽人言郡守則稱恭讓，言縣令則稱庭蘭云。

王觀，字尚賓，祥符人。性耿介，儀度英偉，善談論。由鄉薦入太學，擢知蘇州府，公廉有威。黠吏錢英屢陷長官，觀捶殺之。事聞，太祖遣行人齎敕褒之，勞以御酒。歲大祲，民多逋賦，部使者督甚急。觀置酒，延諸富人，勸貸貧民償，辭指誠懇，富人皆感動，逋賦以

完。朝廷嘉其能，榜以勵天下。守蘇者前有季亨、魏觀，後有姚善、況鍾，皆賢，稱「姑蘇五太守」，並祀學宮。

楊卓，字自立，泰和人。洪武四年進士，授吏部主事。踰年，遷廣東行省員外郎。田家婦獨行山中，遇伐木卒，欲亂之。婦不從，被殺。官拷同役卒二十人，皆引服。卓曰：「卒人衆，必善惡異也，可盡抵罪乎？」列二十人庭下，熟視久之，指兩卒曰：「殺人者汝也。」兩卒大驚，服罪。坐事謫田鳳陽，復起爲杭州通判。有兄弟爭田者，累歲不決，卓至垂涕開諭，遂罷爭。卓精吏事，吏不能欺。而治平恕，民悅服焉。病免，卒。

卓同邑羅性，字子理。洪武初舉於鄉，授德安同知。有大盜久不獲，株連繫獄者數百人。性至郡，悉出所繫，約十日得賊即盡貸。衆叩頭願盡力，七日果得。嘗治蔬圃，得窖鏹萬餘斤。會方賦鐵造軍器，民爭求售。性曰：「此天所以濟民也，吾何預焉。」悉以充賦。秩滿赴京，坐用棗木染軍衣，謫戍西安。性博學。時四方老師宿儒在西安者數十人，吳人鄭奕曰：「合吾輩所讀書，庶幾羅先生之半。」年七十卒。

道同，河間人。其先蒙古族也。事母以孝聞。洪武初，薦授太常司贊禮郎，出爲番禺知縣。番禺故號煩劇，而軍衞尤橫，數鞭辱縣中佐吏，前令率不能堪。同執法嚴，非理者一切抗弗從，民賴以少安。

未幾，永嘉侯朱亮祖至，數以威福撼同，同不爲動。土豪數十輩抑買市中珍貨，稍不快意，輒巧詆以罪。同械其魁通衢，諸豪家爭賄亮祖求免。亮祖置酒召同，從容言之。同厲聲曰：「公大臣，奈何受小人役使！」亮祖不能屈也。他日，亮祖破械脫之，借他事笞同。富民羅氏者，納女於亮祖，其兄弟因怙勢爲奸。同復按治，亮祖又奪之去。同積不平，條其事奏之。未至，亮祖先劾同訕傲無禮狀。帝不知其由，遂使使誅同。會同奏亦至，帝悟，以爲同職甚卑，而敢斥言大臣不法事，其人骨鯁可用，復使使宥之。兩使者同日抵番禺，後使者甫到，則同已死矣。縣民悼惜之，或刻木爲主祀於家，卜之輒驗，遂傳同爲神云。

當同未死時，布政使徐本雅重同。同方笞一醫未竟，而本急欲得醫，遣卒語同釋之。同岸然曰：「徐公乃亦效永嘉侯耶？」笞竟始遣。自是上官益嚴憚，然同竟用此取禍。

先是有歐陽銘者，亦嘗以事抗將軍常遇春。

銘，字日新，泰和人。以薦除江都縣丞。兵燹後，民死徙者十七八。銘招徠拊循，漸次

中華書局

復業。有繼母告子不孝者。呼至案前，委曲開譬，母子泣謝去，卒以慈孝稱。嘗治廨後隙地，得白金百兩，會部符徵漆，即市之以輸。

遷知臨淄，遇春師過其境，卒入民家取酒，相毆擊，一市盡譁。銘笞而遣之。卒訴令罵將軍，遇春詰之。曰：「卒，王師，民亦王民也。民毆且死，卒不當笞耶？銘雖愚，何至詈將軍。將軍大賢，奈何私一卒撓國法。」遇春意解，爲責軍士以謝。後大將軍徐達至，軍士相戒曰：「是健吏，嘗抗常將軍者，毋犯也。」銘爲治廉靜平恕，暇輒進諸生講文藝，或單騎行田間，課耕穫，邑大治。秩滿入覲，卒。

盧熙，字公暨，崑山人。兄熊，字公武，爲兗州知府。時兵革甫定，會營魯王府，又濬河，大役並興。熊竭心調度，民以不擾。後坐累死。熙以薦授睢州同知，有惠愛，命行知府事。適御史奉命搜舊軍，睢民濫入伍者千人，檄熙追送。熙令民自實，得嘗隸尺籍者數人畀之。御史怒，繫曹吏，必盡得，不則以格詔論。同官皆懼。熙曰：「吾民牧也。民散，安用牧。」乃自詣御史曰：「州軍籍盡此矣。」迫之，民且散，獨有同知在耳，請以充役。」御史怒斥去，堅立不動。已，知不能奪，乃罷去。後卒於官，貧不能喪，官爲具殮。喪歸，吏民挽哭者

塞道，大雨，無一人却者。

又王士弘者，知寧海縣。靖海侯吳禎奉命收方氏故卒。[一]無賴子誣引平民，台、溫騷然。士弘上封事，辭極懇切。詔罷之，民賴以安。

倪孟賢，南昌人。知麗水縣。民有賣卜者，干富室不應，遂詣京告大姓陳公望等五十七人謀亂。命錦衣衞千戶周原往捕之。孟賢廉得實，謂僚屬曰：「朝廷命孟賢令是邑，忍坐視善良者橫被荼毒耶？」即具疏聞。復令耆老四十人赴闕訴。下法司鞫實，論告密者如律。

又樂平奸民亦詣闕訴大姓五十餘家謀逆，饒州知州郎敏力爲奏辨。[二]詔誅奸民，而被誣者得盡釋。

青文勝，字質夫，夔州人。仕爲龍陽典史。龍陽瀕洞庭，歲罹水患，逋賦數十萬，敲扑死者相踵。文勝慨然詣闕上疏，爲民請命。再上，皆不報。歎曰：「何面目歸見父老！」復具疏，擊登聞鼓以進，遂自經於鼓下。帝聞大驚，憫其爲民殺身，詔寬龍陽租二萬四千餘石，定爲額。邑人建祠祀之。妻子貧不能歸，養以公田百畝。萬曆十四年詔有司春秋致祭，名其祠曰惠烈。

贊曰：太祖起閭右，稔墨吏爲民害，嘗以極刑處之。然每旌舉賢能，以示勸勉，不專任法也。嘗遣行人齎敕併鈔三十錠，內酒一尊，賜平陽知縣張礎。又建陽知縣郭伯泰、丞陸鎰，爲政不避權勢，遣使勞以酒醴，遷其官。丹徒知縣胡夢通、丞郭伯高，金壇丞李思進，坐事當逮，民詣闕，言多善政，帝並賜內尊，降敕褒勞。永州守余彥誠、齊東令鄭敏等十人坐事下獄，部民列政績以請，皆復官。宜春令沈昌等四人更擢郡守。其自下僚不次擢用者，寧遠尉王尚賢爲廣西參政，祥符丞鄒俊爲大理卿，靜寧州判元善爲僉都御史，芝陽令李行素爲刑部侍郎。至如懷寧丞陳希文、宜興簿王復春，先以善政擢，已知其貪肆，旋置重典。所以風厲激勸者甚至，以故其時吏治多可紀述云。

校勘記

〔一〕靖海侯吳禎奉命收方氏故卒　吳禎，原作「吳楨」，據本書卷一太祖紀、卷一〇五功臣世表、卷一三一吳禎傳，明史稿傳三六王士弘傳改。

〔二〕饒州知州郎敏力爲奏辨　饒州知州，太祖實錄卷一〇七洪武九年七月丁丑條作「饒州府知府」。按本書地理志卷四三饒州爲「府」而非「州」，疑作「饒州府知府」是。

中華書局

明史卷一百四十一

列傳第二十九

齊泰　黃子澄　方孝孺 盧原質　鄭公智　林嘉猷　胡子昭
鄭居貞　劉政　方法　樓璉　練子寧 宋徵　葉希賢　茅大芳 周璿
卓敬 郭任　盧迥　陳迪 黃魁　巨敬　景淸 連楹　胡閏 高翔
王度 戴德彝　謝昇　丁志方　甘霖　董鏞　陳繼之　韓永　葉福

齊泰，溧水人。初名德。洪武十七年舉應天鄉試第一。明年成進士。歷禮、兵二部主事。雷震謹身殿，太祖禱郊廟，擇歷官九年無過者陪祀，德與焉，賜名泰。二十八年以兵部郎中擢左侍郎。太祖嘗問邊將姓名，泰歷數無遺。又問諸圖籍，出袖中手册以進，簡要詳密，大奇之。

皇太孫素重泰。及卽位，命與黃子澄同參國政，尋進尙書。時遺詔諸王臨國中，毋奔喪，王國吏民聽朝廷節制。諸王謂泰矯皇考詔，間骨肉，皆不悅。先是，帝爲太孫時，諸王多尊屬，擁重兵，患之，至是因密議削藩。

建文元年，周、代、湘、齊、岷五王相繼以罪廢。七月，燕王舉兵反，師名「靖難」，指泰、子澄爲奸臣。事聞，泰請削燕屬籍，聲罪致討。或難之，泰曰：「明其爲賊，敵乃可克。」遂定議伐燕，布告天下。時太祖功臣存者甚少，乃拜長興侯耿炳文爲大將軍，帥師分道北伐，至眞定爲燕所敗。子澄薦曹國公李景隆代將，泰極言不可。子澄不聽，卒命景隆將。當是時，帝舉五十萬兵畀景隆，謂燕可旦夕滅。燕王顧大喜曰：「昔漢高止能將十萬。景隆何才，其衆適足爲吾資也。」是冬，景隆果敗，帝有懼色。會燕王上書極詆泰、子澄。帝乃解二人任以謝燕，而陰留之京師，仍參密議。景隆遺燕王書，言二人已竄，可息兵，燕王不聽。明年，盛庸捷東昌，帝告廟，命二人任職如故。及夾河之敗，復解二人官求罷兵，燕王曰：「此緩我也。」進益急。

始削藩議起，帝入泰、子澄言，謂以天下制一隅甚易。及屢敗，意中悔，是以進退失據。迨燕兵日逼，復召泰還。未至，京師已不守，泰走外郡謀興復。時購泰急。泰墨白馬走，行稍遠，汗出墨脫。或曰：「此齊尙書馬也。」遂被執赴京，同子澄、方孝孺不屈死。泰從兄弟敬宗等皆坐死，叔時永、陽彥等謫戍。子甫六歲，免死給配，仁宗時赦還。

黃子澄，名湜，以字行，分宜人。洪武十八年會試第一。由編修進修撰，伴讀東宮，累遷太常寺卿。

惠帝爲皇太孫時，嘗坐東角門謂子澄曰：「諸王尊屬擁重兵，多不法，奈何？」對曰：「諸王護衞兵，纔足自守，倘有變，臨以六師，其誰能支？漢七國非不强，卒底亡滅。大小强弱勢不同，而順逆之理異也。」太孫是其言。比卽位，命子澄兼翰林學士，與齊泰同參國政，謂曰：「先生憶昔東角門之言乎？」子澄頓首曰：「不敢忘。」退而與泰謀，泰欲先圖燕。子澄曰：「不然，周、齊、湘、代、岷諸王，在先帝時，尙多不法，削之有名。今欲問罪，宜先周。周王，燕之母弟，削周是剪燕手足也。」謀定，明日入白帝。

會有言周王橚不法者。遂命李景隆帥兵襲執之，詞連湘、代諸府。於是廢橚及岷王楩爲庶人，幽代王桂於大同，囚齊王榑於京師。湘王柏自焚死。下燕議周王罪。燕王上書申救。帝覽書惻然，謂事宜且止。子澄與泰爭之，未決，出相語曰：「今事勢如此，安可不斷？」明日又入言曰：「今所慮者獨燕王耳，宜因其稱病襲之。」帝猶豫曰：「朕卽位未久，連黜諸

王，若又削燕，何以自解於天下？」子澄對曰：「先人者制人，毋爲人制。」帝曰：「燕王智勇善用兵，雖病，恐猝難圖。」乃止。於是命都督宋忠調緣邊官軍屯開平，選燕府護衞精壯隸忠麾下，召護衞胡騎指揮關童等入京，以弱燕。復調北平永淸左、右衞官軍分駐彰德、順德，都督徐凱練兵臨淸，耿瓛練兵山海關，以控制北平。皆泰、子澄謀也。時燕王憂懼，以三子皆在京師，稱病篤，乞三子歸。泰欲遂收之，子澄曰：「不若遣歸，示彼不疑，乃可襲而取也。」竟遣還。未幾，燕師起，王泣誓將吏曰：「陷害諸王，非由天子意，乃奸臣齊泰、黃子澄所爲也。」

始帝信任子澄與泰，驟事削藩。兩人本書生，兵事非其所長。當耿炳文之敗也，子澄謂勝敗常事，不足慮，因薦曹國公李景隆可大任。帝遂以景隆代炳文。而景隆益無能爲，連敗於鄭村壩、白溝河，喪失軍輜士馬數十萬。已，又敗於濟南城下。帝急召景隆還，赦不誅。子澄慟哭，請正其罪。帝不聽。子澄拊膺曰：「大事去矣，薦景隆誤國，萬死不足贖罪。」

及燕兵漸南，與齊泰同謫外，密令募兵。子澄微服由太湖至蘇州，與知府姚善倡義勤王。善上言：「子澄才足捍難，不宜棄閒遠以快敵人。」帝復召子澄，未至而京城陷。欲與善航海乞兵。善不可，乃就嘉興楊任謀舉事，爲人告，俱被執。子澄至，成祖親詰之。抗辨不

屈。磔死。族人無少長皆斬，姻黨悉戍邊。一子變姓名爲田經，遇赦，家湖廣咸寧。正德中，進士黃表其後云。

楊任，洪武中由人材起家，歷官袁州知府。時致仕，匿子澄於家，亦磔死。二子禮、益俱斬。親屬戍邊。

方孝孺，字希直，一字希古，寧海人。父克勤，洪武中循吏，自有傳。孝孺幼警敏，雙眸炯炯，讀書日盈寸，鄉人目爲「小韓子」。長從宋濂學，濂門下知名士皆出其下。先輩胡翰、蘇伯衡亦自謂弗如。孝孺顧末視文藝，恒以明王道、致太平爲己任。嘗臥病，絕糧。家人以告，笑曰：「古人三旬九食，貧豈獨我哉。」父克勤坐「空印」事誅，扶喪歸葬，哀動行路。既免喪，復從濂卒業。

洪武十五年，以吳沉、揭樞薦，召見。太祖喜其舉止端整，謂皇太子曰：「此莊士，當老其才。」禮遣還。後爲仇家所連，逮至京，太祖見其名，釋之。二十五年，又以薦召至。太祖曰：「今非用孝孺時。」除漢中教授，日與諸生講學不倦。蜀獻王聞其賢，聘爲世子師。每見，

陳說道德。王尊以殊禮，名其讀書之廬曰「正學」。

及惠帝卽位，召爲翰林侍講。明年遷侍講學士，國家大政事輒咨之。帝好讀書，每有疑卽召使講解。臨朝奏事，臣僚面議可否，或命孝孺就扆前批答。時修太祖實錄及類要諸書，孝孺皆爲總裁。更定官制，孝孺改文學博士。燕兵起，廷議討之，詔檄皆出其手。

建文三年，燕兵掠大名。王聞齊、黃已竄，上書請罷盛庸、吳傑、平安兵。孝孺建議曰：「燕兵久頓大名，天暑雨，當不戰自疲。急令遼東諸將入山海關攻永平，眞定諸將渡盧溝擣北平，彼必歸救。我以大兵躡其後，可成擒也。今其奏事適至，宜且與報書，往返踰月，使其將士心懈。我謀定勢合，進而蹴之，不難矣。」帝以爲然。命孝孺草詔，遣大理寺少卿薛嵓馳報燕，盡赦燕罪，使罷兵歸藩。又爲宣諭數千言授嵓，持至燕軍中，密散諸將士。比至，嵓匿宣諭不敢出，燕王亦不奉詔。

五月，吳傑、平安、盛庸發兵擾燕餉道。燕王復遣指揮武勝上書伸前請。帝將許之。孝孺曰：「兵罷，不可復聚，願毋爲所惑。」帝乃誅勝以絕燕。未幾，燕兵掠沛縣，燒糧艘。時河北師老無功，而德州又饋餉道絕，孝孺深以爲憂。以燕世子仁厚，其弟高煦狡譎，有寵於燕王，嘗欲奪嫡，謀以計間之，使內亂。乃建議白帝，遣錦衣衞千戶張安齎璽書往北平賜世子，世子得書不啓封，幷安送燕軍前，間不得行。

明年五月，燕兵至江北，帝下詔徵四方兵。孝孺曰：「事急矣。遣人許以割地，稽延數日，東南募兵漸集，北軍不長舟楫，決戰江上，勝負未可知也。」帝遣慶成郡主往燕軍，陳其說。燕王不聽。帝命諸將集舟師江上，而陳瑄以戰艦降燕，燕兵遂渡江，時六月乙卯也。帝憂懼，或勸帝他幸，圖興復。孝孺力請守京城以待援兵，卽事不濟，當死社稷。乙丑，金川門啓，燕兵入，帝自焚。是日，孝孺被執下獄。

先是，成祖發北平，姚廣孝以孝孺爲託，曰：「城下之日，彼必不降，幸勿殺之。殺孝孺，天下讀書種子絕矣。」成祖頷之。至是欲使草詔。召至，悲慟聲徹殿陛。成祖降榻勞曰：「先生毋自苦，予欲法周公輔成王耳。」孝孺曰：「成王安在？」成祖曰：「彼自焚死。」孝孺曰：「何不立成王之子？」成祖曰：「國賴長君。」孝孺曰：「何不立成王之弟？」成祖曰：「此朕家事。」顧左右授筆札，曰：「詔天下，非先生草不可。」孝孺投筆於地，且哭且罵曰：「死卽死耳，詔不可草。」成祖怒，命磔諸市。孝孺慨然就死，作絕命詞曰：「天降亂離兮孰知其由，奸臣得計兮謀國用猶。忠臣發憤兮血淚交流，以此殉君兮抑又何求。嗚呼哀哉兮庶不我尤。」時年四十有六。其門人德慶侯廖永忠之孫鏞與其弟銘檢遺骸瘞聚寶門外山上。

孝孺有兄孝聞，力學篤行，先孝孺死。弟孝友與孝孺同就戮，亦賦詩一章而死。妻鄭及二子中憲、中愈先自經死，二女投秦淮河死。

孝孺工文章，醇深雄邁。每一篇出，海內爭相傳誦。永樂中，藏孝孺文者罪至死。門人王稌潛錄爲侯城集，故後得行於世。

仁宗卽位，諭禮部：「建文諸臣，已蒙顯戮，家屬籍在官者，悉宥爲民，還其田土。其外親戍邊者，留一人戍所，餘放還。」萬曆十三年三月釋坐孝孺謫戍者後裔，浙江、江西、福建、四川、廣東凡千三百餘人。而孝孺絕無後，惟克勤弟克家有子曰孝復。洪武二十五年嘗上書闕下，請減信國公湯和所加寧海賦，謫戍慶遠衞，以軍籍獲免。孝復子琬，後亦得釋爲民。世宗時，松江人俞斌自稱孝孺後，一時士大夫信之，爲纂歸宗錄。既而方氏察其僞，言於官，乃已。神宗初，有詔褒錄建文忠臣，建表忠祠於南京，首徐輝祖，次孝孺云。

孝孺之死，宗族親友前後坐誅者數百人。其門下士有以身殉者，盧原質、鄭公智、林嘉猷，皆寧海人。

原質字希魯，孝孺姑子也，由進士授編修，歷官太常少卿。建文時，屢有建白。燕兵至，不屈，與弟原朴等皆被殺。

公智字叔貞。嘉猷名昇，以字行。皆師事孝孺。孝孺嘗曰：「匡我者，二子也。」公智以賢良舉，爲御史有聲。

嘉猷，洪武丙子以儒士校文四川。建文初，入史館爲編修，尋遷陝西僉事。嘗以事入燕邸，知高煦謀傾世子狀。孝孺間燕之謀，實嘉猷發之。胡子昭，字仲常，初名志高，榮縣人。孝孺爲漢中教授時往從學，蜀獻王薦爲縣訓導。建文初，與修太祖實錄，授檢討，累遷至刑部侍郎。

鄭居貞，閩人。與孝孺友善，以明經歷官鞏昌通判、河南參政，所至有善績。孝孺教授漢中，居貞作鳳雛行勖之。諸人皆坐黨誅死。

孝孺主應天鄉試，所得士有長洲劉政、桐城方法。政，字仲理。燕兵起，草平燕策，將上之，以病爲家人所沮。及聞孝孺死，遂嘔血卒。法，字伯通，官四川都司斷事，諸司表賀成祖登極，當署名，不肯，投筆出。被逮，次望江，瞻拜鄉里曰：「得望我先人廬舍足矣。」自沉於江。

成祖既殺孝孺，以草詔屬侍讀樓璉。璉，金華人，嘗從宋濂學，承命不敢辭。歸語妻子曰：「我固甘死，正恐累汝輩耳。」其夕，遂自經。或曰草詔乃括蒼王景，或曰無錫王達云。

練子寧，名安，以字行，新淦人。父伯尙，工詩。洪武初，官起居注，以直言謫外任，終鎭安通判。

子寧英邁不羣，十八年以貢士廷試對策，力言：「天之生材有限，陛下忍以區區小故，縱無窮之誅，何以爲治？」太祖善其意，擢一甲第二，授翰林修撰。丁母艱，力行古禮。服闋，復官，歷遷工部侍郎。

建文初，與方孝孺並見信用，改吏部左侍郎，以賢否進退爲己任，多所建白。未幾，拜御史大夫。燕師起，李景隆北征屢敗，召還。子寧從朝中執數其罪，請誅之，不聽，憤激叩首大呼曰：「壞陛下事者，此賊也。臣備員執法，不能爲朝廷除賣國奸，死有餘罪。即陛下赦景隆，必無赦臣。」因大哭求死，帝爲罷朝。宗人府經歷宋徵、御史葉希賢皆抗疏言景隆失律喪師，懷二心，宜誅。並不納。燕師既渡淮，靖江府長史蕭用道、衡府紀善周是修上書論大計，指斥用事者。書下廷臣議，用事者盛氣以詬二人。子寧曰：「國事至此，尙不能容言者耶？」詬者愧而止。

燕王卽位，縛子寧至。語不遜，磔死，族其家，姻戚俱戍邊。子寧從子大亨，官嘉定知縣，聞變，同妻沉劉家河死。里人徐子權以進士爲刑部主事，聞子寧死，慟哭賦詩自經。

子寧善文章，孝孺稱其多學而文。弘治中，王佐刻其遺文曰金川玉屑集。提學副使李夢陽立金川書院祀子寧，名其堂曰「浩然」。

徵，不知何許人。嘗疏請削罪藩屬籍。燕師入，不屈，幷妻子俱死。希賢，松陽人。亦坐奸黨被殺。或曰去爲僧，號雪菴和尙云。

茅大芳，名誧，以字行，泰興人。博學能詩文。洪武中，爲淮南學官，召對稱旨。擢秦府長史，制詞以董仲舒爲言。大芳益奮激，盡心輔導，顏其堂曰「希董」，方孝孺爲之記。建文元年遷副都御史。燕師起，遺詩淮南守將梅殷，辭意激烈。聞者壯之。

周璿，洪武末以天策衞知事建言，擢左僉都御史。燕王稱帝，與大芳並見收，不屈死。而大芳子順童、道壽俱論誅，二孫死獄中。

卓敬，字惟恭，瑞安人。穎悟過人，讀書十行俱下。舉洪武二十一年進士。〔一〕除戶科給事中，鯁直無所避。時制度未備，諸王服乘擬天子。敬乘間言：「京師，天下視效。陛下於諸王不早辨等威，而使服飾與太子埒，嫡庶相亂，尊卑無序，何以令天下？」帝曰：「爾言是，朕慮未及此。」益器重之。他日與同官見，適八十一人，命改官爲元士。尋以六科爲政事本源，又改曰源士。已，復稱給事中。歷官戶部侍郎。

建文初，敬密疏言：「燕王智慮絕倫，雄才大略，酷類高帝。北平形勝地，士馬精强，金、元所由興。今宜徙封南昌，萬一有變，亦易控制。夫將萌而未動者，幾也；量時而可爲者，勢也。勢非至剛莫能斷，幾非至明莫能察。」奏入，翌日召問。敬叩首曰：「臣所言天下至計，願陛下察之。」事竟寢。

燕王卽位，被執，責以建議徙燕，離間骨肉。敬厲聲曰：「惜先帝不用敬言耳。」帝怒，猶憐其才，命繫獄，使人諷以管仲、魏徵事。敬泣曰：「人臣委贄，有死無二。先皇帝曾無過舉，一旦橫行篡奪，恨不卽死見故君地下，乃更欲臣我耶？」帝猶不忍殺。姚廣孝故與敬有隙，進曰：「敬言誠見用，上寧有今日。」乃斬之，誅其三族。

敬立朝慷慨，美丰姿，善談論，凡天官、輿地、律曆、兵刑諸家無不博究。成祖嘗歎曰：「國家養士三十年，惟得一卓敬。」萬曆初，用御史屠叔方言，表墓建祠。

同時戶部侍郎死者，有郭任、盧迥。

任，丹徒人，一日定遠人。廉愼有能。建文初，佐戶部，飲食起居，俱在公署。時方貶削諸藩，任言：「天下事先本後末則易成。今日儲財粟，備軍實，果何爲者？乃北討周，南討湘，舍其本而末是圖，非策也。且兵貴神速，苟曠日持久，銳氣既竭，姑息隨之，將坐自困耳。」燕王聞而惡之。兵起，任與同官盧迥主調兵食，京師失守，被擒，不屈，死之。子經亦論死，少子戍廣西。

迥，仙居人。爽朗不拘細行。喜飲酒，飲後輒高歌，人謂迥狂。及仕，折節恭愼。建文三年拜戶部侍郎。燕兵入，不屈，縛就刑，長謳而死。台人祀之八忠祠。

陳迪，字景道，宣城人。祖宥賢，明初，從征有功，世撫州守禦百戶，因家焉。迪倜儻有志操。辟府學訓導，爲郡草賀萬壽表。太祖異之。久之，以通經薦，歷官侍講。出爲山東左參政，多惠政。丁內艱，起復，除雲南右布政使。普定、曲靖、烏撒、烏蒙諸蠻煽亂。迪率士兵擊破之，賜金幣。

建文初，徵爲禮部尚書。時更修制度，沿革損益，迪議爲多。會以水旱詔百官集議，迪請清刑獄，招流民，凡二十餘事，皆從之。尋加太子少保。李景隆等數戰敗，迪陳大計。命督運軍儲。已，聞變，趨赴京師。

燕王卽帝位，召迪責問，抗聲不屈。命與子鳳山、丹山等六人磔於市。旣死，人於衣帶中得詩及五噫歌，辭意悲烈。蒼頭侯來保拾其遺骸歸葬。妻管縊死。幼子珠生五月，乳母潛置溝中得免。八歲，爲怨家所訐，成祖宥其死，戍撫寧，尋徙登州，爲蓬萊人。洪熙初，赦還鄉，給田產。成化中，寧國知府涂觀建祠祀迪。弘治間，裔孫鼎舉進士，仕至應天府尹，剛鯁有聲。

黃魁，不知何許人。爲禮部侍郎，有學行，習典禮，迪及侍郎黃觀皆愛敬之。燕兵入，不屈死。

有巨敬者，平涼人。爲御史，改戶部主事，充史官，以清愼稱。與迪同不屈死，夷其族。

景清，本耿姓，訛景，眞寧人。倜儻尚大節，讀書一過不忘。洪武中進士，授編修，改御史。三十年春召見，命署左僉都御史。以奏疏字誤，懷印更改，爲給事中所劾，下詔獄。尋宥之。詔巡察川、陝私茶，除金華知府。建文初，爲北平參議。燕王與語，言論明晰，大稱賞。再遷御史大夫。

燕師入，諸臣死者甚衆。清素預密謀，且約孝孺等同殉國，至是獨詣闕自歸。成祖命仍其官，委蛇班行者久之。一日早朝，清衣緋懷刃入。先是，日者奏異星赤色犯帝座，甚急。成祖故疑清。及朝，清獨著緋。命搜之，得所藏刃。詰責，清奮起曰：「欲爲故主報讎耳。」成祖怒，磔死，族之。籍其鄉，轉相攀染，謂之瓜蔓抄，村里爲墟。

初，金川門之啓，御史連楹叩馬欲刺成祖，被殺，屍植立不仆。楹，襄垣人。

胡閏，字松友，鄱陽人。太祖征陳友諒，過長沙王吳芮祠，見題壁詩，奇之，立召見帳前。洪武四年，郡舉秀才，入見。帝曰：「此書生故題詩鄱陽廟壁者邪？」授都督府都事，遷經歷。建文初，選右補闕，尋進大理寺少卿。

燕師起，與齊、黃輩晝夜畫軍事。京師陷，召閏，不屈，與子傳道俱死，幼子傳慶戍邊。四歲女郡奴入功臣家，稍長識大義，日以爨灰汚面。洪熙初，赦還鄉。貧甚，誓不嫁。見者

競遺以錢穀，曰：「此忠臣女也。」

高翔，朝邑人。洪武中，以明經爲監察御史。建文時，數力兵事。成祖聞其名，與閏同召，欲用之。翔喪服入見，語不遜，族之。發其先冢，親黨悉戍邊。諸給高氏產者皆加稅，曰：「令世世罵翔也。」

王度，字子中，歸善人。少力學，工文辭，用明經薦爲山東道監察御史。建文時，燕兵起，度悉心贊畫。及王師屢敗，度奏請募兵。小河之捷，奉命勞軍徐州。還，方孝孺與度書，誓死社稷。燕王稱帝，坐方黨謫戍賀縣，又坐語不遜，族。

度有智計。盛庸之代景隆，度密陳便宜，是以有東昌之捷。景隆徵還，赦不誅，反用事，忌庸等功，讒間之，度亦見疎。論者以其用有未盡，惜之。

戴德彝，奉化人。洪武二十七年進士。累官侍講。太祖諭之曰：「翰林雖職文學，然既列禁近，凡國家政治得失，民生利害，當知無不言。昔唐陸贄、崔羣、李絳在翰林，皆能正言

讜論，補益當時，汝宜以古人自期。」已，改監察御史。建文時，改左拾遺。燕王入，召見，不屈，死之。德彝死時，兄弟並從京師。嫂項家居，聞變，度禍且族，令閽舍逃去，匿德彝二子山中，毀臧氏族譜，獨身留家。收者至，無所得，械項至京，搒掠終無一言，臧族獲全。

時御史不屈死者，有諸城謝昇、聊城丁志方，而懷寧甘霖從容就戮，子孫相戒不復仕。又董鏞，不知何許人。諸御史有志節者，時時會鏞所，誓以死報國。諸將校覲望不力戰，鏞輒露章劾之。城破被殺，家戍極邊。

而給事中死者，則有陳繼之、韓永、葉福三人。

繼之，莆田人，建文二年進士。時江南僧道多腴田，繼之請人限五畝，餘以賦民。從之。兵事亟，數條奏機宜。燕兵入，不屈，見殺，父母兄弟悉戍邊。

永，西安人，或曰浮山。貌魁梧，音吐洪亮，每慷慨論兵事。燕王入，欲官之，抗辭不屈死。

福，侯官人，繼之同年生。燕兵至，守金川門，城陷，死之。

贊曰：帝王成事，蓋由天授。成祖之得天下，非人力所能禦也。齊、黃、方、練之儔，抱

謀國之忠，而乏制勝之策。然其忠憤激發，視刀鋸鼎鑊甘之若飴，百世而下，凜凜猶有生氣。是豈泄然不恤國事而以一死自謝者所可同日道哉！由是觀之，固未可以成敗之常見論也。

校勘記

〔一〕洪武二十一年進士　二十一年，明進士題名碑錄作「洪武乙丑科」，即洪武十八年。

明史卷一百四十二

列傳第三十

鐵鉉 暴昭 侯泰 陳性善 陳植 王彬 崇剛 張昺 謝貴 彭二 葛誠 余逢辰 宋忠 余瑱 馬宣 曾濬 卜萬 朱鑑 石撰 瞿能 莊得 楚智 皁旗張 王指揮 楊本 張倫 陳質 顏伯瑋 唐子清 黃謙 向朴 鄭恕 鄭華 王省 姚善 錢芹 陳彥回 張彥方

鐵鉉，鄧人。洪武中，由國子生授禮科給事中，調都督府斷事。嘗讞疑獄，立白。太祖喜，字之曰鼎石。

建文初，爲山東參政。李景隆之北伐也，鉉督餉無乏。景隆兵敗白溝河，單騎走德州，城戍皆望風潰。鉉與參軍高巍感奮涕泣，自臨邑趨濟南，偕盛庸、宋參軍等誓以死守。燕

兵攻德州，景隆走依鉉。德州陷，燕兵收其儲蓄百餘萬，勢益張，遂攻濟南。景隆復大敗，南奔。鉉與庸等乘城守禦。燕兵隄水灌城，築長圍，晝夜攻擊。鉉以計焚其攻具，間出兵奮擊。又遣千人出城詐降。燕王大喜，軍中皆歡呼。鉉伏壯士城上，候王入，下鐵板擊之，別設伏斷橋。既而失約，王未入城，板驟下，王驚走。伏發，橋倉卒不可斷，王鞭馬馳去。憤甚，百計進攻。凡三閱月，卒固守不能下。當是時，平安統兵二十萬，將復德州，以絕燕餉道。燕王懼，解圍北歸。

燕王自起兵以來，攻眞定二日不下，卽舍去。獨以得濟南斷南北道，卽畫疆守，金陵不難圖，故乘大破景隆之銳，盡力以攻，期於必拔，而竟爲鉉等所挫。帝聞大悅，遣官慰勞，賜金幣，封其三世。鉉入謝，賜宴。凡所建白皆採納。擢山東布政使，尋進兵部尙書。以盛庸代景隆爲平燕將軍，命鉉參其軍務。是年冬，庸大敗燕王於東昌，斬其大將張玉。燕王奔還北平。自燕兵犯順，南北日尋干戈，而王師克捷，未有如東昌者。自是燕兵南下由徐、沛，不敢復道山東。

比燕兵漸逼，帝命遼東總兵官楊文將所部十萬與鉉合，絕燕後。文師至直沽，爲燕將宋貴等所敗，無一至濟南者。四年四月，燕軍南綴王師於小河，鉉與諸將時有斬獲。連戰至靈璧，平安等師潰被擒。既而庸亦敗績。燕兵渡江，鉉屯淮上，兵亦潰。

中華書局

燕王卽皇帝位，執之至，反背坐廷中嫚罵。令其一回顧，終不可，遂磔於市，年三十七。子福安，戍河池。父仲名，年八十三，母薛，並安置海南。

宋參軍者，逸其名。燕兵攻濟南不克，舍之南去。參軍說鉉直擣北平。鉉以卒困甚，不果。後不知所終。

暴昭，潞州人。洪武中，由國子生授大理寺司務。三十年擢刑部右侍郎。明年進尚書。耿介有峻節，布衣麻履，以清儉知名。建文初，充北平採訪使，得燕不法狀，密以聞，請預爲備。燕兵起，設平燕布政司於眞定，(一)昭以尚書掌司事，與鐵鉉輩悉心經畫。平安諸軍敗，召歸。金川門陷，出亡，被執。不屈，磔死。

繼昭爲刑部尚書者侯泰，字順懷，南和人。以薦舉起家。建文初，仕至尚書。燕王舉兵，力主抗禦之策。嘗督餉於濟寧、淮安。京師不守，行至高郵，被執下獄，與弟敬祖，子玘，俱被殺。

陳性善，名復初，以字行，山陰人。洪武三十年進士。臚唱過御前，帝見其容止凝重，屬目久之，曰：「君子也。」授行人司副，遷翰林檢討。性善工書，嘗召入便殿，繙錄誠意伯劉基子璉所獻其父遺書。帝威嚴，見者多惴恐，至惶汗不成一字。性善舉動安詳，字畫端好。帝大悅，賜酒饌，留竟日出。

惠帝在東宮，習知性善名。及卽位，擢爲禮部侍郎，薦起流人薛正言等數人。雲南布政使韓宜可隸謫籍，亦以性善言，起副都御史。一日，帝退朝，獨留性善賜坐，問治天下要道，手書以進。性善盡所言，悉從之。已，爲有司所格，性善進曰：「陛下不以臣不肖，猥承顧問。既俯塵聖聽，許臣必行，未幾輒改，事同反汗，何以信天下？」帝爲動容。

燕師起，改副都御史，監諸軍。靈璧戰敗，與大理丞彭與明、欽天監副劉伯完等皆被執。已，悉縱還。性善曰：「辱命，罪也，奚以見吾君？」朝服躍馬入於河以死。餘姚黃墀、陳子方，與性善友，亦同死。燕王入京師，詔追戮性善，徙其家於邊。

與明，萬安人。貢入太學，歷給事中。建文初，爲大理右丞，廉勤敏達。以督軍被執。縱歸，慚憤，裂冠裳，變姓名，與伯完俱亡去，不知所終。

時以侍郎監軍者，有廬江陳植。植，元末舉鄉試，不仕。洪武間，官吏部主事。建文二年官兵部右侍郎。燕兵臨江，植監戰江上，慷慨誓師。部將有議迎降者，植責以大義甚厲。部將殺之以降，且邀賞。燕王怒，立誅部將，具棺殮葬植白石山上。

燕師之至江北也，御史王彬巡按江淮，駐揚州，與鎭撫崇剛嬰城堅守。時盛庸兵旣敗，人無固志，守將王禮謀舉城降。彬執之及其黨，繫獄。剛出練兵，彬修守具，晝夜不懈。有力士能舉千斤，彬嘗以自隨。燕兵飛書城中，「縛王御史降者，官三品。」左右憚力士，莫敢動。禮弟崇賂力士母，誘其子出。乘彬解甲浴，猝縛之。出禮於獄，開門納燕師。彬與剛皆不屈死。彬，字文質，東平人，洪武中進士。剛，逸其里籍。

又兵部主事樊士信，應城人。守淮，力拒燕兵，不勝，死之。

張昺，澤州人。洪武中，以人材累官工部右侍郎。謝貴者，不知所自起，歷官河南衞指揮僉事。

建文初，廷臣議削燕，更置守臣。乃以昺爲北平布政使，貴爲都指揮使，並受密命。時

燕王稱疾久不出，二人知其必有變，乃部署在城七衞及屯田軍士，列九門防守，將執王。昺庫吏李友直預知其謀，密以告王，王遂得爲備。建文元年七月六日，朝廷遣人逮燕府官校。王僞縛官校置廷中，將付使者。紿昺、貴入，至端禮門，爲伏兵所執，俱不屈死。

燕將張玉、朱能等帥勇士攻九門，克其八，獨西直門不下。都指揮彭二躍馬呼市中曰：「燕王反，從我殺賊者賞。」集兵千餘人，將攻燕府。會燕健士從府中出，格殺二，兵遂散，盡奪九門。

初，昺被殺，喪得還。「靖難」後，出昺屍焚之，家人及近戚皆死。

葛誠，不知所由進。洪武末，爲燕府長史。嘗奉王命奏事京師。帝召見，問府中事。誠具以實對。遣還，王佯病，盛暑擁爐坐，呼寒甚。昺、貴等入問疾。誠言王實無病，將爲變。又密疏聞於帝。及昺、貴將圖王，誠與護衞指揮盧振約爲內應。事敗，誠、振俱被殺，夷其族。

又伴讀余逢辰，字彥章，宣城人。有學行，王信任之，以故得聞異謀，乘間力諫。知變將作，貽書其子，誓必死。兵起，復泣諫，言君父兩不可負，死之。

北平人杜奇者，才儁士也。燕王起兵，徵入府，奇因極諫當守臣節。王怒，立斬之。

宋忠，不知何許人。洪武末，爲錦衣衞指揮使。有百戶以非罪論死，忠疏救。御史劾之，太祖曰：「忠率直無隱，爲人請命，何罪？」遂宥百戶。尋爲僉都御史劉觀所劾，調鳳陽中衞指揮使。三十年，平羌將軍齊讓征西南夷無功，以忠爲參將，從將軍楊文討之。師旋，復官錦衣。

建文元年以都督奉敕總邊兵三萬屯開平，悉簡燕府護衞壯士以從。又以都督徐凱屯臨清，耿瓛屯山海關，相掎角。北平故有永清左、右衞，忠調其左屯彰德、右屯順德以備燕。及張昺、謝貴謀執燕王，忠亦帥兵趨北平。未至而燕兵起，居庸失守，不得進，退保懷來。燕王度忠必爭居庸，帥精兵八千，卷甲倍道趨懷來。時北平將士在忠部下者，忠告以家屬並爲燕屠滅，盍努力復讎報國恩。燕王偵知之，急令其家人張故旂幟爲前鋒，呼父兄子弟相問勞。將士咸喜曰：「我家固亡恙，宋總兵欺我。」遂無鬬志。忠倉卒布陣，未成列。燕王一麾渡河，鼓譟進。忠敗，死之。

忠之守懷來也，都指揮余瑱、彭聚、孫泰與俱。及戰，瑱被執，不屈死。泰中流矢，血被

甲，裹創力鬬，與聚俱沒於陣。當是時，諸將校爲燕所俘者百餘人，皆不肯降以死，惜姓名多不傳。

馬宣，亦不知何許人。官都指揮使。宋忠之趨居庸，宣亦自薊州帥師赴北平，聞變走還。燕王既克懷來，旋師欲南下。張玉進曰：「薊州外接大寧，多騎士，不取恐爲後患。」會宣發兵將攻北平，與燕兵戰公樂驛，敗歸，與鎮撫曾濬城守。玉等往攻之，宣出戰被擒，罵不絕口，與濬俱死。

燕兵之襲大寧也，守將都指揮卜萬與都督劉眞、陳亨帥兵扼松亭關。亨欲降燕，畏萬不敢發。燕行反間，貽萬書，盛稱萬，極詆亨，厚賞所獲大寧卒，緘書衣中，俾密與萬，故使同獲卒見之，亦縱去而不與賞。不得賞者發其事。眞、亨搜卒衣，得書，遂執萬下獄死，籍其家。萬忠勇而死於間，論者惜之。及大寧陷，指揮使朱鑑力戰不屈死。

寧府左長史石撰者，平定人。以學行稱。燕王舉兵，撰輒爲守禦計，每以臣節諷寧王，王亦心敬之。及城陷，憤詈不屈，支解死。

瞿能，合肥人。父通，洪武中，累官都督僉事。能嗣官，以四川都指揮使從藍玉出大渡河擊西番，有功。又以副總兵討建昌叛酋月魯帖木兒，破之雙狼寨。

燕師起，從李景隆北征。攻北平，與其子帥精騎千餘攻彰義門，〔一〕垂克。景隆忌之，令候大軍同進。於是燕人夜汲水沃城，方大寒，冰凝不可登，景隆卒致大敗。已，又從景隆進駐白溝河，與燕師戰。能父子奮擊，所向披靡。日暝，各收軍。明日復戰，燕王幾爲所及。王急佯招後軍以疑之，得脫去。薄暮，能復引衆搏戰，大呼滅燕，斬馘數百。諸將俞通淵、滕聚復帥衆來會。會旋風起，王突入馳擊。能父子死於陣，通淵、聚俱死，精兵萬餘並沒。南軍由是不振。

時與北兵戰死者，有都指揮莊得、楚智、皂旗張等。得，故隸宋忠。懷來之敗，一軍獨全。後從盛庸戰夾河，斬燕將譚淵。已而燕王以驍騎乘暮掩擊，得力戰死。

智，嘗從馮勝、藍玉出塞有功。建文初，守北平，尋召還。及討燕，帥兵從景隆，戰輒奮

勇，北人望旂幟股栗。至是，馬陷被執死。

皂旗張，逸其名，或曰張能力挽千斤，每戰輒麾皂旗先驅，軍中呼「皂旗張」。死時猶執旗不仆。又王指揮者，臨淮人。常騎小馬，軍中呼「小馬王」。戰白溝河被重創，脫胄付其僕曰：「吾爲國捐軀，以此報家人。」立馬植戈而死。二人死尤異云。

又中牟楊本，初爲太學生，通禽遁術，應募授錦衣鎭撫。從景隆討燕有功。景隆忌之，不以聞。尋劾景隆喪師辱國，遂以孤軍獨出，被擒，繫北平獄，後被殺。

張倫，不知何許人。河北諸衞指揮使也，勇悍負氣，喜觀古忠義事。馬宣自薊州起兵攻北平，不克，死。倫發憤，合兩衞官，帥所部南奔，結盟報國。從李景隆、盛庸戰，皆有功。燕王卽帝位，招倫降。倫笑曰：「張倫將自賣爲丁公乎！」死之。京師陷，武臣皆降附，從容就義者，倫一人而已。

又陳質者，以參將守大同，進中軍都督同知。助宋忠保懷來。忠敗，退守大同。代王欲舉兵應燕，質持之不得發。及燕兵攻大同不下，蔚州、廣昌附於燕，質復取之。成祖卽

中華書局

位，以質劫制代王，剽掠已附，誅死。

顏伯瑋，名瓌，以字行，廬陵人。唐魯國公眞卿後。建文元年以賢良徵，授沛縣知縣。李景隆屯德州，沛人終歲輓運。伯瑋善規畫，得不困。會設豐、沛軍民指揮司，乃集民兵五千人，築七堡爲備禦計。尋調其兵益山東，所存疲弱不任戰。燕兵攻沛，伯瑋遣縣丞胡先間行至徐州告急。援不至，遂命其弟珏、子有爲還家侍父，題詩公署壁上，誓必死。燕兵夜入東門，指揮王顯迎降。伯瑋冠帶升堂，南向拜，自經死。有爲不忍去，復還，見父屍，自刎其側。

主簿唐子清、典史黃謙俱被執，燕將欲釋子清。子清曰：「願隨顏公地下。」遂死之。遣謙往徐州招降。謙不從，亦死。

又向朴，慈谿人。力學養親。洪武末，以人才召見，知獻縣。縣無城郭。燕將譚淵至，朴集民兵與戰，被執，懷印死。

鄭恕，仙居人。蕭縣知縣。燕將王聰破蕭，不屈死。二女當配，亦死之。

鄭華，臨海人。由行人貶東平吏目。燕兵至，州長貳盡棄城走。華謂妻蕭曰：「吾義必

死，奈若年少何？」蕭泣曰：「君不負國，妾敢負君？」華曰：「足矣。」帥吏民憑城固守，城破，力戰不屈死。

王省，字子職，吉水人。洪武五年領鄉舉。至京，詔免會試，命吏部授官。省言親老，乞歸養。尋以文學徵。太祖親試，稱旨，當殊擢。自陳才薄親老，乞便養。授浮梁教諭。凡三爲教官，最後得濟陽。

燕兵至，爲游兵所執。從容引譬，詞義慷慨。衆舍之。歸坐明倫堂，伐鼓聚諸生，謂曰：「若等知此堂何名，今日君臣之義何如？」因大哭，諸生亦哭。省以頭觸柱死。女靜，適即墨主簿周岐鳳，聞燕兵至濟陽，知父必死，三遣人往訪，得遺骸歸葬。

姚善，字克一，安陸人。初姓李。洪武中由鄉舉歷祁門縣丞，同知廬州、重慶二府。三十年遷蘇州知府。初，太祖以吳俗奢僭，欲重繩以法，黠者更持短長相攻訐。善爲政持大體，不爲苛細，訟遂衰息，吳中大治。

好折節下士，敬禮隱士王賓、韓奕、俞貞木、錢芹輩。以月朔會學宮，迎芹上座，請質經義。芹曰：「此非今所急也。」善悚然起問。芹乃授以一冊。視之，皆守禦策。時燕兵已南下，密結鎭、常、嘉、松四郡守，練民兵爲備。薦芹於朝，署行軍斷事。善尋至京師。會朝廷以燕王上書貶齊泰、黃子澄於外，善言不當貶，遂復召二人。

建文四年詔兼督蘇、松、常、鎭、嘉興五府兵勤王。兵未集，燕王已入京師。時子澄匿善所，約共航海起兵。善謝曰：「公，朝臣，當行收兵圖興復。善守土，與城存亡耳。」子澄去，善爲麾下許千戶者縛以獻，不屈死。年四十三。子節等四人俱戍配。

芹，字繼忠，少好奇節，元末，干諸將，不遇。洪武初，辟大都督府掾，從中山王出北平，至大漠。還解職。家居二十年，甘貧樂道。以善薦起。從李景隆北行，遣入奏事。道病將卒，猶條上兵事。年七十三。

陳彥回，字士淵，莆田人。父立誠，爲歸安縣丞，被誣論死。彥回謫戍雲南，家人從者多道死。比至蜀，唯彥回與祖母郭在。會赦，又弗原，監送者憐而縱之。貧不能歸，依鄉人

知縣黃積良，冒黃姓。久之，以閩中教諭嚴德政薦，授保寧訓導。考滿至京，召見以爲平江知縣。踰年，太祖崩，彥回入臨。又以給事中楊維康薦，擢徽州知府。

建文元年以循良受上賞。祖母郭卒，當去，百姓走京師乞留。彥回衰絰赴闕自陳，乞復姓。當彥回之戍雲南也，其弟彥囦亦戍遼東，至是，詔除彥囦籍。連乞終喪。不許。葬郭徽城北十里北山之陽。時走墓下，哭甚哀，人目之曰「太守山」。嘗對百姓泣曰：「吾罪人也，向亡命冒他姓。以祖母存，恐陳首獲罪，隱忍二十年。今祖母沒，宜自請死。上特宥我，終當死報國耳。」燕兵逼京師，彥回糾義勇赴援。已而被擒，械至京，死之。

張彥方，龍泉人。初爲給事中，以便養乞改樂平知縣。〔三〕應詔勤王，帥所部抵湖口。被執，械至樂平，斬之。梟其首譙樓，當暑月，一蠅不集，經旬面如生。邑人竊葬之清白堂後。

同時以勤王死者，有松江同知，死尤烈云。同知姓名不可考，或曰周繼瑜也。勤王詔下，榜募義勇入援，極言大義，感動人心，并斥「靖難」兵乖恩悖道。械至京，磔於市。

贊曰：燕師之南嚮也，連敗二大將，其鋒蓋不可當。鐵鉉以書生竭力抗禦於齊、魯之間，屢挫燕衆。設與耿、李易地而處，天下事固未可知矣。張昺、謝貴、葛誠圖燕於肘腋，而事不就。宋忠、馬宣東西繼敗，瞿能諸將垂勝戰亡，燕兵卒得長驅南下。而姚善、陳彥回之屬，欲以郡邑之甲奮拒於大勢已去之後，此黃鉞所謂兵至江南，禦之無及者也。

校勘記

〔一〕設平燕布政司於真定　平燕，原作「北平」，據本書卷四恭閔帝紀、國榷卷一一頁八〇五改。

〔二〕與其子帥精騎千餘攻彰義門　彰義門，原訛作「張掖門」，據明書卷一〇五瞿能傳改。

〔三〕以便養乞改樂平知縣　樂平，原作「永平」。按本書地理志，永平縣屬雲南永昌軍民府，與張彥方事迹不合。樂平縣有二，一隸山西太原府，一隸江西饒州府。張彥方是浙江龍泉人，本傳稱以便養請改，下文又言：「帥所部抵湖口，被執，械至樂平。」則以江西樂平為是，據改。

明史卷一百四十三

列傳第三十一

王艮 高遜志　廖昇 魏冕 鄒瑾 龔泰　周是修　程本立

黃觀 王叔英 林英　黃鉞 曾鳳韶　王良　陳思賢 龍溪六生

台溫二樵　程通 黃希范 葉惠仲 黃彥清 蔡運 石允常　高巍 韓郁

高賢寧　王璡　周縉　牛景先 程濟等

王艮，字敬止，吉水人。建文二年進士。對策第一。貌寢，易以胡靖，即胡廣也，艮次之，又次李貫。三人皆同里，並授修撰，如洪武中故事，設文史館居之。預修太祖實錄及類要、時政記諸書。一時大著作皆綜理之。數上書言時務。

燕兵薄京城，艮與妻子訣曰：「食人之祿者，死人之事，吾不可復生矣。」解縉、吳溥與

艮、靖比舍居。城陷前一夕，皆集溥舍。縉陳說大義，靖亦奮激慷慨，艮獨流涕不言。三人去，溥子與弼尚幼，歎曰：「胡叔能死，是大佳事。」溥曰：「不然，獨王叔死耳。」語未畢，隔牆聞靖呼：「外喧甚，謹視豚。」溥顧與弼曰：「一豚尚不能舍，肯舍生乎？」須臾艮舍哭，飲鴆死矣。縉馳謁，成祖甚喜。明日薦靖，召至，叩頭謝。貫亦迎附。後成祖出建文時羣臣封事千餘通，令縉等編閱。事涉兵農錢穀者留之，諸言語干犯及他一切皆焚毀。因從容問貫、縉等曰：「爾等宜皆有之。」衆未對，貫獨頓首曰：「臣實未嘗有也。」成祖曰：「爾以無為美耶？食其祿，任其事，當國家危急，官近侍獨無一言可乎？朕特惡夫誘建文壞祖法亂政者耳。」後貫遷中允，坐累，死獄中。臨卒歎曰：「吾愧王敬止矣。」

有高遜志者，艮座主也，蕭縣人，寓嘉興。幼嗜學，師貢師泰、周伯琦等，文章典雅，成一家言。徵修元史，入翰林，累遷試吏部侍郎，以事謫朐山。建文初，召為太常少卿，與董倫同主會試。得士自艮外，胡靖、吳溥、楊榮、金幼孜、楊溥、胡濙、顧佐等皆為名臣。燕師入，存歿無可考。

中華書局

廖昇，襄陽人。不知其所以進，學行最知名，與方孝孺、王紳相友善。洪武末，由左府斷事擢太常少卿。建文初，修太祖實錄，董倫、王景爲總裁官，昇與高遜志爲副總裁官，李貫、王紳、胡子昭、楊士奇、羅恢、程本立爲纂修官，皆一時選。

燕師渡江，朝廷遣使請割地。不許。昇聞而慟哭，與家人訣，自縊死。殉難諸臣，昇死最先。其後陳瑛奏諸臣逆天命，效死建文君，請行追戮，亦首及昇云。

時爲瑛追論者，有魏冕等。冕官御史，燕兵犯闕，都督徐增壽徘徊殿廷，有異志。冕率同官毆之，與大理丞鄒瑾大呼，請速加誅。明日，宮中火起，有勸冕降者，厲聲叱之，遂自殺，瑾亦死。瑾、冕皆永豐人。其同里鄒朴，官秦府長史，聞瑾死，憤甚，不食卒。或曰卽瑾子也。

又都給事中龔泰，義烏人。由鄉薦起家。燕王入金川門，泰被縛，以非奸黨釋不殺，自投城下死。泰嘗遊學宮，狂人擠之，溺池中幾死，弗校，人服其量。

周是修，名德，以字行，泰和人。洪武末，舉明經，爲霍丘訓導。太祖問家居何爲。對

曰：「教人子弟，孝弟力田。」太祖喜，擢周府奉祀正。踰年，從王北征至黑山，還遷紀善。建文元年，有告王不法者，官屬皆下吏。是修以嘗諫王得免，改衡府紀善。衡王，惠帝母弟，未之藩。是修留京師，預翰林纂修，好薦士，陳說國家大計。

燕兵渡淮，與蕭用道上書指斥用事者。用事者怒，共挫折之，是修屹不爲動。京城失守，留書別友人江仲隆、解縉、胡靖、蕭用道、楊士奇，付以後事，具衣冠，爲贊繫衣帶間。入應天府學，拜先師畢，自經於尊經閣，年四十九。燕王卽帝位，陳瑛言是修不順天命，請追戮。帝曰：「彼食其祿，自盡其心，勿問。」

是修外和內剛，志操卓犖，非其義，一介不苟得也。嘗曰：「忠臣不計得失，故言無不直；烈女不慮死生，故行無不果。」嘗輯古今忠節事爲觀感錄。其學自經史百家，陰陽醫卜，靡不通究，爲文援筆立就，而雅贍條達。初與士奇、縉、靖及金幼孜、黃淮、胡儼約同死。臨難，惟是修竟行其志云。

程本立，字原道，崇德人。先儒頤之後。父德剛，負才氣不仕。元將路成兵過皂林，暴掠。德剛爲陳利害。成悅，戢其部衆，欲奏官之，辭去。本立少有大志，讀書不事章句。洪武中，旌孝子，太祖嘗謂之曰：〔一〕「學者爭務科舉，以窮經爲名，而無實學。子質近厚，當志聖賢之學。」本立益自力。聞金華朱克修得朱熹之傳於許謙，往從之遊。舉明經、秀才，除秦府引禮舍人，賜楮幣鞍馬。母憂去官，服除，補周府禮官，從王之開封。

二十年春進長史，從王入覲。坐累謫雲南馬龍他郎甸長官司吏目，留家大梁，攜一僕之任。土酋施可伐煽百夷爲亂，本立單騎入其巢，諭以禍福，諸酋咸附。未幾，復變。西平侯沐英、布政使張紞知本立賢，屬行縣典兵事，且撫且禦，自楚雄、姚安抵大理、永昌、鶴慶、麗江，山行野宿，往來綏輯凡九年，民夷安業。

三十一年奏計京師。學士董倫、府尹向寶交薦之。徵入翰林，預修太祖實錄，遷右僉都御史。俸入外，不通餽遺。建文三年坐失陪祀貶官，仍留纂修。實錄成，出爲江西副使。未行，燕兵入，自縊死。

黃觀，字伯瀾，一字尙賓，貴池人。父贅許，從許姓。受學於元待制黃冔。冔死節，觀益自勵。洪武中，貢入太學。繪父母墓爲圖，瞻拜輒淚下。二十四年，會試、廷試皆第一。累官禮部右侍郎，乃奏復姓。建文初，更官制，左、右侍中次尙書，改觀右侍中，與方孝孺等

並親用。

燕王舉兵，觀草制諷其散軍歸藩，束身謝罪，辭極詆斥。四年奉詔募兵上游，〔二〕且督諸郡兵赴援。至安慶，燕王已渡江入京師，下令暴左班文職奸臣罪狀，觀名在第六。既而索國寶，不知所在，或言已付觀出收兵矣。命有司追捕，收其妻翁氏幷二女給象奴。奴索釵釧市酒肴，翁氏悉與之持去，急攜二女及家屬十人，投淮清橋下死。觀聞金川門不守，歎曰：「吾妻有志節，必死。」招魂葬之江上。命舟至羅剎磯，朝服東向拜，投湍急處死。觀弟覼，先匿其幼子，逃他處。或云覼妻畢氏孀居母家，遺腹生子，故黃氏有後於貴池。

初，觀妻投水時，嘔血石上，成小影，陰雨則見，相傳爲大士像。僧舁至庵中，翁氏見夢曰：「我黃狀元妻也。」比明，沃以水，影愈明，有愁慘狀。後移至觀祠，名翁夫人血影石。今尙存。

王叔英，字原采，黃巖人。洪武中，與楊大中、葉見泰、方孝孺、林右並徵至。叔英固辭歸。二十年以薦爲仙居訓導，改德安教授。遷漢陽知縣，多惠政。歲旱，絕食以禱，立應。

建文時，召爲翰林修撰。上資治八策，曰務問學，謹好惡，辨邪正，納諫諍，審才否，愼刑罰，明利害，定法制。皆援證古今，可見之行事。又曰：「太祖除奸剔穢，抑强鋤梗，如醫去病，如農去草。去病急或傷體膚，去草嚴或傷禾稼。病去則宜調爕其血氣，草去則宜培養其根苗。」帝嘉納之。

燕兵至淮，奉詔募兵。行至廣德，京城不守。會齊泰來奔，叔英謂泰貳心，欲執之。泰告以故。乃相持慟哭，共圖後舉。已，知事不可爲，沐浴更衣冠，書絕命詞，藏衣裾間，自經於玄妙觀銀杏樹下。天台道士盛希年葬之城西五里。其詞曰：「人生穹壤間，忠孝貴克全。嗟予事君父，自省多過愆。有志未及竟，奇疾忽見纏。肥甘空在案，對之不下咽。意者造化神，有命歸九泉。嘗念夷與齊，餓死首陽巔，周粟豈不佳，所見良獨偏。高蹤渺難繼，偶爾無足傳。千秋史官筆，愼勿稱希賢。」又題其案曰：「生既已矣，未有補於當時。死亦徒然，庶無慚於後世。」燕王稱帝，陳瑛簿錄其家。妻金氏自經死，二女下錦衣獄，赴井死。

叔英與孝孺友善，以道義相切劘。建文初，孝孺欲行井田。叔英貽書曰：「凡人有才固難，能用其才尤難。子房於漢高，能用其才者也；賈誼於漢文，不能用其才者也。子房察高帝可行而言，故高帝用之，一時受其利，雖親如樊、酈，信如平、勃，任如蕭、曹，莫得間焉。賈生不察而易言，且言之太過，故絳、灌之屬得以短之。方今明良相值，千載一時。但事有行

於古，亦可行於今者，夏時周冕之類是也。有行於古，不可行於今者，井田封建之類是也。可行者行，則人之從之也易，而民樂其利。難行而行，則從之也難，而民受其患。」時井田雖不行，然孝孺卒用周官更易制度，無濟實事，爲燕王藉口。論者服叔英之識，而惜孝孺不能用其言也。

時御史古田林英亦在廣德募兵，知事無濟，再拜自經。妻宋氏下獄，亦自經死。

黃鉞，字叔揚，常熟人。少好學。家有田在葛澤陂，鉞父令督耕其中。鉞從友人家借書，竊讀不廢。縣舉賢良，授宜章典史。建文元年舉湖廣鄉試。明年賜進士，授刑科給事中。三年丁父憂。方孝孺弔之，屛人問曰：「燕兵日南，蘇、常、鎭江，京師左輔也。君吳人，朝廷近臣，今雖去，宜有以教我。」鉞曰：「三府唯鎭江最要害。守非其人，是撤垣而納盜也。指揮童俊狡不可任，奏事上前，視遠而言浮，心不可測也。蘇州知府姚善，忠義激烈，有國士風，然仁有餘而禦下寬，恐不足定亂。且國家大勢，當守上游，兵至江南，禦之無及也。」孝孺乃因鉞附書於善。善得書，與鉞相對哭，誓死國。鉞至家，依父殯以居。燕兵至江上，善受詔統兵勤王，以書招鉞。鉞知事不濟，辭以營葬畢乃赴。既而童俊

果以鎭江降燕。鉞聞國變，杜門不出。明年以戶科左給事中召，半途自投於水。以溺死聞，故其家得不坐。

曾鳳韶，廬陵人。洪武末年進士。建文初，嘗爲監察御史。燕王稱帝，以原官召，不赴。又以侍郎召，知不可免，乃刺血書衣襟曰：「予生廬陵忠節之邦，素負剛鯁之腸。讀書登進士第，仕宦至繡衣郎。〔三〕慨一死之得宜，可以含笑於地下，而不愧吾文天祥。」囑妻李氏、子公望：「勿易我衣，卽以此殮。」遂自殺，年二十九。李亦守節死。

王良，字天性，祥符人。洪武末，累官僉都御史，坐緩其僚友獄，貶刑部郎中。建文中，歷遷刑部左侍郎。議滅燕府人罪，不稱旨，出爲浙江按察使。

燕王卽位，頗德之，遣使召良。良執使者將斬之，衆劫之去。良集諸司印於私第，將自殺，未卽決。妻問故。曰：「吾分應死，未知所以處汝耳。」妻曰：「君男子，乃爲婦人謀乎？」饋良食。食已，抱其子入後園，置子池旁，投水死。良殮妻畢，以子付友人家，遂積薪自焚，印俱毀。成祖曰：「死固良分，朝廷印不可毀。」毀印，良不得無罪。」徙其家於邊。

陳思賢，茂名人。洪武末，爲漳州教授，以忠孝大義勖諸生。每部使者涖漳，參謁時必請曰：「聖躬安否？」燕王登極詔至，慟哭曰：「明倫之義，正在今日。」堅臥不迎詔。率其徒吳性原、〔四〕陳應宗、林珏、鄒君默、曾廷瑞、呂賢六人，卽明倫堂爲舊君位，哭臨如禮。有司執之送京師，思賢及六生皆死。六生皆龍溪人。嘉靖中，提學副使邵銳立祠祀思賢，以六生侑食。

又台州有樵夫，日負薪入市，口不貳價。聞燕王卽帝位，慟哭投東湖死。而溫州樂清亦有樵夫，聞京師陷，其鄉人卓侍郎敬死，號慟投於水。二樵皆逸其名。

程通，績溪人。嘗上書太祖，乞除其祖戍籍。詞甚哀，竟獲請。已，授遼府紀善。燕師起，從王泛海歸京師，上封事數千言，陳禦備策，進左長史。永樂初，從王徙荆州。有言其前上封事多指斥者。械至，死於獄。家屬戍邊。幷捕其友人徽州知府黃希范，論死，籍其家。

中華書局

葉惠仲，臨海人。與兄夷仲並有文名，以知縣徵修太祖實錄，遷知南昌府。永樂元年坐直書「靖難」事，族誅。

黃彥清，歙人。官國子博士，以名節自勵，坐在梅殿軍中私謚建文帝，誅死。

蔡運，南康人。歷官四川參政，勁直不諧於俗，罷歸。復起知賓州，有惠政。永樂初，亦追論奸黨死。

石允常，寧海人。洪武二十七年進士。官河南僉事，廉介有聲。坐事謫常州同知。建文末，帥兵防江。軍潰，棄官去。後追錄廢周藩事，繫獄二年，免死戍邊。

高巍，遼州人，尚氣節，能文章。母蕭氏有痼疾，巍左右侍奉，至老無少懈。母死，蔬食廬墓三年。洪武中，旌孝行，由太學生試前軍都督府左斷事。疏墾河南、山東、北平荒田，又條上抑末技、愼選舉、惜名器數事。太祖嘉納之。尋以決事不稱旨，當罪，減死戍貴州關索嶺，特許弟姪代役，曰：「旌孝子也。」

及惠帝即位，上疏乞歸田里。未幾，遼州知州王欽應詔辟巍。巍因赴吏部上書論時政。

用事者方議削諸王，獨巍與御史韓郁先後請加恩。略曰：「高皇帝分封諸王，比之古制，既皆過當，諸王又率多驕逸不法，違犯朝制。不削，朝廷綱紀不立；削之，則傷親親之恩。賈誼曰：『欲天下治安，莫如衆建諸侯而少其力。』今盍師其意，勿行鼂錯削奪之謀，而效主父偃推恩之策。在北諸王，子弟分封於南；在南，子弟分封於北。如此則藩王之權，不削而自削矣。臣又願益隆親親之禮，歲時伏臘使人餽問。賢者下詔褒賞之。驕逸不法者，初犯容之，再犯赦之，三犯不改，則告太廟廢處之。豈有不順服者哉！」書奏，帝頷之。

已而燕兵起，命從李景隆出師參贊軍務。巍復上書，言：「臣願使燕，披忠膽，陳義禮，曉以禍福，感以親親之誼，令休兵歸藩。」帝壯其言，許之。巍至燕，自稱：

國朝處士高巍再拜上書燕王殿下：太祖上賓，天子嗣位，布維新之政，天下愛戴，皆曰「內有聖明，外有藩翰，成、康之治，再見於今矣。」不謂大王顯與朝廷絕，張三軍，抗六師，臣不知大王何意也。今在朝諸臣，文者智轅，武者勇奮，執言仗義，以順討逆，勝敗之機明於指掌。皆云「大王藉口誅左班文臣，實則吳王濞故智，其心路人所共知。」巍竊恐奸雄無賴，乘隙奮擊，萬一有失，大王得罪先帝矣。

今大王據北平，取密雲，下永平，襲雄縣，掩眞定，雖易若建瓴，然自兵興以來，業經數月，尚不能出蕞爾一隅地。且大王所統將士，計不過三十萬，以一國有限之衆應

天下之師，亦易罷矣。大王與天子，義則君臣，親則骨肉，尚生離間，〔五〕況三十萬異姓之士能保其同心協力，效死於殿下乎？巍每念至此，未始不為大王灑泣流涕也。

願大王信巍言，上表謝罪，再修親好。朝廷鑒大王無他，必蒙寬宥，太祖在天之靈亦安矣。倘執迷不悟，舍千乘之尊，捐一國之富，恃小勝，忘大義，以寡抗衆，為僥倖不可成之悖事，巍不知大王所稅駕也。況大喪未終，毒興師旅，其與泰伯、夷、齊求仁讓國之義，不大逕庭乎？雖大王有肅清朝廷之心，天下不無篡奪嫡統之議，即幸而不敗，謂大王何如人？

巍白髮書生，蜉蝣微命，性不畏死。洪武十七年蒙太祖高皇帝旌臣孝行。巍竊自負，既為孝子，當為忠臣，死忠死孝，巍至願也。如蒙賜死，獲見太祖在天之靈，巍亦可以無愧矣。

書數上，皆不報。

已而景隆兵敗，巍自拔南歸。至臨邑，遇參政鐵鉉，相持痛哭。奔濟南，誓死拒守，屢敗燕兵。及京城破，巍自經死驛舍。

郁疏略曰：

諸王親則太祖遺體，貴則孝康皇帝手足，尊則陛下叔父，使二帝在天之靈，子孫為

天子，而弟與子遭殘戮，其心安乎？臣每念至此，未嘗不流涕也。此皆豎儒偏見，病藩封太重，疑慮太深，乃至此。夫脣亡齒寒，人人自危。周王既廢，湘王自焚，代府被摧，而齊臣又告王反矣。為計者必曰，兵不舉則禍必加，是朝廷執政激之使然。燕舉兵兩月矣，前後調兵不下五十餘萬，而一矢無獲，謂之國有謀臣可乎？經營既久，軍興輒乏，將不效謀，士不效力，徒使中原無辜赤子困於轉輸，民不聊生，日甚一日。九重之憂方深，而出入帷幄與國事者，方且揚揚自得。彼其勸陛下削藩國者，果何心哉？諺曰：「親者割之不斷，疎者續之不堅。」殊有理也。陛下不察，不待十年，悔無及矣。

臣至愚，感恩至厚，不敢不言。幸少垂洞鑒，興滅繼絕，釋代王之囚，封湘王之墓，還周王於京師，迎楚、蜀為周公，俾各命世子持書勸燕，罷兵守藩，以慰宗廟之靈。明詔天下，撥亂反正，篤厚親親，宗社幸甚。

不聽。燕師渡江，郁棄官遁去，不知所終。

高賢寧，濟陽儒學生，嘗受學于教諭王省，以節義相砥礪。建文中，貢入太學。燕兵破

中華書局

德州，圍濟南，賢寧適在圍中，不及赴。是時燕兵勢甚張，黃子澄等謀遣使議和以怠之。尙寶司丞李得成者，慷慨請行，見燕王城下。王不聽，圍益急。參政鐵鉉等百計禦之。王射書城中諭降，賢寧作周公輔成王論，射城外。王悅其言，爲緩攻。相持兩月，卒潰去。

燕王卽位後，賢寧被執入見。成祖曰：「此作論秀才耶？秀才好人，予一官。」賢寧固辭。錦衣衞指揮紀綱，故劣行被黜生也，素與賢寧善，勸就職。賢寧曰：「君爲學校所棄，故應爾。我食廩有年，義不可，且嘗辱王先生之敎矣。」綱爲言於帝，竟得歸，年九十七卒。

王璡，字器之，日照人。博通經史，尤長於春秋。初爲教授，坐事謫遠方。洪武末，以賢能薦，授寧波知府。夜四鼓卽秉燭讀書，聲徹署外。間詣學課諸生，諸生率四鼓起，誦習無敢懈。毁境內淫祠，三皇祠亦在毁中，或以爲疑。璡曰：「不當祠而祠曰淫，不得祠而祠曰瀆，惟天子得祭三皇，於士庶人無預，毁之何疑。」自奉儉約，一日饌用魚羹，璡謂其妻曰：「若不憶吾啖草根時耶？」命撤而埋之，人號「埋羹太守」。

燕師臨江，璡造舟艦謀勤王，爲衞卒縛至京，成祖問造舟何爲。對曰：「欲泛海趨瓜洲，阻師南渡耳。」帝亦不罪，放還里，以壽終。

周縉，字伯紳，武昌人。以貢入太學，授永淸典史，攝令事。成祖舉兵，守令相率迎降，永淸地尤近，縉獨爲守禦計。已，度不可爲，懷印南奔。道聞母卒，歸終喪。燕兵已迫，糾義旅勤王，聞京師不守，乃走匿。吏部言：「前北平所屬州縣官朱寧等二百九十人，當皇上靖難，俱棄職逃亡，宜置諸法。」詔令入粟贖罪，遣戍興州。有司遂捕縉，械送戍所。居數歲，子代還，年八十而沒。朱寧等皆無考。

牛景先，不知何許人。官御史。金川門開，易服宵遁，卒於杭州僧寺。已而窮治齊、黃黨，籍其家。

燕兵之入，一夕朝臣縋城去者四十餘人。其姓名爵里，莫可得而考。然世相傳，有程濟及河西傭、補鍋匠之屬。

程濟，朝邑人。有道術。洪武末官岳池教諭。惠帝卽位，濟上書言，某月日北方兵起。帝謂非所宜言，逮至，將殺之。濟大呼曰：「陛下幸囚臣。臣言不驗，死未晚。」乃下之獄。已而燕兵起，釋之，改官編修。參北征軍淮上，敗，召還。或曰，徐州之捷，諸將樹碑紀功，濟一夜往祭，人莫測。後燕王過徐，見碑大怒，趣左右椎之。再椎，遽曰：「止，爲我錄文來。」已，按碑行誅，無得免者，而濟名適在椎脫處。然考其實，徐州未嘗有捷也。金川門啓，濟亡去。或曰帝亦爲僧出亡，濟從之。莫知所終。

河西傭，不知何許人。建文四年冬，披葛衣行乞金城市中。已，至河西爲傭於莊浪魯氏，取直買羊裘，而以故葛衣覆其上，破縷縷不肯棄。力作倦，輒自吟哦，或夜聞其哭聲。久之，有京朝官至，識傭，欲與語，走南山避之，或問京朝官，傭何人，官亦不答。在莊浪數年，病且死，呼主人屬曰：「我死勿殮。西北風起，火我，勿埋我骨。」魯家從其言。

補鍋匠者，常往來夔州、重慶間，業補鍋，凡數年，川中人多識之。一日，於夔州市遇一人，相顧愕然。已，相持哭，共入山巖中，坐語竟日。復相持哭，别去。其人卽馮翁也。翁在夔以章句授童子，給衣食，能爲古詩。詩後題馬二子，或馬公，或塞馬先生。後二人皆不知所終。

又會稽有二隱者：一雲門僧，一若耶溪樵。僧每泛舟賦詩，歸卽焚之。樵每於溪沙上以荻畫字，已，輒亂其沙。人有疑之者，從後抱持觀之，則皆孤臣去國之詞也。

時又有玉山樵者，居金華之東山，麻衣戴笠，終身不易。嘗爲王姓者題詩曰「宗人」，故疑其王姓云。雪庵和尙，人疑其爲葉希賢，見練子寧傳。

其後數十年，松陽王詔游治平寺，於轉輪藏上得書一卷，載建文亡臣二十餘人事蹟，楮墨斷爛，可識者僅九人。梁田玉、梁良玉、梁良用、梁中節，皆定海人，同族，同仕於朝。田玉，官郎中，京師破，去爲僧。良玉，官中書舍人，變姓名，走海南，鬻書以老。良用爲舟師，死於水。中節好老子、太玄經，爲道士。何申、宋和、郭節，俱不知何許人，同官中書。申使蜀，至峽口聞變，嘔血，疽發背死。和及節挾卜筮書走異域，客死。何洲，海州人。不知何官，亦去爲卜者，客死。郭良，官籍俱無考，與梁中節相約棄官爲道士。餘十一人並失其姓名。縉雲鄭僖紀其事爲忠賢奇秘錄，傳於世。

及萬曆時，江南又有致身錄，云得之茅山道書中。建文時，侍書吳江史仲彬所述，紀帝出亡後事甚具。仲彬、程濟、葉希賢、牛景先皆從亡之臣。又有廖平、金焦諸姓名，而雪菴和尙、補鍋匠等，具有姓名、官爵，一時士大夫皆信之。給事中歐陽調律上其書於朝，欲爲請謚立祠。然考仲彬實未嘗爲侍書，錄蓋晚出，附會不足信。

贊曰：「靖難」之役，朝臣多捐軀殉國。若王艮以下諸人之從容就節，非大義素明者不能也。高巍一介布衣，慷慨上書，請歸藩服，其持論甚偉，又能超然遠引，晦跡自全，可稱奇士。若夫行遯諸賢，雖其姓字雜出於諸家傳紀，未足徵信，而忠義奇節，人多樂道之者。傳曰：「與其過而去之，寧過而存之。」亦足以扶植綱常，使懦夫有立志也。

校勘記

〔一〕洪武中旌孝子太祖嘗謂之曰　按本立爲秦府引禮舍人時，始見明太祖，見國朝獻徵錄卷五六程公本立傳。此所記係本立舉明經秀才以前事，不可能見到明太祖，傳文顯有脫誤。明史稿傳二七程本立傳稱本立「與海鹽沈壽康友善，壽康孝」，洪武朝旌孝子，壽康「嘗謂本立曰」云云。本傳脫去壽康事，並以壽康之語誤爲明太祖語。

〔二〕奉詔募兵上游　奉詔，原作「奏召」，據明史稿傳二七黃觀傳、明書卷一〇四黃觀傳、明詩紀事乙卷一改。

〔三〕仕宦至繡衣郎　繡衣郎，原誤作「錦衣郎」，據明史稿傳二七曾鳳韶傳改。

〔四〕率其徒吳性原　吳，明史稿傳六陳思賢傳作「伍」。明史考證攟逸卷六注曰：「按遜國忠記及福建通志俱作伍性原。」

〔五〕尙生離間　生，原作「在」，據明史稿傳二八高巍傳、明書卷一〇四高巍傳改。

明史卷一百四十四

列傳第三十二

盛庸　平安　何福　顧成

盛庸，不知何許人。洪武中，累官至都指揮。建文初，以參將從耿炳文伐燕。李景隆代炳文，遂隸景隆麾下。

二年四月，景隆敗於白溝河，走濟南。燕師隨至，景隆復南走。庸與參政鐵鉉悉力固守，燕師攻圍三月不克。庸、鉉乘夜出兵掩擊，燕衆大敗，解圍去，乘勝復德州。九月論功封歷城侯，祿千石。尋命爲平燕將軍，充總兵官。陳暉、平安爲左右副總兵，馬溥、徐眞爲左右參將，進鉉兵部尙書參贊軍務。

時吳傑、平安守定州，庸駐德州，徐凱屯滄州，爲掎角。是冬，燕兵襲滄州，破擒凱，掠其輜重，進薄濟寧。庸引兵屯東昌以邀之，背城而陣。燕王帥兵直前薄庸軍左翼，不動。復

衝中堅，庸開陣縱王入，圍之數重。燕將朱能帥番騎來救，王乘間突圍出。而燕軍爲火器所傷甚衆，大將張玉死於陣。王獨以百騎殿，退至館陶。庸檄吳傑、平安自眞定遮燕歸路。明年正月，傑、平安戰深州不利，燕師始得歸。是役也，燕精銳喪失幾盡，庸軍聲大振，帝爲享廟告捷。

三月，燕兵復南出保定。庸營夾河。王將輕騎來覘，掠陣而過。庸遣千騎追之，爲燕兵射却。及戰，庸軍列盾以進。王令步卒先攻，騎兵乘間馳入。庸麾軍力戰，斬其將譚淵。而朱能、張武等帥衆殊死鬬，王以勁騎貫陣與能合，庸部驍將莊得、皂旗張等俱戰死。是日，燕軍幾敗。明日復戰，燕軍東北，庸軍西南，自辰至未，互勝負。兩軍皆疲，將士各坐息。復起戰，忽東北風大起，飛塵蔽天。燕兵乘風大呼，左右橫擊。庸大敗，走還德州，自是氣沮。已而燕將李遠焚糧艘於沛縣，庸軍遂乏餉。

明年，靈璧戰敗，平安等被執。庸獨引軍而南，列戰艦淮南岸。燕將丘福等潛濟，出庸後。庸不能支，退爲守江計。燕兵渡淮，由盱眙陷揚州。庸禦戰于六合及浦子口，皆失利。都督陳瑄帥舟師降燕，燕兵遂渡江。庸倉卒聚海艘出高資港迎戰，復敗，軍益潰散。

成祖入京師，庸以餘衆降，卽命守淮安。尋賜敕曰：「比以山東未定，命卿鎭守淮安。今鐵鉉就獲，諸郡悉平。朕念山東久困兵革，憊于轉輸。卿宜輯兵養民，以稱朕意。」永樂元年

中華書局

致仕。無何，千戶王欽訐庸罪狀，立進欽指揮同知。於是都御史陳瑛劾庸怨望有異圖。庸自殺。

平安，滁人，小字保兒。父定，從太祖起兵，官濟寧衞指揮僉事。從常遇春下元都，戰沒。安初爲太祖養子，驍勇善戰，力舉數百斤。襲父職，遷密雲指揮使，進右軍都督僉事。

建文元年伐燕，安以列將從征。及李景隆代將，用安爲先鋒。燕王將渡白溝河，安伏萬騎河側邀之。燕王曰：「平安，豎子耳，往歲從出塞，識我用兵，今當先破之。」及戰，不能挫安。時南軍六十萬，列陣河上。王帥將士馳入陣，戰至暝，互有殺傷。及夜深，乃各斂軍。燕王失道，從者僅三騎，下馬伏地視河流辨東西，始知營壘所在。明日再戰，安擊敗燕將房寬、陳亨。燕王見事急，親冒矢石力戰。馬創矢竭，劍折不可擊。走登堤，佯舉鞭招後騎以疑敵。會高煦救至，乃得免。當是時，諸將中安戰最力，王幾爲安槊所及。已而敗，語詳成祖紀。

燕兵圍濟南。安營單家橋，謀出御河奪燕餉舟。又選善水卒五千人渡河，將攻德州。圍乃解。安與吳傑進屯定州。明年，燕敗盛庸於夾河，迴軍與安戰單家橋。安奮擊大破之，

擒其將薛祿，無何，逸去。再戰滹沱河，又破之。安於陣中縛木爲樓，高數丈。戰酣，輒登樓望，發强弩射燕軍，死者甚衆。忽大風起，發屋拔樹，聲如雷。都指揮鄧戩、陳鵬等陷敵中，安遂敗走眞定。燕王與南軍數大戰，每親身陷陣，所向皆靡，惟安與庸二軍屢挫之。滹沱之戰，矢集王旗如蝟毛。王使人送旗北平，諭世子謹藏以示後世。顧成已先被執在燕，見而泣曰：「臣自少從軍。今老矣，多歷戰陣，未嘗見若此也。」

逾月，燕師出大名。安與庸及吳傑等分兵擾其餉道。燕王患之，遣指揮武勝上書於朝，請撤安等息兵，爲緩師計。帝不許。燕王亦決計南下，遣李遠等潛走沛縣，焚糧舟，掠彰德，破尾尖寨，諭降林縣。時安在眞定，度北平空虛，帥萬騎直走北平。至平村，去城五十里而軍。燕王懼，遣劉江等馳還救。安戰不利，引還。時大同守將房昭引兵入紫荊關，據易州西水寨以窺北平，安自眞定餉之。八月，燕兵北歸。安及燕將李彬戰於楊村，敗之。

四年，燕兵復南下，破蕭縣。安引軍躡其後，至淝河。燕將白義、王眞、劉江迎敵。安轉戰，斬眞。眞，驍將，燕王嘗曰：「諸將奮勇如王眞，何事不成。」至是爲安所殺。燕王乃身自迎戰。安部將火耳灰挺槊大呼，直前刺王。馬忽蹶被擒，安稍引却。已，復進至小河，張左右翼擊燕軍，斬其將陳文。已，復移軍齊眉山，與諸將列陣大戰，自午至酉，又敗之。燕諸將謀北還，圖後舉。王不聽。尋何福軍亦至，與安合。燕軍益大懼，王晝夜擐甲者數日。

福欲持久老燕師，移營靈壁，深塹高壘自固，而糧運爲燕兵所阻，不得達。安分兵往迎，燕王以精騎遮安軍，分爲二。福開壁來援，爲高煦所敗。諸將謀移軍淮河就糧，夜令軍中聞三礮卽走。翌日，燕軍猝薄壘，發三礮。軍中誤以爲己號，爭趨門，遂大亂。燕兵乘之，人馬墜壕塹俱滿。福單騎走，安及陳暉、馬溥、徐眞、孫成等三十七人皆被執。文臣宦官在軍被執者又百五十餘人，時四月辛巳也。安久駐眞定，屢敗燕兵，斬驍將數人，燕將莫敢嬰其鋒。至是被擒，軍中歡呼動地曰：「吾屬自此獲安矣。」爭請殺安。燕王惜其材勇，選銳卒衞送北平，命世子及郭資等善視之。

王卽帝位，以安爲北平都指揮使，尋進行後府都督僉事。永樂七年三月，帝巡北京。將至，覽章奏見安名，謂左右曰：「平保兒尚在耶？」安聞之，遂自殺。命以指揮使祿給其子。

何福，鳳陽人。洪武初，累功爲金吾後衞指揮同知。從傅友德征雲南，擢都督僉事。又從藍玉出塞，至捕魚兒海。二十一年，江陰侯吳高帥迤北降人南征。抵沅江，衆叛，由思州出荊、樊，道渭河，欲遁歸沙漠。明年正月，福與都督聶緯追擊，及諸鄜、延，盡殲之。移兵討平都勻蠻，俘斬萬計。

二十四年，拜平羌將軍，討越州叛蠻阿資，破降之。擇地立柵處其衆，置寧越堡。遂平九名、九姓諸蠻。尋與都督茅鼎會兵徇五開。未行，而畢節諸蠻復叛，大掠屯堡，殺吏士。福令畢節諸衞嚴備，而檄都督陶文等從鼎擣其巢。擒叛酋，戮之，分兵盡捕諸蠻，建堡設戍，乃趨五開。請因兵力討水西奢香。不許。

三十年三月，水西蠻居宗必登等作亂，會顧成討平之。其冬拜征虜左將軍，副西平侯沐春討麓川叛蠻刀幹孟。[一]明年，福與都督瞿能踰高良公山，擣南甸，擒其酋刀名孟。回軍擊景罕寨，不下。春以銳軍至，賊驚潰，幹孟懼，乞降。已而春卒，賊復懷貳。是時太祖已崩，惠帝初卽位，拜福征虜將軍。福遂破擒刀幹孟，降其衆七萬，分兵徇下諸寨，麓川地悉定。建文元年還京師，論功進都督同知。練兵德州，進左都督。與盛庸、平安會兵伐燕，戰淮北不利，奔還。

成祖卽位，以福宿將知兵，推誠用之，聘其甥女徐氏爲趙王妃。尋命佩征虜將軍印，充總兵官，鎭寧夏，節制山、陝、河南諸軍。福至鎭，宣布德意，招徠遠人，塞外諸部降者相踵。邊陲無事，因請置驛屯田積穀，定賞罰，爲經久計。會有譏之者。帝不聽，降敕褒慰。

永樂五年八月移鎭甘肅。[二]福馭軍嚴，下多不便者。帝間使使戒福，善自衞，毋爲小人所中。六年，福請遣京師蕃將將迤北降人。帝報曰：「爾久總蕃、漢兵，恐勢衆致譏耳。爾

中華書局

老將，朕推誠倚重，毋顧慮。」尋請以布市馬，選其良者別爲羣，置官給印專領之。于是馬大蕃息。永昌苑牧馬自此始。

明年，本雅失里糾阿魯台將入寇，爲瓦剌所敗，走臚朐河，欲收諸部潰卒窺河西。詔福嚴兵爲備。迤北王子、國公、司徒以下十餘人帥所部駐亦集乃，乞內附。福以聞。帝令庶子楊榮往佐福經理，其衆悉降。福親至亦集乃鎭撫之，送其酋長於京師。帝嘉福功，命榮卽軍中封福爲寧遠侯，祿千石，且詔福軍中事先行後聞。

八年，帝北征，召福從出塞。初，帝以福有才略，寵任踰諸將。福亦善引嫌，有事未嘗專決。在鎭嘗請取西平侯家蕓昌蓄馬，以充孳牧。帝報曰：「皇考時貴近家多許養馬，以示共享富貴之意。爾所奏固爲國矣，然非待勳戚之道。」不聽。其餘有請輒行，委寄甚重。及從征，數違節度。羣臣有言其罪者，福益怏怏有怨言。師還，都御史陳瑛復劾之。福懼，自經死，爵除。而趙王妃亦尋廢。

顧成，字景韶，其先湘潭人。祖父業操舟，往來江、淮間，遂家江都。成少魁岸，膂力絕人，善馬槊，文其身以自異。太祖渡江，來歸，以勇選爲帳前親兵，擎蓋出入。嘗從上出，舟

膠於沙，成負舟而行。從攻鎭江，與勇士十人轉鬭入城，被執，十人皆死，成躍起斷縛，仆持刀者，脫歸。導衆攻城，克之，授百戶。大小數十戰，皆有功，進堅城衞指揮僉事。從伐蜀，攻羅江，擒元帥以下二十餘人，進降漢州，蜀平，改成都後衞。洪武六年擒重慶妖賊王元保。

八年調守貴州。時羣蠻叛服不常。成連歲出兵，悉平之。已，從潁川侯傅友德征雲南，爲前鋒，首克普定，留成列柵以守。蠻數萬來攻，成出柵，手殺數十百人，賊退走。餘賊猶在南城，成斬所俘而縱其一曰：「吾夜二鼓來殺汝。」夜二鼓，吹角鳴礮。賊聞悉走，獲器甲無算，進指揮使。諸蠻隸普定者悉平。十七年平阿黑、螺螄等十餘寨。明年奏罷普定府，析其地爲三州、六長官司，進貴州都指揮同知。有告其受賕及僭用玉器等物者，以久勞不問。二十九年遷右軍都督僉事，佩征南將軍印，會何福討水西蠻，[三]斬其酋居宗必登。明年，西堡、滄浪諸寨蠻亂。成遣指揮陸秉與其子統分道討平之。成在貴州凡十餘年，討平諸苗洞寨以百數，皆誅其渠魁，撫綏餘衆。恩信大布，蠻人帖服。是年二月，召還京。

建文元年爲左軍都督，從耿炳文禦燕師，戰眞定，被執。燕王解其縛曰：「此天以爾授我也。」送北平，輔世子居守。南軍圍城，防禦調度一聽於成。燕王卽位，論功封鎭遠侯，食祿千五百石，予世券，命仍鎭貴州。

永樂元年上書，請嚴備西北諸邊，及早建東宮。帝褒答之。六年三月召至京，賜金帛遣還。思州宣慰使田琛與思南宣慰使田宗鼎搆兵，詔成以兵五萬壓其境，琛等就擒。於是分思州、思南地更置州縣，遂設貴州布政司。其年八月，臺羅苗普亮等作亂，詔成帥二都司三衞兵討平之。

成性忠謹，涉獵書史。始居北平，多效謀畫，然終不肯將兵，賜兵器亦不受。再鎭貴州，屢平播州、都勻諸叛蠻，威鎭南中，土人立生祠祀焉。其被召至京也，命輔太子監國。成頓首言：「太子仁明，廷臣皆賢，輔導之事非愚臣所及，請歸備蠻。」時羣小謀奪嫡，太子不自安。成入辭文華殿，因曰：「殿下但當竭誠孝敬，孳孳恤民，萬事在天，小人不足措意。」十二年五月卒，年八十有五。贈夏國公，謚武毅。

八子。長統，普定衞指揮，以成降燕被誅。

統子興祖嗣侯。仁宗卽位，廣西蠻叛。詔興祖爲總兵官討之。先後討平潯州、平樂、思恩、宜山諸苗，降附甚衆。宣德中，交阯黎利復叛，陷隘留關，圍丘溫。時興祖在南寧，坐擁兵不援，徵下錦衣衞獄，踰年得釋。正統末，從北征，自土木脫歸，論死。也先逼都城，復冠帶，充副總兵，禦敵於城外。授都督同知，守備紫荊關。景泰三年坐受賄，復下獄，尋釋。以

立東宮恩，予伯爵。天順初，復侯，守備南京，卒。孫淳嗣，卒，無子。

從弟溥嗣，掌五軍右掖。弘治二年拜平蠻將軍，鎭湖廣。始至，捕斬苗中首惡。五年十月，貴州都勻苗乜富架作亂，自稱都順王，梗滇、蜀道。詔溥充總兵官，帥兵八萬討之，分五路刻期並進。誅富架父子，斬首萬計，加太子太保，增祿二百石。召入提督團營，掌前軍都督府事。十六年卒。[四]謚襄恪。溥清愼守法，卒之日，囊無餘資，英國公張懋出布帛以斂。

子仕隆嗣，管神機營左哨，得士心。正德初，出爲漕運總兵，數請恤軍卒。鎭淮安十餘年，以清白聞。武宗南巡，江彬橫甚，折辱諸大吏，惟仕隆不爲屈。嘉靖初，移鎭湖廣。尋召還，論奉迎防守功，加太子太傅，掌中軍都督府事。錦衣千戶王邦奇者，怨大學士楊廷和、兵部尙書彭澤，上疏言：「哈密失策，事由兩人。」帝怒，逮繫廷和諸子壻。給事中楊言疏救，忤旨，事下五府九卿科道議。仕隆言：「廷和功在社稷。邦奇小人，假邊事惑聖聽，傷國體。」有詔切責，移病解營務，卒。贈太傅，謚榮靖。

子寰嗣，守備南京，奉詔讞獄，多所平反。十七年爲漕運總兵官。明年，獻皇后梓宮赴承天，漕舟以避梓宮後期者三千。而江南北多災傷。寰請被災地停漕一年，令改折色。軍民交便。又條上漕政七事，並施行。諸爲漕蠹者病之，遂布蜚語，爲給事中王交所劾。已，按驗不實，再鎭淮安。會安南事起，移鎭兩廣。

莫宏瀷者，安南都統使莫福海子也。福海死，宏瀷幼，其權臣阮敬與族人莫正中構兵，國內亂，正中逃入欽州。時有議乘釁取安南者。寰與提督侍郎周延決策，請于朝，令宏瀷襲都統使，安南遂定。三十年事也。尋以兵討平桂林、平樂叛傜。復命鎭淮，有禦倭功。入總京營，加太子太保。復出督漕。召還。請老。隆慶五年特起授京營總督。尋乞休。神宗嗣位，起掌左府。久之，致仕。加少保。萬曆九年卒。[五]贈太傅，諡榮僖。

自溥至寰，三世皆寬和廉靖，內行飭謹，曉文藝。仕隆、寰兩世督漕，皆勤於職。三傳至孫肇跡，京師陷，死於賊。

贊曰：東昌、小河之戰，盛庸、平安屢挫燕師，斬其驍將，厥功甚壯。及至兵敗被執，不克引義自裁，隱忍偷生，視鐵鉉、暴昭輩，能無愧乎？何福、顧成皆太祖時宿將，著功邊徼，而一遇燕兵，或引却南奔，或身遭俘馘。成祖棄瑕錄舊，均列茅土，亦云幸矣。福固不以功名終，而成之延及苗裔，榮不勝辱，亦奚足取哉。

校勘記

〔一〕西平侯沐春討麓川叛蠻刀幹孟 麓川，原作「麓州」，據本傳下文及本書卷三太祖紀、卷一二六沐春傳、卷三一四麓川傳、太祖實錄卷二五五洪武三十年九月戊辰條改。

〔二〕永樂五年八月移鎭甘肅 五年，原作「四年」，據本書卷六成祖紀及太宗實錄卷五一永樂五年八月乙酉條改。

〔三〕佩征南將軍印會何福討水西蠻 按此係洪武三十年事，見本書同卷何福傳、卷三太祖紀、卷一六六韓觀傳，太祖實錄卷二五〇洪武三十年二月庚寅條，傳文上應有「明年」二字。否則下文「明年」將成爲「三十年」，而「西堡、滄浪諸寨蠻亂」在三十一年，見太祖實錄卷二五六洪武三十一年二月庚子條。

〔四〕十六年卒 十六年，原作「十八年」，據孝宗實錄卷二〇〇弘治十六年六月己酉條、國朝獻徵錄卷七顧溥神道碑改。

〔五〕萬曆九年卒 九年，原作「十年」，據本書卷一〇六功臣世表及神宗實錄卷一一九萬曆九年十二月甲午條改。

明史卷一百四十五

列傳第三十三

姚廣孝 張玉 子輗 軏 從子信 朱能 丘福 李遠
王忠 王聰 火眞 譚淵 王眞 陳亨 子懋 徐理
房寬 劉才

姚廣孝，長洲人，本醫家子。年十四，度爲僧，名道衍，字斯道，事道士席應眞，得其陰陽術數之學。嘗游嵩山寺，相者袁珙見之曰：「是何異僧，目三角，形如病虎，性必嗜殺，劉秉忠流也。」道衍大喜。洪武中，詔通儒書僧試禮部。不受官，賜僧服還。經北固山，賦詩懷古。其儕宗泐曰：「此豈釋子語耶？」道衍笑不答。高皇后崩，太祖選高僧侍諸王，爲誦經薦福。宗泐時爲左

善世，舉道衍。燕王與語甚合，請以從。至北平，住持慶壽寺。出入府中，跡甚密，時時屏人語。及太祖崩，惠帝立，以次削奪諸王，周、湘、代、齊、岷相繼得罪，道衍遂密勸成祖舉兵。成祖曰：「民心向彼，奈何？」道衍曰：「臣知天道，何論民心。」乃進袁珙及卜者金忠。於是成祖意益決，陰選將校，勾軍卒，收材勇異能之士。燕邸，故元宮也，深邃。道衍練兵後苑中。穴地作重屋，繚以厚垣，密甃瓴甋瓶缶，日夜鑄軍器，畜鵝鴨亂其聲。

建文元年六月，燕府護衞百戶倪諒上變。詔逮府中官屬。都指揮張信輸誠於成祖，成祖遂決策起兵。適大風雨至，簷瓦墮地，成祖色變。道衍曰：「祥也。飛龍在天，從以風雨。瓦墮，將易黃也。」兵起，以誅齊泰、黃子澄爲名，號其衆曰「靖難之師」。道衍輔世子居守。其年十月，成祖襲大寧，李景隆乘間圍北平。道衍守禦甚固，擊却攻者。夜縋壯士擊傷南兵。援師至，內外合擊，斬首無算。景隆、平安等先後敗遁。成祖圍濟南三月，不克，道衍馳書曰：「師老矣，請班師。」乃還。復攻東昌，戰敗，亡大將張玉，復還。成祖意欲稍休，道衍力趣之，益募勇士，敗盛庸，破房昭西水寨。道衍語成祖：「毋下城邑，疾趨京師。京師單弱，勢必舉。」從之。遂連敗諸將於淝河、靈璧，渡江入京師。

成祖卽帝位，授道衍僧錄司左善世。帝在藩邸，所接皆武人，獨道衍定策起兵。及帝轉戰山東、河北，在軍三年，或旋或否，戰守機事皆決於道衍。道衍未嘗臨戰陣，然帝用兵

中華書局

有天下，道衍力爲多，論功以爲第一。永樂二年四月拜資善大夫、太子少師，復其姓，賜名廣孝，贈祖父如其官。帝與語，呼少師而不名。命蓄髮，不肯。賜第及兩宮人，皆不受。常居僧寺，冠帶而朝，退仍緇衣。出振蘇、湖，至長洲，以所賜金帛散宗族鄉人。重修太祖實錄，廣孝爲監修。又與解縉等纂修永樂大典。書成，帝褒美之。帝往來兩都，出塞北征，廣孝皆留輔太子於南京。五年四月，皇長孫出閣就學，廣孝侍說書。

十六年三月入覲，年八十有四矣，病甚，不能朝，仍居慶壽寺。車駕臨視者再，語甚歡，賜以金唾壺，問所欲言。廣孝曰：「僧溥洽繫久，願赦之。」溥洽者，建文帝主錄僧也。初，帝入南京，有言建文帝爲僧遁去，溥洽知狀，或言匿溥洽所。帝乃以他事禁溥洽，而命給事中胡濙等徧物色建文帝，久之不可得，溥洽坐繫十餘年。至是，帝以廣孝言，卽命出之。廣孝頓首謝。尋卒。帝震悼，輟視朝二日，命有司治喪，以僧禮葬。追贈推誠輔國協謀宣力文臣、特進榮祿大夫、上柱國、榮國公，謚恭靖。賜葬房山縣東北。帝親製神道碑誌其功，官其養子繼尚寶少卿。

廣孝少好學，工詩。與王賓、高啟、楊孟載友善。宋濂、蘇伯衡亦推獎之。晚著道餘錄，頗毀先儒，識者鄙焉。其至長洲，候同產姊。姊不納。訪其友王賓。賓亦不見，但遙語曰：「和尚誤矣，和尚誤矣。」復往見姊。姊詈之。廣孝惘然。

洪熙元年加贈少師，配享成祖廟庭。嘉靖九年，世宗諭閣臣曰：「姚廣孝佐命嗣興，勞烈具有。顧係釋氏之徒，班諸功臣，侑食太廟，恐不足尊敬祖宗。」於是尚書李時偕大學士張璁、桂萼等議請移祀大興隆寺，太常春秋致祭。詔曰：「可。」

張玉，字世美，祥符人。仕元爲樞密知院。元亡，從走漠北。洪武十八年來歸。從大軍出塞，至捕魚兒海，以功授濟南衞副千戶，遷安慶衞指揮僉事。又從征遠順、散毛諸洞，北逐元人之擾邊者，至鴉寒山還，調燕山左護衞。從燕王出塞，至黑松林。又從征野人諸部，以驍果善謀畫，爲王所親任。

建文元年，成祖起兵。玉帥衆奪北平九門，撫諭城內外，三日而定。師將南，玉獻計，遣朱能東攻薊州，殺馬宣，降遵化，分兵下永平、密雲，皆致其精甲以益師。擢都指揮僉事。是時朝廷遣大兵討燕，都督徐凱軍河間，潘忠、楊松軍鄚州，長興侯耿炳文以三十萬衆軍眞定。玉進說曰：「潘、楊勇而無謀，可襲而俘也。」成祖命玉將親兵爲前鋒，抵樓桑。值中秋，南軍方宴會。夜半，疾馳破雄縣。忠、松來援，邀擊於月漾橋，生擒之，遂克鄚州。自以輕騎覘炳文軍。還言軍無紀律，其上有敗氣，宜急擊。成祖遂引兵西，至無極，顧諸將謀所嚮。諸將以南軍盛，請屯新樂。玉曰：「彼雖衆，皆新集。我軍乘勝徑趨眞定，破之必矣。」成祖喜曰：「吾倚玉足濟大事。」明日抵眞定，大破炳文軍，獲副將李堅、甯忠，都督顧成等，斬首三萬，復敗安陸侯吳傑軍，燕兵由是大振。

江陰侯吳高以遼東兵圍永平。曹國公李景隆引數十萬衆將攻北平。成祖與玉謀，先援永平。至則高遁走，玉追斬甚衆。遂從間道襲大寧，拔其衆而還。次會州。初立五軍，以玉將中軍。時李景隆已圍北平，成祖旋師，大戰於鄭村壩。景隆敗，成祖乘勝抵城下。城中兵鼓譟出，內外夾攻，南軍大潰。

明年從攻廣昌、蔚州、大同。諜報景隆收潰卒，號百萬，且復至。玉曰：「兵貴神速，請先據白溝河，以逸待勞。」駐河上三日，景隆至，以精騎馳擊，復大敗之。進拔德州，追奔至濟南，圍其城三月，解圍還。尋再出，破滄州，擒徐凱，進攻東昌，與盛庸軍遇。成祖以數十騎繞出其後。庸圍之數重，成祖奮擊得出。玉不知成祖所在，突入陣中力戰，格殺數十人，被創死。年五十八。

燕兵起，轉鬭三年，鋒銳甚。至是失大將，一軍奪氣。師還北平，諸將叩頭請罪。成祖曰：「勝負常事，不足計，恨失玉耳。艱難之際，失吾良輔。」因泣下不能止，諸將皆泣。其後譚淵歿於夾河，王眞歿於淝河，雖悼惜，不如玉也。建文四年六月，成祖稱帝，贈玉都指揮

同知。九月甲申追贈榮國公，謚忠顯。洪熙元年三月加封河間王，改謚忠武，與東平王朱能、金鄉侯王眞、榮國公姚廣孝並侑享成祖廟廷。

子三人，長輔，次輗，次軏。從子信。輔自有傳。

輗，以功臣子爲神策衞指揮使。正統五年，英國公輔訴輗毆守墳者，斥及先臣，詞多悖慢。帝命錦衣衞鞫實，錮之，尋釋。三遷至中府右都督，領宿衞。景泰三年加太子太保。英宗復位，以輗迎立功，并封輗文安伯，食祿千二百石。天順六年卒。贈侯，謚忠僖。子斌嗣，坐詛咒，奪爵。

軏，永樂中入宿衞，爲錦衣衞指揮僉事。從宣宗征高煦，又從成國公朱勇出塞至甎帽山。正統十三年以副總兵征麓川。還，討貴州叛苗。積功爲前府右都督，總京營兵。景泰二年坐驕淫不道下獄，尋釋。景帝不豫，與石亨、曹吉祥迎上皇於南城，封太平侯，食祿二千石。于謙、王文、范廣之死，軏有力焉。納賄亂政，亞于亨。天順二年卒，贈裕國公，謚勇襄。子瑾嗣，成化元年，[二]革「奪門」功，奪侯，授指揮使。

信，舉建文二年鄉試第一。永樂中，歷刑科都給事中，數言事。擢工部右侍郎。奉命視開封決河，請疏魚王口至中灤故道二十餘里。詔如其議，詳宋禮傳。出治浙江海塘，坐

事諭交阯。洪熙初，召爲兵部左侍郎。帝嘗謂英國公輔：「有兄弟可加恩者乎？」輔頓首言：「輗、軏蒙上恩，備近侍，然皆奢侈，獨從兄侍郎信賢，可使也。」帝召見信曰：「是英國公兄耶？」趣武冠冠之，改錦衣衞指揮同知，世襲。時去開國未遠，武階重故也。居職以平恕稱。宣德六年遷四川都指揮僉事。在蜀十五年致仕。

朱能，字士弘，懷遠人。父亮，從太祖渡江，積功至燕山護衞副千戶。能嗣職，事成祖藩邸。嘗從北征，降元太尉乃兒不花。燕兵起，與張玉首謀殺張昺、謝貴，奪九門。授指揮同知。帥衆拔薊州，殺馬宣，下遵化。從破雄縣，戰月漾橋，執楊松、潘忠，降其衆於鄚州。長驅至眞定，大敗耿炳文軍。獨與敢死士三十騎追奔至滹沱河，躍馬大呼突南軍。軍數萬人皆披靡，蹂藉死者甚衆，降三千餘人。成祖以手札勞之，進都指揮僉事。從援永平，走吳高，襲克大寧。還，將左軍。破李景隆於鄭村壩。從攻廣昌、蔚州、大同，戰白溝河，爲前鋒，再敗平安軍。進攻濟南，次鏵山。〔二〕南軍乘高而陣，能以奇兵繞其後，襲破之，降萬餘人。從攻滄州，破東門入，斬首萬餘級。

東昌之戰，盛庸、鐵鉉圍成祖數重，張玉戰死。事急，能帥周長等殊死鬭，翼成祖潰圍出。復從戰夾河，譚淵死，燕師挫。能至，再戰再捷，軍復振。與平安戰藁城，敗之，追奔至眞定，略地彰德、定州，破西水寨。將輕騎千人掠衡水，獲指揮賈榮，克東阿、東平，盡破汶上諸寨。

既而王眞戰死淝河，燕軍屢敗，諸將議旋師。能獨按劍曰：「漢高十戰九敗，終有天下。今舉事連得勝，小挫輒歸，更能北面事人耶！」成祖亦叱諸將曰：「任公等所之。」諸將乃不敢言。遂引兵南，敗平安銀牌軍。都督陳暉來援，又敗之。遂拔靈壁軍，擒平安等，降十萬衆。累遷右軍都督僉事。進克泗州，渡淮，敗盛庸兵。拔盱眙，下揚州，渡江，入金川門。

九月甲申論功，次丘福，授奉天靖難推誠宣力武臣、特進榮祿大夫、右柱國、左軍都督府左都督，封成國公，祿二千二百石，與世券。永樂二年兼太子太傅，加祿千石。四年七月詔能佩征夷將軍印，西平侯沐晟爲左副將軍，由廣西、雲南分道討安南，帝親送之龍江。十月行次龍州，卒於軍。年三十七。

能於諸將中年最少，善戰，張玉善謀，帝倚爲左右手。玉歿後，軍中進止悉諮能。能身長八尺。雄毅開豁，居家孝友。位列上公，未嘗以富貴驕人。善撫士卒，卒之日，將校皆爲流涕。敕葬昌平，追封東平王，謚武烈。洪熙時，配享成祖廟廷。

子勇嗣。以元勳子特見任用。歷掌都督府事，留守南京。永樂二十二年從北征。宣宗卽位，從平漢庶人，征兀良哈。張輔解兵柄，詔以勇代。勇以南北諸衞所軍備邊轉運，錯互非便。請專令南軍轉運，北軍備邊。又言：「京軍多遠戍，非居重馭輕之道，請選精兵十萬益之。」又請令公、侯、伯、都督子弟操練。皆報可。正統九年出喜峯口，擊朶顏諸部，至富峪川而還，爲兵部尚書徐晞所劾。詔不問。尋論功，加太保。

勇頳面虬鬚，狀貌甚偉，勇略不足，而敬禮士大夫。十四年從駕至土木，迎戰鷂兒嶺，中伏死，所帥五萬騎皆沒。于謙等追論勇罪，奪封。景泰元年，勇子儀乞葬祭，帝以勇大將，喪師辱國，致陷乘輿，不許。已，請襲，禮部尚書胡濙主之，又以立東宮恩得嗣，減歲祿至千石。天順初，追封勇平陰王，謚武愍。儀及子輔皆守備南京。

又三傳至希忠，從世宗幸承天，掌行在左府事。至衞輝，行宮夜火。希忠與都督陸炳翼帝出。由是被恩遇，入直西苑。歷掌後、右兩府，總神機營，提督十二團營及五軍營，累加太師，益歲祿七百石。代郊天者三十九，賞賚不可勝紀。卒，追封定襄王，謚恭靖。萬曆十一年以給事中余懋學言，追奪王爵。弟希孝亦至都督，加太保。卒，贈太傅，謚忠僖。希忠五傳至曾孫純臣，崇禎時見倚任。李自成薄京師，帝手敕純臣總督中外諸軍，輔太子。敕未下，城已陷，爲賊所殺。

丘福，鳳陽人。起卒伍，事成祖藩邸。積年勞，授燕山中護衞千戶。燕師起，與朱能、張玉首奪九門。大戰眞定，突入子城。戰白溝河，以勁卒擣中堅。夾河、滄州、靈壁諸大戰，皆爲軍鋒。盛庸兵扼淮，戰艦數千艘蔽淮岸。福與朱能將數百人，西行二十里，自上流潛濟，猝薄南軍。庸驚走，盡奪其戰艦，軍乃得渡。累遷至中軍都督同知。

福爲人樸戇鷙勇，謀畫智計不如玉，敢戰深入與能埒。每戰勝，諸將爭前效虜獲，福獨後。成祖每歎曰：「丘將軍功，我自知之。」卽位，大封功臣，第福爲首。授奉天靖難推誠宣力武臣、特進榮祿大夫、右柱國、中軍都督府左都督，封淇國公，祿二千五百石，與世券。命議諸功臣封賞，每奉命議政，皆首福。

漢王高煦數將兵有功，成祖愛之。福武人，與之善，數勸立爲太子。帝猶豫久之，竟立仁宗，以福爲太子太師。六年加歲祿千石。尋命與蹇義、金忠等輔導皇長孫。明年七月將大軍出塞，至臚朐河，敗沒。

先是，本雅失里殺使臣郭驥，帝大怒，發兵討之。命福佩征虜大將軍印，充總兵官，武

中華書局

城侯王聰、同安侯火眞，爲左、右副將，靖安侯王忠、安平侯李遠，爲左、右參將，以十萬騎行。帝慮福輕敵，諭以：「兵事須愼重。自開平以北，卽不見寇，宜時時如對敵，相機進止，不可執一。一擧未捷，俟再擧。」已行，又連賜敕，謂軍中有言敵易取者，愼勿信之。

福出塞，帥千餘人先至臚朐河南。遇遊騎，擊敗之，遂渡河。獲其尚書一人，飲之酒，問本雅失里所在。尚書言：「聞大兵來，惶恐北走，去此可三十里。」福大喜曰：「當疾馳擒之。」諸將請俟諸軍集，偵虛實而後進。福不從。以尚書爲鄉導，直薄敵營。戰二日，每戰，敵輒佯敗引去，福銳意乘之。李遠諫曰：「將軍輕信敵間，懸軍轉鬬，敵示弱誘我深入，進必不利，[三]退則懼爲所乘，獨可結營自固。晝揚旌伐鼓，出奇兵與挑戰，夜多燃炬鳴礮，張軍勢，使彼莫測。俟我軍畢至，併力攻之，必捷，否亦可全師而還。始上與將軍言何如，而遂忘之乎？」王聰亦力言不可。福皆不聽，厲聲曰：「違命者斬！」卽先馳，麾士卒隨行。控馬者皆泣下。諸將不得已與俱。俄而敵大至，圍之數重，聰戰死，福及諸將皆被執遇害，年六十七，一軍皆沒。敗聞，帝震怒，以諸將無足任者，決計親征。奪福世爵，徙其家海南。

李遠，懷遠人。襲父職爲蔚州衞指揮僉事。燕兵攻蔚州，擧城降。南軍駐德州，運道出徐、沛間。遠以輕兵六千，詐爲南軍袍鎧，人插柳一枝於背，徑濟寧、沙河至沛，無覺者。

焚糧舟數萬，河水盡熱，魚鱉皆浮死。南將袁宇三萬騎來追，伏兵擊敗之。建文四年正月，燕軍駐蠡縣。遠分哨至藁城，遇德州將葛進步騎萬餘，乘冰渡滹沱河。遠迎擊之。進繫馬林間，以步兵接戰。遠佯卻，潛分兵出其後，解所繫馬，再戰。進引退失馬，遂大敗。斬首四千，獲馬千匹。成祖以歲首大捷，賜書嘉勞曰：「將軍以輕騎八百，破敵數萬，出奇應變，雖古名將不過也。」復遣哨淮上，敗守淮將士，斬千餘級。累功爲都督僉事，封安平侯，祿千石，予世伯券。永樂元年偕武安侯鄭亨備宣府。

遠沈毅有膽略，言論慷慨。旣從丘福出塞，至臚朐河。諫福，不聽。師敗，遠帥五百騎突陣，殺數百人，馬蹶被執，罵不絕口死。年四十六。追封莒國公，諡忠壯。

子安，嗣伯爵。洪熙元年爲交阯參將，失律，謫爲事官。已，從王通棄交阯還，下獄奪券，謫赤城立功。英宗卽位，起都督僉事。征阿台、朶兒只伯。遷都督同知，充總兵官，鎭松潘。正統六年副定西伯蔣貴征麓川。貴令安駐軍潞江護餉，而自帥大軍進。賊破，安恥無功，聞有餘賊屯高黎貢山，徑往擊之。爲所敗，失士卒千餘人，都指揮趙斌等皆死。逮下獄，謫戍獨石。卒，詔授子淸都指揮同知。

王忠，孝感人。與李遠同降於蔚州。每戰，帥精騎爲奇兵，多斬獲。累遷都督僉事，封靖安侯，祿千石。出塞戰歿，年五十一，爵除。

王聰，蘄水人。以燕山中護衞百戶從起兵。取薊州，攻遵化，徇涿州。轉戰茌平、[四]滑口，破南軍，獲馬千五百，還守保定。從次江上，略南軍舟濟師。累遷都指揮使，封武城侯，祿千五百石。偕同安侯火眞備禦宣府。屢奉詔巡邊。從丘福出塞，戰死，年五十三。追封漳國公，諡武毅。子瑛嗣。聰及遠嘗諫福，故得褒卹。

火眞，蒙古人，初名火里火眞。洪武時歸附，爲燕山中護衞千戶。從攻眞定，先馳突耿炳文陣。大軍乘之，遂捷。從襲大寧，戰鄭村壩。日暝，天甚寒，眞斂敵鞍爇火成祖前。甲士數人趨附火，衞士止之。成祖曰：「吾衣重裘猶寒。此皆壯士，勿止也。」聞者感泣。眞嘗將騎兵，每戰輒有斬獲，呼噪歸營，衆服其勇。累遷都督僉事，封同安侯，祿千五百石。出塞戰歿，年六十一，爵除。子孫世襲觀海衞千戶。

裔孫斌，嘉靖中武擧。倭寇浙東，帥海舟與賊戰。賊然火毬擲斌舟，斌輒手接之，還燒賊舟。賊屯補陀山。斌直擣其營，多殺傷。後軍不繼，被擒，不屈。賊支解之。官爲建祠曰「忠勇」。

譚淵，淸流人。嗣父職爲燕山右護衞副千戶。燕兵起，從奪九門。破雄縣。潘忠、楊松自鄚州來援。淵帥壯士千餘人，伏月漾橋水中，人持茭草一束，蒙頭通鼻息。南軍已過，卽出據橋。忠等戰敗，趨橋不得渡，遂被擒。累進都指揮同知。

淵驍勇善戰，引兩石弓，射無不中。然性嗜殺。滄州破，成祖命給牒散降卒。未遣者三千餘人，待明給牒。淵一夜盡殺之。王怒。淵曰：「此曹皆壯士，釋之爲後患。」王曰：「如爾言，當盡殺敵。敵可盡乎？」淵慚而退。

夾河之戰，南軍陣動塵起。淵遽前搏戰，馬蹶被殺。成祖悼惜之。卽位，贈都指揮使，追封崇安侯，諡壯節，立祠祀之。

子忠，從入京師有功。又以淵故封新寧伯，祿千石。永樂二十一年將右哨從征沙漠。[五]宣德元年從征樂安。三年坐征交阯失律，下獄論死，已得釋，卒。子璟乞嗣。吏部言忠罪死，不當襲。帝曰：「券有免死文，其予嗣。」再傳至孫祐，成化中，協守南京。還，掌前府提督團營，累加太傅，嗣伯，六十九年始卒。諡莊僖。子綸嗣。嘉靖十四年鎭湖廣。剿九溪蠻有功，益祿。坐占役軍士奪爵。數傳至弘業，國亡，死於賊。

王眞，咸寧人。洪武中，起卒伍。積功至燕山右護衞百戶。燕兵起，攻九門。戰永平、眞定，下廣昌，徇雁門。從破滄州，追南兵至滑口，俘獲七千餘人。累遷都指揮使。

淝河之戰，眞與白義、劉江各帥百騎誘平安軍，縛草置囊中爲束帛狀。安追擊，眞等佯棄囊走，安軍士競取之。伏發，兩軍鏖戰。眞帥壯士直前，斬馘無算。後軍不繼，安軍圍之數匝。眞被重創，連格殺數十人，顧左右曰：「我義不死敵手。」遂自刎。成祖卽位，追封金鄉侯，謚忠壯。

眞勇健有智略。成祖每追悼之曰：「奮武如王眞，何功不成。不死，功當冠諸將。」仁宗時，追封寧國公，加號効忠。子通自有傳。

陳亨，壽州人。元末揚州萬戶。從太祖於濠，爲鐵甲長，擢千戶。從大將軍北征，守東昌。敵數萬奄至，亨固守，出奇兵誘敗之。復從徇未下諸城。洪武二年守大同。積功至燕山左衞指揮僉事。數從出塞。遷北平都指揮使。及惠帝卽位，擢都督僉事。

燕師起，亨與劉眞、卜萬守大寧。移兵出松亭關，駐沙河，謀攻遵化。燕兵至，退保關。當是時，李景隆帥五十萬衆將攻北平。北平勢弱，而大寧行都司所領興州、營州二十餘衞，皆西北精銳。朶顏、泰寧、福餘三衞，元降將所統番騎驍卒，尤驍勇。卜萬將與景隆軍合，成祖懼，以計紿亨囚萬，遂從劉家口間道疾攻大寧。亨及劉眞自松亭回救，中道聞大寧破，乃與指揮徐理、陳文等謀降燕。夜二鼓，襲劉眞營。眞單騎走廣寧，亨等帥衆降。成祖盡拔諸軍及三衞騎卒，挾寧王以歸。自是衝鋒陷陣多三衞兵。成祖取天下，自克大寧始。

亨、理既降，累從破南軍。白溝河之戰，亨中創幾死。已，攻濟南，與平安戰鏵山，大敗。創甚，輿還北平。進都督同知。成祖還軍，親詣亨第勞問。其年十月卒。成祖自爲文以祭。比卽位，追封涇國公，謚襄敏。長子恭，嗣都督同知。

少子懋，初以舍人從軍，立功爲指揮僉事。已而將亨兵，功多，累進右都督。永樂元年封寧陽伯，祿千石。六年三月佩征西將軍印，鎭寧夏，善撫降卒。明年秋，故元丞相昝卜及平章、司徒、國公、知院十餘人，皆帥衆相繼來降。已而平章都連等叛去，懋追擒之黑山，盡收所部人口畜牧。進侯，益祿二百石。八年從北征，督左掖。十一年巡寧夏邊。尋命將山西、陝西二都司及鞏昌、平涼諸衞兵，駐宣府。明年從北征，領左哨。戰忽失溫，與成山侯王通先登，都督朱崇等乘之，遂大捷。明年復鎭寧夏。

二十年從北征。領御前精騎，破敵於屈裂河。別將五千騎循河東北，捕餘寇，殲之山澤中。師還，武安侯鄭亨將輜重先行，懋伏隘以待。敵來躡，伏起縱擊，敵死過半。還京，賜龍衣玉帶，册其女爲麗妃。明年將陝西、寧夏、甘肅三鎭兵，從征阿魯台，爲前鋒。又明年復領前鋒，從北征。

成祖之崩於榆木川也，六軍在外，京師守備虛弱。仁宗召懋與陽武侯薛祿帥精騎三千馳歸衞京師。命掌前府，加太保，與世侯。

宣德元年，從討樂安。還，仍鎭寧夏。三年奏徙靈州城，得黑白二兔以獻。宣宗喜，親畫馬賜之。懋在鎭久，威名震漠北。顧恃寵自恣，乾沒鉅萬。屢被劾，帝曲宥之，命所司徵其贓。懋自陳用已盡，詔貸免。

英宗卽位，命偕張輔參議朝政，出爲平羌將軍，鎭甘肅。其冬，寇掠鎭番，懋遣兵援之，解去，以斬獲聞。參贊侍郎柴車劾懋失律致寇，又取所遺老弱，冒爲都指揮馬亮等功，受賚賞，論斬。詔免死，奪祿。久之還祿，奉朝請。

十三年，福建賊鄧茂七反。都御史張楷討之無功，乃詔懋佩征南將軍印，充總兵官，帥京營、江浙兵往討。至浙江，有欲分兵扼海口者，懋曰：「是使賊致死於我也。」明年抵建寧，

茂七已死，餘賊聚尤溪、沙縣。諸將欲屠之，懋曰：「是堅賊心也。」乃下令招撫，賊黨多降。分道逐捕，悉平之。已而沙縣賊復熾，久不定。會英宗北狩，景帝立，遂詔班師。言官劾之，以賊平不問。仍加太保，掌中府，兼領宗人府事。英宗復位，益祿二百石。天順七年卒，年八十四。贈濬國公，謚武靖。

懋修髯偉貌，聲如洪鐘。胸次磊落，敬禮士大夫。「靖難」功臣至天順時無在者。惟懋久享祿位，數廢數起，卒以功名終。

長子晟有罪，弟潤嗣。潤卒，弟瑛嗣，減祿之半，嗣侯。十六年而晟子輔已長，乃令輔嗣，瑛免爲勳衞。輔後坐事失侯。卒，無子，復封瑛孫繼祖爲侯，傳爵至明亡。

徐理，西平人。洪武時，爲永清中護衞指揮僉事，改營州衞。既降，爲右軍副將。每戰先登，有功。成祖將襲滄州，命理及陳旭濟於直沽，造浮橋以濟師。累進都指揮僉事，封武康伯。還守北平。理馭下寬，得士卒心。永樂六年卒。再傳至孫勇，無子絕封。

陳文，降後爲前軍左副將。戰小河，死於陣。

房寬，陳州人。洪武中，以濟寧左衞指揮從徐達練兵北平，遂爲北平都指揮同知，移守大寧。寬在邊久，凡山川阨塞，殊域情僞，莫不畢知，然不能撫士卒。燕兵奄至，城中縛寬

以降。成祖釋之，俾領其衆。戰白溝河，將右軍，失利。從克廣昌、彰德，進都督僉事。以舊臣，略其過，封思恩侯，祿八百石，世指揮使。永樂七年卒。

劉才，字子才，霍丘人。元末爲元帥，明興歸附，歷營州中護衞指揮僉事。燕師襲大寧，才降。從戰有功。封廣恩伯，祿九百石，世指揮同知。永樂八年從北征，督右掖。失律議罪，既而宥之。二十一年偕隆平侯張信理永平、山海邊務。明年復從北征，至懷來，以疾還。才悃愊無華，不爲苟合，亦不輕訾毀人，甚爲仁宗所重。宣德五年卒。

贊曰：惠帝承太祖遺威餘烈，國勢初張，仁聞昭宣，衆心悅附。成祖奮起方隅，冒不韙以爭天下，未嘗有萬全之計也。乃道衍首贊密謀，發機決策，張玉、朱能之輩戮力行間，轉戰無前，隕身不顧。於是收勁旅，摧雄師，四年而成帝業。意者天之所興，羣策羣力，應時並濟。諸人之得爲功臣首也，可不謂厚幸哉。

校勘記

〔一〕成化元年　元年，原作「二年」，據本書卷一〇七功臣世表、憲宗實錄卷一八成化元年六月庚子

條改。

〔二〕進攻濟南次鏵山　鏵山，明史稿傳二九朱能傳作「華山」。明史考證攟逸卷七注曰：「按一統志濟南無鏵山，惟元和郡縣志載華不注山一名華山，此作鏵，蓋誤。」

〔三〕進必不利　原脫「進」字，據明史稿傳二九丘福傳補。

〔四〕轉戰茌平　茌平，原作「茬平」。本書卷四一地理志及明史稿傳二九丘福傳均作「茌平」，據改。

〔五〕永樂二十一年將右哨從征沙漠　二十一年，原作「二十年」，右哨，原作「右掖」，本書卷七成祖紀，二十一年征阿魯台，將右掖者爲王通、徐亨，薛祿、譚忠同將右哨。又卷一五五薛祿傳作「二十一年將右哨從北征」。可證作「二十一年」、「右哨」是，據改。

明史卷一百四十六

列傳第三十四

張武　陳珪　孟善　鄭亨　徐忠　郭亮 趙彝

張信 唐雲　徐祥　李濬　孫巖 房勝　陳旭

陳賢　張興　陳志　王友

張武，瀏陽人。豁達有勇力，稍涉書史。爲燕山右護衞百戶。從成祖起兵，克薊州，取雄縣，戰月漾橋，乘勝抵鄭州。與諸將敗耿炳文於眞定。夾河之戰，帥壯士爲前鋒，突陣，佯敗走。南軍追之，武還擊，南軍遂潰。攻西水寨，前軍夜失道，南軍來追。武引兵伏要路，擊卻之。戰小河，陳文歿於陣，武帥敢死士自林間突出，與騎兵合，大破南軍，斬首二萬級，溺死無算。累授都督同知。

成祖卽位，論功封成陽侯，祿千五百石，位次朱能下。是時侯者，陳珪、鄭亨、孟善、火眞、顧成、王忠、王聰、徐忠、張信、李遠、郭亮、房寬十三人，武爲第一。還守北平。永樂元年十月卒。出內廐馬以賻，贈潞國公，諡忠毅。無子，爵除。

陳珪，泰州人。洪武初，從大將軍徐達平中原，授龍虎衞百戶，改燕山中護衞。從成祖出塞爲前鋒，進副千戶。已，從起兵，積功至指揮同知，還佐世子居守。累遷都督僉事，封泰寧侯，祿千二百石，佐世子居守如故。

永樂四年董建北京宮殿，經畫有條理，甚見獎重。八年，帝北征，偕駙馬都尉袁容輔趙王留守北京。十五年命鑄繕工印給珪，並設官屬，兼掌行在後府。十七年四月卒，年八十五。贈靖國公，諡忠襄。

子瑜嗣。〔一〕二十年從北征。失律，下獄死。兄子鏞嗣。再傳至瀛，歿土木，贈寧國公，諡恭愍。弟涇嗣。天順六年鎭廣西。明年九月，猺賊作亂，涇將數千人駐梧州。是冬，大藤賊數百人夜入城，殺掠甚衆。涇擁兵不救，徵還，下獄論斬，尋宥之。卒，子桓嗣。弘治初，

鎮寧夏。中貴人多以所親冒功賞。桓拒絕之，爲所譖，召還，卒。數傳至延祚，明亡，爵除。

孟善，海豐人，仕元爲山東樞密院同僉。明初歸附，從大軍北征，授定遼衞百戶。從平雲南，進燕山中護衞千戶。燕師起，攻松亭關，戰白溝河，皆有功。已，守保定。南軍數萬攻城，城中兵纔數千，善固守，城完。累遷右軍都督同知，封保定侯，祿千二百石。永樂元年鎮遼東。七年召還北京，鬚眉皓白。帝憫之，命致仕。十年六月卒。贈滕國公，諡忠勇。

子瑛嗣。將左軍，再從北征，督運餉。仁宗卽位，爲左參將，鎮交阯。坐庶兄常山護衞指揮賢永樂中謀立趙王事，並奪爵，毀其券，謫雲南。宣德六年放還，充爲事官於宣府。英宗卽位，授京衞指揮使。卒，子俊嗣官。天順初，以恩詔與伯爵。卒，子昂嗣。卒，爵除。

鄭亨，合肥人。父用，洪武時，積功爲大興左衞副千戶。請老，亨嗣職。洪武二十五年應募持檄諭韃靼，至斡難河。還，遷密雲衞指揮僉事。

燕師起，以所部降。戰眞定，先登，進指揮使。襲大寧，至劉家口，諸將將攻關。成祖慮守關卒走報大寧得爲備，乃令亨將勁騎數百，卷旆登山，潛出關後，斷其歸路。急攻之，悉縛守關者，遂奄至大寧，進北平都指揮僉事。夜帥衆破鄭村壩兵，西破紫荆關，掠廣昌，取蔚州，直抵大同。還戰白溝河，逐北至濟南，進都指揮同知。攻滄州，軍北門，扼餉道東昌。戰敗，收散卒，還軍深州。明年戰夾河、藁城，略地至彰德，耀兵河上。還屯完縣。明年從破東平、汶上，軍小河。戰敗，王眞死，諸將皆欲北還，惟亨與朱能不可。入京師，歷遷中府左都督，封武安侯，祿千五百石，予世券。留守北京。時父用猶在，受封爵視亨。

永樂元年充總兵官，帥武成侯王聰、安平侯李遠備宣府。亨至邊，度宣府、萬全、懷來形便，每數堡相距，中擇一堡可容數堡士馬者，爲高城深池，浚井蓄水，謹瞭望。寇至，夜舉火，晝鳴礮，併力堅守，規畫周詳，後莫能易。三年二月召還，旋遣之鎮。

七年秋，備邊開平。明年，帝北征，命亨督運。出塞，將右哨，追敗本雅失里。大軍與阿魯台遇。亨帥衆先，大破之。論功爲諸將冠。其冬仍出鎮宣府。十二年復從北征，領中軍。戰忽失溫，追敵中流矢卻，復與大軍合破之。二十年復從出塞，將左哨，帥卒萬人，治龍門道過軍，破兀良哈於屈裂河。將輜重還，擊破寇之追躡者，仍守開平。成祖凡五出塞，亨皆在行。

仁宗卽位，鎮大同。洪熙元年二月頒制諭及將軍印於各邊總兵官。亨佩征西前將軍印。在鎮墾田積穀，邊備完固，自是大同希寇患。宣德元年召掌行後府事。已，仍鎮大同，轉餉宣府。招降迤北部長四十九人，請於朝，厚撫之，歸附者相屬。九年二月卒於鎮。

亨嚴肅重厚，善撫士卒，恥掊克。在大同時，鎮守中官撓軍政，亨裁之以理，其人不悅，然其卒也，深悼惜之。贈漳國公，諡忠毅。妾張氏，自經以殉，贈淑人。子能嗣，傳爵至明亡。

徐忠，合肥人，襲父爵爲河南衞副千戶。累從大軍北征，多所俘獲，進濟陽衞指揮僉事。洪武末，鎮開平。燕兵破居庸、懷來，忠以開平降。從徇灤河，與陳旭拔其城。李景隆攻北平，燕師自大寧還救。至會州，置五軍。張玉將中軍，朱能將左軍，李彬將右軍，房寬將後軍，忠號驍勇，使將前軍。遂敗陳暉於白河，破景隆於鄭村壩。白溝河之戰，忠單騎突陣。一指中流矢，未暇去鏃，急抽刀斷之，控滿疾驅，殊死戰。燕王乘高見之，謂左右曰：「眞壯士也。」進攻濟南，克滄州，大戰東昌、夾河。攻彰德，破西水寨，克東阿、東平、汶上，大戰靈璧。遂從渡江入京師。自指揮同知累遷都督僉事，封永康侯，祿一千一百石，予世券。

忠每戰，摧鋒跳盪，爲諸將先。而馭軍甚嚴，所過無擾。善撫降附，得其死力。事繼母以孝聞。夜歸必揖家廟而後入。儉約恭謹，未嘗有過。成祖北巡，以忠老成，留輔太子監國。永樂十一年八月卒。贈蔡國公，諡忠烈。

傳爵至裔孫錫登，崇禎末，死於賊。從兄錫胤嘗襲侯，卒，無子。其妻朱氏，成國公純臣女也。夫歿，樓居十餘年，不履地。城陷，捧廟主自焚死。

郭亮，合肥人，爲永平衞千戶。燕兵至永平，與指揮趙彝以城降，卽命爲守。時燕師初起，先略定旁郡邑，旣克居庸、懷來，山後諸州皆下。而永平地接山海關，障隔遼東，旣降，北平益無患。成祖遂南敗耿炳文於眞定。旣而遼東鎮將江陰侯吳高、都督楊文等圍永平，亮拒守甚固。援師至，內外合擊，高退走。未幾，高中讒罷，楊文代將，復率衆來攻。亮及劉江合擊，大敗之。累進都督僉事。成祖卽位，以守城功封成安侯，祿千二百石，世伯爵。永樂七年守開平，以不檢聞。二十一年三月卒。贈興國公，諡忠壯。妾韓氏自經以殉，贈淑人。

子晟當嗣伯，仁宗特命嗣侯。宣德五年坐扈駕先歸革爵，尋復之。無子，弟昂嗣伯，傳爵至明亡。

中華書局

趙彝，虹人。洪武時，爲燕山右衞百戶。從傅友德北征，城宣府、萬全、懷來，擢永平衞指揮僉事。降燕，歷諸戰皆有功，累遷都指揮使。成祖稱帝，封忻城伯，祿千石。永樂八年鎭宣府。嘗從北征，坐盜餉下獄，得釋。尋以呂梁洪湍險，命彝鎭徐州經理。復以擅殺運丁，盜官糧，爲都御史李慶所劾。命法司論治，復得釋。仁宗立，召還。宣德初卒。子榮嗣。數傳至之龍，崇禎末，協守南京。大淸兵下江南，之龍迎降。

張信，臨淮人。父興，永寧衞指揮僉事。信嗣官，移守普定、平越，積功進都指揮僉事。惠帝初卽位，大臣薦信謀勇，調北平都司。受密詔，令與張昺、謝貴謀燕王。信憂懼不知所爲。母怪問之，信以告。母大驚曰：「不可。汝父每言王氣在燕。汝無妄舉，滅家族。」成祖稱病，信三造燕邸，辭不見。信固請，入拜牀下，密以情輸成祖。成祖憮然起立，召諸將定計起兵，奪九門。成祖入京師，論功比諸戰將，進都督僉事，封隆平侯，祿千石，與世伯券。

成祖德信甚，呼爲「恩張」。欲納信女爲妃，信固辭。以此益見重。凡察藩王動靜諸密

事，皆命信。信怙寵頗驕。永樂八年冬，都御史陳瑛言信無汗馬勞，忝冒侯爵，恣肆貪墨，强占丹陽練湖八十餘里，江陰官田七十餘頃，請下有司驗治。帝曰：「瑛言是也。昔中山王有沙洲一區，耕農水道所經，家僮阻之以擅利。王聞，卽歸其地於官。今信何敢爾！」命法司雜治之，尋以舊勳不問。

二十年從北征，督運餉。大閱於隰寧，信辭疾不至，謫充辦事官。已而復職。仁宗卽位，加少師，並支二俸，與世侯券。宣德元年從征樂安。三年，帝巡邊，征兀良哈，命居守。明年督軍萬五千人浚河西務河道。正統七年五月卒於南京。贈郕國公，謚恭僖。

子鏞，自立功爲指揮僉事，先卒。子淳嗣，傳爵至明亡。

有唐雲者，燕山中護衞指揮也，不知所自起。成祖旣殺張昺、謝貴等，將士猶據九門，閉甕城，陳戈戟內向。張玉等夜襲之，已克其八，惟西直門不下。成祖令雲解甲，騎馬導從如平時，諭守者曰：「天子已聽王自制一方。汝等急退，後者戮。」雲於諸指揮中年最長，素信謹，將士以爲不欺，遂散。時衆心未附，雲告以天意所嚮，衆乃定。雲從成祖久，出入左右，甚見倚任。先後出師，皆留輔世子。南兵數攻城，拒守甚力，戰未嘗失利，累遷都指揮使。成祖稱帝，封新昌伯，世指揮使。明年七月卒。賜賚甚厚。

徐祥，大冶人。初仕陳友諒，歸太祖於江州，積功至燕山右護衞副千戶。成祖以其謹直，命侍左右。從起兵，轉戰四年，皆有功，累進都指揮使。成祖卽位，論功封興安伯，祿千石。時封伯者，祥及徐理、李濬、張輔、唐雲、譚忠、孫巖、房勝、趙彝、陳旭、劉才、茹瑺、王佐、陳瑄十四人，祥第一。祥在諸將中年稍長。及封，益勤愼。永樂二年五月卒。年七十三。

孫亨嗣。十二年從北征，爲中軍副將。至土剌河，獲馬三千。還守開平，將輕騎往來興和、大同備邊。後屢從出塞。宣德元年以右副將征交阯，無功，奪爵。英宗卽位，復之。正統九年征兀良哈，出界嶺口、河北川，進侯，出鎭陝西，召還。天順初卒，謚武襄。

子賢嗣伯，以跛免朝謁，給半祿，卒。子盛嗣，卒，無子。再從弟良嗣。良祖母，故小妻也。繼祖母，定襄伯郭登女，至是其孫爭襲。朝議以郭氏初嘗適人，法不當爲正嫡，良竟得嗣。良時年五十，家貧，傭大中橋汲水。都督府求興安伯後，良乃謝其隣而去，僉書南京中府。忤劉瑾，革祿二百石。傳爵至明亡。

李濬，和州人。父旺，洪武中燕山左護衞副千戶。濬嗣官，從起兵，奪九門。招募薊州、永平壯勇數千人，破南軍於眞定。從收大寧。鄭村壩之戰，帥精騎突陣。衆鼓譟乘之，大捷。轉戰山東，爲前鋒。至小河，猝與南軍遇，帥敢死士先斷河橋，南軍不能爭。成祖至，遂大敗之。累遷都指揮使，封襄城伯，祿千石。永樂元年出鎭江西。永新盜起，捕誅其魁。尋召還。三年十一月卒。

子隆，字彥平，年十五嗣封。雄偉有將略。數從北征，出奇料敵，成祖器之。旣遷都，以南京根本地，命隆留守。仁宗卽位，命鎭山海關。未幾，復守南京。隆讀書好文，論事侃侃，淸愼守法，尤敬禮士大夫。在南京十八年，前後賜璽書二百餘。及召還，南都民流涕送之江上。正統五年入總禁軍。十一年巡大同邊，賜寶刀一，申飭戒備，內外凜凜。訖還，不僇一人。明年卒。子珍嗣。歿於土木，贈侯，謚悼僖。無子。

弟瑾嗣。成化三年，四川都掌蠻叛。命佩征夷將軍印，充總兵官往討，兵部尚書程信督之。師至永寧，分六路進。瑾與信居中節制，盡破諸蠻寨。前後斬首四千五百有奇，獲

二十四史
中華書局

鏜仗牲畜無算。分都掌地，設官建治控制之。師還，進侯，累加太保。弘治二年卒。贈芮國公，諡壯武。瑾性寬弘，能下士。兄璉以貌寢，不得嗣。瑾敬禮甚厚。璉卒，撫其子鄘如己子。瑾子鏞嗣伯，數年卒。無子，鄘得嗣。

四傳至守錡，累典營務，加太子少保。崇禎初，總督京營，坐營卒爲盜落職，憂憤卒。子國禎嗣。有口辯。嘗召對，指陳兵事甚悉，帝信以爲才。十六年命總督京營，倚任之，而國禎實無他能。明年三月，李自成犯京師，三大營兵不戰而潰。再宿，城陷。賊勒國禎降，國禎解甲聽命。責賄不足，被拷折踝，自縊死。

孫巖，鳳陽人。從太祖渡江，累官燕山中護衞千戶，致仕。燕師起，通州守將房勝以城降。王以巖宿將，使與勝協守。南軍至，攻城甚急，樓堞皆毀。巖、勝多方捍禦。已，復突門力戰，追奔至張家灣，獲餉舟三百。累擢都指揮僉事。論功，以舊臣有守城功，封應城伯，祿千石。永樂十一年備開平，旋移通州。以私憾椎殺千戶，奪爵，安置交阯。已而復之。十六年卒。贈侯，諡威武。子亨嗣，傳至明亡，爵除。

房勝，景陵人。初從陳友諒。來歸，累功至通州衞指揮僉事。燕兵起北平，勝首以通州降。成祖卽位，以守城功，封富昌伯，祿千石，世指揮使。永樂四年卒。

陳旭，全椒人。父彬，從太祖爲指揮僉事。旭嗣官，爲會州衞指揮同知，舉城降燕。從徇灤河，功多。力戰眞定。守德州，盛庸兵至，棄城走。置不問。從入京師，封雲陽伯，祿千石。

永樂元年命巡視中都及直隸衞所軍馬城池。四年從英國公張輔征交阯，爲右參將。偕豐城侯李彬破西都。師還，與彬各加祿五百石。已而陳季擴叛，復從輔往剿。輔還，又命副沐晟。八年以疾卒於軍。無子，封絕。

陳賢，壽州人。初從太祖立功，授雄武衞百戶。從征西番、雲南，北征至捕魚兒海，皆有功。歷燕山右護衞指揮僉事。燕師起，從諸將轉戰，常突陣陷堅。軍中稱其驍勇。累遷都督僉事。永樂元年四月，成祖慮功臣封有遺闕，令丘福等議。福等言都督僉事李彬功不在房寬下，涇國公子懋、金鄉侯子通俱未襲爵，而陳賢、張興、陳志、王友功與劉才等。於是封彬豐城侯，懋、通與賢等四人並封伯，祿皆千石。賢封榮昌伯。八年充神機將軍，從北征。十三年十一月卒。

子智，前立功爲常山右護衞指揮，嗣父爵。宣德中以參將佩征夷將軍印，鎭交阯。怯不任戰。又與都督方政相失。黎利勢盛，不能禦，敗績。奪爵，充爲事官。從王通立功。尋以棄地還，下獄，得釋。正統初，復爲指揮使。

張興，壽州人。起卒伍，爲燕山左護衞指揮僉事。從起兵，功多，累遷都指揮同知。從子勇有力敢戰，從興行陣爲肘腋。興嘗單騎追敵，被數十創，傷重不任戰。以勇嗣指揮使，代將其兵。再論功，興封安鄉伯。永樂五年正月卒。無子。

勇嗣。永樂八年從北征，失律，謫交阯。赦還復爵，卒。子安嗣。正統十三年鎭廣東。黃蕭養寇廣州，安帥舟師遇賊於戙船澳。安方醉臥，官軍不能支，退至沙角尾。賊薄之，軍

潰，安溺死。傳爵至光燦，死流寇。

陳志，巴人。洪武中，爲燕山中護衞指揮僉事。從起兵，累遷都指揮同知，封遂安伯。志素以恭謹受知，戮力戎行，始終不懈。永樂八年五月卒。

孫瑛嗣。歷從出塞，鎭永平、山海、薊州，城雲州、獨石。爽闓有將材，然貪殘，人多怨者。卒，子塤嗣。歿於土木，諡榮懷。弟韶嗣。卒，孫鏸嗣。總薊州兵。朶顏入寇，禦却之。嘉靖初，敍奉迎功，加太子太保，進少保，委寄亞武定侯郭勛。嗣伯六十餘年卒。又五傳而明亡。

王友，荊州人。襲父職爲燕山護衞百戶。從起兵，定京師，論功當侯，以驕縱授都指揮僉事。及丘福等議上，乃封清遠伯。明年充總兵官，帥舟師沿海捕倭。〔三〕倭數掠海上，友無功，帝切責之。已，大破倭。帝喜，降敕褒勞，尋召還。四年從征交阯，與指揮柳琮合

兵破籌江柵，困枚、普賴諸山，斬首三萬七千餘級。六年七月進侯，加祿五百石，與世券。明年再征交阯，爲副總兵。

八年還，從北征，督中軍。別與劉才築城飲馬河上。會知院失乃干欲降，帝令友將士卒先行，諭以遇敵相機勦滅。友等至，與敵相距一程，迂道避之應昌。軍中乏食，多死者。帝震怒，屢旨切責，奪其軍屬張輔。還令羣臣議罪，已而赦之。十二年坐妾告友夫婦誹謗。有驗，奪爵。未幾卒。仁宗卽位，官其子順爲指揮僉事。

贊曰：張武、陳珪諸人，或從起藩封，或率先歸附，皆偏裨列校，非有勇略智計稱大將材也。一旦遘風雲之會，剖符策功，號稱佐命，與太祖開國諸臣埒，酬庸之義不亦厚歟。

校勘記

〔一〕子瑜嗣　瑜，原作「愉」，據本書卷一〇六功臣世表、太宗實錄卷一二二永樂二十年二月乙巳條改。

〔二〕明年充總兵官帥舟師沿海捕倭　明年，明史考證攟逸卷七稱：「按友帥師巡海在永樂二年五

月，見本紀。此稱明年，蓋因友與陳賢同封，襲其傳元年四月之文也。但與賢相隔數篇，而此傳上文未標永樂年號，僅云明年，義究未協。」按據本卷陳賢傳，本傳上文「及丘福等議上」，「及」字上當脫「永樂元年」四字，因而「明年」之義不明。

清　張廷玉等撰

明史

第一四册

卷一四七至卷一六二（傳）

中華書局

二十四史
中華書局

明史卷一百四十七

列傳第三十五

解縉　黃淮　胡廣　金幼孜　胡儼

解縉，字大紳，吉水人。祖子元，爲元安福州判官。兵亂，守義死。父開，太祖嘗召見論元事，欲官之，辭去。

縉幼穎敏，洪武二十一年舉進士。授中書庶吉士。甚見愛重，常侍帝前。一日，帝在大庖西室，諭縉：「朕與爾義則君臣，恩猶父子，當知無不言。」縉卽日上封事萬言，略曰：

臣聞令數改則民疑，刑太繁則民玩。國初至今，將二十載，無幾時不變之法，無一日無過之人。嘗聞陛下震怒，鋤根翦蔓，誅其姦逆矣。未聞褒一大善，賞延於世，復及其鄉，終始如一者也。

臣見陛下好觀說苑、韻府雜書與所謂道德經、心經者，臣竊謂甚非所宜也。說苑

出於劉向，多戰國縱橫之論。韻府出元之陰氏，抄輯穢蕪，略無可採。陛下若喜其便於檢閱，則願集一二志士儒英，臣請得執筆隨其後，上泝唐、虞、夏、商、周、孔，下及關、閩、濂、洛，根實精明，隨事類別，勒成一經，上接經史，豈非太平制作之一端歟？又今六經殘缺。禮記出於漢儒，踳駁尤甚，宜及時删改。訪求審樂之儒，大備百王之典，作樂書一經以惠萬世。尊祀伏羲、神農、黃帝、堯、舜、禹、湯、文、武、皋陶、伊尹、太公、周公、稷、契、夷、益、傅說、箕子於太學。孔子則自天子達於庶人，通祀以爲先師，而以顏、曾、子思、孟子配。自閔子以下，各祭於其鄉。魯之闕里，仍建叔梁紇廟，贈以王爵，以顏路、曾皙、孔鯉配。一洗歷代之因仍，肇起天朝之文獻，豈不盛哉！

若夫祀天宜復掃地之規，尊祖宜備七廟之制。奉天不宜爲筵宴之所，文淵未備夫館閣之隆。太常非俗樂之可肄，官妓非人道之所爲。禁絕倡優，易置寺閹。執戟陛墀，皆爲吉士，虎賁趣馬，悉用俊良。除山澤之禁稅，蠲務鎭之征商。木輅朴居，而土木之工勿起。布墾荒田，而四裔之地勿貪。釋、老之壯者驅之，俾復於人倫。經咒之妄者火之，俾絕其欺誑。絕鬼巫，破淫祀，省冗官，減細縣，痛懲法外之威刑，永革京城之工役。流十年而聽復，杖八十以無加。婦女非帷薄不修，毋令逮繫。大臣有過惡當誅，不宜加辱。治曆明時，授民作事，但申播植之宜，何用建除之謬。所宜著者，日月

之行，星辰之次，仰觀俯察，事合逆順，七政之齊，正此類也。

近年以來，臺綱不肅，以刑名輕重爲能事，以問囚多寡爲勳勞，甚非所以勵清要、長風采也。御史糾彈，皆承密旨，每聞上有赦宥，則必故爲執持，意謂如此，則上恩愈重。此皆小人趨媚效勞之細術，陛下何不肝膽而鏡照之哉。

陛下進人不擇賢否，授職不量重輕。建不爲君用之法，所謂取之盡錙銖，置朋姦倚法之條，所謂用之如泥沙。監生進士，經明行修，而多屈於下僚。孝廉人材，冥蹈瞽趨，而或布於朝省。椎埋嚚悍之夫，闒茸下愚之輩，朝捐刀鑷，暮擁冠裳，左棄筐篋，右綰組符。是故賢者羞爲之等列，庸人悉習其風流。以貪婪苟免爲得計，以廉潔受刑爲飾辭。出於吏部者無賢否之分，入於刑部者無枉直之判。天下皆謂陛下任喜怒爲生殺，而不知皆臣下之乏忠良也。

古者善惡，鄉鄰必記。今雖有申明旌善之舉，而無黨庠鄉學之規，互知之法雖嚴，訓告之方未備。臣欲求古人治家之禮，睦鄰之法，若古藍田呂氏之鄉約，今義門鄭氏之家範，布之天下。世臣大族，率先以勸，旌之復之，爲民表帥，將見作新於變，至於比屋可封不難矣。

陛下天資至高，合於道微。神怪妄誕，臣知陛下洞矚之矣。然猶不免所謂神道設

教者，臣謂不必然也。一統之輿圖已定矣，一時之人心已服矣，一切之姦雄已慴矣。天無變災，民無患害，聖躬康寧，聖子聖孫繼繼繩繩，所謂得眞符者矣。何必興師以取寶爲名，諭衆以神仙爲徵應也哉。

臣觀地有盛衰，物有盈虛，而商稅之征，率皆定額。是使其或盈也，姦黠得以侵欺；其歉也，良善困於補納。夏稅一也，而茶椒有糧，菓絲有稅。旣稅於所產之地，又稅於所過之津，何其奪民之利至於如此之密也。且多貧下之家，不免拋荒之咎。今日之土地，無前日之生植，而今日之徵聚，有前日之稅糧。或賣產以供稅，產去而稅存；或賠辦以當役，役重而民困。土田之高下不均，起科之輕重無別，膏腴而稅反輕，瘠鹵而稅反重。欲拯困而革其弊，莫若行授田均田之法，兼行常平義倉之舉。積之以漸，至有九年之食無難者。

臣聞仲尼曰：「王公設險以守其國。」近世狃於晏安，墮名城，銷鋒鏑，禁兵諱武，以爲太平。一旦有不測之虞，連城望風而靡。及今宜敕有司整葺，寬之以歲月，守之以里胥，額設弓手，兼教民兵。開武舉以收天下之英雄，廣鄉校以延天下之俊乂。古時多有書院學田，貢士有莊，義田有族，皆宜興復而廣益之。

夫罪人不孥，罰弗及嗣。連坐起於秦法，孥戮本於僞書。今之爲善者妻子未必蒙

榮，有過者里胥必陷其罪。況律以人倫爲重，而有給配婦女之條，聽之於不義，則又何取夫節義哉。此風化之所由也。

孔子曰：「名不正則言不順。」尚書、侍郎，內侍也，而以加於六卿。郎中、員外，內職也，而以名於六屬。御史詞臣，所以居寵臺閣，郡守縣令，不應迴避鄉邦。同寅協恭，相倡以禮。而今內外百司搥楚屬官，甚於奴隸。是使柔懦之徒，蕩無廉恥，進退奔趨，肌膚不保，甚非所以長孝行、勵節義也。臣以爲自今非犯罪惡解官，笞杖之刑勿用，催科督厲，小有過差，蒲鞭示辱，亦足懲矣。

臣但知罄竭愚衷，急於陳獻，略無次序，惟陛下幸垂鑒焉。

書奏，帝稱其才。已，復獻太平十策，文多不錄。

縉嘗入兵部索皁隸，語嫚。尚書沈溍以聞。帝曰：「縉以冗散自恣耶。」命改爲御史。韓國公李善長得罪死，縉代郎中王國用草疏白其冤。又爲同官夏長文草疏，劾都御史袁泰。泰深銜之。時近臣父皆得入覲。縉父開至，帝謂曰：「大器晚成，若以而子歸，益令進學，後十年來，大用未晚也。」

歸八年，太祖崩，縉入臨京師。有司劾縉違詔旨，且母喪未葬，父年九十，不當舍以行。謫河州衞吏。時禮部侍郎董倫方爲惠帝所信任，縉因寓書於倫曰：「縉率易狂愚，無所避

忌，數上封事，所言分封勢重，萬一不幸，必有厲長、吳濞之虞。郇哈朮來歸，欽承顧問，謂宜待之有禮，稍忤機權，其徒必貳。此類非一，頗皆億中。又嘗爲王國用草諫書，言韓國事，爲詹徽所疾，欲中以危法。伏蒙聖恩，申之慰諭，重以錫賜，令以十年著述，冠帶來廷。元史舛誤，承命改修，及踵成宋書，刪定禮經，凡例皆已留中。奉親之暇，杜門纂述，漸有次第，洊將八載。賓天之訃忽聞，痛切欲絕。母喪在殯，未遑安厝，家有九十之親，倚門望思，皆不暇戀，冀一拜山陵，隕淚九土。何圖詿誤，蒙恩遠行。揚、粵之人，不耐寒暑，復多疾病，俯仰奔趨，伍於吏卒，誠不堪忍。晝夜涕泣，恒懼不測，負平生之心，抱萬古之痛。是以數鳴知感。冀還京師，得望天顏，或遂南還，父子相見，卽更生之日也。」倫乃薦縉，召爲翰林待詔。

成祖入京師，擢侍讀，命與黃淮、楊士奇、胡廣、金幼孜、楊榮、胡儼並直文淵閣，預機務。內閣預機務自此始。

尋進侍讀學士，奉命總裁太祖實錄及列女傳。書成，賜銀幣。永樂二年，皇太子立，進縉翰林學士兼右春坊大學士。帝嘗召縉等曰：「爾七人朝夕左右，朕嘉爾勤愼，時言之宮中。恒情，愼初易，保終難，願共勉焉。」因各賜五品服，命七人命婦朝皇后於柔儀殿，后勞賜備至。又以立春日賜縉等金綺衣，與尚書埒。縉等入謝，帝曰：「代言之司，機密所繫，

且旦夕侍朕，裨益不在尚書下也。」一日，帝御奉天門，諭六科諸臣直言，因顧縉等曰：「王、魏之風，世不多有。若使進言者無所懼，聽言者無所忤，天下何患不治，朕與爾等共勉之。」其年秋，胡儼出爲祭酒，縉等六人從容獻納。帝嘗虛己以聽。

縉少登朝，才高，任事直前，表裏洞達。引拔士類，有一善稱之不容口。然好臧否，無顧忌，廷臣多害其寵。又以定儲議，爲漢王高煦所忌，遂致敗。先是，儲位未定，淇國公丘福言漢王有功，宜立。帝密問縉。縉稱：「皇長子仁孝，天下歸心。」帝不應。縉又頓首曰：「好聖孫。」謂宣宗也。帝頷之。太子遂定。高煦由是深恨縉。會大發兵討安南，縉諫。不聽。卒平之，置郡縣。而太子既立，又時時失帝意。高煦寵益隆，禮秩踰嫡。縉又諫曰：「是啓爭也，不可。」帝怒，謂其離間骨肉，恩禮寖衰。四年賜黃淮等五人二品紗羅衣，而不及縉。久之，福等議稍稍傳達外廷，高煦遂譖縉洩禁中語。明年，縉坐廷試讀卷不公，謫廣西布政司參議。既行，禮部郎中李至剛言縉怨望，改交阯，命督餉化州。

永樂八年，縉奏事入京，值帝北征，縉謁皇太子而還。漢王言縉伺上出，私覲太子，徑歸，無人臣禮。帝震怒。縉時方偕檢討王偁道廣東，覽山川，上疏請鑿贛江通南北。奏至，逮縉下詔獄，拷掠備至。詞連大理丞湯宗，宗人府經歷高得暘，中允李貫，贊善王汝玉，編修朱紘，檢討蔣驥、潘畿，蕭引高及至剛，皆下獄。汝玉、貫、紘、引高、得暘皆瘐死。十三

年，錦衣衞帥紀綱上囚籍。帝見縉姓名曰：「縉猶在耶？」綱遂醉縉酒，埋積雪中，立死。年四十七。籍其家，妻子宗族徙遼東。

方縉居翰林時，內官張興恃寵笞人左順門外。縉叱之，興斂手退。帝嘗書廷臣名，命縉各疏其短長。縉言：「蹇義天資厚重，中無定見。夏原吉有德量，不遠小人。劉儁有才幹，不知顧義。鄭賜可謂君子，頗短於才。李至剛誕而附勢，雖才不端。黃福秉心易直，確有執守。陳瑛刻於用法，尚能持廉。宋禮戇直而苛，人怨不卹。陳洽疏通警敏，亦不失正。方賓簿書之才，駔儈之心。」帝以付太子，太子因問尹昌隆、王汝玉。縉對曰：「昌隆君子而量不弘。汝玉文翰不易得，惜有市心耳。」後仁宗卽位，出縉所疏示楊士奇曰：「人言縉狂，觀所論列，皆有定見，不狂也。」詔歸縉妻子宗族。

縉初與胡廣同侍成祖宴。帝曰：「爾二人生同里，長同學，仕同官。縉有子，廣可以女妻之。」廣頓首曰：「臣妻方娠，未卜男女。」帝笑曰：「定女矣。」已而果生女，遂約婚。縉敗，子禎亮徙遼東，廣欲離婚。女截耳誓曰：「薄命之婚，皇上主之，大人面承之，有死無二。」及赦還，卒歸禎亮。

正統元年八月詔還所籍家產。成化元年復縉官，贈朝議大夫。始縉言漢王及安南事得禍。後高煦以叛誅。安南數反，置吏未久，復棄去。悉如縉言。

中華書局

縉兄綸，洪武中，亦官御史，性剛直。後改應天教授。子禎期，以書名。

黃淮，字宗豫，永嘉人。父性，方國珍據溫州，遁跡避僞命。淮舉洪武末進士，授中書舍人。成祖卽位，召對稱旨，命與解縉常立御榻左，備顧問。或至夜分，帝就寢，猶賜坐榻前語，機密重務悉預聞。既而與縉等六人並直文淵閣，改翰林編修，進侍讀。議立太子，淮請立嫡以長。太子立，遷左庶子兼侍讀。永樂五年，解縉黜，淮進右春坊大學士。明年與胡廣、金幼孜、楊榮、楊士奇同輔導太孫。七年，帝北巡，命淮及蹇義、金忠、楊士奇輔皇太子監國。十一年再北巡，仍留守。明年，帝征瓦剌還，太子遣使迎稍緩，帝重入高煦譖，悉徵東宮官屬下詔獄，淮及楊溥、金問皆坐繫十年。

仁宗卽位，復官。尋擢爲通政使，兼武英殿大學士，與楊榮、金幼孜、楊士奇同掌內制。丁母憂，乞終制。不許。明年進少保、戶部尚書，兼大學士如故。仁宗崩，太子在南京。漢王久蓄異志，中外疑懼，淮憂危嘔血。宣德元年，帝親征樂安，命淮居守。明年以疾乞休，許之。父性年九十，奉養甚歡。及性卒，賜葬祭，淮詣闕謝。值燈時，賜遊西苑，詔乘肩輿登萬歲山。命主會試。比辭歸，餞之太液池，帝爲長歌送之，且曰：「朕生日，卿其復來。」明

年入賀。英宗立，再入朝。正統十四年六月卒。年八十三，諡文簡。

淮性明果，達於治體。永樂中，長沙妖人李法良反。仁宗方監國，命豐城侯李彬討之。漢王忌太子有功，詭言彬不可用。淮曰：「彬，老將，必能滅賊，願急遣。」彬卒擒法良。又時有告黨逆者。淮言於帝曰：「洪武末年已有赦禁，不宜復理。」吏部追論「靖難」兵起時，南人官北地不卽歸附者，當編戍。淮曰：「如是，恐示人不廣。」帝皆從之。阿魯台歸款，請得役屬吐蕃諸部。求朝廷刻金作誓詞，磨其金酒中，飲諸酋長以盟。衆議欲許之。淮曰：「彼勢分則易制，一則難圖矣。」帝顧左右曰：「黃淮論事，如立高岡，無遠不見。」西域僧大寶法王來朝，帝將刻玉印賜之，以璞示淮。淮曰：「朝廷賜諸番制敕，用『敕命』、『廣運』二寶。今此玉較大，非所以示遠人、尊朝廷。」帝嘉納。其獻替類如此。然量頗隘。同列有小過，輒以聞。或謂解縉之謫，淮有力焉。其見疏於宣宗也，亦謂楊榮言淮病瘵，能染人云。

胡廣，字光大，吉水人。父子祺，名壽昌，以字行。陳友諒陷吉安，太祖遣兵復之，將殺脅從者千餘人。子祺走謁帥，力言不可，得免。洪武三年以文學選爲御史，上書請都關中。帝稱善，遣太子巡視陝西，後以太子薨，不果。子祺出爲廣西按察僉事，改知彭州。所至平

冤獄，毀淫祀，修廢堰，民甚德之。遷延平知府，卒於任。廣，其次子也。建文二年廷試，時方討燕，廣對策有「親藩陸梁，人心搖動」語，帝親擢廣第一，賜名靖，授翰林修撰。

成祖卽位，廣偕解縉迎附，擢侍講，改侍讀，復名廣，遷右春坊右庶子。永樂五年進翰林學士，兼左春坊大學士。帝北征，與楊榮、金幼孜從。數召對帳殿，或至夜分。過山川阨塞，立馬議論，行或稍後，輒遣騎四出求索。嘗失道，脫衣乘騾馬渡河，水沒馬及腰以上，帝顧勞良苦。廣善書，每勒石，皆命書之。十二年再北征，皇長孫從，命廣與榮、幼孜軍中講經史。十四年進文淵閣大學士，兼職如故。帝徵烏思藏僧作法會，爲高帝、高后薦福，言見諸祥異。廣乃獻聖孝瑞應頌。帝綴爲佛曲，令宮中歌舞之。禮部郎中周訥請封禪。廣言其不可，遂不許。廣上却封禪頌，帝益親愛之。

廣性縝密。帝前所言及所治職務，出未嘗告人。時人以方漢胡廣。然頗能持大體。奔母喪還朝，帝問百姓安否。對曰：「安，但郡縣窮治建文時姦黨，株及支親，爲民厲。」帝納其言。十六年五月卒，年四十九。贈禮部尚書，諡文穆。文臣得諡，自廣始。喪還，過南京，太子爲致祭。明年官其子穜翰林檢討。仁宗立，加贈廣少師。

金幼孜，名善，以字行，新淦人。建文二年進士。授戶科給事中。成祖卽位，改翰林檢討，與解縉等同直文淵閣，遷侍講。時翰林坊局臣講書東宮，皆先具經義，閣臣閱正，呈帝覽，乃進講。解縉書，楊士奇易，胡廣詩，幼孜春秋，因進春秋要旨三卷。

永樂五年遷右諭德兼侍講，因諭吏部，直內閣諸臣胡廣、金幼孜等考滿，勿改他任。七年從幸北京。明年北征，幼孜與廣、榮扈行，駕駐清水源，有泉湧出。幼孜獻銘，榮獻詩，皆勞以上尊。帝重幼孜文學，所過山川要害，輒命記之。幼孜據鞍起草立就。使自瓦剌來，帝召幼孜等傍輿行，言敵中事，親倚甚。嘗與廣、榮及侍郎金純失道陷谷中。暮夜，幼孜墜馬，廣、純去不顧。榮爲結鞍行，行又輒墜，榮乘以己騎，明日始達行在所。是夜，帝遣使十餘輩迹榮、幼孜，不獲。比至，帝喜動顏色。自後北征皆從，所撰有北征前後二錄。十二年命與廣、榮等纂五經四書性理大全，遷翰林學士。十八年與榮並進文淵閣大學士。

二十二年從北征，中道兵疲，帝以問羣臣。莫敢對，惟幼孜言不宜深入，不聽。次開平，帝謂榮、幼孜曰：「朕夢神人語上帝好生者再，是何祥也？」榮、幼孜對曰：「陛下此舉，固在除暴安民。然火炎崑岡，玉石俱燬，惟陛下留意。」帝然之，卽命草詔，招諭諸部。還軍至榆木川，帝崩。祕不發喪。榮訃京師，幼孜護梓宮歸。

仁宗卽位，拜戶部右侍郎兼文淵閣大學士。尋加太子少保兼武英殿大學士。是年十

月命幼孜、榮、士奇會錄畢囚於承天門外。詔法司，錄重囚必會三學士，委寄益隆。帝御西角門閱廷臣制誥，顧三學士曰：「汝三人及蹇、夏二尚書，皆先帝舊臣，朕方倚以自輔。嘗見前代人主惡聞直言，雖素所親信，亦畏威順旨，緘默取容。賢良之臣，言不見聽，退而杜口。朕與卿等當深用爲戒。」因取五人誥詞，親增二語云：「勿謂崇高而難入，勿以有所從違而或怠。」幼孜等頓首稱謝。洪熙元年進禮部尚書兼大學士、學士如故，並給三俸。尋乞歸省母。明年，母卒。

宣宗立，詔起復，修兩朝實錄，充總裁官。三年持節寧夏，冊慶府郡王妃。所過詢兵民疾苦，還奏之，帝嘉納焉。從巡邊，度雞鳴山。帝曰：「唐太宗恃其英武征遼，嘗過此山。」幼孜對曰：「太宗尋悔此役，故建憫忠閣。」帝曰：「此山崩於元順帝時，爲元亡徵。」對曰：「順帝亡國之主，雖山不崩，國亦必亡。」宣德六年十二月卒。年六十四。贈少保，謚文靖。

幼孜簡易靜默，寬裕有容。眷遇雖隆，而自處益謙。名其宴居之室曰「退庵」。疾革時，家人囑請身後恩，不聽，曰：「此君子所恥也。」

胡儼，字若思，南昌人。少嗜學，於天文、地理、律曆、醫卜無不究覽。洪武中以舉人授

華亭教諭，能以師道自任。母憂，服除，改長垣，乞便地就養，復改餘干。學官許乞便地自儼始。

建文元年薦授桐城知縣。鑿桐陂水，溉田爲民利。縣有虎傷人。儼齋沐告於神，虎道去。桐人祀之朱邑祠。四年，副都御史練子寧薦於朝曰：「儼學足達天人，智足資帷幄。」比召至，燕師已渡江。

成祖卽位，曰：「儼知天文，其令欽天監試。」既試，奏儼實通象緯、氣候之學。尋又以解縉薦，授翰林檢討，與縉等俱直文淵閣，遷侍講，進左庶子。父喪，起復。儼在閣，承顧問，嘗不欲先人，然少戇。永樂二年九月拜國子監祭酒，遂不預機務。時用法嚴峻，國子生託事告歸者坐戍邊。儼至，卽奏除之。七年，帝幸北京，召儼赴行在。明年北征，命以祭酒兼侍講，掌翰林院事，輔皇太孫留守北京。十九年改北京國子監祭酒。

當是時，海內混一，垂五十年。帝方內興禮樂，外懷要荒，公卿大夫彬彬多文學之士。儼館閣宿儒，朝廷大著作多出其手，重修太祖實錄、永樂大典、天下圖誌皆充總裁官。居國學二十餘年，以身率教，動有師法。洪熙改元，以疾乞休，仁宗賜敕奬勞，進太子賓客，仍兼祭酒。致仕，復其子孫。

宣宗卽位，以禮部侍郎召，辭歸。家居二十年，方岳重臣咸待以師禮。儼與言，未嘗及私。自處淡泊，歲時衣食纔給。初爲湖廣考官，得楊溥文，大異之，題其上曰：「必能爲董子之正言，而不爲公孫之阿曲。」世以爲知人。正統八年八月卒，年八十三。

贊曰：明初罷丞相，分事權於六部。成祖始命儒臣直文淵閣，預機務。沿及仁、宣，而閣權日重，實行丞相事。解縉以下五人，則詞林之最初入閣者也。夫處禁密之地，必以公正自持，而尤貴於厚重不洩。縉少年高才，自負匡濟大略，太祖俾十年進學，愛之深矣。彼其動輒得謗，不克令終，夫豈盡嫉賢害能者力固使之然歟。黃淮功在輔導，胡廣、金幼孜勞著扈從，胡儼久於國學。觀諸臣從容密勿，隨事納忠，固非僅以文字翰墨爲勳績已也。

中華書局

明史卷一百四十八

列傳第三十六

楊士奇 楊榮 曾孫旦 楊溥 馬愉

楊士奇，名寓，以字行，泰和人。早孤，隨母適羅氏，已而復宗。貧甚。力學，授徒自給。多游湖、湘間，館江夏最久。建文初，集諸儒修太祖實錄，士奇已用薦徵授教授當行，王叔英復以史才薦。遂召入翰林，充編纂官。尋命吏部考第史館諸儒。尚書張紞得士奇策，曰：「此非經生言也。」奏第一。授吳王府審理副，仍供館職。成祖卽位，改編修。已，簡入內閣，典機務，數月進侍講。〔一〕

永樂二年選宮僚，以士奇爲左中允。五年進左諭德。士奇奉職甚謹，私居不言公事，雖至親厚不得聞。在帝前，舉止恭愼，善應對，言事輒中。人有小過，嘗爲掩覆之。廣東布政使徐奇載嶺南土物饋廷臣，或得其目籍以進。帝閱無士奇名，召問。對曰：「奇赴廣時，

羣臣作詩文贈行，臣適病弗預，以故獨不及。今受否未可知，且物微，當無他意。」帝遽命燬籍。

六年，帝北巡，命與蹇義、黃淮留輔太子。太子喜文辭，贊善王汝玉以詩法進。士奇曰：「殿下當留意六經，暇則觀兩漢詔令。詩小技，不足爲也。」太子稱善。

初，帝起兵時，漢王數力戰有功。帝許以事成立爲太子。既而不得立，怨望。帝又憐趙王年少，寵異之。由是兩王合而間太子，帝頗心動。九年還南京，召士奇問監國狀。士奇以孝敬對，且曰：「殿下天資高，卽有過必知，知必改，存心愛人，決不負陛下託。」帝悅。十一年正旦，日食。禮部尚書呂震請勿罷朝賀。侍郎儀智持不可。士奇亦引宋仁宗事力言之。遂罷賀。明年，帝北征。士奇仍輔太子居守。漢王譖太子益急。帝還，以迎駕緩，盡徵東宮官黃淮等下獄。士奇後至，宥之。召問太子事。士奇頓首言：「太子孝敬如初。凡所稽遲，皆臣等罪。」帝意解。行在諸臣交章劾士奇不當獨宥，遂下錦衣衞獄，尋釋之。

十四年，帝還京師，微聞漢王奪嫡謀及諸不軌狀，以問蹇義。義不對，乃問士奇。對曰：「臣與義俱侍東宮，外人無敢爲臣兩人言漢王事者。然漢王兩遣就藩，皆不肯行。今知陛下將徙都，輒請留守南京。惟陛下熟察其意。」帝默然，起還宮。居數日，帝盡得漢王事，削兩護衞，處之樂安。明年進士奇翰林學士，兼故官。十九年改左春坊大學士，仍兼學士。

明年復坐輔導有闕，下錦衣衞獄，旬日而釋。

仁宗卽位，擢禮部侍郎兼華蓋殿大學士。帝御便殿，蹇義、夏原吉奏事未退。帝望見士奇，謂二人曰：「新華蓋學士來，必有讜言，試共聽之。」士奇入言：「恩詔減歲供甫下二日，惜薪司傳旨徵棗八十萬斤，與前詔戾。」帝立命減其半。服制二十七日期滿，呂震請卽吉。士奇不可。震厲聲叱之。蹇義兼取二說進。明日，帝素冠麻衣絰而視朝。廷臣惟士奇及英國公張輔服如之。朝罷，帝謂左右曰：「梓宮在殯，易服豈臣子所忍言，士奇執是也。」進少保，與同官楊榮、金幼孜並賜「繩愆糾繆」銀章，得密封言事。尋進少傅。

時藩司守令來朝，尚書李慶建議發軍伍餘馬給有司，歲課其駒。士奇曰：「朝廷選賢授官，乃使牧馬，是貴畜而賤士也，何以示天下後世。」帝許中旨罷之，已而寂然。士奇復力言。又不報。有頃，帝御思善門，召士奇謂曰：「朕向者豈眞忘之。聞呂震、李慶輩皆不喜卿，朕念卿孤立，恐爲所傷，不欲因卿言罷耳，今有辭矣。」手出陝西按察使陳智言養馬不便疏，使草敕行之。士奇頓首謝。羣臣習朝正旦儀，呂震請用樂，士奇與黃淮疏止。未報。士奇復奏，待庭中至夜漏十刻。報可。越日，帝召謂曰：「震每事誤朕，非卿等言，悔無及。」命兼兵部尚書，並食三祿。士奇辭尚書祿。

帝監國時，憾御史舒仲成，至是欲罪之。士奇曰：「陛下卽位，詔向忤旨者皆得宥。若

治仲成，則詔書不信，懼者衆矣。如漢景帝之待衞綰，不亦可乎？」帝卽罷弗治。或有言大理卿虞謙言事不密。帝怒，降一官。士奇爲白其罔，得復秩。又大理少卿弋謙以言事得罪。士奇曰：「謙應詔陳言。若加之罪，則羣臣自此結舌矣。」帝立進謙副都御史，而下敕引過。

時有上書頌太平者，帝以示諸大臣，皆以爲然。士奇獨曰：「陛下雖澤被天下，然流徙尚未歸，瘡痍尚未復，民尚艱食。更休息數年，庶幾太平可期。」帝曰：「然。」因顧蹇義等曰：「朕待卿等以至誠，望匡弼。惟士奇曾五上章，卿等皆無一言。豈果朝無闕政，天下太平耶？」諸臣慚謝。是年四月，帝賜士奇璽書曰：「往者朕膺監國之命，卿侍左右，同心合德，徇國忘身，屢歷艱虞，曾不易志。及朕嗣位以來，嘉謨入告，期予於治，正固不二，〔二〕簡在朕心。茲創制『楊貞一印』賜卿，尙克交修，以成明良之譽。」尋修太宗實錄，與黃淮、金幼孜、楊溥俱充總裁官。未幾，帝不豫，召士奇與蹇義、黃淮、楊榮至思善門，命士奇書敕召太子於南京。

宣宗卽位，修仁宗實錄，仍充總裁。宣德元年，漢王高煦反。帝親征，平之。師還，次獻縣之單家橋，侍郎陳山迎謁，言漢、趙二王實同心，請乘勢襲彰德執趙王。榮力贊決。士奇曰：「事當有實，天地鬼神可欺乎？」榮厲聲曰：「汝欲撓大計耶！今逆黨言趙實與謀，何謂無辭？」士奇曰：「太宗皇帝三子，今上惟兩叔父。有罪者不可赦，其無罪者宜厚待之，疑則防

之，使無虞而已。何遽加兵，傷皇祖在天意乎？」時惟楊溥與士奇合。將入諫，榮先入，士奇繼之，閽者不納。尋召義、原吉入。二人以士奇言白帝。帝初無罪趙意，移兵事得寢。比還京，帝思士奇言，謂曰：「今議者多言趙王事，奈何？」士奇曰：「趙最親，陛下當保全之，毋惑羣言。」帝曰：「吾欲封羣臣章示王，令自處何如？」士奇曰：「善，更得一璽書幸甚。」於是發使奉書至趙。趙王得書大喜。泣曰：「吾生矣。」卽上表謝，且獻護衞，言者始息。帝待趙王日益親而薄陳山。謂士奇曰：「趙王所以全，卿力也。」賜金幣。

時交阯數叛。屢發大軍征討，皆敗沒。交阯黎利遣人僞請立陳氏後。帝亦厭兵，欲許之。英國公張輔、尙書蹇義以下，皆言與之無名，徒示弱天下。帝召士奇、榮謀。二人力言：「陛下卹民命以綏荒服，不爲無名。漢棄珠厓，前史以爲美談，不爲示弱。許之便。」尋命擇使交阯者。蹇義薦伏伯安口辯。士奇曰：「言不忠信，雖蠻貊之邦不可行。伯安小人，往且辱國。」帝是之，別遣使。於是棄交阯，罷兵，歲省軍興鉅萬。

五年春，帝奉皇太后謁陵，召英國公張輔、尙書蹇義及士奇、榮、幼孜、溥，朝太后於行殿。太后慰勞之。帝又語士奇曰：「太后爲朕言，先帝在青宮，惟卿不憚觸忤，先帝能從，以不敗事。又誨朕當受直言。」士奇對曰：「此皇太后盛德之言，願陛下念之。」尋敕鴻臚寺，士奇老有疾，趨朝或後，毋論奏。帝嘗微行，夜幸士奇宅。士奇倉皇出迎，頓首曰：「陛下奈何

以社稷宗廟之身自輕？」帝曰：「朕欲與卿一言，故來耳。」後數日，獲二盜，有異謀。帝召士奇，告之故。且曰：「今而後知卿之愛朕也。」

帝以四方屢水旱，召士奇議下詔寬恤，免災傷租稅及官馬虧額者。士奇因請並蠲逋賦薪芻錢，減官田額，理冤滯，汰工役，以廣德意。民大悅。踰二年，帝謂士奇曰：「恤民詔下已久，今更有可恤者乎？」士奇曰：「前詔減官田租，戶部徵如故。」帝怫然曰：「今首行之，廢格者論如法。」士奇復請撫逃民，察墨吏，舉文學武勇之士，令極刑家子孫皆得仕進。又請廷臣三品以上及二司官，各舉所知，備方面郡守選。皆報可。當是時，帝勵精圖治，士奇等同心輔佐，海內號爲治平。帝乃倣古君臣豫遊事，每歲首，賜百官旬休。車駕亦時幸西苑萬歲山，諸學士皆從，賦詩賡和，從容問民間疾苦。有所論奏，帝皆虛懷聽納。

帝之初卽位也，內閣臣七人。陳山、張瑛以東宮舊恩入，不稱，出爲他官。黃淮以疾致仕。金幼孜卒。閣中惟士奇、榮、溥三人。榮疏闊果毅，遇事敢爲。數從成祖北征，能知邊將賢否，阨塞險易遠近，敵情順逆。然頗通饋遺，邊將歲時致良馬。帝頗知之，以問士奇。士奇力言：「榮曉暢邊務，臣等不及，不宜以小眚介意。」帝笑曰：「榮嘗短卿及原吉，卿乃爲之地耶？」士奇曰：「願陛下以曲容臣者容榮。」帝意乃解。其後，語稍稍聞，榮以此愧士奇，相得甚歡。帝亦益親厚之，先後所賜珍果牢醴金綺衣幣書器無算。

宣宗崩，英宗卽位，方九齡，軍國大政關白太皇太后。太后推心任士奇、榮、溥三人，有事遣中使詣閣諮議，然後裁決。三人者亦自信，侃侃行意。士奇首請練士卒，嚴邊防，設南京參贊機務大臣，分遣文武鎭撫江西、湖廣、河南、山東，罷偵事校尉。又請以次蠲租稅，愼刑獄，嚴覈百司。皆允行。正統之初，朝政清明，士奇等之力也。三年，宣宗實錄成，進少師。四年乞致仕。不允。敕歸省墓。未幾，還。

是時中官王振有寵於帝，漸預外庭事，導帝以嚴御下，大臣往往下獄。靖江王佐敬私饋榮金。榮先省墓，歸不之知。振欲借以傾榮，士奇力解之，得已。榮尋卒，士奇、溥益孤。其明年遂大興師征麓川，帑藏耗費，士馬物故者數萬。又明年，太皇太后崩，振勢益盛，大作威福，百官小有牴牾，輒執而繫之。廷臣人人惴恐，士奇亦弗能制也。

士奇旣耄，子稷傲很，嘗侵暴殺人。言官交章劾稷。朝議不卽加法，封其狀示士奇。復有人發稷橫虐數十事，遂下之理。天子恐傷士奇意，降詔慰勉。士奇感泣，憂不能起。九年三月卒，年八十。贈太師，諡文貞。有司乃論殺稷。

初，正統初，士奇言瓦剌漸强，將爲邊患，而邊軍缺馬，恐不能禦。請於附近太僕寺關領，西番貢馬亦悉給之。士奇歿未幾，也先果入寇，有土木之難，識者思其言。又雅善知人，好推轂寒士，所薦達有初未識面者。而于謙、周忱、況鍾之屬，皆用士奇薦，居官至一二

十年，廉能冠天下，爲世名臣云。

次子穟，以廕補尙寶丞。成化中，進太常少卿，掌司事。

楊榮，字勉仁，建安人，初名子榮。建文二年進士。授編修。成祖初入京，榮迎謁馬首曰：「殿下先謁陵乎，先卽位乎？」成祖遽趣駕謁陵。自是遂受知。旣卽位，簡入文淵閣，爲更名榮。同值七人，榮最少，警敏。一日晚，寧夏報被圍。召七人，皆已出，獨榮在，帝示以奏。榮曰：「寧夏城堅，人皆習戰，奏上已十餘日，圍解矣。」夜半，果奏圍解。帝謂榮曰：「何料之審也。」江西盜起，遣使撫諭，而令都督韓觀將兵繼其後。賊就撫奏至，帝欲賜敕勞觀。榮曰：「計發奏時，觀尙未至，不得論功。」帝益重之，再遷至侍講。太子立，進右諭德，仍兼前職，與在直諸臣同賜二品服。評議諸司事宜，稱旨，復賜衣幣。帝威嚴，與諸大臣議事未決，或至發怒。榮至，輒爲霽顏，事亦遂決。

五年命往甘肅經畫軍務，所過覽山川形勢，察軍民，閱城堡。還奏武英殿。帝大悅。值盛暑，親剖瓜啖之。尋進右庶子，兼職如故。明年以父喪給傳歸。旣葬，起復視事。又明年，母喪乞歸。帝以北行期迫不許，命同胡廣、金幼孜扈從。甘肅總兵官何福言脫脫不

中華書局

花等請降，需命於亦集乃。命榮往甘肅偕福受降，持節卽軍中封福寧遠侯。因至寧夏，與寧陽侯陳懋規畫邊務。還陳便宜十事。帝嘉納之。

八年從出塞，次臚朐河。選勇士三百人爲衞，不以隸諸將，令榮領之。師旋，餉不繼。榮請盡以供御之餘給軍，而令軍中有餘者得相貸，入塞，官爲倍償。軍賴以濟。明年乞奔喪，命中官護行。還詢閩中民情及歲豐歉。榮具以對。尋命侍諸皇孫讀書文華殿。

十年，甘肅守臣宋琥言，叛寇老的罕逃赤斤蒙古，且爲邊患。乃復遣榮至陝西，會豐城侯李彬議進兵方略。榮還奏言，隆冬非用兵時，且有罪不過數人，兵未可出。帝從其言，叛者亦降。明年復與廣、幼孜從北巡。又明年征瓦剌，太孫侍行。帝命榮以間陳說經史，兼領尚寶事。凡宣詔出令，及旗志符驗，必得榮奏乃發。帝嘗晚坐行幄，召榮計兵食。榮對曰：「擇將屯田，訓練有方，耕耨有時，卽兵食足矣。」十四年與金幼孜俱進翰林學士，仍兼庶子，從還京師。明年復從北征。

十六年，胡廣卒，命榮掌翰林院事，益見親任。諸大臣多忌榮，欲疏之，共舉爲祭酒。帝曰：「吾固知其可，第求代榮者。」諸大臣乃不敢言。十八年進文淵閣大學士，兼學士如故。明年定都北京。會三殿災，榮麾衞士出圖籍制誥，舁東華門外。帝褒之。榮與幼孜陳便宜十事。報可。

二十年復從出塞，軍事悉令參決，賚予優渥。師還，勞將士，分四等賜宴，榮、幼孜皆列前席，受上賞。已，復下詔征阿魯台。或請調建文時江西所集民兵。帝問榮。榮曰：「陛下許民復業且二十年，一旦復徵之，非示天下信。」從之。明年從出塞，軍務悉委榮，晝夜見無時。帝時稱楊學士，不名也。又明年復從北征。當是時，帝凡五出塞，士卒饑凍，餽運不繼，死亡十二三。大軍抵答蘭納木兒河，不見敵。帝問羣臣當復進否。羣臣唯唯，惟榮、幼孜從容言宜班師。帝許之。

還次楡木川，帝崩。中官馬雲等莫知所措，密與榮、幼孜入御幄議。二人議，六師在外，去京師尚遠，祕不發喪，以禮斂，鎔錫爲椑，載輿中。所至朝夕進膳如常儀，益嚴軍令，人莫測。或請因他事爲敕，馳報皇太子。二人曰：「誰敢爾！先帝在則稱敕，賓天而稱敕，詐也，罪不小。」衆曰：「然。」乃具大行月日及遺命傳位意，啓太子。榮與少監海壽先馳訃。既至，太子命與蹇義、楊士奇議諸所宜行者。

仁宗卽位，進太常卿，餘官如故。尋進太子少傅、謹身殿大學士。既而有言榮當大行時，所行喪禮及處分軍事狀。帝賜敕褒勞，賚予甚厚，進工部尚書，食三祿。時士奇、淮皆辭尚書祿，榮、幼孜亦固辭。不允。

宣德元年，漢王高煦反。帝召榮等定計。榮首請帝親征，曰：「彼謂陛下新立，必不自行。今出不意，以天威臨之，事無不濟。」帝從其計。至樂安，高煦出降。師還，以決策功，受上賞，賜銀章五，褒予甚至。

三年從帝巡邊，至遵化。聞兀良哈將寇邊，帝留扈行諸文臣於大營，獨命榮從。自將輕騎出喜峰口，破敵而還。五年進少傅，辭大學士祿。九年復從巡邊，至洗馬林而還。

英宗卽位，委寄如故。正統三年，與士奇俱進少師。五年乞歸展墓，命中官護行。還至武林驛而卒，年七十。贈太師，謚文敏，授世襲都指揮使。

榮歷事四朝，謀而能斷。永樂末，浙、閩山賊起，議發兵。帝時在塞外，奏至，以示榮。榮曰：「愚民苦有司，不得已相聚自保。兵出，將益聚不可解。遣使招撫，當不煩兵。」從之，盜果息。安南之棄，諸大臣多謂不可，獨榮與士奇力言不宜以荒服疲中國。其老成持重類如此。論事激發，不能容人過。然遇人觸帝怒致不測，往往以微言導帝意，輒得解。夏原吉、李時勉之不死，都御史劉觀之免戍邊，皆賴其力。嘗語人曰：「事君有體，進諫有方，以悻直取禍，吾不爲也。」故其恩遇亦始終無間。重修太祖實錄及太宗、仁、宣三朝實錄，皆爲總裁官。先後賜賚，不可勝計。性喜賓客，雖貴盛無稍崖岸，士多歸心焉。或謂榮處國家大事，不愧唐姚崇，而不拘小節，亦頗類之。

家富，曾孫曄爲建寧指揮，〔三〕以貲敗。詳宦官傳。

曄從弟旦，字晉叔，弘治中進士。歷官太常卿。以忤劉瑾，左遷知溫州府，治最，稍遷浙江提學副使。瑾誅，累擢至戶部侍郎，督京、通倉，出理餉甘肅。還，進右都御史，總督兩廣軍務，討平番禺、清遠、河源諸猺。嘉靖初，遷至南京吏部尚書。張璁、桂萼驟進，旦率九卿極言不可。會吏部尚書喬宇罷，召旦代之，未至，爲給事中陳洸所劾，勒致仕。年七十餘卒。

楊溥，字弘濟，石首人。與楊榮同舉進士。授編修。永樂初，侍皇太子爲洗馬。太子嘗讀漢書，稱張釋之賢。溥曰：「釋之誠賢，非文帝寬仁，未得行其志也。」採文帝事編類以獻。太子大悅。久之，以喪歸。時太子監國，命起視事。十二年，東宮遣使迎帝遲，帝怒。黃淮逮至北京繫獄。及金問至，帝益怒曰：「問何人，得侍太子！」下法司鞫，連溥，逮繫錦衣衞獄。家人供食數絕。而帝意不可測，旦夕且死。溥益奮，讀書不輟。繫十年，讀經史諸子數周。

仁宗卽位，釋出獄，擢翰林學士。嘗密疏言事。帝褒答之，賜鈔幣。已，念溥由己故久

中華書局

困，尤憐之。明年建弘文閣於思善門左，選諸臣有學行者侍值。士奇薦侍講王進、儒士陳繼，蹇義薦學錄楊敬、訓導何澄。詔官繼博士，敬編修，澄給事中，日值閣中。命溥掌閣事，親授閣印，曰：「朕用卿左右，非止學問。欲廣知民事，爲治道輔。有所建白，封識以進。」尋進太常卿，兼職如故。

宣宗卽位，弘文閣罷，召溥入內閣，與楊士奇等共典機務。居四年，以母喪去，起復。九年遷禮部尚書，學士值內閣如故。

英宗初立，與士奇、榮請開經筵，豫擇講官，必得學識平正、言行端謹、老成達大體者數人供職。且請愼選宮中朝夕侍從內臣。太后大喜。一日，太后坐便殿，帝西向立，召英國公張輔及士奇、榮、溥、尚書胡濙入，諭曰：「卿等老臣，嗣君幼，幸同心共安社稷。」又召溥前曰：「仁宗皇帝念卿忠，屢加歎息，不意今尚見卿。」溥感泣，太后亦泣，左右皆悲愴。始仁宗爲太子，被讒，宮僚多死詔獄，溥及黃淮一繫十年，瀕死者數矣。仁宗時時於宮中念諸臣，太后亦久憐之，故爲溥言之如此。太后復顧帝曰：「此五臣，三朝簡任，俾輔後人。皇帝萬幾，宜與五臣共計。」正統三年，宣宗實錄成，進少保、武英殿大學士。溥後士奇、榮二十餘年入閣，至是乃與士奇、榮並。六年歸省墓，尋還。

是時，王振尙未橫，天下清平，朝無失政，中外臣民翕然稱「三楊」。以居第目士奇曰西

楊，榮曰東楊，而溥嘗自署郡望曰南郡，因號爲南楊。溥質直廉靜，無城府。性恭謹，每入朝，循牆而走。諸大臣論事爭可否，或至違言。溥平心處之，諸大臣皆歎服。時謂士奇有學行，榮有才識，溥有雅操，皆人所不及云。比榮、士奇相繼卒，在閣者馬愉、高穀、曹鼐皆後進望輕。溥孤立，王振益用事。十一年七月，溥卒，年七十五。贈太師，謚文定。官其孫壽尙寶司丞。後三年，振遂導英宗北征，陷土木，幾至大亂。時人追思此三人者在，當不至此。而後起者爭暴其短，以爲依違中旨，釀成賊奄之禍，亦過刻之端也。

馬愉，字性和，臨朐人。宣德二年進士第一。授翰林修撰。九年秋特簡史官及庶吉士三十七人進學文淵閣，以愉爲首。正統元年充經筵講官，再遷至侍讀學士。時王振用事，一日，語楊士奇、榮曰：「朝廷事久勞公等，公等皆高年，倦矣。」士奇曰：「老臣盡瘁報國，死而後已。」榮曰：「吾輩衰殘，無以效力，當擇後生可任者，報聖恩耳。」振喜而退。士奇咎榮失言。榮曰：「彼厭吾輩矣。一旦內中出片紙令某人入閣，且奈何？及此時進一二賢者，同心協力，尙可爲也。」士奇以爲然。翼日，遂列侍讀學士苗衷、侍講曹鼐及愉名以進。由是愉被擢用。五年詔以本官入內閣，參預機務。尋進禮部右侍郎。十二年卒。贈尙書兼學士。贈官兼職，自愉始。

愉端重簡默，門無私謁。論事務寬厚。嘗奏天下獄久者多瘐死，宜簡使者分道決遣。帝納焉。邊警，方命將，而別部使至，衆議執之。愉言：「賞善罰惡，爲治之本。波及於善，非法。乘人之來執之，不武。」帝然之，厚遣其使。

贊曰：成祖時，士奇、榮與解縉等同直內閣，溥亦同爲仁宗宮僚，而三人逮事四朝，爲時耆碩。溥入閣雖後，德望相亞，是以明稱賢相，必首三楊。均能原本儒術，通達事幾，協力相資，靖共匪懈。史稱房、杜持衆美效之君，輔贊彌縫而藏諸用。又稱姚崇善應變，以成天下之務；宋璟善守文，以持天下之正。三楊其庶幾乎。

校勘記

〔一〕數月進侍講　侍講，原作「侍讀」，據本書卷一〇九宰輔年表、明史稿傳三三楊士奇傳、英宗實錄卷一一四正統九年三月甲子條改。

〔二〕正固不二　正固，當作「貞固」，明史考證擴逸卷七：「『正』，改貞。」按易乾文言：「貞固足以幹事。」又本傳下文「楊貞一印」，作「貞一」，與「貞固不二」相應。

〔三〕曾孫曄爲建寧指揮　曄，原作「業」，本書卷三〇四汪直傳、明史稿傳三三楊榮傳、憲宗實錄卷一六二成化十三年二月丁丑條均作「楊曄」，據改。建寧指揮，原作「建安指揮」，本書卷三〇四汪直傳、憲宗實錄卷一六二成化十三年二月丁丑條均作「建寧指揮」。按本書兵志建安未置衞，作「建寧」是，據改。

明史卷一百四十九

列傳第三十七

蹇義　夏原吉 俞士吉　李文郁　鄒師顏

蹇義，字宜之，巴人，初名瑢。洪武十八年進士。授中書舍人，奏事稱旨。帝問：「汝蹇叔後乎？」瑢頓首不敢對。帝嘉其誠篤，爲更名義，手書賜之。滿三載當遷，特命滿九載，曰：「朕且用義。」由是朝夕侍左右，小心敬慎，未嘗忤色。惠帝既卽位，推太祖意，超擢吏部右侍郎。是時齊泰、黃子澄當國，外興大師，內改制度，義無所建明。國子博士王紳遺書責之，義不能答。

燕師入，迎附，遷左侍郎。數月，進尚書。時方務反建文之政，所更易者悉罷之。義從容言曰：「損益貴適時宜。前改者固不當，今必欲盡復者，亦未悉當也。」因舉數事陳說本末。帝稱善，從其言。

永樂二年兼太子詹事。帝有所傳諭太子，輒遣義，能委曲導意。帝與太子俱愛重之。七年，帝巡北京，命輔皇太子監國。義熟典故，達治體，軍國事皆倚辦。時舊臣見親用者，戶部尚書夏原吉與義齊名，中外稱曰「蹇、夏」。滿三考，帝親宴二人便殿，褒揚甚至。數奉命兼理他部事，職務填委，處之裕如。十七年以父喪歸，帝及太子皆遣官賜祭。詔起復。十九年，三殿災，敕廷臣二十六人巡行天下。義及給事中馬俊分巡應天諸府，問軍民疾苦，黜文武長吏擾民者數人，條興革數十事奏行之。還治部事。明年，帝北征還，以太子曲宥呂震壻主事張鶴朝參失儀，〔一〕罪義不匡正，逮義繫錦衣衞獄。又明年春得釋。

仁宗卽位，義、原吉皆以元老爲中外所信。帝又念義監國時舊勞，尤厚倚之。首進義少保，賜冠服、象笏、玉帶，兼食二祿。歷進少師，賜銀章一，文曰「繩愆糾繆」。已，復賜璽書曰：「曩朕監國，卿以先朝舊臣，日侍左右。兩京肇建，政務方殷，卿勞心焦思，不恤身家，二十餘年，夷險一節。朕承大統，贊襄治理，不懈益恭。朕篤念不忘，茲以己意，創製『蹇忠貞印』賜卿，俾藏於家，傳之後世，知朕君臣共濟艱難，相與有成也。」時惟楊士奇亦得賜「貞一」印及敕。尋命與英國公輔及原吉同監修太宗實錄。義視原吉尤重厚，然過於周慎。士奇嘗於帝前謂義曰：「何過慮？」義曰：「恐鹵莽爲後憂耳。」帝兩是之。楊榮嘗毀義。帝不直榮。義頓首言：「榮無他。卽左右有讒榮者，願陛下愼察。」帝笑曰：「吾固弗信也。」

宣宗卽位，委寄益重。時方修獻陵，帝欲遵遺詔從儉約，以問義、原吉。二人力贊曰：「聖見高遠，出於至孝，萬世之利也。」帝親爲規畫，三月而陵成，宏麗不及長陵，其後諸帝因以爲制。迨世宗營永陵，始益崇侈云。

帝征樂安，義、原吉及諸學士皆從，預軍中機務，賜鞍馬甲冑弓劍。及還，賚予甚厚。三年從巡邊還。帝以義、原吉、士奇、榮四人者皆已老，賜璽書曰：「卿等皆祖宗遺老，畀輔朕躬。今黃髮危齒，不宜復典冗劇，傷朝廷優老待賢之禮。可輟所務，朝夕在朕左右討論至理，共寧邦家。官祿悉如舊。」明年，郭璡代爲尚書。尋以胡濙言，命義等四人議天下官吏軍民建言章奏。復賜義銀章，文曰「忠厚寬宏」。七年詔有司爲義營新第於文明門內。

英宗卽位，齋宿得疾。遣醫往視，問所欲言。對曰：「陛下初嗣大寶，望敬守祖宗成憲，始終不渝耳。」遂卒，年七十三。贈太師，謚忠定。

義爲人質直孝友，善處僚友間，未嘗一語傷物。士奇嘗言：「張詠之不飾玩好，傅堯俞之遇人以誠，范景仁之不設城府，義兼有之。」

子英，有詩名，以廕爲尚寶司丞，歷官太常少卿。

夏原吉，字維喆，其先德興人。父時敏，官湘陰敎諭，遂家焉。原吉早孤，力學養母。以鄉薦入太學，選入禁中書制誥。諸生或喧笑，原吉危坐儼然。太祖詗而異之。擢戶部主事。曹務叢脞，處之悉有條理，尚書郁新甚重之。有劉郎中者，忌其能。會新劾諸司怠事者。帝欲宥之，新持不可。帝怒，問：「誰敎若？」新頓首曰：「堂後書算生。」帝乃下書算生於獄。劉郎中遂言：「敎尚書者，原吉也。」帝曰：「原吉能佐尚書理部事，汝欲陷之耶！」劉郎中與書算生皆棄市。建文初，擢戶部右侍郎。明年充採訪使。巡福建，所過郡邑，核吏治，咨民隱。人皆悅服。久之，移駐蘄州。

成祖卽位，或執原吉以獻。帝釋之，轉左侍郎。或言原吉建文時用事，〔二〕不可信。帝不聽，與蹇義同進尚書。偕義等詳定賦役諸制。建白三十餘事，皆簡便易遵守。曰：「行之而難繼者，且重困民，吾不忍也。」

浙西大水，有司治不效。永樂元年命原吉治之。尋命侍郎李文郁爲之副，復使僉都御史俞士吉齎水利書賜之。原吉請循禹三江入海故蹟，濬吳淞下流，上接太湖，而度地爲閘，以時蓄洩。從之。役十餘萬人。原吉布衣徒步，日夜經畫，盛暑不張蓋，曰：「民勞，吾何忍獨適。」事竣，還京師，言水雖由故道入海，而支流未盡疏洩，非經久計。明年正月，原吉復行，浚白茆塘、劉家河、大黃浦。大理少卿袁復爲之副。已，復命陝西參政宋性佐之。九

中華書局

月工畢，水洩，蘇、松農田大利。三年還。其夏，浙西大饑，命原吉率兪士吉、袁復及左通政趙居任往振，發粟三十萬石，給牛種。有請召民佃水退淤田益賦者，原吉馳疏止之。姚廣孝還自浙西，稱原吉曰：「古之遺愛也。」

亡何，郁新卒，召還，理部事。首請裁冗食，平賦役，嚴鹽法、錢鈔之禁，清倉場，廣屯種，以給邊蘇民，且便商賈。皆報可。凡中外戶口、府庫、田賦贏縮之數，各以小簡書置懷中，時檢閱之。一日，帝問天下錢穀幾何，對甚悉，以是益重之。當是時，兵革初定，論「靖難」功臣封賞，分封諸藩，增設武衞百司。已，又發卒八十萬問罪安南，中官造巨艦通海外諸國，大起北都宮闕，供億轉輸以鉅萬計，皆取給戶曹。原吉悉心計應之，國用不絀。

六年命督軍民輸材北都，詔以錦衣官校從，治怠事者。原吉慮犯者衆，告戒而後行，人皆感悅。

七年，帝北巡，命兼攝行在禮部、兵部、都察院事。有二指揮冒月廩，帝欲斬之。原吉曰：「非律也，假實爲盜，將何以加？」乃止。

八年，帝北征，輔太孫留守北京，總行在九卿事。時諸司草創，每旦，原吉入佐太孫參決庶務。朝退，諸曹郎御史環請事。原吉口答手書，不動聲色。北達行在，南啓監國，京師肅然。帝還，賜鈔幣、鞍馬、牢醴，慰勞有加。尋從還南京，命侍太孫周行鄉落，觀民間疾苦。原吉取齏黍以進，曰：「願殿下食此，知民艱。」九載滿，與蹇義皆宴便殿，帝指二人謂羣

臣曰：「高皇帝養賢以貽朕。欲觀古名臣，此其人矣。」自是屢侍太孫，往來兩京，在道隨事納忠，多所裨益。

十八年，北京宮室成，使原吉南召太子、太孫。旣還，原吉言：「連歲營建，今告成。宜撫流亡，蠲逋負以寬民力。」明年，三殿災，原吉復申前請。亟命所司行之。初以殿災詔求直言，羣臣多言都北京非便。帝怒，殺主事蕭儀，曰：「方遷都時，與大臣密議，久而後定，非輕舉也。」言者因劾大臣。帝命跪午門外質辨。大臣爭詈言者，原吉獨奏曰：「彼應詔無罪。臣等備員大臣，不能協贊大計，罪在臣等。」帝意解，兩宥之。或尤原吉背初議。曰：「吾輩歷事久，言雖失，幸上憐之。若言官得罪，所損不細矣。」衆始歎服。

原吉雖居戶部，國家大事輒令詳議。帝每御便殿闕門，召語移時，左右莫得聞。退則恂恂若無預者。交阯平，帝問遷官與賞孰便。對曰：「賞費於一時，有限，遷官爲後日費，無窮也。」從之。西域法王來朝，帝欲郊勞，原吉不可。及法王入，原吉見，不拜。帝笑曰：「卿欲效韓愈耶？」

山東唐賽兒反，事平，俘脅從者三千餘人至。原吉請於帝，悉原之。谷王橞叛，帝疑長沙有通謀者。原吉以百口保之，乃得寢。

十九年冬，帝將大舉征沙漠。命原吉與禮部尚書呂震、兵部尚書方賓、工部尚書吳中等議，皆言兵不當出。未奏，會帝召賓，賓力言軍興費乏，帝不懌。召原吉問邊儲多寡，對曰：「比年師出無功，軍馬儲蓄十喪八九，災眚迭作，內外俱疲。況聖躬少安，尚須調護，乞遣將往征，勿勞車駕。」帝怒，立命原吉出理開平糧儲。而吳中入對如賓言，帝益怒。召原吉繫之內官監，并繫大理丞鄒師顏，以嘗署戶部也。賓懼自殺。遂并籍原吉家，自賜鈔外，惟布衣瓦器。明年北征，以糧盡引還。已，復連歲出塞，皆不見敵。還至榆木川，帝不豫，顧左右曰：「夏原吉愛我。」崩聞至之三日，太子走繫所，呼原吉，哭而告之。原吉伏地哭，不能起。太子令出獄，與議喪禮，復問赦詔所宜。對以振饑，省賦役，罷西洋取寶船及雲南、交阯採辦諸道金銀課。悉從之。

仁宗卽位，復其官。方原吉在獄，有母喪，至是乞歸終制。帝曰：「卿老臣，當與朕共濟艱難。卿有喪，朕獨無喪乎？」厚賜之，令家人護喪，馳傳歸葬，有司治喪事。原吉不敢復言。尋加太子少傅。呂震以太子少師班原吉上，帝命鴻臚引震列其下。進少保，兼太子少傅、尙書如故，食三祿。原吉固辭，乃聽辭太子少傅祿。賜「繩愆糾繆」銀章，建第於兩京。

已而仁宗崩，太子至自南京。原吉奉遺詔迎於盧溝橋。宣宗卽位，以舊輔益親重。明年，漢王高煦反，亦以靖難爲辭，移檄罪狀諸大臣，以原吉爲首。帝夜召諸臣議。楊榮首勸

帝親征。帝難之。原吉曰：「獨不見李景隆已事耶？臣昨見所遣將，命下卽色變，臨事可知矣。且兵貴神速，卷甲趨之，所謂先人有奪人之心也。榮策善。」帝意遂決。師還，賚予加等，賜閹者三人。原吉以無功辭。不聽。

三年，從北巡。帝取原吉橐糗嘗之，笑曰：「何惡也？」對曰：「軍中猶有餒者。」帝命賜以大官之饌，且犒將士。從閱武兔兒山，帝怒諸將慢，褫其衣。原吉曰：「將帥，國爪牙，奈何凍而斃之。」反覆力諫。帝曰：「爲卿釋之。」再與蹇義同賜銀印，文曰「含弘貞靖」。帝雅善繪事，嘗親畫壽星圖以賜。其他圖畫、服食、器用、銀幣、玩好之賜，無虛日。五年正月，兩朝實錄成，復賜金幣、鞍馬。且入謝，歸而卒，年六十五。贈太師，謚忠靖。敕戶部復其家，世世無所與。

原吉有雅量，人莫能測其際。同列有善，卽採納之。或有小過，必爲之掩覆。吏污所服金織賜衣。原吉曰：「勿怖，污可浣也。」又有污精微文書者，吏叩頭請死。原吉不問，自入朝引咎，帝命易之。呂震嘗傾原吉。震爲子乞官，原吉以震在「靖難」時有守城功，爲之請。平江伯陳瑄初亦惡原吉，原吉顧時時稱瑄才。或問原吉：「量可學乎？」曰：「吾幼時，有犯未嘗不怒。始忍於色，中忍於心，久則無可忍矣。」嘗夜閱爰書，撫案而歎，筆欲下輒止。妻問之。曰：「此歲終大辟奏也。」與同列飲他所，夜歸値雪，過禁門，有欲不下者。原吉曰

「君子不以冥冥墮行」。其愼如此。

原吉與義皆起家太祖時。義秉銓政，原吉筦度支，皆二十七年，名位先於三楊。仁、宣之世，外兼臺省，內參館閣，與三楊同心輔政。義善謀，榮善斷，而原吉與士奇尤持大體，有古大臣風烈。

子瑄，以廕爲尚寶司丞。喜談兵，景泰時，數上章言兵事，有沮者，不獲用。終南京太常少卿。

俞士吉，字用貞，象山人。建文中，爲兗州訓導。上書言時政，擢御史。出按鳳陽、徽州及湖廣，能辨釋冤獄。成祖卽位，進僉都御史。奉詔以水利書賜原吉，因留督浙西農政。湖州逋糧至六十萬石，同事者欲減其數以聞。士吉曰：「欺君病民，吾不爲也。」具以實奏，悉得免。尋爲都御史陳瑛所劾，與大理少卿袁復同繫獄。復死獄中，士吉謫爲事官，治水蘇、松。既而復職，還上聖孝瑞應頌。帝曰：「爾爲大臣，不言民間利病，乃獻諛耶！」擲還之。宣德初，仕至南京刑部侍郎，致仕。

李文郁，襄陽人。永樂初，以戶部侍郎副原吉治水有勞。後坐事謫遼東二十年。仁宗卽位，召還，爲南京通政參議，致仕。

鄒師顏，宜都人。永樂初，爲江西參政，坐事免。尋以薦擢御史，有直聲，遷大理丞，署戶部，與原吉同下獄。仁宗立，釋爲禮部侍郎。省墓歸，還至通州，卒，貧不能歸葬。尚書呂震聞於朝，宣宗命驛舟送之。詔京官卒者，皆給驛，著爲令。

贊曰：書曰「敷求哲人，俾輔于爾後嗣」。蹇義、夏原吉自筮仕之初，卽以誠篤幹濟受知太祖，至成祖益任以繁劇。而二人實能通達政體，諳練章程，稱股肱之任。仁、宣繼體，委寄優隆，同德協心，匡翼令主。用使吏治修明，民風和樂，成績懋著，蔚爲宗臣。樹人之效，遠矣哉。

校勘記

〔一〕以太子曲宥呂震壻主事張鶴朝參失儀　張鶴，原作「張鶚」，據本書卷一五一呂震傳、明史稿傳三六呂震傳、紅格本太宗實錄卷二五一永樂二十年九月丙寅條改。

〔二〕或言原吉建文時用事　原脫「或」字，句無主語。據明史稿傳三四夏原吉傳、明書卷一二八夏原吉傳補。

明史卷一百五十

列傳第三十八

郁新　趙羾　金忠　李慶　師逵　古朴 向寶

陳壽 馬京　許思溫　劉季篪　劉辰　楊砥

虞謙 呂升　仰瞻　嚴本　湯宗

郁新，字敦本，臨淮人。洪武中，以人才徵，授戶部度支主事。遷郎中。踰年，擢本部右侍郎。嘗問天下戶口田賦，地理險易，應答無遺，帝稱其才。尋進尚書。時親王歲祿米五萬石，新定議減五之四，並定郡王以下祿有差。又以邊餉不繼，定召商開中法，令商輸粟塞下，按引支鹽，邊儲以足。夏原吉爲戶部主事，新重之，諸曹事悉委任焉。建文二年引疾歸。

成祖卽位，召掌戶部事，以古朴爲侍郎佐之。永樂元年，河南蝗，有司不以聞，新劾治之。初，轉漕北京，新言：「自淮抵河，多淺灘跌坡，運舟艱阻。請別用淺船載三百石者，自淮河、沙河運至陳州潁溪口跌坡下，復用淺船載二百石者運至跌坡上，別用大船運入黃河。至八柳樹諸處，令河南車夫陸運入衞河，轉輸北京。」從之。又言：「湖廣屯田所產不一，請皆得輪官。粟穀、穈黍、大麥、蕎穄二石，准米一石。稻穀、薥秫二石五斗，穇稗三石，各准米一石。豆、麥、芝蔴與米等。」著爲令。二年議公、侯、伯、駙馬、儀賓祿，二百石以上者，請如文武官例，米鈔兼給。三年以士卒勞困，議減屯田歲收不如額者十之四五，又議改納米北京贖罪者於南京倉。皆允行。是年八月卒於官。帝歎曰：「新理邦賦十三年，量計出入，今誰可代者？」輟朝一日，賜葬祭，而召夏原吉還理部事。

新長於綜理，密而不繁。其所規畫，後不能易。

趙羾，字雲翰，夏人，徙祥符。洪武中，由鄉舉入太學，授兵部職方司主事。圖天下要害阨塞，並屯戍所宜以進。帝以爲才，遷員外郎。建文初，遷浙江參政，建策捕海寇，有功。永樂二年使交阯，還奏稱旨。擢刑部侍郎，改工部，再改禮部。五年進尚書，賜宴華蓋

中華書局

二十四史

殿,撤膳羞遺其母。初,羾每以事爲言者所劾,帝不問。九年秋,朝鮮使臣將歸,例有賜賚,羾不以奏。帝怒曰:「是且使朕失遠人心。」遂下之獄。尋得釋,使督建隆慶、保安、永寧諸州縣,撫綏新集,民安其業。十五年丁母艱。起復,改兵部尚書,專理塞外兵事。帝北征,轉餉有方。

仁宗嗣位,改南京刑部。宣德五年,御史張楷劾羾及侍郎兪士吉怠縱。召至,命致仕。羾性精敏,歷事五朝,位列卿,自奉如寒素。正統元年卒,年七十三。

金忠,鄞人。少讀書,善易卜。兄戍通州亡,忠補戍,貧不能行,相者袁珙資之。既至,編卒伍,賣卜北平市,多中。市人傳以爲神。僧道衍稱於成祖。成祖將起兵,託疾召忠卜,得鑄印乘軒之卦。曰:「此象貴不可言。」自是出入燕府中,常以所占勸舉大事。成祖深信之。燕兵起,自署官屬,授忠王府紀善,守通州。南兵數攻城不克。已,召置左右,有疑輒問,術益驗,且時進謀畫。遂拜右長史,贊戎務,爲謀臣矣。

成祖稱帝,論佐命功,擢工部右侍郎,贊世子守北京。尋召還,進兵部尚書。帝起兵時,次子高煦從戰有功,許以爲太子。至是淇國公丘福等黨高煦,勸帝立之。獨忠以爲不可,在

帝前歷數古嫡孽事。帝不能奪,密以告解縉、黃淮、尹昌隆。縉等皆以忠言爲是。於是立世子爲皇太子,而忠爲東宮輔導官,以兵部尚書兼詹事府詹事。六年命兼輔皇太孫。

帝北征,留忠與蹇義、黃淮、楊士奇輔太子監國。是時高煦奪嫡謀愈急,蜚語譖太子。十二年北征還,悉徵東宮官屬下獄。以忠勳舊不問,而密令審察太子事。忠言無有。帝怒。忠免冠頓首流涕,願連坐以保之。以故太子得無廢,而宮僚黃淮、楊溥等亦以是獲全。忠起卒伍至大位,甚見親倚,每承顧問,知無不言,然愼密不洩。處僚友不持兩端,退恒推讓之。明年四月卒。給驛歸葬,命有司治祠墓,復其家。洪熙元年,追贈榮祿大夫少師,謚忠襄。官子達翰林檢討。達剛直敢言,仕至長蘆都轉運使。

忠有兄華,負志節。忠守通州有功,欲推恩官之,辭不就。嘗召賜金綺,亦不受。成祖目爲迂叟,放還。一日,讀宋史至王倫附秦檜事,放聲長歎而逝。里中稱爲白雲先生。

李慶,字德孚,順義人。洪武中,以國子生署右僉都御史,後授刑部員外郎,遷紹興知府。永樂元年召爲刑部侍郎。性剛果,有幹局,馭下甚嚴。帝以爲才,數命治他事,不得時

至部。然屬吏與罪人交通私饋餉,慶輒知之,繩以重法。五年改左副都御史。兩遭親喪,並起復。時勳貴武臣多令子弟家人行商中鹽,爲官民害。慶言:「舊制,四品以上官員家不得與民爭利。今都督蔡福等既行罰,公侯有犯,亦乞按問。」帝命嚴禁如制。忻成伯趙彝擅殺運夫,盜賣軍餉。都督譚青、朱崇貪縱。慶劾之,皆下吏。已,劾都督費瓛欺罔,梁銘貪暴,鎭守德州都督曹得贖貨。皆被責。中外凜其風采。十八年進工部尚書,尋兼領兵部事。

仁宗立,改兵部,加太子少保。弋謙以言事忤旨,呂震等交口詆之,惟慶與夏原吉無所言。帝尋悟,降敕自責,並責震等,震等甚愧此兩人。山陵事多,趣辦中官有求,執不與,人多嚴憚之,號爲「生李」。奉命侍皇太子謁孝陵,在途約束將士,秋毫無所擾。太子欲獵,慶諫止。及太子還北京,遂留慶南京兵部。

宣德二年,安遠侯柳升討黎利,命慶參贊軍務,許擇部曹賢能者自隨。師至鎭夷關,升意輕賊,不爲備。郎中史安、主事陳鏞言於慶。時慶已病甚,强起告升。升不聽,直前,中伏敗死。慶病遂篤,明日亦死,一軍盡沒。

師逵,字九逵,東阿人。少孤,事母至孝。年十三,母疾,思藤花菜。逵出城南二十餘

里求得之。及歸,夜二鼓,遇虎。逵驚呼天,虎舍之去。母疾尋愈。洪武中,以國子生從御史出按事,爲御史所劾,逮至。帝偉其貌,釋之,謫御史臺書案牘。久之,擢御史,遷陝西按察使。獄囚淹繫千人,浹旬盡決遣,悉當其罪。母憂去官,廬墓側,不飲酒食肉者三年。

成祖卽位,召爲兵部侍郎,改吏部。永樂四年建北京宮殿,分遣大臣出採木。逵往湖、湘,以十萬衆入山闢道路,召商賈,軍役得貿易,事以辦。然頗嚴刻,民不堪,多從李法良爲亂。左中允周幹劾之。時仁宗監國,以帝所特遣,置不問。八年,帝北征,命總督餽餉,逵請量程置頓堡,更遞轉輸。從之。

逵佐蹇義在吏部二十年,人不敢干以私。仁宗嗣位,與趙羾、古朴皆改官南京,而逵進戶部尚書,兼掌吏部。宣德二年正月卒官,年六十二。

逵廉,不殖生產,祿賜皆分宗黨。有子八人,至無以自贍。成祖在北京嘗語左右曰:「六部扈從臣,不貪者惟逵而已。」

古朴,字文質,陳州人。洪武中以太學生清理郡縣田賦圖籍,還隸五軍斷事理刑。自陳家貧,願得祿養母。帝嘉之,除工部主事。母歿,官給舟歸葬。服闋,改兵部,累遷郎中。

中華書局

建文三年擢兵部侍郎。

成祖即位，改戶部。永樂二年，朴奏：「先奉詔令江西、湖廣及蘇、松諸府輸糧北京，今聞並患水潦，轉運艱難，而北京諸郡歲幸豐。宜發鈔命有司增價收糴，減南方運。」從之。營建北京，命採木江西，以恤民見褒。七年，帝北巡，皇太子監國，召還，佐夏原吉理戶部。仁宗即位，改南京通政使。明年就拜戶部尚書，出督畿內田賦。師逵病，命朴代之。宣德三年二月卒於官。

初，戶部主事劉良不檢，乞中貴人求上考。朴不可。良遂誣奏朴罪，朴就逮。成祖察其誣，得釋。他日，吏部奏予良誥。仁宗曰：「此人素無行，且嘗誣大臣，不可與。」良後果以贓敗。朴在朝三十餘年，自郎署至尚書，確然有守，不通干請，與右都御史向寶，俱以清介稱。

寶，字克忠，進賢人。洪武中，以進士授兵部員外郎。九年無過，擢通政使，以不善奏對力辭，改應天府尹。建文時，坐事謫廣西。成祖即位，召復職。已，復坐事下獄，降兩浙鹽運判官。仁宗在東宮，知其廉。及即位，召爲右都御史兼詹事，並給兩俸。尋應詔陳八事，多可採者。宣德初，改南京。三年入覲，帝憫其老，命致仕。歸卒於途。

寶有文學，寬厚愛民，而持身廉直，屢遭困阨不稍易，平居言不及利。歷仕四十餘年，卒之日，家具蕭然。

陳壽，隨人。洪武中，由國子生授戶部主事。永樂元年遷員外郎。出爲山東參政，所至以愛民爲務。用夏原吉薦，召爲工部左侍郎。皇太子監國南京，壽日陳兵民困，又乘間言左右干恩澤者多，恐累明德。太子深納之。嘗目送之出，顧侍臣曰：「侍郎中第一人也。」九年以漢王高煦譖，下獄，貧不能給朝夕。官屬有饋之者，拒不受，竟死獄中。踰年，啓殯如生。仁宗即位，贈工部尚書，諡敏肅，官其子瑺中書舍人，後亦至工部侍郎。

與壽同下獄死者，有馬京、許思溫。

京，武功人。洪武中，以進士授翰林編修，歷左通政、大理卿。永樂元年爲行部左侍郎。皇太子守北京，命兼輔導，盡誠翊贊，太子甚重之。數爲高煦所譖，謫戍廣西，仍坐前事，逮下獄。

思溫，字叔雍，吳人。以國子生署刑部主事，累官北平按察副使。燕師起，思溫佐城守有勞，擢刑部侍郎，改吏部，兼贊善。亦以讒下獄。皆瘐死。仁宗立，贈京少傅，諡文簡；思溫吏部尚書，官其子俊贊禮郎，進學翰林。

劉季篪，名韶，〔一〕以字行，餘姚人。洪武中進士。除行人。使朝鮮，却其餽贐。帝聞，賜衣鈔，擢陝西參政。陝有逋賦，有司峻刑督，民不能輸。季篪至，與其僚分行郡縣，悉縱械者，緩爲期。民感其德，悉完納。陝不產硐砂，而歲有課。季篪言於朝，罷之。洪渠水溢，爲治堰蓄洩，遂爲永利。

建文中，召爲刑部侍郎。民有爲盜所引者。逮至，盜已死，乃召盜妻子使識之。聽其辭，誣也，釋之。吏虧官錢，誣千餘人，悉爲辨免。河陽逆旅朱、趙二人異室寢。趙被殺，有司疑朱殺之，考掠誣服。季篪獨曰：「是非夙讎，且其裝無可利。」緩其獄，竟得殺趙者。揚州民家，盜夜入殺人，遺刀屍傍，刀有記識，其隣家也。官捕鞫之。隣曰：「失此刀久矣。」不勝掠，誣服。季篪使人懷刀就其里潛察之。一童子識曰：「此吾家物。」盜乃得。

永樂初，纂修大典，命姚廣孝、解縉及季篪總其事。八年坐失出下獄，謫外任。逡巡未行，復下獄。久之始釋。命以儒服隸翰林院編纂。尋授工部主事，卒於官。

劉辰，字伯靜，金華人。國初，以署典籤使方國珍。國珍飾二姬以進，叱却之。李文忠駐師嚴州，辟置幕下。元帥葛俊守廣信，盛冬發民浚城濠。文忠止之。不聽。文忠怒，欲臨以兵。辰請往諭之。俊悔謝，事遂已。以親老辭歸。

建文中，用薦擢監察御史，出知鎭江府，勤於職事。瀕江田八十餘頃，久淪於水，賦如故，以辰言得除。京口閘廢，轉漕者道新河出江，舟數敗。辰修故閘，公私皆便。漕河易涸，仰練湖益水，三斗門久廢。辰修築之。運舟既通，湖下田益稔。

永樂初，李景隆言辰知國初事，召至，預修太祖實錄。遷江西布政司參政，奏蠲九郡荒田糧。歲饑，勸富民貸饑者，蠲其徭役以爲之息。官爲立券，期年而償。辰居官廉勤尚氣，與都司、按察使不相得，數爭，坐免官。十四年起行部左侍郎，復留南京者三年。帝念其老，賜敕及鈔幣，令致仕。卒於途，年七十八。

楊砥，字大用，澤州人。洪武末，由進士授行人司右司副。上疏言：「揚雄爲莽大夫，貽譏萬世。董仲舒天人三策及正誼明道之言，足以扶翼世教。今孔廟從祀有雄無仲舒，非是。」帝從之。歷官湖廣布政司參議。建文中，言：「帝堯之德始於親九族。今宜惇睦諸藩，無自剪枝葉。」不報。父喪歸。

成祖卽位，起鴻臚寺卿，乞終制。服闋，擢禮部侍郎，坐視河渠失職，降工部主事，改禮部。永樂十年遷北京行太僕寺卿。時吳橋至天津大水決堤傷稼。砥請開德州東南黃河故道及土河以殺水勢。帝命工部侍郎藺芳經理之。定牧馬法，請令民五丁養種馬一匹，十馬立羣頭一人，五十馬立羣長一人，養馬家歲蠲租糧之半。而薊州以東至山海諸衞，土地寬廣，水草豐美，其屯軍人養種馬一匹，租亦免半。帝命軍租盡蠲之，餘悉從其議。於是馬大蕃息。

砥剛介有守，尤篤孝行。十六年，母喪哀毁，未至家，卒。

虞謙，字伯益，金壇人。洪武中，由國子生擢刑部郎中，出知杭州府。建文中請限僧道田，人無過十畝，餘以均給貧民。從之。永樂初召爲大理寺少卿。時有詔，建文中上言改舊制者悉面陳。謙乃言前事請罪。帝見謙怖，笑曰：「此秀才闢老、佛耳。」釋弗問。而僧道限田制竟罷。都察院論誆騙罪，準洪武榜例梟首以徇。謙奏：「比奉

詔準律斷罪，誆騙當杖流，梟首非詔書意。」帝從之。天津衞倉災，焚糧數十萬石。御史言主者盜用多，縱火自蓋。逮幾八百人，應死者百。謙白其濫，得論減。

七年，帝北巡，皇太子奏謙爲右副都御史。明年偕給事中杜欽巡視淮、鳳抵陳州災傷，免田租，贖民所鬻子女。明年，謙請振，太子諭之曰：「軍民困極，而卿等從容請啓，彼汲黯何如人也。」

尋命督兩浙、蘇、松諸府糧，輸南、北京及徐州、淮安。富民賂有司，率得近地，而貧民多遠運。謙建議分四等：丁多糧最少者運北京，次少者運徐州，丁糧等者運南京、淮安，丁少糧多者存留本土。民利賴之。又言：徐州、呂梁二洪，行舟多阻，請每洪增挽夫二百，月給廩，官牛二百，暇時聽民耕，大舟至，用以挽。人以爲便。嘗督運木，役者大疫。謙令散處之，疫遂息。未幾，偕給事中許能巡撫浙江。

仁宗卽位召還，改大理寺卿。時呂升爲少卿，仰瞻爲丞，而謙又薦嚴本爲寺正。帝方矜慎刑獄，謙等亦悉心奏當。凡法司及四方所上獄，謙等再四參復，必求其平。嘗語人曰：「彼無憾，斯我無憾矣。」嘗應詔上言七事，皆切中時務。有言其奏事不密，市恩於外者。帝怒，降少卿。一日，楊士奇奏事畢，不退。帝問：「欲何言，得非爲虞謙乎？」士奇因具白其誣，且言謙歷事三朝，得大臣體。帝曰：「吾亦悔之。」遂命復職。宣宗立，謙言：「舊制，犯死罪者，

罰役終身。今所犯不等，宜依輕重分年限。」報可。宣德二年三月卒於官。

謙美儀觀，風采凝重。工詩書，自負才望。工部侍郎蘇瓚以鄙猥班謙上，恒怏怏，人以是隘其量云。

呂升，山陰人。永樂初爲溧陽教諭，歷官江西、福建按察僉事，所至有清愼聲。入爲大理寺少卿。宣德八年致仕卒。

仰瞻，長洲人。永樂中由虎賁衞經歷遷大理寺丞。正統間，宦官王振用事，百官多奔走其門，惟瞻與大理卿薛瑄不往。會與瑄辨殺夫冤獄，益忤振，下獄，謫戍大同。景泰初，召爲右寺丞，執法愈堅，在位者多不悅。移疾歸，加大理少卿。

嚴本，字志道，江陰人。少通羣籍，習法律，以傅霖刑統賦辭約義博，註者非一，乃著輯義四卷。永樂十一年以薦徵，試以疑律，敷析明暢。授刑部主事。侍郎張本掌部事，官吏少當意者，獨重本，疑獄輒俾訊之。奉命使徽州，時督辦後期，例罰工，本不忍迫民。或以爲言，本曰：「吾辦矣。」蓋已寓書其子，鬻田爲工作償也。

仁宗立，以刑部尙書金純及虞謙薦，改大理寺正。斷獄者多以「知情故縱」及「大不敬」

論罪。本爭之曰：「律自叛逆數條外，無『故縱』之文。卽『不敬』，情有重輕，豈可概入重比。」謙韙之，悉爲駁正。良鄉民失馬，疑其隣，告於丞，拷死。丞坐決罰不如法，當徒，而告者坐絞。本曰：「丞罪當。告者因疑而訴，律以誣告致死，是丞與告者各殺一人，可乎？」駁正之。莒縣屯卒奪民田，民訟於官，卒被笞。夜盜民驢，民搜得之，卒反以爲誣，擒送千戶，民被禁死。法司坐千戶徒。本曰：「千戶生，則死者冤矣。」遂正其故勘罪。蘇州衞卒十餘人夜劫客舟於河西務，一卒死。懼事覺，誣隣舟解囚人爲盜，其侶往救見殺。皆誣服。本疑之曰：「解人與囚同舟。爲盜，囚必知之。」按驗，果得實，遂抵卒罪。

本立身方嚴，非禮弗履。其使徽也，知府饋酒肴亦不受。年七十八卒。

湯宗，字正傳，浙江平陽人。洪武末，由太學生擢河南按察僉事，改北平。建文時上變，言按察使陳瑛受燕邸金錢，有異謀。詔逮瑛，安置廣西，而遷宗山東按察使。坐事，左遷刑部郎中，出知蘇州府。蘇連歲水，民流，逋租百餘萬石。宗諭富民出米代輸。富民知其愛民，不三月悉完納。

永樂元年有言其坐視水患者。逮下獄，謫判滁州。以黃淮薦，召爲大理寺丞。或言宗

曾發潛邸事。帝曰：「帝王惟才是使，何論舊嫌。」時外國貢使病死，從人謂醫殺之。獄具，宗閱牘歎曰：「醫與使者何讐，而故殺之乎？」卒辨出之。尋命振饑河南，還署戶部事。解縉下獄，詞連宗，坐繫十餘年。仁宗立，復官，再遷南京大理卿。宣宗初，淸軍山東。會天久不雨，極陳民間饑困狀。帝爲蠲租免役，罷不急之務。宣德二年卒。

贊曰：永、宣之際，嚴飭吏治，職事修舉。若郁新之理賦，楊砥之馬政，劉季篪、虞謙之治獄，可謂能其官矣。李慶、師逵諸人，淸介有執，皆列卿之良也。陳壽、馬京遭讒早廢，惜乎未竟其用。金忠奮身卒伍，進自藝術末流，而有士君子之行。當其侃侃持論於文皇父子間，忠直不撓，卒以誠信悟主，豈不偉哉。

校勘記

〔一〕洪武中由國子生授戶部主事　洪武中，仁宗實錄卷八上洪熙元年甲戌條作「永樂初」。國朝獻徵錄卷五一工部左侍郎陳壽傳稱「永樂初，舉鄉貢，下第，入太學，擢戶部主事。」都和傳文不同。

〔二〕劉季篪名韶　篪，四庫全書總目卷一三七永樂大典條作「篪」。按詩小雅何人斯「仲氏吹篪」，作「篪」與名「韶」相應，疑是。

明史卷一百五十一

列傳第三十九

茹瑺　嚴震直　張紞 毛泰亨　王鈍　鄭賜　郭資

呂震　李至剛　方賓　吳中　劉觀

茹瑺，衡山人。洪武中，由監生除承敕郎，歷通政使。勤於職，太祖賢之。二十三年拜右副都御史，又試兵部尙書，尋實授，加太子少保。及惠帝卽位，改吏部，與黃子澄不相能。刑部尙書暴昭發其贓罪，出掌河南布政司事。尋復召爲兵部尙書。

燕兵至龍潭，帝遣瑺及曹國公李景隆、都督同知王佐詣燕軍議和。瑺等見成祖，伏地流汗，不能發一言。成祖曰：「公等言卽言耳，何懼至是。」久之乃言奉詔割地講和。成祖笑曰：「吾無罪而削爲庶人，今救死，何以地爲！且皇考封諸子，已各有分地矣。其縛姦臣來，吾卽解甲謁孝陵歸藩。」瑺等唯唯頓首還。

成祖入京師，召瑺。瑺首勸進。成祖既卽位，下詔言景隆、瑺、佐及陳瑄事太祖忠，功甚重。封瑺忠誠伯，食祿一千石，終其身。仍兵部尙書、太子少保。遷其子鑑爲秦府長安郡主儀賓。卽命瑺出營郡主府第。

還朝，坐不送趙王，遣歸里。旣而爲家人所訟，逮至京，釋還。過長沙不謁谷王，王以爲言。時方重藩王禮，谷王又開金川門有功，帝意嚮之。陳瑛遂劾瑺違祖制，逮下錦衣獄。瑺知不免，命子銓市毒藥，服之死。時永樂七年二月也。法司劾銓毒其父，請以謀殺父母論。後以銓實承父命，減死，與兄弟家屬二十七人謫戍廣西河池。仁宗立，釋還。宣宗與所沒田廬。

瑺居官謹愼，謙和有容。其死也，人頗惜之。

嚴震直，字子敏，烏程人。洪武時以富民擇糧長，歲部糧萬石至京師，無後期，帝才之。二十三年特授通政司參議，再遷爲工部侍郎。二十六年六月進尙書。時朝廷事營建，集天下工匠於京師，凡二十餘萬戶。震直請戶役一人，書其姓名所業於官，有役則按籍更番召之，役者稱便。鄉民訴其弟姪不法，帝付震直訊。具獄上，帝以爲不欺，赦其弟姪。已，坐

中華書局

事降御史，數雪冤獄。

二十八年討龍州，使震直偕尚書任亨泰諭安南。還，條奏利病，稱旨。尋命修廣西興安縣靈渠。審度地勢，導湘、灕二江，浚渠五千餘丈，築渼潭及龍母祠土堤百五十餘丈，又增高中江石堤，建陡閘三十有六，鑿去灘石之礙舟者，漕運悉通。歸奏，帝稱善。

三十年二月疏言：「廣東舊運鹽八十五萬餘引於廣西，召商中買。今終年所運，纔十之一。請分三十萬八千餘引貯廣東，別募商入粟廣西乏糧衞所，支鹽廣東，鬻之江西南安、贛州、吉安、臨江四府便。」帝從之。廣鹽行於江西自此始。

其年四月擢右都御史，尋復爲工部尚書。建文中，嘗督餉山東，已而致仕。成祖卽位，召見，命以故官巡視山西。至澤州，病卒。

張紞，字昭季，富平人。洪武中，舉明經。爲東宮侍書，累遷試左通政。十五年，雲南平，出爲左參政。陛辭，帝賦詩二章賜之。歷左布政使。二十年春入覲，治行爲天下第一，特令吏部勿考。賜璽書曰：「曩者討平西南，命官撫守，爾紞實先往，於今五年。諸蠻聽服，誠信相孚，克恭乃職，不待考而朕知其功出天下十二牧上。故嘉爾績，命爾仍治滇南。往，

欽哉。」紞在滇凡十七年，土地貢賦、法令條格皆所裁定。民間喪祭冠婚咸有定制，務變其俗。滇人遵用之。朝士董倫、王景輩謫其地，皆接以禮意。

惠帝卽位，召爲吏部尚書。詔徵遺逸士集闕下。紞所選用，皆當其才。會修太祖實錄，命試翰林編纂官，紞奏楊士奇第一。士奇由是知名。

成祖入京師，錄中朝姦臣二十九人，紞與焉。以茹瑺言，宥仍故職。無何，帝臨朝而歎，咎建文時之改官制者。乃令紞及戶部尚書王鈍解職務，月給半俸，居京師。紞懼，自經於吏部後堂，妻子相率投池中死。

紞在吏部，值變官制，小吏張祖言曰：「高皇帝立法創制，規模甚遠。今更之，未必勝，徒滋人口，願公力持之。」紞不能用，然心賢祖，奏爲京衞知事。後紞死，屬吏無敢視者，唯祖經紀其喪。世傳燕師入京，紞卽自經死；嚴震直奉使至雲南，遇建文君悲愴吞金死。考諸國史，非其實也。

時有毛泰亨者，建文時爲吏部侍郎，與紞同事。紞死，泰亨亦死。

王鈍，字士魯，太康人。元末猗氏縣尹。洪武中，徵授禮部主事，歷官福建參政，以廉愼聞。遣諭麓川，却其贈。或曰：「不受，恐遠人疑貳。」鈍乃受之，還至雲南，輸之官庫。二十三年遷浙江左布政使。在浙十年，名與張紞埒。帝嘗稱於朝，以勸庶僚。建文初，拜戶部尚書。成祖入，踰城走，爲邏卒所執，詔仍故官。未幾，與紞俱罷。尋命同工部尚書嚴震直等分巡山西、河南、陝西、山東，又同新昌伯唐雲經理北平屯種。承制再上疏言事，皆允行。永樂二年四月賜敕以布政使致仕。既歸，鬱鬱死。

子淪，永樂四年進士。仁宗時遷鄭王府左長史，數以禮諫王。嘗擬荀卿成相篇，撰十二章以獻。語切，與王不合。召改戶部郎中。英宗卽位，擢戶部右侍郎，巡撫浙江，有惠政。母喪起復，入覲，留攝部事。尋以老乞歸，卒。

鄭賜，字彥嘉，建寧人。洪武十八年進士。授監察御史。時天下郡邑吏多坐罪謫戍，賜嘗奉命於龍江編次行伍。方暑，諸囚憊甚。賜脫其械，俾儋舍止息，周其飲食，病者與醫藥，多所全活。秩滿當遷，湖廣布政司參議闕，命賜與檢討吳文爲之。二人協心剗弊，民以寧輯，苗、獠畏懷。母喪，去。服除，改北平參議，事成祖甚謹。復坐累謫戍安東屯。及惠

帝卽位，成祖及楚王楨皆舉賜爲長史。不許，召爲工部尚書。燕兵起，督河南軍扼燕。成祖入京師，李景隆訐賜罪亞齊、黃。逮至，帝曰：「吾於汝何如，乃相背耶？」賜曰：「盡臣職耳。」帝笑釋之，授刑部尚書。

永樂元年劾都督孫岳擅毀太祖所建寺，詔安置海南。岳，建文時守鳳陽，嘗毀寺材，修戰艦以禦燕軍，燕知其有備，取他道南下，故賜劾之。二年劾李景隆陰養亡命，謀不軌。又與陳瑛同劾耿炳文僭侈，炳文自經死。皆揣帝意所惡者。祁陽教諭康孔高朝京師還，枉道省母，會母疾，留侍九閱月不行。賜請逮問孔高，罪當杖。帝曰：「母子睽數年，一旦相見難遽舍，況有疾，可矜也。」命復其官。

三年秋，代李至剛爲禮部尚書。四年正月，西域貢佛舍利，賜因請釋囚。帝曰：「梁武、元順溺佛教，有罪者不刑，紀綱大壞，此豈可效！」是年六月朔，日當食，陰雲不見，賜請賀。不許。賜言「宋盛時嘗行之」。帝曰：「天下大矣，京師不見，如天下見之何。」卒不許。

賜爲人頗和厚，然不識大體，帝意輕之。爲同官趙羾所間，六年六月憂悸卒。帝疑其自盡。楊士奇曰：「賜有疾數日，惶懼不敢求退。昨立右順門，力不支仆地，口鼻有噓無吸。」語未竟，帝曰：「微汝言，幾誤疑賜。賜固善人，才短耳。」命予葬祭。洪熙元年贈太子少保，謚文安。

郭資，武安人。洪武十八年進士。累官北平左布政使，陰附於成祖。及兵起，張昺等死，資與左參政孫瑜、按察司副使墨麟、僉事呂震率先降，呼萬歲。成祖悅，命輔世子居守。成祖轉戰三年，資主給軍餉。及卽位，以資爲戶部尚書，掌北平布政司。北京建，改行部尚書，統六曹事。定都，仍改戶部。時營城郭宮殿，置官吏及出塞北征，工役繁興，資舉職無廢事。仁宗立，以舊勞兼太子賓客。尋以老病，加太子太師，賜敕致仕。宣德四年復起戶部尚書，奉職益勤。八年十二月卒，年七十三。贈湯陰伯，謚忠襄。官其子佑戶部主事。

資治錢穀有能稱，仁宗嘗以問楊士奇。對曰：「資性強毅，人不能干以私。然蠲租詔數下不奉行，使陛下恩澤不流者，資也。」

呂震，字克聲，臨潼人。洪武十九年以鄉舉入太學。時命太學生出稽郡邑壤地，以均貢賦。震承檄之兩浙，還奏稱旨，擢山東按察司試僉事。入爲戶部主事，遷北平按察司僉

事。燕兵起，震降於成祖，命侍世子居守。永樂初，遷眞定知府，入爲大理寺少卿。三年遷刑部尚書。六年改禮部。皇太子監國，震壻主事張鶴朝參失儀，太子以震故宥之。帝聞之怒，下震及蹇義於錦衣衛獄，已，復職。仁宗卽位，命兼太子少師，尋進太子太保兼禮部尚書。宣德元年四月卒。

震嘗三奉命省親，兩值關中饑，令所司出粟振之，還始以聞。然無學術，爲禮官，不知大體。成祖崩，遺詔二十七日釋縗服。及期，震建議羣臣皆易烏紗帽，黑角帶。近臣言：「仁孝皇后崩，既釋縗服，太宗易素冠布腰絰。」震勃然變色，詆其異己。仁宗黜震議，易素冠布腰絰。洪熙元年分遣羣臣祀嶽鎭海瀆及先代帝王陵。震乞祀周文、武、成、康。便道省母，私以妻喪柩與香帛同載。祀太廟致齋，飲酒西番僧舍，大醉歸，一夕卒。

震爲人佞諛傾險。永樂時，曹縣獻騶虞，榜葛剌國、麻林國進麒麟，震請賀。帝曰：「天下治安，無麒麟何害？」貴州布政使蔣廷瓚言：「帝北征班師，詔至思南大巖山，有呼萬歲者三。」震言：「此山川效靈。」帝曰：「山谷之聲，空虛相應，理或有之。震爲國大臣，不能辯其非，又欲因之進媚，豈君子事君之道。」郎中周訥請封禪，震力贊之，帝責其謬。震雖累受面斥，然終不能改。金水河、太液池冰，具樓閣龍鳳花卉狀。帝召羣臣觀之。震因請賀。不許。而隆平侯張信奏太和山五色雲見，侍郎胡濙圖上瑞光榔梅靈芝，震率羣臣先後表

賀云。

成祖初巡北京，命定太子留守事宜。震請常事聽太子處分，章奏分貯南京六科，回鑾日通奏。報可。十一年、十四年，震再請如前制。十七年，帝在北京，因事索章奏，侍臣言留南京。帝忘震前請，曰：「章奏宜達行在，豈禮部別有議耶？」問震。震懼罪，曰：「無之，奏章當達行在。」三問，對如前。遂以擅留奏章，殺右給事中李能。衆知能冤，畏震莫敢言。尹昌隆之禍，由震搆之。事具昌隆傳。夏原吉、方賓以言北征餉絀得罪，以震兼領戶、兵部事。震亦自危。帝令官校十人隨之，曰：「若震自盡，爾十人皆死。」

震有精力，能強記，才足以濟其爲人。凡奏事，他尚書皆執副本，又與左右侍郎更進迭奏。震既兼三部，奏牘益多，皆自占奏，侍郎不與也。情狀委曲，千緒萬端，背誦如流，未嘗有悞。嘗扈北狩，帝見碑立沙磧中，率從臣讀其文。後一年，與諸文學臣語及碑，詔禮部遣官往錄之。震言不須遣使，請筆札帝前疏之。帝密使人拓其本校之，無一字脫悞者。子熊。宣宗初立，震數於帝前乞官，至流涕。帝不得已，授兵科給事中。

李至剛，名鋼，以字行，松江華亭人。洪武二十一年舉明經。選侍懿文太子，授禮部郎

中。坐累謫戍邊，尋召爲工部郎中，遷河南右參議。河決汴堤，至剛議借王府積木，作筏濟之。建文中，調湖廣左參議，坐事繫獄。

成祖卽位，左右稱其才，遂以爲右通政。與修太祖實錄，朝夕在上左右，稱說洪武中事，甚見親信，尋進禮部尚書。永樂二年册立皇太子，至剛兼左春坊大學士，直東宮講筵，與解縉後先進講。已，復坐事下獄，久之得釋，降禮部郎中。恨解縉，中傷之。縉下獄，詞連至剛，亦坐繫十餘年。仁宗卽位，得釋，復以爲左通政。帝念至剛先朝舊人，出爲興化知府，時年已七十。再歲，歿於官。

至剛爲人敏給，能治繁劇，善傅會。首發建都北平議，請禁言事者挾私，成祖從之。既得上心，務爲佞諛。嘗言太祖忌辰，宜倣宋制，令僧道誦經。山東野蠶成繭，至剛請賀。陝西進瑞麥，至剛率百官賀。帝皆不聽。中官使眞臘，從者逃三人，國王以國中三人補之，帝令遣還。至剛言：「中國三人，安知非彼私匿？」帝曰：「朕以至誠待內外，何用逆詐。」所建白多不用。

妻父麗重法，至剛爲乞免。帝曰：「獄輕重，外人何以知之？」至剛曰：「都御史黃信爲臣言。」帝怒，誅信。初，至剛與解縉交甚厚。帝書大臣姓名十人，命縉疏其人品，言至剛不

端。縉謫廣西，至剛遂奏其怨望，改謫交阯。

方賓，錢塘人。洪武時由太學生試兵部郎中。建文中，署應天府事。坐罪戍廣東。以茹瑺薦，召復官。成祖入京師，賓與侍郎劉儁等迎附，特見委用，進兵部侍郎。四年，儁以尚書出征黎利，賓理部事，有幹才，應務不滯。性警敏，能揣上意，見知於帝，頗恃寵貪恣。七年進尚書，扈從北京，兼掌行在吏部事。明年從北征，與學士胡廣、金幼孜、楊榮，侍郎金純並與機密。自後帝北巡，賓輒扈從。

十九年議親征。尚書夏原吉、吳中、呂震與賓共議，宜且休兵養民。未奏，會帝召賓，賓言糧餉不足，召原吉，亦以不給對。帝怒，遣原吉視糧開平，旋召還下獄。賓方提調靈濟宮。中使進香至，語賓以帝怒。賓懼，自縊死。帝實無意殺賓，聞賓死，乃益怒，戮其屍。

吳中，字思正，武城人。洪武末，爲營州後屯衛經歷。成祖取大寧，迎降。以轉餉捍禦功，累遷至右都御史。永樂五年改工部尚書。從北征，艱歸。起復，改刑部。十九年與夏

原吉、方賓等同以言北征餉絀，忤旨繫獄。仁宗即位，出之，復其官，兼詹事，加太子少保。宣德元年從征樂安。三年坐以官木石遺中官楊慶作宅，下獄，落宮保，奪祿一年。正統六年，殿工成，進少師。明年卒，年七十。追封茌平伯，謚榮襄。

中勤敏多計算。先後在工部二十餘年，北京宮殿，長、獻、景三陵，皆中所營造。職務填委，規畫井然。然不恤工匠，又溺於聲色，時論鄙之。

劉觀，雄縣人。洪武十八年進士。授太谷縣丞，以薦擢監察御史。三十年遷署左僉都御史。坐事下獄，尋釋。出爲嘉興知府，丁父憂去。

永樂元年擢雲南按察使，未行，拜戶部右侍郎。二年調左副都御史。時左都御史陳瑛殘刻，右都御史吳中寬和，觀委蛇二人間，務爲容悅。四年，北京營造宮室，觀奉命採木浙江，未幾還。明年冬，帝以山西旱，命觀馳傳往，散遣採木軍民。六年，鄭賜卒，擢禮部尚書。十二月與刑部尚書呂震易官。坐事爲皇太子譴責。帝在北京聞之，以大臣有小過，不宜遽折辱，特賜書諭太子。八年，都督僉事費瓛討涼州叛羌，命觀贊軍事。還，坐事，謫本部吏。十三年還職，改左都御史。十五年督浚河漕。十九年命巡撫陝西，考察官吏。

仁宗嗣位，兼太子賓客，旋加太子少保，給二俸。時大理少卿弋謙數言事，帝厭其繁瑣。尚書呂震、大理卿虞謙希旨劾奏，觀復令十四道御史論其誣妄，以是爲輿論所鄙。

時未有官妓之禁。宣德初，臣僚宴樂，以奢相尚，歌妓滿前。觀私納賄賂，而諸御史亦貪縱無忌。三年六月朝罷，帝召大學士楊士奇、楊榮至文華門，諭曰：「祖宗時，朝臣謹飭。年來貪濁成風，何也？」士奇對曰：「永樂末已有之，今爲甚耳。」榮曰：「永樂時，無踰方賓。」帝問：「今日誰最甚者？」榮對曰：「劉觀。」又問：「誰可代者？」士奇、榮薦通政使顧佐。帝乃出觀視河道，以佐爲右都御史。於是御史張循理等交章劾觀，並其子輻諸贓污不法事。帝怒，逮觀父子，以彈章示之。觀疏辯。帝益怒，出廷臣先後密奏，中有枉法受賕至千金者。觀引伏，遂下錦衣衞獄。明年將置重典。士奇、榮乞貸其死。乃謫輻戍遼東，而命觀隨往，觀竟客死。七年，士奇請命風憲官考察奏罷有司之貪污者，帝曰：「然。向使不罷劉觀，風憲安得肅。」

贊曰：成祖封茹瑺，以事太祖有功。然考之，未有所表見，意史軼之歟？嚴震直之於廣西，張紞之於雲南，治效卓然。王鈍、鄭賜爲方伯、監司，聲績頗著，至其晚節，皆不克自振，

惜夫。郭資、呂震之徒，有幹濟才，而操行無取。李至剛之險，吳中、劉觀之墨，又不足道矣。

中華書局

兪山，字積之，秀水人。由鄉舉爲郕府伴讀。景帝時，拜吏部右侍郎。而嘉興兪綱由諸生繕寫實錄，試中書舍人，授郕府審理。景帝時，以兵部右侍郎入閣預機務。居三日，固辭，守本官。景帝將易東宮，山密疏諫。不聽。懷獻太子立，加太子少傅，山意不自安，致仕去。綱加太子少保。英宗復辟，山以致仕得免。而綱當景泰時，能周旋二帝間，故得調南京禮部。成化初致仕，卒。

潘辰，字時用，景寧人。少孤，隨從父家京師，以文學名。弘治六年詔天下舉才德之士隱於山林者。府尹唐恂舉辰，吏部以辰生長京師，寢之。恂復奏，給事中王綸、夏昂亦交章薦，乃授翰林待詔。久之，掌典籍事。預修會典成，進五經博士。正德中，劉瑾摘會典小疵，復降爲典籍，俄還故官。南京缺祭酒，吏部推石珤及辰。帝以命珤，而擢辰編修。居九年，超擢太常少卿，致仕歸，卒，特賜祭葬。辰居官勤愼，晨入夜歸。典制誥時，有以幣酬者，堅却之。士大夫重其學行，稱爲南屏先生。

王英，字時彥，金谿人。永樂二年進士。選庶吉士，讀書文淵閣。帝察其愼密，令與王直書機密文字。與修太祖實錄，授翰林院修撰，進侍讀。

二十年扈從北征。師旋，過李陵城。帝聞城中有石碑，召英往視。既至，不識碑所。而城北門有石出土尺餘。發之，乃元時李陵臺驛令謝某德政碑也，碑陰刻達魯花赤等名氏。具以奏。帝曰：「碑有蒙古名，異日且以爲己地，啓爭端。」命再往擊碎之。沉諸河，還奏。帝喜其詳審，曰：「爾是二十八人中讀書者，朕且用爾。」因問以北伐事。英曰：「天威親征，彼必遠遁，願勿窮追。」帝笑曰：「秀才謂朕黷武邪？」因曰：「軍中動靜，有聞卽入奏。」且諭中官勿阻。立功官軍有過，命勿與糧，相聚泣。以英奏，復給予。仁宗卽位，累進右春坊大學士，乞省親歸。

宣宗立，還朝。是時海內宴安，天子雅意文章，每與諸學士談論文藝，賞花賦詩，禮接優渥。嘗謂英曰：「洪武中，學士有宋濂、吳沉、〔三〕朱善、劉三吾，永樂初，則解縉、胡廣。汝勉之，毋俾前人獨專其美。」修太宗仁宗實錄成，遷少詹事，賜麒麟帶。母喪，特與葬祭，遣中官護歸。尋起復。正統元年命侍經筵，總裁宣宗實錄，進禮部侍郎。八年命理部事。浙江民疫，遣祭南鎭。時久旱，英至，大雨，民呼侍郎雨。年七十，再乞休。不許。十二年，英子按察副使裕坐事下獄。英上疏待罪。宥不問。明年進南京禮部尚書，俾就閒逸。居二年卒，年七十五。賜祭葬，謚文安。

英端凝持重，歷仕四朝。在翰林四十餘年，屢爲會試考官，朝廷制作多出其手，四方求銘志碑記者不絕。性直諒，好規人過，三楊皆不喜，故不得柄用。裕後累官四川按察使。

錢習禮，名幹，以字行，吉水人。永樂九年進士。選庶吉士，尋授檢討。習禮與練子寧姻戚。既仕，鄉人以奸黨持之，恒惴惴。楊榮乘間言於帝，帝笑曰：「使子寧在，朕猶當用之，況習禮乎。」仁宗卽位，遷侍讀，知制誥，以省親歸。

宣德元年修兩朝實錄，與侍講陳敬宗、陳循同召還，進侍讀學士。英宗開經筵，爲講官。宣宗實錄成，擢學士，掌院事。七年以故鴻臚寺爲翰林院。落成，諸殿閣大學士皆至，習禮不設楊士奇、楊溥座，曰：「此非三公府也。」士奇等以聞。帝命具座。後遂爲故事。

正統九年乞致仕。不許。明年，六部侍郎多闕，帝命吏部尚書王直會大臣推舉，而特旨擢習禮於禮部。習禮力辭。不允。王振用事，達官多造其門，習禮恥爲屈。十二年六月復上章乞骸骨，乃得歸。習禮篤行誼，好古秉禮，動有矩則。家居十五年卒，年八十有九。謚文肅。

周敍，字公敍，吉水人。年十一，能詩。永樂十六年進士。選庶吉士。作黃鸚鵡賦，稱旨，授編修。歷官侍讀，直經筵。正統六年上疏言事，帝嘉納焉。八年夏又上言：「比天旱，陛下責躬虔禱，而臣下不聞效忠補過之言，徒陳情乞用而已。掌銓選者罔論賢否，第循資格。司國計者不問耕桑，惟勤賦斂。軍士困役作，刑罰失重輕，風憲無激揚，言官務緘默。僧道數萬，日耗戶口，流民衆多，莫爲矜恤。」帝以章示諸大臣。王直等皆引罪求罷。十一年遷南京侍講學士。

郕王監國，馳疏言：「君父之讐不共戴天，殿下宜臥薪嘗膽，如越之報吳。使智者獻謀，勇者效力，務掃北庭，雪國恥。先遣辯士，卑詞重幣乞還鑾輿，暫爲君父屈。」因條上勵剛明、親經史、修軍政、選賢才、安民心、廣言路、謹微漸、修庶政八事。王嘉納之。景泰二年又請復午朝，日接大臣，咨諏治道，經筵之餘，召文學從臣講論政事，幷詔天下臣民直言時政缺失。帝因詔求言。

敍負氣節，篤行誼。曾祖以立，在元時以宋、遼、金三史體例未當，欲重修。敍思繼先志，正統末，請於朝。詔許自撰，銓次數年，未及成而卒。

同邑劉儼，字宣化。正統七年進士第一。歷官太常少卿。景泰中，典順天鄉試，黜大學士陳循、王文子，幾得危禍。詳高穀傳。天順初，改掌翰林院事，卒官。贈禮部侍郎，謚文介。儼立朝正直，居鄉亦有令德云。

柯潛，字孟時，莆田人。景泰二年舉進士第一。歷洗馬。天順初，遷尚寶少卿，兼修撰。憲宗卽位，以舊宮僚擢翰林學士。英宗實錄成，進少詹事。慈懿太后之喪，潛與修撰羅璟上章，請合葬裕陵。廷臣相繼爭。未報。潛曰：「朝廷大事，臣子大節，舍是奚所用心。」與璟皆再疏爭，竟得如禮。連遭父母喪，詔起爲祭酒，固乞終制。許之。未幾卒。

潛邃於文學，性高介。爲學士時，卽院中後圃構清風亭，鑿池蒔芙蓉，植二柏於後堂，人稱其亭爲柯亭，柏爲學士柏。院中有井，學士劉定之所浚也。柯亭、劉井，翰林中以爲美談云。

羅璟，字明仲，〔四〕泰和人。天順末，進士及第。授編修，進修撰。預修宋元通鑑綱目。累官洗馬。孝宗爲太子，簡侍講讀。母喪歸。璟與尚書尹旻子侍講龍同娶於孔氏。旻得罪，李孜省指璟爲旻黨，調南京禮部員外郎。孝宗嗣位，王恕等言璟才，乃授福建提學副

使。弘治五年召爲南京祭酒。久之，卒。

孔公恂，字宗文，先聖五十八世孫也。景泰五年舉會試，聞母疾，不赴廷對。帝以問禮部，具言其故，乃遣使召之。日且午，不及備試卷，命翰林院給以筆札。登第，卽丁母憂歸。衍聖公孔彥縉卒，孫弘緒幼弱，詔遣禮部郎治喪，公恂理其家事。天順初，授禮科給事中。弘緒已襲封，大學士李賢妻以女，公恂因得交於賢。賢言：「公恂，大聖人後，贊善司馬恂，宋大賢溫國公光後。宜輔導太子。」帝喜。同日超拜少詹事，侍東宮講讀。入語孝肅皇后曰：「吾今日得聖賢子孫爲汝子傅。」孝肅皇后者，憲宗生母，方以皇貴妃有寵。於是具冠服拜謝，宮中傳以爲盛事云。

憲宗嗣位，改公恂大理左少卿。公恂言不通法律，乃復少詹事。成化二年上章言兵事，諸武臣譁然，給事御史交章駁之。下獄，謫漢陽知府。未至，丁父憂。服闋，商輅請復建言得罪者官，乃還故秩，涖南京詹事府。久之，卒。

司馬恂，字恂如，浙江山陰人。正統末，由舉人擢刑科給事中，累遷少詹事。憲宗立，命兼國子祭酒。卒，贈禮部左侍郎。恂强記敦厚，與物無忤，居官無所表見。

贊曰：建文之初，修尊賢敬老之節。董倫以宿儒見重，雖寡所表見，當非苟焉已也。儀智父子仍世以儒術進，從容輔導，蓋其賢哉。鄒濟諸人，以宮僚被遇而讒搆不免，陳濟肇起布衣，列禁近而善始終，固有幸不幸歟。二周、王英、錢習禮、周敍、柯潛謙和直諒，各著其美，蓋皆異於浮華博習之徒矣。

校勘記

〔一〕王汝玉 原列在「徐善述」之上，據傳文次第改正。

〔二〕成化二年振畿內饑再遷禮部尚書 成化二年，原作「成化十二年」。按鄒幹任禮部尚書在成化五年，見本書卷一一一七卿年表、憲宗實錄卷七〇成化五年八月庚申條。他振畿內饑應在成化五年以前。明史稿傳三二鄒濟傳附鄒幹傳、孝宗實錄卷六二弘治五年四月戊午條均作「成化二年」，據改。

〔三〕吳沉 原作「吳沈」，據本書卷三太祖紀、卷一三七吳沉傳改。

〔四〕羅璟字明仲 原「明仲」二字倒置，據明史稿傳三八柯潛傳附羅璟傳、孝宗實錄卷二〇一弘治十六年七月庚寅條、國朝獻徵錄卷七四羅公璟墓志銘改。

明史卷一百五十三

列傳第四十一

宋禮 藺芳 陳瑄 王瑜 周忱

宋禮，字大本，河南永寧人。洪武中，以國子生擢山西按察司僉事，左遷戶部主事。建文初，薦授陝西按察僉事，復坐事左遷刑部員外郎。成祖卽位，命署禮部事，以敏練擢禮部侍郎。永樂二年拜工部尚書。嘗請給山東屯田牛種，又請犯罪無力准工者徙北京爲民，並報可。七年丁母憂，詔留視事。

九年命開會通河。會通河者，元至元中，以壽張尹韓仲暉言，自東平安民山鑿河至臨清，引汶絕濟，屬之衞河，爲轉漕道，名曰會通。然岸狹水淺，不任重載，故終元世海運爲多。明初輸餉遼東、北平，亦專用海運。洪武二十四年，河決原武，絕安山湖，會通遂淤。永樂初，建北京，河海兼運。海運險遠多失亡，而河運則由江、淮達陽武，發山西、河南丁夫，

陸輓百七十里入衞河，歷八遞運所，民苦其勞。至是濟寧州同知潘叔正上言：「舊會通河四百五十餘里，淤者乃三之一，濬之便。」於是命禮及刑部侍郎金純、都督周長往治之。禮以會通之源，必資汶水。乃用汶上老人白英策，築堽城及戴村壩，橫亙五里，遏汶流，使無南入洸而北歸海。匯諸泉之水，盡出汶上，至南旺，中分之爲二道，南流接徐、沛者十之四，北流達臨清者十之六。南旺地勢高，決其水，南北皆注，所謂水脊也。因相地置閘，以時蓄洩。自分水北至臨清，地降九十尺，置閘十有七，而達於衞；南至沽頭，地降百十有六尺，置閘二十有一，而達於淮。凡發山東及徐州、應天、鎮江民三十萬，蠲租一百一十萬石有奇，二十旬而工成。又奏濬沙河入馬常泊，以益汶。語詳河渠志。是年，帝復用工部侍郎張信言，使興安伯徐亨、工部侍郎蔣廷瓚會金純，濬祥符魚王口至中灤下，復舊黃河道，以殺水勢，使河不病漕，命禮兼董之。八月還京師，論功第一，受上賞。潘叔正亦賜衣鈔。

明年，以御史許堪言衞河水患，命禮往經畫。禮請自魏家灣開支河二，泄水入土河，復自德州西北開支河一，泄水入舊黃河，使至海豐大沽河入海。帝命俟秋成後爲之。禮還言：「海運經歷險阻，每歲船輒損敗，有漂沒者。有司修補，迫於期限，多科斂爲民病，而船亦不堅。計海船一艘，用百人而運千石，其費可辦河船容二百石者二十，船用十人，可運四千石。以此而論，利病較然。請撥鎮江、鳳陽、淮安、揚州及兗州糧，合百萬石，從河運給北京。其海道則三歲兩運。」已而平江伯陳瑄治江、淮間諸河功，亦相繼告竣。於是河運大便利，漕粟益多。十三年遂罷海運。

初，帝將營北京，命禮取材川蜀。禮伐山通道，奏言：「得大木數株，皆尋丈。一夕，自出谷中抵江上，聲如雷，不偃一草。」朝廷以爲瑞。及河工成，復以採木入蜀。十六年命治獄江西。明年造番舟，自蜀召還。以老疾免朝參，有奏事令侍郎代。二十年七月卒於官。

禮性剛，馭下嚴急，故易集事，以是亦不爲人所親。卒之日，家無餘財。洪熙改元，禮部尚書呂震請予葬祭如制。弘治中，主事王寵始請立祠。詔祀之南旺湖上，以金純、周長配。隆慶六年贈禮太子太保。

藺芳，夏縣人。洪武中舉孝廉。累遷刑部郎中。永樂中，出爲吉安知府。寬厚廉潔，民甚德之。吉水民詣闕言縣有銀礦，遣使覆視。父老遮芳訴曰：「聞宋季嘗有言此者，卒以妄得罪。今皆樹藝地，安所得銀礦？」芳詰告者，知其誣。獄具，同官不敢署名，芳請獨任之。奏上，帝曰：「吾固知妄也。」得寢。已，坐事謫辦事官，從宋禮治會通河，復爲工部都水主事。

十年，河決陽武，灌中牟、祥符、尉氏，遣芳按視。芳言：「中鹽隄當暴流之衝，請加築

塞。」又言：「自中灤分導河流，使由故道北入海，誠萬世利。」又言：「新築岸埽，止用草索，不能堅久。宜編木成大囷，貫椿其中，實以瓦石，復以木橫貫椿表，牽築隄上，則殺水固隄之長策也。」[一]詔悉從之。其後築隄者遵用其法。以宋禮薦，擢工部右侍郎。亡何，行太僕卿楊砥言：「吳橋、東光、興濟、交河及天津屯田，雨水決隄傷稼。乞開德州良店東南黃河故道，以分水勢。」復命芳往治之。所經郡邑，有不便民者輒疏以聞。事竣還，十五年十一月卒於官。

芳自奉約，布衣蔬食。事母至孝。母甚賢。芳所治事，暮必告母。有不當，輒加敎誡。芳受命唯謹，由是爲良吏云。

陳瑄，字彥純，合肥人。父聞，以義兵千戶歸太祖，累官都指揮同知。瑄代父職。父坐事戍遼陽，瑄伏闕請代，詔併原其父子。瑄少從大將軍幕，以射雁見稱。屢從征南番，又征越巂，討建昌叛番月魯帖木兒，踰梁山，平天星寨，破寧番諸蠻。復征鹽井，進攻卜水瓦寨。賊熾甚。瑄將中軍，賊圍之數重。瑄下馬射，傷足，裹創戰。自巳至酉，全師還。又從征賈哈剌，以奇兵涉打沖河，[二]得間道，作浮梁渡軍。既渡，撤梁，示士卒不返，連戰破賊。又

中華書局

會雲南兵征百夷有功，遷四川行都司都指揮同知。

建文末，遷右軍都督僉事。燕兵逼，命總舟師防江上。燕兵至浦口，瑄以舟師迎降，成祖遂渡江。既卽位，封平江伯，食祿一千石，賜誥劵，世襲指揮使。

永樂元年命瑄充總兵官，總督海運，輸粟四十九萬餘石，餉北京及遼東。遂建百萬倉於直沽，城天津衞。先是，漕舟行海上，島人畏漕卒，多閉匿。瑄招令互市，平其直，人交便之。運舟還，會倭寇沙門島。瑄追擊至金州白山島，焚其舟殆盡。

九年命與豐城侯李彬統浙、閩兵捕海寇。海溢隄圮，自海門至鹽城凡百三十里。命瑄以四十萬卒築治之，爲捍潮隄萬八千餘丈。明年，瑄言：「嘉定瀕海地，江流衝會。海舟停泊於此，無高山大陵可依。請於青浦築土山，方百丈，高三十餘丈，立堠表識。」既成，賜名寶山，帝親爲文記之。

宋禮既治會通河成，朝廷議罷海運，仍以瑄董漕運。議造淺船二千餘艘，初運二百萬石，寖至五百萬石，國用以饒。時江南漕舟抵淮安，率陸運過壩，踰淮達清河，勞費甚鉅。十三年，瑄用故老言，自淮安城西管家湖，鑿渠二十里，爲清江浦，導湖水入淮，築四閘以時宣洩。又緣湖十里築隄引舟，由是漕舟直達於河，省費不訾。其後復濬徐州至濟寧河。又以呂梁洪險惡，於西別鑿一渠，置二閘，蓄水通漕。又築沛縣刁陽湖、濟寧南旺湖長隄，開泰

州白塔河通大江。又築高郵湖隄，於隄內鑿渠四十里，避風濤之險。又自淮至臨清，相水勢置閘四十有七，作常盈倉四十區於淮上，及徐州、臨清、通州皆置倉，便轉輸。慮漕舟膠淺，自淮至通州置舍五百六十八，舍置卒，導舟避淺。復緣河隄鑿井樹木，以便行人。凡所規畫，精密宏遠，身理漕河者三十年，舉無遺策。

仁宗卽位之九月，瑄上疏陳七事。一曰南京國家根本，乞嚴守備。二曰推舉宜覈實，無循資格，選朝臣公正者分巡天下。三曰天下歲運糧餉，湖廣、江西、浙江及蘇、松諸府並去北京遠，往復踰年，上逋公租，下妨農事。乞令轉至淮、徐等處，別令官軍接運至京。又快船、馬船所載不過五六十石，每船官軍足用，有司添差軍民遞送，拘集聽候，至有凍餒，請革罷。四曰敎職多非其人，乞考不職者黜之，選俊秀補生員，而軍中子弟亦令入學。五曰軍伍竄亡，乞覈其老疾者，以子弟代，逃亡者追補，戶絕者驗除。六曰開平等處，邊防要地，兵食虛乏，乞選練銳士，屯守兼務。七曰漕運官軍，每歲北上，歸卽修船，勤苦終年。該衞所又於其隙，雜役以重困之，乞加禁絕。帝覽奏曰：「瑄言皆當。」令所司速行。遂降敕奬諭，尋賜劵，世襲平江伯。

宣宗卽位，命守淮安，督漕運如故。宣德四年言：「濟寧以北，自長溝至棗林淤塞，計用十二萬人疏濬，半月可成。」帝念瑄久勞，命尙書黃福往同經理。六年，瑄言：「歲運糧用軍

十二萬人，頻年勞苦。乞於蘇、松諸郡及江西、浙江、湖廣別僉民丁，又於軍多衞所僉軍，通爲二十四萬人，分番迭運。又江南之民，運糧赴臨清、淮安、徐州，往返一年，失悞農業，而湖廣、江西、浙江及蘇、松、安慶軍士，每歲以空舟赴淮安載糧。若令江南民撥糧與附近衞所，官軍運載至京，量給耗米及道里費，則軍民交便。」帝命黃福及侍郎王佐議行之。更民運爲兌運，自此始也。八年十月卒於官，年六十有九。追封平江侯，贈太保，謚恭襄。

初，瑄以濬河有德於民，民立祠淸河縣。正統中，命有司春秋致祭。

孫豫，字立卿，讀書修謹。正統末，福建沙縣賊起，以副總兵從寧陽侯陳懋分道討平之，進封侯。也先入犯，出鎭臨清，建城堡，練兵撫民，安靜不擾。明年召還，父老詣闕請留。從之。景泰五年，山東饑，奉詔振卹。尋守備南京。天順元年召還，益歲祿百石。七年卒。[三]贈黟國公，謚莊敏。

子銳嗣伯。成化初，分典三千營及團營。尋佩平蠻將軍印，總制兩廣。移鎭淮陽，總督漕運。建淮河口石閘及濟寧分水南北二閘。築隄疏泉，修舉廢墜。總漕十四年，章數十上。日本貢使買民男女數人以歸，道淮安。銳留不遣，贖還其家。淮、揚饑疫，煮糜施藥，多所存濟。弘治六年，河決張秋，奉敕塞治。還，增祿二百石，累加太傅兼太子太傅。十三

年，火篩寇大同。銳以總兵官佩將軍印往援。既至，擁兵自守，爲給事中御史所劾，奪祿閒住，其年卒。[四]

子熊嗣。正德三年出督漕運。劉瑾索金錢，熊不應，銜之。坐事，逮下詔獄，謫戍海南衞，奪誥劵。熊故黷貨，在淮南頗殃民。雖爲瑾搆陷，人無惜之者。瑾誅，赦還復爵。卒，無子。

再從子圭嗣。以薦出鎭兩廣。封川寇起，圭督諸將往討，擒其魁，俘斬數千，加太子太保。復平柳慶及賀連山賊，加太保，蔭一子。安南范子儀等寇欽、廉，黎岐賊寇瓊厓，相犄角。圭移文安南，曉以利害，使縛子儀，而急出兵攻黎岐，敗走之。論功，復蔭一子，加歲祿四十石。圭能與士卒同甘苦。聞賊所在，輒擐甲先登。深箐絕壑，衝冒瘴毒，無所避，以故所向克捷。在粵且十年，殲諸小賊不可勝數。召還，掌後軍府。圭妻仇氏，咸寧侯鸞女弟也。圭深嫉鸞，鸞數短圭於世宗，幾得罪。鸞敗，帝益重圭，命總京營兵。寇入紫荊關，圭請出戰，營於盧溝，寇退而止。明年，寇復入古北口，或議列營九門爲備，圭以徒示弱無益，寇亦尋退。董築京師外城，加太子太傅。卒，贈太傅，謚武襄。

子王謨嗣。僉書後軍，出鎭兩廣。賊張璉反，屠掠數郡。王謨會提督張臬討平之，擒斬三萬餘。論功加太子太保，蔭一子。萬曆中出鎭淮安，[五]總漕運，入掌前軍府事。卒，贈少保，謚武靖。傳至明亡，爵絕。

王瑜，字廷器，山陽人。以總旗隸趙王府。永樂末，常山護衞指揮孟賢等與宦官黃儼結，謀弑帝，廢太子而立趙王。其黨高正者，瑜舅也，密告瑜。瑜大驚曰：「奈何爲此族滅計。」垂涕諫。不聽。正懼謀泄，將殺瑜，瑜遂詣闕告變。按治有驗，賢等盡伏誅，而授瑜遼海衞千戶。仁宗卽位，擢錦衣衞指揮同知，厚賜之，幷戒同官，事必白瑜乃行。瑜持大體，不爲苛細，廷中稱其賢。

宣德八年進都指揮僉事，充左副總兵，代陳瑄鎭淮安，董漕運，累進左軍都督僉事。淮安，瑜故鄉也，人以爲榮。在淮數年，守瑄成法不變，有善政。民有親在與弟訟產者。瑜曰：「訟弟不友，無親不孝。」杖而斥之。又有負金不能償，至翁壻兄弟相訟者。瑜曰：「奈何以財故傷恩。」卽代償，勸其敦睦。二卒盜敗舟一板，有司以盜官物，坐卒死。瑜曰：「兩卒之命，抵敗舟一板耶？」竟得末減。歲凶，發官廩以振。然性好貨，爲英宗切責，而前所發不軌事有枉者。正統四年，議事入京。得疾，東兩手如高懸狀，號救求解而卒。

周忱，字恂如，吉水人。永樂二年進士。選庶吉士。明年，成祖擇其中二十八人，令進

學文淵閣。忱自陳年少乞預。帝嘉其有志，許之。尋擢刑部主事，進員外郎。

忱有經世才，浮沉郎署二十年，人無知者，獨夏原吉奇之。洪熙改元，稍遷越府長史。宣德初，有薦爲郡守者。原吉曰：「此常調也，安足盡周君。」五年九月，帝以天下財賦多不理，而江南爲甚，蘇州一郡，積逋至八百萬石，思得才力重臣往釐之。乃用大學士楊榮薦，遷忱工部右侍郎，巡撫江南諸府，總督稅糧。

始至，召父老問逋稅故，皆言豪戶不肯加耗，幷徵之細民，民貧逃亡，而稅額益缺。忱乃創爲平米法，令出耗必均。又請敕工部頒鐵斛，下諸縣準式，革糧長之大入小出者。舊例，糧長正副三人，以七月赴南京戶部領勘合。旣畢，復齎送部。往反資費，皆科斂充之。忱止設正副各一人，循環赴領。訖事，有司類收上之部。民大便。忱見諸縣收糧無團局，糧長卽家貯之，曰：「此致逋之由也。」遂令諸縣於水次置囤，囤設糧頭、囤戶各一人，名轄收。至六七萬石以上，始立糧長一人總之，名總收。民持帖赴囤，官爲監納，糧長但奉期會而已。置撥運、綱運二簿。撥運記支撥起運之數，預計所運京師、通州諸倉耗，以次定支。綱運聽其塡注剩淺諸費，歸以償之。支撥羨餘，存貯在倉，曰餘米。次年餘多則加六徵，又次年加五徵。

初，太祖平吳，盡籍其功臣子弟莊田入官，後惡富民豪幷，坐罪沒入田產，皆謂之官田，

按其家租籍征之，故蘇賦比他府獨重。官民田租共二百七十七萬石，而官田之租乃至二百六十二萬石，民不能堪。

時宣宗屢下詔減官田租，忱乃與知府況鍾曲算累月，減至七十二萬餘石，[六]他府以次減，民始少甦。七年，江南大稔，詔令諸府縣以官鈔平糴備振貸，蘇州遂得米二十九萬石。故時公侯祿米，軍官月俸，皆支於南戶部。蘇、松民轉輸南京者，石加費六斗。忱奏令就各府支給，與船價米一斗，所餘五斗，通計米四十萬石有奇，幷官鈔所糴，共得米七十萬餘石，遂置倉貯之，名曰濟農。振貸之外，歲有餘羨。凡綱運、風漂、盜奪者，皆借給於此，秋成，抵數還官。其修圩、築岸、開河、濬湖所支口糧，不責償。耕者借貸，必驗中下事力及田多寡給之，秋與糧並賦，凶歲再振。其姦頑不償者，後不復給。定爲條約以聞。帝嘉獎之。終忱在任，江南數大郡，小民不知凶荒，兩稅未嘗逋負，忱之力也。

時漕運，軍民相半。軍船給之官，民則僦舟，加以雜耗，率三石致一石，往復經年失農業。忱與平江伯陳瑄議，民運至淮安或瓜洲水次交兌，漕軍運抵通州。淮安石加五斗，瓜洲又益五升。其附近幷南京軍未過江者，卽倉交兌，加與過江米二斗，襯墊蘆席與折米五合。兌軍或後期阻風，則令州縣支贏米。設廠於瓜洲水次，遷米貯之，量支餘米給守者。由是漕費大省。

民間馬草歲運兩京，勞費不訾。忱請每束折銀三分，南京則輕齎卽地買納。京師百官月俸，皆持俸帖赴領南京。米賤時，俸帖七八石，僅易銀一兩。忱請檢重額官田、極貧下戶兩稅，準折納金花銀，每兩當米四石，解京兌俸，民出甚少，而官俸常足。嘉定、崑山諸縣歲納布，疋重三斤抵糧一石。比解，以縷粗見斥者十八九。忱言：「布縷細必輕，然價益高。今旣貴重，勢不容細。乞自今不拘輕重，務取長廣如式。」從之。各郡驛馬及一切供帳，舊皆領於馬頭。有耗損，則馬頭橫科補買。忱令田畝出米升九合，與秋糧俱征，驗馬上中下直給米。

正統初，淮、揚災，鹽課虧，敕忱巡視。奏令蘇州諸府，撥餘米一二萬石運揚州鹽場，聽抵明年田租，竈戶得納鹽給米。時米貴鹽賤，官得積鹽，民得食米，公私大濟。尋敕兼理松江鹽課。華亭、上海二縣逋課至六十三萬餘引，竈丁逃亡。忱謂田賦宜養農夫，鹽課宜養竈丁。因上便宜四事，命速行之。忱爲節竈戶運耗，得米三萬二千餘石。亦倣濟農倉法，置贍鹽倉，益補逃亡缺額。由是鹽課大殖。浙江當造海船五十艘，下忱計度。忱召問都匠，言一艘須米千石。忱以成大事不宜惜費，第減二十石，奏於朝，竟得報可。以九載秩滿，進左侍郎。六年命兼理湖州、嘉興二府稅糧，又命同刑科都給事中郭瑾錄南京刑獄。

忱素樂易。先是，大理卿胡槩爲巡撫，用法嚴。忱一切治以簡易，告訐者輒不省。或面訐忱：「公不及胡公。」忱笑曰：「胡卿敕旨，在祛除民害。朝廷命我，但云安撫軍民。委寄

中華書局

正不同耳。」既久任江南，與吏民相習若家人父子。每行村落，屛去騶從，與農夫餉婦相對，從容問所疾苦，爲之商略處置。其馭下也，雖卑官冗吏，悉開心訪納。遇長吏有能，如況鍾及松江知府趙豫、常州知府莫愚、同知趙泰輩，則推心與咨畫，務盡其長，故事無不舉。常詣松江相視水利，見嘉定、上海間，沿江生茂草，多淤流，乃濬其上流，使崑山、顧浦諸所水，迅流駛下，壅遂盡滌。暇時以匹馬往來江上，見者不知其爲巡撫也。歷宣德、正統二十年間，朝廷委任益專。兩遭親喪，皆起復視事。忱以此益發舒，見利害必言，言無不聽。

初，欲減松江官田額，依民田起科。戶部郭資、胡濙奏其變亂成法，請罪之，宣宗切責資等。忱嘗言：「吳淞江畔有沙塗柴場百五十頃，水草茂盛，蟲蝻多生其中。請募民開墾，可以足國課，消蟲災。」又言：「丹徒、丹陽二縣田沒入江者，賦尚未除。國初蠲稅之家，其田多併於富室，宜徵其租，沒於江者除之，則額不虧而貧富均。無錫官田賦白米太重，請改征租米。」悉報可。其因災荒請蠲貸，及所陳他利病無算，小者用便宜行之，無所顧慮。久之見財賦充溢，益務廣大。修葺廨舍學校、先賢祠墓、橋梁道路，及崇飾寺觀，贈遺中朝官，資餉過客，無稍吝惜。胥吏漁蠹其中，亦不甚訾省。以故屢召人言。

九年，給事中李素等劾忱妄意變更，專擅科斂，忱上章自訴。帝以餘米既爲公用，置不問。先是，奸民尹崇禮欲撓忱法，奏忱不當多徵耗米，請究問倉庫主者，忱因罷前法。既

而兩稅復逋，民無所賴，咸稱不便。忱乃奏按崇禮罪，舉行前法如故。再以九載滿，進戶部尚書。尋以江西人不得官戶部，乃改工部，仍巡撫。

景泰元年，溧陽民彭守學復訐忱如崇禮言，戶部遂請遣御史李鑑等往諸郡稽覈。明年又以給事中金達言，召忱還朝。忱乃自陳：「臣未任事之先，諸郡稅糧無歲不逋。自臣蒞任，設法剗弊，節省浮費，於是歲無逋租，更積贏羨。凡向之公用所須、科取諸民者，悉於餘米隨時支給。或振貸未還，遇赦有免，或未估時值，低昂不一。〔七〕緣奉宣宗皇帝幷太上皇敕諭，許臣便宜行事，以此支用不復具聞，致守學訐奏，戶部遣官追徵，實臣出納不謹，死有餘罪。」禮部尚書楊寧言：「妄費罪乃在忱，今估計餘值，悉征於民間，至有棄家逃竄者，乞將正統以前者免追。」詔許之，召鑑等還。既而言官猶交章劾忱，請正其罪。景帝素知忱賢，大臣亦多保持之，但令致仕。

然當時言理財者，無出忱右。其治以愛民爲本。濟農倉之設也，雖與民爲期約，至時多不追取。每歲徵收畢，踰正月中旬，輒下檄放糧，曰：「此百姓納與朝廷賸數，今還與百姓用之，努力種朝廷田，秋間又納朝廷稅也。」其所弛張變通，皆可爲後法。諸府餘米，數多至不可校，公私饒足，施及外郡。景泰初，江北大饑，都御史王竑從忱貸米三萬石。忱爲計至來年麥熟，以十萬石畀之。

性機警。錢穀鉅萬，一屈指無遺算。嘗陰爲册記陰晴風雨。或言某日江中遇風失米，忱言是日江中無風，其人驚服。有奸民故亂其舊案嘗之。忱曰：「汝以某時就我決事，我爲汝斷理，敢相紿耶？」三殿重建，詔徵牛膠萬觔，爲綵繪用。忱適赴京，言庫貯牛皮，歲久朽腐，請出煎膠，俟歸市皮償庫。土木之變，當國者議欲焚通州倉，絕寇資。忱適議事至，言倉米數百萬，可充京軍一歲餉，令自往取，則立盡，何至遂付煨燼。頃之，詔趣造盔甲數百萬。忱計明盔浴鐵工多，令且沃錫，數日畢辦。

忱既被劾，帝命李敏代之，敕無輕易忱法。然自是戶部括所積餘米爲公賦，儲備蕭然。其後吳大饑，道殣相望，課逋如故矣。民益思忱不已，即生祠處處祀之。景泰四年十月卒。謚文襄。況鍾等自有傳。

贊曰：宋禮、陳瑄治河通運道，爲國家經久計，生民被澤無窮。周忱治財賦，民不擾而廩有餘羨。此無他故，殫公心以體國，而才力足以濟之。誠異夫造端興事，徼一時之功，智籠巧取，爲科斂之術者也。然河渠之利，世享其成，而忱之良法美意，未幾而澌滅無餘，民用重困。豈非成功之有迹者易以循，而用法之因人者難其繼哉。雖然，見小利而樂紛更，

不能不爲當日之曉曉者惜也。

校勘記

〔一〕則殺水固隄之長策也　策，原作「築」，據明史稿傳三七宋禮傳附藺芳傳改。

〔二〕以奇兵涉打沖河　打沖河，原作「打中河」，據本書卷三一一建昌衛傳、太祖實錄卷二一九洪武二十五年七月癸未條改。

〔三〕七年卒　原作「三年卒」，據本書卷一〇六功臣世表、明史稿傳三七陳瑄傳、英宗實錄卷三五七天順九月甲申條改。

〔四〕其年卒　其年，指弘治十三年。依本書卷一〇六功臣世表、孝宗實錄卷一九四弘治十五年十二月甲寅條，應作「十五年」。

〔五〕萬曆中出鎭淮安　萬曆中，應作「隆慶中」。本書卷一〇六功臣世表、穆宗實錄卷五〇隆慶四年十月癸丑條均繫王譔出鎭淮安于隆慶四年。

〔六〕減至七十二萬餘石　減至，本書卷七八食貨志作「減」，國朝獻徵錄卷八三況鍾傳作「減省」，文義較明晰。

〔七〕或未估時值低昂不一　英宗實錄卷二〇五景泰二年六月丙子條作「有估計時值低昂不一者」。

二十四史

中華書局

明史卷一百五十四

列傳第四十二

張輔 高士文 徐政 **黃福** **劉儁** 呂毅 劉昱

陳洽 侯保 馮貴 伍雲 陳忠 李任等 **李彬**

柳升 崔聚 史安 陳鏞 李宗昉 潘禋

梁銘 **王通** 陶季容 陳汀

張輔，字文弼，河間王玉長子也。燕師起，從父力戰，爲指揮同知。玉歿東昌，輔嗣職。從戰夾河、藁城、彰德、靈璧，皆有功。從入京師，封信安伯，祿千石，予世券。妹爲帝妃。丘福、朱能言輔父子功俱高，不可以私親故薄其賞。永樂三年進封新城侯，加祿三百石。

是時安南黎季犛弒其主，自稱太上皇，立子蒼爲帝。其故王之孫陳天平自老撾來奔，

季犛佯請歸國。帝遣都督黃中以兵五千送之，前大理卿薛嵒爲輔。季犛伏兵芹站，殺天平，嵒亦死。帝大怒，命成國公朱能爲征夷將軍，輔爲右副將軍，帥豐城侯李彬等十八將軍，兵八十萬，會左副將軍西平侯沐晟，分道進討。兵部尚書劉儁贊軍事，行部尚書黃福、〔一〕大理寺卿陳洽給饋餉。

四年十月，能卒於軍，輔代領其衆。自憑祥進師，度坡壘關，望祭安南境內山川，檄季犛二十罪。進破隘留、雞陵二關，道芹站，走其伏兵，抵新福。晟軍亦自雲南至，營於白鶴。安南有東、西二都，依宣、洮、沲、富良四江爲險，賊緣江南北岸立柵，聚舟其中，築城於多邦隘，城柵橋艦相連九百餘里，兵衆七百萬，欲據險以老輔師。輔自新福移軍三帶州，造船圖進取。會帝聞朱能卒，敕拜輔爲將軍，制詞以李文忠代開平王常遇春爲比，且言乘冬月瘴癘未興，宜及時滅賊。十二月，輔軍次富良江北，遣驃騎將軍朱榮破賊嘉林江，遂與晟合軍進攻多邦城。佯欲他攻以懈賊，令都督黃中等將死士，人持炬火銅角，夜四鼓，越重濠，雲梯傅其城。都指揮蔡福先登，士蟻附而上，角鳴，萬炬齊舉，城下兵鼓噪繼進，遂入城。賊驅象迎戰。輔以畫獅蒙馬衝之，翼以神機火器。象皆反走，賊大潰。斬其帥二人，追至傘圓山，盡焚緣江木柵，俘斬無算。進克東都，輯吏民，撫降附，來歸者日以萬計。遣別將李彬、陳旭取西都，又分軍破賊援兵。季犛焚宮室倉庫逃入海，三江州縣皆望風降。

明年春，輔遣淸遠伯王友等濟自注江，悉破籌江、困枚、萬劫、普賴諸寨，斬首三萬七千餘級。賊將胡杜聚舟盤灘江。輔使降將陳封襲走之，盡得其舟。遂定東潮、諒江諸府州。尋擊破季犛舟師於木丸江，斬首萬級，擒其將校百餘人，溺死者無算。追至膠水縣悶海口，還軍。築城鹹子關，令都督柳升守之。已，賊由富良江入。輔與晟夾岸迎戰。升等以舟師橫擊，大破之，鹹斬數萬，江水爲赤，乘勝窮追。時天旱水淺，賊棄舟陸走。官軍至，忽大雨水漲，遂畢渡。五月至奇羅海口，獲季犛及其子蒼，並僞太子諸王將相大臣等，檻送京師。安南平。得府州四十八，縣一百八十，戶三百十二萬。求陳氏後不得，遂設交阯布政司，以其地內屬。自唐之亡，交阯淪於蠻服者四百餘年，至是復入版圖。帝爲詔告天下，諸王百官奉表稱賀。

六年夏，輔振旅還京師。再賜宴奉天殿，帝爲賦平安南歌，進封英國公，歲祿三千石，予世券。其年冬，陳氏故臣簡定復叛。命沐晟討之，敗績於生厥江。明年春，復命輔佩征虜將軍印，帥師往討。時簡定已僭稱越上皇，別立陳季擴爲皇，勢張甚。輔就叱𥢔山伐木造舟，招諒江北諸避寇者復業。遂進至慈廉州，破喝門江，克廣威州孔目柵。遇賊鹹子關。賊舟六百餘，保江東南岸。輔帥陳旭等以划船戰，乘風縱火，擒賊帥二百餘人，盡得其舟。追至太平海口。賊將阮景異以三百艘迎敵，〔二〕復大破之。於是季擴自言陳氏後，遣使求紹

封。輔曰：「向者遍索陳王後不應，今詐也。吾奉命討賊，不知其他。」遂遣朱榮、蔡福等以步騎先進，輔帥舟師繼之。自黃江至神投海，會師淸化，分道入磊江，獲簡定於美良山中，及其黨送京師。八年正月進擊賊餘黨，斬數千人，築京觀，惟季擴未獲。帝留沐晟討之，召輔班師。謁帝於興和，命練兵宣府、萬全，督運北征。

時陳季擴雖請降，實無悛心，乘輔歸，攻剽如故，晟不能制。交人苦中國約束，又數爲吏卒侵擾，往往起附賊，乍服乍叛，將帥益玩寇。九年正月仍命輔與沐晟協力進討。輔至，申軍令。都督黃中素驕，違節度。詰之不遜，斬以徇。將士惕息，無敢不用命者。其年七月破賊帥阮景異於月常江，獲船百餘，生擒僞元帥鄧宗稷等，又捕斬別部賊首數人。以瘴癘息兵。明年八月擊賊於神投海。賊舟四百餘，分三隊，銳甚。輔衝其中堅，賊却，左右隊迭進，官軍與相鉤連，殊死戰。自卯至巳，大破賊，擒渠帥七十五人。進軍乂安府，賊將降者相繼。

十一年冬，與晟會順州，戰愛子江。賊驅象前行。輔戒士卒，一矢落象奴，二矢射象鼻。象奔還，自蹂其衆。裨將楊鴻、韓廣、薛聚等乘勢繼進，矢落如雨，賊大敗。擒其帥五十六人。追至愛母江，盡降其衆。明年正月進至政平州。聞賊屯暹蠻、昆蒲諸柵，遂引兵往。懸崖側徑，騎不得進。輔與將校徒步行山箐中。夜四鼓抵其巢，悉擒阮景異、鄧容等。〔三〕季

擴走老撾，遣指揮師祐以兵索之，〔四〕破其三關。遂縛季擴及其孥，送京師。賊平。承制，以賊所取占城地，設升、華、思、義四州，增置衞所，官其降人，留軍守之而還。十三年春至京。旋命爲交阯總兵官往鎮。而餘寇陳月湖等復作亂，輔悉討平之。十四年冬召還。

輔凡四至交阯，前後建置郡邑及增設驛傳遞運，規畫甚備。交人所畏惟輔。輔還一年而黎利反，累遣將討之，無功。至宣德時，柳升敗沒，王通與賊盟，倉卒引還。廷議棄交阯，輔爭之不能得也。

仁宗卽位，掌中軍都督府事，進太師，並支二俸。尋命輔所受太師俸於北京倉支給。時百官俸米皆給於南京，此蓋特恩云。成祖喪滿二十七日，帝素冠麻衣以朝。而羣臣皆已從吉，惟輔與學士楊士奇服如帝。帝歎曰：「輔，武臣也，而知禮過六卿。」益見親重。尋命知經筵事，監修實錄。

宣德元年，漢王高煦謀反，誘諸功臣爲內應，潛遣人夜至輔所。輔執之以聞，盡得其反狀，因請將兵擊之。帝決策親征，命輔扈行。事平，加祿三百石。輔威名益盛，而久握兵。四年，都御史顧佐請保全功臣。詔輔解府務，朝夕侍左右，謀畫軍國重事，進階光祿大夫左柱國，朝朔望。英宗卽位，加號翊運佐理，知經筵、監修實錄如故。

輔雄毅方嚴，治軍整肅，屹如山岳。三定交南，威名聞海外。歷事四朝，連姻帝室，而

小心敬慎，與蹇、夏、三楊，同心輔政。二十餘年，海內宴然，輔有力焉。王振擅權，文武大臣望塵頓首，惟輔與抗禮。也先入犯，振導英宗親征，輔從行，不使預軍政。輔老矣，默默不敢言。至土木，死於難，年七十五。追封定興王，諡忠烈。

子懋，九歲嗣公。憲宗閱騎射西苑。懋三發連中，賜金帶。歷掌營府，累加至太師。嘗上言防邊事宜，諫止發京營兵作圓通寺。弘治中，御史李興、彭程下獄，懋論救。復請罷作眞武觀，免織造，召還中官董織者。武宗卽位，與羣小狎遊，懋率文武大臣諫，其言皆切直。然性豪侈，又頗朘削軍士，屢爲言者所糾。嗣公凡六十六年，握兵柄者四十年，尊寵爲勳臣冠。正德十年卒，年亦七十五。贈寧陽王，諡恭靖。萬曆十一年與朱希忠並削王號。孫崙嗣。傳爵至世澤，流寇陷京師，遇害。

初，輔之定交阯也，先後百餘戰。其從征死事最著者，有高士文、徐政。

士文，咸陽人。洪武中，以小校從征雲南及金山有功，爲燕山左護衞百戶。質直剛果，善騎射。從成祖起兵，累官都督僉事。從張輔征交阯。黎季犛既擒，餘黨竄山谷中，出沒爲寇。五年八月，士文帥所部敗之廣源，進圍其寨。晝夜急攻，垂破，賊突走。士文追與戰，中飛石死。所部復追賊，賊失巢潰散，遂爲指揮程瑒所滅。朝廷念士文功，追封建平伯，令其子福嗣，祿千三百石，予世券。三傳至孫隆，無子，以義子爲嗣，事覺，爵除。

徐政，儀眞人。建文時，爲揚州衞副千戶，以城降成祖，累遷都指揮同知。從征交阯，奪船於三帶江以濟大軍。拔西都，戰鹹子關，皆有功。陳季擴反，盤灘地最要衝，張輔遣政守之。七年八月，賊黨阮景異來攻，與戰，飛鎗貫脇，猶督兵力戰，竟敗賊。賊退，腹潰而死。

黃福，字如錫，昌邑人。洪武中，由太學生歷金吾前衞經歷。上書論國家大計。太祖奇之，超拜工部右侍郎。建文時，深見倚任。成祖列姦黨二十九人，福與焉。成祖入京師，福迎附。李景隆指福姦黨，福曰：「臣固應死，但目爲姦黨，則臣心未服。」帝置不問，復其官。未幾，拜工部尚書。永樂三年，陳瑛劾福不恤工匠，改北京行部尚書。明年坐事，逮下詔獄，謫充爲事官。已，復職，督安南軍餉。

安南既平，郡縣其地，命福以尚書掌布政、按察二司事。時遠方初定，軍旅未息，庶務繁劇，福隨事制宜，咸有條理。上疏言：「交阯賦稅輕重不一，請酌定，務從輕省。」又請：「循瀘江北岸至欽州，設衞所，置驛站，以便往來。開中積鹽，使商賈輸粟，以廣軍儲。官吏俸

廩，倉粟不足則給以公田。」又言：「廣西民餽運，陸路艱險，宜令廣東海運二十萬石以給。」皆報可。於是編氓籍，定賦稅，興學校，置官師。數召父老宣諭德意，戒屬吏毋苛擾。一切鎮之以靜，上下帖然。時羣臣以細故謫交阯者衆，福咸加拯恤，甄其賢者與共事，由是至者如歸。鎮守中官馬騏怙寵虐民，福數裁抑之。騏誣福有異志。帝察其妄，不問。仁宗卽位，召還，命兼詹事，輔太子。福在交阯凡十九年。及還，交人扶攜走送，號泣不忍別。福還，交阯賊遂劇，訖不能靖。仁宗崩，督獻陵工。

宣德元年，馬騏激交阯復叛。時陳洽以兵部尚書代福，累奏乞福還撫交阯。會福奉使南京，召赴闕，敕曰：「卿惠愛交人久，交人思卿，其爲朕再行。」仍以工部尚書兼詹事，領二司事。比至，柳升敗死，福走還。至雞陵關，爲賊所執，欲自殺。賊羅拜下泣曰：「公，交民父母也，公不去，我曹不至此。」力持之。黎利聞之曰：「中國遣官吏治交阯，使人人如黃尚書，我豈得反哉！」遣人馳往守護，饋白金、餱糧，肩輿送出境。至龍州，盡取所遺歸之官。還爲行在工部尚書。

四年與平江伯董漕事，議令江西、湖廣、浙江及江南北諸郡民，量地遠近，轉粟於淮、徐、臨清，而令軍士接運至北京，民大稱便。五年陳足兵食省役之要。其言足食，謂：「永樂間雖營建北京，南討交阯，北征沙漠，資用未嘗乏。比國無大費，而歲用僅給。卽不幸有水

中華書局

旱，征調將何以濟？請役操備營繕軍士十萬人，於濟寧以北，衞輝、眞定以東，緣河屯種。初年自食，次年人收五石，三年收倍之。旣省京倉口糧六十萬石，又省本衞月糧百二十萬石，歲可得二百八十萬石。」帝善之，下行在戶、兵二部議。郭資、張本言：「緣河屯田實便，請先以五萬頃爲率，發附近居民五萬人墾之。但山東近年旱饑，流徙初復，衞卒多力役，宜先遣官行視田以俟開墾。」帝從之。命吏部郎中趙新等經理屯田，福總其事。旣而有言軍民各有常業，若復分田，役益勞擾，事竟不行。改戶部尙書。

七年，帝於宮中覽福漕事便宜疏，出以示楊士奇曰：「福言智慮深遠，六卿中誰倫比者？」對曰：「福受知太祖，正直明果，一志國家。永樂初，建北京行部，綏輯凋瘵，及使交阯，總藩憲，具有成績，誠六卿所不及。福年七十矣，諸後進少年高坐公堂理政事，福四朝舊人，乃朝暮奔走勞悴，殊非國家優老敬賢之道。」帝曰：「非汝不聞此言。」士奇又曰：「南京根本重地，先帝以儲宮監國。福老成忠直，緩急可倚。」帝曰：「然。」明日改福官南京。明年兼掌南京兵部。英宗卽位，加少保，參贊南京守備襄城伯李隆機務。留都文臣參機務，自福始。隆用福言，政肅民安。正統五年正月卒，年七十八。

福丰儀修整，不妄言笑。歷事六朝，多所建白。公正廉恕，素孚於人。當官不爲赫赫名，事微細無不謹。憂國忘家，老而彌篤。自奉甚約，妻子僅給衣食，所得俸祿，惟待賓客周匱乏而已。初，成祖手疏大臣十人，命解縉評之，惟於福曰：「秉心易直，確乎有守。」無少貶。福參贊南京時，嘗坐李隆側。士奇寄聲曰：「豈有孤卿而旁坐者？」福曰：「焉有少保而贊守備者邪？」卒不變。然隆待福甚恭。公退，卽推福上坐，福亦不辭。士奇之省墓也，道南京，聞福疾，往候之。福驚曰：「公輔幼主，一日不可去左右，奈何遠出？」士奇深服其言。兵部侍郎徐琦使安南回，福與相見石城門外。或指福問安南來者曰：「汝識此大人否？」對曰：「南交草木，亦知公名，安得不識？」福卒，贈謚不及，士論頗不平。成化初，始贈太保，謚忠宣。

劉儁，字子士，江陵人。洪武十八年進士。除兵部主事，歷郎中。遇事善剖決，爲帝所器。二十八年擢右侍郎。建文時，爲侍中。成祖卽位，進尙書。

永樂四年大征安南，以儁參贊軍務。儁爲人縝密勤敏，在軍佐畫籌策有功，還受厚賚。未幾，簡定復叛，儁再出參贊沐晟軍務。六年冬，晟與簡定戰生厥江，敗績。儁行至大安海口，颶風作，揚沙晝晦，且戰且行，爲賊所圍，自經死。洪熙元年三月，帝以儁陷賊不屈，有司不言，未加褒卹，敕責禮官。乃賜祭，贈太子少傅，謚節愍。官其子垕給事中。

與儁同死者呂毅、劉昱。

毅，項城人。以濟南衞百戶從成祖渡江，積功至都督僉事。與同官黃中充左右副將軍，佐征南將軍韓觀鎭廣西。尋與中將兵送故安南王孫陳天平歸國，至芹站，天平被劫去，坐奪官。帝薄毅罪，起爲鷹揚將軍，從張輔討季犛有功，掌交阯都司事。至是與賊戰，深入陷陣死。

昱，武城人。自吏科給事中遷左通政，出爲河南參政，改交阯。嚴肅有治材，吏民畏憚。軍敗，亦死之。

陳洽，字叔遠，武進人。好古力學，與兄濟、弟浚並有名。洪武中，以善書薦授兵科給事中。嘗奉命閱軍，一過輒識之。有再至者，輒叱去。帝嘉其能，賜金織衣。父戍五開歿，洽奔喪。會蠻叛道梗，冒險間行，負父骨以歸。建文中以茹瑺薦，起文選郎中。

成祖卽位，擢吏部右侍郎，改大理卿。安南兵起，命洽赴廣西，與韓觀選士卒從征。及大軍出，遂命贊軍務，主饋餉。安南平，轉吏部左侍郎。是時黃福掌布、按二司事，專務寬大，拊循其民。洽甄拔才能，覈將士功罪，建置土官，經理兵食，剖決如流。還朝，命兼署禮部、工部事。七年復參張輔軍討簡定，平之。還，從帝北征，與輔練兵塞外。九年復與輔往交阯，討陳季擴。居五年，進兵部尙書，復留贊李彬軍事。

仁宗召黃福還，以洽掌布、按二司，仍參軍務。中官馬騏貪暴，洽不能制，反者四起，黎利尤桀黠。而榮昌伯陳智、都督方政不相能，寇勢日張。洽上疏言：「賊雖乞降，內懷詭詐，黨羽漸盛，將不可制。乞諭諸將速滅賊，毋爲所餌。」宣宗降敕切責智等，令進兵，復敗於茶籠州，帝乃削智、政官爵。命成山侯王通佩征夷將軍印往討，洽仍贊其軍。宣德元年九月，通至交阯。十一月進師應平，次寧橋。洽與諸將言地險惡，恐有伏，宜駐師覘賊。通不聽，麾兵徑渡，陷泥淖中。伏發，官軍大敗。洽躍馬入賊陣，創甚墜馬。左右欲扶還，洽張目叱曰：「吾爲國大臣，食祿四十年，報國在今日，義不苟生。」揮刀殺賊數人，自剄死。事聞，帝歎曰：「大臣以身殉國，一代幾人！」贈少保，謚節愍。官其子樞刑科給事中。

自黎利反，用兵三四年，將吏先後死者甚衆。

侯保，贊皇人。由國子生歷知襄城、贛榆、博興三縣，有善政。交阯初設府縣，擇人撫綏，以保知交州府，遷右參政。永樂十八年，黎利反，保以黃江要害，築堡守之。賊至，力拒數月，出戰，不勝死。

馮貴，武陵人。舉進士，爲兵科給事中。從張輔征交阯，督兵餉。累遷左參政。涖事明敏，善撫流亡。土兵二千人，驍果善戰，貴撫以恩意，數擊賊有功。中官馬騏盡奪之。黎利反，貴以羸卒數百，禦賊於瑰縣，力屈而死。仁宗時，尚書黃福言狀，贈貴左布政使，保右布政使。然貴嘗言交阯產金，遂命以參議提督金場，時論非之。

伍雲，定遠人。以荆州護衞指揮同知從征交阯，破坡壘、隘留、多邦城，拔東、西二都，皆有功。賊平，調昌江衞。仁宗初，隨方政討黎利於茶籠，深入陷陣死。

陳忠，臨淮人。初爲寬河副千戶。以「靖難」功，積官指揮同知。坐事戍廣西。從征交阯，自箇招市舁小舟入江，劫黎季犛水寨，破之。攻多邦城，先登。論功，還故官，調交州左衞。屢與賊戰有功，進都指揮同知。黎利寇清化，忠戰死。仁宗憫之，與雲皆優恤如制。

李任，永康人。以燕山衞指揮僉事從成祖起兵，累功爲都指揮同知。宣德元年從征交阯，守昌江。黎利以昌江爲官軍往來要路，悉力攻之。時都督蔡福爲賊所獲，逼令招任降。任於城上罵福曰：「汝爲大將，不能殺賊，反爲賊用，狗彘不食汝餘。」發礮擊之。賊擁福去，大集兵象飛車衝梯，薄城環攻。任與指揮顧福帥精騎出城掩擊，燒其攻具。賊又築土山，

臨射城中，鑿地道潛入城。任、福隨方禦之。死守九月餘，前後三十戰。賊聞征夷將軍柳升兵將至，益兵來攻。二年四月城陷，任、福猶帥死士三戰三敗賊。賊驅象大至，不能支，皆自刎死。內官馮智、指揮劉順俱自經。城中軍民婦女不屈死者數千人。

劉子輔，廬陵人。由國子生擢監察御史，巡按浙江。性廉平，浙人德之。按察使周新不苟許與，獨稱子輔賢。遷廣東按察使。坐累，左遷諒江知府，善撫循其民。黎利反，子輔與守將集兵民死守亦九閱月，與昌江先後同陷。子輔曰：「吾義不汚賊刃。」即自縊死。一子一妾皆死。

何忠，字廷臣，江陵人。由進士爲監察御史。廉愼，人莫敢干以私。永樂中，三殿災，言事忤旨，出爲政平知州，民安其政。寧橋之敗，王通詭與賊和，而請濟師於朝，爲賊所遮不得達。賊遣使奉表入謝。通乃遣忠及副千戶桂勝與偕行，以奏還土地爲辭，陰令請兵。至昌江，內官徐訓泄其謀。賊遂拘忠、勝，臨以白刃。二人瞋目怒罵不屈，並忠子皆被害。

徐麒，桂林中衞指揮使，與南寧千戶蔡顒守丘溫。時賊勢已熾，將吏多棄城遁。丘溫被圍，麒與顒猶帥疲卒固守，城陷皆死，無一降者。

易先，湘陰人。以國子生授諒山知府，有善政。歲滿還朝，郡人乞留。詔進秩三品還任。賊破諒山，先自縊死。

周安以指揮僉事守備乂安。黎利勢張，都督蔡福以芻糧將盡，退就東關。既行，千戶包宣以其衆詣賊降。安等至富良江爲賊所蹙，俱陷賊。賊逼蔡福詣諸城說降。安憤甚，潛與衆謀，俟官軍至爲內應。包宣覺之，以告利。利收安，將殺之，安曰：「吾天朝臣子，豈死賊手！」與指揮陳麟躍起奪賊刀，殺數人，皆自刎死。所部九千餘人，悉被殺。

交阯布政使弋謙以任等十二人死事聞。宣宗歎息，贈任都督同知，福、順、麒都指揮同知，安指揮同知，顒指揮僉事，勝正千戶，並令子孫承襲。子輔、先布政司參政，忠府同知，智太監，並予誥賜祭。惟麟嘗與朱廣開門納賊，故贈恤不及。已而黎利稱臣，歸蔡福、朱廣等六人，盡棄市，籍其家。

李彬，字質文，鳳陽人。父信，從太祖渡江，積功爲濟川衞指揮僉事。彬嗣職，從潁國公傅友德出塞，斬獲多。還，與築諸邊城。成祖起兵，彬歸附，爲前鋒，轉戰有功，累遷右軍都督僉事。永樂元年四月，以丘福議，封豐城侯，祿千石，予世券。明年，襄城伯李濬討永新叛寇，命彬帥師策應。未至，寇平，命以所統鎮廣東。四年召還，捕南陽阜君山寇。其年七月，以左參將賚征夷副將軍印授沐晟，進討安南。十二月，彬及雲陽伯陳旭破安南西都，又

大敗賊於木丸江。安南平，論功，與旭皆以臨敵稽緩，不益封，加祿五百石。尋充總兵官，備倭海上，移兵討擒長沙賊李法良，又帥浙、閩兵捕海寇。

十年命往甘肅與西寧侯宋琥經略降酋。彬與柳升嚴兵境上，而令土官李英防野馬川。涼州酋老的罕叛，都指揮何銘戰死，英追躡，盡俘其衆。老的罕走赤斤蒙古。帝欲發兵，彬言道遠餉難繼，宜緩圖之。明年代琥鎮甘肅，赤斤蒙古縛老的罕以獻。帝嘉彬功，賜賚甚厚。十二年從北征，領右哨，破敵於忽失溫，追奔至土剌河。師還，受上賞，移鎮陝西。

十五年二月命佩征夷將軍印，鎮交阯。至則破擒陸那縣賊阮貞，遣都督朱廣等平順州及北晝諸寨。明年，清化府土巡檢黎利反，彬遣廣討破之。利遁去。十七年遣都督同知方政襲利於可藍柵，獲其將軍阮箇立等。利走老撾。師還，復出爲寇。都指揮黃誠擊走之，以暑雨旋師。

當是時，交人反者四起，彬遣諸將分道往討：方政討車綿子等於嘉興，鄭公証於南策，丁宗老於大灣；朱廣討譚興邦等於別部；都指揮徐源討范軟於俄樂；[三] 指揮陳原瑰討陳直誠於惡江；都指揮王忠討楊恭於峽山。皆先後報捷。而賊勢尤劇者，彬輒自將往擊。潘僚者，乂安土知府也。爲中官馬騏所虐，反衞儀。彬擊敗之，追至玉麻州，擒其酋，進焚賊柵。僚竄老撾，彬遣都指揮師祐帥師往。僚以老撾兵迎戰，破之農巴林，悉降其衆。范玉者，塗

山寺僧也，反東潮州。彬往討，敗之江中。玉脫走，追獲之東潮。而鄭公証之黨黎姪復起，都指揮陳忠等累敗之於小黃江，彬自將追捕，至鎮蠻，盡縛其衆。於是諸賊略平，惟黎利數出沒，聚衆磊江，屢爲徐源、方政所敗，復遁去。

十九年，彬以餽運不繼，請令官軍與土軍參錯屯田，並酌屯守征行多寡之數以聞。帝從之。將發兵入老撾索黎利。老撾懼，請自捕以獻，會彬疾作而罷。明年正月卒。繼之者孟瑛、陳智、李安、方政，皆不能討。王通代鎮，賊勢益盛，交阯遂不可守。

彬卒，贈茂國公，諡剛毅。

子賢嗣，宣德三年從出塞，還修永寧、隆慶諸城。正統初，鎮大同，尋守備南京。景泰二年卒，贈豐國公，諡忠憲。

子勇嗣，再傳至孫旻。正德中鎮貴州，擒思南、石阡流賊，平武定諸蠻有功，加太子太傅。嘉靖初，鎮湖廣，有威惠，楚人安之。徙兩廣。武定侯郭勛典京營，以罪罷。世宗以旻遠鎮無內黨，召代之，尋坐事罷。卒諡武襄，無子。

從子熙嗣，出鎮湖廣。楚世子獄，株連甚衆，熙言於御史，平反二百餘人。討平沅州、麻陽叛蠻。卒，無子。從子儒嗣，傳至孫承祚，天啓時附魏忠賢，請設海外督理內臣，又請予

忠賢九錫。崇禎初，奪爵戍邊。子閈先嗣爲伯，都城陷，遇害。

柳升，懷寧人。襲父職爲燕山護衞百戶。大小二十餘戰，累遷左軍都督僉事。永樂初，從張輔征交阯，破賊魯江，斬其帥阮子仁等。守鹹子關。賊入富良江，舟亙十餘里，截江立寨，陸兵亦數萬人。輔將步騎，升將水軍，夾攻，大敗之，獲僞尚書阮希周等。又敗賊於奇羅海口，得舟三百。部卒得季犛及其子澄。升賫露布獻俘，被賞賚。師還，封安遠伯，祿千石，予世券。

七年同陳瑄帥舟師巡海，至青州海中，大破倭，追至金州白山島而還。明年從北征，至回曲津，將神機火器爲前鋒，大敗阿魯台。進封侯，加祿五百石，仍世伯爵。出鎮寧夏，討斬叛將馮答蘭帖木兒等。召還，總京營兵。十二年復從北征，將大營兵戰忽蘭、忽失溫，以火器破敵。

十八年，蒲臺妖婦唐賽兒反。命升與都指揮劉忠將京軍往勦，圍其寨。升自以大將，意輕賊。賊乞降，信之。夜爲所襲，忠中流矢死，賽兒遁去。及明始覺，追獲其黨百餘人。都指揮衞青力戰解安丘圍。升忌其功，摧辱之。徵下獄，已，得釋。

二十年復從北征，將中軍破兀良哈於屈裂兒河，予世侯。帝五出塞，升皆從，數有功，寵待在列侯右。仁宗卽位，命掌右府，加太子太傅。

宣德元年冬，成山侯王通征黎利，敗聞。命升爲征虜副將軍，充總兵官，保定伯梁銘爲左副總兵，[六]都督崔聚爲參將，尚書李慶贊軍務，帥步騎七萬，會黔國公沐晟往討。時賊勢已盛，道路梗絕，朝廷久不得交阯奏報。二年六月，有軍丁李茂先者三人，間道走京師，言昌江被圍急。帝授三人百戶，敕升急進援，而昌江已於四月陷。九月，升始入隘留關。利僞爲國人上書，請立陳氏後，升不啓封以聞。賊緣途據險列柵，官軍連破之，抵鎮夷關。升以賊屢敗，易之。時李慶、梁銘皆病甚。郎中史安、主事陳鏞言於慶曰：「柳將軍辭色皆驕。驕者，兵家所忌。賊或示弱以誘我，未可知也。防賊設伏，璽書告誡甚切，公宜力言之。」慶强起告升，升不爲意。至倒馬坡，與百餘騎先馳度橋，橋遽壞，後隊不得進。賊伏四起，升陷泥淖中，中鏢死。其日，銘病卒。明日，慶亦卒。又明日，崔聚帥軍至昌江。賊來益衆，官軍殊死鬬。賊驅象大戰。陣亂，賊大呼：「降者不死。」官軍或死或走，無降者，全軍盡沒。史安、陳鏞及李宗昉、潘禋皆死之。

崔聚，懷遠人。從成祖起兵。八年從北征，敗敵於廣漠戍。洪熙元年累遷左軍都督僉事。至是力戰被執，賊百計降之，終不屈死。

升質直寬和，善撫士卒，勇而寡謀，遂及於敗。升敗，沐晟師不得進，亦引還。王通孤軍援絕，遂棄交阯。朝議以升喪師，不令子溥襲爵，久之乃許。正統十二年贈升融國公，諡襄愍。

溥，初掌中府，出鎮廣西。廉慎，然無將略，承山雲後，不能守成法，過於寬弛。瑤、僮相煽爲亂，溥先後討斬大藤峽賊渠，破柳州、思恩諸蠻寨，而賊滋蔓如故。景泰初，兵事亟，召掌右府，總神機營。事定，復出鎮。天順初召還，防宣府、大同，累進太傅。陝西有警，命佩平虜大將軍印往禦。敵再入涼州，溥閉壁不出，敵飽掠去，躡取數十級報捷，被劾，落太傅閒住。尋復起掌神機營。卒，諡武肅。

孫景嗣，景子文，文子珣，凡三世皆鎮兩廣，有平蠻功。嘉靖十九年命珣佩征夷副將軍印，征安南莫登庸。登庸乞降，加太子太傅。又以討瓊州黎賊功，加少保。卒贈太保，諡武襄。傳至明亡，爵絕。

史安，字志靜，豐城人。廉重好學，由進士歷官儀制司郎中。

陳鏞，字叔振，錢塘人。由庶吉士授祠祭司主事。楊士奇稱其清介端確，表裏一出於正。

李宗昉，不知何許人，亦以主事從。

中華書局

二十四史

潘禋，鄞人。以後軍都事從，嘗勸升持重，廣偵探，引芹站、寧橋事爲戒，升不聽。軍敗，格鬬死。

梁銘，汝陽人。以燕山前衞百戶從仁宗守北平。李景隆圍城，戰甚力。積功至後軍都督僉事，侍仁宗監國。永樂八年坐事下獄。十九年赦復職，副都督胡原捕倭廣東。仁宗卽位，進都督同知。以參將佩征西將軍印，同都督同知陳懷鎭寧夏。追論守城功，封保定伯，祿千石，予世券。宣德初，御史石璞劾其貪黷，下獄，當奪爵，宥之。副柳升征交阯。升敗，銘病卒。銘勇敢善戰，能得士卒心。既死，崔聚獨以衆入，全軍遂覆。

子珤嗣。正統末，充副總兵，討福建盜鄧茂七，擊斬餘賊於九龍山。班師，而賊黨復作，調充爲事官。從石亨立功，復爵。景泰元年拜平蠻將軍，代王驥討貴州苗。其冬，分四道進攻，大敗之，斬首七千有奇，破寨五百。明年自沅州進兵，與都督方瑛破賊於興澤，又大破之香罏山，俘僞王韋同烈等，擒斬數千人。分兵攻都勻草塘諸苗，悉震恐降。師還，苗復叛，珤復與瑛討平之。論功，進侯，益祿五百石。四年討平湖廣清浪叛苗。天順元年出鎭陝西，

破敵涼州，又破敵靖虜堡。召還，理左府事。成化初卒。贈鄖國公，諡襄靖。

珤天資平恕，數總兵柄，未嘗妄殺一人。子弟從征，以功授官，輒辭不受，人以爲賢。傳爵至世勳，崇禎初提督京營。京師陷，遇害。

王通，咸寧人，金鄉侯眞子也。嗣父官爲都指揮使，將父兵，轉戰有功，累進都督僉事。復以父死事故，封武義伯，祿千石，予世券。永樂七年董營長陵。十一年進封成山侯，加祿二百石。明年從北征，領左掖。〔三〕二十年從出塞，以大軍殿，連出塞，並領右掖。仁宗卽位，命掌後府，加太子太保。

時交阯總兵官豐城侯李彬已前卒，榮昌伯陳智、都督方政以參將代鎭，不協。黎利益張，數破郡邑，殺將吏，智出兵數敗。宣宗削智爵，而命通佩征夷將軍印，帥師往討。黎利弟善攻交州城，都督陳濬等擊却之。會通至，分道出擊。參將馬瑛破賊於石室縣。〔四〕通引軍與瑛合，至應平之寧橋中伏，軍大潰，死者二三萬人，尚書陳洽與焉。通中傷還交州，利在乂安聞之，自將精卒圍東關。通氣沮，陰遣人許爲利乞封，而檄清化迤南地歸利。按察使楊時習執不可，通厲聲叱之。清化守羅通亦不肯棄城，與指揮打忠堅守。朝廷遣柳升等助通，未至。

二年二月，利攻城。通以勁兵五千出不意擣賊營，破之，斬其司空丁禮以下萬餘級。利惶懼欲走。諸將請乘勝急擊。通猶豫三日不出，賊勢復振，樹柵掘濠塹，四出攻掠，分兵陷昌江、諒江，而圍交益急。通斂兵不出。利乞和，通以聞。會柳升戰歿，沐晟師至水尾縣不得進。通益懼，更啗利和，爲利馳上謝罪表。

其年十月大集官吏軍民出城，立壇與利盟，約退師，因宴利，遺利錦綺，利亦以重寶爲謝。十二月，通令太監山壽與陳智等由水路還欽州，而自帥步騎還廣西，至南寧，始以聞。會廷議厭兵，遂棄交阯。交阯內屬者二十餘年，前後用兵數十萬，餽餉至百餘萬，轉輸之費不與焉，至是棄去。官吏軍民還者八萬六千餘人，其陷於賊及爲賊所戮者不可勝計。而土官嚮義者陶季容、陳汀之屬，乃往往自拔來歸。

明年，通還京，羣臣交劾，論死繫獄，奪券，籍其家。正統四年特釋爲民。景帝立，起都督僉事，守京城。禦也先有功，進同知，守天壽山，還其家產。景泰三年卒。天順元年詔通子琮嗣成山伯。琮子鏞，成化時，賜原券。傳爵至明亡。

陶季容者，世爲水尾土官。交阯平，以爲土知縣。歷歸化知州，遷宣化府同知，守北閑

堡。宣德元年遣所部阮執先等追賊，至清波縣爲所獲。既而遣執先還，招季容，脅以兵，不爲動。宣宗聞之，擢宣化知府，降敕獎勞。賊復遣人誘季容，季容執以送沐晟，而導官軍敗賊於水尾。王通棄交阯，季容率官屬入朝。

陳汀，古雷縣千夫長，數從方政擊賊有功，政信倚之。王通棄地，汀北行，爲賊所得，授以官，令守交州東關。汀挈其家九十餘人從間道走。賊追之，家屬盡陷，汀獨身入欽州。帝嘉其義，以爲指揮，厚賚之。

他若土官阮世寧、阮公庭，皆不願從利，率所部來歸，乞居龍州、陳州之地。帝命加意撫卹，資糧器用官給之。

贊曰：成祖因季犛篡立，興師問罪以彰天討，求陳氏後不得，從而郡縣其地，得取亂侮亡之道矣。蠻疆險遠，易動難馴，數年之間叛者數起，柳升以輕敵喪師，王通以畏怯棄地。雖黃福惠愛在交，叛人心折，而大勢已去，再至無功。宣宗用老成謀國之言，廓然置之度外，良以其得不爲益，失不爲損，事勢所不必爭，非獨憚於勞民而紬於籌餉也。嘗考黃福與張輔書言：「惡本未盡除，守兵不足用。馭之有道，可以漸安。守之無法，不免再變。」權交

中華書局

事之始終，蓋惜張輔之不得爲滇南之沐氏也。

校勘記

〔一〕行部尚書黄福　行部，原作「刑部」，據本書卷一一一七卿年表、又本卷黄福傳、太宗實錄卷三四永樂三年四月癸未條改。按其時刑部尚書爲呂震，黄福已改行部尚書。

〔二〕賊將阮景異以三百艘迎敵　阮景異，原作「鄧景異」，據大越史記全書卷九後陳紀改。下同。

〔三〕悉擒阮景異鄧容等　鄧容，原作「阮鎔」，據大越史記全書卷九後陳紀改。全書稱：「阮景眞子景異，鄧悉子容，皆憤其父死非辜，領順化軍回淸化。」

〔四〕遣指揮師祐以兵索之　指揮，本卷李彬傳、本書卷三二一安南傳都作「都指揮」。按本書往往稱都指揮爲指揮。

〔五〕討范軟於俄樂　俄樂，本書卷三二一安南傳作「浮樂」。

〔六〕保定伯梁銘爲左副總兵　保定伯，原作「保定侯」，據本書卷九仁宗紀、又本卷梁銘傳、明史稿傳三一柳升傳附梁銘傳改。

〔七〕領左掖　左掖，原作「右掖」，據明史稿傳三一王通傳、太宗實錄卷九一永樂十二年二月庚戌條改。按太宗實錄領右掖者爲譚靑，此應作「左掖」。

〔八〕參將馬瑛破賊於石室縣　明史稿傳三一王通傳作「破賊淸威」，明史卷三二一安南傳作「馬瑛敗賊淸威，至石室」，王世貞安南傳二作「大破賊於淸威，至石室」。

中華書局

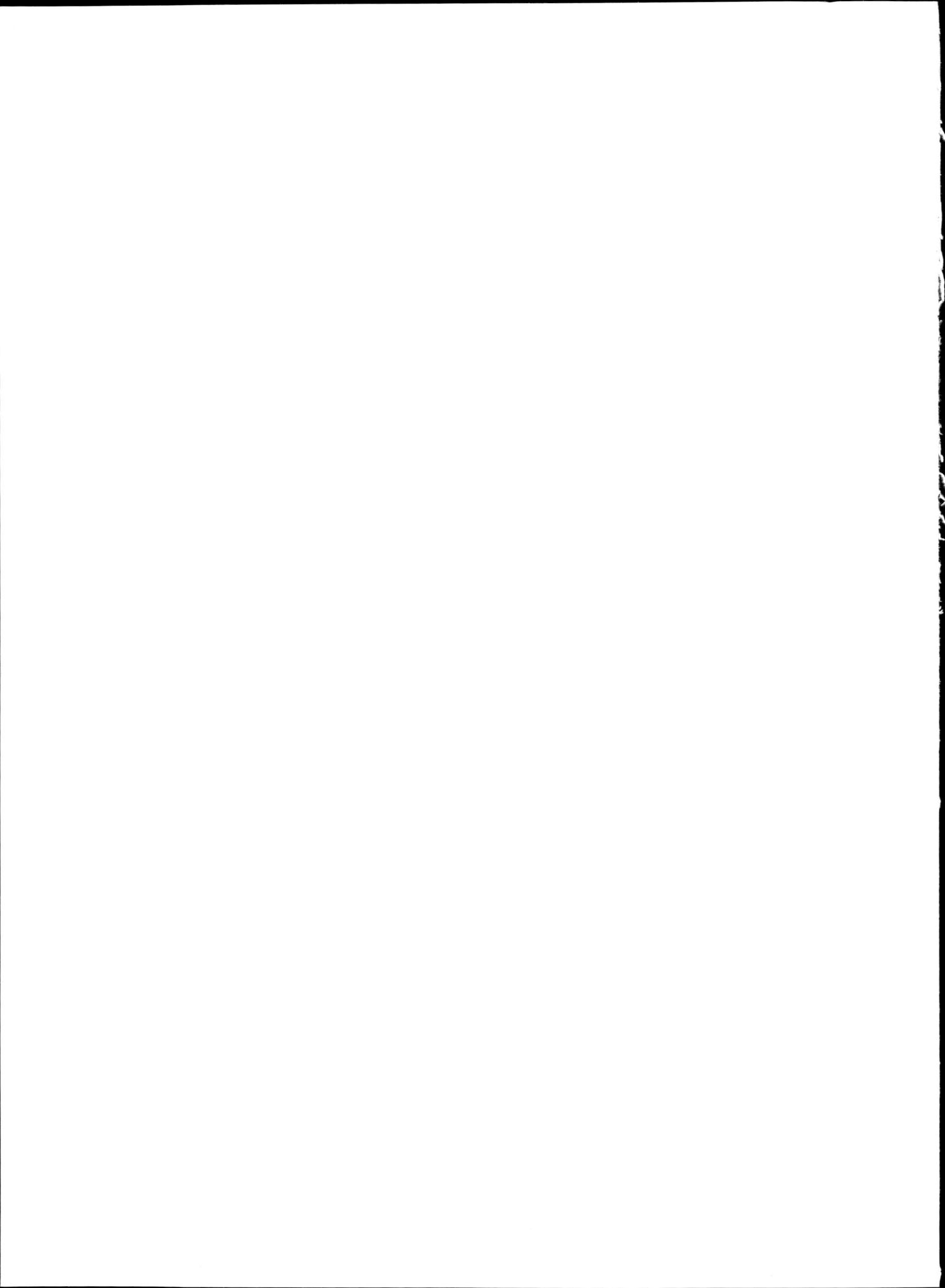